U0902642

白血病治疗学

第二版

主　编　陆道培
副主编　童春容
吴　彤
达万明

科学出版社
北　京

内容简介

本书共分5篇28章，内容包括白血病治疗学的基础理论、白血病的放疗和化疗、白血病的造血干细胞移植治疗，以及化疗药的毒副作用、放疗/化疗患者的肠外肠内营养、感染合并症的预防与治疗、输血治疗和患者的护理，并对抗白血病药物及其药理作用做了介绍。

本书内容丰富、资料翔实，既反映了白血病治疗的前沿进展，又体现了作者多年临床工作的经验和研究成果，是白血病治疗学领域权威的工具书，可供血液科医生、研究生，以及其他相关科室的医生学习和参考。

图书在版编目(CIP)数据

白血病治疗学 / 陆道培主编．—2版．—北京：科学出版社，2012

ISBN 978-7-03-034837-1

Ⅰ．白…　Ⅱ．陆…　Ⅲ．白血病-治疗学　Ⅳ．R733.705

中国版本图书馆CIP数据核字（2012）第126385号

责任编辑：沈红芬 / 责任校对：包志虹　林青梅　钟　洋

责任印制：徐晓晨 / 封面设计：范璧合

科学出版社出版

北京东黄城根北街16号

邮政编码：100717

http://www.sciencep.com

北京凌奇印刷有限责任公司印刷

科学出版社发行　各地新华书店经销

*

1992年1月第　一　版　开本：787×1092　1/16

2012年6月第　二　版　印张：66 1/2　插页：2

2018年2月第五次印刷　字数：1 620 000

POD定价：338.00元

（如有印装质量问题，我社负责调换）

《白血病治疗学》
（第二版）

编写人员

主　　编　陆道培

副 主 编　童春容　吴　彤　达万明

编写人员　（按姓氏汉语拼音排序）

曹星玉　道培医院
达万明　中国人民解放军总医院
董陆佳　道培医院
樊建玲　上海长征医院
范丽安　上海市免疫学研究所
范志平　南方医院
高春记　中国人民解放军总医院
高志勇　道培医院
顾龙君　上海儿童医学中心
郝玉书　中国医学科学院血液学研究所血液病医院
侯　健　上海长征医院
黄　芬　南方医院
黄　河　浙江大学医学院附属第一医院
纪树荃　中国人民解放军空军总医院
蒋朱明　北京协和医院
李建勇　江苏省人民医院
刘　芳　道培医院
刘　洋　北京大学人民医院
楼方定　中国人民解放军空军总医院
卢　岳　道培医院
陆道培　道培医院
陆佩华　San Jose Medical Group
孟　然　首都医科大学附属北京世纪坛医院

孟凡义　南方医院
缪扣荣　江苏省人民医院
任汉云　北京大学第一医院
沈建良　中国人民解放军海军总医院
孙　媛　道培医院
童春容　道培医院
王　蔚　中日友好医院
王静波　道培医院
王振义　上海交通大学医学院附属瑞金医院
吴　彤　道培医院
武淑兰　北京大学第一医院
肖志坚　中国医学科学院血液学研究所血液病医院
徐　卫　江苏省人民医院
薛永权　苏州大学附属第一医院
颜　霞　北京大学人民医院
殷宇明　道培医院
于　康　北京协和医院
张　钰　南方医院
赵艳丽　道培医院
朱明炜　北京医院

第二版前言

本书的第一版承蒙各方的好评与厚爱，第一次印刷后很快售罄，再次印刷仍无法满足社会需求，对于当时各位撰稿专家的支持，在此再次深表感谢。偶尔在一些医院血液病房会诊时见到本书已被翻烂，深感有再版的必要；更由于白血病治疗的不断进展，使再版的必要性与迫切性与日俱增。

本书的第一版有幸得到吴阶平院士的推荐与褒奖，但亦提出：本书既然不仅仅是“白血病的治疗”，而是“白血病治疗学”，则建议增加有关基础的内容。再则自第一版出版以来，由于新旧药物与临床的发展及经验的积累，更由于分子生物学与免疫学，包括流式细胞分析检测技术的重大进步，使白血病的治疗增加了疾病的个体特异性，亦使得治疗学与诊断有了更为密切的联系。由于以上多种理由，因此在第二版中增加了白血病的诊断及有关基础研究的章节。

白血病的靶向治疗已成为引导现代肿瘤内科治疗的方向和先驱。此外，白血病治疗的一个重要手段——造血干细胞移植，还是干细胞移植治疗的先行者。白血病治疗学的快速发展既体现在血液病学中，又在其他学科的发展中有着重要意义。

本版约稿的专家学识与经验丰富，但忙于多种工作，这包括编者追求完美主义的态度，数易其稿，延长了出版时间，在此，向其他作者及读者致歉。

《白血病治疗学》第二版继续得到多位大师级人物的支持，特别是王振义院士等亲自执笔，在此对这些专家的大力支持与辛勤付出再次叩谢。

第二版的成书过程，特别是白血病的药物篇，亦得到道培医院多位比较年轻的又有相当经验的医师的帮助，此外，第二版的编写蒙三位副主编及刘芳的协助，特此一并致谢。

陆道培
写于北京与上海
2012 年 4 月

第一版前言

本书是我国介绍白血病治疗的第一本专著，亦是一代人研究白血病治疗的共同成果。我们希望这本书能起到承前启后的作用。

回想我在34年前刚开始从事血液病学工作的时候，急性白血病除了输血和护理之外，治疗方法少得可怜。极大多数急性白血病患者在半年内死亡。因此，家父——一位眼科医师，极力反对我从事白血病研究。照他的说法，治疗白血病的医师只能起到为通向“阎王爷”的道路开通行证的作用。有位血液病专家告诉我，他当时特别不好意思对同事与其他人谈到他是从事血液病学工作的。因为，无论白血病还是再生障碍性贫血患者都活不长，所以他感到羞愧。30余年过去了，情况已经有了极大的改变，而且还在迅速好转。通过化疗、放疗、骨髓移植、生物反应调节剂等手段，已能使半数以上的急性白血病患者长期存活或根治。这是临床学家、基础学家、药学家等共同努力的结果，其中亦包括大量患者的贡献。后者是因为白血病的治疗进展离不开临床经验与病理检查。在积累临床经验，提高认识与“制造知识”过程中，必然会通过正确和欠正确的，甚至有时是错误的医疗实践，必要时还需要病理解剖。因此，我们必须十分珍惜，并努力学习、整理已有的临床知识，以便今后能使更多的白血病患者得到根治。

对白血病治疗的进展，我国科学家是做出贡献的，其中包括在世界上首先临床应用三尖杉酯碱（从粗榧中分离所得）取得明显疗效，首先用全反式维A酸治疗急性早幼粒细胞白血病提高了缓解率，首先应用青黛及其提取物靛玉红治疗CML疗效明显，首先在骨髓移植中应用胎盘球蛋白与大蒜制剂取得成功，亦首先在亚洲成功进行骨髓移植。本书章节均由国内较高造诣与成就的血液病学专家撰写。上述内容亦都是他们的有关成果。但是，正如已故血液病专家Wintrobe（1985）所说：“科学的进步是通过很多人，而不是少数著名人士的工作来实现的。知识的整体在很多方面可以比作一个镶嵌品，只有一块块地互相以某种形式镶嵌起来才成为一件伟大的艺术品。”因此，本书亦应该是我国血液病专家们多年来共同努力的总结。

白血病治疗的重要性不但是因为白血病的发病率在青壮年和儿童恶性肿瘤中居首位，而且还在于白血病的治疗进展必然会带动其他肿瘤治疗、支持治疗、器官移植等学科的发展。经过几十年来临床与基础科学家的共同努力，使白血病治疗的科学内容日益丰富，方法日益复杂，技术难度亦愈益提高，实际上已形成了一个相对独立的学科。因此，本书取

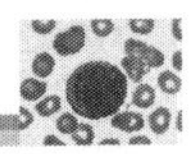

名《白血病治疗学》。

无疑，白血病的分类、其细胞生物学以及治疗药物的药理学与白血病治疗的关系密切，因此在本书中亦分别用专章介绍。为了便于读者参考和制订出更合理的新方案，本书将国内外近10余年来治疗急性髓性白血病的各种方案与其结果的详细资料汇集成表（见第五章）。

本书所用名词有若干需要说明。这就是急性髓性白血病（AML），亦称急性非淋巴细胞白血病（ANLL），二者在国际文献中通用。因为目前FAB分类方法逐渐在国际上通用，我国亦基本采取FAB分类。因此本书采用AML一词。这亦是由于髓系细胞有其共同的祖先细胞（CFU-GEMM）的缘故。同样理由，本书采用慢性髓性白血病（CML）一词，而不用慢性粒细胞性白血病（CGL），这是因为前者除了在国际上更通用之外，它还更符合CML的病理生理。因为患者的髓系各系细胞，包括粒、单核、红系与巨核细胞系中皆有恶性细胞，并皆属于同一细胞的克隆。随着人们对事物认识的深入，反映事物本质的名词亦会随之改变，更何况我们以前和我国目前某些地区一直在应用急性髓性和慢性髓性白血病的名词。

本书的主要读者对象是内科、儿科临床医师，而他们工作繁忙，有可能只选择性地阅读其中一章，因此，为方便读者，书中涉及的重要的英文名词的缩写，尤其是药名，在每一章节第一次出现时都注有中英文全名。某些英文缩写还在表格下注明，并在本书中附有中文与英文名词缩写对照表以便检索。某些在医务界已是多年常用的拉丁文，如im、iv、tid等的中文名称只在该检索表中列出。按有关规定，书中涉及的英文地名与人名等是应该用标准中文译名的。但是除了该中文译名已为国内比较惯用的以外，科学出版社应编者的要求同意在本书内采用原文。这是因为医师们都比较熟悉英文专有人名和地名，采用原文比较符合日常应用习惯，亦容易记忆，我们征求到的意见亦是一致要求采用原文。

本书的出版除得到了编者所在单位的支持外，尚有国内多位著名专家在百忙之中亲自认真执笔。此外，本书还受到默沙东（MSD）药厂的重要支持。谨此向他们对我国学术事业的热忱致谢！本书在编写过程中得到我所不少同事，特别是童春容、周洁二位医师及张丽静、李雪洁二位的大力帮助，在此一并致谢！

最后，我愿借巴斯德的一句名言作为结语：“未来是属于那些为正在受苦的人类贡献最多的人。”

陆道培

1991年

缩 略 语

A

aAPC　人造 APC
Acla　阿柔比星，阿克拉霉素
aCML　不典型慢性髓性白血病
ACTH　促肾上腺皮质激素
AD　常染色体显性遗传
ADCC　抗体依赖细胞介导的细胞毒
ADM　多柔比星，阿霉素
ADP　二磷酸腺苷
ADV　腺病毒
AGM 区　主动脉-性腺-中肾区
aGVHD　急性移植物抗宿主病
AICAR　氨基咪唑酰胺
AIHA　自身免疫性溶血性贫血
AITL　T 血管免疫母细胞淋巴瘤
AKI　急性肾损伤
AL　急性白血病
ALCL，ALK^-　ALK 阴性的间变大细胞淋巴瘤
ALCL，ALK^+　ALK 阳性的间变大细胞淋巴瘤
ALIP　粒系不成熟前体细胞异常定位
ALL　急性淋巴细胞白血病
allo-HSCT　异基因造血干细胞移植
ALT　谷丙转氨酶
AML　急性髓性白血病
AML，NOS　AML，非特殊型
AML-M4Eo　嗜酸粒细胞增多的急性粒单核细胞白血病
AMMF　急性骨髓增生异常伴有骨髓纤维化
AMoL　急性单核细胞白血病
AMSA　安吖啶
ANB　α萘酚丁酸
ANLL　急性非淋巴细胞白血病
AP　加速期
Apaf-1　凋亡活化因子-1
APBMT　亚太骨髓移植协作组织
APC　抗原提呈细胞
APL　急性早幼粒细胞白血病
APMF　伴骨髓纤维化的急性全髓增殖症
APTT　活化部分凝血活酶时间
AR　常染色体隐性遗传
Ara-C　阿糖胞苷
ARDS　急性呼吸窘迫综合征
ARF　急性肾功能衰竭
As_2O_3　三氧化二砷
As_4O_4　四硫化四砷
ASL　肌萎缩侧索硬化
ASNS　骨髓间充质细胞门冬酰胺合成酶
ASO　等位基因特异性寡核苷酸
AT　毛细血管扩张性共济失调
ATG　抗胸腺细胞球蛋白
ATLL　成人 T 淋巴细胞白血病/淋巴瘤
ATLS　急性肿瘤溶解综合征
ATM　毛细血管扩张性共济失调症基因突变
ATM　遗传性共济失调-毛细胞血管扩张症突变基因
ATP　三磷酸腺苷
ATRA　全反式维 A 酸
AUC　曲线下面积
AUL　急性未分化型白血病
AUL　急性微分化型白血病
auto-HSCT　自体造血干细胞移植

B

Ba　嗜碱粒细胞
BAL　支气管肺泡灌洗液

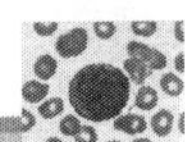

B-ALL 急性B淋巴细胞白血病
BAs 血清胆汁酸
BBB 血脑屏障
BCG 卡介苗
BCL B淋巴细胞淋巴瘤
B-CLL 慢性B淋巴细胞白血病
BCNU 卡莫司汀，卡氮芥
BCR 断裂点丛集区
BCR B淋巴细胞抗原受体
bFGF 碱性成纤维细胞生长因子
BFU-E 红系祖细胞集落
bid 每日2次
BL 伯基特淋巴瘤
bls 原始细胞
BM 骨髓
BMI 体质指数
BMP 骨形态生成蛋白
BMT 骨髓移植
BP 急变期
BPDC 原始浆细胞样树突细胞肿瘤
BRM 生物调节剂
BU 白消安，马利兰

C

CAE 萘酚-ASD-氯醋酸脂酶
CAE 氯醋酸脂酶
CB 脐带血
CBC 血常规
CBF 核心结合因子
CBP 卡铂
CBT 脐带血移植
cCD3 胞浆CD3
CCI 校正计数增加值
CCND1 周期素D1
CCNU 洛莫司汀，环已亚硝脲
CCyR 完全细胞遗传学缓解
CD 造血细胞分化抗原簇
CDA 先天性红细胞生成异常性贫血
CDC 补体依赖的细胞毒
CDK 细胞周期蛋白依耐性激酶
CDR 共同缺失区
CEL，NOS 慢性嗜酸细胞白血病，非特殊型
CEPM 羧乙基磷酰胺氮芥
CF 甲酰四氢叶酸钙，亚叶酸钙
CFC 集落形成细胞
CFU-ALL ALL祖细胞
CFU-GM 粒单系祖细胞
CFU-L 白血病祖细胞
cGVHD 慢性移植物抗宿主病
CHF 充血性心衰
CHR 完全血液学缓解
ci 持续静脉注射
CIBMTR 国际骨髓移植研究中心
CIDP 慢性炎症性脱髓鞘性多发性神经炎
CIK 细胞因子诱导的杀伤细胞
CIR 累计复发率
CKD 慢性肾脏病
CLA 皮肤淋巴细胞相关抗原
CLB 苯丁酸氮芥，瘤可宁
CLL 慢性淋巴细胞白血病
CLL/SLL 慢性淋巴细胞白血病/小淋巴细胞淋巴瘤
CLP 淋巴前体细胞
CLPD-NK 慢性NK细胞淋巴增殖性疾病
CLS 毛细血管渗漏综合征
CMDP 中国造血干细胞捐献者资料库，中华骨髓库
CML 慢性髓性白血病
CML-AP 慢性髓性白血病加速期
CML-BP 慢性髓性白血病急变期
CML-CP 慢性髓性白血病慢性期
CMML 慢性粒单核细胞白血病
CMR 完全分子学缓解
CMV 巨细胞病毒
CNL 慢性中性粒细胞白血病
CNSL 中枢神经系统白血病
CoA 激活复合物
COX-2 环加氧酶-2

CP 慢性期
CR 完全缓解
CR1 第一次完全缓解
CR5 趋化因子受体 5
CRABPⅡ 胞质中维 A 酸结合蛋白Ⅱ
CRi 不完全恢复的 CR
CRp 完全缓解伴血细胞减少
CsA 环孢素，环孢霉素 A
CSBMT 中华造血干细胞移植协会
CSC 结肠癌干细胞
CSF 脑脊液
CT 计算机 X 射线断层造影术
CTCL 皮肤 T 细胞淋巴瘤
CTL 特异性细胞毒性 T 淋巴细胞
CTLA-4 CTL 相关抗原 4
CTLR C 型植物血凝素受体
Cy 环磷酰胺
CVC 中心静脉导管
CWS 细胞壁骨骼
CXCL 12 富含趋化因子配体 12
CYP 细胞色素 P450
CyR 遗传学有效

D

DAC 地西他滨
Dact 放线菌素
DAD 弥漫性肺泡损伤
DAF 破骨细胞激活因子
DAH 弥漫性肺泡出血
DAT 直接抗人球蛋白试验
dATP 5′-三磷酸脱氧腺苷
DC-CIK 树突细胞预激的 CIK 细胞
DD-PCR 差异 PCR
DED 死亡效应区域
DEX 地塞米松
DF 去纤核苷酸
DFS 无病生存
DHAD 米托蒽醌
DHFR 二氢叶酸还原酶
DHPG 更昔洛韦
DIC 弥散性血管内凝血
DISC 差别异性染色细胞毒试验
DLBCL 弥漫大 B 淋巴细胞淋巴瘤
DLI 供者淋巴细胞输注
DMEs 药物代谢酶
DMSO 二甲基亚砜
DNA 脱氧核糖核酸
DNR 柔红霉素
DNR 正定霉素
dsRNA 双链 RNA
DT 更生霉素
DTT 二巯基苏糖醇

E

EATL 肠病型 T 细胞淋巴瘤
EBER EBV 编码的小核 RNA
EBMT 欧洲骨髓移植协作组
EBNA EBV 核抗原
EBV EB 病毒
EBV-LPD EBV 相关性淋巴增生性疾病
ECM 细胞外基质
ECP 体外光疗
ECW 细胞外水
EEG 脑电图
EFS 无事件生存
EN 肠内营养
Eo 嗜酸粒细胞
EPI 表柔比星，表阿霉素
EPO 红细胞生成素
EPOR 红细胞生成素受体
ERG ETS 相关基因
ES 植入综合征
ET 原发性血小板增多症

F

FH_4 四氢叶酸
FA 范科尼贫血
F-ara-AMP 磷酸氟达拉滨
F-ara-ATP 三磷酸氟达拉滨

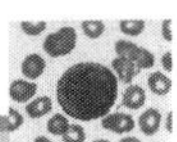

FCM 流式细胞分析技术
FDC 滤泡树突细胞肉瘤
FDP 纤维蛋白降解产物
Fdu 氟脱氧尿苷
FFP 新鲜冰冻血浆
FGF 成纤维细胞生长因子
FH_2 二氢叶酸
FIB 纤维蛋白原
FISH 荧光原位杂交
FK506 他克莫司，普乐可复
FL 滤泡淋巴瘤
FLIP FLICE 抑制蛋白
FLT3 FMS 样酪氨酸激酶 3
Flt3L FMS 样酪氨酸激酶 3 配体
Flu 氟达拉滨
FPD/AML 家族性血小板病伴发白血病
FR1 第一框架区
FSC 前向角
FTI 法尼基转移酶抑制剂

G

G_1 期 DNA 合成前期
G_2 期 DNA 合成后期
GAR 甘氨酰胺核苷酸
G-CSF 粒细胞集落刺激因子
G-CSFR 粒细胞集落刺激因子受体
GIST 胃肠间质瘤
GM1 神经节苷酯
GM-CSF 粒巨噬细胞集落刺激因子
GMI 半乳甘露聚糖指数
GNs 硫鸟嘌呤核苷酸
GO 吉姆单抗
GSH 谷胱甘肽
GST 谷胱甘肽-S-转移酶
GVHD 移植物抗宿主病
GVL 移植物抗白血病作用
GVT 移植物抗肿瘤作用

H

HAL 急性混合性白血病
haplo-HSCT 亲缘半相同造血干细胞移植
HHT 高三尖杉酯碱
HB 血红蛋白
HBA 血红蛋白 A
HBF 血红蛋白 F
HBV 乙型肝炎病毒
HC 出血性膀胱炎
HCD 重链病
HCDR3 重链 CDR3
HCL 毛细胞白血病
HCL-V 变异型毛细胞白血病
HCT-CI 造血干细胞移植特异合并症指数
HCV 丙型肝炎病毒
HDAC 组蛋白去乙酰化酶
HDC 联合组胺脱氢酶
HES 嗜酸粒细胞增多综合征
HGF 肝细胞生长因子
HGFs 人造血细胞生长因子
HGPRTase 黄嘌呤竞争磷酸核糖转移酶
HH 遗传性血色素沉着症
HHV 疱疹病毒
HHV6 人类疱疹病毒 6
HL 霍奇金淋巴瘤
HLA 人类白细胞抗原
HLF 肝白血病因子
HLH 噬血细胞综合征
HMMR 透明质烷介导的运动受体
HN2 氮芥
Hp 幽门螺杆菌
HR 高危型
HR3C1 糖皮质激素核受体超家族 3
HRX 髓-淋系混合白血病基因
HSC 造血干细胞
HSCT 造血干细胞移植
HSP 热休克蛋白
HSTL 肝脾 T 淋巴细胞淋巴瘤
HSV 单纯疱疹病毒
HTC 纯合分型细胞

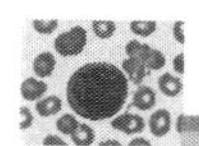

hTERT	人端粒酶裂解亚单位
HTLV	人类 T 淋巴细胞白血病病毒
HU	羟基脲
HUS	溶血性尿毒综合征
I	
IA	侵袭性曲霉菌病
IAL	婴儿急性白血病
IAP	凋亡抑制因子
IC	侵袭性念珠菌感染
ICAM-1	黏附分子-1
Id	分化抑制因子
IDA	去甲氧柔红霉素
IDAoL	依达比星醇
IDC	并指状树突细胞肉瘤
IDH	异柠檬酸脱氢酶
IDSA	美国感染疾病学会
IFD	侵袭性真菌病
IFI	侵袭性真菌感染
IFN-α	干扰素 α
IFN-γ	γ-干扰素
IFO	异环磷酰胺
IgH	免疫球蛋白重链
IgH-BCL2	免疫球蛋白重链-BCL2 白血病融合基因
IgHV	人类胚系免疫球蛋白重链可变区
IHC	免疫组织化学
IL-2	白细胞介素-2
IL-6	白细胞介素-6
IL6R	白细胞介素-6 受体
ILT	免疫球蛋白样转录子
IM	伊马替尼
iNKT	恒定 NKT 细胞
IP	间质性肺炎
IPS	特发性肺炎综合征
IPSS	国际预后积分系统
ISCN	国际人类细胞遗传学术语命名法
ITAM	免疫受体酪氨酸激活基序
ITP	免疫性血小板减少症
iv	静脉注射
ivgtt	静脉滴注
IVIG	静脉丙种球蛋白
J	
JMML	幼年型粒单核细胞白血病
K	
KAR	NK 细胞激活性受体
KGF	角化细胞生长因子
KIR	杀伤细胞免疫球蛋白样受体
KIT	造血干细胞生长因子受体
KLH	琥珀酰化钥孔戚血兰蛋白
L	
LAIP	白血病相关表型
LAK 细胞	淋巴细胞激活的杀伤细胞
LAP	白细胞碱性磷酸酶
L-ASP	左旋门冬酰胺酶
LBL	淋巴母细胞淋巴瘤
LCG	朗格罕细胞组织细胞增多症
LCS	朗格罕细胞肉瘤
LDCHL	血清乳酸脱氢酶
LFA-1	淋巴细胞功能相关抗原 1
LFS	无白血病生存
LGL 白血病	人颗粒淋巴细胞白血病
LM	长度突变
LMO2	LIM 唯一结构域 2
LMP1-3	潜在膜蛋白
LOS	性染色体缺失
LOT	亮氨酸氨基酞酶
LPD	淋巴增殖性疾病
LPL	淋巴浆细胞淋巴瘤
LPS	脂多糖
LRF	肺耐药蛋白
LSC	白血病干细胞
LTR	白细胞免疫球蛋白样受体
LVDF	左室舒张功能
LVSF	左室收缩功能
LYG	淋巴瘤样粒细胞肉芽肿
M	
MA	清髓预处理方案

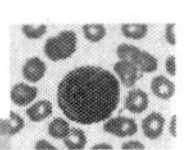

MAGE-1	黑色素瘤抗原 E-1
MALT	黏膜相关淋巴组织的结外边缘带淋巴瘤
MARK	丝裂原激活的蛋白激酶
M-bcr	主要断裂簇
MBDI	骨髓白血病原始细胞减少指数
MBL	单克隆 B 淋巴细胞增多症
MBP	髓鞘碱性蛋白质
McAb	单克隆抗体（单抗）
MCCHL	混合细胞性典型 HL
Me-CCNU	司莫司汀，甲环亚硝脲
MCL	肥大细胞白血病
MCL	套细胞淋巴瘤
MCS	肥大细胞肉瘤
MCV	平均红细胞体积
MCyR	主要细胞遗传学缓解
mCyR	次要细胞遗传学缓解
MDR	多耐药基因
MDR/TAP	ATP 结合盒亚家族
MDR1	多药耐药蛋白 1
MDS	骨髓增生异常综合征
MDS，U	MDS，不可分型
MDS-Eo	MDS 伴有嗜酸粒细胞增多
MDS-RAEB	MDS-难治性贫血伴原始细胞增多
MDS-RCMD	MDS-难治性血细胞减少伴多系发育异常
MEGLy	淋巴样小巨核细胞
MEL	美法仑，苯丙氨酸氮芥
MF	蕈样肉芽肿
MGUS	意义未明的单克隆免疫球蛋白血症
mHa	次要组织相容性抗原
MHC	主要组织相容性复合体
MICM-P	细胞形态学、免疫学、细胞遗传学、分子生物学、病原学的整合诊断
MIDD	单克隆免疫球蛋白病沉积病
miRNA	微小 RNA
MLL	髓-淋系混合白血病基因
MLL-PTD	髓系/淋巴/杂合型白血病基因部分串联重复
MM	多发性骨髓瘤
MMF	霉酚酸酯，吗替麦考酚酯，骁悉
MMR	主要分子学缓解
MN1	脑（脊）膜瘤 1
MNA	微型营养评估
MNC	单个核细胞
Mo	单核细胞
MOF	多器官功能衰竭
MPA	活性产物麦考酚酸
MPN	骨髓增殖性肿瘤
MPO	髓过氧化物酶
MPP-HSC	多能造血干细胞
MRD	微小残留病
MRI	磁共振
mRNA	信使核糖核酸
MRP	MDR 相关蛋白
MRSA	耐甲氧西林金黄色葡萄球菌
MSC	间充质干细胞
MSD-HSCT	同胞全相合造血干细胞移植
MTHFR	亚甲基四氢叶酸还原酶
MTT	3-（4，5-二甲基噻唑-2）-2，5-二苯基四氮唑溴盐
MTX	甲氨蝶呤
MUD	相合的非血缘供者
MYH11	平滑肌肌球蛋白重链基因
Mϕ	巨噬细胞
M 期	有丝分裂期
N	
N	中性粒细胞
NaF	氟化钠
NAP	外周血中性粒细胞碱性磷酸酶
NC	有核细胞数
NCCN	美国国家癌症综合治疗联盟
	非红系细胞
NHFTR	非溶血性发热输血反应
NIMA	非遗传性的母亲抗原
NIPA	非遗传性的父亲抗原
NK	自然杀伤细胞

NKRs	自然细胞毒受体
NKT	自然杀伤性 T 淋巴细胞
NLPHL	结节淋巴细胞优势性 HL
NMDP	美国骨髓库
NMR	非复发死亡率
NMZL	淋巴结边缘带淋巴瘤
NPM	核磷蛋白
NQO1	苯醌氧化还原酶
NSE	非特异性脂酶
NumA	核有丝分裂器
NVT	米托蒽醌
O	
ORR	总有效率
OS	总生存
P	
PLL	幼淋细胞白血病
PAG	肿瘤产生的非多肽磷脂抗原
PAI-I	纤溶酶原激活物抑制剂-1
PAMPs	病原相关特征分子
PAS	过碘酸雪夫（糖原染色）
PB	外周血
PBL	外周血淋巴细胞
PBSC	外周血造血干细胞
PBSCT	外周血造血干细胞移植
PCD	亚急性小脑变性
PCFCL	原发皮肤滤泡中心淋巴瘤
PCL	浆细胞白血病
PCLBCL，leg	原发皮肤的 DLBCL，腿型
PCR	多聚酶链反应
PCyR	部分细胞遗传学缓解
PD	疾病进展
PDGFR-β	血小板来源生长因子受体 β
PDT	光动力学治疗
PE	血浆置换疗法
PEL	原发渗出性淋巴瘤
PEM	副肿瘤性脑脊髓炎
PFS	无进展生存期
P-gp	P-糖蛋白，多药耐药蛋白 1
PHA	植物血凝素
PICC	经外周静脉置入的中心静脉导管
PIF	首次诱导治疗失败
PKC	蛋白激酶 C
PLL	幼淋细胞白血病
PLT	血小板
PLZF	早幼粒细胞白血病锌指基因
PMBL	原发纵隔（胸腺）的大 B 淋巴细胞淋巴瘤
PMF	原发性骨髓纤维化
PN	肠外营养
PNPT1	多聚核糖核苷酸转移酶 1
po	口服
POD	核小体
POM	斜视性眼肌阵挛-肌阵挛综合征
PR	部分缓解
PR3	蛋白酶 3
PRAME	黑色素瘤选择表达抗原
PRB	视网膜母细胞瘤蛋白
PRCA	纯红细胞再生障碍性贫血
Pred	泼尼松
PT	凝血酶原时间
PTCL，NOS	外周 T 细胞淋巴瘤，非特殊型
PTH	甲状旁腺素
PTLD	移植后淋巴增殖性疾病
PTR	血小板输注无效
PUR	聚氨酯
PV	真性红细胞增多症
PVC	普通橡皮管或聚氯乙烯
Q	
qd	每日 1 次
q12h	每 12 小时 1 次
R	
RA	难治性贫血
RAEB	难治性贫血伴原始细胞增多
RAEB-t	转化中的难治性贫血伴原始细胞增多
RAR	维 A 酸受体
RARS	难治性贫血伴有环状铁粒幼细胞
RAS	维 A 酸综合征

RBI　放射脑损伤
RCC　儿童难治性血细胞减少
RCMD　难治性血细胞减少伴有多系发育异常
RCUD　难治性血细胞减少伴单系发育异常
rF VIIa.　重组人Ⅶa因子
RFS　无复发生存
RHAMM　透明质酸介导的运动受体
rhEGF　重组人类表皮生长因子
rhEPO　重组人红细胞生成素
rhG-CSF　重组人类粒细胞集落刺激因子
rhGM-CSF　重组人类粒细胞巨噬细胞集落刺激因子
RIC　减低强度的预处理
RIC-HSCT　减低强度预处理方案的移植
RISC　miRNA 诱导的灭活复合体
RPLES　可逆性后部脑白质病
RPS14　40 小亚基核糖体蛋白
RS 细胞　里斯细胞
RT-PCR　实时定量 PCR
RTX　利妥昔单抗，美罗华

S

SA　铁粒幼红细胞性贫血
SAA　重症再生障碍性贫血
SBB　苏丹黑 B
sc　皮下注射
SCD　姊妹染色单体分化
SCE　姐妹染色体交换
SCF　造血干细胞因子
SCID　重症联合免疫缺陷症
SCL　干细胞白血病
SDF1α　基质细胞来源因子 1α
SEC　窦状内皮细胞
SHM　体细胞超突变
SI　敏感指数
sIg　膜表面免疫球蛋白
siRNA　小干扰 RNA
SIRS　全身炎症反应综合征
SKY　光谱染色体核型分析
SLAM　表达信号淋巴细胞激活因子
SLL　小淋巴细胞淋巴瘤
SM　系统性肥大细胞增多症
sMDS　继发性 MDS
SMN　亚急性运动神经病
SMRT　甲状腺受体静息介质
SMZco　复方磺胺甲基异噁唑
SMZL　脾脏边缘带淋巴瘤
SNP　单核苷酸多态性
SOD　超氧化物歧化酶
SOS　肝窦阻塞综合征
SPARC　富含半光氨酸酸性分泌型蛋白
SPTCL　皮肤脂膜炎样 T 细胞淋巴瘤
STI571　甲磺酸伊马替尼
SWOG　美国西南肿瘤研究组
syn-HSCT　同基因 HSCT
S 期　DNA 合成期

T

TA-GVHD　输血相关的移植物抗宿主病
T-ALL　急性 T 淋巴细胞白血病
TAM　一过性异常髓系增生
t-AML　治疗相关的急性髓性白血病
TA-TMA　移植相关的血栓性微血管病
TBI　全身放射
T-CLL　慢性 T 淋巴细胞白血病
TCR　T 淋巴细胞抗原受体
TdT　末端脱氧核苷酸转移酶
TFS　中位无治疗生存期
TGF-β　转化生长因子 β
TGNs　硫鸟嘌呤核苷酸
Th1　Ⅰ型辅助性 T 细胞
THP　吡柔比星，吡喃阿霉素
TIA　短暂性脑缺血发作
tid　每日 3 次
TIL　肿瘤浸润性淋巴细胞
TK　胸苷激酶
TKI　酪氨酸激酶抑制剂
TL　睾丸白血病
T-LBL　T 淋巴母细胞淋巴瘤

T-LGL	T大颗粒淋巴细胞白血病
TLRs	Toll样受体
TLS	肿瘤溶解综合征
TM	血栓调节蛋白
TMA	血栓性微血管病
t-MDS	治疗相关MDS
TNF-α	肿瘤坏死因子-α
TOP2A	拓扑异构酶Ⅱα
tPA	组织型纤溶酶原激活物
T-PLL	T幼淋细胞白血病
TPMT	硫代嘌呤甲基转移酶
TPN	全肠外营养
TPO	促血小板生成素
TPT	拓扑替康，托泊替康
TRALI	输血相关的急性肺损伤
TRAP	抗酒石酸酸性磷酸酶
Treg	调节性T淋巴细胞
TRL	治疗相关性白血病
TRM	治疗相关死亡率
TT	凝血活酶时间
TTP	血栓性血小板减少性紫癜
TYMS	胸苷酸合成酶
U	
UCBT	非血缘脐血移植
ULBP	UL16结合蛋白
URD	非血缘供者
URT	非血缘造血干细胞移植
UV-B	应用紫外线B段
V	
V	可变区
VA	丙戊酸
VCR	长春新碱
VDS	长春地辛
VEGF	血管内皮生长因子
VEGFR	血管内皮生长因子受体
VitD	维生素D
VM-26	替尼泊苷
VOD	肝静脉闭塞病
VP-16	依托泊苷，足叶乙苷
VRE	万古霉素耐药的肠球菌
vWF	血管性血友病因子
VZV	水痘-带状疱疹病毒
W	
WBC	白细胞
WCP	整条染色体涂抹探针
WPSS	WHO预后评估系统
WT1	William肿瘤抗原
X	
XLR	伴性隐性遗传
其他	
2，3-DPG	2，3-二磷酸甘油酸
^{3}H-TdR	氚胸腺嘧啶核苷
4HC	4氢过氧环磷酰胺
5-AZA	5-氮杂胞苷，氮杂胞苷
6-MP	巯嘌呤，6-巯基嘌呤
6-TG	硫鸟嘌呤，6-硫代鸟嘌呤

目　　录

第一篇　总　　论

第二篇　治疗学基础

第三篇　化疗及其他治疗

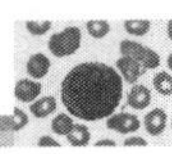

第四篇　造血干细胞移植

第五篇　其　他

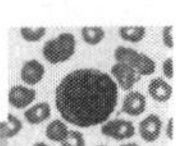

第一篇

总　　论

第一章　白血病治疗总论

陆道培　童春容

陆道培，主任医师，北京大学与复旦大学内科与血液病教授，博士生导师。毕业于同济医学院（现华中科技大学同济医学院）。兼任中华医学会常务理事、医学名词审定委员会主任。我国骨髓（含造血干细胞）移植的奠基人。1964年在亚洲首先行同基因骨髓移植成功治愈重症再生障碍性贫血，并创下首先以孕妇供骨髓及重建骨髓最少细胞数的2项世界纪录。1981年首先在我国持久植活异基因骨髓，用此疗法可根治大量的恶性和重症血液疾病。创造了骨髓移植根治遗传性无丙种球蛋白血症的世界纪录。首先证明骨髓混合胎肝细胞移植可明显降低移植物抗宿主病。首先证明硫化砷类药物对急性早幼粒细胞白血病有卓效。获国家科技进步奖二等奖1项，发表论文200余篇，主编专著3部。1996年当选为中国工程院院士。

童春容，第八届国家药典委员会委员，中国医药生物技术协会医药生物技术临床专业委员会常委，中国抗癌协会生物治疗专业委员会委员，中国抗癌协会血液肿瘤专业委员会委员，中华骨髓库专家委员会委员，《中华血液学杂志》编委，中华医学会血液学分会实验血液学组成员。曾任国家药品监督管理局药品评审专家。擅长恶性肿瘤性疾病及慢性病毒性疾病的免疫治疗，以及恶性血液病的整合诊断。

白血病是造血细胞恶性变的结果，是体内白血病细胞不断增生导致的血象改变和一系列的临床症状或体征。根据上述定义，过去骨髓增生异常综合征（myelodysplastic syndrome，MDS）中的某些类型应纳入白血病范畴。

白血病的发病率虽然不高，但是却占年轻人与儿童肿瘤的首位。人们对白血病的重视更由于它不再是一个不治之症。有的白血病，如儿童急性淋巴细胞白血病（acute lymphoblastic leukemia，ALL）、伴t（15；17）染色体异常和（或）PML-RARα基因异常的急性早幼粒细胞白血病（acute promyelocytic leukemia，APL），伴t（8；21）染色体异常和（或）AML1-ETO基因异常的急性髓性白血病（acute myeloid leukemia，AML），伴inv（16）或t（16；16）染色体异常和（或）CBFβ-MYH11基因异常的AML等大多已可以通过单纯的药物治疗根治；很多白血病可通过造血干细胞移植（hematopoietic stem cell transplantation，HSCT）根治。白血病还是研究恶性肿瘤性疾病发生机制及新型治疗方法的很好模型，因为与实体瘤相比，白血病细胞更容易获得。

第一节　正常造血细胞及白血病发生机制

一、造血干细胞的产生、分化、发育和调控

人类最早的造血位于胚外卵黄囊造血岛，称为原始造血（primitive hematopoiesis），

此时的造血细胞尚不能长期重建造血，只能产生红细胞及巨核细胞。研究显示，最早的造血干细胞（hematopoietic stem cell，HSC）可形成血液细胞及血管内皮细胞，称为成血管造血干细胞（hemangioblast）。此后 HSC 可以分化为各种血液细胞，称为永久造血（definitive hematopoiesis），起源于胚内的主动脉旁胚脏壁（paraaorticsplanchnopleura，PAS）/主动脉-性腺-中肾区（aorta-gonad-mesonephros region，AGM 区）。很快 HSC 迁移到肝脏和脾脏，在胚胎晚期到达骨髓及胸腺。骨髓是人出生后的主要造血器官。HSC 具有分化造血功能（产生正常成熟的血液细胞）和自我更新能力（维持自身细胞数量及功能的稳定），从而可以长期重建经致死剂量照射受者的全部造血系统。HSC 能分化为不同系列和阶段的干细胞、祖细胞、前体细胞、幼稚细胞及成熟细胞，如红细胞、T 淋巴细胞、B 淋巴细胞、血小板、粒细胞、单核细胞等。在正常情况下，绝大多数 HSC 处于非增殖的 G_0 期，仅有少数细胞进入增殖周期满足生理需要，其自我更新与分化功能是平衡的。但在一些压力下，如感染、化疗、放疗、急性出血等，更多的 HSC 进入增殖周期，以维持血液成熟细胞发挥机体需要的功能。为了维持血液细胞的稳定状态，HSC 的自我更新、迁移、分化、增殖、成熟、凋亡等过程受一系列内在及外在调控因素的调节（Yoder MC，2009；Papayannopoulou T 等，2001）。

（一）HSC 的内在调控

在 HSC 的自我更新、增殖、分化、成熟等过程中，细胞的基因也发生明显改变，这是调控造血过程的关键。大多数基因的表达受转录因子的调节。转录因子为脱氧核糖核酸（deoxyribonucleic acid，DNA）结合蛋白，与靶基因的调节区相互作用激活或抑制基因的转录。转录因子主要由两部分组成：一部分是 DNA 结构域，另一部分是转录调节结构域，一些转录因子还有组蛋白修饰结构域，后者帮助包装 DNA 组蛋白的甲基化及乙酰化，使 DNA 调节区容易与其他转录因子接触。累及造血的转录因子有以下几类：① 碱性螺旋-环-螺旋类转录因子（basic helix-loop-helix，bHLH）家族；② 亮氨酸拉链家族；③ 同源框（homeobox，HOX）家族；④ 锌指转录因子家族。

HSC 的命运除了由基因序列特异性调节外，还可以通过染色质成分的修饰进行调节，这种影响基因转录活性而不涉及 DNA 序列改变的基因表达调控称为表观基因转录调控。核小体是由组蛋白和双链 DNA 形成的线珠结构。组蛋白的共价修饰，包括磷酸化、乙酰化、甲基化、二磷酸腺苷（adenosine diphosphate，ADP）的核糖基化及泛素化，可影响核小体的结构和信息的编码转录，从而调节基因的表达。一些特异性 DNA 结合蛋白可激活组蛋白修饰酶，或将染色质划分为一些有丰富修饰子的核亚结构域。如果基因修饰发生在 HSC 的系列特异性位点，可能允许或限制 HSC 向某一系列分化发展；一些蛋白与编码基因相互作用可修饰相关基因的活性，从而限制细胞的系列分化。近年的研究显示，信使核糖核酸（messenger ribonucleic acid，mRNA）的水平不仅仅由转录调控，还受转录后 mRNA 稳定性的影响，包括微小 RNA（microRNA，miRNA）及小干扰 RNA（small interfering RNA，siRNA）。miRNA 一旦被激活，产生 miRNA 诱导的灭活复合体（RNA-induced silencing complex，RISC），裂解相应的 mRNA；也可通过重塑染色质来灭活基因的表达。特异性的 miRNA 与造血细胞类型相关，在调节各期细胞分化过程中起重要的作用，如 miRNA155 对红系及粒系造血起负调控作用。一些 miRNA 还有原癌基因及肿瘤抑制基因的作用，如 miRNA142 易位与 B 幼淋细胞白血病（B-prolymphocytic leukemia，B-PLL）有关，$13q^-$ 染色体异常引起 miRNA15A 丢失，后者导致 BCL-2 激活，与慢性淋巴细胞白血病（chronic lymphocytic leukemia，CLL）有关。有些基因被转录产生无功能的蛋白，需要在转录后被修饰产生活性。HSC 要分化为某一系列特异性细胞时需要关闭一些干细胞相关蛋白或基因。

细胞周期调节在 HSC 生物学中也起关键作用，因为它决定 HSC 是静息还是分裂，是自我更新还是分化。对细胞周期的研究已经获得很大进展。不分裂的细胞为 G_0 期，每个细胞分裂都要经过 4 个阶段，即 DNA 合成前期（G_1 期）、DNA 合成期（S 期）、DNA 合成后期（G_2 期）、有丝分裂期（M 期）。细胞周期主要受几类基因及其产物的调控：第一类是细胞周期蛋白（cyclin）；第二类是细胞周期蛋白依赖性激酶（cyclin dependent kinase，CDK）；第三类是细胞周期抑制因子，包括 pINK14～18 等，p16、p21、p27、p57、视网膜母细胞瘤蛋白（retinoblastoma protein，PRB）、p130、p137 等。在大多数细胞，细胞周期暂时阻滞在 G_1-S 期检控点及 G_2-M 期检控点。在这两个检控点，一些因素决定细胞是否进入 S 期或启动细胞凋亡或进行细胞修复。一般认为进入 G_1 和 S 期需要 PRB，在静息期细胞，PRB 与转录因子 E2F 结合，呈去磷酸化状态；CDK4、CDK6、CDK2 等使 PRB 磷酸化后释放 DNA 结合转录因子 E2F，后者激活进入 S 期所需要的基因，如原癌基因 C-MYC、胸苷酸合成酶（thymidylate synthetase，TYMS）、二氢叶酸还原酶（dihydrofolate reductase，DHFR）。细胞周期蛋白 D1 水平升高可激活 CDK4，促进细胞从 G_1 期进入 S 期，B 细胞淋巴瘤（B cell lymphoma，BCL）基因编码细胞周期蛋白 D1，可促进细胞从 G_1 期进入 S 期。相反，转化生长因子 β（transforming growth factor β，TGF-β）等可诱导 CDK 抑制因子，从而灭活 CDK4、CDK6 和 CDK2，使 PRB 去磷酸化和 E2F 失活，最终抑制细胞进入 S 期。p53 是一种核磷酸蛋白，可启动细胞凋亡。p21 是 p53 诱导的蛋白，与细胞周期蛋白结合并使之失活。当细胞同时缺乏这些细胞周期蛋白时，HSC 完全不能扩增和分化。

（二）HSC 的外部调控

HSC 的命运还受其邻近的 HSC 及所处 HSC 龛（HSC 所处的三维空间）的调控。HSC 龛包括骨内膜龛及血管内龛。

骨内膜龛邻近骨小梁，其内有成骨细胞、基质成纤维细胞及富含趋化因子配体 12［chemokine (C-X-C motif) ligand 12，CXCL 12］的网状细胞（CAR 细胞）。这些细胞可以通过多条通路控制 HSC 的数量，如成骨信号通路、Tie 成血管素 1 信号通路、N 钙黏附蛋白及甲状旁腺素（parathormone，PTH）受体 NOTCH 信号通路激活。细胞外基质（extracellular matrix，ECM）通过细胞与细胞的接触，或通过释放细胞因子、趋化因子及其他小分子物质向 HSC 提供增殖与分化信号。脾脏及骨髓（bone marrow，BM）的血管内龛含 CAR 细胞、窦内皮细胞及表达信号淋巴细胞激活分子（signaling lymphocyte activation molecule，SLAM）家族特征（$CD150^+CD48^-CD41^-$）的 HSC，这可能与 HSC 经动员后可以很快进入血液循环有关。

HSC 外的一些因子（如趋化因子等）有以下作用：短期造血重建干细胞（short term repopulating hematopoietic stem cell，STR-HSC）甚至多能造血干细胞（multipotent pro-

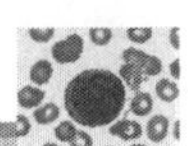

genitor hematopoietic stem cell，MPP-HSC）中的 WNT 信号通路激活，可使其获得自我更新能力。凹凸（NOTCH）信号通路的激活与 HSC 的自我更新有关，也与 T 淋巴细胞的发育有关。成纤维细胞生长因子（fibroblast growth factor，FGF）可维持 HSC 长期重建造血的功能。骨形态生成蛋白（bone morphogenetic protein，BMP）是 TGF-β 超家族的一员，BMP4 联合其他细胞因子可促进内皮细胞分化为造血细胞，胚胎期 BMP4 可调节细胞的血管内皮生长因子受体（vascular endothelial growth factor receptor，VEGFR）、CD34、GATA2、干细胞白血病（stem cell leukemia，SCL）基因、干细胞生长因子受体（或原癌基因 c-KIT，或酪氨酸蛋白 KIT）、白细胞介素 6 受体（interleukin 6 receptor，IL6R）和红细胞生成素受体（erythropoietin receptor，EPOR）的表达，促进细胞分化为造血细胞。Hedgehog（HH）蛋白通过调节细胞周期影响 HSC 的增殖，包括 SHH、IHH、DHH。造血干细胞因子（SCF）、FMS 样的酪氨酸激酶 3（Fms-like tyrosine kinase3，FLT3）、血小板生成素（thrombopoietin，TPO）、血管内皮生长因子（vascular endothelial growth factor，VEGF）、血管生成素等影响 HSC 的自我更新和分化过程。SCF 及其配体 c-KIT、FLT3 及其配体协同作用维持 HSC 的自我更新功能。TPO 及其受体 c-Mpl 在维持干细胞、早期祖细胞及巨核细胞的增殖和分化中起重要作用。VEGF 及成血管素同时作用于 HSC 及血管内皮细胞，可能增加 HSC 的增殖、黏附分子的表达、内皮细胞的功能等。粒细胞集落刺激因子（granulocyte colony-stimulating factor，G-CSF）也可增加 HSC 的长期及短期造血重建功能（Yoder MC，2009；Schoemans H 等，2009；Koury MJ 等，2009）。

二、白血病发生机制

白血病是由于造血干/祖或前体细胞基因突变，导致细胞增殖、分化或凋亡异常，恶性血液细胞大量增加的疾病。正常细胞的基因组随时都可能发生突变，但细胞有修复损伤的 DNA 的功能，如 p53 等基因可修复损伤的 DNA。DNA 受损严重时，凋亡机制被启动，细胞凋亡。白血病是多个基因突变、互相作用的结果。随着年龄增加，我们在一些正常人中也可检测到免疫球蛋白重链-BCL2 白血病融合基因（IgH-BCL2）。对一些儿童白血病患者用多聚酶链反应（polymerase chain reaction，PCR）回顾性检测他们新生儿时期的血液，发现在出生前就存在 TEL-AML1 基因，出生后可潜伏 1～14 年才发生白血病，说明一些染色体或基因异常可能是最早发生的，需要有新的基因突变与之协同作用才发生白血病。在 TEL-AML1 型的 B-ALL，最常见的附加异常是 $12p^{-}$，引起正常 TEL 基因丢失，协同阻止细胞分化。发生明显的白血病需要发生多少基因突变尚不清楚。根据新生儿白血病的时间推测，引起白血病可能至少需要 5～15 个基因突变。只有当突变的基因不能被修复，而且导致细胞的生长和生存优势，克隆性后代细胞大量聚集时，白血病才会发生。累及白血病的突变基因达 100 多种，有些是白血病亚型特异性，如 AML1-ETO 仅见于 AML；有些突变基因在大多数白血病中都存在，如 N-ras 基因突变、CDK4 细胞周期蛋白抑制基因丢失、p53 突变或丢失等。大多数基因突变是后天获得的，1%～5%为遗传性，如+21 染色体异常（唐氏综合征）、p53 基因突变、毛细血管扩张性共济失调症基因突变（ataxia-telangiectasia mutation，ATM）、DNA 裂解酶基因遗传性突变等。

造血细胞的基因突变可以是点突变、基因片段丢失或增加，也可以是染色体易位等异常形成新的融合基因。两条染色体断裂，原本不相干的断端连接在一起，形成染色体易位，通过干扰、去除或代替邻近的基因导致原癌基因激活或抑癌基因灭活；或融合基因产生某种功能的融合蛋白。自从 1960 年在慢性髓性白血病（chronic myeloid leukemia，CML）细胞上发现费城染色体（Ph 染色体）即 t（9；22）以来，开创了癌症染色体研究的新时代。白血病的产生主要与以下几类基因异常有关，白血病的发生与多种机制有关。

（一）累及免疫球蛋白重链及 T 淋巴细胞抗原受体基因的染色体易位

此类染色体易位的共同特点是断裂点发生在免疫球蛋白重链（immunoglobulin heavy chain，IgH）及 T 淋巴细胞抗原受体（T-cell receptor，TCR）基因组外显子的外侧，易位至此区域的基因过度表达。最早发现的是 t（8；14）（q24；q32）易位区域的 c-myc 基因。在正常情况下，c-myc 常有突变，是导致正常 Ig 基因重排多态性的机制。而 t（8；14）（q24；q32）易位干扰了 c-myc 的正常功能，Ig 不能形成多态性，这是 Burkitt 淋巴瘤/白血病的特征。t（5；14）（q31；q32）易位导致 IL-3 基因与 IgH 连接，引起 IL-3 过度表达；后者刺激造血干/前体细胞的过度增殖。t（9；14）（p21；q11）导致 p16/p19 装配反应因子（assembly reaction factor，ARF）抑癌基因灭活，t（7；14）（q21；q32）导致 IgH 与转座样元件（transposable element，THE）家族的内源性逆转录病毒序列连接，使造血细胞增殖增加。t（7；9）（q34；q34.3）异常使 NOTCH1 转录因子（又称为 TAN1）易位并与 TCRβ 相邻，NOTCH1 组成性过度表达（不受环境因素影响的表达），阻止 T 前体细胞分化成熟，导致 T-ALL。约 50%的急性 T 淋巴细胞白血病（T-ALL）有 NOTCH1 激活性点突变，是大多数 T-ALL 发生的关键突变。t（1；14）使 1 号染色体上 SCL 基因易位并与 TCRδ 相邻，SCL 组成性过度表达，是白血病发生的根源，常常表现为淋巴系及髓系双表型白血病，特别常见于婴儿。在 t（11；14）异常的 T-ALL、t（7；11）异常的 T-ALL，LIM 唯一结构域 2（LIM domain only 2，LMO2）基因分别易位并与 TCRβ 及 TCRδ 邻近，导致 LMO2 组成性过度表达，是其恶性变的重要步骤。

（二）累及酪氨酸激酶的染色体易位

这些易位的共同特点是酪氨酸激酶（tyrosine kinase，TK）基因的伙伴基因通过种种机制放大 TK 受体的激活效应；高水平的 TK 活性可以激活很多信号途径，使细胞增殖活性增加、凋亡受阻。如 t（9；22）染色体异常使断裂点丛集区（break cluster region，BCR）与原癌基因 ABL 形成 BCR-ABL 融合基因，主要见于 CML 和 ALL，也可见于 AML 或混合性急性白血病（mixed phenotype acute leukemia，MPAL）。t（5；12）染色体异常使 TEL 基因与血小板来源生长因子受体 β（PDGFR-β）形成 TEL-PDGFR 融合基因。

（三）ras 基因突变

原癌基因 ras 有连接不同受体与胞浆途径的信号成分，几乎调节细胞生命的各个方面，包括对生长因子的反应、细胞骨架改变、细胞死亡等。ras 的激活形式可与多种效应分子相互作用。在≥40%的 MDS 及 AML 患者可发现 N-ras 基因突变，约 50%不典型 CML 有激活性 ras 突变，但仅有 ras 突变尚不足以引起白血病。神经纤维细胞增多基因 1（NF1）缺失导

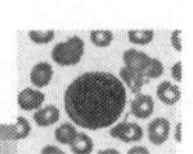

致 ras 信号延长，细胞对粒细胞-巨噬细胞集落刺激因子（granulocyte macrophage colony stimulating factor，GM-CSF）、IL-3、SCF 等细胞因子反应增加；NF1 基因突变或缺失与幼年型粒单核细胞白血病（juvenile myelomonocytic leukemia，JMML）有关。

（四）累及造血细胞发育与分化的基因

除了上述与 IgH 及 TCR 基因相邻的染色体易位外，一些染色体易位可通过以下方式改变转录因子：导致其他原癌基因如淋巴细胞特异性酪氨酸蛋白激酶（lymphocyte-specific protein tyrosine kinase，LCK）、HOX11 等激活，抑癌基因 p16/p19 ARF 基因失活。新的融合基因尚可干扰造血细胞分化相关基因，使细胞分化受阻。

核心结合因子（core binding factor，CBF）是髓系前体细胞分化的关键转录因子，由 α 和 β 亚链组成。CBFα 又称为 AML1。t（8；21）染色体异常形成 AML1-ETO 融合基因，以下机制有助于白血病的形成。AML1 失去反式激活结构域，对野生型等位基因失去抑制，而后者可激活一系列 CBF 反应基因，如 IL-3、GM-CSF 和 CSF1；AML1-ETO 与核共抑制子 N-coR 及组蛋白去乙酰化酶（histone deacetylase，HDAC）复合体相互作用，抑制髓系分化基因的转录；导致 C/EBPα（CEBPA）表达下调；抑制转录因子 PU.1 激活转录。研究显示，在 t（8；21）AML 长期存活的患者可持续检测到 AML1-ETO，提示仅有 AML1-ETO 尚不足以引起白血病。AML1 还可以与其他几种伙伴基因形成融合基因，常见于继发性白血病，预后不良，如 t（3；21）（q26；q22）染色体异常的急变期 CML（CML-BP）、t（3；21）染色体异常的 MDS、t（16；21）染色体异常的治疗相关性 AML。

inv（16）（p13；q22）或 t（16；16）染色体异常产生 CBFβ-MYH11 融合基因，使 CBFβ 不能与 CBFα 形成二聚体从而阻止单核细胞的分化。小鼠动物实验显示，单纯的 CBFβ-MYH11 尚不足以引起明显的白血病，需要有其他异常基因的参与，伴 N-ras 突变可引起 MDS 样异常。

与 TEL 形成融合基因的伙伴基因达 20 多个，与淋巴细胞性或髓性白血病有关，其中一些是信号蛋白基因，如 PDGFR、ABL、ARG、AML1，TEL 的 HLH 结构域被不适宜地二聚化，导致信号分子被组成性激活；TEL 本身还是抑癌基因，易位后部分结构丢失，从而失去抑癌功能。如 t（12；21）染色体异常的 B-ALL 形成 TEL-AML1 融合基因，导致 TEL 原有的 DNA 结合结构域丢失；t（5；12）异常形成 TEL-PDGFR 融合基因。约 15%的 B-ALL 有 TEL 基因的部分丢失。

RARα 是核激素受体家族的一员，含有反式激活结构域、DNA 结合域和配体结合域，与辅助蛋白 RXR 形成复合体，后者与多种核激素受体形成不同的二聚体。早幼粒细胞白血病基因（PML）是抑癌基因，敲除小鼠的 PML 后，维 A 酸不能诱导细胞的分化。t（15；17）易位形成 PML-RARα 融合基因，其产物阻止造血细胞对配体维生素 D（VitD）及维 A 酸发生分化反应，从而分化受阻。动物实验显示，PML-RARα 足以引起白血病。

CEBPA 是髓系分化产生粒细胞的必要转录因子，由 42kDa 蛋白和 30kDa 蛋白组成，30kDa 蛋白可抑制转录，而 42kDa 蛋白可通过阻止细胞周期诱导终末分化。一些 AML 患者的 CEBPA 基因突变产生的 30kDa 蛋白比 42kDa 蛋白多，并产生 20kDa 的蛋白，从而减少野生型 CEBPA 与 DNA 结合，髓系不能分化成熟。

唐氏综合征（21-三体综合征）容易发生白血病，约一半为 AML，且多为急性巨核细胞白血病（acute megakaryocytic leukemia，AMKL）。研究显示，几乎所有唐氏综合征相关的 AMKL 及一过性骨髓增殖性疾病（transient myeloproliferative disorders，TMD）都有 GATA1 突变，包括错义、无义、剪接位点突变或插入丢失等，这些突变使 GATA1 不能形成 50kDa 蛋白而是形成 40kDa 蛋白（称为 GATA1s），缺乏转录所需的结构域，但保留锌指部分。GATA1s 可能和唐氏综合征的其他基因异常共同引起白血病。

Ikaros 是抑癌因子，人的造血细胞至少有 6 种 Ikaros 同源异构体，其中 Ik6 存在于 $CD34^+$ 前体细胞中，其异常表达影响 B 淋巴细胞分化；在几种 T、B 恶性肿瘤中也可检测出 Ik6 基因突变。BCR-ABL 可诱导 Ik6 升高。Bmi1 是 HoxA9-Meis 最初诱导白血病必需的转录因子，白血病干细胞可能也需要 Bmi1。

（五）影响同源异构基因的易位

正常造血是不同的同源异构基因在分化不同阶段顺序被激活或被抑制的过程。一些染色体易位可导致野生型 HOX 基因结构性表达或产生 HOX 融合蛋白，一些直接导致 HOX 基因表达增加，还有一些间接影响 HOX 基因的功能。髓-淋系混合白血病基因（mixed lineage leukemia，MLL；又称为 ALL1、HRX）定位于 11q24；在累及 MLL 基因的白血病中，与 MLL 形成融合基因的伙伴基因多达几十个，最常见的是 t（4；11）、t（11；19）和 t（9；11）易位，分别形成 MLL-AF4、MLL-ENL 和 MLL-AF9 融合基因；在部分 AML 患者，MLL 甚至自身重组，形成串联式重复序列基因。MLL 易位可激活 HOX 基因表达，还使野生型 MLL 基因功能丧失，并从伙伴基因获得附加信号，从而阻止造血前体细胞分化。t（11；16）易位产生 MLL-CBP 融合基因；t（11；19）染色体异常使 MLL 与 RNA 多聚酶延长因子Ⅱ ENL 基因融合，后者可调节转录后基因表达水平。累及 MLL 的染色体易位可见于 ALL、AML、急性混合白血病、约 70%的婴儿急性白血病，也常见于治疗相关性急性白血病，特别是拓扑异构酶Ⅱ型抑制剂治疗相关性 AL。

E2A 蛋白在 B 淋巴细胞发育中起关键的调节作用；PBX1 常常与 HOX 蛋白形成异构二聚体，再与 DNA 结合；t（1；19）形成 E2A-PBX1 导致 E2A 的 DNA 结合结构域被 PBX1 的 DNA 结构域取代，因此正常被 E2A 激活的 B 淋巴细胞成熟基因不再被激活，而 PBX1 调节的基因被激活，导致 B 淋巴细胞不能正常成熟。t（17；19）染色体异常的 B-ALL 使 E2A 基因与肝白血病因子（HLF）形成融合基因，也可引起 T、B 混合的淋巴细胞白血病。

（六）影响凋亡基因

干扰正常细胞的凋亡过程可引起细胞恶变。BCL 是防止细胞凋亡的家族蛋白。很多组织细胞的存活取决于 BCL-2 蛋白及抗 BCL-2 蛋白的相对水平。很多染色体易位可干扰细胞的凋亡过程。t（17；19）染色体异常的 ALL 形成 E2A-HLF 融合基因，使 HLF 不适宜地表达，从而阻止细胞在撤除细胞因子后或 p53 激活后的凋亡；E2A-HLF 还可直接作用于 BCL 通路而阻止细胞凋亡。NF-κB 是信号转导通路的重要分子，可被多种信号激活，抑制细胞凋亡。NF-κB 的活性受胞浆锚蛋白-NF-κB 抑制剂的抑制。NF-κB 活性增强连同其他癌基因异常可引起细胞恶变。t（14；19）异常的 CLL 可以产生 BCL3-IgH 融合基因，BCL3 过度表达，与淋巴细胞过度增生和恶变有关。

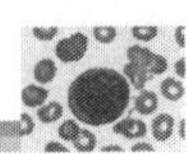

（七）影响细胞周期基因

myc基因结构性表达增加促使细胞进入S期。myc基因相关蛋白是一大家族，包括MAD、MXIL等，对myc基因的表达起调控作用。一些白血病存在myc的负调控因子缺失，如MXIL。p53在G_1/S期的发展中也起到重要作用，p53缺失容易发生淋巴瘤或白血病；很多淋巴瘤/白血病或CML-BP患者发生p53体细胞突变；一些调节p53的基因突变也容易发生造血细胞恶变，如ATM、p19ARF等（Dahl R等，2009；Najfeld V，2009；Sawyers CL等，2001）。

第二节　治疗前的检查

正确的诊断来源于详细的病史与周全的检查。周全的检查包括全身体格检查、实验室与影像学检查。对白血病患者必须在初诊时就尽早做各项检查，做到早诊断、早治疗。笔者所在单位要求，对急性白血病（acute leukemia，AL）必须在入院24小时内做出形态学及免疫分型的初步诊断，对APL还要做出基因分型，并给予相关的治疗。因为一些进展迅速或危重的白血病，患者可在很短时间内死亡，如APL、高白细胞白血病、血小板低下者。

白血病的诊断还要包括对白血病进行全面的分型，最好进行细胞形态学（morphology）、免疫学（immunology）、细胞遗传学（cytogenetic）、分子生物学（molecular biology），甚至病原体（pathogen）的全面分型，从而做出MICM-P的整合诊断。形态学分型包括在油镜下观察细胞形态、细胞化学染色、骨髓活检病理组织学检查；对特殊病例还应用电子显微镜进行、超微结构细胞化学染色。免疫学分型包括用多参数流式细胞分析技术（flow cytometry，FCM）和（或）免疫组织化学分析（immunohistochemistry，IHC）、超微结构免疫组织化学染色进行分析。细胞遗传学分型主要采用染色体显带及核型分析技术，必要时还可用荧光原位杂交（fluorescence in situ hybridization，FISH）技术进行分析，如影响CLL预后的11号及17号染色体异常很微小，用染色体核型分析难以发现，用FISH技术可增加检出率。分子生物学分型主要用PCR技术检测白血病的特异性融合基因或激活的原癌基因；由于白血病累及的基因很多，可先用多重巢式PCR或基因芯片技术筛查数百种白血病基因，然后用实时定量PCR定量。一些白血病与病原体感染有关，如成人T淋巴细胞白血病与人类成人T淋巴细胞白血病病毒（HTLV）有关，一些淋巴细胞白血病与EB病毒有关，怀疑时尚应检测病原体。只有对白血病进行MICM-P等全面的分析，才能更好地评估预后，确定今后定量监测MRD的标志，提前制定治疗策略或路线。

除了对白血病进行诊断与分型，初诊时还必须评估全面的血象、生化指标与合并症等。以AL为例，入院时的检查常规如表1-1。要求主管医生逐项核对所定常规，以避免疏漏。有的患者，如伴有较高白细胞的APL患者，机器检测血小板往往会偏高，因此应注意采用人工目测血小板，以获得正确的血小板计数。

除了入院时的常规检查外，在患者化疗期间或化疗后血常规（complete blood count，CBC）降低期间（称为围化疗期），或移植前、中、后CBC降低期间（围移植期），还要注意及时或定期检查相关项目（表1-2）。表中“常规”是最低要求的检查项目，是在必须完成的“内科常规”基础上附加的。患者有各项合并症时，例如消化道出血、严重头痛、昏迷等，则须做相应的常规检查与处理。

计算机X射线断层造影术（CT）、磁共振（MRI）、正电子发射计算机断层扫描（PET-CT）检查的意义是多方面的。它们不但可以了解局部或全身白血病浸润情况，而且可以进一步帮助鉴别病变性质，如感染、出血、白血病浸润等。

表1-1　白血病初诊检查常规

全面病史	包括家族史、个人史、职业史，特别要注意用药史（解热镇痛药、磺胺增效剂、银屑病用药等），化学制剂、毒物、放射线接触史，既往疾病史
全面体检	生命体征、淋巴结、肝、脾、脑神经、眼底、睾丸；注意可能的感染病灶，包括皮肤、腋下、口腔与鼻咽、肺部、肛门等部位；必须做肛门指诊，了解有无肛周感染
外周血	全套CBC，包括Ret比例与绝对值；对血涂片用瑞氏-姬姆萨或梅格瑞姬姆萨（May-Grunwald-Giemsa）染色后观察细胞形态及各类细胞比例，至少分析NC>200个
骨髓	（1）骨髓涂片：必须对涂片（拉片）用瑞氏-姬母萨或梅格瑞姬姆萨染色后观察细胞形态及各类细胞比例，至少分析NC>500个，并观察MPO、NSE及NaF抑制实验、PAS、铁染色；对鉴别困难者可加做SBB、CAE、普鲁士蓝、酸性磷酸酶等染色 （2）染色体核型和（或）FISH分析：应常规对白血病患者进行染色体核型分析，对一些不能确定的异常核型，可用FISH验证 （3）白血病基因检查：尽可能先用多重巢式PCR全面筛查白血病基因，然后用实时定量PCR对阳性基因定量，以便以后追踪监测疗效 （4）免疫分型：应常规采用FCM进行免疫分型，除常规的分型外，还应注意检测一些有预后意义、帮助靶向治疗和帮助监测MRD的标志，进行白血病细胞DNA倍体分析 （5）骨髓活检：对骨髓穿刺困难不能获得骨髓涂片者，用骨髓活检标本印片后观察细胞形态；并对活检组织进行病理分析以确定有核细胞增生程度、纤维化程度，原始或异常细胞的分布；必要时用IHC进行免疫分型，判断$CD34^+$原始细胞比例或异常细胞的定位等 （6）电镜形态或电镜下细胞化学染色：一些特殊白血病，如毛细胞白血病、巨核细胞白血病等可用此方法
尿、粪便检查	注意镜下血尿与粪便潜血
血液化学	（1）生化：包括肝肾功能，血糖，电解质 （2）凝血检查：包括APTT、PT、TT、FIB、FDP、D-二聚体；Ⅴ、Ⅶ因子
脑脊液	压力、常规、生化，甩片后镜检细胞形态（要注意患者出血倾向，尽量避免血液进入脑脊液）；如怀疑有白血病细胞，可用FCM或PCR技术验证脑脊液有无白血病细胞浸润
影像检查	胸部X线片，胸、腹与脑部CT检查；超声波检查肝脏、脾脏、腹部淋巴结及其他肿块；怀疑头颅病变者行头颅MRI检查；如怀疑全身多处髓外瘤性浸润，可行全身PET-CT检查
心脏检查	心电图必做。如为老年人或有心脏病史，应做超声心动图检查；有心律失常者，应行动态心电图监测
血型	ABO及Rh必查
病毒抗原	如HBV、HCV、CMV、EBV，对T淋巴细胞白血病应查HTLV
其他感染病原体检测	如有感染，应对可能感染的标本（血、痰、尿、粪便、拭子、胸水等积液）做细菌、霉菌镜检及培养，必要时尚应检测少见病原体，如支原体、结核分枝杆菌、卡氏肺囊虫等
白血病细胞冻存	有条件的单位最好将骨髓细胞冻存于－198℃或将细胞DNA及RNA冻存于－80℃，以便今后复查或免疫治疗用

注：CBC. 血常规；PLT. 血小板；MPO. 髓过氧化酶；SBB. 苏丹黑B；NSE. 非特异性脂酶，包括α萘酚丁酸脂酶（ANB）及α萘酚脂酶（ANA）；CAE. 萘酚-ASD-氯醋酸脂酶；NaF. 氟化钠；PAS. 糖原染色反应；HBV. 乙型肝炎病毒；HCV. 丙型肝炎病毒；EBV. EB病毒；CMV. 巨细胞病毒；HTLV. 人类T淋巴细胞白血病病毒；APTT. 部分凝血活酶时间；PT. 凝血酶原时间；TT. 凝血活酶时间；FIB. 纤维蛋白原定量；FDP. 纤维蛋白降解产物定量；CT. 计算机X射线断层造影术；MRI. 磁共振；PET-CT. 正电子发射计算机断层扫描。

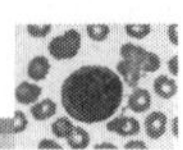

表 1-2 白血病围化疗期或围移植期检查常规

- 每天注意生命体征及进食、饮水、尿、粪便、精神情况，有无皮肤、口腔、呼吸道、肛周等感染
- 每周全身系统体格检查 1 次，尤其是皮肤、肝、脾、睾丸等部位有无肿块
- 每周检查 CBC 2～3 次；血细胞过低或下降过快者须每日检查
- 每周检查血白细胞分类 1 次，直至白血病 CR
- 每次化疗前做骨髓检查；每次除了形态学检查白血病细胞外，有条件者最好用 FCM 或定量 PCR 以了解白血病细胞的多少
- 体温≥38.5℃、2 小时不退，则做血培养；持续 3 天不退则做骨髓培养；有任何部位的感染灶，及时留标本（如痰、尿、粪便、脓液等）涂片染色镜检细菌、霉菌等微生物，并行细菌、霉菌培养；难治的感染应检查特殊病原体，如支原体、结核分枝杆菌、卡氏肺囊虫等
- 每周查血生化（包括肝、肾、心脏指标，血糖，电解质）1 次
- 应用对肾功能有损害的药物期间应每日查尿常规，记录尿量，隔日查血尿素氮、肌酐
- 糖尿病患者每日查血糖 4 次，包括早餐前、三餐后 2 小时，以调整胰岛素的用量
- 应用门冬酰胺酶时，每日测血糖，至少隔日查凝血象 1 次
- 初次在本院输血前，或到过其他医院输血再到本院输血前，查血 HCV、HBV、梅毒等抗原与抗体，ALT
- 必要时查脑脊液、心电图等；如怀疑有白血病细胞，应采用 FCM 和（或）检测白血病基因
- 如怀疑有髓外白血病，对穿刺或活检组织或液体进行 MICM 分析，必要时检测病原体

注：CR. 完全缓解；ALT. 谷丙转氨酶。

第三节 对医疗单位与医师等人员的要求

白血病的诊断和治疗人员需要有较强的专业知识、要经过专业的训练和需要专门的条件，因此国际上普遍认为对白血病的诊治不是任何医师都能进行的。对单位和医师等人员的具体要求为：

（1）医师应有良好的普通内科或普通儿科的临床基础，并经过血液病学专业的培训，考核合格；白血病诊治是由许多尖端科学所组成的系统工程，相关的医护及技术人员必须熟悉有关学科领域的各项知识，必须有全面的逻辑思维习惯，在临床判断时要以事实作为根据，只有事实的可靠和充分，才能导致结论的可信。诊治白血病需要有科学性，这包括有丰富的专业知识以及工作中的严格性、计划性、先进性与全面性。各关键性岗位的人员至少有两人。各重要器械必须有备用品。全面性的内容不但包括经治医师必须有比较全面的临床医学基础知识，对患者能全面考虑、综合分析，而且还必须要有一个专业比较全面的队伍。除各级血液专业医师、护士与技术人员外，尚必须和其他科专业医师，以及检验科、放射科、药房等专业技术人员配合，甚至每周一次联合查房。计划性也是预见性，其内容包括治疗方案与研究方案的制订、药物与血液制品的应用计划，更重要的是应包括各种不测事件的应变措施以及预防感染等合并症的措施。

（2）单位有充分的物质条件，并对药物和消耗品有充分的准备。

（3）单位对各种诊疗技术、各环节要制定完善的管理规范、规程、标准操作程序等，各类人员要有高度的责任心和严谨的态度。

作者所在单位虽有千万次输血，但是由于有严格的输血查对与其他有关制度，所以从未发生差错与事故；再如 HSCT（又称为骨髓移植，bone marrow transplantation，BMT），由于制定了严格的骨髓采集规程保证了供者的安全性及采集的有效性，虽进行了数千次的骨髓采集，供者未发生一次严重不良事件。

由于白血病患者免疫力低下，尤其在 HSCT 后，这需要移植病房有保护性隔离及除菌措施。因此，治疗白血病的费用也较高。在我国目前条件下，为了使更多的患者能够接受充分的治疗，医护人员应在保证治疗的前提下制订尽量节约的计划。除了对患者的诊断与治疗做精心的观察、考虑与安排外，医务人员还必须为克服各种困难而做不懈的努力。由于患者病情常常迅速变化，因此医务人员常须进行高度紧张的工作。

第四节　治疗急性白血病的疗效标准

AL 患者在初诊时，即使在小儿体内，一般也有10^{11}～10^{12}个白血病细胞，总重量约1kg。经过治疗体内白血病细胞减少到仅 1～10g 时，尚有 10^{9}～10^{10}个白血病细胞，此时一般已无白血病细胞浸润的临床症状，骨髓象及血象正常，称之为完全缓解（complete remission，CR）。传统的 CR 定义一般为：患者无白血病的症状与体征，骨髓分类原始细胞＜5%，血片中不能见到形态学上明显的白血病细胞；不需要输血而血红蛋白（hemoglobin，HB）＞120g/L，白细胞（white blood cell，WBC）数＞3×10^{9}/L，粒细胞数＞2×10^{9}/L，血小板（platelet，PLT）计数＞100×10^{9}/L；脑脊液（cerebrospinal fluid，CSF）未发现白血病细胞；其他部位未发现白血病细胞浸润（Monfardini S 等，1987）。我国 1987 年苏州会议所订标准基本相同（杨天楹，1990），区别为所定的 HB 值＞100g（男）/L 或 90g（女）/L，中性粒细胞数＞1.5×10^{9}/L。由于大剂量化疗后白细胞不易恢复，所以美国国家癌症综合治疗联盟（National Comprehensive Cancer Network，NCCN）及欧洲白血病网络提出了新的疗效标准（表 1-3、表 1-4）。由于治疗后正常原始细胞可以升高，甚至达到 40%，NCCN 特别指出要排除化疗后或 G-CSF/GM-CSF 使用后正常增生的原始细胞。欧洲白血病网络特别提出治疗后的原始细胞应用流式细胞分析技术确定原始细胞为白血病原始细胞。部分缓解（partial remission，PR）是指血小板计数未恢复正常，但其他指标均达到 CR 的标准。PR 并不是治疗 AL 的目的，其定义并不统一。目前，PR 仅在临床试验中对判断新药疗效有些意义，对预后并无重要意义。

表 1-3　急性白血病的缓解标准（NCCN，2003）

CR：

- 中性粒细胞≥1.5×10^{9}/L
- 血小板≥100×10^{9}/L
- 外周血无白血病原幼细胞
- 骨髓细胞数＞20%，三系细胞皆能成熟
- 骨髓中原幼细胞＜5%，无含 Auer 小体细胞
- 无髓外白血病，如在中枢神经系统或软组织处

治疗失败：

- 不能达到 CR 的患者应视为治疗失败

复发：

- CR 后的复发表现为血液中出现白血病原幼细胞或骨髓中原幼细胞＞5%（此时要除外骨髓再生或应用G-CSF 或 GM-CSF 后正常原始细胞增加）

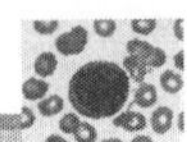

表 1-4　欧洲白血病网络关于 AML 治疗的疗效标准（Döhner H，2010）

CR，应符合以下全部标准：
- BM 原始细胞<5%（至少计数>200 个有核细胞）
- 原始细胞无 Auer 小体
- 无髓外白血病
- 血中性粒细胞>1×10^9/L
- 血小板>100×10^9/L
- 不依赖红细胞输注

CRi：
- 除了血中性粒细胞<1×10^9/L、血小板<100×10^9/L 外，其他符合以上 CR 标准

无形态学白血病状态，符合以下全部标准：
- BM 原始细胞<5%
- 原始细胞无 Auer 小体
- 无髓外白血病

PR（仅适用于临床试验）：
- BM 原始细胞降低到 5%～25%，比治疗前下降至少 50%

CRc：
- 治疗前有染色体异常者，治疗后达到 CR 或 CRi，至少分析 BM 20 个染色体核型未发现染色体异常

治疗失败，符合以下任何一项：
- 耐药：在Ⅱ/Ⅲ期临床试验中，不能获得 CR 或 CRi；在Ⅰ期临床试验中，不能获得 CR、CRi 或 PR。只适用于完成治疗后存活 7 天以上，血液或骨髓中持续有可评价的白血病细胞的患者
- 造血衰竭死亡：完成治疗后≥7 天的死亡，死亡时血细胞低，骨髓增生低下，没有白血病证据
- 死亡：完成治疗前或完成治疗后 7 天内原因不确定的死亡，或在≥7 天死亡但血液或骨髓未检测到白血病细胞

复发，出现以下任何一项：
- CR 后骨髓原始细胞≥5%
- 血液中出现原始细胞
- 出现髓外白血病

OS：
- 包括进入试验的全部患者。死亡患者包括进入试验后各种原因引起的死亡

RFS：
- 包括全部进入试验的患者。失败包括诱导治疗失败、复发、各种原因引起的死亡

CIR：
- 包括全部获得 CR 或 CRi 的患者，统计全部复发率
- 如果患者死于非复发，要统计为其他原因造成的失败

注：以上原始细胞应采用 FCM 确定为白血病原始细胞。如果结果不确定，应隔 5～7 天再次检查；如果骨髓干抽，应行骨髓活检。CRi. 不充分完全缓解；CRc. 完全细胞遗传学缓解；OS. 总生存率；RFS. 无复发生存率；CIR. 累计复发率。

对于有染色体异常的患者，达到 CR 的标准后，根据治疗后异常染色体下降的程度又分为：完全细胞遗传学缓解（异常染色体未查到），主要细胞遗传学缓解（异常染色体<1%），部分细胞遗传学缓解（异常染色体为 1%～30%）。对于有分子生物异常或免疫学异常的患者，可以用异常基因或异常免疫表型细胞降低的程度分为：主要分子生物学缓解

(major molecular response，MMR)，白血病的分子生物学标志下降≥3个对数级；完全分子生物学缓解（complete molecular response，CMR)，查不到白血病的分子生物学标志。

其他较重要的疗效指标如下：① CR期的长短。② 无病生存（disease-free survival，DFS）期或无白血病生存（leukemia-free survival，LFS）期，它是指从CR起至白血病复发或死亡的时间；中位CR期与中位DFS的含义基本相同。HSCT受者的计算起始时间从HSCT日算起（Zittoun等，1989)。③ 无病期（disease-free interval，DFI)，偶在文献中也用到，与DFS不同之处为不包括与白血病无关的死亡。④ 无事件生存（event-free survival，EFS）期或无事件期（event-free interval，EFI)，与DFS、DFI相似，但是却从诊断开始计算（Amadori S等，1987)。⑤ 总生存（overall survival，OS）期，指自确诊为白血病至死亡的时间。⑥ 由于在统计时不同个体追踪观察的时间不同，一些患者尚未观察到复发或死亡，很难确定其实际的DFS率或生存率，所以在统计学上通常采用Kaplan-Meier方程计算其DFS或OS概率。由于AL的复发大多数在CR后半年至2年，如持续CR 3年以上不复发，以后的复发率明显降低，所以很多临床报告采用3、4、5年DFS概率来反映治疗的远期疗效。

第五节　白血病的治疗总则

一、病情教育与患者精神问题

患者教育对白血病的治疗尤为重要。我国国务院于2002年2月30日颁发的《医疗事故处理条例》第十一条规定：在医疗活动中，医疗机构及其医务人员应当将患者的诊断、病情、医疗措施、医疗风险、大概的费用、治疗期间注意事项等如实告知患者和（或）其直系亲属，及时解答咨询；但是，应当避免对患者产生不利后果。因此，医务人员（医方）不但应以适当方式告知患者的诊断，还要宽慰患者；同时，医方还要征求患者和（或）其直系亲属的意见（并作文字记录）是否想知道更进一步的病情。医方须告诉患者：患者本人、亲属与医方要共同努力来治愈白血病或达到长期有质量生存，必要时要付出某些代价（例如，疼痛、不适、药物副作用等)；要告知患者充分注意预防感染等并发症与配合治疗的重要性。由于患者往往病情较重、预后不良，医师与患者、患者家属多交换意见是使其配合治疗、消除意见和医患纠纷的重要措施。

很多患者在得知自己的诊断后，往往有一段时间的抑郁、烦躁等情绪异常；偶尔患者可能有某些行为异常甚至精神急症，包括：自杀意念或行为、暴力或攻击行为、绝食、拒绝治疗，甚至扬言自动出院、躁狂或极度激动、幻觉与精神错乱、反应迟钝、自闭等。对此，预防重于治疗。往往在精神急症前几日已有异常行为的蛛丝马迹，因此医务人员要细心观察患者的行为。详细向患者家属询问既往精神史、药物成瘾史，了解患者入院后每日的精神状况有助于诊断。除了精神刺激外，有多种原因或机制导致患者发生精神急症，称为继发性精神急症，如颅内器质性变，真菌等感染；化疗、放疗、移植物抗宿主病（graft-versus-host disease，GVHD）引起的白质脑病，轻度的白质脑病在临床上往往被忽略；某些药物、电解质紊乱；各种原因导致的缺氧。医务人员对患者必须永远抱安抚态度，对躁狂患者往往需先用药物镇静，但少数患者用某种镇静药后反而加重躁狂，对器质

性脑病患者，镇静药往往能加重精神错乱，因此，首次剂量宜小，剂量须个体化，不宜下长期医嘱，即使下临时医嘱（需要时）也必须注明需要用药时的病情。对继发性精神急症，重要的是针对病因治疗与对症治疗，如纠正缺氧、电解质紊乱、停用相关的药物、治疗颅内感染等。

当经过治疗达到 CR 或为 HSCT 后的恢复期，患者仍有必要接受医护人员的指导，包括下列内容：① 加强预防外源性感染与体内感染的复燃，并告知其具体措施。例如，食物与营养的指导，食物中多吃生大蒜或口服大蒜制剂有助于预防某些肠道内与肺部的真菌与病毒病；要注意饮食卫生，避免发生肝炎或肠炎；当发生高热、肺部感染等时应立刻与经治医院联系；尽量避免到人多的场所，出门要戴口罩等。② 活动量可以比住院期增加，但是要避免急躁心理及过度运动所致损伤，如椎间盘突出。③ 大剂量放疗/化疗后性生活应适度。④ 仍需服用某些药物者，应注意对药物副作用的监测和防治，如应用砷剂者需注意复查血砷、尿砷和发砷浓度，以及心、肝、肾等脏器功能。

二、白血病本身合并症的治疗及支持治疗

白血病本身的合并症只包括因白血病细胞增生直接所致的贫血、出血、感染与髓外白血病浸润。

（一）静脉导管的放置

为了减少化疗药物对血管的损伤及每次穿刺的痛苦，保证治疗（尤其是抢救治疗）及时进行，化疗前要常规放置保留静脉导管，例如前臂静脉、头静脉、颈静脉或锁骨下静脉插管，但需要避免以下并发症：① 皮下或血行感染；② 空气进入导管内；③ 血凝块堵塞导管等。相应的预防措施为：① 安放导管时在局部创伤处用碘伏消毒，并注意局部无菌护理；② 用有空气报警的输液泵；③ 每日在导管封闭前用稀释的肝素冲管。具体内容详见本书第二十八章。

（二）白血病本身合并症的防治

白血病本身的合并症只包括因白血病细胞增生直接所致的贫血、出血、感染与髓外白血病浸润。

1. 贫血 白血病尤其是 AL 常常有贫血，表现为疲乏、无力、胸闷、心悸、气短和呼吸困难。发生贫血的主要机制为恶性细胞取代正常造血组织，正常红细胞产生减少。另外，以下因素也可导致贫血：白血病细胞诱导产生的肿瘤坏死因子 α（tumor necrosis factor α，TNF-α）或其他细胞因子可抑制造血细胞的功能，使造血细胞对红细胞生成素（erythropoietin，EPO）的反应降低、红细胞寿命缩短，自身抗红细胞抗体引起溶血性贫血或抑制红系的造血，弥散性血管内凝血（disseminated or diffuse intravascular coagulation，DIC）可以引起微血管性溶血性贫血，血小板减少或白血病浸润血管导致失血性贫血，脾脏肿大导致脾功能亢进，白血病性红细胞寿命缩短，白血病引起免疫细胞无效激活导致噬血细胞综合征等。

长期贫血可以引起贫血性心脏病，导致进一步治疗困难，因此应及时纠正贫血。纠正

贫血的主要治疗方式是输注红细胞。对心肺功能差者和老年患者，应使血红蛋白维持在较高水平（>90g/L），以防心衰。其次，针对原发病及以上机制进行治疗，如化疗、放疗、移植等抗白血病治疗，积极治疗 DIC；一些慢性白血病，尤其是 CLL 贫血可能对高剂量 EPO 有效；如有缺铁性贫血，应适当补充铁剂；10%～20%的 CLL 可能产生单克隆免疫球蛋白引起溶血性贫血，可通过治疗原发病，应用激素、大剂量丙种球蛋白、抗 CD20 单抗、脾切除、血浆交换来治疗。一些有脾大的 CLL 还可以通过脾切除或脾区放射治疗纠正贫血（Arber DA 等，2008）。

2. 出血　出血是白血病尤其是 AL 最常见的并发症，也是其治疗费用高、死亡的主要原因之一。急性白血病的死亡原因中 40%为出血（Arber DA 等，2008）。眼底出血的患者常伴有颅内点状出血，从而继发中枢神经系统白血病（central nervous system leukemia，CNSL）。

白血病患者的出血大多数由血小板减少引起，其他机制还有：血小板功能降低（多见于 CML）、DIC、白血病细胞浸润破坏血管、药物损伤、继发感染的病原体破坏血管、肝脏产生凝血因子下降、白血病细胞或药物的大蛋白溶解活性导致原发性纤维蛋白溶解、异常免疫球蛋白增加导致高黏滞血症等（Arber DA 等，2008）。输注浓缩血小板是防治血小板减少性出血的主要方法。输注血小板的临床标准一般为 PLT<20×10^9/L，但是应根据年龄、白血病种类、有无出血及其严重程度来决定输注血小板的标准，如年龄较小者可以为 PLT<15×10^9/L，甚至以<10×10^9/L 为标准；但是对易发生 DIC 的患者，如 APL 应该提高至 30×10^9/L。对于血小板功能异常、有明显出血者，即使血小板计数较高，也应输注血小板。如有 DIC 应积极治疗，有凝血因子下降应输注相应的凝血因子或新鲜冰冻血浆，对血管破裂引起的出血必要时采用外科手术或局部止血治疗，对于严重的多种凝血因子下降者可采用血浆交换的方法。

白血病患者有时可连续发生消化道大量出血，常可危及生命。其始发原因常为血小板减少，但黏膜出血处所积聚的纤维蛋白溶解物（fibrin degradation product，FDP）可启动凝血系统，消耗大量凝血因子，使肠道出血难以制止；对这种患者即使在病理解剖中肉眼也不能见到有任何出血伤口，而只能见到肠腔内的大量积血与黏膜下出血；作者建议将这种出血现象称为“肠道大出血综合征”。此时应尽量清除局部血液，在静脉输注新鲜全血的同时，应加用局部止血方法。

3. 感染　感染是白血病患者最主要的两大死亡原因之一，也是白血病治疗费用高昂的主要原因。白血病患者易于继发感染的主要机制：① 正常白细胞减少，包括中性粒细胞、T 淋巴细胞、B 淋巴细胞下降，B 淋巴细胞减少引起抗体下降；② 化疗或放疗使正常白细胞进一步减少；③ 白血病细胞本身或其诱导产生的一些细胞因子、病理性免疫球蛋白，一些药物如糖皮质激素或 HSCT 后的免疫抑制剂、G-CSF 等使白细胞的功能下降；④ 患者的口腔、消化道、呼吸道、皮肤等由于放化疗、营养缺陷、微生态失调、白血病细胞浸润等使皮肤、黏膜的屏障防御保护功能受损。

因此，防治感染在白血病治疗中至关重要。感染防治措施的进展及抗微生物新药的不断问世已使患者感染的死亡率明显下降。病房空气的清洁，五官、皮肤、胃肠道、肛门等部位清洁对预防感染有重要作用。在普通病房内或公共场所，患者戴消毒口罩是简单有效的方法，病室内不宜放不洁食品，食物须经加热消毒、水果须去皮后食用。

患者一旦有发热或感染征象，应在使用抗生素前查找感染部位及病原体，不要忘记对静脉穿刺导管（感染）的检查；根据可能的感染部位选择进行血、尿、粪便、痰、脓液、分泌物、穿刺液、拭子等检测病原体，包括经多种染色后显微镜下观测、病原体培养，以及抗原、免疫学、基因学检测。由于一些细菌、真菌、支原体、卡氏肺囊虫等病原体在体外很难培养成功，因此获取以上标本后应及早涂片，染色后在显微镜下观测微生物，可提高诊断率。CT 与 MRI 对诊断颅内、肺部、鼻旁窦等其他部位的感染有重要意义。

治疗感染的主要方法是应用抗生素。在病原体不清楚时根据患者的感染灶、临床表现、影像学表现、估计感染的病原体，先经验性使用抗生素；对于严重免疫缺陷及严重感染者，因为病情可在短期内急剧恶化，可先使用高档广谱抗生素；待明确病原体后，再使用针对性的抗生素以避免二重感染。在免疫功能严重低下时，即使使用了正确的抗生素，仍可能难以控制感染，所以在应用抗生素的同时还须提高患者的免疫功能，减少乃至停止正在使用的免疫抑制剂是最重要的步骤；如果有免疫球蛋白降低，可输注丙种球蛋白帮助抗感染；粒细胞缺乏时可用 G-CSF 或 GM-CSF 升高粒细胞。G-CSF 虽然对粒细胞的数量与功能皆有刺激与上调作用，但是对淋巴细胞的功能包括其抗病毒作用却有下调作用。而 GM-CSF 可刺激树突细胞向白血病细胞趋化、摄取白血病抗原和成熟，将白血病抗原提呈给 T 和 B 淋巴细胞，从而增加特异性抗白血病免疫反应，因此有免疫增强作用。但不少 AML 和 CML 细胞上有 G-CSF 与 GM-CSF 受体，这些细胞因子可以刺激白血病细胞增殖，所以当白细胞连续 2 天$\geqslant 0.5\times 10^9$/L 后即可停药。对粒细胞极度低下或缺乏且感染严重不可控制时，可输注浓缩的粒细胞帮助抗感染。另外，保证营养、水和电解质及微量元素的平衡也对机体皮肤和黏膜、免疫细胞的抗病原微生物功能有一定的帮助。

医师在较长期应用广谱抗生素的同时要注意微生态失调，特别是肠道微生态失调，并注意药物的副作用。正常情况下肠道内有大量细菌，不同细菌之间有相互制约、平衡，保护胃肠道黏膜完整性及正常功能的作用。过分地使用抗生素会使肠道内微生态失调，一些细菌被抗生素抑制后，另一些微生物不受抑制地大量繁殖导致感染，如真菌感染、艰难梭状芽孢杆菌感染等。异基因造血干细胞移植（allogeneic hematopoietic stem cell transplantation，allo-HSCT）后由于使用大量抗生素，GVHD 等引起的腹泻、禁食等原因更容易发生肠道菌群失调。肠道内微生态失调可引起严重腹泻，甚至易诱发 allo-HSCT 后的 GVHD，因此应及时帮助患者恢复肠道内正常菌群。

4. 白血病的髓外浸润 白血病治疗的另一重要进展是注意髓外白血病的防治。白血病髓外浸润的最重要部位是 CNS 和睾丸；此外可浸润任何部位而引起局部压迫、骨折和白血病复发。由于白血病细胞随血流而周游全身各处，尸检时发现髓外浸润发生率远远高于生前髓外白血病诊断率；CNS 的白血病浸润在初发及复发白血病患者的尸解病理检查中都是存在的，动物实验还证实白血病细胞可以由颅骨骨髓通过联结的静脉进入蛛网膜下腔。容易发生髓外白血病的危险因素为：① 高白细胞血症；② 眼底、颅内和蛛网膜下腔出血；③ 某些白血病类型，如 ALL，特别是 T-ALL、急性粒单核细胞白血病、急性单核细胞白血病和高白细胞性 APL。CNSL 的发病率在不同白血病类型中有较大差异，美国 St. Jude 儿童研究医院（Simone JV 等，1984；Kim TH，1981）的研究显示，实际上所有 ALL 患者在确诊时已有一定程度的脑膜浸润；脑膜白血病可以无症状地长期存在；当骨髓内白血病复发时，脑膜上又新种了白血病细胞；CNSL 在急性粒单核与单核细胞白血病可高达30%，APL患髓外白血病的总概率可达10%。对易发生髓外白血病的患者，尤其是在移植前最好用PET-CT了解全身有无髓外白血病浸润，有助于预处理方案的设计；但PET-CT未检测出白血病，不能排除白血病浸润，因白血病细胞常常呈弥漫性浸润。

对白血病尤其是对易发生髓外白血病的高危患者宜采取以下措施防治：① 预防性鞘内注射抗白血病药；② 应用能较多进入骨髓外的药物，如羟基脲（HU）、卡莫司汀（BCNU）、洛莫司汀（CCNU）、去甲氧柔红霉素（IDA）、塞替派等；③ 加大某些药物的剂量，如阿糖胞苷（Ara-C）、甲氨蝶呤（MTX）等；④ 全颅脑加全脊髓放疗，移植前预处理方案中的全身放射（total body irradiation，TBI）治疗。左旋门冬酰胺酶（L-ASP）本身虽然不能透过血脑屏障，但是用药后脑脊液中的门冬酰胺水平迅速下降，从而对这些“庇护所”的白血病细胞起到“扫荡”作用（Liu YP等，1982；Oettgen HF等，1975）。因为腰穿可合并出血而导致CNSL，所以PLT＜10×10^9/L时不应做脑脊液检查或鞘内注射。Kuo A等（1973）研究了CNSL患者CSF中白血病细胞的细胞动力学，发现其增殖很慢。单纯鞘内应用短效的S期特异性药物如Ara-C不易根治该处白血病，可多次鞘内注射作用时间较长的MTX或细胞周期特异性药物。CNS与睾丸的放疗对该处白血病的防治也有肯定作用，有不少治疗中心已将其列为治疗ALL的巩固/早期强化治疗方案的一部分。但是，如准备为患者进行HSCT，并计划在预处理中采用TBI治疗，最好避免在移植前对CNS进行放疗，以免影响移植方案。应用硫化砷治疗APL时由于砷剂在皮肤的积贮，所以皮肤白血病极少见。

白血病细胞浸润呼吸系统可以引起急性呼吸衰竭，其原因为白血病细胞堵塞肺小血管，或浸润小支气管周围、肺泡壁等处。患者可有轻至中度的呼吸困难，严重时表现为呼吸窘迫综合征，胸片或CT可正常，也可呈毛玻璃状或粟粒网状。如果肺部CT呈毛玻璃状，同时叩诊时显示整个肺部有大实变，则说明合并有肺水肿，这种情况较常见于APL。根据笔者的经验，此时缓慢静脉滴注稀释的甘露醇或山梨醇有可能较快改善病情。

5. 高白血病细胞综合征的治疗 血白细胞计数太高是一种急症，尤其是AL患者，当血原始细胞＞50×10^9/L时，要注意高白血病细胞综合征，表现为血黏滞度增加、血栓形成、堵塞血管，最常堵塞的部位是肺和脑，导致呼吸困难、缺氧、头痛、耳鸣、视乳头水肿、共济失调、神志恍惚、反应迟钝；严重者引起急性呼吸窘迫综合征（acute respiratory distress syndrome，ARDS）、DIC、昏迷。

高白细胞患者化疗后短时间引起太多的细胞破坏可以引起急性肿瘤溶解综合征（acute tumor lysis syndrome，ATLS），表现为血磷、钾、尿酸增加，低钙，急性无尿性肾功能衰竭。正常人每日因核酸分解而在尿中排出的尿酸量为300～500mg（Henderson ES，1990）；白血病患者化疗后尿酸排出量可增加50倍，导致血与尿中的尿酸水平显著增高，称高尿酸血症与高尿酸尿症；某些药物如噻嗪类利尿剂、皮质激素等可加重高尿酸尿症；白血病患者由于体内生成与排泄的乳酸增加，尿液常为酸性，这使高浓度的尿酸很快过饱和并沉淀，引起肾小管的广泛损伤和尿酸结石，严重者可因肾小管堵塞而导致少尿或无尿。一旦发生肾功能衰竭则须限制入液量，并做透析治疗。

不同类型的白血病发生高白血病细胞综合征的概率和表现有所不同。AML比ALL更易发生白细胞堵塞表现；CML-BP比CML-CP更易引起白细胞堵塞的表现；CLL不容易引起白细胞堵塞的表现。但是，ALL比AML和CML更易发生ATLS。

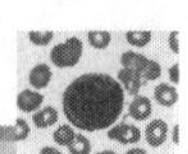

对诱导治疗期患者，尤其是白细胞高者，应在化疗前予以别嘌呤醇0.6g/d，化疗期间用量为0.3g/d。血液细胞分离机单采去除白细胞可迅速减少血液循环中白血病细胞，从而减少高白血病细胞综合征的发生。但单采本身可能使PLT进一步减少，红细胞太低也影响去除白细胞的效果，故应在PLT>50×10^9/L、HB>80g/L时再进行单采，单采前后需检测CBC。单采后如PLT<30×10^9/L，应输注浓缩PLT。单采可能激活凝血系统，循环采血对心脏有一定影响，循环采血可能使已经形成的血栓脱落，所以对有DIC、血栓，以及心、肺、肾、脑功能不良的患者最好不用单采去除白细胞的方法。在单采去除细胞的同时应及时给予作用快速的化疗药物抑制细胞增殖，如髓性白血病用羟基脲，淋巴细胞白血病用糖皮质激素；单采后也要尽快化疗，否则骨髓的有核细胞会迅速释放入血，降低单采的疗效。化疗开始前半天应保证每小时输注250ml的生理盐水，化疗期间输碱性液体以碱化尿液。开始化疗时剂量不宜过大，对ALL常常先单用糖皮质激素或加长春新碱治疗1周，再采用正规的化疗；对AML可先采用小剂量阿糖胞苷治疗，待血白细胞降低后，再采用正规的化疗。化疗前及化疗期间应密切监测24小时出入量。在化疗开始2～3天，每2～6小时监测血电解质、尿酸1次。一旦发生肾功能衰竭则须限制入液量，并做透析治疗。输注红细胞可以增加血液黏滞度，因此，如果没有迅速降低血白细胞的措施，红细胞计数不是太低时，不要立即输红细胞。

6. 营养支持治疗 营养支持是白血病治疗的重要组成部分。引起营养不良的原因或机制有：

(1) 食欲缺乏、摄入不足、丢失增加，包括患者疾病本身，化疗等药物、放疗、继发感染、消化道黏膜炎所致的进食障碍、腹泻、发热等。

(2) 疾病本身、药物和疾病中其他原因所致的能量消耗增加，体内的代谢异常。研究显示白血病患者的能量消耗比预测的高35%～50%；多种代谢明显增加，全身蛋白合成和分解率是正常的2倍（Lenssen P等，2009）。代谢增加包括肝脏尿素生成、负氮平衡、糖原新生、肌肉蛋白消溶、体内脂肪消溶；胰岛B细胞的受体对胰岛素不敏感。上述原因不但导致消瘦，还导致低蛋白血症与高血糖。

(3) 多种药物可引起代谢障碍，如持久应用较大量的糖皮质激素；烟酸及烟酰胺可以影响糖代谢，加重糖尿病。如果患者同时有糖尿病，可加重代谢异常。糖皮质激素可引起蛋白质分解、低蛋白、低钙、高血糖。L-ASP可引起高血糖等。

(4) 白血病细胞可刺激体内免疫细胞分泌一些细胞因子，如TNF-α、白细胞介素6（interleukine 6，IL-6）等，这些细胞因子可减少食欲、增加代谢率、减少体内脂肪与蛋白质贮备、减少脂肪细胞中脂蛋白脂酶的活力、促进肌肉中氨基酸的释出、促进肝脏中氨基酸转换。

(5) 患者在HSCT后常常由于GVHD继发消瘦，GVHD可以通过多种机制导致营养不良，如肝功损伤引起蛋白质合成减少；胃肠道疾病引起摄入减少、排泄增加、营养吸收减少；活动受限导致肌肉等萎缩；一些免疫抑制剂的使用增加蛋白质的分解，糖皮质激素、光照或卟啉类似物治疗使活性维生素D_3减少，导致血钙降低、骨质疏松；代谢增加、继发感染导致全身消耗增加等。

白血病患者的营养支持治疗可采用以下方法：

(1) 首先确定患者营养中的总热量及其组成是否合乎要求。

(2) 在放、化疗或之后一段时间，患者的食欲和味觉都可以受到明显的影响，减少饮食中脂肪及乳糖的含量可减少恶心和腹泻的发生。

(3) 对营养摄入不足的患者需要通过静脉输入适量的脂肪乳剂、氨基酸、葡萄糖电解质溶液、维生素、微量元素等（详见第二十四章）。

(4) 睾酮及其衍生物有蛋白质同化作用，能在一定程度上拮抗糖皮质激素的蛋白质分解作用，如果应用此类药物，即使较大剂量、较长时期应用糖皮质激素也不会使患者的营养状况恶化。已有皮肤吸收的凝胶剂，可避免胃肠道给药所致的肝功能障碍，也可避免肌内注射部位的副作用，故在此推荐使用。

(5) 合成的高效孕激素，如甲地孕酮（去氢甲孕酮、美可治、妇宁）及甲羟孕酮（甲孕酮、安宫黄体酮），在高剂量的情况下可抑制体内 TNF-α、IL-6 的产生，使极度消瘦的患者食欲好转、自我感觉好转、体重增加（但主要是体脂），从而改善生活质量，但可能使患者对化疗的敏感性减低。

白血病患者虽然在治疗期需要充分的休息，但须避免绝对卧床，应根据病情适当被动或主动活动，否则将导致肌肉萎缩。

7. 水和电解质平衡 多种原因可导致患者水和电解质失衡。白血病细胞破坏过多致血钾增高，尿钾排出增多，磷释出增多可导致低钙。糖皮质激素、光照减少或卟啉类似物治疗使活性维生素 D_3 减少，也可导致低钙。急性或慢性白血病在疾病未缓解前偶有高钙血症，其机制可能是多方面的。一些药物可引起血钾浓度降低，如两性霉素 B、伊曲康唑、氟康唑、伏立康唑等；放、化疗等可影响神经垂体利尿激素的功能，导致严重低钠血症。恶心、呕吐、腹泻、摄入减少、肾功能损害等也可导致水和电解质失衡。水和电解质失衡可导致严重后果，如心脏停搏、瘫痪、昏迷等，须紧急处理。

对神经垂体功能障碍导致的低钠应使用含垂体后叶加压素功能的药物，如 DDAVP (d-amino-dearginine vasopressin)。此药为治疗血友病药物，其增加血压作用不如一般的加压素明显。

三、白血病的特殊治疗

在对患者进行治疗前，医生应回答以下问题：治疗的目标是什么（是治愈还是延长生存期、缓解症状、改善生活质量）？最佳治疗策略是什么（化疗、自体移植、异基因移植、同基因移植、靶向治疗等）？治愈白血病、减少近期及远期并发症、尽量地减少治疗费用当然是医生的最高追求目标。对于可用药物治愈的白血病，如中低危险性儿童 ALL、APL，首先选择药物治疗，尽量减少并发症。对于不能用化疗治愈的白血病，如慢性白血病或其他高危险性急性白血病，在患者年龄、脏器功能允许的情况下，应尽量先用化疗或放疗或靶向药物减少白血病细胞负荷后采用 allo-HSCT；对难以治愈的老年 CLL 患者，应尽可能延长生存期、缓解症状、改善生活质量。

白血病是一种造血细胞的克隆性疾病，有很大的异质性，不同个体及同一个体白血病细胞的生物学特性都有很大的差异。近年来，随着对恶性血液细胞的分子及细胞生物学研究的深入，白血病治疗进入了基于生物机制治疗的时代；白血病治疗也越来越进入分层治疗甚至是个性化治疗的时代。关于治疗方法，除了传统的化疗、放疗、HSCT 外，还出现

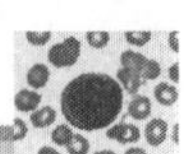

了针对白血病细胞不同靶点的小分子药物、多肽、抗体、放射性核素标记的分子、复合释放系统等靶向治疗，免疫治疗及中医药也显示出了一定的疗效。每种类型的白血病，甚至每一位患者都是一个特殊的治疗对象，应对不同个体采用以上不同治疗方式进行联合治疗，在治疗后密切监测疗效来修正治疗策略。如 APL 伴 t（15；17）和（或）PML-RARα，主要联合砷剂、全反式维 A 酸（all-trans-retinoicacid，ATRA）及蒽环类为主的治疗，有髓外白血病或 CNSL 者则联合放疗。又如核心因子阳性的 AML 对大剂量以 Ara-C（HD-Ara-C）为主的化疗反应好，可先采用以 HD-Ara-C 为主的化疗，但伴 c-KIT 基因突变者预后较差，应在 CR1 期尽早采用 allo-HSCT 治疗。t（9；22）和（或）BCR-ABL 阳性的 ALL 可先用酪氨酸激酶抑制剂（tyrosine kinase inhibitor，TKI）及化疗获得 CR 或接近 CR，再尽快进行 allo-HSCT；$CD20^{+}$ 的白血病可用 CD20 单抗或联合化疗。对预后良好的 CLL 以观察等待为主等。

（一）化疗

化疗是白血病尤其是 AL 最基础的治疗。同时，化疗对正常细胞也有毒性，可引起多种甚至是致死性副作用。因此，在开始化疗前，医生应该重新确认诊断，最好确认其 MICM-P 诊断及其他生物学特性，如增殖期细胞的比例、化疗治愈的概率等；了解疾病的自然历史，既往病史包括精神病史、药物毒物接触史、药物过敏史等；与患者和（或）其直系亲属一起确认化疗的目标，是治愈还是改善生活质量、延长生存期。如果以治愈为目标，患者能够耐受更多的毒性，化疗药物剂量应尽可能提高。在考虑用药方案与剂量时尚应考虑患者的年龄、一般状态评分、营养状态、血细胞计数等。对白蛋白低的患者使用一些与白蛋白结合的药物时药物毒性可能增加。根据患者的实际体重决定用药剂量更好。有些药物不适合用于有某种器官功能低下的患者，如心衰患者不适合用柔红霉素，严重肺疾病患者不适合用博来霉素等。而对难以治愈的老年慢性白血病，化疗前应与患者或家属一起充分平衡化疗的效果与毒性。医生还要充分了解药物的动力学及副作用等。在开始化疗前应将危险性告知患者或其家属，并签署知情同意书，签署时应有见证人。

一般来说，AL 初治或复发时应先给予化疗，以杀伤大量的白血病细胞，让正常细胞恢复正常，达到 CR，此阶段的化疗称为诱导缓解治疗。治疗非 APL 的 AL 化疗原则是：早期、足量、联合、个体化，对各种类型的 AL 还应注意防治髓外白血病。即使在经验较丰富的单位，治疗 AL 的 CR 率都还不能达到 100%，在诱导化疗期间感染、出血等风险较大，死亡率较高。

一些预后良好的 AL 患者在缓解后可采用反复化疗的方法。AL 缓解后的反复化疗可分为巩固/早期强化治疗与维持治疗两个阶段。巩固/早期强化及维持治疗的名称及其含义在不同文献不尽相同。一般说来，巩固治疗是指 CR 后即采用药物及强度与原诱导方案基本相同的方案治疗；强化治疗是指采用剂量更大、作用更强的联合方案进行治疗；维持治疗是采用比诱导治疗强度更弱的化疗。早期强化是指缓解后即进行的一至数疗程的强化治疗；晚期强化是指 CR 6～12 个月后的强化治疗；再强化治疗的含义基本与晚期强化相同；在缓解后治疗阶段间歇地重复应用诱导治疗的药物。

白血病细胞的周期特性与白血病的发生、白血病对化疗的敏感性明显相关，也与化疗是否可以治愈白血病有关。长期以来，化疗药物及其联合方案的选择都是以细胞周期特性为基础进行的。增殖细胞比例为［G_1＋S＋G_2＋M］/［G_0＋G_1＋S＋G_2＋M］。恶性增殖细胞比例可从10％到90％，增殖细胞比例低的白血病发展缓慢，如慢性白血病；增殖细胞比例高者发展快，如急性白血病。白血病细胞的增殖优势至少部分是由于增殖细胞比例更多所致。细胞增代时间是指细胞经过一个细胞周期所需的时间，造血细胞一般为24～36小时；AL细胞并不比正常造血前体细胞的增代时间短，有的甚至更长。倍增时间是指恶性细胞增加一倍所需要的时间，一般与恶性增殖细胞比例成反比；倍增时间受很多因素影响，如有无自发细胞凋亡、合适的营养等。增殖细胞比例高及倍增时间短的恶性细胞对化疗的敏感性高，可用化疗治愈，如急性白血病；而增殖细胞比例低、倍增时间长的恶性细胞对化疗的敏感性低，难以用化疗治愈，如慢性白血病。在体内，白血病细胞生长受很多因素的影响，如血供、营养需求等。在白血病细胞负荷大的时候，不是全部细胞对化疗敏感，有部分休眠期或静息期的细胞对化疗不敏感。化疗杀伤白血病细胞的最佳时机是在生长早期，绝大多数白血病细胞都在增殖周期时化疗效果最好。

某一剂量的化疗药对恶性细胞的杀伤是成比例的，而不是按绝对数量进行，将白血病细胞从10^4降至10^1的药物剂量和从10^{10}降至10^7的剂量相同。研究显示，化疗对恶性细胞的杀伤比例取决于细胞对药物的敏感性及药物剂量。实验研究表明，在一定剂量范围内，药物剂量增加1倍，白血病细胞的杀伤一般增加10倍。如用药充分，有效的1个疗程化疗可杀伤2～5个对数级的白血病细胞。化疗药物的剂量在10年前已开始加大。非APL的AL长期存活率的提高在很大程度上取决于化疗强度的提高（Hande KR，2009）。

AL患者刚CR时，尽管骨髓白血病细胞分类计数降至5％以下，机体内的白血病细胞数仍可能高达10^6～10^9，如不尽早巩固/早期强化治疗，白血病细胞很易发展至复发。Harousseau JL等（1990）报告，诱导化疗开始至第1次巩固化疗开始的时间与DFS长短明显相关，大于70天者的4年DFS率（29.6％）明显比小于70天者（56％）。急性白血病在初治时白血病细胞负荷为10^9～10^{11}，每个疗程化疗可杀伤99.9％的白血病细胞，按此计算，如果白血病细胞不再生长，约4个疗程的化疗后可杀死绝大多数的白血病细胞。但是由于化疗药物同时也杀伤正常的细胞和组织，每次化疗后必须等待正常的细胞组织恢复后才能采用下一次化疗，在此等待过程中，白血病细胞也会生长。因此，需要更多疗程的化疗。体内白血病细胞＜10^3～10^4仍然可能导致复发。由于正常细胞比恶性细胞恢复更快，在白血病细胞尚未恢复生长时尽快进行下一个疗程化疗可尽快使白血病细胞负荷降低至安全的水平。化疗降低恶性细胞比例与其最终结果相关。尽早减少白血病细胞比例可增加化疗治愈的概率，因此对于白血病，尤其是那些可以通过化疗治愈的急性白血病，一旦诊断，应尽早化疗，并采用强化联合化疗方案尽快地将恶性细胞降低至较低水平。但是这一策略对复发或晚期患者一般无效，因为白血病细胞一旦耐药，对多种药物都可能耐药；晚期患者，白血病细胞对化疗不敏感。临床上比较棘手的问题是正常细胞和恶性细胞的细胞动力学差异很难被监测，而且化疗一段时间后白血病细胞可发生耐药性，甚至多药耐药。如何减少耐药性，更多、更快和更特异地杀灭白血病细胞是化疗追求的目标。

化疗药物治疗剂量窗很窄，对白血病细胞充足杀伤的化疗剂量往往也对正常组织细胞有毒性。大多数化疗药剂量与毒性的关系呈S形，或时间与血浆药物浓度（AUC）之间的关系呈S形；随着药物浓度增加，对细胞的杀伤和药物浓度成正比，当药物浓度达到一定水平时，对细胞的杀伤不再增加，进入平台期。药物的抗白血病效应与药物到达作用部

位的浓度有关。增加某些药物的剂量可提高白血病治愈率。临床医生的目标是在避免致死性毒性条件下，尽可能地采用更大的剂量；但是对某些类型白血病的患者，其满意的AUC剂量尚不清楚。药物动力学包括给药后药物的生物利用度、分布容量、清除和药物的半衰期。生物利用度是指药物到达血浆的比例，静脉给药的生物利用度肯定是100%；口服药物的生物利用度降低与药物溶解度差或在肠道、肝脏代谢增加有关。当药物到达血液时，就分布到组织，药物的血浆浓度曲线一般呈两期。药物的组织分布受药物血浆蛋白（可与药物结合）的影响（常为白蛋白或α_1-酸性糖蛋白）。只有未结合的药物具有生物学活性，血浆白蛋白浓度降低可能增加药物毒性，如依托泊苷（VP-16）。药物进入第三间隙如腹水、胸水可能减慢药物的清除，增加其毒性，如MTX。

根据化疗药物对细胞周期的特异性可将其分为以下几种类型：① 细胞周期非特异性化疗药，可杀伤各期的细胞，如激素、抗肿瘤抗生素；② 细胞周期活跃性非特异性药物，此类药物对增殖周期的细胞更敏感，可以杀伤增殖周期各期的细胞，如烷化剂、铂类、氟尿嘧啶；③ 细胞周期活跃性特异性药物，如对增殖周期中某一期细胞特异性药物，包括针对S期细胞的大多数抗代谢药，特异性针对微小管的长春碱类药物，针对G_2、M期细胞的紫杉醇类药物。

自1940年开始用氮芥及叶酸拮抗剂化疗药物以来，对化疗药物作用机制的了解也大大增加。最近的研究显示，几乎所有的化疗药都通过启动凋亡过程导致白血病细胞死亡。很多化疗药提供细胞凋亡的启动因子，但是凋亡蛋白是决定化疗药或其他效应细胞是否杀伤白血病细胞的重要因素，白血病细胞的一些生物特性会影响其对化疗药物的敏感性。如果损伤是亚致死性的，细胞可修复进入S期；如果DNA产生有意义的损伤，细胞凋亡被启动；p53及p21基因产物是启动细胞凋亡的关键因素。如果化疗损伤了细胞DNA，则细胞周期检控点及抑癌基因TP53被诱导产生，细胞停止在G_1期，细胞被修复；如果DNA损伤太严重难以修复，则细胞凋亡；如果缺乏TP53或TP53突变，则不仅通过抑制细胞死亡过程而增加细胞存活，还可促进本应凋亡的突变细胞传代。这样可以导致以下结果：① 突变细胞比其正常细胞更有生长优势；② 产生耐药性；③ 导致① 或② 的突变及恶性细胞的异质性。白血病细胞再次突变也引起细胞增殖性、药物敏感性及耐药性的很大差异。干扰药物代谢或细胞死亡途径的基因突变也提供细胞存活的优势，特别是在化疗药治疗选择压力下。白血病干细胞可能是更静息期的细胞，有更高水平的保护性蛋白，如药物泵、DNA修复蛋白、抗凋亡蛋白。

化疗药物要发挥作用必须经过以下步骤：① 药物被细胞摄取；② 药物被转化为活性的形式；③ 药物在细胞内发挥作用前不被灭活或被排出细胞；④ 药物与靶细胞作用时，靶点不被改变或损伤的靶点不被修复；⑤ 细胞凋亡机制能够被诱导。有时白血病细胞仅对某种药物耐药，如某种细胞由于改变了叶酸转运通道，MTX不能进入细胞而产生耐药；某种细胞由于过度表达二氢叶酸还原酶（dihydrofolate reductase，DHFR）而对MTX产生耐药。缺乏PRB功能的细胞对抗代谢药如MTX的敏感性降低等。白血病细胞往往会对多种药物产生耐药，表达多药耐药基因（MDR）的细胞产生p170糖蛋白，可将化疗药泵出细胞；大多数化疗药是亲水性的，如长春碱、表鬼臼毒素、蒽环类药物、放线菌素、紫杉烷素，表达MDR基因的细胞对这些药物都会产生耐药性。其他一些蛋白质也与耐药有关，如MDR相关蛋白（MRP）。总之，白血病通过随机突变产生耐药；在大多数患者耐药细胞群可能开始就存在，应该尽早治疗并采用不同作用机制的药物以避免多药耐药细胞群的产生。

白血病化疗的重要进展之一是联合用药。联合用药的含义包括同时联合用药或序贯联合用药。联合药物的根据为：① 作用于不同细胞周期的药物；② 毒性不同，甚至可能互相抵消毒性；③ 能互相强化对白血病细胞的杀伤作用；④ 能比较有选择性地杀伤白血病细胞，而正常细胞恢复较快。细胞周期非特异性药物与细胞周期特异性药物是最常见的联合用药。从理论上看，细胞周期非特异性药物会降低白血病负荷，通过募集细胞进入细胞周期增加细胞对细胞周期活跃性及特异性药物的敏感性，特别是延长此类药物时间效果更好。如 Ara-C 与柔红霉素（daunorubicin，DNR）等蒽环或蒽醌类药物联合应用治疗 AML 的 CR 率明显高于单独应用，单用 Ara-C 约为 25%，DNR 为 18%～35%（Rohatiner AZS 等，1990），米托蒽醌（NVT）为 20%（Gale RP 等，1987），而 Ara-C 与蒽环类或蒽醌类药物联合应用则可达 50%～80%（Rohatiner AZS 等，1990）。长春新碱（VCR）＋糖皮质激素＋DNR＋L-ASP 诱导治疗 ALL 的 CR 率达 90%以上。正常及白血病干细胞的 G_1 期细胞比例很少，延长药物的使用时间可使恶性细胞进入增殖周期。造血细胞生长因子可使白血病细胞进入 S 期细胞，再持续用 S 期特异性药物可增加疗效，多份临床研究显示 G-CSF 可增加化疗治疗 AML 的 DFS，这对染色体正常的中危 AML 的疗效尤其明显；但是生长因子可能防止恶性细胞的凋亡，降低化疗药物的疗效。有报道显示，联合应用 G-CSF 与 CXCR4 抑制剂有协同作用。

慢性白血病是否化疗与疾病类型、分期等有很大关系，请参考相关章节。

（二）放疗

因为白血病是全身性疾病，放疗一般不常规应用，对于有髓外肉瘤、CNSL、移植前的预处理可采用放疗。大多数白血病对放疗很敏感。

（三）HSCT 治疗

HSCT 是根治白血病的重要方法，一般先采用大剂量化疗和（或）放疗摧毁患者的造血及免疫系统，再将供者的造血干细胞输注给患者，重建患者的造血免疫系统。根据供者来源，可将 HSCT 分为自体 HSCT（auto-HSCT）、同基因 HSCT（syn-HSCT）和异基因 HSCT（allo-HSCT）。auto-HSCT 是指先采集患者自己的 HSC 冻存，对患者进行大剂量化疗和（或）放疗清除自己的造血系统后，再回输预先冻存的自体 HSC 以重建自己的造血功能；其治疗白血病的作用主要机制是大剂量化疗和（或）放疗杀灭白血病细胞的作用，其疗效需要白血病细胞对大剂量化疗和（或）放疗敏感。syn-HSCT 的供者来自于同卵双生双胞胎，因为其基因几乎完全相同，很少发生移植物抗宿主反应，可不用免疫抑制剂。我国中华造血干细胞移植协会（Chinese Society of Blood and Marrow Transplantation，CSBMT）多中心的资料显示，syn-HSCT 治疗恶性血液病的 3 年 DFS 是 59.3%（$n=50$）。allo-HSCT 的供者来自同种异体的个体，包括人类白细胞抗原（HLA）完全相合或半相合的同胞、父母或子女，或 HLA 基本相合的无血缘关系供者（unrelated donor，URD），后者包括脐带血 HSC。亲缘供受者 HLA 配型只有一半或接近一半亲缘相同的allo-HSCT 称为亲缘半相同（haplo-identical）allo-HSCT。目前在世界范围内每年进行 allo-HSCT 已达 2 万例以

上。本书将有多章叙述 allo-HSCT，以下简述其重要进展（表 1-5）。

最初 HSCT 主要采用供者骨髓细胞中的 HSC 来移植。20 世纪 90 年代研究发现 G-CSF 或 GM-CSF 可使骨髓中的 HSC 进入外周血（称为 HSC 动员），再用血液细胞分离机可采集足够的 HSC 用于 HSCT，由于采集动员后的外周血 HSC（PBSC）供者的痛苦相对较少，用 PBSC 来进行 HSCT 的比例越来越多，尤其是 URD 的移植，近年来全世界几乎都采用 PBSC 来进行 URD-HSCT，约占国际骨髓移植登记组（international bone marrow transplant registry，IBMTR）HSCT 的 30%。中国大陆中华骨髓库（中国造血干细胞捐献者资料库，China Marrow Donor Program，CMDP）与中国台湾慈济基金会的非血缘造血干细胞登记组织储存非血缘造血干细胞志愿者的资料分别达 140 多万、30 多万；URD-HSCT 的临床效果也稳步提高。

表 1-5　异基因造血干细胞移植的进展

	过去	现在
造血干细胞来源	BM	BM、PBSC、CB
供者	很少选与患者 HLA 配型不同的供者	供受者 HLA 配型不是必须相同
供受者 HLA 检查	CR 后进行	入院后即可进行
患者年龄	≤45 岁	≤65 岁，甚至≤70 岁
白血病状态	CR 期或 CML-CP 期	CR 或 NR、CML 任何期

注：CB. 脐带血。

脐带血（cord blood，CB）或称胎盘/脐带血移植（placental cord blood，PCB；cord blood transplant，CBT）也属于 URD-HSCT，由于其 GVHD 的发病程度较低，对 HLA 的配型相合度要求较低，因此在统计时一般分别计算。儿童移植、日本的 allo-HSCT 愈来愈多地用 CBT。目前我国经政府批准的脐带血库存量已超过 1 万份；能检索到的 HLA 配型 6 个位点都相合的超过 10%，5/6 相合者超过 45%，也可用于临床进行 allo-HSCT。由于一份脐带血中造血干细胞数量常常较少，移植医生担心用于成人不足以植活。我国首先采用双份成人双份脐带血进行 CBT 并获得成功，第 1、2 例接受双份脐带血移植的成人患者均已无病存活多年，首例为 95kg 体重的 ALL 患者，第二例为 CML-AP 患者（Lu DP 等，2000；王峰蓉等，2003）。

进行 allo-HSCT 时，供者干细胞的 HLA 配型最好与患者相同，因为 HLA 配型不同的供者免疫细胞更容易攻击受者各类细胞，产生致命性 GVHD。过去很少用 HLA 配型不同或亲缘半相同的供者进行 allo-HSCT。但是配型不同的 HSCT 在近十余年来也有较好的结果（陆道培等，1995，2003；纪树荃等，2000，2001，2002，2003；韩伟等，2004）。笔者近 6 年来负责开展了 300 多例亲缘半相同 allo-HSCT，治疗早期 AML、ALL 的 2 年 DFS 率分别为 78.5%、74.2%；中期 AML、ALL 的 2 年 DFS 率分别为 57.3%、35%；进展期 AML、ALL 的 DFS 率分别为 21.9%、14.4%。HLA 配型不同或亲缘半相同 allo-HSCT 成功的主要因素有：① allo-HSCT 时加入第三方细胞，如在输注供者 HSC 前输注 CB。我们的研究发现，第三方细胞可以诱导供者免疫细胞对受者细胞产生免疫耐受，从而减少致命性 GVHD 的发生，使受者动物的存活期明显延长（Lu DP 等，2008；张晓明等，2003）。② 联合采用骨髓及 G-CSF 动员后的 PBSC 进行 allo-HSCT，达到输注大剂量

HSC的目的。G-CSF还有下调供者淋巴细胞功能的作用，从而减少GVHD发病率，增加HSCT后的存活率（Isola等，1997）。③ 延长的预处理方案（比标准的预处理时间更长）。重症联合免疫缺失患者经亲缘半相同移植后的GVHD发病率较低，受此现象的启发，笔者首次提出了延长的预处理方案具有更强免疫抑制作用的新概念，笔者领导的研究小组采用延长的预处理方案进行allo-HSCT，发现致命性GVHD发生率降低。④ 在预处理方案的后期加入ATG，由于ATG在体内的生物半衰期较长，它不但使预处理时受者的免疫系统受到进一步抑制，而且还可减低甚至清除供者移植物中T淋巴细胞的数量及功能。

近年来，接受allo-HSCT治疗患者的年龄段已较前有明显提高，70岁以下的患者都可接受allo-HSCT。除前述原因外，重要的是预处理过程中在不减少免疫抑制的前提下减少了化疗或放疗的强度，这包括两种方式的移植：非清髓性移植和减低预处理强度移植，前者采用尽可能低的预处理强度，以至于如果随后不输注造血干细胞患者的造血可自行恢复。

近年来，北京市及上海道培医院在预处理中，除了注意清除患者的造血和免疫系统外，还应注意加入抗白血病的措施，又称为清肿瘤预处理方案；对高危险患者或进展期就接受allo-HSCT者，在移植后还应注意密切追踪残留白血病状态，及时加入免疫治疗防治白血病复发，从而减少allo-HSCT后白血病的复发率或增加移植后复发治疗的成功率。初步的临床结果显示，对进展期髓性白血病（包括未完全缓解的AML，或CML-BP）进行挽救性移植时，联合序贯的免疫治疗的1年DFS率达83%（Wang JB等，2009）。

由于allo-HSCT的进展，我们建议白血病患者在初诊时就要与家属一起做HLA配型，以便对难治性患者（2个标准或大剂量化疗不能获得CR）或预后差的患者及时进行allo-HSCT治疗，从而提高DFS概率。目前主张，有allo-HSCT适应证的AML患者，一旦进入CR1期就直接进行allo-HSCT，而不必再做强化治疗；因为对这类患者allo-HSCT后的复发率相近，这样既能避免强化中白血病负荷增加的危险，又可减少其感染、器官损害等并发症，从而提高allo-HSCT的安全系数，减少治疗费用。

（四）靶向治疗

由于化疗对白血病细胞没有很好的针对性，在杀伤白血病细胞的同时，也损伤了患者自身的免疫力及正常组织细胞及器官的功能。人们越来越希望发展针对性强的治疗。靶向治疗就是主要针对白血病细胞的治疗，具有白血病特异性，对正常细胞影响小，近年来成为肿瘤治疗的最大热点。随着对白血病细胞免疫学、细胞与分子遗传学、分子生物学、蛋白质功能等研究的深入，发现白血病细胞上越来越多的成分与正常细胞不同，可以成为靶向治疗的靶点：白血病基因可以成为反义寡合苷酸基因治疗的靶点，白血病基因的蛋白产物可以成为药物、免疫细胞或单克隆抗体攻击的靶点，白血病信号转导途径或功能的改变，可以成为一些药物的靶点等。免疫细胞或单克隆抗体治疗将在免疫治疗中叙述。

最成功的靶向治疗是用ATRA和（或）砷剂治疗t（15；17）和（或）PML- RARα阳性的APL，用TKI伊马替尼（imatinib，IM）及其新一代的TKI药物治疗BCR-ABL$^+$的白血病（包括BCR-ABL$^+$CML、B-ALL、AML）。

在ATRA治疗前，t（15；17）/PML-RARα阳性的APL是一种高度致命的白血病，患者常常在化疗后出现DIC而死亡。上海瑞金医院王振义、陈竺的研究团队首先发现

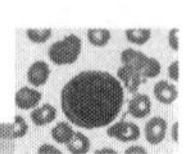

(Wang ZY，1990) 用 ATRA 治疗 t (15；17) /PML-RARα 阳性的 APL 后，患者不容易发生 DIC，大多数患者获得 CR，联合化疗可进一步提高患者的长期 DFS。砷剂是另一针对 PML-RARα 分子的成功靶向药物。最早由哈尔滨的中医师用含砒霜的中药治疗 APL 获得成功。进一步研究发现，其中的有效治疗成分是三氧化二砷 (As_2O_3)。陆道培从雄黄中提纯四硫化四砷 (As_4S_4)，并制备成口服的砷剂，患者应用方便，副作用明显比 As_2O_3 小 (Lu DP 等，2002)。对 ATRA 及化疗耐药的 APL 患者对砷剂仍然有效。北京市道培医院的临床结果显示，t (15；17) /PML-RARα 阳性的初治 APL 患者，如果住院 24 小时内不死亡，ATRA 和 (或) 砷制剂 (不论口服或静脉应用) 或联合蒽环类药物治疗 APL 的 CR 率已达到 100%，化疗＋砷剂＋ATRA 联合巩固及维持治疗，5 年 DFS 率达到 94%，成为高度可以治愈的 AL (Wu T 等，2007)。

伊马替尼等 TKI 治疗可使 70%～80%的 CML 获得 CMR，使很多 $BCR\text{-}ABL^+$ 的 ALL 及 AML 获得 CR，是治疗 $BCR\text{-}ABL^+$ 白血病的里程碑性进展。目前有越来越多的 TKI 问世。TKI 对其他酪氨酸酶激活的恶性疾病也有较好的疗效，如与嗜酸粒细胞增多及 FIP1L1-PDGFRα、PDGFRβ、FGFR1 基因有关的恶性髓性肿瘤。

除了以上几类药物外，目前还有很多靶向治疗药物进入治疗白血病临床试验或正式被批准治疗白血病或 MDS，包括以下几类：

(1) 针对 FMS 样酪氨酸激酶 3 (FLT3) 的靶向药物：FLT3 是造血干细胞上的膜激酶受体，与其配体结合后被激活。FLT3 突变后导致其功能的破坏，受体结构性激活，细胞的增殖性增加，凋亡减少。针对 FLT3 突变的靶向治疗可降低细胞的增殖活性，增加其凋亡。一些 FLT3 突变或 MLL 基因重排导致野生型 FLT3 过度表达的 AML 及 ALL 可能对 FLT3 抑制剂有效。

(2) 针对 KIT 受体激酶的靶向药物：KIT 是 SCF 的受体，编码酪氨酸激酶的受体。它的激活性突变主要见于核心结合因子的异常，如 t (8；21)、inv (16) /t (16；16) 异常的 AML。这些患者如伴 KIT 基因者突变，预后不良。TKI IM 等治疗 KIT 突变的 t (8；21)、inv (16) /t (16；16) 异常的 AML 正在临床试验中。

(3) 法尼基转移酶抑制剂：有较高比例的 AML 患者有丝裂原激活的蛋白激酶 (MAPK) 信号转导途径瀑布性结构性激活，MAPK 信号途径的激活是由 ras 基因突变导致。约有 15%的 AML 患者有 ras 基因突变。法尼基转移酶抑制剂可抑制 ras 与细胞膜结合，诱导细胞凋亡，降低细胞的增殖。有几种法尼基转移酶抑制剂正在临床试验中。

(4) 去甲基化药物：DNA 的甲基化与基因的表达有关，白血病细胞 DNA 的异常过度甲基化导致抑癌基因功能受到抑制，临床试验显示去甲基化药物 5-氮杂胞苷或地西他滨可增加 MDS 或 AML 患者的生存率。

(5) 组蛋白脱乙酰酶 (histone deacetylase，HDAC) 抑制剂：组蛋白周围 DNA 的卷绕与脱卷绕是基因表达的一个前提条件。HDAC 抑制剂可改变染色质结构和基因的表达，HDAC 抑制剂联合去甲基化药物可增加疗效，但也增加了副作用。

(6) 血管生成抑制剂：AML 的浸润与血管生成增加相关，而血管生成受前血管因子的刺激，包括血管内皮生长因子 (vascular endothelial growth factor，VEGF) 和碱性成纤维细胞生长因子 (basic fibroblast growth factor，bFGF)。AML 原始细胞可产生 VEGF，白血病原始细胞及内皮细胞可表达 VEGF 受体，因此在白血病细胞的区域形成血管生成的自分泌或旁分泌环。研究显示，VEGF 受体 3 与基质细胞相互作用产生的 VEGF-R 可使 AML 细胞避免化疗引起的凋亡。目前正在研究采用抗 VEGF-R 抗体或激酶封闭多肽来打破这种循环，减少 AML 对化疗的耐药性。沙利度安及雷利度安对一些白血病前期有效，雷利度安治疗可使 40%多的 $5q^-$ 综合征患者获得完全细胞遗传学缓解。

（7）趋化因子抑制剂：AML 细胞与基质环境黏附可免于化疗的攻击，其机制之一是基质细胞产生的基质细胞来源因子 1α（stroma-derived factor 1α，SDF1α）可激活趋化因子受体 CXCR。表达 CXCR4 的 AML 容易对化疗耐药，预后差。CXCR4 抑制剂可使 AML 细胞从基质环境中被释放出来，被化疗药物杀伤。目前，采用 CXCR4 抑制剂治疗 AML 正在临床试验中。

（8）细胞凋亡诱导制剂：白血病发生的机制之一是细胞凋亡减少，与一些抗凋亡蛋白过度表达有关，如 BCL-2 蛋白在 CLL 及一些 ALL 过度增加。BCL-2 抑制剂及早期激酶抑制剂正在临床前或临床研究阶段。

（9）细胞周期依赖激酶（CDK）抑制剂：CLL 患者的 CDK 表达增加，CDK 抑制剂治疗 CLL 正在临床试验中。

（10）蛋白激酶 C（protein kinase C，PKC）抑制剂：CLL 患者的 PKC 活性增加，PKC 抑制剂可抑制肿瘤细胞的增殖，诱导细胞凋亡，抑制肿瘤诱导的血管形成。目前 PKC 抑制剂治疗 CLL 正在临床试验中。

（11）热休克蛋白 90（heat shock protein 90，HSP90）抑制剂：HSP90 与很多蛋白的折叠、激活和组装有关。CLL 的 ZAP70 的表达增加是其预后不好的因素，而 ZAP70 的表达与 HSP90 有关。HSP90 抑制剂治疗 CLL 正在临床试验中。

（12）SRC 激酶抑制剂：CLL 的 SRC 激酶激活，SRC 激酶抑制剂达沙替尼（dasatinib）治疗 CLL 正在临床试验中。

（五）免疫治疗

免疫治疗是白血病治疗的重要部分，allo-HSCT 的作用实际上是预处理中的化疗/放疗与移植后移植物抗白血病（graft versus leukemia，GVL）作用的综合效果。因此经治医师应该重视其作用。白血病免疫治疗可分四大类（详见第十三章）。

allo-HSCT 后供者淋巴细胞输注（donor lymphocyte infusion，DLI）治疗白血病的效果最为肯定。北京大学人民医院及道培医院的临床试验显示，培养激活的自体免疫细胞也有抗白血病作用；中低危险性 AL 患者 CR 期采用自体细胞因子诱导的杀伤细胞（cytokine-induced killer，CIK）或自体树突细胞预激的 CIK 细胞（DC-CIK）治疗可以帮助清除一些患者的 MRD，提高患者的长期无病生存率（童春容等，2000；张乐萍等，2003；Tong CR 等，2007）。一些临床试验也显示，自体淋巴因子激活的杀伤细胞（lymphokine-activated killer，LAK）也有一定的抗白血病作用。道培医院的临床结果还显示，在 allo-HSCT 后复发并对 DLI 无效者，对用供者或患者淋巴细胞培养的 NK 细胞或 CIK 或 DC-CIK 或白血病细胞特异性细胞毒性 T 淋巴细胞（cytotoxic T lymphocyte，CTL）仍可能有效（Wang JB 等，2009）。

抗-CD33 单抗或抗-CD33-calcheamicin 证实具有抗 AML 的作用，抗-CD52、抗-CD20 的单抗被证实有抗-CLL、幼淋细胞白血病的作用。抗-CD20 单抗治疗 CD20 阳性的 ALL

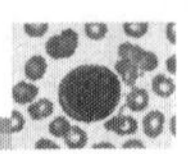

也显示可增加其疗效。其他多种单抗或连接毒素或放射性核素的单抗，如抗-CD19、CD22单抗等正在临床试验中。

干扰素α（interferon α，IFN-α）对治疗CML、毛细胞白血病（hairy cell leukemia，HCL）、病毒感染相关的白血病有一定作用；IFN-α、IFN-γ还通过上调免疫细胞上的信号分子来增加其他免疫治疗的效果，因此可以和疫苗等免疫治疗联合应用。

多种抗白血病疫苗正在临床试验中，一些疫苗显示出疗效，如分泌GM-CSF的细胞与自体白血病细胞混合的疫苗，BCR-ABL、WT1、PR3等多肽或蛋白疫苗等。

光动力治疗（photodynamic therapy，PDT）、胸腺肽、卡介苗、某些菌菇类的制剂，如灵芝孢子粉被破碎后的制剂对个别的恶性肿瘤有效，也有可能对血液系统的某些恶性肿瘤有效，值得探索。

（六）其他治疗

沙利度胺（thalidomide）不仅有抑制白血病环境血管生成的作用，还是一种免疫调节剂，可减少调节性T淋巴细胞（Treg），从而增强免疫细胞的抗白血病作用（Giannopoulos K等，2009）。在我国，一些研究单位的体外及动物体内研究显示，一些中药或植物成分有抗白血病作用，如百花丹醌、冬凌草素、毛萼乙素、百花蛇舌草、龙葵等，但有待进一步研究，确定其有效性及安全性（赵艳丽和陆道培，2006）。

第六节　白血病的预后因素及治疗策略选择

白血病的预后因素有很多方面，包括年龄、是否为治疗相关性、初诊时的一些症状和体征、血细胞计数、白血病的亚型（尤其是染色体及基因型）、伴发疾病（如糖尿病、心脏病等）及治疗后MRD水平等。一般来说，根据多种参数可将AL分为预后好的、预后中等的和预后差的三大类（不同白血病类型的预后因素分别详见各章节）。不同研究单位对不同白血病的预后因素看法不同，而且随着治疗方法的改善，一些既往认为预后不好的白血病，预后也可以改变，比如既往认为所有累及MLL基因的预后都不好，但现在认为，如果化疗强度增加，除MLL/AF4外的MLL异常可不归为高危险型。丘镜滢等（2005）则对＋8染色体改变做了新的解释，认为＋8患者绝大多数有其特殊的亚急性病程，临床上常被诊断为MDS或MDS-AML，实际上可归入亚急性白血病范畴，详见下文论述。

欧洲癌症研究治疗组织（European Organization for Research and Treatment of Cancer，EORTC）的研究表明，治疗前血液学症状持续1个月以上的预后较差。除了B-CLL外，年龄是各类白血病的最主要预后因素，≥65岁的白血病预后都很差，化疗对无高危因素的2～10岁B-ALL患者治愈率可高达90％以上，对无高危险因素的＜35岁B-ALL治愈率也可高达70％以上。

治疗后白血病缓解，但用FCM或基因或FISH等技术仍可检测到白血病细胞，称为微小残留白血病（MRD）。治疗不同时间的MRD水平可以直接反映白血病对治疗的敏感性，具有较大的预后价值（Zhou J等，2007）。北京市道培医院的临床观察也显示，MRD监测对ALL、AML和CML都具有较好的预后价值。即使是预后好的或预后中等的AL，在化疗或HSCT后，如果MRD不能较快地降至安全水平以下或在转阴后再次升高，几乎

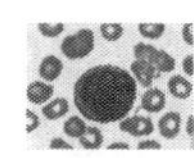

都发生血液学复发，因此应及时采取措施治疗。不同类型的白血病，不同方法检测的MRD，其安全水平不一样。如PML-RARα阳性的APL，如反复检测出，即使仅有10^{-6}～10^{-4}，几乎都复发，需要积极处理；而AML1-ETO，如持续＜10^{-4}，复发率较低，不需要太强烈的治疗（Tong CR等，2008；童春容等，2008）。

根据患者的危险程度进行分层治疗，甚至根据治疗效果调整治疗方案的个性化治疗越来越受到血液学界的认可（Wahlin A等，2009；Schultz KR等，2007）。根据MRD监测结果来调整治疗方案可提高总体生存率。在St Jude XV对标危初治儿童ALL的治疗计划中，对诱导化疗第19天时MRD≥1％、第46天MRD≥0.01％的患者采用强化方案化疗；对任何ALL患者在第46天MRD≥1％或在维持治疗中≥0.1％，采用allo-HSCT治疗。BFM协作组根据化疗第33、78天的MRD水平来指导CR的强化治疗（Flohr T等，2008）。HSCT后监测MRD也可帮助确定是否采用干预治疗。

一般的共识为，对预后好的AL应首先选择化疗或加自体HSCT为主的治疗，CR2或早期复发者再采用allo-HSCT治疗；预后中等的AL如果有HLA相合同胞供者，应首先选择allo-HSCT，否则首先选择化疗或加以自体HSCT为主的治疗策略；对预后差的AL患者，即使供者不太理想，也应尽早采用allo-HSCT治疗。当然，选择allo-HSCT治疗除了有适合的供者外，其年龄、器官功能还应该符合条件。

我们认为，采用何种治疗策略还与医院医生的经验和医院的综合条件有关，如对并发症的诊断和治疗水平等。以北京市道培医院为例，因为该院allo-HSCT及免疫治疗的经验较丰富，对CR1的AML患者（不论其预后分组如何），如身体等条件允许，有HLA相合的同胞供者，可在CR后尽快用allo-HSCT治疗，2年DFS＞80％，并发症轻、费用低，生活质量也较好；因为即使是预后好的AML患者，如单纯t（8；21）/AML1-ETO阳性或inv（16）/CBF-MYH11的AML患者，采用含大剂量阿糖胞苷（HD-Ara-C）的方案化疗，其2年DFS仅有50％左右，后者的整体治疗费用不比allo-HSCT低，而且含HD-Ara-C联合化疗的治疗相关毒性及死亡率也较高。对于预后良好或中等的AML患者，如果没有同胞相合的供者或脏器功能等条件不适合进行allo-HSCT，在诱导及强化化疗后MRD检测不出或＜0.1％，可选择化疗联合自体免疫细胞治疗，包括CIK或DC-CIK治疗；但在治疗中应密切监测MRD，如MRD持续增高，及时换用URD或亲缘半相同allo-HSCT治疗。对于＜35岁的中低危B-ALL患者，如果化疗1个月后用免疫学查不到MRD，化疗或联合免疫治疗的3年DFS率可＞80％；儿童患者的疗效更高，因此可先选择化疗联合免疫治疗；如果治疗中MRD持续增高，应及时换用allo-HSCT治疗。对预后差的AL一旦达到CR或接近CR，要尽快行allo-HSCT，因为这类患者难以达到CR，或容易很快复发，用化疗或联合免疫治疗DFS率很低。如果过分强调持续CR后再移植，容易因白血病复发、合并严重感染或其他脏器损害而失去allo-HSCT的机会。一些患者，如具有MDS相关改变的AML、治疗相关的AML，化疗很难奏效且可降低脏器功能，可直接行allo-HSCT治疗。对难治或复发且不能再次获得CR的AML，化疗或其他任何实验性治疗方法获得长期DFS的概率几乎为0，可直接行挽救性allo-HSCT。

由于IM治疗的成功，对CML患者的移植适应证及时机仍有争论。我们认为，目前对IM治疗成功者尚不能停药，长期服用耐药病例越来越多，而且有一些副作用。年轻患者过长时间使用IM可能失去移植机会或降低移植的成功率；新一代的TKI也很难使IM

耐药的CML获得长期无病生存，因此年轻患者可先用IM降低白血病细胞负荷，等到有满意的供者时可采用allo-HSCT。而对年龄大或身体条件不适合移植的患者，可选择长期服用IM等TKI。

CLL患者应根据患者年龄、疾病的危险程度来选择治疗策略。预后好者，不需要积极治疗；而对于预后差、较年轻（<65岁）者，如有HLA相合同胞供者，可采用非清髓性或减低强度预处理的HSCT。

第七节 白血病药效的预测

由于不同患者的白血病细胞对不同药物的敏感性不一致，如果有条件检测白血病细胞对药物的敏感性，可以指导药物选择，避免选择疗效较差的药物，无疑可以提高疗效，并减轻对正常组织的损伤。这对已发生耐药或复发的白血病尤为重要。

一、药物敏感基因或蛋白的检测

研究显示，一些基因与药物抵抗、细胞增殖、药物代谢或细胞凋亡有关。Marino S等(2009)研究了36例儿童ALL的糖皮质激素核受体超家族3（NR3C1）、ATP结合盒亚家族B1（ABCB1，MDR/TAP）、谷胱甘肽-S-转移酶（GST）-M1、GST-P1、GST-T1及IL-10基因多态性与泼尼松（Pred）毒性的关系，发现GST-M1裸基因者易发生严重感染。Ploner C等（2009）研究发现，前凋亡分子PMAIP1/Noxa可影响ALL对糖皮质激素的敏感性。Lugthart S等（2005）体外检测了441例ALL患者的基因与白血病细胞对药物敏感性的关系，发现有45种基因与白血病细胞对泼尼松、VCR、L-ASP、DNR交叉耐药有关；根据这些基因的表达，可以将患者分成疗效好和不好两组。Holleman A等（2006）研究发现，ALL细胞抗凋亡基因MCL1高表达与泼尼松治疗抵抗有关，前凋亡基因KRK高表达的细胞对L-ASP敏感性高，但前凋亡基因BCL2L13高表达者则对L-ASP治疗抵抗。Sorich MJ等（2008）发现，有48种基因及2个cDNA表达与MTX治疗后白血病细胞的减少程度及长期DFS有关。前凋亡蛋白半胱天冬酶8相关蛋白2（CASP8AP2）水平低与治疗后高MRD、低EFS有关，反之预后好。拓扑异构酶Ⅱα（TOP2A）基因低表达的细胞对DNR抵抗。表达以下基因者化疗后MRD高，包括参与有丝分裂的基因BUB3、MAD2L1和NUSAP1，参与细胞周期进展的基因CCNB2、CDC2和CKS1B。硫代嘌呤甲基转移酶（TPMT）可以灭活硫代嘌呤，所以TPMT活性的多态性影响这类药物对ALL的疗效。约10%的患者有该酶的杂合子缺陷，0.03%有纯合子缺陷，当这种酶缺陷的患者接受硫代嘌呤治疗时，容易发生严重血液学毒性，而且容易发生治疗相关的AML或放疗相关的颅内肿瘤；反之，当患者该酶的活性太高时，用硫代嘌呤这类药物治疗药物浓度往往不够，白血病容易复发。Rocha JC等（2005）研究了246例儿童ALL的药物药代动力学基因共16种变异体，130例为高危险患者，GSTM1非裸基因型患者的复发率高；如果同时有胸苷酸合成酶（TYMS）3/3基因型，其复发率更高。De Jonge R等（2005）研究了157例儿童ALL患者叶酸代谢基因的多型性与甲氨蝶呤化疗疗效，结果显示，有亚甲基四氢叶酸还原酶（methylenetetrahydrofolate reductase，MTH-

FR）1298 AC变异体及有蛋氨酸合成酶还原酶 66G 位点者，细胞对 MTX 的敏感性低。Kantar M 等（2009）的研究也证实 MTHFR A1298C 基因多态性与 MTX 治疗的毒性有关。Davies SM（2008）等报告了美国儿童癌症研究协作组（POG）研究 1197 例患者 16 种基因变异体与治疗 8 天血液 MRD 及 28 天骨髓 MRD 的关系，发现趋化因子受体 5（chemokine receptor 5，CR5）G 位点者的 MRD 比 A 位点低。骨髓间充质细胞门冬酰胺合成酶（ASNS）基因表达低者对 L-ASP 的疗效好，而 ASNS 表达高者对 L-ASP 容易耐药。但德国 BFM 协作组的研究未发现 TPMT 基因与化疗后继发肿瘤有关（Stanulla M 等，2009，2005）。

检测一些耐药基因或蛋白也可预测化疗对白血病的效果（Brozek J 等，2009；Moon JH 等，2009）。Kim DH 等（2009）研究了与 IM 药物代谢有关的基因，包括 BCR-ABL 基因、TKI 基因突变多态性、MDR1 基因的过度表达等，发现有 ATP 结合转运蛋白 G 超家族成员 2（ABCG2）等基因者对 IM 治疗反应差；Otahalova E 等（2009）研究发现，血液 CML 细胞表达 WT1 高者对 IM 疗效差；Albitar M 等（2009）用蛋白质谱分析的方法将 CML 患者的血浆蛋白分为不同亚型，发现不同蛋白组分对化疗的反应不同，可以预测化疗疗效；Beesley AH 等（2009）发现一些基因也与 TKI 对 $BCR\text{-}ABL^+$ 的白血病治疗效果有关。

药物的疗效与药物浓度有关，以上影响药物代谢的酶也是通过影响药物浓度来影响药物疗效的，因此检测药物浓度可以预测药物疗效。

二、体外药物敏感性检测

（一）集落生成分析

白血病细胞有干细胞、祖细胞与前体细胞诸阶段。多数患者的大部分白血病细胞处于不能无限地自我复制的前体细胞阶段。实际上即使不用化疗，这些细胞也不能够长期存活。如果某一药物仅仅能消灭前体细胞阶段的白血病细胞，即使能促使病情缓解，由于白血病干细胞与祖细胞仍较多，白血病仍会复发。本法的优点是所测定的细胞乃白血病干/祖细胞，其缺点是操作复杂、培养时间较长，因此不能够在临床上大规模应用。此外，体外培养白血病细胞困难，本法不能真实地反映该类白血病细胞的体内药物敏感性。

集落生成分析（clonogenic assay）使用小平皿、多空板或毛细管培养白血病祖细胞（CFU-L）。培养终止时，计数无化疗药与有化疗药的集落数目和差别。其比例可称为敏感指数（sensitivity index，SI）。无论单独用药或是联合用药，用该法预测疗效皆有极为明显的差别（Veerman AJP 等，1990；Park CH 等，1980）。

（二）核酸前体细胞掺入法

核酸前体细胞掺入法（nucleic acid precursor incorporation）的原理为白血病前体细胞的 DNA 或 RNA 可被放射性前体如氚胸腺嘧啶核苷（^{3}H-TdR）掺入，放射性掺入被抑制的程度即代表药物敏感性。本法的缺点为不能反映休止期白血病细胞的敏感性，不能选择性地检测白血病干/祖细胞，而且还受培养条件（例如血清批号的差异）的影响，此外，

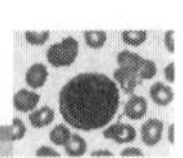

应用放射性核素还存在麻烦。达万明等（1982）用本法测定各种抗白血病药对 38 例急性白血病骨髓细胞的掺入抑制率，结果显示本法检测结果与临床实际疗效有较好的一致性。但 CML 急变者用本法检测 MTX 敏感性的结果不满意。

（三）死活细胞计数法

包括差异性染色细胞毒试验（differential staining cytotoxicity，DISC）（Bosanquet-AG 等，1999）与噻唑蓝［3-（4，5）-dimethylthiahiazo（-z-yl）-3，5-di- phenytetrazoli-umromide，3-（4，5-二甲基噻唑-2）-2，5-二苯基四氮唑溴盐，MTT］检测法（Sargent JM 等，1989），可以提前检测不同个体白血病细胞对不同药物的反应性。该方法不太受标本中所混有的正常细胞的影响，因为正常细胞可从形态学鉴别；其结果以活白血病细胞数表示，而不以总的活细胞数表示。本法的缺点是不能选择性测定白血病集落形成细胞（干/祖细胞）。如果药物仅仅抑制细胞的增殖，用 DISC 不能正确反映其疗效。DISC 对 MTX 与 HU 疗效的预测意义也不大，可能是加 MTX 后死亡中的细胞向培养基释出核苷所致（Veerman AJP 等，1990）。MTT 法的优点为细胞用量少，2～4 天即可得结果，对 Ara-C 与 DNR 等治疗的 AML 患者，体外检测结果与临床治疗结果相一致（Santini V 等，1989），但对 MTX 不可靠。

（四）体外细胞遗传学检查

由于大多数抗白血病药物都损伤细胞 DNA，所以可用姐妹染色体交换（sister chromatid exchange，SCE）技术来检测药物对 DNA 的损伤情况，从而判断药物的作用（Raposa T，1983）。一些白血病有特殊的染色体异常，如 CML 患者的细胞有 t（9；22）异常，药物作用后再检测该染色体与正常染色体的比例，可以了解药物特异性抗白血病作用，因此笔者所在医院的童春容等采用该方法来检测不同免疫细胞的抗 CML 作用（童春容等，1996；Tong CR，2002）。

三、治疗后骨髓与外周血的早期反应

如前所述，治疗后白血病细胞负荷下降比例越多者，长期预后越好。在 AL 第一疗程诱导化疗结束后，一般应该检查骨髓一次；也可在第一疗程化疗的一半就检测血液及骨髓的白血病细胞比例；如果化疗后白血病细胞比例明显减少，则说明疗效较好，继续应用同一方案有极高的 CR 率（Mitchell C 等，2009）。郁知非等（1986）将化疗第一疗程结束后骨髓原始细胞比治疗前减少的百分数称为“骨髓白血病原始细胞减少指数”（marrow blast decrease index，MBDI），MBDI 实际为骨髓内白血病细胞比例的动态改变。MBDI＞ 80％的 43 例患者全部达到 CR（100％）；MBDI＞ 60％的 68 例患者 CR 率为 92.6％；MBDI＜40％者 CR 率仅为 24.6％。第一疗程后骨髓内白血病细胞比率即使无明显下降，即 MBDI 较低，患者仍有可能获得 CR。其计算公式如下：

$$\text{MBDI}=\frac{\text{治疗前骨髓内白血病细胞百分数}-\text{第一疗程后骨髓内白血病细胞百分数}}{\text{治疗前骨髓内白血病细胞百分数}}\times 100\%$$

陆道培（1979、1976）报告，急性白血病患者在第一疗程后骨髓内原始细胞的核面积如果明显变大，则说明继续用此方案有较大可能获得CR。陆道培等（1979）报告了核面积的简单测量与计算方法，其所得结果以“核面积图”表示，在比较两次核面积图时，主要是比较“大核细胞”与“小核细胞”所占的百分率。治疗ALL主要用VCR+Pred，治疗AML以Ara-C（或环孢苷，cyclocytidine）联合DNR（国产称正定霉素）或L-ASP联合三尖杉酯碱（harringtonine）为主，第一疗程后的大核细胞明显增多、小核细胞明显减少的病例有较大把握在继续原方案治疗后较快达到CR。达万明等（1983）的研究证明白血病细胞核面积的变动与其DNA的含量相一致，与Baetcke KP等（1967）测定细胞核容积与其DNA含量呈线性关系的结果一致。达万明和陆道培（1983）报告单纯应用三尖杉酯碱治疗AML有效病例，在48小时后细胞核较大的白血病细胞比率明显减少，且其减少程度与^{3}H-TdR掺入率和细胞核DNA含量分析所得的S期细胞减少相一致。第一疗程结束后，如果白血病细胞比率不少，也未进行核面积图计算或DNA测定，则可在间隔1周后再做骨髓穿刺检测。经过有效的化疗后，不但外周血中白血病细胞先减少后消失，而且血小板与网织红细胞数上升。大单核细胞比例上升也是血象CR的前奏。本法的优点为不需要特殊设备、技术简单、结果较快、白血病细胞百分率不高者也可用此法检测；但在分析结果时应考虑到不同化疗药及抽取骨髓的不同时间可能得到不同结果。应用蒽环类药物治疗的患者，其骨髓白血病细胞往往在停药后缓慢地下降，有时不再治疗也可继续下降（Wiernik，1985）。Smets LA等（1976）与Garlogie B等（1976）报告，用FCM比较化疗前后白血病细胞DNA含量，发现白血病细胞增殖周期在用药后变动较显著者，其药物疗效也较好。Song MK等（2009）的研究发现，IM治疗后平均红细胞体积（mean corpusular volume，MCV）与临床疗效有关，MCV升高者CCR比例高。大部分CML病例在IM开始治疗3个月之内骨髓中的Ph^+细胞就有所减少，IM治疗3个月内染色体无下降者继续用药长期疗效不好。

第八节　白血病治疗的展望

过去20年中，治疗白血病的特异性或比较特异性的药物已显示出了重要“魅力”，这包括针对APL t（15；17）的ATRA、氧化砷、硫化砷，也包括针对$BCR\text{-}ABL^+$白血病的IM；若干单克隆抗体类药物例如抗-CD20、抗-CD33与抗-CD52已显示其有一定的特异性。今后可预期的是会有更多具有特异性的单抗及白血病特异性的靶向药物。最好的靶点是针对白血病干细胞的靶向治疗，已经有体外试验、动物试验及临床研究显示针对肿瘤干细胞免疫治疗的良好效果，因此研究寻找白血病干细胞及其特异性标志成为目前研究的重点，可望成为根治白血病的重要方法。

HSCT在过去十年中不断有重要进展，预期在今后的十年内将会有更重要的发展。其发展内容可能是：

（1）我国的造血干细胞登记组会有更大的发展，这可使半数的HSCT受者有机会接受非血缘关系供者的造血干细胞。

（2）免疫遗传学的发展不但使HLA配型更加完全，而且会发现更多的组织配型系统如“次要”抗原系统的检测方法并了解其意义。

（3）更多的诱导免疫耐受的新技术将在临床得到应用，使亲缘半相同的HSCT成功

率进一步提高；如输注表达单纯疱疹病毒胸腺嘧啶脱氧核苷激酶自杀基因（herpes- simplex thymidine kinase suicide gene，TK）的供者淋巴细胞可能提供更好的治疗 GVHD 方法（Ciceri F 等，2009）。

（4）新的药物，包括新的免疫调节药、新的细胞因子产品与其临床用途的开发将有助于提高成功率。

（5）HSCT 本身水平的提高，包括预处理方案的改进、各种造血干细胞更合理的应用以及对合病症的防治。

（6）其他学科的发展，如感染的早期诊断与毒性较低的新抗病毒、抗真菌与抗细菌药物的临床应用。利用自然杀伤细胞（NK）、自然杀伤性 T 淋巴细胞（NKT）、γδT 淋巴细胞可能区分 GVHD 和 GVL 效应，必将大大有助于提高 HSCT 的成功率。由于我国患者数多，经济情况不断好转，我国的 HSCT 数也必然会居世界前位。

白血病的免疫治疗是很多学者付出大量心血的领域，联合多种方法的免疫治疗，包括天然免疫系统，如生物调节剂（biological response modifer，BRM）、光动力治疗（PDT）和天然免疫细胞，特异性免疫治疗，以及对体内免疫抑制环境的清除等综合治疗，使治疗白血病可能取得更好的疗效。中药或植物类抗白血病药物已经受到很大的重视，可望获得疗效更好、副作用少的药物。

参考文献

达万明等 . 1982. 体外快速测定急性白血病细胞药物敏感性的初步报告 . 中华内科杂志，21：109

达万明等 . 1983. 半合成三尖杉酯碱对体内急性非淋巴白血病细胞 DNA 合成与核面积的影响 . 中华血液学杂志，4：84

韩伟等 . 2004. HLA 配型不合造血干细胞移植 GIAC 方案 100 例临床分析 . 中华血液学杂志，8：453

纪树荃等 . 2000. 供者使用粒系集落刺激因子后供髓对异基因骨髓移植受者 . 中华器官移植杂志，4：242

纪树荃等 . 2001. HLA 半相合未去除 T 淋巴细胞骨髓移植治疗白血病的初步观察 . 中华血液学杂志，8：408

纪树荃等 . 2002. G-CSF 预处理供者单倍体相合骨髓移植加用 CD25 单克隆抗体预防急性 GVHD 的临床研究 . 中国实验血液学杂志，10：447

纪树荃等 . 2003. 单倍体相合骨髓移植中急性移植物抗宿主病预防新方案的临床研究 . 中华血液学杂志，8：416

陆道培 . 1987. 白血病的肺部表现 . 中华医学杂志，67：371

陆道培等 . 1979. 根据白血病细胞核面积变动早期预测药物疗效的研究 . 输血及血液学，3：20

陆道培等 . 1995. 自体 T 细胞骨髓与单倍型相同骨髓的混合移植 . 北京医科大学学报，27：83

陆道培等 . 2003. 造血干细胞移植的主要进展 . 北京大学学报（医学版），35：113

邱镜滢等 . 2005. 骨髓增生异常综合征中的亚急性髓性白血病临床与细胞遗传学研究 . 中华内科杂志，44：408

童春容 . 2008. 残留白血病检测的临床意义 . 中华医学会第十次全国血液学学术会议继续教育讲座

童春容等 . 1996. 细胞因子诱导的杀伤细胞对慢性髓性白血病细胞的净化作用 . 实验血液学杂志，4：314

童春容等 . 2000. 自体细胞因子诱导的杀伤细胞治疗白血病合并丙型病毒性肝炎的首次报告 . 北京医科大学学报，32：251

童春容等 . 2000. 自体细胞因子诱导的杀伤细胞治疗急性白血病的临床研究 . 北京医科大学学报，32：473

童春容等．2008. 多重巢式 PCR 方法筛查急性白血病患者白血病基因的结果．中华医学会第十次全国血液学学术会议分会发言

王峰蓉等．2003. 双份无关脐血移植治疗高危白血病并长期无病存活二例报告．中华器官移植杂志，4：217

杨天楹．1990. 急性白血病疗效标准．见：张之南主编．血液病诊断及疗效标准．天津：科学技术出版社

郁知非等．1986. 预测急性白血病诱导化疗效果的简便方法．中华血液学杂志，7：2

张乐平等．2003. 细胞因子诱导的杀伤细胞/白细胞介素 2 治疗儿童急性淋巴细胞白血病微小残留病疗效观察．实用儿科临床杂志，18：185

张晓明，陆道培．2003. 3 种同种异基因混合骨髓移植小鼠（A+B+C→A）的模型．中国实验血液学杂志，11：184

赵艳丽等．2006. 白花丹醌对人急性早幼粒细胞白血病细胞的体外效应．中国实验血液学杂志，2：208

Albitar M et al. 2009. Proteomics-based prediction of clinical response in acute myeloid leukemia. Exp Hematol，37：784

Amadori S et al. 1987. Treatment of acute myelogenous leukemia in children：results of the Italian Cooperative Study AIEOP/LAM 8204. J Clin Oncol，5：1356

Baetcke KP et al. 1967. The relationship of DNA content to nuclear and chromosome volumes and to radio sensitivity（LD50）. Proc Nat Acad Sci，58：533

Barlogie B et al. 1976. DNA histogram analysis of human hemopoietic cells. Blood，48：245

Beesley AH et al. 2009. Glucocorticoid resistance in T-lineage acute lymphoblastic leukemia is associated with a proliferative metabolism. Br J Cancer，100：1926

Borrello IM et al. 2009. GM-CSF secreting cellular immunotherapy in combination with autologous stem cell transplant（ASCT）as post-remission therapy for acute myeloid leukemia（AML）. Blood，114：1736

Bosanquet AG et al. 1999. Prognosis for fludarabine therapy of chronic lymphocytic leukemia based on ex vivo drug response by DiSC assay. Br J Haematol，106：71

Brozek J et al. 2009. P-glycoprotein activity predicts outcome in childhood acute lymphoblastic leukemia. J Pediatr Hematol Oncol，31：493

Ciceri F et al. 2009. Infusion of suicide-gene-engineered donor lymphocytes after family haploidentical haemopoietic stem-cell transplantation for leukemia（the TK007 trial）：a non-randomized phase Ⅰ-Ⅱ study. Lancet Oncol，10：489

Döhner H et al. 2010. Diagnosis and management of acute myeloid leukemia in adults：recommendations from an international expert panel，on behalf of the European Leukemia Net. Blood，115：453

Dahl R，Hromas R. 2009. Transcription factors in normal and malignant hematopoiesis. In：Hoffman R et al eds. Hematology Basic and Practice. 5th ed. New York：Churchill Livingstone

Davies SM et al. 2008. Pharmacogenetics of minimal residual disease response in children with B precursor acute lymphoblastic leukemia：a report from Children's Oncology group. Blood，111：2984

De Jonge R et al. 2005. Effects of polymorphisms in folate-related genes on in vitro methotrexate sensitivity in pediatric acute lymphoblastic leukemia. Blood，106：717

Flohr T et al. 2008. Minimal residual disease-directed risk stratification using real-time quantitative PCR analysis of immunoglobulin and T-cell receptor gene rearrangements in the international multicenter trial AIEOP-BFM ALL 2000 for childhood acute lymphoblastic leukemia. Leukemia，22：771

Galderisi F et al. 2009. Flow cytometric chemo sensitivity assay as a predictive tool of early clinical response in acute lymphoblastic leukemia. Pediatr Blood Cancer，53：543

Gale RP et al. 1987. Therapy of acute myelogenous leukemia. Semi Hematol，24：40

Giannopoulos K et al. 2009. Thalidomide exerts distinct molecular antileukemic effects and combined thalidomide/fludarabine therapy is clinically effective in high igh-risk chronic lymphocytic leukemia. Leukemia, 23: 1771

Hande KR. 2009. Principles and pharmacology of chemotherapy. In: Greer JP et al eds. Wintrobe's Clinical Hematology. 12th ed. Philadelphia: Lippincott Williams & Wilkins

Harousseau JL et al. 1990. Double intensive consolidation chemotherapy (ICC) for acute myeloid leukemia. In: Buchner T et al eds. Acute Leukemias Ⅱ. Berlin: Springer-Verlag, 33: 299

Henderson ES. 1990. Complications: a selective overview. In: Henderson ES et al eds. Leukemia. 5th ed. Philadelphia: Saunders Company, 671

Holleman A et al. 2006. The expression of 70 apoptosis genes in relation to lineage, genetic subtype, cellular drug resistance, and outcome in childhood acute lymphoblastic leukemia. Blood, 107: 769

Isola LM et al. 1997. A pilot study of allogeneic bone marrow transplantation using related donors stimulated with G-CSF. Bone Marrow Transplant, 20: 1033

Jagasia MH. 2009. Complications of hematopoietic neoplasms. In: Greer JP et al eds. Wintrobe's Clinical Hematology. 12th ed. Philadelphia: Lippincott Williams & Wilkins

Kantar M et al. 2009. Methylenetetrahydrofolate reductase C677T and A1298C gene polymorphisms and therapy-related toxicity in children treated for acute lymphoblastic leukemia and non-Hodgkin lymphoma. Leuk Lymphoma, 50: 912

Kim DH et al. 2009. Clinical relevance of a pharmacokinetic approach using multiple candidate genes to predict response and resistance to imatinib therapy in chronic myeloid leukemia. Clin Cancer Res, 15: 4750

Kim TH et al. 1981. Preteratment testicular biopsy in childhood acute lymphocytic leukaemia. Lancet, 2: 657

Koury MJ et al. 2009. Origin and development of blood cells. In: Greer JP et al eds. Wintrobe's Clinical Hematology. 12th ed. Philadelphia: Lippincott Williams & Wilkins

Kuo A et al. 1973. Proliferation kinetics of central nervous system (CNS) leukemia. Proc AACR, 14: 67

Lenssen P, Charuhas PM. 2009. Nutritional support of patients with hematologic malignancies. In: Greer JP et al eds. Wintrobe's Clinical Hematology. 12th ed. Philadelphia: Lippincott Williams & Wilkins

Liu YP et al. 1982. Enzyme therapy: L-asparaginase. In: Chabner B ed. Pharmacologic Principles of Cancer Treatment. Philadelphia: Saunders Company, 435

Lu DP et al. 2000. Future of cord blood stem cell transplantation. The Fourth International Symposiam of Hematopoietic Stem Cell Transplantation

Lu DP et al. 2002. Tetra-arsenic tetra-sulfide for the treatment of acute promyelocytic leukemia: a pilot report. Blood, 99: 3136

Lu DP et al. 2006. Conditioning including antithymocyte globulin followed by unmanipulated HLA-mismatched/haploidentical blood and marrow transplantation can achieve comparable outcomes with HLA-identical sibling transplantation. Blood, 107: 3065

Lu DP et al. 2008. Significantly reduce acute graft-versus-host disease in haploidentical stem cell transplantation by using cord blood as the third party cells. Blood, 112: 2211

Lugthart S et al. 2005. Identification of genes associated with chemotherapy cross-resistance and treatment response in childhood acute lymphoblastic leukemia. Cancer Cell, 7: 375

Mahlknecht U et al. 2009. SNP analyses in cytarabine metabolizing enzymes in AML patients and their impact on treatment response and patient survival: identification of CDA SNP C-451T as an independent prognostic parameter for survival. Leukemia, 23: 1929

Marino S et al. 2009. Response to glucocorticoids and toxicity in childhood acute lymphoblastic leukemia: role of polymorphisms of genes involved in glucocorticoid response. Pediatr Blood Cancer, 53: 984

Mitchell C et al. 2009. The impact of risk stratification by early bone-marrow response in childhood lymphoblastic leukaemia: results from the United Kingdom Medical Research Council trial ALL97 and ALL97/99. Br J Haematol, 146: 424

Monfardini S et al. 1987. Assessment of remission in acute leukemia. In: Monfardini S et al eds. Manual of Adult and Pediatric Medical Oncology. Berlin: Springer-Verlag, 128

Moon JH et al. 2009. BCL2 gene polymorphism could predict the treatment outcomes in acute myeloid leukemia patients. Leuk Res, 34: 166

Najfeld V. 2009. Conventional and molecular cytogenetic basis of hematologic malignancies. In: Hoffman R et al eds. Hematology Basic and Practice. 5th ed. Philadelphia: Churchill Livingstone

Oettgen HF. 1975. L-asparaginase: current status of clinical evaluation. In: Sartorell AC et al eds. Antineoplastic and Immunosuppressive Agents Ⅱ. New York: Springer-Verlag, 723

Otahalova E et al. 2009. WT1 expression in peripheral leukocytes of patients with chronic myeloid leukemia serves for the prediction of Imatinib resistance. Neoplasma, 56: 393

Park CH et al. 1980. Prediction of chemotherapy response in human leukemia using an in vitro chemotherapy sensitivity test on the leukemic colony-forming cells. Blood, 55: 595

Ploner C et al. 2009. Repression of the BH3-only molecule PMAIP1/Noxa impairs glucocorticoid sensitivity of acute lymphoblastic leukemia cells. Apoptosis, 14: 821

Raposa T. 1983. Cytological evaluation of cytostatic therapy in leukemia. Eur J Cancer Clin Oncol, 19: 1651

Rocha JC et al. 2005. Pharmocogenetics outcome in children with acute lymphoblastic leukemia. Blood, 105: 4752

Rohatiner AZS et al. 1990. Ther treatment of acute myelogenous leukemia. In: Henderson ES et al eds. Leukemia. 5th ed. Philadelphia: W B Saunders Company, 485

Santini V et al. 1989. In vitro chemo sensitivity testing of leukemic cells: prediction of response to chemotherapy in patients with acute non-lymphocytic leukemia. Hematol Oncol, 7: 287

Sargent JM et al. 1989. Appraisal of the MTT assay as a rapid test of chemosensitivity in acute myeloid leukaemia. Br J Cancer, 60: 205

Schoemans H, Verfaillie C. 2009. Cellular Biology of Hematopoiesis. In: Hoffman R et al eds. Hematology Basic and Practice. 5th ed. Philadelphia: Churchill Livingstone

Schultz KR et al. 2007. Risk- and response based classification of childhood B-precursor acute lymphoblastic leukemia: a combined analysis of prognostic markers from the Pediatric Oncology Group (POG) and Children's Cancer Group (CCG). Blood, 109: 926

Simone JV. 1984. Treatment of meningeal leukemia. J Clin Oncol, 2: 357

Smets LA et al. 1976. Early responses to chemotherapy detected by pulse cytophotometry. Br J Cancer, 34: 453

Song MK et al. 2009. Mean cell volume can be an early predictor for the cytogenetic response of chronic myeloid leukemia patients treated with imatinib? Leuk Res, 33: 1459

Sorich MJ et al. 2008. In vivo response to methotrexate forecasts outcome of acute lymphoblastic leukemia and has a distinct gene expression profile. Plos Med, 5: e83

Stahelin HB. 1988. Vitamins and cancer. In: Senn H J et al eds. Recent Results in Cancer Research, Supportive Care in Cancer Patients. Berlin: Springer-Verlag, 108: 227

Stams WA et al. 2005. asparagines synthetase expression in linked with L-asparaginase resistance in TEL-

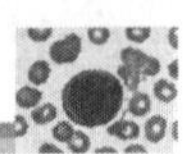

AML1 negative but not TEL-ALM1 positive pediatric acute lymphoblastic leukemia. Blood, 105: 4223

Stanulla M et al. 2005. Thiopurine methyltransferase (TPMT) genotype and early treatment response to mercaptopurine in childhood acute lymphoblastic leukemia. JAMA, 293: 1485

Stanulla M et al. 2009. Thiopurine methyltransferase genetics is not a major risk factor for secondary malignant neoplasms after treatment of childhood acute lymphoblastic leukemia on Berlin-Frankfurt-Munster protocols. Blood, 114: 1314

Tong CR, Lu DP. 2002. Significance of cytogenetic and fluorescence in situ hybridization analysis in evaluating anti-chronic myeloid leukemia efficiency of different immune effector cells. Cancer Genetics and Cytogenetics, 134: 21

Tong CR et al. 2007. Clinical result of CIK or DC-CIK therapy for acute leukemia-11 years experiences, Fourth Annual Meeting of Asian Hematology Association

Tong CR et al. 2008. The clinical significance of MRD monitoring in acute leukemia. International Society for Laboratory Hematology Meeting

Veerman AJP et al. 1990. Annotation. Br J Haematol, 74: 381

Vusirikala M. 2009. Supportive care in hematologic malignancies. In: Greer JP et al eds. Wintrobe's Clinical Hematology. 12th. Philadelphia: Lippincott Williams & Wilkins

Wahlin A et al. 2009. Results of risk-adapted therapy in acute myeloid leukemia: a long-term population-based follow-up study. Eur J Haematol, 83: 99

Wang JB et al. 2009. Successful rescue of refractory/recurrent myelogenous leukemia by allogeneic hematopoietic cell transplantation and prophylactic immunotherapy. Blood, 114: 4095

Wang ZY et al. 1990. Treatment of acute promyelocytic leukemia with all-trans retinoic acid in China. Nouv Rev Fr Hematol, 32: 25

Wu T et al. 2007. Tetra-arsenic tetra-sulfide containing triple-agent regimen as the first line therapy for acute promyelocytic leukemia: expeditiously consecutive complete remission and improved disease-free survival. Blood, 110: 591

Yamauchi T et al. 2009. Intracellular cytarabine triphosphate production correlates to deoxycytidine kinase/cytosolic 5'-nucleotidase Ⅱ expression ratio in primary acute myeloid leukemia cells. Biochem Pharmacol, 77: 1780

Yoder MC. 2009. Overview of stem cell biology. In: Hoffman R et al eds. Hematology Basic and Practice. 5th ed. New York: Churchill Livingstone

Zhou J et al. 2007. Quantitative analysis of minimal residual disease predicts relapse in children with B-lineage acute lymphoblastic leukemia in DFCI ALL consortium protocol 95-01. Blood, 110: 1607

Zittoun R et al. 1989. Alternating v repeated postremission treatment in adult acute myelogenous leukemia: a randomized phase Ⅲ study (AML6) of the EORTC Leukemia Cooperative Group. Blood, 73: 896

第二篇

治疗学基础

第二章　白血病的诊断与分型

童春容

第一节　白血病的诊断与分型及其相关技术概述

白血病是一组造血干/祖细胞恶变导致分化阻滞、凋亡障碍的异质性恶性肿瘤性疾病。绝大多数表现为骨髓（bone marrow，BM）和（或）血液（peripheral blood，PB）中的恶性造血系统或免疫系统细胞增加。

为了能指导临床及科研，疾病的分型应有较好的重复性，并能反映疾病亚型的生物学及临床特征，帮助判断预后，指导制订治疗方案及治疗策略，监测疗效，确定停止治疗的时机。

正常时所有的血细胞，如粒、单核、红、淋巴细胞，以及血小板均来自BM的造血干细胞（HSC）。不同型白血病是造血干/祖细胞分化受阻于不同阶段的结果，具有与正常造血细胞相对应的形态学、细胞化学、免疫学表型特征。但与正常细胞相比，有一些特征发生异常，以这些特征为依据，我们可以对白血病进行诊断及分型。

根据白血病细胞分化受阻的成熟阶段及病程将白血病分为急性和慢性两大类。急性白血病细胞分化阻滞在较早阶段，故大部分细胞为原始细胞或异常早幼粒细胞，而慢性白血病细胞具有较大程度的分化成熟能力，大部分细胞为形态较正常的成熟细胞。根据白血病细胞的系列来源将其分为髓系及淋巴细胞系两大类，前者包括红、粒、单核、巨核细胞系白血病，后者包括T、B淋巴细胞系白血病。

光镜及电镜下观察细胞形态及细胞化学染色是白血病诊断与分型的最基础方法。1976年，法、美、英三国的专家组成了（French American British，FAB）白血病分型协作组，提出了急性白血病的诊断标准及分型意见（Bennett JM等，1976），以后进行了多次修改补充（Bennett JM等，1982、1985、1991）。FAB的分型简单，易于在基层单位推广。但尚存在较多的不完善之处：其重复性较差，只有60%～70%，对预后判断、疗效监测和指导治疗的价值也不太大。

随着免疫学、细胞遗传学及分子遗传学、分子生物学的发展，甚至对疾病发生原因更深入的了解，发现综合多种方法对白血病进行诊断和分型重复性更好、更客观，且更能反映疾病亚型的生物学及临床特征，能更好地帮助判断预后，指导制订治疗方案及策略，监测疗效。从1995年开始，世界卫生组织（World Health Organization，WHO）成立了一个指导委员会，提出恶性血液及淋巴系统疾病的统一诊断与分型标准，分别于2001、2004和2008年修订（Swerdlow SH等，2008）。白血病诊断与分型进入了整合诊断与分型的时代。

WHO提出，在患者初次就诊时，只要条件许可，应尽可能给患者进行全面的检查评估，除了全面了解病史，进行体格检查、生化和三大常规检查、按病情所需的其他检查外，特别要进行形态学、免疫学、细胞遗传学与分子遗传学、分子生物学甚至病原学检测。

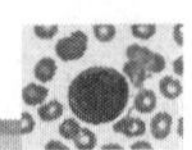

一、形态学分型

形态学分型技术包括细胞涂片和骨髓活检两方面，不同白血病原始细胞的形态和细胞化学染色见表 2-1。

表 2-1　不同白血病原始细胞的形态及细胞化学染色特点（WHO，2008）

原始细胞	形态学特点	细胞化学染色特点
原始粒细胞	大小不一，小者仅比淋巴细胞略大，大者比单核细胞大；核圆或椭圆形，也可不规则，染色质细，一般有数个核仁；胞浆深蓝或中等蓝或灰蓝，无颗粒或有数个嗜天青颗粒，可见 Auer 小体。有些胞浆可含较多颗粒，少数含大颗粒（假 Chediak-Higashi 颗粒），核周见透亮区或核窝区，易见 Auer 小体	MPO 强阳性，集中在高尔基区；SBB 强阳性（深黑色），CAE 阳性；但很早期细胞这些表现可为阴性
异常早幼粒细胞	明显比正常早幼粒细胞大；核不规则，呈肾形或双叶状；胞浆充满大、亮粉红或红色或紫色颗粒，甚至遮盖核，胞浆边缘呈伪足状，无颗粒，称为外浆，一些胞浆有成束状的 Auer 小体。不太典型者为胞浆充满细小的尘粒样颗粒。变异型胞浆颗粒少，容易和原始单核细胞混淆	MPO 强阳性，约 25% 患者 NSE 弱阳性
原始单核细胞	一般比原粒大；核常为圆形，染色质细、花边状，核仁大、明显；胞浆丰富、浅灰或淡蓝或深蓝色，可见伪足，可见散在少许细小的嗜天青颗粒、空泡。Auer 小体罕见	ANB 弥漫阳性；ANA 强阳性，完全被氟化钠抑制；溶酶体阳性；MPO 及 SBB 阴性或散在细颗粒阳性；CAE 阴性
幼稚单核细胞	核比原单更不规则，常有凹陷、扭曲、折叠，核仁小或无，胞浆可有数个颗粒，其他同原始单核细胞。Auer 小体罕见	ANB 弥漫阳性；ANA 强阳性，完全被氟化钠抑制；MPO 及 SBB 阴性或散在细颗粒阳性；CAE 阴性
原始巨核细胞	中等或更大；核圆或锯齿状或不规则，染色质细网状，有 1～3 个核仁；胞浆嗜碱性，可见空泡，常无颗粒	ANA 可呈多灶性点状阳性，不被氟化钠抑制；MPO 阴性、SBB 阴性
原始嗜碱细胞	中等大，核浆比例高；核圆、椭圆或双叶形，染色质稀疏，1～3个明显核仁；胞浆中度嗜碱性，含数量不等的粗大嗜碱性颗粒，可见空泡；电镜显示特征性颗粒	甲苯胺蓝阳性，酸性磷酸酶弥漫阳性，部分 PAS 呈球状或淀粉样阳性；MPO 阴性、SBB 阴性、CAE 阴性、NSE 阴性；类胰蛋白酶阴性
原始红细胞	中等或更大；核圆，染色质细，有一至多个核仁；胞浆深蓝，无颗粒或有边界模糊的空泡	PAS 为球状或弥漫阳性；MPO 阴性，SBB 阴性；ANA 多灶性点状阳性；酸性磷酸酶阳性
原始浆细胞样树突细胞	均匀一致、中等大；核不规则，染色质细，有 1～3 个核仁；胞浆灰蓝色，无颗粒	MPO 阴性，ABN 阴性
原始淋巴细胞	典型的细胞小至中等大；胞浆很少，无颗粒；核圆或不规则，染色质中等浓聚，核仁不清楚。也可为大细胞，胞浆较丰富，灰蓝色；核呈回旋状，染色质稀疏，有多个不同程度明显的核仁。少数胞浆可见粗大的嗜苯胺蓝颗粒	PAS 阳性；MPO 阴性；SBB 多阴性，偶见浅灰色颗粒阳性；ANB 可呈多灶性点状或高尔基区阳性；ANA 阳性，部分被氟化钠抑制

注：MPO. myeloperoxidase，髓过氧化酶；SBB. sudan black B，苏丹黑 B；ANB. alpha naphthyl butyrate，α 萘酚丁酸；ANA. alpha naphthyl acetate，α 萘酚乙酸；CAE. chloroacetate esterase，氯乙酸脂酶；PAS. periodic acid-Schiff，过碘酸雪夫（糖原染色）。

（一）细胞涂片

对PB涂片、BM穿刺液涂片，用瑞氏-吉姆萨或梅-格瑞-吉姆萨（May-Grunwald-Giemsa）染色后在光镜下观察形态。为了减少误差，WHO（2008）要求观察>500个骨髓细胞、>200个血液细胞，还需要观察多张涂片的细胞来综合报告。多种细胞化学染色反应也可帮助鉴别不同系列来源或不同成熟阶段的细胞。对特殊患者甚至用电镜观察其超微结构及其细胞化学染色反应，一些光镜下阴性的细胞在电镜下可能阳性；不同细胞的超微结构染色反应不同，如髓过氧化酶（MPO）在原粒细胞的A颗粒粗面内质网、高尔基体和核膜均为阳性；血小板MPO（platelet peroxidase，PPO）在原巨核细胞的内质网及核膜呈阳性，而高尔基体及颗粒呈阴性。

（二）骨髓活检

对BM活检切片经不同染色后观察。骨髓活检病理检查有以下方面的特殊作用：能更好地反映骨髓细胞的增生程度、细胞在组织结构中的定位、造血细胞的比例及成熟度、基质情况、是否合并纤维化、组织结构是否被破坏，活检标本尚可用于免疫组织化学（immune histochemistry，IHC）检测。如果由于骨髓干抽等原因不能获得骨髓涂片，还应用骨髓活检标本印片观察细胞形态。对于有骨髓纤维化、骨髓穿刺困难的患者，骨髓活检尤其重要。

二、免疫分型

免疫学分型主要包括IHC和流式细胞分析技术（FCM）。采用不同染料或荧光染料标记的单克隆抗体（monoclonal antibody，mAb）对细胞悬液、细胞涂片或BM组织切片进行染色，然后在流式细胞仪或荧光显微镜或光镜下观察细胞表面或细胞内的抗原标志。一般说来，白血病细胞与正常造血细胞的抗原标志相近。由于不同成熟阶段和不同系列来源的细胞表达不同的抗原标志，因此分析白血病细胞的抗原标志比形态学方法更易区分恶性细胞的系列来源及成熟阶段。由于白血病细胞与正常造血细胞不同，有抗原表达紊乱或紊乱分布的现象，因此免疫分型比细胞形态更易帮助鉴别细胞的良恶性，特别是对细胞形态较正常的外周（或成熟）的白血病。免疫学标志分析结合细胞形态及细胞化学染色方法，可将90%～99%的急性髓性白血病（acute myelogenous leukemia，AML）与急性淋巴细胞白血病（acutc lymphoblastic leukemia，ALL）区分开来，重复性可提高至99%。一些白血病，尤其是多系列白血病、微分化型白血病的诊断在很大程度上依赖免疫分型技术。通过组合分析多种标志的表达、强弱、是否紊乱等，FCM可帮助确立监测残留白血病（minimal residual disease，MRD）的标志，用FCM监测MRD的敏感性可达10^{-3}～10^{-4}。由于一些单克隆抗体（如抗-CD20、CD52、CD33、CD19、CD22等的单抗）已经分别用于临床治疗这些抗原阳性的白血病，所以免疫分型还可以帮助指导以单克隆抗体为基础的靶向治疗。有些免疫标志阳性的白血病预后不好（如$CD34^+CD56^+$的AML预后不好），因此免疫分型尚有一定的预后意义。因为很多免疫标志在正常细胞上也存在，因此进行白血病免疫分型时应该确定免疫标志在白血病细胞上，而不是简单地根据某一免疫标志的阳性细胞≥20%而诊断白血病。例如，当原始白血病细胞只有20%，而正常粒细胞高达

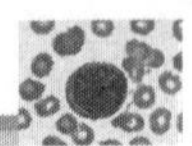

≥50%时，此时根据粒细胞标志细胞占全部有核细胞的50%就诊断急性粒细胞白血病是完全错误的。

三、染色体分析及荧光标记探针的原位杂交技术（FISH）

染色体分析（细胞遗传学分析）具有独立的预后及指导治疗的价值。如t（15；17）染色体异常仅见于急性早幼粒细胞性白血病（acute promyelocyte leukemia，APL），对全反式维A酸（ATRA）、砷剂及蒽环（醌）类药物治疗的疗效好，其治愈率可达70%～96%。而t（11；17)的APL对ATRA及砷剂的疗效就不如t（15；17）者好。有t（9；22)染色体异常的ALL预后差，用酪氨酸激酶抑制剂（TKI）疗效好。染色体分析的优点是可同时发现多种染色体异常；缺点是不太敏感，需要细胞活性好，白血病细胞要分裂才能反映其染色体异常，一些微小的染色体异常很难检测出来，需要分析人员有丰富的经验。因此，用常规标准的显带和核型分析技术，容易漏检或错误判断一些染色体异常。

荧光标记不同染色体或基因片段探针的原位杂交技术（FISH）可以检测很微小的异常，可以检测不分裂的细胞，分析的细胞数目明显比染色体核型分析多，因此大大增加了染色体分析的敏感性和准确性。但是FISH技术使用的探针较昂贵，一次只能检测一种或数种异常，同时检测23对染色体的探针目前还很难常规用于临床诊断，因此，目前FISH主要用几种常见的异常染色体组合探针来诊断常见的染色体异常白血病，更多用于监测治疗后的MRD，其敏感性可达10^{-3}。

四、基因分析

随着分子生物学的发展，在白血病患者发现越来越多的融合基因或基因突变。一般来说，白血病融合基因是由染色体易位引起，如t（15；17）产生PML-RARα融合基因，但有时染色体异常为隐匿性异常，用常规的染色体核型分析技术检测不出异常染色体，但用分子生物学方法能检测出相应的融合基因，它们的生物学特性是一样的。比如我们发现染色体正常但BCR-ABL^{+}的ALL，与t（9；22）异常的ALL一样对格列卫治疗有效；染色体正常但PML-RARα基因阳性的APL同样对ATRA及砷剂治疗有效等。目前已发现数百种基因与白血病有关。多重巢式PCR及基因芯片技术可快速检测数百种白血病基因，这些基因可以帮助白血病分型、判断预后、指导治疗和监测MRD。用基因扩增方法监测MRD，其敏感性可达10^{-4}～10^{-6}，是目前监测MRD最敏感的指标。

由于染色体和（或）基因的独特价值，WHO分型系统把特殊染色体和（或）基因异常的白血病独立分型，大大提高了它们的地位。

五、病原学分析

越来越多的研究发现，病原感染与某些类型的白血病有关，如成人T淋巴细胞白血病病毒（human T lymphocytic leukemia virus，HTLV）与成人T淋巴细胞白血病/淋巴瘤（adult T lymphocytic leukemia and lymphoma，ATLL）有关，EB病毒（Epstein-Barr virus，EBV）与淋巴系统白血病有关。而这些病原相关的白血病与临床预后及治疗选择都相关，因此病原检测也可能作为白血病的分型指标之一。

由于目前FAB分型仍是基层医院最常用的分型标准，而2008年WHO分型是最新的分型标准，故在本书中仅介绍这两种分型标准。值得注意的是，WHO已经将恶性血液系统肿瘤分成了髓系、淋巴细胞系等几大类，统称为恶性血液及淋巴系统肿瘤，因为一些淋巴瘤、骨髓增殖性肿瘤（myeloproliferative neoplasms，MPN）、骨髓增生异常综合征（myelodysplastic syndrome，MDS）等与白血病只有微小的差异，如淋巴母细胞淋巴瘤（lymphoblastic lymphoma，LBL）与ALL、慢性淋巴细胞白血病（chronic lymphocytic leukemia，CLL）与小淋巴细胞淋巴瘤（small lymphocytic lymphoma，SLL）、MDS与一些急性白血病等的生物学特征非常相似，它们的区分仅仅是根据恶性细胞在骨髓和（或）血液的比例来确定。因此，最好要全面了解WHO对恶性血液及淋巴系统疾病的分型（详见附录2-1）。由于本书主要介绍白血病，故以下仅介绍白血病的诊断与分型。

第二节　白血病的诊断步骤

在诊断白血病时，最重要的是要注意回答以下三方面的问题：

一、是正常细胞还是白血病细胞

急性白血病的特征是造血前体细胞明显增加，表现为原始细胞大量增加，良恶性细胞较容易鉴别，因为正常人BM的原始细胞一般<2%，在PB几乎不能发现。所以诊断急性白血病的主要标准是BM和（或）PB中原始细胞比例。但是仅通过观察细胞形态来鉴别原始细胞、仅凭原始细胞多少来判断急性白血病可能会导致误诊。有时候形态学观察到的原始或幼稚淋巴细胞可能为正常反应性增生的原始细胞，一些患者在感染或细胞因子治疗后，尤其是在儿童患者，正常原始细胞可能升高；一些形态符合原始或幼稚细胞特征的细胞不是真正的原始细胞，而是成熟的细胞。相反，有时形态学不像原始细胞，而实际上为恶性造血前体细胞。慢性白血病以BM和（或）PB中成熟血液系统细胞增加为主要表现，虽然一些细胞的形态有异常，但大多数很难仅凭形态学将良恶性细胞区分开来。因此，鉴别良恶性细胞需要结合多种方法。

（一）形态学及病理方法

原始细胞在BM、PB或其他部位明显增加是急性白血病的特征。细胞体积增大，多种核畸形，核胞发育失衡，胞浆含Auer小体、颗粒过多或过少；细胞在骨髓或其他组织定位异常、破坏正常组织结构等。胞浆Auer小体是恶性髓系细胞的特征。不同白血病原始细胞形态特征见表2-1、图2-1（彩图1）和图2-2（彩图2）。慢性白血病的细胞形态与正常细胞相差不大，因此难以用细胞形态学的方法来鉴别细胞的良恶性，需要结合其他方法。

（二）免疫学方法

1. 细胞上抗原表达异常　虽然恶性造血或淋巴系统细胞的抗原与正常细胞表达相近，

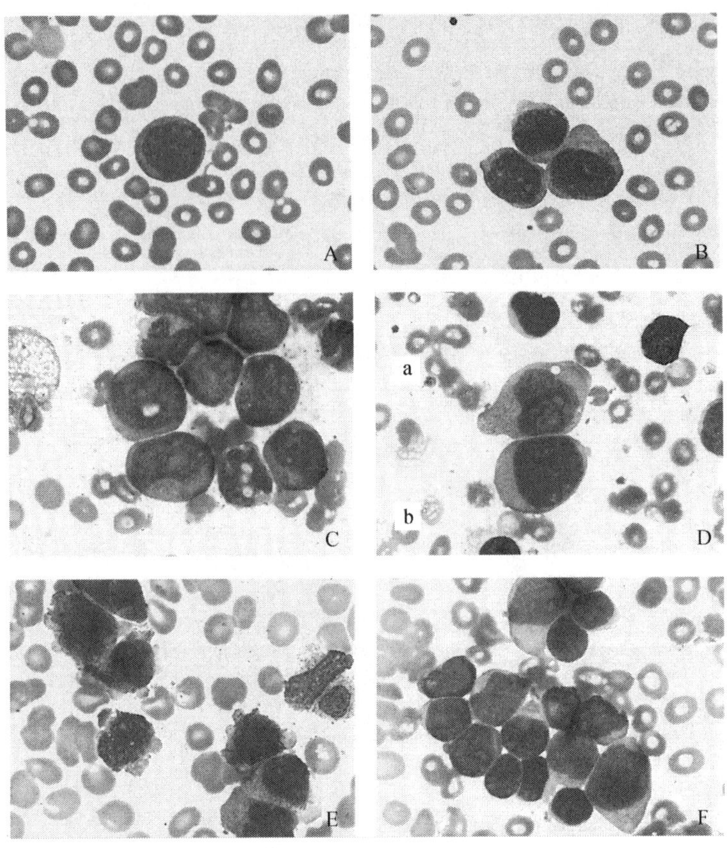

图 2-1 各类白血病原始细胞形态（北京市道培医院提供）

A. 原始粒细胞Ⅰ型；B. 原始粒细胞Ⅱ型；C. 胞浆颗粒多，有核窝或透亮区的原始粒细胞；D. 原始单核（a）和幼稚单核细胞（b）；E. 异常多颗粒早幼粒细胞；F. 原始淋巴细胞

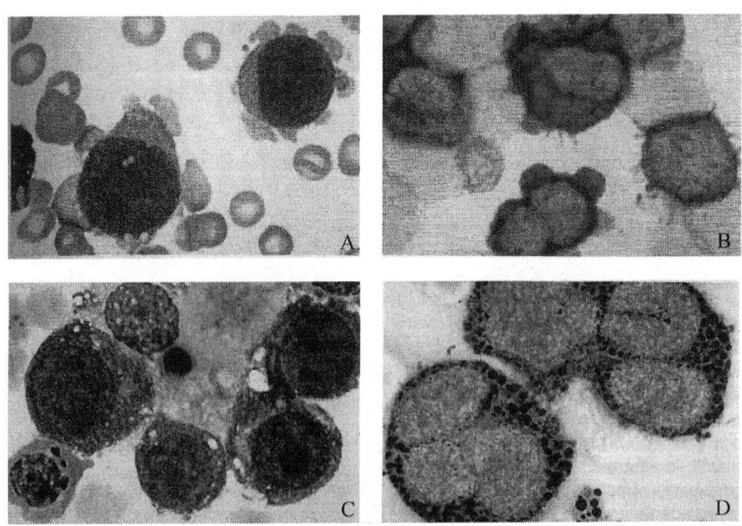

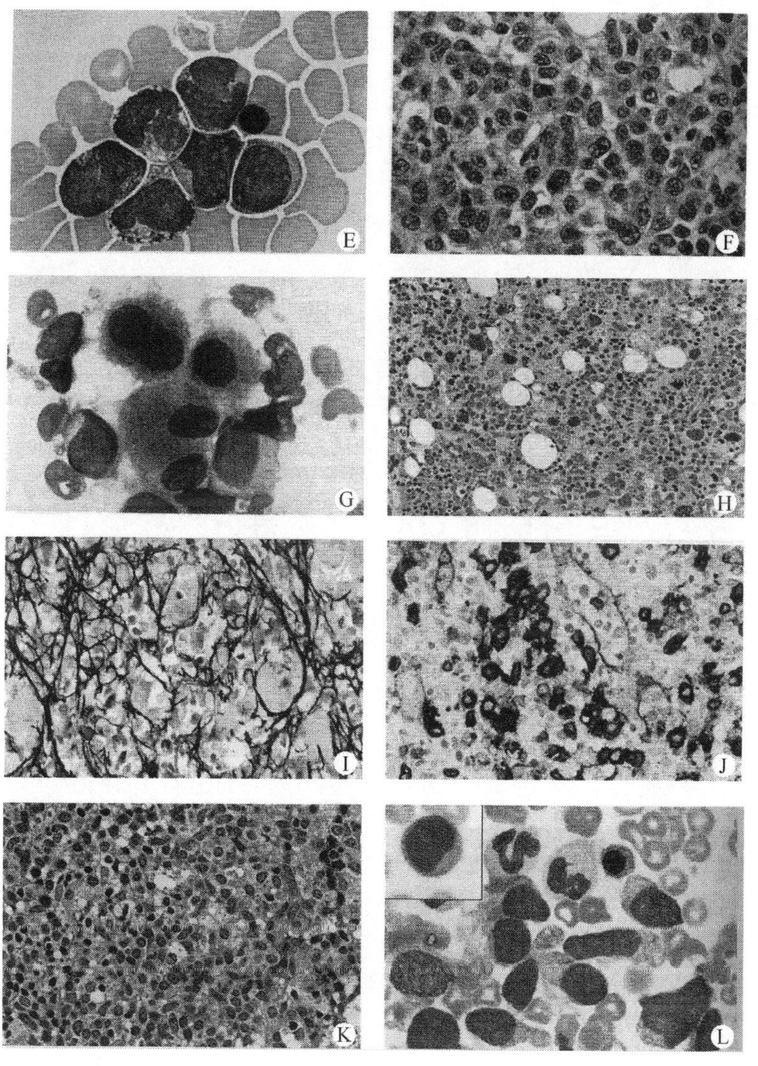

图 2-2　各类白血病原始细胞（WHO，2008）

A、B. 原始巨核细胞的形态及细胞化学染色；C. 纯红血病的异常原始红细胞；D. 异常原始红细胞的 PAS 染色呈球状强阳性；E. 原始嗜碱细胞；F. 急性嗜碱细胞白血病的骨髓病理片；G～J. 伴骨髓纤维化的全髓性骨髓增生的骨髓细胞形态（G、H）及骨髓病理表现（I、J）；K、L. 原始淋巴浆细胞样树突细胞

很少有恶性细胞特异的抗原标志，但是恶性细胞的抗原表达紊乱，表现为：一种系列的细胞表达另一系列细胞的抗原；发育早期与晚期的抗原同时表达；本应表达的抗原缺失；抗原表达过强或过弱；罕见标志的细胞明显增多；在血液或其他外周器官中大量细胞上表达仅在胸腺或前体细胞上表达的抗原；细胞大小或细胞颗粒多少变化等。

恶性 B 淋巴细胞抗原异常表达包括：一些非 B 淋巴细胞系列的标志如 CD13、CD15、CD33、CD117、CD2、CD5、CD7 和 CD56，与 B 淋巴细胞抗原如 CD19、CD20、CD22 和 CD79a，以及细胞内或膜表面免疫球蛋白（Ig）共表达，而在正常 B 淋巴细胞上不表达；一些泛 B 抗原丢失；细胞增大导致前向角（forward side scatter，FSC）增强，细胞内颗粒增多导致侧向角（side scatter，SSC）增强；CD45 比正常成熟淋巴细胞的荧光强度明显增强（strong，str）或减弱（dimness，dim）等。除了以上恶性 B 淋巴细胞的共性外，B-

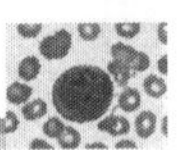

ALL 最常见的抗原异常表达是 CD45、CD38 和 TdT 表达缺乏或很弱；CD10、CD19、CD34 表达是正常细胞的 10 倍。

恶性 T 淋巴细胞抗原异常表达包括：大多数仅表达 CD4 或 CD8，或 CD4 和 CD8 共表达，或 $CD3^+$ 的细胞不表达 CD4 及 CD8；常常丢失一些泛 T 淋巴细胞抗原 CD2、CD3、CD5、CD7，或表达明显减弱；一些非 T 淋巴细胞系列的标志如 CD13、CD15、CD33、CD117、CD56、CD19、CD79a 与以上泛 T 淋巴细胞抗原共表达；CD45 比正常成熟淋巴细胞明显增强或减弱；FSC、SSC 增大。除了以上恶性 T 淋巴细胞的共性外，T-ALL 最常见的抗原异常表达是胞浆 CD3（cytoplasma CD3，cCD3）和 TdT 共表达，或 cCD3 与 CD34 共表达，CD1a 与 CD34 及其他泛 T 淋巴细胞标志共表达。

恶性髓系细胞抗原异常表达包括：一些非髓系的抗原如 CD2、CD5、CD7、CD56、CD19、CD79a 等与髓系抗原共表达；早期细胞的抗原与晚期细胞抗原共表达，如 CD34 与 CD11b 或 CD14 或 CD15 等共表达；丢失本应该表达的抗原，如在单核细胞上丢失 CD14、CD33，在粒细胞上丢失 Dr，原始细胞 $CD45^{dim}$或阴性等；CD34、CD117 等抗原过度表达；FSC、SSC 异常增大或 SSC 异常缩小。

2. B 淋巴细胞的克隆性分析 由于大多数外周（成熟）B 淋巴细胞的胞浆内或细胞膜表面表达免疫球蛋白（Ig），其轻链为 κ 或 λ，正常 B 淋巴细胞上表达 κ 与 λ 的细胞数量比例为 3∶2。当某一群恶性 B 淋巴细胞增生时，细胞仅表达 κ 或 λ（单克隆性）；而反应性增生或良性 B 淋巴细胞表达 κ 与 λ 的细胞数量比例为正常（多克隆性）。因此，通过检测表达 κ 或 λ 细胞的 B 淋巴细胞比例，可以了解细胞是否为单克隆增生的 B 淋巴细胞。当某一群细胞中表达 κ 与 λ 的细胞数量比例＞4∶1 或＜1∶2 时，考虑为单克隆增生。用 FCM 检测快速简便，且容易定位于不同类型的细胞，已被常规用于成熟 B 淋巴细胞的克隆性分析。

3. T 淋巴细胞的克隆性分析 大多数成熟 T 淋巴细胞表面表达 T 淋巴细胞抗原受体（TCR）α/β 链，其 Vβ 区具有多表位的抗原，不同个体该区的抗原有较大的多态性。目前用单抗可识别 TCR Vβ 家族的多个表位的抗原，表达不同表位抗原的 T 淋巴细胞比例有一定的范围，如某一表位阳性细胞明显增加，而其他表位阳性细胞明显减少，要考虑为克隆性 T 淋巴细胞疾病（图 2-3 显示患者 TCRα/β 链 Vβ 区的某一表位细胞明显增加，提示存

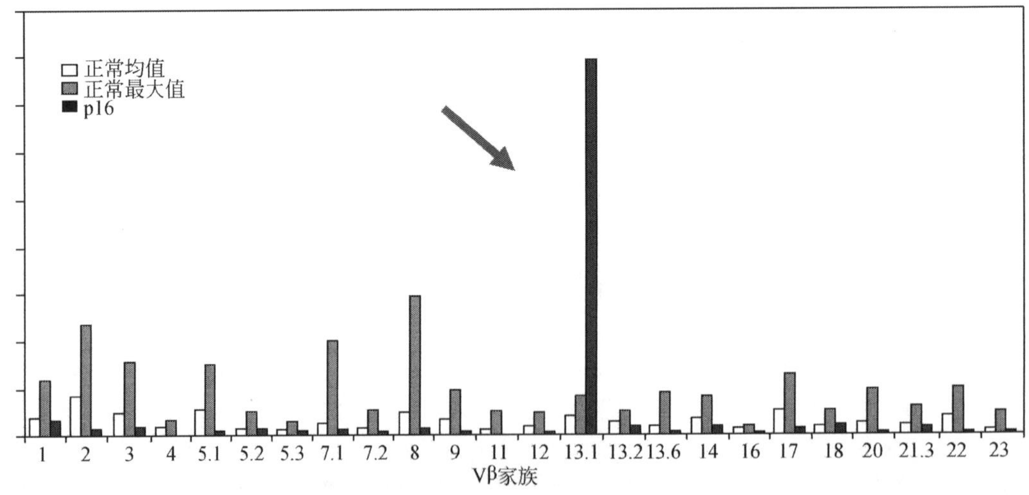

图 2-3 一患者的 TCR Vβ13.1 受体抗原明显高于其他表位受体抗原

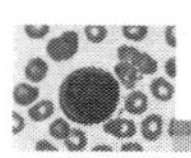

在恶性T淋巴细胞）。目前用TCR-Vβ家族的抗体对70%以上的恶性成熟T淋巴细胞疾病可确定其克隆性，但抗体多，检测费用高，难以普及，目前已基本被TCR基因克隆性重排检测替代，后者便宜。

4. 细胞DNA浓度或细胞增殖周期分析　恶性淋巴细胞由于染色体丢失或过多，FCM分析DNA的含量可发现细胞为亚二倍体、正常或超二倍体，从而帮助判断细胞的良恶性。FCM可同时标记免疫抗原及DNA，因此可选择不同标记的细胞来分析DNA浓度。通过对DNA及增殖抗原的分析，可以了解恶性细胞处于周期的比例，从而帮助判断恶性淋巴细胞的恶性程度。增殖周期多的细胞进展快，增殖周期少的恶性程度低。

（三）染色体分析

如检测出染色体异常，且排除体质性或遗传性异常，应高度考虑为恶性血液或淋巴系统细胞。

（四）基因分析

白血病常有因染色体易位导致的特有融合基因或基因突变，据此可鉴别良恶性细胞。因为干细胞向淋巴细胞分化过程中，TCR和IgH基因的可变区（V）和结合区（J）基因会发生重排，即两个距离很远的片段重新排列在一起，形成新片段，每个淋巴细胞都有各自的序列不同的TCR和（或）IgH片段。白血病淋巴细胞增殖呈单克隆性，故如果只检测出一种基因重排片段就考虑为单克隆性（图2-4）。所以免疫球蛋白重链（IgH）及TCR基因重排技术可帮助鉴别淋巴细胞是否为单克隆性增生。临床医生往往把IgH重排当做恶性B淋巴细胞肿瘤的标志，而把TCRγ、TCRδ重排当做恶性T淋巴细胞肿瘤的标志，但IgH、TCRγ、TCRδ重排并无系列特异性。偶尔在AML患者亦可检测到IgH和TCR基因的克隆性重排，即序列失真现象。有时一些非恶性疾病也可能检测到IgH和TCR基因的克隆性重排，尤其是TCR基因重排，如EB病毒感染、移植后使用免疫抑制剂及一些皮肤T淋巴细胞良性增殖。检测使用的标本太少也可能导致克隆性重排的假象。诊断时应仔细分析。

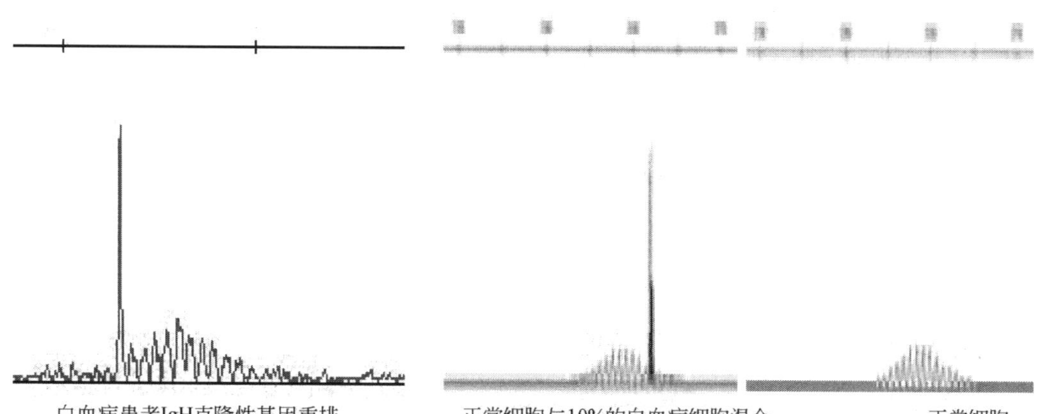

图2-4　正常与白血病细胞的IgH基因重排分析图

二、是急性（前体）白血病还是慢性（成熟或外周）白血病

（一）急性白血病的诊断

急性白血病又被称为前体细胞白血病，以BM和（或）PB中原始细胞增多为主要特征，白血病原始细胞除了有形态学、细胞化学染色特征外，尚须具有前体细胞的免疫标志，造血前体细胞的共同标志是$CD34^+$、TDT^+、$CD45^{dim}$或阴性，髓系前体细胞为$CD117^+$、$CD64^+/CD14^-$，B系前体细胞表达CD10（尚需结合其他），T系前体细胞$CD99^+$、$CD1a^+$；且有免疫标志异常表达现象。一般来说，急性白血病起病急，数天至数十天起病，常常有血液中红细胞、血小板、正常中性粒细胞减少以及由此引起的临床表现，如贫血、出血、发热等。

目前普遍采用的急性白血病诊断标准主要有FAB标准及WHO（2008）标准，现分别介绍如下：

1. 急性白血病（AL）的FAB诊断标准（Bennett，1985；1991） FAB主要根据原始细胞比例来诊断AL。图2-5显示了AML的诊断步骤。

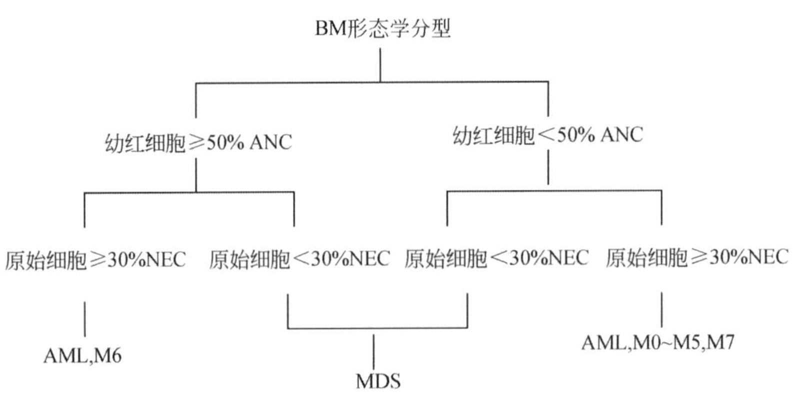

图2-5 FAB AML的诊断步骤

ANC. all nucleated cells，全部有核细胞；NEC. nonerythrocytoid cells，除有核红细胞、浆细胞、淋巴细胞、组织嗜碱细胞和巨噬细胞以外的有核细胞，主要包括粒细胞和单核细胞

诊断AL的原始细胞主要包括原始粒细胞、原始单核细胞及幼稚单核细胞、原始巨核细胞、原始淋巴细胞及幼稚淋巴细胞、异常的早幼粒细胞，不包括原始红细胞、小巨核细胞。对于原始粒细胞的定义有一定的发展历史。最开始仅将胞浆无颗粒的原始粒细胞称为原始粒细胞。以后根据所含嗜天青颗粒的多少，可将原始粒细胞分为原始粒细胞Ⅰ型（胞浆内少于5个细小的嗜天青颗粒）和Ⅱ型（含5～15个嗜天青颗粒颗粒）。原始粒细胞与早幼粒细胞的区别主要在于后者出现了胞核周围的高尔基区。ALL的诊断标准也与之相同，当BM和（或）PB中原始、幼淋巴细胞在全部有核细胞（ANC）中≥30%即可诊断为ALL。

2. WHO的诊断标准 WHO的诊断标准与FAB的标准基本接近，但是WHO更强调白血病细胞的生物学特征是否有AL的特点，包括临床发展特征、染色体、基因和免疫学等，所以不能仅仅以原始细胞比例为标准。其主要不同部分补充如下：

（1）诊断步骤与FAB标准基本同，BM和（或）PB的原始细胞≥20%可诊断AML。

（2）BM和（或）PB原始及幼淋细胞≥25%可诊断ALL。对诊断ALL的原始细胞比例有争论，一般说来<20%不诊断为ALL。

（3）诊断AL的原始细胞包括原始粒细胞、原始单核和幼稚单核细胞、原始淋巴细胞和幼稚淋巴细胞，诊断APL时的异常早幼粒细胞，还包括原始嗜碱细胞、原始浆细胞样树突细胞、原始自然杀伤细胞、未分化原始细胞和多系列混合原始细胞。原始粒细胞的定义也不明确胞浆内颗粒的多少，尤其是伴t（8；21）和（或）RUNX1-RUNX1T1（AML1-ETO）异常的AML，其原始细胞的胞浆有很多颗粒，核周甚至有透亮区或核窝，但其他部分尤其是核仍然符合原始细胞的特征；胞浆易见Auer小体，类似我国既往提出的异常中幼粒细胞白血病。对大多数类型急性白血病的诊断，原始细胞不包括原始红细胞、异常巨核细胞、小巨核细胞和异常单核细胞。但在诊断纯红血病时，包括原始红细胞。

（4）当BM穿刺干抽时，要进行BM活检印片、病理及IHC分析。当$CD34^+$细胞>20%时可诊断AML。

（5）一般来说，原始细胞在BM中的比例更多，穿刺出的BM液涂片如果PB混入，可导致BM中原始细胞下降，因此，当原始细胞比例在20%左右时，结合多张涂片分类的结果报告，可降低标本的抽样误差。

（6）当证实有以下重复性染色体易位和（或）融合基因时，即使原始细胞<20%也可诊断AML，如t（8；21）（q22；q22）和（或）RUNX1-RUNX1T1（AML1-ETO），t（15；17)(q22；q12）和（或）PML-RARα，inv（16）（p13.1；q22）或t（16；16）（p13.1；q22）和（或）CBFβ-MYH11。当患者证实有t（5；14）（q31；q32）和（或）IL3-IgH异常者，即使原始细胞<20%也可诊断B-ALL。

（7）对于有以下重复性染色体和（或）基因异常，但原始细胞<20%能否直接诊断AML，此次WHO协作组尚未定论，应密切观察，如t（9；11）（p22；q23）和（或）MLLT3-MLL，t（6；9）（p23；q34）和（或）DEK-NUP214，inv3（q21；q26.2）或t（3；3)(q21；q26.2）和（或）RPN1-EVI1，t（1；22）（p13；q13）和（或）RBM15-MKL1。

（8）在WHO的诊断标准中，有两种红白血病：一种是FAB提出的红白血病，BM幼红细胞≥50%（ANC），原始白血病细胞≥20%（NEC）；另一种是纯红血病，不成熟的有核红细胞≥80%，以未分化的或原始红细胞为主，过去称为DiGuglielmo病。

（9）如果BM原始细胞≥20%，红系≥50%，有多系细胞增生异常，−7异常，应当诊断为伴BM增生异常相关改变的AML，而不是急性红白血病。

（10）伴BM纤维化的急性全髓性增生，其原始细胞比例不定，诊断主要根据临床急性起病的高热、骨痛和全血细胞减少，发展迅速；BM病理显示在BM纤维化的基础上红系、粒系及巨核细胞系异常幼稚细胞增生，伴细胞增生异常。

（11）将髓系肉瘤列为AML，BM或PB未见白血病原始细胞，仅在髓外组织发现由原始髓系细胞组成的包块。

（12）既往诊断的急性成熟B淋巴细胞白血病（常为L3型），WHO将其分类为外周

(或成熟) 恶性淋巴细胞系肿瘤 (伯基特淋巴瘤/白血病), 而未将其归入 ALL。

(二) 慢性白血病的诊断

大多数慢性白血病表现为血液白细胞增加, PB 和 (或) BM 的原始细胞<20%。慢性髓性白血病以早幼粒以下阶段的细胞增加为主, 慢性 T 淋巴细胞白血病以胸腺后发育阶段的 T 淋巴细胞增多为主, 而慢性 B 淋巴细胞白血病以外周淋巴组织来源的细胞增多为主。由于慢性白血病细胞的形态学与正常细胞很接近, 易与很多反应性增生的疾病混淆, 诊断更为困难, 应结合临床表现、形态学、免疫学、染色体、基因和病原学检查来综合诊断。很多外周淋巴瘤也为外周淋巴组织的恶性增生; 当淋巴瘤细胞大量进入血液及骨髓时, 易与淋巴瘤混淆, 应注意鉴别。慢性 B 淋巴细胞白血病 (B-CLL) 与小 B 淋巴细胞淋巴瘤的生物学特性相近, 其主要差别是前者的恶性 B 淋巴细胞在血液中大量存在, 后者的恶性细胞主要存在于淋巴结。慢性白血病起病时间大多为数月甚至数年, 临床表现轻微, 常在体检时发现。

三、白血病细胞起源于哪种系列

不同系列来源的白血病细胞主要采用细胞形态、细胞化学染色和免疫学标志来鉴别。一般来说, 根据细胞形态及细胞化学染色, 成熟细胞的系列来源一般容易确定。但对原始细胞, 除了表 2-1 的细胞形态及细胞化学染色特点外, 还需结合免疫学标志, 免疫分型是区别 T、B、髓性白血病的最重要方法, WHO 提出了确定不同系列原始白血病细胞的特异性标志 (表 2-2)。

表 2-2 急性白血病系列的特异标志 (WHO, 2008)

髓系
• MPO⁺ (用 FCM、免疫组织化学染色、细胞化学染色证实)
• 或单核细胞 (至少有以下标志中的 2 项阳性: NSE、CD11c、CD14、CD64、CD36[a]、溶酶体
T 淋巴细胞系
• cCD3⁺ (用抗 CD3ε 链的单抗及 FCM 分析, 不能用免疫组化的抗 CD3ζ 链多克隆来检测, 因为后者不是 T 淋巴细胞特异性抗原)
• 或 sCD3⁺
B 淋巴细胞系
• CD19 强阳性并同时有以下标志中的至少 1 项阳性: CD79a、cCD22、CD10
• 或 CD19 弱阳性并同时有以下标志中的至少 2 项阳性: CD79a、cCD22、CD10

a 在原表中单核细胞的标志没有 CD36, 但在文字描述中把 CD36 作为单核细胞的诊断标志之一, 故在此表中列出。
注: cCD3. 胞浆 CD3; sCD3. 细胞膜表面 CD3。

根据 WHO 诊断与分型标准中的描述及临床经验, 我们认为表 2-2 不能包括急性白血病的全部标志。如果仅按表 2-2 的标准执行, 很多病例难以诊断和分型, 如急性嗜碱细胞白血病、急性巨核细胞白血病等。因此我们根据 WHO (2008) 分型中的描述, 将一些少见类型急性白血病的标志特征列在表 2-3 中; 这些急性白血病均为 MPO^-, 也不符合单核细胞及淋巴细胞的标准。

表 2-3　一些少见类型白血病原始细胞的标志特点（根据 WHO，2008 整理）

• 原始嗜碱细胞：甲苯胺蓝阳性，酸性磷酸酶弥漫阳性；MPO⁻、MPO⁻、SBB⁻、CAE⁻、NSE⁻、类胰蛋白酶阴性；CD123⁺、CD203C⁺、CD11b⁺、CD13⁺、CD33⁺、Dr⁺、CD9⁺，CD34 可阳性，CD117⁻、CD25⁻
• 原始巨核细胞：除了 CD13⁺、CD33⁺外，CD41⁺、CD61⁺、CD36⁺；常为 CD34⁻、MPO⁻、CD45⁻、Dr⁻；其他髓系标志常阴性
• 原始红细胞：HBA⁺，血型糖蛋白阴性或 dim、CD71⁺或 dim，CD117 可阳性；MPO⁻、CD34⁻、Dr⁻、CD45⁻；其他髓系表型常阴性
• 原始浆细胞样树突细胞：CD4⁺、CD56⁺、CD123⁺、BDCA2⁺、CD303⁺、TCL1⁺、CLA⁺、MxA⁺、颗粒酶B⁺、穿孔素阳性、TIA1⁺；50% CD68⁺；部分 CD7⁺、CD33⁺；MPO⁻、CD34⁻、CD117⁻，以及其他 T、B、髓细胞标志阴性

注：CLA. 皮肤淋巴细胞相关抗原；MxA. 干扰素 α 依赖的分子；HBA. 血红蛋白 A。

第三节　急性白血病的分型

一、FAB 分型标准

FAB 协作组于 1976 和 1985 年先后提出了 AL 的分型标准及修改建议，1991 年又增补一特殊亚型，即 AML 微分化型（Bennet 等，1985、1991）。FAB 分型主要根据原始细胞的系列来源及成熟度来分型，其分型技术主要为细胞形态、细胞化学染色及电子显微镜。因 FAB 在很多医院仍很常用，现介绍如下：

（一）AML

M0（急性粒细胞白血病微分化型）：BM 原始粒细胞≥90%（NEC），原始细胞的 MPO 及苏丹黑 B（SBB）染色阳性率<3%；髓系免疫标志阳性；电镜 MPO 阳性。

M1（急性粒细胞白血病微分化型）：BM 原粒细胞（Ⅰ＋Ⅱ型）≥90%（NEC），其中原粒细胞 MPO 或 SBB 阳性率≥3%，早幼粒细胞以下的各阶段粒细胞或单核细胞<10%。

M2（急性粒细胞白血病部分分化型）：原粒细胞（Ⅰ＋Ⅱ型）占 30%～<90%（NEC），早幼粒细胞以下至中性分叶核粒细胞>10%，单核细胞<20%；如有的早期粒细胞形态特点既不像原粒细胞Ⅰ型或Ⅱ型，也不像早幼粒细胞（正常的或多颗粒型），核染色质很细，有 1～2 个核仁，胞浆丰富，嗜碱性，有不等量的颗粒，有时颗粒聚集，这类细胞>10%时，亦属此型。

M3（急性早幼粒细胞白血病）：BM 中异常的多颗粒早幼粒细胞≥30%（ANC）。

M4（急性粒单核细胞白血病）：有 6 种情况。① BM 原始细胞>30%（NEC），原粒细胞加早幼、中性中幼及其他中性粒细胞占 30%～80%，不同成熟阶段的单核细胞（常为幼稚及成熟单核细胞）>20%；② BM 象如上述，外周血中单核细胞系（包括原始、幼稚及成熟单核细胞）≥5×10^9/L；③ BM 象如上述，外周血单核细胞系<5×10^9/L，而血清溶菌酶以及细胞化学支持单核系细胞数量显著者；④ BM 象类似 M2，而单核细胞系>20%，或血清溶菌酶超过正常值［(11.5±4) mg/L］的 3 倍，或尿溶菌酶超过正常值

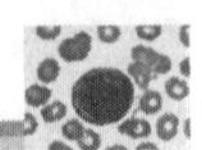

(2.5mg/L) 的 3 倍；⑤ BM 象类似 M2，而外周血单核细胞≥5×10^9/L 时亦可划分为 M4；⑥ M4E0（急性粒单核细胞白血病伴嗜酸粒细胞增多），除具有上述 M4 各型特点外，BM 嗜酸粒细胞>5%（NEC），其形态除有典型的嗜酸颗粒外，还有大而不成熟的嗜碱颗粒，核常不分叶。

M5（急性单核细胞白血病）：又分两种亚型。① M5a，BM 原单核细胞Ⅰ+Ⅱ型≥80%（NEC）；② M5b，BM 原单核细胞Ⅰ+Ⅱ型<80%（NEC），其余为幼稚及成熟单核细胞等。

M6（红白血病）：BM 红细胞系≥50%（ANC）；原始细胞Ⅰ+Ⅱ型≥30%（NEC）。

M7（急性巨核细胞白血病）：BM 原巨核细胞≥30%（ANC），如原始细胞呈微分化型，形态不能确定时，应做电镜血小板过氧化物酶活性检查，或用血小板膜糖蛋白Ⅱb/Ⅲa或Ⅲa 或ⅧR∶Ag 以证明其为巨核细胞系。如 BM 干抽，有 BM 纤维化，则需行 BM 活体组织检查，用免疫组化技术证实有原巨核细胞增多。

（二）ALL

主要根据细胞大小及其是否均一将 ALL 分为 L1、L2 和 L3 型，现很少应用。

二、WHO 分型（2008）

WHO 分型的特点是强调病因、染色体和基因异常在白血病分型中的价值。首先根据是否有 MDS 病史及特征、有无化疗和放疗历史、有无遗传病如唐氏综合征来分型；然后将有重现性染色体和（或）基因异常的 AL 单独分型，因为这些特点与 AL 的预后相关性更好；最后才以白血病细胞的系列来源进行分型，称为非特殊型。

（一）AML

1. 伴重复性染色体/基因异常的 AML 这类 AML 的白血病多数有某种特殊的染色体异常，这些异常导致新的融合基因形成，后者编码产生新的融合蛋白。其诊断主要根据其染色体和（或）基因的异常命名。有以下几大类：

（1）伴 t（8；21）（q22；q22）和（或）RUNX1-RUNX1T1（AML1-ETO）异常的 AML：RUNX1 基因又称为 AML1 或 CBFA，RUNX1T1 基因又称为 ETO 基因。此型约占 AML 的 5%，多见于部分分化型 AML（M2）。约 70%的患者有附加染色体异常，如性染色体缺失，del（9q）；尚有 30%的患者同时伴有 Kras 或 Nras 突变；有 20%～25%伴有 KIT 基因突变。一般来说，此型患者对大剂量阿糖胞苷（HD-Ara-C）的疗效好，因此被划分为预后良好型的 AML；但伴有 CD56 或 KIT 突变的患者预后差。一些研究也将伴有 -Y 异常的患者划分为中等危险的 AML。

（2）伴有 inv（16）（p13；q22）或 t（16；16）（p13；q11）和（或）CBFβ-MYH11 的 AML：此型占 AML 的 5%～8%，多见于嗜酸细胞增多的急性粒单核细胞白血病。一般说来，此型对 HD-Ara-C 的疗效好，被划分为预后良好型 AML。约 40%的患者伴有附加染色体异常，如+22（10%～15%）、+8（10%～15%）、del7q（约 5%）、+21（约 5%）。约 30%的患者伴有 KIT 基因突变。罕见同时有 inv（16）（p13.1；q22）及 t（9；22） (q34；q11.2) 的 AML 或 CML，后者见于加速期或急变期 CML。伴+22 的预后好，但老年患者或伴 KIT 基因突变者预后差。

(3) 伴有 t (15；17) (q22；q11—q12) 和 (或) PML-RARα 急性早幼粒细胞白血病 (APL) 及其变异型

1) 伴有 t (15；17) (q22；q11—q12) 和 (或) PML-RARα 的 APL：为典型的 APL，占 AML 的 5%～7%。其特征是异常早幼粒细胞增加。在诊断 APL 时，一些单位常常把 M2 的早幼粒细胞明显增加误诊为 APL。此型对蒽环类药物、全反式维 A 酸 (ATRA)、砷剂治疗的疗效好。在我国，联合化疗、ATRA 及砷剂治疗该病，长期无病生存率可达 90%以上，因此被划分为预后良好的 AML。但是约 20%的 APL 表达 CD56，预后稍差。约 40%的 APL 伴有附加染色体异常，最常见+8 异常 (10%～15%)；另有 34%～45%的患者伴有 FLT3-ITD 突变或 TKD 突变。

2) 伴 RARα 变异型的 APL：有部分患者的形态学与典型的 APL 相似，但是累及的染色体及基因异常不同。由 t (11；17) 导致 ZBTB16 (过去称为 PLZF) 与 RARα 形成融合基因 ZBTB16- RARα 或 STAT5B-RARα 融合基因，对 ATRA 疗效不好。由 t (5；17) (q35；q12) 导致 NPM1-RARα 融合基因，对 ATRA 仍然有效。

(4) 伴 t (9；11) (p22；q23) 和 (或) MLLT3-MLL 的 AML 或其变异型

1) 伴 t (9；11) (p22；q23) 和 (或) MLLT3-MLL 的 AML：MLLT3 又称为 AF9。此型占 AML 的 2%，占儿童 AML 的 9%～12%，多见于急性单核细胞白血病或急性粒单核细胞白血病。单核细胞除了表达一般髓系细胞的免疫学标志外，常表达 CD14、CD4、CD11b、CD11c、CD36、溶酶体，但髓系特征性 MPO 常阴性。可发生弥散性血管内凝血、髓外肉瘤或浸润。此型被划分为中等危险性 AML，其预后比其他累及 11q23 染色体异常的患者稍好。此型常常伴有+8 染色体异常，但不影响预后。对有此型染色体或基因异常，但原始细胞<20%的患者，要密切监测，以及时诊断为 AML。

2) 累及 MLL 基因的易位：在成人或儿童累及 MLL 基因的易位有 80 多种，其中 50 种伙伴基因得到确认。除了最常见的 MLLT3-MLLAML、MLLT2 (AF4) -MLL ALL 外，还有 MLL 与以下伙伴基因形成融合基因：MLLT1 (ENL)、MLLT10 (AF10)、MLLT4 (AF6)、ELL。由 (11；19) (q23；p13.1) 和 (或) MLL-ELL 仅见于 AML，而其他累及 MLL 的易位虽然主要见于 AML，但还可见于 ALL。在诊断命名上，如果为 (11；19) (q23；p13.1) 和 (或) MLL-ELL 的 AML，就诊断为伴有 (11；19) (q23；p13.1) 和 (或) MLL-ELL 的 AML。但如果是治疗相关的异常或有增生异常，如 t (2；11) (p21；q23) 或 t (11；16) (q23；p13.3) 的 AML，应该诊断为治疗相关性或增生异常的 AML。约 1/3 累及 MLL 的异常用染色体检测不出，但用 FISH 及多重 PCR 的方法可增加检出率。

(5) 伴 t (6；9) (p23；q34) 和 (或) DEK-NUP214 的 AML：此型见于 0.7%～1.8%的 AML。常常伴嗜碱细胞增加及多系细胞的增生异常。初发病时常常有贫血、血小板减少甚至三系减少。44%～62%患者的 BM 及 PB 嗜碱细胞>2%。最常见于 AML-M2 及 M4 型。2/3 患者的白血病细胞有 Auer 小体。一些患者尚可见环铁幼红细胞，部分患者伴有复杂染色体异常。69%的儿童、78%的成人患者伴有 FLT3-ITD 基因突变，此型患者预后差，用异基因造血干细胞移植治疗比不移植的效果好。

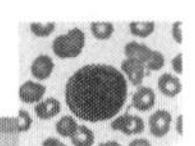

(6) 伴 inv (3) (q21; q26.2) 或 t (3; 3) (q21; q26.2) 和 (或) RPN1-EVI1 异常的 AML 及其他变异型：此型占 AML 的 1%～2%。其血小板多正常或升高。可为自发白血病，也可有 MDS 的病史。白血病原始细胞可为原粒、原幼单、原始巨核细胞。BM 活检可增加原始巨核细胞的检出率。约 50%的患者伴-7 异常，其次是 $5q^-$ 及复杂染色体异常。这些染色体异常可以在 3q21 异常之前发生。此型常常有 EVI1 和 GATA2 基因过度表达。此型的预后差，生存期短。但有研究者报告 2 例患者对砷剂及沙度利胺有效。

除了累及 3q26.2 处的癌基因 EVI1 多见外，其他一些基因异常，如 MDS-EVI1、累及 3q21 的 RPN1 基因可以作为 EVI1 基因的增强子，使细胞增殖增加，分化受阻。而 t (3; 21) (q26.2; q22) 和 (或) EVI1-RUNX1 基因常常为治疗相关的 AML，不包括在此类型中。

一些 CML 患者除 9 (9; 22) (q34; q11.2) 异常外，尚可伴有 inv (3) (q21; q26.2) 或 t (3; 3) (q21; q26.2) 异常，常见于加速期或急变期的患者。对同时具有 t (9; 22)(q34; q11.2) 异常及 inv (3) (q21; q26.2) 或 t (3; 3) (q21; q26.2) 异常的患者，应诊断为进展期 CML，而不是 AML。

(7) 伴 t (1; 22) (p13; q13) 和 (或) RBM15-MKL1 的 AML：MKL1 基因又称为 MAL。该型占 AML 的不到 1%，多见于无唐氏综合征的 3 岁以下的婴儿，女性多见。白血病原始细胞为巨核细胞。多数患者有器官肿大，尤其是肝脾肿大，易发生髓外白血病或肉瘤。常有 BM 网状细胞或胶原纤维增生，导致 BM 纤维化。BM 活检增加白血病细胞的检出率。早期报告示该型的预后差，但最近报告显示，此型对强化疗疗效好，长期无病生存率高。

(8) 伴基因突变的 AML：除了以上重复性染色体异常外，AML 还常常有基因的突变，一些基因突变影响临床预后，较公认的有预后意义的突变基因见表 2-4。

表 2-4 影响 AML 临床预后的基因改变

基因	染色体核型	预后意义
KIT 突变	t (8; 21) (q22; q22)	有 KIT 突变，尤其是在外显子 17 突变患者与 KIT 野生型患者比较，其 DFS、RFS、EFS 和 OS 率明显短，CIR 及 RI 率更高 也有研究显示有无 KIT 突变者的 OS 率无明显差异
	inv (16) (p13.1q22) t (16; 16) (p13.1; q22)	KIT 外显子 8 突变者的 RR 明显比野生型高 KIT 外显子 17 突变者与野生型者比较，其 RR 率更高，OS 率更短 有研究显示有无 KIT 突变的 EFS、RI、RFS 和 OS 率无明显差异
FLT3-ITD 突变	正常	有突变者的 CRD、DFS、EFS 和 OS 率比无突变者短 有研究显示，有无突变的 OS 率无明显差异
FLT3-ITD 突变+无野生型 FLT3	正常	与无 FLT3-ITD 突变比较，DFS 及 OS 率更短
FLT3-TKD 突变	正常	与 FLT3 野生型比较，其 DFS 率更短

续表

基因	染色体核型	预后意义
MLL-PTD 突变	正常	与无突变者比较，突变者的 CRD（不是 OS）率更短；但后者如接受强烈化疗或 auto-HCT，其 DFS 和 OS 率与前者无明显差异
CEBPA 突变	正常	CEBPA 突变者与野生型比较，其 CRD 及 OS 率更长；但有研究显示前者的 EFS 率更短；有研究显示有无 CEBPA 突变的 OS 率无明显差异
NPM1 突变定位于胞浆	正常	多参数分析显示胞浆 NPM1 突变是独立的预后良好的指标
NPM1 突变		与野生型比较，NPM1 突变者的 CR 率更高，DFS、RFS 和 EFS 率更长；但有研究显示有无突变的 CR 率、RFS、EFS 和 OS 率无明显差异
NPM1 及 FLT3-ITD 突变	正常	$NPM1^{+}$/FLT3-ITD^{-} 与 $NPM1^{+}$/FLT3-ITD^{+}、野生型 NPM1 FLT3-ITD 比较，前者的 CR 率、EFS、RFS、DFS 和 OS 率明显高；也有研究显示无明显差异。有研究显示，NPM1 突变不影响 FLT3-ITD 的预后意义
WT1 突变	正常	WT1 突变者伴 FLT3-ITD 者难以获得 CR。WT1 突变者的 DFS 及 OS 率比野生型者差
BAALC 表达	正常	高表达者与低表达者比较，前者 CR 率更低，原发耐药更多，DFS、EFS、RR 和 OS 率更低，CIR 率更高。但有研究显示，两组的 CR 率无明显差异
ERG 表达	正常	血中 ERG 高表达者与低表达者比较，其 CR、EFS 和 OS 率比低表达者低，CIR 率更高
MN1 表达	正常	高表达者的 RFS 和 OS 率比低表达者更短，RR 率更高

注：EFS. event free survival，无事件生存；RFS. relapse free survival，无复发生存；OS. overall survival，总生存；CIR. cumulative incidence of relapse，累计复发；RI. relapse incidence，复发；DFS. disease free survival，无病生存；RR. relapse risk，复发危险。

1）伴 NPM1 突变的 AML：NPM1 是 AML 最常见的突变基因。有 2%～8%的儿童 AML、27%～35%的成人 AML 有 NPM 基因突变。在染色体正常的成人 AML 中，45%～64%有 NPM1 基因突变。多见于急性粒单核细胞型或单核细胞型白血病。80%～90%的急性单核细胞型伴 NPM1 突变。白血病细胞常常保留野生型位点。已报告有 40 种 NPM1 变异型突变。对于染色体正常的年轻 AML 来说，仅有 NPM1 突变，无 FLT3-ITD 突变是预后良好的指标，其化疗疗效和 t（8；21）（q22；q22）或 inv（16）（p13.1；q22）或 t（16；16）（p13.1；q22）AML 相近，CR 后可不先选择异基因造血干细胞移植（allo-HCT）。约 40%的 NPM1 突变患者伴有 FLT3-ITD 突变，其预后比 $NPM1^{+}$/ FLT3-ITD^{-} 的预后差，但比 FLT3-ITD^{+}/ $NPM1^{-}$ 的 AML 患者预后稍好。5%～15%的 NPM1 突变患者伴有其他染色体异常，如＋8、del（9q），NPM1 患者可伴三系造血细胞增生异常，其临床意义尚不太清楚。

2）伴 CEBPA 突变的 AML：仅见于 AML，占 AML 的 6%～15%，占染色体正常

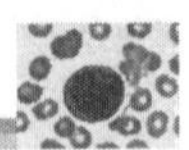

AML 的 15%～18%。染色体正常的 CEBPA 突变患者预后良好，其化疗疗效和 t（8；21）（q22；q22）或 inv（16）（p13.1；q22）或 t（16；16）（p13.1；q22）AML 相近。CEBPA 突变者如同时伴有 FLT3-ITD 突变或其他染色体异常，其临床预后意义尚未定。

3）其他基因突变

A. FLT3 突变：FLT3 是 AML 最常见的突变基因，见于 20%～40%的 AML 患者，最常见于 t（6；9）（p23；q34）异常、APL 及染色体正常的 AML 患者。FLT3 突变主要分两种：一种是内部连续重复序列突变（FLT3-ITD），占 75%～80%；另一种是累及第二酪氨酸激酶区（TKD）的 835 或 836 密码子（FLT3-TKD），占 20%～35%。FLT3-ITD 突变阳性者预后不好，但 FLT3-TKD 突变的临床意义尚不一致。对染色体正常的 AML 来说，FLT3-ITD 与 NPM1 基因突变的组合分析，可将患者分为预后良好、中等和不好三级。

B. KIT 基因突变：对原本预后良好性的 AML 伴 t（8；21）（q22；q22）或 inv（16）（p13.1；q22）或 t（16；16）（p13.1；q22）患者来说，伴随的 KIT 基因突变使其预后变差。

C. MLL 部分基因重复序列复制：在 5%～10%染色体正常或+11 的 AML 中，存在此基因异常，既往是预后不好的指标，但在化疗强度增加或自体移植的情况下，其不良影响消除。

D. WT1 基因突变：对于正常染色体的 AML 来说，WT1 突变也是预后不好的指标。

2. 伴骨髓增生异常相关改变的 AML 此类 AML 的定义是指 PB 或 BM 的白血病原始细胞≥20%，无前述重复性基因异常，既往无化疗或放射线接触史，同时伴有以下情况之一：

（1）至少两系细胞中增生异常的造血细胞（病态造血细胞）≥50%

1）粒系病态造血：主要表现为胞浆颗粒减少、核分叶减少（Pelger-Huët 异常）和分叶异常。

2）红系病态造血：巨型核、核碎裂、核碎片、核不规则、核分叶或多核、环状铁粒幼红细胞和胞浆空泡。

3）巨核细胞系列病态造血：小巨核细胞、不分叶或分叶过多的巨核细胞（正常大或大巨核细胞），BM 活检比涂片更易见到巨核细胞。

（2）曾有骨髓增生异常综合征（MDS）的病史。

（3）曾有 MDS/BM 增殖性肿瘤（MPN）的病史。

（4）有 MDS 相关的染色体异常：如复杂染色体异常（3 种以上不同类型的染色体异常，不包括前述的重现性染色体或基因异常），−7 或 $7q^-$，−5 或 $5q^-$，$20q^-$，i（17q）或 t（17p），−13 或 $13q^-$，$11q^-$，$12p^-$或 t（12p），$9q^-$，idic（X）（q13），t（11；16）（q23；p13.3），t（3；21）（q26.2；q22.1），t（1；3）（p36.3；q21.2），t（2；11）（p21；q23），t（5；12）（q33；p12），t（5；7）（q33；q11.2），t（5；17）（q33；p13），t（5；10）（q33；q21），t（3；5）（q25；q34）。

在诊断此类疾病时要注意以下问题：+8 及 $20q^-$ 是 MDS 的常见染色体异常，但目前尚不能判断它们是否为特异性的异常。−Y 是老年性白血病的常见异常，不能认为是 AML 特异性的改变，故未列入其中。如果 BM 原始细胞>20%，红系>50%，有多系细胞病态造血，有－7异常，应当诊断为伴骨髓病态造血相关改变的AML，而不是急性红白血病（FAB分型的AML-M6）。

伴骨髓病态造血相关改变的AML的预后一般很差，缓解率明显低于其他类型的AML。染色体的预后意义明显高于形态学病态造血的意义。

3. AML，非特殊型（AML，NOS）　不符合以上类型的AML归为此型。此类AML分型的主要依据是对PB涂片、BM穿刺涂片、BM活检标本的细胞形态、细胞化学及免疫学分析结果。该标准仅适用于未被治疗过的患者。

（1）未分化型AML：此型的原始粒细胞用形态学及光镜下细胞化学染色不能鉴别；而用免疫标志及电镜检测可以发现原始粒细胞的证据。原始粒细胞胞浆无颗粒，多种细胞化学染色阴性（原始细胞阳性率＜3%），MPO^-、SBB^-、CAE^-；ANA及ANB阴性或仅有非特异的弱点状阳性；胞浆无Auer小体。部分患者伴有较成熟的中性粒细胞，可能与成熟型AML混淆，但是可以根据原始细胞的MPO^-、SBB^-、CAE^-来鉴别。免疫标志分析显示髓系的标志，电镜显示原始细胞胞浆颗粒、内质网、高尔基区和（或）胞膜的MPO^+、CAE^+。有27%的患者发生RUNX1（AML1）基因突变，16%～22%有FLT3突变。此型占AML的≥5%。

（2）未成熟型AML：此型原始粒细胞占NEC细胞的比例≥90%，原始细胞的MPO或SBB的阳性率＞3%，可有Auer小体。原始细胞表达髓系免疫学标志，但缺乏成熟粒细胞及成熟单核细胞的标志，如CD15、CD65、CD14和CD64。部分患者的细胞表达CD11b。此型占AML的5%～10%。

（3）成熟型AML：成熟中性粒细胞占BM细胞的≥10%，BM中各个阶段的单核细胞＜20%。免疫分型可见较成熟粒细胞的标志CD15、CD65；常常缺乏$CD14^+$/$CD64^+$的单核细胞。此型占AML的10%。

（4）急性粒单细胞白血病：BM中各阶段粒系统细胞及单核系统细胞各占≥20%；PB单核细胞常常≥5×10^9/L，单核细胞的NSE多为阳性，但也可为弱阳性或阴性。当形态学符合单核细胞、NSE阴性时不能排除单核细胞。此型占AML的5%～10%。

（5）急性单核细胞白血病：≥80%的细胞为单核细胞，包括原始单核细胞、幼稚单核细胞和成熟单核细胞。中性粒细胞＜20%。部分患者的细胞可见吞噬红细胞的噬血现象，主要见于伴t（8；16）（p11.2；p13.3）异常。当然此种染色体异常也可见于成熟型AML。此型占AML的比例＜5%。

（6）急性红白血病：此型占AML的比例＜5%。此型的幼红细胞常有形态异常，如核巨幼变、双核或多核；较成熟的幼红细胞中常常含有分界模糊的空泡，这些空泡可以融合。尚可见大的多核幼红细胞。成熟粒细胞及巨核细胞也常见形态异常，可见环铁幼红细胞增加。此型的进展一般较快、预后较差。主要分为以下两类：

1）红白血病：幼红细胞≥50%，异常原始髓系细胞≥20%（NEC）。

2）纯红血病：BM中恶性幼红细胞≥80%（ANC），主要为未分化的红细胞或原始红细胞。很罕见。

（7）急性巨核细胞性白血病：在原始细胞中，异常原始巨核细胞≥50%，且不符合前述的特异性AML及唐氏综合征相关的AML，才诊断为此型。常伴BM纤维化，骨髓穿刺时干抽。此型可伴纵隔生殖细胞肿瘤，可见几种染色体异常，其中i（12p）是特征性的

染色体异常。此型的预后很差，比 t（1；22）（p13；q13）及唐氏综合征相关的急性巨核细胞白血病的预后差。

诊断此型时应注意和微分化型 AML、伴 BM 纤维化的全髓性白血病、BM 增生异常改变相关的 AML、转移癌、纯红血病区别。与伴 BM 纤维化的全髓性白血病及 BM 增生异常改变相关的 AML 有时很难鉴别。

（8）急性嗜碱细胞性白血病：以异常原始嗜碱细胞增加为主。可见幼红细胞增生异常。常表现为 BM 衰竭，易见皮肤累及、器官肿大，与组胺增高相关的细胞溶解和症状。很罕见，占 AML＜1%，预后很差。应注意与肥大细胞白血病、胞浆有粗颗粒的 ALL、其他伴嗜碱细胞增加的 AML 鉴别。异常的肥大细胞表达 CD117、CD25、类胰蛋白酶，可据此与肥大细胞白血病鉴别。

（9）伴 BM 纤维化的急性全 BM 增殖（acute panmyelosis with myelofibrosis，APMF）：既往又称为急性（恶性）BM 纤维化、急性 BM 硬化。骨穿常常干抽。BM 病理显示在弥漫性纤维化基质的基础上有幼红细胞、幼稚粒细胞和巨核细胞增加。其典型的病理特征是含有原始细胞的幼稚细胞灶性聚集，伴有明显的巨核细胞增生异常。原始细胞比例不定，最近的研究显示原始细胞中位比例为 22.5%。BM 纤维化的程度也不一，大多数为网状纤维，胶原纤维增生不常见。原始细胞的 MPO 常为阴性。该型原始细胞的免疫标志差异也较大，常常表达 CD34 或一个或更多的髓系标志，应有以上三系细胞的免疫标志，但不同系列细胞的比例变化较大。该型起病急，常以疲乏、发热、骨痛起病，全血细胞减少，脾脏不大或仅轻度肿大。临床迅速恶化，化疗效果差，生存期仅几个月。

主要应与伴 BM 纤维化的急性巨核细胞白血病、BM 增生异常改变相关的 AML，尤其是与伴 BM 纤维化的 MDS-RAEB 鉴别。后者的进展比较缓慢，前者的原始细胞更多。

4. 髓系肉瘤 其特征是恶性原始髓系细胞以肿瘤形式存在于任何部位，但不明显侵犯 BM 或 PB，它可以是其他 AML 的前期表现。用 FISH 或染色体检查发现，55%的患者有染色体异常，包括－7、＋8、MLL 相关的异常、inv（16）、＋4、－16、$16q^-$、$5q^-$、$20q^-$、＋11、t（8；21）；16%的患者有 NPM1 基因突变。此型占 AML 的比例＜10%。此型的预后差异很大，与年龄、免疫分型、染色体和基因异常相关。自体造血干细胞移植的疗效优于不移植的患者。

5. 与唐氏综合征相关的 BM 增殖 70%的患者为 5 岁以下，称为伴唐氏综合征的髓性白血病，多为原始巨核细胞。10%的唐氏综合征新生儿有一过性 BM 增生异常或一过性 BM 增殖性疾病，其原始细胞也多为巨核细胞。

（1）一过性 BM 增生异常（transient abnormal myelopoiesis，TAM）：最常表现为血小板减少，血白细胞及原始细胞升高，血中的原始细胞往往比 BM 的多。可出现肝脾肿大。罕见心肺衰竭、高黏滞性、脾坏死、肝纤维化。大多数患者可在几周到 3 个月缓解，但一些患者危及生命甚至死亡。除了＋21 异常外，尚存在 GATA1 基因的突变。其中 20%～30%的患者在 TAM 后 1～3 年发展为 AML。

（2）伴唐氏综合征的髓性白血病：有 1%～2%的唐氏综合征患者发生 AML，约占儿童 AML 的 20%。除了 BM 及 PB 中白血病细胞浸润，常常有髓外、肝和脾的浸润。当 BM 原始细胞＜20%时，临床发展比较惰性，以血小板减少为主，这种白血病前期常常持续数月。此型常有红系、粒系及巨核细胞系的增生异常。13%～44%的患者伴有＋8 异常，－7罕见。

6. 原始浆细胞样树突细胞肿瘤（blastic plasmacytoid dendritic cell neoplasm，BPDC）　BPDC细胞的特征是表达CD4、CD56、CD123、BDCA-2/CD303、TCL1、CLA（皮肤淋巴细胞相关抗原）、干扰素α依赖的分子MxA、细胞毒性分子颗粒酶B^+、穿孔素$^+$、$TIA1^+$。罕见病例缺乏CD56，如果同时表达CD4、CD123、TCL1，不能排除BPDC。50%患者的细胞为$CD68^+$，较常见$CD7^+$、$CD33^+$、TdT。而CD3、CD5、CD13、CD16、CD19、CD20、CD79a、T淋巴细胞激活连接素（LAT）、溶酶体、MPO、CD34、CD117一般阴性。既往又被称为原始自然杀伤细胞（NK）淋巴瘤、无颗粒性$CD4^+$NK细胞白血病、原始NK细胞白血病/淋巴瘤、无颗粒性$CD4^+/56^+$的造血细胞肿瘤。

2/3的BPDC有染色体异常，常见复杂染色体异常，其他常见的异常有5q21、5q34、12p13、13q13—q21、6q23、15q、－9。

多见于老年人，初发病的中位年龄为61～67岁，但可见于任何年龄。几乎100%累及皮肤，60%～90%累及BM及PB，40%～50%累及淋巴结，还可侵犯软组织、中枢神经系统。常以无症状的皮肤浸润起病，表现为结节状、斑片状、青肿状的病灶。随着病情的发展，都会侵犯BM及PB。初诊时可有细胞降低、血小板减少，少数出现严重细胞减少，甚至BM衰竭。该型预后差，中位生存期为12～14个月，80%～90%开始对化疗有效，但最终会复发。10%～20%的患者最终发展成急性粒/单核细胞白血病或急性粒细胞白血病，或与之相关。年轻患者在第一次CR期接受allo-HCT可获得长期生存。

除了$CD56^+$及TdT^+外，BPDC的免疫标志与反应性浆细胞样淋巴细胞相近。诊断BPDC应注意与AML、结外NK/T淋巴细胞淋巴瘤、成熟T淋巴细胞淋巴瘤鉴别。

（二）急性系列不确定白血病

此类白血病包括未明确某一系列标志的（急性未分化型白血病）及同时有多种系列标志的白血病（又被称为急性混合型白血病，MPAL）。

1. 急性未分化型白血病（acute undifferentiated leukemia，AUL）　AUL表达不超过一种髓系及淋巴细胞系细胞的特异性标志，MPO及脂酶均阴性。原始细胞常常表达CD34、Dr和（或）CD38，TdT可阳性。诊断应很慎重，需检测足够多的标志以排除髓系、淋巴细胞系、浆细胞系树突细胞肿瘤、NK、嗜碱细胞白血病及非造血细胞肿瘤。AUL的预后差，但资料太少，尚难以明确。

2. 急性混合性白血病（mixed phenotype acute leukemia，MPAL）　MPAL可为同一群原始细胞上表达多个系列的抗原，也可以是同一患者的原始细胞中某些细胞表达这种系列抗原，另一些细胞表达其他系列的抗原，可以为T/髓系（T/MY）、B/髓系（B/MY）、T/B等。

值得说明的是，患者的原始细胞即使表达多系列的标志，当伴有重复性染色体和（或）基因异常，如t（8；21）等时，CML急变期，治疗相关性AML，MDS相关的AML，仍然不诊断为MPAL，而是优先诊断以上类型的AML。MPAL罕见，约占AL的4%。

又分为以下几种：

（1）伴t（9；22）（q34；q11.2）和（或）BCR-ABL异常的MPAL：此型不包括

CML 急变。约占 AL 的不到 1%，是 MPAL 中最常见的染色体和（或）基因异常。大多数为 B/髓系混合，少部分 T/髓系混合，罕见 T/B/髓系混合。此型预后很差，比其他类型的 MPAL 差。

(2) 伴 t（v；11q23）和（或）MLL 重排的 MPAL：患者的原始细胞符合混合白血病的标准，同时有 t（v；11q23）的染色体和（或）MLL 基因重排异常。多为淋巴细胞与单核细胞混合。其临床特征同其他累及 11q23 的 AL。最多见的为 MLL-AF4，t（9；11）及 t（11；19）也有报告。此型预后差。

(3) B/髓 MPAL，非特殊性：有 B 系及髓系细胞的混合标志，无前述的染色体和（或）基因异常，但大多数有染色体异常，如 $6p^-$、12p11.2、$5q^-$，7 号染色体的结构或数目异常（4 倍体），复杂染色体异常也可见。该型预后差。

(4) T/髓 MPAL，非特殊性：有 T 系及髓系细胞的混合标志，无前述的染色体和（或）基因异常，大多数有染色体异常，但无特殊相关的染色体异常。预后差。

(5) MPAL，非特殊性，罕见型：一些患者为 T/B 混合型，或 T/B/髓系混合型。

(6) 其他类型的急性未定系列白血病：有些急性白血病不能被归为以上各个类型，如有些患者的原始细胞表达 T 淋巴细胞相关抗原 CD7、CD5，但没有 T 淋巴细胞特异的 CD3 表达；一些患者的原始细胞表达 CD33、CD13，但 MPO^-。这些患者最好被诊断为未分类急性白血病，但随着更多的抗原或标志被检测，可能有更多类型的白血病被诊断。

原始自然杀伤细胞（natural killer cell，NK）白血病/淋巴瘤：很难诊断，文献报告的用词也含糊。既往一些作者因为白血病细胞表达 CD56 就诊断为 NK 细胞白血病，但可能是浆细胞样树突细胞白血病或 AML。原始 NK 细胞可能不表达系列特异性标志，或表达 T 淋巴细胞标志，如 CD7、CD2，甚至 CD5、cCD3，因此很难将 T-ALL 和原始 NK 细胞白血病鉴别开来。大多数成熟 NK 细胞的标志 CD16 很罕见在急性白血病细胞上表达，NK 细胞更特异的标志如 CD94、CD161 可以在前体 NK 细胞上表达。诊断原始 NK 细胞白血病/淋巴瘤主要根据原始细胞表达 CD56 及其他 T 淋巴细胞标志，无 B 系及髓系标志，无 TCR 基因重排，排除了原始浆细胞样树突细胞白血病。

（三）急性淋巴细胞白血病

1. 急性 B 淋巴细胞白血病（B-ALL） B-ALL 与 B 淋巴母细胞淋巴瘤（B-LBL）的很多生物学特性相同，但前者 BM 和（或）PB 异常原始 B 淋巴细胞≥25%，而且常常有血小板减少和（或）贫血、中性粒细胞减少，以及由此引起的临床表现。而 B-LBL 以髓外淋巴结肿大为主要表现，无明显临床症状，BM/PB 异常原始 B 淋巴细胞<25%。对于诊断 B-ALL 的 BM 和（或）PB 异常原始细胞比例标准有不同的意见。一般说来，原始淋巴细胞<20%不诊断 B-ALL。对有 t（5；14）（q31；q32）和（或）IL3-IgH 异常者，即使原始细胞<20%也可诊断。

(1) 伴 t（9；22）（q34；q11.2）和（或）BCR-ABL 的 B-ALL：约占成人 ALL 的 25%，儿童 ALL 的 2%～4%。预后差，大剂量化疗及酪氨酸激酶抑制剂伊马替尼及升级产品可改善疗效。

(2) 伴 t（v；11q23）和（或）MLL 基因重排的 B-ALL：是<1 岁 B-ALL 最常见的染色体及基因异常。就诊时血 WBC 常>100×10^9/L，易见中枢神经白血病（CNSL）。最常见的染色体和（或）基因异常为 t（4；11）和（或）MLL-AF4，其次为 19p13 上的 ENL（MLL-ENL），9p22 上的 AF9（MLL-AF9）；11q23 缺失不包括在此型中。MLL-AF4，尤其是<6 个月的此型患者预后最差。对于其他伴 t（v；11q23）和（或）MLL 基因重排的 B-ALL 是否为预后差者意见不一致。

（3）伴 t（12；21）（p13；q22）和（或）TEL-AML1（ETV6-RUNX1）：多见于儿童，占 B-ALL 的 25%。未见于婴儿，罕见于成人。此型的预后很好，特别是还有其他预后好指标的患者，儿童患者的治愈率>90%。>10 岁的高白细胞者预后稍差。

（4）伴超二倍体染色体异常的 B-ALL：指染色体数为 50～66 条，无染色体易位或其他结构异常的 B-ALL。常见于儿童，占 B-ALL 的 25%。多数患者的 $CD34^+$、$CD45^-$。一般来说，超二倍体的预后好，尤其是同时有其他预后好指标的患者，儿童患者的治愈率>90%。但特殊染色体的三倍体更重要，如同时有＋4、＋10、＋17 者的预后最好。就诊时白细胞高、年龄大可减少预后良好的程度。

（5）伴亚二倍体染色体异常的 B-ALL：指染色体数<46 或<45 甚至<44 条的 B-ALL。占 ALL 的 5%，如定义为<45 条，仅 1%。可见到其他染色体的结构异常。此型的预后差，44～45 条者的预后最好，23～29 条者最差。有研究显示，即使治疗后 MRD 检测不出，患者的预后也不好。

（6）伴 t（5；14）（q31；q32）和（或）IL3-IgH 的 B-ALL：即使 BM 中原始淋巴细胞<25%，有以上染色体和（或）基因异常也可以诊断。常有不同程度的嗜酸细胞增加。占 ALL 的<1%。因病例太少，其预后尚不清楚。

（7）伴 t（1；19）（q23；p13.3）和（或）E2A-PBX1（TCF3-PBX1）的 B-ALL：占 ALL 的 6%。多为 $C\mu^+$ 的前 B-ALL，多 $CD34^-$ 或少数细胞阳性、CD9 强阳性，这些表型有助于此型的诊断。仅有 t（1；19）而不引起 E2A-PBX1（TCF3-PBX1）融合基因不属于这一型，没有以上表型特点可能也不属于此型。早期研究显示此型的预后不好，强化疗可克服预后不好的因素。

2. 急性 T 淋巴细胞白血病　T-ALL 与 T 淋巴母细胞淋巴瘤（T-LBL）的很多生物学特性相同，但前者 BM 和（或）PB 异常原始 B 淋巴细胞≥25%。一般说来，原始淋巴细胞<20%不诊断 T-ALL。典型患者初次就诊时血 WBC 高，常有纵隔巨大肿块，易见肝脾淋巴结肿大。常有克隆性 TCR 基因重排，约 20%也有 IgH 基因克隆性重排。

50%～70%的患者有染色体异常。最常累及 14q11.2（有 TCRα 或 δ 位点）、7q35（有 TCRβ 位点）及 7p14—p15（有 TCRγ 位点），有多种伙伴基因，最常见的是 HOX11（TLX1）、HOX11L2（TLX3），其他尚有 MYC、TAL1、RBTN1（LMO1）、RBTN2（LMO2）、LYL1、LCK。采用常规的染色体显带及核型分析方法在大多数患者检测不出易位，但用分子生物学方法可检测出这些融合基因。20%～30%的 T-ALL 累及 TAL1 t（1；14)(p32；q11）产生 SIL-TAL 等融合基因，SIL-TAL 检测阳性率明显高于染色体异常阳性率。其他重要的异常有 t（10；11）（p13；q14）和（或）PICALM-MLLT10（CALM-AF10)，MLL-ENL。常发生 $9p^-$，导致抑癌基因 CDKN2A 的缺失；采用染色体检测阳性率占 30%（T-ALL)，检测基因的阳性率更高。50%的 T-ALL 患者有 NOTCH1 基因突变，成人 T-ALL 患者有 NOTCH1 突变者生存期较短。约 30%的 T-ALL 有hCDC4 基因的突变。T-ALL 占成人 ALL 的 25%，占儿童的 15%。儿童 T-ALL 预后差，治疗后

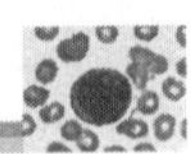

仍检测出 MRD 高度提示患者预后差。

第四节 慢性白血病的分型

以下主要介绍 WHO（2008）的分型。由于 WHO（2008）将慢性白血病归入各种类型恶性造血或淋巴系统疾病中，包含很多疾病，由于篇幅的关系，以下仅介绍有白血病病名的疾病。

一、慢性髓性白血病

（一）骨髓增殖性肿瘤（MPN）

1. BCR-ABL1 阳性的慢性髓性白血病（chronic myelogenous leukemia，CML） 典型患者有 t（9；22）（q34；q11.2）和（或）BCR-ABL 融合基因。>90%患者的 BCR 区的断裂点发生在外显子 12～16 的主断裂区（M-BCR，既往称为 b1～b5 区），产生的融合基因蛋白为 p210。罕见 BCR 断裂点发生在外显子 17～20 的 μ 区（μ-BCR，既往称为 c1～c5 区），产生 p230 的融合蛋白。此型的临床表现与慢性中性粒细胞白血病（chronic neutrophilic leukemia，CNL）相同。少见患者的 BCR 断裂点发生在外显子 1～2 的次断裂区（m-BCR），产生融合蛋白 p190。血白细胞明显升高为主要特征。根据疾病进展阶段将其分为慢性期（chronic phase of CML，CML-CP）、加速期（accelerating phase of CML，CML-AP）和急变期（blast phase of CML，CML-BP）。

CML 一般起病缓慢，20%～40%的患者无症状，因检查发现血 WBC 升高而诊断本病。初诊时血 WBC 中位数为 $100\times10^9/L$ [（12～1000）$\times10^9/L$]，以中性粒细胞（N）增多为主，血中存在不同阶段的中性粒细胞，以晚幼及分叶核粒细胞为主，原始细胞一般<2%，易见不同比例的嗜酸（Eo）、嗜碱细胞（Ba）增多，单核细胞（Mo）一般<3%，PLT 一般正常或升高。BM 增生活跃程度高于正常，主要以各阶段的粒细胞为主，其中主要为较成熟的粒细胞，Eo 易见，细胞形态一般无明显异常；CP 期原始细胞一般<5%，如>10%则提示疾病进展。巨核细胞小于正常、核分叶减少（称为侏儒巨核细胞），巨核细胞数量可正常、减少或增多。30%的患者在初诊时 BM 见中至重度网状纤维化，与巨核细胞增多有关。常常可见假艾谢细胞及海蓝组织细胞，来自恶性克隆。脾脏肿大明显。

（1）具有以下项目之一可诊断为 CML-AP：

1）在既往有效的治疗中，WBC 进行性升高>$10\times10^9/L$，和（或）脾脏进行性增大；

2）不可控制的 PLT 增加（>$1000\times10^9/L$）；

3）与治疗无关的 PLT 进行性下降（<$100\times10^9/L$）；

4）出现附加染色体异常，如额外的 t（9；22）、+8、+19、I（17q）等；

5）PB 中 Ba≥20%；

6）BM 或 PB 中原始细胞占 10%～19%。

（2）具有以下项目之一可诊断为 CML-BP：

1）在 PB 的 WBC 中或 BM 的 ANC 中，原始细胞>20%；

2）存在髓外原始细胞浸润。70%的患者为髓性细胞急变，20%～30%为淋巴细胞急变。

用传统的化疗，中位生存期为4年，存活10年以上者<10%。干扰素α治疗可延长生存期，中位生存期为6年，生存10年以上者约占25%。70%～90%的患者用酪氨酸激酶抑制剂（tyrosine kinase inhibitor，TKI）治疗可达到完全细胞遗传学缓解，5年生存率达80%～95%。

2. 慢性中性粒细胞白血病（chronic neutrophilic leukemia，CNL） 以PB及BM成熟中性分叶核粒细胞增多、肝脾肿大为主要特征。诊断标准见表2-5。增多的成熟中性粒细胞形态正常，也可出现异常的粗大颗粒。RBC及PLT多正常。BM纤维化少见。90%的患者无染色体及BCR-ABL1异常，少部分可见+8、+9、+21、20q⁻、11q⁻、12p⁻，偶有JAK2基因突变。研究者报告有一例患者伴有t（15；19）（q13；q13.3）异常，用TKI治疗获得完全细胞遗传学缓解。存活期差异很大，为6个月至20多年。如果中性粒细胞进行性增加，接着可出现贫血及PLT减少。出现MDS的表现提示CNL向AML转化。

表2-5 CNL的诊断标准

1. PB中WBC>25×10⁹/L
• 杆状及分叶中性粒细胞>80%（WBC）
• 晚幼粒细胞以上的幼稚粒细胞<10%（WBC）
• 原始细胞<1%
2. BM增生明显活跃
• 中性粒细胞的比例及绝对值明显增加
• 原始粒细胞<5%（ANC）
• 中性粒细胞的成熟态势正常
• 巨核细胞正常或核左移
3. 肝脾肿大
4. 无明显的引起中性粒细胞增多的原因
• 无感染及其他炎症
• 无潜在肿瘤
5. 无t（9；22）或BCR-ABL
6. 无PDGFRα、PDGFRβ、FGFR1基因重排
7. 无PV、ET、PMF
8. 无MDS或MDS/MPN综合征的证据
• 无粒细胞病态造血
• 无其他髓系病态造血
• Mo<1×10⁹/L

注：PDGFRα. platelet derived growth factor receptorα，血小板来源生长因子受体α；PV. polycytheamia vera，真性红细胞增多症；ET. essential thrombocytheamia，原发性血小板增多症；PMF. primary profibrosis，原发性BM纤维化。

3. 慢性嗜酸细胞白血病，非特殊型（chronic eosinophilic leukemia，not otherwise specified；CEL，NOS） 嗜酸细胞（Eo）持续升高，以成熟Eo为主，少数细胞为嗜酸性早幼粒及中幼粒细胞，证实Eo有克隆性染色体或基因异常，排除其他相关疾病可诊断本病（诊断标准见表2-6），否则诊断为特发性高嗜酸细胞增多综合征（HES）。BM增生活跃程度高于正常，以Eo为主；如果同时伴原始粒细胞增加（5%～19%），有其他系列细胞的病态

造血，+8 或 i（17q）的染色体异常，支持 CEL、NOS 的诊断。偶有患者检测出 JAK2 基因突变。对女性患者用 PKG 或 HUMARA 基因性联多态性的分析可帮助确立其单克隆性。

表 2-6　CEL、NOS 的诊断标准

1. PB 中 Eo≥1.5×10^9/L
2. 无 t（9；22）或 BCR-ABL，排除 PV、ET、PMF、CMML、aCML
3. 无 t（5；12）（q31—q35；p13）或其他 PDGFRβ 基因重排
4. 无 FIP1L1-PDGFRα 融合基因或其他 PDGFRα 基因重排
5. 无 FGFR1 基因重排
6. PB 或 BM 中原始细胞<20%，无 inv（16）（p13；q22）或 t（16；16）（p13；q22）或其他 AML 的特征
7. 有克隆性染色体或基因异常，原始细胞在 PB 中>2%或在 BM 中>5%

由于 Eo 本身浸润，或其释放的细胞因子如 IL-5，或其释放的蛋白酶导致器官损害，最常累及心、肺、CNS、皮肤、胃肠道。一些患者可有发热、疲乏、咳嗽、血管性水肿、肌肉疼痛、瘙痒、腹泻。最严重的临床表现是心肌纤维化导致的限制型心脏扩大；二/三尖瓣瘢痕导致瓣膜反流及心内血栓形成，后者可引起脑或其他部位栓塞。其他常见的表现有外周神经病变、CNS 功能失调、肺浸润导致的症状、关节症状。一些患者可见骨髓纤维化。

CEL 患者除了 Eo 增加外，常伴中性粒细胞增加，还可有 Mo 增加，Ba 可轻度增加。但是如果 PB 中 Mo≥1×10^9/L 可能更应该诊断为伴 Eo 增加的 CMML。如果 PB 淋巴细胞有病态造血的特征，中性粒细胞的前体细胞>10%，Mo 无增加，更应该诊断为不典型 CML（aCML）。如果符合表 2-6 标准中的 1～4 项，但无器官损害，应考虑特发性 HES。CES、NOS 需要鉴别的疾病很多，诊断应很慎重。

CEL 患者预后不好的指标包括：脾大明显、PB 或 BM 原始细胞增加、有染色体异常、有其他髓系细胞增加。

4. 肥大细胞白血病　肥大细胞白血病（mast cell leukemia，MCL）是一种罕见的高度侵袭性的系统性肥大细胞增多症（systemic mastocytosis，SM）。MCL 的诊断除了需要符合表 2-7 的诊断标准外，还需符合以下标准：在 BM 涂片上，肥大细胞≥20%（ANC）；在 BM 活检切片上，不典型的肥大细胞呈弥漫、紧密的浸润，而脂肪细胞及正常造血细胞减少；不典型肥大细胞的胞浆颗粒少，核不规则呈单核细胞样或双叶形甚至多叶形，一些肥大细胞核仁明显（早期肥大细胞），甚至可以为异染性原始细胞。典型患者的 PB 中肥大细胞≥10%（NC）。如果 PB 中肥大细胞<10%（NC），应诊断为 MCL 的非白血病性变异型。

表 2-7　系统性肥大细胞增多症（SM）的诊断标准

1. 主要标准
    - 在 BM 切片和（或）其他皮肤外器官检测出多灶性、密集（≥15 个肥大细胞聚集一起）的肥大细胞浸润
2. 次要标准
    - 在 BM 或其他皮肤外器官活检切片中，在浸润的肥大细胞中，>25%的细胞为纺锤形或不典型形状；或在所有 BM 涂片的肥大细胞中，>25%的细胞为不成熟的或不典型的肥大细胞
    - 在 BM、PB 或其他皮肤外器官检测到 KIT-816 基因激活性点突变
    - 在 BM、PB 或其他皮肤外器官的肥大细胞除了表达肥大细胞的标志外，还表达 CD2 和（或）CD5
    - 血清类胰蛋白酶持续>20ng/ml（除非有相关的克隆性髓系疾病，否则该指标无价值）

注：当患者符合全部主要标准、次要标准中至少 1 项，或至少有 3 项次要标准时，可诊断为 SM。

恶性肥大细胞增多疾病的共同特征是异常肥大细胞呈多灶性紧密簇状或粘连性聚集浸润。姬母萨或普鲁士蓝染色对观察肥大细胞的异染性颗粒很有帮助。肥大细胞 CAE 强阳性，但 MPO^-。检测不成熟或不典型肥大细胞最特异的方法是用 IHC 染色类胰蛋白酶阳性和（或）$CD117^+$，恶性肥大细胞的 $CD2^+$、$CD25^+$。

正常反应性肥大细胞常常为散在分布，中等大小，呈圆形或椭圆形，染色质呈块状，核浆比例低，无核仁或核仁不明显，胞浆丰富，充满细小、模糊的颗粒。

（二）MDS/MPN

1. 慢性粒单核细胞白血病（chronic myelomonocytic leukemia，CMML）　CMML 的诊断标准见表 2-8。PB 中成熟 Mo 持续升高是 CMML 的标志，血单核细胞持续＞1×10^9/L，一般在（2～5）$\times10^9$/L、＞10％（WBC）；初诊时原始细胞（原始粒细胞＋原始单核细胞＋幼稚单核细胞）在 PB 一般＜5％，在 BM＜10％。原始细胞高者预后差，易发展为 AL。根据原始细胞的多少将 CMML 分为以下两亚型：CMML-1 型，原始细胞在 PB＜5％ PB，在 BM＜10％；CMML-2 型，原始细胞在 PB 为 5％～19％，在 BM 为 10％～19％。如细胞内可见 Auer 小体，不管原始细胞多少，均诊断为此型。

表 2-8　CMML 诊断标准

1. 血单核细胞持续＞1×10^9/L
2. 无 t（9；22）或 BCR-ABL
3. 无 PDGFRα 或 PDGFRβ 基因重排（有 Eo 增加者应特别排除）
4. 原始细胞[a] 在 BM 或 PB 中＜20％
5. 髓系中超过一种系列病态造血。如果病态造血缺乏或很轻微，需满足以下标准才能诊断：可检测出造血细胞存在克隆性染色体或基因异常；或单核细胞增加持续≥3 个月，同时排除其他引起单核细胞增多的原因

a 此处的原始细胞包括原始粒细胞、原始单核细胞及幼稚单核细胞；不包括异常单核细胞。

最常见的首发症状是疲乏、体重减轻、发热、盗汗，也可有感染、出血。可见肝脾肿大，但在 WBC 升高者更常见。淋巴结肿大不常见，但如果出现，提示可能向 AL 转化。有些 CMML 以成熟浆细胞样树突细胞增殖引起的淋巴结肿大起病。

大多数患者初诊时血 WBC 升高，少部分正常甚至降低；Mo 的形态一般正常，也可见异常的颗粒、核及染色质，又被称为异常单核细胞。与幼稚单核细胞相比，异常单核细胞的染色质更浓聚、核更凹陷或折叠，胞浆灰蓝的特征更明显。约一半患者 PB 中性粒细胞升高。晚幼粒以上的幼稚粒细胞一般＜10％。有时 Ba 轻度升高，Eo 常正常或升高，但有时 Eo 升高可以很明显。当符合表 2-8 的诊断标准时，Eo ＜1.5×10^9/L 仍可诊断 CMML。一般有轻度贫血；PLT 高低不等，多减少；易见大血小板。

75％患者的 BM 增生程度比正常活跃，也可正常或低下；粒细胞增生明显，单核细胞不同程度增生。大多数有粒系病态造血，50％的患者有红系病态造血，80％的患者有巨核细胞病态造血。30％的患者有轻至中度的网状纤维化。20％的患者 BM 活检可见由成熟浆细胞样树突细胞（或浆细胞样单核细胞）组成的结节，与 CMML 的关系尚不清楚。

20％～40％有克隆性染色体异常，这对于无髓系细胞病态造血患者的诊断很重要。最常见的为＋8、－7 或 $7q^-$、12p 的结构性异常。40％在初诊时或疾病发展过程中出现 RAS 基因的点突变。i17q 的意义不太明确。出现 11q23 异常者更倾向于 AML 的诊断。伴

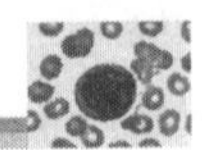

t（5；12）(q31—q33；p12）或 ETV6-PDGFRβ 融合基因以及 p190 BCR-ABL 的表现与 CMML 很相似，但诊断是各自独立的实体。

CMML 的生存期差别很大，从 1～100 个月不等，中位生存期为 20～40 个月，有 15%～30%的患者发展为 AML。脾脏大小、贫血的程度、WBC 升高的程度、原始细胞的多少等都可影响预后。几乎所有的研究都认为，原始细胞比例是最重要的预后因素，比例高者易发展为 AL。

2. BCR-ABL1 基因阴性的不典型 CML（atypical chronic myeloid leukemia，aCML） aCML 的诊断标准见表 2-9。多见于老年患者，多数患者因贫血或 PLT 减少引起的症状或脾大就诊。初诊时血 WBC 中位数为（24～96）$\times 10^9$/L。粒细胞病态造血很明显为该病的主要特征，如获得性 Pelger-Huēt 畸形，染色质呈块状，分叶核畸形，胞浆颗粒异常。

表 2-9 aCML 诊断标准

1. 血 WBC≥13×10^9/L，以中性粒细胞（包括不成熟细胞）为主，粒细胞有明显的病态造血
2. 无 t（9；22）或 BCR-ABL
3. 无 PDGFRα 或 PDGFRβ 基因重排
4. 不成熟的中性粒细胞（早、中、晚幼粒细胞）≥10%（WBC）
5. Ba<2%（WBC）
6. Mo<10%（WBC）
7. BM 增生极度活跃，以粒细胞为主且病态造血明显；伴或不伴红系及巨核系病态造血
8. BM 或 PB 中原始细胞<20%

BM 增生程度极度活跃，以粒细胞为主且有明显的病态造血，原始细胞增加，但是<20%。大多数的巨核细胞也有病态造血。至少 50%有红系病态造血。一些患者在初诊或发展过程中可出现 BM 纤维化。既往报告的异常染色质块综合征可能是 aCML 的变异型。

80%的患者有染色体异常，最常见的是+8、20q$^-$，12、13、14、17、19 号染色体的异常也较常见。虽然 i17q 大多见于 CMML，也可见于 aCML。部分患者有 JAK2 V617 突变。约 30%的患者有获得性 N-ras 或 K-ras 突变。部分患者有 t（8；9）（p22；p24）和（或）PCM1-JAK2 融合基因，但同时有 Eo 升高，且缺乏 BM 病态造血，因此应诊断为 CEL。

aCML 的预后极差，中位生存期为 14～29 个月。65 岁以上、女性、WBC>50×10^9/L、PLT 减少、HB<100g/L 者预后差。allo-HCT 可改善预后，15%～40%的患者发展为 AML，其余患者多死于 BM 衰竭。

3. 幼年型粒单细胞白血病（juvenile myelomonocytic leukemia，JMML） JMML 的诊断标准见表 2-10。以 PB 成熟粒细胞和单核细胞增加为主，累及 ras/MAPK 信号转导途径的基因突变是其特征，35%的患者发生 PTPN11 基因突变，20%发生 N-ras、K-ras 或 NF1（神经纤维增生Ⅰ型）基因突变。见于 0～14 岁儿童，其中 75% 为 3 岁以下儿童。男性是女性的 2 倍。

患者常因全身症状、感染就诊；出血也常见；一般脾大明显；偶有患者就诊时脾大不明显，以后迅速增大；约 50%的患者肝大；可见扁桃体明显肿大；约 1/4 的患者有皮肤红斑。

表 2-10　JMML 诊断标准

1. 血单核细胞持续＞1×10^9/L
2. 原始细胞[a] 在 BM 或 PB 的 ANC 中＜20%
3. 无 t（9；22）或 BCR-ABL

同时具有以下≥2 项
- HBF 随着年龄的增加而增加
- PB 中见不成熟粒细胞
- PB 中 WBC＞10×10^9/L
- 有克隆性染色体异常（可为－7）
- 髓系前体细胞在体外对 GM-CSF 高度敏感

a 此处的原始细胞包括尚幼稚单核细胞。

血红蛋白 F（hemoglobin F，HBF）增加也是 JMML 的一个特征，特别是那些染色体正常的患者。还可见多克隆免疫球蛋白增加及自身抗体。JMML 的临床特征常常和感染相似，包括 EBV、巨细胞病毒（cytomegalovirus，CMV）、人类 6 型疱疹病毒（human herpes virus 6，HHV6）等感染。体外髓系前体细胞对 GM-CSF 高度敏感是本病的一个标志。

血常规（complete blood cell，CBC）检查一般表现为 WBC 增加、HB 及 PLT 降低，PLT 减少一般很明显；中位 WBC 数为（20～30）$\times10^9$/L，罕见＞100×10^9/L，以成熟中性粒细胞及单核细胞为主，有一些不成熟的粒细胞，原始细胞一般＜5%，应＜20%；少数患者见 Eo、Ba；幼红细胞多见。

BM 穿刺及活检检查不是诊断的主要依据，增生明显高于正常；以粒细胞为主，原始细胞＜20%；不见 Auer 小体。大多数患者的细胞病态造血轻微，但可见粒细胞病态造血。

25%的患者有－7 异常，其他染色体异常占 10%，65%的患者染色体正常。

尽管很少发展为 AL，但是如果不治疗，很快致命。不接受 allo-HSCT 者的中位生存期仅 1 年。初次诊时 PLT 低、＞2 岁、HBF 高是预后差的因素。不治疗的患者主要死于白血病浸润导致的器官衰竭，如呼吸衰竭等。

二、慢性（外周或成熟）淋巴细胞系统白血病

慢性淋巴细胞白血病主要分为 T/NK 和 B 淋巴细胞两大类，主要靠免疫学标志来区分。慢性淋巴细胞白血病在形态上大多数与正常细胞相近，要确定其良恶性需要结合临床特征、形态学、病理学、IH、FCM、基因、染色体甚至病原学检查。

（一）B 淋巴细胞系统

1. 慢性 B 淋巴细胞白血病（B-CLL）　以 PB 中成熟、小单克隆 B 淋巴细胞增多为主要特征，细胞多为均匀一致的小圆形，也可为不规则形。在缺乏髓外浸润的情况下，诊断 B-CLL需要血液中有符合 B-CLL 免疫学特征的单克隆 B 淋巴细胞≥5×10^9/L。该病平均发病年龄为 65 岁。除了 PB 外，白血病细胞常常浸润 BM、淋巴结、肝、脾等部位。

PB 及 BM 的幼淋细胞常常＜2%。如果达不到以上数量，可能只诊断为单克隆 B 淋巴

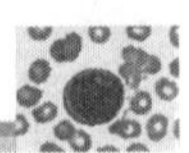

细胞增多症（MBL）。

不典型的CLL可见核不规则、染色质更浓聚，这种情况在＋12或其他染色体异常者更多见。

典型B-CLL细胞的免疫学标志特征为：sIgM/IgD^{dim}、CD5$^+$、CD23$^+$、CD19$^+$、CD20$^+$、CD22$^+$、CD79a$^+$、CD43$^+$、CD11c^{dim}、CD45$^+$或CD45^{dim}；sIg轻链为单克隆表达（仅表达κ或λ）；CD10$^-$、FMC7$^-$、CD79b$^-$。少数患者有不典型的免疫表型，如CD5$^+$或CD5$^-$、FMC7$^+$、CD11c$^+$、sIg^{str}或CD79b$^-$。

采用FISH技术检测，80％的B-CLL患者有染色体异常。约50％为del13q14.3异常，20％为＋12，其他尚可见del11q22—q23、del17p13、del6q21。

通过对体细胞IgH V区的突变率分析可以帮助确定B-CLL的预后。突变率高者提示白血病细胞经过体细胞高突变过程，成为较成熟的克隆，预后较好（中位生存期293个月）；无突变者为较幼稚的克隆，预后较差。酪氨酸激酶ZAP70的表达与无突变有关，预后不好。CD38表达也是预后不好的标志。del11q22—q23、del17p13、del6q21的预后不好，而del13q14.3预后好。其他预后不好的因素尚有：PB中淋巴细胞倍增时间＜12个月；细胞倍增快的血清标志如sCD23、β_2微球蛋白（β_2MG）、胸腺嘧啶脱氧核苷激酶升高。

罕见B-CLL发展为B幼淋细胞白血病；2％～8％的患者发展为弥漫大细胞淋巴瘤（Richter综合征），其中位生存期＜1年；其克隆多与原来的克隆有关，大多为IgH V区未突变的患者；＜1％发展为霍奇金淋巴瘤（Hodgkin lymphoma，HL），大多为IgH V区突变的患者。部分患者在B-CLL细胞的背景上可发现散在的EBV阳性或阴性的里斯细胞（Reed-Sternberg cell，RS细胞），此时不能诊断为B-CLL发展为HL。HL的诊断需要有充足的背景和典型的RS细胞。

2. B幼淋细胞白血病（B-prolymphocytic leukemia，B-PLL） 其免疫表型为PB中单克隆成熟B淋巴细胞的幼淋细胞＞55％。不包括形态学与之相似的B-CLL幼淋变，或t（11；14）(q13；q32）易位的疾病，后者为套细胞淋巴瘤的白血病性变异型。

该病罕见，平均发病年龄为65～69岁。白血病细胞见于PB、BM或脾脏。大多数患者起病有低热、盗汗、疲乏，体重减轻等症状，脾大明显，淋巴结不肿大或仅轻微肿大。

PB淋巴细胞计数常迅速升高至＞100×10^9/L。大多数患者PB中的幼淋细胞（＞55％，常＞90％）为中等大小（正常小淋巴细胞的2倍）；核圆，也可呈锯齿状，染色质中等浓聚，核仁明显；胞浆少、淡嗜碱性。

B-PLL细胞的免疫学标志特征为：sIgM$^+$、IgD$^\pm$、CD19$^+$、CD20$^+$、CD22$^+$、CD79a$^+$、CD79b$^+$、FMC7$^+$；CD45$^+$或CD45^{dim}；20％～30％表达CD5，10％～20％表达CD23，57％表达ZAP70，46％表达CD38。

50％的患者携带无IgHV区突变的Ig基因克隆性重排。在B-PLL，易见复杂染色体异常；50％的患者有17p$^-$，与疾病进展及耐药有关；27％的患者用FISH技术检测出del 13q14，＋12少见。既往20％的患者初次就诊时检测出t（11；14）（q13；q32)，现在被诊断为MCL的白血病变异型。

B-PLL的治疗疗效不好，中位生存期30～50个月。ZAP70、CD38、17p$^-$、IgHV分析无预后意义。脾切除可改善患者的症状。

3. 毛细胞白血病（hairy cell leukemia，HCL） HCL是一种惰性的成熟B淋巴细胞白血病，因细胞形态特征而命名。典型的毛细胞为：细胞小或中等大小；核呈椭圆形或豆形，染色质匀细、呈海绵状或毛玻璃样，比正常淋巴细胞稀疏，核仁无或不清晰；胞浆丰富、淡蓝，边缘有毛刺状突起，胞浆中偶有空泡或棒状包涵体，电镜下为核糖体板层复合物。其细胞化学染色特征为抗酒石酸酸性磷酸酶（TRAP）阳性，弱阳性的细胞诊断价值不大。HCL的免疫表型特征是sIg强阳性，强表达CD20、CD22、CD11c，$CD103^+$、$CD25^+$、$CD123^+$、$T\text{-}bet^+$、$ANXA1^+$（annexin A1）、$FMC7^+$、$DBA44^+$，cyclin D1常常为弱阳性；大多数为$CD10^-$、$CD5^-$。annexin A1是HCL最特异的标志，它不在其他恶性B淋巴细胞上表达，也不在变异型HCL（variant HCL，HCL-v）上表达。但是Annexin A1必须和B淋巴细胞标志同时检测，因为它可以在髓系及T淋巴细胞上表达。T-bet也可在T淋巴细胞上表达。白血病细胞常累及PB、BM及脾脏。

BM活检病理检测是诊断HCL的最好方法。HCL细胞对病理结构的破坏程度不一。初期HCL浸润间质或呈片状排列，残留一些脂肪及造血细胞。HCL的特征性分布是细胞间距宽，核呈椭圆形或豆形，而其他惰性恶性淋巴细胞一般排列紧密。由于HCL细胞的胞浆丰富、边界清晰，从而形成“煎蛋样”外观。当HCL较少时，小簇的HCL细胞易被漏检。疾病进展后，HCL细胞弥漫的实质浸润可明显。HCL细胞在BM或其他部位浸润都会导致网状纤维化，导致骨穿干抽。有些患者的BM增生低下，造血细胞特别是粒细胞减少，易被误诊为再生障碍性贫血。其他一些淋巴细胞白血病、淋巴瘤细胞也可有相似的形态学特征。

＞85％的HCL有体细胞IgHV高突变。无特征性的染色体异常，可见到5及7号染色体的数量异常。

HCL的中位发病年龄为50岁，多见于中老年人。最常见的起病症状是疲乏、虚弱、左上腹部疼痛、发热、出血。大多数患者全血细胞减少、脾大、PB中见到白血病细胞，单核细胞减少也是其特征。其他常见的表现有肝大、反复发作的机会性感染。少见表现有血管炎、出血、神经性疾病、骨骼受累和其他免疫功能异常。

HCL一般对干扰素α及嘌呤类似物如pentostatin、cladribine、CD20单抗治疗敏感。用pentostatin、cladribine治疗可获得持久的完全缓解。脾切除也可获得持久缓解，但较少见。总的生存率＞10年。

4. 脾脏B淋巴细胞白血病/淋巴瘤，不可分型 有一些累及脾脏的B淋巴细胞白血病/淋巴瘤，因不能归类于目前WHO的任何一型，故归为此型。其特点是脾脏红髓被均匀一致的恶性小B淋巴细胞浸润，主要包括脾脏红髓小B淋巴细胞淋巴瘤及HCL-v。它们与其他原发于脾脏的B淋巴细胞恶性肿瘤的关系尚不清楚，其诊断标准及明确的命名也未确立。

（1）脾脏弥漫红髓小B淋巴细胞淋巴瘤：脾脏红髓被均匀一致的恶性小B淋巴细胞浸润。恶性细胞小至中等大，均匀一致；核圆、规则，染色质有小泡，偶有核仁；散在原始细胞；胞浆轻度嗜酸性，有浆细胞样特征，但缺乏浆细胞的免疫标志CD138/CD38；胞浆边缘有绒毛状突起。其免疫学标志特征是$CD20^+$、$DBA.44^+$、IgG^+、IgD^-、$ANXA1^-$、$CD25^-$、$CD5^-$、$CD103^{\pm}$、$CD123^-$、$CD11c^-$、$CD10^-$、$CD23^-$，也有报告一些患者为$IgM^+/IgG^{\pm}$、$CD103^+$、$CD11c^+$、$CD5^+$、$CD123^+$。恶性细胞也累及BM窦和PB。既往

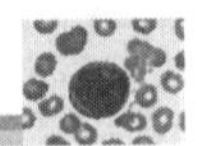

又被称为脾脏边缘带淋巴瘤（SMZL）弥漫变异型、伴 HCL 的淋巴细胞淋巴瘤、伴绒毛细胞的脾脏 B 淋巴细胞淋巴瘤、伴嗜碱性绒毛细胞的脾脏红髓淋巴瘤。

患者 PB 的淋巴细胞有轻度增加，几乎所有的患者有巨脾，常有 PLT 及粒细胞减少，罕见贫血，低热、盗汗、疲乏、体重减轻等症状不常见。少数患者浸润皮肤，以皮肤红斑或瘙痒性丘疹起病。

有些患者有复杂染色体异常，包括累及 PAX5 及 IgH 基因的 t（9；14）（p13；q32）异常；偶有 $7q^-$ 异常。常有 TP53 基因改变导致 p53 基因表达增加。

诊断需要脾脏及 BM 活检显示恶性细胞累及的部位，符合以上免疫学特征，排除 HCL、B-CLL、LPL、B-PLL。

（2）HCL-v：在血片细胞形态典型。细胞基本同 HCL，但常有白细胞增加，无单核细胞减少；细胞混有典型的 HCL 样细胞和 PLL 样细胞，有明显核仁，可呈原始细胞状或不规则或褶皱状；染色质可浓聚或稀疏；胞浆特征也不同，一些可见毛刺状突起，另一些无。HCL-v 表达 DBA44、CD11c、CD103、FMC7 及其他泛 B 抗原，sIg 强阳性；但 $CD25^-$、$ANXA1^-$、$TRAP^-$。既往又被称为 HCL 的幼淋变异型。

常累及脾脏、BM、PB，肝大及淋巴结大少见。临床表现主要与脾大及细胞减少有关。50％的患者有血小板减少，25％有贫血，平均 WBC 为 35×10^9/L。单核细胞绝对值正常。BM 常常无纤维化。

无特异性染色体或基因异常，可有累及 14q32、8q24、TP53 的复杂染色体异常。临床一般为惰性过程，生存期长。对 HCL 有效的药物对 HCL-v 往往无效。最近发现用 CD20、CD22 单抗治疗的疗效好。脾切除可提高 PLT 及红细胞。

5. 浆细胞白血病（plasma cell leukemia，PCL） 指 PB 中单克隆性浆细胞＞2×10^9/L 或≥20％（WBC）。恶性浆细胞除了在 PB 及 BM 中外，还可浸润肝、脾、胸腔、腹腔、脑脊液。PCL 可一开始出现，称为原发性 PCL，也可是浆细胞 BM 瘤的晚期表现，称为继发性 PCL。与 BM 瘤细胞比，原发性 PCL 的细胞偏小，胞浆偏少，类似浆细胞样淋巴瘤。与其他 BM 瘤细胞不同，原发性 PCL 一般不表达 CD56，更易见染色体，尤其是预后不良的染色体；溶骨性改变、骨痛更少见；但淋巴结肿大、器官肿大、肾衰更常见。临床发展迅速，生存期短。其他特征同浆细胞 BM 瘤。

（二）慢性（外周或成熟）T 和（或）NK 细胞白血病

1. T 幼淋细胞白血病（T-PLL） T-PLL 是一种侵袭性 T 淋巴细胞白血病，以小至中等大小的成熟幼淋巴细胞（胸腺后的幼淋细胞）增生为特征，淋巴细胞计数常＞100×10^9/L。T-PLL 细胞的特点是细胞小至中等大小，胞浆嗜碱性，无颗粒，有突起或空泡；核呈圆形或椭圆形或明显不规则，可见核仁。25％患者的 T-PLL 细胞较小，光镜下见不到核仁（称为小细胞变异型）。约 5％患者的白血病细胞核明显不规则，甚至呈脑回状。T-PLL 细胞缺乏前体 T 淋巴细胞的标志 TdT、CD34、CD1a；表达泛 T 淋巴细胞标志 CD2、CD3、CD7，sCD3 常为弱阳性；60％表达 $CD4^+/CD8^-$，25％ $CD4^+/CD8^+$；15％为 $CD8^+/CD4^-$。既往又称为慢性 T 淋巴细胞性白血病。

T-PLL 相对罕见。大部分患者表现为肝、脾和全身淋巴结肿大。20％的患者可见皮肤浸润。少数患者有浆膜腔渗出，主要是胸膜腔。常见贫血和血小板减少。

可检测到T淋巴细胞受体（TCR）、TRB@、TRG@基因克隆性重排。80%的T-PLL有14号染色体异常，断裂点发生在q11和q32区。10%的患者有t（14；14）（q11；q32）异常。70%～80%的患者可见8号染色体异常，包括idic（8p11）、t（8；8）（p11—p12；q12）、+8q。del12p13也是T-PLL的一个特征，用FISH技术可检测出。t（X；14）（q28；q11）少见。33%的患者有6号染色体的异常，26%有17号染色体的异常。部分患者有位于17p13.1区的TP53基因缺失导致p53蛋白过度表达。用分子生物学和FISH技术可检测出11q23上ATM基因缺失。

患者临床表现迅速恶化，中位生存时间<1年。也有呈惰性的患者，但在2～3年后恶化。TCL1及AKT高表达是预后不好的指标。对T-PLL疗效最好的药物是CD52单抗。目前正在判断CR后行auto-HSCT和allo-HSCT的疗效。

2. T淋巴细胞大颗粒淋巴细胞白血病（T large granular lymphocytic leukemia，T-LGL）　该病的特征是PB中不明原因的T-LGL持续增多>6个月，通常在（2～20）×10^9/L。PB和BM大颗粒淋巴细胞明显增加，胞浆量中等或丰富，含有细腻或粗块状的嗜苯胺蓝颗粒，在电镜下的特征为平行的管状排列，含有一些穿孔素、颗粒酶B蛋白。诊断T-LGL的标准尚不统一。一般来说，单克隆性LGL >2×10^9/L可以诊断；有些患者细胞数不够以上标准，但符合其他标准也可以诊断。典型的T-LGL为$CD3^+$、TCR$\alpha\beta^+$、$CD8^+/CD4^-$；少数为$CD3^+$、TCR$\alpha\beta^+$、$CD4^+/CD8^-$或TCR$\gamma\delta^+$，后者60%为$CD8^+$，其余为$CD4^-/CD8^-$；T-LGL常见CD5和（或）CD7异常表达降低或缺失；>80%的患者表达CD57及CD16；≥50%的患者表达KIR及CD94/NKG2家族，KIR为单一亚型，符合单克隆细胞特征；表达细胞毒性蛋白TIA1、颗粒酶B、颗粒酶M。TCR克隆性重排可帮助T-LGL的诊断，几乎所有的T-LGL都有TRG@基因重排。

患者血WBC一般降低。患者常有中性粒细胞严重减少，有或无贫血，PLT一般正常。脾中度肿大是主要体征。风湿性关节炎、自身抗体的出现、循环免疫复合物和高γ蛋白血症也常见。

50%患者BM增生正常或低下，其他患者增生活跃；粒细胞常为核左移，有轻度至中度的网状纤维化。在BM的累及程度不定，T-PLL细胞一般<50%（NC）。无特异性染色体异常，少数病例有染色体异常。

大多数患者临床进展缓慢，中位生存期为13年。一些患者甚至建议将该病诊断为意义未明的单克隆疾病。需要治疗的患者对环孢素、甲氨蝶呤、环磷酰胺、糖皮质激素、喷司他丁治疗可能有效。

3. 侵袭性NK细胞白血病　以侵袭性NK细胞增生为特征，>90%的患者与EBV感染有关。PB中白血病细胞差异较大，核大、呈不规则折叠状，染色质松或核仁清楚；胞浆丰富、淡蓝，含细小或粗大的嗜苯胺蓝颗粒。其免疫学标志特征与结外NK/T淋巴细胞淋巴瘤相似，$CD2^+$、$sCD3^-$，$CD3\varepsilon^+$、$CD56^+$、细胞毒性分子阳性；但前者75%的患者表达CD16，CD11b可阳性，而$CD57^-$；血清可检测出高水平的FasL。TCR基因无克隆性重排。可有一些克隆性染色体异常，如del6q21q25、del11q、$7p^-$、$17p^-$、$1q^+$；$6q^-$少见。该病罕见，多见于亚洲人。

因为恶性细胞在PB和BM中的数量可能较少，与一般的白血病不太相同，故过去称为“侵袭性NK细胞白血病/淋巴瘤”。可能与累及多器官的结外NK/T淋巴细胞淋巴瘤有

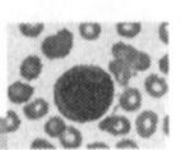

重叠；是否为结外NK/T淋巴细胞淋巴瘤的白血病表现尚无定论。少数病例可能由结外NK/T淋巴细胞淋巴瘤或惰性NK细胞增殖性疾病发展而来。

患者通常以发热、全身症状起病，PB中可查见白血病细胞。PB中白血病细胞比例不等，从百分之几到>80%（WBC）；常见贫血、中性粒细胞减少、PLT减少。血LDH常常明显升高，肝、脾肿大常见，有时伴有淋巴结肿大，皮肤病变少见。患者可合并凝血障碍、噬血细胞综合征（HLH）或多器官衰竭。

恶性细胞在BM可呈大量、局灶或微量浸润。伴有噬血细胞综合征的病例可能夹杂反应性组织细胞。在组织切片上，白血病细胞呈弥漫、片状破坏性浸润；细胞均匀一致；还常混有凋亡小体；常见坏死，伴或不伴血管浸润。

大多数患者呈侵袭性、暴发性的临床过程，易合并多器官衰竭、凝血障碍、HLH，中位生存期<2个月；化疗效果差，缓解后不行HCT几乎都会复发。

4. 成人T淋巴细胞白血病/淋巴瘤（ATLL） 其特征为PB中高度多形性的恶性成熟T淋巴细胞增多，通常广泛扩散；由人类T淋巴细胞白血病病毒1（HTLV-1）引起。其形态差异很大，可为小、中、大甚至巨大淋巴细胞；核有明显多形性，染色质粗块状，有时核仁明显；原始样细胞的核染色质稀疏；巨大淋巴细胞的核呈褶皱样或多叶状；少数患者为小淋巴细胞，核不规则；甚至可为形态正常的淋巴细胞。恶性细胞表达CD2、CD3、CD5，但通常丢失CD7。大多数为$CD4^+/CD8^-$，极少数$CD4^-/CD8^+$或$CD4/CD8^+$。几乎所有病例为CD25强阳性，常常表达趋化因子受体CCR4及FOXP3。转化为大细胞后可为$CD30^+$，但ALK^-、细胞毒性分子阴性。所有病例都有单克隆性HTLV-1整合，而健康病毒携带者没有克隆性整合；TCR基因克隆性重排。几乎所有患者有克隆性染色体数量或结构异常，但没有一种为特异的。

ATLL主要见于日本西南部、加勒比海沿岸和中非地区。美国和世界其他地区有散发病例。多见于成人，中位年龄55岁。ATLL有较长的潜伏期，患者通常早年接触过此种病毒。

根据临床发展形式分为以下类型：急性型、淋巴瘤型、慢性型和焖燃型。不同类型的诊断标准见表2-11。

表2-11 不同临床亚型ATLL的诊断标准

表现	焖燃型	慢性型	急性型
淋巴细胞增多	无	升高	升高
血异常淋巴细胞	>5%	升高	升高
LDH	正常	轻度增加	明显升高
钙	正常	正常	不定
皮肤红斑	红斑、丘疹	不定	不定
淋巴结肿大	无	轻度	不定
肝、脾肿大	无	轻度	不定
骨髓浸润	无	无	不定

大多数为急性，常有血WBC明显升高、皮肤病变和全身淋巴结肿大；高钙血症也常见，伴或不伴溶骨病变；肝、脾肿大，全身症状，LDH明显升高；中性粒细胞和嗜酸粒

细胞增多也常见。常因 T 淋巴细胞免疫缺陷伴发机会性感染，如卡氏肺囊虫肺炎、类圆线虫病。恶性细胞中等或大型；常有明显核多形性，染色质粗块状，伴有清晰、有时明显的核仁；常呈多叶状，在外周血中命名为“花”细胞；可有深染的嗜碱性胞浆；少部分具有转化核和染色质稀疏的母细胞样细胞；可有扭曲或脑回样核的巨细胞；罕见不典型小淋巴细胞。细胞的大小与临床过程无关。

淋巴瘤型的特征为淋巴结明显肿大，不累及 PB；虽然高钙血症少见，大多数患者与急性型类似，发展迅速。皮肤浸润常见，同急性型相似，表现为红斑、丘疹、结节样，较大的结节可出现溃疡。

慢性型常表现为剥脱性红斑，可有淋巴细胞绝对值增高，PB 中少见不典型淋巴细胞，无高钙血症。

焖燃型血白细胞计数正常，肿瘤细胞＜5％；常有皮肤或肺部病变，无高钙血症；恶性细胞小，形态正常。

25％的患者从慢性型和焖燃型进展为急性型，但通常要经过较长的潜伏期。

临床亚型、年龄、全身一般状况、血清钙和 LDH 水平是主要的预后因素。急性型和淋巴瘤型的生存时间从 2 周至 1 年多。死亡原因多为感染合并症和高钙血症，包括卡氏肺囊虫肺炎、隐球菌性脑膜炎、播散性带状疱疹。慢性型和焖燃型生存期长，但是可转化为急性型。

参考文献

Bennett JM et al. 1976. Proposal for the classification of the acute leukemia. French-American-British Cooperative Group. Br J Haematol，33：451

Bennett JM et al. 1982. Proposal for the classification of the myelodysplastic syndromes. Br J Haematal，51：189

Bennett JM et al. 1985. Proposal revised criteria for the classification of acute myeloid leukemia：a report of the French-American-British Cooperative Group. Ann Intern Med，103：620

Bennett JM et al. 1991. Proposal for the recognition of minimally differentiated acute myeloid leukaemia（AML-MO）. Bri J Hematol，79：325

Swerdlow SH et al. 2008. WHO Classification of Tumours of Haematopoitic and Lymphoid Tissues. Switzerland：WHO Press

附录2-1 WHO对恶性血液及淋巴系统疾病分型一览表（2008）

1. 骨髓增殖性肿瘤（MPN）

（1）BCR-ABL1阳性的慢性髓性白血病（BCR-ABL1^{+}CML）

（2）慢性中性粒细胞白血病（CNL）

（3）真性红细胞增多症（PV）

（4）原发性骨髓纤维化（PMF）

（5）原发性血小板增多症（ET）

（6）慢性嗜酸细胞白血病，非特殊型（CEL，NOS）

（7）肥大细胞增多症

- 皮肤肥大细胞增多症（CM）
- 系统性肥大细胞增多症（SM）
- 肥大细胞白血病（MCL）
- 肥大细胞肉瘤（MCS）
- 皮肤外肥大细胞瘤

（8）骨髓增殖性肿瘤，不可分型（MPN，U）

2. 伴嗜酸粒细胞增多和PDGFRα、PDGFRβ或FGFR1基因异常的髓系或淋巴细胞系肿瘤

（1）PDGFRα基因重排的髓系或淋巴细胞系肿瘤

（2）伴PDGFRβ基因重排的髓系肿瘤

（3）伴FGFR1基因异常的髓系或淋巴细胞系肿瘤

3. 骨髓增生异常综合征/骨髓增殖性肿瘤（MDS/MPN）

（1）慢性粒单核细胞白血病（CMML）

（2）BCR-ABL1阴性的不典型慢性髓性白血病（aCML）

（3）幼年型粒单核细胞白血病（JMML）

（4）MDS/MPN，不可分型（MDS/MPN，U）

4. 骨髓增生异常综合征（MDS）

（1）伴一系细胞增生异常的难治性细胞减少（RCUD）

（2）环铁粒幼红细胞增多的难治性贫血（RARS）

（3）伴多系细胞增生异常的难治性细胞减少（RCMD）

（4）原始细胞增多性难治性贫血（RAEB）

（5）伴孤立del（5q）的MDS

（6）MDS，不可分型（MDS，U）

（7）儿童MDS

- 儿童难治性细胞减少（RCC）

5. 急性髓性白血病（AML）及相关的前体细胞肿瘤

(1) 伴重现性遗传学异常的 AML

- 伴 t（8；21）（q22；q22）；RUNX1-RUNX1T1（或 AML1-ETO）的 AML
- 伴 inv（16）（p13.1；q22）或 t（16；16）（p13.1；q22）；CBFβ-MYH11 的 AML
- 伴 t（15；17）（q22；q12）；PML-RARα 的急性早幼粒细胞白血病（APL）
- 伴 t（9；11）（p22；q23）；MLLT3-MLL 的 AML
- 伴 t（6；9）（p23；q34）；DEK-NUP214 的 AML
- 伴 inv（3）（q21；q26.2）或 t（3；3）（q21；q26.2）；RPN1-EVI1 的 AML
- 伴 t（1；22）（p13；q13）；RBM15-MKL1 的 AML（巨核细胞型）
- 伴 NPM1 突变的 AML
- 伴 CEBPA 突变的 AML

(2) 伴 MDS 相关改变的 AML

(3) 治疗相关的髓系肿瘤（包括 t-AML、t-MDS、t-MDS/MPN）

(4) AML，非特殊型（AML，NOS）

- 微分化型 AML
- 不成熟型 AML
- 成熟型 AML
- 急性粒单核细胞白血病
- 急性单核细胞白血病
- 急性红白血病
- 急性巨核细胞白血病
- 急性嗜碱细胞白血病
- 伴骨髓纤维化的急性全髓病变（APMF）

(5) 髓系肉瘤

(6) 与唐氏综合征（DS）相关的髓系增生

- 一过性异常髓系增生（TAM）
- 与 DS 相关的髓性白血病

(7) 原始浆细胞样树突细胞肿瘤（BPDC）

6. 系列模糊的急性白血病

(1) 急性微分化型白血病（AUL）

(2) 伴 t（9；22）（q34；q11.2）；BCR-ABL1 的急性混合型白血病（MPAL）

(3) 伴 t（v；11q23）；MLL 重排的 MPAL

(4) B/髓性 MPAL，非特殊型（B/M MPAL，NOS）

(5) T/髓性 MPAL，非特殊型（T/M MPAL，NOS）

(6) MPAL，NOS-罕见型

(7) 其他系列模糊的急性白血病

- 自然杀伤细胞（NK）-淋巴母细胞白血病/淋巴瘤

7. 前体淋巴细胞肿瘤（precursor lymphoid neoplasms）

(1) B 淋巴母细胞白血病/淋巴瘤，非特殊型（B-ALL/LBL，NOS）

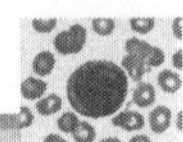

(2) 伴重现性遗传学异常的 B-ALL/LBL

- 伴 t (9; 22) (q34; q11.2); BCR-ABL 1 的 B-ALL/LBL
- 伴 t (v; 11q23); MLL 重排的 B-ALL/LBL
- 伴 t (12; 21) (p13; q22); TEL-AML 1 (或 ETV6-RUNX1) 的 B-ALL/LBL
- 伴超二倍体的 B-ALL/LBL
- 伴亚二倍体的 B-ALL/LBL
- 伴 t (5; 14) (q31; q32); IL3-IgH 的 B-ALL/LBL
- 伴 t (1; 19) (q23; p13.3); E2A-PBX1 (TCF3-PBX1) 的 B-ALL/LBL

(3) T-ALL/LBL

8. 成熟 B 淋巴细胞肿瘤

(1) 慢性淋巴细胞白血病/小淋巴细胞淋巴瘤 (CLL/SLL)

(2) B 幼淋细胞白血病 (B-PLL)

(3) 脾脏 B 淋巴细胞边缘带淋巴瘤 (SMZL)

(4) 毛细胞白血病 (HCL)

(5) 脾脏 B 淋巴细胞淋巴瘤/白血病，不可分型

- 脾脏弥漫红髓小 B 淋巴细胞淋巴瘤
- 毛细胞白血病变异型 (HCL-v)

(6) 淋巴浆细胞淋巴瘤 (LPL)

(7) 重链病 (HCD)

- γ-HCD
- μ-HCD
- α-HCD

(8) 浆细胞肿瘤

- 意义未明的单克隆免疫球蛋白病 (MGUS)
- 浆细胞骨髓瘤
  - ■有症状的浆细胞骨髓瘤
  - ■无症状 (冒烟性) 的浆细胞骨髓瘤
  - ■浆细胞白血病 (PCL)
- 骨孤立性浆细胞肿瘤
- 骨外浆细胞肿瘤
- 单克隆免疫球蛋白病沉积病 (MIDD)

(9) 黏膜相关淋巴组织的结外边缘带淋巴瘤 (MALT 淋巴瘤)

(10) 淋巴结边缘带淋巴瘤 (NMZL)

(11) 滤泡淋巴瘤 (FL)

(12) 原发皮肤滤泡中心淋巴瘤 (PCFCL)

(13) 套细胞淋巴瘤 (MCL)

(14) 弥漫大 B 淋巴细胞淋巴瘤，非特殊型 (DLBCL，NOS)

- 富含 T 淋巴细胞/组织细胞的大 B 淋巴细胞淋巴瘤 (THRLBCL)
- 原发中枢神经系统的 DLBCL (CNS DLBCL)

• 原发皮肤的 DLBCL，腿型（PCLBCL，leg）
• 老年型 EBV 阳性的 DLBCL

(15) 与慢性炎症相关的 DLBCL
(16) 淋巴瘤样粒细胞肉芽肿（LYG）
(17) 原发纵隔（胸腺）的大 B 淋巴细胞淋巴瘤（PMBL）
(18) 血管内大 B 淋巴细胞淋巴瘤（IVLBCL）
(19) ALK 阳性的大 B 淋巴细胞淋巴瘤（ALK^+ LBCL）
(20) 浆母细胞淋巴瘤（PBL）
(21) 来源于 HHV8 病毒相关多中心 Castleman 病（HHV8 MCD）的大 B 淋巴细胞淋巴瘤
(22) 原发渗出性淋巴瘤（PEL）
(23) 伯基特淋巴瘤（Burkitt 淋巴瘤，BL）
(24) 有 DLBCL 与 BL 中间特征的 B 淋巴细胞淋巴瘤，不可分型
(25) 有 DLBCL 与霍奇金淋巴瘤中间特征的 B 淋巴细胞淋巴瘤，不可分型

9. 成熟 T/NK 细胞肿瘤

(1) T 幼淋细胞白血病（T-PLL）
(2) T 大颗粒淋巴细胞白血病（T-LGL）
(3) 慢性 NK 细胞淋巴增殖性疾病（CLPD-NK）
(4) 侵袭性 NK 细胞白血病
(5) 儿童 EBV 阳性的 T 淋巴细胞增殖性疾病

• 系统性 EBV 阳性的儿童 T 淋巴细胞增殖性疾病
• 疫苗后水疱样（种痘水疱病样）淋巴瘤

(6) 成人 T 淋巴细胞白血病/淋巴瘤（ATLL）
(7) 结外 NK/T 淋巴细胞淋巴瘤，鼻型
(8) 肠病型 T 淋巴细胞淋巴瘤（EATL）
(9) 肝脾 T 淋巴细胞淋巴瘤（HSTL）
(10) 皮肤脂膜炎样 T 淋巴细胞淋巴瘤（SPTCL）
(11) 蕈样肉芽肿（MF）
(12) Sézary 综合征（SS）
(13) 原发皮肤 $CD30^+$ T 淋巴增殖性疾病
(14) 原发皮肤外周 T 淋巴增殖性疾病，罕见亚型

• 原发皮肤 γ/δ T 淋巴细胞淋巴瘤（PCGD-TCL）
• 原发皮肤 $CD8^+$ 侵袭性嗜表皮细胞毒性 T 淋巴细胞淋巴瘤
• 原发皮肤 $CD4^+$ 小/中 T 淋巴细胞淋巴瘤

(15) 外周 T 淋巴细胞淋巴瘤，非特殊型（PTCL，NOS）
(16) T 血管免疫母细胞淋巴瘤（AITL）
(17) ALK 阳性的间变大细胞淋巴瘤（ALCL，ALK^+）
(18) ALK 阴性的间变大细胞淋巴瘤（ALCL，ALK^-）

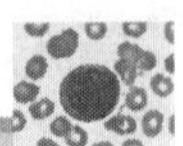

10. 霍奇金淋巴瘤（HL）

（1）结节淋巴细胞优势性 HL（NLPHL）

（2）典型 HL（CHL）

（3）结节硬化性典型 HL（NSCHL）

（4）混合细胞性典型 HL（MCCHL）

（5）富淋巴细胞性典型 HL（LRCHL）

（6）少淋巴细胞性典型 HL（LDCHL）

11. 免疫缺陷相关的淋巴增殖性疾病

（1）与原发免疫缺陷相关的淋巴增殖性疾病

（2）与 HIV 感染相关的淋巴瘤

（3）移植后淋巴增殖性疾病（PTLD）

- 早期病变（浆细胞增生性及传染性单核细胞增多症样 PTLD）
- 多形性 PTLD
- 单形性 PTLD
- 典型 HL 型 PTLD

（4）其他医源性免疫缺陷相关性淋巴增殖性疾病

12. 组织细胞及树突细胞恶性肿瘤

（1）组织细胞肉瘤

（2）来源于朗格汉斯细胞的肿瘤

- 朗格汉斯细胞组织细胞增多症（LCH）
- 朗格汉斯细胞肉瘤（LCS）

（3）并指状树突细胞肉瘤（IDC）

（4）滤泡树突细胞肉瘤（FDC）

（5）其他罕见的树突细胞肿瘤

（6）播散性幼年型黄色粒细胞肉瘤

附录 2-2　白血病整合诊断报告

北京市道培医院染色体实验报告单

姓名：×××　　性别：男　　年龄：22 岁　　标本编号：09158

送检材料：骨髓　　送检医师：×××　　采样日期：20090209

染色体检查方法：24 小时培养 G 显带　　标本来源：本院

临床诊断：APL?

1　2　3

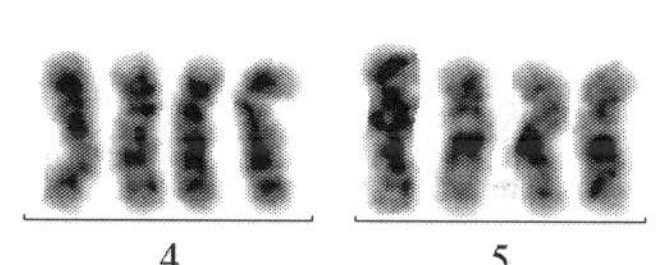

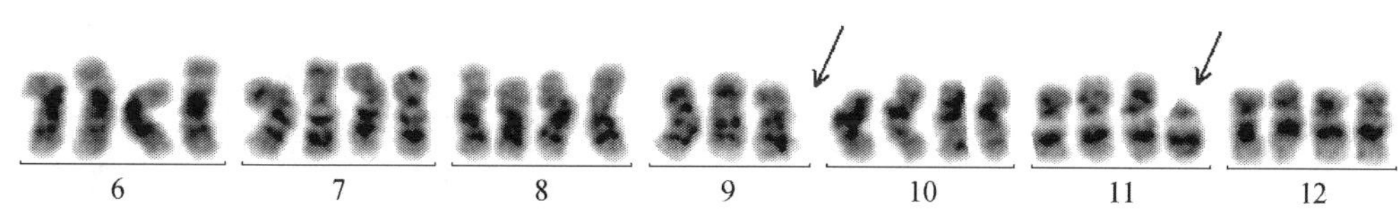

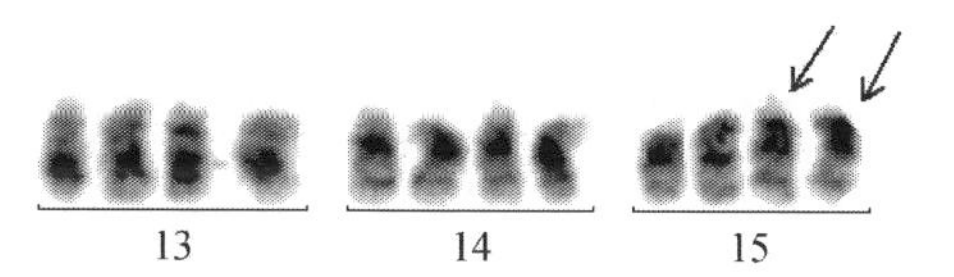

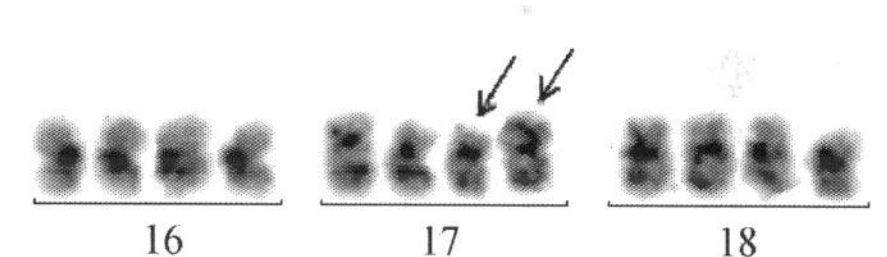

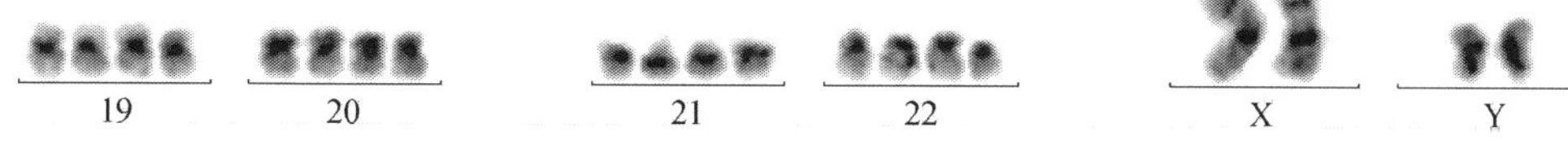

图示：91，XXYY，del（2q31），－9，del（11p12），t（15；17）X2，der（17）i（17q）（15qter→15q22：：17q22→cen→17p11：：17p11→17q22：：15q22→15qter）

核型：91，XXYY，del（2q31），－9，del（11p12），t（15；17）X2，der（17）i（17q）（15qter→15q22：：17q22→cen→17p11：：17p11→17q22：：15q22→15qter）［19］/92，XXYY，del（2q31），－9，del（11p12），t（15；17）X2，der（17）i（17q）（15qter→15q22：：17q22→ cen→17p11：：17p11→17q22：：15q22→15qter）X2［3］

报告医师：

报告日期：

此检测结果仅对此标本负责！

北京市道培医院流式细胞术检测报告 1

姓名：××× 性别：男 年龄：22 岁 病例号：3234 送检时间：20090209
病室：25 床号：26 临床诊断：APL? 标本：BM 送检医生：×××

方法：

采用荧光素标记的单克隆抗体及流式细胞仪检测细胞抗原的表达、细胞大小、细胞内颗粒多少，从而识别正常与异常细胞。

单克隆抗体和配套试剂为美国 BD 公司试剂，仪器采用美国 BD 公司 FACSCalibur 型流式细胞仪，分析采用 CellQuest Pro 软件。

结果：

R3 细胞占 80.67%（占全部有核细胞），表达 CD13、CD33、cMPO、CD64、CD9、CD15，部分表达 CD117（64.8%）、CD56（39.78%）、CXCR4（47.24%），不表达 cCD3、CD34、HLA-DR、CD11b、CD2、CD7，为恶性早幼粒细胞。

结论：

R3 细胞占 80.67%（占全部有核细胞），为恶性早幼粒细胞。急性早幼粒细胞白血病可能性大。因少数急性髓性白血病伴成熟型也可能出现多颗粒细胞，建议做相关基因和染色体检测。

请结合临床及其他实验室检查。

标本核收时间： 报告时间：
检验者： 审核者：
联系电话： 传真：
此检测结果仅对此标本负责！

北京市道培医院流式细胞术检测报告 2

姓名：×××　　性别：男　　年龄：22 岁　　病例号：3234　　送检时间：20090209

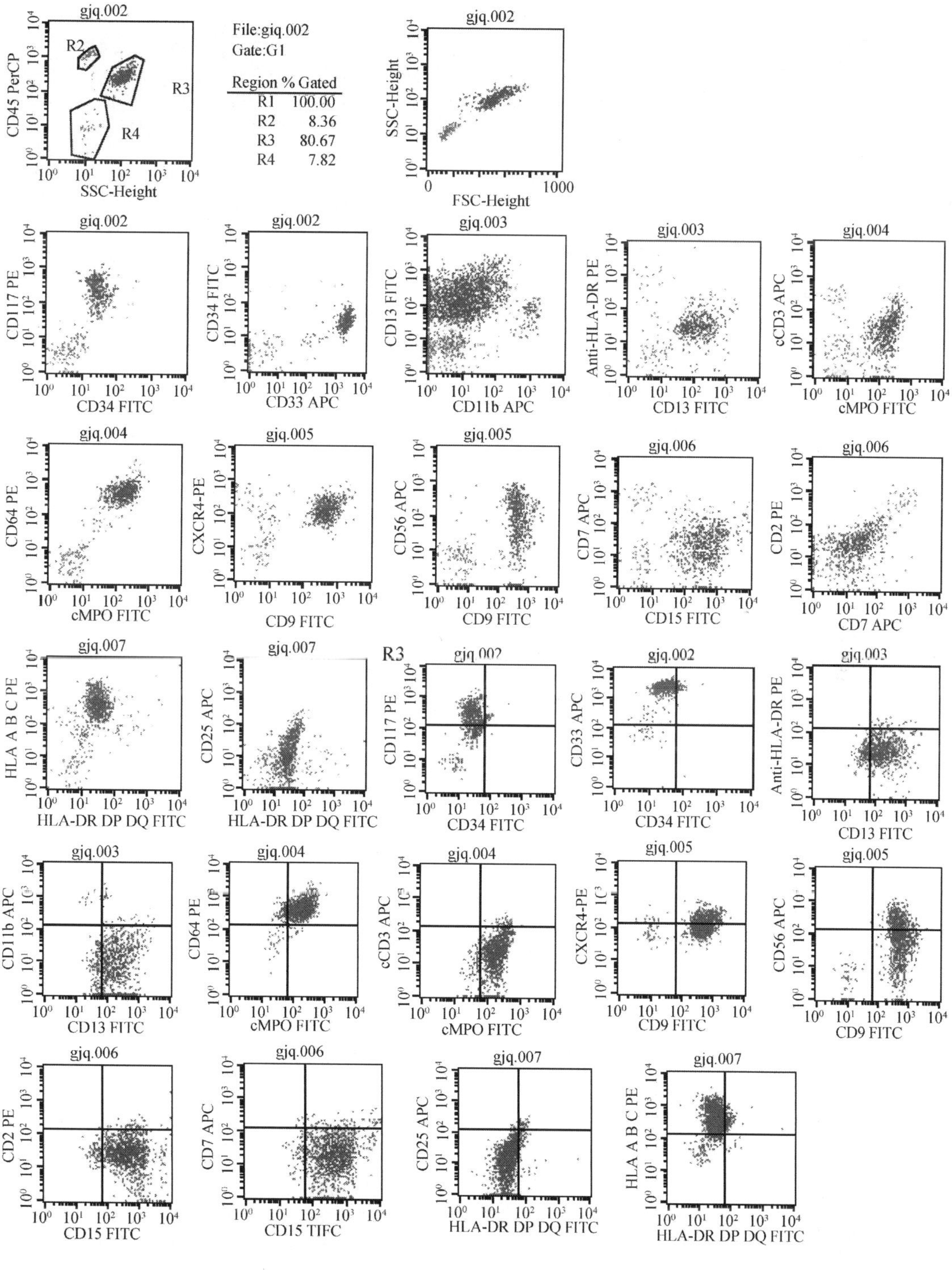

File:giq.002
Gate:G1

Region	% Gated
R1	100.00
R2	8.36
R3	80.67
R4	7.82

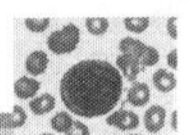

北京市道培医院骨髓形态学检查报告

姓名：××× 性别：男 年龄：22岁 病历号：3234 科别：25病室

临床诊断：APL? 采取部位：髂后 采取日期：20090209 送检医生：×××

细胞名称			血片 %	骨髓片 正常范围	骨髓片 %
粒细胞系统		原始粒细胞		0.64（0～1.30）	
		早幼粒细胞	38	1.59（0.37～2.79）	72
	中性粒	中幼	5	6.49（2.41～10.57）	1.5
		晚幼	2	7.90（3.96～11.84）	1
		杆状核	5	23.72（16.72～30.72）	1
		分叶核	18	9.44（3.60～15.28）	
	嗜酸粒	中幼		0.38（0～0.84）	
		晚幼		0.49（0～0.13）	
		杆状核		1.25（0～2.47）	
		分叶核		0.86（0～2.18）	
	嗜碱粒	中幼		0.02（0～0.12）	
		晚幼		0.06（0～0.2）	
		杆状核		0.10（0～0.28）	
		分叶核		0.03（0～0.13）	
红细胞系统		原始红细胞		0.57（0～0.17）	
		早幼红细胞		0.92（0.1～1.74）	0.5
		中幼红细胞		7.41（3.59～11.23）	6.5
		晚幼红细胞	11	10.75（6.03～15.47）	13.5
		巨原红细胞			
		巨早幼红细胞			
		巨中幼红细胞			
		巨晚幼红细胞			
		分裂细胞			
粒系：红系				（3～5）：1	3.7：1
淋巴细胞系统		原始淋巴细胞		0.05（0～0.23）	
		幼稚淋巴细胞		0.47（0～2.15）	
		成熟淋巴细胞	32	22.78（8.7～36.8）	4
		异形淋巴细胞			
单核细胞系统		原始单核细胞			
		幼稚单核细胞			
		成熟单核细胞			
浆细胞系统		原始浆细胞			
		幼稚浆细胞			
		成熟浆细胞			
巨核细胞系统		原始巨核细胞			个
		幼稚巨核细胞			个
		颗粒型巨核细胞			5个
		产板型巨核细胞			个
		裸核型巨核细胞			个
		小巨核细胞			个
其他细胞		原始细胞		0.08（0.06～0.1）	
		组织嗜酸细胞			
		组织嗜碱细胞			
		组织细胞			
		脂肪细胞			
		内皮细胞			
		吞噬细胞			
		分类不明细胞			
血片共数白细胞				100个	
骨髓片共数有核细胞				200个	

特征：

1. 骨髓片

(1) 取材、涂片、染色良好

(2) 骨髓增生Ⅰ级，G：E=3.7：1

(3) 多颗粒早幼粒细胞72.0%，其胞体呈圆形或椭圆形，部分细胞呈不规则形，细胞核呈圆形或椭圆形，部分细胞可见扭曲或折叠，染色质较细致，核仁0~2个，胞浆量丰富，呈灰蓝色，可见内外浆，胞浆中可见多量粗大的紫红色颗粒，Auer小体可见

(4) 红系占有核细胞的20.5%，早幼红以下阶段可见，比例大致正常，成熟红细胞大小略不等

(5) 淋巴细胞占有核细胞的4.0%

(6) 巨核细胞（2cm×1cm）见5个颗粒型，血小板少见

(7) 易见破碎细胞，未见寄生虫

2. 血片

(1) 白细胞数少

(2) 成熟红细胞大小略不等，有核红细胞比例为11：100。

(3) 血小板少见

3. 多颗粒早幼粒细胞化学染色

(1) POX：++3% +++82% ++++15%

(2) CE：++18% +++46% ++++36%

检验者： 审核者：

回报日期：

北京市道培医院白血病融合基因筛查报告单

姓名：×××　性别：男　年龄：22岁　病案号：××××　医院：本院
科别：　病室：25　床号：26　标本：BM　诊断：APL?
送检时间：20090209　送检医师：×××

检测项目：包括以下31种白血病相关融合基因的124种剪切变异体和HOX11原癌基因

1. AML1-EAP（1）	2. AML1-ETO（1）	3. AML1-MDS1（2）	4. BCR-ABL（6）
5. CBFβ-MYH11（8）	6. DEK-CAN（1）	7. dupMLL（5）	8. E2A-HLF（3）
9. E2A-PBX1（2）	10. FIP1L1-PDGFRα（5）	11. MLL-AF10（18）	12. MLL-AF17（1）
13. MLL-AF1p（4）	14. MLL-AF1q（4）	15. MLL-AF4（12）	16. MLL-AF6（4）
17. MLL-AF9（8）	18. MLL-AFX（4）	19. MLL-ELL（8）	20. MLL-ENL（4）
21. NPM-ALK（1）	22. NPM-MLF1（1）	23. NPM-RARα（2）	24. PLZF-RARα（2）
25. PML-RARα（5）	26. SET-CAN（1）	27. SIL-TAL1（1）	28. TEL-ABL（2）
29. TEL-AML1（2）	30. TEL-PDGFRβ（1）	31. TLS-ERG（5）	32. HOX11

检测结果

1.融合基因初步筛查

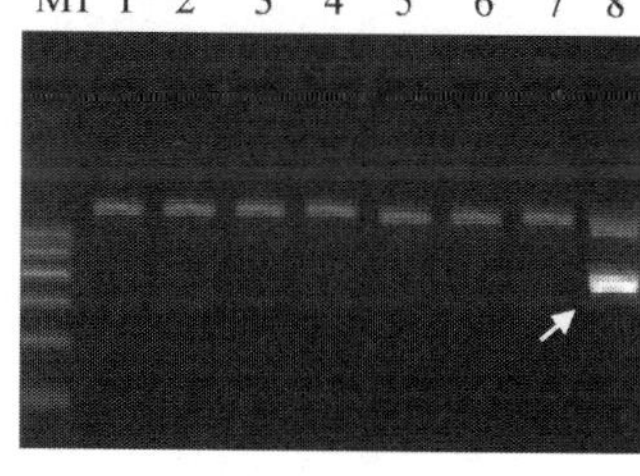

2. 融合基因精确分离

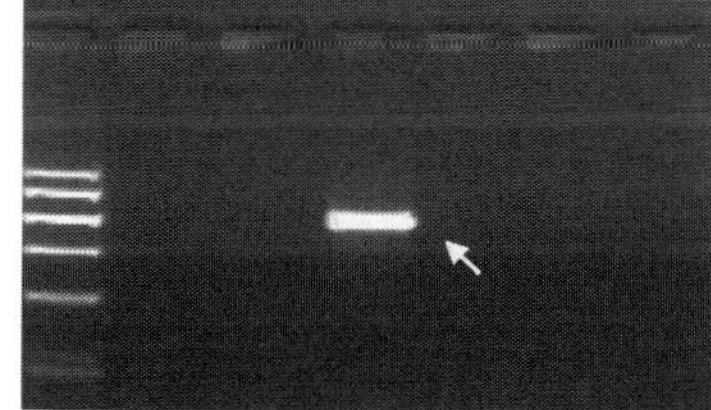

结论：

本检查中PML-RARα S-form融合基因阳性，其他融合基因及原癌基因阴性。

核收时间：　报告时间：
检验者：　审核者：
审核意见：
本报告仅对所测标本负责！

北京市道培医院白血病基因定量检测报告单

实验室电话： 传真：

姓名：××× 性别：男 年龄：22岁 标本编号：
标本：骨髓 采样日期：20090209 来源医院及病区：本院25病区
床号：26 病例号：3234 临床诊断：APL？ 送检医师：×××

检测项目：PML-RARα长型、短型、变异型融合基因

检测方法：

1. 提取送检标本中有核细胞总RNA，使用随机引物和MMLV逆转录酶逆转录为cDNA。
2. 使用ABI7300型荧光定量PCR仪和TaqMan探针法定量检测送检标本中PML-RARα融合基因和ABL内参基因的表达量。
3. 定量检测结果用目的基因和内参基因拷贝数的比值（百分比）表示。
4. 本项目对PML-RARα融合基因和内参基因ABL的检测灵敏度为5拷贝/反应体系。
5. 可接收的标本类型：PB、BM；其他标本如组织活检物、脑脊液、胸腔积液等请送检前咨询。

检测结果：

		拷贝数	目的基因/内参基因
送检标本	内参基因ABL	175083	112%
	PML-RARα长型	0	
	PML-RARα短型	195565	
	PML-RARα变异型	0	
正常对照	ABL内参扩增正常；PML-RARα融合基因阴性		
空白对照	ABL内参阴性；PML-RARα融合基因阴性		

结论：

送检标本中PML-RARα融合基因（短型）阳性，定量检测结果为112%。

标本核收时间： 报告时间：
基因提取者： 检验者：
审核者：
本报告仅对所测标本负责！

北京市道培医院荧光原位杂交实验报告单

实验室电话：　　　　传真：

姓名：×××　性别：男　年龄：×××　标本编号：×××
标本：骨髓　采样日期：××　来源医院及病区：本院25病区
床号：26　病例号：3234　临床诊断：APL?　送检医师：×××
DNA探针：PML-RARα

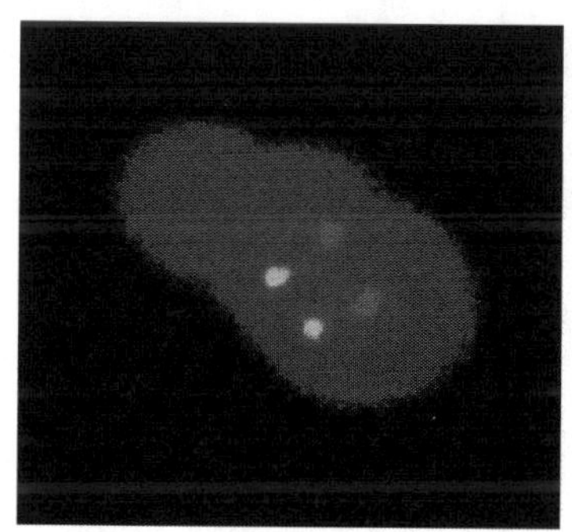
PML-RARα正常信号

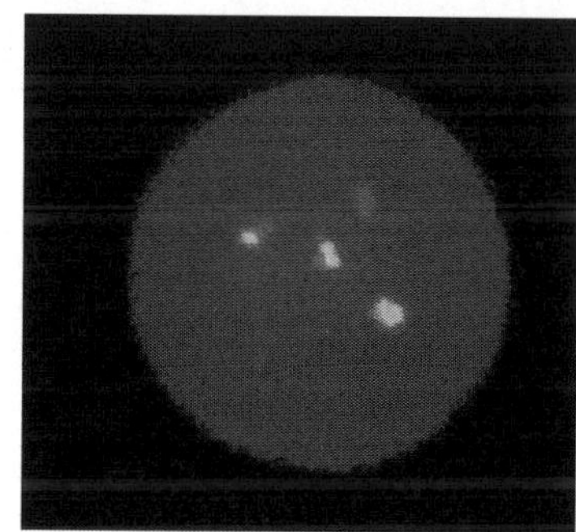
PML-RARα异常(融合)信号

计数细胞核总数：300个　正常阈值：<1%

FISH结果：nucish（PML×3）（RARα×3）（PML con RARα×2）[260] /
（PML×2）（RARα×2）[40]

FISH诊断意见：共分析300个间期核，可见具有典型PML-RARα基因融合信号的间期核260个，占86.7%；具有正常信号的间期核40个，占13.3%。

标本核收日期：　报告日期：
制备者：　分析者：
报告审核者：
此检测结果仅对此标本负责！

北京市道培医院初治恶性血液病 MICM 整合诊断报告

姓名：××× 性别：男 年龄：22 岁 病例号：3234 送检时间：20090209
病室：25 床号：26 临床诊断：APL? 标本：BM 送检医生：×××

形态学检测结果：

多颗粒早幼粒细胞占 72.0%，其胞体呈圆形或椭圆形，部分细胞呈不规则形，细胞核呈圆形或椭圆形，部分细胞可见扭曲或折叠，染色质较细致，核仁 0～2 个，胞浆量丰富，呈灰蓝色，可见内外浆，胞浆中可见多量粗大的紫红色颗粒，Auer 小体可见。
组织化学分析结果：POX：++3% +++82% ++++15%；C E：++18% +++46% ++++36%

免疫分型检测结果：

R3 细胞占 80.67%（占全部有核细胞），表达 CD13、CD33、cMPO、CD64、CD9、CD15，部分表达 CD117（64.8%）、CD56（39.78%）、CXCR4（47.24%），为恶性早幼粒细胞。急性早幼粒细胞白血病可能性大。

染色体检测结果：

91,XXYY,del(2q31),−9,del(11p12),t(15;17)X2,der(17)i(17q)(15qter→15q22::17q22→cen→17p11::17p11→17q22::15q22→15qter)[19]/

92，XXYY，del（2q31），−9，del（11p12），t（15；17）X2，der（17）i（17q）(15qter→15q22::17q22→cen→17p11::17p11→17q22::15q22→15qter) X2 [3]

基因学检测结果：

PML/RARα S-form 融合基因阳性，定量检测结果为 112%。

MICM±病原学整合诊断结论：

t（15；17）及复杂染色体异常/PML-RARα S-form 融合基因阳性的急性早幼粒细胞白血病。

标本核收时间： 报告时间：
分项诊断者： 整合报告者：
联系电话： 传真：
此检测结果仅对此标本负责！

第三章　白血病的细胞遗传学

薛永权

薛永权，苏州大学附属第一医院血液病研究室主任，细胞遗传学专家。1983～1984年赴法国Poitiers（C. H. U. de Poitiers）进修血液病细胞遗传学。1990年晋升副教授，1992年晋升副主任医师，1996年晋升教授，1966年晋升主任医师，1994年任硕士研究生导师，1998年任博士研究生导师。

第一节　白血病发病的遗传因素

任何疾病的发生都是遗传因素和环境因素共同作用的结果，白血病自然也不例外。然而对于白血病而言，大多数患者并不表现出简单的遗传现象，只有5%的急性白血病与遗传有关。白血病的种族分布差异、符合孟德尔遗传规律的家族性白血病以及白血病高发的某些遗传缺陷综合征都提示遗传因素在一些白血病的发病中起重要作用。

一、白血病的种族分布差异

白血病的种族分布差异是指某些白血病的发病率在不同种族间的差别。慢性淋巴细胞白血病（CLL）的种族分布差异是人们熟知的例子。CLL是西方国家最常见的白血病类型，占白血病发病总数的30%，而在我国和日本仅占3.4%。又如见于急性髓细胞白血病（AML）M2亚型的t（7；11）（p15；p15）易位迄今已报道过32例，其中绝大多数患者系东方人种（中国和日本），而白色人种罕见（Kwong等，1992）。再如见于前B淋巴细胞性急性淋巴细胞白血病（ALL）的t（1；19）（q23；p13）易位主要见于非白色人种。上述白血病的种族差异可能主要由遗传因素所致。

二、家族性白血病

家族性白血病是指一个家族内有多个成员患白血病。白血病患者兄弟姐妹间的白血病发病率高于自然人口的白血病发病率，如美国儿童15岁前白血病的发生率为1/3000，而白血病患者兄弟姐妹中为1/700，尤以父母为血缘婚姻者的发病率为高。单卵孪生子中若一人患白血病，则另一人患白血病的概率为1/5，比双卵孪生子高12倍。家族性白血病属于单基因遗传病，其遗传方式符合孟德尔定律，大多数为常染色体显性遗传，少数为常染色体隐性遗传。国外文献至少已报道过18个AML家系，其中16个无骨髓增生异常综合征（MDS）病史，2个为单核细胞白血病家系，5个为红白血病家系（Horwitz等，1997）。家族性慢性髓性白血病（CML）报道过4个家系。家族性CLL报道过11个家系。至于家族性ALL也报道过5个家系。国内以往也有若干家族性白血病的报道，包括

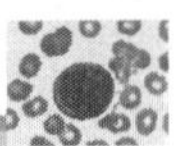

CML、AML 和 ALL 家系，惟独没有 CLL 家系的报道。大多数家系只有 2 个病例，因此除考虑遗传因素外，尚不能排除相同环境中接触共同致白血病因子的可能性。天津血研所冯宝璋等报道过一个 AML 家系，在其连续 3 代 22 名成员中共发现 7 例 AML，包括红白血病 2 例、急性粒细胞白血病 4 例、急性粒单细胞白血病 1 例（冯宝璋等，1991）。

三、白血病高发的遗传缺陷综合征

一些遗传缺陷综合征表现为对白血病的易感性倾向，如三体综合征、染色体修复缺陷综合征（包括 Bloom 综合征、毛细血管扩张性共济失调和范科尼贫血等）、肿瘤抑制基因综合征和免疫缺陷综合征等。它们的染色体异常或相应的基因改变有的已比较清楚（表 3-1）。

表 3-1　与白血病发病有关的遗传缺陷综合征

综合征	遗传形式	染色体定位	基因	白血病类型
三体综合征				3 岁前以 AML 为主，3 岁后以 ALL 为主
唐氏综合征	散发	21q22.3	?	
8 号染色体三体嵌合体	散发	8		
DNA 修复缺陷				
Bloom 综合征	AR	15q26.1	BLM	ALL、淋巴瘤
毛细血管扩张性共济失调	AR	11q22—q23	ATM	霍奇金、非霍奇金淋巴瘤、T-ALL
范科尼贫血				
肿瘤抑制基因综合征	AR	9q22.3，16q24.3	FACC	AGL
神经纤维瘤病	AD	17q11.2	NF1	CML、ALL、霍奇金淋巴瘤
Li Fraumeni 综合征	AD	17p13.1	p53	白血病不如实体瘤常见
免疫缺陷综合征				
Wiskott-Aldrich 综合征	XLR	Xp11.23	WASP	B 淋巴细胞淋巴瘤、ALL、AML
Briton 无丙种球蛋白症	XLR	Xq21.3	BTK	淋巴网状内皮细胞增生及其他肿瘤
其他				
Schwachman-Boaian 胰腺脂肪瘤	AR	？t（6；12）		AML
Kostmann 婴儿遗传性粒细胞缺乏症	AR	1p35		AML
Blackfan-Diamond 综合征	AD，AR			AML

注：AD. 常染色体显性遗传；AR. 常染色体隐性遗传；XLR. 伴性隐性遗传。

引自：Horwitz M. The Genetics of Familial Leukemia，1997。

1. 唐氏综合征　既往称之为 21-三体综合征，其白血病发生率比正常人群高 10～18 倍，3 岁以前 AML 特别是巨核细胞白血病为最常见，其发生率比正常人高 400 倍，3 岁以后则以 ALL 为主。位于 21q22.3 的 AML1、IFNAR、CRF2-4、GART 和 SON 等基因可能为其发病的分子基础。

2. Bloom 综合征　这是一种罕见的常染色体隐性遗传病，主要临床特点为子宫内或出生后生长明显迟缓，婴儿期即有特征性面部蝶形红斑并对光敏感，伴有免疫缺陷。感染和肿瘤为其主要死因。该病有自发性染色体断裂倾向，其基本分子缺陷为 DNA 连接酶缺陷。25%的 Bloom 综合征患者可发生 ALL 和淋巴瘤。

3. 毛细血管扩张性共济失调（ataxia telangiectasia，AT）　该病的主要临床特点是早期发生进行性小脑共济失调和眼睑毛细血管扩张，常伴有免疫缺陷，鼻窦、肺部感染及肿瘤是常见死因。其淋巴细胞常有 t（7q；14p）易位。15%～20%的 AT 患者常在 15 岁前出现淋巴系恶性肿瘤如霍奇金病和非霍奇金淋巴瘤以及 T 淋巴细胞 ALL。

4. 范科尼贫血（Fanconi anemia，FA）　这是一种体质性再生障碍性贫血，常于幼年发病，表现为全血细胞减少伴骨髓增生低下及多种先天性畸形，其病理特征是自发性染色体断裂增加及对丝裂霉素等多种染色体断裂剂敏感，主要由于 DNA 修复缺陷所致。50%的 FA 患者 40 岁以前出现 MDS 或急性髓性白血病（AML）(Butturim 等，1994)。

5. 神经纤维瘤病　该病患儿幼年型 CML 的发生率比正常人高出 221 倍，ALL 和霍奇金淋巴瘤则分别高出 5 倍和 10 倍。

第二节　染色体检查的方法和技术

一、标本的来源和采集

按照肿瘤染色体研究的标本必须取自肿瘤组织本身的原则，白血病的染色体研究通常以采用骨髓为宜。骨髓抽取量视外周血白细胞计数的高低而定。当白细胞总数>10×10^9/L 和原、幼细胞百分比>10%时，也可采用外周血细胞进行短期培养（24 小时或 48 小时），但此时不应加入植物血凝素（phytohaemagglutinin，PHA）。

二、染色体制备

常规的骨髓细胞染色体制备方法包括直接法和短期培养法两种。前者是指骨髓自体内取出后不经培养立即予以各种处理后制片；后者是指骨髓经有核细胞计数后按一定的细胞密度［（1～3）$\times10^6$/ml］接种到培养基内，经过 24 小时或 48 小时培养后再收获制片。

以往学者们大多推荐直接法。当时他们认为，直接法反映体内细胞的真实核型状况，而培养法则有使正常细胞超过异常细胞的选择性生长倾向，因而易于导致假阴性结果。目前认为，应用培养法能显示更多具有染色体异常的细胞。这是因为白血病细胞和正常细胞在体内外的细胞动力学不同的缘故：白血病细胞在体内的增殖率低于正常细胞，故采用直接法时正常核型的细胞检出机会较多；短期培养后白血病细胞的增殖率增高，正常细胞的增殖率反而降低，故异常核型检出机会较多。此外，采用直接法制备的标本不但分裂相数量常较少，而且染色体的质量也较差，常显得短小、分叉，甚至发毛，故不利于各种显带处理。培养法不但可提高分裂相的数量，而且也使染色体质量得到某种程度的改善。不过直接法也并非一无可取之处，见于直接法的异常克隆经短期培养后反而消失的例子不时也可见到。实际工作中究竟采用何种方法为好？我们认为，AML 当以培养法为首选；ALL 因其白血病细胞体外培养时分裂指数较低，故以直接法为优先；CML 和 MDS 均为涉及多能干细胞的克隆性疾病，异常核型可见于来自粒系、红系和巨核系中任何一系的细胞，故可在直接法和培养法两者之间任选其一。然而为了确保染色体检查的成功和提高异常核型检出的机会，最好同时采用直接法和培养法来制备骨髓细胞染色体。

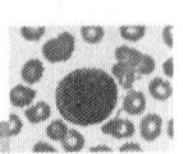

作为常规方法的补充，有时也可应用细胞同步化技术来制备染色体，即应用甲氨蝶呤（MTX）或氟脱氧尿苷（fluorodeoxyuridine，Fdu）处理细胞17小时，使其同步化，再用秋水仙胺短时间处理（10分钟）就可得到大量晚前期、前中期、早中期和中中期分裂相，使单套染色体的带纹数达到400条、800条甚至1000条以上，从而大大提高了分辨率。MTX法需换洗细胞以去除MTX，才能解除其对细胞周期的阻滞作用，故步骤较繁，而Fdu法则省去了中间换洗的步骤，步骤较为简便。

不论直接法、培养法，还是同步法，其染色体制备均包括以下基本步骤：

（1）加入终浓度为0.05 μg/ml的秋水仙胺处理1小时以阻留中期分裂相。

（2）应用0.075 mol/L KCl溶液37℃处理30分钟，以使细胞低渗。

（3）应用3∶1甲醇、冰醋酸溶液室温下固定细胞3次，每次30分钟。

（4）采用气干法或火焰烧灼法滴片，以使染色体分散。

（5）应用10％新鲜配制的吉母萨染色液染色20～30分钟，显带标本染色10分钟。

三、染色体显带

常用的染色体显带技术有以下4种：Q带、G带、R带和C带。其中Q带因荧光很快退色，标本不易保存，故国内很少应用；C带系染色体着丝粒局部显带法，对染色体识别帮助不大，一般也不作为常规使用。国内应用较广的是G带和R带技术。

1. G带 G带是指标本事先经过某种预处理，再以吉母萨液染色后染色体纵轴上所显示的带型。它和Q带带型基本一致，并具有用普通显微镜即可观察、标本能永久保存等Q带所没有的优点。和R带相比，G带的长处是带纹细致，因而解象力较强；其短处是多数染色体末端呈浅带，不利于该区异常的识别。其次，G带对标本中分裂相的数量和质量要求较高，以致分裂相较少且质量较差的白血病和实体瘤标本常不易获得高质量的带型。此外，影响显带的因素众多，故条件不易控制，欠稳定。

G显带技术因视预处理的不同而有多种，例如热盐水法、碱处理法、尿素法和蛋白酶消化法。其中重复性较好且应用最广者当推Seibright首创的胰酶G带法。该法显带的机制可能是胰蛋白酶抽提了和DNA上富含GC碱基对区段相结合的蛋白质，以致降低了该区段和染料的亲和力，乃呈浅带；反之，DNA上富含AT碱基对的区段和组蛋白结合紧密，胰酶处理时不易被抽提，故和染料有较强的亲和力，乃呈深带。

2. R带 R带有两个特点：其一，带型和Q带、G带正好相反，即前者的阳性带相当于后者的阴性带，而前者的阴性带则相当于后者的阳性带，因而得名；其二，除Y染色体外，其余染色体末端均呈深带。因此R带不但可代替Q带和G带作为常规显带技术应用，而且还有胜过Q带和G带之处：R带作为G带的互补带，有助于确定位于G带阴性区的染色体重排断裂点；R带对揭示涉及染色体末端的缺失和易位特别有价值。自然R带也有它的短处，即它的带纹不如G带精细，因而其解象力有时逊于G带，例如难以识别像inv（16）这样微小的异常。

R带按制备方法的不同可分为荧光R带和吉母萨R带两类，但以Dutrillaux首创的热处理吉母萨R显带法为最基本的方法。其显带机制尚未完全明了。Dutrillaux认为是由于DNA受热变性的缘故。此时富含AT碱基对的区段单链化，故不易为吉母萨液所染色，乃呈浅带；而富含GC碱基对的区段仍保持正常的双链结构，故易于为姬母萨液染色，乃呈深带。

G带和R带两种显带技术既可互相代替，又可彼此补充，两者联合应用有助于准确识别染色体异常的性质及其断裂点。

西欧地区特别是法国和比利时普遍将R带作为常规显带法，其原因除了上面已提及的外，还由于R带方法简便、重复性好，带型清晰、易于识别，标本可成批显带，以及对于分裂相量少质差的肿瘤细胞，其显带成功率均明显高于G带。我们自1985年以来应用此法成功地对10 000余例恶性血液病患者进行了骨髓细胞染色体显带分析。实践证实，该法确为简便稳定和切合实用的显带法，值得推广应用。

四、染色体分析

染色体分析的方法主要包括镜下分析、照相分析和电脑分析三种，以镜下分析最为常用。电脑分析其错误率明显高于熟练工作者，仍需要检查者加以审核和校正。通过以上方法将单个细胞中所有染色体按其带型特征从大到小依次配对排列就构成了核型。白血病标本通常要求分析20个左右中期分裂相。分析细胞不足此数而又未能发现异常者不能就下正常核型的结论；相反，已发现异常克隆者则不一定强求此数。分析时先用低倍镜自左至右、自上而下逐个视野寻找合适的分裂相，再换用油镜进行观察。凡长度适中、分散良好、基本无重叠、带型可识别者均列为分析的对象。分析时要遵循“随机”的原则，避免只挑选“漂亮”的分裂相进行分析，否则可致人为的假阴性结论。因为“漂亮”的分裂相常来自正常细胞，而“丑陋”的分裂相常来自白血病细胞。

为了便于国际间的相互交流，核型描述要遵循《人类细胞遗传学国际命名体制》[ISCN（2009）]的有关规定。核型描述有简式和繁式两种表示法。一般尽量采用简式。先写出染色体总数，其次写出性染色体组成，再按照染色体号数的大小依次列出其异常。后者用缩写表示，例如“del”表示染色体缺失，“der”表示衍生染色体，“dup”表示重复，“i”表示等臂染色体，“ins”表示插入易位，“inv”表示倒位，“mar”表示标记染色体，“r”表示环状染色体，“t”表示染色体易位。其后第1个括弧中列出受累染色体。通常性染色体或号数最小的常染色体首先写出，其次为从第1个染色体接受易位物质者，若为三源易位时，第3个染色体为向第1个染色体提供易位物质者，染色体号数间以分号隔开。第2个括弧中列出各易位染色体臂号和断裂点所在区带。“p”表示短臂，“q”表示长臂，十位数表示区数，个位数表示带数。“+”或“－”号置于染色体号数之前，表示整条染色体的增加或减少。“+”或“－”号置于染色体臂“p”或“q”之后，表示其短臂或长臂的增加或减少。若同时存在多个相关克隆时，则先写出最基本的干系克隆，然后按克隆演化先后顺序即由简单到复杂依次列出其他克隆，而不论其大小。若同时存在数个无关克隆时，则按克隆大小依次列出。不同克隆之间用斜线隔开。例如46，XY，t（9；22）（q34；q11）表示1个染色体总数为46的男性有1个9号和22号染色体的相互易位，断裂点分别位于9号染色体的长臂3区4带和22号染色体的长臂1区1带。正常核型总是放在最后描述。

第三节　染色体荧光原位杂交技术

白血病的染色体研究常受到以下3个因素的困扰：① 标本有丝分裂指数低下或缺乏有丝分裂相；② 染色体质量低劣，显带效果差；③ 复杂的染色体异常。染色体荧光原位杂交（FISH）技术应运而生，它极大地提高了常规核型分析的敏感性、准确性和可靠性，成为精确的染色体分析所不可缺少的重要检测手段。

一、定　义

FISH技术是20世纪80年代在细胞遗传学、分子生物学和免疫学相结合的基础上发展起来的一种新技术，它利用已知核酸序列作为探针，以荧光素直接标记或先以非放射性物质标记后与靶DNA进行杂交，再通过免疫细胞化学过程连接上荧光素标记物，最后在荧光显微镜下观察杂交信号，从而对标本中待测核酸进行定性、定位和定量分析。

二、原　理

FISH和Southern blot技术一样，也是利用DNA变性后双链解开变成单链，在适宜的温度和离子强度下退火后可和互补DNA链形成稳定的异源双链的原理。

三、方　法

FISH技术种类甚多，目前已衍生成一个系列，包括间期FISH、染色体涂抹、多色FISH和逆向FISH等，但基本方法都包括染色体制备、探针制备、杂交、杂交后洗涤、荧光检测和荧光显微镜观察等6个步骤。

1. 染色体制备　详见本章第二节。

2. 探针制备　作为探针的DNA片段用黏粒、质粒、噬菌体、细菌或人工酵母染色体进行克隆，片段分离后可用生物素或地高辛等半抗原进行标记或用荧光素直接连接的核苷酸进行标记。前者的优点是由于经过一至多次放大，信号较强，缺点是步骤繁，本底高；后者的优点是不但步骤较为简便，而且本底不高，缺点是信号较弱。标记方法有两种：缺口平移法和随机引物法。常用的探针类型有以下4种：

(1) 染色体重复序列探针。它主要是针对染色体着丝粒的α-卫星DNA而设计的探针。目前市上供应的品种包括1～4号、6～12号、15～18号、20号，以及X、Y染色体等，主要用于检测染色体的数目异常如三体、单体和其他非整倍体等。应用该类探针所做的FISH除了能分析中期细胞外，还能对间期细胞进行检测，故又称间期FISH技术。

(2) 整条染色体涂抹探针（whole chromosome probe，WCP）。它来自流式细胞仪分拣整条染色体后建立的染色体文库。目前整套（24条）WCP探针都有供应，它对于识别标记染色体的来源和检测染色体易位特别是隐匿易位如t（12；21）和t（9；20）等非常有用。

（3）染色体专一序列探针。对识别基因缺失和染色体易位所致的基因重排特别有价值。检测染色体易位的基因探针已发展出以下 4 种类型：① 单个融合信号探针。采用和易位涉及的染色体断裂点两侧序列相匹配的探针，分别以红、绿 2 种荧光素标记，结果在间期细胞中可见 1 个红色、1 个绿色和 1 个黄色（红绿信号融合所致）杂交信号，其假阳性率为 2%～6%，其敏感性为 5%～10%（相当于正常标本中融合信号均数+2 个标准差）。② 融合信号+额外信号探针。采用易位涉及的一条染色体某个基因断裂点全长探针和另一条染色体断裂点一侧的序列探针分别以红、绿两种荧光素进行标记，结果间期细胞中除正常 1 个红色、1 个绿色 2 个杂交信号外还可见 1 个黄色和 1 个额外的红色杂交信号。如只有黄色信号而缺乏额外的红色信号则为假阳性。应用 BCR 和 ABL 的此种探针不但减少了假阳性，还能检出标本中少于 1%的 Ph 阳性细胞。③ 双融合信号探针。采用易位涉及的两个基因全长探针进行 FISH 检测，结果间期细胞中可见 1 个红色、1 个绿色和 2 个黄色杂交信号。此种探针大大减低了假阳性，其阳性标准为 1%，检测 6000 个间期细胞，敏感性为 0.2%，可用于微小残留病（MRD）的检测。④ 断裂点分开的双色荧光探针。应用红、绿两种荧光素分别标记被断裂点分开的一个基因的两部分，结果正常间期细胞中可见 2 个黄色信号，表明该基因是完整的，若除 1 个黄色信号外还发现 1 个红色、1 个绿色 2 个杂交信号，则提示发生了易位。此种探针不但敏感性极高，而且特异性也很强。

（4）亚端粒探针。哺乳类动物染色体端粒是由简单的 6 个核苷酸（TTAGGG）串联重复而成，在 DNA 复制和细胞有丝分裂过程中对染色体完整性起保护作用。邻近端粒的 200～300kb 则为独特的染色体特异性 DNA。由于 G 显带时此区是苍白的，因此涉及此区的易位难以用 G 带检测，而应用亚端粒探针进行 FISH 检测则特别有用。目前市上供应的亚端粒探针共有 41 种（而不是 48 种），因为 5 个近端着丝粒染色体（13～15，21 和 22）和 X、Y 染色体的短臂侧亚端粒尚不包括在内。

3. 杂交　探针和标本分别于 65℃或 70℃甲酰胺溶液中短时间变性处理后迅速置于冷乙醇中，防止其复性，再经系列乙醇脱水，气干后标本上加上探针和杂交混合液［甲酰胺、枸橼酸钠缓冲液（salt-sodium citrate，SSC）和硫酸葡聚糖］，WCP 探针需加用鲑鱼精 DNA 预杂交以去除染色体重复序列的干扰，用橡胶水泥封片后置 37℃湿盒中过夜（16～20 小时）。

4. 杂交后洗涤　杂交后标本要经一定浓度的甲酰胺/SSC 溶液洗涤，以去除多余的探针。

5. 荧光检测　依次加入偶联荧光素如异硫氰酸荧光素、罗丹明和得克萨斯红等的抗体和抗抗体，使杂交信号级联放大。用荧光素直接标记的探针可省略此步。

6. 荧光显微镜观察　标本经 DAPI 复染后用配备单波、双波或三波滤色镜的荧光显微镜进行观察。杂交信号数大于正常标本荧光信号均数+2～3 个标准差为阳性病例判断标准。

四、FISH 技术的新发展

1. 比较基因组杂交　将肿瘤基因组 DNA 与正常的参照 DNA 分别以红、绿两种荧光素标记后按 1∶1 等量混合，再与正常人中期染色体进行杂交，根据染色体上不同荧光强

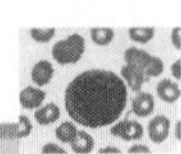

度的比例来定量分析肿瘤基因组 DNA 的增加或丢失。通过一次杂交即可检测待测标本整个基因组 DNA 拷贝数的增减。

2. 多色 FISH ［24 色多元荧光原位杂交（multiplex-FISH，M-FISH）和光谱染色体核型分析（spectral karyotyping，SKY）］ 应用 5 种荧光素同时标记 24 条染色体，制备整套染色体涂抹探针，杂交后应用配备有 Fourier 光谱仪、CCD 冷式摄像系统和计算机图像处理系统等装置的荧光显微镜进行检测。该法一次杂交即可分辨全部人类染色体，对识别不明来源的标记染色体和隐匿易位很有价值，是分子细胞遗传学的又一重大进展。其缺点是不能识别染色体倒位、小片段缺失和重复等异常。

五、应　　用

FISH 技术在白血病研究中的应用可概括为以下 8 个方面：① 检测染色体的数目和结构异常；② 识别标记染色体的来源和性质；③ 监测治疗效果；④ 检测早期复发和 MRD；⑤ 识别异基因移植后骨髓细胞来源；⑥ 识别恶性肿瘤细胞来自何种细胞系列；⑦ 检测间期细胞包括非分裂细胞和终末细胞的核型状况；⑧ 检测基因缺失或基因扩增（Gozzetti 等，2000）。

六、FISH 的优点和局限性

1. 优点

（1）FISH 是一个简便而又迅速的技术，它不需要细胞培养且能在短时间内（2 天）分析成百上千个细胞，而常规核型分析通常要 1～3 周才能出结果。

（2）杂交和检测效率高。

（3）敏感性和特异性高。

（4）能对非分裂细胞和终末细胞进行分析。

（5）将细胞遗传学和细胞形态学及免疫学相联系，可确定恶性细胞的克隆起源或鉴别良恶性细胞。

（6）多色 FISH 和 CGH 可采用计算机进行自动核型分析。

2. 局限性

（1）染色体异常的检测取决于能否获得相应的探针。

（2）对三体检测的敏感性高于对单体或缺失的检测。

（3）骨髓或外周血标本处理较为简便，而实体瘤或淋巴结的石蜡包埋或冰冻切片处理较难。

（4）需要荧光显微镜和图像分析系统。

（5）一次杂交只能检测一至数个异常，而不能像常规核型分析那样能对整个基因组的染色体数目和结构异常同时进行检测（Gozzetti 等，2000）。

综上所述，FISH 不但大大拓展了细胞遗传学检测的范围，而且显著提高了其识别异常的能力，因而是后者的重要补充，但目前还不能完全代替它。

第四节　白血病的染色体异常与基因重排

一、白血病染色体异常的基本特性

目前积累的大量资料表明，绝大多数白血病患者都有非随机的染色体畸变，它们对于白血病的诊断分型、预后估计、治疗方案的选择乃至发病机制的研究都具有极为重要的价值。尽管染色体改变的种类繁多，但其基本特性概括起来不外乎以下 4 种：

1. 获得性　一些研究发现：① 同卵双生子之一患 CML，Ph 染色体只见于患者而不见于其健康的孪生同胞（Goh 等，1965）；② 伴有染色体畸变的白血病患者所生子女通常缺乏同样的白血病和核型异常的证据；③ 白血病患者的染色体畸变只存在于白血病细胞，而不见于皮肤、淋巴和结缔组织细胞。以上事实强烈表明，白血病的染色体畸变为后天获得而非先天遗传。

2. 克隆性　所谓克隆性是指来自同一个恶性转化细胞的一群白血病细胞具有相同的染色体异常。白血病患者的染色体畸变常呈克隆性，此种克隆性明确提示疾病的恶性本质。《人类细胞遗传学国际命名体制》［ISCN（1995）］规定，至少 2 个细胞有相同的染色体增加或结构重排，或者至少 3 个细胞有同样的染色体丢失，方可确认为存在 1 个异常克隆。

3. 原发性和继发性　白血病的染色体畸变可分为原发性和继发性两大类。原发性畸变是指发生于疾病早期，与白血病的发生有关，和白血病的细胞学、免疫学改变密切相关，因而是对白血病有分类和标志意义并决定其生物学特征（预后和治疗反应）的一类异常。它们常作为单一异常出现。继发性畸变是指病程中由于克隆演化所致的异常，它虽和疾病的发生无关，但却赋予疾病更加恶性的特征。一旦出现继发性异常，病程经过更加凶险，对治疗出现抵抗，常难以获得完全缓解（CR）和长期生存。它们往往和原发性畸变相伴存在，大多为复杂异常。

4. 平衡性和非平衡性　尽管白血病染色体畸变的类型很多，但不论是原发性或继发性畸变，根据 DNA 含量有无改变均可归纳为两大类。一类是平衡性畸变，通常表现为染色体的结构重排如相互易位或倒位，其 DNA 含量虽无改变，但由于染色体畸变致使原来不在一起的两个基因并置在一起，导致了基因功能的改变。这又包括两种情况：一种是原癌基因和 DNA 激活序列如免疫球蛋白基因或 T 淋巴细胞受体基因相邻，结果导致前者的异常表达；另一种更为常见，即由于编码转录因子、受体酪氨酸激酶或核孔蛋白的基因和正常时无关的基因融合，产生具有癌基因活性的新的融合蛋白，从而导致细胞的恶性转化。另一类是不平衡性畸变，常表现为染色体整条或部分增加或丢失，其结果或是由于癌基因剂量的增加（例如三体），或是由于肿瘤抑制基因的丢失（例如单体或缺失）而导致细胞的恶性转化。

二、CML

1960 年 Nowell 和 Hungerford 在美国费城首先发现 CML 患者有特征性的 Ph 染色体。1973 年 Rowley 同时应用 Q 带和 G 带证实 Ph 染色体是 9 号和 22 号染色体的相互易位

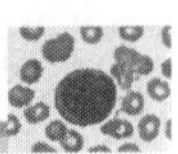

t (9; 22)(q34; q11) (Rowley, 1973)。分子学研究证实，该易位使原位于9q34的ABL原癌基因易位到22q11上和BCR基因的一部分融合，产生BCR-ABL融合基因，后者转录为8.9kb的BCR-ABL mRNA，最终翻译成210kDa的具有高度酪氨酸激酶活性的蛋白质。它通过包括RAS在内的多种信号转导途径来活化癌基因和某些细胞因子，最终导致细胞的恶性转化。该融合基因的转录本可以应用逆转录-聚合酶链反应（RT-PCR）技术来进行检测。Ph染色体是CML的重要诊断标记，也是CML与类白血病反应、MDS和其他骨髓增生性肿瘤等进行鉴别的有力佐证。按照Ph染色体的有无可将CML分为两大类：① Ph^+CML，占95%左右；② Ph^-CML，占5%左右。大约92%的Ph^+CML患者有标准的或典型的Ph易位，即t (9; 22) (q34; q11)，其余8%的患者则有涉及3条或更多染色体的复杂易位，其中必定包括9号和22号染色体。复杂易位和典型易位一样，具有相同的临床、血液学、预后及分子学特征。

CML慢性期70%的患者有46，t (9; 22) 的假二倍体核型，30%的患者除t (9; 22) 外还有－Y，＋8或Ph^+等异常。绝大多数初诊Ph^+CML患者骨髓中Ph^+细胞百分比为100%，经白消安或羟基脲治疗获得CR后Ph染色体并不消失。应用干扰素治疗后20%～60%的CML患者可获不同程度的细胞遗传学反应。治疗后的细胞遗传学反应根据Ph^+细胞百分比可分为以下4个等级：① 较大的反应，Ph^+细胞为零；② 主要反应，Ph^+细胞为1%～34%；③ 较小的反应，Ph^+细胞为35%～95%；④ 无反应，Ph^+细胞为96%～100%。法国Guilhot等报道，应用α-干扰素5MU/ (m^2 · d) 联合小剂量阿糖胞苷[20mg/ (m^2 · d)，每月10天]，可明显提高血液学CR率和细胞遗传学反应率。新近问世的信号转导抑制剂STI571口服治疗CML慢性期患者（400mg/d）可获95%的血液学CR率和60%的细胞遗传学反应率（其中41%为完全反应）（Kantarjian等，2002）。目前，只有异基因造血干细胞移植才能根除Ph^+克隆，从而使CML真正得到治愈。

必须指出的是，Ph染色体并非CML所特有，它也可见于其他恶性血液病，如15%～33%的成人ALL、2%～5%的儿童ALL、1%～2%的AML以及个别的MDS、真性红细胞增多症、骨髓纤维化、淋巴瘤、CLL和恶性组织细胞病。因此，当Ph染色体阳性者被拟诊为CML时，仍需结合临床，防止绝对化。

CML加速期或急变期大约20%的患者保持46，t (9; 22) 核型不变，80%的患者可发生核型演变，即出现额外的染色体异常以致染色体总数增至47～50。最多见的额外染色体按出现频率的高低依次为Ph、＋8、i (17q)。它们可单独或联合出现。染色体丢失较少见，其中－7约见于3%的患者，多为CML急淋变。少数病例Ph易位可和t (8; 21)、t (15; 17)、t (9; 11)、inv (16) 或inv (3) 同时出现，分别提示CML急粒变、早幼粒变、急粒单变或巨核细胞变。额外异常通常比临床或血液学急变征象早出现2～4个月，因此CML病程中定期进行染色体检测有助于早期诊断CML急变。额外异常的有无与预后相关。无额外异常组中80%的病例对治疗有效，中位生存期（median survival，MS）5.7个月；全部细胞均有额外异常组中30%的病例对治疗有效，MS 2.5个月；部分细胞有额外异常组中50%的病例对治疗有效，MS 4.9个月。

目前认为，Ph^-CML是一组异质性疾病。其中半数为Ph^-BCR-ABL融合基因阳性，实质上仍属于Ph^+CML范畴，其临床、血液学和预后特征也和典型CML完全一致；半数为Ph^-BCR-ABL融合基因阴性，其临床和血液学表现多不典型，如常有贫血和血小板减少，脾大不显著，白细胞增多和嗜碱粒细胞增多不明显，可有涉及三系的病态造血改变，中性粒细胞碱性磷酸酶正常或增高，对治疗反应差，MS 较短，N-ras 突变率高（54%）。多数人认为它实际上是慢性粒单核细胞白血病的一种亚型或伴有原始细胞过多的难治性贫血（Travis 等，1986）。

我们应用 R 显带技术对 600 例 CML 患者进行了染色体检查，结果发现 570 例（95%）为 Ph^+ CML，30 例（5%）为 Ph^- CML；535 例（93.8%）有典型的 Ph 易位，34 例（5.9%）有变异易位；50.6%的 CML 急变患者有额外的染色体异常，其中以+8，2Ph 和 i（17q）最为多见（谢新等，1998）。

近来，有人应用 FISH 技术发现 10%～15%的 CML 患者存在衍生 9 号染色体长臂断裂点附近的部分序列缺失。它与 Ph 易位同时发生，且和 CML 的不良预后相关（Sinclair 等，2000）。伴有该缺失的患者其 MS 大致为不伴有该缺失者的一半（38 个月 *vs* 88 个月）（Huntly等，2000）。吴炜等对 105 例 Ph^+ CML 做了 FISH 研究，发现 16 例（15.2%）有 der（9q）部分序列缺失，其 MS 较无缺失组明显缩短（36 个月 *vs* 76 个月）（吴炜等，2006）。

三、CLL

CLL 的染色体研究长时期内进展缓慢。由于 CLL 的白血病细胞缺乏有丝分裂活性且对丝裂原反应低下，加之 PHA 主要为 T 淋巴细胞激活剂，早期采用不加丝裂原的骨髓细胞培养或加 PHA 刺激的外周血培养大多显示正常核型。1979 年后由于多克隆 B 淋巴细胞激活剂如脂多糖、EB 病毒、佛波酸酯、美洲商陆和细胞松弛素等的应用，CLL 的染色体研究才取得了突破。

大约半数 CLL 患者有克隆性核型异常，且呈现较大的异质性。其中 12 号染色体三体（+12）、13q14 缺失、del（11）（q22—q23）即 ATM 基因缺失、del（17）（p13）即 p53 基因缺失、del（6）（q21）和累及 14q32 IgH 基因的易位分别见于 15%、10%～20%、7%、4%、6%和 4%的 CLL 患者。20 世纪 80 年代以来采用包括 cen-12、13q14、6q21、IgH、p53 和 ATM 等探针在内的组合 FISH 使 CLL 的核型异常检出率提高至 85%，其中 del（13）（q14）的检出率为最高，达到 50%。CLL 的核型异常具有重要的预后价值，其中 del（13）（q14）预后最佳，MS 133 个月，del（17）（p13）预后最差，MS 仅 32 个月（Gozzetti 等，2004）。20 世纪 90 年代以来德国学者应用 CD40 配体或联合 CpG-寡脱氧核苷酸和白介素-2 刺激培养的 CLL 白血病细胞分裂对 132 例 CLL 进行了细胞遗传学研究，结果发现 94.7%的病例获得了较多分裂相，81%的病例显示了核型异常，特别是在 34.8%的病例中检出了 FISH 所不能检出的各种平衡和不平衡易位，它们的预后很差，MS 只有 24 个月（Mayr 等，2006；Dicker 等，2006）。CLL 患者的核型演变很少见，一旦发生则往往提示预后不良。

四、AML

大约 55%的 AML 有非随机的染色体畸变。其类型多达 100 种以上，但可归纳为两大类：一类是和 FAB 亚型相关的特异性染色体重排，约占 60%，其中以易位为最多见，其

次为倒位和缺失；另一类是和FAB亚型不相关的异常，其中大多数为数目异常，尤以+8（13%）和−7（10%）为多见。CR后原有异常一般不再被检出，复发时又可重新出现。部分患者由于克隆演化而产生继发性异常。以下重点介绍WHO新近提出的关于恶性血液肿瘤诊断分型建议中AML最常见的4种再现性染色体重排（Harris等，2000）。

1. t（8；21）（q22；q22） 该易位见于15%的AML，它和伴有成熟分化的急性原粒细胞白血病（AML-M2）有特别的联系［t（8；21）患者中92%为M2，7%为M4，个别为M1］。t（8；21）AML细胞学上有以下5个特征：

（1）强的髓过氧化物酶活性；

（2）成熟白血病细胞胞浆中有橙红色颗粒；

（3）胞浆中有大的空泡；

（4）Auer小体多见；

（5）骨髓嗜酸粒细胞增多。

t（8；21）AML的白血病细胞常显示下述免疫表型特征：$CD34^+$、HLA-DR^+、$CD13^+$、$CD33^+$、$CD19^+$和$CD56^+$。细胞遗传学上75%的t（8；21）AML可有额外的染色体异常，其中性染色体丢失（男性−Y，女性−X）最多见（73%），其次为9号染色体长臂的中间缺失（$9q^-$）（11%）。5%的t（8；21）AML有复杂变异易位。分子生物学研究揭示该易位导致原位于21q22的AML1基因易位到8q22上和位于该处的ETO基因并置，形成AML1-ETO融合基因。AML1系核心结合因子（CBF）的α亚单位。正常情况下，它和位于16q22的CBFβ亚单位结合，形成异二聚体的转录因子，从而调节许多与髓系细胞生长和分化有关的基因之表达。AML1-ETO融合基因通过对残存的正常CBFα/β转录因子的显性负调控作用，干扰了有关基因的表达，最终导致细胞的恶性转化。临床上t（8；21）AML好发于儿童和青年人，易出现髓外粒细胞肉瘤如绿色瘤。成人患者对治疗反应佳，CR率高（90%），MS 52个月，但易于复发。此时再次诱导化疗仍有很高的CR率。儿童患者的预后不如成人患者理想。t（8；21）易位通常易于为常规核型分析所检出，但也报道过常规核型分析未见t（8；21）易位或仅有$9q^-$异常而RT-PCR却检出AML1-ETO融合转录本的病例。因此临床上遇到具有t（8；21）白血病的细胞学和免疫表型特征而核型分析未见易位或仅见$9q^-$异常的病例有必要应用RT-PCR或双色FISH技术检测AML1-ETO融合基因，以便进一步确诊。

2. t（15；17）（q22；q21） 该易位迄今仅见于早幼粒细胞白血病（AML-M3）。约85%的AML-M3患者包括多颗粒型和微颗粒型均可检出t（15；17）易位，因而是该型白血病高度特异性的细胞遗传学标志。最常见的额外异常是+8，约见于1/3 t（15；17）的病例。免疫表型检测常显示$CD13^+$和$CD33^+$，而CD34和HLA-DR抗原常呈阴性。分子生物学研究揭示原位于17q上的维A酸受体α基因易位到15q上和位于该处的早幼粒细胞白血病（PML）基因融合，形成PML-RARα融合基因。正常情况下，PML类似肿瘤抑制基因的功能，RARα则有促进分化和抑制生长的活性。PML-RARα融合基因既破坏了核体（PML oncogenic domain，POD）的正常结构，又通过与PML或其他维A酸结合蛋白形成稳定的异二聚体，从而对野生型PML和RARα等位基因起显性负调控作用，最终导致细胞的恶性转化。临床上仍有15%左右的病例由于染色体制备失败、采用直接法制备染色体标本、分裂相量少质差、小克隆、t（15；17）插入易位或涉及3条染色体的变异型 t（15；17）易位等不同原因而导致漏诊。因此对于临床上疑为 AML-M3 而常规核型分析为阴性结果的 AML 病例应采用更为敏感可靠的方法，如 RT-PCR 或双色 FISH 技术来确诊。临床上凡具有 t（15；17）易位或 PML-RARα 融合基因的 AML-M3 病例应用全反式维 A 酸（ATRA）治疗有效，反之则无反应。近来还报道了 4 种少见的变异型易位：t（5；17)(q32；q21)、t（11；17）(q13；q21)、t（11；17）(q23；q21) 和 t（17；17）(q11；q21)。它们的分子学改变和典型的 t（15；17）易位不完全相同，虽然都累及 RARα 基因，其“伙伴”基因分别为核磷蛋白（nueleophosmin，NPM)、核有丝分裂器（nuclear mitotic apparatus，NumA)、早幼粒细胞白血病锌指基因（promyelocytic leukemia zinc finger，PLZF）基因或 STAT5b 基因而不是 PML。伴有 t（11；17）(q23；q21）易位的 AML-M3 对 ATRA 治疗不敏感。

3. inv（16）(p13；q22)　该异常约见于 8％的 AML 和 25％的 AML-M4 患者。细胞学上常显示粒系和单核系的白血病细胞浸润伴特征性的嗜酸粒细胞异常：数目增加（8％～54％）或形态学异常（嗜酸性颗粒中混杂有大而不规则的嗜碱性颗粒，其糖原和氯醋酸酯酶均呈强阳性)，因而构成一种独特的临床病理学亚型——M4EO。细胞遗传学上它有 3 种类型：inv（16）(p13；q22)、t（16；16）(p13；q22)、ins（16）(q22；p13.1；p13.3)，其中以 inv（16）为最多见。三体 8 和三体 22 是常见的继发性改变。分子生物学研究揭示该重排导致原位于 16p13 的平滑肌肌球蛋白重链基因（MYH11）和位于 16q22 的核心结合因子 β（CBFβ）基因断裂后并置在一起，形成 CBFβ-MYH11 融合基因。和 AML1-ETO 一样，CBFβ-MYH11 由于阻断了 CBFα/β 的转录激活功能而导致关键靶基因表达诱导的阻断。临床上 M4EO 化疗效果好，CR 率接近 100％，MS 长达 5 年以上，但治疗不强烈，易于并发脑膜白血病。由于 inv（16）是一种微小的染色体畸变，以致常规核型分析常难以发现而致漏诊。近来发现 30％伴有 inv（16）的 AML 缺乏典型 M4EO 的形态学特点，而 10％不伴有嗜酸粒细胞异常的 AML-M4 有 CBFβ-MYH11 融合基因。因此对于 AML-M4 病例应采用更为敏感可靠的 RT-PCR 或 FISH 技术来筛选该异常。

4. t/del（11）(q23)　该异常和单核细胞白血病有特别的联系，约见于 22％的 AML-M5。它包括缺失和易位两种类型，后者更多见，常涉及 11q23 带，但其“伙伴”染色体则不固定，目前已发现 50 多种，其中以 t（9；11）(p22；q23)、t（6；11）(q27；q23)、t（10；11）(p12；q23)、t（11；17）(q23；q21）和 t（11；19）(q23；p13）等较为多见。分子生物学研究揭示该易位导致位于 11q23 的 MLL 基因和来自“伙伴”染色体的基因如 AF6（6q27)、AF9（9p22)、AF10（10p12)、AF17（17q21）或 ELL（19p13.1）并置在一起，形成 MLL-AF6、MLL-AF9、MLL-AF10、MLL-AF17 或 MLL-ELL 等融合基因。所有这些融合蛋白都缺失了 MLL 基因的激活区，干扰了野生型 MLL 对其下游 HOX 基因表达的调节，从而导致白血病的发生。该异常有少见的年龄分布：它占成人 AL 的 5％、儿童 AL 的 50％和婴儿 AL 的 75％。伴有 11q23 重排的 AL 患者临床上常有高白细胞计数、髓外浸润和皮肤受累等表现，预后不良。由于该异常常累及微小的端粒部位，故不易为常规核型分析所检出，Southern 印迹分析、RT-PCR 和 FISH 等则是检测 11q23/MLL 重排更为灵敏可靠的方法。

5. 其他少见的染色体重排　其他特异性染色体重排均较少见（0.1％～1％)，主要有以下几种：

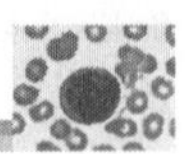

(1) t (6; 9) (p23; q34)：见于1%的AML，多为伴有骨髓嗜碱粒细胞增多（>1%）的AML-M2或M4，患者较年轻，治疗后CR率较低（50%）。

(2) t (8; 16) (p11; p13)：见于0.4%的AML，多为M5b，白血病细胞吞噬红细胞为其形态学特征，临床上常有中枢神经系统受累和由于原发性纤溶或弥散性血管内凝血所致的出血倾向，CR率为50%左右，且为时短暂。

(3) inv (3) (q21; q26)：见于1%的AML，除M3以外的各FAB亚型均有报道，主要特点为相对性或绝对性血小板增多和骨髓小巨核细胞增多，多数病例伴有其他染色体异常，特别是$-7/7q^-$和$-5/5q^-$，化疗效果大多不佳，预后较差。

(4) t/del (12) (p12—p13)：见于不到0.1%的AML病例，多为伴有骨髓嗜碱粒细胞增多的AML-M2。

(5) t (9; 22) (q34; q11)：见于1%～2%的AML病例，细胞形态学符合M1或M2的改变，免疫学检测可同时表达髓系和淋系抗原，CR率低（30%～40%），易早期复发，缺乏CML病史，骨髓中常有正常核型的细胞，CR后Ph染色体消失且临床上也不出现CML的表现，融合基因产物多为P190，根据以上诸点不难与CML急变相鉴别。

(6) 涉及11p15核孔素（NUP98）基因的易位：见于原发性或治疗相关性AML、MDS、CML和T淋巴细胞ALL（Lam等，2001）。目前已至少识别以下8种类型：t (1; 11) (q23; p15)、t (2; 11) (q31; p15)、t (4; 11) (q21; p15)、t (5; 11) (q35; p15)、t (7; 11) (p15; p15)、t (9; 11) (p22; p15)、inv (11) (p15; q22) 和t (11; 20) (p15; q11)，结果导致NUP98的5′端编码GLFG重复顺序的序列和“伙伴”基因3′端相并置而产生相应的融合基因，NUP98的“伙伴”基因大多为HOX家族的成员，也可以是其他基因包括DDX10、TOP1、LEDGF、NSD1和RAP1GDS1，患者多为东方人种，且疾病常呈侵袭性，治疗效果大多不佳。

(7) t (16; 21) (p11; q22)：已报道19例，可见于AML、MDS和CML急变，患者中位年龄22岁，除M3以外各FAB亚型均有报道，但以M4和M5为多见，细胞形态学上的特点是Auer小体易见，多数患者有白血病细胞吞噬红细胞现象，分子生物学研究揭示该易位导致位于16p11的TLS/FUS基因的5′端和位于21q22的ERG癌基因的3′端并置，形成TLS/FUS-ERG融合基因。

(8) t (1; 22) (p13; q13)：仅见于小儿AML-M7（28%的儿童AML-M7和67%的婴儿AML-M7），分子水平上该易位导致OTT/MAL融合基因，通常预后不良。

我们应用R显带技术对1058例急性非淋巴细胞白血病做了染色体分析，结果发现630例（60%）有克隆性染色体异常，主要异常核型25种，其中11种为特异性染色体重排，见于481例，占异常核型总数的76%。1.1%的M2、72%的M3、71%的M4EO、50%的M2、6%的M5和1.4%的M2分别有t (7; 11)、t (15; 17)、inv (16)、t (8; 21)、t/del (11q23) 和t/del (12p) 异常，而100%的t (7; 11)、t (15; 17) 和inv (16)、88.5%的t (8; 21)、83%的t/del (11q23) 和62%的t/del (12p) 分别见于M2、M3、M4EO、M2、M5和M2亚型（薛永权等，2001）。

以往认为染色体易位所致的融合基因是导致白血病发生的显性遗传学改变。Gilliland于2001年提出了白血病发病的“二次打击”模式，认为白血病的发生至少需要两个互补的突变事件参与：一是信号转导通路的基因突变，即Ⅰ类突变，它导致造血祖细胞增殖不受控制；

二是转录因子的突变即Ⅱ类突变，它导致造血祖细胞的分化障碍（Gilliland 等，2001）。白血病患者几乎均同时存在一种Ⅰ类突变和一种Ⅱ类突变。inv（16）AML 是一个很好的范例。Reilly 等（2004）认为几乎 70%的 inv（16）AML 存在下列基因突变之一：C-KIT、FLT3 或 RAS。上海交通大学附属瑞金医院血液学研究所报道我国的 t（8；21）AML 有较高的 C-KIT 突变率（48.1%）（Wang 等，2005）。江苏省血液研究所和张冬尔的协作研究在 30 例初诊 M2-AML 中发现 15 例（50%）存在 ETO 9a 异构体（苗雨青等，2007）。Yan 等应用转基因动物模型也证明仅有 AML1-ETO 融合基因不足以诱发白血病，只有同时存在选择性剪切产生的 ETO 9a 异构体才导致白血病发生（Yan 等，2004）。

大约 45%的原发性 AML 初诊时细胞遗传学检测揭示正常核型，称之为伴正常核型的 AML（cytogenetically normal AML，CN-AML）。他们中的少数患者采用 FISH 或 RT-PCR 仍可检出核型分析漏检的特异性染色体重排，但就他们中的大多数而言，即使采用上述技术通常也不增加特异性染色体重排的检出机会，相反，却常发现与染色体易位无关的基因突变或异常表达，且伴有不同的预后价值（Mrozek 等，2007；Baldus 等，2007）。其中最常见的是 NPM 突变，见于 46%～62%的 CN-AML。伴有该突变的患者通常预后良好，治疗后 CR 率很高。其次是 FLT3 突变，包括内部串联重复（FLT3-ITD）和点突变（FLT3-TKD），分别见于 28%～33%和 5%～14%的 CN-AML。FLT3-ITD 提示预后不良，至于 FLT3-TKD 的预后意义尚未确定。CEBPA 突变见于 15%的 CN-AML，提示预后较好。MLL 基因部分串联重复见于 10%的 CN-AML，其预后通常很差。BAALC 基因过表达见于 65.7%的 CN-AML，也是预后不良的指标。

五、ALL

60%～85%的 ALL 患者有克隆性染色体异常，其中 66%为特异性染色体重排，它们主要和 ALL 的免疫学亚型相关（Raimondi 等，1993）。

1. 染色体的数目改变 ALL 按染色体众数可分为高超二倍体（＞50）、超二倍体（47～50）、假二倍体、正常二倍体和亚二倍体（＜46）/近单倍体（＜30）等 5 种类型。其中高超二倍体见于 25%～30%的儿童 ALL，染色体总数在 51～65，峰值 55，数目增加的染色体以 4、6、10、14、17、18、20、21 和 X 等为多见。高超二倍体核型和好的预后特征有很强的联系，如年龄 3～7 岁，白细胞计数少于 10×10^9/L，FAB 分型为 L1 亚型，免疫学检测为 $CD10^+$ 的早期前 B 淋巴细胞表型，临床上化疗效果好，MS 人于 2～3 年，为儿童 ALL 中预后最好的亚型。

2. 染色体结构畸变

（1）B 系 ALL（B-ALL）的染色体易位，包括 5 个方面。① t（8；14）（q24；q32）：见于 3%的 ALL，特别是 85%～90%有表面免疫球蛋白的成熟 B 淋巴细胞 ALL，FAB 分型为 L3 亚型，1/3 病例可合并脑膜白血病和（或）腹部肿瘤，对各种治疗反应差，CR 率为 35%，长期无病生存率 0～25%，预后恶劣。近年来采用以大剂量环磷酰胺和 MTX 为主的方案，预后有明显改善，CR 率可达 63%～85%，5 年无病生存率达 53%。分子生物学上该易位导致原位于 8q24 的 MYC 基因和免疫球蛋白的重链基因并置，以致调控失常而高表达。部分患者可有 t（8；14）的变异易位如 t（2；8）（p12；q24）或 t（8；22）

(q24；q11)。② t（4；11）(q21；q23)：该易位见于2%～6%的ALL，但婴儿特别是新生儿很常见。FAB分型为L1或L2亚型，免疫学标记为前B或早前B淋巴细胞ALL，63%的患者可同时表达髓系抗原CD15。分子生物学上该易位导致原位于4q21的AF4基因和位于11q23的MLL基因并置，形成MLL-AF4融合基因。临床上常见高白细胞计数和中枢神经系统受累，CR率75%，中位无病生存期7个月，预后恶劣。③ t（1；19）(q23；p13)：该易位见于5%～6%的儿童ALL，特别是25%的前B淋巴细胞ALL（胞浆Ig^+、$CD10^+$、$CD19^+$），患者常为非白种人并有高白细胞计数、高乳酸脱氢酶水平和DNA指数小于1.16等特点，中位无病生存期仅为6个月，预后不良。分子生物学上该易位导致位于1q23的PBX1基因和位于19p13的E2A基因并置在一起，形成E2A-PBX1融合基因。④ t（9；22)(q34；q11)：该易位见于2%～5%的儿童ALL和15%～30%的成人ALL，FAB分型为L1或L2亚型，免疫学标记为前B或早前B淋巴细胞ALL，细胞遗传学上和Ph^+ CML的不同之处在于常同时存在正常核型的细胞，CR后Ph染色体消失，临床上患者的白细胞计数常增高，化疗效果差，CR率低，复发率高，现推荐强烈化疗并于首次CR后行异基因骨髓移植。其分子生物学改变和Ph^+ CML也有不同：成人病例中P210和P190各占半数，儿童病例中P190高达82%。⑤ t（12；21）(p13；q22)：该易位为儿童B淋巴细胞ALL中最常见的畸变（12%～27%），成人ALL中其检出率仅为2%左右。患儿CR率高，复发少见，预后较好。分子生物学研究揭示它导致原位于12p12的TEL基因和位于21q22的AML1基因并置在一起，形成TEL-AML1融合基因。该异常十分微小，常规核型分析一般不能发现，只有用RT-PCR或双色FISH技术才能检出。

(2) T系ALL（T-ALL）的染色体易位：30%～40%伴有异常核型的T淋巴细胞ALL，其染色体断裂点常涉及T淋巴细胞受体基因α/δ、β和γ所在位点（14q11、7q34—q35和7p15)。较常见的易位类型为t（11；14）(p13；q11)(25%)、t（10；14）(q24；q11)(5%～10%)、t（1；14）(p32—p34；q11)(3%)、t（8；14）(q24；q11)(2%)和t（11；14）(p15；q11)(1%)。应用FISH技术可检出许多隐匿性异常，主要包括9p21和1p32的微缺失、NUP24-ABL1阳性的T-ALL（6% T-ALL）和断裂点位于染色体末端的t（5；14）(q35；q32）易位。后者见于20%儿童T-ALL和13%成人T-ALL。t（9；22）(q34；q11）/BCR-ABL1重排在T-ALL中仅占1%左右。临床上T-ALL常见高白细胞计数、纵隔肿块和脑白等表现。除t（11；14）的患者预后较好外，其余患者均预后不良。分子生物学研究揭示上述易位导致T淋巴细胞受体基因之一和来自不同的“伙伴”染色体上的转录因子并置在一起，结果使后者调控失常而致高表达。近来还发现50%以上的T-ALL有NOTCH-1基因突变，该类患者对γ分泌酶抑制剂敏感。

(3) 无系列特异性的染色体畸变：一些染色体畸变既可见于B淋巴细胞ALL，也可见于T淋巴细胞ALL，例如$6q^-$，见于4%～13%的儿童ALL，断裂点位于6q15和6q21，预后较好；$9p^-$，见于7%～12%的ALL，关键缺失区为9p11—p12，预后不良，MS小于1年；$12p^-$，见于10%～12%的ALL，可为缺失或易位，常涉及12p12，其中dic（9；12）(p11；p11）见于前B或早前B淋巴细胞ALL，预后较好，患者治疗后几乎均可获得CR，MS为61个月。

六、治疗相关性白血病

治疗相关性白血病（treatment related leukemia，TRL）约为AL总数的10%，90%

以上的病例均有克隆性染色体异常。根据诱发 TRL 的药物和染色体畸变的类型，TRL 目前可分为以下两大类（Thirman 等，1996；Pederson-Bjergaard 等，1991）。

1. 由烷化剂所致的 TRL　该类 TRL 常以 $-5/5q^-$ 和（或）$-7/7q^-$ 为特征，临床上潜伏期较长，常有白血病前期，其细胞学类型可以是除 AML-M3 以外的各 FAB 亚型，患者多为老年人，对治疗反应差，长期生存者少见。

2. 由 DNA 拓扑异构酶Ⅱ抑制剂所致的 TRL　该类异常以涉及 11q23 和 21q22 的特异性染色体易位为其特征。其中由鬼臼素类（VP16、VM26）所致者常有涉及 11q23 的易位，尤以 t（9；11）（p22；q23）为多见，FAB 分型为 AML-M5 或 M4 亚型；由蒽环类所致者则有 t（15；17）、t（8；21）或 t（3；21）（q26；q22）等异常，FAB 分型为 AML-M3 或 M2 亚型；由二氧哌嗪类（乙亚胺、丙亚胺、乙双吗啉）所致者可有 t（15；17）、t（8；21）和 t（7；11）（p15；p15）等异常，FAB 分型分别为 AML-M3 和 AML-M2 亚型。临床上潜伏期较短（2～3 年），常无白血病前期，患者大多年轻，对治疗反应好，长期生存者多见（Xue 等，1992）。

七、MDS

40%～70%的 MDS 有克隆性染色体异常。晚期阶段［伴有原始细胞过多的难治性贫血（rafractory anemia of basts，RAEB）、转化中的 RAEB（RAEB in transformation，RAEB-t）］的染色体异常检出率比早期阶段［难治性贫血（refractory anemia，RA）和伴有环状铁粒幼细胞增高的难治性贫血（refractory anemia with ring sideroblasts，RAS）］高且异常类型也较复杂。原发性 MDS 的核型异常可分两类：一类和 AML 或骨髓增生综合征很相似，如 1q 三体、t（1；3）（p36；21）、t（1；7）（q10；p10）、t（2；3）（p21；q23）、t/ins（3）（q21q26）、－5、－7、＋8、＋9、＋11、i（17q）、－18、＋21、idic（X)(q13）和－Y 等；另一类为单纯染色体缺失，如 $5q^-$、$7q^-$、$9q^-$、$11q^-$、$12p^-$、$13q^-$、$17p^-$ 和 $20q^-$ 等。上述异常中＋8、$-5/5q^-$、$-7/7q^-$ 和 $20q^-$ 4 种最为多见。它们可单独或联合出现。应用针对上述 4 种异常的探针进行组合 FISH 检测有助于进一步提高核型异常检出率。idic（$20q^-$）是我国近来首先发现的一种新的、少见的再现性染色体异常，迄今文献中已有 32 例报道。该异常系从单纯 $20q^-$ 演变而来，主要见于老年 MDS 和 AML 患者，多数预后差（Li 等，2004）。最近德国和奥地利协作组报道了 2124 例 MDS 的染色体分析结果，其中 1084（52.3%）例有克隆性核型异常，异常种类多达 2370 种，主要异常有 21 种，包括 $5q^-$/－5、$7q^-$/－7、＋8、$20q^-$ 和－Y 等常见的类型（Haase 等，2007）。MDS 的染色体异常大多缺乏和形态学亚型的联系，因而对 MDS 的分型很少有帮助，但 $5q^-$ 综合征属于例外。该综合征主要见于 RA，以 $5q^-$ 为唯一异常，患者多为老年女性，常有大细胞性贫血，血小板计数正常或增高，巨核细胞不分叶，临床上感染或出血少见，转白风险小，对各种抗贫血治疗反应不佳，需长期依赖输血，故易并发铁过多症，应定期给予去铁剂治疗。鉴于其独特的临床表现和良好预后，WHO 分型将 $5q^-$ 综合征单独列为一型。近年来发现沙利度胺的衍生物 CC5013 对 $5q^-$ 综合征患者有显著的疗效，能诱导完全的红系反应和细胞遗传学缓解（List 等，2006）。MDS 患者病程中可出现核型演化，即原为正常核型，后来出现了异常，或者除原来的异常外，又增加了新的异常。这种

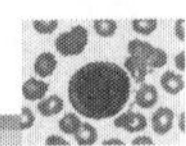

现象往往提示 MDS 正在向白血病演变。特异性染色体重排如 t（8；21）和 t（15；17）等均属罕见，目前认为它们并非真正的 MDS，而是早期 AML（Xue 等，1994）。继发性 MDS 的染色体畸变率更高，异常类型也更复杂，其中绝大多数为 5 和（或）7 号染色体的异常。MDS 的染色体核型有重要的预后价值。根据核型可将 MDS 分为 3 种不同的预后亚型：① 低危，正常核型、－Y、$5q^-$ 或 $20q^-$；② 高危，－7/$7q^-$、复杂异常或核型演变；③ 中危，其他单一异常如＋8。

八、白血病染色体畸变的临床和生物学意义

（1）克隆性染色体异常的检出有助于白血病的诊断和鉴别诊断：克隆性染色体异常的发现是诊断 MDS 或白血病的主要依据（Heim 等，1992）。据此可将 MDS 或白血病与其他非恶性血液病进行鉴别。但阴性结果也不能否定诊断，因为它可能是白血病细胞有丝分裂指数低下或者相关的异常是涉及亚显微水平的改变以致只有正常核型被检出的缘故。

（2）特异性染色体重排的发现不但有助于 AML 和 ALL 的鉴别，而且有助于进一步识别它们各自的亚型。

（3）染色体畸变可作为监测急性白血病缓解、复发和 CML 急变的重要指标。急性白血病最初的核型异常经治疗后完全消失而代之以正常核型提示 CR。CR 后原有异常重新出现，提示白血病复发。除原有异常外，又增添了新的异常，提示发生了克隆性核型演变，通常意味着疾病的进展如 CML 加速期或急变期。因此病程中反复多次染色体检查有助于判断急性白血病的 CR、复发和 CML 急变。

（4）性染色体标志可用来验证异基因骨髓移植是否成功或确定白血病复发的来源。供者为异性别的骨髓移植后，若发现男性患者骨髓细胞中 Y 染色体消失而代之以一对 X 染色体，即与女性供者的核型相同；反之，若女性患者骨髓细胞中出现 Y 染色体，即与男性供者的核型相同，均明确无误地表明移植成功。骨髓移植后白血病复发时，若发现性染色体构成和患者不同时则表明发生了供者源白血病。应用 FISH 技术检测性染色体判断移植后骨髓嵌合状态比常规核型分析更为敏感、准确和简便。

（5）染色体是独立的预后指标并有助于治疗方案的选择。诊断时的核型是急性白血病最有价值的预后因素，它决定着患者获得 CR 的概率、CR 持续时间和总生存期的长短（Grimwade 等，1998）。根据核型可将急性白血病患者分为 3 个不同的预后亚型（表 3-2）。

表 3-2　与急性白血病预后相关的细胞遗传学亚型

预后等级	核型	
	AML	ALL
良好	t（8；21）、t（15；17）、inv（16）	＞50 的超二倍体、t（12；21）
中等	正常核型、＋8、＋21、＋22、11q23 异常、del（9q）、del（7q）	正常核型、$6q^-$、t（1；19）、t（11；14）
不良	－5、－7、del（5q）、3q 重排、复杂异常（≥3 种异常）	t（9；22）、t（8；14）、t（4；11）、亚二倍体/近单倍体

核型对治疗方案的选择也有一定的指导意义，最典型的例子为早幼粒细胞白血病患者若发现 t（15；17）易位或 PML-RARα 融合基因转录本，则提示将对全反式维 A 酸或三氧化二砷治疗有良好反应；反之，则疗效不佳。t（12；21）易位/TEL-AML1 或超二倍体 ALL 对左旋门冬酰胺酶和抗代谢药物反应好。t（1；19）/E2A-PBX1 则需更强烈的方案治疗方能获得较好疗效。t（4；11）/MLL-AF4 和 t（9；22）/BCR-ABL 几乎总是预后不良，需高剂量化疗和在首次 CR 后进行异基因骨髓移植治疗。伴有预后好的核型异常如 t（8；21）、t（15；17）或 inv（16）等的 AML 首次 CR 后通常不考虑异基因造血干细胞移植。

（6）染色体发现为分子学研究提供了重要线索。染色体易位断裂点的克隆导致一系列与白血病有关的重要基因被相继发现（表 3-3），这不但对于白血病的诊断及其微小残留病的检测有很大的应用价值，而且对研究白血病的发病机制和探索新的治疗手段有重要的理论意义。

表 3-3 急性白血病中常见的染色体易位及其相应的基因改变

染色体易位	关键基因	和 FAB 亚型或免疫学亚型的联系
t（8；21）（q22；q22）	AML1-ETO	AML-M2
t（15；17）（q22；q21）	PML-RARα	AML-M3
inv（16）（p13；q22）	CBFβ-MYH11	AML-M4EO
t（6；11）（q27；q23）	MLL-AF6	AML-M5
t（9；11）（p22；q23）	MLL-AF9	AML-M5
t（11；19）（q23；p13）	MLL-ELL	AML-M5
t（6；9）（p23；q34）	DEK-CAN	AML-M2
t（8；16）（p11；p13）	MOZ-CBP	AML-M5b
t（7；11）（p15；p15）	NUP98-HOXA9	AML-M2
t（16；21）（p11；q22）	FUS-ERG	AML-M5
t（4；11）（q21；q23）	MLL-AF4	B 祖细胞 ALL
t（1；19）（q23；p13）	E2A-PBX1	前 B 淋巴细胞 ALL
t（8；14）（q24；q32）	MYC 和 IGH	B 淋巴细胞 ALL
t（2；8）（p12；q24）	MYC 和 IGK	B 淋巴细胞 ALL
t（8；22）（q24；q32）	MYC 和 IGL	B 淋巴细胞 ALL
t（9；22）（q34；q11）	BCR-ABL	前 B 淋巴细胞 ALL
t（12；21）（p13；q22）	TEL-AML1	B 祖细胞 ALL
t（11；14）（p13；q11）	RBTN2 和 TCRD	T 淋巴细胞 ALL

参考文献

冯宝璋等 . 1991. 一个急性髓系白血病家系的遗传学调查 . 中华血液学杂志，12：304

苗雨青等 . 2007. AML/ETO 9a 异构体在 M2 型急性髓系白血病中表达的研究 . 中华血液学杂志，28：27

吴炜等 . 2006. Ph 染色体阳性慢性粒细胞白血病衍生 9 号染色体缺失的 FISH 研究 . 中华血液学杂志，27：183

谢新等．1998. 600 例慢性粒细胞白血病的细胞遗传学分析．中华医学遗传学杂志，15：85
薛永权等．2001. 1058 例急性非淋巴细胞白血病的细胞遗传学分析．中华医学遗传学杂志，18：247
Baldus CD et al. 2007. Clinical outcome of de novo acute myeloid leukemia patients with normal cytogenetics is affected by molecular genetic alterations：a concise review. Br J Haematol，137：387
Butturim A et al. 1994. Hematologic abnormalities in Fanconi anemia：an international Fanconi anemia registry study. Blood，84：1650
Dicker F et al. 2006. Immunostimulatory oligonucleotide-induced metaphase cytogenetics detect chromosomal aberrations in 80% of CLL patients：a study of 132 CLL cases with correlation to FISH，IgVH status，and CD38 expression. Blood，108：3152
Gilliland DG. 2001. Hematologic malignancies. Current Opinions in Haematology，8：189
Goh KO et al. 1965. Identical twins and chronic myelocytic leukemia. Arch Intern Med，11：475
Gozzetti A et al. 2000. Fluorescence in situ hybridization：uses and limitations. Semin Hematol，37：320
Gozzetti A et al. 2004. The use of fluorescence in situ hybridization（FISH）in chronic lymphocytic leukemia（CLL）. Hematology，9：11
Grimwade D et al. 1998. The importance of diagnostic cytogenetics on outcome in AML：analysis of 1，612 patients entered into the MRC AML 10 trial. Blood，92：2322
Haase D et al. 2007. New insights into the prognostic impact of the karyotype in MDS and correlation with subtype：evidence from a core dataset of 2124 patients. Blood，110：4385
Harris NL et al. 2000. The World Health Organization Classification of Neoplasms of the Hematopoietic and Lymphoid Tissues：report of the Clinical Advisory Committee meeting—Airlie House，Virginia，November，1997. The Hematology Journal，1：53
Heim S et al. 1992. Cytogenetic analysis in the diagnosis of acute leukemia. Cancer Supplement，70：1701
Horwitz M. 1997. The genetics of familial leukemia. Leukemia，1：1347
Huntly B et al. 2001. Deletions of the derivative chromosome 9 occur at the time of the Philadephia translocation and provide a powerful and independent prognostic factor in chronic myeloid leukemia. Blood，98：1732
Kantarjian H et al. 2002. Hematologic and cytogenetic response to imatinibmesylate in chronic myelogenous leukemia. N Engl J Med，346：645
Kwong YL. 1992. Racial predisposition to translocation（7；11）. Leukemia，6：232
Lam DH et al. 2001. NUP98 gene fusions in hematologic malignancies. Leukemia，15：1689
Li TY et al. 2004. Clinical and molecular cytogenetic studies in seven patients with myeloid diseases characterized by i（$20q^-$）. Br J Haematol，125：337
List A et al. 2006. Lenalidomide in the myelodysplastic syndrome with chromosome 5q deletion. N Engl J Med，355：1456
Mayr C et al. 2006. Chromosomal translocations are associated with poor prognosis in chronic lymphocytic leukemia. Blood，107：742
Mrozek K. 2007. Clinical relevance of mutations and gene-expression changes in adult acute myeloid leukemia with normal cytogenetics：are we ready for a prognostically prioritized molecular classification? Blood，109：431
Nowell PL et al. 1960. A minute chromosome in human chronic granulocytic leukemia. Science，132：1497
Pederson-Bjergaard J et al. 1991. Two different classes of therapy-related and de-novo acute myeloid leukemia? Cancer Genet Cytogenet，1：119
Raimondi SC. 1993. Current status of cytogenetic research in childhood acute lymphoblastic leukemia. Blood，

81：2237

Reilly JT. 2004. Pathogenesis of acute myeloid leukemia and inv (16) (p13q22): a paradigm for understanding leukemogenesis? Br J Haematol, 128: 18

Rowley JD. 1973. A new consistent chromosomal abnormality in chronic myelogenous leukemia identified by quinacrine fluorescence and Giemsa staining. Nature, 243: 290

Sinclair PB et al. 2000. Large deletions at the t (9; 22) breakpoint are common and may identify a poor prognosis subgroup of patients with chronic myeloid leukemia. Blood, 95: 738

Thirman MJ et al. 1996. Therapy-related myeloid leukemia. Hematol Oncol Clin North Am, 10: 293.

Travis LB et al. 1986. Ph-negative chronic granulocytic leukemia: a nonentity. Am J Clin Pathol, 85: 186

Wang YY. 2005. AML1-ETO and C-KIT mutation/overexpression in t (8; 21) leukemia: implication in stepwise leukemogenesis and response to Gleevee. PNAS, 102: 1104

Xue Y et al. 1992. Specific chromosomal translocations and therapy-related leukemia induced by bimolane therapy for psoriasis. Leuk Res, 16: 1113

Xue Y et al. 1994. Translocation (8; 21) in oligoblastic leukemia: is this a true myelodysplatic syndrome? Leuk Res, 18: 761

Yan M. 2004. Deletion of an AML1-ETO c-terminal NcoR/SMRT-interacting region strongly induce leukemia development. PNAS, 101: 17186

第三篇

化疗及其他治疗

第四章　急性髓性白血病的化疗及其影响因素与方案

陆道培　刘　芳　童春容

刘芳，道培医院移植科副主任医师，医学博士。从事血液学临床及基础研究15年余，师从陆道培院士。擅长各种血液病的诊治及造血干细胞移植，对移植后合并急、慢性移植物抗宿主病，各种重症感染，血栓性微血管病变，出血性膀胱炎，间质性肺炎及其他合并症有成功救治经验。具有丰富的实验血液学基础，熟悉骨髓细胞形态学、细胞遗传学、分子生物学、流式细胞技术、定量PCR、细胞培养和原位杂交等实验技术。

急性髓性白血病（AML）是分化受阻于髓系干/祖细胞（包括粒系、单核系、红系、巨核系）的一组异质性白血病。其特点是恶性克隆性白血病干细胞无限制增殖并损及免疫细胞，可表现为白细胞增多或减少、贫血及血小板减少。此病进展迅速，若不治疗，一般将在短期内死亡。

美国临床病理学会早年对急性白血病的定义是：如无恰当治疗，患者生命不超过半年。该学会当时还列出亚急性白血病，目前看来颇为合理。按此，红白血病（M6）与大部分骨髓增生异常综合征（MDS）可归属亚急性白血病。

近年来，随着治疗策略、方法的不断创新，AML的缓解率及长期生存率明显提高，甚至相当比例的患者已可获治愈。尽管近年来AML的治疗已经取得了巨大的进展，如各种层出不穷的新药的出现、生物治疗的进展以及造血干细胞移植（HSCT）的进步，但是化疗仍然是治疗AML的最基本和最重要的手段。本章主要介绍AML的化疗，有关HSCT、生物治疗及对症支持治疗将在本书相应的篇章中进行详细介绍。另外，AML中急性早幼粒细胞白血病（APL），FAB分型属M3，其临床及生物学方面均比较特殊，尤其是t（15；17）APL的治疗不同于其他类型AML，具体介绍详见第五章，本章介绍除APL以外的AML的治疗。

第一节　影响AML化疗的预后因素

AML的化疗疗效和很多因素有关，包括临床特点、形态学、免疫学、细胞遗传学及分子生物学类型、患者在化疗前的体质和脏器疾病以及对初步治疗的疗效等。预后因素互相关联，即使某项指标说明预后好，但如果合并其他预后不佳指标，后者亦殃及患者。近年来，AML的最大进展是分子生物学预后指标的大量出现，白血病的治疗越来越根据预后的危险程度进行分层治疗，甚至进行个性化治疗。国际上很多大协作组根据一些预后因素，主要将AML分为预后良好、预后中等、预后不良三大类型，因此全面评估这些预后因素有利于指导选择个体化治疗方案及整体治疗策略。

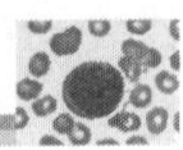

在以下列出的预后因素中，染色体、一些基因、年龄、治疗相关性或有 MDS 历史、化疗达到完全缓解的时间、化疗后微小残留白血病等的预后价值受到一致认可；而对于血 WBC 计数、脾脏肿大、LDH 升高等的预后价值意见不太一致。

需要强调的是，一些预后因素高度依赖治疗方法，预后因素不是一成不变的，随着治疗的发展，一些既往预后差的类型变成预后好的。如 t（8；21）/AML1-ETO 及 inv（16）/t（16；16）/CBFβ-MYH11 AML 需要大剂量阿糖胞苷（HD-Ara-C）的治疗预后才好；既往死亡率很高的 t（15；17）/PML-RARα APL 用全反式维 A 酸（ATRA）、蒽环类药物及砷剂治疗后疗效明显改善；既往一些不良的因素随着化疗或靶向治疗的改变，其疗效也可能发生改变。

预后因素也是互相关联的，如患者具有某项预后不良指标，但如果合并其他指标，最终的结果可能大不同。如累及核心结合因子（CBF）的染色体/基因异常 t（8；21）/AML1-RUNX1（AML1-ETO）、inv（16）、t（16；16）/CBFβ-MYH11 是预后良好因素，但如同时合并 c-KIT 基因突变、−Y 染色体异常、表达 CD56 则预后变差。美国西南肿瘤协作组（Southwest Oncology Group，SWOG）的研究认为，老年、继发性、预后不良的染色体、表达多药耐药蛋白 1 是独立的预后不良因素，伴随不良因素越多，缓解率越低（Leith 等，1997）。

有关预后因素的研究很多，一些大协作组也制定了各自的预后分组标准。但是很多预后因素是新报告的，新的预后因素也不断涌现，因此可能改变既往的预后分组标准。故下文将介绍文献报告的主要预后因素。

一、一般临床情况

（一）年龄

年龄是独立的预后因素。英国 MRC AML8 临床研究中，年轻患者及老年患者接受相同的治疗方案，＜50 岁患者 CR 率为 70%，60～69 岁患者为 52%，而＞70 岁患者仅为 26%（Rees 等，1986）。美国癌症及白血病协作组 B（Cancer and Leukemia Group B，CALGB）8525 例临床研究的结果也类似，＜60 岁的患者 CR 率为 73%，4 年无病生存（DFS）率为 31%，而＞60 岁的患者 CR 率仅为 47%，4 年 DFS 率仅 14%（Mayer 等，1994），显示老年 AML 的总体疗效远远不如年轻患者。美国国立癌症研究所（National Cancer Institute，NCI）的统计从 30～40 岁开始，随年龄增加预后变差。德国 AML 协作组多参数分析显示≥60 岁者的完全缓解（CR）率、总生存（OS）率、CR 期、无复发生存（relapse free survival，RFS）率都明显比＜60 岁差（Buchner 等，2009）。Juliusson 等（2009）和 Lerch 等（2009）的研究显示，＞60 岁患者的 3 年和 5 年 OS 率分别为 9%～10%和 3%～8%；而＜60 岁者可达 50%。因此，目前国际上通常把 60 岁作为区分年轻和老年白血病的界值。年龄大患者预后差的原因是伴预后不良因素如继发 AML、不良核型、FLT3 基因突变及多药耐药基因 1（multi-drug resistance type 1，MDR1，Pgp）表达等的比例增多（表 4-1）。

表 4-1　老年 AML 与年轻 AML 的比较　（单位：%）

特点	老年 AML	年轻 AML
继发 AML 率	24～56	8
诱导治疗相关死亡率	25～30	5～10
CR 率	45～55	75 左右
5 年 DFS 率	<10	35～40
FLT3 突变率	35	20
MDR1 阳性率	71	35
预后良好核型比例		
t（8；21）	2	8
inv（16）/t（16；16）	1～3	10
t（15；17）	4	6～12
预后中等核型比例		
正常核型	31	34～45
+8	6～10	4
预后不良核型比例		
－7，－5，inv（3）/t（3；3）	8～9	3
复杂核型	18	7

（二）初诊时白细胞（WBC）高

起病时高 WBC 也是提示预后不良的另一重要因素。Kiyoi 等（1999）认为起病时高 WBC（WBC>100×10^9/L）CR 率明显减少，而复发率明显增加。Chang 等（2007）的研究结果显示 WBC>50×10^9/L 者 CR 率低、OS 率低。欧洲骨髓移植登记组（European Group for Blood and Marrow Transplantation，EBMT）认为，即使根据染色体及基因划分为标危险性 AML，如果初诊时 WBC 高，仍应考虑 allo HSCT（Baer MR 和 Greer JP，1997）。美国儿童癌症研究协作组（COG）采用多参数分析未显示 WBC>50×10^9/L 有独立的预后价值（Phoenix AH 等，2010）。

（三）治疗相关 AML（t-AML）/伴骨髓增生异常的 AML

MRC 的结果显示 t-AML 的预后很差，10 年 OS 率一般<13%；除了累及 CBF 的 AML 及 t（15；17）/PML-RARα 的 APL 外，如果具有相同的染色体异常，t-AML 的预后明显比原发白血病差（Grimwade 等，2009）。Kayser 等（2011）调查了 2853 例 AML 患者，其中 200 例（7%）为 t-AML，多参数分析显示，t-AML 组在较年轻的患者强诱导缓解治疗期治疗相关死亡更多见。

伴骨髓病态造血相关改变的 AML 及有 MDS 历史的 AML 预后一般较差，CR 率明显低于其他 AML，但是如果结合染色体、基因的多参数分析，伴骨髓病态造血的 AML 不是独立的预后指标。如果患者同时有多系病态造血和 NPM1，多系病态造血不影响 NPM1 的预后价值（Falini 等，2011）。

（四）其他

其他包括患者一般状态、共病因子评分、合并髓外白血病、开始治疗时间等。虽然年

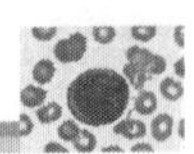

龄是很重要的预后因素，但是按照骨髓移植的共病因子评分对确定患者能否接受较大治愈性治疗方案、早期死亡率及OS率比年龄更重要（Giles等，2007；Sorror等，2005）。一些研究显示合并髓外白血病是预后不良的因素，但是我们的临床经验显示，注意髓外白血病的防治（见相关治疗节）可改善此不良因素。从诊断到治疗的时间与预后密切相关，研究显示，年轻患者发病后延迟治疗5天以上者的CR率及生存率更低，但在老年患者不明显（Sekeres等，2009）。

二、FAB分型

要记住的是：分型对预后的影响随时代不同而改变，不是一成不变的。

FAB是以形态学和细胞化学染色为主的分型。由于目前WHO的分型更多综合形态、染色体、基因、免疫分型、病理组织检测，由于染色体、基因异常及其他生物特征有独立的预后价值，WHO分类越来越多的类型以染色体和（或）基因异常来划分，没有染色体和（或）基因异常者被归为AML、NOS；FAB分型或WHO（2008）分型中AML、NOS比例越来越少。但是一些FAB或AML、NOS亚型也有重要的预后意义，如急性微分化型白血病（M0）、急性全髓性白血病、急性红白血病（M6）、急性巨核细胞白血病（M7）、唐氏综合征相关的AML、原始浆细胞样树突细胞肿瘤（BPDC）的预后差。Wells等（2001）的研究显示，56岁以下的M6患者中位生存期（MS）为11个月，大于56岁的患者仅3个月，明显短于其他类型。M. D. Anderson肿瘤中心（M. D. Anderson cancer center，MDACC）报道了37例M7与其他非M7型AML的治疗效果，结果显示，M7的OS及DFS明显短于其他类型，多变量分析显示M7是OS的独立预后不良因素（Oki等，2006）。Stasi等（1994）分析了15例M0患者的疗效，结果显示，仅6例患者达CR，中位生存时间仅16周，缓解期为3～22周，疗效明显差于其他类型的患者。既往认为AML-M5型预后较差（Tobelem等，1980），但最近美国东部肿瘤协作组（Eastern Cooperative Oncology Group，ECOG）的研究表明，M5型与其他类型相比预后及疗效无明显差别（Tallman等，2004），可能与最近化疗方案的改进及HSCT的广泛应用有关。急性系列模糊的白血病（包括急性未分化性白血病、急性混合性白血病等）虽然未划入AML中，但也是预后差的急性白血病。

三、免疫学因素

免疫分型是白血病诊断和分类的重要标志，应用流式细胞仪的免疫荧光标记，也是一些白血病监测微小残留（MRD）的重要手段和工具。此外，某些标志也是提示预后的重要指标。与AML预后有关的主要免疫学标志见表4-2，目前公认的预后不良因素是CD7和CD56，多数研究结果显示，$CD7^+$和$CD56^+$的AML CR率低，CR期短，多合并中枢神经系统白血病（CNSL），复发率高，OS率低，是预后不良因素。某些标志表达则提示预后良好，如CD15，既往很多认为是预后不良的免疫标志（如伴淋巴系列抗原表达等），随着治疗强度的增加可改善。

表 4-2　不同免疫表型在 AML 中的预后意义

免疫标志	表达比例（%）	病例数	预后意义	参考文献
CD13	95	196	低 CR 率	Griffin 等，1986
		123	低 CR 率	Schwarzinger 等，1990
		177	无	Legrand 等，2000
CD14	25	168	低 CR 率	Bradstock 等，1994.
		154	短生存期	Solary 等，1992
		102	提示预后差	San Miguel 等，1989
		196	无	Griffin 等，1986
		123	无	Schwarzinger 等，1990
CD15	33	235	高 CR 率	Tien 等，1995
		145	高 CR 率	Campos 等，1989
		123	高 CR 率	Schwarzinger 等，1990
CD11b	16	168	短生存期	Bradstock 等，1994
		92	短生存期	Tucker 等，1990
		235	短 CR 期	Tien 等，1995.
CD34	68	96	低 CR 率	Geller 等，1990
		141	低 CR 率，短生存期	Raspado 等，1997
		185	低 CR 率	Chang 等，2007
		379	低 CR 率	Chang 等，2004
		168	无	Bradstock 等，1994
HLA-DR	87	72	低 CR 率	Callea 等，1991
		235	低 CR 率	Tien 等，1995
		185	低 CR 率	Chang 等，2007
		168	无	Bradstock 等，1994
CD7	37	180	低 CR 率	Kita 等，1993.
		430	多合并 CNSL 低 CR 率及短 OS	Miwa 等，1996
		185	短 DFS 及 RFS	Chang 等，2007
		335	低 CR 率，短 CR 期	Venditti 等，1998
		177	无	Legrand 等，2000
		331	无	Kornblau 等，1995
CD56	24	12	低 CR 率，短生存期（APL）	Murray 等，1999
		29	短 CR 期及生存期 [t（8；21）AML]	Baer 等，1997
		152	低 CR 率，短生存期 多合并预后不良核型	Raspadori 等，2001
		379	短生存期	Chang 等，2004
		177	无	Legrand 等，2000
		331	髓外白血病发生率高	Chang 等，2004

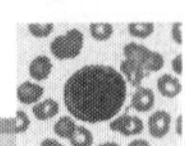

四、细胞遗传学因素

染色体核型目前被认为是与AML预后相关最重要的因素，因此国外一些大型研究均是基于染色体核型将AML分成不同的预后类型。约60%的AML患者伴染色体核型异常，不同研究组对不同预后类型的核型有不同的定义（表4-3）。且关于复杂核型的定义国际各研究组存在争议，英国医学研究委员会（MRC）的定义是5个及其以上的染色体异常（Grimwade等，1998），而SWOG及东部肿瘤协作组（ECOG）、CLAGB、德国AML协作组（AML Cooperative Group，AMLCG）及意大利多中心研究组的定义是3个及其以上的染色体异常（Slovak等，2000；Schoch等，2001；Visani等，2001）。Byrd等（2002）比较了3/4种核型异常与5个或5个以上核型异常的疗效，尽管前者累计复发率（cumulative incidence of relapse，CIR）、5年OS率明显优于后者，但较核型正常的患者相比，其CR率、5年OS率明显较差，CIR明显较高，故也属于预后不良型，因此作者认为，应该将复杂核型定义为3个及其以上的核型异常。

五、分子生物学因素

染色体核型在AML预后中具有重要作用，然而，预后相同核型的患者在分子生物学水平具有高度异质性。近几年来，随着各种新基因的发现和被充分认识，在AML的预后和治疗中显示出越来越重要的作用。最常见与预后有关的基因异常包括Fms样酪氨酸激酶3（FLT3）基因突变，包括内部串联重复（internal tandem duplication，ITD）及点突变、核磷蛋白1（nucleophosmin，member 1，NPM1）基因突变、髓系/淋巴/杂合型白血病基因部分串联重复（myeloid/lymphoid or mixed-lineage leukemia partial tandem duplication，MLL-PTD）、BAALC基因过表达、CCAAT/增强子结合蛋白α（CCAAT/enhancer-binding proteinα，CEBPA）基因突变、ETS相关基因（ETS-related gene，ERG）过表达、脑（脊）膜瘤1（meningioma 1，MN1）基因表达、EVI1基因突变、WT1基因过表达、KIT基因突变、异枸橼酸脱氢酶（isocitrate dehydrogenase，IDH）突变等。

（一）FLT3基因突变

FLT3是一种跨膜的酪氨酸激酶，属Ⅲ类酪氨酸激酶受体家族成员，表达于正常骨髓及造血祖细胞，在多能干细胞的生长及分化过程中起重要作用（Gilliland等，2002）。约30%的AML患者有FLT3基因突变，最常见的突变类型是累及胞浆近膜区域（juxtamembrane domain，JMD）的FLT3-ITD，多见于染色体核型正常的AML患者，也可见于t（15；17）AML，较少见于t（8；21）AML及inv（16）/t（16；16）AML（Kottaridis等，2001；Whitman等，2001；Frohling等，2002）。另一种较少见的突变是活化环酪氨酸激酶区域（tyrosine kinase domain，TKD）的点突变，如D835Y突变，可见于5%～14%的核型正常患者（Frohling等，2002；Beran等，2004）。

表 4-3 不同研究组对不同预后染色体核型的定义(Grimwade 等,2009)

研究组	NCCN	MRC	SWOG/ECOG	CALGB	GIMEMA/AML10	AMLCG	HOVON/SAKK
预后良好	t(15;17)	t(15;17)	t(15;17)	t(15;17)	t(15;17)	t(15;17)	t(15;17)
	t(8;21)	t(8;21)	t(8;21),不伴 $9q^-$ 及复杂核型	t(8;21)	t(8;21)	t(8;21)	inv/del(16)不伴预后不良核型
	inv(16)/t(16;16);	inv(16);t(16;16);	inv(16);t(16;16);$16q^-$	inv(16)/t(16;16)	inv(16)/t(16;16)	inv(16);t(16;16)	单纯 t(8;21)
预后中等	正常核型	正常核型	正常核型	正常核型	正常核型	正常核型	正常核型
	+8,t(9;11),其他非复杂核型	其他非复杂核型	+6,+8,−Y,$12p^-$	其他非复杂核型	−Y	其他非复杂核型	其他非复杂核型
预后不良	3q 异常	3q 异常[不包括 t(3;5)]	3q,9q,11q,21q,	inv(3)/t(3;3);	其他类型	inv(3)/t(3;3);	3q 异常
	$-5/5q^-$;$-7/7q^-$	inv(3)/t(3;3);	17p 异常	−7;t(6;9);t(6;11)		$-5/5q^-$;$-7/7q^-$	$-5/5q^-$;$-7/7q^-$
	复杂核型[a]	$5q^+/5q^-/-5$;$-7/7q^-$	$-5/5q^-$;$-7/7q^-$	t(11;19);+8;		11q23 异常	11q23 异常
	11q23 异常[除外 t(9;11)]	t(6;11);t(10;11);t(9;22);−17	t(6;9);t(9;22)	复杂核型[a]		$12p^-$	t(6;9);t(9;22)
	inv3/t(3;3)	合并其他改变的 17q 异常	复杂核型[a]	排除合并预后良好核型		11p 异常	复杂核型[a]
	t(6;9)	复杂核型[a]				复杂核型[a]	
	t(9;22)	排除合并预后良好核型					

a ≥3 个非相关异常。

注:MRC. 英国医学研究委员会;SWOG. 美国西南肿瘤研究组;ECOG. 东部肿瘤协作组;CALGB. 美国癌症及白血病协作组 B;GIMEMA. 意大利 Gruppo Italiano Malattie Ematologiche Maligne dell'Adulto 研究组;AMLCG. 德国 AML 协作组;HOVON. 荷兰比利时血液肿瘤协作组;SAKK. 瑞士临床癌症研究组。

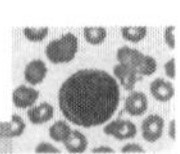

临床上，FLT3-ITD$^+$的AML患者具有独特的临床特点，如起病时WBC水平较高、外周血及骨髓中原始细胞比例高。FLT3多出现于原发AML，其CR率较低、CR持续时间及生存时间较短（Frohling等，2002；Beran等，2004）。很多研究显示FLT3-ITD是染色体正常的AML独立的预后不良因素（Kottaridis等，2001；Thiede等，2002a），但对预后良好或预后不良核型AML患者的预后没有影响（Santos等，2011），关于FLT3-TKD的预后意义尚不明确（Thiede等，2002）。此外，正常核型或伴FLT3-ITD$^+$的患者出现FLT3野生型（wild type，WT）丢失或缺失提示预后不良（Whitman等，2001）。

（二）NPM1基因突变

NPM1基因突变可见于46%～62%核型正常的AML患者，此类AML的特点是女性多见、起病前多伴高WBC、骨髓中原始细胞比例较高，CD34$^+$低表达或不表达（Falini等，2005；Schnittger等，2005；Boissel等，2005；Thiede等，2006；Dohner等，2005）。Falini等（2005）首次报道NPM1突变是CR的独立预后良好因素。NPM1突变的患者中有40%伴FLT3-ITD$^+$。NPM1$^+$患者若FLT3-ITD$^-$，则预后良好。多变量分析表明，NPM1$^+$/FLT3-ITD$^-$是获得高CR率、无事件生存（EFS）率、RFS率及OS率的独立预后良好因素（Falini等，2005；Schnittger等，2005；Thiede等，2006；Dohner等，2005）。Gale（2008）报告了英国MRC的观察结果，染色体正常的年轻AML患者，FLT3-ITD$^-$/NPM1$^+$组预后好，5年OS率为61%；FLT3-ITD$^-$/NPM$^-$或FLT3-ITD$^+$/NPM$^+$组预后中等，5年OS率分别为37%、38%；FLT3-ITD$^+$/NPM1$^-$预后差，5年OS率仅为9%。Schneider等（2009）的研究显示，NPM$^+$AML者的CR率明显高于阴性者，而与FLT3无关。最近有研究显示，在NPM1突变基础上出现附加染色体异常及多系病态造血均不影响NPM1的预后（Falini等，2011）。因此，对染色体正常患者应根据FLT3-ITD及NPM1是否突变进行预后分组。

（三）MLL-PTD

MLL-PTD可见于约10%正常核型的AML及90%伴+11核型的AML。MLL-PTD$^+$的AML患者有30%～40%合并FLT3-ITD$^+$，但合并CEBPA及NPM1基因突变较少见。多参数分析表明MLL-PTD是AML缓解期长短的独立预后不良因素（Dohner等，2002）。最近CALGB的研究显示，缓解后的强化治疗可改善患者的长期生存率。

（四）BAALC基因过表达

BAALC基因最初表达于神经外胚层来源的组织及造血祖细胞，但在骨髓及外周血单个核细胞表面不表达。早期发现，在部分AML、ALL及CML急变期患者中可有BAALC基因高表达（Tanner等，2001）。BAALC基因过表达是不利于EFS、DFS及OS的因素（Baldus等，2003）。Bienz等（2005）分析了BAALC基因过表达与FLT3-ITD及CEBPA突变对预后的共同影响，BAALC过表达提示DFS及OS较差，而同时FLT3-ITD$^-$及合并CEBPA突变不改变其预后，因此认为BAALC过表达是FLT3-ITD$^-$及CEBPA$^+$患者的预后不良指标。在一包含307名年龄小于60岁的核型正常患者的大型研究中显示，外周血BAALC过表达是化疗耐药、CIR及OS的独立预后不良指标。多变量分析显示，

BAALC 过表达以及 FLT3-ITD$^+$/FLT3-WT 高是提示高 CIR 及短 OS 的独立因素。BAALC 过表达的患者在 CR1 期进行异基因造血干细胞移植（allo-HSCT）疗效既优于化疗，亦优于自体造血干细胞移植（auto-HSCT）（Baldus 等，2006）。

（五）CEBPA 基因突变

2001 年首次发现 CEBPA 基因突变常出现于 FAB 分型的 M1、M2 及核型正常的 AML（Pabst 等，2001）。核型正常的 AML 中有 15%～19%的患者合并 CEBPA 突变（Boissel 等，2005；Baldus 等，2006），其特点是起病时外周血原始细胞比例高，多伴血小板较少，出现淋巴结肿大及髓外白血病较少，很少与 FLT3-ITD$^+$ 及 FLT3-TKD$^+$，MLL-PTD$^+$ 同时出现（Frohling 等，2004）。尽管 CEBPA$^+$ 患者与 CEBPA$^-$ 患者的 CR 率无明显差别，但 CR 持续时间、DFS、EFS 及 OS 明显优于无 CEBPA$^-$ 患者。核型示中等预后的患者 CEBPA 突变则有较好的 EFS、DFS 及 OS（Barjesteh van Waalwijk van Doorn-Khosrovani 等，2003；Preudhomme 等，2002）。最近 ALFA9802 的研究亦表明，染色体核型正常 NPM1$^+$ 或 CEBPA$^+$ 同时 FLT3-ITD$^-$ 的患者长期生存率与预后良好核型的患者相似（Thomas 等，2011）。

（六）ERG 过表达

ERG 是转录因子 ETS 基因家族的成员，与细胞的增殖、分化和凋亡密切相关。ERG 过表达首次在复杂核型异常的 AML 中被发现，随后发现于正常核型的患者。研究表明，ERG 过表达是预后不良因素（Mrozek 等，2002；Baldus 等，2004）。在 CALGB 9621 试验中，小于 60 岁的原发 AML 患者若治疗前 ERG 高表达，则 CIR 及 OS 明显较差，多变量分析显示，ERG 过表达是提示较差 OS 的独立预后因素。ERG 及 BAALC 的过表达共同不利于 OS（Marcucci 等，2005a）。

（七）其他基因异常

研究表明，MN1 基因高表达、EVI1 基因过表达、RUNX1 基因突变、WT1 基因过表达、c-KIT 基因突变和 IDH 突变是预后差的指标，详见表 4-4（Paschka 等，2008；Virappane 等，2008；Baldus 等，2003；Bienz 等，2005；Baldus 等，2006；Mrozek 等，2002；Baldus 等，2004；Langer 等，2009；Tang 等，2009；Marcucci 等，2010；Green 等，2010）。

表 4-4 不同基因表达异常的预后意义

基因类型	基因座位	预后意义	参考文献
FLT3-ITD	13q12	不良	Frohling 等，2002；Beran 等，2004
NPM1 基因突变	5q35	良好	Falini 等，2005；Thiede 等，2006
MLL-PTD 突变	11q23	不良	Caligiuri 等，1998；Dohner 等，2002
BAALC 过表达	8q22.3	不良	Baldus 等，2003，2006
CEBPA 基因突变	19q13.1	良好	Frohling 等，2004；Baldus 等，2006

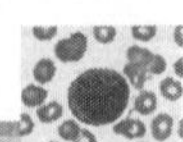

续表

基因类型	基因座位	预后意义	参考文献
ERG 基因过表达	21q22.3	不良	Mrozek 等，2002；Baldus 等，2004
KIT 基因突变	4q11—q12	不良	Advani 等，2008
MN1 基因表达	22q11	不良	Heuser 等，2006
EVI1 基因过表达	3q26	不良	Lugthart 等，2008
WT1 基因过表达	11p13	不良	Barragan 等，2004
IDH 突变		不良	Marcucci 等，2010

很多研究显示，AML 是Ⅰ类和Ⅱ类基因突变的结果。Ishikawa Y 等（2009）分析了165 例患者的 FLT3、c-KIT、N-ras、C/EBPA、AML1、MLL、NPM1 和 TP53 基因突变，发现 103 例初治自发 AML 有Ⅰ类和Ⅱ类基因的交叉异常；最明显的是 TP53 基因突变具有Ⅰ类和Ⅱ类基因突变，与多系病态造血和复杂染色体异常有关，是很重要的独立预后不良的因素。

结合染色体和基因表达异常，综合 WHO、美国国家癌症综合网络（NCCN）、美国癌症白血病研究 B 协作组（CALGB）、欧洲白血病网络和英国医学研究委员会（MRC）的观点，AML 的预后分组见表 4-5。

表 4-5　AML 根据染色体和基因的预后分组（Byrd 等，2002；Vardiman 等，2009；Döhner 等，2010）

预后类型	染色体核型	分子生物学异常
低危	t（8；21）（q22；q22） inv（16）（p13；q26） t（16；16）（p13；q26） t（15；17）	正常核型合并 NPM$^+$/FLT3$^-$ 正常核型合并 CEBPA$^+$/FLT3$^-$
中危	正常核型 +8 t（3；5） t（9；11）（p22；q23） 其他	以下染色体异常伴 c-KIT 基因突变： t（8；21）（q22；q22） inv（16）（p13；q26） t（16；16）（p13；q26）
高危	≥3 个的复杂染色体异常[a] MK$^+$ −5，5q$^-$ −7，7q$^-$ 除 t（9；11）外的其他 11q23 异常	正常核型合并 FLT3-ITD$^+$

a 不包括含 t（8；21）（q22；q22），inv（16）（p13；q26），t（16；16）（p13；q26）的复杂染色体异常。

注：MK. 染色体单体异常，是指某一号染色体缺失一条（不包括−Y 或−X），同时存在另一染色体单体或结构性染色体异常［不包括 t（8；21）（q22；q22），inv（16）（p13；q26），t（16；16）（p13；q26）］。

这里需要补充的是，在表 4-3 和表 4-5 中提到的一些染色体异常会产生基因的异常，其预后意义同染色体异常，如 t（15；17）（q22；q12）与 PML-RARα；t（8；21）（q22；q22）与 AML1-RUNX1（AML1-ETO）；inv（16）（p13.1；q22）/t（16；16）（p13.1；q22）与 CBFβ-MYH11；累及 11q23 异常与 MLL 基因；t（9；11）（p22；q23）与 MLLT3-MLL，其

他累及11q23的异常与MLL基因，t（6；9）（p23；q34）与DEK-NUP21；inv（3）（q21；q26.2）/t（3；3）（q21；q26.2）与RPN1-EVI1；t（1；22）（p13；q13）与RBM15-MKL1；t（9；22）（q34；q11.2）与BCR-ABL；$17p^-$与TP53基因突变等。

（八）其他预后因素

1. DNA甲基化　DNA胞嘧啶甲基化是表观基因调节的关键机制，正常DNA甲基化的丧失是癌症的标志。有研究显示，白血病有特异性基因的异常甲基化，DNA甲基化的形式对OS具有独立预后价值。很多AML类型已确定其特殊的DNA甲基化形式，如t（8；21）、t（15；17）/PML-RARα、CEBPA AML及其他t（8；21）阴性的AML等（Figueroa等，2010）。

2. 基因组学　近年，癌症基因组学研究发展很快，发现在一些白血病具有独特的基因表达谱或微RNA（miRNA）具有预后价值。目前，在老年AML患者中，发现了一些独特的基因谱，不仅与预后有关，而且与细胞的增殖、凋亡、癌基因信号转导的紊乱、癌细胞微环境改变、化疗敏感等有关（Bullinger等，2004；Rao等，2009）。单核苷酸多态性（single nucleotide polymorphism，SNP）的拷贝数量及基因位点也可提供对AML发病机制认识的信息。miRNA是由19～25个核苷酸组成的非编码RNA，可调节DNA的表达，最近的研究显示，一些miRNA与CN-AML的EFS负相关（Marcucci等，2008）。

3. 其他　分化抑制因子（inhibitors of differentiation，Id）是一组抑制bHLH转录因子的分子，bHLH促进细胞过度增殖、保护细胞免受凋亡。Tang等（2009）研究了237例AML患者Id1表达，发现在染色体正常患者，Id1高表达者DFS、OS率更低，是独立的预后不良因素；在<60岁的染色体正常患者，多参数分析显示，Id1高表达是独立的预后因素，CR、DFS和OS率更低。

一些蛋白的表达与激活（磷酸化）与细胞的凋亡、信号转导、细胞周期调节等有关。最近一些研究分析了AML的蛋白表达谱，发现FAB分型、FLT3-ITD$^+$染色体正常AML中有7组蛋白谱，预后不同。

六、多药耐药因素

对化疗药耐药是化疗失败的重要原因之一，导致对化疗药耐药的最重要原因是一些耐药蛋白的表达，包括P-gp、多药耐药相关蛋白1（multidrug resistance-associated protein 1，MRP1）及肺耐药蛋白（lung resistance protein，LRP），其中最重要的是P-gp，由MDR1编码，是一种ATP结合蛋白，位于白血病细胞的细胞膜，参与多种化疗药物向细胞外转运。MDR1/ P-gp高表达使细胞内药物浓度降低，从而导致对化疗药耐药。一些研究表明，P-gp可表达于19%～75%的初治AML患者，其阳性率随年龄的增加而增加，MDR1/ P-gp阳性是决定化疗疗效的预后不良因素。SWOG研究了211名年龄大于55岁的AML的MDR1的表达及对预后的影响，结果显示MDR1阳性率为71%，MDR1$^+$的患者CR率明显降低，多变量分析结果显示MDR1$^+$是影响CR率的独立预后不良因素。同一研究组的进一步研究也证实了MDR1/ P-gp对CR率有不利影响，但对OS及RFS率并无明显影响（Leith等，1997）。Legrand等（1999）的研究显示，MDR1/ P-gp阳性不仅

影响 CR 率，而且影响 CR 持续时间及生存率。

七、对治疗的反应

（一）治疗后达到完全缓解的时间

化疗的效应与预后密切相关（在本书治疗总论中作者已比较详细地介绍经化疗白血病细胞形态、数量改变与细胞周期变化的意义，请参见该章）。英国 MRC 认为，1 个疗程后原始细胞＞15％或 2 个疗程后原始细胞＞5％提示预后不良。Estey 等（2000a）发现，M. D. Anderson 肿瘤中心达到 CR 的时间长短与预后密切相关，达 CR 的时间超过 50 天提示生存期短（Estey 等，2000）；德国 AMLCG 认为化疗第 16 天原始细胞未完全清除是预后不良的指标（Kern 等，2003）。Elliott 等（2007）的临床统计显示，诱导化疗过程中外周血白血病细胞清除的速度是重要的预后指标，化疗 3 天内完全清除提示预后良好。北京大学人民医院江滨等（2009）报告，AML 患者在第 1 次诱导化疗结束时查原始细胞（T1）及第 1 次诱导化疗结束后 16 天查原始细胞（T2）＜5％者 CR、RFS 和 OS 率均明显高于≥5％的患者。

（二）治疗后微小残留病（minimal residual disease，MRD）

MRD 是指 CR 后，用更敏感的方法，如染色体、荧光原位杂交（FISH）、流式细胞仪（FCM）、基因检测技术仍可检测到的白血病，最常见采用的检测方法是 FCM 和基因检测。近年来 MRD 的预后价值越来越多地受到重视，很多研究一致证实 MRD 是独立的预后因素，尤其对中危和低危的 AML 患者，甚至可以超越其他预后因素的影响。由于初治时的新预后因素越来越多，很难全面检查，治疗后定期监测 MRD 可反映多种预后因素的综合作用结果。

FCM 监测 MRD 的优点是对绝大多数 AML 都可能应用。San Miguel 等（1997）用多参数流式细胞术（multiparameter flow cytometry，MFC）研究了 53 名 AML 患者的 MRD 水平，认为诱导治疗后 MRD＞0.5％及巩固治疗后 MRD＞0.2％提示预后不良。随后，同一研究组（San Miguel 等，2001）用 MFC 研究了 126 例 AML 患者化疗过程中 MRD 水平，根据诱导化疗后 MRD 水平将患者分为 4 个预后类型组：极低危，MRD＜10^{-4}；低危，MRD 为 10^{-4}～10^{-3}；中危，MRD 为 10^{-3}～10^{-2}；高危，MRD＞10^{-2}。长期随访结果显示，极低危、低危、中危及高危患者 3 年 RRs 分别为 0％、14％、50％和 84％，MRD 与 RFS 及 OS 密切相关，多变量分析显示 MRD 是最重要的预后因素。Venditti 等（2000）的研究显示，诱导化疗后 MRD＞0.045％及巩固治疗后 MRD＞0.035％为 EFS 及 OS 的独立预后不良因素。Kern 等（2004）认为治疗前及诱导治疗后 MRD 对数的变化是重要的预后因素。Buccisano 等（2010）根据治疗前染色体核型将患者分组，巩固治疗后用 FCM 监测 MRD 的水平，染色体低危和中危组 MRD 阴性者的 4 年 RFS 率分别为 70％、63％，OS 率分别为 84％、67％；但 MRD 阳性者的 4 年 RFS 率分别为 15％、17％，OS 率分别为 38％、23％（P＜0.001）。MRC AML12 研究及荷兰儿童癌症协作组 ANLL 97 计划对 94 例儿童 AML 用 FCM 监测 MRD：第 1 个疗程诱导化疗后 MRD＜0.1％、0.1％～0.5％、≥0.5％患者的 3 年无白血病生存（LFS）率分别为 85％±8％、64％±10％、

14%±9%（$P<0.001$），OS 率分别为 95%±5%、70%±10%、40%±13%（$P<0.001$），多参数分析显示 MRD 具有独立的预后价值（van der Velden 等，2010）。北京市道培医院总结了 2006～2009 年 89 例诊断后 1 年内来接受化疗的 AML 患者定期用 FCM 监测 MRD 的情况。根据化疗后至 12 个月时 FCM 是否仍检测到 MRD 将患者分为 MRD 阳性及阴性组。MRD 阴性组 59 例（8 例初治时有高危因素），阳性组 30 例（11 例初诊时诊断为标危险组）；36 个月 CCR 概率分别为 78%、13%（$P<0.0001$）。19 例 AML 患者在诊断 1 年后来笔者所在医院，13 例 MRD 阴性患者中 11 例 CCR 至今；另 6 例 MRD 阳性者均复发（童春容，待发表）。

相比 MFC，定量多聚酶链反应（quantitative polymerase chain reaction，Q-PCR）敏感性更高，是检测 MRD 的一个重要手段。很多研究显示，用 PCR 监测治疗后 CBF、PML-RARα、NPM1 等基因定量有很好的预后价值。Krauter 等（2003）的研究显示 CBF AML 诱导治疗后基因水平下降小于 2 个对数级提示预后不良。Guerrasio 等（2002）发现 inv（16）AML 晚期复发的患者 CBFβ-MYH11 水平明显高于持续 CR 的患者，他们将 CBFβ-MYH11 基因 1 拷贝/100 000 ABL 拷贝定义为区分低危和高危的界值。Corbacioglu 等（2010）报告德国-奥地利协作组监测了 53 例 AML 化疗后 CBFβ-MYH11 定量，具有预后价值。Schnittger 等（2009）追踪了 252 例 AML 的 NPM 突变基因定量。47 例患者在治疗中增加 1 个对数级或降低<3 个对数级者最终复发。多参数分析显示，NPM1 的基因水平最具有预后价值。Krönke 等（2011）的多参数分析也证实治疗后 NPM 定量对 16～60 岁是独立的预后因素，2 个疗程化疗后如果 NPM1 突变基因转阴的 4 年复发率为 6.5%、OS 率为 90%，而阳性者的 4 年复发率为 53%、OS 率为 51%。我们的长期观察显示，6 例 PML-RARα 反复转为阳性的 APL 患者均复发。治疗后其他多种白血病特异性融合基因早期持续 0%，或 AML1-ETO 持续<0.01%是长期 EFS 的关键因素（童春容等，待发表）。

（三）CR 质量

Walter 等（2010）报告了美国 ECOG、SOG、MDACC 等协作研究的结果，发现 CRi（CR 但血小板恢复不满意者）的长期生存率比那些 CR 患者低。

（四）治疗后突变

很多研究显示，AML 在治疗后可发生染色体、基因、免疫标志的变化，这些变化是白血病复发的原因，提前检测到这些突变，可预测白血病复发。我们对急性白血病患者每半年检测一次染色体，可发现一些新的染色体异常，数月后白血病复发；白血病细胞丢失 MHC 分子也与复发有关。Bachas 等（2010）发现，在儿童 AML 初治及复发时，一些基因的突变形式改变，尤其是 FLT3、WT1、ras 基因突变，获得基因突变的患者缓解期更短。

总之，AML 的预后受多种因素影响，因此治疗时应结合多个因素进行预后评估，选择最佳的个体化治疗方案。

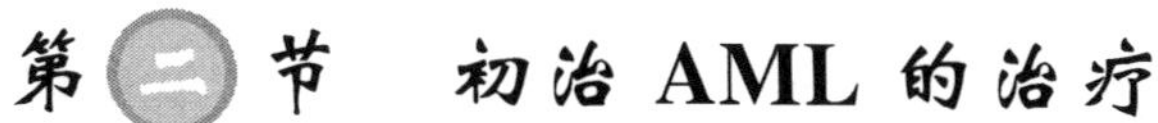第二节　初治 AML 的治疗

AML 是一种急性全身性重症恶性病，医院与患者必须对化疗过程与化疗后可能出现

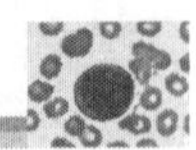

的脏器出血合并症（如消化道、肺、颅内、泌尿系等）与重症感染有必要的思想准备与尽快进行治疗的条件准备。具体措施包括：满足患者的知情权，向患者家属，特别是向儿童家长交代病情，当然不能吓着患者；化疗与穿刺等操作的知情同意书；血库与血小板供应的准备；对患者实验室各项检查与心功能的了解；病原体检测与抗生素选择的准备，病房医护人员还必须熟悉病房中喉镜与吸引器放置之处，并了解支气管肺部出血后的吸引；医护人员必须熟悉放置肾上腺素与静脉钙剂的地方，以便超过敏时应用。

由于 AML 起病迅猛，所以经治医师无论是对转诊的或初诊的患者都必须反应和行动迅速。此行动包括：① 简单的现病史，如果患者已在其他医院诊断为急性白血病并有头痛，则除在诊室内就可以抽血检查血常规、进行血小板与血涂片检查外，必须立即做头部 CT 以避免耽误颅内出血的诊断与治疗（颅内大出血往往需要立即手术治疗），其他急性合并症须依此类推，例如高白细胞血管阻塞所导致的急性呼吸窘迫综合征等，特殊情况下，如 APL 患者就诊时还须及时向上级医师报告。② 临诊医师平素必须有良好的临床医学与血液病学基础与系统知识，这样才不容易忽视某些重要的病史和体征；这一过程，当然包括对患者尊敬、态度认真、同情和宽慰。③ 对患者既往的诊断根据进行核实和分析，曾经有巨幼细胞性贫血被诊断为 AML、低增生性的 AML 被误诊更时有发生。AML 患者的合并症被误诊者更多，AML 分型错误者亦甚为常见。AML 不同类型的治疗方案有很大区别，要按临床、形态学、细胞遗传学、分子生物学、应用流式细胞检查所得的细胞遗传标志等及其他细胞学的检测结果对患者逐步地尽快做出白血病类型的诊断，包括多类白血病中亚型或变异型的判定，这些与治疗、用药与总体方案都有密切联系，将在本章随后的篇幅中有比较详细的叙述。

内科诊疗的通则亦适用于 AML。首先需鼓励患者，并宜有防范患者寻短见的措施。医院与医师对一旦患者有严重血小板减少、低纤维蛋白原血病与出血合并症要有应急措施，包括准备各种血液成分与其代用品。对 AML 伴有白细胞高达 80×10^9/L 者须立即补液，保持足够尿量避免脑、肺、肾等因白细胞堵塞所引起的功能衰竭，简短、缓慢地输注山梨醇一则可保持尿量，二则可减少组织水肿。一般 AML 第一或第二天可用较大剂量羟基脲或一次性蒽环类药物并加 Ara-C。但对 APL，则宜以砷剂为主，合并小剂量化疗，不使患者承受大剂量化疗导致 DIC 与其副作用的风险。APL 伴有高白细胞者亦禁止在此时应用 ATRA，但可在白细胞低下后使用。初诊时白细胞减少的 AML 常见于形态学的低增生性白血病（oligoblastic leckemia）、MDS、红白血病、APL 以及在细胞遗传学异常中的 +8、−7 等白血病。G-CSF 不能用于 APL，但对上述疾病伴有白细胞特别低下者可在严密观察下使用。这类患者的正常白细胞已受疾病抑制，所以化疗剂量宜小不宜大，同时须无菌护理，甚或药物性预防病原体感染，特别是真菌感染。

初治 AML 的治疗分诱导治疗和缓解后治疗两个阶段。诱导治疗的目的首先是在不让患者冒太大生命危险的前提下迅速减小体内白血病细胞负荷，使病情达到缓解，恢复正常造血与免疫功能；缓解后治疗的目的是清除体内残存白血病细胞，以减少复发，延长生存，乃至治愈。对大多数 AML 患者来说，治疗的目标是治愈。但是对不同年龄、不同预后组的患者，治疗策略有所不同，根据国际上一些大协作组的结果和我们的经验，建议治疗的策略见图 4-1。

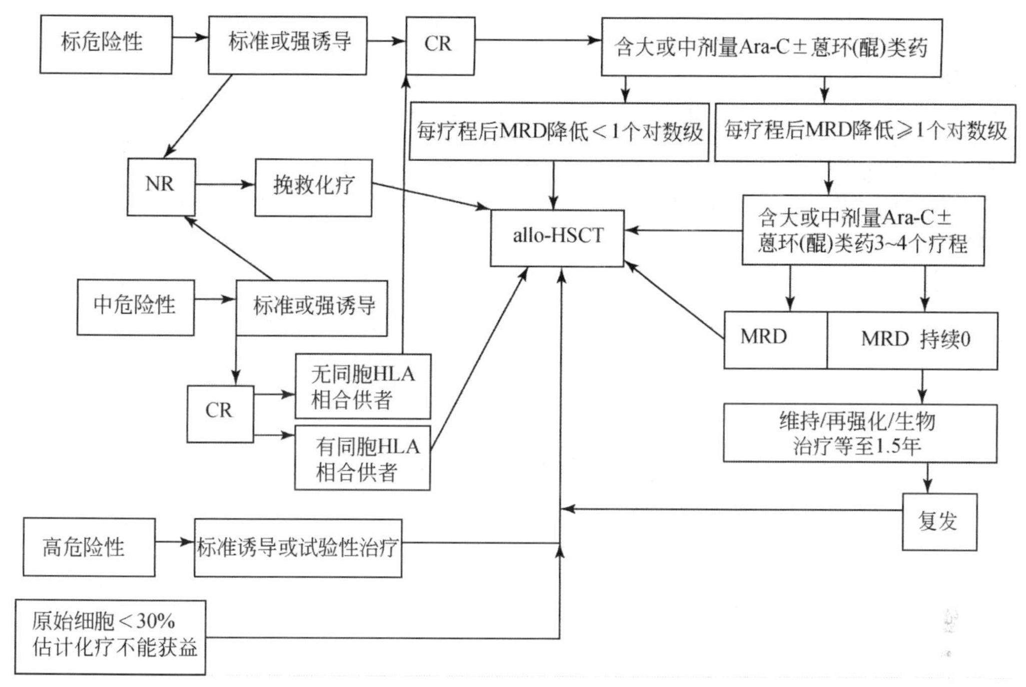

图 4-1 ＜60 岁 AML（非 APL）患者的治疗策略

CR. 完全缓解；Ara-C. 阿糖胞苷；MRD. 微小残留病；NR. 未缓解；HLA. 人类白细胞抗原；allo-HSCT. 异基因造血干细胞移植

一、诱导治疗

诱导治疗是取得长期生存的第一步，其疗效很大程度上决定了 AML 患者的长期疗效。诱导治疗不仅仅与 CR 有关，还与长期存活率有关，因此诱导治疗要尽快达到 CR，降低 MRD，防止耐药细胞群的发生以防止复发。然而诱导治疗期间由于患者体内存在大量白血病细胞，一次杀灭大量细胞可引起肿瘤溶解综合征、呼吸窘迫综合征、弥散性血管内凝血等严重并发症，而正常细胞比例低，一般状况差，在诱导化疗期间容易发生严重感染、出血而导致早期死亡。诱导治疗失败的原因是原发耐药及感染、出血等合并症所致的死亡。对那些需要移植的高危险性患者，尽量降低白血病负荷再移植可减少移植后的复发率，但同时还要避免引起严重感染、脏器功能损害等，以减少移植相关并发症。因此，评价诱导治疗方案应综合 CR 率、化疗毒性死亡率、严重并发症及其对长期生存率的影响来考虑。

（一）以蒽环（醌）类为主的联合诱导化疗

在过去的 35～40 年里，多个临床研究组对不同诱导治疗方案进行了探讨，迄今为止，阿糖胞苷（Ara-C）联合蒽环类药物仍是国内外公认的最佳诱导治疗方案。

蒽环类药物中以柔红霉素（DNR）应用最为广泛。早期报道，单用 DNR 诱导治疗的 CR 率为 30%～50%（Boiro 等，1969；Weil 等，1973），与 Ara-C 联合的 DA 方案 CR 率可提高至 55%～75%（Buchner 等，1982；Mayer 等，1987）。目前 DNR 联合 Ara-C（DA）方案是诱导化疗应用得最多的方案。一些研究组对 DNR 的不同剂量和应用时间进

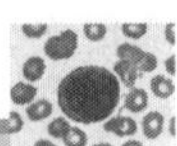

行了比较。CALGB 的研究表明，DA3+7 方案疗效优于 DA2+5 方案（DNR 2 天，Ara-C 5 天）（Rai 等，1981），DNR 45mg/m² CR 率明显优于 30mg/m²，尤其是对于年龄小于 60 岁者（Yates 等，1982）。早期 SWOG 研究报道 DNR 70mg/m² CR 率高于 45mg/m²（Hewlett 等，1995），由于不是随机对照研究，因此 30 多年来人们应用较多的仍然是 DA 3+7 方案或称 3-7 方案，用法为：DNR 45～60mg/m² iv ×3d Ara-C 100mg/m² ci ×7d，CR 率为 50%～75%（Rai 等，1981；Preisler 等，1989），但 25%～40%的患者需 2 个或 2 个以上疗程才能达 CR（Stone 等，1993）。近日美国东部肿瘤协作组（ECOG）进行了高剂量（90mg/m²）与常规剂量（45mg/m²）DNR 联合标准剂量 Ara-C 疗效的随机对照临床研究（ECOG E 1900），结果显示，高剂量组 CR 率明显高于常规剂量组（70.6% *vs* 57.3%；$P<0.001$），且中位生存期明显延长（23.7 个月 *vs* 15.7 个月，$P=0.003$）（图 4-2A），两组的毒副作用相似。按照不同预后组分析，高剂量在中危和低危组的优势更明显，中位生存期分别为 34.3 个月和 20.7 个月（$P=0.004$）（图 4-2B），而高危组则无显著差异（10.4 个月 *vs* 10.2 个月，$P=0.45$）（图 4-2C）（Fernandez 等，2009）。因此，近日有学者认为，将标准剂量定为 45mg/m² 似乎不再妥当，诱导治疗 DNR 的剂量应该为60～90mg/m²，2011 年 NCCN 指南推荐 DNR 的剂量为 60～90mg/m²。Ara-C 的单用或联合应用的剂量问题，将在本章后及药物章中较详细地讨论。

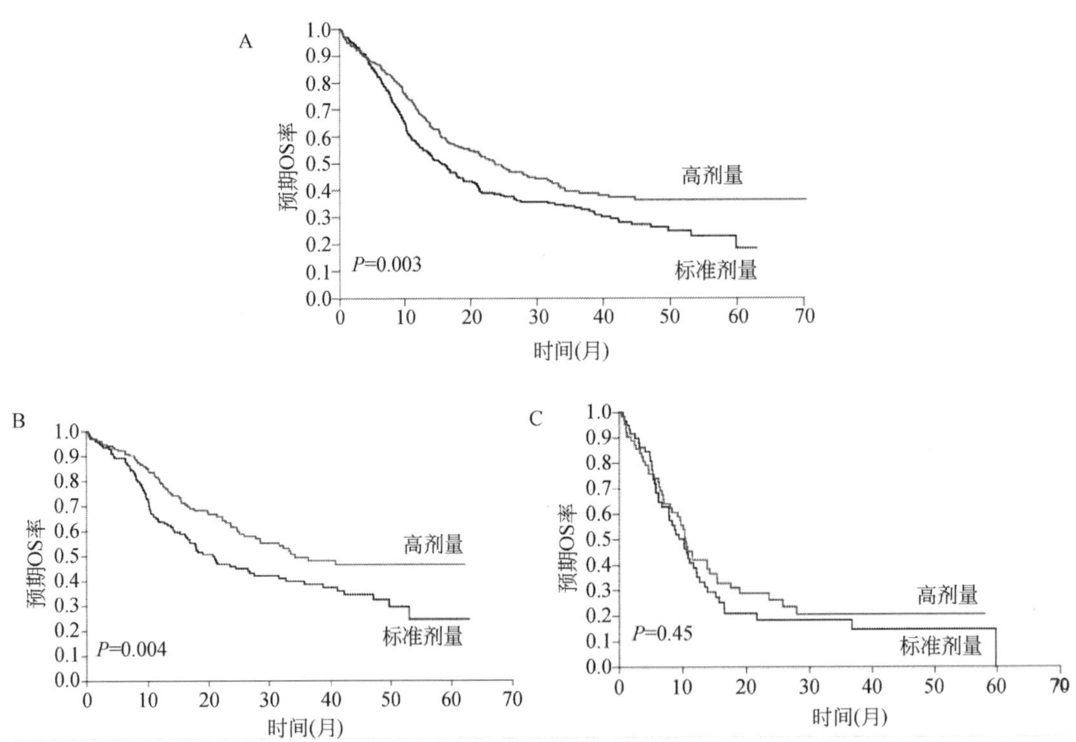

图 4-2 高剂量和标准剂量 DNR 进行诱导化疗的长期生存对比（Fernandez 等，2009）

A. 所有患者；B. 低危和中危患者；C. 高危患者

除了 DNR，与 Ara-C 联合用于诱导化疗的蒽环（醌）类药物包括去甲氧柔红霉素（IDA）、米托蒽醌（mitoxantrone；novantrone，NVT）、阿柔比星（阿克拉霉素，aclacinomycin，Acla)、安吖啶（amsacrin，AMSA)、多柔比星（阿霉素，adriamycin，ADM)。早期常用 ADM，CALGB 的随机分组研究发现，ADM＋Ara-C 3＋7（ADM 30mg/m^2×3d，Ara-C 100mg/m^2 ci×7d）方案与 DA 3＋7 方案疗效相当，但毒性较大，主要表现为黏膜炎、胃肠道毒性及继发感染发生率较高，甚至发生胃肠道穿孔，因此目前不常规应用（Yates，1982；The AML Collaborative Group，1998)。Acla 是一种新型的蒽环类药物，其疗效与 DNR 相当，优点是心脏毒性较小。早期丹麦血液研究组比较了 Acla＋Ara-C 3＋7 方案（Acla 75mg/m^2×3d，Ara-C 100mg/m^2 ci×7d）与 DA3＋7 方案对初治 AML 诱导治疗的疗效，结果 Acla 组 CR 率明显高于 DNR 组（66％ *vs* 50％；*P*＝0.043)，两组的血液学毒性相似，所有 CR 患者均接受缓解后治疗，2 组的 4 年 OS 无明显差异，提示 Acla 与 DNR 疗效相当甚至更佳（Hansen 等，1991)，1997 年该研究组报道了长期随访结果，两组的 5 年及 10 年 OS 及 DFS 无明显差异，进一步表明 Acla 疗效不低于 DNR（de Nully Brown 等，1997)。我国姜中兴等（2003）采用 Acla 40～60mg/d×3d，Ara-C 100～200mg/d ×7d 对 31 名 AML 患者进行诱导化疗，其中初治患者 28 例，难治患者 3 例，结果 CR 率 67.7％，PR 率 16.1％，总有效率 83.8％。杨三强等（2007）采用 Acla 20mg/d×5～10d，Ara-C 100～200mg/d×7～10d，31 例患者中 CR 16 例（51.6％)，PR 4 例（12.9％)，总有效率 64.5％，北京市道培医院采用 Ara-C＋ Acla（Acla 10～20mg/d×4～10d，Ara-C 100～200mg/d×4～14d）联合或不联合 G-CSF 治疗了 22 例初治 AML 患者，其中 15 例 CR（68.2％)，3 例 PR（13.6％)，总有效率为 81.8％。仅 1 例在诱导治疗期间死亡，该方案的优点是每天的剂量不大，可根据患者治疗中的并发症调节化疗强度，从而减少早期死亡率和诱导治疗费用，显示该方案的安全性、有效性及经济性。

去甲氧柔红霉素（IDA）是 DNR 的类似物，其经静脉注射后广泛在体内各处分布，IDA 本身与其代谢产物 idarubicinol 在细胞中的浓度为血浆中的 100 倍，不但其本身在体内的半衰期长，idarubicinol 亦有抗白血病作用，当与 Ara-C 同时用时血浆内半衰期可达 4～48 小时，平均 22 小时，在血浆中存在 8 天以上。IDA 因其在一定程度上可透过血脑屏障并能抑制 Pgp，被广泛应用于 AML 诱导治疗。5 个大型的随机临床研究对比了 DNR 与 IDA 联合 Ara-C 在 AML 诱导治疗中的疗效（Berman 等，1991；Mandelli 等，1991；Reiffers 等，1996；Vogler 等，1992；Wiernik 等，1992)，5 个研究均表明 IDA＋Ara-C（IA）方案 CR 率高于 DA 方案，其中 2 个研究（Berman 等，1991；Wiernik 等，1992）显示 IA 方案组 OS 明显延长。1997 年公布了长期随访结果（Berman 等，1997)：在 Berman 等（1991）的研究中，IDA 组预期 OS 及实际 OS 均优于 DNR 组，然而在 Wiernik 等的研究中，IDA 组的预期 OS 优于 DNR 组，但实际 OS 无统计学差异。英国 MRC 对 1052 名患者的疗效进行了荟萃分析（The AML Collaborative Group，1998)，结果 IDA 组总 CR 率及 OS 虽然均明显高于 DNR 组，但是由于 IDA 肝损害较多见，骨髓抑制期通常比 DNR 方案长，合并感染的机会较多，其优势随着年龄的增加而减少，因此只推荐应用于儿童与年轻患者。此外，在意大利一组试验 IDA 实验组在诱导缓解中其死亡率高于 DNR 组。生产 IDA 的公司认为可能由于其支持治疗不如美国，但是某些持不同意见者如美国 ECOG 合作组，他们比较了 3 种不同品种蒽醌与蒽环类药物（DNR，IDA 与米托蒽醌）联合同等剂量 Ara-C（100mg/m^2×7d)，这几组用了相同的巩固治疗方案，结果显示，三组

之间的毒性与疗效并无明显区别，年龄较大或较老的患者IDA组的治疗相关死亡率较高(Rowe等，2004)。最近EORTC -GIMEMA AML-10研究前瞻性地比较了DNR、NVT及IDA在诱导化疗中的作用，三组患者分别接受DNR 50mg/m²、NVT 12mg/m²及IDA 10mg/m²联合相同剂量的Ara-C＋依托泊苷（VP-16）进行诱导治疗，CR率分别为68.7%、69.8%和66.9，三组无明显差异。缓解后的患者分别接受含原蒽环（醌）类药物的方案巩固化疗，部分接受allo-HSCT。长期随访结果显示，NVT和IDA组的5年DFS率优于DNR组，但OS率无明显差异，DNR、NVT和IDA组分别为31.4%、33.7%和34.3%（图4-3）（Mandelli等，2009)。日本成人白血病研究组（JALSG）对1064例15～64岁的原发AML随机分组比较IDA（12mg/m²×3天）和DNR（50mg/m²×5d）的疗效，巩固治疗采用HD-Ara-C或SD-Ara-C联合不同的药物，结果显示两组之间的CR率(78.2% *vs* 77.5%，$P=0.79$）和5年OS率（48% *vs* 47.6%，$P=0.54$）无明显差异（图4-4)，IDA治疗组血小板恢复更慢，败血症更多（Ohtake等，2011)。因此很多人认为含IDA的方案对儿童的优点比较明显，但至少在成人应用较大剂量DNR（或其类似物）的效果并不差于含IDA的方案。

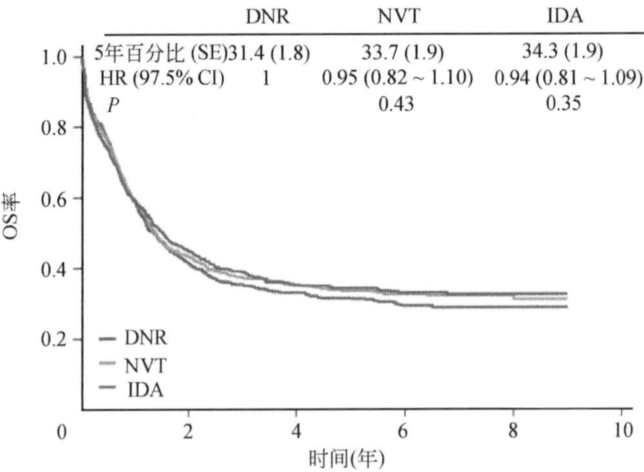

图4-3 EORTC -GIMEMA AML-10试验DNR、NVT及IDA联合Ara-C＋VP-16诱导化疗的长期OS率对比（Mandelli等，2009）

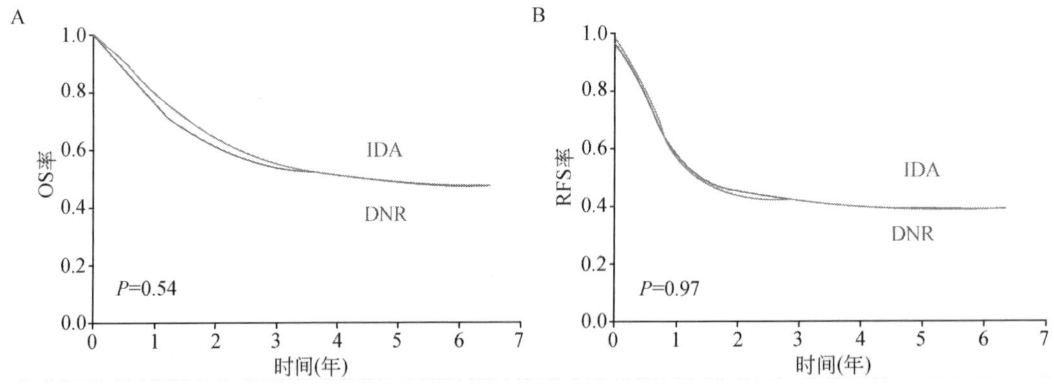

图4-4 JALSG AML201试验IDA与DNR行诱导治疗的5年OS率（A）和RFS率（B）对比（Ohtake等，2011）

NVT 是蒽醌类衍生物，多中心的随机化研究表明本药诱导治疗初治 AML 疗效优于 DNR，研究将 Ara-C＋本药（AN）方案与 GLAGB 标准的 DA 3＋7 方案的疗效进行比较，其中 AN 组 98 人，DA 或称 AD 组 102 人，结果 AN 组 CR 率高于 DA 组（62％ *vs* 53％），达 CR 的中位时间短于 DA 组（35 天 *vs* 43 天），但 CR 持续时间及中位生存期无明显差异（Arlin 等，1990）。NVT 用于 AML 诱导治疗的优势目前仍缺乏结论性的证据，但由于药物有国产、小剂量包装，使国内医师少了些顾虑。

（二）含中大剂量 Ara-C 的方案

Ara-C 的用药时间、剂量及用药方法是决定诱导治疗疗效的一个重要因素。标准剂量 Ara-C（SD-Ara-C）是 100～200mg/（m^2·d），ci 或分两次 iv。Rai 等（1981）的研究表明，ci 疗效优于 iv，将时间从 7 天延长至 10 天不增加疗效（Preisler 等，1987），100mg/（m^2·d）与 200mg/（m^2·d）疗效相似（Dillman 等，1991），且将剂量增加至 500mg/（m^2·d）亦不明显改善 CR 率（Schiller 等，1992）。中剂量 Ara-C（ID-Ara-C）（0.5～2g/m^2，bid，3～6d）及大剂量 Ara-C（HD-Ara-C）（2～3g/m^2，bid，3～6d）也可用于 AML 的诱导化疗，结论不一致。一些非对照临床试验表明，以 HD/ID-Ara-C 可获得较高的 CR 率（Stasi 等，1996a），然而在随机化研究中显示与 SD-Ara-C CR 率相当，但 CR 持续时间明显延长，5 年 DFS 明显增加（Bishop 等，1996；Weick 等，1996）。由于 HD/ID-Ara-C 对骨髓抑制较严重，神经、胃肠和其他毒性明显增加，因此不首选该方案做诱导化疗。但对那些因心脏疾病不能接受蒽环类药物者，以 HD-Ara-C 为主或含嘌呤类似物方案的 CR 率同 DA 3＋7，心功能不恶化，因此可用于这些患者。

（三）三联化疗

为提高疗效，一些学者在传统 DA 方案上加第三种药物进行诱导治疗。最早进行尝试的是加入 6-硫鸟嘌呤（6-TG）（DAT 方案）。早期认为，加入 6-TG 可以提高 CR 率（Carey 等，1975），但在随后的两个Ⅱ期临床研究中显示，在 DA 的剂量和时间相同情况下，加入 6-TG 并不改善总的治疗效果，DAT 方案在 CR 率、CRD 及 OS 方面较 DA 方案无明显优势（Omura 等，1982；Preisler 等，1987），因此最近的诱导治疗方案中常规不包含 6-TG。德国 AMLCG 设计了比 DAT 3-7 稍强的 DAT 9 方案（DNR 60mg/m^2×3～5d；Ara-C 100mg/m^2×1～2d，或 100mg/m^2，q12h，3～8d；6-TG 100mg/m^2，q12h，po，3～9d）。采用此方案治疗的 CR 率、达 CR 的时间均高于一般的 DAT 方案，故德国较普遍采用此方案。本方案的理论基础是：开始单用 Ara-C 持续静脉滴注 2 天，可使 S 期白血病细胞蓄积，然后再用 DNR 及更大剂量的 Ara-C 可杀伤大量 S 期细胞。DNR 能损伤白血病细胞 DNA，在用 DNR 之后继续用 Ara-C 可抑制 DNA 的修复从而加强抗白血病效应（Buchner 等，1985）。

依托泊苷（VP-16）与 Ara-C 有协同作用，一些单位在 DA 方案基础上加入 VP-16（DAE 方案）。Bishop 等（1990）报告了澳大利亚白血病协作组（ALSG）的研究，将 264 例 15～70 岁初治 AML 患者随机分为两组，一组接受 DA 方案（DNR 50mg/m^2×3d，Ara-C 100mg/m^2×7d），另一组接受 DAE 方案（DNR、Ara-C 同前，VP-16 75mg/m^2×7d），两组的 CR 率相似（56％ *vs* 59％），但对 55 岁以下的患者 DAE 方案治疗的 CR 期比 DA 方

案组更长，55 岁以上者 DAE 方案引起的黏膜炎发生率高，因此 DAE 方案不适合老年患者。Leoni 等（1990）及德国 BFM 儿童 AML 协作组（Ritter 等，1990）的前后对照结果也显示用 DAE 方案诱导治疗可延长缓解期。有报道急性单核细胞白血病（M5）在方案中加入 VP-16 疗效更好，但目前仍未得出一致的结论。Leoni（1990）报告 DAE 方案治疗 M5 的 CR 率为 80%，明显高于其他类型的 AML（38%）。但 Bishop 等（1990）及 BFM（Ritter 等，1990）报告的结果并不显示 DAE 对 M5 更好。由于 VP-16 尚有增加骨髓抑制及引起继发肿瘤的风险，因此目前未得到广泛的应用。

（四）双诱导或序贯诱导治疗

双诱导或序贯诱导治疗是指患者在初次诱导治疗后，不管是否 CR、血象是否恢复，均于开始化疗第 1 个疗程后，休整一定时期，再给予一次相同或不同方案的诱导治疗。此治疗方案的依据是：白血病细胞在首次化疗后，残留的白血病细胞被同步驱赶进入细胞周期，使之对细胞周期特异性化疗药物如 Ara-C 更敏感，这一作用在化疗开始后 6～10 天最大（Karp 等，1987）。由于部分患者需两个或更多疗程才能达 CR，故有必要给予第 2 次诱导化疗。因此，为加强诱导化疗，应将第 2 次化疗时间提前些。尽管双诱导治疗方案治疗强度加大，但治疗相关死亡率（treatment related mortality，TRM）并未增加，而 CR 率和 DFS 却有提高。有Ⅱ期临床研究表明，提前接受再次诱导治疗的患者 DFS 明显延长（Vaughan 等，1984；Burke 等，1989；Vaughan 等，1980）。美国儿童肿瘤协作组（Children's Cancer Group，CCG）报道 589 名儿童及青年 AML 随机接受序贯诱导或常规诱导治疗，诱导方案为 DCTER 方案（DNR＋Ara-C＋地塞米松＋6-TG＋VP-16），第 1、2 个疗程方案相同。双诱导治疗组第 1 个疗程结束后 6 天（最长不超过 8～10 天）进行第 2 个疗程治疗；常规治疗组第 1 个疗程结束后第 6 天行骨髓穿刺检查，若骨髓增生低下，白血病细胞不多，则待患者血象恢复和（或）有白血病进展征象后行第 2 个疗程化疗，若骨髓白血病细胞＞40%，则立刻行第 2 个疗程化疗。所有患者均根据最初分组接受两疗程原诱导方案进行巩固治疗，随后随机接受 HSCT。结果两组 CR 率无明显差异（75% *vs* 70%），但双诱导治疗组 3 年 EFS 及 DFS 均明显优于常规治疗组（Woods 等，1996）。

德国 AMLCG 随机比较了强双诱导治疗及标准双诱导治疗的疗效，研究对象为 725 例原发年轻 AML 患者，标准治疗组给予两疗程 TAD 方案（Ara-C＋DNR＋6-TG），强烈治疗组第 1 个疗程方案与标准治疗组相同，第 2 个疗程给予 HAN 方案（HD-Ara-C＋NVT），两组两疗程间隔时间均为 21 天，结果两组 CR 率无明显差异（72% *vs* 65%），两组 OS 及 DFS 率亦无明显差异。但在预后不良的患者中，强烈治疗组 CR 率、5 年 OS 及 EFS 率均明显优于标准治疗组（65% *vs* 49%，25% *vs* 18%，17% *vs* 12%）（Büchner 等，1999）。法国急性白血病研究组（Acute Leukemia French Association，ALFA）9000 研究比较了标准诱导（DNR 80mg/m^2，d1～d3；Ara-C 200mg/m^2，d1～d7）、序贯诱导（DNR 80mg/m^2，d1～d3；Ara-C 500mg/m^2，ci，d1～d3；NVT 12mg/m^2，d20～d21；Ara-C 500mg/m^2，q12h，d20～d22）和双诱导治疗（DNR 80mg/m^2，d1～d3；Ara-C 200mg/m^2，d1～d7；NVT 12mg/m^2，d8～d9；Ara-C 500mg/m^2，iv，q12h，d8～d10）的疗效，三组患者接受相同的巩固治疗：Ara-C＋AMSA，Ara-C＋NVT＋VP-16；结果三组的 CR 率相同，虽然在＜50 岁的患者序贯诱导的 RFS 率更高，但三组的 OS 率无显著差

异；标准诱导治疗的早期死亡率、中性粒细胞降低的时间，住院时间更低，故更推荐此方案（Castaigne 等，2004）。最近美国 COG 的临床研究也显示序贯诱导治疗可改善 CR 率及 OS 率，第 1 个疗程诱导化疗采用标准的方案，停药 11～12 天时予以 HD-Ara-C+NVT 化疗，172 例患者中 62%获得 CR，22%获得 CRi（血小板不完全恢复）（Braess 等，2009）。

（五）含三尖杉酯碱/高三尖杉酯碱的方案

我国 AML 治疗方案中常含高三尖酯碱（HHT）。最早常用的 HOAP 方案（HHT 2～6mg，ivgtt，5～7d，Ara-C 100～200mg×5～7d，VCR 1～2mg d1，Pred 20～40mg/m^2×5～7d），CR 率为 27%～68%。我国 1987 年的全国白血病会议建议用 HA 方案，CR 率为 67.74%（郑宝根等，1989）。赵实诚和陆道培（1989）报告采用 HCD 方案［HHT 4mg，ivgtt，5d，环孢苷（Cc）300～400mg，ivgtt，5d，DNR 40mg×2d］治疗了 36 例 AML 患者，CR 率达 75%，明显高于该单位同期的其他方案；采用 HL 方案（HHT 2～4mg，ivgtt，14d，L-ASP 2000～4000IU/次，2～3 次/周，至 CR）治疗 M6 患者，CR 率 77%。中国医学科学院血液学研究所采用 HA（HHT+Ara-C）方案与 DA 方案进行随机平行和（或）交叉对比研究，结果发现两者 CR 率相似，HA 方案 CR 率 76.0%、DA 70.2%。将用 HA 或 DA 方案治疗未获 CR 的患者，再互换方案重新诱导，50%又获 CR，说明 HHT 和蒽环类间无交叉耐药，两药交替使用可提高 CR 率。包括 HHT 在内三药联合方案 HAD CR 率高达 86%，1 个疗程 CR 率达 76.7%（薛艳萍等，1995）。他们还比较了包含 HHT 的其他三药联合诱导治疗方案，包括 HAD（HHT+Ara-C+DNR）、HAM（HHT+Ara-C+NVT）、HAA（HHT+Ara-C+AMSA）和 HAE（HHT+Ara-C+VP-16）的疗效，结果四组方案的总 CR 率为 77.4%（秘营昌等，2005），HAD、HAM、HAA 均可使 80%以上的患者获得 CR，唯 HAE 方案 CR 率仅为 45%，疗效明显差（薛艳萍等，2002）。所有 243 名患者中 3 年 OS 率为 36.9%，5 年 OS 率为 31.4%。最近上海交通大学附属第六医院报道 HA 方案联合 IDA（HAI 方案）治疗 14 例 AML CR 率可达 78.6%，总有效率 92.9%（张曦等，2008）。浙江大学附属第一医院报道，HA 方案联合 Acla 治疗 80 例 AML，CR 率为 81%（刘辉等，2008）。

综上所述，一些国际指南将 Ara-C 联合蒽环（醌）类药物作为 AML 的首选诱导治疗方案。2011 年 NCCN 指南中指出，对于年龄小于 60 岁的原发 AML，推荐使用 SD-Ara-C［Ara-C 100～200mg/m^2，ci，7d+DNR 60～90mg/m^2×3d/IDA12mg/m^2×3d］（Ⅰ类推荐），或 HD-Ara-C（Ara-C 2～3g/m^2+DNR/IDA）（2B 类推荐）。意大利血液学会、实验血液学会及骨髓移植组的指南推荐，初治原发非 APL 的 AML 的标准诱导化疗方案为 Ara-C 100～200mg/m^2，ci，7d 联合一种蒽环/蒽醌类药物［DNR 45～60mg/（m^2·d），IDA 10mg/（m^2·d）或 NVT 10mg/（m^2·d）］（Ⅰ类推荐）（Morra 等，2009）。我国专家组的共识是采用标准的诱导方案，主要包括：① 含 Ara-C，蒽环类药物（包括 DNR、IDA 等）和蒽醌类药物的方案；② Ara-C 加 HHT 方案（HA）；③ 以 HA+蒽环类药物组成的方案，如 HAD（HA+DNR）、HAA（HA+Acla）等（中华医学会血液学分会白血病学组，2009）。

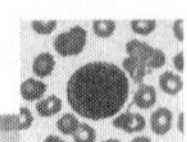

二、缓解后治疗

单用诱导治疗获得 CR 后如果不继续治疗几乎都会复发，因此缓解后患者必须进一步接受治疗。缓解后治疗的目的是清除体内残存白血病细胞，以减少复发，延长生存，乃至治愈。缓解后治疗包括化疗、HSCT 及中枢神经系统白血病（CNSL）预防。AML 在全面诊断及初步治疗后应分层选择治疗策略（见图 4-1），根据初治时的多种预后因素及诱导治疗的效果，尽快对患者进行危险分层，准备 allo-HSCT 的供者等。

（一）化疗

缓解后化疗包括巩固/强化治疗和维持治疗。巩固治疗是指 CR 后即采用药物及强度与原诱导方案基本相同的方案治疗；强化治疗是指采用剂量更大、作用更强的联合方案进行治疗；维持治疗是采用比诱导治疗强度更弱的化疗。

1. 巩固/强化治疗 巩固/强化治疗的目的为延长 CR 期（CRD）。20 世纪 90 年代前，巩固/强化化疗模式包括：① 用原诱导方案巩固 4～6 个疗程；② 以 HD/ID-Ara-C 为主的方案早期强化治疗；③ 采用一些与诱导治疗无交叉耐药的药物如 NVT、AMSA、VP-16 等组成新的联合方案早期强化；④ 前述几种方式的组合（陆道培等，1994）。

20 世纪 90 年代后，在原有治疗模式的基础上，一些大的研究中心对强化化疗方案进行了进一步的研究，更加肯定了 HD/ID-Ara-C 在 AML 强化治疗中的作用，3～4 个疗程的 HD/ID-Ara-C 已成为年龄小于 60 岁、预后良好或中等的 AML 患者的标准强化治疗方案（表 4-6）。一项 CALGB 的早期研究中，596 位 CR 患者随机接受 3 种不同剂量的 Ara-C 强化治疗：100mg/m^2，ci，5d；400mg/m^2，ci，5d；3g/m^2，q12h，iv，d1、d3、d5。结果年龄小于 60 岁患者 4 年持续完全缓解（continous complete remission，CCR）率和 OS 率均随 Ara-C 的剂量增加而增加，100mg 组、400mg 组和 3g 组的 CCR 率分别是 24%、29%和 44%，OS 率分别是 31%、37%和 46%（P=0.04），在年龄小于 60 岁的患者优势更明显（P=0.02），但年龄大于 60 岁者 3 组的预计 CCR 率及 OS 率相似（图 4-5）（Mayer 等，1994）。随后 SWOG（Weick 等，1996）及瑞士临床癌症研究组（Schweizerische Arbeitsgemeinschaft für Klinische Krebsforschung，SAKK）（Fopp 等，1997）的研究也进一步证实了较高剂量 Ara-C 用于巩固治疗的优势。而澳大利亚白血病及淋巴瘤协作组（Australasian Leukaemia and Lym-

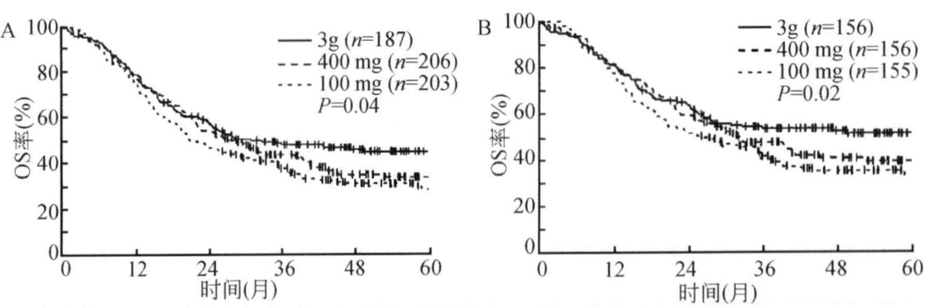

图 4-5 CALGB 关于不同剂量 Ara-C 巩固治疗的生存率对比（Mayer 等，1994）

A. 所有患者；B. <60 岁患者

phoma Group，ALLG）的研究表明，用 HD-Ara-C 诱导化疗达 CR 的患者继续用 HD-Ara-C 强化治疗并不改善总的疗效（Bradstock 等，2005）。

表 4-6 年龄小于 65 岁 AML 患者 HD/ID-Ara-C 与 SD-Ara-C 疗效比较

研究组	HD-Ara-C 应用时期	病例数	CR 率（%）		长期疗效 3～5 年 EFS 率（%）		文献
			HD	SD			
ALSG	诱导	279	74	71	HD	49[a]	Bishop 等，1996
					SD	24	
SWOG	诱导/强化	723	50	56	<50 岁	>50 岁	Weick 等，1996
					HD 3[a]	21[a]	
					SD 21	9	
ALLG	诱导/强化	202	80	—	HD	49	Bradstock 等，2005
					SD	46	
CALGB	强化	596			HD	44[a]	Mayer 等，1994
					ID	29	
					SD	24	
SAKK	强化	137			HD	37[a]	Fopp 等，1997
					SD	25	
ECOG	强化	170			HD	27[a]	Cassileth 等，1992
					SD	16	

a $P<0.05$。

注：CALGB 指 SD 100mg/m²，d1～d5；ID 400mg/m²，d1～d5；HD 3g/m²，d1、d3、d5、d7。

ALLG. 澳大利亚白血病及淋巴瘤协作组；ALSG. 澳大利亚白血病研究组；SWOG. 美国西南肿瘤研究组；CALGB. 美国癌症及白血病协作组 B；SAKK. 瑞士临床癌症研究组；ECOG. 美国东部肿瘤协作组；CR. 完全缓解；EFS. 无事件生存；SD. 标准剂量；ID. 中剂量；HD. 大剂量。

HD Ara-C 在合并 CBF 的 AML［包括 t（8；21）/AML1-RUNX1（AML1-ETO）和 inv（16）/t（16；16）/CBFβ-MYH11 AML］中呈更显著的优势。一项 CALGB 的研究报道，285 名患者随机接受 SD-Ara-C/ID-Ara-C /HD-Ara-C 进行强化化疗，结果接受 HD-Ara-C 者 CBF AML 组 5 年 CR 率（78%）明显优于正常核型组（40%）及其他核型组（21%）。进一步研究表明，无论是合并 t（8；21）AML 还是 inv（16）/t（16；16）AML，接受 3～4 个疗程 HD-Ara-C 的患者较接受 1 个疗程者 CRD 明显延长，复发率明显减少（Byrd 等，1999、2004），因此目前 3～4 个疗程的 HD-Ara-C 成为 CBF AML 的标准强化治疗方案。然而，合并 CBF 的 AML 中有 20%～30%合并 KIT 基因突变，是 CBF AML 的预后不良因素，因此建议当发现 KIT 基因突变时选用其他治疗方案（Paschka 等，2006；Cairoli 等，2006；Schnittger 等，2006）。K-ras 及 N-ras 基因突变 AML 也可能从

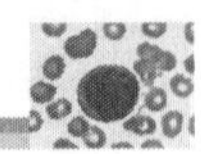

HD/ID-Ara-C 中获益。

对无 HLA 配型相合同胞供者的中标危 AML，北京市道培医院在 CR 后通过监测 MRD 来调整治疗，我们的结果显示 CR 后最好采用 HD/ID-Ara-C 交替联合其他蒽环(醌)类药物的方案强化 4 个疗程，然后根据 MRD 决定进一步的治疗。如 MRD>0.1%，建议 allo-HSCT 或试验治疗；如 MRD 0，可联合激活的免疫细胞治疗。

缓解后治疗 HD-Ara-C 可以单用，也可联合其他药物，最常用的联合治疗药物仍然是蒽环类药物，最好联合应用诱导化疗未使用的药物以避免交叉耐药，如 NVT、AMSA、VP-16、氮杂胞苷（AZA）等。Ara-C 还可与更多的药物组合成多药联合方案，包括 MACE（AMSA＋Ara-C＋VP-16）、COAP［环磷酰胺（Cy）＋VCR＋Ara-C＋泼尼松(Pred)］、TAD（6-TG＋Ara-C＋DNR）、ICE（IDA＋Ara-C＋VP-16）等，但何种组合最佳目前还没有定论。英国 MRC 研究组使 612 名接受 DAT 方案达 CR 的患者继续给予 DAT 化疗 2 个疗程，后随机接受 2 个疗程 MAZE（AMSA＋AZA＋VP-16）-DA-MAZE 方案和 COAP-DA-COAP 方案，此后随机接受维持治疗或停止所有治疗，结果 MAZE 组复发率较低（68% *vs* 76%，$P<0.04$），但副作用较大，TRM 明显高于 COAP 组，两者 5 年 OS 率无明显差异（37% *vs* 31%，$P=0.03$）（Rees 等，1996）。CALGB 9222 研究中，将缓解后患者随机分为两组，一组用 3 个疗程 HD-Ara-C，另一组用 1 个疗程 HD-Ara-C，然后序贯应用多种药物组成的化疗方案，第 2 个疗程用 Cy＋VP-16，第 3 个疗程地吖醌＋NVT，结果多药联合方案的疗效并不优于用 3 个疗程 HD-Ara-C，两组的 MS 分别为 1 年和 1.1 年，5 年 OS 率分别为 30%和 35%，且多药联合治疗组副作用大(Moore 等，2005)。芬兰白血病研究组（The Finnish Leukemia Group，FLG）比较了不同疗程强化治疗的疗效，139 名接受 DAT 方案诱导治疗 2 个疗程后 CR 的患者继续接受 2 个疗程含 HD-Ara-C 的方案治疗［第 3 个疗程安吖啶（AMSA）＋HD-Ara-C；第 4 个疗程 DNR ＋HD-Ara-C］，尔后随机接受 4 个疗程的缓解后治疗（长疗程组）或停止治疗（短疗程组）。结果长疗程组与短疗程组比，5 年 RFS 率（40% *vs* 35%）和 OS 率（45% *vs* 41%）均无明显差异（Elonen 等，1998），且过多缓解后治疗毒性增加。以上研究表明更强的缓解后治疗虽然能更有效地控制白血病，但由于副作用大，从而并不改善总体疗效，且治疗相关花费增加。

最近法国 ALFA-9802 试验前瞻性地比较了年轻患者缓解后采用 HD-Ara-C（$n=117$）和序贯化疗（$n=120$）进行巩固治疗的疗效，结果两组的 5 年 EFS 率无明显差异（41% *vs* 35%），且累计复发率和治疗相关死亡率均无明显差异，若按不同的预后分析，低危及高危组用 HD-Ara-C 的效果较好，但没有明显差异，而中危组则差异明显，5 年 EFS 率分别为 49%和 29%（$P=0.02$），尤其是染色体核型正常的患者，复发率和毒性在 HD-Ara-C 组较低，证明缓解后治疗采用序贯方案并不优于 HD-Ara-C（Thomas 等，2011）。

2. 维持治疗 维持治疗的目的是进一步减少残留白血病细胞，延长缓解期，预防或延迟白血病复发。通常 AML 的维持治疗使用剂量较小、疗程较短的低弱化疗方案，其强度和骨髓抑制程度均明显弱于标准的诱导和巩固治疗，时间为 2～3 年。早期一些研究比较了诱导缓解后接受维持治疗与不进一步治疗的疗效，结果显示，维持治疗使 CR 期明显延长（Rai 等，1981；Cassileth 等，1988；Büchner 等，1985）。随后，一些研究比较了缓解后接受维持治疗与接受其他方式缓解后治疗的疗效。在 ECOG3483 研究中，接受标准方案诱导化疗后 CR 的患者随机接受大剂量强化治疗（AMSA＋HD-Ara-C）1 个疗程或 LD-Ara-C 皮下注射联合 6-TG 口服维持治疗 2 年，部分患者接受异基因造血干细胞移植（allo-HSCT）。结果显示，年轻患者中，接受短疗程强烈化疗及 allo-HSCT 的患者 4 年 OS 明显优于接受维持治疗的患者（Cassileth 等，1992）。近年来更注重 CR 后巩固/强化治疗，一些学者研究显示巩固/强化治疗充分的患者维持治疗并不改善总治疗效果。SWOG 研究中 150 名患者缓解后随机接受强化治疗或强化治疗＋每月的低剂量药物维持治疗，多变量分析结果显示，低剂量维持治疗可延长 DFS，但并不改善 OS（Hewlett 等，1995）。英国 MRC AML 9 研究中，强化治疗后仍保持 CR 的患者随机接受一年的维持治疗或不接受维持治疗，维持治疗包括 8 个疗程的 Ara-C＋6-TG 及 4 个疗程的 COAP，结果维持治疗似乎能使复发推迟，但并不改善 OS，而且会给患者带来很多不便及经济负担（Rees 等，1996）。德国 AMLCG 1982 研究组报道了关于维持治疗意义的长期随访结果，832 名原发 AML 接受 TAD（Ara-C＋DNR＋6-TG）方案＋HAN（HD-Ara-C＋NVT）方案进行双诱导化疗，TAD 方案巩固治疗 1 个疗程后，将患者分成两组，一组以后每月接受改良的 TAD 方案维持治疗 3 年，另一组接受 1 个疗程的 HAN 强化治疗而不接受维持治疗，在具有预后不良核型的患者中维持治疗组复发率较低，无复发生存期较长，但在预后良好的患者中其优越性并不明显（Büchner 等，2003）。因此，年轻 AML 患者，若诱导、巩固/强化治疗足够充分，维持治疗可能无明显增加疗效的作用，不推荐常规使用，建议充分的巩固/强化治疗后密切监测 MRD，根据 MRD 的水平选择合适的治疗。

（二）HSCT

联合化疗可使大部分 AML 患者达到 CR，但尽管接受强烈的巩固化疗，仍有半数以上的患者复发。大剂量的放化疗继以 auto/allo-HSCT 作为巩固治疗可以改善治愈率，是大部分 AML 特别是高危患者唯一的治愈手段。患者是否为造血干细胞移植（HSCT）的适应证须明确。预后不良者则宜较早期进行 HSCT。预后中等者，如化疗疗效不满意，亦为 HSCT 适应证。化疗和免疫治疗后，FCM 检查 MRO 持续存在亦是 HSCT 的适应证。分子生物学的某些诊断，例如 BCR- ABL^+ AML（伴 Ph^+ AML）则可在病程早期准备 HSCT（详见第二十一章第一节）。

北京市道培医院的经验显示，对中标危 AML，诱导治疗及 4 个疗程强化治疗后的 MRD 下降速度及变化趋势更能够帮助患者选择 CR 后的治疗策略，如果诱导治疗后 FCM 检测 MRD 转阴，强化治疗后的 PCR 监测白血病基因为 0，化疗（或联合免疫治疗）的长期无复发生存率可达＞70%，可以不选择 allo-HSCT；如强化治疗后，FCM 监测 MRD 或 PCR 检测白血病基因＞0.1%，大多数复发，如果患者有 HLA 相合的供者，仍建议采用 allo-HSCT 治疗。而高危险性 AML 即使获得 CR，其 CR 期也短或很难获得 CR，因此建议一旦获得 CR 或接近 CR，尽快进行 allo-HSCT，过多化疗可能耽误最佳移植时机，如果引起严重感染，则会增加移植风险和费用。我们的经验还显示，t（8；21）并－Y AML 的预后很差，建议 CR 后尽快行 allo-HSCT。

（三）中枢神经系统白血病防治

详见第八章。

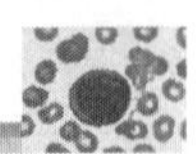

总之，AML 的疗效与多种因素相关。年龄、起病时 WBC 水平、免疫表型、对治疗的反应、染色体核型及一些基因突变等临床和生物学特征是 AML 重要的预后因素。其中不同染色体核型对患者的化疗反应、生存时间有重要的独立预后意义，为选择相应的治疗策略提供了主要依据。2011 NCCN 指南推荐，年龄小于 60 岁的原发 AML（除外 APL)，应按根据细胞遗传学或分子生物学的危险度（见表 4-5)，给予个体化的缓解后治疗。

(1) 预后良好组：建议给予 3～4 个疗程 HD-Ara-C 1.5～3g/m^2，q12h，d1、d3、d5（A 类推荐）后，进行维持治疗或 1～2 个疗程以 HD-Ara-C 为基础的巩固治疗，然后行 auto-HSCT（2B 类推荐）。

(2) 预后中等组：推荐首选同胞全合的 allo-HSCT 或 1～2 个疗程以 HD-Ara-C 为基础的巩固治疗，然后行 auto-HSCT，次选接受 3～4 个疗程 HD-Ara-C 或接受临床试验。

(3) 预后不良组：建议行 allo-HSCT，包括同胞全合供者及其他供者类型移植，或参与临床试验。预后不良组除了参见表 4-5 的预后分组外，还包括预后中等核型的 AML 合并起病时高 WBC，2 个以上疗程达 CR 等。

第三节 难治/复发 AML 的化疗

随着化疗方案的完善以及支持治疗手段的改善，近年 AML 的疗效有了突破性进展。但尽管按照标准的方案进行化疗，仍有 20%～30%的患者不能达 CR，达 CR 的患者有 50%～80%复发，将此类患者称为难治/复发 AML。1990 年 Hiddemann 等将难治 AML 定义为：① 经标准诱导化疗 2 个疗程不缓解；② 第 1 次 CR 后 6 个月内复发；③ 第 2 次 CR 后 6 个月以上复发，但再次用标准诱导方案治疗不能获 CR；④ 2 次或多次复发（Hiddemann 等，1990)。

根据复发的部位及水平，可分为血液学复发（hematologic relapse)、髓外复发（extramedullary relapse）及分子生物学复发（molecular relapse)。血液学复发是指骨髓形态学白血病细胞大于 5%；髓外复发是指骨髓外组织的复发，如中枢神经系统、睾丸、胃肠道及皮肤等部位复发；分子生物学复发是指骨髓形态学仍为 CR，但用更敏感的分子生物学方法可以检测到残留白血病细胞。根据复发的时间分为早期复发和晚期复发，早期复发是指在 CR 6 个月以内的复发，晚期复发是指在 CR 6 个月以后的复发。

难治/复发 AML 总体疗效差，虽然通过进一步治疗还可以达到 CR，但 CR 率明显低于初次治疗，中位 DFS 通常不超过 1 年。若不接受进一步 allo-HSCT，患者只有 5%～10%可能达到长期无病生存，CR 后接受 allo-HSCT 的患者 3 年 DFS 率为 10%～41%（Zittoun 等，1995；Burnett，1998)。

影响难治/复发 AML 疗效的预后因素，除第一节中提到的临床、免疫学、细胞遗传学及分子生物学等因素外，另一重要因素就是第 1 次完全缓解（CR1）持续时间，研究表明，CR1≥12 个月的患者再诱导治疗疗效明显优于 CR1＜12 个月患者（Estey，2000b；Leopold 等，2002)。晚期复发者再诱导化疗的第 2 次完全缓解（CR2）概率为 20%～80%，而早期复发者 CR2 率仅 18%～41%（Jackson 等，2001)。

选择难治/复发 AML 的最佳治疗方案时需综合考虑患者的年龄、一般状况、有无重要脏器合并症、过去用过的化疗药（特别是蒽环类药物的累计剂量是否达到足量）、危险度分组、有无干细胞供者及 CR1 持续的长短等因素，后者尤为重要。对于年轻、能耐受 allo-HSCT 的患者，若 CR1 大于 12 个月，可重复原诱导治疗方案，或继以 HSCT；若 CR1 小于 12 个月，应选择其他治疗方案，包括非交叉耐药的药物组成的新方案、大剂量化疗、序贯给予造血生长因子或细胞毒性药物，并继以 allo-HSCT。对估计难以从化疗获益者直接行挽救性 allo-HSCT；对无法接受 allo-HSCT 者，则采用试验性治疗。本节主要介绍挽救性化疗，allo-HSCT 详见本书其他章节，新药治疗见本章第六节。

实际上本标题下所列的方案亦适用于 AML 其他阶段和其他情况下的强化治疗，甚至 HSCT 预处理前的准备治疗。在一些Ⅱ期临床研究及少数Ⅲ期随机报道中，挽救性化疗 CR2 率从 20%到 80%不等，3 年 EFS 率为 8%～30%。CR1 持续 12 个月以上，预后良好或中等核型的患者效果较好（Leopold 等，2002；Robak 等，2002）。挽救性化疗的主要方案包括：

一、以 HD/ID-Ara-C 为基础的方案

在过去的 30 年中，一些学者用多种不同的方案在治疗难治/复发 AML 中进行了尝试并取得了一定的成效，但何种方案可产生高的 CR 率及长的 CR 持续时间目前还没有定论。大多数挽救性化疗都是以 HD/ID-Ara-C 为基础，剂量从 0.5g/m^2 到 3g/m^2 q12h，4～12 次不等。目前没有证据表明 Ara-C 的剂量越大越好，德国 AMLCG 研究组 Kern 等（1998）前瞻性地比较了 HD-Ara-C（3g/m^2×4d）和 ID-Ara-C（1g/m^2×4d）对难治/复发 AML 的疗效，所有患者接受序贯 HAM 方案，在 186 例可评价的患者中，年轻患者 HD 与 ID-Ara-C 治疗组相比，两者的 CR 率（52%*vs* 45%）、DFS（5.3 个月 *vs* 3.3 个月）和 OS（4.2 个月 *vs* 5.3 个月）无明显差异。因此，尽管 HD-Ara-C 是挽救性化疗方案的重要组成部分，但剂量增加至 3g/m^2 时由于增加了治疗相关毒性，因此并不一定适合所有患者。

HD/ID-Ara-C 还可与其他药物联合组成新方案。多数联合用药为非交叉耐药的蒽环/蒽醌类药物如 NVT、IDA、Acla，还可加用 VP-16、氟达拉滨（fludarabine，Flu）、左旋门冬酰胺酶（L-ASP）、AMSA 或其他药物组成多药联合方案。是否 HD/ID-Ara-C 联合治疗能改善 OS 目前还没有一致结论。来自 SWOG 的大型随机研究比较了 HD-Ara-C 和 HD-Ara-C 联合 NVT 在难治/复发 AML 中的疗效，结果虽然后者 CR 率高于前者（两者之比为 32% *vs* 44%），但中位生存时间无明显差异，为 8 个月 *vs* 6 个月（Karanes 等，1999）。同样，在 HD-Ara-C 基础上加 VP-16 并不改善 CR 率及 OS（Vogler 等，1994）。但来自 CALGB 的研究表明，在 HD-Ara-C 基础上加 L-ASP 可增加 CR 率（24% *vs* 40%）并延长生存时间（MS 15.9 周 *vs* 19.6 周）。

难治/复发 AML 的联合治疗方案包括 ICE（IDA＋Ara-C＋VP-16）、EMA（VP-16＋NVT＋Ara-C）、HAM（HD-Ara-C＋NVT）、IAM（ID-Ara-C＋NVT）、MEC（NVT＋Ara-C＋VP-16）、AA 方案（Acla＋ Ara-C）等，其疗效见表 4-7。由于这些研究来自不同的研究组，研究对象为不同的人群，因此何种方案最佳还没有定论。

表 4-7　各研究组对难治/复发 AML 的化疗方案及疗效

研究组	年龄(岁)	病人数	诱导方案	CR 率(%)	PR 率(%)	ED 率(%)	CRD(月)	MS(月)	OS 率(%)/年	文献
EORTC/LCG	不详	21	ID-Ara-C+IDA	52				8.5		Witte T 等,1996
GIMEMA	37(9～64)	97	ICE	43		12				Carella 等,1993
M. D. Anderson	54(24～79)	25	CECA	14				3		Kornblau 等,1998
M. D. Anderson	52(17～76)	25	ID-Ara-C+Flu	40			10			Estey 等,1993
法国多中心	42(16～59)	72	EMA	61				7	16/4	Archimbaud 等,1991
德国多中心	45(18～66)	40	HAM	53	2.5	33		9		Hiddemann 等,1987
美国多中心	60(21～79)	47	IAM	62						Sternberg 等,2002
	<60	22		45				3		
	>60	25		76				9		
意大利	37(4～69)	50	MEC	68		6	4	10	29/3	Vignetti 等,1996
法国多中心	43(15～70)	63	EMA	76			8	12	11/3	Archimbaud 等,1995
MRC AML	0～70	235	SDAE	54					12/3	Liu Yin 等,2001
			HDAE	34					6/3	
AMLCG	<60	73	HAM	52	4	23		4.2		Kern 等,1998a
	>60	25	HAM	44	4	9				
	<60	65	IAM	45	8	11		5.3		
	>60	23	IAM	43	4	6				
AMLCG	17～75	91	HAM	47		30		3.6		Kern 等,1998b
		68	HAM+G-CSF	56		21		5.6		
德国多中心	42(18～81)	37	Acla+VP-16	24	16	22		3.2		
法国多中心	<65	95	EMA+GM-CSF	65		5		10		Thomas 等,1999

续表

研究组	年龄(岁)	病人数	诱导方案	CR率(%)	PR率(%)	ED率(%)	CRD(月)	MS(月)	OS率(%)/年	文献
		97	EMA	59		8		8.4d		
法国多中心	48(16～79)	66	EMA	36		6		5	3/3	Revesz 等,2003
SWOG	14～76	81	HD-Ara-C	32				8		Karanes 等,1999
		81	HAM	44				6		
SWOG	不详	67	HD-Ara-C	31	9				6/5	Vogler 等,1994
		66	HD-Ara-C+VP-16	38	1				8/5	
CALGB	55(19～77)	57	AZQ/NVT	30	1	19				Lee 等,1998
		54	AZQ/VP-16	23	3	9				
		56	NVT/VP-16	23	1	15				
CALGB	中位 52	195	HD-Ara-C+L-ASP	40				19.6		Capizzi 等,1988
			HD-Ara-C	24				15.9		
武汉同济医院	41(23～58)	26	Acla+ID-Ara-C	46.2	30.7	3.8				刘班等,2009
山东齐鲁医院	14～70	22	Acla+SD-Ara-C	59	18					宋强等,2002
中国人民解放军 107 医院	32(14～66)	126	AMSA+VP-16	52.3	22.2					杨莉荣等,2005
北京大学血液病研究所	不详	74	Acla+SD-Ara-C	59.5	18.9					傅剑锋等,1994

注:EORTC. 欧洲肿瘤研究治疗组; LCG. 勒德尔协作组; SWOG. 西南肿瘤研究组;MRC. 英国医学研究委员会; GIMEMA. 意大利 Gruppo Italiano Malattie Ematologiche Maligne dell' Adulto 研究组;CALGB. 美国癌症及白血病协作组 B;AMLCG. 德国 AML 协作组;CR. 完全缓解;PR. 部分缓解;ED. 早起死亡;CRD. 完全缓解时间;MS. 中位生存期;OS. 总生存;IDA. 去甲氧柔红霉素;NVT. 米托蒽醌;Flu. 福达拉滨;L-ASP. 左旋门冬酰胺酶;AZQ. 地吖醌;Acla. 阿柔比星;AMS. 安吖啶;G-CSF. 粒细胞集落刺激因子;GM-CSF. 粒-巨噬细胞集落刺激因子;SD-Ara-C. 标准剂量阿糖胞苷;ID-Ara-C. 中剂量阿糖胞苷;HD-Ara-C. 大剂量阿糖胞苷;VP-16. 依托泊苷;Cy. 环磷酰胺;CBP. 卡铂;ICE. IDA+Ara-C+VP-16;CECA. CBP+VP-16+Cy+Ara-C;EMA. VP-16+NVT+Ara-C;HAM. HD-Ara-C+NVT;IAM. ID-Ara-C+NVT;MEC. NVT+Ara-C+VP-16;SDAE. DNR+SD-Ara-C+VP-16;HDAE. DNR+HD-Ara-C+VP-16。

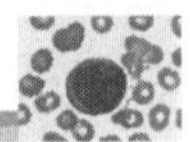

二、含细胞因子的方案

（一）细胞因子在化疗中的作用

部分处于静止期的白血病细胞可逃避化疗药物毒性，从而成为复发的根源。体外及体内实验表明，造血生长因子如粒细胞集落刺激因子（G-CSF）及粒-巨噬细胞集落刺激因子（GM-CSF）可以使静止期的白血病细胞进入细胞增殖周期，从而使其对化疗更敏感。白血病细胞先被细胞因子预激后再给予 Ara-C 可提高细胞内 Ara-C TP 的浓度。另有研究报道，单用 G-CSF 可使个别 AML 患者达暂时 CR，表明 G-CSF 本身可能具有抗白血病作用（Nimubona 等，2002）。很多研究组进行了化疗联合细胞因子的安全性和有效性的研究，但得出的结论尚有争议。最早的研究来自日本的 Ohno 等（1994），其报道对比了化疗联合或不联合 G-CSF 的疗效，包括难治 AML 患者共 58 名，其中 G-CSF 组（G-CSF 200 μg/d，化疗前 2 天至化疗后 35 天）28 名，安慰剂组 30 名，结果两组的 CR、EFS 及 OS 率均无明显差异。随后，欧洲肿瘤研究治疗组-勒德尔协作组（Leukemia Cooperative Group of the European Organisation for Research and Treatment in Cancer，EORTC-LCG）及荷兰比利时血液肿瘤协作组-瑞士临床癌症研究组（The Dutch-Belgian Hemato-Oncology Cooperative Group and the Swiss Group for Clinical Cancer Research，HOVON-SAKK）分别随机对比了 GM-CSF 在年轻及老年 AML 患者化疗中的作用，结果两组 CR、OS 及 DFS 率均无差异（Lowenberg 等，1997a，1997b）。HOVON-SAKK 进行了多中心研究，319 名初治 AML 患者均接受以 Ara-C 为基础的方案联合 G-CSF 化疗，另 321 名患者接受相同方案化疗但不给予 G-CSF，所有患者的中位随访时间为 55 个月，结果用 G-CSF组复发率减少，4 年 DFS 明显高于对照组（42% *vs* 33%；$P=0.02$），但两组 CR 及 OS 率无明显差异。将所有患者按照危险度分类，对于标危组患者，G-CSF 组 4 年 OS 率（45% *vs* 35%；$P=0.02$）及 DFS 率（45% *vs* 33%；$P=0.006$）均明显优于对照组，而高危组患者两组无明显差异（图 4-6）（Lowenberg 等，2003）。EORTC- GIMEMA AML-13 对 G-CSF 在老年患者中的作用进行了大规模研究，入组患者共 722 名，随机分为 4 组：A 组，不用 G-CSF；B 组，化疗过程中应用 G-CSF；C 组，化疗后应用 G-CSF；D 组，化疗中及化疗后应用 G-CSF。结果化疗中应用 G-CSF 组（B 组+D 组）CR 率明显高于不用 G-CSF 组（A 组+C 组）（58.3% *vs* 48.6%；$P=0.009$）（Amadori 等，2005a）。最近来自 ALFA 的研究显示 GM-CSF 可改善 CR 及 EFS 率，但对 OS 率无显著影响（Thomas 等，2007）。表 4-8 列举了 16 个关于化疗联合细胞因子的研究，其中仅仅 2 个研究显示联合使用细胞因子能改善 OS，其他 14 个研究均显示化疗过程中加用细胞因子不能明显提高 OS。北京市道培医院方艳红等用计算机检索了 PubMed 及 CNKI 在 1990～2010 年期间发表的 G-CSF 在初治 AML 诱导缓解中应用的文献，纳入 4 个临床对照试验共 1734 例患者，实验组为含有 G-CSF 的方案，对照组为安慰剂组或者不含有 G-CSF 的方案，对 CR 率及长期生存率进行对比分析，采用 ReviewManager 软件进行荟萃分析。结果显示，在 AML 诱导方案中加用 G-CSF 与不加用 G-CSF 在 CR 率及长期生存率方面的差异无统计学意义，分别为：RR 0.91，95% CI（0.49～2.16），$P=0.87$；RR 0.82，95%

CI（0.32～3.54），$P=0.76$（方艳红，待发表；Godwin 等，1998；Lowenberg 等，2003；Heil 等，1997；Amadori 等，2005a）。但化疗后应用细胞因子可以缩短粒缺时间，缩退住院时间，并可减少感染相关并发症（Harousseau 等，2000；Usuki 等，2002）。

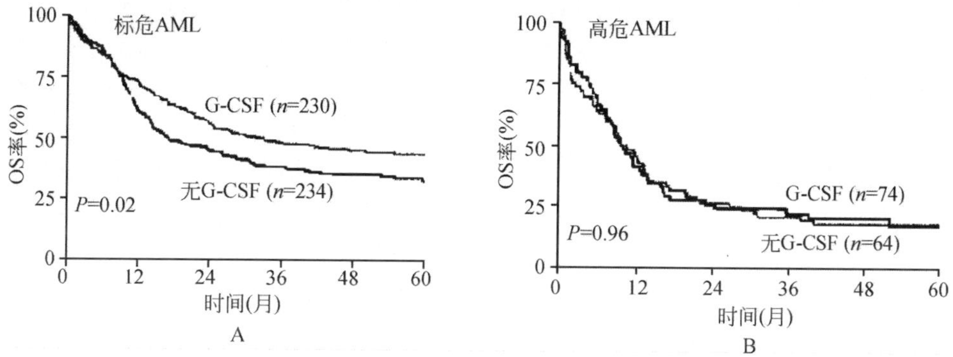

图 4-6　标危（A）及高危（B）AML 患者化疗联合/不联合 G-CSF 的 OS 率（Lowenberg 等，2003）

表 4-8　化疗联合细胞因子疗效列表（不包括 FLAG 方案）

参考文献	病例数	年龄（岁）	因子类型	给药时间	疗效评价
Zittoun 等，1996	102	15～60	GM-CSF	前，中，后	CR 率/生存率无改善
Lowenberg 等，1997a	326	≥61	GM-CSF	中，后	CR 率/生存率无改善
Lowenberg 等，1997b	253	15～60	GM-CSF	中，后	CR 率/生存率无改善
Heil 等，1995	80	15～75	GM-CSF	前，中，后	CR 率/生存率无改善
Witz 等，1998	240	55～75	GM-CSF	中，后	2 年 DFS 率提高
Uyl dc Groot 等，1998	318	≥60	GM-CSF	前，中，后	CR 率/生存率无改善
Thomas 等，1999	192	<65	GM-CSF	中	进展的时间有所延长
Hast 等，2003	93	35～90	GM-CSF	前，中，后	CR 率/生存率无改善
Lofgren 等，2004	110	≥60	GM-CSF	前，中，后	OS 率无改善
Rowe 等，2004	245	>55	GM-CSF	前，中，后	CR 率/OS 率无改善
Thomas 等，2007	259	15～49	GM-CSF	中，后	提高 CR 率及 EFS 率，OS 率无改善
Ohno 等，1994	58	16～66	G-CSF	前，中，后	CR 率/生存率无改善
Estey 等，1999	215	（中位）65	G-CSF	中，后	CR 率/生存率无改善
Lowenberg 等，2003	640	18～60	G-CSF	前，中	标危组 DFS 率及 OS 率改善
Buchner 等 2004	895	16～83	G-CSF	前，中	DFS/OS 率无改善
Amadori 等，2005	722	61～80	G-CSF	中，后	CR 率提高，生存率无改善

注：前．化疗前；中．化疗中；后．化疗后；CR. 完全缓解；DFS. 无病生存；EFS. 无事件生存；OS. 总生存。

（二）CAG 方案

G-CSF 预激方案中比较常用的是 CAG 方案。CAG 方案的理论基础是：G-CSF 可增强小剂量 Ara-C 对 AML 细胞的凋亡诱导作用，从而增强抗白血病效应（Bai 等，1999），

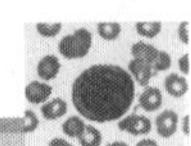

具体用法是 Ara-C 10mg/m^2，q12h，sc，d1～d14；Acla 10～14mg/m^2，qd，d1～d4；rhG-CSF 200 μg/m^2，sc，qd，d1～d14（Ara-C 前）。CAG 方案治疗难治/复发 AML 最早始于 1995 年日本 Yamada 等（1995）的研究，在纳入的 18 名患者中，有 15 名（83%）经过 1～2 个疗程后达 CR，经过后期的巩固化疗或 HSCT，中位 CR 期及生存时间分别为 6 个月和 17 个月。2000 年，Saito 等（2000）用 CAG 方案治疗原发耐药的 AML 及初治老年原发 AML、继发 AML、MDS-RAEBt 及复发 AML 患者共 69 例，总 CR 率为 62%，复发患者的中位 DFS 和 OS 分别为 8 个月及 15 个月，老年患者分别为 8 个月和 11 个月，继发 AML 及 RAEBt 患者分别为 8 个月和 17 个月，化疗相关毒性小，耐受性好。上海瑞金医院报道，用 CAG 方案治疗难治/复发 AML、MDS-RAEBt 及老年 AML，均取得了良好的疗效，4 组患者 CR 率为 30%～50%，且副作用小（Li 等，2005；Qian 等，2007）。因此，对于不能耐受强烈化疗的难治/复发 AML 患者，CAG 方案是一个合适的选择。除了 CAG 方案，G-CSF 还和 HHT、Ara-C 组成 CHG 方案。我国西安交大第二附属医院报道了应用此方案治疗了 36 例进展期 AML（包括难治患者 23 例及复发患者 13 例），结果 50%患者达 CR，CR 持续中位时间为 7.2 个月（Zhang 等，2008）。上海交通大学 Wu 等（2009）应用 CHG 方案治疗了 32 例患者（其中 25 例进展期 MDS 及 7 例 t-AML），总 CR 率为 46.9%，中位生存时间为 18.2 个月。河南省肿瘤医院魏旭东等（2006）将 CAG 和 CHG 方案在难治/复发 AML 中的疗效进行了对比，两组患者各 20 名，结果两组 CR 率无明显差异（75% *vs* 80%，$P>0.05$）。G-CSF 预激方案用于难治/复发 AML 疗效见表 4-9。

（三）FLAG 方案

含 G-CSF 的方案还有 G-CSF 联合 Flu 及 HD/ID-Ara-C 组成的 FLAG 方案。FLAG 方案的作用机制除前述的 G-CSF 可诱导白血病细胞进入增殖周期外，还有 Ara-C 联合 Flu 可提高细胞内 Ara-CTP 的浓度，增强 Ara-C 的细胞毒作用，从而与 Ara-C 具有协同作用，以及 G-CSF 可缩短粒缺时间（Gandhi 等，1993；Tafuri 等，2000）。FLAG 方案基本用法是：Flu 25～30mg/（m^2·d），d1～d5；Ara-C 2g/（m^2·d），d1～d5；G-CSF 5 μg/（m^2·d），化疗前一天或当天起用至中性粒细胞恢复。此方案的 CR 率为 50%～80%，MS 为 6～22 个月（表 4-10），是目前难治/复发 AML 疗效较高、耐受性较好的治疗方案。为改善疗效，一些单位对传统的 FLAG 方案进行了修改，包括：① FLANG 方案，在 FLAG 方案上加 NVT，Ara-C 适当减量；② FLAG-IDA 方案，在 FLAG 基础上加 3 天 IDA 8～12mg/m^2；③ FLAIRG 方案，在 FLAG 基础上加 IDA 和 ATRA；④ 对传统方案的剂量进行修改。一些非对照研究评价了改良 FLAG 方案在难治/复发 AML 中的疗效，CR 率为 20%～70%，MS 为 2～12 个月（表 4-11）。也有一些小型研究回顾性比较了修改方案与传统方案的疗效，Clavio 等（1996）回顾性比较了 FLAG/FLANG 方案治疗高危 AML 的疗效，结果两组 CR 率无明显差别（55% *vs* 65%）；后来同一研究组（Clavio 等，2001）比较了 FLAG 方案、FLAGING 方案或 FILAG-IDA 在 42 例 MDS 转化 AML 及继发性 AML 中的疗效，结果总 CR 率为 33%，FLAG 方案组 14 例中 6 例（43%）CR，FLAGING/FLAG-IDA 组 28 例中 8 例（29%）CR，两组无明显差异（$P=0.9$）。由于目前还缺乏随机对照研究，是否修改后的方案能提高疗效并不确定。

表 4-9 G-CSF 预激的方案治疗难治/复发 AML 疗效

参考文献	病例数	病人类型	年龄(岁)	诱导方案	用法	缓解后治疗
Yamada 等,1995	18	复发	44(18～74)	CAG	Ara-C 10 mg/m^2,q12h,d1～d14	改良的 CAG 方案或美法仑
					Acla 10～14 mg/m^2,qd,d1～d4	巩固化疗
					G-CSF 200 μg/m^2,qd,d1～d14	或 allo-HSCT
Saito 等,2000	8	难治		CAG	Ara-C 10 mg/m^2,q12h,d1～d14	至少 1 个疗程 CAG 方案巩
	8	老年			Acla 14 mg/m^2,qd,d1～d4	固及不同方案强化治疗
	18	t-AML/MDS-RAEBt			G-CSF 200 μg/m^2,qd,d1～d14	
	35	复发				
Li 等,2005	62	难治	47(15～81)	CAG	Ara-C 10 mg/m^2,q12h,d1～d14	NA
	26	老年			Acla 14 mg/m^2,qd,d1～d4(A)	
	13	MDS-RAEBt			或 7 mg/m^2,qd,d1～d8(B)	
	18	复发			G-CSF 200 μg/m^2,qd,d1～d14	
Zhang 等,2008	36	难治复发	46(18～75)	CHG	Ara-C 7.5 mg/m^2,q12h,d1～d14	CHG 方案巩固 1 个疗程
					HHT 1.5 mg/m^2,qd,d1～d14	后接受 CAG 或 MAE 方案
					G-CSF 150 μg/m^2,qd,d0～d14	或 HD-Ara-C 维持
Wu 等,2009	32	进展期 MDS 及	68(17～88)	CHG	Ara-C 25 mg/d,d1～d14	不同蒽环/蒽醌类药物
		t-AML			HHT 1 mg/d,d1～d14	或 HHT 联合 Ara-C
					G-CSF 300 μg/d,d0～d14	
钱红兰等,2006	25	难治/复发及 t-AML	52(29～82)	CAG/	Ara-C 10 mg/m^2,q12h,d1～d14	常规方案或预激方案巩固
				CHG	Acla 5～7 mg/m^2,qd,d1～d8	
					或 HHT 1 mg/d,d1～d8	
					G-CSF 200 μg/m^2,qd,d1～d14	

注：CR. 完全缓解；MS. 中位生存期；NA. 未报；t-AML. 继发性急性髓性白血病；MDS-RAEBt. 骨髓增生异常综合征-转化的难治性贫血伴原始细胞增多；Ara-C. 阿糖胞苷；Acla. 阿柔比星；G-CSF. 粒细胞集落刺激因子；HHT. 高三尖酯碱；allo-HSCT. 异基因造血干细胞移植；MAE. 米托蒽醌＋阿糖胞苷＋依托泊苷；HD-Ara-C. 大剂量阿糖胞苷。

表 4-10　FLAG 方案治疗难治/复发 AML 及高危 MDS 疗效列表

参考文献	病例数	病人类型	年龄(岁)	诱导方案	用法	缓解后治疗	CR 率(%)	MS
Estey 等，1994	112	初治 AML MDS	63(中位)	FLAG	Flu 30mg/m^2,d1～d5 Ara-C 2g/m^2,d1～d5 G-CSF 400μg/m^2,d1 或 d0 至 CR	不详	63	38 周
Visani 等，1994	28	难治/复发 AML t-AML	不详	FLAG	Flu 30mg/m^2,d1～d5 Ara-C 2g/m^2,d1～d5 G-CSF 5μg/mg,d0 至粒缺恢复	不详	58	NA
Jacson 等，2001	44	难治/早期复发 AML	18～75	FLAG	Flu 30mg/m^2,d1～d5	2 个疗程 4 天的 FLAG	81	1.4 年
	21	晚期复发			Ara-C 2g/m^2,d1～d5	方案巩固	30	3 个月
	18	MDS-RAEBt			G-CSF 5μg/mg,d0～d6		56	1.6 年
Huhmann 等，1996	22	难治/复发 AML t-AML	46(24～63)	FLAG	Flu 25mg/m^2,d1～d5 Ara-C 2g/m^2,d1～d5 G-CSF 400μg/m^2,d1 至粒缺恢复	不详	50	13 个月
Montillo 等，1998	38	难治/复发 AML	41(11～70)	FLAG	Flu 30mg/m^2,d1～d5 Ara-C 2g/m^2,d1～d5 G-CSF 5μg/mg,d0 至粒缺恢复	FLAG 方案巩固及个体化的缓解后治疗(具体不详)	55	9 个月
Ferrara 等，2002	44	伴多系增生异常的 AML	61(31～75)	FLAG	Flu 30mg/m^2,d1～d5 Ara-C 2g/m^2,d1～d5 G-CSF 5μg/mg,d0 至 CR	IA 方案巩固化疗 allo-HSCT 或 auto-HSCT	64	16 个月
Carrila 等，2001	41	难治/复发 AML t-AML	52(16～72)	FLAG	Flu 30mg/m^2,d1～d5 Ara-C 2g/m^2,d1～d5 G-CSF 5μg/mg,d0 至粒缺恢复	FLAG 方案巩固及不同方案缓解后治疗(具体不详)	56	NA
程澍等，2007	127	难治/复发 AML	39(12～65)	FLAG	Flu 30mg/m^2,d1～d5 Ara-C 1～2g/m^2,d1～d5 G-CSF 200μg/m^2,d5 或至粒缺恢复	NA	45.7	NA

注：CR. 完全缓解；MS. 中位生存期；NA. 未报；t-AML. 继发性急性髓性白血病；MDS-RAEBt. 骨髓增生异常综合征-转化的难治性贫血伴原始细胞增多；Flu. 福达拉滨；Ara-C. 阿糖胞苷；G-CSF. 粒细胞集落刺激因子；HSCT. 造血干细胞移植；allo-HSCT. 异基因造血干细胞移植；auto-HSCT. 自体造血干细胞移植。

表 4-11　修改的 FLAG 方案治疗难治/复发 AML 及高危 MDS 疗效列表

参考文献	病例数	病人类型	年龄(岁)	诱导方案	用法	缓解后治疗	CR 率(%)	MS
Kim 等,2008	29	难治 AML	40(18～57)	FLAG-IDA	Flu 25mg/m^2,d1～d5 Ara-C 1g/m^2,d1～d5 G-CSF,d1～d5(剂量不详) IDA 12mg/m^2,d1～d3	巩固化疗(具体不详) 或 HSCT	20.7	2.47 个月
de la Rubia 等,2002	45	难治/复发 AML t-AML 高危 MDS	59(18～79)	FLAG-IDA	Flu 30mg/m^2,d1～d4 Ara-C 2g/m^2,d1～d4 G-CSF 300μg/m^2,d0～d5 IDA 10mg/m^2,d1～d3	1 个疗程 IDA+Ara-C+G-CSF 年轻患者接受 HSCT 老年患者卡铂 1 个疗程	53	NA
Pastore 等,2003	46	难治/复发 AML	41(15～60)	FLAG-IDA	Flu 30mg/m^2,d1～d5 Ara-C 2g/m^2,d1～d5 G-CSF 300μg/m^2,d6 至粒缺恢复 IDA 10mg/m^2,d1～d3	不详	52.1	11 个月
Steinmetz 等,1999	57	难治/复发 AML t-AML	52(19～75)	FLAG-IDA	Flu 25mg/m^2,d1～d5 Ara-C 1g/m^2,d1～d5 G-CSF 400μg/m^2,d1 至粒缺恢复 IDA 10mg/m^2,d1、d3、d5	不接受巩固或维持化疗 有条件者接受 HSCT	52.6	20 周
Clavio 等,1996	51	难治/复发 AML t-AML 高危 AML	64 (33～76)	FLAG	Flu 30mg/m^2,d1～d5 Ara-C 2g/m^2,d1～d5 G-CSF 300μg/m^2,d1～d5	CR 后原方案巩固 1 个疗程	55	9 个月
				FLANG	Flu 30mg/m^2,d1～d3 Ara-C 1g/m^2,d1～d3 NVT 10mg/m^2,d1～d3 G-CSF 300μg/m^2,d1～d5		65	
Clavio 等,2001	42	t-AML	59(24～75)	FLAG	Flu 30mg/m^2,d1～d5 Ara-C 2g/m^2,d1～d5 G-CSF 300μg/m^2,d1～d5	CR 后原方案巩固 1 个疗程 有条件者接受 HSCT	43(6/14)	11 个月

续表

参考文献	病例数	病人类型	年龄(岁)	诱导方案	用法	缓解后治疗	CR率(%)	MS
				FLANG或FLAG-IDA	Flu 30mg/m^2,d1～d3 Ara-C 1g/m^2,d1～d3 NVT 10mg/m^2,d1～d3或 IDA 12mg/m^2,d1～d3 G-CSF 300μg/m^2,d1～d5		29(8/28)	
Hanel等,2001	29	难治/复发	59(18～75)	FLANG	Flu 30mg/m^2,d1～d3 Ara-C 1g/m^2,iv或 100～150mg/m^2,ci,d1～d5 NVT 7mg/m^2,d1、3、5 G-CSF 5μg/kg d0至粒缺恢复	大剂量化疗或HSCT	59	6.8个月
Montillo等2009	78	难治/复发	<60	FLAIRG	Flu 15mg/(m^2·12h),d1～d5 Ara-C 2g/(m^2·12h),d1～d5 G-CSF 5μg/mg,d0至粒缺恢复 ATRA 45mg/m^2,d1～d10 IDA 10mg/m^2,d1、d3	HD-Ara-C或allo/auto-HSCT	69.2	12.4个月
孟凡义等,2006	65	难治/复发	34(11～60)	改变Ara-C量	Flu 30mg/m^2,d1～d5 Ara-C 200mg/m^2～3g/m^2,d1～d5 G-CSF 300μg/m^2,d1～d5	不详	52.3	NA

注：CR. 完全缓解；MS. 中位生存期；NA. 未报；t-AML. 继发性急性髓性白血病；MDS-RAEBt. 骨髓增生异常综合征-转化的难治性贫血伴原始细胞增多；Flu. 福达拉滨；Ara-C. 阿糖胞苷；G-CSF. 粒细胞集落刺激因子；NVT. 米托蒽醌；IDA. 去甲氧柔红霉素；ATRA. 全反式维A酸；FLAG. 氟达拉滨＋大剂量阿糖胞苷＋粒细胞集落刺激因子；IDA. 去甲氧柔红霉素；FLANG. FLAG＋米托蒽醌 HSCT. 造血干细胞移植；allo-HSCT. 异基因造血干细胞移植；auto-HSCT. 自体造血干细胞移植；HD-Ara-C. 大剂量阿糖胞苷。

总之，难治/复发 AML 的挽救性化疗方案仍无统一标准，而且不管采取何种挽救性治疗方案，总的长期疗效均不理想，只有在精于 HSCT 的医院通过 allo-HSCT 才有可能得到最好的治疗效果。因此，挽救性治疗方案应该与 HSCT 相结合，尽量减少药物毒性，而达到清除白血病细胞之目的。有关 allo-HSCT 详见本书相关章节。

第四节　老年 AML 的治疗

一、老年 AML 的特点

AML 的发病率随着年龄的增加而增加，50%以上的 AML 患者年龄>60 岁，中位年龄是 64 岁。国际上一般将>60 岁的 AML 患者称为老年 AML 患者。与年轻 AML 相比，老年 AML 具有以下特殊的生物学活性：① 常伴累计多系的病态造血；② 白血病细胞表型类似于干细胞；③ 多合并预后不良的细胞遗传学异常如−7、−5、$11q^{-}$ 及复杂染色体异常等，很少合并预后良好的染色体异常；④ 常常表达多药耐药基因；⑤ 常为继发性 AML，具有前驱血液病病史（Appelbaum 等，2006a；Harosseau，1998；Manoharan，1998；Leith 等，1997；Hamblin 等，1995；Burnett 等，1999a）。这些特性决定了老年 AML 对化疗的疗效差。此外，老年患者自身的一些因素比较特殊，如总体一般状况较差；常合并非造血脏器功能病变；免疫力低下易合并感染；造血干细胞的数量及质量相对较差，化疗后造血恢复缓慢；对化疗药物的代谢减慢，药物毒性增加等。这些因素决定了老年患者对化疗药耐受性差。老年患者无论 CR 率还是长期生存率均不如年轻患者。

二、老年 AML 治疗前的评估

由于老年 AML 临床、生物学特点及患者本身的状况具有高度异质性，决定了选择的治疗方案应该个体化。虽然每个患者在治疗前都要进行以下评估，老年急性白血病治疗前更需要评估，以帮助进行个性化的治疗。

（一）预后评估

与年轻患者情况相似，老年患者的预后因素也应包括染色体核型及分子生物学改变，此外，年龄、PS 评分、是否是继发性 AML、LDH 值、白细胞数、CD34 表达也是重要的预后因素。Kantarjian 等（2006b）回顾分析了美国 MDACC 中心对 998 例≥60 岁 AML 患者进行强化治疗的结果，预后危险因素包括：≥75 岁、染色体为预后差核型、PS>2、≥12 个月血液病病史、LDH>600、肌酐（Cr）升高、层流病房外治疗。无这些危险因素者的 CR 率>60%，诱导治疗死亡率为 10%，1 年生存率>50%；≥3 个危险因素者的 CR 率<20%，诱导治疗死亡率>50%，1 年生存率<10%；而中危组的 CR 率为 50%，诱导治疗死亡率为 30%，1 年生存率为 30%。Rollig 等（2009）报告了 AML 96 研究结果，909 例老年 AML，中位年龄 67 岁，单变量及多变量分析均显示染色体核型、NPM1 突变、WBC 计数、LDH 是 OS、DFS 及复发率的独立预后因素。据此可将患者分为：① 染色体预后好组；② 染色体预后中等但有以上预后良好因素组；③ 染色体预后中等但有以上预后差因素组；④ 染色体预

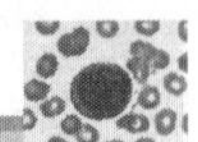

后差组。其3年OS率分别为39.5%、30%、10.6%、3.3%。MDACC的研究显示，改良allo-HSCT前的危险因素评分（HCTCI）对选择老年AML的治疗策略有帮助（Giles等，2007）。Malfuson等（2008）分析了ALFA 9803多中心对416例老年AML研究的结果，有预后差的染色体核型，存在以下因素中的2项（≥75岁、PS≥2、WBC≥50×10^9/L）者，12个月OS率仅为19%，对这些患者不应采用标准化疗。

（二）一般状况评估及合并症指数评估

评估患者的一般状况、脏器功能及是否合并其他病变，最常用的是一般状况（performance status，PS）评分，也可采用其他评分方式如ECOG评分。

三、老年AML的治疗总策略

老年AML患者选择标准剂量的化疗还是低剂量化疗需根据患者的年龄、预后因素、一般状况进行综合判断后选择。目前比较一致的观点认为，如果患者的身体状况允许，老年AML应尽可能接受标准剂量或强化疗，因为大量临床结果都显示标准剂量或强化疗可改善患者的预后。而对于年龄较大、不能耐受标准剂量化疗的患者，则采用小剂量化疗或临床试验。2010年ASH会议关于老年AML患者治疗策略的选择推荐见图4-7。

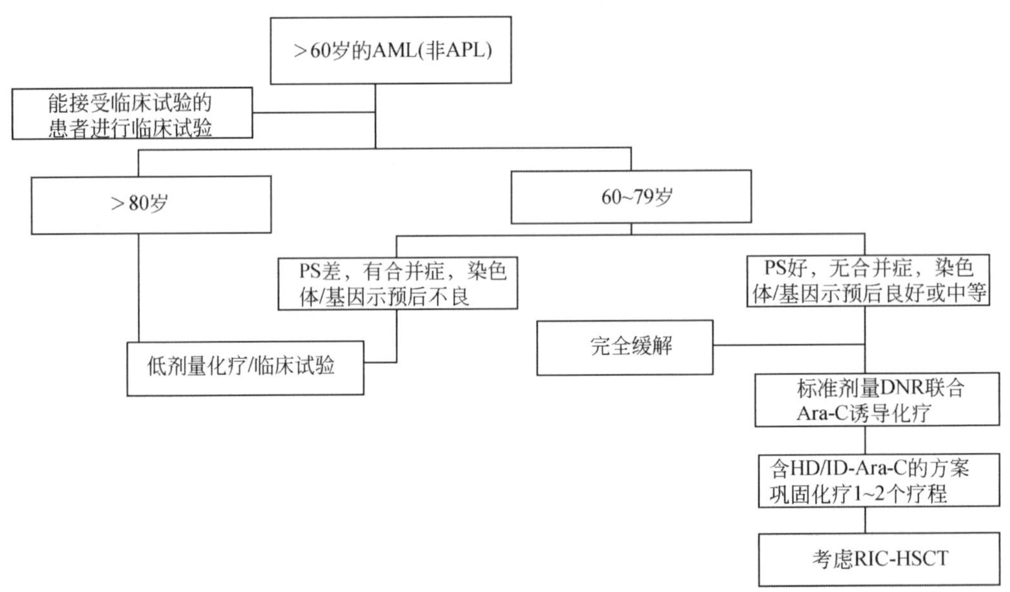

图4-7 >60岁AML治疗策略选择推荐（Luger等，2010）

PS. 体力状况评分；HD/ID-Ara-C. 大剂量/中剂量阿糖胞苷；RIC-HSCT. 减低强度预处理方案移植

四、老年AML的诱导治疗

由于老年AML临床、生物学特点及患者本身的状况具有高度异质性，决定了选择的治疗方案应该个体化。初治老年AML的治疗虽然包括以下几种方式：一般的化疗、减量化疗和姑息治疗等，但是总的剂量和原则是低于其他年龄段。

（一）标准剂量化疗

标准剂量化疗是指用与年轻患者类似的化疗方案和剂量，力争达到CR，改善生存质量。由于老年患者耐受性差，一般剂量化疗可能产生更强的血液及非血液学毒性，因此一般的化疗只适用于一般情况、脏器功能良好的少数患者。既往认为，最佳诱导化疗方案仍然是蒽环类药物联合Ara-C，但仅40%～50%的患者可达CR，30%～50%的患者在诱导治疗过程中死亡（Yates等，1982；Preisler等，1987）。近来由于支持治疗措施的加强，一些临床试验显示了较好的短期疗效，CR率可高达65%，早期TRM为10%～25%，但CR率仍远远不如年轻患者，且达长期CR的患者不足15%（Harosseau，1998；Stasi等，1996b；Burnett等，1999；Kantarjian等，2006）。

既往认为，老年患者蒽环类药物应当减量，但最近Lowenberg等（2009）比较了标准剂量和高剂量DNR进行诱导治疗的疗效，将813例>60岁的AML分为2组诱导治疗，DNR剂量分别为45mg/m²、90mg/m²。高剂量组的CR率更高（64%、54%，$P<0.002$），但两组的OS和EFS无明显差异；两组的30天死亡率相当（11%、12%）。但是对60～65岁的患者（$n=299$），低剂量组的CR率、2年EFS率及2年OS率均低于标准剂量组（51% *vs* 73%）、（14% *vs* 29%，$P<0.002$）、（23% *vs* 38%，$P<0.001$）。CBF AML（$n=33$）中更加明显，因此对60～65岁的、CBF阳性的AML主张采用高剂量DNR的诱导方案。然而ALFA-9801试验中得出的结论却不同，>50岁的AML患者随机接受Ara-C（200mg/m²×7d）联合DNR（80mg/m²×3d）、IDA3（12mg/m²×3d）或IDA4（12mg/m²×4d）诱导治疗，缓解后的患者根据诱导治疗蒽环类药物的种类给予2个疗程的DNR/IDA联合ID-Ara-C巩固治疗，结果显示虽然DNR组的CR率低于IDA3及IDA4组（70%、83%、78%，$P=0.04$），但复发率、EFS率和OS率差异均无统计学意义，提示强诱导化疗对老年AML没有优越性（Pautas等，2010）。因此，尽管目前没有明确的证据表明老年AML患者需要更强烈的诱导治疗，但至少没有依据减少化疗剂量。2010年ASH会议上推荐60岁以上的患者采用DNR 60mg/m²×3d或IDA 12mg/m²×3d联合AraC进行诱导治疗（Luger等，2010）。

为改善CR率，一些研究尝试用其他的蒽环类药物如IDA、NVT代替DNR，或连用其他药物如VP-16、6-MP等。在年轻患者中，IDA用于诱导治疗可改善CR率，但在老年患者中这种优势并不明显。包含多个研究的荟萃分析结果显示，对于年龄大于60岁的患者，诱导治疗采用IA方案CR率并不优于DA方案（The AML Collaborative Group，1998）。早期EORTC/HOVON的研究显示，MA方案的CR率虽然略优于DA方案，但长期OS无明显改善，且粒缺持续时间较长，发生感染的机会较多（Lowenberg等，1998）。SWOG的一项研究也表明，ME（NVT＋VP-16）方案诱导化疗并不优于传统的DA方案（Anderson，2002）。在ECOG的一个大型研究中，362名老年AML患者随机接受DNR/IDA/NVT＋SD-Ara-C（3＋7）方案作为诱导治疗，结果3组CR率（40%～46%）及OS（中位7个月）基本相似，且治疗相关毒性无明显区别（Rowe，2004）。英国MRC AML11的一项研究显示，1314名老年AML患者随机接受DAT（DNR＋Ara-C＋6-MP）、ADE（DNR＋Ara-C＋VP-16）或MAC（NVT＋Ara-C）进行诱导治疗，结果

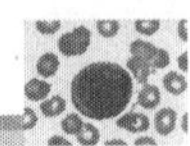

虽然DAT CR率（62%）明显优于ADE（50%）及MAC（55%），但5年OS无明显区别（Goldstone等，2001）。因此，IDA及NVT对于老年患者并不能改善总体疗效；相反，治疗相关毒副作用更大。

（二）减量化疗

减量化疗是根据患者临床状况适当减少化疗剂量，目的是争取达到CR或PR，以延长生存期。其中用的最常见的方案是皮下注射LD-Ara-C。LD-Ara-C可促进白血病细胞的分化，也常用于老年AML患者的诱导化疗。早期的研究表明，LD-Ara-C（10mg/m^2，q12h，sc，14～21d）可使32%～35%的患者CR（Powell等，1989；Tilly等，1990）。法国的一多中心随机研究（Tilly，1990）比较了LD-Ara-C与强烈化疗的疗效，后者CR率明显高于前者，但诱导治疗相关死亡率也较高，两组OS无明显差别，但LD-Ara-C组的支持治疗与住院治疗明显减少。MRC AML14临床试验中，217名不适合接受强烈化疗的患者给予LD-Ara-C 20mg，sc，bid，10d，或者口服羟基脲（HU）（Burnett等，2007），30天的死亡率只有26%，LD-Ara-C组的CR率（18%）明显高于HU组（1%），在预后良好和中等核型组LD-Ara-C生存期延长。LD-Ara-C的优越性见于所有年龄患者，即使是>75岁者也可获益。因此，LD-Ara-C是不适合标准及强化疗AML的标准治疗方案。但是染色体预后差者无一例CR，因此不推荐此类患者。

CAG方案采用小剂量Ara-C联合Acla及G-CSF，剂量偏小，副作用小，老年人对此耐受性好，在老年AML中也取得了较好的疗效。江苏省肿瘤医院报道了用CAG方案治疗50例老年AML患者的疗效，总CR率为58%，CR后的患者接受AN/AA/DA方案巩固化疗，中位生存时间为14个月（Qian等，2007）。中南大学湘雅医院将34例接受CAG方案治疗的老年AML患者与41例接受常规化疗患者的临床疗效进行了对比，结果CAG组的CR率明显高于常规化疗组（67.6% *vs* 39%），其副作用小，感染发生率低，2年DFS长于常规化疗组（陈懿建等，2008）。上海瑞金医院将29例接受CAG方案及12例接受常规剂量IA方案的老年AML患者的疗效进行了对比，结果两组CR率相似（37.93 *vs* 33.33%），但CAG组的血制品输注量和发热时间少，早期死亡率低（陈瑜等，2006）。因此，对于一般状况较差，同时具有严重合并症的患者，可考虑用减量的方案治疗。

其他小剂量化疗还有口服IDA、HU、VP-16、6-TG、6-MP、MTX，静脉滴注小剂量HHT。Ruutu等（1994）比较了口服减量化疗ETI方案（VP-16 80mg/m^2×5d，6-TG 200mg/m^2×5d，Ida 15mg/m^2×3d，三药均以口服给药）与传统的TAD方案的疗效及毒性，结果显示ETI组CR率（60% *vs* 23%）及MS（9.9m *vs* 3.7m）均优于TAD组，且早期死亡率明显低于后者（4% *vs* 23%），证实了减量化疗的优越性。

（三）姑息治疗

姑息治疗是指以支持治疗为主，可加用低剂量化疗药，包括HU或6-MP、VP-16口服，LD-Ara-C皮下注射等。对于能够耐受强烈化疗的患者，姑息治疗的疗效无疑不如强烈化疗，EORTC的早期临床随机研究显示强烈化疗组的OS率明显高于姑息治疗（Lowenberg等，1989）。Lopez等（2001）的研究表明，接受姑息治疗者5年生存率分别为1.1%和0，而接受强烈化疗者分别为10.5%和7%，明显优于前者。因此，姑息治疗只用于预后不良类型且一般状况差或合并其他疾病不适合接受强烈化疗的患者。另外，姑息治疗还可用于“冒烟型”AML，此类 AML 由于进展缓慢，可以采取边等边看的策略，同时给予对症支持治疗或给予单一药物进行小剂量化疗，如用 HU 降低 WBC，或口服 IDA（Harosseau 等，1989）。

五、老年 AML 缓解后治疗

（一）巩固化疗

老年 AML 最佳缓解后治疗方案目前尚无统一标准。由于多数老年患者不能耐受反复强烈巩固化疗的毒副作用，因此缓解后治疗方案不同于年轻患者。主要缓解后治疗措施包括强烈巩固化疗、减量化疗、维持治疗或参与临床试验。据统计，仅少部分老年患者接受强烈巩固化疗，且部分因耐受性差而被中断治疗，因此强烈的治疗方案只能使部分患者受益。对于预后良好核型且一般情况好、能耐受强烈化疗的患者，缓解后首选强化疗，可以选择标准蒽环类药物联合 Ara-C 方案巩固治疗。缓解后巩固治疗是否用 HD/ID-Ara-C 仍然存在争议，虽然在年轻患者中证实 HD/ID-Ara-C 优于 SD-Ara-C，但在老年患者中副作用大、TRM 增加。在 CALGB 8525 临床试验中，年龄大于 60 岁的患者只有 29％完成了 4 个疗程的 HD/ID-Ara-C，其中 4 年 DFS 率只有 16％，OS 率只有 9％，30％的患者出现小脑毒性（Mayer 等，1994）。在随后的 CALGB 8923 试验中，CR1 的 60 岁以上的患者随机接受 4 个疗程的 Ara-C 100mg/（m^2·d）×5d 或 2 个疗程的 NVT 5mg/m^2，q12h＋ Ara-C 0.5 g/m^2，q12h，3d，结果两组 5 年 DFS 无明显差异（Stone 等，2001）。因此，对于老年 AML 患者 HD/ID-Ara-C 不常规推荐。

对于缓解后巩固治疗的最佳疗程，各研究组持不同观点，MRC AML11 试验中 371 名 CR 的患者随机接受 1 个疗程或 4 个疗程缓解后治疗，结果两组 DFS 及 OS 无明显差异。ALFA 使用 DA/IA 方案达 CR 的患者随机接受 1 个疗程原诱导治疗方案或 6 个疗程每月一次的减量的化疗（相同剂量的蒽环类药物 1 天，Ara-C 60mg/m^2，q12h，sc，5d），结果 6 个疗程组 2 年 DFS 及 OS 均优于 1 个疗程组，且住院时间缩短，输注血制品减少（Gardin 等，2007）。EORTC-GIMEMA AML13 临床试验将 356 名 CR 后的 AML 随机分为两组巩固化疗，一组采用静脉 mini-ICE 方案（IDA 8mg/m^2，iv，d1、d3、d5；VP-16 100mg/m^2，iv，d1～d3；Ara-C 100mg/m^2，ci，d1～d5），另一组为口服 mini-ICE 方案（IDA 20mg/m^2，po，d1、3、5，VP-16 100mg/m^2，po，bid，d1～d3；Ara-C 100mg/m^2，sc，d1～d5），均巩固化疗 2 个疗程，结果两组 3 年 OS 及 DFS 均无明显差异，而口服组副作用小，住院时间短；auto-HSCT 也未显示可使患者获益（Jehn 等，2006）。

（二）HSCT

HSCT 也可作为老年 AML 患者诱导后巩固治疗手段，但清髓性 HSCT 由于毒副作用大，且并发症多，在老年患者中的应用受限，即使在这些小部分可行的患者中也并不能明显改善 DFS 及 OS（Archimbaud 等，1999）。近年来，越来越多的研究采用减低强度与处理方案的 HSCT（RIC-HSCT）治疗老年 AML。早期的一些结果显示其并不能明显地延长 CR 期（Champlin 等，1999）。近年的一些结果令人鼓舞，2 年 DFS 率可达 40％～

60%，RFS率为20%（Storb，2007；Herr等，2007；Estey等，2007）。一些回顾性研究显示，其疗效和清髓性HSCT相当（Alyea等，2005）。法国骨髓移植登记组回顾性分析了629例RIC-allo-HSCT的结果，发现>65岁患者与60～65岁患者的2年OS率相似（47% *vs* 48%），移植相关死亡率（TRM）、急性移植物抗宿主反应（aGVHD）与>65岁患者亦无明显差异（Chevallier等，2009）。最近国际骨髓移植登记组（CIBMTR）报道1080例采用RIC-allo-HSCT治疗>60岁AML/MDS的结果，>60岁患者的非复发死亡率、Ⅱ～Ⅳ度aGVHD、慢性GVHD（cGVHD）、复发率与40～59岁患者相比均无明显差异，虽然老年患者OS比年轻者低，但仍高于30%（Rollig C，2010）。MDACC回顾性比较了>50岁AML患者行RIC-allo-HSCT及化疗的疗效，前者的OS及RFS更高（Estey等，2007）。目前还缺乏大样本的前瞻性研究确定RIC-allo-HSCT治疗老年AML的优越性。

（三）维持治疗

由于部分老年患者不能接受强烈的缓解后治疗，长期维持治疗可能使老年AML受益。维持治疗可用6-MP、MTX或LD-Ara-C等。Montastruc等（1990）使经过诱导治疗和原诱导方案巩固治疗1个疗程后仍CR的47名患者随机接受4个疗程的、每月1次的化疗，或口服6-MP、MTX和雄激素维持，间以减量原诱导方案巩固，结果维持治疗组2年DFS率明显优于常规化疗组（33% *vs* 13%），显示了维持治疗的优越性。Lowenberg等（1998）的研究表明，缓解后接受LD-Ara-C维持治疗（Ara-C 10mg/m^2，sc，q12h，12d，每6周1次）5年DFS率明显延长（13% *vs* 7%），但对OS无明显影响。最近ALFA的多中心随机研究表明，缓解后维持治疗可明显改善DFS及OS（Gardin等，2007）。维持治疗还可采用具有增强细胞免疫功能的细胞因子如白细胞介素-2（interleukin 2，IL-2）及干扰素等，但是并未显示任何优越性，且副作用大（Pautas等，2007）。Brune等（2007）报告了Ⅲ期临床研究结果，显示IL-2联合HD-Ara-C进行维持治疗可使一些老年AML患者LFS改善，但OS无明显差异。MRC AML11研究将362名患者进行随机分组，结果显示小剂量干扰素维持治疗不能改善DFS及OS（Goldstone等，2001）。

（四）新药治疗

一些新药如DNA甲基转移酶抑制剂地西他滨、CD33单抗（GO）、氯法拉滨等在老年AML中的应用见本章新药治疗节。

总之，老年患者总体疗效差，治疗方案没有统一标准，需根据不同的预后和身体状况选择个体化治疗。

第五节　特殊类型AML的治疗

一、APL

与其他类型AML相比，APL无论从临床特点、形态学、免疫学、细胞遗传学及分子生物学方面均具有独特的特点，因此治疗上也与其他类型AML不同，详见第五章。

二、CBF 阳性的 AML

CBF AML 包括伴 t（8；21）（q22；q22）和（或）RUNX1-RUNX1T1（AML1-ETO）的 AML 和伴有 inv（16）（p13；q22）或 t（16；16）（p13；q11）和（或）CBFβ-MYH11 的 AML。在分子水平，这两种 AML 均产生融合基因 RUNX1-CBFA2T1 和 CBFβ-MYH11，它们分别干扰 CBFα 及 β 亚基，CBF 与造血调控有关，因此这两种类型 AML 被统称为 CBF AML，根据染色体核型分类均归为预后良好类型。这两类 AML 具有一些共同点，但又各具特点。

（一）伴 t（8；21）（q22；q22）和（或）RUNX1-RUNX1T1（AML1-ETO）的 AML

1. 疾病特点 伴 t（8；21）AML 约占 AML 总数的 5%。90%见于 FAB 的 M2 型，还可见于部分 M1、M0、M4 及 M5。多见于年轻患者［The（8；21）Groupe Francais de Cytogenetique Hematologique，1990］。临床上出现髓外白血病的比例较高，与其他类型 AML 相比，出现 CD34、HLA-DR、TdT、CD19、CD56 表达的比例较高，而 CD13、CD33、CD7 表达的比例较低（Khoury 等，2003）。约 70%的患者有附加染色体异常，如性染色体缺失（loss of a sex chromosome，LOS）、+8、$9q^-$ 等。有 30%的患者同时伴有 K-ras 或 N-ras 突变，20%～25%伴有 KIT 基因突变。

2. 预后因素 由于此类 AML 与普通类型相比 CR 率较高，生存期较长，因此被归为预后良好型，但是此类 AML 也存在高度异质性，具有不同的临床特点、免疫表型及细胞遗传学和分子生物学改变，这些因素决定了不同的预后，具体如下：

（1）年龄：与其他类型 AML 相同，年龄亦是 t（8；21）AML 的重要预后因素。MRC 的研究显示，尽管老年 t（8；21）AML 的 CR 率可达 87%，但 5 年复发率高达 84%，疗效明显不如年轻患者（Grimwade 等，2001）。当然，疗效差可能与诱导化疗及缓解后治疗的强度较低，且接受 HSCT 的病例较少有关。但由于老年患者的生物学特性明显不同于年轻患者，如继发 AML 较多，合并预后不良的核型较多，MDR1 表达比例高，因此在很多研究中将老年的 t（8；21）AML（无附加染色体异常）归于预后中等类型（Pinto 等，2001）。

（2）起病时 WBC 及 PLT 水平：早期研究表明，t（8；21）AML 起病时高 WBC 提示预后不良。一项来自法国的含 161 例病例的研究表明，WBC 指数（WBC 总数/骨髓原始细胞比）的预后意义更为重要，是决定 DFS、CRD 及 OS 的独立预后不良因素。WBC 指数低（<2.5）、中等（2.5～20）和高（>20）的 3 年 EFS 分别为 74%、57%和 33%，OS 分别为 74%、66%和 47%（Nguyen 等，2002）。Schlenk 等（2004）对 191 名 t（8；21）AML 进行了荟萃分析，结果显示，WBC>25.4×10^9/L 及 PLT<28×10^9/L 提示预后不良。

（3）合并髓外白血病：t（8；21）AML 常合并粒细胞肉瘤（Tallman 等，1993）。Byrd 等（1997）的研究发现，髓外白血病可见于 9.5%的 t（8；21）AML，伴髓外白血病的患者 CR 率为 50%，明显低于无髓外白血病的患者（94%），且伴髓外白血病的患者中位生存期明显短于不伴髓外白血病的患者。

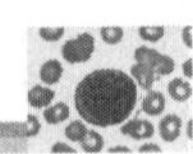

（4）免疫表型：如前述，t（8；21）AML 多表达 CD56，一些研究已证实 $CD56^+$ 是 t（8；21）AML 的预后不良指标。在 CALGB 的一个包含 29 例 t（8；21）AML 的小型研究显示，CD56 阳性率为 55%，虽然 $CD56^+$ 的患者与 $CD56^-$ 患者相比，CR 率无明显差别，但中位 CR 持续时间只有 8.7 个月，中位生存时间只有 16.5 个月，明显短于 $CD56^-$ 的患者。在此研究中，粒细胞肉瘤无一例外地均出现于 $CD56^+$ 的患者，可能是影响其疗效的因素之一（Baer 等，1997）。此结果还需要大型的前瞻性对照研究证实。

（5）细胞遗传学：约 70% t（8；21）AML 患者合并附加染色体异常，如 LOS（包括 −Y，−X）、$9q^-$、+8 及复杂染色体异常等，其中最常见的是 LOS。这些附加异常的预后意义尚有争议。早期的研究显示，LOS 对预后无明显影响，而 $9q^-$ 患者 MS 明显缩短（Schoch 等，1996）。但 MRC 及 CALGB 的研究却认为无论合并何种附加染色体异常，包括 $9q^-$ 及复杂染色体异常，均不影响 t（8；21）AML 的预后（Grimwade 等，1998；Byrd 等，2002）。德国 AMLCG 研究组的荟萃分析结果显示，−Y 是男性患者的预后不良因素，而 −X 及 $9q^-$ 与预后无关（Schlenk 等，2004）。Appelbaum 等也比较了附加染色体异常对 t（8；21）AML 预后的影响，结果显示，无论是 LOS 还是 $9q^-$ 均不影响预后，而 +8 或复杂染色体异常的患者预后较差（Appelbaum 等，2006b）。最近 Lin 等（2008）的研究显示，t（8；21）AML 的预后与所有附加染色体异常无关。中国医学科学院血液学研究所对 189 例 t（8；21）AML 的染色体核型进行了预后分析，结果发现 +4 及四倍体是影响生存期的预后不良因素（刘旭平等，2006）。各研究组产生歧义的原因可能是患者来源于不同的人群，而且没考虑到其他因素如分子生物学异常对预后的影响。

一部分患者用常规染色体方法无法检测到 t（8；21）异常，但用 PCR 方法可以检测到 AML1-ETO 融合基因，据报道，此类患者预后不佳。Sarriera 等（2001）发现染色体检测到 t（8；21）的患者 CR 率为 90%，而仅仅 AML1-ETO 基因异常但无染色体异常的患者 CR 率仅为 40%，但此结论还需要多变量分析结果证实。

（6）分子生物学：t（8；21）AML 最常见的基因突变是 ras 和 KIT 基因突变，与预后最相关的是 KIT 基因突变。KIT 基因突变包括两种突变类型：一种是近膜区域的突变，包括外显子 11 或外显子 8 区域突变；另一种是 TKD 区域的突变，位于外显子 17 编码子 816 突变（TKD816）。来自意大利的一项回顾性研究显示，TKD816 与起病时高 WBC 及高 EML 发生率密切相关，合并此种突变的患者与无 KIT 基因突变的患者相比，复发率明显升高，OS 率明显降低，而其他类型的突变对疗效无明显影响（Cairoli 等，2006）。另外也有研究显示，KIT 基因突变（尤其是在外显子 17 突变）患者与 KIT 野生型患者比较，其 DFS、RFS、EFS、OS 明显较短，CIR 更高（Paschka 等，2006）。ras 基因和 FLT3 基因突变也可见于 t（8；21）AML，但对预后的意义尚有争论。Boissel 等（2006）研究了 FLT3、ras 及 c-KIT 基因突变对 t（8；21）AML 预后的影响，结果显示，FLT3 及c-KIT 基因突变是预后不良指标，而 ras 基因突变对预后无明显影响（Boissel 等，2006）。但另有研究显示，FLT3 在 t（8；21）AML 出现较少，对预后影响小（Care 等，2003；Shimada 等，2006）。

北京市道培医院方艳红等（2009）回顾性地分析了该院 89 例 t（8；21）AML 的预后因素，单因素分析结果显示，年龄、性别、附加染色体异常（包括 LOS、$9q^-$）均不影响长期生存；多因素分析结果显示，初诊时白细胞数、高表达 CD56、伴 CNSL、获 CR 所需时间、AML1-ETO融合基因水平变化及接受allo-HSCT是影响生存的重要独立预后因素（方艳红等，2009）。

3. 治疗　相对其他类型AML，t（8；21）AML疗效较好，CR率可达85%以上，不论是传统的DA3+7方案还是以此为基础改良的诱导方案均可获得较高CR率，但3～5年RFS仅仅为40%～60%，10年RFS率只有40%。t（8；21）AML的特点是一旦复发，再次CR的机会只有约30%，因此缓解后治疗对长期疗效至关重要。CALGB的研究表明，缓解后应用HD/ID-Ara-C进行巩固治疗能明显改善长期疗效（Bloomfield等，1998），接受3～4个疗程的HD-Ara-C者疗效优于用1个疗程者，5年DFS率分别为71%和37%，OS率分别为76%和44%。(Byrd等，1999)。

HSCT在t（8；21）AML中的作用仍有争议。MRC AML 10前瞻性地比较了预后良好的AML缓解后接受HSCT与化疗的疗效，结果显示auto/allo-HSCT可以改善t（8；21）AML患者的疗效，HSCT与化疗相比明显减少了复发的风险，但移植相关死亡率也明显高于化疗（Grimwade等，1998）。美国SWOG/ECOG研究组认为，预后良好核型的患者接受auto/allo-HSCT与化疗比较生存率有所改善（Slovak等，2000）。法国ALFA（Nguyen等，2002）比较了t（8；21）AML患者接受allo-HSCT与化疗的疗效，154例患者中有32例接受了同胞全相合HSCT，5年预期LFS率为56%，与化疗组（52%）相当。Schlenk等（2004）的荟萃分析结果显示，自体移植和巩固化疗总体疗效无明显区别。最近德国AMLCG及CIBMTR将118例接受同胞全相合HSCT和132例接受化疗的t（8；21)AML患者的疗效进行了对照研究，结果显示，接受HSCT者移植相关死亡率较高，但复发的风险较小，两组总体RFS无明显差别（Schlenk等，2008)。日本Kuwatsuka等（2009）随机比较了日本干细胞协会登记的338例CBF AML接受移植/化疗的疗效，其中t（8；21）AML患者255例，结果显示CR1期接受allo/auto-HSCT的3年OS率分别为84%和77%，两组无明显差别。以上研究均为一个整体结果，由于t（8；21）AML还受很多预后因素的影响，因此有必要按照不同的预后类型进行分层。目前还没有这方面的随机对照研究结果，但来自不同研究组的结果均显示，具有预后不良因素如起病时高白细胞、合并KIT基因突变、$CD56^{+}$及合并髓外白血病的患者化疗总体疗效差。由于t（8；21）AML在CR2/CR3期或未缓解状态下接受HSCT疗效明显不如在CR1期行HSCT（Kuwatsuka等，2009)，因此笔者认为，此类患者应尽早考虑进行HSCT。在北京市道培医院方艳红等（2009）的研究中，89名患者的5年OS率仅仅50%，低于欧美国家报道的60%～70%，分析可能与患者的种族差异有关。其中36例难治/复发患者，21例接受allo-HSCT，5年OS率及RFS率明显高于15例未接受allo-HSCT的患者（$P<0.05$），因此建议具有预后不良因素的患者选择allo-HSCT。

（二）伴有inv（16）（p13；q22）或t（16；16）（p13；q11）和（或）CBFβ-MYH11的AML

伴inv（16）/t（16；16）的AML形态学上通常见于FAB分型的嗜酸细胞增多的急性粒单核细胞白血病（AML-M4Eo），此型占AML的5%～8%。一般说来，此型对HD-Ara-C的疗效好，被划分为预后良好型AML。约40%的患者伴有附加染色体异常，如+22（10%～15%）、+8（10%～15%）、del7q（约5%）、+21（约5%）。约30%的患

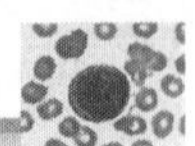

者伴有 KIT 基因突变。此型伴+22 的预后好，但老年患者或伴 KIT 基因突变者预后差。

inv (16) /t (16; 16) AML 与 t (8; 21) AML 相比具有很多共同特点，如预后较好，对 HD-Ara-C 的疗效好。可伴附加染色体异常及 KIT 基因突变等，因此很多临床研究将这两种白血病放在一起进行讨论，且治疗手段相似。

与 t (8; 21) AML 相似，年龄大、起病时高 WBC 水平、合并髓外白血病、$CD56^+$ 及 KIT 基因突变为 inv (16) /t (16; 16) AML 的预后不良因素；与 t (8; 21) AML 不同的是，inv (16) /t (16; 16) AML 的附加染色体异常最多见的类型为+22、+8 及+21，偶尔可见 7 号染色体长臂缺失，很少有 LOS。MRC 及 CALGB 的研究认为附加染色体异常与 inv (16) /t (16; 16) AML 预后无关 (Grimwade 等，1998；Byrd 等，2002)，德国 AMLCG 的荟萃分析结果显示+22 为预后良好指标 (Schlenk 等，2004)。Marcucci 等也认为，+22 是预后良好因素 (Marcucci 等，2005b)。法国的多中心研究中显示，附加染色体异常不影响预后 (Delaunay 等，2003)。

治疗上，经标准诱导化疗，将近 90%的患者可达 CR，缓解后采取 3～4 个疗程的含 HD-Ara-C 的方案进行巩固治疗，OS 率可达 85% (Schlenk 等，2004)。HSCT 不推荐早期进行。法国的多中心研究中显示，缓解后治疗采取 allo-HSCT 与化疗长期 OS 无明显差异 (Delaunay 等，2003)。德国 AMLCG 的荟萃分析也显示，缓解后治疗采取 allo-HSCT、auto-HSCT 及化疗 3 组 RFS 无明显差异 (Schlenk 等，2004)。来自日本的研究 (Kuwatsuka 等，2009) 显示，此类 AML 若在 CR2、CR3 接受 allo-HSCT，3 年 OS 仍有 86%，甚至优于 CR1 期行 allo-HSCT (74%)，因此可以考虑疾病进展后再进行 HSCT。

三、急性单核细胞白血病

急性单核细胞白血病 (acute monocytic leukemia，AMoL) 即 FAB 分型的 M5，最新 WHO 分型将之归为非特殊类型 AML。与其他类型 AML 比，AMoL 具有一些独特的特点，如部分继发于拓扑异构酶Ⅱ抑制剂 (Pui 等，1995)；常伴特殊的染色体易位如 t (8; 16) (p11; p13) 及累及染色体 11q23 的易位如 t (9; 11) (p22; q23)，t (10; 11) (p13; q23)，t (11; 19) (q23; p13) 等 (Tallman 等，2004；Heim 等，1987)；临床上常伴高 WBC 血症 (Porcu 等，2000)、髓外白血病 (Lampkin 等，1990) 及凝血功能异常如弥散性血管内凝血 (DIC) (Mangal 等，1984)。研究表明，与其他类型 AML 比，AMoL 常伴预后不良基因 nm23 高表达 (Yokoyama 等，1996)、FLT3 基因突变 (Thiede 等，2002b)、$CD56^+$、11q23 易位 (Haferlach 等，2003)，出现髓外白血病较多见。这些因素决定其预后较差。早期的研究表明，AMoL 与其他类型 AML 相比，CR 率较小，CR 持续时间较短，复发及死亡率相对较高，5 年 DFS 率不足 20% (Tobelem 等，1980)。ECOG 报道了早期 20 多年 AML 的长期生存结果，其中 M5 型患者 3 年 DFS 率仅为 5%，明显低于其他类型的患者 (Bennett 等，1997)。但最近 ECOG 的研究表明，AMoL 与其他类型 AML 患者 CR 率 (62% *vs* 60%)、3 年 DFS 率 (26% *vs* 33%) 及 OS (12.5 个月 *vs* 13.7 个月) 均无显著性差异 (Tallman 等，2004)。其原因可能是：一方面是入组的患者具有选择性，不包括有 MDS 病史或前期接受化疗的患者；另一方面与最近巩固治疗的加强如 HD-Ara-C 及 allo/auto-HSCT 的应用及支持治疗的改进有关。笔者认为，染色体核型、分子生物学特点及临床特点类似的AMoL与其他形态学类型AML相比，预后无明显差异。

AMoL的治疗大致与其他类型AML相同。有研究显示，VP-16可改善AMoL的疗效，早期有报道单用VP-16可以使AMoL达CR（Odom等，1984），但来自MRC的AML10大型前瞻性研究显示，M5型患者接受DAE方案（DNR+Ara-C+VP-16）CR率（88% *vs* 84%）、5年DFS率（46% *vs* 40%）及5年OS率（43% *vs* 33%）虽略高于接受DAT（DNR+Ara-C+6-TG）方案的患者，但无差异统计学意义，表明VP-16并不能使其明显获益（Hann等，1997）。在Tallman等（2004）的研究中，AMoL与其他类型AML采取相同的方案进行治疗，即蒽环类+SD-Ara-C诱导治疗，缓解后给予HD-Ara-C或allo/auto-HSCT巩固强化治疗，结果总CR率62%、3年EFS率26%、3年OS率32%，疗效与其他类型无明显差异。

有研究表明，脱氧考福霉素（喷司他丁，Pentostatin）可抑制单核细胞白血病生长，还能增强Ara-C诱导的单核白血病细胞的分化作用（Honma，2001），但目前还缺乏相关的临床研究。另有研究表明，M5细胞对MTX敏感（Rots等，2001），因此在化疗方案中加入MTX可能会增加疗效。北京市道培医院采用含MTX的COMNE方案（VCR 1mg，d1、d8、d15；Cy 100mg，d4、d7、d11、d18；NVT 2mg，d2～d8，VP-16 25mg，d2～d8，MTX 10mg，d4、d11、d18）诱导治疗5例初治AMoL，3例达CR，其中2例接受allo-HSCT，现分别为移植后59个月及67个月，目前仍长期生存，另一例接受巩固治疗，目前随访4个月仍存活。2例NR的患者改用含HD-Ara-C的方案化疗仍未缓解。但本研究病例数太少，还有待进行更大规模的研究。

四、急性红白血病

急性红白血病（FAB M6）是以红系增生为主的一种AML，占AML的比例不到5%，在WHO的诊断标准中，将AEL分为两种：① 红白血病，即BM幼红细胞≥50%（ANC），原始白血病细胞≥20%（NEC）；② 纯红血病，即BM中不成熟的有核红细胞≥80%，以未分化的或原始红细胞为主。

M6属预后不良型，用传统的蒽环类药物联合Ara-C的方案疗效差，CR率不超过40%，也有报道CR率可达60%，但CR维持时间短，长期疗效差（Olufunmilayo等，1992）。Wells等（2001）报道了英国33例M6患者接受常规化疗，年龄<56岁的患者中位生存时间是11个月，年龄≥56岁的患者中位生存时间只有3个月。笔者认为，小剂量HHT及皮质类固醇激素有效，但长期疗效不佳，宜尽早接受allo-HSCT。

五、髓系肉瘤

髓系肉瘤（myeloid sarcoma，MS）又名绿色瘤、粒细胞肉瘤或髓外髓系肿瘤，是由成熟或不成熟的髓性白血病细胞组成的肿块，一般与骨髓、血液中的AML同时发生，但亦可孤立发生，日后累及骨髓。髓系肉瘤可累及皮肤、中枢神经系统（CNS）、脑神经、外周神经、睾丸、肠道、腹腔、骨膜与骨质等组织与器官，偶尔会同时在不同部位出现。

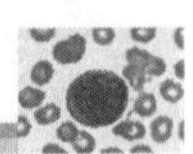

MS的表现形式为：① 原发AML；② 在AML前或与AML同时出现；③ MDS、骨髓增殖性肿瘤（MPN）或MDS/MPN的急性转化形式；④ 原AML的复发。

MS形态学上最常见的类型为粒细胞型，由原始粒细胞组成，或伴分化稍成熟的幼稚粒细胞或成熟中性粒细胞，纯原始单核细胞型较少见，部分患者因形态学不典型而容易被误诊。组织化学染色及免疫分型与AML相似，石蜡切片免疫组化染色最常见的表达标志是CD68/KP1，其次是MPO、CD117、CD99、CD68/PG-M1、溶菌酶、CD34、TdT、CD56、CD61/LAT、血型糖蛋白、CD4。用荧光原位杂交（FISH）或染色体检查发现55%的患者有染色体异常，包括－7、＋8、MLL重排、inv（16）、＋4、－16、$16q^-$、$5q^-$、$20q^-$、＋11、t（8；21）等；16%的患者有NPM1基因突变。

MS的预后因素目前还不清楚，Pileri等（2007）认为其治疗效果似乎与年龄、性别、侵犯部位、是否原发、是否有AML或MDS及MPN病史、组织学特点、免疫分型、细胞遗传学表现等因素无关。

其治疗以全身治疗为主（除CNS与睾丸外），化疗一般优于局部放疗。目前关于MS的治疗方案尚无大的随机对照研究结果，仅见一些个例报道或小型研究报道，国际上也尚无统一的治疗标准。治疗方案包括手术切除、局部放疗、联合化疗或HSCT。M. D. Anderson肿瘤中心总结20例MS的疗效，其中16例接受单纯化疗，3例化疗联合放疗，1例单纯放疗，结果13例达CR，1例PR，MS为20个月，单接受化疗的16例患者MS为15个月（Tsimberidou等，2002）。Yamauchi等（2002）总结了文献报道的MS患者共74例，根据治疗方案将所有患者分为3组：第1组共12例患者只接受外科手术治疗；第2组20例只接受局部单纯放疗；第3组共42例接受全身化疗。结果第1、2组中所有患者最后均发展为AML，从MS到发展为AML的中位时间为分别为3个月和6个月，81%的患者出现在11个月内；而第3组患者从MS到AML的中位时间12个月，明显长于第1组和第2组，其中8名（19%）患者无白血病时间超过24个月，表明全身化疗较单纯手术和放疗相比，能使向AML的进展明显延迟。因此笔者倾向认为，MS其实是系统AML的局部表现，几乎所有MS最后均发展为AML，尽管部分患者对放疗敏感或可手术切除，但最好接受的方案仍是全身化疗。Breccia等（2004）报道了12例MS患者，其中10例接受了强烈化疗，包括HD-Ara-C＋IDA方案、ICE方案（IDA＋ID-Ara-C＋VP-16）、DCE方案（DNR＋ID-Ara-C＋VP-16），其中7例肿块完全消失，9例有骨髓累及的患者中仅4例CR；2例接受手术切除加局部放疗，序贯ID-Ara-C化疗1个疗程或MTX 10mg/m²每周一次维持治疗，结果分别于放疗后38个月和44个月进展成AML，所有患者的中位生存时间为7个月。HSCT因可加大化疗剂量，且allo-HSCT还能产生GLV效应，因此可提高疗效。也有一些化疗序贯HSCT治疗MS的报道，Breccia等（2003）报道1例出现于胰腺的MS，用HD-Ara-C联合IDA化疗后达CR，ICE方案巩固治疗1个疗程后，接受单倍体相合脐带血移植，患者移植后49个月仍持续CR（Breccia等，2003）；Imamura等（2004）报道1例继发于儿童慢性粒单核细胞白血病的MS，表现为淋巴结肿大、脾大、扁桃体肿大，此患者接受2个疗程AOP方案（ADR＋VCR＋Pred）化疗，肿块稍有所缩小，随即接受LD-Ara-C治疗及LD-Ara-C联合MTX［5mg/（m²·d）×2d］后淋巴结肿大消失，后接受预处理方案含TBI的单倍体相合allo-HSCT，移植后3年仍持续缓解。Finnegan等（2005）报道了2例与AML同时发生的MS，第1例出现在胸廓内，第2例出现在肝脏，两例患者均给予3个疗程化疗（DAT 3+10，DAT 3+8，MAGE），前者化疗后肿块完全消失，后者还有部分残留肿块，两例患者均接受了预处理方案含TBI的auto-HSCT，后继以给予Midac方案化疗1个疗程，前者持续CR，后者移植后224天复发。以上仅为个例报道，Pileri等（2007）比较了92例患者的治疗效果，其中接受HSCT的患者生存时间明显长于接受化疗、伊马替尼、放疗或手术治疗的患者（分别为41个月、7.1个月、5.6个月、36天和1周），但由于是非随机化研究，还需要更进一步的研究证实。

六、治疗相关AML

治疗相关AML（tAML）主要是指化疗或放疗后产生的AML，其预后比自发AML差；最近的资料显示，CBF+tAML的预后也较差。很少有关于tAML治疗的临床试验结果。Kantarjian等（1993）回顾分析了采用不同标准化疗方案治疗644例tAML的结果，CR率仅28%。一些小例数的报告CR率在40%～50%。EBMT登记组报告用auto-HSCT治疗65例tAML，3年OS为35%。可能allo-HSCT是治愈tAML的最好方法。

第六节　AML的新药治疗

近年来，随着人们对白血病细胞生物学与分子遗传学特点及发病机制的进一步研究，一系列与白血病发病机制相关的基因、蛋白质、转录因子、细胞因子等被相继发现，出现了越来越多的针对这些物质的靶向治疗手段，具体介绍如下：

一、单克隆抗体

由于某些抗原在白血病细胞上高表达，而在正常细胞低表达或不表达，从而产生了以此类抗原为靶点的单克隆抗体治疗。在治疗AML的单克隆抗体中最有代表意义的是吉姆单抗（gemtuzumab ozogamicin，GO），它是由抗肿瘤抗生素刺孢霉素偶联人源化抗-CD33单克隆抗体组成的新型生物治疗药物。GO的作用基础是AML细胞上CD33高表达，而正常造血干细胞低表达（Dinndorf等，1986）。2000年5月由FDA批准用于治疗60岁以上、CD33抗原阳性、初次复发且无法耐受化疗的AML患者。因年龄或体质原因不能耐受常规化疗的初治AML患者可考虑GO治疗，尤其是老年患者。

（一）用于初治AML

研究表明，GO单药治疗初治AML的总有效率为14%～36%［包括CR及CR并血小板减少（CRp）］，诱导相关死亡率为0～37%，中位生存时间为1～11.4个月（Roboz等，2002；Estey等，2002；Amadori等，2005b；Nabhan等，2005；van der Heiden等，2006）。GO单药用于初治的未筛选的老年AML的疗效却不理想，总有效率（CR/CRp）很少超过25%～30%，而且对于年龄大于75岁的患者毒性很大，须适当减量（Roboz等，2002；Amadori等，2005a；Nabhan等，2005；Taksin等，2007）。在Ⅱ期临床研究中，年龄大于60岁的患者接受GO治疗的CR率为26%，中位生存时间为6个月（Sievers等，

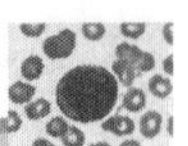

2001)。Larson 等（2005）报道了多中心使用 GO 治疗老年 AML 的Ⅱ期临床研究结果，入组 277 例初次复发老年患者（中位年龄 61 岁），经 GO 治疗后 26%达 CR，中位 RFS 为 4.5～6.5 个月。GO 也可与化疗联合。EORTC 报道用 GO 序贯 NVT、Ara-C 及 VP-16 治疗老年初治 AML 患者，结果 CR 及 CRp 率共计 54.4%，疗效与常规化疗相当（Amadori 等，2004）。MRC AML15 研究组报道了 GO 联合化疗用于 AML 患者诱导治疗的疗效，研究对象包括 72 名患者，其中 64 名患者接受 DAT、DA 或 FLAG-IDA 联合 GO 进行诱导治疗，GO 的用法为 $3mg/m^2$ d1，CR 后继续给予巩固治疗，部分巩固治疗方案中包含 GO，结果 1 个疗程 CR 率为 86%，治疗后 8 个月有 78%的患者持续 CR，且耐受性好。2006 年，同一研究组报道了包含 1115 名患者的随机对照研究结果，GO 用法同上，结果用 GO 组与不用 GO 组 CR 率、早期死亡率及诱导失败率基本相同，且不增加毒副作用，但 GO 组的复发率明显减少（37% *vs* 52%，$P=0.01$），3 年 DFS 率明显改善（51% *vs* 40%，$P=0.008$）（Burnett 等，2006b）。但是最近的随访结果显示，加入 GO 不能改善患者的 OS（Burnett 等，2009）。最近 SWOG 完成了Ⅲ期临床试验 S0106，比较了 Ara-C（$100mg/m^2$，ci，7d）＋DNR（$60mg/m^2 \times 3d$）与 Ara-C（$100mg/m^2$，ci，7d）＋DNR（$45mg/m^2 \times 3d$＋GO $6mg/m^2$，d4）诱导治疗 AML 的结果，中期结果显示两组的 CR 率（69% *vs* 66%）及 OS（31 个月 *vs* 35 个月）均无明显差别，但 GO 组的药物毒性明显增加（Petersdorf 等，2009）。

（二）治疗难治/复发 AML

GO 单药治疗初次复发的 AML 首先在美国及欧洲进行了Ⅱ期多中心临床研究（Sievers 等，2001；Larson 等，2002，2005）。在最近的报道中，共有 277 名患者接受了 GO，中位年龄 61 岁，其中 13%达 CR，13%达 CRp，CRD 4.5～6.4 个月，中位 OS 为 4.9 个月，其中年龄小于 60 岁者 CRD 明显长于年龄大于 60 岁者。一些Ⅱ期研究报道了 GO 联合其他药物治疗难治/复发 AML 的疗效，包括联合含 Ara-C 的方案、FLAG 方案、托泊替康等，由于病例入选标准及联合的方案有明显差异，各组结果有较大差异，总有效率（CR＋CRp）为 12%～76%，诱导相关死亡率为 11.7%～43%，中位生存期为 8.2 周至 11 个月（Cortes 等，2002；Alvarado 等，2003；Apostolidou 等，2003；Tsimberidou 等，2003；Chevallier 等，2005；Specchia 等，2007）。

二、新的核酸类似物

氯法拉滨（clofarabine）是一种嘌呤类似物，是核苷酸还原酶抑制剂，2004 年被 FDA 批准用于儿童难治/复发 ALL 治疗（Kantarjian 等，2007），对难治/复发 AML 或高危 MDS 也有一定的疗效。氯法拉滨与 Ara-C 联合使用可提高细胞内 Ara-CTP 浓度，增强 Ara-C 的抗白血病效应（Kantarjian 等，2003a）。前期的研究表明，氯法拉滨单药或与 Ara-C 联合治疗难治/复发 AML 具有很好的疗效（Kantarjian 等，2003b）。最近，Faderl 等（2005）报道了氯法拉滨联合 Ara-C 治疗预后不良的血液系统恶性肿瘤的疗效，在 25 名难治/复发 AML 中的总有效率为 40%（CR 率 28%，CRp 率 12%）。氯法拉滨单药或与 Ara-C 联合在老年 AML 也显示了一定的疗效。Faderl 等（2006）的研究显示，氯法拉滨联合 Ara-C 在年龄大于 60 岁的患者中 CR 率高达 57%，但 63%的患者复发，与其他方案比较，缓解时间及 OS 无明显改善。最近 Agura 等（2011）报道了氯法拉滨联合 Ara-C 治疗难治/复发或初治合并心脏疾患的老年 AML 的Ⅱ期临床研究结果，共入组 30 名患者，采用氯法拉滨 40mg/（m^2 · d），iv，1h，4h 后 Ara-C 1000mg/（m^2 · d），iv，CR 率为 47%，总有效率 53%，中位生存时间 9.5 个月，30 天死亡率为 20%。

三、低甲基化物质

常用的低甲基化物质包括 5-氮杂 2-脱氧胞苷酸（地西他滨）及 5-氮杂胞苷，两者均属嘌呤类似物，可通过抑制 DNA 甲基转移酶抑制 DNA 合成，从而抑制白血病细胞增殖，可同时作用于分裂期与非分裂期细胞（Christman 等，2002）。两者均被 FDA 批准用于 MDS 的治疗，对 AML 治疗也显示了一定疗效。

5-氮杂胞苷用于 AML 的临床研究最早开始于 1978 年 SWOG 的研究，171 名 AML 患者接受大剂量静脉输注 5-氮杂胞苷 [300mg/（m^2 · d）×5d 或 750mg/m^2，2～3 周1 次]，总有效率 18%（Saiki 等，1978）。但由于此药量毒性大，因而未得到广泛应用。最近来自 CALGB 的系列研究表明，原诊断 MDS 但符合最新 WHO 诊断标准的 103 名 AML 患者用较小剂量的 5-氮杂胞苷治疗 [75mg/（m^2 · d）×7d，sc，4 周 1 次]，48%获得血液学改善，且副作用小（Silverman 等，2006）。地西他滨也是 AML 患者的有效治疗药物，尤其在老年及预后不良 AML 患者中显示了较好的疗效，且耐受性好，毒性相对较小（Petti 等，1993；Pinto 等，1993）。Ⅰ期临床研究显示其最佳剂量为 15mg/m^2×10d，总有效率 65%（Issa 等，2004）。EORTC/LCG 报道了 63 例复发 AML 患者接受地西他滨联合 AMSA/NVT 诱导化疗的疗效，结果总 CR 率为 36.7%，核型正常患者的 CR 率高达 61%（Willemze 等，1997）。最近，Garcia-Manero 等（2006）报道地西他滨联合丙戊酸（valproic acid，VA）治疗 MDS/AML 的总有效率为 22%。Cashen 等（2006）报道地西他滨 20mg/（m^2 · d）×5d 诱导治疗老年 AML 的 CR 率为 29%，10 名伴预后不良核型的患者中有 3 名获得 CR。目前正在进行地西他滨及 5-氮杂胞苷单用或与其他药物联合用于治疗 AML 的Ⅱ期临床试验。

四、多药耐药蛋白抑制剂

AML 对很多化疗药物耐药的原因是 P-糖蛋白（P-gp）的表达（Sonneveld 等，2000），因此出现了相应的针对此蛋白的抑制剂。常见的 P-gp 抑制剂有 CsA 和 PSC833。SWOG 研究组比较了 DNR＋HD-Ara-C 单独及与 CsA 联合应用诱导治疗 226 例难治/复发 AML 的疗效，结果加 CsA 组 CR 率无明显优势（39% *vs* 33%，P＝0.14，但 2 年 RFS 率（34% *vs* 9%，P＝0.031）及 OS 率（22% *vs* 12%，P＝0.46）均明显优于单纯化疗组（List 等，2001），尤其是对 P-gp 高表达及中等水平表达的患者。英国 MRC AML-R 研究也表明，标准或改良的 ADE 方案与 CsA 联合诱导化疗并不能改善 CR 率及长期生存率（Liu Yin 等，2001）。由于 CsA 毒性大，具有肾脏毒性及免疫抑制效应，常常不得不使化疗剂量减小，因此并不提高总体疗效。PSC833（Valspodar）是 CsA 类似物，与 CsA 相

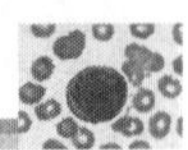

比，其优点性是无肾毒性及免疫抑制作用。一项早期来自 EORTC 的Ⅱ期临床研究表明，PSC833 联合 MEC 方案在复发 AML 中 CR 率可达 32%（Advani 等，1999）。CALGB9621 的研究也表明，PSC-833 能明显延长年龄小于 45 岁的年轻患者的生存时间（Kolitz 等，2004）。而最近 ECOG 的Ⅲ期随机研究比较了 MEC 与 MEC 联合 PSC833 的疗效，结果显示两组在 OS 及 EFS 方面均无明显差异（Greenberg 等，2004）。LY335979（Zosuquidar）是第三代 P-gp 抑制剂，它不与其他药物相互作用，因此无须将化疗药物减量。Ⅰ期临床研究中，Zosuquidar 与 DA 方案联合治疗 AML，16 名患者中 11 名获 CR、1 名 PR，且安全性好（Gerrard 等，2004）。有关耐药蛋白抑制剂与其他化疗联合治疗的疗效还有待于进一步研究。

五、其　　他

其他新药还包括 FLT3 抑制剂 CEP-701（lestaurtinib）、MLN518（tandutinib）、PKC412（midostaurin）、SU5416 与 SU11248（Smith 等，2004；Stone 等，2005）、血管新生抑制剂 SU5416 及贝伐单抗（bevacizumab）（Giles 等，2003；Karp 等，2004）、凋亡诱导剂 genasense（G3139）（Marcucci 等，2003）、组蛋白去乙酰化酶（histone deacetylase，HDAC）抑制剂（Kuendgen 等，2006）及法尼基转移酶抑制剂（farnesyl transferase inhibitor，FTI）R115777（zarnestra）（Harousseau 等，2007）等（表 4-12）。在Ⅰ～Ⅱ期临床研究中显示，它们在一定程度上可以减轻 AML 白血病细胞负荷，但疗效不确切且作用通常比较短暂，还有待于进一步的临床研究证实。

表 4-12　AML 治疗新药列表

类型	药物名称	作用靶点
单克隆抗体	吉姆单抗（GO）	CD33
新的核酸类似物	氯法拉滨（clofarabine）	DNA
低甲基化物质	地西他滨（decitabine）	DNA
	5-氮杂胞苷（azacytidine）	
多药耐药蛋白抑制剂	CsA，PSC833	P-gp
	zosuquidar（LY335979）	
血管新生抑制剂	SU5416	VEGF
	贝伐单抗（bevacizumab）	
凋亡诱导剂	genasense（G3139）	Bcl-2
HDAC 抑制剂	苯乙酸、丙戊酸（VPA）	HDAC
	曲古柳霉素（TSA）	
	缩酚酸肽（depsipeptide）	
	SAHA	
FTI	R115777（zarnestra）	RAS
FLT3 抑制剂	CEP-701（lestaurtinib）	FLT3
	MLN518（tandutinib）	
	PKC412（midostaurin）	
	SU5416 与 SU11248	

注：MDR. 多药耐药；HDAC. 组蛋白去乙酰化酶；FTI. 法尼基转移酶抑制剂；FLT3. fms 类酪氨酸激酶 3；P-gp. P-糖蛋白；VEGF. 血管内皮生长因子。

第七节　AML 化疗过程中 MRD 的监测

AML 通过化疗达 CR 后，体内仍可能有一定水平的白血病细胞，这些细胞通过常规的形态学方法无法识别，但通过更敏感的方法可以检测，称为 MRD。MRD 是白血病复发的根源，通过 MRD 的监测，可以及早提示白血病复发，早期进行干预，同时 MRD 也是治疗过程中评判疗效及预后的重要指标，因此 MRD 的监测具有至关重要的意义。本节介绍监测 AML MRD 的主要方法。

一、细胞遗传学方法

约 60%的 AML 患者伴染色体核型异常，如果诊断时发现异常核型，可以采用细胞遗传学方法进行 MRD 监测，包括常规细胞遗传学方法及荧光原位杂交（FISH）。前者的主要优点是用常规显带技术分析中期分裂相，可清晰、直观地识别白血病细胞，特异性强；缺点是敏感性低（10^{-2}～10^{-1}），需要中期分裂的细胞，影响检出率，且操作过程复杂。FISH 是应用荧光物质标记在特异染色体上的基因做探针，来识别染色体数目和结构异常的一种方法。与常规的方法相比，FISH 的优点是敏感性较高（10^{-3}），不受细胞是否分裂的影响，能更全面地判断某种染色体异常的比例，方法更简单、快速，需要的标本量较少；缺点是只能检测已知的染色体异常，而且可以检测的种类少，价格昂贵。El-Rifai 等（1997）用分裂中期 FISH 检测了 22 例 AML CR 期患者的 MRD，9 人结果阳性，所有白血病细胞持续存在或不断上升的患者均无一例外地复发，表明中期 FISH 是一种检测 MRD 的可靠方法。

二、免疫学方法

与正常细胞相比，白血病细胞通常表达异常的免疫表型，这种白血病相关表型（leukemia-associated immunophenotype，LAIP）通常表达于白血病细胞，而在正常骨髓细胞几乎不表达，为 MRD 的监测提供了重要靶点。MFC 是将不同的抗体组合，可将敏感性提高至 10^{-5}～10^{-4}。其优点是敏感性高，可以迅速分析，并可定量；缺点是由于一小部分正常细胞的抗原表达模式与白血病细胞相似，因此缺乏特异性。80%以上的 AML 患者均伴随 LAIP，Reading 等（1993）用 22 种不同的抗原检测了 272 例 AML 的抗原表达，结果发现 85%存在抗原的异常表达，因此大部分患者可用 MFC 进行 MRD 检测。LAIP 分以下几种：

（一）抗原跨系表达

正常髓系细胞不表达淋巴细胞抗原，而部分 AML 细胞表达淋巴细胞抗原如 CD7、CD56、CD2、CD19、CD4 等。这些抗原出现的频率为 4%～60%不等，其中最常见的是 CD2 和 CD7。

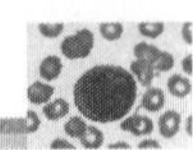

（二）抗原表达丢失

正常表达的髓系抗原在白血病细胞上不表达，如 CD34、CD38、HLADR、CD33、CD13 等抗原表达的丢失。

（三）抗原过表达

白血病细胞上某些抗原的表达强度远远高于正常骨髓细胞，或表达正常骨髓细胞不表达的抗原，出现过表达的频率约为 20%，最常累及的抗原为 CD33、CD34、CD13，另外比较少见的是 CD117、CD15、HLA-DR。

（四）抗原非同步表达

抗原非同步表达是指白血病同时表达出现于正常细胞发育过程中不同阶段的抗原。非同步表达出现的频率最高，约 80%，如 $CD33^{+}$ HLA^{-} DR^{-} $CD34^{-}$ $CD15^{-}$ $CD14^{-}$、$CD33^{-}$ $CD13^{+}$、$CD117^{+}$ $CD33^{+}$ HLA^{-} DR^{-}、$CD34^{+}$ HLA^{-} DR^{-} $CD33^{+}$、$CD34^{+}$ $CD56^{+}$、$CD33^{+}$ $CD13^{-}$等。

（五）散射角异常

流式细胞术除了可以分析抗原的表达水平外，还可分析细胞的散射角特点。大部分 AML 细胞表现为相对较高的前向角（FSC）/侧向角（SSC），在此区域内表达淋巴细胞抗原的细胞应当被视为异常，具有高 FSC/SSC 的表达干细胞标志的细胞也应当视为异常，因为在正常干细胞分化过程中表达较低或中等的 FSC/SSC。此外，部分 AML 患者可出现具有淋巴细胞特征的低 FSC/SSC。

表 4-13 列举了德国慕尼黑实验室在 1400 名 AML 中检测到的常见 LAIP（Kern 等，2005），表 4-14 列举了欧洲生物医学协作组（European BIOMED-1 Concerted Action）在 126 名 AML 患者中检测到的 LAIP（San-Miguel 等，2001）

表 4-13 德国慕尼黑实验室常见 LAIP 及出现频率（Kern 等，2005）

LAIP 类型	LAIP	例数	比例（%）
非同步表达	总和	652	20.6
	$CD11b^{+}CD117^{+}CD34^{-}$	156	4.9
	$CD11b^{+}CD117^{+}CD34^{+}$	92	2.9
	$CD11b^{+}CD117^{-}CD34^{+}$	36	1.1
	$CD34^{+}CD116^{+}CD33^{+}$	113	3.6
	$CD34^{+}CD15^{+}CD33^{+}$	193	6.1
	$CD65^{+}CD87^{+}CD34^{+}$	12	0.4
	$CD65^{+}CD87^{-}CD34^{+}$	50	1.6
跨系表达	总和	742	23.5
	$CD34^{+}CD13^{+}CD19^{+}$	48	1.5
	$CD34^{+}CD2^{+}CD33^{+}$	51	1.6

续表

LAIP 类型	LAIP	例数	比例（%）
跨系表达	$CD34^+CD56^+CD33^+$	83	2.6
	$CD34^-CD13^+CD19^+$	21	0.7
	$CD34^-CD2^+CD33^+$	33	1.0
	$CD34^-CD56^+CD33^+$	189	6.0
	$CD4^+CD13^+CD14^-$	87	2.8
	$CD7^+CD33^+CD34^-$	75	2.4
	$CD7^+CD33^+CD34^+$	155	4.9
抗原丢失	总和	625	19.8
	$CD15^+CD13^+CD33^-$	6	0.2
	$CD15^+CD13^-CD33^+$	7	0.2
	$CD34^-CD135^+CD117^+$	17	0.5
	$CD38^-CD133^+CD34^+$	10	0.3
	$CD4^+CD13^-CD14^+$	7	0.2
	$CD9^-CD34^+CD33^+$	30	0.9
	$CD9^-CD34^-CD33^+$	34	1.1
	$HLA^-DR^+CD33^-CD34^+$	12	0.4
	$HLA^-DR^-CD33^+CD34^-$	143	4.5
	$HLA^-DR^-CD33^+CD34^+$	37	1.2
	$MPO^+LF^-cCD15^-$	315	10.0
	$MPO^+LF^-cCD15^+$	4	0.1
	$MPO^-LF^+cCD15^+$	3	0.1
抗原过表达	总和	1139	36.1
	$CD11b^-CD117^{++}CD34^+$	9	0.3
	$CD13^{++}CD34^{++}$	163	5.2
	$CD15^{++}CD13^{++}CD33^{++}$	52	1.6
	$CD34^{++}CD135^+CD117^{++}$	35	1.1
	$CD34^{++}CD33^{++}$	65	2.1
	$CD34^-7.1^{++}CD33+$	53	1.7
	$CD36^{++}CD235a^{++}CD45^+$	25	0.8
	$CD38^{++}CD133^{++}CD34^{++}$	16	0.5
	$CD4^{++}CD64^{++}CD45^{++}$	144	4.6
	$CD4+CD13^{++}CD14^{++}$	19	0.6
	$CD61^{++}CD14^-CD45^+$	5	0.2
	$CD65^{++}CD87^{++}$	162	5.1
	$CD90^{++}CD117^{++}CD34+$	23	0.7
	$HLA^-DR^{++}CD33^{++}CD34^{++}$	41	1.3
	$TdT^+cCD33^{++}cCD45^{++}$	327	10.4
	总和	3158	100.0

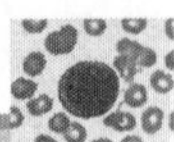

表 4-14 欧洲生物医学协作组常见 LAIP 及出现频率（San-Miguel 等，2001）

异常表型	例数及比例
抗原非同步表达	98（78%）
$CD34^+ HLA^- DR^- CD33^+$	11（9）
$CD34^+ CD56^+$	10（8）
$CD34^+ CD11b^+$	6（5）
$CD34^+ CD33^{++}$	4（3）
$CD34^+ CD14^+$	4（3）
$CD34^+ CD117^+ HLA^- DR^-$	3（2.3）
$CD34^+ CD117^- CD15^+$	3（2.3）
$CD34^+ CD33^- CD13^+ HLA^- DR^+$	2（1.5）
$CD34^+ CD33^- CD13^+ HLA^- DR^-$	1（0.8）
$CD34^+ CD33^- CD117^+ HLA^- DR^+$	1（0.8）
$CD117^+ CD33^+ HLA^- DR^-$	14（11）
$CD117^+ CD34^- CD15^{-a}$	8（6）
$CD117^+ CD11b^+$	7（5.5）
$CD1171^+ CD33^+ CD34^- CD15^+$	5（4）
$CD117^+ DR^- CD15^+$	3（2.3）
$CD117^+ DR^- CD15^{-b}$	2（2.3）
$CD117^+ DR^+ CD33^+ CD34^-$	1（0.8）
$CD33^+ HLA^- DR^- CD34^- CD15^- CD14^-$	22（17）
$CD33^- CD13^+$	18（14）
$CD33^+ CD13^-$	9（7）
$CD33^+ HLA^- DR^+ CD4^+ CD45^{dim}$	1（0.8）
$CD33^+ HLA^- DR^+ CD15^- CD14^{-c}$	1（0.8）
$CD33^+ CD45d\ CD34^- CD15^{-d}$	1（0.8）
$CD33^+ HLA^- DR^+ CD56^+ CD13^+$	1（0.8）
抗原跨系表达	37（29%）
CD2	26（21）
CD7	11（9）
CD19	3（2）
CD20	1（0.8）
CD5	1（0.8）
抗原过表达	26（21%）
$CD33^{+++}$	14（11）
CD34	11（9）
CD13	3（2）
CD117	1（0.8）

续表

异常表型	例数及比例
CD15[b]	1 (0.8)
HLA DR	1 (0.8)
散射角异常	22 (17%)
高 FSC/SSC	
CD2	4 (2.6)
CD34	4 (2.6)
CD7	4 (2.6)
CD117	2 (1.5)
CD19	2 (1.5)
CD20	1 (0.8)
低 FSC/SSC	
CD13d	3 (2)
CD33d	1 (0.8)
CD15	1 (0.8)

a 表达 CD117 的肥大细胞；b 非粒细胞过表达 CD15；c 树突细胞；d 嗜碱性细胞。

三、分子生物学方法

聚合酶链反应（PCR）是目前最常用的分子生物学方法，是通过特异性引物在体外扩增特定基因的片段，来检测白血病细胞特殊的基因异常，包括普通 PCR、巢式 PCR 及实时定量 PCR（Q-PCR）。PCR 方法的优点是试验快速，易于标准化，具有特异性；缺点是只能用于检测已知的基因，可能因污染导致假阳性、RNA 降解导致假阴性。相比普通 PCR 及巢式 PCR，Q-PCR 的敏感性更高（10^{-5}～10^{-4}），可定量，是检测 MRD 的理想工具。用于 AML MRD 检测的靶分子包括：

（一）融合基因

AML 中最常见的融合基因有 3 种，它们是 PML-RARα、CBFβ-MYH11 及 AML1-ETO，可出现于约 20%的 AML，提示预后良好，具有此类融合基因的患者大部分通过化疗可持续 CR，但仍有 10%～30%的患者复发。这 3 种融合基因中与临床相关性最密切的是 PML-RARα 基因，研究表明，APL 患者在治疗过程中此基因持续阳性或阴性后再次出现阳性提示短期内将复发（Perego 等，1996；Lo Coco 等，1999；Burnett 等，1999b；Diverio 等，1998）。对 AML1-ETO 基因在 MRD 中的意义研究者持不同的意见。有研究显示，一些化疗或 HSCT 后持续 CR 的患者体内仍然能检测到一定水平的 AML1-ETO 基因（Nucifora 等，1993；Jurlander 等，1996）；但更多研究显示，长期 CR 的患者 AML1-ETO 阴性，诱导化疗后 AML1-ETO 迅速转阴提示预后良好（Satake 等，1995；Morschhauser 等，2000），且治疗过程中出现该基因水平上升或阴性后再次出现阳性提示复

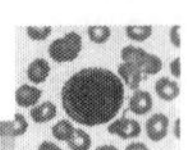

发。Tobal 等（2000）报道 21 例患者在治疗过程中用定量 PCR 方法监测 MRD 的结果，结果表明，诱导化疗后 AML1-ETO 基因水平可下降 2～3 个数量级，进一步的巩固化疗可再下降 2～3 个数量级。骨髓及外周血基因水平在 10^3 及 10^2 以下的患者持续缓解，5 名 AML1-ETO 基因明显增加的患者均在 3～6 个月内复发。因此应该在治疗过程中动态监测 AML1-ETO 融合基因，以判断治疗效果，及时调整治疗方案。关于 CBFβ-MYH11 融合基因在 MRD 中价值的研究还比较有限，关于定性 PCR 的价值目前仍有争议。Claston 等（1994）报道了 2 例 CR 1 年以上的患者 PCR 持续阴性；Hebert 等（1994）报道了 4 例患者 CR 后 4～22 个月 PCR 仍为阳性；同样，Tobal 等（1995）报道 2 例 CR 后 30 个月及 108 个月的患者 PCR 阳性。也有研究采取更敏感的定量 PCR 方法，一些小型研究报道，应用定量 PCR 反复监测 CBFβ-MYH11 融合基因的水平可有效地评估治疗效果（Evans 等，1997；Laczika 等，1998）。两个小型研究报道了利用 Q-PCR 检测 CBFβ-MYH11 融合基因监测 MRD 提示可能复发及持续缓解的阈值。Buonamici 等（2002）的研究包括了 18 名患者，显示 CBFβ-MHY11/ABL 比例高于 0.25%与高复发风险有关，而低于 0.12%则提示长期缓解。同样，Guerrasio 等（2002）回顾性地研究了 16 名 AML 患者的基因水平，结果显示，CR 后复发的患者 CBFβ-MYH11/ABL 明显高于持续缓解的患者，诱导化疗后 CBFβ-MHY11/ABL 比例高于 1%及巩固治疗后高于 0.1%的患者则容易复发。

除 PML-RARα、CBFβ-MYH11 及 AML1-ETO 3 种融合基因之外，还有超过 70 种其他融合基因与 AML 有关，其中报道用于 MRD 监测的基因还有 MLL-AF9（Scholl 等，2003）及 DEK-CAN（Boer 等，1997；Ostergaard 等，2004）等（表 4-15），但这些基因出现的阳性率较低，且用于 MRD 监测的报道还非常有限，仅限于个例报道及小样本病例报道，其价值还需要更多的研究证实。

表 4-15　可用于 AML MRD 监测的靶基因

异常染色体	涉及基因
t（8；21）（q22；q22）	AML1-ETO（MTG8）
t（15；17）（q22；q21）	PML-RARα
inv（16）（p13；q22）/t（16；16）（p13；q22）	CBFβ-MYH11
t（6；11）（q27；q23）	MLL-AF6
t（9；11）（p22；q23）	MLL-AF9
t（10；11）（p12；q23）	MLL-AF10
t（11；19）（q23；p13.3）	MLL-ENL
t（6；9）（p23；q34）	DEK-CAN
inv（3）（q21；q26）/t（3；3）（q21；q26）	EVI-1
t（3；21）（q26；q22）	AML1-EVI-1、AML1-EAP、AML1-MDS1
t（8；16）（p11；p13）	MOZ-CBP
t（9；22）（q34；q11）	BCR-ABL
t（16；21）（p11；q22）	TLS/FUS-ERG

（二）其他靶基因

尽管融合基因是监测 MRD 的重要靶基因，但它们只适用于约 25%的 AML 患者。近年来，越来越多的其他靶基因也用于 MRD 监测，列举如下：

1. FLT3-ITD/FIL3 长度突变（length mutation，LM） FLT3-LM 可见于 20%～25%的 AML，在正常核型的 AML 中占 40%，由于核型正常及预后中等核型的 AML 患者通常缺乏特异性融合基因，因此 FLT3-LM 便提供了新的监测 MRD 的靶点。然而，很多研究报道此基因的表达水平在治疗过程中并不稳定。Shih 等（2002）及 Kottaridis 等（2002）报道，一些诊断时 FLT3-LM 阳性的患者复发时却阴性，提示用此作为 MRD 检测的方法并不可靠，而 Schnittger 等（2002）则认为 FLT3-LM 是一个很好的监测 MRD 的靶基因。为了更进一步评价 FLT3-LM 的价值，最近 Schnittger 等（2004）比较了 97 对初诊/复发患者及 45 名患者 174 个随访的标本 FLT3-ITD 基因水平，发现只有 4 名患者出现 FLT3-LM 的丢失，FLT3-LM 在疾病的进展过程中呈不断增加的趋势，且在复发时较初治阳性率更高，表明 FLT3-LM 是一个监测疗效的可靠的靶点。

2. MLL-PTD 在正常的骨髓或 PB 中可以检测到低水平的 MLL-PTD，而高水平的 MLL-ITD 可见于 6.5%的 AML 及 10%正常核型的 AML，提示预后不良，因此 MLL-PTD 是此类患者随访过程中监测 MRD 的重要指标。研究表明，用 Q-PCR 方法检测 MLL-PTD 比较敏感，且是一能准确反应疗效及提示早期复发的可靠靶点。Weisser 等（2005）分析了 145 名初治 MLL-PTD 阳性的患者及 44 名治疗后患者治疗过程中 MLL-PTD 水平的变化，结果发现开始治疗后 2、4、6 个月基因水平下降超过 2 个对数级者 OS 较长，其中 2 名患者发现 MLL-PTD 阳性，较血液学复发早了 35 天，因此 MLL-PTD 是一个可用于评判 MRD 的可靠靶点。

3. NPM1 基因突变 NPM1 基因突变是核型正常 AML 最常见的基因改变，占所有 AML 的 30%及核型正常患者的 60%左右（Falini 等，2007）。Gorello 等（2006）用 Q-PCR检测 NPM1 水平对 AML 进行 MRD 监测，在所有诊断时 $NPM1^+$ 的患者中，3 例诱导化疗后部分缓解或未缓解的患者基因拷贝减少较少或无减少，而在 10 例 CR 的患者中，NPM1 基因明显减少；4 名患者在不同时间点进行了检测，结果基因的拷贝数与临床状态密切相关，且其中 2 名患者最后复发。因此，作者认为 Q-PCR 方法检测 NPM1 基因突变可作为核型正常伴此种基因突变的患者 MRD 监测的一种可靠且敏感的方法。最近，Schnittger 等（2009）用 Q-PCR 方法检测了 252 名患者 17 种 NPM1 突变体的水平，在 93 名复发的患者中，有 47 名患者 NPM1 基因水平升高 1 个对数级以上，另外 15 名患者治疗过程中基因水平下降小于 3 个对数级，另外 31 名患者由于在相应的时间点未采集标本，因此未能提示复发。上述研究表明用 NPM1 基因进行 MRD 监测对评价疗效、提示复发具有重要价值。

4. WT1 基因 白血病细胞 WT1 基因表达水平是正常细胞的 10^2～10^3 倍，在 AML，90%的患者均有 WT1 基因的过表达，因此可作为恶性细胞的特异性标志（Inoue 等，1994）。用 WT1 基因作为靶基因的敏感性可达 10^{-5}（Kreuzer 等，2001）。Inoue 等（1994）首次用半定量 PCR 系统地监测 73 名急性白血病患者 WT1 基因的表达，其中包括 AML 45 名，结果发现，WT1 基因的表达水平与预后具有明显的相关性，基因水平小于

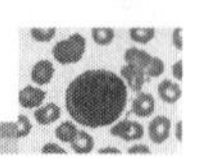

0.6 的患者 CR 率、DFS 率及 OS 率明显优于大于 0.6 的患者，7 名基因水平大于 1.0 的患者均未达 CR。此外，对 9 名患者用 WT1 水平进行了 MRD 监测，其中 4 名在复发前 2～8 个月可检测到 MRD，2 名停止化疗后逐渐升高，另外 3 名坚持巩固强化治疗的患者均未检测到 MRD。1996 年，同一研究组公布了长期随访的结果，中位随访时间为 29 个月，包括化疗患者 31 名，HSCT 患者 23 名，有 19 名患者复发（化疗 16 名，HSCT3 名），其中 10 名患者 CR 后 WT1 水平降至正常，后在临床复发前 1～18 个月（中位 7 个月）逐渐或迅速增加，另外 9 名患者在 CR 后从未降至正常，复发前迅速增加。35 名患者持续 CR，其中 29 名 WT1 基因降至正常，另 6 名可持续检测到低水平表达，但无任何复发迹象。表明 WT1 基因水平与临床疗效密切相关（Inoue 等，1996）。Menssen 等（1995）的研究进一步肯定了此观点，进一步的研究中，Bergmann 等（1997）用半定量 RT-PCR 检测 WT1 基因对 AML 患者进行 MRD 监测，结果显示 WT1 基因水平较低的患者 3 年 OS 明显高，形态学复发的患者复发前 3 个月可检测到 WT1 基因阳性。然而，另一些研究未发现 WT1 基因与临床的相关性。Schmid 等（1997）用两步 PCR 法检测了 123 名 AML 患者初治时 WT1 基因，其中 73%的患者为阳性，所有患者均接受规范化疗，WT1 基因阳性和阴性患者 CR 率无明显差别，多因素分析未发现 WT1 基因阳性与 DFS 及 OS 之间的相关性，后同一个研究组又监测 WT1 阳性的患者（44 名接受化疗及 24 名 HSCT）WT1 基因的水平，结果显示 CR 后 62%患者的 WT1 基因转阴，另 38%仍为阳性，阳性患者及阴性患者的 DFS 无明显差异。HSCT 后患者有 32%在 100 天内仍 WT1 阳性，且 100 天内阳性并不影响 DFS 及 OS。11 名化疗或 HSCT 后持续 CR 3 年以上的患者中有 10 名在观察期间曾经检测到一过性 WT1 基因阳性，其中有 4 名在最后一次检测中仍为阳性。39 名复发的患者中有 13 名复发前 4 个月仍持续阴性，8 名复发时仍为阴性。因此作者认为，WT1 基因阴性并不提示高 CR 率、EFS 率及 OS 率，并非所有复发的患者会出现 WT1 基因阳性，长期缓解的患者仍可表现为 WT1 基因阳性（Gaiger 等，1998）。Elmaagacli 等（2000）检测了 46 名接受 HSCT 的患者移植后 WT1 基因水平，结果有 38 名移植前 WT1 基因阳性，其中有 12 名移植后复发，但仅仅 7 名复发时 WT1 基因阳性，另外 5 名阴性，而检测到阳性的 14 名患者中，只有 7 名复发，另外 7 名持续缓解。作者又将 WT1 基因和其他一些特异性基因如 PML-RARα、AML1-ETO、CBFβ-MYH11、MLL/AF4 及 BCR-ABL 进行了同步检测，结果在检测的 45 个分样本中，只有 32 份与这些特异性基因结果一致，另外 13 份不一致，因此作者认为 HSCT 后进行 WT1 基因检测并不能有效提示复发，WT1 基因不是一个可靠的监测 MRD 的标志。这些结果产生分歧的原因可能是 WT1 基因在造血干祖细胞上也有表达（Hosen 等，2002），在存在感染或者其他原因时可产生这些干祖细胞数量的变化，从而在一部分 CR 的患者仍可检测到 WT1 基因的表达。因此，WT1 基因一般只用于无特异靶基因的患者 MRD 的监测，且分析结果时应该谨慎。

AML 监测 MRD 的方法及优缺点见表 4-16。

表 4-16　监测 AML MRD 的方法及优缺点比较

方法	覆盖范围	敏感性	优点	缺点
染色体	60%	（1～5）$\times 10^{-2}$	特异性好，可同时监测多种异常	敏感性差，分辨率有限，需要中期分裂相

续表

方法	覆盖范围	敏感性	优点	缺点
FISH	40%～60%	10^{-3}	特异性好 可用于分裂间期细胞	敏感性相对较差 只能检测特定基因
MFC	70%～80%	10^{-2}～10^{-4}	快速，敏感性较好，可定量	可出现假阳性，表型转换
Q-PCR	融合基因 30%～40% 其他靶基因 80%～90%	10^{-4}～10^{-6}	高度敏感，可定量，快速，重复性好，易于标准化	易产生假阳性和假阴性

总之，通过对 AML 患者 MRD 的监测，可对患者预后进行判断，对治疗反应进行评估，对早期复发进行预测，及时调整治疗方案，从而改善治疗效果。

结　　语

总之，AML 这一大类白血病中除 APL 外，大多数是高度异质性的疾病。除一般治疗原则（见总论）外，必须及时而全面地评估病情。对 AML，诱导治疗为 Ara-C 加蒽环或蒽醌类药物（最常用的为 DNR、NVT、IDA 及 Acla）。对蒽环类或蒽醌类药物不敏感的患者亦可用 HHT 代替。完全缓解后需根据不同的预后类型选择合适的缓解后治疗。支持治疗与合并症的预防和治疗极为重要。老年患者要根据患者总体情况与各器官老化的情况用药。小剂量的细胞毒药物较长时间应用是可以考虑的选择。对前述药物耐药的患者亦可改用其他未用过的抗肿瘤细胞药物包括 L-ASP、HU 或其他新药如地西他滨等，详见本章上述药物与本书第二十七章。经治医师对 70 岁以下患者必须在早期就进行 HLA 配型，小于 65 岁的患者若有 HSCT 指征须早期考虑各种类型的 HSCT，包括非清髓与清髓的 HSCT，以使更多的患者获得长期生存的机会。

参 考 文 献

陈懿建等 . 2008. 预激方案 CAG 治疗老年初治急性髓性细胞白血病的疗效 . 中南大学学报（医学版），33：245

陈瑜等 . 2006. 41 例老年初治急性髓细胞白血病治疗研究 . 老年医学与保健，12：20

程澍等 . 2007. 氟达拉宾联合阿糖胞苷及粒细胞集落刺激因子治疗复发及难治性急性髓细胞白血病的临床研究 . 上海医学，30：158

方艳红等，2009. 89 例成人融合基因 AML1/ETO 阳性急性髓性白血病长期生存分析 . 中国实验血液学杂志，17：750

江滨等 . 2009. 急性髓系白血病患者预后分组方式的探讨 . 中华内科杂志，48：316

姜中兴等 . 2003. AA 方案治疗急性髓细胞性白血病 31 例临床观察 . 郑州大学学报，38：469

刘班等 . 2009. 阿柔比星联合中剂量阿糖胞苷诱导治疗难治和复发急性髓样白血病的疗效 . 肿瘤，99：184

刘辉等 . 2008. 以 HAA 方案诱导治疗成人初发急性髓系白血病疗效观察 . 中华血液学杂志，29：9

刘旭平等 . 2006. 成人急性髓系白血病 189 例伴有 t（8；21）的遗传学特点及预后分析 . 中华内科杂志，45：918

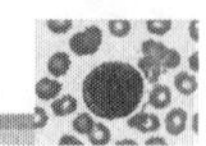

陆道培等. 1994. 急性髓性白血病. 见：陆道培主编. 白血病治疗学. 北京：科学出版社
孟凡义等. 2003. 改良 FLAG 方案治疗 33 例难治复发性急性白血病的初步分析. 癌症，22：1330
孟凡义等. 2006. 氟达拉滨联合不同剂量阿糖胞苷治疗复发、难治性急性白血病 86 里分析. 中华血液学杂志，27：419
秘营昌等. 2005. HA 为基础的三药方案治疗急性髓系白血病疗效分析及与染色体核型的关系. 中华血液学杂志，26：705
宋强等. 2002. 阿克拉霉素与阿糖胞苷联合方案治疗难治及复发性急性白血病. 山东医药，42：10
魏旭东等. 2006. CHG 和 CAG 预激方案治疗复发、难治性急性髓系白血病疗效的比较. 中华血液学杂志，27：64
薛艳萍等. 1995. HAD 方案治疗成人急性非淋巴细胞白血病临床观察. 中华血液学杂志，16：59
薛艳萍等. 2002. 四组三药联合方案治疗成人急性髓系白血病疗效比较. 中华血液学杂志，23：332
杨莉荣等. 2005. 安吖啶为主联合方案治疗复发及难治性急性白血病疗效观察. 临床军医杂志，33：97
杨三强等. 2007. 阿克拉霉素与阿糖胞苷联合治疗急性髓性白血病 31 例. 中国煤炭工业医学杂志，10：934
张曦等. 2008. 去甲氧柔红霉素联合 HA 方案治疗急性髓细胞白血病初治患者的临床观察. 临床血液学杂志，21：569
赵实诚，陆道培. 1989. 243 例急性白血病诱导缓解治疗疗效及死亡原因的分析. 临床血液学杂志，1：29
郑宝根等. 1989. HA 方案治疗急性非淋巴细胞白血病 34 例. 中华血液学杂志，10：405
中华医学会血液学分会白血病血组. 2009. 急性髓系白血病治疗的专家共识. 中华血液学杂志，30：429
Advani AS et al. 2008. Increased KIT intensity is a poor prognostic factor for progression-free and overall survival in patients with newly diagnosed AML. Leuk Res，32：913
Advani R et al. 1999. Treatment of refractory/relapsed AML with chemotherapy plus the multi-drug resistance modulator PSC833 (Valspodar). Blood，93：787
Agura E et al. 2011. Report of a phase Ⅱ study of clofarabine and cytarabine in de novo and relapsed and refractory AML patients and in selected elderly patients at high risk for anthracycline toxicity. Oncologist，16：197
Alvarado Y et al. 2003. Pilot study of mylotarg，idarubicin and cytarabine combination regimen in patients with primary resistant or relapsed acute myeloid leukemia. Cancer Chemother Pharmacol，51：87
Alyea EP et al. 2005. Comparative outcome of nonmyeloablative and myeloablative allogeneic hematopoietic cell transplantation for patients older than 50 years of age. Blood，105：1810
Amadori S et al. 2004. Sequential administration of gemtuzumab ozogamicin and conventional chemotherapy as first line therapy in elderly patients with acute myeloid leukemia：a phase Ⅱ study (AML-15) of the EORTC and GIMEMA leukemia groups. Haematologica，89：950
Amadori S et al. 2005a. Use of glycosylated recombinant human G-CSF (lenograstim) during and/or after induction chemotherapy in patients 61 years of age and older with acute myeloid leukemia：final results of AML-13，a randomized phase-3 study. Blood，10
Amadori S et al. 2005b. Gemtuzumab ozogamicin (mylotarg) as single-agent treatment for frail patients 61 years of age and older with acute myeloid leukemia：final results of AML-15B a phase 2 study of the European Organisation for Research and Treatment of Cancer and Gruppo Italiano Malattie Ematologiche dell'Adulto Leukemia Groups. Leukemia，19：1768
Anderson JE et al. 2002. Outcome after induction chemotherapy for older patients with acute myeloid leukemia is not improved with mitoxantrone and etoposide compared to cytarabine and daunorubicin：a Southwest Oncology Group study. Blood，100：3869

Apostolidou E et al. 2003. Pilot study of gemtuzumab ozogamicin, liposomal daunorubicin, cytarabine and cyclosporine regimen in patients with refractory acute myelogenous leukemia. Leuk Res, 27: 887

Appelbaum FR et al. 2006a. Age and acute myeloid leukemia. Blood, 107: 3481

Appelbaum FR et al. 2006b. The clinical spectrum of adult acute myeloidleukaemia associated with core binding factor translocations. Br J Haematol, 135: 165

Archimbaud E et al. 1991. Intensive sequential chemotherapy with mitoxantrone and continuous infusion etoposide and cytarabine for previously treated acute myelogenous leukemia. Blood, 77: 1894

Archimbaud E et al. 1995. Timed sequential chemotherapy for previously treated patients with acute myeloid leukemia: long-term follow-up of the etoposide, mitoxantrone, and cytarabine-86 trial. J Clin Oncol, 13: 11

Archimbaud E et al. 1999. Multicenter randomized phase Ⅱ trial of idarubicin vs mitoxantrone, combined with with VP-16 and cytarabine for induction/consolidation, followed by a feasibility study of autologous peripheral blood stem cell transplantation in elderly patients with acute myeloid leukemia. Leukemia, 13: 843

Arlin Z et al. 1990. Randomised multicenter trial of cytosine arabinoside with mitoxantrone or daunorubicin in previously untreated adult patients with acute nonlymphocytic leukaemia. Leukaemia, 4: 177

Bachas C et al 2010. High-frequency type Ⅰ/Ⅱ mutational shifts between diagnosis and relapse are associated with outcome in pediatric AML: implications for personalized medicine. Blood, 116: 2752

Baer MR et al. 1997. Expression of the neural cell adhesion molecule CD56 is associated with short remission duration and survival in acute myeloid leukemia with t(8; 21) (q22; q22). Blood, 90: 1643

Bai A et al. 1999. Priming with G-CSF effectively enhances low-dose Ara-C-induced in vivo apoptosis in myeloid leukemia cells. Exp Hematol, 27: 259

Baldus CD et al. 2003. BAALC expression predicts clinical outcome of de novo acute myeloid leukemia patients with normal cytogenetics: a Cancer and Leukemia Group B study. Blood, 102: 1613

Baldus CD et al. 2004. Acute myeloid leukemia with complex karyotypes and abnormal chromosome 21: amplification discloses overexpression of APP, ETS2, and ERG genes. Proc Natl Acad Sci USA, 101: 3915

Baldus CD et al. 2006. BAALC expression and FLT3 internal tandem duplication mutations in acute myeloid leukemia patients with normal cytogenetics: prognostic implications. J Clin Oncol, 24: 790

Barbaric D et al 2007. Minimally differentiated acute myeloid leukemia (FABAML-M0) is associated with an adverse outcome in children: a report from the Children's Oncology Group, studies CCG-2891 and CCG-2961. Blood, 109: 2314

Barjesteh van Waalwijk van Doorn-Khosrovani S et al. 2003. Biallelic mutations in the CEBPA gene and low CEBPA expression levels as prognostic markers in intermediate-risk AML. Hematol J, 4: 31

Barragan E et al. 2004. Prognostic implications of Wilms' tumor gene (WT1) expression in patients with de novo acute myeloid leukemia. Haematologica, 89: 926

Bennett J et al. 1997. Long-term survival in acute myeloid leukemia: The Eastern Cooperative Oncology Group experience. Cancer, 80: 2205

Beran M et al. 2004. FLT3 mutation and response to intensive chemotherapy in young adult and elderly patients with normal karyotype, Leuk Res, 28: 547

Bergmann L et al. 1997. High levels of Wilms' tumor gene (wt1) mRNA in acute myeloid leukemias are associated with a worse long-term outcome. Blood, 90: 1217

Berman E et al. 1991. Results of a randomized trial comparing idarubicin and cytosine arabinoside with daunorubicin and cytosine arabinoside in adult patients with newly diagnosed acute myelogenous

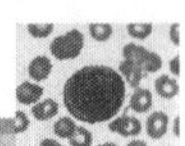

leukaemia. Blood, 77: 1666

Berman E et al. 1997. Long-term follow-up of three randomized trials comparing idarubicin and daunorubicin as induction therapies for patients with untreated acute myeloid leukaemia. Cancer Suppl, 11: 2181

Bienz M et al. 2005. Risk assessment in patients with acute myeloid leukemia and a normal karyotype. Clin Cancer Res, 11: 1416

Bishop JF et al. 1990. Etoposide in acute nonlymphocytic leukemia, Australian Leukemia Study Group. Blood, 75: 27

Bishop JF et al. 1996. A randomized study of high-dose cytarabine in induction in acute myeloid leukemia. Blood, 87: 1710

Bloomfield CD et al. 1998. Frequency of prolonged remission duration after high-dose cytarabine intensification in acute myeloid leukemia varies by cytogenetic subtype. Cancer Res, 58: 4173

Boer J et al. 1997. Loss of the DEK-CAN fusion transcript in a child with t(6; 9) acute myeloid leukemia following chemotherapy and allogeneic bone marrow transplantation. Leukemia, 11: 299

Boiron M et al. 1969. Daunorubicin in the treatment of acute myelocytic leukaemia. Lancet, 1: 330

Boissel N et al. 2005. Prevalence, clinical profile and prognosis of NPM mutations in AML with normal karyotype. Blood, 106: 3618

Boissel N et al. 2006. Incidence and prognostic impact of c-Kit, FLT3, and Ras gene mutations in core binding factor acute myeloid leukemia (CBF-AML) . Leukemia, 20: 965

Bradstock K et al. 1994. Prognostic value of immunophenotyping in acute myeloid leukemia, Australian Leukaemia Study Group. Blood, 84: 1220

Bradstock KF et al. 2005. A randomized trial of high- versus conventional-dose cytarabine in consolidation chemotherapy for adult de novo acute myeloid leukemia in first remission after induction therapy containing high-dose cytarabine. Blood, 105: 481

Braess J et al 2009. Dose-dense induction with sequential high-dose cytarabine and mitoxantone (S-HAM) and pegfilgrastim results in a high efficacy and a short duration of critical neutropenia in de novo acute myeloid leukemia: a pilot study of the AMLCG. Blood, 13: 3903

Breccia M et al. 2003. Granulocytic sarcoma of the pancreas successfully treated with intensive chemotherapy and stem cell transplantation. Eur J Haematol, 70: 190

Breccia M et al. 2004. Clinico-pathological characteristics of myeloid sarcoma at diagnosis and during follow-up: report of 12 cases from a single institution. Leuk Res, 28 : 1165

Buccisano F et al. 2010. Cytogenetic and molecular diagnostic characterization combined to postconsolidation minimal residual disease assessment by flow cytometry improves risk stratification in adult acute myeloid leuk. Blood, 116: 2295

Buchner T et al. 1982. Multicenter study on intensified remission induction therapy for acute myeloid leukaemia. Leuk Res, 6: 827

Buchner T et al. 1999. Double induction strategy for acute myeloid leukemia: the effect of high-dose cytarabine with mitoxantrone instead of standard-dose cytarabine with daunorubicin and 6-thioguanine: a randomized trial by the German AML Cooperative Group. Blood, 93: 4116

Buchner T et al. 2004. Priming with granulocyte colony-stimulating factor - relation to high-dose cytarabine in acute myeloid leukemia. N Engl J Med, 350: 2215

Buchner T et al. 2009. Age-related risk profile and chemotherapy dose response in acute myeloid leukemia: a study by the German Acute Myeloid Leukemia Cooperative Group. J Clin Oncol, 27: 61

Bullinger L et al. 2004. Use of gene-expression profiling to identify prognostic subclasses in adult acute myeloid leukemia. N Engl J Med, 350: 1605

Buonamici S et al. 2002. Real-time quantitation of minimal residual disease in inv (16) -positive acute myeloid leukemia may indicate risk for clinical relapse and may identify patients in a curable state. Blood, 99: 443

Burke PJ et al. 1989. Cures of leukemia with aggressive postremission treatment: an update of timed sequential therapy (Ac-D-Ac) . Leukemia, 3: 692

Burnett AK. 1999. Tailoring the treatment of acute myeloid leukemia. Curr Opin Oncol, 11: 14

Burnett AK et al. 1998. Randomised comparison of addition of autologous bone-marrow transplantation to intensive chemotherapy for acute myeloid leukaemia in first remission: results of MRC AML 10 trial. Lancet, 351: 700

Burnett AK et al. 1999. Presenting white blood cell count and kinetics of molecular remission predict prognosis in acute promyelocytic leukemia treated with alltrans retinoic acid: result of the randomised MRC Trial. Blood, 93: 4131

Burnett AK et al. 2006a. Long-term Results of the MRC AML10 Trial. Clinical Advances in Hematology & Oncology, 4: 445

Burnett AK et al. 2006b. The addition of gemtuzumab ozogamicin to induction chemotherapy for AML improves disease free survival without extra toxicity: preliminary analysis of 1115 patients in the MRC AML15 trial. Blood, 108: 13

Burnett AK et al. 2007. A comparison of low-dose cytarabine and hydroxyurea with or without alltrans retinoic acid for acute myeloid leukemia and high-risk myelodysplastic syndrome in patients not considered fit for intensive treatment. Cancer, 109: 1114

Burnett AK et al. 2009. Attempts to optimize induction and consolidation chemotherapy in patients with acute myeloid leukemia: results of the MRC AML15 trial. Blood, 114: 484

Byrd JC et al. 1997. Extramedullary leukemia adversely affects hematologic complete remission rate and overall survival in patients with t(8; 21) (q22; q22): results from Cancer and Leukemia Group B 8461. J Clin Oncol, 15: 466

Byrd JC et al. 1999. Patients with t(8; 21) (q22; q22) and acute myeloid leukemia have superior failure-free and overall survival when repetitive cycles of high-dose cytarabine are administered. J Clin Oncol, 17: 3767

Byrd JC et al. 2002. Pretreatment cytogenetic abnormalities are predictive of induction success, cumulative incidence of relapse, and overall survival in adult patients with de novo acute myeloid leukemia: results from Cancer and Leukemia Group B (CALGB 8461). Blood, 100: 4325

Byrd JC et al. 2004. Repetitive cycles of high dose cytarabine benefit patients with acute myeloid leukemia and inv (16) (p13; q22) or t (16; 16) (p13; q22): results from CALGB 8461. J Clin Oncol, 22: 1087

Büchner T et al. 1985. Intensified induction and consolidation with or without maintenance chemotherapy for acute myeloid leukemia (AML): two multicenter studies of the German AML Cooperative Group. J Clin Oncol, 3: 1583

Büchner T et al. 2003. 6-Thioguanine, cytarabine, and daunorubicin (TAD) and high-dose cytarabine and mitoxantrone (HAM) for induction, TAD for consolidation, and either prolonged maintenance by reduced monthly TAD or TAD-HAM-TAD and one course of intensive consolidation by sequential HAM in adult patients at all ages with de novo acute myeloid leukemia (AML): a randomized trial of the German AML Cooperative Group. J Clin Oncol, 21: 4496

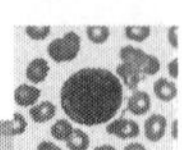

Cairoli R et al. 2006. Prognostic impact of c-KIT mutations in core binding factor leukemias: an Italian retrospective study. Blood, 107: 3463

Caligiuri MA et al. 1998. Rearrangement of ALL1 (MLL) in acute myeloid leukemia with normal cytogenetics. Cancer Res, 58: 55

Callea V et al. 1991. Diagnostic and prognostic relevance of the immunophenotype in acute myelocytic leukemia. Tumori, 77: 28

Camera A et al. 2009. Sequential continuous infusion of fludarabine and cytarabine associated with liposomal daunorubicin (DaunoXome) (FLAD) in primary refractory or relapsed adult acute myeloid leukemia patients. Ann Hematol, 88: 151

Campos L et al. 1989. Surface marker expression in adult acute myeloid leukaemia: correlations with initial characteristics, morphology and response to therapy. Br J Haematol, 72: 161

Capizzi RL et al. 1988. Synergy between high-dose cytarabine and asparaginase in the treatment of adults with refractory and relapsed acute myelogenous leukemia: a Cancer and Leukemia Group B study. J Clin Oncol, 6: 499

Care RS et al. 2003. Incidence and prognosis of c-KIT and FLT3 mutations in core binding factor (CBF) acute myeloid leukaemias. Br J Haematol, 121: 775

Carella AM et al. 1993. Idarubicin in combination with intermediatedose cytarabine and VP-16 in the treatment of refractory or rapidly relapsed patients with acute myeloid leukemia. Leukemia, 7: 196

Carey RW et al. 1975. Comparative study of cytarabinoside therapy alone and combined with thioguanine, mercaptopurin or daunorubicin in acute myelocytic leukaemia. Cancer, 36: 1560

Cashen A et al. 2006. Phase Ⅱ study of low-dose decitabine for the front-line treatment of older patients with acute myeloid leukemia (AML) [abstract] . Blood, 108: 561

Cassileth PA et al. 1988. Maintenance chemotherapy prolongs remission duration in adult acute non-lymphocytic leukaemia. J Clin Oncol, 6: 583

Cassileth PA et al. 1992. Varying intensity of postremission therapy in acute myeloid leukemia. Blood, 79: 1924

Cassileth PA et al. 2005. Intensified induction chemotherapy in adult acute myeloid leukemia followed by high-dose chemotherapy and autologous peripheral blood stem cell transplantation: an Eastern Cooperative Oncology Group trial (E4995) . Leuk Lymphoma, 46: 55

Castaigne S et al. 2004, Randomized comparison of double induction and timed-sequential induction to a "3+7" induction in adults with AML: long-term analysis of the Acute Leukemia French Association (ALFA) 9000 study. Blood, 104: 2467

Champlin R et al. 1999. reinventing bone marrow transplantation, nonmyeloablative preparative regimens and induction of graft-vs-malignancy effect. Oncology (Huntingt), 13: 621

Chang H et al. 2004a. Prognostic relevance of immunophenotyping in 379 patients with acute myeloid leukemia. Leuk Res, 28: 43

Chang H et al. 2004b. Extramedullary infiltrates of AML are associated with CD56 expression, 11q23 abnormalities and inferior clinical outcome. Leuk Res, 28: 1007

Chang H et al. 2007. CD7 expression predicts poor disease free survival and post-remission survival in patients with acute myeloid leukemia and normal karyotype. Leuk Res, 31: 157

Chevallier P et al. 2005. Administration of mylotarg 4 days after beginning of a chemotherapy including intermediate-dose aracytin and mitoxantrone (MIDAM regimen) produces a high rate of complete hematologic remission in patients with $CD33^+$ primary resistant or relapsed acute myeloid leukemia. Leuk Res,

29：1003

Chevallier P et al. 2009. Reduced intensity conditioning（RIC）allogeneic stem cell transplantation for patients aged 60 years：a retrospective study of 629 patients from the Societe Francaise De Greffe De Moelle et de therapie cellulaire（SFGM-TC）. Blood，114：84

Christman JK et al. 2002. 5-aza-2'-deoxycytidine as inhibitors of DNA methylation：mechanistic studies and their implications for cancer therapy. Oncogene，21：5483

Ciolli S et al. 1993. CD34 expression fails to predict the outcome in adult acute myeloid leukemia. Haematologica，78：151

Claire L et al. 2010. The prognostic significance of IDH1 mutations in younger adult patients with acute myeloid leukemia is dependent on FLT3/ITD status. Blood，116：2779

Claston DF et al. 1994. Detection of fusion transcripts generated by the inversion 16 chromosome in acute myelogenous leukemia. Blood，83：1750

Clavio M et al. 1996. High efficacy of fludarabine-containing therapy（FLAG-FLANG）in poor risk acute myeloid leukemia. Haematologica，81：513

Clavio M et al. 2001. First line therapy with fludarabine combinations in 42 patients with either post myelodysplastic syndrome or therapy related acute myeolid leukemia. Leukemia Lymphoma，40：305

Corbacioglu A et al 2010. Prognostic impact of minimal residual disease in CBFβ-MYH11-positive acute myeloid leukemia. J Clin Oncol，28：3724

Cortes J et al 2002. Mylotarg combined with topotecan and cytarabine in patients with refractory acute myelogenous leukemia. Cancer Chemother Pharmacol，50：497

Cuneo A et al. 1992. Correlation of cytogenetic patterns and clinicobiological features in adult acute myeloid leukemia expressing lymphoid markers. Blood，79：720

Döhner H et al. 2010. Diagnosis and management of acute myeloid leukemia in adults：recommendations from an international expert panel on behalf of the European LeukemiaNet. Blood，115：453

de la Rubia J et al. 2002. FLAG-IDA regimen（fludarabine，cytarabine，idarubicin and G-CSF）in the treatment of patients with high-risk myeloid malignancies. Leuk Res，26：725

de Nully Brown P et al. 1997. Long-term survival and development of secondary malignancies in patients with acute myeloid leukemia treated with aclarubicin or daunorubicin plus cytosine arabinoside followed by intensive consolidation chemotherapy in a Danish national phase Ⅲ trial. Danish Society of Haematology Study Group on AML. Leukemia，11：37

De Witte T et al. 1996. Salvage treatment for primary resistant acute myelogenous leukemia consisting of intermediate-dose cytosine arabinoside and interspaced continuous infusions of idarubicin：a phase Ⅱ study（no. 06901）of the EORTC Leukemia Cooperative Group. Ann Hematol，72：119

Delaunay J et al. 2003. Prognosis of inv（16）/t（16；16）acute myeloid leukemia（AML）：a survey of 110 cases from the FrenchAMLIntergroup. Blood，102：462

Dillman RO et al. 1991. A comparative study of two different doses of cytarabine for acute myeloid leukemia：a phase Ⅲ trial of Cancer and Leukemia Group B. Blood，78：2520

Dinndorf PA et al. 1986. Expression of normal myeloid associated antigens by acute leukemia cells. Blood，67：1048

Diverio D et al. 1998. Early detection of relapse by prospective reverse transcriptase polymerase chain reaction analysis of the PML-RAR fusion gene in patients with acute promyelocytic leukemia enrolled in the GIMEMA-AIEOP multicentre "AIDA" trial. Blood，92：784

Dohner K et al. 2002. Prognostic significance of partial tandem duplications of the MLL gene in adult patients

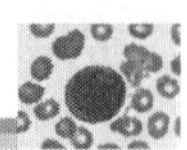

16 to 60 years old with acute myeloid leukemia and normal cytogenetics：a study of the Acute Myeloid Leukemia Study Group Ulm. J Clin Oncol，100：4372

Dohner K et al. 2005. Mutant nucleophosmin（NPM1）predicts favorable prognosis in younger adults with acute myeloid leukemia and normal cytogenetics：interaction with other gene mutations. Blood，106：3740

Elliott MA et al. 2007. Early peripheral blood blast clearance during induction chemotherapy for acute myeloid leukemia predicts superior relapse-free survival. Blood，110：4172

Elmaagacli AH et al. 2000. The detection of wt-1 transcripts is not associated with an increased leukemic relapse rate in patients with acute leukemia after allogeneic bone marrow or peripheral blood stem cell transplantation. Bone Marrow Transplantation，25：91

Elonen E et al. 1998. Comparison between four and eight cycles of intensive chemotherapy in adult acute myeloid leukemia：a randomized trial of the Finnish Leukemia Group. Leukemia，12：1041

el-Rifai W et al. 1997. Optimization of comparative genomic hybridization using fluorochrome conjugated to dCTP and dUTP nucleotides. Lab Invest，77：699

Estey E et al. 1993. Fludarabine and arabinosylcytosine therapy of refractory and relapsed acute myelogenous leukemia. Leukemia Lymphoma，9：343

Estey E et al. 2007. Prospective feasibility analysis of reduced-intensity conditioning（RIC）regimens for hematopoietic stem cell transplantation（HSCT）in elderly patients with acute myeloid leukemia（AML）and high-risk myelodysplastic syndrome（MDS）. Blood，109：1395

Estey EH et al. 1994. Use of granulocyte colony-stimulating factor before，during，and after fludarabine plus cytarabine induction therapy of newly diagnosed acute myelogenous leukemia or myelodysplastic syndromes：comparison with fludarabine plus cytarabine without granulocyte colony-stimulating factor. J Clin Oncol，12：671

Estey EH et al. 1999. Randomized phase Ⅱ study of fludarabine ＋ cytosine arabinoside ＋idarubicin ＋/－ all-trans retinoic acid ＋/－ granulocyte colonystimulatingfactor in poor prognosis newly diagnosed acute myeloid leukemia and myelodysplastic syndrome. Blood，93：2478

Estey EH et al. 2000a. Effect of time to complete remission on subsequent survival and disease-free survival time in AML. RAEB-t，and RAEB. Blood，95：72

Estey EH et al. 2000b. Treatment of relapsed and refractory acute myelogenous leukemia. Leukemia，14：476

Estey EH et al. 2002. Gemtuzumab ozogamicin with or without interleukin 11 in patients 65 years of age or older with untreated acute myeloid leukemia and high-risk myelodysplastic syndrome：comparison with idarubicin plus continuous-infusion. high-dose cytosine arabinoside. Blood，99：4343

Evans PAS et al. 1997. Detection and quantitation of the CBFβ-MTHY11 transcripts associated with the inv（16）in presentation and follow-up samples from patients with AML. Leukemia，11：365

Faderl S et al. 2005. Results of a phase 1～2 study of clofarabine in combination with cytarabine（ara-C）in relapsed and refractory acute leukemias. Blood，105：940

Faderl S et al. 2006. Clofarabine and cytarabine combination as induction therapy for acute myeloid leukemia（AML）in patients 50 years of age or older. Blood，108：45

Falini B et al. 2005. Cytoplasmic nucleophosmin in acute myelogenous leukemia with a normal karyotype. N Engl J Med，352：254

Falini B et al. 2007. Acute myeloid leukemia carrying cytoplasmic/mutated nucleophosmin（NPMc＋ AML）：biologic and clinical features. Blood，109：874

Falini B et al. 2011. Acute myeloid leukemia with mutated nucleophosmin（NPM1）：is it a distinct entity?

Blood，117：1109

Fernandez HF et al. 2009. Anthracycline dose intensification in acute myeloid leukemia. N Engl J Med，361：1249

Ferrara F et al. 1998. Therapeutic options and treatment results for patients over 75 years of age with acute myeloid leukemia. Haematologica，83：126

Ferrara F et al. 2002. De novo acute myeloid leukemia with multilineage dysplasia：treatment results and prognostic evaluation from a series of 44 patients treated with fludarabine，cytarabine and G-CSF (FLAG) . Eur J Haematol，68：203

Figueroa ME et al. 2010. DNA methylation signatures identify biologically distinct subtypes in acute myeloid leukemia. Cancer Cell. 17：13

Finnegan DPJ et al. 2005. Acute myeloid leukemia with concurrent myeloid sarcoma treated with autologous bone marrow transplantation：two illustrative cases and a literature review. Hematol Oncol，23：133

Fopp M et al. 1997. Post-remission therapy of adult acute myeloid leukaemia：one cycle of high-dose vs standard-dose cytarabine. Leukaemia Project Group of the Swiss Group for Clinical Cancer Research (SAKK) . Ann Oncol，8：251

Frohling S et al. 2002. Prognostic significance of activating FLT3 mutations in younger adults (16 to 60 years) with acute myeloid leukemia and normal cytogenetics：a study of the AML Study Group Ulm. Blood，100：4372

Frohling S et al. 2004. CEBPA mutations in younger adults with acute myeloid leukemia and normal cytogenetics：prognostic relevance and analysis of cooperating mutations. J Clin Oncol，22：624

Gaiger A et al. 1998. Detection of the WT1 transcript by RT-PCR in complete remission has no prognostic relevance in de novo acute myeloid leukemia. Leukemia，12：1886

Gale RE et al. 2008. The impact of FLT3 internal tandem duplication mutant level，number，size，and interaction with NPM1 mutations in a large cohort of young adult patients with acute myeloid leukemia. Blood，111：2776

Gandhi V et al. 1993. Fludarabine potentiates metabolism of cytarabine in patients with acute myelogenous leukemia during therapy. J Clin Oncol，11：116

Garcia-Manero G et al. 2006. Phase 1/2 study of the combination of 5-aza-20-deoxycytidine with valproic acid in patients with leukemia. Blood，108：3271

Gardin C et al. 2007. Postremission treatment of elderly patients with acute myeloid leukemia in first complete remission after intensive induction chemotherapy：results of the multicenter randomized Acute Leukemia French Association (ALFA) 9803 trial. Blood，109：5129

Geller RB et al. 1990. Prognostic importance of immunophenotyping in adults with acute myelocytic leukaemia：The significance of the stem cell glycoprotein CD34 (My-10) . Br J Haematol，76：340

Gerrard G et al. 2004. Clinical effects and P-glycoprotein inhibition in patients with acute myeloid leukemia treated with zosuquidar trihydrochloride，daunorubicin and cytarabine. Haematologica，89：782

Giles F et al. 2003. SU5416，a small molecule tyrosine kinase receptor inhibitor，has biologic activity in patients with refractory acute myeloid leukemia and myelodysplastic syndromes. Blood，102：795

Giles FJ et al. 2007. The haematopoietic cell transplantation comorbidity index score is predictive of early death and survival in patients over 60 years of age receiving induction therapy for acute myeloid leukaemia. Br J Haematol，136：624

Gilliland DG et al. 2002. The roles of FLT3 in hematopoiesis and leukemia. Blood，100：1532

Goldstone AH et al. 2001. Attempts to improve treatment outcomes in acute myeloid leukemia (AML) in

AML11 trial older patients: the results of the United Kingdom Medical Research Council. Blood, 98: 1302

Gorello P et al. 2006. Quantitative assessment of minimal residual disease in acute myeloid leukemia carrying nucleophosmin (NPM1) gene mutations. Leukemia, 20: 1103

Green CL et al. 2010. The prognostic significance of IDH1 mutations in younger adult patients with acute myeloid leukemia is dependent on FLT3/ITD status. Blood, 116: 2779

Greenberg PL et al. 2004. Mitoxantrone, etoposide, and cytarabine with or without valspodar in patients with relapsed or refractory acute myeloid leukemia and high-risk myelodysplastic syndrome: a phase Ⅲ trial (E2995). J Clin Oncol, 22: 1078

Griffin JD et al. 1986. Use of surface marker analysis to predict outcome of adult acute myeloblastic leukemia. Blood, 68: 1232

Grimwade D et al. 1998. The Medical Research Council Adult and Children's Leukaemia Working Parties. The importance of diagnostic cytogenetics on outcome in AML: analysis of 1, 612 patients entered into the MRC AML 10 trial. Blood, 92: 2322

Grimwade D et al. 2001. The predictive value of hierarchical cytogenetic classification in older adults with acute myeloid leukemia (AML): analysis of 1065 patients entered into the United Kingdom Medical Research Council AML11 trial. Blood, 98: 1312

Grimwade D. 2009. Independent prognostic factors for AML outcome. In: Hematology 2009: American Society of Hematology Education Program Book, 385

Guerrasio A et al. 2002. Assessment of minimal residual disease (MRD) in CBFbeta/MYH11-positive acute myeloid leukemias by qualitative and quantitative RT-PCR amplification of fusion transcripts. Leukemia, 16: 1176

Haferlach T et al. 2003. AMLwith 11q23/MLL abnormalities as defined by theWHOclassification: incidence, partner chromosomes, FAB subtype, age distribution, and prognostic impact in an unselected series of 1897 cytogenetically analyzed AML cases. Blood, 102: 2395

Hamblin TH et al. 1995. Disappointments in treating acute leukemia in the elderly. N Engl J Med, 332: 1712

Hanel A et al. 2001. Mito-FLAG as salvage therapy for relapsed and refractory acute myeloid leukemia. Onkologie, 24: 356

Hann I et al. 1997. Randomized comparison of DAT versus ADE as induction chemotherapy in children and younger adults with acute myeloid leukemia. Results of the Medical Research Council's 10th AML trial (MRC AML10). Blood, 89: 2311

Hansen OP et al. 1991. Aclarubicin plus cytosine arabinoside versus daunorubicin plus cytosine arabinoside in previously untreated patients with acute myeloid leukemia: a Danish national phase Ⅲ trial. The Danish Society of Hematology Study Group on AML. Denmark Leukemia, 5: 510

Harosseau JL et al. 1989. Treatment of acute myeloid leukemia in elderly patients with oral idarubicin as a single agent. Eur J Haematol, 42: 182

Harosseau JL et al. 1998. Acute myeloid leukemia in the elderly. Blood Rev, 12: 145

Harousseau JL et al. 2000. Granulocyte colony-stimulating factor after intensive consolidation chemotherapy in acute myeloid leukemia: results of a randomized trial of the Groupe Ouest-Est Leucemies Aigues Myeloblastiques. J Clin Oncol, 18: 780

Harousseau JL et al. 2007. A phase 2 study of the oral farnesyltransferase inhibitor tipifarnib in patients with refractory or relapsed acute myeloid leukemia. Blood, 109: 5151

Hast R et al. 2003. No benefit from adding GM-CSF to induction chemotherapy in transforming myelodysplastic syndromes: better outcome in patients with less proliferative disease. Leukemia, 17: 1827

Hebert J et al. 1994. Detection of minimal residual disease in acute myelomonocytic leukemia with abnormal marrow eosinophils by nested polymerase chain reaction with allele specific amplification. Blood, 84: 2291

Heil et al. 1995. GM-CSF in a double-blind randomized, placebo controlled trial in therapy of adult patients with de novo acute myeloid leukemia (AML). Leukemia, 9: 3

Heim S et al. 1987. A new specific chromosomal rearrangement, t(8; 16) (p11; p13), in acute monocytic leukaemia. Br J Haematol, 66: 323

Herr AL et al. 2007. HLA-identical sibling allogeneic peripheral blood stem cell transplantation with reduced intensity conditioning compared to autologous peripheral blood stem cell transplantation for elderly patients with de novo acute myeloid leukemia. Leukemia, 21: 129

Heuser M et al. 2006. High meningioma 1 (MN1) expression as a predictor for poor outcome in acute myeloid leukemia with normal cytogenetics. Blood, 108: 3898

Hewlett J et al. 1995. A prospective evaluation of the roles of allogeneic marrow transplantation and low-dose monthly maintenance chemotherapy in a treatment for adult acute myelogenous leukemia (AML): a Southwest Oncology Group study. Leukemia, 9: 562

Hiddemann W et al. 1987. High-dose cytosine arabinoside in combination with mitoxantrone for the treatment of refractory acute myeloid and lymphoblastic leukemia. Semin Oncol, 14 (2 Suppl 1): 73

Hiddemann W et al. 1990. Definition of refractoriness against conventional chemotherapy in acute myeloid leukemia: a proposal based on the results of retreatment by thioguanine, cytosine arabinoside, and daunorubicin (TAD 9) in 150 patients with relapse after standardized first line therapy. Leukemia, 4: 184

Honma Y et al. 2001. A novel therapeutic strategy against monocytic leukemia with deoxyadenosine analogs and adenosine deaminase inhibitors. Leuk Lymphoma, 42: 953

Hosen N et al. 2002. Very low frequencies of human normal $CD34^+$ haematopoietic progenitor cells express the Wilms' tumour gene WT1 at levels similar to those in leukaemia cells. Br J Haematol, 116: 409

Huhmann IM et al. 1996. FLAG (fludarabine, cytosine arabinoside, G-CSF) for refractory and relapsed acute myeloid leukemia. Annals of Hematology, 73: 265

Imamura T et al. 2004. Granulocytic sarcoma presenting with severe adenopathy (cervical lymph nodes, tonsils, and adenoids) in a child with juvenile myelomonocytic leukemia and successful treatment with allogeneic bone marrow transplantation. Int J Hematol, 80: 186

Inoue K et al. 1994. WT1 as a new prognostic factor and new marker for the detection of minimal disease in acute leukemia. Blood, 84: 3071

Inoue K et al. 1996. Long-term follow-up of minimal residual disease in leukemia patients by monitoring WT1 (Wilms tumor gene) expression levels. Blood, 88: 2267

Ishikawa Y et al. 2009. Comprehensive analysis of cooperative gene mutations between class Ⅰ and class Ⅱ in de novo acute myeloid leukemia. Eur J Haematol, 83: 90

Issa JPJ et al. 2004. Phase Ⅰ study of low-dose prolonged exposure schedules of the hypomethylating agent 5-aza-2'-deoxycytidine (decitabine) in hematopoietic malignancies. Blood, 103: 1635

Jackson G et al. 2001. A multicentre, open, non-comparative phase Ⅱ study of a combination of fludarabine phosphate, cytarabine and granulocyte colony-stimulating factor in relapsed and refractory acute myeloid leukemia and de novo refractory anemia with excess blasts in transformation. Br J Haematol, 112: 127

Jehn U et al. 2006. Non-infusional vs intravenous consolidation chemotherapy in elderly patients with acute myeloid leukemia: final results of the EORTC-GIMEMA AML-13 randomized phase Ⅲ trial. Leukemia,

20：1723

Juliusson G et al. 2009. Age and acute myeloid leukemia：real world data on decision to treat and outcomes from the Swedish Acute Leukemia Registry. Blood，113：4179

Jurlander J et al. 1996. Persistence of AML1-ETO fusion transcript in patients treated with allogeneic bone marrow transplantation for t（8；21）leukemia. Blood，88：2183

Kantarjian HM et al. 1993. Treatment of therapy-related leukemia and myelodysplastic syndrome. Hematol Oncol Clin North Am，7：81

Kantarjian HM et al. 2003a. Phase Ⅰ clinical and pharmacology study of clofarabine in patients with solid and hematologic cancers. J Clin Oncol，21：1167

Kantarjian HM et al. 2003b. Phase Ⅱ clinical and pharmacology study of clofarabine in patients with refractory or relapsed acute leukemia. Blood，102：2379

Kantarjian HM et al. 2006a. Long-term follow-up results of the combination of topotecan and cytarabine and other intensive chemotherapy regimens in myelodysplastic syndrome. Cancer，106：1099

Kantarjian HM et al. 2006b. Results of intensive chemotherapy in 998 patients age 65 years or older with acute myeloid leukemia or high-risk myelodysplastic syndrome：predictive prognostic models for outcome. Cancer，106：1090

Kantarjian HM et al. 2007. Clofarabine：past，present，and future. Leukemia Lymphoma，48：1922

Karanes C et al. 1999. A phase Ⅲ comparison of high dose ARA-C（HIDAC）versus HIDAC plus mitoxantrone in the treatment of first relapsed or refractory acute myeloid leukemia Southwest Oncology Group Study. Leuk Res，23：787

Karp JE et al. 1987. Correlation of drug-perturbed marrow cell growth kinetics and intracellular of 1-D-Furanosylcytosine metabolism with clinical response in adult acute myelogenous leukemia. Blood，69：1134

Karp JE et al. 2004. Targeting vascular endothelial growth factor for relapsed and refractory adult acute myelogenous leukemias：therapy with sequential 1-beta-darabinofuranosylcytosine，mitoxantrone，and bevacizumab. Clin Cancer Res，10：3577

Kayser S et al. 2011. The impact of therapy-related acute myeloid leukemia（AML）on outcome in 2853 adult patients with newly diagnosed AML. Blood，117：2137

Kern W et al. 1998a. Superiority of high-dose over intermediate-dose cytosine arabinoside in the treatment of patients with high-risk acute myeloid leukemia：results of an age-adjusted prospective randomized comparison. Leukemia，12：1049

Kern W et al. 1998b. Granulocyte colony-stimulating factor shortens duration of critical neutropenia and prolongs disease-free survival after sequential high-dose cytosine arabinoside and mitoxantrone（S-HAM）salvage therapy for refractory and relapsed acute myeloid leukemia. Ann Hematol，77：115

Kern W et al. 2003. Early blast clearance by remission induction therapy is a major independent prognostic factor for both achievement of complete remission and long-term outcome in acute myeloid leukemia：data from the German AML Cooperative Group（AMLCG）1992 trial. Blood，101：64

Kern W et al. 2004. Determination of relapse risk based on assessment of minimal residual disease during complete remission by multiparameter flow cytometry in unselected patients with acute myeloid leukemia. Blood，104：3078

Kern W et al. 2005. Monitoring of minimal residual disease in acute myeloid leukemia. Crit Rev Oncol Hematol，56：283

Khoury H et al. 2003. Acute myelogenous leukemia with t（8；21）—identification of a specific immunophenotype. Leukemia & Lymphoma，44：1713

Kita K et al. 1993. Clinical importance of CD7 expression in acute myelocytic leukemia，The Japan Cooperative Group of Leukemia/Lymphoma. Blood，82：2929

Kiyoi H et al. 1999. Prognostic implication of FLT 3 and N-ras gene mutations in acute myeloid leukemia. Blood，93：3074

Kolitz JE 2004. Dose escalation studies of cytarabine，daunorubicin，and etoposide with and without multidrug resistance modulation with PSC-833 in untreated adults with acute myeloid leukemia younger than 60 years：final induction results of Cancer and Leukemia Group B study 9621. J Clin Oncol，22：4290

Kornblau SM et al. 1995. Analysis of CD7 expression in acute myelogenous leukemia：martingale residual plots combined with "optimal" cutpoint analysis reveals absence of prognostic significance. Leukemia，9：1735

Kornblau SM et al. 1998. CECA-cyclophosphamide，etoposide，carboplatin and cytosine arabinoside-a new salvage regimen for relapsed or refractory acute myelogenous leukemia. Leuk Lymphoma，28：371

Kottaridis PD et al. 2001. The presence of a FLT3 internal tandem duplication in patients with acute myeloid leukemia（AML）adds important prognostic information to cytogenetic risk group and response to the first cycle of chemotherapy：analysis of 854 patients from the United Kingdom Medical Research Council AML 10 and 12 trials. Blood，98：1752

Krönke J et al. 2011. Monitoring of minimal residual disease in NPM1-mutated acute myeloid leukemia：a study from the German-Austrian Acute Myeloid Leukemia Study Group. J Clin Oncol，29：2709

Krauter J et al. 2003. Prognostic value of minimal residual disease quantification by real-time reverse transcriptase polymerase chain reaction in patients with core binding factor leukemias. J Clin Oncol，21：4413

Kuendgen A et al. 2006. The histone deacetylase（HDAC）inhibitor valproic acid as monotherapy or in combination with all-trans retinoic acid in patients with acute myeloid leukemia. Cancer，106：112

Kuwatsuka Y et al. 2009. Hematopoietic stem cell transplantation for core binding factor acute myeloid leukemia：t（8；21）and inv（16）represent different clinical outcomes. Blood，113：2096

Laczika K et al. 1998. Competitives CBFβ-MYH11 reverse-transcription polymerase chain reaction for quantitative assessment of minimal residual disease during post-remission therapy in acute myeloid leukemia with inversion（16）：a pilot study. J Clin Oncol，16：1519

Lampkin BC et al. 1990. Acute monoblastic leukemia：a unique subtype-a review from the Children's Cancer Study Group. Leuk Res，14：1

Lamy T et al. 1994. P-glycoprotein（P170）and CD34 expression in adult acute myeloid leukemia（AML）. Leukemia，8：1879

Langer C et al. 2009. Prognostic importance of MN1 transcript levels，and biologic insights from MN1-associated gene and microRNA expression signatures in cytogenetically normal acute myeloid leukemia：a cancer and leukemia group B study. J Clin Oncol，27：3198

Larson RA et al. 2002. Antibody-targeted chemotherapy of older patients with acute myeloid leukemia in first relapse using Mylotarg（gemtuzumab ozogamicin）. Leukemia，16：1627

Larson RA et al. 2005. Final report of the efficacy and safety of gemtuzumab ozogamicin（mylotarg）in patients with CD33-positive acute myeloid leukemia in first recurrence. Cancer，104：1442

Lee EJ et al. 1998. An evaluation of combinations of diaziquone，etoposide and mitoxantrone in the treatment of adults with relapsed or refractory acute myeloid leukemia：results of 8722，a randomized phase Ⅱ study conducted by Cancer and Leukemia Group B. Leukemia，12：139

Legrand O et al. 1999. Simultaneous activity of MRP1 and P-gp is correlated with in vitro resistance to

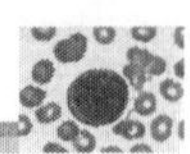

daunorubicin and with in vivo resistance in adult acute myeloid leukemia. Blood, 94: 1046

Legrand O et al. 2000. The immunophenotype of 177 adults with acute myeloid leukemia: proposal of a prognostic score. Blood, 96: 870

Leith CP et al. 1997. Acute myeloid leukemia in the elderly in assessment of multidrug resistance (MDR1) and cytogenetics distinguishes biologic subgroups with remarkably distinct responses to standard chemotherapy, a South West Oncology Group study. Blood, 89: 3323

Leopold LH et al. 2002. Treatment of refractory and relapsed acute myelogenous leukemia. Expert Rev Anticancer Ther, 2: 287

Lerch E et al. 2009. Prognosis of acute myeloid leukemia in the general population: data from southern Switzerland. Tumori, 95: 303

Li JM et al. 2005. Aclarubicin and low-dose cytosine arabinoside in combination with granulocyte colony-stimulating factor in treating acute myeloid leukemia patients with relapsed or refractory disease and myelodysplastic syndrome: a multicenter study of 112 Chinese patients. Int J Hematol, 82: 48

Lin P et al. 2008. Acute myeloid leukemia harboring t (8; 21) (q22; q22): a heterogeneous disease with poor outcome in a subset of patients unrelated to secondary cytogenetic aberrations. Mod Pathol, 21: 1029

List AF et al. 2001. Benefit of cyclosporine modulation of drug resistance in patients with poor-risk acute myeloid leukemia: a Southwest Oncology Group study. Blood, 98: 3212

Liu Yin JA et al. 2001. Comparison nof "sequential" versus "standard" chemotherapy as re-induction treatment, with or without cyclosporine, in refractory/relapsed acute myeloid leukaemia (AML): results of the UK Medical Research Council AML-R trial. Br J Haematol, 113: 713

Lo Coco F et al. 1999. Genetic diagnosis and molecular monitoring in the management of acute promyelocytic leukemia. Blood, 94: 12

Lofgren C et al. 2004. Granulocyte-macrophage colony-stimulating factor to increase efficacy of mitoxantrone, etoposide and cytarabine in previously untreated elderly patients with acute myeloid leukaemia: a Swedish multicentre randomized trial. Br J Heamotol, 124: 474

Lowenberg B et al. 1989. On the value of intensive remission induction chemotherapy in elderly patients of 65 + years with acute myeloid leukemia: a randomized phase Ⅲ study of the European Organization for Research and Treatment of Cancer Leukemia Group. J Clin Oncol, 7: 1268

Lowenberg B et al. 1997a. Use of recombinant GM-CSF during and after remission induction chemotherapy in patients aged 61 years and older with acute myeloid leukemia: final report of AML-11, a phase Ⅲ randomized study of the Leukemia Cooperative Group of European Organisation for the Research and Treatment of Cancer (EORTC-LCG) and the Dutch Belgian Hemato-Oncology Cooperative Group (HOVON). Blood, 90: 2952

Lowenberg B et al. 1997b. Value of different modalities of granulocyte-macrophage colony-stimulating factor applied during or after induction therapy of acute myeloid leukemia. J Clin Oncol, 15: 3496

Lowenberg B et al. 1998. Mitoxantrone versus daunorubicin in induction-consolidation chemotherapy—the value of low-dose cytarabine for maintenance of remission, and an assessment of prognostic factors in acute myeloid leukemia in the elderly: final report. European Organization for the Research and Treatment of Cancer and the Dutch-Belgian Hemato-Oncology Cooperative Hovon Group. J Clin Oncol, 16: 872

Lowenberg B et al. 2003. Effect of priming with granulocyte colonystimulating factor on the outcome of chemotherapy for acute myeloid leukemia. N Engl J Med, 349: 743

Lowenberg B et al. 2009. High-dose daunorubicin in older patients with acute myeloid leuke-mia. N Engl J Med, 361: 1235

Luger SM et al. 2010. Treating the elderly patient with acute myelogenous leukemia1. Hematology, 62

Lugthart S et al. 2008. High EVI1 levels predict adverse outcome in acute myeloid leukemia: prevalence of EVI1 overexpression and chromosome 3q26 abnormalities underestimated. Blood, 111: 4329

López A et al. 2001. Recent improvements in outcome for elderly patients with de novo acute myeloblastic leukemia. Leuk Res, 25: 685

Malfuson JV et al. 2008. Risk factors and decision criteria for intensive chemotherapy in older patients with acute myeloid leukemia. Haematologica. 93: 1806

Mandelli F et al. 1991. A randomised clinical trial comparing idarubicin and cytarabine to daunorubicin and cytarabine in the treatment of acute non-lymphoid leukaemia. A multicentric study from the Italian Cooperative Group GIMEMA. Eur J Cancer, 27: 750

Mandelli F et al. 2009. Daunorubicin versus mitoxantrone versus idarubicin as induction and consolidation chemotherapy for adults with acute myeloid leukemia: the EORTC and GIMEMA Groups study AML-10. J Clin Oncol, 27: 5397

Mangal A et al. 1984. Disseminated intravascular coagulation in acute monoblastic leukemia: response to heparin therapy. Can Med Assoc J, 130: 731

Manoharan A 1998. Acute myeloblastic leukemia in the elderly: biology, prognostic factors and treatment. Int J Hematol, 68: 235

Marcucci G et al. 2003. Phase I and pharmacodynamic studies of G3139, a Bcl-2 antisense oligonucleotide, in combination with chemotherapy in refractory or relapsed acute leukemia. Blood, 101: 425

Marcucci G et al. 2005a. Overexpression of the ETS-related gene, ERG, predicts a worse outcome in acute myeloid leukemia with normal karyotype: a Cancer and Leukemia Group B study. J Clin Oncol, 23: 9234

Marcucci G et al. 2005b. Prognostic factors and outcome of core binding factor acute myeloid leukemia patients with t (8; 21) differ from those of patients with inv (16): a Cancer and Leukemia Group B study. J Clin Oncol, 23: 5705

Marcucci G et al. 2008. Prognostic significance of, and gene and microRNA expression signatures associated with, CEBPA mutations in cytogenetically normal acute myeloid leukemia with high-risk molecular features: a Cancer and Leukemia Group B study. J Clin Oncol, 26: 5078

Marcucci G et al. 2010. IDH1 and IDH2 gene mutations identify novel molecular subsets within de novo cytogenetically normal acute myeloid leukemia: a Cancer and Leukemia Group B study. J Clin Oncol, 28: 2348

Mayer RJ 1987. Current chemotherapeutic treatment approaches to the management of untreated adults with de novo acute myelogenous leukaemia. Semin Oncol, 14: 384

Mayer RJ et al. 1994. Intensive postremission chemotherapy in adults with acute myeloid leukaemia. Cancer and Leukaemia Group B. N Engl J Med, 331: 896

Menssen HD et al. 1995. Presence of Wilms' tumor gene (wt1) transcripts and the WT1 nuclear protein in the majority of human acute leukemias. Leukemia, 9: 1060

Miwa H et al. 1996. Biological characteristics of CD7 (+) acute leukemia. Leuk Lymphoma, 21: 239

Montastruc M et al. 1990. Treatment of acute myeloid leukemia in elderly patients: the influence of maintenance therapy (BGM 84 protocol) . Nouv Rev Fr Hematol, 32: 147

Montillo M et al. 1998. Fludarabine, cytarabine, and G-CSF (FLAG) for the treatment of poor risk acute myeloid leukemia. Am J Hematol, 58: 105

Moore JO et al. 2005. Sequential multiagent chemotherapy is not superior to high-dose cytarabine alone as postremission intensification therapy for acute myeloid leukemia in adults under 60 years of age: Cancer and Leukemia Group B study 9222. Blood, 105: 3420

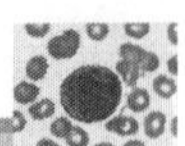

Morra E et al. 2009. Clinical management of primary non-acute promyelocytic leukemia acute myeloid leukemia：practice Guidelines by the Italian Society of Hematology，the Italian Society of Experimental Hematology and the Italian Group for Bone Marrow transplantation. Haematologica，94：102

Morschhauser F et al. 2000. Evaluation of minimal residual disease using reverse-transpcriptase polymerase chain reaction in t（8 ；21）acute myeloid leukemia ：a multicentre study of 51 patients. J Clin Oncol，18：788

Mrozek K et al. 2002. Spectral karyotyping in patients with acute myeloid leukemia and a complex karyotype shows hidden aberrations，including recurrent overrepresentation of 21q，11q，and 22q. Genes Chromosomes Cancer，34：137

Murray CK et al. 1999. CD56 expression in acute promyelocytic leukemia：a possible indicator of poor treatment outcome? J Clin Oncol，17：293

Nabhan C et al. 2005. Phase Ⅱ pilot trial of gemtuzumab ozogamicin（GO）as first line therapy in acute myeloid leukemia patients age 65 or older. Leuk Res，29：53

Nervi B et al. 2009. Chemosensitization of acute myeloid leukemia（AML）following mobilization by the CXCR4 antagonist AMD3100. Blood，113：6206

Nguyen S et al. 2002. A white blood cell index as the main prognostic factor in t（8；21）acute myeloid leukemia（AML）：a survey of 161 cases from the French AML Intergroup. Blood，99：3517

Nimubona S et al. 2002. Complete remission in hypoplastic acute myeloid leukemia induced by G-CSF without chemotherapy：report on three cases. Leukemia，16：1871

Nokes TJC et al. 1997. FLAG is a useful regimen for poor prognosis adult myeloid leukaemias and myelodysplastic syndromes. Leukemia Lymphoma，27：93

Nucifora G et al. 1993. Persistence of the 8；21 translocation in patients with acute myeloid leukemia type M2 in longterm remission. Blood，82：712

Odom L et al. 1984. Acute monoblastic leukemia in infancy and early childhood；successful treatment with an epipodophyllotoxin. Blood，64：875

Ohno R et al. 1994. A double-blind controlled study of granulocyte colony- stimulating factor started two days before induction chemotherapy in refractory acute myeloid leukemia. Kohseisho Leukemia Study Group. Blood，83：2086

Ohtake S et al. 2011. Randomized clinical trial of induction therapy comparing intensified daunorubicin with idarubicin in patients with previously untreated de novo acute myeloidleukemia（JALSGAML201study). Blood，117：2358

Oki Y et al 2006. Adult acute megakaryocytic leukemia：an analysis of 37 patients treated at M. D. Anderson Cancer Center. Blood，107：880

Olufunmilayo O et al. 1992. Clinical，morphologic and cytogenetic characteristics of 26 patients with acute erythroblastic leukemia. Blood，80：2873

Omura GA et al. 1982. Treatment of acute myelogenous leukaemia：in uence of three induction regimens. Cancer，49：1530

Ostergaard M et al. 2004. A real-time quantitative RT-PCR assay for monitoring DEK-CAN fusion transcripts arising from translocation t(6；9）in acute myeloid leukemia. Leuk Res，28：1213

Pabst T et al. 2001. Dominant negative mutations of CEBPA，encoding CCAAT/enhancer binding protein-alpha（C/EBPalpha)，in acute myeloid leukemia. Nat Genet，27：263

Park S et al. 2002. Erythroleukemia：a comparison between the previous FAB approach and the WHO classification. Leuk Res，26：423

Paschka P et al. 2006. Adverse prognostic significance of KIT mutations in adult acute myeloid leukemia with inv (16) and t (8; 21): a Cancer and Leukemia Group B study. J Clin Oncol, 24: 3904

Paschka P et al. 2008. Wilms'tumor 1 gene mutations independently predict poor outcome in adults with cytogenetically normal acute myeloid leukemia: a cancer and leukemia group B study. J Clin Oncol, 26: 4595

Pastore D et al. 2003. FLAG-IDA in the treatment of refractory/ relapsed acute myeloid leukemia: single-center experience. Ann Hematol, 82: 231

Pautas C et al. 2010. Randomized study of intensified anthracycline doses for induction and recombinant interleukin-2 for maintenance in patients with acute myeloid leukemia age 50 to 70 years: results of the ALFA-9801 study. J Clin Oncol, 28: 808

Perego RA et al. 1996. PML/RAR alpha transcripts monitored by polymerase chain reaction in acute promyelocytic leukemia during complete remission, relapse and after bone marrow transplantation. Leukemia, 10: 207

Petti MC et al. 1993. Pilot study of 5-aza-2-deoxycitidine (decitabine) in the treatment of poor prognosis acute myelogenous leukemia patients: preliminary results. Leukemia, 7: 36

Pileri SA et al. 2007. Myeloid sarcoma: clinico-pathologic, phenotypic and cytogenetic analysis of 92 adult patients. Leukemia, 21: 340

Pinto A et al. 1993. 5-aza-2-deoxycytidine (decitabine) and 5 azacytidine in the treatment of acute myeloid leukemias and myelodysplastic syndromes: past, present and future trends. Leukemia, 7: 51

Pinto A et al. 2001. Acute myeloid leukemia in the elderly: biology and therapeutic strategies. Crit Rev Oncol Hematol, 39: 275

Porcu P et al. 2000. Hyperleukocytic leukemias and leukostasis: a review of pathophysiology, clinical presentation and management. Leuk Lymphoma, 39: 1

Powell BL et al. 1989. Low-dose Ara-C therapy for acute myelogenous leukemia in elderly patients. Leukemia, 3: 23

Preisler H et al. 1987. Comparison of 3 remission induction regimens and two post-induction regimens for the treatment of acute non-lymphocytic leukaemia. Blood, 69: 1441

Preisler HD et al. 1989. The frequency of long-term remission in patients with acute myelogenous leukaemia treated with conventional maintenance chemotherapy: a study of 760 patients with a minimal follow-up time of 6 years. Br J Haematol, 71: 198

Preudhomme C et al. 2002. Favorable prognostic significance of CEBPA mutations in patients with de novo acute myeloid leukemia: a study from the Acute Leukemia French Association (ALFA). Blood, 100: 2717

Pui CH et al. 1995. Epipodophyllotoxin-related acute myeloid leukemia: a study of 35 cases. Leukemia, 9: 1990

Pulte D et al. 2008. Improvements in survival of adults diagnosed with acute myeloblastic leukemia in the early 21st century. Haematologica, 93: 594

Qian SX et al. 2007. Effect of low-dose cytarabine and aclarubicin in combination with granulocyte colony-stimulating factor priming (CAG regimen) on the outcome of elderly patients with acute myeloid leukemia. Leuk Res, 31: 1383

Rai KR et al. 1981. Treatment of acute myelocytic leukemia: a study of the Cancer and Leukemia Group B. Blood, 58: 1203

Rao AV et al. 2009. Age-specific differences in oncogenic pathway dysregulation and anthracycline sensitivity in patients with acute myeloid leukemia. J Clin Oncol, 27: 5580

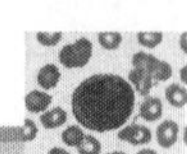

Raspado D et al. 1997. Incidence and prognostic relevance of cd34 expression in acute myeloblastic leukemia: analysis of 141 cases. Leuk Res, 21: 603

Raspadori D et al. 2001. CD56 antigenic expression in acute myeloid leukemia identifies patients with poor clinical prognosis. Leukemia, 15: 1161

Reading CL et al. 1993. Expression of unusual immunophenotype combinations in acute myelogenous leukemia. Blood, 81: 3083

Rees JK et al. 1986. Principal results of the Medical Research Council's 8th acute myeloid leukaemia trial. Lancet, 2: 1236

Rees JK et al. 1996. Dose intensification in acute myeloid leukaemia: greater effectiveness at lower cost. Principal report of the Medical Research Council's AML9 study. MRC Leukaemia in Adults Working Party. Br J Haematol, 94: 89

Reiffers J et al. 1996. A prospective randomised trial of idarubicin vs daunorubicin in combination chemotherapy for acute myelogenous leukaemia of the age group 55 to 75. Leukaemia, 10: 389

Reinhardt D et al. 2000. Primary myelosarcomas are associated with a high rate of relapse: report on 34 children from the acute myeloid leukaemia-Berlin-Frankfurt-Münster studies. Br J Haematol, 110: 863

Revesz D et al. 2003. Salvage by timed sequential chemotherapy in primary resistant acute myeloid leukemia: analysis of prognostic factors. Ann Hematol, 82: 684

Robak T et al. 2002. The search for optimal treatment in relapsed and refractory acute myeloid leukemia. Leuk Lymphoma, 43: 281

Roboz GJ et al. 2002. Efficacy and safety of gemtuzumab ozogamicin in patients with poor-prognosis acute myeloid leukemia. Leuk Lymphoma, 43: 1951

Rollig C et al. 2009. Prognostic factor analysis of the survival of elderly patients with AML in the MRC AML11 and LRF AML14 trials. Br J Haematol, 145: 598

Rollig C et al. 2009. Risk stratification and prognostic factors in elderly AML patients—updated results of 909 patients entered into the prospective AML96 trial [abstract] . Blood, 114: 329a

Rots MG et al. 2001. A possible role for methotrexate in the treatment of childhood acute myeloid leukaemia, in particular for acute monocytic leukaemia. Journal of Cancer, 37: 492

Rowe JM et al. 2004. A phase 3 study of three induction regimens and of priming with GM-CSF in older adults with acute myeloid leukemia: a trial by the Eastern Cooperative Oncology Group. Blood, 103: 479

Ruutu T et al. 1994. Oral induction and consolidation of acute myeloid leukemia with etoposide, 6-thioguanine, and idarubicin (ETI) in elderly patients: a randomized comparison with 5-day TAD. Leukemia, 8: 11

Saiki JH et al. 1978. 5-azacytidine in acute leukemia. Cancer, 42: 2111

Saito K et al. 2000. Low-dose cytarabine and aclarubicin in combination with granulocyte colony-stimulating factor (CAG regimen) for previously treated patients with relapsed or primary resistant acute myelogenous leukemia (AML) and previously untreated elderly patients with AML, secondary AML, and refractory anemia with excess blasts in transformation. Int J Hematol, 71: 238

San Miguel JF et al. 1989. Prognostic value of immunological markers in acute myeloblastic leukemia. Leukemia, 3: 108

San Miguel JF et al. 1997. Immunophenotyping investigation of minimal residual disease is a useful approach for predicting relapse in acute myeloid leukemia patients. Blood, 90: 2465

San Miguel JF et al. 2001. Early immunophenotypical evaluation of minimal residual disease in acute myeloid leukemia identifies different patient risk groups and may contribute to postinduction treatment stratification. Blood，98：1746

Santamaría CM et al. 2009. Molecular stratification model for prognosis in cytogenetically normal acute myeloid leukemia. Blood，114：148

Santos FP et al. 2011. Prognostic value of FLT3 mutations among different cytogenetic subgroups in acute myeloid leukemia. Cancer，117：2145

Sarriera JE et al. 2001. Comparison of outcome in acute myelogenous leukemia patients with translocation (8；21) found by standard cytogenetic analysis and patients with AML1/ETO fusion transcript found only by PCR testing. Leukemia，15：57

Satake N et al. 1995. Disappearance of AML 1-MTG8 (ETO) fusion transcript in acute myeloid leukemia patients with t (8；21) in long-term remission. Br J Haematol，91：892

Schiller G et al. 1992. A randomized study of intermediate versus conventional-dose cytarabine as intensive induction for acute myelogenous leukemia. Br J Haemetol，81：170

Schlenk RF et al. 2004. Individual patient data-based meta-analysis of patients aged 16 to 60 years with core binding factor acute myeloid leukemia：a survey of the German Acute Myeloid Leukemia Intergroup. J Clin Oncol，22：3741

Schlenk RF et al. 2008. HLA-identical sibling allogeneic transplants versus chemotherapy in acute myelogenous leukemia with t (8；21) in first complete remission：collaborative study between the German AML Intergroup and CIBMTR. Biol Blood Marrow Transplant，14：187

Schmid D et al. 1997. Prognostic significance of WT1 gene expression at diagnosis in adult de novo acute myeloid leukemia. Leukemia，11：639

Schneider F et al. 2009. NPM1 but not FLT3-ITD mutations predict early blast cell clearance and CR rate in patients with normal karyotype AML (NK-AML) or high-risk myelodysplastic syndrome (MDS). Blood，113：5250

Schnittger S et al. 2002. Analysis of FLT3 length mutations in 1003 patients with acute myeloid leukemia：correlation to cytogenetics，FAB subtype，and prognosis in the AMLCG study and usefulness as a marker for the detection of minimal residual disease. Blood，100：59

Schnittger S et al. 2004. FLT3 length mutations as marker for follow-up studies in acute myeloid leukaemia. Acta Haematol，112：68

Schnittger S et al. 2005. Nucleophosmin gene mutations are predictors of favorable prognosis in acute myelogenous leukemia with a normal karyotype. Blood，106：3733

Schnittger S et al. 2006. KIT-D816 mutations in AML1-ETO-positive AML are associated with impaired event-free and overall survival. Blood，107：1791

Schnittger S et al. 2009. Minimal residual disease levels assessed by NPM1 mutation specific RQ-PCR provide important prognostic information in AML. Blood，114：2220

Schoch C et al. 1996. Fifty-one patients with acute myeloid leukemia and translocation t(8；21) (q22；q22)：an additional deletion in 9q is an adverse prognostic factor. Leukemia，10：1288

Schoch C et al. 2001. Patients with de novo acute myeloid leukaemia and complex karyotype aberrations show a poor prognosis despite intensive treatment：a study of 90 patients. Br J Haematol，112：118

Scholl C et al. 2003. Development of a realtime RT-PCR assay for the quantification of the most frequent MLL/AF9 fusion types resulting from translocation t(9；11) (p22；q23) in acute myeloid leukemia. Genes Chromosomes Cancer，38：274

Schwarzinger I et al. 1990. Prognostic significance of surface marker expression on blasts of patients with de novo acute myeloblastic leukemia. J Clin Oncol，8：423

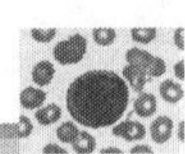

Sekeres MA et al. 2009. Time from diagnosis to treatment initiation predicts survival in younger, but not older, acute myeloid leukemia patients. Blood, 113: 28

Shimada A et al. 2006. KIT mutations, and not FLT3 internal tandem duplication, are strongly associated with a poor prognosis in pediatric acute myeloid leukemia with t (8; 21): a study of the Japanese ChildhoodAMLCooperative Study Group. Blood, 107: 18

Sievers EL et al. 2001. Efficacy and safety of gemtuzumab ozogamicin in patients with CD33-positive acute myeloid leukemia in first relapse. J Clin Oncol, 19: 3244

Silverman LR et al. 2006. Further analysis of trials with azacitidine in patients with myelodysplastic syndrome: studies 8421, 8921, and 9221 by the Cancer and Leukemia Group B. J Clin Oncol, 24: 3895

Slovak ML et al. 2000. Karyotypic analysis predicts outcome of preremission and postremission therapy in adult acute myeloid leukemia: a Southwest Oncology Group/Eastern Cooperative Oncology Group study. Blood, 96: 4075

Smith BD et al. 2004. Single-agent CEP-701, a novel FLT3 inhibitor, shows biologic and clinical activity in patients with relapsed or refractory acute myeloid leukemia. Blood, 103: 3669

Solary E et al. 1992. Surface markers in adult acute myeloblastic leukemia: Correlation of $CD19^+$, $CD34^+$ and $CD14^+/DR^-$ phenotypes with shorter survival. Groupe d'Etude Immunologique des Leucemies (GEIL). Leukemia, 6: 393

Sonneveld P 2000. Multidrug resistance in haematological malignancies. J Intern Med, 247: 521

Sorror ML et al. 2005. Hematopoietic cell transplantation (HCT) -specific comorbidity index: a new tool for risk assessment before allogeneic HCT. Blood, 106: 2912

Specchia G et al. 2007. Gemtuzumab ozogamicin with cytarabine and mitoxantrone as a third-line treatment in a poor prognosis group of adult acute myeloid leukemia patients: a single-center experience. Ann Hematol, 86: 425

Stasi R et al. 1994. Analysis of treatment failure in patients with minimally differentiated acute myeloid leukaemia (AML-M0). Blood, 83: 1619

Stasi R et al. 1996a. High-dose chemotherapy in adult acute myeloid leukemia: rationale and results. Leuk Res, 20: 535

Stasi R et al. 1996b. Intensive treatment of patients 60 years of age and older with de novo acute myeloid leukemia. Analysis of prognostic factors. Cancer, 77: 2476

Steinmetz HT et al. 1999. Phase-Ⅱ trial of idarubicin. fludarabine, cytosine arabinoside, and fligrastim (Ida-FLAG) for treatment refractory, relapsed and secondary AML. Ann Hematol, 78: 418

Sternberg DW et al. 2000. Treatment of patients with recurrent and primary refractory acute myelogenous leukemia using mitoxantrone and intermediate-dose cytarabine. Cancer, 88: 2037

Stone RM et al. 1993. Treatment of the newly diagnosed adult with de novo acute myeloid leukemia. Hematol Oncol Clin North Am, 7: 47

Stone RM et al. 2001. Post-remission therapy in older patients with de novo acute myeloid leukemia: a randomized trial comparing mitoxantrone and intermediate-dose cytarabine with standard-dose cytarabine. Blood, 98: 548

Stone RM et al. 2005. Patients with acute myeloid leukemia and an activating mutation in FLT3 respond to a small-molecule FLT3 tyrosine kinase inhibitor. PKC412. Blood, 105: 54

Storb R. 2007. Can reduced-intensity allogeneic transplantation cure older adults with AML? Best Pract Res Clin Haematol, 20: 85

Tafuri A et al. 2000. Kinetic rationale for cytokine induced recruitment of myeloblastic leukemia followed by cycle specific chemotherapy in vitro. Leukemia, 4: 826

Taksin AL et al. 2007. High efficacy and safety profile of fractionated doses of mylotarg as induction therapy in patients with relapsed acute myeloblastic leukemia: a prospective study of the alfa group. Leukemia, 21: 66

Tallman MS et al. 1993. Granulocytic sarcoma is associated with the 8; 21 translocation in acute myeloid leukemia. J Clin Oncol, 11: 690

Tallman MS et al. 2004. Acute monocytic leukemia (French-American-British classification M5) does not have a worse prognosis than other subtypes of acute myeloid leukemia: a report from the Eastern Cooperative Oncology Group. J Clin Oncol, 22: 1276

Tang JL et al. 2009. AML1/RUNX1 mutations in 470 adult patients with de novo acute myeloid leukemia: prognostic implication and interaction with other gene alterations. Blood, 114: 5352

Tang R et al. 2009. High Id1 expression is associated with poor prognosis in 237 patients with acute myeloid leukemia. Blood, 114: 2993

Tanner SM et al. 2001. BAALC, the human member of a novel mammalian neuroectoderm gene lineage, is implicated in hematopoiesis and acute leukemia. Proc Natl Acad Sci USA, 98: 13901

The AML Collaborative Group. 1998. A systemic collaborative overview of randomised trials comparing idarubicin with daunorubicin (or other anthracyclines) as induction therapy for acute myeloid leukaemia. Br J Haematol, 103: 100

The (8; 21) Groupe Francais de Cytogene Tique Hematologique. 1990. Acute myelogenous leukemia with an 8; 21 translocation. A report on 148 cases from the Groupe Francais de Cytogenetique Hematologique Cancer Genet Cytogenet, 44: 169

Thiede C et al. 2002a. Analysis of FLT3-activating mutations in 979 patients with acute myelogenous leukemia: association with FAB subtypes and identification of subgroups with poor prognosis. Blood, 99: 4326

Thiede C et al. 2002b. Flt3-activating mutations in 979 patients with acute myelogenous leukemia: association with FAB subtypes and identification of subgroups with poor prognosis. Blood, 99: 4326

Thiede C et al. 2006. Prevalence and prognostic impact of NPM1 mutations in 1485 adult patients with acute myeloid leukemia (AML) . Blood, 107: 4011

Thomas X et al. 2011. Comparison of high-dose cytarabine and timed-sequential chemotherapy as consolidation for younger adults with AML in first remission: the ALFA-9802 study. Blood, published ahead

Thomas X et al. 1999. Granulocyte-macrophage colony-stimulating factor (GMCSF) to increase efficacy of intensive sequential chemotherapy with etoposide, mitoxantrone and cytarabine (EMA) in previously treated acute myeloid leukemia: a multicenter randomized placebo-controlled trial (EMA91 trial). Leukemia, 13: 1214

Thomas X et al. 2007. Effect of priming with granulocyte-macrophage colony-stimulating factor in younger adults with newly diagnosed acute myeloid leukemia: a trial by the Acute Leukemia French Association (ALFA) Group. Leukemia, 21: 453

Tien HF et al. 1995. Correlation of cytogenetic results with immunophenotype, genotype, clinical features, and ras mutation in acute myeloid leukemia. a study of 235 Chinese patients in Taiwan. Cancer Genet Cytogen, 84: 60

Tilly H et al. 1990. Low-dose cytarabine versus intensive chemotherapy in the treatment of acute nonlymphocytic leukemia in the elderly. J Clin Oncol, 8: 272

Tobal K et al. 2000. Molecular quantitation of minimal residual disease in acute myeloid leukemia with t (8; 21) can identify patients in durable remission and predict clinical relapse. Blood, 95: 815

Tobelem G et al. 1980. Acute monoblastic leukemia: a clinical and biologic study of 74 cases. Blood, 55: 71

Tsimberidou A et al. 2003. Gemtuzumab ozogamicin, fludarabine, cytarabine and cyclosporine combination regimen in patients with $CD33^{+}$ primary resistant or relapsed acute myeloid leukemia. Leuk Res, 27: 893

Tsimberidou AM et al. 2002. Outcome in patients with nonleukemic granulocytic sarcoma treated with chemotherapy with or without radiotherapy. Leukemia, 17: 1100

Tsimberidou AM et al. 2004. Extramedullary relapse in a patient with acute promyelocytic leukemia: successful treatment with arsenic trioxide, all-trans retinoic acid and gemtuzumab ozogamicin therapies. Leuk Res, 28: 991

Tsimberidou AM et al. 2008. Myeloid sarcoma is associated with superior event-free survival and overall survival compared with acute myeloid leukemia. Cancer, 113: 1370

Tucker J et al. 1990. Immunophenotype of blast cells in acute myeloid leukemia may be a useful predictive factor for outcome. Hematol Oncol, 8: 47

Usuki K et al. 2002. Efficacy of granulocyte colony-stimulating factor in the treatment of acute myelogenous leukaemia: a multicentre randomized study. Br J Haematol, 116: 103

Uyl-de Groot CA et al. 1998. Cost-effectiveness and quality-of-life assessment of GM-CSF as an adjunct to intensive remission induction chemotherapy in elderly patients with acute myeloid leukemia. Br J Haematol, 100: 629

van der Heiden PL et al. 2006. Efficacy and toxicity of gemtuzumab ozogamicin in patients with acute myeloid leukemia. Eur J Haematol, 76: 409

van der Velden VH et al. 2010. Clinical significance of flowcytometric minimal residual disease detection in pediatric acute myeloid leukemia patients treated according to the DCOG ANLL97/MRC AML12 protocol. Leukemia, 24: 1599

Vaughan WP et al. 1980. Long chemotherapy-free remission after single-cycle timed-sequential chemotherapy for acute myelocytic leukemia. Cancer, 45: 859

Vaughan WP et al. 1984. Two-cycle timed-sequential chemotherapy for adult acute nonlymphocytic leukemia. Blood, 5: 975

Venditti A et al. 1998. Prognostic relevance of the expression of Tdt and CD7 in 335 cases of acute myeloid leukemia. Leukemia, 12: 1056

Venditti A et al. 2000. Level of minimal residual disease after consolidation therapy predicts outcome in acute myeloid leukemia. Blood, 96: 3948

Vignetti M et al. 1996. Probability of long-term disease-free survival for acute myeloid leukemia patients after first relapse: a single-centre experience. Ann Oncol, 7: 933

Virappane P et al. 2008. Mutation of the Wilms' tumor 1 gene is a poor prognostic factor associated with chemotherapy resistance in normal karyotype acute myeloid leukemia: the United Kingdom Medical Research Council Adul Leukaemia working party. J Clin Oncol, 26: 5429

Visani G et al. 1994. FLAG (fludarabine 1 high-dose cytarabine 1 G-CSF): an effective and tolerable protocol for the treatment of "poor risk" acute myeloid leukemias. Leukemia, 18: 42

Visani G et al. 2001. The prognostic value of cytogenetics is reinforced by the kind of induction/ consolidation therapy in influencing the outcome of acute myeloid leukemia—analysis of 848 patients. Leukemia, 15: 903

Vogler WR et al. 1992. A phase Ⅲ trial comparing idarubicin and daunorubicin in combination with cytarabine in acute myelogenous leukaemia: a Southeastern Cancer Study Group trial. J Clin Oncol, 10: 1103

Vogler WR et al. 1994. A phase Ⅲ trial of high-dose cytosine arabinoside with or without etoposide in relapsed and refractory acute myelogenous leukemia: a Southeastern Cancer study Group trial. Leukemia,

8：1847

Walter RB et al. 2010. Effect of complete remission and responses less than complete remission on survival in acute myeloid leukemia：a combined Eastern Cooperative Oncology Group，Southwest Oncology Group，and M. D. Anderson Cancer Center study. J Clin Oncol，28：1766

Weick JK et al. 1996. A randomized investigation of high-dose vs standard dose cytosine arabinoside with daunorubicin in patients with previously untreated acute myeloid leukaemia，a Southwest Oncology Group study. Blood，88：2841

Weil M et al. 1973. Daunorubicin in the therapy of acute granulocytic leukaemia. Cancer Res，33：921

Weisser M et al. 2005，Risk assessment by monitoring expression levels of partial tandem duplications in the MLL gene in acute myeloid leukemia during therapy. Haematologica，90：881

Wells AW et al. 2001. Erythroleukaemia in the north of England：a population based study. J Clin Pathol，54：608

Wheatley K et al. 2009. Prognostic factor analysis of the survival of elderly patients with AML in the MRC AML11 and LRF AML14 trials. Br J Haematol，145：598

Whitman SP et al. 2001. Absence of the wild-type allele predicts poor prognosis in adult de novo acute myeloid leukemia with normal cytogenetics and the internal tandem duplication of FLT3：a Cancer and Leukemia Group B study. Cancer Res，61：7233

Wiernik PH et al. 1992. Cytarabine plus idarubicin or daunorubicin as induction and consolidation therapy for previously untreated adult patients with acute myeloid leukaemia. Blood，79：313

Willemze R 1997. A randomized phase Ⅱ study on the effects of 5-Aza-2'-deoxycytidine combined with either amsacrine or idarubicin in patients with relapsed acute leukemia：an EORTC Leukemia Cooperative Group phase Ⅱ study（06893）. Leukemia，11（Suppl 1）：S24

Witz F et al. 1998. A placebo-controlled study of recombinant human granulocyte-macrophage colony-stimulating factor administered during and after induction treatment for de novo acute myelogenous leukemia in elderly patients. Groupe Ouest Est Leucémies Aiguës Myéloblastiques（GOELAM）. Blood，91：2722

Woods WG et al. 1996. Timed-sequential induction therapy improves postremission outcome in acute myeloid leukemia：a report from the Childrens Cancer Group. Blood，67：4979

Wu L et al. 2009. Effect of low-dose cytarabine，homoharringtonine and granulocyte colony-stimulating factor priming regimen on patients with advanced myelodysplastic syndrome or acute myeloid leukemia transformed from myelodysplastic syndrome. Leuk Lymphoma，50：1461

Yamada K et al. 1995. Concurrent use of granulocyte colony stimulating factor previously treated acute myelogenous leukemia：a pilot study. Leukemia，9：10

Yamauchi K et al. 2002. Comparison in treatments of nonleukemic granulocytic sarcoma：report of two cases and a review of 72 cases in the literature. Cancer，94：1739

Yates J et al. 1982. Cytosine arabinoside with daunorubicin or adriamycin for therapy of acute myelocytoid leukaemia：a CALGB study. Blood，60：454

Yokoyama A et al. 1996. Differentiation inhibitory factor nm23 as a new prognostic factor in acute monocytic leukemia. Blood，88：3555

Zhang WG et al. 2008. Combination chemotherapy with low-dose cytarabine，homoharringtonine，and granulocyte colony-stimulating factor priming in patients with relapsed or refractory acute myeloid leukemia. Am J Hematol，83：185

Zittoun R et al. 1996. Granulocyte-macrophage colony-stimulating factor associated with induction treatment of acute myelogenous leukemia：a randomized trial by the European Organization for Research and Treat-

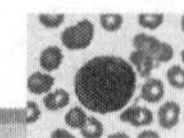

ment of Cancer Leukemia Cooperative Group. J Clin Oncol, 14: 2150

Zittoun RA et al. 1995. Autologous or allogeneic bone marrow transplantation compared with intensive chemotherapy in acute myelogenous leukemia. N Engl J Med, 332: 217

附录 4-1 AML 化疗方案汇总

刘 芳 陆道培

第一部分 诱导化疗方案疗效比较

单位	病例数	年龄(岁)	方案	具体用法	CR率(%)	PR率(%)	ED率(%)	评价	参考文献
CALGB 7421	40	<60	DA2+5	DNR 45mg/m^2 iv×2d Ara-C 100mg/m^2 ci×5d	49	13	30	Ara-C ci 优于 iv DA 3+7 优于 DA 2+5	Rai 等,1981
	39		DA2+5	DNR 45mg/m^2 iv×2d Ara-C 100mg/(m^2 · 12h) iv×5d	36	13	33		
	82		DA3+7	DNR 45mg/m^2 iv×3d Ara-C 100mg/m^2 ci×7d	59	13	20		
	86		DA3+7	DNR 45mg/m^2 iv×3d Ara-C 100mg/(m^2 · 12h)iv×7d	51	10	27		
	35	>60	DA2+5	DNR 45mg/m^2 iv×2d Ara-C 100mg/m^2 ci×5d	20	6	68		
	27		DA2+5	DNR 45mg/m^2 iv×2d Ara-C 100mg/(m^2 · 12h)iv×5d	11	11	67		
	22		DA3+7	DNR 45mg/m^2 iv×3d Ara-C 100mg/m^2 ci×7d	45	9	28		
	21		DA3+7	DNR 45mg/m^2 iv×3d Ara-C 100mg/(m^2 · 12h) iv×7d	38	5	43		

续表

单位	病例数	年龄(岁)	方案	具体用法	CR率(%)	PR率(%)	ED率(%)	评价	参考文献
CALGB 7721	158	<60	DA3+7	DNR 45mg/m^2 iv×3d Ara-C 100mg/m^2 ci×7d	72		16	1. ADR较DNR毒性大 2. 年龄小于60岁的患者,DNR 45mg/m^2 优于 30mg/m^2,DNR 45mg/m^2 优于 ADR 30mg/m^2 3. 年龄大于60岁的患者,DNR 30mg/m^2 优于 45mg/m^2,DNR 45mg/m^2 与 ADR 30mg/m^2 相当	Yates等,1982
	140		DA3+7	DNR 30mg/m^2 iv×3d Ara-C 100mg/m^2 ci×7d	59		21		
	129		AA 3+7	ADR 30mg/m^2×3d Ara-C 100mg/m^2 ci×7d	58		29		
	68	>60	DA3+7	DNR 45mg/m^2 iv×3d Ara-C 100mg/m^2 ci×7d	47		54		
	73		DA3+7	DNR 30mg/m^2 iv×3d Ara-C 100mg/m^2 ci×7d	31		41		
	85		AA 3+7	ADR 30mg/m^2 iv×3d Ara-C 100mg/m^2 ci×7d	35		57		
CALGB 7921	211	不详	DA3+7	DNR 45mg/m^2 iv×3d Ara-C 100mg/m^2 ci×7d	52.6	6	21	Ara-C 7天与10天疗效相似,6-TG不增加疗效	Preisler等,1987
	216		DA3+10	DNR 45mg/m^2 iv×3d Ara-C 100mg/m^2 ci×10d	56.9	3	26		
	241		DAT	DNR 45mg/m^2 iv×3d Ara-C 100mg/m^2 ci×7d 6-TG 100mg/(m^2·12h) po×7d	57.3	4	26		
ALSG	132	15～70	DA	DNR 50mg/m^2 iv×3d Ara-C 100mg/m^2 ci×7d	56		17/132	VP-16可延长CRD,但不增加CR率,且副作用大,对OS率无影响	Bishop等,1990
	132		DAE	DNR 50mg/m^2 iv×3d Ara-C 100mg/m^2 ci×7d VP-16 75mg/m^2 iv×7d	59		22/132		

单位	病例数	年龄(岁)	方案	具体用法	CR率(%)	PR率(%)	ED率(%)	CRD(天)	评价	参考文献
LCG	102	中位60	DA	DNR 45mg/m^2 iv×3d Ara-C 100mg/m^2 ci×7d	53			240	NA优于DA	Arlin等,1990
	97		NA	NVT 10mg/m^2 iv×3d Ara-C 100mg/m^2 ci×7d	62			198		
CALGB 8321	110	<60	DA	DNR 30～45mg/m^2 iv×3d Ara-C 100mg/m^2 ci×7d	64	7	15		VAra-C 100mg/(m^2·d)与200mg/(m^2·d)疗效相似	Dillman等,1991
	116		DA	DNR 30～45mg/m^2 iv×3d Ara-C 200mg/m^2 ci×7d	75	4	15			
	50	>60	DA	DNR 30～45mg/m^2 iv×3d Ara-C 100mg/m^2 ci×7d	44	4	40			
	50		DA	DNR 30～45mg/m^2 iv×3d Ara-C 200mg/m^2 ci×7d	38	4	46			
UCLA	51		DA	DNR 45mg/m^2 iv×3d Ara-C 100mg/m^2 ci×7d	71				Ara-C 100 mg/m^{2}与500mg/m^2 CR率相似	Schiller等,1992
	50		DA	DNR 45mg/m^2 iv×3d Ara-C 500mg/m^2 ci×7d	74					
ALSG	152	15～60	DAE7-3-7	DNR 50mg/m^2 iv×3d Ara-C 100mg/m^2 ci×7d VP-16 75mg/m^2 iv×7d	74				HD-Ara-C与SD-Ara-C CR率相当,但5年DFS率增加	Bishop等,1996
	149		HIDAC-3-7	DNR 50mg/m^2 iv×3d Ara-C 2g/(m^2·12h) iv×4d VP-16 75mg/m^2 iv×7d	71					
ECOG1900	330	48(17～60)	SDA	DNR 45mg/m^2 iv×3d Ara-C100mg/m^2 ci×7d	57.3	4.5			高剂量DNR优于标准剂量DNR	Fernandez等,2009
	327		HDA	DNR 90mg/m^2 iv×3d Ara-C100mg/m^2 ci×7d	70.6	5.5				

单位	病例数	年龄(岁)	方案	具体用法	CR率(%)	PR率(%)	ED率(%)	评价	参考文献
SWOG	293	<50	DA	DNR 45mg/m^2 iv×3d Ara-C 200mg/m^2 ci×7d	58			HD-Ara-C 与 SD-Ara-C CR 率相当	Weic 等,1996
	85		DA	DNR 45mg/m^2 iv×3d Ara-C 2g/(m^2 · 12h)iv×6d	55				
	58		DA	DNR 45mg/m^2 iv×3d Ara-C 3g/(m^2 ·12h) iv×6d	59				
	200	50～64	DA	DNR 45mg/m^2 iv×3d Ara-C 200mg/m^2 ci×7d	53				
	87		DA	DNR 45mg/m^2 iv×3d Ara-C 2g/(m^2 · 12h) iv×6d	45				
MRC AML-10	929	<56	DAT3+10 序贯 DAT3+8	第1个疗程 DNR 50mg/m^2 iv×3d Ara-C 100mg/(m^2 · 12h) iv×10d 6-TG 100mg/(m^2 · 12h) iv×10d 第2个疗程 DNR 同上, Ara-C 及 6-TG×8d	81		8	DAT 与 ADE CR 率相当	Hann 等,1997
	928		ADE3+10+5 序贯 ADE3+8+5	第1个疗程 DNR 50mg/m^2 iv×3d Ara-C 100mg/(m^2 · 12h)iv×10d VP-16 100mg/(m^2 · 12h) iv×5d 第2个疗程 DNR 及 VP-16 同上, Ara-C×8d	83		9		

单位	病例数	年龄(岁)	方案	具体用法	CR率(%)	ED率(%)/月	CRD(月)	评价	参考文献
A. Einstein肿瘤中心	111	中位55	DA	DNR 45mg/m^2 iv×3d Ara-C 100mg/m^2 ci×7d	59	21/111	9.4	IDA较DNR CR率高，在年龄小于50岁的患者更明显，且CRD较长	Wiernik等，1992
	97	中位56	IA	IDA 13mg/m^2 iv×3d Ara-C 100mg/m^2 ci×7d	70	21/97	8.4		
MSKCC	60	41(19～60)	DA	DNR 50mg/m^2 iv×3d Ara-C200mg/m^2 ci×5d	58	4/60		IDA较DNR CR率高	Berman等，1991
	60	36(17～60)	IA	IDA 12mg/m^2 iv×3d Ara-C 200mg/m^2 ci×5d	80	4/60			
GIMEMA	125	62(55～78)	DA	DNR 50mg/m^2 iv×3d Ara-C 200mg/m^2 ci×5d	39			IDA与DNR CR率相当	Mandelli等，1991
	124		IA	IDA 12mg/m^2 iv×3d Ara-C 200mg/m^2 ci×5d	40				
BGMT	108	55～75	DA	DNR 50mg/m^2 iv×3d Ara-C 100mg/m^2 ci×7d	61			DNR与IDA总CR率相当，但年龄小于65岁的患者IDA可获较高CR率	Reiffers等，1996
	112		IA	IDA 8mg/m^2 iv×3d Ara-C 100mg/m^2 ci×7d	68				
	50	55～65	DA	DNR 50mg/m^2 iv×3d Ara-C 100mg/m^2 ci×7d	58				
	47		IA	IDA 8mg/m^2 iv×3d Ara-C100mg/m^2 ci×7d	83				
SECSG	113	不详	DA	DNR 45mg/m^2 iv×3d Ara-C100mg/m^2 ci×7d	58			IDA较DNR CR率高	Vogler等，1992
	105		IA	IDA 12mg/m^2 iv×3d Ara-C100mg/m^2 ci×7d	71				

单位	病例数	年龄(岁)	方案	具体用法	CR率(%)	PR率(%)	ED率(%)	评价	参考文献
医科院血液病研究所	50	40(17～62)	HAD	HHT 4mg/d iv×7d DNR 60mg/d iv×3d Ara-C 200mg/d iv×7d	86	2	4	HAD方案安全有效	薛艳萍等,2002
医科院血液病研究所	145	38(10～67)	HAD	HHT 2.5～3mg/m^2 iv×7d Ara-C 100～200mg/m^2 iv×7d DNR 40mg/m^2 iv×3d	78.6			采用HA为基础的三药联合方案诱导治疗AML,CR率较二药方案高	秘营昌等,2005
	51		HAN	HHT 2.5～3mg/m^2 iv×7d Ara-C 100～200mg/m^2 iv×7d NVT 8mg/m^2 iv×3d	82.3				
	27		HAE	HHT 2.5～3mg/m^2 iv×7d Ara-C 100～200mg/m^2 iv×7d VP-16(VM-26)100mg/m^2 iv×5d	85.1				
	20		HAA	HHT 2.5～3mg/m^2 iv×7d Ara-C 100～200mg/m^2 iv×7d AMSA 50～70mg/m^2 iv×5d	45				

注:CR. 完全缓解;PR. 部分缓解;ED. 早期死亡;CRD. 完全缓解时间;OS. 总生存; DNR. 柔红霉素;Ara-C. 阿糖胞苷;6-TG. 硫鸟嘌呤;VP-16. 依托泊苷;NVT. 米托蒽醌; IDA. 去甲氧柔红霉素;HHT. 高三尖酯碱;SD- Ara-C. 标准剂量阿糖胞苷;HD-Ara-C. 大剂量阿糖胞苷;CALGB. 美国癌症及白血病协作组 B;LCG. 勒德尔协作组;UCLA. 加州大学;ALSG. 澳大利亚白血病研究协作组; SWOG. 西南肿瘤研究组;MRC. 英国医学研究委员会; MSKCC. 纪念斯隆-凯特琳癌症中心;GIMEMA. 意大利 Gruppo Italiano Malattie ematologiche Maligne dell'Adulto 研究组;MSKCC. Memorial Sloan Kettering 肿瘤中心;BGMT. 法国 Bordeaux Grenoble Marseille Toulouse 研究组;SECSG. 美国东南肿瘤研究组。

研究组	年龄(岁)	病人数	诱导方案/药物	具体用法	时间	CR 率(%)	缓解后治疗	具体用法	时间	MS(月)	OS 率(%)/年	评价	出处
CCG-2891	<21	295	DCTER DEX Ara-C 6-TG VP-16 DNR	6mg/m^2 iv tid 200mg/m^2 ci 100mg/(m^2・12h) po 100mg/(m^2・d)ci 20 mg/(m^2・d) ci	d1～d5， d10～d14	75	诱导方案2个疗程后随机接受 HSCT			2.8	42/3	双诱导优于常规诱导治疗	Woods，等 1996
		294	DCTER 药物同上	剂量同上	d1～d5， d14～d18	70					27/3		
AMLCG 1982	55 (16～82)	429	TAD： Ara-C DNR 6-TG 序贯 HAN： Ara-C NVT	 100mg/m^2 iv 200mg/m^2 iv 60 mg/m^2 iv 100 mg/(m^2・12h) po 3g/(m^2・12h)iv (>60 岁 1 g/m^2) 10 mg/m^2	d1～d2 d3～d8 d3～d5 d3～d9 d1～d3 d3～d5	69	TAD 维持治疗3年	同前	1 个疗程		RFS 24.7/5	预后不良核型的患者维持治疗组较不维持治疗组复发率降低，RFS 延长，但预后良好的患者维持治疗并无优越性	Buchner 等，2003
	54 (16～79)	403	同上	同上	同上	70	TAD 序贯 HAN Ara-C NVT 不维持	同前 同前 1g/(m^2・12h)，(>60 岁，5g/m^2) 10mg/m^2	1个疗程 1个疗程 d1、d2、d8、d9 d3、d4、d10、d11		31.4/5		

研究组	年龄(岁)	病人数	诱导方案/药物	具体用法	时间	CR(%)	缓解后治疗	具体用法	时间	OS率(%)/年	评价	出处
CALGB 8525	52 (16～86)	1088	DA3+7 DNR Ara-C	45mg/m²(<60) 30mg/m²(>60) 200mg/m² iv	d1～d3 d1～d7	64	随机分3组				<60岁的患者HD-Ara-C能改善长生存,但>60岁的患者优势不明显	Mayer等，1994
							SD-Ara-C(203)	100mg/m² ci	d1～d5	31/4		
							ID-Ara-C(206)	400mg/m² ci	d1～d5	35/4		
							HD-Ara-C(187)	3g/(m²·12h) iv	d1、d3、d5	53/4		
CALGB 8461							随机分3组			RFS	1. CBF AML用HD-Ara-C巩固治疗长期疗效较好 2. HD-Ara-C的优越性在CBF AML中最明显	Bloom-field 等，1998
		CBF 57	DA3+7 DNR	45mg/m²(<60)	d1～d3		SD-Ara-C ID-Ara-C HD-Ara-C	100mg/m² ci 400mg/m² ci 3g/(m²·12h) ci	d1～d5 d1～d5 d1、d3、d5	16/5 57/5 78/5		
		VNK 140	Ara-C	30mg/m²(>60) 200mg/m² ci	d1～d7		SD-Ara-C ID-Ara-C HD-Ara-C	100mg/m² ci 400mg/m² ci 3g/(m²·12h) iv	d1～d5 d1～d5 d1、d3、d5	20/5 37/5 40/5		
		其他 88					SD-Ara-C ID-Ara-C HD-Ara-C	100mg/m² ci 400mg/m² ci 3g/(m²·12h) iv	d1～d5 d1～d5 d1、d3、d5	13/5 13/5 21/5		
CALGB 9621	<60	202	ADE Ara-C DNR VP-16	 100mg/m² ci 60～90mg/m² iv 100mg/m² iv	 d1～d7 d1～d3 d1～d3	78	HD-Ara-C或 HSCT			5年DFS总1.7年<45岁者2.4年	PSC-833联合化疗能明显延长年轻患者的生存时间	Kolitz等,2004
		192	ADEP Ara-C DNR VP-16 PSC833	 100mg/m² ci 40～50mg/m² iv 60mg/m² iv 10mg/(kg·d)ci	 d1～d7 d1～d3 d1～d3 d1～d3	73				5年DFS总1.0年<45岁0.8年		

研究组	年龄（岁）	病人数	诱导方案/药物	具体用法	时间	CR（%）	缓解后治疗	具体用法	时间	MS（年）	OS率（%）/年	评价	出处
CALG B9222	15～59	474	DA DNR Ara-C	 $45mg/m^2$ $200mg/m^2$ ci	 d1～d3 d1～d7	72	第一组 HDAra-C 3 个疗程(152) HDAra-C	 $3g/(m^2 \cdot d)$ iv	 d1、d3、d5	1.1	35/5	多药联合方案交替的缓解后治疗方案并不优于3个疗程的HD-Ara-C，且副作用大	Moore等，2005
							第二组多药联合化疗(156) 第1个疗程 Ara-C 第2个疗程 VP-16 CTX 第3个疗程 NVT AZQ	 $3g/(m^2 \cdot d)$iv $1.8g/m^2$ ci 50mg/kg iv $12mg/(m^2 \cdot d)$ iv $28mg/m^2$ ci×3d	 d1、d3、d5 d1 d2、d3 d1～d3 d1～d3	1.0	30/5		
SWOG 8601	<50	293	DNR+SDAC DNR Ara-C	$45mg/m^2$ iv $200mg/m^2$ ci	d5～d7 d1～d7	58	DNR+SDAC 2个疗程(126) DNR + HDAC21疗程(95) DNR+HDAC3(24)1个疗程	同前			22/4	HD-Ara-C与SD-Ara-C CR率相当，但DFS率及OS率明显增加	Weic等，1996
	50～64	200	DNR+SDAC DNR Ara-C	$45mg/m^2$ iv $200mg/m^2$ ci	d5～d7 d1～d7	53					11/4		
	<50	85	DNR+HDAC2 DNR Ara-C	$45mg/m^2$ iv $2g/(m^2 \cdot 12h)$ iv	d5～d7 d1～d6	55	DNR+HDAC2(66) DNR+HDAC3(27)				32/4		
	<50	58	DNR+HDAC3 DNR Ara-C	$45mg/m^2$ iv $3g/(m^2 \cdot 12h)$ iv	d5～d7 d1～d6	59					28/4		
	50～64	87	DNR+HDAC2 DNR Ara-C	$45mg/m^2$ $2g/(m^2 \cdot 12h)$ iv	d5～d7 d1～d6	45					13/4		

研究组	年龄（岁）	病人数	诱导方案/药物	具体用法	时间	CR（%）	缓解后治疗	具体用法	时间	MS	OS率（%）/年	评价	出处
EORTC AML6	10～65	515	DAV			67.4	CR者DAV方案巩固1程，后随机分2组					重复使用DAV方案进行缓解后治疗与多种药物交替治疗方案长期疗效相似	Zittoun等，1989
			DNR	45mg/m^2	d1～d3		第一组DAV方案6疗程(117)			90周			
			Ara-C	100mg/(m^2·d)ci或	d1～d7		DNR	45mg/m^2 iv	d1				
				200mg/(m^2·d) iv或			Ara-C	100mg/(m^2·12h) sc	d1～d5				
				50mg/(m^2·12h) iv			VCR	1mg/m^2 iv	d2				
			VCR	1mg/m^2 iv	d2		第二组多药交替方案(116)			90周			
							1、3、5疗程						
							AMSA	150mg/m^2 iv	d1				
							HD-Ara-C	3g/(m^2·12h) iv	d1、d2				
							2、4、6疗程						
							AMSA	150mg/m^2 iv	d1				
							AZA	150mg/m^2 iv	d1～d3				
ALFA 9000	15～65	197	DA 3+7			77	第1个疗程MA				27.9/5	3种诱导方案CR率及长期生存相似，但年龄小于50岁的患者，序贯诱导方案能明显延迟复发	Castaigne等，2004
			DNR	80mg/m^2 iv	d1～d3		AMSA	90mg/m^2 iv	d1				
			Ara-C	200mg/m^2 ci	d1～d7		HD-Ara-C	60mg/(m^2·12h) sc	d1～d5				
		198	双诱导DA3+7(同上)序贯NA			77	第2个疗程ENA				29.3/5		
			NA				NVT	3g/m^2 q12h iv	d1～d3				
			NVT	12mg/m^2 iv	d20、d21		ID-Ara-C	500mg/m^2 ci	d1～d3				
			ID-Ara-C	500mg/(m^2·12h) iv	d20～d22			(年龄>50岁者减半)	d8～d10				
		197	序贯诱导			74	VP-16	200mg/m^2 ci	d8～d10		32.3/5		
			DNR	80mg/m^2 iv	d1～d3			(年龄>50岁者减半)					
			ID-Ara-C	500mg/(m^2·d) ci	d1～d3								
			NVT	12mg/m^2 iv	d8、d9								
			ID-Ara-C	500mg/(m^2·12h) iv	d8～d10								

研究组	年龄（岁）	病人数	诱导方案/药物	具体用法	时间	CR（%）	缓解后治疗	具体用法	时间	OS率（%）/年	评价	出处
MRC AML9	53(1～79)	462	DAT3+10			66	所有 CR 患者 DAT2+7 巩固 1 个疗程				1. DAT3+10 与 DAT1+5 CR 率相当，但 5 年 OS 较好（23% *vs* 18%） 2. 缓解后采用 MAZE 方案较 COAP 方案复发率少（68% *vs* 76%），但治疗相关毒性大，OS 无明显区别 3. 长期维持治疗不改善疗效且增加花费	Rees 等，1996
			DNR	50mg/m^2	d1、d3、d5		DNR	50mg/m^2	d1、d3			
			Ara-C	100mg/(m^2·12h) iv	d1～d10		Ara-C	100mg/(m^2·12h) iv	d1～d7			
			6-TG	100mg/(m^2·12h) po	d1～d10		6-TG	100mg/(m^2·12h) po	d1～d7			
		461	DAT1+5			61	后随机分 2 组接受巩固治疗					
			DNR	50mg/m^2	d1		第 1 组 MAZE-DAT2+7-MAZE(220)			37/5		
			Ara-C	100mg/(m^2·12h) iv	d1～d5		MAZE					
			6-TG	100mg/(m^2·12h) po	d1～d5		AMSA	100mg/(m^2·d) iv	d1～d5			
							AZA	100mg/(m^2·d) iv	d1～d5			
							VP-16	100mg/(m^2·d) iv	d1～d5			
							第 2 组 COAP-DAT2+7-COAP(219)			31/5		
							COAP					
							CTX	600mg/(m^2·d) iv	d1			
							VCR	1.5mg/(m^2·d) iv	d1			
							Ara-C	100mg/(m^2·d) sc	d1～d5			
							Pred	60mg/(m^2·d) po	d1～d5			
							DAT2+7	同上				
							巩固治疗后随机接受维持治疗或停止治疗					
							每月 1 次 TA 方案共 8 次					
							Ara-C	70mg/(m^2·12h) sc	d1～d5			
							6-TG	100mg/(m^2·12h) po	d1～d5			
							后 4 个疗程 COAP(同前)					

研究组	年龄（岁）	病人数	诱导方案/药物	具体用法	时间	CR（%）	缓解后治疗	EFS 率（%）/年	评价	出处
MRC AML-HR	15～70	124	ADE 组			63	巩固化疗（不详）或 HSCT	29/4	1. FLA 方案的 CR 率，诱导相关死亡率复发率及长期 DFS 率并不优于传统的 ADE 方案，但 4 年 OS 率略高于 ADE 方案 2. FLA 及 ADE 方案中加入 G-CSF 或 ATRA 并不改善疗效	Milligan 等，2006
			1. ADE10＋3＋5 序贯 ADE8＋3＋5							
			2. ADE10＋3＋5 序贯 ADE8＋3＋5＋G-CSF							
			3. ADE10＋3＋5 序贯 ADE8＋3＋5＋ATRA							
			4. ADE10＋3＋5 序贯 ADE8＋3＋5＋G-CSF＋ATRA							
			ADE10＋3＋5							
			DNR	50mg/m² iv	d1、d3、d5					
			Ara-C	100mg/(m²·12h) iv	d1～d10					
			VP-16	100mg/(m²·d) iv	d1～d5					
			ADE8＋3＋5							
			Ara-C	100mg/(m²·12h) iv	d1～d8					
			DNR	50mg/m² iv	d1、d3、d5					
			VP-16	100mg/(m²·d) iv	d1～d5					
			G-CSF	5ug/(kg·d) sc	d1 至粒缺恢复					
			ATRA	45mg/(m²·d) po	d1 至第 2 个疗程末					
		126	FLA 组			61		23/4		
			1. FLA							
			2. FLA＋G-CSF							
			3. FLA＋ATRA							
			4. FLA＋G-CSF＋ATRA							
			FLA 用法							
			Flu	30mg/(m²·d) iv	d1～d5					
			HD-Ara-C（＜60 岁）	2g/(m²·d) iv 1g/(m²·d) iv	d1～d5					
			G-CSF ATRA 用法同上							

研究组	年龄（岁）	病人数	诱导方案/药物	具体用法	时间	CR（%）	缓解后治疗	具体用法	时间	MS（月）	OS率（%）/年	评价	出处
FLG	46(16～66)	248	DAT 2个疗程			77	139名CR后患者随机分2组					过多的缓解后治疗并不能降低复发率且毒性增加，不改善OS率	Elonen等，1998
			DNR	$50mg/m^2$ iv	d1、d3、d5		第1组巩固治疗2个疗程(73)			43	45/5		
			Ara-C	$100mg/(m^2 \cdot d)$ci	d1～d9		第1个疗程MA						
			6-TG	$75mg/(m^2 \cdot 12h)$ po	d1～d9		AMSA	$115mg/(m^2 \cdot d)$iv	d1～d5				
			若DAT 1个疗程后原始细胞无明显下降，继续				HD-Ara-C	$3g/(m^2 \cdot 12h)$ iv	d1～d2				
			MA方案				第2个疗程DA						
			AMSA	$115mg/(m^2 \cdot d)$ iv	d1～d5		DNR	$30mg/m^2$ iv	d6～d8				
			HD-Ara-C	$3g/(m^2 \cdot 12h)$ iv	d1～d2		HD-Ara-C	$2g/(m^2 \cdot 12h)$ iv	d1～d5				
							第2组巩固治疗6个疗程(66)			39	41/5		
							第1、2个疗程同上						
							第3、4个疗程VEAP						
							Acla	$25mg/m^2$ iv	d1～d7				
							VP-16	$60mg/(m^2 \cdot 12h)$ iv	d1～d5				
							VCR	$1.5mg/(m^2 \cdot d)$ iv	d1、d5				
							Pred	$60mg/(m^2 \cdot d)$ po	d1～d7				
							第5个疗程DA						
							DNR	$30mg/m^2$ iv	d1～d3				
							Ara-C	$500mg/(m^2 \cdot d)$ ci	d1～d3 d10～d12				
							第6个疗程AA						
							AMSA	$115mg/m^2$ iv	d1～d5				
							HD-Ara-C	$2g/(m^2 \cdot 12h)$ iv	d1～d2				

研究组	年龄（岁）	病人数	诱导方案/药物	具体用法	时间	CR（%）	缓解后治疗	具体用法	时间	MS（月）	OS（%）/年	评价	出处
AML-CG	16～60		TAD				TAD 巩固 1 个疗程，维持治疗每月 1 次至 CR 3 年					强烈双诱导治疗及标准双诱导治疗 CR 率及 OS 率均无明显差异，但在预后不良的患者中，前者 CR 率、OS 率及 EFS 率均明显优于后者	Büchner 等，1999
			DNR	60mg/m² iv	d3～d5		维持治疗方案						
			Ara-C	100mg/m² ci	d1～d2		Ara-C	100mg/(m² ·12h) sc	d1～d5				
				100mg/(m² ·12h) iv	d3～d8		轮流联合以下药物						
			6-TG	100mg(m² · 12h) po	d3～d9		DNR	45mg/m² iv	d3～d4				
			第 21 天开始第 2 个疗程双诱导，分 2 组				6-TG	100mg/(m² · 12h) po	d1～d5				
		365	HAN			71	CTX	1g/m² iv	d3	35	41/5		
			HD-Ara-C	3g/m² q12h iv	d1～d3		6-TG	100mg/(m² · 12h) po	d1～d5				
			NVT	10 mg/m² iv	d3～d5		DNR	45mg/m² iv	d3～d4				
		360	TAD（同上）			65	51 名接受 allo-HSCT			38	42/5		
ALLG AML7	43(15～60)	298	ICE			80	CR 患者随机分 2 组					HD-Ara-C 诱导达 CR 的患者继续用 HD-Ara-C 巩固治疗并不改善总疗效	Bradstock 等，2005
			IDA	12mg/m² iv	d1～d3		第 1 组 1 个疗程 ICE(用法同前)(103)				61/3		
				部分 9mg/m²			第 2 组 2 个疗程 ICE(103)				62/3		
			Ara-C	3g/(m² · 12h) iv	d1、d3、d5、d7		IDA	12mg/m² iv	d1～d2				
			VP-16	75mg/(m² · d) iv	d1～d7			部分 9mg/m²					
			若 1 个疗程 NR，重复 1 个疗程				Ara-C	100mg/(m² · d)ci	d1～d5				
							VP-16	75mg/(m² · d) iv	d1～d5				

研究组	年龄（岁）	病人数	诱导方案/药物	具体用法	时间	CR率（%）	缓解后治疗	具体用法	时间	MS（月）	OS（%）/年	评价	出处
ECOG	15～65	449	TAD Ara-C DNR 6-TG	200mg/m² iv 60 mg/m² iv 100 mg/(m² · 12h)po	d1～d5 d1～d3 d1～d5	68	随机分3组				EFS	1. 缓解后 allo-HSCT 优于维持治疗，但与 ICC 无差别 2. allo-HSCT 及 ICC 优于维持疗	Cassil-eth 等，1992
							维持治疗2年(83) 6-TG Ara-C	40mg/(m² · 12h)，每周前4天； 60mg/m² sc，每周第5天			16/4		
							巩固治疗(87) AMSA Ara-C	1个疗程 100mg/m² iv 3g/m² q12h iv	d7～d9 d1～d6		27/4		
							allo-HSCT(58)				42/4		
JALSG AML201	15～64	525 532	DA IA	DNR 50mg/m² iv Ara-C100mg/m² ci IDA 12mg/m² iv Ara-C100mg/m² ci	d1～d3 d1～d7 d1～d3 d1～d7	78.2 77.5	CR患者随机分2组行巩固治疗，部分行allo-HSCT					诱导治疗用 IDA 与 DNR 相比 CR 率及长期 OS 率均无明显差别	Ohtake 等，2011
							HDAraC 3个疗程				IDA组 48/5 DNR组 48/5		
							Ara-C	2g/(m² · 12h)iv	d1～d5				
							标准化疗4个疗程						
							1. NVT Ara-C 2. DNR Ara-C 3. Acla Ara-C 4. VP-16 Ara-C VCR VDS	7mg/m² iv 200mg/m² ci 50mg/m² iv 200mg/m² ci 20mg/m² iv 200mg/m² ci 100mg/m² iv 200mg/m² ci 0.8 mg/m² 2 mg/m²	d1～d3 d1～d5 d1～d3 d1～d5 d1～d5 d1～d5 d1～d5 d1～d5 d8 d10				

研究组	年龄（岁）	病人数	诱导方案/药物	具体用法	时间	CR率（%）	缓解后治疗	具体用法	时间	MS（月）	OS（%）/年	评价	出处
SAKK	15～65	276	第1个疗程 DAV			61	CR患者随机分2组，各巩固1个疗程					CR1期予HD-Ara-C巩固化疗能明显改善长期生存	Fopp等，1997
			DNR	45mg/m² iv	d1～d3		SDAra-C组(67)			24.6	38/4		
			Ara-C	100mg/(m²·d) ci	d1～d7		DNR	45mg/m² iv	d1～d3				
			VCR	0.8mg/(m²·d) iv	d10		Ara-C	100mg/(m²·d) ci	d1～d7				
			第2个疗程 AE				HDAra-C组(70)			32.6	48/4		
			AMSA	120mg/(m²·d) iv	d1～d5		DNR	45mg/m² iv	d1～d3				
			VP-16	80mg/d ci	d1～d5		Ara-C	3g/(m²·12h) iv	d1～d6				
EORTC-GIMEMA-AML-10	15～60		诱导化疗2个疗程				巩固化疗1个疗程，部分行allo/auto-HSCT				31.4/5		Mandilli等，2009
		721	DAE			68.7	DAE(463)						
			DNR	50mg/m² iv	d1、d3、d5		DNR	50mg/m² iv	d4～d6				
			Ara-C	125mg(m²·d) ci	d1～d10		Ara-C	500mg/(m²·12h)	d1～d6				
			VP-16	100mg/d iv	d1～d5		VP-16	100mg/d iv	d4～d6				
		719	IAE			66.9	IAE(452)				34.3/5		
			IDA	12mg/m² iv	d1、d3、d5		IDA	12mg/m² iv	d4～d6				
			Ara-C	125mg/(m²·d) ci	d1～d10		Ara-C	500mg/(m²·12h)	d1～d6				
			VP-16	100mg/d iv	d1～d5		VP-16	100mg/d iv	d4～d6				
		717	MAE			69.8	MAE(465)				33.7/5		
			NVT	12mg/m² iv	d1、d3、d5		NVT	12mg/m² iv	d4～d6				
			Ara-C	125mg/(m²·d) ci	d1～d10		Ara-C	500mg/(m²·12h)	d1～d6				
			VP-16	100mg/d iv	d1～d5		VP-16	100mg/d iv	d4～d6				

注：CR. 完全缓解；MS. 中位生存期；OS. 总生存；DFS. 无病生存；DEX. 地塞米松；DNR. 柔红霉素；Ara-C. 阿糖胞苷；6-TG. 硫鸟嘌呤；VP-16. 依托泊苷；NVT. 米托蒽醌；IDA. 去甲氧柔红霉素；AMSA. 安吖啶；AZA. 氮杂胞苷；SD-Ara-C. 标准剂量阿糖胞苷；ID-Ara-C. 中剂量阿糖胞苷；HD-Ara-C. 大剂量阿糖胞苷；AZQ. 地吖醌；G-CSF. 粒细胞集落刺激因子；ARTA. 全反式维A酸；Flu. 氟达拉滨；Acla. 阿克拉霉素；VCR. 长春新碱；Pred. 泼尼松；CTX. 环磷酰胺；CALGB. 美国癌症及白血病协作组B；CCG. 美国儿童肿瘤协作组；AMLCG. 德国AML协作组；EORTC. 欧洲肿瘤研究治疗组；ALFA. 法国急性白血病协作组；LCG. 勒德尔协作组；SWOG. 西南肿瘤研究组；MRC. 英国医学研究委员会；SAKK. 瑞士临床肿瘤研究组；ECOG. 美国东部肿瘤协作组；GIMEMA. 意大利 Gruppo Italiano Malattie ematologiche Maligne dell'Adulto 研究组；ICC. 强烈巩固化疗 CBF. 核结合因子；NK. 正常核型；HSCT. 造血干细胞移植；iv. 静脉注射；ci. 持续静脉注射；sc. 皮下注射；po. 口服。

研究组	年龄（岁）	病人数	诱导方案/药物	具体用法	时间	CR 率（%）	PR 率（%）	ED 率（%）	缓解后治疗	具体用法	MS（月）	评价	出处
EORTC/LCG06893	14～70	30	DAC	125 mg/(m²·12h) iv	d1～d6	26.7	2		不详		8	地西他滨疗效好且副作用小	Willem 等,1997
			AMSA	120 mg/m² iv	d6～d7								
		33	DAC	125 mg/(m²·12h) iv	d1～d6	45							
			IDA	12 mg/m² iv	d5～d7								
EORTC/LCG06901		21	Ara-C	1g/(m²·d) iv	d1、d3、d5	52			不详		8.5	ID-Ara-C 联合 IDA 对难治 AML 疗效好	Witte T 等 1996.
			IDA	12 mg/(m²·d) iv	d1～d7								
M. D. Anderson	54(24～79)	25	CECA			14			不详		3	CECA 方案对部分难治/复发患者有效	Kornblau 等,1998
			CTX	1g/(m²·d) iv	d1～d3								
			VP-16	200mg/(m²·d) iv	d1～d3								
			CBP	100mg/(m²·d) ci	d1～d3								
			ID-Ara-C	1g/(m²·d) ci	d1～d3								
			具有肝肾功能损害者 CBP 及 VP-16 减量										
GIMEMA	中位 37	97	ICE			43		12	不详			ICE 对难治/复发 AML 有效且耐受性好	Carella 等,1993
			IDA	6mg/m² iv	d1～d5								
			Ara-C	600mg/(m²·d) iv	d1～d5								
			VP-16	150mg/(m²·d) iv	d1～d3								

研究组	年龄(岁)	病人数	诱导方案药物	具体用法	时间	CR率(%)	缓解后治疗	OS率(%)/年	评价	出处
MRC AML-R	0～80	235	随机分4组				停止治疗或HSCT		1. 标准AED方案CR率及长期疗效均优于改良ADE方案 2. CsA不能改善CR率及长期生存率	Liu Yin等，2001
			第1组 标准ADE			标准ADE 54		标准ADE 12/3		
			第1个疗程 ADE10＋3＋5							
			DNR	50mg/m² iv	d1、d3、d5					
			Ara-C	100mg/(m²·12h) iv	d1～d10					
			VP-16	100mg/(m²·d) iv	d1～d5					
			第2、3个疗程 ADE 8＋3＋5							
			Ara-C	100mg/(m²·12h) iv	d1～d8					
			DNR	50mg/m² iv	d1、d3、d5					
			VP-16	100mg/(m²·d) iv	d1～d5					
			第2组 标准ADE＋CsA			改良ADE 34		改良ADE 6/3		
			第1个疗程 ADE10＋3＋5(用法同上)							
			联合CsA	2.5 mg/(m²·12h) iv	d0～d5					
			第2、3个疗程 ADE 8＋3＋5(用法同上)							
			联合CsA	2.5 mg/(m²·12h)	d0～d5					
			第3组 改良ADE			加CsA 41		CsA组 7/3		
			第1、2个疗程 Seq ADE							
			HD-Ara-C	2g/(m²·d) ci	d1～d3					
			＞50岁者	0.67g/(m²·d) ci						
			DNR	50mg/m²	d1、d3、d5					
			VP-16	200mg/(m²·d) ci	d8～d10					
			联合CsA	2.5 mg/(m²·12h) iv	d0～d5					
			第4组 改良ADE＋CsA			不加CsA 45		无CsA组 8/3		
			第1、2个疗程 Seq ADE(用法同上)							
			联合CsA	2.5 mg/(m²·12h)iv	d0～d3 d7～d10					

研究组	年龄(岁)	病人数	诱导方案/药物	具体用法	时间	CR率(%)	PR率(%)	ED率(%)	缓解后治疗	具体用法	MS	评价	出处
AMLCG	<60	73	HAN(大剂量组) HD-Ara-C NVT	 3 g/m² q12h iv 10 mg/m² iv	 d1、d2、d8、d9 d3、d4、d10、d11	52	4	23			4.2个月	年轻患者HD-Ara-C较ID-Ara-C CR率高，复发率少，老年患者无明显差别，由于前者但毒性较大，总体疗效无明显差别	Kern等，1998
	>60	25	HAN(大剂量组) HD-Ara-C NVT同上	 1g/m² q12h iv	 d1、d2、d8、d9	44	4	9					
	<60	65	HAN(中剂量组) ID-Ara-C NVT同上	 1g/m² q12h iv	 d1、d2、d8、d9	45	8	11			5.3个月		
	>60	23	HAN(中剂量组) ID-Ara-C NVT同上	 0.5g/m² q12h iv	 d1、d2、d8、d9	43	4	6					
AMLCG	不详	91	HAN Ara-C NVT	 1～3g/(m²·12h) iv 10mg/m² iv	 d1、d2、d8、d9 d3、d4、d10、d11	47		30			3.6个月	G-CSF组粒缺时间缩短，早期死亡率降低	Kern等，1998
		68	HAN+G-CSF Ara-C NVT G-CSF	 1～3g/(m²·12h) iv 10mg/m² iv 5ug/(kg·d) sc	 d1、d2、d8、d9 d3、d4、d10、d11 d13开始	56		21			5.6个月		
CALGB	中位52	195	HD-Ara-C+L-ASP组 HD-Ara-C L-ASP 第8天重复	 3g/(m²·12h) iv 6000U/m²	 d1～d4 第42小时	40					19.6周	HD-Ara-C联合L-ASP可增加CR率延长生存时间且副作用相当	Capizzi等，1988
			HD-Ara-C组	用法同上		24					15.9周		

研究组	年龄(岁)	病人数	诱导方案/药物	具体用法	时间	CR率(%)	ED率(%)	缓解后治疗	具体用法	时间	MS	OS率(%)/年	评价	出处
法国多中心	＜65	95	ENA91			65	5	减量ENA6个疗程			303天		GM-CSF不能改善CR率及长期生存	Thomas等,1999
			NVT	12mg/(m^2·d) iv	d1～d3			NVT	12mg/(m^2·d)	d1				
			VP-16	200mg/m^2 ci	d8～d10			VP-16	200mg/m^2 ci	d1				
			Ara-C	500mg/(m^2·d) ci	d1～d3,d8～d10			Ara-C	80mg/m^2 sc	d1～d5				
			GM-CSF	5ug/(kg·d) iv	d4～d8									
		97	ENA 86			59	8				254天			
			NVT	12mg/(m^2·d) iv	d1～d3									
			VP-16	200mg/(m^2·d)iv	d8～d10									
			Ara-C	500mg/(m^2·d)iv	d1～d3,8～d10									
			安慰剂		d4～d8									
法国多中心	48(16～79)	66	ENA91/ENA86(同上)			36	6	＜60岁原诱导方案1个疗程(2)			5个月	3/3	ENA是难治/复发患者的有效治疗方案	Revesz等,2003
								＞60岁者mini-ENA6(10)						
								NVT	12mg/(m^2·d)iv	d1				
								VP-16	200mg/m^2 ci	d1				
								Ara-C	80mg/m^2 sc	d1～d5				
								＜50岁有供者行allo-HSCT(5)						
								1名接受AHSCT						

研究组	年龄(岁)	病人数	诱导方案/药物	具体用法	时间	CR率(%)	ED率(%)	缓解后治疗	具体用法	MS(月)	OS(%)/年	评价	出处
SWOG 8326	14～76	81	HD-Ara-C组			32		原诱导方案巩固3个疗程后转入维持治疗(各24例)		8		HD-Ara-C联合NVT可提高CR率,但长期生存无明显改善	Karanes等,1999
			HD-Ara-C	3g/(m²·12h) iv	d1～d6								
			>50岁	2g/(m²·12h) iv									
		81	HAN组			44				6			
			HD-Ara-C	3g/(m²·12h) iv	d1～d6								
			NVT	10mg/(m²·d) iv	d7～d9								
SWOG		67	HD-Ara-C组			31	9	原诱导方案巩固1个疗程			6/5	HD-Ara-C联合VP-16不改善CR率及OS率,且毒性增加,但可延长50岁以下患者生存时间	Vogler等,1994
			HD-Ara-C	3g/(m²·12h) iv	d1～d6								
		66	HD-Ara-C+VP-16组			38	1						
			HD-Ara-C	3g/(m²·12h) iv	d1～d6						8/5		
			VP-16	100 mg/m² iv	d7～d9								
CALGB 8722	55(19～77)	57	AZQ/NVT			30	1	不详				3种组合中AZQ/NVT CR率较高	Lee等,1998
			AZQ	200mg/m² ci	d1～d5								
			NVT	10mg/(m²·d) iv	d1～d3								
		54	AZQ/VP-16		23	3							
			AZQ同上										
			VP-16	150mg/m² ci	d1～d5								
		56	NVT/VP-16			23	1						
			用法同上										
			若不CR 给予第2个疗程										

研究组	年龄(岁)	病人数	诱导方案/药物	具体用法	时间	CR率(%)	ED率(%)	缓解后治疗	具体用法	时间	MS	OS率(%)/年	评价	出处
法国多中心	42 (16～59)	72	ENA NVT VP-16 Ara-C	 12mg/(m²·d) iv 200mg/m² ci 500mg/(m²·d) ci	 d1～d3 d8～d10 d1～d3，d8～d10	61		原诱导方案1个疗程(16) <50岁有合适供者allo-HSCT(13) 诱导化疗耐受差者LD-Ara-C维持或每月一次减量EMA共6次(7) NVT VP-16 Ara-C AHSCT(4)	 12mg/m² iv 200mg/m² ci 80mg/m² sc	 d1 d1 d1～d5	7个月	16/4	ENA是难治/复发患者的有效治疗方案	Archimbaud等，1991
美国多中心	60 (21～79)	47	IAN ID-Ara-C NVT 若耐受性好，CR后继续1个疗程原方案 PR患者继续原方案1个疗程	 0.5g/(m²·12h) iv 5 mg/m² iv	 d1～d6 d1～d5	总62 <60 45% >60 76%		因人而异，HSCT，维持治疗或停止治疗			<60岁 3个月 >60岁 9个月		IAN疗效好，且对年龄大者疗效好、耐受性好	Sternberg等，2002
德国多中心	45 (18～66)	40	HAN HD-Ara-C NVT	 3g/(m²·12h)iv 12mg/(m²·d) iv 10mg/(m²·d)	 d1～d4 d3～d5 d2～d5/d2～d6	53	2.5				9个月		HAN是难治/复发AML的有效方案	Hiddemann等，1987

注：CR. 完全缓解；PR. 部分缓解；ED. 早期死亡；MS. 中位生存；OS. 总生存；DFS. 无病生存；DAC. 地西他滨；DNR. 柔红霉素；Ara-C. 阿糖胞苷；6-TG. 硫鸟嘌呤；VP-16. 依托泊苷；NVT. 米托蒽醌；IDA. 去甲氧柔红霉素；AMSA. 安吖啶；SD-Ara-C. 标准剂量阿糖胞苷；ID-Ara-C. 中剂量阿糖胞苷；HD-Ara-C. 大剂量阿糖胞苷；CsA. 环孢素A；G-CSF. 粒细胞集落刺激因子；GM-CSF. 粒巨噬细胞集落刺激因子；AZQ. 地吖醌；Cy. 环磷酰胺；L-ASP. 左旋门冬酰胺酶；CALGB. 美国癌症及白血病协作组B；AMLCG. 德国AML协作组；EORTC. 欧洲肿瘤研究治疗组；LCG. 勒德尔协作组；SWOG. 西南肿瘤研究组；MRC. 英国医学研究委员会；GIMEMA. 意大利 Gruppo Italiano Malattie Ematologiche Maligne dell′Adulto 研究组；CBF. 核结合因子；allo-HSCT. 异基因造血干细胞移植；AHSCT. 自体造血干细胞移植；iv. 静脉注射；ci. 持续静脉注射；sc. 皮下注射；po. 口服。

研究组	年龄（岁）	病人数	诱导方案药物	具体用法	时间	CR 率（%）	缓解后治疗	具体用法	时间	OS 率（%）/年	评价	出处
MRC	44～80	1314	DAT3＋10			62	随机分两组	剂量同前		23/5	1. DAT 方	Gold-
AML11			DNR	50mg/m^2 iv	d1、d3、d5		DAT2＋7		d1、d3		案 CR 率	stone 等，
			Ara-C	100mg/(m^2 · 12h) iv	d1～d10		DNR		d1～d7		明显优于	2001
			6-TG	100 mg/(m^2 · 12h) po	d1～d10		Ara-C		d1～d7		ADE 方案	
			序贯 DAT2＋5				6-TG				及 MAC 方	
			DNR	50mg/m^2 iv	d1、d3		1 个疗程后停止				案	
			Ara-C	100mg/(m^2 · 12h) iv	d1～d5		治疗或给予干扰				2. 长巩固	
			6-TG	100mg/(m^2 · 12h) po	d1～d5		素维持				治疗与短	
			ADE10＋3＋5			50	DAT2＋7(同上)	600mg/m^2	d1	22/5	巩固治疗	
			DNR	50 mg/m^2 iv	d1、d3、d5		序贯 COAP-	1.5mg/m^2	d1		长期 OS 率	
			Ara-C	100 mg/(m^2 ·12h) iv	d1～d10		DAT2＋5-COAP	(＜2)	d1～d5		相似	
			VP-16	100 mg/m^2 iv	d1～d5		DAT2＋5(同前)	100mg/m^2	d1～d5			
			序贯				COAP：	60mg/m^2				
			ADE5＋2＋5				CTX					
			DNR	50mg/m^2 iv	d1、d3		VCR					
			Ara-C	100 mg/(m^2 ·12h) iv	d1～d5		Ara-C					
			VP-16	100 mg/m^2 iv	d1～d5		Pred					
			MAC3＋5			55						
			NVT	12mg/m^2 iv	d1～d3							
			Ara-C	100 mg/(m^2 ·12h) iv	d1～d5							
			序贯									
			MAC2＋5									
			NVT	12mg/m^2 iv	d1～d2							
			Ara-C	100 mg/(m^2 ·12h) iv	d1～d5							

研究组	年龄（岁）	病人数	诱导方案药物	具体用法	时间	CR率（%）	缓解后治疗	具体用法	时间	MS（月）	OS率（%）/年	评价	出处
CALGB 8923	>60	193	DA+GM-CSF		d1～d3 d1～d7 d8 开始	51	CR 者随机分 2 组					1. GM-CSF 不改善 CR 率，可缩短粒缺期 2. 老年患者强烈的巩固治疗毒性较大，并不改善长期生存	Stone 等，2001
							LD-Ara-C(37)	100 mg/(m^2 · d)	每月 5 天	9	11/5		
							NVT ID-Ara-C(42)	5 mg/(m^2 · 12h) 0.5 g/(m^2 · 12h)	d1～d3 d1～d3	9	21/5		
		195	DA DNR Ara-C	45mg/m^2 iv 200mg/m^2 ci	d1～d3 d1～d7	54	LD-Ara-C(45)	100 mg/(m^2 · d)	每月 5 天	11	16/5		
							NVT ID-Ara-C(45)	5 mg/(m^2 · 12h) 0.5 g/(m^2 · 12h)	d1～d3 d1～d3	10	18/5		
EORTC HOVON	>60	242	DA DNR Ara-C	30mg/m^2 iv 200mg/m^2 ci	d1～d3 d1～d7	38	LD-Ara-C 或停治疗	10 mg/(m^2 · 12h)	d1～d12 每 6 周用 1 个疗程，共 8 个疗程		6/5	NA 较 DA CR 率高，但对长期生存无影响	Lowen-berg 等，1998
		247	NA NVT Ara-C	8mg/m^2 iv 200mg/m^2 ci	d1～d3 d1～d7	47					9/5		
ALFA 9801	50～70	156	DNR DNR Ara-C	80mg/m^2 iv 200mg/m^2 ci	d1～d3 d1～d7	70	CR 患者接受 2 个疗程巩固化疗，后随机接受 IL-2 维持治疗 DNR Ara-C	80mg/m^2 iv 1g/m^2 iv	d1/d1、d2 d1～d4		23/4	增加蒽环类药物的强度不改善 CR 率和长期 OS 率	Pautas 等，2010
		155	IDA3 IDA Ara-C	12mg/m^2 iv 200mg/m^2 ci	d1～d3 d1～d7	83	IDA Ara-C	12mg/m^2 iv 1g/m^2 iv	d1/d1、d2 d1～d4		32/4		
		157	IDA4 IDA Ara-C	12mg/m^2 iv 200mg/m^2 ci	d1～d4 d1～d7	78	IDA Ara-C	12mg/m^2 iv 1g/m^2 iv	d1/d1、d2 d1～d4		34/4		

研究组	年龄（岁）	病人数	诱导方案药物	具体用法	时间	CR 率（%）	缓解后治疗	具体用法	时间	MS（月）	OS 率（%）/年	评价	出处
EORTC-GIMEMA AML-13	61～80	757	NICE			54	CR 患者随机分两组					缓解后口服化疗与静脉化疗长期疗效无差别，且副作用小，住院时间短	Jehn 等，2006
			NVT	5mg/m^2 iv	d1、d3、d5		iv mini-ICE 2 个疗程(172)			15.7	25/3		
			VP-16	100mg/m^2 iv	d1～d3		IDA	8mg/m^2 iv	d1、d3、d5				
			Ara-C	100mg/m^2 ci	d1～d7		VP-16	100mg/(m^2·d) iv	d1～d3				
			NICE+G-CSF				Ara-C	100mg/m^2 ci	d1～d5				
			NICE 同上				非 iv mini-ICE 2 个疗程(174)			17.8	30/3		
			G-CSF	150μg/m^2 sc	d1～d7 或		IDA	20mg/m^2 po	d1、d3、d5				
					d7～d28 或		VP-16	100mg/m^2 po bid	d1～d3				
					d1～d28		Ara-C	100mg/m^2 sc	d1～d5				
EORTC-GIMEMA AML-15	61～75	38	GO	9mg/m^2 iv	d1、d15	35.1						GO 序贯化疗有效可行	Amadori 等，2004
			序贯 NICE			CRp							
			NVT	7mg/m^2 iv	d1、d3、d5	19.3							
			VP-16	100mg/(m^2·d)	d1～d3								
			Ara-C	100mg/m^2 ci	d1～d7								
ALFA 9803	65～85	209	DA			57	CR 患者随机分两组(每组 82 人)					缓解后采用多疗程减量巩固治疗优于用 1 个疗程强烈巩固治疗，且住院时间缩短	Gardin 等，2007
			DNR	45mg/m^2 iv	d1～d4		强烈巩固组原诱导方案 1 个疗程				56/2		
			G-CSF	263μg/d iv	d9 至粒缺恢复		减量巩固组 IA/DA 方案每月 1 次×6				37/2		
							DA						
		207	IA				DNR	45mg/m^2 iv	d1				
			IDA	9mg/m^2 iv	d1～d4		Ara-C	60mg/m^2 q12h sc	d1～d5				
			Ara-C	200mg/m^2 ci	d1～d7		IA						
			G-CSF	263μg/d iv	d9 至粒缺恢复		IDA	9mg/m^2 iv	d1				
							Ara-C	60mg/m^2 q12h sc	d1～d5				

研究组	年龄（岁）	病人数	诱导方案药物	具体用法	时间	CR率（%）	缓解后治疗	具体用法	时间	OS率（%）/年	评价	出处
MRC LRF AML14	44～88	314	第1组 D50+A200			D50 55%	第1个疗程 MIDAC			D50 13%	1. DNR35/50mg，Ara-C 200/400mg CR率及OS率无差异别 2. 在诱导方案中加入PSC-833不改善CR率及OS率 3. 巩固治疗1个疗程与2个疗程OS率无差别	Burnett等，2009
			第1个疗程 DAT3+10				NVT	12mg/m^2 iv	d1～d3			
			DNR	50mg/m^2 iv	d1、d3、d5		IDAra-C	0.5g/(m^2·12h) iv	d1～d3			
			Ara-C	100mg/(m^2·12h) iv	d1～d10	D35 57%	随机分2组			D35 13%		
			6-TG	100mg/(m^2·12h) po	d1～d10		第1组接受第2个疗程(126)					
			第2个疗程 DAT3+8				第2个疗程 ICE					
			DNR	50mg/m^2 iv	d1、d3、d5	D35+PSC 47%	IDA	12mg/m^2 iv	d1～d3	D35+PSC 9%		
			Ara-C	100mg/(m^2·12h) iv	d1～d8		Ara-C	100mg/(m^2·12h)iv	d1～d3			
			或	200mg/(m^2·12h) iv			VP-16	100mg/(m^2·d) iv	d1～d3			
			6-TG	100mg/(m^2·12h) po	d1～d8	A200 53%	第2组停止治疗(124)					
		227	第2组 D35+A200							A200 11%		
			DNR	35mg/m^2 iv								
			余同组1									
		309	第3组 D50+A400			A400 55%				A400 13%		
			Ara-C	200mg/(m^2·12h) iv								
			余同组2									
		223	第4组 D35+A400							巩固1个疗程 20%		
			Ara-C	200mg/(m^2·12h) iv								
			余同组2									
		100	第5组 D35+A200+PSC833							巩固2个疗程 22%		
			PSC-833	10mg/(kg·d) iv	d1～d3							
			余同组2									
		100	第6组 D35+A400+PSC833									
			PSC-833	10mg/(kg·d)iv	d1～d3							
			余同组4									

研究组	年龄（岁）	病人数	诱导方案药物	具体用法	时间	CR（%）	缓解后治疗	具体用法	时间	MS	OS率（%）/年	评价	出处
FIGHT-AML-301	>70	228	Tipifarnib	600mg bid po	d1～d21	8				107天	14.9/1	Tipifarnib不改善疗效	Harousseau 等，2009
			28天1个疗程										
		229	支持治疗							109天	17.7/1		
SWOG 9333	>56	161	DA			43	DA方案巩固2个疗程			9个月	19/2	DA方案优于NE方案	Jeanne 等，2002
			DNR	45mg/m^2 iv	d1～d3		DNR	30mg/m^2 iv	d1～d2				
			Ara-C	200mg/(m^2·d) ci	d1～d7		Ara-C	200mg/(m^2·d) ci	d1～d5				
		167	NE			34				6个月	11/2		
			NVT	10mg/(m^2·d) iv	d1～d5								
			VP-16	100mg/m^2 ci	d1～d5								
FLG	>65	25	口服ETI 2个疗程			60	MP+MTX维持			9.9个月		ETI方案CR率及长期生存均优于TAD，且毒性小，治疗相关死亡率小	Ruutu 等，1994
			VP-16	80mg/(m^2·12h) po	d1～d5		6-MP	70mg/(m^2·d) po					
			6-TG	80mg/(m^2·12h) po	d1～d5		MTX	12mg/(m^2·周) po					
			IDA	15mg/m^2 po	d1～d3								
			TAD 2个疗程			23				3.7个月			
			DNR	60mg/m^2 iv	d5								
			Ara-C	100mg/(m^2·12h) iv	d1～d5								
			6-TG	100mg/(m^2·12h) po	d1～d5								
SWOG 9031	56～88	105	DA			50	DA方案巩固2个疗程			9个月		G-CSF不改善CR率及生存时间，可缩短粒缺期，但不缩短住院时间	Godwin 等，1998
			DNR	45mg/m^2 iv	d1～d3		DNR	30mg/m^2	d1～d2				
			Ara-C	200mg/(m^2·d) ci	d1～d7		Ara-C	200mg/(m^2·d) ci	d1～d7				
			安慰剂										
		106	DA+G-CSF			41				6个月			
			DNR	45mg/m^2 iv	d1～d3								
			Ara-C	200mg/(m^2·d) ci	d1～d7								
			G-CSF	400μg/m^2 iv d10至粒缺恢复									

研究组	年龄（岁）	病人数	诱导方案药物	具体用法	时间	CR率（%）	缓解后治疗	具体用法	时间	MS（月）	OS率（%）/年	评价	出处
ECOG	56～86	116	DA			40	HD-Ara-C 1个疗程			7.7		1.3种诱导方案CR率及长期生存无区别 2.GM-CSF不改善CR率及长期生存	Rowe等，2004
			DNR	45mg/m^2 iv	d1～d3		Ara-C	1.5g/(m^2·12h) iv	d1～d6				
			Ara-C	100mg/(m^2·d) ci	d1～d7		＞70岁	同上	d1～d3				
		114	NA			46				7.2			
			NVT	12mg/(m^2·d) iv	d1～d3								
			Ara-C	100mg/(m^2·d) ci	d1～d7								
		118	IA			43				7.5			
			IDA	12mg/m^2 iv	d1～d3								
			Ara-C	100mg/(m^2·d) ci	d1～d7								
			1994年后的患者给予GM-CSF(113)										
			GM-CSF	250μg/m^2 sc	d2至粒缺恢复								
CALGB 9720	＞60	61	DAE			46	巩固1个疗程，方案同诱导治疗DNR及VP-16 2天，Ara-C 5天PSC833用2天			7	33/1	PSC833不改善CR率，且诱导相关死亡率增加，对长期生存无影响	Baer等，2002
			DNR	60mg/m^2 iv	d1～d3								
			Ara-C	100mg/m^2 ci	d1～d7								
			VP-16	100mg/m^2 ci	d1～d3								
		59	DAEP			39				8	33/1		
			DNR	40mg/m^2 iv	d1～d3								
			Ara-C	100mg/m^2 ci	d1～d7								
			VP-16	60mg/m^2 ci	d1～d3								
			PSC833	10mg/(kg·d)ci	d1～d3								

注：CR. 完全缓解；CRp. 完全缓解伴血细胞减少；MS. 中位生存；OS. 总生存；DNR. 柔红霉素；Ara-C. 阿糖胞苷；6-TG. 硫鸟嘌呤；VP-16. 依托泊苷；NVT. 米托蒽醌；IDA. 去甲氧柔红霉素；ID-Ara-C. 中剂量阿糖胞苷；HD-Ara-C. 大剂量阿糖胞苷；GM-CSF. 粒巨噬细胞集落刺激因子；G-CSF. 粒细胞集落刺激因子；Cy. 环磷酰胺；CALGB. 美国癌症及白血病协作组B；EORTC. 欧洲肿瘤研究治疗组；ALFA. 法国急性白血病协作组；FIGHT. 全球人类法尼基转移酶抑制剂临床试验组；ECOG. 美国东部肿瘤协作组；SWOG. 西南肿瘤研究组；FLG. 芬兰白血病研究组；MRC. 英国医学研究委员会；GIMEMA. 意大利 Gruppo Italiano Malattie ematologiche Maligne dell'Adulto 研究组；allo-HSCT. 异基因造血干细胞移植；iv. 静脉注射；ci. 持续静脉注射；sc. 皮下注射；po. 口服。

第五章　急性早幼粒细胞白血病

王振义

王振义，内科血液学专家，中国工程院院士，法国科学院外籍院士，上海交通大学医学院附属瑞金医院终身教授。最主要的贡献是利用全反式维A酸诱导急性早幼粒细胞白血病细胞分化，在临床上极大地提高了急性早幼粒细胞白血病患者的完全缓解率和长期生存率。2011年1月14日获得国家最高科学技术奖。

急性早幼粒细胞白血病，简称APL（acute promyelocytic leukemia），根据FAB分型，属于M3型，故又称M3型急性髓性白血病（AML）。这是一种特殊类型的急性白血病，因它有特异的核型改变，临床表现凶险，起病及治疗过程中容易发生出血，引起死亡。近十多年来，由于全反式维A酸（ATRA）及砷剂的应用，这种急性白血病的预后得到很大的改善，完全缓解率高，长期存活者多。此外，由于临床疗效的改善及其特异的核型表现，有关研究工作不断深入，APL得到临床和基础研究工作者的普遍重视。现就下列几方面予以讨论：

一、发　病　率

国外APL的发病率占同期急性白血病的5.0%～23.8%，占AML的6.2%～40.2%。国内APL的发病率占同期急性白血病的3.3%～17.4%，占AML的6.5%～32.4%。据车春兰等（1989）报道，在233例AML中，APL占18.5%。1992年全国白血病及再生障碍性贫血流行病学调查协作组在中国医学科学院血液学研究所的领导下，对15个核查点的353例急性非淋巴细胞白血病（acute non-lymphocytic leukemia，ANLL）进行了研究，发现APL的发生率为18.7%（陆道培，1992）。有的地区，如东北油田区，APL的发病数较多，是否是由于水质污染，尚待证实。

二、病因及发病机制

（一）非治疗相关APL（non therapy related APL，非t-APL）

像其他白血病一样，APL除治疗相关性APL（t-APL）外，病因尚不明了，但95%的非t-APL都有典型的染色体移位t（15；17），使15号及17号染色体长臂相互易位，形成t（15；17）(q22；q12—q21)，即17号染色体上的维A酸受体α（RARα）基因和15号染色体上的早幼粒细胞白血病（PML）基因发生交互易位，形成PML-RARα或RARα-PML融合基因。由于RARα-PML只在60%～70%的APL患者表达，且在APL发病机制中不起关键作用，故有关融合基因在APL发病机制中作用的研究集中在PML-RARα（王振义等，1998）。

1. RARα　维A酸受体家族中有两类，即维A酸（RAR）受体及RXR受体。每个家

族中有3个成员α、β及γ，每个成员又有多种异构体。RAR的结构类似于类固醇激素受体、维生素D受体和甲状腺素受体。RARα基因有10个外显子，可分为6个功能结构区域（A～F）（图5-1），分别是：A/B区，不依赖于配体的反式激活调节区；C区有两个锌指结构，与DNA结合；D区是与受体抑制物蛋白结合的区域；E区能与配体（维A酸）结合，发挥配体依赖的反式激活或抑制作用，并参与受体二聚体的形成；F区功能尚不清楚。RAR与RXR形成异二聚体RAR/RXR，此二聚体是维A酸受体的活性形式，能与靶基因启动区域中的维A酸反应元件（RARE）结合，调节这些靶基因的作用，RARα/RXR是粒细胞分化所必需的。在APL中，t（15；17）引起RAR断裂，断裂部位在RAR基因第2号内含子中，处于编码RARα的A区及B区之间，影响RAR/RXR功能。

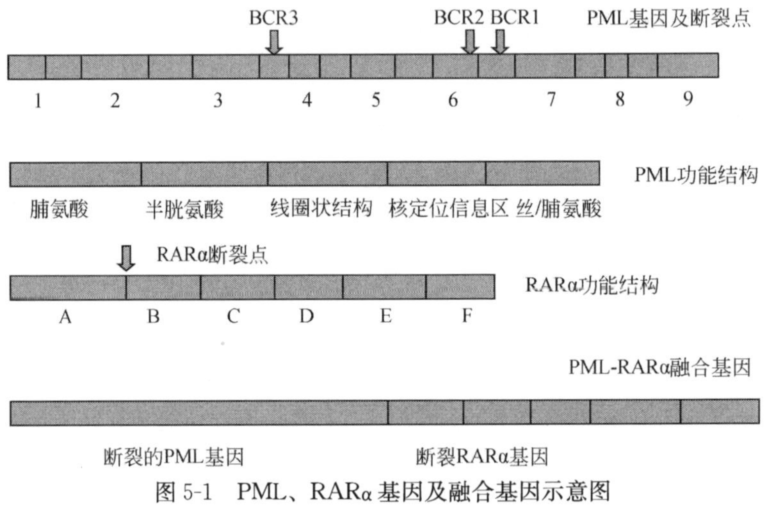

图5-1 PML、RARα基因及融合基因示意图

2. PML PML是一种核蛋白，其基因有9个外显子，从N端至C端，功能结构可分为5个区域：①脯氨酸富含区；②半胱氨酸富含区（包括3个锌指状结构，名为RING区及2个B盒锌指）负责定位于核小体；③线圈状结构区，为同二聚体或异二聚体形成区；④核定位信息区；⑤丝氨酸/脯氨酸富含区。在正常情况下，PML是核小体或PML癌原区域（POD_s）的主要成分，在大多数细胞中，呈大的颗粒状结构，数量为10～20个。

3. PML-RARα在APL发病机制中的作用（王振义等，1998；de Thé等，2010） 在APL中，由于t（15；17），断裂的RARα以其B～F区与断裂的PML（图5-1）融合，形成PML-RARα。此融合基因编码PML-RARα融合蛋白。PML-RARα基因能与野生型PML形成异二聚体，使正常的PML碎裂成上百个微颗粒，分布在细胞核及胞浆内，可用荧光抗体观察证实。PML有抑制细胞增殖及促进细胞凋亡的作用。PML-RARα能对抗RARα的功能。PML-RARα能与RXR形成异二聚体，扰乱RXR的功能。此外，PML-RARα能通过其线圈状结构区与野生型PML形成二聚体，干扰野生型PML的功能。因此，PML-RARα一方面通过抗RAR/RXR通路阻断分化，另一方面使PML脱离其正常定位（去定位），抑制其抑制细胞增殖及促细胞凋亡的活性，故PML-RARα对RARα和PML起显性负性抑制作用，导致APL的发生。近年来的研究结果揭示PML-RARα在APL发病机制中所起的作用远比以前所知的复杂，涉及组蛋白和DNA甲基化的调节，死亡域相关蛋白（DAXX）、核心蛋白抑制复合物（PRC1及PRC2）（polycomb protein complex)、p53信号途径、AKT-PTEN途径、PU.1组分等（de Thé 等，2010）。

（二）t-APL

有关t-APL的报道近年来逐渐增多。Gillis等从1980～1994年共见56例治疗相关MDS及t-APL，其中5例为APL（Gillis等，1995）。国内报道由于乙双吗啉治疗银屑病所致白血病已超过200例。薛永权等从1987～1992年发现14例t-AML，其中APL 8例（57.1%），伴典型的t（15；17）。必须指出的是这8例中，6例尚伴其他染色体异常，如 $1p^+$、$-6+r$（6）、$2q^+$、t（1；13）、t（4；8）-7、$10q^+$、-8 等（薛永权等，1994）。2003年，Beaumont等（2003）报告106例t-APL，80例是近10年诊断的，其原发病60例为乳腺癌，15例为非霍奇金淋巴瘤，其他实体瘤25例，30例曾单用化疗，27例单用放疗，49例合用化疗和放疗。最近，Dayyani等报告在301例APL中，有36例为t-APL（Dayyani等，2011），说明t-APL并不少见。

引起t-APL的原因除放射线外，相关的药物有烷化剂（环磷酰胺）、乙双吗啉、丙亚胺、蒽环类（多柔比星）、鬼臼毒类（依托泊苷、VP-16）等，其中尤其是DNA拓扑异构酶Ⅱ抑制剂（鬼臼毒、蒽环类）。据观察，长期服用牛黄解毒片（内含雄黄硫化砷）偶尔也可致APL，应引起注意。

由于大剂量多柔比星、环磷酰胺及VP-16的应用，t-APL的发生率日见增多，尤其是发生在非霍奇金淋巴瘤强化疗后。

药物引起APL的机制尚未阐明，DNA受损是主要机制。据研究，乙双吗啉是一种极强的染色体畸变诱导剂，但为何乙双吗啉所致白血病中以APL为多见，深入研究可能为APL的发病机制提供有意义的线索。

三、APL的化学药物诱导缓解治疗

1976年法国的Bernard首先应用柔红霉素（DNR）治疗本病，使APL的完全缓解（CR）率有了明显提高。合用其他化疗药物，如阿糖胞苷（Ara-C），并采取有效措施防治弥散性血管内凝血（DIC），加强支持疗法，其CR率可达70%～80%。国内单用三尖杉酯碱治疗，CR率也达50%～60%。Head等（1995）于1995年总结了128例AML用强化疗治疗的效果，方案中包括DNR，发现在1982～1986年期间，45例APL的CR率为71%，417例非APL AML的CR率为54%。APL的中位生存时间为106个月，中位无病存活时间（DFS）为105个月以上，而非APL AML的中位存活时间和DFS分别只有6个月和14个月，故当时认为APL的化学药物治疗已达很高的CR率，长期存活率也较高，但在1986～1991年的96例APL中，应用以DNR为基础的方案治疗，CR率只有47%，而742例非APL的CR率为55%，中位存活期和DFS，APL组分别为13个月和18个月，非APL AML组分别为12个月和19个月，无大差别。分析与CR率有关的因素，发现DNR的剂量越大，CR率越高，存活期和DFS时间也越长。但以后的文献报道，DNR的剂量即使增高到2mg/（kg·d）、用药4～6天，CR率也仅68%。Thomas报道，剂量增高到210mg/m²，诱导CR率停留在64%。以上资料说明，以DNR为基础的化疗方案治疗APL，CR率可达75%～80%，长期存活率除少数报道可达50%外，一

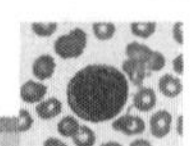

般在35%～45%。化疗的缺点是抑制造血，引起粒细胞缺乏，导致严重感染，血小板减少引起出血，还可使DIC恶化，是早期出血引起死亡的重要原因。此外，起病时白细胞很高的患者，用化疗治疗，CR率只能达到50%～60%，缓解期短，复发率高。

四、维A酸治疗APL

（一）维A酸对急性早幼粒细胞白血病诱导分化的体外研究

1980年和1983年Breitman等在体外培养体系中证实维A酸（RA）中的13顺式维A酸（13-cRA）和ATRA对白血病细胞株HL-60有诱导分化作用。在RA的作用下，90%的细胞形态接近成熟粒细胞，NBT还原阳性率从低水平升至95%。1985年我们的研究也证实ATRA可以诱导HL-60及APL白血病细胞分化成熟（王振义等，1998）。1988年我们曾报道24例APL用ATRA治疗，14例的新鲜APL白血病细胞，在ATRA作用下，向成熟粒细胞分化。口服ATRA，骨髓中早幼粒细胞从（83.5±12.8)%降至（5.9±5.0)%，NBT还原率从（4.2±3.5)%升至（4.2±7.5)%，患者都取得CR。1例患者的APL细胞体外培养对ATRA不起反应，临床治疗也无效。

1992年Heyman等发现ATRA的异构体9顺式维A酸（9-cRA）对RXR的亲和力比ATRA大，可使RXR形成同二聚体，在体外对HL-60的诱导分化作用较ATRA强。1995年我们比较了3种RA异构体（13-cRA、ATRA和9-cRA）对NB4细胞的诱导分化的作用（Zhu，1995），观察到浓度为10^{-7}mol/L时，这3种RA对NB4细胞都有抑制增殖作用，三者无多大区别。但当浓度稀释至10^{-8}mol/L时，作用72小时及96小时，9-cRA及ATRA对NB4的增殖抑制作用强于13-cRA。从总的体外实验室结果来看，诱导分化活性，9-cRA强于ATRA，ATRA又比13-cRA强。

（二）维A类（retinoids）药物治疗APL

1. 维A类药物

（1）B顺式维A酸（13-cRA）：1983年Flynn等报道用13-cRA 100mg/（m^2·d）治疗1例对化疗耐药的APL，血象改善，但因并发弥漫性念珠菌感染而死亡。1984年Nilsson报告1例APL，化疗CR后半年复发，再用化疗合并应用13-cRA治疗，取得CR，存活1年以上。1986年Daenen等报道1例难治性APL，并发纤溶亢进及曲霉菌性肺炎，单用13-cRA治疗取得CR（陆道培等，1992）。由于用13-cRA治疗APL报道的病例较少，以后又由于证明ATRA治疗APL可取得很高的CR，13-cRA治疗APL已被遗弃。从上述体外实验研究的结果，可以理解13-cRA的疗效为何不如ATRA，因其有效浓度与ATRA相差一个数量级，但为RA治疗APL做出了先导的贡献。

（2）9顺式维A酸（9-cRA）：Soignet等（1998）用9-cRA治疗18例APL，其中13例复发，5例初治。剂量为30～230mg/（m^2·d)。复发患者33%（4/12例）取得第2次CR，其中3例以往曾用ATRA取得CR后复发。初治患者中80%取得CR。此种RA是否优于ATRA，尚缺乏大量病例对比研究予以肯定。

（3）Am80：即4-（5，6，7，8 tetrahydro-5，5，5，8 tetramethyl-1-2-naphtatenyl) carmamoyl benzoic acid，这是一种在日本研制成的新维A类药物。体外诱导分化的作用强度比ATRA大10倍，不与RARγ及胞质维A酸结合蛋白结合，与ATRA无交叉耐药性。故一般用于复发或对ATRA耐药的APL（见下文）。

（4）ATRA：这是用于诱导缓解治疗APL的主要维A类药物。20世纪80年代初，国内尚无13-cRA供应，只有ATRA批准用于治疗皮肤病。体外实验证明，ATRA有诱导新鲜APL细胞分化的作用，在此基础上，我们试用ATRA治疗晚期对化疗药耐药的APL患者，取得惊人的效果。1987年我们初步总结了6例APL，用ATRA治疗，合用化疗或单用，全部获得CR。1988年我们总结了24例APL用ATRA治疗的结果，23例取得CR。ATRA诱导缓解治疗APL的这一效果，得到国内外广泛证实。1990年我们与其他医院合作收集了90例用ATRA治疗的APL，其中64例初治，20例用化疗无效，6例复发。90例中单用ATRA治疗76例，CR率88.2%；14例与化疗合用，CR率71.4%（王振义等，1998）。1992年，国内ATRA治疗APL协作组回顾性总结了544例APL用ATRA治疗的效果（孙关林等，1992）。单用ATRA治疗400例，CR率为85%；合用化疗144例，CR率76.4%（表5-1）。在国外，有多个血液病中心前瞻性地研究了ATRA合用化疗治疗APL，发现CR率有了进一步的提高。尤其是欧洲的两个协作组多中心、随机、前瞻性地研究了200～400例以上APL，ATRA合用化疗的CR率高达92%～95%。现将国内外从20世纪90年代起大组研究的结果（大于50例）列于表5-1。2003～2004年期间，欧亚多个血液病研究中心在第45届美国血液学年会及医学刊物上，总结和发表了大量论文，介绍APL用ATRA合并化疗治疗的效果和经验，CR率最高达94.4%（表5-2）。2010年，Adès等总结了欧洲APL协作组治疗该病的经验，ATRA与化疗合用的CR率为96.2%，10年存活率为85%，先用ATRA后加化疗122例，CR率为92.6%，10年存活率为81.8%（Adès等，2010），说明ATRA和化疗合用，已成为APL诱导缓解普遍接受的方案。

表5-1　ATRA诱导缓解APL的缓解率（1990～2000年，超过50例的大组研究结果）

报告年份	作者	方案	病例数	CR率（%）	文献
1991	陈子兴等	ATRA	50	94.0	Chen等，1991
1992	孙关林等	ATRA	400	85.0	孙关林等，1992
	中国协作组	ATRA+化疗	144	76.4	
1993	上海协作组	ATRA	91	81.3	Sun等，1993
1994	Warrell等	ATRA	79	84.8	Warrell等，1994
1995	Kanamaru等	ATRA±化疗	109	89.0	Kanamaru等，1995
1997	Tallman等	ATRA	172	72.1	Tallman等，1997
1997	Soignet等	ATRA±化疗	95	83.2	Soignet等，1997
1997	Asou等	ATRA	62	95.2	Asou等，1997
		ATRA±化疗	196	88.3	
1997	Mandelli等	ATRA+化疗	240	95.4	Mandelli等，1997
1997	Fenaux等	ATRA±化疗	413	92.0	Fenaux等，1997
1999	Burnett等	ATRA（短程）+化疗	119	70.0	Burnett等，1999
		ATRA（长程）+化疗	120	87.0	
1999	Sanz等	ATRA+化疗	123	89.0	Sanz等，1999
2000	Lengfelder等	ATRA+化疗	51	92.0	Lengfelder等，2000

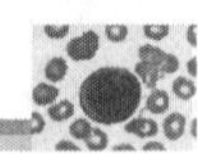

表 5-2 ATRA 合并化疗诱导缓解治疗 APL（2003～2004 年）

报道者（国籍）	方案	病例数	CR 率（%）	DFS 率（%）/年	OS 率（%）/年	文献
Lengfelder（德国）	ATRA＋HD-Ara-C	133	89	80/4	—	Lengfelder，2003
Avvisati（意大利）	ATRA＋Ida	807	94.3	70/5（EFS）	—	Avvisati 等，2003
Iland（澳大利亚）	ATRA＋Ida	101	90	—	88/5.7	Iland 等，2003
Bourgeois（法国）	ATRA＋CT	576	92.5	84/5 早用 CT 77 后用 CT	—	Bourgeois 等，2003
Asou（日本）	ATRA CT	288	94	62/6（EFS 率）	81/6	Asou 等，1997

注：CT. 以 DA 为主的化疗，Ida. 去甲氧柔红霉素，DFS. 无病生存，OS. 总生存，EFS. 无事件生存。

2. ATRA 的用法和剂量

（1）标准剂量：ATRA 的标准剂量为 45～60mg/（m^2·d），分 3 次口服，连服 30～40 天，直至 CR。药代动力学研究结果显示，首次空腹顿服 ATRA 80mg 后，血浆中 ATRA 水平在 0.46～0.85 小时内上升，峰值（T_{peak}）为 1.6～2.8 小时，峰浓度（C_{pmax}）为 158～300ng/ml，平均 210.8ng/ml；血药浓度-时间曲线下面积（AUC）为 511～988ng/（ml·h），平均为 777ng/（ml·h）；药物在血浆中以一级速率清除的 $t_{1/2\beta}$，平均为 1.5 小时，呈直线下降，12 小时恢复到生理浓度。连续服用 ATRA1 个月以上，药物在血浆中水平下降，维持有效浓度的时间缩短（漆小清等，1994），表观分布容积（V/F）明显升高，提示 ATRA 在体内深部组织积聚。

（2）低剂量：法国的 Castaigne 等将 ATRA 的剂量减至 25mg/m^2，30 例中 24 例（80%）达 CR。我们研究了低剂量 ATRA 的药代动力学。一次顿服 ATRA 15mg/m^2，T_{peak}稍短为 1.4～2.0 小时，C_{pmax}降至 71～161ng/ml，$t_{1/2\beta}$为 0.9～1.9 小时，并不明显低于一次顿服 80mg（60mg/m^2）的结果，浓度达到可诱导 APL 细胞分化的水平。以此剂量治疗 27 例 APL，CR 率达 92%，达到缓解天数（36.4±10.6）天，头痛、皮肤干燥等不良反应较弱，白细胞增多的发生率虽无变化，但无一例发生维 A 酸综合征（王振义等，1998），因此我们认为对标准剂量反应较大者，尤其是老年患者，可将剂量减至 20mg/（m^2·d）。

（3）脂质体 ATRA：最近有一种脂质体 ATRA 开始在临床上应用。剂量为 90mg/m^2，隔日一次，缓解率 67%（n=18）。其优点是血浆浓度较高，维持时间较长。据报道，用脂质体 ATRA 治疗，达分子缓解者较多（Estey 等，1999）。

（4）合并化疗的用法：化疗药物一般均用 DNR＋Ara-C（DA）、HHT（高三尖杉酯碱）、大剂量 Ara-C 或去甲氧柔红霉素。化疗的应用方法如下：①根据发病时或治疗过程中白细胞计数而定，即发病时或 ATRA 治疗过程中，若白细胞超过（3～5）×10^9/L，则加用化疗。Asou 等用 ATRA 治疗 196 例 APL，62 例单用 ATRA 治疗，73 例起病时即合用化疗，49 例 ATRA 治疗过程中加用化疗，12 例起病及治疗过程中都用化疗，结果 CR 率分别为 95%、86%、84%和 83%。总的 CR 率为 88%。所用化疗药物为 DNR 40mg/m^2，共 3 天；正烷阿糖胞苷（behenyl cytarabine）200mg/m^2，共 5 天（Asou 等，1997）。Fenaux 在一组欧洲协作组的研究工作中指出（Fenaux 等，1999），ATRA 合用化疗治疗 413 例 APL，CR 率达 92%，其中 163 例起病时白细胞＞5×10^9/L，用 ATRA 后 1～3 天加用

DA 方案；②起病时即合用 ATRA 和化疗。Lengfelder 等（2000）德国研究协作组介绍，从 1994～1999 年，开始即合用大剂量 Ara-C 和 ATRA 治疗初发 APL，92%获得血象缓解。Mandelli 等（1997）意大利肿瘤及白血病研究协作组于 1997 年报道 APL 用 ATRA 治疗的同时，第 2、第 4、第 6 及第 8 天，加用去甲氧柔红霉素 12mg/（m^2·d），240 例 APL 中 229 例（95%）获得 CR，只有 5%的患者早期死亡。该研究组 2003 年总结了 807 例的疗效，CR 率达 4.3%（Avvisati 等，2003）。

根据以上资料，可见单纯用 ATRA 诱导缓解 APL 的 CR 率不如 ATRA 合用化疗，其中原因之一是由于用化疗后，维 A 酸综合征（retinoic acid syndrome，RAS）的发生率降低（见下文）。我国陈子兴等在 1991 年报告单用 ATRA 治疗 APL 50 例（见表 5-1），CR 率也达 94%，因在国内 RAS 的发生率低。2003 年，在美国血液学第 45 届年会上，亚欧各国血液病研究者报告了大宗 APL 患者用 ATRA 合并化疗治疗，CR 率最高达 94.3%（见表 5-2），这说明 ATRA 与化疗合用，是 APL 诱导缓解治疗的最佳方案。

3. 缓解后治疗及长期存活问题　1990 年上海 APL 研究协作组对 50 例 APL 进行了 CR 后继续治疗的研究，结果指出，CR 后单用 ATRA，患者很快复发，一般不超过 6～12 个月。化疗与 ATRA 交替应用组的缓解期最长，1 年存活率 87.4%，2 年存活率 80.7%（Sun 等，1993）。1994 年我国 APL 研究协作组回顾性总结了 481 例 CR 后继续治疗最佳方案的经验（孙关林等，1994）。继续治疗的方案分为 4 组：①单用 ATRA 组（n=34）；②单用化疗（HHT、DA 方案）组（n=119）；③化疗与 ATRA 交替应用（n=265）；④强化疗、ATRA 及 6-MP+MTX 交替应用，每种 1 个月，结果 3 年存活率分别为 0.42±0.09、0.58±0.06、0.69±0.03 和 0.76±0.06。1995 年在上述基础上又总结了 423 例的随访结果，中位随访 50 个月。5 年存活率单纯 ATRA 组为 0.18±0.08，单纯化疗组为 0.51±0.05，化疗与 ATRA 交替应用组为 0.68±0.03，强化疗、ATRA 及 6-MP+MTX 交替应用各 1 个月为 0.71±0.06（Wang 等，1999）。以上的研究虽系回顾性总结，但可得出以下结论：①ATRA 诱导 CR 后，单用 ATRA 继续治疗，存活期短；②单纯化疗的存活期不如化疗与 ATRA 交替应用长；③强化疗、ATRA、非强化疗 6-MP+MTX 交替应用，可使长期存活率增高。

在国外，20 世纪 90 年代早期的研究也发现单纯用 ATRA 治疗容易早期复发。CR 后用强化疗（DA）可使 4 年存活率达 76%。多数研究主张 APL 用 ATRA±化疗取得 CR 后，应该用 DA 方案巩固，3 个疗程后，用维持疗法。欧洲的研究结果指出，维持疗法中，应该用 MTX+6-MP 2 年与 ATRA 间隙（每 3 个月服用 15 天）用 2 年。2 年复发率不用 ATRA 组为 25%，用 ATRA 组为 13%；不用化疗组为 27%，用化疗组为 11%（Fenaux 等，1999）。西班牙的 Sanz 用 ATRA 及去甲氧柔红霉素治疗 123 例 APL，CR 率为 89%。CR 后用去甲氧柔红霉素 5mg/m^2×4d、米托蒽醌 10mg/m^2×5d、去甲氧柔红霉素 10mg/m^2×1d 各 1 个疗程，共 3 个月。后用 MTX+6-MP，ATRA 按 45mg/（m^2·d），每 3 个月 15 天维持，2 年存活率及无事件存活率分别为（82±4)%及（79±4)%（Sanz 等，1999）。以上研究结果与国内基本上相似。当前国外对 APL 缓解后的治疗方案，基本上采用欧洲的经验（多数尚未加入砷剂），5 年生存率达到 80%～85%（见表 5-2）。当然，国内还必须进行前瞻性随机研究，结果才符合要求，有说服力。

关于维持疗法需持续多久，目前多数研究者认为应不少于 2～3 年。

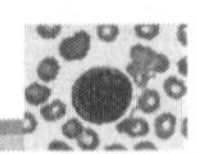

4. ATRA 治疗 APL 过程中血象及骨髓象变化（王振义等，1998）

（1）白细胞：APL 用 ATRA 治疗过程中，约有 2/3 的患者白细胞升高，可高达原来水平的数十倍，最高可达 200×10^9/L 以上。据统计，ATRA 治疗时，白细胞的变化可分为 3 种类型：①治疗后渐上升，7～14 天出现高峰，持续 2～3 周，多数早幼粒细胞比例下降，趋向成熟，不久白细胞即渐恢复至原来水平；②治疗后不久即上升，高峰持续不下，早幼粒细胞趋向分化者少，常易并发维 A 酸综合征；③治疗后，白细胞变化不大，甚至有所下降，但骨髓早幼粒细胞趋向分化，这种类型约占 20%。

（2）血小板：在 ATRA 治疗过程中，血小板计数一般均停留在低水平，3～4 周接近缓解时，血小板往往首先上升，其计数的水平常预示 CR 即将到来。若不上升，则说明缓解延迟，或治疗无效。CR 后血小板可升至正常水平以上，然后又逐渐恢复至正常水平。

（3）血红蛋白：恢复较晚，常待骨髓象恢复正常，血红蛋白才迟迟上升，常需要输注红细胞改善贫血症状。

（4）骨髓象：大多数 APL 患者治疗前骨髓细胞呈增生明显活跃或极度增生，少数增生低下。在 ATRA 治疗过程中，即使外周血白细胞增高，但骨髓中早幼粒细胞已开始分化，趋向成熟，中幼粒、晚幼粒、杆核细胞比例逐渐升高，直至 CR，故治疗中骨髓检查结果常可协助判断治疗是否有效。CR 时骨髓细胞增生恢复正常，少数可见增生低下，骨髓组织学变化的研究结果指出，传统化疗后，骨髓正常造血功能受到抑制，骨髓间质也受到很大损坏，表现为间质支架塌陷、出血、骨髓坏死、结构脂肪消失，ATRA 治疗后骨髓造血组织增生仍保持活跃，间质变化轻微，有利于正常造血功能的重建和修复。

5. ATRA 治疗 APL 后的出凝血改变（赵维莅等，2000；Barbui 等，1998；Zhu 等，1999）

（1）出血症状：出血是 APL 的临床特点之一，是早期尤其是化疗过程中引起死亡的主要原因。

出血的机制有 4 方面：①血小板严重减少。②APL 细胞表达的促凝物质，包括组织因子，启动外源凝血系统；所表达的癌促凝物质，可直接激活因子Ⅹ；所分泌的白介素-1 使其他组织如内皮细胞和单核细胞产生和释放组织因子，促进凝血。以上机制，引起 DIC。③DIC所致继发性纤溶亢进。此外，APL 细胞释放纤溶酶原活化物，引起原发性纤溶。④释放的溶酶体酶引起蛋白水解及纤溶亢进，导致纤溶蛋白原下降。Liu 等报道，APL 细胞上的膜连蛋白Ⅱ（annexin-Ⅱ）高表达是引起纤溶亢进的原因（Liu 等，2010）。

ATRA 治疗后，一般临床出血症状逐渐在短期内改善，常在 3～7 天内消失。但 ATRA 治疗后并不能完全防止出血所引起的死亡，尤其是颅内出血。Mandelli 分析了 622 例 APL 早期出血所致死亡的发生率：单纯化疗组（$n=123$）为 4.1%，ATRA 加化疗组（$n=499$）为 3%。出血死亡的原因可能是：①DIC、血小板减少、纤维蛋白原减少等未能得到纠正；②纤溶亢进仍需持续一段时间。此外，体外研究发现 NB4 细胞用 ATRA 诱导分化时，尿激酶活性很快上升，纤溶酶原活化物抑制物（PAI）上升较晚。因此在用 ATRA 治疗 APL 的早期，仍应加强输注血小板、纤维蛋白原等支持疗法。根据有的研究者的意见，早期应该用抗纤溶药，5 天后才用肝素，或在使用肝素的同时，应该抗纤溶。

（2）出凝血实验室检查的改变：治疗前 APL 患者 DIC 的指标常阳性，活化部分凝血活酶时间（APTT）、凝血酶原时间（PT）延长，纤维蛋白（原）降解产物升高，D-二聚体升高，3P 试验阳性；凝血酶-抗凝血酶复合物、凝血酶原碎片 1＋2、纤维蛋白肽 A 升高，组织型尿激酶型纤溶酶活化物升高；相反，纤溶酶原、α_2 抗纤溶酶、纤维蛋白原、血小板减少。我们的研究发现，在 ATRA 治疗时，骨髓中单个核细胞的组织因子抗原及促凝活性 7 天时即已明显下降，14 天时已测不到，与此同时，纤维蛋白单体、D-二聚体下降。据报道，ATRA 可使 APL 细胞的膜连蛋白Ⅱ下调，纤溶酶活性下降（Liu 等，2010），使纤维蛋白原的降解得到改善。

6. 不良反应

（1）常见不良反应及处理：①口唇及皮肤干燥（75%～90%）。多数较轻，重者口唇干裂出血，常在继续治疗过程中逐渐减轻，可伴皮肤脱屑。其发生原因是皮肤细胞核上有 RARα 受体，ATRA 可在皮肤上积聚。一般用甘油或用温生理盐水润湿可得到改善。阴囊皮炎虽是少见不良反应，但其发生率也有 1%～2%，严重者可继发感染、溃疡，少数局部渗出严重，甚至引起皮肤坏死而被迫停药。用温生理盐水湿敷，肾上腺皮质激素局部或全身应用，常可奏效。有感染时，局部用抗生素。②头痛（25%～40%）。轻重不等，儿童发生率高，有的甚至引起类似假脑瘤症状，伴颅骨骨缝开裂。发生机制可能与血管通透性增高有关，引起颅内水肿。有的患者静脉注射高渗葡萄糖或甘露醇，头痛即可缓解。ATRA 所致头痛必须与血小板减少所致颅内出血相鉴别。③骨关节痛（15%～30%）。常发生在白细胞升高之际，止痛药可使疼痛改善。继续用药 5～7 天后也常消失。白细胞升高时需要加用化疗。④肝功能受损（12%～30%）。表现为转氨酶、碱性磷酸酶升高，黄疸伴胆红素升高。多数患者在保肝药的应用下或减量可恢复正常，少数严重者需要停药。极少数可因而发生严重肝功能损害，甚至死亡，应注意，这种情况常发生在原有肝病的患者。⑤血脂升高。血脂、胆固醇升高，国外报道发生率可达 20%～40%，国内较低，一般并不妨碍 ATRA 继续治疗，但应注意血栓形成的并发症。

（2）严重并发症

1）维 A 酸综合征（RAS）。以往国外 RAS 的发生率（单用 ATRA）高达 25%～45%，自从加用化疗后，其发生率已降至 7%～10%。国内和日本的发生率多数报道较低，为 5%～7%。近年来，国内报道的发生率也渐增高，可能因对其认识有了提高之故。RAS 的临床表现为发热、胸闷、呼吸困难、水潴留伴水肿、胸腔或心包积液、高血压，少数肾功能衰竭，患者常因呼吸功能衰竭、缺氧而死亡。RAS 一般发生在 ATRA 治疗后 7～10 天，但也可早在第 2 天、晚至第 47 天。防治方法是 ATRA 加用化疗。若已发生 RAS，则应静脉注射地塞米松 10mg，每日 2 次，连用 3～5 天，有效率可达 80%。有人主张 ATRA 治疗过程中，若白细胞升至 10×10^9/L 以上，须加用泼尼松龙，口服75mg/d，直至白细胞降至 10×10^9/L 以下。临床表现严重者应停用 ATRA，改用化疗或砷剂。RAS 的发生机制与以下因素有关：①白细胞升高。在 Tallman 等（2000）所见 44 例 RAS（44/167）患者中，起病时中位白细胞为 1.4×10^9/L，RAS 发生时升至 31×10^9/L。②白血病细胞的黏附蛋白 CD54/ICAM-1 表达增高，血管壁损伤，血管通透性增高。③CD13 的表达。CD13 是一种氨基肽酶，属于Ⅱ型糖蛋白，在粒细胞、单核细胞、肾小管、小肠上皮、破骨细胞及中枢神经的突触膜上都有表达。急性粒细胞白血病细胞上若表达 CD13，则预后差。具有侵犯性的人肿瘤细胞，有的也表达 CD13，说明有 CD13 抗原表达的 APL 细胞黏附和浸润性能提高，故可能是引起 RAS 的机制之一。肾上腺皮质激素对其有抑制作用，

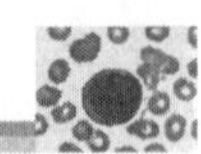

可部分解释为何皮质激素对 RAS 治疗有效。

2）血栓形成。发生率虽低，但可引起致死性并发症，血栓形成部位常为下肢深静脉、脑血管和肾动脉。治疗方法是停用 ATRA，改用砷剂，并用纤溶药。

7. 对 ATRA 耐药的机制及处理（王振义等，1998） 我们在 1986 年初次使用 ATRA 时，已注意到该药很快会产生耐药性，表现为缓解期短，复发时再用 ATRA，往往失效，耐药机制与以下几方面有关：

（1）连续服用血浆 ATRA 水平下降：前已述及，连续服用 ATRA 1～2 个月后，血浆 ATRA 峰值下降，可下降 80%。漆小清等（1994）报告 2 例 APL，连续服用 ATRA 32 天及 39 天后，重复一次口服 ATRA 80mg，C_{pmax}分别从 300ng/ml 降至 82 ng/ml 及 182 ng/ml 降至 37 ng/ml。Muindi 等介绍开始服用 ATRA 45mg/m^2，AUC（血药浓度-时间曲线下面积）可达（499±200）ng/（ml·h）（n=10），复发时给予同样剂量，AUC 下降 50%，即使将 ATRA 剂量增加一倍（90mg/m^2），AUC 也无明显增高。长期服用低剂量 ATRA 20 mg/（m^2·d），完全缓解时的 ATRA C_{pmax}水平下降至原水平的 30%～43%。由此可见，不论 ATRA 剂量大小，长期服用后，血浆 ATRA 水平下降是产生耐药的重要原因之一。

（2）胞浆中维 A 酸结合蛋白Ⅱ（CRABPⅡ）增高（王振义等，1998）：CRABP 可分为Ⅰ型及Ⅱ型两种，Ⅱ型对 ATRA 的亲和力高。ATRA 治疗前，APL 胞浆中测不到 CRABPⅡ。ATRA 治疗后，这种结合蛋白升高。在复发的患者，APL 细胞的胞浆中，CRABPⅡ可达 20fmol/mg，而在治疗前检测不到。增高的 CRABPⅡ结合进入胞浆中的 ATRA，因此能到达核受体并与之结合的 ATRA 量减少，APL 细胞对 ATRA 的敏感性下降。

（3）ATRA 的分解代谢加快：ATRA 的分解代谢可通过两条途径，一条是被细胞色素 P450 氧化酶系统氧化分解，另一条途径是通过与葡萄糖醛酸结合，在尿中排出。连续服用 ATRA 后，细胞色素 P450 的氧化辅助因子脂质过氧化物酶增高，加快 ATRA 的分解。此外，连续服用 ATRA 2～6 周，尿中 4-氧-ATRA 葡萄糖醛酸的排出增加，可达治疗初的 10 倍。

（4）多药耐药基因 1（MDR1）及 P-糖蛋白的表达：对 ATRA 耐药的 APL 细胞 MDR1 表达增高，而对 ATRA 敏感的 APL 细胞，MDR1 表达阴性。（P-gp）是一种依赖能量的泵，将嗜脂性化合物泵出细胞外。故对 ATRA 耐药的 APL 细胞可能通过（P-gp）使 ATRA 不能积聚在细胞内，而使此药不能发挥作用。

（5）维 A 酸受体突变：首先在一株对 ATRA 耐药的 HL-60 细胞内发现，APL 对 ATRA 耐药也可能通过这种机制。

（6）PML-RARα 蛋白表达障碍：这是 Dermine 在一株对 ATRA 耐药的 NB4 细胞株 NB4306 发现的，用 Southern 及 Northern 印迹试验检测，测不到 PML-RARα 融合蛋白，而该蛋白是 ATRA 治疗机制中的靶蛋白（见下文）。NB4R1 耐药细胞株的特点是 PML-RARα 融合基因发生突变，致使其与配体的结合发生障碍，影响对 ATRA 的反应。

对 ATRA 耐药目前尚缺乏有效的治疗方法，P-gp 拮抗剂维拉帕米和细胞色素 P450 氧化酶抑制剂如酮康唑类药，效果不肯定。为了减少耐药，现主张间歇用药，如每 3 个月用药 15 天。一旦产生耐药，可改用砷剂或新维 A 类如 Am80（见下文）。现已公认，用

ATRA 诱导缓解 APL 取得 CR 后，除少数情况外，一般都应该用化疗巩固，以后可间歇使用 ATRA 联合化疗维持，否则容易早期复发。

8. 微小残余白血病的检测及分子缓解　随着分子生物学技术的发展，应用 RT/PCR 法检测 PML-RARα 融合基因转录本已很普遍，这不仅对 APL 的确诊十分重要，而且对判断 APL 的疗效、治疗后是否已取得了分子缓解、预示复发也有很大的价值。国内外的研究结果早已指出，APL 伴 PML-RARα 融合基因转录本阳性的患者，用 ATRA 治疗有效。相反，若系变异型 APL 伴 t（11；17）和 PLZF-RARα 融合基因，则对 ATRA 的诱导分化治疗没有反应，需要用化疗争取 CR。在熊树民所分析的 50 例 APL 中，1 例系 t（11；17）伴有 PLZF-RARα 融合基因转录本，1 例 PML-RARα 阴性，1 例 PML-RARα 阴性但以后纠正为 M2b 型急性粒细胞白血病，对 ATRA 治疗都无效（熊树民等，1995）。在黄薇等的早期（1993）报道中指出，97 例 APL 用 RT/PCR 法检测 PML-RARα，12 例在取得 CR 后，9 例（75%）仍阳性，6 例 12 个月以后检测发现 5 例（83.3%）阴性。44 例 ATRA 治疗前未测融合基因，经过巩固治疗，35 例阴性，都处于继续 CR 期，9 例阳性，其中 4 例复发。有 1 例在 48 个月、1 例在 60 个月时，RT/PCR 阳性，不久复发。Mandelli 等联合应用 ATRA 和去甲氧柔红霉素治疗 APL，139 例 CR 后检测 PML-RARα 转录本，84 例（60.5%）转阴，3 个疗程联合化疗巩固治疗后，98%（159/162）的患者 PCR 转阴，只有 2% 仍阳性（Mandelli 等，1997）。Sanz 等也（1999）应用 ATRA 联合去甲氧柔红霉素治疗 APL，诱导缓解时 51%（48/99）的患者 PML-RARαPCR 转阴，3 个疗程化疗巩固治疗后 93%（82/88）的患者 PML-RARα PCR 转阴。Lengfelder 等（2000）用大剂量 Ara-C 合并 ATRA 诱导缓解后 91%（29/32）的患者 PML-RARα PCR 转阴。由此可见，采用 ATRA 合用强化疗可使 50%以上的患者 PML-RARα PCR 转阴，取得分子缓解。法国的 Fenaux 认为，在判断 PML-RARα RT-PCR 检测结果时应持谨慎态度。因每个实验室 RT/PCR 检测的敏感程度不一，PML-RARα 融合转录本在骨髓标本中极易降解。因此，一次阴性并不能完全肯定已经取得分子缓解，不会复发，而应定期检查，多次阴性才能预示复发的机会少。最近笔者所在单位根据国外的报道，建立了“实时（real-time）定量 RT-PCR”方法，定量检测 PML-RARα 融合基因，可使敏感度从 10^{-4} 升高至 10^{-7}。以往所测 PCR 阴性的患者，用此法检测时，仍在阳性范围内。因此，对目前所谓分子缓解的意义可能随着方法学的改进和敏感性的提高而有所改变。

前已提到，典型 APL 的发生是由于 t（15；17）（q23；q21）所致。RARα 基因的断裂点处于 A 与 B 区之间，而 PML 基因的断裂点集中在 3 个区域 BCR1、BCR2 及 BCR3（见图 5-1）。95%以上的 PML 断裂点位于 BCR3 及 BCR1 区域，PML 基因含 10 个外显子，BCR3 在 PML 基因的 3 号内含子-外显子 4 的 5′端，BCR2 位于 PML 6 号外显子下游，BCR1 位于外显子 6～7，因此若断裂的 RARα B～F 区与 PML 1～6 外显子融合，则形成长型（L 形）PML-RARα；若 RARα 的 B～F 区与 PML 的外显子 1～3 融合，则形成短型（S 形）PML-RARα 融合基因。检测 L 及 S 形 PML-RARα 对判断预后有一定意义。据笔者所在单位资料分析，L 形者 CR 较多，早期死亡率较低，早期复发者少（王振义等，1998）。

9. 复发 APL 的治疗　前已提到，APL 用 ATRA 治疗取得 CR 后，对 ATRA 往往有耐药性。我们对第一次复发 APL 的治疗进行分析，再用 ATRA 诱导，第二次 CR 率只有 5.3%（1/19）。若起病时用化疗取得 CR 后复发，再用 ATRA 诱导，第二次 CR 率可达

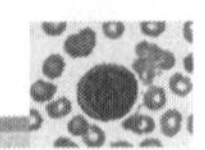

46.2% (12/26)。目前对复发 APL 的治疗都主张用砷剂（见下文）。

用于治疗复发 APL 的新维 A 类药物有日本研制的 Am80。Tobita 等报告应用该药治疗 24 例 ATRA 治疗后复发的 APL，14 例（58%）取得第二次缓解，剂量为 6mg/(m^2 · d)，口服，需要 20～58 天奏效（中位 37 天）。无皮肤干燥不良反应，但可致血浆三酰甘油及胆固醇增高（Tobita 等，1997）。最近，Takeuchi 等报道 7 例复发 APL，5 例第一次复发，2 例第二次复发，用 Am80 治疗，7 例都获得缓解，4 例只用化疗巩固，RFS 率分别达到 84.7 和 90.1 个月（Takeuchi 等，2003）。

有关组蛋白去乙酰化酶抑制剂（HDACI），目前，尚在研制中。在第 10 届国际分化治疗会议上，Degos 报告丙戊酸（valproic acid）可望是一种有效的 HDACI，可用于诱导分化治疗急性白血病。

10. 变异型 APL 1992 年，笔者所在单位陈赛娟、陈竺等（1999）在国际上首先发现 t（11；17）（q23；q21）变异型 APL，所形成的融合基因是 PLZF-RARα，形态上与 t（15；17）APL 无多大区别，但对 ATRA 无反应，治疗无效，至今文献上报告这种变异型 APL 至少已有 8 例。有的病例对 ATRA 及 G-CSF 合用有效。以后又发现另外 3 种变异型，虽少见，但对研究 APL 的发病机制、分子生物学有很大帮助（Mozziconacci 等，1999；Redner 等，2000），现摘要列于表 5-3。最近，韩国的 Han 等发现另一种变异型t（11；17）（q23；q12），伴 ZBTB16-RARα 融合基因，用化疗治疗有效（Han 等，2010）。

11. 老年及儿童 APL 用 ATRA 治疗 一般说来，老年人及儿童都能耐受 ATRA 治疗，CR 率也较高。Mandelli 等（2003）用 ATRA 加去甲氧柔红霉素（AIDA）方案治疗 134 例老年 APL，116 例（86%）获 CR，3 年生存率为 81%～83%，DFS 率为 72%～73%，但严重并发症较多。Testi 等（2003）报道 124 例年龄<18 岁的 APL，也用 AIDA 方案治疗。在可评估的 107 例中，103 例（96%）获 CR，2 例并发维 A 酸综合征，10 例发生颅内压增高。10 年的 OS 率及 EFS 率分别为 89%及 75%，说明 18 岁以前的 APL，ATRA 加化疗的效果是满意的。

12. ATRA 诱导分化治疗 APL 的机制（Wang 等，2000；Chen 等，2003；Wang 等 2010；de Thé 等，2010） 由于 ATRA 治疗 APL 的 CR 率很高，因此对其进行研究不仅可从分子水平进一步了解 ATRA 的作用机制，而且对 APL 的发病机制及指导新诱导剂的研制、治疗其他白血病和肿瘤有指导和启示意义。近 10 年来已有大量报道，现将结果归纳为以下几方面：

（1）ATRA 降解 PML-RARα 融合蛋白：在发病机制中已经述及，PML-RARα 融合基因及其编码的融合蛋白在 APL 发病机制中起重要作用。体外实验发现，ATRA 通过溶蛋白小体依赖的途径及半胱氨酸蛋白酶（caspase）途径降解 PML-RARα/ RARα，其结果是使野生型 RARα/RXR 和 PML 恢复正常功能，PML-RARα 的显性负抑制作用解除，早幼粒细胞按正常途径分化和凋亡。

（2）PML 恢复正常定位：在 APL 细胞中，主要含 PML 的核小体 POD，原来只位于核内，只有 10～20 个粗颗粒，被分成上百个细颗粒状结构，分布在细胞核和细胞质中，在治疗剂量 ATRA 作用下，PML 的正常定位恢复，其抑制增殖和促凋亡的功能也随之恢复正常。

（3）核受体共抑制物（N-CoR）释放：在正常情况下，RARα/RXR 异二聚体与一种转录抑制复合物结合。这种抑制复合物至少含 3 种蛋白质，即核受体共抑制物（N-CoR）、

表 5-3 变异型 APL

染色体异常	t（15；17）（q22；q21）	t（11；17）（q23；q21）	t（11；17）（q13；q21）	t（5；17）（q35；q21）	der（5）t（5；17）	dup（17）（q21.3；q23）
发生率	>95%	1%～2%	罕见	罕见	罕见	罕见
融合基因	PML-RARα100% RARα-PML60%～70%	PLZF-RARα100% RARα-PLZF100%	NuMA-RARα100% RARα-NuMA 无	NPM-RARα	?	Stat5b-RARα RARα-Stat5b
核定位	微颗粒状分布在胞浆	位于微颗粒	微颗粒状		PKL 核小体未被破坏	微颗粒，可存在于胞浆
转基因动物模型	多种，一种近似人类 APL	表型似慢性粒细胞白血病	从典型 APL 至髓性白血病	不知	不知	不知
治疗反应						
ATRA	良	无，对 ATRA＋化疗有反应	良	有	有，不典型分化	无
化疗	良	无，对 ATRA ＋G-CSF 有效				
砷剂	良，伴 PML-RARα 降解	无 PLZF-RARα 降解	不知	不知	不知	不知

维 A 类及甲状腺受体静息介质（silencing mediator）（SMRT）——mSin3A（哺乳动物酵母全转录抑制物同源体）或 mSin3B，并有组蛋白去乙酰化酶（HDAC）活性。去乙酰化的组蛋白能抑制基因转录活性，因此维 A 酸受体（RAR）不能激活下游的基因。在生理浓度 ATRA（0.01μmol/L）作用下，抑制复合物被释放，被激活复合物取代，激活复合物（CoA）含有 CBP/P300［（cAMP 反应元件结合蛋白）结合蛋白/腺病毒-EIA 相关蛋白］及具有激活组蛋白乙酰转移化酶活性的蛋白质。组蛋白乙酰化后启动转录激活下游基因的活性，使细胞分化。APL 时，RXR 与 PML-RARα 形成 RXR/PML-RARα 二聚体，与 N-CoR 形成 RXR/ PML-RARα/CoR，后者在生理浓度 ATRA 作用下不能解离，CoR 不能被释放，只有在药理浓度 ATRA（0.5～1μmol/L）下，CoA 才能被释放，并随之产生 CoA 的激活使早幼粒细胞分化恢复。若 APL 的染色体异常是 t（11；17），即变异型 APL，形成 PLZF-RARα 融合基因，则 PLZF-RARα 与 RXR 及 CoR 形成 RXR/ PLZF-RARα/CoR 复合物。后者即使在药理浓度 ATRA 作用下，CoR 也不能被释放，组蛋白不能被乙酰化，APL 白血病早幼粒细胞不能分化。这可以解释为什么 ATRA 对 t（11；17）（q23；q21）变异型 APL 治疗无效。文献报道，组蛋白去乙酰化酶抑制剂苯丁酸钠、G-CSF 与 ATRA 合用可诱导分化，使有的变异型 APL 缓解（Collins，1998；Janson 等，1999）。

（4）cAMP/PKA 途径：最近的研究发现（Zhao 等，2004），NB4 及新鲜 APL 细胞在 ATRA 作用下，细胞内的 cAMP 水平明显升高，而耐 ATRA 细胞株 NB4R1 无此变化。进一步的研究结果指出，cAMP 增高的机制是激活环化酶，与此同时，cAMP 依赖的蛋白激酶（PKA）的活性也随之上升。PKA 可使 RARα 磷酸化，增强其转录作用。PKA 抑制剂 H-89 能部分抑抑制 ATRA 对 NB4 细胞的诱导分化作用，说明 cAMP/PKA 参与了 ATRA 的分化机制。

（5）调节基因网络最终使早幼粒细胞分化：采用差异 PCR（DD-PCR）、减数杂交、cDNA 点阵等现代分子生物学技术，笔者所在单位研究人员（Liu 等，2000）从 ATRA 诱导的 NB4 细胞中，筛选出调控基因 169 个，其中上调基因 100 个、下调基因 69 个，这些基因的功能分别属于转录、凋亡、细胞周期、增殖、信号转导、蛋白酶、细胞因子、受体、膜蛋白、代谢等有关调节作用，而且这些基因的上调、下调都有时相的差异。最近，笔者所在单位的张济等（2003）用微阵列新技术动态观察了 ATRA 诱导 NB4 细胞分化时的靶基因改变，发现在 12 630 个 cDNA 中，有 509 个发生变化，318 个上调，291 个下调。按其功能，可分为与增殖和分化有关的两大类。根据时相，在分化早期，上调的基因与结构和功能有关，尤其是与染色体重构有关的基因上调；下调的基因主要涉及细胞增殖，包括细胞周期、信号传递、转录及翻译。在整个过程中，上调的基因与粒细胞分化和细胞凋亡有关联。这些基因形成一个网络，在 ATRA 作用下，通过 RARα 先后被激活，最终使早幼粒细胞分化。笔者所在单位最近的研究结果指出，ATRA 可解除 PML-RARα 启动区 PU.1 对转录的抑制，启动分化机制（Wang 等，2010），但哪个基因起主导和关键作用，尚待进一步明确。

五、砷剂治疗 APL

很早以前，在我国传统医学中，已有两种砷剂用于治疗各种疾病。1518～1593 年李时珍《本草纲目》中已有砒霜（含氧化砷）治疗皮肤病、促进伤口愈合和治疗哮喘的记载。另一种砷剂是雄黄，含硫化砷，40余年前已用于治疗慢性粒细胞白血病。在西方，一种含有亚砷酸钾的溶液名为Fowler溶液，曾用于治疗慢性粒细胞白血病（CML）、霍奇金淋巴瘤和红细胞增多症。印度在100年前曾用一种名为“Ayurveda”的砷剂治疗CML，使白细胞下降。由于长期使用这些砷剂，或因有的砷剂含有其他化合物（如汞），引起严重的毒副反应或致癌，逐渐被其他治疗CML更有效的、毒性较小的药物所取代，如羟基脲。20世纪70年代初，根据中医“以毒攻毒”的理论，哈尔滨医科大学开始研究白砒（砒霜）治疗恶性肿瘤，其中包括各种类型的白血病。1981年，该院在长期临床应用的基础上，总结了“癌灵一号”治疗73例急性粒细胞白血病的效果，18例（24.6%）CR，8例（10.8%）部分缓解。1982年，该院又以“癌灵一号”结合化疗治疗3例APL，取得良好效果。1992年该院首次总结了20世纪70年代以来以“癌灵一号”单药治疗APL 32例的效果，CR率为65.6%，随访至1991年，5年生存率为50%，10年以上生存率为18.8%（孙洪德等，1992）。1995年黄世林等报道应用含有硫化砷的中药复方青黛片治疗初治APL，CR率高达98.3%。1996年哈尔滨医科大学在以往治疗经验的基础上，以纯As_2O_3（0.1%溶液）制剂治疗APL 72例，初治32例，CR率73.3%，复发和难治的42例中，CR者也占52.3%（张鹏等，1996）。1997年笔者所在单位与哈尔滨医科大学合作，以“癌灵一号”治疗以前用ATRA治疗取得CR以后复发的APL 15例，93%取得第二次缓解，我们还研究了As_2O_3的作用机制（Shen等，1997；Wang等，2000）。1998年美国的Soignet等以As_2O_3治疗12例复发APL，92%获CR（Soignet等，1998）。此后，哈尔滨血液病研究所报告98例APL用As_2O_3治疗，CR率为87.1%（Ma等，1998）。1999～2000年，国外研究得最多的一组报告40例复发和难治APL用As_2O_3治疗，CR率达85%（Soignet等，1999）。国内哈尔滨医科大学的张鹏等（2000）报告242例初治和复发的APL用As_2O_3治疗，CR率达74.8%。

有关硫化砷治疗APL除黄世林等报告的之外，陆道培等（Lu等，2002）报道用纯As_4S_4治疗26例初发及复发APL，CR率为100%。现将砷剂治疗APL的缓解率列于表5-4。近年来，西方国家开始较大规模使用As_2O_3治疗APL，病例较多的有Ravandi的82例、Ghavamzded的111例和Mathews的72例，CR率分别达91.5%、85.6%和85.6%（Sanz等，2010）

表5-4 砷剂诱导APL CR率

年份	作者	砷剂	病情	病例数	CR率（%）
1992	孙洪德等	癌灵一号	初发+复发	32	65.6
1995	黄世林等	复方青黛	初发+复发	60	98
1996	张鹏等	As_2O_3	初发	30	73.3
			复发	42	52.4
1997	沈志祥等	癌灵一号	复发	15	93
1998	Soignet等	As_2O_3	复发、难治	12	92
1998	Huang SY等	As_2O_3	复发	7	57
1998	马军等	As_2O_3	初发	98	87.1

续表

年份	作者	砷剂	病情	病例数	CR率（%）
1999	牛超等	As_2O_3	初发	11	72.7
			复发	47	85.1
1999	Soignet 等	As_2O_3	复发、难治	40	85
2000	张鹏等	As_2O_3		124	87.9
				242	74.8
2002	陆道培等	As_4S_4	初发+复发	26	100
2002	Mathews	As_2O_3	初发	11	91
2003	Lazo 等	As_2O_3	复发	12	100

（一）剂量及用法

1. As_2O_3 溶液（0.1%溶液）（孙洪德等，1992；张鹏等，1996） 每日剂量为0.16mg/kg，用5%葡萄糖生理盐水稀释，静脉滴注2～3小时。1个疗程需要28～44天，少数为60天。笔者所在单位曾研究将剂量减半为0.08mg/（kg·d）治疗APL 29例，80%达CR。减量 As_2O_3 适用于老年人或毒副反应较大的患者。

2. 硫化砷制剂 复方青黛合剂（黄世林等，1995）开始时，每日口服3次，每次5片（0.25g/片），1周后，剂量加至30片/天。1个疗程为30～60天。纯 As_4S_4 口服0.5g，每日3次，渐加至每次1.0g，1个疗程为2～4周（Lu等，2002）。

（二）血象、骨髓象及出凝血指标的改变

1. 血象 在 As_2O_3 治疗过程中，像ATRA治疗时一样，约有2/3的患者白细胞计数5～20天后逐渐增高，增高数量可从几倍至数十倍。与此同时，早幼粒细胞胞浆中颗粒减少，染色质致密，核固缩，出现大量中幼粒样髓细胞，可见少数核碎裂、趋向于凋亡的细胞，并见裸核细胞。用原位杂交技术检查，这些中幼粒样细胞核内保持PML-RARα融合基因，说明这些细胞来自白血病早幼粒细胞。免疫表型检查发现 $CD33^+$ 细胞减少，$CD11b^+$ 细胞增加，反映白血病早幼粒细胞分化，但很少见向终末粒细胞分化的细胞。像ATRA治疗时一样，As_2O_3 治疗时，血小板减少变化不大，接近CR时开始上升，血红蛋白恢复较慢。

2. 骨髓象 As_2O_3 治疗后，骨髓中早幼粒白血病细胞的变化与外周血相似，出现类似部分分化的中幼粒样细胞，类似趋向于凋亡的细胞，伴核固缩、碎裂及裸核，细胞增生活跃程度逐渐减少，少数病例可见骨髓增生低下。

3. 出凝血指标的改善（赵维莅等，2000；Chen等，2001） 在 As_2O_3 治疗过程中，原有的DIC和出血症状改善，但不能防止早期颅内出血。出凝血指标的改善极似ATRA。As_2O_3 治疗后7天，骨髓中单个核细胞的组织因子和促凝活性表达明显下降，14天时已测不到。与此同时，血浆纤维蛋白单体、D-二聚体、t-PA活性、血小板颗粒膜蛋白水平下降；相反，纤维蛋白原、纤溶酶原、α_2 纤溶酶抑制物水平升高。

（三）毒性不良反应

毒性不良反应包括：皮肤干燥、瘙痒、红疹及色素沉着（25%～30%），滴注 As_2O_3 时头痛、关节肌肉酸痛（40%），胃肠道功能紊乱（恶心、呕吐及腹泻 21%～27%），外周神经病变表现为手足麻木，肢端肌肉萎缩，心脏毒性表现为心电图改变（7%），如 T 波低平、心动过速、房室一度传导阻滞，少数为二度。20%～30%的患者肝功能受损，转氨酶增高，血胆红素增高，甚至出现黄疸、肝功能衰竭，导致死亡，严重肝功能受损致死的病例，见于初治者，过去用化疗或 ATRA 治疗复发者少见。50%～60%的患者白细胞增高，其中部分发展成为 RAS，伴有体重增加，胸腔、心包积液，呼吸窘迫。在 Camacho 等（2000）报道的 26 例用 As_2O_3 治疗的 APL 中，58%白细胞增高，31%发生 RAS，RAS 的发生与 AS_2O_3 的剂量无关，而与白血病细胞的分化有关。白细胞超过 10×10^9/L 者多见。Huang 等（1998）报道用 As_2O_3 治疗 APL，6 例发生水潴留、胸腔及心包积液，其他不良反应有腮腺、甲状腺肿大，牙痛，口腔溃疡，牙龈出血。As_2O_3 的不良反应一般较轻，对症治疗可以改善，但文献报道 As_2O_3 治疗引起的心脏毒性反应可致死，必须慎用本品，因 As_2O_3 毕竟是一种毒品，远期致畸及致癌作用尚待观察。

（四）药代动力学研究（王振义等，1998）

首例 APL 患者静脉滴注 As_2O_3 10mg 后，血浆中砷的水平迅速上升，$t_{1/2\alpha}$ 为（0.89±0.29）小时，$t_{1/2\beta}$ 为（12.13±3.31）小时，C_{pmax} 为（6.79±0.314）μmol/L（体外可使细胞凋亡，见下文）。若首剂 As_2O_3 减至 5mg，则 $t_{1/2\alpha}$ 稍延长，$t_{1/2\beta}$ 相似，C_{pmax} 减至（2.63±0.19）μmol/L。治疗后的 30 天，静脉注射 As_2O_3 10mg 后，血浆浓度仍达 6.8μmol/L。说明用 As_2O_3 后 1 个月，不像 ATRA 那样发生耐药。前已述及，服用 ATRA 32～39 天后，一次口服 ATRA 80 mg，ATRA 的 C_{pmax} 可下降至原来水平的 30%～40%。

（五）缓解后的治疗（Niu 等，1999）

缓解后如何治疗，目前尚无统一的方案。有以下几种方案可以选用：

（1）继续用砷剂：如每月用药 10～15 天，或每 3 个月用 28 天。口服硫化砷，据报道，取得 CR 后每隔 2～3 周再服用 2～4 周，以后间隔时间延长，如此可连用 3～4 年。

（2）单用化疗巩固和维持。

（3）化疗合用砷剂维持：笔者所在单位曾对 33 例 APL 患者用 As_2O_3 治疗，取得 CR 后随访 38～48 个月，观察 CR 后的治疗方案，结果显示单用 As_2O_3 维持治疗的 18 例患者中，12 例复发，联合 As_2O_3 和化疗维持的 11 例患者中，2 例复发。说明 CR 后，应该采用 As_2O_3 与化疗联合治疗方案。

（六）分子缓解及长期存活期

过去认为，As_2O_3 与 ATRA 一样，并不能使 PML-RARα 消失，根治 APL。在我们所治的 15 例患者中（Shen 等，1997），CR 后 14 例 PML-RARα PCR 检测仍阳性。但若延长砷剂疗程，则 PCR 转阴率提高。在 Soignet 等（1999）所治的 40 例 APL 患者中，经过 2 个疗程 As_2O_3，37 例中 37% PCR 转阴，说明长期用 As_2O_3 治疗后，仍有可能达到分子

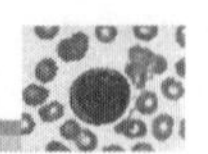

缓解。国内临床上的一些资料也表明，As_2O_3 治疗可获长期生存。在哈尔滨血液病研究所所报告的 98 例 APL，以 As_2O_3 治疗取得 CR 后，用化疗巩固，7 年生存率为 58.6%。哈尔滨医科大学张鹏等（2000）所报告的 242 例 APL，5 年及 7 年存活率分别达 92.02% 及 76.69%。陆道培等（Lu 等，2002）所报告的 103 例血象取得 CR 的 APL，用 As_4S_4 维持治疗，1 年和 6 年的 DFS 率分别达到 96.7%和 87.4%。这些成果为今后研究治愈 APL 提供了有价值的经验。Powell 等比较了 CR 后用与不用砷剂巩固治疗的长期疗效，发现 3 年的 EFS 用砷剂组为 80%，而不用砷剂的只有 63%（Powell 等，2010），说明砷剂在 APL 治疗中起重要作用。

（七）复发后治疗

复发后治疗尚缺乏大组研究的报道。一般主张再用化疗及 ATRA。ATRA 与 As_2O_3、小剂量 Ara-C（10mg，每日 2 次注射，14～21 天）合用，对有的患者有效。若再次获得 CR，应考虑骨髓移植。

（八）As_2O_3 治疗 APL 的机制（Chen 等，2001）

根据剂量和血浆浓度，As_2O_3 起双重作用。

1. 高浓度（0.5～2μmol/L）**As_2O_3 诱导白血病细胞凋亡** 用 NB4 细胞及新鲜 APL 细胞研究，在培养液中加 As_2O_3 至 0.5～2μmol/L，相当于静脉滴注 As_2O_3 0.16mg/kg 及 0.08mg/kg 后不久的水平，可见细胞增殖受阻，染色体浓缩，核碎裂，形成凋亡小体。流式细胞术检查可出现亚 G1 峰（凋亡峰），在凝胶电泳中可见梯形变化，细胞表面的附件蛋白（annexin）Ⅴ阳性，Tunnel 染色阳性。进一步研究发现，在高浓度 As_2O_3 作用下，线粒体膜电位下降，膜通透转移孔开放，通透性增高，凋亡诱导因子（AIFs）、细胞色素 C 从膜内移至胞质，激活 caspase-3，使其活性增高而引起细胞凋亡（Cai 等，2000）。电镜下也可见线粒体破坏。Bcl-2 基因通过对膜孔开放的调节，有抑制细胞凋亡的作用。用 Western 印迹法测 Bcl-2，发现在 As_2O_3 作用下，其表达降低，有利于凋亡的发生。As_2O_3 的这种诱导凋亡机制与 SH 基有密切联系。因在诱导 NB4 细胞凋亡的体外实验中，若加入双巯基化合物二巯基苏糖醇（DTT），则可阻断 AS_2O_3 对 NB4 细胞降低线粒体膜电位的作用。相反，若加入 GSH 合成酶抑制剂 BSO（buthionine sulfxoximine），则可加强 AS_2O_3 所致 NB4 细胞凋亡。此外，AS_2O_3 可诱导反应过氧化物（ROS）增高，也可使线粒体膜电位下降，而 DTT 并不能使之阻断。有实验结果指出，在 AS_2O_3 作用下，可通过其他途径激活 caspase 系统，如通过 C-Jun NH_2 端激酶依赖不依赖于 p53 途径以及小管蛋白途径促进凋亡。说明 AS_2O_3 诱导凋亡的机制还需要进一步深入研究。

2. 低浓度（0.1～0.5μmol/L）**AS_2O_3 诱导 APL 细胞分化** 表现为 APL 细胞部分分化为中幼粒样细胞，CD11b 阳性细胞百分比增高，CD33 阳性细胞百分比下降。AS_2O_3 在高浓度和低浓度下与 ATRA 一样，可使 PML-RARα 降解。此外，在非 APL 细胞，AS_2O_3 能调节 PML 蛋白。PML 及 PML-RARα 与 SUMO-1 形成高分子结合物从胞浆进入核小体（POD），然后再降解。说明 AS_2O_3 的靶蛋白是 PML 而不是 RARα。PML-RARα 的降解是分化和凋亡恢复的主要机制。AS_2O_3 诱导 APL 细胞分化还有哪些与 ATRA 相同和不同之处呢？研究结果显示，AS_2O_3 和 ATRA 一样，都可影响 CD52、Bfl-1、RIG-E、Pret-PAI-c 等基因的表达，也可使 APL 细胞的 G_1 期细胞升高，S 期细胞下降。但在 ATRA 诱导的 169 个基因中，AS_2O_3 能影响的只有其中的 1/3，ATRA 可使共抑制物 CoR 分离，而 AS_2O_3 则不能。以上实验说明，AS_2O_3 诱导分化 APL 细胞的机制既与 ATRA 相似，但又有所区别，有关研究正在深入进行。

六、ATRA 与砷剂联合应用

体外研究已证明，ATRA 与砷剂有协同作用，并可将鼠 APL 模型中的白血病细胞根除（Lallemand-Breitenbach 等，1999；Jing 等，2001）。香港的一组研究者报道联合应用 ATRA 和 AS_2O_3 治疗 3 例曾用砷剂治疗获得 CR 而又复发的 APL 患者，结果都缓解（An 等，2002）。2003 年，国内两组血液病研究中心报道 ATRA 联合 AS_2O_3 治疗初发 APL，CR 率分别为 94.4％（17/18）（赵耀中等，2003）和 93.5％（29/35）（刘元昉等，2003）。2004 年，中山大学逸仙医学院附属第一医院（Zhang 等，2004）比较了单用 ATRA 和联合应用 AS_2O_3 治疗 APL 的效果，22 例（17 例初治、5 例复发）单用 ATRA，19 例（15 例初治、4 例复发）用联合方案治疗，结果 CR 率分别为 86.4％和 89.5％，无大区别。笔者所在单位（Shen 等，2004）随机分组比较了 3 种治疗方案，即单用 ATRA、单用 AS_2O_3 和联合用药治疗初发 APL，结果列于表 5-5。从表 5-5 可见联合应用 ATRA 及 AS_2O_3 具有以下优点：①获得 CR 所需时间较短；②PML-RARα 转录本减少倍数最高，因此复发率低，缓解时间长。马向娟等分析了 73 例 APL 应用化疗、ATRA 联合砷剂序贯治疗的疗效，结论是这种方案的复发率低、DFS 长（马等，2010），说明 ATRA、化疗和砷剂合用的优越性。De Thé 等认为，在 ATRA 和砷剂的协同作用下，PML-RARα 的降解和消失，是 APL 得以治愈的机制（de Thé 等，2010）。毒性反应主要是肝脏损害，但在所研究的病例中，并未因发生严重毒性不良反应而停药。联合用药，仍应掌握指征，密切观察毒性不良反应。

表 5-5　3 种治疗方案的比较

治疗方案	病例数	CR 率（％）	达 CR 需要的平均天数	PML-RARα 转录本减少倍数	复发数（％）/时间	中位 DFS（月）
ATRA	20	95	40.5	6.7	5（26.3％）/13 个月	13
As_2O_3	20	90	31	32.1	1（11.1％）/12 个月	16
ATRA+ As_2O_3	21	94.5	22.5	118.9	0/8～30 个月	

七、结束语与展望

经过十多年的研究，APL 已从一个十分凶险和难治的急性白血病，成为一种 CR 率高达 95％、5 年生存率已达 85％～90％甚至以上的恶性血液病。现已公认，由于 ATRA 和砷剂的应用，APL 的预后已大为改观。砷剂的应用，使大多数用 ATRA 治疗后复发的

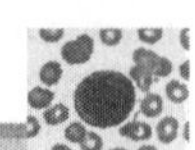

APL 患者能取得第二次缓解。ATRA 与 AS_2O_3 合用，体外和体内都已证明可根治 APL 的克隆。故进一步合理应用 ATRA、砷剂和化疗，APL 可能成为除小儿急性淋巴细胞白血病之外，第一个可治愈的成人急性白血病。此外，由于 ATRA 和砷剂治疗 APL 都十分有效，其作用机制中的共同点是降解 PML-RARα 融合蛋白，这为靶向治疗白血病理论的提出和开发提供了依据。

参 考 文 献

黄世林等 . 1995. 复方青黛片治疗急性早幼粒细胞白血病的临床研究 . 中华血液学杂志，16：26

刘元昉等 . 2003. 全反式维甲酸联合三氧化二砷治疗初发急性早幼粒细胞白血病的近期疗效观察 . 中华血液病杂志，24：25

陆道培 . 1992. 白血病治疗学 . 北京：科学出版社，152

马向娟等 . 2010. 化疗、全反式维甲酸联合砷剂序贯治疗成人 APL 疗效分析 . 中华血液学杂志，31：328

漆小清等 . 1994. 全反式维甲酸的临床药代动力学研究 . 中华血液学杂志，15：70

孙关林等 . 1992. 全反式维甲酸治疗 544 例会急性早幼粒细胞白血病的临床研究 . 中华血液学杂志，13：135

孙关林等 . 1994. 481 例急性早幼粒细胞白血病完全缓解后随访报告 . 中华血液学杂志，15：411

孙洪德等 . 1992. 癌灵一号治疗急性早幼粒细胞白血病 32 例 . 中华中西医杂志，12：170

王振义等 . 1998. 肿瘤的诱导分化和凋亡疗法 . 上海：上海科学技术出版社

熊树民等 . 1995. 急性早幼粒细胞白血病细胞形态学与基因异质性关系的研究 . 中华内科杂志，34：165

薛永权等 . 1994. 乙双吗啉治疗银屑病所致继发性白血病的染色体研究 . 中华血液学杂志，15：12

张鹏 . 1996. 三氧化二砷注射液治疗 72 例急性早幼粒细胞白血病 . 中华血液学杂志，17：58

张鹏等 . 2000. 三氧化二砷注射液治疗急性早幼粒细胞白血病七年终结——附 242 例分析 . 中华血液学杂志，21：67

赵维莅等 . 2000. 急性早幼粒细胞白血病维甲酸及砷剂治疗期间止凝血改变的初步研究 . 上海医学，23：349

趙耀中等 . 2003. 三氧化二砷联合全反式维甲酸治疗急性早幼粒细胞白血病的初步观察 . 中华血液病杂志，24：32

Adès L et al. 2010. Very long-term oputcome of APL treated with ATRA and chemotherapy. The European APL Group experiences. Blood，115：1690

An WY et al. 2002. Combined arsenic trioxide and all-trans retinoic acid treatment for acute promyelocytic leukemia recurring from previous relapses successfully treated using arsenic. Br J Haematol，117：130

Asou N et al. 1997. All-trans retinoic acid therapy for newly diagnosed acute promyelocytic leukemia：comparison with intensive chemotherapy，The Japan Adult Leukemia Study Group（JALSG）. Cancer Chemother Pharmacol，40 ：S30

Avvisati G et al. 2003. AIDA：The Italian way of treating acute promyelocytic leukemia（APL），final act. Blood，102［Abstract 487］

Barbui T. 1998. The impact of all-trans retinoic acid on the coagulopathy of acute promyelocytic leukemia. Blood，91：3093

Beaumont M et al. 2003. Therapy related acute promyelocytic leukemia（APL）. J Clin Oncol，21：2123

Bourgeois E et al. 2003. Long term follow-upof APL treated with ATRA and chemotherapy（CT）including incidence of late relapses and overall toxicity. Blood，102：140a［Abstract 483］

Burnett AK et al. 1999. Presenting white blood cell count and kinetics of molecular remission predict prognosis in acute promyelocytic leukemia treated with all-trans retinoic acid：results of the randomized MRC trial. Blood，93：4131

Cai X et al. 2000. Arsenic trioxide-induced apoptosis and differentiation are associated respectively with mitochondrial transmembrane potential collapse and retinoic acid signaling pathways in acute promyelocytic leukemia. Leukemia，14：262

Camacho LH et al. 2000. Leukocytosis and the retinoic acid syndrome in patients with acute promyelocytic leukemia treated with arsenic trioxide. J Clin Oncol，18：2620

Chen SJ et al. 1992. Occurrence of distinct PML-RARalpha fusion gene isoforms in patients with acute promyelocytic leukemia detected by reverse transcription/polymerase chain reaction. Oncogene，7：1223

Chen Z et al. 2001. Treatment of acute promyelocytic leukemia with arsenic compounds：in vitro and in vivo studies. Semin Hematol，38：26.

Chen ZX et al. 1991. A clinical and experimental study on all-trans retinoic acid-treated acute promyelocytic leukemia. Blood，78：1413

Chen Z. 2003. Acute promyelocytic leukemia. In：Pui CH ed. Treatment of Acute Leukemia. N J：Humana Press，291

Collins SJ. 1998. Acute promyelocytic leukemia：relieving repression induces remission. Blood，91：2631

Dayyani F et al. 2010. Outcome of therapy-related APL with or without arsenic trioxide as component of frontline therapy. Cancer，117：110

De Thé H et al. 2010. Acute promyelocytic leukemia：novel insight into the mechanism of cure. Nature Rev Cancer，10：775

Estey EH et al. 1999. Molecular remission induced by lyposomal-encapsulated all-trans retinoic acid in newly diagnosed acute promyelocytic leukemia. Blood，94：2230

Fenaux P et al. 1999. A randomized comparison of all-trans retinoic acid（ATRA）followed by chemotherapy and ATRA plus chemotherapy and the role of maintenance therapy in newly diagnosed acute promyelocytic leukemia. Blood，94：1192

Gillis S et al. 1995. Acute promyelocytic leukemia with t（15；17）following treatment of Hodgkin's disease—a report of 4 cases. Ann Oncol，6：777

Han SS et al. 2010. A variant APL with t（11；17）；ZBTB16-RARα showing typical morphology of classical APL. Korean J Hematol，45：133

Head D et al. 1995. Effect of aggressive daunorubicin therapy on survival in acute promyelocytic leukemia. Blood，86：1717

Huang SY et al. 1998. Acute and chronic arsenic poisoning associated with treatment in acute promyelocytic leukemia. Br J Haematol，103：1092

Iland H et al. 2003. Results of APML3 of ATRA，intensive idarubicin，and triple maintenance combined with molecular monitoring in acute promyelocytic lumia（APL）. Blood，102：141a [Abstract 484]

Janson JH et al. 1999. Complete remission of t(11；17）positive acute promyelocytic leukemia induced by all-trans retinoic acid and granulocyte colony-stimulating factor. Blood，94：39

Jing Y et al. 2001. Combined effect of all-trans retinoic acid and arsenic trioxide in acute promyelocytic leukemia cells in vitro and in vivo. Blood，97：264

Kanamaru A et al. 1995. All-trans retinoic acid for the treatment of newly diagnosed acute promyelocytic leukemia. Blood，85：1202

Lallemand-Breitenbach V et al. 1999. Retinoic acid and arsenic synergize to eradicate leukemic cells in a mouse model of acute promyelocytic leukemia. J Exp Med，189：1043

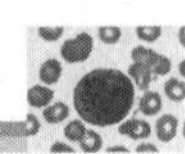

Lazo G et al. 2003. Use of arsenic trioxide (As_2O_3) in the treatment of patients with acute promyelocytic leukemia. Cancer，97：2218

Lengfelder E et al. 2000. Double induction strategy inducing high dose cytarabine in combination with all-trans retinoic acid：effects in patients with newly diagnosed acute promyelocytic leukemia. Leukemia，14：1362

Lengfelder E et al. 2003. Treatment of newly diagnosed acute promyelocytic leukemia：the impact of high dose Ara-C. Blood，120：(Suppl 1～2)：140a [Abstract 488]

Liu TX et al. 2000. Gene expression networks underlying retinoic acid-induces differentiation of acute promyelocytic leukemia cells. Blood，96：1496

Liu Y et al. 2010. The expression of annexin Ⅱ and its role in the fibrinolytic activity. Leuk Res，Dec 9 on line

Lu DP et al. 2002. Tetra-arsenic tetra-sulfide for the treatment of acute promyelocytic leukemia：a pilot report. Blood，99：3136

Ma J et al. 1998. Clinical observations on arsenic trioxide (As_2O_3) and all-trans retinoic acid (ATRA) in the treatment of acute promyelocytic leukemia (APL) . Blood，92 (Suppl 1)：483a [Abstract 1991]

Mandelli F et al. 1997. Gruppo Italiono-Malattie Emutologiche Maligne dell'Adulto and Associazine Italian di Ematologia ed Oncologia Pediatrica Cooperative Groups，Molecular remission in PML/RAR alpha-positive acute promyelocytic leukemia by combined all-trans retinoic and idarubicin (AIDA) therapy. Blood，90：1014

Mandelli F et al. 2003. Treatment of elderly patients (>or=60 years) with newly diagnosed acute promyelocytic leukemia，Results of the Italian multicenter group GIMEMA with ATRA and idarubicin (AIDA) protocols. Leukemia，17：1085

Mathews V et al. 2002. Arsenic trioxide in the treatment of newly diagnosed acute promyelocytic leukemia. Am J Hematol，70：292

Mozziconacci MJ et al. 1999. Atypical response to all-trans retinoic acid in a del (5) t (5；17) acute promyelocytic leukemia. Leukemia，13：862

Niu C et al. 1999. Studies on treatment of acute promyelocytic leukemia with arsenic trioxide：remission induction，follow-up，and molecular monitoring in 11 newly diagnosed and 47 relapsed acute promyelocytic leukemia patients. Blood，94：3315

Powell BL et al. 2010. Arsenic trioxide improves EFS and OS for adult with APL：North American Leukemia Intergroup study C9710. Blood，116：3751

Redner RL et al. 2000. The t (5；17) acute promyelocytic leukemia fusion protein NPM-RAR interacts with co-repressor and co-activator proteins and exhibit both positive and negative transcriptional properties. Blood，95：2683

Sanz MA et al. 1999. A modified AIDA protocol with anthracyclin based consolidation results in high antileukemic efficacy and reduced toxicity in newly diagnosed PML/RARalpha positive acute promyelocytic leukemia. Blood，94：3015

Sanz MA. et al. 2010. Mordern approaches to treating APL. J Clin Oncol，29：495

Shen ZX et al. 1997. Use of arsenic trioxide (As_2O_3) in the treatment of acute promyelocytic leukemia (APL)：II. Clinical efficacy and pharmacokinetics in relapsed patients. Blood，89：3354

Shen ZX et al. 2004. All-trans retinoic acid/As_2O_3 combination yields a high quality remission and survival in newly diagnosed acute promyelocytic leukemia. Proc Natl Acad Sci，101：5328

Soignet SL et al. 1997. All-trans retinoic acid significantly increases 5-year survival in patients with acute promyelocytic leukemia: long-term follow-up of the New York study. Cancer Chemother Pharmacol, 40 Suppl: S25

Soignet SL et al. 1998. Clinical study of 9-cis retinoic acid (LGD1057) in acute promyelocytic leukemia. Leukemia, 12: 1518

Soignet SL et al. 1998. Complete remission after treatment of acute promyelocytic leukemia with arsenic trioxide. New Engl J Med, 339: 1341

Soignet SL et al. 1999. US Multicenter trial of arsenic trioxide (AT) in acute promyelocytic leukemia (APL). Blood, 94 (suppl 1)

Sun GL et al. 1993. Treatment of acute promyelocytic leukemia with all-trans retinoic acid, a 5-year experience. Chin Med J, 106: 743

Takeuchi M. 2003. Long-term follow up of re-induction with a new synthetic retinoid, Am-80, for relapse of acute promyelocytic leukemia previously treated with all-trans retinoic acid, results of 7 cases from a single institute. Rinsho, Ketsueki, 44: 1069

Tallman MS et al. 1997. All-trans retinoic acid in acute promyelocytic leukemia. New Engl J Med, 337: 1021

Tallman MS et al. 2000. Clinical description of 44 patients with acute promyelocytic leukemia who developed the retinoic acid syndrome. Blood, 95: 90

Testi AM et al. 2003. GIEMA-AIEOP AIDA, Protocol for the treatment of newly diagnosed acute promyelocytuic leukemia (APL) in children. Blood, 102: 485

Tobita T et al. 1997. Treatment of a new synthetic retinoid, Am80, of acute promyelocytic leukemia replaced from complete remission induced by all-trans retinoic acid. Blood, 90: 967

Wang K et al. 2010. PML/RARα targets promoter region containing PU. 1 consensus and RARE half sites in APL. Cancer Cell, 17: 186

Wang ZY et al. 1999. Differentiation therapy for acute promyelocytic leukemia with all-trans retinoic acid: 10-year experience of its clinical application. Chin Med J, 112: 963

Wang ZY. 2000. Differentiation and apoptosis induction therapy in acute promyelocytic leukemia. Lancet Oncol, 1: 101

Warrell PR Jr et al. 1994. Treatment of acute promyelocytic leukemia with ATRA, an update of New York experience. Leukemia, 8 (Suppl 2): S33

Zhang GC et al. 2004. Effects of combination therapy with all-trans retinoic acid and arsenic trioxide on acute promyelocytic leukemia. Ai Zheng, 23: 430

Zhang J et al. 2003. Dynemic changes in molecular networks occurred during the retinoic acid induced differentiation in acute promyelocytic leukemia. Blood, 102 [Abstract 3213]

Zhao Q et al. 2004. Rapid induction of camp/PKA pathway during retinoic acid-induced acute promyelocytic leukemia cell differentiation. Leukemia, 18: 285

Zhu J et al. 1995. Effect of retinoic acid isomers on proliferation, differentiation and PML relocalization in the APL cell line NB4. Leukemia, 9: 302

Zhu J et al. 1999. Tissue factors on acute promyelocytic leukemia and endothelial cells are differently regulated by retinoic acid, arsenic trioxide and chemotherapeutic agents. Leukemia, 13: 1062

附录5-1 北京市道培医院急性早幼粒细胞白血病诊疗常规

武淑兰 陆道培

武淑兰，原北京大学第一医院血液内科主任医师，教授、博士研究生导师。从事血液病医疗、教学和科研工作逾40年，曾为美国SUNY和Temple大学高级访问学者，并完成多项国家部委级科研项目。近年受聘于道培医院，并参加陆道培院士指导的“As_4S_4根治急性早幼粒细胞白血病的临床研究”工作。

急性早幼粒细胞白血病（APL）的治疗是当前分子靶向治疗中最成功的范例。根治APL是北京市道培医院临床医学研究工作的重点之一。北京市道培医院以砷剂为主的方案治疗初发APL，要求达到“百不失一”的目标，取得世界领先水平。APL初治病例是血液科急诊，高度重视、紧急行动和个体化治疗是从本病高早期死亡率的危险中成功抢救患者生命的三大关键。本常规是要求各级医师层层负责的工作指南，各辅助科室及管理部门应积极配合，提供保障。

一、首诊负责制度

（1）门、急诊医师接诊APL患者后，无论是确诊病例或为疑似病例均应立即电话通知病房，按本常规做好准备。

（2）首诊医师应根据病情给予必要的紧急处理（见下文），不得因等待住院耽搁时间。

（3）患者住院应由“导医”送入病房；危重患者应由首诊医师护送，并向病房住院医师口头交接。

（4）门、急诊病历应同时送达病房住院医师。

二、逐级汇报制度

（1）病房住院医师接到通知后，提前做好紧急处理的准备；并负责通知形态室、特检中心、输血科和药房等部门做好应急工作安排。

（2）住院医师接诊后应在1小时内向主治医师汇报；危重患者应立即汇报。

（3）主治医师负责组织和落实紧急处理措施，并在1小时内向主任汇报。

（4）主任需床旁诊查和指导，并尽速向医务部和医学总监汇报。

（5）病情有恶化迹象时应按上述制度逐级汇报。

三、紧急处理措施

主治医师组织和保证下列措施同步进行，医务部负责检查和提供支持。

（一）快速确定诊断

（1）首诊医师负责立即制作血涂片，形态室应在1小时内回报细胞形态学检查结果。
（2）特殊情况下病房住院医师应负责制片、染色和形态观察。

（二）评估病情

（1）血常规与血小板检查：按急诊回报结果。
（2）眼底检查。
（3）出凝血筛查试验：包括Fib、PT、APTT、FDP及D-二聚体。生化室应在2小时内回报结果。
（4）其他按本院白血病诊疗常规检查。

（三）预防脑出血

（1）血小板输注：PLT＜40×10^9/L或PLT＞40×10^9/L而伴有头痛或眼底出血者，应尽快输注血小板。
（2）砷剂治疗：As_4S_4 50～55mg/（kg·d），分3次口服。有消化道出血或禁食者改用As_2O_3，5～10mg/d静脉滴注。
（3）ATRA治疗：WBC＜10×10^9/L者可同时用ATRA 25mg/（m^2·d），分次口服。
（4）Fib＜150mg/L者输注纤维蛋白原或新鲜冰冻血浆。
（5）WBC＞10×10^9/L者给予羟基脲50mg/kg口服。

四、特殊检查

（一）染色体检查

（1）治疗前或首次来院患者。
（2）获HCR后每3个月复查1次，至t（15；17）转阴。
（3）t（15；17）转阴后半年复查1次。

（二）PML-RARα融合基因定量

（1）治疗前或首次来院患者。
（2）获HCR后随每次化疗前骨穿复查，直至定量转为0。
（3）基因定量转为0以后，第一年每3个月复查1次，以后每半年复查1次。
（4）维持治疗停止后每年复查1次。

（三）免疫表型（FCM）

（1）治疗前或首次来院患者。
（2）获HCR后用于残留病监测。

（四）出凝血筛查试验

（1）入院后无论有无出血，常规检查 Fib、PT、APTT、FDP 及 D-二聚体，异常者每日复查，直至正常。

（2）有出血症状者及时复查。

（五）血砷浓度测定

（1）首次服药或调整剂量后，于服药第 10 天检测。

（2）标本采集方法：空腹取血 4ml，EDTA 抗凝。

（3）血砷浓度以 60～100μg/L 为宜。

（六）心电图检查

（1）治疗前常规检查，并测量和记录 QT 间期及心率。

（2）砷剂治疗中每 3 个月复查 1 次。

五、治疗常规

（一）诱导缓解　采用以砷剂为主的三药联合治疗方案。

1. 砷剂治疗　As_4S_4 50～55mg/（kg・d），分 3 次口服，直到 HCR。消化道出血患者改用 As_2O_3 5～10mg/d 静脉滴注，疗程≤28 天。注：市场所售雄黄常含少量 As_2O_3，由于此污染量不易掌握，所以本常规所指的 As_4S_4 乃指有国内外专利技术纯化的药用 As_4S_4。

2. ATRA 治疗　25～35mg/（m^2・d），分次口服，直到 HCR，剂量需根据 WBC 计数及耐受性个体化制定和调整。WBC>10×10^9/L 患者应延迟开始。

3. 化疗　米托蒽醌 1.4mg/（m^2・d）×10 天。WBC≥10.0×10^9/L 者从第 1 天开始，WBC（3～5）×10^9/L 者从第 3 天开始，WBC<3×10^9/L 者从第 5 天开始，WBC<1×10^9/L 者暂不加化疗。期间要保证血小板输注，至 PLT≥50×10^9/ L。

（二）巩固治疗

三药联合，连续 4 个疗程，每个疗程 6 周。化疗选用米托蒽醌、柔红霉素、阿柔比星素或高三尖杉酯碱等，并酌加阿糖胞苷。化疗同时口服 ATRA 2 周，休息 1 周，口服 As_4S_4 2 周，休息 1 周。

（三）维持缓解与随访

整个随访过程要注意髓外，特别是中枢神经系统 APL 的复发。

（1）缓解后第 1 年完成"巩固治疗"以后，口服 As_4S_4 和 ATRA 序贯维持。ATRA 25mg/（m^2・d）×2 周，As_4S_4 50mg/（kg・d）×2 周，间隔 2 周重复。

（2）缓解后第 2 年 As_4S_4 50mg/（kg・d）×2 周，间隔 1 个月重复。

(3) 缓解后第 3 年 As_4S_4 50mg/ (kg・d) ×2 周，间隔 2 个月重复。

(4) 缓解后第 4 年 As_4S_4 50mg/ (kg・d) ×2 周，间隔 3 个月重复。

(四) 预防中枢神经系统白血病

鞘内注射 (阿糖胞苷 50mg±甲氨蝶呤 10mg+地塞米松 5mg)，CR 后即开始，半年内 4 次，以后如 CSF 内无白血病细胞，则每半年 1 次，共计 3 年。

六、维 A 酸综合征 (RAS) 的预防和治疗

(1) 制定 ATRA 的起始剂量应参考白细胞计数，WBC>10×10^9/L 时应延迟使用。

(2) ATRA 治疗期间应注意识别"RAS"的早期表现，如头痛、白细胞增多、发热、体重增加等，应适时减量。

(3) 发现 RAS 时应立即停用 ATRA，及早应用地塞米松、甘露醇，并适时加用羟基脲或小剂量化疗。

七、随　访

(1) 所有患者全程填写《APL 治疗记录表》。

(2) 住院期间由住院医师填写记录表，直至完成"巩固治疗"。

(3) "维持缓解"阶段由门诊医师填写记录表。

(4) 停药前由门诊医师转交主管病房主治医师签写病历小结，决定停药。

(5) 停药后由主管病房主治医师负责随访至第 5 年结束，转交"APL 研究资料组"存档。

第六章　成人急性淋巴细胞白血病

达万明　高春记　沈建良

达万明，中国人民解放军总医院血液科主任医师，教授、博士研究生导师。历任中华血液学会及中国抗癌协会血液肿瘤专业委员会副主任委员、全军血液学专业委员会名誉主任，中央保健委员会专家等。担任《中华血液学杂志》、《解放军医学杂志》等副主编及多家杂志编委。发表论文 300 余篇，主编专著 7 部，副主编及参加编写专著多部。承担国家、全军及省科委重点研究项目多项。获科学技术进步奖 20 余项，其中全军、省级一等奖和二等奖及国家科学技术进步奖三等奖以上 6 项。

高春记，中国人民解放军总医院主任医师，教授、博士生导师。先后毕业于青岛医学院、中国协和医科大学、美国国立卫生研究院。临床经验丰富，尤其在造血干细胞移植领域成果突出。任中国抗癌协会血液肿瘤专业委员会常委等职。

沈建良，1986 年第二军医大学本科毕业，1989 年获医学硕士学位，2001 年获临床医学博士学位。现为中国人民解放军海军总医院血液科主任、主任医师，安徽医科大学硕士研究生导师，全军血液专业委员会委员，《中国实验血液学杂志》、《山东医药》等杂志编委。

急性淋巴细胞白血病（acute lymphoblastic leukemia，ALL）是儿童最常见的白血病类型，在成人发病率较低，占成人急性白血病的 15%～25%。淋巴祖细胞在其增殖、成熟、分化过程中基因发生突变，增殖失控，肿瘤细胞克隆性增殖，导致 ALL 发生。ALL 异常克隆性扩增，抑制骨髓正常造血功能，白血病细胞在肝、脾及淋巴结等器官浸润，引起相应的临床症状。由于 ALL 实际上是淋巴细胞在某一分化阶段的异常克隆性扩增，所以是一种异质性疾病，各亚型的白血病细胞在形态学特征、免疫表型、基因表达，以及对化疗的反应和预后方面有较大差异（Hoelzer 等，1989、2002；Campana，2008；Seibel，2008；Jaffe 等，2008）。近年来，一方面随着细胞分子生物学、细胞免疫学及遗传学的深入研究，对 ALL 各亚型有了更深入的了解；另一方面，大剂量联合化疗、早期强化治疗、靶向药物和其他新药的应用，对中枢神经系统和睾丸等部位残留白血病的防治、免疫治疗、造血干细胞移植（HSCT）及全身支持治疗，使 ALL 的疗效明显提高（Fielding 等，2008）。由于儿童 ALL 与成人 ALL 生物学行为不同，因此对治疗反应存在差异。目前儿童 ALL 的完全缓解（CR）率达 90%～95%，2/3 的患者可达临床治愈。成人 ALL，虽然诱导化疗的 CR 率提高至 70%～90%，但长期生存率仍低。国外成人 ALL 5 年无病生存（DFS）率为 30%～50%，国内更低。将成人 ALL 基础研究结果用于临床，对疾病进行危险分层，针对性、计划性、系统性地进行治疗是今后治疗的发展方向。

一、成人 ALL 的治疗学基础

ALL 的诊断与分型，细胞生物学及遗传学特征分别详见本书第二、三章。

（一）预后因素

初诊时的临床表现、实验室检查、对治疗的反应均与预后密切相关。

初诊时外周血白细胞（WBC）计数，肝、脾、淋巴结、纵隔肿大及髓外白血病直接反映患者的肿瘤负荷，与预后显著相关。特别是 WBC 大于 50×10^9/L、伴髓外白血病的患者预后较差。多数学者认为成人 ALL 患者年龄与 CR 率无明显相关性。但年龄大者，缓解期、生存期均缩短。男性患者睾丸部位白血病复发，预后较女性患者差。FAB 分型中，L3 预后最差，而 L1 较好。细胞遗传学改变与预后相关，多倍体（染色体数目大于 50）预后较好，低二倍体、假二倍体预后较差，有 t（8；14）、t（9；22）、t（1；19）及 t（4；11）等异常核型的患者诱导治疗缓解率低，易早期复发。ALL 细胞的免疫表型与预后相关，成熟 B 和 T 淋巴细胞表型 ALL，预后较前体 B 淋巴细胞 ALL 差，ALL 伴髓系抗原表达预后不良。另外，初诊时外周围血幼稚细胞比例、血红蛋白（HB）及血小板（PLT）计数、血清免疫球蛋白、血清乳酸脱氢酶（LDH）水平及化疗后外周血 WBC 下降的速度，均可影响 CR 率及缓解期。对诱导治疗的反应与预后相关，诱导治疗达到 CR 所需的时间短于 4 周者，缓解期长，预后较好（表 6-1）。

表 6-1　ALL 的预后因素（Whitlock 等，1999）

预后因素	预后较好	预后较差
临床特征		
WBC 计数（$\times10^9$/L）	<10	>50
诊断时的年龄（岁）	3～7	<1，>10
性别	女	男
达缓解的时间（天）	<14	>28
肝、脾及淋巴结肿大	无	有
纵隔肿大	无	有
中枢神经系统白血病	无	有
FAB 形态学分型	L1	L2，L3
HB 水平（g/L）	>100	<70
PLT 计数（$\times10^9$/L）	>100	<30
血清免疫球蛋白水平	正常	减少
白血病细胞的免疫表型	早前 B 淋巴细胞	T、B 淋巴细胞双表型细胞
细胞基因学特征	高二倍体 6q⁻	假二倍体 t（9；22），t（8；14），t（4；11），t（14q⁺）

由于对 ALL 细胞生物学特征的深入认识，目前采用新的预后因素评估成人 ALL，包括患者初诊时年龄、外周血 WBC 计数、对治疗的最初反应、白血病细胞的起源（免疫表型）、细胞遗传学特点和有无髓外浸润（表 6-2）。

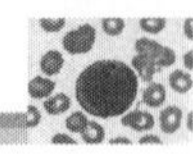

表 6-2 成人 ALL 缓解持续时间的预后因素

患者特点	预后因素
年龄（岁）	
<30	良好
⩾30	不良
WBC 计数（$\times10^9$/L）	
<30	良好
⩾30（T 淋巴细胞 ALL>100）	不良
免疫表型	
T 淋巴细胞 ALL	良好
成熟 B 淋巴细胞 ALL；早期 T 淋巴细胞 ALL	不良
细胞遗传学	
12p 异常；t（10；14）（q24；q11）	良好
正常核型；高倍体	中等
t（9；22），t（4；11），t（1；19），低倍体，－7，＋8	不良
治疗反应	良好
4 周内达 CR，微小残留病持续存在	不良

1. 临床特点 近年所有关于成人 ALL 的多中心协作研究表明，诊断时高龄、高 WBC 计数均为重要不良预后因素。在大多数甚或所有协作研究中，高龄、高 WBC 计数均与 CR 率、CR 持续时间、总生存率呈负相关。不同研究组对高龄的定义有所不同，一般为超过 30 岁或 35 岁。多因素分析显示年龄增加，预后差。一般认为，小于 30 岁 ALL 总生存率为 34%～57%，大于 50 岁为 15%～17%（Gokbuget 等，2006）。

外周血 WBC 大于 30×10^9/L 或 50×10^9/L 为高 WBC 计数。在美国癌症及白血病协作组组 B（CALGB）的研究中，高龄（30～59 岁）和高 WBC 计数患者的总生存率分别为 39%和 34%，而无这些不良预后因素的患者分别是 69%和 59%。Larson（2005）经过大样本分析认为：大于 60 岁的 ALL 患者，临床特征和细胞生物学特征与 60 岁以下患者明显不同。如患者多为女性，周围淋巴结、胸腺和脾脏较少受累，外周血 WBC 平均数较低，具有 B 淋巴细胞和髓系抗原共表达者较多，易伴有 Ph 染色体及 BCR-ABL 融合基因。上述特征强烈提示老年患者预后差。

2. 实验室检查特点

（1）免疫表型：具有预后价值和治疗意义的主要免疫表型特征为成熟 B 淋巴细胞 ALL 亚型。成熟 B-ALL 除表达 CD10、CD19、CD20 和 CD22 外，还表达膜表面免疫球蛋白、轻链（κ 或 λ）。这些病例对标准 ALL 治疗反应差，在短程、大剂量治疗方法应用之前，疗效差。目前由于治疗方案的调整，使成熟 B-ALL 预后得到改善。

既往认为 T-ALL 预后差，目前由于治疗方法的改进，T 淋巴细胞表型不再是高危因素。事实上，随着多种现代治疗方案的出现，T 淋巴细胞免疫表型预后良好。若以 WBC

计数大于 30×10^9/L 为界，在 T-ALL 中，高 WBC 计数已不再是不良预后因素。但 WBC 超过 100×10^9/L 时，生存率较低。此外，CALGB 的前瞻研究显示，如白血病细胞表达的 T 淋巴细胞抗原少于 3 个则预后不良，而且这种 T-ALL 较少表达成熟 T 淋巴细胞抗原，如 CD2、CD3、CD4 和 CD7。德国研究组研究结果与 CALGB 一致（Gokbuget，2002）。

目前尚未肯定其他免疫表型的预后价值。CALGB 报道，成人 B-ALL 常表达 CD34，是不良预后因素。然而，CD34 阳性 ALL 常伴高 WBC 计数、Ph 染色体阳性。最近的几宗临床研究显示，B-ALL 较 T-ALL 更常伴有髓系抗原表达，但尚需更多的临床研究证实这种伴发的髓系抗原表达在 ALL 中的预后价值。

（2）细胞遗传学：成人 ALL 不良细胞遗传学改变包括 t（9；22）、t（4；11）（q21；q23）、t（1；19）（q23；p13）和低二倍体，特别是具有 5 个和 5 个以上复杂核型异常。涉及 14q11 和 12 号染色体短臂异常，包括 t（12；21）均是良好的细胞遗传学改变。研究显示，具有不良核型的患者，DFS 率低于 25%；相反，具有良好细胞遗传学表现者，其 DFS 率大于 75%。中等预后细胞遗传学表现包括正常核型、高二倍体、6q、9p。t（8；14）（q24；q32）及其他 myc 基因重排与成熟 B 淋巴细胞 ALL 有关，若治疗恰当，并非不良预后标志。

成人 Ph^+ 与 Ph^- ALL 患者诱导治疗 CR 率相近，但 Ph^+ ALL 缓解持续时间短，DFS 率低。MLL 基因位于 11q23，涉及 MLL 基因异常的成人 ALL 最常见的异位是t（4；11），为不良核型。t（1；19）异位导致 E2A-PBX 基因重排，具有此类异常的 ALL，3 年 DFS 率仅为 20%。30～39 条染色体的低二倍体患者，无病生存期为 2～4 个月。

12p 缺失、异位导致 TEL-AML1 基因重排。成人 ALL 中 TEL 基因重排发生率低于儿童 ALL，但在两组人群中均为预后好的细胞遗传学改变。位于 14q11 的 TCR-α 和 δ 基因的异位最常导致位于 10q24 的 HOX11 基因重排。具有 t（10；14）（q24；q11）的成人 ALL 生存期较长。

3. 治疗反应　评估 ALL 对治疗的反应包括下述指标：达到 CR 的时间、白血病细胞早期清除、分子水平监测、微小残留病变监测。上述指标均与白血病细胞对化疗药物的敏感性直接相关，临床上具有重要预后价值。

（1）早期 CR：大多数成人 ALL 研究结果显示，开始治疗后 4 周内或 1 个疗程诱导化疗后未能获得 CR 是不良预后因素。无论采用标准剂量化疗，还是采用大剂量化疗，早期达到 CR 均提示预后好。一般认为超过 4 周方达 CR，复发可能性至少增加一倍。研究显示，诱导化疗 4 周不能达 CR，5 年 DFS 率为 0，而 4 周内达 CR 者，5 年 DFS 率为 46%。研究还发现，与 Ph 染色体相比，达到 CR 所需的时间更具预后价值。

（2）白血病细胞早期清除：化疗后定期检测外周血、骨髓，如外周血白血病细胞超过 1.0×10^9/L，或骨髓中白血病细胞超过 5%，即定义为白血病细胞持续存在。儿童 ALL 研究显示，诱导化疗开始后第 7 天白血病细胞持续存在，提示对糖皮质激素耐药；诱导化疗开始后第 21 天白血病细胞持续存在反映其对化疗药物耐药。两者均为重要预后指标。在成人 ALL 中初步得出同样结果。Sebban 等前瞻性地评估了骨髓白血病细胞持续存在对疗效的影响。诱导化疗第 15 天骨髓中白血病细胞超过有核细胞的 5%定义为骨髓白血病细胞持续存在。在 437 例成人 ALL 中，白血病细胞持续存在占 1/3，这部分病例很少在 4 周的治疗后达 CR。即使在 4 周内获得 CR，如在化疗后第 15 天白血病细胞持续存在，预后仍较差。所有达 CR 的患者，如 15 天时在骨髓中检测不到白血病细胞，5 年 DFS 率为

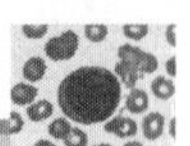

34%；反之，5年DFS率仅为19%。已知儿童ALL诱导化疗前对泼尼松（Pred）治疗的反应具有很强的预后价值。与儿童ALL一致，在成人ALL诱导化疗前给予Pred治疗7天，若外周血白血病细胞数量下降不足1.0×10^9/L，则缓解持续时间短，总生存率低。

（3）治疗反应的分子监测意义：分子监测的主要目的是评估高危复发（Campana等，2008）。根据文献和我们的经验（童春容，2008），监测残留白血病最敏感、快捷的方法是利用PCR技术和流式细胞技术。临床上在患者达血液学缓解后定期监测其残留白血病细胞，若≥0.1%、或逐渐增高、或由阴性转为阳性、或克隆演变乃至出现新的克隆者皆预示复发，应及早采取有效措施或行HSCT。

4. 微小残留病（见本章后述）

（二）成人ALL与儿童ALL的区别

成人ALL与儿童ALL在白血病细胞生物学行为、临床表现、对治疗耐受等方面均有差异，因此治疗方案不完全相同。两者的差异主要表现为以下几方面：

1. 形态学 儿童ALL多表现为L1型，而在成人ALL中L2多见。

2. 免疫学 成人与儿童ALL免疫表型及细胞遗传学的比较见表6-3（Hoelzer等，2009），成人T淋巴细胞ALL较多见；白血病细胞多起源于早期阶段（Ludwig等，1994；Hoelzer等，2001）。

表6-3 成人与儿童ALL免疫表型及细胞遗传学的比较（Hoelzer等，2009）

类型	重要的免疫表型	儿童发生率（%）	成人发生率（%）	细胞遗传学/分子标记
B系	HLA-DR、TdT、CD19、CD79a、CD22	85	72	
pro-B（B-Ⅰ）	CD10	5	11	6% t（4；1）/ALL1-AF4（20% Flt3 IN MLL）
普通ALL-B（B-Ⅱ）	CD10	65	51	33%（9；22）/ BRC-ABL30%～50% in c/Pre-B
pre-B（B-Ⅲ）	胞内IgM	15	10	4%t（1；19）/PBX-E2A
成熟B	胞内或表面κ/λ链	3	4	5%t（8；14）/c-myc-IgH
T系	胞内或表面CD3、CD7		26	
早期T	胞内CD3、CD7、CD5 CD2，表面$CD3^-$、$CD1a^-$	1	7	5%t（10；14）/HOX-TCR <5%t（11；14）LMO/TCR2%SIL-TAL1
胸腺皮质T	CD2、CD5、CD1a、sCD3		13	4%NUP213-ABL（ALL），33% HOX11
成熟T（T-Ⅳ）			7	5% HOX11L2.50% Notch1

3. 遗传学 68%～90%以上的成人ALL可检测到克隆性异常核型（Charrin等，1996；Secker-Walker等，1997；Hoelzer，2001；Pui等，2004）。超二倍体在成人ALL的发生率明显低于儿童ALL（表6-4）（Pui等，2004）。20%～35%的成人ALL具有Ph

染色体［t（9；22）（q34；q11）］，而儿童ALL中Ph染色体阳性率低于5%。仅有2%的成人ALL出现t（12；21）（p12；q22），而在儿童ALL中阳性率为22%～30%，这种异位常导致TEL-AML1（ETV6-CBFA2）基因重排。90%TEL-AML1重排的儿童ALL可治愈，而TEL-AML1阴性儿童ALL仅有60%可获治愈。

表6-4 成人与儿童ALL染色体异常与基因异常的比较（Pui等，2004）

染色体异常	成人（%）	儿童（%）
B-ALL		
超倍体（50+）	7	25
t（12；21）TEL-AML1	2	22
MLL重排如t（4；11），t（11；19），t（9；11）	10	8
t（1；19）E2A-PBX1	3	5
t（9；22）BCR-ABL	25	3
MYC如t（8；14），t（2；8），t（8；12）	4	2
低倍体（45−）	2	1
其他	23	22
T-ALL		
1p32 TAL1	12	7
5q35 HOX11L2	1	2.5
19p13 LYL1	2.5	1.5
10q24 HOX11	8	0.7
MLL-ENL	0.5	0.3

4. 其他 成人ALL中多伴其他高危因素，部分成人ALL患者不能耐受大剂量化疗，易出现并发症，成人ALL诱导期治疗相关死亡率高达10%，年龄大于50岁者治疗相关合并症发生率及死亡率更高。儿童ALL诱导相关死亡率不足3%（Hoelzer等，1987；Hoelzer，2001；Robak等，2004）。

（三）残留白血病细胞的检测

尽管成人ALL诱导治疗的CR率和儿童ALL相近，但复发率高。白血病患者达CR后体内残留的白血病细胞（minimal residual disease，MRD，即微小残留病）是复发根源。密切监测MRD，早期治疗干预，清除体内MRD，是彻底治愈白血病的关键。形态学不能诊断MRD，需要依靠其他实验室检查。近年来，在监测MRD方面已有长足进步（达万明，1989；Champlin等，1989；Stock等，2000；Fielding，2008），包括ALL祖细胞（CFU-ALL）体外培养（达万明，1991）、细胞遗传学检测、细胞免疫表型分析、IgH重排和TCR重排、疾病相关特殊基因检测等。各种检测方法敏感性的比较见表6-5。文献中检测的分子靶位及在成人和儿童的检出率的比较见表6-6（Stock等，2000）。

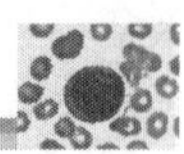

表 6-5 几种检测 MRD 方法的比较

标志	方法	敏感性（细胞数）
免疫表型	细胞流式术（多参数）	10^{-2}～10^{-4}
	荧光显微镜	10^{-2}～～10^{-4}
核型分析	染色体分析	10^{-1}～10^{-2}
	荧光原位杂交（FISH）	10^{-2}～10^{-4}
分子标志	Southern 印迹法	10^{-1}～10^{-2}
	多聚酶链式反应（PCR）	10^{-2}～10^{-4}
	real-time PCR（RT-PCR）	10^{-3}～10^{-5}
细胞克隆性	克隆性培养	≤10^{-4}

表 6-6 PCR 检测成人 ALL-MRD 的分子靶位及与儿童检出率的比较（Stock 等，2000）

ALL 细胞系	染色体异常	分子靶位	检出率（%）	
			成人	儿童
B-ALL		TCR-δ（DNA）	−45	−55
		TCR-γ（DNA）	−60	−60
		IgH（DNA）	−80	−90
		IgK-Kde（DNA）	−50	−35
	t（9；22）（q34；q11）	BCR-ABL（RNA）	25～30	4～6
	t（4；11）（q21；q23）	MLL-AF4（RNA）	5～8	3～5
	t（12；21）（p13；q22）	TEL-AML1（RNA）	<5	25～30
	t（1；19）（q23；p13.3）	E2A-PBX1（RNA）	2～3	5～6
	t（8；14）（q31；q32）	myc-IgH（DNA）	4～5	1～2
	t（5；14）（q31；q32）	IL-3-IgH1（DNA）	<1	<1
	t（11；19）（q23；p13）	MLL-ENL（RNA）	<1	<1
	t（17；19）（q22；p13）	E2A-HLF（RNA）	<1	<1
	t（9；11）（p21—p22；q23）	MLL-AF9（RNA）	<1	<1
T-ALL	—	TCRδ（DNA）	−70	−50
	—	TCRγ（DNA）	−85	−90
	—	IgH（DNA）	−5～10	−10～20
	—	IgK-Kde（DNA）	0	0
	—	TAL1 deletion（DNA）	−10～20	<10
	t（11；14）（p13；q11）	RHOM2-TCRγ	−5～10	−5～10
	t（1；14）（p34；q11）	TAL1-TCRα	<1	1～3
	t（10；14）（q24；q11）	HOX11-TCRα	1～3	1～3

用细胞免疫表型、细胞遗传学或分子生物学技术检测 MRD 时，与骨髓标本相比，外周血标本的敏感性通常降低 1 个对数级，但检测 T-ALL 的 MRD 时可使用外周血标本。在检测染色体异位、染色体数量异常时，荧光原位杂交优于常规显带技术，但两者敏感性

均较低。检测 MRD 最敏感的方法是用 PCR 技术检测特殊基因，敏感性为 10^{-6}。以 IgH 和 TCR 基因重排为基础的 PCR 技术，理论上能检测所有患者的 MRD。而使用如 BCR-ABL、TEL-AML1、MLL-AF4 和 E2A-PBX1 的融合基因引物做 PCR 检测，可检测特殊 ALL 的 MRD，特异性较强。近年来使用的实时定量 PCR，可动态观察 MRD 在病程中的变化及与治疗反应间的关系，对判断预后可能会有更大的帮助。流式细胞术也是检测 MRD 的常用方法，四色荧光标记检测 MRD 的敏感性为 10^{-4}。临床上 90%的 ALL 患者能通过流式细胞术检测出 MRD。此外，流式细胞术还具有快速、可靠且定量精确的优点，可作为检测 MRD 的常规方法。

St. Jude 研究显示，MRD 持续存在是不良预后指标。维持治疗期间 MRD 阳性高度提示白血病复发。治疗第 7 天仍可检测到白血病细胞，但诱导治疗结束时 MRD 阴性，预后较好。

大量观察证实，在治疗过程中，密切、动态监测 MRD，及时控制 MRD，可改善长期生存质量、提高治愈率。

二、成人 ALL 的治疗

近 30 年来，随着对白血病研究的深入，成人 ALL 疗效明显提高。20 世纪 80 年代后，大剂量化疗、对不同亚型 ALL 采取个体化治疗、加强支持治疗、生物治疗及 HSCT 的应用，使得成人 ALL 的诱导 CR 率提高至 70%～90%，长期存活率达 30%～50%。采用高剂量环磷酰胺（Cy）、阿糖胞苷（Ara-C）和（或）左旋门冬酰胺酶（L-ASP）作为巩固治疗，可使成人 T-ALL 的临床治愈率达 30%～50%。

（一）成人 ALL 治疗的现代策略

成人 ALL 的现代治疗是指根据患者个体状况，综合采用化疗及其他治疗。其目的不仅在于提高诱导 CR 率，延长缓解期，更重要的是提高生存率，乃至达到临床治愈。因此，要求医生在诊断时即要为患者设计个体化、根治性整体治疗方案。图 6-1 显示了目前对成人 ALL 治疗的总体策略。制定治疗策略时要考虑：①充分评估疾病特点，根据白血病细胞的分子生物学特征及临床特征，对复发危险度预测分层（图 6-2），结合年龄等选择最佳治疗策略；②合理地综合运用化疗、生物治疗、HSCT 及支持治疗，最大可能清除白血病细胞，同时避免和减少治疗相关合并症，使患者获得长期存活。

成人 ALL 化疗常分为两个阶段，即诱导缓解和缓解后治疗。诱导治疗的目的是用化疗将体内白血病细胞负荷从 1×10^{12} 减至形态学、细胞遗传学不能检出的水平（通常小于 1×10^{9}），使得临床症状、体征消失，骨髓正常造血功能恢复，外周血细胞计数正常。缓解后治疗主要是进一步清除残留白血病细胞。缓解后治疗包括强烈联合化疗、预防髓外白血病。缓解后如有合适供者，可进行 HSCT。如不能进行 HSCT 者，可早期使用联合、大剂量化疗作为强化、巩固治疗，然后用低剂量的多药联合或序贯维持治疗，必要时可再行强化治疗。

1979～1990 年国际上治疗成人 ALL 疗效较好的方案与结果参见附表 6-1（达万明等，1992）。1991 年来世界几个大的研究协作中心治疗成人 ALL 的疗效结果参见附表 6-2（Hoelzer 等，2001、2009）。

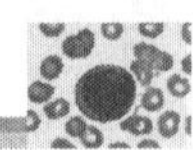

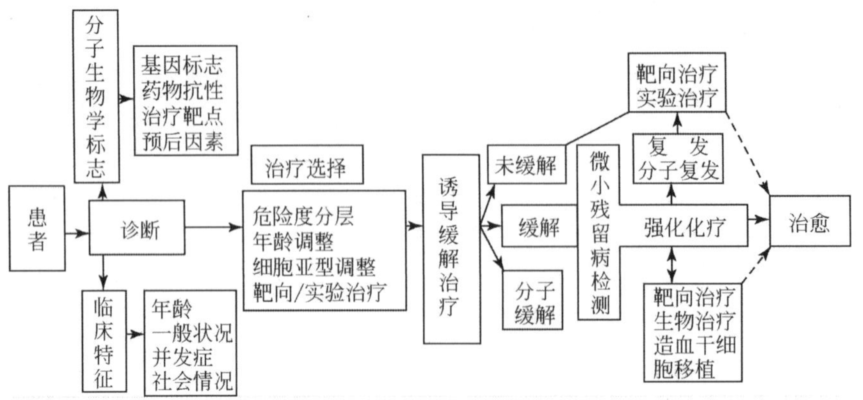

图 6-1 成人 ALL 治疗的总策略

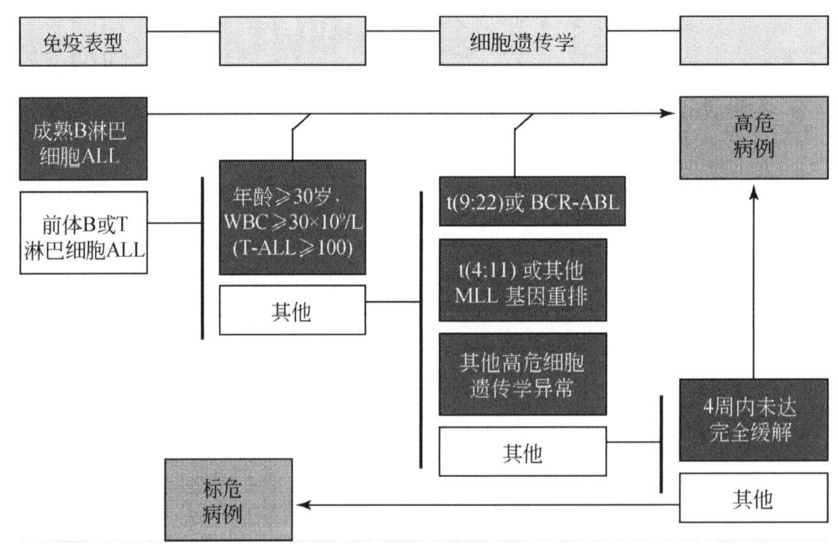

图 6-2 成人 ALL 复发危险度评估

（二）初诊并发症和支持治疗

多数成人 ALL 是因并发症求治而确诊的。这些并发症主要包括感染、出血、贫血及代谢紊乱等。对病情进展较快的患者，在积极治疗并发症的同时，还应尽早化疗。

约 1/3 的患者初诊时即合并感染、发热。本书中“感染合并症预防与治疗”对本病感染的病因和防治将有详细叙述。

出血为另一个重要的初诊并发症。其原因虽然是多方面的，但主要与 PLT 减少有关。外周血中的高 WBC、白血病细胞对小血管壁浸润性损伤和肝功能受损后凝血因子合成缺陷等可加剧出血。成人 ALL 初诊时不常伴有弥散性血管内凝血（DIC），但循环中白血病细胞数过高时，脑部 WBC 凝集性出血（leukostatic hemorrhage）常是致命并发症。因此，对 WBC 过高的患者要设法降低 WBC，如用 WBC 单采术等。当 PLT 低至 20×10^9/L 或有明显出血倾向时应及时输 PLT，每日 4～6 个单位，直至出血停止。对同时有明显贫血者，也可输新鲜全血，以改善患者全身状况。

成人 ALL 最常见的代谢异常是高尿酸血症。初诊时血尿酸已增高者，在化疗期间，随着白血病细胞的破坏，高尿酸血症可能加重，应尽早给予别嘌呤醇（100mg 口服，q8h），以减少尿酸形成，防止发生尿酸性肾病。WBC 过高或有明显器官浸润性肿大的患者，可将别嘌呤醇剂量增至 600mg/d。诱导化疗期间，应摄入充足的水分，保证尿量在 100ml/h 以上。对恶心、呕吐影响进食者，应静脉补液，必要时静脉插管，以加速尿酸排出，减少尿酸性肾病的发生。

（三）成人 ALL 的化学治疗

1. 诱导缓解治疗　成人 ALL 确诊后应及时进行诱导缓解治疗，尽快降低白血病细胞负荷。特别是对高白血病细胞负荷者（WBC＞25×10^9/L），应当给予诱导前治疗，常用长春新碱（VCR）联合 Pred。即使 WBC 过高（＞100×10^9/L），除特殊情况（如妊娠）外，一般不采用 WBC 去除术。对于成熟 B 淋巴细胞 ALL，若开始用 Cy、Pred 诱导，可能会引起肿瘤细胞大量溶解。

如前所述，成人 ALL 的预后较儿童 ALL 差，对儿童 ALL 常用诱导化疗方案的反应较差。例如 VCR、Pred 联合诱导治疗（VP 方案），可使儿童 ALL 的 CR 率达 80%～90%，而成人 ALL 的 CR 率仅为 36%～67%。当今的治疗趋势是充分诱导化疗，在诱导阶段尽可能清除白血病细胞以减少耐药细胞株的产生。Gottlieb 等（1984）比较在 VP＋L-ASP 方案中加或不加柔红霉素（DNR）诱导治疗成人 ALL 的疗效，发现联合 DNR 的 46 例成人 ALL 其 CR 率达 83%，而不联合 DNR 的 53 例成人 ALL CR 率仅 47%。Smedmyr 等（1989）回顾瑞典 210 例成人 ALL 的诱导化疗疗效，得出一致的结果。这些临床研究证明蒽环类抗生素在成人 ALL 的诱导治疗中发挥重要作用。目前已明确，在 VP 方案中加任何一种蒽环类抗肿瘤药物，可使成人 ALL 的 CR 率提高至 70%～85%（Todeschini，2001）。因此，近年来对成人 ALL 的标准诱导治疗为 VCR、Pred、DNR［或多柔比星（ADM）］和 L-ASP（DOLP）联合的强诱导方案，可使 CR 率达 60%～90%。通常认为联合 L-ASP 能明显改善缓解质量，即使是复发患者的再诱导治疗，联合 L-ASP 仍能提高缓解率。近年来为进一步提高诱导缓解疗效，不少学者在 DOLP 方案基础上加用 Cy 和 Ara-C。初步观察，这样虽不能明显提高 CR 率，但可明显改善 CR 质量，特别在 T-ALL 等亚型疗效更好。与 Pred 相比，地塞米松（DEX）的抗白血病作用强，在脑脊液中浓度更高，故有替代 Pred 的趋势。GMALL 推荐的用于成人 ALL 的较好的诱导缓解方案参见附表 6-3。

一些研究者在标准诱导治疗后加用大剂量 Ara-C（1～3g/m^2，共 12 次），CR 率可达 67%～91%，但与标准诱导方案相比并无优越性。美国 Sloan-Kettering 纪念癌症中心采用高剂量 Ara-C［3g/（m^2・d），iv］，共 5 天及米托蒽醌（NVT）（80mg/m^2，1 次），即 HDA/NVT 方案作为一线诱导方案治疗 37 例 ALL，与 78 例接受标准诱导方案 ALL 相比，CR 率分别为 84%和 67%。HDA/NVT 方案 CR 率高，达到 CR 的时间短，对耐药患者疗效好。值得注意的是在高剂量 Ara-C 组中，具有 Ph 染色体的患者全部达到分子水平 CR，而对照组中仅 45%获分子水平 CR（Weis，2001）。Smedmyr 等（1989）用高剂量 Ara-C［3g/（m^2・d），iv，6d］作为一线诱导方案治疗 65 例成人 ALL，其完全 CR 达

94%。这些观察证实高剂量 Ara-C 作为一线诱导治疗，能尽快减少体内肿瘤负荷，提高 CR 率，改善 CR 质量。

目前国内外常用的 ALL 诱导化疗方案参见附表 6-4。这些常规方案在成熟 B 淋巴细胞 ALL 治疗中早期效果差，需要特殊的大剂量诱导缓解方案，将在后面讨论。

英国医学研究委员会（MRC）系统研究了成人 ALL，他们从 20 世纪 70 年代开始设计了 UKALL-Ⅰ治疗方案，经过定期总结经验，不断改进、补充，直到目前应用的 UKALL-Ⅻ/ECOG E2993 方案（英国 ALL-Ⅻ/东海岸肿瘤组方案），参见附图 6-1（Durrant 等，2000）。5 年DFS 率从最初的 5%提高到 38%。该组同期儿童 ALL 的 5 年 DFS 达 80%。

美国 CALGB 和德国 GIMEMA 治疗成人 ALL 疗效不断提高，基本方案参见附表 6-5。GIMEMA 0288（Annino 等，2002）的具体方案参见附表 6-6。

近期许多研究组正在以化疗联合靶向药物作为诱导缓解方案，如 Ph 染色体阳性患者使用酪氨酸激酶抑制剂（伊马替尼、达沙替尼或尼罗替尼），B-ALL 加用抗- CD19、CD20、CD22 或 CD33 的单克隆抗体，T-ALL 加用抗- CD52 的单克隆抗体或 Nelarabine，对具有 MLL 基因重排表达 FLT3 者加 FLT3 抑制剂 CEP-701（Lestaurtinib）等（Seibel，2008；Fielding，2008）。以上研究初步获得良好效果，值得深入研究。

由于采用强诱导治疗，毒副作用亦相应增加，特别是骨髓受抑、中性粒细胞减少。部分患者由于严重感染或败血症死亡，因此必须加强支持、对症治疗。综上所述，目前多数学者认为对预后较好的成人 ALL，诱导缓解方案采用 VCR+ Pred+ DNR+L-ASP 3 种或 4 种药物为宜，对预后较差的患者宜在上述 4 种药物联合方案基础上再联合 Cy/MTX。大剂量化疗的诱导方案已显示出一定的优势，不仅能提高 CR 率，而且能改善缓解质量，提高患者长期存活率。尽管如此，仍有 15%～20%的成人 ALL 经标准诱导方案治疗后不能获得 CR，对于这些患者采用化疗联合靶向药物的诱导治疗或可提高疗效。

2. 强化巩固治疗 强化巩固治疗的目的是进一步清除 CR 后体内残留的白血病细胞，预防复发，防止出现耐药细胞，以延长缓解期，使患者长期存活。强化巩固治疗是患者整体治疗不可缺少的部分，一般宜在病情缓解后立即进行。

强化巩固方案各研究单位有所不同，但总的原则是多药联合、交替序贯、大剂量兼防治 CNSL。通常，强化巩固方案中应当包含威猛（VM- 26）、依托泊苷（VP- 16）、安吖啶（AMSA）、NVT、去甲氧柔红霉素（IDA）、大剂量 Ara-C（HD-Ara-C）、中/大剂量的 MTX（HD-MTX）等，参见附表 6-1 和附表 6-2。实际上异基因或自体 HSCT 也是强化巩固治疗之一。

一些非随机、回顾性比较研究证实，早期强化巩固可有效地延长缓解期，预防复发。西班牙协作组（Ribera，2001）通过多中心前瞻研究表明，缓解后晚期给予强化治疗并不能改善成人 ALL 总体疗效，强调缓解后早期强化的重要性。然而新近随机对照研究结果提示，不同巩固方案的疗效无明显差异。例如，CALGB 比较 CR 后使用“DA7+3（DNR 7 天+Ara-C 3 天)”、“DA5+2”联合 6-MP、MTX 的强化巩固与常规维持治疗，并未发现疗效差异。意大利 GIMEMA 协作组研究了强化巩固治疗对疗效的影响，与常规维持治疗相比，强化巩固并未明显提高疗效。然而，MRC 随机对照观察结果显示，强化治疗可减少复发危险。尽管如此，大多数学者认为强化巩固仍然是成人 ALL 整体治疗的重要部分。德国成人 ALL 多中心研究组（GMALL）总结自 1978 年后 20 余年 3000 余例成人

ALL 治疗的结果，该研究分 6 个阶段，共实施 6 个方案，每个方案结束后总结经验，然后再制定下个方案，从而使治疗方案不断完善，疗效不断提高。1993～1999 年实施的 05/93 方案在上文提到的二期诱导缓解方案基础上适当增加 Cy 的剂量，并预防性给予 G-CSF。CR 后，即给予高剂量强化巩固治疗 1 年，主要包括：①标危组 B-ALL，3 个疗程 HD-MTX 和 L-ASP（HDM/ASP），3 个疗程 VM-26/Ara-C；②T 淋巴细胞 ALL 则 HD-Ara-C/NVT（HDA/NVT，1 个疗程），HDM/ASP（1 个疗程），CP/Ara-C 及 VM-26/Ara-C（各 2 个疗程）交替强化巩固；③高危 B-ALL 用 HDA/NVT 1 个疗程后，尽早行异基因造血细胞移植（allo-HCT）；④如果患者有 HLA 相合供者，对所有高危患者在 CR 后及早行 allo-HCT；⑤无适当供者的 Ph^+ ALL，CR 后可行自体造血干细胞移植（auto-HSCT），然后给予再诱导治疗；⑥必要时可行无关供者 HLA 全相合或不全相合 HSCT 或亲缘 HLA 半相合 HSCT。强化巩固治疗 1 年后，可采用 6-MP/MTX 等常规维持治疗，或接受 9 个疗程的强化维持治疗，方案有 HDM/ASP，CP/Ara-C 及 VM-26/Ara-C 等，每个疗程间隔 8 周。1999 年 6 月起，GIMEMA 协作组启动 06/99 方案（参见附图 6-2），其主要特点是强调了患者的个体差异，根据患者初诊时的危险因素、分子生物学标记、有无合适供者，以及治疗不同时期的 MRD 决定治疗方案。

CALGB（Larson，2000）与英国 MRC（Durrant，2000）分别总结了 20 多年来成人 ALL 的治疗资料，共同的经验是首先对患者进行高危因素的评估，然后制定个体化、整体治疗方案。对于高危患者，从诱导开始即强调多药物、多疗程、交替治疗，同时注重防治髓外白血病。对于 ALL-L3 等难治者最好早期行 HSCT。

MD Anderson 癌症研究中心（Garcia-Manero 等，2000）用大剂量 Cy 加 VCR、ADR 及 DEX（Hyper-CVAD），与 HD-MTX 和 HD-Ara-C 交替治疗，CR 率达 91%。同时证明对幼稚淋巴细胞淋巴瘤、伯基特淋巴瘤等均有效。Hyper-CVAD 化疗方案参见附表 6-7。

总之，大剂量化疗仍是强化治疗的主要措施，能在一定程度上抑制耐药细胞产生，而且在脑脊液中可达到治疗浓度，从而对防治中枢神经系统白血病有一定作用。例如 HD-Ara-C 可使儿童 B 淋巴细胞 ALL 的 DFS 率达 80%以上，使成人前前 B-ALL 的 DFS 率达 50%～60%，但对其他高危成人 ALL（如 Ph^+ ALL、前 T-ALL 等）的疗效有待进一步观察。HD-MTX 在儿童 ALL 治疗中应用较广泛，也可提高成人 ALL 疗效，特别对防治系统性、中枢神经系统和睾丸白血病有一定作用。因此在巩固治疗阶段，间歇应用包含 HD-Ara-C、HD-MTX 在内的强化方案可明显提高成人 ALL 的总体疗效（Hoelzer，2001）。

强化巩固治疗阶段的主要副作用仍为骨髓抑制，外周血中 WBC 及粒细胞常重度减少。严重感染及败血症的发生较常见。死亡率可达 10%，特别是在年龄较大的患者中，死亡率更高，必须给予强有力的支持、对症治疗。尽管如此，这种诱导后的早期强化巩固治疗对延长成人 ALL 缓解期、提高长期生存率效果肯定，给成人 ALL 带来根治希望。相反，随机研究结果提示，儿童 ALL 用早期强化治疗则弊多利少。国内血液学界也已重视缓解后的强化巩固治疗。北京医科大学血液病研究所陆道培根据白血病细胞的免疫表型，设计了不同的强化巩固方案，对急性 T 淋巴细胞系白血病（T-ALL）强调用 Ara-C 及 L-ASP，对 B-ALL 则强调用烷化剂（Cy），均获得较好疗效。笔者在 CR 后用大剂量 MTX、Cy、Ara-C 及含 IDA、NVT 和 VM-26 等的联合方案间歇交替治疗，也能使成人 ALL 的长期缓解率明显提高。

3. 维持治疗 临床实践证明，强化巩固治疗后的维持治疗是成人 ALL 整体治疗策略的重要组成部分。维持治疗的目的是清除体内残留白血病细胞。细胞生物学研究显示，在 CR 和强化巩固治疗后，尽管常规检查未发现白血病细胞，但利用细胞分子生物学检查手段证实体内仍有残留的白血病细胞。动物实验也表明，给全身照射（TBI）的小鼠注入单个白血病细胞后，40 天后小鼠死于白血病。相关研究发现，即使人体内残留 1 个白血病细胞，自然增殖，约 160 天后，白血病细胞可达到导致临床复发的数量。因此在诱导及强化巩固治疗后，继续清除体内残留白血病细胞，对于延长缓解期、无病生存期，使患者最终得到根治十分重要。有条件的患者，可行 allo/auto-HSCT，其余患者应给予维持化疗或免疫治疗。有关 HSCT 和白血病的免疫治疗请详见第十三章。

目前，对于成人 ALL 维持治疗的最佳方案、方式及其时间尚无统一认识，主要原因是文献中有关这方面的研究缺乏严格对照，加之对各种维持治疗方案效果的评价受诱导、巩固治疗方案、患者临床和白血病细胞生物学特性的影响。目前，多数人倾向于在强化巩固治疗后用较低剂量的化疗药物维持治疗，常用的药物为 6-MP 和 MTX，其次为 Cy、Ara-C、VCR 和 Pred 等。这些药物可单药持续应用，也可多种药物序贯治疗。Boekkerink（1990）研究表明，6-MP、MTX 联合应用有较好的协同杀伤 ALL 细胞作用。药代动力学研究亦表明，6-MP 可通过血脑屏障进入脑脊液中，若与 MTX 联合，对预防中枢神经系统白血病效果肯定。意大利多中心随机观察（GIMEMA 0183）结果显示，强化治疗后将患者随机分为常规维持组和不同强化方案的交替治疗组，两组患者 10 年存活率无显著差别，提示接受早期足量强化巩固治疗后，维持治疗阶段的强化治疗并不提高生存率，但若不进行维持治疗，则疗效明显下降。目前按照 ALL 的免疫表型和细胞生物学特点，针对特殊 ALL 亚型比较不同维持治疗方案十分必要。目前关于维持治疗持续时间存在争议。大多数学者认为维持治疗至少应持续 1 年。但是确有少数患者在 CR 后的 5～8 年仍会复发，所以也有学者认为维持治疗应持续 5 年或更长时间。

4. “庇护所”白血病的防治 白血病的“庇护所”是指常规化疗药物不能达到有效浓度，因此不能杀灭白血病细胞的“盲区”部位。除中枢神经系统（CNS）外，还有睾丸、卵巢、眼眶等。这些部位残留的白血病细胞是日后疾病复发的主要原因，因此加强对“庇护所”白血病的防治是维持缓解、避免复发，甚至达到治愈的重要环节。成人 ALL 的 CNS 和睾丸白血病的发生率较儿童 ALL 低，初诊时脑膜白血病的发生率约 6%（1%～10%），在 T-ALL 和成熟 B-ALL 中脑膜白血病发生率较高，分别为 8%和 13%。美国东南肿瘤协作组（ECOG）随机比较用 MTX 鞘内注射＋全颅照射和不用上述治疗的疗效。治疗组 3/28（例）白血病 CNS 复发，而未治疗组 11/34（例）复发（$P>0.003$）。Omura（1989）认为如不预防治疗，约 30%以上成人 ALL 可发展为出现临床症状的中枢神经系统白血病（CNSL）；预防治疗后，CNSL 的发生率可减少至 5%～11%甚至以下。发生 CNSL 的高危因素有：外周血高 WBC，特别是处于增殖周期的白血病细胞比例高；T-ALL；B-ALL；高血清 LDH；碱性磷酸酶活性增高；髓外器官受累等。

（1）CNSL 的预防和治疗：详见第八章。

（2）睾丸白血病：睾丸是 ALL 细胞最易浸润的“庇护所”之一，睾丸白血病的发生率仅次于 CNSL。目前对睾丸白血病的防治主要为局部放疗，总剂量 24～30cGy，分次照射，每次 1.0cGy；同时联合全身化疗，特别是大剂量化疗可明显提高疗效。还可用类固醇激素治疗，如泼尼松龙 300mg/（m^2·d），连用 2 周后逐渐减量。

（3）卵巢白血病：卵巢白血病也常见。针对卵巢白血病的治疗包括：在允许情况下，手术全切除；可配合全身化疗或局部放疗。

其他较为少见的髓外白血病包括眼白血病、胸膜白血病等。前者以局部放疗为主。治疗髓外白血病时均应配合全身化疗，以提高疗效。

5. 难治/复发成人 ALL 的治疗 尽管成人 ALL 疗效改善明显，但仍有部分患者经常规化疗方案治疗后无反应，或经联合方案（如 VCR、DNR、Pred 和 L-ASP）治疗 1～2 个疗程，仍不能达 CR，称之为难治性 ALL。即使达到 CR，仍有相当数量成人 ALL 复发。这与白血病细胞对化疗药物耐受有关，预后差。

成人 ALL 复发的高危因素包括：高龄；初诊时高 WBC 血症；髓外浸润；Ph 染色体阳性、t（4；11）、t（8；14）；首次达 CR 的时间较长等。复发时可有细胞核型、免疫表型的变化，如在原有基础上出现新的异常，称为克隆演化（clonal evolution），如果与原有异常完全不同，则提示发生继发白血病。白血病复发、继发白血病均预后不良。成人 ALL 复发可在骨髓，也可在髓外。如先为髓外器官复发，预后更差，除了全身治疗外，必须进行局部治疗。复发病例对化疗的反应很大程度上取决于于第 1 次缓解（CR1）期的长短。CR1 期越长，获得 CR2 的机会越大，再次 CR 后持续时间也越长。患者若在停药后复发，约半数患者采用首次诱导方案治疗还可再次达 CR，但是复发后病情重的患者预后极差，很少能达到再次 CR。CR2 的缓解期通常较短，仅少数（小于 5%）患者能长期存活。既往认为绝大多数复发患者的白血病细胞的形态和免疫表型与初诊时一致，仅少数患者在复发时白血病细胞的生物学特征与初诊时不同。然而，Mullighan 等（2008）对 61 例儿童 ALL 在初诊及复发时留取骨髓细胞，在基因水平分析拷贝数、杂合性缺失。结果仅有 8%的患者在复发时的克隆与初诊时一致，34%的患者复发时白血病细胞发生克隆演变，近半数患者复发的白血病克隆来源于原始的前体细胞。

（1）选用新化疗药物：据统计，诱导缓解化疗未达 CR 的患者，半数是由于白血病细胞耐药所致。产生耐药的机制复杂。对由于细胞内基因扩增或突变所致耐药者，换用新药可能有效。临床上常用药物有：VM-26、VP-16、AMSA、Ara-C 及 Flu 等。上述药物单用，CR 率约小于 20%，联合可提高疗效。如 VM-26 与 Ara-C 联合应用有较好的协同作用，可使 26%～67%的难治、复发儿童 ALL 达到再次 CR。VP-16 与 Ara-C 也有较好的协同作用。目前正在研发更有效的新药，见表 6-7（Garcia-Manero 等，2001；Woessmann 等，2005；Gokbuget 等，2006）。

表 6-7 目前可供选择或临床试用治疗成人难治或复发 ALL 的药物

药物	作用机制	作用亚群	治疗 ALL 证据
单克隆抗体			
美罗华	抗-CD20	B 淋巴细胞	初治 ALL
alemtuzumab	抗-CD52	B/T 淋巴细胞	初治 ALL
吉妥单抗	抗-CD33	$CD33^+$ 早期前 T 或 B 淋巴细胞	个案报告
epratuzumab	抗-CD22	抗-CD22	
曲妥珠单抗	抗-HER-2	非特异性	

续表

药物	作用机制	作用亚群	治疗 ALL 证据
细胞周期特异性药物			
克罗拉滨	嘌呤类似物	非特异性	临床Ⅰ～Ⅱ期试验
奈拉滨	嘌呤类似物	T 淋巴细胞	临床Ⅰ～Ⅱ期试验
forodesine	嘌呤核苷磷酸酶抑制剂	T 淋巴细胞（B 淋巴细胞?）	临床Ⅰ～Ⅱ期试验
脂质体制剂			
I. th. cytarabine	延长活性	CNS 受累	治疗 ALL 复发
柔红霉素	减少心脏毒性?	非特异性	治疗 ALL 复发
长春新碱	减少心脏毒性?	非特异性	
激酶抑制剂			
伊马替尼	ABL 酪氨酸激酶	$BCR\text{-}ABL^+$ ALL	初治 ALL
达沙替尼	ABL-SRC 激酶	$BCR\text{-}ABL^+$ ALL	临床Ⅰ～Ⅱ期试验
尼罗替尼	ABL 激酶	$BCR\text{-}ABL^+$ ALL	临床Ⅰ～Ⅱ期试验
其他			
替吡法尼	法尼基转移酶抑制剂	（T-ALL?）	
LY450139，MK0752	γ-分泌酶抑制剂	T-ALL Notch1 异常	临床Ⅰ～Ⅱ期试验
西罗莫司	mTOR 抑制剂	非特异性	
PKC412	FLT3 抑制剂	MLL 重排	

（2）挽救治疗：应用中或高剂量 MTX、CP 及 Ara-C 治疗耐药、复发成人 ALL 有不少成功的报道。MTX 从 200mg/（m^2·d）起始，在几周内逐渐增加剂量至 6g/（m^2·d），同时用四氢叶酸减轻 HD-MTX 对胃肠道的毒性反应，可使 33%～75%耐药 ALL 达 CR。单用 HD-Ara-C 对晚期 ALL 的疗效逊于 AML，CR 率 30%，但 HD-Ara-C 与 AMSA、VP-16、NVT 及蒽环类药物联合，能明显提高疗效。因此，大剂量联合用药已成为难治、复发成人 ALL 的重要挽救治疗方案。方案组成要考虑初始诱导方案、首次 CR 间期、复发或耐药时患者的临床特征等因素。挽救方案通常有 4 种类型：①VP＋蒽环类药物（VAD）；②以 L-ASP 为基础（常与 MTX 合用）；③以 HD-Ara-C 为主；④其他。目前尚无各方案间比较的结果，但文献中对以 HD-Ara-C 为基础的方案报道较多，总 CR 率在17%～70%，参见附表 6-8（Garcia-Manero 等，2001）。其余挽救化疗方案参见附表 6-9。除了上述大剂量联合化疗外，化疗联合单克隆抗体及靶向药物已显示出诸多优势，值得深入探讨。

（3）几个特殊类型难治成人 ALL 的治疗：①Ph 染色体阳性 ALL 的治疗。成人 ALL 中约 25%的患者 Ph［t（9；22）（q34；q11）］染色体阳性。Ph 染色体有几种变异型，90%的儿童 ALL 表达 p190 蛋白，而 25%～50%的成人 ALL 表达 p210 蛋白。Ph^+ 成人 ALL 预后极差。常规化疗诱导治疗 CR 率最高 80%，但 CR 期常不超过一年，长期存活率不足 10%，若同时伴有其他染色体异常，则预后更差。近期 MD Anderson 癌症中心采用 Hyper-CVAD 方案治疗，与历史常规方案相比，CR 率和 CR 期有所改善，但 3 年后的存活曲线两种方案没有区别。ABL 特异的酪氨酸激酶抑制剂甲磺酸伊马替尼、尼罗替尼和达沙替尼等的应用可显著提高 CR 率。日本成人白血病研究组（JALSG）（Towatari 等，2004）的资料显示其 CR 率可达96%。然而多数患者CR维持时间不长，因此多数学者建议对这类患者行HSCT，以使患者的DFS率达50%或以上，必要时移植后仍继续使用酪氨酸激酶抑制剂（Thomas等，2007）。②伯基特淋巴瘤（ALL-L3）的治疗。伯基特淋巴瘤发病率在成人ALL中不足5%，临床上除了特征性形态异常外，膜表面免疫球蛋白阳性，t（8；14）（q24；q32）阳性，中枢神经系统易受累，且易早期复发，所以无论在儿童还是在成人预后均差。常规DOLP加MTX鞘内注射CR率为30%～50%。近年来采用强联合诱导化疗、巩固治疗及早期预防CNSL的治疗，特别是大剂量MTX和Cy的应用，使儿童ALL-L3的疗效改善明显。这些方案在成人ALL中也取得初步效果，CR率达60%～80%甚至以上，4年存活率达50%以上。近年来几个大协作组的治疗方案与结果参见附表6-10。③幼淋细胞淋巴瘤（lymphoblastic lymphoma)。幼细胞淋巴瘤属高度恶性肿瘤，多数进展为白血病。近来认为它与ALL在生物学特征上属同一疾病的不同表现（Harris等，2000）。早期诊断、及时治疗，特别是采用治疗ALL的强诱导、多药联合巩固和防治CNSL，儿童幼淋细胞淋巴瘤可望治愈，成人患者的预后也可大为改善（Thomas等，2001）。20世纪80年代初，Coleman及其同事用CHOP+L-ASP及CNSL防治方案预防治疗44例患者，CR率达95%，维持治疗采用6-MP、MTX 1年以上，中位随访28个月，3年DFS率达56%。此后，许多研究者采用多种类似ALL的联合化疗方案，结果表明CR率多在70%以上，3年DFS率多在50%以上。Thomas（1999）总结M. D. Anderson癌症中心用Hyper-CVAD及CNS照射治疗24例患者，CR率达96%，3年DFS率和生存率分别为72%、80%。此外，免疫治疗、靶向治疗和HSCT在幼淋细胞淋巴瘤治疗中也取得了显著疗效，详见本书相关篇章。

（4）造血干细胞移植（详见第四篇）。

6. 老年ALL治疗　老年ALL是成人ALL的特殊类型。有关老年ALL的论著较少，主要原因是ALL在老年人中的发生率较低。法国急性白血病和骨髓增生异常综合征登记处1982～1983年共计1146例ALL中，60岁以上的ALL约占14%。Delannoy等（1990）分析了18例老年ALL临床资料，与青壮年患者比较，ALL-L3比例高，约占25%，无T-ALL。用VCR+Ara-C+Pred+L-ASP（OPAL）联合方案和甲泼尼龙（MP）+ADR+VCR（MAV）方案诱导治疗，仅8例达CR。Barnett等（1986）报告的112例成人ALL中，60岁以上者14例（12.5%），用OPAL方案治疗后CR率达43%，而小于59岁者的CR率为69%。Hussein等（1989）报道的168例成人ALL中，50岁以上者40例（23.8%），用L-10M方案治疗后，大于50岁和小于50岁的CR率分别为35%和79%，平均缓解期分别为8.6和22.9个月，平均生存期分别为1.0和17.7个月。波兰成人ALL协作组（PALG；Robak，2004）回顾分析了87例60岁以上ALL患者的治疗资料，其中75例进行诱导治疗，诱导方案主要为CODP（Cy+VCR+DNR+Pred）和COAP，结果显示34例获得CR（45%），30例原发耐药（40%），11例死于诱导期（11%）；87例中位生存时间为150天，治疗有反应患者中位无病生存时间为180天。以上提示老年ALL的白血病细胞相对耐药。一方面，白血病细胞对化疗反应不敏感，需要强化治疗；另一方面，患者全身情况较差，绝大多数不能耐受普通成人的足量化疗，而且化疗期间并发症多，11%～50%的患者死于诱导期化疗毒性反应。目前临床上对老年ALL的治疗十分棘手。需要注意的是：①诱导化疗方案不宜过强，通常认为以3种药物组成为宜；药物剂量不宜太大，一般以普通成人剂量的1/2～2/3为宜；皮质类固醇激素类药物每周

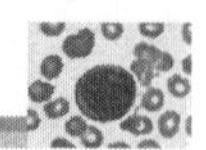

2 次，而不是每天 1 次。②更应强调治疗个体化，即根据患者的全身情况、重要脏器功能及对药物耐受性和反应性差异，灵活调整治疗方案，使患者尽可能接受最大耐受量的强化治疗。③重视支持治疗和对并发症的防治。CALGB（Larson 等，2005）观察 36 例 60 岁以上 ALL 在诱导缓解、巩固治疗期间用和不用 G-CSF 组 WBC、PLT 恢复时间，结果显示，用 G-CSF 后，WBC、PLT 恢复到 $>1\times10^9$/L、50×10^9/L 的时间分别缩短 13 天、11 天，因而建议老年患者化疗时应常规给予 G-CSF。另外，应重视免疫治疗、靶向治疗。

（四）成人 ALL 的 HSCT 及细胞生物学治疗

详细内容参考本书相关章节。

结　　语

综上所述，近年来成人 ALL 的治疗已取得了明显进步，表现在 CR 率明显提高，长期存活率显著改善，但与根治仍存在距离。成人 ALL 细胞生物学特征与儿童 ALL 明显不同。成人 ALL 中，Ph 染色体阳性及其他染色体异常或癌基因异常表达者较多，对儿童 ALL 治疗的标准化疗方案反应差。因此，当患者确诊后，应根据白血病细胞生物学特征及临床特点，评估复发危险，制定个体化的分层整体治疗方案。用 VCR、Pred 及一种蒽环类药物，或 L-ASP 或 Cy，进行强诱导治疗。CR 后密切监测微小残留白血病，并早期进行强化巩固治疗。CR 后治疗采用个体化方案，应用多种药物、多种形式的联合化疗，高剂量 Ara-C、MTX 和 Cy 以及新的高效低毒药物和靶向药物，防治髓外白血病。强化后维持治疗应以清除体内残留白血病细胞为目标。除 HSCT 外，化疗维持治疗和生物学治疗的合理应用可进一步延长缓解期，要特别重视免疫治疗、细胞治疗，包括 McAb（如抗-CD20）、IL-2 及肿瘤疫苗的应用，以及新靶向药物的开发和应用。这里应当强调，为了进一步提高疗效，应加强对成人 ALL 的发病机制、基因诊断及分型的基础研究，建立敏感的 MRD 检测方法，指导临床用药，不断改进化疗方案，进一步提高 CR 率及长期 DFS，最终达到治愈。

参 考 文 献

北京医学院附属人民医院内科血液组．1978. 108 例急性白血病诱导缓解的分析．输血及血液学，4：12

达万明．1989. 残留白血病细胞的检测和处理．中华血液学杂志，10：159

达万明．1991. 急性 B 淋巴白血病祖细胞体外培养的探讨．中华血液学杂志，12：434。

达万明等．1992. 成人 ALL. 见：陆道培主编．白血病治疗学．北京：科学出版社，170

陆道培．1990. 异基因骨髓移植现状．中化血液学杂志，11：660

陆道培．2003. 造血干细胞移植的主要进展．北京大学学报，35：113

陆道培等．2000. 我国造血干细胞移植现状．中华血液学杂志，21：78

陆道培等．2001. 白血病的免疫细胞治疗．杭州：中国抗癌协会第三届血液肿瘤、中华医学会血液学分会造血干细胞移植学术会议．论文汇编，1

陆道培等．2008. 提高造血干细胞移植生存率的若干措施——2008 年报告．中华血液学杂志，29（增刊）：1

童春容等．2008. 定量检测残留白血病的临床意义．见：达万明主编．血液病学．北京：中华医学电子音像出版社，2

Adele K et al. 2009. Prospective outcome data on 267 unselected adult patients with Philadelphia chromosome-positive acute lymphoblastic leukemia confirms superiority of allogeneic transplantation over chemotherapy in the pre-imatinib era：results from the International ALL Trial MRC UKALLXII/ECOG2993. Blood，113：4489

Annino L et al. 2002. Treatment of adult acute lymphoblastic leukemia（ALL）：long-term follow-up of the GIMEMA ALL 0288 randomized study. Blood，99：863

Anthony H et al. 2008. In adults with standard-risk acute lymphoblastic leukemia，the greatest benefit is achieved from a matched sibling allogeneic transplantation in first complete remission，and an autologous transplantation is less effective than conventional consolidation /maintenance chemotherapy in all patients：final results of the International ALL Trial（MRC UKALL XII/ECOG E2993）. Blood，111：1827

Baccarani MJ et al. 1982. Adolescent and lymphoblastic leukemia：prognostic features and outcome of therapy，a study of 293 patients. Blood，60：677

Barbara Wassmann et al. 2006. Alternating versus concurrent schedules of imatinib and chemotherapy as front-line therapy for Philadelphia-positive acute lymphoblastic leukemia（Ph^+ ALL）. Blood，108：1469

Barnett MJ et al. 1986. Treatment of acute lymphoblastic leukemia in Adults. Br J Haematol，64：455

Boekkerink JM et al. 1990. Biochemical evidence for synergistic combination treatment with methotrexate and 6-mercaptopurine in acute lymphoblastic leukemia. In：Buchner T et al eds. Haematology amd Blood Transfusion，Acute Leukemia Ⅱ. Berlin：Springer-Verlag，33：110

Campana D. 2008. Molecular determinants of treatment response in acute lymphoblastic leukemia. In：Gewirtz AM et al eds. Hematology 2008. San Francisco：American Society of Hematology Education Program，366

Champlin R et al. 1989. Acute lymphoblastic leukemia：recent advances in biology and therapy. Blood，73：2051

Charrin C. 1996. Cytogenetic abnormalities in adult acute lymphoblastic leukemia：correlations with hematologic findings and outcome. A collaborative study of the Group Francais de Cytogenetique Hematologique. Blood，87：3135

Clarkson B et al. 1990. Importance of long-term follow-up in evaluating treatment regimens for adults with acute lymphoblastic leukemia. Haematol Blood Transfus，33：397

Da WM. 1991. Serum free liquid marrow culture in patients with acute lymphoblastic leukemia：a potential application to purge marrow for autologous transplantation. Brit J Haemat，78：42

Delannoy A et al. 1990. Acute lymphoblastic leukemia in the elderly. Eur J Haematol，45：90

Delannoy A et al. 2002. Treatment of acute lymphoblastic leukemia in the elderly：an evaluation of interferon alpha given as a single agent after complete remission. Leuk Lymphoma，43：75

Durrant IJ et al. 2000. The medical research council trials in acute lymphocytic leukemia. Hematol Oncol Clin Nort Amer，14：1327

Fielding A. 2008. The treatment of adults with acute lymphoblastic leukemia. In：Gewirtz AM et al eds. Hematology 2008. San Francisco：American Society of Hematology Education Program，381

Fujiwara H et al. 2002. Interferon-alpha therapy following autologous peripheral blood stem celltransplantation for adult T cell leukemia/lymphoma. Acta Haematol，107：213

Garcia-Manero G et al. 2000. The hyper-CVAD regimen in adult acute lymphocytic leukemia. Hemat Oncol Clin North Amer，14：1381

Garcia-Manero G et al. 2001. Salvage therapy for refractory or relapsed acute lymphocytic leukemia. Hemat Oncol Clin North Amer，15：163

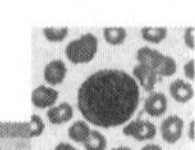

Gokbuget N et al. 2002. Recent approaches in acute lymphoblastic leukemia in adults. Rev Clin Exp Hematol, 6: 114

Gokbuget N et al. 2006. Rituximab in the treatment of adult ALL. Ann Hematol, 85: 117

Gokbuget N. 2006. Treatment of acute lymphoblastic leukemia. In: Berliner N et al eds. Hematology 2006. Orlanddo: American Society of Hematology Education Program, 133

Gottlieb AJ et al. 1984. Efficiency of daunorubicin in the therapy of adult acute lymphoblastic leukemia: a prospective randomized trail by Cancer And Leukemia Group B. Blood, 64: 267

Harris NL et al. 2000. The world health organization classification of hematological malignancies report of the clinical advisory committee meeting. airlie house, Virginia. Hematol J, 1: 53

Hoelzer B et al. 1988. Prognostic factors in a multicenter study for treatment of acute lymphoblastic leukemia in adults. Blood, 71: 123

Hoelzer D et al. 1996. Improved outcome in adult B cell acute lymphoblastic leukemia. Blood, 87: 495

Hoelzer D et al. 2002. Acute lymphoblastic leukemia. In: Broudy VC et al eds. Hematology 2002. Philadephia: American Society of Hematology Education Program, 162

Hoelzer D et al. 2009. Acute lymphocytic leukemia in adults. In: Hoffman R et al eds. Hematology, Basic Principles and Practice. Churchill Livingstone: Elsevies, 1033

Hoelzer D. 2001. Acute lymphocytic leukemia in adults. In: Hoffman R et al eds. Hematology-Basic Principles and Practice. 3rd ed. Harcourt Asia. Churchill Livingstone. Science Press, 1089

Hussein KK. et al. 1989. Treatment of acute lymphoblastic leukemia in adult with intensive induction. cosolidation and maintenance. Blood, 73: 57

Jacob M et al. 2005. Induction therapy for adults with acute lymphoblastic leukemia: results of more than 1500 patients from the international ALL trial: MRC UKALL XII/ECOG E2993. Blood, 106: 3760

Jaffe ES et al. 2008. Introduction and overview of the classification of lymphoid neoplasms. In: Steven H ed. 4th WHO Classification of Tumours of Haematopoietic and Lymphoid Tissues. International Agency for Research on Cancer. Lyon, 158

Kantarjian HM et al. 2000. Results of treatment with hyper-CVAD, a dose-intensive regimen, in adult acute lymphocytic leukemia. J Clin Oncol, 18: 547

Kantarjian HM. 2001 Adult acute lymphocytic leukemia: future research directions. Hemat Oncol Clin Nort Amer, 15: 207

Larson RA. 2000. Recent clinical trials in acute lymphocytic leukemia by the cancer and leukemia group B. Hematol Oncol Clin Nort Amer, 14: 1367

Larson RA. 2005. Acute lymphoblastic leukemia: older patients and newer drugs. In: Berlner N et al eds. Hematology 2005. Atlanta: American Society of Hematology Education Program, 13

Ludwig WD et al. 1994. Immunophenotypic classification of acute lymphoblastic leukemia. Baillieres Clin Haematol, 7: 235

Marcus RE et al. 1986. Adult acute lymphoblastic leukemia: a study of prognostic features and response to treatment over a ten year period. Br J Cancer, 53: 175

Masamitsu Yanada et al. 2006. High complete remission rate and promising outcome by combination of imatinib and chemotherapy for newly diagnosed BCR-ABL-positive acute lymphoblastic leukemia: a phase II study by the Japan Adult Leukemia Study Group. Journal of Clinical Oncology, 24: 460

Mullighan CG et al. 2008. Genomic analysis of the clonal origins of relapsed acute lymphoblastic leukemia. Science, 322: 1377

Ochs J et al. 1991. Recombinant interferon alfa given before and in combination with standard chemotherapy in children with acute lymphoblastic leukemia in first marrow relapse：a Pediatric Oncology Group pilot study. J Clin Oncol，9：777

Omura GA. 1989. Acute lymphoblastic leukemia：central nervous system prophylaxis in adults. Blood，74：2770

Pui CH et al. 2004. Acute lymphoblastic leukemia. N Engl J Med，350：1535

Pui CH et al. 2006. Treatment of acute lymphoblastic leukemia. N Engl J Med，354：166

Ribera J M et al. 2001. Late intensifivation chemotherapy has not improved the results of intensive chemotherapy in adult acute lymphoblastic leukemia：results of a prospective multicenter randomized trail (PETHEMA ALL-89) . Haematologica，83：222

Robak T et al. 2004. Acute lymphoblastic leukemia in elderly：the Polish Adult Leukemia Group (PALG) experience. Ann Hematol，83：225

Secker-Walker LM et al. 1997. Cytogenetics adds independent prognostic information in adult lymphoblastic leukemia on MRC trial UKALL XA. Br J Heamatol，96：601

Seibel N. 2008. Treatment of acute lymphoblastic leukemia in children and adolescents. In：Gewirtz AM et al eds. Hematology 2008. San Francisco：American Society of Hematology Education Program，374

Smedmyr B et al. 1989. Acute lymphoblastic leukemia in adults in Sweden，1977～1984，a retrospective analysis. Eur J Haematol，43：167

Stock W et al. 2000. Studies of minimal residual disease in acute lymphocytic leukemia. Hematol Oncol Clin North Amer，14：1289

Thomas DA et al. 1999. Hyper-CVAD program in Burkett's type adult acute lymphoblastic leukemia. J Clin Oncol，17：2461

Thomas DA et al. 2001. Lymphoblastic lymphoma. Hematol Oncol Clin North Amer，15：51

Thomas DA. 2007. Philadelphia chromosome-positive acute lymphocytic leukemia：a new era of challenges. In：Gewirtz AM et al eds. Hematology 2007. Atlanta：American Society of Hematology Education Program，435

Todeschini G. 2001. High-dose anthracycline induction in adult acute lymphocytic leukemia. Hematol Oncol Clin North Amer，15：9

Towatari M et al. 2004. Combination of intensive chemotherapy and imatinib can rapidly induce high quality complete remission for a majority of patients with newly diagnosed BCR-ABL positive acute lymphoblastic leukemia. Blood，104：3507

Veltroni M et al. 2003. Expression of CD58 in normal，regenerating and leukemic bone marrow B cells：implications for the detection of minimal residual disease in acute lymphocytic leukemia. Haematologica，88：1245

Weiss M. 2001. Induction therapy of adult acute lympnocytic leukemia without the use of vincristine or prednisone. Hematol Oncol Clin North Amer，15：1

Whitlock JA et al. 1999. Acute lymphocytic leukemia. In：Lee GR et al eds. Wintrobe's Clinical Hematology. 10th ed. Philadelphia：Lippingcott Willianms & Wilkins，2241

Woessmann W et al. 2005. The impact of the methotrexate administration and dose in the treatment of children and adolescents with B-cell neoplasms：a report of the BFM Group Study NHL-BFM95. Blood，105：948

附录6-1 成人急性淋巴细胞白血病化学治疗方案汇总

达万明 童春容 王蔚

附表6-1 1979～1990年国际上治疗成人ALL疗效较好的方案与结果

作者（年）	例数	诱导缓解方案	缓解后治疗	缓解率（%）	缓解期（月）
北医大人民医院（1978）	14	O，P，MTX，L-ASP，Cy			92.8
Henderson等（1979）	149	O，P，Aaes，D	O，MTX，P，6-MP±BCNU	72	15
Omura等（1980）	99	O，P，M	Ara-C，6-TG，L-ASP，O，P，MTX，6-MP，Cy	80	16.9
Willemze等（1980）	86	O，P，D	MTX，6-MP±L-ASP		
			CCNU±Cy	85	15
Esterhay等（1982）	38	O，DEX，M，L-ASP	M，L-ASP	75	11.1
Baccarani等（1982）	293	O，P±Ara-C或L-ASP	O，P，MTX，6-MP	79	16
Lister等（1983）	112	O，P，D，L-ASP±Cy	6-MP，Cy，MTX	66	24
Gottlieb等（1984）	46	O，P，L-ASP，D	6-MP，MTX，O，P	83	12.7
Hoelzer等（1984）	167	P，O，D，L-ASP，Cy，Ara-C，6-MP	O，DEX，ADM，Cy Ara-C，6-TG，MTX	77.8	20
Clarkson等（1985）	22	O，P，D（L2方案）	Ara-C，6-TG，L-ASP，O，Cy，D，Ho，BCNU，MTX	77	30
	73	O，P，D，Ara-C，Cy（L10/LOW方案）	M，Ara-C，6-TG，L-ASP，Cy，O，P，D，6-MP	83	51
	54	O，P，D，Ara-C，Cy/（L17/L17M方案）	MTX，Ara-C，6-TG，L-ASP Cy±D，±O，±P，±6-MP，±Dact，±BCNU	82	—
Sanchez-Fayos等（1985）	47	O，P，±D，±L-ASP	6-MP，MTX，O，P，D	89	57
Marcus等（1986）	33	O，P，L-ASP，±D，±Cy	D，Ara-C，6-TG，HD-MTX，6-MP，MTX，O，P，±Cy	82	21
Barnett等（1986）	63	O，P，ADM，L-ASP，±Cy	6-MP，Cy，MTX	66	18.5

续表

作者（年）	例数	诱导缓解方案	缓解后治疗	缓解率（%）	缓解期（月）
Linker 等（1987）	81	D，C，P，L-ASP	D，O，P，L-ASP，Ara-C VM，HD-MTX，VM	94	（53%>3年）
Hoelzer 等（1988）	368	P，O，D，L-ASP，Cy，Ara-C，6-MP	O，DEX，ADM，Cy，Ara-C，6-TG，6-MP，MTX	74	23.3
Khader 等（1989）	168	O，P，ADM，M，C（L10/L10M 方案）	MTX，Ara-C，6-TG，O，P，L-ASP，Cy，MTX，ADM，Dact，BCNU	68	22.9
GIMEMA 协作组（1986）	358	O，P，D，L-ASP	VM，Ara-C，O，D，MTX，P，MD-MTX，MD-Ara-C，6-MP	79.3	19.7
Cheng 等（1989）	44	O，P，ADM，L-ASP	Ara-C，MTX，6-TG，Cy，O，PM	52	9
Smedmyr 等（1989）	210	O，P，Ara-C/O，P，D/O，P，Cy，L-ASP/O，P，Cy，L-ASP，D，6-TG	6-MP+MTX+再诱导	69	11
Hussein 等（1989）	169	L10M 方案	L10 方案	68	22.9
Jacobs 等（1989）	85	O，P，ADM，L-ASP MTX，Ara-C，Cy，6-MP	O，P，ADM，L-ASP	69	13

注：BCNU. 卡莫司汀；CCNU. 洛莫司汀；D. 柔红霉素；Dact. 放线菌素；P. 泼尼松；O. 长春新碱；6-TG. 硫鸟嘌呤；M. 美法仑；Ho. 高三尖杉酯碱；HD. 大剂量；MD. 中剂量。

附表 6-2　1993 年来世界主要研究协作中心治疗成人 ALL 的疗效结果[a]

研究组	作者	年份	病例数	年龄（岁）	诱导治疗	巩固治疗	维持治疗	CR 率（%）	LFS 率（%）/年
GMALL 01	Hoelzer	1993	368	25	V，P，A，D，C，AC，M，MP	V，DX，AD，AC，C，TG	MP，M	74	35/10
GMALL 02	Hoelzer	1993	562	28	V. P，A，D，C，AC，M，MP	V，DX，AD，AC，C，TG，VM，AC	MP，M	75	39/7
UKALL IX	Durrant	1993	266		V，P，A（MP，M）/D		MP，M，V，P	68	22/ 8
BGMT	Attal	1995	135	31	V，P，A，D，C，AC，MP	HdM，ARC，allo/auto-SCT	[Ⅱ-2]	93	44/3
CALGB 8811	Larson	1995	197	32	V，P，A. D，C	C，MP，AC，V，A，M，AD，DX，TG	MP，M，V，P	85	30/5
GIMEMA 0183	Mandelli	1996	358	31	V，P，A，D	V，ldM，ldAC，P，VM，AC	MP，M，V，P [A，AC，VM，ldAC]	79	25/10
HOVON	Dekker	1997	130	35	V，P，A，D	HdAC，AMSA，MP，VP		73	28/5
SAKK	Wernli	1994 1997	140	31	V，P，D，M，A，HdAC，VP	allo/auto-SCT；>50 岁：HDC		69	21/5
UKALL XA	Durrant	1997	618	>15	V，P，D，A	[AC，VP，D，TG]	MP，MTX，V，P	82	28/5
PETHEMA	Ribera	1998	108	28	V，P，D. A，C	HdM，V，D，P，A，C，VM，AC	MP，M [VD，P，NVT，A，C，VM，AC]	86	41/4
CALGB 9111	Larson	1998	198	35	C，D，V，P，A	C，MP，AC，V，A，MP，M，AD，DX，TG，P	MP，M，V，P	85	40/3
LALA-87	Thiebaut	2000	581	33	V，P，D/R，C [AMSA. AC]	D/R，AC，A	MP，M，V，C，P，D/R，DT，BCNU	76	17/5
GMALL05/93	Gokbuget	2001	1163	35	V，P，D，A，C，AC，MP	V，DX，AD，AC，C，TG，VM，AC，HdM，A，C，[HdAC，NVT±SCT	MP，M	83	35/5
SWEDEN	Hallbook	2002	120	44	HdAC，C，D，V，VM，BM	HdAC，V，BM，C，D，VP +/−SCT	MP，M，D，V，P，AC，TG	86	36/ 3

续表

研究组	作者	年份	病例数	年龄（岁）	诱导治疗	巩固治疗	维持治疗	CR率（%）	LFS率（%）/年
JAISG-ALL93	Takeuchi	2002	263	31	V，AD，P，A，C	VP，NVT，AC，ldM，A，ACR，P	MP，MTX［V，AD，P，NVT，VP，AC，ldM，A，ACR，AC］	78	30/6
UCLA，USA	Linker	2002	84	27	V，P，D，A	HdAC，VP，HdM，MP，D，V，P，A	M，MP	93	47/5
GIMEMA 0288	Annino	2002	794	28	V，P，A，D	V，HdM，HdAC	MP，M，V，［AC，NVT］	82	29/9
MRC/ECOG	Rowe	2003	1389	15-60	V，P，D，A，C，AC，MP	HdM，A［AC，VP，V，DX，D，C，TG］±SCT	MP，M，V，P	91	41/5
MD Anderson	Kantarjian	2004	288	40	V，AD，DX，C	HdM，HdAC，P	M，MP，V，P	92	38/5
GOELAMS-GOELALO2	Hunaul	2004	198	33	P，V，I，A	C，AC，MP，HdM，V，1，C，AC，TG±SCT	alFN	86	41/6
LALA 94	Thomas	2004	922	33	P，VCR，CP，DNR/IDA	［NVT＋ldAC］vs［CP/AC/MP］MTX/ASP，Cy，AC，V，A，D±SCT	MP，MTX	84	36/5
EORTC ALL-3	Labar	2004	340	33	D，C，V，P	A，C，HdAC，［P，V，AD，BCNU，C，MP，M，AMD］±SCT	MP，MTX，V	74	36/6
GIMEMA 0496	Mancini	2001	450		P，V，D，A	HdAC，VP，V，D，P，C	MP，MTX	80	33/5
Pethema AIL-93	Ribera	2005	222	27	V，D，P，A，C	HdM，HdA±SCT	MP，MTX	82	34/5
JCOG900	Kensei	2007	143	41	V，C，P，AD，L-ASP	D，AC，MP，MTX	MP，MTX，V，AD，DX	83	31/5
SWOG ALL-9400	Vinod	2008	200	25	D，V，P，L-ASP	C，AC，MP，M±SC	MP，MTX，V，AC，DX	80	21/5

a 从1993年开始，>100例患者，随访>3年。

注：AC. 阿糖胞苷；AD. 多柔比星；BCNU. 卡莫司汀；C. 环磷酰胺；CR. 治愈率；D. 柔红霉素；I. 去甲氧柔红霉素；DT. 更生霉素；DX. 地塞米松；L-ASP. 左旋门冬酰胺酶；HdAC. 大剂量阿糖胞苷；HdM. 大剂量甲氨蝶呤；ldAC. 中剂量阿糖胞苷；VM. 替尼泊苷；ldM. 中剂量甲氨蝶呤；LFS. 无白血病生存；M. 甲氨蝶呤；NVT. 米托蒽醌；MP. 巯基嘌呤；N/M. 或/和；P. 泼尼松；R. rubidazone；TG. 硫鸟嘌呤；V. 长春新碱；VD. 长春地辛；VP. 依托泊苷；BM. 倍他米松。

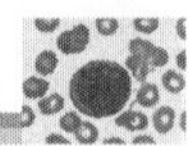

附表 6-3 GMALL 治疗成人 ALL 的诱导方案

药物	剂量	用药时间（d）
前期用药（对具有高 WBC 的患者）		
长春新碱	2mg，iv	1
泼尼松	20mg，tid，po	1～7
诱导Ⅰ期		
长春新碱	2mg，iv	1，8，15，22
泼尼松	20mg，tid，po	1～28
柔红霉素	$45mg/m^2$，iv	1，8，15，22
左旋门冬酰胺酶	$5000U/m^2$，iv	15～28
甲氨蝶呤	15mg，it	1
诱导Ⅱ期		
环磷酰胺	$1000mg/m^2$，iv	29，43，57
阿糖胞苷	$75mg/m^2$，iv	31～34，38～41，45～48，52～55
6-巯基嘌呤	$60mg/m^2$，po	29～57
甲氨蝶呤	15mg，it	31，38，45，52

附表 6-4 常用的 ALL 诱导化疗方案

方案	药物	剂量	用法	用药时间（d）
VP	长春新碱	1.4mg/（m^2·d）	iv	1、8、15、22
	泼尼松	40～60mg/（m^2·d）	po	1～28
VDCP	长春新碱	1.4mg/（m^2·d）	iv	1、8、15、22
	柔红霉素	40～45mg/（m^2·d）	iv	1～3，15～17
	环磷酰胺	600mg/（m^2·d）	iv	1、15
	泼尼松	40～60mg/（m^2·d）	po	1～28
VIP	长春地辛	2～4mg/（m^2·d）	iv	1、8、15、22
	去甲氧柔红霉素	8～12mg/（m^2·d）	iv	1～3，15～17
	泼尼松	0～60mg/（m^2·d）	po	1～28
DOLP	长春新碱	1.4mg/（m^2·d）	iv	1、8、15、22
	柔红霉素	30～40mg/（m^2·d）	iv	1～3
	左旋门冬酰胺酶	5000～10000U/（m^2·d）	iv	19～25（28）
	泼尼松	40～60mg/（m^2·d）	po	1～28
	如第 14 天骨髓未达缓解，则加柔红霉素	30～40mg/（m^2·d）	iv	15
	如第 28 天骨髓未达缓解，则加长春新碱	1.4mg/（m^2·d）	iv	29、36
	柔红霉素	30～40mg/（m^2·d）	iv	29、30
	左旋门冬酰胺酶	6000U/（m^2·d）	iv	29～35

续表

方案	药物	剂量	用法	用药时间（d）
	泼尼松	40～60mg/（m²·d）	po	29～42
DOAP	柔红霉素	40～45mg/（m²·d）	iv	1～3
	长春新碱	1.4mg/（m²·d）	iv	1
	阿糖胞苷	150～200mg/（m²·d）	iv	1～7
	泼尼松	40～60mg/（m²·d）	po	1～7
VAMCP	长春新碱	1.4mg/（m²·d）	iv	1、8、15、22、29
(L_{10}M)	多柔比星	20mg/（m²·d）	iv	17、18、19、36
	环磷酰胺	600mg/（m²·d）	iv	36
	泼尼松	40～60mg/（m²·d）	po	1～28
	甲氨蝶呤	6mg/（m²·d）	it	3、5、15、17、34、36
DATP	柔红霉素	40～45mg/（m²·d）	iv	1～3
	阿糖胞苷	100～150mg/（m²·d）	iv	1～7
	6-硫鸟嘌呤	100mg/（m²·d）	po	1～7
	泼尼松	40～60mg/（m²·d）	po	1～7
Hyper-CVAD				
Odd course	环磷酰胺	300mg/（m²·12h）	iv	1～3
	长春新碱	1.4mg/（m²·d）	iv	4、11
	多柔比星	50mg/（m²·d）	iv	4
	地塞米松	40mg/d	po/iv	1～4，11～14
Even course	甲氨蝶呤	1000mg/（m²·d）	iv	1
	阿糖胞苷	3000mg/（m²·12h）	iv	2～3

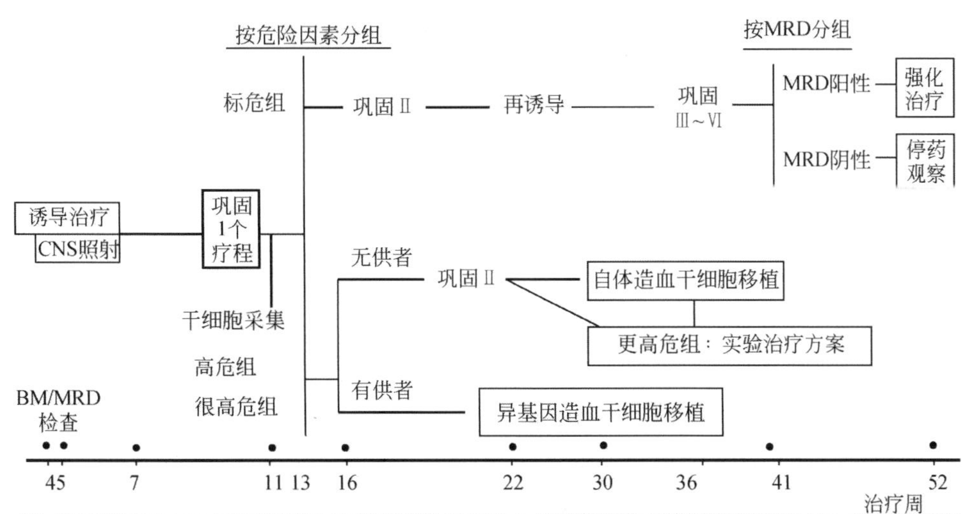

附图 6-1　UKALL-XII /ECOG E2993 方案

附表 6-5 CALGB 治疗成人 ALL 的基本方案（Larson，2000）

药物	剂量	用法	用药时间（d）
诱导治疗（4 周）			
环磷酰胺	1200mg/m^2	iv	1
柔红霉素	45mg/m^2	iv	1、2、3
长春新碱	2mg	iv	1、8、15、22
泼尼松	60mg/（m^2·d）	po	1～21
左旋门冬酰胺酶	6000U/m^2	sc/im	5、8、11、15、18、22
早期强化（4 周，重复一次）			
甲氨蝶呤	15mg	it	1
环磷酰胺	1000mg/m^2	iv	1
6-巯基嘌呤	60mg/m^2	po	1～14
阿糖胞苷	75mg/m^2		
长春新碱	2mg	iv	1、8、15、22
左旋门冬酰胺酶	6000U/m^2	sc/im	5、8、11、15、18、22
CNS 预防和中期维持治疗（12 周）			
头颅照射	2400cGy		1～12
甲氨蝶呤	15mg	it	1、8、15、22、29
6-巯基嘌呤	60mg/（m^2·d）	po	1～70
甲氨蝶呤	20mg/m^2	po	36、43、50、57、64
晚期强化（8 周）			
柔红霉素	30mg/（m^2·d）	iv	1、8、15
长春新碱	2mg	iv	1、8、15
地塞米松	10mg/（m^2·d）	po	1～14
环磷酰胺	1000mg/m^2	iv	29
6-巯基嘌呤	60mg/m^2	po	29～42
阿糖胞苷	75mg/（m^2·d）	sc	29～32，36～39
延长维持治疗（从诊断开始到 24 个月）			
长春新碱	2mg	iv	每 4 周 1 次
泼尼松	60mg/（m^2·d）	po	1～5/21，每 4 周
6-巯基嘌呤	60mg/m^2	po	1～28
甲氨蝶呤	20mg/m^2	po	1、8、15、22

附表 6-6 GIMEMA 0288 治疗成人 ALL 的具体方案（Annino，2002）

药物	剂量	用法	用药时间（d）
前期			
泼尼松	20～60mg/m^2	po	－7～（－1）
诱导Ⅰ期			
环磷酰胺	800mg/m^2	iv	1、2
柔红霉素	40mg/m^2	iv	1、8、15、22

续表

药物	剂量	用法	用药时间（d）
长春新碱	$2mg/m^2$	iv	1、8、15、22
泼尼松	$60mg/m^2$	po	1～14
	$40mg/m^2$	po	15～31
左旋门冬酰胺酶	$6000U/m^2$	sc	22～31
挽救治疗（未缓解）			
阿糖胞苷	$1000mg/m^2$	ci	33～36
米托蒽醌	$6mg/m^2$	iv	33～36
泼尼松	$40mg/m^2$	po	32～39
诱导Ⅱ期			
长春新碱	$2mg/m^2$	iv	32
米托蒽醌	$10mg/m^2$	iv	32～34
泼尼松	$40mg/m^2$	po	32～39
强化治疗			
L-VAMP×3			
长春新碱	$1.5mg/m^2$	iv	1
甲氨蝶呤	$1000mg/m^2$	ci	1
阿糖胞苷	$100mg/m^2$	iv	1
阿糖胞苷	$400mg/m^2$	ci	1
地塞米松	$10mg/m^2$	iv	1～5
VM-26＋CA×4 剂量			
VM-26	$165mg/m^2$	iv	1、5、9、13
阿糖胞苷	$300mg/m^2$	iv	1、5、9、13
巩固治疗（每个方案×3）			
A			
环磷酰胺	$800mg/m^2$	iv	1
阿糖胞苷	$75mg/m^2$	sc	3～10
B			
长春新碱	$1.5mg/m^2$	iv	1
柔红霉素	$40mg/m^2$	iv	1
泼尼松	$40mg/m^2$	po	1～7
C			
长春新碱	$1.5mg/m^2$	iv	8
米托蒽醌	$10mg/m^2$	iv	8～10
泼尼松	$40mg/m^2$	po	8～15
D			
VM-26	$165mg/m^2$	iv	1、5

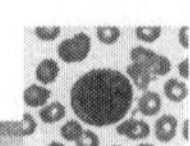

续表

药物	剂量	用法	用药时间（d）
阿糖胞苷	300mg/m^2	iv	1、5
E			
L-VAMP			
维持治疗（1次/5周×2年）			
甲氨蝶呤	30mg/m^2	im	1、8、15
6-巯基嘌呤	70mg/m^2	po	1～21
长春新碱	1.5mg/m^2	iv	22、29
泼尼松	40mg/m^2	po	22～36
CNS预防×16			
甲氨蝶呤	12mg	it	
甲泼尼龙	40mg	it	

附表 6-7　Hyper-CVAD 化疗方案

1. 强化治疗方案

Hyper-CVAD 方案（1、3、5、7周期的用药）：

（1）环磷酰胺 300mg/m^2，iv（>3h），q12h，d1～d3

（2）美司钠 300mg/m^2，iv（与环磷酰胺同时给药，并持续>9h）

（3）长春新碱 2mg，iv，d1、d4

（4）多柔比星 50mg/m^2，iv，d4

（5）地塞米松 40mg/d，d1～d4、d11～d14

MTX/HDAC（高剂量 Ara-C）（2、4、6、8周期的用药）：

（1）甲氨蝶呤 200mg/m^2，iv（>2h），随后 800mg/m^2，iv（>24h），d1

（2）亚叶酸 15mg，q6h×8次，在甲氨蝶呤注射完后 24h 内应用

（3）阿糖胞苷 3g/m^2，iv（>2h），q12h，d2～d3

（4）甲泼尼龙 50mg，iv，bid，d1～d3

中枢神经系统的预防治疗：

（1）甲氨蝶呤 2mg，it，每个疗程 d2

（2）阿糖胞苷 100mg，it，每个疗程 d8

（3）中枢神经系统受累的高危患者应用鞘内注射 16 次，低危患者 4 次，一般患者 8 次

抗生素的预防性使用：

（1）环丙沙星 500mg，qd，po；或左氧氟沙星 500mg，po，qd

（2）氟康唑 200mg，po，qd

（3）阿昔洛韦 200mg，po，bid

药物剂量的调整：

（1）如果血清总胆红素>2mg/dl，则长春新碱减少至 1mg

（2）如果血清总胆红素为 2～3mg/dl，则多柔比星剂量减少 25%；如果为 3～4mg/dl，则剂量减少 50%；如果总胆红素大于 4mg/dl，则剂量减少 75%

续表

(3) 如果肌酐在1.5～2.0mg/dl，则甲氨蝶呤剂量减少20%；如果大于2.0mg/dl，则甲氨蝶呤剂量减少50%

(4) HDAC在下列任一种情况下减少至1g/m²：①60岁以上的老年患者；②血肌酐>2mg/100ml；③输注甲氨蝶呤后血液浓度≥20μmol/L

(5) 在MTX/HDAC疗程（第4、6、8周期）中，如发生反复严重的毒性反应，则要将药物剂量减少25%～33%，其中甲氨蝶呤先减少为750mg/m²，然后为500mg/m²，最后减少至250mg/m²；HDAC先减少为2g/m²，然后为1.5g/m²，最后至1g/m²

2. 维持治疗

POMP方案治疗：

(1) 6-巯嘌呤50mg，po（空腹），tid

(2) 甲氨蝶呤20mg/m²，po 1次/周

(3) 长春新碱2mg iv，1次/月

(4) 泼尼松200mg/d，5次/月，首次与长春新碱联合应用

按照肿瘤细胞生物学特性维持治疗：

Ph染色体阳性ALL	成熟B-ALL	其他ALL
↓	↓	↓
异基因造血干细胞移植或IFN+Ara-C维持2年	不维持治疗	POMP维持2年

附表6-8　以HD-Ara-C为基础的方案治疗难治/复发成人ALL的结果

诱导方案	巩固/维持治疗	病例数	CR率（%）	缓解/存活期（月）
单用HD-Ara-C				
Ara-C 2g/m² q12h×12±VP	+/-	6	67	-/-
Ara-C 3g/m² q12h×4～12	-/-	21	38	2/3.5
Ara-C 2g/m² q12h×6	-/-	16	50	6/-
Ara-C 2g/m² q12h×8（d1～d4）				
和×4（d21～d22）±	+/-	15	73	5/-
Ara-C加NVT				
NVT 10mg/（m²·d）×5+Ara-C 200mg/（m²·d）×5	+/-	15	33	2/-
NVT 12mg/m²×3+Ara-C 200mg/（m²·d）×7	-/-	20	50	5/-
Ara-C 2g/m² q12h×8后加NVT 12mg/m²×2	-/-	20	80	5-7/6-11
NVT 10mg/（m²·d）d2～d5，Ara-C 2g/m² q12h d1～d4	-/-	24	50	3.5/-
NVT 5mg/（m²·d）×5+Ara-C 3g/m² q12h d1～d4	-/-	25	36	2/2.5
NVT 5mg/（m²·d）×5+Ara-C 3g/m² q12h×6+GM-CSF	-/-	34	38	7/7
NVT 80mg/（m²·d）×1+Ara-C 3g/（m²·d）×5	+/-	31	23	2/4
NVT 10mg/（m²·d）×5+Are-C 3g/m² q12h×6+VP-16				

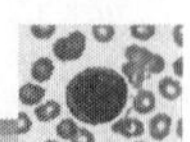

续表

诱导方案	巩固/维持治疗	病例数	CR率(%)	缓解/存活期（月）
150mg/m² d1、d3、d5	—/—	34	17	2.4/4.5～5.5
NVT 12mg/（m²·d）×5＋Ara-C 1g/m² q12h×10＋VP-16 200mg/m² d6～d8＋P	—/＋	39	70	3/6
NVT 12mg/（m²·d）×3＋Ara-C 1.2g/m² q12h×6＋Cy 1.5g/m² d1＋M，VDS＋P	＋/—	12	67	3/—
NVT 12mg/（m²·d）×3＋Ara-C 1.2g/m² q12h×6＋Cy 1.5g/m² d1＋MTX，VDS＋P	＋/—	37	78	—/—
Ara-C 加 Flud				
Flud 30mg/（m²·d）d2～d6＋Ara-C 1g/（m²·d）×6	＋/＋	30	30	5.5/3
Flud 30mg/（m²·d）d2～d6＋Ara-C 2g/（m²·d）×6＋G-CSF	＋/＋	12	83	3/3.5
Flud 30mg/（m²·d）×5＋Ara-C 2g/（m²·d）×5＋G-CSF	＋/＋	12	67	5.2/8
Flud 30mg/（m²·d）×5＋Ara-C 2g/（m²·d）×5 ＋Ida 8mg/（m²·d）×3＋G-CSF	＋/＋	8	87	11/—
Ara-C 加蒽环类药物				
Ida 12mg/m²×3＋Ara-C 3g/（m²·d）×6 或				
Ida 5mg/m²×6＋Ara-C 1g/（m²·d）×6	＋/＋	168	64	2.5/-
Ida 5mg/m²×6＋Ara-C 1g/（m²·d）×6＋P 40mg/（m²·d）×21	＋/＋	61	56	2.0/—
ADM 25mg/（m²·d），d1，d7＋Ara-C 1g/m² q12h×12＋VP	＋/＋	11	45	42/8.5
Ida 12mg/m²×3＋Ara-C 3g/（m²·d）×6＋	—/—	32	50	— /—
Ida 5mg/m²×6＋Ara-C 1g/（m²·d）×6	—/—	14	50	—/—
Ara-C 加其他抗癌药物				
AMSA 200mg/（m²·d）×3＋Ara-C 3g/（m²·d）×5	—/—	40	72	4/—
L-ASP 6000IU ＋Ara-C 3g/m² q12h×4 d1、d8	—/—	6	80	—/—
VP-16 100mg/m² 1～2 次/d×5＋Ara-C 2g/（m²·d）×5	—/—	18	56	3.5/—
VM-26 165mg/（m²·d）＋Ara-C 300mg/（m²·d）2 次/周×4	—/—	19	42	2/—

注：V. 长春新碱；P. 泼尼松；L-ASP. 左旋门冬酰胺酶；VDS. 长春地辛；M. 甲氨蝶呤；Ara-C. 阿糖胞苷；Cy. 环磷酰胺；ADM. 多柔比星；NVT. 米托蒽醌；Flud. 氟达拉滨。

附表 6-9 常用的难治/复发 ALL 挽救治疗方案

方案	药物	剂量	用法	用药时间（d）
MOEP	米托蒽醌	8～10mg/（m²·d）	iv	1～3
	长春新碱	1.4mg/（m²·d）	iv	1
	依托泊苷	75mg/（m²·d）	iv	1～5
	泼尼松	40～60mg/（m²·d）	po	1～7

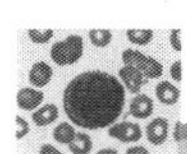

续表

方案	药物	剂量	用法	用药时间（d）
DOAP、IOLP同诱导方案				
IAE	去甲氧柔红霉素	8～10mg/（m^2·d）	iv	1～3
	阿糖胞苷	100～150mg/（m^2·d）	iv	1～5
	依托泊苷	75mg/（m^2·d）	iv	1～5
AE	阿柔比星	40～60mg/（m^2·d）	iv	1～5
	依托泊苷	100mg/（m^2·d）	iv	1～5
HD-MTX	甲氨蝶呤	1～3g/d	iv	1
	甲酰四氢叶酸钙	9～12mg/（m^2·d）	im	（停甲氨蝶呤后 12h）q6h×8
EIM	依托泊苷	100mg/（m^2·d）	iv	1～5
	异环磷酰胺	1.5g/d	iv	1～5
	米托蒽醌	8mg/（m^2·d）	iv	1～3
HD-MTX	同上			
+VLD	长春新碱	1.4mg/（m^2·d）	iv	1
	左旋门冬酰胺酶	10000U/d	iv	2、4、6、8
	地塞米松	10mg/d	iv	1～10
ID-Ara-C	阿糖胞苷	0.5～1.0g/（m^2·12h）	iv	1～5
HD-Ara-C	阿糖胞苷	3g/（m^2·12h）	iv	1～3（6）
ID-Ara-C	阿糖胞苷	0.5～1.0g/（m^2·12h）	iv	1～5
+NVT	米托蒽醌	5～10mg/（m^2·d）	iv	1～3
ID-Ara-C	阿糖胞苷	1～2g/d	iv	1～5（7）
+AMSA	安吖啶	100mg/d	iv	1～5
C-MOAP	环磷酰胺	600mg/d	iv	1～4
	米托蒽醌	5mg/d	iv	1～4
	长春新碱	2mg/d	iv	1～4
	阿糖胞苷	200mg/d	iv	1～7
	泼尼松	45～60mg/d	po	1～7
MLL293				
第1个疗程	羟基脲	50mg/（kg·d）	po	1～5
	依托泊苷	250mg/（m^2·12h）	iv（2h）	1～2
	阿糖胞苷	3.0g/（m^2·12h）	iv（4h）	3～4
	左旋门冬酰胺酶	10000U/（m^2·12h）	iv（4h）	1～5
第2个疗程	地塞米松	12mg/（m^2·d）	iv	1～4
	环磷酰胺	750mg/（m^2·12h）	iv（1h）	1
	米托蒽醌	10mg/（m^2·d）	iv（1h）	2～4
	甲氨蝶呤	3g/（m^2·d）	iv（1h）	1
CAT	环磷酰胺	500mg/（m^2·d）	iv	1～3
	阿糖胞苷	500mg/（m^2·d）	iv	1～5
	拓扑替康	1.25mg/（m^2·d）	iv	1～5

附表 6-10　成人伯基特 ALL（ALL-L3）的治疗方案与结果（Larson，1998）

作者（年）	病例数	中位年龄（岁）	诱导治疗	后续治疗	CR 率（%）	LFS 率（%）
Patte（1994）	17		C，V，P，Ad	V，P	76	58
（SFOP）			HdM 3～8g	HdM 8g		
			HdC 0.5～1g	HdAc 3g		
Daliani（1995）	13		V，Ad，Dx	HdM 1g	85	46
（MDACC）			HdC 1.8g	HdAc 3g		
Hoelzer（1996）	24	33	C，Ac，VM，P	C，Ad，P	63	50
（GMALL）			IdM 0.5g	IdM 0.5g		
	35	36	V，Ifo，VM，Ac，Dx	V，C，Ad，Dx	74	71
			HdM 1.5g	HdM 1.5g		
Lee（1997）	24	45	V，Ifo，Ac，VP，Dx	C，V，Ad，Dx	75	66
（CALGB）			HdM 1.5g	HdM 1.5g		

注：V. 长春新碱；P. 泼尼松；Ad. 多柔比星；Hd. 高剂量；Id. 中剂量；M. 甲氨蝶呤；C. 环磷酰胺；Dx. 地塞米松；Ac. 阿糖胞苷。

附表 6-11　德国多中心 GMALL 成人 ALL 03/87 及 04/89 方案

（1987.3～1993.3：57 例 pro-B ALL 入组，16 例入 03/87 方案，41 例入 04/89 方案）

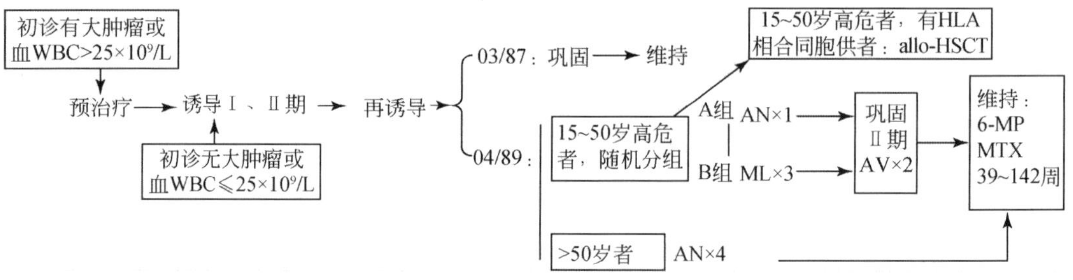

1. 预治疗：有大的肿块，血 WBC>25×10^9/L 者用
   - PSL 60mg/m^2，po，d1～d7
   - VCR 2mg，iv，d1
2. 诱导：依次采用以下方案

   第 1 个疗程
   - PSL 60mg/m^2，po，d1～d28
   - DNR 45mg/m^2，iv，d1、d8、d15、d22
   - VCR 2mg，iv，d1、d8、d15、d22
   - L-ASP 5000 U/m^2，iv，d15～d28

   第 2 个疗程
   - Cy 650mg/m^2，iv，d29、d57（04/89 方案，增加 d43）

续表

• 6-MP 60mg/m²，po，d29～d57
• Ara-C 75mg/m²，iv，d31～d34，d38～d41，d45～d48，d52～d55
15～50 岁的高危患者，如有 HLA 相合同胞供者，在诱导 2 期后接受 allo-HSCT
3. 再诱导：依次采用以下方案
第 1 个疗程
• PSL 60mg/m²，po，d1～d28
• Adr 25mg/m²，iv，d1、d8、d15、d22
• VCR 2mg，iv，d1、d8、d15、d22
第 2 个疗程
• Cy 650mg/m²，iv，d29
• 6-TG 60mg/m²，po，d29～d42
• Ara-C 75mg/m²，iv，d31～d34、d38～d41
4. 再诱导后治疗
(1) 03/87 方案：依次用以下方案
巩固：高危患者用
• Ara-C 3g/m²，ci 3h，q12h，d1～d4（年龄>50 岁者减为 1g/m²）
• NVT 10mg/m²，iv，d2～d6
维持：
• 6-MP 60mg/m²，po，qd，第 28～132 周
• MTX 20mg/m²，iv，每周 1 次，第 28～132 周
(2) 04/89 方案
1) 巩固
①15～50 岁的高危患者，无供者
巩固 1 期：随机分为以下两组
A 组：第 13 周接受以下方案 1 个疗程
• Ara-C 1g/m²，ci (3h)，q12h，d1～d4（年龄>50 岁者减为 1g/m²）
• NVT 10mg/m²，iv，d2～d5
B 组：第 13、15、17 周各接受以下方案 1 个疗程
• MTX 1.5g/m² d1（1/10 量 ci 30min，9/10 量 CI 23.5h）
• L-ASP 10000U/m²，ci 1h，d2
巩固 2 期：接受以下方案 2 个疗程（31、35 周）
• VM-26 60mg/m²，ci 1h，d1～d5
• Ara-C 75mg/m²，ci 1h，d1～d5
②>50 岁者，第 13、17 周各接受以下化疗 2 个疗程
• VM-26 60mg/m²，ci 1h，d1～d5
• Ara-C 75mg/m²，ci 1h，d1～d5
2) 维持：未接受 allo-SCT 者，第 39～142 周接受以下维持治疗
• 6-MP 60mg/m² po，qd，第 39 ～ 142 周
• MTX 20mg/m² iv，每周 1 次，第 39 ～ 142 周
5. CNSL 的预防
03/87 方案（鞘内注射共 12 次）
• MTX 15mg，it，诱导期的 d1、d31、d38、d45、d52；再诱导期的 d1
• MTX 15mg+ Ara-C 40mg+ DEX 4mg，it，维持期每 2 个月 1 次
04/89 方案

续表

- 全部患者在再诱导Ⅱ期，接受颅脑照射 24Gy
- MTX 15mg＋ Ara-C 40mg＋ DEX 4mg，it，从再诱导期 d1、d29；在 Ara-C＋VM-26 化疗每个疗程的 d1；维持期每 2 个月 1 次

6. 结果与结论
   - 03/87 方案 CR 率 75％；5 年 CCR 率 10％；04/89 方案 CR 率 73％，5 年 CCR 率 52％
   - 04/89 方案中 7 例接受 HD-Ara-C＋NVT 巩固治疗的患者均 CCR
   - CR 后 HD-Ara-C＋NVT 强化治疗可改善 pro-B ALL 的预后

7. 一些概念或定义
   - pro-B ALL：又称为 pre-pre-B ALL，early-early-B，early B-precursor ALL，null-ALL，pre-B1 ALL。为最不成熟的 ALL，特点为 $CD19^+$，$CD22^+$，$CD24^+$，$cyCD79a^+$，$CD10^-$，$cyIgM^-$，sIg^-；与 11 号染色体及 MLL 基因异常有关
   - 本组患者中：21 例有 t（4；11）（q21；q23）和（或）MLL-AF-4 重排，2 例（9；22）（q34；q11），4 例其他染色体异常，9 例染色体正常
   - 高危的定义：＞35 岁，初诊 WBC＞30×10^9/L，治疗至 CR 的时间＞4 周，Ph^+ ALL

附表 6-12　英国 MRC UKALL XA 成人 ALL 方案（1985～1992 年）

618 例≥15 岁者入组

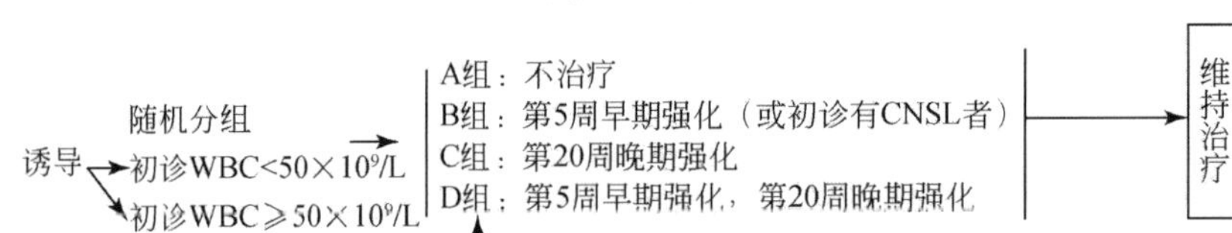

1. 诱导
   - DNR 45 mg/m^2，iv，d1、d2
   - VCR 1.5mg/m^2，iv，每周 1 次×4 次
   - L-ASP 6000U/m^2，sc，每周 3 次×3 周
   - Pred 60mg/m^2，po，d1～d21，以后渐减量
2. 强化

（1）初诊 WBC＜50 000/μl，随机分为以下几组：

A 组：不接受强化治疗

B 组：在第 5 周接受以下早期强化治疗
- Ara-C 100mg/m^2，iv，q12h，d1～d5
- VP-16 100mg/m^2，iv，d1～d5
- DNR 45mg/m^2，iv，d1、d2
- 6-TG 80mg/m^2，po，d1～d5

C 组：在第 20 周时接受晚期强化，方案同早期强化

D 组：在第 5 周接受早期强化，在第 20 周接受晚期强化治疗

（2）初诊时有 CNSL 者均按 B 组治疗，并在颅脑照射的同时加用脊髓颅脑照射 12Gy

（3）初诊时 WBC≥50×10^9/L 者，均按以上 D 组方法治疗

3. 维持：每月 1 个疗程
   - 6-MP 80mg/m^2，po，qd
   - MTX 20mg/m^2，po，每周 1 次

续表

- Pred 40mg/ m^2，po，d1～d5/月
- VCR 1.5mg/m^2，iv，每周1次

4. CNSL防治
- 在早期强化后用颅脑照射24Gy
- MTX it，第2、4、6周；维持治疗期每周1次×1年；之后每3个月1次，直至全部治疗结束
- 初诊时有CNSL者，加脊髓照射12Gy

5. 结果与结论
- 总CR率88%，总5年DFS率28%，总5年OS率为34%；强化治疗可降低复发率，但未降低总生存率
- 初诊时WBC<50×10^9/L的DFS率高于WBC>50×10^9/L者

附表6-13 法国成人Ph^+和（或）BCR-ABL^+ ALL LALA-94方案
（1994年6月～2000年2月共154例入组）

依次按以下治疗：
1. 诱导
- VCR 2mg，iv，d1、d8、d15、d22
- Pred 60mg/m^2，iv或po，d1～d7，d15～d21
- 随机分为：
- DNR 30mg/m^2，iv，d1～d3，d15～d16
- IDA 9mg/m^2，iv，d1、d2、d3、d8
- Cy 750mg/m^2，iv，d1、d8
- MTX 15mg＋Ara-C 40mg＋M-PSL 40mg，it，d1、d8、d15、d22

2. 巩固：HAM方案
- Ara-C 1g/m^2，ci 3h，q12h，d1～d4
- NVT 10mg/m^2，iv，d3～d5
- MTX 15mg＋Ara-C 40mg＋M-PSL 40mg，it，d1

3. 移植前
- MTX 1.5g/m^2，ci，d1或d1、d15
- L-ASP 10 000U/m^2，iv，d2或d2、d16

4. 预处理
- VP-16 50mg/kg，ci 6h，d4
- Cy 60mg/kg，ci 2h，d3、d2
- TBI 12Gy（分6次）或1次10Gy

5. allo-ID（44例），allo-MUD（12例），ASCT（24例）
6. 结果与结论
- CR率53%，经HAM巩固治疗后67% CCR；可接受SCT治疗患者的3年OS率28%
- allo-SCT患者的3年OS率37%（allo-ID与allo-MUD无显著差异），ASCT率12%
- Ph^+ ALL的首选治疗是在CR1期行allo-SCT

附表6-14 美国CALGB成人ALL 9111方案（1991年6月～1993年7月）
[198例患者入组，Ph^+、t（4；11）、t（8；14）患者在CR后行SCT治疗]

依次按以下方案治疗：
1. 诱导
- Cy 1.2g /m^2，iv，d1（≥60岁0.8/m^2）
- DNR 45mg/m^2，iv，d1、d2、d3（≥60岁30mg/m^2）

续表

- VCR 2mg，iv，d1、d8、d15、d22
- Pred 60mg/m²，po/iv，d1～d21（≥60 岁 60mg/m²，d1～d7）
- L-ASP（EC）6000U/m²，sc/im，d5、d8、d11、d15、d18、d22
- 随机分为加或不加 G-CSF 组：G-CSF 5μg/kg，ih，qd，d4 开始，直至血 WBC≥1×10⁹/L

2. 早期强化
- MTX 15 mg，it，d1
- Cy 1g/m²，iv，d1
- 6-MP 60mg/（m²·d），po，d1～d14
- Ara-C 75mg/m²，sc，d1～d4、d8～d11
- VCR 2mg，iv，d15、d22
- L-ASP（EC）6000U/m²，sc/im，d15、d18、d22、d25
- 加 G-CSF 组：G-CSF 5μg/kg，ih，qd，d2 开始，至少 14 天，直至血 WBC≥5×10⁹/L

3. CNSL 预防及短暂维持
- 颅脑照射 24Gy（在 d1～d12 期间分次完成）
- MTX 15mg，it，d1、d8、d15、d22、d29
- 6-MP 60mg/m²，po，d1～d70
- MTX 20mg/m²，po，d36、d43、d50、d57、d64

4. 晚期强化
- ADM 30mg/m²，iv，d1、d8、d15
- VCR 2mg，iv，d1、d8、d15
- DEX 10mg/m²，po，d1～d14
- Cy 1g/m²，iv，d29
- 6-TG 60mg/m²，po，d29～d42
- Ara-C 75mg/m²，sc，d29～d32、d36～d39

5. 维持：反复以下化疗，至诊断后的 24 个月
- VCR 2mg，iv，d1
- Pred 60mg/m²，po，d1～d5
- 6-MP 60mg/m²，po，d1～d28
- MTX 20mg/m²，po，d1、d8、d15、d22

6. 结果与结论
- 总 CR 率 85%，G-CSF 组 CR 率更高，诱导期死亡率更低
- 全部患者 3 年 OS 率 43%，3 年 DFS 率 40%，OS 及 DFS 在两组无显著差异

G-CSF 可提高 CR 率，降低诱导期的死亡率，但不改善 OS

附表 6-15　美国东部协作组成人 ALL 方案（E3486）

（276 例入组）

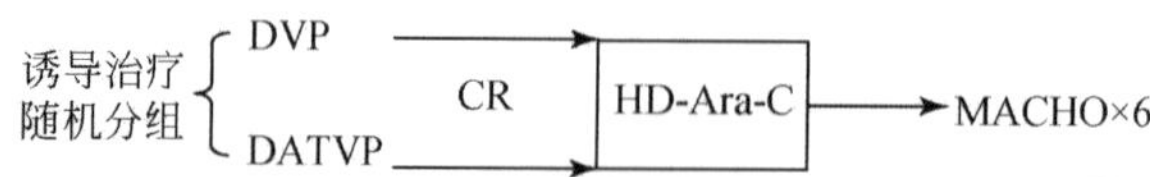

1. 诱导：随机分以下两组

（1）DVP：
- DNR 45mg/m²，d1、d2、d3

续表

- Pred 60mg/m²，po，d1～d35
- VCR 2mg，iv，d1、d8、d15、d22

（2）DATVP：

- DNR 60mg/m²，iv，d1、d2、d3
- Ara-C 25mg/m²，iv；200 mg/m²，ci，d1～d5
- 6-TG 100mg/m²，po，bid，d1～d5
- VCR 2mg，iv，d1、d8
- Pred 60mg/m²，po，d1～d7

2. 缓解后：依次进行以下治疗

（1）Ara-C 3g/m²，iv 1h，q12h×6 次

（2）1 个月后用 MACHO，每 5 周 1 个疗程，共 6 个疗程

- Cy 650mg/m²，iv，d1
- ADM 40mg/m²，iv，d1
- VCR 2mg，iv，d1
- Pred 100mg/m²，po，d1～d5
- MTX 200mg/m²，ci，d1
- L-ASP 6000 U/m²，d22
- MTX，it

3. 结果与结论

- DVP：CR 率 71%，中位 CR 期 5.5 个月；DATVP 组：CR 率 58%，中位 CR 期 6.8 个月，毒性更大
- 两组的中位生存期为 14 个月
- AML 似的短疗程强化疗不适用于 ALL

附表 6-16　意大利 GIMEMA 成人 ALL 0288 方案（1988 年 1 月～1994 年 4 月）
（778 例入组，不包括成熟 B-ALL 及 CNS 累及者）

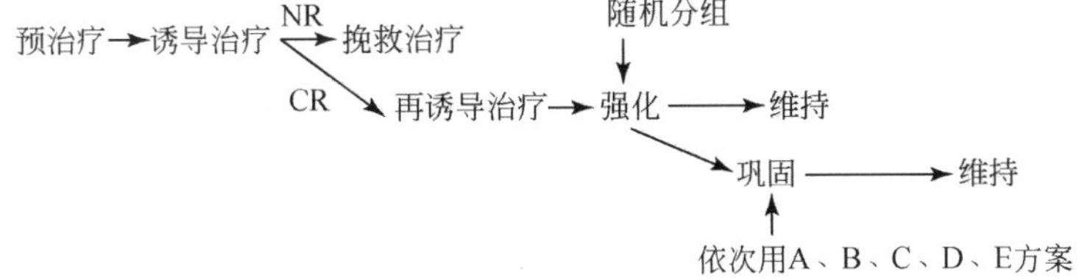

1. 预治疗：Pred 20～60mg/m²，po，d7～d1

2. 诱导：随机分为加或不加 Cy 两组

- Cy 800mg/m²，iv，d1、d2
- DNR 40mg/m²，iv，d1、d8、d15、d22
- VCR 2mg/m²，iv，d1、d8、d15、d22
- Pred 60mg/m²，po，d1～d14；40mg/m² d15～d31
- L-ASP 6000 U/m²，sc，d22～d31

3. 挽救（诱导后 NR 者）：

- Ara-C 1g/m²，ci，d33～d36
- NVT 6mg/m²，iv，d33～d36
- Pred 40mg/m²，po，d32～d39

续表

4. 再诱导（诱导后 CR 者）：
 • VCR $2mg/m^2$，iv，d32
 • NVT $10mg/m^2$，iv，d32～d34
 • Pred $40mg/m^2$，po，d32～d39
5. 强化：依次按以下方案进行
 L-VAMP×3 疗程
 • VCR $1.5mg/m^2$，iv，d1
 • MTX $1g/m^2$，ci，d1
 • Ara-C $100mg/m^2$，iv；$400mg/m^2$，ci，d1
 • DEX $10mg/m^2$，iv，d1～d5
 VM-26＋Ara-C 1 个疗程
 • VM-26 $165mg/m^2$，iv，d1、d5、d9、d13
 • Ara-C $300mg/m^2$，iv，d1、d5、d9、d13
6. 巩固：依次按以下方案进行，重复 3 次，共需 6 个月
 A：
 • Cy $800mg/m^2$，iv，d1
 • Ara-C $75mg/m^2$，sc，d3～d10
 B：
 • VCR $1.5mg/m^2$，iv，d1
 • DNR $40mg/m^2$，iv，d1
 • Pred $40mg/m^2$，po，d1～d7
 C：
 • VCR $1.5mg/m^2$，iv，d8
 • NVT $10mg/m^2$，iv，d8～d10
 • Pred $40mg/m^2$，po，d8～d15
 D：
 • VM26 $165mg/m^2$，iv，d1、d5
 • Ara-C $300mg/m^2$，iv，d1、d5
 E：L-VAMP：同前
7. 维持：每 5 周为 1 个疗程，共维持治疗 2 年
 • MTX $30mg/m^2$，im，d1、d8、d15
 • 6-MP $70mg/m^2$，po，d1～d21
 • VCR $1.5mg/m^2$，iv，d22、d29
 • Pred $40mg/m^2$，po，d22～d36
8. CNSL 的预防
 • MTX 12mg＋Pred 40mg，it，在诱导期每周 1 次×4 次，在强化及强化后，每月 1 次，共 16 次
9. 结果与结论
 • 泼尼松预治疗后有效率为 65％
 • 加及不加 Cy 组的 CR 率分别为 81％、83％；8 年持续 CR 率分别为 34％、31％
 • 单用维持治疗组（M）8 年生存率 37％，巩固治疗联合维持治疗组（C＋M）8 年生存率 38％
 • 诱导治疗增加 Cy 可提高 CR 率，但在诱导期及缓解后的强化治疗不改善 DFS

附表 6-17　意大利难治/复发 ALL-87 方案（1987 年 3 月～1992 年 10 月）
（147 例入组，≤15 岁 86 例，>15 岁 61 例）

依次接受以下治疗：

1. 诱导
   - Ara-C 1g/m²，ci 6h，d1～d6
   - IDA 5mg/m²，iv，d1～d6
   - Pred 60mg/m²，po，d1～d21
2. 缓解后：依次接受以下化疗
   第 1 个疗程：
   - VDS 5mg/m²，iv，d1、d7
   - Pred 40mg/m²，po，d1～d15

   第 2 个疗程：
   - VCR 1.5mg/m²，iv，d1，h0
   - MTX 1g/m²，iv，d1，h1～h3；MTX 后 24 小时开始甲酰四氢叶酸 15mg/m²，q6h
   - Ara-C 100mg/m²，iv，继以 400mg/m² ci h3～h7，d1
   - DEX 10mg/m²，d1～d5
3. CNSL 预防
   - MTX 12mg，it，每周 1 次×3 次
4. 移植
   - 有 HLA 相合供者的行异基因骨髓移植
   - 无 HLA 相合供者的行自体骨髓移植
5. 结果与结论
   - CR 率 66%，儿童 CR 率 77%，成人 CR 率 51%
   - 总体 56 个月 EFS 率为 10.2%±3.1%；儿童 56 个月 EFS 率为 14.3%±4.51%，成人 37 个月 EFS 率为 3.8%±3.41%
   - 在第一次复发患者中，CR 期>18 个月者，EFS 率为 14.2%±7.79%；CR 期<18 个月者，EFS 率为 6.6%±3.17%
   - 成人 15/24 例达 CR 而未接受移植治疗者早期复发
   - 4 例成人 CR 者接受 allo-SCT，其中 3 例 CCR 22～63 个月；5 例成人 CR 者接受 ASCT，仅 1 例 CCR 46 个月

附表 6-18　UKALL-XII /ECOG E2993 方案（1993～2009）

1. 诱导
   第 1 个疗程诱导化疗 1～4 周
   - 柔红霉素 60 mg/m²，iv，d1 d8、d15、d22
   - 长春新碱 1.4 mg/m²，iv，d1、d8、d15、d22
   - 左旋门冬酰胺酶 10 000 U[a]，iv 或 im，d17～d28
   - 泼尼松 60 mg/m²，po，d1～d28
   - 甲氨蝶呤 12.5 mg，it，d15

   第 2 个疗程诱导化疗 5～8 周
   - 环磷酰胺 650 mg/m²，iv，d1、d15、d29
   - 阿糖胞苷 75 mg/m²，iv，d1～d4、d8～d11、d15～d18、d22～d25
   - 6-巯基嘌呤 60 mg/m²，po，d1～d28
   - 甲氨蝶呤 12.5mg，it，d1、d8、d15、d22

续表

2. 强化治疗[b]
   - 甲氨蝶呤　3000mg，iv，d1、d8、d22
   - 左旋门冬酰胺酶　10 000 U[a]，iv 或 im，d2、d9、d23
3. 巩固治疗[d]
   - 阿糖胞苷[c]　50mg，it，每周 1 次，共 4 次
   - 颅脑放疗[c]　2400 cGy

   第 1 个疗程巩固治疗 1～4 周
   - 阿糖胞苷　75mg/m^2，iv，d1～d5
   - 依托泊苷　100mg/m^2，iv，d1～d5
   - 长春新碱　1.4mg/m^2，iv，d1、d8、d15、d22
   - 泼尼松　10mg/m^2，po，d1～d28

   第 2 个疗程巩固治疗 9～12 周
   - 阿糖胞苷　75 mg/m^2，iv，d1～d5
   - 依托泊苷　100mg/m^2，iv，d1～d5

   第 3 个疗程巩固治疗 17～20 周
   - 柔红霉素　25mg/m^2，iv，d1、d8、d15、d22
   - 环磷酰胺　650mg/m^2，iv，d29
   - 阿糖胞苷　75mg/m^2，iv，d31～d34，d38～d41
   - 6-巯鸟嘌呤　60mg/m^2，po，d29～d42

   第 4 个疗程巩固治疗 29～32 周
   - 阿糖胞苷　75mg/m^2，iv，d1～d5
   - 依托泊苷　100mg/m^2，iv，d1～d5
4. 维持治疗，持续 2.5 年
   - 阿糖胞苷[c]　50mg，it，3 个月内再鞘内注射 4 次
   - 长春新碱　1.4 mg/m^2，iv，每 3 个月 1 次
   - 泼尼松　60 mg/m^2，po，每 3 个月用药 5 天
   - 6-巯基嘌呤　75 mg/m^2，po，每天
   - 甲氨蝶呤　20 mg/m^2，po/iv，每周 1 次

a 研究中发现左旋门冬酰胺酶剂量低于 10 000U 对疗效无影响，所以 2000 年以后左旋门冬酰胺酶减量使用。

b 诱导治疗后有合适供者的 ALL 行 allo-HSCT，无合适供者则继续 3 个疗程强化治疗。

c 发病时无中枢神经系统白血病患者采用鞘内注射联合放疗，预防中枢神经系统白血病。

d 强化治疗后或行自体造血干细胞移植，或以化疗作为巩固治疗。其疗效结果见附表 6-20。

附表 6-19　UKALL-XII /ECOG E2993 方案治疗 ALL 的结果

分组	例数	诱导治疗 CR 率（%）	5 年 OS 率（%）	5 年 DFS 率（%）
Ph 阴性	1418	91	43	
Ph 阳性	267	82	22	
Ph 阴性				
异基因 HSCT	443	—	53	—
非异基因 HSCT	558	—	45	
自体 HSCT	229	—	37	41

续表

分组	例数	诱导治疗 CR 率（%）	5 年 OS 率（%）	5 年 DFS 率（%）
化疗	227	—	46	32
Ph 阳性				
同胞全相合 HSCT	45	—	44	41
无关全相合 HSCT	31	—	35	36
化疗	82	—	19	9
自体 HSCT	7	—	—	29

附表 6-20　德国 Ph^+ ALL 化疗方案（2001～2004 年）

1. 前期治疗
   - 地塞米松　10 mg/m^2，po，d1～d5
   - 环磷酰胺　200 mg/m^2，iv，d3～d5
   - 甲氨蝶呤　15mg，it，d1[a]
2. 诱导治疗

   第 1 个疗程
   - 地塞米松　10 mg/m^2，po，d6～d7、d13～d16
   - 长春新碱　2 mg，iv，d6、d13、d20
   - 柔红霉素　45 mg/m^2，iv，d6[a]、d7、d13[a]、d14
   - PEG-门冬酰胺酶　1000 U/m^2，iv（2h），d20
   - G-CSF　5μg/（kg・d），sc，第 6 天起

   第 2 个疗程
   - 伊马替尼（方案一）400～600mg，po，第 4～6 周；巩固治疗结束后重新使用，至少 8 周，直至 HSCT 前停药
   - 伊马替尼（方案二）600mg，po，第 28 天起持续用药至少 8 周，直至 HSCT 前停药
   - 环磷酰胺　1000mg/m^2，iv，d26、d46
   - 阿糖胞苷　75mg/m^2，iv，d28～d31、d35～d38、d42～d45
   - 6-巯基嘌呤　60mg/m^2，po，d26～d46
   - 甲氨蝶呤　15mg，iv，d28、d35、d42
   - G-CSF　5μg/（kg・d），sc，直至中性粒细胞＞1×10^9/L
   - 中枢神经系统放疗　24 Gy，诱导阶段进行 12 天
3. 巩固治疗[b]
   - 地塞米松　10 mg/m^2，po，d1～d5
   - 长春地辛　3 mg/m^2，iv，d1
   - 甲氨蝶呤　小于 55 岁 1.5g/m^2，iv，d1；大于 55 岁 1.0 g/m^2，iv，d1
   - 依托泊苷　250 mg/m^2，iv（1 h），d4*，d5
   - 阿糖胞苷　小于 55 岁，2g/m^2×2，iv（3h），d5；大于 55 岁，1g/m^2×2，iv（3h），d5
   - G-CSF　5μg/（kg・d），sc，第 7 天起
   - 甲氨蝶呤　15mg，it，d12
   - 阿糖胞苷　40mg，it，d12
   - 地塞米松　4mg，it，d12

a 外周血幼稚细胞高则延缓用药。

b 在伊马替尼方案一中，第 1 个疗程伊马替尼停药后再开始巩固治疗。在伊马替尼方案二中，巩固治疗与其同时应用。

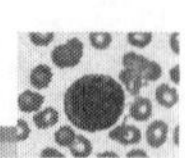

附表 6-21 德国 Ph^+ ALL 化疗方案（2001～2004 年）治疗后 BCR-ABL 基因转阴率及疗效

组别	治疗后 BCR-ABL 转阴率（%）			中位生存期（月）	1 年 OS 率（%）	2 年 OS 率（%）
	第 1 个疗程诱导后	第 2 个疗程诱导后	巩固治疗前			
伊马替尼方案一	7	26	19	16.3	72±6.5	36.2±7
伊马替尼方案二	5	27	52	19.6	61±8	43±9

附表 6-22 日本医科大学成人 ALL 研究组成人 Ph^+ ALL 治疗方案（2002～2005 年）

1. 诱导治疗

第 1 个疗程

- 环磷酰胺 1 200mg/m^2，iv（3h），d1
- 柔红霉素 30mg/m^2，iv（1h），d1～d3
- 长春新碱 1.3mg/m^2，iv，d1、d8、d15、d22
- 泼尼松龙 60mg/m^2，po，d1～d21（小于 60 岁）、d1～d7（大于 60 岁）
- 伊马替尼 600 mg，po，d8～d63
- 甲氨蝶呤 15mg，it，d29
- 阿糖胞苷 40mg，it，d29
- 地塞米松 4mg，it，d29

2. 巩固治疗

第 1 个疗程

- 甲氨蝶呤 1g/m^2，iv（24 h），d1
- 阿糖胞苷 2g/m^2 × 2，iv（3 h），d2、d3
- 甲泼尼龙 50mg × 2，iv（1 h），d1～d3
- 甲氨蝶呤 15mg，it，d1
- 阿糖胞苷 40mg，it，d1
- 地塞米松 4mg，it，d1

第 2 个疗程

- 伊马替尼 600 mg，po，d1～d28
- 甲氨蝶呤 15mg，it，d1
- 阿糖胞苷 40mg，it，d1
- 地塞米松 4mg，it，d1

3. 维持治疗

- 长春新碱 1.3mg/m^2，iv，d1（最多 2mg）
- 泼尼松龙 60mg/m^2，po，d1～d5
- 伊马替尼 600mg，po，d1～d28

附表 6-23 化疗与伊马替尼联合与未联合治疗的疗效比较

组别	例数	1 年 DFS 率（%）	2 年 DFS 率（%）	2.5 年 DFS 率（%）	P	1 年 OS 率（%）	2 年 OS 率（%）	2.5 年 OS 率（%）	P
化疗+伊马替尼	80	40	11.30	8.60	<0.0001	50	12.70	8.80	<0.0001
化疗	51	17.60	5.70	3.90		56.90	15.70	11.80	

续表

组别	例数	1年DFS率（%）	2年DFS率（%）	2.5年DFS率（%）	P	1年OS率（%）	2年OS率（%）	2.5年OS率（%）	P
CR1后allo-HSCT化疗+伊马替尼	39	53.80	12.80	10.30	0.1213	56.40	12.80	10.30	0.482
化疗	10	70	30	20		90	50	40	
未行allo-HSCT化疗+伊马替尼	31	35.50	22.20	14.30	<0.0001	41.90	12.90	9.70	0.0006
化疗	32	3.20	0	0		4.40	6.30	3.10	

注：诱导治疗后77/80例达CR（96.2%），1/80例无效，2/80例早期死亡。与既往未联合伊马替尼治疗的方案相比，化疗与伊马替尼联合可以提高成人Ph^+ ALL疗效参见附表6-24。

附表6-24　可供临床试用治疗成人难治/复发ALL的药物

药物	说明	作用机理
clofarabine	2-氯-2′-氟-去氧-9-β-*D*-阿呋喃糖腺苷	抑制核苷还原酶，抑制DNA多聚酶
nelarabine	Ara-C的甲氧衍生物	抑制嘌呤核苷磷酸酶
FMdC	2-去氧-2′-（氟甲）胞苷	抑制核苷还原酶，DNA链的终极化
	抵抗腺苷脱氨酶的灭活作用	诱导凋亡，抑制血管新生
trimetrexate	叶酸类似物，被动弥散至胞内	二氢叶酸还原酶抑制剂
VCR脂质体		抑制微管聚合
flavopiridol	合成黄酮	抑制周期素依赖激酶
bryostatin	海洋中的天然物	诱导向终末分化
UCN-01	staurosporine羟基衍生物	蛋白激酶C抑制物，活化CDC2激酶
As_2O_3	有机砷	诱导凋亡、分化
PS-341	蛋白酶体抑制剂	抑制蛋白酶体，诱导凋亡
STI571	酪氨酸激酶抑制物	抑制ABL、PDGF、c-KIT基因
SU5416	酪氨酸激酶抑制物	抑制血管新生，抑制c-KIT基因
Bcl-2反义物	寡核苷酸	抑制靶mRNA复制，诱导凋亡
TNFR-Fc	中和TNF-α受体	修饰核翻译因子

第七章　儿童急性淋巴细胞白血病

顾龙君

顾龙君，上海交通大学医学院附属上海儿童医学中心终身教授，儿科转化医学研究所学术委员会副主任，上海血液学研究所副所长。曾任第9～11届中华儿科学会血液学组副主任，《Frontiers of Medicine in China》等杂志编委/学术委员。在国内外发表论文共250余篇，参编或副主编专著20部。承担国家自然科学基金项目7项，卫生部和上海市科委项目6项。获卫生部科技进步奖、上海市科技进步奖、中华医学科技奖共7项。1996年获国务院特殊津贴。

儿童恶性肿瘤中白血病占32%～37%，我国14岁以下的儿童占总人口的近30%，因此，估略每年我国新发病的儿童白血病为15000例。我国儿童白血病中95%以上是急性白血病，其中65%～70%是急性淋巴细胞白血病（ALL)，30%左右是急性髓性白血病(AML)。在发达地区的大城市中，恶性肿瘤已是儿童首位的致死疾病，而白血病又首当其冲(Parkin等，1988)。因此，深入研究儿童白血病的防治有重要的科学意义和社会意义。

在过去的几十年间白血病的基础研究和临床疗效有了长足的进步和发展。分子生物学，尤其是在白血病的发病与耐药等方面的研究取得了很大进展，这些方面的发展导致治疗策略的不断更新。儿童急性白血病，尤其是ALL已成为可以治愈的恶性肿瘤（顾龙君等，1999；Pui，1998；Reiter等，1994）。儿童ALL的治疗根据危险程度分型实施化疗，使其完全缓解（CR）率可达95%以上，5年以上无事件生存（EFS）率可达80%～90%，儿童ALL是当今疗效最好、治愈率最高的恶性肿瘤性疾病之一。近几年来，化疗个体化和药物遗传学成为研究的焦点。由于某些药物代谢关键酶的遗传多态性与药物耐受的相关研究以及第二肿瘤预防对策的相关性已取得很大的进展，宿主对化疗药物代谢存在明显的个体差异（Pui等，2001)，从而提出化疗个体化的创见。微小残留病（MRD）的动态监测可反映动态治疗强度的有效性，越来越多的证据表明它是一个极为重要的预后因素，因此，治疗过程中监测MRD日益成为评估治疗效应的一种有效手段，并以此重新修正临床危险度，调整治疗方案，提高总体疗效。总之，根据白血病细胞的生物学特性（顾龙君等，1993)、宿主遗传的异质性和MRD等因素，实施化疗个体化，将会大大提高儿童白血病的治愈率。为进一步提高治愈率，当今，儿童白血病工作者将以下几个问题作为研究的热点并努力进行探索：①深入研究预后因素，更为准确地进行危险程度分型以避免治疗过度或不及；②进一步探讨化疗药物的药代动力学与药物遗传学，实施化疗个体化；③进行白血病细胞的分子遗传学和宿主细胞药物基因组学的研究，并阐明白血病的发病及耐药机制；④检测早期治疗反应，监测治疗过程中的MRD，修正临床危险度评估并调整治疗(强度）方案；⑤从各个方面探索更为特异的靶向治疗。本章从以上几个方面研究的进展出发，阐明其治疗观念、治疗方法及其治疗结果的进展。

一、临床表现和诊断

白血病的临床表现不尽一致，小儿急性白血病可表现为缓慢起病，常呈现为进行性苍白、乏力、食欲减退、盗汗、虚弱、低热和轻微的出血症状，从起病到诊断可长达2～6个月；也可以骤然起病，以不规则高热、急速的进行性苍白、明显的出血症状和骨关节疼痛等症状为首发表现，起病后数日至数周得以诊断，多数患者在起病后2～6周明确诊断。其临床表现归结为贫血症、出血症、发热感染症，以及白血病细胞对全身各脏器、组织浸润引起的症状和体征。

（一）主要症状

1. 贫血症　常早期出现，轻重不等，表现为苍白、乏力、气促、心悸、颜面水肿等，这些征象呈进行性加重，与出血症和出血程度不成比例。

2. 出血症状　患儿多有不同程度的、广泛的皮肤和黏膜出血，表现为皮肤紫癜、乌青和瘀斑，甚至发生皮下血肿、齿龈出血、鼻出血、口腔黏膜渗血，严重者可出现眼底视网膜出血，导致视力减退、颅内压增高。耳内出血导致眩晕、耳鸣和听力减退，有时会有呼吸道、消化道和泌尿道出血，临床表现为咯血、呕血和尿血。颅内出血时表现为头痛、呕吐、抽搐和昏迷等，是儿童白血病致死的主要原因之一。

3. 发热　多数患儿起病时有发热，可以是低热、不规则发热、持续高热或弛张热，暂时性热退时常大汗淋漓，低热时常伴盗汗。发热的原因有两个：一是白血病性发热（肿瘤热），这种发热用抗生素治疗无效，常用吲哚美辛0.5mg/kg，每8小时一次口服，热可退净，以此鉴别肿瘤性发热和感染性发热。发热的另一个原因是感染，常见的感染是呼吸道感染，如气管炎、肺炎、咽喉炎、齿龈炎、口腔溃疡等，皮肤疖肿、肠炎、肛周炎也颇为常见。临床常见无明显感染病灶的发热，它可由内源性细菌（肠源性、口腔等）和外源性细菌侵入血液循环引起菌血症和败血症所致。

4. 感染　引起感染的细菌常见的是大肠杆菌、铜绿假单胞菌、副大肠杆菌等革兰阴性杆菌和金黄色葡萄球菌，近年来表皮葡萄球菌的感染有增高趋势，其他还有粪链球菌、克雷伯菌、阴沟杆菌、硝酸盐阴性杆菌、黏质沙雷菌、弗氏枸橼酸杆菌等条件性致病菌和厌氧菌。除了细菌感染外，还常见病毒感染，如巨细胞病毒（CMV）、疱疹病毒等引起多脏器损害，发生带状疱疹、单纯疱疹、水痘等。此外还有真菌感染，常见的真菌有白色念珠菌、曲霉菌、隐球菌等，可引起鹅口疮、肛周霉菌症、霉菌性肠炎和肺炎。在粒细胞低下时还可引起卡氏肺孢子虫肺炎，表现为高热、气促、进行性呼吸困难、低氧血症、高碳酸血症，因缺乏呼吸系统疾病的物理体征，如不及时治疗常因缺氧导致死亡。上述各种感染可单独发生，也常见混合感染，临床常表现为不规则或弛张性发热。

5. 白血病细胞浸润症状　常见有单核-吞噬细胞系统的浸润，表现为肝、脾和淋巴结肿大（详见下节“体检”）。在ALL比AML（M5除外）更多见并更严重。骨关节浸润症表现为持续性并阵发性加剧的骨关节疼痛或肿痛，行动受碍，多见于腕、肘、膝、踝、肩和髋关节处，常被误诊为风湿病或类风湿关节炎或骨髓炎。中枢神经系统（CNS）浸润时，常引起颅内压增高，如头痛、呕吐、视乳头水肿所致视物模糊，也可引起面瘫等脑神

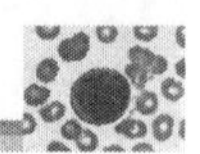

经损害症，甚至发生癫痫样发作、意识障碍等。其他脏器如胃肠道、肺、胸膜、泌尿系统和心脏浸润时，引起相应脏器功能障碍的症状。

（二）主要体征

各种亚型的急性白血病有其常见的共同体征，诸如贫血症（苍白）和出血症（紫癜、瘀斑、乌青等），尤其以各脏器组织浸润性体征为其特征性表现。

1. 肝、脾肿大 急性白血病以轻至中度肝、脾肿大为多见，肝、脾多增大到肋下2～5cm，质地中等，表面多光滑，ALL肝、脾肿大发生率与严重程度常超过AML。以中至重度肝、脾肿大为其特征性的体征。

2. 淋巴结肿大 淋巴结肿大在ALL中表现得更为显著，表现为全身各浅表淋巴结和深部淋巴结（纵隔、肠系膜、胃肠壁淋巴组织和腹膜后、腹主动脉旁淋巴结）肿大，严重者可呈“淋巴瘤样”巨大淋巴结，其直径可超过2.5cm，质地较硬，多无压痛。可见多个肿大的淋巴结融合成团块。ALL时淋巴结肿大的范围和肿大程度往往大于AML和慢性髓性白血病（CML）。

3. 腮腺肿大 腮腺浸润性肿大在小儿ALL并不少见，常表现为两侧腮腺无痛性增大，质地较硬，表面高低不平，无压痛或轻度压痛。

4. 睾丸肿大 ALL睾丸浸润时可见单侧或双侧睾丸无痛性肿大，质地多坚硬，可呈结节状高低不平，无压痛，透光试验呈阴性。超声检查可表现为非均质性回声区。

二、儿童ALL的MIC分型特点及其意义

不同类型及其亚型的白血病有其不同的生物学特征，从而对治疗有不同的效应，因此，从不同角度对其分型有重要的临床意义。

（一）细胞形态学分型

1976年，法、英、美三国（FAB）协作组提出的急性白血病形态学分型标准已作为本病诊断分型的基本方法，以后又做了多次补充和修改。FAB分型法是根据白血病细胞的形态学将白血病分为ALL和AML两大类型。ALL根据细胞的大小和形态又分为L1、L2和L3三种亚型（Bennett等，1976）；AML按细胞类型不同又分为M0～M7八型。对急性白血病分型以形态学和细胞化学染色的方法最为简单易行，在临床上起重要作用。然而，由于白血病细胞的异质性，分化程度不一，使其在形态上也复杂多变，加之杂合细胞白血病等因素，均给分型带来困难。基于细胞水平的观察属于直观判断，其准确程度与各人的经验和主观因素有关。因而时常发生错误，需要用其他方法予以佐证或鉴别。

（二）细胞免疫学分型

正常血细胞从造血多能干细胞分化、发育，并最终成为功能各异的不同系列细胞，在此过程中伴随着细胞膜、胞浆或胞核抗原表达的增多与减少，甚至消失。这个变化过程与血细胞的系列及分化发育阶段密切相关。这些细胞表面和胞浆内随分化成熟过程而不断改变的抗原簇称为造血细胞分化抗原簇（cluster of differentiation，CD）。分化抗原的表达情

况是鉴别和区分白血病细胞的来源及分化程度的基础。白血病免疫分型（immunophenotyping of leukemia）是利用单克隆抗体（单抗）（monoclonal antibody，McAb）检测白血病细胞的细胞膜和胞浆抗原，分析其表型，以了解被测白血病细胞所属细胞系列及其分化程度。它不但能客观地反映各类白血病的细胞来源及分化发育阶段（Borowitz 等，1993），而且大大提高了鉴别白血病类型的准确性，还有助于指导治疗和判断预后。

1. 免疫分型抗体组合的选择　白血病是一种十分复杂的造血系统恶性疾病，而白血病细胞的分化抗原的表达情况则更为复杂多变。因此，至今世界上仍没有一个用于免疫分型的统一的抗体组合。但是总的来说，确认白血病细胞的能力与所用的单抗种类是正相关的。所用的单抗数量越多，能获得的有关白血病细胞特征的信息也越多越全，免疫分型的结果也越细致、精确。北美实验室诊断急性白血病和淋巴瘤相应的抗体种类是 16～19 个，欧洲推荐的种类更多。大而全的抗体组合虽然能全面了解白血病细胞抗原表达并且省时，但是费用太高。所以，一个使用抗体种类较少而又能准确鉴定白血病细胞来源和分化阶段的单抗组合，应该能在大多数实验室，尤其是发展中国家的医疗机构推广应用。尽管白血病细胞的抗原表达情况不等同于正常的血细胞，显得非常复杂，常出现某些抗原缺乏、过度表达、跨系表达或某一阶段不应有的抗原的表达等情况。但是，通过多年来的研究，仍不难发现一些白血病的系列特异抗原、系列敏感抗原和系列相关抗原（表 7-1）。

表 7-1　系列特异抗原及系列敏感抗原（摘自 St. Jude Children's Research Hospital）

	B-ALL	T-ALL	AML	
B 系列				
CD19	100%	－/＋	－/＋	敏感性指标
cCD79a	99%	0	0	特异性指标
T 系列				
CD7	－/＋	100%	25%	敏感性指标
cCD3	0	100%	0	特异性指标
髓系				
CD13	－/＋	－/＋	70%	
CD33	－/＋	－/＋	70%	
CD117	0	0	70%	特异性指标
抗 MPO	0	0	70%	特异性指标
Mega				
CD41	0	0	<10%	
CD61	0	0	<10%	
红系				
Glyco	A	0	0	<3%

注：系列特异抗原指只在某一系列白血病细胞中特异性地表达，而从不出现跨系列表达的抗原，也就是其表达能够充分说明白血病细胞的来源。系列敏感抗原指虽有一定程度的跨系列表达，但在所属系列的白血病细胞中是无一例外都表达的抗原。系列相关抗原是指有跨系列的表达，且敏感程度也有限，但在免疫分型中仍起重要作用的抗原。

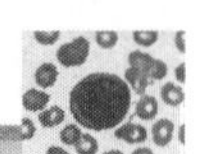

2. 急性白血病免疫分型实验方案 以 St. Jude 儿童研究医院 Dr. Datio Campana 为代表的白血病免疫分型专家，主张先用系列特异和系列敏感抗原的单抗进行初筛，确定白血病细胞的系列来源。然后再根据白血病所属系列来源进一步分期以鉴别其亚型（表 7-2）。

表 7-2 急性白血病免疫分型方案

B-ALL	T-ALL	AML
CD19	CD7	CD13
cCD79a	cCD3	CD33
		抗-MPO
CD34	CD34	CD34
Cμ	TdT	HLA-DR
TdT		CD14
CD10		CD15
CD45		Glycophorin A
CD22		CD41
sIgM		

注：通过这 7 种包括系列特异抗原与系列敏感抗原的抗体组合，可以确定 96%的急性白血病的来源（cCD79a、cCD3 以及抗-MPO 为胞浆染色）。然后，再根据白血病细胞的系列来源做进一步鉴别。

其中，胞浆免疫球蛋白重链 μ（cytoplasmic μ，Cμ）、末端脱氧核苷酸转移酶（TdT）为胞浆内染色，sIgM 为膜表面免疫球蛋白 M（surface）。

3. B-ALL 的分期 根据对 B-ALL 的免疫分型所获得的信息我们可以将其分为三期：早期前 B-ALL、前 B-ALL 和成熟 B-ALL（表 7-3）。

表 7-3 B-ALL 的免疫学分期

	CD19	CD10	CD34	TdT	CD22	Cμ	sIg
早期前 B-ALL	+	+	+	+	+	−	−
前 B-ALL	+	+	−	+/−	+	+	−
成熟 B-ALL	+	+/−	−	−	+	+	+

注：sIg 为细胞膜表面免疫球蛋白，Cμ 为胞浆免疫球蛋白重链。

其中，最为关键的 3 个指标是 CD34、Cμ 和 sIg。如果 sIg 阳性，则可以认定为成熟 B-ALL；CD34 阴性、sIg 阴性、Cμ 阳性则为前 B-ALL；CD34 阳性、Cμ 阴性则为早期前 B-ALL。

4. AML 的免疫学亚型 AML 的免疫学诊断标准如下：

(1) 没有淋巴系列抗原的表达，如 cCD79a、cCD3 或 T 淋巴细胞受体（T cell receptor，TCR）。

(2) 表达一项髓系特异性抗原或至少两项髓系相关抗原：由于现已知的所有粒、单核系抗原基本无分化发育阶段特异性，因此到目前为止，除了 M6 和 M7 可以通过免疫分型确诊，其余 M1～M5 尚无亚型特异性抗原（CD14 与单核系有关，主要见于 M4 和 M5），还无法将 AML 确切地分出免疫学亚型。但值得指出的是，M3 区别于其他各型的特点为 HLA-DR 和 CD34 都为阴性（AML 各亚型的抗原表达情况见表 7-4）。

表 7-4　AML 各亚型的抗原表达情况

McAb	M1	M2	M3	M4	M5	M6	M7
HLA-DR	+	+	−	+	+	+/−	+/−
CD34	+	+/−	−	+/−	+/−	−	+/−
CD33	+	+	+	+	+	+/−	+/−
CD13	+/−	+	+	+	+	−	+/−
CD15	−	+	+/−	+	+	+/−	/
CD14	−	+/−	−	+	+	−	−
GPA	−	−	−	−	−	+	−
CD41	−	−	−	−	−	−	+
CD61	−	−	−	−	−	−	+

5. 急性混合性白血病（hybrid acute leukemia，HAL）　前已述及，白血病细胞的抗原表达情况十分复杂，常出现跨系表达。如在 1/4 儿童 ALL 和 1/3 成人 ALL 中，可检测到有髓系相关抗原的表达。但这种现象除了可用于免疫学方法检测 MRD 外，对于预后和治疗并无重大意义。而对于那些白血病细胞同时表达淋巴系相关抗原（通常为 CD2 和 CD7）和髓系特异抗原（如 MPO）的患者，则需要同时针对这两个系列进行治疗。HAL 和伴有淋巴分化抗原的 AML 或伴有髓系分化抗原的 ALL 区别关键点在于：前者的白血病细胞同时至少要表达 2 种淋巴分化抗原和 2 种髓系分化抗原。这是一组免疫表型复杂的疾病，反映了白血病细胞的异质性及细胞分化发育过程中表面标志表达的复杂性。HAL 又有双表型双系列及双克隆类型之分。双表型指一种细胞表面同时表达不同系列抗原；现被命名为带有髓系标志的 ALL 和带有淋系标志的 AML，双系列型则有表达不同系列抗原的两群细胞同时存在或先后出现；双克隆型的细胞由两种来源完全独立的不同白血病细胞群体组成。

6. 白血病免疫分型的临床意义　形态学分型是白血病分型的基础，白血病免疫分型是形态学分型的重要补充。随着针对各系列分化抗原的 McAb 的发展及免疫分型方案的逐步完善，白血病免疫分型起到越来越重要的作用。国际 MIC 分型协作组认为对于每一例急性白血病患者都有必要进行免疫分型，尤其在以下这些情况时，能起到更为重要的作用：对于细胞形态学和细胞化学染色不能确定系列来源的白血病、HAL、对 B-ALL 进行分期以评价其预后，以及 MRD 用流式细胞术通过免疫分型检测能得到满意的结果。

（三）ALL 细胞遗传学和分子遗传学特点

60%～75%的 ALL 患者，可被发现特征性的遗传学异常，如染色体增减导致高二倍体和低二倍体，染色体易位形成融合基因，引起基因表达失调控和抑癌基因失活。常见儿童 ALL 染色体核型异常并形成融合基因的分布状况是：t（12；21）（p12—p13；q22），ETV6-CBFA2（TEL-AMLL）占 20%～25%；t（1；19）（q23；p13），E2A-PBX1 占 5%～6%；t（4；11）（q21；q23）MLL-AF4 和其他 11q23 易位，融合（MLL 重排）（Raimondi

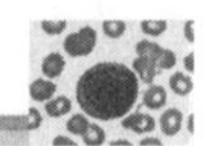

等，1989）占4%～8%；t（9；22）（q34；q11）BCR-ABL融合占3%～4%；t（8；14）（q24；q32.3），t（2；8）（p12；q24）或t（8；22）（q24；q11），伴myc过度表达IgH，IgK或IgL重排占2%；t（1；14）（p34；q11），TAL-SIL重排占3%～4%，儿童ALL染色体数量异常中，多二倍体（染色体>50条）者占27%～29%。

（四）ALL的MIC分型

为了进一步提高白血病分型的水平，国际FAB协作组的大多数成员和免疫专家、细胞遗传学家组成MIC（morphology，immunology，cytogenetics）研究协作组。自1985年开始对ALL和AML提出分型方案。强调以细胞形态学为主，免疫学和细胞遗传学做补充，相互结合。随着分子生物学研究面的不断拓宽，揭示了染色体核型变化与异常融合基因密切相关（Rubnitz等，1998）。MICM（morphology，immunotyping，cytogenetics，molecular genetics）分型又使白血病的分型向更新、更精确的道路迈进一步。

三、儿童ALL的危险程度分型

不同危险程度的ALL亚型有不同的预后，为了改善高危险度ALL的疗效和减轻低危险度ALL的治疗毒副作用，应按不同危险程度采用不同强度的化疗方案。近20多年来，欧美的一些儿童白血病治疗中心分别对ALL制订并不断修正判断危险程度的因素，并对其做了危险程度分型，以指导治疗，提高疗效。

目前人们对按疾病危险度进行ALL治疗已形成共识，但事实上要确定哪些是易复发因素还很困难，即便目前认为是低危（LR）的患者，其中仍有15%～20%的病例迟早要复发。危险因素评判系统中，是依据多种因素如年龄、白细胞（WBC）计数、免疫表型染色体核型和融合基因改变进行综合评价。20世纪80年代在ALL临床试验中发现，超过60个预后因素有统计学意义。除了儿童肿瘤协作组（CCG）的报告外，大多数研究提示男性的预后不良。睾丸白血病（testis leukemia，TL）或T-ALL也不能完全解释为何男性的预后较女性差。随着治疗强度和治疗方案的不断完善，对诸多预后因素的统计学意义的评估及筛选，20世纪90年代末确认以下4个预后因素有确定的统计学意义。

（一）年龄因素

70%～75%小于1岁的婴儿白血病有MLL（HRX）基因重排，尤其以t（4；11）AF4-MLL融合基因者（约占其中的50%）预后不良。儿童中t（4；11）等MLL基因重排异常者占ALL的5%～9%，这些基因型预后较差。在青少年和成人ALL中，t（9；22）BCR-ABL融合基因的发生率达25%～30%，儿童只占4%～5%。相反，高二倍体染色体（多于50条/细胞）和t（12；21），ETV6-CBFA2融合基因通常发生在1～9岁的儿童，其预后较好，这两种类型的大多数患者其外周血WBC计数也低。t（12；21）是预后好的标志。编码还原叶酸载体的基因（reduced folate carrier，RFC）是在21号染色体上，与叶酸代谢有关。在高二倍体ALL中，21号染色体增加是最常见的异常。B-ALL患者的原始细胞中由于有多于两个拷贝的21号染色体，所以可以聚集更多的长链聚谷氨酸甲氨蝶呤（MTX polyglutamates，MTXPGs）。有MLL基因重排的患儿也有预后较好者，如有 t（11；19）和 MLL-ENL 融合基因的 T-ALL。2～9 岁的 t（4；11）ALL 比<1 岁者预后明显要好。<2 岁、>9 岁、WBC>25×10⁹/L、有 t（9；22）BCR-ABL 融合基因的 ALL，由于预后差，故在缓解后宜行造血干细胞移植，但年龄在 2～9 岁、诊断时 WBC<25×10⁹/L、泼尼松（Pred）试验良好反应（PGR）的 t（9；22）BCR-ABL 的 ALL 患儿预后比前者要好。

（二）细胞遗传学异常

在儿童 ALL 中细胞遗传学异常是一个重要的预后因素，有 t（4；11）（q21；q23）MLL-AF4、t（9；22）（q34；q11）BCR-ABL 者预后差，t（12；21）（p12—p13；q22）ETV6-CBFA2、多二倍体（染色体>50 条）者预后较好（Hiddemann 等，1993）。一般来说，无染色体畸变者比有染色体畸变者预后较好。

（三）诊断时 WBC 计数

诊断时 WBC 计数也是一个重要的预后因素，诊断时外周血 WBC>100×10⁹/L，是一个预后不良的因素。

（四）早期治疗反应

在年龄、WBC、性别和染色体核型等预后因素中，由于预测价值有限，提示需要更好的预后分类。Pinkel 称 ALL 唯一的预后因素是治疗。“极端”地说（这种观点应该是有道理的），如果不接受治疗，ALL 是致命的；如对每位患者给予正确的治疗，假设可以进入好的营养和治疗状态以及有好的依从性，那么 ALL 就不一定是致命的。不幸的是，目前还没有对每位患者给予合理和正确的治疗。但是，尽管有不良预后标志，如 t（9；22）BCR-ABL 融合基因、t（4；11）等 MLL 基因重排的患儿，外周血 WBC 计数较低并且泼尼松试验呈 PGR 的患儿，通过强烈的化疗，也有可能治愈，其预后不很坏。诱导缓解治疗中早期外周血幼稚细胞和骨髓反应观察是十分重要的，有助于指导治疗。即便患者起病时年龄在 1～9 岁、低 WBC、超过 50 条高二倍体染色体且有 ETV6-CBFA2 的早期前 B-ALL，若泼尼松试验早期治疗反应差（PPR），应重新划分（提高）危险程度予以治疗。早期治疗反应不良的评判系统见表 7-5。

表 7-5 ALL 早期治疗反应不良的评判标准（顾龙君等，2006）

细胞来源	诱导治疗	反应情况
外周血	泼尼松试验（治疗 7 天）加鞘内注射甲氨蝶呤一次	幼稚细胞>1×10⁹/L
	联合化疗 7 天	见幼稚细胞
骨髓	联合化疗 7 天	幼稚细胞>25%
	联合化疗 14 天	幼稚细胞>5%
	联合化疗 21 天	幼稚细胞>1%（MRD）
	诱导缓解结束达 CR 时	幼稚细胞>0.01%（MRD）

（五）危险程度分型

上海第二医科大学附属新华医院/上海儿童医学中心参考美国 St. Jude 儿童研究医院

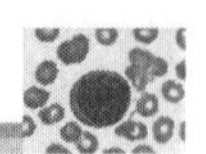

（表 7-6）和 BFM-ALL-95 的 ALL 分级系统，制定了 ALL-XH-99 方案的临床分型。

表 7-6 St. Jude 儿童研究医院 ALL 疾病危险度分级系统

危险度	特　征
低危	早期前-B 伴 ETV-CBFA2 融合基因，DNA 指数≥1.16，而≤1.60，或年龄在 1～9 岁且 WBC<50×10⁹/L 必须无下述临床表现： CNS 状态（脑脊液原始细胞>5 个 WBC/μl 或伴有脑神经瘫痪者） 卵巢、睾丸白血病（TL，超声为依据） 无以下基因改变： t（9；22）（BCR-ABL）；t（1；19）（E2A-PBXI）；MLL 重排；低二倍体（<45 条染色体） 早期治疗反应差
标危	所有不存在低危或高危 ALL 因素者的 T-ALL 或早前 B-ALL
高危	t（9；22）或有 BCR-ABL 融合基因，并且诊断时 WBC 计数>25×10⁹/L，或早期治疗反应差者在诱导缓解第 19 或 26 天原始细胞>5%；年龄小于 12 个月婴儿伴 MLL 重排；第 46 天诱导失败者，或在诱导缓解第 26 天原始细胞>5%

ALL-BFM95 方案在以往研究基础上，提供了一种新的、更为准确的危险程度分组体系，与以前体系（主要依据危险因素和早期 Pred 反应）比较，更为准确地对标危组（SRG）和中危组（MRG）进行分组。SRG 患儿必须满足以下条件：①PGR；②第 33 天骨髓 CR；③无t（9；22）易位或 BCR-ABL 基因重组；④无 t（4；11）易位或 MLL-AF4 基因重排；⑤WBC<20×10⁹/L 及年龄为 1～6 岁；⑥非 T-ALL。MRG 组除满足前 4 个条件外还应包括以下条件之一：①WBC>20×10⁹/L；②年龄<1 岁；③年龄≥6 岁。但高危组（HRG）患儿只需符合下列条件之一：①PPR；②第 33 天骨髓不完全缓解（NR）；③t（9；22）易位或 BCR-ABL 基因重组；④t（4；11）易位或 MLL-AF4 基因重排。

上海第二医科大学附属新华医院/上海儿童医学中心 ALL-XH-99 危险程度分型：

（1）危险因素

1）诊断时外周血 WBC≥50×10⁹/L，<100×10⁹/L。

2）DNA 指数<1.16 或>1.60。

3）染色体核型异常为 t（1；19）、t（8；14）等或染色体为低二倍体（<45）。

4）T-ALL。

5）诊断或诱导治疗中并发中枢神经系统白血病（CNSL）和（或）TL 者。

6）诊断时外周血 WBC 计数≥100×10⁹/L。

7）染色体核型异常为 t（9；22）、t（4；11）者。

8）发病年龄<1 岁或>12 岁。

9）治疗早期效应不佳。

A. Pred 60mg/m² 治疗 7 天外周血白血病细胞≥1×10⁹/L。

B. 诱导治疗第 19 天骨髓象呈原淋+幼淋>5%者。

C. 诱导治疗第 35 天 NR 者。

（2）危险度分型

1）低危型（LR-ALL）：不存在上述危险因素中的任何一项者。

2）中危型（MR-ALL）：存在危险因素第 1～5 项中的 1 项或多项者。

3）高危型（HR-ALL）：存在危险因素第 6～9 项中的任何 1 项者。

四、治疗原则和策略

（一）治疗原则

迄今白血病的治疗仍以化疗为主要手段，化疗的主要原则是，按型选方案，强调早期连续适度化疗和分阶段坚持长期规则化疗。分阶段化疗包括诱导缓解治疗、缓解后治疗和髓外白血病防治。化疗过程中应周密地进行对症治疗和并发症的防治，包括出血和 DIC 的防治、积极防治感染、WBC 淤滞和肿瘤溶解综合征的防治。使用 G-CSF 可以缩短骨髓抑制时间，但是不能改善白血病患者的长期无病生存（DFS）率。目前的 ALL 缓解概念不仅仅是形态学上的缓解，应该争取达到免疫学缓解和分子学缓解（Pui 等，2000）。

（二）治疗策略

儿童 ALL 治疗策略的不断改进是儿童 ALL 疗效进展的重要原因，在 BFM 90 方案中，9 年预期 EFS 率可达 78%。St. Jude 儿童研究医院报道其最近的 ALL 5 年 EFS 率达到 92%±4%。对其原因，他们做如下总结（表 7-7）：

表 7-7 St. Jude 儿童研究医院各阶段疗效总结与治疗策略

年份	研究编号	病例数	5 年生存率（%）	治疗策略
1962～1966	Ⅰ～Ⅳ	90	9±3	联合化疗优于单药化疗，全量化疗优于半量化疗
1967～1979	Ⅴ～Ⅸ	825	36±2	中枢神经系统白血病预防
1979～1983	Ⅹ	428	53±2	使用大剂量甲氨蝶呤、阿糖胞苷＋VP-16（EA）以克服耐药
1984～1991	Ⅺ～Ⅻ	546	70±2	缓解以后即行 HDMTX 和 EA 强化治疗，之后交替使用非耐药配对
1991～1997	ⅩⅢA，ⅩⅢB	366	81±8	对高危易复发的初发患者强烈联合化疗＋早期强烈鞘内注射化疗
2000～2005	ⅩⅤ	274	92±4	根据治疗过程中 MRD 跟踪监测结果重新划分危险程度，实施个体化治疗

（三）儿童 ALL 长期无病生存的几个关键措施（Rivera 等，1993）

（1）根据上述不同危险程度给予相应的不同强度的治疗。

（2）早期连续适度化疗是最关键的，包括按不同危险程度给予不同强度的诱导缓解治疗、巩固治疗、庇护所（髓外白血病）防治和早期强化治疗。

（3）长期规则的维持治疗和定期的强化治疗。

（4）积极长期的髓外白血病防治。

（5）积极的支持治疗和防治感染减少治疗相关死亡。

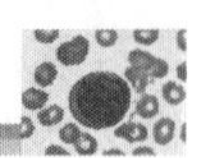

五、ALL 治疗的进展和国内外主要治疗方案

通过目前的联合化疗和支持治疗，95％以上的儿童 ALL 可以获得 CR，对危险程度较高的 ALL，力争通过早期强烈化疗以尽快地降低白血病细胞的负荷、减少肿瘤细胞耐药机会。在诱导缓解中使用 4 个或更多的药物可以改善预后。DEX 比 Pred 容易进入血脑屏障，在脑脊液（CSF）中的半衰期更长，故在诱导缓解、强化和维持治疗中使用 DEX 可以起到更好的防治 CNSL 的作用。以往认为成熟 B-ALL 的预后欠佳，但通过间断使用大剂量环磷酰胺（Cy）＋HDMTX（3～5g/m^2）＋阿糖胞苷（Ara-C），预后大大改善，治疗时间只需 8～12 个月。有些研究组建议在此基础上加上异环磷酰胺（IFO）和（或）VM-26，可以进一步提高治疗效果，例如法国一个研究组治疗 102 名患儿的治愈率达到 85％。如能完成以上方案，无须对成熟 B-ALL 进行长期维持治疗。

（一）治疗进展历程

40 年前 Aur 等对 35 例儿童 ALL 完成 Total StudyⅤ治疗方案，其 20 年以上长期无病生存（LTDFS）率达 50％。近 20 多年间多个治疗中心报道，经积极治疗，儿童 ALL 的缓解率可达 95％以上，＞5 年的 EFS 率可达 75％～90％（Pui 等，2001）。上海第二医科大学附属新华医院，1978～1988 年收治的 139 例儿童 ALL，其缓解率达 97.1％。其中缓解的 135 例中 105 例为经系统正规治疗者，5 年以上持续完全缓解（CCR）率是 58.6％，5 年以上生存率达 71.9％。北京儿童医院 215 例 ALL 的 5 年 CCR 率和 5 年生存率也分别达 50.6％和 69％。新华医院在 1988～1991 年，采用 XH-88 方案，进一步加强早期连续强烈化疗，57 例 ALL 的缓解率是 96.5％，其 5 年 CCR 率是 81.3％（顾龙君等，1994）；1997～2003 年实施 ALL-XH-99 方案，158 例患儿 5 年 EFS 率达 72.4％±7.8％。可见现代治疗儿童 ALL 的目的不再是获得缓解及延长生命，而是争取治愈。目前，经积极治疗 2/3 以上的儿童 ALL 是可以获得治愈的。要达此理想目标，必须根据儿童 ALL 的不同危险程度，采用相应强度的化疗，并遵循早期连续适度化疗“前紧后松”的策略和长期规则的治疗（顾龙君，1989、1999）。

（二）治疗步骤

1. 诱导缓解治疗 20 世纪 60 年代，国外多数用 VP 方案诱导缓解治疗，CR 率可达 80％～85％，但 CCR 率较低，故 70 年代对 VP 作为诱导治疗产生疑虑，80 年代大多摒弃用 VP 作为诱导治疗（Rivera，1986）。近 20 年来我国不少基层医院仍单纯采用 VP 方案做诱导治疗，在很大程度上影响远期疗效，极少有患者长期存活，值得引起基层县市级医院重视并纠正。

儿童 ALL 诱导缓解治疗的标准方案采用 VDLP：长春新碱（vincristine，VCR，V）；柔红霉素（daunorubine，DNR，D）；左旋门冬酰胺酶（L-asparaginase，L-ASP）；Pred（P），（剂量和用法见后述）。用 VDLP 可获 95％以上的 CR 率，其中 DNR 和 L-ASP 不仅能提高 CR 率，而且是获得长期 EFS 关键的 2 个药物。上海第二医科大学附属新华医院的新华 ALL-XH-88 方案用 VDLP 对标危（SR）和高危（HR）ALL 做诱导缓解治疗，其 CR 率是 96.5％；ALL-XH-99 方案的 CR 率是 96.8％（图 7-1）。

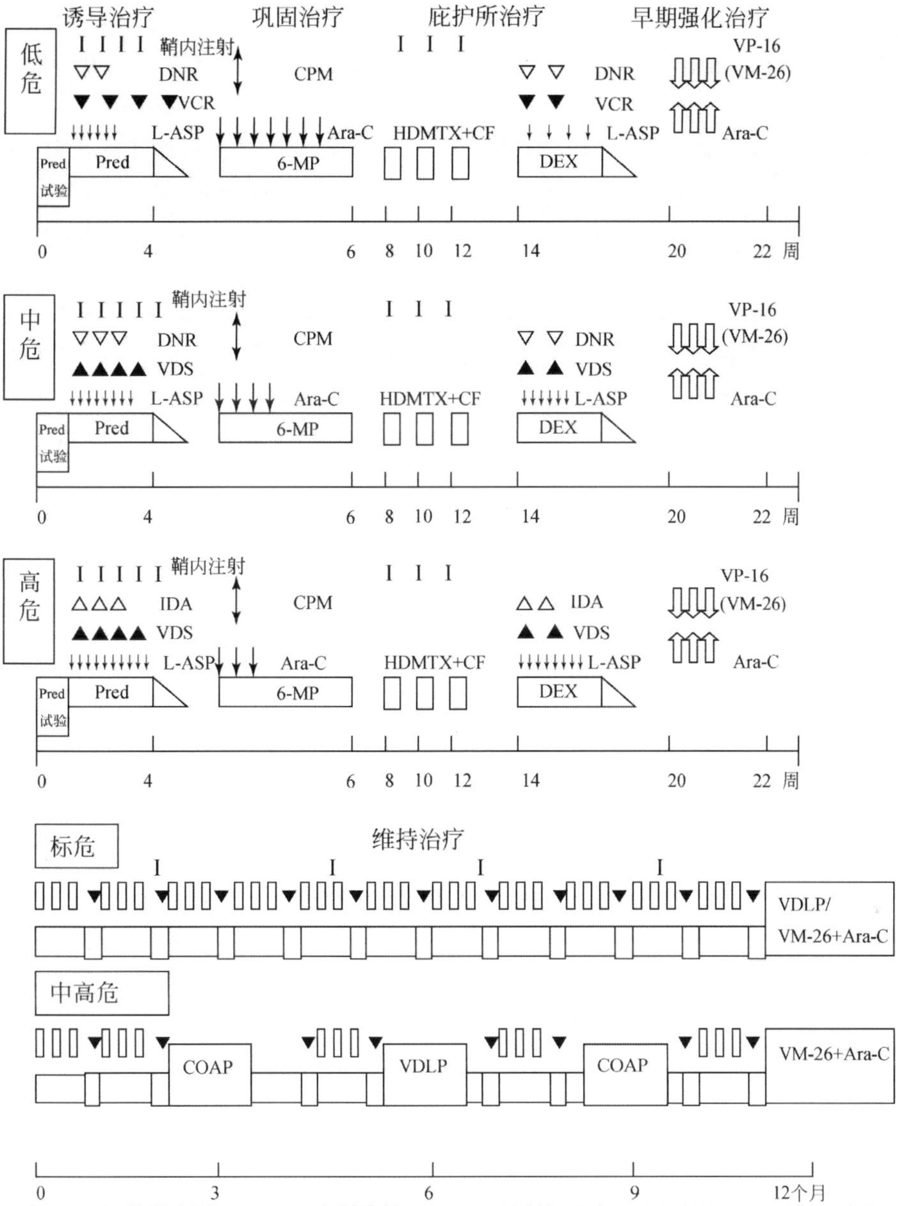

诱导治疗　巩固治疗　庇护所治疗　早期强化治疗

低危：I I I I 鞘内注射；▽▽ DNR；▼▼▼▼VCR；L-ASP；Pred 试验；Pred；CPM；Ara-C；6-MP；I I I；HDMTX+CF；▽▽ DNR；▼▼ VCR；L-ASP；DEX；VP-16（VM-26）；Ara-C

0　4　6　8　10　12　14　20　22 周

中危：I I I I I 鞘内注射；▽▽▽ DNR；▲▲▲▲ VDS；L-ASP；Pred 试验；Pred；CPM；Ara-C；6-MP；I I I；HDMTX+CF；▽▽ DNR；▲▲ VDS；L-ASP；DEX；VP-16（VM-26）；Ara-C

0　4　6　8　10　12　14　20　22 周

高危：I I I I I 鞘内注射；△△△ IDA；▲▲▲▲ VDS；L-ASP；Pred 试验；Pred；CPM；Ara-C；6-MP；I I I；HDMTX+CF；△△ IDA；▲▲ VDS；L-ASP；DEX；VP-16（VM-26）；Ara-C

0　4　6　8　10　12　14　20　22 周

维持治疗

标危：I I I I；VDLP/VM-26+Ara-C

中高危：COAP；VDLP；COAP；VM-26+Ara-C

0　3　6　9　12个月

图 7-1　ALL-XH-99 方案

诱导治疗：Pred 60mg/（m^2·d），分 3 次口服，第 1～28 天，第 1～7 天为 Pred 试验，第 29 天起 1 周内减停；VCR LR 组 1.5mg/（m^2·周）×4 次，VDS MR 、HR 组 3mg/（m^2·周）×4 次；DNR 20mg/m^2；LR 组第 1～2 天，MR 组第 1～3 天，HR 组 IDA 10mg/m^2，隔日 1 次，共 3 次；L-ASP 剂量为 6000～10 000U/m^2·次，隔日 1 次，第 9 天开始，LR、MR、HR 组中分别为 6、8、10 次。巩固治疗：CPM 600～800mg/m^2，第 1 天，Ara-C 在 LR 组为 100mg/（m^2·d），每 12h 1 次，皮下注射，第 1～7 天，MR 组为 Ara-C 1g/（m^2·次），每 12h 1 次，第 1～3 天静脉滴注，HR 组为 Ara-C 2g/（m^2·次），每 12h 1 次，第 1～2 天静脉滴注，6MP 50mg/（m^2·d），第 1～7 天；髓外白血病防治，HDMTX 3 次，间隔 10 天，在 LR 组给予 3g/m^2，MR、HR 组 5g/m^2。早期强化：DEX 取代 Pred；LR、MR、HR 组中 L-ASP 分别为 4、6、8 次；HR 组用 IDA 替代 DNR；VP-16/VM-26＋Ara-C：VM-26 或 VP-16 剂量为 300mg/m^2，Ara-C 为 300mg/m^2，每 3 天 1 次，共 3 次。维持治疗时间：LR 组女孩维持 2 年半，男孩 3 年，MR、HR 组延长 1 年。MTX 20～30mg/（m^2·周）×3 次，肌内注射，6-MP 75mg/（m^2·d）×21 天，口服，第 22 天 VCR，第 22～28 天 DEX 口服，在每治疗年的第 3、第 9 个月用 COAP 做“小强化”治疗，第 6 个月用 VDLP，第 12 个月用 VM-26＋Ara-C 做“大强化”治疗；LR、MR 组不再进行头颅放疗，HR 组放疗剂量降至 18Gy

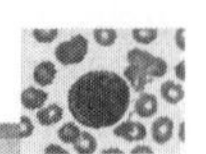

现在大多数治疗中心诱导缓解治疗，SR-ALL 多采用 VDLP 方案，HR-ALL 有的用 VDLP ±Cy（C）方案，其 CR 率都在 95%以上。北京儿童医院曾用 CODP（Cy+DNR+Pred+VCR）方案做诱导缓解治疗，88 例患儿 CR 率达 98%。大多数用法是 VCR 1.5mg/m²，每周 1 次，共 4 次，Pred 每天 60mg/m²，共 28 天，L-ASP 6000～10 000 U/m²，隔日 1 次，共 8～10 次，DNR 20～40mg/m²，每天 1 次，共 3 天（第 1～3 天），Cy 600～1000mg/m²（第 1 天）。

上海第二医科大学附属新华医院获得高 CR 率和高长期无病生存（LTDFS），正是采纳了上述现代治疗的观点。20 世纪来，国内多数儿童白血病治疗中心采纳了这个观念并取得了近似的治疗结果。国内外 20 多年来的临床经验表明，DNR 和 L-ASP（Otten 等，1996）是提高 CR 率和 LTDFS 的两个关键性药物。上述方案的治疗过程中，绝大多数患儿在治疗的第 10～20 天骨髓象呈明显抑制，原淋+幼淋为 0～5%，表明极大程度地杀伤了白血病细胞，从而能达到高质量的 CR，有效地防止继发性耐药发生所导致的早期复发。由于危险程度的不同，其 CR 率和 LTDFS 不同，因此应该采用不同强度的化疗。对 HR-ALL 采用更强烈的早期连续强化疗、维持治疗及定期强化治疗可明显提高 CR 率和 LTDFS，力争缩小 HR-ALL 与 SR-ALL 远期疗效的差异。

2. 缓解后治疗 缓解后治疗包括巩固治疗、庇护所（髓外白血病）防治、早期强化治疗、长期规则的维持治疗和定期的强化治疗，一般总的治疗时间是女孩 2 年、男孩 2.5 年。

（1）巩固治疗：强烈的巩固治疗是在 CR 状态下，最大限度地杀灭 MRD 细胞的有力措施，可有效地防止早期复发，并使在尽可能少的 MRD 状况下进入维持治疗。BFM（1983）、Gaynou（1988）、Hass（1983）和 CCSG（1986）等采用 Cy+Ara-C+硫鸟嘌呤（6-MP）的 CAT 方案，新华医院 ALL-XH-88 方案中也用 CAT（M）做巩固治疗：Cy 600mg/m²第 1 天；Ara-C 每天 100mg/m²，共 7 天或第 1～5 天、第 8～12 天；6-TG（或 6-MP）每天 75mg/m²；Ara-C 同步应用。有的治疗中心用中、大剂量MTX（HDMTX）+四氢叶酸钙（CF）既做全身巩固治疗，又做庇护所治疗，如 POG 组用 1g/m²，ALGB 组、Hass 用 500mg/m²，St. Jude 医院用 2g/m²，St. Louis 医院、St. Jude 儿童研究医院的 Total ⅩⅢB、上海儿童医学中心的 ALL-XH-99 对 SR-ALL 用 3g/m²，HR-ALL 用 5g/m² 做巩固治疗和庇护所治疗。

（2）庇护所治疗：由于大多数化疗药物不能进入 CNS、睾丸和眼球等白血病细胞的庇护所，若不做积极的庇护所治疗，在化疗的 3 年期间 CNSL 发生率可高达 30%～50%，而在男孩中 TL 则可有 5%～20%。由 CNSL 和 TL 导致骨髓复发，治疗失败。因此，强烈的庇护所治疗是 ALL 获长期无病生存的关键之一。

在诱导治疗期间每周鞘内注射 1 次，共 4 次，用 MTX、Ara-C 和 DEX，即称为“三联”鞘内注射。巩固治疗后的强烈庇护所治疗，首选 HDMTX+CF 方案，新华医院在 1983 年做了剂量为 1g/m² 的 HDMTX 药代动力学研究（顾龙君等，1986），测定治疗过程中血清和 CSF 中 MTX 浓度的动态变化，其最高血清浓度可达 3.7×10^{-5}mol/L，24 小时后仍可达（2.8～7.2）$\times10^{-6}$mol/L，66 小时还有 1.1×10^{-7}mol/L，这样在用药的 24 小时内可穿透身体各组织，消灭 MRD。CSF 中的 MTX 浓度，在静脉推注总量 1/3 后 5 分钟、鞘内注射前，CSF 中的 MTX 浓度已达 3×10^{-6}mol/L，鞘内注射 MTX 后最高浓度可达 6.7×10^{-4}mol/L，24 小时后仍达（0.58～2.6）$\times10^{-6}$mol/L（中位数 0.7×10^{-6}mol/L），这个浓度在24小时内MTX可穿透CNS中各部位，有效地杀灭在CNS中的白血病细胞。1986年起又做了剂量为$3g/m^2$的HDMTX药代动力学试验。血清中最高的MTX浓度是5×10^{-5}mol/L，72小时是（2～3）$\times10^{-6}$mol/L，而CSF中的浓度至少在12小时内达2×10^{-6}mol/L，24小时后仍有2×10^{-7}mol/L，MTX剂量在$3g/m^2$时比$1g/m^2$能更有效地杀灭全身组织和CNS中的MRD，对男孩ALL是最有效的防止TL复发的措施。MTX总量$1\sim2g/m^2$的用法是，1/3量（极量为500mg）静脉推注，其余量静脉滴注，持续24小时，在静脉滴注0.5～2小时鞘内注射MTX $12.5mg/m^2$、DEX 5mg和Ara-C 1mg/kg，在用药开始后的第37小时肌内注射CF，$15mg/m^2$，每6小时1次，共6～8次。为了减少HDMTX+CF治疗的毒性，必须做到：①肝、肾功能必须正常；②用药之日起每日输入液体$3000ml/m^2$，共4天（水化）；③碱化尿液（尿PH须≥7），用药前、后3天口服碳酸氢钠1.5～3g/d，用药时先静脉滴注5%碳酸氢钠5ml/kg，每日1次，共4天；④按时按量用CF解救。20世纪80～90年代对高WBC的T-ALL在持续CR后6～12个月间（已完成4个疗程HDMTX+CF后）做头颅照射，剂量是12Gy。在20世纪80年代SR-ALL多做头颅照射，剂量是18Gy。在90年代发现放疗明显影响生存质量（主要是生长发育和智力发育）。因此，在90年代中期，对SR-ALL不做放疗，甚至HR-ALL尽可能不做放疗，而用每3个月1次HDMTX+CF全身化疗以及加强鞘内化疗来取代。放疗期间鞘内注射“三联”3次。绝对不能在头颅照射后再用HDMTX+CF治疗，否则将引起严重的脑白质变性。凡有用HDMTX反指征者（如肝功能损害等），或已有过CNSL者，则在巩固治疗后做头颅照射，剂量同上。不同的治疗方法，其CNSL发生率不同。

近年来对MTX的研究表明，在相同胞外MTX浓度下，不同特征的ALL细胞形成的MTX长链聚谷氨酸盐（MTXPG）及其聚积量不同，在预后较好的高二倍体ALL患儿比非高二倍体者要高，T-ALL细胞要达到MTXPG 95%饱和所需的胞外浓度为48μmol/L，而B-ALL细胞约为34μmol/L（Galpin等，1997）。因此，有必要按型、危险度使用不同剂量的HDMTX治疗儿童ALL。其意义是加强对中高危患儿的髓外白血病治疗及巩固治疗。近10多年来，新华医院/上海儿童医学中心的研究表明，对LR-ALL患儿HDMTX剂量应为$3g/m^2$，中高危为$5g/m^2$。HDMTX维持24小时比维持12小时能起到更好的巩固治疗及髓外白血病防治作用。颅脑放疗是BFM协作组对HR儿童进行CNSL预防治疗并获得良好疗效的有效措施，考虑放疗对长期生存质量的影响，St. Jude儿童研究医院则对儿童ALL颅脑放疗进行了严格的限制。新华医院用HDMTX $3g/m^2$、$1g/m^2$和头颅照射+鞘内注射的CNSL发生率分别是7.4%（1/27）、12.7%（10/79）和9.7%（3/31），HDMTX后追加头颅照射者则降低到4.2%（2/48）。用$5g/m^2$的HDMTX+CF以及加强鞘内化疗以来的10年中CNSL发生率<2%。而所有做HDMTX $5g/m^2$治疗者无一例发生TL。在维持治疗期间每3个月鞘内注射“三联”1次，直至终止治疗为止，St. Jude儿童研究医院认为CNSL预防的主要作用还是早期强烈的鞘内化疗，他们在18个月内根据危险程度（低、中和高危）进行的鞘内注射“三联”分别是18、20和22次。

（3）早期强化治疗：为了使MRD降到尽可能低的程度，有些治疗中心采用早期强化（再诱导）治疗（James等，1998；Lange等，1997），他们多用VDLP或替尼泊苷（VM-26）+Ara-C方案。新华医院ALL-XH-88方案在庇护所治疗后紧接着用VDLP和VM-26+Ara-C做早期强化治疗。经过上述早期连续强烈化疗，在5个月左右的时间中，

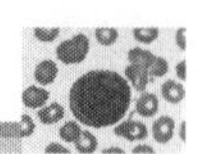

用9～10种药物，4个不同的方案相继积极治疗，可有效地避免继发性耐药的发生。根据儿童ALL长期DFS与“治疗积分”的关系来计算（顾龙君，1989），已完成达到长期DFS所需总积分的70%左右，有效地保障了长期DFS。近5年来我们治疗的患儿中，凡完成上述早期连续强烈化疗者，较少有早期复发，与国外治疗中心的疗效相似。

（4）规则的维持治疗和定期做强化治疗：国内外大多数治疗中心采用每周MTX 20mg/m^2+6-MP每日晚间顿服75mg/kg，共3周，VP 1周。ALL-XH-88方案对HR-ALL，在每治疗年的第3、第9个月用COAP做“小强化”治疗，第6个月用VDLP，第12个月用VM-26+Ara-C做“大强化”治疗；SR-ALL则每年用VDLP或VM-26+Ara-C强化1次。HR-ALL总治疗时间为3.5年，SR-ALL是3年。在1987年前新华医院收治的并坚持5年治疗的一组110例患儿，CCR5年后已按医嘱终止治疗者81例（74%），至今只有8例复发。St.Jude医院的Total Study Ⅺ方案采用VP-16+Cy（1次/周），MTX+6-MP，共7天，VM-26+Ara-C（1次/周），VCR（1次）+Pred（7天），每6周序贯一个轮回，总疗程120周作为整个维持强化治疗。

由于以往对SR-ALL的治疗有很高的LTDFS并积累了一定的经验，更多地考虑生存质量、避免远期毒性及继发性肿瘤，并节省治疗开支。近8～9年来，国际上一些治疗协作组，降低了SR-ALL的化疗强度。近来，国内的治疗中心正在对SR-ALL的治疗强度做一定的调整，根据这个原则上海第二医科大学附属新华医院/上海儿童医学中心在1998年1月至2005年4月实施ALL-XH-99方案。

（三）国内外儿童ALL的主要治疗方案（见本章附录）

六、CNSL的防治

随着联合化疗方法的不断改进，对小儿急性白血病的治疗已不仅满足于获得CR，更应使患者的缓解时间延长，长期DFS率乃至治愈率的不断提高。ALL缓解期CNSL的复发常引起骨髓复发，最终导致治疗失败，因此CNSL的防治已成为小儿急性白血病尤其是ALL患者长期无病生存的关键之一。在未做CNSL预防性治疗的年代（20世纪60年代中期以前），CNSL复发率高达50%左右；自60年代后期单用鞘内照射MTX预防性治疗后下降到23%左右；1971年起Aur等采用^{60}Co头颅照射加鞘内注射MTX治疗，CNSL降至10%左右；1973年Freeman等采用剂量为500mg/m^{2}的中剂量MTX（IDMTX）+CF作为CNSL预防性治疗，CNSL复发率是20%左右；目前，为了进一步降低CNSL发生率，提高长期DFS，特别是对HR型ALL患者采用强烈的鞘内化疗、多疗程HDMTX+CF疗法以及头颅放疗联合鞘内化疗等综合措施，提高了疗效，更加明显地减少了CNSL的发生率。现就CNSL诊断和防治等有关问题阐述如下：

（一）发生CNSL的时间

AML患者的CNSL绝大多数发生在白血病进展期，以M2b较为多见，特别是疾病的晚期（未经治疗或治疗无效），急性单核细胞白血病在缓解期亦易有CNSL复发。ALL患者的CNSL可发生在任何时期，除了在全身广泛浸润时期以外，大多数患者见于CR期维持化疗期间。

（二）CNSL的诊断

我国1993年广西北海会议拟订的CNSL诊断标准是：凡有CNS症状和体征（脑膜刺激征、颅压增高、脑病变和脑神经受累症状等），且能排除其他病因者；CSF检查WBC计数$>10\times10^6$/L，蛋白质>0.45g/L，以及CSF离心沉淀涂片中找到≥1个幼稚细胞，具备上述任何一项或一项以上表现者均可诊断为CNSL。1998年山东荣成会议修订的CNSL诊断标准是：治疗前有或无CNS症状或体征，CSF中WBC计数$>0.005\times10^9$/L（5/μl），并且在CSF沉淀制片标本中其形态为确定无疑的原、幼细胞，可以确诊；能排除其他原因引起的CNS表现和CSF异常，临床可疑CNSL者，应暂时按CNSL处理，动态观察CNSL及CSF的变化。没有临床症状和体征者称为亚临床型。

在发生CNSL时绝大多数患者的脑电图（EEG）表现为中至高度弥漫性慢波异常，甚至有局灶性分布和痫性放电等异常。因此，在排除其他病因的前提下，虽然无上述诸项确诊指标，EEG多次检查有中至高度异常者可视为CNSL的前驱表现，并应做相应的处理。当CNSL有一定范围的颅内浸润时，CT检查可见局灶性浸润阴影，并可做出精确的定位诊断，但CT检查阴性也不能排除颅内浸润的存在。用普通试管离心沉淀CSF，尽管加小牛血清涂片染色，但离心沉淀常使细胞团缩或白血病细胞形态结构破坏而易被漏检，用Cytospin装置做CSF涂片检查可获确切的检出率，近来有人做CSF铁蛋白测定，发现在CNSL时增高。

（三）CNSL的预防

1. 单纯鞘内化疗 鞘内注射（it）“三联”（MTX+Ara-C+DEX）：在诱导化疗的第1周起用鞘内注射“三联”（剂量见表7-8）：于诱导治疗的第1天起（为了不干扰泼尼松窗口实验而不用DEX），此后d8、d15、d22，诱导期间共4次，早期强化治疗末用1次。

表7-8 不同年龄“三联”鞘内注射药物剂量 （单位：mg）

年龄（月）	MTX	Ara-C	DEX
<12	5	12	2
12～24	7.5	15	2
25～35	10	25	5
≥36	12.5	35	5

在HR-ALL以及EEG中至高度异常者，建议诱导治疗期内鞘内注射5或6次为宜。在巩固化疗后随即做进一步强烈的CNSL预防性治疗，有下述方案可酌情选择；若没有条件做头颅照射或HDMTX+CF治疗，可单纯用“三联”鞘内注射。剂量同前，每8周1次，直至完成18～22次（低、中、高危）为止。

2. 头颅照射+鞘内注射化疗 用^{60}Co或直线加速器，总剂量为12～18Gy，分10～15次，每周5次，于2～3周内完成。放疗期间用VCR+Pred 2周，每周鞘内注射“三联”1次。头颅放疗完成后在长期维持化疗期间，每3个月鞘内注射“三联”1次。头颅放疗的毒性

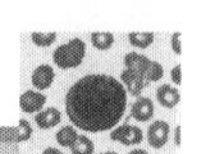

不良反应主要是脱发，少数患者有恶心呕吐、厌食反应。<5 岁的患儿放疗后更易因为脑白质变性引起智能发育障碍，故目前多数学者认为只有 HR-ALL 特别是高 WBC 性 T-ALL 可考虑做头颅放疗，剂量以 12Gy 为宜，其他类型尽量不做。

3. HDMTX+CF HDMTX+CF 疗法（3g/m^2 或 5g/m^2）于巩固治疗休息 1～3 周后，视血象恢复情况，待 WBC≥3×10^9/L、中性粒细胞（ANC）>1.5×10^9/L 时，肝、肾功能无异常时尽早开始，每 10 天 1 个疗程，共 3 个疗程。每个疗程 MTX 总量是 3.0g/m^2，1/6 量（不超过 500mg/次）作为突击量在 30 分钟内快速静脉滴入，余量于 24 小时内均匀滴入。突击量 MTX 滴入后 0.5～2 小时内，行“三联”鞘内注射 1 次。开始滴注 MTX 36 小时后用 CF 解救，剂量为 15 mg/m^2，每 6 小时 1 次，首剂静脉注射，以后每 6 小时 1 次，口服或肌内注射，共 6～8 次。有条件者监测血浆 MTX 浓度，理想的 MTX 血浆浓度是，用 MTX 后的第 44 小时≤1.0μmol/L，第 68 小时≤0.1μmol/L（≤0.1μmol/L 为无毒性浓度，以调整 CF 应用的次数和剂量）（表 7-9～表 7-11）。HDMTX 治疗后 3 天口服碳酸氢钠 1.0g，每日 3 次，或 5%碳酸氢钠 5ml/kg 置于水化的液体中 24 小时持续滴注；并在治疗当天用 HDMTX 前和治疗后 3 天每天水化前给予 5%碳酸氢钠溶液 5 ml/kg 静脉滴注，使尿保持 pH≥7。用 HDMTX 当天及后 3 天需水化治疗 3000 ml/（m^2 · d）（若 MTX 总量用 5g/m^2 时，水化量须增大到 4000ml/m^2）。在用 HDMTX 的同时，每天用 6-MP 50 mg/m^2，共 7 天。根据疗程中检测 MTX 血浆浓度，设置了预警浓度以调整水化、碱化强度及 CF 解救剂量和时间见表 7-9～表 7-11（叶辉等，2000）。

表 7-9 MTX 开始滴入后的正常浓度范围

时间（h）	浓度（μmol/L）
23	≤150.0
44	≤1.0
68	≤0.1

表 7-10 根据 MTX 浓度调整 CF 用量

[MTX] <5.0μmol/L	具体见表 7-11
[MTX] >5.0μmol/L	1. CF 解救至 [MTX] <5.0μmol/L，之后见表 7-11 2. CF（mg）＝ [MTX] ×体重

表 7-11 44 小时 MTX 浓度小于 5.0μmol/L 时 CF 用量

即时浓度（μmol/L）	即时 CF 用量（mg）
4～5.0	75
3～4.0	60
2～3.0	45
1～2.0	30
<1.0	15

在治疗前肝、肾功能必须正常，在3个疗程后须做全身性早期强化治疗，以免治疗中发生骨髓复发。HDMTX＋CF疗法的主要毒性有口腔黏膜溃疡、皮疹、食欲缺乏、腹泻、肝功能损害、短暂的WBC减少等，亦可引起脑白质变性的远期毒性，治疗中应加强口腔护理，防治黏膜炎。若减毒措施和保肝措施恰当，毒性发生率在30％～50％，一般不影响下一疗程进行。早期强化治疗完成后在维持化疗期间每8周做HDMTX＋CF治疗1次，LR-ALL 1次（共4次），MR-ALL 2次（共5次），HR-ALL 3次（共6次）。

4. 其他措施　近来普遍认为，HDMTX＋CF治疗替代头颅照射预防CNSL，可取得类似疗效，并避免放射治疗引起的远期毒性（生长发育和智力障碍等）。若已做过头颅放疗，不宜再用HDMTX治疗，因为放疗破坏了血脑屏障，将大大增加HDMTX对CNS的毒性，引起脑白质变性。近8年笔者所在医院ALL-XH-99方案将3g/m² 的HDMTX＋CF用于LR-ALL，5g/m²用于MR和HR-ALL治疗组，原则上不做头颅放疗，CNSL发生率是1.3％。

（四）CNSL的治疗

1. “三联”鞘内注射化疗　鞘内注射MTX＋Ara-C＋DEX，剂量同CNSL预防，第1周隔日1次，第2、3周每周2次，第4周1次，共8次。一般在2或3次后即可获得CNSL CR。此后每8周1次，直至全身化疗终止或CNSL再次复发。

2. 放射治疗　鞘内注射药物8次后随即做再诱导化疗，然后进行颅脑放疗加上鞘内注射“三联”化疗，以往做的脊髓照射因远期毒性太大现已摒弃。颅脑照射总剂量是24Gy（近来把剂量减为18Gy），分15次在3周内完成。放疗期间鞘内注射“三联”4次，从第2周起用VCR和Pred全身化疗，放疗完成后继续维持治疗。

（五）复发性CNSL的治疗

发生≥2次CNSL我们称之为复发性CNSL，其预后不容乐观。上海第二医科大学附属新华医院在1988～1996年间对14例复发性CNSL做新的治疗探讨（顾龙君等，1994）。其中12例采用全颅、全脊髓间歇照射联合鞘内化疗，具体做法是全颅1.5Gy＋脊髓0.75Gy×3天，照射的第1天鞘内注射“三联”剂量同上。以后每8周照射1次，头颅1.5Gy，脊髓0.75Gy。当天做鞘内注射，药物及剂量同前。总照射剂量头颅是24Gy、脊髓是12Gy，总治疗时间持续2年2个月。本组患儿中仅1例再次（第3次）复发CNSL，其CCR3的中位时间是35个月（19～85个月）。以往仅接受过一次头颅照射者可选择此方案。另2例以往已接受过2次头颅照射，他们采用的治疗方案是：每12周口服1次洛莫司汀（CCNU）（130mg/m²），每8周鞘内注射“三联”1次，药物及剂量同上，该2例患者未再发生CNSL，其CCR分别长达51个月和65个月。在这两种方案执行过程中，全身维持化疗和定期全身强化治疗酌情进行。前一方案无明显不良反应，也无脱发反应，仅在初治时有恶心反应，但远期毒性表现为生长发育障碍。后一方案的主要毒性不良反应是在服用CCNU后3～4周有延期的骨髓抑制，有时并发感染和出血，因此在口服CCNU后2周应停止全身维持化疗，直至骨髓增生和血象恢复正常后再继续原维持治疗。

对多次复发CNSL的患儿有作者用CSF贮存器（Omaya），定期从Omaya中注入化疗药物。也有做异基因骨髓移植，或大剂量CCNU联合VM-26同时做自身骨髓移植治疗，但这两种治疗费用高昂，有较大风险，难以推广使用。

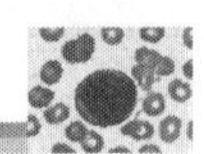

（六）CNSL 复发的预后

一般单次 CNSL 复发者经积极治疗和预防仍可争取长期无病生存。但多次 CNSL 复发者，二次复发间隔时间常越来越短（即使定期做鞘内注射药物预防再次复发）。CNSL 多次复发者至少有 65%的患者在 3 年内引起骨髓复发并导致死亡。通过对 CNSL 增殖动力学的研究，得知 CNSL 时 CSF 中白血病细胞增殖缓慢，很难通过鞘内注射 Ara-C、MTX 等药物被完全杀灭，故难以根治。

七、TL 的诊断和治疗

（一）TL 的诊断

单侧或双侧肿大，质地变硬或呈结节状，缺乏弹性感，透光试验阴性，睾丸超声波检查可发现非均质性浸润灶，活组织检查可见白血病细胞浸润。

（二）TL 的治疗

在确诊 TL 后，若是双侧 TL，则做双侧睾丸放疗，总剂量为 24～30Gy；若是单侧 TL，也可做双侧睾丸放疗（因为目前尚无法做单侧睾丸放疗）或病侧睾丸切除，另一侧做活检。在做 TL 治疗的同时继续进行巩固、髓外白血病防治和早期强化治疗。若 CR 后发生 TL，先做上述 TL 的治疗，紧接着用 VDLDEX 和 VM-26＋Ara-C 方案各 1 个疗程，做全身治疗，以免由 TL 引发骨髓复发。

八、MRD 的检测

MRD 是指白血病患者经诱导化疗达到临床 CR 后体内残留的白血病状态。通常，诊断时 ALL 患者体内的白血病细胞数为（1～4）$\times 10^{12}$（1～4kg），经诱导化疗取得临床 CR 后，残留的白血病细胞数为 10^6～10^8（小于 10^9），体内残存的白血病细胞和白血病干细胞是白血病复发的根源。研究表明，在临床诱导缓解治疗结束时，如果 MRD 检测阳性，或是在持续治疗期间，MRD 有逐渐上升趋势，都预示着患者有复发风险。由此可见，一种可靠的 MRD 检测方法的建立必将有助于准确评估患者在缓解期间体内残余白血病细胞的数量，从而有利于对治疗方案的再选择以及预后的判断。由于目前表示 MRD 的特异标志及检测技术已能覆盖 98%以上的 ALL，故临床大多用于检测儿童 ALL 的 MRD（顾龙君等，1996）。

（一）检测方法

1. 遗传学方法检测 MRD

（1）常规的细胞遗传学方法：此方法是基于诊断时患儿染色体核型异常来检测 MRD。该方法的主要优点是用常规显带技术分析中期分裂相，可清晰、直观地识别白血病细胞，特异性强。但操作过程费力，且中期分裂细胞的数量及白血病细胞的增殖率直接影响检出率，个体之间差异也很大。敏感度为 10^{-1}～10^{-2}。

(2) 原位杂交：用于 MRD 检测的主要是荧光原位杂交（FISH），是应用荧光物质标记在特异染色体上的基因做探针，来识别染色体数目和结构异常的一种方法。优点是提供了分裂间期细胞的信息，提高了低增殖率白血病细胞中异常核型的检出率。但该方法在实际检测过程中受到非整倍体（非白血病细胞）细胞的存在和技术误差的限制，敏感度为 10^{-2}。如将此方法与形态学分析和免疫组织化学技术结合应用可正确区分可疑的原始细胞形态学的特征，提高其结果的准确性。

2. 免疫学方法检测 MRD　免疫学方法主要是依据白血病相关的免疫表型如畸变、异常或异位抗原表达即白血病细胞与正常细胞抗原表达量的差异及白血病细胞的异常抗原表型来检测 MRD（Campana 等，2001）。畸变、异常或异位抗原表达常常是由系性交叉抗原表达、抗原表达不同步、抗原过度表达、抗原表达缺乏和（或）异位抗原表达引起（Szczepanski 等，1998）。由于正常 B 系祖细胞具有与白血病细胞相似的表型，因此该技术的关键是能够正确区分残留的白血病细胞和正常的造血祖细胞。近年来随着流式细胞技术的发展及用 DNA 微阵列识别新的白血病标志 CD58，St. Jude 儿童研究医院已能用多参数流式细胞术（multiparameter flow cytometry，MP-FCM）检测 90%以上的 ALL-MRD。国内上海儿童医学中心徐羽中等也通过用 CD38/CD10/CD34/CD19 四色抗体联合标记快速、可靠地区分白血病细胞和正常的造血祖细胞，并成功地监测了 250 例以上 ALL 患儿的 MRD。

流式细胞术（FCM）检测免疫表型标志：

(1) B-ALL MRD 监测的细胞标志的选择

1) 正常 B 淋巴细胞的免疫发育过程：进行 MRD 检测的关键在于要能够准确区分正常的干祖细胞和白血病细胞。

选择用于检测 MRD 的细胞标志的原则是：该细胞标志在白血病细胞中的表达情况（表达的强度、表达的时序、表达的系列来源等）明显不同于正常的 B 淋巴细胞。要把握这一点，首先要了解正常 B 淋巴细胞的抗原表达情况（Campana 等，2001）（表 7-12）。

表 7-12　骨髓正常 B 淋巴细胞成熟过程

原始幼稚 B 淋巴细胞				成熟 B 淋巴细胞
CD34				
CD10 (bright)	CD10	CD10	CD10	
CD19	CD19	CD19	CD19	CD19
CD22 (dim)	CD22 (dim)	CD22 (dim)	CD22 (dim)	CD22
CD38 (bright)	CD38 (bright)	CD38 (bright)	CD38 (bright)	CD38 (bright to—)
		CD20 (dim)	CD20	CD20
	Cμ	sIg	sIg	sIg
				CD21
最原始———————————————→完全成熟				

注：dim 指荧光强度弱，说明某抗原在细胞表面表达数量少；bright 指荧光强度强，说明某抗原在细胞表面表达数量多。

资料来源：Robert W McKenna et al. 2001. Blood，98：2498～2507。

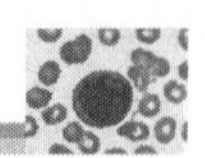

由上表可知，CD19 是贯穿于整个 B 淋巴细胞分化成熟过程的一个“全 B”抗原。CD34 和末端脱氧核苷酸转移酶（TdT）只在 B 淋巴细胞最原始状态时表达。CD22 分子在每个 B 淋巴细胞表面的表达数量/表达密度是随着细胞的分化成熟过程而增加的；CD20 与 CD22 的表达相似，也是随着细胞的成熟，在细胞表面的表达数量逐渐增多，但 CD20 出现于 B 淋巴细胞发育过程的中期。CD38 和 CD10 与 CD22 的表达情况相反。在 B 淋巴细胞最早期的时候，每个细胞表面 CD38 和 CD10 分子的表达数量最多，而随着细胞的分化、发育，CD38 和 CD10 在细胞表面的表达数量逐渐减少。但 CD10 在 B 淋巴细胞达到成熟时就消失了。胞浆免疫球蛋白重链（Cμ）在 B 淋巴细胞发育中期、CD34 消失后才出现，再以后则出现膜表面免疫球蛋白（sIg）。CD21 只出现于成熟 B 淋巴细胞。

2）可用于 B 系-ALL 的 MRD 监测的细胞标志分类（Campana 等，2001）

A. 在正常早期 B 淋巴细胞中极少表达的其他系列的抗原：如 CD13、CD38、CD15、CD65 和 CD56（质的差异）CD13、CD33 和 CD15 这些抗原主要表达在髓系细胞表面；CD65 抗原的分子结构和抗-CD15 抗体所识别的糖链结构极为相似，表达于粒系和单核系细胞表面；CD56 抗原主要表达于外周血淋巴细胞中的一群介导非主要组织相容性复合物限制的细胞毒性细胞亚群——自然杀伤细胞（natural killer cells，NK cells）。另外，在 NK-T 淋巴细胞上也有表达。NK-T 淋巴细胞以 $CD3^{+}CD56^{+}$ 为特征区别于 NK 细胞（$CD3^{-}CD56^{+}$），由于其在肿瘤免疫方面具有重要作用，目前在国际上备受关注。这些抗原在正常的早期 B 淋巴细胞上无表达。如果 B-ALL 细胞表达上述抗原中的一种，即表明该白血病细胞上此抗原的表达与正常 B 淋巴细胞有质的差异，从而利用该抗原可以明显区分正常 B 系淋巴细胞和白血病细胞，可以作为 MRD 监测的十分有用的指标。

B. 表达时相混乱的抗原（asynchronous）：如 CD21/CD34 和 Cμ/CD34（质的差异）在正常的 B 淋巴细胞中，其分化抗原都随着细胞的分化、发育及成熟不断发生改变，与细胞的分化程度相关（表 7-12）。CD21 抗原属于补体调节蛋白基因家族的成员，它是补体成分 C3d 及 EB 病毒的受体，只在成熟 B 淋巴细胞表面表达。Cμ 出现于 B 淋巴细胞发育中期、CD34 消失以后。如果 CD21 或 Cμ 与 CD34 同时阳性，则反映了白血病细胞抗原表达的时相混乱，与正常的 B 淋巴细胞有着质的差异。因此，CD21/CD34 和 Cμ/CD34 也可以作为 MRD 监测的可选指标。

C. 过强表达或过弱表达的抗原：

过强表达：CD19，CD10，CD34，CD58，TdT。

过弱表达：CD38，CD45。

这些抗原虽然在白血病细胞和正常 B 淋巴细胞都有表达，但是它们在表达数量上可有明显差异。在白血病细胞表面，CD19、CD10 和 CD34 等的表达强度常比正常的 B 祖细胞高 10 倍；另外，CD38 和 CD45 的表达强度却明显弱于正常的 B 祖细胞。因此，利用某些抗原表达强度这一特性也可明确区分 B 系淋巴细胞和正常 B 祖细胞。

D. 与染色体异常的相关抗原：现已有两种针对于染色体异常相关抗原的单抗得到应用。一种是“7.1”单抗，与人细胞上与大鼠硫酸软骨素黏蛋白互为同源物的分子反应，可以特异识别具有 11q23 染色体异常的白血病细胞。另外一种称为“KOR-SA3544”的单抗，可以特异性识别具有 t（9；22）的染色体异常，即 BCR-ABL 融合基因的白血病性淋巴细胞。

正常的干祖细胞和白血病细胞抗原表达的差异可以是性质上的，也可以是数量上的，或两者兼而有之（表 7-13）。比如 CD34/CD19/CD21 主要表达在 B-ALL 上，而 CD34/CD56 主要表达在一些 AML 中。这些抗原在正常细胞偶然也能表达，但抗原表达量要比白血病细胞低得多。CD3/TdT 这个抗原组合在大多数 T-ALL 细胞中表达，而且目前还没有发现在正常骨髓细胞上表达。抗原表达数量上的差异同样可用于区别白血病细胞和表型相似的正常的细胞亚群，如在 B-ALL 中的一些病例中，CD19、CD10 和 CD34 的表达比正常 B 祖细胞要高 10 倍，CD45、CD38 的弱表达同样也是某些 B-ALL 的异常表现。因此，我们在分析所选抗体组合的点图时，应尽量注意正常细胞表达的空白区域。这些区域出现的细胞为白血病细胞，并可预示残留白血病（Campana 等，2001）。

表 7-13　用于 ALL-MRD 检测的免疫表型组合

ALL 系列	白血病相关的差异	免疫表型组合	发生频率（%）
B-系列	最高程度量的差异	CD19/CD34/CD10/TdT	30～50
		CD19/CD34/CD10/CD22	20～30
		CD19/CD34/CD10/CD38	30～50
		CD19/CD34/CD10/CD45	30～50
	最高程度质的差异	CD19/CD34/CD10/CD13	10～20
		CD19/CD34/CD10/CD15	5～10
		CD19/CD34/CD10/CD33	5～10
		CD19/CD34/CD10/CD65	5～10
		CD19/CD34/CD10/CD21	5～10
		CD19/CD34/CD10/CD56	5～10
		CD19/CD34/CD10/KORSA3544	10～20
		CD19/CD34/TdT/Cμ	10～20
		CD19/7.1	3～5
		CD19/p53	3～5
T-系列	质的差异	TdT/CD3	90～95
		CD34/CD3	30～50

资料来源：Dario Campana et al. 1999. Cytometry，38：139～152。

（2）T-ALL MRD 监测的细胞标志选择：在所有的 T-ALL 患者中，联合使用 TdT 和 T 系抗原如 CD3 和 CD5 等的单抗可以得到较多的信息。而对于 TdT 弱表达或阴性的病例，如 CD34 阳性，则可用 CD34 来代替 TdT。此外，还可以用 T-ALL 白血病细胞不表达但在其他正常的 TdT 阳性骨髓细胞上高表达的抗原如 CD19 和 MHC-Ⅱ类抗原 HLA-DR，来帮助区分正常的细胞和白血病性细胞。

3. PCR 检测 MRD　PCR 技术主要通过检测肿瘤特异序列包括白血病细胞特殊的抗原受体基因重排及染色体易位、融合基因来检测 MRD。

（1）靶分子

1）免疫球蛋白和 TCR 基因重排接合部：在造血干细胞向淋巴细胞分化过程中，免疫球蛋白（Ig）和 TCR 基因的可变区（V）和结合区（J）基因会发生重排。这样每个淋巴细胞就有一个特异的 V-(D)-J 组合编码 Ig 或 TCR 分子的可变区。在 V（D）J 基因接合部 DNA 片段的随机丢失及末端脱氧核糖核酸转移酶介导的 N 区插入会导致 Ig 或 TCR 分子基因接合部序列改变，因此，接合部序列是多种多样的，可作为肿瘤特异性的标志。通常 TCR 基因重排不仅见于 T-ALL，亦见于 B-ALL。IgH、TCRδ、TCRγ、TCRβ 在 B-ALL 的表达率分别为 95%、84%、55%和 33%，而在 T-ALL 的表达率则分别为 14%、68%、91%和 89%，两系相合和系不相关重排可见于几乎所有的 ALL（况少青等，1996；帖利军等，2009）。

2）染色体易位和相应的融合基因：用染色体畸变作为特异靶基因进行 PCR-MRD 分析的优点是它在疾病发展过程中比较稳定。但是大部分急性白血病尚未发现有断裂点很明确的染色体易位，所以本法只能应用于 40%的 ALL。

（2）定量 PCR 检测 MRD（帖利军等，2009）：目前所用的基于 PCR 的定量方法有杂交、极限稀释和竞争 PCR。这些方法均是对 PCR 终末产物的分析，不够精确，而且要求多步 PCR，既增加污染机会，又费时耗力，临床常规应用受限。实时定量 PCR（real-time quantitative PCR，RQ-PCR）在每个循环后自动测定 PCR 产物量，不需要 PCR 后处理步骤，其敏感性可与点杂交相比。St. Jude 儿童研究医院用 RQ-PCR 和极限稀释法同时检测了 8 例 T-ALL TAL-1 缺失的 MRD，发现两种方法有很好的一致性（$r^2=0.926$）（Chen 等，2001）。

（3）PCR-MRD 的假阳性和假阴性：PCR 技术能够以极少量样品中的 DNA 作为模板，进行大量扩增。其处理过程中任何一步的污染都可造成假阳性结果，因此要严格设置对照。PCR 检测 MRD 为阴性，可能为患者体内白血病细胞低于所能检测的最低水平，但亦有可能为假阴性。常见的原因有技术问题如试剂降解、引物不特异，以及寡克隆、克隆演化形成。Li 检测了 18 例复发的前 B-ALL 患者，重排形式改变的有 14 例（78%），推测其机制可能为：①通过 V_H 加到先前存在的 D-J_H 复合物的 IgH 基因继续重排；②V_H-V_H 基因替换；③N 序列被加或排除在 V_H-N-D_H 接合部的“开”、“关”机制；新克隆/亚克隆的产生（Li 等，2001）。因此，要避免假阴性必须选择多基因靶点扩增。

目前用于 MRD 检测的方法虽然很多，但各有其优、缺点，并不适用于所有 ALL 患者。St. Jude 儿童研究医院用 PCR 和 MP-FCM 方法同时检测了 62 例 B-ALL 临床缓解患者的骨髓标本，证明抗原受体基因重排的 PCR 与 MP-FCM 检测抗原异常表型有很好的一致性，同时应用可检测几乎所有 ALL-MRD，减少假阴性结果的发生（帖利军等，2009；Brisco 等，2001）。

目前 MRD 检测作为 ALL 临床常规应用存在的问题：①费用。Goulden 统计了用于儿童 ALL-MRD 研究的 3 种方法的花费，RQ-PCR>MP-FCM>FISH（Goulden 等，2001）。用 RQ-PCR 方法检测初诊及 3 次随访标本费用为 2300 欧元，用 MP-FCM 则为 1100 欧元。费用是限制 MRD 常规临床应用的问题之一。②尚缺乏外周血与骨髓标本 MRD 检测比较的前瞻性研究，儿童骨髓穿刺有一定的困难，存在稀释等问题，能否用外周血代替骨髓检测尚需进一步研究。最近，Coustan-Smith 用 MP-FCM 的方法研究了 226 例 ALL 患儿 718

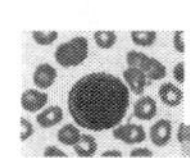

对 BM 和外周血标本（Coustan-Smith 等，1998、2002），结果显示，在 T-ALL，BM 和外周血 MRD 有很好的一致性；而在 B-ALL，BM-MRD 检出率远高于外周血，提示外周血 MRD 是依赖于白血病细胞特殊的生物特征而不是打破了血-骨髓屏障。外周血可用于检测骨穿困难的 T-ALL 患儿的 MRD，而在 B-ALL 外周血检出 MRD 则与复发明显相关（Coustan-Smith 等，2002）。

新华医院在 1990 年 1 月到 1994 年 6 月共收集到 65 例 ALL 患者的骨髓标本（顾龙君等，1996；况少青等，1996；Kuang 等，1996），其中 B-ALL 53 例，T-ALL 12 例。做 PCR 扩增检测抗原受体基因重排。根据抗原受体基因重排的 Southern 杂交结果，选择相应重排类型的扩增引物进行 PCR 反应，做 MRD 定性检测之用。在 53 例 B-ALL 初发标本中，对其中 30 例进行了 TCRγ 基因重排的检测，结果 16 例（53%）出现 $V\gamma_1$-$J\gamma_1$ 重排，其中 2 例呈 TCRγ 双等位基因重排。最常使用的 Vγ 片段为 VγⅠ家系（Vγ1～8），其次为 Vγ9、Vγ11。对 46 例患者进行了 TCRδ 基因重排检测，18 例（40%）出现 Vδ2-Dδ3 重排，其中 4 例为 Vδ2-Dδ3 双等位基因重排，3 例为 Vδ2-Dδ3 伴 Dδ2-Dδ3 重排，1 例患者出现 Vδ1-Jδ1 重排。对 25 例患者进行 IgH 基因重排检测，23 例（92%）出现一条或两条以上的 IgH 等位基因重排，另 2 例发生缺失。在 12 例 T-ALL 中，TCRγ 及 TCRδ 基因的 Vδ1-Jδ1 重排分别为 8 例（66%）和 5 例（41%）。再做 DNA 顺序分析。我们共测定了 22 例 TCRγ、18 例 TCRδ、2 例 IgH 基因重排标本的 V-(D)-J 结合部顺序（N 顺序）。结果显示每例抗原受体基因 N 顺序都不相同，即高度变化的结合部顺序对每一个白血病克隆都是特异的，其高度特异性是由于富含 GC 的非模板碱基顺序插入；高度变异的 V 区 3′，D 区两端和 J 区 5′碱基缺失及未发生缺失的编码顺序端单个或双个“P”核苷酸的非随机插入等造成。根据这些 N 顺序，我们设计合成了 19 个白血病克隆特异的寡核苷酸探针（表 7-14）用于 MRD 检测。最后做杂交反应。将患者初发期 DNA 以 1μg 为起点，1∶10 逐级稀释，并以正常个体外周血 DNA 补充所减少的模板量，按同样方法进行 PCR。结果显示，以 TCRδ 基因中 Vδ1-Dδ1 重排为标志的患者敏感度为 10^{-5}，以 Vδ2-Dδ3 和 Dδ2-Dδ3 不完全性重排及 TCRγ 基因重排为标志的患者为 10^{-3}～10^{-4}，2 例为 10^{-2}，以 IgH 基因重排为标志的敏感度为 10^{-4}。

表 7-14　ALL 用于 PCR 检测的免疫球蛋白（Ig）和 TCR 基因重排接合部及其发生频率

Ig/TCR 基因重排	B-ALL（%）	T-ALL（%）
IgH		
V_H-D_H-J_H [a]	85	—
IgK（Kde）[a]		
intron-Kde [b]	25	0
Vκ-Kde [b]（～45%）	0	
总 IGK-Kde	50	0
TCRG		
VγJγ	55	90
TCRD		
Vδ2-Dδ3 或 Dδ2-Dδ3	40	5

续表

Ig/TCR 基因重排	B-ALL（%）	T-ALL（%）
Dδ2-Jδ1 或 Vδ-Dδ-Jδ1	0	50～55
总 TCRD	40	55
至少 1 个 PCR 靶点	95	＞95
至少 2 个 PCR 靶点	90	90
至少 3 个 PCR 靶点	65	50

a J. J. M. Van Dongen et al，未发表的结果。

b 通过称为内含子——Kde 重排的“Kde 重排”能检测 Cκ 基因区，以及通过 Vκ-Kde 重排能检测 Jκ 和 Cκ 基因区。

资料来源：Ching-Hong Pui. 1999. Childhood Leukemias. Cambridge University Press，413～439。

（4）ALL 特异性融合基因产物：几乎所有 ALL 都伴有染色体易位、基因重排、缺失和突变，这为 MRD 检测提供了高度特异的分子标志。但由于 PCR 介导的 MRD 检测要求 PCR 产物长度不超过 2kb，因而只有那些融合基因断裂点聚集在非常小的区域（＜2kb）的染色体易位才适合做 MRD 检测的靶基因（表 7-15）；此外，ALL 是一种高度异质性疾病，这亦限制了某一种肿瘤标志检测 MRD 的应用范围。

表 7-15 PCR 分析染色体异常的分子靶点（融合基因——肿瘤特异标志）

染色体异常	PCR 的分子靶点	发生频率（%）
T-ALL		
—	TAL（DNA）or SIL-TAL1（RNA）	15～25
t（11；14）（p13；q11）	RHOM2-TCRD（DNA）	7
t（10；14）（q24；q11）	HOX11-TCRD（or TCRA）（DNA）	4
t（1；14）（p32；q11	TAL1-TCRD（orTCRA）（DNA）	3
B-ALL		
t（12；21）（p12—q13；q22）	TEL-AML1（RNA）	25
t（1；19）（q23；p13.3）	E2A-PBX1（RNA）	6
t（9；22）（p34；q11）	BCR-ABL（RNA）	儿童 5～8，成人 25
t（4；11）（q21；q23）	MLL-AF4（RNA）	2 婴幼儿 10
t（8；14）（q24；q32.3）	MYC-IGH（DNA）	2
t（5；14）（q31；q32）	IL3-IGH（DNA）	＜1
t（11；19）（q23；p13）	MLL-EN L（RNA）	＜1，婴儿 2
t（9；11）（p21—q22；q23）	MLL-AF9（RNA）	＜1
t（17；19）（q22；p13）	E2A-HLF（RNA）	＜1
AML		
t（8；21）（q22；q22）	AML1-ETO（RNA）	8～15
t（15；17）（q21；q21）	PML-RARA（RNA）	7～20
inv（16）（p13q22）/t（16；16）	CBFβ-MYH11（RNA）	7～12
t（9；11）（q21—q22；q23）	MLL-AF9（RNA）	7～10

续表

染色体异常	PCR的分子靶点	发生频率（%）
t（3；5）（q25；q34）	NPM-MLT1（RNA）	1
t（9；22）（q34；q11）	BCR-ABL（RNA）	<1
t（6；9）（p23；q34）	DEK-CAN（RNA）	<1
t（16；21）（p11；q22）	FUS-ERG（RNA or DNA）	<1
t（7；11）（p15；p15）	NUP98-HOXA9（RNA）	<1
t（8；16）（p11；p13）	MOZ-CBP（RNA）	<1
CML		
t（9；22）（q34；q11）	BCR-ABL（RNA）	95

我们用RT-PCR检测SIL-TAL-1、BCR-ABL、AF4-MLL、AF9-MLL和ENL-MLL融合基因，在16例患者中检测到肿瘤融合基因标志，其中4例T-ALL为SIL-TAL-1；8例、3例和1例B-ALL分别为BCR-ABL、MLL-AF4或HRX-ENL融合基因转录本。以SIL-TAL-1、BCR-ABL和MLL-AF4、MLL-ENL融合基因为标志的患者敏感度为10^{-6}～10^{-4}。联合使用上述克隆和肿瘤特异标志，共能覆盖本组中96%的患者。CR后定期（6个月）或不定期采取骨髓液5ml冻藏做MRD检测。1994年我们对其中有3次或3次以上复查骨髓随访标本的23例做MRD跟踪检测随访10～54个月。检测MRD的灵敏度，用TCRγ、TCRδ、IgH基因做标志者分别是10^{-4}～10^{-2}、10^{-5}～10^{-3}和10^{-4}；用SIL-TAL-1、BCR-ABL和HRX基因关相的融合基因做标志者分别是10^{-5}、10^{-6}和10^{-4}（顾龙君等，1996）。

（二）MRD检测在急性白血病治疗中的意义

1. MRD检测的临床意义（顾龙君等，1996；帖利军等，2009；Coustan-Smith等，2002；Kuang等，1996）

（1）评估早期治疗效应：早期治疗反应是儿童ALL最重要的预后因素。20世纪初，主要以形态学评估治疗反应。美国CCG根据诱导缓解治疗第14天骨髓的幼稚淋巴细胞的比例将患者分为M1（幼稚细胞<5%）、M2（幼稚细胞5%～25%）和M3（幼稚细胞>25%），由于按此标准90%的患者被定为M1，CCG研究者后来以诱导治疗第7天的骨髓结果分类。BFM协作组则以7天Pred治疗反应和一次MTX鞘内注射后外周血幼稚细胞计数评价早期治疗反应，将外周血幼稚细胞≥1×10^9/L定为PPR、PGR。St Jude研究小组用Pred、VCR、DNR及L-ASP联合治疗7天外周血幼稚细胞计数作为评估标准。但是Brisco等比较了3种（形态学、单抗及PCR）检测MRD的方法（Brisco等，2001），发现第14天BM原始细胞≤5%的阳性预测值为75%，对BM复发识别的敏感度只有30%，因此提出了单纯以形态学评估早期治疗反应是不精确的。检测抗原受体基因重排的PCR和检测异常免疫表型的MP-FCM联用，可检测几乎所有ALL的MRD，界定了儿童ALL“分子”或“免疫”缓解的标准，即在诱导缓解治疗结束时，骨髓中白血病细胞<0.01%（Pui等，2000）。诱导治疗结束时MRD检查为阴性，提示预后良好，而此时MRD≥10^{-3}，相当于诱导失败。Panzer-grumayer用PCR方法检测了68例经诱导治疗后形态学缓解的ALL患儿第15天的骨髓，MRD水平分为≥10^{-2}、10^{-3}和≤10^{-4}。基于第15天骨

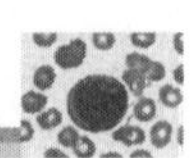

髓 MRD 将患者分为两组：一组为第 15 天 BM-MRD≤10^{-4}，其 5 年 RFS 为 100%；另一组为 MRD≥10^{-2} 或 10^{-3}，这部分患者中，部分持续缓解，部分复发（Panzer-Grumayer 等，2000）。St Jude 儿童研究医院则用四色 MP-FCM 检测了诱导治疗第 19 天的 BM-MRD，结论与 Panzer-Grumayer 相似（Coustan-Smith 等，2000、2002）。有 46%的患者此时 MRD<10^{-4}，5 年 CCR 率达 95%；如此时 MRD≥10^{-4}，则 5 年累计复发危险为 32.2%±6.5%。因此，诱导治疗第 15 天或第 19 天的 MRD 可识别出 MRD 迅速清除、预后良好、不需要强烈化疗的患者，有利于个体化治疗（Coustan-Smith 等，2000、2002）。

（2）基于 MRD 作危险度再分型进行个体化治疗：目前危险度主要是依据临床及生物学特征进行分类，包括初发时患儿的年龄、外周血 WBC 计数、染色体异常核型及易位、融合基因等。基于初发时患儿的年龄、外周血 WBC 计数的危险度分类对 B-ALL 可以可靠地预测复发风险，但却不适用于 T-ALL（Pui 等，2001）。按此标准分类的患者中约 1/3 SR 患者会复发，而且此标准无法区别 HR 患者需异基因造血干细胞移植（allo-HSCT）还是仅通过用强化疗就能成功治愈。

BFM 协作组在进行了大规模的前瞻性 MRD 研究后（Van Dongen 等，1998），提出了基于 MRD 的危险度分类。他们用 PCR 方法动态检测了 240 例 ALL 患儿治疗期间和治疗后的 9 个时间点的 MRD，结果显示：所有选取时间点的 MRD 结果以最初的两个时间点即诱导治疗结束时（T_1）和巩固治疗前（T_2）最有意义。并基于 MRD 水平将患者分成三组：LR 组——T_1、T_2 两个时间点 MRD 均阴性；HR 组——T_1、T_2 两个时间点 MRD 均≥10^{-3}；介于两者之间为 MR 组，其相对应的 3 年复发率为 2%、75%和 23%。根据此结果认为：T_1 的 MRD 可识别 LR 患者，T_2 的 MRD 对识别 HR 患者有效，T_5（1 年）MRD 可提示 MR 患者的预后。对 MRD-LR（低危）患者应降低治疗强度，而对 MRD-HR（高危）患者应制定更强的治疗方案包括造血干细胞移植。之后，他们又动态检测了 71 例 T-ALL 及 210 例 B-ALL 患儿的 MRD（Willemse 等，1998），认为在最初的 5 个时间点，MRD 水平在 T-ALL 患儿明显高于 B-ALL；基于 MRD 分类的 LR 组 T-ALL 5 年 EFS 率为 98%；而 HR 组患者，5 年 EFS 率 T-ALL 为 0，B-ALL 为 25%，提示基于 MRD 的危险度分类对 T-ALL 有更明显的预后意义，且发现 T_3（再诱导）、T_4（维持治疗开始）的 MRD 水平对 MRT-ALL 有明显的意义，而对 B-ALL 价值不大。BFM-AIEOP 2000 已将 MRD 评价用于危险度分类，认为第 5 周和第 12 周，MRD 均阴性为 SR，这两个时间点 MRD 均≥10^{-3}，以及 Ph^+，t（4；11）或诱导失败为 HR，其余病例则为 MR。St Jude 儿童研究医院也将第 15 天、第 42 天及诱导治疗 4 个月的 MRD 纳入了危险度分类标准，并依据分类系统制定个体化治疗方案（Pui 等，2000）。总之，在诱导治疗仅 2 周时，约一半患者 MRD 为阴性，这部分患者有相当好的预后；而另一部分患者则需观察诱导治疗结束时及巩固治疗前的 MRD，据此 MRD 将患者分为不同的危险度，评价预后进行分层治疗。

2001 年 9 月至 2005 年 4 月上海儿童医学中心接受 MRD 检查的 ALL 患儿共有 124 例，用 FCM 检测，其中 MRD 小于 0.01%、0.01%～0.1%和大于 0.1%的分别有 103 例、13 例和 8 例；在首次缓解半年内接受 MRD 检查的有 117 例，其中 MRD 小于 0.01%、0.01%～0.1%和大于 0.1%的分别有 104 例、6 例和 7 例；而在首次缓解半年以后接受 MRD 检查的有 112 例患儿，其中 MRD 小于 0.01%、0.01%～0.1%和大于 0.1%的分别有 98 例、5 例和 9 例。

按照诱导缓解后 MRD 分组，在分成小于 0.01%、0.01%～0.1%和大于 0.1% 3 组后，其 5 年 RFS 率分别为 88.9%±3.9%、70.0%±14.5%和 0%，而 5 年 EFS 率分别为 82.4%±4.4%、21.2%±18.0%和 0，无论是 RFS 率和 EFS 率均在统计学上存在显著性差异，两者 P 均<0.01；单独比较 0.01%～0.1%和大于 0.1%两组资料，在 RFS 率上两组仍存在显著性差异（P<0.01），而在 EFS 率上两组无显著性差异（P=0.23）。把首次缓解后半年内 MRD 检查分成阴性（<0.01%）和阳性两组，其 5 年 RFS 率分别为 87.7%±4.1%和 58.3%±14.2%（P<0.01）；5 年 EFS 率分别为 80.7%±4.6%和 25.6%±13.8%（P<0.01）。把首次缓解半年后 MRD 检查分成阴性（<0.01%）和阳性两组，其 5 年 RFS 率分别为 92.0%±3.6%和 48.5%±15.5%（P<0.01）；5 年 EFS 率分别为 85.6%±4.5%和 21.4%±11.0%（P<0.01）。共有 94 例 ALL 患儿在治疗过程 MRD 始终保持阴性，这部分患儿的 5 年 RFS 和 EFS 率分别为 93.8%±3.2%和 86.3%±4.3%。

COX 比例风险模型用于分析患儿起病时性别、年龄、外周血 WBC 数、形态学 FAB 分型、是否有 BCR-ABL 或 MLL-AF4 融合基因、染色体类型、Pred 诱导窗口反应、第 19 天骨髓象是否缓解、达 CR 时间和诱导缓解后 MRD 对预后的影响，结果显示诱导缓解后 MRD、Pred 诱导窗口反应、第 19 天骨髓象是否缓解和是否有 BCR-ABL 或 MLL-AF4 融合基因对患儿治疗过程中是否出现复发有预后价值。

诱导缓解后 MRD 阴性的患儿，在今后半年中和半年后分别只有 4.5%和 6.8%在随访中出现 MRD 阳性；而诱导缓解后 MRD 阳性的患儿，在以后半年中和半年后将分别会有 47.4%和 42.1%再次出现 MRD 阳性；在诱导缓解后 MRD 大于 0.1%的患儿中，除了因为死亡无法进行监测的患儿外，再次出现 MRD 阳性的比例更高，半年中和半年后再次出现 MRD 阳性的比例分别达 66.7%和 100.0%。

（3）预测和评估造血干细胞移植的远期疗效：造血干细胞移植（HSCT）是最强烈的、昂贵的和危险的治疗 ALL 的方法。最近，Bader 用 PCR 方法对 51 例接受 HSCT 的患者进行了回顾性研究（Bader 等，2002），所有患者在移植前均处于缓解状态，其中 8 例 CR1、32 例 CR2、5 例 CR3；MRD 检测结果为 17 例在高水平、10 例在低水平、14 例为阴性，其相对应的 5 年 EFS 率为 28%、48%和 78%。提示移植前 MRD 的负荷和移植后的复发有明显的相关性，HSCT 前应常规检测 MRD。

总之，通过检测 ALL 患儿的 MRD，可揭示其在体内的变化规律，评估早期治疗反应，对早期复发进行预测，及时调整治疗方案，实施个体化治疗，从而延长患者的无病生存期，并减少不必要的化疗所带来的痛苦

2. 白血病 MRD 检测的临床评价 MRD 检测通常较形态学方法提前 2～6 个月预示复发，在诱导治疗结束时，MRD 呈显著高水平阳性，提示治疗过程中可能复发（表 7-16）。根据我们研究的结果认为，绝大多数 MRD 持续阴性者得以长期无病生存，持续阳性或由阴转阳者在 2～6 个月内复发导致死亡。用不同的特异标志检测 MRD 可以有不尽一致的结果。

表 7-16 MRD 的检测在急性白血病临床治疗中的应用

检测的时段	检测的目的
诱导缓解期间	检测对治疗的早期反应
诱导缓解结束，缓解后治疗早期	对于高危复发患者的判别

续表

检测的时段	检测的目的
治疗的整个期间	检测即将发生的复发
治疗的整个期间	检测髓外（如中枢神经系统）白血病细胞的存在
造血干细胞移植前	评估造血干细胞移植后复发的风险

九、靶向治疗的探索和应用

1986 年，王振义院士等用全反式维 A 酸（ATRA）诱导分化治疗急性早幼粒细胞白血病（APL），这是首个诱导分化治疗肿瘤，首个靶向治疗的思路和方法，获得了理想的疗效。20 世纪 90 年代末 Druker 等用伊马替尼阻断 ABL 酪氨酸激酶活化治疗慢性髓性白血病（CML）和 BCR-ABL$^+$ ALL。现在已较广泛应用于临床的靶向治疗有：

1. 抗-CD20 单抗（美罗华） 应用于显著表达 CD20 抗原的 B 系 ALL 和 NHL（免疫靶向治疗）。有报告一组成人新诊断的 ALL（CD20$^+$）19 例，93%获得 CR，没查到儿童 ALL 有关这一方面的大组治疗报告，上海儿童医学中心的 10 例患儿也取得满意的疗效。

2. 格列卫应用于有 BCR-ABL 融合基因的 CML 和 ALL（分子靶向治疗） 格列卫治疗 Ph$^+$复发的 ALL 获得 20%～30%的 CR 率。

3. 其他靶向治疗探索（表 7-17）

表 7-17 近年来研发并临床试用的抗白血病靶向治疗制剂（Pui 等，2006）

制剂	作用机制	靶向的白血病亚型
甲磺酸伊马替尼	ABL 激酶抑制剂	BCR-ABL$^+$
BMS-354825	ABL-SRC 激酶抑制剂	BCR-ABL$^+$
AMN107	ABL 激酶抑制剂	BCR-ABL$^+$
PKC412	FMS 样酪氨酸激酶 3 抑制剂	MLL 重排，高二倍体
MLN518		
CEP701		
替吡法尼	法尼基转移抑制剂	各亚型
MK0752	γ 分泌酶抑制剂（干扰 NOTCH 信号通路）	T-ALL
地西他滨	DNA 去甲基化	各亚型

十、儿童 ALL 治疗策略和化疗个体化的探讨

（一）关于远期疗效的预后因素

ALL 临床实践中发现，在 20 世纪 80 年代至少 60 个预后因素有统计学意义（表 7-18）。依据它们的起因，可分为宿主相关因素、疾病相关因素和治疗相关因素，这三者相

互关系的结果是最终的疗效（图 7-2），也是化疗个体化可参照的有关因素（顾龙君等，2001）。

表 7-18　儿童 ALL 疗效相关因素（顾龙君等，2001）

宿主相关	疾病相关	治疗相关
年龄[a]	白细胞计数（诊断时）[a]	治疗方案[a]
性别[a]	CNS 浸润	早期治疗效应[a]
种族[a]	纵隔肿块	第 7 天骨髓
唐氏综合征	脾肿大	第 14 天骨髓
免疫缺陷	肾肿大[b]	第 28 天骨髓
	睾丸浸润[b]	（第 7 天）外周血幼稚细胞数
营养	HB>100g/L[b]	微小残留病（MRD）[a]
依从性	PLT<100×10^9/L[b]	CDRⅢ PCR
生长发育	淋巴结明显肿大[b]	TCR PCR
	FAB 形态学[b]	免疫指纹
		PCR 结合免疫学方法
药物遗传学	PAS 阳性[b]	FISH
谷胱甘肽-S-转移酶变异性	标记（DNA）指数[b]	白血病克隆形成单位
药物基因组学		泼尼松效应
	T 淋巴细胞系列[a]	RBC 硫鸟嘌呤核苷（TGNs）
	前 T 淋巴细胞系列	全身性巯基嘌呤暴露
	B 淋巴细胞系列[a]	全身性甲氨蝶呤暴露
	CD10 阴性	MTX 多聚谷氨酸（MTXPG）
	髓系抗原阳性[b]	
	染色体核型[a]	MTT 检测
	高二倍体[a]	
	低二倍体[a]	
	+4，+10	
	del9p	
	+10，+17，+18	
	13q 12—q14	
	15（q13—q15）	
	t（9；22）[a]	
	t（4；11）[a]	
	其他的 t（11q23）	
	t（1；19）	
	平衡的 t（1；19）[a]	
	TEL/AML1[a]	
	MLL 重排	
	LDH	
	糖皮质素受体数	

a 大多数研究被确认为是与转归相关的预后因素。

b 一般不再被认为是预后因素。

资料来源：2000. American Society of Hematology. Hematology. Education Program Book。

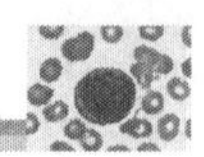

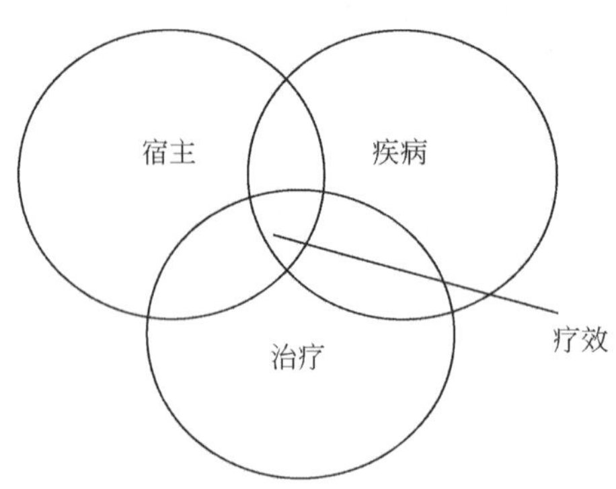

图 7-2 预后相关三因素与疗效间的关系

1. 宿主相关因素 同一类型的白血病在不同的宿主产生不同的治疗效应

(1) 种族和性别：女性白血病患者预后较男性佳，在儿童似乎更为明显，可能是由于内分泌因素和白血病细胞庇护所之差异所致。

不同种族有不同的预后和不同的治疗结果，在 SJCRH 和北美的一些研究中心的研究结果充分显示了这一要素。从 CCG1983～1992 年的研究中发现，在包括 8762 名儿童和青春期白血病的患者中，显示治疗效应与种族相关：167 例亚裔患者 5 年的 EFS 率为 89%，总的 6703 例白人为 84%，1071 例西班牙裔白人为 78%，506 例非洲裔美国人为 74%（$P<0.001$），在有限的样本中，排除了他们的治疗结果与社会经济地位和教育的相关性。这可能是细胞素 P450（CYP）酶基因遗传多态性与治疗反应特异的相关性。尚不清楚欧洲裔美国白人和非洲裔美国人不同的 CYP3A4 的基因型能否说明他们的药物效应和治疗结果的差异。

现在几乎可以肯定，种族和性别与影响治疗结果的基因有关。在种族和性别中均提示 *N*-酰基转移酶和黄嘌呤氧化酶的活性不同。谷胱甘肽-*S* 转移酶（GST）降解环境中和内环境毒素，可能对细胞毒性化疗药物耐药有关（顾龙君等，2001）。Chen 等发现在非洲美国 ALL 人群中 GST 缺失频率高于白人，但 GST 基因型与治疗结果无关。但 Stanulla 等的研究则提示与 GST 多态性相关，在以白人为主的患者队列研究中发现，其与早前 B-ALL 复发相关（Stanulla 等，2000）。

CYP 酶基因遗传多态性与治疗反应相关。CYP 酶组成了降解蒽环类抗生素反应和代谢的巨大系统。它们存在 CYP1A2、CYP2D6 和 CYP3A4 的基本变异。CYP2D6（B）突变在非洲裔美国人的突变发生率为 8.5%，白人为 23%；该基因在前两者中的缺失频率分别为 5.5%和 2.4%。CYP3A4 是人肝脏微粒体中含量最丰富的细胞色素酶（Lin 等，1995）。CYP3A4 催化许多抗肿瘤药物 VCR、长春碱、Cy、表鬼臼毒素和许多常见的支持治疗药物的代谢，如对乙酰氨基酚、红霉素、利多卡因等。药物诱导和抑制肝脏 CYP3A4 活性可以改变 VCR 的性质（Lin 等，1995）。DEX 是 CYP3A4 活性有力的诱导剂，至少是氢化可的松的 2 倍。CYP3A4 启动子 Nifedipine 特异元件的等位基因频率变异，在非洲裔美国人是 0.53、白人为 0.09、中国台湾人为 0。此等位基因变异与增加前列腺癌发生和减少伴有 MLL 融合基因的治疗相关白血病有关。男性 CYP3A4 的活性是女性的 2 倍（顾龙君等，2001）。

（2）年龄因素：年龄是重要的危险因素，许多小于1岁或超过9岁的ALL儿童提示预后不良。超过50%的婴儿ALL有t（4；11），该染色体核型是一种具有明显不良临床预后的分子标志。10岁以后，Ph^+阳性的ALL开始增多，Ph^+ ALL也是一种预后不良的因素。但在Ph^+的ALL患者人群中，年龄的变异很大，小于10岁和早期治疗反应良好的患儿预后相对较好。

（3）遗传性素质：如唐氏综合征的白血病预后较佳，其对化疗药物敏感性佳，这是由于与药物转运相关的功能基因在第21号染色体。唐氏综合征又称21-三体综合征，患者具备了3条21号染色体，对化疗药物运转极为有利。

（4）营养和免疫状态：白血病患者，病前营养状态不佳，细胞免疫和抗体免疫低下者很难经受强烈化疗，他们往往因不能如期按计划完成预定的化疗方案，不能获得缓解。往往早期复发，或发生治疗相关的死亡。

（5）宿主的药物代谢遗传多态性：CYP、谷胱苷肽-S转移酶（GST）变异性和药物基因组学（一系列化疗药物关键代谢酶基因遗传多态性）的差异，对同一药物、同一剂量产生完全不一致的临床疗效和毒性不良反应。宿主因有化疗药物诸如6-MP，代谢关键酶TPMT，Ara-C代谢关键酶CDA、DCK，L-ASP作用相关的AS，Cy作用相关的DNA修复酶系列，表鬼臼毒素（VP-16、VM-26）相关的TOPOⅡ（TOP2A）等酶活性及其相关基因的遗传多态性决定了宿主对这些药物的临床效应（疗效和毒性不良反应）（顾龙君等，2001）。

2. 疾病相关因素　目前已确认的与预后和疗效相关的疾病因素是：

（1）诊断时WBC计数：一般认为诊断时外周血WBC计数>100×10^9/L者预后较差。在儿童ALL和AML中定为HR型；>50×10^9/L者是MR型；<50×10^9/L（有些研究中心定为<25×10^9/L）者是LR（或SR型），治疗的转归和预后较佳。

（2）免疫表型：一般认为T-ALL对化疗强度的要求比B系ALL要高，如用同样相对足够强度的化疗，则T-ALL的疗效较B系ALL要差，例如HDMTX治疗，T-ALL者用5g/m^2，B系ALL者无其他预后不利因素则用2.5～3g/m^2。

（3）细胞遗传学（染色体核型）：①染色体数目<40条的低二倍体核型疗效差，CR率低，5年EFS率低，>50条的高二倍体核型疗效佳，CR率高，5年EFS高；②异常核型变化，即t（9；22）（Schlieben等，1996）和t（4；11）的异常核型疗效极差。但这两种核型在不同年龄、诊断时不同的外周血WBC计数又有所差别，<1岁的t（9；22）（Schlieben等，1996）和t（4；11）者疗效最差，5年EFS率<20%，2～9岁的t（9；22）和t（4；11）WBC计数<50×10^9/L者疗效稍好，PGR者则5年EFS率可达50%。t（12；21）即TEL/AML1核型者疗效佳，其5年EFS率可达85%～90%。

3. 治疗相关因素　治疗相关因素是最重要的预后因素（Pinkel等，1996），其中又有3个方面与疗效密切相关。

（1）治疗方案：不同治疗方案对同类白血病患者疗效不同，一般来说，化疗强度较强者CR率和5年EFS率较高，对T-ALL，HDMTX+CF治疗，MTX剂量为5g/m^2者其5年EFS率比3g/m^2者高（叶辉等，2001）。

（2）早期治疗效应：ALL早期治疗反应不良的评判标准见表7-5，对ALL的Pred试验。60mg/m^2 Pred×7天，第8天白血病细胞从>1×10^9/L减到≤1×10^9/L者疗效明显比仍然>1×10^9/L者要好。第7天骨髓象（幼淋细胞≤5%）、第15～19天骨髓象（幼淋细胞≤1%）

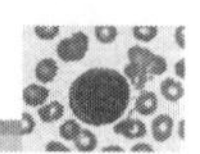

CR率和5年EFS率明显为高，第28～35天CR者其5年EFS率比达不到CR者明显要高。

（3）MRD：用CDRⅢ PCR、TCR PCR、MP-FCM、PCR结合免疫方法在治疗过程中检测MRD。治疗14天时MRD＜10^{-2}，42天PCR检测＜10^{-4}或免疫学（MP-FCM）不能检测到白血病细胞者，远期疗效佳，5年EFS率高，反之疗效则差，应把这些患者的危险程度分型从LR提高成为HR型，并应按HR型治疗，以争取较佳的远期疗效。

（4）按治疗过程中MRD结果重新评价并再分型：当前，ALL缓解的概念不仅仅是形态学的缓解，因为形态学的缓解白血病细胞仅＜5%，尚存相当的MRD细胞，应该要达到免疫学和分子学的缓解（MRD≤1%～0.01%）。MRD阳性与已知的危险因素密切相关，它可作为一个独立的预后因素，在化疗过程中MRD检测有助于进一步的危险分型。St. Jude儿童研究医院的研究结果是，在诱导缓解过程中，第15天时MRD＞1%（10^{-2}）或第43天时MRD＞0.01%（10^{-4}）的患儿有较高的复发率。如果患者MRD水平在开始治疗起超过4个月持续≥0.01%，据统计其累计复发率达70%；而患者在治疗的4个月时MRD水平≥0.1%，则治疗结果更不乐观。故他们将根据MRD结果重新评价，并将患者重新分型至HR型，并加强强化治疗。BFM则是诱导治疗第15天时MRD＞5%、第33天时MRD＞0.01%将患者再分型至HR型。因此，在我们的危险分型体系中应包括MRD检测。

（二）治疗策略和强度的调整

1. 调整不同危险程度的化疗强度 近10年来，在不断完善ALL危险分型的基础上调整化疗的强度，只有真正属于HR型的ALL，才进一步加强化疗的强度（Nachman等，1998）。例如，婴儿ALL尤其带有11q23/ALL重排者仍旧是目前治疗的难点。各种治疗方案结果相近，其5年EFS率为20%～35%。最近的几项临床试验研究表明，大剂量的Ara-C、大剂量的MTX（5.0g/m^2）和强烈的巩固/再诱导治疗可以提高治疗效果，但由于病例数少，未进行随机化，HR患者的分布不对称，因此这只能作为初步的结论。强烈的全身化疗和鞘内注射治疗，而不行头颅放疗，可以有效预防CNSL，这种方法亦适用于诊断时有CNSL的婴儿ALL。多数研究者认为婴儿白血病为一个特殊的亚群，应给予大剂量多种药物联合化疗，而不行头颅放疗。此外，＜1岁或＞9岁、诊断时WBC计数＞25×10^9/L，PPR的Ph^+ALL；早期治疗反应不佳（PPG）；诱导治疗中，MRD水平第15天＞1%，第43天＞0.01%的ALL，宜采用HD-Ara-C和多疗程HDMTX（5.0g/m^2），强烈的鞘内化疗等，以提高5年EFS率。然而，对LR、特别是超低危的ALL，应降低其原来所用的治疗强度并缩短治疗时间。因此，检测和判断危险因素显得特别重要。

2. 关于诱导缓解治疗强度的再认识 治疗的首要目标是达CR。诱导方案各异，基本包括糖皮质激素（Pred、DEX）VCR和至少一种其他药物（L-ASP或蒽环类药物）。随着支持治疗和化疗水平的提高，现在的CR率达96%～99%。由于快速降低白血病细胞负荷可减少耐药的发生，因此，许多研究者试图加强诱导治疗的强度，尤其在HR和超高危患者中实施。St. Jude儿童研究医院的几项研究表明，过分强烈的诱导治疗并不必要，应保证骨髓正常的造血储备，接受进一步的强化治疗，而且过分强烈的诱导治疗，其早期的治疗相关死亡率增加。他们发现，在诱导治疗后14周达免疫学或分子学缓解的患者复发的危险与那些更早达到免疫学或分子学缓解的患者一样，因此，诱导缓解治疗应尽量避免过

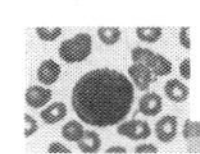

分强烈的化疗，以防止发生过高的治疗相关死亡。ALL-2005 方案的实施就是出于对诱导缓解治疗强度的再认识。

（三）关于头颅放疗

头颅放疗是针对 CNSL 的有效治疗手段。但是，研究者们已经注意到它可以引起潜在的神经毒性，偶尔可继发脑瘤；因此，对于 80%～90%的患者采用鞘内注射化疗和强烈的全身化疗。多数研究发现：对高危或超高危患者使用这种方法联合头颅放疗，可将其 CNSL 复发率降低至 5%以下。如果给予全身的强化疗，放疗剂量可降至 12Gy 而不引起 CNSL 复发概率增加（Schrappe 等，2000）。关于 CNS 放疗能否降低血液学复发尚有争议。在一项研究中发现，对高 WBC 计数（$>100\times10^9$/L）的 T-ALL 患者不行 CNS 放疗，可导致 CNSL 和血液学复发率增加。但是这项研究只有少数病例，复发概率增加可能由全身化疗不足所致。在最近一项回顾性研究中发现，对高 WBC 计数（$>50\times10^9$/L）或有 CNSL 的 T-ALL 患者，头颅放疗可减少 CNSL 复发，但不能提高 EFS 率（Reiter 等，2000）。

在其他两项研究，全部患者均不接受头颅放疗，结果发现：单独 CNSL 的累计复发率分别为 4.2%、3.0%，其他任何部位合并 CNSL 的复发率分别为 8.3%、6.0%。有 $CD10^-$、前-B-ALL、CNSL 和高 WBC 计数（$>100\times10^9$/L）特点的患者 CNSL 的复发概率较高。因为这两项研究中 8 年的 EFS 率分别为 60.7%、68.4%，因此，提高全身强化疗能否降低 CNSL 的复发尚不明确。而且，单独 CNSL 复发的患者未行头颅放疗，恢复的机会很大；一些患者在 CNSL 复发之前，第一次缓解的时间很长，他们的预后与其他患者一样。St. Jude 儿童研究医院和荷兰的研究者正在进行一项实验：不论患者的危险分型如何，只进行强烈的全身化疗和鞘内注射化疗，不行头颅放疗。大多数的临床试验仍旧将头颅放疗应用于 CNSL 复发或高 WBC 性 T-ALL 者。

（四）化疗药物代谢遗传多态性和化疗个体化

药物代谢酶（drug-metabolizing enzymes，DMEs）广泛存在于原核及真核生物中，随着生命进程的演化，不少 DMEs 表现出遗传多态性（genetic polymorphism）现象。所谓遗传多态性是指由一个或多个等位基因（allele）发生变异而产生的遗传差异，在人群中呈现不连续的多峰曲线分布。对不表达的 GSTM1 或 GSTT1 和 GSTP1 Val105/Val105 基因型的研究发现其复发率较低，这可能与其减轻细胞毒化疗的解毒作用有关。由于药物代谢酶遗传多态性，患同一类型疾病的不同个体对同一药物甚至相同剂量可以发生完全不同的效应（包括疗效和毒副作用）。这就提出了化疗个体化的概念。St. Jude 儿童研究医院和上海儿童医学中心的研究已经发现，巯基嘌呤甲基转移酶（TPMT）的遗传多态性及其临床相关性，该酶的纯合子及杂合子缺陷者 EFS 较高，这可能与其能够有较高剂量强度的巯基嘌呤的细胞毒作用有关；但是 TPMT 遗传多态性亦与药物的毒性反应、放疗后脑瘤的发生、继发性急性髓系白血病（AML）有关，因此对 TPMT 酶纯合子及杂合子缺陷者应调整 6-MP 药物剂量（顾龙君等，2003；Pui 等，1999）。

上海第二医科大学附属新华医院/上海儿童医学中心对 6-MP 和 Ara-C 的初步研究发现，371 例中国汉族人 TPMT 的平均活性是（16.64±4.69）U/ml pRBCs，<10U/ml

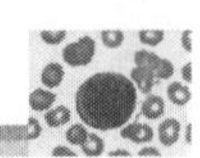

pRBCs，介于美国白人 16.8U/ml pRBCs 和黑人 14.4U/ml pRBCs 之间（Mcleod 等，1994）。作为低活性（Gu 等，2001；顾龙君等，2003），汉族人与黑人更容易出现对 6-MP 不耐受的毒性不良反应。在 30 例 TPMT 低活性者中其基因型 TPMT＊2 型 5 例，TPMT＊3A型 4 例，TPMT＊3B 型 6 例，TPMT＊3C 型 10 例（另 5 例基因型未定）。我国汉族人以 TPMT＊3C 型为主，这与欧美国家不同种族不同，白人以 TPMT＊3B 或 TPMT＊3A 型不一样，因此，对 6-MP 的临床效应也不一样。6-MP 发挥细胞毒作用的主要代谢产物是硫鸟嘌呤核苷酸（TGNs），本研究证实 6-MP 代谢酶 TPMT 活性与其代谢产物 TGNs 浓度存在负相关性，但研究中仍有一患者虽有较高的 TPMT 活性，却表现出很强的毒性不良反应，即使在服用 $50mg/m^2$ 的 6-MP 时，其红细胞内蓄积的 TGNs 稳态浓度仍为 $313pmol/8\times10^8$RBCs，高于国外认为的 TGNs 稳态浓度中位数（$275pmol/8\times10^8$RBCs）（Gu 等，2001；顾龙君等，2003；Ye 等，1999），原因可能是此类患者体内的另一嘌呤类药物代谢酶黄嘌呤氧化酶（XO）活性较低。所以，测定 TGNs 浓度能使我们及时发现这部分患者，及时调整剂量，保持 6-MP 化疗的连续性。

国外研究发现，当患者 TGNs 稳态浓度范围为（275～1000）$pmol/8\times10^8$RBCs 时，患者将有较好的预后并且不易出现严重毒性不良反应，美国 St. Jude 儿童研究医院认为，当 TGNs 浓度＞$1000pmol/8\times10^8$RBCs 时，可调整 6-MP 剂量为标准剂量的 70％；上海儿童医学中心的临床观察发现，当 TGNs 浓度＞$700pmol/8\times10^8$RBCs 时，应减少 6-MP 剂量至标准量的 60％～70％。研究中发现 TGNs 浓度低于 $275pmol/8\times10^8$RBCs 的 ALL 患儿可能要增加其 6-MP 用量。研究对象中，根据维持治疗阶段经验，7 例患儿在本研究前由于对 6MP 不耐受，已分别调整 6MP 至 50％～75％的标准剂量，在服用 6MP 第 21 天时 WBC 计数已在 $3\times10^9/L$ 左右的适度范围，这些患者在服用 $75mg/m^2$ 时，曾产生严重的 WBC 低下且并发感染。若测定其 6-MP 治疗第 4 天的红细胞内 TGNs 浓度可初步判断其对 6-MP 的敏感性，而测定第 7～14 天的 TGNs 浓度则将会比目前更早地发现其对 6-MP 的敏感性和耐受性，从而能更早地调整剂量，保持 6-MP 化疗的连续性提高疗效。实验发现 TGNs 浓度与测定后第 14 天的 WBC 计数负相关，由于 ALL 患儿在维持治疗阶段的 MTX 使用剂量较稳定，6-MP 剂量为影响 WBC 计数的主要药物，提示我们以 TGNs 浓度作为 ALL 患儿对 6-MP 敏感性的指标，将能更早地预防毒性不良反应的发生。今后，对初发的 ALL 患儿通过测定 TPMT 活性和实行在 TGNs 监测下的 6-MP 给药，将会增强 ALL 化疗剂量个体化的科学性。

此外，Ara-C 代谢酶 DCK 活性高者其 CR 率明显高于 DCK 活性低者，CDA/DCK 比值低者 CR 率高。L-ASP 代谢酶门冬酰胺酶（AS）活性低者疗效明显，但 AS 活性越低，低蛋白血症明显，AS 活性高者则疗效不佳。还原性叶酸载体（RFC）功能佳者对 MTX 疗效好，反之，疗效则差；甲氨蝶呤多聚谷氨酸（MTXPGs）饱和度越高，其细胞毒作用越强（Galpin 等，1997）。

（五）化疗个体化的客观参数和实施对策

1. 化疗过程中药物代谢活性产物的检测和药物血浆浓度监测 用 6-MP 10 天后 TGNs 的检测、用 MTX 时白血病细胞中 MTXPGs 的检测、用 Ara-C 时 DCK 和 CDA 等酶的检测，将对这些药物有效性的预测和重新测算和选择药物的剂量具有重要意义和参考价值。

2. 化疗个体化客观指标（参数）的重要性　在上述三大相关因素中，最为重要的是：①宿主的药物遗传学；②染色体核型；③早期治疗效应；④MRD。这些都是难以改变的客观因素，在很大程度上明显地影响近期和远期疗效，化疗个体化的措施应主要针对这些因素。

3. 化疗个体化目前的对策和措施　根据上述的一系列因素分析有两个方面的对策可作为化疗个体化的依据并采取相应措施。

（1）精确并重新修正疾病危险程度采用适度的化疗：根据不同年龄、性别；不同疾病相关因素中不良的因素（高 WBC 血症、T-ALL、不良染色体核型及融合基因）；不良的早期治疗反应和治疗早期较高的 MRD。在诊断时精确评价疾病危险程度（LR、MR、HR），在治疗过程中不断修正危险程度（诸如 15 天、43 天 MRD 较高者应从 LR 升为 HR，以免 NR 或早期复发）。

（2）根据或参照药物遗传学和（或）化疗药物基因组学的参数：根据药物遗传学和（或）化疗药物基因组学的研究结果检测每个患者的相关药物代谢关键酶表型、基因型以选用最合适的制剂、剂型、剂量，施药时间和施药方式，真正做到循证医学原则下的以客观参数指导化疗个体化，以最小的毒副作用达到最大的治疗疗效，明显提高白血病患者的长期 EFS 率。

4. 化疗模式的可能改变　个体化治疗可能采用的新模式见图 7-3。

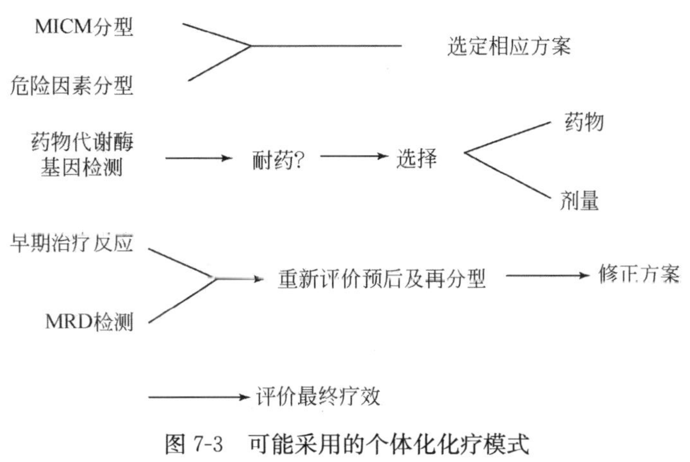

图 7-3　可能采用的个体化化疗模式

十一、并发症防治和支持疗法

（一）并发症的防治

患儿在住院期间，每天观察并记录体征变化和每 2～3 天查全血常规 1 次，尤其是诱导缓解治疗过程中，经历强烈的细胞毒作用后必然发生严重的骨髓抑制阶段，原则上不管 WBC 计数低下的情况，按方案完成治疗，但在发生严重感染时中止或延迟化疗，在骨髓抑制阶段可用静脉输注丙种球蛋白、G-CSF 预防感染，输注红细胞纠正严重贫血，输注单采血小板防止血小板计数过低（$<20\times10^9/L$），导致严重出血，尤其是防止颅内出血。治疗中患儿饮食减少时注意补液和静脉营养，维持氮平衡及水和电解质、酸碱平衡。感染时积极用足量、足疗程有效抗生素控制感染。有肝功能损害时加用护肝药物。住院患者必须

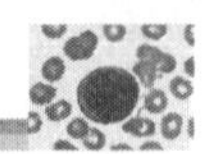

加强管理，防止发生院内交叉感染。

（二）支持治疗及积极防治感染的要点

（1）尽可能清除急、慢性感染灶。对怀疑似结核病者需用抗结核等保护性治疗。

（2）加强营养，不能进食或进食极少者可用静脉营养；加强口腔、皮肤和肛周的清洁护理；加强保护隔离；预防和避免院内交叉感染。

（3）强烈化疗期间可酌情给予成分输血，输注少浆红细胞悬液或单采血小板悬液；有条件者还可预防性地用静脉丙种球蛋白输注；还可酌情应用粒细胞集落刺激因子（G-CSF或GM-CSF）等。

（4）预防性应用复方磺胺甲基异噁唑（SMZco）25mg/（kg·d），每周连用3天，预防卡氏肺囊虫感染。并积极治疗细菌、病毒、深部真菌及卡氏肺囊虫性肺炎等感染。

（5）预防高尿酸血症，在诱导化疗期充分水化及碱化尿液，并同时服用别嘌呤醇200～300mg/（m^2·d），共7～10天。

（三）化疗注意事项

（1）每个疗程化疗完成后，一旦血象恢复（WBC≥3×10^9/L，ANC>1.5×10^9/L），肝肾功能无异常，须及时做下一阶段化疗，尽量缩短两个疗程之间间隙时间（一般是2～3周）。

（2）在每个化疗疗程中，一旦疗程未完成或出现WBC低下，尤其是诱导过程中出现骨髓抑制时，不能轻易终止化疗，应该做积极支持治疗的同时，继续完成化疗。

（3）维持化疗期间，尤其是维持化疗早期，应根据WBC控制在3×10^9/L内、ANC（1～1.5）$\times10^9$/L，及时调整MTX和6-MP的剂量；若WBC始终高于4×10^9/L，不能下降者，易复发；若ANC过早或长时间<1×10^9/L，则易发生严重感染。

（4）在化疗过程中，一旦出现严重感染，应减缓或暂时中断化疗，待积极控制感染后继续尽快完成化疗。

（5）遇严重出血时，应及时止血。注意防治弥散性血管内凝血（DIC）。血小板极低（<20×10^9/L）时，及时输注足量单采血小板悬液，以免发生致死性颅内出血。

（6）每一个疗程前后尤其是使用HDMTX和HD-Ara-C治疗时，必须检查肝、肾功能。肝、肾功能异常时，须及时积极治疗，以期尽早恢复。

（7）在缓解后治疗过程中，如遇不能用化疗、感染解释的不明原因的WBC和（或）血小板低下，并迟迟不能恢复者，要警惕早期复发，应及时做骨髓涂片检查，追查原因。不能盲目等待延长休疗时间。

（8）用DNR前后必须做心电图检查，注意维持心功能正常，以预防不可逆的心肌毒副作用，须密切注意DNR累计量不宜超过180mg/m^2；小于2岁不能超过160mg/m^2。Cy累计剂量最好不大于20g/m^2，以预防继发性肿瘤和影响生育功能。

（四）出院后随访

（1）根据患儿出院时所处的治疗阶段，详细向患者交代下一次入院或门诊治疗的治疗计划及治疗方案。

（2）休疗阶段必须防止感染，以利于下一阶段按时进行治疗。定期（每周1次）复查血象；每半年或按需做骨髓象复查；根据化疗需要，每个疗程前后必须复查肝、肾功能。

(3) 根据病儿居住地和病情需要，1 周至 3 个月必须门诊复查随访 1 次，尤其是 ALL 维持治疗的第 1 个月，最好每周门诊随访 1 次，调整 MTX 和 6-MP 的剂量。每 3 个月必须鞘内注射“三联”1 次（或 HDMTX+CF 治疗中的鞘内注射化疗）。

十二、婴儿急性白血病

婴儿急性白血病（IAL）是儿童白血病的特殊类型，有特殊的分子生物学特性、有关的发病因素和特殊的临床表现。

（一）分子生物学特性

2 岁以内的 IAL 其分子流行病学的特点是有高比率的 11q23 异常，t（4；11）多见于婴儿 ALL（Chen 等，1993），1 岁以内发生率为 50%，6 个月以内发生率高达 75%，t（9；11)则常见于婴儿 AML，且特征性地累及单核细胞系，常为 M4 或 M5 亚型。11q23 在分子水平上有 HRX（MLL）基因重排（顾龙君等，2000），上海第二医科大学附属新华医院检测的 20 例 IAL 中发现 10 例有 HRX 基因重排，占 50%（顾龙君等，1995）。在儿童白血病中，IAL 占 14.3%，比美国 St. Jude 儿童研究医院报告的发生率高，婴儿 ALL 占儿童 ALL 的 2.5%，婴儿 AML 则占儿童 AML 的 9.3%；我们的研究结果则分别是 11.5%和 18%，比 St. Jude 报告的比率要高。

（二）有关的发病因素

在果蝇中 MLL（又称 HRX）基因可能是调控胚胎发育的一个重要基因。在人类，该基因广泛地表达造血细胞和上皮的变异，以及胶质细胞起源的肿瘤系的变化。在用鬼臼毒素类药物 VP-16 或 VM-26 治疗相关的继发性白血病中也发现有 MLL 基因重排（Eower 等，1994），已知它能抑制拓扑异构酶Ⅱ的活性，因此，11q23 异常的婴儿很可能在胎儿期或在娩出时接触过能改变（抑制）拓扑异构酶Ⅱ活性的某些外源性因子，从而在胎儿期或婴儿早期使早期造血细胞系发生突变，导致在婴儿期发生 IAL（顾龙君等，2000）。我们调查了 15 例患婴母亲孕期的有关病因学因素，发现其中有 3 例有长期接触汽油的病史，是否汽油中存在某些挥发性芳香族化合物可能抑制拓扑异构酶Ⅱ的活性，还有待做进一步研究。

（三）临床表现及预后

IAL 尤其是 MLL（HRX）基因重排者的临床特点：起病急骤，肿瘤细胞负荷大，WBC 计数高，肝、脾肿大及 CNS 浸润明显，发展迅速，预后较差（顾龙君等，2000）。St. Jude 儿童研究医院对 IAL 的治疗在早期连续强烈化疗中，加强用大剂量 Ara-C 和 HD-MTX 治疗，其 5 年 EFS 率从 20%提高到 40%（Gregory 等，1999）。

十三、关于青少年急性淋巴细胞白血病

由于治疗观念和治疗方法的进展，在国际先进的儿童白血病治疗研究中心，儿童

ALL 的疗效较好，诱导缓解率达 98%，5 年 EFS 率达 75%～80%，5 年 OS 率可达 90%。但成人 ALL 疗效不甚理想，CR 率在 80%左右，5 年 EFS 率仅 30%～50%。尽管成人 ALL 具备较多的预后不良因素，如 T 淋巴细胞和成熟 B 淋巴细胞免疫分型、低二倍体、BCR-ABL 融合基因等，但治疗方案的差异也是重要原因之一。青少年处于儿童至成人的过渡阶段，他们或接受儿童组化疗方案，或进入成人医疗机构进行治疗。近年来，国外大型协作组研究显示，青少年接受儿童方案的疗效好于成人组。青少年有机会接受两者之一的方案，在两组具备基本相同生物学特征的条件下，多国的研究结果显示，进入儿童组的青少年治疗效果较成人组好。在中国尚未有大规模的协作研究，据国内文献报道，儿童组方案在年龄 11～17 岁青少年中，5 年 EFS 率为 50%，成人方案在 13～18 岁青少年中，3 年 EFS 率为 47.4%，5 年 EFS 率为 21.9%。虽统计年龄段略有不同，但仍可见儿童组的疗效好于成人组。国外协作组研究显示，儿童组 CR 率在 90%～99%，成人方案 CR 率在 80%～94%。儿童组 5～7 年 EFS 率在 65%～70%，在成人组只有 35%～50%。如在美国 16～20 岁青少年 ALL 治疗中，儿童组方案 7 年 EFS 率 63%，而成人组方案为 34%。英国 ALL97 和 UKALLXII 方案在 15～17 岁青少年研究中，儿童组方案 5 年 EFS 率为 65%，成人方案为 49%。瑞士 NOPH0-92 方案在 15～18 岁青少年中，5 年 EFS 率为 74%，而成人方案在 15～20 岁患者中的 5 年 EFS 率为 39%。法国 FRALLE93 儿童方案的 5 年 EFS 率为 67%，LALA94 成人方案为 41%，见表 7-19（顾龙君等，2009）。

表 7-19　急性淋巴细胞白血病年长患儿/年轻成人患者不同方案的治疗效果比较

国家	协作组	年龄（岁）	患者数	CR 率（%）	5 年 EFS 率（%）
美国	CCG（P）	16～21	196	96	64*
	CALGB（A）		103	93	38*
法国	FRALLE 93（P）	15～20	77	94	67
	LALA94（A）		100	83	41
荷兰	DCOG（P）	15～18	47	98	69
	HVON（A）		44	91	34
英国	ALL97（P）	15～17	61	98	65
	UKALLXII（A）		67	94	49
意大利	AIEOP（P）	14～18	150	94	80
	Gimema（A）		95	89	71

注：CR. 完全缓解；EFS. 无事件生存；P. 儿童化疗方案，A. 成人化疗方案。

儿童白血病治疗的效应和结果取决于宿主因素、疾病因素和治疗因素这三大要素。这 3 个要素中宿主因素和疾病因素是无法改变的，但是治疗因素的改变是可以改变治疗的结果的。治疗因素中治疗方案、治疗强度和治疗用药选择在成人方案和儿童方案有着很大的区别（顾龙君等，2009）。

（一）儿童方案和成人方案药物选择应用的区别

儿童方案使用大剂量非骨髓抑制性药物，如激素、L-ASP 和 VCR。如儿童的诱导方案中使用国际普遍认同的 VDLP 方案，特别着重多用 L-ASP，它对最终的疗效影响极大。但在成人组方案中，通常选用 VDP（L）、CODP（L）方案，少用或不用 L-ASP，认为它易并发胰腺炎和血栓。儿童累积 L-ASP 用量常是成人的数倍至数十倍，同样 VCR 用量也高于成人。儿童方案中使用泼尼松和地塞米松，而成人方案中常用泼尼松。相反，骨髓抑制性药物（如 DNR、Cy）在成人使用累积量较儿童大得多。以美国为例，儿童 CCG 协作组和成人 CALGB 协作组的患者在年龄和免疫分型（非 T 淋巴细胞和非前 B 淋巴细胞组）有差异外，其他生物学特征相同，诱导缓解率相同，均为 90%。CCG 组在诱导期接受至少 1680 mg/m^2 的泼尼松，而 CALGB 患儿为 1260mg/m^2。特别是 CCG 的患者在诱导期接受了 54 000U/m^2 的 L-ASP，比 CALGB 组高了 44%。相反，CALGB 组 DNR 和 Cy 分别为 135～240mg/m^2 和 1200mg/m^2，CCG 组的 DNR 仅为 100mg/m^2 及不用 Cy。在强化阶段，CALGB 相对于 CCG 仅使用了 33%的地塞米松、31%的 VCR 和 15%的 L-ASP，CCG 组的 L-ASP 达 31 8000U/m^2、地塞米松为 420mg/m^2、VCR 为 45mg/m^2。而 DNR、Cy、6-硫鸟嘌呤/6-巯基嘌呤和甲氨蝶呤在强化阶段差异不大（李娜等，2011）。

（二）化疗疗程紧密度的差异

儿童和成人血液学专家的治疗观念或经验的不同，也会影响最终结果。儿童化疗强调强烈、紧凑化疗，诱导治疗一般达到 CR 的时间在 1 个月左右，而成人诱导治疗方案达到 CR 的时间约 2 个月，延迟缓解在儿童方案中视为高危的因素，并且温和的化疗可能引起耐药的发生。而在成人医疗中心，初次 CR 后再行巩固治疗的时间往往大于 7 天，儿童方案通常在 2 天以内。在后续巩固和强化治疗中，儿童较年人具有更好的骨髓和脏器恢复能力，使得儿科医疗中心强调的紧凑化疗得以进行。儿童方案通常包括再诱导，而成人方案中通常被忽略了。但在维持治疗时，及时或延迟维持治疗对于最终预后无显著影响。另外，异基因造血干细胞移植在成人作为一线治疗，甚至在标危患者中也开展，移植相关性死亡（20%）也使得其 EFS 率下降。而在儿童仅用于极高危或复发的患儿。

（三）中枢神经系统白血病（CNSL）早期预防措施的差别

儿童强调 CNSL 的早期、连续预防，一般每 2 个月鞘内注射 1 次，整个疗程满 16～20 次，以及用大剂量甲氨蝶呤进行庇护所治疗。而成人 CNSL 预防和治疗的观念薄弱，特别是在治疗后期已无针对 CNSL 的治疗。同样以美国为例，CCG 研究组 197 例中仅有 2 例 CNSL 复发，而 CALGB124 例中有 9 例复发。CALGB 组在治疗 5 周后才开始针对 CNSL 的治疗，并且在维持阶段不将鞘内注射作为常规治疗手段。儿童组的化疗方案证实，预防 CNSL 的治疗不仅能减少 CNSL 复发，并能减少系统复发。口服地塞米松与泼尼松相比，更有助于减少 CNSL 复发。

儿童方案对同年龄段青少年的疗效具有明显的优越性，多个协作组逐渐将儿童方案引入至成人方案，成为“优化”后的成人方案。芬兰在 1990～2004 年，对 ALL 患者分别采用 NOPHO 和成人 ALL 的方案治疗，CR 相近，分别为 96%和 97%，5 年 EFS 率为 67%和 60%，不具有显著性差异。分析两组的方案组成，主要差异在儿童 MTX 的累计剂量大于成人，如 NOPHO 2000 IR 中甲氨蝶呤累计剂量为 42 000mg/m^2。ALL 2000（A）为 9100mg/m^2，DNR 累计量低于成人，为其 50%。而激素累计量、VCR、L-ASP 用量已无差异，L-ASP 在 NOPHO 组为 52 000～42 000U/m^2，成年人组为 30 000～60 000U/m^2。结果可能预示成人方案中增加 L-ASP、VCR、激素可使预后好转。西班牙将统一的方案

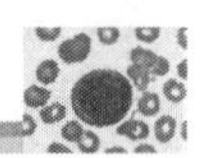

ALL96 应用于青少年（15～18 岁）和标危组青年（19～30 岁），其主要药物组成：VCR19.5mg/m²、泼尼松 5150mg/m²、地塞米松 175mg/m²、L-ASP 320 000U/m²、DNR240mg/m²、Cy2200mg/m²，与儿童方案基本接近。纳入研究患者的生物学特性仅免疫分型有差异，两组的 CR 率相似，6 年 EFS 率青少年组 60%、青年组 63%，6 年总生存率青少年组 77%、青年组 63%。比传统成年人方案预后好（Lisvasalo 等，2008）。

荷兰和英国研究经验表明，Ph⁻ ALL 患者，在首次缓解后进行的造血干细胞移植（HSCT）导致治疗相关性死亡率仍高。而鲜有数据支持首次缓解后进行 HSCT 比化疗有更大的优越性。采用合适的化疗不仅能提高疗效，同时可降低治疗相关死亡率。DFCI 协作组成人前瞻性化疗方案和成熟的儿科化疗方案其治疗相关死率均为 1%。根据我国的国情，鉴于目前 HLA 配型匹配的概率还不很高，以及做 HSCT 的费用巨大，更有必要考虑以合适的化疗取代相当一部分青少年 ALL 做 HSCT。在我国还是有必要组织成人血液中心与儿童血液中心的志同道合者共同协作，商讨更合理的诊治青少年 ALL 的途径和方法，改变目前疗效不理想的现状，有效地提高青少年 ALL 的长期无病生存率。

参考文献

陈静等．2009．10 岁以上儿童及青少年急性淋巴细胞性白血病的临床总结．中国小儿血液与肿瘤杂志，14：111

傅明伟等．2008．成年人急性淋巴细胞白血病的化疗及预后因素分析．中华血液学杂志，29：435

顾龙君．1999．进行科学的规范治疗提高小儿急性白血病长期无病生存率．中华血液学杂志，20：341

顾龙君．2001．儿童白血病化疗个体化的探讨．中国当代儿科杂志，3：613

顾龙君．2009．青少年急性淋巴细胞白血病治疗的现状与思考．国际输血及血液学杂志，32：1

顾龙君等．1986．大剂量氨甲蝶呤对急性淋巴细胞白血病庇护所治疗的探讨．中华血液学杂志，7：277

顾龙君等．1989．儿童急性淋巴细胞白血病长期无病生存与治疗积分的关系．中华儿科杂志，27：281

顾龙君等．1993．小儿急性淋巴细胞白血病的生物学多因素研究．中华儿科杂志，31：262

顾龙君等．1993．小儿急性淋巴细胞白血病的生物学多因素研究．中华儿科杂志，31：262

顾龙君等．1994．儿童急性淋巴细胞白血病早期连续强烈化疗：新华（XH）-88 方案 57 例疗效分析．中华血液学杂志，15：76

顾龙君等．1994．复发性中枢神经系统白血病治疗的探讨．中华血液学杂志，15：98

顾龙君等．1995．婴儿白血病 HRX 基因重排及其意义．中华儿科杂志，33：261

顾龙君等．1996．用多种特异性基因标志跟踪检测儿童微量残留白血病的研究．中华血液学杂志，17：227

顾龙君等．1999．儿童急性淋巴细胞白血病诊疗建议（第二次修订草案）．中华儿科杂志，37：305

顾龙君等．2000．婴儿急性白血病的临床和分子生物学特点．中华血液学杂志，21：349

顾龙君等．2003．巯基嘌呤甲基转移酶活性和硫鸟嘌呤核苷酸浓度检测在 6-MP 个体化化疗中的意义．中华血液学杂志，24：18

顾龙君等．2006．儿童急性淋巴细胞白血病诊疗建议（第三次修订草案）．中华儿科杂志，44：392

顾龙君等．2006．细胞白血病微量残留病标记．中国当代儿科杂志，11：245

况少青等．1996．急性淋巴细胞白血病基因重排及其用于微量白血病检测的研究．中华血液学杂志，17：243

帖利军等．2009．流式细胞技术与 PCR 技术联用筛选儿童急性淋巴细胞白血病微量残留病标记．中国当代儿科杂志，11：246

叶辉等 . 2000. 大剂量甲氨蝶呤静脉滴注后四氢叶酸钙解救方案的探讨 . 中华血液学杂志，20：92

叶辉等 . 2001. 儿童急性淋巴细胞白血病大剂量甲氨蝶呤治疗研究 . 中华血液学杂志，22：385

张娜等 . 2011. 青少年急性淋巴细胞治疗进展 . 国际儿科学杂志，38：38

Bader P et al. 2002. Minimal residual disease status prior to allogeneic stem cell transplantation is a powerful predictor for post-transplant outcome in childhood acute lymphoblastic leukemia. Leukemia，16：1668

Bennett JM et al. 1976. Proposal for the classification of the acute leukaemia，French-American-British cooperative group. Br J Haematol，33：451

Bhatia S et al. 1999. Ethnicity and survival following childhood acute lymphoblastic leukemia（ALL）：follow-up of the Children's Cancer Group（CCG）Cohort. Proc Amer Assoc Clin Oncol，18：568

Borowitz MJ et al. 1993. Immunophenotyping of acute leukemia by flow cytometric analysis，use of CD45 and right-angle light scatter to gate on leukemia blasts in three-color analysis. Am J Clin Pathol，100：534

Brisco MJ et al. 2001. Comparison of methods for assessment of minimal residual disease in childhood B-lineage acute lymphoblastic leukemia. Leukemia，15：385

Campana D et al. 2001. Detection of minimal residual disease in acute lymphoblastic leukemia：the St. Jude experience. Leukemia，15：278

Chen X et al. 2001. Quantification of minimal residual disease in T-lineage acute lymphoblastic leukemia with the TAL-1 deletion using a standardized real-time PCR assay. Leukemia，15：166

Chien SC et al. 1993. The chromosome 4q21 gene（AF-4/FEL）is widely expressed in normal tissues and shows breakpoint diversity in t（4；11）（q21；q23）acute leukemia. Blood，82：1080

Coustan-Smith E et al. 1998. Immunologic detection of minimal residual disease in children with acute lymphoblastic leukemia. Lancet，351：550

Coustan-Smith E et al. 2000. Clinical importance of minimal residual disease in childhood acute lymphoblastic leukemia. Blood，96：2691

Coustan-Smith E et al. 2002. Prognastic importance of measuring early clearance of leukemia cells by flow cytometry in childhood acute lymphoblastic leukemia. Blood，100：52

Coustan-Smith E et al. 2002. Use of peripheral blood instead of bone marrow to monitor residual disease in children with acute lymphoblastic leukemia. Blood，100：2399

Eower N et al. 1994. Human trithorax gene rearrangements in therapy-related acute leukemia after etoposide treatment. Leukemia，8：226

Galpin AJ et al. 1997. Differences in folypolyglumatate synthetase and dihydrofolate reductase expression in human B-lineage versus T-lineage leukemia lymphoblastic：mechanisms for lineage differences in methotrexate polyglutamylation and cytotoxicity. Mol Pharmacol，52：155

Goldstone AH et al. 2008. In adults with stan-dard-risk acute lymphoblastic leukemia，the greatest benefit is achieved from a matched sibling allogeneic transplantation in first complete remission，and an autologous transplantation is less effective than conventional consolidation/maintenance chemotherapy in all patients：final results of the International ALL Trial（MRC UKALL XII/ECOC E2993）. Blood，111：1827

Goulden N et al. 2001. Practical application of minimal residual disease assessment in childhood acute lymphoblastic leukemia. Br J Haematol，112：275

Gregory H et al. 1999. Treatment outcome and prognostic factors for infants with acute lymphoblastic leukemia treated on two consecutive trials of the Children's Cancer Group. Journal Of Clinic Oncology，17：445

Gu LJ et al. 2001. Thiopurine methyltransferase（TPMT）activity and its relation to thioguanine nucleotide level in Chinese children with acute lymphoblastic leukemia. Blood，98：310a

Hallbook H et al. 2006. Treatment outcome in young adults and children> 10 years of age with acute lym-

phohlastic leukemia in Sweden: a comparion between a pediatric protocol and an adult protocol. Cancer, 107: 1551

Hiddemann W et al. 1993. Frequency and clinical significance of DNA aneuploidy in the BFM trials. Rec Res Cancer Res, 131: 123

James B et al. 1998. Augmented post-indution therapy for children with high-risk acute lymphoblastic leukemia and a slow response to initial therapy. New England J Med, 338: 1663

Kuang SQ et al. 1996. Long term follow-up of minimal residual disease in childhood acute lymphoblastic leukemia patients by polymerase chain reaction analysis of multiple clone-specific of malignancy-specific gene markers. Cancer Genet Cytogenet, 88: 110

Lange BJ et al. 1997. Double delayed intensification improves outcome in moderate risk pediatric acute lymphoblastic leukemia (ALL): a Children's Cancer Group study. CCG-1891. Blood, 90: 559

Li AH et al. 2001. Detailed clonality analysis of relapsing precursor B acute lymphoblastic leukemia: implication for minimal residual disease. Leuk Res, 25: 1033

Lin AP et al. Substrates of human hepatic cytochrome P450 3A4. Toxicology, 104: 1

Lisvasalo A et al. 2008. Acute lymphoblastic leukemia in adolescents and young adults in Finland. Haematologica, 93: 1161

Maloney KW et al. 2000. Long-term results of treatment studies for childhood acute lymphoblastic leukemia: Pediatric Oncology Group studies from 1986-1994. Leukemia, 14: 2276

Mcleod HL et al. 1994. Thiopurine methyltransferase activity in American white subjects and black subjects. Clin Pharmacol Ther, 55: 15

Nachman JB et al. 1998. Augmented post-induction therapy for children with high-risk acute lymphoblastic leukemia and a slow response to initial therapy. N Engl J Med, 338: 1663

Otten J et al. 1996. The importance of L-ASParaginase (A'ase) in the treatment of acute lymphoblastic leukemia (ALL) in children: results of the EORTC 58881 randomized phase Ⅲ trail showing greater efficiency of *Escherichia coli* (*E. coli*) as compared to Erwinia (ERW) A'ase [abstract]. Blood, 88: 669

Panzer-Grumayer ER et al. 2000. Rapid molecular response during early induction chemotherapy predicts a good outcome in childhood acute lymphoblastic leukemia. Blood, 95: 790

Parkin DM et al. 1988. International incidence of childhood cancer. Lyon, France: International Agency for Research on Cancer (IARC scientific publication No 87)

Pinkel D. 1996. Selecting treatment for children with acute lymphoblastic leukemia. J Clin Oncol, 14: 4

Prague. 2001. Protocols and Committees Progress reports of the 12th annual meeting of the International BFM Study Group. Czech Republic, May 6th

Pui CH et al. 1995. L-ASP araginase may potentate the leukemogenic effect of the epipodophyllotoxins. Leukemia, 9: 1680

Pui CH et al. 2000. Long-term results of total therapy studies 11, 12 and 13A for childhood acute lymphoblastic leukemia at St. Jude Children's Research Hospital. Leukemia, 14: 2286

Pui CH et al. 2000. New definition of remission in childhood acute lymphoblastic leukemia. Leukemia, 14: 783

Pui CH et al. 2001. Childhood acute lymphoblastic leukemia—current status and future perspectives. Lancet Oncol, 2: 597

Pui CH. 1998. Recent advance in the biology and treatment of childhood acute lymphoblastic leukemia. Curr Opin Hematol, 5: 292

Pui CH. 2001. Risk assessment in acute lymphoblastic leukemia: beyond leukemia cell characteristics. J Pediatr Hematol Oncol，23：405

Pui CH. 2006. Treatment of acute lymphoblastic leukemia. N Engl J Med，354：166

Pui CH. et al. 1995. Outcome of treatment for childhood cancer in black as compared with white children：The St. Jude Children's Research Hospital Experience，1962 through 1992. JAMA，273：633

Qi-Dong Ye et al. 1999. Herditary polymophism of thiopurine s-methyltrasferase activity in a Chinese Han population in Shanghai area. Blood，96：199b

Raimondi SC et al. 1989. Childhood acute Iymphoblastic leukemia with chromosomal breakpoints at 11q23. Blood，73：1627

Reiter A et al. 1994. Chemotherapy in 998 unselected childhood acute lymphoblastic leukemia patients，results and conclusions of the multicenter trial ALL-BFM 86. Blood，84：3122

Reiter A et al. 2000. Intensive ALL-type therapy without local radiotherapy provides a 90% event-free survival for children with T-cell lymphoblastic lymphoma：a BFM group report. Blood，95：416

Rivera GK et al. 1993. Treatment of acute lymphoblastic leukemia：30 years' experience at St. Jude Children's Research Hospital. J Clin Oncol，329：1289

Rubnitz JE. 1998. Thomas Look A. Molecular basis of leukemogenesis. Curr Opin Hematol，5：264

Schlieben S et al. 1996. Incidence and clinical outcome of children with BCR/ABL-positive acute leukemia (ALL) . A prospective RT-PCR study based on 673 patients enrolled in the German pediatric multicenter therapy trials ALL-BFM90 and CoALL-05-92. Leukemia，10：957

Schrappe M et al. 2000. Improved outcome in childhood ALL despite reduced use of anthracyclines and of cranial radiotherapy：results of trial all-BFM 90. Blood，95：3310

Schrepp M et al. 2000. Long-term results of four consecutive trials in childhood ALL performed by the ALL-BFM study from 1981 to 1995. Leukemia，14：2205

Silverman LB et al. 2000. Results of Dana Farber Cancer Institute Consortium protocols for children with newly diagnosed acute lymphoblastic leukemia (1981-1995) . Leukemia，14：2247

Stanulla M et al. 2000. Polymorphisms within glutathione S-transferase genes (GSTM1，GSTT1，GSTP1) and risk of relapse in childhood B-cell precursor acute lymphoblastic leukemia：a case-control study. Blood，95：1222

Stephen ES. 2006. Myths and lessons from the adult/pediatric interface in acute lymphoblastic leukemia. Hematology，Am Soc Hematol Educ Program，128

Stock W et al. 2008. What determines the outcomes for adolescents and young adults with acute lymphoblastic leukemia treated on cooperative protocolso：a comparison of Children's Cancer Group and Cancer and Leukemia Group B studies. Blood，112：1644，1646

Szczepanski T et al. 2001. Minimal residual disease in leukemia patients. Lancet Oncol，2：409

Van Dongen JJ et al. 1998. Prognostic value of minimal residual disease in childhood acute lymphoblastic leukemia. Lancet，352：1731

Willemse MJ et al. 2002. Detection of minimal residual disease identifies differences in treatment response between T-ALL and precursor B-ALL. Blood，99：4386

附录 7-1 儿童 ALL 化学治疗汇总

一、ALL-XH-88 诊治方案（附表 7-1）（顾龙君等，1994）

附表 7-1 ALL-XH-88 诊治方案

	诱导治疗	巩固治疗	庇护所治疗[a]	早期强化治疗	维持治疗	强化治疗
SR-ALL	VDLP	CAM	HDMTX ＋ CF 或 VM-26 ＋ Ara-C	VPDL	MTX＋6-MP（3 周）-VP（1 周）6-MP 序贯	VPDL 或 VM-26＋Ara-C（每年 1 个疗程）
HR-ALL	VDLP	CAM	HDMTX＋CF	同上	MTX＋6-MP（3 周）-VP（1 周）（共 2 个月）接 CO-AP（1 个疗程）	VDLP（每年第 6 个月）VM-26＋Ara-C）（每年第 12 个月）

a 在诱导治疗期间鞘内注射“三联”每周 1 次，共 4 次，MTX. ＜1 岁，5mg；1～3 岁，7.5mg；4～6 岁，10mg；＞6 岁. 12mg；Ara-C：1～1.5mg/kg；DEX5mg（＜3 岁者 2mg）。CCR 6～12 个月（HR-ALL 者 6 个月）做头颅照射，HR-ALL 20Gy，SR-ALL 18Gy。维持治疗期间每 3 个月鞘内注射 1 次“三联”（剂量同上）。HD-MTX＋CF. 见本章“六、CNSL 的防治”。

注：VDLP. 长春新碱（VCR）1.5mg/ m^2，每周 1 次，共 4 周；Pred 每天 2mg/kg，共 28 天；DNR 20～30mg/ m^2，每天 1 次，共 3 次；L-ASP 6000～10 000U/m^2，共 10 次。CAM. Cy 600mg/m^2，d1；Ara-C 50mg/m^2，q12h，d1～d7，皮下注射；6-MP 75mg/m^2，d1～d7。COAP. Cy、VCR（第 1 天）剂量同上，Ara-C 100mg/ m^2×5d，Pred 每天 1mg/kg×7d。VM-26＋Ara-C. VM-26 160mg/ m^2，Ara-C 300mg/ m^2，每周 2 次，共 3～4 次。MTX＋6-MP：MTX 每周 15～30mg/ m^2，共 3 周，肌内注射；6-MP 每天 75mg/ m^2，口服 3 周。

二、ALL XH-99 方案（顾龙君等，2004）

ALL-XH-99 方案（参见图 7-1）在 ALL-XH-88 方案的基础做了如下几个方面的调整：①诱导治疗用 VDLP，根据早期治疗反应（7 天泼尼松试验）和第 19 天骨髓象，再次划分危险程度，重新分组实施个体化化疗，若 Pred 试验反应差或第 19 天骨髓象原/幼淋细胞＞5%，初诊时若是 LR、MR，则上升为 HR。在 SR、MR、HR 组中 L-ASP 分别用 6、8、10 次（6000～10 000U/m^2，d9 起，qod）。HR 组用长春地辛（VDS）替代 LR、MR 组所用的 VCR；用去甲氧柔红霉素（IDA），10mg/m^2，d8、d10、d12，替代 LR、MR 组所用的 DNR。②在巩固治疗中采用 CAM，Cy LR 用 600mg/m^2，MR、HR 用 800mg/m^2。Ara-C 在 MR、HR 组采用中、大剂量，MR 组 Ara-C 1g/m^2，q12h，d1～d3，静脉滴注；HR 组 Ara-C 2g/m^2，q12h，d1～d2，静脉滴注；LR 组 Ara-C 用 50mg/m^2，q12h，d1～d7。6-MP 用 50mg/m^2，d1～d7，晚间顿服。③HDMTX 行髓外白血病预防，LR 组给予 3g/m^2，MR、HR 组 5g/m^2，静脉滴注 24 小时，在第 37 小时予 CF 进行解救，15mg/m^2，q6h，5～8 次，届时于治疗起第 44 小时和第 68 小时检测 MTX 血浆浓度。④早期强化治疗也与 ALL-XH-88 方案有所不同，LR、MR、HR 组中 L-ASP 分别为 4、6、8 次，

HR组患儿接受两剂IDA；VM-26或VP-16剂量加大至300mg/m^2。⑤维持治疗时间有所缩短，治疗的期限是女孩维持2年半，男孩3年，MR-ALL和HR-ALL延长1年。⑥LR-ALL和MR-ALL患儿不再进行头颅放疗，HR-ALL患儿放疗剂量降至18Gy。

上海第二医科大学附属新华医院/上海儿童医学中心自1998年1月至2002年12月收治初治ALL患儿158例，全部患儿接受ALL-XH-99方案治疗。年龄在6个月至18岁，平均年龄6.5岁；男101例，女57例。随访时间截至2003年3月31日，中位随访时间26个月（1～60个月）。

诱导缓解情况：158例中5例未达CR，总CR率为96.8%；LR-ALL为100%，MR-ALL为97.6%，HR-ALL为92.9%；平均达到CR的时间为33天，最长是50天，最短21天。

远期疗效：本组患儿因经济或其他原因在获CR后失访者8例，其余患儿均接受该方案化疗。采用Kaplan-Meier方法评估患儿的EFS率。结果表明150例ALL患儿2年pEFS率为85.9%±3.1%，3年pEFS率为83.0%±3.6%，4年pEFS率为80.9%±4.1%，5年pEFS率为72.4%±7.8%（附图7-1）。2年DFS率为87.5%±3.2%，3年DFS率为85.9%±3.5%，4年DFS率为83.7%±4.1%，5年DFS率为75.3%±7.8%附图7-2。60例LR患儿中失访1例，其余59例患儿5年pEFS率为88.9%±5.5%；42例MR患儿中失访2例，其余40例患儿5年pEFS率为78.5%±8.0%；56例HR患儿中失访5例，其余51例患儿5年pEFS率为53.4%±10.9%。Log-rank检验提示三组间EFS率有显著性差别（$P<0.05$），见附图7-2。

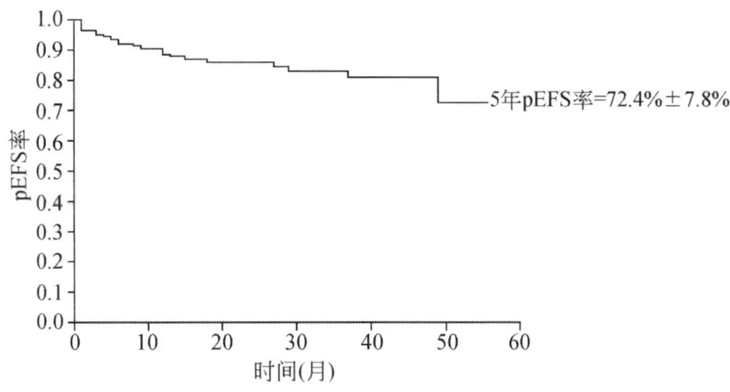

附图7-1 150例ALL患儿的EFS率曲线

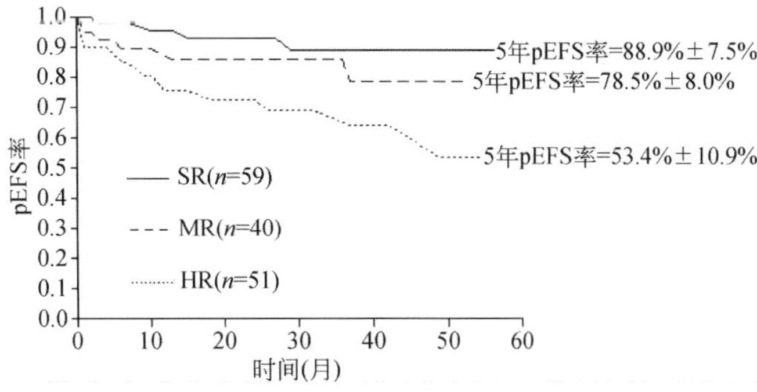

附图7-2 SR、MR和HR三组间EFS率比较

随访：15例复发，总复发率为10.0%，其中8例HR、4例MR、3例LR。复发的中位时间为12个月（3～49个月）。其中13例初次单独复发部位是骨髓，骨髓复发率为8.7%；初次单独CNSL复发2例，CNSL复发率为1.3%；无TL复发；1例在CCR 29个月继发AML。

死亡：死亡21例，死亡率为14.0%。其中诱导治疗期间死亡4例。在CCR期间死亡4例，分别为水痘肺炎1例、骨髓抑制后胃肠出血1例、骨髓抑制后败血症2例。13例死于白血病复发。化疗相关死亡7例，占4.7%（7/150）。

三、全国儿童ALL诊疗建议修改草案（顾龙君等，1999）

（一）全国儿童ALL诊疗建议第二次修改草案（《中华儿科杂志》1999年第五期）

1. 治疗原则 按型选方案，采用早期连续强烈化疗和长期治疗的方针。治疗程序是，依次进行诱导缓解、巩固治疗、髓外白血病预防治疗、早期强化、维持治疗和强化治疗。

2. HR-ALL化疗

（1）诱导治疗

方案1：VDLP 4周。VCR 1.5mg/m^2（每次最大量不超过2mg/m^2）静脉注射，d8、d15、d22、d28；DNR 30mg/m^2，用5%葡萄糖液100ml稀释快速静脉滴注30～40分钟，d8～d10，共3次；L-ASP 5000～10 000U/m^2 静脉滴注或肌内注射（根据不同产品的生物活性和特性选用剂量和施药途径），d9、d11、d13、d15、d17、d19、d21、d23，共8次；Pred 60 mg/（m^2·d），d1～d28（d1～d7为Pred实验），1天量分3次口服，d29起每2天减半，1周内减停。

方案2：CVDLP 4周。Cy 800mg/m^2，稀释于5%葡萄糖液100ml在1小时内快速静脉滴注，d8（1次）；DNR 30mg/m^2，静脉滴注同上，d8～d9，其余同VDLP方案。

方案3：CODP4周。Cy 800～1000mg/m^2，用法同上，d8，VCR，DNR和Pred剂量和用法同前。

不论用何种方案，对于高WBC血症（WBC≥100×10^9/L）者，若有条件做血浆置换1～2次，或Pred试验（d1～d7）后，WBC仍>100×10^9/L者，DNR推迟到WBC<50×10^9/L时开始连用3天。上述3个方案中，方案1或方案2为首选，因经济困难和缺乏L-ASP的地区可试用方案3。于诱导缓解化疗的第19天必须复查骨髓涂片，可能出现3种不同的结果：①M1，骨髓明显抑制，原淋+幼淋<5%；②M2，骨髓呈不同程度抑制，原淋+幼淋为5%～25%；③M3，骨髓抑制或不抑制，原淋+幼淋>25%。M1者提示疗效和预后良好；M2者提示疗效较差，用方案2者须加用2次L-ASP或1次DNR，用方案1者加用1次Cy 800mg/m^2 和2次L-ASP；M3者提示无效，属难治性白血病，必须及时更换更强烈的化疗方案。

（2）巩固治疗：巩固治疗在诱导缓解治疗28～35天后达CR时，尽早在29～36天开始，以下方案任选其一。

方案1：CAM。Cy 800～1000mg/m^2，快速静脉滴注，d1；Ara-C 1g/m^2，q12h×6次，或

2g/m^2，q12h×4 次，静脉滴注，d2～d4；6-MP 50mg/（m^2·d），晚间一次口服，d1～d7。

方案 2：VP-16＋Ara-C。VP-16 200mg/m^2 静脉滴注，接着 Ara-C 300mg/ m^2，静脉滴注，d1、d4、d7。

（3）髓外白血病预防性治疗

1）“三联”鞘内注射（it）：于诱导治疗的第 1 天起仅用 Ara-C＋DEX（剂量同下），此后 d8、d15、d22 用“三联”（剂量见附表 7-2），诱导期间共 4 次，早期强化治疗末用 1 次。

附表 7-2　不同年龄三联鞘内注射药物剂量　（单位：mg）

年龄（月）	MTX	Ara-C	DEX
＜12	5	12	2
12～24	7.5	15	2
25～35	10	25	5
≥36	12.5	35	5

2）HDMTX＋CF 疗法：于巩固治疗休息 1～3 周后，视血象恢复情况，待中性粒细胞（ANC）＞1.5×10^9/L，WBC≥3×10^9/L，肝、肾功能无异常时尽早开始，每 10 天 1 个疗程，共 3 个疗程。每个疗程 MTX 3.0/m^2，1/6 量（不超过 500 mg/次）作为突击量，在 30 分钟内快速静脉滴入，其余量于 12～24 小时内均匀滴入。突击量 MTX 滴入后 0.5～2 小时内，行“三联”鞘内注射 1 次。开始滴注 MTX 36 小时后用 CF 解救，剂量为 15 mg/m^2，每 6 小时 1 次，首剂静脉注射，以后口服或肌内注射，共 6～8 次。有条件者检测血浆 MTX 浓度（＜0.1μmol/L 为无毒浓度），以调整 CF 应用的次数和剂量。HDMTX 治疗前、后 3 天口服碳酸氢钠 1.0g，每日 3 次，并在治疗当天给予 5%碳酸氢钠 3～5 ml/kg 静脉滴注，使尿 pH≥7。用 HDMTX 当天及后 3 天需水化治疗［3000 ml/（m^2·d）］。在用 HDMTX 的同时，每天用 6-MP 50 mg/m^2，共 7 天。

3）颅脑放疗：原则上适用于 3 岁以上患儿，凡诊断时 WBC 计数≥100×10^9/L，t（9；22），t（4；11），诊断时有 CNSL，因种种原因不宜做 HDMTX 治疗者，于 CR 后 6 个月内进行，总剂量 18Gy，分 15 次于 3 周内完成，同时每周鞘内注射 1 次。放疗第 3 周用 VDEX 方案，VCR 1.5mg/m^2 静脉注射 1 次，DEX 8mg/（m^2·d）×7d，口服。

（4）早期强化治疗

强化方案 1：VDLDEX。VCR、DNR 均于 d1、d8，剂量同前。L-ASP 5000～10 000U/m^2，d2、d4、d6、d8，共 4 次；DEX 8mg/（m^2·d），d1～d14。第 3 周减停。休疗1～2 周（待血象恢复，肝、肾功能无异常），接 VP-16＋Ara-C 3 次（剂量与用法同前）。

强化方案 2：COADEX。Cy 800mg/m^2，快速静脉滴注，d1；VCR 1.5mg/m^2，静脉滴注，d1；Ara-C 100mg/（m^2·d），分 2 次，q12h，皮下注射或肌内注射，d1～d7；DEX 10mg/（m^2·d），d1～d7。待血象恢复后再用 VP-16＋Ara-C，3 次（剂量和用法同上）。

（5）维持及加强治疗

1）维持治疗：6-MP＋MTX。6-MP 75 mg/（m^2·d），夜间睡前顿服，21 天；MTX

20～30mg/（m^2·次），肌内注射，每周 1 次，连用 3 周。接着 VDEX。如此反复序贯用药，遇强化治疗时暂停。在 6-MP＋MTX 用药 3 周末保持 WBC 在 3×10^9/L 左右，ANC（1.0～1.5）$\times10^9$/L。根据 WBC 和 ANC 计数，调整 6-MP 和 MTX 剂量。

2）加强治疗：COADEX。自维持治疗起，每年第 3、第 9 月各用 1 个疗程（Cy 为 600mg，其余剂量和用法同前）。

3）加强强化治疗：维持治疗期每年第 6 个月用 VDLDEX 或 COADEX（用法同早期强化）。每年第 12 个月用 VM-26 或 VP-16＋Ara-C（同早期强化方案）1 个疗程。

4）未做颅脑放疗者，维持治疗第 2 个月进行 HDMTX＋CF 治疗，每 3 个月 1 次或每 6 个月 2 次，共 8 次。然后，每 3 个月"三联"鞘内注射 1 次。做颅脑放疗者，不能再做 HDMTX＋CF 治疗，只能采用"三联"鞘内注射每 12 周 1 次，直至终止治疗。

总疗程：自维持治疗算起，女孩 3 年，男孩 3.5 年。

3. LR-ALL 化疗

（1）诱导缓解方案：同 HR-ALL 方案，但 DNR 减为 2 次，30mg/m^2，d8、d9。

（2）巩固治疗方案：CAM。Cy 剂量 800mg/m^2，快速静脉滴注，d1；Ara-C 100mg/（m^2·d），分 2 次，q12h，皮下注射或肌内注射，d1～d7；6-MP 75mg/（m^2·d），晚间顿服，d1～d7。

（3）髓外白血病预防："三联"鞘内注射及 HDMTX-CF 疗法同 HR-ALL，对 SR-ALL 原则上不用颅脑放疗，而采用定期重复 HDMTX-CF 疗法。如不宜用 HDMTX，也可酌情行颅脑放疗（剂量及用法同 HR-ALL）。

（4）早期强化治疗：同 HR-ALL。

（5）维持治疗及加强治疗

1）维持治疗：6-MP＋MTX 及 VDEX 序贯维持用药（用法及剂量同 HR-ALL）。

2）强化治疗：维持治疗期间每年强化 1 次，第 1、3 年末选用 VDLDEX 或 CODDEX（剂量和用法同 HR-ALL），VDLDEX 首选。第 2 年末选用 VP-16＋Ara-C。

3）HDMTX-CF：同 HR-ALL，但比 HR-ALL 减少 2 次 HDMTX，共用 6 次。

总疗程时间：自维持治疗起算，女孩 2.5 年，男孩 3 年。

4. 初诊时 CNSL 的治疗 在进行诱导化疗的同时，"三联"鞘内注射第 1 周 3 次，第 2、3 周各 2 次，第 4 周 1 次，共 8 次，一般在鞘内注射化疗 2～3 次后 CSF 常转阴。然后在完成早期强化治疗后（诱导、巩固、髓外白血病防治和早期强化后，第 6 个月），做颅脑放疗 18Gy，做完放疗后不能再做 HDMTX＋CF 治疗，但"三联"鞘内注射必须每 8 周 1 次，直至终止治疗。CR 后发生 CNSL 复发的患儿也可按这一方法治疗，但在完成"三联"鞘内注射第 5 次后，必须用 VDLDEX 和替尼泊苷（VM-26）＋Ara-C 各一个疗程做全身强化治疗，以免由 CNSL 引发骨髓复发，并继续完成共 8 次鞘内注射。颅脑和脊髓放疗紧接全身强化治疗之后。此后"三联"鞘内注射每 8 周 1 次，直至终止治疗。

5. 初诊时 TL 的治疗 在确诊 TL 后，若是双侧 TL，则做双侧睾丸放疗，总剂量为 24～30Gy；若是单侧 TL，也可做双侧睾丸放疗（因为目前尚无做单侧睾丸放疗的方法）或病侧睾丸切除。在做 TL 治疗的同时继续进行巩固、髓外白血病防治和早期强化治疗。若 CR 后发生 TL 的患儿，先做上述 TL 的治疗，紧接着 VDLDEX 和 VM-26＋Ara-C 方案各 1 个疗程，做全身治疗，以免由 TL 引发骨髓复发。

（二）儿童 ALL 诊疗建议第三次修订草案修改的要点

1. 主要参考 BFM 2000 和 St. Jude XV 方案

2. B 系 ALL 免疫分型采用，实际应用分为 3 个亚型　第二次修订草案中 B 系 ALL 分为 4 个亚型，其中早期前 B 分为 2 期（早期前 BⅠ型和早期前 BⅡ型），但临床应用对这 2 期在治疗上已予以覆盖，处理上无明显差别，国际各研究中心大都将 B 系 ALL 分为 3 个临床亚型。

3. 危险程度分为 3 型：LR-ALL、MR-ALL 和 HR-ALL　国际上几乎所有的儿童白血病治疗中心均将 ALL 危险程度分型分为 3 型（LR-ALL、MR-ALL 和 HR-ALL），这有利于用更适当强度的化疗分别治疗 3 种不同危险程度的 ALL，有利于提高长期无病生存率并减轻不必要的毒性，实施个体化治疗。

4. 除了在 HR-ALL 外，在 LR-ALL 和 MR-ALL 都不用 VP-16，以避免继发性白血病（第二肿瘤）　20 世纪 80 年代中后期就开始报导由表鬼臼毒素引起的治疗相关性白血病（Pui 等，1995），90 年代各家都有更多的报告，发生率约 6%±3.2%，近几年国内也有越来越多的表鬼臼毒素导致的治疗相关白血病发生。目前，上海儿童医学中心的发生率约在 3%，为了避免其发生，国际上尽量避免不必要地应用表鬼臼毒素，因此，除了 HR-ALL 及难治性白血病外，尽量回避应用表鬼臼毒素。

5. 修订了 HDMTX 在各型的应用，强调了 MTX 药物浓度监测的重要性　HDMTX＋CF 是有效治疗 ALL 的一种方法，在国内已被较大范围应用。但应用的剂量及用法还存在较大差异，对 LR-ALL 应采用 2.5g/m^{2}或 3g/m^2，对 MR-ALL 和 HR-ALL，在有条件的或有一定治疗经验的医院应采用 5g/m^2，并且前主张采用 24 小时静脉持续滴注，治疗后第 37 小时用 CF 解救。

6. 缩短了总治疗时间　总治疗时间 LR-ALL 和 MR-ALL 的女孩为 2 年，男孩为 2.5 年，HR-ALL 各延长半年。只要严格地按规定的方案规则治疗，延长治疗时间对提高长期无病生存率无明显的积极意义。缩短不必要的治疗时间，可减轻治疗的经济负担，减轻不必要的治疗毒性和痛苦。

7. 严格控制不必要的放射治疗　除了高 WBC 的 T-ALL 外，其余 ALL 的各亚型一般不主张用头颅放射治疗作为 CNSL 的预防性治疗。

（三）儿童 ALL 诊疗建议第三次修订草案（顾龙君等，2006）

1. 临床危险度分型　与小儿 ALL 预后确切相关的危险因素：

（1）年龄在<12 个月的婴儿白血病，或≥10 岁的年长儿童。

（2）诊断时外周血 WBC 计数≥50×10^9/L。

（3）诊断时已发生 CNSL 或 TL 者。

（4）免疫表型为 T 淋巴细胞白血病。

（5）不利的细胞遗传学特征：染色体数目<45 的低二倍体，t（4；11），MLL-AF4 融合基因或其他 MLL 基因重排，或 t（9；22），BCR-ABL 融合基因异常。

（6）PPG 者：Pred 诱导试验 60mg/（m^2·d）×7d，第 8 天外周血幼稚淋巴细胞≥1×10^9/L（1000/μl），定为 PPR，和（或）标准方案联合化疗（包括 Pred 诱导试验）第

19 天骨髓幼稚淋巴细胞>5%者。

(7) 初治诱导缓解治疗失败（标准诱导方案联合化疗 6 周未获 CR)。

根据上述危险因素，临床危险度分型分为 3 型：

(1) LR-ALL：不具备上述任何一项危险因素者。

(2) MR-ALL：具备以下任何一项或多项者。

1) 年龄在≥10 岁。

2) 诊断时外周血 WBC 计数≥50×10^9/L。

3) 诊断时已发生 CNSL 和（或）TL。

4) 免疫表型为 T 淋巴细胞白血病。

5) 染色体数目<45 的低二倍体，或 t（12；21），t（9；22）核型以外的其他异常染色体核型，或 t（4；11）外的其他 MLL 基因重排。

(3) HR-ALL：具备以下任何一项或多项者。

1) 年龄<12 个月的婴儿白血病。

2) 诊断时外周血 WBC 计数≥100×10^9/L。

3) 染色体核型为 t（9；22）且有 BCR-ABL 融合基因，t（4；11）且有 MLL-AF4 融合基因。

4) PPG 者。

5) 初治诱导缓解治疗失败。

2. CNSL 诊断标准

(1) CNSL 表现

1) 诊断时或治疗过程中 CSF 中 WBC 计数≥5×10^6/L。

2) 同时在 CSF 沉淀制片标本中有形态学可确定的原幼淋巴细胞。

3) 有或无 CNS 症状或体征。

(2) 排除其他病因引起的 CNS 病变

3. TL 诊断标准 睾丸单侧或双侧肿大，质地变硬或呈结节状缺乏弹性感，透光试验阴性，超声波检查可发现睾丸呈非均质性浸润灶，活组织检查可见白血病细胞浸润。

4. 儿童 ALL 的治疗 治疗原则：按不同危险度分型选择方案，采用早期连续适度化疗和分阶段长期规范治疗的方针。治疗程序依次是：诱导缓解治疗，巩固治疗，髓外白血病预防治疗，早期强化治疗，维持治疗和维持治疗期间的强化治疗（为了使 ALL 患儿经治疗后能获得更好的远期疗效，提高长期存活率及存活质量，建议尽可能并尽早把患儿转送到有儿童血液肿瘤专业的大医院，以获得及时、系统的规范诊治，不做无序的化疗)。

(1) HR-ALL

1) 诱导缓解治疗

VDLP 方案（4 周)：VCR 1.5mg/m^2（每次最大量不大于 2mg/m^2）静脉注射，d8、d15、d22、d29；DNR 30mg/m^2，用 5%葡萄糖液 100ml 稀释后快速静脉滴注（30 分钟)，d8～d10，共 3 次；L-ASP 6000～10 000U/m^2 静脉滴注或肌内注射，d11、d13、d15、d17、d19、d21、d23、d25、d27、d29 共 10 次；Pred d1～d7 为 Pred 试验，60 mg/（m^2·d)，分次口服，d8～d28 为 40 mg/（m^2·d)，分次口服，d29 起每 2 天减半，1 周内减停。

说明：①对于高 WBC 血症（WBC≥100×10^9/L）者，DNR 推迟到 WBC＜50×10^9/L时开始连用 3 天。②诱导缓解化疗的第 19 天必须复查骨髓涂片，可能出现 3 种不同的结果：

M1：骨髓明显抑制，原淋＋幼淋＜5%；

M2：骨髓呈不同程度抑制，原淋＋幼淋为 5%～25%；

M3：骨髓抑制或不抑制，原淋＋幼淋＞25%。

M1 者提示疗效和预后良好；M2 者提示疗效较差，即改用 CAM 方案，用法见下述；M3 或不缓解者提示无效，属难治性白血病，必须及时改换更为强烈的化疗方案，如 DAEL 方案等。

DAEL 方案：DEX 20mg/（m^2·d），分次口服或静脉注射，d1～d6；Ara-C 2g/m^2，q12h×5 次，静脉滴注 3 小时，d1～d3；VP-16 100mg/m^2，q12h×5 次，静脉滴注 3 小时，d3～d5；L-ASP 25 000U/m^2，静脉滴注 4 小时，d6。

高 WBC 血症（外周血 WBC＞100×10^9/L）的治疗：戊羟脲 20～30mg/（kg·d），口服，至 WBC＜50×10^9/L 开始化疗。对有肺部低氧和（或）脑部症状者，有条件的单位应做血浆置换去除高 WBC，预防细胞溶解综合征，并服用别嘌呤醇 200～300mg/（m^2·d），预防高尿酸血症，并充分水化和碱化尿液。

2）巩固治疗：在诱导缓解治疗达 CR 时，尽早在诱导缓解治疗 d（36±7）开始用 CAM 方案。

CAM 方案：Cy 1 000mg/ m^2，置于 0.9%氯化钠液 100ml 中，快速静脉滴注，d1；Ara-C 1g/（m^2·次），q12h×6 次，d2～d4，或 2g/（m^2·次），q12h×4 次，d2～d3，静脉滴注；6-MP 50mg/（m^2·次），晚间一次口服，d1～d7。

3）髓外白血病预防性治疗

A. “三联”鞘内注射：于诱导治疗的第 3 天起仅用 MTX＋DEX，此后 d8、d15、d22、d29 用“三联”（剂量见附表 7-3），诱导期间共 5 次，早期强化治疗末用 1 次。HD-MTX＋CF 后“三联”鞘内注射每 8 周 1 次，共 22 次。初次鞘内注射时应避免损伤。

附表 7-3　不同年龄“三联”鞘内注射药物剂量

年龄（月）	MTX[a]	Ara-C[a]	DEX
＜12	5mg/3ml	12mg/2ml	2mg
12～24	7.5mg/4ml	15mg/2ml	2mg
25～35	10.0mg/5ml	25mg/2ml	5mg
≥36	12.5mg/5ml	35mg/2ml	5mg

a MTX 和 Ara-C 制剂均需有合适的冲配浓度，太浓时易引起化学性鞘膜炎。

B. HDMTX＋CF：于巩固治疗休息 1～3 周后，视血象恢复情况，待 ANC＞1.5×10^9/L、WBC≥3×10^9/L、肝肾功能无异常时尽早开始，每 10 天 1 个疗程，共 3 个疗程。每个疗程 MTX 5.0g/m^2，1/6 量（不超过 500 mg/次）作为突击量，在 30 分钟内快速静脉滴注，其余量于 24 小时内均匀滴入。突击量 MTX 滴入后 0.5～2 小时内，行“三联”鞘内注射

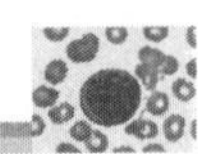

1次。开始滴注MTX 36小时后用CF解救，剂量为15 mg/m²，每6小时1次，首剂静脉注射，以后口服或肌内注射，共6～8次。有条件者检测血浆MTX浓度（<0.1μmol/L为无毒性浓度，不需要CF解救），以调整CF应用的次数和剂量。HDMTX治疗前、后3天口服碳酸氢钠1.0g，每天3次，并在治疗当天给予5%碳酸氢钠液5 ml/kg静脉滴注，保持尿pH≥7。用HDMTX当天及后3天需水化治疗［4000 ml/（m²·d）］。在用HDMTX同时，每晚顿服6-MP 50 mg/m²，共7天，HDMTX+CF连续3个疗程后，每12周重复1个疗程，共6个疗程。没有条件监测血浆MTX浓度的医院建议用3.0g/m²的HDMTX+CF。但应创造条件监测血浆MTX浓度，尽量争取做5.0g/m²的HDMTX+CF，以提高HRALL的远期疗效。

C. 颅脑放疗：原则上适用于4岁以上患儿。凡诊断时WBC≥100×10⁹/L的T-ALL，诊断时有CNSL，在完成HDMTX+CF 4个疗程后，于CR后5～6个月进行；以及因种种原因不宜做HDMTX治疗者。总剂量12Gy，分15次于3周内完成，同时每周鞘内注射1次。放疗第3周用VDEX方案，VCR 1.5mg/m²静脉注射1次；DEX 8mg/（m²·d），d1～d7，口服。

4）早期强化治疗

A. VDLDEX方案：VCR、DNR均用于d1、d8，剂量和用法同诱导治疗方案；L-ASP 6000～10 000U/m²，d1、d3、d5、d7、d9、d11、d13和d15，共8次；DEX 6mg/（m²·d），d1～d14。第3周减停。休疗1～2周（待血象恢复，肝、肾功能无异常），后用VP-16+Ara-C 3次（剂量与用法见下述）。

B. VP-16或VM-26+Ara-C：VP-16（或VM-26）200mg/m²，静脉滴注3小时；Ara-C 300mg/m²，d1、d4、d8，静脉滴注2小时（每次均是VP-16滴注在先，Ara-C在后）。

5）维持及加强治疗

A. 维持治疗：6-MP+MTX。6-MP 75 mg/（m²·d），夜间睡前顿服，d1～d21；MTX 20 mg/（m²·次），肌内注射，每周1次，连用3周。接着VDEX（VCR+DEX）用1周，如此反复序贯用药，遇强化治疗时暂停。在6-MP+MTX用药3周末WBC计数保持3×10⁹/L左右，ANC（1.0～1.5）×10⁹/L，根据WBC. ANC计数和肝功能状况，调整6-MP和MTX剂量。

B. 加强治疗：COADEX。自维持治疗起，每年第3个月、第9个月各用1个疗程。Cy为600mg/m² d1；VCR 1.5 mg/m²，d1；Ara-C 100mg/m²分2次，q12h，皮下注射或肌内注射，d1～d5；DEX 6mg/（m²·d），d1～d7。

C. 加强强化治疗：维持治疗期每年第6个月用VDLDEX（用法同早期强化治疗）。每年第12个月用VP-16（或VM-26）+ Ara-C 1个疗程（用法同早期强化②）。

D. 在连续3个疗程HDMTX+CF后3个月重复进行HDMTX+CF治疗，每3个月1个疗程，共3个疗程。此后，每8周“三联”鞘内注射1次，共22次。做颅脑放疗者，不能再做HDMTX+CF治疗，只能采用三联鞘内注射每8周1次。

总疗程：女孩2.5年，男孩3年。

有t（9；22）/BCR-ABL融合基因；t（4；11）/MLL-AF4融合基因者，CR后在有条件的情况下做allo-HSCT。

（2）MR-ALL

1）诱导缓解治疗：同 HR-ALL 的 VDLP 方案，但 L-ASP 减为 8 次。

2）巩固治疗方案：CAM。Cy 1000 mg/m^2，快速静脉滴注，d1；Ara-C 1g/（m^2・次），q12h，静脉滴注，共 6 次，d1～d3；6-MP 50mg/（m^2・d），晚间顿服，d1～d7。

3）髓外白血病预防："三联"鞘内注射及 HDMTX-CF 疗法同 HR-ALL，HDMTX＋CF 每 3 个月 1 个疗程，共 2 个疗程，完成 HDMTX＋CF 治疗后"三联"鞘内注射，每 8 周1 次，共 20 次。

4）早期强化治疗

A. 除了 L-ASP 减为 6 次外，其余同 HR-ALL。

B. DVL＋HD-Ara-C（共 8 天为 1 个疗程）：DEX 8mg/（m^2・d），口服，d1～d8；VCR 1.5mg/m^2（最大量 2.0mg/次），静脉注射，d1、d8；L-ASP 6000～10 000U/m^2，静脉滴注 3～4 小时，d4、d5；Ara-C 1g/（m^2・次），q12h，d1～d3（共 6 次），静脉滴注 3 小时。

5）维持治疗及加强治疗

A. 维持治疗：6-MP＋MTX 及 VDEX 序贯维持用药（用法及剂量同 HR-ALL）。

B. 强化治疗：维持治疗期间每年强化 1 次，第 1、3 年末选用 VDLDEX。第 2 年末选用 DVL＋HD-Ara-C。

C. HDMTX-CF：同 HR-ALL，但比 HR-ALL 减少 1 个疗程 HDMTX，共用 5 个疗程。

总疗程：女孩 2.5 年，男孩 3 年。

（3）LR-ALL

1）诱导缓解治疗：同 HR-ALL 的 VDLP 方案，但 DNR 减为 2 次，d8、d9；L-ASP 从 d10 起，并减为 6 次。

2）巩固治疗：CAM。Cy 剂量 1 000 mg/m^2，快速静脉滴注，d1；Ara-C 75mg/（m^2・d），每天分 2 次，q12h，肌内注射，d1～d4，d8～d11；6-MP 50mg/（m^2・d），晚间顿服，d1～d14。

3）髓外白血病预防："三联"鞘内注射诱导治疗期间 4 次，HDMTX-CF 疗法，剂量是 3g/m^2，与 HR-ALL 相比，总疗程减少 2 次，共为 4 次，HDMTX＋CF 后"三联"鞘内注射，每 8 周 1 次，共 18 次。

4）早期强化治疗

A. VDLDEX：VCR、DNR 均于 d1、d8，剂量同前，L-ASP 6000～10 000U/m^2，d1、d3、d5、d7、d9、d11，共 6 次，DEX 6mg/（m^2・d），d1～d14。第 3 周减停。

B. DVL＋HD-Ara-C（共 8 天为 1 个疗程）：DEX 8mg/（m^2・d），分 3 次口服，d1～d8；VCR 1.5mg/m^2（最大量 2.0mg/次），静脉推注，d1、d8；L-ASP 10 000U/m^2，静脉滴注 3～4 小时，d4、d5；Ara-C 1g/m^2，q12h，d1～d3（共 6 次），静脉滴注 3 小时。

5）维持及加强治疗

A. 维持治疗：6-MP＋MTX。6-MP 75 mg/（m^2・d），夜间睡前顿服，d1～d21；MTX 20 mg/（m^2・次），肌内注射，每周 1 次，连用 3 周。接着 VDEX。如此反复序贯用药，遇强化治疗时暂停。在 6-MP＋MTX 用药 3 周末保持 WBC 3×10^9/L 左右，ANC

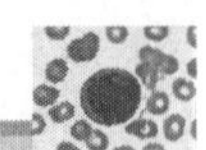

(1.0～1.5)×10^9/L。根据 WBC、ANC 计数和肝功能状况，调整 6-MP 和 MTX 剂量。

B. 加强强化治疗：CCR12 个月时用 VDLDEX（用法同早期强化）或 COADEX 强化治疗 1 次。

总疗程：女孩 2.0 年，男孩 2.5 年。

(4) 成熟 B-ALL：按Ⅳ期 B-NHL 方案治疗。

(5) 初诊时 CNSL 的治疗：在进行诱导化疗的同时，“三联”鞘内注射第 1 周 3 次，第 2、3 周各 2 次，第 4 周 1 次，共 8 次，一般在鞘内注射化疗 2～3 次后 CSF 转阴。然后在完成早期强化治疗后（诱导、巩固、髓外白血病防治和早期强化后，第 6 个月），做颅脑放疗 18Gy，做完放疗后不能再做 HDMTX＋CF 治疗，但“三联”鞘内注射必须每 8 周 1 次，直至终止治疗。CR 后发生 CNSL 复发的患儿也可按这一方法治疗，但在完成“三联”鞘内注射第 5 次后，必须用 VDLDEX 和 VM-26＋Ara-C 各 1 个疗程做全身强化治疗，以免由 CNSL 引发骨髓复发，并继续完成总共 8 次的“三联”鞘内注射。颅脑放疗紧接全身强化治疗之后。此后“三联”鞘内注射每 8 周 1 次，直至终止治疗。

(6) 初诊时 TL 的治疗：在确诊 TL 后，若是双侧 TL，则做双侧睾丸放疗，总剂量为 24～30Gy；若是单侧 TL，也可做双侧睾丸放疗（因为目前尚无做单侧睾丸放疗的方法）或病侧睾丸切除，另一侧做睾丸活检，若阳性则再做放疗。在做 TL 治疗的同时继续进行巩固，髓外白血病防治和早期强化治疗。若 CR 后发生 TL 的患儿，先做上述 TL 的治疗，紧接着 VDLDEX 和 HDMTX＋CF 方案各 1 个疗程，做全身治疗，以免由 TL 引发骨髓复发。

上海儿童医学中心自 2005 年起执行 2005-ALL 方案，该方案降低了 LR 和 MR-ALL 的化疗强度，并摒弃了表鬼臼毒素（VM-26/VP-16），以避免治疗相关白血病（第二肿瘤）的发生；取消了以往方案中的维持治疗过程再做定期强化治疗；缩短了整个治疗时间，男孩是 2.5 年，女孩是 2 年。经过 4 年的实践，明显减少了化疗的并发症和相关死亡，节约了治疗费用，其 30 个月的 EFS 率为 81.6%±4.52%，与 ALL-XH-99 方案比较，其差异无统计学意义。

（四）儿童 ALL-2005 诊断治疗方案（简化版）

1. 方案适应证

(1) 初发 ALL，年龄≤18 岁。

(2) 除外成熟 B-ALL。

2. 危险度分组

(1) 分组标准（附表 7-4）

附表 7-4 ALL-2005 诊断治疗方案危险度分组标准

低危组	中危组	高危组
1. 必要条件 1) 年龄≥1 岁，但 ≤10 岁，并且外周血白细胞数≤ 50×10^9/L 或	1. T-ALL 2. 非低、高危组 B-ALL 3. 第一个 CAT 后 MRD	1. t (9；22)，或 t (4；11) 并早期治疗反应不良 2. 诱导缓解治疗失败者

续表

低危组	中危组	高危组
2）或染色体核型为高二倍体（≥50），同时具有 t（12；21）/TEL-AML1 2. 必须除外下列情况 1）CNSL 和（或）睾丸白血病 2）t（9；22）/BCR-ABL 或 t（4；11）/ MLL-AF4 3）染色体核型<45 4）早期治疗反应不良： A. 泼尼松治疗第 8 天，外周血幼稚细胞数≥1000/μl B. 治疗开始第 19 天进行骨髓细胞学检查，幼稚细胞比例>5% C. 诱导治疗未缓解 D. CAT（Cs）后 MRD>0.01%	4. 0.01%～0.999%	3. 第一个 CAT 后 MRD ≥1% 4. 后续治疗中 MRD>0.1%

（2）根据 MRD 的危险度分组修正（附图 7-3）

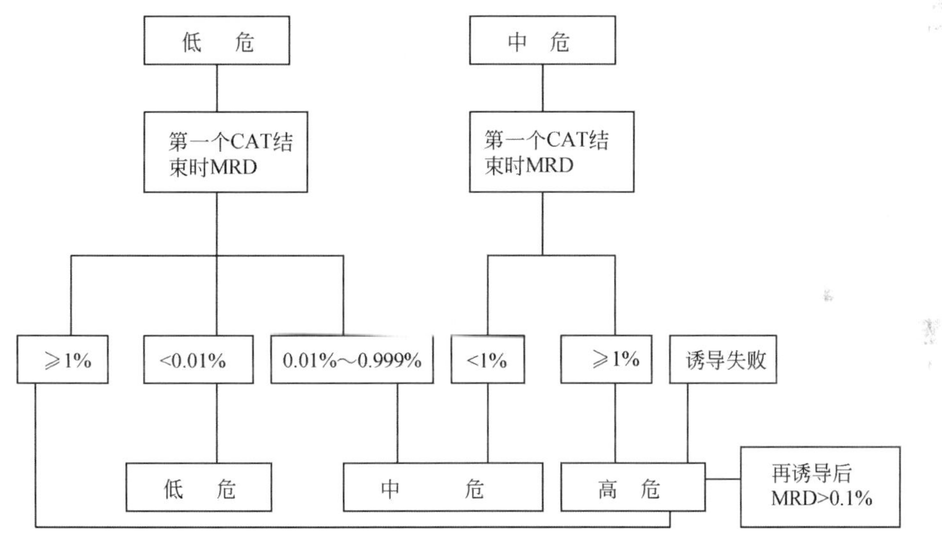

附图 7-3　ALL——2005 诊断治疗方案 MRD 的危险度分组修正

CAT：Cy（C）1000mg/m²，ivgtt，d1；Ara-C（A）100mg/（m²·d），q12h，H，d1～d7；6-MP（M）75 mg/（m²·d），po，d1～d7，qn

3. 治疗方案

（1）LR-ALL

1）诱导缓解治疗

A. Pred 窗口治疗：Pred 片 40mg/（m²·d），po，tid，d1～d7

B. VDLP（Is）：Pred（P）40mg/（m²·d），po，tid，d8～d29，减停 7 天；VCR（V）1.5mg/（m²·次）（最大剂量：2mg/次），d8、d15、d22、d29；DNR（D）25mg/m²，d8、d15；L-ASP（L）6000 U/m²，d8、d10、d12、d14、d16、d18、d20、d22

(im)。

C. 鞘内注射：首次为d3，第2次为d14，总共2次，第1次仅鞘内注射MTX。如首次鞘内注射损伤（红细胞≥10个/μl），则改为每周1次，共4次。

2）巩固治疗CAT（Cs）

A. CAT化疗前行骨髓细胞形态学检查及MRD监测。

B. CAT化疗开始d1行鞘内注射。

C. CAT：Cy（C）1000mg/m^2，ivgtt，d1；Ara-C（A）100mg/（m^2·d），q12h，d1～d7；6-MP（M）75 mg/（m^2·d），po，d1～d7，qn。

3）庇护所预防：HDMTX（M）：共4次，每2周1次，分别在d1、15、29和VDLD再诱导后进行。

A. d1进行鞘内注射。

B. d1行MTX 3g/（m^2·d），静脉维持，在开始MTX 42小时起予以CF解救，剂量为15mg/m^2，q6h×4。

C. 6-MP 25mg/m^2，d1～d42（或d36），以及第4次HDMTX的d1～d14，qn，po。

4）再诱导治疗VDLD（Rs1）

A. 化疗开始前行骨髓细胞形态学检查及MRD监测。

B. VDLD：VCR（V）1.5mg/（m^2·次），（最大剂量：2mg/次），iv×3，d1、d8、d15；DNR（D）25mg/m^2，d1；L-ASP（L）6000U/m^2，d1、d3、d5、d7、d9、d11、d13、d15；DEX 8mg/（m^2·d），d1～d7，d15～d21，po，tid。

C. 化疗d1行鞘内注射。

5）间期维持治疗（Mt）

A. MTX：（15～20）mg/（m^2·周）×8周，肌内注射。

B. 6-MP：50mg/（m^2·d），qn×8周。

6）再诱导治疗CAT（Cs2）

A. CAT化疗前行骨髓细胞学检查及MRD监测。

B. CAT化疗d1行鞘内注射。

C. CAT：Cy（C）1000mg/m^2，ivgtt，d1；Ara-C（A）100mg/（m^2·d），q12h，H，d1～d7；6-MP（M）75 mg/（m^2·d），po，d1～d7，qn。

7）维持治疗（Mt）：MTX+6-MP/VP。

A. MTX 20mg/（m^2·周），肌内注射。

B. 6-MP 50mg/（m^2·d），qn。

C. VCR 1.5mg/m^2 每d49。

D. DEX 8 mg/（m^2·d）×7，每d49～d56。

注意：①鞘内注射有关问题，每2个月1次，共16次，但对CNS L型患者则需20次。剂量见后。②维持治疗，每间隔6个月行骨髓细胞学检查及MRD监测。③女性患儿总疗程24个月；男性患儿总疗程30个月。

（2）MR-ALL

1）诱导缓解治疗

A. 泼尼松（P）窗口治疗：泼尼松片40mg/（m^2·d），po，tid，d1～d7。

B. VDLP（Ih）：Pred（P）40mg/（m^2·d），po，tid，d8～d29，渐停7天；VCR（V）1.5mg/（m^2·次）（最大剂量：2mg/次），d8、d15、d22、d29；DNR（D）25mg/m^2，d8、d15；L-ASP（L）6000U/m^2，d8、d10、d12、d14、d16、d18、d20、d22（im）。

C. 鞘内注射（首次为d3、d10、d17、d24，共4次，第一次仅鞘内注射MTX）。

2）巩固治疗CAT（Ch）

A. CAT化疗前行骨髓细胞形态学检查及MRD监测。

B. CAT化疗开始d1、22行鞘内注射。

C. CAT：Cy（C）1000mg/m^2，ivgtt，d1、d22；Ara-C（A）100mg/（m^2·d），q12h，d1～d7、d22～d29；6-MP（M）75 mg/（m^2·d），po，d1～d7、d22～d29，qn。

3）庇护所预防：HDMTX（M），共5次，每2周1次，分别在d1、d15、d29和VDLD、CAT再诱导（Rh1）后进行第4、5次HDMTX。

A. d1进行鞘内注射。

B. d1行MTX 5g/（m^2·d）静脉维持，在开始MTX 42小时起予以CF解救，剂量为15mg/m^2，q6h×4。

C. 6-MP 25mg/（m^2·d），d1～d42（或d36），以及第4、5次的d1～d28，qn，po。

4）再诱导治疗（Rh1）

A. 化疗开始前行骨髓细胞形态学检查及MRD监测。

B. VDLD：VCR（V）1.5mg/（m^2·次），（最大剂量：2mg/次），iv×3，d1、d8、d15；DNR（D）25mg/m^2，d1、d8；L-ASP（L）6000U/m^2，d1、d3、d5、d7、d9、d11、d13、d15；DEX 8mg/（m^2·d），d1～d7，d15～d21，po，tid。

C. CAT：Cy（C）1000mg/m^2，ivgtt，d1；Ara-C（A）100mg/（m^2·d），q12h，d1～d7；6-MP（M）75mg/（m^2·d），po，d1～d7，qn。

D. VDLD CAT化疗d1行鞘内注射。

5）间期维持治疗（Mt）

A. MTX（15～20）mg/（m^2·周）×8周。

B. 6-MP 50mg/（m^2·d），qn×8周。

6）再诱导治疗（Rh2）

A. 化疗开始前行骨髓细胞形态学检查及MRD监测。

B. VDLD：VCR（V）1.5mg/（m^2·次）（最大剂量：2mg/次），iv×3，d1、d8、d15；DNR（D）25mg/m^2、d1，d8；L-ASP（L）6000U/m^2，d1、d3、d5、d7、d9、d11、d13、d15；DEX 8mg/（m^2·d），d1～d7，d15～d21，po，tid。

C. CAT：Cy（C）1000mg/m^2，ivgtt，d1；Ara-C（A）100mg/（m^2·d），q12h，d1～d7；6-MP（M）75mg/（m^2·d），po，d1～d7，qn。

D. VDLD：CAT化疗d1行鞘内注射。

7）间期维持治疗（Mt）

A. MTX（15～20）mg/（m^2·周）×8周。

B. 6-MP 50mg/（m^2·d），qn×8周。

8）强化治疗（HAD）

A. 化疗前行骨髓细胞学检查及MRD监测。

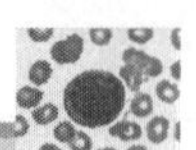

B. HAD：DEX 8mg/（m^2·d），po/iv，d1～d4；VCR（V）1.5mg/m^2，d1；Ara-C 2g/m^2，q12h×4 次，ivgtt。

C. 化疗开始 d1 行鞘内注射。

9）维持治疗（Mt）

A. MTX 20mg/（m^2·周）

B. 6-MP 50mg/（m·d），qn

C. VCR 1.5mg/m^2，每 d49

D. DEX 8 mg/（m^2·d）×7，每 d49～d56。

注意：①I/T 有关问题，每 2 个月 1 次，共 20 次，但对 CNS 2 型患者则需 24 次。剂量见后。②维持治疗，每间隔 6 个月行骨髓细胞学检查及 MRD 监测。③女性患儿总疗程 24 个月，男性患儿总疗程 30 个月。

说明：

i. HR 组建议方案（见下）

ii. 化疗前要求

a. 强烈化疗前要求：PLT>100×10^9/L，ANC>1×10^9/L，ALT<正常的 3 倍，并且胆红素正常。

b. 维持治疗的标准：保持 WBC（2～3.5）×10^9/L，ANC（0.8～1.2）×10^9/L，PIT（80×10^9/L）；若 WBC<1×10^9/L，或者 ANC<0.5×10^9/L，或者 PLT<50×10^9/L，则必须停止化疗。

iii. MRD 指导的方案调整（凡不符合下列标准者，则进入个体化化疗方案）

a. 诱导结束时（d29～d35），MRD<0.01%者保留在原组别。如 MDR>0.01%，则在第一个 CAT 结束后（约第 21 天）复查，MRD<0.01% 保留在原组别；LR 组 0.011%～0.999%者，则由 LR 组进入 MR 组继续化疗；MR 组仍维持在原组；MRD≥1% 者进入 HR 组。

b. 任何危险度分组的患者，在缓解后治疗中接受 VDLP 或 DEAL 化疗时，若 MRD 为 0.011%～0.99%，则于 3 周后复查。若 MRD<0.01%，则继续按序化疗；若 MRD 仍然≥0.1%，则进入 HR 组治疗并需考虑接受 HSCT；MRD 维持在 0.011%～0.099%者，则进入较 HR 险组继续化疗。

c. 治疗 3 个月后 MRD≥1%者，需积极考虑进行造血干细胞移植。

iv. CNSL 诊断标准及鞘内注射药物及剂量（附表 7-5）

附表 7-5 各年龄组鞘内注射药物剂量[a]

年龄（月）	MTX	Ara-C	DEX
<12	6mg	15mg	2.5mg
12～36	9mg	25mg	2.5mg
≥36	12.5mg（max）	35mg	5.0mg

a 溶剂最少需 6 ml。

CNS-1：CSF 中无幼稚细胞。

CNS-2：CSF 中 WBC<5×10^6/L，同时离心甩片找到幼稚细胞。

CNS-3：CSF 中 WBC≥5×10^6/L，同时离心甩片找到幼稚细胞。

v. HDMTX+CF 化疗时 CF 解救方法及剂量（附表 7-6）

附表 7-6　HDMTX 化疗时 CF 解救方法及剂量

时间	[MTX]（μmol/L）	CF（每剂剂量，mg/m²）
44～48 小时，当需要时则 24 小时后重复检测	≥0.1 和≤1.0	15
	1.0< [MTX] ≤2.0	30
	2.0< [MTX] ≤3.0	45
	3.0< [MTX] ≤4.0	60
	4.0< [MTX] ≤5.0	75
	>5.0	= [MTX] ×体重（kg）
	< 0.1	不需要 CF 解救

vi. 头颅放疗（CRT）

a. 仅适用于年龄>4 岁的 CNSL 者。剂量：总剂量 18Gy，同时 5 次鞘内注射，并且在 24 小时及 30 小时后予 CF 解救，剂量为 5mg/m²。

b. 治疗时间安排

• 治疗期间出现 CNSL 者，每 2 天 1 次鞘内注射，直到 CSF 转阴，然后每 3 天 1 次，共 2 次，后每周 1 次，共 8 次，在 CSF 转阴后，予 VDLD（MR-ALL）及 DVL+HD-Ara-C 作为再诱导化疗，随后予 CRT 治疗。

• 诊断时为 CNSL 者，在 HAD 后进行。

vii. ALL 治疗计划框架（附图 7-4）

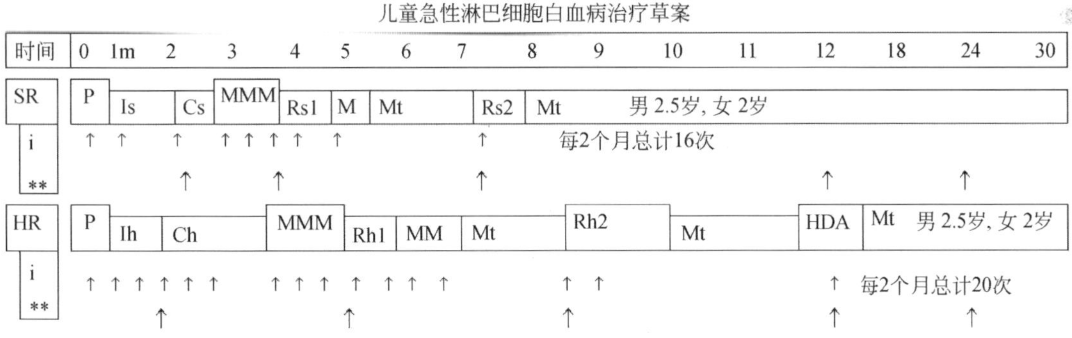

附图 7-4　ALL 治疗计划框架

P. 泼尼松试验；I. 诱导；C. 巩固；s，h. 标危，高危；MM. HDMTX+6-MP；Mt. 维持；R1. 再诱导 1；R2. 再诱导 2；i（it）. 鞘内注射；**. MRD 监测，不是为 St. Jude 项目

（3）HR-ALL

1）HR-ALL 定义：①t（9；22）并早期反应不良；②诱导失败。

本组患者有骨髓移植指征，移植在 CR 后 3 个月左右进行。

2）HR-ALL-2005 治疗方案（附表 7-7）

附表 7-7 高危型 HR-ALL-2005 治疗方案

	HR-ALL
泼尼松试验	Pred 60mg/（m^2·d），po，tid，d1～7
	Pred（P）40mg/（m^2·d），po，tid，d7～28，或行 7d
	VCR（V）1.5mg/（m^2·次）（最大剂量：2mg/次），iv×4，d8、d15、d22、d29
	DNR（D）30mg/m^2，d8～d10
	L-ASP（L）10 000U/（m^2·d），×10，d9、d11、d13、d15、d17、d19、d21、d23、d25、d27（最大剂量：100 000U/总剂量）
	期间 it×5
巩固治疗	Cy（C）1000mg/m^2
	Ara-C（A）2.0g/m^2，q12h，ivgtt，d1～d2
	6-MP（M）75mg/（m^2·d），po，d1～d7，qn
HDMTX	MTX 5g/（m^2·24h），×3 个疗程，同时鞘内注射
	（最大剂量：7.5 g）CF 36 小时起解救，15mg/m^2×6
	6-MP 50mg/（m^2·d）×7，×3 个疗程
	2 个月后重复，每 2 个月 1 次×3 次，共 6 次
it	MM 结束后，每 2 个月 1 次×10，共 20 次
再诱导治疗	（1）VILD
	VCR1.5mg/m^2，d1、d8，iv（最大剂：2mg/次）
	idarubicin（I）10mg/m^2，d1、d8，ivgtt
	L-ASP 10000U/m^2，d1、d3、d5、d7、d9、d11、d13、d15（最大剂量：100 000U/总剂量）
	DEX 8mg/（m^2·d），d1～d14，po，tid
	（2）DAEL（也称 MRD 阳性转阴方案）：
	DEX 20mg/（m^2·d），po/iv，d1～d6
	Ara-C 2g/m^2，q12h×4 次，ivgtt，d1～d3
	VP-16 100mg/m^2 q12h×5 次，ivgtt，d3～d5（Ara-C 结束后 12 小时）
	L-ASP 25 000U/m^2，ivgtt，d6（最大剂量：37 500 万 U/次）
	维持中（1）与（2）每 6 个月交替强化共 3 次
维持治疗至男 3 年、女 2.5 年	过程 1
	MTX 20～30mg/（m^2·周）
	6-MP 50mg/（m^2·d），qd，qn（连续）
	VCR 1.5mg/m^2，d50
	DEX 8mg/m^2/d 5，d50～56
	每 8 周一轮，序贯治疗，有其他强化疗停
	过程 2（COAP），首次再诱导 2 后的第 3 个月开始，每 6 个月 1 次
	Cy 800mg/m^2，iv，d1
	VCR 1.5mg/m^2，iv，d1（最大剂量：2mg/次）
	Ara-C 150/（m^2·d），q12h，d1～d5
	Pred 1mg/kg，d1～d7

P：Pred 诱导治疗试验 40mg/（m^2·d），po，tid，d1～d7。

I：诱导治疗，Pred 40mg/（m^2·d），po，tid，d8～d29，渐停 7 天；VCR 1.5mg/（m^2·次）（最大剂量：2mg/次），d8、d15、d22、d29；DNR 25mg/m^2，d8，d15；L-ASP 6000U/m^2，d8、d10、d12、d14、d16、d18、d20、d22。

C：巩固治疗，Cy 1000mg/m^2，d1；Ara-C 100mg/（m^2·d），q12h，d1～d7；6-MP 75 mg/（m^2·d）d1～d7，qn。

M：每 14 天 1 个疗程，MTX（LR：3g，MR：5g)/(m^2·24h）静脉维持，在开始 MTX 42 小时起予以 CF 解救，剂量为 15mg/m^2，q6h×4，以后根据个体 MTX 血浓度调整。6-MP 25mg/m^2，d1～14，qn，po。

RI：基本同 I，但 Pred 改为 DEX，8mg/（m^2·d），tid，d1～d7，d15～d21。低危组 DNR 只用 1 次，25mg/m^2，d1。

HDA：DEX 8mg/（m^2·d），po/iv，d1～d4；VCR 1.5mg/m^2，d1；Ara-C 2g/m^2，q12h×4。

Mt-1：间期治疗，共 56 天，WBC 维持在（2.5～3）×10^9/L。MTX 20mg/（m^2·周）；6-MP 50mg/（m^2·d），qn。

Mt：维持治疗，56 天为 1 个周期，周而始复。WBC 维持在（2.5～3）×10^9/L。MTX 20mg/（m^2·周）；6-MP 50mg/（m^2·d），qn；VCR 1.5mg/m^2，d49；DEX 8mg/（m^2·d)×7，d49～d56。

3）ALL-SCMC-2005 方案远期疗效

临床实践结果显示：388 例 4.25 年 EFS 率 78%（POND 系统统计结果见附图 7-5 和附图 7-6）（https：//www.pond4kids.org/pond/home/）。

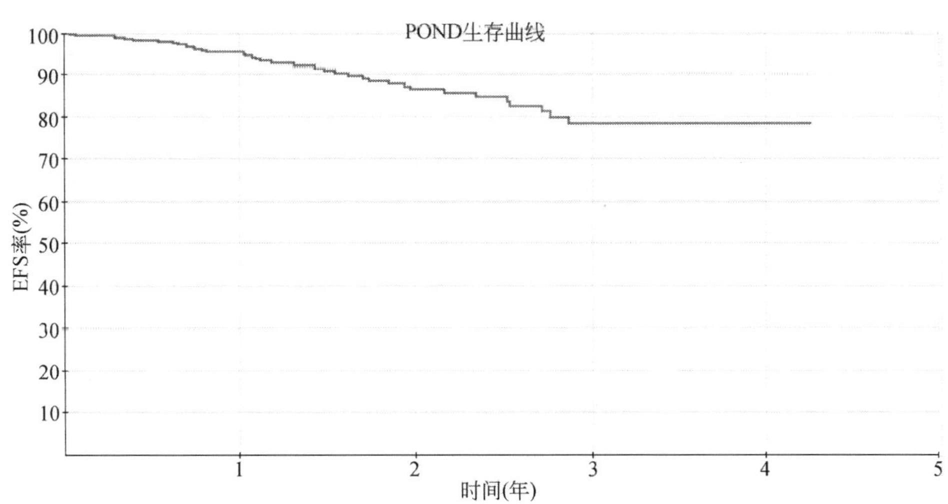

附图 7-5　ALL 生存曲线（n=388，4.25 年，EFS 率=78.0%）

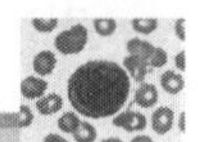

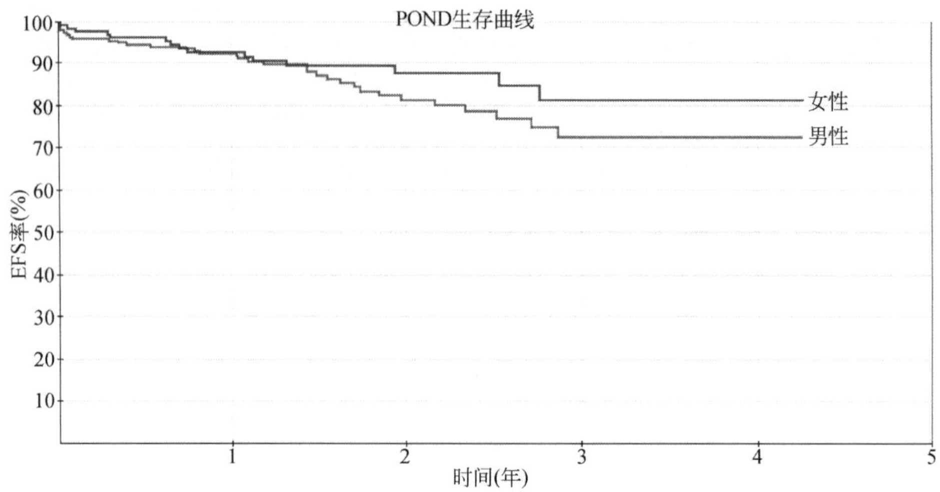

附图 7-6　ALL 生存曲线（男性＝244 例，EFS 率＝74.5%；女性＝144 例，EFS 率＝84.0%）

四、国外方案主要介绍

（一）ALL-BFM 86-95 方案（附图 7-7）

ALL-BFM 86

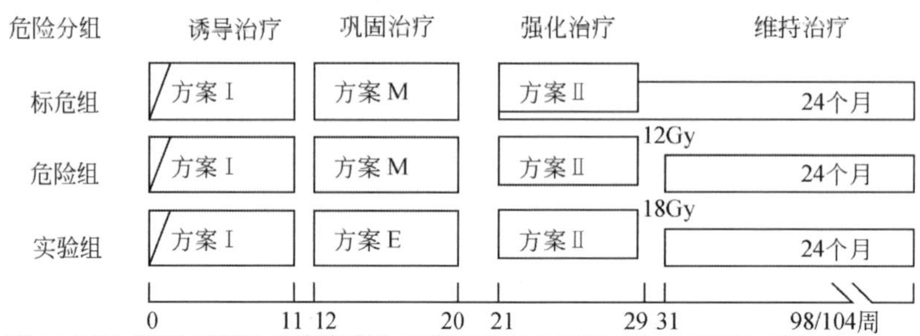

ALL-BFM 90

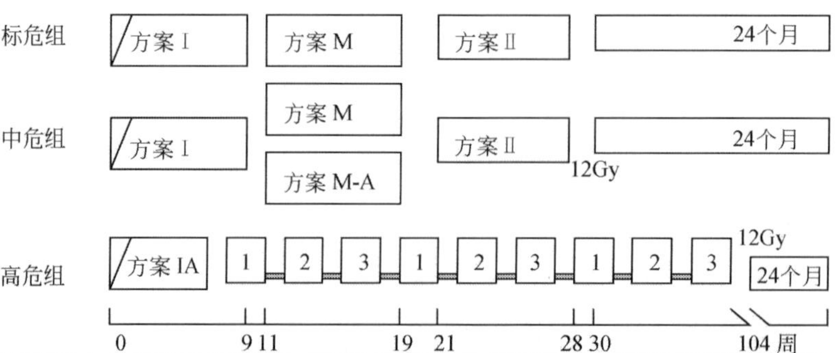

ALL-BFM 95

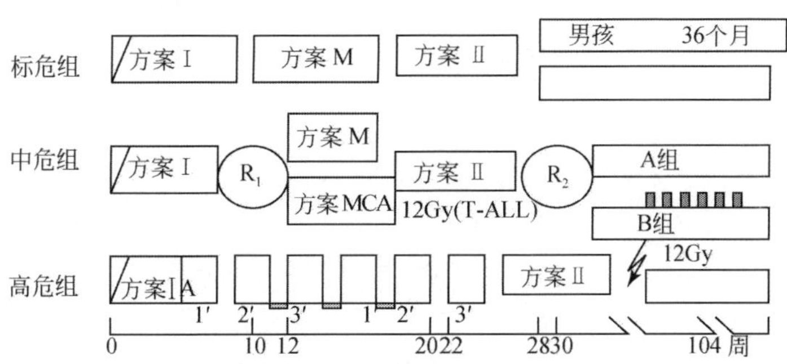

附图 7-7　ALL-BFM 86、90、95 方案

诱导治疗方案Ⅰ，在阶段A为Pred+VCR+DNR+L-ASP联合，阶段B为Cy+Ara-C+6-MP+IT-MTX；方案Ⅰ′在d8、d15增加两剂DNR（30g/m²）。巩固治疗方案M（-A）：6-MP+HD-MTX（5g/m²），在ALL-BFM 90又增加HD-L-ASP（方案M-A）。强化治疗方案Ⅱ/Ⅲ：阶段A为DEX+VCR+DOX+L-ASP；阶段B为Cy（只在方案Ⅱ）+Ara-C+6-TG+IT-MTX；ALL-BFM 90中1/2/3三个冲击治疗包括HD-MTX（5g/m²）+HD-ARA-C（2g/m²）与DEX、VCR、MTX等药物的不同组合，ALL-BFM 95中1′/2′/3′三个冲击治疗在ALL-BFM 90中1/2/3三个冲击治疗的基础上增加Cy与Ifo。G-CSF在每个冲击性治疗结束后给予。维持治疗：MTX［20mg/（m²·周），po］+6-MP［50mg/（m²·d），po］。ALL-BFM 95：R_1 即代表方案M与MCA（HD-MTX+HD-ARA-C）的随机试验；R_2 即代表DEX+VCR与标准维持治疗的比较，▮代表DEX+VCR的冲击治疗。▭代表Pred在诱导治疗第一周内剂量自40 mg/m² 逐渐增加至60mg/m²

资料来源：Trial ALL-BFM 95 Updated English version of the original study protocol（of Nov. 10，1995）Hannover May 28th 1998. pp. 21

（二）ALL-I-BFM-SG 2000（参照MRD）方案（附图7-8）

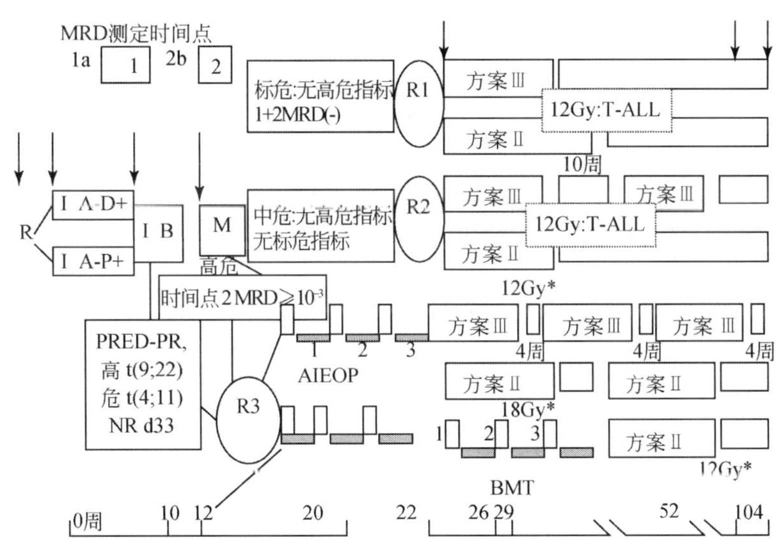

附图 7-8　ALL-I-BFM-SG 2000（参照MRD）方案（Prague等，2001）

ALL-BFM 2000方案为ALL-BFM协作组联合AIEOP提出，该方案采用新的危险分层体系，几乎全部基于患者对治疗的反应。①泼尼松反应：如果化疗d8外周血幼稚细胞>1×10⁹/L（PPR）则归为高危。②诱导治疗d33骨髓缓解的程度：如果化疗d33骨髓为M2或M3归为高危。③用半定量克隆技术检测化疗MRD状态，在化疗d33（时间点1）和接受方案M化疗前（时间点2）测定MRD，以评价白血病细胞增殖动力学对治疗的反应。在这两个时间点MRD均≤10^{-4}（至少2种标志物）为标危；在时间点2 MRD≥10^{-3}为高危；不符合标危或高危条件者为中危。ⅠA-D+表示BFM方案Ⅰ+DEX，ⅠA-P+表示BFM方案Ⅰ+Pred。↓表示骨髓标本。*表示预防性头颅放疗仅用于合并脑部白血病者。▨表示G-CSF

资料来源：Protocols and Committees Progress Reports of the 12th Annual Meeting of the International BFM Study Group. Prague，Czech Republic，May 6th，2001，p152

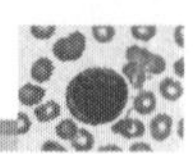

（三）ALL non MRD（不参照 MRD）I-BFM-SG 2000 方案（附图 7-9）

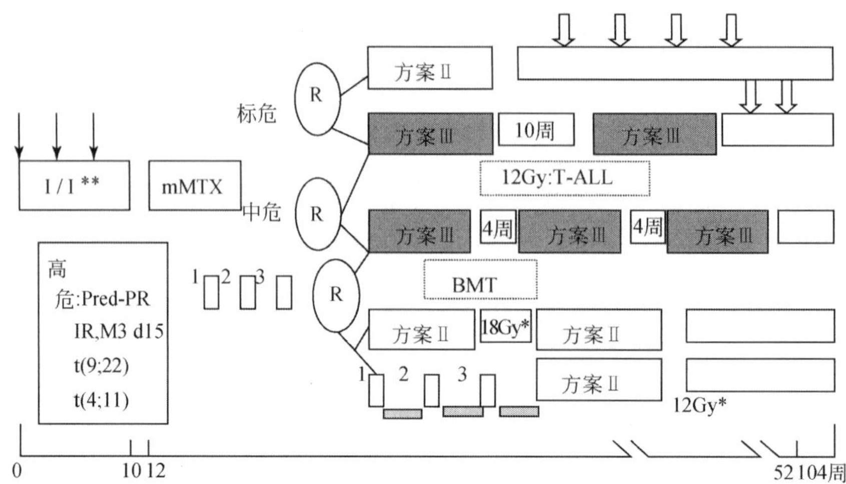

附图 7-9 ALL non MRD（不参照 MRD）I-BFM-SG 2000 方案（Prague 等，2001）

ALL non MRD I-BFM-SG 2000 方案为国际 BFM 研究小组（主要由捷克、乌拉圭、以色列等国家组成，不包括德国）于 2001 年 1 月河内会议初步制定。鉴于 MRD 检测需要较多的理论和技术支持，因此，国际 BFM 研究小组在该方案中主要依据年龄、WBC、d8 外周血白血病细胞计数、d15 和 d33 的骨髓缓解状况，将患者进行危险分组。Ⅰ为 BFM 诱导治疗方案Ⅰ，Ⅰ** 表示 PGR 者给予 DNR 30mg/m^2 ×2，mMTX 为 2g/24h×4。方案Ⅲ为国际 BFM2000 方案中方案Ⅲ，与原 BFM 方案相似，主要成分为 DEX、VCR、DOX、L-ASP、Cy、Ara-C、TG、MTX IT。↓表示骨髓样本。▭表示鞘内注射 MTX。⇩表示 G-CSF。资料来源：L Castillo Montevideo，J Stáry Prague，G Masera Monza，et al. 2001. ALL non-MRD I-BFM-SG Study 2000 Proposal of January 18th；In Protocols and Committees Progress Reports of the 12th Annual Meeting of the International BFM Study Group. May4～6 2001 in Prague Czech Republic

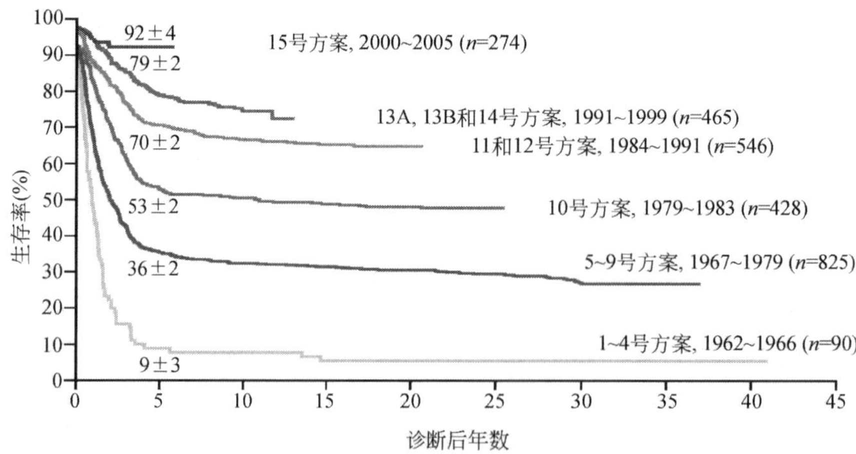

附图 7-10 St. Jude 儿童研究医院历年来各方案疗效的生存图（Pui 等，2006）

（四）Dana-Farber 方案（附表 7-9 和附表 7-10）

附表 7-9　Dana-Farber 方案（Silverman 等，2000）

方案	81-01	85-01	87-01	91-01
窗口研究（3～5 天）	MTX× 1 次（随机）	L-ASP（25 000U/m^2）×1 次（随机）	L-ASP25 000U/m^2×1 次（随机）	皮质激素×3 天（随机）
诱导（4 周）	长春新碱 泼尼松 40mg/m^2 多柔比星 45mg/m^2 鞘内注射 Ara-C（随年龄调整）	与 81-01 相似，除外： 多柔比星 30mg/m^2×2 次 MTX 40mg/m^2×1 次	与 85-01 相似，除外： MTX 40 mg/m^2 或 4g/m^2（随机）	与 87-01 相似，除外： 所有方案均 MTX 4g/m^2
CNS 处理（3 周）	标危：放疗 1800cGy 高危：放疗 2800cGy 均鞘内注射 MTX/Ara-C[a]	标危：同 81-01 高危/超高危：放疗 2400 cGy 均鞘内注射 MTX/Ara-C[a]	标危：鞘内注射 MTX/Ara-C 每周 2 次×2 周，随后 每 18 周重复 高危：放疗 1800cGy[b]，鞘内注射 MTX/Ara-C	标危（女孩）：同 87-01 标危 标危（男孩）：同 87-01 高危 高危/超高危：同 87-01
强化（6～9 个月）	每 3 周序贯 标危：长春新碱 2.0mg/m^2 静脉注射，每 3 周 1 次 6-MP50 mg/（m^2 • d），口服 14 天 MTX30 mg/m^2，肌内/静脉注射，每周 1 次，泼尼松 40 mg/（m^2 • d），口服 5 天 L-ASP 25000U mg/m^2，肌内注射，每周 1 次 高危同标危，除外：泼尼松 120mg/（m^2 • d），多柔比星 30 mg/m^2，每 3 周 1 次直到剂量累计至 345mg/m^2（无 MTX）	标危同 81-01 高危同 81-01，除外：多柔比星剂量累计至 360 mg/m^2 超高危同高危，加用 1 次 Ara-C[c]	标危同 85-01 高危同 85-01 超高危同 85-01	标危：与 87-01[d]类似，用地塞米松 6mg/（m^2 • d），口服 5 天，替代泼尼松 高危同 87-01[d]，地塞米松 6mg/（m^2 • d），口服 5 天，替代泼尼松 超高危同 87-01

续表

方案	81-01	85-01	87-01	91-01
持续（维持）化疗（至 CCR2 年）	每 3 周 1 次 标危：同强化方案，无 L-ASP 高危：同标危，泼尼松剂量加大	同 81-01	同 81-01	标危：同 81-01，地塞米松替代泼尼松 高危：同标危，地塞米松剂量加大

a 每周 2 次×2 周，随后每 18 周 1 次。

b180 cGy/天或 90 cGy 2 次/天，共 10 天。

c 诱导后即用 MTX130mg/kg，静脉注射，持续 1 小时，第 1、2 周（同时解救）；Ara-C 100～130mg/kg，12 小时 1 次×6 次，第 3 周；L-ASP 825U/ kg，肌内注射，第 2、3 周；长春新碱 0.05mg/kg，静脉注射，每周 1 次×4 周；6-MP1.3mg/（kg·d），口服 14 天；鞘内注射 6mg/次，第 1、2 周。

d L-ASP（大肠杆菌蛋白酶制剂 25 000U/m^2，PEG 2500 U/（m^2·周）；6-MP50 mg/（m^2·d），口服 2 周；高危：多柔比星 30 mg/（m^2·次），48 小时均匀持续静脉滴注。

注：长春新碱最大剂量为 2.0mg/m^2；强化治疗中 L-ASP 使用次数为 20 周，除外 91-01 为 30 周。

资料来源：LB Silverman et al. 2004. Protocol results for children with ALL 1981-1995. Leukemia，14：2249。

附表 7-10　Dana-Farber 方案的疗效

方案	患者数	5 年生存率（%）	8 年生存率（%）	10 年生存率（%）
81-01	289	74±3	71±3	69±3
85-01	220	78±3	77±3	77±3
87-01	369	77±2	74±2	74±2
91-01	377	83±3	随访总数未够	随访总数未够

（五）POG方案和疗效（附表7-10和附表7-11）（Maloney等，2000）

附表7-10　POG方案

方案	早期前B淋巴细胞性			T淋巴细胞性	婴儿白血病		
	AlinC14（86-90）	AlinC 15（90-94）		8691/8704（86-92）	8493（84-89）	9107（91-93）	8398（86-90）
	8602	9005	9006				
诱导	PV+L-ASP	PV+L-ASP	PV+ADM+L-ASP	PV+ADM+Cy，Ara-C+Cy+L-ASP	PV+Ara-C/Cy	同8493	同9006
强化	A）中剂量MTX，每3周×6次 B）中剂量MTX每3周×6次+L-ASP每周1次×24次 C）中剂量MTX+Ara-C每3周1次×6次 D）中剂量MTX+Ara-C每12周1次×6次	A）中剂量MTX+6-MP，iv，每2周1次×12次 B）口服MTX+6-MP，iv，每2周1次×12次 C）中剂量MTX，每2周1次×12次	A）中剂量MTX+6-MP，iv，每2周1次×12次 B）VM-26+Ara-C，中剂量MTX+6-MP，iv，PV+ADM+L-ASP+Ara-C，每2～3周×3次，共12次	Ara-C或VM-26+PV+ADM	Ara-C/VM-26 MTX/6-MP PV+Ara-C/Cy	大剂量Ara-C+ADM Ara-C+VP-16 MTX+6-MP静脉注射 PV+Cy+Ara-C	同9006
维持	MTX，im 6-MP，po PV	MTX，im 6-MP，po	MTX，im 6-MP，po	A）Ara-C/Cy+PV+ADM+6-MP，Ara-C+VM-26 B）L-ASP每周1次×20次	MTX，im+6-MP，po PV+Ara-C或Cy	MTX，im+6-MP，po PV+Ara-C/Cy Ara-C+VP-16	
中枢神经系统浸润防治措施	“三联”鞘内注射（13次）+头颅及脊髓照射（依据年龄及确诊时是否有CNSL而定）	同左（15次）	同左（17次）	WBC＜50000/L同左（17次），WBC＞50000/L加头颅照射，CNS加脊髓照射	“三联”鞘内注射23次	“三联”鞘内注射16次	同9006

注：（1）PV. 长春新碱+泼尼松；6-MP. 巯基嘌呤；MTX. 甲氨蝶呤；L-ASP. 左旋门冬酰胺酶；VM-26. 替尼泊苷；VP-16. 依托泊苷；Ara-C. 阿糖胞苷；Cy. 环磷酰胺；ADM. 多柔比星。

（2）Alinc 14方案中，标危患儿随机分到A、B、C、D组中；高危患儿随机分到B、C、D组中；中枢浸润患儿或Ph^+患儿分到C组。

（3）Alinc 15方案中，9005为标危方案，9006为高危方案；Ph^+患儿用9006中的A方案。

资料来源：KW Maloney et al. 2000. Long-term results of POG ALL studies. Leukemia，14：2277。

附表 7-11 POG 方案的疗效（Maloney 等，2000）

分型	数量	5 年生存率（%）	8 年生存率（%）	10 年生存率（%）
标危 B 淋巴细胞性	2697	77.4±0.9	75.3±1.3	74.2±1.9
高危 B 淋巴细胞性	1127	55.3±1.6	51.7±2.4	50.8±3.4
T 淋巴细胞性	439	51±2.4	50.2±2.9	50.2±3.8
婴儿白血病	141	22.4±3.8	22.4±4.9	20.9±7.0
总计	4404	66.6±0.7	64.3±1.1	63.4±1.5

（六）St. Jude 儿童研究医院的方案和疗效（附表 7-12、附图 7-10 和附表 7-13）（Pui 等，2000）

附表 7-12 St. Jude 儿童研究医院的方案

方案组成	11 号方案		12 号方案	13 号方案	
	高危	低危		高危	低危
诱导	PV＋DNR＋L-ASP→VM-26＋Ara-C	同左	同 11 号方案	大剂量 MTX→PV＋DNR＋L-ASP→VP-16＋Ara-C	同左
巩固	大剂量 MTX	大剂量 MTX		大剂量 MTX＋6-MP	同左
维持	VP-16＋Cy→6-MP＋MTX→VM-26＋Ara-C→PV，每周 1 次或每 6 周序贯治疗	4 种药物选两种每周序贯使用或 6-MP＋MT×3 周＋PV 1 周循环使用	6-MP＋MTX 加 VM-26＋Ara-C，每 6 周循环使用，加用 5 次大剂量 MTX	VP-16＋Cy→6-MP＋MTX→MTX＋Ara-C→PV＋L-ASP（维持 28 周停用），VP-16＋Cy→6-MP＋大剂量 MTX（维持治疗 1 年停用）→VP-16＋Ara-C→PV＋L-ASP，每周序贯使用	6-MP＋MTX→6-MP＋MTX→6-MP＋MTX→PV→6-MP＋MTX→6-MP＋MTX→6-MP＋大剂量 MTX（满 1 年停用）→PV
再诱导	无	无	无	PV＋DNR＋L-ASP→VP-16＋Ara-C→大剂量 MTX，从第 32 治疗周至 37 周	同左
脑白防治	“三联”鞘内注射 13～15 次，头颅放疗	“三联”鞘内注射 9 次	“三联”鞘内注射 13～20 次，头颅放疗	“三联”鞘内注射 22～26 次，头颅放疗	“三联”鞘内注射 15 次

注：（1）PV. 长春新碱＋泼尼松；DNR. 柔红霉素；6-MP. 巯基嘌呤；MTV. 甲氨蝶呤；L-ASP. 左旋门冬酰胺酶；VM-26. 替尼泊苷；VP-16. 依托泊苷；Cy. 环磷酰胺。

（2）所有“三联”鞘内注射均在第一治疗年完成；伴中枢浸润者在诱导阶段完成 4 次鞘内注射后，在头颅放疗阶段再加用 5 次鞘内注射；12 号方案中低危患儿给予 13 次鞘内注射，高危者给予 18～20 次鞘内注射。

资料来源：C-H Pui et al. 2000. Results of total therapy study for childhood ALL. Leukemia，14：2286。

附表 7-13　St. Jude 儿童研究医院方案的疗效　　（单位：%）

	11 号方案				12 号方案		13 号方案			
	高危		低危				高危		低危	
	T 淋巴细胞性	非 T 淋巴细胞性	T 淋巴细胞性	非 T 淋巴细胞性	T 淋巴细胞性	非 T 淋巴细胞性	T 淋巴细胞性	非 T 淋巴细胞性	T 淋巴细胞性	非 T 淋巴细胞性
5 年生存率	51.9±6.8	64.7±4.7	40.0±13.9	85.2±2.6	60.0±19.0	78.8±4.1	65.0±10.7	50.0±25	70.4±6.2	88.1±3.6
8 年生存率	50.0±6.8	63.7±4.7	40.0±13.9	83.1±2.8	60.0±19.0	71.7±5.2				
10 年生存率	50.0±6.8	62.7±4.8	40.0±15.5	82.0±2.8	60.0±21.9	71.7±12.1				

（七）CCG1883 和 1882 方案（附表 7-14）

附表 7-14　CCG1883 和 1882 方案

	CCG-1883 方案	CCG-1882 拟定方案
诱导阶段 5 周	Pred 60mg/（m²·d），po，d0～d27，14 天后逐渐减量 VCR 0.75（≤12 个月）或 1.5mg（>12 个月）/（m²·次），iv，每周 1 次×4 次 DNR 12.5（<6 个月）或 25mg（>12 个月）/（m²·次），iv，d0、d7、d14 L-ASP 6 000U/（m²·次），im，每周 3 次，d3～d24 Ara-C 7.5mg（≤12 个月）或 15mg（>12 个月），it，d0 MTX 3mg（≤3 个月）或 6mg（4～11 个月），it，d14、d28，或 d7、d14、d21、d28 Ara-C 1500mg（<6 个月）或 3000mg（≥6 个月）/m²，iv，d0，3 小时内输注完毕，q12h×4 L-ASP 6 000U/m²，im，d1，Ara-C 输注后 3 小时 6-MP 50mg/（m²·d），po，d21～d25、d35～d39、d49～d53	Pred 60mg/（m²·d），po，d0～d28 VCR 1.5 mg/m²，iv，每周 1 次×4 次 L-ASP 6000U/m²，im，每周 3 次，共 9 次 DNR 25 mg/m²，iv，每周 1 次×4 次 MTX，it，d1、d14、d28（1 岁 8mg，2 岁 10mg，≥3 岁 12mg）
巩固阶段 10 周	VCR 0.75 mg 或 1.5mg/m²，iv，d14、d28、d42 MTX 600mg/m²（1h）；1200mg/（m²·h）（23h），iv，d14、d28、d42 CF 解救 200mg/m²（1h）；12mg/m²（3h×6 剂）；12mg/m²，q6h Cy 100 mg/m²，iv，d56 Ara-C 7.5mg（≤3 个月），15mg（4～11 个月）或 30mg（12～23 个月），d21、d35、d49 MTX 3mg、6mg 或 8mg，it，d7 或 d7、56，同 Ara-C，it．随年龄调整剂量	9 周 Cy 1000mg/（m²·d），iv，d0、d28 Ara-C 75mg/（m²·d），sc/iv，d1～d4、d8～d11、d29～d32、d36～d39 6-MP 60mg/（m²·d），po，d1～d13、d28～d41 VCR 1.5 mg/（m²·d），iv，d14、d21、d42、d49 L-ASP 6000U/（m²·d），im，d14、d16、d18、d21、d23、d25、d42、d44、d46、d49、d51、d53 MTX，it，d1、d8、d15、d22（剂量同诱导治疗） 放疗　无 CNSL 者头颅放疗 1800cGy 　　合并 CNSL 者头颅放疗 2400cGy 和脊髓放疗 600cGy 　　睾丸白血病者睾丸 2400cGy
中间维持 阶段 4 周	MTX 100 mg/m²，iv，d0、d14 VCR 0.75 mg 或 1.5 mg/m²，d0、d14 L-ASP 15 000U/m²，im，d1、d15，iv MTX 后 24 小时 Ara-C 7.5mg、15mg 或 30mg　it，d0 MTX 3mg、6mg 或 8mg，it，d7、d21（仅用于合并 CNSL 者）	中间维持治疗阶段Ⅰ（6 周） VCR 1.5 mg/（m²·d），iv，d0、d10、d20、d30、d40 MTX 100 mg/（m²·d），iv，d0、d10、d20、d30、d40 L-ASP 15000 U/（m²·d），im，d1、d11、d21、d31、d41

续表

	CCG-1883 方案	CCG-1882 拟定方案
强化阶段 10 周	再诱导阶段（4 周） Pred 60mg/（m^2·d），po，d0～d20，7 天后逐渐减量 L-ASP 6000U/次，im，每周 3 次×6 剂，d3～d20 VCR 0.75mg 或 1.5mg/m^2，iv，d0、d7、d14、d42 DNM 25mg/m^2，iv，d0、d7 MTX，it，3mg、6mg 或 8mg，d0、d7、d14、d49 再巩固阶段（6 周） Ara-C 1500 或 3000mg/m^2，iv，d28，4 剂×3h，q12h L-ASP 6000U/m^2，im，d30，Ara-C 输注前 6h MTX，iv，6000mg/m^2（1h） 1200mg/m^2（23h），d42 CF 解救 200mg/m^2（1h）； 12mg/m^2（3h×6 剂）；12mg/m^2，q6h	再诱导阶段（4 周） DEX 10 mg/（m^2·d），po，d0～20 VCR 1.5 mg/（m^2·d），iv，d0、d14、d21 Dox 25 mg/（m^2·d），iv，d0、d7、d14 L-ASP 6000 U/（m^2·d），im，d3、d5、d7、d10、d12、d14 MTX 3mg、6mg 或 8mg，it，d0、d7、d14、d49 再巩固阶段（4 周） VCR 1.5 mg/（m^2·d），iv，d42、d49 Cy 1000 mg/（m^2·d），iv，d28 TG 60mg/m^2/d，po，d28～d41 Ara-C 75mg/（m^2·d），sc/iv，d29～d32、d36～d39 MTX，it，d29、d36 L-ASP 6000 U/（m^2·d），im，d42、d44、d46、d49、d51、d53
维持阶段 12 周一个循环	Cy 100 mg/m^2，iv，d56 VCR 0.75mg 或 1.5mg/m^2，iv，d0、d28、d56 Pred 40mg/（m^2·d），po，d0～d4、d28～d32、d56～d60 6-MP 75mg/（m^2·d），po，d0～d83 MTX 20mg/m^2，po，d7、d14、d21、d28、d35、d42、d49、d56、d63、d70、d77 MTX 3mg、6mg、8mg 或 10mg，it，d0 维持治疗时间：男孩 3 年，女孩 2 年	中间维持治疗阶段Ⅱ 8（周） VCR 1.5 mg/（m^2·d），iv，d0、d10、d20、d30、d40 MTX 100 mg/（m^2·d），iv，d0、d10、d20、d30、d40 L-ASP 15000 U/（m^2·d），im，d1、d11、d21、d31、d41 MTX，it，d0、d20、d40 强化治疗同上 8（周） 维持治疗 12（周）一个循环 VCR 1.5 mg/（m^2·d），iv，d0、d28、d56 Pred 60 mg/（m^2·d），po，d0～d4，d28～d32，d56～d60 6-MP 75mg/（m^2·d），po，d0～d83 MTX 20mg/（m^2·d），po，d7、d14、d21、d28、d35、d42、d49、d56、d63、d70、d77 MTX，it，d0（1 岁 8mg，2 岁 10mg，≥3 岁 12mg） 维持治疗时间：男孩 3 年，女孩 2 年

注：CCG-1883 方案是针对婴儿 ALL 制订的一个化疗方案，使其 4 年 EFS 率达 39%；中枢神经系统单独复发率 3%，从而说明该方案中鞘内注射治疗联合大剂量的全身化疗可有效预防 CNSL。CCG-1882 拟定方案是针对对早期化疗不敏感的高危 ALL 制定的，该方案加强了诱导治疗后的化疗强度，使得 5 年 EFS 率达 75%。

资料来源：New England Journal of Medicine. 1998，338：1663～1671；Journal of Clinical Oncology. 1999，17：445～455。

第八章　中枢神经系统及其他髓外白血病

孟　然

孟然，神经病学博士，主任医师、教授、硕士研究生导师。擅长脑血管病及神经系统疾病的诊治，中枢神经白血病及肿瘤相关的神经损害的诊治。《中华医学杂志》(英文版)、英国医学杂志《BMJ》等的审稿专家，国家自然科学基金委信评专家。毕业于哈尔滨医科大学临床医学系，在首都医科大学宣武医院神经内科完成2年的博士后研究。近5年来撰写学术论文40余篇，主编或副主编学术专著3部。

第一节　中枢神经系统白血病

一、发病概况

白血病是造血系统的恶性克隆性增生性疾病，其特点为体内有大量的白血病细胞广泛而无控制地生长，出现于骨髓及许多其他器官和组织中，并进入外周血液中。它是一种高度异质性的恶性血液病，恶性增殖的白血病细胞可以浸润全身各个脏器，神经系统也不例外。近年来，随着药物及放射等治疗的进步，白血病的完全缓解率大大提高，生存期延长，因此神经系统损害表现得更为突出（Chen，2008）。白血病细胞浸润到神经系统，可引起神经系统的一系列损害。其中，中枢神经系统（central nervous system，CNS）受累的发病率远远高于周围神经，对神经系统的损害急性白血病多于慢性白血病，淋巴细胞白血病多于非淋巴细胞白血病，儿童多于成人，特别是儿童急性淋巴细胞白血病的CNS损害的发病率最高，可达50%。另外，尸体解剖发现白血病患者的神经系统损害明显高于临床诊断，因大部分化疗药物不易透过血脑屏障而致脑脊液（CSF）中不能达到有效浓度，故CNS中的白血病细胞不能被杀灭而且不断增殖，使CNS成为白血病细胞的“庇护所”，最终导致白血病复发（Isobe等，2009）。据一些较大的系列报道（Pui，2009），中枢神经系统白血病（central nervous system leukemia，CNSL）的发病率在10%～20%（Sancho等，2008）。其中急性淋巴细胞白血病（ALL）的CNSL发生率急性期儿童为26%～30%，成人低于10%；成人ALL复发时，CNSL的发生率为1%～15%（Thomas等，2008）。急性非淋巴细胞白血病（ANLL）的CNSL发病率为3%～18%（Vega-Ruiz等，2009）。ALL中仅L2型发病率高，可达34%～39%。L1型约为20%；在ANLL患者中，M4和M5型有较高的CNSL发病率，为8%～24%（Gajjar等，2000）。在慢性粒细胞白血病（CML）慢性期CNSL偶有发生，但急变期并发CNSL的机会明显增加，尤其是急淋变的患者可达20%左右（Frigeri等，2009）。其他一些少见的白血病，如慢性淋巴细胞白血病、毛细胞白血病、浆细胞白血病、组织细胞白血病等，CNSL发生的机会较少见。

目前，白血病神经系统损害的临床诊断标准尚欠灵敏，难以早期发现或在生前做出诊断，因此CNSL是白血病患者长期生存的主要障碍。尸体解剖证实白血病合并CNSL的发生率明显高于临床诊断。

白血病的神经系统损害可以发生在白血病的任何时期。国外资料表明（Hofmann等，2008），约50%的CNSL几乎均在缓解期发生。但国内学者报道，CNSL好发于疾病的进展期，约占60%，缓解期CNSL的发生率为8.7%～18.5%。临床资料证实，ALL患者合并纵隔增宽或乳腺浸润者容易并发CNSL。白血病患者在完全缓解期后2个月内很少发生神经系统损害，但3个月后的发病率明显上升。近20年来，治疗白血病的化疗药物发展很快，明显提高了各类白血病的诱导缓解期。然而，其复发率仍高达40%～80%，其主要原因之一是白血病对CNS的损害，即CNSL。因此，防治CNSL是提高急性白血病生存预后的关键。

二、病 理 生 理

传统将CNSL定义为CSF中白细胞数≥5个/μl，且见原始细胞。但也有学者认为只要CSF中出现原始细胞，而不论细胞数多少均为CNSL。1993年St. Jude Total Therapy Studies Ⅺ和Ⅻ（简称StudiesⅪ，Ⅻ）方案中，Malmoud等将初诊ALL患者根据CSF检查结果分为3类：CSF_1指CSF中没有发现原始细胞；CSF_2指CSF中白细胞数<5个/μl，但发现了原始细胞；CSF_3指CSF中白细胞数≥5个/μl，且发现了原始细胞，影像学伴有颅内肿块或脑神经麻痹（Ulu等，2009）。白血病引起神经系统损害的主要病理机制如下：

1. 浸润 这是中枢神经系统受损最常见、最广泛的方式，白血病细胞进入中枢神经系统可能有3种途径。

（1）自骨髓直接浸润神经系统：动物实验发现白血病细胞可以自骨髓经硬脑膜之间的血管外膜直接到达硬脑膜，并通过与蛛网膜相通的血管周围间隙向脑实质浸润。有一组尸检报告证实，白血病细胞的浸润程度，依次从硬脑膜、蛛网膜、血管外周到脑实质而逐渐减少，进一步说明白血病细胞自骨髓直接浸润神经系统的可能性。颅骨的骨髓中白血病细胞通过桥静脉的外膜或硬膜下间隙的神经末梢迁移到脑膜。

（2）血液播散：已经证实，多数CNSL患者的脑部血管内有白血病细胞淤滞，并向血管外浸润。这种现象在蛛网膜静脉血管尤为多见。白血病细胞通过表浅蛛网膜静脉壁内膜移入中枢神经系统，大多数病例中枢神经系统的病灶始于表浅软脑膜中，然后再侵入CSF、深层蛛网膜及Virehow-Robin间隙，少数病例晚期可侵入脑实质。在中枢神经系统中，白血病细胞增殖率极低，因此血液学完全缓解后1～2年，最长可达10年，也可有CNSL的发生。白血病细胞广泛或局限浸润到脑膜、脑实质，可伴有出血、血肿、脊髓膜炎等。其中出血的原因是：①血小板减少；②血管通透性增强；③白血病细胞对血管的损害；④弥散性血管内凝血引起多种凝血因子消耗及继发性纤维蛋白溶解症。

（3）软脑膜血管周围细胞的恶变：这类胚胎性间叶组织在多种因素的刺激下，可以发生恶变，转变成白血病细胞或淋巴瘤细胞，进而浸润蛛网膜和脑实质。

2. 病损组织对神经组织的压迫 特别是绿色瘤可直接压迫周围神经。此外，白血病细胞引起的淤积、血肿等均可压迫邻近神经组织。

3. 变性　贫血、血管闭塞可引起脑部缺血、营养不良、变性改变，有时可出现脱髓鞘改变。

4. 血黏滞度增高　有人发现，慢性白血病患者全血黏滞度增高，肿瘤细胞分泌大量的凝血物质，使体内正常的凝血和纤溶功能紊乱。患者表现为嗜睡、步态不稳、轻偏瘫和言语含糊等。

5. 髓鞘脱失　CNSL 时，由于浸润、出血、压迫、供血不足等，可发生斑状髓鞘脱失。这种髓鞘脱失可见于大脑、小脑、脑干和脊髓等处。

6. 继发感染　由于白血病细胞广泛浸润免疫器官及组织细胞系统，抑制与破坏了机体的免疫反应，T 淋巴细胞和 B 淋巴细胞功能障碍，中性分叶核粒细胞减少，单核细胞及巨噬细胞功能失调，加上出血及血液凝块的形成等，极易导致微生物孳生，引起继发感染，波及中枢神经系统可能导致中枢神经系统的重症感染。

三、临床表现

各种类型的白血病均可引起神经系统损害，常见的损害有：

（一）中枢神经系统损害

国内有人将中枢神经系统损害分为 7 个类型，这些分型主要要为了便于叙述，尚不是分型的标准。

1. 颅内高压型　这是最常见的类型。患者有头痛、恶心、呕吐、抽搐、颈强直、视乳头水肿等，还可以有不同程度的精神障碍，如嗜睡、谵妄、昏迷等。这时测得的颅内压均有升高，但症状与颅内高压的程度并不平行。白血病软脑膜转移或浸润导致的神经系统表现又称为脑膜癌病（meningeal carcinomatosis），它是指白血病细胞在脑脊液和蛛网膜下腔内弥漫性播散或呈多灶性浸润，并可随血管周围间隙侵入脑实质，而颅内并无肿块形成，为 CNS 转移癌的一种特殊类型。70％的儿童白血病发生软脑膜癌病（Calvo-Villas JM，2010），这正是白血病治疗应包括预防性 CNS 放疗或化疗的原因。该型可以暴发起病或亚急性起病，表现为多灶、间断的神经功能缺失及认知功能减退。首次腰穿 CSF 细胞学阳性者占 50％，第三次腰穿阳性率可增至 85％。由于脑膜癌在颅内无肿块形成，故头颅 CT 及 MRI 检查多无异常发现，少数患者头颅 CT 检查可见脑膜强化反应，头颅增强 MRI 检查脑膜可有异常信号。脑电图可出现弥漫性的慢波改变。腰穿 CSF 检查，多数患者细胞数和蛋白质增高，糖和氯化物降低，CSF 细胞学检查可发现癌细胞。CSF 细胞学检查是诊断本病的重要依据，CSF 中癌细胞的多少与病程有关，有时需多次检查才能发现异常。该型的 CSF 改变与结核性脑膜炎、新隐球菌性脑膜炎等有相似之处，应结合 CSF 细胞学检查来鉴别。目前治疗多采用鞘内注射甲氨蝶呤（MTX）和阿糖胞苷（Ara-C），给药方法多采用小剂量多次注射法。治疗后约 40％的患者神经系统症状及体征得到稳定，可延长患者生存期 1～12 个月以上。

2. 脑神经受累型　根据受累的脑神经不同，表现也不同。最多见者为视神经，表现为视力障碍（Lai 等，2006），其次是面神经，也有复视斜视、眼睑下垂、眼球震颤、瞳孔散大、眼球突出、听力障碍、吞咽困难、舌萎缩者，三叉神经和嗅神经亦可受累。

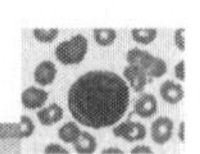

3. 脑实质受压型 临床表现复杂，依压迫部位不同而不同。脑膜或脑实质内肿块，有时诱发血肿或出血，使脑实质和脑神经受压。大约有 20%的 CNSL 患者伴有脑神经麻痹，任何脑神经均可受累，以面神经麻痹最多见，其次为展神经、动眼神经、滑车神经。颅内出血可分为点状多发性出血和片状大面积出血，急性白血病引起的颅内出血较慢性白血病多，两者之比约为 10∶1。患者常死于颅内出血。颅内出血可以分为急性、亚急性，患者出现剧烈头痛、呕吐、抽搐、意识障碍和局灶神经定位体征。小儿白血病常有绿色瘤浸润和压迫，易浸润到眼眶内的骨膜，压迫动眼神经、滑车神经、三叉神经及视神经，临床上可以出现眼球外突、眼睑水肿或下垂、眼肌麻痹、视力减退甚至失明。绿色瘤的临床特征可以较血液变化出现得早，易误诊。

4. 皮质脑病型 可出现精神错乱、委靡、痴呆、癫痫、舞蹈征、神志不清、谵妄、失语、意识丧失、瘫痪等。

5. 脊髓白血病 主要表现为神经根和周围神经受累。临床上以神经根刺激症状为主，有躯干、四肢放射性疼痛，有时严重的脊髓受压可出现感觉异常、肢体麻木、运动障碍、截瘫、自主神经受损、马尾综合征等。腰穿可发现椎管不全或完全梗阻，蛋白质含量增高，这种脊髓受损常见于小儿，起病急，易误诊为小儿麻痹。男性阴茎的异常勃起，可能为脊髓受损的一种特殊表现。慢性淋巴细胞性白血病可有周围神经分布区域内的各种感觉及运动功能障碍。

6. 视丘或垂体综合征型 可出现食欲异常亢进、肥胖、满月脸、糖尿、尿崩等。

7. 无症状型 无中枢神经受损的临床症状，但腰穿 CSF 可以发现白血病细胞，有时死后尸检才能证实神经系统有白血病细胞的浸润。

（二）进行性多灶性白质脑病

在淋巴细胞性白血病时，大脑白质可出现多发性髓鞘脱失性病变，这种病变与白血病的严重程度及病程长短关系不大。发生这种病变后，一般经历 2～6 个月患者即可死亡，病变呈弥漫性，临床表现多样化，为进行性两侧大脑功能障碍。患者有意识变化、语言及视力障碍、四肢瘫痪或痉挛性偏瘫，出现锥体束征、肌张力增高、腱反射亢进及病理反射，最后逐渐痴呆。脑神经麻痹及感觉障碍也可发生，还可引起舞蹈样动作。

（三）先天性痴呆

有文献报道白血病与先天性痴呆同时存在，在 0～4 岁的儿童，白血病与先天痴呆同时存在的概率为 1∶1000 万。先天性痴呆的表现为两眼斜视，内眦赘皮，舌很大，其上有明显的沟，鼻及上腭的中部发育不全，因而下颌突出，两手脚肥胖而短粗，皮肤干燥，声音嘶哑，全身肌张力减低，发育迟缓，智力低下，头颅骨短，呈小头畸形。

（四）中枢神经系统的继发感染

各种类型白血病特别是急性白血病患者，容易引起继发性感染。约 6%的病例有各种细菌、病毒或真菌感染，甚至发生脑脓肿。近年来，由于化疗及激素的广泛应用，白血病并发真菌感染增多，临床症状似脑膜炎或脑脓肿。

（五）头痛

头痛是急性白血病合并神经系统损害最早、最常见的症状，一半以上患者伴呕吐、恶心及视乳头水肿。白血病初期，由于血管张力低而出现头痛，而在白血病症状明显期或终末期，则常因为脑膜刺激、颅内高压、损害三叉神经或中毒缺氧等而发生头痛。头痛的特点是不定点的搏动性疼痛或胀痛，少数为锐痛。

（六）脑出血或蛛网膜下腔出血

白血病导致脑出血与动脉硬化性脑出血不同，很少形成孤立的血肿，往往是多部位的渗血。其原因主要有白血病细胞对血管的直接浸润、血小板减少、弥散性血管内凝血等，多形成多个斑片状出血灶。头部CT片上多表现为小片状多个混杂密度灶，较小的出血灶可以隐含在周围水肿中，水肿与出血的影像密度叠加形成等密度稍高影像，貌似正常，如果占位效应不太明显，临床上往往容易漏诊。白血病蛛网膜下腔出血与普通蛛网膜下腔出血在影像学上无区别，只是程度较重，死亡率较高。

（七）神经根及周围神经损害

白血病细胞可浸润脑神经和（或）脊神经根及周围神经，临床上可引起神经痛及周围神经分布区域内的各种感觉及运动功能障碍。神经根痛可由于浸润的部位不同而不同，如颈部硬膜外受浸润时常引起臂丛神经根痛，腰部硬膜外受浸润时可引起腰骶神经根痛或坐骨神经痛，亦可引起肋间神经痛。

（八）一般症状与精神障碍

急性白血病初期，患者常有易疲劳、衰弱、多汗、头晕、头痛、易激惹、皮肤划痕症、手指震颤、晕厥、颅内杂音、兴奋、失眠、记忆力减退等自主神经衰弱综合征。其后，随着白血病症状的继续发展，则可以出现各种精神障碍，如焦虑、抑郁、无欲、运动性不安，常伴有意识模糊，有时可以出现癫痫样兴奋、精神错乱或谵妄。少数亦可有妄想、幻觉、错觉等。急性白血病终末期，患者常处于严重衰弱状态或类似梦样混浊状态。

四、辅助检查

（一）CSF动力学及生化、细胞学检查（胡凤云等，2000）

（1）CSF压力增高，可大于1.96 kPa。

（2）CSF细胞学检查可应用毫微孔过滤术与细胞沉淀法，反复检查几乎100%可以发现白血病细胞。

（3）CSF白细胞计数平均达1×10^7/L时就有意义，可以借此早期发现与诊断CNSL，且与预后有关，计数越高，则CNSL发病率越高，预后不佳。

（4）CSF蛋白质含量，有20%～50%的患者增高，大于0.4g/L（40mg/dl），蛋白质

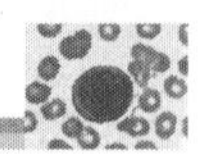

含量越高，说明白血病细胞对 CNS 浸润严重，预后不佳。

(5) CSF 糖的含量，有 55%～70%的患者降低。

(6) CSF 中 β_2-微球蛋白含量在 CNSL 患者是明显升高的，特别是 CSF 中含量高于血清中含量时，其意义更大。

(7) CSF 中终末脱氧核苷酸转移酶（TdT）测定阳性，说明 CSF 中有白血病细胞；如阴性，同时白细胞计数升高，表明白细胞是反应性增多而非 CNSL。

(8) CSF 中的铁蛋白测定及 24-脱氢胆固醇、乳酸脱氢酶、门冬酰胺氨基转移酶、白血病相关抗原的测定，也可以作为 CNSL 的早期辅助检查手段，但都缺乏特异性。

(9) 近年来有人对 CNSL 患者的血清及 CSF 中的髓鞘碱性蛋白质（myelin basic protein，MBP）进行测定，后者是组成髓鞘的主要蛋白质之一，具有神经组织特异性。凡 CNS 病变累及髓鞘时，MBP 可以释放入 CSF，且 MBP 含量增高与髓鞘的破坏程度平行，故 MBP 可以作为判断中枢神经系统破坏程度的指标，可用于 CNS 损害程度的估计。如急性脱髓鞘性疾病、急性脑积水、急性闭合性颅脑损伤等，其 CSF 或血清的 MBP 含量明显升高。有人对正常人、普通白血病患者及 CNSL 患者的血清和 CSF 中的 MBP 进行了测定，结果 CNSL 组血清及 CSF 中 MBP 含量显著高于单纯髓性白血病组及对照组，其阳性检出率为 100%。

(10) CSF 细胞中细胞 DNA 含量异常对诊断 CNSL 有很高的特异性（95%），但敏感性较低（69%）。晚近研究发现，sCD27——一种淋巴细胞膜肿瘤坏死因子受体家族成员，在淋巴系来源的 CNSL 中增高。该项研究表明，sCD27 对 CNSL 的诊断敏感性和特异性都比 β_2-微球蛋白高。

(11) 分子生物学技术证明，CNSL 时 CSF 和骨髓中有可溶性的 T 淋巴细胞受体 δ（TCRD)重排，但其远期意义仍待确定。

(12) CSF 中端粒酶含量的测定，可能对区别或预测 CNSL 也有一定的帮助，CNSL 患者 CSF 中端粒酶的水平明显高于单纯髓性白血病患者和正常人。

（二）脑电图

大多数异常，呈弥漫性节律紊乱及非特异性 θ 及 δ 波，是脑实质受累的证据。

（三）CT

大多数正常，晚期可有颅内肿块、结节、血肿、脑蛛网膜下腔和脑沟高密度血液影像或脑室扩大，脑膜增厚。

（四）MRI

MRI 也被用来帮助 CNSL 的诊断，MRI 能为临床医生提供所需的信息，对治疗方案的制定提供帮助，但约有 30%的假阴性率。化疗药物造成的脑损害也可能导致 MRI 的影像学变化。所以，MRI 对早期脑损伤的监测是非常有用的。在白血病的化疗过程中，应行 CNS 的 MRI 检查（Scheinemann 等，2008）。

五、诊　　断

依据有白血病的病史、症状、体征及脑脊液的改变，可以做出诊断。有时无症状和体征，而CSF中有白血病细胞也可以做出诊断，这是无症状型和亚临床型。

1978年广西召开的全国血液病会议制订了CNSL的诊断标准（陆道培，1992）：

（1）有中枢神经系统症状和体征（尤其颅内高压表现最多）。

（2）脑脊液改变：①脑压升高大于1.96kPa（200mmH_2O）或60滴/分；②白细胞计数大于1×10^7/L；③脑脊液涂片发现白血病细胞；④蛋白质大于0.45g/L（45mg/dl）或潘氏反应阳性。

（3）除外其他CNS疾病。

具备以上条件即可以诊断，如有下列情况需结合临床进行诊断：

（1）符合上述（3）加（2）中③以外任何一项者，可疑似诊断；符合上述（3）加（2）中的③者可以诊断。

（2）无症状，但脑脊液有改变可以诊断；若单项压力升高，暂不做诊断，严密观察，若脑脊液压力持续增高，且经抗CNSL治疗后恢复正常者，可以诊断。

（3）有症状，无脑脊液改变，除外其他原因，经抗CNSL治疗后症状有改善，可以诊断。但如仅有头痛，一般不做诊断，需观察，积极除外其他疾病所致的头痛。

六、预防和治疗

临床上对于CNSL的处理包括预防性治疗和确诊后治疗。在白血病的综合治疗方案中，CNSL的预防性治疗是白血病患者能长期存活最重要、最关键的步骤。20世纪50年代以后，开展了对CNSL的预防性治疗，不仅使其发病率下降，而且骨髓的复发率及死亡率大大下降。一般认为预防性治疗对CNSL的发生率有明显影响。在儿童ALL患者不采取预防性治疗，其CNSL的发病率高达50%～60%（Hammer等，2009)。经预防性治疗者，CNSL的发生率降至5%以下。预防CNSL的主要治疗适应证包括：①ALL（儿童和成人)；②急性未分化型白血病；③儿童急性粒细胞白血病；④成人高危型急性粒细胞白血病。目前对CNSL的预防，国内大多数医疗单位主张在白血病患者完全缓解期后10天内进行，而没有必要在诱导缓解期内进行预防性治疗。

（一）预防性治疗方案

1. 鞘内化疗　穿刺部位一般选第3～4腰椎间隙，用生理盐水或CSF（3～4ml）溶解化疗药物，缓慢（7～8分钟）注入蛛网膜下腔。因是有创治疗，需严格无菌操作，具体方法有：

（1）鞘内注射MTX：MTX是应用最广泛、效果肯定的鞘内注射预防药物，剂量8～12mg/（m^2·次)，每周1～2次，连续4～6次。注射次数越多，毒副作用越多。

（2）鞘内注射Ara-C：Ara-C是一线化疗药物，剂量为30～50mg/（m^2·次)，每周1～2次，连续4～6次。主要用于急性粒细胞白血病、MTX过敏或无效、发生蛛网膜

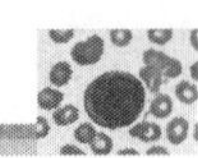

炎者。

(3) 鞘内注射地塞米松和氢化可的松，以减轻上述化疗药物的毒副作用。

(4) 鞘内注射三尖杉和高三尖杉酯碱及左旋门冬酰胺酶，效果均有待证实。

鞘内注射化疗药物可引起蛛网膜炎，可应用地塞米松来预防。如引起蛛网膜下腔血肿，应立即处置，包括止血、降颅内压、手术清除血肿，以免患者死亡。

2. 全身用药 全身用药不仅对 CNSL 起预防作用，而且兼顾了全身白血病，但化疗药物剂量要很大才能使 CSF 中药物浓度达到有效水平。

(1) 大、中剂量 MTX：当中剂量（500～1500mg/m^2）或大剂量（1500～2500 mg/m^2）静脉用药时，其 CSF 浓度为 10^{-6}mol/L，足以杀灭白血病细胞。给药方法是：总剂量的 10%～20%在 1 小时内冲击滴完，其余量持续静脉滴注 24 小时；用药前碱化尿液，强迫利尿；用药后 12 小时，开始用甲酰四氢叶酸钙解救。

(2) 洛莫司汀（CCNU)：由于 CCNU 能口服，易进入 CSF，故易被患者所接受，120～160mg/次，每 3 个月给药 1 次，持续 5 年，可预防成人急性白血病的中枢神经系统浸润。

(3) 左旋门冬酰胺酶（L-ASP)：常规剂量为 6000～10 000U/（m^2・次)，每周 3 次，共 10 次。对小儿急性淋巴细胞白血病患者有明显疗效。

(4) 由于卡莫司汀（BCNU）有严重的血小板减少的副作用，现临床已不多用。

(5) 大剂量 Ara-C：具体剂量及给药方法正在研究中。

3. 放射治疗 有以下几种方案：

(1) 全颅＋全脊髓放疗：一般采用高能射线，^{60}Coγ 射线或 4～6MeV 直线加速器 X 线，全颅照射野是以头颅颞侧平行相对两侧野，范围包括全颅，下界应在颅底骨线下 0.5～1.0cm。应注意保护眼睛，一般以眶下缘与耳后结节连线，前面挡住眼球为好，并包括第 2 颈椎下缘照射剂量（以中线计算深度)；2 岁以上达到组织量应为 1800～2400cGy（14～15 次，2.5～3 周)；1～2 岁剂量降为 2000cGy；1 岁以下 1500cGy。全颅照射剂量从低剂量开始，可将第一次组织量分 2 次进行，以减少毒性不良反应。体位可采用仰卧水平和侧卧位垂直照射。脊髓照射上界与全颅照射下界相接，下界至第 2 骶椎下缘。宽度为 4～6cm。脊髓深度量计算按 X 线侧位片椎孔前缘深度计算，一般儿童以 5cm 为宜，组织照射剂量 2400cGy（14～15 次，2.5 周)。

(2) 扩大的放疗：在全颅＋全脊髓照射的方法、剂量的基础上，同时对肝、肾、脾、性腺、胸腺进行放疗，以消灭隐藏在这些脏器中的白血病细胞。

(3) 全颅照射＋鞘内注射 MTX：全颅照射量、方法同全颅＋全脊髓照射中的剂量、方法，同时在全颅放疗前 1 天或前 1 周内开始鞘内注射 MTX，在全颅放疗过程中每周鞘内注射 1～2 次，连续 4～6 次，每次剂量 8～12mg。这种用鞘内注射 MTX 代替全脊髓放疗来预防 CNSL 的方法已取得良好的疗效，其原因为：①MTX 对全脊髓蛛网膜起作用；②蛛网膜下腔与血管脊髓蛛网膜的最大距离较短，鞘内注射 MTX 能够分布到这些组织；③鞘内注射 MTX 脊髓 CSF 的浓度高于脑膜 CSF 的浓度。

放射治疗患者可有头痛、恶心、乏力、食欲缺乏、嗜睡等副作用，可在休息后好转，但有时引起神经系统毒副作用、脑组织变性和坏死，这种不可逆的改变将影响儿童的生长和发育，留有后遗症。

（二）CNSL 的治疗性用药

对已确诊的 CNSL 患者，应给予积极治疗，并给予诱导及巩固治疗。具体方案如下：

1. 鞘内注射 MTX＋全颅、全脊髓放射治疗　在确诊 CNSL 后，鞘内注射 MTX 8～12mg/（m^2·次），每周 2 次，直至 CSF 恢复正常。然后立即以全颅 2400～3000cGy 照射，分 14～18 次，在 3 周内完成；脊髓照射 1200～1800cGy，分 6～12 次完成。这种方案持续完全缓解时间最长、毒性最小，而且骨髓和睾丸的复发率最低。

2. 鞘内用药及维持治疗（Jabbour E 等，2010）　应用 MTX 8～12mg /（m^2·次），每周 2 次，直至 CSF 细胞学检查及 CSF 生化学指标正常，然后给予维持治疗，每4～6 周鞘内注射 1 次，维持至全身化疗结束。白血病化疗对 CNS 也有相当程度的损害，文献报道年龄小于 5 岁的儿童化疗后易发生神经心理缺陷。这可能与低年龄儿童脑组织的生长发育较活跃，对治疗更敏感有关。白血病化疗对 CNS 的损害可能主要由 MTX、Ara-C 和类固醇激素等导致，因为这几种药物能透过血脑屏障，其他药物不易透过血脑屏障。化疗药物导致 CNS 损害的机制尚未完全认识，以 MTX 为例，它通过抑制肿瘤细胞中四氢叶酸的合成而达到杀死肿瘤细胞的目的，但正常代谢旺盛的细胞中四氢叶酸的合成也受到抑制，所以不难理解处于发育期的儿童尤其是 5 岁以下儿童更易受到影响。MTX 也能抑制氨基酸的合成，有些氨基酸是血管活性物质，通过调节血管的张力而影响脑的灌注，导致脑供血不足。当然，MTX 也可能通过破坏血管内皮细胞而直接对血管产生毒性作用，发生脑缺血的情况。Ara-C 和类固醇激素也通过不同的途径对 CNS 产生影响。

3. 鞘内注射三尖杉或高三尖杉酯碱　本疗法对 AML 的疗效优于 ALL。用法：0.3～0.5mg/次，行鞘内注射，每周 2 次，至 CSF 正常后改为每 4～6 周 1 次维持。

4. 脑室内注射 MTX　通过 Ommaga 贮藏器，MTX 直接注入脑室腔内。用法：MTX 12mg/m^2，每周 2 次，或 MTX 1mg/h，共 3 天。这种方法的优点是可以改善药物在 CNS 中的分布，减轻患者的痛苦，药物剂量小，副作用小，但由于危险性大，目前只用于有典型 CNSL 患者的治疗。

5. 全身大剂量 MTX　用法为 MTX 6.0g /m^2 静脉滴注，第 1 小时；继以 1.2g/（m^2·h），静脉滴注 23 小时，用完 MTX 后 12 小时以甲酰四氢叶酸钙解救。

6. 全身大剂量 Ara-C　用法为 Ara-C 3.0g/m^2，直至 CSF 细胞学及生化学指标正常。

7. 近年来正尝试通过渗透性开发血脑屏障给药的方法　用白血病细胞与正常神经细胞对某些抗白血病药物耐受性的差异，经动脉或静脉给药，增加 CNS 中抗肿瘤药物的浓度，以消灭 CNSL 细胞，已经取得初步临床效果。

8. 全脑＋全脊髓放疗　具体方法和要求与预防性治疗 CNSL 相同。对已有中枢神经系统浸润的白血病患者，虽然单用鞘内注射 MTX 等药物可以产生一过性缓解，但短时间内会再复发，因此主张在缓解后进行全颅和脊髓照射。全脑给 24～30Gy，全脊髓 12～18Gy。脊髓照射野一般 5cm 宽，上界与全颅照射野连接，下界到第 2 骶椎下缘。照射技术很重要的一点是如何使全颅照射野的下界与脊髓照射野上界正好吻合，不会产生剂量的重叠和遗漏。

放疗对儿童脑的损害是比较严重的，目前认为放疗、尤其是大剂量放疗易引起明显的

儿童智力障碍。所以很多 ALL 的推荐治疗方案不再使用头颅放疗而以静脉化疗为主，可以合并使用鞘内化疗来预防和治疗 CNSL。

（三）颅内出血的治疗（周晋，2003）

白血病性颅内出血的原因是多方面的，应根据不同的原因采取不同的治疗措施。

（1）输入浓缩的血小板：血小板减少所致者最有效的治疗方法是大量输入浓缩的血小板，特别是采用同胞兄弟姐妹的 HLA 相合者的血小板，这种血小板存在于患者体内循环的时间较长，更有助于止血。此外，还可以用大剂量肾上腺皮质激素（泼尼松 2mg/kg，地塞米松 20～30mg/次），或止血药（6-氨基己酸、氨甲苯酸、巴曲凝血酶）等，以达到保护血小板、降低毛细血管通透性的目的。

（2）肾上腺皮质激素：白血病细胞直接浸润损害血管者除继续积极采用抗白血病治疗外，同时应用肾上腺皮质激素。

（3）抗凝治疗：弥散性血管内凝血所致者可按弥散性血管内凝血给予肝素抗凝治疗。

（四）颅内压增高的治疗

可选用 20%甘露醇、呋塞米、甘油果糖、白蛋白等降低颅内压。

（五）颅内感染的治疗

如未明确感染的病原体，可按降阶梯方法选择高效、透过血脑屏障的抗生素和抗真菌药，并及时做 CSF 病原体检查和培养；病原体明确时，首选针对性强的敏感抗菌药物。

（六）国内外的研究现状

防治 CNSL 的途径包括脑放射治疗、鞘内化疗和高剂量系统化疗。鞘内化疗习惯上还是 MTX，尽管在有的研究中加入了 Ara-C 和肾上腺皮质激素。系统给予一系列的抗肿瘤药物预防 CNSL 效果是肯定的。给予高剂量 MTX，特别是当持续给药时，可以使 CSF 中 MTX 达到治疗白血病的有效浓度范围。系统给予大剂量 Ara-C 也能使药物在 CSF 中达到有效剂量。肾上腺皮质激素有确切的抗白血病作用，地塞米松比泼尼松的作用强 5～6 倍，并且在 CSF 中保持较长的半衰期。

然而，究竟何种防治方法最佳尚不清楚，其中包括联合用药、治疗最佳时机和大剂量化疗方案的应用。对儿童 ALL 的治疗，单纯鞘内注射化疗药物可有效预防低危组患者 CNSL 的发生，对该患者群体来说是最佳的预防 CNSL 的方法。尽管“低危”的定义和标准不统一，但低危组患者的 CNSL 复发率均在 5%或更低。对“中危”组的患者，有效的预防性治疗是鞘内化疗结合全身系统增强化疗，也有用低剂量（12Gy）头颅放射治疗的报告。比较研究证实，用或不用头颅放疗，其结果相仿，长期无 CNSL 的生存率高达 90%或更高。因此，头颅放疗更常用于高危患者。

对高危患者早期开始 CNSL 的预防是非常重要的。哈尔滨医科大学第一临床医学院在系统研究了三氧化二砷治疗急性早幼粒细胞白血病的同时，研究砷剂对化疗耐药的早幼粒细胞白血病中枢浸润的治疗，发现体外人脑白血病细胞和人脑神经细胞对砷的耐受性有差异（周晋等，2004、2007；Zhou 等，2006）。同时，动物实验发现甘露醇渗透性开放血脑屏障能提高进入中枢的砷浓度（孟然等，2003；周晋等，2007；Zhou 等，2007）。通过对 CSF 和血浆砷浓度的测定，建立了数学模型，控制进入中枢的游离砷的量，使其达到既能有效诱导白血病细胞凋亡又能避免对中枢神经细胞的毒性，也避免了应用放疗可能导致的神经系统副作用。该研究在少数志愿者应用后疗效令人满意，但是要达到临床推广应用还要进行更深入的大样本临床研究（周晋等，2004、2003；孟然等，2003）。

七、预　　后

CNSL 发生后，1/3 以上的病例有脊髓复发，最终治疗失败。65％的患者在出现 CNSL 后 3 年内死亡。一些危险因素影响了 CNSL 的发生、发展，年龄是一个重要因素：幼儿和儿童较成人 CNSL 的发生率更高；在成人患者中，20 岁以前的患者更易发生 CNSL；成熟 B 淋巴细胞性 ALL 有较高的 CNSL 发生率；T 淋巴细胞性白血病也有很高的 CNSL 发生率。

另外，高尿酸血症、高纤维蛋白原血症、高胆红素血症、高碱性磷酸酶水平和骨髓幼稚细胞负荷在 95％或更高时，CNSL 复发的危险性增加。高 LDH、高 $β_2$ 微球蛋白、高白细胞血症者发生 CNSL 的危险率大约为 34％，而低水平者发生 CNSL 的危险性大约为 17％。

Ph 染色体阳性也是发生 CNSL 的危险因素之一。一项对有 Ph 染色体阳性的 ALL 的调查表明：初诊时 CNSL 的发生率为 4％。尽管其中 50％的患者外周血白细胞超过 $50×10^9/L$，但有 11％的患者发展为 CNSL。成熟 B 淋巴细胞白血病、血清 LDH 水平、骨髓中 S＋G_2M 期的细胞水平对预后判断有独立价值。当血清 LDH 水平低于 600U/L、骨髓内 S＋G_2M 期的细胞水平低于 14％时，1 年内 CNSL 的发生率为 4％。相反，当两者之一高于此标准时，CNSL 的发生率升为 29％。当两者均高于此标准时，CNSL 的发生率就升为 56％。$β_2$ 微球蛋白的水平升高，可以帮助在一高危群体中辨别两种 CNSL 发病危险度不同的亚群。

八、各种防治方案的毒副作用

（一）化疗相关的神经损害

癌症治疗的神经并发症是因用于化疗的细胞毒药物，进入神经系统并与神经组织直接接触后，产生了神经毒性。通常情况下易于透过血脑屏障的化疗药物很少。白血病的化疗方案通常是多种药物联合治疗，致使对某种药物的直接神经毒性的早期发现更加困难。联合化疗及配合放疗等白血病治疗方式又使不同种类的抗癌药物及放疗与化疗之间产生附加或协同的神经毒性，见表 8-1。

表 8-1 抗癌化疗方式的附加或协同神经毒性

治疗方式	已知的神经毒性	协同神经毒性
甲氨蝶呤（MTX）	脑病、脊髓病（鞘内）	
阿糖胞苷	小脑病变	
氟尿嘧啶	小脑病变	
顺铂	感觉性周围神经病、局灶性或弥漫性皮质病变、视神经炎、听神经病变	
长春新碱	运动性周围神经病多于感觉性周围神经病、脑病（罕见，透过血脑屏障后神经毒性极强）	放疗（放疗后不要用MTX）、共济失调
丙卡巴肼	精神状态改变	
左旋天冬酰胺酶	精神状态改变	
依托泊苷	共济失调	
六羟甲基三聚氰胺	共济失调	
邻氯苯对氯苯二氯乙烷	可逆性小脑功能障碍	
他莫昔芬	感觉性、运动性周围神经病	
他克唑，苏拉明	类 Guillain-Barre 综合征	

可逆性后部脑白质病（reversible posterior leukoencephalopathy syndrome，RPLES）是以可逆性神经病学和神经影像学表现为特点的一组神经损害。肿瘤和白血病的化疗药物（如顺铂等）、免疫抑制剂和新近的靶点放射治疗的应用均可引起本病。RPLES 可以导致癫痫、认知障碍、视力和视野的异常，脑电图和神经影像学可以早期发现脑白质的损害，治疗尚缺乏特异性方法，可以给予对症、支持治疗。

（二）放疗相关的神经损害

脊髓对放射耐受阈值低，在放射治疗 CNSL 和其他恶性肿瘤时，照射剂量与照射体积均受到限制。

1. 放射性脊髓病的病理生理 脱髓鞘与坏死为放射性脊髓病恒定和突出的形态学特征，放射线对灰质的损伤无选择性。放射性脊髓病的病灶内除了神经纤维的损害与缺失外，尚有血管改变与胶质细胞反应，直接放射损害与损伤的修复与代偿共存。病理形态学的严重性不一定反映临床症状的严重性，后者更多地与损伤范围、大小与部位有关。

Schultheiss 等在尸检中观察将放射性脊髓病分为三型：1 型，仅累及脊髓实质或仅有轻微血管改变，不足以产生临床症状；2 型，主要是血管损害，脊髓实质损害继发于血管损害；3 型，脊髓实质与血管均损害。但是，血管病变也可以见于其他情况，并非放射性脊髓病的特征，而血管病变结合脱髓鞘与软化是人类与灵长类放射性脊髓病的显著特点。放射性脊髓病的脊髓实质损害主要是白质，缺乏神经元的死亡，血管损害主要是静脉，包括毛细血管扩张、瘀点、出血、透明性变伴显著的胶质细胞增生。

2. 影响脊髓耐受性的因素

（1）解剖水平。

（2）照射体积。

（3）分割方式：常规分割时脊髓耐受剂量为45Gy/22～25次，在此剂量水平放射性脊髓病发病率≤0.2%。

（4）放疗与化疗协同：已知细胞毒与细胞生长抑制剂包括MTX、顺铂、长春碱、Ara-C及其他化疗药，它们可以导致神经毒性，故放疗与化疗同时进行可降低脊髓的放疗耐受性，鞘内化疗可导致脊髓病，所以放疗与鞘内化疗联合治疗时应谨慎，见表8-2。

表8-2　抗癌放疗方式的附加或协同神经毒性

治疗方式	已知的神经毒性	协同神经毒性
脑部广泛放疗	头痛、恶心、嗜睡、晚发性白质脑病（6个月至数年发生）伴有认知能力下降、步态不稳、尿失禁、视神经萎缩、白内障	不要联用MTX和局部放疗
局部放疗	白质脑病、脊髓病（早发-晚发-延迟型）、臂丛和腰骶神经丛病、局灶性周围神经病	不要联用MTX和广泛放疗

（5）加温治疗联合放疗：加温联合放疗时要控制脊髓受量，特别是高位脊髓更要注意。

（6）其他影响脊髓耐受性的因素，如高血压、低血压、糖尿病、获得性或先天性脊髓缺陷、血管疾病或来自血管的损伤及某些化学治疗的因素，这些因素能降低脊髓耐受剂量。

（7）再程放疗：动物实验表明再次治疗的脊髓耐受性决定于初次治疗时脊髓损伤程度或剂量大小，初治剂量大、脊髓损伤重者，再次放疗耐受性降低，且发生放射性脊髓损伤的潜伏期缩短，并影响脊髓损伤后的修复。

3. 放射性脊髓病的潜伏期、临床表现、诊断及治疗

（1）潜伏期：放射性脊髓病的潜伏期与疗程和总剂量有关，与分割方式无关。单程治疗者其发生放射性脊髓病的潜伏期比再程治疗者长。单程治疗为5～57个月（平均18.5个月），再程者为4～25个月（平均11.4个月）。中位潜伏期20个月，有12～14个月和24～28个月两个高峰，剂量每增加20Gy，潜伏期缩短1个月。

（2）临床表现：放射性脊髓病的各种征象与症状可发生于许多联合情况下，且发生比例不同，单靠症状不可能诊断。该病初始症状不易被患者注意到，如感觉障碍表现为温度觉减弱、小腿无力笨拙、疼痛和本体感觉减退、Lhermitte征、轻偏瘫、不明显的Brown-Sequard征、大小便费力等。神经病学查体发现腱反射亢进和病理征。

（3）诊断：必须满足3条标准。①排除其他病因，如癌症进展、转移、外伤或神经系统变性。②症状应与放射性脊髓病相符，应除外无下肢症状，仅有上肢症状或只有疼痛者。③照射剂量与出现症状的时间必须与放射性脊髓病相符。小于6个月的潜伏期罕见，脊髓受量少于50Gy，通常无放射性脊髓病的风险。如果脊髓受到照射，且症状与放射性脊髓病相符但剂量与潜伏期不符，应考虑到存在能够降低脊髓耐受性的因素。脊髓造影一般为阴性或脊髓轻度增粗，严重者可以发生完全梗阻。CSF一般正常。总蛋白量可轻度升

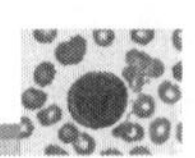

高，髓鞘磷脂蛋白与淋巴细胞升高。CT 很少有异常发现。MRI 显示脊髓肿大，T_1WI 强度减弱，T_2WI 强度增强，提示脊髓水肿的影像学变化。神经电生理示神经传导速度减慢，很难与原发神经系统脱髓鞘的任何脊髓病区别。

(4) 治疗与预后：治疗主要是皮质激素类，但成功者不多。有时症状可暂时有所改善，主要系脊髓水肿减轻之故。近年来血管活性药物在改善外伤性脊髓病方面有成效，但尚未用于慢性脊髓病的治疗。

预后主要取决于病变横断脊髓的程度及病变的解剖位置。脊髓完全横断是预后不良的征兆。病变解剖位置高者预后较位置低者差。颈髓放射病 18 个月死亡率是 55%，胸髓是 25%。

(三) 迟发性放射性脑损伤

迟发性放射性脑损伤是颅内肿瘤放疗严重的剂量限制性并发症，主要表现形式为局限性和弥漫性脑损伤，临床症状与影像学表现有所不同，可能与射线的直接损伤及射线对脑血管损伤有关。据文献报道损伤的范围与照射范围成正比，潜伏期为放疗后 9 个月至 16 年，中位观察时间为 33 个月。放射性脑损伤在放疗后 2 年内出现率接受单程放疗组与再程放疗组具有显著差异。再程放疗后放射性脑损伤出现的潜伏期明显缩短，所以应采取多种措施提高首程放疗的控制率，降低复发率，严格控制再程放疗。

CNS 主要细胞类型有神经元、胶质细胞和血管内皮细胞，其中血管内皮细胞形成血脑屏障，使大多数蛋白质、亲水性分子和离子不能进入 CNS；胶质细胞一般分为少突胶质细胞、星形细胞及小胶质细胞，少突胶质细胞参与神经元轴突的髓鞘化，星形细胞参与神经元信号传递、血脑屏障的形成及维持，小胶质细胞有吞噬细胞功能并在 CNS 的炎症状态下激活，胶质细胞和血管内皮细胞对射线较敏感，但损伤容易恢复；而神经元敏感性较低，一旦为致死性损伤则很难修复。过去相关研究多以单一细胞成分为研究对象，现在看来以脑实质细胞或血管内皮细胞作为靶细胞的经典放射脑损伤（RBI）模型过于简单化。随着分子生物学手段的使用及神经生物学认识的更新，目前研究表明，RBI 的表达是各种细胞类型之间复杂而动态的相互作用的过程，不同细胞对放射性反应的差别是由照射剂量的不同和表现时相的不同所造成的，在形成过程中它们作为一个整体起作用。

放射脑损伤的分子机制（Kita 等，2007；Anschel 等，2007）：放射治疗的神经损伤机制目前尚未完全明了，而且对放射治疗的神经保护尚在探索中。

(1) 凋亡：辐射诱导的凋亡是一个非常复杂的生物网络过程，它包括 p53 基因、bcl-2 基因和 p16 基因的调控，酰基鞘氨醇介导的信号转导及 Ca^{2+}、caspases 激酶和凋亡诱导因子的调控。有研究表明，凋亡信号通路可由电离辐射与细胞膜的相互作用所产生，这改变了原来由直接 DNA 损伤介导的细胞死亡的假说。

(2) 血脑屏障（BBB）破坏：目前普遍认为，辐射所致的微环境改变包括内皮细胞功能失调、BBB 破坏、小胶质细胞激活及神经生成的抑制。有研究表明，电离辐射后星形细胞内皮生长因子（VEGF）的 mRNA 表达增加，且主要在血管结构发生改变区域，并具有剂量依赖性和时间依赖性，VEGFmRNA 对 RBI 的致病作用为临床治疗提供了明确目标。抑制内皮一氧化氮合酶活性可能会减轻血管内皮功能失调。活性氧类对 RBI 的形成起重要作用。缺氧状态下各种机制引发自由基产生，血红素加氧酶 1 即通过 HIF-1 由缺氧诱导产生，并可作为观察氧化应激的指标。

(3) 内皮细胞紧密连接：当发生辐射诱导的晚期 BBB 破坏时，VEGF 的上调与 VEGF 受体表达的增加没有关系。BBB 的完整性依赖于内皮细胞之间的紧密连接或黏附连接，研究表明，缺氧诱导的内皮细胞通透性增加是由于内皮细胞紧密连接的完整性遭到破坏所致。

(4) 黏附分子-1 (ICAM-1)：产生 BBB 破坏的多种中枢神经损伤都有 ICAM-1 表达增加，VEGF 使中枢神经系统及培养的脑微血管内皮细胞中 ICAM-1 的表达增强。研究表明，ICAM-1 表达增强的时间进程、剂量反应和空间分布与血脊髓屏障的破坏及白蛋白的漏出相关，ICAM-1 介导的白细胞聚集、细胞骨架重排及对紧密连接的信号转导等都可以引起 BBB 破坏。

(5) 环加氧酶-2 (COX-2)：辐射与炎症标志物的诱导（包括细胞因子的表达）有关，受照射小鼠脑内可发现有 COX-2 表达增加和 COX-2 介导的类前列腺素产物，COX-2 的抑制减缓了类前列腺素的诱导和放射治疗后的脑水肿。

(6) 神经生成的抑制：现在认为整个成人期都有多潜能前体或干细胞，而且对在不同神经生成位置产生的功能特异性因素的认识逐渐增加。神经生成依赖于包括 CNS 内不同细胞类型之间信号通路的复杂微循环，辐射可以影响这些细胞或其相互作用。系列研究表明，辐射诱导的神经前体细胞功能失调伴有神经生成微环境的明显改变，幼年小鼠海马神经生成的抑制与神经认知功能缺失有关。

（四）放射脑损伤的神经保护策略（Cheshier 等，2007）

1. 内源性恢复和（或）修复过程的启动　肿瘤坏死因子-α (TNF-α) 虽能保护神经元，减轻氧应激，介导抗凋亡蛋白 bcl-2、bcl-α 的表达，但 TNF-α 也能损伤内皮细胞，增加血管通透性。TNF 受体基因剔除小鼠脑对辐射更加敏感，说明 TNF-α 在 RBI 修复中可能具有一定作用。

2. 抑制凋亡　辐射诱导的凋亡和免疫反应通过减少基因组的不稳定性、去除组织内的预损伤细胞从而发挥保护作用。保护性反应表达对代谢紊乱的适应性反应，也类似于氧化应激反应。有研究表明，应用生长因子、酸性磷脂酶抑制剂和某些中药可减轻内皮细胞凋亡以抵抗辐射损伤。

3. 减少继发性神经死亡　中枢神经系统对损伤的反应能力有限，RBI 的病理生理学与缺血、炎症和脱髓鞘疾病具有很多共同的损伤通路。目前，普遍认为微环境的改变最终导致 RBI 的发生，针对阻止或修饰微环境损伤的相关性改变可以减轻继发性细胞死亡。

(1) 红细胞生成素 (EPO)：中枢神经系统中的 EPO 由缺氧诱导并由 HIF-1α 介导，EPO 的细胞效应包括凋亡的抑制、抗炎和抗氧化效应、兴奋性氨基酸如谷氨酸诱导的毒性的预防及血管生成的刺激等。啮齿动物体内注射 EPO 后，可以保护脑的缺血诱导损伤、外伤性脑损伤、实验性自体免疫脑脊髓炎的免疫损伤和红藻氨酸盐诱导的神经毒性，研究表明 EPO 可作为神经保护剂治疗 RBI。

(2) 自由基清除剂：超氧化物歧化酶 (SOD) 是机体中最重要的抗氧化酶，在清除氧自由基中起关键作用。近年来随着分子修饰和基因技术的提高，SOD 剂型明显改善，生物利用度明显提高，SOD 将会成为 RBI 防治中一个积极有效的措施。

(3) tirlazad：一种脂过氧化抑制剂，主要作用于内皮细胞，预防病灶周围水肿和辐射导致的血管损伤，其机制可能是抗氧化和膜稳定作用，减少受损细胞对花生四烯酸的释放。自由基清除剂可能主要保护血管和脑实质，而对减轻 BBB 破坏更有效。但有研究发现 Tirlazad 对短程放疗诱导的脑损伤无效，一项系统评价显示，急性缺血性卒中患者使用 Tirlazad 后，死亡率、致残率增加了约 1/4。因此，需进一步探讨其神经保护作用。

4. 神经节苷脂（GM1） 一种细胞膜脂质稳定剂，对放射性脑损伤的保护作用可能是通过激活细胞膜 Na^+，K^+-ATP 酶活性、减少膜内 K^+ 外流与 Ca^{2+} 内流、防止膜脂质水解、阻断自由基的细胞膜脂质过氧化-自由基循环等途径实现的，在 X 射线照射后重复使用 GM1 在细胞结构和运动两个水平都有神经保护作用。

5. 阻断神经炎症 神经炎症对神经生成有较强的抑制作用。对辐射诱导的神经认知缺失的治疗需要考虑到前体细胞丧失和对神经生成机制的破坏，对神经祖细胞群的保护/替换治疗和利用药物改善微环境因素可能是成功治疗 RBI 的两种方法；在照射中或照射后对小胶质细胞的炎症治疗可能是一种可行的重要方法；注射 ICAM-1 特异单克隆抗体可减轻白细胞黏附和对 BBB 的破坏。因此，以黏附分子作为分子干预治疗的目标可以减轻神经炎症。

6. 造血干细胞移植 用人骨髓间充质干细胞可以增强宿主脑内的血管生成，而且这种有骨髓间充质干细胞增强的血管生成是由大鼠内源性 VEGF、VEGFR2 水平的增加所介导。大量研究提示，宿主可塑性的增加而不是新生神经元的分化和整合能更好地解释功能的恢复，通过干细胞或祖细胞移植进行细胞置换，或通过刺激内源性干细胞或祖细胞的增生或分化进行细胞置换可以用来治疗 RBI。

综上所述，有关放射脑损伤的这些潜在可逆性因素为使用药物和生物因子干预治疗放射性脑损伤提供了目标。未来的研究旨在对神经组织及肿瘤的辐射敏感性进行预测，采用个体化的治疗方案，并从发病机制着手阻断其发生或进行针对性的治疗。

第二节 白血病相关的其他神经系统损害

一、副肿瘤综合征

副肿瘤综合征（paraneoplastic syndrome）又名副肿瘤性神经系统综合征、多发性神经性副肿瘤综合征、癌性非转移性神经病、癌性神经病、癌性神经肌肉病变等，均系指癌肿引起的非转移性神经系统疾病，即远隔效应（remote effects），推测由于神经组织与肿瘤之间有共同的抗原决定簇，是自身抗体介导的病变，与占位效应、转移和肿瘤继发营养缺乏等不同。其发病率为全部癌肿患者的 5%～6%，以支气管癌（约 16%）和卵巢癌（约 10%）最高，而直肠癌（约 1.2%）、宫颈癌（约 1.3%）则较低。白血病、淋巴瘤、多发骨髓瘤等血液系统恶性肿瘤继发副肿瘤综合征也有不少报道（Hendrickx 等，2009；Svecová 等，2008；Schierl 等，2008）。

（一）病因与病理

癌肿对神经系统的远隔效应可以累及神经元、髓鞘、肌肉及神经肌肉接头，而病变部位并无肿瘤细胞可见。其病因尚不十分清楚，可能与肿瘤所产生的某些生物活性物质有关，如多肽、蛋白质、激素或其前体。例如，大多数脑病、脊髓病、神经病、肌病可能与肿瘤组织某些成分所引起的自身免疫抗体有关；某些恶性肿瘤可引起高血钙、低血糖、低血钠和抗利尿激素增加等。这类内分泌和代谢及营养障碍等因素，也可引起神经病变；而进行性多灶性白质脑病则系因肿瘤引起的自身免疫功能降低而继发慢性病毒感染。对肿瘤患者进行的放射治疗和化学治疗，对代谢和免疫的抑制作用及毒性反应等的影响亦可能是引起副肿瘤综合征的重要原因（Hamblin 等，2009）。

（二）临床表现

此类综合征的临床表现复杂，症状可以单独出现，亦可以合并发生或重叠，累及肌肉、周围神经及中枢神经的不同部位，神经系统的症状可发生在癌肿出现之前、之后或同时（Juarez 等，2008；Qian 等，2009）。

1. 肌肉病变

（1）多发性肌炎和皮肌炎：多并发于白血病、淋巴瘤及多发性骨髓瘤，男女均可发病，但大多见于 40 岁以上的男性。临床表现及病理改变与非肿瘤引起的类型相同，多急性、亚急性起病，主要表现为近端肌无力和萎缩，迅速或逐渐发展，伴有肌肉疼痛，皮肤可不受累。有时出现雷诺现象或皮疹。可有周身不适、厌食、体重减轻及发热等全身症状。辅助检查：血清 CPK 和免疫球蛋白增高，尿肌酸增多及有蛋白尿，肌电图符合肌病改变，肌肉活组织检查有助于确诊。

（2）肌无力综合征（Lambert-Eaton syndrome）：多见于 40 岁以上的男性，其中 70% 伴发于小细胞支气管肺癌，少数也可见于白血病患者。表现为四肢近端无力和易疲劳，下肢明显，尤以侵犯骨盆带与大腿肌群时，早期有步行与站立困难，较少侵犯上肢、眼外肌与延髓支配的肌肉，常伴肢体感觉异常和大腿疼痛。约半数患者有自主神经功能障碍，表现为唾液、汗液减少和阳痿等。少数患者可有复视、睑下垂、吞咽困难与构音障碍等。

查体发现患者近端肢体无力，但在短暂连续用力数秒后肌力反而暂时增强，腱反射减弱或消失，无肌肉萎缩。

辅助检查：肌电图检查时，以低频电流连续刺激运动神经，由该神经所支配的肌肉的动作电位较正常低，但每秒 10 次以上高频电流连续刺激时其动作电位幅度反而显著增高（重频试验阳性）。

肌肉活检镜下可见肌纤维孤立性变性、坏死或血管周围圆形细胞浸润，神经纤维大小不一，运动终板呈椭圆形肿胀，终板前末梢神经分支增多。

电镜检查见神经肌肉结合处的后突触皱襞面积增大，神经末梢的突触裂隙亦增大，突触囊泡数量与大小正常。

（3）多发性肌炎及坏死性肌病。

2. 周围神经病 少见，不足 1%的患者。

（1）亚急性感觉性神经病（subacute sensory neuropathy，SSN）：副肿瘤性神经病的

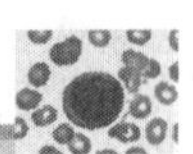

概念最早由 Denny Brown 于 1948 年提出。本病主要病理改变以脊髓后根神经节的神经细胞及后索神经纤维广泛变性为特征，部分患者可伴有肌肉变性、萎缩。临床表现：常呈亚急性或潜在起病，以某一肢体远端或双足麻木或各种感觉丧失并有疼痛为主的感觉异常，而运动功能障碍相对较轻为其特征，足比手重，初发症状往往表现为从四肢开始向近端蔓延的程度不等的疼痛或异麻感，逐渐发展，最终产生四肢末端呈手套或袜套样感觉迟钝或消失。并由此引起深感觉共济失调。少数患者感觉障碍亦可发生于颜面部三叉神经分布区或躯干等部位，偶有听力障碍。腱反射及肌张力相应减低，而肌力相对正常。自主神经功能障碍较常见，如便秘、干燥综合征、直立性低血压、瞳孔对光反射消失等。症状有时发生在癌瘤出现之前，在几个月继续发展。本病单独出现较少见，而常伴有亚急性小脑变性。

辅助检查：CSF 细胞数正常，部分患者蛋白质含量增加，淋巴细胞轻度增多。电生理示感觉传导速度减慢，肢体远端感觉诱发电位消失，运动诱发电位不受损。MRI 检查可见颈区 T_2WI 高信号。晚期可见小脑变性。

诊断要点：①四肢末端剧烈疼痛；②明显感觉性共济失调而运动功能相对完整；③各种维生素治疗无效；④CSF 蛋白质含量增加，肌电图示感觉传导速度减慢，运动传导速度正常。具备上述四点者应仔细查找癌瘤的原发病灶。

（2）亚急性运动神经病（subacute motor neuropathy，SMN）：又称副肿瘤性前角细胞病，多伴有霍奇金瘤或非霍奇金淋巴瘤。SMN 是唯一与肺癌以外肿瘤并存的副肿瘤综合征，近年来有报道 SMN 合并支气管肺癌。

临床表现：患者主要表现为下运动神经元瘫，肌力减退、肌萎缩、腱反射消失及肌束震颤等。病程及病情严重程度与潜在肿瘤无关，一些病例自发停止进展，处于相对稳定状态。有些病例进行性加重，引起呼吸衰竭、甚至死亡，表现颇似肌萎缩侧索硬化（ASL）。通常无上运动神经元受损体征，但有报道可与 ASL 并发。CSF 检查正常，MRI 正常，肌电图检查显示失神经改变，可检出肌束震颤。运动神经传导速度正常是与周围神经病的主要鉴别点。

（3）多发性神经病：病理改变以末梢神经变性最明显，尤以远端为重。脊髓前根、后根及后根神经节细胞亦有轻度变性。临床表现：一般发病较急，四肢远端出现明显的两侧对称的肌力减退，肌萎缩及膀胱功能障碍，腱反射减低或消失，常伴肢体远端感觉减退，但较运动障碍为轻。合并于多发骨髓瘤者常有显著疼痛。有时可伴有痴呆和病理反射阳性。严重者可因进行性恶化而发生呼吸麻痹、吞咽困难致死。辅助检查：CSF 正常或蛋白质含量增加，肌电图示感觉、运动传导速度均减慢。

（4）感觉-运动或自主神经元病：运动与感觉神经均受累，颇似吉兰-巴雷综合征。

3. 脊髓病变

（1）亚急性坏死性脊髓病：主要病理改变是脊髓灰质和白质均有明显而广泛的坏死，左右对称性受累，以胸髓最为严重，轻者仅限于几个节段，重者可累及脊髓全长。临床表现：本病常并发于肺癌，绝大多数见于 40 岁以上，男女发病率相近。亚急性发病，表现为上升性脊髓病，首发症状从双足感觉异常和无力开始，几天之内发展为截瘫，两腿感觉完全丧失，并有括约肌功能障碍。然后感觉丧失上升至躯干甚至上肢。一般 2～3 个月内死亡。CSF 正常或可有蛋白质、细胞增高。本病的脊柱压痛不明显，可与椎管内硬脊膜外转移癌相区别。

（2）副肿瘤性脑脊髓炎（PEM）：可见于各种癌症。病理改变以脊髓前角细胞变性、侧索髓鞘脱失为主，少数可累及延髓运动神经核及皮质运动细胞，偶见后索、后根神经节及周围神经受累。发病缓慢，临床表现与原发性肌萎缩性侧索硬化相似，有肌肉萎缩、肌力减低、肌束颤动、腱反射亢进、病理反射阳性。延髓受累者有舌肌萎缩，吞咽困难。CSF 正常。部分病例有轻度感觉障碍，可借此与原发性肌萎缩侧索硬化鉴别。

（3）后-侧索变性：临床表现为双侧深感觉障碍、感觉性共济失调、截瘫和双侧锥体束征，需要与亚急性脊髓联合变性、脊髓痨、肿瘤的脊髓后侧索浸润、糖尿病脊髓病等鉴别。

4. 脑病

（1）进行性多灶性白质脑病：常见于慢性淋巴细胞白血病、淋巴肉瘤、淋巴网状细胞瘤。主要病理改变为中枢神经白质发生弥漫性多灶性髓鞘脱失，病灶内星形胶质细胞肥大及少突胶质细胞核内有包涵体为其特征。病灶多位于大脑半球，以枕叶受损明显，脑干、小脑及脊髓亦可受累。临床表现：发病年龄 20～80 岁，以 50～60 岁为最常见。男女发病率之比为 2∶1。起病隐袭，神经症状多在原发癌发现半年后逐渐发生，表现为弥漫而不对称的脑部损害症状，先多为精神症状、共济失调、视力障碍及智能减退。晚期有脑干症状如构音障碍与吞咽困难，甚至瘫痪、痴呆、昏迷与死亡（Wang 等，2007）。病程3～6 个月。辅助检查：CSF 一般正常，少数患者压力、细胞数及蛋白质含量增加；血清学检查可见乳多空病毒抗体滴度增高；脑电图检查呈非特异性弥漫性慢波；CT 扫描发现白质内多灶性低密度区。诊断要点：①病史，多在网状内皮系统疾病基础上发病；②典型的临床表现；③血清学检查乳多空病毒抗体滴度增高；④CSF 检查多正常；⑤CT 检查示白质内多灶性低密度改变；⑥病理学相应改变有确诊意义。

（2）脑干脑炎：某些癌瘤偶可并发本病，起病隐袭或呈亚急性，患者出现复视、眩晕、眼球震颤、构音障碍和吞咽困难。病理可见脑桥和延髓有神经元丧失或血管周围细胞浸润（Adaletli 等，2008）。

（3）亚急性小脑变性（PCD）：病理改变以小脑皮质发生弥漫变性、浦肯野细胞弥漫或成片脱失及血管周围淋巴细胞浸润为特征，齿状核、下橄榄核、脑干、皮质小脑束和脊髓小脑束亦可受累（Noguchi 等，2008）。

临床表现：男女均可发病，女性稍多于男性，神经症状多在发病后几周内或相隔 3 年以上及癌前期出现。急性、亚急性起病，进行性加重，一般在 3 周内症状已明显暴露，数周或数月内卧床不起，大多于 1 年内死亡。1/2 或 2/3 的病例神经系统征象发生于发现肿瘤之前。主要表现为小脑综合征。以躯干、四肢共济失调为主的双侧对称性小脑功能障碍，其中以步态蹒跚、起坐不能、眩晕、构音障碍、言语讷吃等症状最为常见；眼球震颤、吞咽困难等次之；此外，部分患者可同时伴有精神症状、眼肌麻痹、复视、面肌瘫痪、肌肉萎缩、感觉障碍（疼痛及刺、麻等异常感觉）、锥体束征、智力障碍甚至痴呆，腱反射大多减低，少数正常，罕见亢进（Chen 等，2008；Gerstner 等，2008）。

辅助检查：发病初期 CSF 呈炎性改变或正常，约 1/3 的患者蛋白质含量增加，1/4 的患者淋巴细胞增多，可至 $40\times10^6/L$，近 50%的患者胶体金曲线异常，免疫球蛋白 IgG 增高或正常。发现抗-Yo 抗体，多见于妇科肿瘤。

早期 CT 及 MRI 检查正常，晚期 MRI 小脑白质可见 T_2WI 高信号及小脑萎缩。本病

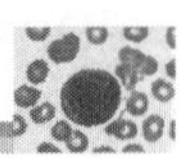

呈对称性和无颅内压增高，可与小脑转移癌相区别。

（4）边缘系统脑炎：病理改变主要累及边缘系统，双侧颞叶内侧海马回、扣带回、杏仁核、梨状回、脑岛、额叶的眶回等处均有广泛的神经元脱失，软脑膜和血管周围的淋巴细胞与巨噬细胞浸润，受侵部位有反应性星状细胞增生，部分病例小脑亦有类似改变。临床表现：记忆力障碍为早期突出的症状，激动、抑郁、幻觉、精神错乱亦常出现，偶有癫痫发作。随病情进展，智能日益衰退，可以发展为痴呆综合征。本病临床症状与病理改变可以不一致。CSF 检查常见淋巴细胞升高，一般不超过 50×10^6/L，蛋白质含量亦可轻度增高。

（5）弥漫性皮质脑病：病理改变累及广泛的皮质，表现为神经元脱失，软脑膜和血管周围的淋巴细胞与巨噬细胞浸润。临床常出现精神错乱、癫痫发作和痴呆综合征。

（6）斜视性眼肌阵挛-肌阵挛综合征（POM）：表现与注视方向无关的双眼杂乱无章、无节律、快速多变的眼球异常运动综合征。常与肌震挛合并存在。免疫组化显示血及 CSF 类似抗-Hu 抗体（抗神经元抗性）阳性，有亲神经核特性，命名为抗神经元抗体-Ⅱ型（ANNA-Ⅱ）。

5. 癌性代谢性、内分泌性紊乱所致神经系统损害 可能与肿瘤本身代谢异常对人体组织的影响及肿瘤产生的生物活性物质有关，常见的症状有（Semmler 等，2008；Stuckey 等，2008）：

（1）低血钠症：某些支气管癌或腺癌分泌一种具有抗利尿激素作用的类加压素物质，而导致稀释性低血钠综合征。临床上可以发生软弱、无力、倦怠、嗜睡、头痛、视物模糊，以及四肢肌力、肌张力减低，腱反射减弱，病理反射阳性等，严重者可出现昏迷、抽搐、假性延髓麻痹、颅内压增高等。

（2）高血钙症：由于某些肿瘤可分泌一种类似甲状旁腺激素或前列腺素的物质，或由于某些骨髓瘤分泌破骨细胞激活因子（DAF），或因癌肿的广泛骨转移等，引起骨质的溶解和破坏，骨钙大量入血。表现为：反应迟钝、对外界不关心、情感淡漠和记忆障碍。此外，亦可有幻觉、妄想或抑郁状态等精神症状，严重者可以有嗜睡、木僵、昏迷。

（3）低血糖反应：主要见于肝癌、肾上腺癌、消化道肿瘤及纤维肉瘤等。其病因主要与肿瘤释放胰岛素样物质（生长激素介质）有关。主要表现为自发性低血糖。可以空腹时或餐后发生，血糖可降至 0.56～3.92mmol/L，症状多严重，可出现以木僵、抽搐和昏迷为特征的脑病。

（4）肾上腺皮质功能亢进：支气管癌、胸腺瘤、胰腺癌等可分泌 ACTH 样或 CRF 样物质，导致肾上腺皮质功能亢进。早期可出现低血钾性碱中毒，晚期则出现库欣综合征，可伴有精神紊乱、痴呆或肌病等症状。此种肿瘤同时分泌黑色素细胞刺激素，可伴有皮肤黑色素沉着，这与一般的库欣综合征不同。

（三）辅助检查

（1）患者血清和 CSF 检查可见 5 种抗体：

1）抗-Hu 抗体：与副肿瘤性脑脊髓炎有关。

2）抗-Yo 抗体：是特异性抗小脑浦肯野细胞抗体，与副肿瘤性小脑变性和生殖系统或妇科肿瘤有关。

3）抗-Ri 抗体：是抗神经元蛋白骨架抗体，与副肿瘤性斜视性眼肌痉挛-肌阵挛和乳腺癌相关。

4）癌性相关性视网膜病抗体（CAR）。

5）抗电压门控钙通道抗体。

特异性抗体提示原发性肿瘤及神经症状和体征见表 8-3。

表 8-3 副肿瘤综合征的特异性抗体提示原发性肿瘤及神经症状和体征

抗体	原发性肿瘤	神经系统症状和体征
抗-Hu（ANNA-1）	小细胞肺癌、神经母细胞瘤	脑脊髓炎、感觉性多发性神经病
抗-Yo（PCA-1）	妇科肿瘤、乳腺癌	小脑变性
抗-Ri（成人）	小细胞肺癌、妇科肿瘤、乳腺癌	小脑性共济失调、斜视眼阵挛
抗-Ri（儿童）	神经母细胞瘤	斜视眼阵挛-肌阵挛
抗-Ma1	许多肿瘤	小脑变性、脑干功能障碍
抗-Ma2	睾丸	边缘系统脑炎
抗-Tr	霍奇金淋巴瘤	小脑变性
抗-CV2（CRMP-5）	小细胞肺癌、胸腺瘤	小脑变性、脑脊髓炎、周围神经病

抗-Hu 抗体、抗-Yo 抗体、抗-Ri 抗体具有相当的特异性，可以证实癌肿的存在，提示医生应对相关器官进行针对性检查。

（2）CSF 中细胞数增多，蛋白质和免疫球蛋白 IgG 升高。

（3）肌电图检查重复电刺激特征改变。

（四）诊断

副肿瘤综合征如在肿瘤确诊之后出现者，应排除癌肿转移的可能。后者常出现颅内压增高或脊髓压迫症，一般病程进展较快；如神经系统症状出现在肿瘤确诊之前，则诊断较困难。因此，中年或中年以上的患者，若出现以下表现，应高度警惕本综合征，及早进行全面详尽检查，以便发现隐伏的肿瘤：

（1）以感觉障碍和疼痛为主的周围神经病。

（2）症状发展异常之慢的运动神经元疾病。

（3）近端肌无力和萎缩，迅速或逐渐发展，伴肌肉疼痛者。

（4）肌无力和易疲劳，但短暂随意运动后肌力反而暂时增强，肌电图检查呈明显的神经阻滞和神经-肌肉传递的强直后易化。

（5）慢性淋巴细胞白血病、淋巴瘤、网状内皮细胞肿瘤病程中出现弥漫性不对称的脑损害症状。

（6）肺癌和卵巢癌患者出现以躯干、四肢、共济失调为主的双侧对称性小脑功能障碍，而不能以单一局部病灶解释时。

对接受放疗和化疗的患者，则还应考虑放疗和化疗所致的神经系统并发症的可能。对肌无力综合征型患者行肌电图检查时重频试验阳性（即以低频电流连续刺激运动神经，由该神经所支配的肌肉的动作电位较正常低，但每秒 10 次以上高频电流连续刺激时其动作电位幅度反而显著增高）是帮助临床确定诊断并区别于其他神经系统疾病如重症肌无力的确切而有意义的指标之一（Shen 等，2008；Qian 等，2009；Alexopoulou 等，2003）。

(五) 治疗

本病的治疗主要是根治肿瘤，同时注意对症和支持治疗，防治并发症。通常原发肿瘤切除或改善后，神经系统症状可逐渐缓解。亚急性多灶性白质脑病、多发性肌炎、皮肌炎及周围神经病均可应用激素，但剂量一般不宜过大，常用量为氢化可的松 25～50mg/d。肌无力综合征者可应用免疫抑制剂及血浆置换疗法，部分患者对抗胆碱酯酶类药物或奎尼丁有效。也可给予盐酸胍 40mg/（kg・d），中药补中益气汤对本病亦有一定的疗效。癌性神经肌肉病变可以配合使用大量维生素，特别是 B 族维生素。癌性运动神经元病可试用中药六味地黄丸等，亚急性小脑变性可采用头针治疗，取平衡区穴位，每日针刺 1 次。有代谢性脑病时则要纠正各种代谢障碍的原因。

(六) 预后

本病的预后主要取决于白血病的类型和治疗措施，通常预后不佳。

二、恶性淋巴瘤神经系统损害

恶性淋巴瘤是起源于淋巴组织的恶性肿瘤，包括霍奇金淋巴瘤（HL）和非霍奇金淋巴瘤（NHL），神经系统并发症多出现于肿瘤进展或复发时，也常见于转化为白血病或伯基特淋巴瘤时，瘤组织侵犯脑膜、脑实质、脊髓或神经根（Sahni 等，2007）。

(一) 软脑膜淋巴瘤

软脑膜淋巴瘤多由未分化型 NHL 引起，组织学上弥漫型较结节型多见。瘤细胞经血行侵入脑膜，可波及蛛网膜下腔并通过 CSF 扩散，颅底脑膜和脊髓常受累（Maruyama 等，2007）。

(1) 表现为颅内压增高、侵犯颅底及神经根的症状和体征，如头痛、呕吐、意识障碍、视乳头水肿、痫性发作及脑神经和脊神经受累症状，第Ⅶ、Ⅵ和Ⅲ对脑神经最易受累。累及脊神经根时可以引起根痛、感觉障碍和力弱等，腰骶部易受损，引起括约肌功能障碍和阳痿。

(2) CSF 检查可以发现恶性细胞，MRI 可见脑膜增强和神经根增强结节。

(3) 治疗可采用皮质激素、鞘内化疗及局部放疗等方法。

(二) 硬膜外及硬膜下淋巴瘤

硬膜外及硬膜下淋巴瘤发生率不足 HL 和 NHL 的 10%，见于半球，多见于颅底。因部位不同而症状各异，如轻偏瘫、认知障碍、痫性发作及颅内高压症。颅底淋巴瘤可以压迫脑神经或累及垂体和下丘脑，压迫脊髓可以引起相应节段的根痛，肿瘤沿神经根生长可以侵犯脊髓，MRI 和 CSF 检查是必要的。

(三) 颅内损害

颅内损害多见于 NHL 患者，发生率低，多由脑膜侵及，也有血行转移。临床表现因病灶部位而异，确诊需要CT、MRI或立体定向活检。类固醇和放疗常可有效。如脑膜受累常可采用鞘内化疗（Sakurai等，2008）。

（四）周围神经病

周围神经病临床和神经电生理检出率分别约8%和35%。临床类型有：

1. 感觉运动性神经病（SMN）　可以表现为GBS型多发性神经病，多见于HL，病变颇似GBS，多为NHL亚急性神经病，由淋巴瘤浸润周围神经根所致。淋巴瘤性神经病极少缓解，常为慢性进行性病程，病理呈巨噬细胞介导的脱髓鞘和轴索变性、丧失。

2. 亚急性运动神经病　前角细胞变性和运动神经根脱髓鞘，无肿瘤细胞浸润或炎性改变，多侵犯下肢，呈对称性下运动神经元损害，可自行缓解。

3. 感觉性神经病　较少见，HL患者纵隔淋巴结肿大，可压迫喉返神经、膈神经和交感神经链（Rashtak等，2008）。

三、绿　色　瘤

绿色瘤是儿童常见的恶性肿瘤，眼眶绿色瘤是粒细胞性白血病异常细胞在眼眶骨膜下及眼眶组织内的肿瘤样浸润，因新鲜组织切面呈绿色而得名。多见于10岁以下的儿童，男性比女性多见，多数是双眼同时或先后发病。典型的绿色瘤诊断不太困难，只要临床上有骨膜下绿色的肿瘤，同时有白血病的特点，骨髓证实是粒细胞白血病，即可确诊。但是绿色瘤在临床上很少见，容易误诊。绿色瘤临床典型病例多有突眼，鼻根和眼眶等出现肿物，但这些症状并非绿色瘤所特有，绿色瘤的临床表现可因人而异，因此很易误诊。组织学对绿色瘤有诊断作用，但组织活检或手术对患者损伤较大，因患有白血病血小板较低，在活检及手术过程中易出血。患者经过血常规、骨髓的检查诊断为急性粒细胞白血病，并行眼眶内肿瘤活检术，取得病理证实，从肿瘤部位穿刺取材印片或涂片行细胞学检查是最简单实用的诊断绿色瘤的方法。在巨大肿瘤细胞上出现POX或MPO染色阳性是绿色瘤的重要诊断指标。

参考文献

胡凤云等．2000．脑脊液细胞学检查对脑膜癌病的诊断价值．中华神经科杂志，1：6

陆道培．1992．白血病治疗学．北京：科学出版社，13

孟然等．2003．TCD监测脑膜白血病脑压变化的研究．中华内科杂志，42：580

孟然等．2003．甘露醇暂时渗透性开放血脑屏障的研究．中风与神经疾病杂志，20：350

周晋等．2003．血液病的神经损害及治疗．北京：人民卫生出版社，12

周晋等．2004．恶性肿瘤与神经元胞内三氧化二砷浓度与敏感性．中华医学杂志，84：23

周晋等．2004．酪氨酸激酶和磷酸酶及蛋白激酶C在As_2O_3调控NB4细胞和皮层神经元凋亡中的作用．中华血液学杂志，25：601

周晋等．2004．腰穿时机和As_2O_3治疗对CNSL的影响．中华内科杂志，43：784

周晋等．2006．神经节苷脂对染砷人脑皮层神经元的保护作用．中国药学杂志，41：27

周晋等．2007．亚砷酸对人脑皮层神经元和急性早幼粒细胞白血病细胞凋亡的影响．中华内科杂志，(5) 46：401

Adaletli I et al. 2008. Isolated bone marrow natural killer cell lymphoma with central nervous system involvement mimicking a cerebral infarct. Onkologie, 31: 115

Alexopoulou A et al. 2003. Hairy cell leukemia and Lambert-Eaton myasthenic syndrome. Leukemia, 17: 655

Anschel DJ et al. 2007. Evolution of a focal brain lesion produced by interlaced microplanar X-rays. Minim Invasive Neurosurg, 50: 43

Calvo-Villas JM et al. 2010. Intrathecal liposomal cytarabine for treatment of leptomeningeal involvement in transformed (Richter's syndrome) and non-transformed B-cell chronic lymphocytic leukaemia in Spain: a report of seven cases. Br J Haematol, 150: 618

Chen CS et al. 2008. Third cranial nerve palsy caused by intracranial extension of a sino-orbital natural killer T-cell lymphoma. J Neuroophthalmol, 28: 31

Chen XJ et al. 2008. A retrospective analysis of clinical outcomes in 225 childhood with acute lymphoblastic leukemia. Zhonghua Xue Ye Xue Za Zhi, 29: 824

Cheshier SH et al. 2007. CyberKnife radiosurgery for lesions of the foramen magnum. Technol Cancer Res Treat, 6: 329

Frigeri F et al. 2009. Systemic dasatinib fails to prevent development of central nervous system progression in a patient with BCR-ABL unmutated Philadelphia chromosome-positive leukemia. Blood, 113: 5028

Gajjar A et al. 2000. Traumatic lumber puncture at diagnosis adversely affects outcome in childhood acute lymphoblastic leukemia. Blood, 96: 3381

Gerstner B et al. 2008. Hyperoxia causes maturation-dependent cell death in the developing white matter. J Neurosci, 28: 1236

Hamblin TJ. 2009. Non-hemic autoimmunity in CLL. Leuk Res, 33: 366

Hammer GP et al. 2009. A cohort study of childhood cancer incidence after postnatal diagnostic X-ray exposure. Radiat Res, 171: 504

Hendrickx G et al. 2009. Panniculitis as the presenting sign of a myelodysplastic syndrome in an adolescent boy. Pediatr Dermatol, 2: 219

Hofmann A et al. 2008. Case report and review of the literature: toxoplasma gondii encephalitis in a 40-year-old woman with common variable immunodeficiency and a new diagnosis of large granular lymphocytic leukemia. Can J Infect Dis Med Microbiol, 19: 309

Isobe Y et al. 2009. Central nervous system is a sanctuary site for chronic myelogenous leukaemia treated with imatinib mesylate. Intern Med J, 39: 408

Jabbour E et al. 2010. Central nervous system prophylaxis in adults with acute lymphoblastic leukemia: current and emerging therapies. Cancer, 116: 2290

Juarez M et al. 2008. Paraneoplastic scleroderma secondary to hairy cell leukaemia successfully treated with cladribine. Rheumatology (Oxford), 47: 1734

Kita T et al. 2007. Does supplementation of contrast MR imaging with thallium-201 brain SPECT improve differentiation between benign and malignant ring-like contrast-enhanced cerebral lesions? Ann Nucl Med, 21: 251

Lai TH et al. 2006. Isolated acute hearing loss as the presenting symptom of leptomeningeal carcinomatosis. J Chin Med Assoc, 69: 496

Maruyama T et al. 2007. Extramedullary relapse of acute lymphoblastic leukemia in childhood to the prostate. Int Urol, 14: 447

Nishimoto F et al. 2008. Hemoperitoneum as the first manifestation of acute leukemia. Gynecol Obstet Invest，66：12

Noguchi T et al. 2008. Perfusion imaging of brain tumors using arterial spin-labeling：correlation with histopathologic vascular density. AJNR Am J Neuroradiol，29：688

Pui CH et al. 2009. Treating childhood acute lymphoblastic leukemia without cranial irradiation. N Engl J Med，360：2730

Qian SX et al. 2009. Nonhematological autoimmunity（glomerulosclerosis，paraneoplastic pemphigus and paraneoplastic neurological syndrome）in a patient with chronic lymphocytic leukemia：diagnosis，prognosis and management. Leuk Res，33：500

Rashtak S et al. 2008. Skin involvement in systemic autoimmune diseases. Curr Dir Autoimmun，10：344.

Sahni C et al. 2007. Primary testicular precursor B-lymphoblastic lymphoma：a rare entity. Leuk Lymphoma，48：2060

Sakurai N et al. 2008. Primary precursor B-cell lymphoblastic lymphoma of the ovary：case report and review of the literature. Int J Gynecol Pathol，27：412

Sancho JM et al. 2008. Practice of central nervous system prophylaxis and treatment in acute leukemias in Spain，Prospective registry study. Med Clin（Barc），131：401

Scheinemann K et al. 2008. Isolated central nervous system relapse in childhood acute promyelocytic leukemia. J Pediatr Hematol Oncol，30：160

Schierl M et al. 2008. Paraneoplastic pemphigus despite treatment with rituximab，fludarabine and cyclophosphamide in chronic lymphocytic leukemia. Eur J Dermatol，18：717

Semmler A et al. 2008. Polymorphisms of methionine metabolism and susceptibility to meningioma formation：laboratory investigation. J Neurosurg，108：999

Shen JK et al. 2008. Polymyositis/dermatomyositis associated with acute myelocytic leukemia. Rheumatol Int，28：1265

Stuckey SL et al. 2008. Multicentric/multifocal cerebral lesions：can fluid-attenuated inversion recovery aid the differentiation between glioma and metastases? J Med Imaging Radiat，52：134

Svecová D et al. 2008. Paraneoplastic vasculitis associated with hairy cell leukemia. Prague Med Rep，109：83

Thomas X et al. 2008. Central nervous system involvement in adult acute lymphoblastic leukemia. Hematology，13：293

Ulu EM et al. 2009. MRI of central nervous system abnormalities in childhood leukemia. Diagn Interv Radiol，15：86

Vega-Ruiz A et al. 2009. Incidence of extramedullary disease in patients with acute promyelocytic leukemia：a single-institution experience. Int J Hematol，89：489

Wang SH et al. 2007. Paraneoplastic pemphigus and bronchiolitis obliterans in a patient with splenic B-cell lymphoma. J Formos Med Assoc，106：768

Zhou Jin et al. 2006. Various tolerances to arsenic trioxide between human cortical neurons and leukemic cells. Science in China Series C，49：567

Zhou Jin et al. 2007. Arsenic trioxide entered cerebrospinal fluid with the help of mannitol overwhelm the meningeal relapse of acute promyelocytic leukemia. Haematologica，92：e82

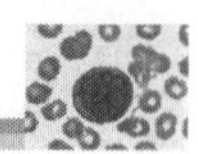

附录8-1 中枢神经系统白血病诊断标准

1978年在广西召开的全国血液病会议上制订了中枢神经系统白血病（CNSL）的诊断标准：

（1）有中枢神经系统症状和体征（颅内高压表现最多）。

（2）脑脊液改变：①颅内压升高大于1.96kPa（200mmH_2O）或60滴/分；②白细胞计数大于1×10^7/L；③脑脊液涂片发现白血病细胞；④蛋白质大于0.45g/L（45mg/dl）或潘氏反应阳性。

CCG（Children's Cancer Study Group）的CNSL诊断标准：

有白血病或淋巴瘤基础疾病的患者脑脊液离心后原始细胞>5个/μl，有脑、脊髓神经麻痹症状，或者存在颅脑及脊髓的占位即可诊断为CNSL。

第九章 骨髓增生异常综合征

肖志坚 郝玉书

肖志坚，教授、博士生导师，中国医学科学院血液学研究所血液病医院 MDS 和 MPN 诊疗中心主任，主攻方向为髓系肿瘤发病分子机制和临床诊治新策略。“新世纪百千万人才工程”国家级人选，获卫生部“有突出贡献的中青年专家”称号。

郝玉书，教授、博士生导师，曾任中国医学科学院血液学研究所血液病医院院长、中华医学会血液学分会副主任委员和《中华血液学杂志》副主编。在血液病和放射病诊断治疗及临床研究方面理论知识全面、临床经验丰富。发表学术论文 100 多篇，主编和参加编写血液学专著 4 部。获国家及卫生部科技进步奖 4 项。

骨髓增生异常综合征（myelodysplastic syndromes，MDS）是一组异质性后天性克隆性疾患，其基本病变是克隆性造血干、祖细胞发育异常（dysplasia），导致无效造血及恶性转化危险性增高。表现为骨髓中各系造血细胞数量增多或正常，但有明显发育异常的形态改变；外周血中各系血细胞明显减少。而且演变为急性髓性白血病（AML）的危险性很高（肖志坚，2005、2007）。

对本综合征的认识经历了一个较长的过程，从 20 世纪 40 年代开始，文献中报道的白血病前期（preleukemia）、难治性贫血（refractory anemia）、难治性贫血伴有原始粒细胞过多（refractory anemia with excess of myeloblasts）、白血病前期综合征（preleukemia syndromes）、潜袭型白血病（smoldering leukemia）、少白血病细胞性白血病（oligolcukcmia）、低百分比性白血病（low-percentage leukemia）、亚急性或慢性粒单细胞白血病（subacute/chronic myelomonocytic leukemia）、骨髓造血异常综合征（dysmyelopoietic syndrome）、造血组织增生异常（hamopoietic dysplasia）等，基本上或大部分是 MDS（郝玉书，1979）。已报道的难治性铁粒幼细胞性贫血（refractory sideroblastic anemia）和 Di Guglielmo 综合征中，也有一部分是 MDS。

一、流行病学

（一）发病率

英国 1984～1986 年 MDS 年发病率为 $2.1/10^5$。德国 Düsseldorf 城区 1986～1990 年 MDS 年发病率为 $4.11/10^5$。瑞典 JönkÖping 市 1978～1992 年>19 岁的人群中 MDS 的发病率为（3.2～4.1）$/10^5$。日本 1991 年全国 2505 家医院联合统计，按 1985 年日本人口计算，≥15 岁的人口中 MDS 发病率为 $2.7/10^5$。我国天津地区 1986～1988 年 MDS 年发病率仅为 $0.23/10^5$。

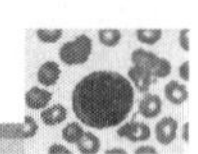

（二）发病年龄

MDS主要发生于老年人群。在上述的几个报告中，德国Düsseldorf城区≤49岁人群的MDS年发病率仅为0.22/10^5，50～69岁人群为4.9/10^5，而≥70岁人群则为22.8/10^5。83.9%的MDS患者年龄>60岁。瑞典JönkÖping市MDS患者中位年龄，男性为74.1岁，女性为78.2岁。90%的患者年龄>60岁。另据报告，丹麦Fyn和南Jutland地区1980～1990年<15岁的儿童中MDS年发病率亦仅为0.34/10^5。

（三）性别

MDS患者中男性多于女性。如上所述，Düsseldorf城区资料中≥70岁人群的MDS年发病率，男性为33.9/10^5，女性为18/10^5，JönkÖping市资料中MDS患者男性与女性之比为1.8∶1。日本资料中MDS年发病率，男性为3.4/10^5，女性为2.1/10^5。

（四）病因

一些MDS发病危险因素调查报告显示，MDS发病相关因素有电离辐射、高压电磁场、烷化剂、苯、氯霉素、石油产品、有机溶剂、重金属、杀虫剂、染发剂、烟尘、吸烟、酗酒等。其中一些因素，如放射治疗、烷化剂、苯、氯霉素、乙双吗啉等已被证实能引起继发性或治疗相关MDS，关系较为肯定。

二、发病机制

关于MDS的发病机制，随着近年来研究结果的积累，得到的线索有所增加，但确切机制仍未明了。已获得的资料可概述如下：

（一）染色体异常

MDS患者在诊断时40%～60%有染色体异常，随着病程的进展可高达80%。已报告的MDS染色体异常如表9-1所示。其中有一些在MDS转白常见，但均非MDS所特有。染色体异常是造血细胞异常的直接证据。总的看来，染色体异常在早期MDS发生率相对较低（15%～30%），而且多为单一异常；在晚期MDS发生率高（45%～60%），而且复杂异常（≥3种）增多。在一些患者，随着病程进展可看到异常克隆增大或出现新的异常，反映病程演变是一个多步序过程。

表9-1 MDS的单一染色体核型异常

十三体一单体	易位	缺失	其他
−5	t（1；3）（p36；q21） t（3；3）（q21；q26）	5（q13—q33）	inv（3）（q21；q26）
−7	t（1；7）（p11；p11） t（5；7）（q11；p11） t（5；17）（p11；p11） t（7；17）（p11；p11）	7（q22—q34）	iso（17q）

续表

十三体－单体	易位	缺失	其他
－17	t (2；11) (p21；q23)	11 (q14—q22)	
－Y		12 (p11—p13)	
＋8	t (11；21) (q24；q11)	13 (q14)	17 (p13)
＋21			20 (q11—q13)

我们对 351 例 MDS 患者进行的细胞遗传学研究中，染色体核型异常者 237 例(67.5%)。其中仅有染色体数目异常者 99 例（41.7%），仅有染色体结构异常者 70 例(29.5%)，同时有数目与结构异常者 68 例（28.8%）；单一异常 130 例（54.8%），2 种异常 54 例（22.8%），复杂异常（≥3 种）53 例（22.4%）。常见染色体数目及染色体臂的异常频次与西方国家的－5/5q⁻、－7/7q⁻、＋8、－20/20q⁻不同，我国患者依次为＋8、－20/20q⁻、－7/7q⁻、－5/5q⁻。我国患者＋8（19.1%）和 －20/20q⁻（9.4%）检出率高于西方国家（分别为 1.2%～7.0%和 2.0%～3.5%），－5/5q⁻（5.1%）的发生率低于西方国家（8.7%～6.3%）(Xiao 等，2006；Zhang 等，2007；Li 等，2009)。

另外，MDS 的染色体异常也定位了一些基因组损伤部位，提示该部位基因的激活或失活在 MDS 发病或病程演变中有重要作用。如 5q⁻部位的许多编码造血生长因子、造血生长因子受体的基因及 IRF-1 基因等；17p⁻部位的 p53 基因，11q23 部位的 MLL（HRX）基因等。

（二）癌基因与抑癌基因异常

1. ras 家族基因突变　3%～40%的 MDS 患者有 ras 家族基因突变，以 N-ras 基因第 12、13 或 61 位密码子突变最为常见（Drexler 等，2009）。ras 基因编码 GTP 结合蛋白 p21，保持分化相关信号转导通路。ras 基因突变的异常蛋白产物能使细胞转化为恶性表型。

2. fms 基因突变　约 10%的 MDS 患者有 fms 基因突变。fms 基因定位于 5q33，编码 M-CSF 受体。已发现的 fms 点突变常在第 301 或 969 位密码子，前者的异常蛋白产物可使细胞发生转化，后者虽不具备转化能力，但可上调 M-CSF 的刺激。5%～10%的 MDS 患者可检出 p53 基因突变。p53 是抑癌基因，定位于 17p13。p53 蛋白传递由各种形式 DNA 损伤所产生的信号，使细胞停滞于 G_1-S 期转换点，从而抑制这类细胞的增殖，导致其凋亡。MDS 的 p53 基因突变主要见于晚期患者，故可能是一个后期变故。30%～50%的 MDS 患者有 p15 抑癌基因失活。p15 基因定位于 9q21，编码 p15INK4B 蛋白，是细胞周期蛋白依赖性激酶抑制剂（CDKI），可抑制周期蛋白 D/CDK4 和周期蛋白 D/CDK6 的活性。p15 基因失活是由于 5′CpG 岛过度甲基化，主要见于晚期 MDS 患者。

（三）骨髓造血干、祖细胞体外生长分化行为异常

骨髓造血干、祖细胞体外培养的结果显示，大多数 MDS 患者出现 CFU-GEMM、BFU-E、CFU-E、CFU-GM、CFU-MK 集落均减少或无生长；CFU-GM 集簇增多；CFU-GM 集落内细胞分化成熟障碍，主要由原始细胞组成；对造血刺激因子反应异常；在 Dexter 长期培养体系中不能形成健康的黏附层；MDS 骨髓细胞在正常黏附层上也生长不良。用纯化的骨髓 $CD34^+$ 细胞进行培养，结果也基本相似。这些结果表明 MDS 骨髓造血干/

祖细胞的增殖和分化成熟可能受损。

（四）单克隆性造血

随着造血克隆性分析技术的进步，特别是X染色体灭活模式分析中高杂合率基因的发现，对MDS造血克隆性分析也积累了更多的资料。主要结果如下：

(1) MDS的各个亚型，包括早期亚型，都可检测到单克隆造血的证据。

(2) 单克隆造血现象出现在用现有方法能够检出的细胞遗传学异常改变之前。

(3) 由MDS转化的AML经化疗完全缓解（CR）之后，其原有的细胞遗传学异常完全消失，但造血仍为单克隆性。

(4) MDS经治疗CR后可恢复为正常的多克隆造血。

(5) 关于MDS异常克隆的起源水平，多数报告均证明所有髓系细胞都来自同一异常克隆，而淋巴细胞仍为多克隆性；个别报告证明B淋巴细胞也来自同一异常克隆；但均未证明T淋巴细胞的单克隆性。

（五）造血细胞凋亡增多

已经建立的细胞凋亡检测方法不断增加，其样品处理方法、特异性和敏感性及所检测的凋亡时相等有所不同，所得结果间可有相当差异。但使用各种方法对MDS骨髓细胞凋亡检测的结果，绝大多数报告均显示凋亡增多，而且这种凋亡增多的现象在早期MDS最为明显；晚期MDS和转变为白血病后，骨髓细胞凋亡增多的程度下降，甚至不再明显。另一个比较共同的发现是MDS血清TNF-α水平增高，而TNF-α水平与骨髓凋亡程度呈正相关。在一些细微机制方面，如凋亡是主要发生于干、祖细胞还是成熟中细胞，凋亡细胞是否呈克隆性，则尚未取得一致结果。

（六）发生MDS的易感性

有关这一方面的线索有：①如前所述，环境、职业或生活中的某些因素与MDS发病之间有一定关系。②某些遗传性疾病，如范科尼贫血、Ⅰ型神经纤维瘤病（NF-1），其家系中MDS/AML发生率明显高于一般人群。③家族性血小板病伴发白血病（FPD/AML）家系中易发生MDS/AML，其易感位点已被定位于21q22，累及CBFA2（AML1）基因。发生MDS/AML后才有MDS常见的5q、7q异常。④苯醌氧化还原酶（NQO1）在解毒苯代谢产物中有重要作用，编码此酶的NQO1基因有多态性。苯接触者如其NQO1基因为609（C→T）无功能型等位基因，则发生MDS/AML的危险性增高。⑤已经证明，7单体综合征（家族性MDS伴有7q异常）的7q异常不是本综合征的原发原因；其原发性易感位点是在目前尚无法检测的其他染色体部位。

从以上的线索看来，再加上前面已经说过的MDS单克隆造血是出现在可以检出的细胞遗传学异常之前，可以有两点认识：①对发生MDS存在着易感性。易感性可来自先天遗传缺陷，如范科尼贫血的DNA修复缺陷，NF-1的ras信号转导通路障碍；也可来自自然发生的基因多态性，如NQO1基因；或是存在着目前还无法测知的基因组易感位点。②用现有方法能够检出的MDS常见细胞遗传学异常，实际上是“继发性”的，继发于目前尚不能测知的起始事件（initiating event）。

（七）免疫学异常

MDS 的免疫学异常近年来日益受到重视。已经得到的证据有：①MDS 患者的 T 淋巴细胞在体外抑制 CFU-GM 和 CFU-E 的生长；②MDS 骨髓细胞与环孢素（CSA）共同孵育或去除其中的 T 淋巴细胞可增加祖细胞集落产率；③MDS 患者体内 T 淋巴细胞处于激活状态；④MDS 患者的 T 细胞受体 β 链变区（TCRVβ）基因分析，显示明显偏颇性，只有其 Vβ 基因库（Vβ repertoire）中有限的几个基因；⑤10%或更多的 MDS 患者并发免疫性疾病；⑥某些 MDS 患者用免疫抑制剂（ATG、CSA）治疗有效。

综合上述，MDS 的发生和进展是一个多步序过程。由于环境、职业或生活中的毒害因素或自发性突变，在易感个体中造成造血干、祖细胞的起始事件，这种受损的干、祖细胞一方面逐渐对正常干、祖细胞形成生长或存活优势，成为单克隆造血，伴有基因组不稳定性，易于发生继发性细胞遗传学异常；另一方面诱发免疫反应，导致 T 淋巴细胞介导的自身免疫骨髓抑制，进一步损害造血细胞的增殖和成熟。持续性自身免疫性攻击诱发单个核细胞和基质细胞过多产生 TNF-α、INF-γ 等细胞因子，后者诱发造血细胞过度凋亡，导致无效造血。过度的增殖和凋亡导致端粒过度缩短，后者进一步加剧基因组不稳定性，继发 MDS 常见的 $5q^-$、$7q^-$、$20q^-$ 等染色体异常。同时有其相应抑癌基因如 p53、p15INK4B 的灭活，从而造成细胞周期失控和基因组不稳定性进一步加剧，终至转化为 MDS 后 AML。

三、临 床 表 现

MDS 一般起病比较缓慢，往往在起病数周甚至数月后才开始就诊。患者的症状和体征主要是各类血细胞减少的反映。早期患者一般以顽固性贫血的相关表现为主，出血与感染并发症较为少见。一般无肝、脾、淋巴结肿大。晚期患者则除贫血表现以外，还可有出血和感染并发症。

四、MDS 的特殊表现和相关疾病

（一）$5q^-$ 综合征

5 号染色体长臂缺失（$5q^-$）是 MDS 常见的细胞遗传学异常之一，可见于 MDS 的各个亚型。$5q^-$ 有两种情况：一种是单一 $5q^-$，即 $5q^-$ 是唯一的核型异常；另一种是复杂 $5q^-$，即除 $5q^-$ 外还同时有其他染色体异常改变。由于有单一 $5q^-$ 的 RA 和 RARS 有其特殊临床表现和预后，故 MDS 的 $5q^-$ 综合征是专指这种情况。

现有研究证实，所有伴 del（5q）MDS 患者染色体缺失区域中均含有 5q31—q32 这一区带，称为共同缺失区（commonly deleted regiion，CDR），该区域含有 44 个基因，其中 33 个在人 $CD34^+$ 细胞中表达，这 44 个基因尚未发现有突变，但发现其中 SPARC（secreted protin，acidic and rich in cyteine，富含半光氨酸酸性分泌型蛋白）和 RPS14（40s ribosomal protein S14，40 小亚基核糖体蛋白）这两个基因表达水平显著降低，表现为单倍体剂量不足（haploinsufficiency），这是其发病的分子基础（Mohamedali 等，2008）。

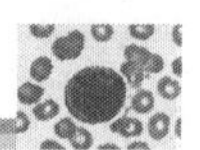

5q$^-$综合征主要发生于老年女性，外周血表现为大细胞贫血，白细胞数轻度减少或正常，血小板数正常或增高。骨髓中最突出的改变是巨核细胞发育异常，分叶减少的小巨核细胞明显增多。红系细胞发育异常的表现有时可不明显，可有环状铁粒幼细胞。患者呈慢性临床过程，主要是顽固性贫血，出血和感染少见。一般抗贫血治疗无效，但仅靠定期输血可较长时间活存，中位存活时间可达 81 个月，转白率极低。

（二）铁粒幼红细胞性贫血

铁粒幼红细胞性贫血（sideroblastic anemia，SA）是一组异质性疾病，其共同特征是由于不同原因引起幼红细胞中亚铁血红素（heme）生物合成障碍，致使线粒体内铁负荷过多，形成绕细胞核排列的铁粒，即环状铁粒幼红细胞。SA 可分为三大类：①遗传性和先天性 SA；②获得性特发性 SA；③由酒精中毒和某些药物引起的获得性继发性 SA。只有获得性特发性 SA 才属于 MDS 的范畴。

（三）MDS 合并骨髓纤维化

近 50%的 MDS 患者骨髓中有轻至中度网状纤维增多，其中 10%～15%的患者有明显纤维化。与原发性骨髓纤维化症不同的是，MDS 合并骨髓纤维化外周血常有全血细胞减少，异形和破碎红细胞较少见；骨髓常示明显三系发育异常，胶原纤维形成十分少见。而且常无肝脾肿大。MDS 合并骨髓纤维化可见于各个亚型，有作者认为是提示不良预后的因素之一。另有一种罕见的情况，称为急性骨髓增生异常伴有骨髓纤维化（acute myelodysplasia with myelofibrosis，AMMF）。患者急性起病，有贫血、出血 、感染等症状和体征，无肝脾肿大。外周血中全血细胞减少，成熟红细胞形态改变较轻，仅有少数破碎红细胞，偶可见到原始细胞、不成熟粒细胞或有核红细胞。骨髓组织切片提示造血组织面积增大，三系造血细胞发育异常；明显纤维化；巨核细胞增多而且形态异常十分突出；原始细胞中度增多，但不形成大的片、簇；少数情况下有局灶性粗胶原纤维沉积和局灶性成骨活动增加。患者病情凶险，常于数月内死于骨髓衰竭或转化为白血病。

（四）MDS 合并骨髓增生低下

10%～15%的 MDS 患者在诊断时骨髓涂片示有核细胞明显减少，骨髓组织切片中造血细胞面积缩小（60 岁以下患者造血细胞面积＜30%，60 岁以上患者＜20%）。原因：①文献报道其发生率占 MDS 总数的 8.2%～29.0%，最高可达 38.0%，可见骨髓低增生并非为 MDS 的一种少见现象；②多系列随访研究表明骨髓低增生是该疾病演变过程中某一阶段性表现；③骨髓低增生与患者预后无关，因此尽管有人认为 Hypo-MDS 应作为一个独立的亚型列入 MDS 分型，但未被采纳。MDS 患者出现骨髓低增生只是一种现象，Hypo-MDS 并非是一种独立亚型，但这类患者与再生障碍性贫血（AA）的鉴别仍是一个棘手的问题，有以下各种发现有助于确立 MDS 合并骨髓增生低下的诊断：①血片中能见到发育异常的中性粒细胞或Ⅰ、Ⅱ型原始细胞；②骨髓涂片中能见到发育异常的粒、红系细胞，能见到Ⅰ、Ⅱ型原始细胞，特别是小巨核细胞；③骨髓切片中能见到小巨核细胞，早期粒系细胞相对多见或 ALIP（＋），网状纤维增多；④骨髓细胞有 MDS 常见的克隆性染色体异常；⑤能证明有单克隆造血。

（五）MDS并发免疫性疾病

近年来关于MDS并发免疫性疾病的报道日渐增多。免疫性疾病可发生于MDS诊断之前、之后或同时。Enright等分析221例MDS患者，并发免疫性疾病者30例，占13.6%。另有10例临床无免疫性疾病表现，但有免疫性疾病的血清学异常。已报道并发于MDS的免疫性疾病有皮肤性或系统性血管炎、风湿性骨关节炎、炎性肠病、复发性多软骨炎、急性发热性中性粒细胞性皮炎（AFND，或称Sweet综合征）、坏死性脂膜炎、桥本甲状腺炎、干燥综合征、风湿性多肌痛等。免疫性疾病可并发于MDS各个亚型，但较多并发于有克隆性和复杂染色体异常者。MDS并发某些免疫性疾病（如Sweet综合征）时，病情常迅速恶化或在短期内转白。免疫抑制治疗对部分患者可控制病情，改善血液学异常。

（六）$17p^-$综合征

17号染色体短臂缺失（$17p^-$）可发生于5%左右的MDS患者。多数涉及17p的非平衡易位，亦可见于－17、iso（17q）或单纯$17p^-$。$17p^-$常合并其他染色体异常。抑癌基因p53定位于17p13。据分析，上述各种核型异常所造成的$17p^-$，缺乏区带可不完全相同，但都包括p53基因区带。而且70%左右的$17p^-$综合征患者有p53基因失活，说明另一个等位p53基因也发生了突变。

$17p^-$综合征的血液学特征突出表现为粒系细胞发育异常，外周血中性粒细胞有假性Pelger-Huet核异常和胞浆中小空泡。这种改变也可见于骨髓中不成熟粒细胞。患者临床上对治疗反应差，预后不良。

（七）CMML

1970年代初Hurdle等和Meischer等首先报告CMML时，认为它是一种慢性骨髓增殖性疾病（MPD），其特征为外周血白细胞数正常或增高，偶可有幼粒或幼红细胞，单核细胞>0.8×10^9/L。骨髓有核细胞增多，可有发育异常的形态表现，以粒系增殖为主，单核细胞亦增多。Ph染色体（－），可有脾肿大。后来FAB协作组因其有血细胞发育异常的形态表现，将之纳入MDS作为一个亚型。但由于本病有明显的MPD特征，这种归类一直受到质疑。现在WHO分类方案中，将CMML改划入新增的MDS/MPD大类中，以解决这一长时间以来的争议。但确有一些MDS患者，外周血白细胞数无明显升高（<13×10^9/L），而单核细胞>1×10^9/L，临床上亦无肝脾肿大。骨髓中血细胞发育异常的形态表现十分明显。完全符合MDS特征。这类患者并不具备MPD的特征，显然不应作为CMML归入MDS/MPD中，而仍应诊断为MDS。至于是否需在MDS单列亚型，则有待商榷。

（八）治疗相关MDS

治疗相关MDS（therapy-related MDS，t-MDS）也称为继发性MDS（secondary MDS，sMDS），是细胞毒药物（特别是烷化剂）治疗和或放射治疗后的远期继发病之一，主要发生于经过成功的化疗和（或）放疗后获得长期生存的恶性疾患患者，少数接受过这类治疗的非恶性疾患（如类风湿关节炎、系统性红斑狼疮等）患者也偶有发生。t-MDS发生后多数将继续演变为t-AML。少数有上述治疗史的患者可不经过明显的t-MDS阶段而直接

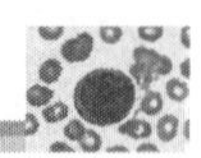

发生 t-AML。由于 t-MDS 在发生、发展上的紧密关系，一些作者常将这两者合并报道。

关于 t-MDS/t-AML 的发病情况，可从鹈池直邦对文献中 417 例的综合分析看出概貌。417 例中男性 180 例，女性 237 例，平均年龄 59 岁（1～86 岁）。原本疾病中血液病占 48%，实体瘤占 48%，良性疾病占 1%。血液病中以霍奇金病（HD）最多（43%），其次为非霍奇金淋巴瘤（NHL，26%）、多发性骨髓瘤（MM，15%）、真性红细胞增多症（PV，11%）、其他血液病（5%）。实体瘤中的乳癌（24%）和卵巢癌（23%）最多，其次为肺癌（10%）、胃和大肠癌（10%），其他肿瘤（33%）。曾接受的治疗中单独化疗占 31.0%，单独放疗占 17.7%，联合放化疗占 33.1%。从第一次化疗和（或）放射开始到 t-MDS/t-AML 诊断的平均潜伏期 57 个月（7～331 个月）。417 例中 115 例为 t-MDS，诊断时各亚型的比率为 RA 30%、RARS 14%、RAEB 27%、RAEBT 16%、CMML 13%。

t-MDS/t-AML 发病的危险因素有：①治疗时年龄。HD 患者治疗后 7 年 t-MDS/t-AML的发生率，治疗时年龄＞40 岁组为 20.7%，＜40 岁组为 6.6%。②治疗方法。HD 治疗后 7～10 年 t-MDS/t-AML 发生率，联合放化疗组为 6.2%，单独化疗组为 2.5%，单独放疗组为 0。③治疗强度。HD 患者接受 MOPP 方案化疗，化疗后 10 年 t-MDS/t-AML 发生率，＜6 个疗程组为 6.4%，7～12 个疗程组为 11.3%，＞12 个疗程组为 37.5%。④原本疾患种类。治疗后 10 年 t-MDS/t-AML 发生率，HD 为 5.4%、NHL 为 6%～8%、PV 为 9%，而 MM 可高达 20%～25%。实体瘤的情况，乳癌和睾丸癌均＜2%、卵巢癌为 10%，而肺癌可高达 25%。

t-MDS 血液学表现不同于原发性 MDS 之处有：①约 25%的患者可有血液和（或）骨髓涂片中嗜碱粒细胞增多；②诊断时约 25%的患者骨髓组织切片显示有核细胞增生低下；③25%～50%的患者骨髓网状纤维增多；④血细胞发育异常的形态改变十分显著。

t-MDS 的造血细胞染色体异常的发生率极高，可达 80%～98%。多数为复杂核型异常，少数可为单一核型异常。单一核型异常主要呈－5、$5q^-$、－7 和 $7q^-$，有时为 $12p^-$ 或t（1；7）。复杂核型异常也往往累及 5 号和 7 号染色体。此外累及较多的有 3 号和 17 号染色体。总的看来，$-5/5q^-$ 和 $-7/7q^-$ 的单一或复杂核型异常占 t-MDS/t-AML 核型异常的 70%～95%。

第三次 MIC 协作研究组（1987）在讨论 t-MDS 时认为，与原发性 MDS 不同，t-MDS 不易按照 FAB 形态学分型标准做出确切分型和预后估计。这是由于 t-MDS 在初起阶段骨髓中原始细胞比例一般很低（＜5%），而发育异常的形态改变同时累及三系造血细胞的情况却很常见，因而看不出以哪一系受累为主。这类病例按照 FAB 诊断标准相当于 RA/RARS 亚型，但实际上与原发性 MDS 的 RA/RARS 不同。前者骨髓三系细胞发育异常的严重程度更为突出。这类貌似低危 MDS 的 t-MDS 病例往往经历一个类似于高危 MDS 的迅速演进的临床过程。

t-MDS 的预后较原发性 MDS 为差。一旦发生后往往进行性地向 AML 演变。转白率高达 60%～80%。很多患者在不足 AML 诊断标准（骨髓中原始细胞≥30%）之前即死于感染和出血。t-MDS 无论是在转白前或转白后，对现有的各种治疗反应差。中位生存时间 3～9 个月（0.5～43 个月）。

（九）其他

还有作者提出一些 MDS 的特殊亚型，如 MDS 伴有嗜酸粒细胞增多（MDS-Eo）、白细胞染色质异常凝聚综合征（abnormal chromatin clumping in leukocytes syndrome，ACCLS）等。这类报告多是个别病例报道，是否能构成特殊亚型，尚待更多观察。

五、实验室检查

（一）血细胞发育异常的形态学（肖志坚，2008）

1. 红细胞生成异常（dyserythropoiesis）　外周血中大红细胞增多，红细胞大小不均，可见到巨大红细胞（直径>2 个红细胞）、异形红细胞、点彩红细胞，可出现有核红细胞。骨髓中幼稚红细胞常见发育异常形态改变有：核出芽、核间桥、核碎裂、多核、核过分叶、核的幼巨红细胞样改变、环状铁粒幼红细胞（铁粒幼红细胞分为三型：Ⅰ型，<5 个铁颗粒；Ⅱ型，≥5 个铁颗粒但不呈核周分布；Ⅲ型为环状铁粒幼红细胞，≥5 个绕核周分布的铁颗粒，常≥1/3 核周）、空泡、PAS 阳性。成熟红细胞形态改变同外周血。

2. 粒细胞生成异常（dysgranulopoiesis）　外周血中中性粒细胞颗粒减少或缺如，胞浆持续嗜碱，假性 Pelger-Hüet 样核异常。骨髓中出现异型原粒细胞（Ⅰ型、Ⅱ型），异型原粒细胞形态特征如下：Ⅰ型是无嗜天青颗粒的原始细胞，Ⅱ型是有嗜天青颗粒的原始细胞，当出现清晰可辨的核旁高尔基区时则为早幼粒细胞。幼粒细胞核浆发育不平行、巨幼样变、核低分叶（假 Pelger-Huët 异常）、不规则过分叶、颗粒减少、无颗粒、假的 Chediak-Higashi 颗粒、Auer 小体。成熟粒细胞形态改变同外周血。

3. 巨核细胞生成异常（dysmegakaryocytopoiesis）　外周中可见到巨大血小板。骨髓中出现小巨核细胞（细胞面积<800μm²），包括淋巴细胞样小巨核细胞，小圆核（1～3 个核）小巨核细胞，或有多个小核的大巨核细胞。一般的巨核细胞也常有核分叶明显和胞浆颗粒减少的改变。淋巴样小巨核细胞形态特征如下：大小及外观与成熟小淋巴细胞相似，核浆比大，胞浆极少。核圆形或稍有凹陷，核染色质浓密，结构不清，无核仁。胞浆强嗜碱，周边有不规则的毛状撕扯缘或泡状突起。

血细胞发育异常形态学分析注意事项：WHO 工作组提出，进行 MDS 患者形态学分析制片时标本须为新采得，接触抗凝剂不宜超过 2 小时。计数原始细胞百分数时，骨髓细胞分类需数 500 个细胞，外周血需数 200 个细胞。判断各系别有无发育异常的定量标准为该系有形态异常的细胞≥10%。

（二）外周血

全血细胞减少是 MDS 患者最普遍也是最基本的表现。少数患者在病程早期可表现为贫血和白细胞或血小板减少。极少数患者可无贫血而只有白细胞和（或）血小板减少。但随着病程进展，绝大多数都发展为全血细胞减少。MDS 患者各类细胞可有发育异常的形态改变。外周血可出现少数原始细胞、不成熟粒细胞或有核红细胞。

（三）骨髓

1. 穿刺液涂片　有核细胞增生程度增高或正常，原始细胞比例正常或增高，红系细胞比例明显增高，巨核细胞数目正常或增多，淋巴细胞比例降低。红、粒、巨核系细胞有

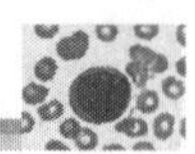

明确的发育异常的形态改变，常至少累及两系。

2. 活组织切片

（1）造血组织面积增大（>50%）或正常。

（2）造血细胞定位紊乱：红系细胞和巨核细胞不分布于中央窦周围而分布在骨小梁旁区或小梁表面；粒系细胞不分布于骨小梁表面而分布在小梁间中心区，并有聚集成簇的现象。

（3）粒系不成熟前体细胞异常定位（abnormal localization of immature precursors，ALIP）现象：原粒细胞和早幼粒细胞在小梁间中心区形成集丛（3～5个细胞）或集簇（>5个细胞）。每张骨髓切片上都能看到至少3个集丛和（或）集簇为ALIP（+）；基质改变，如血窦壁变性、破裂，间质水肿，骨改建活动增强，网状纤维增多等。

所有疑似MDS的患者均应做骨髓活检，其价值在于：①当骨髓穿刺混血时，借助$CD34^-$免疫组织化学染色（IHC）与AML进行鉴别；②借助$CD34^-$ IHC与低增生性AML进行鉴别；③与再生障碍性贫血（AA）进行鉴别，检测$CD34^+$祖细胞异常分布/定位（ALIP）；④借助IHC（CD31、CD42或CD62）观察巨核细胞形态和异常聚集；⑤确定是否有骨髓纤维化；⑥除外其他髓系肿瘤；⑦低增生性MDS的诊断；⑧当染色体核型分析无分裂相时可用原位FISH进行细胞遗传学分析；⑨查明有无血管生成增多（$CD34^-$ IHC）；⑩诊断MDS-U或系统性肥大细胞增多症合并MDS。

（四）染色体核型分析

1. 染色体核型 已报道的MDS患者骨髓细胞核型异常见表9-1。MDS的重现染色体异常包括：①非平衡异常，如+8、−7或del（7q）、−5或del（5q）、del（20q）、−Y、i（17q）或t（17p）、−13或del（13q）、del（11q）、del（12p）或t（12p）、del（9q）、idic（X）（q13），其中+8、del（20q）和−Y，在不符合形态学标准的情况下不能作为MDS的确诊依据；②平衡异常，如t（11；16）（q23；p13.3）、t（3；21）（q26.2；q22.1）、t（1；3）（p36.3；q21.1）、t（2；11）（p21；q23）、inv（3）（q21q26.2）、t（6；9)(p23；q34)。MDS患者如常规染色体核型分析失败，应至少包括5q31、CEP7、7q31、CEP8、20q、CEPY和p53等探针在内的FISH检测。

2. 姊妹染色单体分化（sister chromatid differentiation，SCD）**延迟** 用Brdu SCD检测法，骨髓细胞在体外培养56小时不出现SCD现象为SCD（−）。这是细胞周期延长的反映。经过很多作者反复证实，MDS患者有无染色体异常及异常的类型对于诊断分型、评估预后和治疗决策都具有极为重要的意义。因此，细胞遗传学检查必须列为MDS常规检测项目之一。另外，根据我们的经验，MDS患者SCD（−）对于预示转白有肯定价值。

（五）骨髓细胞体外培养

大多数MDS患者骨髓细胞BFU-E、CFU-E、CFU-Mk 、CFU-GEMM集落均明显减少或全无生长。CFU-GM的生长有以下几种情况：①集落产率正常；②集落减少或全无生长；③集落减少而集簇明显增多；④集落产率正常甚或增多，伴有集落内细胞分化成熟障碍，成为原始细胞集落。有作者认为前两种生长模式提示非白血病性生长；后两种模式提示白血病性生长，常预示转白。以红系受累为主的RARS其CFU-GM生长可正常。

（六）其他

MDS患者可有血清铁、转铁蛋白和铁蛋白水平增高，血清乳酸脱氢酶活力增高，血清尿酸水平增高，血清免疫球蛋白异常，红细胞血红蛋白F含量增高等。这些都属非特异性改变，对于诊断无重要价值，但对于评估患者病情有参考价值。

六、诊断与鉴别诊断

血细胞发育异常的形态改变是MDS的基本特征，但不少疾病也可出现程度不等的类似改变，如营养缺乏性疾患（缺乏维生素B_{12}、叶酸、维生素B_6等）、先天性红细胞生成异常性贫血（CDA）、骨髓增殖性肿瘤、原发性血小板减少性紫癜、阵发性睡眠性血红蛋白尿、一些其他溶血性疾病、再生障碍性贫血治疗好转期、某些恶性肿瘤、骨髓转移瘤、某些感染（结核病、人类免疫缺陷病毒感染等）、某些结缔组织病 、苯或铅中毒等。MDS的诊断需能排除这些疾病（肖志坚，2008）。

已经有骨髓原始细胞增多的MDS（如RAEB）诊断一般不难，而那些原始细胞比例增高不明显且无克隆性染色体核型异常患者的MDS诊断，基本上是靠排除性诊断。曾有作者提出将骨髓原始细胞占3%和（或）病理性铁粒幼红细胞≥3%作为MDS的最低诊断标准，但未得到公认和推广。2006年由包括美国NCCN、MDS国际工作组（IWG）、欧洲白血病网（ELN）等代表在内的专家组在维也纳MDS工组会议中一致通过的MDS最低诊断标准（表9-2），明确和细化了诊断条件，使得诊断更加准确可靠，将有助于排除一些疑似MDS的良性非克隆性疾病（Valent，2007）。此次会议还提出了一个新的术语“意义未定的特发性血细胞减少”［idiopathic cytopenia of uncertain（undetermined）significance，ICUS］，其特征有3个方面。①髓系细胞中一系或多系血细胞减少，持续≥6个月：红细胞（HB＜110g/L），中性粒细胞（ANC＜1.5×10^9/L）和（或）巨核细胞系（PLT＜100×10^9/L）；②不能满足上述MDS最低诊断标准；③除外可作为初始原因导致血细胞减少/发育异常的其他所有造血组织或非造血组织的疾病。确定ICUS需做如下检查：①详细的病史询问（毒物、药物和致突变剂接触史等）；②详细的查体，包括X线和脾超声检查；③白细胞分类计数和血清生化全套；④骨髓涂片分类计数和铁染色；⑤骨髓和外周血细胞流式细胞术免疫表型分析（van de Loosdrecht，2009）；⑥染色体核型分析和FISH检测；⑦如有需要须行分子生物学检测（如中性粒细胞减少患者应检测TCR基因重排）；⑧骨髓病理切片观察和免疫组织化学染色（IHC）；⑨病毒检测（HCV、HIV、CMV、EBV等）。

表9-2　MDS最低诊断标准[a]

（1）必备条件（下面两个条件必须同时具备，缺一不可）
1）下列细胞系别中一系或多系持续性减少（≥6个月）[b]
红细胞（HB＜110g/L）；中性粒细胞（ANC＜1.5×10^9/L）；巨核细胞系（PLT＜100×10^9/L）
2）排除可以成为血细胞减少/发育异常原发原因的所有其他造血组织或非造血组织疾病[c]
（2）确定条件

续表

1）骨髓涂片中红细胞系、中性粒细胞系或巨核细胞系任何一系细胞中至少10%有发育异常，或环状铁粒幼红细胞>15%
2）骨髓涂片中原始细胞占5%～19%
3）典型的染色体异常（常规核型分析法或FISH）[d]
（3）辅助条件[e]（指符合（1）而不符合（2）的患者，而且表现其他方面的典型临床特征，如输血依赖性大细胞贫血）
1）流式细胞术检测骨髓细胞表型，明确显示有单克隆红系和（或）髓系细胞组群
2）HUMARA分析、基因芯片谱型或基因点突变分析（如RAS突变）显示有单克隆细胞组群的明确分子征象
3）CFU检测骨髓和（或）循环中祖细胞集落（±集丛）形成显著而持久性减少

a 符合所有两个"必备条件"和至少一个"确定条件"时，可确诊为MDS；若不符合任何"确定条件"，但患者显示有髓系疾患，则需参考"辅助条件"，以帮助确定患者是否患有MDS，或是存在"高度疑似MDS（HS-MDS）"。

b 如果同时有染色体核型异常，可<6个月。

c 由于较多患者被诊断为有两个髓系肿瘤并存，在很少数患者即使查出可能引起血细胞减少的另一个共存疾病，MDS的诊断仍能成立。对于这类情况须加以说明。

d 典型的染色体异常是指在MDS中常常出现的+8，−7，5q^{-}，20q^{-}等；若只有核型异常这一个"确定条件"，则应认为是"HS-MDS"。

e"辅助条件"无须在所有诊疗中心的常规检测工作中都用作标准，如果没有这些条件，对可疑患者应予随诊并反复定期监测，以便确立MDS的诊断。

七、分　　型

1976年法、美、英（FAB）协作组正式定名MDS，并于1982年进一步详细描述MDS的特征，提出诊断标准和分型建议（Bennett等，1982）。根据①骨髓中原始细胞比例，②外周血中原始细胞比例，③原始细胞中有无Auer小体，④骨髓中环状铁粒幼红细胞占红系细胞的百分率，⑤外周血中单核细胞的绝对值，将MDS划分为难治性贫血（refractory anemia，RA）、难治性贫血伴有环状铁粒幼红细胞（RA with ring sideroblasts，RARS）、难治性贫血伴有原始粒细胞过多（RA with excess of blasts，RAEB）、转化中RAEB（RAEB in transformation，RAEB-t）和慢性粒单细胞白血病（chronic myelomonocytic leukemia，CMML）等5个亚型（表9-3）。其后的近20年中这一分型标准已为国际上普遍接受，成为研究MDS的共同语言。但在此期间也发现了一些需要澄清和修正的问题而受到批评和质疑。在此基础上，世界卫生组织（WHO）在2001年其正式发布的"WHO造血与淋巴组织肿瘤分类方案"中，对FAB MDS分类方案做了修订，并推荐其作为国际统一标准（肖志坚，2008）。修订内容有以下几点：①强调RA或RARS只要有红系一系血细胞发育异常表现即可成立诊断；②将RAEB再分为两型，即RAEB-Ⅰ和RAEB-Ⅱ；③将诊断AML与MDS的骨髓原始细胞百分率分界值下降为20%，取消原有的RAEB-t亚型；④将CMML归入MDS/MPD（下述）大类，不再作为MDS的一个亚型；⑤新增5q^{-}综合征和难治性血细胞减少伴有多系发育异常（refractory cytopenia with multilineage dysplasia，RCMD）两个亚型；⑥骨髓中原始细胞虽<20%，但有t（8；21）、t（15；17）、inv（16）或t（16；16）细胞遗传学异常者，不诊断为MDS，而诊断为相应亚型的AML。

表 9-3　MDS 的 FAB 分型数量划分标准

亚型	外周血	骨髓
RA	原始细胞＜1％	原始细胞＜5％
RARS	原始细胞＜1％	原始细胞＜5％ RS＞15％有核红细胞
RAEB	原始细胞＜5％	原始细胞在 5％～20％
RAEB-t	原始细胞≥5％[a] 原始细胞中见到 Auer 小体[c]	原始细胞＞20％～30％[b]
CMML	原始细胞＜5％ 单核细胞＞1×10^9/L	原始细胞＜20％

a、b、c 3 项中具备 1 项即可诊断 RAEB-t。

WHO 造血与淋巴组织肿瘤分类方案中，将兼有 MDS 和骨髓增殖性疾病（MPD）两者特征的疾病，另设一个大类，称为“骨髓增生异常/骨髓增殖性疾病（MDS/MPD）”。这个大类中包括 3 种疾病：慢性粒单细胞白血病（CMML）、不典型慢性髓性白血病（aCML）和幼年型粒单细胞白血病（JMML）。

WHO 于 2001 年颁布的 MDS 分型标准现已取代 1982 年法、美、英（FAB）协作组提出的分型标准，并为国际上普遍采用。由于该标准仍依赖于 FAB 分型的框架，除 $5q^-$ 综合征从细胞遗传学上确立为一个独立的疾病之外，其他的分型仍完全依靠细胞形态学的评价。此外，有研究发现完全按该标准提出的骨髓细胞发育异常与血细胞减少的标准有些患者无法进行分型诊断，Verburgh 等对 221 例 FAB 低危 MDS 患者进行了 WHO 标准（2001）重新分型，部分患者虽表现为单纯的贫血，但骨髓除了红系以外还有其他系别的发育异常，按 WHO 分型标准不能将其归入 RA 或 RAS，若将其归入 RCMD 亦不正确，因为外周血仅只有单纯的贫血。我们的研究也发现原始细胞＜5％的患者中那些骨髓仅有红系发育异常而外周血有两系或三系细胞减少、骨髓有两系或三系发育异常形态学异常而外周血仅只有一系血细胞减少及有克隆性染色体核型异常而骨髓三系均无发育异常形态学异常的患者无法按 MDS（2001）标准进行准确的分型诊断。

MDS（2008）标准（表 9-4 和表 9-5）主要是对原始粒细胞＜5％那部分患者的分型诊断标准进行了修订：①儿童 MDS 提出了一个暂定类型“儿童难治性血细胞减少”（refractory cytopenia of childhood，RCC），即持续性血细胞减少，骨髓有发育异常形态学异常，外周血原始细胞＜2％，骨髓原始细胞＜5％，大部分 RCC 患儿骨髓活检为骨髓增生减低，应与获得性再生障碍性贫血及遗传性骨髓衰竭综合征相鉴别；②提出了一个新的类型“难治性血细胞减少伴单系发育异常（RCUD）”，包括 MDS（2001）标准中的“难治性贫血（RA）”及新提出的“难治性中性粒细胞减少（RN）”和“难治性血小板减少（RT）”；③将环状铁粒幼红细胞≥15％ RCMD-RS 患者归入 RCMD，取消了 RCMD-RS；④重新定义了 MDS-U，即外周血原始细胞为 1％的 RCUD 和 RCMD 患者或骨髓单系发育异常形态学异常而外周血有三系血细胞减少或外周血持续性血细胞减少且原始细胞≤1％，骨髓一系或一系以上髓系中发育异常的细胞＜10％但有可作为 MDS 诊断的推定证据的细胞遗传学异常且原始细胞＜5％；⑤提出骨髓红细胞比例≥50％的患者其分型诊断时原始细胞比

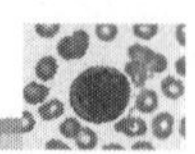

例按有核细胞中所占比例。

表 9-4 骨髓增生异常综合征的外周血和骨髓异常表现

疾病类型	外周血	骨髓
难治性血细胞减少伴单系发育异常（RCUD） 难治性贫血（RA） 难治性中性粒细胞减少（RN） 难治性血小板减少（RT）	单系细胞减少或两系细胞减少[a] 无原始细胞或罕见（<1%）[b]	单系别发育异常：一个髓系细胞中发育异常的细胞≥10% 原始细胞<5% 环状铁粒幼红细胞<15%
难治性贫血伴有环状铁粒幼红细胞（RARS）	贫血 无原始细胞	环状铁粒幼红细胞≥15% 仅有红系发育异常 原始细胞<5%
难治性血细胞减少伴有多系发育异常（RCMD）	血细胞减少 无原始细胞或罕见（<1%）[b] 无 Auer 小体 单核细胞<1×10^9/L	髓系中≥2 个系别中发育异常的细胞≥10%［中性粒细胞和（或）红系祖细胞和（或）巨核细胞］ 骨髓原始细胞<5% 无 Auer 小体 环状铁粒幼红细胞±15%
难治性贫血伴有原始细胞过多-Ⅰ（RAEB-Ⅰ）	血细胞减少 原始细胞<5% 无 Auer 小体 单核细胞<1×10^9/L	一系或多系发育异常 原始细胞在 5%～9% 无 Auer 小体
难治性贫血伴有原始细胞过多-Ⅱ（RAEB-Ⅱ）	血细胞减少 原始细胞在 5%～19% 有或无 Auer 小体[c] 单核细胞<1×10^9/L	一系或多系发育异常 原始细胞在 10%～19% 有或无 Auer 小体[c]
MDS 不能分类（MDS-U）	血细胞减少 原始细胞≤1%[b]	一系或一系以上髓系中发育异常的细胞小于 10%，但有可作为 MDS 诊断的推定证据的细胞学异常 原始细胞<5%
MDS 伴有单纯 del（5q）	贫血 血小板数正常或增高 无原始细胞或罕见（<1%）	巨核细胞数正常或增加伴有核分叶减少 原始细胞<5% 单纯 del（5q） 无 Auer 小体

a 偶可见二系细胞减少。全血细胞减少的患者应归于 MDS-U。

b 如果骨髓原始细胞百分比<5%，而外周血原始细胞为 2%～4%，诊断分型为 RAEB-Ⅰ。外周血原始细胞为 1%的 RCUD 和 RCMD 患者应归于 MDS-U。

c 有 Auer 小体和外周血原始细胞<5%和骨髓原始细胞<10%的患者应归于 RAEB-Ⅱ。

表 9-5　骨髓原始细胞不增高的 MDS 血细胞减少和发育异常特征的总结

血细胞减少	发育异常	疾病类型
一系细胞减少 二系细胞减少	一系	RCUD RA RN RT
一系细胞减少 二系细胞减少	一系和环状铁粒幼红细胞≥15%	RARS
全血细胞减少	一系	MDS-U
一系细胞减少 二系细胞减少 全血细胞减少	多系（≥2 个髓细胞系）	RCMD
一系细胞减少 二系细胞减少 全血细胞减少	多系和环状铁粒幼红细胞≥15%	RCMD

年长儿童 MDS（肖志坚，2005、2007；Hasle 等，2003）的表现与成人基本相同，但婴幼儿的 MDS 则有一些不同的特点：①在 FAB 亚型方面以 JMML 最多，其次为 RAEB/RAEB-t，而 RARS 罕见。WHO 髓系肿瘤分类中已将 JMML 归入 MDS/MPD 大类之中。②可合并其他先天异常。③个别患儿可自发缓解。曾有作者提出几种儿童 MDS 分型标准，但都未得到承认。2003 年一个国际儿童 MDS 工作组提出一个儿童 MDS 的 WHO 分类拟议（表 9-6），这个儿童 MDS WHO 分类拟议，是专家组通过蒙特利尔 SIOP 会议（1999）和第二次 MDS 研讨会（2000，丹麦）两次会议讨论一致通过的，十分明确地反映了儿童 MDS 的特点，值得试用。

表 9-6　儿童 MDS 的 WHO 分类拟议

MDS 最低诊断标准至少满足下述 4 项中的 2 项：
持续性不能解释的血细胞减少（贫血、中性粒细胞减少或血小板减少）
骨髓中髓系细胞至少二系发育异常
造血细胞有获得性克隆性细胞遗传学异常
骨髓中原始细胞≥5%
MDS/MPD 分类
Ⅰ. MDS/MPD
JMML
CMML（仅限继发性者）
BCR-ABL$^-$ CML（Ph$^-$ CML）
Ⅱ. 唐氏综合征（DS）相关疾病

续表

短暂性骨髓造血异常（TAM）
DS髓性白血病
Ⅲ.MDS
难治性血细胞减少（RC）：外周血原始细胞<2%，骨髓原始细胞<5%
RAEB：外周血原始细胞占2%～19%，或骨髓原始细胞占5%～19%
RAEB-t：外周血或骨髓原始细胞占20%～29%

八、治　　疗

由于病因和发病机制尚未能完全阐明，迄今为止MDS还没有统一的特异性治疗方案，但对于MDS治疗原则的认识已逐渐趋于一致（肖志坚，2007；Kasner等，2009；Kindwall-Keller等，2009）。

虽然MDS就其实质来说是一组恶性克隆性疾病，转变为白血病的危险性很高，但患者的自然临床过程和转归差异极大，真正转变为AML的患者不超过总体的30%。多数患者终其一生并未发生白血病转化，而是一直处于顽固性血细胞减少状态。这些患者生活和生命所受到的实际威胁是血细胞减少所引起的生活质量劣化和并发症，如感染、出血、贫血性心脏改变等。因此，MDS的治疗必须个体化地分别决策。目前，国际上治疗MDS的趋势是对于大多数病程平稳、以顽固性血细胞减少为主要表现，而基本上没有恶性表征的患者，特别是对于低危和高龄MDS患者，治疗目标应主要是提高血细胞数量和保持较高的生活质量，支持治疗应是这些患者的主要甚至唯一治疗手段。对于有明确白血病基本表征的患者，可考虑采用与AML基本相同的治疗选择，目标是杀灭恶性克隆，恢复正常造血功能。在给一个确诊的MDS患者做治疗决策时，主要考虑以下三点：①患者的国际预后积分系统（IPSS）危度分组；②患者的年龄；③患者的体能状况。现今MDS的治疗选择主要有：①单纯支持治疗；②刺激正常残存造血干/祖细胞和（或）改善病态造血克隆的造血效率；③根除病态造血克隆并恢复正常造血。

现将已经用于MDS的各种治疗手段分述于下：

（一）支持治疗

支持治疗应是IPSS低危/中危-Ⅰ患者，特别是高龄MDS患者的主要甚至唯一治疗手段，这一观点应引起我们的高度重视，从而避免过度治疗。支持治疗包括：

（1）对于无临床症状、不需要输血、血红蛋白>100g/L、中性粒细胞>1×10^9/L、血小板>75×10^9/L的患者，可继续随诊观察，给予必要的心理支持，并进行生活质量评估。

（2）输血治疗：现今尚无确定是否需要红细胞输注的血红蛋白界定值，主要根据贫血相关症状进行临床判断。一般来说，当血红蛋白<80g/L时应考虑红细胞输注，反复出现非溶血性发热性输血反应后应输少白细胞的红细胞。慢性血小板减少患者只需观察而不必进行预防性血小板输注，血小板计数10×10^9/L为预防性血小板输注的指征，当有发热、感染时应提高到20×10^9/L。对于血小板无效输注或显著血小板减少的患者可考虑加用氨

甲苯酸或其他抗纤溶药物。如果患者考虑进行造血干细胞移植（HSCT），所输血制品应在输注前进行照射。

（3）感染的处理：中性粒细胞减少的 MDS 患者尚无证据支持常规给予预防性抗细菌或真菌药物。严重中性粒细胞减少患者可以考虑预防性小剂量 G-CSF 治疗以维持中性粒细胞计数>1×10^9/L。有明确感染灶时采用静脉抗生素治疗。

（4）祛铁治疗：最近 Leitch 等的研究结果首次证实祛铁治疗可显著提高 IPSS 低危/中危-Ⅰ MDS 患者的总体生存期（接受祛铁治疗组在 160 个月时尚未达中位生存期，未接受祛铁治疗组中位生存期为 40.1 个月）。接受祛铁治疗的指征是 IPSS 低危/中危-Ⅰ MDS 患者，预计生存期较长、已累计输 RBC≥25 U（约 5g 铁）或血清铁蛋白>1000 μg/L。最常用的祛铁剂是去铁胺（desferrioxamine），20～40mg/kg，静脉滴注 12 小时，或 1g/d，皮下注射，每周 5～7 天，至铁蛋白浓度<1000 μg/L，当铁蛋白浓度低于 2000μg/L 后，去铁胺剂量不要超过 25mg/kg。口服去铁剂 Deferasirox（ICL670，Exjade）于 2005 年 11 月和 2006 年 9 月先后获美国 FDA 和欧洲医疗局批准用于由于输血导致的慢性铁超负荷治疗，剂量为 20～30mg/（kg·dl）。祛铁治疗的目标是血清铁蛋白<1000 μg/L。

（5）细胞因子治疗：常用方案为 EPO±G（GM）-CSF。首选单用重组人 EPO（rHuEPO），10 000U/d，连用 6 周，无效者可再用 6 周或加用 G-CSF，G-CSF 用量按从 75μg/d→150μg/d→300μg/d 每周递增，使白细胞计数维持在（6～10）$\times10^9$/L。有效患者在达到最佳疗效后，G-CSF 用量减为每周 3 次，rHuEPO 间隔 4 周调整一次用量，改为每周 5 天→每周 4 天→每周 3 天至维持最佳疗效的最低用量。已有研究证实每月 RBC 输注量<2 U 且血清 EPO 水平<500 U/L 的患者有效率可达 74%，而每月 RBC 输注量>2 U或血清 EPO 水平>500 U/L 的患者有效率为 23%，而每月 RBC 输注量>2 U 且血清 EPO 水平>500 U/L 的患者有效率仅为 7%。

（二）刺激正常残存造血干/祖细胞和（或）改善病态造血克隆的造血效率

1. 免疫抑制剂　那些 HLA-DRB1-15 阳性、骨髓增生减低、染色体核型正常、IPSS 低危度组、存在有 PNH 克隆的患者和红细胞输注时间<2 年且需要治疗的患者，可选用 CsA［3mg/（kg·dl）和 ATG 40 mg/（kg·dl）×4d］治疗。

2. 免疫调节剂　雷利度胺（revlimid）是沙利度胺（thalidomide）的类似物，是在沙利度胺邻苯二酰环的第 4 位引入一个氨基并去除环上的羰基后形成的一种新的化合物。作为第二代免疫调节药物（IMiD），雷利度胺的化学性质比沙利度胺更稳定，抗肿瘤、免疫调节等作用更强，同时克服了沙利度胺常见的不良反应。雷利度胺治疗伴单纯 5q31.1 异常或 5q31.1 异常伴有额外染色体异常的 MDS 患者脱离输血率分别为 69%和 49%，获得血液学疗效的患者中有 76%同时获得了细胞遗传学疗效（核型异常细胞比例减少≥50%），其中 55%的患者达 CR。雷利度胺于 2005 年 12 月 27 日获 FDA 批准用于治疗 $5q^-$ 伴或不伴额外细胞遗传学异常且依赖输血的低危和中危-Ⅰ MDS 患者，推荐治疗方案为 10mg/d，根据血象调整剂量。

3. 其他

（1）雄激素类：接受治疗的患者中约 30%可有血红蛋白不同程度的升高。

（2）三氧化二砷、全反式维 A 酸（ATRA）、磷酸氨基硫醇（amifostine）、己酮可可碱

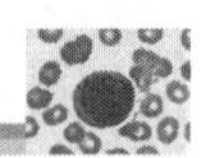

(pentoxifilline) 等治疗 MDS 有一定的疗效，均属于探索试用阶段，尚有待更多临床验证。

（三）根除病态造血克隆并恢复正常造血

1. 5-氮杂胞苷 Ⅲ期随机对照临床试验 CALGB 9221 比较了 5-氮杂胞苷与标准支持治疗治疗 MDS 的疗效。共 191 例患者，99 例为 5-氮杂胞苷联合支持治疗，92 例患者单纯支持治疗。5-氮杂胞苷的用法为 75mg/（m^2·d)，皮下注射，连用 7 天，28 天为 1 个疗程，治疗组至少连续用 4 个疗程；如达到 CR，再继续用至少 3 个疗程；如达部分缓解（PR）或血液学改善（HI），则一直使用至 CR 或复发为止。5-氮杂胞苷治疗组总有效率为 60%，CR、PR 和 HI 分别为 7%、16%和 37%，明显高于支持治疗组（总有效率为 5%，CR、PR 和 HI 分别为 0、0 和 5%）。低危 MDS（RA 和 RARS）患者的总有效率为 59%（CR、PR 和 HI 分别是 9%、18%和 32%），高危 MDS（RAEB、RAEB-t）患者的总有效率为 61%（CR、PR 和 HI 分别是 8%、15%和 38%），MDS 低危组和高危组之间疗效无显著差别。5-氮杂胞苷治疗组开始显效和达到最佳疗效的中位时间分别是 64 天和 93 天，中位持续缓解时间是 15 个月（11～20 个月）。美国 FDA 于 2004 年 5 月 19 日批准并推荐将 5-氮杂胞苷用于所有的 MDS 患者，尤其是年龄小于 75 岁，且不适合化疗或干细胞移植的中危-Ⅱ/高危 MDS 患者。5-氮杂胞苷推荐用法为 75mg/（m^2·d)，皮下注射，连用 7 天，28 天为 1 个疗程，至少连续使用 4 个疗程。新近一个 5-氮杂胞苷与常规治疗方案（包括最佳支持治疗、小剂量阿糖胞苷和 AML 样化疗）随机对照研究结果表明 5-氮杂胞苷较常规治疗可显著提高患者的总体生存期。

2. 地西他滨 Ⅲ期临床试验证实地西他滨治疗组［地西他滨 45mg/（m^2·d)，分 3 次静脉滴注，连用 3 天，每 6 周为 1 个疗程］缓解率和血液学进步分别为 17%（其中 CR 率为 9%）和 13%，明显高于支持治疗组（分别为 0 和 7%），前者的中位持续缓解时间为 10.3 个月。在地西他滨治疗组中，对地西他滨治疗有效的患者中位生存期明显高于地西他滨治疗无效的患者，分别为 23.5 个月和 13.7 个月。美国 FDA 于 2006 年 5 月 2 日已正式批准地西他滨用于治疗 MDS 患者，包括初治和治疗过的 MDS、所有 FAB 亚型的原发或继发 MDS 及 IPSS 积分为中危-Ⅰ，中危-Ⅱ和高危 MDS 患者。推荐治疗方案为：45 mg/（m^2·d)，每天分 3 次（每 8 小时 1 次）静脉滴注，滴注时间在 3 小时以上，连续治疗 3 天（总剂量为 135 mg/m^2)，每 6 周为 1 个疗程，至少治疗 4 个疗程，一旦治疗有效应继续治疗。寻求最佳治疗剂量的一个Ⅱ期临床试验证实，20mg/（m^2·d）静脉滴注，滴注时间在 3 小时以上，连续治疗 5 天的方案疗效显著好于前述方案，目前临床基本已采用此给药方案。

3. 其他单药化疗

(1) 小剂量阿糖胞苷（Ara-C)：使用得最多，经验也较成熟。剂量为 10～20mg/（m^2·d)，分 2 次皮下注射或持续静脉滴注，疗程 7～21 天，一般为 20 天。有效率 40%左右，但明显有效和 CR 者仅为 20%，持续时间较短，多数不超过半年。副作用主要是骨髓抑制，治疗相关死亡率为 10%～25%。然而，目前尚无肯定证据表明此项治疗能比单纯支持治疗延长生存期或降低转白率，因此现在不主张单独使用小剂量 Ara-C 治疗方案，但有以小剂量 Ara-C 为基础的 CAG 方案［Ara-C 10mg/（m^2·次)，皮下注射，每 12 小时1 次，第 1～14 天；阿克拉霉素（ACR）5～7 mg/（m^2·d)，静脉注射，第 1～8 天；粒细胞集落刺激因子（G-CSF）200μg/（m^2·d)，皮下注射，第 1～14 天。当 ANC＞5×10^9/L 或 WBC＞20×10^9/L

时，G-CSF暂停或减量]。治疗中高危MDS患者，CR可达50%。

(2) 小剂量美法仑：日本Omato等于1996年首次报道用小剂量美法仑（2mg/d，口服）治疗21例高危老年（中位年龄65岁）MDS患者（RAEB 6例，RAEB-t 15例），7例获CR（33.3%），达CR时美法仑总剂量为（140±19）mg，中位CR时间为14.5个月；达CR的7例患者中6例为骨髓低增生性，后者的CR率为55%（6/11例）；治疗过程中未发现骨髓抑制、血细胞减少等不良反应。2000年，德国Denzlinger等用同样的方案治疗14例高危老年MDS患者（RAEB 8例、RAEB-t 5例、CMML 1例），4例获CR（28.6%），其中3例为骨髓低增生性，后者的CR率60.0%；治疗过程中未发现药物不良反应。我们采用该方案治疗30例中高危患者，CR 9例（30.0%）、PR 3例（10.0%）、骨髓缓解（MCR）加HI 3例（10.0%）、MCR 1例（3.3%）、病情稳定4例（13.3%）、失败10例（33.3%），总有效率（完全缓解、部分缓解、骨髓缓解及病情稳定）66.7%。

4. AML方案化疗 MDS强烈联合化疗的指征，应综合患者的年龄、体能状况（performance status，PS）和IPSS危度加以确定。目前多数作者倾向于年龄≤60或65岁，确诊后时间不长，PS良好，IPSS中危-Ⅱ和高危的MDS患者可选择强烈联合化疗。由于MDS与AML的相关性，一般采用治疗AML的化疗方案。有作者配对分析58对分别接受联合化疗或支持治疗的高危MDS患者，结果中位存活时间为18个月 *vs* 8个月，5年活存率为18% *vs* 7%。可见联合化疗对高危MDS有肯定的近期和远期疗效。但总的看来，与AML相比，MDS联合化疗的CR率较低、CR持续时间较短、复发率较高；而且由于MDS患者的正常造血储备能力很差，对强烈化疗的承受能力很差，容易发生化疗后骨髓造血功能严重而持久的抑制，导致治疗相关死亡。

关于MDS强烈化疗疗效的报道彼此间差异很大，CR率低至15%，高至65%，个别报道CR率甚至高达80%。这可能主要与病例选择差异有关。治疗相关死亡率15%～35%，中位存活时间为10～18个月。年龄<50岁、染色体核型正常、骨髓中原始细胞短期内迅速增多、Auer小体（+）等，疗效较好。但也有作者认为MDS联合化疗的疗效并不比AML差，如Bernstein等回顾性分析1984～1992年间接受联合化疗的915例AML，发现其中38例按FAB标准应诊断为MDS。对比这38例与其余877例AML的疗效与转归：CR率为83% *vs* 77%，治疗相关死亡率为8% *vs* 12%，中位CR持续时间为11.9个月 *vs*15.4个月，中位存活时间为14个月 *vs* 16.5个月。两者之间均无明显差异。

近几年来试用VP-16/氟达拉滨（Flu）/Ara-C或VP-16/拓扑替康（topotecan）/Ara-C三药联合方案治疗高危MDS取得了较高的CR率（>60%），值得进一步试用。

5. 造血干细胞移植（HSCT）

(1) 异体造血干细胞移植（allo-HSCT）：是目前唯一可能治愈MDS的手段。供体的选择仍以HLA匹配的同胞供体为主，其他依次为HLA匹配的无关供体，HLA部分匹配的家庭成员供体。预处理方案主要有BU-Cy方案［BU 4mg/（kg·dl）×4d，Cy 60mg/（kg·d）×2d］和Cy/TBI（Cy 120mg/kg+TBI 10～15.75Gy）。移植物抗宿主病（GVHD）的预防一般采用甲氨蝶呤（MTX）+环孢素（CsA）方案：MTX 10mg/（m^2·d），iv，第1、8、15、22、29天（或第1、3、6、11天），CsA 1.5mg/（kg·d），iv，q12h，从移植前1天开始直至能口服时改为6.25mg/kg，q12h，口服至移植后50天，以后每周减至5%，至6个月时停用。

疗效各家报道不一。国际骨髓移植登记处（IBMTR）1989～1994年共登记接受HLA相合供者allo-BMT的MDS患者449例。移植后4年无病生存（DFS）：RA/RARS 49%，RAEB 31%，CMML 28%，RAEB-t 25%；移植相关死亡率（TRM）48%。美国西雅图骨髓移植中心1981～1996年实施MDS患者allo-BMT 251例，6年DFS率40%，其中年龄<20岁者DFS率60%，而>50岁者DFS率仅20%；复发率18%，非复发死亡率42%。欧洲BMT（EBMT）组1997年实施MDS患者allo-BMT 1378例，3年DFS率36%，复发率36%。其中885例是接受HLA相合同胞骨髓：RA/RARS DFS率55%，复发率13%，而高危MDS分别为28%和43%。影响DFS及复发率的主要因素有FAB亚型、确诊至移植的时间、移植前骨髓中原始细胞比例、血缘或非血缘供者及移植后GVHD的程度等。最近研究证实，IPSS是预测HSCT疗效的一个独立指标。

当前对于MDS患者allo-HSCT的倾向性意见：年龄<50岁，有HLA相合供者的IPSS高危和中危-Ⅱ患者，应争取尽早施行allo-HSCT；而有同样条件的IPSS低危和中危-Ⅰ患者，由于其相对良性的自然病程，则应慎重权衡利弊，严格掌握治疗指征。Cutler等的研究结果表明，IPSS低危/中危-Ⅰ患者在出现新的染色体异常、进行性加重的血细胞减少及进展为更高IPSS危度时，施行HSCT可获最大总体生存。

（2）自体造血干细胞移植（auto-HSCT）：已经证明MDS患者经强烈化疗获得CR后，其外周血中可以收获到多克隆性可能是正常的干/祖细胞。这一发现为MDS患者施行auto-HSCT提供了理论依据。de Witte等报道了EBMT的79例（19例为RAEB/RAEB-t、39例为继发性AML、21例为治疗相关MDS或AML）化疗后在CR1进行auto-HSCT的结果。干细胞来源：73例为骨髓，3例为外周血干细胞，另3例同时接受了骨髓和外周血干细胞。其2年的OS率、DFS率和复发率分别为39%、34%和64%，其中19例原发性MDS分别为46%、40%和58%。治疗相关死亡率小于10%。年龄小于40岁的患者疗效明显好于大于40岁的患者。疗效失败的主要原因是复发率高（56%）。另一欧洲协作组报道了185例MDS和继发性白血病auto-HSCT的初步结果，发现遗传学低危/中危组患者的2年生存率（52%）明显好于高危组（28%）患者。Wattel等回顾性分析了83例MDS强化疗后进行自体骨髓/外周血干细胞移植的结果。化疗后42例（51%）获CR，其中24例进行了auto-HSCT，50%（12例）的患者仍存活，其中位DFS期为29个月，PBSCT较ABMT造血恢复快。auto-HSCT治疗MDS仍处于探索阶段，无合适供体或不适于做allo-HSCT的高危MDS患者，auto-HSCT可以作为强烈化疗获缓解后的强化治疗手段。

九、儿童MDS的治疗

成年人MDS的治疗策略对于儿童MDS来说可能仅适用于极少部分那些无7号染色单体或复杂染色体核型异常的、且非输血依赖性和无由中性粒细胞减少导致高感染风险的RC患儿。采取该治疗策略的患儿应定期检测骨髓变化，一旦出现疾病进展证据，有条件者应进行HSCT。

绝大部分儿童MDS应将SCT作为首选治疗。那些有7号染色单体或复杂染色体核型异常的RC患儿，如有HLA匹配的同胞供体或无关供体，应在确诊后尽早进行HSCT，其他RC患儿如有HLA匹配的同胞供体也应在确诊后尽早进行HSCT。晚期MDS

(RAEB 和 RAEB-t) 应在确诊后尽早进行 HLA 完全匹配的同胞供体和无关供体或 1 个位点不合的无关供体 HSCT，如果疾病进展，可考虑单倍体 HSCT，现有资料表明这些患者在移植前是否接受强化疗及骨髓原始粒细胞的比例对患者移植后生存率和复发率并无影响。干细胞来源可用骨髓干细胞或外周血干细胞，预处理方案常采用以白消安为基础的方案（如 EWOG-MDS 98 临床试验采用白消安 16 mg/kg、环磷酰胺 120 mg/kg、美法仑 140 mg/m^2)，GVHD 预防采用 HLA 匹配的同胞供体 HSCT 常单用环孢素，其他 HSCT 常用环孢素＋甲氨蝶呤＋抗胸腺细胞球蛋白（ATG）联合方案。同胞供体和无关供体 HSCT 的移植相关死亡率分别约为 15%和 25%，5 年无病生存率分别约为 60%和 40%，5 年复发率约为 30%，同胞供体和无关供体 HSCT 无显著性差异。

药物治疗，如免疫抑制药（环孢素、ATG）和 DNA 甲基化酶抑制药［5-氮杂胞苷 (azacytidine，5AC) 和地西他滨（decitabine，DAC)］，除有 ATG 治疗儿童 MDS 的小系列报道外，其他药物极少有用于儿童 MDS 的研究报道。

十、疗效标准

各作者在报告 MDS 治疗效果时曾提出几个疗效标准，虽然大体相近，但不完全相同。有鉴于此，一个国际工作组于 2000 年底提出了一个统一的 MDS 疗效判定标准方案，希望能作为 MDS 临床治疗试验的“共同语言”。此方案于 2006 年进行了修订（Cheson 等，2006)，现将该方案摘要列于表 9-7，以供参考。

表 9-7 修订（IWG）的 MDS 治疗反应标准[a]

Ⅰ改变疾病自然病程

完全缓解（CR）：反应须持续≥4 周[b]

BM：bls≤5%[c]，各系细胞成熟正常，可允许继续存在 dys[d]，但要加以注明

PB：HB>110g/L；ANC≥1.0×10^9/L；PLT≥100×10^9/L，无 bls，可继续存在 dys[d]

部分缓解（PR）：反应须持续≥4 周[b]

BM：bls 较治疗前减少≥50%，但仍>5%，不考虑有核细胞增生程度和 dys[c]

PB：同 CR 标准

骨髓 CR：bls≤5%，且较治疗前减少≥50%，但 PB 血细胞减少未恢复，如果 PB 达到下述 HI 标准，须加以注明

稳定（SD）：未达到 PR 标准，但无下述 PD 证据，≥8 周

失败：治疗中死亡或疾病进展

CR 或 PR 后复发：有下列≥1 项

BM 中 bls 恢复到治疗前水平

ANC 或 PLT 较缓解/有效时的最高值减少≥50%

HB 减少 15g/L 或依赖输血

进展（PD）：有下列≥1 项

BM：bls <5%者，增加≥50%，达到>5%

bls 5%～10%者，增加≥50%，达到>10%

bls 10%～20%者，增加≥50%，达到>20%

bls 20%～30%者，增加≥50%，达到>30%

续表

PB：ANC或PLT较缓解/有效时的最高值减少≥50%，HB减少≥20g/L，依赖输血

生存时间的计算：

总生存时间（OS）：从进入治疗试验到任何原因死亡

无变故生存（EFS）：从进入治疗试验到治疗失败或任何原因死亡

无进展生存（PFS）：从进入治疗试验到PD或因MDS死亡

无病生存（DFS）：从达到CR到复发

特定原因死亡（CSD）：MDS相关死亡

Ⅱ细胞遗传学反应：须用常规方法分析20个中期分裂相

完全反应（CCR）：原有的染色体异常消失，且未出现新的异常

部分反应（PCR）：原有的染色体异常减少≥50%

Ⅲ生存质量（QOL）

使用各种问卷或WHO体能积分

Ⅳ血液学进步（HI）[e]：反应须持续≥8周

红系反应（HI-E）：

治疗前HB<110g/L者，治疗后增加≥15g/L

输血减少：（只用于治疗前HB≤90g/L的依赖输血者）与治疗前8周相比，治疗后8周输注红细胞单位数减少≥4个

PLT反应（HI-P）：

治疗前PLT<100×10^9/L，PLT>20×10^9/L者，治疗后净增≥30×10^9/L

治疗前PLT<20×10^9/L者，治疗后增至>20×10^9/L，且增幅≥100%

ANC反应（HI-N）：

治疗前ANC<1×10^9/L者，治疗后增加>0.5×10^9/L

HI后进展或复发[f]：≥下列1项

ANC或PLT从最佳反应水平下降≥50%

a 本表中的血常规测定值是指治疗前或治疗结束≥1个月后至少相隔1周的2次测定的平均值（无输血影响）。

b 在某些情况下，化疗规划可能需在4周或8周的期限之前就开始下一步治疗，这类患者的反应评定可归入开始进一步治疗时所符合的反应类别，在重复化疗疗程中出现的短暂性血细胞减少，随后又恢复到前一个疗程的改善值，这段过程不应影响对其化疗反应持续时间的判定。

c 如红系细胞<NC的50%，bls按NC计算；如红系细胞>NC的50%，bls按NEC计算。

d dys的判断按WHO标准。

e 在同时有HI-E和HI-P两类反应时，在报告个别反应外，也将两者作为总体反应加以报告。

f 无急性感染、重复化疗疗程、脏器出血、溶血等其他原因。

注：BM. 骨髓；PB. 外周血；bls. 原始细胞；dys. 发育异常；ANC. 中性粒细胞绝对值；NC. 有核细胞数；NEC. 非红系细胞；PLT. 血小板计数。

十一、病程与预后

MDS的病程大致有以下3种主要演变模式：

第1种模式，患者病情稳定，骨髓中原始细胞不增多或轻微增多，而不超过5%，随诊中未发生白血病转变，仅靠一般支持治疗可活存数年甚至十多年。

第2种模式，患者初期病情稳定，与第1种相似，骨髓中原始细胞不增多或轻度增多，但一般<10%。经过一段时间以后，骨髓中原始细胞突然迅速增多，转变为AML。

第3种模式，患者骨髓中原始细胞缓慢地进行性增多，临床病情随之进展，直至转变为AML。MDS发生白血病转变时几乎全是转变为急性髓性白血病（AML），以M1、M2、M4、M6亚型为多。也有报道称个别病例转变为急性淋巴细胞白血病或髓淋混合型白血病。

对MDS诸多参数的预后意义进行分析的结果表明，最主要的预后因素是骨髓中原始细胞比例，原始细胞比例愈高，预后愈差。染色体异常（尤其是$-7/7q^-$、$+8$或复杂核型异常）也具有非常重要的意义。其他具有独立不良预后意义的因素尚有：外周血细胞显著减少，尤其是血小板减少和全血细胞减少，高龄（>60岁），ALIP（+），巨核细胞异常（特别是有淋巴细胞样小巨核细胞），伴有骨髓纤维化，SCD（−）等。

1997年国际MDS危险分析专题讨论会综合一些大系列的MDS预后资料，经过对各个重要预后因素的逐个分析，认定骨髓原始细胞比例、骨髓造血细胞染色体核型和外周血细胞减少系列数最具有预后意义。据此提出一个MDS国际预后积分系统（International Prognostic Scoring System，IPSS），将MDS分为低危、中危-Ⅰ、中危-Ⅱ和高危4个危度组（表9-8），对提示患者的生存期及白血病转变具有肯定意义（表9-9）（Greenberg等，1997）。IPSS提出后，很快得到一些研究者的验证和认同，现已取代其他的预后积分系统，而被广泛接受，现已将它视为提示预后和指导治疗的临床MDS分型方案。

表9-8　IPSS积分标准及危度划分

预后参数	积分				
	0	0.5	1.0	1.5	2.0
骨髓原始细胞（%）	<5	5～10	—	11～20	21～30
染色体核型[a]	良好	中间	不良		
外周血细胞减少[b]	0～1系	2～3			
危度划分：					
低危：0分					
中危-Ⅰ：0.5～1分					
中危-Ⅱ：1.5～2.0分					
高危：≥2.5分					

a 预后良好核型：正常核型，−Y，$5q^-$，$20q^-$。预后不良核型：复杂核型异常（≥3种异常），7号染色体异常。预后中间核型：除上述两类以外的其他核型异常。

b 血细胞减少的标准：血红蛋白<100g/L；中性粒细胞绝对数<1.8×10^9/L；血小板<100×10^9/L。

表9-9　IPSS的预后意义

	病例总数	危度组			
		低危	中危-Ⅰ	中危-Ⅱ	高危
中位生存时间					
病例数（%）	816	267（33）	314（38）	176（22）	59（7）
中位生存时间（年）		5.7	3.5	1.2	0.4
25%的患者转白时间					
病例数（%）	759	235（31）	295（39）	171（22）	58（8）
中位转白时间（年）		9.4	3.3	1.1	0.2

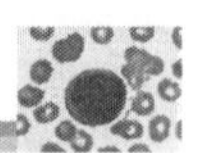

2001年WHO造血组织肿瘤分类提出WHO分型后，按照FAB分类制定的IPSS中骨髓原始细胞比例分组并不能充分发挥其预后作用，因而2005年德国学者基于WHO分型标准提出了WPSS积分系统（表9-10）（Malcovati等，2007）。该积分系统将MDS患者划分为极低危、低危、中危、高危和极高危组，属于这些危度分组的患者中位生存期分别为141、66、48、26和9个月，2年白血病转化率分别为3%、6%、21%、38%和80%，5年白血病转化分别为3%、14%、33%、54%和84%。与IPSS预后积分系统相比，WPSS系统最大的优点是：IPSS是基于原发初治患者提出的，仅适合对原发初治患者的预后判断，而WPSS适合对MDS患者病程演进过程中任一时间点的预后判断，此外还适合对继发性MDS患者的预后判断。目前，采用WPSS作为我国MDS患者预后判断标准主要存在以下问题：①染色体核型分析（常规染色体核型分析及FISH）在我国尚未普及，并且即使在进行了染色体检查的MDS患者中结果可供分析者（达到判断正常核型或克隆性异常核型所需分裂相）不足50%；另外WPSS中染色体核型的预后分组沿用了IPSS中的分组，某些染色体单一异常被划分至中危组，但有研究证明并非如此（例如1号染色体长臂异常、三体8预后较中危组差；12号染色体短臂缺失预后较中危组好）。②红细胞输注的原则在我国由于经济条件限制或认识不足尚未得到规范实施，导致对输血依赖的判断欠客观。鉴于此，我们通过COX模型从MDS常规实验室检查指标中筛选出具有独立预后意义的参数MCV、是否存在有淋巴样小巨核细胞（MEGly），据此提出了一个改良的WPSS积分系统（表9-11），该系统简便、实用，可望提供适于我国基层单位目前的MDS预后判断标准。

表9-10　WPSS预后积分系统

参数	积分			
	0	1	2	3
WHO亚型	RA/RARS/5q$^-$	RCMD/RSCMD	RAEB-Ⅰ	RAEB-Ⅱ
染色体核型[a]	良好	中间	不良	
输血依赖	无	有		
危险度分组：				
极低危：0分				
低危：1分				
中危：2分				
高危：3～4分				
极高危：5～6分				

a预后良好核型：正常核型、－Y、5q$^-$、20q$^-$。

表9-11　改良的WPSS积分系统

参数	分值			
	0	1	2	3
WHO亚型	RA/RARS/5q$^-$	RCMD/RSCMD	RAEB-Ⅰ	RAEB-Ⅱ
MCV（fL）	≤95	>95		

续表

参数	分值			
	0	1	2	3
MEGly	无	有		
危度分组			积分	
低危组			0	
中危组			1～2	
高危组			3～5	

注：MEGLy. 淋巴样小巨核细胞。

MDS患者的死亡，约半数是由于骨髓无效造血加重，外周血中血细胞进行性减少而导致的出血和感染，30%～40%是由于发生白血病转变，10%～20%是由于与MDS无直接关系的其他疾病。

参考文献

郝玉书.1979. 白血病前期.国外医学·输血及血液学分册，2：75
肖志坚.2005. 骨髓增生异常综合征：现况与问题.白血病·淋巴瘤，14：193
肖志坚.2005. 重视和加强我国儿童骨髓增生异常综合征得研究.中国小儿血液，10：97
肖志坚.2007. 儿童骨髓增生异常综合征诊断分型标准与治疗策略.实用儿科临床杂志，22：236
肖志坚.2007. 骨髓增生异常综合征的诊断和治疗认识现况.国际输血及血液学杂志，30：1
肖志坚.2008. 骨髓增生异常综合征的临床关注的若干问题.医学新知，18：125
肖志坚.2008. 关于我国骨髓增生异常综合征诊断和治疗现况的几点思考.国际输血及血液学杂志，31：193
肖志坚，郝玉书.2007. 骨髓增生异常综合征的治疗选择.中华内科杂志，46：265
肖志坚，郝玉书.2008. 规范我国骨髓增生异常综合征的实验室检查和诊断.中华血液学杂志，29：1
Bennett JM et al. 1982. Proposal for the classification of the myelodysplastic syndrome. Br J Haematol，51：189
Cheson BD et al. 2006. Clinical application and proposal for modification of the International Working Group（IWG）response criteria in myelodysplasia. Blood，108：419
Drexler HG et al. 2009. Many are called MDS cell lines：one is chosen. Leuk Res，33：1011
Greenberg PL et al. 1997. International scoring system for prognosis in myelodysplastic syndromes. Blood，89：2079
Hasle H et al. 2003. A pediatric approach to the WHO classification of myelodysplastic and myeloproliferative diseases. Leukemia，17：277
Kindwall-Keller T et al. 2009. The evolution of hematopoietic SCT in myelodysplastic syndrome. Bone Marrow Transplantation，43：597
Li L et al. 2009. Unique cytogenetic features of primary myelodysplastic syndromes in Chinese patients. Leuk Res，33：1194
Malcovati L et al. 2007. Time-dependent prognostic scoring system for predicting survival and leukemic evolution in myelodysplastic syndromes. J Clin Oncol，25：3503
Mohamedali A et al. 2008. $5q^-$ syndrome in 2008. Br J Haematol，144：157

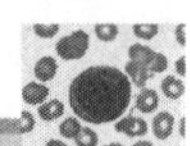

Tand KM et al. 2009. Update on the therapy for myelodysplastic syndrome. Am J Hematol，84：177

Valent P et al. 2007. Definitions and standards in the diagnosis and treatment of the myelodysplastic syndrome：consensus statement and report from a working conference. Leuk Res，31：727

Van de Loosdrecht AA et al. 2009. Standardization of flow cytometry in myelodysplastic syndromes：report from the first European Leukemia Net working conference on flow cytometry in myelodysplastic syndromes. Haematologica，94：1124

Xiao ZJ et al. 2006. MEL1s，not MEL1，is overexpressed in myelodysplastic symdromes patients with t（1；3)(p36；q21）. Leuk Res，30：332

Zhang Y et al. 2007. NPM1 mutataion in myelodysplastic syndromes and acute myeloid leukemia with normal karyotype. Leuk Res，31：109

第十章　慢性髓性白血病

赵艳丽　陆道培

赵艳丽，2000年就读于北京大学人民医院（硕博连读），师从陆道培院士。2003年开始进入移植科从事临床工作。2005年就职于道培医院。2007年道培医院成为格列卫全球患者援助项目（GIPAP）注册医疗中心，作为第一批注册医生，负责慢性髓性白血病（慢性粒细胞白血病）及Ph^+急性淋巴细胞白血病患者的项目援助工作。2010年任医院医学数据中心主任。2011年3月到美国M. D. Anderson肿瘤中心进行短期访问学习。擅长各种血液病的诊治及造血干细胞移植。

慢性髓性白血病（chronic myelogenous leukemia，CML）属于一种起源于骨髓多能造血干细胞的骨髓增殖性肿瘤（myeloproliferative neoplasm，MPN）。特征性表现是存在费城（Ph）染色体及BCR-ABL1融合基因。临床以粒细胞增多为突出表现，伴有乏力、体重下降、脾肿大。自然病程分为相对隐匿的慢性期（chronic phase，CP），随后在平均3～5年内病情进展迅速，称为加速期（accelerated phase，AP），再随之可迅速或经不长的一段时期进入急变期（blast phase，BP）。19世纪70年代之前，CML被认为是一种不可治愈的疾病。后来发现一部分患者可以通过异基因造血干细胞移植（allo-HSCT）治愈。近十年来特异性的靶向药物酪氨酸激酶抑制剂（tyrosine kinase inhibitor，TKI）的出现，CML可以获得较高的缓解率及生存期，药物治疗的疗效已明显提高，但本病的根治却需要allo-HSCT。

第一节　发病率及病因

我国1986～1988年对22个省、市、自治区的流行病学调查表明，CML年发病率为0.36/10万，占白血病的第三位（全国白血病和再生障碍性贫血流行病学调查协作组，1992）。全世界的年发病率为（1～2）/10万（Swerdlow等，2008），占所有新发白血病的15%～20%（Gunz，1977）。各年龄段均可发病，发病率随年龄增长而明显增加，中位发病年龄是五六十岁。近年随着诊断技术的提高，诊断年龄有年轻化趋势。男性发病率略高于女性。儿童也可以发生CML，仅有10%的病例发生在5～20岁，只占儿童白血病的3%。并没有同卵双胞胎同时发病的现象，也没有遗传倾向。放射线暴露后发病率增加（Ichimaru等，1978；Preston等，1994），但大多数患者病因不清。

第二节　发病机制

通常认为CML是由BCR-ABL1融合基因转化的原始造血干细胞（HSC）发展来的。转化的HSC的子代细胞比正常造血的增殖具有优势，导致Ph阳性克隆逐渐排挤与替代了正常的造血。Ph染色体可出现在髓系、红系、巨核系及淋巴系细胞，提示疾病的来源是

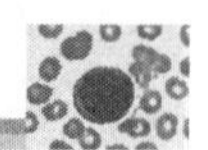

造血干细胞。CP白血病细胞的浸润，主要局限在造血组织，包括血液、骨髓、脾及肝。BP的髓外浸润包括淋巴结、皮肤及软组织。

CML是第一个被证实有特殊获得性染色体异常的肿瘤病。美国费城的Nowell和Hungerford于1960年首次描述了CML患者的骨髓分裂间期可看到一条小染色体，这条异常染色体后来以其被发现的城市命名为费城（Ph）染色体（Nowell等，1978）。13年后Rowley发现Ph染色体是第9号染色体长臂的9q34与第22号长臂的22q11交互易位后构成（Rowley，1973）。其分子基础是第9号染色体（9q34）的ABL（Abelson leukemia virus）与第22号染色体（22q11）上的BCR（breakpoint cluster region）基因交互异位后形成BCR-ABL1融合基因（de Klein等，1982）。BCR-ABL1融合基因可持续激活胞浆酪氨酸激酶，目前认为它是CML的主要致病基础。BCR-ABL1融合基因产物具有很强的酪氨酸激酶活性，通过多条信号途径导致造血干/祖细胞增殖、凋亡、黏附功能失调，造成血细胞增殖失控、不能适时死亡及提前释放至外周血。临床病理上表现为骨髓增生极度活跃，外周血中出现不同成熟阶段的粒细胞，患者体检多可发现脾大。

ABL1基因在CML中的断裂点较固定，在Ia区（a2）。BCR的断裂点可有多种形式：绝大多数发生在主要断裂簇（major breakpoint cluster，M-BCR）的b3和b2，形成e14a2（b3a2）和（或）e13a2（b2a2）融合基因。这两者编码的蛋白产物为210kDa（$p210^{BCR-ABL}$），见于绝大多数的CML。少数患者的BCR断裂点可发生在M-BCR的上游e1区，即次要断裂簇，形成e1a2型（$p190^{BCR-ABL}$）。更为少见的BCR断裂点在M-BCR下游的micro-BCR区，形成e19a2，表达$p230^{BCR-ABL}$，被称为P230 CML。其他罕见的断裂点文献中时有个例报道，发生率小于1%。

根据融合基因中BCR断裂点的不同，CML主要分为p210 CML、p190 CML及p230 CML。b3a2和（或）b2a2（$p210^{BCR-ABL}$）见于绝大多数的CML。e1a2（$p190^{BCR-ABL}$）多见于Ph^+ ALL和少数CML。通过敏感的PCR方法，相当一部分$p210^{BCR-ABL}$患者可以检测到e1a2。单纯的e1a2很少见，M. D. Anderson分析了1292例CML患者的资料，仅有14例患者（1.1%）为单纯e1a2，这部分患者对TKI的疗效差，是一组高危患者（Verma等，2009）。e19a2（$p230^{BCR-ABL}$）也极为罕见，临床特点是明显的中性粒细胞增多及血小板增多，需要与慢性中性粒细胞细胞白血病鉴别（Swerdlow，2008）。在各种融合基因中ABL1序列都被保留下来，提示其在CML发病中的重要作用。另一方面BCR对疾病的表型具有明显的调节作用。一般来说，BCR序列越短，疾病的侵袭性越强（Gunz，1977）。

极少数文献曾报道用敏感的RT-PCR技术在正常成人外周血中可测到微量的BCR-ABL1 mRNA（Bose等，1998），提示BCR-ABL1融合基因的存在可能并非致病的唯一因素。人类流行病学模型也提示CML是一种多重打击疾病（Vickers，1996），然而目前尚未确定其他有共性的致病基因。

疾病进展与原始细胞浸润有关，髓外浸润常常累及淋巴结、皮肤、软组织及中枢神经系统。许多分子机制参与其中，导致细胞成熟障碍，增殖增加，组织的侵袭性增加（Calabretta等，2004）。BCR-ABL1表达水平增高是共同的特征，亦是急变期（BP）的一个关键因素。一般认为表达BCR-ABL1基因的克隆对额外打击易感性增加而导致疾病进展。当患者从CP进展至BP时，通常会出现新的细胞遗传学及分子生物学变化。60%～80%的CML-BP患者存在克隆演变，常见的包括+8、+Ph、+19及等臂17（i17q）。附加染色体的出现在疾病进展中所起的作用尚不清楚。BP 可伴随基因异常包括 p53、Rb、EVI1、myc、AML1-ETO、NUP98-HOXA9、CBFβ-SMMHC 等。AP 与 BP 无明显差异，AP 早期即可出现新的基因表达，之后白血病幼稚细胞逐渐增加，进入 BP。

第三节　临床特点

一、病　史

大多数患者以 CP 起病，20%～40%的患者没有任何症状，查体或因其他疾病常规查体时发现。10%的患者以 AP 起病，还有 10%的患者起病时就处于 BP（Reichard 等，2008）。常见症状有乏力、体重下降、骨痛、食欲缺乏、多汗及腹部不适，通常在几周到几个月之间逐渐发病。不常见的症状包括白细胞淤滞、脾栓塞导致的急性腹痛、异常勃起及高代谢、高尿酸血症及痛风。白细胞数>100×10^9/L 时患者常感头晕，重者可有中枢神经系统症状或急性呼吸窘迫症。由于脾肿大压迫和血中嗜碱粒细胞增多，患者可有腹部不适或有溃疡病症状。自然病程分为相对良性病情隐匿的 CP，症状加重、病情恶化进展为 AP 及 BP。如不治疗大多数患者通过 AP 进展为 BP，约 25%的患者不经过 AP，直接进入 BP（Sokal 等，1988）。也有部分患者在 AP 死亡，没有进展至 BP。个别患者以 BP 起病，酷似急性白血病。疾病进展通常伴有严重的贫血、血小板降低及明显的脾肿大。如果不进行有效的治疗，疾病第 1 年的病死率是 10%，从第 2 年开始每年的病死率为 20%，到第 10 年时只有 5%的患者存活，自然病程平均寿命 3～4 年（Sokal 等，1988）。个别病例病史可长达 10～20 年，用干扰素及 TKI 治疗达到细胞遗传学或分子学缓解的患者病程可显著延长。

二、体格检查

可发现贫血貌及脾肿大。90%以上的患者发病时有脾脏肿大，疾病发现得越早，脾肿大发生率越低。脾大小不一，有的近肋下可及，有的巨脾及盆腔，脾栓塞时则脾区剧痛，少数患者脾不大。肝肿大较少见，有的患者胸骨压痛，大多数患者可触及淋巴结肿大，但直径很少超过 1cm。

三、实验诊断

（一）细胞形态学

1. 外周血　白细胞数多明显增加（中位数 100×10^9/L）。外周血分类可见各阶段不成熟粒细胞，以中幼粒及杆状核细胞增多明显，各阶段细胞形态无异常，原始细胞通常少于 2%。嗜酸粒细胞与嗜碱粒细胞比例增高。单核细胞通常小于 3%，$p190^{BCR\text{-}ABL}$ CML 单核细胞可明显增加，这时需要与慢性粒单核细胞白血病相鉴别。血小板计数正常或增加，可>1000×10^9/L，血小板减少在 CP 并不常见。有时可有红细胞数与血红蛋白轻度减少。重度贫血或血小板数持续增高（>1000×10^9/L）或持续下降都是病情进展的标志。

2. 骨髓 增生极度活跃，有核细胞数增多显著，伴骨髓纤维化时可有骨髓干抽及骨髓增生低下。三系均增生明显，但以粒系为主，粒红比例明显增加。原始细胞通常小于5%，如果大于10%提示疾病进展。粒系各分化阶段均增多，中幼粒细胞最为突出，嗜酸与嗜碱粒细胞易见。CML急变时偶可转化为急性嗜酸粒细胞白血病或急性嗜碱粒细胞白血病。此时嗜酸或嗜碱粒细胞常超过50%，且有嗜酸或嗜碱粒细胞分叶核为主要表现的CP转变为各阶段嗜酸或嗜碱粒细胞增多，原粒细胞也明显增多，这与嗜酸粒细胞白血病或嗜碱粒细胞白血病不同。CML早期不应有病态造血，否则需要考虑骨髓增生异常综合征/骨髓增殖性肿瘤（MDS/MPN）。粒系细胞增多但白细胞碱性磷酸酶（leukocyte alkaline phosphatase，LAP）减弱或呈阴性是CML的特点，反映这些细胞形态成熟但存在功能缺陷，这是与类白血病反应鉴别的要点。但CML合并感染时LAP可不降低。大多数患者细胞外铁减少。

3. 骨髓活检 副小梁区套囊中未成熟粒细胞由正常的2～3层增加至5～10层。而成熟粒细胞位于小梁间区。嗜酸粒细胞增加明显。红系前体细胞增多，但红细胞造血岛数量及大小变小。巨核细胞小一些，伴核分叶。约30%的患者有中重度的网硬蛋白纤维化，通常伴随巨核细胞增多，脾增大，外周血原始细胞比例增加，出现附加染色体，提示疾病进展。Pseudo-Gaucher细胞及海蓝组织细胞常见，是肿瘤细胞增殖代谢加快的结果。骨髓干抽常提示重度骨髓纤维化。

（二）细胞免疫表型

流式细胞术检测对CML-CP不具有确诊价值。慢性期通常有CD56的异常表达及中性粒细胞髓过氧化物酶明显下降。在疾病进展时，流式细胞术可用来鉴别急变的类型。急髓变（MBP），髓过氧化物酶可以增强或减弱，同时表达粒细胞、单核细胞、巨核细胞和红系抗原，通常同时表达一种或两种淋巴细胞抗原。急淋变（LBP）时大多来自前体B淋巴细胞，少数情况起源于原始T淋巴细胞。急淋变通常也同时表达一种或两种髓系抗原。约25%的患者满足混合表型急性白血病（MPAL）的诊断标准（Swerdlow，2008）。

（三）细胞遗传学

传统的染色体核型分析（karyotyping），指的是通过G显带方法检测骨髓或外周血分裂期的全部染色体，可以发现Ph染色体以外的附加染色体，是CML诊断、分期及疗效评估最重要的指标之一。荧光原位杂交（FISH）技术用于同时检测细胞间期或和分裂期是否含有Ph染色体，属于细胞分子学方法。95%的患者在发病时有典型的Ph染色体t（9；22）（q34；q11.2），且通常100%细胞分裂相均阳性。所谓的Ph染色体阴性患者可有Ph染色体的变异易位，即涉及第9号或第22号染色体以外的第三条或第四条染色体易位，或者有常规细胞学检查不能发现的Ph染色体隐匿易位。约10%的CP及80%的进展期CML有附加染色体异常（Majlis等，1996）。疾病进展前往往出现附加染色体异常，从AP进展到BP时，常见附加染色体有双Ph、+8、+19或等臂17［i（17）］。单纯的+8或Ph^+患者病情相对平稳，而多种染色体异常预后不好。FISH的特异性及敏感性远远高于常规染色体核型分析，可用作微小残留病的定量监测，G显带核型分析可发现附件染色体异常，两种检测方法各有优势，互为补充。

（四）分子生物学

分子生物学指标也是CML确定诊断的依据之一。Ph阴性患者应用FISH、RT-PCR术或Southern blot方法可检出BCR-ABL1 mRNA。常见的是e14a2（b3a2）和e13a2（b2a2）融合基因，两者可以单独存在或同时存在，编码的蛋白产物均为210kDa（$p210^{BCR-ABL}$），见于绝大多数的CML。少数患者形成e1a2型（$p190^{BCR-ABL}$），多见于ALL，大多数p210 CML可同时检测到少量p190。更为少见的是e19a2，表达$p230^{BCR-ABL}$，被称为P230 CML。还有其他罕见的断裂点，文献中时有个例报道，可能是极为罕见的细胞遗传学和基因检测均为阴性（Ph^- $BCR\text{-}ABL1^-$）CML的分子基础，可能是其BCR-ABL1断裂点不在常见部位（b3a2或b2a2型）。这时需要进行BCR-ABL融合基因的全面筛查，以免漏诊。与进展期有关的基因有Tp53、Rb1、MYC、p16INK4a（CDKN2A）、RAS、AML1及EVI1，但是它们在疾病进展的作用尚不清楚。部分患者可能会因属少见或变异型的BCR-ABL1融合基因而导致漏检，从而导致临床诊断困难。刘红星等报道了一例Ph染色体阳性的急性混合细胞白血病患者，通过常规的方法检测不出BCR-ABL1融合基因，但深入分析发现其携带BCR-ABL1 b2a2变异型融合基因。该患者格列卫治疗有效（刘红星等，2009）。目前北京市道培医院已建立了成熟的BCR-ABL1融合基因筛查方案，可以发现常规检测方法检测不到的BCR-ABL1序列的变异型，避免漏检。82例CML-CP患者的BCR-ABL1筛查结果发现：M-BCR仅占78.6%（b2a2占36.6%，b3a2占42%），e1a2占3.7%、e19a2占1.2%、b2a2与e1a2同时表达1.2%，b2a2与b3a2共同表达1.2%。除常见的3种BCR-ABL1基因型，还有5%的患者为少见的BCR-ABL1基因型（b3a3占3.7%、b2a3占1.2%）（Hongxing等，2010a）。这远远高于文献报道，可能以往的检测不够全面，存在漏检。因此，对于具有典型CML临床表现但常规BCR-ABL1基因型检测阴性的患者，应该进行BCR-ABL1基因筛查，以鉴定是否存在少见或变异型的融合基因。

四、分　　期

正确的分期十分重要，这是制订治疗方案最重要的依据。早年曾经按照细胞遗传学的结果进行疾病分期（Goldman及Dao-Pei，1982；Sandberg，1978）。

Ⅰ期：只有细胞遗传学正常的细胞；

Ⅱ期：Ph阳性染色体与Ph阴性染色体共存；

Ⅲ期：所有细胞分裂期均存在Ph阳性染色体；

Ⅳ期：所有细胞分裂期均存在Ph阳性染色体，一部分细胞中存在附加染色体；

Ⅴ期：所有细胞分裂期均同时存在Ph阳性染色体及附加染色体。

目前更多地将CML划分为三期：CP、AP和BP。关于疾病分期，目前国际上尚无统一的分期标准，但大致相似。常用的有Sokal、国际骨髓移植登记组（IBMTR）、常用标准及WHO（2008）分期标准（表10-1和表10-2）。总的来说，Sokal、IBMTR及WHO标准均纳入了疗效反应的指标，是动态观察的标准。常用标准在文献里多称为“standard criteria”、M. D. Anderson标准或欧洲白血病网专家组（European Leukemia Net expert

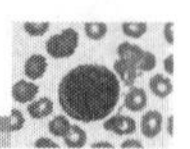

panel，ELN）标准（Cortes 等，2006；Kantarjian 等，1993）。常用标准是伊马替尼临床药物试验制定的诊断标准，不包含医生主观判断的标准，可操控性强，但一些最基本的临床表现被排除在外。骨髓或外周血原始细胞、外周血嗜碱粒细胞、白细胞计数、血小板计数、脾肿大等是重要的分期指标。

表 10-1　CML-AP 的诊断标准

	Sokal（Sokal 等，1988）	IBMTR（Speck 等，1984）	M. D. Anderson/ELN（Kantarjian 等，1993）	WHO（Swerdlow，2008）
WBC 计数	NA	羟基脲及白消安不能控制	NA	治疗不能控制的白细胞增高
血小板计数	治疗不能控制的减少或增高[a]	治疗不能控制的减少或增高[a]	治疗无关的减少	治疗不能控制的增高[a] 或与治疗无关的减少
贫血	治疗不能控制的贫血	治疗不能控制的贫血	NA	NA
脾大小	进行性脾肿大	进行性脾肿大	NA	治疗不能控制的进行性增大
骨髓纤维化	骨髓胶原纤维化	骨髓纤维化	NA	NA
骨髓或外周血原始细胞（%）	5～29	原始细胞 10～29 原始细胞＋早幼粒细胞≥20	原始细胞 15～29 原始细胞＋早幼粒细胞≥30	10～19
嗜碱粒细胞（%）	≥20	嗜碱粒细胞＋嗜酸粒细胞≥20	≥20	≥20
细胞遗传学	克隆演变	克隆演变	克隆演变	克隆演变
其他	白细胞倍增时间<5 天；不明原因的发热；Pelger-Huet 样中性粒细胞，有核红细胞、巨核细胞核分叶	白细胞倍增时间<5 天		片状或簇状巨核细胞增生，同时伴有明显的网状或胶原纤维增生，和（或）严重的粒细胞病态造血

a 血小板增高指的是≥1000 $\times 10^9$/L。

注：NA. 没有表述。

表 10-2　CML-BP 的诊断标准

	IBMTR	M. D. Anderson/ELN	WHO
骨髓/外周血原始细胞（%）	≥30	≥30	≥20
髓外原始细胞浸润	存在	存在	存在
骨髓活检	NA	NA	原始细胞聚集或成簇存在

注：IBMTR. International Bone Marrow Transplant Registry；ELN. European Leukemia Net；WHO. World Health Organization。

CML 发生急变时，约 70%的患者发生 MBP，20%～30%为 LBP。原始髓系细胞可以是粒细胞、嗜酸粒细胞、嗜碱粒细胞、单核细胞，红系、巨核系或任何两系的组合。LBP 多数为 B 淋巴细胞，极少数为 T 淋巴细胞。少数患者可同时存在髓系和淋系两系原始细胞群。形态学难以分辨系列来源者，需依靠细胞化学染色及免疫分型来确定。外周血或骨髓发现原淋细胞并不常见，一旦出现往往提示 LBP。髓外浸润通常发生在皮肤、淋巴结、脾、骨骼及中枢神经系统，也可发生在任何其他器官。WHO将急变诊断标准中原始细胞比例降至20%。M. D. Anderson肿瘤中心对原始细胞在20%～30%的患者进行了分析，809例接受伊马替尼治疗的CML患者，分别通过WHO标准及M. D. Anderson标准进行分期比较，原始细胞在20%～30%的患者与≥30%的患者相比，对伊马替尼的疗效并无明显差别（21% *vs* 8%，P=0.11），但3年总生存率有显著差异（42% *vs* 10%，P=0.0001）(Cortes等，2006)。

另外，许多文献提到早慢性期（ECP）及晚慢性期（LCP）的概念。通常从诊断起，病程超过12个月的称LCP，病程少于12个月为ECP。也有研究以6个月为界。

第四节 危险度分层模型及其他预后指标

常用的预后危险模型有Sokal评分系统、Hasford评分系统及EBMT评分系统，前两个仅适用于ECP CML患者，后者适用于进行造血干细胞移植的患者。

一、Sokal评分系统

1984年Sokal等分析了来自欧洲及美国的6个系列研究813例CML患者的临床结果，提出了国际预后评分系统（Sokal 等，1984）。这一评分系统在Sokal教授去世后更名为Sokal评分系统。多因素分析发现诊断时的年龄、脾大小、血小板数及外周血中原幼细胞数是其主要的预后因素。通过Cox模型计算每个患者的相对危险度（RR）（具体见表10-3），将患者分为三组：低危组、中危组及高危组，这三组患者的中位生存时间分别是5年、3.7年及2.5年。这一评分系统预测意义在传统化疗、干扰素α（IFN-α）及伊马替尼治疗的患者中都得到了证实（Baccarani等，2003；Druker等，2006）。

表10-3 Sokal及Hasford评分系统

	Sokal评分系统	Hasford评分系统
年龄（岁）	0.0116（年龄－43.4）	0.6666（年龄≥50岁时，否则为0）
脾大小（cm）[a]	0.0345×（脾－7.51）	0.042×脾
血小板计数（$\times10^9$/L）	0.188×[(血小板/700)^2－0.563]	1.0956（血小板计数≥1500时，否则为0）
外周血原始细胞（%）	0.0887×（原始细胞－2.10）	0.0584×原始细胞
外周血嗜碱粒细胞（%）		0.20399（当嗜粒碱细胞>3%时）
外周血嗜酸粒细胞（%）		0.0413×嗜酸粒细胞
低危	<0.8	≤780
中危	0.8～1.2	781～1480
高危	>1.2	>1480

a 肋下最远距离。

注：所有的数据均在治疗前采集。

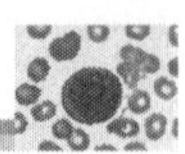

二、Hasford 评分系统

1997 年，欧洲 14 个研究的荟萃分析根据 1303 例 IFN-α 治疗的 CML 数据，在 Sokal 评分系统的基础上纳入外周血中嗜碱及嗜酸粒细胞的比例，制定了 Hasford 评分系统（Hasford 等，1998）。将患者分为低危、中危及高危，中位生存时间分别为 8.2 年、5.4 年及 3.5 年。这一评分体系在 IFN-α 治疗的患者中得到证实，在伊马替尼治疗的患者中也可预测细胞遗传学反应（Rosti 等，2003）。

三、EBMT 评分系统

1997 年 EBMT 在对 3142 例进行 allo-HSCT 的 CML 分析结果上确定了 5 个独立的预后因素，包括年龄、从诊断到 HSCT 的时间、供受者性别关系及供者类型。可以将患者分为 5 层（具体见表 10-4）（Gratwohl 等，1998）。EBMT 评分的预测意义在 CIBMTR 3211 例患者中得到了证实（Passweg 等，2004）。EBMT 及 CIBMTR 低危组 5 年总生存率分别是 72％和 69％，而高位组分别为 22％和 11％（表 10-5）。减低预处理强度患者中 EBMT评分有同样的预后价值，在这组研究中 0～2 分患者的 3 年 OS 是 70％，3～4 分是 50％，5 分以上是 30％（Crawley 等，2005）。

表 10-4　EBMT 评分系统

危险因素		危险评分
年龄	＜20 岁	0
	20～40 岁	1
	＞40 岁	2
从诊断到 HSCT 的时间间隔	≤1 年	0
	＞1 年	1
疾病分期	CP	0
	AP	1
	BP	2
供受者性别关系	女供男	1
	其他类型	0
供者类型	HLA 相合同胞	0
	其他类型	1

表 10-5　EBMT 评分与患者 5 年 OS 率

总危险评分	EBMT 结果（％）	CIBMTR 结果（％）
0～1	72	69
2	62	63
3	48	44
4	40	26
5～7	22	11

四、其他的预后指标

1. 衍生 9 号染色体缺失　9 号染色体和 22 号染色体异位产生 BCR-ABL1 融合基因的同时，在约 70%的患者会同时产生衍生 9 号染色体［der(9)］，后者可产生 BCR-ABL1 融合基因。der（9）的缺失在 CML 的发生率是 10%～17%。在羟基脲（HU）及 IFN-α 治疗的患者中显示为独立的不良预后因素（Sinclair 等，2000；Huntly 等，2001）。进一步的研究显示，仅当缺失的 der（9）包含 BCR-ABL1 断裂点时才会影响预后。而在伊马替尼治疗及造血干细胞移植的患者中 der（9）是否缺失并没有预后意义（Kreil 等，2007）。

2. 发病时的染色体　变异的 Ph 染色体易位发生于 4%～8%的患者中，不再作为伊马替尼治疗的一个有意义的预后因素。诊断 CML 时在 5%～10%的患者中检测到 Ph^+ 细胞中存在其他克隆性染色体异常（CCA/Ph^+），预示患者无进展生存（PFS）率和 OS 显著降低。

3. 疗效　接受大剂量及标准剂量伊马替尼治疗的 ECP-CML 患者，延迟获得细胞遗传学疗效及分子生物学疗效的患者疾病进展危险增高（Quintas-Cardama 等，2009）。治疗期间丧失 CHR 或 CCyR，均预示 PFS 和 OS 显著缩短。Ph^- 细胞中出现其他克隆染色体异常（CCA/Ph^-）的预后价值尚不确定。

总的来说，预测 CML 危险度有利于治疗的个体化及各家统一评判疗效和预后标准。但不论哪种评分体系均有一定的局限性。对个例患者来说最可靠的方法是临床疗效、染色体及 BCR-ABL1 融合基因的变化。

第五节　疗效评价

由于具有明确的细胞遗传学和分子学标志，其疗效的判断和评价分别从血液学、细胞遗传学及分子学 3 个水平进行。

一、血　液　学

CP 与进展期（AP/BP）有不同的血液学疗效评定标准。对于慢性期的血液学疗效评定标准基本统一；对进展期的完全血液学缓解的评定标准基本一致；但对于不完全缓解的标准差别很大（Sawyers 等，2002）（表 10-6）。

表 10-6　血液学疗效评定标准

分期	疗效	评定标准
慢性期	完全血液学缓解（CHR）	外周血血象恢复正常，白细胞<10 $\times 10^9$/L
		血小板< 450 $\times 10^9$/L
		外周血无不成熟细胞（如原始细胞、早幼粒细胞、中幼粒细胞）
		症状和（或）体征消失，脾不可触及

续表

分期	疗效	评定标准
慢性期	部分血液学缓解（PHR）	白细胞数降至治疗前50%以下或<20 $\times 10^9$/L 血小板数降至治疗前50%以下，但仍>450 $\times 10^9$/L 外周血中仍有幼稚粒细胞 脾仍大，已缩小至治疗前50%以下
	无效	未达到部分缓解标准
进展期	完全血液学缓解（CHR）	骨髓中原始细胞<5% 外周血中无原始细胞 中性粒细胞≥1.5 $\times 10^9$/L 血小板≥100 $\times 10^9$/L 无髓外浸润证据
	骨髓缓解（CR）	骨髓中原始细胞<5% 外周血中无原始细胞 中性粒细胞≥1.0 $\times 10^9$/L 血小板≥20$\times 10^9$/L（无须输注血小板且无出血症状） 无髓外浸润证据
	回到慢性期	外周血或骨髓中原始细胞<15% 外周血或骨髓中原始细胞+早幼粒细胞<30% 外周血嗜碱粒细胞<20% 除无肝、脾肿大以外无其他髓外浸润

注：血液学疗效需至少维持4周以上。

二、细胞遗传学

Kantarjian 等提出的细胞遗传学疗效评定标准见表10-7（Kantarjian 等，2002）。

表 10-7 细胞遗传学缓解疗效评定标准

	Ph染色体（%）
完全细胞遗传学缓解（CCyR）	0
部分细胞遗传学缓解（PCyR）	1～35
次要细胞遗传学缓解（mCyR）	36～65
微小细胞遗传学缓解	66～95
无反应（NR）	95～100

通常将Ph降至35%以下称为主要细胞遗传学缓解（MCyR），其包括了完全及部分细胞遗传学有效；Ph降至35%以下称为遗传学有效（cytogenetic response，CyR），这两项均与患者生存期和无疾病进展率相关。

三、分　子　学

完全分子学缓解（CMR）：通过 RT-PCR 方法检测不到 BCR-ABL mRNA 的存在。
主要分子学缓解（MMR）：BCR-ABL mRNA 较治疗前下降 3～4 个对数级。

第六节　微小残留病监测及 ABL1 激酶域突变检测

一、疗效监测及其意义（Kantarjian 等，2008）

1. 细胞遗传学　迄今为止，常规传统细胞遗传学检查（G 显带）仍是最具预后价值的监测指标。由于能够发现其他染色体异常，对疾病进展有重要意义。由于只分析几十个分裂期细胞，敏感性只有 5%～10%。需要进行骨髓穿刺，患者不易接受。检测周期长，目前国内各大医院的检测周期 2 周到 3 个月不等。鉴于其重要的预后意义，建议获得 CCyR 之前，每 6 个月检测 1 次，获得 CCyR 之后每 6～12 个月检测 1 次（Kantarjian 等，2008a）。

2. FISH　对于传统细胞遗传学缓解，而 FISH 没有转阴的预后价值尚无统一意见。FISH 的优点包括：①对于临床表现符合 CML，而染色体 G 显带方法检测不到 Ph 染色体的患者，可以通过 FISH 或细胞学方法发现 t（9；22）的融合信号；②分析分裂间期细胞，可以分析更多的细胞数，检测敏感度提高到 1%～5%；③可以检测外周血，可操作性强；④检测周期短，通常 1～2 周可以获得结果；⑤可以检测衍生的 9 号染色体。通常认为，可以通过外周血 FISH 检查代替常规传统染色体检查，但当 Ph 阳性染色体的水平降至 5%～10%后，需要进行常规染色体检查以确认是否达到 CCyR。

3. 分子学检查　定量 PCR（Q-PCR）方法定量检测 BCR-ABL1 融合基因的转录水平是目前最敏感的微小残留病（MRD）检测指标，但目前国内大多数医院仅能进行 BCR-ABL1 融合基因的定性检测。另外，由于 RNA 的提取、标准品、引物等没有统一的标准，各实验室之间的结果会有比较大的差异。对于已经获得 CCyR 的患者是否获得 CMR 的意义日趋明确。IRIS 试验的结果显示，12 个月时是否获得 CMR 可以预测疾病进展的风险。12 个月时获得 CMR 的患者 5 年无进展生存率是 100%，而没有获得 CMR 的患者为 95%（$P=0.01$）。

二、ABL1 激酶域突变的检测

伊马替尼反应欠佳或耐药时，以及已获得的疗效丢失时，或者疾病进展时，均应筛查 ABL1 激酶域突变。此时 ABL1 激酶域突变的检出率约为 50%。虽然还存在 ABL1 激酶域突变以外的其他耐药机制，如 BCR-ABL1 过度表达及不依赖 BCR-ABL1 的其他机制。ABL1 激酶域突变可累及 ATP 磷酸结合域（P 环）、活性环（A 环）、C 端的蛋白或者伊马替尼结合位点（如 T315I）。目前最为常用的突变筛查方法是直接测序法。突变细胞占肿

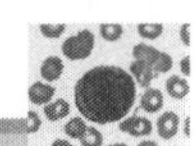

瘤细胞的10%～25%时方可检测到。检测的标本骨髓及外周血均可。

进展期及晚慢性期CML在伊马替尼治疗前也可以有低水平的BCR-ABL1激酶域突变，此时的预后价值尚不明确。目前认为低水平突变克隆不易导致伊马替尼耐药，可能还有其他机制参与其中（Willis等，2005）。而伊马替尼耐药的患者有30%～50%存在BCR-ABL激酶域突变，具有较好的预后价值。研究认为ABL1激酶域突变克隆在未用及应用TKI治疗的患者中是随机存在的。突变克隆通常比野生型的激酶活性低，因此在没有TKI治疗时不会成为优势克隆。但在TKI治疗的压力下，TKI耐药的克隆会获得增生优势，最终成为优势克隆（Hongxing等，2010b）。

TKI治疗期间，通常在疾病进展、原有的治疗反应丢失、BCR-ABL1融合基因转录水平升高时开始突变检测。ELN及NCCN指南均以BCR-ABL1融合基因转录水平升高10倍（即1个数量级）作为检测突变的临界值。但也有研究认为这样的标准漏诊率高，主张将标准降低到升高2倍。最近的一项研究提示，升高2.6倍是最佳的临界值，敏感率可达到77%（Press等，2009）。ABL1激酶域突变筛查对伊马替尼耐药的患者非常有意义，有助于选择敏感的二代TKI药物及恰当的移植时机。

尽管ABL1激酶域突变的发生通常预示着复发，但是突变也可发生在少数获得CCyR而并未复发的患者中。已证实T315I突变是目前所有TKI治疗失败的一个标志，但对“P环突变的患者预后更差”这一观点仍存在争议。

第七节 治疗

CML的治疗在近一个世纪经历了几次划时代的发展（表10-8）。脾区放疗出现于20世纪初期，用于改善巨脾的压迫症状，现已基本被淘汰。白消安的作用已基本被羟基脲所取代，仅用于CML的预处理方案中。allo-HSCT的出现使得一部分CML得以根治，近年随着移植技术的提高及支持治疗的加强，疗效有明显改善。TKI类药物的出现使得CML-CP的药物治疗效果显著提高，绝大多数患者能够获得长期稳定的状态，生存期明显延长。进展期CML属于疾病的终末期，TKI药物仅能获得短暂的疗效，疾病终究会进展，目前的标准治疗为通过TKI或者化疗控制疾病，回到CP_2后行allo-HSCT。

表10-8 CML治疗发展史

年份	治疗
1902	脾区放疗
1953	白消安（busulfan，BU）
1963	羟基脲（hydroxyurea，HU）
1973	异基因造血干细胞移植（allo-HSCT）
1980	干扰素α（interferon-α，IFN-α）
1999	伊马替尼（imatinib）（中国2002年上市）
2006	达沙替尼（dasatinib）（中国未上市）
2007	尼罗替尼（nilotinib）（中国2009年上市）

一、慢性期治疗

目前初治 CML-CP 的一线治疗包括 TKI 和 allo-HSCT，对于无法进行这两种治疗的患者选择 IFN-α 为基础的方案为其一线治疗（中华医学会血液学分会，2011）。羟基脲（HU）是 CML-CP 的重要辅助药物，在我国 CML-CP 治疗中起到了举足轻重的作用（王建祥等，2010）。HU 仅用于病初及疾病进展时白细胞显著升高时控制白细胞，不能延缓疾病的自然进展。IFN-α 疗效优于 HU，部分患者可以获得细胞遗传学缓解，但副作用较多。TKI 是目前最好的治疗药物，基于近十年的临床研究结果，伊马替尼已被广泛接受为 CML-CP 的首选治疗。二线 TKI 药物尼罗替尼和达沙替尼开始应用于与对伊马替尼耐药或不耐受的 CML-CP 及进展期 CML 治疗。最新的结果证实尼罗替尼和达沙替尼对于初诊 CML-CP 的疗效优于伊马替尼，已被 FDA 批准应用于初诊 CML-CP 的一线治疗，但其长期效果及副作用尚待观察。allo-HSCT 是 CML 唯一能够治愈的治疗方法，21 世纪其疗效还在不断地提高，缺点是受有无相合供者的制约，治疗相关风险大。针对具体 CML-CP 患者，治疗方案的选择需要综合考虑患者年龄、疾病分期、病程、疗效、有无合适的供者及经济情况等因素。

初治 CML-CP 患者的治疗首先需要控制增高的白细胞，缩小肿大的脾，改善由于骨髓过度增生导致的高代谢状况。CML-CP 患者白细胞淤滞症状并不常见，通常不需要迅速降低白细胞计数，迅速降低白细胞反而有可能导致溶瘤综合征。只有在出现白细胞淤滞表现时需要进行血细胞分离以迅速降低白细胞，同时给予伊马替尼或 HU 减少细胞增殖。肿大的脾通常在伊马替尼或 HU 治疗后的 1 周到数周内恢复正常。高尿酸血症及痛风可在治疗前发生，也可在药物治疗时出现或加重。所有患者开始治疗时均应服用别嘌呤醇并碱化尿液，直至过度造血得到控制，以降低肾损伤，防止溶瘤综合征的发生。

（一）化疗

1. 白消安（BU）　BU 是一种烷化剂，从 19 世纪 50 年代开始用于 CML 的治疗，20 世纪 70 年代后已逐步被其他治疗所取代。目前 BU 更多地作为移植前预处理方案应用于 CML。口服方便，约在 1 周后起效，其在体内代谢较慢，有后继作用，其作用可维持数周。常规用量为每天 4～6mg，待白细胞数降至 $30\times10^9/L$ 时应停药观察，白细胞数复升时再给予维持量。此后根据白细胞数调整剂量，病情稳定者可间断服药。BU 可使患者获血液学缓解，但不能减少 Ph 阳性染色体，不能防止疾病进展，对 CML-AP 及 CML-BP 无效。副作用较多，有皮肤黑色素沉着、骨髓或肺纤维化及类似肾上腺功能不全的表现。

2. 羟基脲（HU）　HU 是 CML-CP 期最常用的药物，1963 年以后 HU 取代了 BU 的地位，成为 CML 的一线治疗药物。HU 半衰期比 BU 短，更容易控制；副作用较少，主要是骨髓抑制。目前 HU 主要用于迅速控制白细胞数量。HU 对 CML-CP 仅有血液学效应，诱导血液学缓解，无细胞遗传学效应，不能防止疾病进展，停药后白细胞数会很快上升，对进展期 CML 无效。HU 是一种 S 期特异性细胞毒药物，抑制核苷二磷酸还原酶抑制 DNA 合成。口服方便，胃肠道吸收快，2 小时血药浓度可达高峰，约 80%的 HU 在 12 小时内经尿排出。起始剂量通常为 1～6g/d，以迅速控制白细胞。白细胞数在 1 周内开

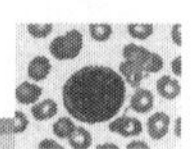

始下降，脾随之缩小。白细胞降至 20×10^9/L 时应减量。之后 0.5～2g/d 维持，调整白细胞在正常范围。副作用少而轻，容易控制，安全有效。

德国的一项随机研究中，对于 CP CML，HU 治疗的中位生存时间为 4.7 年，BU 为 3.8 年（Hehlmann 等，1994）。Goldman 等回顾分析了进行同胞全相合移植的（MSD-HSCT）CM-CP，移植前接受 HU 及 BU 治疗的患者 3 年无病生存率分别为 61%与 45%（$P<0.0003$）（Goldman 等，1993）。HU 价格便宜，目前在中国 CML 中仍起重要的作用（王建祥等，2010）。

3. 高三尖杉酯碱（HHT） 19 世纪 70 年代开始在我国临床应用，用于急性髓性白血病（AML）及 MDS 的治疗，对 CML 也有显著效果。与 IFN-α 联合应用可提高疗效，也用于伊马替尼耐药及有 T315I 突变 CML 的治疗。

HHT 是一种从三尖杉属植物提取的有抗癌作用的生物酯碱。通过抑制蛋白质合成及促进凋亡发挥抗肿瘤作用，属于细胞周期非特异性药物。M. D. Anderson 对 IFN-α 无效的 LCP-CML 患者，应用 HHT 2.5 mg/（m^2·d）持续静脉滴注 14 天诱导，之后每月用7 天维持。中位疗程是 6 次，CHR 67%，细胞遗传学效应为 33%（O'Brien 等，1995）。之后该中心对 ECP-CML 采用相同的方案治疗 6 个疗程，之后序贯 IFN-α 治疗，CHR 92%，细胞遗传学效应为 60%，MCyR 为 27%。HHT 与 IFN-α、Ara-C 和伊马替尼均有协同作用（O'Brien 等。1999），在伊马替尼时代之前，如果不能进行 HSCT，HHR 是 IFN-α 治疗失败后最有效的方法。

omacetaxine mepesuccinate（ceflatonin，myelostat，CGX-653）是一种半合成 HHT 的体内活性产物，皮下注射，应用方便、安全。体外研究显示，HHT 与伊马替尼治疗有叠加或协同作用。Ⅱ期临床研究显示 omacetaxine mepesuccinate 对伊马替尼耐药的患者，包括 T315I 突变的患者有效（Burton 等，2003；Khoury 等，2007）。由于作用机制不同，HHT 或 omacetaxine mepesuccinate 常常用于伊马替尼耐药 CML 的辅助治疗。在一项尚在进行中的伴有 T315I 突变的 CML 多中心Ⅱ期试验中，接受 HHT 治疗的患者 60%检测不到 T315I。副作用主要有骨髓抑制，3/4 级为血小板减少 44%，中性粒细胞减少 34%，贫血 28%，可以通过每个疗程应用的天数调整。注射部位的反应很轻，没有 3/4 级事件的发生（Cortes 等，2008c）。

（二）干扰素 α（IFN-α）

1980 年开始用于 CML-CP 的治疗，对进展期患者无效。1990 年以后成为 CML-CP 患者的首选治疗。2000 年以后逐渐被伊马替尼取代。对于无法进行伊马替尼治疗、没有合适供者的 CML-CP，IFN-α 是首选药物。在中国，IFN-α 仍处于 CML-CP 一线治疗的位置（中华医学会血液学分会，2011）。

IFN-α 最早期是从人类白细胞提取的，目前临床应用的均是重组人类 IFN-α（rIFN-α）。rIFN-γ 对 CML 的疗效相对差一些。用于治疗 CML 的 IFN-α 有两种：α-2a 与 α-2b，对 CML 的疗效无明显差别。IFN-α 在 CML 的作用机制不清楚，可能的机制有选择性抑制 CML 克隆的增生，纠正 CML 祖细胞的黏附缺陷及刺激机体对 CML 的免疫反应。

IFN-α 疗效明显优于细胞毒性药物 HU 及 BU。多中心研究显示，IFN-α 组 OS 延长 20 个月（IFN-α 组与无 IFN-α 组分别为 61 个月及 41 个月）（Allan 等，1995）。1990 年

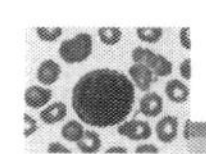

后，IFN-α 逐渐被公认为治疗 CML-CP 的标准治疗，标准剂量是每天皮下注射 500 万 U/m^2。来自荷兰及英国的一项前瞻性随机对照研究显示，小剂量（300 万 U/ m^2，每周 5 次）与大剂量（每天 500 万 U/ m^2）相比疗效相似，而耐受性更好，更多的患者因能够坚持治疗而获益（Kluin-Nelemans 等，2004）。国内多采用较小的剂量。ECP-CML 患者应用 IFN-α，70%的患者可以获得 HCR；50%的患者可以获得一些细胞遗传学效应（有 Ph^+ 克隆的减少）（Allan 等，1995；Kantarjian 等，1995）。

Hasford 评分被用来评估 IFN-α 治疗 CML 的预后，低危、中位、高危患者的中位生存时间分别是 98 个月、65 个月及 42 个月（$P \leqslant 0.0001$）（Hasford 等，1998），细胞遗传学效应是生存期延长的决定因素。曾经获得细胞遗传学效应的患者，生存期延长，预计 5 年生存率大于 80%（Kantarjian 等，1995）。

国际上通常以单药治疗 6 个月不能达到血液学缓解、12 个月治疗不能达到主要遗传学缓解（$Ph^+ < 35\%$）作为判断 IFN-α 治疗无效的标准。能够获得细胞遗传学效应是最重要的预后指标。获得 CCyR 的中位时间是 9～18 个月，最晚可在治疗 4 年后获得。已获得 CCyR 的患者，细胞遗传学效应可维持 10 年之久（Silver 等，1999）。大多数的临床研究中，不论有无细胞遗传学效应，只要患者能够耐受，坚持 IFN-α 治疗持续直至血液学复发。

IFN-α 副作用常见，几乎所有患者均有一些躯体副作用。常见不良反应有发热、畏寒、流感样症状、头痛、全身肌肉酸痛、骨痛、关节痛、眼痛、盗汗、乏力不适、胃肠道反应、精神异常、体重减轻、脱发、尿蛋白等，其他各种自身免疫性疾病如自身免疫性溶血也有报道。对症治疗有效，但不同程度地影响生活质量。由于副作用需要停止治疗的患者有 4%～18%。总的来说，副作用的机制不清，与剂量及疗程相关（Silver 等，1999）。

目前有研究正在观察联合应用 IFN-α 是否能够进一步改善临床疗效。两项研究观察了 IFN-α 联合 Ara-C 的疗效。法国的一项随机试验显示，Ara-C［20mg/(m^2 · d)，每月治疗 10 天］联合 IFN-α 500 万 U/(m^2 · d)，能够改善细胞遗传学效应及 OS（Guilhot 等，1997）。12 个月时联合组及 IFN-α MCyR 分别是 41%和 24%，3 年 OS 率分别是 86%和 79%。来自意大利的另一项随机对照研究，治疗方案类似，进一步证实了联合用药可以改善细胞遗传学效应，但两组间 5 年 OS 率无显著性改善（分别为 65%和 68%，$P=0.77$）（Baccarani 等，2002）。对于初治的 CML-CP 患者，推荐联合 Ara-C 以进一步改善疗效，但联合用药的副作用相应增加。

一项研究回顾性比较了 IFN-α 与 MSD 同胞相合 allo-HSCT 在 CML 中的疗效。来自 IBMTR 的 548 例移植患者与德国 CML 研究组随机接受 HU（$n=121$）及 IFN-α（$n=75$）的患者比较（Gale 等，1998），移植组患者的生存优势只有到了 56 个月之后才显现出来。对于低 Sokal 评分组，移植组的生存优势在 8 年以后才显现出来。而意大利 CML 协作组的前瞻性研究中，840 例（<56 岁）CML 分别进行传统化疗、IFN-α 及 allo-BMT（120 例），allo-BMT 的生存有改善的趋势，但仅在高 Sokal 评分的年轻（小于 32 岁）患者中有统计学差异（Italian Cooperative Study Group on Chronic Myeloid Leukemia and Italian Group for Bone Marrow Transplantation，1999）。这两组数据均来自 20 世纪，反映的是当时 allo-HSCT 的总体水平，21 世纪 allo-HSCT 疗效已显著改善，详见本书第二十一章第三节。

（三）伊马替尼

伊马替尼作为人工合成的第一个靶向药物，是 CML 治疗史上划时代的进步，21 世纪

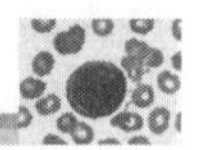

已成为 CML 的一线治疗药被广泛应用。对于白细胞显著升高的 CML，伊马替尼通常可以 2～4 周内迅速控制升高的白细胞，不需要联合应用 HU，以免过快地降低白细胞。由于价格昂贵，许多患者不能负担其医疗费用。自 2003 年 9 月 GIPAP（格列卫全球患者援助项目）进入中国，伊马替尼年治疗费用由 20 多万元降到 7.5 万元，更多的患者因此得以治疗。

甲磺酸伊马替尼（imatinib mesylate），又名 CGP57148B、STI571（signal transduction inhibitor 571），是一种通过特异性抑制 ABL1 酪氨酸激酶活性的苯胺类衍生物。通过取代 $P210^{BCR-ABL}$结构中的 ATP，抑制下游底物的持续磷酸化，阻断 Ph^+ 克隆增殖。除 BCR-ABL1 外，还可以抑制 c-KIT 及 PDGFR 的活性。2001 年 5 月在美国及欧洲获准上市，商品名 Gleevec 或 Glivec。我国于 2002 年 7 月获准上市，商品名格列卫。

伊马替尼最开始用于 IFN-α 耐药或不耐受的 CML-CP 及进展期 CML。IFN-α 耐药或不耐受的 CML-CP 患者的Ⅰ期临床试验显示伊马替尼耐受性良好，疗效与剂量相关。每日服药剂量≥300mg 的 54 例患者中，53 例（98%）在服药 4 周之内获得 CHR，白细胞通常在 2 周左右恢复正常；29 例获得细胞遗传学效应，包括 17 例 MCR，7 例 CCR，获得细胞遗传学效应的中位时间是 5 个月（Druker 等，2001）。Ⅰ期临床试验中并没有确定伊马替尼的最大耐受剂量，建议Ⅱ期试验的治疗剂量是 400mg/d。一项多中心的Ⅱ期试验中，454 例 IFN-α 无效的 LCP-CML 患者接受了 400mg/d 的伊马替尼治疗。CHR 为 95%，MCyR 为 60%。中位随访 18 个月后，仅有 11%的患者进展至 AP/BP，95%的患者存活。只有 2%的患者因为药物副作用停药，没有治疗相关死亡发生（Kantarjian 等，2002）。一项伊马替尼（400mg/d）治疗 LCP-CML（$n=454$）的研究中，中位随访 40 个月时，65%的患者获得了 MCyR，52% CCyR。获得 MCyR 患者的 82%在第 3 年时保持了细胞遗传学效应。3 年无 PFS 率和 OS 率分别为 80%和 88%。是否获得细胞遗传学效应是重要的预后指标（Silver 等，2004）。

伊马替尼在初诊 CML-CP 的疗效评估是在里程碑性的 IRIS 研究（International Randomized Study of IFN-α plus Ara-C *vs* STI571）中进行的。共有 1106 例患者随机接受 400mg/d 的伊马替尼或 IFN-α 联合小剂量 Ara-C。由于伊马替尼组在副作用、生存率等方面的明显优势，这项随机研究已经提前终止。随机分到伊马替尼组的 553 例患者继续服药，旨在观察伊马替尼作为 CML-CP 一线治疗药的疗效。与 IFN-α 联合 Ara-C 治疗比较，伊马替尼耐受性更好，生活质量更高（Hahn 等，2003）。随访 8 年时，55%的患者仍在服药伊马替尼，8 年 OS 率为 85%，无事件生存率 81%。仅有 15 例（3%）患者在获得 CCyR 之后进展到 AP/BP，而这些患者除 1 例外均在 24 个月内获得 CCyR。45%的患者退出临床试验，退出的原因包括治疗效果不满意（16%）、副作用（6%）、HSCT（3%）、死亡（3%）和其他原因（17%）。12 个月获得 MMR 的患者没有一例进展为 AP/BP（Deininger 等，2009）。

治疗前 Sokal 评分及治疗后的血液学效应、细胞遗传学效应及分子学效应均与预后相关（Hahn 等，2003；Hughes 等，2003；Silver 等，2004）。Sokal 评分与患者能否获得 CCyR 有良好的相关性：12 个月时 Sokal 评分低危、中危及高危组患者的 CCyR 分别为 91%、84%及 69%（Hughes 等，2003）。相反，也有研究发现 1 年时能否获得 CCyR 与 4 年PFS 及 OS 无差异。随着伊马替尼治疗时间的延长，获得 MMR 的患者逐渐增加。不论在何时间获得 MMR 提示复发率显著降低，通常<1%（Hahn 等，2003）。获得 CMR

的患者24个月的PFS率是100%，未达到CMR的患者为95%，未达到CCyR的患者为85%（$P<0.001$）。对其中55例患者的Q-PCR检测分析发现，BCR-ABL1转录水平下降的快慢能够预测疾病的进展。伊马替尼治疗3个月BCR-ABL1转录水平没有下降1个对数级、6个月没有下降2个对数级的患者疾病进展率显著增高；6个月时BCR-ABL1下降与未下降≥2个对数级的患者24个月PFS率分别为96%和44%。提示BCR-ABL1转录水平下降的程度和速度是重要的预后指标（Hughes等，2003）。

有研究尝试在CML-CP患者应用大剂量伊马替尼以进一步改善疗效。一项Ⅱ期研究中，114例新诊断的CML-CP患者接受每天800mg的伊马替尼，与之前50例接受标准剂量治疗的患者比较，大剂量组90%的患者获得CCyR，而标准剂量组为75%，18个月的MMR分别为28%和7%，提示大剂量组分子学反应更大（Kantarjian等，2004）。TOPS试验是比较常规剂量（400mg/d）和大剂量（800mg/d）伊马替尼疗效的一项前瞻性的随机对照研究。与常规剂量组相比，大剂量组获得CCyR及MMR更早，疾病进展率更低。6个月及12个月时获得CCyR分别为45%与57%（$P=0.0146$）、66%与70%（$P=0.3470$）。3、6、9及12个月时MMR分别是4%与14%（$P=0.0011$）、20%与39%（$P=0.0001$）、41%与54%（$P=0.0203$）、46%与54%（$P=0.1386$）。3个月时的BCR-ABL1转录水平下降的程度可以预测疗效，下降超过2个对数级的患者12个月时达到MMR的概率是75%，而下降不到1个对数级的只有17%（Cortes等，2008a）。血药浓度检测提示大剂量组血药浓度更高，达到MMR的概率更大。副作用方面，大剂量组的粒细胞缺乏更多，而贫血及血小板减少并不明显增加（Guilhot等，2008）。开始的研究表明，对于初诊的CML-CP增加伊马替尼的剂量可以获得更高的细胞遗传学及分子生物学效应（Hughes等，2008；Kantarjian等，2004）。但之后的两项大宗随机对照研究中这一结果没有得到证实。伊马替尼大剂量（800mg/d）与常规组（400mg/d）相比，治疗1年时的CCyR及MMR相似，大剂量组获得治疗效应更快。这种更快的治疗效应对长期疗效的影响尚不清楚。大剂量组副作用更多见（Baccarani等，2009；Cortes等，2010a）。Sokal评分中高危的CML-CP对伊马替尼反应差，针对此，GIMEMA及ELN分别针对Sokal评分中危及高危的患者开始就应用更大剂量的伊马替尼，结果提示增加剂量可以获得更高、更快的治疗效应（Baccarani等，2009b；Castagnetti等，2009）。

大剂量伊马替尼临床研究的随访时间均较短，目前尚无大剂量伊马替尼对长期生存及疗效影响的证据，而且增加剂量的同时治疗费用及副作用相应增加。

伊马替尼联合其他药物提高疗效的研究也受到广泛重视。体外研究显示伊马替尼与IFN-α、HU、Ara-C、HHT等多种药物联合应用有协同作用（Kano等，2001）。法国的一项多中心前瞻性随机Ⅲ期临床研究，比较了标准剂量伊马替尼与伊马替尼联合IFN-α、伊马替尼联合Ara-C、大剂量伊马替尼的疗效。联合用药或增大剂量均可提高MMR，但副作用相应增加（Guerci等，2005）。

CML-CP初始治疗就应用伊马替尼的疗效优于IFN-α耐药或不耐受的二线治疗。浙江大学第一附属医院回顾性分析了116例CML应用伊马替尼的结果，发现从诊断到开始服用伊马替尼的时间长短是独立的预后因素，应强调早期伊马替尼治疗（Zhao等，2009）。

伊马替尼最常见的副作用是骨髓抑制，尤其是中性粒细胞缺乏和血小板减低。3～4度的骨髓抑制在CML-CP约占30%，进展期占50%～60%。白细胞在服药2周内开始下降，

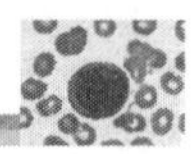

4～6周内恢复；血小板下降发生在3～4周。因此，治疗的第1个月内应该每周检测血常规。对于CP患者，建议在外周血中性粒细胞（ANC）低于<1×10⁹/L或血小板<50×10⁹/L时停药。ANC恢复到1.5×10⁹/L以上，血小板100×10⁹/L以上，恢复伊马替尼治疗。在2周内恢复的患者恢复每天400mg，超过2周恢复的患者从每天300mg开始，在几个月内增加至每天400mg。对于进展期（AP/BP）患者，需要行骨髓形态及活检检查，以鉴别药物导致的骨髓增生降低和持续的白血病状态。前者需要评估副作用的严重程度后停药，后者需要给予造血因子及输血支持的同时继续治疗。其他常见副作用包括水肿（50%）、恶心（68%）、呕吐（50%）、腹泻（49%）、肌肉痉挛（46%）、皮疹（39%）、骨痛或关节疼痛（20%～40%）。水肿最常见的是眶周水肿，也有发生胸腔积液、腹水或全身水肿，利尿剂通常可以控制。水肿严重时需要停药，症状控制后从较小剂量开始应用伊马替尼。与食物同服、分次服药或应用抗恶心药物可以减轻药物引起的胃肠道反应。肌肉痉挛可以通过钙剂或镁剂缓解。皮疹通常是斑丘疹，可以通过抗组胺药物及局部应用激素控制。少部分患者可以发生脱皮性皮疹，需要立即停用伊马替尼，部分患者皮疹消退后可从小剂量开始应用。转氨酶升高明显的患者需要停用伊马替尼，正常后减量应用，如果转氨酶没有增加，可以逐渐加量。肝脏损伤发生的中位时间是治疗后3个月。最近的一项报道描述了10例患者在应用伊马替尼的过程中发生了严重的充血性心衰（CHF）（Kerkela等，2006）。M. D. Anderson回顾性分析了临床研究中1276例接受伊马替尼治疗的患者资料，共有22例（1.7%）CHF的表现，其中8例（0.6%）可能与伊马替尼治疗相关。这22例患者中18例之前有CHF、心肌病、高血压、冠心病、糖尿病等基础疾病。在这群中位年龄70岁（49～83岁）的CML群体中，CHF发生率非常低。因此，仅在有心脏基础疾病的患者需要严密观察并积极干预（Atallah等，2007）。

伊马替尼主要经肝脏细胞色素酶P450 CYP3A4/5代谢，联合应用时需要注意。另外，伊马替尼是CYP2D6和CYP2C9的弱抑制剂，联合应用经这些酶代谢的药物时需要提高警惕，如华法林。

伊马替尼治疗过程中的几个问题：

1. 监测及疗效评估 CML-CP患者服用伊马替尼治疗期间需要进行规律的监测，以下是欧洲白血病网（European Leukemia Net，ELN）专家组对监测及疗效评估的建议（表10-9和表10-10）（Baccarani等，2006、2009a）。

表10-9 伊马替尼治疗期间的监测（Baccarani等，2009a）

血液学疗效	细胞遗传学疗效	分子学疗效（定量PCR）	突变分析
诊断时	诊断时	每3个月1次，直至获得MMR	疗效欠佳或治疗失败时
随后每15天1次，直至确认CHR	每6个月1次，直至获得CCyR，随后每12个月1次	随后每6个月1次	换用其他治疗或者另一种TKI之前
每3个月1次，除非有其他需要	出现治疗失败时（原发或继发性耐药） 出现无法解释的贫血、白细胞减少或血小板减少时		

注：CHR. 完全血液学缓解；CCyR. 完全细胞遗传学缓解；MMR. 主要分子学缓解。

表 10-10　CML-ECP 伊马替尼一线治疗的疗效评估标准（Baccarani 等，2009a）

时间	疗效满意	疗效欠佳	治疗失败	警告
诊断时	—	—	—	高危、CCA/Ph$^+$
3 个月	CHR 至少 mCyR (Ph$^+$≤65%)	没有任何 CyR (Ph$^+$≥95%)	<CHR	—
6 个月	至少 PCyR (Ph$^+$≤35%)	<PCR (Ph$^+$>35%)	没有任何 CyR (Ph$^+$≥95%)	—
12 个月	CCyR	PCyR (Ph$^+$1%～35%)	<PCR (Ph$^+$>35%)	<MMR
18 个月	MMR	<MMR	<CCyR	—
任何时间	疾病稳定 MMR 持续改善	丢失 MMR 出现伊马替尼低度耐药的突变	丢失 CHR 丢失 CCyR 出现伊马替尼高度耐药的突变 CCA/Ph$^+$	BCR-ABL1 水平升高 CCA/Ph$^-$

注：CHR. 完全血液学缓解；CCyR. 完全细胞遗传学缓解；mCyR. 次要细胞遗传学缓解；PCyR. 部分细胞遗传学缓解；MMR. 主要分子学缓解；CCA/Ph$^+$. Ph 染色体阳性细胞出现克隆性染色体异常；CCA/Ph$^-$. Ph 阴性细胞出现克隆性染色体异常。

关于反应次优欠佳（suboptimal）的意义如何，ELN 最近的资料显示，6 个月时反应次优欠佳的患者最终获得 CCyR 的概率显著降低（30%和 97%），EFS 和 PFS 与治疗无效的患者差不多。12 个月时反应次优欠佳的患者疾病进展率与反应良好的患者类似，但 EFS 差一些。而 18 个月时反应次优欠佳的患者与反应良好的患者临床结果类似（Alvarado 等，2009）。基于最新的临床结果，ELN 专家组 2009 版较 2006 版做出了以下修正：

（1）提出早期疗效评估的指标：3 个月未达 CHR 定义为治疗失败；3 个月没有任何 CyR 定义为疗效欠佳。这有利于临床医生及早调整治疗方案，改用二代 TKI 或进行 allo-HSCT。

（2）治疗期间出现 CCA/Ph$^+$ 定义为治疗失败。

（3）伊马替尼治疗时代，del（9q）不再作为一个有意义的预后因素。

（4）引入了“疗效满意”的概念：伊马替尼治疗 3 个月获得 CHR 及 mCyR；6 个月获得 PCyR；12 个月获得 CCyR；18 个月获得 MMR，提示伊马替尼疗效满意，继续伊马替尼治疗疾病进展的概率很低。

2. 伊马替尼耐药　首先需要详细询问患者服药史，有一部分患者会因为各种原因自行减量甚至停药。此时伊马替尼谷浓度检测是有效的方法，但目前尚无反映长期服药情况的方法。研究发现伊马替尼谷浓度高的患者 CCyR 及 MMR 高，伊马替尼血浆浓度低于 1000ng/ml 时需要增加伊马替尼的药量（Larson 等，2008；Picard 等，2007）。目前谷浓度测定不作为诊疗常规，仅在耐药或发生严重副作用的患者中进行（Blasdel 等，2007）。

伊马替尼耐药最常见的原因是 BCR-ABL 三磷酸腺苷（ATP）结合区域的单个氨基酸置换及 BCR-ABL 基因的进行性扩增。Sawyers 团队的早期研究发现，9 例在伊马替尼治

疗过程复发的CML患者中，3例有BCR-ABL基因扩增增加，其余6例则检测到激酶域突变（Gorre等，2001）。这个团队之后报道了32例伊马替尼治疗无效复发的患者，通过BCR-ABL激酶域突变测序，29例存在突变，15种氨基酸影响13种激酶残基（Shah等，2002）。整条ABL激酶域均可以发生突变，导致激酶对伊马替尼不同程度的不敏感（Branford等，2003；Corbin等，2003）。GIMEMA CML工作组的一项回顾性研究中，40例治疗12个月未达到CCyR的LCP-CML患者，19例患者（48%）在治疗开始3个月时已经发现有突变。有错义突变的患者之后疾病进展的概率显著增加，生存期显著缩短，P环突变的患者预后尤其差，因此作者建议在伊马替尼治疗1个月时筛查突变（Soverini等，2005）。144例不同分期CML患者中，27例发现ABL1激酶域突变。突变发生在ATP磷酸结合环（P loop）的13例患者中12人死亡，而突变发生非P loop的14例患者仅有3人死亡（Branford等，2003）。有些患者治疗前就能检测到突变，支持伊马替尼治疗通过克隆选择导致耐药克隆优势生长的模型。

ABL1激酶突变检测结果有助于二代TKI的选择。临床证据显示E255K/V、Y253H及F359V/C对尼罗替尼相对耐药，而F317L/I及V299L对达沙替尼相对耐药（Branford等，2009），T315I对于目前上市的各种TKI均无效。而其他一些耐药虽然不会导致完全耐药，但往往会影响治疗反应的深度。对于疾病已经进展至AP/BP的患者，TKI即使短暂有效，疗效也往往不持久，仅能作为通向造血干细胞移植的桥梁，控制疾病后应尽早进行移植。

尽管绝大多数伊马替尼耐药与BCR-ABL1激酶重新激活有关，某些病例似乎通过与BCR-ABL无关的其他途径发挥作用（Hochhaus等，2002；Donato等，2003）。药物运载体作为药物跨膜转运的载体影响细胞内伊马替尼的浓度。OCT1是一种ATP依赖的有机阳离子，将伊马替尼从细胞外转运到细胞内。OCT1高表达的患者更容易获得CCyR及MMR，这在服用标准剂量伊马替尼的患者尤其明显，而在大剂量伊马替尼治疗的患者不明显（Crossman等，2005；White等，2007；Wang等，2008）。OTC-1对尼罗替尼的影响不明显（White等，2006）。另外，P450酶CYP3A4作为伊马替尼的主要代谢酶，其活性也会影响疗效。骨髓检查发现残留白血病至少有一部分存在于CD34阳性祖细胞，提示伊马替尼可能对这些细胞无效（Bhatia等，2003）。通过169例CML患者伊马替尼治疗过程中定量PCR结果，Michor F等建立了一个数学模型（Michor等，2005）。伊马替尼的有效治疗导致体内白血病细胞呈双向指数衰亡。第一条曲线的斜率是0.05，代表的是分化细胞的周转率；第二条曲线的斜率是0.008，代表的是白血病祖细胞的周转率。这提示伊马替尼对分化细胞是一种很强的抑制剂，但不能清除白血病干细胞。说明如果伊马替尼耐药发生在白血病干细胞水平，将不受伊马替尼作用的影响。

3. TKI治疗及妊娠管理 伊马替尼自1998年在CML患者中应用以来，已成为CML的一线治疗方法。预计每年有250 000人在应用伊马替尼，其中主要是CML患者。尽管我们明确建议患者服药期间避孕，但对于如此庞大的人群来说，服药期间意外怀孕是在所难免的。另外，对于那些疾病已获得长期良好控制的患者，生育可能是影响他们生活质量的重要问题。对于这些患者，我们应该怎样指导他们呢？目前这方面的资料还比较少。临床前大鼠试验中，服药45mg/kg的伊马替尼（相当于人类400mg/d）可造成流产、死胎及露脑畸形、脑膨出、颅骨发育异常等先天畸形。大于100mg/kg的伊马替尼导致所有大鼠流产。Ault 等（2006）报道了 10 例妇女由于怀孕停用伊马替尼，其中 9 例已达到 CHR，1 例 CCyR，3 例 PCyR。停药期间有 6 例间期 Ph 阳性细胞比例增高，5 例失去了 CHR。中位停药时间 18 个月，重新服用伊马替尼后 9 例均再次获得 CHR，但仅有 3 例获得 CCyR，这比其他没有中断治疗的患者比例低得多（75%～90%）。临床研究的结果显示，1.7%～4.3%育龄妇女在服药期间怀孕。

伦敦 Hammersmith Hospital 及休斯敦 M.D. Anderson 肿瘤中心的 180 例妊娠期间服用伊马替尼的患者，在获得完整资料的 125 例（69%）患者中，63 例（50%）分娩了正常婴儿。35 例（28%）选择了终止妊娠，其中有 3 例是发现了胎儿畸形后进行的。18 例（14.4%）自然流产。其余 9 例婴儿中，8 例有先天畸形，1 例死产（Pye 等，2008）。

妊娠期间停用伊马替尼的替代治疗是 IFN-α。大鼠及兔实验提示 IFN-α 没有致畸性，但是可增加流产率。2011 年中国 CML 诊断与治疗指南对伊马替尼治疗期间的妊娠管理提出了比较宽松的建议。女性患者在妊娠前 3 个月需停止伊马替尼，应用干扰素替代治疗；妊娠 3 个月以后可以继续应用伊马替尼治疗。男性患者不必为使其配偶怀孕而停止伊马替尼治疗（中华医学会血液学分会，2011）。

Novartis 最近成了一个国际性的登记组，收集在服用伊马替尼或尼罗替尼期间受孕妇女的信息。在期待结果的未来许多年里，这方面的资料还十分匮乏，建议所有育龄 CML 患者冻存精子或卵子。由于目前还缺乏 TKI 对妊娠影响的严格对照研究，而有伊马替尼增加新生儿畸形及自然流产率的报道，建议育龄妇女服用伊马替尼期间严格避孕。对于意外或计划妊娠的患者需要充分评估对母婴双方的影响。对于疾病稳定，尤其是获得 CMR 的患者应在严密监测的情况下，停药 1 个月以上后进行计划妊娠。在停药期间一旦发现疾病进展，需要立即采用 IFN-α 治疗直至分娩。由于母乳中伊马替尼及其活性代谢产物的浓度很高，分娩后禁止母乳喂养，母亲应立即恢复伊马替尼治疗。男性患者在达到稳定的 CMR 后，在严密监测的情况下，停药 1 个月后计划怀孕；一旦其配偶受孕成功，患者立即恢复用药。

4. 停药　疾病获得良好控制之后患者是否可以停用伊马替尼呢？这是许多医生、患者提出的问题。少数有关停药的报道可能会给我们一些提示。在 IFN-α 治疗时代就有探索停止治疗的研究。法国的一组研究中，15 例获得 CCyR 的患者停用了 IFN-α，中位停药时间 36 个月（6～108 个月）后 7 例患者没有复发，8 例患者在停药 3～33 个月内失去了 CCyR。1 例患者复发后处于 MCyR 的患者在停药 87 个月后仍没有血液学复发（Mahon 等，2002）。目前伊马替尼成为 CML 的一线治疗，在获得稳定的疗效之后停止治疗的探索仍在进行中。个例报道显示，在达到稳定的 CMR 1 年以内停用伊马替尼的患者均出现不同程度的复发（Cortes 等，2004）。之后的临床研究入组条件均是达到 CMR 2 年以上。法国 12 例 CML 患者在获得稳定的 CMR（超过 2 年）后停止治疗，6 例（50%）患者在 5 个月内（分别是 1、1、2、3、4、5 个月）发生分子学复发，但是其余 6 例患者在中位随访 18 个月后仍检测不到 BCR-ABL1 基因转录。复发的患者，大多数在重新应用伊马替尼后短期内再次获得 CMR（Rousselot 等，2007）。澳大利亚的一项前瞻性研究包括 18 例患者，其中 13 例曾经应用 IFN-α 治疗的患者，10 例停用伊马替尼后保持 CMR 1 年以上；5 例未曾应用 IFN-α 治疗的患者，3 例保持了 CMR，但观察时间较短。其中所有分子生物学复发的患者均发生在停药 5 个月内。似乎之前曾经应用 IFN-α 治疗的患者停用伊马替尼

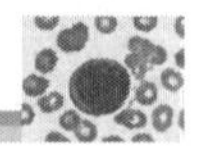

后复发率低一些，而且直接检测 cDNA 可以预测复发。

多中心的停止伊马替尼治疗的临床研究（STIM）共有 69 例患者入组（之前曾经应用 IFN-α 治疗的 34 例，未曾应用 IFN-α 治疗的 35 例），中位观察 17 个月（6～24 个月），39 例患者丧失了 CMR，其中 37 例发生在停药 6 个月以内，另外两例分别发生在停药第 7 个月和 18 个月。男性患者，低 Sokal 评分及外周血 NK 计数高的患者不易复发，之前是否应用 IFN-α 对复发无影响（Mahon 等，2009）。

总结这些前瞻性的研究，共有 99 例患者获得稳定的 CMR 后停止伊马替尼治疗，共有 49 例患者丧失 CMR，其中 47 例患者均在 6 个月内丧失 CMR。所有丧失 CMR 的患者再次应用伊马替尼有效。

基于以上结果，即使获得 CMR 2 年以上停用伊马替尼，一半的患者会丧失 CMR。但停用伊马替尼半年以上无分子学复发的患者再复发的概率很低。由于缺乏大规模的前瞻性研究，伊马替尼能否停药的问题尚无定论。而且中国能够精确定量检测 BCR-ABL1 转录水平的实验室不多，不主张患者停用伊马替尼。

5. 二代 TKI 许多新的酪氨酸激酶抑制剂正在研究之中，目前已经上市的二代 TKI 药物有尼罗替尼（AMN107）及达沙替尼。

（1）达沙替尼：是一种高效的 SRC/ABL 阻滞剂，作为噻唑甲酰胺（thiazolecarboxamide），结构上与伊马替尼无关，与 ABL1 激酶的活性及失活形式结合。达沙替尼对 ABL1 激酶的抑制作用是伊马替尼的 325 倍，是尼罗替尼的 16 倍。2005 年 ASH 会议报道了达沙替尼用于各期 CML 患者的 START 系列研究的疗效。对于伊马替尼耐药或不耐受的慢性期、加速期和急变期 CML 患者的疗效，达沙替尼的血液学效应分别是 80%、66%和 55%，细胞遗传学效应分别是 54%、45%和 30%（Guilhot 等，2005；Hochhaus 等，2005；Talpaz 等，2005）。达沙替尼对伊马替尼不耐受的患者疗效更好，伊马替尼不耐受与耐药的患者达沙替尼治疗 12 个月时 CCyR 分别为 74%与 37%～39%。伊马替尼治疗无效的 CML-CP 患者，CHR 为 60%～65%，CCyR 为 40%～50%（Kantarjian 等，2007；Hochhaus 等，2008）。基于其良好的临床效果，2006 年美国 FDA 批准达沙替尼上市，适应证是前期治疗失败的成人 CML 慢性期、加速期及急变期。目前达沙替尼在中国尚未上市。

达沙替尼上市时对 CML-CP 的批准剂量是 70mg，每天 2 次。但一项达沙替尼 4 个治疗剂量的随机对照研究的结果显示，达沙替尼的 4 个治疗方案（100mg qd、50mg bid、140mg qd、70mg bid）中，100mg qd 组 24 个月时胸腔积液发生率降低（14% *vs* 23%～26%），发生胸腔积液的中位时间晚，治疗中断的患者少，而疗效甚至更好（Porkka 等，2008）。在达沙替尼治疗 50 例 CML-ECP 的Ⅱ期临床研究中，患者随机分为 100mg qd 或 50mg bid 两组。中位随访 24 个月，98%获得 CCyR，82%获得 MMR。94%的患者在 6 个月内获得 CCyR。24 个月的 OS 100%，EFS 88%。两组之间毒副作用没有显著差异（Cortes 等，2010b）。目前，CML-CP 患者的推荐剂量是 100mg，每天 1 次，进展期 CML 的推荐剂量是 140mg，每天 1 次。

初治的 CML-ECP 的 47 例患者，100%获得 CHR，45 例（98%）获得 CCyR，25 例获得 MMR（53%），10 例（21%）获得 CMR。24 个月的 EFS 率是 89%。相对于伊马替尼治疗无效的 CML 来说，初治患者副作用少得多。前者 3～4 度毒性反应占 30%，而初治 CML 只有 11%（Cortes 等，2008）。多中心临床研究 DASISION（The Dasatinib versus

Imatinib Study in Treatment-Naive CML Patients）直接对比了达沙替尼（100mg qd）与伊马替尼（400mg qd）的疗效。519 例初诊 CML-CP 进入了这项随机对照研究。中位随访 12 个月时达沙替尼与伊马替尼组的 CCyR 分别为 83%与 72%（$P=0.001$），MMR 分别为 46% 与 28%（$P<0.0001$），达沙替尼组获得治疗反应更快（$P<0.0001$）。两组进展到 AP/BP 期的患者分别为 5 例（1.9%）和 9 例（3.5%）。两组的治疗安全性相近（Kantarjian 等，2010）。基于以上结果，2010 年 10 月 FDA 已批准达沙替尼用于 CML-CP 患者的初始治疗。

达沙替尼在肝代谢，主要经 CYP3A4 代谢，因此需避免与 CYP3A4 酶诱导剂或抑制剂合用。如果不得不与这些药物联合应用，达沙替尼的用量需要调整。另外，达沙替尼的吸收受 pH 影响，因此应避免同时应用 H_2 阻滞剂和质子泵抑制剂。

（2）尼罗替尼：是一种嘧啶胺，在结构上是伊马替尼的衍生物，与伊马替尼相似，只能与失活的 ABL1 激酶结合。尼罗替尼于 2007 年被美国 FDA 批准上市，2009 年 9 月在中国上市。

Ⅰ期试验共纳入 119 例伊马替尼耐药的 CML 及 Ph^+ ALL 患者（Kantarjian 等，2006）。33 例 BP 患者中 13 例获得血液学效应，9 例获得细胞遗传学效应；46 例 AP 患者中 33 例有血液学效应，22 例有细胞遗传学效应；12 例慢性期患者中 11 例获得 CHR。常见的副作用包括骨髓抑制、一过性直接胆红素升高及皮疹。这些副作用与剂量相关。对于加速期及急变期患者，血液学及细胞遗传学疗效分别为 75%及 55%、39%及 27%。

伊马替尼耐药或不耐受的慢性期患者 CHR 及 CCyR 分别是 92%及 35%。321 例伊马替尼耐药或不耐受的 CML-CP 患者接受尼罗替尼 400mg bid 治疗，血液学效应为 94%，获得 CHR 的中位时间是 1 个月；CMR 为 59%，获得的中位时间是 2.8 个月；CCyR 为 44%。两年 OS 率 88%，PFS 率 64%（Kantarjian 等，2008b）。

对于初诊 CML-CP 尼罗替尼（400mg bid）治疗 3 个月 CCyR 达到 93%，这比以往伊马替尼 400mg/d 及 800mg/d 的 CCyR 快得多，而且尼罗替尼有较好的安全性（Cortes 等，2008b）。一项开放性的多中心Ⅲ期临床试验中心 846 例初诊 CML-CP 按照 1∶1∶1 的比例分别接受尼罗替尼 300mg bid、400mg bid 和伊马替尼 400mg qd 治疗，12 个月时 3 组 MMR 分别为 44%、43%和 22%，CCyR 分别为 80%、78%和 65%。尼罗替尼两个剂量组之间疗效与副作用均无明显差异，与伊马替尼相比，尼罗替尼 CCyR、MMR 均显著提高，疾病进展至 AP/BP 的概率显著降低。副作用方面，伊马替尼组胃肠道反应及水潴留事件更多，尼罗替尼组皮疹及头痛的事件更多。提示在未治疗的初诊 CML CP，尼罗替尼疗效优于伊马替尼。在该研究中，不论什么时间获得 MMR，均无疾病进展，再一次证实获得 MMR 在疾病监测中的重要性（Saglio 等，2010）。基于这项研究的结果，2010 年 6 月美国 FDA 将尼罗替尼（300mg bid）批准应用于初诊的 CML-CP 患者的一线治疗。

尼罗替尼经 CYP3A4 酶代谢，如果不得不与 CYP3A4 酶诱导剂同时应用，尼罗替尼的剂量需要适当增加；不得不与 CYP3A4 酶抑制剂同时应用时，尼罗替尼需要停药或减量。同时尼罗替尼又是 CYP2C8、CYP2C9、CYP2C6 及 UGT1A1 的竞争性抑制剂，同时应用时相关的药物需要调整剂量。

尼罗替尼和达沙替尼对表达 BCR-ABL1 的细胞系有更强的活性，但均对 T315I 突变无效。目前 2011 年 CML NCCN 指南已经将尼罗替尼及达沙替尼同伊马替尼一同列为初诊

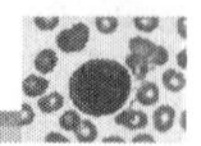

CML-CP 的一线治疗选择。对于伊马替尼治疗失败的患者，二代 TKI 治疗 CCyR 只有 40%～50%，对于治疗 3～6 个月 Ph 阳性染色体没有减少的患者有疾病进展的高风险。此时改用另外一种二代 TKI 治疗，仍有 30%的 CP、AP 及 BP 患者均可以获得 MCyR，2/3 的 AP 及 BP 患者可以获得 CHR。但这些疗效通常很少超过 12 个月（Garg 等，2009）。对这一部分患者，如果有条件应及时进行造血干细胞移植。

目前已经上市的所有 TKI 对 T315I 均耐药，能够抑制 T315I 的药物均处于临床试验阶段，有 MK045、PHA-739358、AP24534 等。新的 TKI 虽然疗效增强，但仍不能清除白血病干细胞（Copland 等，2006）。体外证实，法尼基转移酶抑制剂 lonafarnib 作用于 CML 干细胞（Jorgensen 等，2005）。联合应用这些药物是一种合理的治疗方法，但需要进一步临床试验证实。

（四）造血干细胞移植

CML 造血干细胞移植详见后续章节。总的来说，对于 CML-CP，ELN 及 NCCN 已将 allo-HSCT 作为 TKI 治疗失败之后的二线治疗；中国 CML 诊治指南结合国情，仍将 allo-HSCT 与伊马替尼并列放在一线治疗的位置。对于进展期 CML，通过包括 TKI 在内的治疗回到 CP2 后进行 allo-HSCT 是标准治疗方案。这里主要介绍几个长期随访的大宗病例的结果。

自体造血干细胞移植（auto-HSCT）一度曾是许多研究关注的热点，但 6 个随机研究的荟萃分析显示 auto-HSCT 与以 IFN-α 为基础的治疗方案相比，并没有显示优越性（Richards 等，2005）。美国血液学会专家组报道 CML 第一次 CP 期进行 MSD-HSCT 5～10年 DFS 率至少为 50%（Silver 等，1999），10 年 OS 率 60%，无 EFS 率 50%（Simonsson 等，2005）。CIBMTR 于 1978～1997 年进行的 4513 例 CML 移植，中位年龄 35 岁，CP1（n=3372）18 年 OS 率为 50%，其他患者（n=1141）为 20%。CP 及进展期患者的 18 年累计复发率分别为 25%和 37%（Goldman 等，2004），最长的于移植 21 年后复发。随访时间最长的资料来自 EBMT 1980～1990 年进行的 2628 例移植（Gratwohl 等，2006），所有患者 20 年时 OS 率为 34%，CP1 接受 MSD-HSCT 的患者为 41%，EBMT 评分 0～1 分的患者为 49%。儿童 CML 移植的结果要好一些，CP1 接受 MSD-HSCT 10 年 OS 率在 65%以上（Cwynarski 等，2003）。西雅图应用靶浓度的 BU+Cy 预处理方案连续治疗 131 例 CML-CP 移植，3 年 OS 率 86%，且 87%的存活患者处于 MMR，且存活患者的 Karnofsky 评分的中位数为 95%（Radich 等，2003）。减低强度预处理（RIC）是近十几年的进展，使异基因移植的适应年龄增加到五六十岁。1994～2002 年，EBMT 187 例中位年龄 50 岁的患者，进行的主要是 MSD-HSCT，EBMT 评分 0～2 分的患者 3 年 OS 率 70%，3～4 分的患者为 50%，5 分及以上的患者为 30%（Crawley 等，2005）。

北京市道培医院 CML-CP 患者进行 MSD-HSCT 3 年 DFS 率 90%，这与德国 CML 研究Ⅳ结果一致。CML-CP 患者进行 allo-HSCT 及伊马替尼治疗的结果没有差异（Saussele 等，2010）。许多大宗临床研究均已证实之前接受伊马替尼治疗对 allo-HSCT 的植入、移植相关毒性、生存率等无负面影响（Deininger 等，2006；Oehler 等，2007）。CIBMTR 的最新结果显示，移植前接受伊马替尼治疗 CML-CP 的移植生存率有改善（Lee 等，2008）。已有研究表明之前接受尼罗替尼或达沙替尼治疗不会增加之后的移植相关毒性反应

(Breccia 等，2010；Jabbour 等，2007；Shimoni 等，2009)，但这两种药物对移植的影响尚待大宗病例观察。

总之，随着移植技术和 HLA 配型精确度的提高，非血缘相合移植的结果已取得与同胞相合相似的结果，使得更多的患者可以找到相合的供者。RIC 移植的应用使得移植的范围扩大，年龄较大或者有移植前合并症的患者也可以进行 allo-HSCT。

二、加速期治疗

（一）化疗及 INF-α

CML-AP 期可试用 Ara-C（100mg/d）与 HHT（2～4mg/d）或米托恩醌（2～4mg/d）或阿克拉霉素（20mg/d）等联合方案。6-硫鸟嘌呤（6-thioguanine，6-TG）或 6-巯基嘌呤（mercaptopurine，6-MP）均为嘌呤代谢拮抗剂，通过抑制嘌呤合成，也能掺入核酸和 DNA 而产生细胞毒作用。6-MP 50～150mg/d，分 3 次口服；6-TG 100～200mg/（m^2·d），分 1～2次服。可与 HU 联合应用。

地西他滨为 5-杂氮脱氧胞嘧啶，作为胞嘧啶类似物可抑制甲基转移酶，从而抑制 DNA 甲基化。采用此药的理论依据是 CML 进展与 BCR-ABL 的 Pa 加速子部位的高甲基化有关。M. D. Anderson 51 例 CML-AP 患者接受每疗程 500～1000/m^2 的地西他滨治疗，28 例（55%）获得血液学效应，12 例获得 CHR，7 例（14%）有细胞遗传学反应，3 年 OS 为 27%（Kantarjian 等，2003）。主要的副作用是骨髓抑制，中性粒细胞恢复到 0.5×10^9/L 的中位时间为 4 周。

（二）TKI

1. 伊马替尼　对于之前未曾接受过伊马替尼治疗的 CML-AP，伊马替尼是首选治疗。CHR 为 40%～82%，通常在 3 个月内获得。CMR 为 24% ～51%，发生在 CHR 之后，通常在治疗 12 个月内获得。这一结果比 CML-CP 差许多，但比起 IFN-α 和其他药物已有明显改善。4～8 年的 OS 率为 37%～45%。研究表明伊马替尼 600mg/d 比 400mg/d 的血液学及细胞遗传学效应率增高，推荐伊马替尼 600mg/d 作为 AP 的治疗剂量（Kantarjian 等，2002c；Palandri 等，2009；Silver 等，2009；Talpaz 等，2002）。但也有研究表明结合服药前病程、脾大小、外周血原始细胞比例等临床状况，400mg/d 与 600mg/d 无显著差异（Kantarjian 等，2002c）。

随访时间最长的一项研究是意大利 GIMEMA 工作组 2001 年的一项多中心的Ⅱ期临床研究。111 例 CML-AP 患者入选，每天 600mg 伊马替尼治疗，存活的 41 位患者中位随访时间为 82 个月（73～87 个月）。96%的患者重新回到慢性期，71%的患者获得 CHR。从开始伊马替尼治疗，获得 CHR 的中位时间为 2 个月（1～7 个月）。这种治疗反应并不持久，半数患者会在之后丧失血液学治疗反应。MCyR 及 CCyR 的累计获得率分别为 30%和 21%。获得 CCyR 的中位时间为 6 个月（1～42 个月），在之后的 10 个月（3～36 个月）内有 1/4 的患者丧失了 CCyR。在存活的 41 例患者中，21 例仍在应用伊马替尼治疗，16 例已换用二代 TKI 治疗，4 例患者进行了 HSCT。未观察到后期毒性反应。患者的中位存活时间为 37 个

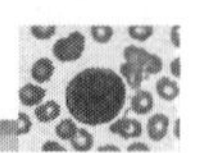

月，血液学疗效及细胞遗传学疗效与生存率线性相关（Palandri 等，2009）。

总之，之前未接受伊马替尼治疗的 CML-AP 经 400～600mg/d 伊马替尼治疗后绝大多数患者可以重新回到慢性期，为进行 allo-HSCT 提供了条件。我们的经验是开始采用 400mg/d 的剂量血液学毒性较小，待血象稳定后再逐渐增加至 600mg/d，以使更多的患者能够坚持治疗而获益。

然而对于 CML-AP，伊马替尼耐药率很高。治疗 2 年时 40%～50%的患者发生伊马替尼耐药，治疗 4 年时耐药比例增加到 75%。另外有 4%的患者因为副作用不得不停止伊马替尼治疗（Guilhot 等，2007）。伊马替尼耐药及不耐受时，二代 TKI 是可选择的治疗方案。

2. 尼罗替尼 伊马替尼治疗期间疾病进展为 AP 的患者，需要换用二代 TKI 治疗。138 例 CML-AP 患者应用尼罗替尼治疗，中位随访 8.4 个月。用药超过 6 个月的患者中，56%获得血液学效应，30% CHR，血液学效应的中位时间是 1 个月；32%的患者获得 MCyR，其中 69%的患者在 18 个月时仍保持 MCyR；19%的患者获得 CCyR。预计 1 年总生存率为 82%（le Coutre 等，2008）。副作用比慢性期患者发生率高，但耐受性尚好。CP 血液学毒性在 50%～60%，3/4 级粒细胞缺乏及血小板减少达 30%。AP 血液学毒性在 60%左右，3/4 级中性粒细胞缺乏及血小板减少占 40%。其他反应有皮疹、瘙痒、恶心及乏力，但 3/4 级反应在 1%～2%。尼罗替尼治疗前 45%的患者存在 ABL1 激酶域突变。尼罗替尼在有突变及没有突变的患者均有效，两组之间疗效无显著差异，2 例 T315I 突变的患者对尼罗替尼无效。尼罗替尼的推荐剂量是 400mg，每天 2 次，如果疗效不充分可以加量至 600mg，每天 2 次（Kantarjian 等，2008b）。

3. 达沙替尼 Hammersmith 医院 174 例伊马替尼耐药或不耐受的 CML-AP 接受 70mg、每天 2 次的达沙替尼治疗。中位随访时间 14 个月，CHR 45%，MCyR 及 CCyR 分别为 39% 和 32%。12 个月的 PFS 率和 OS 率分别为 66%和 82%。达沙替尼的耐受性尚可，最常见的非血液学毒性是腹泻（52%，3/4 级）。3/4 级粒细胞缺乏及血小板减少分别为 76%和 82%。3/4 级胸腔积液的发生率 27%（Apperley 等，2009）。与尼罗替尼相似的是，之前是否存在 BCR-ABL1 激酶域突变与达沙替尼疗效无关，这与以往文献结果一致（Guilhot 等，2007）。

（三）HSCT

CML-AP allo-HSCT 的结果近十年有长足的发展。CIBMTR 1998～2008 年共有 615 例 CML-AP 行同胞相合 HSCT，以 2000 年为界，3 年 OS 率分别为 45%和 56%（Pasquini 等，2010）。EBMT 1980～1990、1991～1999 和 2000～2003 年期间 CML-AP 行 allo-HSCT 的 2 年 OS 率分别为 40%、42%和 47%（Gratwohl 等，2006）。

三、急变期治疗

（一）化疗及 INF-α

CML-BP 多采用急性白血病化疗方案或者同时联合 INF-α 治疗，但往往对多种药物抗药，中位生存期仅为 4 个月。德国 CML 研究 605 例 CML-BP 患者，中位随访 6.4 年后，仅有 21 例（3.5%）患者存活，其中 15 例进行了 allo-HSCT（Hehlmann 等，2008）。

M. D. Anderson 64 例 CML-BP 患者接受每疗程 500～1000mg/m^2 的地西他滨治疗，18 例（55%）获得血液学效应，6 例获得 CHR，5 例（8%）有细胞遗传学反应，3 年 OS 不到 5%（Kantarjian 等，2003）。

（二）TKI

1. 伊马替尼 伊马替尼治疗 CML-BP 有较好的安全性，并能起到短时间的疗效，但其对生存的改善不明显，中位生存时间仅为 7 个月（Kantarjian 等，2002c；Palandri 等，2008；Sawyers 等，2002；Silver 等，2009）。MBP 与 LBP 疗效及生存无显著差异。伊马替尼治疗剂量为每天 400～600mg，几乎没有患者能够承受 800mg 的剂量。50%的患者可以回到 CP2，绝大多数（68%）的血液学疗效发生在伊马替尼治疗 1 个月之内。回到 CP2 的患者中有一半会再次进展，CP2 持续的中位时间是 11 个月（1～67 个月）。CHR 为 26%～31%，其中 2/3 的患者在中位 6 个月（1～43 个月）内丧失 CHR。16%～17%的患者获得细胞遗传学疗效，CCyR 仅为 7%。CcyR 持续的中位时间为 3 个月（1～11 个月）。但绝大多数患者在之后 2～12 个月内丧失 CCyR。仅有不到 10%的患者能够坚持长期伊马替尼治疗。停止伊马替尼治疗的主要原因是疾病进展或疗效欠佳（69%）和死亡（11.7%）。

2. 尼罗替尼 尽管尼罗替尼的临床适应证中不包括 BP，但其在临床试验中显现了很好的疗效，尤其是对于 MBP。一项Ⅱ期临床研究中 136 例 CML-BP 患者（82%伊马替尼耐药，18%伊马替尼不耐受）接受了尼罗替尼（400mg，每天 2 次）治疗。其中 MBP 105 例，LBP 31 例。13%的患者获得 CHR，12 个月和 24 个月时的 OS 率分别为 42%和 27%。MBP 获得 CHR 的中位时间为 1 个月，CHR 的中位持续时间为 26 个月（1.25～29.08 个月），60%的患者在 24 个月时存活。而 LBP 结果差得多，CHR 的中位时间为 3.6 个月，24 个月时没有患者存活。38% MBP 及 30% LBP 获得 MCyR。MBP 获得 MCyR 的中位时间为 1.8 个月，MCyR 的维持时间中位数为 11 个月，24 个月时 44%的患者维持 MCyR。LBP 获得 MCyR 的中位时间为 3.2 个月，24 个月时所有的患者均丧失了 MCyR。这组患者的中位 OS 率为 10 个月（Giles 等，2010）。尼罗替尼在 BP 的副作用与 CP 相似，表现出较好的耐受性。

3. 达沙替尼 一项Ⅱ临床研究中，CML-CP 患者接受达沙替尼（70mg，每天 2 次），MBP 109 例，LBP 48 例（Cortes 等，2008d）。MBP 及 LBP 的主要血液学效应率分别为 34%和 35%，MCyR 分别为 33%和 52%，CCyR 分别为 26%和 46%，中位 PFS 率分别为 6.7 个月和 3.0 个月，中位生存期分别为 11.8 个月和 5.3 个月。3/4 级水潴留在 MBP 及 LBP 分别为 15%和 6%，其他 3/4 级非血液学毒性≤6%。绝大多患者发生明显的细胞减少。

综合以上结果，对于伊马替尼耐药或不耐受的 CML-BP，尼罗替尼及达沙替尼的结果相似。总的来说，MBP 的疗效好于 LBP。对于 MBP 尼罗替尼似乎有更好的结果，这一结果尚需前瞻性的大宗病例研究证实。

（三）HSCT

CML-BP EBMT 在 1980～1990 年有 167 例患者行 allo-HSCT，2 年、5 年、10 年和

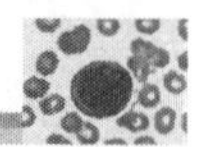

15年的OS率分别为21%、18%、16%和14%（Gratwohl等，2006）。提示确实有少部分患者在行allo-HSCT后长期存活下来。CIBMTR在1998～2003年有124例CML-BP患者行MSD-HSCT，5年OS率40%。北京市道培医院2002年11月至2007年10月对20例无相合供者的CML-BP患者行半相同HSCT，经伊马替尼或传统化疗治疗后，10例患者在移植前回到CP_2，5年OS率53%。移植前回到CP_2和处于进展期患者5年OS率分别为77%和36%。

参考文献

刘红星等．2009．伊玛替尼治疗变异型BCR/ABL融合基因阳性的急性混合细胞白血病．中华医学杂志，89：220

全国白血病和再生障碍性贫血流行病学调查协作组．1992．全国白血病发病情况调查．中国医学科学院学报，14：12

王建祥等．2010．中国15家医院慢性粒细胞白血病发病情况及目前诊断治疗模式调查分析．中华血液学杂志，30：721

中华医学会血液学分会．2011．中国慢性髓性白血病诊断与治疗指南（2011年版）．中华血液学杂志，32：426

Allan NC. et al. 1995. UK Medical Research Council randomised，multicentre trial of interferon-alpha n1 for chronic myeloid leukaemia：improved survival irrespective of cytogenetic response. The UK Medical Research Council's Working Parties for Therapeutic Trials in Adult Leukaemia. Lancet，345（8962）：1392

Alvarado Y. et al. 2009. Significance of suboptimal response to imatinib，as defined by the European Leukemia Net，in the long-term outcome of patients with early chronic myeloid leukemia in chronic phase. Cancer，115：3709

Apperley JF. et al. 2009. Dasatinib in the treatment of chronic myeloid leukemia in accelerated phase after imatinib failure：the START a trial. J Clin Oncol，27：3472

Atallah E et al. 2007. Congestive heart failure is a rare event in patients receiving imatinib therapy. Blood，110：1233

Ault P. et al. 2006. Pregnancy among patients with chronic myeloid leukemia treated with imatinib. J Clin Oncol，24：1204

Baccarani M et al. 2002. A randomized study of interferon-alpha versus interferon-alpha and low-dose arabinosyl cytosine in chronic myeloid leukemia. Blood，99：1527

Baccarani M et al. 2003. Interferon-alfa for chronic myeloid leukemia. Semin Hematol，40：22

Baccarani M et al. 2006. Evolving concepts in the management of chronic myeloid leukemia：recommendations from an expert panel on behalf of the European Leukemia Net. Blood，108：1809

Baccarani M et al. 2009a. Chronic myeloid leukemia：an update of concepts and management recommendations of European Leukemia Net. J Clin Oncol，27：6041

Baccarani M et al. 2009b. Comparison of imatinib 400 mg and 800 mg daily in the front-line treatment of high-risk，Philadelphia-positive chronic myeloid leukemia：a European Leukemia Net Study. Blood，113：4497

Baccarani M. et al. 2008. Dasatinib time to and durability of major and complete cytogenetic response（MCyR and CCyR）in patients with chronic myeloid leukemia in chronic phase（CML-CP）. ASH Annual Meeting Abstracts，112：450

Bhatia R et al. 2003. Persistence of malignant hematopoietic progenitors in chronic myelogenous leukemia patients in complete cytogenetic remission following imatinib mesylate treatment. Blood，101：4701

Blasdel C et al. 2007. Therapeutic drug monitoring in CML patients on imatinib. Blood，10：1699；author reply，1701

Bose S et al. 1998. The presence of typical and atypical BCR-ABL fusion genes in leukocytes of normal individuals：biologic significance and implications for the assessment of minimal residual disease. Blood，92：3362

Branford S et al. 2003. Detection of BCR-ABL mutations in patients with CML treated with imatinib is virtually always accompanied by clinical resistance，and mutations in the ATP phosphate-binding loop（P-loop）are associated with a poor prognosis. Blood，102：276

Branford S et al. 2009. Selecting optimal second-line tyrosine kinase inhibitor therapy for chronic myeloid leukemia patients after imatinib failure：does the BCR-ABL mutation status really matter? Blood，114：5426

Breccia M et al. 2010. Second-generation tyrosine kinase inhibitors before allogeneic stem cell transplantation in patients with chronic myeloid leukemia resistant to imatinib. Leuk Res，34：143

Burton C et al. 2003. Semi-synthetic homoharringtonine [Myelostat（R)] for chronic myeloid leukemia in accelerated phase after imatinib failure. Blood，102：(908a-909a abstract)

Calabretta B et al. 2004. The biology of CML blast crisis. Blood，103：4010

Castagnetti F et al. 2009. Results of high-dose imatinib mesylate in intermediate sokal risk chronic myeloid leukemia patients in early chronic phase：a phase 2 trial of the GIMEMA CML Working Party. Blood，113：3428

Copland M et al. 2006. Dasatinib（BMS-354825）targets an earlier progenitor population than imatinib in primary CML but does not eliminate the quiescent fraction. Blood，107：4532

Corbin AS et al. 2003. Several Bcr-Abl kinase domain mutants associated with imatinib mesylate resistance remain sensitive to imatinib. Blood，101：4611

Cortes J et al. 2004. Discontinuation of imatinib therapy after achieving a molecular response. Blood，104：2204

Cortes JE et al. 2006. Staging of chronic myeloid leukemia in the imatinib era：an evaluation of the World Health Organization proposal. Cancer，106：1306

Cortes JE et al. 2008a. A phase Ⅲ，randomized，open-label study of 400 mg versus 800 mg of imatinib mesylate（IM）in patients（pts）with newly diagnosed，previously untreated chronic myeloid leukemia in chronic phase（CML-CP）using molecular endpoints：1-year results of TOPS（tyrosine kinase inhibitor optimization and selectivity）study. ASH Annual Meeting Abstracts，112：335

Cortes JE et al. 2008b. Efficacy of nilotinib（formerly AMN107）in patients（Pts）with newly diagnosed，previously untreated Philadelphia chromosome（Ph）-positive chronic myelogenous leukemia in early chronic phase（CML-CP）. ASH Annual Meeting Abstracts，112：446

Cortes JE et al. 2008c. Safety and efficacy of subcutaneous（SC）omacetaxine mepesuccinate in imatinib（IM）-resistant chronic myeloid leukemia（CML）patients（pts）with the T315I mutation—results of an ongoing multicenter phase Ⅱ study. ASH Annual Meeting Abstracts，112：3239

Cortes JE et al. 2008d. Efficacy and safety of dasatinib in imatinib-resistant or -intolerant patients with chronic myeloid leukemia in blast phase. Leukemia，22：2176

Cortes JE et al. 2010a. Phase Ⅲ，randomized，open-label study of daily imatinib mesylate 400 mg versus 800 mg in patients with newly diagnosed，previously untreated chronic myeloid leukemia in chronic phase using molecular end points：tyrosine kinase inhibitor optimization and selectivity study. J Clin Oncol，28：424

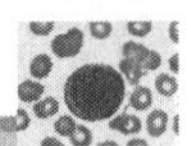

Cortes JE et al. 2010b. Results of dasatinib therapy in patients with early chronic-phase chronic myeloid leukemia. J Clin Oncol，28：398

Crawley C et al. 2005. Outcomes of reduced-intensity transplantation for chronic myeloid leukemia：an analysis of prognostic factors from the Chronic Leukemia Working Party of the EBMT. Blood，106：2969

Crossman LC et al. 2005. hOCT 1 and resistance to imatinib. Blood，106：1133；author reply 1134

Cwynarski K et al. 2003. Stem cell transplantation for chronic myeloid leukemia in children. Blood，102：1224

de Klein A et al. 1982. A cellular oncogene is translocated to the Philadelphia chromosome in chronic myelocytic leukaemia. Nature，300：765

Deininger M et al. 2006. The effect of prior exposure to imatinib on transplant-related mortality. Haematologica，91：452

Deininger M et al. 2009. International randomized study of interferon vs STI571（IRIS）8-year follow up：sustained survival and low risk for progression or events in patients with newly diagnosed chronic myeloid leukemia in chronic phase（CML-CP）treated with imatinib. Blood，114：462 [abstract]

Donato NJ et al. 2003. BCR-ABL independence and LYN kinase overexpression in chronic myelogenous leukemia cells selected for resistance to STI571. Blood，101：690

Druker BJ et al. 2001. Efficacy and safety of a specific inhibitor of the BCR-ABL tyrosine kinase in chronic myeloid leukemia. N Engl J Med JT，344：1031

Druker BJ et al. 2006. Five-year follow-up of patients receiving imatinib for chronic myeloid leukemia. N Engl J Med，355：2408

Gale RP et al. 1998. Survival with bone marrow transplantation versus hydroxyurea or interferon for chronic myelogenous leukemia. The German CML Study Group. Blood，91：1810

Garg RJ et al. 2009. The use of nilotinib or dasatinib after failure to two prior tyrosine kinase inhibitors（TKI）：long-term follow-up. Blood First Edition Paper，prepublished online September 3. DOI 10. 1182

Giles FJ et al. 2010. Use of nilotinib to induce responses with 24-month（mo）minimum follow-up in patients（pts）with chronic myeloid leukemia in blast crisis（CML-BC）resistant to or intolerant of imatinib. J Clin Oncol，28（Suppl15）：Abstract 6510

Goldman JM and Dao-Pei Lu. 1982. New approaches in chronic granulocytic leukemia—origin，prognosis，and treatment. Seminars in Hematology，19：241

Goldman JM et al. 1993. Choice of pretransplant treatment and timing of transplants for chronic myelogenous leukemia in chronic phase. Blood，82：2235

Goldman JM et al. 2004. Long term outcome after allogenic stem cell transplantation for CML [abstract]. Hematol J，5：98；Abstract no. 266

Gorre ME et al. 2001. Clinical resistance to STI-571 cancer therapy caused by BCR-ABL gene mutation or amplification. Science，293：876

Gratwohl A et al. 1998. Risk assessment for patients with chronic myeloid leukaemia before allogeneic blood or marrow transplantation. Chronic Leukemia Working Party of the European Group for Blood and Marrow Transplantation. Lancet，352：1087

Gratwohl A et al. 2006. Allogeneic hematopoietic stem cell transplantation for chronic myeloid leukemia in Europe 2006：transplant activity，long-term data and current results：an analysis by the Chronic Leukemia Working Party of the European Group for Blood and Marrow Transplantation（EBMT）. Haematologica，91：13

Guerci A et al. 2005. Randomized comparison of imatinib with imatinib combination therapies in newly diagnosed CML patients in chronic phase：design and first interim analysis of a phase Ⅲ trial from the French

CML group. ASH Annual Meeting Abstracts, 106: 168

Guilhot F et al. 1997. Interferon alfa-2b combined with cytarabine versus interferon alone in chronic myelogenous leukemia. French Chronic Myeloid Leukemia Study Group. N Engl J Med, 337: 223

Guilhot F et al. 2007. Dasatinib induces significant hematologic and cytogenetic responses in patients with imatinib-resistant or-intolerant chronic myeloid leukemia in accelerated phase. Blood, 109: 4143

Guilhot F et al. 2008. Imatinib (IM) pharmacokinetic (PK) exposure and its correlation with clinical outcome in patients with chronic-phase chronic myeloid leukemia (CML-CP) for 400 mg and 800 mg daily doses (tyrosine kinase dose optimization study [TOPS]) . ASH Annual Meeting Abstracts, 112: 447

Gunz FW. 1977. The epidemiology and genetics of the chronic leukaemias. Clin Haematol, 6: 3

Hahn EA et al. 2003. Quality of life in patients with newly diagnosed chronic phase chronic myeloid leukemia on imatinib versus interferon alfa plus low-dose cytarabine: results from the IRIS Study. J Clin Oncol, 21: 2138

Hasford J et al. 1998. A new prognostic score for survival of patients with chronic myeloid leukemia treated with interferon alfa. Writing Committee for the Collaborative CML Prognostic Factors Project Group. J Natl Cancer Inst, 90: 850

Hehlmann R et al. 1994. Randomized comparison of interferon-alpha with busulfan and hydroxyurea in chronic myelogenous leukemia. The German CML Study Group. Blood, 84: 4064

Hehlmann R et al. 2008. Treatment of chronic myeloid leukemia in blast crisis. Haematologica, 93: 1765

Hochhaus A et al. 2002. Molecular and chromosomal mechanisms of resistance to imatinib (STI571) therapy. Leukemia, 16: 2190

Hochhaus A et al. 2008. Dasatinib induces durable cytogenetic responses in patients with chronic myelogenous leukemia in chronic phase with resistance or intolerance to imatinib. Leukemia, 22: 1200

Hongxing L et al. 2010a. Characteristic distribution of BCR-ABL1 subtypes in various types of leukemias. The Japanese Journal of Clinical Hematology, 51: 1071

Hongxing L et al. 2010b. Clonal evolution of BCR-ABL1 kinase domain mutation in tyrosine kinase inhibitor treatment patient. Blood, 116: 597

Hughes TP et al. 2003. Frequency of major molecular responses to imatinib or interferon alfa plus cytarabine in newly diagnosed chronic myeloid leukemia. N Engl J Med, 349 (15): 1423

Hughes TP et al. 2008. Impact of early dose intensity on cytogenetic and molecular responses in chronic-phase CML patients receiving 600 mg/day of imatinib as initial therapy. Blood, 112: 3965

Huntly BJ et al. 2001. Deletions of the derivative chromosome 9 occur at the time of the Philadelphia translocation and provide a powerful and independent prognostic indicator in chronic myeloid leukemia. Blood, 98: 1732

Ichimaru M et al. 1978. Incidence of leukemia in atomic bomb survivors belonging to a fixed cohort in Hiroshima and Nagasaki, 1950-71. Radiation dose, years after exposure, age at exposure, and type of leukemia. J Radiat Res, 19: 262

Italian Cooperative Study Group on Chronic Myeloid Leukemia and Italian Group for Bone Marrow Transplantation. 1999. Monitoring treatment and survival in chronic myeloid leukemia. J Clin Oncol, 17: 1858

Jabbour E et al. 2007. Novel tyrosine kinase inhibitor therapy before allogeneic stem cell transplantation in patients with chronic myeloid leukemia: no evidence for increased transplant-related toxicity. Cancer, 110: 340

Jorgensen HG et al. 2005. Lonafarnib reduces the resistance of primitive quiescent CML cells to imatinib mesylate in vitro. Leukemia, 19: 1184

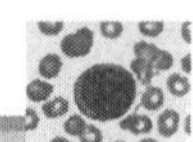

Kano Y et al. 2001. In vitro cytotoxic effects of a tyrosine kinase inhibitor STI571 in combination with commonly used antileukemic agents. Blood，97：1999

Kantarjian H et al. 1993. Chronic myelogenous leukemia：a concise update. Blood，82：691

Kantarjian H et al. 1995. Prolonged survival in chronic myelogenous leukemia after cytogenetic response to interferon-alpha therapy. The Leukemia Service. Ann Intern Med，122：254

Kantarjian H et al. 2002a. Hematologic and cytogenetic responses to imatinib mesylate in chronic myelogenous leukemia. N Engl J Med，346：645

Kantarjian H et al. 2002b. Imatinib mesylate（STI571）therapy for Philadelphia chromosome-positive chronic myelogenous leukemia in blast phase. Blood，99：3547

Kantarjian H et al. 2002c. Treatment of philadelphia chromosome-positive，accelerated-phase chronic myelogenous leukemia with imatinib mesylate. Clin Cancer Res，8：2167

Kantarjian H et al. 2004. High-dose imatinib mesylate therapy in newly diagnosed Philadelphia chromosome-positive chronic phase chronic myeloid leukemia. Blood，103：2873

Kantarjian H et al. 2006. Nilotinib in imatinib-resistant CML and Philadelphia chromosome-positive ALL. N Engl J Med，354：2542

Kantarjian H et al. 2007. Dasatinib or high-dose imatinib for chronic-phase chronic myeloid leukemia after failure of first-line imatinib：a randomized phase 2 trial. Blood，109：5143

Kantarjian H et al. 2008a. Monitoring the response and course of chronic myeloid leukemia in the modern era of BCR-ABL tyrosine kinase inhibitors：practical advice on the use and interpretation of monitoring methods. Blood，111：1774

Kantarjian H et al. 2008b. Nilotinib in chronic myeloid leukemia patients in chronic phase（CMLCP）with imatinib resistance or intolerance：2-year follow-up results of a phase 2 study. Blood（ASH Annual Meeting Abstracts），112：3238

Kantarjian H et al. 2009. Phase 3 study of dasatinib 140 mg once daily versus 70 mg twice daily in patients with chronic myeloid leukemia in accelerated phase resistant or intolerant to imatinib：15-month median follow-up. Blood，113：6322

Kantarjian H et al. 2010. Dasatinib versus imatinib in newly diagnosed chronic-phase chronic myeloid leukemia. N Engl J Med，362：2260

Kantarjian HM et al. 2003. Results of decitabine（5-aza-2'deoxycytidine）therapy in 130 patients with chronic myelogenous leukemia. Cancer，98：522

Kerkela R et al. 2006. Cardiotoxicity of the cancer therapeutic agent imatinib mesylate. Nat Med，12：908

Khoury H et al. 2007. Safety and effi cacy study of subcutaneous homoharringtonine（SC HHT）in imatinib（IM）-resistant chronic myeloid leukemia（CML）with the T315I mutation initial report of a phase Ⅱ trial. Blood，110：1050（abstract）

Kluin-Nelemans HC et al. 2004. Randomized comparison of low-dose versus high-dose interferon-alfa in chronic myeloid leukemia：prospective collaboration of 3 joint trials by the MRC and HOVON groups. Blood，103：4408

Kreil S et al. 2007. Heterogeneous prognostic impact of derivative chromosome 9 deletions in chronic myelogenous leukemia. Blood，110：1283

Larson RA et al. 2008. Imatinib pharmacokinetics and its correlation with response and safety in chronic-phase chronic myeloid leukemia：a subanalysis of the IRIS study. Blood，111（8）：4022

Le Coutre PD et al. 2008. Nilotinib in chronic myeloid leukemia patients in accelerated phase（CML-AP）with imatinib resistance or intolerance：2-year follow-up results of a phase 2 study. ASH Annual Meeting

Abstracts, 112: 3229

Lee SJ et al. 2008. Impact of prior imatinib mesylate on the outcome of hematopoietic cell transplantation for chronic myeloid leukemia. Blood, 112: 3500

Mahon FX et al. 2002. Follow-up of complete cytogenetic remission in patients with chronic myeloid leukemia after cessation of interferon alfa. J Clin Oncol, 20: 214

Mahon FX et al. 2009. Discontinuation of imatinib therapy after achieving a molecular response in chronic myeloid leukemia patients. Blood, 114: 859 (abstract)

Majlis A et al. 1996. Significance of cytogenetic clonal evolution in chronic myelogenous leukemia. J Clin Oncol, 14: 196

Michor F et al. 2005. Dynamics of chronic myeloid leukaemia. Nature, 435: 1267

Nowell PC et al. 1960. A minute chromosome in human granulocytic leukemia. Science, 132: 1497

O'Brien S et al. 1995. Homoharringtonine therapy induces responses in patients with chronic myelogenous leukemia in late chronic phase. Blood, 86: 3322

O'Brien S et al. 1999. Sequential homoharringtonine and interferon-alpha in the treatment of early chronic phase chronic myelogenous leukemia. Blood, 93: 4149

Oehler VG, et al. 2007. The effects of imatinib mesylate treatment before allogeneic transplantation for chronic myeloid leukemia. Blood, 109: 1782

Palandri F et al. 2009. The long-term durability of cytogenetic responses in patients with accelerated phase chronic myeloid leukemia treated with imatinib 600 mg: the GIMEMA CML Working Party experience after a 7-year follow-up. Haematologica, 94: 205

Passweg JR et al. 2004. Validation and extension of the EBMT risk score for patients with chronic myeloid leukaemia (CML) receiving allogeneic haematopoietic stem cell transplants. Br J Haematol, 125: 613

Picard S et al. 2007. Trough imatinib plasma levels are associated with both cytogenetic and molecular responses to standard-dose imatinib in chronic myeloid leukemia. Blood, 109: 3496

Porkka K et al. 2008. Dasatinib 100mg once daily (QD) maintains long-term efficacy and minimizes the occurrence of pleural effusion: an analysis of 24 month data in patients with resistance, suboptimal response, or intolerance to imatinib (CA180-034) . ASH Annual Meeting Abstracts, 112: 3242

Press RD et al. 2009. Determining the rise in BCR-ABL RNA that optimally predicts a kinase domain mutation in patients with chronic myeloid leukemia on imatinib. Blood, 114 (13): 2598

Preston DL et al. 1994. Cancer incidence in atomic bomb survivors. Part Ⅲ. Leukemia, lymphoma and multiple myeloma, 1950～1987. Radiat Res, 137 (2 Suppl): S68

Pye SM et al. 2008. The effects of imatinib on pregnancy outcome. Blood, 111: 5505

Quintas-Cardama A et al. 2009. Delayed achievement of cytogenetic and molecular response is associated with increased risk of progression among patients with chronic myeloid leukemia in early chronic phase receiving high-dose or standard-dose imatinib therapy. Blood, 113: 6315

Radich JP et al. 2003. HLA-matched related hematopoietic cell transplantation for chronic-phase CML using a targeted busulfan and cyclophosphamide preparative regimen. Blood, 102: 31

Reichard KK et al. 2006. Chronic myeloid leukemia. wintrobe's Clinical Hematology, 12th Edition

Richards SM et al. 2005. Autografting in chronic myeloid leukaemia: a meta-analysis of six randomized trials (abstract) . Haematologica, 90: 152; Abstract no. 0385

Rosti G et al. 2001. Hematologic, cytogenetic and molecular response to Glivec ® (formerly STI571) in Ph + chronic myeloid leukemia (CML) in accelerated and blastic phase (AP, BP): a prospective study of the Italian Cooperative Study Group on CML. Blood, Suppl: 582

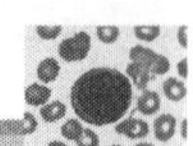

Rosti G et al. 2003. Risk and early cytogenetic response to imatinib and interferon in chronic myeloid leukemia. Haematologica, 88: 256

Rousselot P et al. 2007. Imatinib mesylate discontinuation in patients with chronic myelogenous leukemia in complete molecular remission for more than 2 years. Blood, 109: 58

Rowley JD. 1973. Letter: a new consistent chromosomal abnormality in chronic myelogenous leukaemia identified by quinacrine fluorescence and Giemsa staining. Nature, 243: 290

Saglio G et al. 2010. Nilotinib versus imatinib for newly diagnosed chronic myeloid leukemia. N Engl J Med, 362: 2251

Sandberg AA. 1978. Cytogenetic stage of chronic myeloid leukemia (CML). Boll Ist Sieroter Milan, 57: 247

Saussele S et al. 2010. Allogeneic hematopoietic stem cell transplantation (allo SCT) for chronic myeloid leukemia in the imatinib era: evaluation of its impact within a subgroup of the randomized German CML Study Ⅳ. Blood, 115: 1880

Sawyers CL et al. 2002. Imatinib induces hematologic and cytogenetic responses in patients with chronic myelogenous leukemia in myeloid blast crisis: results of a phase Ⅱ study. Blood, 99: 3530

Shah NP et al. 2002. Multiple BCR-ABL kinase domain mutations confer polyclonal resistance to the tyrosine kinase inhibitor imatinib (STI571) in chronic phase and blast crisis chronic myeloid leukemia. Cancer Cell, 2: 117

Shimoni A et al. 2009. Prior treatment with the tyrosine kinase inhibitors dasatinib and nilotinib allows stem cell transplantation (SCT) in a less advanced disease phase and does not increase SCT toxicity in patients with chronic myelogenous leukemia and philadelphia positive acute lymphoblastic leukemia. Leukemia, 23: 190

Silver RT et al. 1999. An evidence-based analysis of the effect of busulfan, hydroxyurea, interferon, and allogeneic bone marrow transplantation in treating the chronic phase of chronic myeloid leukemia: developed for the American Society of Hematology. Blood, 94: 1517

Silver RT et al. 2004. Four years follow-up of 1027 patients with late chronic phase (L-CP), accelerated phase (AP), or blast crisis (BC) chronic myeloid leukemia (CML) treated with imatinib in three large Phase Ⅱ trials. Blood, 104: 23 (abstract)

Silver RT et al. 2009. Sustained durability of responses and improved progression-free and overall survival with imatinib treatment for accelerated phase and blast crisis chronic myeloid leukemia: long-term follow-up of the STI571 0102 and 0109 trials. Haematologica, 94: 743

Simonsson B et al. 2005. Intensive treatment and stem cell transplantation in chronic myelogenous leukemia: long-term follow-up. Acta Haematol, 113: 155

Sinclair PB et al. 2000. Large deletions at the t (9; 22) breakpoint are common and may identify a poor-prognosis subgroup of patients with chronic myeloid leukemia. Blood, 95: 738

Sokal JE et al. 1984. Prognostic discrimination in "good-risk" chronic granulocytic leukemia. Blood, 63: 789

Sokal JE et al. 1988. Staging and prognosis in chronic myelogenous leukemia. Seminars in Hematology, 25: 49

Soverini S et al. 2005. ABL mutations in late chronic phase chronic myeloid leukemia patients with up-front cytogenetic resistance to imatinib are associated with a greater likelihood of progression to blast crisis and shorter survival: a study by the GIMEMA Working Party on chronic myeloid leukemia. J Clin Oncol, 23: 4100

Speck B et al. 1984. Allogeneic bone-marrow transplantation for chronic myelogenous leukaemia. Lancet, 1：665

Stenven HS et al. WHO clasiification of tumor heamatopoietic and lymphoid tissue. Chapter 2：32

Swerdlow S et al. 2008. WHO Classification of tumors of Hematopoietic and Lymphoid Tissues. IARC, Lyon

Talpaz M et al. 2002. Imatinib induces durable hematologic and cytogenetic responses in patients with accelerated phase chronic myeloid leukemia：results of a phase 2 study. Blood, 99：1928

Verma D et al. 2009. Chronic myeloid leukemia（CML）with P190 BCR-ABL：analysis of characteristics, outcomes, and prognostic significance. Blood, 114：2232

Vickers M. 1996. Estimation of the number of mutations necessary to cause chronic myeloid leukaemia from epidemiological data. Br J Haematol, 94：1

Wang L et al. 2008. Expression of the uptake drug transporter hOCT1 is an important clinical determinant of the response to imatinib in chronic myeloid leukemia. Clin Pharmacol Ther, 83：258

White DL et al. 2006. OCT-1-mediated influx is a key determinant of the intracellular uptake of imatinib but not nilotinib（AMN107）：reduced OCT-1 activity is the cause of low in vitro sensitivity to imatinib. Blood, 108：697

White DL et al. 2007. Most CML patients who have a suboptimal response to imatinib have low OCT-1 activity：higher doses of imatinib may overcome the negative impact of low OCT-1 activity. Blood, 110：4064

Zhao Y et al. 2009. Efficacy and prognosis of chronic myeloid leukemia treated with imatinib mesylate in a Chinese population. International Journal of Hematology, 89：445

第十一章　骨髓增殖性肿瘤

孟凡义　范志平　张　钰　黄　芬

孟凡义，南方医院血液科主任、主任医师，教授、博士生导师，广东省高等院校血液病重点学科负责人和广东省血液病重点专科负责人。主攻难治性白血病的早期诊断与防治，造血干细胞源的开发及其临床应用研究。对白血病、淋巴瘤、MDS、各种贫血和出血疾病的诊治以及造血干细胞移植方面的疑难复杂问题积累了丰富的经验。获三等以上省部级卫生科技进步奖和医疗成果奖共11项，其中7项为第一作者。

一、真性红细胞增多症

真性红细胞增多症（polycythemia vera，PV）简称“真红”，是一种源于造血干细胞的克隆性骨髓增殖性疾病（myeloproliferative diseases，MPD），2008年WHO新的《造血及淋巴组织肿瘤分类》将MPD归入髓细胞性肿瘤（myeloproliferative neoplasms，MPN）。PV的特征包括红系造血异常增生，红系祖细胞对红细胞生成素（EPO）高度敏感和非依赖，红细胞和全血容量绝对增多、血液黏稠度增高，醉酒貌、脾大、高血压、易形成血栓，常伴白细胞和血小板轻度增多，JAK2V617F基因突变发生率为90%，晚期可伴有骨髓纤维化或转化为急性白血病。

（一）流行病学

国外报道发病率为（1.9～3.0）/10万，犹太民族发病率较高，以色列人高达6.7/10万，我国发病率为（0.5～1.0）/10万。所有年龄段均可发病，其发病率随着年龄增长有增高的趋势，以中老年居多，50～60岁呈发病高峰，男性高于女性，比例为（1～2）∶1。

（二）病因和发病机制

PV的病因尚不十分清楚。其红系祖细胞不依赖EPO可产生内源性红系集落（EEC），并对其他多种造血因子敏感，存在凋亡、细胞遗传学和信号转导异常（叶蕾等，2007）。最近研究表明，PV、原发性骨髓纤维化（PMF）、原发性血小板增多症（ET）与JAK2酪氨酸激酶突变（JAK2V617F）之间有密切联系。染色体异常和基因突变导致酪氨酸磷酸激酶活性改变是PV发病的主要机制。

1. 造血因子的非依赖性及高度敏感性　PV红系祖细胞能在体外无EPO情况下产生EEC。研究表明，PV红系祖细胞、粒单系和巨核祖细胞对多种造血生长因子，包括白细胞介素3(IL-3)、粒单核细胞集落刺激因子（GM-CSF）、胰岛素样生长因子（IGF-1）等表现出高度敏感性。

2. 凋亡异常　EPO介导抗凋亡蛋白bcl-2高表达是维持红系祖细胞生存的重要机制。无EPO时，HCD-57细胞系的bcl-/bcl-xl比例下调，细胞凋亡。PV患者红系祖细胞在无EPO情况下培养，其分化的各个阶段仍高表达bcl-xl，而且越成熟表达越高。PV的bcl-xl

过表达，其红系祖细胞 G_1 期受阻、延长，表现出过度增殖的特性。

3. 遗传学异常　初诊时最常见的染色体核型异常包括 del（20q）、+8 和+9，其他可有 del（13q）及 dup（1q）、del（5q）等异常。del（20）[del（20）（q11q12）或 del（20）（q11q13）] 是髓系恶性克隆性疾病中较为常见的染色体核型改变，占 PV 染色体核型异常的 25%～30%。研究认为 del（20q）发生于多能干细胞阶段，其缺失或异常影响包括人类 L 3MBTL、CEBPB、CEBPA、C/EBP-β 等在内的 6 个基因所在区域，使造血干细胞功能失调控。9p 异常发生在 30% 的 PV 合并骨髓纤维化患者及 36%的 PV 患者中。9p22P23LOH 异常导致 NFI-B 表达增高，并与 JAK2V617F 相关。+8 约占 PV 染色体核型异常的 20%，有时会与+9 伴随出现，但其检出对于病情进展及预后判断无意义。+9 占 PV 染色体核型异常的 16%～20%。一些研究认为，PV 患者出现+9，尤其是与 dup（1q）同时出现标志着 PV 将向骨髓纤维化及急性白血病转化。

4. 受体与信号转导异常　研究认为 PV 患者存在 EPO 受体基因及其表达异常。PV 患者巨核系集落（CFU-MK）对血小板生成素（TPO）高度敏感。PV 的 $CD34^+$ 细胞在没有 TPO 条件下能够形成 CFU-MK。因此人们认为 TPO 介导的信号转导系统异常可能与 PV 的发病有关。研究发现，大部分 PV、50%的 ET 及 78% 的 PMF 患者中性粒细胞 PRV-1 受体基因 mRNA 过表达。另外还有研究证实大部分 PV 及部分 ET、PMF 患者存在 JAK2 基因第 14 个外显子点突变，即 JAK2 基因编码序列第 617 位氨基酸的第 1 位碱基发生G-T 点突变，导致其编码的缬氨酸替换为苯丙氨酸（JAK2V617F）。文献报道 PV 患者 JAK2V617F 基因突变的检出率为 95%以上。JAK2 是一个具有持续活性的激酶，JAK2V617F 所在结构域对于抑制 JAK2 激酶活性起重要作用。通过体外试验在无 EPO 下敲除 PV 红系干/祖细胞的各种激酶抑制物，发现并没有加强酪氨酸蛋白的磷酸化，而 JAK2 基因所控制的激酶获得性突变可导致酪氨酸磷酸酶的持续激活，红系祖细胞持续增殖。这一现象证明 JAK2 突变可能是 PV 对生长因子敏感的基础，也是其受体和信号转导异常、A Kt/PKB、GSK3 磷酸化水平增加、STAT 3 持续活性、细胞周期负调控元件（p16、p14）上调等的基础。STAT 5 是介导 EPO 作用后红系祖细胞发生基因转录的主要因子，PV 造血细胞 JAK2V617F 突变后，STAT 5 也异常激活，导致 bcl-xl 启动子被激活，这可能是 PV 凋亡异常的基础。同时体外实验证实，在适量的 SCF、IL-3、IL-6、EPO 存在下，造血干细胞中 JAK2V617F 检出率下降，说明 JAK2 基因并不是导致 PV 的唯一事件。

（三）临床表现

本病起病隐匿，常有数月至数年的无症状期，常在血常规检查时被发现。有的病例在出现血栓形成和出血症状后才明确诊断。很多症状和体征与血容量和血液黏滞度增高有关。最早出现的症状常为血液循环障碍和神经系统方面的有关症状。最常见的体征是多血引起的面部、鼻、耳、唇、手掌和结膜充血，呈绛红色，如醉酒状。视网膜和口腔黏膜也显示充血。约 70%以上的患者动脉血压升高，约 75%以上的患者可有脾大，通常为中重度肿大，与继发性红细胞增多症有一定的鉴别诊断意义。约 40%的患者可能有肝大。病程可分为增生期、稳定期和衰竭期。PV 在增生期表现最为典型，控制红细胞增多和防止血栓形成并发症是此期的首要目标。随后是长短不一的稳定期，此期常不需要维持治疗，由于处于骨髓纤维化早期，增生能力降低而使血象接近正常。最后是进展期或“衰竭期”，表现为广泛的骨髓纤维化、肝脾大和全血细胞减少。此期在患病 10 年后的发生率为 10%～15%，20 年后则上升至

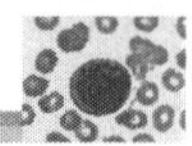

30%以上；中位生存期小于18个月。

主要临床表现有：

1. 皮肤改变 特征性表现为皮肤紫红，特别是颜面、颈部和肢端部位黏膜充血，呈红紫色。Osler描述其“夏日如玫瑰红，冬日如靛青蓝”。毛细血管扩张、齿龈出血和鼻出血常见，也可见皮肤发绀、紫癜、瘀点、含铁血黄素沉积和匙状指。50%的患者皮肤有瘙痒、灼热或刺痒感，通常持续30～60分钟，血中和皮肤中组胺增高是其主要原因。

2. 神经系统 头痛约占50%，可伴头昏、眩晕和耳鸣、疲乏、健忘、肢体麻木、多汗等。严重者可出现盲点、复视和视物模糊等视觉异常。也可有心绞痛和间歇性跛行，少数患者以脑血管意外为首发表现就诊。以上症状主要是因红细胞数增加，全血容量增多和血黏度增高而导致的血管扩张、血流缓慢淤滞和组织缺氧引起。

3. 出血 发生率<10%，主要是由于血管充血、血管内膜损伤、血小板第3因子减少、血小板功能紊乱及凝血机制异常引起。常见为鼻出血、牙龈出血、皮肤黏膜瘀点和瘀斑，也可表现消化道出血、拔牙后出血、月经量多等。大约10%的PV患者伴有消化道溃疡，部分患者可因慢性长期出血合并有缺铁性贫血而掩盖PV的表现。

4. 血栓形成 对1213名PV患者20年的随访结果表明，16.5%的患者发生血栓事件，其中2/3的患者发生动脉血栓，其余为静脉血栓。脑栓塞、心肌梗死及短暂性脑缺血发作（TIA）为主要的动脉血栓表现，而静脉血栓形成主要发生在脾静脉、肝静脉、门静脉及肠系膜静脉等，最为严重的可表现为Budd-Chiari综合征。部分患者可发生红斑性肢痛，其主要表现为患者手足指（趾）的灼痛，伴皮温升高，冷敷后疼痛缓解。

5. 其他 本病因骨髓细胞过度增殖，使核酸代谢过高，血液尿酸浓度升高，少数可发生尿酸肾病，表现为尿结石和肾绞痛或痛风性关节炎等。有些患者也可发生胆结石、阻塞性黄疸和胆绞痛。

（四）实验室检查

1. 红细胞

（1）红细胞计数和血红蛋白增高：多次检验红细胞均$>6.5\times10^{12}/L$（男性）或$>6.0\times10^{12}/L$（女性）；血红蛋白>180g/L（男性）或>170g/L（女性）。

（2）血细胞比容增高：男性≥54%，女性≥50%。患者常在55%～80%。

（3）血细胞容量增高：用^{51}Cr标记法测定血细胞容量大于正常值，其中男性>36ml/kg，女性>32ml/kg。

（4）红细胞形态改变：红细胞形态随疾病发展而变化，早期红细胞形态大多正常或轻度大小不均，当疾病发展至脾高度肿大伴髓外造血时，外周血出现有核红细胞，红细胞大小不等，出现椭圆形、泪滴样红细胞和嗜碱点彩样红细胞。

（5）红细胞寿命：随疾病进展而不同，病初正常或轻度缩短，晚期由于脾髓外造血及单核/巨噬细胞系统功能增强，红细胞寿命可缩短。

2. 粒细胞 约2/3的患者白细胞计数呈轻度增高，多在（12～25）$\times10^9/L$，常有核左移，65%左右的患者嗜碱粒细胞绝对值增高。中性粒细胞碱性磷酸酶积分大多增高，而继发性红细胞增多患者积分一般均正常。

3. 血小板及凝血功能 血小板计数大多高于正常，大多在（400～800）$\times10^9/L$，可

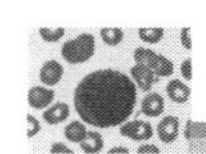

见体积增大、畸形血小板和巨核细胞碎片。血小板寿命轻度缩短。其黏附、聚集及释放功能均减低，而出血时间、凝血酶原时间、部分凝血活酶时间及纤维蛋白原含量一般正常。

4. 血容量及血液黏滞度 血浆容量一般正常或稍减，总血容量增多及红细胞容量增多。血液黏滞度增高，可达正常人的5～8倍。

5. 骨髓象 骨髓细胞增生明显活跃或活跃，粒、红与巨核细胞三系增生，尤以红系与巨核细胞系为显著，粒系中以中性中、晚幼粒细胞多见，嗜酸粒细胞可稍增多，巨核细胞多见，大多数为产板型巨核细胞，可有异形巨核细胞，铁染色提示细胞内外铁均减少，甚至消失。在晚期，骨髓可“干抽”。活检显示三系细胞均增生，脂肪细胞为造血细胞所代替，网状纤维增加。

6. JAK2V617F基因突变检测 2005年发现了PV等MPN中存在JAK2V617F基因突变，文献报道大于95%的患者体内出现JAK2V617F基因突变。2007年WHO更新了PV的诊断标准，将JAK2V617F基因突变作为PV的一个主要诊断标准。

7. 染色体检查 初诊时最常见的染色体核型异常包括del（20q)、+8和+9，其他可有del（13q）及dup（1q）、del（5q）等异常。随病程延长，染色体异常发生率会逐渐升高，病程超过10年者，染色体异常率可达87%，在初诊就有异常染色体克隆患者的生存时间比染色体正常者短。

8. 红系祖细胞培养 PV患者的红系祖细胞在半固体培养基上可不加EPO而形成CFU-E，即内源性CFU-E，据此可作为早期非典型病例的确诊依据。

9. EPO测定 应用放射免疫法测定患者血浆和尿中EPO减少或缺如，有别于大多数继发性红细胞增多症。

10. 其他 绝大多数PV患者动脉血氧饱和度>92%，有助于除外心肺疾患引起的继发性红细胞增多症。血浆维生素 B_{12} 结合力及维生素 B_{12} 均增高，以前者更明显。此与白细胞及幼稚粒细胞释放的Ⅰ及Ⅲ型运钴胺素较多有关，这两种蛋白质均能结合维生素 B_{12}。上述两者的测定有助于将本病与继发性红细胞增多症相鉴别，并可作为疗效和疾病活动指标之一。40%的患者诊断时有高尿酸血症，60%未经治疗的患者血尿中组胺升高。

（五）诊断与鉴别诊断

典型病例依据皮肤及黏膜呈红紫色，脾大，粒、红、血小板三系细胞增多，同时伴有动脉血氧饱和度正常，以及JAK2V617F基因突变，做出诊断并不困难。2007年WHO更新了以往的PV诊断标准（Tefferi等，2008)，推荐的诊断标准如表11-1。

表11-1 真性红细胞增多症的诊断标准

诊断要求
第1项主要标准+2项次要标准
或2项主要标准+1项次要标准
主要标准
1. HB>185 g/L（男），HB>165 g/L（女），或其他血细胞比容增多的证据
2. 有JAK2V617F基因突变或其他类型JAK2基因突变
次要标准
1. 符合真性红细胞增多症骨髓象改变
2. 血清EPO水平降低
3. 体外培养有内源性红系集落形成

综合近10年国内文献，PV的诊断条件归纳如下（张之南，2007）：

（1）临床表现：①皮肤、黏膜绛红色；②脾大；③高血压或病程中有血栓史。

（2）实验室检查：①血红蛋白及红细胞计数增加（男性血红蛋白>180g/L、红细胞>6.5×10^{12}/L，女性血红蛋白>170g/L及红细胞>6.0×10^{12}/L）；②血细胞容量绝对值增加，^{51}Cr标记法红细胞容量男性>39ml/kg，女性>27ml/kg；③血细胞比容增高，男性≥0.54，女性≥0.50；④无感染及其他原因引起白细胞计数多次>11.0×10^{9}/L；⑤血小板计数多次>300×10^{9}/L；⑥外周血中性粒细胞碱性磷酸酶（NAP）积分>100；⑦骨髓象示增生明显活跃或活跃，粒、红与巨核细胞系均增生，尤以红系细胞为显著。

（3）能除外继发性红细胞增多症。

（4）能除外相对性红细胞增多症。

诊断真性红细胞增多症可有两种方法，最好采用A法，确无条件测红细胞容量时，则采用B法。

A法：具有上述（1）类中任何2项，加（2）类中第①、②项，再加（3）类即可诊断本病。

B法：具有（1）类中第①、②项加（2）类中第①项（标准改为男性多次血红蛋白≥200g/L，女性≥190g/L），尚需具备第（2）类第③～⑦项中任何4项，再加上（3）、（4）类，方可诊断本病。

由于PV迄今仍为排除性诊断，只有在排除继发性红细胞增多症（secondary polycythemia）和相对红细胞增多症（apparent polycythemia）后方可确诊。继发性红细胞增多常见于下列两类情况：一是组织缺氧或肾局部缺血缺氧所致EPO分泌增加，导致红细胞代偿性增多，可见于高山病、由右至左分流的先天性心脏病、慢性肺部疾病、高铁血红蛋白症、吸烟引起的碳氧血红蛋白过多症等，患者的血氧饱和度大多降低。另一种是肾肿瘤及其他内分泌性质肿瘤自主分泌红细胞生成素或红细胞生成素样物质所致的红细胞增多症，见于肾母细胞瘤、肝癌、小脑瘤、间脑瘤、肾癌、子宫瘤等。相对性红细胞增多症是由于血浆容量减少，使红细胞容量相对增多所致。其外周血红细胞、血红蛋白和血细胞比容增多，但全身血细胞容量正常，常见于脱水、烧伤等暂时性体液丢失及因吸烟、饮酒、焦虑和高血压所致慢性相对性红细胞增多（Gaisbock综合征）。具体鉴别见表11-2。

表11-2 PV、继发性红细胞增多症和相对红细胞增多症的鉴别

指标	PV	继发性红细胞增多症	相对性红细胞增多症
脾大	有	无	无
白细胞增多	有	无	无
血小板增多	有	无	无
JAK2V617F基因突变	有	无	无
血细胞比容	增高	增高	正常
动脉血氧饱和度	正常	减低/正常	正常
血清维生素B_{12}	增高	正常	正常
中性粒细胞碱性磷酸酶	增高	正常	正常
骨髓	全髓高度增生	红系高度增生	正常
EPO水平	减低	增高	正常
自发性CFU-E生长	有	无	无

同时 PV 还应与慢性粒细胞白血病（CML）、PMF 早期阶段相鉴别。PV 患者常伴脾大和粒细胞升高，晚期外周血幼稚粒细胞可增多，故需与 CML 进行鉴别。PV 患者中性粒细胞碱性磷酸酶积分升高，Ph 染色体或 BCR-ABL mRNA 阴性，而慢粒正好相反。PV 临床表现有许多与 PMF 相似之处，PV 晚期也可继发骨髓纤维化。两者鉴别主要是依据病史和骨髓活检，骨髓纤维化骨髓病理表现为纤维组织明显增多，而 PV 主要表现为髓外造血现象，只有晚期才合并骨髓纤维增生，且病变范围小，程度较轻。

（六）治疗

除异基因造血干细胞移植外，目前临床上的其他治疗方法均不能治愈 PV，不能改变其自然病程或延长患者生命。因此，PV 的治疗目的包括：①降低血栓形成和出血风险；②降低转化为骨髓纤维化和白血病的风险；③处理可能发生的并发症如血栓形成、出血、瘙痒等。目前主张按预后因素及血管并发症风险进行分层治疗（Mesa，2007）。血管并发症高危患者是指有血管并发症病史或年龄＞60 岁，对这类患者主张进行静脉放血＋小剂量阿司匹林＋羟基脲治疗。中危患者指无上述高危因素，但有心血管危险因素如 WBC ＞15×10^9/L，或高水平 JAK2V617F 基因突变；低危患者指无高危因素，也无心血管危险因素。对于中低危患者，主张进行静脉放血＋小剂量阿司匹林治疗。

1. 静脉放血　PV 研究协作组（PVSG）进行的前瞻性随机研究表明，单独静脉放血组优于静脉放血＋苯丁酸氮芥或^{32}P 治疗组，后者白血病转化率增高。每周静脉放血 2～3次，每次 400ml，直至 HCT 正常。此种治疗手段常可迅速缓解症状及降低红细胞容量，但不能使升高的白细胞和血小板下降，也不能缓解顽固的皮肤瘙痒及痛风发作。有心、脑血管病或有血栓史者，放血宜慎重，每次以 250ml 为好，每周至多 2 次，目标为 HCT 维持于 42％～45％。为防止血栓形成，放血后可静脉输注低分子右旋糖酐 500ml。反复放血者可致缺铁，需适当补充之。我国由于传统习惯的原因，放血疗法始终难以广泛开展，尤其是每周均需放血更不易被接受。因此，做好宣传解释工作是放血疗法的重要组成部分。尤其应强调其发生白血病转化（仅 1.5％）及继发实体瘤的比例最低，以及不良反应最少，且中位数生存期和其他疗法相近（12.6 年）。但单独放血疗法者前 3 年的血栓栓塞性并发症发生率较高，此后伴发骨髓纤维化者也较多。必须强调，即使进行单独放血治疗，其发生白血病转化较其他疗法为低，但仍明显高于相匹配的正常人群。目前较一致的看法是，病情稳定的年轻患者较适合行放血治疗，并辅以低剂量阿司匹林治疗。

2. 骨髓抑制性治疗

（1）放射性核素：^{32}P 使用得最多，其通过释放 β 射线阻止骨髓造血细胞的核分裂，从而抑制造血。经首剂静脉注射 2～3mCi/m^2 后，多数病例在 4～8 周内血象恢复正常。如 3 个月后血象未能纠正者，可第 2 次给药，剂量增加 25％。少数患者需第 3 次给药，但 1 年内总剂量不应＞15mCi。^{32}P 也可口服给药，但剂量应增加 25％，分 2 次，间隔 1 周。^{32}P治疗的缓解率可达 75％～85％，疗效可持续半年至数年，并可降低血栓栓塞性并发症发生率。其缺点为：如剂量掌握不当，过大可造成骨髓抑制。其次为治疗后急性白血病及实体瘤的发生率明显高于静脉放血者，尤其是远期急性白血病的发生率高达 10.3％。如^{32}P治疗后再用化疗者急性白血病的发生率更高。^{32}P 治疗者的中位数生存期为 10.9 年。

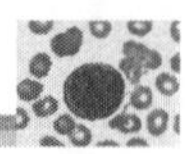

(2) 化学药物

1) 羟基脲 (HU): HU在欧美应用得最普遍,剂量为1.5～2 g/d,几周内血象可达正常范围,再以0.5～1.0g/d维持。HU疗效短暂,停药后常迅速反跳,故需持续用药。一旦发生骨髓抑制,在停药后数天至数周即可恢复。长期HU治疗者,5.4%发生急性白血病,虽然仍高于静脉放血者,但安全性相对较好。HU发生骨髓纤维化概率及死亡率和静脉放血者相似,而血栓栓塞性并发症则明显降低。

2) 烷化剂:白消安 (BU) 在国内应用得最多,剂量为4～6mg/d。通常用药1个月左右才能控制血象,但作用持续时间明显长于HU,因此可间断给药。部分病例停药后数月甚至数年血象仍维持基本正常,中位数缓解期可达4年,间断用药可降低远期急性白血病的发生率。苯丁酸氮芥作用较白消安弱而慢,中位生存期为9.1年。其急性白血病的转化达17%,另有3.5%的患者并发大细胞淋巴瘤,故目前已较少应用。

3) 三尖杉酯碱类:为我国首创的抗白血病药物,20世纪80年代应用于PV并显示较好的疗效。此类药物包括三尖杉碱和高三尖杉酯碱,剂量均为2mg/d,静脉滴注或肌内注射,10～14天为1个疗程。一般在停药后1～2个月血象降至正常,疗效大多维持3～6个月,少数可维持1年以上。复发后再次用药通常仍有效。按上述剂量及疗程用药,绝大多数患者不发生骨髓抑制,心脏毒性也少见。远期是否会促使转化为白血病,尚无确切资料。另有报告,采用每天2～4mg静脉滴注,连续或间歇用至红细胞及血红蛋白正常,可延长缓解期达10个月以上,但部分患者可伴白细胞和(或)血小板减少。

(3) 干扰素α:近年有报道应用基因重组的干扰素α (IFN-α) 治疗PV。其抑制异常克隆的造血祖细胞及骨髓成纤维细胞的增殖,拮抗血小板衍生生长因子 (PDGF) 及转移生长因子 (TGF-β),从而减轻骨髓纤维化。由于IFN-α起效慢,故宜在应用其他治疗血象明显好转后,作为维持治疗。IFN-α的剂量为300万～500万U/次,每周3次,疗程至少6～12个月。单用IFN-α的反应率为60%。

(4) 伊马替尼:可通过抑制c-KIT而抑制PV患者体内的红系、粒系及巨核系干/祖细胞的生长,同时还可通过抑制血小板源性生长因子 (PDGF) 而减轻骨髓纤维化。Silver等 (2007) 使用伊马替尼治疗PV的初步结果显示,36名可评估的患者中有效率为53%,28%的患者出现疾病进展,初步结论为伊马替尼可控制红细胞增多和脾肿大,但对血栓形成等事件无效。伊马替尼常用剂量为400～600mg,每天1次,持续至完全缓解。

(5) JAK2抑制剂:JAK2基因突变是PV分子靶向治疗的基础,在JAK2V617F基因突变细胞株及小鼠模型等临床前研究显示,JAK2抑制剂的效果令人振奋 (Sayyah等,2009)。针对JAK2基因突变的PMF患者及继发于PV及ET的骨髓纤维化症患者进行的Ⅰ/Ⅱ期临床试验也取得了很好的疗效。ICNB01 8424是一种特殊的口服JAK2抑制剂,服药后患者的脾大明显减轻,症状显著改善,JAK2V617F基因突变细胞数明显下降,无明显不良反应,但加大剂量可引起血小板减少。然而,目前JAK2抑制剂的分子靶向治疗仍面临许多未解决的难题,长期疗效及安全性有待进一步观察。

(6) 异基因造血干细胞移植 (allo-HSCT):PV目前根治的唯一方法是allo-HSCT (Hoffman等,2007;Kroger等,2009),适用于高危伴有骨髓纤维化的PV患者。最近欧洲骨髓移植协作组 (EBMT) (Kroger等,2009) 报道103例原发性及继发性骨髓纤维化 (继发于PV和ET) 患者接受减低强度预处理allo-HSCT后,5年无病生存率为51%、总生存率为 67%，1 年累计非复发死亡率 16%。但对大多数 PV 患者，由于预期寿命长，allo-HSCT 风险大，选择宜慎重。

（7）其他：本病伴发的瘙痒治疗困难，可用抗组胺药物如盐酸赛庚啶单独或与西咪替丁联合应用。小剂量阿司匹林（50mg/d）即可使血栓素 A_2 的产生减少 80%以上，故推荐长期应用，尤其适用于单独静脉放血治疗者，以减少血栓栓塞性并发症。PV 晚期合并骨髓纤维化，患者常有巨脾、贫血、白细胞、血小板减少，处理十分困难。脾区放疗已证实无效，脾切除至少可取得暂时缓解。由于手术并发症多，病死率高达 25%，应谨慎进行。重度贫血者常需定期输血，也可使用雄性激素。缺铁时补充铁剂宜慎重，因可促使红细胞短期迅速增加而加重病情。PV 患者因并发外科疾病手术治疗时（包括拔牙），术后并发症高达 47%，其中大多为出血或血栓性并发症，风险较大。故主张术前先行放血及血细胞置换，待血象明显好转后再手术。

（七）预后

本病发展缓慢，如无合并症，病程可长达 10～20 年，病程长短与许多因素有关，如治疗方法、发病年龄、有无合并症等。苯丁酸氮芥治疗的中位生存时间为 8.9 年，静脉放血者为 13.9 年，不治疗者仅为 1.5 年，以综合治疗者效果为好。中年组较老年组病程长。白细胞与血小板计数高者预后差，有合并症者病程短。

PV 在病程中可发生各种转化。部分病例可有多种转化，如先转化为血小板增多症（此时红细胞数及容量均正常），后再转化为骨髓纤维化，最终转为急性白血病。此外，个别病例可转化为慢性淋巴细胞白血病。文献报道 PV 转化为骨髓纤维化后，20%～50%将进展为急性白血病，其中绝大多数为急性髓性白血病。PV 可直接转化为急性白血病，也可经骨髓增生异常综合征（MDS）阶段再转化为急性白血病，两者发生率各占 50%。一旦转化为急性白血病，各种治疗效果均差，通常在数月内死亡。

附：PV 的国内疗效评价标准（张之南，2007）

（1）完全缓解：临床症状消失，皮肤、黏膜从红紫恢复到正常，原肿大的肝脾显著回缩至不能触及，血红蛋白、白细胞和血小板计数降至正常。若红细胞容量也恢复正常，则称为完全缓解。

（2）临床缓解：临床及血象恢复如（1），但红细胞容量尚未恢复正常或仍可触及脾脏。

（3）好转：临床症状明显改善，皮肤、黏膜红紫有所减轻，原肿大的肝脾有所回缩，血红蛋白下降 30g/L 以上。

（4）无效：临床症状、体征及血象无变化或改善不明显。

二、原发性血小板增多症

原发性血小板增多症（essential thrombocythemia，ET）是造血干细胞的克隆性疾病，是 MPD 的一种，2008 年新的 WHO 造血与淋巴组织分类已将其划归到 MPN（Tefferi 等，2008）。其主要特征是外周血血小板计数持续增高，骨髓中巨核细胞过度增殖，伴有出血及血栓形成，终末期有部分患者转化为急性白血病。

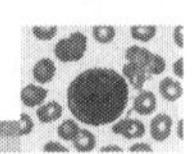

（一）流行病学

ET于1934年首先被描述，1951年被定义为骨髓增殖性疾病，认识该病已经有70年历史。国外流行病学调查ET的发病率为（0.2～2.5）/10万，发病高峰年龄为60～70岁，偶发于儿童，无明显的性别差异，也有报道认为女性多于男性，比例为2∶1（Johansson，2006）。近20年来发病率增加了3.2倍，这可能与普遍应用血细胞自动计数仪，较易发现无症状的患者有关，但也可能反映了实际发病数的增多。

（二）病因与发病机制

目前ET的病因尚不清楚。在MPD发病的分子机制研究中，人们最早确定9号与21号染色体易位产生的BCR-ABL融合基因是慢性髓细胞白血病（CML）发病的关键原因，以后又发现了嗜酸粒细胞增多症的FPIL1-PDGFRA融合基因。2005年有几个研究组先后发现MPD相关的JAK2突变（Baxter等，2005；James等，2005），使得我们对这组疾病遗传学基础的认识有了很大突破。在JAK2基因假激酶结构域（pseudokinase domain，JH2）的密码子617中，鸟嘌呤被胸腺嘧啶替代，导致缬氨酸变为苯丙氨酸，即JAK2 V617F。JAK2V617F是一种组成性酪氨酸激酶，它能激活JAK-STAT 信号转导途径。当JAK2V617F与红细胞生成素受体（EPOR）、血小板生成素受体（MPL）或粒细胞集落刺激因子受体(G-CSFR)共表达时这种激活作用更强。JAK2V617F在PV的阳性率高达90%～95%，ET为50%～70%，PMF为40%～50%。

在JAK2的结构中，第617位缬氨酸位于JH2，与激酶结构域（JH1）高度同源，但缺乏催化活性。目前认为JH2起一种自我抑制作用，与JH1结合并抑制其激活。V617F突变使JH2失去了对JH1激酶活性的抑制作用，导致了JAK2的持续活化。James等（2005）分别将野生型与V617F突变型JAK2转入缺乏JAK2的72A细胞株，结果野生型JAK2能激活STAT介导的转录过程，而V617F突变型无此作用。他们又进一步将转染有野生型JAK2、V617F突变型或空载体的骨髓细胞分别移植至小鼠，移植了V617F突变型骨髓的受体小鼠在移植后28天发生红细胞增多和脾大。这些体内与体外试验结果提示，JAK2 V617F突变是导致MPD发生的重要因素。

近半数的ET患者检测不到JAK2V617F突变，其原因仍不清楚。在正常情况下，MPL在无TPO刺激时处于静息状态，当MPL分子第515位色氨酸突变为亮氨酸（MPLW515）后，MPL可以不依赖于TPO自行活化，导致血小板增多。在小鼠体内，JAK2V617F诱导出的“PV”不会出现血小板增多，而MPLW515突变诱导出的“MF”可出现显著的血小板增多表现（Tefferi，2006）。MPLW515等位基因发生于约10%JAK2V617F阴性患者，在ET患者中比例更小。Beer（2008）等报道，8.5%的JAK2V617F阴性ET患者有MPLW515突变。以上证据提示，ET发病与血小板生成素（TPO）受体MPL的突变也有关。

（三）临床表现

ET发病较隐匿，进展缓慢，患者早期可能无任何临床症状，仅在做血常规检查时偶然发现；ET主要症状为出血与血栓形成。出血可为自发性，以鼻、口腔和胃肠道黏膜多见，偶有脑出血。血栓形成在老年患者中多见，可发生在任何部位，动脉和静脉均可发生，但动脉血栓形成更多见。据天津血液病研究所438例ET分析（蓝海峰等，2008），34%在初诊时无明显症状，33.1%因其他疾病在做血液常规检查时发现；21.3%有出血现象，19.6%发生血栓，3.0%同时有出血与血栓。血栓的发生与血小板增多的程度不一定成比例，而与患者年龄（>60岁）及是否合并其他易栓因素有关。出血多发生于血小板数超过1500×10^9/L时。ET引起出血的机制尚不清楚，目前认为主要与血管性血友病因子（vWF）相对缺乏或大分子vWF多聚体减少有关，血小板功能异常也是原因之一。

（四）诊断与鉴别诊断

2008年世界卫生组织（WHO）造血与淋巴组织肿瘤分类提出的诊断标准如表11-3（Tefferi等，2008），鉴别诊断主要与各种原因引起的反应性血小板增多，如PMF、PV、CML、MDS、感染等相鉴别（详见相关章节）。

表11-3　2008 WHO关于原发性血小板增多症的诊断标准

(1) 持续血小板数≥450×10^9/L[a]
(2) 骨髓活检显示以巨核系增生为主，伴巨大成熟巨核细胞数量增加；不伴粒细胞或红细胞显著增多或核左移
(3) 不符合WHO关于PV[b]、PMF[c]、CML[d]、MDS[e]或其他髓系肿瘤
(4) 证实存在JAK2V617F或其他克隆标志，若缺乏克隆标志，则无反应性血小板增多的证据[f]

a 在诊断期间。

b 当血清铁蛋白减低时要求补铁治疗不能使血红蛋白水平提高到PV水平。PV诊断的排除基于血红蛋白和血细胞比容水平，不要求检测红细胞容积。

c 要求无网状纤维化、胶原纤维化，外周血无幼稚粒细胞和幼稚红细胞，或骨髓无相对于年龄显著的细胞增多，且不伴有PMF典型的巨核细胞形态，即体积从小到大不等，异常的核浆比及深染、球形或不规则折叠的核，细胞聚集紧密。

d 无BCR/ABL。

e 无红系和粒系病态造血。

f 引起反应性血小板增多的原因包括缺铁、脾切除、外科手术、感染、炎症、结缔组织病、转移癌和淋巴组织增殖性疾病。

注：诊断要求符合全部4项标准；如果符合前3项标准，即使存在可引起反应性血小板增多的因素也不能排除ET的诊断。

骨髓活检在ET的鉴别诊断上具有重要意义。ET患者骨髓活检的特点是伴有深分叶、过分叶核的巨大而成熟的巨核细胞，多散在分布于整个切片，但有时也可呈疏松的簇状分布。

ET骨髓象多表现为巨核系增多，其他两系多正常或轻度细胞数增多。PV表现为三系显著增生（全骨髓增生），粒系增生且高度畸形巨核细胞增多系纤维化前期PMF的特点，这两种情况在ET中不出现。当存在异常红系造血、巨大红细胞、单核细胞增多、假Pelger-Huet畸形或其他的中性粒细胞异常改变和（或）显著的单个核小巨核细胞时，提示MDS而不是ET。

JAK2V617F突变对确定诊断具有意义，并与临床表现相关。有JAK2V617F突变的ET患者的表现与PV很相像，血红蛋白浓度与白细胞计数较高，骨髓增生更活跃，易合

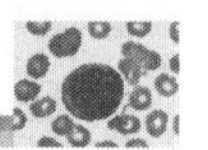

并静脉血栓形成，易转变成PV，对羟基脲较为敏感；而无JAK2V617F突变的ET患者往往仅有血小板增多，脾大明显，可能有细胞遗传学异常、巨核细胞增生异常，易转变成白血病或骨髓纤维化。有人对50例JAK2V617F突变阴性的ET患者随访6年，未见转为突变阳性者。这说明JAK2V617F突变阴性的ET并不是"前期"状态，而是在分子机制上与JAK2V617F突变阳性的ET有别（Carrobio等，2008）。对JAK2突变阴性的ET诊断要特别注意排除其他引起血小板增多的原因，如发现骨髓细胞遗传学异常则有助于诊断。Campbell（2006）等根据是否有JAK2突变提出了ET的诊断标准，见表11-4。

表 11-4 根据是否有 JAK2 突变的 ET 诊断标准

JAK2V617F 突变阳性时需符合以下 3 个条件：
（1）血小板计数＞450×10^9/L
（2）JAK2V617F 突变阳性
（3）无其他骨髓恶性疾病（如 JAK2 阳性的 PV、PMF 或骨髓增殖异常等）
JAK2V617F 突变阴性时需符合以下 5 个条件：
（1）间隔 1 个月的时间，两次血小板计数＞600×10^9/L
（2）JAK2V617F 突变阴性
（3）无反应性血小板增多的病因
（4）血清铁蛋白正常（＞20μg/L）
（5）无其他骨髓恶性疾病（如 CML、PV、PMF 或骨髓增殖异常等）

（五）治疗

ET是一种慢性疾病，往往无明显症状，部分患者可长期生存，死因主要为血栓、出血并发症与转化为白血病。目前的治疗并不能改变疾病本身进程及减少向白血病转化的发生，只能减少血栓、出血并发症，特异性靶向治疗有可能带来新的希望。

1. 治疗药物

（1）阿司匹林：阿司匹林对ET血栓防治可能有效。大剂量阿司匹林的胃肠反应重，易引起消化道出血现象，不主张应用；而小剂量阿司匹林（50～100 mg/d）无明显副作用。目前国际上对血小板数＞1000×10^9/L、无出血倾向的ET患者均主张采用小剂量阿司匹林防治血栓并发症。

（2）羟基脲：羟基脲为非烷化剂骨髓抑制剂，有明显的降低血小板的效果，急性毒性反应小，是有合并症危险的ET首选药物。开始剂量每天10～30mg/kg，应监测血常规以调整剂量。维持剂量应个体化。主要风险是可能增加白血病的发生率。临床上应谨慎用药。

（3）干扰素：重组干扰素-α为治疗本病的有效药物，可抑制巨核细胞克隆的分化，降低巨核细胞的大小和减少倍增。多数患者用干扰素治疗1个月，血小板计数可降至正常。但停药后血小板可增多复发。相当一部分患者因反应较大而被迫停药。如用PEG干扰素2b治疗ET，在用药2个月后缓解，第4个月时全部缓解并且伴随着JAK2V617F突变细胞的比例下降。

（4）阿那格雷（anagrelide）：阿那格雷对降低血小板计数非常有效（Thiele等，

2006)。该药通过抑制骨髓巨核细胞成熟而减少血小板的生成。开始剂量 0.5mg、每天 4 次或 1mg、每天 2 次。副作用主要有心悸、头痛、水肿与心功能不全。阿那格雷的有效率为 73%，在用药第一周血小板计数就开始降低，在 2～4 周达最大作用。该药在美国已被 FDA 批准为 ET 的首选药物，但因可能有增加血栓和（或）出血危险，在欧洲只限用于顽固或对一线药物不能耐受的 ET 患者。

（5）哌泊溴烷（pipobroman）：哌泊溴烷为哌嗪衍化物，是治疗 ET 的另一种药物。该药的结构类似于烷化剂，为嘧啶的竞争性抑制剂。通常开始口服剂量为每天 1～1.5mg/kg，然后根据治疗反应，按需渐增至 3mg/kg，达到治疗目标后改为维持剂量。主要不良反应为中度骨髓抑制，同时也有诱发急性白血病与 MDS 的危险。

2. 按预后因素分层治疗　最近的一项 605 例单中心研究（Gangat 等，2007）表明，贫血、年龄≥60 岁、白细胞计数≥15×10⁹/L 明显影响生存（中位生存 23.2 年 *vs* 9 年），贫血及血小板极度增高（血小板计数≥1500×10⁹/L）预示白血病转化率增高（0.4% *vs* 6.5%），几个研究组定义了 ET 的危险因素并且根据危险因素制定了治疗策略（Elliott 等，2005；Barbui 等，2004；Harrison，2005a），详见表 11-5。

表 11-5　ET 基于危险分层的治疗策略

危险分层	危险因素	治疗
低危	年龄 <60 岁和 没有血栓病史和 血小板计数<1000×10⁹/L	阿司匹林（81 mg/d）
中危	既不是低危也不是高危	个体化治疗
高危	年龄≥ 60 岁或 明确的血栓形成病史	羟基脲[a] 和阿司匹林

a 孕妇可以用 α-干扰素代替羟基脲。

低危患者的治疗目标是改善症状而不是预防性的骨髓抑制治疗。在一项随机临床实验中，阿司匹林（40～325 mg/d）在低危患者中的益处并不明确，但是能明显改善如头痛、头晕、肢端感觉异常及非典型胸痛等微血管症状（Landolfi 等，2004）。中危患者治疗应个体化，阿司匹林及抑制血小板生成性治疗应根据出血及血栓形成情况调整。大多数学者认为，羟基脲是高危 ET 患者的首选（Harrison，2005a），并且可以减少血栓形成风险（Harrison 等，2005b），而其他减少血小板的药物治疗价值并不明确。一项大宗的随机临床研究对羟基脲和阿那格雷联合阿司匹林治疗高危 ET 患者进行了比较，发现羟基脲总体上优于阿那格雷（Harrison 等，2005b）。羟基脲在降低动脉血栓、出血及 MF 转化的风险方面有良好的耐受性，而阿那雷格对降低静脉血栓方面有明显优势。目前治疗高危 ET 仍然主张羟基脲联合低剂量阿司匹林（81 mg/d），基于回顾性的研究，降低血小板治疗的目标是血小板计数≤400×10⁹/L（Storen 等，2001；Regev 等，1997）。羟基脲不能耐受的患者可以考虑换用干扰素-α，特别是在妊娠患者中（Silver，1997）。若羟基脲和干扰素都不能耐受，可以考虑其他降低血小板的药物，如阿那格雷、哌泊溴烷（Barbui 等，2004；Harrison 等，2005a）。

3. 靶向治疗　特异性靶向治疗药物伊马替尼为 CML 治疗带来了革命性的变化。

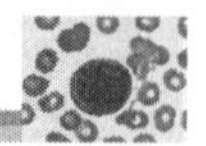

JAK2V617F突变是ET发病的重要原因，它能激活JAK-STAT信号转导途径，具有酪氨酸激酶活性。新的靶向药物如ICNB018424（Verstovsek等，2008），特异性抑制JAK2与JAK1，但不抑制JAK3与TYK2。该药已进入治疗PMF或PV/ET所致MF的Ⅰ/Ⅱ期临床试验，患者的脾缩小，生活质量明显提高，临床症状好转，突变基因的数量减少，并且给药方便（口服制剂），具有良好的耐受性。特异性JAK2V617F突变抑制剂不久将给MPD（包括ET）治疗带来新的希望。

（张　钰　孟凡义）

三、原发性骨髓纤维化

原发性骨髓纤维化（primary myelofibrosis，PMF）是一种克隆性的骨髓增殖性疾病。好发于中老年人，临床常表现为贫血、脾大，外周血中多见幼红、幼粒增多，骨髓以巨核细胞、粒系细胞和网硬蛋白/胶原纤维增生为主要特征，少部分患者终末期可转变为急性白血病。PMF其他同义词有：慢性特发性骨髓纤维化、原因不明性髓样化生、骨髓硬化伴髓样化生、慢性巨核细胞-粒细胞骨髓增生、特发性骨髓纤维化等。“原发性骨髓纤维化”这个名称被2008 WHO《造血与淋巴组织肿瘤病理学和遗传学》分类专家们采纳并归入髓系肿瘤范畴。

（一）流行病学

PMF发病率为（0.4～1.5）/10万，男女比例相近（男∶女＝1.6∶1），犹太民族的发病率较高。中位发病年龄55～60岁，儿童罕见（Sekhar等，1996）。30岁之前、40岁之前和50岁之前发病者分别大约占2%、10%和30%（Cervantes等，2001）。在一项323例患者的研究中，30岁之前的患者占2.8%（9人中6人为女性），临床过程相对惰性。

（二）病因与发病机制

PMF的病因不明。过去认为PMF的发生与接触苯、工业溶剂、二氧化钍、辐射有关，但目前认为与周围环境中的上述因素关系甚微。

PMF重要的发病机制是干细胞衍生的克隆性骨髓增殖。与BCL-ABL阳性的CML不同，PMF没有特异的遗传学异常。然而，最近发现有两种突变多见于PMF患者。其一，JAK2酪氨酸激酶激活突变（JAK2V617F），发生率约为50%，其为外显子14 JAK2突变（核酸1849 G→T点突变），突变导致617密码子缬氨酸替代苯丙氨酸（James C等，2005）。其二，TPO受体激活突变（MPLW515L/K，核苷酸1544G→T），占5%，该突变导致515密码子色氨酸替代亮氨酸（MPL跨膜受体）（Pikman等，2006）。然而，大约一半的PMF无任何突变，发病机制不明确。

PMF的骨髓间质反应，包括网硬蛋白、胶原纤维化、骨硬化及血管增生被，认为是反应性的，为细胞因子所介导。比如在小鼠，PML相关的骨髓间质改变是由于系统性的TPO过表达或巨核细胞系内部低表达转录因子GATA-1，上述两种情况巨核细胞均表现为P-选择蛋白异常分布，从而促进巨核细胞和中性粒细胞的病理性相互作用（伸入运动），导致纤维生成因子和血管生成因子的释放，包括转化生长因子-β1（TGF-β1）、血小板衍生的生长因子（PDGF）、碱性成纤维细胞生长因子（BFGF）、血管内皮生长因子（VEGF）、基质金属蛋白酶组织抑制物和中性粒细胞衍生的弹性蛋白酶及其他朊酶类。其中，巨核细胞衍生的 TGF-β1 可能是 PMF 间质反应中最重要的因素（Chagraoui 等，2002；Chagraoui 等，2003；Vannucchi 等，2002）。

（三）临床表现

大部分 PMF 患者在诊断时有明显的症状，多数已为纤维化期，仅 30％初诊时无症状，常因体检发现脾大或血液检查有贫血或血小板增多而发现本病。典型的症状包括贫血、显著的脾大、明显的全身症状（如疲乏、盗汗、体重减轻）。其他症状可出现在诊断时或疾病进程中，包括左上腹不适、腹胀、腹水、排便习惯改变、脾脏梗死引起的反复疼痛（可能放射至左肩）、瘙痒、外周性水肿、淋巴结肿大、出血、血栓形成。诊断时约 80％有脾大（其中 50％显著肿增大），50％肝大。髓外造血常常发生在 PMF 的晚期，肝、脾、淋巴结肿大常见，此外也可发生于胸膜、腹膜、肺、肾、肾上腺、硬脑膜、胃肠道、乳腺、皮肤等部位。

（四）实验室检查

PMF 外周血涂片常常可见幼红、幼粒细胞增多和泪滴样红细胞。大部分诊断时已有贫血，其中约 20％需输血。其他实验室异常包括白细胞、血小板增多或减少，外周血出现原始细胞，大部分血清乳酸脱氢酶升高。

骨髓穿刺常发生"干抽"现象。病理活检显示在纤维化前期，无或仅有少量网状纤维，此期骨髓最有价值的诊断依据是巨核细胞成簇出现在血窦和骨小梁旁，且形态不规则。具体表现为：大小不一，多数胞体大，核浆比例失调，以异常丰富的染色质、呈云朵样或气球样的分叶核及常见的裸巨核细胞为典型表现。同时伴有粒系细胞的明显增生、红系增生减低。纤维化期的组织学特征包括网硬蛋白/胶原纤维增生、骨硬化、血窦增多且扩大、血窦内造血。粒系发育不良少见，如出现则提示疾病进展。血片中原始粒细胞≥10％提示向急性白血病转化加速。

PMF 无异常免疫表型。PMF 无 Ph 染色体或 BCR-ABL 融合基因，约 50％伴有遗传学异常，但无特异性。常见的遗传学异常包括 del（20）（q11；q13）、del（13）（q12；q22）、部分三体型 1q，其他异常包括＋9、＋8、del（12）（p11；p13）、7 号染色体单体或长臂缺失。然而，如果出现 del（13）（q12；q22），则高度怀疑 PMF。

（五）诊断与鉴别诊断

诊断 PMF 首先要除外继发性因素。早期 PMF 诊断主要依据骨髓巨核细胞增生及异型，晚期 PMF 依据全身症状，肝脾明显肿大，外周血可见幼红、幼粒细胞增多和泪滴样红细胞，骨髓可见网状纤维/胶原纤维明显增生、血窦扩张伴窦内造血、巨核细胞增生及异型，骨硬化等可明确诊断。

外周血幼红、幼粒细胞增多、骨髓纤维化均不是 PMF 所特异的，可出现在许多血液病和非血液系统疾病中，是一种反应性现象，特别需要与表 11-6 中所列疾病鉴别。在大部分情况下，依据病程、肝脾肿大的程度，结合血象和骨髓特征及 JAK2V617F 的突变、

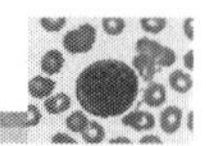

BCR-ABL 融合基因容易鉴别。但是需要指出的是，JAK2V617F 在 MDS、ET、PV 或不典型 MPD 中的鉴别作用有限，这是因为 JAK2V617F 在 ET 和 PV 中几乎 100%伴有此异常。

表 11-6 常见继发性骨髓纤维化的原因

血液系统疾病		非血液系统疾病
髓系疾病	淋巴系疾病	
• CML	• 毛细胞白血病	• 转移癌
• 骨髓发育不良综合征	• 霍奇金病	• 自身免疫骨髓纤维化
• 慢性单核细胞白血病	• 非霍奇金淋巴瘤	• SLE
• 慢性嗜酸粒细胞白血病	• 多发性骨髓瘤	• 利什曼病
• 系统性肥大细胞增多症	• 急性淋巴细胞白血病	• 肺结核
• 其他急性髓性白血病		• Paget 病
• 恶性组织细胞增多症		• HIV 感染
		• 维生素 D 缺乏性佝偻病
		• 肾性骨发育不全
		• 甲旁亢
		• 灰色血小板综合征
		• 家族性婴儿骨髓纤维化
		• 特发性肺动脉高压

（六）治疗

PMF 尚无特效的治疗方法，常常是对症姑息治疗。目前在应用的治疗方法中，allo-HSCT 是唯一有可能治愈或者延长生存的手段。但是，治疗相关性死亡率高，目前只用于高危患者。药物治疗 PMF 适于减轻肝脾进行性肿大、显著的血小板和白细胞增多所致的临床症状。其他治疗措施同样也是姑息性的，包括局部放疗、脾脏切除、成分输血等。因此，无症状的低危 PMF 患者推荐延迟治疗；有症状的患者，无论是老年患者还是年轻的低危患者都推荐给予常规治疗或进入临床试验；allo-HSCT 治疗适用于年轻的高危患者或部分中危患者，移植预处理方式根据年龄和患者当时的全面状况综合考虑。

1. 药物治疗 PMF 药物治疗的目的是为了改善患者的临床症状。

治疗贫血的药物包括 EPO、雄激素、糖皮质激素、达那唑、沙利度胺、来利度胺等。EPO 皮下注射的起始剂量是 4 万 U/周，适用于内源性的血清 EPO 水平低于 100U/L 者，大约 50%的患者有效，有些患者接受 EPO 治疗后脾进一步肿大。多种雄激素，包括庚酸睾酮（400～600mg 肌内注射，每周 1 次），氟甲睾酮（10mg 口服，每天 3 次）用来改善贫血。如同时服用糖皮质激素（如泼尼松 30mg/d）可增加雄激素的有效率。达那唑（600mg/d）也可以改善 PMF 患者对睾酮及其他雄激素制剂的有效率。沙利度胺和来利度胺近来被证实对 PMF 有治疗作用（Elliott 等，2002；Tefferi 等，2006）。这两种药物的作用机制不十分清楚，但认为与对抗血管生成和抗肿瘤坏死因子（TNF-α）的活性有关。此外，来利度胺可刺激 T 淋巴细胞上调 IL-2、IFN-γ、IL-5 和 IL-10，体外抗血管生成与抗 TNF-α 的活性是沙利度胺的 50 倍。

PMF 患者出现脾大相关临床症状、血小板增多或白细胞增多时可用羟基脲，起始量 0.5g，每天 3 次。羟基脲耐药者可选择其他的骨髓抑制剂，包括克拉屈滨［5mg/（m^2·d）]，iv 维持 2 小时，连用 5 天，每月 1 个疗程，用 4～6 周期，美法仑（2.5mg 口服，每周 3 次），白消胺（2～6mg/d 口服）。多数患者不能耐受干扰素-α，且疗效不佳。

药物治疗的同时需要注意相关副作用和禁忌证。例如，雄激素可致肝功能异常；沙利度胺可引起胚胎发育畸形、嗜睡、便秘、皮疹和末梢神经炎；除此之外，来利度胺可引起骨髓抑制，从而发生感染和出血。

2. 脾脏切除 脾脏切除是 PMF 的对症治疗方法之一，它不能改变疾病的自然进程。常见的并发症包括血栓形成、出血、脾切除后肝脏进行性增大、白细胞和血小板进一步增多、贫血加重等，治疗相关死亡率约为 10%，故应严格把握脾切除的适应证（Tefferi 等，2000)：①因巨脾产生的压迫症状或脾梗死引起剧烈疼痛；②有临床症状的门脉高压（包括腹水、静脉曲张破裂出血）；③药物治疗无效的肝脾肿大引起的频繁输血、白细胞或血小板明显减少。对于术前白细胞大于 $5\times10^9/L$ 或血小板大于 $150\times10^9/L$ 的患者，在进行脾切除前，应给予羟基脲预防性治疗，以防止术后出现血小板或白细胞进一步增多，引起血栓等并发症。

3. 放射治疗 肝脾的局部放疗可暂时缓解因肝脾肿大而引起的不适（中位疗效持续时间 3～6 个月），主要适用于巨脾产生的压迫或脾功能亢进而药物治疗无效的患者。低剂量的放疗（0.1～1Gy，分 5～10 次）对于脊髓、肺、胸膜、腹膜等部位的髓外造血产生的压迫疗效好（Koch 等，2003）。

4. 异基因造血干细胞移植（allo-HSCT） 目前认为清髓的 allo-HSCT 在 45 岁以下的高危年轻患者效果较好，但在老年患者移植后长期生存不到 20%。此外，allo-HSCT 还因 GVHD 而导致生活质量降低。最近，来自国际干细胞移植数据库的 320 例患者资料的多变量分析结果提示，年轻患者 HLA 全相合的同胞供者移植，身体状态好，外周血无原始细胞，诊断到移植时间短，是移植效果好的独立因素（Ballen 等，2005）。迄今为止，无明确的证据显示减低剂量预处理异基因造血干细胞移植比经典预处理的移植优越。

（七）预后或转归

PMF 的生存期从几个月到几十年，从诊断起中位生存时间为 3～5 年。PMF 在诊断后 10 年约 10%的患者因转变为急性白血病而死亡，此外的死亡原因还有：感染（26%～29%）、出血（11%～22%）、心力衰竭（7%～15%）、肝衰竭（3%～8%）、实体瘤（3%）、呼吸衰竭（3%）、门静脉高压（6%）。目前 PMF 有多个预后评分系统，其中 Mayo 预后评分系统应用得最为广泛（Dupriez 等，1996），预后因素包括：HB＜10g/L，PLT＜$100\times10^9/L$，WBC＜$4\times10^9/L$ 或＞$30\times10^9/L$，单核细胞≥$1\times10^9/L$，各计 1 分。低危组（0 分）中位生存期接近 15 年，中危组（1 分）中位生存期约 5 年，高危组（≥2 分）中位生存期小于 3 年。其他不良预后因素包括：外周血幼粒细胞≥10%、外周血原始细胞≥3%、老年、男性、除 $13q^-$ 或 $20q^-$ 外的其他遗传学异常。

参考文献

蓝海峰等．2008．438 例原发性血小板增多症的临床分析．中华血液学杂志，29：587

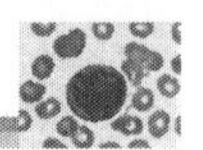

叶蕾等 . 2007. 真性红细胞增多症发病机制及其研究进展 . 国际输血及血液学杂志，30：34
张之南等 . 2007. 血液病诊断及疗效标准 . 第三版 . 北京：科学出版社，87
Ballen K et al. 2005. Outcome of bone marrow transplantation for myelofibrosis. Blood，106：53a
Barbui T et al. 2004. Practice guidelines for the therapy of essential thrombocythemia：a statement from the Italian Society of Hematology，the Italian Society of Experimental Hematology and the Italian Group for Bone Marrow Transplantation. Haematologica，89：215
Baxter EJ et al. 2005. Aquired mutation of the tyrosine kinase JAK2 in human myeloproliferative disorders. Lancet，365：122
Beer PA et al. 2008. MPL mutations in myeloprol iferative disorders：analysis of the PT-1 cohort. Blood，112：141
Campbell PJ et al. 2006. The myeloproliferative disorders. N Engl J Med，355：2452
Carrobio A et al. 2008. Leukocytosis and risk stratification assessment in essential thrombocythemia. Clin Oncol，26：2732
Cervantes F et al. 2001. Myelofibrosis with myeloid metaplasia in adult individuals 30 years old or younger：presenting features，evolution and survival. Eur J Haematol，66：324
Chagraoui H et al. 2002. Prominent role of TGF-beta 1 in thrombopoietininduced myelofibrosis in mice. Blood，100：3495
Chagraoui H et al. 2003. Stimulation of osteoprotegerin production is responsible for osteosclerosis in mice overexpressing TPO. Blood，101：2983
Dupriez B et al. 1996. Prognostic factors in agnogenic myeloid metaplasia：a report on 195 cases with a new scoring system. Blood，88：1013
Elliott MA et al. 2002. Thalidomide treatment in myelofibrosis with myeloid metaplasia. Br J Haematol，117：288
Elliott MA et al. 2005. Thrombosis and haemorrhage in polycythaemia vera and essential thrombocythaemia. Br J Haematol，128：275
Gangat N et al. 2007. Risk stratification for survival and leukemic transformation in essential thrombocythemia：A single institutional study of 605 patients. Leukemia，21：270
Harrison CN et al. 2005. Hydroxyurea compared with anagrelide in high-risk essential thrombocythemia. N Engl J Med，353：33
Harrison CN. 2005. Essential thrombocythaemia：challenges and evidence-based management. Br J Haematol，130：153
Hoffman R et al. 2007. Philadelphia chromosome-negative myeloproliferative disorders：biology and treatment. Biol Blood Marrow Transplant，13：64
James C et al. 2005. A unique clonal JAK2 mutation leading to constitutive signalling causes polycythaemia vera. Nature，434：1144
Johansson P. 2006. Epidemiology of the myeloproliferative disorders polycythemia vera and essential thrombocythemia. Semin Thromb Hemost，32：171
Koch CA et al. 2003. Nonhepatosplenic extramedullary hematopoiesis：associateddiseases，pathology，clinical course，and treatment. Mayo Clinic Proc，78：1223
Kroger N et al. 2009. Allogeneic stem cell transplantation after reduced-intensity conditioning in patients with myelofibrosis：a prospective，multicenter study of the Chronic Leukemia Working Party of the European Group for Blood and Marrow Transplantation（EBMT）. Blood [Epub ahead of print]
Landolfi R et al. 2004. Efficacy and safety of low-dose aspirin in polycythemia vera. N Engl J Med，350：114

Mesa RA. 2007. Navigating the evolving paradigms in the diagnosis and treatment of myeloproliferative disorders. ASH Education Program Book，355

Pikman Y et al. 2006. MPLW515L is a novel somatic activating mutation in myelofibrosis with myeloid metaplasia. PLoS Med，3：e270

Regev A et al. 1997. Thrombotic complications in essential thrombocythemia with relatively low platelet counts. Am J Hematol，56：168

Sayyah J et al. 2009. Jak2 inhibitors：rationale and role as therapeutic agents in hematologic malignancies. Curr Oncol Rep，11：117

Sekhar M et al. 1996. Idiopathic myelofibrosis in children. Br J Haematol，93：394

Silver RT et al. 1997. Interferon alfa：Effects of long-term treatment for polycythemia vera. Semin Hematol，34：40

Silver RT. 2007. Polycythemia vera and other polycythemia syndromes. In：Ansell SM ed. Rare Hematological Malignancies. New York，MA：Springer Scinece+Business Media，1

Storen EC et al. 2001. Tefferi A. Long-term use of anagrelide in young patients with essential thrombocythemia. Blood，97：863

Tefferi A et al. 2000. Splenectomy in myelofibrosis with myeloid metaplasia：a single-institution experience with 223 patients. Blood，95：2226

Tefferi A et al. 2006. Lenalidomide therapy in myelofibrosis with myeloid metaplasia. Blood，108：1158

Tefferi A et al. 2008. Classification and diagnosis of myeloproliferative neoplasms：the 2008 World Health Organization criteria and point-of-care diagnostic algorithms. Leukemia，22：14

Tefferi A. 2006. Classification，diagnosis and management of myeloproliferative disorders in the JAK2V617F era. Hematology AmSoe Hematol Educ Program，240

Thiele J et al. 2006. Effects of anagrelide on megakaryopoiesis and platelet production. Semin Thromb Haemost，32：352

Vannucchi AM et al. 2002. Development of myelofibrosis in mice genetically impaired for GATA-1 expression (GATA-1 (low) mice). Blood，100：1123

Verstovsek S et al. 2008. A phase Ⅰ/Ⅱ study of INCB018424，an oral，selective JAK inhibitor，in patients with primary myelofibrosis (PMF) and post polycythemia vera/essential thrombocythemia myelofibrosis (Post-PV/ET MF). J Clin Oncol，26：20 [abstr 7004]

第十二章　慢性淋巴细胞白血病、浆细胞与毛细胞白血病

李建勇　侯　健　陆佩华　徐　卫　缪扣荣　樊建玲

李建勇，江苏省人民医院血液科主任，主任医师，教授、博士生导师。北京医科大学毕业获学士学位，苏州医学院获硕士和博士学位。先后在法国、英国和德国从事博士后研究及进行短期访问。任中华医学会血液学分会委员、实验诊断学学组副组长、遗传学诊断工作组组长、淋巴瘤工作组副组长，中国抗癌协会血液肿瘤专业委员会副主任委员。承担国家自然科学基金等课题20余项。以第一作者或通讯作者身份发表SCI论文50余篇。研究方向为淋巴肿瘤。

侯健，上海长征医院血液内科主任，教授、博士生导师。主要从事骨髓瘤的基础与临床研究。发表论文170余篇，作为第一完成人曾获得上海市科技成果一等奖1项、上海和军队二等奖4项，并获上海市卫生系统银蛇奖、上海市“优秀学科带头人”、上海市“百人计划”、“曙光学者”、“科技启明星”及卫生部“吴阶平医学研究奖”等荣誉。

陆佩华，毕业于北京医科大学，在美国内布拉斯加州完成住院医师培训，在美国斯坦福医学院完成血液病和肿瘤专科医生训练。曾多次获得研究基金奖，包括曾于美国国家医学研究中心（NIH）荣获医生科学家研究奖。具有美国血液病及肿瘤协会专科医生认证证书。

第一节　慢性淋巴细胞白血病

一、定　义

慢性淋巴细胞白血病/小淋巴细胞淋巴瘤（chronic lymphocytic leukemia/small lymphocytic lymphoma，CLL/SLL）是一种成熟B淋巴细胞克隆增殖性肿瘤，以淋巴细胞在外周血、骨髓、脾和淋巴结聚集为特征。世界卫生组织（WHO）分型中，CLL特指肿瘤性B淋巴细胞疾病，而以前的T淋巴细胞CLL（T-CLL）现归为T幼稚淋巴细胞白血病（T prolymphocytic leukemia，T-PLL）（Swerdlow等，2008）。

2008年慢性淋巴细胞白血病国际工作组（International Workshop on Chronic Lymphocytic Leukemia，IWCLL）规定诊断CLL时外周血B淋巴细胞$\geqslant 5\times 10^9$/L，且至少持续3个月；但如具有CLL细胞骨髓浸润引起的血细胞减少及典型的免疫表型特征，即使B淋巴细胞$<5\times 10^9$/L，也诊断为CLL。

SLL指非白血病患者，具有CLL的组织形态与免疫表型特征，IWCLL定义：淋巴结和（或）脾肿大和（或）骨髓浸润、无骨髓浸润所致的血细胞减少、B淋巴细胞$<5\times 10^9$/L。

二、流行病学

CLL是欧美国家最常见的成人白血病，占所有白血病的近30%（Dighiero等，2008），CLL/SLL在活检的非霍奇金淋巴瘤（non-Hodgkin's lymphoma，NHL）中占6.7%。CLL的年发病率为（2～6）/10万，随年龄增加，65岁高达12.8/10万。CLL主要发生于老年人群，初诊时>85%的患者>55岁，中位年龄72岁。在美国，不同的种族背景下的CLL发病率存在很大的差别。2001～2005年美国不同种属10万人中CLL的患者数如下：所有人群为男5.6、女2.8；白种人为男6.0、女3.0；黑种人为男4.4、女2.2；西班牙人种为男2.7、女1.4；亚太人种为男1.2、女0.6。CLL在包括我国在内的亚洲国家相对少见。出生在美国的亚裔和出生在本土的亚洲人CLL发生情况相似，提示在CLL发病中遗传因素比环境因素起到更重要的作用。男性发病率高于女性，男女比例为（1.5～2）∶1（Ries等，2008）。

三、病因学

CLL的确切病因和发病机制不甚清楚，环境因素与CLL发病无明显相关性。已报告与其他类型白血病发病密切相关的因素如电离辐射、化学致癌物、杀虫剂等均与CLL发病无关。病毒感染如HCV（丙型肝炎病毒）、EBV亦与CLL发病无关。虽然CLL患者中男性明显多于女性，但未发现性激素与CLL发病相关。老年、男性、白种人、CLL和其他淋巴增殖性疾病（lymphoproliferative disorder，LPD）家族史和单克隆B淋巴细胞增多症（monoclonal B-cell lymphocytosis，MBL）是CLL发病的危险因素（Rawstron等，2008）。目前研究集中在CLL发病与遗传因素、染色体异常、凋亡相关基因改变的关系上（Zenz等，2008）。

（一）遗传因素

CLL发病率在白种人和黑种人高，在亚洲黄种人低，其发病率并不因人种的迁居而变化，提示不同种族的某些遗传因素与CLL发病相关。CLL与LPD家族史是发生CLL最强的危险因素之一，5%～10%的CLL有家族史，CLL患者一级亲属同样疾病的发生率较一般人群高2～7倍（Goldin等，2004）。有报道对185例MBL和淋巴细胞增多的患者随访6.7年，发现15%进展为CLL。此外，瑞典的一项研究还发现CLL患者的一级亲属患CLL、NHL和霍奇金淋巴瘤（HL）的风险明显增高，表明LPD具有家族聚集的特点，提示CLL和其他LPD存在共同的遗传风险因素。目前即使同卵双生CLL患者也未发现与CLL发病的共同基因异常。家族性CLL与散发CLL患者的临床、生物学特征相似。

（二）染色体

1. 13号染色体异常　近50%的CLL患者有13号染色体长臂缺失［del（13q）］（Qiu等，2008）。缺失部位多在13q14.3，可影响到抑癌基因RB-1（视网膜母细胞基因）、DBM（与阻止淋巴细胞恶变有关）、LEV1、LEV2、LEV5（与CLL发病有关），以及微小RNA15a（microRNA15a，miR15a）和miR16-1（与CLL发病有关）（Zhu等，2010）。

2. 12号染色体异常　12号染色体三体（+12）在CLL初期相对少见，随CLL病情

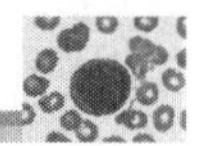

进展或转为淋巴瘤时发生率增加。+12 患者不典型或幼稚淋巴细胞多见，提示+12 与 CLL 病情恶化有关。+12 的作用机制可能是通过对位于 12q13 和 12q22 之间的某些基因如 mdm（murine double minute，鼠双微体）基因的影响而体现。

3. p53 基因缺失或突变 p53 基因为一种重要的肿瘤抑制基因，位于 17p13.1，编码 53kDa 的核酸磷酸蛋白。其突变或缺失可能为近半数肿瘤患者的致病原因。17 号染色体短臂缺失［del（17p)，即 p53 基因缺失］见于 10%～15%的 CLL 患者（Xu 等，2008a)。此外，还有 10%～15%的 CLL 患者有 p53 基因突变，p53 基因突变与缺失明显相关（Dong 等，2010)。伴有 p53 基因异常的患者多为进展型，白血病细胞增殖率高，对一线治疗药物耐药，生存期短，见于半数 Richter 综合征和 B 淋巴细胞幼稚淋巴细胞白血病（prolymphocytic leukemia，PLL)，提示 p53 基因异常可能是某些 CLL 患者病程中获得性改变。

4. 11 号染色体异常 10%～20%的 CLL 患者有 11 号染色体长臂缺失［del（11q)］，伴有 11 号染色体异常者发病年龄较小（<55 岁)，病程常表现为侵袭性。最常见的 11 号染色体缺失在 11q14—q24，特别在 11q22.3—q23.1，在此部位有 ATM（遗传性共济失调-毛细胞血管扩张症突变基因)，这种基因的功能与激活肿瘤抑制基因 p53 有关（Xu 等，2008a)。p53 基因具有调节细胞周期和维持基因稳定作用，其表达产物可使异常细胞进入细胞周期时被阻滞在 S_1 期，便于异常细胞有更多的时间进行 DNA 修复，而细胞如不能自行修复受损的 DNA，则会自行凋亡。

5. 6 号染色体异常 包括 6 号染色体短臂及长臂异常。6 号染色体短臂异常目前尚未发现有相应特定基因的功能改变。6q21—q24 缺失［del（6q)］见于 3%～10%的 CLL，且常为继发性改变，预后中等（Wang 等，2011)。

6. 14 号染色体异常 常表现为易位，累及 14q32 的 IgH 基因，IgH 易位的发生率为 4%～21%（Xu 等，2007)，并且与其他一些染色体畸变［如 del（17p)、del（11q)、del（6q）等］相关，可能对 CLL 的发生和发展起重要作用，不同的易位模式涉及不同的原癌基因，可能与疾病进展、对化疗的敏感性和预后有关。

（三）凋亡途径异常

化疗、射线等引起 DNA 损伤，启动内源性凋亡途径，引起 p53 上调、bax：bcl-2 比值增加及细胞色素 c、Smac/DIABLO 从线粒体释放至胞浆。细胞色素 c 进一步在胞浆结合并活化凋亡活化因子-1（apoptosis-activating factor-1，Apaf-1)，再通过活化天冬氨酸特异性半胱氨酸蛋白酶原 9（pro-cysteine-containing aspartate-specific proteases 9，pro-caspase-9)、caspase-3 诱导细胞凋亡，Apaf-1 缺陷导致耐药。Smac/DIABLO 则通过结合凋亡抑制因子（inhibitor of apoptosis，IAP）蛋白家族诱导凋亡，正常情况下，IAP 家族包括 caspase-3 在内的多种 caspase。外源性凋亡途径也在凋亡中发挥重要作用，现在已知 6 种死亡受体（death receptor，DR)，包括 TNF、Fas（APO-1 或 CD95）及 DR4/DR5［TNF 相关诱导配体（TNF-related apoptosis-inducing ligand，TRAIL)］，其死亡区域位于胞浆，与配体结合后通过招募 Fadd/Mort-1 等承接蛋白（adaptor protein）至受体复合物。承接蛋白具有死亡区域末端与死亡效应区域（death effector domain，DED)，与 TNF 受体结合后，DED 结合 caspase-8 与 10，两者通过自身激活（autoactivation）而活化。FLICE 抑制蛋白（FLICE inhibitory protein，FLIP）与 pro-caspase-8 同源，含 2 个 DED 但缺乏蛋白水解活性，所以可抑

制此凋亡途径，CLL 细胞高表达 FLIP，使 DR 诱导的凋亡受抑。

bcl-2 家族约有 20 个成员，这些蛋白质位于细胞膜、核膜或线粒体膜，通过与其他蛋白质结合、影响细胞膜通透性和线粒体膜释放细胞色素 c 促进或抑制凋亡，bcl-2、bcl-x_L 及 mcl-1 等抑制凋亡，而 bax、bcl-x_S、bak 及 bad 等促进凋亡。CLL 细胞 bcl-2、bax 及 bak 表达增高，而 bcl-x_L 及 bad 表达降低。bcl-2 高表达与 DNA 低甲基化及 miR15a/miR16-1 低表达相关。高表达 bcl-2 的 CLL 细胞寿命长，而采用反义寡核苷酸抑制 bcl-2 表达可以诱导凋亡。mcl-1 蛋白高表达的患者对化疗反应差。p53 蛋白也通过上调 TRAIL DR、DR4 和 DR5 及 bcl-2 家族的促凋亡蛋白成员、bax、noxa 和 puma 而诱导凋亡，p53 基因异常 CLL 患者淋巴细胞数高，对化疗耐药，生存期极短。p53 基因异常细胞比例随病程进展增加，提示异常细胞具有生存优势。

（四）CLL 细胞的 B 淋巴细胞受体

B 淋巴细胞恶性疾病的发生与 B 淋巴细胞受体（BCR）介导的抗原识别和（或）抗原选择有关，而 BCR 识别不同的抗原主要依靠其抗原识别膜表面免疫球蛋白（sIg）的差异。在正常 B 淋巴细胞发育成熟过程中，免疫球蛋白（Ig）重链（H）及轻链（L）发生 V（D）J 重排，并在抗原驱动下经历体细胞超突变（somatic hypermutation，SHM）生成特异性抗体，介导免疫反应。BCR 的 sIg 由重链和轻链组成，包含可变的 V 区和恒定的 C 区。重链 V 区包括众多的 V 基因片段、多个 D 基因片段和少数几个 J 基因片段。人类胚系免疫球蛋白重链可变区（immunoglobulin heavy chain variable，IgHV）基因根据第一框架区（framework 1 region，FR1）氨基酸序列的同源性分为 7 个家族：VH1～VH7 家族，包含 123 个 VH 基因片段，VDJ 的不同组合则进一步丰富了 Ig 的多样性。在与抗原结合的部位即互补决定区（complementarity determining region，CDR）中，重链 CDR1 和 CDR2 由相应 IgHV 基因编码，序列比较固定，而重链 CDR3（heavy chain CDR3，HCDR3）的形成主要是 D 和 J 的重排所致，并且由于 HCDR3 位于抗原结合比较中心的位置，其全部残基都有可能与抗原相接触，在免疫识别过程中较 CDR1 和 CDR2 显得更关键。依据 VH、DH 和 JH 基因片段的使用，HCDR3 氨基酸序列的同源性及 DH 基因阅读框特点对 IgHV 的序列进行研究，发现某些 CLL 患者 BCR 格局具有高度同源性，称为典型模式（stereotyped pattern），这种同源性表明肿瘤细胞曾面临同样的抗原选择过程，抗原选择与 CLL 的发生密切相关，与正常 B 淋巴细胞的广泛多样性有显著差异。此外，IgHV 基因突变已被公认为 CLL 重要的独立预后因素之一，依据 IgHV 基因是否发生体细胞突变将 CLL 划分为两种亚型：IgHV 无突变型，起源于生发中心前 B 淋巴细胞，病情进展快，生存期短；IgHV 突变型，起源于生发中心后 B 淋巴细胞，病程进展缓慢，生存期较长。另有研究表明，不同的 B 淋巴细胞疾病的 Ig 高变区表达谱也存在不同，并且许多淋巴肿瘤细胞在体外由于缺少一定的抗原刺激不能存活或自我增殖，这再次提示在恶性淋巴细胞增殖性疾病中某些抗原和（或）超抗原的刺激并诱导 B 淋巴细胞表达 sIg 参与了疾病的发生。尽管具体的机制尚未阐明，但 BCR 介导的免疫识别和选择在疾病发生中的作用得到多数研究的肯定。包括中国在内的亚洲 CLL 患者与西方患者 IgHV 的突变片段存在很大差异（Danilov 等，2006；Chen 等，2008），这可能是东西方 CLL 发病率差异大的重要原因之一。

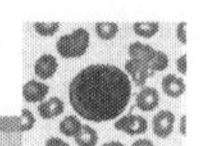

四、临床表现

由于血常规检查、体检的增多，越来越多的CLL患者在疾病早期（Rai 0或Ⅰ）得到确诊，高达70%～80%的患者诊断时无症状。诊断时<2%的患者出现发热、盗汗、体重下降等症状，<5%的患者合并严重感染，<5%的患者有疲乏、气促和头晕等贫血症状。瘀点、瘀斑及其他出血症状少见，可出现鼻、唇或生殖器疱疹。50%的CLL患者出现皮肤损害，包括瘙痒、色素沉着、红斑、丘疹、结节等，远较其他类型白血病多见，为对蚊虫叮咬等过敏或白血病细胞浸润所致。一些患者可出现非特异性皮疹。随疾病进展，特别是治疗无效时，常见软弱、发热、盗汗、体重下降，以及反复细菌、真菌或病毒感染。

淋巴结肿大是CLL特征性的表现，以颈部、锁骨上淋巴结肿大最常见，腋窝、腹股沟等处亦多见。肿大淋巴结表面光滑、中等硬度、活动、无触痛。疾病进展时，淋巴结可明显肿大、融合，但大多仍活动。淋巴结疼痛、坚硬、固定的患者应行细针穿刺或活检，明确是否为大细胞淋巴瘤转化（Richter综合征）、其他部位癌症转移或感染。扁桃体肿大及腹腔淋巴结肿大相对少见。50%的患者有轻到中度的脾肿大，引起腹胀和饱满感，多出现于淋巴结肿大之后，但不如慢性髓细胞白血病（CML）显著。脾梗死少见。如果以脾肿大为显著特征，无淋巴结肿大时，应该考虑脾边缘区淋巴瘤（spleen marginal zone lymphoma，SMZL）或PLL等。眼部、腮腺、胃肠道或肺部浸润应考虑黏膜相关淋巴组织或套细胞淋巴瘤（mantle cell lymphoma，MCL）可能。具有临床意义的心、肺、肾等其他器官受累少见，中枢神经系统浸润罕见。疾病后期可出现腹水、胸腔积液，提示预后差。

CLL患者免疫功能低下，病程中自身免疫性疾病的发生率为10%～25%，特别多见于疾病晚期和接受治疗的患者（Zent等，2010），自身免疫性溶血性贫血（autoimmune hemolytic anemia，AIHA）发生率最高（5%～10%），AIHA±其他免疫性血细胞减少症占自身免疫性血细胞减少症的55%～66%。英国白血病研究基金（Leukaemia Research Fund，LRF）LRF CLL4试验报道，14%的患者直接抗人球蛋白试验（direct antiglobulin test，DAT）阳性、10%发生AIHA，Coombs试验阳性患者AIHA的发生率为28%，显著高于阴性患者的8%；苯丁酸氮芥、单用氟达拉滨及氟达拉滨联合环磷酰胺（fludarabine/cyclophosphamide，FC）治疗后AIHA的发生率分别为12%、11%及5%，FC方案AIHA发生率低的可能原因为：①快速有效控制病情；②FC方案中氟达拉滨的总剂量较单用氟达拉滨的剂量低；③与氟达拉滨联用的免疫抑制剂环磷酰胺可能具有保护作用。对于Coombs试验阳性或AIHA病史需要治疗的患者建议采用FC或FC联合利妥昔单抗（FCR）治疗。1%～5%的患者存在免疫性血小板减少症（immune thrombocytopenia，ITP），最近意大利报道1278例患者ITP的发生率为5%，不足10%的ITP患者有明显的出血症状。纯红细胞再生障碍性贫血（pure red cell aplasia，PRCA）及免疫性粒细胞减少症（autoimmune granulocytopenia，AIG）则少见。CLL患者还可出现其他少见的非血液系统的自身免疫性并发症如副肿瘤性天疱疮（Qian等，2009）、血管性水肿、肾小球肾炎、溃疡性结肠炎等。意大利GIMEMA报道，41%的CLL患者血清中至少有一种免疫标志阳性，如抗核抗体或类风湿因子。

五、实验室检查

（一）外周血

既往 20 年（1988 年、1996 年指南）诊断 CLL 要求外周血淋巴细胞数≥10×10⁹/L、≥5×10⁹/L，2008 年 IWCLL 规定 B 淋巴细胞≥5×10⁹/L 并至少持续 3 个月（Hallek 等，2008a）。诊断时大多患者的淋巴细胞数>20×10⁹/L，中位数为 30×10⁹/L，大多随病程持续增高。

细胞形态学特征在染色好、新鲜制备的血片观察最好，优于骨髓片或组织印片。CLL 细胞与正常淋巴细胞难以区别，白细胞分类中以小淋巴细胞为主，一般在 60%以上，甚至高达 100%，小淋巴细胞染色质浓集成块，无核仁或核仁不清楚，胞浆少。血片常见到 CLL 特征性的涂抹细胞（smudge cell）或篮细胞（basket cell），可能原因为波形蛋白（vimentin）减少；涂抹细胞不仅具有诊断、鉴别诊断价值，还与预后相关，与 IgHV 基因突变、CD38 及 ZAP-70 阴性等预后好因素相关，≤30%涂抹细胞患者的 10 年生存率为 50%，明显低于>30%患者的 80%。血片中还可见到少量幼稚淋巴细胞，通常<2%。FAB 分型曾根据细胞形态特征将 CLL 分成 3 组：①典型 CLL，>90%小淋巴细胞；②CLL/PL，幼稚淋巴细胞占外周血淋巴细胞的 11%～54%；③不典型 CLL，>15%浆细胞样或有切迹淋巴细胞，且<10%幼稚淋巴细胞。80%的 CLL 为典型 CLL，CLL/PL 及不典型 CLL 则占 20%。外周血淋巴细胞中幼稚淋巴细胞比例≥55%则诊断为 PLL。

（二）骨髓

骨髓涂片显示有核细胞增生大多明显活跃，成熟小淋巴细胞比例显著增高（≥30%），原始、幼稚淋巴细胞<5%，粒系、红系增生不同程度减低（Hallek 等，2008a）。骨髓组织病理显示 3 种浸润类型：①间质型（interstitial）；②结节型（nodular）；③弥漫型（diffuse）。有些患者表现为混合型：结节型+间质型、结节型+弥漫型。弥漫型多为晚期患者，预后较差；非弥漫型（结节型和间质型）则为较早期患者，预后较好。

既往诊断 CLL 要求骨髓涂片中淋巴细胞≥30%，现在认为如外周血淋巴细胞有典型的形态学与免疫表型特征，CLL 的诊断无须骨髓穿刺/活检。骨髓穿刺/活检的主要目的：①评估残存的正常骨髓和明确 Rai Ⅲ或Ⅳ期患者贫血与血小板减少的原因。贫血/血小板减少可由于 CLL 细胞浸润骨髓、化疗骨髓抑制、自身免疫所致，也可以由于骨髓增生异常综合征（MDS）或缺铁等因素所致。②对不典型病例诊断，如骨小梁旁区浸润在 CLL 非常罕见，在滤泡淋巴瘤（follicular lymphoma，FL）常见，在淋巴浆细胞淋巴瘤（lymphoplasmacytic lymphoma，LPL）少见；窦内浸润在 SMZL、变异型毛细胞白血病（hairy cell leukemia variant，HCL-V）常见，在 MCL、CLL 少见；周期素 D1（cyclin D1，CCND1）及细胞核 SOX11 阴性（Xu 等，2010a），可进一步排除 MCL。③明确骨髓浸润类型。④评估治疗反应（Hallek 等，2008a）。

（三）淋巴结和脾

CLL/SLL 患者的肿大淋巴结因小淋巴细胞弥漫性增殖而结构完全消失。另外常含不同

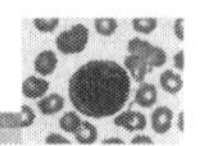

数量的幼稚淋巴细胞，常与副免疫母细胞（paraimmunoblast）聚集成增殖中心，也称假滤泡（pseudofollicle），假滤泡中还含有大量的 $CD4^+$ 细胞。SLL 需活检确诊。CLL 患者淋巴结活检仅限于确认是否有 Richter 转化。脾常以白髓受累为主，但红髓也可受累；也可见到增殖中心，但不如淋巴结明显。免疫组织化学对各种 B-LPD 具有重要的鉴别诊断价值。

（四）免疫表型

免疫分型是 CLL 诊断、鉴别诊断、预后评估及微小残留病（MRD）检测最重要的方法，为排除其他 B 或 T 淋巴细胞疾病，以及最新的诊断标准要求 B 淋巴细胞≥5×10^9/L，因此对所有形态学怀疑是 CLL 的淋巴细胞增多患者，均应进行免疫分型。免疫标志可以区分 B、T 淋巴细胞或 NK 细胞疾病，而且对于 B 淋巴细胞疾病可以通过 Ig 轻链（κ 或 λ）限制性表达明确克隆性；最近也可以通过流式细胞术（FCM）检测 Vβ 基因的限制性表达明确 T 淋巴细胞的克隆性。对淋巴细胞增多患者，证明 B 淋巴细胞的克隆性非常重要，可以区分肿瘤性 B 淋巴细胞疾病与罕见的、良性疾病，称为多克隆 B 淋巴细胞增多症（polyclonal B-cell lymphocytosis），后者多见于中年吸烟女性，并与 HLA-DR7 相关，某些患者有 iso（3q）等染色体异常。

CLL 白血病细胞的免疫表型特征：①表达 B 淋巴细胞相关标志，如 CD19、$CD20^{dim}$ 和 CD23。②表面免疫球蛋白（sIg）弱表达，Ig 常为 IgM 或 IgM＋IgD；轻链限制性表达，即单纯表达 κ 或 λ 轻链，确认 CLL 细胞的克隆性。③共表达 CD5 与 B 淋巴细胞标志，不表达 CCND1 与 CD10。FMC7、CD22 和 CD79 β 常阴性或弱表达（Hallek 等，2008a）。CLL 细胞常表达活化和成熟 B 淋巴细胞相关标志：CD38、ZAP-70、CD23、CD25、CD27、CD69 及高表达 HLA-DR。可根据免疫标志积分与其他 B-LPD 鉴别（表 12-1），CLL 3～5 分，其他 B-LPD 0～2 分（Matutes 等，2010）。CD11b、CD13 等髓系标志可在多发性骨髓瘤（multiple myeloma，MM）、急性淋巴细胞白血病（ALL）、$CD5^-$ LPD 中表达，但 CLL 细胞阴性。某些 CLL 表现为不典型免疫表型：$CD5^-$ 或 $CD23^-$、$FMC7^+$ 或 $CD11c^+$、sIg 强阳性或 $CD79\beta^+$。CD79β（5%～27%阳性）的表达水平直接与 sIg 表达相关，其他如 B 淋巴细胞肿瘤 $CD79\beta^+$。CD43 也有利于鉴别 CLL 与 FL，后者常阴性，但是 CD43 对 CLL 与其他 B-LPD 鉴别意义不大，如 MCL 也常表达 CD43，MCL 与 CLL 一样也表达 CD5 及 CD19，但 $FMC7^+$、$CD23^-$；最近文献报道 CLL 高表达 CD200、低表达 CD148，而 MCL 正好相反，提示 CD200、CD148 对两者鉴别可能具有重要价值（Palumbo 等，2009；Miguet 等，2009）。由于 FMC7 识别多聚体 CD20 复合体（multimeric CD20 complex）的特定表位，细胞与 FMC7 及 CD20 的反应基本一致，但如在诊断积分系统中用 $CD20^{dim}$ 替代 FMC7，则诊断能力降低。少数 CLL 表达 FMC7，但这些病例形态不典型、且强表达 CD20 及 sIg，与 $FMC7^-$ 患者相比疾病更具侵袭性。因为利妥昔单抗（美罗华，抗-CD20 单抗）与阿仑单抗（campath-1H，抗-CD52 单抗）是治疗 CLL 的重要药物，CLL 诊断时免疫分型应该包括 CD20 及 CD52。既往认为约 5%的 CLL 患者 $CD5^-$，此类患者更可能为 $FMC7^+$、$CD23^-$、$CD11b^+$、$CD13^+$，预后差，但进一步研究显示 $CD5^-$ CLL 大多为其他 B-LPD，特别是 SMZL。

表 12-1　CLL 的免疫标志积分系统

免疫标志	积分	
	1	0
CD5	阳性	阴性
CD23	阳性	阴性
FMC7	阴性	阳性
sIg	弱表达	中等/强表达
CD22/CD79	弱表达/阴性	中等/强表达

CD38、ZAP-70、CD49d、CD26 阳性 CLL 患者预后差。$CD38^+$ 患者预后差，但阳性标准未统一，文献报道为 5%～30%，一般以≥30%为阳性。复制细胞 $CD38^+$，淋巴结中 $CD38^+$ 细胞比例高，反映了淋巴结中的 CLL 细胞具有较高的增殖活性。另外，$CD38^+$ 细胞可能随病程变化。ZAP-70 是 Syk-ZAP-70 蛋白激酶家属成员，存在于 T 淋巴细胞和 NK 细胞，在 T 淋巴细胞信号转导中发挥重要作用，活化 B 淋巴细胞也可表达 ZAP-70。由于 T 淋巴细胞、NK 细胞表达 ZAP-70，最好采用多参数流式细胞术选择性测定 CLL 细胞表达。基因芯片显示 ZAP-70 表达与 IgHV 基因无突变存在显著相关性，ZAP-70 与 IgHV 突变状态的相关性为 70%～90%，两者不一致的患者预后也差，常具有 del（17p）、del（11q）、IGHV3-21 等不良预后因素。

（五）细胞遗传学和分子遗传学

由于 CLL 白血病细胞有丝分裂活性非常低，即使加丝裂原也可能难以获得分裂相，所以常规染色体分析进展缓慢。在成功进行染色体核型分析的患者中，近 50%具有染色体异常，其他核型正常患者很可能是由于标本中含有的正常 T 淋巴细胞所致。最近采用 CD40 配体或 IL-2＋CpG 寡核苷酸刺激 CLL 细胞，＞90%的患者可得到分裂相，且染色体异常率＞80%（刘琼等，2010）。间期荧光原位杂交（FISH）技术不受分裂相的影响，可敏感、特异地检测染色体异常，采用一组探针可以检出染色体异常率＞80%，是目前最广泛使用的 CLL 细胞遗传学研究技术。CLL 常见的染色体异常见表 12-2。一般来说，核型异常较正常核型患者预后差，多种克隆性异常的患者预后更差，异常克隆的比例越高预后越差。CLL 还可出现少见的＋8 等异常，其预后意义不明（Xu 等，2009a）。

表 12-2　CLL 常见的染色体异常及其临床特征

染色体异常	常规细胞遗传学（%）	FISH（%）	累及基因	临床特征
正常	50	18	—	—
del（13q）	10	55	Rb，miR15a/16-1	预后好
del（11q）	8	18	ATM	年轻、巨大淋巴结、预后差
＋12	13	16	mdm2	不典型形态学、晚期
del（17p）	4	7	p53	CLL/PL、耐药、预后最差
del（6q）	4	6	—	—

Döhner 等（2000）根据 FISH 结果将 CLL 的预后分成 5 组：del（17p）、del（11q）、＋12、正常核型、单纯 del（13q），中位生存期（median survival，MS）分别为 32、79、114、111 及 133 个月，单纯 del（13q）与正常核型患者的生存（OS）率相同，仅 1/3 的患者需要治疗。del（17p）、del（11q）患者 OS 期最短、淋巴结及脾肿大更明显、更可能出现盗汗及

体重下降等症状。最近建议对所有CLL患者检查是否存在IgH易位，Mayo Clinic报道拟诊为CLL的1032例患者中，76例（7%）存在IgH易位，伙伴基因分别为CCND1［t（11；14）（q13；q32）］（34例）、bcl-2［t（14；18）（q32；q21）］（18例）及bcl-3［t（14；19）（q32；q13.1）］（6例），进一步研究显示一半IgH易位的患者为真正的CLL，一半为其他B-LPD，t（11；14）（q13；q32）主要见于MCL，t（14；18）（q32；q21）则主要见于FL，t（14；19）（q32；q13.1）相对少见，此种异常的患者形态学不典型、进展快、预后差。

诊断几年后，16%～39%的患者出现新的或额外的染色体异常，出现del（11q）或del（6q）与疾病进展相关。存在多种克隆、亚克隆及新的克隆性异常提示克隆演变是CLL常见的事件。化疗可进一步促进产生新的遗传异常，如42%的氟达拉滨耐药患者存在p53基因突变或缺失。所以，病情变化需要改变治疗策略前，应该复查染色体异常。

六、诊断与鉴别诊断

（一）诊断

（1）外周血B淋巴细胞≥5×10^9/L，至少持续3个月。

（2）形态以成熟小淋巴细胞为主，外周血淋巴细胞中幼稚淋巴细胞<10%；如幼稚淋巴细胞10%～54%，诊断为CLL/PL。

（3）典型的免疫表型特征：$sIg^{dim}CD5^+CD19^+CD20^{dim}CD23^+FMC7^-CD22^-CD79\beta^-$及轻链限制性表达。

（4）排除其他一些易误诊为CLL的LPD。

典型的CLL细胞骨髓浸润引起的血细胞减少，B淋巴细胞数<5×10^9/L，也诊断为CLL。

SLL的诊断要求存在淋巴结或脾肿大±骨髓浸润、无骨髓浸润所致的血细胞减少、外周血B淋巴细胞数<5×10^9/L。SLL的诊断应尽可能经淋巴结活检等组织病理学证实。

（二）鉴别诊断

根据典型的外周血淋巴细胞形态及免疫表型特征，大多CLL患者容易诊断，但尚需与其他疾病鉴别诊断（表12-3）。CLL与其他B-LPD的鉴别见表12-4和图12-1。

表12-3　CLL的鉴别诊断

良性淋巴细胞增多症	套细胞淋巴瘤
细菌感染（如结核）	（脾）边缘区淋巴瘤
病毒感染（如传染性单核细胞增多症）	弥漫大B淋巴细胞淋巴瘤
持续性多克隆B淋巴细胞增多症	滤泡淋巴瘤
高反应性疟疾脾肿大	淋巴浆细胞淋巴瘤
慢性NK细胞淋巴增殖性疾病	毛细胞白血病
恶性淋巴细胞增多症	T淋巴细胞
B淋巴细胞	幼稚淋细胞白血病
单克隆B淋巴细胞增多症	成人T淋巴细胞白血病/淋巴瘤
幼稚淋巴细胞白血病	Sézary综合征
非霍奇金淋巴瘤的白血病期	大颗粒淋巴细胞白血病

表 12-4　CLL 与其他 B-LPD 的鉴别诊断

特征	CLL	B-PLL	HCL	MCL	SMZL	FL
形态学						
细胞大小	小	中	中/大	中	小	很小
染色质	成块	致密	疏松/棉絮状	斑点状	致密	致密
核仁	无/小	显著	无	无/小	无	无
核形	规则	规则	肾形	切迹	规则	核裂
胞浆	甚少	中	丰富/绒毛	中	少	甚少
免疫表型						
CLL 积分	4～5	0～2	0	1～2	0～2	0～1
$CD5^+$	++	−/+	阴性	++	+	−
$CD23^+$	++	−/+	阴性	−/+	−/+	−/+
sIg	弱表达	强表达	强表达	强表达	强表达	强表达
$FMC7^+$	−/+	++	++	++	++	++
CD79β	弱表达	强表达	中等表达	强表达	强表达	强表达
CCND1	阴性	阴性	弱表达	阳性	阴性	阴性
FISH						
del(13q14)	40%～50%	存在	无	存在	存在	无
del(11)(q22—q23)	20%	存在	无	存在	存在	无
+12	15%	罕见	罕见/无	罕见	无	罕见
del (17p13)	10%	50%	无	存在	罕见	无/罕见
t (11; 14)	无			存在	无	无
t (14; 18)	无			无	无	存在
7q−/+3	无			无	存在	无

注：−表示阴性或<10%的病例阳性；−/+表示 10%～25%的病例阳性；+表示 25%～75%的病例阳性；++表示>75%的病例阳性。

1. 良性淋巴细胞增多症　良性淋巴细胞增多症包括：①T 淋巴细胞增多的良性疾病主要有结核、梅毒等慢性感染病，巨细胞病毒、EBV 感染及百日咳等，也可引起短暂的淋巴细胞增多。儿童、年轻人常见，结合临床表现和细胞形态学特征易与 CLL 鉴别。②B 淋巴细胞增多的良性疾病有持续性多克隆 B 淋巴细胞增多症，临床罕见，多为中年吸烟女性，有家族倾向，淋巴细胞双核、胞浆丰富，多克隆 Ig 增高，与 HLA-DR7 明显相关。热带脾肿大综合征也称高反应性疟疾脾肿大，见于疟疾带的大多国家，约 10%的患者外周血淋巴细胞增多，可能系疟疾抗原导致 B 淋巴细胞过度增生，临床特征为巨脾、IgM 增高。抗疟疾治疗有效。

2. 单克隆 B 淋巴细胞增多症（MBL）　MBL 是指健康个体外周血存在低水平的单克隆 B 淋巴细胞，并排除 CLL 与其他 LPD。免疫分型显示 B 淋巴细胞克隆性异常（κ∶λ>3∶1或<0.3∶1），B 淋巴细胞<5×10^9/L，无肝、脾、淋巴结肿大（所有淋巴结直径<1.5 cm）、无贫血及血小板减少、无 LPD 的其他临床症状，具有上述特征者诊断为 MBL

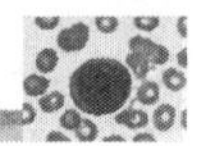

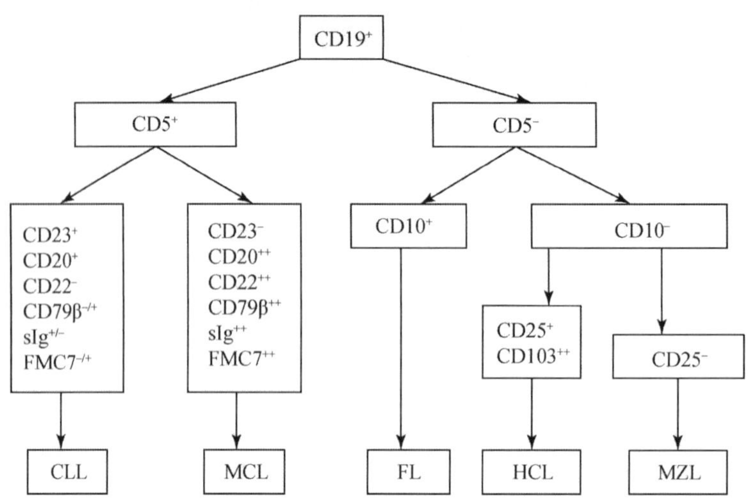

图 12-1 B淋巴增殖性疾病的免疫表型鉴别诊断

（董华洁等，2010）。根据免疫表型特征可将 MBL 分为两类，即 $CD5^+$ MBL（CLL 样表型）或 $CD5^-$ MBL（非 CLL 样表型），$CD5^+$ MBL 的免疫表型特征同 CLL，$CD5^-$ MBL 的免疫表型特征则同相应的其他 B 淋巴细胞肿瘤。＞40 岁的一般人群中 MBL 约为 3.5％、＞70 岁人群中高达 7％以上，CLL 一级亲属最高，达 17％，支持 MBL 发生与遗传相关。每年 1％～2％的 MBL 发展为典型的 CLL。对 185 例 MBL 患者随访 6.7 年，其中 15％进展为 CLL，7％需要化疗（1.1％/1 年）。最近报道 45 例 CLL 中 44 例有 MBL 史，提示 CLL 可能均由 MBL 进展所致。MBL 与 CLL 患者的＋12、dcl（13q）等染色体异常发生率相似（Xu 等，2009b）。

3. 套细胞淋巴瘤（MCL） MCL2/3 有骨髓浸润，1/3 表现为白血病期。MCL 的淋巴细胞较 CLL 稍大，胞浆丰富，核形不规则或有切迹，少数形态学如幼稚淋巴细胞，但部分形态学如典型的 CLL 细胞，且 MCL 患者 $CD5^+CD19^+$，故白血病期易与 CLL 相混。但与 CLL 不同，MCL 患者 sIg、CD20 及 CCND1 强阳性，$FMC7^+$ $CD23^-$，CD200、CD148 对两者的鉴别也有价值，特别是 MCL 具有特征性的染色体异常 t（11；14）（q13；q32），即使 $CD23^+$，如存在 t（11；14），结合形态学特征也诊断为 MCL，FISH 是检测此异常的理想技术，而 PCR 检测 t（11；14）阳性患者的阳性率仅 50％左右。最近美国盐湖城的 Ho 等报道 25 例具有典型 MCL 免疫表型（表 12-4 和图 12-1）的小淋巴细胞淋巴瘤，仅 16 例（64％）具有 t（11；14），诊断为 MCL，而另外 9 例（36％）具有＋12、del（13q）等 CLL 相关异常，诊断为不典型 CLL，所以拟诊 MCL 的患者应该常规检测 t（11；14)或 CCND1。最近文献报道，细胞核 SOX11 表达是 MCL 的特征性标志，对 CCND1/t（11；14）阴性或阳性患者的诊断均具有重要价值（Xu 等，2010a）。由于 MCL 预后差、与 CLL 治疗不同，所以两者鉴别具有重要价值。

4. 脾边缘区淋巴瘤（SMZL） 约 10％的外周血淋巴细胞增高为伴绒毛淋巴细胞的 SMZL。对于 $CD5^-$、难以分类的 CLL，特别是脾明显肿大而无淋巴结肿大的患者，大多为 SMZL。SMZL 细胞小、染色质致密、无核仁、具有极性绒毛。SMZL 细胞 sIg 强阳性，$CD19^+CD20^+CD23^-CD5^-CD79\beta^+FMC7^+$（表 12-4 和图 12-1）。

5. 毛细胞白血病（HCL）　HCL细胞有毛样胞浆突起，中等大小（直径10～25μm），核卵圆形、偏心，染色质疏松，核仁明显或模糊。骨髓活检显示弥漫性浸润，单个细胞特征性地表现为煎鸡蛋样。95%的HCL细胞酸性磷酸酶抗酒石酸试验（tartaric acid-resistant acid phosphatase test，TRAP）阳性。HCL细胞免疫表型（表12-4和图12-1）与CLL不同，$CD5^- CD23^- FMC7^+ CD11c^+ CD25^+ HC2^+ CD103^+$。HCL患者白细胞数很少超过$10\times10^9/L$，HCL变异型淋巴细胞数较高，且$TRAP^- CD25^-$。

6. 淋巴浆细胞淋巴瘤　淋巴浆细胞淋巴瘤（lymphoplasmacytic leukemia，LPL）为浆细胞样细胞的增殖，胞浆丰富、嗜碱。淋巴细胞数中等度增高，常低于CLL。细胞表面和胞浆IgM阳性，$PAC1^+$（CLL细胞阴性）。许多患者存在典型的单克隆IgM，不管浓度高低，称为华氏巨球蛋白血症。

7. 幼稚淋细胞白血病（PLL）　B-PLL患者外周血淋巴细胞中幼稚淋巴细胞≥55%。发热、体重下降及腹部不适常见，后者系巨脾所致，淋巴结肿大不明显，对化疗耐药。白细胞常$>150\times10^9/L$，几乎均为幼稚淋巴细胞，贫血及血小板减少常见。免疫表型及细胞遗传学特征见表12-4。进展快，MS仅6.5个月。

T-PLL患者中大多形态学同B-PLL，20%的患者形态学类似于CLL，胞浆少、核形不规则、核仁不明显，既往称为T-CLL（WHO分型已取消此名称，即CLL特指B-CLL）。淋巴结肿大常见，25%～27%的患者有皮肤浸润，15%有浆膜腔积液，特别是胸腔积液。60%的患者$CD4^+ CD8^-$，25% $CD4^+ CD8^+$，15% $CD4^- CD8^+$，CD2、CD3、CD5、CD7及CD45RO常阳性。MS仅7.5个月，对阿仑单抗反应较好。

8. 大颗粒淋巴细胞白血病　大颗粒淋巴细胞白血病（large granular lymphocytic leukemia，LGL白血病）的特征为细胞大于CLL细胞，核稍偏心，中等量胞浆，含细小嗜天青颗粒（也可无或粗颗粒）。疾病呈异质性，淋巴细胞常轻度增高[$(1\sim49)\times10^9/L$，大多$<20\times10^9/L$]，中性粒细胞常减少。淋巴细胞为T/NK细胞，其中以T-LGL白血病为主，占85%。T-LGL白血病常表现为中性粒细胞减少（可以为周期性）、PRCA和类风湿关节炎，主要（80%）为成熟胸腺后免疫表型：$CD3^+ CD4^- CD8^+ CD16^+ CD56^- CD57^+ TCR\alpha\beta^+$，少见变异型有$CD4^+ CD8^-$、$TCR\gamma\delta^+$或$CD4^+ CD8^+$。TCR重排或Vβ基因限制性表达可证明其克隆性。许多拟诊为T-CLL的现在重新诊断为T-PLL小细胞变异型或T-LGL白血病。NK-LGL白血病以远东地区多见，病情急、重，常表现为高热、进行性肝脾肿大及全血细胞减少。慢性NK细胞白血病临床病程类似于T-LGL白血病，免疫表型为$CD3^- CD4^- CD8^+ CD16^+ CD56^+ CD57^-$。

9. 慢性NK细胞淋巴增殖性疾病　慢性NK细胞淋巴增殖性疾病（chronic lymphoproliferative disorders of NK cells，CLPD-NK）是一种少见的异质性疾病，其特征为无明确原因的外周血NK细胞增高（常$\geqslant2\times10^9/L$），持续>6个月。CLPD-NK主要见于成人，中位年龄60岁，无性别差异。与EBV相关的侵袭性NK细胞白血病不同，无种属或遗传倾向。大多患者无症状，一些患者可能出现全身症状和（或）血细胞减少（主要为中性粒细胞减少和贫血），肝、脾、淋巴结肿大及皮肤损害少见。实体瘤、血液系统肿瘤、血管炎、脾切除、自身免疫性疾病等可发生CLPD-NK。外周NK细胞中等大小，圆形核，染色质致密，中等量胞浆、稍嗜碱，含细或粗嗜苯胺颗粒。免疫表型：$sCD3^-$，$cCD3\varepsilon^+$，$CD16^+$，CD56弱表达，CD2、CD7、CD57表达减少或不表达，NK细胞受体（NKR）的

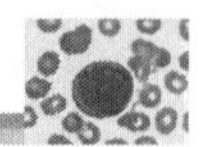

KIR 表达异常：KIR 限制性表达异形体或不表达，其他 NKR 异常包括均一性地高表达 CD94/NKG2A 异二聚体及 CD161 表达减少。大多患者核型正常。IgH 及 TCR 基因无重排。EBV 阴性。大多患者长期表现为惰性，某些患者疾病进展，表现为进行性淋巴细胞增多和血细胞减少。出现血细胞减少、反复感染及细胞遗传学异常的患者预后差。有些患者自发缓解或转化为侵袭性 NK 细胞疾病。

10. Sézary 综合征 Sézary 综合征是皮肤 T 淋巴细胞淋巴瘤（cutaneous T-cell lymphoma，CTCL）的白血病表现，患者弥漫性皮肤浸润、淋巴结和脾肿大，但也可为单纯外周血淋巴细胞增高。淋巴细胞大、脑形核（Sézary 细胞）、染色质粗、核仁不明显，$CD4^+CD8^-$，导致 CD4/CD8 比例增高。Sézary 综合征的诊断要求外周血 Sézary 细胞＞1×10^9/L或＞20％的淋巴细胞是 Sézary 细胞。

11. 成人 T 淋巴细胞淋巴瘤/白血病 成人 T 淋巴细胞淋巴瘤/白血病（adult T-cell lymphoma/leukemia，ATLL）最常见于日本与加勒比海地区。临床常有淋巴结及肝脾肿大、皮肤浸润、溶骨损害、高钙血症等。ATLL 细胞呈高度多形性，块状核染色质、多叶核（花形细胞）。HTLV-Ⅰ抗体阳性。

七、预　　后

CLL 患者的 MS 约为 10 年，但不同患者的预后呈高度异质性，一些患者无明显症状、进展缓慢、长期生存，甚至可能自发缓解，另外一些则进展快，即使积极治疗 OS＜2～3 年。患者因素如年龄、体能状态及伴随疾病等是早期死亡的独立因素，在判断预后、决定是否治疗、采用何种治疗策略时必须给予充分考虑。早期用于判断 CLL 预后的参数主要为：疾病临床分期（Rai/Binet 分期）、外周血淋巴细胞计数、淋巴细胞倍增时间、骨髓浸润模式等。近年来，随着免疫学、细胞/分子遗传学及分子生物学的进展，CLL 预后因素的研究进展迅速，但到目前为止国际上还没有一个统一的预后标准（Hallek 等，2008b）。

（一）临床分期系统

临床上估计预后最早、最常用的方法是 1975 年由 Rai 等（1987 年改良）（表 12-5）和 1981 年由 Binet 等（表 12-6）建立的临床分期系统。这两种分期主要反映了肿瘤负荷及骨髓衰竭，均基于常规体检（注意：不考虑 CT、B 超等影像学检查结果）时淋巴结、脾和肝肿大的程度，以及简单便宜的外周血细胞计数中血红蛋白和血小板减少的程度（注意：没有考虑血细胞减少的原因，而免疫性血细胞减少症的预后可能较好）。Rai 分期系统主要在北美使用，欧洲则主要使用 Binet 分期。Rai 分期：低危患者，占 30％，仅淋巴细胞增高［外周血淋巴细胞＞15×10^9/L 和骨髓淋巴细胞≥40％；新的 CLL 诊断标准外周血 B 淋巴细胞≥5×10^9/L 且无须骨髓穿刺］，MS＞10 年，与正常人群无明显差异；中危患者，占 61％，淋巴结肿大和（或）脾肿大，MS 为 7～9 年；高危患者，占 8％，贫血和（或）血小板减少，MS 为 1.5～5 年。Binet 分期：A 期、B 期和 C 期分别占 63％、30％和 7％，MS 分别为＞10 年、7 年和 2～5 年。虽然 Rai 低危、Binet A 患者中，40％的患者疾病进展，50％最终需要治疗，25％死亡。这两种分期系统简单、能可靠预测预后，但存在以下缺陷：首先，每一个处于同一期的患者，他们在疾病的过程中有异质性；其次，不能预测疾病早期的患者疾病是否进展及进展的速度。由于超过 80%的患者在疾病早期已被诊断，所以需要新的预后指标判断预后。

表 12-5　CLL 的 Rai 临床分期系统

分期	改良分期	临床特点	中位生存期（年）
0	低危	淋巴细胞增多[a]	>10
Ⅰ	中危	淋巴细胞增多+淋巴结肿大	7～9
Ⅱ	中危	淋巴细胞增多+脾肿大	7～9
Ⅲ	高危	淋巴细胞增多+HB<110 g/L	1.5～5
Ⅳ	高危	淋巴细胞增多+PLT<100×10^9/L	1.5～5

a 外周血淋巴细胞>15×10^9/L（持续 4 周）和骨髓淋巴细胞≥40%。

表 12-6　CLL 的 Rai 临床分期系统

分期	临床特点	中位生存期（年）
A	淋巴细胞增多[a]+<3 个区域的淋巴组织肿大[b]	>10
B	淋巴细胞增多+≥3 个区域的淋巴组织肿大	7
C	HB<100 g/L 和（或）PLT<100×10^9/ L	5

a 外周血淋巴细胞>4×10^9/L 和骨髓淋巴细胞≥40%。

b 5 个淋巴组织区域包括：颈、腋下、腹股沟（单侧或双侧均计为 1 个区域）、肝和脾。

（二）细胞遗传学和分子遗传学异常

遗传学异常是 CLL 最重要、最常使用的预后因素之一（Dohner 等，2000）。

1. 单纯 del（13q）　常于 Binet A 期时出现，预后同正常核型患者相似；若伴有其他染色体异常，则预后通常不好。Mayr 等发现伴有其他易位的患者中位无治疗生存期（treatment free survival，TFS）明显短于单纯 del（13q）患者（41 个月 *vs* 132 个月）。而最近西班牙的一组研究报道，单纯 del（13q）≥80%的 OS（56 个月 *vs* 未达到）和至首次治疗时间（38 个月 *vs* 87 个月）明显差于 del（13q）<80%的患者。

2. +12　不典型 CLL 中的发生率显著高于典型 CLL，前者占 35.8%～65%，而后者仅占 3.5%～9.7%，常在疾病的进展期或晚期出现。+12 患者 50%以上伴有不典型的淋巴细胞形态，sIg 和 FMC7 强表达，疾病进展，OS 短。但仅有+12 改变，无复杂核型异常，细胞形态正常者，预后与核型正常者基本相似。

3. del（11q）（ATM 基因缺失）　ATM 基因的功能与激活肿瘤抑制基因 p53 有关。缺少患者发病时多较年轻，一般<55 岁，且病程常表现为侵袭性，有广泛外周、腹部、纵隔淋巴结肿大。最近 M. D. Anderson 癌症中心的 Tsimberidou 等报道，FCR、CFAR（FCR+ 阿仑单抗）等化学免疫治疗可能克服 11q 缺失患者的不良预后，FCR、CFAR、利妥昔单抗+粒细胞集落刺激因子（G-CSF）的有效率分别为 100%、100%和 33%，中位随访 17 个月，1 年、3 年 OS 率分别为 97%和 91%，无复发生存率分别为 100%和 77%。

4. del（17p）（p53 基因缺失）　细胞形态多不典型（幼淋>10%），血清乳酸脱氢酶（LDH）增高，多处于疾病晚期（Binet B/C 期），对多种治疗（包括烷化剂、嘌呤类似物）反应差，OS 短，各种细胞遗传学异常亚型中，p53 缺失患者预后最差。Stilgenbauer

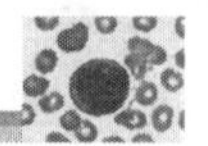

等认为无 p53 基因缺失者用嘌呤类似物治疗的有效率较高，而有 p53 缺失的则无效，氟达拉滨治疗后复发的 CLL 患者常有 p53 基因异常。因此 p53 基因是否缺失可为临床治疗方案的选择提供指导。推荐阿仑单抗一线治疗 p53 缺失患者，年轻患者可考虑 allo-HSCT。最近德国 Ulm 小组研究显示，p53 突变及其 p53 调控的 miRNA-34 低表达患者预后也差。

5. 14q$^+$ 常涉及 14q32 带，伙伴染色体可以是 1、2、4、6、8、10、12～19、22 和 Y，以 t（14；19）多见，导致 IgH 与位于 19q13 的 bcl-3 并置，从而激活 bcl-3 基因，年龄常常<40 岁，淋巴细胞形态不典型，疾病进展迅速，预后差。

（三）CD38

目前大部分研究认为 CD38 表达与 CLL 预后呈负相关，CD38 的表达作为 CLL 患者独立的预后因素逐渐引起人们的重视（Xu，2009c）。研究发现 CD38$^+$ 患者无进展生存期（progression free survival，PFS）较 CD38$^-$ 者明显缩短，对化疗药物反应差，病情进展迅速，完全缓解（CR）率低。CD38 还是疾病侵袭性的一个重要标志，无论患者的临床分期如何，即使处于 Rai 的 0 期，CD38$^+$ 患者亦常具有明显的侵袭性。但 CD38 的表达仍存在一些不明确的问题：一方面是在疾病过程中 CD38 的表达是否发生变化引起争议，尤其是在疾病进展过程中其表达水平是否增加，或者随时间的变化 CD38 表达是否保持稳定。另一方面是关于最佳的 CD38 表达阳性和阴性的取舍点还没有取得一致意见，定量检测和表达模式也有预后意义。在文献报道中，一些作者把>30%作为 CD38 表达阳性的标准，还有以>20%、>7%或>5%作为表达阳性的标准。

（四）ZAP-70

ZAP-70 的表达与 CLL 的预后相关（Orchard 等，2004），ZAP-70 高表达的 CLL 患者其 MS（9.3 年）明显短于 ZAP-70 低表达者（24.4 年），之后 Schroers 等对 242 例 CLL 的 ZAP-70 表达进行了总结，发现 ZAP-70$^+$ 者 TFS 远远小于 ZAP-70$^-$ 者，其中位 TFS 分别为 34 个月和 130 个月，也证实了 ZAP-70 低表达是 CLL 预后较好的指标。将 CLL 分为 ZAP-70$^+$ CD38$^+$、ZAP-70$^-$ CD38$^-$、ZAP-70$^+$ CD38$^-$ 或 ZAP-70$^-$ CD38$^+$ 三组，TFS 分别为 30 个月、130 个月、43 个月，经多因素分析发现 ZAP-70 和 CD38 可作为独立的预后因素，且预后不好的染色体改变［del（17p）、del（11q）、＋12］多出现于 ZAP-70$^+$ CD38$^+$、ZAP-70$^+$ CD38$^-$ 或 ZAP-70$^-$ CD38$^+$ 这两组中；而 del（13q）常提示预后较好，则多出现于 ZAP-70$^-$ CD38$^-$ 组。71%无 IgHV 基因突变的 CLL 患者亦伴有 ZAP-70$^+$（Rassenti 等，2004）。ZAP-70 表达不随病情进展变化。目前 ZAP-70 作为常规临床应用最大的问题是国际上缺乏统一的试剂和标准化的检测方法。

（五）IgHV 突变

约 50%的 CLL 患者 IgHV 基因发生体细胞突变，IgHV 基因突变状态是 CLL 患者最可靠的预后因素（Hamblin 等，1999）。IgHV 突变状态不随病程改变。无 IgHV 基因突变的 CLL 患者易出现不典型的细胞形态，临床分期多为晚期，即使采取多种方法进行积极治疗，患者的病情进展快速且 OS 短；而有 IgHV 基因突变的患者多为典型成熟 B 淋巴细胞形态，临床分期多在早期，病程进展缓慢，OS 长。IgHV3-21 患者预后差，且独立于

IgHV 突变状态。

由于 IgHV 基因突变的测定方法费时且价格昂贵，从而限制了在常规实验室诊断过程中的应用，因此需要寻找检测简便的替代标志物。早期一些学者观察到 CLL 患者 CD38 表达与 IgHV 基因突变状态相关，提示 CD38 表达可能作为 IgHV 基因突变状态的替代标志物。Hamblin 等将 CLL 分为三组：IgHV 突变$^-$CD38$^+$、IgHV 突变$^-$CD38$^-$或 IgHV 突变$^+$伴 CD38$^+$、IgHV 突变$^+$CD38$^-$，其 MS 分别为 8 年、15 年和 26 年，提示这两项指标结合可能是 CLL 较好的预后指标。但进一步的研究发现虽然 IgHV 基因突变状态和 CD38 表达经常重叠，CD38 的表达随着时间的变化而变化，并且有 10%～30%患者的 CD38 表达与 IgHV 基因突变状态不一致。Rassenti 等研究发现 ZAP-70 表达水平与 IgHV 基因突变状态有很强的相关性，Kim 等也证明了 ZAP-70 能精确预测 IgHV 基因突变状态。然而在最近的两项研究中发现 12%和 23%的患者 ZAP-70 和 IgHV 基因突变状态不一致。因此，ZAP-70 表达水平是否能作为 IgHV 基因突变状态的可靠的替代标志物仍需进一步研究。

（六）其他

一些研究显示在 CLL 中脂蛋白脂酶（lipoprotein lipase，LPL）高表达，并且同预后相关（Xu 等，2009d）。Oppezzo 等对 127 例 CLL 患者的 LPL 表达进行了分析，发现处于 A 期的患者，ZAP-70、IgHV 突变状态和 LPL/ADAM29 mRNA（L/A）比值都有预测无事件生存（EFS）的价值；而 B/C 期患者，L/A 比值是独立的预后因素，L/A 的预后意义可能大于 ZAP-70。Heinte 等发现 LPL 高表达患者的 TFS（无瘤生存）和 OS 显著缩短，高表达者多伴有预后不良的染色体异常［del（17p）、del（11q）、＋12］，而预后较好的染色体异常［del（13q）］中则表达水平较低。CLLU1（Chen 等，2007）、血清胸苷激酶（thymidine kinase，TK）（Xu 等，2009e）、血清单克隆免疫球蛋白等也有重要的预后意义（Xu 等，2011）。

近来还发现其他一些与 CLL 预后有关的指标，如 hTERT 阳性患者的 OS 均显著低于阴性者，多参数分析显示其预后意义甚至大于 IgHV 突变；端粒短且伴 IgHV 突变者的 OS 为 87 个月，稍好于无突变者（73 个月），但明显差于端粒长的突变患者（127 个月）；HLA-G 表达阳性患者 PFS（23 个月）明显短于阴性患者（120 个月）；Mcl-1 基因启动子区域有 6bp 或 18bp 的插入者较无插入者疾病进展迅速，对化疗反应差，OS 短。高血清血小板生成素、sCD23、β_2-微球蛋白（β_2-MG）、LDH、CD49d 高表达，以及 Coombs 试验阳性的患者预后也差（Xu 等，2009f）。

（七）Richter 转化与继发肿瘤

细胞遗传学与分子生物学研究显示 CLL 细胞可能存在多个克隆并常发生克隆演变。CLL 转化为 PLL、弥漫大 B 淋巴细胞淋巴瘤（diffuse large B cell lymphoma，DLBCL）、HL、MM 或急性白血病（AL）等称为 Richter 转化。Richter 综合征则为转化为 DLBCL 或其免疫母细胞变异型。

CLL 转化为 PLL 常在几年内逐渐进展，贫血、血小板减少进行性加重，可观察到典型 CLL 细胞及幼稚淋巴细胞不断增多，出现淋巴结肿大、脾肿大及对治疗耐药。CLL 转化 PLL 的临床特征及免疫表型特征与非继发 PLL 明显不同，免疫表型同典型 CLL 细胞，如 sIg^{dim}及 CD5$^+$，提示 PLL 转化很可能来自 CLL 细胞。

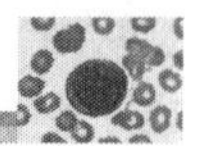

Richter 综合征约见于5%的CLL患者，与+12及11号染色体异常有一定的相关性，CLL诊断后发生此综合征的中位时间4年，IgHV基因无突变患者的淋巴瘤来自CLL克隆，而IgHV基因突变患者的淋巴瘤则来自不同的克隆。临床表现为进行性淋巴结肿大、脾肿大、发热及体重下降，常有肾、肺和胃肠道等结外器官浸润。80%的患者LDH最高。PET-CT扫描显示^{18}F-FDG摄取最高，但必须病理证实。对积极化疗及利妥昔单抗反应差，MS为5～8个月。预后差，大多1年内死亡。Zubrod体能状态>1、LDH>1.5倍正常上限、PLT<100×10^9/L、肿瘤直径≥5 cm及接受过1种以上治疗的患者预后更差。

CLL转化为HL，也成为Richter转化的霍奇金变异型或CLL/SLL的霍奇金转化，发生于CLL诊断后的4年左右。组织学上表现为两种类型的转化：1型转化的特征为典型CLL细胞中散在Reed-Sternberg细胞，而2型转化显示Reed-Sternberg细胞位于炎症细胞中，与CLL细胞分开。临床上表现为发热、体重下降及淋巴结肿大，常处于疾病晚期，治疗反应差，MS为14个月。Reed-Sternberg细胞含EBV，与CLL细胞具有不同的Ig基因重排，提示其不是起源于CLL克隆。

小于1%的CLL患者转化为AL，文献报道的31例患者中，10例为ALL、7例为AML、1例浆细胞白血病，另13例类型不清楚。另外，CLL还可能转化为MM、HCL及淋巴母细胞淋巴瘤。

继发肿瘤：CLL患者发生AML或MDS很少见，大多为治疗相关性，也有报道来源于与CLL同样的克隆。单用烷化剂或嘌呤类似物AML/MDS发病率很低，两者同时使用则风险最高。也有个例报道CLL患者发生CML、骨髓纤维化和原发性血小板增多症。实体瘤在CLL患者的发病率是正常年龄、性别匹配人群的3倍；皮肤癌最高，达8倍；肺癌、胃肠道癌症及黑色素瘤的发病风险也显著增高。长期使用免疫抑制可能是CLL患者发生继发肿瘤的原因之一。

八、治　　疗

（一）治疗时机

CLL的诊断确定后，首要问题不是选择治疗方案，而是考虑何时开始治疗。一般来说，1/3无须治疗；1/3需要即刻治疗；1/3诊断时无须治疗，随着病情进展需要治疗。Rai Ⅲ和Ⅳ期或Binet B和C期的患者治疗能够改善预后。法国CLL协作组先后将609例和926例Binet A期CLL患者随机分为治疗组和对照组，治疗组分别采用小剂量苯丁酸氮芥（chlorambucil，CLB）合用泼尼松持续或间断给药，而对照组不予治疗直到病情发展为B/C期，结果发现早期治疗虽然可以延缓病情的进展，但对OS并无影响。后来对6组随机对照试验共2048例早期CLL患者进行的荟萃分析表明，CLB加或不加泼尼松不仅不能延长OS，延期治疗和早期治疗患者的10年OS率分别为47%和44%，且早期治疗可能促使上皮肿瘤、AL等第二肿瘤发生。所以，首先对诊断为CLL的病例进行全面的评估至关重要。Rai 0期（Binet A期）的患者常表现为骨髓非弥漫性浸润、HB≥130 g/L、外周血淋巴细胞计数<30×10^9/L、淋巴细胞倍增时间（lymphocyte doubing time，LDT）>12个月，MS也在10年左右，与正常的人群预期寿命相仿。对于这些患者，多数学者主张密切观察随访，当出现疾病进展的征象时开始治疗。早期患者可分为高危组和低危组，对于低危组采取“观察和等待治疗”，而高危组患者则进行临床研究，以确定最佳治疗手段。

CLL 开始治疗的标准至少应该满足以下一个条件（Hallek 等，2008a；王建祥等，2010；徐卫等，2011）：

（1）进行性骨髓衰竭的证据，表现为贫血和（或）血小板减少进展或恶化。

（2）巨脾（如左肋缘下＞6 cm）或进行性或有症状的脾肿大。

（3）巨块型淋巴结肿大（如最长直径＞10 cm）或进行性或有症状的淋巴结肿大。

（4）进行性淋巴细胞增多，如 2 个月内增多＞50%，或 LDT＜6 个月；当初始淋巴细胞＜30×10^9/L 时，不能单凭 LDT 作为治疗指征。

（5）外周血淋巴细胞数（ALC）＞（200～300）$\times10^9$/L，或存在白细胞淤滞症状。

（6）AIHA 和（或）ITP 对皮质类固醇或其他标准治疗反应不佳。

（7）至少存在下列一种疾病相关症状：

1）在以前 6 个月内无明显原因的体重下降≥10%。

2）严重疲乏［如 ECOG 体能状态（PS）≥2；不能工作或不能进行常规活动］。

3）无其他感染证据，发热＞38.0℃，≥2 周。

4）无感染证据，夜间盗汗＞1 个月。

（8）患者意愿。

（9）临床试验。

低丙种球蛋白血症或单克隆、寡克隆副蛋白血症本身不是开始治疗的指征。对部分血红蛋白或血小板轻度减少、病情稳定的患者建议暂缓治疗，密切观察，有明显疾病进展时开始治疗。

起始治疗达 CR 或部分缓解（PR）的患者随访观察，除非进行临床试验，否则无须进一步治疗。观察过程中疾病进展的治疗原则同起始治疗。二线治疗需考虑缓解持续时间及首次用药。一线药物（可联合单抗）均可用于二线治疗，阿仑单抗单药可用于复发/难治 CLL。异基因造血干细胞移植可用于再诱导有效的患者（Nabhan 等，2008；Tsimberidou 等，2009）。

（二）疗效标准

评估疗效应该包括仔细体检和外周血（PB）、骨髓（BM）检查。显像研究，如 CT 扫描，则根据不同患者情况来决定是否需要（表 12-7）（Hallek 等，2008a）。

表 12-7 CLL 治疗后疗效标准

参数	完全缓解（CR）	部分缓解（PR）	疾病进展（PD）
A 组：反映肿瘤			
负荷	无＞1.5 cm		
淋巴结肿大	无	缩小≥50%	增大≥50%
肝肿大	无	缩小≥50%	增大≥50%
脾肿大	＜4.0×10^9/L	缩小≥50%	增大≥50%
PB ALC	增生正常，淋巴细胞＜30%，无淋	较基线降低≥50%	较基线升高≥50%
BM	巴小结		
	增生低下则为 CRi		

续表

参数	完全缓解（CR）	部分缓解（PR）	疾病进展（PD）
B组：反映造血系统（BM）功能			
PLT	$>100\times10^9$/L	$>100\times10^9$/L 或较基线升高≥50%	较基线降低≥50%（CLL）
HB	>110 g/L	>110 g/L 或较基线升高≥50%	较基线降低>20 g/L（CLL）
ANC	$>1.5\times10^9$/L	$>1.5\times10^9$/L 或较基线升高>50%	

1. 完全缓解（CR） 要求完成治疗至少 2 个月后进行评估，达到以下所有标准：

（1）ALC$<4\times10^9$/L。

（2）体检无显著淋巴结肿大（如淋巴结直径不应大于 1.5cm），在临床试验时，如果以前异常，应该进行腹部、盆腔、胸部 CT 扫描，淋巴结直径不应大于 1.5 cm。

（3）体检无肝脾肿大。临床试验时，如治疗前异常或体检不肯定，疗效评估时应进行腹部 CT 扫描。

（4）无全身症状。

（5）外周血血细胞计数正常：ANC$\geqslant1.5\times10^9$/L（未用 G-CSF 等升白细胞药物），PLT$>100\times10^9$/L（未用 TPO 等升血小板药物），HB>100 g/L（未输血及未用 EPO）。

（6）对（1）～（5）符合 CR 的患者，再进行骨髓穿刺和活检。CR 患者骨髓增生正常、淋巴细胞比例<30%、无淋巴小结。如存在淋巴小结（提示残存病灶），则诊断为结节性 PR（nPR）

有些患者达到 CR 标准，但存在明显与 CLL 无关而与药物毒性相关的持续贫血或血小板减少或中性粒细胞减少，定义为骨髓不完全恢复的 CR（CRi）。

2. 部分缓解（PR） 至少持续 2 个月。

（1）ALC 较治疗前减少≥50%。

（2）淋巴结缩小：定义为淋巴结缩小≥50%或任何淋巴结无增大及无新出现的淋巴结肿大。对于小淋巴结（直径<2 cm），增大<25%者意义不大。

（3）肝和（或）脾缩小≥50%。

（4）血细胞计数应显示以下一个结果：ANC$\geqslant1.5\times10^9$/L 或在不用 G-CSF 的情况下较基础值≥50%的改善，PLT$\geqslant100\times10^9$/L 或较基础值≥50%的改善，HB≥110 g/L 或在输红细胞或不用 EPO 的情况下较基础值≥50%的改善。

3. 疾病进展（PD） 特征为至少以下一条：

（1）淋巴结肿大：以下三者之一。①出现任何新的病变，如淋巴结肿大（>1.5 cm）、脾肿大、肝肿大或其他器官浸润。②任何原有肿大的淋巴结，可检测的直径≥50%的增加；1～1.5 cm 的淋巴结必须增大≥50%至其长轴>1.5 cm；>1.5 cm 的淋巴结必须增大至长轴>2.0 cm。③多个淋巴结直径乘积之和≥50%。

（2）肝或脾增大≥50%或新出现的肝或脾肿大。

（3）ALC 增加≥50%，且 B 淋巴细胞至少 5×10^9/L。

(4) 转化为侵袭性更高的组织类型（如 Richter 综合征）。如果可能，应通过淋巴结活检诊断。

(5) 出现 CLL 所致的血细胞减少（中性粒细胞减少、贫血或血小板减少）。

4. 疾病稳定（SD）　患者如未取得 CR、PR 或也不显示 PD，可考虑为疾病稳定［等同于无反应（NR)］。

5. 反应持续时间和 PFS　反应持续时间应该从最后治疗结束计算至 PD（定义见上）。PFS 定义为首次治疗的第一天至 PD 的时间。EFS 定义为治疗开始的第一天至 PD 或复发治疗或死亡（任何原因所致）。生存时间定义为治疗的第一天至死亡。

6. 复发　复发定义为既往按上述标准获得 CR 或 PR 的患者，但≥6 个月后，出现 PD。

7. 难治疾病（RD）　RD 定义为治疗失败或最后一次抗白血病治疗 6 个月内 PD。为定义“高危 CLL”以证明异基因造血干细胞移植的合理性，患者应该对以嘌呤类似物为基础的治疗或自体造血干细胞移植无反应。

8. 微小残留病（MRD）　多色 FCM 及实时定量 PCR 发现，许多根据 1996 年 NCI-WG 指南取得 CR 的患者，可检测到 MRD。尽管根除 MRD 可能改善预后，仍需要前瞻性临床试验，明确是否仅仅为根除 MRD 的额外治疗对临床结果有明显益处。对检测 MRD 的技术已进行决定性评估，并相对标准化。四色 FCM 或等位基因特异性寡核苷酸（allele-specific oligonucleotide，ASO）PCR 非常敏感，可达到在 10 000 个白细胞中检测到 1 个 CLL 细胞的水平。这样，当血液或骨髓中 10 000 个白细胞中的 CLL 细胞小于 1 个时，定义为 MRD 阴性的临床缓解。外周血常可以用作此种评估，但是完成治疗 3 个月内，特别是阿仑单抗、利妥昔单抗和其他靶向治疗的 CLL 患者不适合采用外周血进行评估。这些病例，必需使用骨髓检测 MRD。所以，希望取得长期 CR 者今后的临床试验应包括至少检测一次 MRD，因为采用这些敏感方法检测白血病持续阴性可能具有较强的正性预后影响。

疗效标准分为：①CR，达到表 12-7 所有标准，无疾病相关症状；②不完全 CR（CRi），除骨髓恢复不完全外，其他符合 CR 标准；③PR，至少达到 2 个 A 组标准＋1 个 B 组标准；④SD，疾病无进展和不能达到至少 PR；⑤PD，至少 1 个 A 组或 B 组标准没达到；⑥复发，患者达到 CR 或 PR，≥6 个月后 PD；⑦RD，治疗失败（未获 CR 或 PR）或最后 1 次化疗后＜6 个月 PD；⑧MRD 阴性，残存白血病细胞＜10^{-4}。

（三）药物治疗

1. 烷化剂

(1) 苯丁酸氮芥（CLB，瘤可宁）：CLB 是治疗 CLL 的经典药物，作用机制目前尚不清楚，可能通过与各种细胞结构如胞膜、蛋白质、DNA 和 RNA 等结合发挥作用，其中 DNA 交联并导致细胞凋亡可能是抗白血病的主要因素，CLB 通过 p53 依赖途径诱导白血病细胞凋亡。CLB 治疗 CLL 总有效率（ORR）在 45%～86%，但 CR 为率很低，为 4%～10%。持续或间断给药疗效无明显差别，但间断给药骨髓抑制作用较轻。CLB 的用法有以下几种：① 0.4 mg/kg，d1，每 14 天 1 个疗程，每个疗程增加 0.1 mg/kg，直到最大耐受剂量（0.4～0.8 mg/kg）；② 0.3 mg/kg，泼尼松 40 mg/m^2，d1～d5，每 4 周 1 个疗程，连续

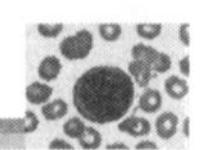

治疗 3 年；③ 间断给药，40 mg/m²，每 4 周 1 次，缓解后或连续两个月病情无变化停药，最长应用 1 年；④ 小剂量连续给药，0.1 mg/（kg・d），直到出现耐药；⑤ 大剂量连续给药，15 mg/d，直到缓解、出现毒性反应或用药时间达 6 个月停药。缓解后 5～15 mg，每周 2 次维持治疗。CLB 疗效呈剂量依赖性，15 mg/d 持续用药的 CR 率高达 70%，高于每周 75 mg 持续用 6 周患者的 31%，而且前者的 OS 明显延长。

环磷酰胺（Cy）是另一种常用的烷化剂，疗效与 CLB 相似。常用剂量为 2～3 mg/（kg・d）或 20 mg/kg，每 2～3 周 1 次。

多中心研究证实联合其他烷化剂在内的化疗（如 COP、CHOP）与单独应用 CLB 相比，并没有显示任何优势。CLB 的应用并不能延长 Binet A 期患者的 OS。增加给药剂量可提高 ORR、延长缓解间期和 OS，但将带来更大的副作用。加用皮质激素并不能提高缓解率和生存期，目前多用于伴随有 AIHA 等自身免疫异常的患者，也用于希望快速缩小肿大的淋巴结、脾脏，或由于 CLL 细胞所致的全血细胞减少。CLB 的缓解持续时间较短，平均为 14 个月，但由于其疗效确切，应用方便，并发症少，比较安全，目前仍是治疗 CLL 的主要药物之一，尤其适用于老年或其他不能耐受氟达拉滨等化疗的一般情况差的患者。

（2）苯达莫司汀（bendamustine）：最早于 19 世纪 60 年代初期在德国耶拿的微生物试验协会研制，是一种烷基化氮芥（一种非功能烷化剂）连接一个嘌呤和氨基酸，与 CLB 相比主要的优点是它的水溶性。苯达莫司汀兼具烷化剂和嘌呤类似物的双重功能，是一种双功能基烷化剂，其抗肿瘤和杀细胞作用主要归功于 DNA 单链和双链通过烷化作用交联，影响了 DNA 功能与合成，也会引起 DNA 与蛋白质之间、蛋白质与蛋白质之间交联，从而发挥抗肿瘤作用，对静止期和分裂期细胞均有效。其与其他烷化剂（CLB、Cy、异环磷酰胺）及氟达拉滨交叉耐药性低。一项国际Ⅲ期临床研究比较了苯达莫司汀与 CLB 作为 CLL 一线治疗的疗效和安全性，156 例患者在第 1 天和第 2 天接受苯达莫司汀 100 mg/m²，149 例患者第 1 天和第 15 天接受 CLB 0.8 mg/kg，28 天为 1 个疗程，最多治疗 6 个疗程。苯达莫司汀组和 CLB 组的 ORR 分别为 59%和 26%，CR 率分别为 8%和<1%；两组的 PFS 分别为 21.7 个月和 9.3 个月，显示苯达莫司汀有较好的疗效。苯达莫司汀的主要血液学毒性为中性粒细胞减少（28%）、血小板减少（23%）和贫血（19%），非血液学毒性为发热（24%）、恶心（20%）和呕吐（16%）。根据此试验结果，2008 年 3 月 21 日美国 FDA 批准 Cephalon 公司的盐酸苯达莫司汀用于 CLL 的治疗，商品名为 Treanda（Knauf 等，2009）。

2. 嘌呤类似物 目前治疗 CLL 主要使用 3 种嘌呤类似物：氟达拉滨（fludarabine，Flu）、克拉屈滨（cladribine）和喷司他汀（pentostatin）。其中，Flu 是研究得最多、临床使用得最广泛的治疗 CLL 嘌呤类似物。CLL 治疗优先考虑含嘌呤类似物的方案。

（1）氟达拉滨：单药治疗相比于其他的包含烷化剂或糖皮质激素的治疗方案具有更高的缓解率。Flu 的用法：25 mg/（m²・d），iv，连续 5 天，每 4 周 1 个疗程，一般使用 6 个疗程。1991 年，Keating 等报道用 Flud 治疗 174 例进展期初治 CLL 患者，其中 71 例单用 Flu，103 例 Flu 加用泼尼松。ORR 为 78%，CR 率为 29%，PR 率为 49%。平均 OS 为 63 个月，取得 CR 患者的 OS 明显长于未缓解和 PR 的患者。欧美多项Ⅲ期临床随机对照试验（表 12-8～表 12-10）进一步证实，与其他传统化疗方案，例如 CHOP（Cy、多柔吡星、长春新碱、泼尼松）、CAP（Cy、多柔吡星、泼尼松）或 CLB 相比，Flu 作为一线药物治疗进展期 CLL，起效快，常 3～6 个疗程后起效，具有较高的 CR 率和较长的 PFS，但对 OS 无明显影响。Flu 作为初始治疗药物取得缓解并持续 1 年以上的病例，复发后再次单用 Flu 仍有 2/3 有效。

表 12-8 氟达拉滨 *vs* 烷化剂治疗初治 CLL 的Ⅲ期临床试验

研究者	治疗方案	病例数	完全缓解率（%）	部分缓解率（%）	无进展生存期	中位生存期
欧洲	Flu	52	23	48	未达到	未达到
协作组	CAP	48	17	43	208 天	1580 天
美国	Flu	170	20	44	25 个月	66 个月
InterGroup	CLB	181	4	33	14 个月	56 个月
	Flu+CLB	123	20	41	未达到	55 个月
法国	Flu	341	40	31	32 个月	69 个月
协作组	CAP	240	15	43	28 个月	70 个月
	CHOP	357	30	42	29 个月	67 个月
英国 LRF	Flu	181	15	65	5 年 10%	52 个月
CLL4 研究	CAP	366	7	65	5 年 10%	59 个月

表 12-9 氟达拉滨联合环磷酰胺 *vs* 氟达拉滨治疗初治 CLL 的Ⅲ期临床试验

研究者	治疗方案	病例数	完全缓解率（%）	部分缓解率（%）	无进展生存期（月）	中位生存期（月）
德国 CLL	Flu	164	7	76	20	3 年 80.7%
研究组	FC	164	24	70	48	3 年 80.3%
美国	Flu	134	4.8	54.6	19.2	66
InterGroup	FC	141	23.4	50.4	31.6	56
英国 LRF	Flu	181	15	65	5 年 10%	5 年 59%
CLL4 试验	FC	182	38	57	5 年 36%	5 年 54%

表 12-10 氟达拉滨治疗进展期 CLL 患者的随机试验结果

研究者	治疗方案	病例数	完全缓解率（%）	部分缓解率（%）	无进展生存期（月）	中位生存期（月）
Rai	Flu	170	20	43	25	66
	CLB	181	4	33	14	56
Johnson	Flu	52	23	48	NR	4 年 60%
	CAP	48	17	43	6.9	4 年 60%
Leporrier	Flu	341	40.1	31	31.7	69
	CAP	240	15. 2	43	27.7	70
	CHOP	305	29.6	41.9	29.5	67
Robak	克拉屈滨	126	47	40	21	2 年 78%
	CLB+泼尼松	103	12	45	18	2 年 82%
Eichhorst	Flu	182	4.9	78	20	无
	FC	180	16.5	78	48	无

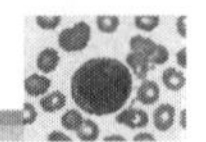

1989 年 Keating 等报道单用 Flu 治疗 68 例难治 CLL 患者，ORR 57%、CR 率 13%，中位 OS 16 个月；Sorensen 等报道 Flu 治疗 703 例难治或复发患者，ORR 率 32%、CR 率 3%，中位 OS 12.6 个月。

在一系列 Flu 联合治疗方案中，Flu 和其他嘌呤类似物的联合，如阿糖胞苷，不如 Flu 单药治疗有效，而 Flu 和 CLB 或泼尼松联合治疗可增加血液系统毒性，而没有提高 ORR。Flu 和 Cy 联合（FC）有可能提高进展期 CLL 的 ORR（Flinn 等，2007）。意大利的一个小组用 Flu 30 mg/（m^2・d）、Cy 300 mg/（m^2・d），疗程 3 天，共 6 个疗程。结果为 44% CR，16% PR；而初治病例的 CR 率达到 60%，但是对难治/复发病例，CR 率仅为 17%，2 年 OS 及 PFS 率分别为 62%和 44%。德国 CLL 研究组（German CLL Study Group，GCLLSG）的前瞻性研究比较了 Flu 和 FC，FC 相比于 Flu 具有更高的 CR 率和 ORR（分别为 16% *vs* 5%和 94% *vs* 83%；$P=0.004$ 和 0.001）。FC 治疗者具有更长的持续缓解时间（48 个月 *vs* 20 个月；$P=0.001$）和更长的无病生存（DFS）时间（49 个月 *vs* 33 个月；$P=0.001$），但 OS 无差异。FC 较 Flu 引起更显著的血小板减少和白细胞减少，但贫血不显著，FC 没有增加严重感染机会。美国的一项大规模研究证实，FC 较单用 Flu 具有更高的 ORR（74.3% *vs* 59.5%，$P=0.013$）、CR 率（23.4% *vs* 4.6%，$P<0.01$）和 PFS（31.6 个月 *vs* 19.2 个月，$P<0.01$）。

在西班牙 Bosch 等用 Flu 联合 Cy、米托蒽醌（FCM）方案治疗 60 例难治/复发 CLL。其中 23 例给予 Flu 25 mg/（m^2・d），d1～d3；Cy 600 mg/（m^2・d），d1；米托蒽醌 8 mg/（m^2・d），d1。37 例的方案为 Flu 25 mg/（m^2・d），d1～d3；Cy 200 mg/（m^2・d），d1～d3；米托蒽醌 6 mg/（m^2・d），d1。每 4 周 1 个疗程。结果显示，平均 3 个疗程后的 ORR 为 78%，CR 率为 50%，PR 率为 28%。CR 病例中 17%的患者 MRD 阴性。对初始治疗有效的病例，CR 率和 PR 率分别为 32%和 40%，而在对初始治疗无效的病例则分别为 6%和 28%。

近年，口服制剂 Flu 与静脉用药疗效相似，用法：40 mg/（m^2・d），连续 5 天，每 4 周 1 个疗程。Rossi 等报道一线治疗 81 例患者 6～8 个疗程，ORR 71.6%、CR 率 37%；二线治疗的 ORR 为 46%～51%。

Flu 的主要副作用是骨髓髓系受抑和 $CD4^+$ T 淋巴细胞受损，所以机会性感染发生率比较高，特别是联合应用皮质激素时。在起始治疗时如果白细胞数较高，容易并发肿瘤溶解综合征（tumor lysis syndrome，TLS），应注意预防。Flu 的另一个并发症是 AIHA，虽然发生率很低。但在治疗前或治疗过程中发生了 AIHA，应避免应用或停用 Flu。

（2）克拉屈滨（cladribine）：在结构上同 Flu 类似，对 CLL 的疗效也与 Flu 相仿，常规用法为 0.1 mg/（kg・d），连续输注 7 天，或 0.12 mg/（kg・d），持续输注 2 小时，5 天 1 个疗程。一般应用 6 个疗程。对于初治的病例，ORR 为 60%～75%，CR 率为 38%～47%，近半数病例缓解期为 2 年，远好于 CLB，但是 OS 仍无明显区别。在 Robak Ⅲ期临床试验中，对克拉屈滨单药治疗和 CLB+泼尼松的联合治疗进行比较，CR 率分别为 47%和 12%。然而，这种差异没有导致 OS 延长（2 年 OS 率分别为 78% *vs* 82%）。克拉屈滨同烷化剂相比副作用严重。克拉屈滨作为二线药物治疗难治或复发 CLL 的效果也与 Flu 相仿，平均 ORR 为 38%，CR 率 7%。克拉屈滨治疗后复发的病例，再次应用克拉屈滨的 ORR 为 40%，CR 率为 10%。28 例 Flu 治疗后复发或耐药的患者，应用每 4 周给予

5天疗程的克拉屈滨可以使其中的32％获PR，平均缓解期为9个月，平均OS为2.2年。对经CLB或CHOP等方案化疗后复发或难治病例，克拉屈滨可以取得48.4％的ORR及12.5％的CR。

（3）喷司他汀（pentostatin）：治疗难治/复发CLL的疗效尚不确定。常用剂量为4mg/m^2，间隔1～2周给药一次。ORR为20％～30％，CR率不超过5％。

3. 利妥昔单抗为基础的化学-免疫治疗　利妥昔单抗（rituximab，RTX，美罗华），是一种人鼠嵌合型单克隆抗体，含人IgG1免疫球蛋白恒定区及小鼠可变区，作用于B淋巴细胞表面的CD20，其在B淋巴细胞的活化、增殖和分化中具有重要作用。RTX通过补体依赖的细胞毒（complement-dependent cytotoxicity，CDC）、抗体依赖细胞介导的细胞毒（antibody-dependent cell-mediated cytotoxicity，ADCC）（效应细胞为NK细胞、单核细胞和巨噬细胞）及直接诱导凋亡等机制发挥抗肿瘤效应。RTX的标准用法为375 mg/m^2，静脉滴注，每周1次，连用4周（Christian等，2008；Quintás-Cardama等，2009）。单用对CLL的有效率很低，仅13％，部分是由于CLL细胞CD20低表达及血浆CD20浓度高所致。对初治病例的ORR达85％，复发CLL患者的ORR为7％～35％，增加单次剂量或使用频率疗效，但大多为PR且持续时间短。可提高对复发/难治CLL的ORR为30％～50％，多数为PR，缓解期为3～10个月，增加剂量能提高ORR。

由于RTX单药治疗CLL的疗效并未超过CLB或Flu，所以近年将其与其他药物联合应用治疗进展期患者。单克隆抗体与化疗联合的机制为：①毒性重叠少；②作用机制不同，对化疗耐药的患者，单克隆抗体可能有效；③临床前研究表明化疗与单克隆抗体之间存在协同作用。治疗CLL的研究主要集中在RTX联合Flu或以Flu为基础的方案。Monero等用RTX＋FC（FCR）治疗102例复发/难治病例，用法为Flu 25 mg/（m^2·d），d1～d5，Cy 300 mg/（m^2·d），d1，间隔28天，共4个疗程；在第3个疗程加用RTX 375 mg/m^2，间隔1周，共4个疗程。ORR为72％，CR率23％。在初治病例中，三药联合的ORR达到95％，CR率为66％。GCLLSG的一个多中心Ⅱ期研究评价了RTX＋Flu（FR）联合治疗在经过治疗或初治CLL患者中的有效性和安全性，31例经治患者中，ORR 87％（27例），其中10例（32％）CR，11例复发病例中有5例CR。在癌症和白血病B组（Cancer and Leukemia Group B，CALGB）的一个随机研究中（CALGB 9712方案），Byrd等相继或同时联合使用RTX和Flu。初治CLL患者（*n*＝104）接受6个周期的Flu，联合或不联合RTX（每周1次，连用4周）。ORR和CR率在同时使用组更高（90％和47％ *vs* 77％和28％）。FR方案（CALGB 9712）治疗的患者与先前只使用Flu（CALGB 9011）的178例患者回顾性比较，FR较单用Flu的患者具有更好的PFS和OS（2年PFS率：67％ *vs* 45％，2年OS率：93％ *vs* 81％）。

2008～2011年又有数篇报道FCR治疗CLL的疗效（RTX第1个疗程375 mg/m^2，以后疗程500 mg/m^2；此为目前国际公认的RTX剂量及用法）。Tam等（2008）回顾性报道M.D.Anderson癌症中心FCR治疗300例初治CLL患者，中位随访72个月，ORR为95％、CR率为72％、nCR率为10％、PR（存在血细胞减少）率为7％、PR（残留疾病）率为6％，6年OS率及无失败生存（FFS）率分别为77％（显著高于FC方案的59％）及51％，至疾病进展的中位时间为80个月。Badoux等（2011）则报道了M.D.Anderson癌症中心FCR治疗284例复发CLL患者，ORR 74％，CR率为30％，中位OS及PFS分

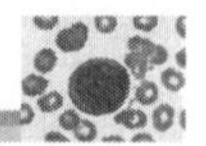

别为47与21个月。Foon等（2009）报道Pittsburgh癌症中心FCR-Lite方案（每4周1疗程）治疗50例初治CLL，具体方案为RTX 375 mg/m^2，d1，500 mg/m^2，d14；Flu 20 mg/m^2，iv，d1～d3；Cy 150 mg/m^2，iv，d1～d3。按照IWCLL疗效标准，ORR及CR率分别为100%及77%，中位持续CR时间为22.3个月（5.2～42.5个月），CR者无1例复发。13%疗程出现3/4级中性粒细胞减少，低于标准FCR方案的52%。

以GCLLSG为主的11个国家的190个研究中心参加的一项随机、开放标签、Ⅲ期临床试验比较了FCR与FC的疗效（Hallek等，2010），817例身体适合的初治患者，随机接受6个疗程FCR（408例）与FC方案（409例），3年OS率分别为87%和83%（$P<0.01$），首次前瞻性地确认了利妥昔单抗联合化疗除改善ORR、CR、PFS外，还能延长OS。Robak等（2010）报道了17个国家参加的Ⅲ期临床试验，随机、前瞻性地比较FCR与FC方案治疗难治/复发CLL的疗效，共入组552例患者，FCR与FC的ORR分别为70%和58%、PFS分别为30.6个月和20.6个月、中位OS为未达到和53个月。这两个随机、前瞻性、大规模、多中心临床试验证明了FCR方案无论在初治还是难治/复发CLL患者的疗效均显著优于FC方案，进一步确立了利妥昔单抗在CLL治疗中的地位。

RTX的主要副作用是发热、寒战、低血压、皮疹等，少数有肾功能受损。发热常由感染引起，细菌、病毒及真菌都可成为病原体。由于炎性细胞因子（IL-6、IL-8、TNF-α和IFN-γ等），RTX可引起发热寒战、呼吸困难、低血压和恶心呕吐等反应，主要见于首次使用及淋巴细胞>50×10^9/L的患者。激素及逐渐增加RTX剂量可以减轻或减少此种反应。

总之，这些结果提示RTX加以Flu为基础的治疗是CLL治疗的巨大进步。有研究表明，在应用RTX时输入新鲜冰冻血浆，增加补体成分，可以更好地发挥RTX的作用，对部分难治/复发CLL可以起到较好疗效（Xu等，2010b）。采用大剂量甲泼尼龙（1 g/m^2，连续静脉用5天）和RTX（375 mg/m^2，第1天）对Flu耐药的难治进展型CLL有较好的疗效，ORR达93%，CR率达14%，但是这种方案可能增加机会性感染。

新的全人源性CD20单抗ofatumumab，可以裂解对RTX耐药的低表达CD20的Raji细胞，同时也可以裂解人血浆中或者未分离的血液中低表达CD20的CLL细胞。产生这种差异的原因一方面是ofatumumab的体内低清除率和对CD20结合的稳定性；另一方面在于它同RTX作用于CD20的靶点不同，因此可以用来治疗RTX耐药组病例。一项ofatumumab对复发/难治CLL患者的安全性及有效性研究的Ⅰ/Ⅱ期临床实验发现，最大耐受剂量可以达到2000 mg/d，多数药物相关副作用发生在第一次输注时，以后发生率明显减少。51%的患者发生了感染，其中88%的感染为1～2级。1例发生了致死性的间质性肺炎，其他病例都在1个月内得到恢复。治疗ORR达51%。

4. 阿仑单抗为基础的化学-免疫治疗 阿仑单抗（alemtuzumab，campath-1H）是一种重组的抗-CD52的单克隆抗体。CD52表达于几乎所有正常和肿瘤性B和T淋巴细胞，也见于单核细胞、巨噬细胞和NK细胞，但不表达于红细胞和造血干细胞。阿仑单抗的常规用法为30 mg/次，静脉滴注2小时，每周3次，共需4～12周，最多可用到18周。起始剂量为3 mg，如可耐受再提高至10 mg，最后增至30 mg，达到治疗剂量的时间一般为2～3周（Christian等，2008；Quintás-Cardama等，2009）。由于静脉输注时患者常有发热、寒战等反应，阿仑单抗越来越多地经由皮下注射给药，既方便，反应又少（Lundin等，

2002)。目前多将其作为二线药物治疗。但对有高危因素的患者例如 del (17p)，可将阿仑单抗作为有效的一线治疗药物。对 41 例 CLL 患者的Ⅱ期临床试验显示，阿仑单抗作为一线药物可使 19%的患者获得 CR，68%的患者 PR，ORR 为 87% (Hillmen 等，2007)。在先前使用过烷化剂并且使用 Flu 二线治疗失败或复发的进展期患者中，阿仑单抗单药治疗可获得 33%～53%的 ORR，中位缓解持续时间为 8.7～15.4 个月。在对 341 例 Flu 治疗失败的 CLL 病例总结结果表明，经 8～12 个疗程的阿仑单抗治疗后，ORR 为 39.4%，CR 率为 9.4%，PR 率为 30%，血清低水平 β_2-MG、外周血白细胞数<50×10^9/L 和淋巴结直径<3 cm 者效果较好。另外，已经证实即使在具有不良预后因素，包括具有高危的遗传标志物[例如 del (11q) 或 del (17p) 和 p53 突变] 的患者中，阿仑单抗也是有效的治疗药物。

在以 Flu 为基础的化疗后，使用阿仑单抗巩固治疗也可以改善缓解的质量，取得分子水平的缓解，并且相比于没有进一步治疗的患者可延长 PFS。在一项阿仑单抗同 CLB 作为 CLL 一线治疗的前瞻性比较研究中，证实阿仑单抗具有较好的 PFS，疾病进展或死亡的风险减少了 42%，使用阿仑单抗组 ORR 为 83%，CR 率为 24%，而 CLB 组 ORR 为 55%，CR 率为 2%，显著低于阿仑单抗组 ($P<0.001$)。

初步的资料显示，阿仑单抗与 Flu 联合应用可提高 ORR，并且对两者均耐药的病例也有效。最初在单药难治的 6 例患者中，5 例使用这两种药物得到缓解，其中 1 例 CR。Elter 等报道 Flu+阿仑单抗方案治疗 36 例复发患者，ORR 83% (30 例)，包括 11 例 CR (30%) 和 19 例 PR (53%)，随访 3 个月，16/31 (53%) 可评价的患者外周血 MRD 阴性，所有的病灶被清除，特别是在血液、骨髓和脾，患者可以很好地耐受 Flu+阿仑单抗联合治疗。虽然在治疗前，80%患者的巨细胞病毒 (CMV) IgG 阳性，但只有 2 例在治疗后出现亚临床 CMV 活化。

Frankfurt 等报道了阿仑单抗联合利妥昔单抗治疗 CLL 的Ⅱ期临床研究。阿仑单抗剂量逐渐增加 (3mg、10mg、30mg，分别于 d1、d3、d5；后续为 30 mg，周一、三、五，共 17 周)，从第 3 周开始每隔一周应用利妥昔单抗 375 mg/m²，共 8 周。21 例患者入组，15 例 (75%) 达 CR，3 例 (15%) PR，2 例 (10%) 病情稳定，显示了良好的疗效和耐受性。

阿仑单抗的主要副作用有寒战、发热、恶心、呕吐、腹泻、乏力、肌肉疼痛和头痛等，中性粒细胞减低、贫血和血小板减少，血压变化、皮疹等也常见。对症处理和减量可获缓解，必要时须停药。输注反应 (发热、寒战和皮肤反应) 最初发生在患者第一次输注阿仑单抗过程中，并且在大多数患者是轻微的。由于中性粒细胞和淋巴细胞减少而发生的感染是较严重的并发症，须积极预防和及时治疗。多数患者 1 年后可以恢复平稳的 $CD4^+$ T 淋巴细胞计数 (>0.2×10^9/L)。

5. 激素　皮质类固醇激素不依赖 p53 途径对 CLL 细胞有杀伤作用，可用于对烷化剂、嘌呤类似物耐药及 p53 突变或缺失的患者。泼尼松常用的起始剂量为 50 或 100 mg/d，以控制症状，然后隔天 1 次或逐渐减量以维持疗效。甲泼尼龙 1 g/ (m²・d) ×5d，每月 1 个疗程，对耐药、巨块型、骨髓衰竭的终末期患者有一定疗效 (Dungarwalla 等，2008；Xu 等，2010c)。

6. 干扰素 (IFN)　对早期 CLL 患者，IFN-α 可以降低淋巴细胞数、获得 PR，但对进展期患者疗效较差，且 IFN-α 不能延长 PFS 或 OS。IFN-α 对既往接受治疗的患者无效，IFN-α 作为 CLB 或 Flu 治疗后的维持治疗，对残留病灶或持续缓解时间无影响。

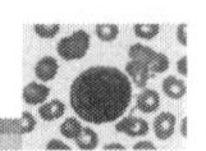

7. 放射治疗 既往几十年，脾照射曾经是CLL的主要治疗手段之一，纵隔照射、血的体外照射、全身照射（TBI）、半身照射也可以降低外周血淋巴细胞数，并使淋巴结、肝、脾缩小。现在由于有多种治疗选择，放疗已不是CLL的主要治疗。对Rai Ⅲ/Ⅰ期患者，脾区照射患者的生存期与CLB或COP方案治疗相当。但现在脾区照射的适应证为：①伴疼痛的巨脾患者；②脾大所致血细胞减少且不适宜行脾切除术的患者。几乎所有患者均能缩小脾及缓解疼痛，但对血红蛋白、血小板的改善效果不一定。初治患者的疗效优于经治患者。由于大剂量脾区照射可能引起中性粒细胞和血小板减少，所以推荐起始小剂量、分次照射（如隔天0.25～0.50 Gy或每周3次），根据疗效与毒性逐渐增加剂量，一般最大累计剂量为5～10 Gy。脾区照射缩小淋巴结、减少淋巴细胞数甚至可诱导CR的机制不清，可能为：①对CLL细胞的直接杀伤效应，体外对射线的敏感性与临床疗效存在相关性；②抑制$CD8^+$ T淋巴细胞；③诱导CLL细胞释放细胞因子；④脾区照射可产生放射治疗性脾切除。48例接受TBI治疗，5～10 rad，每周3～5次，总剂量100～400 rad，ORR 88%，其中1/3 CR。可产生严重的骨髓抑制，需数周至数月骨髓恢复，但一般耐受性较好。获得CR的大多患者，Ig水平恢复正常。

8. 脾切除 CLL患者脾切除主要用于：①治疗AIHA或ITP；②伴疼痛的巨脾；③白血病主要存在于脾；④脾功能亢进引起血细胞减少且对化疗无效。2/3的进展期患者脾切除后血红蛋白和血小板计数得到改善，约半数患者发生感染，围手术期败血症死亡率5%～10%，主要见于进展期且体能状态差的患者。所以对部分体能状态好的患者，脾切除可能改善血象，使其可以接受比较强烈的化疗。脾切除前1个月，应该接种肺炎球菌、脑膜炎球菌、流感嗜血杆菌疫苗。

9. 目前正在进行临床研究有可能用于复发CLL患者的药物 主要有细胞周期蛋白依赖性激酶抑制剂——夫拉平度（flavoperidol）、UCN-01，组蛋白脱乙酰基酶抑制剂——缩酚酞，蛋白激酶C调节剂——bryostatin1，反义寡核苷酸——oblimersen和小分子棉子酚。大量的单克隆抗体，如HLA-DR、CD40、CD23、TRAIL受体DR4和DR5单抗正在研究中（Luqman等，2008）。一项Ⅱ期临床试验观察了鲁昔单抗（lumiliximab）联合FCR方案治疗复发/难治CLL的疗效，将以往的FCR方案研究作为历史对照。31例患者入组，利妥昔单抗第1个疗程为375 mg/m²，后续疗程为500 mg/m²，ORR低于FCR方案（65% *vs* 73%），但CR率明显高于FCR方案（52% *vs* 25%）。目前一项FCR联合或不联合鲁昔单抗的随机对照研究正在进行中。Costerborg等应用ofatumumab治疗138例对Flu和阿仑单抗耐药的CLL患者，ORR达51%，OS为14个月，在治疗难治性CLL方面显示了一定的应用前景。一些已被证明在其他疾病有效的药物如来那度胺（lenalidomide）也被试用于CLL的治疗（Ferrajoli等，2008），Ramsay等发现来那度胺可以恢复CLL患者T淋巴细胞的快速迁移能力，增强对肿瘤细胞的免疫监视。Alessandra等采用来那度胺起始剂量10 mg/d、逐渐增加到25 mg/d的方法对难治/复发性CLL患者进行给药，结果ORR为32%，7%获得了CR。在del（11q）或del（17p）的患者中31%获得了ORR，IgHV无突变组中ORR为24%，Flu治疗失败的病例中ORR为25%，体现了来那度胺在治疗难治性CLL中的价值。来那度胺最常见的副作用是骨髓抑制，Ⅱ期临床研究表明从2.5 mg/d起始剂量分步递增给药，治疗初治CLL具有较好的安全性和临床疗效，70岁以上的老年患者仍然对其有良好的耐受性。

（四）造血干细胞移植

CLL 患者的中位发病年龄为 65 岁，其中 40%的患者小于 60 岁，12%的患者发病时 <50 岁，因此 CLL 患者大多不适合造血干细胞移植（HSCT）。目前已经能够根据临床、生物学特征鉴别高危患者，对于年轻的高危患者也可考虑进行 HSCT 临床试验（Tam 等，2009）。HSCT 在其他许多恶性血液病中的作用得到前瞻性研究确认，但在 CLL 缺少标准化疗、自体或异基因 HSCT 疗效的比较研究。目前最大的挑战是到底哪类患者需要 HSCT？何时进行移植？

1. auto-HSCT　由于移植患者疾病本身的条件、化疗方案的选择、动员的时机及净化的方法等的多样性，对该方案的疗效难以进行判断。目前尚无前瞻性比较 auto-HSCT 与化疗疗效的报道。回顾性研究表明 auto-HSCT 疗效优于传统化疗，移植相关死亡率（transplant-related mortality，TRM）为 2%～10%，移植后 4 年 OS 率为 65%～94%，对高危患者行大剂量化疗联合 auto-HSCT 能明显延长 OS，无 IgHV 突变者可在 auto-HSCT 中获益。英国医学研究会（Medical Research Council，MRC）对 115 例 CLL 初治患者进行筛选，其中 65 例（56%）Flu 诱导缓解后进行 auto-HSCT，仅 1 例死于移植早期合并症，CR 率 74%（48/65），5 年 OS 率及 DFS 率分别为 77.5%和 51.5%。可检测的 20 例患者中 16 例在移植后 6 个月内 PCR MRD 阴性。8%（5/65）的患者发生移植后 AML/MDS，可能与使用 TBI 有关。自体移植早期治疗相关死亡率较低，但移植后机会感染发生率较其他疾病高。该现象是由于 CLL 患者本身免疫力低下还是继发于 Flu 及其他治疗后的免疫抑制仍不清楚。移植后其他实体肿瘤的发生值得重视，有研究表明，19%的患者在中位 35 个月（1～138 个月）时发生第二肿瘤。约 9%的患者在中位 36 个月（11～87 个月）时继发 MDS。

与其他疾病相似，早期治疗和移植时肿瘤负荷低的患者预后较好，故认为患者应在第一次 CR 或 PR 后尽早行 HSCT。造血干细胞的采集时机和是否应该在第一次缓解时采集后保留至治疗终末期再应用，仍有待进一步探讨。此外，部分患者采集不到足够的 $CD34^+$ 细胞，尤其对于接受大剂量前驱治疗的患者，推荐在最后一次应用 Flu 或白细胞减除术至少 3 个月后再采集。复发是 auto-HSCT 的主要问题。应用 FCM 及 PCR 对 MRD 病变进行监测，对移植后复发的预测有一定意义。

最近欧洲血液和骨髓移植组（European group for blood and marrow transplantation，EBMT）（Michallet 等，2011）的Ⅲ期随机研究，比较 Flu 和烷化剂联合化疗诱导缓解（CR+PR）的患者接受 auto-HSCT 或观察，移植组的中位 EFS 显著高于观察组（51 个月 *vs* 24 个月，$P<0.001$），主要归因于移植组的 5 年复发率低（54.2% *vs* 75.5%，$P<0.001$），移植组至复发需要治疗或死亡的时间也明显长于观察组（65 个月 *vs* 40 个月，$P<0.002$），移植组与观察组的非复发死亡接近（4% *vs* 0%，$P=0.33$）。但是，中位随访 43.7 个月，两组的 OS 率无差异，移植组与观察组可能的 5 年 OS 率分别为 85.5%和 84.3%（$P=0.77$）。由于自体移植不能治愈 CLL，且长期疗效并不优于以 FCR 为代表的化学免疫治疗（Hallek 等，2010），不推荐临床常规自体移植治疗 CLL。

2. 清髓性 allo-HSCT　异基因造血干细胞移植是目前唯一有希望治愈 CLL 的手段，但 TRM 高，包括治疗相关毒性、移植物抗宿主病（GVHD）及感染，但存活患者疾病能得

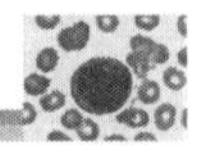

到长期控制。移植后 3 年 OS 率为 40%～50%，TRM 为 20%～40%，移植后供者淋巴细胞输注（donor lymphocyte infusion，DLI）对提高长期生存率有益，存活患者疾病能够得到长期控制。据 EBMT 资料统计，CLL 患者 allo-HSCT 的 TRM 为 46%，其中 GVHD 死亡率为 20%。Fred Hutchinson 肿瘤中心 allo-HSCT 治疗 25 例 CLL，21 例为全相合同胞供者，1 例为部分相合同胞供者，3 例为同基因供者，14 例患者出现 2～4 级急性 GVHD，10 例出现慢性广泛 GVHD，2 例复发，7 例应用美法仑和 Cy 预处理的患者非复发死亡率（NMR）高达 57%，而 18 例应用 TBI 预处理的患者 NRM 为 17%。25 例患者的 5 年 OS 率为 32%。应用美法仑和 Cy 预处理的患者移植后 3 年内均死亡。1992 年后应用 TBI 预处理的 14 例患者 5 年 OS 率为 56%。说明 CLL 患者移植后亦能获得长期生存。

近来，EBMT 移植专家们通过一个国际专家研讨的形式对 allo-HSCT 在 CLL 中的选择达成一致意见，认为 allo-HSCT 是高危 CLL 患者的一种合理的治疗选择，对治疗无效的年轻患者、在接受以嘌呤类似物为基础的联合化疗或 auto-HSCT 后达到缓解但 12 个月内早期复发 CLL 患者、p53 异常需要治疗的患者可以考虑行 allo-HSCT，具体见表 12-11（Dreger 等，2007）。最佳的移植策略需要根据临床实际情况而定，这也需要更广泛的前瞻性临床研究的支持。目前尚无自体、异基因移植治疗 CLL 的随机研究，M. D. Anderson 肿瘤中心的单中心研究结果表明异基因移植疗效好于自体移植，即使难治患者也可能长期缓解。异基因移植的最主要优点在于存在移植物抗白血病（graft versus leukemia，GVL）效应，移植后 DLI 或停用免疫抑制剂可诱导该效应产生。CLL 患者中证明 GVL 的主要证据：慢性 GVHD 患者复发率低，去 T 淋巴细胞移植后复发率高，去除免疫抑制和 DLI 具有临床疗效。研究者正在对 CLL 及其他血液恶性肿瘤患者应用 DLI 时的淋巴细胞用量及移植后的应用时机进行研究，希望能够达到最大的 GVL 效应而不引起 GVHD。

表 12-11　EBMT CLL 移植指南

allo-HSCT 是预后差 CLL 患者的一种合理的治疗选择，包括：
氟达拉滨耐药：对以嘌呤类似物为基础的治疗无反应或治疗后 12 个月内复发
嘌呤类似物联合治疗或 auto-HSCT 后 24 个月内复发＋高危遗传学异常
具有治疗指征的 p53 基因异常
Richter 转化
auto-HSCT 仅适用于临床试验

3. 非清髓造血干细胞移植　降低 allo-HSCT 后短期死亡率的最主要进展是非清髓或减低强度预处理的干细胞移植（reduced intensity conditioning regimens- stem cell transplantation，RIC-SCT）。主要的抗白血病效应是 GVL 作用而非化疗。在预处理时应用阿仑单抗可能会降低 GVHD 发生率，但却能够增加复发率，进而需要应用 DLI。

降低预处理强度能够降低 TRM，使老年患者 HSCT 成为可能，更多患者获得移植机会，是 CLL 最受关注的一种移植方式。虽然进行该类移植的患者多为反复化疗或难治性患者，但患者的植入率及 CR 率均较高，移植后患者生存期延长，这说明 GVL 效应在 CLL 患者治疗中可能得到广泛应用。今后的研究重点在于移植前或移植后维持适当的免疫抑制状态使嵌合状态能够呈稳态存在。值得强调的是这项治疗正在研究过程中，尽管与大剂量预处理相比其急性病死率明显降低，但慢性 GVHD 相关死亡及疾病控制情况仍有待进一步研究。

Fred Hutchinson 肿瘤中心对 64 例进展期 CLL 患者进行相关（$n=44$）或无关（$n=20$）供者 RIC-SCT，患者平均年龄 56 岁，多为 Flu 耐药患者。100 天和 2 年 TRM 分别为 11%和 22%。中位随访 24 个月，39 例仍存活，25 例仍 CR。2 年 OS 率及 DFS 率分别为 60%和 52%。尽管无关供者组合并症较多，但 CR 率高，复发率低，说明无关供者可能存在更有效的 GVL 效应。多个较大系列（Gribben 等，2009）的 CLL RIC-HSCT 结果显示，总的 TRM 为 13%～26%、2～4 级急性 GVHD 为 34%～56%、广泛慢性 GVHD 为 21%～58%、2 年 OS 率为 51%～72%、PFS 率为 34%～67%。目前尚无清髓、非清髓移植的随机研究，但 EBMT 的资料显示，RIC-SCT 的 TRM 明显下降，但复发率增高，两者的 OS、PFS 无显著差异。特别值得一提的是 EBMT 资料显示 allo-HSCT 能使 del（17p）的患者长期缓解（Schetelig 等，2008）。RIC-SCT 的重要问题是 GVHD，M. D. Anderson 的结果显示 RTX 在 RIC-HSCT 中的应用可减少 GVHD 的发生，但不增加复发。

总之，尽管大剂量化疗或 auto-HSCT 能够获得高 CR 率，一部分患者能够达到长期无病生存，甚至能够清除 PCR 可以检测到的 MRD，但目前大量临床试验随访时间仍较短，尚不能对 HSCT 能否治愈 CLL 得出肯定结论。虽然没有进行清髓性及非清髓性 allo-HSCT 在 CLL 患者疗效的比较，但是考虑到 CLL 患者年龄偏大，选择 RIC-SCT 似乎更合理；由于存在非清髓移植复发增高的可能，对年轻高危患者建议采用清髓性移植。随着 RIC-SCT 的不断成熟，其可能最终取代 auto-HSCT。将来的研究方向在于使 CLL 患者移植治疗相关死亡率与患者治愈潜能之间达到良好的平衡。

（五）感染防治

CLL 患者感染风险增高，原因为：①疾病影响，CLL 可引起低丙种球蛋白血症、中性粒细胞减少、低补体血症及 T 淋巴细胞功能异常，随疾病分期增高及低丙种球蛋白血症严重程度的加重，感染发生率增高；②化疗影响，如糖皮质激素、嘌呤类似物（降低 $CD4^+$ 细胞）、单克隆抗体（正常淋巴细胞减少）。由于免疫系统缺陷，疫苗接种一般无效。

反复细菌感染的低丙种球蛋白血症患者应该静脉输注免疫球蛋白（intravenous immunoglobulin，IVIG），如血清 IgG＜500 mg/dl，则每月静脉输注 Ig 0.3～0.5 mg/kg，维持其浓度＞500～700 mg/dl。细菌感染可减少 50%左右（特别是肺炎链球菌与流感嗜血杆菌引起的感染），但是严重细菌感染及非细菌感染的发生率并没减少，而且不能延长患者的生存期。较小剂量静脉输注 Ig，如每 4 周 250 mg/kg 或每 3 周 10 g，可能同样有效。Flu 治疗后使用 G-CSF 可以减少中性粒细胞减少及肺炎的发生率。核苷类似物、单克隆抗体及激素治疗后预防性使用抗生素可能有益，如甲氧苄氨嘧啶-磺胺甲基异噁唑（trimethoprim sulfamethoxazole）预防杰氏肺囊虫肺炎（以前又名卡氏肺孢子虫肺炎）、阿昔洛韦预防单纯疱疹、缬更昔洛韦（valgancyclovir）预防巨细胞病毒与单纯疱疹病毒感染，以及氟康唑预防真菌感染。

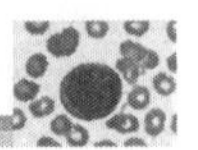

（六）自身免疫性血细胞减少症患者的治疗

自身免疫性血细胞减少症如AIHA、ITP患者首选皮质类固醇，泼尼松1 mg/（kg·d），有效率约75%，几天至几周起效，AIHA还需每天口服5 mg叶酸，血小板或血红蛋白/网织红细胞正常后，激素逐渐减量，2～3个月减完。如果7～10天无反应，加静脉输注Ig 0.4g/（kg·d）×5d，起效快而短暂，常需每3～4周重复使用。对激素及静脉输注Ig无效或激素难以减量的患者，换用环孢素（cyclosporin，CsA）约对2/3的ITP或AIHA患者明显有效。CsA治疗PRCA也取得了很好的疗效。一组研究报道，采用CsA 300mg/d，中位起效时间3周（1～13周）、达到最佳疗效时间10.5周（1～48周）、中位持续有效时间10个月（1^+～39^+个月），部分Flu相关血细胞减少的患者又采用Flu得到了有效治疗。

AIHA患者治疗过程中应密切观察，存在AIHA者不能绝对排除以Flu为基础的治疗；Flu引起者，停用Flu，今后避免使用Flu。部分患者也可选择RTX或脾切除。PRCA患者可选择泼尼松、CsA及抗胸腺细胞球蛋白（anti-thymocyte globulin，ATG）等免疫抑制剂。阿仑单抗可能是难治性免疫性血细胞减少症的有效选择。

九、随　　访

完成诱导治疗（一般6个疗程）达CR/PR的患者无须进一步治疗。无症状患者的随访应该包括每3个月血细胞计数及肝、脾、淋巴结触诊。应该特别注意出现免疫性血细胞减少症（AML、ITP）。CLL继发恶性肿瘤的风险增加2～7倍，包括继发性MDS、AML及实体瘤。

十、2011年v.1.NCCN推荐的CLL治疗指南

（一）初治患者的一线治疗选择

具有治疗指征的CLL患者根据FISH结果、年龄及身体适应性进行分层治疗。

1. 无del（17p）或del（11q）CLL患者的治疗推荐

（1）存在严重伴随疾病的虚弱患者（不能耐受氟达拉滨类似物）：①苯丁酸氮芥±泼尼松；②单用利妥昔单抗；③皮质类固醇冲击疗法。

（2）≥70岁或存在严重伴随疾病的<70岁患者：①苯丁酸氮芥±泼尼松；②BR（苯达莫司汀+利妥昔单抗）；③CP（环磷酰胺+泼尼松）±利妥昔单抗；④阿仑单抗；⑤利妥昔单抗；⑥氟达拉滨±利妥昔单抗；⑦克拉屈滨。

（3）<70岁或≥70岁但无严重伴随疾病的患者：化学免疫治疗，①FCR（氟达拉滨+环磷酰胺+利妥昔单抗）；②FR（氟达拉滨+利妥昔单抗）；③PCR（喷司他汀+环磷酰胺+利妥昔单抗）；④BR。

2. 伴del（17p）CLL患者的治疗推荐

（1）FCR；FR；HDMP（大剂量甲泼尼龙）。

（2）阿仑单抗±利妥昔单抗；苯达莫司汀±利妥昔单抗。

3. 伴 del（11q）CLL 患者的治疗方案

（1）≥70 岁或存在严重伴随疾病的<70 岁患者：①苯丁酸氮芥±泼尼松；②BR；③CP±利妥昔单抗；④减低剂量的 FCR；⑤阿仑单抗；⑥利妥昔单抗。

（2）<70 岁或≥70 岁但无严重伴随疾病的患者：化学免疫治疗，①FCR；②BR；③PCR。

（二）复发/难治患者的治疗选择

复发/难治患者，根据重复 FISH 检查结果、持续缓解时间、年龄及身体适应性分层治疗。

1. 无 del（17p）或 del（11q）CLL 患者的治疗方案

（1）持续缓解>3 年的患者：重复一线治疗方案。

（2）持续缓解<2 年且年龄≥70 岁的患者：①化学免疫治疗，即减低剂量的 FCR、减低剂量的 PCR、苯达莫司汀±利妥昔单抗、HDMP＋利妥昔单抗；②苯丁酸氮芥±泼尼松；③ofatumumab；④阿仑单抗±利妥昔单抗；⑤剂量密集利妥昔单抗。

（3）持续缓解<2 年且年龄<70 岁或年龄≥70 岁无严重伴随疾病的患者：①化学免疫治疗，即 FCR、PCR、BR、氟达拉滨＋阿仑单抗、CHOP（环磷酰胺＋多柔比星＋长春新碱＋泼尼松）、HyperCVAD（环磷酰胺＋多柔比星＋长春新碱＋地塞米松与大剂量甲氨蝶呤/阿糖胞苷交替）＋利妥昔单抗、剂量调整的 EPOCH、OFAR（奥沙利铂＋氟达拉滨＋阿糖胞苷＋利妥昔单抗）；②Ofatumumab；③阿仑单抗±利妥昔单抗；④HDMP＋利妥昔单抗。

2. 伴 del（17p）CLL 患者的治疗方案

（1）CHOP。

（2）CFAR（环磷酰胺＋氟达拉滨＋阿仑单抗＋利妥昔单抗）。

（3）HyperCVAD＋利妥昔单抗。

（4）OFAR。

（5）ofatumumab。

（6）阿仑单抗±利妥昔单抗。

（7）大剂量地塞米松±利妥昔单抗。

（8）苯达莫司汀±利妥昔单抗。

3. 伴 del（11q）CLL 患者的治疗方案　同无 del（17p）或 del（11q）CLL 患者的治疗方案。

第二节　浆细胞白血病

浆细胞白血病（plasma cell leukemia，PCL）是一种罕见的浆细胞恶性克隆性疾病。可分为原发性浆细胞白血病（primary plasma cell leukemia，PPCL）和继发性浆细胞白血病（secondary plasma cell leukemia，SPCL）。PPCL 是指既往没有浆细胞病病史，起病时即呈急性白血病的临床表现，而 SPCL 主要由多发性骨髓瘤（multiple myeloma，MM）发展而来，是 MM 终末阶段表现之一。

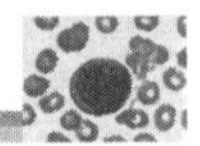

一、流行病学

本病发生率低，据美国1997～2002年病例统计，PCL的发生率为（0.02～0.03）/10万，占所有白血病的0.2%，PCL在黑种人中的发生率高于白种人，类似MM（Yamamoto等，2008）。PCL占所有浆细胞疾病的1%～2%（Dimopoulos等，1994），其中PPCL占60%（Blade，1999），SPCL占40%。1%～4%的MM患者最终进展为SPCL，随着生存期的延长可能有更多的MM患者进展为SPCL（Blade等，1999）。与SPCL相比，PPCL中位发病年龄相对较小，PPCL为54.5岁，而SPCL为65.7岁，类似MM（66岁），从MM进展至SPCL的中位时间是20.8个月，介于MM确诊和中位生存期之间，提示SPCL并非仅仅出现在MM的晚期，也可以发生在疾病早期。PPCL和SPCL的男女性比例均接近3∶2（Tiedemann等，2008）。

二、发病机制

PCL的发病机制目前还不完全清楚。恶性浆细胞表达多种造血细胞表面抗原，提示起源于多能干细胞。研究显示大部分PCL存在细胞遗传学和分子遗传学异常，提示染色体、基因的改变可能与PCL的发生、发展有一定的关系。

（一）p53失活

p53基因是目前发现与人类肿瘤相关性最高的抑癌基因，定位于17号染色体。在一个80例患者的研究中，发现50%PPCL和75%SPCL患者存在单个17p13.1（含p53基因）缺失，24%PCL患者存在p53基因突变。p53基因缺失和突变都可导致p53基因功能失活，因此56% PPCL和83%SPCL患者存在p53基因功能失活（Tiedemann等，2008）。17p13.1缺失在MM中仅10%，p53基因突变仅3%（Chng等，2007），而且被认为是MM晚期遗传学事件（Lloveras等，2004；Gertz等，2005）。11% PPCL和33% SPCL同时存在p53基因缺失和突变导致两个p53等位基因均失活。有研究显示，一个或两个p53等位基因失活对SPCL患者的生存期没有显著影响；而对于MM，17p13.1缺失提示预后不良（Lloveras等，2004；Gertz等，2005）。p53基因缺失或突变与预后缺乏相关性提示可能还存在其他影响p53功能的机制，如p53基因功能失活可能与负调控因子如MDM2的过表达或CDKN2A（p14ARF）（MDM2的负调控因子）活性的降低有关。虽然在PCL中没有检测到MDM2基因扩增，但29%的SPCL病例检测到抑癌基因p14ARF上游启动子超甲基化导致活性降低（Tiedemann等，2008）。

（二）myc重排和ras突变

myc基因是一组癌基因，包括C-myc、N-myc和L-myc，分别定位于8号染色体、2号染色体和1号染色体。与PCL有关的主要是C-myc基因易位。Tiedemann等（2008）用荧光原位杂交（FISH）技术检测显示，33%的PPCL和SPCL存在myc基因3′端重排，同时分别8%和17%的患者伴有myc基因扩增或5′端重排。myc重排可能与PPCL中患者OS缩短有关，myc 重排和没有重排患者的中位 OS 分别为 8.6 个月和 27.8 个月（P=0.006）。

ras 基因也是一组癌基因，与 PCL 有关的主要是 K-ras 或 N-ras。27% PPCL 和 15% SPCL 存在 K-ras 或 N-ras 在密码子 12、13、61 位置突变，导致 ras 功能激活。在 PPCL 中，ras 突变激活与不良预后有关（$P=0.069$）。而在 SPCL 中，K-ras 或 N-ras 突变的发生率与 MM 类似（Ortega 等，2006），MM 中约 21%存在 ras 突变，提示 ras 的激活可能在 MM 转化为 PCL 中没有明显作用（Bezieau 等，2001）。

（三）1 号染色体异常和 t（4；14）

研究显示 t（4；14）、del（13q14）、del（17p）、del（1p21）和 1q21 扩增是 MM 不良预后因素，但是这些染色体异常在 PCL 中的意义仍不清楚。Chang 等（2009）对 41 例 PCL（PPCL 15 例、SPCL26 例）进行了细胞遗传学研究，并且和 220 例 MM 进行了比较，结果显示 PPCL 和 SPCL 的细胞遗传学改变类似，但是相对于 MM，t（4；14）、del（13q14）、del（17p）、del（1p21）和 1q21 扩增在 PCL 中更常见。del（1p21）与 1q21 具有相关性，与 del（17p）呈现边缘相关性。1p21 缺失患者 OS 显著缩短，仅 6.2 个月，而没有缺失的患者为 33.5 个月（$P=0.006$）。t（4；14）患者与没有易位患者相比，OS 也明显缩短，分别为 1.5 个月和 21.6 个月（$P=0.003$）。13q14 缺失、del（17p）、1q21 扩增、t（11；14）则在该研究中显示对 OS 无显著影响。但多因素方差分析发现，去除其他预后因素如 CRP、血钙、β2-微球蛋白混杂因素的影响，仅 t（4；14）是独立不良预后因素。

由于 PCL 发病率低，关于 PCL 发病机制的研究较少，以上结果仍然需要大规模前瞻性研究来证实。此外，肿瘤的发生和发展是一个复杂的过程，可能还存在一系列有待发现的其他发病机制。

三、临床表现

PPCL 起病急，通常没有 MM 的前驱症状，大多数在 2 个月内确诊，临床表现为乏力、肝脾肿大、严重贫血和血栓形成，类似急性白血病。SPCL 具有 MM 晚期临床表现，包括严重贫血、反复感染、骨痛、出血倾向、慢性肾功能不全及髓外浸润等引起的症状，部分患者肝脾明显肿大。相比较而言，PPCL 髓外浸润比较普遍，约 15%的患者有肝、脾及淋巴结肿大（Blade 等，1999），无 M 蛋白成分或含少量 M 蛋白，骨质破坏较少。SPCL 是 MM 的终末期，往往贫血、出血较重，M 成分水平显著升高，溶骨性病变严重。M 蛋白的类型比例依次是 IgG 型 33%、IgA 型 20%、IgD 型 3%、IgE 型 1%，35%的患者为游离轻链型，不到 10%的患者为不分泌型（Tiedemann 等，2008）。

四、实验室检查

（一）血象

外周血浆细胞≥2×10^9/L 或分类≥20%，其中可有原始、幼稚浆细胞或骨髓瘤细胞。白细胞数可升高，也可减少或正常，常伴贫血和（或）血小板减少。SPCL 者全血细胞减少多

见。浆细胞的形态根据其成熟程度而有所不同，成熟浆细胞为卵圆形，胞浆中含有丰富的嗜碱性物质，细胞核为圆形，偏位，染色质呈“车轮状”排列（图 12-2A，彩图 3A）。不成熟的浆细胞染色质散在，核仁明显，核浆比例高（图 12-2B，彩图 3B）（Chan 等，2009）。

（二）骨髓象

骨髓增生大多活跃，浆细胞，包括原始、幼稚浆细胞或骨髓瘤细胞，比例通常＞30%，形态异常，糖原及酸性磷酸酶染色阳性。骨髓细胞涂片、活检的结果与 MM 类似，表现为单克隆浆细胞增多（图 12-2C 和 D，彩图 3C 和 D），正常造血细胞受到抑制。

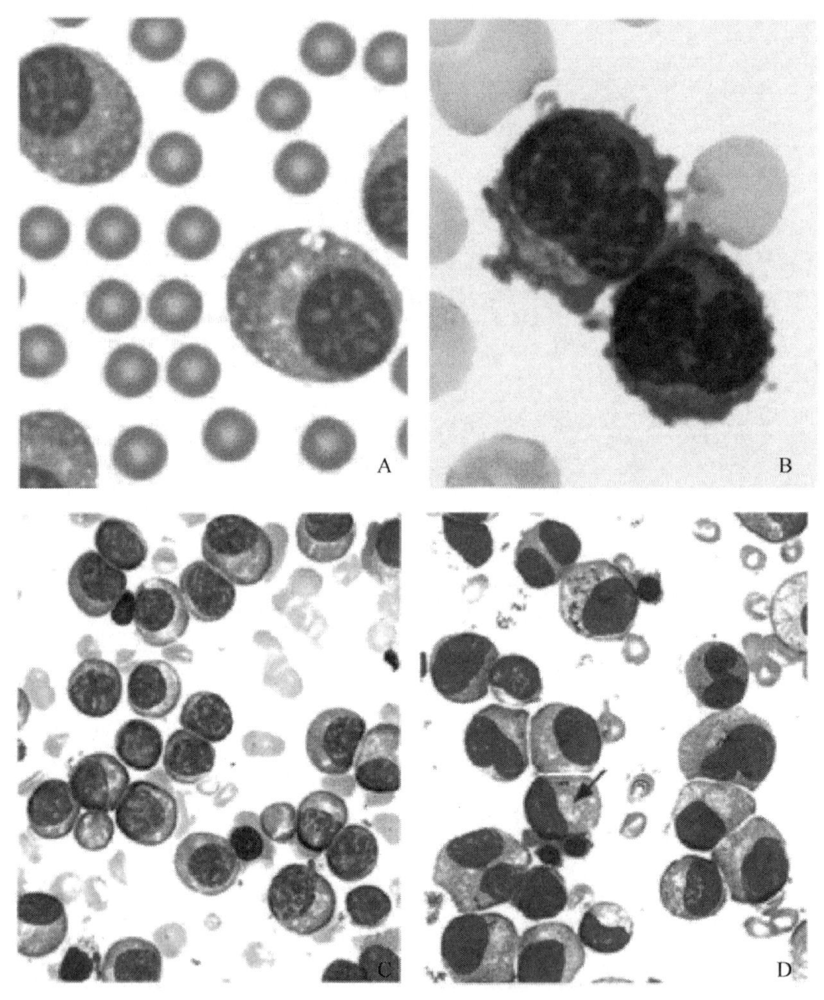

图 12-2 PCL 骨髓象特点

A. 健康人外周血细胞涂片；B. PCL 患者的外周血细胞涂片；C 和 D. 来自 2 例不同 MM 患者的骨髓瘤涂片，显示绝大多数成熟样浆细胞核偏位，高尔基带显著（箭头所示）（瑞-吉染色）

（三）免疫表型

PCL 和 MM 一样，特异性表达 CD138 和 CD38，不表达 CD2、CD3 和 CD16，出现

$CD10^+$、$CD13^+$和$CD15^+$的频率也类似。但CD20、CD56（NCAM）、CD9、CD117和HLA-DR在PCL和MM中的表达显著不同，CD20在PCL中表达相对较高，其余4种抗原则在MM中表达较高，$CD56^-$与髓外MM有关（Garcia-Sanz等，1999）。CD28在SPCL的恶性浆细胞表达较高，这一现象与在MM中观察到的一致，提示CD28抗原似乎与浆细胞增殖快和疾病进展有关（Pellat-Deceunynck等，1994）。

（四）生化及免疫学检查

SPCL患者常有肾功能异常（肌酐、尿素氮明显升高），低白蛋白血症，球蛋白升高，血钙也常升高。免疫固定电泳、免疫球蛋白定量、血清蛋白电泳显示存在单克隆免疫球蛋白显著升高和（或）单一轻链升高。PPCL患者血清中无单克隆免疫球蛋白或单克隆免疫球蛋白轻度升高，肾功能大多正常。与初发MM相比，PPCL肾功能不全的发生率和β_2-微球蛋白水平更高，SPCL肾功能不全的发生率也较高（Tiedemann等，2008）。其他与疾病进展有关的实验室检查如LDH升高在PCL中更常见（Garcia-Sanz等，1999；Tiedemann等，2008）。

五、影像学检查

SPCL患者大多有广泛的骨质疏松，伴溶骨性损害及病理性骨折，以颅骨、肋骨、脊柱椎体及骨盆等扁骨多见。PPCL患者则骨质破坏少见。

六、遗传学检查

由于PCL发病率低，关于PCL细胞遗传学的研究较少。其中2个相对大型研究（Avet-Loiseau等，2001；Tiedemann等，2008）分别对34例和38例PCL进行核型分析，发现分别有23例（67%）和24例（63%）患者有复杂亚二倍体或假二倍体。两组均只有3例为超二倍体（染色体数目分别为48、49、51和47、54、86）。而MM中60%患者存在超二倍体（Taniwaki，1996）。FISH检测显示，大多数PPCL和SPCL存在14q32（IgH）易位，分别为82%和87%，PPCL中IgH易位几乎均涉及11q13（CCND1），而SPCL涉及多个伙伴染色体，包括11q13、4p16（FGFR3/MMSET）和16q23（MAF）。t（11；14)和t（14；16）在PCL中发生率显著高于MM，t（11；14）分别为33%和16%（$P<0.025$），t（14；16）分别为13%和1%（$P<0.002$）；而t（4；14）发生率无显著差异（12%）。PCL中del（13）比MM更常见，分别为68%和42%（$P=0.005$）（Avet-Loiseau等，2001）。在Garcia Sanz等（1999）报道的26例患者中，del（13）在PCL中占84%，而MM中占26%。Mayo研究发现，del（13）在PPCL中非常常见（85%），显著高于MM（54%）（$P=0.002$），但是在PPCL和SPCL中没有显著差异。

七、诊断标准

（一）国内诊断标准（张之南等，2007）

（1）呈现白血病的临床表现或骨髓瘤的临床表现。

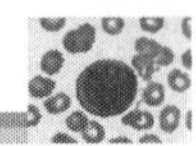

(2) 外周血白细胞分类中，浆细胞>20%，或绝对值≥2.0×10^9/L。

(3) 骨髓浆细胞增生，原始和幼稚浆细胞明显增多，伴形态异常。

(二) 国外诊断标准

Kyle等 (1974) 最早提出了PCL的诊断标准，于2003年被国际骨髓瘤工作组采纳 (International Myeloma Working Group，2003)：

(1) 外周血浆细胞>2.0×10^9/L。

(2) 外周血白细胞分类中，浆细胞>20%。

(3) PPCL：呈现白血病的临床表现。

(4) SPCL：由MM进展而来。

(三) WHO诊断标准 (Jaffe，2001)

(1) 临床上有类似多发性骨髓瘤的表现，但溶骨性破坏和骨骼疼痛较少见，而淋巴结和脏器肿大多见、肾功能衰竭常见。

(2) 外周血白细胞分类中浆细胞>20%或绝对值>2.0×10^9/L。

(3) 根据临床上有无浆细胞骨髓瘤病史，分为原发性与继发性两类。①PPCL：发生于无浆细胞骨髓瘤病史的患者。起病时外周血浆细胞即>20%或绝对值>2.0×10^9/L，且有形态学异常。临床表现与急性白血病相似。②SPCL：大多数继发于浆细胞骨髓瘤，少数继发于巨球蛋白血症、淋巴瘤、慢性淋巴细胞白血病和淀粉样变性。

SPCL浆细胞（包括骨髓瘤细胞）的形态学特征明显，通常无须经免疫表型检测即可确诊。PPCL的诊断，有条件时应做免疫表型检查，以确定原始及幼稚细胞来源于浆细胞。

八、鉴别诊断

PCL诊断相对比较简单，只需要与外周血中出现类浆细胞或淋巴细胞的疾病相鉴别。

(一) 反应性浆细胞增多症

反应性浆细胞增多症 (RP) 一般都有原发病，如各种严重感染（结核病最多见）、肿瘤、风湿性疾病、慢性肝病等。RP外周血中很少出现浆细胞，主要存在于骨髓中，且比例低，形态正常，缺乏单克隆κ或λ轻链，随原发病缓解而恢复正常。

(二) 急性髓细胞白血病

PPCL的临床表现和急性髓细胞白血病 (AML) 十分相似，主要根据形态学、细胞化学染色及免疫表型区分。由于浆细胞，包括原始及幼稚浆细胞，与原始粒细胞在形态上通常不易混淆；细胞化学染色，如过氧化物酶，AML阳性，而PPCL阴性。不典型者可借助免疫表型检测区分，浆细胞其CD38、CD138阳性，而AML的原始细胞则CD33、CD13阳性。

（三）急性淋巴细胞白血病

PPCL 偶尔需和急性淋巴细胞白血病（ALL）鉴别，当两者的原始、幼稚细胞呈不典型状态时，可借助免疫表型区分。B-ALL 者 CD19、CD20、CD10 阳性，T-ALL 者 CD2、CD5、CD7 阳性，而原始浆细胞则 CD38、CD138 阳性。

（四）多发性骨髓瘤

晚期多发性骨髓病（MM）外周血中也可出现浆细胞，但浆细胞比例<20%，而且绝对值<2.0×10^9/L。一旦外周血浆细胞>20%或绝对值>2.0×10^9/L 即为 SPCL。有学者研究发现，MM 伴外周血浆细胞增多但未达到 PCL 标准的患者预后与 PCL 患者类似，因此一旦 MM 患者外周血中出现浆细胞，临床医生应该引起重视。

（五）B 慢性淋巴细胞白血病/小淋巴细胞淋巴瘤

B 慢性淋巴细胞白血病/小淋巴细胞淋巴瘤（B-CLL/SLL）患者外周血中白细胞增多，绝大多数为成熟淋巴细胞，表达 B 淋巴细胞表型：$CD19^+$、$CD20^+$、$CD24^+$，而且 $CD5^+$，膜表面 Ig 呈弱表达，并只表达单一轻链，而 PCL 表达 CD138 和 CD38，不表达 CD5，可以与 B-CLL/SLL 相鉴别。

九、治　　疗

PPCL 和 SPCL 的治疗与 MM 相似，由于目前 PCL 无法治愈，因此 PCL 治疗的主要目标是延长生存时间和改善生活质量。PCL 治疗困难，与 PPCL 相比，SPCL 的治疗效果尤差，目前尚无标准治疗方案或最佳化疗方案。疗效的评估也主要参照 MM 的疗效标准（Kyle 等，2009）。

（一）传统化疗

1. 烷化剂　PCL 采用标准的烷化剂和激素治疗 OS 较短，仅 2～6 个月。但强化治疗能使 50%的患者中位 OS 延长至 20 个月。Vela-Ojeda 等（2008）报道，大剂量美法仑＋地塞米松（美法仑 80mg/m^2＋地塞米松 40mg/m^2）治疗 PCL 的反应率高于 VAD（长春新碱＋多柔比星＋地塞米松）或 VCMP（长春新碱＋环磷酰胺＋美法仑＋泼尼松），分别为 6/8（75%）和 0/12（0），主要的副作用是血小板减少、胃肠道反应和黏膜损害，但中位 OS 仅 60 天，提示烷化剂并不能显著改善 PCL 患者的预后。由于这是小样本研究，目前尚无法得出确切结论。

2. VAD 方案　最近 Tiedemann 等（2008）报道 21 例 PPCL 患者用 VAD 或 VBMCP（长春新碱＋卡莫司汀＋美法仑＋环磷酰胺＋泼尼松）方案化疗，另 20 例则用 MP（美法仑＋泼尼松）方案化疗。结果前者中位 OS 是 15.4 个月，而后者仅 4.1 个月。Jiménez-Zepeda 等（2006）的报道结果与此类似，VAD 治疗后的中位 OS 是 6.8 个月，而 MP 治疗后仅 2 个月，$P<0.05$，提示 VAD 方案的疗效优于 MP 方案。

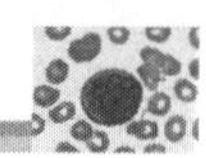

（二）新药治疗

1. 沙利度胺（thalidomide，商品名：反应停） 由于PCL对传统化疗反应较差，因此试图寻找新的有效的化疗药物。鉴于沙利度胺在初治甚至复发/难治患者MM的显著疗效，有学者将沙利度胺用于PCL治疗。

Wohrer等（2004）报道，用沙利度胺联合地塞米松（TD）治疗一例女性PPCL，用法是：沙利度胺200mg/d，地塞米松40mg，d1～d4，d15～d18，4周为1个疗程。连续治疗6个疗程后患者达VGPR，而且耐受性好。但是Pettrucci等（2007）报道的结果则不同，用沙利度胺单药治疗2例PPCL和3例SPCL，结果没有明显的反应，所有患者40～120天死亡。Bauduer等（2002）报道对VAD耐药的PCL患者使用沙利度胺有明显疗效。

Spencer（2009）等发现泼尼松联合沙利度胺作为维持治疗的3年PFS和OS组显著优于单用泼尼松组（Spencer等，2009），提示沙利度胺在MM维持治疗中具有一定的作用。同年，Abe（2009）等报道一例PPCL患者接受HLA全相合同胞异基因HSCT后用小剂量沙利度胺（100mg）维持治疗，结果39个月后仍处于CR状态。但是由于沙利度胺用于治疗PCL病例数较少且分散，因此其在PCL中的作用仍有争议。

2. lenalidomide（CC-5013，Revlimid） lenalidomide是一种沙利度胺衍生物，又称为免疫调节药物（IMiDs）。虽然两者结构类似，但有着不同的抗炎、免疫调节、抗血管和毒副作用。美国FDA已经批准该药用于MDS中$5q^-$综合征患者。根据两个大型Ⅲ期临床试验，lenalidomide联合地塞米松（Rd）方案已经被美国FDA和欧洲医药评价署批准用于既往至少接受过1个疗程化疗的MM。主要用法：lenalidomide，25mg/d，d1～d21，地塞米松40mg，d1～d4，28天为1个疗程。

Benson等（2007）将lenalidomide用于1例已经接受过3个疗程化疗后复发的SPCL患者，结果7天后外周血白细胞达正常范围，浆细胞消失。5个疗程的Rd治疗后仍处于缓解中。但是病例少，随访时间短。Musto等（2008）报道一例76岁PPCL患者，既往经VMP（硼替佐米＋美法仑＋泼尼松）治疗4个疗程后达VGPR，复发后再用VMP治疗无效后，给予Rd方案治疗。第1个疗程结束后即起效，但4个疗程后再次疾病进展而死亡，OS为8个月。Guglielmelli等（2009）报道一例50岁PPCL患者伴有del（13q14）、t（4；14）、p53缺失，先后经疗程VAD、PAD（硼替佐米＋多柔比星＋地塞米松）、自体干细胞移植、反应停治疗后复发，给予Rd方案治疗2个疗程，MPR方案化疗6个疗程，其中3个疗程MPR后达PR并持续4个月，但最终因疾病复发2个月后死亡，OS为35个月。

3. 硼替佐米（bortezomib，商品名：万珂） 硼替佐米是第一个用于临床的蛋白酶体抑制剂。特异性抑制26S蛋白酶体上的胰蛋白酶样水解活性。人体通过该通路降解各种蛋白质，从而控制细胞功能，包括转录、信号转导、细胞增殖和代谢。目前硼替佐米已经用于MM一线治疗。但硼替佐米用于治疗PCL较少，大部分是个案报道。

Kim等（2007）用硼替佐米联合环磷酰胺和地塞米松（VCD）（其中环磷酰胺750 mg/m^2，d1、d3）治疗1例SPCL，1个疗程即起效，2个疗程达CR。Katodritou等（2008）用硼替佐米联合地塞米松（VD）治疗3例存在不良细胞遗传学改变［13q14缺失和t（4；14）］的PPCL患者，结果起效快，维持时间长。Capalbo等（2007）用VD方案治疗一例难治性

SPCL 患者，2 个疗程后患者体能状态开始改善，8 个疗程后达 PR，随访 35 个月仍处于平台期。研究发现，硼替佐米的疗效与 PCL 常见的细胞遗传学改变如 del（13）；t（4；14）没有显著相关性，这与 MM 中的结果类似。

此外，由于 17p13 缺失导致的 TP53 失活，可能使 PCL 对恩环类药物更敏感（Bertheau 等，2007），为 PAD 方案在 PCL 中的应用提供了理论基础。Musto 等（2007）用硼替佐米联合化疗治疗 12 例 PCL（包括 3 例 PPCL 和 9 例 SPCL），总反应率为 92%，其中 5 例 PR，4 例 VGPR，2 例 CR，中位 OS 为 12 个月。AL-Nawakil 等（2008）报道，4 例 PCL 患者用 PAD 方案化疗，3 例达 VGPR，1 例达 CR。Chan 等（2009）用 PAD 方案（硼替佐米 1.3mg/m^2、多柔比星 5mg/m^2、地塞米松 40mg/m^2）治疗一例初治 PPCL 患者，5 个疗程后达 CR。FISH 检测发现该患者存在 t（11；14）（q13；q32），且 cyclinD1 高表达。不良反应主要与硼替佐米相关，如周围神经病，可以通过硼替佐米减量、营养神经对症支持治疗改善症状。

以上研究结果显示，含硼替佐米的联合化疗对 PCL 诱导治疗疗效较好。但是 PAD 和其他含硼替佐米的联合化疗对改善 PCL 的预后及在维持治疗的作用还需要多中心临床试验来证实。

（三）HSCT

PCL 最佳的治疗方案并不清楚（表 12-12）。有研究显示 auto-HSCT 或 allo-HSCT 是延长患者生存期的一个较好的疗法。Saccaro 等（2005）对 17 例新诊断的 PPCL 进行 HSCT（2 例来自 Mayo 诊疗中心，15 例来自国际骨髓移植登记处）。Mayo 诊疗中心 1 例 auto-HSCT 和 1 例同胞异基因全相合 HSCT；国际骨髓移植登记处 6 例 auto-HSCT 和 9 例allo-HSCT。部分结果显示，高强度化疗＋干细胞支持能使一部分患者达 CR，并显著延长 OS。最近，来自意大利的一个含 72 例 PPCL 患者的多中心回顾性研究中，36 例（50%）接受以蒽环类为基础的方案作为一线治疗，17 例（24%）单用烷化剂治疗，30 例（42%）以硼替佐米或沙利度安进行联合治疗（11 例）或者单药（19 例）治疗，23 例（31%）接受 auto-和（或）allo-HSCT。中位 OS 为 12.6 个月，22 例（30%）达 CR，18 例（25%）达 PR，中位缓解持续时间（DOR）为 16.4 个月。HSCT 患者 OS 和 DOR（分别 38.1 和 25.8 个月）显著高于未接受移植患者（分别 9.1 和 7.3 个月）（$P<0.001$）。多因素方差分析显示，治疗无效、低蛋白血症、未接受 HSCT 是导致 OS 缩短的主要因素，而 DOR 仅受有无接受 HSCT 的影响（Pagano 等，2011）。因此，对于各脏器功能良好、能耐受大剂量化疗、有合适供者的患者诱导治疗缓解后可以推荐行 auto-或 allo-HSCT。

表 12-12 PCL 治疗方案

方案	例数	中位 OS（月）
VAD（Tiedemann 等，2008）	21	15.4
MP（Tiedemann 等，2008）	20	4.1
沙利度胺（Petrucci 等，2007）	5	2.3
TD（Johnston 等，2002）	12	无
M-80（Vela-Ojeda 等，2008）	8	无

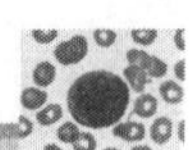

续表

方案	例数	中位 OS（月）
RD（Benson 等，2007）	1	无
PAD（Katodritou 等，2008）	3	12
HSCT（Saccaro 等，2005）	17	>24
HSCT（Pagano 等，2011）	23	12.6

此外，Nonami 等（2007）报道了第一例对化疗耐药的 PPCL 进行 2 个位点不相合的同胞异基因干细胞移植，通过 ATG 去除体内 T 淋巴细胞避免严重 GVHD，但仍然保留移植物抗 PCL 效应，结果随访 13 个月，该患者仍处于 CR 状态。由于该病侵袭性强，如果没有全相合供者，半相合 HSCT 也不失为一种选择，发挥其移植物抗 PCL 效应。

（四）双膦酸盐

双膦酸盐用于预防和减轻 PCL 或 MM 引起的骨病和高钙血症。帕米膦酸和唑来膦酸盐是目前最常用的双膦酸盐。虽然目前研究显示双膦酸盐具有抗骨髓瘤效应，但是它们在 PCL 中的作用还不清楚。

（五）其他

若有局灶性病变，局部 X 线照射可减轻部分症状。外周血浆细胞异常增高可以用血细胞分离器加以分离。

十、预　　后

PCL 具有很强的侵袭性，经过治疗的患者的生存期仅 7～11 个月，至少 28%的患者在确诊 1 个月内死亡。PPCL 的中位 OS 为 11.2 个月，而 SPCL 预后更差，中位 OS 仅 1.3 个月（$P<0.0001$）（图 12-3），50%以上 SPCL 发生在 MM 确诊后 24 个月内（Avet-Loiseau 等，2001；Tiedemann 等，2008）。由于 PCL 发病率低，研究的病例数有限，确切

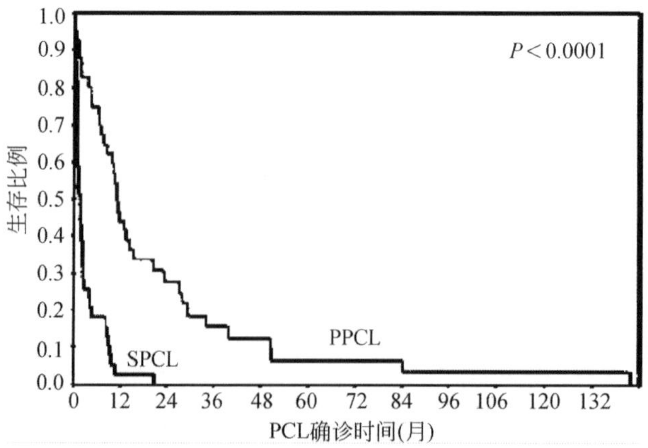

图 12-3　PPCL 和 SPCL 的生存（OS）时间

的预后因素还不清楚。Garcia-Sanz 等（1999）的小样本研究显示，许多预后参数与肿瘤负荷和细胞增殖有关。Avet-Loiseau 等（2001）报道，伴有 t（11；14）的 PCL 预后相对较好（中位 OS 为 12 个月，P=0.001），但是未得到其他学者的证实。

十一、小　结

PCL 是一类浆细胞增殖紊乱的侵袭性疾病，与 MM 相比，该疾病预后差，生存期短。在细胞遗传学和临床方面都与 MM 有一定的差别。PPCL 与 SPCL 在发病机制、临床表现、对治疗的反应及预后上也有一定的差别。总的来说，SPCL 比 PPCL 预后更差。p53 缺失、13q 缺失、复杂核型、低二倍体和 1q 扩增可能是不良预后因素。初步研究显示，新药如沙利度胺、雷利度胺、硼替佐米及骨髓移植在治疗 PCL 方面有一定的疗效，但还需要进一步研究证实。

第三节　毛细胞白血病

毛细胞白血病（hairy cell leukemia，HCL）是一种少见的 B 淋巴细胞系恶性疾病。大约只占成人白血病的 2%。男性发病率明显高于女性，约 4∶1。高峰年龄在 50 岁左右。虽然此种疾病少见，但多年来研究治疗取得了很大的进展，长期缓解及治愈率很高。

一、临床特征及诊断

约 50%的患者在诊断时已有全血细胞减少，而其他的患者则有单项或双项的血象减低，单核细胞减少亦是其特征之一。也有 10%～20%的患者会有白细胞增多，可大于(10～20) $\times 10^9$/L，称之为白血病期。

80%的患者在诊断时已有脾肿大，20%有肝肿大，淋巴结直径大于 2cm 并不多见，只有 10%左右。由于严重的血细胞减少，脾肿大，所以常常导致感染、难治性贫血、无力、虚弱等。此病亦可侵犯到骨组织，造成骨溶性的病变，以股骨近端多见。此外，少数人亦可能合并有其他自身免疫性疾病，比如硬皮病、多发性肌炎及结节性多动脉炎等。

毛细胞有其独特的形态特征，典型的毛细胞大于一般的小淋巴细胞，有纤细、不规则的小突起，呈绒毛状，核仁小而染色质致密，骨髓常常抽不出来，称之为“干抽”。

毛细胞的细胞化学特征为抗酒石酸性磷酸酶（tartrate resistant acid phosphatase，TRAP）呈阳性，但要注意偶尔其他淋巴系统疾病如幼稚淋巴细胞白血病（prolymphocytic leukemia，PLL）及 Sézery 综合征亦可阳性。近来在诊断 HCL 时，其免疫学表型的检查及分析也变得十分重要及不可缺少。其典型的标志为 B 淋巴细胞标志，如 CD19、CD20、CD22 阳性，但 CD5 阴性，一般 CD25 及 CD11c 也呈强阳性，其中最敏感及特异的免疫学标志为 CD103 呈阳性。

约 2/3 的 HCL 患者有染色体异常，5 号染色体异常最为多见，占 40%，如+5、臂间倒位及 5q13 中间缺失。

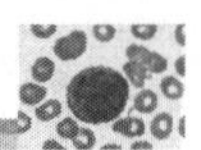

二、鉴别诊断

HCL的变异型（HCL variant）具有其独特的临床及病理特征，此类患者的白细胞不减少反而增加。有巨脾，TRAP染色呈阴性或只是轻度阳性，与典型的HCL不同的是，CD25及CD103常为阴性。日本报道的多数病例常常为不典型，称日本型。患者巨脾发生率高。无淋巴结肿大。淋巴细胞持续增高，且有较长的微绒毛。外周血的B淋巴细胞为多克隆且CD5阴性，TRAP弱阳性（Machii等，1997），变异型HCL对药物治疗如干扰素、2-氯脱氧腺苷（2-chlorodeoxyadenosine，cladribine，2-CdA）、戊咪二氮䓬（2′-deoxycoformycin，pentostatin，2′-DCF）等常常效果差。

伴有循环中绒毛淋巴细胞的脾淋巴瘤（splenic lymphoma with circulating villous lymphocytes，SLVL）有时很难与HCL区别，此种患者亦可有脾大，外周血循环中可有绒毛状突起的淋巴细胞，不同之处为其循环淋巴细胞常增多。无单核细胞减少，绒毛状突起不明显，TRAP阴性或弱阳性，CD11c强阳性，但CD103常为阴性（Sun等，1994）。

PLL亦容易与HCL或HCL变异型混淆，PLL的TRAP染色是阴性或局部阳性，CD103阴性。

三、治疗指征

HCL是慢性淋巴性增殖性疾病，也许几个月，或几年以至十几年不需要治疗而带病生存，但这类患者只占约10%。只有患者有临床症状和（或）血细胞减少时才需治疗。一般常用的治疗指征如下：①粒细胞$<1\times10^9$/L；②血小板$<100\times10^9$/L；③血红蛋白$<$110g/L；④白血病期；⑤脾大引起症状；⑥反复感染；⑦发热、盗汗、无力等。

四、疗效评定标准

疗效评定的标准各家有所不同，常用的如下：

完全缓解：血象及骨髓象正常，脾大恢复正常。

部分缓解：外周血毛细胞少于5%，骨髓毛细胞减少≥50%，脾大缩小≥50%。

五、治疗方法

（一）脾切除

过去脾切除曾是主要的、有效的、首选治疗方法（Golomb等，1983），40%～70%的患者切脾后，外周血红、白细胞及血小板恢复正常。2/3的患者其外周血缓解亦可维持约20个月，但长期缓解的患者很少。

由于有了有效的药物治疗，所以目前切脾只用于对药物治疗无效的患者或有巨脾及脾破裂者。

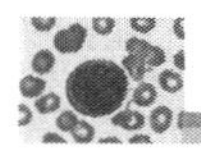

（二）药物治疗

1. 干扰素（IFN） Quesoda 等（1984）在 1984 年最先报道了 IFN 对治疗 HCL 有效之后，在这方面有不少报道。一般常用剂量为 2×10^6 IU/m²，皮下注射，每周 3 次，需 12～18个月。虽然 IFN 治疗 HCL 的 OR 率达 75%～90%，但 CR 率只有8%～10%。达到 PR 的中位时间约为 6 个月，达到 CR 的中位时间约为 14 个月。即使患者达到了 CR，在停药后 12～24 个月也常常复发。因此，IFN 并不是治疗 HCL 的有效疗法。在有些情况下，如患者有感染，可采用 IFN 来暂时医治以避免用 2-CdA 或 2′-DCF 造成的免疫抑制从而使感染进一步恶化。

2. 戊咪二氮䓬（2′-deoxycoformycin，pentostatin，2′-DCF） 2′-DCF 是从链丝菌培养液中分离出的一种核苷酸，对腺苷脱胺酶（adensine deaminase，ADA）有不可逆的强大抑制作用，而此酶广泛存在于淋巴细胞组织中，对淋巴细胞的核苷酸代谢起很重要的作用。

2′-DCF 治疗 HCL 的常用剂量为 4mg/m²，静脉滴注 30 分钟，每 2 周 1 次，直到 CR。一般需要 3～6 个月的治疗。多数患者能在 6 个月内达到 CR。各家报道的 CR 率达 59%～89%，而且常可维持多年。Flinn 等 2000 年报道了 241 例患有 HCL 的患者给予 2′-DCF 治疗，10 年生存率高达 81%，仅有 2 人死于 HCL。治疗的主要副作用为恶心、呕吐、骨髓抑制、角结膜炎及免疫功能低下。

3. 2-氯脱氧腺苷（2-chlorodeoxyadenosine，cladribine，2-CdA） 2-CdA 也是一种核苷酸的类似剂，是当今治疗 HCL 之首选，它之所以成为治疗之首选是因为不仅 CR 率高，而且只需用 1 个疗程。常用的有两种剂量与途径：①2-CdA 0.1 mg/（kg·d），连续静脉滴注，共用 7 天；②2-CdA 0.14 mg/（kg·d），静脉 2 小时滴注或皮下注射，共用 5 天。

Piro 等在 1994 年报道了 144 例 HCL 患者给予 2-CdA 治疗，剂量 0.1mg/（kg·d），共 7 天静脉连续滴注，其 CR 率高达 85%，PR 率 12%。达到血象恢复中位时间约 61 天（11～268 天）。其后有不少报道用 2-CdA 0.14mg/（kg·d），共 5 天，每次 2 小时静脉滴注法也取得了同样的疗效，且更方便于临床应用。

Saven 等在 1998 年报道了应用 2-CdA 治疗 349 例 HCL 患者，并做了长期追踪，CR 率达 91%，PR 率 7%，中位缓解时间约达 52 个月。经过治疗而达到 CR 的患者在追踪 4 年后约有 16.3%复发，而且随着时间的推移复发并未明显达到饱和。美国西北大学追踪了 86 例用过 1 个疗程 2-CdA 的患者，其 12 年的总生存率为 87%，而 PFS 率则为 54%。

到底多少患者最终得以完全根治仍不十分肯定。据有关报道，25%～50%的患者在用 2-CdA 以后，虽然骨髓形态上达 CR 标准，但是用细胞免疫化学标志分析时，仍有 MRD。而有人用多聚酶链反应来检测 7 个 CR 的患者均可查出 MRD。

2-CdA 一般不引起恶心、呕吐及脱发，但此药引起的发热却很常见，占 35%～60%，实际合并感染并不常见。发热认为是由于细胞因子从毛细胞内释放而造成的。

无论是 2′-DCF 还是 2-CdA 均可导致长期免疫抑制。2′-DCF 停药后，患者的 $CD4^+$ 及 $CD8^+$ 淋巴细胞可持续 6 个月低于 0.2×10^9/L，需要约 54 个月恢复正常。2-CdA 也同样抑制 $CD4^+$ 淋巴细胞，恢复正常的中位时间约为 40 个月。

虽然此两种药引起免疫抑制，但是除了偶尔有疱疹病例外，机会性感染并不多见，除非同时合并用激素。由于免疫抑制，此类药物是否会引起其他恶性肿瘤的长期追踪变得至

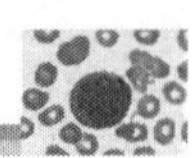

关重要。有报道 2-CdA 可轻微增加其他恶性肿瘤的发生，但是 Kurzrock 等在 1997 年报道，长期追踪了先前用此类药医治的 350 例 HCL 患者，并无其他恶性肿瘤发生率增加的倾向。表 12-13 列举了治疗 HCL 的各种方案。

表 12-13 治疗 HCL 的各种方案

药物	剂量与途径	OR 率（%）	CR 率（%）	主要毒性
2-CdA	0.1 mg/（kg·d）×7 天，静脉连续滴注或 0.14mg/（kg·d）×5 天每次静脉滴注 2 小时或皮下注射	86～97	75～85	骨髓抑制免疫抑制药物热（35%～60%）
2-DCF	4mg/m²，静脉滴注 30 分钟，每 2 周 1 次，3～6 个月，或直至 CR	78～95	33～89	骨髓抑制、免疫抑制、恶心、呕吐、角结膜炎
干扰素	2×10⁶IU/m²，皮下注射，每周 3 次，约 12 个月	75～93	5～30	流感样综合征、疲乏、抑郁

注：OR. 总有效率；CR. 完全缓解。

总之，2-CdA 及 2′-DCF 均为十分有效的治疗 HCL 之首选药。较之 2′-DCF、2-CdA 临床运用起来更为方便，疗效快，而且一般只需用 1 个疗程。

在用 2-CdA 或 2′-DCF 治疗时需定期检查血象、肝肾功能等。在治疗后 3 个月，需复查骨髓等各项指标来评估疗效。

六、微小残存病变

治疗后是否仍有 MRD 存在，对将来是否有复发有一定的预测性。有一报道（Tallman 等，1999）共检测了 66 例 HCL 患者，其中 50%治疗后仍有 MRD 患者将最终复发，而治疗后无 MRD 的患者相对复发率仅约 6%。即便如此，目前对于治后仍有 MRD 的患者，无须再追加治疗。

七、复发或难治病例的治疗

无疑干扰素治疗后复发的患者可用 2-CdA 或 2′-CDF。即便是先前用 2-CdA 或 2′-DCF，治疗后复发的患者亦可再次使用 2-CdA 而有机会重新得以缓解。Goodman 等（2003）报道约 60 例先前用过 2-CdA 的 HCL 患者，第一次复发后，再次给予 2-CdA，约有 75%重新达到 CR，总疗效可达 92%。

如复发者先前已 2 次用过 2-CdA 或 2 个疗程的 2-CdA，则可考虑用 2-DCF 或单克隆抗体疗法，如美罗华（rituximab）或 BL22，下文将详述。

八、单克隆抗体疗法

用抗-CD-20 的单克隆抗体美罗华治疗复发的 HCL 患者已有多篇报道，但总病例数仍有限。目前报道最多病例数的是 Nieve 等（2003），他报道共 24 例，这些病例先前都曾用过 2-CdA，且复发。这 24 病例用美罗华后，13%患者达到 CR，13%患者达到 PR。但在追踪 14.6 个月后，有 1/3 的患者再次复发。

Kreitman 等在 2001 年首次报道了用单克隆抗体抗-CD22（BL22）作为载体与变异了的假单胞菌外毒素（trunctated psendomonas exotoxin）交联结合，带到并进入靶细胞从而有效地起到杀伤毛细胞的作用，共 16 个 HCL 患者用此法治疗。在这 16 例患者中，有 13 例为典型的 HCL，3 例为 HCL 变异型，均属顽固，难治型病例。这些患者先前或从未获得过 CR，或获得 CR 后 6 个月内复发或是对 2-CdA 等无效。用此种方法治疗后 11 例获得 CR，2 例获得 PR，其中 3 例之前对化疗无效的 HCL 变异型亦获得 CR。更可喜的是用免疫学标志和（或）PCR 检测发现 11 例 CR 患者中只有 2 例有 MRD，其余均为阴性。在追踪了 16 个月之后，有 3 例复发，而这 3 例中 2 例为 HCL 变异型，1 例为典型的 HCL，再次给予此法治疗后，又重新获得 CR。

HA22 是第二代重组免疫毒素（recombinant immunotoxin），它与之前的 BL22 的差异只在 3 个氨基酸，体外实验显示其具有更佳的抗毛细胞白血病之功效（Salvatore G 等，2002）。目前临床实验正在进行。

参考文献

董华洁等 . 2010. 单克隆 B 淋巴细胞增多症 . 中华血液学杂志，31：565

刘琼等 . 2009. CpG 寡脱氧核苷酸刺激培养对慢性淋巴细胞白血病细胞染色体分析的影响 . 中华血液学杂志，30：601

王建祥等 . 2010. 中国慢性淋巴细胞白血病诊断与治疗专家共识 . 中华血液学杂志，31：141

徐卫，李建勇 . 2011. 努力提高慢性淋巴细胞白血病的规范化诊断与治疗水平 . 国际输血及血液学杂志，34：1

张之南等 . 2007. 血液病诊断及疗效标准 . 第三版 . 北京：科学出版社，126

Abe M et al. 2009. Plasma cell leukemia maintaining complete remission by syngeneic stem cell transplantation combined with low-dose thalidomide maintenance therapy. Intern Med，48：1833

Al-Nawakil C et al. 2008. Bortezomib，doxorubicin and dexamethasone association is an effective option for plasma cell leukemia induction therapy. Leuk Lymphoma，49：2012

Avet-Loiseau H et al. 2001. Cytogenetic，interphase，and multicolor fluorescence in situ hybridization analyses in primary plasma cell leukemia：a study of 40 patients at diagnosis，on behalf of the Intergroupe Francophone du Myelome and the Groupe Francais de Cytogenetique Hematologique. Blood，97：822

Badoux XC. 2011. Fludarabine，cyclophosphamide and rituximab chemoimmunotherapy is highly effective treatment for relapsed patients with CLL. Blood，online

Bauduer F. 2002. Efficacy of thalidomide in the treatment of VADrefractory plasma cell leukaemia appearing after autologous stem cell transplantation for multiple myeloma. Br J Haematol，117：996

Benson DM Jr et al. 2007. Effectiveness of lenalidomide（revlimid）for the treatment of plasma cell leukemia. Leuk Lymphoma，48：1423

Bertheau P et al. 2007. Exquisite sensitivity of TP53 mutant and basal breast cancers to a dose-dense epirubicin-cyclophosphamide regimen. PLoS Med，4：90

Bezieau S et al. 2001. High incidence of N and K-ras activating mutations in multiple myeloma and primary plasma cell leukemia at diagnosis. Hum Mutat，18：212

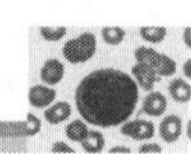

Blade J et al. 1999. Nonsecretory myeloma，immunoglobulin D myeloma and plasma cell leukaemia. Hematol Oncol Clin North Am，13：1229

Capalbo S et al. 2007. Effective combination therapy of bortezomib and dexamethasone for a plasma cell leukemia patient with multiple osteolytic lesions and extramedullary involvement. Acta Oncol，46：262

Catovsky D et al. 1994. Long-term results with 2-deoxycoformycin in hairy cell leukemia. Leuk Lymphoma，14（Suppl 1）：109

Chadha P et al. 2005. Long-term follow-up of the Northwesten University experience. Blood，106：241

Chan SM et al. 2009. Complete remission of primary plasma cell leukemia with bortezomib，doxorubicin，and dexamethasone：a case report. Cases J，2：121

Chang H et al. 2009. Genetic aberrations including chromosome 1 abnormalities and clinical features of plasma cell leukemia. Leuk Res，33：259

Chen L et al. 2007. The prognostic evaluation of CLLU1 expression levels in 50 Chinese patients with chronic lymphocytic leukemia. Leuk Lymphoma，48：1785

Chen L et al. 2008. Distinctive IgVH gene segments usage and mutation status in Chinese patients with chronic lymphocytic leukemia. Leuk Res，32：1491

Chng WJ et al. 2007. Clinical significance of TP53 mutation in myeloma. Leukemia. 21：582

Christian BA et al. 2008. Antibody therapy for chronic lymphocytic leukemia. Semin Hematol，45：95

Danilov AV. 2006. Molecular pathogenesis of chronic lymphocytic leukemia. Curr Mol Med，6：665

Decker T et al. 2004. Induction of caspse-dependent programmed cell death in B-cell chronic lymphocytic leukemia by anti-CD 22 immunotoxin. Blood，103：2718

Dighiero G et al. 2008. Chronic lymphocytic leukaemia. Lancet，22（371）：1017

Dimopoulos M A et al. 1994. Primary plasma cell leukaemia. Br J Haematol，88：754

Dong H et al. 2010. The prognostic significance of TP53 mutations in Chinese patients with chronic lymphocytic leukemia is independent of del（17p13）. Ann Hematol，online

Dreger P et al. 2007. Indications for allogeneic stem cell transplantation in chronic lymphocytic leukemia：the EBMT transplant consensus. Leukemia，21：12

Dungarwalla M et al. 2008. High dose methylprednisolone and rituximab is an effective therapy in advanced refractory chronic lymphocytic leukemia resistant to fludarabine therapy. Haematologica，93：475

Döhner H et al. 2000. Genomic aberrations and survival in chronic lymphocytic leukemia. N Engl J Med，343：1910

Ellision DJ et al. 1994. Immunomorphologic analysis of bone marrow biopsies after treatment with 2-chlorodeoxyadnosine for hairy cell leukemia. Blood，84：4310

Eugenio E et al. 1998. Five day intermittent vs. seven day continuous 2-chlorodeoxyadnosine infusion for the treatment of hairy cell leukemia：a study by Italian Group for the hairy cell leukemia. Recenti Progressi in Medicina，2：89

Ferrajoli A et al. 2008. Lenalidomide induces complete and partial remissions in patients with relapsed and refractory chronic lymphocytic leukemia. Blood，111：5291

Filleul B et al. 1994. A single course of 2-chlorodeoxyadenosine does not eradicate leukemia cells in hairy cell patients in complete remission. Leukemia，8：1153

Flinn IW et al. 2007. Phase Ⅲ trial of fludarabine plus cyclophosphamide compared with fludarabine for patients with previously untreated chronic lymphocytic leukemia：US Intergroup Trial E2997. Clin Oncol，25：793

Flinn IW. 2000. Long-term follow-up of remission duration，mortality，and second malignancies in hairy-

hairy-cell leukemia patients treated with pentostatin. Blood, 96: 2981

Foon KA et al. 2009. Chemoimmunotherapy with low-dose fludarabine and cyclophosphamide and high dose rituximab in previously untreated patients with chronic lymphocytic leukemia. J Clin Oncol, 27: 498

Garcia-Sanz R et al. 1999. Primary plasma cell leukemia: clinical, immunophenotypic, DNA ploidy, and cytogenetic characteristics. Blood, 93: 1032

Gertz MA et al. 2005. Clinical implications of t (11; 14) (q13; q32), t (4; 14) (p16.3; q32), and-17p13 in myeloma patients treated with high-dose therapy. Blood, 106: 2837

Goldin LR et al. 2004. Familial risk of lymphoproliferative tumors in families of patients with chronic lymphocytic leukemia: results from the Swedish Family-Cancer Database. Blood, 104: 1850

Golomb HM et al. 1983. Response to splenectomy in 65 patients with hairy cell leukemia; an evaluation of spleen weight and bone marrow involvement. Blood, 61: 349

Goodman GR et al. 2003. Extended follow up of patients with hairy cell leukemia after treatment with cladribine. J Clin Oncol, 21: 891

Gribben JG et al. 2009. Stem cell transplantation in chronic lymphocytic leukemia. Biol Blood Marrow Transplant, 15: 53

Guglielmelli T et al. 2009. Lenalidomide, melphalan, and prednisone association is an effective salvage therapy in relapsed plasma cell leukaemia. J Oncol, 86: 7380

Hagberg H et al. 2001. Rituxinab, a chemaeric anti-CD20 monoclonal antibody in the treatment of HCL. Br J Haematol, 115: 609

Haglund U et al. 1994. Hairy cell leukemia is characterize by clonal chromosomal abnormalities clustered to specific regions. Blood, 83: 2637

Hallek M et al. 2008a. Guidelines for the diagnosis and treatment of chronic lymphocytic leukemia: a report from the International Workshop on Chronic Lymphocytic Leukemia updating the National Cancer Institute Working Group 1996 Guidelines. Blood, 111: 5446

Hallek M et al. 2008b. German CLL Study Group, Prognostic factors in chronic lymphocytic leukemia. Ann Oncol, 19: 51

Hallek M et al. 2010. Addition of rituximab to fludarabine and cyclophosphamide in patients with chronic lymphocytic leukaemia: a randomised, open-label, phase 3 trial. Lancet, 376: 1164

Hamblin TJ et al. 1999. Unmutated IgV (H) genes are associated with a more aggressive form of chronic lymphocytic leukemia. Blood, 94: 1848

Hillmen P et al. 2007. Alemtuzumab compared with chlorambucil as first-line therapy for chronic lymphocytic leukemia. J Clin Oncol, 25: 5616

International Myeloma Working Group. 2003. Criteria for the classification of monoclonal gammopathies, multiple myeloma and related disorders: a report of the International Myeloma Working Group. Br J Haematol, 121: 749

Jaffe E et al. 2001. World Health OrganizationClassification of Tumours: pathology and genetics of tumours of haematopoietic and lymphoid tissues. Lyon IARC, 171

Jiménez-Zepeda VH et al. 2006. Plasma cell leukemia: a rare condition. Ann Hematol, 85: 263

Johnston RE et al. 2002. Thalidomide in low doses is effective for the treatment of resistant or relapsed multiple myeloma and for plasma cell leukaemia. Leuk Lymphoma, 43: 351

Katodritou E et al. 2008. Response of primary plasma cell leukemia to the combination of bortezomib and dexamethasone: do specific cytogenetic and immunophenotypic characteristics influence treatment outcome? Leuk Res, 32: 1153

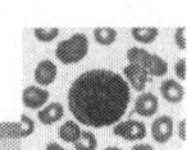

Kim SJ et al. 2007. Combination chemotherapy with bortezomib, cyclophosphamide and dexamethasone may be effective for plasma cell leukemia. Jpn J Clin Oncol, 37: 382

Knauf W et al. 2009. Bendamustine in the treatment of chronic lymphocytic leukemia. Expert Rev Anticancer Ther, 9 : 165

Kreitman RJ et al. 2001. Complete remission of chemotherapy-resistant HCL with recombinant anti-CD22 immunotoxin BL22, relapse, and status of minimal residual disease in the blood and bone marrow. Blood, 98: 2662a

Kreitman RJ et al. 2001. Efficacy of the anti-CD22 recombinant immunotoxin BL22 in chemotherapy-resistant hairy-cell leukemia. N Engl J Med, 4: 241

Kurzrock R et al. 1997. Second cancer risk in hairy cell leukemia analysis of 350 patients. J Clin Oncol, 15: 1803

Kyle RA et al. 1974. Plasma cell leukemia, report on 17 cases. Arch Int Med, 133: 813

Kyle RA et al. 2009. Criteria for diagnosis, staging, risk stratification and response assessment of multiple myeloma. Leukemia, 23: 3

Lloveras E 2004. Cytogenetic and fluorescence in situ hybridization studies in 60 patients with multiple myeloma and plasma cell leukaemia. Cancer Genet Cytogenet, 148: 71

Lundin J et al. 2002. Phase Ⅱ trial of subcutaneous anti-CD52 monoclonal antibody alemtuzumab (Campath-1H) as first-line treatment for patients with B-cell chronic lymphocytic leukemia. Blood, 100: 768

Luqman M et al. 2008. The antileukemia activity of a human anti-CD40 antagonist antibody, HCD122, on human chronic lymphocytic leukemia cells. Blood, 112: 711

Machii T et al. 1997. Polyclonal B-cell lymphocytosis with features resembling hairy cell leukemia-Japanese variant. Blood, 89: 2008

Magee MJ et al. 1985. Hairy cell leukemia durability of response to splenectomy in 26 patients and treatment of relapse with androgens in 6 patients. Cancer, 56: 2557

Matutes E et al. 2010. Diagnostic issues in chronic lymphocytic leukemia (CLL) . Best Practice Res Clin Haematol, 23: 3

Michallet M et al. 2011. Autologous hematopoietic stem cell transplantation in chronic lymphocytic leukemia: results of European intergroup randomized trial comparing autografting versus observation. Blood, 117: 1516

Miguet L et al. 2009. Proteomic analysis of malignant B-cell derived microparticles reveals CD148 as a potentially useful antigenic biomarker for mantle cell lymphoma diagnosis. J Proteome Res, 8: 3346

Musto P et al. 2007. Efficacy and safety of bortezomib in patients with plasma cell leukemia. Cancer, 109: 2285

Musto P et al. 2008. Salvage therapy with lenalidomide and dexamethasone in relapsed primary plasma cell leukemia. Leuk Res, 32: 1637

Nabhan C et al. 2008. Controversies in the front-line management of chronic lymphocytic leukemia. Leuk Res, 32: 679

Nieva J et al. 2003. Phase Ⅱ study of rituxinab in the treatment of cladribine-failed patients with HCL. Blood, 102: 810

Nonami A et al. 2007. Successful treatment of primary plasma cell leukaemia by allogeneic stem cell transplantation from haploidentical sibling. Jpn J Clin Oncol, 37: 969

Orchard JA et al. 2004. ZAP-70 expression and prognosis in chronic lymphocytic leukaemia. Lancet, 363: 105

Ortega MM et al. 2006. N-RAS and K-RAS gene mutations in Brazilian patients with multiple myeloma. Leuk Lymphoma，47：285

Pagano L et al. 2011. Primary plasma cell leukemia：a retrospective multicenter study of 73 patients. Ann Oncol，[Epub ahead of print]

Palumbo GA et al. 2009. CD200 expression may help in differential diagnosis between mantle cell lymphoma and B-cell chronic lymphocytic leukemia. Leuk Res，33：1212

Pellat-Deceunynck C et al. 1994. Expression of CD28 and CD40 in human myeloma cells：a comparative study with normal plasma cells. Blood，84：2597

Petrucci MT et al. 2007. Thalidomide does not modify the prognosis of plasma cell leukemia patients：experience of a single center. Leuk Lymphoma，48：180

Piro L et al. 1990. Lasting remissions in hairy cell leukemia induced by a single infusion of 2-chlorodeoxyadenosine. N Engl J Med，322：1117

Piro L et al. 1994. The scripps clinic experience with 2-chlorodeoxyadenosine in the treatment of hairy cell leukemia. Leuk Lymphoma，13：121

Qian SX et al. 2009. Nonhematological autoimmunity（glomerulosclerosis，paraneoplastic pemphigus and paraneoplastic neurological syndrome）in a patient with chronic lymphocytic leukemia：diagnosis，prognosis and management. Leuk Res，33：550

Qiu HX et al. 2008. Cytogenetic characterisation in Chinese patients with chronic lymphocytic leukemia：a prospective，multicenter study on 143 cases analysed with interphase fluorescence in situ hybridization. Leuk Lymphoma，49：1887

Quesada JR et al. 1984. Alpha interferon for induction of remission in hairy cell leukemia. N Engl J Med，15：310

Quintás-Cardama A et al. 2009. Targeted therapy for chronic lymphocytic leukemia. Target Oncol，4：11

Rassenti LZ et al. 2004. ZAP-70 compared with immunoglobulin heavy-Chain gene mutation status as a predictor of diseae progression in chronic lymphocytic leukemia. N Engl J Med，351：9

Rawstron AC et al. 2008. Monoclonal B-cell lymphocytosis and chronic lymphocytic leukemia. N Engl J Med，359：575

Robak T et al. 1996. 2-chlorodeoxyadenosine（2-CdA）in 2-hour versus 24-hour intravenous infusion in the treatment of patients with hairy cell leukemia. Leuk Lymphoma，22：107

Robak T. 2010. Rituximab plus fludarabine and cyclophosphamide prolongs progression-free survival compared with fludarabine and cyclophosphamide alone in previously treated chronic lymphocytic leukemia. J Clin Oncol，28：1756

Saccaro S et al. 2005. Primary plasma cell leukemia：report of 17 new cases treated with autologous or allogeneic stem-cell transplantation and review of the literature. Am J Hematol，78：288

Salvatore G et al. 2002. Improved cytotoxic activity towards cell lines and fresh leukemia cells of a mutant anti-CD22 immunotoxin obtained by antibody phage display. Clin Cancer Res，8：995

Sansville JE et al. 2003. Minimal residual disease detection in hairy cell leukemia，comparison of flow cytometric immnophenotyping with clonal analysis using consensus polymerase chain reaction for the heavy chain gene. Am J Clin Pathol，119：213

Saven A et al. 1993. Complete remissions in hairy cell leukemia with 2-chlorodeoxyadenosine after failure with 2′-deoxycoformycin. Ann Intern Med，119：278

Saven A et al. 1998. Long-term follow-up of patients with hairy cell leukemia following cladribine treatment. Blood，92：1918

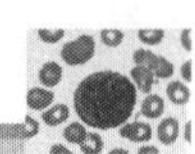

Schetelig J et al. 2008. Allogeneic hematopoietic stem-cell transplantation for chronic lymphocytic leukemia with 17p deletion: a retrospective European Group for blood and marrow transplantation analysis. J Clin Oncol, 26: 5094

Schultheis B et al. 1999. Analysis of p73 and p53 gene deletions in multiple myeloma. Leukemia, 13: 2099

Seymour JF et al. 1994. 2-Chlorodeoxyadenosine induces durable remissions and prolonged suppression of $CD4^+$ lymphocytes counts in patients with hairy cell leukemia. Blood, 83: 2906

Spencer A et al. 2009. Consolidation therapy with low-dose thalidomide and prednisolone prolongs the survival of multiple myeloma patients undergoing a single autologous stem-cell transplantation procedure. J Clin Oncol, 27: 1788

Sun T et al. 1994. Splenic lymphoma with circulating villous lymphocytes: Report of seven cases and review of the literature. Am J Hematol, 45: 39

Swerdlow SH et al. 2008. WHO Classification of Tumours of Haematopoietic and Lymphoid Tissues. International Agency for Research On Cancer, Lyon

Tallman MS et al. 1996. Relapse of hairy cell leukemia after 2-chlorodeoxyadenosine: long-term follow-up of the Northwestern University experience. Blood, 88: 1954

Tallman MS et al. 1999, Minimal residual disease in patients with hairy cell leukemia in complete remission treated with 2-chlorodeoxyadenosine or 2-deoxycoformycin and prediction of early relapse. Clin Cancer Res, 5: 1665

Tam CS et al. 2008. Long-term results of the fludarabine, cyclophosphamide, and rituximab regimen as initial therapy of chronic lymphocytic leukemia. Blood, 112: 975

Tam CS et al. 2009. The role of stem cell transplantation in the management of chronic lymphocytic leukaemia. Hematol Oncol, 27: 53

Taniwaki M et al. 1996. Non random chromosomal rearrangements and their implications in clinical features and outcome in multiple myeloma and plasma cell leukaemia. Leuk Lymphoma, 21: 25

Tiedemann RE et al. 2008. Genetic aberrations and survival in plasma cell leukemia. Leukemia, 22: 1044

Tsimberidou AM et al. 2009. Treatment of fludarabine-refractory chronic lymphocytic leukemia. Cancer, 115: 2824

Vela-Ojeda J et al. 2008. Intermediate doses of melphalan and dexamethasone are better than vincristine, adriamycin, and dexamethasone (VAD) and polychemotherapy for the treatment of primary plasma cell leukemia. Ann Hematol, 81: 362

Wang DM et al. 2011. Intermediate prognosis of 6q deletion in chronic lymphocytic leukemia. Leuk Lymphoma, 52: 230

Wheaton S et al. 1996. Minimal residual disease may predict bone marrow relapse in patients with hairy cell leukemia treated with 2-chloradeoxyadenosine. Blood, 87: 1556

Wöhrer S et al. 2004. Effective treatment of primary plasma cell leukemia with thalidomide and dexamethasone—a case report. Hematol J, 5: 361

Xu W et al. 2007. Interphase fluorescence in situ hybridization detection of cytogenetic abnormalities in B-cell chronic lymphocytic leukemia. Int J Hematol, 85: 430

Xu W et al. 2008. Prognostic significance of ATM and TP53 deletions in Chinese patients with chronic lymphocytic leukemia. Leuk Res, 32: 1071

Xu W et al. 2009a. Trisomy 8 in two newly diagnosed Chinese patients with chronic lymphocytic leukemia. Cancer Genet Cytogenet, 192: 79

Xu W et al. 2009b. Clinical features and outcome of Chinese patients with monoclonal B-cell lymphocytosis. Leuk Res, 33: 169

Xu W et al. 2009c. CD38 as a prognostic factor in Chinese patients with chronic lymphocytic leukaemia. Leuk Res, 33: 247

Xu W et al. 2009d. Expression level of lipoprotein lipase in Chinese Patients with chronic lymphocytic leukemia and its correlation with other prognostic factors. Int J Lab Hematol, 31: 552

Xu W et al. 2009e. Serum thymidine kinase 1 concentration in Chinese patients with chronic lymphocytic leukemia and its correlation with other prognostic factors. Int J Hematol, 90: 205

Xu W et al. 2009f. The negative prognostic significance of positive direct antiglobulin test in Chinese patients with chronic lymphocytic leukemia. Leuk Lymphoma, 50: 1482

Xu W et al. 2010a. SOX11 expression in mantle cell lymphoma. Leuk Lymphoma, 51: 1962

Xu W et al. 2010b. Enhancing the action of rituximab by adding fresh frozen plasma for the treatment of fludarabine refractory chronic lymphocytic leukemia. Int J Cancer, online

Xu W et al. 2010c. High-dose methylprednisolone can induce remissions in patients with fludarabine-refractory chronic lymphocytic leukaemia. Eur J Haematol, 46: 2145

Xu W et al. 2011. Prognostic significance of serum immunoglobulin paraprotein in patients with chronic lymphocytic leukemia. Leuk Res, online

Yamamoto JF et al. 2008. Patterns of leukemia incidence in the United States by subtype and demographic characteristics, 1997～2002. Cancer Causes Control, 19: 379

Zent CS et al. 2010. Autoimmune complications in chronic lymphocytic leukemia (CLL) best practice. Res Clin Haematol, 23: 47

Zenz T et al. 2008. Molecular diagnostics in chronic lymphocytic leukemia-pathogenetic and clinical implications. Leuk Lymphoma, 49: 864

Zhu DX et al. 2010. Aberrant microRNA expression in Chinese patients with chronic lymphocytic leukemia. Leuk Res, online

第十三章　白血病的免疫治疗

童春容

免疫系统的抗白血病作用在异基因造血干细胞移植（allo-HSCT）得到了很好的证实。allo-HSCT 治疗白血病的成功除了大剂量放化疗的作用外，移植物中免疫细胞的抗白血病（graft versus leukemia，GVL）作用也是主要机制之一。allo-HSCT 的白血病复发率明显低于自体 HSCT（auto-HSCT）及同基因 HSCT（syn-geneic HST，syn-HSCT）；去除移植物中的 T 淋巴细胞再进行 allo-HSCT，白血病复发率明显高于未去 T 淋巴细胞者；allo-HSCT 后白血病复发的患者再输入同一供者的 T 淋巴细胞可使部分患者缓解。

近 20 多年来，随着对抗肿瘤免疫机制了解的深入，肿瘤免疫治疗又进入一新的高潮，很多免疫治疗方法已经进入临床试验，虽然仍处于探索阶段，但一些方法已经显示其良好的前景。由于白血病的检测标志较多，标本易于获取，监测治疗效果较容易，因此已经成为探索肿瘤免疫治疗很好的研究对象。

第一节　正常免疫系统简述

正常免疫系统分为天然免疫系统和特异性免疫系统。免疫系统的功能主要是识别外来的病原及自身突变或死亡的细胞，并将其清除。天然免疫系统与特异性免疫系统的区别见表 13-1。

表 13-1　天然免疫系统与特异性免疫系统的区别（参考 Powell LD & Baum LG）

特点	天然免疫系统	特异性免疫系统
反应时间	数小时至数天	＞5 天
表达	结构性	抗原刺激后形成
累及的基因	10^2～10^3	10^{10}～10^{14}
抗原暴露后重塑	无	有
克隆性反应	无	有
参与的免疫器官、组织、细胞等	Mo、Mϕ、N、Eo、Ba、NK、NKT、γδT、DC、表皮细胞	T、B

注：Mo. 单核细胞；Mϕ：巨噬细胞；N：中性粒细胞；Eo：嗜酸粒细胞；Ba：嗜碱粒细胞；NK：自然杀伤细胞；NKT：自然杀伤性 T 淋巴细胞；DC：树突细胞。

一、天然免疫细胞

天然免疫细胞具有探测微生物的病原相关特征分子（pathogen-associated molecular pattern，PAMP）受体，称为模式识别受体（pattern recognition receptor，PRR），不需

要提前与其接触就可以识别它，并启动效应功能将其清除。Toll 样受体家族（Toll like receptor，TLR）是 PRR 中最重要的受体，在哺乳动物体内有 12 种 TLR，每种特异性识别不同的 PAMP。细菌脂多糖（lipopolysaccharide，LPS）为细菌膜的内毒素，是一种原生态的 PAMP，被 TLR4 特异性识别。其他的 PAMP 包括细菌鞭毛蛋白、脂蛋白、革兰阳性细菌的脂膜酸；肽聚糖及各种核酸常来自病毒，如双链 RNA（dsRNA）或未甲基化的 CpG DNA 也为 PAMP。

（一）吞噬细胞

吞噬主要包括中性粒细胞、巨噬细胞（macrophage，Mϕ）、树突细胞（dendritic cell，DC）。中性粒细胞及 Mϕ 一般没有抗肿瘤作用，肿瘤细胞一般缺乏激活这些免疫细胞的危险信号，但细菌或其他微生物可激活这些天然免疫细胞。吞噬细胞被激活后除了杀伤病原或靶细胞外，还可向病原或靶细胞所在的组织释放杀菌或抑菌分子及细胞因子，如溶菌酶、乳铁蛋白、过氧化酶（MPO）、抗微生物多肽、一氧化氮、超氧化物自由基、肿瘤坏死因子 α（TNF-α）、干扰素（IFN）、白介素（IL）、趋化因子等，这些分子在杀伤病原的同时可启动局部的炎症反应，包括血管扩张、内皮细胞激活，使更多的天然免疫细胞及 T 或 B 淋巴细胞聚集到抗原部位，使细胞成熟为有功能的抗原提呈细胞（APC），从而激活抗原特异性 T 或 B 淋巴细胞反应。APC 包括各种吞噬细胞、DC 等，DC 是功能最强的 APC。因此，天然免疫系统和特异性免疫系统有密切的关系。

（二）自然杀伤（NK）细胞

NK 细胞是 $CD3^-/CD56^+$ 细胞，占血液淋巴细胞的 10%～15%，来源于骨髓的 $CD34^+$ 造血干细胞，是天然免疫系统的关键细胞，其发育需要 IL-15。根据 CD56 表达的强度可将 NK 细胞分为 $CD56^{dim}$ 及 $CD56^{bright}$ NK 细胞，前者占血液 NK 细胞的 80%～90%，具有强的细胞毒活性；后者激活后产生多种细胞因子及趋化因子，如 IFN-γ、TNF-α、粒巨噬细胞集落刺激因子（GM-CSF）、IL-10 等加强免疫反应。$CD56^{dim}$ NK 细胞溶解靶细胞至少通过 3 个途径：释放颗粒酶和穿孔素；细胞因子如 IFN-γ、TNF-α、GM-CSF 等诱导 Fas 配体（Fas ligand，FasL）及肿瘤坏死因子相关的凋亡诱导配体（TNF-α-related apoptosis-inducing ligand，TRAIL）；通过 CD16 分子（FcγRⅢ受体）介导抗体依赖的细胞毒活性（antibody dependent cellular cytotoxicity，ADCC）。目前认为 $CD56^{bright}$ NK 细胞是更早期的 NK 细胞，而 $CD56^{dim}$ NK 细胞是终末期的效应 NK 细胞。Nguyen S 等（2009）比较了 11 例接受部分去 T 淋巴细胞（pTCD）及 10 例完全去 T 淋巴细胞（eTCD）半相合 allo-HSCT 后的 NK 细胞；接受 pTCD 患者的疗效比 eTCD 的好，前者的 $CD3^-CD56^{bright}$ 及 $NKG2A^+$ NK 细胞及对患者白血病原始细胞的细胞毒活性比后者明显低，提示 T 淋巴细胞对 NK 细胞的分化起关键作用。

NK 细胞表面的一些受体可以识别非己的分子，快速启动抗病毒及抗肿瘤反应。NK 细胞接触靶细胞是否能被激活是激活及抑制性信号综合作用的结果。NK 细胞主要通过 3 类受体识别靶细胞：杀伤细胞免疫球蛋白样受体（killer cell immunoglobulin-like receptor，KIR）、C 型植物血凝素受体（C-type lectin-like receptor，CTLR）、自然细胞毒受体（natural killer receptor，NKR）。这些受体的功能很复杂，不同的 KIR 配体是不同位点的

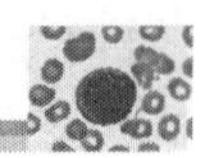

主要组织相容性复合体（major histocompatibility complex，MHC）分子，已证实有15种KIR，其配体是MHC-Ⅰ类分子。KIR是一种跨膜蛋白，部分在胞浆内，胞浆内长KIR称为KIRL，为抑制性受体；胞浆内短KIR为刺激性受体，称为KIR。一般来说，每个NK细胞都表达MHC-Ⅰ类分子及某种KIR，当靶细胞上缺乏KIR的MHC分子配体时，NK细胞被激活从而杀伤靶细胞。CTLR的共同亚单位是CD94，其配体是NKG2A、NKG2C、NKG2E、NKG2F；NKG2D也是CTLR的配体，但不是CD94的配体；CD94/NKG2A为抑制性信号，调节$CD8^+$细胞的抗病毒反应；其他CTLR几乎均为激活性受体，与配体结合后介导对靶细胞的杀伤；NKG2D也是一种激活性配体，在NK、γδ T及$CD8^+$ T淋巴细胞上都有表达，当病毒或恶性靶细胞表达MHC-Ⅰ相关的蛋白（human MHC class Ⅰ chain related protein，MIC）时，NKG2D识别该分子从而杀伤靶细胞。一些恶性肿瘤细胞可以通过下调NKG2D或释放可溶性UL16结合蛋白（UL16-binding proteins，ULBP）来逃避NK细胞的杀伤。NKR有3种：NKp46、NKp30，仅在NK细胞上表达；NKp44，在NK及γδ T淋巴细胞上经IL-2激活后表达。NKR识别病毒上的血凝素或血凝素-神经氨（糖）酸苷酶后激活NK细胞杀伤靶细胞。

NK细胞的抗白血病作用在allo-HSCT后得到证实。allo-HSCT的GVL效应主要由T淋巴细胞及NK细胞介导，对去T的allo-HSCT来说，NK是GVL的主要效应细胞。allo-HSCT后NK细胞功能的成熟是移植后免疫重建及移植疗效的关键之一（Nguyen S等，2009）。一些研究显示KIR与配体相合性影响半相合、HLA相合非血缘及同胞allo-HSCT的结果，特别是对急性髓性白血病（AML）、骨髓增生异常综合征（MDS）的疗效好（Savani BN等，2009）。Willemze R等（2009）检测了218例CR期接受了无关供者脐带血移植（UCBT）的患者，其中AML 94例，急性淋巴细胞白血病（ALL）124例；HLA-A、B或-DRB1相合者21例，不相合者197例；结果显示KIR与配体不相合者无白血病生存率（LFS）更高；AML患者KIR-配体不相合及相合者的2年LFS率分别为73%、38%（P=0.012），复发率分别为5 %、36%（P=0.005）。HLA 12/12完全相合非血缘allo-HSCT移植后，KIR2DS2/HLA-C1C2患者的急性移植物抗宿主病（aGVHD）（Ⅱ～Ⅳ）更低（P=0.027）（Ludajic K等，2009）。Sobecks RM等（2007）检测了60例AML接受去T淋巴细胞的HLA相合同胞allo-HSCT的供者KIR及受者HLA位点，结果显示HLA-Cw C1/C2杂合子者的生存率明显比C1纯合子及C2纯合子的低（分别为5.8、43.5个月，P=0.018），复发率更高（分别为47%、31%，P=0.048）；C1/C2杂合子与血小板延迟植入有关，特别是同时表达HLA-Bw4患者（P=0.003）。Triplett BM等（2009）检测了59例接受非血缘allo-HSCT的抑制性及激活性NKR，allo-HSCT后NK细胞功能重建快者生存期更长，复发率更低；患者表达HLA-C2其供者缺乏KIR2DS1者生存率最高。Pende D等（2009）分析了21例供受者KIR不相合、半相同allo-HSCT的结果，结果显示供者来源的NK细胞在移植后具有抗白血病作用并维持至移植后期；供者KIR2DL1（+）NK细胞具有更好的抗白血病活性，而KIR2DL2/3（+）NK细胞对HLA-C2的白血病作用较差。一般的研究显示NK细胞抗AML的作用更强。Feuchtinger T等（2009）研究了285个NK细胞克隆对儿童B-ALL的作用，结果显示79%的NK细胞克隆对表达MHC-Ⅰ低水平的B-ALL原始细胞有杀伤作用，而对表达MHC-Ⅰ分子水平高的ALL细胞差；NK细胞杀伤B-ALL细胞活性主要受CD158a、CD158b、CD158e

KIRs 的影响，对不表达这三种 KIR 或仅表达一种 KIR 且没有其配体的急性 B 淋巴细胞白血病（B-ALL）细胞，NK 细胞克隆的杀伤性更强（$P\leqslant 0.0005$）。因此，可选择某些患者采用供者 NK 细胞治疗。

（三）NKT 细胞

自然杀伤性 T 淋巴细胞（natural killer T，NKT）具有 T 及 NK 细胞的标志和受体，如 CD16、CD56、CD161 或 NKR-P1 及 T 淋巴细胞抗原受体（TCR）。原型 NKT 又被称为恒定 NKT 淋巴细胞（iNKT），表达半恒定的 TCR，特异性识别 MHC-Ⅰ样蛋白 CD1d 提呈的糖脂抗原，虽然 NKT 细胞表达体细胞 DNA 重排产生的 TCR，但它与其他天然免疫细胞的 PRR 相似，而且不能产生对抗原的记忆反应。

NKT 细胞激活后产生 Th1 类细胞因子（IFN-γ、TNF-α）及 Th2 类细胞因子（IL-4、IL-13），这些细胞因子可进一步影响其他免疫细胞包括 NK、DC、T 淋巴细胞增殖及激活，产生多种免疫反应，如免疫损伤、免疫抑制、防止损伤性自体免疫反应、抗感染、抗肿瘤作用。NKT 细胞激活后的作用似乎有矛盾之处。动物研究显示，CD1d 限制性 NKT 细胞可以分为两类，$V\alpha 14J\alpha 18^{+}$（Ⅰ型）及 $V\alpha 14J\alpha 18^{-}$（Ⅱ型）NKT 细胞。Ⅱ型 NKT 细胞主要起到免疫抑制作用，而Ⅰ型 NKT 细胞有抗病毒、抗肿瘤作用，这一发现解释了 NKT 细胞的两面性作用。半乳糖酰基鞘氨醇（α-galactosylceramide，α-GalCer）是海洋中海藻类生物中提取的 CD1d 天然配体，与 CD1d 结合可激活大多数 NKT 细胞，且主要为Ⅰ型 NKT 细胞。NKT 细胞具有 IL-21 的受体，IL-21 与 IL-2、IL-15 联合可刺激 NKT 细胞增殖，与 α-GalCer 联合效果更好；IL-21 也可增强 CD3/CD28 单克隆抗体对 NKT 细胞的激活作用；激活后的 NKT 细胞比 $CD4^{+}$ 细胞产生更高水平的 IL-21。动物试验显示，NKT 细胞的数量及功能与某些类型的癌症有关，α-GalCer 刺激的 NKT 细胞在体外可通过激活 NK 细胞及 IL-2 杀伤或抑制肿瘤细胞的生长；在动物体内应用 α-GalCer 可介导肿瘤的消退。

（四）γδT 淋巴细胞

大多数 T 淋巴细胞的 TCR 由 αβ 链组成，称为 αβ T 淋巴细胞，少部分 T 淋巴细胞的 TCR 由 γδ 链组成，称为 γδT 淋巴细胞。γδT 淋巴细胞是 $CD3^{+}CD4^{-}CD8^{-}$细胞，主要见于胸腺、肠道、脾红髓、皮肤，在呼吸道、生殖道也较多见，在血液中占淋巴细胞的 1%～10%。γδT 淋巴细胞是介于天然免疫系统及特异性免疫系统之间的细胞，表达 NKG2D，与压力诱导的 MHC-Ⅰ相关分子结合后被激活。γδT 淋巴细胞的激活需要 NKG2D 及 TCRγδ。

越来越多的证据显示 γδT 淋巴细胞除了有抗病毒、细菌作用外，还有很强的抗多种恶性肿瘤的作用。γδT 淋巴细胞的 TCR 识别微生物和肿瘤产生的非多肽磷脂抗原（phosphoprotein associated with glycosphingolipid-enriched microdomains，PAG）溶解靶细胞；也可通过抗 PAG 抗体介导的 ADCC 效应杀伤靶细胞；γδT 淋巴细胞还可通过黏附分子、淋巴细胞功能相关抗原 1（lymphocyte function associated antigen 1，LFA-1）、链接素、CD2 、激活性或抑制性 NK 受体、NKG2D 识别靶细胞。在肿瘤浸润性淋巴细胞（tumor infiltrating lymphocyte，TIL）中，除了 αβT 淋巴细胞外，γδT 淋巴细胞常在一些实体瘤

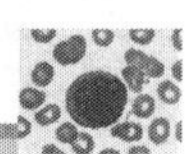

中浸润，如肺癌、肾癌、乳腺癌、前列腺癌、结肠癌、卵巢癌、皮肤癌等。不同部位的γδT淋巴细胞功能不同；血液中的γδT可杀伤骨髓瘤及伯基特淋巴瘤；而黏膜部位的γδT淋巴细胞可杀伤上皮癌。人血液中的γδT淋巴细胞大多数表达TCR-Vγ9，Vγ9Vδ2 T更偏向于杀伤血液系统肿瘤，如骨髓瘤、淋巴瘤、红白血病、淋巴细胞白血病等。Vγ9Vδ2 T可用于治疗表达NKG2D的肿瘤。

双膦酸盐可激活Vγ9Vδ2 T淋巴细胞以释放细胞因子及趋化因子，后者通过旁观效应激活其他免疫细胞，包括诱导粒细胞趋化功能、吞噬功能的增强及α-抵御素的释放（Agrati C等，2009）；双膦酸盐尚可增加结肠癌干细胞（colon cancer stem cell，CSC）对Vγ9Vδ2 T淋巴细胞的敏感性。

二、抗原特异性免疫细胞

特异性免疫系统主要由T、B淋巴细胞组成。抗原初次接触T、B免疫细胞时不能将其清除。当抗原接触T、B免疫细胞一段时间后，T或B淋巴细胞产生抗原特异性反应，发挥效应功能后小部分细胞形成记忆细胞，此后再次遇到该抗原，记忆细胞迅速反应扩增成效应细胞，将该抗原清除。T淋巴细胞产生的抗原特异性免疫反应主要由抗原特异性细胞毒性T淋巴细胞（cytotoxic T lymphocyte，CTL）介导，又称为细胞免疫系统；B淋巴细胞产生的抗原特异性免疫反应主要由抗体介导，又称为体液免疫系统。T、B淋巴细胞的特异性是由其细胞抗原受体的特异性组成，随着T、B淋巴细胞接触的抗原越来越多，T、B淋巴细胞抗原受体的多态性越来越丰富，B淋巴细胞产生的抗原特异性抗体及T淋巴细胞产生的抗原特异性CTL也越来越多。B淋巴细胞的抗原受体（B cell antigen receptor，BCR）主要识别可溶性抗原及细胞膜表面结合的外来抗原，可识别很多分子结构，如折叠蛋白、多肽、脂质、糖类、RNA、DNA；而TCR可探测到细胞内的抗原，从而杀伤细胞内病原及突变的恶性肿瘤细胞。

（一）T淋巴细胞

在抗肿瘤免疫系统中，T淋巴细胞占最重要的地位，近20年来抗肿瘤免疫最大的研究进展是肿瘤免疫排斥抗原的发现，以及对特异性抗肿瘤CTL激活及杀伤机制的更深入了解。

1991年Boons等首次发现了人类恶性肿瘤免疫排斥抗原（介导免疫系统对其识别的抗原）——黑色素瘤抗原E-1（melanoma antigen E 1，MAGE-1）。此后大量研究显示很多恶性肿瘤细胞具有免疫排斥抗原，这些抗原可以诱导患者产生抗原特异性CTL和（或）抗体，一些抗原特异性CTL升高与预后良好有关（Greiner J等，2006）。已识别的与白血病有关的免疫排斥抗原越来越多，主要分为以下几类：

（1）基因突变或融合基因的产物：一些染色体断裂，两段染色体融合产生新的融合基因，产生新的融合蛋白，是白血病特有的产物；或者是白血病基因突变产生新的蛋白。如t（9；22）导致的BCR-ABL融合基因产物p210、p190，t（15；17）染色体异常导致的PML-RARα融合基因产物等。

（2）正常分化抗原过度或异常表达：如William肿瘤抗原（William tumor 1，WT1）、蛋白酶 3（proteinase 3，PR3）、蛋白酶 1（PR1）、CD33、CD19、CD20、黑色素瘤选择表达抗原（preferentially expressed antigen of melanoma，PRAME）、G250/CA9、透明质酸介导的运动受体（hyaluronan-mediated motility，RHAMM）/透明质烷介导的运动受体（hyaluronan-mediated motility receptor RHAMM，HMMR）、多聚核糖核苷酸转移酶 1（polyribonucleotide nucleotidyltransferase 1，PNPT1），线粒体处理的多肽酶 β [peptidase (mitochondrial processing) beta，PMPCB)]、慢性髓性白血病抗原 28（chronic myelogenous leukemia antigen 28，CML28）、人端粒酶裂解亚单位（telomerase reverse transcriptase，hTERT）；B 型白血病细胞表面克隆性免疫球蛋白（Ig）、T 型白血病细胞表面的克隆性 TCR 等都被证明有一定的免疫原性。

（3）病毒抗原：一些白血病与病毒有关，因此病毒成分可成为白血病免疫排斥抗原，如 EBV、人类 T 淋巴细胞白血病病毒（human T lymphocytic leukemia virus，HTLV）。

（4）在 HLA 相合的 allo-HSCT，次要组织相容性抗原（minor histocompatibility antigens，mHag）是激活异基因免疫系统的主要抗原，一些 mHag 仅存在于造血细胞上，利用供受者之间 mHag 的差异，诱导针对受者造血细胞 mHag 的供者 CTL，既可产生 GVL 效应，又不引起移植物抗宿主疾病（GVHD）；mHag 是异基因抗原，比自身抗原的免疫原性强，疗效可能更好，因此是目前研究的热点课题。

介导特异性细胞免疫反应的细胞主要包括 $CD4^+$ T 淋巴细胞及 $CD8^+$ T 淋巴细胞。

抗原特异性 CTL 的激活需要 3 个信号途径。第一信号途径是 MHC-抗原多肽-TCR 信号途径。很多细胞都有 MHC-Ⅰ类分子，肿瘤细胞内的抗原被处理成多肽后与 MHC-Ⅰ类分子结合，再与 $CD8^+$ 细胞的 TCR 接触后激活形成 $CD8^+$ CTL。吞噬细胞可吞噬凋亡的肿瘤细胞，然后将其处理成多肽抗原后与 MHC-Ⅰ类分子结合，再提呈并激活 $CD8^+$ T 淋巴细胞，产生 $CD8^+$ CTL。MHC-Ⅱ类分子主要在专职 APC 上表达，包括 DC、巨噬细胞、激活的 B 淋巴细胞等，专职 APC 摄取外来抗原后，将其处理成多肽，与 MHC-Ⅱ类分子结合形成复合物，然后再与 $CD4^+$ T 淋巴细胞的 TCR 接触，激活形成 $CD4^+$ CTL，$CD4^+$ CTL 通过释放多种细胞因子激活 $CD8^+$ CTL。T 淋巴细胞的 MHC 与 APC 细胞或靶细胞的 MHC 分子至少有一半相同才能识别靶细胞或 APC 上的 MHC-多肽并攻击靶细胞，因此抗原特异性 CTL 的功能是 MHC 限制性的。MHC 分子有很大的多态性，MHC 的不同位点与不同的多肽抗原相结合，MHC-Ⅰ类分子多与 8～10 个碱基构成的多肽结合，如 HLA-A2 位点多与嗜水性多肽结合；MHC-Ⅱ类分子可以和 13～20 个碱基的多肽结合。第二信号途径是指肿瘤细胞或 APC 上的共刺激分子与 T 淋巴细胞上的配体相结合，一些分子与配体结合产生刺激效应，而另一些分子与配体结合则产生抑制效应。第三信号途径是指决定 $CD4^+$ 细胞分化发展方向的因素，初始（naïve）$CD4^+$ T 淋巴细胞在不同条件下发育成不同功能的 T 淋巴细胞，Ⅰ 型辅助性 T 淋巴细胞（T helper，Th）1、Th2、Th17 及调节性 T 淋巴细胞（T regulator，Treg）。初始 $CD4^+$ T 淋巴细胞发展为哪种亚型与刺激的抗原种类、抗原剂量、微环境、转录因子、APC 激活的时间等因素有关。如果 DC 表达转录因子 T-bet，诱导细胞产生 IFN-γ，后者诱导 $CD4^+$ 细胞发展为 Th1 细胞。大肠埃希菌可刺激 APC 成熟产生 IL-12、IFN-γ，后者诱导初始 $CD4^+$ T 淋巴细胞发育成 Th1 细胞。而牙龈卟啉单胞菌则刺激 APC 产生 IL-4，后者诱导 $CD4^+$ 细胞发展为 Th2 细胞。呼吸道的 DC 在表皮细胞产生的 TSLP 刺激下诱导 Th2 细胞的产生。过长时间对 DC 的刺激

可导致 DC 及 IL-12 耗竭，难以诱导 Th1 产生。低剂量抗原负载 DC 可诱导 Th2 产生，而高剂量抗原的负载则诱导 Th1 产生。LPS 刺激 DC 分泌 IL-16，在 TGF-β 共同作用下可使 Treg 转化为 Th17。IL-23 也可诱导 Th17 产生。T 淋巴细胞的激活需要成熟的 DC，不成熟的 DC 容易诱导产生 Treg 灭活自体反应性 T 淋巴细胞；在某些情况下，成熟 DC 也可诱导 Treg 产生。

Th1 可辅助产生抗原特异性记忆性 $CD8^+$ CTL；Th2 诱导体液免疫反应；Th17 细胞分泌 IL-17，可诱导产生多种趋化因子，使多种免疫细胞聚集到炎症部位，在自身免疫性疾病的免疫损伤中起很大的作用；Treg 在局部可抑制免疫反应，Treg 有高亲和力的 IL-2 受体，与效应 T 淋巴细胞竞争性结合 IL-2，使 Treg 产生 IL-10，从而抑制 Th1 及 Th2 的作用。

$CD8^+$ 细胞是细胞免疫系统的主要效应细胞，特异性 CTL 的 TCR 识别靶细胞上的 MHC-多肽抗原复合体后，可以通过直接接触及释放毒性物质来杀伤靶细胞，如颗粒酶、穿孔素、IFN-γ、TNF-α 等。

（二）B 淋巴细胞

B 淋巴细胞可以分化为产生免疫球蛋白的浆细胞。出生后，B 淋巴细胞最初由骨髓的多能造血前体细胞产生，此后不成熟的 B 淋巴细胞迁移至次级淋巴器官组织如脾脏滤泡或边缘带进一步成熟，表达 B 淋巴细胞抗原受体（BCR），通过血液进入淋巴结和脾，在抗原刺激后发展为分泌特异性抗体的浆细胞。不依赖 T 淋巴细胞的反应由聚合抗原（含重复抗原表位）如多聚糖引起，边缘带 B 淋巴细胞在此类反应起关键作用，与抗原结合后快速增殖成熟为产生低亲和力免疫球蛋白 M（IgM）、IgG 的浆细胞。依赖 T 淋巴细胞的反应主要由滤泡的成熟初始 B 淋巴细胞引起，当 B 淋巴细胞与 T 淋巴细胞依赖抗原（如可溶性抗原、或由局部 APC 提呈、或免疫复合体抗原）母细胞化，一些细胞立即成熟为分泌低亲和力 IgM 的浆细胞，产生最初的抗感染微生物免疫效应；而其他 B 淋巴细胞在 T 淋巴细胞的帮助下增殖、分化。生发中心 B 淋巴细胞不能接触可溶性抗原，只接触滤泡树突细胞提呈的抗原，分化成为分泌高亲和力 Ig 的浆细胞。

较长期以来，B 淋巴细胞的抗肿瘤作用未得到证实。一些肿瘤模型研究显示 B 淋巴细胞在启动 T 淋巴细胞反应、介导肿瘤排斥中起到重要作用；但另一些研究则显示 B 淋巴细胞可抑制 CTL 的抗肿瘤作用。很多证据显示肿瘤患者的 B 淋巴细胞可产生针对肿瘤抗原的抗体，但强烈的抗体反应很少与抗肿瘤效应相关；在一些患者，抗体可通过 ADCC 或补体依赖的细胞毒效应或封闭肿瘤细胞的生长因子受体而介导肿瘤消退。

第二节 白血病细胞逃避免疫系统攻击的机制

但是大多数白血病细胞逃脱了免疫系统的攻击，可能与以下机制有关：

（1）白血病患者本身免疫功能缺陷：白血病细胞可直接或通过释放多种成分抑制 T 和 B 淋巴细胞、Mϕ、NK、DC 等免疫细胞功能，诱导上述免疫细胞凋亡；如白血病诱导产生 Treg、单核细胞、TGF-β、IL-10 等可抑制多种免疫细胞的功能；白血病细胞表达高水平 Fas 的配体（Fas ligand，FasL）可介导免疫细胞凋亡；白血病细胞可丢失 Fas，因此

CTL 不能通过 FasL 途径介导白血病细胞凋亡；白血病来源于造血免疫系统，大量的白血病细胞浸润，使免疫细胞的数量及功能缺陷；白血病细胞不是功能完整的 APC，白血病免疫排斥抗原的免疫原性弱，白血病细胞的 MHC 分子整体或选择性不表达或表达水平降低，表达共刺激分子的水平下降或缺失等因素，难以激活特异性免疫反应。

(2) 白血病细胞的抗原或免疫细胞的受体突变，使已产生的抗原特异性免疫反应无效。

(3) 放化疗损伤患者多种免疫细胞的数量及功能。

第三节 各类免疫治疗策略与方法

目前，免疫治疗策略与方法很多，通常很多方法互相联合以发挥更大的作用，主要包括以下几类，目前更常用多种方法联合治疗。

一、过继性免疫细胞治疗

过继性免疫细胞治疗是指将自体或异体免疫效应细胞输注给患者，以杀伤患者体内的恶性肿瘤细胞。由于急性白血病一般需要反复化疗或造血干细胞移植治疗，再加白血病细胞在骨髓及血液中浸润，免疫细胞功能往往低下，疫苗、非特异免疫刺激剂等很难在较早期奏效。因此，过继性免疫效应细胞治疗尤其适用于急性白血病的治疗。目前用于临床治疗白血病的过继性免疫细胞治疗主要有以下几种：

（一）供者淋巴细胞输注（DLI）治疗

DLI 是指 allo-HSCT 后再输入同一供者的外周血淋巴细胞，是防治 allo-HSCT 后白血病复发的最成功方法，也是大家最熟悉的方法。DLI 治疗 allo-HSCT 后复发的慢性髓性白血病（CML）效果最好；CML 分子生物学复发者在 DLI 治疗后几乎完全 CR，细胞遗传学复发者≥90%可达完全细胞遗传学缓解，慢性期 CML（CML-CP）者完全细胞遗传学缓解率达 50%～90%，而加速期或急变期 CML（CML-AP/BP）的 CR 率仅 20%左右，且疗效不持久。Kolb HJ 等（2009）长期比较了 DLI 治疗 CML 复发的效果，CML 复发后接受 DLI 治疗者的 10、15 年生存率是 66.4%，而未采用 DLI 治疗者仅为 42.2%、23.8%（$P=0.019$）；DLI 治疗的同时应用小剂量 IFN-α 及 GM-CSF 可增加疗效。DLI 治疗 AML、MDS 的 CR 率为 20%～40%；对 ALL 的效果最差，一般＜10%。

DLI 治疗失败的主要原因是 GVHD、骨髓抑制及白血病复发。如何降低 DLI 的并发症、提高 GVL 效应是热门研究课题。

最初一般采用大量 DLI（BDR），一次输注有核细胞常＞2×10^8/kg 体重。近年越来越多用逐渐增加细胞数的方法（EDR），既可保留 GVL 效应，又可降低 GVHD（Dazzi F 等，2000；Cesare G 等，2002）。采用极低细胞量的 DLI 联合 IFN-α 治疗 CML 或幼年型慢性粒单核细胞白血病（JMML）也有效，比单用 IFN-α 或 DLI 的疗效好（Posthuma EF 等，2004）；DLI 联合 GM-CSF 可增加对 CML 的疗效（Kolb HJ 等，2009）。G-CSF 动员的 DLI（mDLI）可降低 GVHD（Pulsipher MA 等，2004）。一些研究显示，去除 DLI 中

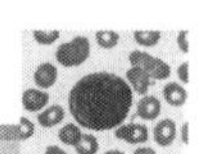

的一些 $CD8^+$ 细胞可减少 GVHD，但保留 GVL 效应（Giralt S 等，1995；Alyea E 等，1998；Dodero A 等，2009）。allo-HSCT 后供者成分逐渐降低者复发率增加，DLI 可帮助恢复供者细胞成分，防止白血病复发（Bader P 等，1999）。

为了减少 DLI 所致的 GVHD，可将单纯疱疹病毒胸腺嘧啶脱氧核苷激酶自杀基因（herpes-simplex thymidine kinase suicide gene，TK）转移至供者淋巴细胞中，DLI 后如果发生严重 GVHD，用更昔洛韦使自杀基因表达可致供者淋巴细胞死亡，从而减轻 GVHD。Ciceri F 等（2009）报告了一份Ⅰ～Ⅱ期多中心非随机亲缘半相同造血干细胞移植（haplo-HSCT）临床试验结果，28 例高危险性 AML 患者在 haplo-HSCT 后 28 天输注转移了 TK 基因的供者淋巴细胞，输注后 10 例发生 aGVHD，启动 TK 基因后 GVHD 都被控制；19 例 CR 期接受移植者的 3 年总生存率是 49%；输注 TK 细胞后，1 例患者在 166 天死于感染，无基因转移相关的急性或慢性副作用；显示了 TK 基因转移 DLI 的良好应用前景。

近年一些单位先采用非清髓性预处理行 allo-HSCT（NST），以减少移植相关毒性及死亡率，再用 DLI 增强 GVL 效应，一些不能接受传统预处理方案者也可接受 NST-HSCT（Marks DI 等，2002），如老年、脏器功能不好者。还有一些单位先用去 T 淋巴细胞的 allo-HSCT，以减少 allo-HSCT 引起的 GVHD，如发生白血病细胞增加或供者成分下降，再加用 DLI 防治复发（William R 等，1999）。

一些报告显示以下方法可增加 DLI 的 GVL 效应：联合 IL-2；联合 IFN-α（Posthuma EF 等，2004）和（或）GM-CSF（Kolb HJ 等，2009）；先放疗或化疗，再 DLI（Colvin GA 等，2009）等。Colvin GA 等（2009）对 41 例难治或复发的癌症先予 100 cGy 的 TBI，然后输注供者细胞 1×10^6～2×10^8 $CD3^+$ 细胞/kg；DLI 后 26 例中 14 例恶性血液病患者有效，9 例为明显反应，13 例中 5 例 AML 患者获得持续 CR，13 例中 4 例获得 PR，全部有效者形成嵌合体。Schmid C 等（2007）报告，41 例 AML 或 MDS 患者在 allo-HSCT 3 个月后复发，复发时骨髓中位原始细胞 40%，先用 ID-Ara-C 化疗，再予以 DLI+GM-CSF 治疗，中位追踪 28 个月；34 例中 25 例可评估的患者在治疗后 CR，复发后 1 年和 2 年的 OS 率分别为 41%和 32%。

（二）细胞因子诱导的杀伤细胞（CIK）

1991 年，美国斯坦福大学 Negrin 的研究小组用抗-CD3 单抗（MabCD3）、IL-2、IFN-γ、IL-1α 培养正常人外周血淋巴细胞（PBL），其增殖活性及体内外抗肿瘤活性比淋巴因子激活的杀伤细胞（LAK）及 MabCD3 激活的杀伤细胞（CD3AK）强，称之为细胞因子诱导的杀伤细胞（CIK），CIK 中抗肿瘤活性最强的是 $CD3^+/CD56^+$ 细胞（Lu PH 等，1994）。抗 CD3 单抗联合 IL-2 可部分逆转 CLL 损害的 T 淋巴细胞功能缺陷。

陆道培领导的研究小组对白血病患者自体 CIK 进行了一系列的研究，显示 CML 患者自体 CIK 清除 Ph^+ 白血病细胞的作用明显比 LAK 细胞及单纯的 IL-2 强（童春容，1996；Tong CR，2002），患者骨髓来源的树突细胞与自体外周血淋巴细胞（PBL）共培养可增加 T 淋巴细胞的增殖能力及对自体白血病细胞的反应能力。至 2006 年 12 月，用自体 CIK（每疗程回输细胞≥2×10^8/kg）治疗了 150 例经化疗和（或）AHCT 治疗后 CR 的患者，其中大部分成人及残留白血病高的儿童白血病患者在回输细胞前接受化疗；治疗后中位观察 31 个月，CIK/DC-CIK 治疗后，中高危 AML 患者的 5 年持续完全缓解（CCR）率为

61%（$n=51$），14岁以下的儿童B-ALL患者（$n=33$，绝大多数都有一些预后不良因素）的5年CCR率为80%，14岁以上B-ALL（$n=23$，化疗后）的5年CCR率为62%，明显高于本单位仅接受化疗或自体造血干细胞移植的患者，对未缓解的患者疗效不好；CIK/DC-CIK可使多数残留白血病标志转阴，包括克隆性IgH、TCRδ基因重排、t（15；17）/PML-RARα、AML/ETO$^+$、TEL/AML1、MLL/AF9、MLL/AF10、CBFβ/MYH11$^+$、BCR-ABL$^+$、异常免疫学标志等（童春容等，2000；张乐平等，2003；Tong CR等，2007）。DC-CIK对格列卫治疗后长期残留的白血病标志也有效；患者或供者来源的DC-CIK对allo-HSCT后白血病复发的防治也有很好的疗效，一些对DLI无效者采用DC-CIK也有效，且安全，无严重GVHD发生；DC-CIK治疗后18例中11例（61%）早期血液学复发患者获得完全缓解，6例中5例的残留白血病标志消失（Wang JB等，2008）。

（三）NK细胞

两份临床试验结果显示供者NK细胞输注对haplo-SCT后AML的防治有一定作用，且不加重GVHD。Curti A等（2007）报告了NK细胞治疗AML的Ⅰ/Ⅱ期临床试验结果，31例高危AML患者接受了haplo-HSCT，其中8例供受者KIR与配体不相合者在在化疗后输注供者NK细胞，中位输注NK细胞3.6×10^6/kg体重，CD3$^+$ T淋巴细胞$<1\times10^5$/kg体重，NK细胞输注后予以IL-2治疗；NK治疗后PR患者获得CR并持续6个月，4例中2例进展期患者持续白血病，1例死于细胞降低，3例CR期患者病情稳定（分别观察5、3、4个月）。Gentilini C等（2007）比较了不同NK细胞在allo-HSCT的作用，对17例接受纯化的CD34$^+$细胞haplo-HSCT的患者，在allo-HSCT后2天输注磁珠纯化的供者NK细胞8.3×10^6/kg体重，其中7例输注IL-2激活的NK细胞7.2×10^7/kg体重；另18例接受去CD3/CD19细胞的haplo-HSCT；接受IL-2激活NK细胞的患者在移植后第一个月NK细胞及T淋巴细胞比其他患者更低（$P<0.05$）；在输注NK细胞组CD4$^+$ T恢复快，但在去CD3/CD19组的NK细胞恢复更快、更持久，两组的GVHD发生率及程度相似。

Vey N等（2009）报告了用抗-KIR2DL1/2/3抗体1-7F9/IPH2101治疗完全缓解期AML的Ⅰ期临床试验结果，共23例入选，中位年龄71岁（61～79岁），CR后巩固1～6个疗程，肝肾功能正常，NK细胞上表达KIR2DL1/2/3；IPH2101剂量逐步增加（0.0003、0.003、0.015、0.075、0.3、1、3 mg/kg体重）；治疗后中位追踪47周，21例可评价，存活11例，15例复发，10例死亡，6例CCR。

最近的研究显示，采用IL-15联合分泌IL-21的人造APC（aAPC）培养NK细胞4周，NK细胞可增加91 566倍，NK细胞表达CD16及NKG2D水平更高，对靶细胞的杀伤活性比新鲜NK细胞更强，ADCC作用更强（Denman C等，2009），可望今后用于治疗白血病，改善NK细胞的疗效。

（四）白血病特异性CTL治疗

由于CTL是主要的抗恶性肿瘤细胞，很多学者在体外大量培养白血病特异性CTL来治疗白血病，但大多数尚在实验室研究阶段。

EBV-CTL输注防治EBV相关性移植后淋巴增殖性疾病（post transplantation lym-

phoproliperative disease，PTLD）的疗效较好（Gustafsson A 等，2000；Comoli P 等，2002；Haque T 等，2002)。Frederik JHF 等（1999）报告，用 HLA 相合供者的淋巴细胞培养出 CML 的 CTL，然后输注给 1 例 allo-HSCT 后复发且进入加速期的患者，输注后患者达到细胞遗传学及分子遗传学的完全缓解。新西兰 Leiden 大学的研究者用患者自体白血病特异性 CTL 治疗 8 例移植后复发的白血病患者，其中 1 例仅用 CTL 治疗获得 CR，1 例 CTL 联合 DLI 获得 CR（Marijt E 等，2007)。

一些体外或动物试验显示出可能有效的 CTL 治疗方法。DC 是功能最强的 APC，白血病细胞培养后可成为 DC，同时提呈内部的白血病抗原给 T 淋巴细胞，产生 CTL；也可用白血病患者的正常单核细胞或造血干祖细胞培养 DC，将患者的白血病抗原负载其中，再用 DC 产生 CTL。有研究显示，先将白血病细胞用紫外线及单抗处理，如为髓性白血病用抗-CD33 单抗（Myelotarg)，B-CLL 用抗-CD20 或 CD52 单抗，将处理后的白血病细胞与 DC 共培养后，再刺激 T 培养产生 CTL（Duncan CJ 等，2007)。Lei Z 等（2009）将 DC 与 $CD34^+CD38^-$的 AML 细胞融合诱导产生的 CTL 可杀伤 AML 前体细胞。将 IL-21 基因转移至 $CD8^+$ T 淋巴细胞或应用 IL-21 培养 $CD8^+$ T 淋巴细胞，或与其他 γ 链细胞因子如 IL-2、IL-7、IL-15 联合培养，可增加抗白血病中心记忆 CTL 的频率，并增加其抗白血病活性（Zhao MF 等，2009；Kaka AS 等，2009)。在小鼠体内针对受者 mHag 的 CTL 可消除白血病，比肿瘤抗原免疫的疗效好，美国 Fred Hutchinson 癌症研究中心正在进行 ACC1 或 ACC2-CTL 的Ⅰ/Ⅱ期临床试验。

（五）NKT 细胞治疗

动物试验显示，NKT 细胞的数量及功能与某些类型的癌症有关，α-GalCer 刺激的 NKT 细胞在体外可通过激活 NK 细胞及 IL-2 杀伤或抑制肿瘤细胞的生长；在动物体内应用 α-GalCer 可介导肿瘤的消退。Ⅰ期临床试验显示直接应用 α-GalCer 或 α-GalCer 负载的 DC 后，NKT 细胞及 NK 细胞水平暂时下降，血浆细胞 IFN-γ、IL-12 因子暂时升高，T 淋巴细胞增加，NK 细胞活性增强；大多数患者有炎症症状；α-GalCer 负载的 DC 比单独应用 α-GalCer 的疗效好，虽然目前尚不能评价其临床疗效，但其免疫反应显示出 NKT 细胞治疗肿瘤的良好前景（Motohashi1 S 等，2008)。有研究采用 αGalCer 负载的 DC 静脉注射治疗了 5 例晚期癌症患者，全部患者血液的 NKT 细胞增加＞100 倍，持续可达 6 个月；NKT 细胞的激活与血清 IL-12 p40 及 IFN-γ 诱导的蛋白 10 有关；此外，α-GalCer 负载的 DC 注射后也导致 CMV-$CD8^+$ CTL 增加。

NKT 细胞的抗肿瘤作用机制主要与 IFN-γ 有关，是通过激活 APC、上调其 CD40L 并产生 IL-12，增强 NK 细胞及 CTL 细胞活性来杀伤肿瘤细胞；而不是直接杀伤肿瘤；NKT 细胞的抗肿瘤活性还与抑制肿瘤血管形成有关。

一些学者研究了如何增强 NKT 细胞的抗肿瘤作用。动物试验显示，G-CSF 及 FMS-样酪氨酸激酶 3 配体（FMS like tyrokinase 3 ligand，Flt3L）嵌合的细胞因子前体细胞生成素 1（progenipoietin-1）可明显扩增肝脾的 NKT 细胞，对 α-GalCer 的反应增强，在 allo-HSCT 小鼠体内可激活 DC，增强供者 $CD8^+$ 细胞抗宿主的细胞毒活性，改善 OS，降低 GVHD、增强 GVL 效应；采用聚乙二醇（polyethylene glycol，PEG）-G-CSF（PEG-G-CSF）延长 G-CSF 的作用时间可增强前体细胞生成素 1 的 GVL 效应。NKT 细胞具有 IL-

21的受体，IL-21与IL-2、IL-15联合可刺激NKT细胞增殖，与α-GalCer联合效果更好；IL-21也可增强抗-CD3/CD28单克隆抗体（Mab）对NKT细胞的激活作用；激活后的NKT细胞比$CD4^+$细胞产生更高水平的IL-21。Smyth BD等（2009）在试验肿瘤及自发肿瘤动物体内证明IL-21可增加α-GalCer扩增NKT细胞的抗肿瘤活性，其活性与穿孔素介导的NK细胞细胞毒活性增强有关。

（六）γδT淋巴细胞

体外培养激活血液的γδT淋巴细胞，其杀伤的Ph^+白血病及CLL细胞明显增加。一些学者研究了如何增强γδT淋巴细胞的抗肿瘤作用。

γδT淋巴细胞预先被磷脂抗原及IL-2激活后，抗自体肿瘤活性增强。有研究采用IL-2及磷脂抗原与患者的PBMNC培养从11/ 15例转移性肾癌患者体内培养扩增出血液Vγ9Vδ2 T淋巴细胞，这些细胞表达激活分子及效应/记忆细胞分子，通过TCR及NKG2D受体、穿孔素/颗粒酶途径选择性溶解自体肾癌。从一些脑胶质瘤患者的血细胞中也可激活扩增出抗肿瘤的γδT淋巴细胞。有报告采用γδT淋巴细胞治疗7例肾切除后的晚期透明肾癌有一定疗效。

双膦酸盐可激活Vγ9Vδ2 T淋巴细胞释放细胞因子及趋化因子，后者通过旁观效应激活其他免疫细胞，包括诱导粒细胞趋化功能、吞噬功能的增强及α-抵御素的释放；双膦酸盐尚可增加结肠癌干细胞（CSC）对Vγ9Vδ2 T淋巴细胞的敏感性。用双膦酸盐及IL-2与骨髓瘤、淋巴瘤、白血病患者的血细胞培养诱导产生抗自体肿瘤的γδT淋巴细胞，而对正常细胞无影响。Takahara T等（2008）的研究显示，负载了抗原的DC单独或联合双膦酸盐在体外可增加 抗原特异性CD8 CTL的扩增 。一些研究者采用IL-2联合双膦酸盐治疗难治/复发的淋巴瘤、前列腺癌，获得了一定效果。下调法尼基焦磷酸盐合成酶可增加γδT淋巴细胞的抗肿瘤作用。体外合成的PAg通过ADCC效应可增加RTX及TCRVγ9$^+$细胞对$CD20^+$淋巴瘤细胞的杀伤作用。

二、抗体治疗

近年来，随着人源化单抗应用后产生中和抗体减少、疗效增加，抗-CD20单抗成功用于治疗NHL，单抗的研究与临床应用又进入高潮。单抗主要通过ADCC或CDC杀伤靶细胞，单抗尚可与靶细胞的受体结合激活凋亡信号转导途径，诱导细胞凋亡；或封闭细胞生长存活必需的细胞因子受体，导致细胞死亡。单抗与放射性核素或毒素结合后使后者定位于靶细胞，将其杀伤。目前已用于临床治疗白血病的主要有以下几种：

（一）CD33单抗

90%以上AML原始细胞表达CD33，几乎所有的正常髓系及红系造血前体细胞也表达CD33，但正常造血干细胞（SC）及非造血细胞不表达CD33，因此CD33是治疗白血病的较好靶点。目前CD33单抗已被较广泛用于治疗$CD33^+$的AML、MDS、CML及部分ALL。

鼠人嵌合型的CD33单抗称为HuM195。单独应用HuM195或联合IL-2治疗未缓解

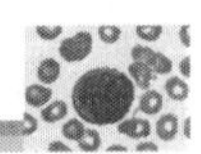

的急性早幼粒细胞白血病（APL）疗效不理想，仅对骨髓白血病细胞<30%的少数患者有效（Feldman E 等，2003）；但可增加 CR 患者的 PML-RAR 融合基因的转阴率（Jurcic JG 等，2000）。

与抗肿瘤抗生素结合的人源化 CD33 单抗，称为 Mylotarg 或 gemtuzumab ozogamicin (GO)。多个临床试验显示，单用 GO 9 mg/（m^2·次）×3 次治疗复发的 $CD33^+$ AML 患者，CR 率为 30%左右（Sievers EL 等，2001）。GO 联合化疗治疗难治/复发 AML 的 CR 率为 12%～50%（Cortes J 等，2002；Alvarado Y，2003）。GO 9 mg（m^2·次）×3 次治疗后副作用较大，主要有发热、畏寒、低血压（60%）、3～4 度黏膜炎（4%）、恶心呕吐（11%）、严重感染（28%）、3～4 度一过性血谷丙转氨酶（ALT）升高（17%）、肝静脉阻塞病（VOD，1/188）；联合化疗的毒性，尤其是 VOD 增加。Kell WJ 等（2003）报告，将 GO 的剂量降至 3 mg/（m^2·次）×3 次，联合标准化疗作为一线诱导化疗方案治疗 AML，CR 率达 91%，GO 的副作用也减少。目前英国、美国、欧洲正在联合进行临床试验用小剂量 GO 联合化疗治疗 55～60 岁 AML 患者的疗效。

人源化 CD33 单抗与粒子放射性核素如^{131}I、^{90}Y 连接时，可杀伤大量白血病细胞，但引起长时间的骨髓抑制，主要用于 HSCT 前的预处理。HuM195 与 α 粒子放射性核素如^{213}Bi、^{211}Bi、^{211}At 连接后，进入骨髓、脾及肝的量比与 β 粒子放射性核素^{131}I 或^{90}Y 要高 1000～10000 倍。Jurcic JG 等（2002）用^{213}Bi HuM195 治疗了 18 例复发/难治 AML 或慢性 CMML，几乎所有的放射性核素集中在骨髓、肝、脾等白血病细胞部位，无髓外毒性发生；观察的 17 例均发生骨髓抑制，15 例中 14 例（93%）血原始细胞下降，18 例中 14 例（78%）骨髓原始细胞下降，但无 1 例 CR，说明对负荷大的患者疗效仍不太理想。

（二）CD20 单抗

CD20 是 B 淋巴细胞的膜抗原。利妥昔单抗（rituximab，RTX，美罗华）是人鼠嵌合型的 CD20 单抗，治疗 $CD20^+$ 低度恶性淋巴瘤获得令人鼓舞的疗效，以后逐渐扩大到其他 $CD20^+$ 的淋巴细胞恶性疾病，包括毛细胞白血病（HCL）、慢性淋巴细胞白血病（CLL）、ALL、PTLD。

美国 M. D. Anderson 癌症中心采用 RTX 联合 Hyper-CVAD 强烈化疗治疗了 31 例初治的伯基特淋巴瘤及白血病，CR 率 86%，3 年 OS 率、EFS 率、DFS 率分别为 89%、80%、88%，9 例 CR 的老年患者均 CCR 3 年，疗效明显比既往的方法好，显示出 CD20 单抗在 B-ALL 上的应用前景（Thomas DA 等，2006）。

RTX 治疗 HCL 的疗效也较好。标准剂量 RTX 治疗 $CD20^+$ CLL 疗效不理想，可能是由于 CD20 抗原在胞浆中比例较多，表面比例较少所致（Itala M 等，2002）。提高 RTX 的剂量治疗 CLL，可提高疗效。RTX 联合氟达拉宾和（或）环磷酰胺治疗初治或治疗过的 CLL 的 CR 率明显高于其他方案，可使免疫球蛋白基因重排转阴。高危 B-CLL 患者（有以下至少 2 个指标：无 IgVH 高突变，CD38>30%，ZAP-70>20%，中等或预后不良染色体 [+12 或 del（11q）或 del（17p）] 采用 RTX 巩固维持治疗可明显提高 PFS；在 CLL CR 后用 RTX 维持治疗可延长无病生存率（Giovanni DP 等，2007）；在预处理中加入 RTX 可提高 allo-HSCT 治疗 CLL 的效果（Khouri IF 等，2004）。RTX 对早期 PTLD（肿瘤出现以前）非常有效（Verschuuren EA 等，2002）。

RTX 治疗的主要副作用是血 B 淋巴细胞降低导致的低丙种球蛋白血症，后者可继发严重感染。因此，在 RTX 治疗期间应注意检测血丙种球蛋白的水平，注意补充免疫球蛋白，防止发生严重感染。

ofatumumab 是新一代抗-CD20 单抗，目前正在进行Ⅲ期临床试验治疗 B-CLL。

（三）CDw52 单抗

CDw52 是 B、T 淋巴细胞的膜抗原，但不在造血前体细胞上表达。Campath-1H（又称为 alemtuzumab）是 CDw52 的人源化单抗，已被美国及欧洲批准治疗 CLL、幼淋细胞白血病（prolymphocytic leukemia，PLL）、蕈样肉芽肿、低度恶性非霍奇金淋巴瘤（low grade non-Hodgkin lymphoma，LGNHL）、皮肤 T 淋巴细胞淋巴瘤（cutanous T cell lymphoma，CTCL）、T 大颗粒淋巴细胞白血病（T large granular cell leukemia，T-LGL）、成人 T 淋巴细胞白血病/淋巴瘤（adult T lymphocyte leukemia/lymphoma，ATLL）。几份临床研究显示 Campath-1H 治疗初治 B-CLL 的 CR+PR 率为 90%左右；治疗难治/复发 B-CLL 的 CR+PR 率为 40%左右，2%～4% CR；治疗蕈样肉芽肿的 CR+PR 率为 50%左右；治疗复治 T-PLL 的 CR+PR 率为 70%～80%，CR 者生存期明显延长。Campath-1H 联合氟达拉滨对单用氟达拉滨或 Campath -1H 无效的 CLL 仍有效，联合治疗的疗效比单独用药疗效高。Campath-1H 的主要副作用是 TNF-α 及 IL-6 释放引起的毒性，常常在输注中出现发热、寒战、恶心、呕吐、低血压，糖皮质激素治疗可缓解其毒性；此外，由于 T、B 淋巴细胞抑制，病毒感染也较常见（Osterborg A 等，2002；McCune SL 等，2002；Rai KR 等，2002；Lundin J 等，2002）。皮下注射 Campath-1H 治疗 CLL 的副作用降低，疗效也较好（Rai KR 等，2002；Lundin J 等，2002）。

（四）CD25 单抗

CD25 是 T 淋巴细胞的膜抗原。LMB2 是 CD25 单抗与假单胞菌内毒素 A 连接形成的免疫毒素，被称为 LMB2 [anti-Tac（Fv）Ab- pseudomonas exotoxin，LMB2]，主要用于治疗 T 淋巴细胞恶性疾病。Kreitman RJ（2000）采用 LMB2 22～63 mg/kg×3 治疗了 35 例各种难治性恶性血液病。治疗后 1 例 HCL CR，7 例获 PR（包括皮肤 T 淋巴细胞淋巴瘤 1 例，HCL 3 例，CLL 1 例，霍奇金淋巴瘤 1 例，ATLL 1 例）。LMB2 耐受性好，毒性为一过性，8 例转氨酶升高，7 例发热。

（五）CD45、CD66 单抗

目前连接放射性核素的 CD45、CD66 单抗正在临床试验中，主要用于移植前的预处理，目的是使放射线集中在骨髓，减少放疗对其他器官的损伤。

CD45 在大多数造血细胞上表达（除成熟红细胞及血小板外），与 CD33 比较，它表达的拷贝数更高。在西雅图进行的Ⅰ期临床试验中，预处理中加用^{131}I-CD45 单抗，然后行 HCT 治疗了 44 例复发的急性白血病，84%的患者获得满意的生物分布，30%长期存活（Matthews DC 等，1999）。在Ⅱ期临床试验中，用含^{131}I-CD45 的单抗预处理，然后行 HCT 治疗了 40 例 CR1 期的 AML 患者，复发率 15%，毒性可耐受，5 年 DFS 率 70%。

CD66 在成熟的造血细胞上表达，不在白血病原始细胞上表达，针对 CD66 的放射性

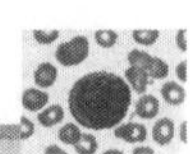

核素可能通过旁观者效应将放射线释放至白血病细胞上。临床试验采用含^{188}Re -CD66 单抗的预处理方案再行 allo-HSCT 治疗了 AML、MDS、Ph^+ ALL，复发率并未降低，但对55～65 岁的患者仍可耐受（Ringhoffer M 等，2005）。

（六）其他单抗

一些研究将抗白血病抗原与结合免疫细胞的抗体连接起来，称为双特异性抗体，以增加免疫细胞到达白血病细胞的数量，直接杀伤肿瘤或增加单抗的 ADCC 作用，从而增加其抗白血病作用。最近的临床试验显示抗-CD19/CD3 双特异性抗体 BiTE、CD3×CD20 双特异性抗体 Bi20 对明显白血病及 MRD 都有明显的疗效。临床试验证明了采用 CTLA-4 单抗（ipilimumab）封闭治疗 allo-HSCT 后恶性病复发的安全性及有效性，一次应用 ipilimumab 可增加激活性 T 淋巴细胞的水平，但不增加 Treg。抗造血干细胞因子（anti-SCF）单抗可增加小剂量阿糖胞苷（LD-Ara-C）联合柔红霉素（DNR）对 耐药 $CD34^+$ AML 干细胞的疗效。CD40 抗原主要在 B 淋巴细胞上表达，目前人源化抗-CD40 单抗 SGN-40 治疗 B 惰性淋巴瘤、弥漫大 B 淋巴细胞淋巴瘤（difuse large B cell lymphoma，DLBCL）、MM 正在Ⅰ/Ⅱ期临床试验中。雷利度胺可上调 B-CLL 上 CD40 的表达，雷利度胺联合 SGN-40 治疗 B-CLL 也正在临床试验中（Lapalombella R 等，2009）。其他正在临床试验研究治疗白血病的单抗尚有抗-CD19、CD22、HLA-Dr 单抗，抗-CD22 单抗与假单胞毒素连接的免疫毒素（CAT-8015）。因为白血病干细胞（leukemia stem cell，LSC）是白血病复发的根本，寻找白血病干细胞的标志和特点，从而设计针对 LSC 的靶向治疗是今后的重要发展方向。最近美国斯坦福大学的 Majeti 等报告，CD47 在 AML 的 LSC 上比正常造血干细胞表达高，AML LSC 上 CD47 高表达者预后差；用抗-CD47 的单抗封闭该抗原，可以增加 AML LSC 被吞噬细胞吞噬，抑制 AML LSC 在动物体内的植入。所以，CD47 可能成为新的靶向治疗靶点。

三、疫苗治疗

疫苗治疗是指给患者注入白血病抗原，以激发其体内的特异性抗白血病免疫反应。早期的白血病疫苗主要是用放射线照射或其他方式灭活白血病细胞后而成，或将白血病细胞溶解物与卡介苗等免疫佐剂联合应用。近年来多种疫苗得到广泛研究，如修饰的白血病细胞疫苗、APC 疫苗、多肽疫苗、核酸疫苗、全蛋白疫苗、白血病细胞溶解物疫苗、抗独特性抗体疫苗、重组病毒疫苗、细菌疫苗等。

（一）白血病细胞疫苗

自体或异体来源的肿瘤细胞灭活后联合卡介苗（BCG）、IFN 或 GM-CSF 等佐剂，可延长患者的生存期，Sakurai 研究小组已证实疫苗治疗后 AL 的晚期复发减少。由于白血病细胞不是功能完整的 APC，因此很多研究通过增强白血病细胞的第 1、2 信号系统，使之成为功能完整的 APC，称为修饰后的白血病细胞疫苗；如将共刺激分子（如 CD80 分子）基因，MHC 分子基因，一些细胞因子基因如 TNF-α、IFN-γ、GM-CSF、IL-12、IL-2 等转移入自体或一定 HLA 位点的异基因白血病细胞，使其成为功能完备的 APC。Ⅰ期临床试验显示，CD154 转染的白血病细胞疫苗可诱导抗白血病细胞免疫反应，尚可增加 Fas 诱导细胞凋亡的敏感性，从而直接诱导白血病细胞凋亡，CD154 转染的白血病细胞疫苗治疗的Ⅱ期临床试验正在进行中。

几份临床试验显示，自体白血病细胞联合分泌 GM-CSF 的白血病细胞疫苗治疗 AML 有肯定的疗效。Zhang WG 等（2005 ）报告该疫苗治疗难治/复发的 AML 后 25 例中 4 例获得 CR，5 例获得 PR。Ho VT 等（2009）报告了Ⅰ期临床试验的结果，高危 AML 或 MDS 患者在 allo-HSCT 后早期采用该疫苗免疫治疗，治疗后可检测出抗白血病免疫反应，而 GVHD 没有增加，中位观察 26（12～43）个月，10 例中 9 例完成了免疫治疗的患者持续完全缓解，6 例长期持续完全缓解者的可溶性 NKG2D 配体明显下降，3 例患者 CTL 的 NKG2D 转为正常。美国 Johns Hopkins（Borrello IM 等，2009）的Ⅱ期临床试验显示，先采用自体白血病细胞与分泌 GM-CSF 的 K562 细胞免疫 AML 患者，然后收集其自体淋巴细胞与自体造血干细胞一起移植。54 例 AML 患者 28 例在移植前接受了疫苗（52%），全部 CR 患者的 3 年 RFS 率为 47.4%，OS 率为 57.4%；而 28 例接受疫苗患者的 RFS 率和 OS 率分别为 61.8%和 73.4%；移植后对自体白血病细胞 DTH 阳性反应者的 3 年 RFS 率为 100%，而阴性者仅为 48%；69%接受疫苗者的 WT1 下降，其 3 年 RFS 率为 61%，而 WT1 不下降的 3 年 RFS 率为 0。Smith BD 等（2010）对 19 例伊马替尼（IM）治疗后获得主要细胞遗传学缓解但仍然有 MRD 的 CML 患者，除继续予以 IM 治疗外，再加用 K562＋GM-CSF 疫苗治疗；免疫治疗前患者接受 IM 治疗的中位时间为 37（13～53）个月，免疫治疗组的 BCR-ABL 定量明显低于对照组（$P=0.03$），19 例中 13 例患者在免疫治疗后 BCR-ABL 明显下降，7 例 BCR-ABL 检测不到，其中 8 例在免疫治疗前白血病负荷进行性增加。

Hus I 等（2007）报告采用 B-CLL 疫苗治疗的结果，将患者自己的 10^7 PBMNC（平均含 78.56% 的 $CD19^+/CD5^+$ 白血病细胞）照射后皮下注入患者，开始每周 1 次，共 4 次，以后改为每 2 周 1 次，共 8 次；17 例中 8 例患者在开始 2 次免疫时加入 BCG；免疫治疗后 5 例患者的血 WBC 下降＞25%，5 例患者的病情稳定，7 例无效，淋巴细胞倍增时间增加；含 BCG 的疫苗治疗后 $CD3^+$ $CD3^+/CD4^+$、$CD3^+/CD8^+$ T 绝对值增加，但是临床疗效未增加；免疫后血液单核细胞分化 DC 的吞噬功能增加（$P=0.006$）。

大多数肿瘤相关抗原免疫原性弱，难以产生亲和力强的 CTL。为了增加白血病细胞的免疫原性，Ingram W 等（2009）将表达 CD80（B7.1）及 IL-2 的慢病毒（lentivirus，LV）转移到 AML 细胞中（LV-CD80/IL-2 AMLs），发现 LV-CD80/IL-2 AMLs 刺激后自体 T、NK、Treg 细胞增加很少，但可增加自体及异体 $CD8^+$、NK 细胞对 AML 的杀伤活性。

（二）APC 疫苗

APC 具有丰富的第一、二信号系统分子，可将白血病抗原负载给 APC 形成 APC 疫苗。DC 是功能最强的 APC，用 GM-CSF、IL-4 等细胞因子培养 CR 期白血病患者的外周血单核细胞或骨髓细胞可获得大量的 DC，白血病抗原可以基因、多肽、蛋白、细胞溶解物甚至完整细胞的形式负荷给 DC。用 BCR-ABL 多肽负载的 DC 治疗 CML 患者，免疫后可检测出抗原特异性免疫反应。Hus I 等（2008）还报告将 B-CLL 溶解物负载给患者自体

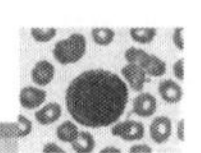

DC，然后治疗12例0～2期早期B-CLL患者，免疫8次，共7.4×10^6DC；免疫治疗后12例中5例患者的$CD19^+/CD5^+$白血病细胞下降；有临床疗效者，血浆IL-12升高，Treg下降。用WT1 mRNA负载的成熟DC做疫苗治疗CR期的AML正在Ⅰ/Ⅱ期临床试验中，初步结果显示联合mRNA及白血病细胞溶解物负载DC的效果比单用mRNA或白血病细胞溶解物的疗效好。采用白血病细胞来源的热休克蛋白（heat shock protein，HSP）做抗原的免疫原性比白血病细胞溶解物强，可望获得更好的疗效。

20%～60% AML患者的白血病细胞经培养后能分化为成熟DC，一些免疫排斥抗原如RHAMM、PRAME在大多数患者的成熟DC表达增强，具有迁移诱导CTL的能力。几份临床试验显示，用CML来源的DC疫苗治疗CML-CP患者，可诱导出CTL及对抗原特异性的迟发性皮肤反应，导致骨髓及血液中的$BCR\text{-}ABL^+$白血病细胞下降。用CML患者自体白血病DC治疗了10例格列卫或IFN-α治疗不能达到完全细胞遗传学缓解的CML-CP患者，结果显示4例达完全细胞遗传学缓解或分子生物学缓解（Westermann J等，2007）。另2份临床试验用外周血白血病DC免疫治疗CR期AML患者，可检测出Th1类因子增加及CTL，但临床疗效不太好（Li L等，2006；Roddie H等，2006）。CD40L刺激ALL细胞可恢复其抗原提呈功能，增加白血病抗原的免疫原性。有研究用CD40L和IL-4培养25例儿童B-ALL细胞，然后检测其22种抗原mRNA水平和共刺激分子水平，显示CD40L可刺激ALL细胞的PNPT1、PMPCB、HMMR/RHAMM、BSG及ERCC1（excision repair cross-complementing 1，ERCC1）抗原表达上调。

究竟白血病来源DC与正常细胞来源DC相比谁更好，目前尚无结论。

（三）多肽或蛋白疫苗

随着越来越多的白血病抗原被发现，一些研究采用白血病免疫排斥抗原多肽（与TCR结合的多肽）来免疫患者。BCR-ABL、RHAMM、WT1、PRAME、PR1等多肽疫苗已进行了临床试验。

Ⅰ期临床试验显示联合应用多种BCR-ABL多肽皮下注射，免疫后可检测出特异性抗体及细胞免疫反应，且安全，但未观察到临床疗效（Ibarz P等，2000）。Cathcart K等（2004）用BCR-ABL多肽联合QS-21佐剂混合疫苗治疗14例CML-CP患者，无明显毒性，可检测出特异性免疫反应及一定临床疗效，但因为同时用了格列卫、DLI，多肽疫苗的临床疗效尚待确定。

用PR1多肽与福氏佐剂或GM-CSF联合免疫，对多数患者可诱导特异性免疫反应，15例中5例有临床疗效，2例难治性AML获得分子生物学缓解，分别持续8个月、3年。Muzaffar H等（2007a）报告了PR1多肽联合不完全福氏佐剂及GM-CSF疫苗治疗髓性白血病的Ⅰ/Ⅱ期临床试验，AML 42例，CML 13例，MDS 11例，每例患者免疫3次，逐渐增加剂量，每3周1次；免疫后25/53例（47%）可检测到PR1特异性免疫反应，有免疫反应患者中9/25例（36%）获得临床反应，无免疫反应中仅3/28例（10%）获得临床反应（P=0.03）；有免疫反应组的EFS更长，分别为8.7个月、2.4个月（P=0.03）；13例在CR期接受疫苗的患者中，4例中位CCR 30.5个月（11～59个月）；部分患者的PR1特异性免疫反应持续4年；多参数分析显示，骨髓原始细胞<10%与是否产生免疫反应及长期EFS有关（P=0.001）；说明疫苗主要对白血病负荷低者有效。该疫苗对改善

HSCT后的OS及EFS也有作用。Muzaffar H等（2007b）采用此种疫苗治疗了20例HSCT后的髓系肿瘤（13例AML或MDS、7例CML），16例接受allo-HSCT，4例接受auto-HSCT，至少4周未用免疫抑制剂，没有需全身治疗的aGVHD、cGVHD；免疫时5例CR，15例可检测出白血病细胞；HSCT后中位时间9.5个月（1～220个月）用疫苗免疫3次；免疫后中位观察56.5个月（27～89个月），PR1-CTL增加2倍者称为有免疫反应（IRV）；免疫后11/20例（55%）观察到有IRV，9/11例（82%）IRV+ 者有临床反应，仅1/9例（11%）IRV阴性者有临床反应（$P=0.005$），两组的中位EFS分别为23.8个月、1.9个月（$P=0.03$）。

WT1多肽疫苗治疗AML、MDS、MDS伴骨髓纤维化也显示出一定疗效，WT1疫苗的临床疗效与CTL升高的程度相关，但引起1例MDS患者的全血细胞减少（Oka Y等，2003、2006；Mailander V等，2004；Keilholz U等，2006）。

Rezvani K等（2007）采用PR1及WT1多肽联合Montanide佐剂及GM-CSF疫苗治疗了8例PR1及WT1阳性及HLA-A＊0201阳性的髓系恶性肿瘤（MDS 2例、AML 5例、CML 1例）；免疫后7例患者可检测出对PR1的$CD8^+$ T淋巴细胞反应；5例对WT1有反应；8例对一种或两种抗原有反应，对PR1或$WT1^+$的$CD8^+$ T淋巴细胞反应与患者的WT1 mRNA表达下降有关；患者中位存活252天（105～523天）。

欧洲多个国家参与的用RHAMM/CD168-R3多肽疫苗联合GM-CSF治疗的Ⅰ/Ⅱ期临床试验结果，患者为RHAMM/CD168-R3抗原过度表达的AML、MDS、MM，免疫治疗后10例中5例患者的RHAMM/CD168-R3 CTL升高，RHAMM/CD168表达下降，6例中3例患者$CD33^+$白血病细胞下降，1例MDS患者不再需要输血。Greiner J等（2007）报告了RHAMM- R3多肽加不完全福氏佐剂疫苗治疗25例仅有MRD白血病患者（AML、MDS、MM、CLL）的Ⅰ/Ⅱ期临床试验结果；每2周免疫一次，同时用GM-CSF 5天；免疫后70%的患者都可检测到抗RHAMM-3的特异性免疫反应，10例中4例患者IL-2升高者临床有效，表现为骨髓原始细胞下降，或MDS不需要输血，临床有效者RHAMM表达下降。

其他一些疫苗正在临床试验中，可望用于白血病的联合治疗。Li L等（2007）在动物体内用PML-RARα DNA与GM-CSF（hGM-CSF）连接的DNA质粒疫苗可诱导抗APL的免疫反应。白血病细胞来源的热休克蛋白（HSP）可携带其多种抗原成分，用CML血细胞的HSP70治疗了5例格列卫无效的患者，全部获得主要遗传学缓解，可检测出对疫苗的特异性免疫反应，但由于患者同时接受了其他治疗，因此HSP70疗效尚有待确定。mHag HA-1、HA-2、ACC1、ACC2多肽疫苗正在Ⅰ/Ⅱ期临床试验中。抗独特型抗体联合HLH佐剂及GM-CSF治疗稳定期的滤泡淋巴瘤有一定疗效。CpG-ODN和GM-CSF与疫苗联合应用可增加T淋巴细胞趋化到抗原部位。

四、非特异免疫调节剂及细胞因子治疗

（一）非特异免疫调节剂或佐剂

Coly毒素（多种细菌毒素混合物）是最早采用的非特异免疫刺激剂，其他尚有卡介苗

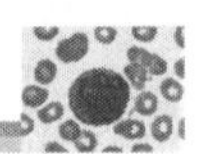

(Bacille Calmette-Guérin，BCG)、短小棒状杆菌 *C. parvum*、细胞壁骨骼（cell wall skeleton，CWS)、内毒素、LPS、海藻糖、胸腺肽、OK432、左旋咪唑、多种佐剂等。

目前非特异免疫刺激剂主要以佐剂的形式与疫苗等方法联用，如琥珀酰化钥孔蝛血蓝蛋白（keyhole limpet hemoanin，KLH)、不完全福氏佐剂、分枝杆菌疫苗（SRL172)、Montanide ISA-51、QS-21、CpG-ODN、LPS、热灭活的布鲁斯杆菌流产胎（heat-killed Brucella abortus，HKBA)、牛痘病毒、鸟痘病毒等。免疫佐剂可通过以下几方面增强疫苗的作用：模仿炎症或细胞死亡信号吸引 APC 到达抗原注射部位，促进 APC 摄取抗原，诱导 APC 成熟以增加抗原的提呈，刺激 T 淋巴细胞，激活和扩增抗原特异性 CTL 或 B 淋巴细胞。

Toll 样受体（Toll-like receptor，TLR）拮抗剂可以作为佐剂，使免疫反应向 Th1 或 Th2 类反应发展。TLR 拮抗剂可增加 DC 向淋巴组织迁移、抗原提呈、细胞因子分泌，激活非特异免疫细胞，克服 Treg 介导的 T 淋巴细胞抑制。CpG-ODN 可针对 TLR9，与疫苗联合用于临床治疗淋巴瘤、肺癌等恶性肿瘤。双链 DNA 通过 TLR3 将病毒的危险信号传递给 DC，DC 吞噬转染了多聚肌苷酸：多聚胞苷酸［polyriboinosinic polyribocytidylic acid，poly I：C］的 AML 细胞后，其成熟标志增加，炎症性细胞因子增加。BCG 为 TLR2/4 的拮抗剂。研究证明，TLR3 及 TLR7 的拮抗剂 poly I：C 和 R-848 联合是最强的激活剂。

近年研究发现，反应停或其类似物除了有抑制血管内皮生长因子的作用外，还有多种免疫调节作用，包括抗 TNF-α 及诱导 CTL 增殖的作用，故被用于治疗多种恶性肿瘤性疾病。

（二）细胞因子

一些细胞因子有增强免疫细胞增殖与功能的作用。自 20 世纪 80 年代以来，多种细胞因子进入了临床试验，如 IL-2、IFN、GM-CSF、IL-4、IL-6、IL-12、TNF-α 等，应用最多的是 IFN-α 及 IL-2。一些细胞因子还可作为佐剂联合疫苗以增加疫苗的效果，如 IFN 及 GM-CSF，GM-CSF 是最成功的佐剂。

1. 干扰素（IFN） IFN 为临床最常用的细胞因子，有Ⅰ型、Ⅱ型和Ⅲ型。Ⅰ型包括 IFN-α、IFN-β、IFN-δ、IFN-ω；Ⅱ型 IFN 主要包括 IFN-γ；最近发现了 IFN-λ，又被称为Ⅲ型 IFN。Ⅰ型和Ⅲ型 IFN 可由很多细胞产生，而Ⅱ型 IFN 主要由激活的 T、NK、NKT、γδT 淋巴细胞产生。IFN 治疗白血病的作用与以下效应有关：抗增殖效应，诱导细胞分化，上调白血病细胞的 MHC 分子表达，降低原癌基因的表达，激活 NK、DC、Mϕ，诱导 DC 等 APC 的成熟等。

IFN-α 是临床应用得最多的细胞因子，具有较强的抗病毒、抗增殖作用。大量临床结果显示 IFN-α 对 CML、CLL、HCL、ATLL 有效。IFN-α 治疗 CML-CP 的细胞遗传学有效率为 30%～40%，主要细胞遗传学缓解（MCR）10%左右，可延长患者的生存期，降低急变率；IFN-α 联合 Ara-C 可提高细胞遗传学反应率（Kantarjian HM，2003）。

CML 患者在 allo-HSCT 前是否采用 IFN-α 治疗与预后无关（Lee CK 等，2001），allo-HSCT 后复发的 CML 用 IFN-α 仍有一定的效果，但可诱发或加重 GVHD。

虽然对大多数 CML 患者的一线治疗是酪氨酸激酶抑制剂伊马替尼（imatinib，IM），很多患者可以获得分子生物学缓解，但是IMT不能消除白血病干细胞，患者仍可能复发。临床试验显示，干扰素与伊马替尼联合应用可以增加CML患者的分子生物学缓解率，目前正在进行Ⅲ期临床试验以验证这一结论。

IFN-α联合GM-CSF治疗allo-HSCT后复发的AL患者有一定疗效，但例数太少，结果有待证实；可提高DLI治疗allo-HSCT后CML复发的疗效。auto-HSCT后用IFN-α治疗ATLL可延长CR期。IFN-α治疗HCL的疗效报告不太一致。Golomb等（1992）用IFN-α2b治疗了69例HCL，11例死亡，IFN-α治疗≥12个月者57例中41例无效，7例发生第二肿瘤。但Pai等（1999）采用IFN-α治疗18例HCL，总有效率88.9%，中位观察期31个月，DFS率83%。IFN-α治疗MDS的疗效不理想，副作用大。

大多数CML采用伊马替尼（IM）治疗可获得CMR，但是大多数停止IM治疗后会复发。Hochhaus A等（2007）报道，对20例CML-CP患者采用IM/IFN治疗后，再用IFN-α维持治疗，可联合用PEG-IFN-α2a（$n=17$）或IFN-α2a（$n=3$）；维持治疗用PEG-IFN（$n=16$）或IFN（$n=4$）；IM中位治疗时间2.4年（0.2～4.9年），当停止IM时，19例患者为完全细胞遗传学缓解，1例无细胞遗传学反应；16例主要分子学缓解；中位观察1.2年（0.1～3.1年），15例获得主要分子生物学缓解，其中7例为完全分子生物学缓解，10例病情稳定；3例分子生物学复发，再次予以IM治疗又获得分子生物学缓解；在IFN维持治疗期间，PR3从0.06%（0.02%～3.5%）升至0.14%（0.03%～1.4%，$P=0.03$）；8例中7例患者IFN-α治疗有效者与IFN-α治疗期间产生PR3- CTL有关；提示IFN-α可用于IM后的维持治疗。Hochhaus等报道的Ⅱ期临床试验采用IM联合PEG- IFN-α2a治疗40例初治CML，根据Hasford标准，18例（45%）为低危患者，21例（53%）为中危患者，1例（2%）为高危患者；患者先接受羟基脲降低细胞后，第1组20例患者先接受PEG-IFN-α2a 180μg/周治疗6周，然后仅接受IM 400mg/d治疗6周，最后用PEG-IFN-α2a为135 μg/周联合IM 400 mg/d治疗；第2组20例患者先接受IM治疗6周，然后联合PEG-IFN +IM治疗，剂量同第1组。治疗48、96周后，CR率分别为70%（28例）、88%（35例），主要分子生物学缓解率（MMR，BCR-ABL≤0.1%）分别为53%（21例）、65%（26例），显示IM联合PEG-IFN治疗可提高CR及MMR率，毒性可耐受，但IM可抑制自体肿瘤抗原的表达，影响IFN的免疫效应。

2. IL-2 IL-2可引起T淋巴细胞、NK细胞增殖并使其产生白血病溶解活性，产生IFN-γ、TNF-α及IL-2受体α（IL2Rα）。

既往的一些临床研究显示，IL-2对白血病负荷低的AML、MDS有一定疗效，使患者缓解，清除残留白血病细胞，延长CR期（Meloni等，1996；Maraninchi D等，1995；Ganser A，2000）；auto-HSCT后采用IL-2可提高DFS率，降低复发率（Stein AS等，2003）；allo-HSCT后用IL-2可增加GVL效应，但不加重GVHD（Sykes M等，1990）；allo-HSCT后复发的患者输注LAK+IL-2可诱导CR（Nnagayama H等，1999）。rIL-2治疗后患者血液NK细胞增加5倍，T淋巴细胞增加3倍。体外试验显示患者的PBMNC抗自体白血病细胞的杀伤活性增加。大剂量IL-2（high dose IL-2，HD-IL-2）指IL-2 60万～72万U/(kg·次)静脉注射或滴注，q8h，毒性大，剂量限制性毒性主要为低血压、血管渗漏综合征导致的肺水肿、体重增加、心律失常、败血症、肝功能异常等，大大限制了IL-2的临床应用。IL-2剂量为500万～2500万U/次静脉注射、持续静脉滴注或皮

下注射耐受性较好，毒副作用明显降低，疗效与 HD-IL-2 相同（Farag SS 等，2002）。但是 IL-2 治疗表达 $CD25^{+}$ 白血病细胞，可能导致复发（Spiekermann K 等，1995）。近年的研究显示，IL-2 可增加 Treg 细胞的数量，几份临床研究显示 IL-2 治疗 CR 期的 AML 并不延长 CR 期；美国 CALGB 协作组及 ALFA 协作组的随机分组临床试验均未显示出 IL-2 可改善 AML 的 OS（Baer MR 等，2006；Pautas C 等，2007；Kolitz JE 等，2007）。美国 CALGB 协作组的Ⅲ期随机分组临床试验＜60 岁的 AML 患者在 CR 后及计划的化疗后接受 IL-2 治疗，在第 1～14、19～28、33～42、47～56、61～70 及 75～90 天予以 IL-2 100 万U/m^2 皮下注射，在 15～17、29～31、43～45、57～59 及 71～73 天予以 IL-2（12～15）$\times 10^6$ U/m^2 静脉注射；共有 57 例患者由于毒性不能继续 IL-2 治疗；IL-2 治疗组及 214 例随机分组观察患者的 3 年 DFS 率分别为 56%、45%（P=0.11），3 年 OS 率分别为 68%、61%（52%，72%）（P=0.09）（Kolitz JE 等，2007）。

Brune ML 等（2007）报告了一个由多个国家参加的Ⅲ期随机分组临床试验，结果显示 IL-2 联合组胺脱氢酶（histidine decarboxylase，HDC）可提高 CR 及巩固化疗后 AML 患者的 LFS；入组患者包括 261 例 CR1 期的 AML，59 例＞CR1 期的患者；每疗程给予 IL-2 18 000 U/（kg・次），2 次/天，联合 HDC 0.5 mg/次，2 次/天，共 3 周；前 3 个疗程每个疗程间隔 3 周；第 4～10 个疗程每个疗程间隔 6 周；治疗组及未接受 IL-2＋HDC 组的 LFS 分别为 11 个月及 8.8 个月（P=0.017），CR1 期治疗组及未接受 IL-2＋HDC 组的 LFS 分别为 15 个月及 9.7 个月（P=0.026），60 个月 LFS 率在两组分别为 29.6 %、20.6%（P=0.065），CR1 期患者的 LFS 差异更明显（34.4%、21.7%，P=0.024）；CR1 期的中位 OS 分别为 44 个月及 28 个月。

不同剂量的 IL-2 可使患者体内的 NK 细胞扩增。如果在用 NK 细胞时同时用抗白血病的单抗，可以通过 ADCC 效应来增加单抗和 NK 的抗白血病作用。

IL-2 常见的副作用尚有发热、恶心、疲乏、嗜酸粒细胞增加、注射部位反应、贫血、血小板减少、肝脾肿大等。

五、消除体内的免疫抑制因素

迄今为止，大多数免疫治疗方法仅对负荷小的白血病患者有效，除了效应细胞与靶细胞比例的关系外，还因为肿瘤细胞本身可诱导产生多种免疫抑制细胞或免疫抑制因子。因此在免疫治疗前减少白血病负荷或降低体内的免疫抑制因素很重要。美国国立卫生研究院的 Rosenberg 等先给予氟达拉滨及环磷酰胺降低体内的免疫抑制因素，再回输肿瘤浸润性淋巴细胞（TIL）治疗转移性黑色素瘤，大大提高了疗效。

北京市道培医院的临床研究也显示先化疗再输注细胞因子诱导的杀伤细胞（CIK）或树突细胞共培养的 CIK（DC-CIK）比单独化疗或单独用 CIK/DC-CIK 好。

CTL 相关抗原 4（CTLA-4）是免疫调节的关键分子，是共刺激分子 CD80、CD86 的配体，与 CD80、CD86 结合后可以抑制 T 淋巴细胞的激活。CTLA4 在激活的 T 淋巴细胞及部分 Treg 上表达，封闭 CTLA-4 可突破 CTL 对白血病抗原的免疫耐受。最近美国三个中心参与的Ⅰ期临床试验采用 CTLA-4 的单抗（ipilimumab）治疗了 17 例 allo-HSCT 后复发的恶性病患者，显示其毒性可耐受，未发生临床意义的 GVHD，单独使用后 2 例恶性肿瘤 CR，1 例 AML 患者的原始细胞下降，1 例 CML 在停格列卫及 DLI 后 BCR-ABL 仍阴性两年半。

研究显示，肿瘤部位的单核细胞、巨噬细胞通过释放自由基抑制 NK 等多种免疫细胞的活性。组胺可抑制单核细胞、巨噬细胞释放自由基。几份临床研究报告显示，完全缓解期的 AML 患者在传统强化化疗后采用二盐酸组胺治疗，可提高生存率（Brune ML 等，1996；Hellstrand K 等，1997）。

参考文献

童春容等 . 1996. 细胞因子诱导的杀伤细胞对慢性髓性白血病细胞的净化作用 . 实验血液学杂志，4：314

童春容等 . 1997. 细胞因子诱导的杀伤细胞对慢性髓性白血病细胞的体外净化作用 . 实验血液学杂志，4：314

童春容等 . 2002. 自体细胞因子诱导的杀伤细胞治疗治疗急性白血病的临床研究 . 北京医科大学学报，32：473

张乐萍等 . 2003. 细胞因子诱导的杀伤细胞/白细胞介素 2 治疗儿童急性淋巴细胞白血病微小残留病疗效观察 . 实用儿科临床杂志，18：185

Agrati C et al. 2009. Activated Vγ9δV2 T cells trigger granulocyte functions via MCP-2 release. J Immunol，182：522

Alderson RF et al. 2009. CAT-8015：a second-generation pseudomonas exotoxin A-based immunotherapy targeting CD22-expressing hematologic malignancies. Clin Cancer Res，15：832

Alvarado Y et al. 2003. Pilot study of Mylotarg，idarubicin and cytarabine combination regimen in patients with primary resistant or relapsed acute myeloid leukemia. Cancer Chemother Pharmacol，51：87

Alyea E et al. 1998. Toxicity and efficacy of defined doses of $CD4^+$ donor lymphocytes for treatment of relapse after allogeneic bone marrow transplant. Blood，91：3671

Bader P et al. 2004. Increasing mixed chimerism defines a high-risk group of childhood acute myelogenous leukemia patients after allogeneic stem cell transplantation where pre- emptive immunotherapy may be effective. Bone Marrow Transplant，33：815

Baer MR et al. 2006. Phase Ⅲ study of immunotherapy with recombinant interleukin-2（IL-2）versus no further therapy in acute myeloid leukemia（AML）patients，60 years in first complete remission（CALGB 9720）. Blood，108：Abstract 424

Bashey A et al. 2006. Phase Ⅰ study of ipilimumab（neutralizing monoclonal anti-CTLA4 antibody）to treat relapse of malignancy after allogeneic hematopoietic stem cell transplantation：evidence of tumor regression without induction of GVHD. Blood，108：Abstract 410

Borrello IM et al. 2009. GM-CSF secreting cellular immunotherapy in combination with autologous stem cell transplant（ASCT）as post-remission therapy for acute myeloid leukemia（AML）. Blood，25

Brune ML et al. 1996. Remission maiantenance therapy with histamine and interleukine-2 in acute myelogenous leukemia. Br J Hematol，92：620

Brune ML et al. 2007. Post-consolidation immunotherapy with histamine dihydrochloride and interleukin-2 in AML：long term follow-up of leukemia-free survival and overall survival. Blood（ASH Annual Meeting Abstracts），110：Abstract 1846（poster）

Cathcart K et al. 2004. A multivalent bcr-abl fusion peptide vaccination trial in patients with chronic myeloid leukemia. Blood，103：1037

Cesare G et al. 2002. Donor lymphocyte infusion for relapsed chronic myelogenous leukemia：prognostic rele-

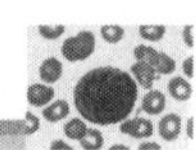

vance of the initial cell dose. Blood，100：397

Ciceri F et al. 2009. Infusion of suicide-gene-engineered donor lymphocytes after family haploidentical haemopoietic stem-cell transplantation for leukaemia（the TK007 trial）：a non-randomized phase Ⅰ-Ⅱ study. Lancet Oncol，10：489

Colvin GA et al. 2009. Nonengraftment haploidentical cellular immunotherapy for refractory malignancies：tumor responses without chimerism. Biol Blood Marrow Transplant，15：421

Comoli P et al. 2002. Infusion of autologous Epstein-Barr virus（EBV）-specific cytotoxic T cells for prevention of EBV-related lymph proliferative disorder in solid organ transplant recipients with evidence of active virus replication. Blood，99：2592

Cortes J et al. 2002. Mylotarg combined with topotecan and cytarabine in patients with refractory acute myelogenous leukemia. Cancer Chemother Pharmacol，50：497

Curti A et al. 2007. Phase Ⅰ-Ⅱ trial of adoptive immunotherapy with haploidentical KIR ligand-mismatched natural killer cells in high risk acute myeloblastic leukemia patients. Blood（ASH Annual Meeting Abstracts），110：Abstract 2857（poster）

Dazzi F et al. 2000. Comparison of single-dose and escalating-dose regimens of donor lymphocyte infusion for relapse after all grafting for chronic myeloid leukemia. Blood，67

Denman C et al. 2009. Sustained ex vivo expansion of human peripheral blood NK cells using artificial APCs bearing membrane-bound IL-21. Blood（ASH Annual Meeting Abstracts），114：Abstract 3030（Poster Session）

Dhamko H et al. 2009. Superior cytotoxicity of clonal versus polyclonal gamma delta T cells against Philadelphia chromosome positive and B-CLL derived leukemic cells. Blood（ASH Annual Meeting Abstracts），114：Abstract 3032（Poster Session）

Dodero A et al. 2009. Haploidentical stem cell transplantation after a reduced-intensity conditioning regimen for the treatment of advanced hematologic malignancies：post-transplantation CD8-depleted donor lymphocyte infusions contribute to improve T-cell recovery. Blood，113：4771

Duncan CJ et al. 2007. Development of a cell based vaccine for the immunotherapy of acute and chronic leukemia by the use of autologous dendritic cells loaded with monoclonal antibody treated or irradiated leukemia cells. Blood（ASH Annual Meeting Abstracts），110：Abstract 4889

Falkenburg JHF et al. 1999. Complete remission of accelerated phase chronic myeloid leukemia by treatment with leukemia-reactive cytotoxic T lymphocytes. Blood，94：1201

Farag SS et al. 2002. Post remission therapy with low-dose interleukin 2 with or without intermediate pulse dose interleukin 2 therapy is well tolerated in elderly patients with acute myeloid leukemia：Cancer and Leukemia Group B study 9420. Clin Cancer Res，8：2812

Feldman E et al. 1999. Humanized monoclonal anti-CD33 antibody HuM195 in the treatment of relapsed/refractory acute myelogenous leukemia（AML）：preliminary report of a phase Ⅱ study. Proc Am Soc Clin Oncol，18：4a

Feuchtinger T et al. 2009. Graft-versus-host disease cytolytic activity of NK cell clones against acute childhood precursor-B-cell leukemia is influenced by HLA class Ⅰ expression on blasts and the differential KIR phenotype of NK clones. Bone Marrow Transplantation，43：875

Fujii S et al. 2001. Treatment of post-transplanted，relapsed patients with hematological malignancies by infusion of HLA-matched，allogeneic-dendritic cells（DCs）pulsed with irradiated tumor cells and primed T cells. Leuk Lymphoma，42：357

Ganser A et al. 2000. Intensive chemotherapy with idarubicin，ara-C，etoposide，and m-AMSA followed by immunotherapy with interleukin-2 for myelodysplastic syndromes and high-risk acute myeloid leukemia (AML). Ann Hematol, 79: 30

Gentilini C et al. 2007. NK-cell recovery and immune reconstitution after haploidentical hematopoietic cell transplantation using either CD34 selected grafts and adoptive NK-cell transfer or CD3/CD19 depleted grafts: comparison of two strategies for NK cell based immunotherapy. Blood (ASH Annual Meeting Abstracts), 110: Abstract 2988

Giovanni DP et al. 2007. Rituximab consolidation and maintenance immunotherapy improve outcome in B-cell chronic lymphocytic leukemia. Blood (ASH Annual Meeting Abstracts), 110: Abstract 2035

Giralt S et al. 1995. CD8-depleted donor lymphocyte infusion as treatment for relapsed chronic myelogenous leukemia after allogeneic bone marrow transplantation. Blood, 86: 4337

Greiner J et al. 2006. Expression of tumor-associated antigens (TAAs) in acute myeloid leukemia (AML) correlated with specific T cell responses and survival. Blood, 108: Abstract 414

Greiner J et al. 2007. Immunological and clinical responses in patients with acute myeloid leukemia (AML), myelodysplastic syndrome (MDS), multiple myeloma (MM) and chronic lymphocytic leukemia (CLL) after RHAMM-R3 peptide vaccination. Blood (ASH Annual Meeting Abstracts), 110 (Poster Session)

Gustafsson A et al. 2000. Epstein-Barr virus (EBV) load in bone marrow transplant recipients at risk to develop post transplant lymph -proliferative disease: prophylactic infusion of EBV-specific cytotoxic T cells. Blood, 95: 807

Haque T et al. 2002. Treatment of Epstein- Barr-virus-positive post-transplantation lymph proliferative disease with partly HLA-matched allogeneic cytotoxic T cells. Lancet, 360: 436

Hellstrand K et al. 1997. Histamine and interleukine-2 in acute myelogenous leukemia. Leuk Lymphoma, 27: 429

Hochhaus, A et al. 2007. Sustained molecular responses with interferon 2a maintenance therapy after imatinib plus IFN induction treatment for chronic phase chronic myelogenous leukemia. Blood (ASH Annual Meeting Abstracts), 110: Abstract 28 (Oral Session)

Hus I et al. 2007. Vaccination of B-CLL patients with autologous dendritic cells results in immunological and clinical responses. Blood (ASH Annual Meeting Abstracts), 110: Abstract 2052 (Poster Session)

Ibarz PJ et al. 2000. Vaccination of patients with chronic myelogenous leukemia with bcr-abl oncogene breakpoint fusion peptides generates specific immune responses. Blood, 95: 1781

Ingram W et al. 2009. Human CD80/IL-2 lentivirus transduced acute myeloid leukaemia cells enhance cytolytic activity in vitro in spite of an increase in regulatory $CD4^+$ T cells in a subset of cultures. Cancer Immunol Immunother, 58: 1679

Itala M et al. 2002. Standard-dose anti-CD20 antibody rituximab has efficacy in chronic lymphocytic leukemia: results from a Nordic multicentre study. Eur J Haematol, 69: 129

Jain N et al. 2009. A phase 2 study of yttrium-90 ibritumomab tiuxetan (Zevalin) in patients with chronic lymphocytic leukemia. Cancer, 115: 4533

Jurcic JG et al. 2000. Molecular remission induction with retinoic acid and anti-CD33 monoclonal antibody HuM195 in acute promyelocytic leukemia. Clin Cancer Res, 6: 372.

Kaka AS et al. 2009. Genetic modification of T cells with IL-21 enhances antigen presentation and generation of central memory tumor-specific cytotoxic T-lymphocytes. J Immunother, 32: 726

Kantarjian HM et al. 2003. Complete cytogenetic and molecular responses to interferon-alpha-based therapy for chronic myelogenous leukemia are associated with excellent long-term prognosis. Cancer, 97: 1033

Keilholz U et al. 2006. Clinical and immunological activity of WT1 peptide vaccination in patients with acute

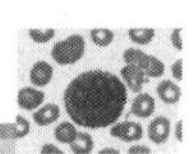

myeloid leukemia and myelodysplasia: results of a phase Ⅱ trial. Blood, 108: Abstract

Kell WJ et al. 2003. A feasibility study of simultaneous administration of gemtuzumab ozogamicin with intensive chemotherapy in induction and consolidation in younger patients with acute myeloid leukemia. Blood, 102: 4277

Khouri IF et al. 2004. Nonablative allogeneic stem cell transplantation for chronic lymphocytic leukemia: impact of rituximab on immunomodulation and survival. Exp Hematol, 32: 28

Kolb HJ et al. 1995. Graft-versus-leukemia effect of donor lymphocyte transfusions in marrow grafted patients. European Group for Blood and Marrow Transplantation Working Party Chronic Leukemia. Blood, 86: 2041

Kolb HJ et al. 2009. Long-term results of donor lymphocyte transfusions for the treatment of relapse after allogeneic transplantation for chronic myelogenous leukemia —is there a role for immunotherapy in CML? Blood (ASH Annual Meeting Abstracts), Abstract 2258 (Poster Session)

Kolitz JE et al. 2007. Phase Ⅲ Trial of immunotherapy with recombinant interleukin-2 (rIL-2) versus observation in patients <60 years with acute myeloid leukemia (AML) in first remission (CR1): preliminary results from cancer and leukemia group B (CALGB) 19808. Blood (ASH Annual Meeting Abstracts), 110: Abstract 157

Kreitman RJ et al. 2000. Phase I trial of recombinant immunotoxin anti-Tac (Fv) -PE38 (LMB-2) in patients with hematologic malignancies. J Clin Oncol, 18: 1622

Lapalombella R et al. 2009. The humanized CD40 antibody SGN-40 demonstrates pre-clinical activity that is enhanced by lenalidomide in chronic lymphocytic leukaemia. Br J Haematol, 144: 848

Lei Z et al. 2009. Fusion of dendritic cells and acute myeloid leukemia (AML) cells potentiates targeting AML-initiating cells by specific CTL induction. J Immunother, 32: 408

Li L et al. 2006. Immunotherapy for patients with acute myeloid leukemia using autologous dendritic cells generated from leukemic blasts. Int J Oncol, 28: 855

Linn YC et al. 2009. Characterization of the recognition and functional heterogeneity exhibited by cytokine-induced killer cell subsets against acute myeloid leukemia target cell. Immunology, 126: 423

Lu PH et al. 1994. A novel population of expanded human $CD3^+CD56^+$ cells derived from Tcells with potent in vivo anti tumor activity in mice with SCID. J Immunol, 1687: 1696

Luczynski W et al. 2009. Acute lymphoblastic leukemia -derived dendritic cells express tumor associated antigens: PNPT1, PMPCB, RHAMM, BSG and ERCC1. Neoplasm, 56: 428

Ludajic K et al. 2009. KIR genes and KIR ligands affect occurrence of acute GVHD after unrelated, 12/12 HLA matched, hematopoietic stem cell transplantation. Bone Marrow Transplantation, 44: 97

Lundin J et al. 2002. Phase Ⅱ trial of subcutaneous anti-CD52 monoclonal antibody alemtuzumab (Campath-1H) as first-line treatment for patients with B-cell chronic lymphocytic leukemia (B-CLL) . Blood, 100: 768

Mailander V et al. 2004. Complete remission in a patient with recurrent acute myeloid leukemia induced by vaccination with WT1 peptide in the absence of hematological or renal toxicity. Leukemia, 18: 165

Mandanas RA et al. 1998. G-CSF-mobilized donor leukocyte infusions as immunotherapy in acute leukemia relapsing after allogeneic marrow transplantation. J Hematother, 7: 449

Maraninchi D et al. 1991. High dose recombinant interleukine-2 and acute myeloid leukemia in remission. Blood, 78: 2182

Marijt E et al. 2007. Phase Ⅰ/Ⅱ feasibility study evaluating the generation of leukemia-reactive cytotoxic T lymphocyte lines for treatment of patients with relapsed leukemia after allogeneic stem cell transplantation. Haematologica，92：72

Marijt WA et al. 2003. Hematopoiesis - restricted minor histocompatibility antigens HA-1- or HA-2-specific T cells can induce complete remissions of relapsed leukemia. Proc Natl Acad Sci USA，100：2742

Marks DI et al. 2002. The toxicity and efficacy of donor lymphocyte infusions given after reduced-intensity conditioning allogeneic stem cell transplantation. Blood，100：3108

Matthews DC et al. 1999. Phase Ⅰ study of 131 I-anti-CD45 antibody plus cyclophosphamide and total body irradiation for advanced acute leukemia and myelodysplastic syndrome. Blood，94：1237

McCune SL et al. 2002. Alemtuzumab in relapsed or refractory chronic lymphocytic leukemia and prolymphocytic leukemia. Leuk Lymphoma，43：1007

Meloni G et al. 1996. Interleukine-2 for the treatment of advanced acute myelogenous leukemia patients with limited disease：update with 20 cases. Leukemia Lymphoma，21：429

Motohashil S & Nakayama T. 2008. Clinical applications of natural killer T cell-based immunotherapy for cancer. Cancer Sci，99：638

Muzaffar H et al. 2007. PR1 peptide vaccine-induced immune response is associated with better event-free survival in patients with myeloid leukemia. Blood（ASH Annual Meeting Abstracts），110：Abstract 283（Oral Session）

Nagayama H et al. 1999. IL-2/LAK therapy for refractory acute monoblastic leukemia relapsing after unrelated allogeneic bone marrow transplantation. Bone Marrow Transplant，23：183

Nguyen S et al. 2009. Involvement of mature donor T cells in the NK cell reconstitution after haploidentical hematopoietic stem-cell transplantation. Leukemia，22：344

Oka Y et al. 2003. Wilms tumor gene peptide-based immunotherapy for patients with overt leukemia from myelodysplastic syndrome（MDS）or MDS with myelofibrosis. Int J Hematol，78：56

Osterborg A et al. 1997. Phase Ⅱ multicenter study of human CD52 antibody in previously treated chronic lymphocytic leukemia. European Study Group of CAMPATH-1H Treatment in Chronic Lymphocytic Leukemia. J Clin Oncol，15：1567

Pautas C et al. 2007. Randomized comparison of standard induction with daunorubicin（DNR）for 3 days vs. idarubicin（IDA）for 3 or 4 days in AML pts aged 50 to 70 and of maintenance with interleukin 2 final analysis of the ALFA 9801 study. Blood（ASH Annual Meeting Abstracts），110：Abstract 162（Oral Session）

Peggs K et al. 2003. Dose-escalated donor lymphocyte infusions following reduced intensity transplantation：toxicity，chimerism，and disease responses. Blood，5：1513

Pende D et al. 2009. Anti-leukemia activity of alloreactive NK cells in KIR ligand-mismatched haploidentical HSCT for pediatric patients：evaluation of the functional role of activating KIR and redefinition of inhibitory KIR specificity. Blood，113：3119

Posthuma EF et al. 2004. Alpha-interferon with very-low-dose donor lymphocyte infusion for hematologic or cytogenetic relapse of chronic myeloid leukemia induces rapid and durable complete remissions and is associated with acceptable graft-versus-host disease. Biol Blood Marrow Transplant，10：204

Powell LD & Baum LG. 2009. Overview and compartmentalization of the immune system. In：Hoffman R et al eds. Hematology Basic Principles and Practice. Churchill Livingstone，Elsevier Press

Pulsipher MA et al. 2004. Successful treatment of JMML relapsed after unrelated allogeneic transplant with cytoreduction followed by DLI and interferon-alpha：evidence for a graft-versus -leukemia effect in non-monosomy-7 JMML. Bone Marrow Transplant，33：113

Rai KR et al. 2002. Alemtuzumab in previously treated chronic lymphocytic leukemia patients who also had

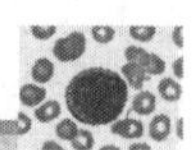

received fludarabine. J Clin Oncol，20：3891

Rezvani K et al. 2007. Leukemia-associated antigen specific T-cell responses following combined PR1 and WT1 peptide vaccination in patients with myeloid malignancies. Blood（ASH Annual Meeting Abstracts），110：Abstract 287（Oral Session）

Ringhoffer M et al. 2005. ^{188}Re or ^{90}Y-labelled anti-CD66 antibody as part of a dose-reduced conditioning regimen for patients with acute leukemia or myelodysplastic syndrome over the age of 55：results of a phase Ⅰ-Ⅱ study. Br J Haematol，130：604

Robbins DH et al. 2000. Hairy cell leukemia，a B-cell neoplasm that is particularly sensitive to the cytotoxic effect of anti-Tac（Fv）-PE38（LMB-2）. Clin Cancer Res，6：693

Roddie H et al. 2006. Phase Ⅰ/Ⅱ study of vaccination with dendritic-like leukemia cells for the immunotherapy of acute myeloid leukaemia. Br J Haematol，133：152

Sally A et al. 2007. Autologous cytokine-induced killer cells as post-transplant cellular immunotherapy. Blood（ASH Annual Meeting Abstracts），110：Abstract 580（Oral Session）

Savani BN et al. 2009. Rapid natural killer cell recovery determines outcome after T-cell-depleted HLA-identical stem cell transplantation in patients with myeloid leukemia's but not with acute lymphoblastic leukemia. Leukemia，21：2145

Schmid C et al. 2007. Treatment of relapse of AML and MDS after allogeneic stem cell transplantation using low-dose chemotherapy，donor PBSC and GM-CSF：final results from a prospective，multicenter phase Ⅱ trial by the German Cooperative Transplant Group. Blood（ASH Annual Meeting Abstracts），110：Abstract 1651（Poster Session）

Sievers EL et al. 2001. Efficacy and safety of gemtuzumab ozogamicin in patients with CD33-positive acute myeloid leukemia in first relapse. J Clin Oncol，19：3244

Smith BD et al. 2010. K562/GM-CSF immunotherapy reduces tumor burden in chronic myeloid leukemia patients with residual disease on imatinib mesylate. Clin Cancer Res，16：338

Smyth BD et al. 2009. Sequential activation of NKT cells and NK cells provides effective innate immunotherapy of cancer. JEM，201：1973

Sobecks RM et al. 2007. Survival of AML patients receiving HLA-matchedsibling donor allogeneic bone marrow transplantation correlates with HLA-Cw ligandgroups for killer immunoglobulin-like receptors. Bone Marrow Transplantation，39：417

Sobecks RM et al. 2008. Influence of killer immunoglobulin-like receptor/HLA ligand matching on achievement of T-cell complete donor chimerism in related donor nonmyeloablative allogeneic hematopoietic stem cell transplantation. Bone Marrow Transplantation，41：709

Spiekermann K et al. 1995. Relapse of acute myelogenous leukemia during low dose interleukin-2（IL-2）therapy. Phenotypic evolution associated with strong expression of the IL-2 receptor alpha chain. Cancer，75：1594

Stein AS et al. 2003. Interleukin-2 after autologous stem-cell transplantation for adult patients with acute myeloid leukemia in first complete remission. J Clin Oncol，21：615

Sykes M et al. 1990. Interleukin 2 prevents graft-versus-host disease while preserving the graft-versus-leukemia effect of allogeneic T cells. USA：Proc Natl Acad Sci，87：5633

Takahashi T et al. 2003. Dendritic cell vaccination for patients with chronic myelogenous. Leukemia Leuk Res，27：795

Thomas DA et al. 2006. Chemoimmunotherapy with hyper-CVAD plus rituximab for the treatment of adult Burkitt and Burkitt-type lymphoma or acute lymphoblastic leukemia. Cancer，106：1569

Tong CR et al. 2002. Significance of cytogenetic and fluorescence in situ hybridization analysis in evaluating anti-chronic myeloid leukemia efficacy of different immune effectors cells. Cancer Genetics and Cytogenetics，134：21

Tong CR et al. 2007. clinical result of CIK or DC-CIK therapy for acute leukemia—11 years experiences. Fourth Annual Meeting of Asian Hematology Association. Poster

Triplett BM et al. 2009. Effects of activating NK cell receptor expression and NK cell reconstitution on the outcomes of unrelated donor hematopoietic cell transplantation for hematologic malignancies. Leukemia，23：127

Verschuuren EA et al. 2002. Treatment of posttransplant lymph proliferative disease with rituximab：the remission，the relapse，and the complication. Transplantation，73：100

Vey N et al. 2009. A phase I study of the anti-natural killer inhibitory receptor（KIR）monoclonal antibody（1-7F9，IPH2101）in elderly patients with acute myeloid leukemia（AML）：clinical and immunological effects of a single dose followed by repeated dosing. Blood（ASH Annual Meeting Abstracts），114：Abstract 632（Oral Session ）

Wang JB et al. 2008. Management of early leukemia relapse after allogeneic hematopoietic stem cell transplantation by donor's dendritic cell-primed cytokine induced killer cells. The Fifth Annual Meeting Abstract of American Society of Hematology，Oral Session，and Abstract 829

Westermann J et al. 2007. Vaccination with autologous non-irradiated dendritic cells in patients with bcr/abl$^+$ chronic myeloid leukemia. Br J Hematol，137：297

Willemze R et al. 2009. KIR-ligand incompatibility in the graft-versus-host direction improves outcomes after umbilical cord blood transplantation for acute leukemia. Leukemia，23：492

William R et al. 1999. T-cell depletion plus salvage immunotherapy with donor leukocyte infusions as a strategy to treat chronic-phase chronic myelogenous leukemia patients undergoing HLA-identical sibling marrow transplantation. Blood，94：434

Yasukawa M et al. 2009. Clinical efficacy of WT1 peptide vaccination in patients with acute myelogenous leukemia and myelodysplastic syndrome. Am J Hematol，84：314

Zhang WG et al. 2005. A phase-I clinical trial of active immunotherapy for acute leukemia using inactivated autologous leukemia cells mixed with IL-2，GM-CSF，and IL-6. Leuk Res，29：3

Zhao MF et al. 2009. Effects of interleukin 21 on anti-leukemia activity of cytotoxic T lymphocytes induced by dendritic cells. Zhongguo Shi Yan Xue Ye Xue Za Zhi，17：627

第四篇

造血干细胞移植

第十四章　造血干细胞移植总论

陆道培　吴　彤

吴彤，道培医院造血干细胞移植中心主任。毕业于北京医科大学。在陆道培院士的领导下从事造血干细胞移植工作25年，参与了一系列国内及国际移植领域的开创性工作。对移植方式的选择、重症移植物抗宿主病和感染的救治、难治/复发白血病的移植及移植后复发的处理等均有独到的成功经验。现为中华医学会血液学分会造血干细胞移植学组成员，亚太骨髓移植学会中国大陆的协调员，中国抗癌协会理事及血液肿瘤专业委员会副主任委员，中华造血干细胞移植协会（CSBMT）秘书长；《中国实验血液学杂志》、《临床血液学杂志》及《Hematology/Oncology and Stem Cell Therapy》编委。

第一节　概　述

造血干细胞移植（hematopoietic stem cell transplantation，HSCT）是通过静脉输注造血干、祖细胞，重建患者（即受者或称宿主）正常造血与免疫系统，用以治疗一系列疾病的一种治疗方法。HSCT一词已经在很大范围内代替了过去所用的骨髓移植（bone marrow transplantation，BMT）一词，这是因为造血干细胞不仅可来自骨髓，而且亦可被“动员剂”如粒细胞集落刺激因子（G-CSF）大量“动员”到外周血中。此外，胎盘脐带血中亦含有大量造血干细胞。这些不同来源的造血干细胞都可以单独用来重建造血与免疫系统。

造血干细胞来自患者自身的移植为自体HSCT（autologous HSCT，auto-HSCT），auto-HSCT本质上是造血干细胞避难。造血干细胞来自同卵孪生子的移植为同基因HSCT（syngeneic HSCT，syn-HSCT）。造血干细胞来自非同卵孪生子的其他人的移植为异基因HSCT（allogeneic HSCT，allo-HSCT）。allo-HSCT的供者可以是有血缘关系的亲属或非血缘关系的志愿捐献者，在我国非血缘供者主要来自中华骨髓库（China Marrow Donor Program，CMDP）和台湾佛教慈济干细胞中心（Buddhist Tzu Chi Stem Cell Center）。造血干细胞既是造血组织，又是免疫组织，这亦就大大增加了这项移植的难度与复杂性。HSCT医师除本身必须具备较全面的临床医学基础知识外，还必须全面考虑问题，并多方组织力量。因此，HSCT是系统工程在临床应用的范例。

HSCT可以治疗白血病等肿瘤的机制在于：①预处理的大剂量化疗和放疗对肿瘤细胞的杀伤作用；②过继性免疫治疗作用。在allo-HSCT中，植活的异基因淋巴细胞具有移植物抗白血病作用（graft-versus-leukemia effect，GVL）或移植物抗肿瘤作用（graft-versus-tumor effect，GVT）。因此，HSCT为白血病等恶性肿瘤患者提供的长期无病存活或根治的机会最多。1990年Thomas ED以其在allo-HSCT领域的先驱作用荣获诺贝尔生理学/医学奖，他是第一位获诺贝尔奖的临床医生，同时此奖亦是对allo-HSCT优越作用的肯定。

最早的HSCT始于20世纪50年代，是采用syn-BMT挽救放射病所致的骨髓衰竭。

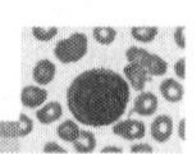

随着60年代发现并认识到MHC和HLA是移植物排斥的决定因素后，人们开始采用HLA配型相合的非同卵孪生的兄弟姐妹作为供者的allo-HSCT治疗重症联合免疫缺陷症（severe combined immunodeficiency disease，SCID）和重症再生障碍性贫血（severe aplastic anemia，SAA）。1979年Thomas ED证实allo-HSCT后移植物抗宿主病（graft-versus-host disease，GVHD）可降低白血病的复发率。最早的非血缘HSCT始于1974年，最早的亲缘HLA半相同HSCT（haploidentical HSCT，haplo-HSCT）始于1981年。1983年人们尝试采用去除移植物中T淋巴细胞的方法预防GVHD，尽管GVHD的发生率下降，但排斥率与原发病的复发率却明显增加，因而总体生存率并无改善。1986年美国国立骨髓库（National Marrow Donor Program，NMDP）建立，随后世界各地陆续建立了骨髓库并加强合作，促进了非血缘HSCT的开展。1988年Gluckman采用同胞脐带血HSCT（cord blood transplantation，CBT）成功治疗了一例5岁的范科尼贫血患儿，此后CBT在全世界开始受到普遍重视。1992年在美国国立健康研究院心肺血液研究所的资助下，美国纽约血液中心建立了美国首家公共脐血库，人们已经不再满足同胞间的CBT，非血缘CBT已逐渐成为CBT的主体。20世纪80年代末期建立了移植物中$CD34^+$细胞的富集技术，并证实了allo-HSCT后供者淋巴细胞输注（donor lymphocyte infusion，DLI）具有抗白血病作用。1990年G-CSF动员的外周血HSCT（peripheral blood stem cell transplantation，PBSCT）获得成功，目前PBSCT已被广泛应用。1997年非清髓HSCT（non-myeloablative HSCT）的方式问世，使得许多年龄大或脏器功能受损的患者可受益于HSCT，进一步扩大了allo-HSCT的适应证（Jenq RR等，2010）。2000年陆道培在国际上首先采用双份非血缘CBT治疗一位90kg的成人高危ALL患者获得成功，该患者迄今仍健康存活。2001年开始采用DNA水平的HLA配型技术，提高了HLA配型的准确性，这对非血缘供者的寻找尤其重要（Lee SJ等，2007）。

近二十余年来，我国的HSCT事业蓬勃发展。陆道培自1964年成功完成国内首例syn-BMT以后，又于1981年成功地进行了国内首例allo-BMT（陆道培等，1984）。1996年我国成功地开展了首例PBSCT及首例非血缘HSCT。由于我国自20世纪70年代后期开始独生子女家庭占绝大多数，因此我国大力开展了haplo-HSCT的临床研究。纪树荃于20世纪90年代末期采用G-CSF预刺激的骨髓及含有ATG的预处理方案成功系统地开展了haplo-HSCT（Ji SQ等，2002），陆道培在此基础上设计了GIAC方案并系统成功地开展了haplo-HSCT，取得了与同胞相合移植相似的疗效（Lu DP等，2006）。陆道培在20世纪90年代积极呼吁建立我国的骨髓库，在政府的支持下CMDP于1992年成立，于2001年重新启动并开始提供检索，至2010年12月底CMDP已有超过120万供者的HLA资料入库，捐献造血干细胞已近2000例。陆道培于1997年创立了北京脐血库，这是我国第一家脐血库。至今为止我国已有10家脐血库。近年来我国每年约完成2000例HSCT，可开展HSCT的医院已超过120家。2008年一项来自国内38家主要开展HSCT医院的资料显示，移植的主要类型包括同胞相合HSCT（37.5%）、haplo-HSCT（28.2%）、非血缘HSCT（17.1%）和auto-HSCT（16.3%）。采用HSCT治疗的血液肿瘤性疾病包括AML（29.1%）、ALL（23.9%）、CML（17.0%）和淋巴瘤（13.3%）。

我国一些医院参与了国际血液与骨髓移植研究中心（Center for International Blood and Marrow Transplant Research，CIBMTR）的登记及研究，我国还积极参与亚太骨髓移植组织（Asia-Pacific Blood and Marrow Transplantation Group，APBMT）的活动。笔者与香港及台湾地区的学者于 2006 年发起成立了两岸三地华人 HSCT 领域的非政府性学术组织——中华造血干细胞移植协会（Chinese Society of Blood and Marrow Transplantation，CSBMT），开展多中心临床研究，并于 2009 年 2 月在香港成功召开了首届 CSBMT 会议。

CIBMTR 的 2010 年度报告显示自 20 世纪 90 年代后期每年登记的 HSCT 约 1.4 万～1.8 万例，其中 allo-HSCT 与 auto-HSCT 约各占一半。截至 2008 年底累计登记的 auto-HSCT、亲缘 HSCT 及非血缘 HSCT 分别约为 13 万、10 万与 3 万（图 14-1）。HSCT 已在世界范围内快速发展，并已成为公认的合理治疗手段。为了分享经验，加强合作，通过 HSCT 的登记了解 HSCT 的适应证、供者来源、发展趋势及生存结果等重要问题，于 2006 年成立了世界造血干细胞移植联盟（Worldwide Network for Blood and Marrow Transplantation，WBMT），目前它由全球不同地区的与 HSCT 相关的 17 个协会组成。

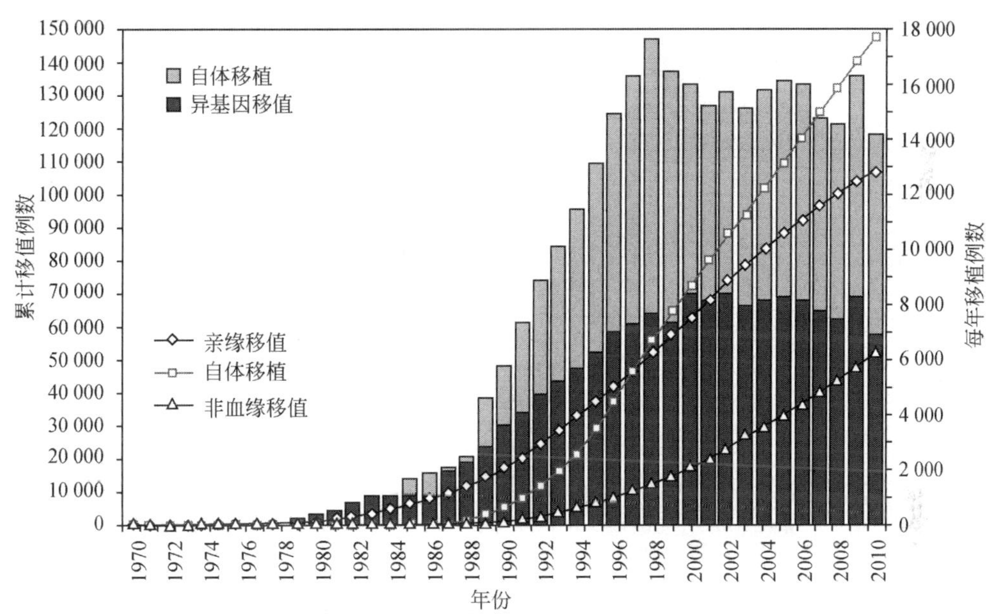

图 14-1　在 CIBMTR 登记的年移植例数及累计移植例数

第二节　HSCT 的适应证

尽管干细胞具有多向分化潜能而被用于再生医学等多种细胞治疗，但 HSCT 最常用的指征主要包括两类：①替代有缺陷或缺乏的造血系统和免疫系统，如 SAA、SCID 等；②治疗血液肿瘤。常见的血液肿瘤的 HSCT 适应证及其时机如下：

一、AML

AML 按照细胞遗传学或分子学的标准分为预后好、预后中等及预后差的疾病。通常 CBF 类的 AML 包括 t（8；21）和 inv（16）以及 APL 被认为是预后好的 AML，这类

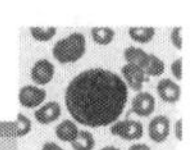

AML 通常采用化疗可达到满意的疗效，只有当化疗疗效欠佳时才选择 HSCT。伴有－7 或复杂染色体异常的 AML 为预后差的疾病，应当选择 HSCT。染色体正常的 AML 通常被认为是预后中等的疾病，是否采用 HSCT 取决于若干因素，如 $Flt3^+$ 预后差，应选用 HSCT。难治/复发的疾病或持续不能被化疗清除的 MRD 应选择 HSCT。继发性 AML（治疗相关的或从其他血液病转化的）化疗效果差，应选择移植。一项针对几个大样本的临床研究的荟萃分析支持预后中等及差的 AML 如果有条件应选择 HSCT，预后好的 AML 在传统治疗不能治愈时应选择 HSCT。auto-HSCT 的疗效通常与传统化疗相似（Cornelissen JJ 等，2007）。AML 采用 HSCT 的常见适应证见表 14-1。

表 14-1　白血病 HSCT 常见的适应证

	auto-HSCT	allo-HSCT	
		清髓 HSCT	减低强度 HSCT
AML			
预后好			
CR1	－	－	－
＞CR1	－	＋	＋
难治/复发	－	＋	＋
预后中等	－	＋	＋
预后差	－	＋	＋
ALL			
Ph^+ CR1	－	＋＋	－
Ph^- CR1	－	＋＋	－
Ph^- ＞CR1	－	＋＋	－
难治	－	－	－
CML	－	＋	＋
MDS	－	＋	＋
MPN	－	＋	＋＋
CLL	－	＋	＋＋

对 AML 的 HSCT，诱导治疗达到 CR1 后的巩固治疗通常是不必要的。早期复发直接移植与化疗后达 CR2 再移植的生存结果相似。减低强度预处理（reduced-intensity conditioning，RIC）的移植结果目前与清髓移植相似，尽管 RIC 的 HSCT 移植治疗相关死亡率（transplant-related mortality，TRM）降低，但复发率有所增高，而 GVHD 的发生率两者是相似的（Craddock CF，2008）。

二、ALL

儿童 pre-B 淋巴细胞 ALL 化疗的治愈率很高，而成人 ALL 靠化疗根治的概率较儿童低得多。因此，通常具有以下特征的 ALL 应选择 HSCT，例如，大于 35 岁，起病时高白细胞，伴有 t（9；22）、t（4；11）等高危染色体核型，难治/复发的疾病，持续的 MRD 不能被化疗清除者（Hahn T 等，2005；Goldstone AH 等，2008）。

ALL 常用的预处理方案为环磷酰胺（Cy）/全身照射（TBI）和依托泊（VP-16）/TBI。ALL 很少采用 RIC 的 HSCT。

三、CML

自从 TKI 成功应用于 CML 的治疗后，这类白血病的 HSCT 数量在世界范围内已明显减少。然而，allo-HSCT 仍然是根治 CML 的方法。在 TKI 时代，CML 的 allo-HSCT 的指征也发生了变化。通常在以下情况应选择移植，如 CML-CP TKI 无效或疗效欠佳或不能耐受或疾病进展，产生不敏感的 BCR-ABL1 突变（如 T315I 等），在 Ph^+ 细胞出现其他克隆性染色体改变，以 AP 或 BP 起病，儿童及青少年 CML（Grigg A 等，2006）。

此外，在经济上不能承受 TKI 治疗而又具有低 HSCT 风险（有 HLA 同胞相合供者）的患者也可以选择移植。AP 或 BP 患者如果通过治疗能够达到 CP2，其 HSCT 效果与 CP1 相似，明显优于挽救性移植。因此，应该尽可能使 AP 或 BP 患者在 HSCT 前通过努力使疾病达到 CP2。

四、MDS

allo-HSCT 是目前根治 MDS 的唯一方法。高危 MDS（高 IPSS 评分）及继发性 MDS 应选择 HSCT。笔者单位统计了 MDS 接受 allo-HSCT 的结果，表明移植前化疗与未化疗者的 HSCT 后的生存是相似的，因此，除转化为明显的急性白血病者，移植前的化疗是不必要的（Chang C 等，2007；卢岳等，2010）。

五、MPN

除 CML 外，MPN 主要包括 PCV、ET 和 MF，这是一组较惰性的疾病，且患者年龄通常较大，因此目前多采用传统的支持及药物治疗。用 allo-HSCT 治疗 MPN 的报道较少，当 MPN 转化为 AML 或 PCV 和 ET 发生了明显的骨髓纤维化时可以选择 HSCT。通常采用 RIC 的 HSCT（Hoffman R 等，2007）。

六、CLL

CLL 发病的中位年龄大于 60 岁，只有 10%～15%的患者小于 50 岁，且 CLL 是一种较为惰性的疾病，因此，有关 CLL 采用 HSCT 的报告较少。细胞遗传学异常决定 CLL 的预后，最常见的预后好的核型是 $13q^-$，而正常核型和+12 预后中等，$17p^-$、$11q^-$ 和复杂核型则预后差。CLL HSCT 的指征为年轻患者原发治疗失败或伴有预后差的染色体核型者。CLL 是对 GVL 敏感的疾病，通常采用 RIC 的 HSCT（Auer RL 等，2007）。

第三节　HSCT 前患者（受者）的准备

首先，患者必须有 HSCT 的适应证，此外，患者还须做一系列的血液与骨髓检查以

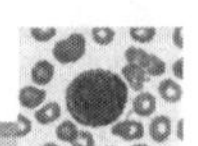

确定疾病诊断、类型与疾病状态，以便确定适当的预处理方案及移植后原发病的监测及适当干预的策略。HSCT 后的生存结果除了与原发病的生物学特征及移植前的疾病状态相关外，也与患者的一般状况、器官功能、是否存在活动性感染和有无其他并发症有关（Fujimaki K 等，2001；Hidalgo JD 等，2004；Savani BN 等，2006；Singh AK 等，2006）。此外，心理、经济及家庭照顾方面的情况也应考虑。

随着支持疗法的进步，RIC 移植的成功应用，HSCT 受者的年龄也已从过去的 45～50 岁增长到在清髓 allo-HSCT 时≤55 岁或在 auto-HSCT 及 RIC allo-HSCT 时≤75 岁（Baron F 等，2007）。通常采用 Karnofsky 评分系统来评价成人患者的一般状况（表 14-2），用 Lansky 评分系统来评价≤16 岁儿童的一般状况（表 14-3）。通常 auto-HSCT 或 RIC allo-HSCT 要求 Karnofsky 评分或 Lansky 评分≥70%，清髓 allo-HSCT 要求 Karnofsky 评分或 Lansky 评分≥70%～80%。此外，HSCT 受者理想的生理状态还应该包括心脏左室射血分数≥45%，无未控制的心动过速或心动过缓，肺功能 FEV_1/FVC 及 DLCO 均≥60%，血胆红素、ALT 及 AST≤正常上限的 2 倍，血肌酐≤正常上限的 1.5 倍，无第二种活动的肿瘤，无活动的、未控制的感染，女性患者妊娠试验阴性。有精神病者不宜接受 HSCT。

表 14-2 Karnofsky 评分系统

评分（%）	表　现
100	正常，无主诉，无疾病证据
90	能正常活动，有轻微症状
80	在努力下可正常活动，有一些症状
70	能自理，不能正常生活或工作
60	偶尔需要他人的帮助，可大部分自理
50	需要他人帮助和照顾
40	不能自理，需他人照顾
30	无活动能力，需住院治疗
20	病重，需住院给予支持治疗
10	濒死状态
0	死亡

表 14-3 Lansky 评分系统

评分（%）	表　现
100	完全的活动能力，正常表现
90	做费力的活动有轻度限制
80	好动，但常感疲劳
70	玩受到很大限制及玩的时间减少
60	可起床活动，极少量的玩耍，可做安静的活动
50	大多数时间躺着，可着装，但不能做剧烈及安静的活动
40	主要在床上，做一些安静的活动

续表

评分（%）	表　现
30	卧床不起，做安静的活动也需要帮助
20	经常睡觉，完全不能玩，仅限于被动的活动
10	完全不能玩，完全不能下床
0	无反应

注：儿童有时不能像成人一样很好地表达自己的感受，因此需要靠更多的观察来评价他们的一般状态，1987年Lansky提出了针对16岁以下儿童的Lansky评分系统。

HSCT前必须检查与清除体内的感染性病灶，特别要注意口腔、鼻窦、肺及肛周等部位的感染。

移植前曾经发生侵袭性真菌感染但经过治疗症状、体征已经消失，影像学改变已经消失或仅遗留有小的改变者不是HSCT的禁忌证（Fukuda T等，2004）。对于这类患者如果采用非HSCT疗法不能根治其疾病，可以从预处理开始至移植后45天或60天采用以前有效的或预计有效的抗真菌药物做二级预防。采用上述策略，绝大多数患者可安全接受HSCT，但移植前抗真菌治疗小于4周者，移植后真菌感染复燃的概率增高。

HSCT前要进行乙型肝炎和丙型肝炎的筛查，患者感染乙型肝炎病毒（hepatitis B virus，HBV）与丙型肝炎病毒（hepatitis C virus，HCV）不是HSCT的绝对禁忌证，因为已经有许多这样的患者成功进行了HSCT，但这些HBV与HCV感染者HSCT后肝炎病毒激活、肝窦阻塞综合征（sinusoidal obstruction syndrome，SOS或veno-occlusive disease，VOD）、肝硬化与暴发性肝炎的发生风险增加（Hamaguchi M等，2002）。有报道HCV感染对allo-HSCT的生存有不良影响（Ramos CA等，2007）。对乙型肝炎患者从预处理开始至免疫抑制剂停用后至少1年应使用拉米夫定等抗HBV的药物。

东南亚与我国患者还须特别注意结核感染，活动的结核病患者不宜进行HSCT。移植前有结核病史者、与结核患者密切接触者、胸部X线检查有陈旧结核病灶者应从HSCT预处理开始接受1年的预防性抗结核治疗。剂量为成人：异烟肼300mg/d，维生素B_6 50mg/d；儿童：异烟肼10～15mg/（kg·d），每天最大剂量为300mg，不用维生素B_6。

为了预测具有伴随疾病的患者接受allo-HSCT后的TRM的风险，HSCT特异合并症指数（hematopoietic cell transplantation-specific comorbidity index，HCT-CI）的评分系统已经被HSCT界所采用（表14-4）（Sorror ML等，2005）。在清髓性HSCT时，HCT-CI如果为0～2者TRM为14%～19%，而HCT-CI为≥3者的TRM则高达41%。通过这个合并症评分系统可以识别出一些高治疗相关死亡风险的患者，对这类患者在疾病允许的情况下可以通过RIC的HSCT来降低风险。

此外，患者与其亲属或单位必须了解HSCT的风险，并且准备足够的经费。患者与供者的红细胞血型包括ABO血型不一定要相同。经治医师与有关人员应对照表14-5逐项核对HSCT前的准备。

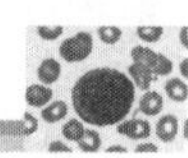

表 14-4 造血干细胞移植特异合并症指数（HCT-CI）

合并症	描　述	HCT-CI
心律失常	房颤或房扑、病态窦房结综合征、室性心律失常	1
心脏病	冠心病、充血性心衰、心肌梗死、射血分数≤50%	1
炎症性肠病	克罗恩病、溃疡性结肠炎	
糖尿病	需要胰岛素或口服降糖药治疗	1
脑血管病	短暂脑缺血发作或脑血管意外	1
精神异常	抑郁或焦虑需要到精神科就诊或治疗	1
轻度肝损害	慢性肝炎，胆红素＞正常值上限至正常值上限的1.5倍	1
肥胖	体重指数＞35kg/m^2	1
感染	0天后需要治疗	1
自身免疫病	红斑狼疮、类风湿、多发性肌炎、混合结缔组织病、风湿性多肌痛	2
溃疡病	需要治疗	2
中重度肾损害	血肌酐＞176.8 μmol/L，需透析，肾移植后	2
中度肺损害	一氧化碳弥散力（DLCO）和（或）FEV_1为66%～80%或轻微活动后呼吸困难	2
实体瘤病史	有实体瘤治疗史，非黑色素瘤的皮肤癌除外	3
心瓣膜病	除二尖瓣脱垂以外的心瓣膜病	3
严重肺损害	DLCO和（或）FEV_1≤65%或休息时呼吸困难或需要吸氧	3
中重度肝损害	肝硬化，胆红素＞1.5倍正常值上限或AST/ALT＞2.5倍正常值上限	3

注：体重指数（kg/m^2）＝体重（kg）÷［身高（m）］^{2}。正常体重：体重指数为18～25；超重：体重指数为25～30；其中，轻度肥胖：体重指数＞30；中度肥胖：体重指数＞35；重度肥胖：体重指数＞40。

移植后非复发死亡率（NRM）与移植前合并症密切相关，在清髓移植时，HCT-CI为0～2者NRM为14%～19%；而HCT-CI≥3者NRM为40%～41%。因此，在HCT-CI≥3者如果有强的移植指征应采用RIC HSCT。

表 14-5 HSCT受者（患者）的准备项目

1. 病史和体检

白血病治疗史，是否有髓外白血病史，有无放疗史，是否用过ATG及其种类，感染史（败血症、侵袭性真菌病、肝炎、结核及密切接触史），过敏史（药物、血制品），输血史（种类及数量、是否辐射照射），神经、精神疾病史及家族史，其他伴随疾病（糖尿病、高血压、溃疡病、自身免疫病等）

注意口腔、鼻窦及肛周有无感染，睾丸是否肿大，是否有神经系统受累体征（视力改变、面瘫、排尿或排便障碍等）

2. 确定诊断和疾病状态

必要时查看刚诊断时的骨髓片、骨髓活检及病理片；检测微小残留病（基因、流式细胞术等）；必要时行PET-CT，了解是否存在髓外白血病

3. 腰穿（高危和既往有CNSL者）

4. 寻找与确定供者

HLA配型（A、B、C、DR、DQ高分辨配型）

5. 一般状态评分

成人：Karnofsky评分；儿童：Lansky评分

6. 血型（ABO，Rh），血型抗体滴度（如果供者与受者血型不同）

续表

7. 血常规及网织红细胞
8. 尿常规
曾出现过肾损害者测肌酐清除率
9. 生化全项
10. 血 IgG、IgA、IgM、外周血淋巴细胞亚群
11. 腹部 B 超
12. 心电图、超声心动图
13. 肺 CT、肺功能，必要时做血气分析
14. 头颅 CT
15. 乙肝两对半，HBV DNA；丙肝抗体，HCV RNA
16. CMV IgG，IgM；EBV IgG，IgM；HSV IgG，IgM；VZV IgG，IgM
17. HIV 抗体，梅毒血清学，HTLV Ⅰ型和Ⅱ型抗体
18. 妊娠试验（育龄期女性）
19. 精神、心理评估（必要时）
20. 口腔科、耳鼻喉科、眼科、肛肠科检查
21. 留抗凝血 10ml（保存患者 DNA，供移植后测嵌合率使用），留不抗凝血 10ml（保存患者红细胞和血清，供移植后科研及补充实验用）
22. 未生育过的年轻男性冷冻保存精子
23. 测定身高、体重，制定预处理方案并讨论
24. 与患者及家属谈话，签署 HSCT 知情同意书

第四节　供者的选择和准备

选择恰当的造血干细胞供者是 HSCT 成功的最重要因素之一（Anasetti C 等，1990；Bray RA 等，2008；Gluckman E 等，2004）。首先需做 HLA 配型，选择供者宜遵循表 14-6 所列的步骤，首选的供者为 HLA 相同的有血缘关系的供者（如同基因供者，HLA 相同的同胞兄弟姐妹或父母）。至少在国内检索无 HLA 相同的非血缘供者或合适的库存脐带血的情况下，如有较强的 HSCT 指征则亦可考虑亲属间 HLA 半相同的供者。如果从 HLA 配型角度适合作为供者，还需要符合以下健康条件（除脐带血外）：①不应有明显的造血与免疫功能异常；②不应有活动性感染；③不应有重要脏器功能衰竭；④不应有恶性疾患。

表 14-6　HSCT 供者选择的顺序

顺序	HLA 配型	供者
1.1	相合	同基因（同卵孪生）
1.2	相合	亲属（兄弟姐妹）
1.3	相合	亲属（父母）
2.1	5/6 相合（高分辨）	亲属
2.2	相合	非血缘

续表

顺序	HLA 配型	供者
2.3	4/6～6/6 相合	脐血[a]
3.1	半相同	性别相同
3.2	半相同	女供男
3.3	半相同	男供女

a 需足够的细胞数量。

CSBMT 94 例 syn-HSCT 的结果表明恶性血液病移植后的 3 年生存率为 69.5%，且生活质量高。因此，如果有同基因供者，除难治/复发的血液肿瘤外应作为首选供者（Lu DP 等，2009）。

北京市道培医院 440 例 haplo-HSCT 的结果显示生存结果最好的是供者与受者性别相同的移植，其次为女供男的移植，男供女的移植结果最差（Wu T 等，2010）。因此，haplo-HSCT 供者选择顺序建议为：首选与患者性别相同的供者（如女供女或男供男）；其次选女供男的移植；男供女的移植是最后的选择。禁止应用 HLA 完全不同者作为 HSCT 供者。

选择供者还有一些综合因素需要考虑。已有证据表明在同胞相合 HSCT 中未生育过的女性供者仅增加男性患者的慢性 GVHD，而生育过的女性供者会增加所有患者（无论男性还是女性）的慢性 GVHD（Loren AW 等，2006）。以前输过血的供者也是增加 GVHD 的危险因素（Pavletic SZ 等，2005）。因此，当有几个供者可供选择时应尽量避免采用这些异基因免疫过的个体。如果从同胞兄弟姐妹中寻找供者，至少需做 HLA-A、B、C 和 DRB1 的高分辨配型，建议做 HLA-A、B、C、DRB1 和 DQB1 的高分辨配型。这分为两种情况：①如果只做 HLA-A、B 和 DRB1 的低分辨配型将不能识别出少数兄弟姐妹间的半相同供者。尽管绝大多数情况下如果兄弟姐妹间 HLA-A、B 和 DRB1 低分辨相合即为同胞相合，但也有少数情况例外。作者曾经遇到一例在外院欲按照同胞相合进行移植，但 HLA-C 的不同引起我们的怀疑，后经核实其父母的 HLA 基因型后确定患者与其姐姐为 HLA 半相同，因此，我们采用了半相同的预处理方案为这名患者做了移植，尽管如此，移植后 2 年仍有慢性 GVHD，需要低剂量免疫抑制剂维持治疗。如果当初仅做 HLA-A、B 和 DRB1 的低分辨配型，这例半相同移植将会误按同胞相合移植进行预处理，其结果不堪设想！②如果兄弟姐妹间仅 HLA-A、B 和 DRB1 低分辨配型为 3/6～5/6 不一定是真正的半相同。作者曾经遇到一例患者，其姐姐与弟弟和患者 HLA-A、B 和 DRB1 的低分辨配型均为 5/6，但 HLA-A、B 和 DRB1 的高分辨配型结果，弟弟为 3/6 相合，姐姐仅 2/6 相同，姐姐根本不是半相同供者。因此，在兄弟姐妹中寻找供者一定要做 HLA-A、B、C，DRB1 和 DQB1 的高分辨配型。

关于成人非血缘供者与脐血的选择详见第十八章及第十七章。有经验的医师还可以选择来自不同供者的双份造血干细胞进行 HSCT。这包括双份脐带血或其他类型的双份 HSCT。

在初步确定供者后要进行医学评估，包括病史评价（表 14-7）及完善各项移植前的准备项目（表 14-8），以确定拟定的供者能否安全地接受采集且能否提供安全、合格的造血干细胞。

表 14-7 HSCT 供者的病史评价

BM 供者： • 既往手术与麻醉史、药物过敏史 • 神经系统、心血管、呼吸系统或骨骼肌问题 • 背痛或下肢痛史 PBSC 供者（有以下情形者不宜采集 PBSC）： • 自身免疫病 • 镰状细胞贫血	• 脾脏疾病 • 血小板减少 • 血栓性疾病 • 锂剂治疗 • 虹膜炎或巩膜炎 • 对大肠杆菌重组蛋白产物过敏

表 14-8 HSCT 前供者的准备项目

1. 血常规、血型（ABO、Rh），血型抗体滴度（如果供者与受者血型不同）
2. 生化全项
3. 凝血分析
4. 乙肝两对半，HBV DNA；丙肝抗体，HCV RNA
5. 梅毒抗体（TPPA）
6. HIV 抗体
7. CMV 抗体 IgG、IgM
8. EBV 抗体 IgG、IgM
9. TOX 抗体 IgG、IgM
10. 胸片
11. 心电图
12. CMV IgG、IgM；HSV IgG、IgM；VZV IgG、IgM
13. 骨髓细胞形态学
14. 骨髓染色体
15. 妊娠试验（育龄期女性，患者预处理前 1 周时检查）
16. 测定体重
17. 与供者及家属谈话，签署 BM 和（或）PBSC 采集知情同意书

如果供者的血 HBV DNA 阳性，应该在采集造血干细胞前给予抗 HBV 治疗。受者在输入造血干细胞前后可应用高效价 HBV 免疫球蛋白并从 0 天开始口服拉米夫定或阿德福韦等抗 HBV 药物进行预防。

供者在细胞采集时面临的主要风险包括：①采集过程中麻醉剂的使用；②血容量的丢失；③血细胞的丢失；④采集相关输液或药物的不良反应（Stroncek DF 等，2004）。供者所用的药物主要包括抗凝剂和 G-CSF。

第五节 HSCT 的预处理方案和原则

白血病患者接受 HSCT 必须先经过大剂量化疗，有时再加大剂量放疗，这种移植前的治疗称预处理（conditioning），预处理的目的在于尽量清除患者体内的白血病细胞，同

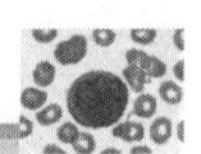

时又强有力地抑制患者体内的免疫系统，这样供者的骨髓或其他来源的造血干细胞才不会被排斥。为达到以上目的必须应用大剂量的细胞毒药物，方案中还可能应用较大剂量的分次 TBI（fractionated TBI，Fr TBI）或一次性 TBI。

20 世纪 70 年代时，国外所应用的预处理方案中往往包含过分强烈的化疗/放疗方案，导致较高的 TRM，这种错误倾向已逐渐被认识。1997 年非清髓 HSCT 的模式建立，此种移植所强调的原则是对患者的免疫抑制，使年龄较大的患者在接受较小剂量细胞毒药物的情况下仍不致发生排斥，常常是移植后形成了移植物与受者血细胞的嵌合状态，然后依靠移植物免疫作用清除体内的白血病细胞。这种移植方法的优点是由于移植前预处理方案中的细胞毒药物的剂量较小，移植相关的毒性较低，因而年龄幅度明显提高，适用于 55～75 岁的患者或虽年龄<55 岁但有心、肝、肺等脏器损害，或内脏对化疗药物的毒性过于敏感者。非清髓 HSCT 的 GVHD 与清髓移植相似，但排斥率与复发率较高。尽管接受非清髓移植的患者年龄上限可放宽，但移植适应证较窄，包括 CML、AML、CLL、多发性骨髓瘤（MM）等。

由于非清髓性 HSCT 用于难治/复发白血病及 ALL 的复发率较高，促使人们采用 RIC 的 HSCT，使其兼有较常规清髓性移植相对较低的预处理相关并发症和死亡率，又通过适当加大预处理剂量而减少白血病复发。因此，其适用范围包括：年龄大于 55 岁或同时伴有重要脏器功能受损而难以耐受常规 HSCT 的患者。病种包括：急性白血病 CR 及早期复发、CML CP 和 AP、非霍奇金淋巴瘤、MM、MDS 等。

预处理方案的改进及支持疗法的进步已使接受移植患者的年龄放宽到清髓 HSCT≤55 岁及 auto-HSCT 及非清髓或 RIC allo-HSCT ≤75 岁，而且 HSCT 的适应证亦包括了难治/复发的急性白血病、CML BC 等。

由于国内巨细胞病毒（CMV）感染的普遍性，亦由于细小的感染病灶很不易排除，因此在预处理的同时就应该应用对 CMV 有效的药物。应在已经清除明显的口腔、肛周等感染病灶之后，全身应用广谱的抗菌药物。

从预处理之时起患者要接受肠道除菌药，其目的为减少肠道内的细菌、真菌量，减少其他深部感染的发病率。口服除菌药包括复方磺胺异噁唑（兼有防治卡氏肺囊虫病的作用）、氟康唑，成人服用喹诺酮类，儿童服用头孢菌素类等。

预处理开始就须无菌护理，包括五官的除菌护理和排便后肛门周围的除菌护理。

预处理之初就要做中心静脉插管。中心静脉插管是保证顺利输入骨髓等造血干细胞、胃肠外营养，保证水及电解质平衡与抗菌药输入所必要的。插入部位可以是颈外或颈内静脉、锁骨下静脉或头静脉。插管医师须经培训合格，所用的导管有单腔或双腔之分，导管插入后须按规定固定。夜间闭管时须用稀释的肝素封管。导管进入皮肤须注意无菌，可用碘伏或碘仿油膏涂抹局部，并用无菌纱布覆盖。做静脉插管后须核实此管确实是在中心静脉而非插入胸腔或其他部位。经导管输液时，必须不引起明显的胸痛，否则要怀疑是否导管被误置入胸腔中。

预处理开始后须有每日患者用药时间上的周密计划。

常用于预处理方案的主要药物与作用见表 14-9。表内以药物的某一主要作用分类，但是较大剂量的抗肿瘤药物几乎都有明显的免疫抑制作用，一般都把 Cy 归入免疫抑制剂，但由于它对淋巴细胞系恶性细胞亦有显著的杀伤力，故本文将其归纳为具有双重作用。抗胸腺细胞球蛋白（antithymocyte globulin，ATG）则仅有免疫抑制与杀伤淋巴细胞系细胞作用，因此 syn-HSCT 及 auto-HSCT 就不需要用 ATG。

表 14-9　预处理方案的主要药物及作用

以免疫抑制作用为主者	具有双重作用者
—ATG	—Cy
以抗肿瘤作用为主者	—Flu
—BU	—BCNU/CCNU
—Ara-C	—TBI
—VP-16	—MEL

注：BU. 白消安；Ara-C. 阿糖胞苷；Flu. 氟达拉滨；BCUN. 卡莫司汀；CCNU. 洛莫司汀；MEL. 美法仑。

Cy、TBI 与 BU 仍是目前预处理方案中的主要组成部分，分述如下：

1. Cy　Cy 是非清髓性药物。较重的心脏病与肾脏病患者，尤其是阻塞性泌尿系疾病者，不宜应用大剂量 Cy。Cy 可导致致死性心脏病，如严重的出血性心肌炎、心包炎，因此 Cy 的总剂量不应超过 200mg/kg。

Cy 的代谢产物丙烯醛能引起泌尿系统上皮细胞的损害，导致出血性膀胱炎。美司钠（Mesna）的自由巯基在膀胱中会和丙烯醛结合形成无活性的化合物，经尿排出。因此应用美司钠，充分的水化、碱化、利尿可预防或减轻出血性膀胱炎的发生。当 Cy ＞ $2g/m^2$ 时必须给予美司钠。补液速度为 3000ml/（m^2 · d）。输 Cy 后 48 小时内仍需继续水化。在每日输 Cy 前 4 小时内与最后 1 次输 Cy 后 6 小时内的水化尤为重要。在应用 Cy 前后皆可用呋塞米 15mg/（m^2 · 次），静脉给药。

此外，Cy 还有抗利尿作用，可致恶心、呕吐、食欲缺乏等消化道反应，还可以引起骨髓抑制、性腺功能异常及脱发等。

如果患者的体重大于理想体重，需要按实际体重计算给药剂量。

2. TBI　开始的 TBI 采用单次照射 1000cGy，尽管对控制肿瘤有利，但毒性较大，主要毒性为间质性肺炎（interstitial pneumonia，IP）和 SOS/VOD，以后改进为 Fr TBI 降低了毒性，常采用 1200cGy 的 Fr TBI，分 3～6 天完成。TBI 总剂量的耐受性也与剂量率有密切关系。Royal Marsden 医院（英）所用剂量率仅 2. 5cGy/分，总剂量虽然达 1000 cGy，但 HSCT 受者仍然极少发生 IP。相反，在剂量率增高而一次总剂量达 1000～1200 cGy 时则容易引起 IP，这可能是由于损伤肺间质细胞与微循环而导致肺的不可逆性损伤。

TBI 的主要副作用如下：

恶心：常发生于照射后的最初 2 小时，继续照射时症状会加重。

发热：单次 TBI 较 Fr TBI 发生率高。

脱发：2 周内逐渐出现，为暂时性。

腮腺炎和胰腺炎：单次 1000cGy TBI 后所有患者均会出现症状性腮腺炎，症状性胰腺炎的发生率小于 10%，上述 2 种合并症在 Fr TBI 中少见，一旦发生在 24～72 小时内可缓解。冰袋冷敷腮腺，应用乙酰氨基酚可缓解症状。

腹泻：TBI 后 1 周内几乎所有患者均可出现腹泻，可给予收敛剂对症处理。

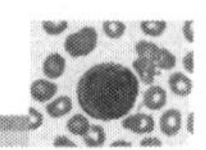

皮肤反应：TBI 后 2～3 周可出现可逆性色素沉着。

黏膜炎：多数患者会出现严重的黏膜炎、中性粒细胞减少，MTX 的应用可使该合并症加重，可采用生理盐水漱口，局部喷涂促进愈合的药物，必要时可以给予局部麻醉药物。

远期合并症：可能出现白内障、生长迟缓、肺损伤、不育、肾功能衰竭、甲状腺功能减退、继发肿瘤等。

3. BU BU 是清髓性细胞毒性药物。如果患者体重大于理想体重，应按校正的理想体重（AIBW）计算给药剂量。

理想体重（IBW）的计算公式（身高 cm，体重 kg）

IBW（kg，男性）：50＋0.91×（身高－152）

IBW（kg，女性）：45＋0.91×（身高－152）

AIBW：IBW＋0.25×（实际体重－IBW）

BU 有口服及静脉制剂，有些中心通过血药浓度调整剂量，目标血药浓度为 800～1400 μmol/（L·min）。

BU 的副作用包括消化道反应、癫痫（10 岁以上需应用苯妥英钠预防）、黏膜炎、脱发、色素沉着、不育。少见的副作用包括肺炎及静脉闭塞症。晚期的副作用包括肺纤维化及腹膜后纤维化。

经典的白血病 HSCT 的预处理方案包括 Cy/TBI 及 BU/Cy，Tuschka PJ 等（1987）将经典 BU/Cy 方案中的 Cy 自 4 天减为 2 天，称之为 BU/Cy 2 方案，受者的耐受与恢复皆有改善。

笔者单位的预处理方案只用 BU 3 天和 Cy 2 天，在应用 BU 前 2 天加用羟基脲（HU）与 Ara-C，又在使用 Cy 后加用 CCNU/Me-CCNU，排斥率与预处理相关毒性均较低（表 14-10）。CCNU/Me-CCNU 的目的除抗肿瘤与免疫抑制外，还对中枢神经系统白血病有治疗或预防作用，并借助其较长时间的免疫抑制作用，进一步降低移植物被排斥的风险。HU 亦有穿透血脑屏障的作用。Ara-C 有抗白血病及抗 CMV 的作用。

表 14-10 笔者单位的常用预处理方案

方案	剂 量	给药时间（d）
Fr-TBI	200cGy（bid）	－10，－9，－8
Ara-C	2～4g/ m^2	－7，－6
Cy	1.8g/m^2	－5，－4
Me-CCNU	0.25g/m^2	－3
HU	40mg/kg（q12h）	－10
Ara-C	2g/m^2	－9
BU	1mg/kg（q6h）	－8，－7，－6
Cy	1.8g/m^2	－5，－4
Me-CCNU	0.25g/m^2	－3
Ara-C	4g/m^2	－10，－9
BU	1mg/kg（q6h）	－8，－7，－6

续表

方案	剂 量	给药时间（d）
Cy	1.8g/m^2	－5，－4
ATG	2.5mg/kg（法国赛达）或5mg/kg（费森尤斯）	－5，－4，－3，－2
Me-CCNU	0.25g/m^2	－3

ATG是一种强有力的免疫抑制剂，是一种从动物血清制备的生物制剂，因此其效价、副作用与价格亦差异很大。ATG一般连续4天用于预处理方案的后期。特别适用于haplo-HSCT。ATG不但能清除淋巴细胞，对造血干细胞亦有一定的影响。而且，由于ATG对体内的影响消除较慢，在预处理的后期应用ATG不但能抑制受者移植前的T淋巴细胞，而且还会抑制供者输入患者体内的淋巴细胞与造血干细胞，从而可能起到体内部分去除T淋巴细胞的作用，但对植活有负面影响。

含单次TBI的预处理方案多用于ALL及曾有中枢神经系统白血病的患者，但由于它可以导致骨骺增生部位的损伤，使儿童骨骼发育停滞，所以不适用于儿童患者。但是Fr TBI仍适用于儿童。

近年来，随着RIC HSCT的发展，对年龄大或脏器功能受损的患者多采用Flu代替Cy，降低了预处理相关毒性。剂量通常为Flu 30mg/（m^2·d），共5天（－6d至－2d）（Foss FM等，2006）。

为了改善难治/复发患者挽救性HSCT的疗效，达万明提出清肿瘤性HSCT预处理方案的理念，详细内容见本书相关章节。

国际上常用的预处理方案见表14-11，预处理相关毒性见表14-12（Aschan J，2007）。

表14-11 国际上常用的HSCT预处理方案

方案	药物	剂量	是否清髓
BU/Cy	busulfan cyclophosphamide	16mg/kg（po） 100～200mg/kg	是
Cy/TBI	cyclophosphamide Fr TBI	100～120mg/kg 1200～1400cGy	是
VP-16/TBI	etoposide Fr TBI	60mg/kg 1200cGy	是
AC/TBI	Ara-C Fr TBI	36g/m^2 1200cGy	是
MEL/TBI	melphalan Fr TBI	110～140mg/m^2 1000～1400cGy	是
BU/Flu	busulfan fludarabine	520mg/m^2（iv） 160mg/m^2	是
BU/MEL	busulfan melphalan	16mg/kg（po） 140mg/m^2	是
MEL	melphalan	140～200mg/m^2	是

续表

方案	药物	剂量	是否清髓
MEL/Flu/campath	melphalan	140mg/m^2	是
	fludarabine	150mg/m^2	
	alemtuzumab	100mg	
Cy/VP-16/TBI	cyclophosphamide	120mg/kg	是
	etoposide	30～60mg/kg	
	Fr TBI	1200～1300cGy	
TT/Cy/ATG/TBI	thiotepa	10mg/kg	是
	cyclophosphamide	120mg/kg	
	ATG	20mg/kg（费森尤斯）或 7.5mg/kg（法国赛达）	
	Fr TBI	1200cGy	
BU/Cy/MEL	busulfan	16mg/kg（po）	是
	cyclophosphamide	100～120mg/kg	
	melphalan	140mg/m^2	
Flu/TBI	fludarabine	90mg/m^2	否
	TBI	200cGy	
Flu/Cy/TBI	fludarabine	150mg/m^2	否
	cyclophosphamide	29mg/kg	
	TBI	200cGy	
Flu/BU/ATG	fludarabine	180mg/m^2	否
	busulfan	8mg/kg	
	±ATG	10mg/kg（法国赛达）或 20mg/kg（费森尤斯）	

表 14-12 常见的预处理毒性

药 物	毒 性
BU	肝、SOS/VOD、CNS、肺、肠道、骨髓，继发肿瘤
Cy	膀胱、心脏、骨髓，免疫抑制，继发肿瘤
TBI	肺、肝、肠道、骨髓、CNS、内分泌、眼，免疫抑制，继发肿瘤
Ara-C	CNS，骨髓
MEL	肠道、骨髓，继发肿瘤
VP-16	肠道、骨髓，继发肿瘤，神经病变
Flu	免疫抑制

预处理的用药还包括两种常见的免疫抑制剂，即环孢素（CsA）与霉酚酸酯（mycophenolate mofentil，MMF，骁悉）。本文建议在移植前－10 天或－9 天开始应用这两种药物，目的是使患者的 T 淋巴细胞功能受到更大的抑制，以减少排斥的发生。

第六节　造血干细胞的采集

一、骨髓采集

（一）骨髓的采集与过滤

移植时所采集的骨髓实际上是血液与骨髓的混合液，主要是血液。所采真正的骨髓细胞不足10ml。因此，在日本，亦有人称之为“骨髓献血”。为了能够从供者体内采集尽可能多的骨髓血，须在移植前进行“自体循环采血法”。具体方法为：先抽供者血液400ml贮存在4℃中。1周后，将血液回输；同时抽取血液600ml。这样反复进行。其目的，一则为保证回输的血液贮存期不超过1周，二则可累计采集更多的血液。最后一次可抽取800～1000 ml血液。在采集骨髓的当时回输供者库存的自体血液，这样抽骨髓与血液的量可以多达1000 ml，使有核细胞数达3×10^8/kg（受者体重）以上以满足HSCT的要求。采骨髓时，对供者采用硬膜外麻醉（国外采用全身麻醉）。在髂后及髂前上棘多点穿刺，注射器先加入含肝素的灭菌培养基（如RPMI 1640）。肝素与骨髓的比例为每1ml骨髓用肝素25U。为了保证供髓者的安全，采髓前与采髓过程中要注意静脉足量输液。我们推荐用乳酸盐林格溶液与胶体溶液等量混合液，亦可交替输入。北京大学人民医院、北京大学血液病研究所的采骨髓手术过程的常规见附录14-1。

由于采集的骨髓里有一些骨髓小颗粒，需要采取过滤并压碎措施。早在1962年陆道培就报告用针头过滤的简单方法。具体是把所抽的骨髓通过16和9号针头各滤过1次，可由一个注射器注入另一个注射器的口内，最后将骨髓注射到消毒的塑料袋内（图14-2）。本法迄今仍为北京大学和国内很多医学中心所使用。其优点是不但操作简便，而且骨髓的处理过程为半密闭式。国外大多采用Thomas技术（Thomas等，1970），用不锈钢网［网孔0.307mm（62目）与0.201mm（88目）］2次过滤，其主要缺点为骨髓的处理过程完全开放，因此亦容易污染。

（二）血型不相容的骨髓处理

供者和受者红细胞主要血型不相容时（如供者是A或B型，受者是O型），由于所输的骨髓内有大量血型不相容的红细胞，如不加特殊处理则会导致溶血反应。对此，国外采取受者血浆交换法，将受者血浆逐日换掉，但这种方法要浪费大量的血浆，而且有一定的危险性。郭乃榄等采用向供者的骨髓和血液的混合液中加6%羟乙基淀粉（相对分子质量450 000）来沉淀红细胞的方法去除红细胞，两者的体积比例为骨髓∶羟乙基淀粉＝4∶1。混匀后静置约半小时。取其上层富含干细胞的血浆输给受者（郭乃榄等，1989）。

（三）骨髓的输注

应尽量在采集骨髓后6小时内输完骨髓，以免造血干/祖细胞的损失。由于骨髓中的脂肪可以引起肺栓塞，所以输每袋骨髓至最后的10ml时应留在输液管内弃去。由于骨髓用肝素抗凝，因此应在另一处静脉输入鱼精蛋白以中和肝素。每50mg鱼精蛋白可中和肝素5000U。

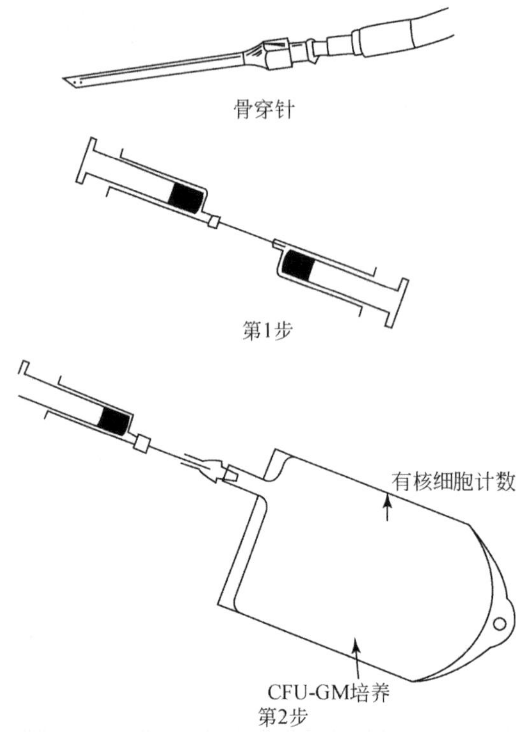

图 14-2 陆道培创立的针头过滤法操作示意图

（四）骨髓的去 T 淋巴细胞处理

本法一般用于 HLA 配型不全相同或 haplo-HSCT，其目的在于清除供者移植物中的 T 淋巴细胞，从而减少 GVHD 的发生。去除 T 淋巴细胞的方法很多，例如应用免疫毒素去除 T 淋巴细胞和 T 淋巴细胞的凝集去除法。采用实验性的 Macs 系统去除 T 淋巴细胞已发展成临床上应用比较方便的 Clini Macs 仪器。T 淋巴细胞去除后的缺点是所移植的干细胞容易被排斥；由于移植物中 T 淋巴细胞缺乏而容易发生感染；再则，由于 T 淋巴细胞的抗白血病作用明显减弱，导致白血病容易复发。但是，在去除 T 淋巴细胞的同时加大造血干细胞的植入量（所谓超大剂量造血干细胞移植，mega-dose HSCT）对某些移植适应证（如地中海贫血）的 haplo-HSCT 仍不失为一个好方法。

二、PBSC 的动员与采集

PBSCT 与 BMT 同样可以重建造血及免疫功能。与骨髓移植相比，PBSCT 具有干细胞容易采集、植入快、急性 GVHD 少、免疫重建快等优势，因此已广泛用于 auto-HSCT、非血缘 HSCT 及部分亲缘 HSCT（Bensinger WI 等，2001）。

（一）PBSC 的动员

造血祖细胞表达 CD34，当 PBSC 采集物中 $CD34^+$ 细胞 $\geqslant 5\times10^6/kg$ 时常会带来快速

及稳定的造血重建，早期的研究表明为保证造血重建至少需要输注≥2 $\times 10^6$/kg 的 $CD34^+$ 细胞。PBSC 采集当天或前 1 天早上外周血 $CD34^+$ 细胞的数量有助于判断能否采集到足够的 $CD34^+$ 细胞（Armitage S 等，1997）。

干细胞动员剂包括化疗药物、细胞因子及趋化因子。采用化疗进行干细胞动员仅用于 auto-HSCT，如在 MM 单独应用 Cy 及在淋巴瘤采用 ICE 及 ESHAP 联合化疗进行动员等。最常用的细胞因子类干细胞动员剂为 G-CSF（Dreger P 等，1994），其次为 GM-CSF，也有报道采用 SCF、Flt-3 作为动员剂。近年来有报告采用趋化因子 IL-8、SDF-1 及 plerixafor 作为干细胞动员剂（Devine SM 等，2008）。目前，临床最常用的是 G-CSF 5～10μg/（kg・d），共 4～6 天。多在应用 G-CSF 后第 5 天及第 6 天采集 PBSC。

（二）PBSC 的采集

血细胞单采（apheresis）是指将患者或供者的外周血通过血细胞分离机在体外离心分离出所需要的细胞成分并收集，然后将其他不需要的血液成分返还患者或供者的技术。

PBSC 单采多在血液中心或血细胞分离室进行，供者无须住院，可在门诊完成。要给供者开放 2 条好的静脉通道，血液从一条静脉流出经过血细胞分离机离心，将富含 PBSC 的细胞层收集到采血袋中，然后将其他不需要的成分经另一条静脉返回供者体内。这个过程在持续重复进行，历时 4～5 小时，循环血量为 15～20L。目标的 $CD34^+$ 细胞是（2～5）$\times 10^6$/kg，PBSCT 通常需要单采 2～3 天，如果采用 BM 加 PBSC 的联合 HSCT，单采 1～2 天通常可获得足够的 $CD34^+$ 细胞。静脉条件不好者需放置静脉插管以保证可靠的血液流速。

PBSC 单采供者通常可以较好地接受，最常见的副作用是与 G-CSF 相关的，如骨痛（71%）、头痛（28%）、乏力（33%）、肌痛（20%）、失眠（14%）、食欲减退（11%）及恶心呕吐（11%），可用泰诺林等减轻症状，当停止应用 G-CSF 后症状即很快消失。因白细胞的显著增高可能会增加心肌梗死、脾破裂及其他部位栓塞的风险，因此当白细胞 ≥65×10^9/L时应停用 G-CSF 并提前采集。目前没有证据提示 G-CSF 有增加健康供者患血液肿瘤的风险。枸橼酸钠抗凝剂可导致低钙症状，可通过补充钙剂予以缓解。其他 PBSC 单采的副作用包括低血压、血小板减少、贫血、低钾等，绝大多数不需要处理，完成单采后可自行恢复。采集中如有血容量不足现象，需另建通道补液、补钙或其他电解质（Confer DL 等，2007；Miller JP 等，2008）。

女性供者血红蛋白接近低限，MCV 接近 80fl 或更低者最好在采集前数周检测血清铁，如低于正常即开始补充铁剂。如果为＞38 岁的女性供者，建议在采集前数周开始口服钙及维生素 D；自注射动员剂起口服葡萄糖酸钙口服液 30ml/d。在采集前服用葡萄糖酸钙口服液 20ml/d，以后每循环 1000ml 口服 10ml。如果采集中畏寒，增加口服量，尽量减少静脉补钙。采集后应密切监测血小板，如下降明显，应调整第 2 次采集的循环血量。

参 考 文 献

卢岳等 . 2010. 异基因造血干细胞移植治疗骨髓增生异常综合征 60 例疗效分析 . 中华内科杂志，49：200
陆道培等 . 1984. 异基因骨髓持久性植活治疗白血病 . 中华内科杂志，23：657
Anasetti C et al. 1990. Effect of HLA incompatibility on graft-versus-host disease，relapse，and survival af-

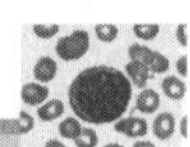

ter marrow transplantation for patients with leukemia or lymphoma. Hum Immunol，29：79

Armitage S et al. 1997. CD34 counts to predict the adequate collection of peripheral blood progenitor cells. Marrow Transplant，20：587

Aschan J. 2007. Risk assessment in haematopoietic stem cell transplantation：conditioning. Best Pract Res Clin Haematol，20：295

Auer RL et al. 2007. Emerging therapy for chronic lymphocytic leukemia. Br J Haematol，139：635

Baron F et al. 2007. Hematopoietic cell transplantation after reduced-intensity conditioning for older adults with acute myeloid leukemia in complete remission. Curr Opin Hematol，14：145

Bensinger WI et al. 2001. Transplantation of bone marrow as compared with peripheral-blood cells from HLA-identical relatives in patients with hematologic cancers. N Engl J Med，344：175

Bray RA et al. 2008. National marrow donor program HLA matching guidelines for unrelated adult hematopoietic cell transplants. Biol Bone Marrow Transplant，14（Suppl 9）：45

Chang C et al. 2007. Hematopoietic cell transplantation in patients with myelodysplastic syndrome or acute myeloid leukemia arising from myelodysplastic syndrome：similar outcomes in patients with de novo disease and disease following prior therapy or antecedent hematologic disorders. Blood，110：1379

Confer Dl et al. 2007. Long-term safety of filgrastim（rhG-CSF）administration. Br J Haematol，137：77

Cornelissen JJ et al. 2007. Results of a HOVON/SAKK donor versus no-donor analysis of myeloablative HLA-identical sibling stem cell transplantation in first remission acute myeloid leukemia in young and middle-aged adults：benefits for whom? Blood，109：3658

Craddock CF. 2008. Full-intensity and reduced-intensity allogeneic stem cell transplantation in AML. Bone Marrow Transplant，41：109

Devine SM et al. 2008. Rapid mobilization of functional donor hematopoietic cells without G-CSF using plerixafor，an antagonist of the CXCR4/SDF 1 interaction. Blood，112：990

Dey BR and Spitzer TR. 2006. Current status of haploidentical stem cell transplantation. Br J Haematol，135：423

Dreger P et al. 1994. G-CSF-mobilized peripheral blood progenitor cells for allogeneic transplantation：Safety，kinetics of mobilization，and composition of the grafts. Br J Haematol，87：609

Foss FM. 2006. The role of purine analogues in low-intensity regimens with allogeneic hematopoietic stem cell transplantation. Semin Hematol，43（Suppl）：S35

Fujimaki K et al. 2001. Severe cardiac toxicity in hematological stem cell transplantation：predictive value of reduced left ventricular ejection fraction. Bone Marrow Transplant，27：307

Fukuda T et al. 2004. Invasive aspergillosis before allogeneic hematopoietic stem cell transplantation：10-year experience at a single transplant center. Biol Bone Marrow Transplant，10：494

Gluckman E et al. 2004. Factors associated with outcomes of unrelated cord blood transplant：guidelines for donor choice. Exp Hematol，32：397

Goldstone AH et al. 2008. In adults with standard-risk acute lymphoblastic leukemia，the greatest benefits is achieved from a matched sibling allogeneic transplantation in first remission，and an autologous transplantation is less effective than conventional consolidation/maintenance chemotherapy in all patients：final results of the international ALL trial ）MRC UKALL XII/ECO E2993）. Blood，111：1827

Grigg A，Hughes T. 2006. Role of allogeneic stem cell transplantation for chronic myeloid leukemia in the imatinib era. Biol Blood Marrow Transplant，12：795

Hahn T et al. 2005. The role of cytotoxic therapy with hematopoietic stem cell transplantation in the therapy of acute lymphoblastic leukemia in children：an evidence-based review. Biol Blood Marrow Transplant，

11：823

Hamaguchi M et al. 2002. Retrospective study on the impact of hepatitis B and hepatitis C virus infection on hematopoietic stem cell transplantation in Japan. Int J Hematol，75：324

Hidalgo JD et al. 2004. Supreventricular tachyarrhythmias after hematopoietic stem cell transplantation：incidence，risk factors and outcomes. Bone Marrow Transplant，34：615

Hoffman R，Rondelli D. 2007. Biology and treatment of primary myelofibrosis. Hematology Am Soc Hematol Edoc Program，346

Jenq RR and van den Brink MRM. 2010. Allogeneic haematopoietic stem cell transplantation：individualized stem cell and immune therapy of cancer. Nature Review Cancer，10：213

Ji SQ et al. 2002. G-CSF-primed haploidentical marrow transplantation without ex vivo T cell depletion：an excellent alternative for high-risk leukemia. Bone Marrow Transplant，30：861

Lee SJ et al. 2007. High-resolution donor-recipient HLA matching contributes to the success of unrelated donor marrow transplantation. Blood，110：4576

Loren AW et al. 2006. Impact of donor and recipient sex and parity on outcomes of HLA-identical sibling allogeneic hematopoietic stem cell transplantation. Biol Bone Marrow Transplant，12：758

Lu DP et al. 2006. Conditioning including antithymocyte globulin followed by unmanipulated HLA-mismatched/haploidentical blood and marrow transplantation can achieve comparable outcomes with HLA-identical sibling transplantation. Blood，107：3065

Lu DP et al. 2009. Syngeneic blood and marrow transplantation：a report of 94 cases from Chinese Society of Blood and Marrow Transplantation（CSBMT）（abstracts）. Blood，114：4295

Miller JP et al. 2008. Recovery and safety profiles of marrow and PBSC donors：experience of the National Marrow Donor Program. Biol Bone Marrow Transplant，14：29

Pavletic SZ et al. 2005. Prognostic factors of chronic graft-versus-host disease after allogeneic blood stem cell transplantation. Am H Hematol，78：265

Ramos CA et al. 2007. Hepatitis C（HC）virus infection is associated with worse survival after allogeneic stem cell transplantation（alloSCT）for hematological malignancies（abstract）. Blood，110：48

Savani BN et al. 2006. Chronic GVHD and pretransplantation abnormalities in pulmonary function are the main determinants predicting worsening pulmonary function in long-term survivors after stem cell transplantation. Biol Bone Marrow Transplant，12：1261

Singh AK et al. 2006. Pretransplant pulmonary function tests predict risk of mortality following fractionated total body irradiation and allogeneic peripheral blood stem cell transplant. Int J Radiat Oncol Biol Phys，66：520

Sorror ML et al. 2005. Hematopoietic cell transplantation（HCT）-specific comorbidity index：a new tool for risk assessment before allogeneic HCT. Blood，106：2912

Stroncek DF et al. 2004. Transient spleen enlargement in peripheral blood progenitor cell donors given G-CSF. J Transpl Med，2：25

Tutschka PJ et al. 1987. Bone marrow transplantation for leukemia following a new busulfen and cyclophosphamide regimen. Blood，70：1382

Wu T et al. 2010. Haploidentical hematopoietic stem cell transplantation of sex-matched donor-recipient pair has survival advantage：a single-center study of 440 cases（abstracts）. Blood，116：228

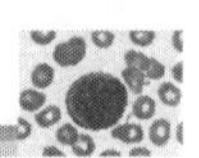

附录14-1 北京医科大学血液病研究所骨髓移植中采骨髓手术常规（1990年3月）

前提：绝大多数情况下，骨髓乃采于正常人或完全缓解的白血病患者。因此，要保证供髓者的安全，务必做到万无一失，手术必须在合乎条件的手术室进行，决定手术前对供髓者须进行体检与评估，确无禁忌证时方可供髓。

麻醉：由麻醉师主持与操作，行硬膜外麻醉，手术过程中不断监测血压、心率、呼吸及心电图，并不断注意供髓者的一般情况。

一、采骨髓针与采髓部位每点采髓量

采髓针可用：①北京医科大学血液病研究所特殊针头（针尖孔堵塞，有边孔三个）；②美国 Thomas-Bierman 针；③普通骨髓穿针。采髓部位为髂前与髂后上棘（spina iliaca anterior or posterior）、髂嵴（crista iliaca）。如所用针头为1或2则每点采髓不超过20ml，采髓时必须先深入进针，然后边旋转，边抽吸，边退针。如所用针头为3则每点采髓不超过10 ml。采髓时一处皮肤进针口可供数次骨髓穿刺用。

其他准备：抗凝剂、培养液、注射器、输血与血型等注意事项，要事先复核，并须带病历及血型报告。手术过程最好经常核对骨盆实物，核对抽骨髓部位，平时宜不时研究骨盆实物。

二、采髓经过与输液、输血量

（1）为避免失血性休克（早期有代偿机制，失代偿时，可突然发生休克），所抽骨髓量与输液量之比例宜为1∶（2.5～3），液体的组成最好是复方乳酸林格液与右旋糖酐或羟乙基淀粉各半，可交替输入或同时输入，抽骨髓与输液量的比例应每抽一袋骨髓（250ml）核对一次。

（2）先抽髂前骨髓，量为400～500ml，由于该处抽髓较髂后处慢，因此可减少随着翻身而发生休克的可能性。

（3）供髓者在翻身后开始抽髓后，必须有两条静脉通道，亦可在一开始髂前抽髓时就有两条通道。其中一条在翻身后输自体血。静脉通道的针头必须用19号以上。

（4）供髓者烦躁不安或平素正常血压者术中血压低于100mmHg时应暂停抽骨髓，供者必须监测心电图。

（5）采骨髓过程不宜过快，每采骨髓500ml的时间不应少于半小时，即髂前半小时，髂后视所采骨髓量而定。这不包括消毒与麻醉时间。

（6）对年龄较大的供者，须特别注意心血管与循环情况，采髓速度与输液速度皆应同时相应放缓。

骨髓过滤与处理经过：常规另订。

注：麻醉师有权根据病情做必要的临时处理与改动。

第十五章　人类主要组织相容性复合体

范丽安

范丽安，研究员、博士生导师，享受国务院特殊津贴，是我国HLA研究领域开创者之一。自1974年参加我国第一个白细胞抗原研究协作组工作以来，30余年坚持进行HLA结构与功能研究，如群体调查、器官移植、疾病关联等。1994年报道了我国发现的第一个HLA新等位基因。

由于外科显微手术技术的进步、脏器保存技术的改善、配型技术的不断完善及新型免疫抑制剂的广泛应用，器官移植成为临床一种成熟的治疗方法，但排斥反应仍是器官移植成功的最大障碍。免疫系统的最基本功能是识别“自己”与“非己”。因此，移植物中含有受者体内所缺乏的移植抗原是引起移植排斥反应的根本原因。移植抗原又称组织相容性抗原（histocompatibility antigen）。组织相容性是指不同个体间进行器官移植时移植物被宿主（受体）能否“容忍”的特性。若被“容忍”则移植成功，反之则被排斥。

根据抗原强弱，组织相容性抗原可分为主要及次要两类。主要组织相容性抗原由主要组织相容性复合体（major histocompatibility complex，MHC）的基因所编码，是引起移植排斥反应的主要抗原。次要组织相容性抗原（minor histocompatibility antigen，mHa）是指一些自身蛋白，这些蛋白降解后的肽段带有同种差异，能被MHC分子提呈并被T淋巴细胞识别，如男性的H-Y抗原及广泛分布的HA抗原。mHa不同引起的排斥反应一般较轻且缓慢，但在骨髓移植中的作用日益明显。本文仅讨论主要组织相容性抗原。

人类白细胞抗原（human leukocyte antigen，HLA）是人类的MHC，与小鼠H-2为同源结构，定位于第6号染色体短臂6p21.31。HLA系统是迄今所知人类最高度多态性的遗传系统，其连锁基因和产物是个体的生物学标志。每一个体的免疫细胞借此来识别“自己”和“非己”，从而通过免疫应答排除“非己”，在多变的内外环境中保持个体的生理平衡。

一、HLA复合体的结构

HLA复合体是迄今所知人类多态性最丰富的遗传系统，定位于第6号染色体短臂6p21.31区，长3600kb。HLA系统是一个由一系列紧密连锁的基因座位所组成的具有高度多态性的遗传复合体，1999年已完成全部的序列分析及基因定位（the MHC sequencing consortium，1999）。在3.6Mb区域内共确认了224个基因座位，其中128个为功能基因，有产物表达。表15-1列出HLA区域内的主要基因。此区域结构具有以下几个特点：①是免疫功能相关基因最集中、最多的一个区域，128个基因中39.8%的基因产物均具有免疫功能；②基因密度最大的一个区域，平均每16kb就有一个基因；③多态性最丰富的一个区域；④是与疾病关联最为密切的一个区域。表15-2列出正式命名的HLA主要基因及等位基因数。

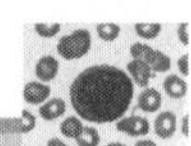

表 15-1 WHO 命名委员会命名的 HLA 区域内主要基因（2011. 1）

名称	曾用名	名称	曾用名
HLA-A	—	HLA-DRB7	DRBy1
HLA-B		HLA-DRB8	DRBy2
HLA-C		HLA-DRB9	M4. 2 b exon
HLA-E	E6. 2-	HLA-DQA1	DQa1，DQ1A
HLA-F	F65. 4′	HLA-DQB1	DQb1，DQ1B
HLA-G	G6. 0	HLA-DQA2	DXa，DQ2A
HLA-H	HLA-54	HLA-DQB2	DXb，DQ2B
HLA-J	HLA-59	HLA-DQB3	DVb，DQB3
HLA-K	HLA-70	HLA-DOA	DNA，DZa，DOa
HLA-L	HLA-92	HLA-DOB	DOb
HLA-P	HLA-90	HLA-DMA	RING6
HLA-N	HLA-30	HLA-DMB	RING7
HLA-S	HLA-17	HLA-DPA1	DPa1，DP1A
HLA-Y	HLA-BEL	HLA-DPB1	DPb1，DP1B
HLA-X *	HLA-X	HLA-DPA2	DPa2，DP2A
HLA-T	HLA-16	HLA-DPA3	DPA3
HLA-U	HLA-21	HLA-DPB2	DPb2，DP2B
HLA-V	HLA-75	TAP1	ABCB2，RING4，Y3，PSF1
HLA-W	HLA-80	TAP2	ABCB3，RING11，Y1，PSF2
HLA-Z *	HLA-Z1	PSMB9	LMP2，RING12
HLA-DRA	DRa	PSMB8	LMP7，RING10
HLA-DRB1	DRbⅠ，DR1B	MICA	MICA，PERB11. 1
HLA-DRB2	DRbⅡ	MICB	MICB，PERB11. 2
HLA-DRB3	DRbⅢ，DR3B	MICC	MICC，PERB11. 3
HLA-DRB4	DRbⅣ，DR4B	MICD	MICD，PERB11. 4
HLA-DRB5	DRbⅢ	MICE	MICE，PERB11. 5
HLA-DRB6	DRBX，DRBs		

表 15-2 HLA 区域内主要基因及已正式命名的等位基因数（2011. 1）

基因	数目	基因	数目	基因	数目	基因	数目
HLA-A	1519	HLA-DRB1	873	HLA-DRB8	1	HLA-DOB	9
HLA-B	2069	HLA-DRB2	1	LA-DRB9	1	HLA-DMA	4
HLA-C	1016	HLA-DRB3	52	HLA-DQA1	35	HLA-DMB	7
HLA-E	10	HLA-DRB4	14	HLA-DQB1	144	TAP1	7
HLA-F	22	HLA-DRB5	19	HLA-DPA1	28	TAP2	4
HLA-G	46	HLA-DRB6	3	HLA-DPB1	145	MICA	73
HLA-DRA	3	HLA-DRB7	2	HLA-DOA	12	MICB	31

类似于 H-2，HLA 区域内的基因根据其编码分子的分布与功能不同分为 3 个区，即Ⅰ类基因区、Ⅱ类基因区及Ⅲ类基因区（图 15-1）。

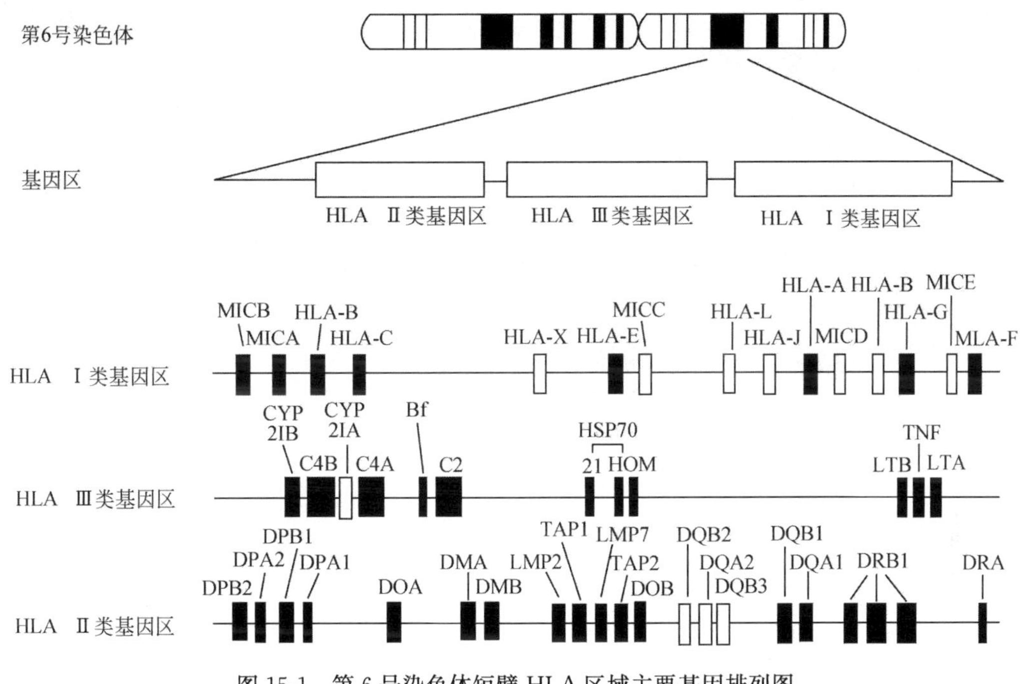

图 15-1　第 6 号染色体短臂 HLA 区域主要基因排列图

（一）HLA-Ⅰ类基因区

HLA-Ⅰ类基因区位于复合体的最远端（端粒一端），根据编码产物分布、功能及多态性不同又可分为经典 HLA-Ⅰ类基因和非经典Ⅰ类基因。

1. 经典 HLA-Ⅰ类基因　经典 HLA-Ⅰ类基因（classical class Ⅰ gene）又称 HLA-Ⅰa，是最早发现的 3 个功能基因，即 HLA-A、HLA-B 和 HLA-C。HLA-Ⅰa 基因均具有高度多态性，如表 15-2 所示。其中，资料显示，HLA-B 是整个 HLA 区域中等位基因数最多的一个基因座位。每个等位基因均可分别编码 HLA-Ⅰ类分子重链（α 链）。而其轻链（β 链）为 β2 微球蛋白，编码基因位于第 15 号染色体上。

2. 非经典 HLA-Ⅰ类基因　非经典 HLA-Ⅰ类基因（non-classical class Ⅰ gene）又称 HLA-Ⅰb，包括 HLA-E、F、G3 个座位。因其等位基因数的有限性、编码产物分布的局限性及功能独特，而有别于经典 HLA-A、B、C 基因。其中 HLA-E 基因位于 HLA-C 和 HLA-A 座位之间，已正式命名 10 个等位基因。HLA-F 基因位于 HLA-G 基因外侧，目前发现 22 个等位基因。HLA-G 基因位于 HLA-A 座位远侧，被正式命名的等位基因有 46 个。

3. MIC 基因　MIC（MHC class Ⅰ chain-related，MIC）Ⅰ类链相关基因是 1994 年新发现的一个基因家族，目前有 5 个成员，分别命名为 MICA、MICB、MICC、MICD 和 MICE。其中 MICA 和 MICB 为功能基因，余为假基因。MICA 基因定位在 HLA-B 基因

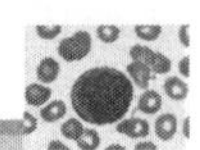

着丝粒方向40kb，是HLA-B基因最近的邻居，且MICA具有高度多态性，与HLA-B存在连锁不平衡。

HLA-Ⅰ类区域内还存在很多没有产物表达的假基因，主要位于HLA-A位点附近，如HLA-L、HLA-K和HLA-X等。

（二）HLA-Ⅱ类基因区

HLA-Ⅱ类基因区位于HLA复合体的着丝粒端，至少含有DR、DQ、DP、DOA、DOB和DM六个亚区。

1. DR亚区 DR亚区有9个DRA基因及9个DRB基因。DRA基因不具多态性，其产物为DR分子的重链（α链）。9个DRB基因分别命名为DRB1～DRB9。其中DRB1、DRB3、DRB4和DRB5为功能基因，表15-2表明，DRB1是Ⅱ类区域中多态性最丰富的座位，等位基因数已大于873个。DRB1基因编码的DR分子β链与DRA基因编码的α链共同组成的DR分子，其抗原特异性可由血清学方法检出，命名为DR1～DR18。DRB5基因、DRB3基因及DRB4基因编码的β链各自与α链组成的DR分子，分别显示血清学方法检出的抗原特异性DR51、DR52和DR53。因此，DRB基因的数目随每个个体所具有的单元型的不同而不同，可分为5个组（图15-2）。

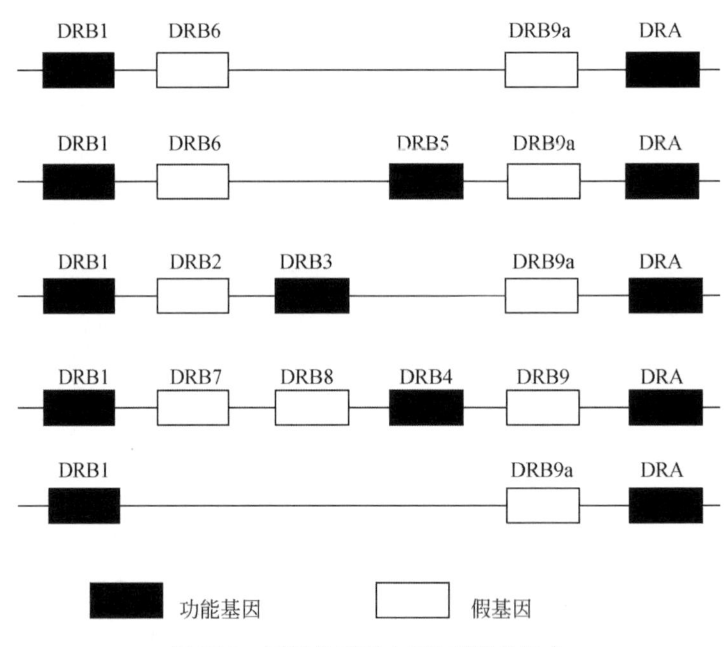

图15-2 不同单元型中DR基因的组合

2. DQ亚区 DQ亚区位于DRB1基因和DOB基因之间，有2个DQA基因和3个DQB基因。其中DQA1和DQB1为功能基因，分别编码DQ分子的DQα链和DQβ链。DQA2、DQB2和DQB3是假基因。和DR基因不同，DQA1和DQB1基因均具有高度多态性。

3. DP亚区 DP亚区位于DOA内侧靠近着丝粒方向。有2对DPA和DPB基因。

DPA1 和 DPB1 为功能基因，分别编码 DP 分子的 α 链和 β 链，DPA2 和 DPB2 为假基因。

DR、DQ DP 基因因其编码分子分布及功能相似且均具有高度多态性，亦被称为经典的 HLA-Ⅱ类基因。

4. DM 亚区　DM 亚区位于 HLA-DOA 和 PSMB9 之间，由 2 个座位即 DMA 和 DMB 组成，分别编码 DM 分子的 α 链与 β 链。DM 基因具有多态性。DM 异二聚体分子主要存在于特定的细胞器称 MHC-Ⅱ类区室（MIIC），在外源性抗原加工提呈中起重要和独特的作用。

5. TAP 和 PSMB 区域　DMB 和 DQB2 之间有一对抗原加工相关转运物基因 TAP1/TAP2 和一对低分子质量多肽编码基因 PSMB8 和 PSMB9。TAP 产物表达于内质网膜，负责抗原肽向内质网腔转运。PSMB 基因编码细胞胞浆溶胶中蛋白酶体成分。蛋白酶体可使内源性抗原酶解成 7～10 个氨基酸的小肽。

6. DOA 和 DOB 基因　DOA 和 DOB 基因分别编码 DO 分子的 α 链和 β 链。DO 分子的确切功能尚不清楚，可能参与对 DM 功能进行负调节。

（三）HLA-Ⅲ类基因区

HLA-Ⅲ类基因区位于 HLA-Ⅰ类和Ⅱ类区之间，亦称中央区。

此区域内主要基因有补体基因 C2、B 因子和 C4；21-羟化酶基因（CYP21A 与 CYP21B）、热休克蛋白基因、肿瘤坏死基因（TNF）和淋巴毒素基因（LTA 和 LTB）。

晚近有学者建议将在Ⅲ类区域靠近端粒端的一些基因包括 TNF、LTA、LTB、SHP 等划归 HLA-Ⅳ类基因区或炎症基因区，以突出这些基因的功能和各种应激、感染及炎症反应的关系。

二、HLA 基因的多态性

（一）多态性

丰富的多态性（polymorphism）是 HLA 基因系统的一个最重要特点。表 15-2 表明，HLA 复合体中很多基因座位的 DNA 序列在人群中存在变异体，称为等位基因（allele）。大量的等位基因往往为经典 HLA 基因所拥有。如 B 座位的等位基因数高达 2069 个。目前，被 WHO 正式命名的等位基因已达 6074 个。对每一个个体，任何一个座位均有两个等位基因，分别来自父母亲。一般来说，这些等位基因均能得到充分的表达，称为共显性（co-dominance）。由于人类是个随机婚配的杂合群体，一般情况下来自父母的两条第 6 染色体（或单元型）上所有 HLA 等位基因完全相同的概率极小，这不仅使 HLA 成为人体中多态性最丰富的系统，也使每一个个体所具有的 HLA 等位基因及其产物成为该个体独特的生物学“身份证”，即个体性（individuality）的标志。HLA 系统的多态性保证了种群能显示对各种病原体合适的免疫应答，以维持群体的稳定性。

HLA 等位基因频率在不同人种、不同民族、不同地域存在明显差异。如 HLA-A2 是

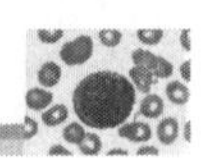

世界范围内绝大多数民族常见的抗原，但在巴布亚新几内亚则不存在；又如 HLA-A3、HLA-B7、HLA-DR1 是白种人中较为常见的抗原，但在东方人中频率很低；东方人中常见的 HLA-B46、HLA-DR9 在白种人中却十分罕见。因此，HLA 系统在人类遗传学上成了一个极好的群体标志，对研究人类起源、迁移、混杂及某些疾病的高发有很高的价值。但是，HLA 高度多态性也为器官移植时寻找合适的供体带来了很大困难。HLA 基因的多态性及其在不同种族中的分布差异是自然选择所造成的。

（二）HLA 抗原和等位基因命名

HLA 抗原/等位基因因检测方法的不同而有相应的命名系统。

1. 用血清学及细胞学技术检测抗原特异性 HLA 抗原的检出最初采用诺贝尔奖获得者法国 Dausset 倡导的白细胞凝集反应，随后由荷兰 van Rood、美国 Terasaki 等建立了血清学分型技术，即补体依赖的微量淋巴细胞毒试验。其通用的标准方法称为 NIH 二步法。HLA-A、B、C 抗原及 HLA-DR、DQ 抗原可用血清学方法分别检出宽特异性。

2. HLA-Dw 与 HLA-DPw 特异性 可分别通过纯合分型细胞（homozygote typing cell，HTC）及预致敏淋巴细胞（primed lymphocyte test，PLT）方法检测。但因分型所需细胞来源困难及细胞表面表达抗原的复杂性，细胞学方法已不再用于常规分型。

3. 用分子生物学方法检测等位基因 20 世纪 80 年代后期，分子生物学引入 HLA 领域，并进一步在 PCR 基础上发展了各种 DNA 分型技术，常用的有 PCR-RFLP（PCR 扩增产物的限制性片段长度多态性分析）、PCR-SSO（PCR 产物的序列特异寡核苷酸探针杂交）、PCR-SSP（序列特异性引物的 PCR 扩增）和 PCR-SBT（序列直接分型）等。进行等位基因分型后，发现属于同一个血清学特异性的抗原往往可被数个甚至数十个不同的等位基因所编码。如编码 HLA-A2 抗原的等位基因至少有 250 个；编码 HLA-B-27 的等位基因也至少有 74 个。为此，WHO 多次制定了 HLA 的命名原则。2010 年 4 月起采用新的冒号命名原则（Marsh，2010），要点如下：

（1）对某一等位基因，先写 HLA，表明该等位基因位于 HLA 区域。

（2）HLA 后面接着写出该基因的座位名称，中间用半线连接，如 HLA-DRB1、HLA-A 等。座位名称后加上 * 号。

（3） * 号后数字不限。然后按下列顺序书写：首先用数字表示该等位基因所属的等位基因家族并尽可能对应相应的血清学分型→冒号→写出代表编码 HLA 蛋白的等位基因名称的数字→冒号→表明编码区 DNA 同义突变的数字→冒号→表示非编码区突变的数字，后缀表示该等位基因编码的分子在细胞表面的表达状态。

（4）HLA-C 等位基因名称中删除“w”，但书写 HLA-C 抗原（分子）时仍需保留“Cw”，以与补体成分相区别。

（5）用 6 个后缀表示等位基因的不同表达状况。“N”（null）表示该等位基因不表达；“L ”（low）代表低表达；“S”（secreted）表示该等位基因只编码可溶性的分泌型蛋白，在细胞表面无表达；“C”（cytoplasm）表示该等位基因编码的产物存在细胞浆中，细胞表面不表达；“A”（aberrant）表示非正常表达的等位基因；“Q”（questionable）表示该基因的表达尚存在疑问。下面举例说明新老 HLA 等位基因命名的变化。

A＊01010101→A＊01：01：01：01；　A＊02010102L→A＊02：01：01：01：02L
A＊02010103→A＊02：01：01：03；　A＊7412N→A＊74：12N
B＊270509→B＊27：05：09；　B＊0808N→B＊08：08N
DRB1＊01010101→DRB1＊01：01＊01：01

（三）HLA 系统中的连锁不平衡

连锁不平衡（linkage disequilibrium）是指在某一群体中，不同座位上某两个等位基因出现在同一条单元型上的频率与预期值之间有明显的差异。连锁不平衡的程度可以由连锁不平衡参数△来表示。HLA 系统中经典的Ⅰ类区域座位和Ⅱ类区域座位均存在连锁不平衡。如在白人中，HLA-A1 基因频率为 0.275，HLA-B8 基因频率为 0.157。A1 与 B8 在同一条单元型上的预期频率为 0.043（0.275 × 0.157），但在群体中 A1-B8 在同一条单元型上实际频率为 0.098，连锁不平衡参数△为 0.098－0.043＝0.055。Ⅱ类区域中 DQ 亚区与 DR 亚区之间存在强连锁不平衡，特别是 DRB1、DQA1、DQB1 三座位。某些等位基因之间往往呈现很强的连锁不平衡，可能反映它们之间缺少交换或这些特定等位基因的组合经历了特殊条件下的自然选择。连锁不平衡的存在，造成不同人群中，尤其在隔离群体中，出现Ⅰ类座位和Ⅱ类座位不同等位基因的非随机组合，由此构成的单元型被称为祖先单元型（ancestral haplotype）。这些祖先单元型在一定程度上可作为该群体的遗传标志。

连锁不平衡现象在一定程度上限制了群体中 HLA 单元型的多样性，这给器官移植寻找 HLA 相容供体提供了机会，但却给 HLA 与疾病关联研究中寻找原发性关联成分增添了一定的麻烦，因为所发现的某个 HLA 易感基因，很可能仅是与该原发性易感基因处于连锁不平衡中，属于次级关联成分。

（四）HLA 抗原/等位基因的遗传

每一个体的 HLA 抗原/等位基因均由其父母遗传而来。HLA 系统各基因位点在第 6 号染色体短臂上紧密连锁，重组频率很低。在一条染色体上的连锁基因的组成称为单元型（haplotype），作为一个单位遗传给子代。子代总是得到一条父亲的单元型和一条母亲的单元型，因此亲子之间一定共有一条单元型，即 HLA 半相同（semi-identical）。同胞之间则存在 3 种情况：完全相同（identical）、HLA 半相同及 HLA 不相同（non-identical）。以 ab 和 cd 分别代表父母的 2 条 HLA 单元型，子代可有 ac、ad、bc、bd 4 种基因型，每种基因型的机会各有 1/4。所以在家系中子代之间半相同的机会为 1/2，完全相同或完全不相同的机会各为 1/4，这为器官移植 HLA 相同供体提供了有利条件。遗传单位是单元型，所以家系中数个位点基因相同即可代表一单元型上其他基因也相同，这点与非血缘关系的供体不同。图 15-3 为家系中 HLA 单元型的遗传。

因此，在移植中首先考虑从家系中选择合适的供者，无家系成员可供选择时，则考虑从无关供体中根据 HLA 高分辨分型结果来选择供体。

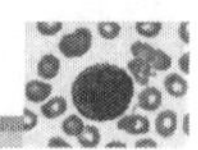

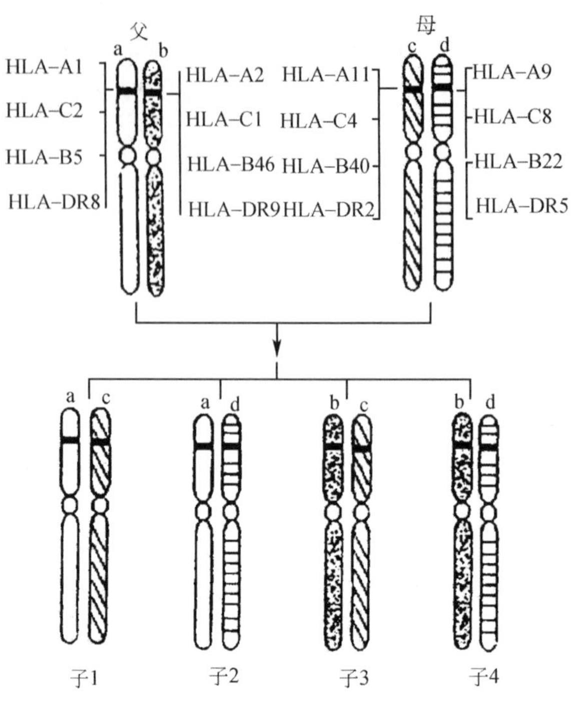

图 15-3 HLA 单元型在家系中遗传

三、HLA 分子的分布、结构和功能

经典 HLA-Ⅰ类分子（HLA-A、B、C）和Ⅱ类分子（HLA-DR、DQ、DP）以糖蛋白形式表达在细胞膜表面，HLA Ⅲ类分子则以可溶性形式存在于血浆中。非经典 HLA-Ⅰ类分子的表达有别于经典Ⅰ类分子。

（一）HLA 分子的组织分布

一般说来，经典 HLA-Ⅰ类分子表达在绝大多数有核细胞表面。但不同组织和不同细胞类型的表达水平不同。Ⅰ类分子表达量最高的是淋巴细胞，一个细胞可含 5×10^5 个分子，约占膜蛋白的 1%。巨噬细胞、树突细胞及中性粒细胞也高表达 HLA-Ⅰ类分子。相反，肺、心、肝细胞、成纤维细胞、肌细胞、神经细胞表达低水平Ⅰ类分子。此外，神经元细胞、母-胎表面滋养层细胞均不表达经典 HLA-Ⅰ类分子（HLA-C 分子除外）。

非经典 HLA-Ⅰ类分子的分布则具有局限性（Braud，1999）。

G 分子主要分布在绒毛外滋养层细胞上；F 分子除分布在胞浆内外，也已可以在绒毛外滋养层细胞表面检出；E 分子的表达则必须在其抗原结合凹槽中要有Ⅰ类分子的先导序列存在。

经典 HLA-Ⅱ类分子（DR、DQ、DP）的表达则局限在一定的细胞群，主要是抗原提呈细胞如巨噬细胞、树突细胞、成熟 B 淋巴细胞。此外，激活的 T 淋巴细胞及激活的单核细胞也表达经典Ⅱ类分子。中性粒细胞、未致敏的 T 淋巴细胞、肝、肾、脑及胎儿滋养层细胞等均不表达 HLA-Ⅱ类分子。

（二）HLA 分子结构

1. HLA-Ⅰ类分子结构　经典 HLA-Ⅰ类分子是由重链（α 链）和轻链（β 链）经非共价键连接成的异二聚体。属免疫球蛋白超家属。α 链由 HLA-A、B、C 基因编码，分子质量约 45kDa，编码 β 链的基因位于第 15 号染色体，分子质量约为 12kDa。细胞膜上 HLA-Ⅰ类分子表达需要 α 链和 β 链同时存在，见图 15-4。

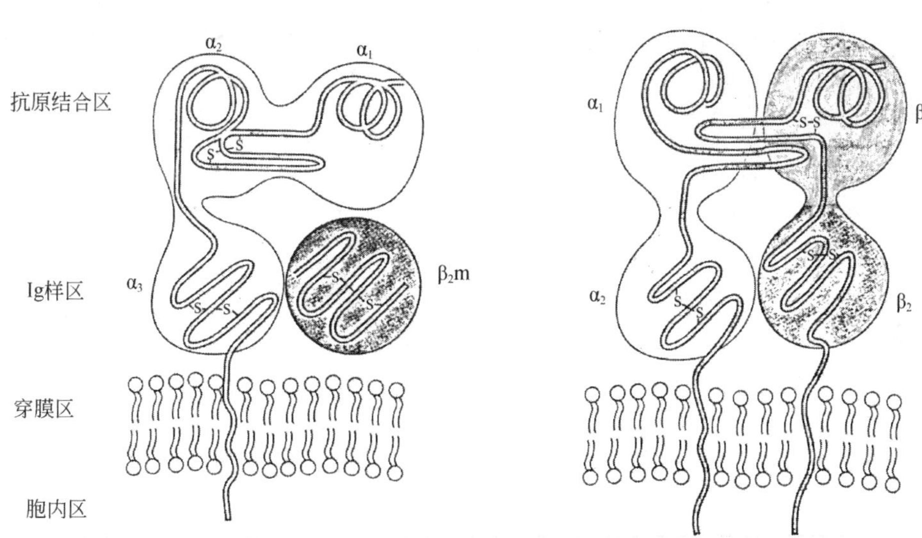

图 15-4　HLA 分子结构模式图

（1）Ⅰ类分子重链的基本结构：α 链由 3 个细胞外结构域（即 α_1、α_2 和 α_3）、穿膜区和胞浆区三部分组成。α_1、α_2 和 α_3 结构域分别包含约 90 个氨基酸。α_3 结构域与免疫球蛋白恒定区结构域同源，是与 T 淋巴细胞表面 CD8 分子相结合的部位。疏水性的穿膜区由 25 个氨基酸残基组成，以 α 螺旋结构穿过类脂双层。亲水性细胞内结构域由 30～40 个氨基酸残基组成并具有数个磷酸化位置。

（2）抗原结合凹槽：Ⅰ类分子的抗原结合凹槽由 α 链的 α_1 和 α_2 结构域互相作用组成，每个结构域折叠成 1 个 α 螺旋和 4 条 β 片层。2 个 α 螺旋组成凹槽的壁，而 8 条 β 片层构成了凹槽的底。凹槽的两头封闭。进入 HLA-Ⅰ类抗原结合凹槽相的抗原肽有两个基本特点。第一个特点是抗原肽一般由 9 个氨基酸残基组成，九肽与 HLA 分子的结合亲和力要比大于或小于九肽的抗原肽高 100～1000 倍；第二个特点是抗原肽一般含有一段与某个特定 HLA 分子结合的部位，称为锚着位，位于该部位上的氨基酸则称为锚着残基（anchor residue）。与 HLA-Ⅰ类分子相结合的锚着残基从氨基端算起，一般为第 2 和第 9 位。这些锚着残基插入 HLA 分子抗原结合凹槽中的袋（pocket）中，通过氢键与Ⅰ类分子相结合。抗原肽中间部位一般均有一定程度的隆起，可作为 T 淋巴细胞表位被 TCR 识别。在正常情况下Ⅰ类分子抗原结合凹槽内结合的往往是自身抗原肽。

（3）轻链（β 链）：Ⅰ类分子的轻链为 β_2 微球蛋白，分子质量为 12kDa。β_2m 为可溶性蛋白，不通过细胞膜。β_2m 氨基酸序列高度保守，在不同物种之间差别极小，可相互替

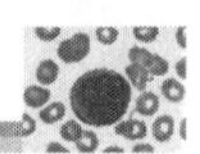

代。β_2m 的作用主要是稳定Ⅰ类分子并使其能有效地表达于细胞表面。

2. HLA-Ⅱ类分子 Ⅱ类分子是由 α 链和 β 链组成的异二聚体（图 15-4）。α 链分子质量为 33kDa，β 链分子质量为 28kDa，α 链和 β 链以非共价键相互连接。与Ⅰ类分子轻链不同，α 链和 β 链各自均有两个胞外结构域（α_1、α_2 和 β_1、β_2）、穿膜序列和胞内段。α_2/β_2 结构域与Ⅰ类分子的 α_3 辅助结构域相似，能与 T 淋巴细胞表面的 CD4 受体结合。与Ⅰ类分子不同，Ⅱ类分子的抗原结合凹槽分别由 α 链的 α_1 结构域和 β 链的 β_1 结构域相互结合，各自构成 2 条 α 螺旋和 8 条平行 β 片层的一半，凹槽形状与Ⅰ类分子凹槽极相似，两者几乎可以重叠（图 15-4）。

Ⅱ类分子结构的另一个重要特点是 α/β 异二聚体可相互作用再形成一个双二聚体（dimer of dimers），其中两个抗原结合凹槽反向相互结合。这种复合分子可能有利于两个 TCR/CD3 和两个 CD4 分子发生多聚作用，启动信号转导。

3. 可溶性 HLA 分子 HLA 分子主要以穿膜蛋白的形式表达在细胞表面，但有少量分子以可溶性形式（sHLA）检出。现已知，sHLA-Ⅰ类分子在不同情况下以不同浓度存在于血液、汗液、泪液、脑脊液和尿液中；在多种细胞培养上清液中也可检测到 sHLA-Ⅰ类分子的存在。一些研究已提示，sHLA 分子可通过多种机制发挥免疫调节作用，并在感染性疾病、癌症及器官移植排斥反应中可作为病理变化的指标。

（三）HLA 分子的功能

1. 作为抗原肽受体结合和提呈抗原肽 经典 HLA 分子的最基本功能是与内源性抗原肽和外源性抗原肽结合，表达在抗原提呈细胞和靶细胞表面，被 CD4 或 CD8 阳性 T 淋巴细胞识别后产生免疫应答。

与 HLA-Ⅰ类分子结合的抗原肽一般均为经加工处理过的内源性抗原，包括来自细胞内的自身抗原、肿瘤抗原、病毒抗原等。这些抗原肽一般均含有两个锚着位：一个为羧基末端的锚着位（即九肽中的 P9），位于这个锚着位的氨基酸残基一般均为疏水残基如亮氨酸、异亮氨酸。另一个锚着位位于九肽氨基端的第 2 位或第 3 位（P2、P3）。能与 HLA-Ⅱ类分子相结合的抗原肽一般均为经加工处理的外源性抗原。这些抗原肽含有一段核心序列，核心序列的氨基端除有一个疏水氨基酸锚着残基外，中间与末端也有 3 个疏水残基。

HLA 分子对抗原肽的识别既有特异性也有混杂性（promiscuous）。特异性指能与Ⅰ类分子结合的抗原肽两端的锚着位，以及与Ⅱ类分子相结合的 4～5 个位于核心序列中的锚着位，相应的氨基酸残基组成相对恒定。由此，能够与同一类 HLA 分子相结合的抗原肽，其锚着位和锚着残基相同或相似，构成特有的共用基序（consensus motif）。

混杂性指 HLA 分子与抗原肽之间的结合并不完全像抗原-抗体结合那样要有高度专一性。因为不同的锚着位所要求的锚着残基的组成是可以变化的，凡符合共用基序的抗原肽均可被同一类 HLA 分子所结合。这一特性为应用肽疫苗进行免疫预防和免疫治疗提供了方便。

2. 参与免疫调节 无论是经典 HLA-Ⅰ类、Ⅱ类分子及非经典 HLA-Ⅰ类分子（HLA-Ⅰb）均在免疫调节中发挥重要作用，但 HLA-Ⅰb 的免疫调节功能更引人瞩目（Donadi，2011）。

HLA 分子调节免疫功能的一条非常重要的途径是通过 NK 细胞受体来实现的。

NK 细胞在天然免疫和获得性免疫中均起着非常重要的作用，它通过细胞因子的分泌和细胞毒功能参与肿瘤免疫、感染免疫和免疫系统正常功能的调节。NK 细胞功能的实现是由其表面多种受体的综合作用实现的。

(1) NK 细胞受体：目前，一般将 NK 细胞表面受体分为两大类，第一类受体属于免疫球蛋白的超家属（immunoglobulin superfamily)，第二类受体为 C 型凝集素超家属（C-lectin superfamily)。第一类受体中主要有两个成员即杀伤细胞免疫球蛋白样受体（killer immunoglobulin-like receptor，KIR）和免疫球蛋白样转录子（immunoglobulin-like transcript，ILT；又称白细胞免疫球蛋白样受体，leukocyte immunoglobulin-like receptor，LTR)。C-lectin 受体是由 CD94 和 NKG2 分子形成的异二聚体，两条肽链的膜外区各有一个 C 型凝集样结构域。NKG2 分子是一个家族，又可分为 7 型，分别命名为 NKG2A、2B、2C、2D、2E、2F 和 2H。

NK 细胞表面受体又可根据其功能不同，分为抑制性受体和激活性受体两大类。抑制性受体的共同特征是每一受体肽链的胞浆区末端均含有免疫受体酪氨酸抑制基序（immunoreceptor typosine-based inhibition motif，ITIM)。当 NK 受体与配体结合时，ITIM 发生酪氨酸磷酸化，SHP-1 和（或）SHP-2 产生负调节信号，抑制 NK 细胞的杀伤活性。NK 细胞激活性受体（killer cell activating receptor，KAR）是指该 NK 细胞受体的穿膜区含有一个带正电的赖氨酸残基，该残基可与 KAR 相关蛋白（KARAPs/DAP12）结合，因相关蛋白含有免疫受体酪氨酸激活基序（immunoreceptor typosine-based activation motif，ITAM)，传递激活性信号。NK 细胞激活性受体在机体免疫监视功能中发挥极其重要的作用。1990 年，Karre 提出“丧失自我”假说（missing self)，认为 NK 细胞是搜寻、攻击缺乏“自身 MHC-Ⅰ类分子”表达的细胞，由于体内绝大多数细胞均表达 HLA-Ⅰ类分子，因此有效地阻止了 NK 细胞对自身正常细胞的攻击。HLA-Ⅰ类分子不表达或低表达的肿瘤细胞均不能被 NK 细胞识别，无法转导负调节信号，致 NK 细胞激活而杀伤，使机体保持免疫自稳状态。

非常引人瞩目的是绝大部分 NK 细胞受体的配体都是 HLA-Ⅰ类分子如经典 HLA-Ⅰa (HLA-A、B、C）和非经典的 HLA-E、G 分子和 MIC 分子。表 15-3 列出了 NK 细胞受体及其 HLA-Ⅰ类分子配体。

表 15-3　MHC-Ⅰ类分子特异性 NK 细胞受体

受体	成员	μÚ受体类型	配体
LILR/LIR	ILT4/LIR2	I	HLA-A、B、G、F
	ILT2/LIR1	I	HLA-A、B、G
KIR	KIR2DL1	I	HLA-Cw 第二组
	KIR2DS1	A	HLA-Cw 第二组
	KIR2DL2	I	HLA-Cw 第一组
	KIR2DS2	A	HLA-Cw 第一组
	KIR2DL3	I	HLA-Cw 第一组
	KIR2DS3	A	HLA-BwC 第一组
	KIR2DL4	I/A?	HLA-G

续表

受体	成员	μÚ受体类型	配体
	1 KIR2DS4	8 A	15 ?
	2 KIR2DL5	9 I	16 ?
	3 KIR2DS5	10 A	17 ?
	4 KIR3DL1	11 I	18 Bw4
	5 KIR3DS1	12 A	19 Bw4?
	6 KIR3DL2	13 I	20 A3，A11
	7 KIR3DL3	14 I	21 ?
	23 NKG2A	I	HLA-E
	NKG2B	I	HLA-E
	NKG2C	A	HLA-E
	NKG2D	A	MICA/B、ULBP

注：I. 抑制性受体；A. 激活性受体。

（2）KIR：KIR是NK细胞和部分T淋巴细胞表面表达的一组特异识别HLA-Ⅰ类分子的受体，在NK细胞效应功能的发挥中起重要的免疫调节作用。KIR基因属于多基因家族，是位于人类染色体19q13.4的免疫球蛋白家族LRC的成员。其基因编码产物具有2个胞外免疫球蛋白结构域的为KIR2D，具有3个结构域的为KID3D；又根据其胞浆区的长短和ITIM的有无，功能上表现为抑制NK细胞杀伤（“长尾”KIR-L）和激活NK杀伤功能（“短尾”KIR-S)。

目前已发现17个KIR基因，即KIR2DL1～L5、KIR2DS1～S5、KIR3DL1～L3、KIRL3DS1，以及2个假基因KIR2DP1和3DP2。

KIR也具有高度多态性，主要表现在两个方面。其一，KIR的基因数目不仅在不同的个体有差异，而且不同的NK细胞克隆也有差异，这点与HLA基因不同。其二，KIR基因也有众多的等位基因，其中大多数为非同义突变如2DS1至少已发现12个等位基因，3DL2有24个等位基因，2DL5也有数个等位基因，这点与HLA基因十分相似。由于KIR基因的这些特点，在研究KIR基因频率时家系调查就显得特别重要。

就目前对KIR基因频率的调查结果来看，与HLA基因分布相似，KIR基因频率也随不同人种、不同地域而变化，如白种人中KIRID的基因频率显著高于中国汉族人群，KIR2DS4基因频率则中国汉族人群显著高于白种人，这两个基因频率的不同又导致了群体间单倍型及基因型频率不同。这种差异是否和HLA一样具有重要的生物学功能和什么样的生物学功能很值得研究。

（3）NK细胞与造血干细胞移植：对自身细胞来说，NK细胞参与的杀伤功能只能发生在自身细胞不表达HLA-Ⅰ类分子的时候。相反，对于同种异体的细胞，则NK细胞能杀伤虽表达HLA-Ⅰ类分子，但这些Ⅰ类分子不能被NK细胞抑制性受体所识别，这种反应称为NK细胞同种反应性（NK-cell alloreactivity)，因为每一个KIR实际上识别由几个或一组HLA分子所共有的抗原决定簇，从表15-3可看出，KIR2DL2和L3同时都能被第一组 HLA-Cw 分子所识别；KIR2DL1 和带有激活性受体的 KIR3DS1 也都能被第二组 HLA-Cw 分子所识别。所以，器官移植的供受者之间 HLA 抗原或等位基因完全相同时并不能代表他们之间 KIR 的相配。HLA 单元型错配的移植可以有两种情况：一种是供者移植物 NK 细胞表达的 KIR 不能识别宿主细胞表达的 HLA-Ⅰ类分子，即受者 HLA-Ⅰ类分子不能阻断供体 NK 细胞杀伤，就会产生 GVH 方向的同种反应性 NK 细胞克隆（"NK 错配"），杀伤宿主靶细胞和白血病；另一种是供受者之间"NK 相配"，供者不产生同种反应性 NK 细胞克隆。临床骨髓移植的回顾性研究和小鼠动物模型都已强烈提示这种 NK 细胞同种反应性可能会影响移植的各个方面，包括移植物排斥（GVH 和 HVG）、白血病复发和 5 年存活期等。Velardi 等（2002）的数据表明当由供体对受体 NK 同种反应性存在时，骨髓移植后存活率可高达 60%，他认为 NK 细胞能消灭白血病，能杀死宿主体内淋巴-造血细胞而有利于移植物生长，并能排除宿主 DC 细胞而减低 GVH。Gagne 等也调查了 HLA 相同的（亲属及无关）供受者和 HLA 不相同的 BMT 中 KIR 基因的分布与存活率之间的关联，发现当受者 KIR 基因型是包含在供者 KIR 基因型时（亲属移植）则无一例发生 GVHD。最近，在美国《科学》杂志上提出了一个"a perfect mismatch"的概念（Karre，2002），这就意味着在不久的将来骨髓移植的 HLA 配型应该寻找供受对之间最合适的错配以发挥同种反应性作用，提高存活率和生存质量。

3. HLA 与 T 淋巴细胞发育　经典 HLA-Ⅰ类分子及Ⅱ类分子通过胸腺中的阳性选择及阴性选择参与 T 淋巴细胞谱发育。HLA-G 分子及 MICA 分子均可分别表达在胸腺树突细胞及胸腺上皮细胞表面，可能参与 T 淋巴细胞受体谱的发育。

4. HLA 与黏膜免疫　MICA 分子与胃肠上皮细胞 γδT 淋巴细胞相互作用：MICA 和 MICB 分子主要分布在胃肠道上皮细胞及成纤维细胞表面。MICA 和 MICB 分子能与小肠上皮细胞上带有 Vδ1 的 γδTCR 相互作用。Vδ1+γδT 淋巴细胞在小肠上皮细胞中极为丰富，占 70%～90%。MIC 分子的表达可以通过应激反应而上调，因而 MIC 分子可能在黏膜免疫和保持胃肠上皮的完整性上起重要作用。

5. 其他非免疫学功能　HFE 基因与遗传性血色素沉着症：HFE 基因位于 HLA-A 基因端粒端约 4000kb，它的产物与 HLA-Ⅰ类分子相似。现已清楚，HFE 基因的突变可引起遗传性血色素沉着症（heriditary hemochromatosis，HH）。遗传性血色素沉着症在白种人中较常见，尤其在北欧群体，发病率可达 1/（200～400）。此病特点是铁在人体各器官中过度沉积而导致器官衰竭。HFE 基因有两个部位的突变与 HH 病相关联。一个是第 282 位上的半胱氨酸突变成酪氨酸（C282Y），这个突变与 70%～90%的 HH 病相关联。另一个突变是第 63 位的组氨酸变成天冬氨酸（H63D），这个突变与 C282Y 为杂合的 HH 病有关。这个发现有力提示位于第 6 号染色体短臂上的 HFE 基因在控制铁的摄取及铁的代谢中起重要作用。

MHC 与配偶选择有关：小鼠个体特异的气味能影响性伙伴的选择，这一特性与 MHC 关联。

参 考 文 献

Braud VM et al. 1999. Functions of nonclassical MHC and non-MHC-encoded class Ⅰ molecules. Curr Opin Immunol，11：100

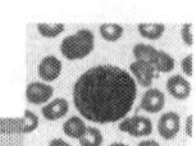

Donadi EA et al. 2011. Implication of the polymorphism of HLA-G on its function, regulation, evolution and disease association. Cell Mol Life Sci, 68: 369

Karre K. 2002. A perfect mismatch. Science, 295: 2029

Marsh SGE et al. 2010. Nomenclature for factors of the HLA system. Tissue Antiges, 75: 291

The MHC Sequencing Consortium. 1999. Complete sequence and gene map of a human majorhistocompatibility complex. Nature, 401: 921

Velardi A et al. 2002. NK cells: a lesson from mismatched hematopoietic transplantation. Trends in Immunology, 23: 438

第十六章　造血干细胞移植合并症及其防治

纪树荃　陆道培　高雁群　曹星玉　王静波　达万明　孙　媛

纪树荃，中国人民解放军空军总医院血液科主任医师。1960 年毕业于上海医学院，1987 年主持空军总医院血液科工作，建立了半相同造血干细胞移植的基础理论并应用于临床，完成了脾栓塞治疗 ITP，对再生障碍性贫血机制进行了研究。20 年来获得国家奖项、中华医学会奖项、北京市和部队科技奖共 22 项，其中 8 项是一等奖或二等奖。目前与陆道培院士合作，继续进行半相同造血干细胞移植基础及临床研究。

曹星玉，医学博士，副主任医师。2004 年毕业于中南大学湘雅医学院，获临床医学博士学位。毕业后在道培医院工作，目前为造血干细胞移植中心的主诊医生，擅长血液病的诊断与治疗，擅长造血干细胞移植及相关合并症的处理。

王静波，医学博士，副主任医师。从事血液学临床及科研工作 20 余年，从事造血干细胞移植 10 年，完成 400 余例异基因造血干细胞移植。在国内率先采用供者免疫细胞诱导杀伤（DC-CIK）治疗造血干细胞移植后早期复发，挽救了一批移植后复发的患者。采用个体化清肿瘤的预处理方案联合免疫治疗对复发不缓解白血病患者进行移植，疗效显著。

造血干细胞移植（HSCT）患者接受大剂量放化疗的预处理，其毒性作用影响着受者的器官及组织，除影响骨髓外，其他器官与组织亦受不同程度的损伤，如心、肝、肾及胃肠道，各种表现包括常见预处理早期的恶心、呕吐与黏膜炎，以及移植后早期与晚期常见的合并症，这些合并症的发生率及进展情况在对患者生活质量与生存率的影响中，占有重要位置。

第一节　早期合并症

一、恶心、呕吐及急性胃肠道反应

（一）病理生理及病因

放化疗后出现恶心、呕吐涉及中枢神经系统和外周多种神经转导途径，这些途径释放了多种神经递质，如 5-羟色胺和多巴胺，直接作用于极后区化学感受器（位于血脑屏障外第四脑室脚后部），激活呕吐中枢（延髓外侧网状结构的背面），引起反射性恶心、呕吐，而患者放化疗后持续轻度恶心、厌食如长达 3～6 周，可能与某些细胞因子如 TNF-α、IL-6 等释放相关（Chapko 等，1989；Holler 等，1990）。预处理过程中，恶心、呕吐症状最明显，有时伴有腹泻等放化疗反应。近 10 年来，由于对病毒、真菌及急性移植物抗宿主病（aGVHD）的有效预防，严重的胃肠道出血在异基因 HSCT（allo-HCT）后的发生率虽然<2%（Kaur 等，1996；Nevo 等，1998），但合并严重胃肠道出血的死亡率仍维持在 40%（Schwartz 等，

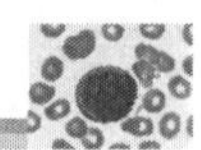

2001)，在整个预处理过程中注意血小板计数，使之>20×10^9/L是必要的。

（二）分期与治疗

1. 分期 发生于放化疗24小时内属于急性恶心、呕吐，而发生于化疗后1～7天属于迟发性恶心、呕吐，对接受放、化疗后曾发生过急性或迟发性恶心、呕吐控制不理想的患者，在任何时期条件反射所致的恶心、呕吐均属于反射性（俞立权，1997）。

2. 治疗

（1）5-羟色胺受体拮抗剂：昂丹司琼（ondansetron）化疗前24小时单独使用(0.15mg/kg)，可预防50%～60%的患者发生恶心、呕吐；对严重放化疗引起恶心、呕吐的病例，可于治疗前缓慢静脉注射8mg，之后间隔2～4小时再缓慢静脉注射8mg；研究发现，与地塞米松磷酸钠联合使用能增强本药疗效；后续治疗可改为口服（8mg，2次/天）。格拉司琼（granisetron)、托烷司琼（tropisetron）与昂丹司琼疗效比较差异无统计学意义。

（2）糖皮质激素：大剂量化疗时与5-羟色胺受体拮抗剂联合使用可防止急性恶心、呕吐，低剂量化疗时可单独使用，激素对迟发性恶心、呕吐十分有效，其作用机制可能与抑制前列腺素活性、影响皮质中枢相关。使用方法：成人大剂量化疗前静脉用或口服地塞米松10～20mg或等量换算的氢化可的松，中剂量化疗可用量10mg；儿童中大剂量化疗前静脉用或口服地塞米松0.3mg/kg，最大剂量20mg，24小时不超过1次。

（3）多巴胺受体拮抗剂：用于低剂量化疗引起的恶心、呕吐及迟发性恶心、呕吐，其中甲氧氯普胺（metoclopramide，胃复安）与氟哌利多（droperidol，氟哌啶）是常用的多巴胺受体拮抗剂。其作用机制是阻断了极后区化学感受器的多巴胺受体。常用剂量甲氧氯普胺（10mg，q6h）可加强胃与小肠蠕动，大剂量（2～3mg/kg）可阻断极后区化学感受器的多巴胺受体。本药物可预防低剂量化疗引起的恶心、呕吐，对大剂量化疗引起的暴发呕吐及迟发呕吐均有效。

本药物的副作用包括镇静、锥体外系综合征（烦躁不安、神经过敏）、直立性低血压及腹泻等。

用量：成人大剂量化疗，甲氧氯普胺20mg，静脉用或口服，q6h，或2～3mg/kg，静脉用；氟哌利多1.25～5mg，q6h；儿童由于锥体外系综合征发生率高，仅使用甲氧氯普胺0.01mg/kg，静脉用或口服，q6h，最大剂量10mg，大剂量化疗可合并使用苯海拉明0.5mg/kg，q6h。

（4）抗胆碱能药物/抗组胺药物：苯海拉明与东莨菪碱作为前庭功能综合征防治药物，是恶心、呕吐的辅助用药，能有效治疗多巴胺受体拮抗剂引起的锥体外系综合征，也可用于放射性呕吐，该组药物的副作用包括昏睡、口干、眩晕、尿潴留、便秘及少见的直立性低血压。用量：成人苯海拉明12.5～50mg，口服，q6h或q4h；东莨菪碱10mg静脉滴注，隔30分钟后可重复一次。儿童苯海拉明0.5～1mg/kg，口服，q6h或q4h（Viner等，1990)。

西咪替丁（cimetidine）和雷尼替丁（ranitidine）为H_2受体拮抗剂，用于预防与治疗放、化疗引起的胃肠道黏膜溃疡、出血，前者对化学刺激引起的腐蚀性胃炎有预防与保护作用，对应激性溃疡与上消化道出血疗效明显。预防剂量为口服0.2～0.4g，饭后及睡前各服一次，静脉可用葡萄糖/氯化钠注射液稀释后静脉注射，或用上述溶液稀释20ml后缓慢静脉注射，每次0.2g，每4～6小时一次（每日剂量不超过2g)，亦可肌内注射，静脉注射与肌内注射生物利用度基本相同。

H_2 受体拮抗剂对预处理导致的消化道出血效果不好，可使用奥美拉唑等质子泵抑制剂，静脉注射用于溃疡出血治疗，每次 40mg，每 12 小时 1 次，连用 3 天，本药物的主要不良反应是腹泻及皮疹，谷丙转氨酶及胆红素升高也有发生，但多轻微和暂时，不影响治疗。

二、口腔黏膜炎

（一）病理生理及病因

大剂量放、化疗主要损伤快速分裂增殖的口咽部位黏膜上皮细胞，发生在大剂量预处理 2 周左右，易发生严重的口腔黏膜炎。黏膜炎的发生、发展除有上皮损伤外，许多生物学因素参与其中，Sonis 等（2002）提出黏膜炎有 5 个不同发展阶段：放、化疗对黏膜细胞的直接损伤；损伤细胞释放 TNF-α、IL-1b、IL-6 等细胞因子；上皮细胞萎缩，细胞因子的逐级传递及扩增；黏膜上皮形成溃疡伴有炎症；溃疡最终修复。这阶段多发生在放、化疗结束后 1～2 周，此期间白细胞常低于 0.1×10^9/L（Kolbinson 等，1988）。此期间病毒感染亦是重要的致病原因，如 CMV 感染。Leveque 等（1997）在 HCT 的预处理或放化疗中，用毛果芸香碱（pilocarpine）5～10mg，6～8 小时 1 次，可预防或减轻口腔黏膜炎的发生，但其确切机制并不清楚。

（二）预防与治疗

1. 预防　对于移植前放化疗引起的口咽部炎症，保持口腔日常卫生至关重要，包括刷牙，进行口腔护理，漱口。饮食上注意减少对口腔黏膜的刺激及创伤；使用甲氨蝶呤（MTX）后，用甲酰四氢叶酸钙漱口；大剂量美法仑（140～200mg/m²）易导致严重黏膜炎发生，给药前 15～30 分钟患者口腔含入冰片，在给药期间及给药后 4～6 小时口含冰片。对照研究发现，口含冰片组发生 3 度黏膜炎的比例为 14%，而生理盐水组为 74%；口含冰片组中发生 3 度黏膜炎的持续时间为 0.5 天，而生理盐水组为 4.6 天（$P=0.0001$）。口腔黏膜痊愈时间分别为 0.6 天与 2.7 天（董陆佳，1997）。

2. 治疗

（1）局部麻醉：利多卡因用 2%～4%溶液含漱或喷雾，每次不超过 100mg，亦可用 2%冻胶剂涂抹口腔、咽喉；苯佐卡因不溶于水，可配成 5%～10%的软膏涂于口腔黏膜创面。

（2）GM-CSF：300μg 加入 500ml 生理盐水中，每日多次含漱。

（3）上皮细胞生长因子：2004 年 12 月获美国 FDA 批准用于临床，它是人类角质细胞生长因子（KGF），用于大剂量放化疗前，60mg/kg，静脉注射，连续给药 3 天，干细胞回输后再连续给药 3 天，发生 3～4 度口腔黏膜炎（WHO 标准）持续为 3 天，对照组 9 天（$P<0.001$）；严重口腔黏膜炎发生率分别为 63%与 98%（$P<0.001$）。

（4）口腔黏膜炎如合并溃疡常合并有多种病毒感染，如单纯疱疹病毒（HSV）、巨细胞病毒（CMV），需使用抗病毒药物，如阿昔洛韦等。阿昔洛韦用于预防 HSV 感染和治疗 HSV 的黏膜感染，静脉滴注，每次用量为 5mg/kg，滴注 1 小时，每 8 小时 1 次，连用 1 周，12 岁以下儿童按 250mg/m² 给予，肾功能不全者予以减量；对于 CMV 感染，使用更昔洛韦，每次用量为 5mg/kg，每 12 小时 1 次，连用 14～21 天，本品对 HSV 感染亦有

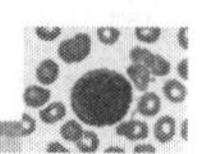

效，本药的主要副作用是粒细胞减少，另外还可出现发热、腹泻、视觉变化等反应，如联合骨髓抑制用药，可加大本药毒性，此外，本药不宜与亚胺培南/西司他汀联合使用。

在不同预处理方案中发生口腔黏膜炎的轻重程度不一，大剂量 TBI，大剂量环磷酰胺、马法兰、依托泊苷等可造成 3～4 度口腔黏膜炎，在患者主诉中，它是移植过程中最难以忍受的病痛，重视并减低预处理对黏膜的毒副效应是至关重要的（Schubert 等，1990）。

三、出血性膀胱炎

出血性膀胱炎（haemorrhagic cystitis，HC）是 HSCT 后常见的并发症，发病率不等，平均约 20%，发生时间为 16～95 天，67%发生在移植后 30 天（Giraud 等，2006）。作者认为强调 HC 在不同发病时间，病因不同，特别是迟发性膀胱炎，有时多种病因交叉存在，包括病毒感染与 GVHD，应重视病毒监测及针对性治疗。

（一）发病机制及病因

移植前大剂量放化疗，如环磷酰胺（Cy），它的代谢产物丙烯醛（acrolein）与尿道膀胱黏膜接触，对膀胱移行上皮造成损伤。一些促进炎性的细胞因子，如白介素 1β、肿瘤坏死因子 α 及血小板活化因子（platelet activating factor，PAF），刺激一氧化氮合成酶的表达，产生大量一氧化氮，导致尿道上皮的损伤与出血（Souza-Filho 等，1997）。Brock 等（1981）用 Cy 灌注膀胱几小时后即观察到膀胱黏膜层的变性坏死，黏膜内层被腐蚀，有溃疡形成，基底膜及周围毛细血管受损，随着膀胱黏膜的愈合，黏膜乳头灶性增生，并有毛细血管形成。

全身照射（TBI）亦是膀胱炎的危险因素。照射造成膀胱黏膜损伤，发生局部缺血、溃疡、出血，产生非特异性膀胱炎。放疗使膀胱上皮发生胶原沉积和纤维化，导致超自由基形成，损伤上皮，使膀胱平滑肌、神经直接接触尿液，受到尿液中有害成分损害，功能受损，表现为膀胱容量的下降。盆腔局部照射亦可引起 HC，在照射同时用 Cy，发生率高达 34%（Kanai 等，2002）。

在预处理方案中，Cy 或异环磷酰胺联合白消安（BU）或长春新碱（VCR）与 TBI 均能增加 HC 的发病率。

一般认为迟发 HC（+25 天到+50 天）的病因与病毒感染直接相关。通过从血浆及尿液中提取病毒 DNA，用 PCR 技术，可明确病毒与 HC 的关系。乳头状多瘤病毒 BK 或 JC 两者具有基因同源性。在移植后 BK 病毒的载量与 HC 轻重相关，尿中 BKV-DNA 大于 10^6 拷贝/μl，有助于预测 HC（Erard 等，2005）。

猿猴病毒 40（SV40）：亦属于乳头状多瘤病毒，在 HC 尿样标本，通过培养、PCR 等方法检测 BKV、JCV、腺病毒均为阴性，经过滤杂交、序列测定证明 SV40 病毒存在，与移植后 HC 有关（Comar 等，2004）。

腺病毒（adenovirus，ADV）：可感染人类多种细胞，包括膀胱上皮、肠道、眼结膜等，常检出的腺病毒类型有 11 型。HSCT 后腺病毒所致的发病率为 3%～29%。用实时定量或半定量 PCR 有助于腺病毒感染早期诊断，最早发病时间是移植后 54 天，血液与体液中均可检出。腺病毒感染虽然不常见，但在合并 GVHD 时，使 HC 症状加重，合并有肺部及肾脏感染，甚至危及生命（Akiyama 等，2001）。

人类疱疹病毒6（HHV6）：是机会致病原，是HSCT潜在的致病病毒，可用RT-PCR监测移植后患者血中HHV6 DNA水平。HHV6激活与移植后HC和移植后100天巨细胞抗原血症相关，以及移植后1个月皮肤充血发生增多相关（Wang等，2006）。

巨细胞病毒（CMV）：该病毒的感染一般不是HC的直接病因，是巨细胞病毒的存在激活了其他病毒感染，如促进了BK病毒的扩增，在少数HC患者中，尿中可检出CMV，控制CMV感染有助于控制HC（Bielorai等，2001）。

（二）诊断及分级

HC表现为下尿道症状，如血尿、尿频、尿急、尿痛等排尿刺激症状，结合病史、症状，诊断易明确，在镜下血尿阶段，如镜下红细胞计数超过50个/HP，血尿诊断成立。

HC分5级：

0级——无膀胱炎刺激症状，无镜下血尿。

1级——有尿频、尿急及排尿困难，镜下血尿。

2级——肉眼血尿。

3级——血尿并有小血凝块形成。

4级——血尿，大血凝块形成伴尿道梗阻。

（三）治疗

1. 预防治疗　在接受Cy与白消安等组合药物作为HSCT预处理时，HC最佳的治疗手段是预防。在没有预防治疗的HC发病率高达70%，而接受预防治疗的HC发生率为1%～25%。Cy导致的HC，给予水化、碱化与适当利尿，可减少药物在膀胱的残留。

为预防移植后早期的膀胱炎，我们的做法是：在使用Cy预处理方案中，前一天即补液3000ml/m^2；并静脉给予呋塞米20mg，每12小时1次；美司钠以Cy总量的60%～80%，在Cy用后立即、4小时、8小时静脉注射，并在Cy停用后延长一天使用美司钠；同时碱化尿液。上述的预防治疗收到较好的预防效果。此外，Cy的用量与HC发生率明显相关，静脉>18g，HC发生率显著增加。

2. 全身及局部治疗　一旦HC出现血尿及血块，需留置粗导尿管行膀胱冲洗，并给予有效的血小板支持，血块清除后要充分静脉水化，防止新的血块形成，血块大时可用膀胱镜清除血块。

可使用膀胱收敛剂行膀胱内冲洗，甲基前列腺素与肾上腺素可起到抗炎、收缩血管、减少渗出的作用。重组人粒-巨噬细胞因子（rhGM-CSF）、重组人表皮生长因子（rhEGF）均可修复黏膜，加速细胞生长，有较好的治疗效果（Dortico等，2003）。

高压氧对迟发性HC有效。对于放射导致的HC的治疗效果优于Cy所致的HC。高压氧可诱导血管生成，黏膜愈合（Hattori等，2001；Gine等，2003）。

许多迟发性膀胱炎与病毒复发有关，病毒病因一旦明确，作者强调应尽早抗病毒治疗，并需对免疫抑制剂做适当调整，包括减停免疫抑制剂（郭乃榄等，1996）。道培医院长期临床经验证实，如仅抗病毒治疗，持续的膀胱灌洗，没有减停免疫抑制剂，非但HC控制不好，病毒性间质性肺炎亦常随后发生。抗病毒常用药物包括：

（1）西多福韦（cidofovir）：是胞嘧啶核苷酸类药物，对多瘤病毒效果明显，可对抗

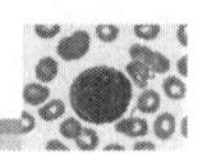

多种 DNA 病毒。本药除静脉使用外，也用于膀胱内灌注，副作用小（Fanourgiakis 等，2005）。对于 CMV 并发 HC，本药治疗亦可使病毒量明显下降，CMV 复发可持续被控制（Held 等，2000）。

（2）阿糖腺苷（vidarabine）：对腺病毒、CMV 疗效明显，抑制病毒 DNA 合成，它可减少多瘤病毒在尿中分泌，改善 HC 症状（Michelle 等，2005）。

（3）利巴韦林（ribavirin）：对腺病毒感染治疗效果较好，多用于腺病毒感染的 HC，静脉用利巴韦林作用明显，使用中注意骨髓抑制的作用。

（4）更昔洛韦（ganciclovir）：对 CMV 有较强的抑制作用，是核苷类抗病毒药。本药进入细胞内被迅速地磷酸化形成单磷酸化合物，然后经细胞激酶的作用，转化为三磷酸化合物。在已感染的巨细胞病毒内，本药的三磷酸盐竞争性抑制 DNA 多聚酶，对病毒 DNA 多聚酶起抑制作用。本药在预防 CMV 感染中，用量为 5mg/（kg·d）；存在病毒血症时，治疗量 5mg/kg，q12h，连用 2～3 周。

（5）阿昔洛韦（acilovir）：尽管目前没有对 BKV 和 ADV 敏感特效的药物，但阿昔洛韦预防性用药可减少或延迟 CMV 感染，同时 ADV-HC 发病机会亦明显减低。道培医院在预防中使用 400mg/次，2 次/天，静脉滴注；治疗量用到 10mg/kg，3 次/天，静脉滴注，发挥一定疗效。

内科治疗失败的病例必要时可采用外科治疗。经髂内动脉栓塞介入治疗，患者多能耐受，此外尚有回肠膀胱成形术、经皮穿刺肾造瘘术、膀胱镜下激光局部烧灼止血、皮肤输尿管造口术及膀胱切除术等。

移植后 HC 是常见的合并症，尽管多年来对 Cy 及病毒研究取得进展，但仍有许多新的危险因素需要研究。Pheeters（2006）等报告，移植后 Cy 导致的 HC 与美司钠减少使用无相关性，提示 HC 发生可能是多因素的，HC 的多种病因相互关联尚有许多课题需要研究。

四、移植后早期血管内皮损伤导致的合并症

HSCT 后 30～60 天，由于血管内皮损伤，并发一些合并症，它们在临床表现、发病机制等方面有许多关联之处。

（一）肝窦阻塞综合征

1. 发病机制与病因 肝窦阻塞综合征（sinusoid obstraction syndrome，SOS）既往称为肝静脉闭塞病（hepatic veno-occlusive disease，VOD），随着近来研究的深入，认为肝窦的损伤是最早的病理改变，肝静脉的损伤不是主要的病理改变，VOD 被重新命名为 SOS（Deleve 等，2002），现文献报告本病用 VOD 及 SOS 均有，本书命名以 SOS 为名。

SOS 是一种包括细胞毒性、免疫、炎症和凝血机制诸多因素异常的病理生理过程。血管内皮细胞受损是一个主要原因，移植前放、化疗造成高凝、血栓形成前状态，损伤的内皮细胞释放细胞因子进一步活化凝血过程，低纤溶状态，血小板在肝窦内的聚集增多参与 SOS 的发生。

SOS 的病变主要是肝小叶（Ⅲ区）窦状内皮细胞（SEC）和肝细胞损伤，保持肝细胞谷胱甘肽（GSH）水平可以预防损伤因子对肝脏的损伤，Ⅲ区 GSH 相对缺乏，对多种化

疗药物等的毒性损害更为敏感，SEC似更易受到损伤。多种炎症因子和凝血因子水平的变化与肝损伤有关。SOS患者单核细胞、网状内皮细胞在受到放疗、化疗、感染及缺氧刺激时释放细胞因子，其中转化生长因子（TGF-β）具有促凝活性，可引起窦状隙的静脉硬化、胶原沉积和窦状隙纤维化，最终导致静脉闭塞。TGF-β1血清水平升高是SOS重要的预测指标（Deleve等，2002）。

纤维蛋白溶解酶原激活剂抑制物（PAI-1）由内皮细胞合成，HSCT过程中内皮损伤使PAI-1大量表达和过度释放，促进了静脉血栓的形成，PAI-1是纤溶系统的重要调控因子，同时在细胞黏附与迁移、细胞外基质降解中也具有重要的作用。

移植前肝功能正常与否直接决定SOS发生的危险系数。肝炎可能是引起致死性SOS的一个独立因素。移植前有发热或用过抗生素，如万古霉素、阿昔洛韦、两性霉素B及广谱抗生素，均与SOS的发生有关。如无预防药物，以BU+Cy为预处理方案的移植组中SOS的发生率可高达28%（Ozkayniak等，1991），以Cy+TBI为预处理方案者也有较高的SOS发生率，尤其是TBI剂量>10～12Gy的条件下，分次照射并不减少SOS的发生率，并且与SOS严重程度无关，但总剂量低于10 Gy，而剂量率在2～3cGy/min（cGy为Gy的百分之一），则降低SOS发病率，采用这两种预处理方案的移植患者，观察SOS的发生情况，结果显示BU+Cy组更为高危，表明BU和Cy在SOS的发生机制中存在协同作用，这是因为BU的体内代谢过程需GSH参与并使细胞色素P450降低，而Cy体内代谢过程需要细胞色素P450及GSH。因此，两者合用会减少GSH的生成，Cy清除减慢，使药物在体内积聚并进一步使GSH生成减少，导致肝中央小叶肝细胞及静脉窦内皮细胞的受损，使SOS发生率更高（Grochow等，1989）。有研究观察到预处理方案含BU的移植患者中SOS的发生率高，在时间浓度曲线下BU所占面积越大或稳定血药浓度越高，SOS发生危险指数亦越大（Dix等，1996），在含多种药物的预处理方案中，先用BU也会增加SOS的发生率。此外，在预处理中用药如美法仑、鬼臼碱、顺铂、卡莫司汀、丝裂霉素，以及GVHD防治用药如环孢素+甲氨蝶呤预防GVHD较用环孢素+皮质激素时SOS有更高的发病率，这可能与甲氨蝶呤药物性肝损害有关。易发因素中还包括：年龄>10岁、女性受者（可能与用避孕药有关）、CMV血清阳性、除急性淋巴细胞白血病以外的恶性疾病复发状态、自确诊至移植间隔时间长（>13个月）等。

2. 病理变化 终末肝小静脉和肝血窦内皮细胞及肝小叶第三带（Ⅲ区）肝细胞损伤是SOS的病理基础，病理改变分为急性期、亚急性期及慢性期。不同病期病理改变不同，急性期肝脏体积增大、表面光滑，似槟榔肝，光镜下见小叶中央静脉及小叶下静脉内膜显著肿胀、管腔狭窄、血流受阻，中央静脉周围肝窦明显扩张、淤血，伴有不同程度的肝细胞坏死，坏死区肝细胞消失、网状纤维支架仍然残留，红细胞外渗进入肝窦或Disse腔，呈典型出血性坏死改变，不伴炎性细胞浸润。亚急性期仍有肝窦扩张、淤血和肝细胞出血性坏死，中央静脉周围出现纤维化，但尚未形成假小叶，此期肝脏肉眼观可见表面呈网状区域性收缩，中央静脉及小叶下静脉内皮增生、增厚，形成纤维化和管腔狭窄、闭塞，出现持久性血液回流障碍，病变过程中较大肝静脉多不受累。慢性期类似心源性肝硬化改变（Mc Donald等，1993）。

3. 病理生理变化 不同的移植方式，使得SOS发生频率与程度存在差异。自体移植、去T淋巴细胞移植、同基因移植及$CD34^{+}$细胞分选移植，发生SOS者较少也较轻，这说

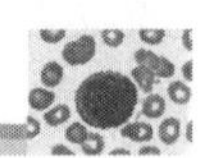

明 SOS 可能与异基因移植免疫反应（allo-reaction）有关，亦可能得益于无须环孢素、激素类或甲氨蝶呤预防用药或需要量小，因而降低了移植后肝功能异常的发生率。异体抗原特异性识别受抑制，以及 T 淋巴细胞去除也降低了细胞因子释放水平。无血缘供者和单一骨髓来源的 HSCT 者的 SOS 发生率较高，研究表明以外周血和骨髓联合作为干细胞来源的移植组其肿瘤坏死因子 α 水平低于单一骨髓来源移植组，可能是不同干细胞来源的移植物造血重建速度不一（接受外周血干细胞移植的患者速度较快）或外周血动员效应不同（Fisher 等，1998）。但也有学者通过临床观察认为，无论是外周血和骨髓来源干细胞移植、或自体和异体移植之间，SOS 的发生率，其差异无统计学意义（Villalon 等，2000），而 HLA 不完全相合移植由于输入异体免疫活性 T 淋巴细胞引起各种细胞因子释放使 SOS 的发生率高。

4. 诊断与分期 SOS 多出现在 HSCT 后第 1 周，急性 GVHD 在造血干细胞植入后（14～21 天），病毒感染一般发生在移植后 40 天，按照 Baltimore 标准，在＋100 天仍存在 SOS 症状或死于 SOS 者为严重 SOS。临床以肝肿大、黄疸、水液潴留为主要表现。骨髓移植后 53 例报告 SOS 的主要临床表现及发生时间见表 16-1。

表 16-1 SOS 的主要临床表现及发生时间（Mc Donald 等，1993）

指标	发生率（%）	发生时间（d）
胆红素升高	98	7.3
体重增加	93	6.2
右上腹痛	75	11.2
肝肿大	68	12.7
腹水	51	12.7
脑病	47	13.3

美国西雅图移植中心的临床诊断标准，以下 3 项中具备 2 项方可诊断为 SOS：

（1）黄疸，血清总胆红素＞2mg/dl 或 34.2μmol/L。

（2）肝脏肿大或肝区疼痛。

（3）体重在短期内迅速增加，与基础体重比较＞2%，排除其他原因。

SOS 严重程度差异甚大，直接决定其预后。有学者统计收治的 SOS 患者临床征象及严重程度如表 16-2。

表 16-2 SOS 的临床征象及严重程度（Mc Donald 等，1993）

指标	轻	中	重
体重增加（%）	7.0±3.5	10.1±5.3	15.5±9.2
20 天内最高血浆胆红素（mg/dl）	4.7±2.9	7.9±6.6	26±15.2
肢端水肿（%）	23	70	85
伴有腹水（%）	5	16	48
20 天内血小板悬液输注需要量（次数）	53.8±27.6	83.6±35.0	118.3±51.8
100 天内死亡率（包括全部病因，%）	3	20	98

实验室检查异常除有高胆红素血症外，还可有转氨酶升高，碱性磷酸酶上升，凝血酶原时间和凝血酶时间亦可明显延长。SOS 时多伴随严重的血小板减少，血小板悬液输注需要量显著增加。不同严重程度者，指标异常程度也不相同。

对典型的 SOS 根据临床和实验室检查诊断并不困难，在 20 天之内确诊大多无须做肝脏活检。鉴别诊断包括早期真菌感染、aGVHD、其他药物所致肝脏损害及慢性感染性胆管炎。当SOS诊断不能确立时，可通过行肝细胞活检或测量肝静脉与楔压之间的压力曲线协助诊断。经皮的肝活检易出血且技术要求高。因此，近年来多推崇经颈静脉进行肝活检，如经肝静脉测得肝静脉楔压高于1.3kPa时，患者以前没有肝脏疾病，对SOS诊断有高度特异性（Carreras等，1993；Groszmazz等，2004）。

HSCT相关SOS死亡率各移植中心报道不一，为6%～67%。数据差异的原因可能是各中心的SOS诊断和严重度分型标准不同，患者群体不同，所用预处理和其他药物治疗方案不同。SOS后常合并发生多脏器功能衰竭（MOF）者甚多，系患者主要死亡原因，提示肝损害与MOF有一定的因果关系，而且各脏器功能衰竭似乎有一定的时间性，肺部浸润性改变、胸膜渗出、心脏扩大，大约在SOS后1周出现；肾功能不全发生在10天，呼吸衰竭发生在12天，而肾功能衰竭大约在15天发生（Mc Donald等，1991）。

Bearman等（1995）报告移植后20天内出现SOS与各脏器功能衰竭的相关发生率见表16-3。

表16-3 SOS与各脏器功能衰竭的相关发生率

脏器功能衰竭	无SOS（%）（n=86）	轻至中度SOS（%）（n=136）	重度SOS（%）（n=54）
肾功能衰竭	0	13（10）	29（54）
心功能衰竭	12（14）	35（26）	34（63）
呼吸衰竭	1（1）	6（4）	23（43）

5. SOS的预防和治疗 SOS一旦诊断明确，治疗效果并不理想，所以，对于SOS预防显得更为重要。制定个体化的预处理方案可防止SOS发生率的增加。对SOS有预防作用的药物包括前列腺素E_1（prostaglandin E_1）、肝素、小分子肝素、已酮可可碱（pentoxifylline）和熊去氧胆酸（ursodeovycholic acid）等。不同药物作用于SOS发生机制的不同环节，确定的临床疗效各研究报道不尽相同。综合国内外各移植中心的研究报道，主要预防方案见表16-4。

表16-4 SOS的预防方案

方案	作用机制	备注
前列腺素E_1	强血管扩张剂，抑制血小板凝集和保护血管内皮细胞	道培医院、Gluckman E使用前列腺素E预防SOS，剂量为0.3μg/（kg·h），疗效明显，治疗组SOS发病率为12.2%，对照组为25.5%。道培医院观察发现，特别对于急性白血病与肝病患者，其疗效更为显著，是道培医院常用方案
肝素	预防凝血物质在终末肝静脉沉积	随机对照试验证实肝素持续静脉滴注可显著降低SOS发生率，但各家报道不一。在致死性SOS，肝素预防性持续静脉滴注已证实无效（Barker等，2003；Attal等，1992；Imran等，2006）
肝素＋新鲜冰冻血浆（FFP）	补充消耗凝血因子，纠正抗凝血酶Ⅲ（AT-Ⅲ）水平，增加肝素功能	道培医院预处理期间肝素＋FFP 800ml/d移植后使用PGE_1，预防SOS效果明显

续表

方案	作用机制	备注
低分子肝素	机制同上。与常规肝素比较，生物利用度更高，血浆半衰期更长，抗凝作用更明确，安全性高，不需要实验室检测	异基因移植组 SOS 的发生率为 28%，移植后 100 天总生存率为 85%（Forrest 等，2003）
肝素＋熊去氧胆酸	去氧胆酸下调炎性介质水平	随机对照试验证实熊去氧胆酸在 SOS 的预防中有肯定疗效，但对于此二药联合与单用肝素预防 SOS 的疗效比较有不同报道（Ruutu 等，2002；Ohashi 等，2000；Park 等，2003）
前列腺素 E_1＋肝素	同上	为目前国内常用方案，二药联用无明显毒副作用
前列腺素 E_1＋门冬鸟氨酸	门冬氨酸参与肝细胞核酸合成利于受损肝细胞修复，鸟氨酸提高血中 GSH 浓度保护肝细胞	有关此方案预防 SOS 的病例报道不多，尚需进一步临床观察
PIX	PIX 是一种黄嘌呤衍生物，可下调 TNF-α 的产生	在临床Ⅰ/Ⅱ期研究中，患者于预处理开始至移植后出院一直接受 PIX 治疗，与历史对照组比较，治疗组发生严重肝、肾并发症较少，但与平行对照组比较并无显著优势（Holler 等，1990；Ferra 等，1997）
新疆紫草提取物（arnebia euchroma）	抑制血小板激活因子（PAF）抑制胶原引起的血小板聚集	赵婷、陆道培对紫草提取物的药理及临床研究表明，新疆紫草含羟基萘醌总色素有效成分 37.9%，在预防和治疗 SOS 中，均显示极好疗效。用法：新疆紫草 40g/d 水煎服，应用 3～4 周，无副作用。大宗严格平行对照结果尚在进行
大蒜素（allitrid）	抑制真菌，抑制病毒，降低血小板黏附功能	道培医院在骨髓移植中，常规对 SOS 及感染预防上，使用大蒜素或大蒜提取物口服，大蒜素静脉滴注 90mg/d。用 5%葡萄糖液 500ml 2～3 小时静脉滴注，分 2 次用，无副作用，防治 SOS 有一定效果
其他 *N*-乙酰葡萄糖胺/*L*-谷氨酰胺	均为 GSH 的前体，可提高血中 GSH 浓度，保护肝细胞，降低预处理毒性	国外有限经验显示，此类药物可降低 SOS 发生率，期待进一步研究
纤维蛋白溶解酶原激活因子抑制物（PAI-1）	过度释放可促进血栓形成，下调表达能有效地抑制肝静脉血栓形成，而 NO 可抑制 PAI-1 产生，促进肝脏微循环，维持内皮细胞完整性	PAI-1 及其信号转导通路可能是防治 SOS 的重要干预靶点

SOS 的治疗以针对病理生理与支持治疗为主，包括限制钠盐摄入，改善微循环，应用利尿剂，改变肾血流，纠正低蛋白血症，避免使用前列腺素抑制剂等。有脏器功能衰竭者血液透析和机械通气是有效措施。

鉴于 SOS 患者移植后高凝血栓形成前状态，在重度 SOS 需要溶栓治疗。Bearman 等

(1992) 治疗严重 SOS 的经验为：组织型纤溶酶原激活物（tissue type plasminogen activator，tPA）10mg/kg 隔天连续滴注，每次>4 小时；肝素 150 U/（kg·d），总量 1000U。有两个重要实验证实肝素可提高动脉再灌注，而 tPA 能促进静脉血栓溶解；tPA 联用 PGE_1 较单用组织型纤溶酶原激活物能显著促进溶栓（Rapold 等，1991；Vaughan 等，1989）。这些药物联用能明显减少 tPA 总体剂量，缩短溶栓时间，降低出血危险性，因此 tPA 被认为适用于重度 SOS（Bajwa 等，2003）。但治疗最佳剂量及所用时间尚无定论，仍需进一步随机对照研究。外科治疗（经颈静脉肝内门体循环分流术 TIPS）仅适用于重度患者而其他治疗确实无效时（Azoulay 等，2000）。

近年来，去纤核苷酸（defibrotide，DF）具有抗栓、溶栓和纤溶作用，已引起广泛重视，它选择性地对微血管表面具有活性作用，修复血管内皮损伤，不会造成严重出血及其他明显不良反应，在 SOS、TMA 及 HUS 等内皮损伤性疾病中，显示良好的治疗效果。它是哺乳动物肺中提取的脱氧核糖核酸，经控制降解制成的单链多聚脱氧核苷酸，它除具有抗血栓作用外，还有纤溶与溶血栓作用（Niada 等，1985；Pescador 等，1983），DF 与肝素合用，协同作用明显，与阿司匹林、低分子肝素、肝素钠和血栓素受体拮抗剂协同作用不明显（Giedrojc 等，1991）。Pellegatta 等（1996）报告了 DF 对白细胞与内皮细胞之间黏附作用的影响，发现 DF（1mg/ml）抑制白细胞对内皮细胞黏附效果为 17.3%±3.6%（$P<0.05$），内皮细胞受 TNF-α（0.5mg/ml）激活后，DF 的抑制效率为 28.5%±3.4%（$P<0.05$），提示 DF 可保护内皮细胞免受 TNF-α 的侵害。tPA 在重症 SOS 有促进静脉血栓溶解作用，但是价格昂贵，而 DF 使用可促进内源性 tPA 的合成与释放；前列腺素 I_2（PGI_2）抗栓有较好疗效，但在人体内半衰期为 2～3 分钟，而 DF 可刺激血管内皮细胞合成与释放 PGI_2，优于外源性 PGI_2 给药（周泉升等，1988）。使用 DF（800～1200mg/d）预防 SOS，时间从预处理至移植+28 天，与既往病例对照研究发现，SOS 发生率下降（Chalandon 等，2002）；使用 DF [5～60mg/（kg·d)]，中位时间为 15 天，治疗 HSCT 后 88 例合并重症 SOS 与 MOF 的病例发现，其有效率为 36%（Richardson 等，2002）；Chopra 等（2000）综合报告发现，在 150 例发生中度至重度 SOS 与 MOF 的病例中，使用 DF [20～60mg/（kg·d)]，使用时间为 14～20 天，其有效率为 35%～60%，使用中无明显毒性作用，但在重症 SOS 及 MOF 中，DF 促进恢复病例较少，主张疾病早期使用。DF 是用于防治 SOS、TMA、HUS 的有效药物之一，无毒性反应（HO 等，2007）。预防使用量为 800～1200mg/d，使用时间从预处理至移植+28 天，治疗量为 20～60mg/（kg·d），每 6 小时 1 次，滴注 2 小时以上。有一些 DF 联合其他药物使用报告，如 HSCT 出现 SOS，用 DF 加 *N*-乙酰基半胱氨酸（*N*-acetylcysteine，NAC），高剂量 NAC（150mg/kg），静脉推注，然后用 50mg/（kg·d）和 DF10～30mg/（kg·d），SOS 治疗成功（Gerecke 等，2005）。

SOS 是 HSCT 患者与预处理相关的最危及生命的并发症之一。目前在异基因外周血干细胞移植中 SOS 的发生率为 20%～40%，死亡率为 50%～70%，仍是外周血干细胞移植后初期的重要合并症之一（Bearman 等，1995；Carreras 等，1998）。

（二）植入综合征

植入综合征（engrafment syndrom，ES）发生于 HSCT 后中性粒细胞恢复早期，是部

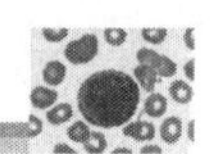

分患者出现发热、皮疹、非心源性肺水肿、多器官功能衰竭（MODS）等临床症状的统称。此概念是在1994年由Radford等首先提出，此临床综合征，过去曾描述为单一反映毛细血管通透性增高的“毛细血管渗漏综合征（capillary leak syndrome，CLS）”的表现之一，auto-HSCT后的“侵袭综合征（autoaggression syndrome）”及非清髓移植后的植入综合征，现认为均发生在中性粒细胞恢复期中，主要为非感染性的综合征。其发病率为7%～88%（Spitzer等，2001；Gorak等，2005；Lee等，1995）。

1. 发病机制与病因 目前确切的发病机制尚未明了，预处理放化疗后，机体经受2次攻击。第1次攻击为骨髓空巢期，血液中的细胞因子水平升高，如TNF-α、IFN-γ、IL-1、IL-2等，出现炎症样发热表现，但无感染证据；第2次攻击为中性粒细胞恢复期，此时出现血管内皮细胞损伤，过去的观点认为是DIC或血管内微血栓形成所致，现倾向于是由于一些刺激因素，如高浓度的环孢素、他克莫司或巨细胞病毒感染等，触发大量中性粒细胞局部迁移浸润血管、中性粒细胞脱颗粒、氧化代谢过程等使血管通透性增加，导致了ES的发生（Takatsuka等，2000；Katzel等，2006）。其具体机制如下：

（1）细胞因子的释放：在预处理或HSCT后的中性粒细胞恢复过程中，细胞因子风暴和中性粒细胞脱颗粒及氧化代谢引起局部和系统性组织损伤。多种细胞因子参与了ES的发生，包括TNF-α、IL-2、IFN-γ及中性粒细胞再生及发挥功能所必需的IL-8（Huber等，1991）。auto-HSCT中ES与allo-HSCT有相似的表现和治疗反应，提示两种移植的ES早期临床表现有相同的病因。异基因移植中的ES机制更为复杂，涉及活化的T淋巴细胞和引发炎症的细胞因子，在黏附分子和组织相容抗原的上调、细胞因子介导的组织损伤、效应细胞的植入和增殖等许多过程中起作用。

（2）细胞生长因子：在HSCT过程中，使用细胞生长因子G-CSF、GM-CSF等促进造血恢复，亦能够促进中性粒细胞的恢复，而中性粒细胞恢复的速度被认为是ES发病的可能病因（Kawano等，2000）。最近的研究显示，使用G-CSF后，患者体内IL-6的水平异常增高，从而导致ES的发生（Sato等，2004；Nash等，2003）。

（3）植入细胞的数量：回输高剂量的$CD34^+/CD33^+$细胞以促进中性粒细胞尽快植活，内源性细胞因子的释放，引起粒细胞氧化暴发，在组织损伤部位放大这些反应，造成组织损伤并产生临床症状（Akasheh等，2000）。Kawano等（2000）建议当回输CFU-GM$>10\times10^5$/kg或$CD34^+$细胞$>10\times10^6$/kg时，可不使用G-CSF促进造血。

（4）预处理方案：含大剂量免疫抑制剂的预处理方案治疗自身免疫性疾病易发生ES（Nash等，2003；Freedman等，2004）。预处理方案中含有白消安、全身放疗及大剂量烷化剂易引起ES的发生；角膜亦有受累报告（Die等，2007；Saito等，2007）。胸部放疗被认为是肺部发生CLS的易感因素，上述治疗会损伤肺泡上皮和血管内皮细胞，相继发生肺水肿、肺出血（Lewis等，2000）。

（5）其他因素：移植干细胞来源，Spitzer等（2001）认为PBSCT发生ES多于BMT。自体反应性淋巴细胞在自体移植后早期缺乏抑制性调节机制可能是引起这组症状的重要原因；异基因移植多于自体移植。ES的病理机制是多因素的，主要可能是T淋巴细胞、单核细胞间的相互作用，其他效应细胞参与，补体活化、炎症细胞因子的产生和释放等。

2. 临床表现

（1）发病时间：ES的主要症状一般是中性粒细胞植入（ANC$>0.5\times10^9$/L，至少连续 2 天以上）后发生。发生时间平均在移植后 6 天（6～7 天）（Colby 等，2000）到 13 天（7～13 天）（Akasheh 等，2000）。

（2）主要临床症状：① 发热。体温>38℃，无感染依据。② 皮疹。与异基因移植中 aGVHD 的表现类似，皮肤活检显示 aGVHD 的特点，免疫组织化学法表现出血管周围 $CD2^+$、$CD3^+$、$CD4^+$、$CD5^+$ 细胞浸润明显。陆道培及部分学者认为是超急性 GVHD 的早期表现，在临床移植实践中，非清髓移植的发病率低，且病情轻微，在非血缘移植特别在半相同移植中，发病率高，且常伴有肺部受侵表现。Die 等（2007）报道 HSCT 后并发 ES 相关双侧边缘性角膜炎。③液体潴留。Nurnberger 等（1997）报道 21 %（20/96）的自体或异基因骨髓移植发生 ES 的患者，体重在 24 小时内增加 3%以上。④非心源性肺水肿。非心源性肺水肿可伴有或不伴有胸膜渗出。其他症状中，血流动力学异常和 MODS 是较严重的并发症，无菌性休克也曾被报道（Capizzi 等，2001）。但 MODS 与 ES 之间的关系常难以确定，因为 MODS 常独立于植入而出现，似乎是放、化疗引起的弥漫性毛细血管损伤，弥漫性炎症和血栓形成所致，一些情况下这些症状是由中性粒细胞恢复所启动和加剧的。另外，嗜酸粒细胞增加、腹泻、自身免疫性血小板减少或溶血性贫血、中枢神经系统功能和肝肾功能受损等症状均有出现。

3. 诊断标准 ES 缺乏特异的病理学、组织学改变或生化标志，有人建议对于诊断不易明确的病例，可通过输注白蛋白后测定细胞外水（ECW）-菊粉分布容量及生物电阻抗分析，了解胶体渗透压的差异，属于一种无创性的辅助诊断方法（Marx 等，2000），由于出现 ES 的病例大多病史明确，临床表现突出，加之可通过实验室检查明确，多数病例诊断并不困难。根据 ES 是一种临床综合征，不伴有特征性的组织病理学变化或生化指标，推荐下列诊断标准。文献中对 ES 的主要诊断标准为：①体温≥38.3℃，无确定的感染源；②非药物所致的红斑性皮疹，累及全身皮肤 25%以上；③表现为弥漫性肺浸润的非心源性肺水肿及缺氧症状。次要诊断标准为：①肝功能异常，总胆红素≥34μmol/L 或转氨酶水平≥基值 2 倍以上；②肾功能不全，肌酐≥基值 2 倍以上；③体重增加≥基础体重的 2.5%；④不能用其他原因解释的一过性脑病。确诊 ES 需要 3 条主要诊断标准或 2 条主要标准加 1 条或 1 条以上次要标准。ES 应出现于中性粒细胞植入后 96 小时内。至少在诊断 ES 之初缺乏 HSCT 其他的临床病理综合征和 GVHD 的表现。尤其在 allo-HSCT 时，更重要的是必须排除感染与超急性 GVHD，以免贻误治疗。陆道培及部分学者认为，上述 ES 诊断标准并非特有，在孪生儿间的移植少有 ES 表现，而在非血缘清髓性移植中所谓肺部 ES 的发生率为 28%～51%，伴有较高死亡率，而血缘半相同移植中，ES 发生率更高，非清髓移植中，ES 发生率有限，支持 ES 本身就是超急性 GVHD（Paul 等，2009）。

4. 治疗

（1）去除诱因：短暂的低热，一般性皮疹等轻微的 ES 不需要治疗，停止使用细胞因子及抗生素后会自行消失。

（2）糖皮质激素：临床症状较重，尤其对于包括累及肺部的各类 ES 患者，肾上腺皮质激素多有很好的疗效。在 248 例自体骨髓或外周血干细胞移植中，出现皮疹、发热（59%）、毛细血管渗漏综合征（88%）（Lee 等，1995），使用甲泼尼龙（MP）可使 ES 的平均病程从 11 天缩短至 7 天，90%的患者在使用激素平均 1 天后迅速退热，37 例中 31 例低氧患者在使用 MP 后 3 天可恢复，有 3 例死于 ARDS。Ravoet 等（1996）的研究系列中

2/3病例（6例中4例）激素治疗48小时内有效，1例自发缓解，1例死于MODS。尽管激素在ES中经常使用，但使用的机制并未被证明。大剂量激素对部分弥漫性内出血也有效（Spitzer等，2001）。在异基因移植61例病例中，24小时内体重增加大于3%者占28%（61例中17例），不及时用皮质激素治疗增加移植早期的死亡率。非清髓性异基因移植后的ES，接受0.5～10mg/（kg·d）的甲泼尼龙治疗，所有患者的症状均完全消失。

（3）对症及支持治疗：ES并发呼吸衰竭患者的死亡率高，需气管插管机械通气。预防性地使用抗生素，减少血容量，可适当使用袢利尿剂。在异体移植中，减少血容量可增加CsA、FK506等药物的肾毒性，可以使用血管活性药物，如多巴胺，以增加肾脏血流灌注，但目前尚无严格的对照研究报道（Spitzer等，2001）。

（4）其他治疗：在表现严重的CLS患者予浓缩补体C1酯酶抑制剂治疗，获得较好的疗效，认为补体活化在ES的发病中有重要作用（Nurnberger等，1997）。

5. 预后 ES一般为自限性，极少会危及生命。但在发生呼吸衰竭需要机械通气的患者中仍有很高的死亡率。ES者预后不良的确切机制目前尚不清楚（Oyama等，2002）。明确ES的发病机制和临床特点，提高在移植过程中对ES的认识和诊断，能够及早地加以预防和有效治疗，以免进一步发展成呼吸衰竭、MODS等严重并发症而危及生命，降低移植相关死亡率，增加移植的成功率，使患者能真正从HSCT中获得更大的益处。

（三）非感染性肺部早期并发症

1. 特发性肺炎综合征（idiopathic pneumonia syndrome，IPS） IPS是指HSCT后的严重并发症。allo-HSCT后IPS的发生率在7%～12%，而auto-HSCT的发生率为5.7%（Khurshid等，2002）。研究显示IPS发生的危险因素有：移植原因为非白血病恶性肿瘤、强度过大的预处理、年龄较大和严重的急性GVHD。接受减低强度预处理（reduced intensity conditioning）或称非去髓性预处理（non-myeloablative conditioning regimens）的患者IPS的发生率明显低于应用传统大剂量放、化疗的患者，提示IPS可能是放、化疗损伤所致。另外，由于allo-HSCT后IPS的发生与急性GVHD的出现密切相关，异基因T淋巴细胞导致的免疫反应导致弥漫性肺损伤也是一个重要的原因。某些病例也可能是隐源性感染的发作。IPS是HSCT后常发生并且易致死的并发症，多发生于allo-HSCT移植后3～20个月，但病死率可高达70%～80%（Gonzlaez-Vicent等，2003）。

Atkinson总结了自1989年使用更昔洛韦（ganciclovir）预防CMV肺炎后的病例，发现肺炎的发生率由原来的12.9%下降到1.7%，而总的肺炎发生率由19.6%下降到12.5%（Atkinson等，1998）。据Kantrow报告，该院所收治的allo-HSCT患者中IPS发生率超过了CMV性间质性肺炎（Kantrow等，1997）。

IPS主要的病理学特点为间质性肺炎和弥漫性肺泡损害共存（Clark等，1993）。支气管肺泡灌洗液病原学检查是排除感染的重要诊断手段（Yanik等，2008），IPS诊断标准包括以下两个方面：

（1）弥漫性肺泡损害的证据：胸片或CT可见多肺叶的浸润影；肺炎的症状和体征；呼吸生理异常的证据和肺泡动脉血氧分压差增加；肺功能检查提示新出现的或加重的限制性通气功能障碍。此外，辅助检查中比较受重视的还有高分辨率CT、BAL（Yousem等，1995）。

(2) 排除活动期下呼吸道感染：支气管肺泡灌洗液细菌病原体检查阴性和（或）应用广谱抗生素后病情无改善。支气管肺泡灌洗液非细菌病原体检查阴性：常规细菌、病毒、真菌培养阴性；巨细胞病毒快速病毒壳培养（shell-vialculture）阴性；巨细胞病毒、真菌和卡氏细胞学检查阴性；呼吸道合胞病毒、副流感病毒等其他检测阴性。患者条件许可，经支气管肺活检结果阴性。获得首次病原学检查阴性结果后2～14天内复查仍为阴性，复查的手段包括支气管肺泡灌洗和肺活检。血浆中凝溶胶蛋白水平对是否较易发生有一定的预测价值（DiNubile等，2002）。

IPS发生的病理生理学机制尚不清楚。IPS典型的临床症状为呼吸困难、干咳、低氧血症，胸部影像学为累及多肺叶弥漫的浸润影。但实际上临床表现多样，可以全无症状，亦可出现急性呼吸窘迫综合征的表现。中位发病时间为移植后的6～7周，但移植后2～3周内有高发趋势，然后发生率降低但可持续出现直到移植80天后。本病病程进展快，2/3以上的患者数天内可发展为呼吸衰竭，1/3的患者因病情进展而死亡（Jason等，2003），Kantrow等（1997）对1165例HSCT后病例进行分析表明，85例发生IPS，其中自体与allo-HSCT并发IPS比率分别为5.7%与7.6%，IPS住院病例死亡率为74%。

IPS在治疗上基本与GVHD相同，多数研究采取了免疫抑制治疗，主要用泼尼松从20mg/（kg・d）的超大剂量到0.75～1.5mg/（kg・d）的中等剂量（Afessa等，2001）。其他免疫抑制剂，如环孢素、6-巯基嘌呤（Shankar等，2001）也有效。激素治疗后症状虽有明显改善但生活质量下降。IPS是移植后肺部重要的合并症，早期鉴别并治疗是提高治疗率和改善患者生活质量的关键。Shankar等（2001）提出干扰素α具有较好的治疗作用。此外，在特发性肺炎综合征中，肿瘤坏死因子可介导血管内皮细胞凋亡（Gerbitz等，2004）。有作者报告：依那西普（etanercept）是一种可溶性二聚体重组人类P75型TNF受体，治疗特发性肺炎综合征取得良效，在除外感染因素，联合其他免疫剂，etanercept 0.4mg/kg（最大剂量25mg），2次/周，其2次间隔为72～96小时。平均7天使用3个治疗剂量（1～5个剂量），15例病例中10例取得缓解（Yanik等，2008）。但目前这些治疗方法病例报告少，尚需进一步观察和探讨。

由于IPS预后的严重性，而CMV感染，在allo-HSCT患者隐性感染高于99%，笔者认为对IPS必须早诊断、早治疗。早诊断的标准是：①患者出现气短症状；②血氧饱和度明显下降。治疗上，在患者血象能耐受条件下，加用更昔洛韦或其他治疗CMV的药物。无须等待影像学的诊断。

2. 弥漫性肺泡出血 （diffuse alveolar hemorrhage，DAH）DAH是HSCT后严重的并发症，多见于auto-HSCT，也可见于allo-HSCT患者。DAH的重要特征是非感染性原因所致进展性的支气管肺泡出血。

auto-HSCT后DAH的发生率为7%～20%，症状通常出现在移植后的2～3周，也有迟发出现的病例，大约占到42%。auto-HSCT和异基因移植DAH的发生率基本相同。DAH的发病原因并不清楚，年龄大于40岁、放射线损伤、实体恶性肿瘤、药物中毒、感染、高热、严重的黏膜炎和肾功能不全、血小板减少症及中性粒细胞在肺脏中的聚集、微血管病均有可能是DAH发病的高危因素。DAH的病理生理机制尚不清楚。DAH的临床表现为突发、进展的呼吸困难、干咳、发热和低氧血症、咯血。胸片无特异性，胸部高分辨率CT扫描呈肺泡充填影像伴支气管气相，病变呈两侧、弥漫、不对称或局灶性分布，

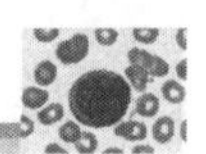

与其他原因导致的肺泡出血无法鉴别。大部分患者早期可见中下肺轻度的间质浸润影，与肺水肿或机会感染难以鉴别。典型的 DAH 为暴发性的病程，胸部影像学很快进展为弥漫、严重的肺泡实变影。DAH 的诊断标准如下：多个肺叶浸润影、肺炎的症状和体征及呼吸生理异常包括肺泡动脉血氧分压差增加和限制性通气功能障碍；排除感染；支气管肺泡灌洗结果显示，来自 3 个不同支气管亚段的回收液逐渐加重的血性液体，或是 20%以上灌洗液的细胞为含铁血黄素的巨噬细胞，或者肺组织活检至少 30%的肺泡表面可见到血液成分存在。需要至少 3 个肺段的支气管肺泡灌洗液为血性液体是诊断的关键，但有研究发现，从尸检的结果来看，诊断的符合率仅在 50%左右。灌洗液中 20%以上为含铁血黄素巨噬细胞可作为另一条诊断标准，但通常需要 2～3 天的时间上述表现才会出现，没有找到含铁血黄素巨噬细胞也不能排除新鲜出血的发生（Afessa 等，2002）。DAH 早期诊断和治疗可改善疾病的预后，auto-HSCT 患者移植后 30 天内出现的 DAH 预后较好，病死率约为 30%，而迟发的或异基因移植后的 DAH 病死率高达 70%（Afessa 等，2002）。大部分患者需要入住 ICU 行机械通气治疗。Kretzschmar 等报告（2005）大剂量激素（甲泼尼龙 500～1000mg/d）冲击 3～4 天，然后逐渐减量可改善其生存率。但也有学者认为激素、血小板输注和机械通气的疗效有限。在重症 DAH 中，其他治疗无效，有报告用重组人Ⅶa因子（recombinant human factor Ⅶa，rF Ⅶa）90μg/kg 静脉注射，间隔 2 小时，2 个剂量，DAH 得到有效控制（Pastores 等，2003）。DAH 常见的死因为多器官的功能衰竭和脓毒血症。

道培医院在 1000 例 allo-HSCT 中有 1 例发生 DAH，为暴发性病程，肺部影像学很快呈现肺泡实变影，经治疗无效，进展为多器官功能衰竭。

（四）血栓性微血管病

HSCT 相关内皮细胞损伤可导致血栓性微血管病（thrombotic microangiopathy，TMA）发生，是 allo-HSCT 后的一种急性合并症，亦属 DIC（弥散性血管内凝血）的一种特殊类型，与非 HSCT 患者的 TTP 的临床与病理有很多共同之处，亦有书籍称之为 HSCT 后溶血性尿毒综合征（hemolytic uremic syndrome，HUS）和血栓性血小板减少性紫癜（thrombotic thrombocytopenic purpura，TTP）。TMA 是以溶血性贫血（伴红细胞碎片）（Coombs 试验阴性）、外周血小板减少、微血管血栓形成和多器官功能衰竭为主要临床表现，常引起肾功能损害及中枢神经系统异常，现受到广泛关注。

1. 发病机制 移植相关的血栓性微血管病（TA-TMA）可以由多种因素引起，免疫抑制剂的使用，无关供者或 HLA 不相合移植，高强度的预处理方案，GVHD、SOS、感染等均为风险因素，而内皮的损伤与其功能的失衡在 TA-TMA 发病中起到重要作用。

通过直接机制或细胞因子的诱导作用损伤内皮细胞。内皮损害引起促凝血酶物质的过度释放，促进血小板黏附与聚集，移植相关的多种并发症又通过直接或间接释放炎性因子进一步加剧内皮细胞的损伤与凋亡，如蛋白 C 降低与大分子血管性血友病因子（vWF）的释放有关（Nakamae 等，2006）。

内皮微环境在 TA-TMA 的发病过程中也起到一定作用，表现为 TNF-α、血栓调节蛋白（TM）、循环内皮微颗粒（EMP）、PAI-1 及 IL-8 等因子水平的升高。其中 EMP 能诱导血小板聚集增强，TNF-α、IL-8 促进大分子 vWF 释放，诱导血小板黏附与聚集（Qu

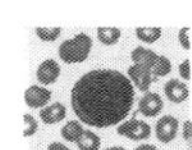

等，2005）。抗GVHD药物CsA、他克莫司（FK506普乐可复）则可以通过增加血栓素A_2的合成和减少前列腺环素（PGI_2）生成促进内皮组织的促凝血改变，TMA发生频率CsA为3%，FK506为1%（Dlott等，2004）。

凋亡机制也是引起血管内皮损伤的重要因素，干细胞移植预处理过程中产生的TNF-α能够诱导内皮细胞凋亡，与IL-1共同促进凝血激酶和PAI-1表达升高，从而使得血液系统处于高凝状态，导致TA-TMA发生。

钙蛋白酶calpain与TA-TMA病变发展有关，研究发现移植后患者calpain阳性结果与神经系统症状有关，同时calpain阳性率在重度TTP患者明显高于轻中度患者。

Takasuka等（2004）发现TA-TMA患者幽门螺杆菌（*Hp*）阳性率、IL-12与IL-8水平均有显著增加，认为*Hp*能通过刺激IL-12、IL-8产生，在TTP/HUS致病过程中起到重要作用。

2. 诊断 TA-TMA患者一旦确诊就有很高的死亡率，因此早期诊断和预防非常重要。许多研究表明TA-TMA患者在干细胞移植后初期会出现一系列出凝血指标的改变，如内皮损伤有关指标TM、PAI-1、血管性血友病因子（vWF）抗原等参数早期显著升高的患者易发生TA-TMA；新近研究发现移植后早期TMA患者凝血因子Ⅶ、Ⅸ、Ⅹ显著降低，肝细胞生长因子（HGF）明显升高，用以预测TMA的发生（Takatsuka等，2006）。

TMA微循环闭塞的主要标志之一是外周血涂片见到红细胞碎片及伴随的溶血。TTP可以出现发热和局灶性神经系统表现，有时伴有急性肾功能衰竭。Uderzo等（2006）根据实验室与临床指标制定了具体的诊断标准，实验室检查至少具备以下项目中的4项：①LDH>600U/L；②红细胞碎片>2%；③已植入的血小板数<20×10^9/L；④不明原因的早期血红蛋白<80g/L；⑤网织红细胞数>20×10^9/L；⑥LDH/BPC（血小板计数，blood platelet count）等TMA指数增加。临床表现至少具备以下项目中的2项：①肾功能衰竭者血清肌酐高于正常2倍；②神经系统表现；③持续性出血表现。为了便于观察病例，根据LDH及破碎红细胞百分率将TA-TMA分级如表16-5（Zeiglcr等，1995）。

表16-5 TA-TMA分级标准

分级	实验室与临床指标
0度	LDH正常，红细胞碎片≤1.2%
Ⅰ度	LDH正常，红细胞碎片≥1.3%，亚临床病变
Ⅱ度	LDH增加，红细胞碎片1.3%～4.8%，轻度临床病变
Ⅲ度	LDH增加，红细胞碎片4.9%～9.6%，中度临床病变
Ⅳ度	LDH增加，红细胞碎片≥9.7%，重度临床病变

多因素暴发的TMA与CSA神经毒性所致微血管病性溶血性贫血（microangiopathic hemolytic anemia，MAHA）预后较差，多为Ⅲ～Ⅳ度。美国骨髓移植临床实验组，对TMA的分度做了补充，把肝肾及脑的病变加入了分度中，肌酐增高于正常3倍，无须透析，划为Ⅲ度，而伴肾衰者需要透析治疗合并脑病划为Ⅳ度（Ho等，2005），上述两种分度标准有待更多临床结果评定。

3. 治疗 TA-TMA 治疗目前虽无统一的指导方案，但由于 CsA 或 FK506 等免疫抑制剂都是 allo-HSCT 后 TA-TMA 发生的重要危险因素，一旦确诊须停止或减少使用，可以换用其他免疫抑制剂如霉酚酸酯（MMF）、硫唑嘌呤和 MTX 等药物替代进行抗 GVHD 治疗。但在 auto-HSCT 中，CsA 则为 TA-TMT 的有效治疗药物，CsA 可促使内皮细胞释放 NO，起到扩张血管，抑制血小板激活和聚集，抑制 TA-TMA 发病过程中的免疫介导机制等作用（van Ojik 等，1997；Stroes 等，1997）。

（1）血浆置换疗法（PE）或血浆输注（PI）：PE/PI 是经典非移植 TTP 患者的急诊首选治疗手段，所以移植后 TA-TMA 亦常以此法治疗。但多数文献资料显示 PE/PI 对于 TA-TMA 患者效果欠佳，仅少数患者有效，一方面与 TA-TMA 患者体内 vWF 金属蛋白酶活性正常有关，另一方面也与多因素引起的内皮损伤发病机制有关（Peyvendi 等，2006）。PE 疗效与病情轻重都有关系，病变程度较轻的患者及置换频率增加往往效果比较好，而有神经系统并发症、使用 CsA 或 FK506、移植后 120 天内即出现的 TMA 预后较差（Qu 等，2005）。联合葡萄球菌蛋白 A 免疫吸附去除免疫复合物可以增加 PE 疗效。

（2）免疫抑制剂：糖皮质激素可抑制免疫、减轻血管内皮损伤、减少血小板和红细胞被巨噬细胞破坏并减少血小板表面相关抗体生成，但对于 TA-TMA 患者，皮质激素是有一定疗效的治疗手段，特别是在 GVHD 基础上合并 TA-TMA 的患者效果明显。激素用量：甲泼尼龙（1mg/kg，静脉注射，1 次/天）。

长春新碱（VCR）是作用较强的免疫抑制剂，对于经典表现为 TTP 患者，如血浆或激素治疗失败，VCR 可以明显提高疗效及生存率（Ferrara 等，1999）。用法：2mg，d1，或 1mg，d4、d7（每隔 1 周重复）。可试用于 TA-TMA 患者的治疗，但尚需积累更多资料。

（3）抗血小板凝聚剂：双嘧达莫可作为血浆疗法的辅助用药和取得缓解后的维持治疗，有缓释胶囊与注射液，每日总量在 400mg 以下，单独应用效果不佳，且剂量过大易加重出血。

（4）生物治疗：TA-TMA 的早期生物干预治疗是有效的治疗途径，包括血管内皮生长因子（VEGF）、重组人红细胞生成素（rhEPO）、TNF-α 拮抗剂依那西普（etanercept）、英夫利昔单抗（infliximab）及去纤核苷酸（DF）等，对改善 TA-TMA 进程有一定帮助（Uderzo 等 2000 ）。

VEGF 能够促进损伤内皮修复，防止内皮细胞凋亡，但是同时也会加速血小板黏附与聚集而限制其广泛使用；rhEPO 能抑制内皮细胞凋亡，但有引起血栓的危险，在使用中要权衡利弊，警惕早期血栓的形成；TNF-α 拮抗剂既可以抑制 TNF-α 的促凝作用，也可以防止内皮细胞凋亡，不良反应是感染、中枢神经系统脱髓鞘病变。

（五）多器官衰竭综合征

多器官衰竭综合征（MODS）是上述并发症尤其是 SOS、ES、TMA、IPS 等发展至终末阶段的合并症，其发病机制往往亦是多方面的，但是一个器官的重度衰竭，往往可导致多器官的衰竭。目前仍有许多争议，Bone（1996、1997）提出的“免疫失调学说”引起了人们的关注，该学说认为，内毒素及介导炎症介质的细胞毒作用导致的免疫机制紊乱是引起“免疫失调”的重要原因，这些炎症介质包括 TNF-α、IL-1、IL-6、IL-8、前列腺素、白三烯、活性氧自由基、血小板活化因子和 NO 等。无论感染或非感染都通过炎症介质和细胞因子失控而过度释放起作用，从而通过全身炎症反应或称综合征（systemic inflammatory response syndrome，SIRS）导致 MODS。

MODS 多发生于预处理开始后 20～25 天，既往诊断认为出现下述 2 个或 2 个以上系统衰竭可以诊断，各器官衰竭标准：

（1）呼吸衰竭：血氧饱和度 $SatO_2$<90%，1 天内出现 2 次（间隔超过 2 小时）。

（2）肾功能衰竭：少尿或无尿（一般<600ml/d），血清肌酐>1.5mg/dl。

（3）肝功能衰竭：血清胆红素> 34.2mol/L，GOT 或 GPT>正常值 2 倍，乳酸脱氢酶>正常上限值的 2 倍。

（4）中枢神经系统功能衰竭：由于多种因素可影响脑功能，故判断较困难。

有两种提法，一是仅在刺激时有痛觉反应，二是存在意识障碍。

如前所述，机体一个器官衰竭，多延伸到其他器官而不易分割，现更多学者倾向于主要器官衰竭的治疗，兼顾其他受累脏器，强调该组病例进入 ICU 综合处理的重要性。

在多器官功能衰竭中，最多见的是呼吸衰竭，通过 ICU 治疗及机械通气，在无须维持升压的病例中，使 1 年生存率达 45.8%，明显优于未进入 ICU 护理单位的患者。在急性呼吸窘迫综合征病例中，与高流量吸氧比较，低流量吸氧（6ml/kg 为标准体重）使病死率由 39.8%降至 31%。而异基因移植后另一个常见受损脏器是急性肾功能衰竭（acute renal failure，ARF），需透析者死亡率高达 37%，无须透析死亡率 17%，需肾移植的病例死亡率达 80%，是否 ARF 在 HSCT 后是影响预后的一个独立因素，需要更多的临床证实（Kersting 等，2007）。

MODS 一旦发生，常是不可逆性并发症，死亡率达 70%以上，治疗原则以迅速处理原发病、消除病因为主，同时纠正组织缺氧及代谢紊乱，维护脏器功能，目前血液净化疗法为 MODS 的治疗提供了新的途径，这包括持续血液滤过、持续血液透析加滤过、血浆置换、血液灌流等。

在原发病复发的晚期病例，如呼吸衰竭亦需器械通气伴有Ⅲ～Ⅳ度 GVHD，或多器官功能衰竭伴呼吸衰竭，如治疗无效，不再推荐持续治疗。

第二节 移植物抗宿主病

HSCT 后成功植入移植物的 T 淋巴细胞，可以损伤宿主组织，导致移植物抗宿主病（graft-versus-host disease，GVHD）。GVHD 是 allo-HSCT 成功的主要障碍，配型不同的 HSCT 之所以难以成功亦是由于 GVHD。GVHD 所引起的各种脏器损伤包括因肺泡与胃肠道的上皮损伤所继发的各种感染，是 allo-HSCT 的主要风险。免疫极度低下的患者在接受未经照射的血液后，所输注血液中的 T 淋巴细胞亦可引起严重 GVHD。GVHD 一般可分急性与慢性两种。一般急性 GVHD 在 allo-HSCT 后 3 个月内发生，慢性 GVHD 在 allo-HSCT 后 3 个月后发生，移植后 10 天以内发生的称为超急性 GVHD（hyperacute-GVHD），病情可以凶险，可以在数日内受控。急性 GVHD，包括超级性 GVHD，是 allo-HSCT 的主要合并症。但急性和慢性 GVHD 之间没有明确的间隔期，急性 GVHD 可直接转化成慢性，但亦可在急性 GVHD 完全缓解一段时间后出现，慢性 GVHD 亦可单独出

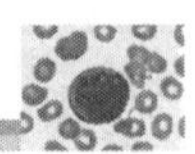

现。介于急性慢性之间的有一类可称为亚急性 GVHD 的类型。

一、急性移植物抗宿主病

(一) 发病机制

1966 年 Billingham 阐述 GVHD 系供者 T 淋巴细胞与受者组织间的免疫反应。其发生需要：移植物中含免疫活性细胞；受者表达与供者不同的组织抗原；受者对移植细胞缺乏免疫反应。GVHD 发生尤其与主要组织相容性抗原的相合程度密切相关，其差异越大，GVHD 发生率越高，程度越严重；供受者间次要组织相容抗原 mHa 不合亦可引发 GVHD；此外，研究证实 GVHD 的发生与供者 T 淋巴细胞的作用环境、预处理方案、感染、前期治疗及内皮细胞和上皮细胞的原有疾病皆有关。认为急性移植物抗宿主病 (acute graft-versus-host disease，aGVHD) 可分 3 个阶段：①受者通过移植前放化疗预处理导致组织损伤；②供者 T 淋巴细胞活化及克隆性表达；③细胞因子及炎性因子的表达。

aGVHD 发生的免疫生物学是复杂的，主要分为传入期和传出期，传入期是指受者组织激活供者 T 淋巴细胞。传出期是指活化的供者 T 淋巴细胞分泌细胞因子，激活辅助细胞，造成受者靶组织的损伤。

aGVHD 的传入期包括：①抗原提呈。大分子质量蛋白质被抗原提呈细胞 (APC) 消化成小片段，这些抗原肽段与 MHC（Ⅰ类或Ⅱ类）分子结合，以肽链-MHC 复合物的形式表达于抗原提呈细胞表面。T 淋巴细胞通过特异抗原受体识别肽链-HLA 复合物，$CD4^+$ T 淋巴细胞识别 MHC-Ⅱ类抗原，$CD8^+$ 细胞识别 MHC-Ⅰ类抗原，在 aGVHD 反应中，成熟的供者 T 淋巴细胞识别受者的肽段-HLA 复合物，其中 HLA 分子或肽段均可为异体抗原。宿主抗原提呈细胞释放细胞因子，包括 T 淋巴细胞活化信号 IL-1。除了 T 淋巴细胞受体，辅助分子如 CD4、CD8、CD44、CD45，淋巴细胞上的功能抗原 LFA-1 (CDlla)、LFA-2 (CD2)，APC 上的 LFA-3 (CD58) 分子及细胞间黏附分子 ICAM-I 均参与细胞间的相互作用。②供体 T 淋巴细胞的激活。供体 T 淋巴细胞识别 APC 提呈的肽段-HLA 复合物后，细胞表面即表达 IL-1 受体，接受 APC 释放的 IL-1 信号而活化。③T 淋巴细胞亚群的增殖和分化。抗原识别 24 小时以内 DNA 即开始合成，3～5 天后达到最高峰，当细胞产生特异功能蛋白时即发生功能分化 (Welniak 等，2007)。T 淋巴细胞在体内转移能力的不同是通过表面分子的选择性表达来实现的，宿主抗原的组成决定 T 淋巴细胞亚群的增殖和分化，MHC-Ⅱ类分子不合 (HLA-DR、DP 和 DQ) 刺激 $CD4^+$ T 淋巴细胞的分化，MHC-Ⅰ类分子的不合 (HLA-A、B 和 C) 刺激 $CD8^+$ T 淋巴细胞的分化，从而诱导 aGVHD 的发生 (Berlhack 等，2005)。

aGVHD 的传出期是非常复杂的，包括 T 淋巴细胞活化增殖后过度失调分泌多种淋巴因子、细胞因子激活的各种辅助细胞及辅助细胞释放的各种细胞因子，直接或间接造成靶组织的损伤，这就是“细胞因子风暴”学说。aGVHD 最早被认为是细胞毒性 T 淋巴细胞直接引起组织的损伤，但在 aGVHD 的皮肤、肝脏和肠道的病理标本中，组织损伤和淋巴细胞浸润的强度是不相称的。此外，抗胸腺细胞球蛋白和抗 T 淋巴细胞免疫毒素用于治疗 aGVHD 的效果并不可靠。实验资料证明，aGVHD 发生的主要原因是细胞因子的过度和失调分泌，aGVHD患者血清中TNF-α水平升高，血液单个核细胞中TNF-α mRNA、IL-1 mRNA、IL-4及IL-12 mRNA表达增加（Tanaka等，1997）。在患GVHD小鼠的皮肤中发现TNF-α、IL-1、IFN-γ合成增加。IFN-γ为参与aGVHD的重要细胞因子，它与IL-1协同可使T淋巴细胞进一步增殖，使细胞毒性T淋巴细胞和NK细胞反应性增强。Ju（2005）对30例allo-HSCT外周单个核细胞中IFN-γ基因表达进行了研究，发现在植物血凝素及脂多糖刺激后培养基中IFN-γ的基因表达在aGVHD患者中增强。抗TNF-α抗体可以改善人GVHD的症状，这说明过度和失调分泌的细胞因子可直接造成靶组织的损伤。在小鼠模型中，T淋巴细胞释放的细胞因子激活的NK细胞对靶组织的损伤起重要作用。这说明细胞因子还可通过激活辅助效应细胞而间接地起作用。细胞因子网络的作用机制在于IL-1和TNF-α可以激活重要的蛋白激酶系统——PKC和PKA系统，使细胞液中的蛋白质在瞬间被磷酸化，TNF-α和IL-1通过至少两种机制而引起细胞死亡：一是激活磷脂酶A2（PLA2），在细胞培养液中可观察到花生四烯酸代谢物的存在，而且PLA2抑制剂阿的平可以完全抵消细胞因子的毒性；二是产生细胞内羟基基团，实验证明抑制自由基团产生的复合物可以延长细胞的寿命。IL-1和TNF-α还能刺激IL-8家族中细胞因子的释放，从而激活效应细胞如中性粒细胞、NK细胞和单核细胞，引起毛细血管通透性与脆性增加、内皮细胞肿胀和细胞死亡。网络中其他一些细胞因子，如巨噬细胞产生的NK细胞刺激因子（NKSF）能刺激NK细胞产生IFN-γ，加强其对宿主组织的毒性（Roberson等，1992），引起靶组织的直接损伤。细胞因子引起大量内皮细胞的改变，除了增加MHC抗原和淋巴细胞黏附分子的表达外，还能直接或间接地增加前列环素、亚硝酸盐氧化物（内皮细胞松弛因子）和细胞表面前凝血质的活性，从而加重aGVHD的组织损伤。

（二）危险因素

1. 人类白细胞抗原（HLA）**配型**　GVHD的严重程度与组织配型是否一致有关，配型相同的allo-BMT，20%～80%的受者可发生不同程度的aGVHD，无关供者移植达70%，而相关不全相合移植达80%以上。即使在同一医院中，不同的报告者在不同时期的多篇报告中，GVHD的发病率亦可有21%～79%的区别。各医院与同一医院的各份报告之所以有如此巨大差别是由于各种不同因素的影响，包括病例选择，对GVHD的诊断与分级标准不统一，GVHD预防与治疗方案及统计方法的区别。但是根据IBMTR 2036例大宗病例分析（Gale等，1987），中度和重度GVHD的发生率为43%，而无GVHD或仅有轻度者的发生率为57%。各种疾病之间GVHD发生率区别不大，ALL为42%，AML为45%，CML为53%，如将后述的各项危险因素分析在内，则其中并无明显区别。

HLA某些位点不相合时对aGVHD有特殊影响，如A3、A11、B35、B49及C4位点引起aGVHD较多见，而B38、B39位点出现不相合时aGVHD发生频率更高。A29、A32、B17及B44位点不相合时出现aGVHD较少。在一个位点不合移植中，如B位点与C位点不合，移植后发生耐受，优于A位点与DRB_1位点的不合。由于ABO血型抗原性较弱，血型不相符一般不增加GVHD发生率。但HLA配型的差异对BMT后GVHD的发病率与严重程度有明显影响，随HLA不同程度的增加，0～Ⅰ度aGVHD减少，而Ⅲ～Ⅳ度GVHD增加（见表16-6）。道培医院张弦统计971例allo-HSCT亦支持HLA配型差异对GVHD的发生有明显影响（见表16-7）。其中Ⅲ、Ⅳ度GVHD患者的死亡率增加

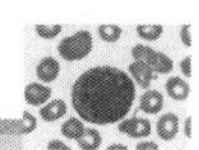

(Hansen 等，1990)。

表 16-6 受者 HLA 不符程度与 aGVHD 的关系 （单位:%）

受者相符性	aGVHD 分度						
	0	0+Ⅰ	Ⅰ	Ⅱ	Ⅲ	Ⅲ+Ⅳ	Ⅳ
HLA 基因相同	44	(62)	18	15	19	(23)	4
一个位点不同	17	(32)	15	24	33	(44)	11
两个位点不同	15	(23)	8	24	43	(53)	10
三个位点不同	15	(15)	0	39	31	(46)	15

表 16-7 道培医院 971 例移植受者 HLA 不符程度与 aGVHD 的关系 （单位:%）

受者相符性	aGVHD 分度		
	0～Ⅰ	Ⅱ	Ⅲ～Ⅳ
HLA 基因相同	86.6	9.3	4.1
一个位点不同	79.0	17.6	3.4
两个位点不同	74.3	15.1	10.6
三个位点不同	71.4	16.1	12.5

2. 性别、输血和妊娠 同胞 HLA 相同间 HSCT 的供受者性别不同，受者 aGVHD 的发生率几乎是性别相同者的 2 倍，与男女之间对 Y 抗原的识别程度不同有关，而女性供者尤其是有妊娠（包括流产）史或输血史者可使 aGVHD 发生率增加，这与次要组织相容性抗原对供者致敏有关。IBMTR（Gale 等，1987）分析 HLA 相同的 2036 例 allo-HSCT 受者，aGVHD 的危险因素首推男性受者接受了曾因妊娠或输血而致敏的女性供者的骨髓，其中 GVHD 发生率为 66%±9%，而女性受者仅 39%±9%，即使未经异体致敏的女性供者亦可使男性受者增加发生 GVHD 的危险性，此原因可能与人体 Y 抗原系统有关（Nash 等，1992）。以上并不包括有血缘关系的半相同的 HSCT。456 例的分析报告亦认为，曾怀孕的女性供者对男性受者易引起 aGVHD，相对危险性为 4.16，但是任何供受者之间的性别差异，尤其是供者为男性，受者为女性的相对危险性为 3.74，比较容易引起 aGVHD，而未孕过的女性供者对女性受者的相对危险性为 1.0。以上同样不包括 HLA 半相同移植。

3. 年龄 移植患者年龄，随着移植工程的进展，西雅图对 HLA 相合亲缘清髓性移植，已放宽至≤65 岁，HLA 相合非亲缘移植放宽至≤55 岁，非清髓亲缘 HLA 相合移植≤75 岁，auto-HSCT≤70 岁（Kusnierz-Glaz 等，1997）。道培医院在血缘半相同清髓移植已有 60～64 岁进展期的 AL 取得成功的多例病例。但是对 60 岁以上高龄患者，自身状况、器官功能及是否感染都是移植前应充分考虑的。

供者随年龄增加，会增加 GVHD 的发病率，每增加 10 岁，aGVHD 增加 1.08 倍（$P=0.002$），这与成熟 T 淋巴细胞比例增加、幼稚 T 淋巴细胞相对缺乏相关（Kollman 等，

2001)。在婴幼儿移植领域中，其结果类似于高龄患者移植结果（Leung 等，2001)。

4. 感染　由于细菌和疱疹类病毒的抗原和移植抗原可能有交叉性，这些抗原在感染的细胞上强表达，所以感染可能诱发 aGVHD。

5. 干细胞中淋巴细胞比例　移植时输入的骨髓或外周血有核细胞数目少而淋巴细胞比例高可增加 aGVHD 发生率。但 Vela-Ojeda 等（2006）研究证明，对输入不同细胞数量报告，输入 $CD3^+$、$CD4^+$、$CD8^+$、NKT 细胞，各种细胞输入量的多少与 aGVHD 的发生率及严重程度，差异均无统计学意义；而 $CD34^+$ 输入超过 $6\times10^6/kg$，aGVHD 发生率明显增高。同样，柳金、陆道培（2007）研究对配型不合/单倍体 HSCT 移植中，对供者淋巴细胞亚群 $CD3^+$、$CD4^+$、$CD8^+$ 及 $CD34^+$ 细胞输入的不同剂量，没有观察到与 GVHD 的相关性。

（三）临床表现及临床分度

aGVHD 临床表现如下：

1. 皮肤　皮疹是最常见及最早出现的改变，首先出现于手掌、足掌、耳后、面部、颈部，也可发生在躯干部及四肢，表现为斑丘疹，伴有不同程度的瘙痒，丘疹通常融合成片，严重时皮肤充血明显，出现皮肤疼痛、剥脱和水疱形成。

2. 肠道　一般出现在皮肤 aGVHD 后或在皮肤 aGVHD 治疗好转过程中，表现为腹泻，多为水样便，严重者为血性水样便甚至带有脱落的肠道黏膜上皮，严重者甚至腹部疼痛，更严重者可出现肠梗阻，体重下降及全身恶化常提示 aGVHD 加重。

3. 肝脏　常在移植后+40 天左右出现，一般继皮肤及肠道症状缓解之后出现，多提示 aGVHD 病情进展，表现为肝功能异常，包括尿中尿胆原升高，胆红素、谷丙转氨酶和碱性磷酸酶增高，一般常以胆红素增高的程度评价 aGVHD 严重程度。但实际上尿胆原的测定，不必抽血，仅用尿液比较方便，可每日施行。

4. 造血和免疫系统　aGVHD 可引起已恢复的全血细胞迅速下降或导致排斥反应，因此容易并发各种感染。

aGVHD 的临床分期如表 16-8，显示了 aGVHD 严重指数分期标准，1 期者仅皮肤受损，如发生下列任何情况之一，则为 2～4 期：皮肤受损严重、肝脏受损、肠道受损，一般情况因 GVHD 而严重。

表 16-8　aGVHD 严重指数分期标准（Rowlings，1997）

指数	皮肤		肝脏		胃肠道		
	分期	皮疹范围（%）	分期	总胆红素 mg/dl	分期	腹泻量（ml/d）	上消化道
A	1	<25	0	<3.4	0	<500	—
B	2	25～50	或 1～2	3.5～7.9	或 1～2	500～1500	恶心、呕吐
C	3	>50	或 3	8.0～15.0	或 3	>1500	上腹痛，病理改变
D	4	疱疹	或 4	>15.0	或 4	严重腹痛或肠梗阻	—

Rowlings 代表国际骨髓移植研究中心（IBMTR 单位），结合病理学家的分级，其标准：

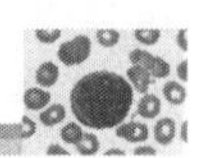

（1）患者皮肤损害，轻度可出现一过性皮疹，活检可见角化异常细胞（dyskeratotic cell）及小区域的基底细胞空泡变性；中度病例的皮疹与脱屑持续时间较长，上述病理改变范围较广泛；严重（重度）病例则可有持续严重皮炎并伴有大片的脱屑、水疱或表皮松解等改变。

（2）胃肠道表现有程度不同的腹泻，严重者可以引起腹部绞痛或肠梗阻症状，肠黏膜可大片脱落。

（3）肝脏的损害，轻者仅GPT上升，中度者则出现黄疸与肝大，病理为灶性肝细胞坏死，严重者则有黄疸，病理则为广泛的门脉周围区的肝细胞坏死或肝细胞消失，上述3种损害常同时发生，但也可以不平行，aGVHD患者常有体温升高，轻者仅低热数日，严重者则有周期性或持续高热，发生aGVHD时患者体重亦进行性下降。

根据aGVHD临床表现多可诊断，但因aGVHD出现在预处理结束后，注意排除放、化疗及免疫抑制等药物副作用引起的类似临床症状，重点排除药物和血清类过敏反应、细菌或病毒感染、SOS等。Przepiorka等简化aGVHD分度标准（表16-9），区分aGVHD的严重程度，临床使用更为普遍。

表16-9 简化aGVHD分度标准（Przepiorka等，1995）

分度	器官受累范围		
	皮肤	肝脏	肠道
Ⅰ	皮疹<50%	—	—
Ⅱ	皮疹>50%	或总胆红素2～3mg/dl	或腹泻>500ml/d或持续恶心
Ⅲ	全身红斑伴疱疹	或总胆红素>3mg/dl	或腹泻>1000ml/d

注：腹泻量依据成人计算，儿童需依据体表面积计算。

aGVHD病理组织学改变与严重程度多不一致，但可为临床判断提供帮助（表16-10）。

表16-10 aGVHD的病理组织学分度

分度	皮肤	肝脏	肠道
+	基底层细胞空泡变性或坏死	叶间胆小管变性和（或）坏死<25%	隐窝腺体扩张，个别上皮细胞坏死
++	同+，海绵层水肿和上皮细胞坏死	叶间胆小管变性和（或）坏死25%～50%	同+，肠腺坏死或脱落
+++	同++，灶性上皮与真皮分离	叶间胆小管变性和（或）坏死50%～75%	同++，灶性黏膜裸露
++++	上皮明显缺失	叶间胆小管变性和（或）坏死>75%	弥漫性黏膜裸露

5. 预防 aGVHD强调预防重于治疗，因为一旦发生严重的aGVHD，往往造成难以恢复的内脏损害。预防aGVHD的措施中以组织配型与体内用药最为重要，见表16-11。

表 16-11 预防 GVHD 的措施

• 高分辨 DNA 法检测供受者的组织相容系统
• 无菌环境及胃肠道除菌
• 预处理中拖长免疫抑制剂用药时间
• 在高危病例中加用第三方细胞，道培医院在血缘半相同移植中加用脐带血，在非血缘相合移植中加用血缘半相同的骨髓细胞，两者在降低 GVHD 及无病存活方面显示了优越性
• 体内预防方案
一甲氨蝶呤（MTX）
一环磷酰胺（Cy）
一氟达拉滨（fludarabine）或与环磷酰胺合用
一他克莫司（tacrocimus）或雷帕霉素（rapamycin）
一环孢素（CsA）
一抗胸腺细胞球蛋白（ATG）
一吗替麦考酚酯（MMF）
一MTX+CsA
一短程 MTX+CsA+泼尼松（Pred）
一单克隆抗体
（1）鼠抗人 T 淋巴细胞 CD3 抗原单克隆抗体（monoclonal antibody of mouse anti-human CD3 of T lymphocyte）
（2）巴比利昔单抗（basiliximab）
（3）赛尼派（daclizumab）
一胎盘球蛋白，由于成本高现已停产
• 体外 $CD34^+$ 细胞筛选（Clin Macs）为常用方法
一抗 T 淋巴细胞单克隆抗体±补体等措施，目前已少用，包括：
（1）抗 T 淋巴细胞单克隆抗体与毒素复合体（免疫毒素）
（2）E-玫瑰花结去 T 淋巴细胞
（3）大豆凝集素法，目前基本不用
一加用第三方细胞，包括脐带血，第二供者（第三方细胞）或间充质细胞

除上述因素以外还需注意预处理方案，在 TBI 做移植预处理时，照射剂量超过 1200cGy 者Ⅱ～Ⅲ度 aGVHD 发生率高于照射剂量小于 1200cGy 者或仅采用联合化疗做预处理者（Nash 等，1992）。

免疫抑制药物作用机制及使用方法：

（1）环孢素（CsA）：CsA 为一种强有力的免疫抑制剂，主要作用机制是抑制 T 淋巴细胞的活化，它能通过结合环啡啉抑制钙调神经素，从而抑制经 TCR 介导的细胞信号转导。CsA 在临床上已应用 20 多年，是干细胞移植后预防 aGVHD 的基本用药，与其他免疫抑制剂合用可使 aGVHD 发生率几乎下降一半。推荐给药方式及剂量：一般从移植前一天开始，每天用药，共 3～12 个月。初期由于患者的胃肠道反应，药物吸收不良，所以需静脉用药，一般采用的剂量为 1.5mg/（kg·12h）；当患者能够耐受口服时，则改为 9～12mg/（kg·d），分次服用。如无明显 GVHD，则第 40 天开始逐步减量；如果患者 BUN 升高或出现心动过速、气促难忍等副作用。则 CsA 用量须减半；若患者血肌酐超过 2mg/dl（177μmol/L），则必须完全停药。allo-HSCT 第 50 天后，CsA 的剂量可每周递减 5%，直至 allo-HSCT 6 个月后完全停药。严重的肾损害甚至须进行血浆透析。每天用药后的 CsA 血清浓度不一，所以应争取动态监测 CsA 的血清浓度，使浓度处于 30～200ng/ml 为宜。

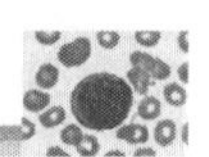

为了使 CsA 的浓度比较平稳，静脉滴注应缓慢，以每次不短于 4 小时、每 12 小时 1 次为宜。检测 CsA 的方法很多，以能检测 CsA 的毒性代谢产物或同时检测 CsA 母体与代谢产物的方法为上乘。CsA 的主要副作用有肾功损害、神经毒性、高血压、糖耐量异常、胃肠道反应等。

（2）他克莫司（FK506）：FK506 是从筑波菌群链霉菌属（*Streptomyces tsukubaensis*）的培养物中获取的大环内酯类似药物，既可以抑制活化的 T 淋巴细胞，又可以抑制细胞因子的链式反应，它通过结合 FKPB12 抑制钙调磷酸酶的活性，从而阻断了 T 淋巴细胞信号转导的通路并且使细胞因子的合成受阻（Jacobson 等，1990）。CsA 与 FK506 在化学结构上差别颇大，但是两者皆具有与一种胞浆蛋白（cytosolic protein）相结合的作用，FK506 的副作用多与 CsA 相同，但是程度较轻，其肾毒性较小，通常不产生高血压，其致糖尿病性及神经毒性与 CsA 相类似（Starzl 等，1990）。它在 10 年前开始应用于骨髓移植，现在有些中心已将 FK506 作为基础免疫抑制剂替代了 CsA，其推荐用量为 0.03mg/(kg・d)，持续静脉滴注。改口服时剂量增加 4 倍，推荐的血液浓度范围是 10～20ng/dl。主要副作用有肾功能损害，恶心、呕吐等。

（3）西罗莫司（sirolimus）：又名雷帕霉素，是由链霉菌培养液中提取的三烯大环内酯类抗生素，结构类似于 FK506，本药进入细胞内与 FK506 结合蛋白结合，抑制丝氨酸/苏氨酸蛋白激酶活性，阻止 T 淋巴细胞 G_1→S 期过渡，对 G_0 期及 B 淋巴细胞也有抑制作用。本药可抑制 Ca^{2+} 依赖性 T、B 淋巴细胞活化与增殖，起到抑制免疫目的，亦可抑制 Ca^{2+} 非依赖 T、B 淋巴细胞活化。本药抑制金黄色葡萄球菌引起的 B 淋巴细胞免疫球蛋白合成，淋巴细胞激活的杀伤细胞、自然杀伤细胞，对 aGVHD 有治疗作用，由于抑制细胞因子导致一些细胞增殖，用于 cGVHD 亦有效。通过对 T 淋巴细胞调节发挥免疫抑制作用及通过抑制树突细胞活力减少抗原吸收（Baan 等，2005；Zeiser 等，2006；Monti 等，2003）。Benito（2001）报告了激素耐药 aGVHD，接受西罗莫司治疗，21 例中 5 例取得 CR，12 例中 7 例取得 PR。本药在本组病例中，药物毒性作用不明显。西罗莫司 1～2mg，qd 或 bid，血浓度维持在 5～15ng/ml，副作用为高血压、高血脂、外周血管病变及与血浓度有关的间质性肺炎、闭塞性毛细支气管炎（BOOP）及血栓性血管病（TMA）。

（4）细胞毒药物：甲氨蝶呤（MTX）是 1970 年沿用至今的经典药物，它选择性作用于处于增殖中的细胞，阻止免疫母细胞进一步分裂增殖，具有较强的抗炎作用，部分作用为抑制细胞增殖，并能抑制对组胺炎性介质的反应。预防 aGVHD 的给药方案：移植后 d+1 为 15mg/m²，d+3、d+6、d+11 为 10mg/m²，静脉滴注，不良反应是黏膜炎及造血恢复延迟。

MTX 对 aGVHD 的预防作用已为动物试验与临床研究所证实，单纯应用 MTX 的经典方案：每周用 1 次 MTX（10mg/m²），静脉滴注或鞘内注射，共 100 天。Fred Hutchinson 研究所（Storb 等，1986）报告，MTX 与 CsA 合并应用效果优于两者分别单用，此方案中仅在 HSCT 后第 1 个月内应用 MTX，而 Torres A 等（1989）用 CsA 则长达 3 个月以上，比较 MTX 合并甲酰四氢叶酸钙解救与 CsA（26 例）对 GVHD 的预防作用，两组共计 57 例，甲酰四氢叶酸钙在用 MTX 后 24 小时应用，其剂量与 MTX 的比例为 1∶1（质量比），静脉用药两组的口腔黏膜病变发生率相等，但应用 CsA 者的肝肾功能受损较重，两组的 GVHD 累计合并症、白血病复发率与存活率并无明显差异；瑞典 Backman L

等（1988）报告59例血液学恶性肿瘤患者进行allo-BMT的结果，说明MTX与CsA在预防急性与慢性GVHD方面的作用相同，CsA组的IP发生率较低（13%），但4年复发率高（42%），MTX组的间质性肺炎（IP）发生率高（32%），而4年复发率较低（10%）；Gale R P等（1987）统计IBMTR 1235例应用MTX者，aGVHD发病率为44%±3%，而710例应用CsA者则为46%±4%，两者并无显著差别；IBMTR（1989）统计634例ALL，发现应用MTX者的白血病复发率无论在第一次缓解（CR1）或第二次缓解（CR2）期移植者皆明显低于未用MTX组。供者骨髓经各种体外的去除T淋巴细胞方法确能减少GVHD发生率，但是问题有二：一为所移植的T淋巴细胞抗白血病作用（移植物抗白血病）亦同时被去除，患者白血病的复发率增高；二是BMT植活的时间可由骨髓的体外处理而延迟。虽然加大预处理方案中药物剂量可以克服这些缺点，但还需更多的研究与观察。

（5）肾上腺皮质激素：皮质激素类药物既可作为GVHD的预防用药，亦可作为治疗用药，但是常需大剂量甲泼尼龙静脉注射才能对重症aGVHD有治疗作用，减药过程又需十分缓慢，在联合应用MTX、Pred与ATG时，其GVHD发病率仅21%，而单独使用MTX者为48%。CsA联合Pred使用对GVHD有较好的预防作用。Tollemar等（1989）比较了预防GVHD的4种方案，包括MTX、CsA、MTX+CsA、移植物去T淋巴细胞，59例病种包括ALL、AML、CML等，结果2年内的复发率以MTX最低（10%），MTX+CsA与去T淋巴细胞组的GVHD发病率虽下降，但其2年存活率并未明显延长（表16-12）。

表16-12　4种预防GVHD方案的结果（Tollemar等，1989）　（单位：%）

方案	MTX	CsA	MTX+CsA	去T淋巴细胞
aGVHD	26	40	3	0
cGVHD	42	42	28	17
复发率（2年）	10	30	38	43
无复发存活（2年）	59	53	50	46
存活（2年）	62	57	66	67

对于早期出现消化道aGVHD症状的患者，若无法判定是预处理药物毒性或aGVHD时，小剂量肾上腺皮质激素常可发挥作用。

（6）抗胸腺细胞球蛋白（ATG）：ATG是多克隆抗胸腺细胞球蛋白，系从动物血清或体液中提取获得，临床上应用ATG产生的免疫抑制主要归因于T淋巴细胞减少，可能有以下机制：高浓度（大于100mg/L）的ATG触发经典补体激活途径导致淋巴细胞溶解；低浓度时诱导Fas及其配体表达增加凋亡的敏感性导致激活的T淋巴细胞凋亡，使T淋巴细胞无能及下调T淋巴细胞功能分子表达（Preville X等，2001）。陆道培等（Lu等，2006）在单倍型HSCT中，未经体外T淋巴细胞去除，用ATG2.5mg/（kg·d）×4天，预防GVHD，其Ⅱ～Ⅳ度aGVHD发生率为40%（CI为32%～48%），与HLA全相合比较，aGVHD发生率无显著差异。ATG用于预防无血缘关系HLA相合及有血缘关系但HLA不全相同HSCT预防aGVHD发生取得明显疗效。ATG/ALG可直接作用于造血干

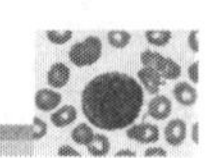

细胞/祖细胞表面受体、$CD34^+$、$CD45^+$等，1～10mg/ml时可促进克隆形成，它并具有植物血凝素（PHA）致丝裂原作用，刺激骨髓基质细胞合成及释放某些造血生长因子（HGFs）如IL-3、GM-CSF，并有促进造血功能恢复作用（Chen等，2004）。常用剂量为2.5mg/（kg·d），d－5、d－4、d－3、d－2，但亦可用3次，静脉滴注，使用过程中注意过敏及血清反应。国内目前有3个厂家供应ATG：①德国生产的抗人体T淋巴细胞球蛋白（Fresenius S），它是用人体T淋巴细胞系的淋巴母细胞免疫后的兔血清分离制成，包装为100mg/支与40mg/支；②Gynzyme公司生产的兔抗人胸腺细胞球蛋白（即复宁），包装为25mg/支；③中国武汉生物所生产的抗人T淋巴细胞猪免疫球蛋白，包装为250mg/支。国内在无血缘关系供者及HLA半相同HSCT中，用量依次为：2.5～5mg/kg×4d、2.5mg/kg×4d、15～20mg/kg×4d，其用量不一致，是由于各种药物效价不同等多种因素影响。在无血缘供者及半相同移植中，使用ATG可明显降低aGVHD发生率（Finke等2000；Lu等，2006）。

（7）霉酚酸酯（mycophenolate mofetil，MMF）：是麦考酚酸的2-乙基酯类衍生物，在体内MMF迅速降解为活性产物麦考酚酸（mycophenolic acid，MPA）。MPA是高效、选择性、非竞争性、可逆性的次黄嘌呤单核苷酸脱氢酶抑制剂，能抑制鸟嘌呤合成的经典途径，从而阻断T淋巴细胞DNA的合成。由于淋巴细胞的增殖依赖dGTP，因此MPA对淋巴细胞的作用具有选择性而且毒副作用较小。自1998年动物实验证实MMF与CsA联合预防GVHD有协同作用以后，MMF便很快用于GVHD防治的临床研究中，目前在HLA不完全相合移植aGVHD的预防中，MMF联合以CsA为基础的预防方案均已得到肯定（Zander等，2003；Basara等，2000；Lu等，2006），MMF的主要副作用是骨髓抑制，中性粒细胞减少，呕吐、腹泻等消化道症状，常用量为每次1g，每天2次。最大可用至1.5g，每天2次。但在肾功能障碍患者（肾小球滤过率小于25ml/min），使用剂量不要大于1g，每天2次。但移植后早期口服MMF吸收差，血药浓度低，限制了MMF的广泛应用。

（8）大剂量丙种球蛋白：主要通过对巨细胞病毒抗体阳性患者起免疫调节和抗感染作用，从而达到预防aGVHD作用，通常在d＋1天开始，每天2.5g，连用14天。道培医院在非血缘及单倍型相关移植病例中，已常规使用丙种球蛋白，取得一定疗效。

目前预防aGVHD多采用联合用药，对于异基因全相合受者多用CsA＋MTX。在121例CML患者中，预防GVHD方案对复发率的影响已得出结论：CsA＋MTX方案较之单用CsA，患者的GVHD发生率低，但是并不增加复发率；对于异基因不全相合受者多用CsA＋ATG＋MTX（Zander等，2003）。

6. 治疗 当临床上出现皮疹面积迅速扩大，皮肤损害程度加重，皮疹伴随发热、流感样症状，或怀疑有肠道或肝脏aGVHD时，建议必须及时进行全身性治疗。

（1）大剂量甲泼尼龙冲击治疗：甲泼尼龙1000mg/（m^2·d），加入5%葡萄糖液250～500ml中，4小时滴完，连用3天，每天2次，如有效每3天减量一半，直至维持量。如治疗过程中病情反复或出现其他系统aGVHD症状，需重新开始。近年采用小剂量激素1～2mg/（kg·d），缓慢减量可收到同样效果，可使水、电解质紊乱及蛋白质过度消耗等并发症明显减少。Van-Lint等（1998）对95例发生aGVHD的病例进行了随机对照研究，两组病例分别接受2mg/（kg·d）与10mg/（kg·d）甲泼尼龙治疗，持续5天，通过比较Ⅲ～Ⅳ度

aGVHD发生率，CMV感染率及移植相关死亡率类似。

（2）CsA：用量需将CsA维持在有效浓度范围内，为避免出现肝功能严重损害，需及时给予保肝药物治疗。

（3）ATG：采用大剂量MP冲击治疗后大部分aGVHD可得到治愈，但仍有小部分患者对皮质激素耐药，可考虑加用ATG，依据ATG效价不同，使用德国生产3～5mg/kg（Fresenius S），法国生产1.5～2.5mg/kg（即复宁），每天或隔天一次，使用3～5剂。移植后重症aGVHD，小剂量ATG间歇给药，联合激素在aGVHD早期用药；80%病例取得较为理想的效果（Graziani等，2002；Tagliabue等，2005），道培医院在移植后重症肠道GVHD用小剂量ATG 3～5剂隔天或连续使用，对激素耐药患者亦可取得较好的效果。

（4）单克隆抗体：单克隆抗体主要用于激素治疗无效的难治性aGVHD，治疗后部分病例症状好转至消失，存在主要问题是单抗疗效不一，而且有寒战、高热及低血压等副作用，且停药后易复发。近年来更多特异性单克隆抗体问世，在预防与治疗GVHD方面取得一定疗效。陈惠仁等（2003）、纪树荃等（2005）用抗-CD25单克隆抗体（basiliximab，一种抗-IL-2受体α链的单克隆抗体）体外实验，有意义地降低CTLp细胞至1/100～1/10，临床上在预处理一致条件下，进行移植前2小时与移植后+4天加用20mg抗-CD25单克隆抗体，与不用抗-CD25单克隆抗体组相比较，显示两组Ⅱ～Ⅳ度aGVHD发生率分别为10.5%（CD25单抗组）与33.3%（对照组）（P=0.046）。

daclizumab（赛尼派）：亦是一种重组人源化IL-2受体拮抗剂。Przepiorka等治疗43例，daclizumab 1mg/kg，d+1、d+4、d+8、d+15、d+22，症状完全消失，120天存活率53%。说明用于激素耐药的aGVHD疗效理想，这些特异性的单抗没有不良反应和严重副作用（Kobbe等，2001）。

CD147单抗：Przepiorka等（2000）治疗51例患者，26例（51%）症状改善，第1次治疗后6个月44%存活。与daclizumab相比治疗有效率和存活率相当，不良反应是肌痛。

OKT3/BMA031：Hebart等应用OKT3和BMA031各治疗7例难治性aGVHD，14个患者10例（70%）症状好转，4例存活长于1年。但是病毒和真菌感染的发生率较高（42%）（Deeg等，2001）。OKT3控制aGVHD比BMA031更有效，但是OKT3副作用较大，有发热、心动过速、低血压等。

infliximab是鼠人嵌合抗-TNF-α抗体，在肠道GVHD中，肠道受损导致LPS进入血循环，刺激单核细胞产生TNF-α，而加重GVHD，该单抗是一种抑制细胞炎性因子的药物，拮抗LPS或TNF-α。用法：10mg/kg，1次/周，用至症状缓解。Kobbe等（2001）报告4例移植后激素无效的aGVHD，CsA和MMF治疗都无改善，应用infliximab后2例存活200天，1例发展为局限性cGVHD（Hebart等，1995）。说明infliximab治疗aGVHD有效，尤其是胃肠道受累的情况，但是易发生CMV和曲霉菌感染，产生自身抗体，易患淋巴瘤。

依那西普（etanercept）：是可溶性二聚体重组人类P75型TNF受体，与人免疫球蛋白IgG_1的Fc片段融合，中和TNF-α，本药可调空血清中的细胞因子浓度，血清中基质金属蛋白酶-3的浓度和引发白细胞迁移的黏附分子表达。Uberti等（2005）报告在初发aGVHD用etancercept联合甲泼尼龙，75%的病例有效。本药可增加严重机会性真菌感

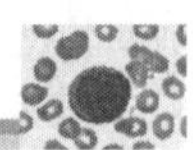

染，严重感染者应停药，在血液系统中可引起严重致命的不良反应，如全血细胞减少、再生障碍性贫血等。

Campath-1H/1G（CD52）单抗包括：Camph-1H（人源化免疫球蛋白）与 Camph-1G（兔免疫球蛋白），两者均可有效地清除淋巴细胞，既可用于组成预处理方案，促进造血的植入，又可预防 GVHD 的作用，具有与 ATG 类似的优点。Hale 等在 1997～1999 年进行了 187 例 HLA 相合的同胞间移植，用 CD52 单抗清除供者动员后外周血的淋巴细胞和受者外周血残留的淋巴细胞，使得供受双方排斥能力均下降，并且移植大剂量的异体造血干细胞，结果两组 aGVHD 发生率分别为 4%（Campath-1H 组）和 11%（Campath-1 G 组），差异无统计学意义；cGVHD 发生率为 24%和 11%（Hale 等，2000）。说明 CD52 单抗是简便有效的预防 GVHD 药物。CD52 应用总剂量 0.75～1.0mg/kg，在干细胞回输 −9～0 天用，Campath-1H 具有 2～3 周的半衰期，提前使用是避免它对干细胞清除，增加排斥率的负面效应。

胎盘 γ 球蛋白：刘芳等（Liu 等，2005）对胎盘 γ 球蛋白进行了实验研究，发现该球蛋白在不同浓度作用下，可减少 T 淋巴细胞分泌 IFN-γ，提高 IL-4 分泌，并呈剂量依赖关系，改善致死性小鼠肝与小肠病变。胎盘素在 200μg/ml 浓度下，可抑制经 PHA 刺激的 T 淋巴细胞增殖。道培医院使用胎盘素治疗 HLA 配型不合移植后重症 aGVHD 取得较好疗效，使用时无任何不良反应。胎盘素作用机制可能与免疫介导作用相关，它改变 T 淋巴细胞产生 IFN-γ 的水平，平衡 Th1 与 Th2 淋巴细胞亚群，严格对照及确切机制尚须进一步研究。

具有免疫调节作用的细胞亚群及细胞分泌的某些因子及第三方细胞，对预防和治疗 GVHD 的作用在实验及临床中得到证实，其中显示良好前景的有：

A. $CD4^+CD25^+$ T 淋巴细胞（Treg 细胞）：表达 CD4 与 CD25（IL-2R），该细胞的作用机制是直接解除抑制，即通过 Treg 细胞表面 CTLA-4 传达抑制信号，或通过糖皮质激素诱导的 TNF 受体（CITR）进行抑制，通过膜结合型转化生长因子（TGF-β1）与靶细胞上的受体 TGF-βR 相结合，抑制 $CD25^-$ T 淋巴细胞；通过分泌 IL-10、TGF-β 等细胞因子的间接抑制，实现抑制 GVHD 与保 GVL 作用。Cohen 等用受者 APC 提呈抗原和 IL-2 体外刺激供者 Treg 细胞，获取足量的 Treg 细胞，而此细胞必须是经过受者型抗原刺激培养的 Treg 细胞（S Treg's），具有抑制 GVHD、促进免疫重建和保留 GVL 作用。Rezvani 等（2006）及 Cohen 等（2002）对 HLA 相合同胞间 HSCT 进行研究发现，移植后 30 天内，Treg 细胞明显扩增者，GVHD 发病率显著降低。Taylor（2002）在小鼠 allo-HSCT 时，去除供者移植物中 $CD4^+CD25^+$，急性 GVHD 发生率明显增加，把纯化供者 $CD4^+CD25^+$ 细胞输注给宿主，则明显减少 GVHD 的发生与死亡。

B. NKT 细胞：是 T 淋巴细胞的一个亚群，IL-7 是促进其发育与扩增的关键因子，NKT 被激活后可分泌大量抑制性细胞因子（IL-4、IL-10、IL-13）及炎性因子（IFN-γ、TNF-α），发挥免疫调节作用。NKT 细胞具有诱导 GVL 作用，在许多小鼠实验证明，$V214^+$ NKT 细胞不直接杀伤肿瘤细胞，而是通过活化 NK 细胞或 $CD8^+$ T 淋巴细胞间接实现（Smyth 等，2000）。在 APC 与 IL-12 协同作用下，活化的 NKT 细胞具有活化 NK 细胞、抑制 GVHD 及诱导 GVHL 作用。对于有 GVHD 的 HSCT 受者，其 NKT 细胞数显著低于无 GVHD 患者（Haraguchi 等，2004）。

C. NK 细胞：NK 细胞的表面受体，按结构可分为 Ig 超家族、C 型凝集素超家族和自然杀伤活性受体（natural cytotoxicity receptor，NCR）。杀伤细胞抑制性受体（KIR）属于 Ig 超家族，它能特异性识别 MHC Ⅰ类分子，使之免受 NK 细胞杀伤，而丢失Ⅰ类分子或表达异常的 MHC Ⅰ类分子的靶细胞，如瘤细胞，对 NK 细胞杀伤十分敏感。NK 细胞杀伤是一类"自我"细胞的丢失，通过脱颗粒机制和 Fas-FasL 诱导凋亡机制，通过细胞毒作用直接杀伤靶细胞，以及通过分泌 IFN-γ、TNF-α 发挥自然杀伤效应（Farag 等，2002）。NK 细胞具有重要调节作用，Ruggeri 报告（2002）在 HSCT 中输注 KIR 不匹配的 NK 细胞，在不减少供者 T 淋巴细胞前提下，降低 GVHD，异基因 NK 细胞能特异性杀伤宿主 APC，阻止 GVHD 的活化。在 20 例 allo-HSCT 中，发现供者 NK 细胞可杀伤异基因白血病细胞，在 KIR 不合的半相合移植中 GVL 作用强，GVHD 发生率明显降低，用此治疗的成功率提高（Davies 等，2002）。

异基因 NK 细胞比同基因 NK 细胞有更强的 GVL 效应。IL-15 是促进移植后造血重建的重要因子，但仅限于去除 T 淋巴细胞的 HSCT，未进行 TCD 的 HSCT 中使 GVHD 恶化（Alpdogan 等，2005）。

D. 淋巴细胞激活的杀伤细胞（lymphocytokine activated killer cells，LAK 细胞）：该细胞在增强诱导 GVL 效应的同时加重了 GVHD。刘传芳等（2002）在 allo-HSCT 前 2～3 天输入 LAK 细胞，与干细胞同时及输注后使用，既可减轻 GVHD，又保留了 GVL 作用，提高了嵌合程度，降低了混合淋巴细胞反应，提高了生存率。

E. 第三方细胞：陆道培等（2007）用脐带血细胞作为第三方细胞在不匹配相关移植中应用，共设立两组，各 29 例，加脐带血组移植前 4～24 小时接受（4～6）/6 个位点匹配的脐带血输注，Ⅱ～Ⅳ度 aGVHD 发生率 41%（12/29），对照组 76%（22/29），差异显著（$P=0.007$）。可评价的 cGVHD，对照组 7 例/28 例（7%），实验组 10 例/25 例（40%）（$P=0.012$）。2 年无病存活实验组 25 例/29 例（86%），对照组 20 例/29 例（69%），差异无显著意义（$P=0.09$）。非复发死亡病例，实验组 1 例/29 例（3%），对照组 6 例/29 例（21%）（$P=0.046$）。每组各有 3 例复发病例。第三方细胞的应用对减少 aGVHD、减少对激素耐药的慢性广泛型 GVHD、提高无病存活率显示了一定的优越性。

F. 骨髓间充质干细胞（mesenchymal stem cell，MSC）：MSC 可表达产生与造血和免疫相关的分子，容易在体外分离和扩增。它是骨髓基质的前体细胞，细胞体外扩增少量骨髓即可获得上百万个 MSC。人的 MSC 不表达 MHC Ⅱ类抗原和 T 淋巴细胞共刺激因子 B7，与同种异体 T 淋巴细胞共培养，不引起 T 淋巴细胞增殖。不管来自供、受体或第三方的 MSC 对 T 淋巴细胞增殖均有抑制作用，均不受组织相容性复合物的限制，MSC 有相似的免疫调节作用，还可促进骨髓植入与造血恢复（Klyushnenkova 等，1999；Le-Blanc 等，2003）。

MSC 体外有抑制 T 淋巴细胞增殖的作用，Lazarus 等（2000）在Ⅰ期临床研究 15 例 allo-HSCT（9 例为外周干细胞，6 例为骨髓）时输入 1.0×10^6/kg 与 2.5×10^6/kg MSC，3 例发生Ⅱ度 aGVHD，12 例发生Ⅰ度 GVHD，2 例发生 cGVHD，无毒性及严重副作用，说明异基因移植与 MSC 共输注可降低 GVHD 发生率。但亦有报告，间充质干细胞输入可能增加移植后复发率，Ning H 等（2008）报告 25 例同胞相合移植，其中 10 例加用间充质干细胞，对照组 15 例，前者Ⅱ～Ⅳ度 aGVHD 发生率为 10%，后者为 53.3%，

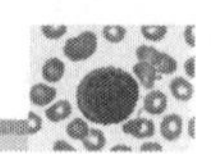

cGVHD发生率为14.3%与28.6%。复发率对照组3例（20.0%），间充质组6例（60.0%）。两组3年无病存活，间充质组为30.0%，对照组为66.7%。移植中加用间充质干细胞是否增加复发率，需更多临床验证。

二、慢性移植物抗宿主病

（一）发病机制

慢性移植物抗宿主病（chronic graft-versus-host disease，cGVHD）的发病机制并不完全清楚，异体反应性和自体反应性在cGVHD发病机制中的作用仍存在争论。一些学者考虑cGVHD是aGVHD的后期表现，是由于次要组织相容性抗原识别所致，然而更多学者认为自体反应性在cGVHD发病机制中更为重要，这表现在cGVHD的临床表现往往与自身免疫性疾病相似并常能在cGVHD患者体内检出自身抗体。

啮齿类动物实验发现cGVHD细胞免疫及体液免疫功能不全，可能与胸腺受损及功能异常有关。De Wit等（1993）通过杂交鼠模型研究发现患cGVHD动物IFN-γ及IL-2合成障碍，并伴B淋巴细胞反应性增高。供者毒性T淋巴细胞前体细胞（CTL）数目的减少及缺乏活化的$CD8^+$ T淋巴细胞，导致供者$CD4^+$ T淋巴细胞的激活并削弱了对宿主自身反应性B淋巴细胞的清除。实验中显示，IL-12和IL-18在cGVHD的发生中起着重要的作用，IL-12刺激$CD8^+$ CTL的活化、增殖，供者$CD8^+$细胞增加将造成cGVHD向aGVHD转变，IL-18通过降低$CD4^+$ Th2细胞及宿主反应性B淋巴细胞的活性而减少异抗原特异性免疫应答（Okamoto等，2000）。

cGVHD动物体内存在自身反应性T淋巴细胞。预处理、aGVHD或与年龄增长有关的退化和萎缩造成胸腺受损，使自身反应性T淋巴细胞因此逃脱了胸腺的阴性选择（Woinberg等，2001）。同时，逃脱的自身反应性T淋巴细胞离开胸腺进入外周血并对靶器官发动免疫应答从而造成器官损害。在cGVHD中，器官特异性自身免疫性疾病的发生是由于Th细胞对自身抗原发生免疫应答，通过释放IL-4、IL-5、IL-6和IL-10等细胞因子，诱导B淋巴细胞增殖分化产生自身抗体，发挥体液免疫效应，造成靶器官损害。cGVHD的发生需要$CD4^+$ T淋巴细胞协助B淋巴细胞增殖和产生抗体，故被称之为Th2疾病（Ellison等，2002）。

（二）临床表现及诊断

在同胞HLA全合HCT后，cGVHD发生率为30%～50%，非血缘相合50%～70%，平均移植后4～6个月发病（Lee等，2002 b）。cGVHD与HLA配型、年龄有明显相关性，以年龄小、HLA血缘匹配，cGVHD发生率最低；而无血缘及不全合移植，cGVHD发生率随年龄上升。此外，既往发生过aGVHD，女供男受体，或者移植时使用PBSC及曾用过DLI，均是发生cGVHD的危险因素，而T淋巴细胞清除的移植或脐带血移植，使cGVHD发病率下降，前者可使cGVHD的发生率下降50%（Carpenter等，2007）。图16-1显示移植有血缘全合及有血缘但HLA不全合或无血缘相关移植后至少生存150天的接受移植患者发生广泛cGVHD比例（Sallivan等，1991）。

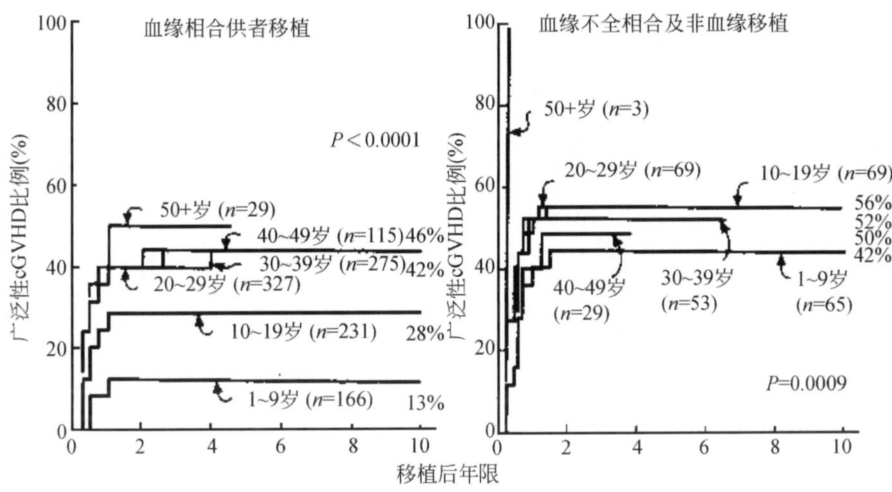

图 16-1　移植血缘相合、血缘不全相合及非血缘移植后发生广泛 cGVHD 的比例

cGVHD 的临床表现具有多样性，其发病机制并未清楚，由于早期诊断率上升和免疫抑制药物疗效的提高，原有诊断标准显示出了局限性，原有 cGVHD 的诊断在 allo-HSCT 100 天后出现症状或具有 cGVHD 临床表现就明确诊断，无须等待检查其他受损器官。目前认为至少有一个 cGVHD 诊断特征和一个特有的表现，如活组织检查、实验室检测及其他器官的 X 线片就可以诊断为 cGVHD。像 aGVHD 一样，应排除感染或其他原因，比如在 cGVHD 并发症中，甲癣有关的指甲发育不良、单纯疱疹、口腔白色念珠菌感染、药物中毒等都应该被排除（表 16-13）（Loughran 等，1990；Gilman 等，2006）。

表 16-13　cGVHD 的临床表现及诊断

器官或部位	诊断（完全确定）	特征	其他特征[a]（有 cGVHD，但不确定）	共有症状（aGVHD 和 cGVHD）
皮肤	皮肤异色病 扁平苔藓样特征 硬化特征 硬斑病样特征 苔藓硬化样特征	褪色	汗腺损伤 鱼鳞癣 毛发角化症 色素减退 色素沉着	红斑、斑丘疹，皮疹瘙痒症
指甲		异位 纵向隆起 裂开或易脆 甲癣 翼状胬肉 指甲缺失（常为对称性；大部分受累）[b]		
头皮和头发		新出现瘢痕秃头症（放化疗恢复后） 丘疹鳞屑样损害	头发稀疏 典型斑秃 粗糙、无光泽 （不排除内分泌或其他原因） 早灰白头	

续表

器官或部位	诊断（完全确定）	特征	其他特征[a]（有 cGVHD，但不确定）	共有症状（aGVHD 和 cGVHD）
口腔	苔藓样特征 角化过度斑 硬化引起 张口困难	口腔干燥 黏液囊肿 黏液萎缩 白膜[b] 溃疡[b]		齿龈炎 黏膜炎 红斑 疼痛
眼睛	眼睛干燥，沙眼或疼痛[c] 瘢痕性结膜炎 角膜结膜炎干燥[c] 点状角膜病融合区		畏光 眶周色素沉着 眼睑炎（眼睑水肿区有红斑）	
阴道	扁平苔藓样特征 阴道干燥或狭窄	糜烂[b] 裂开、溃疡[b]		
胃肠道	食管蹼 食管上 1/3 狭窄或变窄		胰腺分泌不足	厌食、恶心、呕吐、腹泻、体重下降、生长缓慢（儿童）
肝				胆红素，碱性磷酸酶>2 倍正常值[b] ALT 或 AST>2 倍正常值[b]BOOP
肺部	闭塞性细支气管炎结合活检诊断	闭塞性细支气管炎结合 PFTs 和放射诊断[c]		
肌肉、韧带、关节	筋膜炎 关节僵硬或由于硬化引起挛缩	肌炎或多肌炎[c]	水肿 肌肉痉挛 关节痛或关节炎	
造血和免疫系统			血小板减少症、红细胞增多症、淋巴细胞减少症、丙种球蛋白增多或减少、自身抗体（AIHA 和 ITP）	
其他			心包或胸膜积液、腹水、周围神经疾病、肾病综合征、肌无力、心脏（传导异常或心肌病）	

a ALT. 丙氨酸转氨酶；AST. 门冬氨酸转氨酶；BOOP. 闭塞性细支气管炎肺炎；PFTs. 肺功能试验；AIHA. 免疫性溶血性贫血；ITP. 特发性血小板减少性紫癜。

b 应排除感染、药物影响、恶变或其他原因。

c 需要活检或 X 线检查（或眼睛 Schirmet 检查）。

（三）cGVHD 的防治

预防 cGVHD 的重点在于预防 aGVHD 与亚急性 GVHD，轻度症状的 cGVHD 只需要局部处理（如皮肤局部类固醇），如果有 3 个或更多器官受损或单个器官受损较严重的需要全身免疫抑制治疗。早期有效的全身干预治疗可以防止严重 cGVHD。cGVHD 发生的常见部位，以及 BMT 与 PBSCT 发生 cGVHD 的差异见图 16-2（Carpenter 等，2007）。

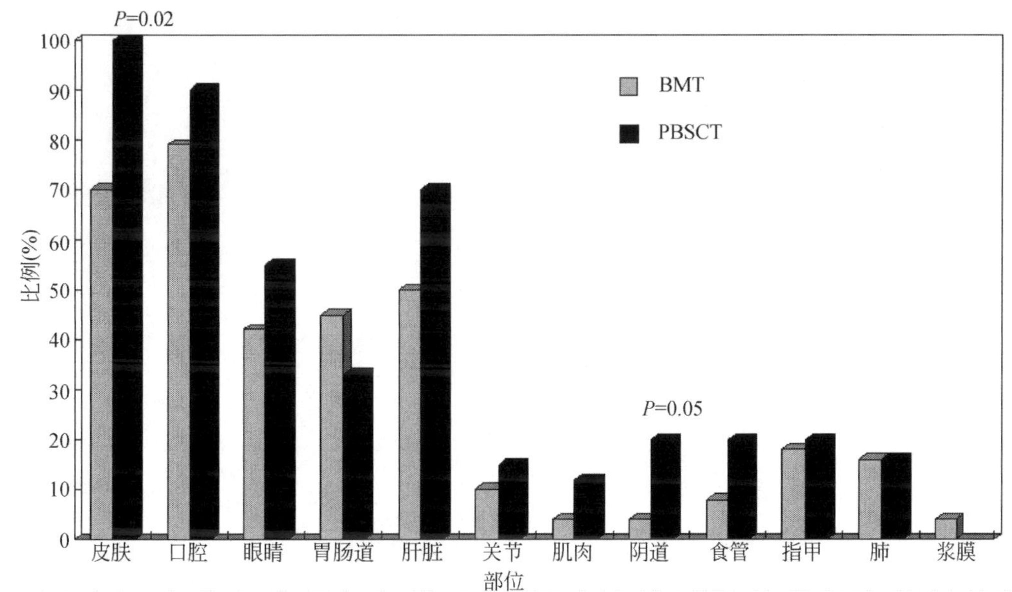

图 16-2　cGVHD 发生的常见部位及比例

临床上出现 cGVHD 时，免疫调节治疗可改善患者的临床症状，减少移植相关死亡率。如果患者正在接受免疫抑制治疗，可加大药物剂量，或增加其他免疫抑制剂。与此同时，要加强感染的预防。合并感染要随时调整治疗方案和药物剂量。

（1）泼尼松（Pred）：是标准的 cGVHD 一线治疗药物，起始剂量 1mg/（kg·d），应用 2 周，起效后，可减至 1mg/kg，qod，用 1～2 个月，病情稳定可逐渐再减量，治疗维持 9 个月。早期研究结果显示，此治疗可使 cGVHD 患者 33％取得 CR，29％取得 PR，但血小板＜100×10^9/L 及高危患者，CR 率仅 16％，PR 率 16％（Sullivan 等，1988）。泼尼松常见的副作用：葡萄糖耐量下降、高血压、白内障、真菌感染等，在长期使用中应注意其合并症的产生。

（2）CsA 联合泼尼松：亦是 cGVHD 的一线治疗药物，泼尼松 1mg/（kg·d）加 CsA 10mg/kg，病情稳定 2 周后酌情减量。在一些随机研究中发现，两者联用，优于单用泼尼松（Sullivan 等，1988）。但是 KOC（2002）研究 287 例 cGVHD 单用泼尼松与泼尼松联合 CsA，5 年死亡率分别为 17％与 13％，复发率为 37％与 39％，生存率为 72％与 67％。停用免疫抑制剂病例比较均无差异。

有研究者（陆道培，1994；Lu 等，2006）在 cGVHD 治疗经验上，强调早期干预治疗，泼尼松为首选一线治疗药物，在 HLA 血缘全合及不全合移植中，两年累计 cGVHD

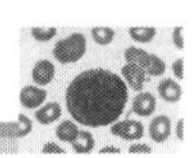

发生率为56%与55%，见图16-3。

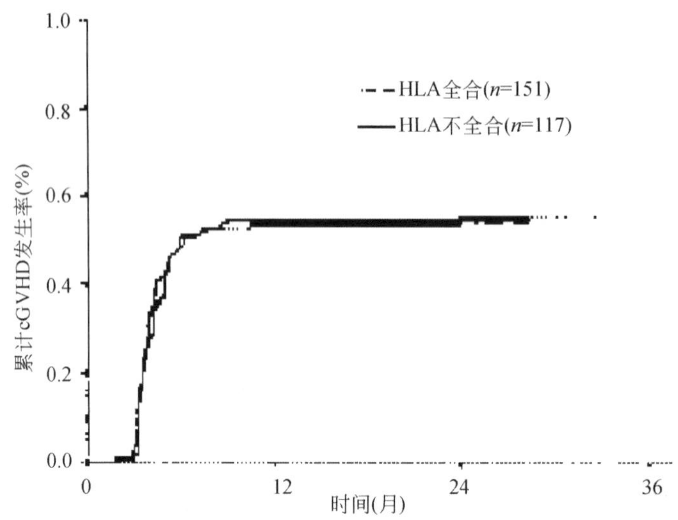

图16-3 HLA血缘全合及不全合移植cGVHD发生率（Lu等，2006）

出现cGVHD，泼尼松减量宜缓慢进行，起始用量以1mg/（kg·d）为宜，2周后依据病情酌情减量，在HLA全合移植病例50%可平稳得到控制，在血缘不全合移植病例30%～40%可控制，低剂量（0.5mg/kg）隔天1次，可用至1年。Capenter等（2007）最近介绍西雅图对cGVHD的治疗经验，在一些高危移植病例中，有轻度cGVHD表现，受累少于3个器官，不包括肺部，以及标危移植病例，有中度及重度cGVHD的表现，血小板计数<100×10^9/L，起始治疗用泼尼松1mg/（kg·d），使用4～5个月后，逐渐减量，至0.5mg /kg隔天1次，用至9个月，这期间根据需要可以加用CsA或FK506。

在1994～2000年381例标危病例移植后发生cGVHD，用上述治疗5年生存率达71%。在高危移植336例cGVHD，上述治疗5年生存率达51%。

笔者目前用泼尼松治疗的cGVHD，以临床表现确定激素及CsA延续、减量或停用，它避免了过度使用激素的一些合并症。难治性cGVHD患者对以激素为基础的一线治疗无效，应进行二线治疗。难治性cGVHD被定义为经2个月系统免疫抑制治疗，包括使用皮质激素和CsA，疾病维持于原状态或治疗1个月后疾病进展（Browne等，2000）。西雅图移植中心（Carpenter等，2007）把二线治疗尺度提高到：如过去cGVHD影响的器官变坏，治疗中出现新器官受累，用激素及CsA治疗1个月无改善，用泼尼松1mg /（kg·d）2个月不能减量，均应考虑二线治疗。二线治疗无标准的治疗方案，人们尝试使用包括沙利度胺（thalidomide，反应停）、MMF、FK506、依曲替酯（etretinate，银屑灵）、羟氯喹在内的新型免疫抑制组成的各种治疗方案治疗cGVHD，取得了一定的治疗效果，如下分别叙述：

（1）沙利度胺（thalidomide）是谷氨酸衍化物，抑制溶酶体膜，抑制中性粒细胞趋化。沙利度胺在成年与儿童中治疗cGVHD的作用已证实。Vogelsang（1992）报告26例cGVHD用沙利度胺治疗，CR率30%，PR率40%，2年生存率76%，但在大量Ⅱ期研究中疗效差，毒性反应高，包括嗜睡、便秘、神经病变、皮疹及中性粒细胞减少（Parker等，1995）。随机Ⅲ期临床研究尚在进行。对新诊断的高危病例与泼尼松、CsA共用，亦显示副作用大，限制它的使用（Koc 等，2000）。

沙利度胺每片 25mg，常用量 100～200mg/d，分 4 次服用，可增至 200～400mg/d。

（2）吗替麦考酚酯（mycophemolate mofeil，MMF）：本药在体内迅速水解为霉酚酸（MPA），MPA 高度选择性抑制淋巴细胞增殖，对 B 淋巴细胞有抑制抗体形成作用。Busca 等（2000）对 15 例激素耐药儿童 cGVHD 用 15～40mg/（kg・d）平均使用 22 个月（范围是 4～79 个月）进行治疗，对 cGVHD 引起的胃肠道、口腔、非硬皮病的皮肤表现，以及血小板减少均得到改善。但需联合使用其他免疫抑制剂，CR 率 13%，PR 率 47%。

在 13 例成人 cGVHD 用 MMF 治疗后，在胃肠道、肝、苔藓样皮肤病变及皮肤硬皮病 cGVHD 均取得改善，有效率 69%。联合激素与 CsA 也取得一定疗效。

（3）他克莫司（tacrolimus，FK 506）：本药抑制 T 淋巴细胞活化及 T 辅助细胞依赖型 B 淋巴细胞的增生，对 IL-2、IL-3 及 IFN-γ 等淋巴细胞因子生成与白介素受体表达均有抑制作用。在 39 例经泼尼松与 CsA 治疗失败 cGVHD，用 FK506 治疗 3 年，CR 率 13%，存活率 64%。对 26 例难治性 cGVHD 用他克莫司加吗替麦考酚酯（MMF）治疗，CR 率 8%，PR 率 38%。

（4）依曲替酯（etretinate）：本药药效学确切机制不清楚，但有抑制表皮细胞增生的作用，用于银屑病、cGVHD 硬皮病的治疗，在 32 例难治硬皮病 cGVHD，20 例有效改善症状（Marcellus，1999）。本药用药剂量需个体化，成人最高限量 1.5mg/kg，起始用药剂量 0.75～1mg/kg，以后逐渐递增，常见的副作用为畸胎、恶心、视力模糊、皮疹、脱发等。

（5）羟氯喹（hydroxychloroguine）：本药与氯喹化学结构相似，是氯喹 4 位氮原子的乙基被羟乙基取代的衍生物，本药除有抗疟作用外，它可干扰抗原的处理和递增，减少细胞因子的生成，干扰细胞毒作用，主要副作用为精神神经系统头痛、头昏、神经性耳聋及共济失调。Gilman 等（2000）在 32 例类固醇治疗无效的 cGVHD，羟氯喹口服治疗 12mg/（kg・d），53%有效，有效病例可撤减类固醇用量 1/2 以上，中位作用时间 8 周（4～24 周）。

（6）一些在研究使用中的药物

1）TNF（infliximab 人鼠嵌合型 TNF-α 单抗）：TNF 是 cGVHD 发病的中心环节，TNF 的单克隆抗体及 TNF 受体的拮抗剂依那西普（etanercept）治疗研究受到关注，人源性的 TNF 单克隆抗体已经用于 cGVHD 患者，有望在 cGVHD 治疗中发挥效应，尤其是对胃肠道受累的患者（Couriel 等，2001；Busca 等，2007）。本药的副作用是容易继发真菌感染，因此必须在用药前权衡利弊。

2）抗-CD20 单克隆抗体（rituximab，美罗华）：美罗华是人鼠杂交的嵌合抗体，Canninga 等试用美罗华治疗 6 例血小板减少患者，其中 5 例获得明显改善，现正用于难治性 cGVHD，这一创新研究正在进行（Ratanatharathorn等，2000；Zaja 等，2007）。

3）体外光疗（extracorporeal photochemotherapy，ECP）：体外光疗法是另一种治疗形式，外周血单个核细胞在体外受紫外线波段 A 照射，可选择性地除去淋巴细胞。本治疗采集 120～240ml 富集的淋巴细胞［（1～6）$\times 10^9$］，血浆稀释后，加入 200mg 甲氧补骨脂素（methoxypsoralen 8-MOP），使细胞处于高能水平的电子激发状态，它与分子直接反应，形成三态分子，通过碱基内插与 DNA 形成可逆性连接，在紫外线 A 照射下，使

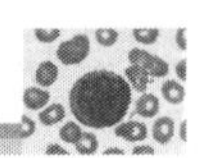

DNA模板活性丧失，抑制DNA合成，导致细胞生长受抑与细胞凋亡，T淋巴细胞在ECP中比其他单核细胞都敏感，ECP治疗后24小时，可见到细胞形态学上凋亡（Marks等，1991；Tambur等，2000）。Seaton等（2003）等报道ECP对淋巴细胞、单核细胞、树突细胞，通过多种途径发挥免疫调节作用，光活化的单核细胞诱导TNF-α分泌有利于淋巴细胞凋亡。在28例免疫抑制剂治疗无效的cGVHD用ECP治疗皮肤疾病，开始4个月，每2周ECP治疗2天，后每个月治疗2天，6个月后确定治疗方针，治疗3个月有效率38%（8/21），6个月有效率48%（10/21）。cGVHD中，皮肤层均可受累，包括表皮层、真皮层及皮下组织，影响到真皮与皮下组织，出现皮肤紧缩，皮下组织硬化，活动受限，早期治疗十分重要（Carpenterl等，2007）。ECP对15例肝脏cGVHD治疗3个月，7例有效，治疗3～6个月，其余患者肝功能改善，血小板升高，但白细胞、血红蛋白升高不明显。一些不能耐受补骨脂素的病例，可单独接受紫外线A光照疗法，紫外线波段A（320～400nm），单独光照效果并不错（van Dooren-Greebe等，1991；Enk等，1998）。本疗法多用于口腔及皮肤cGVHD治疗，特别对儿童皮肤耐药的cGVHD，ECP治疗是成功的（Benenomi等，2001）。但是，ECP治疗的确切机制、确切适应证，影响疗效的因素等，需要进一步研究。

4）静脉滴注胎盘免疫球蛋白（intravenous placenta immunoglobulin，IPIG）：对cGVHD有确切疗效，剂量为4g/d，静脉滴注治疗Pred与CsA等治疗无效的cGVHD患者30例，其中26例治疗后明显好转，而且2周内就可见明显疗效，总有效率86.7%。患者治疗后的血清球蛋白水平并未升高，这说明其治疗机制不大可能由体内球蛋白升高后，反馈地抑制特异性抗体的产生，这与过去研究胎盘球蛋白可抑制人体淋巴细胞与异种动物的局限性移植物抗宿主反应相吻合，本药成本远高于血浆IVIG（郑缓、陆道培，1994）。

cGVHD发生的危险因素已十分清楚，但其发病机制，意见尚不统一。在治疗上陆道培（1994）与Carpenter等（2007）均强调对cGVHD早期干预治疗，降低重症cGVHD的发生，特别强调cGVHD应着重促进免疫耐受，激素使用要恰当。在cGVHD中，1mg/(kg·d）治疗失败，大剂量激素的冲击治疗是不提倡的，重要的是保留GVL/T疗效。

在常用cGVHD治疗方法中，去除少数病例报告的不同疗效，宏观总体上比较，仍是Pred联合CsA治疗为首选，次之为FK506与MMF（图16-4；Lee等，2002a）。

aGVHD诊断分级标准，基本沿用西雅图标准，它能反映疾病的预后及指导治疗。但cGVHD临床表现的时间和范围发生了改变，诊断与免疫抑制治疗提高，是原来对cGVHD的诊断缺乏标准化与可重复性，美国国立卫生研究院（Filipovich等，2005；Martin等，2006）对其不足，进行了补充。这些新补充、新的诊断及临床分级无疑推进了该领域的进一步研究与发展，如文件中对cGVHD整体严重程度评估标准。该标准须在诊断为cGVHD时方可使用。①存在cGVHD征象；②没有cGVHD征象，存在某部位组织学、放射学或实验室诊断证据。cGVHD严重程度分为：①轻度cGVHD，有1或2个器官或部分受损（肺除外），无功能影响；②中度cGVHD，1个器官或部位受损，或3个或更多部位受损，但器官部位受损为Ⅰ级，肺部受损Ⅰ级；③重度cGVHD，患者大部分功能受损，肺部受损是Ⅱ级或以上。推出的这些新文件，在实际应用中可能会不便，并且尚待更多临床病例验证。

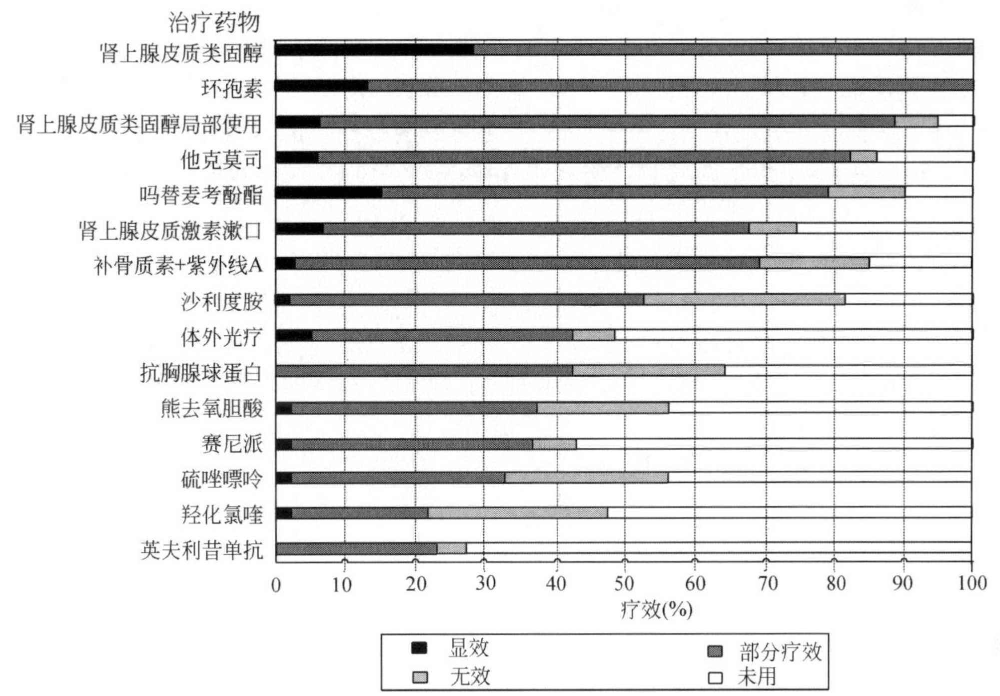

图 16-4　常用治疗 cGVHD 方法的疗效

第三节　晚期合并症

一、非恶性疾病晚期合并症

（一）眼的合并症

HSCT 的预处理，异基因造血干细胞植入后的 GVHD 与免疫抑制剂的应用有报道在 40%～60%的患者可以引发眼睛合并症（Franklin 等，1983；Coskuncan 等，1994）。大剂量细胞毒化疗药引起的结膜炎、角膜病变、视网膜病变、视神经炎或视乳头水肿等眼疾患，偶尔移植后的病毒合并症，特别是 CMV 可侵及眼底，非但局部后果严重，亦标志着可伴随全身性 CMV 病。

HSCT 引起的眼病：

1. 外眼病　当侵犯眼前房隔时，会引起结膜炎、角膜炎、萎缩性溃疡、角膜穿孔，也可发展为慢性角膜炎、眼睑炎、面瘫、眼睑外翻、眼球突出和睫毛脱落。

2. 白内障　白内障的发生与全身照射（TBI）、持续使用激素有关，单次 TBI（920～1000cGy）者，移植后 5～6 年，白内障发病率为 80%。若用分次照射，则发病率低。当照射剂量大于 1200cGy 时，发病率达 50%；而低于 1200cGy 时，发病率为 30%～50%。白内障合并症不仅与照射总剂量相关，与每分钟剂量率亦相关。而单用化疗处理者，发病率为 20%左右，白内障发病率高，还见于移植前接受过颅脑照射和糖皮质激素治疗的患

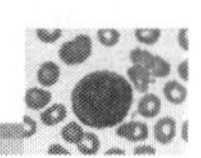

者，后者被认为是造成白内障提前发生的原因之一（Benyunes 等，1995；Arste 等，2002）。白内障一旦发生，采用人工晶体植入，是一种有效的治疗方法。

3. 视网膜病 移植后为预防 GVHD，临床上多需使用 CsA、MTX 或皮质激素，上述药物均在不同程度上引发视网膜病。CsA 引起的视网膜病，能造成短暂失明，发病率为 10.2%。但随着 CsA 用量的减少，病状会逐渐减轻（O'Riordan 等，1994；Memon 等，1995）。

4. 干眼病 HSCT 术后患者的干眼病与 GVHD，特别是 cGVHD 关系密切。Ogawa 等（1999）报告，50% HSCT 后存活患者，发生干眼病（干燥性角结膜炎）平均出现时间为（171±59）天。而自体和同基因 HSCT 术后患者，不发生干眼病，尽管术前、术后均使用化疗药物，但干眼病只在 allo-HSCT 后伴随 cGVHD 而发生，提示干眼病是 allo-HSCT 术后活化的异体免疫病理过程，而与药物治疗无关。

干眼病患者的主要表现为泪液基础分泌量和反射性分泌减少，泪膜破裂时间缩短，甚至角膜表面无完整泪膜，结膜充血，睑结膜乳头增生，瘢痕形成和（或）睑球粘连，角膜上皮弥漫点状荧光着色或剥脱，角膜丝状物覆盖，造成眼部极度不适，视力显著下降。

干眼病的诊断标准，参照美国国立眼科研究所诊断标准（Lemp MA，1995）：

轻度干眼病：Schirmer Ⅱ实验≥10mm。

重度干眼病：Schirmer Ⅱ实验＜10mm。

目前干眼病的治疗主要为补充不含防腐剂的人工泪液，但效果不显著，而 CsA 与 FK506 的局部应用，已显示其优越性，它可使角膜植片透明时间延长，而 FK506 比全身用环孢素组明显延长，CsA、FK506 及泼尼松滴眼剂，治疗蚕食性角膜溃疡及角膜移植术后排斥反应效果良好。

应用 0.05% CsA、0.05% FK506 滴眼剂每天 2 次，1%的泼尼松滴眼剂每天 2～4 次，联合不含防腐剂的人工泪液，自体血清泪液治疗，在干眼病有较好疗效，在局部处理严重的干眼病，系统的 cGVHD 治疗不可忽视，包括 CsA、FK506 及激素的全身用药，全身用药配合局部用药，十分重要（Ogawa 等，2001；Carpenter 等，2007）。免疫抑制剂的应用，抑制自身免疫反应，使感染率增加，类固醇增加眼压，在局部用药中，须注意可能发生的副作用（Kiang 等，1998；Balaram 等，2001）。对上述治疗效果不显著者，试用维 A 酸（tretinoin）联合自体血清泪液等模式治疗亦取得了一定疗效（Rocha 2000）。

（二）耳的合并症

1. 外耳炎与中耳炎 移植后免疫功能受损，增加外耳炎与中耳炎的发病率，在全身合并感染与败血症的条件下，中耳炎是一种严重的合并症（Shapiro 等，1998）。在合并 HIV 阳性病例，进行慢性化脓性中耳炎的鼓室乳突手术，术后病死率为 14%，术后严重感染的发病率为 21%（Kohan 等，1999）。尽管近年来抗生素研发有了极大进展，但重视移植后手术，仍是十分重要的。

2. 听力丧失

（1）听力丧失：HSCT 后患者听力丧失，多由于外耳炎与中耳炎感染所致，内耳与耳蜗感染的原因，可能是全身播散感染，也可能是外耳逆行感染，渗出物的逆流造成。

（2）感音性听力丧失：HSCT 后，由于大剂量预处理化疗药物及抗生素的使用，造成耳毒性，听力丧失，在化疗药物中，顺铂与卡铂是造成耳毒性耳聋最常见的原因，顺铂引起的耳聋概率，明显高于卡铂所致的耳毒性耳聋，发病范围在 11%～100%，发病率与既往听力受损状况、肾功能不全、顺铂的累计剂量、患者的年龄（幼儿及老年患者）均有相关性。

顺铂引起的感音性耳聋，持续较久，常伴有耳鸣，耳鸣是暂时的（Schweitzer 等，1993）。卡铂造成的感音性听力损害较顺铂小。它与使用剂量大及合并使用顺铂，有明显相关性，它引起高音性感音性耳聋，发病率在 0～19%（Gaynan 等，1990）。CsA 亦可引起感音性听力丧失，CsA 可通过耳屏障造成耳蜗源性听力损害（Marion 等，2004）。

（3）针对病因进行治疗，在外耳病变者除全身用药外，重视局部用药、引流，内耳病变者要及时更换内耳毒性药物，要特别重视感音性听力损害，早期发现、及时治疗，尽早停用耳毒性药物，多数病例均能恢复。

（三）口腔的合并症

1. 唾液腺功能减退

（1）临床表现：正常唾液腺含有多种抗微生物因子，提供宿主防御功能，它包括口腔分泌的黏蛋白，抑制微生物对黏膜的黏附，免疫球蛋白 A，乳过氧化物酶及一些蛋白质，影响微生物移地发育与增殖（Chaushu 等，1994，1996）。

HSCT 前的预处理及 HSCT 后的 cGVHD 常合并有唾液分泌功能减退，表现为不同程度的口干，预处理中放、化疗的毒性，移植后 GVHD 及抗胆碱功能药物的使用，都是造成唾液腺分泌减低的原因（Epstein 等，2002）。

HSCT 后出现口干，影响患者生活质量，在口腔疾病病例中，局部麻醉剂的使用是有效的，如苯佐卡因、利多卡因。Keefe 等（2007）预处理造成的唾液功能受损，多数患者在移植后 3～6 个月可得到改善，但由于 GVHD 造成的唾液腺功能受损，有部分病例，口干是永久的，临床上类似 Sjören 综合征。cGVHD 或合并的 CMV 等病毒感染亦常影响正常口腔黏膜功能，引起溃疡。

（2）治疗：改善口干症状可用刺激唾液分泌的一些方法，无糖柠檬滴剂、薄荷糖、口香糖都可暂时增加唾液分泌，促进黏膜润滑与保健。在口干重症的病例，可用催涎剂，如毛果芸香碱 5～10mg，每 6～8 小时 1 次；氨基甲酰甲基胆碱（是一种胆碱能药物）25～50mg，每 6～8 小时 1 次。上述药物，均可刺激唾液腺分泌，改善口干症状，增加唾液分泌（Singhal 等，1997）。道培医院对口腔感染常用 O_3 漱口与口腔紫外线照射，取得了较好效果。

2. 味觉功能减退 HSCT 后常有味觉功能减退，对味觉功能改变的性质与变化形式，研究较少（Boock 等，1991）。味觉的受体细胞，由神经上皮细胞分化，一般 10 天，味觉细胞可分化再生，目前尚无特殊的方法来预防 HSCT 后对味觉受体细胞的损伤，通常 HSCT 后，味觉功能受损较重的多在 3～4 个月修复。临床上应注意味觉功能严重受损，有时可能同时合并嗅觉功能受损（Marinone 等，1991）。

HSCT 后除引起味觉功能变化外，也常常干扰口腔上皮细胞正常代谢，引起口腔黏膜炎及各种致病微生物的入侵，在治疗上注意口腔卫生、预防感染，是争取味觉早日修复的重要措施（Mc Guire，2006）。

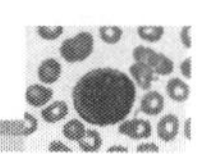

二、造血干细胞移植后白血病复发

造血干细胞移植（HSCT）是有效治愈白血病的重要方法，同时也是预防白血病复发的重要手段，但是复发仍是影响根治的主要因素。

根据国际外周血与骨髓移植登记研究中心（CIBMTR）的资料，1998～2002年间，所进行的自体移植患者的死亡原因中，复发死亡占整个移植后死亡的75%。1998～2004年10 000例allo-HSCT后的死亡原因，在供者为同胞全合供者与非血缘全合供者移植后死亡病例中，复发死亡率分别为39%与30%，均居各类移植后死亡原因之首。因此，探讨如何降低干细胞移植后复发风险和复发后如何治疗非常重要。

（一）移植后复发的相关危险因素

（1）移植前疾病的状态仍是复发最重要的影响因素，急性白血病首次缓解期与慢性髓细胞白血病慢性期，allo-HSCT 3年复发率为10%～30%，急慢性白血病进展期移植后3年复发率为20%～70%（Arcese等，1993；Chong等，2000；Barrett等，2006）。

（2）移植供者：相合非血缘供者移植复发率低于亲缘全相合供者移植（YaKoub-AghaI等，2006）。

（3）预处理方案：清髓性预处理方案复发率低于减低剂量或非清髓预处理方案（Barrett等，2006）。

（4）移植后免疫抑制剂高剂量或长期使用及免疫功能重建情况均影响移植后的复发率（Bacigalupo等，2001）。

（5）细胞遗传学或分子生物学的异常亦对移植后疾病复发有一定的影响。

（6）移植后复发白血病细胞的来源，除少数为供者来源外，绝大多数为受者来源，支持移植后复发与移植预处理及GVL作用未能清除体内残留白血病细胞有关。

（二）复发后进程

大部分患者复发为骨髓复发，进展较快。少数患者进展缓慢，呈“冒烟型”进展。另外“孤立型”髓外复发不少见，急性白血病髓外复发占7%～45%，孤立型复发占4%～27%，髓外复发见于中枢神经系统，骨髓和骨周围软组织，乳腺、睾丸、纵隔、肺、皮肤及皮下组织等部位（Doney等，1991；LeeK等，2000）。

（三）复发后治疗

HSCT后复发，目前尚无公认的最有效的治疗策略，但较有效的几种方法如下：

1. 撤除免疫抑制剂 该方法是作为治疗不伴有严重GVHD的白血病复发患者的第一步，可诱发GVHD和GVL作用，在部分AML、ALL及CML可获得缓解（Elmaagacli等，1999；Tamara，2006）。

2. 供者淋巴细胞及G-CSF动员的干细胞输注（DLI/DSI） DLI是通过供者淋巴细胞产生移植物抗白血病作用（GVL），使骨髓达到缓解。DLI是目前CML allo-HSCT后复发治疗的首选方法，DLI可诱导80%的CML慢性期移植后细胞遗传学复发的患者获得再次缓解，对 CML 加速期和急变期的患者缓解率分别为 60%～70%和 20%～30%（Dazzi 等，2000）。在 AML 和 ALL 移植后复发，DLI 疗效不理想，约 22% 的 AML 与 8% 的 ALL 可获得完全缓解。但缓解后较容易复发，长期缓解率低（Porter 等，2006；Collins 等 2000）。回输供者淋巴细胞剂量，自最初的 0.2×10^8/kg 至＞2.0×10^8/kg，在 0.2×10^8/kg DLI回输 GVHD 及骨髓受抑均较低，剂量增加使 GVHD 与骨髓抑制发生率上升（Fozza 等，2007）。

3. 化疗　化疗是移植后复发的重要选择，复发患者均应尽快治疗，化疗的疗效与移植后复发时间有关。如果在移植后早期（＜100 天）复发，化疗通常难以奏效。患者刚经历了较强的预处理，造血功能尚未完全恢复，化疗的副作用，患者尚难耐受。移植后远期复发（＞1 年），患者有可能较好地耐受化疗，30%～40%可达 CR，但多数患者最终再次复发，长期生存率不足 10%。

4. 放疗　放疗对于孤立的髓外复发有重要的治疗作用，但髓外复发后随之会出现全身复发，所以局部放疗后通常应进行全身治疗。道培医院孤立的髓外复发如乳腺、腹壁皮下、骨骼等经过局部放疗后大部分病例获得缓解。

5. 化疗联合 DLI/DSI 输注　常规 DLI/DSI 对急性白血病复发的治疗效果均较差，因而单独应用不能作为有效、常规治疗。影响急性白血病对 DLI/DSI 疗效的原因之一是，白血病细胞增殖速度快而复发时肿瘤负荷重，而 DLI/DSI 产生的移植物抗白血病效应作用慢，它需要数周至数月才能发挥疗效。因而临床上对增殖快且负荷大的复发白血病可通过减低负荷，降低肿瘤细胞增殖，为 DLI/DSI 治疗争取时间，发挥 GVL 效应。Kolb 等（1995）用 DLI 治疗慢性粒细胞白血病有效后，DLI 亦用于其他的血液恶性疾病，DLI 效果不一，DLI 对慢性粒细胞白血病疗效最好，其次对慢性淋巴细胞白血病、套细胞淋巴瘤、滤泡淋巴瘤、霍奇金淋巴瘤、骨髓瘤疗效中等，对 MDS、AML、ALL 及高度恶性非霍奇金淋巴瘤效果差。DLI 输入剂量 1×10^6/kg 和 1×10^8/kg 的 CD3 淋巴细胞，该剂量限于 HLA 相合的异基因移植。

Takami A（2005）报告用化疗-供体淋巴细胞输注（chemo-DLI），使部分患者获得持久缓解，但化疗后给 DLI 容易发生严重的造血抑制，应用粒细胞集落刺激因子动员的富含造血干细胞的外周血分离物，可促进造血恢复，在 ALL、AML、MDS 使用中，如果无反应，可 4 周后重复第 2 次、第 3 次。应用 DLI 与 DSI 各家报告剂量不一，许多临床变数仍需更多的研究与临床观察。用上述方法治疗后发生 aGVHD 达 93%，cGVHD 广泛型达 62%。但缓解效果不好，在 AML、ALL 中再缓解率低于 10%。

6. 甲磺酸伊马替尼（格列卫）　自该药问世以来，由于对 CML 显示出了独特疗效，早期一些单中心与最近多中心研究结果显示，伊马替尼可使 30%～70%移植后复发的 CML 获得分子遗传学缓解。Olavarria 等 2003 年等报告了欧洲慢性白血病工作组的资料，伊马替尼治疗移植后复发的 128 例，全部血液学有效率为 84%，慢性期、加速期、急变期的患者 2 年预计生存率分别为 100%、86%与 12%。伊马替尼治疗 CML 的疗程尚未明确，部分患者停药后白血病再次复发。

Weisser 等 2006 年比较了伊马替尼和 DLI 治疗移植后复发的 CML，两组治疗缓解后分别有 60%与 14%的患者再次复发，伊马替尼的无病生存率 DFS 明显低于 DLI 组，证明伊马替尼单独应用治疗移植后复发的 CML 效果较差。

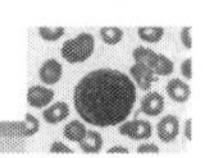

SavaniB 等 2005 年研究报告，伊马替尼联合 DLI，使复发的 CML 患者比单用一种方法获得更迅速的分子遗传学缓解。他们比较了联合治疗 3 个月分子遗传学的缓解率，联合组为 90%，而 DLI 和伊马替尼组分别为 7.7%和 11%，联合组停用伊马替尼后，仍持续缓解。联合组可降低伊马替尼的用量与供者淋巴细胞输注剂量，减少药物副作用和 GVHD 发生危险。联合组治疗移植后急变 4 例，均取得分子生物学缓解。这是一项有前景的研究，需更多临床协作。此外，对伊马替尼耐药者使用达沙替尼，对多靶向受体酪氨酸激酶的抑制剂舒尼替尼（sunitinib），均已在临床使用，为伊马替尼耐药的患者开辟了新途径。

7. 细胞因子的治疗

（1）白细胞介素-2：在体外证明白介素-2 能增强杀伤性 T 淋巴细胞功能并可诱导产生 LAK 细胞杀伤瘤细胞，但临床未显示单独用白介素-2 治疗的效果，目前白介素-2 主要在难治/复发血液肿瘤治疗时与化疗联合应用。Thompson JA（2006）对 204 例自体移植后复发淋巴瘤治疗，随机使用白介素-2，通过 4 年随防比较研究发现两者无统计学差异。Nagler A（2001）对 13 例可评估的难治/复发淋巴瘤与白血病患者，用白介素-2 联合化疗治疗，4 例部分缓解，1 例病情稳定。对 ALL 在自体移植后及前瞻性随机的 allo-BMT 研究中，使用白介素-2 与否未见改善 ALL 缓解率（Attal 等，1995）。因而总的来说，单独使用白介素-2 效果不明显，部分有一定效果。

道培医院在 allo-HSCT 后或自体移植后复发的病例，部分使用白介素-2 治疗，除了分子学上早期复发，有少部分患者，短期有效。细胞形态学上复发，显示不出效果。白介素-2 的用法：100 万～300 万 U，静脉注射，连续使用 5～7 天，每 3～4 周 1 个疗程。道培医院在 allo -HSCT 后分子学早期复发病例用 30 万～50 万 U，皮下注射 10 天左右，剂量依据临床反应调整。临床疗效尚在进一步观察中。白介素-2 使用中常见低血压，少部分患者出现血肌酐、胆红素上升，有发热、皮疹等症状。此外，心律失常、心肌梗死、毛细血管渗漏综合征等均见报道。大剂量白介素-2 应用甚至导致休克，这与白介素-2 促进生成 TNF-α 有关。

（2）干扰素：IFN-α 和 IFN-β 有抗病毒免疫调节作用及抗肿瘤作用，IFN-2α 和 IFN-2β 已被应用于血液肿瘤。现应用较多的是基因工程重组的 IFN-α 和 IFN-2β，干扰素主要通过增强巨噬细胞的吞噬和杀伤功能及增强 NK 细胞和 CTL 杀伤活性，发挥抗肿瘤作用，多用于 CML。

IFN-γ 有明显的免疫调节作用，能增强 MHC-Ⅰ类与Ⅱ类抗原表达，促进 T、B 淋巴细胞分化增强 NK 细胞活性，激活单核/巨噬细胞杀伤肿瘤细胞作用，在 CML 基因表达高水平的患者中，应用 IFN-γ 部分人群可见疗效，延缓了 CML 的进展（Arcese 等，1993）。总体上，干扰素在复发血液肿瘤中使用，疗效不确切。现在在进行 IL-7、IL-15 及角蛋白细胞生长因子的研究，在加速 T 淋巴细胞重建、改善免疫功能、对防止移植后复发显示出积极的效果。

8. 细胞治疗

（1）自然杀伤细胞（NK 细胞）：NK 细胞是无 T 和 B 淋巴细胞特征性表面标志的淋巴细胞，它表达多种特殊受体，使之可杀伤病原菌的感染细胞和肿瘤细胞。NK 细胞对于不同的血液肿瘤细胞毒效应存在差异，对于髓性血液肿瘤的细胞毒效应强于淋巴性肿瘤。

体内外用白介素-2激活淋巴因子杀伤细胞，在自体骨髓移植后，作为自体NK细胞辅助治疗并未改善临床结果（Barns等，2003）。

在allo-HSCT后，由于供受者之间杀伤细胞免疫球蛋白样受体家族（KIR），不相容性引发的异源反应性NK细胞活性，可攻击宿主白血病细胞，降低移植后白血病复发率，无论在半相同或同胞全合还是在非血缘供者移植中均显示出了上述结果（Toneva等，2001；Rugger，等2002）。有研究报告在HSCT中输注KIR不相配的NK细胞，在不减少供者T淋巴细胞前提下NK细胞能杀伤白血病细胞，在KIR不相合的半相同移植中GVL作用强（Davies等，2002）。异基因NK细胞，有更强的GVL效应，IL-15是移植后促进造血重建的重要因子，但仅表现在TCD的HSCT（Alpdogano等，2005）中，NK细胞对淋巴性血液肿瘤疗效不好，与淋巴细胞表面缺乏与NK细胞非MHC-Ⅰ类分子特异结合的配体，低表达淋巴细胞功能抗原，低表达与NK细胞结合的黏附分子等有关（Farag等，2002）。应用NK细胞对allo-HSCT复发后的治疗，有待更多的临床实践与基础研究。

（2）细胞因子诱导的杀伤细胞——CIK细胞：CIK细胞在形态学上属于大颗粒淋巴细胞，$CD3^+CD56^+$的CIK效应细胞，在正常外周血与骨髓中占淋巴细胞的1%～5%，其前体细胞在体外经多种细胞因子培养3～4周，可扩增上千倍甚至以上，也扩大了杀瘤活性。CIK细胞是以$CD3^+CD56^+$细胞为主的异质细胞群，对自体与异体、同种与异种肿瘤细胞均有杀伤作用，包括多药耐药肿瘤，CIK细胞内有多种抗凋亡基因表达，使CIK细胞能抵抗凋亡基因蛋白的诱导对自身凋亡引发抗肿瘤活性下降（Mehta等，1995）。

Linn等（2002）用AML标本分离培养出来的CIK细胞，无论在自体或异体中，均对白血病原始细胞有细胞毒杀伤活性。

Loaport等（2006）和Introna等（2007）在allo-HSCT后复发病例中，使用CIK治疗。前者报告18例（AML 13例、ALL 4例、CML1例），其中基因学或分子学复发6例，血液学复发12例，接受DC-CIK细胞数为（0.2～44）$\times 10^9$，中位数2.34×10^9，18例中11例有效；其中基因或免疫学复发6例中5例有效，有效率为83.3%；12例血液学早期复发病例，6例有效。CIK在本组中，未见到ALL与AML的疗效差异。Introna报告了11例血缘与非血缘移植后复发病例，在DLI治疗无效情况下，4例取得PR或CR，提示DLI无效病例CIK仍有治疗前景。童春容（2002）用患者外周血培养CIK细胞，对37例急性白血病患者给予58个疗程的CIK治疗，其中34例为血液学缓解期接受CIK治疗，其3年缓解率（CCR）达75%。5例B淋巴细胞ALL（2例骨髓残留IgH和TCRδ重排阳性，1例长期脾大病例）。在化疗后接受CIK治疗，IgH和TCRδ转阴，脾大消失。

CIK Ⅰ/Ⅱ期临床应用，显示它对各种血液肿瘤均有一定疗效，CIK细胞与放化疗联合能否提高血液肿瘤初期的CR率，尚无明确结论。CIK细胞单用或联合放化疗，对部分化疗药物无效病例，可获部分或完全缓解。CIK细胞治疗量与体内残留肿瘤细胞量存在相关性。关于CIK细胞生理功能，免疫监测和造血调控，都在进行进一步的研究。

（3）特异性杀伤T淋巴细胞（CTL）：根据表达T淋巴细胞表面受体（TCR）类型，将T淋巴细胞分为$TCR\alpha\beta^+$和$TCR\alpha\delta^+$两大类。而根据TCR基因的可变区（v）不同，又将这两类T淋巴细胞分为多个不同亚家族。直接用肿瘤细胞或抗原肽刺激T淋巴细胞后诱导特异的CTL扩增，取得一定的效果，但用肿瘤细胞或抗原肽刺激DC，然后用负载肿瘤抗原的DC诱导特异性CTL更有效。机体对肿瘤的免疫作用主要是细胞免疫，在细胞

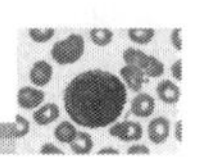

免疫中，直接参与肿瘤特异性杀伤的细胞主要是CTL细胞，在一定条件下$CD8^+$和$CD4^+$的CTL能识别白血病细胞上的次要组织相容性抗原，而具有特异性的抗肿瘤作用。CTL的杀伤作用受MHC的限制。CTL细胞对肿瘤细胞的杀伤可能存在两种机制：①通过其抗原受体识别肿瘤细胞上的特异性抗原，并在Th细胞的辅助下活化直接杀伤肿瘤细胞；②活化的CTL分泌淋巴因子如γ干扰素、淋巴毒素等间接地杀伤肿瘤细胞。$CD4^+$ T淋巴细胞可产生淋巴因子增强CTL的功能，并可激活巨噬细胞或其他APC，从而参与抗肿瘤作用。

CTL对于allo-HSCT复发患者的治疗是有效的。Marijt等（2007）报告27例患者中16例做CTL培养，其中8例为复发，这8例患者接受了1次到多次的CTL细胞输注，其中1例患者输注1次达到CR，1例同时输注CTL和DLI达到CR。

CTL是T淋巴细胞的一个亚群，大多数CTL呈$TCR\alpha\beta^+CD3^+CD8^+$，CTL前体经抗原刺激和在Th作用下，活化成特异杀伤的T淋巴细胞，由肿瘤抗原多肽诱导的CTL可用于治疗同一种肿瘤抗原的肿瘤。肿瘤抗原多肽的CTL除有特异性外，在设计上可对野生型多肽进行改构，提高与MHC分子的结合力及T淋巴细胞认识的兼并性。无论是髓性白血病、淋巴瘤还是骨髓瘤，用其特异的抗原、多肽诱导的CTL均取得一定疗效，在ALL中用P190 BCR-ABL多肽诱导抗Ph^+ ALL CTL报道较少，但诱导特异的$CD4^+$与$CD8^+$CTL，也在Ph^+ ALL中发挥了特异性细胞毒作用（Hagihara等，2003）。CTL在复发血液肿瘤中应用前景广阔，但操作技术难度大，加之临床使用中由于白血病抗原的丢失、肿瘤免疫逃逸，使其应用受到一定的限制。

9. 二次异基因移植 由于DLI和伊马替尼治疗移植后复发的CML具有非常显著的疗效，二次移植主要用于DLI无效或对伊马替尼、达沙替尼及舒尼替尼无效的病例。二次移植是有效的治疗，对于移植后复发的急、慢性白血病，由于DLI、CTL、NK等治疗，仅少部分有效，所以二次移植不失为一种可选择的有效方法。欧洲外周血和骨髓移植登记处（EBMT）资料显示，再次移植患者TMR为45％～46％，OS率为26％～32％；第一次移植6个月内复发与6个月后复发，二次移植复发率为77％与69％，长期生存DFS率为7％与28％。EBMT资料显示，初次移植后292天内复发的患者，再次移植的TMR明显高于初次移植292天后复发的患者（53％ *vs* 37％），DFS率亦明显下降（Wagner等，1992；Mrsic等，1992；Chiang等，1996；Bosi等，2001）。

（1）二次移植的相关死亡原因：主要为严重感染、MOF和IP，其次为SOS、GVHD、HC、移植物排斥等（Eapan等，2004）。

（2）二次移植的DFS与下列因素相关：HSCT后复发时间≥6个月，HSCT一次与HSCT二次移植间隔超过12个月，处于CR或CP期的AL和CML，移植时年龄较小，一般＜20岁，HSCT 2次移植时发生cGVHD，机体状态评分＞80分，预处理方案含TBI。另外，在减毒的预处理方案比清髓预处理方案复发率高。以上这些因素中，复发的时间是最重要的预后因素。国际骨髓移植登记处显示，HSCT后6个月内移植，2年移植相关死亡率、复发率和DFS率分别为69％、77％和7％，与6个月后移植复发率30％、59％、28％相比，有明显统计差异（Mrsic等，1992；Chiang等，1996）。

（3）二次移植中关于供者的选择：更换供者还是采用初次供者，目前尚没有明确的结论。法国的一项研究比较了不同供体与相同供体再次移植治疗复发白血病的疗效，结果提示供体选择对 TMR 和 2 年 DFS 均无明显影响；Mrsic 等（1992）对比研究的结果也得出相似的结论。在 CIBMTR 报道中，也认为更换供者并没有增加移植复发的风险。但也有一些研究显示，采用不同的供体进行再次移植可取得较好的移植效果。Duus 等（2005）报道了 6 例相关供体移植后复发白血病患者，采用无关供体再次移植后 4 例无病生存 2 年以上，而且重度 GVHD 并没有增加，认为由于无血缘关系供体和受体之间存在 KIR 不相合，这更利于发挥移植物抗白血病作用。

（4）二次移植的预处理方案：早期复发的患者或第一次移植产生严重毒副作用的患者进行二次移植，通常预处理方案不选择高剂量化疗，多更换预处理方案。Hosing 等（2005）报告减低剂量的预处理，并不降低再次移植白血病的总生存率。多数二次移植涉及相同的供者，进行二次移植的患者保留供者部分的免疫作用。常常减少预处理方案剂量及免疫抑制剂剂量。Bosi 等（2001）报告，在二次移植中，预处理方案加入 TBI 和单纯化疗方案比较，TMR 降低，提高再次移植患者的生存率，但注意这组患者 80％在第一次移植中，预处理方案不含 TBI。对于二次移植多采用外周血干细胞移植。其优势是造血组织恢复较快，且预处理相关毒性较少。另外，大量的淋巴细胞被输入，潜在产生抗白血病效应，比骨髓移植的抗肿瘤效应强。

第四节　其他并发症

一、造血干细胞移植后中枢神经系统并发症

各移植中心报道的 HSCT 后 CNS 并发症发病率因研究对象、预处理方案等不同而波动在 6.4％～23％（Batlle 等，2005；Siegal 等，2007；Woodard 等，2004；Uckan 等，2005）。但是对 HSCT 后死亡患者的尸体解剖发现，90％以上的患者有 CNS 病理上的改变，最常见的病理改变为蛛网膜下腔和脑实质出血，其余依次是真菌感染、Wernicke 脑病、小神经胶质细胞结节性脑病和弓形体脑病。其中 17％的患者主要死亡原因是中枢病变（Bleggi-TorresF 等，2000）。以上数据意味着 HSCT 后 CNS 并发症的实际发病率可能远远高于临床诊断的数量。

对北京市道培医院在 2001 年 5 月至 2007 年 12 月间行 HSCT 的 640 例患者进行分析发现，移植方式为 HLA 半相同和非血缘、含全身照射（TBI）的预处理方案是 HSCT 后发生 CNS 并发症的高危因素，而年龄和原发病类型对中枢神经系统并发症的发病率无显著影响（曹星玉等，2010）。

HSCT 后的 CNS 并发症分为四大类：①预处理阶段的并发症；②骨髓清除期的并发症，主要包括代谢和药物相关性脑病、脑出血等；③免疫抑制相关性脑病，如病毒等机会性病原感染；④晚期并发症，如原发病的 CNS 复发、移植物抗宿主病（GVHD）及继发性第二肿瘤等（Saiz 等，2004）。

（一）预处理阶段

此阶段的 CNS 并发症主要与 HSCT 预处理的药物和放疗相关。

HSCT 预处理方案分为 TBI 方案和化疗方案两类。预处理期间使用的化疗药物剂量较

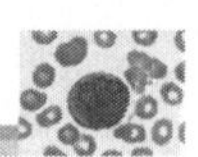

常规化疗要大得多，并且患者在进行 HSCT 前，因化疗及颅脑放疗的累计毒性，使其在预处理过程中对放化疗更加敏感，增加 CNS 的毒性。放疗后内皮细胞发生凋亡、血管通透性增加、毛细血管灌注减少、组织水肿和缺氧等一系列过程破坏血脑屏障的完整性，增加化疗药物对中枢的损害，最终导致轴突缺失和坏死，直接造成脑损伤。在 HSCT 过程中为预防排斥和 GVHD 常用的免疫抑制剂环孢素（CsA）和他克莫司（FK506），对神经系统的损害也不容忽视。另外，输注冻存的骨髓或外周血干细胞可引起短暂的记忆缺失和脑梗死等少见并发症。

表 16-14 为 HSCT 过程中常用放疗、化疗药物和免疫调节剂的神经精神损害（Mitchell 等，2006）。

表 16-14　放、化疗药物和免疫调节剂引起的常见神经、精神损害

药物	急性/亚急性效应	长期影响
放疗	呕吐、困倦、头痛、疲劳、嗜睡	认知缺陷、局灶症状、癫痫、颅内压升高
化疗药物		
白消安	癫痫	
卡莫司汀/洛莫司汀	癫痫、脑脊髓病	认知缺陷
顺铂	外周/中枢/自主神经病、耳毒性、白质脑病、癫痫、脑卒中样并发症、抗利尿激素分泌异常综合征	
环磷酰胺	视力改变、意识错乱	
阿糖胞苷	嗜睡、共济失调、外周/中枢神经病、吉兰-巴雷综合征	
依托泊苷	外周神经病、意识错乱、癫痫、视神经炎、皮质盲	
氟达拉滨	头痛、嗜睡、意识错乱、感觉异常、PML	
异环磷酰胺	脑病、癫痫、局灶缺陷症状	
甲氨蝶呤	蛛网膜炎、无菌脑膜炎、白质脑病、癫痫、下肢轻瘫、精神错乱（特别是鞘内注射时）	痴呆样改变、白质脑病（特别是鞘内注射时）
塞替派	白质脑病	
长春新碱	外周神经病、脑病、抗利尿激素分泌异常综合征	
免疫调节剂		
糖皮质激素	情绪不稳、躁狂症、抑郁、精神病、精神错乱、认知缺陷	
CsA	头痛、癫痫、局灶缺陷、皮质盲、PRES	
FK506	PRES	
GM-CSF	PRES	
白细胞介素 2	行为改变、精神错乱、疲劳、抑郁、躁狂、认知缺陷	
干扰素-α	精神错乱、嗜睡、抑郁、失语、失写、精神病	认知缺陷
利妥昔单抗	PML	

注：GM-CSF. 粒巨噬细胞刺激因子；PRES. 可逆性后部脑病综合征；PML. 进行性多灶性白质脑病。

CsA 脑病是该阶段常见的 CNS 并发症。

(1) 发病机制及临床特点：CsA 脑病与 CsA 造成的血管源性水肿和对细胞的直接损伤有关，可涉及大脑、小脑、锥体系、锥体外系及周围神经。但脑后部区域是主要受累部位，即可逆性后部脑病综合征（posterior reversible encephalopathy syndrome，PRES）。临床表现为头痛、呕吐、嗜睡、癫痫发作和视力障碍等。

脑后部区域为椎基底动脉系统供血区，CsA 通过肾素-血管紧张素系统激活等因素导致血压升高，血压升高时，血管周围交感神经受到血压刺激，血管阻力增加，以保护脑组织免受明显增加的血管压力的影响。但椎基底动脉系统只有少量的交感神经分布，灌注增加及自动调节的失衡导致该区域的水肿。另外，CsA 可损伤内皮细胞，继而释放血管活性因子如内皮素-1，内皮素-1 特异性结合于小脑、海马、间脑和脉络丛，引起颅内血管收缩和血管痉挛，从而诱发该部位可逆性缺血。

CsA 脑病常在全血或血浆 CsA 浓度高的患者中发生，当患者接受高剂量甲泼尼龙治疗，有高血压、低镁血症和低胆固醇时，CsA 脑病更易发生。需指出的是，当患者 CsA 浓度在治疗范围内时也可发生 CsA 脑病（Antunes 等，1999）。

对以上的解释是甲泼尼松龙可抑制 CsA 代谢，升高 CsA 血药浓度。镁有扩血管作用，低镁血症可导致脑血管痉挛。CsA 在血液中蛋白结合率为 90%，且主要与脂蛋白结合。CsA 在生物体内的分布与低密度脂蛋白（LDL）受体在体内的分布几乎完全一致。CsA 通过由 LDL 受体参与的受体介导胞饮作用被转移到细胞内。血清胆固醇浓度的下降导致 CsA 在 LDL 颗粒中的浓度增高，表达 LDL 受体的细胞对 CsA 的摄取增加，低胆固醇也导致 LDL 受体在细胞膜上表达量增加，在脑内 LDL 受体主要由蛛网膜细胞和星形胶质细胞表达，而这些细胞是白质中的主要细胞（伊藤清美等，1994；毕晓莹，2004）。

(2) 病理：对 CsA 脑病患者进行尸解没有发现特异性的组织学改变，非特异性的改变有缺血梗死、水肿、反应性星形胶质细胞增生、神经元缺失、点状出血、弥散性神经元损伤、脱髓鞘等（毕晓莹，2004）。

(3) 实验室检查：脑脊液检查蛋白浓度可见升高，但大多数脑脊液检查正常。大多数脑电图呈扩散性的局部慢波和癫痫样放电。头颅 CT 与 MRI 可显示典型的异常改变，为多灶性的双侧白质异常，主要在顶枕部，也有报道在颞叶、脑桥、背侧丘脑及小脑（毕晓莹，2004）。

(4) 治疗：及时减量或停用 CsA 至关重要。其他对症处理包括控制血压、抗癫痫、脱水降颅内压等（毕晓莹，2004）。通过早期干预治疗，CsA 脑病往往是可逆的，如果干预不及时可造成不可逆性损伤（Antunes 等，1999）。

（二）骨髓清除期

经过预处理阶段，患者骨髓造血被抑制，血象降低，尤其是血小板降低，容易造成出凝血的异常，导致脑出血等并发症；患者肝脏、肾脏、消化道的功能紊乱，可造成全身系统性疾病所导致的脑病发生，如肝性脑病，肾脏功能衰竭造成的 CNS 的表现；此时期患者常出现腹泻、恶心、呕吐，加之胃肠外营养导致营养状况的改变，从而产生营养代谢性脑病。以上是这一时期 CNS 并发症的特点。

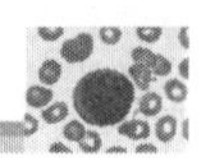

1. Wernicke 脑病

（1）临床特点：Wernicke 脑病是以 19 世纪神经病学家 Carl Wernicke 名字命名，由维生素 B_1（硫胺）摄入或吸收不足引起。临床上多呈急性或亚急性发病，眼肌麻痹、共济失调、精神障碍为该病典型的“三联征”。如果不治疗，可进展成 Korsakoff 精神病、昏迷和死亡。长期饮酒或各种原因造成的胃肠功能紊乱可引起维生素 B_1 缺乏。当患者接受胃肠外营养和含糖溶液输注时，需要消耗大量的维生素 B_1 去代谢摄取的碳水化合物。在限制维生素 B_1 的摄取后，储存的维生素 B_1 在 18～20 天内就可被消耗掉（Baek 等，2005）。因此，HSCT 患者因为胃肠道功能紊乱、恶心等消化道反应，加之胃肠外营养容易导致维生素 B_1 缺乏，故可能发生 Wernicke 脑病。

（2）发病机制：维生素 B_1 是糖代谢的重要辅酶，作为转酮醇酶、丙酮酸脱氢酶和 α_2 酮戊二酸脱氢酶的辅助因子，参与糖代谢的氧化脱羧反应，其缺乏会发生糖代谢的三羧酸循环障碍，使脑对葡萄糖的利用普遍降低，造成神经细胞变性及坏死。在动物实验中，通过应用阻滞 *N*-甲基 *D*-门冬氨酸选择性谷氨酸受体（NMDA）的拮抗剂，可以使病变减轻，这一发现提示维生素 B_1 缺乏的神经毒素作用可能由谷氨酸释放引起的兴奋性毒性受体所介导（李钧，2004）。

（3）病理：病理变化集中在乳头体，第Ⅲ、Ⅳ、Ⅵ和Ⅷ对脑神经核，以及丘脑、下丘脑、导水管周围灰质、小脑蚓部和迷走神经背核。镜下主要表现为毛细血管显著扩张、点状出血、血管内皮细胞增生、星形胶质细胞增生、神经核团大量空泡样变和神经元坏死等。

临床症状与受累部位有关。眼运动体征是由于脑桥和中脑上端的动眼神经核与眼运动中枢病变引起；共济失调与小脑上蚓部病变有关；第三脑室及导水管周围灰质受损波及脑干网状激活结构，引起意识障碍、昏迷；记忆力障碍与间脑病变特别是丘脑的背内侧核团的损害有关；乳头体为边缘系统与脑干上行性网状结构交界处，受损后引起近记忆力减退、遗忘及虚构，导致 Korsakoff 精神病（李钧，2004）。

（4）实验室检查：CT 和 MRI 对早期诊断 Wernicke 脑病有帮助。该病具有特定的发病部位，分布也极具特征性，第三和第四脑室旁、导水管周围、乳头体、四叠体、丘脑为常见受累部位。MRI 影像学可见上述部位病变导致的异常信号，在 T_1WI 上呈低信号，T_2WI 上呈对称性高信号，FLAIR 序列上呈明显高信号。CT 对诊断 Wernicke 脑病敏感性差，敏感性只有 13%。MRI 对诊断 Wernicke 脑病的敏感性为 53%，特异性为 93%。所以 MRI 正常，不能排除 Wernicke 脑病。

约半数患者的脑电图有轻至中度的弥漫性波率减慢。脑脊液检查正常或仅有蛋白含量适度增高。

Wernicke 脑病是由维生素 B_1 缺乏引起，检测维生素 B_1 缺乏的生化试验较多，包括血液中维生素 B_1、丙酮酸盐、α_2 酮戊二酸盐、乳酸和乙醛酸测定，尿排泄维生素 B_1 及其代谢物测定，维生素 B_1 负荷试验和尿甲基乙二醛检测等。最为可靠的方法是全血或红细胞转酮醇酶活性测定，未经治疗的 Wernicke 脑病患者常有血丙酮酸盐含量增高及血转酮醇酶的明显降低（李钧，2004）。试验性治疗也不失为一个可靠的诊断方法。

（5）治疗：一旦确诊，应立即使用维生素 B_1 治疗，可有效遏制疾病进展，逆转无结构变化的脑损伤，快速并且完全地改善临床症状。急性期每日静脉给予维生素 B_1 50～100 mg，持续数天。因可加重维生素 B_1 的耗竭，当疑诊 Wernicke 脑病而未补充维生素 B_1 时不能使用葡萄糖（李钧，2004）。Wernicke 脑病的患者容易出现低镁血症，而低镁时胃肠外给予维生素 B_1 可能无效，所以应经验性的通过胃肠外途径给予硫酸镁。

2. 颅内出血　在一组 622 例 allo-HSCT 患者的临床分析中，颅内出血的发病率为 3.4%（共 21 例），分别为脑实质出血 15 例、蛛网膜下腔出血 2 例、硬膜下血肿 4 例。脑实质出血的死亡率高达 89%，而所有蛛网膜下腔和硬膜下血肿的患者皆存活。引起颅内出血的原因包括血小板减少、高血压、aGVHD、肝窦阻塞综合征（SOS）和放疗。在单变量分析中，脐带血移植、aGVHD、系统性感染和 SOS 与发生颅内出血有关。在多变量分析中，只有 aGVHD 是影响颅内出血发生的因素（Najima 等，2009）。

3. 移植相关的血栓性微血管病（TA-TMA）　TMA 是以微血管性溶血性贫血、血小板减少、微血管血栓形成和多器官功能衰竭为表现的临床综合征，常引起肾功能损害及 CNS 异常，如头痛、意识障碍、昏迷、精神变化、瘫痪、抽搐、视力障碍、发音困难、失语等，死亡率较高。发生 TMA 的危险因素包括：TBI、神经钙蛋白抑制剂（CNI）的使用、西罗莫司的使用、GVHD、CMV 或真菌感染。TMA 的可能发病机制见图 16-5：预处理后发生内皮细胞功能障碍或者凋亡，其后的感染、细胞炎性因子的释放、GVHD 或者免疫抑制剂的应用等进一步损伤内皮细胞，上述过程导致内皮细胞抗凝和促凝功能间的平衡紊乱，最终导致 TMA 发生（Batts 等，2007；Daly，2002）。

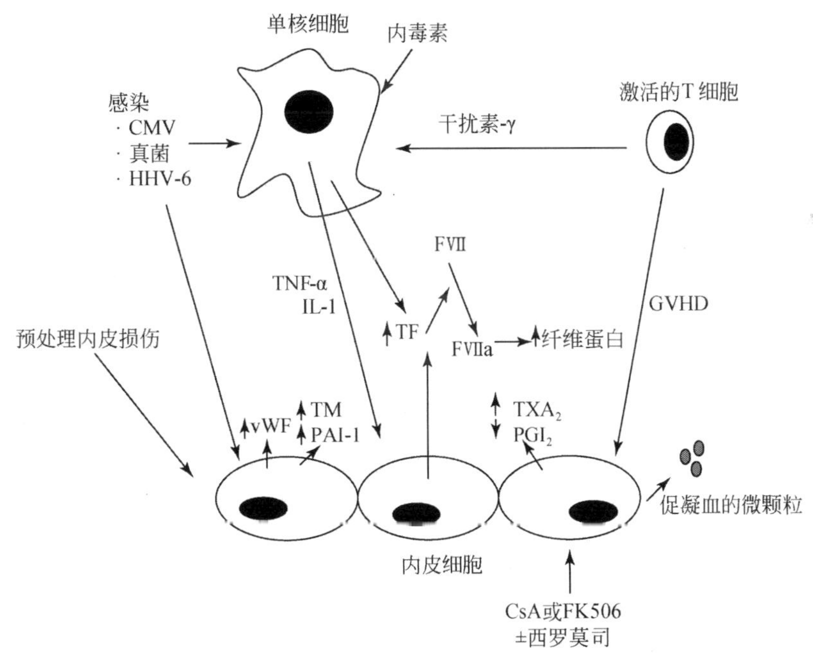

图 16-5　TMA 的发病机制（Batts 等，2007；Daly，2002）

CMV. 巨细胞病毒；HHV-6. 人疱疹病毒 6；TNF-α. 肿瘤坏死因子 α；IL-1. 白介素-1；vWF. von Willebrand 因子（人血管性血友病因子）；TM. 血栓调节蛋白；PAI-1. 纤溶酶原激活物抑制剂-1；TXA_2. 血栓素 A_2；PGI_2. 前列环素

国际工作组对 TMA 的诊断标准如下：①外周血红细胞碎片>4%；②进行性血小板减少；③突发和持久性的 LDH 升高；④HB 浓度降低或 RBC 输注需求增加；⑤血清结合

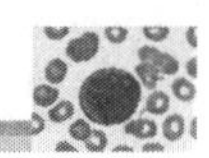

珠蛋白浓度降低。

TMA 的治疗：如为 CsA 或 FK506 相关的，停用上述两药，采用其他药物预防和治疗 GVHD。血浆置换只在不到 50％的患者中有效。TNF 单抗、去纤苷（defibrotide）、达珠单抗（daclizumab）、利妥昔单抗和二十碳五烯酸（eicosapentaenoic acid）可使部分 TMA 获得疗效（Carreras，2008）。

（三）免疫抑制相关的 CNS 机会性病原体感染

HSCT 后相当长一段时间患者的免疫功能不能重建，存在不同程度的免疫缺陷，面临着感染的风险。免疫缺陷的患者感染的病原体分布谱与具有正常免疫功能的人群具有不同的特点。B 淋巴细胞功能缺陷的患者容易发生有荚膜的细菌感染。T 淋巴细胞或巨噬细胞功能受损的患者常发生细胞内病原体的感染，最常见的细胞内病原体有真菌，特别是曲霉菌、一些细菌（奴卡菌）、病毒（如 HSV、JCV、CMV、HHV-6）（人单纯疱疹病毒、John Cunningham 病毒、巨细胞病毒、人类疱疹病毒 6 型）和寄生虫（如人刚地弓形体）（Cunha，2001），其中一些病原体具有亲神经性。对于 CNS 感染选择用药需要考虑以下因素：药物与蛋白质的结合情况、药物的离子化程度、药物的分配系数、分子质量大小及炎症对药物通透性的影响等。

1. CNS 真菌感染 随着广谱抗生素的应用，CNS 真菌感染的报道逐渐增多。病原体有隐球菌、念珠菌、曲霉菌、毛霉菌、皮炎芽生菌、孢子丝菌、青霉菌等。在一组对 1616 例 HSCT 患者的分析中，12 例诊断为 CNS 真菌感染，感染率为 1.2％，其中 11 例死于 CNS 真菌感染，另一例死于呼吸道合胞病毒肺炎。按照真菌性脑炎发生时间分为两组：①平均发生时间为（12.8±9.7）天的早发真菌感染，其发生与严重的白细胞减少有关；②发生时间为（129.1±63.5）天的晚发真菌感染，其发生与 GVHD、使用糖皮质激素或其他免疫抑制剂有关。最常见的临床表现为意识改变（58％），局灶性癫痫和全身癫痫大发作（50％），偏瘫（42％）。诊断 CNS 真菌感染的 12 例病例，病原菌分别为曲霉菌 10 例、毛霉菌 1 例、镰刀菌 1 例。这些患者均有其他部位的真菌感染灶，其中半数在肺部，鼻窦占 41.6％（Teive 等，2008）。中枢真菌感染死亡率超过 90％，但近年来伏立康唑和外科手术的干预已使其预后明显好转（Schwartz 等，2005）。

2. CNS 结核菌感染 结核杆菌为兼性胞内菌。兼性胞内菌是指在宿主体内主要寄居在细胞内生长繁殖，在体外无活细胞的培养基中亦可生长。美国 allo-HSCT 患者的结核发病率为 0～0.2％，而在结核病流行区可高达到 4％。Garces Ambrossil 等总结 HSCT 患者结核发病的两个因素是：①来自结核病流行区；②接受去 T 淋巴细胞的 allo-HSCT 或者需要系统的糖皮质激素治疗 GVHD 者（Garces Ambrossil 等，2005）。中国结核病的流行特点为高感染率，高患病率。全国 44.5％的人口感染过结核杆菌，感染人数达 5.5 亿，全国活动性肺结核患病率为 367/10 万（万康林，2008）。和普通人群的发病率相比，allo-HSCT 患者结核发病率明显增加，而 auto HSCT 患者的发病率无明显增加（de la Cámara 等，2000）。因此，国内 HSCT 后患者结核的感染不容忽视。结核性脑膜炎常是全身血行播散性结核的脑部表现，发病率通常与结核感染率成正比。文献报道 1 例 HSCT 后 58 天发生 CNS 结核，即使给予异烟肼、利福平、吡嗪酰胺和环丙沙星联合治疗，仍在诊断后的 20 天死亡（de la Cámara 等，2000）。另一例已经接受三联抗结核治疗的移植后肺结核患者，仍发生了颞叶结核性脑炎，最终通过联合手术改善了症状（Campos 等，2000）。因此，对于 CNS 结核感染的高危患者一定要以预防为主，必要时早期综合治疗。因为一线抗结核药利福平对肝细胞色素酶的诱导作用，常使 HSCT 后常用的免疫抑制剂 CsA 浓度明显下降，因此对 HSCT 后患者在选择抗结核药物时不能忽视药物的相互作用。

3. CNS 单核细胞增生性李斯特杆菌感染　单核细胞增生性李斯特杆菌在自然界广泛存在，也为兼性胞内菌，主要通过细胞免疫清除。在容易引起细菌性脑膜炎的病原体中李斯特杆菌位列第五，一旦感染死亡率较高（20%～50%）（Mizuno 等，2007）。Safdarl 等报道在 1985～1997 年间发生的 6 例李斯特菌病，感染率为 0.47%，平均发病时间 62.5 天（29～821 天）。其中 3 例患者接受了 HLA 相合去 T 淋巴细胞非血缘移植，1 例接受 HLA 相合去 T 淋巴细胞同胞移植，1 例接受 HLA 不全相合亲缘移植，1 例接受了脐带血移植。2 例患者有精神和脑膜脑炎表现（33.3%）。李斯特杆菌对青霉素、氨苄西林、庆大霉素、链霉素、氯霉素、喹诺酮类、利福平、复方磺胺甲噁唑等多种药物敏感，但头孢菌素类对李斯特杆菌无效。如病情较重，常用两种抗生素联用。氨苄西林或青霉素与氨基糖苷类抗生素联合使用具有协同作用。庆大霉素因不易透过血脑屏障，故不宜单独使用。在 T 淋巴细胞免疫受抑制的患者中，李斯特杆菌感染的风险比普通人群高 100～300 倍，广谱抗生素的预防是必要的，可使部分 HSCT 患者不受感染（Safdar 等，2002）。

4. CNS 病毒感染　引起 CNS 感染的病毒主要包括肠道病毒、疱疹病毒属、黄病毒、副黏病毒、正黏病毒、腺病毒、弹状病毒等。HSCT 后患者病毒感染主要有两种途径：①移植过程中或移植后由社区或医疗中心获得性的病毒感染，如呼吸道和肠道病毒；②初次感染后潜伏在体内，在 HSCT 的免疫抑制过程中再次激活，如疱疹病毒和人多瘤病毒（Anderson，2008）。脑组织也在 T 和 B 淋巴细胞的免疫监测之下，一些具有亲神经性的潜伏病毒，在 HSCT 后 CNS 病毒感染中具有重要地位（Anthony 等，2003）。HSV 和水痘-带状疱疹病毒（VZV）潜伏在感觉神经节内，在免疫功能低下时可以逆行感染，引起 CNS 感染。HSCT 后 CMV 感染常见，随着更昔洛韦的应用降低了早期 CMV 病的发生，使得晚期 CMV 病逐渐得到人们的重视。晚期发生 CMV 脑病的发病机制不详。Wolf 等发现 2 例 CMV 脑病患者中的 1 例血和脑脊液中的病毒不是同一株。研究显示，在骨髓移植后，供者起源骨髓细胞可在 CNS 分化为小胶质细胞、神经元和星形胶质细胞。作者推测晚期 CMV 脑病的发病机制可能与潜伏了 CMV 的供者造血祖细胞在 CNS 增殖分化有关。抗病毒药物透过血脑屏障有限，并且局部缺乏免疫监测，导致耐药株的持续存在（Wolf 等，2003）。Chan 等（1999）对 84 例免疫力正常、没有病毒感染临床表现的中国尸解的脑皮质标本进行 RCR 检测，42.9%的标本 HHV6 阳性，但只在 3 例患者中检测到了 HHV7，2 例检测到了 HHV8，提示 HHV7 和 HHV8 相对低的神经侵袭力，而 HHV6 具有高度亲神经性。75%的儿童发生过 JCV 原发感染，JCV 和 BKV 均可以在脑组织中潜伏感染（Elsner 等，1992）。病毒引起神经系统的损害包括两类，一类是病毒对神经组织的直接损害，另一类则为病毒感染后诱发的神经组织变态反应性的急性脱髓鞘改变。

5. CNS 弓形体病　弓形体病是 HSCT 后 CNS 最常见的寄生虫病，常通过接触被弓形体感染的动物或食用被污染的食物和饮水而感染。猫和猫科动物为弓形体的终末宿主，人及除猫和猫科动物以外所有的哺乳动物、鸟类、鱼类是其中间宿主。原发性感染可以无症状，但导致弓形体在肌肉或其他器官中潜伏。当机体免疫功能受到抑制的时候，潜伏感染

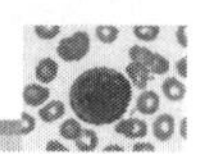

的弓形体被激活。人群中弓形体血清学阳性率在北美<15%，而在中欧为50%～80%。由于流行病学的地方差异性，HSCT后弓形体病的发生率波动在0.4%～7%（Matsuo等，2007）。HSCT后发生弓形体病患者的绝大多数（约95%）在移植前血清学阳性，提示HSCT前感染而处于潜伏状态的组织包囊在移植后被激活。因此，HSCT前确定患者的血清学反应非常重要。此病在供受者血清学阴性的情况下也有发生，提示HSCT后也会发生弓形体的原发感染。在HSCT后发生弓形体病者近90%死亡。应用复方磺胺甲噁唑可以减少但不能完全消除CNS发生弓形体感染（Saiz等，2004）。在HSCT患者中，弓形体病的发生常在移植后6个月内，2～3个月是发病高峰，临床表现为癫痫、嗜睡、精神改变、偏瘫、发音困难、尿失禁和发热。MRI显示在基底核、大脑、小脑半球的皮质白质交接处呈多发性损害。损伤是凝固性坏死，造成T_1像低或等强度的信号影，T_2像上高或等强度信号影，免疫抑制的患者因炎症反应弱，所以增强不明显、缺如或者延迟出现。仅用MRI影像学不能确定诊断，因为真菌感染也可表现为多灶性损害。通常通过在体液或活检标本中查到包囊或滋养体来确定诊断（Dietrich等，2000）。如果对该病患者早期进行恰当的治疗，可使约60%的患者病情得到改善。应用PCR方法对高危患者检测外周血标本中弓形体的激活，可以帮助早期诊断。HSCT受者弓形体病的初始治疗至少需要3周，在所有临床表现消失后还需要4～6周。首选方案包括乙胺嘧啶＋磺胺嘧啶＋亚叶酸（亚叶酸用于预防乙胺嘧啶的血液学毒性）。如果对磺胺过敏，可采用备选方案：乙胺嘧啶＋亚叶酸＋克林霉素或阿奇霉素或阿托伐醌（Sanford等，2009）。

（四）CNS的晚期并发症

HSCT后CNS的晚期并发症包括原发病CNS的复发，CNS的GVHD及第二肿瘤等。

1. CNS原发病的复发 CNS中GVL效应不如在骨髓中强可能是导致原发病在CNS复发的原因。此外，由于血脑屏障的存在，预处理方案中的细胞毒性药物不足以在CNS中达到有效杀伤白血病细胞浓度，致使其仍然在局部残留，也是造成移植后复发的原因。HSCT患者髓外复发后，绝大多数最终会发展为骨髓复发。Oshima等（2008）分析的1226例行allo-HSCT的白血病患者中，移植后CNS复发的累计发生率为2.3%。复发的高危因素有ALL、移植时疾病处于未缓解状态和已有CNS受累等。患者CNS复发后3年总生存率为18%。在29例CNS复发的患者中，7例为孤立性CNS复发，复发后的3年生存率为46%，虽然CNS复发的患者预后较差，但少数患者经适当治疗后也可获得长期生存。Ganem等的研究显示，如果HSCT前没有CNS受累并接受颅脑放疗，且首次缓解后进行移植，预处理采用含TBI的方案，移植后进行CNS白血病的预防，可降低CNS的复发（Ganem等，1989）。在CNS中浓度高的药物，如塞替派，或活性高的药物如达沙替尼（Porkka等，2008），均有助于防止CNS白血病的复发。HSCT后通过对脑脊液应用流式细胞术检测残留白血病细胞，或应用PCR检测具有特定分子生物学标志的肿瘤细胞，可以提高原发病CNS复发的早期诊断，从而做到早期干预，或可提高长期生存率。原发病CNS复发的治疗包括：鞘内注射化疗药物、颅脑放疗、鞘内注射免疫活性细胞（如CIK细胞）等。绝大多数CNS复发者若不干预，最终会发生骨髓复发，所以HCT后CNS复发者常需要接受全身化疗和（或）DLI以防止骨髓复发。

2. CNS的GVHD 目前关于是否存在HSCT后的CNS-GVHD还存在争议，也没有

CNS-GVHD的诊断标准。文献中关于CNS的GVHD只是少数个案报道，只积累了少量的组织和病理学资料（Kew等，2007）。Kamblel等认为，CNS-GVHD只有在CNS复发、机会性感染、移植后淋巴细胞增殖性疾病（PTLD）等其他疾病被排除后，有CNS受累的影像学表现、对免疫抑制剂的治疗有效和组织免疫表型证实血管周围有T淋巴细胞浸润才可考虑CNS-GVHD的诊断（Kamblel等，2007）。

3. HSCT后继发性第二肿瘤　HSCT后继发性第二肿瘤包括PTLD、血液系统恶性肿瘤和实体瘤。随着HSCT生存者随访时间的延长，二次肿瘤的发病率持续增高，并无平台期存在，其发生率见表16-15。三者皆可有CNS受累。

表16-15　HSCT后继发性第二肿瘤的累计发生率（Majnai等，2008）

第二肿瘤	累计发生率
实体瘤	5年时1.2%～1.6% 10年时2.2%～6.1% >15年3.8%～14.9%
PTLD	allo-HSCT后0.6%～1.4%（75%产生于1年内） 自体移植后很少发生
MDS/白血病	自体移植后5年发生率为5%～15% 很少发生于allo-HSCT

截至目前最大宗的报道来自于一个多中心的研究，对28874例allo-HSCT患者移植后发生实体瘤的危险因素进行了分析（范科尼贫血和先天性免疫缺陷病因疾病本身易发生二次肿瘤而被排除在研究之外）。HSCT后发生口腔、肝脏、脑/CNS、甲状腺、骨骼、软组织、皮肤肿瘤和黑色素瘤的比例明显增加。其中第二肿瘤中的脑/CNS、甲状腺、骨骼和软组织肿瘤大多数发生于儿童（HSCT时年龄<17岁）。发生非鳞状细胞癌的危险因素为放疗和年龄，30岁前接受放疗的患者，发生非鳞状细胞癌的相对危险度为非放疗患者的9倍，而≥30岁的患者相对危险度只有1.1。发生鳞状细胞癌的危险因素为cGVHD和男性。HSCT后CNS肿瘤的发生率是人群发生率的5.94倍（Rizzo等，2004）。CNS实体瘤种类主要包括恶性神经胶质瘤和原发的神经外胚层的肿瘤（Saiz等，2004）。

HSCT后EBV相关的PTLD主要危险因素包括：非血缘供者、HLA不全相合的血缘供者、移植物去T淋巴细胞、应用抗胸腺细胞免疫球蛋白（ATG）、Ⅱ～Ⅳ度aGVHD和使用强的免疫抑制剂。cGVHD是晚发性的PTLD的主要危险因素。患者如果具有以上3个或者更多个危险因素时，其发病率可以高达22%（Hamadani等，2007）。因为儿童EBV血清学检测往往呈阴性，所以儿童PTLD的发病率高于成人，是成人的4倍。PTLD累及CNS者不常见。使用硫唑嘌呤防治GVHD时，CNS-PTLD发生率较高，而应用CsA时则孤立的CNS受累不常见。CNS-PTLD常见的CT和MRI影像表现为多发性的水肿环绕的损害，但从影像上不能区别CNS-PTLD和原发的淋巴瘤或感染，必要时需要行组织活检确定诊断。临床上常根据病史和治疗反应区分CNS-PTLD和淋巴瘤。PTLD的治疗包括减免疫抑制剂，抗病毒药物治疗，应用EBV特异性CTL细胞治疗、化疗和应用抗B淋巴细胞单克隆抗体，但治疗孤立性的CNS-PTLD很少获得成功（Brennan等，2005）。

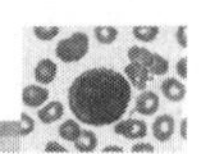

抗-CD20单抗（rituximab）对系统性的PTLD有效，但是对原发性CNS-PTLD的效果较差。有报道通过静脉给予rituximab、西多福韦（cidofovir）和鞘内注射甲氨蝶呤(MTX)、甲泼尼龙使1例有软脑膜病变而没有局灶脑损伤的PTLD患者获得了完全的反应，也有报道使用EBV-CTL和羟基脲治疗CNS-PTLD获得了很好的疗效。对于某些局灶脑损伤的CNS-PTLD患者，必要时还可考虑颅脑放疗（Hamadani等，2007）。

二、造血干细胞移植相关肾病

造血干细胞移植相关肾病包括急性肾损伤（AKI）和慢性肾脏病（CKD）两大类。现分述如下：

（一）急性肾损伤（AKI）

造血干细胞移植AKI是指移植后100天内血肌酐水平明显升高。AKI的发生时间一般在14～100天，中位时间28天。自体移植的AKI发生率较低，异基因移植后发生率较高。造血干细胞移植的类型和预处理方案是影响AKI的主要因素。

1. AKI分级

Ⅰ级：血肌酐水平未超过正常值的2倍，但肌酐清除率大于60%。

Ⅱ级：血肌酐值超过正常值2倍，但不需要透析。

Ⅲ级：血肌酐急性升高，需要立刻透析的急性肾衰竭。Ⅲ级AKI预后较差，死亡率较高。

2. AKI发生的危险因素

(1) 预处理强度与AKI发生的关系：大样本的研究表明，高强度预处理组140例，低强度预处理组129例，低强度预处理组患者年龄偏大，肾小球滤过率偏低，结果显示，3个月内高强度预处理组AKI的发生率为73%，而低强度预处理组仅为47%，并且发生AKI的时间明显晚于高强度预处理组。此外，低强度预处理组需要透析的AKI患者明显少于高强度预处理组（3% *vs* 12%），并且死亡率明显低于高剂量预处理组。需要透析的AKI患者的死亡率可达83%。AKI被认为是移植后患者死亡的独立因素（Parikh，2005）。

(2) 移植类型与AKI发生的关系：研究表明，自体移植AKI的发生率明显低于异基因造血干细胞移植，异基因造血干细胞移植中，同胞HLA配型相合，非血缘及半相同移植AKI的发生率未见明显差异。

(3) 败血症：败血症可引起血流动力学和炎症等多重损害，最终导致肾功能衰竭。可能的原因如下：①败血症所诱发的细胞因子风暴导致全身小动脉扩张和内皮损伤(Lameire，2005)，从而引起毛细血管渗漏而导致肾脏灌注不足；②败血症早期肾血管的收缩进一步减少了肾脏灌注；③肾小管的损伤致使细胞因子和趋化因子局部释放，导致局部炎症的发生和进一步肾内损伤；④抗感染药物的应用加重了肾损伤，如两性霉素B。

(4) 肝窦阻塞综合征（SOS）：肝窦损伤导致的门脉高压，最终致肾灌注降低和肾小管损伤。肾小管损伤导致尿钠排泄障碍，钠水潴留，肾灌注进一步下降，加重肾损害。

(5) 肾毒性药物：研究发现脂质体两性霉素B和普通两性霉素B均可造成肾损伤。脂质体两性霉素B肾毒性较低，万古霉素和庆大霉素均不增加AKI的风险（Prentice，

1997）。Cagnoni 等进行的一项有关异基因 HSCT 受者的亚组分析发现，使用脂质体两性霉素的患者肾毒性发生率低于使用普通两性霉素 B 的患者，两组的发生率分别为 32%和 66%，而且脂质体组患者更少需要透析。Sorkine 等进行的一项前瞻性、随机对照研究比较了因念珠菌感染入住 ICU 的患者使用普通和脂质体两性霉素的情况，结果显示两组的血肌酐增加的比例分别为 66.7%和 4%，后者显著低于前者（Sorkine，1996）。

（6）血栓性微血管病（TMA）、溶血性尿毒综合征（HUS）及肿瘤溶解综合征等均可导致肾灌注障碍，肾小管受损。

此外，AKI 危险因素还包括（Frederick，2009）：①环孢素浓度高；②低白蛋白血症；③重症肺脏损害；④移植物抗宿主病（GVHD）；⑤美法仑的应用；⑥蛋白尿及低白蛋白血症；⑦心脏受累；⑧高胆红素血症、高尿酸血症及高磷血症；⑨年龄偏大；⑩高危恶性肿瘤等。

3. AKI 的治疗　AKI 的治疗主要包括：①停用所有肾毒性药物；②去除病因及可能的高危因素；③维持有效的循环血量及胶体渗透压，以保证肾脏的血流量；④补充足够的能量；⑤抑制尿酸；⑥必要时可透析治疗。

（二）慢性肾脏病

慢性肾脏病（CKD）是造血干细胞移植后的并发症之一，最早可发生于移植后 2 个月，最晚可发生于移植后 10 年，通常发生于移植后 6～12 个月。CKD 主要包括：①血栓性微血管病；②肾病综合征；③放射性肾炎；④药物相关性肾病；⑤移植物抗宿主病相关性肾病。现分述如下：

1. 血栓性微血管病（TMA）　TMA 综合征是指以全身或肾内血小板聚集、血小板减少和微血管红细胞碎裂为特征的临床综合征。

TMA 发病机制：内皮损伤是 TMA 综合征发生的启动因素。内皮损伤激活凝血系统，导致血栓形成和纤维素沉积。纤溶和促凝活性间的平衡决定 TMA 是否发生（Fogo A，2000）。在 TMA 发生的过程中，血小板的聚集，纤溶酶原激活物抑制剂-1（PAI-1）、白介素-6、白介素-8 和肿瘤坏死因子-α（TNF-α）及内皮细胞超大 von Willebrand 因子的释放和 ADAMTS13 裂解 von Willebrand 因子的能力均发挥重要作用。近年来，研究发现，PAI-1 在 TMA 发生中的作用越来越引起人们的重视。PAI-1 作为一种内皮细胞、肝细胞和血小板产生的糖蛋白，正常情况下其血浆浓度很低。当 TMA 发生时，PAI-1 明显升高，提示 PAI-1 在 TMA 的发生中起到了关键作用（Anthony，1998）。

TMA 肾病的病理改变：肾小球膜呈纤丝状，与不明显的毛细血管网相互混杂，内皮细胞明显肿大，外观苍白。肾小球的部分毛细血管可见纤维蛋白血栓，肾小球系膜中有红细胞碎片。肾小球膜溶解和内皮细胞丧失伴有内皮下膜的增宽和毛细血管袢的闭塞。电镜结果显示肾小球基底膜和内皮下膜的间隙增宽伴有非免疫复合物的无定形物质沉积（Frederick，2009）。

高危因素：造血干细胞移植后 TMA 的发生率为 2%～21%。研究证实，急性移植物抗宿主病Ⅱ～Ⅳ度和慢性移植物抗宿主病均是 TMA 发生的危险因素。已明确慢性移植物抗宿主病患者存在内皮损伤，同时内皮细胞被认为是供体细胞毒性 T 淋巴细胞的直接靶点（Biedermann，2002）。此外，研究还发现，全身照射、环孢素、FK506、年龄大、非血缘

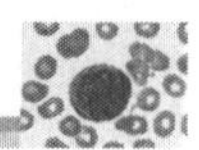

移植、半相同移植、病毒感染及恶性淋巴肿瘤等也与TMA的发生密切相关。

可根据血栓性微血管病的以下特征进行诊断（Frederick，2009）：①以红细胞破裂为特点的微血管病性溶血性贫血（裂红细胞≥2个/高倍镜视野）；②乳酸脱氢酶升高；③肾功能不全（血肌酐超过正常值的50%以上或肌酐清除率降低50%以上）；④无明显原因的神经系统受累；⑤直接或间接Coombs试验阴性。

预后因素：血肌酐明显升高、需要透析治疗或伴有脑病的TMA预后较差，乳酸脱氢酶升高和血小板降低提示预后不良。

血栓性微血管病的治疗主要包括以下措施（Frederick，2009）：

（1）去除病因：尽量发现并去除TMA的可能原因，如可能与GVHD有关时，应积极治疗GVHD。可能与病毒有关时，应积极抗病毒治疗。可能与药物相关时，应减停相关药物。

（2）血浆置换：可能有一定疗效。

（3）利妥昔单抗治疗：有学者报告用利妥昔单抗成功治疗5例TMA患者，其中4例有效。

（4）去纤苷治疗：有学者报告去纤苷治疗12例移植后早期TMA患者6例有效。

2. 肾病综合征 慢性GVHD性肾病可表现为肾病综合征，可伴有肾功能不全，表现为蛋白尿、低蛋白血症、贫血及水肿。病理类型主要是膜性肾病和微小病变型肾病，其中膜性肾病占61%，微小病变性肾病占22%。微小病变性肾病常发生于移植后8个月，膜性肾病常发生于移植后14个月。治疗包括环孢素、FK506、骁悉、皮质激素等。微小病变型肾病治疗缓解率为90%，膜性肾病的治疗缓解率为27%。也有用利妥昔单抗治疗造血干细胞移植后膜性肾病成功的报告（Frederick R，2009）。

3. 放射性肾炎 放射治疗可损伤血管内皮、肾小管上皮和肾小球。当全身照射剂量大于2000 cGy时，更容易发生放射性肾炎。一般情况下，急性肾炎常发生于照射后的6～12个月，亚急性、慢性肾炎常发生于辐照后2～5年（Frederick，2009）。

4. 化疗药物相关肾炎 容易导致肾损伤的化疗药物包括卡莫司汀、依托泊苷、阿糖胞苷、环磷酰胺及顺铂等（Hebert，1994）。化疗药物性肾炎的病理显示肾小球膜溶解、肾小球毛细血管动脉瘤形成和内皮下间隙变宽伴纤维素沉积。

5. 环孢素和FK506相关肾病 环孢素和FK506除引起肾脏TMA外，还可以直接损害肾脏，常表现为无症状性高氮质血症和蛋白尿，严重时可发生暴发性多器官功能衰竭。肾脏病理检查发现毛细血管丛和小动脉有血栓形成伴内皮下和肾小球系膜变宽、硬化。研究发现，环孢素和FK506是一种肾小球入球小动脉的强力收缩剂，可导致肾小球血流减少，并可导致小动脉损伤、肾小球硬化和间质纤维化，同时伴有肾小球膜基质的弥漫性增生（Myers，1988）。肾小球血流与环孢素和FK506浓度呈负相关。

6. 移植物抗宿主病相关肾病 研究发现，移植物抗宿主病引起的肾损害常不表现为肾病综合征或TMA，而表现为肾脏非特征性损害。移植物抗宿主病相关肾病可能通过T淋巴细胞介导的免疫损伤与细胞因子的相互交织作用，主要的细胞因子包括肿瘤坏死因子α、干扰素γ和转化生长因子β1，B淋巴细胞也参与慢性移植物抗宿主病相关肾损害（Frederick，2009）。

三、多发性肌炎

多发性肌炎（polymyositis）是异基因移植后较少见的并发症，常与慢性移植物抗宿主病并存，多发生在移植 60 天以后，可因减停免疫抑制剂及供者淋巴细胞输注、CIK 等免疫治疗而诱发。主要表现为肌肉疼痛、无力，肌酶升高，严重时可累及心肌及呼吸肌，表现为心衰、心律失常、心源性休克、呼吸衰竭等。

（一）发病机制及病理表现

现在认为 T 淋巴细胞介异的细胞免疫反应可能是主要发病机制，可伴有 B 淋巴细胞的参与，病毒感染常常成为多发性肌炎的诱因之一。肌肉活检中可见肌纤维间有数量不同的淋巴细胞浸润，以 T 淋巴细胞为主，血管周围纤维化，血管周围亦有 B 淋巴细胞浸润。根据病情严重程度不同，肌纤维溶解轻重不一致。可有不同程度的肌纤维萎缩。免疫组化研究可以证实肌纤维能被 IgG 所染色，提示其发病机制可能与免疫介导相关（Tse 等，1999）。

（二）临床表现

（1）多发生于异基因骨髓移植 60 天后，大约 50％的患者没有 aGVHD 病史。

（2）四肢近端、颈肌、咽部肌肉无力，进行性加重：表现为对称性四肢近端肌肉无力，下蹲、起立、上楼梯困难，双手抬举困难，抬头困难，声音嘶哑，吞咽困难。呼吸肌无力致呼吸困难、发绀。

（3）肌肉疼痛：5％～10％的患者伴发肌肉疼痛。急性起病的病例肌肉疼痛明显，疼痛部位多表现为颈肩、上臂、前臂、大腿、小腿。

（4）严重时可累及心肌，发生暴发性心肌炎。

（5）病程较长的病例可出现肌肉萎缩，肢体近端多见。

（6）少数病例可有发热、关节痛等。

（7）神经系统体格检查：四肢肌力减退，肌腱反射降低但不消失（Liu 等，2007）。

（三）辅助检查

（1）肌活检异常：Ⅰ型和Ⅱ型肌纤维坏死、吞噬和再生，嗜碱粒细胞增多，细胞核有大的膜状囊泡和增大的核仁，肌束周围萎缩，肌纤维大小不等，血管周围的炎性细胞浸润。

（2）肌酶升高：血清骨骼肌酶水平升高，尤其是肌酸磷酸激酶，其次是醛缩酶、血清转氨酶及乳酸脱氢酶。

（3）肌电图证据：肌电图显示短时限、低幅、多相波的运动单元电位，纤颤波、正锐波和插入活动增加，反复异常的高频放电。

（4）血沉增快，白细胞正常。

（5）可有类风湿因子，抗核抗体阳性。

（6）24 小时尿酸排泄量增加（Liu 等，2007）。

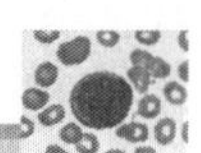

（四）诊断

（1）多为亚急性起病，个别病例可急性起病，急性起病的病例预后差。

（2）肌无力：常表现为对称性，严重病例可表现为呼吸肌受累及心肌损害。

（3）肌活检异常：Ⅰ型和Ⅱ型肌纤维坏死、吞噬和再生，嗜碱粒细胞增多，细胞核有大的膜状囊泡和增大的核仁，肌束周围萎缩，肌纤维大小不等，血管周围的炎性细胞浸润。

（4）肌酶升高血清骨骼肌酶水平升高，尤其是肌酸磷酸激酶，其次是醛缩酶、血清转氨酶及乳酸脱氢酶。

（5）肌电图证据：肌电图显示短时限、低幅、多相波的运动单元电位，纤颤波、正锐波和插入活动增加，反复异常的高频放电。

（五）鉴别诊断

（1）重症肌无力：病情常有波动，表现为朝轻暮重，新斯的明试验阳性，CPK、LDH 正常。

（2）慢性炎症性脱髓鞘性多发性神经炎（chronic inflammatory demyelinating polyneuritis，CIDP）：具有感觉障碍、腱反射消失、CPK 和 LDH 正常，而脑脊液中蛋白增高等。

此外，多发性肌炎还应与电解质异常、类固醇肌病、肌肉萎缩、神经肌炎、迟发的第二肿瘤、感染性肌炎、肌肉毒性药物、内分泌病和肌肉酶类缺乏等疾病相鉴别（Liu 等，2007）。

（六）治疗

（1）基础免疫抑制剂：环孢素、普乐可复维持在有效浓度。

（2）肾上腺皮质激素（地塞米松、泼尼松）、甲泼尼龙等对大多数多发性肌炎有效，为治疗本病首选，一般主张早期以大剂量冲击、中剂量巩固治疗，时间不少于 3 个月，小剂量维持时间不应短于 2 年。

（3）对于伴有溃疡病、高血压和糖尿病，不能应用肾上腺皮质激素的患者，以及经正规激素治疗 3 个月，肌无力和肌痛仍无改善者，均应改用或加用免疫抑制剂（环磷酰胺、硫唑嘌呤或甲氨蝶呤）。

（4）大剂量丙种球蛋白及血浆交换治疗对本病有治疗作用，但需较高的医疗费用。

（5）长期大量应用激素、免疫抑制剂等，要注意药物副作用，加强对症、支持治疗，对合并感染者，应尽早使用足量有效的抗生素。

（6）疗效评价

1）治愈：临床症状和体征基本消失，实验室检查恢复正常，并可参加一般日常工作。

2）好转：临床症状和体征减轻，实验室检查改善。

3）未愈：临床症状和体征无减轻，实验室检查无改善。

四、移植后淋巴组织增生性疾病

移植后淋巴组织增生性疾病（post transplantation lymphoproliferative disorder，PTLD）是器官移植后持续免疫缺陷下发生的一种由增生性到肿瘤性的淋巴系统增殖性疾病。表现为迅速进展的致死性临床过程。常发生于移植后1年内，最晚可发生于移植后10年。近年来，PTLD的发病率逐年升高，可能的原因为：①实体器官和干细胞移植的病例数量逐年增长；②免疫抑制剂的广泛应用，特别是很多新型免疫抑制剂的出现，导致机体细胞免疫功能严重受抑；③随着移植技术的不断提高，患者的生存期不断延长，相应地移植后恶性病变的发生率也升高。

（一）病因及发病机制

目前发现与PTLD发生有关的病毒主要包括EBV和HHV-8。EBV和HHV-8主要通过直接感染B淋巴细胞并与B淋巴细胞的基因组发生整合导致B淋巴细胞发生克隆性改变。因此，病毒感染B淋巴细胞是PTLD发生的关键环节之一。而病毒感染B淋巴细胞的关键是确保持续感染，也就是说，病毒感染了B淋巴细胞，但并不破坏B淋巴细胞，并在感染的细胞内大量增殖维持感染状态并逃避免疫系统的杀伤。研究发现，在与PTLD相关的病毒中，EBV感染与PTLD的发生越来越密切。相关的证据包括：①60%～80%的PTLD患者感染EBV，100%早期发生的PTLD患者感染EBV；②在单形性PTLD患者中，EBV感染也是单克隆的；③EBV特异性细胞毒T淋巴细胞（CTL）的减少和EBV载量的增加与PTLD的发展有很大关系；④体内EBV负荷随PTLD的进展而增加，PTLD被成功治疗后则降低；⑤经自体EBV特异性CTL治疗后可控制病毒载量和使肿瘤变小（Antonino C，2008）。

EBV是疱疹病毒家族成员之一。EBV是一种有被膜的病毒，包含一个DNA中心，周围环绕二十面体核壳体及内膜。EBV通过其病毒体上的膜糖蛋白和靶细胞上的受体结合后，通过细胞内吞作用进入滑面内质网。EBV包膜与内质网膜相融合，将核衣壳释入细胞浆，后者进入细胞核，脱壳，病毒活化后，迅速进入潜伏期，并随细胞复制而复制。EBV免疫逃逸的机制为：

（1）病毒相关蛋白表达减少：这样才使病毒感染的靶细胞得以逃避免疫系统的监视，进而转化并生长成为肿瘤组织。

（2）产生病毒性IL-10（vIL-10）：vIL-10可以抑制淋巴细胞和NK细胞及单核细胞合成干扰素；抑制巨噬细胞产生IL-1、IL-12和TNF，同时它也可抑制巨噬细胞依赖性T淋巴细胞增殖。上述细胞因子减少有利于病毒对新的淋巴细胞的再次感染和转化。

（3）干扰细胞毒T淋巴细胞的活动：某些EBV感染后发生突变的细胞仅表达低水平的转运相关蛋白TPA，进而抑制了对病毒抗原的提呈过程，使细胞表面表达HLA-Ⅰ类分子及相关黏附分子减少。另外，病毒感染细胞后，EB病毒可抑制抗原多肽的产生，干扰了抗原的降解和提呈过程，使得MHC-Ⅰ类分子复合体和黏附分子的表达减少。上述过程抑制了CTL对靶细胞的识别和杀伤，使得发生突变的B淋巴细胞得以逃避人体的免疫监视作用。

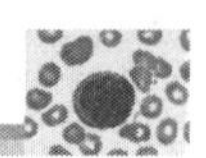

（4）抗原多肽可以突变：因而逃避了CTL识别和杀伤作用。

（5）一些分泌型的病毒产物可以干扰CTL的识别和杀伤作用。例如，EBV产生的可溶性gp42和vIL-10可抑制MHC相关抗原肽的合成表达及细胞因子依赖的CTL增殖。

（6）抑制靶细胞的凋亡：EBV产生的BHRF1是bcl-2的类似物，可拮抗TNF-α或Fas诱导的细胞凋亡。EBV产生的LMP1可通过调控bcl-2的上游途径而使细胞发生凋亡障碍（黄美贤，2001）。

EBV感染细胞并成功获得免疫逃逸后，部分感染的细胞会发生EBV基因组的整合，从而完成EBV感染细胞的克隆性转化。因此，PTLD的发生可能涉及多种基因改变。在B淋巴细胞克隆性转化过程中，EBV核抗原（EBNA）和潜在膜蛋白（LMP1～3）基因表达发挥重要作用。研究表明，EBNA1缺失的重组病毒会丧失B淋巴细胞永生化的能力，提示EBNA在B淋巴细胞永生化中发挥重要作用。此外，EBNA还可阻抑蛋白酶体对蛋白质的加工过程，影响抗原多肽的产生，从而阻止EBV感染的细胞被细胞毒性T淋巴细胞杀伤。LMP则可通过不同途径激活NF-κB的活性，导致NF-κB核转录因子的表达活化，NF-κB促进细胞增生并通过激活A20基因的表达拮抗TNF-α的细胞毒作用。EBNA和LMP共同作用最终导致p53、ras、c-myc和bcl-6等癌基因和抑癌基因的改变，最终发生细胞永生化，临床上表现为PTLD的发生（Daniela C，2003）。

最近的研究发现，PTLD常见的染色体易位包括t（8；14）、t（2；8）、t（8；22）等，分别产生融合基因c-myc /IgH、c-myc/Igκ和c-myc/Igλ。从而导致原癌基因c-myc的激活，原癌基因c-myc的激活与EBV表达的核抗原EBNA1激活重组酶RAG-1和RAG-2有关，重组酶RAG-1和RAG-2的激活增加了B淋巴细胞基因易位发生的可能性，最终导致B淋巴细胞的单克隆性增生，发生B淋巴细胞淋巴瘤（戚东桂，2006）。

（二）高危因素

移植后1年内的高危因素包括：① 非血缘移植；② 体内外去T淋巴细胞；③使用ATG或抗-CD3单抗；④移植前血清EBV阴性，特别是供者EBV阳性而受者EBV阴性；⑤受者年龄较小，特别是年龄小于5岁的患者；⑥输入$CD34^+$细胞较高；⑦某些细胞因子基因多态性也可促使PTLD的发生。以上同时具备2个危险因素的患者PTLD发生率为8%，同时具备3个危险因素者发生率为22%。移植后1年以上PTLD发生的唯一因素是cGVHD。另外，研究还发现，选择性地去除T淋巴细胞或NK细胞的患者比同时去除T和B淋巴细胞者发生PTLD的风险更大。供受者2个以上HLA位点不相合的移植，其发生PTLD的风险较大（Weinstock，2006）。

PTLD的发病率可因不同的移植类型而不同。心-肺联合移植PTLD发生风险最高，其次为肺、心、肝、胰腺和肾移植。一项研究表明，分析3796实体器官移植患者发现，肾移植的PTLD发生率为1.3%，肺移植的PTLD发生率为8.2%，肠移植的PTLD发生率高达30%（Noelle，2007）。造血干细胞移植的PTLD发生率与实体器官移植相比较低，非血缘移植的PTLD发生率为4%～24%，亲缘移植的PTLD发生率为0～0.7%（Albert，2005）。

（三）病理分类

世界卫生组织将 PTLD 分为 4 个类型，即早期损害（early lesions）、多形性 PTLD（polymorphic PTLD）、单形性 PTLD（monomorphic PTLD）和霍奇金样淋巴瘤（Hodgkin-like PTLD ），详见表 16-16（Noelle，2007）。现分述如下：

表 16-16　世界卫生组织对 PTLD 分类（Noelle VF，2007）

1. 早期损害（early lesions）
反应性浆细胞增多（reactive plasmacytic hyperplasia）
传染性单核细胞增多症（infectious mononucleosis-like）
2. 多形性 PTLD（polymorphic PTLD）
3. 单形性 PTLD（monomorphic PTLD）
（1）B 淋巴细胞肿瘤（B-cell neoplasms）
• 弥漫大 B 淋巴细胞淋巴瘤（diffuse large B-cell lymphoma）
• 伯基特或伯基特样淋巴瘤（Burkitt/Burkitt like-lymphoma）
• 浆细胞骨髓瘤（plasma cell myeloma）
• 浆细胞样损害（plasmacytoma like lesions）
（2）T 淋巴细胞淋巴瘤（T-cell neoplasms）
• 外周 T 淋巴细胞淋巴瘤（peripheral T-cell lymphoma）
• 其他类型（other）
4. 霍奇金样淋巴瘤（Hodgkin-like PTLD ）

1. 早期病变　反应性淋巴组织增生，见于 10%的 PTLD 患者，常出现在移植后 3 个月内而被称为早期病变。淋巴结内可见大量形态成熟的浆细胞增生，但淋巴结的结构常保持完整。浆细胞在滤泡间浸润，通过 κ 和 λ 免疫组化染色显示免疫球蛋白轻链多克隆表现。所有病例均可检测到 EBV。早期病变倾向于累及淋巴结，较少累及结外组织。早期病变可以自发消退，或在减少免疫抑制剂后消退。

2. 多形性 PTLD　多形性 PTLD 是侵犯淋巴结和结外组织的破坏性病变，特点是混合性淋巴细胞，包括小淋巴细胞和大的转化淋巴细胞浸润，也可有浆细胞、中性粒细胞和组织细胞等炎细胞浸润。可见不同程度的坏死，部分病例坏死广泛，但坏死的程度与临床表现没有相关性。多数多形性病变中的肿瘤细胞可检测到 EBV。部分患者可检测到免疫球蛋白基因重组。

3. 单形性 PTLD　单形性 PTLD 为干细胞和实体器官移植后最常见的类型。大多数单形性 PTLD 表现为弥漫性大 B 淋巴细胞淋巴瘤（DLBL）。免疫表型为 CD19、CD20、CD22、CD79a 和 Pax5 等 B 淋巴细胞抗原中的一种或数种。多数病例表达活化标志物 CD30，但与霍奇金淋巴瘤不同，CD15 常呈阴性。单形性 PTLD 以大淋巴细胞浸润为主，伴小淋巴细胞浸润。大的肿瘤细胞形态上表现为中心母细胞或免疫母细胞。偶尔可见浆母细胞或间变性大细胞型等类型。其他少见单形性 PTLD 类型包括多发性骨髓瘤和伯基特淋巴瘤。移植后多发性骨髓瘤和经典的多发性骨髓瘤形态相似，绝大多数 EBV 阳性。单形

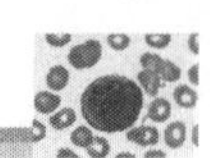

性 PTLD 的伯基特淋巴瘤的细胞形态可表现为典型伯基特或伯基特变异类型的细胞形态。所有病例都可检测到 c-myc 基因重组和 EBV。大部分单形性 PTLD 患者 EBV 阳性，但有20%的 PTLD 其 EBV 阴性。EBV 阴性病例的特点是发病晚，预后差。T 淋巴细胞淋巴瘤占 PTLD 的 10%～15%。T 淋巴细胞淋巴瘤常发生在移植后晚期，多见于 5 年后。T 淋巴细胞淋巴瘤各种类型均可发生，但以间变性大细胞淋巴瘤、γ/δT 淋巴细胞淋巴瘤和自然杀伤细胞淋巴瘤最为常见。50%以上的移植后 T 淋巴细胞淋巴瘤 EBV 阴性。这类淋巴瘤患者临床表现常为侵袭性强，预后差。

4. 霍奇金样淋巴瘤　罕见，和 T 淋巴细胞淋巴瘤相似，多发生在移植后晚期。移植后霍奇金样淋巴瘤几乎都是混合细胞型或淋巴细胞消减型，这和免疫正常人群霍奇金淋巴瘤以结节硬化型最为常见不同。该类患者几乎全部 EBV 阳性（龚祖寅，2006）。

（四）临床表现

1. 发热　造血干细胞移植早期发生 PTLD 的患者常表现为持续高热，抗细菌、真菌治疗无效，皮质激素退热效果差，非甾体类药物退热效果好。

2. 淋巴结肿大　多见于颈部淋巴结肿大，常多发、融合，伴轻度触痛，活动差。纵隔及腹膜后淋巴结肿大也较常见。

3. 结外器官病变

（1）胃肠道：约 17.7%的患者发生消化道病变，临床表现为腹痛、腹泻、黄绿色水样便，严重时可发生消化道出血及消化道穿孔。

（2）肝脏：可出现肝肿大、转氨酶升高、胆红素双向升高、凝血酶原时间延长、凝血酶原活动度降低，严重时可发生血氨升高、肝性脑病。

（3）肾脏：2.5%的患者可出现蛋白尿、肾功异常、肾盂黏膜出血性改变。

（4）膀胱：患者可有出血性膀胱炎，表现为尿频、尿痛、血尿。严重者可发生急性膀胱梗阻。

（5）肺脏：16.0%的患者发生间质性肺炎，表现为干咳、呼吸困难、血氧分压降低。严重者可发生急性呼吸衰竭。

（6）中枢神经系统：16.5%的患者可发生颅内压升高、脑水肿、癫痫（Castellano-Sanchez AA，2004）。

（7）骨髓：骨髓增生低下，造血干细胞移植患者可发生供者成分减少，发生早期排斥，可出现异常的 B 淋巴细胞克隆和浆细胞克隆。

（8）并发巨噬细胞激活综合征：表现为持续高热、全血细胞减少、浆膜腔积液、皮疹、铁蛋白升高、乳酸脱氢酶升高、凝血功能障碍。

（五）辅助检查

1. 血常规　早发性 PTLD 者白细胞常增高，以淋巴细胞为主，可见异形淋巴细胞。

2. EBV 检查　活检组织中检测 EBV 核酸或蛋白，能从组织切片中找到 EBV 的核酸无疑是 EBV 相关 PTLD 最有力的诊断依据之一。目前比较成熟的检测方法是使用原位杂交技术检测 EBV 编码的小核 RNA（EBV-encoded small nuclear RNA，EBER）。由于 EBER 在被感染细胞内的表达要超过 EBV-DNA 数个数量级，因此检测 EBER 较检测 EBV-DNA

更加敏感（Fanaian等，2009）。通过实时定量PCR（RT-PCR）技术发现PTLD患者淋巴结活检组织、骨髓及外周血细胞内EBV拷贝数明显升高，严重时可达10^8以上，骨髓较外周血更敏感，EBV的敏感度为78%～100%。血浆的EBV含量不能代表EBV活化的程度（Weinstock，2006）。

3. 流式细胞术检查　根据PTLD病理分期，早期病变表现为正常免疫表型的浆细胞和淋巴细胞增多。多形性病变表现为多个异常克隆免疫表型同时出现。单形性病变表现为单克隆的免疫表型，根据不同的病理类型，免疫表型不同，如弥漫大B淋巴细胞淋巴瘤为$CD19^+$、$CD20^+$、$CD22^+$、$CD79a^+$和$Pax5^+$，如霍奇金淋巴瘤为$CD30^+$、$CD15^-$等，PTLD相关抗原LMP1和EBNA1、EBNA2阳性（Daniela，2003）。

4. 基因学检查　可有克隆性Ig基因重排，克隆性TCR基因重排。PTLD相关LMP1和EBNA1、EBNA2基因表达（Daniela，2003）。

5. 病理学检查　同前。

6. 乳酸脱氢酶升高　见于79%PTLD患者，与病情严重程度正相关。

7. 影像学检查　超声检查、CT及MRI均可检测淋巴结肿大，PET-CT可发现肿大淋巴结出现浓聚灶，SUV值明显升高。

8. 骨髓检查　可见骨髓增生低下、异形淋巴细胞，EBV拷贝数升高。流式细胞术检查可见多克隆或单克隆异常表型。异基因造血干细胞移植患者可出现排斥反应。

（六）诊断

1. 高危患者　如非血缘或单克隆移植，有ATG或抗-CD3单抗治疗史，移植前患者EBV-IgG阴性，年龄较小等。

2. 临床拟诊

（1）原因不明的发热、抗细菌真菌治疗无效。

（2）淋巴结肿大或肝脾肿大及脏器浸润性表现。

（3）血清LDH增高。

（4）外周血、骨髓或淋巴结中EBV阳性。

（5）外周血及骨髓中可见异性淋巴细胞。

3. 确定诊断

（1）病理学：可见典型的早期病变，多形性病变，单形性病变，霍奇金淋巴瘤。

（2）流式细胞学检查：多克隆异常表型，单克隆异常表型。

（3）基因学检查：克隆性Ig基因重排，克隆性TCR基因重排。PTLD相关LMP1和EBNA1、EBNA2基因表达。

（七）治疗

1. 减量或停用免疫抑制剂　根据移植后PTLD发生的时间，决定免疫抑制剂的用量，早发性PTLD，由于机体与移植物之间的免疫耐受尚未完全形成，因此应保留少量的免疫抑制剂。迟发性PTLD，此时机体与移植物之间的免疫耐受已经形成，应停用免疫抑制剂。实体器官移植合并PTLD，减停免疫抑制剂应警惕排斥反应（Weinstock DM，2006）。

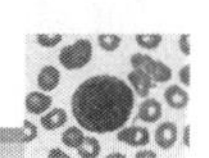

2. 抗病毒药物治疗 目前，抗病毒药物主要包括阿昔洛韦、更昔洛韦及膦甲酸钠注射液（可耐），它们的活性依赖于病毒编码的胸苷激酶。EBV基因组与人类B淋巴细胞基因组发生整合后，潜伏感染的EBV不表达胸苷激酶，导致EBV基因组对阿昔洛韦、更昔洛韦及膦甲酸钠注射液等常见的抗病毒药不敏感。研究发现，丁酸精氨酸可选择性地诱导胸苷激酶，丁酸精氨酸和无环鸟苷联合治疗EBV阳性的PTLD取得了较好疗效。研究还发现，如果克隆样变的B淋巴细胞表达BZLF1/ZEBRA可溶性蛋白，其内的EBV对膦甲酸钠注射液有效。有学者通过胸苷激酶转染克隆样变的B淋巴细胞，使其内的EBV对更昔洛韦敏感（Noelle VF，2007；Albert F，2005）。

3. 免疫治疗

（1）EBV-CTL：EBV-CTL是模拟体内免疫应答过程，通过标准化的EBV抗原刺激树突状细胞（DC），完成DC的EBV抗原的提呈，然后再用表达EBV抗原的DC刺激T淋巴细胞，产生专门杀伤EBV的特异性T淋巴细胞，免疫表型为表达CD3、CD8，部分表达CD56及CD3/CD8/CD56（Patrizia，2002）。一项研究发现，39例造血干细胞移植后PTLD高危患者接受预防性、特异性EBV-CTL细胞输注，39例患者均未发生PTLD，对照组12%的高危患者发生PTLD。有意义的是，EBV病毒载量高的6例患者行EBV-CTL早期治疗2～3周后，病毒载量减少2～4个对数级。输入后患者均未出现GVHD加重。此外，另一项研究报告，6例患者未行预防治疗出现PTLD后接受特异性EBV-CTL细胞治疗，其中5名患者获得CR，均未出现治疗相关GVHD（Noelle，2007 ）。研究表明，EBV-CTL注入体内可以维持10周，如果在体内或体外持续给予EBV刺激，EBV-CTL可维持18个月。EBV-CTL是治疗EBV相关的PTLD很有希望的新技术，治疗前景可观，但仍存在很多问题，如培养技术复杂、周期长、常常不能及时提供给PTLD的患者，并可筛选EBV-CTL耐药的EBV株等（Albert F，2005）。随着EBV-CTL技术的不断发展，这些问题最终将能够被解决。

（2）供者淋巴细胞输注（DLI）：根据移植类型决定DLI的次数及细胞数。同胞HLA配型相合移植，DLI次数及细胞数较多，而非血缘及半相同移植，DLI次数及细胞数应相应减少。在一项研究中，18名患者在HSCT后发生PTLD，接受供者淋巴细胞输注（DLI）后54%获得缓解，但62%的患者仍然出现了急、慢性GVHD（Noelle，2007）。

（3）IFN-α治疗PTLD：由于IFN-α具有抗病毒、抗B淋巴细胞增殖和（或）促进Th1细胞反应的作用，目前已成功用于治疗PTLD。但是，因为IFN-α非特异性刺激T淋巴细胞，这种治疗方法会导致显著的移植物排斥反应。Liebowitz等用IFN-α治疗18例肝移植的PTLD患者，总有效率为83%，但约50%的患者出现移植排斥反应和重症感染，中位生存期仅6个月。因此，IFN-α的应用还有争议。

4. 单克隆抗体治疗

（1）利妥昔单克隆抗体（美罗华）：抗-CD20单克隆抗体，可与B淋巴细胞表面CD20受体特异性结合，通过免疫调理及免疫黏附杀伤所有B淋巴细胞。应用方法为375mg/m²，每周1次，连续4周。目前，利妥昔单克隆抗体已广泛用于PTLD的治疗。法国的一项研究回顾分析了接受利妥昔单抗治疗的30例PTLD患者。研究对象的中位年龄34岁（6～67岁），PTLD的中位诊断时间是移植后5个月（1～156个月）。实体器官移植的PTLD总有效率为69%，造血干细胞移植者总有效率为83%，完全缓解率为60%。另外，有研究表明，对于PTLD发生高危人群，预防性应用利妥昔单抗可有效地降低PTLD的发生率（Noelle，2007）。

（2）抗白细胞介素6（IL-6）抗体治疗：IL-6是一种多功能细胞因子，它对B淋巴细胞的发育和成熟起一定作用。IL-6可促进EBV感染细胞的生长，PTLD患者可检测到高水平IL-6。一项前瞻性研究对12例经减停免疫抑制剂治疗失败的PTLD患者，采用抗IL-6抗体治疗，其中8位患者取得部分或完全缓解，而移植排斥反应的发生率未增加（Noelle，2007）。

（3）鼠源性的抗-CD21单抗和抗-CD24单抗：两者可通过补体的免疫黏附作用杀伤恶变的B淋巴细胞。抗-CD21单抗还可以封闭B淋巴细胞上的EBV受体，阻止EBV再感染正常的B淋巴细胞（Albert，2005）。

5. 系统化疗　对以上常规治疗失败的迟发PTLD患者，化疗有效率在33%～100%。常用的化疗药物包括环磷酰胺、多柔比星、依托泊苷、阿糖胞苷、博来霉素、长春新碱、甲氨蝶呤、皮质激素等。化疗应在减少免疫抑制剂（RI）和免疫治疗无效时进行（Albert，2005）。一项回顾分析评估了18例迟发PTLD患者，他们采用的治疗方法是系统化疗联合RI或者在RI失败后应用化疗。有效率为33%，但50%的患者死于化疗相关合并症及器官毒性或感染。初步研究发现，减小化疗强度可取得较好效果。一项多中心前瞻性研究发现，儿科PTLD一线治疗失败（RI、利妥昔单抗、局部治疗或干扰素-α）的患者采用环磷酰胺（600mg/m^2，iv，1d）和泼尼松2mg/kg×5d，每3周为1个疗程，共6个疗程，总有效率为83%（Noelle，2007）。

6. 局部治疗　局限性病灶可选择外科手术肿瘤切除或局部放射治疗。局部治疗联合免疫治疗或利妥昔单抗治疗效果更好。某些需要紧急或姑息治疗的患者也可选用局部放射治疗（Noelle，2007）。

（八）PTLD的预后

预后因素包括年龄、累及部位、发生PTLD的时间、有无bcl6突变、移植前EBV是否阳性、病理类型等。一般认为，预后不良的因素包括：年龄较小，累及多个部位，特别是累及中枢神经系统，PTLD发生时间较早，伴有bcl6突变，移植前患者EBV阴性，单形性病变（Cesarman，1998；Albert，2005 ）。

典型病例：

刘某，女性，18岁，重症再生障碍性贫血，供受者HLA配型高分辨10/10相合的非血缘外周血干细胞移植，供受者血型相同（B供B）。预处理方案为环磷酰胺/氟达拉滨/ATG，输入单个核细胞8.48×10^8/kg，输入$CD34^+$细胞11.53×10^6/kg，植入顺利。移植后46天无明显诱因出现持续高热，体温40.1℃，无寒战及畏寒。

体检发现右侧颌下淋巴结肿大伴疼痛，触痛明显，咽部充血。经验性抗细菌、真菌治疗无效，相继出现恶心、腹痛，低氧血症，血氧饱和度89%，肝、脾肿大，低蛋白血症，转氨酶升高，凝血功能异常，尿频、尿痛、尿急，肉眼血尿。超声检查提示颈部多发淋巴结肿大。肺部CT提示双肺下叶间质性改变，胸腔积液；腹部CT提示脾门周围及腹膜后多发淋巴结肿大。骨髓细胞内EBV-DNA 1.0×10^6拷贝/10^5单个核细胞，外周血细胞内EBV-DNA 1.3×10^6拷贝/10^5单个核细胞。血常规：白细胞17.06×10^9/L，淋巴细胞

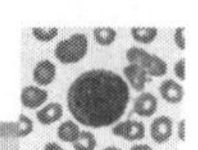

64%，分类可见异形淋巴细胞 13%。流式细胞术检查：全部有核细胞中，$CD19^+$ B 淋巴细胞占 28.91%，均 κ 阴性，其中 λ 阳性细胞 40.01%。$CD20^+$ B 淋巴细胞占 23.01%。2.99%细胞表达 CD19、CD20、CD23 弱阳性，CD5、CD45 强阳性；6.71%细胞表达 CD19、CD20、CD23、CD45 弱阳性，不表达 CD5、κ、λ，提示存在多群 B 淋巴细胞克隆。明确诊断为 PTLD。

治疗及反应：①环孢素减量，浓度 30ng/ml；②更昔洛韦/可耐抗病毒治疗；③先后输注 3 次供者 EBV-CTL，每次输注细胞数约 10^7。以上治疗后体温降至 38.5°C 左右，外周血 EBV 拷贝数短暂下降后又升高。因此修改治疗：美罗华 500mg，ivgtt，序贯进行 5 次EBV-CTL 输注，每次输注细胞数约 10^7。患者体温渐降至正常，颈部肿大淋巴结缩小，转氨酶下降，腹痛减轻，尿频、尿痛消失，血氧饱和度不吸氧 96%。流式细胞术分析示外周血 B 淋巴细胞消失，外周血 EBV-DNA 转阴。外周血异形淋巴细胞消失，骨髓检查：异常 B 淋巴细胞克隆消失，仍可见 0.06%异常浆细胞克隆，细胞内 EBV-DNA 1.6×10^3 拷贝/10^5 单个核细胞。骨髓细胞 DNA 嵌合率分析为供者成分 90.78%，提示早期排斥，故输注供者淋巴细胞 1×10^8/kg，再次 DNA 嵌合率分析为完全供者型。

五、腹膜后纤维化

（一）病因及病理

腹膜后纤维化（retroperitoneal fibrosis，RPF）系腹膜后结缔组织广泛纤维化，压迫血管、神经、胃肠道和输尿管等出现临床梗阻症状，其中输尿管周围发生纤维化粘连，包绕压迫上尿路可引起肾积水和肾功能衰竭；包绕腹部肠管、大网膜可出现腹痛，腹痛随肠管蠕动出现绞痛。本病病因复杂多样，关于腹膜后纤维化的发生原因，Ormond（1947）将其分类为 7 类：外伤、炎症、尿外渗、恶性肿瘤、药物、放疗和原发性。目前造血干细胞移植后并发腹膜后纤维化也有报道，大多与移植预处理放、化疗相关。北京市道培医院曾发现一例因预处理采用放疗方案，于造血干细胞移植后 30 天并发腹膜后纤维化。

本病因早期无特异症状和体征，临床上不易发现而延误诊治。

因本病发病局限性，缺乏动物模型，因此发病机制尚不明确。病理为肾门水平至髂动脉的腹膜后区域，以腹主动脉为中心形成致密纤维化包块，边界不规整，境界不清，无包膜。病变包绕腹膜后输尿管、腹主动脉、下腔动脉、腰大肌、肾蒂和结肠，将两侧输尿管拉向中线，折叠、屈曲、梗阻，引起输尿管狭窄，导致肾盂、输尿管积水。

（二）实验室检查及影像学表现

1. 实验室检查 无特异性表现，23%的患者实验室检查无异常。

2. 影像学检查

（1）腹部 CT 及磁共振（MRI）：于腹膜后显示单个或多个大小不均、密度均匀的软组织肿块影，前缘清后缘不清，病变范围可大可小，病灶不穿透腹膜。可伴有肾盂积水、输尿管扩张等。MRI 较 CT 优越，可显示血管狭窄程度。

（2）腹部 B 超：超声表现也有特征性，腹部横断及纵断面均可直接显示腹膜后纤维斑块，位于腹主动脉前方及两侧，呈片状低回声包绕，部分病例腹主动脉壁可见强回声的钙化斑。超声也可同时诊断是否累及输尿管，引起肾盂及输尿管积水。

(3) 输尿管造影：RPF 患者发现肾盂积水及输尿管上段扩张的阳性率可达 80%。

(三) 临床表现

主要表现为腹部及腰背部疼痛，占 76%～90%，少尿、无尿占 21.4%，腹部包块占 16.4%，其他可有腹胀、恶心、呕吐，双下肢阴囊水肿、血尿、腹水、发热、高血压、消瘦、乏力等。

(四) 治疗

1. 内科治疗

(1) 糖皮质激素：泼尼松 40～60mg/d，直至全身症状改善，以后 2～3 个月内逐渐减量，至 10mg/d 维持，继续服用 6～12 个月。

(2) 免疫抑制剂：环孢素、他克莫司等免疫抑制剂抑制成纤维细胞增殖，对腹膜后纤维化会有一定的作用。

(3) 国内外有报道应用巯唑嘌呤和抗雌激素药他莫昔芬也取得良好的治疗效果。

2. 外科治疗　当纤维化合并梗阻、无手术禁忌证时，应及时手术解除梗阻，从而改善肾功能，使输尿管避开纤维化环境，防止输尿管再次粘连。

Ross 和 Tinckler 自 1958 年首次报道激素治疗腹膜后纤维化以来，人们不断摸索治疗方案，分别采用单独激素治疗、单独手术治疗及激素加手术治疗，但疗效相差无几（Debruyne，1982；Alexopoulos，1987；Burbalias，1999）。

六、急性胰腺炎

(一) 发病机制及病因

急性胰腺炎（acute pancreatitis，AP）的发病主要是由于胰酶对胰腺的自我消化，对其周围组织的消化，从而继发一系列的器官功能障碍。急性出血坏死型占 2.4%～12%，其病死率很高，达 30%～50%。本病误诊率高达 60%～90%。造血干细胞移植相关的胰腺炎被认为是造血干细胞移植后的少见合并症。Werlin 等 1992 年报道在异基因造血干细胞移植患者合并胰腺炎者占 3.5%。而 Ko 在 1997 年报道 184 例异基因造血干细胞移植死亡病例尸检中有 51 例（28%）被证实有胰腺炎。

移植后胰腺炎主要与药物毒性、GVHD、感染及营养不良相关。多数学者认为，GVHD 是造血干细胞移植后合并胰腺炎最主要的因素。因为 GVHD 一方面侵犯到胆管系统导致胆汁淤积，另一方面 GVHD 的治疗需延长免疫抑制药物（如糖皮质激素、环孢素等）使用的时间，以及加大免疫抑制剂应用的剂量而导致胰腺炎发生。但也有学者认为移植后胰腺炎与病毒感染高度相关。Bateman 2005 年报道 5 例造血干细胞移植后合并胰腺炎的儿童病例中有 4 例是因为腺病毒感染相关，Schiller 等证实 2 例 allo-BMT 后并发胰腺炎认为与带状疱疹病毒有关，其中 1 例死亡。因此，病毒感染也是移植后胰腺炎的较主要病

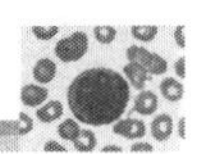

因，多见于腺病毒、巨细胞病毒、疱疹病毒等。此外，另有报道1例胰腺GVHD，应用糖皮质激素治愈（De Singly B，2008）。

（二）临床表现及发病特点

造血干细胞移植后合并急性胰腺炎由于起病的隐匿性，临床上往往无明显特异性表现而被很多临床医生忽视。早期表现无特异性，可伴有腹痛、腹胀、恶心、呕吐等，病情进展可出现腹水、发热，重者可伴有休克、急性呼吸衰竭、急性肾功能衰竭 、循环功能衰竭、胰性脑病等严重并发症，死亡率很高。Ko报道的尸检中51例胰腺炎病例中，35%的病史中有轻至重度腹痛，仅有10%的病例被证实伴有胰酶的增高。有半数以上患者是亚临床表现，临床表现不典型。进一步确诊需进行影像学检查，包括胰腺超声、CT或MRI检查。

（三）治疗

（1）首先积极寻找病因，尽量去除可能引起移植后胰腺炎的因素。包括治疗相关病毒及细菌感染，抗GVHD的治疗，停用或减量应用可能引起移植后胰腺炎的相关药物。

（2）抑酶：目的是减少胰腺的自我消化。

（3）预防感染：无论何种病因，应选用可通过血胰屏障的抗生素预防感染，如甲硝唑、亚胺培南、美罗培南等。有报道，应用抗生素预防的死亡率明显低于不用抗生素者。

（4）对症支持治疗：包括早期禁食，并且尽量保证热量供应。尽可能选用空肠内营养，减少肠外营养。因空肠内营养可尽量避免肠道菌群失调导致肠道的功能失调，减少肠道感染的发生。

参考文献

毕晓莹．2004．环孢霉素的神经系统毒性．国外医学·神经病学神经外科学分册，31：519

曹星玉等．2010．造血干细胞移植后中枢神经系统并发症的临床研究．中华内科杂志，49：42

龚祖寅，夏成青．2006．移植后淋巴组织增生性疾病．临床与实验病理学杂志，22：641

郭乃榄等．1996．骨髓移植后出血性膀胱炎病因与治疗探讨．中华血液杂志，17：632

黄美贤，谭海燕．2001．病毒的免疫逃逸机制．第一军医大学学报，21：102

李钧．2004．Wernicke脑病的临床与影像学诊断．临床放射学杂志，23：530

刘传芳等．2002．NK细胞在异基因骨髓移植中作用的动物实验研究．上海免疫学杂志，22：116

柳金等．2007．HLA配型不合/单倍体造血干细胞移植供者淋巴细胞输注量与急性移植物抗宿主并的关系．中华内科杂志，7：578

陆道培．1992．白血病治疗学．北京：科学出版社

戚东桂，刘荣．2006．Epstein-Barr病毒相关疾病的研究现状．国际免疫学杂志，29：252

钱家鸣等．1998．腹膜后纤维化三例及三十余年国内文献分析．中华内科杂志，37：384

童春容等．2000．自体细胞因子诱导的杀伤细胞治疗急性白血病的研究．北京医科大学学报，32：473

万康林．2008．中国结核病流行新特点及挑战．疾病监测，23：667

杨清浩等．2005．腹膜后纤维化的临床诊治分析．第三军医大学学报，27：563

伊藤清美，等，1994，环孢素对中枢神经系统的精神障碍作用．国外医药·抗生素分册，15：68.

周泉生．1988．去纤维蛋白多核苷酸．生命的化学，8（5）：16

Acute Respiratory Distress Syndrome Network. 2000. Ventilation with lower tidal volumes as cpmpared with traditional tided volumes for acute lung injury and the acute respiratory distress syndrome. N Engl J Med, 342: 1301

Afessa B et al. 2002. Diffuse alveolar hemorrhage in hematopoietic stem cell transplant recipients. Am J Respir Crit Care Med, 166: 641

Akasheh MS et al. 2000. Engraftment syndrome (ES) after autologous hematopoietic stem cell transplantation (AHSCT) supported by G-CSF or GM-CSF. Blood, 96: 391

Akiyama H et al. 2001. Adenovirus is a key pathogen in hemorrhagic cystitis associated with bone marrow transplantation. Clin Infect Dis, 32 (9): 1325

Albert F, Etienne V. 2005. Post-transplant lymphoproliferative disorder in children incidence, Prognosis and treatment options. Pediatrics Drugs, 7: 55

Alexopoulos E et al. 1987. Idiopathic retroperitoneal fibrosis: a long-term follow-up study. Eur Urol, 13: 423

Alpdogan et al. 2005. Interleukin-15 enhances immune reconstitution after allogeneic bone marrow transplantation. Blood, 105: 865

Anderson EJ. 2008. Viral diagnostics and antiviral therapy in hematopoietic stem cell transplantation. Curr Pharm Des, 14: 1997

Anthony IC et al. 2003. B lymphocytes in the normal brain: contrasts with HIV-associated lymphoid infiltrates and lymphomas. Brain, 126: 1058

Anthony M et al. 1998. Plasminogen activator inhibitor (PAI-1) antigen levels in primary TTP and secondary TTP post-bone marrow transplantation. Am J Hematol, 59: 9

Antonino C et al. 2008. EBV-associated lymphoproliferative disorders: classification and treatment. The Oncologist, 13: 577

Antunes NL et al. 1999. Posterior leukoencephalopathy syndrome may not be reversible, Pediatr Neurol, 20: 241

Arcese W et al. 1993. Outcome of patient who relapse after allogeneic bone marrow transplantation for chronic myeloid leukaemia. Blood, 82: 3211

Arste C et al. 2002. Cataracts in patients receiving stem cell transplantation after conditioning with total body irradiation. Bone Marrow Transplant, 29: 503

Atkinson K et al. 1998. A comparison of the pattern of interstitial pneumonitis following allogeneic bone manow transplantation before and after the introduction of prophy lactic gamciclovir therapy in 1989. Bone Marrow Transplant, 21: 691

Attal M et al. 1992. Prevention of hepatic-veno occulusive disease after bone marrow transplantation by continiual infusion of low-dose heparin: a prospective randomized study. Blood, 79: 2834

Attal M et al. 1995. Consolidation treatment of adult lymphocyte leukemia : a prospective, randomization trial comparing allogeneic versus autologous bone marrow transplantation and testing the impact of recombinant and testing the after autologous bone marrow transplantation. BGMT Group Blood, 86: 1619

Azoulay D et al. 2000. Transjugular intrahepatic portosys-temic shumt (TIPS) for serve veno-occlusive disease of the liver following bone marrow transplantation. Bone Marrow Transplant, 25: 987

Baan et al. 2005. Differential effect of calcineurin inhibitors, anti-CD25 antibodies and rapamycin on the induction of FOXP3 in human T cells. Transplantation, 80 (1): 110

Bacigalupo et al. 2001. Increased risk of leukaemia relapse with high dose cyclosporine after allogeneic bone marrow transplantation for acute leukaemia 10 year follow-up of a random study. Blood, 98: 3174

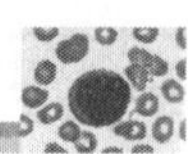

Baek JH et al. 2005. Wernicke's encephalopathy after allogeneic stem cell transplantation. Bone Marrow Transplant，35：829

Bajwa RP et al. 2003. Recombinant tissue plasminogen activator for treatment of hepatic veno-occlusive disease following bone marrow transplantation in children：effectiveness and a scoring system for initiating treatment. Bone Marrow Transplant，31：591

Balaram M et al. 2001. Phacoemulsification in patients with allogeneic bone marrow transplantation. Ophthalmology，108：1682

Barker CC et al. 2003. Incidence and risk factors for the development of veno-occlusive disease in hematopoietic stem cell transplantation recipients. Bone Marrow Transplant，32：79

Barrett AJ，Savani BN. 1999. Stem cell transplantation with reduced-intensity conditioning regimens：a review often years experience with new transplant concepts and new therapeatic agents. Bone Marrow Transplant，23：771

Basara N et al. 2000. Mycophenolate mofetil for the prophylaxis of acute GVHD in HLA-mismatched bone marrow transplant patients. Clin Transplant，14：121

Bateman CM et al. 2006. Pancreatitis and adenoviral infection in children after blood and marrow transplantation. Bone Marrow Transplant，38：807

Batlle M et al. 2005. Neurologic complications following hematopoietic stem cell transplantation，study of 14 patients. Med Clin (Barc)，125：697

Batts ED et al. 2007. Diagnosis and treatment of transplantation- associated thrombotic microangiopathy：real progress or are we still waiting? Bone Marrow Transplant，40：709

Bearman SI et al. 1992. Recombinant human tissue plasminogen activator disease of established severe veno-occlusive disease of the liver after bone marrow transplantation. Blood，80：2458

Bearman SI. 1995. The syndrome of hepatic veno-occlusive disease after manow transplantation. Blood，85：3005

Beilhack A et al. 2005. In vivo analyses of early events in acute graft-versus-host disease reveal sequential infiltration of T-cell subsets. Blood，106：1113

Benito AI et al. 2001. Sirolimus (rapamycin) for the treatment of steroid-refractory acute graft-versus-host disease. Transplantation，72 (12)：1924

Benyunes MC et al. 1995. Cataracts after bone marrow transplantationa：long term follow-up of adults treated with fractionated total body irradiation. Int J Radiate Oncol Riol Phys，32：661

Biedermann BC et al. 2002. Endothelial injury mediated by cytotoxic T lymphocytes and loss of microvessels in chronic graft versus host disease. Lancet，359：2078

Bielorai B et al. 2001. CMV reactivation induced BK-virus associated late onset hemorrhagic cystitis after peripheral blood stem cell transplantation. Bone Marrow Transplant，28：613

Billingham RE. 1966. The biology of graft-versus-host reactions. Harvey Lecture，62：21

Bleggi-Torres LF et al. 2000. Neuropathological findings after bone marrow transplantation：an autopsy study of 180 cases. Bone Marrow Transplant，25：301

Bone RC et al. 1997. Sepsis：a new hypothesis for pathogenesis of the disease process. Chest，112：235

Bone RC. 1996. Immunologic dissonance：a continuing evolution in our understanding of the systemic inflammatory response syndrome (SIRS) and the multiple organ dysfunction syndrome (MODS) . Ann Int Med，125：680

Boock CA et al. 1991. Taste alterations in bone marrow transplant patients. J Am Diet Assoc，91：1121

Bosi A et al. 2001. Second allogeneic bone marrow transplantation in acute leukemia：results of survey by the

European Cooperative Group of blood and marrow transplantation. J Clin Oncol，19：3675

Brennan KC et al. 2005. Pediatric central nervous system posttransplant lymphoproliferative disorder. Am J Neuroradiol，26：1695

Brock N et al. 1981. Studies on the urotoxicity of oxajaphos phorine cytostatics and its prevention，(I) experimental studies on the urotoxicity of alleylating compounds. Eur J Cancer，17：595

Browne PV et al. 2000. Response to thalidomide therapy in refractory chronic graft-versus-host disease. Bone Marrow Transplant，26：865

Burbalias GA，Liatsilos EN. 1999. Idiopathic retroperitoneal fibrosis revisited. Int Urol Nephrol，31：423

Burns LJ et al. 2003. IL-2 Based immunotherapy after autologous transplantation for lymphoma and breast cancer induces immune activation and cytokine release：a phase Ⅰ/Ⅱ trial. Bone Marrow Transplant，32：177

Busca A et al. 2000. Mycophenolate mofetil as therapy for refractory chronic GVHD in children receiving bone marrow transplantation. Bone Marrow Transplant，25：1067

Busca A et al. 2007. Recombinant human soluble tumor necrosis factor receptor graft-versus host disease following allogeneic hematopoietic stem cell transplantation. Am J Hemato，82：45

Bäckman L et al. 1988. An increased risk of relapse in cyclosporin-treated compared with methotrexate-treated patients：long-term follow-up of a randomized trial. Bone Marrow Transplant，3 (5)：463

Cahill R et al. 1996. Prospective phase Ⅱ trial to evaluate the complications and kinetics of chimerism induction following allogeneic hematopoietic stem cell transplantation with fludarabine and busulfan. Bone Marrow Transplant，18：177

Campos A et al. 2000. Central nervous system (CNS) tuberculosis following allogeneic stem cell transplantation. Bone Marrow Transplant，25：567

Capizzi SA et al. 2001. Peri-engraftment respiratory distress syndrome during autologous hematopoietic stem cell transplantation. Bone Marrow Transplant，27：1299

Carpenter P. 2007. Advances in the management of chronic GVHD from Fred Hutchinson. Cancer Research Center. Daopei Hospital Report

Carreras E et al. 1993. Transjugular liver biopsy in BMT. Bone Marrow Transplant，11：21

Carreras E et al. 1998. Incidence and outcome of hepatic veno-occlusive disease after blood or marrow transplantation：a prospective cohort study of the European Group for Blood and Marrow Transplantation，European Group for Blood and Marrow Transplantation Chronic Leukemia Working Party. Blood，92：3599

Castellano-Sanchez AA et al. 2004. Primary central nervous system posttransplant lymphoproliferative disorders. Am J Clin Pathol，121：246

Cesarman E et al. 1998. BCL26 gene mutations in post-transplantation lymphoproliferative disorders predict response to therapy and clinical outcome. Blood，92：2294

Chalandon Y et al. 2002. Efficient prophylaxis with defibrotide for hepatic veno-occlusive disease (VOD) after allogeneic stem cell transplantation (SCT) . Blood，100：11a (Abstract)

Chan PK et al. 1999. Presence of human herpesviruses 6，7，and 8 DNA sequences in normal brain tissue. J Med Virol，59：491

Chapko MK et al. 1989. Chemoradiotherapy toxicity during bone marrow transplantation：time course and variation in pain and nausea. Bone Marrow Transplant，4：181

Chaushu S et al. 1996. Salivary immunoglobulines in recipients of bone marrow granfts，(Ⅲ) a longitudinal follow-up of CMV specific antibodies. Bone Marrow Transplant，17：237

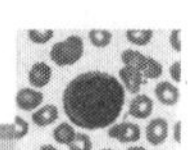

Chen G et al. 2004. Is there a direct effect of antithymecyte globulin on hematopoiesis? Hemato J, 5: 255

Chen HR et al. 2003. Humanized anti-CD25 monoclonal antibody for prophylaxis of graft-vs-host disease (GVHD) in haploidentical bone marrow transplantation without ex vivo T-cell depletion. Exp Hematol, 31: 1019

Chiang KY et al. 1996. outcome of second bone marrow transplantation following a uniform conditioning following regimen as therapy for malignant relapse. Bone Marrow Transplant, 17: 39

Chong G et al. 2000. Extramedullary relapse after allogeneic bone marrow transplantation for haematological malignancy. Bul T, 26: 1011

Chopra R et al. 2000. Defibrotide for the treatment of hepatic veno-occlusive disease: results of the European compassionate-use study. Br J Haematol, 111: 1122

Clark JD et al. 1993. Idiopathic pneumonia syndrome fter bone manow transplantation. Am Rev Respir Dis, 147: 1601

Cohen JL et al. 2002. CD4 (+) CD25 (+) immuno- regulatory T cells: new therapeutics for graft-versus-host disease. J Exp Med, 196: 401

Colby C et al. 2000. Engraftment syndrome following non-myeloablative conditioning therapy and HLA-matched bone marrow transplantation for hematologic malignancy. Blood, 96: 520a

Collins RH et al. 2000. Donor lymphocyte injection in acute lymphocytic leukaemia. Bone Marrow Transplant, 26: 511

Comar M et al. 2004. Hemorrhagic cystitis in children undergoing bone marrow transplantation: a putative role for simina virus 40. Transplantation, 78: 544

Coskuncan N et al. 1994. The eye in bone marrow transplantation, (Ⅵ) retinal complications. Arechives of Ophthalmologic, 112: 372

Couriel DR et al. 2001. Infliximab for the treatment of graft-versus -host disease in allogeneic transplant recipients: an update. Blood, 96: 400

Cunha BA. 2001. Central nervous system infections in the compromised host: a diagnostic approach. Infect Dis Clin North Am, 15: 567

Daly AS. 2002. Transplantation-associated thrombotic microangiopathy: twenty-two years later. Bone Marrow Transplant, 30: 709

Dana G Wolf et al. 2003. Emergence of late cytomegalovirus central nervous system disease in hematopoietic stem cell transplant recipients. Blood, 101: 463

Daniela C et al. 2003. Molecular histogenesis of posttransplantation lymphoproliferative disorders. Blood, 102: 3775

Davies SM et al. 2002. Evaluation of KIR ligand incompatibility in mismatched unrelated donor hematopoietic transplants. Killer immunoglobulin-like receptor. Blood, 100: 3825

Dazzi F et al. 2000. Darability of responses following donor lymphocyte injection for patients who relapse after allogeneic stem cell transplantation for chronic myeloid leukaemia. Blood, 96: 2712

de la Cámara R et al. 2000. Tuberculosis after hematopoietic stem cell transplantation: incidence, clinical characteristics and outcome. Bone Marrow Transplant, 26: 291

De Singly B et al. 2008. Prolonged acute panereatitis after bone marrow transplantation. Gastroenterol Clin Biol, 32: 413

De Wit D et al. 1993. Preferential activation of Th2 cells in chronic graft-versus-host reaction. J Immunol, 150: 361

Debruyne FM et al. 1982. Retroperitoneal fibrosis in the scrotum. Eur Urol, 8: 45

Deeg HJ et al. 2001. Treatment of steroid-refractory acute graft-versus-host dieease with anti-CD147 monoclonal antibody ABX-CBL. Blood，98：2052

Deleve LD et al. 2002. Toxic injury to hepatic sinusoias：Sinusoidal Obstruction syndrome（Veno-Occlusive disease）. Semin Liver Dis，22：27

Demonstration of drect involvement of cytokines in graft-versus-host reactions using an in vitro human skin explant model. Bone Marrow Transplant，7：209

Die E et al. 2007. Bilateral marginal keratitis associated with engraftment syndrome after hematopoietic stem cell transplantation. Cornea，26：756

Dietrich U et al. 2000. MRI of intracranial toxoplasmosis after bone marrow transplantation. Neuroradiology，42：14

DiNubile MJ et al. 2002. Prognostic implications of aeclining gelsolin levels after allogeneic stem cell tramsplantation. Blood，100：4367

Dix SP et al. 1996. Association of busulfan area under the curve with veno-occlusive disease following BMT. Bone Marrow Transplant，17：225

Dlott JS et al. 2004. Drug-induced thrombotic thrombocytopenic purpura/hemolytic uremic syndrome：a concise review. Therapeutic Apheresis and Dialysis，8：102

Doney K et al. 1991. Multivariate analysic of factors affecting acute graft versus host disease，relapse and relapse - free survival. Bone Marrow Transplant，7：453

Doney K et al. 1991. Treatment of adult acute lymphoblastic leukaemia with a allogeneic bone marrow transplantation multivariate analysic of factors affecting acute graft versus host disease，relapse and relapse - free survival. Bone Marrow Transplant，7：453

Dortico E et al. 2003. Successful application of epidermal growth factor for treatment of hemorragic cystitis after bone marrow transplantation. Bone Marrow Transplant，31：615

Duus JE et al. 2005. Scond allografts for relapsed hematologic malignancies ：feasibility of using a different donor. Bone Marrow Transplant，35：261

Eapen M et al. 2004. Second transplant for acute and chonic leukemia replapsing after first HLA-identical sibline transplantation to treat relapsed acute myelogenous leukemia. Bone Marrow Transplant，34：721

Elamgacli AH et al. 1999. Induction of a graft-versus- leukaemia reaction by cyclosporine A withdrawal as immunotherapy for leukaemia relapsing after allogeneic bone marrow transplantation. Bone Marrow Transplant，23：771

Ellison CA et al. 2002. Murine graft-versus-host disease induced using interferon-gamma deficient grafts features antibodies to double-stranded DAN. T helper 2 type cytokines and hypercosinophilia. Immunology，105：63

Elsner C et al. 1992. Evidence of human polyomavirus BK and JC infection in normal brain tissue. Virology，191：72

Epstein JB et al. 2002. The role of salivary function in modulationg chemotherapy-induced oropharyngeal mucositis：a review of the literature. Oral Surg Oral Med Oral Pathol Oral Rad Endod，94：39

Erard V et al. 2005. BK DNA viral load in plasma：evidence for an association with hemorrhagic cystitis in allogeneic hematopoietic cell transplants recipients. Blood，106：1130

Fanaian N et al. 2009. EBER：automated in situ hybridization（ISH）vs. manual ISH and immunohistochemistry（IHC）for detection of EBV in pediatric lymphoproliferative disorders. Pediatr Dev Pathol，12：195

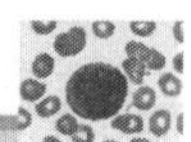

Fanourgiakis P et al. 2005. Intravesical instillation of cidofovir in the treatment of hemorrhagic cystitis caused by adenovirus type 11 in a bone marrow transplant recipient. Clin Infect Dis，40：199

Farag SS et al. 2002. Natural killer cell receptors：new biology and insights into the graft-versus-leukemia effect. Blood，100：1935

Ferra C et al. 1997. Pentoxifylline，ciprofloxacin and prednisone failed to prevent transplant related toxicities in bone marrow transplant recipients and mere associated with an increased incidence of infections complications. Bone Marrow Tranaplant，20：1075

Filipovich AH et al. 2005. National Institutes of Health consensus development project on criteria for clinical trials in chronic graft-versus-host disease：Diagnosis and Staging Working Group report. Biol Blood Marrow Transplant，11 (12)：945

Finke J et al. 2000. Allogeneic bone marrow transplantation from unrelated donors using in vivo anti-T-cell globulin. Br J Haematol，111：303

Fisher DC et al. 1998. Reduced mortacity following bone marrow transplantation for breast cancer with the addition of peripheral blood progentior cells is due to marked reduction in veno-occlusion disease of the liver. Bone Marrow Transplant，21：117

Fogo A. 2000. The role of angiotensin Ⅱ and plasminogen activator inhibitor-1 in progressive glomerulosclerosis. Am J Kidney Dis，35：179

Forrest DL et al. 2003. Low molecular weight hepatic for the prevention of hepatic veno-occlusive disease after hematopoietic stem cell transplantation. Bone Marrow Transplant，31：1143

Fozza C et al. 2007. Factor for graft-versus-host disease after donor lymphocyte injection with an escalating dose regimen：lack of assotiation with cell close. Haematol，136：833

Frankklin RM et al. 1983. Ocular manifestation of graft-versus-host disease. Ophthalmology，901：4

Freedman MS et al. 2004. Suppressing immunity in advancing MS：too much too later，or too late for much? Neurology，62：168

Gale RP et al. 1987. Risk factors for acute graft-versus-host disease. Br J Haematol，67：397

Ganem G et al. 1989. Central nervous system relapses after bone marrow transplantation for acute lymphoblastic leukemia in remission. Cancer，64：1796

Garces Ambrossil G. et al. 2005. Active tuberculosis limited to foreign-born patients after allogeneic hematopoietic stem cell transplant. Bone Marrow Transplant，36：741

Gaynon PS et al. 1990. Carboplatin in childhood brain tumors：a Children's Cancer Study Group phase Ⅱ trial. Cancer，66：2465

Gdaberg GL et al. 2007. Clinical strategies to enhance T cell reconstitution. Semin Immune，19：289-296

Gerbitz A et al. 2004. A role for tumor necrosis factor-α-mediated endothelial apoptosis in the development of experimental idiopathic pneumonia syndrome. Transplantation，8：494

Gerecke C et al. 2005. Case report：defibrotide combined with *N*-acetylcysteine for the treatment of a patient with hepatic veno-occlusive disease after myelablative therapy with busulfan and melphalane and autologous stem cell transplantation. 31st Annual Meeting of the European Group for Blood an Marrow Transplantation

Giedrojc J et al. 1991. Anticoagulant and antithrombotic effects of combinations of defibrotide with heparins and other antithrombotic agents in an animal thrombosis model. Thromb Res，63：99

Gilkeson GS，Allen NB. 1996. Retroperitoneal fibrosis. A true connective tissue disease. Rheum Dis Clin North Am，22：23

Gilman AL et al. 2000. Hydroxychloroquine for the treatment of chronic graft-versus-host disease. Biol Blood Marrow Transplant，6：327

Gilman AL，Serody J. 1980. Diagnosis and treatment of chronic graft-versus-host disease. Am J Med，69：204

Gine E et al. 2003. Successful treatment of severe hemorrhagic cystitis after hemopoietic cell transplantation by selective embolization of the vesical arteries. Bone Marrow Transplant，31：923

Giraud G et al. 2006. The incidence of hemorrhagic cystitis and BK-virura in allogeneic hematopoietic stem cell recipients according to intensity fo the conditioning regimen. Hametologies，91：401

Gonzlaez et al. 2003. Cerebeal toxoplasmosis following etanercept treatment for idiopathic pneumonia syndrome after autologous peripheral blood progenitor cell transplantation（PBPCT）. Ann Hematol，82：649

Gorak E et al. 2005. Engraftment syndrome after nonmyeloablative allogeneic hematopoietic stem cell transplantation，Incidence and effects on survival. Biol Blood Marrow Transplant，11：542

Gratwohl A et al. 1998. Risk assessment for patients with chronic myeloid leukaemia before allogeneic blood or marrow transplantation. Chronic Leukemia Working Party of the European Group for Blood and Marrow Transplantation. Lancet，352：1087

Graziani F et al. 2002. Treatment of acute graft versus host disease with low dose-alternate day anti-thymocyte globulin. Haematologica，87：973

Gregory A et al. 2008. The impact of soluble tumor necrosis factor receptor etanercept on the treatment of idiopathic pneumonia syndrome after allogeneic hematopoietic stem cell transplantation. Blood，112(8)：3073

Grochow LB et al. 1989. Pharmacokin-eties of busulfan：correclation of veno-occlusive disease in patients undergoing bone marrow transplantation. Cancer Chemother Pharmacol，25：55

Groszmann RJ et al. 2004. The hepatic venous pressure gradient anything worth doing should be done right. Hepatology，39：280

Hagihara M et al. 2003. The in vitro generation of ph^+ ALL-special HLA-A24-restricted cytotoxic Tlymphocyctes using a synthetic 16 mer minor bar-abl peptide. Seuk Res，27：253

Hale G et al. 2000. CD52 antibodies for prevention of graft-versus-host disease and graft rejection following transplantation of allogeneic peripheral blood stem cells. Bone Marrow Transplant，26：69

Hamadani M et al. 2007. Central nervous system post-transplant lymphoproliferative disorder despite negative serum and spinal fluid Epstein-Barr virus DNA PCR. Bone Marrow Transplantation，39：249

Hansen JA et al. 1990. HLA and marrow transplantation. In：John Lee ed. The HLA System，A New Approach. New York：Springer-Verlag Press，59

Haraguchi K et al. 2004. Recovery of $Valpha24^+$ NKT cells after hematopoietic stem cell transplantation. Bone Marrow Transplant，34：595

Harreby M et al. 1994. Retroperitoneal fibrosis treated with methylprednisolone pulse and disease-modifying antirheumatic drugs. Scand J Urol Nephrol，28：237

Hattori K et al. 2001. Successful hyperbaric oxygen treatment of life-threatening hemorrhagic systitis after allogeneic bone marrow transplantation. Bone Marrow Transplant，27：315

Haushu S et al. 1994. Salivary immunoglobulins in recipients of bone marrow grafts，a longitudinal follow-up. Bone Marrow Transplant，14：871

Held TK et al. 2000. Treatment of BK virus associated hemorrhagic cystitis and simultancous CMV reactivation with cidofovir. Bone Marrow Transplant，26：347

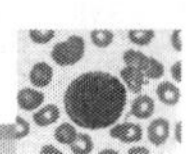

Herbert M et al. 1994. Mesangiolysis associated with bone marrow transplantation : new insights on possible etiogenic factors. Am J Kidney Dis, 23: 882

Higgins PM et al. 1988. Non-operative management of retroperitoneal fibrosis. Br J Surg, 75: 573

Ho VT et al. 2005. Blood and marrow transplant clinical trials network toxicity committee consensus summary: thrombotic microangiopathy after hematopoietic stem cell transplantation. Biol Blood Marrow Transplant. 11: 571

Ho VT et al. 2007. Hepatic veno-occlusive disease after hematopoietic stem cell transplantation: review and update on the use of defibrotide. Semin Thromb Hemost, 33: 373

Holler E et al. 1990. Increase serum level of tumor necrosis factor alpha predece major complcicat. Blood, 75: 1011

Holler E et al. 1990. Increased serum levels of tumor necrosis factor alpha precede major complications of Bone marrow transplant. Blood, 75: 1011

Hosing C et al. 2005. Disease burden may identity patients more likely to benefit from second allogeneic hematopoietic stem cell transplantation to treat relapsed acute myelogenous leukemia. Bone Marrow Transplant, 36: 157

Huber A et al. 1991. Regulation of transendothelial neutrophil megration by endogenous interleukin-8. Science, 254: 99

Imran H et al. 2006. Use of prophylactic anticoagulation and the risk of hepatic veno-occlusive disease in patients undergoing hematopoietic stem cell transplantation: a systematic review and meta-analysis. Bone Marrow Transplant, 37 (7): 677

Introna M et al. 2007. Repeated injection of donor-derived cytokine-induced killer cell in patients relapsing after allogeneic stem cell transplantation a phase Ⅰ study. Haematologica, 92: 952

Jason WC et al. 2003. Airflow obstruction after myeloablative allogeneic hematopoietic stem cell transplantation. Am J Respir Crit Care Med, 168: 208

Ji SQ et al. 2005. Anti-CD25 monoclonal antibody (basiliximab) for prevention of graft-versus-host disease after haploidentical bone marrow transplantation for hematological malignancies. Bone Marrow Transplant, 36: 349

Ju XP et al. 2005. Cytokine expression during acute graft-versus-host disease after allogeneic peripheral stem cell transplantation. Bone Marrow Transplant, 35: 1179

Kamble R et al. 2007. Central nervous system graft-versus-host disease: report of two cases and literature review. Bone Marrow Transplant, 39: 49

Kanai AJ et al. 2002. Manganese superoxiede dismutase gene therapy protects against irradiation induced cystitis. Am J Physiol Renal Physiol, 283: 1304

Kantrow SP et al. 1997. Idiopathic pneumonia sgndrome changing spectrum of lung ingury after manow transplantation. Transplantation, 63: 1079

Katzel JA et al. 2006. Engraftment syndrome after hematopoietic stem cell transplantation in multiple myeloma. Clin Lymphoma Myeloma, 7: 151

Kaur S et al. 1996. Incidence and outcome of overt gastrointestinal bleeding in patients undergoing bone marrow transplantation. Dig Dis Sci, 41: 598

Kawano C et al. 2000. Engraftment syndrome after autologous peripheral blood stem cell transplantation with high numbers of peripheral blood stem cells followed by granulocyte colony-stimulating factor administration. Bone Marrow Transplant, 25: 228

Keefe DM et al. 2007. Updated clinical practice guidelines for the prevention and treatment of mucositis. Cancer，109：820

Kersting S et al. 2007. Acute renal failure after allogeneic myeloablative stem cell transplantation retrospective analysis of incidence，risk factor and survival. Bone Marrow Transplant，39：359

Kew AK et al. 2006. Outcome of hematopoietic stem cell transplant recipients admitted to the intensive care unit. Boil Bloow Marrow Transplant，12：310

Kew AK et al. 2007. Central nervous system graft-versus-host disease presenting withgranulomatous encephalitis. Bone Marrow Transplantation，40：183

Khurshid I et al. 2002. Non-infectious pulmonary complications after bone marrow transplantation. Postgrad Med J，78：257

Kiang E et al. 1998. The use of topical cyclosporin a in ocular graft-versus-host disease. Bone Marrow Transplant，22：147

Klyushnenkova E et al. 1999. Human mesenchymal stem cells induce unresponsiveness in preactivated but not naïve alloantigen specific T cells (abstract) . Exp Hematol，27：122

Ko cw et al. 1997. Acute pancreatitis in marrow transplant patients：prevalence at autopsy and risk factor analysis. Bone Marrow Transplant，20：1081

Kobbe G et al. 2001. Treatment of severe steroid refractory acute graft-versus-host disease with infliximab，a chimeric human/mouse anti TNFalpha antibody. Bone Marrow Transplant，28：47

Koc S et al. 2000. Thalidomide for treatment of patients with chronic graft-versus-host disease. Blood，96：3995

Kohan D et al. 1999. Otologic surgery in patients with HIV and AIDS. Otolaryngology-Head and Neck Surgery，21：355

Kolb HJ et al. 1995. Gragt-versus-leukemia effect of donor lymphocyte transfusions in marrow grafted patients. Blood，86：2041

Kolbinson DK et al. 1988. Early oral changes following bone marrow transplantation. Oral Surg Oral Med Ora Pathol，66：130

Kollman C et al. 2001. Donor characteristics as risk factors in recipients after transplantation of bone marrow from unrelated donor：the effect of donor age. Blood，98：2043

Kottra JJ，Dunnick NP. 1996. Retroperitoneal fibrosis. North AM：Radiol Clin，34 (6)：1259

Kretzschmar. 2005. Diffuse alveolar hemorrhage (DAH)：an underestimated pulmonary complication after hematopoietic stem cell transplantation. Article in German，94 (33)：1267

Kusnierz-Glaz CR et al. 1997. Ingluence of age on the outcome of 500 autologous bone marrow transplant proceduers for hematologic malignancies. Journal of Clinical Oncology，15：18.

Lameire N et al. 2005. Acute renal failure. Lancet，365：417

Laport GG et al. 2006. Cytokine induced killer cells as post-transplant immunotherapy following allogeneic haematopoietic cell transplantion. Blood，108：1260

Lazarus H et al. 2000. Role of mesenchymal cell (MSC) in allogeneic transplantation：early phase Ⅰ clinic results. Blood，96：392

Lee KH et al. 2000. High frequency of extramedullary relapse of acute leukaemia after allogeneic bone marrow transplantation. Bone Marrow Transplant，26：147

Lee SJ et al. 2002a. A survey of diagnosis management，and grading of chronic GVHD. Biol of Blood Marrow transplant，8：32

Lee SJ et al. 2002b. Severity of chronic graft versus-host disease：association with teatment related motality and relapse. Blood，100：400

Lemp Ma. 1995. Report of the National Eye Institute/industry workshop on clinical trials in dry eyes. CLAO J，21：221

Leung W et al. 2001. Allogeneic bone marrow transplantation for infants with acute leukemia or myelodysplastic syndrome. Bone Marrow Transplant，29：717

Leveque F. 1997. Use of concurrent oral pilocarpine in treat mucositis during bone marrow transplant：a pilot study. Proc ASCO，6：108（Abstract）

Lewis I et al. 2000. Increasing incidence of diffuse alveola hemorrhage following allogeneic bone marrow transplantation：cryptic etiology and uncertain therapy. Bone Marrow Transplant，26：539

Le-Blanc K et al. 2003. Mesenchymal stem cells inhibit and stimulate mixed lymphocyte cultures and mitogenic responses independently of the major histocompatibility complex. Scand J Immunol，57：11

Linn YC et al. 2002. Generation of cytokine - induced killer cells from leukaemic samples with in vitro cytotoxicity against auto logous allogeneic leukaemic blasts. Br J Haematol，116：78

Liu F et al. 2005. Purification of placenta-eluted gamma globulins and their strong effect against graft-versus-host reactions in vitro and in vivo. Int J Hematol，82：162

Liu FC et al. 2007. Polymyositis complicating donor lymphocyte infusion after stem cell transplantation for relapsed chronic myeloid leukemia：report of a case and review of literature. Clin Rheumatol，26：1207

Loughran TP et al. 1990. Value of day 100 sereening studies for predicting the developmen of chronic graft-versus-host disease after allogeneic bone marrow transplantation. Blood，76：228

Lu DP et al. 2006. Conditioning including antithymocyte globulin followed by unmanipulated HLA mismatched/ haploidentical blood and marrow transplantation can achieve comparable outcomes with HLA-identical sibling transplantation. Blood，107：3065

Majhail NS. 2008. Old and new cancers after hematopoietic-cell transplantation，In：Gewirtz AM et al eds. Hematology. San Francisco：Am Soc Hematol Education Program，142

Marcellus DC et al. 1999. Etretinate therapy for refractory sclerodermatous chronic graft-versus-host disease. Blood，93：66

Marijt E et al. 2007. Phase Ⅰ/Ⅱ feasibility study evaluating the generationof leukemia-reactive cytotoxic T lymphocytelines for treatment of patients with relapsed leukemiaafter allogeneic stem cell transplantation. Haematologica，92：72

Marinone MG et al. 1991. Late taste disorders in bone marrow transplantation：clinical evaluation with taste solutions in autologous and allogeneic bone marrow recipients. Heamotologica，76：519

Marion G et al. 2004. Progressive bilateral sensorineural hearing loss probably induced by chronic cyclosporine A treatment after renal transplantation for focal glomeruloserosis. Acta Otolarngol，124：603

Martin PJ et al. 2006. National Institutes of Health consensus development project on criteria for clinical trials in chronic graft-versus-host disease：Ⅵ. design of Clinical Trials Working Group report. Biol Blood Marrow Transplant，12（5）：491

Marx G et al. 2000. Evaluation of noninvasive determinants for capillary leakage syndrome in septic shock patients. Intensive Care Med，26：1252

Matsuo Y et al. 2007. Toxoplasmosis encephalitis following severe graft-vs. -host disease after allogeneic hematopoietic stem cell transplantation：17 yr experience in Fukuoka BMT group. Eur J Haematol，79：317

Mc Donald et al. 1993. Veno-occlusive disease of the liver and multiorgan failure after bone marrow transplantation：a cohort stady of 355 patients. Ann Intern Med，44：778

Mc Donald et al. 1993. Veno-occlusive disease of the liver and multiorgan failure after bone marrow transplantation: a cohort study of 355 patients. Ann Intern Med, 118: 255

Mc Guire et al. 2006. The role of basic oral care and good clinical practice principles in the management of oral mucositis. Support Care Cancer, 14: 541

Mehta BA et al. 1995. Two pathways of exocytosis of cytoplaomic granule contents and targer cell killing by cytokine - induced $CD3^{+}CD56^{+}$ Killer cell. Blood, 86: 3493

Menon et al. 1995. Reversible cyclosporine-induced cortical blindness in allogeneic bone marrowtransplant recipients. Bone Marrow Transplant, 15: 283

Michelle A. 2005. Barron MD: Common viral infections in transplant recipient, Part 2. Clinical Microbiology Newsletter, 27: 115

Mitchell R et al. 2006. The neuropsychiatry of hematopoietic stem cell transplantation. Eur J Psychiat, 20: 107

Mizuno S et al. 2007. Listeria monocytogenes following orthotopic liver transplantation: central nervous system involvement and review of the literature. World J Gastroenterol, 13: 4391

Monti P et al. 2003. Rapamycin inpairs antigen uptake of human dendnitic cells. Transplantation, 75: 137

Mrsic M et al. 1992. Second HLA-identical sibing transplants for leukemia recurrence. Bone Marrow Transplant, 9: 269

Myers BD et al. 1988. The longterm course of cyclosporine associated chronic nephropathy. Kidney Int, 33: 590

Nagler A et al. 1998. Continuous interleukin 2-injection combination chemotherapy in the treatment of hemato-oncollogical malignancies, Results of a phase Ⅰ/Ⅱ study. Acta Haematol, 100: 63

Najima Y et al. 2009. Intracranial hemorrhage following allogeneic hematopoietic stem cell transplantation. Am J Hematol, 19: 1

Nakamae H et al. 2006. Risk factors analysis for thrombotic microangiopathy after reduced-intensity or myeloabative allogeneic hematopoietic stem cell transplantation. Am J Hematol, 81: 525

Nash RA et al. 1992. Acute graft-versus-host-disease: analysis of risk factors after allogeneic marrow transplantation and prophylaxis with cyclosporine and methotrexate. Blood, 80: 1835

Nash RA et al. 2003. High-dose immunosuppressive therapy and autologous hema to poietic stem cell transplantation formultiple sclerosis. Blood, 102: 2364

Nevo S et al. 1998. Acute bleeding after bone marrow transplantation (BMT) incidence and effect on survival, a quantitative analysis in 1402 patients. Blood, 91: 1469

Niada R et al. 1985. Cardioprotective effects of defibrotide in acute myocardial ischemia in the cat. Thromb-Res, 38: 71

Ning H et al. 2008. The collelation between cotrasplantation of mesenchymal stem cell and higher recurrence rate in hematologic malignancy patients: outcome of a pilot clincical study. Leukemia, 22: 593

Noelle VFF, Donald ET. 2007. The management of posttransplant lymphoproliferative disorder. Medical Oncology, 24: 125

Nurnberger W et al. 1997. CI esterase inhibitor concentrate for capillary leakage syndrome following bone marrow transplantation. Ann Hematol, 75: 95

Nurnberger W et al. 1997. Risk factors for capillary leakage syndrome after bone marrow transplantation. Ann Hematol, 74: 221

Ogawa Y et al. 1999. Dry eye after haematopoictic stem cell transplantation. Br J Ophthalmol, 83: 1125

Ogawa Y et al. 2002. Successful treatment of dry eye in two patients with chronic graft-versus-host disease with systemic admistration of FK506 and corticosteroids. Cornea, 20: 430

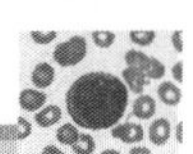

Ohashi K et al. 2000. The Japanese mulcenter open randomized trial of ursodeoxycholic acid prophylaxis hepatic veno-occlusive disease after stem cell transplantation. Ann J Hematol，64：32

Okamoto I et al. 2000. IL-18 prevents the development of chronic graft-versus-host disease in mice. J Immunol，164：6067

Olavarria E et al. 2003. Response to imatinib in patients who relapse after allogeneic stem cell Transplantation chronic myeloid leukaemia. Leukaemia，17：1707

Oshima K et al. 2008. Central nervous system relapse of leukemia after allogeneic hematopoietic stem cell transplantation. Biol Blood Marrow Transplant，14：1100

Ou L et al. 2005. Thrombotic microangiopathy in transplantation and malignancy. Semin Throm Hemost，31：691

Oyama Y et al. 2002. Engrafment syndrome：a common cause for rash and fever following autologous hematopoietic stem cell transplantation for multiple sclerosis. Bone Marrow Transplant，29：81

Ozkayniak MF et al. 1991. Hepatic veno-occlusive disease in pest-bone marrow transplatation in children conditioned with busulfan and cyclophosphamide：incidence，risk factors，and clinical outcome. Bone Marrow Transplant，7：467

O'Riordan JM et al. 1994. Retinal microvas ocular change following bone marrow transplantation：the role of cyclosporine. Bone Marrow Transplant，13：101

Parikh CR et al. 2005. Acute renal failure independently predicts mortality after myeloablative allogeneic hemotopoietic cell transplant. Kidney Int，67：1999

Park SH et al. 2003. A randomized trial of heparin plus ursodiol vs heparin alone to prevent hepatic veno-occlusive disease after hematopoietic stem cell transplantation. Bone Marrow Transplant，29：137

Parker PM et al. 1995. Thalidomide as salvage therapy for chronic graft-versus-host disease. Blood，86：3604

Pastores SM et al. 2003. Diffuse alveolar hemorrhage after allogeneic hematopoietic stem-cell transplantation：treatment with recombinant factor Ⅶa. Chest，124：2400.

Patrizia C et al. 2002. Infusion of autologous Epstein-Barr virus（EBV）-specific cytotoxic T cells for prevention of EBV-related lymphoproliferative disorder in solid organ transplant recipients with evidence of active virus replication. Blood，99：2592

Paul V，Donnell O. 2009. Engraftment hematopoietic stem cell transplantation：a handbook for clinicians. Betheda Maryland

Pellegatta F et al. 1996. Drug-induced in vitro inhibition of neutrophil-endothelial cell adhesion. Br J Pharmacol，118：471

Pescador R et al. 1983. Pharmacokinetics of defibrotide and of its profibrinolytic activity in the rabbit. Thromb Res，30：1

Peyvandi F et al. 2006. Prospective study on the behavior of the metalloprotease ADAMT13 and of von Willetrand factor after bone marrow transplantation. Br J Haematol，134：187

Pheeters LM et al. 2006. Divided dose scheduling of mesna to prevent the development of cyclophosphamide-associated hemorrhagic cystitis in autologous transplant patients. Biol Blood Marrow Transplant，12：98

Porkka K et al. 2008. Dasatinib crosses the blood-brain barrier and is an efficient therapy for central nervous system Philadelphia chromosome-positive leukemia. Blood，112：1005

Porter DL，Antin JH. 2006. Donor leukocyte transfusions in myeloid malignancies：new strategies. Best Dract Res Clin Haemotol，19：737

Prentice H et al. 1997. A randomized comparison of liposomal versus conventional amphotericin B for the treatment of pyrexia of unknown origin in neutropenic patients. Br J Hematol，98：711

Preville X et al. 2001. Mechanisms involved in antithymocyte globulin immunosuppressive activity in a nonhuman primate model. Transplantation，77：460

Przepiorka D et al. 1995. 1994 consensus conference on acute GVHD grading. Bone Marrow Transplant，15：825

Przepiorka D et al. 2000. Daclizumab，a humanized anti-interleukin-2 receptor alpha chain antibody，for treatment of graft-versus-host disease. Blood，95：83

Radford J et al. 1994. Cytokine-stimulated engrafment syndrome（ES）after high dose chemotherapy（HDC）with bone marrow（BM）and G-CSF primed peripheral stem cell（GPSC）rescure. Blood，84（Suppl 1）：490

Rapold HJ et al. 1991. Requirement of haparin for arterial and venous thrombolysis with recombinant tissue-type plasminogen activator. Blood，77：1020

Ratanatharathorn V et al. 2000. Anti-CD20 chimeric monoclonal antibody treatment of refractory immune-mediated thrombocytopenia in a patient with chronic graft-versus-host disease. Ann Intern Mej，133：275

Rezvani K et al. 2006. High donor FOXP3-positive regulatory T-cell（Treg）content is associated with a low risk of GVHD following HLA-matched allogeneic SCT. Blood，108：1291

Richardson PG et al. 2002. Multi-institutional use of defibrotide in 88 patients after stem cell transplantation with severe veno-occlusive disease and multisystem organ failure：response without significant toxicity in a high-risk population and factors predictive of outcome. Blood，100：4337

Rizzo JD et al. 2009. Solid cancers after allogeneic hematopoietic cell transplantation. Blood，113：1175

Rocha EM et al. 2000. GVHD dry eyes treated with autogous serum tears. Bone Marrow Transplanta，25：1101.

Rowlings PA et al. 1997. IBMTR severity index for grading acute graft-versus-host disease：retrospective comparison with Glucksberg grade. Br J Haematol，97：855

Rugger L et al. 2002. Effectiveness of donor natural killer cell alloreacativity in mismatched hematopoietic transplants. Science，295：2097

Ruutu I et al. 2002. Ursodeoxycholic acide as the prevention of hepatic complication is allogenetic stem cell transplantation. Blood，100：1977

Safdar A et al. 2002. Listeriosis in recipients of allogeneic blood and marrow transplantation：thirteen year review of disease characteristics，treatment outcomes and a new association with human cytomegalovirus infection. Bone Marrow Transplant，29：913

Saiz A et al. 2004. Neurological complications of hematopoietic cell transplantation. Semin Neurol，24：427

Salomone T et al. 1999. Clinical relevance of acute pancreatitis in allogeneic hemopoietic stem cell transplants. Dig Dis Sci，44：1124

Sato Y et al. 2004. Continuous subcutaneous injection reduces polymorphonuclear leukocyte activation by granutocyte colony-stimulating factor. Blood，286：143

Savani BN et al. 2005. Imatinib synergizes with donor lymphocyte injection to achieve rapid molecular remission of CML relapsing after allogeneic stem cell transplantation. Bone Marrow Transplant，36：1009

Schiller GJ et al. 1991. Abdominal presentation of varicella-zoster infection in recipients of allogeneic bone marrow transplantation. Bone Marrow Transplant，7：489

Schneider DT et al. 1999. Adjuvant treatment of severe acute pancreatitis with C1 esterase inhibitor concentrate after haematopoietic stem cell transplantation. Gut，45：733

Schubert MM et al. 1990. Oral and pharyngeal herpes simplex virus infection after allogeneic bone marrow

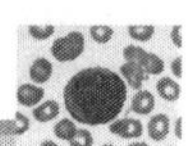

transplantation: analysis of factors associated with infection. Oral Surg Oral Med Oral Pathol, 70: 286

Schwartz JM et al. 2001. Severe gastrointestinal bleeding after hematopoietic cell transplantation, 1987-1997: incidence, causes, and outcome. Am J Gastroenterol, 96: 385

Schwartz S et al. 2005. Improved outcome in central nervous system aspergillosis, using voriconazole treatment. Blood, 106: 2641

Schweitzer VG. 1993. Ototoxicity of chomotherapeutic agents. Otolaryngol Clin of North Am, 27: 759

Seaton ED et al. 2003. Influence of extracorporeal photopheresis on clinical and laboratory parameters in chronic graft versus-host disease and analysis of predictor of response. Blood, 102: 1217

Shankar G et al. 2001. Idiopathic pneumonia syndrome after Bone manow tramsplantation: the role of pre-transplant aradratron conditroning and local cytouine dysregulation in promoting lung inflammation and fibrosis. Inter J Experi Path, 82: 101

Shapiro NL, Novelli V. 1998. Otitis media in chilaren with vertically- acquired HIV infection: the Great Ormond Street Hospital experience. Int J Pediatr Otorhinolaryngol, 45: 69

Shore T et al. 1996. Pancreatitis post-bone marrow transplant. Bone Marrow Transplant, 17: 1181

Shulman HM et al. 1994. Veno-occlusive disease of the liver after bone marrow transplantation: histological correalates of clinical sign and symptoms. Hepatology, 19: 1171

Siegal D et al. 2007. Central nervous system complications after allogeneic hematopoietic stem cell transplantation: incidence, manifestations, and clinical significance. Biol Blood Marrow Transplant, 13: 1369

Singhal S et al. 1997. Pilocarpine hyarochloride for symptomatic relief of xerostomia due to chronic graft-versus-host disease or total body irradiation after bone marrow transplantation for hematologic malignancies. Leuk Lymphoma, 24: 539

Smyth MJ et al. 2000. Differential tumor surveillance by natural killer (NK) and NKT cells. J Exp Med, 191: 661

Sonis ST et al. 2002. The gene expression sequence of radiated mucosa in a animal mucositis model. Cell Proliferation, 35 (Suppl 1): 93

Sorkine P et al. 1996. Aadministration of amphotericin B in lipid emulsion decrease nephrotoxicity. Crit Care Med, 24: 1311

Souza-Fiho MV et al. 1997. Involvement of nitric oxide in the pathogenesis of cyclophosphamide-induced hemorrhagic systitis. Am J Pathol, 150: 247

Spitzer TR. 2001. Engraftment syndrome following hematopoietic stem cell transplantation. Bone Marrow Transplant, 27: 893

Stroes ES et al. 1997. Cyclosporin A increases mitric oxide activety in vivo. Hypertension, 29: 570

Sullivan KM et al. 1988. Prednisone and azathioprine compared with prednisone and placebo for treatment of chronic graft-v-host disease: prognostic influence of prolonged thrombocytopenia after allogeneic marrow transplantation . Blood, 72 (2): 546

Sullivan KM et al. 1991. Chronic graft-host disease and other late complication of bone marrow transplantation. Semin Hematol, 28: 250

Tagliabue A et al. 2005. Favourable response to antithymocyte globulin therapy in resistant acute graft-versus-host disease. Bone Marrow Transplant, 36: 459

Takatsuka H et al. 2000. Complications after bone marrow transplantation are manifetations of systemic inflammatory response syndrome. Bone Marrow Transplant, 26: 419

Takatsuka H et al. 2004. Association of Helicobacter pylore with thrombotic thrombocytopenic purpura and hemolytic uremic syndrome after bone marrow transplantation. Clin Transplant, 18: 547

Takatsuka H et al. 2006. Changes of clotting factors (7, 9 and 10) and hepatocyte growth factor in patients with thrombotic microangiopathy after bone marrow transplantation. Clin Transplant, 20: 640

Tamara K et al. 2006. successful rapid discontinuation of immunosuppressive therapy at molecular patient with myelodysplasia syndrome. Am J Hamatol, 81: 139

Tanaka J et al. 1997. The important balance between cytokines derived from type 1 and type 2 helper T cells in the control of graft-versus-host disease. Bone Marrow Transplant, 19: 571

Teive H et al. 2008. Fungal encephalitis following bone marrow transplantation: clinical findings and prognosis. J Postgrad Med, 54: 203

Thompson JA et al. 2006. Totalbody irradiation, etoposide cyclophosphamide and autologous peripheral blood stem cell Transplantation followed by randomization to therapy with interleukin-2 versus observation for patients with non-Hodgkins lymphoma: results of a phase Ⅲ randomized trial by the southwest oncology Group (SWOG 9438) . Blood, 108: 326

Tollemar J et al. 1989. Results of four different protocols for prophylaxis against graft-versus-host disease. Transplantation Procedings, 21: 3008

Toneva M et al. 2001. Genomic diversity of natural killer cell receptor genes in three populations. Tissue Antigens, 57: 358

Torres A et al. 1989. Cyclosporin A versus methotrexate, followed by rescue with folinic acid as prophylaxis of acute graft-versus-host disease after bone marrow transplantation. Annals of Hematology, 58 (2): 63

Tse S et al. 1999. Myasthenia gravis and polymyositis as manifestations of chronic graftversus-host-disease. Bone Marrow Transplantation, 23: 397

Uberti JP et al. 2005. Pilot trial on the use of etanercept and methylprednisolone as primary treatment for acute graft-versus-host disease. Biol Blood Marrow Transplant, 11 (9): 680

Uckan D et al. 2005. Life-threatening neurological complications after bone marrow transplantation in children. Bone Marrow Transplant, 35: 71

Uderzo C et al. 2000. Impact thrombotic thrombocytopenic purpura on leukemia children undergoing bone marrow transplantation. Bone Marrow Transplant, 26: 1005

Uderzo C et al. 2006. Risk factors and severe outcome in thrombotic microangiopathy after allogeneic hematopoietic. Stem Cell Tansplantation, 82: 638

Van Ojik H et al. 1997. Cycloporin for thrombotic thrombocytopenic prupura after autologous bone marrow transplantation. Br J Haematol, 96: 641

Van-Lint MT et al. 1998. Early treatment of acute graft-versus-host disease with high- or low-dose 6-methyl- prednisolone: a multicenter randomized trial from the Italian Group for Bone Marrow Transplantation. Blood, 92: 2

Vaughan DE et al. 1989. PGE 1 accelerates thrombolysis by tissue plasminogen activator. Blood, 73: 1213

Vela-Ojeda J et al. 2006. Clinical relerance of NK, NKT, and dendritic cell dose in patients receiving G-CSF mobilized peripheral blood allogeneic stem cell transplantation. Ann Hematol, 85: 113

Villalon L et al. 2000. Veno-occlusive disease a specific syndrome or the Exacerbation of physiopathologic hemostatic changes in hematopotic stem cell transplantation. Thromb Res, 99: 439

Viner CV et al. 1990. Ondansetron—a new safe and effective antiemetic in patients receiving high dose melphalan. Cancer Chemother Pharmacol, 25: 449

Vogelsang GB et al. Thalidomide for the treament of chronic graft-versus-host disease. N Engl J Med, 326: 1055

Wagner JE et al. 1992. Relapse of leukemia after bone marrow transplantation: effect of second myeloablative therapy. Boone Marrow Transplant, 9: 205

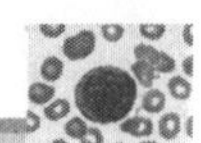

Wang LR et al. 2006. The impact of human herpervirus 6B reactivation on early complications following allogeneic hematopoietic stem cell transplantation. Biol Blood Marrow Transplant, 12 (10): 1031

Weinberg K et al. 2001. Factors affecting thymic function after allogeneic stem cell transplantation. Blood, 97: 1458

Weinstock DM et al. 2006. Preemptive diagnosis and treatment of Epstein-Barr virus-associated post-transplant lymphoproliferative disorder after hematopoietic stem cell transplant: an approach in development. Bone Marrow Transplant, 37: 539

Weisser M et al. 2006. A Comparison of donor lymphocyte injection or imatinib mesylate for patients with chronic myelogenous leukaemia who have relapsed after allogeneic stem cell Transplantation. Haematologica, 91: 663

Welniak LA et al. Immunobiology of allogeneic hematopoietic stemm cell transplantation. Anne Rev Immuno, 25: 139

Woodard P et al. 2004. Encephalopathy in pediatric patients after allogeneic hematopoietic stem cell transplantation is associated with a poor prognosis. Bone Marrow Transplant, 33: 1151

Yakoab-Agita I et al. 2006. Allogeneic marrow stem-cell transplantation from human leukocyte antigen-identical siblings versus human leukocyte antigen-allelic-matched donor (10/10) in patients with standard risk hematologic malignancy : a prospective study from the French sociery of bone marrow transplantation and cell therapy. J Clin Oncol, 24: 5695

Yanik G. 2008. Impact of broncho-alveolar lavage on the diagnosis and management of pulmonary complications post tramsplantation. Biol Blood Marrow transplant, 14: 89

Yousem SA. 1995. The histological spectrum of pulmonary groftoversus-host disease in bone manow repicient. Hum Pathol, 26: 668

Zaja F et al. 2007. Treatment of refractory chronic GVHD with rituximab: a GITMO study. Bone Marrow Transplant, 40 (3): 273

Zander AR et al. 2003. ATG as part of the conditioning regimen reduces transplant-related mortality (TRM) and improves overall survival after unrelated stem cell transplantation in patients with chronic myelogenous leukemia (CML) . Bone Marrow Transplant, 32 (4): 355

Zeigler ZR et al. 1995. Bone marrow transplant-associated thrombotic microangiopathy: a case series. Bone Marrow Transplant, 15: 247

Zeiser R, Benito AI. 2006. Acute graft-versus-host disease-challenge for a broader application of allogeneic hematopoietic cell transplantation. Division of Bone Marrow Transplantation. 1 (2): 203

Zeizer RS et al. 2006. Inhibition of $CD4^+$ $CD25^+$ regulatory T cell function by calcineurin dependent interleukin-2 production. Blood, 108 (1): 390

Zheng H et al. 1994. Intravenous placental immunoglobulin for treatment of chronic graft versus host disease. Zhonghua Nei Ke Za Zhi, 33 (5): 306

第十七章　脐带血造血干细胞移植

任汉云

任汉云，医学博士，北京大学第一医院血液科主任、主任医师，教授、博士研究生导师。现任中华医学会血液学分会常委，中华医学会血液学会白血病-淋巴瘤学组副组长，中华骨髓库专家委员会副主任委员。北京大学血液病学领域的主要学科带头人之一。2005年获中国医师协会中国医师奖。

由于同胞间 HLA 相合供者的不足，近二十余年来已将供者扩展到 HLA 相合的无血缘关系人群。由于无血缘关系造血干细胞移植（URD-HSCT）HLA 相合程度要求很高，虽然各国花费巨大的人力和物力建立了造血干细胞资料库，仍然只有部分人群能受益于 URD-HSCT。1988 年 Gluckman 报道首例脐带血移植（UCBT）成功，证明了 UCBT 临床应用的潜能以来，国外很多国家建立了公共脐带血库以解决供者来源的不足，同时广泛开展了 UCBT 临床研究工作并取得了长足的进展。脐带血作为继骨髓、外周血后的第三种造血干细胞的来源，日益受到人们的重视。由于脐带血为实物保存并具有快速获得性，尤其适用于对需要尽快移植的患者，已成为异基因骨髓移植（allo-BMT）和异基因外周血干细胞移植（allo-PBSCT）的一种有效替代方法，显示出了巨大的应用潜力，成为近十余年来造血干细胞移植领域中最重大的进展之一。到 2008 年为止，估计全世界库存脐带血约 250 000 份，并已有近 15 000 例儿童和成人患者接受了同胞或无关 UCBT（任汉云，2006；Barker 等，2007）。国内自 20 世纪 90 年代初先后在北京、广州、济南、天津、上海等城市建立了脐带血库，目前库存脐带血总量约 4 万份，估计全国开展 UCBT 约 600 例，主要为无血缘关系 UCBT。以往多数临床研究表明，4～6 位点相合的脐带血能重建儿童血液肿瘤患者的造血和免疫系统，取得较好的治疗效果。然而，UCBT 在成人中的应用由于其较高的移植相关死亡率而受到限制。近年的临床资料表明，在大体重儿童和成人以及非恶性疾病中均取得了非常好的效果，且 UCBT 的数量在逐年增加。虽然 UCBT 在临床上取得了较大的进展，但由于脐带血细胞数量少和其免疫的不成熟，UCBT 植入率低和造血恢复延迟以及免疫重建缓慢而增加患者感染和早期移植相关死亡为其突出问题（Barker 等，2007）。

一、脐带血细胞的生物学特性

（一）脐带血造血干/祖细胞的生物学特性

脐带血又称胎盘/脐带血（placental/umbilical cord blood），是胎儿脐带及胎盘近胎儿一侧血管内的血液。脐带血长期以来都被认为是废物而被丢弃。Knudtzon 等（1974）发现脐带血中富含造血细胞以来，有关学者对其进行了广泛而深入的研究。UCBT 是利用脐带血中的造血干细胞重建移植患者造血免疫系统的一种造血干细胞移植疗法。UCBT 应用

于临床是对以往废弃物质的有效利用，也开辟了造血干细胞的另一来源。与成人骨髓和外周血相比，脐带血中有较高含量的$CD34^+$细胞，具有高增殖和长期重建造血的能力。用荧光双染的方法已经能够将脐带血中的$CD34^+$细胞分为$CD34^+/DR^-$和$CD34^+/DR^+$不同亚群，$CD34^+/DR^-$细胞较$CD34^+/DR^+$细胞更为原始。Traycoff 等（1994）研究表明，$CD34^+/DR^-$细胞在脐带血中的比例较骨髓为高。除 HLA-DR 外，CD38 也可区分造血干/祖细胞亚群。$CD34^+/CD38^-$代表含量少、相对静止的$CD34^+$细胞亚群，较$CD34^+/CD38^+$细胞更原始，增殖能力更强。脐带血中的$CD34^+/CD38^-$细胞的百分率最高，骨髓中次之，外周血中最低。Hao 等（1995）证明脐带血来源的$CD34^+/CD38^-$细胞较骨髓来源的$CD34^+/CD38^-$细胞对造血因子的增殖反应更迅速，而脐带血中$CD34^+$细胞亚群较骨髓相应细胞亚群能产生更多的子代细胞。Lansdrop 等（1993）研究了从成人骨髓、脐带血和胎肝中纯化的造血干/祖细胞对细胞因子的增殖反应，将$CD34^+CD45RA^{lo}CD71^{lo}$表型的细胞在含有 IL-3、IL-6、SCF 和 EPO 的无血清培养基中培养 3～10 天，骨髓$CD34^+$细胞较接种时相差无几，脐带血中$CD34^+$细胞则增加数百倍，而胎肝$CD34^+$细胞增加数千倍。用荧光素 PKH26 标记的$CD34^+$细胞经体外培养 7 天，发现骨髓$CD34^+$细胞荧光强度无明显改变，而脐带血$CD34^+$细胞的荧光强度明显减弱，表明骨髓造血干/祖细胞在整个培养过程中相对静止，而脐带血来源的$CD34^+$细胞则高度增殖。另外，Carow 等（1993）证明脐带血较骨髓中的 CFU-GEMM 有更广泛的再形成集落细胞的能力。

Broxmeyer 等（1992）试图确定脐带血用于成人移植的可行性。他们证明脐带血中 CFU-GM 的总数和自体骨髓相比非常接近。尽管脐带血中有核细胞和祖细胞的总数较异基因骨髓低，但脐带血较骨髓细胞在体外培养有更强的扩增能力。Moor 等（1993）也发现，脐带血细胞在体外培养有更强的增殖能力而较少消耗更原始的 LTC-IC 池。很多研究表明，脐带血中$CD34^+$细胞增殖能力较骨髓$CD34^+$细胞强。Traycoff（1994）等报告 SCF、IL-3、IL-6 和 EPO 可使脐带血$CD34^+$细胞在 9 周内扩增 2500 倍，CFU-GM 和 BFU-E 在培养 3～4 周达到高峰。Cardoso 等（1993）报告了$CD34^+/CD38^-$细胞在含有 IL-3、I-L6、G-CSF、SCF 和 TGF-β 培养体系中长期培养结果，脐带血$CD34^+/CD38^-$细胞的 CFU-GM 产率较成人骨髓相应细胞 CFU-GM 产率高 7.6 倍。重症联合免疫缺陷鼠动物移植模型证明，只有$CD34^+/CD38^-$细胞才有长期造血重建能力。通过有限稀释法证明，这种细胞在脐带血有核细胞的比例为 1/（9.3×10^5），成人骨髓中为 1/（3×10^6），G-CSF 动员的成人周围血有核细胞中为 1/（6×10^6）（Wang 等，1997）。总之，脐带血中造血干/祖细胞的含量较成人骨髓高，通过端粒酶活性测定也证明脐带血中干/祖细胞不成熟，具有很强的增殖能力（Vaziri 等，1994）。细胞周期研究发现，脐带血造血干/祖细胞处于相对静止状态，但对造血因子刺激的增殖反应迅速。

（二）脐带血中免疫细胞特性

移植物抗宿主病（GVHD）是由于移植物中 T 淋巴细胞通过识别受者 HLA 特异抗原而激活、增殖，产生细胞因子，导致宿主组织损伤所致。近年的临床研究证明，与骨髓移植相比，UCBT GVHD 的发生率低且严重程度较轻，能允许供/受者之间有较大的 HLA 差异。这可能是新生儿和成人免疫系统质或量的差别减少了 UCBT GVHD 的发生。

与成人外周血相比（表 17-1），脐带血具有以下特点：①淋巴细胞绝对数明显少于周围血；②$CD8^+$细胞比例低；③CD4/CD8 比例较高；④免疫表型分析示 T 淋巴细胞不成熟，大多数$CD4^-$细胞共同表达 CD45RA（处女 T 淋巴细胞表型）和 CD38 抗原，$CD4^+/CD45RA^+/CD38^+$ T 淋巴细胞无辅助 T 淋巴细胞功能，其免疫调节功能受到抑制；⑤较少$CD3^+$细胞表达 IL-2 受体(IL2R) 和 HLA-DR（Rainaut 等，1987；Hannet 等，1992；Clement 等，1990）。

表 17-1 脐带血细胞和骨髓及动员外周血细胞生物学特性比较（Brown 等，2008）

生物学特性	UCB	HSC
造血干/祖细胞的比例	明显多于 HSC	降低
$CD34^+$细胞对细胞因子的增殖反应	明显高于 HSC	降低
T 淋巴细胞对抗原或有丝分裂原的反应	中度反应	活跃反应
$CD4^+CD45RA^+$细胞比例	大多数 T 淋巴细胞	$CD45RA^+/CD45RO^+$两群
活化单个核细胞产生造血因子	明显少于 HSC	大量
活化 T 淋巴细胞产生 IL-2、IFN-γ、TNF-α	明显少于 HSC	大量
活化 T 淋巴细胞异基因细胞毒活性	较 HSC 明显降低	较高
表达 NFAT1	降低	高
NK 细胞活性		相当

功能分析表明，脐带血中 T 淋巴细胞可被同种异体抗原激活并诱发正常的增殖反应，但脐带血细胞在混合淋巴细胞培养中激活异体 T 淋巴细胞的能力较弱，可能与脐带血中抗原提呈细胞功能不成熟有关。脐带血单核细胞表达 HLA-DR、B7 和细胞黏附分子-1 水平低。另外，脐带血细胞对异体细胞的细胞毒作用弱，这可能是由于脐带血细胞内在的或由于其他细胞/因子抑制了细胞毒 T 淋巴细胞的作用还不清楚（Roncarolo 等，1998）。

Roncarolo 等（1998）研究证明，脐带血单个核细胞激活后产生 IL-2、IL-6、TNF 与成人单核细胞无明显差别，但 IFN 产生明显减少，几乎不产生 IL-4 和 IL-5。Chalmers 等（1998）应用单个细胞研究发现，脐带血较成人细胞产生 IL-2、IL-4、TNF 和 IFN 均明显减少。Rainsford 等（2002）证明，脐带血单个核细胞产生 IL-10 增加与诱导免疫耐受和减少 GVHD 的发生率有关。Lee 等（1996）和 Qian 等（1997）分别证明激活的脐带血单个核细胞产生 IL-12 和 IL-15 的量较成人单个核细胞明显减少，这些因子是调节 NK 细胞活性和 T 淋巴细胞功能的重要因子，这说明脐带血免疫细胞的不成熟性。

是否脐带血免疫细胞的这些特性决定了 UCBT GVHD 发生率减少和程度减轻的原因仍有待证明。另外，脐带血中 T 淋巴细胞的量约 8×10^6/kg，较未去 T 淋巴细胞骨髓移植低。一般认为，T 淋巴细胞量大于 5×10^5/kg 不足以预防 GVHD 的发生，尤其是在 HLA 配型不合或无血缘关系骨髓移植患者。因此认为输入 T 淋巴细胞量的减少不是 UCBT 患者 GVHD 发生率减少和严重程度减轻的主要原因。

由于 UCBT GVHD 发生率低且严重程度较轻，人们担心白血病患者移植后不能产生足够强的移植物抗白血病效应（GVL）而造成复发率的增加。较大宗同胞和无血缘关系 UCBT 比较研究发现，尽管 UCBT GVHD 发生率较低，但复发率并没有增加（Rocha 等，2000；Rocha 等，2001；Barker 等，2001）。UCBT 的较强抗白血病作用机制尚不明确，可能部分与 NK 细胞活性有关。Gardiner 等（1998）研究证明，脐带血较骨髓含有更高活

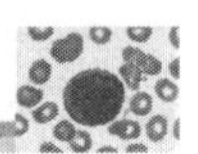

性的 NK 细胞，能明显诱导白血病细胞凋亡。经 IL-2 处理后，脐带血 LAK 细胞能更明显地诱导 Daudi 等白血病细胞株凋亡，而骨髓来源的 LAK 细胞则不能明显诱导这些白血病细胞凋亡。NK 细胞和 LAK 细胞在抗白血病中的重要性已在异基因 BMT 和供者淋巴细胞输注研究中得到了证实（Jiang 等，1993）。最近研究证明，UCBT 后受者 $CD16^{+}CD56^{-}$ NK 细胞亚群增多与脐带血具有较强的抗白血病作用有关，从而使移植后白血病的复发率较其他移植方式并不增高（Lu 等，2008）。

二、脐带血移植和骨髓移植特点的比较

自 19 世纪 60 年代以来，造血干细胞移植治疗血液系统恶性肿瘤、骨髓衰竭综合征和某些先天性遗传性疾病取得了巨大成功。由于同胞间 HLA 相合供者来源困难，无血缘关系骨髓库和脐带血库便应运而生。无血缘关系骨髓移植和 UCBT 有不同的特点（Laughlin 等，2001；Cairo 等，1997；How 等，2001），首先由于从无血缘关系人群中寻找 HLA 相合的骨髓供者其概率约为万分之一，从开始寻找到骨髓移植的整个过程需要 3 个月以上，许多患者找不到 HLA 相合供者，一部分即使找到合适供者，也可能因疾病进展等原因失去移植机会。与无血缘骨髓移植相比（表 17-2），UCBT 具有如下优点：①脐带血来源丰富，取之不尽，用之不竭；②采集方便，对产妇和胎儿无任何损害；③与无血缘骨髓库不同，脐带血是以实物的形式保存，不会被供者拒绝；④寻找 HLA 相合脐带血所需时间短，可根据患者需要及时进行移植；⑤脐带血中早期造血干细胞含量丰富，一份脐带血可满足 30～40kg 体重的儿童造血重建，也能满足部分成人移植的需要；⑥脐带血中免疫细胞不成熟，移植后急、慢性 GVHD 的发生率低且严重程度较轻，可耐受较大的 HLA 差异，故脐带血库较骨髓库需要较少的供者；⑦脐带血中各种病毒感染的机会较小，由于移植而感染病毒性疾病发生率低；⑧可针对少数民族人群收集相应的脐带血，可避免因种族不同而造成不易找到合适的造血干细胞来源。

UCBT 的不足之处：①脐带血量有限，细胞数量少，因此植入率低，在成人 UCBT 有一定的局限性。②具有潜在过继遗传性疾病的可能。③如移植失败，无备用骨髓或外周血干细胞进行再次移植；对恶性血液病患者，若疾病复发则不能采集供者淋巴细胞进行输注。④造血重建的时间较长，感染、出血的发生概率较大。

表 17-2　脐带血移植与无血缘 HSC 移植的比较（Brown 等，2008）

	HSCT	UCBT
造血干细胞采集量	不受限制，可满足需要	有限制，一般只能满足 30～40kg 的儿童和低体重成人
采集造血细胞并发症	有	无
查询、配型所需时间	数月	数周
各种原因取消移植的概率	25%～30%	基本没有
细胞冷冻保存	不需要	需要
移植物 CMV 阳性率	高	低
对 HLA 配型要求	高	较低，4/6 或以上
发生 GVHD 的风险	高	低

续表

	HSCT	UCBT
感染风险	高	更高
粒细胞/血小板植入速度	快	较慢
供者淋巴细胞输注的可能性	可行	不可能
过继遗传性疾病的风险	很少	有

三、UCBT 的临床研究

自 Gluckman 等（1989）进行首例同胞间 UCBT 治疗范科尼贫血以来，UCBT 在全世界范围内普遍开展。研究早期人们对 UCBT 提出了很多问题，包括：是否 UCBT 能够治疗范科尼贫血以外的疾病？脐带血能否用于成人？因为脐带血中淋巴细胞不成熟可减弱 GVL 效应，是否会造成白血病复发率增加？1992 年国际 UCBT 登记组（ICBTR）成立，目的是尽快收集较多患者 UCBT 的临床资料，分析 UCBT 的风险和给患者带来的效益。1993 年类似的 UCBT 病例登记机构在欧洲成立，称为 Eurocord。1998 年美国、欧洲、日本和澳大利亚又联合成立了网络 UCBT 登记组（Netcord）。Eurocord 登记了自 1988 年 10 月到 2000 年 3 月 29 个国家的 121 个移植中心的 700 例 UCBT 患者，其中 150 例为同胞间 UCBT，534 例为无血缘关系 UCBT，另外 16 例以其他方式进行了 UCBT。治疗的疾病包括血液系统疾病与非血液系统疾病。UCBT 的适应证主要有血液系统恶性肿瘤、骨髓造血功能衰竭综合征和遗传性血液系统疾病等（表 17-3）。

表 17-3 脐带血移植的适应证

恶性疾病	慢性肉芽肿性疾病
急性白血病：急性淋巴细胞白血病、急性髓性白血病、混合细胞性白血病	戈谢病
慢性白血病：慢性髓性白血病、幼年性慢性髓性白血病	范科尼贫血
骨髓增生异常综合征	Hunter 综合征
非霍奇金淋巴瘤	Wiskott-Aldrich 综合征
X-连锁淋巴增殖综合征	骨髓硬化症
神经母细胞瘤	肾上腺脑白质萎缩
非恶性疾病	免疫缺陷综合征
地中海贫血	Diamond-Blackfan 综合征
重症再生障碍性贫血	

（一）同胞之间的 UCBT

1988 年法国巴黎圣路易医院 Gluckman 等（1989）成功地进行了世界首例同胞之间的 UCBT，该例患者的成功为 UCBT 开创了先河。较早报道的较大宗病例来源于国际脐带血移植登记组（ICBTR），该登记组从 22 个移植中心收集 74 例同胞 UCBT 患者的临床资料（Wagner 等，1995）。患者中位年龄 4.9 岁（0.5～16.3 岁），56 例为 HLA0～1 个位点不

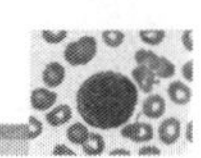

合，18 例为 2～3 个位点不合。GVHD 的预防包括单用环孢素（CsA）及 CsA 联合甲泼尼龙或抗 T 淋巴细胞单克隆抗体。半数患者移植早期即用 G-CSF。对于 HLA 相合及 1 个位点不合的 UCBT，60 天内造血恢复的概率为 91%，中性粒细胞大于 0.5×10^9/L 和血小板大于 50×10^9/L 的中位时间分别为 22 天（9～46 天）和 51 天（15～117 天）。5 例未植入患者 4 例为骨髓衰竭综合征，1 例为 Hunter 综合征。该结果与其他报告的结果类似，即骨髓衰竭综合征、血红蛋白病和贮存病植入失败的风险较大（Gluckman 等，1997；Gluckman，1998）。

在这一组病例中，脐带血有核细胞数量和造血干/祖细胞含量与中性粒细胞恢复时间和植入概率之间无明显相关性。另外，造血因子的应用也不能缩短中性粒细胞恢复时间，这可能是由于病例数量小或病例选择的偏差有关。aGVHD 在 HLA 相合或 1 个位点不合的 UCBT 中发生率很低，100 天内Ⅱ～Ⅳ和Ⅲ～Ⅳ度 GVHD 累计发生率分别为 3%和 2%，与同期骨髓移植相比明显低。全部 HLA 相合和 1 个位点不合的 UCBT 患者只有3 例发生了 cGVHD，且无一例为广泛性。而在 15 例可评估的单倍体 UCBT 患者，中重度 GVHD 的发生率也不高。中位随访 2 年，该组患者中 HLA0～1 位点不合者的生存概率为 0.61±0.12，其中恶性疾病的生存概率为 0.41±0.11。死亡原因包括植入失败、恶性疾病的复发、间质性肺炎/ARDS、肝静脉阻塞综合征（SOS）、颅内出血和早期细菌败血症，全部病例只有 1 例 HLA3 个位点不合者死于 GVHD。

Eurocord 于 1988 年 10 月到 2000 年 3 月间共收集了 138 例儿童同胞 UCBT 的病例（Gluckman 等，2000）。其中 114 例为 HLA 相合，24 例 1～3 个位点不合。患者中位年龄 5 岁（0～14 岁）。诊断恶性疾病 74 例，其中恶性血液病 72 例；骨髓造血功能衰竭性疾病 25 例，血红蛋白病 24 例，先天性代谢性疾病 15 例。预处理方案随疾病和年龄不相同而不尽相同，多数患者 GVHD 预防方案只包含环孢素。输入有核细胞的中位数为 4×10^7/kg [（0.7～62）$\times10^7$/kg]，中位 $CD34^+$ 细胞数为 1.75×10^5/kg [（0.6～63）$\times10^5$/kg]。结果表明，中性粒细胞植入的概率为 83%±4%，中性粒细胞大于 0.5×10^9/L 的中位天数为 26 天（8～60 天）。影响移植后 60 天中性粒细胞恢复的因素包括：患者年龄、体重、移植细胞数等，而血小板恢复与供受者 HLA 配型相合程度密切相关。患者的 2 年生存概率在恶性疾病为 46%，再生障碍性疾病为 76%，血红蛋白病为 100%（35%自体造血恢复），先天性代谢性疾病为 79%。有利于生存的主要因素有：患者年龄小、体重低、输入有核细胞数大于 3.7×10^7/kg，以及供者血清 CMV 阴性等。全部病例大于Ⅱ度 aGVHD 发生率为 20%，cGVHD 的发生率为 6%。主要的死因为白血病晚期进行 UCBT 的白血病复发。

为了更好地了解同胞间 UCBT 的疗效，Rocha 等（2000）比较了 113 例 HLA 配型相合同胞间儿童 UCBT 和 2052 例 HLA 配型相合同胞间儿童骨髓移植的临床结果（表 17-4）。重点比较了两组移植方式的急、慢性 GVHD 发生率及植入率和生存情况。

表 17-4　同胞间 HLA 相合的 BMT 与 CBT 疗效比较

	UCBT	BMT
总病例数	113	2052
中位年龄/范围（岁）	5/1～15	8/1～15
中位体重/范围（kg）	17/5～46	26/4～109

续表

	UCBT	BMT
疾病类型		
恶性疾病病例数/比例（%）	61/52	1262/62
非恶性疾病病例数/比例（%）	52/46	790/38
预处理方案		
TBI 为主病例数/比例（%）	27/24	705/34
化疗病例数/比例（%）	86/76	1345/66
GVHD 预防		
CsA 病例数/比例（%）	65/58	412/20
CsA＋MTX 和（或）激素病例数/比例（%）	48/42	1640/80
移植后情况		
60 天植入率（%）	89	98
植活时间（d）	26	18
aGVHD（＞Ⅱ度）（%）	14	24
cGVHD（%）	6	15
3 年生存率（%）	64	66
恶性疾病发生率（%）	46	55
非恶性疾病发生率（%）	86	84

从表中可见 UCBT 组未能植活的比例要高于 BMT，GVHD 发生率在 UCBT 患者无论是 aGVHD 还是 cGVHD 均低于 BMT 组，而 3 年生存率在 UCBT 和 BMT 间无统计差异。经多因素分析发现，影响两种移植方式植活的因素，除了输入的有核细胞数外，尚与主要 ABO 血型不相合、用 MTX 预防 aGVHD 及移植后造血细胞因子的应用有关。除移植方式外，造成 GVHD 发生率和严重程度降低的因素有：①非恶性疾病；②主要 ABO 血型相合；③诊断到移植的时间较短；④联合应用 CsA 和 MTX 预防 GVHD。而影响生存率的因素主要与恶性疾病种类、病期及年龄有关，而与移植的类型（骨髓或脐带血）无关。死亡原因主要为恶性疾病复发，但两组复发相关死亡率相似，分别占全部死亡的 48% 和 49%。其他死亡原因在 UCBT 组主要为感染和出血，而骨髓移植组主要为 GVHD、间质性肺炎和器官功能衰竭。

综上所述，同胞间 UCBT 有以下特点：①UCBT 后能够持久重建造血功能；②脐带血中造血干/祖细胞的数量可以满足儿童及部分成人的需要；③UCBT 后造血恢复较骨髓移植慢；④输注的 MNC、CFU-GM 与造血恢复有明显的相关性；⑤HLA 配型相合的 UCBT 后 GVHD 发生率低，HLA 配型不合者 GVHD 发生率也低且不严重；⑥虽然 UCBT GVHD 发生率低且严重程度较轻，但恶性血液病的复发率并没有增加。

（二）无关供者 UCBT 在儿童和成人 allo-HSCT 中的地位

通过上述病例研究，UCBT 在儿童同胞 allo-HSCT 中的地位已确立。对于儿童无血缘 UCBT，Rocha 等（2001）回顾性地分析了 541 例儿童急性白血病患者应用无血缘 UCBT

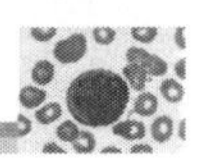

和无血缘 BMT 的多中心研究结果。单因素分析表明，UCBT 患者中性粒细胞和血小板恢复较 BMT 患者延迟；大于Ⅱ度 aGVHD 和 cGVHD 的发生率在 UCBT 和 T 淋巴细胞去除 BMT 患者较 BMT 患者明显降低；而 UCBT 患者早期 TRM 较高。100 天后复发率、死亡率在 3 组病例相当。2 年复发率、总生存率及无病生存率（DFS）在 3 组病例无明显的差异。为了进一步阐明 UCBT 的优缺点，Barker 等（2001）应用前瞻性、随机方法进行配对研究了儿童 HLA0～3 个位点不合的无血缘 UCBT 和 HLA 完全相合的无血缘 BMT 患者中性粒细胞和血小板恢复、GVHD 发生和生存情况。结果表明，UCBT 患者中性粒细胞恢复延迟，而血小板恢复时间两组相似，中性粒细胞植入率在 UCBT 组和 BMT 组也无显著差异。尽管 UCBT 组脐带血与受者 HLA 差异较大，但与 BMT 相比并没有加重 GVHD 的产生；早期死亡率也无明显差别；2 年的生存率也无明显差异，分别为 53%和 41%。这项研究说明，尽管 UCBT 组 HLA 差别较大，但与配型相合的 BMT 相比，无论在植入率、GVHD 和生存率方面均无显著差异，表明脐带血完全可以替代无血缘关系骨髓进行儿童造血干细胞移植。

由于脐带血的采集量有限，所含的造血干/祖细胞相对较少，限制了 UCBT 在成人中的应用。1997 年 Kurtzberg 等报告了 22 例成人非血缘 UCBT 的初步临床结果。患者中位年龄 32 岁（17～58 岁），中位体重 69kg（43～92kg）。移植病种主要是恶性疾病（白血病 20 例，恶性淋巴瘤和代谢性疾病各 1 例）。HLA 配型完全相合 1 例，1 个位点不合 4 例，2 个位点不合 16 例，3 个位点不合 1 例。输入细胞中位数 1.1×10^7/kg [（0.6～3.7）$\times10^7$/kg]。移植后中性粒细胞大于 0.5×10^9/L 的中位时间为 23 天（13～37 天），脱离输血小板的中位时间为 56 天（27～126 天）。中位随访 211 天，12 例（55%）无病生存。死亡原因分别为感染 7 例，Ⅲ度 GVHD 2 例，SOS 1 例。2000 年欧洲脐带血移植协作组（Eurocord）报告了从 1988 年 10 月至 2000 年 3 月 108 例成人恶性血液病进行非血缘关系 UCBT 的临床结果（Gluckman 等，2000）。患者中位年龄 26 岁（15～53 岁），中位体重 60kg（35～110kg），所输有核细胞中位数为 1.7×10^7/kg [（0.2～6）$\times10^7$/kg]。所有患者均为恶性疾病，其中急性淋巴细胞白血病 32 例，慢性髓性白血病 37 例，急性髓性白细胞 23 例，骨髓增生异常综合征 12 例，非霍奇金淋巴瘤 4 例。GVHD 的预防包括 CsA 联合泼尼松或 MTX。HLA 配型完全相合的仅有 6 例，其余 102 例为 1～3 个位点不合。移植后 60 天中性粒细胞达到 0.5×10^9/L 以上为 81%，植活的中位时间为 32 天（13～60 天）。发生Ⅱ度以上 GVHD 为 38%。随访中位时间为 20 个月（0.6～60 个月），估计 1 年总体生存率为 27%±6%，移植前原发疾病处于稳定状态者为 39%，而处于疾病晚期的患者生存率仅为 17%。死亡原因主要为感染和 GVHD。输入有核细胞数大于 1.7×10^7/kg 有利于中性粒细胞植入。CML 慢性期、急性白细胞完全缓解期、输入有核细胞数≥2.0×10^7/kg 和 1998 年 1 月后进行的移植是降低 100 天以内的死亡率的主要影响因素。北京大学血液病研究所（任汉云等，2001）也于 1999 年成功进行了国内首例成人 UCBT。Sanz 等（2001）用标化的预处理方案对 22 例血液系统恶性肿瘤的成人患者进行了 UCBT，患者中位年龄 29 岁（18～46 岁），中位体重 69.5kg（41～85kg）；HLA 全合 1 例，1 个位点不合 13 例，2 个位点不合 13 例；预处理方案为塞替派、白消安、环磷酰胺及抗胸腺细胞球蛋白；输入有核细胞数为 1.71×10^7/kg [（1.01～4.96）$\times10^7$/kg]；GVHD 预防采用 CsA 联合泼尼松。所有移植中性粒细胞均达到植入水平，ANC>0.5×10^9/L 的中位时间为 22 天（13～52 天），血小板＞20×10^9/L 的中位时间为 69 天（49～153 天）。1 年的生存率为 53％，年龄是影响无病生存率的重要因素，小于 30 岁的患者无病生存率为 73％，而大于 30 岁的患者 3 个月生存率仅为 27％。同时移植前的疾病状态也影响患者的生存。日本东京大学报道的成人 UCBT 的结果更令人鼓舞（Iseki 等，2001），他们报道了 30 例成人血液系统肿瘤患者 UCBT 的结果。中位年龄 38 岁，中位体重 52kg，中位有核细胞数为 2.39×10^7/kg；中性粒细胞＞0.5×10^9/L 和血小板＞50×10^9/L 的中位时间分别为 22 天和 38 天。3 年总生存率为 76％±9％，15 例标危患者中位随访 12 个月全部存活，其移植效果和无血缘关系骨髓移植相当（Ooi 等，2002）。最近来自欧洲和北美的两个多中心大宗病例报告详细分析了成人急性白血病无血缘 BMT 和无血缘 UCBT 的临床研究结果。欧洲资料（Rocha 等，2004）比较了 1998～2002 年 682 例成人急性白血病无血缘关系造血干细胞移植的临床结果，其中 UCBT 组 98 例，BMT 组 584 例。多变量分析显示 UCBT 发生 aGVHD 的风险较低，但中性粒细胞恢复明显延迟。两组 cGVHD 发生率、TRM、DFS 均无显著性差异。因此该研究者提出，对于成人白血病患者，若无 HLA 匹配的骨髓供者，UCBT 是一种可以接受的治疗手段。北美资料（Laughlin 等，2004）比较了国际骨髓移植登记组（IBMTR）的 600 例成人白血病进行无血缘 HSCT 的临床结果，该研究得出与欧洲类似的结论。日本东京大学 Takahashi 等（2007）发表了令人鼓舞的研究结果，171 例恶性血液系统疾病（主要为白血病）接受了无关供者造血干细胞移植，其中 UCBT 100 例，骨髓移植或外周血干细胞移植 71 例，所以患者均接受包括 12GyTBI 的清髓预处理方案。结果发现，无血缘 UCBT 的 5 年 EFS 率为 70％，略高于 BMT/PBSCT 的 60％（P=0.26），但无论 aGVHD 还是 cGVHD 的发生率较 BMT/PBSCT 为低。这些临床研究结果证明，UCBT 效果不低于甚至优于 BMT/PBSCT 的移植效果，表明 UCBT 可以取代骨髓或外周血干细胞进行无血缘造血干细胞移植。

（三）影响脐带血植入和临床效果的相关因素

无关 UCBT 的生存率各家报道不一，1 年生存率从 29％～70％不等。有利于白血病 UCBT 生存率的因素包括患者年龄小、输入有核细胞数高、HLA 相合程度大、移植前疾病处于稳定状态和移植前 CMV 血清阴性等（Gluckman 等，2000）。最近有报道 $CD34^+$ 细胞的数量或集落形成细胞（CFC）的数量比有核细胞数更能预测脐带血的植入和长期生存（Laughlin 等，2001；Migliaccio 等，2000）。移植前疾病处于稳定期的患者生存率明显高于疾病晚期患者，我们（任汉云等，2002）的研究发现标危组患者 EFS 率为 73％，而处于复发或难治白血病阶段的患者 EFS 率仅为 14.3％。Ohnuma 等（2001）报道了类似的结果，标危患者 EFS 率为 75％，而高危患者为 29.6％。Rubinstein 等（1998）通过分析大宗病例发现，UCBT 死亡原因主要为各种感染，占所有死亡原因的 47％，其次为肺部疾患占 26％，多脏器衰竭占 12％，SOS 占 7％。与高死亡率有关的因素有：恶性疾病、年龄较大、输入脐带血细胞数少、HLA 配型相合程度差等。恶性血液病的复发与移植前疾病状态有关，疾病早期、中间期和晚期的复发率分别为 18％、24％和 35％。

众多研究探讨了影响无血缘关系 UCBT 造血恢复、GVHD 发生、移植相关死亡和生存率。多数报道中性粒细胞植活与输入有核细胞数量有关（Rubinstein 等，1998；Gluckman，2000；Thomson 等，2002；Locatelli 等，1999），但 $CD34^+$ 细胞数和 GM-CFU 数与

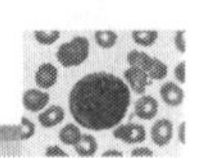

造血恢复速度和植入率关系更密切（Wagner 等，2002；Migliaccio 等，2000），G-CSF 的应用可加速中性粒细胞的恢复，但 GVHD 预防方案中包含 MTX 可延迟中性粒细胞的恢复（Gluckman 等，2000；Wagner 等，2001）。在众多的影响因素中，脐带血有核细胞数量是移植成功的关键。Gluckman 等（2000）在临床实践中提出 UCBT 有核细胞的有效剂量为 3.7×10^7/kg，低于此剂量则植入率低，不足 1×10^7/kg 无一例植入。但对于处于完全缓解期的急性白细胞和慢性期的 CML 患者，只要输入的脐带血有核细胞数高于 1×10^7/kg，其疗效尚令人鼓舞。一般而言，一份脐带血的有核细胞总量为（5～10）$\times10^8$，能满足多数儿童的 UCBT。Wagner 等（2002）建议 HLA 0～2 个位点不合的多份脐带血可供选择时，应首先考虑有核细胞或 $CD34^+$ 细胞的数量。2006 年欧洲 UCBT 协作组（Eurocord）推荐脐带血细胞数量应高于 3×10^7/kg（Barker 等，2007）。

GVHD 在无血缘 UCBT 中的发生率也较低，≥Ⅱ度 aGVHD 为 30%～40%，而重度 GVHD 的发生率多在 10%。影响 aGVHD 发生的因素与 HLA 相合程度有关，但也有报道与 HLA 相合程度并没有明显相关性（Kurtzberg 等，1996；Cairo 等，1997；Rubinstein 等，1998；Wagner 等，2001）。Margaret 等（2009）通过研究 265 例无关供者 UCBT，Ⅱ～Ⅳ度和Ⅲ～Ⅳ度 aGVHD 的发生率分别为 52%和 19%，通过多因素分析，证明没有与发生Ⅲ～Ⅳ度 GVHD 相关的独立因素，而与Ⅱ～Ⅳ度 GVHD 发生率增加的因素包括采用双份 UCBT、减低预处理方案强度和在预处理方案中不应用 ATG。尽管双份 HLA 不合 UCBT Ⅱ度以上 GVHD 发生率高，但移植相关死亡率却较低。作者推测双份 UCBT GVHD 发生率增加可能与输入细胞数增加有关，也可能与双份 UCBT 后体内相互反应有关。此外，也有报道 GVHD 的发生与 CMV 感染有关，移植前受者血清学阳性预示 GVHD 发生率较高。UCBT 后 cGVHD 的发生率较低，Narimatsu 等（2008）回顾性分析了日本 1072 例 UCBT cGVHD 的发生率及其影响因素，移植后 2 年的 cGVHD 累计发生率为 28%。多因素分析显示，大体重、HLA 相合程度低、清髓性预处理方案、在 GVHD 预防方案中应用霉酚酸酯（MMF）、发生Ⅱ～Ⅳ度 aGVHD 均为发生 cGVHD 的危险因素。该研究发现，发生 cGVHD 的患者生存率增加，可能与移植物抗肿瘤作用（GVM）增强而减少复发有关。作者另外发现，预处理方案中应用 MMF 增加 cGVHD 的发生率，其机制不清，但甲氨蝶呤预防 GVHD 的复发率更低。

除脐带血细胞数量之外，HLA 相合程度也明显影响脐带血植入和患者生存。Eurocord 报道随着 HLA 不相合程度的增加，其移植相关死亡率增加。此外，HLA 的相合程度与造血恢复也有明显相关性，与血小板恢复有关的因素包括有核细胞数量和 HLA 相合程度（Wagner 等，2001）。纽约血液中心（NYBC）分析大宗 UCBT 病例，其 HLA 6/6～3/6 位点相合，发现 HLA 不合程度与移植效果关系密切（Stevens 等，2006）。然而，纽约血液中心（NYBC）报道在 HLA 6/6 位点相合的 UCBT 病例，移植效果与所输有核细胞数量［（0.7～10）$\times10^7$/kg］无明显相关性（Stevens 等，2006）。作者认为，这可能是 HLA 相合补偿了脐带血数量的不足。因此，对于脐带血的筛选，既要考虑脐带血细胞的数量，又要考虑 HLA 配型的相合程度。HLA 配型不合程度越大，所需细胞数量就越多。Eurocord 建议（Barker，2007）当 HLA 分别为 6/6、5/6 和 4/6 相合时，TNC 应分别大于 3×10^7/kg、4×10^7/kg 和 5×10^7/kg，这样可获得“满意”的单份脐带血。对于这种脐带血选择的建议，仍然需要前瞻性的研究来证实。

如上所述，影响脐带血植入的主要因素除与细胞数量有关外，供受者 HLA 相合程度对植入也有重要影响。虽然脐带血允许 HLA 1～2 个位点不合，但 HLA 高匹配程度可能改善脐带血干细胞的植入率。因此，要改善脐带血干细胞植入，最重要的是选择 HLA 尽可能相合的脐带血、增加脐带血干细胞的数量和促进造血细胞增殖和分化。

（四）改善脐带血植入和提高生存率的措施

近年，人们尝试应用以下方案改善脐带血的植入率、缩短脐带血的植入时间、提高 UCBT 受者的生存率，取得了较大的成果。

1. 选择有核细胞数及 $CD34^+$ 细胞数较高的脐带血　在众多的影响因素中，脐带血有核细胞和 $CD34^+$ 细胞数量是移植成功的关键。在考虑 HLA 相合程度后，Wagner 等（2002）建议当有 HLA 0～2 个位点不合的多份脐带血可供选择时，应首先考虑有核细胞或 $CD34^+$ 细胞的数量。

2. 体内促进造血细胞分化成熟　除 HSC 数量外，脐带血干细胞本身“不成熟”的特点也可能是其植入延迟的原因之一。已证明脐带血较骨髓造血干细胞分化为巨核细胞的时间明显延长（Du 等，2005），推测早期应用细胞因子 IL-11 或血小板生成素可加速造血重建。早期（0～7 天）应用 G-CSF 可明显加速中性粒细胞造血恢复，并可能提高生存率（Arses 等，2006）。我们在 UCBT＋1 天开始应用重组人 IL-11 可明显加快血小板恢复，血小板＞20×10^9/L 的时间由一般报道的 40～60 天缩短为平均约 25 天（王茫桔等，2007）。另外，由于造血干细胞分化成熟受其他细胞的调节，可否通过体内或体外应用非造血细胞或免疫细胞促进脐带血干细胞成熟而加快造血重建有待研究，这些细胞包括成熟血细胞、淋巴细胞、抗原提呈细胞和间充质干细胞等。如在 NOD/SCID 小鼠动物模型中应用间充质干细胞和单份或双份脐带血细胞共移植可加速脐带血的植入（Hiwase 等，2009）。

3. 脐带血造血干细胞体外扩增　通过体外扩增脐带血 HSC，提高输注的 HSC 量，将有望缩短造血重建的时间，但到目前为止有效的扩增体系尚未建立。较有前景的也许是 Hox 基因产物，其中 HoxB4 最为引人注目。通过逆转录病毒感染使 HSC 过表达 HoxB4 mRNA，脐带血 HSC 能扩增 100 倍以上；如果用 TAT-HoxB4（一种可溶性 HoxB4 蛋白）处理纯化的 HSC，也能使 HSC 扩增 100 倍（Krosl 等，2003）。体外与间充质干细胞滋养层共培养也能增加造血干细胞的扩增效果。

4. 双份脐带血同时移植　为提高 UCBT 的细胞数，Ⅰ期临床试验尝试了同时输注 2 份 HLA 部分相合的 UCBT。明尼苏达大学 Barker 等（2005）报告了 23 例高危组恶性血液病患者接受 2 份 UCBT 的临床研究结果。患者中位年龄 24 岁（13～53 岁），采用清髓性预处理方案，两份脐带血总有核细胞中位数为 3.5×10^7/kg。可评价患者 21 例，脐带血植入时间 23 天，Ⅱ～Ⅳ度、Ⅲ～Ⅳ度aGVHD 发生率分别为 65％和 13％；1 年 DFS 率为 57％，其中缓解期移植者 1 年 DFS 率为 72％。我们于 2000 年报道了 1 例 95kg 超大体重的患者进行两份 UCBT，其中 1 份有核细胞数较多的脐带血顺利植入，30 天达到 100％供者嵌合体（Zhang 等，2000）。尽管 HLA 相合程度在植入方面可能起重要作用，现在的研究结果说明，相对的有核细胞数是决定两份脐带血中哪份最终能植入的最重要因素（Barker 等，2001；任汉云等，2008）。这说明免疫学不同的双份 UCBT 是可行的，可加

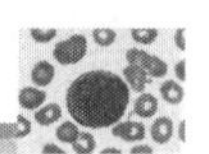

速造血重建，但并不增加GVHD的发生率和严重程度，值得进一步探讨。多份脐带血混合移植效果并不理想。Gryn等（2001）初步报道，11例用6～7份未进行HLA配型的脐带血混合移植，早期死亡率高，其中只有4例患者1份脐带血植入，达到100%供者嵌合体，其临床治疗潜力有待进一步研究。我们的研究也证明双份UCBT是安全的，可以克服成人患者因单份脐带血细胞数不足而无法进行UCBT的问题（Barker等，2001；任汉云等，2008）。

5. 加入低剂量半相合$CD34^+$细胞 Fernandez等（2005）研究表明，脐带血联合低剂量单倍体$CD34^+$细胞可加速脐带血植入速度，中性粒细胞恢复快，感染发生率明显低。早期以单倍体细胞植入为主，后逐渐被脐带血取代，100天内90%的患者转变为完全脐带血嵌合体。4年DFS率高达65%～82%。

6. 骨髓腔内脐带血注射 动物实验和临床研究证明，脐带血直接骨髓腔内注射可增加植入率和缩短植入时间，从而提高UCBT的生存率。Ibatici等（2007）应用脐带血骨髓腔内直接植入的方法进行了29例成人UCBT，中位年龄38岁，HLA配型18例4/6、10例5/6、1例3/6位点相合，中位有核细胞数量为2.3×10^7/kg［（1.4～4.2）$\times10^7$/kg］。多数患者采用经典Cy/TBI预处理方案。所有生存超过14天的患者达到100%脐带血植入，中性粒细胞和血小板植入的中位时间分别为+23天和+38天，较常规UCBT植入时间明显缩短。只有8%发生Ⅰ～Ⅱ度aGVHD。由于随访时间短，尚不能评价其生存优势。Frassoni等（2008）Ⅰ/Ⅱ期研究发现，直接骨髓腔内注射可加速中性粒细胞和血小板的植入、减少GVHD的发生，从而可能提高患者的生存率。Brunstein等（2009）用骨髓腔内注射的方式进行双份UCBT，其中随机的一份脐带血由骨髓腔内注射以减少细胞的丢失，而另一份由静脉输注。共10例患者，中位输注有核细胞为3.7×10^7/kg，经骨髓腔注射和经静脉输注的细胞数没有统计学差异。10例患者9例植入，其中静脉输注的5份植入，而骨髓腔注射的4份植入，中性粒细胞$>0.5\times10^9$/L和血小板$>50\times10^9$/L的中位时间分别为20天和69天。作者认为，双份UCBT骨髓腔输注并没有植入的优势，但确切的结论有待更大的病例资料和更深入的研究得出。

7. 减低预处理强度 减低预处理强度或非清髓已用于高龄、长期化疗和合并重要器官功能受损的患者。Brunstein等（2007）应用环磷酰胺/氟达拉滨/TBI 200cGy预处理措施进行110例UCBT（多为双份）治疗成人进展期恶性血液系统疾病，其3年生存率可达到45%。Ballen等（2007）应用氟达拉滨/美法仑/ATG预处理方案进行21例双份成人UCBT，100天移植相关死亡率仅14%，1年无病生存率高达67%。这些研究结果表明，对于不适合清髓预处理的患者，非清髓预处理后进行UCBT也可取得较好的治疗效果。

（五）UCBT后免疫重建

脐带血淋巴细胞功能不成熟，UCBT后免疫功能能否恢复正常且何时恢复正常是人们关注的问题。因为在异基因造血干细胞移植中，免疫功能的恢复对患者的生存至关重要。有关脐带血造血干细胞移植后的免疫重建研究较少。Kurtzberg等（1996）研究发现，UCBT在造血功能恢复后自然杀伤（NK）细胞的功能即恢复正常，但移植早期$CD4^+$/$CD8^+$比例仍然倒置。Thomson等（2000）系统研究了30例UCBT后免疫恢复情况，在免疫细胞数量方面，NK 细胞在移植后 2 个月即恢复正常，而 $CD19^{+}$ 的 B 淋巴细胞恢复期需要 6 个月，$CD4^{+}$ T 淋巴细胞在移植后平均 12 个月才恢复正常，$CD4^{+}/CD8^{+}$ 细胞比例恢复正常多在移植后 2 个月。在免疫细胞功能方面，NK 细胞在移植后 1 个月即恢复对 K562 细胞的杀伤能力，T 淋巴细胞恢复对有丝分裂原的正常增殖反应平均需要 6～9 个月，而 B 淋巴细胞产生免疫球蛋白的能力在移植后 1～3 个月开始恢复。免疫功能的恢复与输入的脐带血有核细胞数有关。Moretta 等（2001）对 UCBT 和骨髓移植后免疫重建进行了比较，发现 NK 细胞数量和细胞毒活性无论应用哪种移植物均能达到快速的恢复，$CD3^{+}$ 和 $CD8^{+}$ T 淋巴细胞的绝对数量和对 T 淋巴细胞有丝分裂原的增殖反应的恢复也与造血干细胞的来源无关，$CD4^{+}$ 细胞数量在 UCBT 患者恢复较骨髓移植为快，B 淋巴细胞数量在 UCBT 后恢复明显加快。尽管脐带血和骨髓移植后免疫恢复无明显差别，但脐带血的免疫细胞多为“处女细胞”，UCBT 患者必须面对病原体初次感染后使免疫细胞产生初次免疫反应才能发育成针对某种抗原有效的免疫细胞。

（六）加快脐带血免疫重建的策略

无论何种干细胞来源，HSCT 后都必须重建供者来源的免疫系统。由于脐带血免疫重建相对缓慢，感染发生率高，早期移植相关死亡率高。因此，除移植后加快造血重建促进中性粒细胞恢复以减少细菌和真菌感染外，加快 UCBT 后细胞免疫重建也是减少感染、提高患者生存率的关键。HSCT 后早期免疫重建阶段 T 淋巴细胞主要来自供者胸腺后 T 淋巴细胞，这些细胞已经成熟，具有抗原特异性和功能特异性。但成熟 T 淋巴细胞的过继免疫并不是静止的，它们可以通过与宿主微环境相作用而受到调节（如胸腺或胸腺外细胞因子 IL-2、IL-7、IL-15 等）。脐带血中胸腺后 T 淋巴细胞含量低，因此移植后早期免疫功能恢复障碍。HSCT 后持久的 T 淋巴细胞免疫重建依赖于造血干细胞从头发育而来，发育过程与胎儿 T 淋巴细胞相同，所需时间也类似。胸腺微环境对 T 淋巴细胞的这一发育过程至关重要。化疗、放疗、GVHD、受者年龄增大等均能损伤胸腺微环境，影响 HSCT 后免疫重建。

由于 UCBT 免疫重建相关的 HSC 在数量上明显减少和在质量上发育不成熟，从而导致免疫重建延迟或削弱（Chen 等，2004）。脐带血中胸腺后 T 淋巴细胞几乎全是 naïve T，而 naïve T 淋巴细胞很难活化，造成 UCBT 后 T 淋巴细胞对特殊抗原的应答能力比成人移植物的记忆 T 淋巴细胞弱。除 T 淋巴细胞外，脐带血中抗原提呈细胞（APC）的质和量也低于成人。UCBT 的这些免疫重建特征不仅意味着对 HLA 不相容的耐受性更强，也意味着 UCBT 受者对病原体的应答能力减弱，感染发生率增高，感染死亡的危险性大。但这并不意味着移植物抗白血病（GVL）效应的减弱，恰恰相反，UCBT 后白血病的复发率很低，可能与脐带血细胞介导的较强的 GVL 效应有关。

近年基础研究和临床实践提出了加速 UCBT 后免疫重建的策略，其措施包括：

1. 加速胸腺前 T 淋巴细胞发育　可通过增加 HSC 或淋巴前体细胞（CLP）数量实现。小鼠接受致死量照射后联合移植 CLP 及 HSC 比单用 HSC 能显著降低 CMV 的感染率，与移植大量胸腺细胞相比，少量 CLP 就可显著提高小鼠抵抗 CMV 的能力（Arber 等，2003）。这一技术的难点在于获得足量的 CLP，可能的解决方案是激活 Notch 通路，使 HSC 扩增并产生更多的 CLP。

2. 改善胸腺功能　补充胸腺分泌的细胞因子如 IL-7，可以改善胸腺功能。小鼠模型

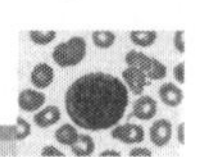

中给予 IL-7 能显著提高移植后胸腺细胞的生成，但 IL-7 同时可促进成熟 T 淋巴细胞扩增，有增加 GVHD 的风险（Schluns 等，2000）。

3. 应用胸腺保护剂角化细胞生长因子 角化细胞生长因子（KGF）是来源于间充质细胞的成纤维细胞生长因子家族成员，与上皮特异性受体结合。在实验模型和临床试验中给予 KGF 可减少预处理毒性，使用后胸腺细胞产量增加，淋巴细胞恢复加速，GVHD 发生减少（Chao 等，2004）。

4. 减少预处理毒性以减轻胸腺微环境损伤 Duke 大学（Chao 等，2002）比较了非清髓和清髓 UCBT 的免疫重建情况，发现非清髓 UCBT 髓系和淋系恢复更快、更稳定。可能是由于非清髓方案损伤较轻或非清髓方案 GVHD 发生率低，从而更好地保护了 T 淋巴细胞增殖发育所需的外周和胸腺环境。

5. 尽量减少移植物中 T 淋巴细胞损失 移植物中的 T 淋巴细胞有促植入作用，它可以加速 HSC 分化形成胸腺前 T 淋巴细胞的能力，这些细胞在胸腺微环境的作用下进而产生有免疫功能的 T 淋巴细胞。虽然脐带血中 T 淋巴细胞多为 naïve T 淋巴细胞，但在移植早期的免疫重建中也发挥重要作用。因此，减少移植物中 T 淋巴细胞的损失对加快 UCBT 后的造血和免疫重建具有积极意义。预处理应用抗胸腺细胞球蛋白一方面可促进脐带血干细胞植入，但去除了脐带血中的 T 淋巴细胞对免疫重建有负面影响，可使免疫恢复延长数月（Fehse 等，2003）。

（七）造血干细胞移植方式的临床选择

近十余年 UCBT 的发展充分证明，该治疗方法已成为无血缘 BMT 的一种有效的替代方法，显示出了巨大的应用潜力，成为造血干细胞移植领域的重大进展之一。通过大宗病例分析，已确立 UCBT 在儿童和成人异基因造血干细胞移植的地位。因此，建议临床需要进行造血干细胞移植的患者如果在需要的时间内找不到合适的无血缘关系供者，可采用 HLA1～2 个位点不合的 UCBT。由于双份 UCBT 可明显提高临床效果，UCBT 的适应证还可以放宽。因此，Sanz 建议（2004）对于无合适亲属供者的患者，应同时查询脐带血库和骨髓库，以便能及时找到合适的供者，这样可弥补无血缘供者查询时间过长而延误患者的治疗时机。近年由于国内造血干细胞资料库容量的扩大和较成熟地开展了 HLA 配型不合的亲属间造血干细胞移植，已使较多患者能找到较合适的供者，但 UCBT 仍有较大的应用空间。由于脐带血查询方便和易于获得的独特优点，对于病情不稳定而急需进行移植的患者是最好的选择。今后应着重改进治疗策略，使脐带血能迅速且持久植入，并研究加速 UCBT 免疫重建的措施，降低移植相关死亡率，这样可使 UCBT 的临床效果有较大的提升空间。相信在未来 5～10 年的时间 UCBT 的临床应用会更加广泛。

参考文献

任汉云. 2006. 脐带血移植临床评价和主要问题探讨. 中华血液学杂志，27：791

任汉云. 2008. 脐带血移植临床应用研究进展. 中华临床医师杂志（电子版），2：49

任汉云等. 2001. HLA 相合同胞脐带血移植成功治疗一例成人慢性髓性白血病. 中华血液学杂志，22：621

任汉云等. 2003. 无血缘关系脐带血移植治疗血液系统恶性疾病的临床研究. 中华血液学杂志，24：82

王茫桔等. 2007. rhIL-11 加速无关脐带血移植患者血小板植入的临床研究. 中华血液学杂志, 28: 519

尹钥等. 2008. 双份无关脐带血移植治疗成人恶性血液疾病的临床研究. 中华血液学杂志, 29: 73

Arber C et al. 2003. Common lymphoid progenitors rapidly engraft and protect against cytomegalovirus infection after hematopoeitic stem cell transplantation. Blood, 102: 421

Arcese W et al. 2006. Unrelated cord blood transplantation in adults with hematologic malignancies. Haematologica, 91: 223

Ballen KK et al. 2007. double unrelated reduced-intensity umbilical cord blood transplantation in adults. Biol Bone Marrow Transplant, 13: 82

Barker JN et al. 2001. Impact of multiple unit unrelated donor umbilical cord blood transplantation in adults: Preliminary analysis of safety and efficacy. Blood, 98: 2791a

Barker JN et al. 2001. Survival after transplantation of unrelated donor cord blood is comparable to that of human leukocyte antigen-matched donor bone marrow: result of a matched-pair analysis. Blood, 97: 2957

Barker JN et al. 2005. Transplantation of 2 partially HLA-matched umbilical cord blood units to enhance engraftment in adults with hematologic malignancy. Blood, 105: 1343

Brown JA et al. 2008. Umbilical cord blood transplantation: basic biology and clinical challenges to immune reconstitution. Clin Immunol, 127: 286

Broxmeyer HE et al. 1992. Growth characteristics and expansion of human umbilical cord blood and estimation of its potential for transplantation in adults. Proc Natl Acad Sci USA, 89: 4109

Brunstein CG et al. 2007. Umbilical cord blood transplantation after nonmyeloablative conditioning: impact on transplantation outcomes in 110 adults with hematologic disease. Blood, 110: 3064

Brunstein CG et al. 2009. Intra-BM injection to enhance engraftment after myeloablative umbilical cord blood transplantation with two partially HLA-matched units. Bone Marrow Transplant, 43: 935

Cairo MS et al. 1997. Placental and / or umbilical cord blood: an alternative source of hematopoietic stem cells for transplantation. Blood, 90: 4665

Cardoso AA et al. 1993. Release from quiescence of $CD34^+CD38^-$ human umbilical cord blood cells reveals their potentiality to engraft adults. Proc Natl Acad Sci USA, 90: 8707

Carow C et al. 1993. Human multipotential progenitor cells (CFU-GEMM) have extensive replating capacity for secondary CFU-GEMM: an effect enhanced by cord blood plasma. Blood, 81: 942

Chao NJ et al. 2002. Nonmyeloablative regimen preserves “niches” allowing for peripheral expansion of donor T-cellsBiol. Blood Marrow Transplant, 8: 249

Chen BJ et al. 2004. Hematopoeitic stem cell dose correlates with speed of immune reconstitution after stem cell transplantation. Blood, 103: 4344

Clement LT et al. 1990. Novel immune regulatory functions of phenotypically distinct subpopulations of $CD4^+$ cells in the human neonate. J Immunol, 145: 102

Du T et al. 2005. Delayed platelet recovery following cord blood transplantation: insights from a mouse model. Blood, 106: 1727a

Fehse N et al. 2003. Influence of anti-thymocyte globulin as part of the conditioning regimen on immune reconstitution following matched related bone marrow transplantation. J Hematother Stem Cell Res, 12: 237

Fernandez MN et al. 2001. Cord blood transplants: early recovery of neutrophils from co-transplanted sibling haploidentical progenitor cells and lack of engraftment of cultured cord blood cells, as ascertained by analysis of DNA polymorphism. Bone Marrow Transplant, 28: 355

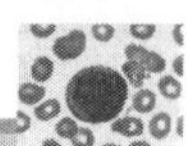

Fernandez MN et al. 2005. Umbilical-cord blood for transplantation in adults. N Engl J Med, 352: 935

Frassoni F et al. 2008. Direct intrabone transplant of unrelated cord-blood cells in acute leukaemia: a phase Ⅰ/Ⅱ study. Lancet Oncol, 9: 812

Gardiner CM et al. 1998. Differential cytotoxicity of cord blood and bone marrow-derived natural killer cells. Blood, 87: 3977

Gluckman E et al. 1989. Hematopoietic reconstitution in a patient with Fanconi's anemia by means of umbilical cord blood from a HLA-identical sibling. N Engl J Med, 321: 1174

Gluckman E et al. 1997. Outcome of cord blood transplantation from related and unrelated donors. N Engl J Med, 337: 373

Gluckman E. 1998. Cord blood banking and transplantation in Europe. In: Broxmer HE ed. Cellular Characteristics of Cord Blood and Cord Blood Transplantation. Bethesda: AABB Press, p. 147

Gluckman E. 2000. Current status of umbilical cord blood hematopoietic stem cell transplantation. Exp Hematol, 28: 1197

Grynn J et al. 2001. Multiple unmatched umbilical cord units (MUCs) for adult allogeneic transplantation. Blood, 98: 2792a

Hannet I et al. 1992. Developmental and maturational changes in human blood lymphocyte subpopulations. ImmunolToday, 13: 215

Hao QH et al. 1995. A functional comparision of CD34$^+$ CD38$^-$ cells in cord blood and bone marrow. Blood, 86: 3745

Hiwase SD et al. 2009. Co-transplantation of placental MSCs enhances single and double cord blood engraftment in nonobese diabetic/severe combined immune deficient mice. Stem Cells, 27: 2293

How JM. 2001. Status of umbilical cord blood transplantation in the year 2001. J Clin Pathol, 54: 428

Ibatici A et al. 2007. Direct intra-bone injection of unrelated cord blood cells overcomes the problem of delayed engraftment and improves the feasibility of hematopoietic transplant in adult patients. Blood, 110: 334a

Iseki T et al. 2001. Unrelated cord blood transplantation in adult patients with hematological malignancy: A single institution experience. Blood, 98: 2789a

Jiang YZ et al. 1993. T cell and NK cell mediated graft-versus-leukemia reactivity following donor buffy coat transfusion to treat relapse after marrow transplantation for chronic myeloid leukemia. Bone Marrow Transplant, 11: 133

Körbling M et al. 2001. Peripheral blood stem cell versus bone marrow allotransplantation: does the source of hematopoietic stem cells matter? Blood, 98: 2900

Knudtzon S. 1974. In vitro growth of granulocyte colonies from circulating cells in human cord blood. Blood, 43: 357

Krosl J et al. 2003. In vitro expansion of hematopoietic stem cells by recombinant TAT-HOXB4 protein. Nat Med, 9: 1428

Kurtzberg J et al. 1996. Placental blood as a source of hematopoietic stem cells for transplantation in unrelated recipients. N Engl J Med, 335: 157

Kurtzberg J et al. 1997. Hematopoietic recovery in adult recipients following unrelated umbilical cord blood transplantation. Blood, 90: 480a

Lansdorp PM et al. 1993. Ontogeny-related changes in proliferative potential of human hematopoietic cells. J Exp Med, 178: 787

Laughlin MJ et al. 2001. Hematopoietic engraftment and survival in adult recipients of umbilical-cord blood from unrelated donors. N Engl J Med，344：1815

Laughlin MJ et al. 2004. Outcomes after transplantation of cord blood or bone marrow from unrelated donors in adults with leukemia. N Engl J Med，351：2267

Laughlin MJ. 2001. Umbilical cord blood for allogeneic transplantation in children and adults. Bone Marrow Transplant，27：1

Lee SM et al. 1996. Decreased interleukin-12 (IL-12) from activated cord versus adult peripheral blood mononuclear cells and upregulation of interferon-gamma，natural killer，and lymphokine-activated killer activated by IL-12 in cord blood mononuclear cells. Blood，88：945

Locatelli F et al. 1999. Factors associated with outcome after cord blood transplantation in children with acute leukemia. Blood，93：3662

Lu X et al. 2008. $CD16^+$ $CD56^-$ NK cells in the peripheral blood of cord blood transplant recipients：a unique subset of NK cells possibly associated with graft-versus-leukemia effect. Euro J Haematol，81：18

McNiece IK et al. 2002. Ex vivo expended cord blood cells provide rapid engraftment in fetal sheep but lack long-term engrafting potential. Exp Hematol，30：612

Migliacci AR et al. 2000. Cell dose and speed of engraftment in placental /umbilical cord blood transplantation：graft progenitor cell content is a better predictor than nucleated cell quantity. Blood，96：2717

Migliaccio AR et al. 2000. Cell dose and speed of engraftment in placental/umbilical cord blood transplantation：graft progenitor cell content is a better predictor than nucleated cell quantity. Blood，96：2717

Moore MAS. 1993. Ex vivo expansion and gene therapy using cord blood $CD34^+$ cells. J Hemato ther，2：221

Moretta A et al. 2001. Analysis of immune reconstitution in children undergoing cord blood transplantation. Exp Hematol，29：371

Narimatsu H et al. 2008. Chronic graft-versus-host disease following umbilical cord blood transplantation：retrospective survey involving 1072 patients in Japan. Blood，112：2579

Ohnuma K et al. 2001. Cord blood transplantation from HLA-mismatched unrelated donors as a treatment for children with haematological malignancies. Br J Hematol，112：981

Ooi J et al. 2002. A clinical comparison of unrelated cord blood transplantation and unrelated bone marrow transplantation for adult patients with acute leukemia in complete remission. Br J Hematol，118：140

Qian JX et al. 1997. Decreased interleukin-15 from activated cord versus adult peripheral blood mononuclear cells and effect of interleukin-15 in upregulating antitumor immune activity and cytokine production in cord blood. Blood，90：3106

Rainaut M et al. 1987. Characterization of mononuclear cell subpopulations in normal fetal peripheral blood. Hum Immunol，18：331

Rainsford E et al. 2002. Interleukin 10，produced in abundance by human newborn T cells，may be the regulator of increased tolerance associated with cord blood stem cell transplantation. Br J Haematol，116：702

Ren HY et al. 2002. Umbilical cord blood for allogenic transplantation in children and adult with hematological malignancies. Bone Marrow Transplant，29：812a

Rocha V et al. 2000. Graft-versus-host disease in children who have received a cord blood or bone marrow transplantation from an HLA-identical sibiling. N Engl J Med，342：1846

Rocha V et al. 2001. Comparison of outcomes of unrelated bone marrow and umbilical cord blood transplants in children with acute leukemia. Blood，97：2962

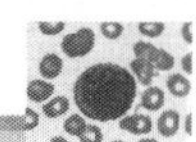

Rocha V et al. 2004. Transplants of umbilical-cord blood or bone marrow from unrelated donors in adults with leukemia. N Engl J Med, 351: 2276

Roncarolo MG et al. 1998. Immunologic properties of umbilical cord blood. In: Broxmeyer HE ed. Cellular Characteristics of Cord Blood and Cord Blood Transplantation. Bethesda: AABB Press, 67

Rubinstein P et al. 1993. Stored placental blood for unrelated bone marrow reconstitution. Blood, 81: 1679

Rubinstein P et al. 1998. Outcome among 562 recipients of placental-blood transplants from unrelated donors. N Engl J Med, 39: 1165

Sanz MA. 2004. Cord-blood transplantation in patients with leukemia—a real alternative for adults. N Engl J Med, 351: 2328

Schluns KS et al. 2000. Interleukin-7 mediates the hemeostasis of naive and memory CD8 T cells in vivo. Nat Immunol, 1: 426

Stevens CE et al. 2006. HLA matching in cord blood transplantation: clinical outcome and implications for cord blood unit selection and inventory size and ethnic composition. Blood, 108: 885a

Takahashi S. et al. 2007. Comparative single-institute analysis of cord blood transplantation from unrelated donors with bone marrow or peripheral blood stem-cell transplants from related donors in adults patients with hematologic malignancies after myeloablative conditioning regimen. Blood, 109: 1322

Thomas ED et al. 1999. Hematopoietic Cell Transplantation. 2nd ed. Malden, MA: Blackwell Science.

Thomson BG et al. 2001. Impact of GVHD prophylaxis on outcome after unrelated cord blood transplantation: Cyclosporine/methotrexate versus cyclosporine/prednisone. Blood, 98: 2798a

Thomson BG et al. 2002. Analysis of engraftment, graft-versus-host disease, and immune recovery following unrelated donor cord blood transplantation. Blood, 96: 2703

Traycoff CM et al. 1994. Evaluation of the in vitro behavior of phenotypically defined populations of umbilical cord blood hematopoietic progenitor cells. Exp Hematol, 22: 215

Vaziri et al. 1994. Evidence for a mitotic clock in human hematopoietic stem cells: loss of telomeric DNA with age. Proc Natl Acad Sc USA, 91: 9857

Wagner JE et al. 1995. Allogeneic sibling umbilical-cord-blood transplantation in children with malignant and non-malignant disease. Lancet, 346: 214

Wagner JE et al. 1996. Successful transplantation of HLA-matched and HLA-mismatched umbilical cord blood from unrelated donors: analysis of engraftment and graft-versus-host disease. Blood, 88: 795

Wagner JE et al. 2001. Unrelated donor umbilical cord blood transplantation (UD-UCBT) in 92 patients at the University of Minnesota: analysis of risk factors. Blood, 98: 2788a

Wagner JE et al. 2002. Transplantation of unrelated donor umbilical cord blood in 102 patients with malignant and non-malignant disease: influence of CD34 cell dose and HLA disparity on treatment-related mortality and survival. Blood, 100: 1611

Wang JC et al. 1997. Primitive human hematopoietic cells are enriched in cord blood compared with adult bone marrow or mobilized peripheral blood as measured by the quantitative in vivo SCID-repopulating cell assay. Blood, 89: 3919

Zhang YC et al. 2000. Successive transplantation with two unrelated placental cord blood in a 90kg adult. Blood, 96: 5337a

第十八章　无血缘供者造血干细胞移植

黄　河

黄河，浙江大学求是特聘教授，主任医师，博士生导师。现任浙江大学医学院副院长，浙江大学医学院附属第一医院骨髓移植中心主任，中华医学会血液学分会常务委员会委员，中华医学会造血干细胞学组副组长，中华骨髓库专家委员会副主任委员。

一、造血干细胞供者登记中心的发展

造血干细胞移植是近半个世纪临床医学中的重大技术创新，随着现代移植医学的飞速发展，异基因造血干细胞移植（allo-HSCT）技术和疗效有了显著的进步。allo-HSCT 最早始于亲缘供者，然而有超过 70%的患者缺乏 HLA 配型相合的同胞供者，供者来源成为限制造血干细胞移植发展的主要原因。1979 年，全球首例无血缘供者造血干细胞移植成功实施，扩大了 allo-HSCT 的供者来源。在过去的 20 年间，无血缘供者造血干细胞移植的数量有了飞速的增长，目前无血缘供者造血干细胞移植例数占所有 allo-HSCT 的 50%左右，已成为 allo-HSCT 的一种主要方式。

（一）造血干细胞供者登记中心的发展历史

无血缘供者造血干细胞移植的成功实施激起了人们对干细胞捐赠的热情。早先的供者来源主要是通过备有 HLA 分型资料的血小板供者，如未能找到适合的供者，患者及其亲属便向社会呼吁，希望能找到合适的供者。最早的捐赠中心便是由患者家属发动与组织周围的人群进行 HLA 配型逐渐发展起来的。随着人们逐渐意识到“捐赠救人”的重要性，他们自愿组织起来，募集资金，呼吁更多的人加入到捐赠行列。这便是捐赠中心的雏形，民间力量推动了国立及全球捐赠中心的发展。

世界上最早的骨髓捐献志愿者登记中心——“Anthony Nolan”基金会成立于 1974 年，创立者是一位 Wiskott-Aldrich 综合征患儿（Anthony Nolan）的母亲 Shirley Nolan。Anthony 出生于 1971 年，在出生后不久就被诊断患有罕见的 Wiskott-Aldrich 综合征，骨髓移植是唯一的治疗方法，但是没有一个组织可以提供配型的资料。Anthony 母亲从此致力于建立 HLA 配型资料的登记中心，组织并联络干细胞捐赠并检测登记捐赠者的 HLA 资料和信息。遗憾的是，Anthony 一直未能找到合适的供者，于 1979 年死亡。令人欣慰的是，至今“Anthony Nolan”基金会已发展成为全球最大的几个干细胞登记中心之一，现已帮助超过 5 800 位患者进行造血干细胞移植。同期，一位身患急性淋巴细胞白血病的 10 岁女孩 Laura 与病魔抗争的故事推动了美国国家骨髓捐赠事业的发展。1979 年 Laura 进行了无血缘供者骨髓移植，1981 年 Laura 的父亲 Mr. Graves 建立了“Laura Graves”基金会，长期致力于骨髓捐赠的宣传与志愿者的招募工作。1986 年，美国国立骨髓登记中心（National Marrow Do-

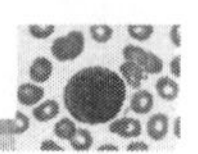

nor Program，NMDP）正式成立，目前已成为全球最大的国立骨髓登记中心。

社会的积极响应促进了无血缘供者登记中心的成立，随着近年来移植技术方案的成熟和支持治疗的进步，移植现状已获得明显的改善。大量的临床研究显示，无血缘供者造血干细胞移植达到了与同胞供者移植接近的疗效，让患者、家属和移植医生均认为无血缘供者是在缺乏 HLA 配型相合的同胞供者时可考虑的供者选择之一。与此同时，世界范围内家庭规模正逐渐缩小，尤其是我国，在同一家庭中亲属间得到 HLA 相合供者的机会将越来越少，无血缘供者成为异基因造血干细胞的主要来源。目前全球范围有超过 50 个国家成立造血干细胞捐赠登记处，已登记的捐赠志愿者及脐血干细胞资料超过 1300 万份。随着“捐髓救人”概念的深入人心，越来越多的人加入到志愿者的行列，为解救患者的疾苦贡献自己的力量，成为无血缘供者登记中心建立和维持的坚实基础。

（二）造血干细胞供者登记中心的运作

造血干细胞库按其采集储存的干细胞的来源不同可以分为骨髓库和脐血库。随着外周血造血干细胞移植的开展，目前在无血缘供者造血干细胞移植中外周血干细胞已取代骨髓成为干细胞的主要来源。此外，按储存方式的不同可以分为实物库和资料库，实物库即为保存实物组织或细胞，需要时可随时使用，而资料库保存的是志愿者相应的干细胞资料，需要时可检索匹配后再进行采集。每个登记中心均有其自己的标准、政策和运作程序，这些支配着无血缘供者造血干细胞登记中心管理的各个方面。供者的招募和管理是整个登记中心运作的关键，而血样的处理、样品分型的标准、资料的追踪等方面也需要有一定的标准、政策和程序，其他如对捐献志愿者的评估、造血干细胞的采集和检测、干细胞的运送等均需要有相应的操作条款使其标准化。

无血缘供者造血干细胞登记中心的首要工作是招募并保证可获得的供者数量。此外，一个造血干细胞供者登记中心的建立必须具备几个主要的元素。首先，登记中心必须登记有完备的志愿者资料，并不断更新供者的地址、健康状况及捐赠意向，确保在初配（primary search）成功后能联系到供者本人并评估捐赠者的健康状况，以决定是否适合做干细胞供者。其次是 HLA 分型。在过去的 20 年里，HLA 分型技术有了极大的发展，之前多采用血清学分型技术，但目前各个登记中心已将分子生物学分型技术作为标准的方法来输入捐赠者的 HLA 资料。目前，无血缘供者登记中心的标准方法是检测捐赠者 HLA-A、B、C 和 DR 基因位点，而在早期入库的捐赠者往往只有 HLA-A 和 B 基因位点的数据。必须指出的是，完整的 HLA 分型资料有利于寻找合适的供者。自 2005 年始，HLA-C 位点也被纳入供受者 HLA 配型的检测指标，同时越来越多的研究显示，HLA-DP、DQ 位点与造血干细胞移植的疗效有密切的关系（Bray，2008）。最后，登记中心需要对供者资料有人口统计学信息分析。如患者找到 2 个配型相合的供者，我们往往选择男性供者。此外，还需要登记相关的人种和种族信息。人种的多样性是保证造血干细胞库满足不同人群患者需要的重要前提，同时不同种族或是不同遗传背景的患者找到供者的概率是不同的，因此全球各国造血干细胞供者登记中心一直为增加“造血干细胞库”中不同人种和民族的供者做着不懈的努力。增加供者资料库中人种的分布，确保资料库中少数人群的比例，才能满足患者的需要。在过去的十年中，随着各种造血干细胞登记中心的建立和发展，患者找到至少一位合适供者的概率有了很大的提高，而全球协作为寻找适合的供者提供了更多的机会，推动了造血干细胞移植事业的开展。

（三）全球造血干细胞供者登记中心的现状

随着全球经济发展和人们健康意识的提高，allo-HSCT 已成为多种血液系统恶性疾病治疗的首选方案之一。以全球 50 亿人口计算，目前全球每年新增白血病患者约 30 万，但在过去的二十多年间实施的 allo-HSCT 仅 8 万～10 万例，仅有 1%～2%的患者接受移植治疗。在我国，每年新增白血病患者约有 4 万，但每年开展的异基因造血干细胞移植例数仅为 2000 余例（Wu 等，2008）。造血干细胞的来源仍是制约移植开展的重要因素，造血干细胞供者登记中心的建立和全球协作网络的完善为更多的患者提供了可移植的机会。以下介绍几个主要的造血干细胞移植供者登记中心和协作组织。

1. 国际造血干细胞登记中心和造血干细胞移植协作组织

（1）全球骨髓资料库（Bone Marrow Donors Worldwide，BMDW；网址 http：//www. bmdw. org）是 1988 年在欧洲骨髓移植协作组织（European Group of Blood and Marrow Transplantation，EBMT）的免疫生物学工作组（Immunobiology Working Party）基础上发展起来的，其最初的目的在于收集无血缘供者和脐血捐赠者的 HLA 配型资料，协调全球 HLA 资料的调配。BMDW 的宗旨在于推动干细胞捐赠和脐血库的建立，提供 HLA 配型及其他无血缘供者造血干细胞移植相关的资料，让移植医生更容易获得捐赠者的信息。BMDW 的工作目标是：①扩大全球范围登记中心造血干细胞及脐血资料储备；②简化寻找供者的程序，减少寻找供者的时间和耗费；③提供寻找适合的无血缘供者或脐血的概率的评估；④提供寻找部分位点不相合的无血缘供者干细胞或脐血的搜寻方案；⑤推动在亲属中寻找合适供者的策略；⑥为患者提供移植相关的信息；⑦推动通过互联网搜寻合适供者的计划。BMDW 一直致力于全球造血干细胞及脐血 HLA 资料的收集。截至 2009 年 4 月，BMDW 共有超过 1300 万份无血缘供者造血干细胞和脐血资料，这些资料分别来自 44 个国家的 60 家造血干细胞供者登记中心，以及 26 个国家的 42 家脐血库。尽管通过 BMDW 中检索到配型相合的供者并不意味着该供者一定适合捐赠或是能找到该供者，但 BMDW 为在全球范围内寻找适合的供者提供了机会。

（2）美国国立骨髓捐赠者登记中心（National Marrow Donor Program，NMDP；网址 http：//www. marrow. org）：创立于 1986 年，是目前全球最大的造血干细胞捐献志愿者登记中心。在经历了二十余年的运作后，NMDP 现已有超过 700 万的捐赠者资料，其中大约有 300 万供者可以提供高分辨的 HLA 分型资料，并已为全球 30 000 余例造血干细胞移植提供了移植物。目前，NMDP 每年提供移植物 3500 余例，其中为其他国家提供的造血干细胞份数占 35%。NMDP 在全球范围内有超过 450 个中心：171 个造血干细胞移植中心，其中 43 个国际移植中心；73 个供者登记中心，其中 7 个国际供者登记中心；97 个干细胞采集中心，其中有 16 个国际中心；97 个外周血干细胞采集中心，其中 7 个国际中心；26 个 HLA 配型实验室，其中 24 个为国际协作组织；24 个脐血干细胞登记中心；2 个血样贮备库。2006 年 5 月，NMDP 与我国造血干细胞捐赠者资料库，即中华骨髓库（China Marrow Donor Program，CMDP）已正式签订合作协议，自此中美两国需要造血干细胞移植的白血病患者将拥有更多的配型成功机会。目前，NMDP 的信息系统每天能为 80 000 人提供 HLA 检索服务，并将寻求合适供者的时间缩短至 3～4 周，同时正努力增加库中不

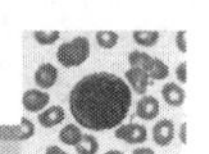

同种族的供者。NMDP 就推动造血干细胞捐赠事业做着不懈的努力，2009 年 NMDP 的供者登记中心又有了一个新的名称“Be The Match Foundation”，旨在招募更多的供者和资金援助，帮助更多等待移植的患者寻找适合的造血干细胞供者。

（3）EBMT（网址 http：//www. ebmt. org）：成立于 1974 年，是一个非营利性组织，总部设在荷兰的马斯特里赫特。EBMT 的宗旨在于从供者招募、组织配型、临床协作、科学研究、医学教育、标准化、质量控制等各方面推动造血干细胞移植事业的发展。目前 EBMT 有 11 个协作组，相关疾病分别为急性白血病、慢性白血病、淋巴瘤、实体瘤、再生障碍性贫血、免疫性疾病、先天遗传缺陷、感染性疾病、晚期不良反应、儿童疾病和自身免疫性疾病，EBMT 的会员可以参加任何一个协作组。EBMT 每年会举行会议，总结各个协作组的经验，提出新的造血干细胞移植指南，并开展继续教育。EBMT 为科学家和移植医生提供交流和分享经验的平台，有利于促进相互协作。

（4）亚太国际骨髓移植协作组织（Asia Pacific Blood and Marrow Transplantation Group，APBMT；网址 http：//www. apbmt. org）：成立于 1990 年，其成立之初主要为亚洲国家的移植医生提供一个交流和协作平台。第一届 APBMT 年度会议在北京召开。目前，参加 APBMT 的造血干细胞移植单位已覆盖到亚太地区的 15 个国家和地区。APBMT 促进了亚洲国家造血干细胞移植领域的学术交流和技术进步，也促进了亚洲国家和世界造血干细胞移植组织的协作和交流。自 2005 年开始，APBMT 的组织机构不断完善，于 2006 年建立了 APBMT 造血干细胞移植资料登记中心。APBMT 的工作宗旨在于促进造血干细胞移植领域的基础和临床研究，推动亚太地区造血干细胞移植事业的发展。

（5）国际骨髓移植登记中心（Center for International Blood and Marrow Transplant Research，CIBMTR；网址 http：//www. cibmtr. org）：成立于 2004 年 7 月，由威斯康星大学的国际骨髓移植登记中心（International Bone Marrow Transplant Registry，IBMTR）和 NMDP 的研究机构（NMDP-Research）组成，是造血干细胞移植领域的一个重要国际研究机构。IBMTR 和 NMDP-Research 均为造血干细胞移植领域专业的学术机构，其重要的工作是组织开展临床试验和研究。CIBMTR 在整合了 IBMTR 和 NMDP-Research 的研究力量基础上，进一步发挥其研究优势以支持有关造血干细胞移植领域的研究工作，主要开展临床观察、临床试验、免疫生物学、数据统计和分析等 4 个领域的研究工作，对全球造血干细胞移植工作的开展起到了指导和推动作用。CIBMTR 通过广泛的全球协作，对造血干细胞移植资料进行回顾性分析，并通过前瞻性、多中心的临床试验，研究最佳的移植治疗措施，以切实提高造血干细胞移植的安全性和成功率。

（6）其他国际造血干细胞供者及移植协作组：目前全球范围的造血干细胞库及造血干细胞协作组织正朝着全球协作的方向发展，除了各国及各地区造血干细胞协作组织的国际交流和协作，各种全球性的造血干细胞移植协作组织也不断发展壮大。全球骨髓供者联合组织（The World Marrow Donor Association，WMDA）正是基于对全球协作的需求而建立起来的。WMDA 的工作目标在于促进国际间信息的交流和程序的标准化，跨越国界推动国际间造血干细胞的捐赠。目前，WMDA 正不断地扩大国际成员，寻求时机，争取在全球移植中心中达成相对一致的意见、制定统一的标准，通过年会和提交报告的形式来探讨全球造血干细胞移植共同的问题并努力达成一致的意见。2007 年，由 EBMT、CIBMTR 和 APBMT 联合 WMDA 和世界卫生组织（The World Health Organisation，WHO）

召开会议，讨论建立一个全球性造血干细胞移植工作协作网，其目的在于建立一个全球化的移植资料检索和报告系统，为患者和移植医生提供快速、有效的移植相关信息咨询和处理意见。全球造血干细胞移植协作网络（Worldwide Network for Blood and Marrow Transplantation，WBMT）于2007年正式成立。全球范围的造血干细胞移植协作网络的建立和完善，为推动造血干细胞移植事业的发展做出了积极的贡献。

2. 华人造血干细胞供者登记中心的发展 华人造血干细胞供者登记中心的起步相对较晚，目前主要有中国造血干细胞移植捐赠者资料库（大陆地区），即CMDP（http：//www.cmdp.com.cn）和台湾慈济骨髓干细胞中心（Tzu Chi Stem Cell Center in Taiwan）（http：//www2.tzuchi.org.tw/marrow/index.htm）。

（1）CMDP：我国大陆地区的造血干细胞捐赠事业始于1993年，中华骨髓库的前身是1992年经卫生部批准建立的“中国非血缘关系骨髓移植供者资料检索库”。1996年9月首例无血缘供者外周血造血干细胞移植成功实施，上海分库志愿者孙伟为一位患有急性淋巴细胞白血病杭州学生高某捐献了造血干细胞。2001年在政府的支持下中国红十字会重新成立了“中国造血干细胞移植捐赠者资料库”，统一管理和规范开展志愿捐献者的宣传、组织、动员，HLA分型，为患者检索配型相合的捐献者及移植相关服务等。中心由分库、实验室、专家委员会、移植医院和采集中心构成。2002年中国造血干细胞捐献者资料库管理中心覆盖全国的电脑网络系统开始正式运行，服务于广大患者的资料库建设迈上了一个新台阶。目前中华骨髓库在全国有31个省级分库，担负着宣传征集适龄健康公民报名加入资料库、组织采集志愿者血样，以及开展相关咨询服务、检索服务，志愿者再动员等工作。同时，中华骨髓库在全国范围内有31个定点HLA组织配型实验室，5个高分辨确认实验室和1个质量控制实验室，主要进行志愿者的HLA检测及其数据上传工作。根据我国卫生部《非血缘造血干细胞移植技术管理规范》和《非血缘造血干细胞采集技术管理规范》，经省级卫生行政部门批准，并在中华骨髓库管理中心备案的造血干细胞移植、采集医院总计已达107家。截至2009年4月，中华骨髓库入库资料已逾97万人份，并与美国、韩国、新加坡、日本国家的骨髓库建立了合作关系。目前中华骨髓库已实现捐献1200余例，向境外血液病患者提供造血干细胞50余例。随着“捐髓救人”风尚的深入人心，我国有望在2010年前建成一个100万人份数据的资料库，相信其蓬勃发展必将挽救更多需要移植的病患的生命，造福于国家和人民，造福于全球华人。

（2）台湾慈济骨髓干细胞中心（Tzu Chi Stem Cell Center in Taiwan）：台湾地区的造血干细胞捐赠事业略早于大陆地区。1993年前，台湾当局有关规定限制骨髓移植必须在三等亲以内，1993年5月台湾“立法”主管部门通过了“人体器官移植条例”修正案，开放了非亲属间的骨髓捐赠，同时也唤起了专家、学者及社会各界人士对骨髓捐赠相关事宜的关注。“台湾慈济基金会”于1993年10月成立“台湾骨髓捐赠资料中心”，2002年正式改制为“慈济骨髓干细胞中心”，并依台湾卫生主管部门建议，申请为非营利医疗机构，下辖免疫基因实验室、脐带血库、临床医学暨研究组、捐赠活动暨关怀组、数据库暨行政组等五个部门。至2009年4月造血干细胞志愿捐赠者已超过32万份，提供造血干细胞1850余份，其中已向我国大陆地区提供造血干细胞790余份，向海外提供造血干细胞500余份，供髓区域总计达27个国家和地区。尤其在我国大陆造血干细胞捐赠工作的起步阶段，慈济骨髓干细胞中心为我国造血干细胞移植事业发展做出了重要的贡献。

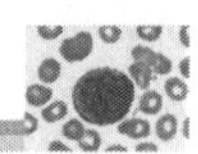

（四）造血干细胞协作组织的发展趋势

无血缘供者造血干细胞登记中心的完善以及国际协作的建立、发展和成熟是医学国际合作的典范。随着造血干细胞捐赠事业的发展，移植技术取得了显著的进步，对供者的需求也不断扩大，供者的招募、HLA检测技术、供受者间资料匹配、供者搜寻的网络系统、个体化的移植策略仍然是造血干细胞登记中心和移植组织的工作重点。与此同时，由于全球一体化和国际间捐赠的日益频繁，建立由临床医生、科学家和管理人员组成的全球协作组织进而规范、管理国际间捐赠事业的发展势在必行。随着现代医学、生物学、信息学等发展，加强造血干细胞登记中心与移植组织的国际协作与资源共享，将最终推动造血干细胞移植事业的发展。

二、无血缘供者的选择

供受者间遗传免疫的差异是无血缘供者造血干细胞移植成功实施的最关键的影响因素。在造血干细胞移植中，供受者间的遗传差异越大，患者移植后并发症如移植物抗宿主病（GVHD）的危险性越高，并导致免疫重建的延迟、增加了移植相关死亡的风险。供受者HLA相合性是影响无血缘供者造血干细胞移植临床结果的主要因素。随着人类基因组计划宣告完成，对供受者基因配对的研究也日益丰富，目前NK细胞的异基因活性、细胞因子和免疫应答基因的多态性成为影响移植疗效的研究热点。

（一）HLA与无血缘供者造血干细胞移植

在过去50年的时间里，HLA的研究进展使器官移植成为一种极有价值的治疗手段。大量的临床实践证明，供受者之间HLA配型是造血干细胞移植成败的关键。最初，潜在供者的选择依靠血清学技术检测供受者HLA-A、B、DR抗原的相合度。20世纪90年代，HLA分子生物学配型方法逐渐应用于临床，人们发现血清学检测相同的抗原可由不同的等位基因编码，而异基因造血干细胞移植（allo-HSCT）中这些等位基因的差异增加了植入失败、aGVHD和死亡的危险。随着HLA分型技术的进步和大量的临床回顾性研究报道，提高了HLA分型和供受者HLA配型的精确性，造血干细胞移植的安全性和疗效也在不断地提高。目前，HLA-A、B、C、DRB1、DQB1基因位点相合已成为国际通用的选择“全相合”无血缘供者的黄金标准。

1. HLA配型与造血干细胞移植预后的关联 在造血干细胞移植中，供受者间HLA等位基因完全相同被称为全相合（match），如果有基因位点不相同则被称为不相合（mismatch）。HLA不全相合对造血干细胞移植预后究竟有何影响？如何选择最为合适的不全相合供者？这些都是目前HLA配型研究的焦点问题。大量的临床回顾性研究试图阐明HLA不相合与移植结果的关系，但由于疾病种类及其阶段、HLA分型技术、移植前危险因素、GVHD防治措施等差异造成所得结论差别很大。尽管如此，这些数据对HLA不全相合供者的选择和移植风险的评估有重要的参考价值。

（1）HLA等位基因不相合数量与移植风险：由于HLA基因的高度多态性与连锁不平衡，仍有不少患者只能接受HLA不完全相合的造血干细胞移植。大量研究表明，造血干细胞移植的疗效与 HLA 等位基因不相合的数量有显著关系。植入失败、GVHD 发生的风险和移植相关死亡率均随着 HLA 等位基因不相合数量的增加而增加。NMDP 对 1988～2003 年 3857 例无血缘供者造血干细胞移植的回顾性研究分析显示，HLA-A、B、C 或 DRB1 任意一个位点的不相合均导致移植后 aGVHD 的发生率和移植相关死亡率的增高，但对移植物植入、cGVHD 和疾病的复发无显著影响（Lee 等，2007）。HLA 等位基因 8/8、7/8、6/8 相合患者的 1 年生存率分别为 52%、43%、33%，即每增加一个 HLA 等位基因的不合，则患者的生存率约降低 10%（表 18-1）。总之，HLA 等位基因不相合数量是造血干细胞移植的重要危险因素之一。

表 18-1 HLA-A、B、C、DRB1 不相合与造血干细胞移植临床结果的关系（NMDP,%）（Lee 等，2007）

	8/8 相合（n=1840）	7/8 相合（n=985）	6/8 相合（n=633）
1 年总生存率	52（50～54）	43（40～46）	33（30～37）
1 年无复发生存率	47（44～49）	38（35～42）	29（26～33）
1 年移植相关死亡率	36（34～38）	45（42～49）	55（51～59）
1 年复发率	18（16～19）	16（14～18）	15（13～18）
1 年 cGVHD 发生率	44（41～46）	36（33～39）	32（29～36）
Ⅲ～Ⅳ度 aGVHD 发生率	28（26～30）	37（34～40）	44（40～48）
植入失败发生率	10（9～11）	13（10～15）	17（14～20）

（2）HLA 等位基因不相合位点与移植疗效：HLA 不相合数量与移植风险的关联已经得到了充分的证实，但特定 HLA 基因位点的不相合对无血缘供者造血干细胞移植结果的影响尚待深入研究。HLA-A、B、C 和 DRB1 中任意一个基因位点不相合均会增加 aGVHD 的发生风险，其中 HLA-DRB1 与 aGVHD 发生的关系最为密切。HLA-C 不相合会增加植入失败的发生率，但 HLA-C 不相合带来的移植物抗白血病（GVL）效应却能降低移植后复发率（表 18-2）。根据 NMDP 的报道，患者的生存率与 HLA-A、B、C、DRB1 基因位点不合有关，而与 HLA-DP、DQ 不相合无关（Lee 等，2007）。

表 18-2 HLA 位点不相合对无血缘供者异基因造血干细胞移植临床结果的影响

HLA 位点	GVHD	移植排斥	复发	生存
HLA-A	↑			↓
HLA-B	↑			↓
HLA-C	↑	↑	↓	↓
HLA-DRB1	↑			↓
HLA-DQB1				
HLA-DPB1	↑	↑	↓	

单个 HLA-DQ 位点不相合对移植结果无明显影响，但在其他位点有一个或多个不相合基础上增加 HLA-DQ 不相合则会降低患者生存率（Petersdorf 等，2004；Lee 等，2007）。因

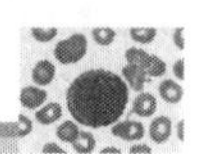

此，如果供受者的HLA-A、B、C、DRB1都相合，就没有必要再进行HLA-DQ的配型，但多位点不相合的配型应尽可能避免HLA-DQ不相合。

一般认为HLA-DP不相合对移植患者总生存率没有影响，但会增加aGVHD的发生率，同时也会降低疾病的复发率，后者可能与HLA-DP不相合引起的GVL有关。最近Shaw等（2007）对5929例allo-HSCT病例分析的结果进一步支持了以上观点，且该效应在HLA-A、B、C、DRB1、DQB1相合的患者中更明显。因此，移植时选择DPB1相合还是不相合供者，必须仔细权衡GVHD和复发对患者生存率的影响。

（3）HLA等位基因的可允许不相合与造血干细胞移植：HLA的高度多态性和连锁不平衡为合适供者的选择带来了一定的困难。HLA不相合对移植结果的影响除了与特定基因位点不相合的数量有关外，还与特定等位基因的特征有关，即同一位点的不同等位基因不相合对移植可能造成不同的影响。多项回顾性研究表明，某些特定的等位基因不相合似乎不导致aGVHD发生率或移植相关死亡率的增加，甚至还能引起GVL效应，降低移植后复发率。因此，引入了HLA等位基因可允许不相合（permissive mismatch）和非允许不相合（nonpermissive mismatch）的概念。可允许不相合是指在部分HLA等位基因不相合的allo-HSCT中，GVHD的发生率及移植失败率无明显增加，可被临床移植所接受。虽然目前国际上对可允许不相合和非允许不相合等位基因的界定尚无一致的结论，但现有的一些大样本临床研究对供者的选择有一定的参考价值。Kawase等（2007）回顾性分析了日本骨髓库（Japan Marrow Donor Program，JMDP）中5210对非血缘供受者的HLA-A、B、C、DRB1、DQB1、DPB1等位基因，鉴定了一类GHVD高风险HLA等位基因不相合组合，即非允许不相合（表18-3）。Kawase等（2007）研究发现，全相合组和无非允许不相合组的aGVHD发生率几乎相同，而非允许不相合越多，aGVHD发生率越高，总生存率越低。由此推测，HLA基因位点不相合的移植结果，是非允许HLA等位基因不相合组合临床效应的累加。无血缘供者HLA等位基因可允许不相合的研究及其信息的完整化可使更多的患者从中受益。

表18-3 非允许等位基因不相合与严重aGVHD的关系（JMDP）（Kawase等，2007）

HLA等位基因不相合组合（供者-受者）	例数	危害比（95%*CI*）	*P*
A0206-A0201	131	1.78（1.32～2.41）	<0.001
A0206-A0207	27	3.45（2.09～5.70）	<0.001
A2602-A2601	21	3.35（1.89～5.91）	<0.001
A2603-A2601	35	2.17（1.29～3.64）	0.003
B1501-B1507	19	3.34（1.85～5.99）	<0.001
C0303-C1502	25	3.22（1.75～5.89）	<0.001
C0304-C0801	69	2.34（1.55～3.52）	<0.001
C0401-C0303	42	2.81（1.72～4.60）	<0.001
C0801-C0303	80	2.32（1.58～3.40）	<0.001
C1402-C0304	23	3.66（2.00～6.68）	<0.001

续表

HLA 等位基因不相合组合（供者-受者）	例数	危害比（95%CI）	P
C1502-C0304	27	3.77（2.20～6.47）	<0.001
C1502-C1402	50	4.97（3.41～7.25）	<0.001
DR0405-DR0403	53	2.13（1.28～3.53）	0.003
(DR1403-DQ0301) - (DR1401-DQ0502)	19	2.81（1.44～5.51）	0.002
DP0301-DP0501	49	2.41（1.49～3.89）	<0.001
DP0501-DP0901	71	2.03（1.30～3.16）	0.002

2. HLA 配型原则与无血缘供者的选择

（1）HLA 配型原则：无血缘供者的选择有赖于供受者间 HLA 等位基因的匹配程度。尽管关于 HLA 等位基因不相合对移植结果产生影响的相关机制尚未完全阐明，合适的造血干细胞移植供者的定义也随着 HLA 的研究进展而不断发生变化，供者的选择不仅受到当前已知 HLA 基因分型技术的制约，也受移植术式和疾病特性的影响，但一些基本的观念已得到较普遍的认同：①高分辨率的基因分型技术是目前无血缘供者配型和选择的标准技术；②HLA 等位基因不相合的数量是影响移植结果的重要危险因素；③HLA 等位基因不相合与移植排斥、GVHD、移植相关死亡等有关；④非 HLA 因素对造血干细胞移植临床结果有一定的影响。这些基本观点强调了基因分型在造血干细胞移植供者评估和选择中的重要性，同时也表明 HLA 配型应尽可能包括 HLA-A、B、C、DRB1、DQB1，甚至 HLA-DPB1 位点。此外，还应充分考虑到非 HLA 因素对供者选择和移植结果的可能影响。

（2）无血缘供者的选择：选择合适的无血缘供者需要进行 HLA 高分辨率分型，目前的分型技术可以识别多种相合水平，如 12/12 相合（A、B、C、DRB1、DQB1、DPB1），10/10 相合（A、B、C、DRB1、DQB1），8/8 相合（A、B、C、DRB1）或 6/6 相合（A、B、DRB1）。不同移植中心的 HLA 配型标准会有所不同，但应尽可能选择等位基因匹配程度最高的供者，HLA 10/10 相合是目前国际通用的黄金标准。由于 HLA-DP 在移植中的作用逐渐被人们所认识，如果有多个 10/10 匹配的供者的情况下应考虑进行 DPB1 分型的检测。当等待移植的患者检索不到 HLA 全相合的无血缘供者时，必须考虑到疾病进展对预后的影响。NMDP 对无血缘供者造血干细胞移植的回顾性研究显示，在进行 HLA 8/8 或 7/8基因位点相合的 allo-HSCT 后，处于疾病早期患者 1 年生存率分别为 63%和 50%，而疾病中期患者 1 年生存率仅为 48%和 40%（Lee 等，2007）。在疾病低中危险组中 HLA 单个位点不相合对移植后死亡的风险较高危组明显增加；但对疾病高危组患者而言，移植后复发是引起死亡的主要因素，而 GVHD 和移植相关并发症对死亡率无显著影响。因此，患者应在疾病早期尽早选择移植治疗，而对于高危组的患者，在找不到 HLA 全相合供者的情况下，可选择 1～2 个 HLA 等位基因不相合的无血缘供者。在未找到适合的无血缘供者或时间不容许拖延时，可选择亲缘关系 HLA 半相合供者。也可选择脐血干细胞移植，一般要求有核细胞 ＞ 2×10^7/kg，且不多于 2 个 HLA 基因位点不相合（4/6）。

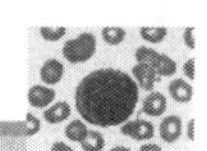

（二）杀伤细胞免疫球蛋白样受体（KIR）不相合与无血缘供者造血干细胞移植

allo-HSCT 中 GVHD 和 GVL 效应主要归因于供者来源的同种异体反应性 T 淋巴细胞和 NK 细胞对受者细胞的杀伤作用，KIR 表达在 NK 细胞和部分 T 淋巴细胞的表面，通过与靶细胞表面的 MHC-Ⅰ类分子结合，传导抑制或活化信号，从而调节 NK 细胞和 T 淋巴细胞的活性。

1. KIR 不相合定义　KIR 的配体为 MHC-Ⅰ类分子与自身抗原肽组成的复合体，这些配体可以是 HLA-A、B、C 等特定等位基因的产物，也可以是非经典的 MHC-Ⅰ类分子如 HLA-Ⅰ、HLA-G 类分子。根据胞外决定簇数目 KIR 可以分为 KIR1D、KIR2D、KIR3D。根据功能分类，胞浆区有长尾（L）的具有免疫受体酪氨酸抑制基序（immunoreceptor tyrosine-based inhibitory motif，ITIM），为抑制性受体，如 KIR2DL、KIR3DL；胞浆区为短尾（S）的不具有 ITIM，为活化性受体，如 KIR2DS、KIR3DS。抑制性受体与相应的 MHC-Ⅰ类分子结合后传导抑制性信号，阻止 NK 细胞及细胞毒 T 淋巴细胞的溶细胞作用。当抑制性受体与活化受体共同存在时，抑制性受体对 MHC-Ⅰ类分子的亲和力远远大于活化性受体，所以产生抑制性信号。抑制性 KIR 识别 MHC-Ⅰ类分子具有选择性，KIR2DL1/2DS1（又名 CD158a）识别 HLA-Cw＊02、0307、0310、0315、04、05、06、0707、0709、1204、1205、15、1602、17、18，其共同特点是 HLA 第 80 位氨基酸残基为赖氨酸，77 位为天冬酰胺，被称为第二组（HLA-C2）；KIR2DL2/2DL3、2DS2（又名 CD158b）识别 HLA-Cw＊01、03、07、08、12、13、14、1507、16，其共同特点是 HLA 第 80 位氨基酸残基为天冬酰胺，77 位为丝氨酸，被称为第一组（HLA-C1）。KIR3DL1 的配体为含有 Bw4 表型的 HLA-B 分子；KIR3DL2 识别 HLA-A3/-A11（Verheyden S，2005）。如果供者抑制性 KIR 缺乏 1～3 个相应的配体，认为 KIR-配体不相合简称为 KIR 不相合；如果供者抑制性 KIR 的配体均存在，则认为 KIR 相合；假如某一配体的相应受体未出现，则无论该配体出现还是缺乏，都认为这一受体配体是相合的。

2. KIR 不相合对无血缘供者移植的影响　2002 年，《科学》杂志首次报道了 HLA 半相合移植中供者抑制性 KIR-配体不相合可以显著改善移植预后，并将该重大发现称之为“完美的不相合”。该项研究对接受 HLA 半相合同胞供者 allo-HSCT 的急性髓细胞白血病（AML）的研究显示，当供者 KIR 与受者 MHC-Ⅰ类分子不相合时，GVHD 的发生率降低，移植后 5 年无复发生存期明显延长（Ruggeri 等，2002）。当存在 GVH 方向的 KIR 不相合时，NK 细胞通过杀伤受者（宿主）体内的抗原提呈细胞（APC），阻断了 APC 向供者 T 淋巴细胞提呈抗原，从而阻止了 GVHD 的发生。同时，NK 细胞的 GVL 效应可选择性杀伤肿瘤细胞。这种 GVL 效应，是由于肿瘤细胞表面 MHC-Ⅰ类分子的表达下调或缺失，NK 细胞因 KIR 不能识别相应的配体而杀伤靶细胞；此外，NK 细胞抑制性受体与 MHC-Ⅰ类分子的结合需要自身的肽，一些白血病细胞可能由于自身肽的改变而使 NK 细胞不能与 MHC-Ⅰ类分子正常结合而被杀伤。之前有关 KIR 不相合在 allo-HSCT 中的研究多集中于 HLA 半相合移植，近年来 KIR 不相合在无血缘供者造血干细胞移植中的研究也日益增多。

在无血缘供者造血干细胞移植中，供受者 KIR 及其配体对移植结果的影响尚存在一定的争议。Giebel 等（2003）分析了 130 例无血缘供者造血干细胞移植的预后，结果显示抑制性 KIR-配体不相合和 KIR-配体相合移植患者的总生存率分别为 87%和 48%，无病生存率为 87%和 39%，移植相关死亡率为 6%和 40%，复发率为 6%和 21%，该结果提示 KIR-配体不相合所致的异源反应性 NK 细胞能改善预后。Gagne 等（2002）研究显示，在 GVH 方向上当 KIR-配体相合时，所有患者均发生 GVHD；当 KIR-配体不相合时，仅 50%的患者发生 GVHD。但 Miller 等（2007）对 2062 例无血缘供者移植的研究发现，KIR-配体不相合虽然能减少髓性白血病患者的复发，但Ⅲ～Ⅳ度 aGVHD 的发生率却显著增高。此外，在最近有关无血缘供者移植的研究中发现，KIR-配体不相合引起的 NK 细胞异源反应性与移植后严重感染的发生及移植相关死亡率升高有密切的关系，其原因可能是 NK 细胞异源反应性阻碍了机体对移植后早期感染的有效免疫（Malmberg 等，2005；Schaffer 等，2004）。此外，关于激活性 KIR，一般认为供者含有的激活性受体越多，越容易激活 NK 细胞异源反应性（Cooley 等，2009）。但有研究却得出相反的结论：供者含激活性受体基因越少，移植预后越好（Kroger 等，2006；McQueen 等，2007）。其原因可能是移植物中供者来源的 NK 细胞和（或）T 淋巴细胞表达较多的激活性受体，导致移植物异体攻击宿主，尤其是免疫系统，阻滞了宿主免疫系统的重建，进而削弱了 GVL 效应。

在无血缘供者造血干细胞移植中，这些不一致的结果可能与不同的患者人群、疾病类型、预处理方案、移植物组成及免疫抑制方案等因素有关。无血缘供者造血干细胞移植的方案与 HLA 半相合移植有显著的不同，前者移植物一般采用非去 T 淋巴细胞骨髓或外周血干细胞，而之前报道的 HLA 半相合移植多采用去 T 淋巴细胞移植。当采用非去 T 淋巴细胞移植时，GVHD 的预防主要依靠移植后使用大量的免疫抑制剂，而移植后大量免疫抑制剂的使用将严重影响 NK 细胞的成熟。Farag 等对 1571 例无血缘供者骨髓移植病例的研究发现，去 T 淋巴淋巴细胞移植后 GVHD 的发生率均明显低于非去 T 淋巴细胞移植（Farag 等，2006）。去 T 淋巴细胞移植可以产生较弱的或不产生由同种反应性 T 淋巴细胞介导的 GVHD，并有助于移植后供者异源反应性 NK 的重建；而非去 T 淋巴细胞移植中，由于在受者体内存在大量供者成熟的 T 淋巴细胞，可产生 T 淋巴细胞介导的异源反应性，影响移植排斥和 GVHD 的发生，并且抑制了 NK 细胞的重建。因此，供受者 KIR 基因及其配体在无血缘供者造血干细胞移植中的作用仍有待进一步的临床研究。

（三）非 HLA 免疫遗传因素与无血缘供者造血干细胞移植

尽管 HLA 配型是供者选择和决定造血干细胞移植疗效的主要因素，但随着 HLA 检测技术的提高，即使在 HLA 全相合的 allo-HSCT 中仍有一定比例的患者发生 GVHD。随着人类基因组计划的完成及后基因组时代的到来，对 GVHD 发生、发展的分子遗传学研究日益增多。目前发现供受者次要组织相容性抗原、细胞因子基因及天然免疫相关基因等的多态性与 GVHD 发生风险和移植后非复发死亡密切相关，为研究 GVHD 的发病机制、探索 GVHD 的预防措施提供了新的线索。

1. 次要组织相容性抗原（minor histocompatibility antigen，mHa）

（1）mHa 的形成原理：mHa 是相对于主要组织相容性抗原而命名。mHa 由非 MHC 基因编码，由于其编码基因在种群内存在某些等位基因的单核苷酸多态性（singal nucleotide polymorphism，SNP）致使编码的同源蛋白的氨基酸不同。第一个在分子水平鉴定

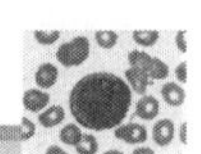

的 mHa——HA-1 是由 KIAA0203 基因编码，由于其序列存在两个等位基因的多态性，因此其编码的 HA-1 的九肽分子在第 3 位氨基酸上表现为精氨酸（VLRDDLLEA，HA-1R）与组氨酸（VLHDDLLEA，HA-1H）的差异（den Haan JM，1998）。这些蛋白经加工处理成多肽与 MHC 结合表达于受者抗原提呈细胞表面，被供者 T 淋巴细胞作为外源物质所识别，而这些多肽即 mHa。mHa 主要包括两类：一类是由 Y 染色体上的基因编码的 mHa，这类与性别相关的 mHa 被称为 H-Y 抗原；另一类是由常染色体上的基因编码的 mHa。

（2）mHa 的组织分布：mHa 的表达包括局限性表达和广泛性表达。在目前发现的 30 余种 mHa 中，HA-3、HA-8、UGT2B17、ACC-4、ACC-5 及 H-Y 在各种细胞表面均有表达；HA-1、HA-2、ACC1、ACC2、LRH-1、CTL-7A7、RDR173、DNR-7、LB-ADIR-1、ACC-6 为局限性表达，仅在造血细胞起源细胞（包括白血病及其前体细胞）表面表达，在上皮起源的成纤维细胞、角质形成细胞、黑素细胞及内皮细胞等表面不表达（Akatsuka 等，2007）。另外，还有分布于单一造血细胞系的 mHa，如 HB-1 是淋巴细胞系特异性表达的 mHa，其表达局限于 B 淋巴细胞型急性淋巴细胞白血病（B-ALL）和 EB 病毒转化的 B 淋巴细胞。

（3）mHa 与造血干细胞移植：1990 年，研究者首次报道了 mHa 与 allo-HSCT 的关系，在一位女性再生障碍性贫血患者接受 HLA 全相合男性同胞供者骨髓移植后出现植入失败的病例中，研究证实患者来源的 T 淋巴细胞能够通过识别一种特异性表达于男性细胞的抗原而溶解供者血细胞，此类抗原即 H-Y 抗原（Voogt 等，1990）。当患者接受性别不匹配的供者时，免疫反应可以直接针对 Y 染色体上基因编码的 H-Y 抗原，因此发生 GVHD 的风险较高。在 allo-HSCT 中，mHa 的组织分布决定了其免疫效应的方向和强度：表达广泛的 mHa（如 H-Y）同时参与 GVHD 和 GVL 效应；在非造血细胞上选择性表达的 mHa（如 CD31）可诱导 GVHD，但不诱导 GVL 效应；在造血细胞上选择性表达的 mHa（如 HA-1、HA-2）可诱导 GVL 效应，但不产生或仅产生轻度 GVHD；局限于单一造血细胞系的 mHa（如 HB-1）可诱导 GVL 效应，但不产生 GVHD。此外，GVHD 的发生是由宿主细胞表面 mHa 的密度和供者能识别 mHag 的 T 淋巴细胞受体共同决定。临床重度 GVHD 的发生要求供者 T 淋巴细胞识别多种不相合的受者 mHag 并发生免疫反应，单一 mHa 的不相合不能导致发生重度 GVHD。

近年来，供受者 mHa 不匹配成为 allo-HSCT 中 GVHD 与 GVL 效应分离策略的研究热点之一。应用合成 HA-1/HA-2 多肽诱导产生 HA-1/HA-2 特异性细胞毒性 T 淋巴细胞（CTL），体外研究发现其对白血病细胞（ALL/AML）有选择性杀伤作用，对 GVHD 的靶细胞如成纤维细胞、内皮细胞和肝细胞等均无细胞毒作用，同时将体外诱导的 HA-1/HA-2 特异性 CTL 输入白血病小鼠，可发挥强大的 GVL 效应（Mutis 等，1999）。局限表达于造血细胞起源细胞（如 HA-1、HA-2）或单一造血细胞系的 mHa 分子（如 HB-1）可在体内诱导产生特异性 CTL，其对白血病或淋巴瘤细胞发挥细胞毒作用，对非造血细胞无细胞毒作用，从而在增强 GVL 效应的同时不增加 GVHD 风险，实现 GVL 效应与 GVHD 的分离（Mutis 等，2002；Marijt 等，2003；Kloosterboer 等，2004）。

尽管 mHa 在 GVL 效应与 GVHD 的分离研究中具有广泛的应用前景，但迄今为止，尚不能确定人类有多少个 mHa。据推测，小鼠可能有大于 700 个 mHa 基因，而人类的基因数将更多，庞大的 mHa 基因信息将成为移植免疫的难题之一。另一方面，由于 mHa 的表达具有 HLA 限制性，而基于 mHa 的免疫治疗要求移植供受者之间 HLA 相合且特定的 mHa 不相合，因此目前可作为免疫治疗靶抗原而广泛应用于临床移植治疗的 mHa 数量极为有限。目前已建立了 mHa 相关的数据库（http：//www. lumc. nl/dbminor)，而进一步发现新的局限性表达的 mHa 将是今后研究与应用的关键。随着临床试验的推进，基于 mHa 的免疫治疗，如 mHa 特异性 T 淋巴细胞输注、mHa 疫苗，将有望成为造血干细胞移植后预防和治疗白血病复发的新方法。

2. 细胞因子基因多态性（cytokine gene polymorphisms） aGVHD 的组织损伤是由供者 T 淋巴细胞识别宿主细胞表面抗原，介导细胞毒作用引起，其中大量炎性细胞因子参与了 GVHD 的发生和发展，即“细胞因子风暴学说”。由于遗传基因的多态性，不同个体内细胞因子的表达高低不同。细胞因子基因上游区内，特别是启动子/增强子区内 DNA 序列的不同（即使是一个核苷酸的突变、插入或丢失）都可能显著改变转录因子和它的结合能力和（或）结合方式，从而影响转录，最终表现为细胞因子水平的差异。近年研究发现，异基因移植供者和（或）受者肿瘤坏死因子 α（TNF-α）、白细胞介素（IL）-10、IL-6、γ 干扰素（IFN-γ）、IL-1 家族和转化生长因子 β（TGF-β）基因的单核苷酸多态性（SNP）与 GVHD 的发生有重要的关系（表 18-4）（Dickinson 等，2008；Ball 等，2008）。

目前国内外不同移植中心对细胞因子基因多态性与移植并发症、移植疗效的研究报道存在不一致性，可能与种群差异、样本数量、预处理方案、移植方式、GVHD 预防方案等不均一性有关。进一步在大样本的移植患者中研究细胞因子多态性与移植的关系，对预测移植风险、优化供者选择、制定个体化的免疫预防和治疗方案具有重要意义。

3. 天然免疫及感染相关基因与造血干细胞移植 机体的天然免疫最初被认为是一种通过巨噬细胞非特异性吞噬入侵病原微生物的反应，最近越来越多的研究证实天然免疫能特异性识别“自我”和“非我”，可能通过宿主组织/细胞表面的病原微生物识别受体（PRR)，如 Toll 样受体（TLR）、NOD 样受体（nucleotide-binding oligomerisation domain containing receptor)，识别病原微生物表面特异分子，激活抗原提呈细胞进而启动免疫反应。PRR 在 GVHD 的发生、感染等移植并发症中的作用日益受到关注，其中 NOD2/CARD15 是近年来研究的热点。NOD2/CARD15 主要在胃肠道免疫系统针对细菌细胞壁的反应中激活核转录因子 κB（NF-κB），参与胃肠道的抗感染免疫反应。最近研究发现，NOD2/CARD15 基因的 3 个单核苷酸位点（8、12、13）的变异在 HLA 相合无血缘供者和同胞供者移植中均与急性 GVHD 的发生风险及严重程度密切相关，当供者和（或）受者具有 NOD2/CARD15 基因单核苷酸位点突变时，受者重度急性 GVHD 的发生风险和移植相关死亡率均显著增加（Holler E，2006、2008）。其他天然免疫及感染相关基因，如 TLR 基因、髓过氧化物酶（MPO）基因、甘露糖结合凝集素（MBL）基因、Fcγ 受体基因等的单核苷酸多态性均发现与感染、移植相关死亡等并发症相关。

表 18-4　供/受者细胞因子基因多态性与 GVHD 的关系（Dickinson 等，2008；Ball 等，2008）

基因	多态性	受者/供者	供者类型	aGVHD、移植疗效
TNF-α	TNF-863，TNF-857	供者和（或）受者	无血缘移植	增加 aGVHD 风险
	TNF-238	供者和（或）受者	无血缘移植	增加Ⅱ～Ⅳ度 aGVHD 风险及移植相关死亡率
	TNF-1031	供者和（或）受者	无血缘移植	增加移植相关死亡率
TNF 受体Ⅱ（TNFRⅡ）	TNFRⅡ-196R（R：精氨酸）	供者	无血缘移植	增加重度 aGVHD 风险
	TNFRⅡ-196M（M：甲硫氨酸）	纯合子供者	无血缘移植	降低 aGVHD 风险
	TNFRⅡ-196R（R：精氨酸）	受者	同胞移植	增加重度 aGVHD 风险
IL-10	－1082A/－819C/－592C（IL-10 低表达）	受者	同胞移植	增加重度 aGVHD 风险
	－1082A/－819T/－592A（IL-10 中度表达）	受者	同胞移植	增加重度 aGVHD 风险
	－1082A/－819C/－592C（IL-10 高表达）	受者	无血缘移植	降低 aGVHD 风险及移植相关死亡率
IL-6	IL-6－174	受者	无血缘移植	增加重度 aGVHD 风险
IL-1 家族	IL-1α－899	供者和受者	无血缘移植	降低移植相关死亡率
基因	多态性	受者/供者	供者类型	aGVHD、移植疗效
IFN-γ	IFN-γ2/2[a]	受者	同胞移植	降低 aGVHD 风险
	IFN-γ3/3[a]	受者	同胞移植	增加 aGVHD 风险
TGF-β	TGFβ＋869	供者	同胞移植	增加 aGVHD 风险
TGF-β 受体Ⅱ（TGF-βRⅡ）	TGF-βRⅡ＋1167	受者	同胞移植	增加 aGVHD 风险

a IFN-γ 等位基因 2：IFN-γ 第一个内含子具有 $(CA)_n$ 微卫星序列的多态性，人群中最常见的两个等位基因是 $(CA)_{12}$-等位基因 2 和 $(CA)_{13}$-等位基因 3。

（四）小结与展望

随着 allo-HSCT 移植相关基因研究的深入和基因检测技术的进步，分析整条染色体上成千上万个基因位点及其变异已成为可能。利用先进的分子生物学实验技术检测并筛选与 GVHD 等移植相关并发症的发生风险相关的分子遗传学因素，将对进一步指导合适供者的选择有重要的意义，但不同分子遗传学因素对移植结果的影响仍需进一步在大样本供者/受者的临床研究中证实。

三、无血缘供者造血干细胞移植治疗的临床应用

随着现代移植医学的飞速发展，异基因造血干细胞移植（allo-HSCT）技术和疗效有了显著的进步，并广泛应用于血液系统恶性疾病的治疗。供者来源成为限制造血干细胞移植发展的主要原因，70％的患者缺乏 HLA 配型相合同胞供者。无血缘供者造血干细胞移植的成功实施，扩大了异基因供者的来源，已成为 allo-HSCT 的一种主要方式。

（一）无血缘供者造血干细胞移植的历史与现状

在有 HLA 相合的同胞供者时，同胞供者移植通常是 allo-HSCT 的首选。在患者缺乏 HLA 配型相合同胞供者的情况下，无血缘供者成为 allo-HSCT 的主要来源之一。无血缘供者 allo-HSCT 主要用于血液系统恶性疾病的治疗，其中对白血病的治疗占绝大多数。美国 NMDP 对 1987～1998 年接受无血缘供者 allo-HSCT 的统计数据显示，慢性粒细胞白血病（CML）患者占 47％，急性髓性白血病（AML）患者占 22％，急性淋巴细胞白血病（ALL）患者占 12％，骨髓增生异常综合征（MDS）患者占 10％（Karanes 等，2008）。20 世纪末，随着酪氨酸激酶抑制剂——伊马替尼成为 CML 的一线治疗药物，AML 逐渐取代 CML 成为接受无血缘供者 allo-HSCT 治疗的主要疾病。NMDP 最新的统计数据显示，1999～2006 年接受无血缘供者 allo-HSCT 的患者中，AML 占 35％，ALL 占 14％，MDS 占 14％，CML 占 15％（Karanes 等，2008）。

移植相关死亡仍是影响无血缘供者 allo-HSCT 疗效的首要原因。尽管多项研究表明，无血缘供者 allo-HSCT 较同胞供者移植有更强的 GVL 效应，使得疾病的复发率明显下降，但预处理毒性、GVHD 等移植并发症，在一定程度上抵消了这一优势。但随着近年来移植技术方案的成熟，通过合理地选择患者、确定适当的移植时间及在并发症的防治和支持治疗方面的进步，无血缘供者 allo-HSCT 并发症的发生率和死亡率正逐年降低，患者的无病生存（DFS）率逐渐提高，多项临床研究显示无血缘供者 allo-HSCT 达到了与同胞供者 allo-HSCT 接近的疗效。此外，减低剂量预处理（reduced intensity conditioning，RIC）方案在无血缘供者 allo-HSCT 中的应用日益增多，其显著降低了移植相关死亡的发生率，随之越来越多的老年及有合并症的患者有机会获得移植治疗。由 NMDP 公布的近二十年无血缘供者移植数据显示，接受标准剂量预处理的移植患者的 100 天移植相关死亡率在 1996～1998 年、1999～2002 年、2003～2006 年期间分别为 36％、28％和 16％，而接受减剂量预处理的移植患者在这三个时期的 100 天移植相关死亡率分别为 42％、20％和 17％。随着移植相关并发症发生率和死亡率的下降，接受无血缘供者造血干细胞移植患者的总生

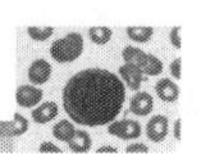

存率从2003年的42.2%上升至2007年的51.5%，在4年间上升了10%左右（Karanes等，2008）。随着全球家庭规模的缩小，无血缘供者allo-HSCT已逐渐成为一种主要的干细胞移植方式。

（二）无血缘供者造血干细胞移植治疗AML

AML是一组起源于造血前体细胞的恶性肿瘤。联合化疗是AML的常规治疗手段，现代化疗和支持治疗的结合，可使60岁以下AML患者的完全缓解（CR）率达60%～80%。但由于化疗较难彻底清除残留的白血病细胞，或由于白血病对化疗药物的耐药，多数患者最终复发。1979年Thomas领导的Seattle研究组对第一次完全缓解（CR1）的AML患者成功进行了allo-HSCT（Thomas，1979），之后随着移植技术的进步，同胞/无血缘供者allo-HSCT越来越多地应用于AML患者CR1后治疗，目前AML已成为接受无血缘供者allo-HSCT的首要疾病。

1. AML的移植现状 在过去的十余年中，人们一直试图比较allo-HSCT和大剂量化疗对AML疗效的优劣。荷兰-比利时血液肿瘤协作组和瑞士临床肿瘤研究组（HOVON-SAKK）最近回顾性分析了1987～2004年间2287例AML患者，在CR1后接受异基因移植组的复发率明显低于化疗组（32% *vs* 59%，$P<0.001$），DFS率显著高于化疗组（48% *vs* 37%，$P<0.001$），但移植组的治疗相关死亡率明显增高（21% *vs* 4%，$P<0.001$），两组的总生存（OS）率无统计学差异。进一步对患者按照染色体核型等预后因素分层分析发现，对具有不良染色体预后核型的高危患者和中危患者，allo-HSCT能明显降低复发率、提高DFS率，但对具有有利预后核型的低危患者allo-HSCT未体现任何优势（Cornelissen等，2007）。一项对1995～2003年间发表的5个关于AML在CR1后接受异基因移植和大剂量化疗疗效比较的临床试验的荟萃分析显示，移植组OS率明显优于化疗组，尤其高危患者在接受allo-HSCT后OS率明显提高，中危患者无差异，但对低危患者接受allo-HSCT后OS率却不及化疗组（Yanada等，2005）。

目前普遍认为无血缘供者allo-HSCT主要适用于缺乏同胞供者的中高危AML患者，其疗效接近同胞供者移植并显著优于大剂量化疗。CIBMTR公布的1998～2004年期间接受清髓性allo-HSCT的4240例AML患者，其中接受HLA相合同胞移植（3174例）和无血缘供者移植（1066例）患者的3年OS率分别为60%和41%。EBMT急性白血病工作组（EBMT-ALWP）公布的2000～2007年allo-HSCT治疗AML数据显示，在CR1后接受同胞移植（2808例）和无血缘供者移植（708例）患者DFS率分别为55%和46%（Apperley等，2008）。德国AML 01/99研究显示，高危AML患者诱导缓解后接受无血缘供者allo-HSCT患者的长期生存率显著高于自体移植（auto-HSCT）治疗（56% *vs* 23%，$P=0.01$）（Krauter等，2005）。

2. AML的移植指征 根据AML疾病和患者的特征，选择合适的移植时机和移植方案是提高移植疗效的关键。随着对AML分子遗传病理机制研究的深入，近年来把细胞遗传学的改变看作是AML最有价值的独立预后指标。因此，基于细胞遗传学的危险度分层，成为指导移植治疗的主要依据。尽管对具有allo-HSCT适应证的AML患者首选同胞移植，但相当一部分患者缺乏HLA相合同胞供者，无血缘供者移植成为缺乏HLA相合同胞供者allo-HSCT的主要选择。

(1) <60 岁的 AML 患者：对于年龄小于 60 岁的 AML 患者，根据细胞和分子遗传学特征可以分为低危组、中危组和高危组，2009 年美国国立综合癌症网络（NCCN）提出了针对不同危险度分层患者的移植时机的指南。①低危 AML 患者：有染色体 t（8；21）、inv（16）、t（16；16）或正常核型伴有核磷蛋白基因（NPM1）突变的患者预后良好，CR1 后复发的危险性约为 30%，OS 率可达 60%，一般认为 CRl 患者不一定要做 allo-HSCT，但首次诱导失败（primary induction falure，PIF）或 CR2 的患者可以选择同胞/无血缘供者 allo-HSCT。②中危 AML 患者：正常核型、染色体+8、t（9；11）、其他未列入低危/高危的异常核型或 t（8；21）/ inv（16）伴 c-KIT 突变的患者，CR1 后复发的危险性约为 50%，OS 率为 40%，推荐在 CRl 后行 HLA 相合同胞移植，若缺乏 HLA 相合同胞供者可以继续巩固化疗观察，若出现复发等疾病进展时即行无血缘供者移植。若中危 AML 患者诱导缓解失败可考虑选择同胞/无血缘供者移植。③高危 AML 患者：有染色体 $5q^-$、$7q^-$、−5、−7 等复合染色体异常、11q23 异常［除 t（9；11）外］、inv（3）、t（3；3）、t（6；9）、t（9；22）或正常核型伴 FMS 样酪氨酸激酶 3（FLT3）基因结构域编码序列的内部串联重复（ITD）突变的患者，CR1 后复发的危险性约为 80%，OS 率仅为 10%～20%，推荐在 CRl 后立即行同胞/无血缘供者移植，若 PIF 可以立即选择同胞/无血缘供者移植。

(2) 年龄≥60 岁的 AML 患者：老年 AML 患者由于原发耐药及化疗耐受性差等原因，传统化疗的 CR 率低，CR 后中位缓解期 6～8 个月，3 年 OS 率小于 20%，同时由于 allo-HSCT对患者年龄的限制，长期以来老年 AML 患者缺乏提高 OS 率的有效治疗手段。近年来采用了减低剂量预处理方案明显降低了移植相关死亡率，扩大了适应证。2006 年一项 122 例老年 AML 患者接受减低剂量预处理的同胞/无血缘供者 allo-HSCT 的多中心研究显示，CR1 患者移植后 2 年 OS 率为 46%，CR2 患者为 42%，疾病进展期患者为 18%，总移植相关死亡率为 22%；其中无血缘供者移植显示出更好的疗效，CR1 后接受同胞移植患者的 2 年 OS 率为 44%，而无血缘供者移植为 63%（Hegenbart 等，2006）。减剂量预处理方案的应用使更多的老年 AML 患者获得了移植治疗的机会。

(3) 急性早幼粒细胞白血病（APL）：自从全反式维 A 酸（ATRA）和三氧化二砷（ATO）应用于 APL 的治疗，显著地改善了 APL 的预后。ATRA 联合蒽环类药物化疗 CR 率可达 85%～90%，75%的 APL 患者 DFS 可达 3 年乃至更长。由于 APL 细胞高表达 CD33，CD33 单克隆抗体（GO）可用于治疗 ATRA 或亚砷酸诱导失败的 APL 患者，目前正在进行 GO 联合 ATRA 治疗初发和复发 APL 的临床研究。因此，APL 一般不选择 allo-HSCT 治疗，但对于 ATRA 和 ATO 诱导失败及复发的患者，经过 ATO 诱导失败或未达到分子生物学缓解的，可选择进行同胞/无血缘供者 allo-HSCT 治疗。

（三）无血缘供者造血干细胞移植治疗 ALL

ALL 发病的高峰年龄为 4～5 岁和 40 岁，是最常见的儿童恶性肿瘤性疾病，在成人急性白血病中占 15%～20%。近年来随着联合化疗方案的进步，70%～80%的儿童 ALL 患者可以通过化疗获得治愈；尽管成人 ALL 的完全缓解率已达到 75%～90%，但成人 ALL 在 CR1 后复发率较高，国外报道 DFS 率为 30%～35%，国内报道的仅为 20%～25%。复发是影响 ALL 治疗疗效的主要因素，如何提高患者的长期无病生存率是选择治疗方案的

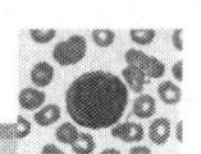

首要问题，由于allo-HSCT强大的抗白血病效应，其在ALL治疗中的地位越来越受到重视。

1. ALL的移植现状 allo-HSCT作为一种ALL缓解后的治疗方法已有超过二十年的历史，尤其是对于成人ALL患者，allo-HSCT几乎是唯一的一种有望“治愈”ALL的方法。同胞/无血缘供者allo-HSCT后GVL效应可清除体内残留的白血病细胞，减少疾病的复发，达到“治愈”的目标。但是，对于ALL患者选择移植治疗的时机一直存在争议。以往，同胞/无血缘供者allo-HSCT较多地用于Ph^+和CR≥2等ALL的治疗，CIMBTR根据循证医学证据提出了ALL移植的推荐方案：高危患者推荐在CR1阶段进行同胞/无血缘供者allo-HSCT，而allo-HSCT对于在CR1阶段的标危患者的疗效尚不明确；对于CR2阶段的患者则推荐立即进行allo-HSCT。

在无血缘供者移植中，移植并发症及其高死亡率往往掩盖了移植的优势，平衡复发和移植相关死亡的风险成为选择无关供者移植治疗要考虑的主要问题。随着移植技术的发展和移植疗效的提高，无血缘供者allo-HSCT的疗效已接近同胞供者移植。NMDP最近的报道显示，2003～2006年期间接受无血缘供者移植的ALL患者的2年OS率为40%左右，较1999～2002年期间提高10%（Karanes等，2008）。CIBMTR提供的数据显示，在年龄大于20岁的ALL患者中，同胞供者和无血缘供者allo-HSCT的OS率分别为48%和42%。Kieh等（2004）报道的一项成人ALL在CR1阶段进行同胞/无血缘供者allo-HSCT的多中心临床研究显示，同胞供者和无血缘供者移植的5年DFS率分别为42%和45%，移植相关死亡率分别为39%和31%。Chim等（2007）对108例成人ALL进行allo-HSCT的15年长期随访的结果显示，HLA相合的同胞供者allo-HSCT和无血缘供者allo-HSCT的DFS率分别为28.2%和63.2%（P=0.03），移植相关死亡率分别为17.3%和14.9%（P=0.82），而无血缘供者移植后复发率显著低于同胞供者移植（30.2% *vs* 64.3%，P=0.03）。由此，allo-HSCT在减少ALL患者复发率方面的优势日益显著，同时无血缘供者allo-HSCT在ALL治疗中的应用也逐渐增多。

2. ALL的移植指征 随着对疾病生物学特性研究的深入，针对ALL患者的危险度分层进行个体化、分层治疗方案取得了长足的进步，从而显著改善了ALL患者的预后。在ALL的移植治疗中，如何选择最佳的移植时机和移植方案、减少疾病的复发仍是目前研究和探讨的焦点问题。

（1）Ph^-成人ALL患者：大量多中心前瞻性研究提示了Ph^-成人ALL患者在CR1阶段进行allo-HSCT的指征——在CR1阶段接受allo-HSCT后长期生存率为40%～75%；在CR2阶段进行移植的长期生存率为14%～43%，移植后有超过50%的患者复发；而大于CR2或PIF时，allo-HSCT的疗效更差，其长期生存率仅为5%～15%（Hahn等，2006）。NMDP对1988～1999年期间行无血缘供者allo-HSCT治疗的高危成人ALL的临床研究显示，CR1、CR2/3及复发和PIF患者的2年OS率分别为40%、17%和5%，移植相关死亡率为54%、75%和64%，而复发相关死亡率为6%、8%和31%；多因素分析显示，高危ALL患者在CR1阶段尽早进行无血缘供者allo-HSCT可以显著提高无病生存率、降低复发率及移植相关的死亡率（Cornelissen等，2001）。

在早期临床实践中，临床医生对高危患者在CR1阶段进行同胞/无血缘供者allo-HSCT均有一致的认识，但是对标危患者是否在CR1阶段立即进行allo-HSCT仍有很大的争议。最近 MRC UKALL XII/ECOG E2993 一项关于标危、Ph^- 成人 ALL 在 CR1 进行 allo-HSCT 的多中心前瞻性临床研究显示，allo-HSCT 组和化疗组 5 年 OS 率分别为 63% 和 51%（$P=0.01$），两组的 10 年复发率分别为 27%和 50%（$P<0.0001$）；同期对高危患者的临床观察发现 allo-HSCT 组和化疗组 5 年 OS 率分别为 40%和 36%（$P>0.05$），allo-HSCT 组复发率显著低于化疗组（$P<0.0001$）（Goldstone 等，2008）。前瞻性研究结果显示，allo-HSCT 对标危 ALL 患者的疗效要显著优于化疗。因此，对于在 CR1 阶段的高危或标危 ALL 患者，只要有 HLA 相合的同胞/无血缘供者，应尽快进行移植治疗。此外，随着无血缘供者 allo-HSCT 疗效的提高，供者来源已不再是限制 ALL 患者选择 allo-HSCT 治疗的考虑因素；无血缘供者 allo-HSCT 由于其显著的 GVL 效应使其在减少疾病复发率方面的优势日益显著，其在 ALL 治疗中的应用也日益增多。因此，成人 ALL 患者在确诊后，在同胞间进行 HLA 配型检测的同时，应立即通过造血干细胞登记中心寻找 HLA 匹配的无血缘供者，以便在 CR1 阶段争取最佳的移植时机，提高患者的长期生存。

（2）Ph^+ 成人 ALL 患者：Ph^+ ALL 在成人 ALL 中占 20%～30%，并随着年龄的增长发生率增加，在 50 岁以上的 ALL 患者中的发生率接近 50%。Ph^+ 成人 ALL 预后极差，预期 5 年长期生存率小于 10%。同胞/无血缘供者 allo-HSCT 是最佳的缓解后治疗手段，在疾病早期进行移植可显著提高 Ph^+ ALL 的长期生存率，患者在 CR1 阶段移植后 DFS 为 30%～60%，而 CR2 阶段为 5%～17%。随着靶向治疗药物（如伊马替尼等）的问世及新的联合化疗方案的应用，Ph^+ ALL 的治疗疗效有了巨大进展。移植前 BCR/ABL 融合基因水平的降低有利于改善预后，在巩固化疗中联合伊马替尼有利于分子生物学水平的完全缓解，降低 allo-HSCT 后的复发率。Lee 等（2005）报道了 29 例 Ph^+ 成人 ALL 患者在 allo-HSCT 前应用伊马替尼联合化疗进行诱导治疗，移植后 3 年复发率、非复发死亡率和 DFS 率分别为 3.8%、18.7%和 78.1%，疗效显著优于移植前单用化疗治疗。GRAAPH-2003 一项关于 Ph^+ 成人 ALL 的多中心前瞻性临床研究显示，45 例 Ph^+ 成人 ALL 在接受伊马替尼联合化疗后 96%的患者获得血液学完全缓解（HCR），而同期 LALA-94 临床研究显示 196 例 Ph^+ 成人 ALL 在仅接受化疗后的 HCR 率为 71%（$P<0.001$）。GRAAPH-2003 研究中 22 例接受了 allo-HSCT，移植后的复发率、DFS 率和 OS 率分别为 30%、51%和 65%，而 LALA-94 研究中 62 例接受 allo-HSCT，移植后的复发率、DFS 率和 OS 率分别为 49%、31%和 39%（de Labarthe 等，2007）。因此，Ph^+ ALL 移植前应用伊马替尼可显著提高移植疗效，并有待进一步临床试验明确伊马替尼联合 allo-HSCT 在 Ph^+ ALL 治疗中的应用价值。

（3）儿童 ALL：相对于成人 ALL，儿童 ALL 的预后较好，70%～80%的儿童 ALL 患者可以通过化疗获得治愈，同胞/无血缘供者 allo-HSCT 仅用于那些预后非常差的“高危”儿童 ALL 患者。在儿童 ALL 中，对于“高危”的定义在不同的时期不尽相同。最简单的预后判断标准是 NCI/Rome 标准：白细胞计数 $\geqslant 50\times10^9$/L 和年龄>10 岁的患者为高危组，白细胞计数$<50\times10^9$/L 和年龄处在 1～9.99 岁的患者为标危组。该标准在儿童 B 淋巴细胞系 ALL 中被广泛使用，但在 T 淋巴细胞系 ALL 中对于预后判断的效果欠佳。目前，白血病细胞的分子遗传学标志和对治疗的反应也被列入新的预后分组标准。Schultz 等提出了需要接受 allo-HSCT 的极高危患者的定义，包括：极低二倍体（少于 44 条染色体）、t（9；22）和（或）BCR-ABL 融合基因阳性及新生儿 ALL。

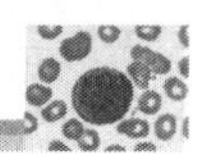

随着分子生物学研究的深入，对于儿童 ALL 患者的分层治疗技术得到了快速发展，儿童 ALL 患者接受移植治疗的指征也发生了相应的变化，同时移植疗效也有显著提高。CIBMTR 的一项研究显示，大于 18 个月的儿童 ALL 患者接受同胞供者和无血缘供者 allo-HSCT 的 OS 率和 DFS 率无明显差异，但接受无血缘供者移植患者的复发率低（Eapen 等，2006）。来自多个中心的报道显示，在 CR1 和 CR2 接受同胞/无血缘供者 allo-HSCT 的“高危”儿童 ALL 患者的 DFS 率为 40%～54%，其中无血缘供者已成为儿童 ALL 患者接受 allo-HSCT 的一个重要干细胞来源。

（四）无血缘供者造血干细胞移植治疗 MDS

MDS 是一种造血干细胞克隆性疾病。传统的 MDS 治疗以支持治疗为主，化疗 CR 率为 15%～64%，持续缓解时间较短。尽管新药的研发和应用，如去甲基化药物、免疫调节剂等药物，可以改善骨髓功能、减缓疾病的进程，但是同胞/无血缘供者 allo-HSCT 仍是“治愈”MDS 的唯一方法。然而，MDS 患者在诊断时多大于 50 岁，患者年龄偏高限制了 allo-HSCT 的应用，目前 MDS 患者的移植指征、移植时机及移植供者的选择等仍存在较多争议。

1. MDS 的移植现状 与急性白血病不同的是，迄今为止，在有关 MDS 治疗疗效的报道中缺乏大宗的临床试验比较药物和移植治疗的优劣。随着移植技术的逐步完善，MDS 的移植疗效不断提高。大量的临床研究资料显示，从 2000～2008 年，接受清髓性预处理 allo-HCT 治疗的 MDS 患者的 OS 率从 2 年的 25%上升至 4 年的 52%，DFS 率从 2 年的 16%上升至 4 年的 50%（Kindwall-Keller 等，2009）。EBMT 关于近几年 MDS 移植的研究数据显示，在去除患者年龄和疾病状态因素影响后，无血缘供者移植的疗效也已接近 HLA 相合同胞移植的水平（Kroger 等，2008）。

由于多数 MDS 患者在诊断时年龄偏大，标准的清髓性预处理会引起较高的移植相关死亡的发生，同时由于患者年龄较大，很难找到合适的同胞供者；因此，减剂量预处理和无血缘供者移植的应用，扩大了 MDS 移植治疗的指征。NMDP 最近的统计显示，MDS 患者接受无血缘供者移植的比例从 20 世纪 90 年代初的 9%增加至目前的 14%，移植后 2 年OS 率从 1978～1995 年的 27%上升至 2003～2006 年的 43%（Karanes 等，2008），无血缘供者移植在 MDS 治疗中的地位日益受到重视。

2. MDS 的移植指征 国内外研究组较多采用国际预后分型系统（International Prognostic Scoring System，IPSS）来决定 MDS 患者的移植时机：中危-Ⅱ组和高危组如有合适的供者，应尽早进行同胞/无血缘供者 allo-HSCT，以求获得较好的移植疗效；低危组可推迟移植的时间，待疾病进展再考虑进行移植；而中危-Ⅰ组是否进行移植还需要进一步的研究。需要说明的是，IPSS 不能包括影响 MDS 预后的所有危险因素，如 IPSS 不包括继发性 MDS、慢性粒-单核细胞白血病（CMML）伴白细胞增多，以及有前驱治疗史的 MDS 患者。按照 WHO 提出的 MDS 预后评估系统（WHO Prognostic Scoring System，WPSS），GITMO 研究组在最近的研究中报道，RA 患者 5 年的 OS 率为 80%，RA 伴多系增生低下的患者则为 57%，RAEB-1 为 51%，RAEB-2 为 28%，RAEB-t/AML 为 25%，同时输血依赖性被认为是影响生存的独立的预后不良因素（Alessandrino，2008）。一项最新的对新诊断 MDS 预后评估的研究显示，MDS 预后的不良因素有：患者一般情况差、高龄、血小板减少、贫血、骨髓原始细胞增多、白细胞增多、7号染色体异常或是有≥3种的染色体异常、有输血治疗史（Kantarjian 等，2008）。迄今为止，不同的评估体系均有一定的局限性，而 IPSS 中危-Ⅱ和高危组的患者不再是进行 allo-HSCT 治疗的唯一指征，早期移植的指征还应包括：继发性 MDS 或治疗相关 MDS；输血依赖且对肝细胞生长因子（HGF）、免疫调节药物（如来那度胺）、去甲基化药物（如氮杂胞苷、地西他滨）治疗无反应；严重粒细胞减少或血小板减少；单系或多系细胞减少伴多系的病态造血；具有预后不良核型的低危患者。

随着同胞/无血缘供者 allo-HSCT 在 MDS 治疗中的广泛应用，EBMT 和 CIBMTR 对移植预后的调查结果显示，年龄和合并症、移植前原始细胞数和细胞遗传学异常均是影响移植患者生存率的独立危险因素（Kroger 等，2008）。减低剂量预处理方案的广泛应用为老年及有合并症的 MDS 患者争取了移植机会，多个中心报道 MDS 患者接受减低剂量预处理的移植疗效与标准清髓性移植相当，目前 EBMT 已开始进行前瞻性随机对照临床试验以比较标准和减剂量预处理方案在 MDS 移植中的应用（www. ebmt. org）。需要强调的是，由于入选减剂量预处理组的移植患者多为 IPSS 评分较高的患者，在肿瘤负荷较大的情况下，减剂量预处理方案有可能引起较高的复发风险。移植前化疗被认为可以降低肿瘤负荷，减少移植后疾病的复发，但 MDS 患者在移植前是否要进行诱导化疗仍有一定的争议，大量的临床研究结果显示移植前化疗并不能改善移植后的 DFS。一个日本的研究组比较了 RAEB-t/AML 患者在诱导化疗后移植和不化疗直接移植的移植结果，两组患者的5年OS 率分别为54%和57%（Nakai 等，2005），诱导化疗导致的治疗相关死亡率的增高往往抵消了化疗对降低肿瘤负荷和复发的作用。由于多数 MDS 患者不适合进行化疗治疗，随着 MDS 药物治疗的进展，去甲基化药物（如5-氮杂胞苷、地西他滨等）的应用有助于改善患者的无病生存情况（Kantarjian 等，2007；Field 等，2006）。Field 等报道了 MDS 患者移植前接受5-氮杂胞苷治疗对移植预后影响的研究，结果显示移植前治疗组和未治疗组患者的1年 OS 率分别为64%和70%，而1年 DFS 率则分别为64%和51%（Field 等，2006）。因此，在高危 MDS 的移植治疗中，结合药物治疗以降低肿瘤负荷可能是一种提高疗效的重要的治疗方案，但移植前诱导化疗或是去甲基化药物治疗在改善移植疗效方面的作用仍有待进一步的多中心大宗临床试验的证实。

随着药物治疗和移植治疗的进展，使得更多的 MDS 患者获得了“治愈”的机会。由于目前 MDS 预后风险评估体系的局限性，因此有必要建立更完备和灵活的临床危险分层标准，进一步明确移植指征和移植方案，以有效地指导 MDS 的临床治疗。

（五）无血缘供者造血干细胞移植治疗 CML

在分子靶向治疗药物问世之前，allo-HSCT 曾是 CML 首选的一线治疗方案。伊马替尼作为一种酪氨酸激酶抑制剂，是最早用于临床 CML 治疗的分子靶向治疗药物，2006年《N Engl J Med》杂志发布的一项Ⅲ期随机对照临床试验（IRIS）结果显示伊马替尼用于初治慢性期 CML 的5年 OS 率和 EFS 率分别为89%和83%，70%的患者在随访5年后仍处于细胞遗传学缓解（Druker 等，2006），这一结果的发布使伊马替尼迅速成为慢性期 CML 的一线治疗方案，开创了 CML 的分子靶向治疗时代。尽管如此，目前 CML 治疗面临的一个重要问题是：酪氨酸激酶抑制剂需要长期用药，停药往往伴随着疾病的复发，也

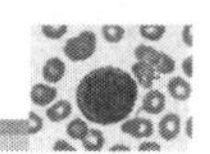

提示酪氨酸激酶抑制剂无法治愈CML；而allo-SCT作为目前已证实的可治愈CML的唯一有效方法，在CML的治疗中仍有重要的地位。

1. CML的移植现状 随着酪氨酸激酶抑制剂在CML治疗中的广泛应用，allo-HSCT治疗CML的例数呈现明显下降趋势。CIBMTR登记的CML移植例数从1998年的617例下降至2003年的223例，其中变化最大的是CML初次慢性期（CP1）患者的比例，由1998年的62%降至2003年的44%（Giralt等，2007）。EBMT登记的慢性期CML移植例数从1999年的1400例下降至2003年的800例（Gratwohl等，2007）。在NMDP登记的无血缘供者移植中，CML移植例数从1987～1995年的52%降至2003～2006年的10%（Karanes等，2008）。值得注意的是，对于加速期和急变期CML，移植的例数无明显减少，甚至其比例呈上升趋势（Gratwohl等，2007）。CML移植预后主要与疾病分期有关，NMDP最近的报道显示CML在疾病慢性期、加速期和急变期接受无血缘供者移植后的2年OS率分别为52%、31%和15%（Karanes，2008）。此外，从疾病诊断到移植的间隔时间、供受者年龄、预处理方案、移植物类型也是影响CML移植疗效的独立危险因素。

2. CML的移植适应证 在酪氨酸激酶抑制剂靶向治疗的时代，CML的治疗原则发生了相应的变化，监测CML治疗过程中对药物治疗的反应和疾病的进展，是选择有效治疗措施的关键。对于慢性期CML患者，伊马替尼是首选治疗方案。在伊马替尼治疗过程中必须定期检测血液学、细胞遗传学及分子生物反应，一旦出现治疗失败（如3个月时未达到血液学缓解，6个月时未达到任何细胞遗传学反应，12个月时未达到部分细胞遗传学缓解，18个月时未达到完全细胞遗传学缓解）或复发，需考虑进行第二代酪氨酸激酶抑制剂（如达沙替尼、尼罗替尼）或同胞/无血缘供者allo-HSCT治疗。对于加速期和急变期CML患者，伊马替尼的完全细胞遗传学缓解率则分别为21%和7%，第二代酪氨酸激酶抑制剂和allo-HSCT是进展期CML的主要治疗策略。但是进展期尤其是急变期的CML患者，即使获得治疗反应，其持续的中位时间仅为10个月左右。因此，同胞/无血缘供者allo-HSCT是进展期CML的首选治疗方案，而酪氨酸激酶抑制剂的应用为移植的顺利进行争取了时间。此外，在酪氨酸激酶抑制剂治疗过程中，出现原发/继发耐药、药物不耐受等情况时，同胞/无血缘供者allo-HSCT也是CML治疗的首选方案。

在CML的移植治疗中，疾病分期和从疾病诊断到移植的间隔时间是影响移植预后的主要因素。在缺乏HLA相合的同胞供者的情况下，能否迅速找到合适的无血缘供者、争取最佳的移植时机成为影响CML疗效的关键因素。基于上述原因，2009年NCCN发布的CML治疗指南对CML患者HLA配型的时间做了修正，将其提前至CML患者初次就诊时，使之在伊马替尼治疗失败或复发之前有充分的时间寻找到合适的供者。同时，进展期CML患者在移植前可先给予酪氨酸激酶抑制剂以期再次进入慢性期，这为患者争取移植时机、提高移植疗效起到了积极的作用。目前有临床研究提出，对于慢性期CML的患者，可以考虑进行酪氨酸激酶抑制剂联合减剂量预处理的同胞/无关供者allo-HSCT的治疗方案（Luo等，2009）。该临床方案提出的两个重要依据是：①酪氨酸激酶抑制剂的靶向治疗作用可有效地控制CML疾病的进展、降低移植前肿瘤负荷和移植后肿瘤的复发，进而提高移植的疗效；②减剂量预处理方案可以降低allo-HSCT移植相关并发症和死亡的发生，并可通过GVL效应清除肿瘤细胞，达到“治愈”的目的。在我们亚洲国家，CML发病的中位年龄为36～46岁，较西方国家显著偏低（如美国CML发病的中位年龄为65

岁），于是也有专家指出：对这一人群行 allo-HSCT 的安全性较好，费用相对较低，并可彻底治愈 CML。因此，在亚洲尤其是某些发展中国家，同胞/无关供者 allo-HSCT 仍有重要的地位。目前，allo-HSCT 联合酪氨酸激酶抑制剂治疗 CML 的疗效尚有待多中心临床试验进行进一步的评估。

（六）小结与展望

随着现代生物医学的发展，对于血液系统恶性疾病的危险分期和分层治疗的技术得到了长足的进步，从而大大改善了疾病的预后。无血缘供者 allo-HSCT 在血液系统恶性疾病治疗中的成功实施，拓宽了 allo-HSCT 供者的来源。随着全球供者库的建立和完善、HLA 配型技术的进步、移植并发症防治和支持治疗的进展，无血缘供者移植的数量有了快速的增长且临床疗效日益提高，目前已成为根治多种血液系统恶性疾病的主要治疗措施。针对不同的患者和疾病特征选择最佳的移植时机和移植方案以提高患者的长期无病生存率和生存质量，将是临床医生不懈追求的目标。

参考文献

Akatsuka Y et al. 2007. Minor histocompatibility antigens as targets for immunotherapy using allogeneic immune reactions. Cancer Sci，98：1139

Alessandrino EP et al. 2008. WHO classification and WPSS predict posttransplantation outcome in patients with myelodysplastic syndrome：a study from the Gruppo Italiano Trapianto di Midollo Osseo（GITMO）. Blood，112：895

Ball LM et al. 2008. Acute GvHD：pathogenesis and classification. Bone Marrow Transplant，41（Suppl 2）：S58

Bray RA et al. 2008. National marrow donor program HLA matching guidelines for unrelated adult donor hematopoietic cell transplants. Biol Blood Marrow Transplant，14：45

Chim CS et al. 2007. Long-term results of allogeneic bone marrow transplantation for 108 adult patients with acute lymphoblastic leukemia：favorable outcome with BMT at first remission and HLA-matched unrelated donor. Bone Marrow Transplantation，40（4）：339

Clift RA et al. 2004. Follow-up 26 years after treatment for acute myelogenous leukemia. N Engl J Med，351（23）：2456

Cooley S et al. 2009. Donors with group B KIR haplotypes improve relapse-free survival after unrelated hematopoietic cell transplantation for acute myelogenous leukemia. Blood，113（3）：726

Cornelissen JJ et al. 2001. Unrelated marrow transplantation for adult patients with poor-risk acute lymphoblastic leukemia：strong graft-versus-leukemia effect and risk factors determining outcome. Blood，97（6）：1572

Cornelissen JJ et al. 2007. Results of a HOVON/SAKK donor versus no-donor analysis of myeloablative HLA-identical sibling stem cell transplantation in first remission acute myeloid leukemia in young and middle-aged adults：benefits for whom? Blood，109（9）：3658

De Labarthe A et al. 2007. Imatinib combined with induction or consolidation chemotherapy in patients with de novo Philadelphia chromosome-positive acute lymphoblastic leukemia：results of the GRAAPH-2003 study. Blood，109（4）：1408

Den Haan JM et al. 1998. The minor histocompatibility antigen HA-1：a diallelic gene with a single amino

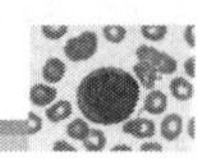

acid polymorphism. Science, 279 (5353): 1054

Dickinson AM et al. 2008. Polymorphisms of cytokine and innate immunity genes and GVHD. Best Practice & Research, 21: 149

Druker BJ et al. 2006. Five-year follow-up of patients receiving imatinib for chronic myeloid leukemia. N Engl J Med, 355: 2408

Eapen M et al. 2006. Comparable long-term survival after unrelated and HLA-matched sibling donor hematopoietic stem cell transplantations for acute leukemia in children younger than 18 months. J Clin Oncol, 24: 145

Farag SS et al. 2006. The effect of KIR ligand incompatibility on the outcome of unrelated donor transplantation: a report from the center for international blood and marrow transplant research, the European blood and marrow transplant registry, and the Dutch registry. Biol Blood Marrow Transplant, 12: 876

Field T et al. 2006. Pre-transplant 5-azacitidine (Vidaza (R)) may improve outcome of allogeneic hematopoietic cell transplantation (HCT) in patients with myelodysplastic syndrome (MDS). 48th Annual Meeting of the American-Society-of-Hematology. Orlando FL Amer Soc Hematology, 3664

Gagne K et al. 2002. Relevance of KIR gene polymorphisms in bone marrow transplantation outcome. Hum Immunol, 63: 271

Giebel S et al. 2003. Survival advantage with KIR ligand incompatibility in hematopoietic stem cell transplantation from unrelated donors. Blood, 102: 814

Giralt SA et al. 2007. Impact of imatinib therapy on the use of allogeneic haematopoietic progenitor cell transplantation for the treatment of chronic myeloid leukaemia. Br J Haematol, 137: 461

Goldstone AH et al. 2008. In adults with standard-risk acute lymphoblastic leukemia, the greatest benefit is achieved from a matched sibling allogeneic transplantation in first complete remission, and an autologous transplantation is less effective than conventional consolidation/ maintenance chemotherapy in all patients: final results of the international ALL trial (MRC UKALL XII/ECOG E2993). Blood, 111: 1827

Gratwohl A et al. 2007. Results of the EBMT activity survey 2005 on haematopoietic stem cell transplantation: focus on increasing use of unrelated donors. Bone Marrow Transplant, 39: 71

Hahn T et al. 2006. The role of cytotoxic therapy with hematopoietic stem cell transplantation in the therapy of acute lymphoblastic leukemia in adults: an evidence-based review. Biol Blood Marrow Transplant, 12: 1

Hegenbart U et al. 2006. Treatment for acute myelogenous leukemia by low-dose, total-body, irradiation-based conditioning and hematopoietic cell transplantation from related and unrelated donors. J Clin Oncol, 24: 444

Holler E et al. 2006. Prognostic significance of NOD2/CARD15 variants in HLA-identical sibling hematopoietic stem cell transplantation: effect on long-term outcome is confirmed in 2 independent cohorts and may be modulated by the type of gastrointestinal decontamination. Blood, 107: 4189

Holler E et al. 2008. The role of genetic variants of NOD2/CARD15, a receptor of the innate immune system, in GVHD and complications following related and unrelated donor haematopoietic stem cell transplantation. Int J Immunogenet, 35: 381

Kantarjian H et al. 2008. Proposal for a new risk model in myelodysplastic syndrome that accounts for events not considered in the original international prognostic scoring system. Cancer, 113: 1351

Kantarjian HM et al. 2007. Survival advantage with decitabine versus intensive chemotherapy in patients with higher risk myelodysplastic syndrome: comparison with historical experience. Cancer, 109: 1133

Karanes C et al. 2008. Twenty years of unrelated donor hematopoietic cell transplantation for adult recipients facilitated by the national marrow donor program. Biol Blood Marrow Transplant, 14: 8

Kawase T et al. 2007. High-risk HLA allele mismatch combinations responsible for severe acute graft-versus-host disease and implication for its molecular mechanism. Blood, 110 (7): 2235

Kiehl MG et al. 2004. Outcome of allogeneic hematopoietic stem-cell transplantation in adult patients with acute lymphoblastic leukemia: no difference in related compared with unrelated transplant in first complete remission. J Clin Oncol, 22: 2816

Kindwall-Keller T et al. 2009. The evolution of hematopoietic SCT in myelodysplastic syndrome. Bone Marrow Transplant, 43: 597

Kloosterboer FM et al. 2004. Direct cloning of leukemia-reactive T cells from patients treated with donor lymphocyte infusion shows a relative dominance of hematopoiesis-restricted minor histocompatibility antigen HA-1 and HA-2 specific T cells. Leukemia, 18: 798

Krauter J et al. 2005. Role of consolidation therapy in the treatment of patients up to 60 years with high risk AML. 47th Annual Meeting of the American-Society-of-Hematology. Atlanta GA Amer Soc Hematology, 172

Kroger N et al. 2006. Low number of donor activating killer immunoglobulin-like receptors (KIR) genes but not KIR-ligand mismatch prevents relapse and improves disease-free survival in leukemia patients after in vivo T-cell depleted unrelated stem cell transplantation. Transplantation, 82: 1024

Kroger N. 2008. Epigenetic modulation and other options to improve outcome of stem cell transplantation in MDS. Hematology Am Soc, Hematol Educ Program, 60

Lee S et al. 2005. The effect of first-line imatinib interim therapy on the outcome of allogeneic stem cell transplantation in adults with newly diagnosed Philadelphia chromosome-positive acute lymphoblastic leukemia. Blood, 105: 3449

Lee SJ et al. 2007. High-resolution donor-recipient HLA matching contributes to the success of unrelated donor marrow transplantation. Blood, 110: 4576

Luo Y et al. 2009. Reduced-intensity allogeneic transplantation combined with imatinib mesylate for chronic myeloid leukemia in first chronic phase. Leukemia, 23: 1171

Malmberg KJ et al. 2005. KIR-ligand mismatch in allogeneic hematopoietic stem cell transplantation. Mol Immunol, 42: 531

Marijt WA et al. 2003. Hematopoiesis-restricted minor histocompatibility antigens HA-1-or HA-2-specific T cells can induce complete remissions of relapsed leukemia. Proc Natl A Sci USA, 100: 2742

McQueen KL et al. 2007. Donor-recipient combinations of group A and B KIR haplotypes and HLA class I ligand affect the outcome of HLA-matched, sibling donor hematopoietic cell transplantation. Hum Immunol, 68: 309

Miller JS et al. 2007. Missing KIR ligands are associated with less relapse and increased graft-versus-host disease (GVHD) following unrelated donor allogeneic HCT. Blood, 109: 5058

Mutis T et al. 1999. Feasibility of immunotherapy of relapsed leukemia with ex vivo-generated cytotoxic T lymphocytes specific for hematopoietic system-restricted minor histocompatibility antigens. Blood, 93: 2336

Mutis T. 2003. Targeting alloreactive donor T-cells to hematopoietic system-restricted minor histocompatibility antigens to dissect graft-versus-leukemia effects from graft-versus-host disease after allogeneic stem cell transplantation. Int J Hematol, 78: 208

Nakai K et al. 2005. Value of chemotherapy before allogeneic hematopoietic stem cell transplantation from

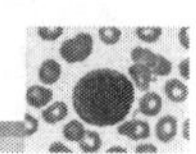

an HLA-identical sibling donor for myelodysplastic syndrome. Leukemia, 19: 396

Petersdorf EW et al. 2004. Limits of HLA mismatching in unrelated hematopoietic cell transplantation. Blood, 104: 2976

Ruggeri L et al. 2002. Effectiveness of donor natural killer cell alloreactivity in mismatched hematopoietic transplants. Science, 295: 2097

Schaffer M et al. 2004. Increased infection-related mortality in KIR-ligand-mismatched unrelated allogeneic hematopoietic stem-cell transplantation. Transplantation, 78: 1081

Shaw BE et al. 2007. The importance of HLA-DPB1 in unrelated donor hematopoietic cell transplantation. Blood, 110: 4560

Thomas ED et al. 1979. Marrow transplantation for acute nonlymphoblastic leukemia in first remission. N Engl J Med, 301: 597

Voogt PJ et al. 1990. Rejection of bone-marrow graft by recipient-derived cytotoxic T lymphocytes against minor histocompatibility antigens. Lancet, 335: 131

Wu T et al. 2008. Blood and marrow transplantation in the People's Republic of China. Bone Marrow Transplant, 42 (Suppl 1): S73

Yanada M et al. 2005. Efficacy of allogeneic hematopoietic stem cell transplantation depends on cytogenetic risk for acute myeloid leukemia in first disease remission: a metaanalysis. Cancer, 103: 1652

第十九章　亲缘间 HLA 半相同造血干细胞移植

陆道培

HLA 系统是人类的主要组织相容系统（MHC），亦是人类 HSCT 对供者最重要的要求。过去只有 HLA 相合者才能做供者，这在同胞中只有 1/4 的机会，而父母与子女间几乎是不可能的。造血干细胞志愿者登记组（或称“骨髓库”）的建立已经使得没有同胞 HLA 相合的患者大有机会在志愿者骨髓库或脐带血造血干细胞库中找到 HLA 相合供者，但是这种机会在中国或发达国家中只有约 1/4。从美国国家骨髓库（NMDP）中找到 HLA 8/8 相同无血缘关系供者的概率在白种人、西班牙人、亚洲人与美国黑种人中分别为 51%、30%、20%和 17%。然若进行亲缘 HLA 半相同的 HSCT 则几乎所有的，至少 95%的患者都能找到供者。目前半相同 HSCT 的定义尚有不完全一致之处，但是在 MHC/HLA 系统之外，显然其他遗传因素包括次要组织相容系统亦起了重要作用，所以目前半相同 HSCT 的概念还只限于有血缘关系的供受者之间。

一、半相同 HSCT 的优缺点

本治疗的优点不但能解决造血干细胞供者来源的困难，与造血干细胞志愿者登记组相比较，它可以较短时期内采集到供者的造血干细胞，使患者可以得到比较及时的 HSCT 治疗而不至于因等待志愿者的造血干细胞而贻误移植时间。笔者还曾遇到志愿者临时变更意愿而反悔隐逃者，所幸及时找到患者生父做供者，患者的急性 T 淋巴细胞白血病已经 4 年多未复发。半相同 HSCT 的缺点是合并症比较多，特别是由于免疫抑制剂在移植前后应用较强，常常在预处理方案中加 ATG，因而使患者在移植后较长时期 T 淋巴细胞功能不易恢复，导致病毒感染等合并症及其他感染增多。当然，对半相同 HSCT 临床技术要求亦比一般异基因 HSCT 高很多。本章中所指的急性白血病不包括急性早幼粒细胞白血病（APL），因为该病已可以用药物治愈，若须用 HSCT 亦只是例外。

二、半相同 HSCT 的适应证

本章中所指半相同 HSCT 中的适应证应注意以下原则：有 HLA 相同的其他造血干细胞来源者，包括有血缘或无血缘关系的造血干细胞来源的情况下不宜选择半相同 HSCT。迄 2000 年前，即使在遗传背景比较相近的岛国日本，半相同移植还是风险极大的选择（Kanda 等，2003）。

虽然 HLA 相同与亲缘半相同 HSCT 的患者生存期相差不大，但是由于病毒感染等合并症较多，因此需要严格掌握适应证。很重要的是：适应证的掌握要根据很多具体条件进行综合分析，包括病种病期、遗传背景、经费情况、供受者的合并症等。儿童的 CML 容易急性

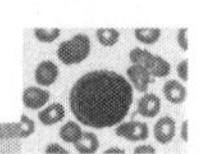

变，所以对儿童患者宜在发病一年内就进行 HSCT，这种情况下半相同 HSCT 亦为适应证。

如果患者是 CR2 AML 或 ALL 患者，或综合预后因素不良的白血病患者，则如无禁忌证，无疑可以接受半相同 HSCT。由于影响患者的主要预后因素是其疾病的分期，所以对血液学完全缓解后微小残留病（MRD）持续阳性的急性白血病病例亦是半相同 HSCT 的适应证。因为 MDS 对化疗不敏感，MDS 转成急性白血病期者更是绝对适应证，应及时进行半相同 HSCT。

影响半相同 HSCT 疗效最重要的因素之一是患者病期太晚。因为较早期移植时体内白血病细胞数量（即负荷）较少；耐药细胞的数量亦少；患者体质往往亦较好，可以耐受较大剂量的放、化疗；病毒与真菌感染的机会亦比较少。德奥协作组（Klingebiel 等，2005）报告儿童 ALL 半相同移植认为：①凡耐药的未达 CR 患者、Ph^+ 患者或 MRD 持续阳性；②凡CR2 或早期复发者；③所有 CR3 者都属半相同 HSCT 的适应证。报告采用 CliniMacs 浓集较大量 $CD34^+$ 细胞的方法。

T 淋巴细胞淋巴瘤、复发、耐药、单纯药物/放疗不能控制病情的其他淋巴瘤、重症地中海贫血、脐带血移植失败后的挽救性移植、重症联合免疫缺陷症（SCID）、重症再生障碍性贫血和遗传性噬血细胞综合征（HLH），亦为半相同 HSCT 的适应证。

三、移植供者的选择

1. 半相同 HSCT 供者的选择对预后有重要影响 北京市道培医院首次在国际上报告供者的性别为重要的影响因素，其结果为无论病期如何，统计 440 例血液肿瘤患者接受半相同 HSCT 移植的结果显示，供受者性别相同的 HSCT 预后明显优于性别不同者，$P<0.001$。此结果分别已由作者与吴彤（Wu 等，2010）在 2010 年 10 月举行的第 15 届亚太骨髓移植（APBMT）年会与第 52 届美国血液学（ASH）年会报告（图 19-1）。在此之前，van Rood 等（2002）曾将 IBMTR 多中心多年 HLA 配型不同 HSCT 的病例做分析，结论是选择含母亲的 HLA 单倍型抗原（NIMA）不相同供者的移植结果优于选择含父亲单倍型抗原（NIPA）不相同的供者。Ichinohe 等（2004）报告 34 例可供分析的半相同移植，虽然符合 van Rood 报告，但男性供者太少，似无法对性别因素做分析。笔者等北京市道培医院的材料相比较与当时 van Rood 的 IBMTR 资料的分析结果，仅为单中心、较短时期内且含 HLA 完全半相同的病例，其结果比较 IBMTR 等当时资料更为可靠。

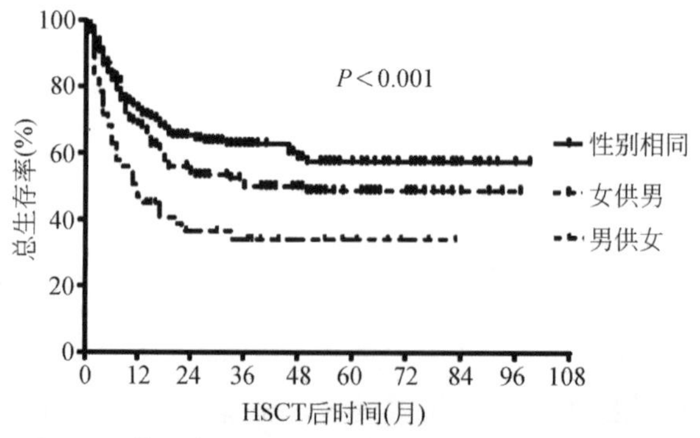

图 19-1 供受者性别对半相同 HSCT 总生存率的影响

虽然，总体上看父供女差于母供女，而个别的病例则采用 HLA 半相同的父亲做供者的移植后又多次输注父亲半相同 PBSC 也毫无 GVHD 反应，随后行其母亲的再次半相同 HSCT 则引起严重 aGVHD。说明要彻底阐明相关的医学学术问题除本章后述内容外，还有待更全面、深入的相关基因学研究。

2. 杀伤细胞免疫球蛋白样受体（KIR）基因型对移植效果的影响　Ruggeri 等（2002）首次报道了 HLA 半相同移植中供者抑制性 KIR-配体不相合可以显著改善移植预后，对接受 HLA 半相同供者 HSCT 的 AML 研究显示，当供者 KIR 与受者 MHC-Ⅰ类分子不相合时，GVHD 的发生降低，移植后 5 年无复发生存明显延长。当存在 GVH 方向的 KIR 不相合时，NK 细胞通过杀伤受者（宿主）体内的抗原提呈细胞（APC），阻断了 APC 向供者 T 淋巴细胞提呈抗原，从而阻止了 GVHD 的发生。同时，NK 细胞的 GVL 效应可选择性杀伤肿瘤细胞。这种 GVL 效应，是由于肿瘤细胞表面 MHC-Ⅰ类分子的表达下调或缺失，NK 细胞因 KIR 不能识别相应的配体而杀伤靶细胞。Stringaris 等（2010）对 246 例同胞相合去除 T 淋巴细胞 HSCT 的 KIR 基因型进行分析，评估影响移植效果（治疗相关死亡率、白血病复发、生存）的遗传学因素。多因素分析表明，影响预后的因素包括 $CD34^+$ 细胞量，患者年龄、疾病状态，供者 B 单倍型的 KIR 基因（2DL5A、2DS1、3DS1）在 AML 中的复发率显著降低（13% *vs* 57%）。Cooley 等（2009）对患有 AML 的 209 例相合和 239 例去除 T 淋巴细胞不相合 HSCT 的供者进行分析。基因型为 KIR B/x 供者的 3 年总生存率较其他基因型有显著优势（31% *vs* 20%；$P=0.007$），多因素分析表明，供者基因型为 B/x 的无复发生存较基因型为 A/A 有显著优势（RR：0.70；$P=.002$）。我国亦有若干关于 KIR 与 HSCT 预后的报告，结果有若干不同之处，KIR 对我国选择半相同移植最合适的供者尚须更多的资料分析。

3. 供者特异性抗 HLA 抗体对移植效果的影响　供者特异性抗 HLA 抗体（DSA）与植入失败（移植物排斥）密切相关。Ciurea 等（2010）对 28 例连续半相同的移植进行分析，5 例（21%）患者检测到供者特异性抗- HLA 抗体，有 3 例有供者特异性抗- HLA 抗体的患者发生植入失败，没有 DSA 抗体的患者只有 1 例发生植入失败（$P=0.008$），植入失败的患者进行了二次移植，其中 1 例持续 DSA 高水平的患者再次出现了植入失败。

四、半相同 HSCT 方案（清髓或非清髓）的选择

半相同 HSCT 可以用清髓方案，亦可用非清髓预处理方案。

1. 清髓预处理方案　大多数移植中心半相同移植的清髓方案包含全身放疗（TBI）、白消安（BU）、环磷酰胺（Cy），阿糖胞苷（Ara-C）、氟达拉滨（Flu）、塞替派（thiotepa，TT）和抗胸腺细胞球蛋白（ATG）等的不同组合。由于半相同移植 GVHD 发生率高，移植相关死亡率高，为了减轻 GVHD，一些研究采用体外去除 T 淋巴细胞（TCD）法，但植入失败率增加。20 世纪 90 年代末期，我国空军总医院纪树荃等（Ji 等，2002）首先尝试不经体外 TCD 的半相同移植，预处理方案采用 TBI＋Cy＋Ara-C＋ATG，2 年 DFS 达 60%。后笔者在此基础上建立并完善了 GIAC 方案（BU＋Cy＋Ara-C＋MECCNU＋ATG，详见文后述），用该方案在北京大学人民医院及北京市道培医院完成的半相同移植，取得了国际上最佳的无病生存率和总生存率（Lu 等，2006）。

常用清髓预处理方案及疗效见表 19-1（Dey 等，2006）。

表 19-1 半相同移植清髓预处理方案及疗效

单位/中心	疾病	病例（n）	预处理方案	GVHD 的预防	生存率（时间）	参考文献
英国马斯登医院	AML/ALL	35	TBI/Cy 或 TBI/MEL	CsA±MTX	OS 率：31%（6 个月～3 年）	Powles 等，1983
北京空军总医院	白血病	15	TBI/Cy/Ara-C/ATG	CsA/MTX/MMF	DFS 率：60%（2 年）	Ji 等，2002
德国 Teubingen 大学儿童医院	HM，NMD	63	TBI 或 BU＋Cy/TT 或＋Cy/FLU	TCD	DFS 率：（3 年） 60%（NMD） 48%（CR 期 ALL，NHL）	Lang 等，2004
南卡罗来纳大学	AML/ALL	201	TBI/VP-16/Cy/Ara-C/ATG，CSA	部分 TCD，类固醇，ATG/MP	OS 率：19%（5 年）	Mehat 等，2004
美国埃默里大学	HM	28	ATG 为基础	TCD	OS 率：7%	Waller 等，2004
加拿大多中心	AML	11	MEL/TT/Flu/ATG	TCD PBSC	OS 率：9%（9⁺月）	Walker 等，2004
意大利 Perugia 大学	AML/ALL	104	TBL/Cy/TT/ATG	完全 TCD	EFS 率：（22 月） CR AML：48% CR ALL：46%	Aversa 等，2005
朝鲜首尔天主教大学	AML	11	TBI 或 MEL/BU/ATG/Flu	TCD	OS 率：36%（6 月）	Kim 等，2005
北京大学人民医院 & 北京市道培医院	白血病，MDS	135	BU/Cy/Ara-C/Me-CCNU/ATG	CsA/MTX/MMF	DFS 率：64% OS 率：71%（2 年）	Lu 等，2006
英国马斯登儿童医院	白血病	34	TBI/Cy 部分 Campath-1H/ATG	TCD/CsA	OS 率：26%（2 年）	Marks 等，2006
波士顿儿童医院	白血病，NHL，NMD	24	TBI/Cy/Ara-C	CTLA4-Ig CsA＋MTX	DFS 率：8/24（7 年）	Davies JK 等，2008
北京市道培医院	白血病，MDS	440	BU/Cy/Ara-C/Me-CCNU/ATG	CsA/MTX/MMF	OS 率：52.9%（5 年）	Wu 等，2010

注：AML. 急性髓性白血病；ALL. 急性淋巴细胞白血病；HM. 血液系统恶性肿瘤；NHL. 非霍奇金淋巴瘤；MDS. 骨髓增生异常综合征；NMD. 非恶性疾病；GVHD. 移植物抗宿主病；EFS. 无事件生存；DFS. 无病生存；OS. 总生存；TBI. 全身照射；Cy. 环磷酰胺；CsA. 环孢素；MTX. 甲氨蝶呤；MMF. 霉酚酸酯；VP-16. 依托泊苷；ATG. 抗胸腺细胞球蛋白；Ara-C. 阿糖胞苷；Me-CCNU. 甲基 CCNU. TCD. 去除 T 细胞；MP. 甲泼尼龙；MEL. 美法仑；TT. 塞替派；Flu. 氟达拉滨；BU. 白消安；PBSC. 外周血造血干细胞；SCT. 干细胞移植；NS. 未说明。

2. 非清髓预处理方案　由于清髓预处理方案不适合年龄偏大、既往化疗较多及合并症较多的患者，近年一些研究采用非清髓方案或减低强度预处理（RIC）方案，其理论基础与经验是：血液中嵌合体的存在可以减轻 GVHD，又因为预处理方案中的免疫抑制较低而可以使病毒感染等合并症较清髓者少，这两点对半相同移植是很重要的。缺点是：患者不能在预处理期接受大量化、放疗，使本是恶性度高的患者容易复发，患者由于因放、化疗的免疫抑制程度较轻，使得移植物容易被排斥。但是，这种减低强度预处理方案显然对年龄超过 65 岁或有其他内脏合并症的患者有利。

美国杜克大学 Rizzieri 等（2007）报告 49 例血液系统恶性疾病和骨髓衰竭的患者，预处理方案包括 Flu、Cy、阿仑单抗，GVHD 预防为骁悉±环孢素（CsA）。Ⅱ～Ⅳ度及Ⅲ～Ⅳ度 aGVHD 的发生率分别为 16%和 8%，治疗相关死亡率为 10.2%，原发和继发植入失败发生率分别为 6%和 8%，1 年生存率为 31%，但是标危患者（再生障碍性贫血或者移植时处于缓解状态的恶性疾病）1 年生存率为 63%。

Aversa 等（2005）报告 67 例 AML 患者，其中 19 例第一次完全缓解（CR1），14 例第二次完全缓解（CR2），9 例 2 次以上的完全缓解，25 例复发患者，37 例 ALL（14 例 CR1，8 例 CR2，2 例 CR>2 次，13 例复发），预处理方案为 TBI、TT、Flu 和 ATG，移植物为应用 G-CSF 动员后的外周血干细胞，选择 $CD34^+$ 细胞，并去除 T 淋巴细胞。没有 GVHD 预防。101 名可评价的患者中 94 名成功植入，7 名原发排斥的患者二次移植后 6 名成功植入，aGVHD 的发生率为 8%，cGVHD 的发生率为 7%，38 例患者死于白血病复发以外的原因。移植前 CR 患者的复发率为 14%，移植前复发患者的复发率 45%。40 例无事件存活的患者随访的中位时间为 22 个月（1～65 个月），CR 期移植的 42 例 AML 和 24 例 ALL 患者 EFS 率分别为 48%和 46%。

日本 Osaka 大学 Ogawa 等（2006）报告了 26 例高危血液肿瘤患者进行 RIC 半相同移植结果，预处理方案包括 ATG、Flu、BU，GVHD 预防采用他克莫司和甲泼尼龙，1 例发生排斥，Ⅱ～Ⅳ度 aGVHD 发生率只有 19%，4 例（15%）死于治疗相关的并发症，6 例（23%）死于原发病进展，16 例（62%）无病存活。

最近韩国 Lee 等（2011）报告了 83 例 RIC 的半相同移植，原发病包括 69 例急性白血病和 15 例骨髓增生异常综合征，预处理方案为 BU+Flu+ATG。GVHD 预防采用 CSA+甲泼尼龙，Ⅱ～Ⅳ度 aGVHD、cGVHD 及移植相关死亡率分别为 20%、34%和 18%，中位随访时间 26.6 个月，EFS 率和 OS 率分别为 56% 和 45%。

美国 Fred Hutchinson 癌症研究中心采用 Cy+Flu+2Gy TBI 的非清髓预处理方案，移植后 GVHD 预防采用大剂量 Cy（50mg/kg，+3d，+4d），MMF（+5d～+35d）和他克莫司（+5d～+180d），210 名急性白血病患者 87%稳定植入，Ⅱ～Ⅳ度 aGVHD 发生率为 27%，Ⅲ～Ⅳ度aGVHD 发生率为 5%，cGVHD 发生率为 15%，累计复发率和非复发死亡率分别为 55% 和 18%，3 年 OS 率和 EFS 率分别为 41% 和 32%（Munchel 等，2011）。

常用半相同移植的非清髓或减低强度预处理方案见表 19-2。

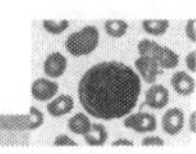

表 19-2 半相同移植减低强度预处理方案

药物	参考文献
Flu30mg/m² （－5d～－2d）；alumtuzamab 20mg/d （－4d～0d）；Cy 500mg/m² （－5d～－2d）	Rizzieri 等，2007
单次 TBI 8Gy （－9d）；塞替派 5mg/kg （－8d，－7d）；氟达拉滨 40mg/m² （－6d～－2d）；兔 ATG 5mg/ (kg·d) （－5d～－1d）	Aversa 等，2005
Flu 140mg/m²；MEL140mg/m²；OKT3 5mg/kg （－5d～14d）	Bethge 等，2008
Flu40mg/m² （－6d～－4d）；TT 5mg/kg （－6d）；TLI 7Gy （－1d）；ATG （0.5～2mg/kg，－6d～－4d）；OKT3 0.1mg/kg （－3d～14d）	Handgretinger 等，2007
Flu30mg/m² （－10d～－5d）；口服 BU 4mg/kg （－6d，－5d）；ATG 2mg/kg，－4d～－1d）	Ogawa 等，2010
Flu30mg/m² （－8d～－3d）；BU 4mg/kg （－6d～－3d）；alumtuzamab 0.2mg/kg （－8d～－3d） ±TBI	Kanda 等，2003
Flu30mg/m² （－7d～－2d）；BU3.2mg/kg （－7d～－6d）；ATG 3mg/kg （－4d～－1d）	Lee 等，2011
Flu30mg/m² （－6d～－2d）；Cy 14.5mg/kg （－6d～－5d）；TBI 200 （－1d）；Cy 50mg/kg＋3d，＋4d	Munchel 等，2011

注：Flu. 氟达拉滨；TBI. 全身照射；TT. 塞替派；BU. 白消安；Cy. 环磷酰胺；ATG. 抗胸腺细胞免疫球蛋白；alumtuzamab. 阿仑单抗；TLI. 全淋巴照射。

五、体外的 T 淋巴细胞清除技术

由于 T 淋巴细胞是引起 GVHD 的最重要因素，所以多年前就开始了体内外清除 T 淋巴细胞的各种尝试，方法包括以下几种：①应用吸附法等去除 T 淋巴细胞，基本上是免疫吸附，包括费时又麻烦的花生凝集素加羊红细胞吸附法；②杀灭 T 淋巴细胞方法，包括免疫毒素（联结毒素的抗 T 淋巴细胞抗体），由于毒素的副作用，现已基本不用；③$CD34^+$细胞的正或负吸附浓集法，特别是 Macs 方法的临床应用，但由于价格较高，临床结果又不易掌握，何况造血干细胞包括 $CD34^+$ 与 $CD34^-$ 细胞，所以在国内应用并不多；④Bacigalupo 等曾提出将体外抗 T 淋巴细胞球蛋白（ATG）加入移植物中，但由于未见其具体文字报告，ATG 又有杀造血干细胞作用，所以尚须具体的报告。

六、移植物中造血细胞数量的影响

HSCT 的移植物中造血干细胞数量对是否能重建造血与免疫系统有重要影响已是众所周知的。移植物中的白细胞少于一定数量就不能持续植活。但是在半相同 HSCT 情况下对植活后长期预后的影响，对临床 GVHD 与排斥的影响如何？特别是是否能用大量的干细胞克服 GVHD，以色列 Reisner 的小鼠模型所得的结果能否应验于临床？北京市道培医院根据大系列半相同 HSCT 的临床分析，说明输注的 $CD34^+$ 细胞数对患者的长期生存率有较为明显的影响，$P<0.0001$（Wu 等，2010）。虽然造血干细胞中只有一小群是 $CD34^+$ 细胞，但是 $CD34^+$ 细胞数却是反映造血干细胞数最快捷、方便的指标。

七、GIAC 与 GIAC3 综合方案的诞生

GIAC/GIAC3 由 4 或 5 个重要内容组成，此方案首先由笔者等所报告（陆道培，2003），详见表 19-3。其诞生促进了半相同 HSCT 的开展并使之处于国际领先地位。

表 19-3　GIAC3 综合预处理方案

G：G-CSF 动员剂的应用
I：预处理方案中免疫抑制剂较长时间的强化应用
A：ATG 的应用
C：同时输注骨髓与外周血干细胞
3：第三方细胞（3rd party cell）的应用

GIAC 方案中的“G”代表供者应用 G-CSF。早在 1999 年 Handgretinger 等就报告在半相同移植中应用 G-CSF 取得初步成绩。纪树荃等报告（2001）在半相同移植中应用 G-CSF 动员造血干细胞，并指出 G-CSF 不仅可以动员更多的造血干细胞，而且可以减少 GVHD。这首先由纽约 Mount Sinai 医院以 Frachtman 为领导的 Isola 等（1997）等所报告，以后又为 Morton 等（2001）所证实。G-CSF 对供者 T 淋巴细胞的下调作用也被多次报告。纪树荃等的研究团队还证实应用 G-CSF 可以增加采集的骨髓血中 $CD34^+$ 细胞、CFU-GM 及 CFU-MK 的数量。夏长青与笔者的工作显示，在应用 G-CSF 和 GM-CSF 时可使大单核细胞增加，有利于免疫耐受（夏长青等，1999）。

“I”代表在预处理方案中加强受者的免疫抑制，众所周知，在异基因 HSCT 中要抑制受者的免疫功能，然而笔者（2002、2003）首先提出在半相同 HSCT 的预处理中应给予加强及延长的免疫抑制，这一设想受到 SCID 患儿能较好地耐受半相同移植的启发（DuPont 等，1976）。我们的做法是：①将预处理延长至 10 天或以上；②除了 ATG 以外，在整个预处理中使用 CsA 和骁悉；③对难治/复发白血病的 HSCT 延长预处理方案的化疗期，甚至用到几乎 2 个疗程的化疗可以使肿瘤细胞受到更大的毁灭性的打击，而且亦可达到延长与加强预处理免疫抑制的效果，其具体方法之一是在 BU/Cy+Me-CC NU 方案前加上 Ara-C。在传统的 BU/Cy 预处理方案中加入 Ara-C，不仅可减少肿瘤负荷从而减少复发的机会（Mineishi 等，1999），而且有利于抗 CMV 感染，而后者是引起移植后间质性肺炎的主要原因之一。尽管在预处理中应用 Ara-C 并不是创新，但它在预处理中能起到抗肿瘤及抗 CMV 双重作用的理念是由笔者首先提出的。德国协作组（Schmid 等，2006）及道培医院（王静波等，2010）均已报告采用先联合化疗降低肿瘤负荷然后随以减低强度的预处理并获得成功。

“A”代表 ATG 的体内应用。笔者应用 ATG 滴注于受者，并指导研究生测定受者体内的浓度，结果显示，虽然在 2 周内血浆中 ATG 浓度减低较快，但是血浆中的残留浓度可长达数月（见图 19-2），而且应用 ATG 患者（受者）的 T 淋巴细胞与 NK 细胞较未用 ATG 者受抑制时期明显延长（张晓辉等，2007）。

“C”代表联合采集与输注供者骨髓与外周单个核细胞。目的是采集到更多的造血干细胞，同时能采集到对免疫调控起抑制作用的细胞（陆道培，2003）。笔者建立了 GIAC 方案的代表性方案，详见图 19-3。

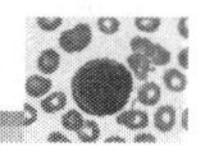

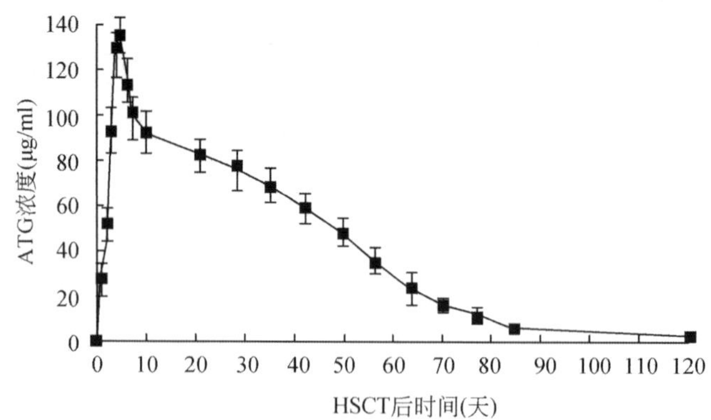

图 19-2 半相同移植受者体内 ATG 的血药浓度-时间曲线

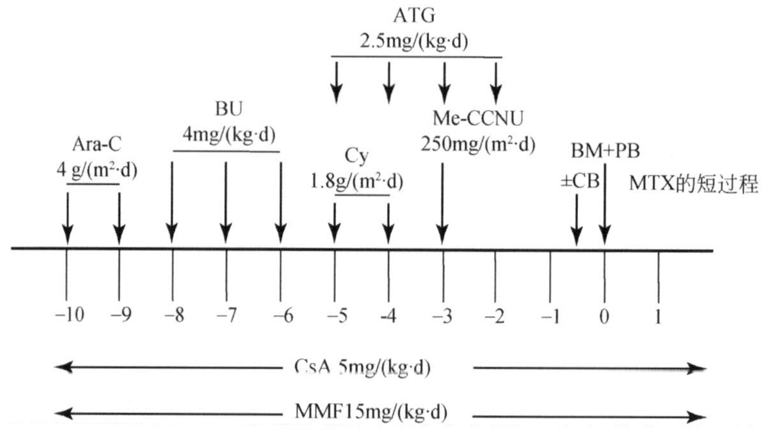

图 19-3 GIAC 或 GIAC3 预处理方案示意图

根据患者的具体情况对 GIAC 方案中的药物与是否应用全身放射还可做适当调整。如前所述，对复发倾向较高的患者可以加长预处理期，例如对 AML 复发患者可先应用一种类似 FLAG 方案的药物（见 AML 化疗章），根据患者情况略经休息后再应用患者可耐受的预处理方案。对患者有髓外复发倾向者可在标准的预处理方案中加用塞替派（thiotepa，TT）或依托泊苷（etoposide，VP-16）或替尼泊苷（teniposide，VM-26）。

GIAC 3 即为笔者以前提出的 GIAC-C' 的改进综合方案。C' 指脐带血（cord blood）。实际上笔者首先应用第三方细胞以减轻 GVHD，优化 HLA 配型不相同的 HSCT 的结果（1995），第三方细胞有明显减低配型不合的 HSCT 的 aGVHD 与 cGVHD 作用早在 1995 年已多次在国际会议上报告。笔者最早使用胎肝细胞，后因来源的缺乏，改用脐带血单个核细胞（其中含造血干细胞）代替胎肝细胞取得一定的效果。半相同 HSCT 后 100 天内的移植相关死亡率明显低于未输脐带血者，$P=0.02$（Lu 等，2008），见图 19-4。

相反方向应用第三方细胞者亦有报告（Magro 等，2006）。在一个单位脐带血移植后输注第三方供者的外周血干细胞，结果受者的造血恢复有所增快，移植相关的合并症有所减少。北京大学张晓明早在 2002 年以前就完成了第三方小鼠使 MHC 不同的小鼠移植后明显延长生命的研究（张晓明、陆道培，2003）。日本 Ogawa 实验室的 Taniguchi 等

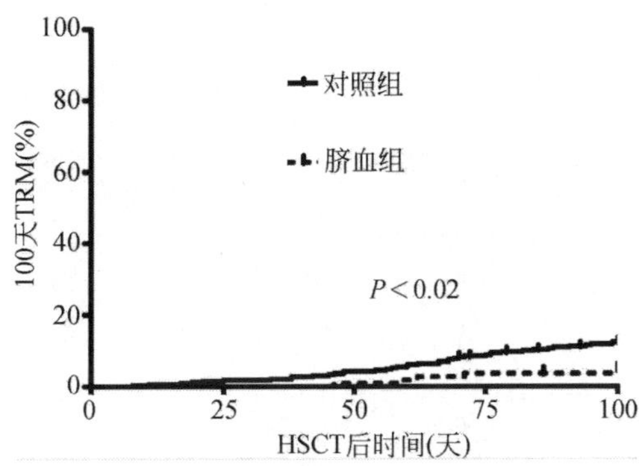

图 19-4　无血缘脐血做第三方细胞对半相同移植 100 天 TRM 的影响

（2008）应用第三方小鼠的骨髓移植治疗已发生 GVHD 的小鼠有卓效。

八、间充质干细胞与半相同 HSCT

Guo 等（2009）报告 33 例高危急性白血病患者行非清髓非去除 T 淋巴细胞半相同 HSCT，预处理方案包括 Flu、低剂量 TBI、Cy、Ara-C、抗 T 淋巴细胞淋巴球蛋白，GVHD 的预防为间充质干细胞、CsA、吗替麦考酚酯、抗-CD25 单克隆抗体。所有患者都达到了完全供者嵌合，中性粒细胞植活和血小板的植活时间分别为 11 天和 14 天，45.5% 发生了Ⅰ～Ⅳ度 aGVHD，只有 6.1% 出现Ⅲ～Ⅳ度 aGVHD，31% 的患者出现了 cGVHD，随访时间为 1.5～60 个月，60.6%的患者存活，18.2%的患者复发，预计 3 年生存率为 57.2%。应用成人骨髓中 MSC 作为第三方 HLA 半相同治疗重症 GVHD 亦有若干报告。据研究 MSC 的权威科学家 O Rindém（2010）在第 15 届 APBMT 会议上综述各方研究的结果显示，MSC 的免疫原性（immunogenecity）较低并有免疫调节作用。在体外实验中 MSC 可以抑制混合淋巴细胞中的 T 淋巴细胞对异基因抗原的反应性。MSC 在此反应中与刺激细胞和反应细胞的 HLA 无关。数个来源的混合后的 MSC 具有更强的免疫抑制性。Lazarus 等（2005）并没有发现与移植同时输入的同一供者经过培养的 MSC 可减轻受者 GVHD 与增加复发倾向。中国人民解放军 307 医院的初步报道用第三方的 MSC 预防 GVHD 却引起学界关于 MSC 抑制免疫从而导致恶性血液病复发增加的担心。

九、基因工程与半相同 HSCT

一些研究应用转基因工程处理供者 T 淋巴细胞，以增强移植物抗肿瘤作用、促进免疫重建、预防或控制 GVHD。自杀基因治疗是目前应用最广泛的以 T 淋巴细胞为基础的基因治疗。Ciceri（2009）等报告，28 例高危白血病患者接受半相同 HSCT，给予输注经过基因工程处理、表达单纯疱疹胸腺嘧啶核苷激酶自杀基因的供者淋巴细胞，以促进免疫重建和预防晚期死亡率。在移植后 28 天接受单纯疱疹胸腺嘧啶核苷激酶自杀基因的供者淋巴细胞输注，22 例移植后免疫重建中位时间 75 天（范围 34～127 天），19 例完全缓解患者的 3 年 OS 率为 49%。输注供者淋巴细胞后由于感染所致的死亡发生在 166 天，也是移

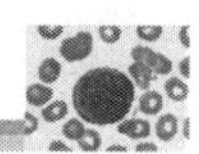

植后100天唯一因感染导致的死亡。在基因转移过程中，没有急性或者慢性的不良事件出现。

十、半相同 HSCT 的其他问题

半相同 HSCT 患者的感染，特别是 EB 病毒的、巨细胞病毒、腺病毒等相关的颅内、肺、肠道、膀胱等合并症将在另外章节详细叙述。应用细胞毒性 T 淋巴细胞（CTL）已有张隆基、童春容等证明其对病毒性疾病的治疗价值。

笔者等在 1992 年曾成功在一位复发的青年男性 ALL 患者使用联合自身造血细胞与其母亲半相同的骨髓移植同时进行（陆道培等，1995）。患者曾一度达到＞95％的不含男性性别基因细胞，虽然其母亲细胞随后被排斥，但患者随访至今已 19 年未复发。此病例所含的事实颇具启发性。

本文中北京市道培医院资料承蒙赵艳丽、吴彤等医师统计，并承方艳红医师提供某些节段与表 19-1 和表 19-2 的资料，特此致谢。

参考文献

纪树荃等. 2001. 异基因骨髓移植供者应用粒细胞集落刺激因子对急性移植物抗宿主病的影响. 中华血液学杂志，21：329

陆道培. 2003. 造血干细胞移植的主要进展. 北京大学学报，35：113～114

陆道培等. 1995. 自体去 T 细胞骨髓与单倍型相同骨髓的混合移植. 北京医科大学学报，27：83

王静波等. 2010. 强烈预处理异基因造血干细胞移植治疗高危难治性白血病. 中华血液学杂志，8：505

夏长青等. 1999. GM-CSF 诱导外周血单核细胞的分化及其对混合淋巴细胞反应的影响. 上海免疫学杂志，19：222

张晓辉等. 2007. 抗淋巴细胞球蛋白在 HLA 配型部分相合的造血干细胞移植患者的药代动力学. 中国实验血液学杂，15：152-155

张晓明，陆道培. 2003. 3 种同种异基因混合骨髓移植小鼠（A+B+C→A）的模型. 中国实验血液学杂志，11：184

Aversa F et al. 2005. Full haplotype-mismatched hematopoietic stem-cell transplantation：a phase Ⅱ study in patients with acute leukemia at high risk of relapse. J Clin Oncol，23：3447

Ciceri F et al. 2009. Infusion of suicide-gene-engineered donor lymphocytes after family haploidentical haemopoietic stem-cell transplantation for leukaemia（the TK007 trial）：a non-randomised phase Ⅰ-Ⅱ study. Lancet Oncol，10：489

Ciurea SO et al. 2010. Reduced-intensity conditioning using fludarabine，melphalan and thiotepa for adult patients undergoing haploidentical SCT. Bone Marrow Transplantation，45：429

Cooley S et al. 2009. Donors with group B KIR haplotypes improve relapse-free survival after unrelated hematopoietic cell transplantation for acute myelogenous leukemia. Blood，113：726

Dey BR et al. 2006. Current status of haploidentical stem cell transplantation. Br J Haematol，135：423

DuPont B et al. 1976. Human mixed-lymphocyte culture reaction：genetics，specificity，and biological implications. Adv Immunol，23：107

Guo M et al. 2009. A modified haploidentical nonmyeloablative transplantation without T cell depletion for high-risk acute leukemia：successful engraftment and mild GVHD. Bio Bone Marrow Transplant，15：

930～937

Ichinohe T et al. 2004. Feasibility of HLA-haploidentical hematopoietic stem cell transplantation between noninherited maternal antigen (NIMA) -mismatched family members linked with long-term fetomaternal microchimerism. Blood, 104: 3821

Isola LM et al. 1997. A pilot study of allogeneic bone marrow transplantation using related donors stimulated with G-CSF. Bone Marrow Transplant, 20: 1033～1037

Ji SQ et al. 2002. G-CSF-primed haploidentical marrow transplantation without ex vivo T cell depletion: an excellent alternative for high-risk leukemia. Bone Marrow Transplantation, 30: 861

Kanda Y et al. 2003. Allogeneic hematopoietic stem cell transplantation from family members other than HLA-identical siblings over the last decade (1991～2000). Blood, 102: 1541

Klingebiel T et al. 2005. Experiences with haploidentical stem cell transplantation in children with acute lymphoblastic leukemia. Pathol Biol, 53: 159

Lazarus HM et al. 2005. Cotransplantation of HLA-identical sibling culture-expanded mesenchymal stem cells and hematopoietic stem cells in hematologic malignancy patients. Biol Blood Marrow Transplant, 11: 389

Lee KH et al. 2011. Reduced-intensity conditioning therapy with busulfan, fludarabine, and antithymocyte globulin for HLA-haploidentical hematopoietic cell transplantation in acute leukemia and myelodysplastic syndrome. Blood, 118: 2609

Lu DP et al. 2006. Conditioning including antithymocyte globulin followed by unmanipulated HLA-mismatched/haploidentical blood and marrow transplantation can achieve comparable outcomes with HLA-identical sibling transplantation. Blood, 104: 3065

Lu DP. 2008. Significantly reduce acute graft-versus-host disease in haploidentical stem cell transplantation by using cord blood as the third party cells. Blood, 112: 2211

Mineishi S et al. 1999. Addition of high-dose Ara-C to the BMT conditioning regimen reduces leukemia relapse without an increase in toxicity. Bone Marrow Transplant, 23: 1217

Morton J et al. 2001. Granulocyte-colony-stimulating factor (G-CSF) -primed allogeneic bone marrow: significantly less graft-versus-host disease and comparable engraftment to G-CSF-mobilized peripheral blood stem cells. Blood, 98: 3186

Munchel A et al. 2011. Nonmyeloablative, HLA haploidentical bone marrow transplantation with high dose, post-transplantation cyclophosphamide. Pediatric Reports, 3 (2s): 43

Ogawa H et al. 2006. Unmanipulated HLA 2-3 antigen-mismatched (haploidentical) stem cell transplantation using nonmyeloablative conditioning. Bio Blood and Marrow Transplant, 12: 1073

Rizzieri DA et al. 2007. Partially matched, nonmyeloablative allogeneic transplantation: clinical outcomes and immune reconstitution. J Clin Oncol, 25: 690

Ruggeri L et al. 2002. Effectiveness of donor natural killer cell alloreactivity in mismatched hematopoietic transplants. Science, 295: 2097

Schmid C et al. 2006. Long-term survival in refractory acute myeloid leukemia after sequential treatment with chemotherapy and reduced-intensity conditioning for allogeneic stem cell transplantation. Blood, 108: 1092

Stringaris K. 2010. Donor KIR genes 2DL5A, 2DS1 and 3DS1 are associated with a reduced rate of leukemia relapse after HLA-identical sibling stem cell transplantation for acute myeloid leukemia but not other hematologic malignancies. Biol Blood Marrow Transplant, 6: 1257

Taniguchi Y et al. 2008. Recovery from established graft-vs-host disease achieved by bone marrow trans-

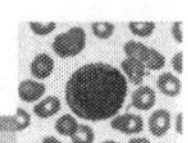

plantation from a third-party allogeneic donor. Exp Hematol，36：1216

Van Rood JJ et al. 2002. Effect of tolerance to non-inherited maternal antigens on the occurrence of graft-versus-host disease after bone marrow transplantation from a parent or an HLA-haploidentical sibling. Blood，99：1572

Wu T. 2010. Haploidentical hematopoietic stem cell transplantation of sex-matched donor-recipient pair has survival advantage：a single-center study of 440 cases. Blood，116：228

第二十章　自体造血干细胞移植

达万明　高春记

异基因造血细胞移植（allo-HSCT）治疗白血病的疗效已无可非议（陆道培等，2000）。由于供者来源的限制，尽管自愿造血干细胞捐献者资料库已建立，仍有部分患者找不到人类白细胞抗原（HLA）系统完全相配的供者，加之allo-HSCT后的各种合并症也限制了它的广泛应用。因此，自体造血干细胞移植（auto-HSCT）治疗白血病同样引起人们的重视。auto-HSCT的优点在于它不受供者的限制，移植后不发生移植物抗宿主病（GVHD），间质性肺炎（IP）等并发症也较轻，同时对患者年龄的选择亦较宽。但由于回输移植物中可能含有用常规方法无法测知的残留白血病细胞，而且移植后缺乏移植物抗白血病（GVL）作用，因而复发率较高，影响患者的长期无病存活。

近40年来，随着冷冻生物学及allo-HSCT技术的逐渐成熟，利用auto-HSCT技术治疗白血病已在世界范围迅速发展，并且在许多恶性血液病的治疗中进行了广泛的基础与临床研究，迄今累计治疗白血病病例已达数万例。从20世纪80年代以来，随着体外净化技术的深入研究和广泛应用，选择缓解早期患者进行auto-HSCT，疗效不断提高，复发率不断下降。特别自20世纪90年代以来，外周血干细胞移植（PBSCT）技术及$CD34^+$细胞的分选和移植的深入研究，自体PBSCT（auto-PBSCT）已渐趋代替自体骨髓移植（auto-BMT），使auto-HSCT治疗技术进一步成熟，不仅成为治疗恶性血液病的重要手段，而且在治疗实体瘤、免疫异常等疾病及基因治疗中也发挥越来越重要的作用。

一、auto-HSCT的原理与策略

auto-HSCT治疗白血病的基本原理是采集缓解期白血病患者的骨髓或外周血干细胞，在体外对残留白血病细胞进行适当的净化处理，并且低温保存，再给患者根治剂量的化疗药物或化疗药物联合全身放射（TBI）治疗，尽可能地杀伤体内残留的白血病细胞，然后将体外保留的造血干细胞通过静脉回输给患者本人，以挽救大剂量化疗或放疗对正常造血和免疫功能的损伤，从而力求达到治愈白血病的目的。实际上，它是一种根治性的强化治疗，因此对没有适当供造血干细胞者行allo-HSCT或年龄大于55岁以上的白血病患者，从诊断确定后，就应将auto-HSCT治疗作为该患者整体治疗策略中根治性巩固治疗的部分，进行计划和准备。通常这个计划包括3个阶段（Dicke等，1990；Gorin等，1987）：首先是诊断后的诱导缓解治疗及缓解后、采髓前的强化巩固治疗期。在此阶段，多数患者对化疗药物的反应较好，白血病细胞对药物杀伤较敏感，故应合理应用联合诱导方案，争取患者尽快获得临床缓解，然后尽早应用大剂量的强化巩固治疗，尽可能多地杀灭白血病细胞，将体内的白血病细胞从诊断时≥10^{12}个降低至少5～7个对数级，使其达最低水平。此期通常需3～4个月。其次为采集骨髓或外周血干/祖细胞期。采髓一般以最后一次强化

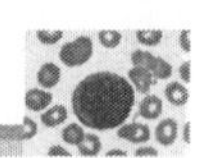

治疗后 3～4 周为宜。在采髓前 10 天左右，应先做细胞形态学、免疫学、染色体或细胞基因学检查，以及做正常粒单系祖细胞（CFU-GM）、早期红系细胞（BFU-E）或白血病祖细胞（CFU-L）培养等，以便了解此时患者的病情、残留白血病细胞的程度、评估所采集骨髓的质量，然后采集骨髓细胞。如可能，用适当的方法进行体外残留白血病细胞的净化处理。近些年来，由于 PBSCT 技术的发展和成熟，在 auto-HSCT 应用中，此技术基本上取代了 auto-BMT（达万明，2000）。如果采用 auto-PBSCT，需要动员和采集外周血干/祖细胞（PBSC），其内容详见后。所采集的自体造血干细胞原则上应深低温（－196℃）保存。在体外净化和保存前后重复以上项目（同骨髓移植）检查，以便了解对白血病细胞净化的效应和回输移植物的质量。最后为 auto-HSCT 期。此时患者可在空气层流无菌洁净室内护理，在接受大剂量化疗和 TBI 的预处理后，将保存的经净化处理的自体 HSC 通过静脉输注再移植给患者本人，然后进行长期随访。

二、骨髓和外周血干细胞的采集

（一）骨髓细胞的采集

骨髓细胞的采集方法同 allo-HSCT。采集骨髓的时机以第 1 次完全缓解（CR1）的早期最佳。此时，从理论上讲白血病细胞可能受到最大限度的抑制，而正常造血细胞未因长期化疗而遭到严重损伤，采集骨髓的量根据患者的年龄及体重而定。为了保证 auto-HSCT 后的造血和免疫功能重建，回输骨髓有核细胞的最低阈值应为 0.5×10^8/kg 体重。在成人至少为 10ml/kg 体重，儿童为 7ml/ kg 体重（Gorin 等，1989）。如果要进行体外净化处理，以上数量应加倍，其中一半应留作补救用，以防万一。

（二）外周血干细胞的动员与采集

1. 外周血干/祖细胞（PBSC）的动员 由于人外周血造血干细胞在正常生理情况下稀少，不能满足干细胞移植的需要，需要应用造血干/祖细胞动员剂，然后进行分离和纯化。造血干细胞动员剂应具备以下几个条件：①动员效果好，提高血中干细胞倍数高，动员的干细胞具有重建造血功能；②毒副作用小；③动员作用应持续时间长，便于用血细胞分离机分离外周血干细胞。

目前临床上常用的动员剂可以归纳为 3 种类型：第一类是肿瘤化疗药物，如环磷酰胺（Cy）、白消安（BU）、柔红霉素（DNR）、阿糖胞苷（Ara-C）及依托泊苷（VP-16）等。这些药物只适用于恶性患者，大剂量用药后在杀死肿瘤或白血病细胞的同时，正常造血细胞也受到了伤害，引起反馈性的造血增生，外周血中干细胞数量随之增加。第二类是正常人和患者都可应用的药物，如硫酸葡聚糖等聚阴离子制剂，其动员效果好，动员作用持续时间长。它们的作用机制不是刺激造血增生，而是将储存池中的造血干细胞动员到外周血中。不仅如此，还有抑制肿瘤细胞生长、转移，诱生干扰素、抗病毒、抗细菌、抗辐射损伤等多种生物活性。第三类是各种重组的人造血细胞生长因子（HGF），如 G-CSF、M-CSF、GM-CSF、IL-3、IL-6、IL-8 和 SCF 等。目前细胞因子，特别是 G-CSF、GM-CSF 或两者联合动员在 allo-HSCT 中应用较为广泛。对恶性血液病进行 auto-PBSCT 时，以化疗药物联合细胞生长因子较好，我们的经验是用 Cy（1.5g/m²）加 VP-16（300mg/m²）静脉滴注，待患者外周血白细胞降至最低时（通常 1 周后），加用 G-CSF 或 GM-CSF（5μg/kg）皮下注射，5～8 天后外周血白细胞升至 5×10^9/L 以上，此时采集可获足量的 PBSC，以供 auto-HSCT。对 allo-PBSCT，因为供体系健康者，动员以造血细胞生长因子为佳。另外，趋化因子 CXC4 拮抗剂 AMD3100（plerixafor）已开始用于临床研究（Cashen 等，2008；Basak 等，2011），与 G-CSF 联合动员可提高动员效果数十倍至数百倍。

2. 外周血干/祖细胞的分离、纯化和采集　当外周血干/祖细胞有效动员后，如何采集到足量的高浓度的干/祖细胞也是移植成功与否的关键。临床上通常应用的是血细胞分离机，它是一种用电子计算机程控的全自动、全封闭和连续采集的装置，如 CS3000plus 或 Cobe Spectra。每天采集 1 次，每次循环10～15L全血，可连续 2～3 天，即可采集到足量的 PBSC 供移植用。表 20-1 为临床 auto-PBSCT 常用的推荐剂量。如果需要进一步分离和富集干/祖细胞，则需进行进一步纯化。虽然分离与纯化的方法较多，目前临床上已用的有免疫吸附柱纯化法、免疫磁珠法、FACS 分选法等。其策略有：阴性选择，即通过去除较干/祖细胞成熟的细胞来达到纯化造血干/祖细胞的目的；阳性选择，即用抗正常造血干细胞的单抗如抗 CD34 单抗做探针分离纯化造血干/祖细胞；或阴性加阳性选择等。

表 20-1　auto-PBSCT 时造血细胞的治疗剂量

造血细胞	选择剂量	最小剂量
单个核细胞/kg 体重	(4～8) $\times10^8$	2×10^8
CFU-GM/kg 体重	$>2\times10^5$	(0.5～1) $\times10^5$
$CD34^+$ 细胞/kg 体重	$>2\times10^6$	(0.5～1) $\times10^6$

3. 造血干/祖细胞的体外扩增　造血干细胞扩增的临床意义在于：当移植物中含较少正常造血干/祖细胞不足以在受者体内植活时，应首先在体外扩增获得足够在体内重建造血的量。这不仅在 PBSCT 治疗恶性肿瘤临床上有重要作用，特别在脐血移植和基因治疗中有更特殊的意义。实验研究证明，在一些细胞因子作用下，来自动员外周血、脐血或骨髓的 $CD34^+$ 细胞经 1～2 周培养即可使细胞总数扩增 30～1000 倍，集落形成细胞 41～190 倍。但是这些细胞因子的组合在扩增细胞的同时也明显加速了干/祖细胞的分化。目前研究的重点是如何在扩增造血细胞的同时，又尽可能地保留造血干细胞并扩增早期造血祖细胞。业已证实，合理地将作用于干细胞和多系祖细胞的 HGF（如 SCF、IL-3、GM-CSF 等）、作用于晚期祖细胞的 HGF（如 EPO、G-CSF、TPO 等）及抑制细胞凋亡的因子（如 IL-1、IL-6 等）组合，可发挥它们之间的协同扩增作用，提高扩增效应。基质细胞的体外支持和造血负调控因子的应用可减缓干/祖细胞的分化，保留更多的早期造血细胞的数量和功能。为了使培养体系中各种营养成分、细胞因子及代谢物质等更加合理，在基质细胞支持下定时灌注或快速更换培养基可使扩增效应明显提高。

输入骨髓和外周血的有核细胞或 CFU-GM 的数量与移植后正常造血和免疫功能的重建密切相关。如输入骨髓 CFU-GM 为 3×10^4/kg 体重时。患者外周血白细胞恢复至 1×10^9/L、血小板恢复到 50×10^9/L 所需要的时间分别为 22 天和 35 天，输入 CFU-GM 大于 5×10^4/kg 体重，所需要的时间则为 14 天和 25 天。另外，移植后造血恢复的动力学也与

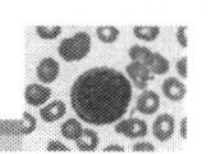

移植骨髓净化与否、移植前预处理方案及患者疾病性质有关系。临床观察证实，急性淋巴细胞白血病（ALL）患者经 auto-HSCT 后造血恢复的速度较急性髓性白血病（AML）者明显快，体外净化者的血小板恢复比未净化者显著慢（Gorin 等，1987）。因此，在采集骨髓或 PBSC 时也应考虑到这些因素，个体化患者输入的骨髓或 PBSC 细胞数，以使患者尽可能缩短移植后正常造血及免疫功能重建所需要的时间，但也应注意输注过多的 $CD34^+$ 细胞可能导致疾病复发率高的问题，尤其对于 AML（Gorin 等，2010）。

三、造血细胞的保存

目前，造血干/祖细胞通常用深低温保存法。其基本方法是将冻存的移植物分离出有核或单个核细胞后，用可渗性冷冻细胞保护剂，如二甲基亚砜（DMSO），加入 AB 型或同型血清，在传热性能较好且容积较小的冷冻保存袋中，用程序降温装置，按 1～3℃/min 的速率降温至－80℃，然后置于－196℃液氮中保存（Gorin 等，1989；1987）。具体步骤如下：

1. 分离单个核细胞 可用细胞分离机获得富含白细胞层液，如此可去除绝大多数红细胞、血小板、成熟粒细胞及血浆成分。一方面减少冻存物的容量，另一方面分离出与白细胞凝集有关的成分。实践证明，用细胞分离机可使采集骨髓总体积减小 85%，而 CFU-GM 的回收率达 85%。多数人用 Ficoll 分层液或甲基纤维素（张苗等，2002）进行分离，用此种方法后，可使骨髓细胞总容量减少至原采集量的 10%左右，几乎可回收骨髓中 90%～100%的 CFU-GM。其优点是造血细胞回收率高，显著地减少了冻存骨髓的容量，有利于冻存过程的操作和长期保存，但费时较长。

2. 制备冻存保护剂 即制备含 20%DMSO 和 10%人相容血清的组织培养液，置 4℃备用。

3. 混合 用等容量的已分离的细胞悬液与以上制备的冻存保护剂缓慢混合，使其中有核细胞、DMSO 和人血清的终浓度分别为 2×10^7/ml、10%和 5%～10%。

4. 冷冻 冷冻须立即进行。在程序降温容器中，按 1～3℃/min 的速率降温，当细胞释放融合热时，需加大液氮的灌注量，尽量缩短冻存物由液相到固相的转变时期。待温度降至－80℃时，再置－196℃深低温中保存。

5. 应用时，在 40℃水浴中进行速融

6. 最后立即静脉输注 近年来，国内外亦有一些单位采用 4℃保存细胞，然后进行 auto-HSCT。4℃保存 52 和 72 小时后活细胞及 CFU-GM 的回收率可分别达 95%和 85%、80%和 50%左右（Koeppler 等，1990；Da，1987），因此在无深低温保存细胞条件的单位，可以试用，但其缺点是保存时间短，一般不宜超过 3 天。中国人民解放总医院（张苗等，2001）采用一种简便的－80℃冻存细胞方法，用 5% DMSO、3%羟乙基淀粉和 4%人血白蛋白作为冷冻保护剂，不用程序降温仪而直接用－80℃冰箱冷冻细胞。与程序降温后液氮保存方法比较，冻存后其细胞活性、单个核细胞数、克隆增殖能力（CFU-GM）和 $CD34^+$ 细胞回收率无明显差异，亦无凝集现象；并且经长达 24 个月冷冻保存后仍可获得满意的克隆增殖能力（CFU-GM）和 $CD34^+$ 细胞回收率。已用于 200 多例 auto-PBSCT，临床结果也较满意。

四、移植物的体外净化

（一）体外净化的意义

体外净化移植物中残留白血病细胞在 auto-HSCT 的价值尚有争议。动物实验证明小鼠在接受 TBI 后，注射 10 个白血病细胞，皆死于 16～21 天，如注射单个白血病细胞则死于第 40 天。移植含 1.6％肿瘤细胞的同基因骨髓的动物皆在 12 天内死于白血病。如经不同剂量 Cy 的活性衍生物——4 氢过氧环磷酰胺（4-hydroperoxycyclophosphamide，4HC）处理，并经体外净化，然后再移植，随 4HC 的剂量增加，存活期显著延长，用 80nmol/ml 的小鼠存活 100 天以上不发生白血病（Sharkis 等，1980）。在人类，如果缓解期患者骨髓中仍含有 0.1％～1％的白血病细胞，如采 10^{10} 个有核细胞，则其中含 10^7～10^8 个白血病细胞。根据以上推断，1×10^7 个白血病细胞足可导致白血病复发。因此从理论上讲，体外净化具有重要意义。Brenner（1993）用抗新霉素基因（neo）标记自体骨髓移植物中 AML 细胞，ABMT 后复发时，其白血病细胞仍然含抗新霉素基因，证实 ABMT 后疾病复发与移植物中残留白血病细胞有关。Deisseroth 等（1994）在 CML 自体造血干细胞移植的研究中，也得到同样的结论。

临床上要判定骨髓净化的效果则比较困难，它受许多因素的影响。首先是所采集的患者缓解期移植物的质量。在临床上缓解的概念是骨髓中白血病细胞数小于 5％。由于诱导和强化巩固方案的不同，患者对化疗药物反应的差异，采髓或 PBSC 时，尽管在缓解期，其中残留白血病细胞的数量可能有 1 到数个对数级的差异。人们可以想象，尽管应用同一方法体外净化，在采集移植物时，如患者体内残留白血病细胞数已相当少，然后进行 auto-HSCT，其疗效可与体内残留白血病细胞较高者明显不同。对每个 auto-HSCT 后复发者的白血病细胞来源于体内未杀伤的或输入移植物中的残留白血病细胞，尚难判定。但临床已证实，auto-HSCT 后复发者中，相当部分患者是由于体内本身残留的白血病细胞所致，而非再次植入者。

尽管如此，欧洲自体骨髓移植登记处大宗临床病例分析，已肯定用药物净化的 auto-HSCT 在治疗 AML 后的无病生存率显著比未净化者高（Gorin 等，1990；Vescio 等，1999），提示体外净化对临床 auto-HSCT 有肯定的作用。另外，最近也有报道，在低危复发的儿童 ALL，与化疗相比，纯化的 auto- HSCT 疗效存在着明显的优势（Balduzzi 等，2011）。

（二）体外净化的方法

文献中已经报告的净化方法较多。其基本原理是利用白血病细胞与正常造血细胞的物理、免疫及生化特性的差异，试图选择性地最大限度杀伤白血病细胞，同时尽可能地保留正常造血细胞（达万明，1996）。

与 ABMT 相比，外周血移植物中所含残留肿瘤细胞可能较少（Atta 等，2000），毫无疑问，它也是造成移植后复发的重要原因。

净化的方法有：①物理方法；② 药物法；③生物法；④免疫学方法；以及它们之间

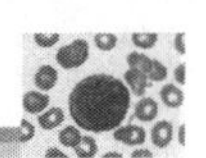

的相互联合（Hammert 等，1997；Vescio 等，1999）。在外周血移植物净化的临床应用方面究竟何种方法较好，尚无成功的经验，有待进一步研究。由于肿瘤细胞生物学特性的异质性和个体差异，单一方法净化肿瘤细胞的能力有限，因此个体化的联合净化方法受到广泛的重视。Chang 等（1989）报告 11 例 AML 患者，用液体培养 10 天的骨髓做 auto-HSCT 后，5 例在 CRl 时移植的无病存活期为 12～150 周，6 例高危组患者中，2 例在复发时移植的亦达 CR。Da 等（1991）比较研究了 ALL 初诊或复发时，骨髓体外液体培养的结果，证实无论有无血清培养 2 周，经细胞形态学分析、淋巴白血病祖细胞（CFU-ALL）及细胞基因（BCR-ABL）学分析，原淋巴白血病细胞、CFU-ALL 及 BCR-ABL 融合基因阳性的细胞皆减少，而正常 CFU-GM 和 BFU-E 则无明显减少。初步用无血清液体培养法已成功用于临床，其疗效有待更多病例长期随访的证实。另外，中国人民解放军总医院还研究了癌光啉加光照体外净化的方法，且已用于临床，10 例患者中位随访 26 个月，6 例无病存活，结果比较令人满意（高春记等，1994）。

目前报告较多的是 $CD34^+$ 细胞的正净化，即 $CD34^+$ 细胞的移植（达万明，2000）。近年来的研究表明，人类造血干/组细胞表达 CD34 抗原，许多恶性肿瘤细胞不表达 CD34 抗原。利用这种差异，可以将 $CD34^+$ 的正常造血细胞从造血组织（骨髓或 PBSC）移植物中分离出来，这种正常造血细胞的阳性选择方法较之通常所用的负净化方法能更有效地从移植物中去除污染的肿瘤细胞。其主要优点为：①避免了细胞毒性药物和免疫毒素净化时可能对正常造血干细胞的损伤；②无须进行抗肿瘤抗体净化的多环节体外处理，减少污染机会；③不会因肿瘤细胞对细胞毒性药物和免疫毒素的敏感性不同而影响净化效应；④如果联合 $CD34^+$ 细胞正净化与其他净化方法，可进一步提高净化效应，从而尽可能地去除肿瘤细胞。此外，$CD34^+$ 细胞移植还可减少冷冻保护剂二甲基亚砜（DMSO）的使用量，减少其副作用。近年来 AmCell 公司推出的 CliniMACS，在欧洲和中国获得临床应用许可。恶性肿瘤和自身免疫性疾病的 allo- 及 auto-HSCT 初步临床应用证明，CliniMACS 系统可获得高纯度的 $CD34^+$ 细胞（平均 96%）和最少肿瘤细胞（10^{-5}～10^{-4}）和 T 淋巴细胞（10^{-5}～10^{-4}）污染。与其他分选系统相比，还可以获得很高的活细胞回收率。初步临床观察还证实，利用 $CD34^+$ 细胞正净化后的 APBSCT，不仅复发率低，且移植后造血和免疫功能恢复快，目前已越来越多地引起临床广泛的重视。另外，CD133 阳性选择与 CD34 分选机制类似，同样可以用于 auto-HSCT 体外净化（Feller 等，2005），CD133 为干/祖细胞更早期的抗原标志，对于 $CD34^+$ 而 $CD133^-$ 的白血病进行自体移植可能更适合。

值得注意的是不同患者对同样一种净化方法的敏感性可能存在着差异。Gorin（1990）比较欧洲骨髓移植组中用标准剂量的磺乙硫环磷酰胺（MFD）净化组与用事先能选择性杀伤 90%～95%CFU-GM 的个体化剂量净化组的疗效，发现后者的无病生存率较前者高，特别是在 AML 患者组中，两者无病生存率分别为 60%和 70%左右。笔者（Da，1989）在用高热净化的有限病例中，发现不同患者白血病细胞对高热反应的敏感性也有一定差异。因此，确定净化方法后，应充分估计到患者的个体差异性，以提高临床 auto-HSCT 的疗效。

五、外周血干细胞移植的特点

PBSCT 和骨髓移植一样，外周血移植物中绝大多数是各类造血祖细胞、各分化阶段的增殖细胞及成熟血细胞，严格讲它们与移植无关，进入受体后或继续增殖分化或完成一定功能后自终，只有造血干细胞能在受体内植活并重建造血与免疫系统的功能。

与骨髓移植相比，PBSCT 有如下优点：

(1) 外周血中造血干细胞收集比较方便，供体无须麻醉，也无多部位骨髓穿刺抽髓之痛苦和不便，易被供者接受。

(2) PBSCT 后受体造血功能重建快，免疫功能恢复早，感染、出血等并发症发生率低且轻，减少了抗生素和成分血的应用，降低了移植相关病死率，缩短了住院时间，节约了费用。

(3) 可从外周血管采集造血细胞，对骨髓有浸润、纤维化或接受放射照射不能采集骨髓的供体亦可施行。

(4) auto-HSCT 者，化疗后外周血中造血干细胞有高峰时相，一般在化疗后 1～2 周，在此时采集外周血干细胞比正常要高数十倍，如化疗后再用细胞生长因子（如 G-CSF、GM-CSF、IL-3 或 SCF）等，可获足量移植细胞。一般要求移植 CFU-GM 或 $CD34^+$ 细胞分别在 2×10^5/kg 体重或 2×10^6/kg 体重以上。

(5) 与骨髓相比，外周血中肿瘤细胞混入较少，移植后复发率或许低于自体骨髓移植，但最近有报道存在不同的结果（Gorin 等，2009），应引起重视。

六、auto-HSCT 前的预处理方案

预处理的目的是尽可能彻底地清除残留在体内的白血病细胞。在体外尚无可靠净化方法时，这种体内净化残留白血病细胞是 auto-HSCT 能否成功的关键。实际上已有资料证实，部分 auto-HSCT 后复发病例并非由于输入残留白血病细胞引起，而是由体内未彻底清除的残留白血病细胞的增殖所致。1986 年 Marius 等也认为由于净化与未净化 auto-HSCT 的研究至少 50%是在体内未净化（即未彻底清除体内白血病细胞）患者中进行的，因此更难判定体外净化的作用。这样，如何选择有效清除体内残留白血病细胞的预处理方案也是目前与 auto-HSCT 成败有关的重要问题之一。

根据 allo-HSCT 的经验，TBI 在抗白血病中起主要作用，因此 TBI+Cy 也是 auto-HSCT 的基础方案，即 Cy 60mg/kg，静脉注射 2 天，休息 48 小时，再给 TBI（1 次量 800cGy）或用 3～4 天分次照射（FrTBI，1000～1400cGy）。

近年来，许多研究中心采用大量化疗药物联合应用，作为 auto-HSCT 移植前的预处理方案，亦取得了较好的效果。表 20-2 列举了一些常用的预处理方案，可以看出各移植组根据各自的经验和条件采取不同的方案。但是某些方案的毒性是比较大的，其疗效与 TBI+Cy 方案比较，并无显著提高。伦敦移植组（UCH）采用 BACCT 方案的初步结果显示复发率较低。巴黎 Gorin 的 TACC 方案和马赛的单用大剂量美法仑（HDM）方案，都可使复发患者的再次缓解率达 80%左右。Gorin 等（1990）比较了欧洲协作组 366 例 AML 患者在 CR1 时，用 TBI+Cy（或 Cy+FrTBI）、BACCT、BU+Cy 及 BAVC 方案预处理后的 auto-HSCT 疗效，发现它们治疗 AML 患者的无病存活率分别为 42%、61%、43%和 44%。比较 106 例 CR2 时用以上方案的疗效，则未发现各组间有显著差异。比较标危组 ALL 患者，在接受 FrTBI、TBI 和 BACCT 方案后，长期无病存活率分别为 65%、

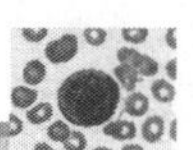

50%和40%左右。同时注意到单用药物方案中，BU+Cy方案可使CR1和CR2的AML患者，在auto-HSCT后的无病存活率分别达50%和35%左右，使标危组ALL的存活率达65%以上，因此BU+Cy预处理方案已引起更多关注。另外，Bilgrami等（2000）对23例成人AML采用BU+Cy+VP-16，7年DFS率和OS率分别为49%和54%。Bruserud等（2000）则建议对缓解的AML用高剂量Ara-C（单剂量为$3g/m^2$）联合APBSCT治疗。

表20-2 常用的auto-HSCT前预处理方案

方案名	药名	剂量及方法		主要适应证	报告者
BACT	BCNU	$250mg/m^2$	−5d、−4d	AL、CML	Graw等（1974）
	Ara-C	$200mg/m^2$	−5d～−2d		
	6-TG	$200mg/m^2$	−5d～−2d		
	Cy	45 mg/kg	−5d～−2d		
TACC	除用CCNU代替BCNU外，余皆同BACT				Gorin等（1981）
BAVC	BCNU	$800mg/m^2$	−5d	AL	Meloni等（1985）
	VP-16	$150mg/m^2$	−4d～−2d		Fouillard等（2004）
	AMSA	$150mg/m^2$	−4d～−2d		
	Ara-C	$300mg/m^2$	−4d～−2d		
BACCT	ADM	$50mg/m^2$	−4d	AL	Anderson
	BCNU	$300mg/m^2$	−4d		Goldstone（1984）
	Cy	$1.5g/m^2$	−3d～−1d		
	Ara-C	$200mg/m^2$	−4d～−1d		
	6-TG	$200mg/m^2$	−4d～−1d		
Super rale	DNR	50 mg/m^2	−8d～−6d	CML	Haines
	Ara-C	$200mg/m^2$	−5d～−2d		Goldman（1984）
	6-TG	$150mg/m^2$	−5d～−2d		
	VCR	$1.5mg/m^2$	−8d、−1d		
BU+Cy	Cy	$50mg/m^2$	−5d～−2d	CML	Kaizer等（1985）
	BU	4mg/kg	−9d～−6d	AML	Fouillard等（2004）
HDM	MEL	$140mg/m^2$	−1d	AL、CML	Maraninchi等（1983）
		$200mg/m^2$	−1d	ALL	Powles等（2002）
CBV	Cy	$1.5g/m^2$	−6d～−3d	AL	Dicke等（1990）
	VP-16	$250mg/m^2$	−6d～−3d		
	BCNU	$300mg/m^2$	−6d		
Cy+TBI	Cy	60mg/kg	−5d～−4d	AL、CML	Thomas等（1975）
	TBI	1000cGy	−3d		
Cy+FrTBI	Cy	60mg/kg	−5d～−4d	AL、CML	Gorin等（1990）
	FrTBI	10～14Gy	−3d～−1d		

续表

方案名	药名	剂量及方法		主要适应证	报告者
BU+Cy+VP-16	BU	1mg/kg	－7d～－4d	AML	Brilgrami 等（2000）
	Cy	60mg/kg	－2d		
	VP-16	60mg/kg	－3d		
MEL+TBI	MEL	110mg/m^2	－1d	ALL	Powles 等（2002）
	TBI	950～1150cGy	0d		

注：Ara-C. 阿糖胞苷；BCUN. 卡莫司汀；AMSA. 甲砜-M-甲氧苯酰碘胺；CCNU. 洛莫司汀；DNR. 柔红霉素；6-TG. 6-硫鸟嘌呤；MEL. 美法仑；CML. 慢性髓性白血病；AL. 急性白血病。

七、auto-HSCT 的临床结果

早期用 auto-HSCT 治疗白血病的病例多系复发或晚期，虽然缓解率有较大的提高，但长期生存率则不足 10%，令人失望（Cheson，1989；Gorin，1989；Santos，1989）。20 世纪 80 年代以来，人们将 auto-HSCT 作为 CR 后的强化巩固治疗，特别在 CR1 后进行 auto-HSCT，使疗效大大提高。近年来随着移植技术的不断完善，特别是 APBSCT 的开展，使移植相关并发症和病死率显著降低，auto-HSCT 的结果令人鼓舞（Dicke 等，1990；Gorin，1990；Reiffers 等，2000；Powles 等，2002；Sirohi 等，2004；Jung 等，2009）。

（一）auto-HSCT 治疗 AML

Gorin（1990）总结了欧洲 62 个骨髓移植中心自 1982 年以来 821 例 AML 的 auto-HSCT 资料，从总体上来看，CR1 的标危组患者进行 auto-HSCT 后的 7 年 DFS 率约为 50%，高危组约为 40%，CR2 后进行 auto-HSCT 的 7 年 DFS 率约为 25%。经体外净化后行 auto-HSCT 者，7 年 DFS 率约为 60%，未经净化者约为 40%。缓解后到 auto-HSCT 的间期小于 3 个月、3～6 个月和大于 6 个月的 DFS 率分别为 60%、50%和 28%。如果 auto-HSCT 后 1 年内不复发者，其 7 年以上的长期 DFS 率可达 86%。在 CR1 患者中，诊断后 40 天内达 CR 与 40 天以上达 CR 的患者的 DFS 分别为的 60%与 40%左右。比较体外净化与未净化残留白血病细胞后 auto-HSCT 的 DFS，前者为 80%，后者为 44%。比较用标准剂量的 MFD（100μg/ml）体外净化与用预先测试能杀伤患者骨髓 90%～95%CFU-GM 的个体化剂量进行体外净化的疗效，前者的 DFS 率为 68%，后者为 78%。在 CR2 或 2 次以上缓解的患者中，体外净化组的 DFS 率约为 30%，而未净化组的 DFS 率不足 10%。如果移植后 1 年内不复发，则 DFS 率约为 71%。分析疗效与 FAB 形态学分型的关系，发现 M5 的疗效最好，其次为 M3、M1、M2 和 M4，它们 40 个月的 DFS 率分别为 55%、48%、40%、39%和 30%。还认为高危组患者（有中枢神经系统受累或外周血白细胞大于 30×10^9/L）的疗效与标危组接近（$P>0.25$），但继发性白血病患者的疗效甚差，多数于 auto-HSCT 后 1 年内复发，1 年的 DFS 不足 20%。通常认为 AML 在 CR1 期进行 auto-HSCT 较为适宜，表 20-3 显示了近年来文献中用 auto-HSCT 治疗 CR1 期急性白血病的疗效（Spellberg 等，1999）。

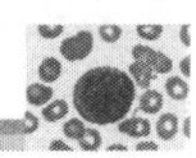

表 20-3 auto-HSCT 治疗 CR1 期急性白血病的疗效

作者（年）	预处理方案	例数	净化	结果（LFS）
Miggiano 等（1996）	BU/Cy	51		71%（5 年）
Dusenbery 等（1996）	Cy/TBI 或 BU/Cy	44	磺乙硫环磷酰胺	59%（2 年）
Vignetti 等（1996）	不同（其中 37 例接受 TBI）	110	不同方法	7 年总 41%（接受 TBI 者 79%；未用 TBI 者 27%）
Ravindranath 等（1996）	不同（皆未用 TBI）	115	磺乙硫环磷酰胺	38%（3 年）
Harousseau 等（1997）	不同（皆未用 TBI）	86		44%（4 年）
Burnett 等（1998）	Cy/TBI	190		40%（4 年）
Cassileth 等（1998）	BU/Cy	116	磺乙硫环磷酰胺	35%（4 年）
Fouillard 等（2004）	BU/Cy	432		46%（5 年）
BAVC		94		37%（5 年）
Lazarus 等（2006）	不同	482		50%（5 年）
ALL				
Proctor 等（1988）	MEL/TBI	10		30%（3 年）
Blaise 等（1990）	Cy/TBI	22	McAb+补体	40%（2 年）
Woods 等（1990）	Ara-C/TBI	52	McAb+补体±磺乙硫环磷酰胺	16%（3 年）
Carey 等（1991）	MEL/TBI	15		48%（年）
Powles 等（1995）	MEL TBI	50		53%（5 年）
Powles 等（2002）	MEL TBI	77		50%（10 年）
Bishop 等（2008）	TBI/Cy 或 BU/Cy	101		39%（5 年）

Bilgrami 等（2000）对 23 例成人 AML 在 CR 期进行了 auto-HSCT 治疗，其中部分患者年龄较大，且心、肝、肺等重要脏器功能不全，预处理方案采用 BU+Cy+VP-16，7 年DFS 率和 OS 率分别为 49%和 54%。Bruserud 等（2000）复习文献中对 AML 缓解后采用高剂量 Ara-C（单剂量 3g/m^2）及 APBSCT 的结果，认为长期 DFS 率可达 50%，他们建议对 AML 患者在 CR 后重复高剂量 Ara-C 及 auto-HSCT 2 次或以上，可望进一步提高疗效。

Sirohi 等（2004）近期又报道了一组 AML（CR1）auto-HSCT 的资料，并对骨髓移植与 PBSCT 进行了比较。结果显示：PBSCT 组造血重建快，4 年内非复发死亡率明显低于骨髓移植组（1% *vs* 13%）；4 年内复发率（20% *vs* 31%）和 4 年 OS 率（77% *vs* 63%）要好于骨髓移植。

对于携带 inv（16），t（8；21）染色体的 AML，第一次缓解后接受造血干细胞移植。Gorin 等（2008）分析了 325 例患者，其中 159 例 inv（16）患者，包括 35 例同时携带其他染色体异常；166 例 t（8；21）患者，包括 60 例患者同时携带其他染色体异常。inv（16）患者 auto-或 allo-HSCT 后 5 年 DFS 分别为 59%和 66%，t（8；21）患者分别为 60%和 66%。由此看来，携带 inv（16）或 t（8；21）染色体的 AML 患者接受 auto-或 allo-HSCT 疗效相当。对于获得 CR2 的 APL，auto-HSCT 疗效也相当满意，5 年 DFS 率可达 67%（Linker

等，2009）。

由于移植技术的改善，支持治疗方法的提高，auto-HSCT 对于年龄的限制越来越宽。最近 Ferrara 等（2009）应用持续静脉滴注高剂量的去甲氧柔红霉素［20mg/（m^2·d）×2d）和 BU［4mg/（kg·d）×3d］治疗 40 例老年 AML 患者，＞60 岁，中位年龄 67 岁，无 1 例移植相关死亡，中位随访 25 个月，中位 DFS 和 OS 分别为 13 个月和 22 个月。

对于晚期急性白血病，auto-HSCT 可使大多数患者达再次缓解，长期无病生存率为 20%～40%，较常规挽救性化疗的结果明显提高（Spellberg 等，1999）。

近来一些大的研究中心比较了 auto-HSCT 与 allo-HSCT 和强化疗治疗缓解后 AML 的复发率，如表 20-4 所示（Appelbaum 等，2001），所有结果皆提示化疗组的复发率最高，其次为 auto-HSCT 组，而 allo-HSCT 后的复发率较低。

表 20-4 auto-与 allo-HSCT 和化疗后 AML 复发率的比较 （单位：%）

研究者（年）	allo-HSCT	auto-HSCT	化疗
Zittoun（1995）	24	40	57
Harousseau（1997）	28	45	55
Brurnett（1998）	19	35	53
Cassileth（1998）		29	48
Willemze（2004）		30.4	52.5

（二）auto-HSCT 治疗 ALL

欧洲协作组 510 例 ALL 患者的 ABMT 治疗结果从整体分析显示，CR1 和 CR2 组 7 年 DFS 率分别为 50%和 20%（Gorin 等，1990）。如果移植后 1 年内不复发，在 CR1 和 CR2 组的 7 年 DFS 率分别为 81%和 59%。在 CR1 后进行 auto-HSCT 的患者中，诊断后 40 天内达 CR 者的长期 DFS 率较 40 天以上达 CR 者显著高，DFS 率分别为 60%和 30%左右。比较体外用标准 MFD（39 例）、个体化剂量 MFD（49 例）及 McAb 体外净化（70 例）和未净化骨髓（98 例）做 auto-HSCT 的结果，显示各组之间的长期 DFS 率没有统计学差别。在 CR2 时进行 auto-HSCT 的患者中，儿童 5 年 DFS 率可达 42%，而成人的 3 年 DFS 率仅 20%左右，没有明显的差别。Kersey 等用 McAb 体外净化后对 45 例高危组 ALL 在 CR2 或 CR3 后进行 auto-HSCT，长期 DFS 率约为 20%，与该组用异基因骨髓移植（allo-BMT）治疗类似患者的结果相似。Boston 移植组用 auto-HSCT 治疗 30 例 CR2 或 2 次以上缓解的儿童 ALL，3 年 DFS 率可达 30%。对 CR1 至少能维持 2 年以上复发者，在 CR2 后进行 auto-HSCT，5 年 DFS 率可达 60%。Gale 和 Butturini 比较文献中用化疗、allo-BMT 和 ABMT 治疗成人及儿童 ALL 的结果，发现在成人中，化疗组、CR1 后行 allo-BMT和 ABMT 组的 3 年 DFS 率区别不大，皆约 50%。然而 CR2 后进行 allo-BMT 的疗效则明显优于 ABMT，DFS 率前者为 20%，后两者分别为 5%和 0。在儿童 ALL 中，无论化疗组或 BMT，在 CR1 或 CR2 后的长期 DFS 率皆相似，分别在 60%和 40%以上，而 ABMT 组的 DFS 率则较低，分别在 40%和 20%左右。近年来，许多中心利用抗 B 或 T 淋巴细胞早期分化抗原的单克隆抗体体外净化移植物后进行 auto-HSCT，用于高危儿童

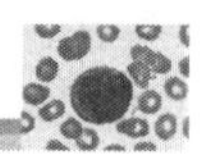

ALL 首次缓解后治疗，DFS 率可达 30%～60%。一些研究者还注意到在 Cy＋TBI 的常规预处理方案中加上 VP-16，其结果可能更好一些（Nademanee，2001）。

最近在一项大样本的国际合作前瞻性研究中（MRC UKALL XII/ECOG E2993），Glodstone 等（2008）报道了成人标危 ALL 的相关资料。患者接受 2 个周期的化疗，如果获得缓解，有 HLA 相合的同胞供者进行 allo-HSCT，其他患者随机分成化疗组和 auto-HSCT 组。3 个组的 5 年生存率分别为 53%、46%和 37%。由此认为，单次 auto-HSCT 在治疗 ALL 的策略中并不能取代巩固和维持治疗。

以上结果提示，用 auto-HSCT 治疗复发或晚期急性白血病的疗效并不十分理想，仅 20%～40%的患者长期存活。即便在 CR1 期进行移植，ALL 的疗效也不如 AML 的好。因此对没有适当供者做 allo-HSCT 的患者，如果要进行 auto-HSCT，最好在 CR1 时进行。为了提高 ALL 的 auto-HSCT 疗效，有人建议在进行 auto-HSCT 时应进行双重净化处理，即用较 AML 更为强烈的移植预处理方案，以提高体内净化的效应，同时体外净化的方法也需要进一步改进，用现代免疫净化方法或许能进一步提高疗效（Gorin 等，1990；DiCke 等，1990；Spellberg 等，1999）。

总之，auto-HSCT 作为一种根治性的强化巩固治疗措施，在白血病的整体治疗策略中，已受到广泛的重视，特别对那些没有适当供者进行 allo-HSCT 治疗者尤为重要。当前研究的主要方向是：①发展体外净化技术，提高净化效应。利用不同药物、不同 McAb、药物和 McAb 的联合技术等已引起人们的兴趣。②诱导自体移植物抗白血病效应（GVL）。已经证明 GVL 效应能够明显改善 allo-HSCT 治疗白血病后的疗效，据此一些学者应用（高春记等，2003；Park 等，2003）CSA、IFN-γ 等药物诱导 auto-HSCT 后 GVL 效应，以期望达到提高 auto-HSCT 后的疗效。③目前绝大多数采取 auto-PBSCT，利用联合化疗加细胞生长因子激活和动员，采集的 PBSC 移植物中白血病细胞的污染可能会少一些，如果再用适当的净化技术或可减少移植后的复发。④文献中不少学者及我们用 2 次 auto-HSCT 法，无论在急性或慢性白血病中，证明具有更强的抗白血病效应（Meloni 等，1989；张伯龙等，2002），值得更多临床实践证实。⑤移植后体内的免疫治疗造血调节因子的合理应用已引起人们高度的重视。如移植后 IL-2 的应用可提高抗瘤效应，也可事先分选自体抗原提呈细胞（如树突细胞）、CTL、NK 等免疫效应细胞，体外扩增、激活，然后回输体内也可提高疗效。在体内应用 IL-1、IL-3、GM-CSF 等，不仅可以加速移植后的造血和免疫重建，而且通过不同机制可抑制肿瘤细胞生长，减少疾病复发，提高 auto-HSCT 的疗效。在这里需要强调的是在今后的临床实践中，进行严格、随机、大量的比较研究是十分必要的，因此需要加强地区乃至全国的大协作，在较短的时间内探索出更加高效的净化方法和治疗方案以推动 auto-HSCT 的快速发展。

参考文献

达万明. 1996. 自体造血干细胞移植. 兰州：甘肃科学技术出版社

达万明. 1999. 外周血 $CD34^+$ 细胞移植. 现代诊断与治疗，10：193；260

达万明等. 2000. 外周血干细胞移植. 北京：人民卫生出版社，1

高春记等. 1994. 癌光啉加光照体外对白血病细胞的杀伤作用. 中华血液学杂志，15：370

高春记等. 2003. 自体造血干细胞移植治疗血液系统恶性肿瘤过程中 CSA 诱导的 GVHD. 军事医学科学

院院刊，27：128

陆道培等．2000．我国造血干细胞移植现状——中国骨髓移植登记处1998年登记结果分析．中华血液学杂志，21：87

张伯龙等．2002．双次自体造血干细胞移植治疗恶性血液病的临床分析．中华医学杂志，82：123

张苗等．2001．一种简便的外周血干细胞冷冻保存法．中国实验血液学杂志，9：363

张苗等．2002．甲基纤维素体外分离骨髓移植物中红细胞的效果．中国实验血液学杂志，10：561

Appelbaum FR et al. 2001. Acute myeloid leukemia. Hematology. Am Soc Hematol. Educ Program，62

Atta J et al. 2000. Purging in BCR-ABL positive acute lymphoblastic leukemia using immunomagnetic beads：comparison of residual and purging efficiency in bone marrow vs peripheral blood stem cells by semiguantative polymarase chian reaction. BMT，25：97

Balduzzi A et al. 2011. Autologous purified peripheral blood stem cell transplantation compare to chemotherapy in childhood acute lymphoblastic leukemia after low-risk relapse. Pediatr Blood Cancer，doi：10.1002/pbc. 23169 [Epub ahead of print]

Basak GW et al. 2011. Identification of prognostic factors for plerixafor-based hematopoietic stem cell mobilization. Am J Hematol，86：550

Bilgrami S et al. 2000. A pilot study of busulfan，cyclophosphamide and etoposide followed by autologous transplantation for acute myeloid leukemia in remission. Acta Haemat，104：144

Bishop MR et al. 2008. Long-term outcomes of adults with acute lymphoblastic leukemia after autologous or unrelated donor bone marrow transplantation：a comparative analysis by the National Marrow Donor Program and Center for International Blood and Marrow Transplant Research. BMT，41：635

Brenner MK et al. 1993. Gene-marking to trace origin og relapse after autologous bone marrow transplantation. Lancet，341：85

Brurett AK et al. 1998. Randomised comparison of addition of autologous bone marroe transplantation to intensive chemotherapy for acute myeloid leukemia in first remission：results of MRC AML 10 trial. Lancet，351：700

Bruserud O，Ernst P. 2000. High dose Ara-C combined with autologous peripheral blood stem cell transplantation in the treatment of acute myelogenous leukemia，the question is still not answered. Stem Cell，18：459

Cashen A et al. 2008. A phase Ⅱ study of plerixafor（AMD3100）plus G-CSF for autologous hematopoietic progenitor cell mobilization in patients with Hodgkin lymphoma. BBMT，14：1253

Cassileth PA et al. 1998. Chemotherapy compared with autologous or allogeneic bone marrow transplantation in the management of acute myeloid leukemia in first remission. N Engl J Med，339：1649

Chang J et al. 1989. The use of bone marrow cells grown in long-term culture for autologous bone marrow transplantation in acute myeloid leukemia. BMT，4：5

Cheson B. 1989. Autologous bone marrow transplantation：current status. Ann Intern Med，110：51

Da WM et al. 1991. Serum free liquid marrow culture in patients with acute lymphoblastic leukemia：a potential application to purge marrow for autologous transplantation. Br J Haematol，78：42

Da WM. 1989. Studies on sensitivity of human GM-CFU and L-CFU to hyperthermic killing in vitro. Leuk Res，13：217

Deisseroth AB et al. 1994. Genetic marking shows that Ph^{+} cells present in autologous transplants of chronic myelogenous leukemia（CML）contribute to relapse after autologous bone marrow in CML. Blood，83：3068

Dicke KA et al. 1990. Role of autologous bone marrow transplantation in acuteleukemia. In：Schellong B

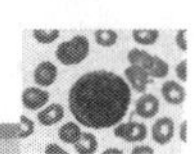

et al eds. Haematology and Blood Transfusion. Acute Leukemia Ⅱ. Berlin: Springer-Verlag, 33: 667

Feller N et al. 2005. Immunologic purging of autologous peripheral blood stem cell products based on CD34 and CD133 expression can be effectively and safely applied in half of the acute myeloid leukemia patients. Clin Cancer Res, 11: 4793

Ferrara F et al. 2009. Autologous stem cell transplantation for elderly patients with acute myeloid leukaemia conditioned with continuous infusion idarubicin and busulphan. Hematol Oncol, 27: 40

Fouillard L et al. 2004. Comparison of BAVC and BuCy regimens in autologous stem cell transplantation for adult patients with acute myeloid leukemia. Haematologica, 89: 107

Goldstone AH et al. 2008. In adults with standard-risk acute lymphoblastic leukemia, the greatest benefit is achieved from a matched sibling allogeneic transplantation in first complete remission, and an autologous transplantation is less effective than conventional consolidation/maintenance chemotherapy in all patients: final results of the International ALL Trial (MRC UKALL XII/ECOG E2993). Blood, 111: 1827

Gorin NC et al. 1990. Autologous bone marrow transplantation for myelocytic leukemia in first remission: A European survey of the role of marrow purging. Blood, 75: 1606

Gorin NC et al. 2008. Identical outcome after autologous or allogeneic genoidentical hematopoietic stem-cell transplantation in first remission of acute myelocytic leukemia carrying inversion 16 or t (8; 21): a retrospective study from the European Cooperative Group for Blood and Marrow Transplantation. J Clin Oncol, 26: 3183

Gorin NC. 1989. Indications for autologous bone marrow tranplantation of stem cells in hematology. Bio Clin Hematol, 11: 63

Gorin NC. 2010. Higher incidence of relapse in patients with acute myelocytic leukemia infused with higher doses of $CD34^+$ cells from leukapheresis products autografted during the first remission. Blood, 116: 3157

Goring NC. 2009. Higher incidence of relapse with peripheral blood rather than marrow as a source of stem cells in adults with acute myelocytic leukemia autografted during the first remission. J Clin Oncol, 27: 3987

Hammert LC, Ball ED. 1997. Purging autologous bone marrow with monoclonal antibodies for transplantation in acute myelogenous leukemia. Blood Review, 11: 80

Harousseau JL et al. 1997. Comparison of autologous bone marrow transplantation and intensive chemotherapy as postremission therapy in adult acute myeloid leukemia. Blood, 90: 2978

Jung AS et al. 2009. Autologous hematopoietic stem cell transplantation as an intensive consolidation therapy for adult patients in remission from acute myelogenous leukemia. BBMT, 15: 1306

Korblig M et al. 1990. Long term disease-free survival following autologous bone marrow/blood stem cell transplantation; in 89 patients. In: Buchner T et al eds. Haematology and blood transfusion. Acute Leukemia Ⅱ. Berlin: Springer-Verlag, 33: 675

Lazarus HM et al. 2006. Autotransplantation versus HLA-matched unrelated donor transplantation for acute myeloid leukaemia: a retrospective analysis from the Center for International Blood and Marrow Transplant Research. Br J Haematol, 132: 755

Linker CA et al. 2009. Auto-SCT for AML in second remission: CALGB study 9620. BMT, 44: 353

Marius RE et al. 1986. Autograning in chronic granulocytic leukemia. Clin Haematol, 15: 235

Meloni G et al. 1989. Acute myelogenous leukemia in frst relapse treated with two consecutive autologous bone marrow transplantation: a pilot study. Eur J Haematol, 42: 441

Park J. 2003. Autologous peripheral blood stem cell transplantation with induction of autologous graft-versus-host disease in acute myeloid leukemia. BMT，32：889

Powles R et al. 2002. The role of posttransplantation maintenance chemotherapy in improving the outcome of autotransplantation in adult acute lymphoblastic leukemia. Blood，100：1641

Reiffers J et al. 2000. Autologous blood cell vs marrow transplantation for acute myeloid leukemia in complete remission：an EBMT retrospective analysis. BMT，25：1115

Ringden O et al. 1999. Allogeneic bone marrow transplantation or second autograft in patients with acute leukemia who relepse after an autograft. BMT，24：389

Santos GW. 1989. Marrow transplantation in acute nonlymphocytic leukemia. Blood，74：901

Sharkis SJ et al. 1980. Elimination of acute myelogenous leukemic cells from marrow and tumor suspensions in the rat with 4-hydroperoxyclophosphomide. Blood，55：521

Sirohi B et al. 2004. Reassessing autotransplantation for acute myeloid leukaemia in first remission-a matched pair analysis of autologous marrow vs peripheral blood stem cells. BMT. Apr 19 [Epub ahead of print]

Spellberg B，Schiller GJ. 1999. Autologous bone marrow transplantation in acute leukemia. Hemat Oncol Clin Nort Amer，13：919

Vescio R，Berenson J. 1999. Autologous transplantation，purging and the impact of minimal residual disease. Hemat Oncol Clin Nort Amer，969

Willemze R et al. 2004. Autologous versus allogeneic stem cell transplantation in acute myeloid leukemia. Ann Hematol，83 (Suppl 1)：S134

Zittoun RA et al. 1995. Autologous or allogeneic bone marrow transplantation compared with intensive chemotherapy in acute myelogenous leukemia. N Eng J Med，332：217

第二十一章 造血干细胞移植治疗白血病

刘 芳 曹星玉 赵艳丽 卢 岳

卢岳，医学硕士，副主任医师。现任道培医院造血干细胞移植中心主治医生。2004 年毕业于中南大学湘雅医学院。2006 年开始从事造血干细胞移植工作，擅长对同胞相合、非血缘、相同异基因造血干细胞移植及其合并症的处理。

第一节 造血干细胞移植治疗急性髓性白血病

目前除急性早幼粒细胞白血病（APL）有相当好的药物治疗疗效外，对一般急性髓性白血病（AML），通过标准的方案诱导治疗，60%～80%年龄小于 60 岁的患者可达完全缓解（CR），但若不进一步治疗，几乎所有患者会复发。AML 诱导后的巩固治疗包括比较强烈的缓解后化疗和造血干细胞移植（HSCT）。强烈缓解后化疗仅能使少数患者达长期生存，而 HSCT 则能使大部分患者治愈。前面章节详细介绍了 AML 化疗，后面将有章节介绍白血病的免疫效应细胞治疗，本章介绍 HSCT 在 AML 中的应用，重点介绍异基因 HSCT（allo-HSCT），对自体 HSCT（auto-HSCT）进行简单介绍。

自从 Thomas 等（1979）首先对 19 名 CR1 的 AML 患者进行了人类白细胞抗原（HLA）相合的 allo-HSCT，已经过去了 30 余年。30 余年来，随着大剂量阿糖胞苷（HD-Ara-C）在巩固化疗中的应用，巩固化疗的疗效较前明显改善。同时随着 HLA 配型技术的发展及 HSCT 各项技术的不断提高和支持疗法的进步，HSCT 的疗效也较前明显提高。因此，一个干细胞移植医生在接受一个 AML 患者时需要面临几个重要问题：是否选择移植？选择什么类型的移植？何时移植（即移植指征、移植类别及移植时机）？

一、各种类型供者来源的 HSCT 的现状

在讨论 AML 的移植指征和移植时机之前，首先了解国内外关于 AML 患者行不同类型 HSCT 的现状，包括同胞相合 HSCT（matched sibling donor HSCT，MSD-HSCT）、非血缘供者 HSCT（unrelated donor HSCT，URD-HSCT）、脐带血移植（umbilical cord blood transplantation，UCBT）、亲缘半相同 HSCT（haploidentical HSCT，haplo-HSCT）及 auto-HSCT。

（一）同胞全相合造血干细胞移植

由于供受者 HLA 相合，同胞全相合造血干细胞移植（MSD-HSCT）发生移植物抗宿主病（GVHD）及移植物排斥的风险最小，因此尽管近年来供者来源越来越广泛，但 MSD-HSCT 仍然是各种类型 allo-HSCT 的首选。1979 年 Thomas 等（1979）首先对 19

名 CR1 的 AML 患者进行了 MSD-HSCT，最近的长期随访结果显示，其中有 7 名（37%）患者移植后长期生存，存活时间为 26～27.3 年（Clift 等，2004）。19 世纪 80 年代到 90 年代初一些小型研究报道，接受 MSD-HSCT 的长期生存率为 40%～50%。近 20 年来，随着移植技术的不断进步，MSD-HSCT 的疗效也在不断改善，其在 AML 治疗中的作用已经被很多研究所肯定。20 世纪 90 年代末以后，一些大型研究，包括欧洲肿瘤研究治疗组（EORTC）、法国 Groupe Ouest Est Leuemieres Aigues Myeloblastiques（GIMEMA）研究组、美国西南肿瘤研究组（SWOG）/东部肿瘤协作组（ECOG）/癌症及白血病协作组组 B（CALGB）、意大利 Gruppo Italiano Malattie Ematologiche Maligne dell'Adulto（GOELAM）研究组、英国医学研究委员会（MRC）及（HOVON-SAKK）等，报道的 AML 患者 CR1 期行 MSD-HSCT 的长期 OS 率为 45%～60%（Zittoun 等，1995；Cassileth 等，1998；Harousseau 等，1997；Suciu 等，2003；Cornelissen 等，2007）。国际骨髓移植研究中心（CIBMTR）的最新数据显示，从 1998～2008 年 11 714 名 AML 患者接受 MSD-HSCT，早期（CR1）、中期（2 次或 2 次以上 CR）、晚期（未缓解或复发）3 年预期 OS 率分别为 59%±1%，49%±1%和 25% ±1%（图 21-1）。

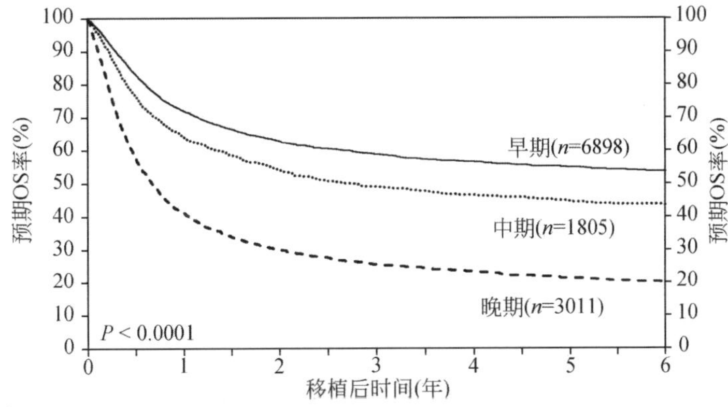

图 21-1　CIBMTR 关于不同时期 AML 患者接受 MSD-HSCT 的 3 年预期 OS 率
（http：//www. cibmtr. org）

（二）非血缘供者造血干细胞移植

由于仅仅部分患者具有合适的同胞相合供者，尤其是在我国，近年来随着计划生育政策的实行，相当一部分患者缺乏同胞相合供者。由于高危 AML 患者 CR 后接受强烈巩固化疗的长期生存率不到 20%，且首次诱导治疗失败（primary induction falure，PIF）及复发的患者单靠化疗难以长期生存，因此对于此类患者，可以考虑其他干细胞来源的移植，其中非血缘供者造血干细胞移植（URD-HSCT）便是此类患者的主要选择。由于供受者之间已知的或一些未认识的 HLA 的差异，URD-HSCT 移植排斥、GVHD 及移植相关死亡率（TRM）要高于 MSD-HSCT，且 GVHD 发生率、植入失败率及死亡的风险随着供受者 HLA 不合位点的增加而增加，但 URD-HSCT 的疗效仍优于化疗及其他类型的 HSCT。德国 AML 01/99 研究前瞻性地分析了具有高危因素的 AML 患者 CR1 期接受不同移植方式的疗效，结果 MSD-HSCT、URD-HSCT 和 auto-HSCT 的 4 年 OS 率分别是

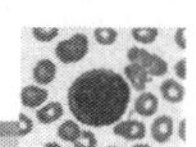

68%、56%和 23%，虽然 URD-HSCT 不如 MSD-HSCT，但明显优于 auto-HSCT（$P=0.01$）（Krauter 等，2005）。因此具有高危因素的患者，如果没有同胞相合的供者，应该尽早查询非血缘供者。目前国际一些大型研究报道，缓解期 AML 行 URD-HSCT 长期 OS 率在 50%左右，疾病进展时行 URD-HSCT 则较差。西雅图 Fred Hutchinson 肿瘤研究中心 2000 年的研究显示，161 名患者 CR1 期接受 URD-HSCT，5 年无白血病生存（LFS）率为 50%（Sierra 等，2000）。据国际骨髓移植研究中心/美国骨髓库（CIBMTR/NMDP）报道，CR1 的 AML，染色体核型低危、中危及高危患者接受 URD-HSCT 的 5 年 DFS 率分别为 29%、30%和 27%（图 21-2A），OS 率分别为 29%、30%和 30%（图 21-2C），CR2 的 AML，染色体核型低危、中危、高危患者接受 URD-HSCT 的 5 年 DFS 率分别为 42%、35% 和 38%（图 21-2B），OS 率分别为 45%、37%和 36%（图 21-2D）（Tallman 等，2007）。核型高危 AML 患者 CR1 期接受 URD-HSCT 的 5 年 OS 率（30%）明显高于接受 auto-HSCT 及巩固化疗的患者（约 15%）（Slovak 等，2000）。NMDP 报道从 1998～2006 年 1017 名 AML 患者接受 URD 骨髓移植，915 名接受 URD 外周血干细胞移植，结果 CR1、CR2 及进展期的患者行骨髓移植移植的 5 年 OS 率分别为 33%±6%、35%±7%和 15%±3%（图 21-3A），行外周血干细胞移植的 5 年 OS 率分别为 44%±7%、40%±10%和

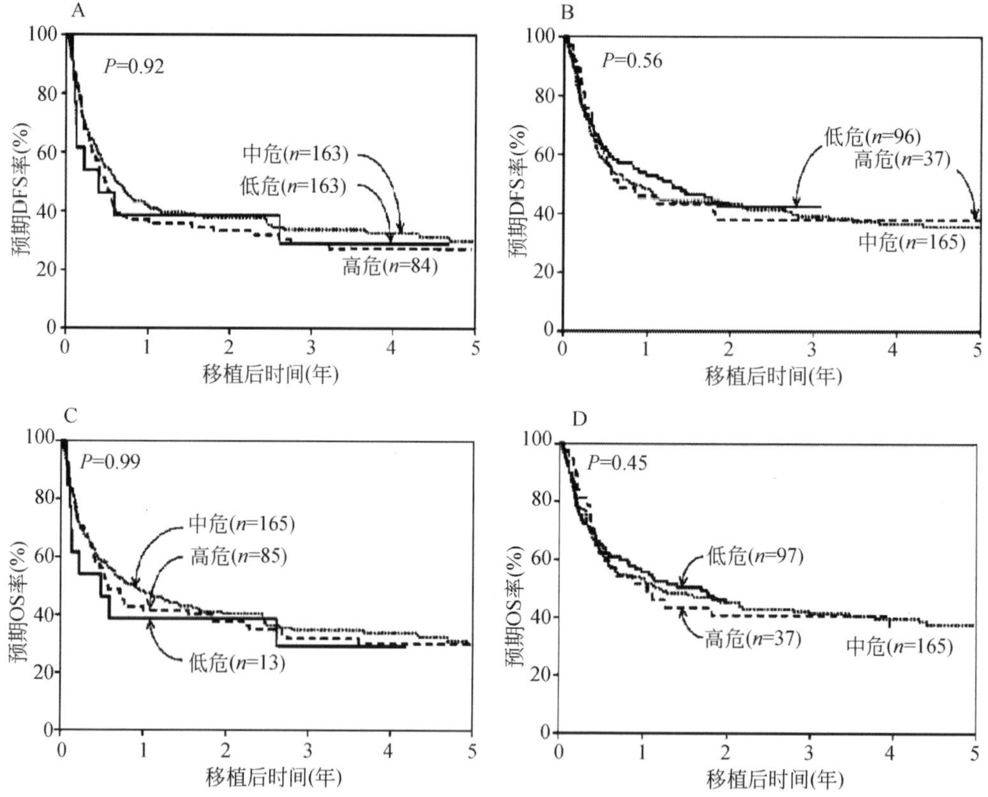

图 21-2 CIBMTR 报道的不同预后类型 AML 患者在不同阶段接受 URD-HSCT 的疗效

A. CR1 患者行 URD-HSCT 的 5 年 DFS 率；B. CR2 患者行 URD-HSCT 的 5 年 DFS 率；C. CR1 患者行 URD-HSCT 的 5 年 OS 率；D. CR2 患者行 URD-HSCT 的 5 年 OS 率（Tallman 等，2007）

15%±6%（图 21-3B）。CIBMTR 的最新数据显示，从 1998～2008 年 9 674 名 AML 患者接受 URD-HSCT，早期（CR1）、中期（2 次或 2 次以上 CR）、晚期（未缓解或复发）3 年预期 OS 率分别为 45%±1%、43%±1%和 20%±1%（图 21-4）。我国任汉云等（2009）在中华骨髓库第二届年会上报道了截至 2009 年 721 例接受来自中华骨髓库 URD-HSCT 的结果，其中 AML 患者 197 名，所有患者的 5 年 OS 率为 54.3%，AML 患者 5 年 OS 率为 51.4%，其中 CR1 期和非 CR1 期的 5 年 OS 率分别为 54.9%和 46.9%（图 21-5），与国际上报道的疗效相似，但不同移植中心疗效差别较大，一些大移植中心的结果更佳。北京及上海道培医院截至 2009 年 5 月共 146 名接受 URD-HSCT 的患者，5 年 OS 率为 80.5%，其中 AML 患者 27 名，死亡 4 名，5 年 OS 率为 85.1%。

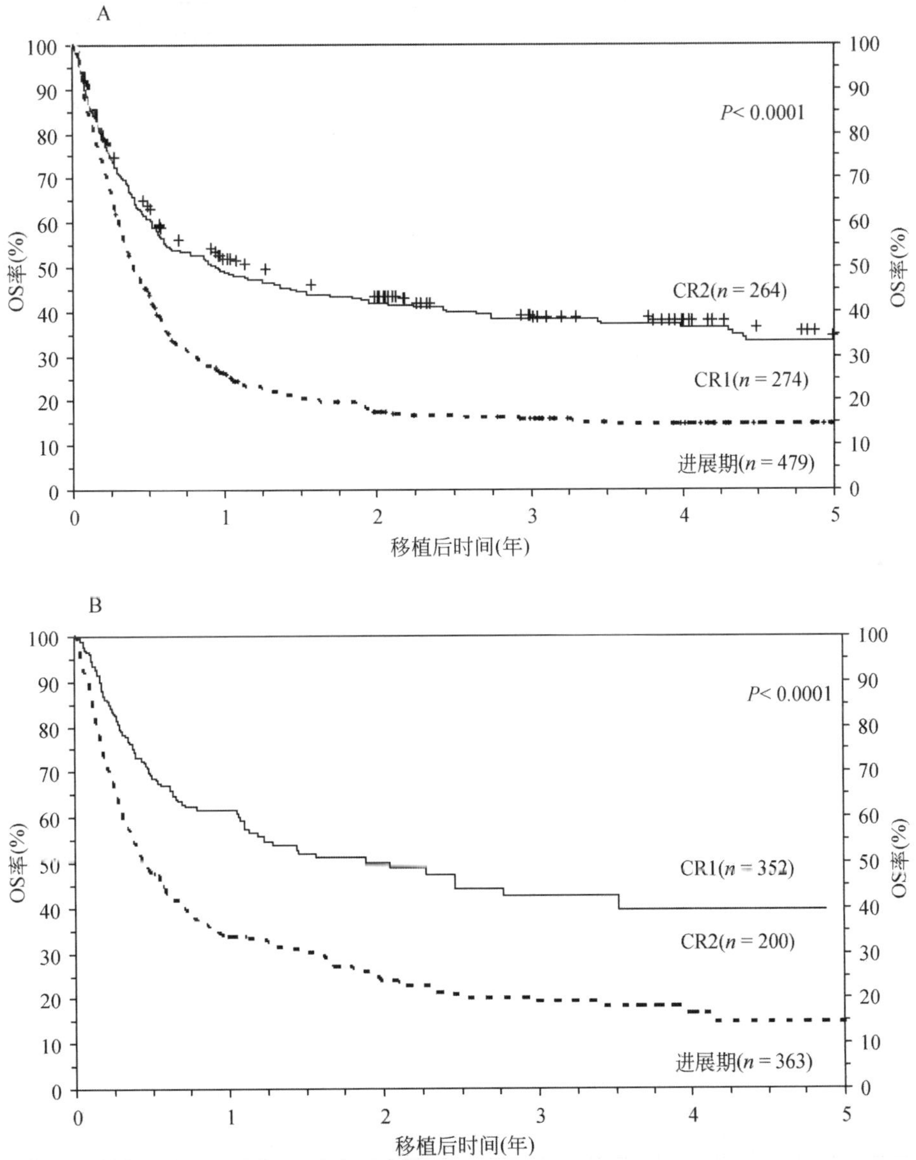

A

OS率(%)

P< 0.0001

CR2(n = 264)

CR1(n = 274)

进展期(n = 479)

移植后时间(年)

B

OS率(%)

P< 0.0001

CR1(n = 352)

CR2(n = 200)

进展期(n = 363)

移植后时间(年)

图 21-3 NMDP 不同时期接受 URD 骨髓移植（A）和外周血干细胞移植（B）的 5 年 OS 率

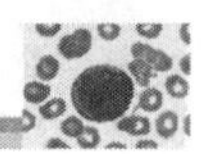

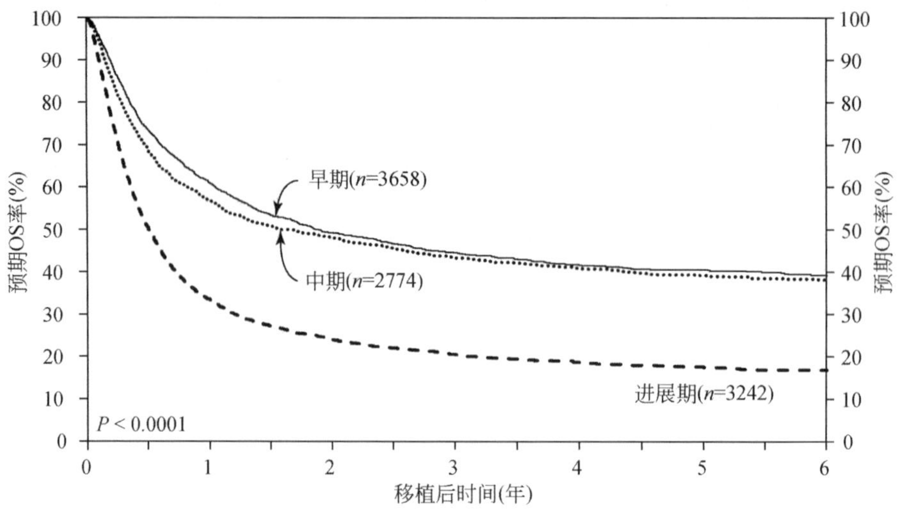

图 21-4 CIBMTR 不同时期 AML 患者接受 URD-HSCT 的 3 年预期 OS 率

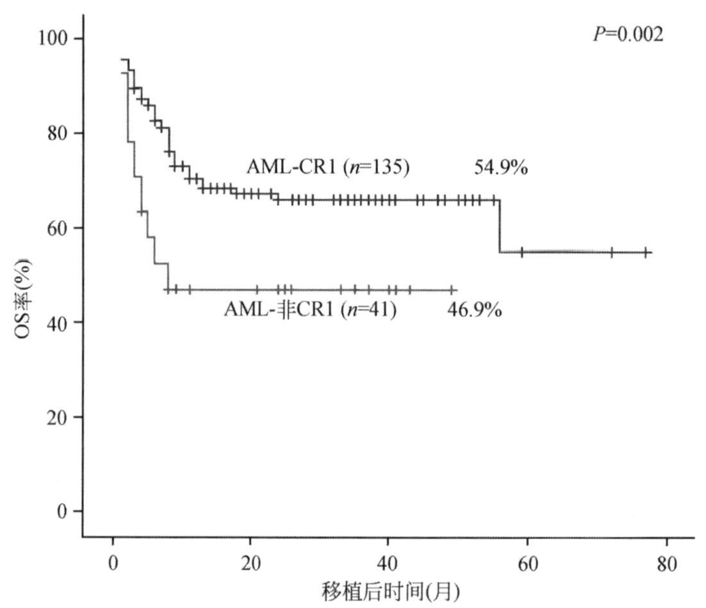

图 20-5 197 名 AML 患者接受来自中华骨髓库供者 URD-HSCT 的结果（任汉云等，2009）

决定 URD-HSCT 疗效的一个关键因素就是 HLA 配型。近年来随着 HLA 配型水平的不断提高，URD-HSCT 的疗效也在不断改善。来自法国骨髓移植及细胞治疗协会的研究表明，10/10 位点相合的 URD-HSCT 疗效可与 MSD-HSCT 相当，与 MSD-HSCT 相比，急性移植物抗宿主病（aGVHD）发生率、移植相关死亡率（TRM）、复发率及 OS 均无明显差别（Yakoub-Agha 等，2006）。最近来自美国西雅图 Fred Hutchinson 肿瘤研究中心和华盛顿大学的回顾性研究显示，CR1 的 AML 患者行 10/10 相合的 URD-HSCT 与 MSD-HSCT 相比，虽然总死亡、无复发死亡及不能无病生存的风险增加，但无明显统计学差异，两组的复发率相当。9/10 相合与 10/10 相合 URD-HSCT 相比，两组的总死亡率、DFS、复发率及无复发死亡率亦无明显统计学差异（Walter 等，2010）。CIBMTR 研究中将核型高危的患者 CR1 期接受 MSD-HCST（$n=268$）和 URD-HSCT（$n=358$，其中全相合 $n=254$，部分相合 $n=104$）的疗效进行对比，结果 MSD-HSCT 与全相合 URD-HSCT 的 3 年 LFS（RR=1.1，$P=0.114$）与 OS（RR=1.06，$P=0.62$）相当，两者均优于部分相合的 URD-HSCT（Gupta 等，2010）。

随着骨髓库非血缘志愿者数目不断扩大，找到匹配的非血缘供者的机会越来越大，从而 URD-HSCT 应用也越来越广泛。目前全球骨髓资料库（BMDW）登记的无血缘供者造血干细胞超过 1700 万份，分别来自 47 个国家的 67 家造血干细胞供者登记中心。欧洲骨髓移植协作组（EBMT）报道了 2005 年 HSCT 的情况，共有 24 168 名患者接受 HSCT，其中 allo-HSCT 占 37%，auto-HSCT 占 63%。与 2004 年比，allo-HSCT 增加了 20%，其中增加最多的是 URD-HSCT，占所有 allo-HSCT 总数的 41%，近年来 URD-HSCT 数量在不断增长，从 1990 年的 181 名增长到 2005 年的 3617 名，较其他类型 allo-HSCT 的增长速度快 6%（Gratwohl 等，2007）。截至 2011 年 6 月，中华骨髓库（CMDP）登记的非血缘志愿者已近 1 300 000 名，采集干细胞的志愿者已超过 2200 名。为 URD-HSCT 创造了越来越有利的条件。近年 CMDP 捐赠干细胞的人数也在快速递增，尤其是近两年，2010 年总捐赠人数为 517 名，较 2009 年增加了 173 名。

（三）脐带血移植

随着脐带血库的不断扩大，脐带血（UCB）便成为无合适的同胞全相合供者及非血缘供者的另一重要供者来源。脐带血移植（UCBT）具有容易获取、对供者没有危险、传播疾病风险小、可迅速使用、GVHD 发生率较小等优点，因此得到越来越广泛的应用。如今，全球已经有将近 50 个脐血库，共储存的脐血超过了 480 000 份，共完成的 UCBT 超过 20 000。由于脐带血的细胞数量有限，因此更多用于儿童患者。CIBMTR 的最新数据显示，从 2007～2008 年，20 岁以下的患者非血缘移植（包括非血缘脐血、非血缘骨髓或外周血干细胞）比例呈上升趋势，尤其是 UCBT，占所有非血缘移植的 46%。近日来自美国的多中心研究将 502 名儿童白血病患者行 UCBT 和 URD 骨髓移植疗效进行了对比（其中 AML 患者 290 名，接受 URD-HSCT 96 名，接受 UCBT 194 名），结果显示，接受 1～2 个位点不合的 UCBT 与接受全相合的 URD 骨髓移植 5 年 LFS 相似，但均不如全相合的 UCBT（Eapen 等，2007）。由于双份或多份脐带血的利用解决了由于细胞数量不足而导致的植入失败问题，因此 UCBT 也逐渐用于成人。一些小型研究报道了 UCBT 用于 AML 比较乐观的结果。Ooi 等（2004）报道了 18 例成人 AML 患者 CR1 期接受非血缘 UCBT，2 年 DFS 率为 76.6%。Brunstein 等综述了其他几个小型研究，结果 TRM 为10%～60%，复发率为 15%～45%，OS 率为 15%～45%（Brunstein 等，2007）。Ooi 等（2008）报道了从1998～2008年接受 UCBT 的 77 例患者的结果，5 年预期 EFS 率、TRM、复发率分别为 62.8%、9.7%和 25.8%。有研究比较了成人患者接受 UCBT 与 URD-HSCT 的疗效，第一个研究来自 IBMTR，比较了成人急性白血病患者行 UCBT（140 例）与全相合 URD-HSCT（367 例）及 HLA 单个位点不合的 URD-HSCT（83 例）的疗效，结果 UCBT 与一个位点不合的 URD-HSCT 疗效相似，但两者均不如全相合 URD-HSCT，但此研究没有特异针对 AML 进行分析（Laughlin 等，2004）。第二个研究来自 EBMT，作者比较了

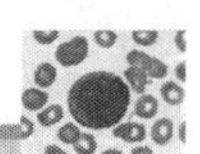

接受UCBT（98例）与URD-HSCT（584例）的疗效，多变量分析结果显示USCT GH-VD发生率低，但植入延迟，两者TRM、RR及LFS率无明显差异（Rocha等，2004），但对于AML患者，接受URD-HSCT者2年LFS率高于接受UCBT者（42% *vs* 32%）。来自日本的一项单中心研究比较了100例UCBT及71例URD-HSCT治疗恶性血液病（其中88例为AML）的疗效，结果两组TRM（9% *vs* 13%）、复发率（17% *vs* 26%）及DFS率（70% *vs* 60%）均无明显差别（Takahashi等，2006），提示USCT可能产生与URD-HSCT相似的疗效。但来自日本骨髓库和日本脐血库的最新研究结果与EBMT结果类似，484名AML患者中113名接受UCBT，311名接受全相合URD骨髓移植，结果接受UCBT的2年OS率及LFS率均低于URD骨髓移植（OS率：43% *vs* 60%，$P<0.001$；LFS率：36% *vs* 54%，$P<0.001$），而复发率则高于URD骨髓移植（31% *vs* 24%，$P=0.067$）（Atsuta等，2009）。由于这些研究均存在选择患者的偏差，而且未考虑到预处理方案及支持治疗对疗效的影响，因此结果值得进一步探讨。脐血为部分患者提供了干细胞来源，对于无合适同胞全相合供者及非血缘供者的患者，如果有细胞数量足够的部分匹配的脐血，可以选择UCBT。

（四）HLA半相同造血干细胞移植

由于找到同胞全相合供者的概率只有25%，而非血缘供者找寻过程耗时长，许多患者无法在最适宜的时机接受移植，且UCBT存在植入失败风险高及细胞含量少的问题，HLA半相同造血干细胞移植（haplo-HSCT）近年来得到迅速发展。相比URD-HSCT，haplo-HSCT的优势是：①几乎所有患者均能找到半相同供者；②获得供者迅速，无须在等待供者过程中耽误病情；③移植后细胞治疗有保障；④GVL效应较强。早年，因为HLA屏障导致的重症GVHD和移植物排斥是haplo-HSCT的主要障碍，临床疗效并不理想。近年来，随着各项技术的不断进步，如预处理方案、免疫抑制剂、移植物来源的改进，移植后并发症预防和处理技术的完善及G-CSF的应用，haplo-HSCT的疗效取得了突破性进展，更进一步拓宽了干细胞供者的来源，为更多患者提供了移植机会。20世纪后国际上报道haplo-HSCT长期LFS为20%～50%（Mehta等，2004；Waller等，2004；Lang等，2004；Ichinohe等，2004）。20世纪初期我国空军总医院纪树荃等（Ji等，2002）首次报道15例不去T淋巴细胞的haplo-HSCT，2年DFS为60%。在前期的研究基础上我国陆道培等（Lu等，2006）领导的团队建立并于2002年完善了GIAC方案，采用此方案取得国际上最佳的DFS（64%）和OS（71%）。将135例（其中AML 30例）haplo-HSCT与158例MSD-HSCT进行了对比，结果TRM、复发率、急/慢性GVHD发生率、LFS率及OS率均无明显统计学差异（图21-6）。北京道培医院吴彤等2010年在美国血液学年会上报道了该院从2002～2010年440例haplo-HSCT的疗效，其中AML患者175例，CR1 69例，CR2及以上39例，未缓解67例。结果显示，所有患者2年及5年的OS率为58.9%及51.2%。其中CR1的2年及5年的OS率为86.1%及69.5%，CR2及以上2年及5年的OS率为69.7%及64.7%，未缓解的2年及5年的OS率为35.7%及18.0%。2年及5年的LFS率为54.5%及47.8%。其中CR1的2年及5年的LFS率为71.5%及68.2%，CR2及以上2年及5年的LFS率为62.7%及53.4%，未缓解的2年及5年的LFS率为31.4%及26.2%（Wu等，2010）。

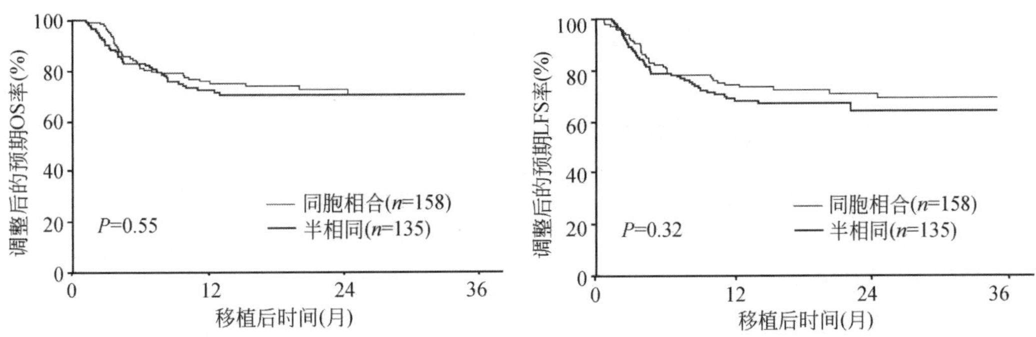

图 21-6　haplo-HSCT 与 MSD-HSCT 预期 OS 率及 LFS 率对比（Lu 等，2006）

（五）自体造血干细胞移植

虽然早期一些研究认为 AML 患者 CR1 期行自体造血干细胞移植（auto-HSCT）可以改善疗效，但目前仍没有确定的数据显示优于强烈巩固化疗。法国 GOELAM 的研究比较了接受 HD-Ara-C 巩固化疗与 auto-HSCT 的疗效，结果 auto-HSCT 并不明显提高 LFS（Harousseau 等，1997）。Levi 等（2004）对 6 个相关临床研究进行了荟萃分析，共包括 4410名患者，1044 名 CR 期接受进一步治疗，其中 835 名接受 auto-HSCT，360 名接受强烈巩固化疗，结果显示，auto-HSCT 可略改善 EFS，但并不改善 OS。另一荟萃分析的结果也与此类似（Nathan 等，2004）。因此目前的共识是不常规推荐 CR1 期 AML 行 auto-HSCT。由于 AML 分不同的预后类型，有学者对 auto-HSCT 在不同预后类型的 AML 中进行了分析。两个前瞻性研究随机比较了 auto-HSCT 对低危 AML（包括 CBF AML 及 APL）疗效的影响，两者均显示 auto-HSCT 使 OS 稍有所改善，但无统计学差异（Burnett 等，1998；Slovak 等，2000）。Schlenk 等（2004）对 392 名 CBF AML 的结果进行了荟萃分析，显示 auto-HSCT 并不优于强烈化疗。对于中危的 AML 患者结果也类似，在以上两个研究中显示 auto-HSCT 并不较化疗明显改善 OS（Burnett 等，1998；Slovak 等，2000）。此结论在后来 CALGB 的一个非随机研究中再次得到证实，CR1 患者接受 auto-HSCT 与接受强烈巩固化疗 DFS 率分别为 45％和 41％，两组无明显差异（Farag 等，2005）。auto-HSCT 在高危患者中的对照研究还比较有限。Burnett 等的研究显示，高危 AML 患者接受 auto-HSCT 与接受强烈巩固化疗相比，DFS 率及 OS 率稍有提高，但无统计学差异；Slovak 等的研究中，两者均无明显差异。也有报道复发或再次 CR 的患者采用 auto-HSCT，但目前仍缺乏随机研究。Schiffman 等（1993）报道了 38 名在 CR 期冷冻干细胞，复发后接受 auto-HSCT，移植后给予白细胞介素 2 或细胞治疗，其中 8 名患者持续 CR（Schiffman 等，1993）。EBMT 研究组显示 CR2 接受 auto-HSCT 可使30％～35％的患者无病生存（Gorin 等，1991，1996）。而一些回顾性研究显示，CR2 期行 auto-HSCT 较接受强烈巩固化疗生存率无明显改善（Breems，等，2005；Brunet 等，2004）。总之，低危核型的 AML 患者在 CR1 期行 auto-HSCT 并不能改善疗效，中危及高危核型 AML 患者，auto-HSCT 可能轻度提高 EFS 率，但目前对此观点仍有争议。

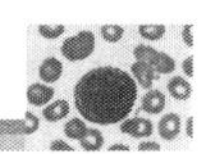

二、allo-HSCT 的指征

（一）第一次完全缓解（CR1）

AML 的缓解后治疗手段除了化疗、化疗联合免疫治疗及 HSCT，是否在 CR1 期选择 allo-HSCT 取决于疾病的预后类型。AML 的预后因素在本书第四章中已有详细介绍，包括：①起病时的临床特点（包括性别、年龄、起病时白细胞计数、体能情况、起病前是否具有前驱血液病或化疗病史、是否合并髓外白血病等；②免疫学因素；③细胞遗传学因素；④分子生物学因素；⑤多药耐药因素；⑥对治疗的反应。

早期一些研究将 AML 患者 CR 后巩固治疗采取 MSD-HSCT 与化疗的疗效进行了前瞻性对比。最早来自美国西雅图 Fred Hutchinson 肿瘤研究中心的研究显示，接受 MSD-HSCT 的患者 3 年无病生存（DFS）率明显高于接受化疗的患者（49% *vs* 20%）（Appelbaum 等，1984）。继而来自美国加州大学的研究显示，接受 MSD-HSCT 的复发率明显低于接受化疗者（40 % *vs* 71%，$P=0.01$），但由于移植病例治疗相关死亡率（TRM）明显增加，因此 OS 率无明显差别（40% *vs* 27%，$P>0.4$）（Champlin 等，1985）。来自法国 Archimbaud 等（1994）的研究显示，20 名 CR1 的 AML 患者接受 MSD-HSCT，31 名接受巩固化疗，结果前者复发率明显低于后者（43% *vs* 67%），LFS 率高于后者（41% *vs* 27%），但 OS 率基本相似（41% *vs* 46%）。20 世纪 90 年代末以后，随着细胞遗传学和分子生物学等技术的不断发展，人们越来越重视预后因素在选择 allo-HSCT 中的作用。由于染色体核型是 AML 最重要的预后因素（详见本书第四章），因此很多大型研究组关于 CR1 期移植指征及疗效的研究均是基于染色体核型的分类。目前的共识是：核型高危的患者，应该在 CR1 期选择 allo-HSCT，包括 MSD-HSCT 及其他供者类型的 allo-HSCT；核型中危患者，若有合适的同胞全相合供者或全相合的非血缘供者，应在 CR1 期接受 allo-HSCT；而核型低危的患者除一些具有高危因素的患者外，不推荐 CR1 期进行 allo-HSCT。一些大型研究，包括 EORTC、法国 GIMEMA 研究组、SWOG/ECOG/CALGB、意大利 GOELAM 研究组、英国 MRC 及 HOVON-SAKK 等比较了 MSD-HSCT 与化疗或 auto-HSCT 的疗效（表 21-1），大部分结果显示，与化疗及 auto-HSCT 相比，接受 MSD-HSCT 的患者复发率明显低，LFS 率较高或相当，但 OS 率相似。这些数据显示的是一个总体疗效，纳入的病例包含了预后良好的患者，其中几个研究包括 EORTC、英国 MRC、HOVON-SAKK 等在内的几个大型研究组对 allo-HSCT 的优越性按照不同染色体核型进行了分层，3 个研究组均认为，染色体核型为高危的患者 CR1 期行 allo-HSCT 的 DFS 及 OS 均明显优于缓解后强烈化疗，核型低危的患者 CR1 期行 allo-HSCT 的长期生存优势不显著，核型中危的 AML 患者是否应该在 CR1 期行 allo-HSCT 存在不同意见，但多数研究支持应该行 allo-HSCT。英国 MRC-AML10 研究显示，核型中危的患者接受 MSD-HSCT 的 DFS 及 OS 均明显优于 auto-HSCT 及单纯化疗（Burnett 等，2002）。HOVON-SAKK 比较了有供者和无供者组 DFS 的差别，意向性分析结果显示，核型中危及高危患者有供者组 DFS 明显优于无供者组（Cornelissen 等，2007）（图 21-7）。最近大型的荟萃分析结果显示，allo-HSCT 能使核型高危及中危的患者 RFS 及 OS 明显改善，但不能使核型低危的患者受益（Koreth 等，2009）。这些对照研究中提到的供者均是同胞相合供者，关于 CR1 期 AML 患者行其他供者类型移植与巩固化疗疗效的对照研究则较少。最近 CIBMTR 研究中显示，高危 AML 患者 CR1 期接受配型全相合的 URD-HSCT 可获得与 MSD-HSCT 类似的 LFS 和 OS（Gupta 等，2010）。因此对于高危且没有 MSD 的 AML 患者，如果有 HLA 配型全相合的非血缘供者，亦可在 CR1 期考虑 allo-HSCT。

表 21-1　MSD-HSCT 与化疗或 auto-HSCT 疗效对比的大型前瞻性研究

研究组	文献	对比内容	病例数			RRs（%）			LFS 率（%）			OS 率（%）		
			allo	auto	C	allo	auto	C	allo	auto	C	allo	auto	C
EORTC/GIMEMAAML-8	Zittoun 等，1995	allo *vs* C *vs* auto	168	128	126	24	41	57	55	48	30	59	56	46
GOELAM	Harousseau 等，1997	allo *vs* C *vs* auto	73	75	71	37	45	55	49	48	43	55	52	58
ECOG/CALGB/SWOG	Cassileth 等，1998	allo *vs* C *vs* auto	113	116	117	29	48	61	43	34	34	46	43	52
EORTC/GIMEMAAML-10	Suciu 等，2003	allo *vs* auto	293	441	—	30	52	—	52	42	—	58	50	—
MRC AML-10	Burnett 等，2002	有 MSD *vs* 无 MSD	257	200	661	36		52	50		42	56		50
HOVON-SAKK	Cornelissen 等，2007	有 MSD *vs* 无 MSD	326	165	398	92		59[a]	48		37[a]	54		46[a]

a $P<0.05$。

注：allo. 异基因 HSCT；auto. 自体 HSCT；C. 巩固化疗；RRs. 复发率；LFS. 无白血病生存；OS. 总生存；MSD. 同胞相合供者；EORTC. 欧洲肿瘤研究治疗组；GIMEMA. 意大利 Gruppo Italiano Malattie ematologiche Maligne dell'Adulto 研究组；GOELAM. Groupe Ouest Est Leuemieres Aigues Mycloblastiques 研究组；CALGB. 美国癌症及白血病协作组 B；ECOG. 美国东部肿瘤协作组；SWOG. 美国西南肿瘤研究组；GOELAM. 法国 The Groupe Ouest Est Leucémies Aiguës Myéloblastiques 研究组；MRC. 英国医学研究委员会；HOVON-SAKK. 荷兰比利时血液肿瘤协作组-瑞士临床癌症研究组。

以上各大研究中所提及的染色体核型低危的患者包括 APL、t（8；21）AML 及 inv（16）AML，这 3 种类型 AML 均具有独特的生物学特性，因此有必要分别进行讨论。APL 患者的移植指征本章后面会提及。t（8；21）AML 患者，标准方案诱导治疗 CR 率可达 85%以上，但 3～5 年 RFS 率仅仅 40%～60%，10 年 RFS 率只有 40%。虽然一些对照研究显示此类患者接受缓解后化疗和 allo-HSCT 长期 OS 无明显差别（Schlenk 等，2008；Kuwatsuka 等，2009），但一些具有不良预后因素（如起病时高白细胞、合并 KIT 基因突变、伴复杂染色体核型、$CD56^+$ 及合并髓外白血病）的患者，缓解后治疗采用化疗的总体疗效差。由于 t（8；21）AML 的特点是一旦复发，再次 CR 的机会小，且在未缓解及再次缓解状态下接受 HSCT 疗效明显不如 CR1 期（Kuwatsuka 等，2009），因此笔者认为，具有高危因素的 t（8；21）AML 患者应在 CR1 期考虑 allo-HSCT。道培医院的经验显示，t（8；21）伴－Y AML 的预后很差，建议 CR 后尽快行 allo-HSCT。inv（16）AML 患者，标准诱导化疗后将近 90%的患者可达 CR，缓解后采取 3～4 个疗程的含 HD-Ara-C 的

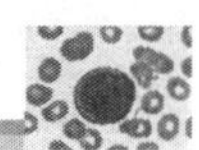

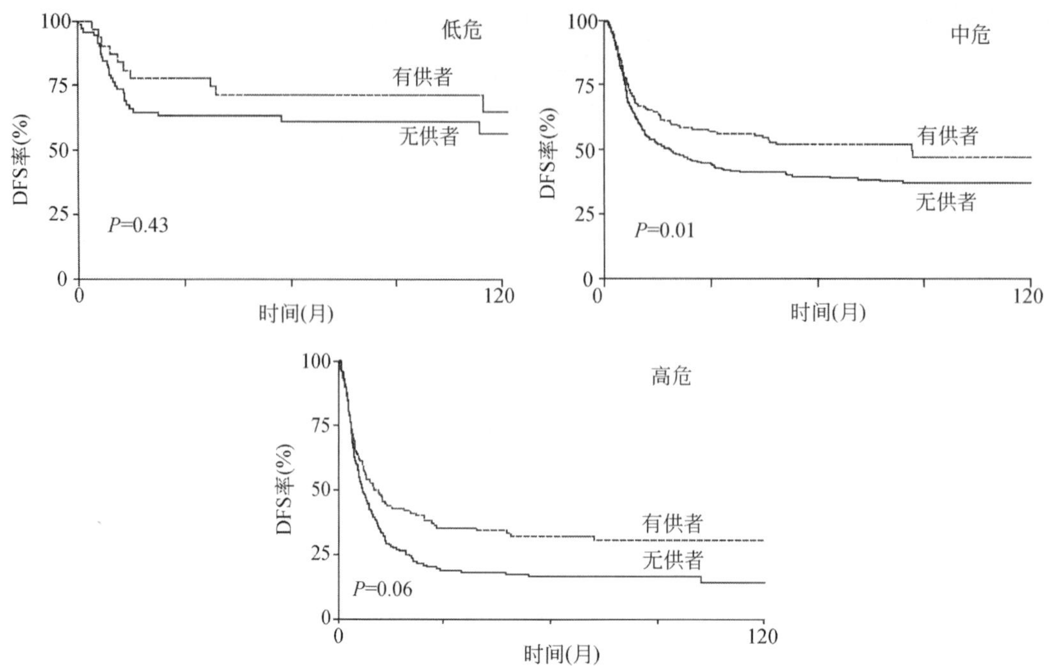

图 21-7 HOVON-SAKK 研究组对不同染色体预后类型 AML 患者有供者组和无供者组 DFS 率的对比（Cornelissen 等，2007）

方案进行巩固治疗 OS 率可达 85%（Schlenk 等，2004）。一些大型研究显示，缓解后采取 allo-HSCT，与强烈化疗长期 OS 率无明显差异（Delaunay 等，2003；Schlenk 等，2004），此类 AML 若在 CR2/CR3 接受 allo-HSCT，长期生存率仍较高，3 年 OS 率可达 86%（Kuwatsuka 等，2009），因此不推荐 CR1 期行 allo-HSCT。但合并不良预后因素如 KIT 基因突变的患者，复发率高，长期疗效不理想，也应早期考虑 allo-HSCT（Paschka 等 2006）。

与 AML 的预后相关的另一个重要因素就是分子生物学改变，除上面提到的 c-KIT 基因突变外，重要的还有 FLT3、NPM1 和 CEBPA 基因突变，这 3 种基因突变在决定移植指征中的作用也不容忽视。核型正常 AML 患者中若合并此 3 种基因突变，则提示不同预后类型。合并 FLT3-ITD 基因突变提示预后不良，即使用 HD-Ara-C 巩固化疗长期疗效也不佳，需及早考虑行 allo-HSCT（Frohling 等，2002）；而合并 NPM1 基因及 CEBPA 基因突变的患者提示预后良好（Döhner 等，2005；Marcucci 等，2008），此类患者不考虑在 CR1 期行 allo-HSCT。

除了染色体和基因突变，AML 是否在 CR1 期选择 allo-HSCT 还需考虑其他因素，如起病时高白细胞水平，合并髓外白血病，继发 AML（t-AML），FAB 分型的 M0、M6 及 M7，常规化疗疗效长期差，allo-HSCT 是治疗的最好方法。EBMT 报道了从 1981～2006 年 461 例 t-AML 患者接受 HSCT 的疗效，其中约 1/3 的患者治愈，优于传统化疗（Kroger 等，2009）。Park 等（2002）报道 15 例 M6 患者接受化疗，10 例缓解，但均于缓解后短期内复发，平均生存时间为 5 个月，所有 15 例患者均死于原发病持续存在或复发；3 例接受 allo-HSCT 的患者中 2 例在移植后 29 个月随访时仍长期生存。

AML 治疗过程中微小残留病（MRD）的变化也是与预后相关的重要因素。北京市道培医院的经验显示，对中危及低危 AML，诱导治疗及 4 个疗程强化治疗后的 MRD 下降速度及变化趋势更能够帮助患者选择 CR 后的治疗策略，如果诱导治疗后 FCM 检测 MRD 转阴，强化治疗后的 PCR 监测白血病基因为 0，化疗（或联合免疫治疗）的长期无复发生存率可达>70%，可以不选择 allo-HSCT；如强化治疗后，FCM 监测 MRD 或 PCR 检测白血病基因>0.1%，大多数复发，如果患者有 HLA 相合的供者，仍建议采用 allo-HSCT 治疗。而高危险性 AML 即使获得 CR，其 CR 期也短或很难获得 CR，因此建议一旦获得 CR 或接近 CR，尽快进行 allo-HSCT（待发表），过多化疗可能耽误最佳移植时机，如果引起严重感染，会增加移植风险和费用。

（二）首次诱导治疗失败（PIF）

AML 患者即使接受标准化疗方案诱导治疗，仍约有 30%的患者不能 CR。PIF 是指经 2 个疗程标准方案或 1 个疗程含 HD-Ara-C 的方案化疗仍不缓解，这些患者部分应用二线方案可达 CR，但治愈的机会小，而部分患者可通过 allo-HSCT 获长期生存。来自 EBMT 的早期研究表明，88 名经过 2 个疗程化疗仍不 CR 的患者接受 MSD-HSCT 3 年 DFS 为 21%（Biggs 等，1992）。美国希望之城综合癌症中心（City of Hope Comprehensive Cancer Center，CHCCC）报道了从 1978～2000 年 68 名 PIF 的 AML 患者行 MSD-HSCT 的疗效，结果 3 年累计 DFS 率、OS 率、复发率分别为 31%、30%、51%（Fung 等，2003）。美国西雅图 Fred Hutchinson 肿瘤研究中心报道了 16 名 PIF 的 AML 患者接受非血缘供者（URD-HSCT）的疗效，5 年 LFS 率为 19%（Sierra 等，2000）。PIF 患者接受 allo-HSCT 的一些回顾性研究报道见表 21-2，长期 OS 率为 10%～30%。虽然高复发率仍然是 PIF 移植失败的主要原因之一，但其总体疗效仍优于化疗。

表 21-2　PIF 的 AML 患者接受 allo-HSCT 的回顾性研究

参考文献	患者数	骨髓原始细胞比例	移植前疗程	移植类型	LFS 率（%）/年	OS 率（%）/年	RRs（%）	TRM（%）
Biggs 等，1992	88	25%	2	100% mSib	21/3	NR	62/3	44
Michallet 等，2000a	69	NR	NR	mSib mmSib MUD mMUD	9/5	13/5	NR	51
Fung 等，2003	68	36%	≤2（82%） >2（18%）	79% mSib 10% MUD 7% mMUD	31/3	30/3	51%	NR
Esteve 等，2004	346	NR	NR	100% mSib	18/2	25/2	57/2	25
Wong 等，2005	53	23%	NR	mSib mmSib MUD	26/2	29/2	NR	62

注：mSib. 同胞全相合供者；mmSib. 一个抗原不合的亲缘供者；MUD. 全相合的非血缘供者；mMUD. 不完全相合的非血缘供者；LFS. 无白血病生存；OS. 总生存；RRs. 复发率；TRM. 治疗相关死亡率；NR. 未报道。

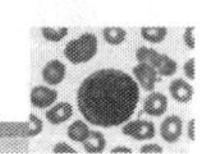

（三）AML 复发

AML 诱导化疗后 CR 的患者，即使接受标准方案的缓解后化疗，仍有 50%～80%的患者可能复发。复发患者经再次诱导化疗后部分可达到第 2 次 CR（CR2），但 CR 期短，大部分患者最终再次复发，allo-HSCT 为部分此类患者提供了长期生存的机会。Gale 等（1996）回顾性地比较了 CR2 期 AML 患者接受 MSD-HSCT（257 名）和接受单纯化疗（244 名）的疗效，结果前者明显优于后者，两组的 3 年 DFS 率分别为 26%和 17%，认为除预后良好核型及远期复发的患者外，达 CR2 后应选择 allo-HSCT。美国西雅图 Fred Hutchinson 肿瘤研究所报道，CR2 期行 URD-HSCT 的 5 年 LFS 率为 28%（Sierra 等，2000）。英国 MRC AML10 和 AML12 研究共纳入的 5425 名患者中，741 名患者复发后达 CR2，其中 480 名接受了 HSCT（116 例 MSD-HSCT，192 例 auto-HSCT，154 例 URD-HSCT，18 例其他），非随机对照研究结果显示，移植患者 5 年 OS 率明显优于不移植的患者（39% *vs* 22%，$P=0.00001$），接受 MSD-HSCT、URD-HSCT 和 auto-HSCT 的患者的 5 年生存率分别为 54%、40%和 33%，均明显优于化疗的患者（Burnett 等，2004）。国际骨髓移植研究中心/美国骨髓库（CIBMTR/NMDP）的研究中，预后良好、中等和不良的 AML 患者在 CR2 期接受 URD-HSCT 的 5 年 DFS 率分别为 42%、35%和 38%（Tallman 等，2007）。CIBMTR 公布的 1998～2008 年 2 次或 2 次以上 CR 的 AML 患者接受 allo-HSCT 的疗效，其中 3011 名接受 MSD-HSCT，3242 名接受 URD-HSCT，3 年预期生存率分别为 49%和 43%。美国 M. D. Anderson 癌症研究中心将复发 AML 患者行 allo-HSCT 和化疗的疗效进行了对比，此类患者再次接受挽救性化疗，如果化疗后不能再次缓解的患者 allo-HSCT（$n=84$）和化疗（$n=200$）的中位生存期是分别是 5.1 个月和 2.3 个月（$P=0.004$），化疗后达缓解的患者 allo-HSCT（$n=46$）和化疗（$n=66$）的中位生存期是分别是 11.7 个月和 5.6 个月（$P<0.001$）（图 21-8）（Armistead 等，2009），两组患者 allo-HSCT 均优于化疗。由于复发 AML 患者通过再次诱导化疗，只有少部分患者可获得再次 CR，因此也可以不化疗直接在复发状态下行 allo-HSCT。早期来自西雅图 Fred Hutchinson 肿瘤研究中心 1983 年的研究报道了初次复发 AML 患者未经化疗行 allo-HSCT 的 3 年 EFS 率为 29%（Appelbaum 等，1983）。1992 年同一研究组报道了 126 例复发患者行 allo-HSCT 的结果，3 年 EFS 率为 28%（Clift 等，1992）。Brown 等的研究结果也与此类似，5 年 OS 率为 28%～30%（Brown 等，1995）。国内王静波等报道了北京市道培医院及上海道培医院从 2006～2008 年 30 例难治/复发 AML 行 HSCT 的结果，移植前原始细胞的中位数是 36%（20%～87%）。其中有 18 例为 haplo-HSCT，5 例为 MSD-HSCT，7 例为 URD-HSCT，为预防复发，移植后早期将免疫抑制剂减量，预防性给予供者淋巴细胞输注或进行免疫效应细胞治疗，25 名（83.3%）持续 CR，仅 2 名患者复发，其中一名经过化疗及细胞免疫治疗后再次持续缓解，中位随访时间 15 个月（3～35 个月），DFS 率为 73.3%（图 21-9）（Wang 等，2009）。如此鼓舞人心的疗效提示对于复发 AML，应尽量选择 allo-HSCT，预防性免疫治疗有助于减少复发，如果没有合适的同胞全相合供者，可以选择非血缘供者或半相同供者移植。

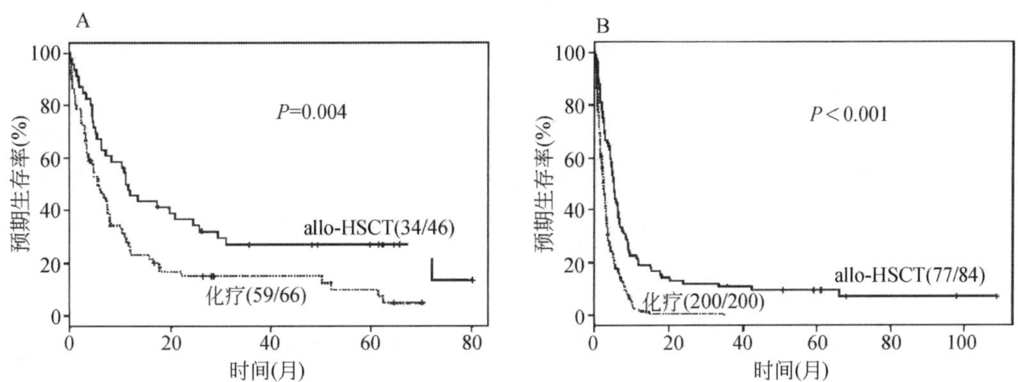

图 21-8　M. D. Anderson 癌症研究中心复发 AML 化疗缓解后（A）及化疗未缓解（B）行异基因造血干细胞移植（allo-HSCT）和行化疗预期生存率的对比（Armistead 等，2009）

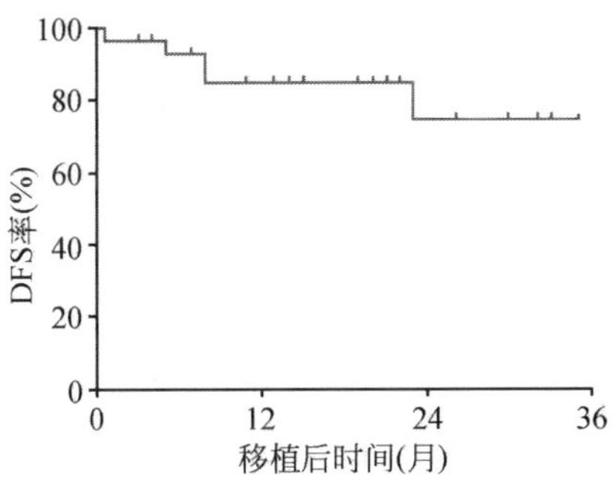

图 21-9　北京市道培医院及上海道培医院 30 名难治/复发 AML allo-HSCT 的 DFS 率

总之，AML 患者行 allo-HSCT 的指征在不同的预后类型及不同疾病状态不同，需结合实际情况进行综合考虑。预后良好的患者［括 APL，单纯 t（8；21）/inv（16）AML 伴 c-KIT$^-$，染色体核型正常伴 NPM$^+$/FLT3-ITD$^-$或 CEBPA$^+$/FLT3-ITD$^-$］，可在疾病进展后再考虑 allo-HSCT；预后中等的患者［包括正常染色体核型伴 FLT3-ITD$^-$，+8，t（9；11），除外低危和高危的其他核型及 t（8；21）/inv（16）伴 c-KIT$^+$］，如果有 MSD 或全相合的 URD，可在 CR1 期行 allo-HSCT，否则，则在病情进展后考虑其他类型供者来源的移植如部分相合的 URD-HSCT 或 haplo-HSCT；预后不良的患者［包括复杂核型，−5/5q$^-$，−7/7q$^-$，inv（3）/t（3；3），t（6；9），t（9；22），除 t（9；11）以外的 11q23 异常，以及正常核型伴 FLT3-ITD$^+$］，应在缓解后尽早考虑 allo-HSCT，包括 MSD-HSCT、URD-HSCT、UCBT 及 haplo-HSCT。难治或复发患者，有条件时应选择 allo-HSCT，包括各种供者类型的 allo-HSCT。

三、allo-HSCT 的时机

（一）CR1 患者的移植时机

对于 CR1 患者的移植时机，最受关注的问题有两个：一是移植前巩固化疗的疗程，

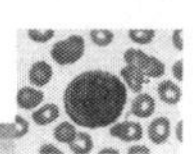

二是移植前巩固化疗的强度。既往认为通过移植前强烈化疗，可尽量减少肿瘤负荷以降低移植后的复发率，但随着对移植后移植物抗白血病（GVL）效应在清除白血病中的作用的认识，越来越倾向于移植前不接受强烈的巩固化疗。目前主张，有 allo-HSCT 适应证的 AML 患者，一旦进入 CR1 期就直接进行 allo-HSCT，而不必再做强化治疗，这样既可避免强化中白血病负荷增加的危险，又可减少其感染、器官损害等并发症，从而提高 allo-HSCT 的安全系数，减少治疗费用。IBMTR 回顾性比较了 allo-HSCT 前不接受巩固治疗、接受标准剂量阿糖胞苷（SD-Ara-C）及 HD-Ara-C 为基础的方案巩固治疗患者的疗效，包含从 1989～1995 年接受 MSD-HSCT 的 431 名 AML 患者，结果 3 组的 TRM 分别为 30%、22%和 24%（*P*＝NS），5 年累计复发率（CIR）分别为 19%、21%和 17%（*P*＝NS），5 年预期 LFS 率分别为 50%、56%和 59%（*P*＝NS），5 年预期 OS 率分别为 60%、56%和 60%（*P*＝NS），三组均无明显差别（图 21-10）（Tallman 等，2000）。同期，EBMT 进行了更大规模的研究，共包括 1980～1995 年接受 HSCT 的 1672 名 AML 患者（其中 826 名 allo-HSCT），其中 154 名患者 CR 后不接受巩固化疗直接行 HSCT，其他患者移植前随机接受以 SD-Ara-C/ID-Ara-C/HD-Ara-C 为基础的方案巩固治疗，得出的结论也相似，诱导及巩固治疗中 Ara-C 的剂量并不影响移植后的复发率，且对 OS 无明显影响（表 21-3）（Cahn 等，2000）。此两项研究提示 AML 患者如果在 CR1 期接受 allo-HSCT，移植前强烈的巩固治疗并不能明显改善移植疗效。

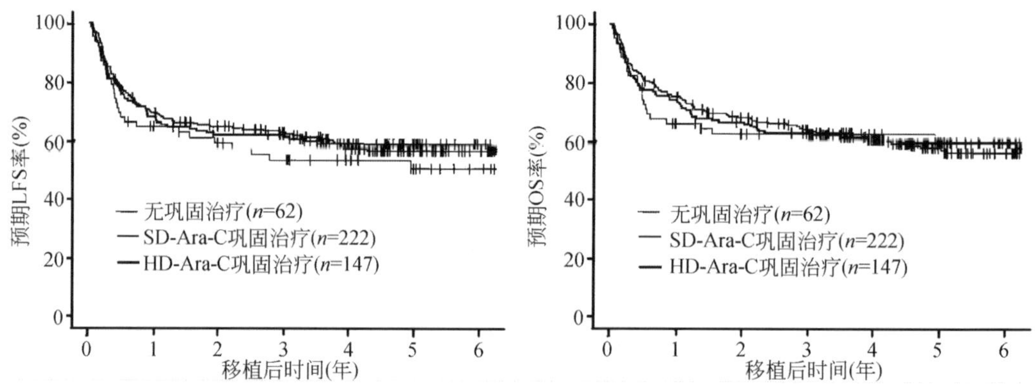

图 21-10 IBMTR 关于不接受巩固治疗、接受含标准剂量阿糖胞苷（SD-Ara-C）及大剂量阿糖胞苷（HD-Ara-C）的方案巩固治疗后行 allo-HSCT 的 LFS 率及 OS 率的对比（Tallman 等，2000）

表 21-3 allo-HSCT 前诱导或巩固治疗中 Ara-C 剂量与移植后 5 年生存率的关系（Cahn 等，2000）

Ara-C 剂量	患者数	LFS 率（%）	RI（%）	TRM（%）
诱导				
无	17	76±10	13±8	13±8
SD	726	55±2	23±2	28±2
ID	24	50±10	21±9	47±11
HD	44	45±8	42±9	21±7
P 值		0.14	0.02	0.98

续表

Ara-C 剂量	患者数	LFS（%）	RI（%）	TRM（%）
巩固				
无	154	51±4	27±4	29±4
SD	393	56±3	24±3	26±3
ID	68	54±6	21±6	28±6
HD	193	56±4	23±4	27±3
P 值		0.88	0.72	0.92
诱导/巩固				
SD	493	55±2	24±2	27±2
ID	87	51±6	22±5	34±6
HD	222	55±3	26±3	25±3
P 值		0.72	0.41	0.81

注：Ara-C. 阿糖胞苷；LFS. 无白血病生存；RI. 复发率；TRM. 治疗相关死亡率；SD. 标准剂量；ID. 中剂量；HD. 大剂量。

（二）复发患者的移植时机

关于复发 AML 行 allo-HSCT 的时机，最重要的问题就是是否一定要在移植前进行化疗以达到再次 CR。上文提到，复发状态下行 allo-HSCT 的长期生存率为 28%～30%，而经过化疗达 CR2 后行 HSCT 的长期生存率可达 40%左右，从数据上看后者似乎明显优于前者，但复发后再次诱导化疗只有部分患者可能达 CR2，而那些未达 CR2 的患者可能永远失去移植机会或在难治/复发状态下接受移植，因此其总体疗效甚至不如在早期复发状态下直接进行移植。最新版的《Thomas' Hematopoietic Cell Transplantation》中，作者 Appelbaum的观点是，如果 100 名患者接受再次诱导化疗，50 名可能达 CR2，如果 50 名患者均接受移植，约 20 名患者（50×40%）可能治愈，另 50 名中，15%～20%可能在再次诱导过程中死亡，剩下 30%中可能 10%治愈，因此，100 名患者中只有 23 名治愈，甚至不如在复发状态下直接移植的 28%～30%（图 21-11）（Appelbaum 等，2008）。在 M. D. Anderson 癌症研究中心一项包括 599 名复发 AML 的研究中，其中 557 名患者接受

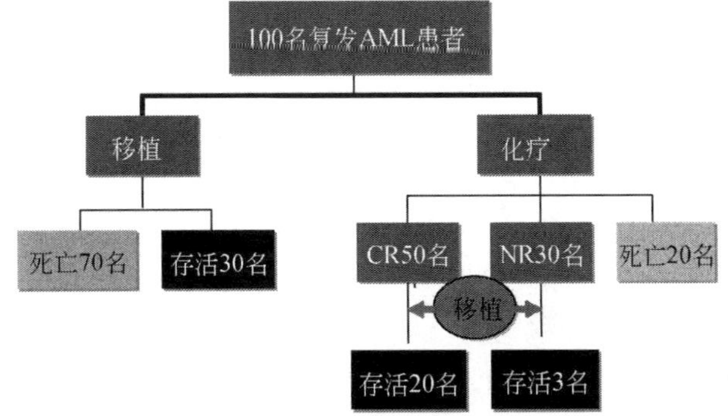

图 21-11　复发 AML 患者直接移植及化疗后移植疗效对比示意图

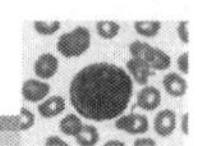

挽救性化疗，67名患者（11.2%）在挽救性化疗中死亡，存活的490名患者中，仅有112名（23%）再次CR，另外378名患者，仅有84名（22%）接受了HSCT（Armistead等，2009）。因此，复发AML患者可以考虑不行化疗，在复发状态下直接行allo-HSCT，以免因在化疗过程中造成脏器损伤、疾病进展或严重感染而丧失了移植机会。

四、预处理方案

有关预处理方案的一般原则及方案见移植总论部分，本章单独探讨AML患者HSCT的预处理方案。

（一）清髓性预处理方案

1. 含全身照射（TBI）**的方案** TBI具有清髓及免疫抑制作用，与化疗没有交叉耐药，且能到达化疗不能作用的部位，因此成为预处理方案的重要组成部分。在19世纪80年代，TBI联合环磷酰胺（Cy）被作为HSCT的标准预处理方案。由于TBI副作用大，分次照射可减少毒性。两个研究随机比较了不同剂量的TBI与相同剂量Cy联合的疗效，其中一个研究显示，12Gy分次照射优于10Gy单次照射（Thomas等，1982），另一研究比较了12Gy与15Gy分次照射的疗效，结果显示剂量高者复发率少，但非复发死亡率较高，两者长期生存率相当（Clift等，1990）。

2. 不含TBI的方案 由于TBI的副作用大，且放疗设备有限，因此就产生了不含TBI的方案。1983年，Santos等（1983）首次报道白消安（BU）联合大剂量Cy（120～200mg/kg）的方案在AML中的应用，结果较含TBI的方案复发率明显降低，但TRM增加，OS无明显改善。为减低毒性，一些学者对Cy的最佳剂量进行了探讨，将Cy减量至120mg/kg，结果毒性明显减少，生存率明显增加（Tutschka等，1987）。陆道培从20世纪90年代初起采用3天BU（12mg/kg）代替4天BU（16mg/kg），既达到清髓目的也减少了毒性（周洁等，1996）。

一些研究比较了含TBI方案与不含TBI方案的疗效。早期Helenglass等（1988）报道Cy-TBI方案与BU-Cy方案疗效相似。19世纪90年代，4个随机研究就这两种方案进行了对比，Blaise等（1992）随机比较了两种方案在101名AML CR1期患者行MSD-HSCT中的疗效，Cy-TBI方案复发率及TRM明显低于BU-Cy方案，DFS及OS明显高于后者。另一来自北欧的研究比较了两种方案在AML、CML及淋巴系统恶性肿瘤中的疗效，发现Cy-TBI方案较BU-Cy方案毒性小，DFS较高（Ringden等，1996）。与此相反，西雅图Fred Hutchinson肿瘤研究中心（Clift等，1994）及法国多中心研究（Devergie等，1995）显示在CML患者中此两种方案疗效相似，BU-Cy方案毒性更小。以上4个研究的随访时间为24～42个月。2001年Socie等（2001）报道了这4个研究的长期随访结果，其中排除了北欧研究组中的42例淋巴系统疾病的患者，只包括了172例AML及316例CML患者，中位随访时间为移植后7年。结果显示，对于AML患者，BU-Cy方案与Cy-TBI方案的10年预期生存率分别为51%和63%，DFS率分别为47%及57%，后者略优于前者，但无明显统计学差异（$P=0.068$及0.051），且两种方案的毒副作用相当，前者较多出现脱发，后者较多出现白内障。另外，来自SWOG的前瞻性研究比较了2次或多次 CR 的白血病患者接受 allo-HSCT 预处理方案采用 BU-Cy 与依托泊苷（VP-16）-TBI 的疗效，结果无论是 AML、ALL 还是 CML，两种方案疗效无明显区别，但低危的患者用 VP-16-TBI 方案疗效稍有改善（Blume 等，1993）。Hartman 等（1998）对这 5 个研究进行了荟萃分析，包括 6 个指标：OS、DFS、肝静脉闭塞病（SOS）、aGVHD、cGVHD 和间质性肺炎发生率，结果显示含 TBI 的方案 OS 及 EFS 稍优于 BU-Cy 方案，但无明显统计学差异。北京大学血液病研究所早期比较了含 TBI 的方案（159 例）和改良 BU-Cy 方案（20 例）的优缺点。结果显示改良 BU-Cy 组的肝脏损害明显高于 TBI 组，出血性膀胱炎发病率明显低于 TBI 组，生存分析结果显示，对处于疾病进展期的患者，改良 BU-Cy 组的 DFS 高于 TBI 组（周洁等，1996）。

氟达拉滨（Flu）是一种嘌呤类似物，系核糖核酸的抑制剂，经磷酸化成为有活性的三磷酸形式的 F-ara-ATP，后者可作为白血病细胞 DNA 合成中的底物，并能抑制 DNA 多聚酶和核糖还原酶，从而具有抗白血病活性，并具有免疫抑制作用。Flu 与烷化剂或 TBI 联合用于预处理可促进干细胞植入，且不增加 SOS 发生率。其优点是血浆半衰期长，可以单次给药。研究显示，Flu 250mg/m^2 与标准剂量 BU 及抗胸腺细胞免疫球蛋白（ATG）联合进行预处理移植相关死亡率降低（Russell 等，2002）。有报道预处理方案采用 Flu 50 mg/m^2×4d＋BU 3.2 mg/(kg・d) iv×3d，疗效好且耐受性好，TRM 较少（Russell 等，2002）。de Lima 等（2004a）报道了 74 例 AML/MDS 患者接受 MSD-HSCT 或 URD-HSCT，预处理方案用 Flu 40 mg/m^2 及 BU 130mg/m^2 静脉注射，每天 1 次，共 4 天，结果 1 年预处理相关死亡率在 MSD-HSCT 及 URD-HSCT 分别为 1%和 3%，1 年实际 OS 率及 EFS 率分别为 65%和 52%，CR 期行移植的患者分别为 81%和 75%。van Besien 等（2005）报道 Flu 30mg/(m^2・d) iv＋阿仑单抗 20mg/(m^2・d) iv×5d，美法仑（MEL）140 mg/(m^2・d) iv×1d 用于进展期 AML/MDS 预处理，结果 1 年 OS 率为 48%，EFS 率为 38%，复发率为 27%，TRM 为 33%。以上均为非对照研究。最近一些研究比较了含或不含 Flu 的方案的疗效。Andersson 等（2008）比较了传统的 BU-Cy 方案及 BU-Flu 方案在 AML/MDS 中的疗效，结果后者的 OS 及 EFS 明显优于前者。北京市道培医院在年龄较大或有脏器功能损害的患者中采用 Flu 代替 Cy 的预处理方案，张建平等（2008）回顾性地比较了 49 例含 Flu 方案与 87 例含 Cy 方案移植的临床结果，结果显示，与含 Cy 的方案相比，含 Flu 的方案安全性高，早期死亡率较低，且不增加早期感染发生率，是高龄、脏器功能异常、一般状况差的患者更理想的选择。因所有的方案均未通过前瞻性随机化研究验证，是否含 Flu 的方案优于传统的 TBI-Cy/BU-Cy 方案目前还有待进一步研究证实。由于 Flu 同时具有抗肿瘤作用及免疫抑制功能，因此更多地应用于减低强度预处理方案的 HSCT（见下文）。

（二）非清髓性/减低强度预处理方案

传统的预处理方案旨在清除肿瘤细胞，在抑制机体免疫及预防移植物排斥的同时为供者干细胞提供植入的空间。高强度的清髓性方案可最大限度地减少肿瘤负荷，但毒性大，移植相关死亡率高，老年患者及脏器功能损伤的患者不能耐受。由于 allo-HSCT 的治疗效应在很大程度上依赖于免疫介导的移植物抗肿瘤（graft-versus tumor，GVT）效应，近 15 年来一些研究组建立了毒性较小的预处理方案，其理论基础是通过对宿主细胞免疫抑

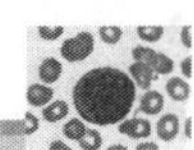

制，供体造血干细胞细胞持续植入，形成供受者干细胞的混合嵌合体，移植后通过 GVL 效应来清除白血病细胞。包括非清髓性预处理方案的移植（non-myeloablasive transplantation，NMAT），或减低强度预处理方案的移植（reduced-intensity conditioning HSCT，RIC-HSCT）。非清髓性方案须达到以下标准：①即使没有干细胞支持造血功能也能自身恢复（骨髓抑制<28 天）；②第一次评估时部分患者出现混合嵌合状态；③非血液学毒性发生率低（Giralt，2005）。这种移植方法的优点是由于移植前预处理方案中的细胞毒药物的剂量较小，移植相关的毒性较低，因而移植患者年龄幅度可明显提高，且 GVHD 的程度略为减轻，但是其缺点为白血病的复发率较高。RIC-HSCT 则兼有较常规清髓性移植相对较低的预处理相关毒性，又通过适当加大非清髓性移植预处理剂量而减少白血病复发。这两种移植方案适用于年龄较大或同时伴有重要脏器功能受损而难以耐受传统清髓预处理 HSCT 的患者。

非清髓性/减低强度预处理方案的药物主要分为两大类：一类是以具有免疫抑制作用化疗药物为基础的方案，另一类是以 TBI 为基础的方案。多数以化疗药物为基础的方案是一种嘌呤类似物与一种烷化剂联合，嘌呤类似物包括氟达拉滨、喷斯他丁或克拉屈滨，它们除了对多种肿瘤具有抗肿瘤活性，还具有免疫抑制功能，以允许造血干细胞的植入；烷化剂包括 Cy、MEL 或 BU。AML 患者非清髓性/减低强度预处理方案应用较多的是 Flu-TBI、Flu-BU、Flu-MEL 及 Flu-MEL-Cy 方案，表 21-4 列举了用 NMAT/RIC-HSCT 治疗 AML 或 MDS 的疗效，OS 率为 32%～71%，在最大的研究中，Hegenbart 等（2006）报道了 122 名 AML 患者接受 Flu 90mg/m^2＋TBI 2Gy 预处理，行 MSD-HSCT 和 URD-HSCT 患者的累计非复发死亡率分别为 10%和 22%，2 年 OS 率和 DFS 率分别为 48%和 44%，行 MSD-HSCT 患者的 2 年 OS 率为 44%，行 URD-HSCT 患者的 2 年 OS 率为 63%。

由于多数 AML 患者年龄均在 55 岁以上，老年及脏器功能差的患者进行清髓性移植 TRM 高，NMAT/RIC-HSCT 大大减少了预处理的毒性，从而降低了 TRM，近年在老年患者中应用越来越广泛。Hegenbart 等（2006）的研究显示，年龄大于 60 岁的患者接受 RIC-HSCT 2 年 OS 率及 LFS 率与整个人群（17～74 岁）比较无明显差别。Mohty 等（2005）前瞻性地比较了 95 名老年 AML 患者接受 RIC-HSCT 与巩固化疗的疗效，接受 RIC-HSCT 的患者 4 年 LFS 率明显优于接受化疗者（54% *vs* 30%）。

表 21-4 NMAT/RIC-HSCT 治疗 AML/MDS 的研究

参考文献	病例数	疾病类型	CR 率（%）	供者（%）	预处理方案	RRs（%）/年	LFS 率（%）/年	OS 率（%）/年	TRM（%）/年
Sayer 等，2003	113	AML	22.1	44-MRD 44-MUD 11-MMUD 1-MMRD	FB/TBI	25.7/2	29/2	32/2	53/2
de Lima 等，2004b	62	AML＋MDS	14	47-MUD 40-MRD 13-MMRD	FM	30	32/3	35/3	30/1

续表

参考文献	病例数	疾病类型	CR率（%）	供者（%）	预处理方案	RRs（%）/年	LFS率（%）/年	OS率（%）/年	TRM（%）/年
Ho等，2004	62	AML+MDS	58-MRD 55-MUD	38.7-MRD 61.3-MUD	FBC	≥24 ≥10.5	61/1 59/1	73/1 71/1	5/1 21/1
Van Besien等，2005	52	AML+MDS	37	44-MUD 43-MRD 8-MMRD 6-MMUD	FMC	40/2	38/2	39/2	33/2
Aoudjhane等，2005	315	AML	71	MRD	FB/TBI	41/2	40/2	47/2	18/2
Tauro等，2005	76	AML1 MDS	55.3	46-MRD 54-MUD	FMC	34.2/3	37/3	41/3	19/1-MRD 24/1-MUD
Martino等，2006	215	AML1 MDS	≥30.7	MRD	FB/M/C/TBI	45/3	33/3	41/3	22/3
Hegenbart等，2006	122	AML	74	48-MRD 34-MUD 18-MMUD	F/TBI	39/2	44/2	48/2	16/2

注：MRD. 同胞全相合供者；MUD. 全相合的非血缘供者；MMUD. 不全相合的非血缘供者；MMRD. 不全相合的亲缘供者；CR. 完全缓解；LFS. 无白血病生存；OS. 总生存；RRs. 复发率；TRM. 治疗相关死亡率；NR. 未报道；F. 氟达拉滨；M. 美法仑；B. 白消安；A. 阿糖胞苷；I. 去甲氧柔红霉素；C. 阿仑单抗（campath）；TBI. 全身照射。

一些回顾性研究比较了NMAT/RIC-HSCT与清髓性HSCT的疗效。Alyea等（2005）回顾性地比较了152例年龄大于50岁患者接受RIC-HSCT与清髓性HSCT的疗效，结果两组2年LFS率（20% *vs* 28%）及OS率（31% *vs* 34%）无明显差别（Alyea等，2005），EBMT利用登记的资料对315名接受RIC-HSCT与407名接受同胞相合供者清髓性移植患者的疗效进行了比较，其中70%的患者处于CR1或CR2期。移植后2年，RIC组TRM明显低于清髓组（18% *vs* 36%），但复发率明显高于后者（41% *vs* 24%），两组LFS率及OS率无明显差别（Aoudjhane等，2005）。由于NMAT/RIC-HSCT白血病复发率较高，但TRM减少，因此一些研究认为在老年及一般情况差的患者中具有优势，而年轻脏器功能好的患者则清髓性移植更佳（Alyea等，2006；Sorror等，2007）。

（三）清肿瘤性预处理方案

主要用于难治/复发AML患者的移植，详见本书第二十二章。

五、HSCT后复发的治疗

HSCT后复发是移植失败的主要原因之一，对于复发患者采取的挽救性治疗措施

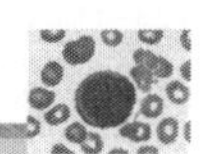

如下：

1. 停用免疫抑制剂 通常，停用免疫抑制剂是allo-HSCT复发后治疗的第一步，然后再考虑其他治疗，目的是诱发GVL效应，但同时也有诱发GVHD的风险。但此种手段仅仅对于CML及惰性淋巴瘤疗效较好，对于AML患者，由于白血病细胞增殖快，远远超过了GVL效应可以清除的速度，因此疗效并不乐观。最大的研究来自德国（Elmaagacli等，1999），其中包括AML患者13人，停用免疫抑制剂后4人再次CR，但3年持续CR率仅仅10%。

2. 化疗 HSCT后复发的患者通过化疗部分还可以再次CR，但CR率低，CR期持续时间短，长期生存率不超过5%。早期Mortimer等报道了95例allo-HSCT后复发的患者，接受再次化疗的CR率为34%，且在CR期行移植的患者及移植后远期复发的患者再次CR率较高（Mortimer等，1989）。

3. 供者淋巴细胞输注（DLI） DLI可诱导GVL效应，使部分移植后复发的患者再次缓解。相比CML，DLI在AML中疗效并不理想，在多中心研究中显示，单DLI治疗AML移植后复发的CR率为15%～47%，且大部分作用不持久（Kolb等，1995；Collins等，1997；Porter等，2006）。Porter等（1999）的研究中报道了15例AML患者DIL后的长期随访结果，结果仅4例达CR，3年EFS率仅31%。法国研究组报道了30例allo-HSCT后复发的血液病患者DLI的长期随访结果，其中包括9例AML，1例MDS，中位随访时间为5年，非CML患者3年OS率为48%（Michallet等，2005）。Huff等报道了DLI治疗移植后复发患者83例，其中包括AML 13例，中位随访时间4年，46%的患者DLI后达CR，但仅31%的患者持续CR（Huff等，2006）。最近，EBMT回顾性地分析了399例HSCT后复发的AML患者，其中171例接受了DLI，228例未接受DIL，结果34%的患者获CR，DLI组2年生存率为21%，明显高于不接受DIL组。而化疗CR后行DLI的患者2年生存率为56%（Schmid等，2007）。为了改善DIL疗效，最近一些学者更多倾向于化疗联合DLI。有两个前瞻性研究（Levine等，2002；Choi等，2004）报道了进展期髓系肿瘤（包括AML、CML加速或急变期、进展期MDS）allo-HSCT后复发用化疗进行诱导治疗，化疗后7～14天给予G-CSF动员的外周血单个核细胞进行DLI治疗的疗效，两个研究中疗效相似，CR率分别为47%（27/57）和63%（10/16），2年OS率分别为19%和31%。化疗后达CR再行DLI的患者，1年和2年OS率约为50%和40%，而未缓解的患者仅0～5%。由于80%以上复发患者的原始细胞均不表达共刺激分子，可以导致白血病细胞逃避免疫系统的攻击。GM-CSF与IFN-γ及其他细胞因子可使共刺激分子表达上调，以增强免疫细胞的杀伤作用，有学者用GM-CSF联合G-CSF动员的外周血细胞进行DLI治疗移植后复发的AML患者，疗效明显优于单用化疗或DLI，几个患者存活超过4年（Schmid等，2004）。

4. 二次移植 对于初次行HSCT复发的患者可以考虑二次移植，但由于受供者来源及患者身体状况的限制，二次移植只能作为少部分患者的挽救性治疗手段。auto-HSCT后复发的患者再行allo-HSCT部分还可长期生存。EBMT等报道了59例患者（其中AML 24例）auto-HSCT复发后行allo-HSCT的结果，2年DFS率为46%（Radich等，2000）。allo-HSCT复发后行第二次allo-HSCT疗效相对较差。EBMT报道了170名急性白血病（其中AML 85名）复发后行二次移植的结果，其中除16名患者外，供者均为初次移植的供者。所有患者的5年TRM、复发率及LFS率为46％、59％及25％（Bosi等，2001）。法国多中心研究组报道了150例白血病患者二次移植的结果，其中61例AML患者2年OS率、DFS率和TRM分别为41％、35％和51％（Michallet等，2000b）。CIB-MTR报道了279例（其中AML125例）二次移植的疗效，结果所有患者的5年累计复发率、TRM分别为42％和30％，5年预期LFS率为28％。（Eapen等，2004）。由于二次移植应用大剂量预处理方案TRM较高，一些研究二次移植采用RIC-HSCT。Baron等（2006）报道了147例血液肿瘤患者（其中AML或进展期MDS 35例），初次auto-HSCT或allo-HSCT移植失败后采用二次RIC-HSCT，TRM为30％，3年生存率为44％，其中AML/进展期MDS的3年LFS率为29％。

5. 免疫治疗　近年来，由于移植后免疫介导的GVL对移植后MRD清除认识的进一步深入，越来越多的研究试图通过刺激机体细胞免疫从而达到控制白血病的目的。免疫治疗的方式包括细胞因子治疗及以免疫效应细胞为基础的治疗。目前免疫治疗用于移植后复发的报道均为小型报道，且未见单独用于AML的报道。免疫治疗的基本理论及疗效具体详见本书第十三章。

六、APL移植

随着ATRA及砷剂的临床应用，APL的临床疗效大为改善，作者所在单位通过化疗＋砷剂＋ATRA联合治疗，可使APL长期DFS率达90％以上（Lu等，2007），相反，由于较高的移植相关死亡率，APL患者CR1期接受auto-HSCT或allo-HSCT长期DFS率为70％左右（Sanz1等，2007），因此不推荐CR1期选择HSCT。但对于进展期患者，HSCT的价值仍值得探讨。早期EBMT报道了1993年前58名CR2期患者接受auto-HSCT/allo-HSCT的结果，两组5年LFS率分别为31％和22％（Mandelli等，1994）。最近该研究组报道了1993～2003年332例CR2期患者接受auto-HSCT/allo-HSCT的结果，两组的5年LFS率分别为51％和59％（Sanz1等，2007），较前明显改善。复发APL患者采取何种移植方式取决于是否达分子生物学缓解及是否有合适供者。对于再次诱导治疗达分子生物学缓解的患者，可以考虑行auto-HSCT。法国APL协作组报道了22例CR2达分子生物学缓解的患者接受auto-HSCT的疗效，3年DFS率为77％（Thomas等，2000）。而再次诱导治疗持续分子生物学阳性的患者，auto-HSCT后复发率高，应选择allo-HSCT。Lo-Coco等报道17例APL复发患者接受allo-HSCT的结果，其中15例患者移植前为CR2或CR3，10年的实际OS率及DFS率分别为53％和46％（Lo-Coco等，2003）。目前还没有关于进展期APL行HSCT与非移植治疗方式疗效的随机对照研究。欧洲APL协作组报道，122名在ATRA维持治疗过程中复发的患者再次CR后进行不同治疗，包括auto-HSCT、allo-HSCT及其他治疗，结果三组的7年EFS率分别为60.6％、52.2％和30.4％，具有明显统计学差异，auto-HSCT似乎最佳，但由于存在选择患者的偏差，接受auto-HSCT的患者移植前大多数达分子生物学缓解，因此应正确分析和解读结果（de Botton等，2005）。

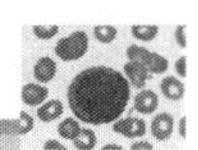

七、结　　语

总之，allo-HSCT 是部分 AML 患者尤其是高危及难治/复发患者唯一的治愈手段，也是部分低危及中位患者的有效治疗措施。近年来，HSCT 治疗 AML 取得了巨大的进步，主要表现在：①随着细胞遗传学及分子生物学技术的不断进步，人们越来越重视 AML 的危险度分层及个体化治疗，可根据不同的危险度选择移植指征和最佳移植时机；②随着 HLA 配型技术的不断完善和各项移植技术的不断进步，非血缘及半相同移植疗效取得了突破性进展；同时双份及多份脐带血移植技术不断成熟，拓宽了移植供者的选择范围；③NMAT/RIC-HSCT 的应用，为老年及脏器功能损害的患者提供了移植机会。因此，allo-HSCT 得到越来越广泛的应用并取得了鼓舞人心的结果。但目前仍存在一些悬而未决的问题，如怎样掌握最恰当的移植时机，不同疾病状态下个体化预处理方案的选择，一些新药如抗-CD52 单抗及抗-CD33 单抗在预处理中的应用，移植后复发的患者如何能长期生存等等。这些问题还需要更多的大型前瞻性研究去探讨，使移植医生能选择最合适的移植患者，掌握最佳的移植时机，并具备最先进的移植技术，使移植疗效进一步提高，为更多的患者提供生存的机会。

第二节　造血干细胞移植治疗急性淋巴细胞白血病

一、前　　言

（一）急性淋巴细胞白血病造血干细胞移植的合理性

急性淋巴细胞白血病（ALL）肿瘤细胞对放、化疗敏感是采用造血干细胞移植（HSCT）治疗 ALL 的前提。另外，虽然相对于髓系肿瘤［如急性髓性白血病（AML）和慢性髓性白血病（CML）］和成熟 B 淋巴细胞恶性肿瘤（如低度恶性的淋巴瘤、骨髓瘤），移植物抗肿瘤（GVT）效应对于 ALL 作用要小得多，但是 ALL 异基因造血干细胞移植（allo-HSCT）结果优于自体造血干细胞移植（auto-HSCT），有移植物抗宿主病（GVHD）的 ALL 患者，复发率降低，均提示在 ALL 的 HSCT 中存在 GVT 效应，也就是移植物抗白血病（GVL）效应。

即 HSCT 是通过预处理的清肿瘤作用和 GVT 两种途径来治愈 ALL，是 HSCT 作为 ALL 的一种主要的治疗方式合理存在的原因。allo-HSCT 不仅是对 ALL 大剂量放化疗后的一种造血支持，更重要的是发挥着免疫治疗的作用。

（二）成人和儿童 ALL 的差异及对 HSCT 的影响

成人 ALL 化疗结果差于儿童 ALL 化疗结果，其原因是多方面的：①各 ALL 疾病亚型分布不同，如图 21-12。在成人中预后差的疾病亚型所占比例更大。②成人和儿童 ALL 广泛采用的化疗方案不同。例如即使针对生物学特性相同、年龄均为 16～20 岁的 ALL 患者，分别采用美国儿童癌症治疗组（CCG）和成人美国癌症及白血病协作组组 B（CAL-

GB）方案，虽然两者缓解率相似，但是EFS率和OS率在采用儿童方案组中明显要高。在CCG方案中非骨髓抑制的药物包括糖皮质激素（地塞米松和泼尼松）、长春新碱（VCR）和左旋门冬酰胺酶（L-ASP）剂量更大（Stock等，2008）。③成人和儿童的药物代谢、对化疗的耐受程度及治疗依从性的差异等。

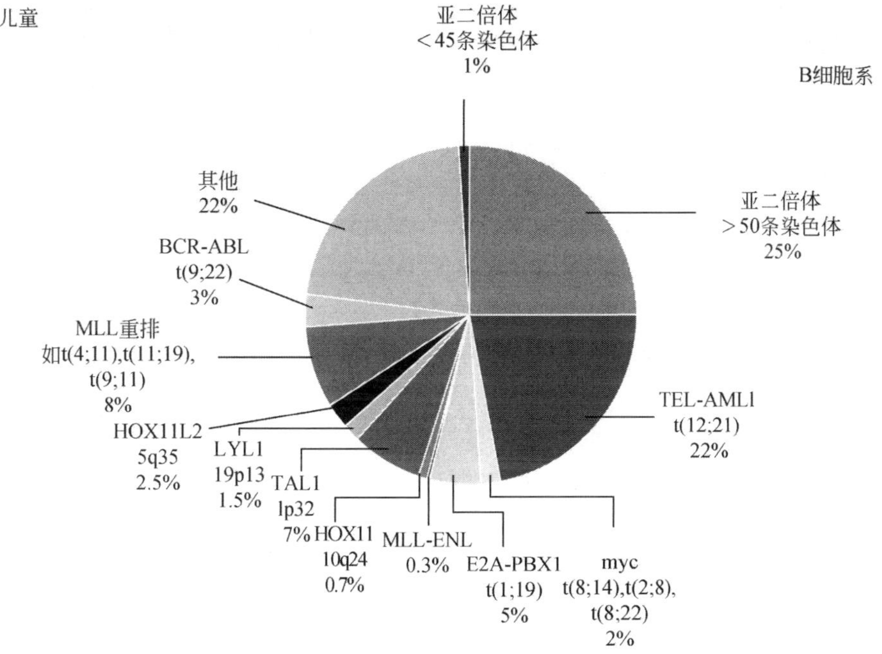

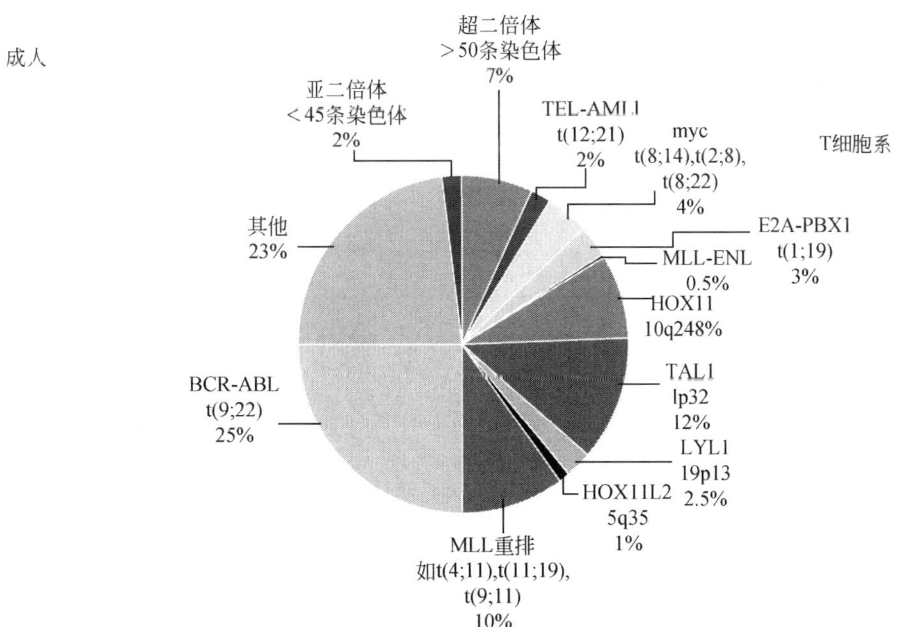

图21-12　儿童和成人不同ALL亚型分布

（Pui等，2004）

根据预后因素分组，成人 ALL 分为标危组和高危组，没有预后好的组别。而儿童 ALL 则分为预后好和预后差的组别。在 ALL 临床试验中儿童和成人的常用预后因素见表 21-5。

表 21-5 在儿童和成人临床试验中应用的预后因素（Stock 等，2010）

预后因素	标危	高危
成人		
年龄（岁）	<35	>60
白细胞计数（$\times10^9$/L）	<30	>100
免疫表型	中期 T 淋巴细胞（皮质）	早期 T 淋巴细胞、成熟 T 淋巴细胞
遗传学		BCR-ABL1
		MLL-AF4/其他 MLL
		复杂染色体改变（≥5 异常）
诱导治疗后 MRD	<0.01%	>0.01%
	预后好	预后差
儿童		
年龄（岁）	1～9	<1 或≥10
白细胞计数（$\times10^9$/L）	<50	>50
免疫表型	前 B-ALL	早期胸腺前体
遗传学	高二倍体>50	亚二倍体<44
	TEL-AML1（ETV6-RUNX1）	BCR-ABL1
诱导治疗后 MRD	<0.01%	≥1%

ALL 的治疗是根据复发的危险程度来选择治疗方案，以避免预后好的患者接受不必要强度的治疗造成脏器毒性和预后差的患者治疗强度不足造成复发，所以成人和儿童 ALL 化疗效果的差异势必会造成对移植适应证选择的影响。此种差异的消除最终依赖于对 ALL 本质的更加深入的了解，从而达到根据疾病基因亚型、药物代谢个体性等因素决定治疗方案，而不是简单依赖于年龄选择对患者治疗的方式。

联合国《儿童权利公约》和我国《未成年人保护法》中规定儿童的年龄≤18 岁；而不同的 ALL 临床试验中，划分儿童和成人的年龄界限并不一致，如儿童 ALL-BFM 90 年龄段范围为 0～18 岁，CCG-1800 年龄段为 0～21 岁，成人 GMALL 02/84 年龄段为 15～65 岁（Pui 等，2004）。特别是青少年和年轻成人这一年龄段的患者，在一些临床试验中被归入儿童组，而在另外一些临床试验中被归入了成人组。目前认识到对青少年或年轻成人采用儿童的 ALL 化疗方案比采用成人化疗方案结果为优，因此在 ALL 的研究中采用 18 岁作为成人和儿童的年龄界限似乎是合乎逻辑的。采用统一的年龄标准，不仅有助于临床研究，也对治疗选择提供了年龄标准。

无论是放、化疗或者是 HSCT 对生长发育等方面可以造成影响。儿童预期寿命可超过 70 岁，选择治疗方式时会更多地考虑晚期并发症问题。Perkins 等对 17 例在不到 3 岁时进行 HSCT 的儿童进行了评估，评估时年龄为 3.25～22.33 岁。HSCT 后常见缺陷有生长激素缺乏（59%）、甲状腺功能低下（35%）、骨软骨瘤（24%）、骨矿物质密度减低（24%）和血脂异常（59%），除此以外，大多数检查结果未发现异常，智商达到了平均水平（Perkins 等，2007）。Leahey 等报道的结果与上一致，在生长、肾脏和心脏功能水平上移植组和化疗组相似，唯一有显著差别的是移植组儿童更需要接受雌激素的替代治疗（Leahey 等，1999）。因此对于儿童 ALL 患者，主要从生存优势的角度来选择治疗方式，而不需要过度地考虑晚期并发症。

二、成人 ALL 的移植

（一）成人 ALL 的化疗、auto-HSCT 和 allo-HSCT 的比较

成人 ALL 虽然对诱导化疗敏感，但是因其高复发率，化疗整体无病生存率（DFS）只有 35%（Stein 等，2008）。auto-HSCT 的主要优势是缩短了治疗周期，但随机研究显示和化疗相比结果无区别，甚至其预后差于化疗；和 allo-HSCT 相比，治疗相关死亡率（TRM）低，但是复发率高，OS 率不高（Bachanova 等，2008），且大多数的研究显示 auto-HSCT的结果差于 allo-HSCT。一项包括 1274 例成人 ALL 的荟萃分析显示，有供者比没有供者的患者生存好得多，当仅对高危患者进行分析时，存活优势更加明显（Larson，2008）。

allo-HSCT 是成人 ALL 第二次完全缓解（CR2）和高危 ALL 第一次完全缓解（CR1）可接受的治疗方式（Goldstone 等，2008）。以往对于标危成人 ALL-CR1 应采用何种治疗方式常难以做出决定。一些关于标危 ALL 采用移植和化疗两种治疗方式的对比研究，因为所选病例、移植中心不同等因素影响，在何种治疗方式生存期更长的问题上得出了矛盾的结果。而到目前为止，最大型的国际协作前瞻性临床试验 MRCUKALLXII/ECOG E2993（UK Medical Research Council / the Eastern Cooperative Oncology Group of the United States）研究中患者接受 2 个疗程的诱导治疗，如果缓解有相合同胞供者的接受 HSCT，标危 ALL 有供者和无供者 5 年 OS 率分别为 62%和 52%（$P=0.02$）（Goldstone 等，2008）。

因此对于成人 ALL 患者，当有合适的供者时，首选 allo-HSCT 作为缓解后治疗。

关于成人 ALL 的 HSCT 年龄限制问题，因为目前移植技术的改善，使更多的患者有条件接受 HSCT 治疗，清髓性移植的年龄上限已经提高到了 55 岁。对于年龄 55 岁以上的患者可以考虑降低强度或非清髓性的 HSCT。

（二）成人 allo-HSCT 移植时机的选择

来自于欧洲骨髓移植协作组（EBMT）和国际骨髓移植研究中心（CIBMTR）和北京市道培医院的资料显示，成人 ALL 无论是采用同胞相合（MSD）、非血缘（URD）和半相同移植（haplo-HSCT），在 CR2 和疾病进展期进行 HSCT 的结果均远差于在 CR1 时进行 HSCT 的结果。

成人 ALL 采用 MSD，在 CR1、CR2 和疾病进展时进行移植的生存率分别为 48～49%、29～34%和 15～18%。在相合的 URD 移植，在 CR1、CR2 和疾病进展时进行移植

的生存率分别为 42～45％、28％和 11％。进展期生存率明显下降主要归因于高的复发率和 TRM（Gökbuget 等，2008）。北京市道培医院在 haplo-HSCT 中应用 GIAC 方案（G：G-CSF mobilization，I：intensive immunosuppression，A：ATG，C：combination of bone marrow and peripheral blood stem cell transplantation），2002～2008 年对 107 例 ALL 进行 haplo-HSCT，标危、高危和疾病进展期 2 年的 DFS 和 OS 分别为 74.2％、35.0％、14.4％和 75.0％、49.3％、31.0％（其中把 CR1 归为标危组，CR2 归为高危组）。

因为成人 ALL 在 CR2 和复发状态时进行 HSCT，远差于在 CR1 时进行 HSCT 的结果，所以对于成人 ALL，应该争取在 CR1 期进行 HSCT，以取得最好的移植结果。而对于原发耐药的患者，化疗的结局是最终死亡，而通过 HSCT 有少数患者可以获得长期生存，因此，对于此类患者可以考虑进行挽救性移植。

（三）成人 allo-HSCT 供者的选择

IBMTR 资料显示大于 20 岁的 MSD OS 率是 48％，相合的 URD-HSCT 是 42％。前瞻性的临床试验中也得到了相似的结果。两者比较，MSD 复发率高，而相合的 URD 移植中 TRM 高（Gökbuget 等，2006）。对明尼苏达大学 1980～2005 年 623 例 ALL 移植患者研究显示，中位随访期 8.3 年，5 年 OS 率在 MRD、相合的 URD 移植和脐带血（UCB）移植分别为 35％、42％和 46％。近期的对 3 个成人移植研究的荟萃分析包括 UCB（n＝316）和 URD（n＝996）（大部分是全合的 URD）移植治疗血液恶性肿瘤。预期 DFS 率在两组间相似（Bachanova 等，2008）。这些结果提示配型相合的 URD 或者 UCB 可以作为替代配型相合同胞供者有效的移植物来源，并且 URD 和 UCB 移植相对 RMD 移植具有降低复发率的优点。对于成人移植，UCB 移植最大的障碍来自于细胞数的限制。

当选择供者时，首选 MRD 供者，其次为 MUD 供者。如果没有以上供者考虑≥1 个位点不相合的 URD、haplo 和 UCB 移植。考虑到不缓解患者移植后预防性细胞免疫治疗的需要，一般不推荐采用 URD 和 UCB 移植。

三、儿童 ALL 的移植

（一）儿童 allo-HSCT 移植时机的选择

在 BFM 研究组，BFM90 方案 8 年的 EFS 率是 75.9％。其他的大型研究组也获得了相似的结果。甚至在复发之后，比如晚期骨髓复发或者是孤立的髓外复发，通过传统化疗达到了 35％和 44％的 EFS 率（Klingebiel 等，2008）。因此与成人 ALL 不同的是：在一些类型的儿童 ALL，通过单纯化疗就可以获得很好的结果，即使在 CR2 也不是所有的患儿需要接受移植（Schrauder 等，2008）。

各移植中心间推荐儿童 ALL 的移植指征略有不同，但基本原则相似。基于初发病时对白血病生物特性的评估和治疗反应来确定接受化疗时复发风险的高低，从而决定是否进行 HSCT。因为儿童 ALL 化疗效果的提高，仅对预期生存率低的 Ph^{+}、亚二倍体、MLL 易位和原发诱导治疗失败等类型推荐在 CR1 时进行 HSCT。COG（Children's Oncology

Group）推荐的 allo-HSCT 移植指征见表 21-6（Pulsipher 等，2009）。

表 21-6　COG 推荐的儿童 ALL 移植指征

	移植指征
CR1	**推荐同胞相合或其他供者的** HSCT
	Ph⁺ ALL
	亚二倍体（<45 条染色体）
	11q23（MLL）并且缓慢的早期反应（d14 时 M2/M3 骨髓或 d29 时 MRD>0.1%）
	初始诱导治疗失败：d29 时 M3 骨髓或者 d29 时 M2 骨髓或者 MRD>1%，随后的强化治疗失败，在 d43 时 M2 或 M3 骨髓或者 MRD>1%
CR2	**仅推荐同胞相合** HSCT
	B-ALL 晚期骨髓复发（从诊断时≥36 个月）
	B-ALL 早期的孤立的髓外复发（从诊断时<18 个月）
	推荐同胞相合或其他供者的 HSCT
	早期骨髓复发的 B-ALL（从诊断时<36 个月）
	任何时候骨髓复发的 T-ALL
	任何时候骨髓复发的 Ph⁺ ALL
	非常早期孤立髓外复发的 T-ALL（从初始化疗起<18 个月）
CR3	**推荐同胞相合或其他供者的** HSCT
	任何 B 或 T-ALL 任何类型的复发

Ph⁺ ALL：Aricò 等对 326 例儿童和年轻成人的分析显示，MSD 结果比其他类型移植和比单独强化治疗作为诱导缓解后维持治疗效果好。这些数据支持对 Ph⁺ ALL 儿童在 CR1 进行 MSD（Aricò 等，2000）。

亚二倍体 ALL：亚二倍体儿童 ALL 化疗预后很差（生存率<45%）。1990～2001 年 IBMTR 登记的 29 例亚二倍体儿童 ALL 在 CR1 或者 CR2 接受同胞相合移植，3 年生存率为 65%，支持在这部分患者中进行早期移植（Davies 等，2008）。

MLL 基因重排的 ALL：MLL 基因重排占<1 岁的婴儿白血病中的很大部分，大多数发生在（4；11）（q21；q23）。通过目前化疗 MLL 重排的婴儿 ALL 预后很差，一般 5 年 EFS 率<20%。因为对化疗的反应差，有 MLL 重排的婴儿 ALL 通常被认为应该早期移植。美国西雅图分析了在 1982～2003 年接受 HSCT 的 40 例婴儿，在 CR1 接受移植的 14 例患儿 3 年 DFS 率为 73%（Sanders 等，2005）。Kosaka 等报道 38 例 0～11 个月间 MLL 基因重排的 ALL 进行 HSCT，在 CR1 时行 HSCT 的 3 年 EFS 率为 64.4%（Kosaka 等，2004）。以上结果提示早期（CR1）HSCT 可能对这类患儿有利。

原发诱导治疗失败：<2%的 ALL 患儿在 28 天的化疗诱导后没有获得缓解，如果能够缓解，只有 40%的患儿生存，提示早期移植可能有益。但没有大宗的临床试验去评估这些患儿进行移植的结果（Davies 等，2008）。

CR2 ALL 的移植：Eapen 等分析了 1991～1997 年在儿童肿瘤组（Pediatric Oncology Group）接受化疗（$n=188$）和 MSD（$n=186$）的患儿结果，早期第一次复发（从诊断时<36 个月）时，接受 TBI 预处理方案移植比接受化疗的患儿二次复发的危险明显降低，LFS 率提高。而晚期复发（≥36 个月）CR2 时移植和化疗相比，没有优势（Eapen 等，

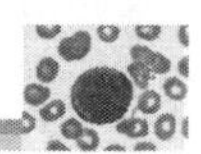

2006)。意大利骨髓移植组和 CIBMTR 的研究结论相同：早期复发（<30 个月）时进行 HSCT 比化疗 DFS 率明显提高，但是晚期复发（>30 个月）没有这种优势。德国的儿童协作组（BFM 和 COALL）研究早期复发（CR1<18 个月）或者复发的 T-ALL 通过化疗很难生存下来，通过 allo-HSCT 生存率明显提高。这些资料显示相合同胞 HSCT 对早期复发的儿童是最佳选择（Davies 等，2008）。

虽然一些晚期骨髓复发的患者和孤立髓外复发的患者可通过化疗获得成功的治疗。但是因为同胞相合 HSCT 后 TRM 和 GVHD 发生率均低，所以同胞相合移植对这部分患儿，特别是对那些因种种原因不能采用足够强度挽救性化疗的患儿来说是一个合理的选择（Pulsipher 等，2009）。

CR3 ALL 的移植：因为患者前期经过重度化疗，有器官损害，具有发生并发症的高风险，升高了 TRM。另外，因为已经两次复发，就算获得血液学的缓解，缓解期也往往是短暂的。allo-HSCT 提供了一个可能治愈的方式。但是因为白血病往往耐药，移植后复发也很常见。22 例在 CR3 接受移植的儿童 ALL，10 例因 TRM 死亡，7 例复发，5 例长期生存（中位随访期 5.8 年）（Gassas 等，2008）。

（二）儿童 allo-HSCT 供者选择的特点

UCB-HSCT 具有可以立刻获得储存的造血干细胞和减轻 GVHD 的优点。儿童体重轻，脐带血的细胞数常常能够满足移植需要。来自明尼苏达的报告显示，确定一份合适的配型 UCB 的时间是 13.5 天，而一个合适的 URD 的确定则需要 49 天。因此脐带血移植在儿童 ALL 治疗中有很大优势。一个关于 1995～2003 年儿童 ALL 行 UCB 移植（$n=309$）和骨髓移植（$n=186$）的研究显示，一个或两个 HLA 抗原不合的 UCB 移植与配型相合的骨髓移植的 5 年 LFS 率相似（Mehta 等，2008）。另一个研究中，503 例接受 UCB 和 282 接受骨髓移植的儿童 ALL，5 年 LFS 率分别如下：相合骨髓 38%，不合骨髓 37%，相合脐带血 60%，低细胞数的一个位点不合脐带血 36%，高细胞数的一个位点不合的脐带血 45%，两个位点不合脐带血 33%（Klingebiel 等，2008）。

四、ALL 移植的相关问题

多种因素影响 ALL HSCT 的预后。年轻和疾病状态为 CR1 与提高生存率和 DFS 有关；复发风险与移植时的疾病状态有关；非复发相关死亡率增高与 HLA 配型不合的供者、在移植前 CMV 血清学阳性、仅采用环孢素（CsA）预防 GVHD 有关（Doney 等，2003）等。但是需要特别指出的是，移植中心的规模影响移植的结果：大的移植中心 LFS 率更高，复发率更低（Klingebiel 等，2010）。

HSCT 是包括通过化疗尽量降低移植前的肿瘤负荷、选择供者、设计预处理方案、处理移植相关合并症、预防 GVHD、预防复发的一系列过程。其中设计合理的预处理方案和预防复发是降低死亡率，提高长期生存的重要环节。

（一）预处理方案

1. ALL 的清髓性预处理/非清髓性预处理/减低强度预处理/清肿瘤性预处理 根据预

处理后如无供体细胞植入，28天内受体造血细胞是否重建造血功能分为清髓性预处理和非清髓性预处理。不能恢复造血的为清髓性预处理，反之，可恢复造血的为非清髓预处理。但近年更多学者应用减低强度的预处理（reduced intensity conditioning，RIC）的概念，其预处理强度将保持一定的清髓作用，并依赖供体造血干细胞重建造血功能，一旦供体细胞排斥，患者将可能较长时间处于骨髓增生不良状态。国内达万明等提出清肿瘤性预处理（tumorablative conditioning，TC）的概念，目的是尽可能清除体内的白血病细胞，特别强调尽可能清除白血病干细胞。

非清髓或减低强度预处理的移植在概念上相对于清髓性移植强调预处理强度的减低，加强免疫抑制，保证植入的前提下减轻脏器毒性。而清肿瘤性移植更强调的是对肿瘤的清除，不增加脏器的毒性，更具有针对性，在移植理念上较前两者更进一步。

成人ALL随年龄增加发病率上升，大于50岁年龄组发病率是25～49岁年龄组的3倍。并且年龄大更容易发生Ph^+ ALL。年龄大的患者不进行HSCT预后很差，但是因为高的TRM而不适合行清髓性移植（Stein等，2009）。非清髓或减低强度预处理移植为年龄大或者有严重合并症而不适合传统方案移植的患者提供了治疗机会。因为预处理的相关毒性减低，细胞因子释放减少，aGVHD发生率和严重程度减低，感染合并症减少（Storb等，2001）。

移植需要排除两个障碍：一是移植物抗宿主方向，即GVHD；另一个是宿主抗移植物方向，即排斥。而这两方面作用均是T淋巴细胞介导的。抑制淋巴细胞功能的同时杀淋巴肿瘤细胞，这是与ALL预处理方案要求相一致的。通过合理的预处理方案和移植后CSA、吗替麦考酚酯（MMF）等免疫抑制剂的联合，既促进稳定植入，同时又起到抗肿瘤作用。因为减低强度预处理对受者树突细胞破坏减少，有可能更好地提呈受者特异的抗原肽，从而介导GVT（Storb等，2001）。

减低强度预处理方案主要有两种：①以嘌呤类似物［氟达拉滨（Flu）、喷司他丁或克拉屈滨］和烷化剂［环磷酰胺（Cy）、美法仑（MEL）或白消安（BU）］联合；②以低剂量TBI为基础的方案。Flu、喷司他丁或克拉屈滨对很多血液肿瘤有抗肿瘤活性，并且有足够的免疫抑制作用（Storb等，2001）。常用的Flu对分裂期和静止期淋巴细胞，对T和B淋巴细胞均有抑制作用。TBI对淋巴细胞肿瘤也有强大的杀伤作用。

因为淋巴白血病细胞缺乏共刺激分子，不能有效地刺激免疫反应。并且倍增时间短，如果快于免疫反应的起效时间，就导致ALL移植后复发。理想状态是通过预处理达到足够长时间的抑制疾病进展，使GVT有足够时间起效。预处理需要满足很好的抗肿瘤活性，同时又有足够的免疫抑制以防止排斥（Storb等，2001）。

因此在理论上，ALL的预处理方案可以达到非清髓、减低强度与清肿瘤性的统一。实际上，对ALL减低强度预处理移植的初步研究也获得了鼓舞人心的结果。

德国的一个关于RIC移植的研究，使用标准清髓性方案作为历史对照，36%的患者为ALL，超过30%的患者年龄超过50岁。RIC方案为Flu+BU+ATG，虽然RIC移植复发率高（60% *vs* 40%），但是因为RIC中TRM很低（4% *vs* 28%），ALL的3年LFS率在非清髓移植和清髓移植分别是51%和46%（Massenkeil等，2005）。Arnold等研究了RIC在极高危成人ALL中应用的可行性和安全性，22例进展性疾病或Ph^+ ALL患者中，4例患者分别在移植后5、14、19、30个月仍保持CR状态（Bachanova等，2008）。一个关于

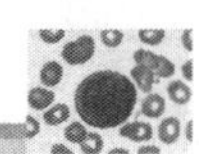

CR1 的高危或者≥CR2 的 ALL 患者接受预处理方案为 Flu/MEL 的血缘、URD 或者 UCB 移植，结果同样令人鼓舞（Stein 等，2007）。

2. 预处理方案中 TBI 及各种药物的特点与选用 预处理的目的包括：①清除肿瘤细胞；②清除受者的造血细胞，为将要植入的供体细胞提供空间；③抑制受者免疫以促进供者细胞的植入；④抑制供者的免疫细胞以降低 GVHD。在保证植入的前提下，怎样最大限度地清除肿瘤细胞以降低复发率一直是关注的焦点。

ALL 移植预处理方案分为以 TBI 为基础的方案和以白消安（BU）为基础的方案。例如 TBI 为基础的方案有 Cy＋TBI［TBI 12Gy；Cy 60mg/(kg・d) ×2d］、TBI＋VP-16（TBI 12Gy，VP-16 60mg/kg×1d）等。以 BU 为基础的预处理方案有 BU＋Cy［BU 4mg/（kg・d）×4d；Cy 50mg/(kg・d) ×4d 或者 Cy 60mg/(kg・d) ×2d］等。

无论是成人还是儿童 ALL 采用以 TBI 为基础的预处理方案的结果均优于以 BU 为基础的方案（Klingebiel 等，2008）。因此，一般 ALL 移植首选以 TBI 为基础的方案，而 BU 方案常用于因各种原因不能接受 TBI 方案的患者。虽然 TBI 方案有用于年龄小于 18 个月儿童的报道，但因其可能造成的长期毒性，常用于 2～3 岁以上的儿童（Vettenranta 等，2008）。

以 TBI 为基础的预处理方案常用的包括 Cy＋TBI 和 VP-16＋TBI 方案。在 CR2 或进展期 ALL，采用 VP-16＋TBI 复发率降低（Marks 等，2006；Stein 等，2008）。

TBI 的优势是与其他药物没有交叉反应、有足够的免疫抑制作用、对淋巴细胞肿瘤有强大的杀灭作用、可作用于白血病庇护所和对输入的供者淋巴细胞没有影响。

照射方案有单剂量照射、分割照射和超分割照射。单剂量照射剂量范围为 1 或 2Gy 到 7.5～8Gy。分割照射总剂量为 10～14Gy，分 3 天，5～6 次。超分割照射总剂量为 14～15Gy，分 4 天，10～12 次（Gratwohl 等，2008）。肿瘤细胞有亚致死性修复，采用分割照射时为达到同样的杀肿瘤效应，采用的剂量较单次照射时大。单剂量照射的 OS 率低于分割照射，同时对甲状腺功能、生长激素分泌、性腺、生长速度的影响均大于分割照射。白内障在单剂量照射中的发生率也高于分割照射（80% *vs* 20%）（Vitale 等，1991）。

动物试验显示，当 TBI 单剂量为 2Gy 时，可使同基因小鼠部分植入，剂量为 7Gy 时可以达到 100%嵌合率。剂量为 5Gy 时，可以使异基因移植供鼠细胞植入（Down 等，1991）。

TBI 的抗肿瘤效果取决于放疗剂量和联用药物。包括儿童和成人的 500 余例患者按照预处理方案分为 Cy-TBI ＜13 Gy、Cy-TBI ＞13 Gy 、VP-16-TBI ＜13 Gy 和 VP-16-TBI ＞13 Gy 四组，CR1 采用同胞相合移植各组在 TRM、复发率、DFS 率和 OS 率均无明显区别；而 CR2 时移植，与 Cy-TBI ＜13 Gy 组相比，VP-16 组（无论 TBI 剂量大小）或者 Cy-TBI ＞13 Gy 组复发率降低（Marks 等，2006）。36 个 ALL 患者，采用 TBI-VP-16 预处理方案，其中 20 例处于复发状态，实际的 DFS 率为 57%，复发率为 32%，提示 TBI-VP-16 预处理方案在进展型 ALL 抗肿瘤活性高（Stein 等，2008）。

Cy 是体内非活性形式的烷化剂。在体内有着复杂的代谢产物。10%～30%的 Cy 以原型形式通过尿排泄，约 5%的 Cy 失活。而另外的 65%～85%通过肝细胞色素酶 P450 的 CYP2B6 和 CYP3A4 的 4-羟基化代谢激活。代谢产物羧乙基磷酰胺氮芥（CEPM）的 AUC 值增加与肝静脉阻塞综合征（SOS）增加有关（Salinger 等，2006；Kivistö 等，

1995)。代谢产物丙烯醛对心肌细胞系的毒性为多柔比星的1000倍，而Cy本身没有心脏毒性（Nakamura等，2010）。心脏毒性是其剂量限制性毒性。心脏能耐受的Cy最大剂量为总量200mg/kg或7.2g/m²，此剂量的Cy是非清髓的（Brown等，1990）。因其配制后的溶液在体外不稳定，需要在1～1.5小时内输注。

VP-16是拓扑异构酶Ⅱ抑制剂。常用于预处理中的剂量为60mg/kg，其剂量限制性毒性是黏膜损伤和SOS。在剂量为4.8g/m²时是非清髓的（Brown等，1990）。VP-16通过肝细胞色素酶P450的同工酶3A4代谢（Kivistö等，1995）。VP-16配制后溶液若浓度高则不稳定，因此常采用短时间输注、输液前配制等措施。

因为Cy和VP-16通过P450酶代谢，因此，预处理过程应用这两种药物的时候，要考虑药物的相互作用。避免同时使用影响此类酶代谢的药物，以防造成脏器毒性增加或者疗效减低。

常用于ALL预处理方案中的化疗药物还有阿糖胞苷（Ara-C）、司莫司汀和Flu等。药物的药代和药效动力学是设计预处理方案的依据。考虑的因素包括药物的半衰期、组织渗透性、对ALL细胞杀伤力、药物的相互作用等。其原则是最大程度清肿瘤和降低预处理的相关毒性，要兼顾对移植物的影响，尽量减少对免疫重建的影响，以降低感染和复发的风险。

一些药物对某些亚型ALL细胞敏感。如高剂量Ara-C提高了t（4；11）婴儿和成人ALL的临床结果，归因于hENT1（human equilibrative nucleoside transporter 1）表达水平增高，而hENT1负责Ara-C在细胞膜上的转运（Pui等，2004）。因此，有理由相信，随着对ALL不同亚型生物本质的了解，根据不同亚型ALL肿瘤细胞的特点，设计个体化预处理方案，可以达到清除肿瘤的目的。

3. 新型药物的应用　人类抗肿瘤的历史也是一部药物发展史。新的有效抗肿瘤药物的出现也将推动ALL-HSCT的发展。一些药物已经在ALL的化疗中验证了有效性，如克罗拉滨（clofarabine；脱氧腺苷类似物）、奈拉滨（nelarabine；脱氧腺苷类似物）、利妥昔单抗（抗-CD20单克隆抗体）、阿仑单抗（alemtuzumab；抗-CD52单克隆抗体）、硼替佐米（bortezomib；蛋白酶体抑制剂）等。但是这些药物应用于ALL的HSCT还在探索阶段。

克罗拉滨是2004年FDA批准应用于难治/复发ALL的抗肿瘤新药。其在难治/复发ALL中的应用取得了很好的效果。应用于HSCT预处理方案有一些初步的研究结果。Lang等治疗了10例难治白血病，预处理方案为克罗拉滨（50 mg/m²，－8d～－5d），塞替派（10 mg/kg，－4d），MEL（70 mg/m²，－3d～－2d）和OKT3（0.1 mg/kg，－8d～＋4d)或ATG（10 mg/kg），在所有患者中均植入成功。推论克罗拉滨和Flu有相似的免疫抑制作用，在预处理中可以替代Flu。相同地，预处理采用克罗拉滨联合BU，所有患者均成功植入，移植相关毒性是可控的，并且没有TRM（Martin等，2009）。

CD20在约1/3的前-B-ALL和80%～90%的成熟B-ALL的白血病细胞中表达，CD20和Hyper-CVAD联用，提高了DFS。并且利妥昔单抗对于耐糖皮质激素的cGVHD治疗有效。在标准Cy-TBI预处理方案中加入利妥昔单抗375 mg/m²，在－7d、－1d、＋7d、＋14d应用，没有影响植入，毒性没有增加，降低了aGVHD，没有增加复发率（Kebriaei等，2006）。

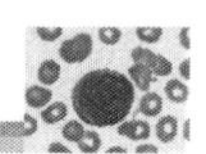

新的药物的出现为新的预处理方案提供了可能，但是如何达到在降低 TRM 的同时增强抗肿瘤作用还需要不断的探索及研究。

4. 预处理对儿童生长发育的影响 预处理采用的大剂量的化疗或放疗对儿童的甲状腺功能、生长激素的分泌、身高和青春期发育等方面造成影响，不同的预处理方案影响程度不同。在一组病例中，显性甲状腺功能低下的发生率在采用 Cy 、BU/Cy、单次照射和分割照射中的发生率分别为 1%、7%、13%和 4%；预处理仅采用 Cy 对身高没有影响，而 BU 方案对身高的影响与移植时的年龄有关，移植时年龄<8 岁不影响身高，≥8 岁时移植影响身高。TBI 影响身高，并且单次照射比分割照射对身高的影响更大。女童移植后可获得正常青春期发育的比例在预处理方案采用 Cy、BU/Cy、单次照射和分割照射时分别为 96%、52%、30%和 51%，而在男性则分别为 92%、72%、21%和 55%（Sanders，2008）。

（二）ALL 移植后复发的预防和处理

移植前的微小残留病（MRD）水平与移植结果相关，移植前 MRD≥0.01%和 MRD<0.01%移植后 2 年 OS 率分别为 20%和 80%（Elorza 等，2010）。移植前通过化疗尽量降低肿瘤负荷和采取有效的清肿瘤预处理方案可以达到降低复发率的目的。而移植后的一些处理，如尽早减停免疫抑制剂、选用不会增加复发率的免疫抑制剂和给予适当的维持治疗等在降低复发率上也起到了重要的作用。

1. 免疫抑制剂 移植后 CSA 等免疫抑制剂的应用虽然降低了排斥和 GVHD 的发生，但因抑制了淋巴细胞功能，同时减低了 GVL 效应和延长了宿主免疫功能恢复的时间（包括抗白血病免疫功能的恢复），增加了复发的风险。

西罗莫司（sirolimus）是一种哺乳动物西罗莫司靶（mTOR）的抑制物。一些研究报道了西罗莫司在防治 GVHD 上的有效性，在 NOD-SCID 模型上也证实对人 ALL 有有效的抗肿瘤作用。COG 采用西罗莫司控制 GVHD 的同时来预防复发。在儿童中使用以西罗莫司为基础的 GVHD 预防措施的初步研究显示，在所有危险组中均比预期复发率低（Pulsipher 等，2009）。

一些药物既是免疫抑制剂同时也是抗淋巴细胞肿瘤药，移植后采用此类药物替代 CsA 有望降低复发率，如甲氨蝶呤（MTX）（Ringdén 等，1993）和 Cy，但应用此类药物时需要注意对血象的影响。

2. 靶向药物 移植后使用细胞毒药物治疗的缺点是血液毒性和消除了 GVL 效应，因此采用此种方式来维持 ALL 的缓解是不可行的。而非细胞毒药物（例如，分子靶向治疗、免疫治疗）可在移植后应用以获得和保持缓解。

Carpenter 等报道 15 例 Ph^+ ALL 患者（年龄为 4～49 岁）allo-HSCT 后给予伊马替尼直到移植后 1 年，在移植后 90 天内，成人耐受剂量为 400mg/d，儿童耐受剂量为 260mg/(m^2 · d)。与应用伊马替尼相关最常见的不良事件为 1～3 级的恶心、呕吐和转氨酶升高。移植后早期应用伊马替尼是可行的（Carpenter 等，2007）。Wassmann 等报道了 27 例 Ph^+ ALL 在 HSCT 后分子水平复发的患者接受伊马替尼治疗，中位随访时间 8.3 个月（0.9～31 个月），12 例患者持续缓解，15 例患者复发；其中 13 例 BCR-ABL1 融合基因未阴转的患者中 12 例均血液学复发（Wassmann 等，2005）。

从理论上讲，因为 Ph^+ ALL 存在激酶区突变克隆，对伊马替尼耐药，临床数据和理论都表明化疗时虽然改善了初始反应率但并不能提高生存率。移植后应用伊马替尼存在同样的问题。移植后对于 Ph^+ ALL MRD 为阳性的患者应用伊马替尼并不是一个好办法（Nishiwaki 等，2010）。80%～90%接受伊马替尼治疗而复发的患者有 BCR-ABL1 的突变，大部分为 P 环突变和 T315I 突变。而在约 40%未治疗过的 Ph^+ ALL 中存在 TKD 的突变（Ottmann 等，2009），这些突变的产生与耐药有关。

同时抑制酪氨酸激酶和 scr 激酶或许比单独抑制氨酸激酶更有效。达沙替尼同时抑制 BCR-ABL1 和 scr 激酶，是一种可以考虑的候选药物。不仅如此，达沙替尼在体外对 BCR-ABL1 的抑制活性是伊马替尼的 325 倍，对血脑屏障的通透性高于伊马替尼（5%～28% *vs* 0.5%～2%）（Porkka 等，2008），还可用于移植后防治中枢神经系统白血病。

3. 生物治疗　以免疫为基础的各种治疗有可能降低 ALL、特别是 B-ALL 的复发。. 移植后在严密控制 GVHD 的情况下尽早减停免疫抑制剂，必要时适当应用免疫调节剂如白介素 2（IL-2）、干扰素、胸腺肽。细胞因子抗白血病的可能机制是激活供者来源的树突细胞（DC），直接或间接激活供者的 T 淋巴细胞和（或）NK 细胞，使受者残留的白血病细胞向具有 DC 细胞特性的细胞分化，直接提呈同种异体抗原和肿瘤相关抗原，激活供者 T 淋巴细胞。但需注意的是对 T 淋巴细胞白血病应用 IL-2、胸腺肽有可能刺激肿瘤细胞生长（达万明，2008）。

一个关于 192 例 ALL 患者的研究显示在小于Ⅱ度 GVHD 组中复发率明显增高，在没有明确 GVHD 的患者中，复发的风险达到了 80%，而在有Ⅱ度或更重 GVHD 的患者复发风险为 40%。另一个含 1132 例 T 或 B-ALL 患者的研究支持急性和慢性 GVHD 与复发率的降低有关（Stein 等，2008）。有 GVHD 的患者，复发率降低，提示对 ALL 有 GVL 效应，但是使用供者淋巴细胞输注（DLI）治疗复发 ALL 往往失败，对这种现象的可能解释是 DLI 给予得过晚。当已经有明显的白血病出现时，DLI 不能够阻止快速分裂的细胞克隆。在 ALL 中应检测 MRD，早期采用 DLI 干预效果要明显得多（Shaw 等，2008）。

计划性使用 DLI，特别是应用于进行去 T 淋巴细胞移植的高危患者获得了一定程度的成功：免疫抑制剂很快地减量，早期输注 DLI（移植后 1～6 个月内），直至出现 GVHD 的迹象或者是输注的细胞达到一定数量。使用这种方法时，为了获得 GVL 而同时无严重的 GVHD，DLI 输注的剂量和时间非常重要。能有效降低 GVHD 的方法是逐渐增加输注剂量，从小剂量的细胞开始输注（$CD3^+$ 细胞 10^5 个/kg），每 2～3 个月增加一次剂量。（Shaw 等，2008）。另一个保证 GVL 效应而不引起 GVHD 的方法是去 $CD8^+$ T 淋巴细胞亚群（Storb 等，2001）。

使用抗原特异性克隆性 T 淋巴细胞而不是多克隆的 T 淋巴细胞，可以增强抗白血病效应，同时减少 GVHD 的风险。CMV 和 EBV 特异的 CTL 已经从异基因移植供者体内分离，在体外培养并选择性输注而没有引起 GVHD（Storb 等，2001）。可采用同样的技术思路应用 ALL 白血病特异的 CTL 等进行细胞治疗。

细胞免疫治疗的关键是需要确定被 T 淋巴细胞识别的抗原肽，这种抗原肽在白血病细胞表达，但是在正常组织不表达，从而使 GVL 和 GVHD 分离。可以作为 GVL 选择靶抗原的有：①肿瘤特异性抗原，染色体易位产生的融合基因蛋白，如 BCR-ABL1 或者 PML-RARα；②在白血病细胞上过量表达的正常蛋白如 WT-1 或蛋白酶 3；③次要组织性抗原

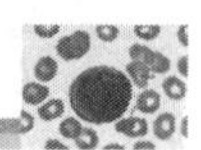

H，在受者造血细胞上选择性表达（包括白血病细胞），但是不在非造血细胞上表达（Storb 等，2001）。另外还可采用 NK 细胞输注、肿瘤疫苗等。

五、特殊类型 ALL 的移植

（一）Ph^+ ALL

Ph 染色体见于 15%～30%的成人 ALL，是成人 ALL 中最常见的细胞遗传学异常。50%以上的患者年龄超过 50 岁。Ph^+ ALL 通过单独传统化疗 5 年 OS 率只有 10%～20%。儿童 ALL 中 Ph^+ ALL 的发病率<4%。在 CR1 期进行 allo-HSCT 是 Ph^+ ALL 的标准治疗，被认为是唯一可以治愈 Ph^+ ALL 的方法（Abou Mourad 等，2008）。

在伊马替尼等 BCR- ABL1 酪氨酸激酶抑制剂出现前，如果有合适的供者，对所有 CR1 的成人 Ph^+ ALL 均强烈推荐 allo-HSCT。但是，就算是早期进行 allo-HSCT 也常常是不成功的，33 例 Ph^+ ALL-CR1 和 106 例 Ph^- ALL-CR1 移植结果比较，Ph^+ ALL 患者倾向于早期复发和低的 2 年无白血病生存率（Larson 等，2008）。Ph^+ ALL 在 CR1 进行 allo-HSCT 的存活率为 27～65%，并且因为中位年龄大，TRM 是 Ph^+ ALL 移植的一个突出问题（Gökbuget 等，2008）。

在伊马替尼时代，虽然大多数 Ph^+ ALL 患者以伊马替尼作为一线治疗，但却没有升高 HSCT 的 TRM。并且因为 Ph^+ ALL 的移植结果与移植前后的 MRD 水平显著相关（GÖkbuget 等，2008）。应用伊马替尼后 allo-HSCT 的结果比历史对照明显改善。在同一中心，伊马替尼＋化疗诱导治疗（$n=29$）和单独化疗诱导治疗（$n=31$）然后接受 allo-HSCT 的患者比较研究显示，伊马替尼组复发风险明显降低（3.5% *vs* 47.3%），而两组间的治疗相关毒性无区别，伊马替尼组 DFS 率明显增高（76% *vs* 38%）（Stein 等，2008）。酪氨酸激酶抑制剂对儿童 Ph^+ ALL 也有效（Davies 等，2008）。

但是应用伊马替尼后，Ph^+ ALL 患者无论是化疗还是移植，结果均得到了改善。在日本的一组研究中，在 CR1 或其后进行 allo-HSCT 1 年的 OS 率是 73%，而不接受移植组的 1 年OS 率为 85%（Yanada 等，2006）。虽然结果没有统计学上的差异，但随访时间尚短，难以下结论。

（二）难治/复发 ALL

复发成人 ALL 预后差，5 年 OS 率<10%。不考虑年龄或者其他的因素 allo-HSCT 是此类患者唯一可能治愈的选择。没有在 CR1 接受移植的患者通过诱导治疗获得 CR2，有 25%的患者可通过 allo-HSCT 治愈。对于没能够获得再次缓解或者原发治疗耐药的患者来说，虽然只有<10%的患者可通过 allo-HSCT 治愈，allo-HSCT 对这部分患者也是恰当的。重要的问题是进行诱导治疗还是马上进行移植（Davies 等，2008）。

在移植前降低 MRD 可提高长期生存率，再诱导方案中使用新的药物有可能使患者在移植前获得 MRD 阴性的机会。如 COG 复发 ALL 组在再诱导或者强化阶段使用克罗拉滨和抗-CD22 单克隆抗体获得了鼓舞人心的结果。复发 ALL 移植最理想的状态是采用恰当的诱导方案尽可能使患者在移植前 MRD 阴性，而同时尽量降低移植相关的并发症，如器官损害、侵袭性真菌感染等（Pulsipher 等，2009）。

1995～2004 年 CIBMTR 复发或原发诱导治疗失败的 ALL 患者进行移植 3 年的 OS 率为 16%，影响预后的不良因素有原发耐药、二次或多次复发，骨髓原始细胞≥25%，CMV 血清抗体阳性的供者，患者年龄≥10 岁（Duval 等，2010）。

六、总　结

ALL 移植包括移植指征的确立、移植时机和供者的选择、采用合适的预处理方案和移植后的维持治疗等一系列过程。每个环节均会影响患者的预后。优化移植方案的目的是最大限度地降低治疗相关毒性，同时保持最大程度的抗肿瘤效应，以达到长期生存。

对成人 ALL 无论标危或高危均推荐 HSCT。而因为儿童 ALL 化疗效果的提高，仅对预期生存率低的 Ph^+、亚二倍体、MLL 易位和原发诱导治疗失败等类型推荐 HSCT。目前最佳的干细胞来源仍然是同胞相合供者。但是因为移植技术的改善，相合的 URD 和 UCB 移植取得了和同胞相合移植相似的结果，甚至相合的 UCB 移植结果更优于同胞相合移植。其他如双份脐带血移植、单倍型移植方式也在不断发展。TBI 清髓性预处理方案是 ALL 的经典预处理方案。但是一些个体化预处理的选择在降低 TRM、降低复发率方面获得了初步改善的结果，使得一些如年龄大、以前接受过深度治疗的患者获得了移植机会。同时，在移植后采用分子靶向治疗、细胞因子、细胞治疗等维持治疗对于防止复发起到了非常重要的作用。

每个医生都应该认真考虑每位患者的疾病类型、移植的紧迫程度、供者的特点和移植中心的经验，从而制定最佳的移植方案。

未来 ALL 移植的发展方向是清肿瘤的减低强度预处理方案，根据不同病例采用个体化治疗，同时结合在移植后的免疫治疗，达到既减少 TRM，又减少复发，从而提高 OS 率，最终治愈 ALL。

无论是化疗还是 HSCT 均是一门发展的学科，当化疗方案中药物的剂量已经达到人体耐受极限时，想要进一步提高它的疗效是非常困难的，所以传统化疗的发展更多依赖于新药的出现。而相对于传统化疗来讲，HSCT 是一个更年轻的学科，是细胞毒治疗与过继的供者细胞免疫治疗相结合的治疗方式，随着对这门学科的研究深入，有可能使更多的患者从中受益。

第三节　造血干细胞移植治疗慢性髓性白血病

慢性髓性白血病（CML）是一种起源于骨髓多能造血干细胞的恶性克隆性疾病。自然病程分为慢性期（CP）、加速期（AP）和急变期（BP）。近十年特异性的酪氨酸激酶抑制剂（TKI）的出现，CML，尤其是 CP 患者获得了较高的缓解率及生存期。异基因造血干细胞移植（allo-HSCT）作为唯一的根治方法，仍在 CML 治疗中起到很重要的作用。

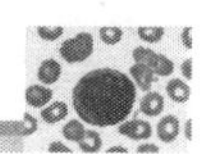

一、移植指征及移植时机

自20世纪90年代开始allo-HSCT成为CML患者的一线治疗。TKI伊马替尼的出色疗效，动摇了HSCT作为CML一线治疗的地位。欧美的数据显示，自1998年伊马替尼出现，CML患者进行HSCT的例数明显下降。2000～2003年期间欧洲CML患者进行HSCT的例数较前下降40%（Gratwohl等，2006）。国际骨髓移植研究中心（Center for International Blood and Marrow Transplant Research，CIBMTR）的数据提示美国自1999～2003年CML进行HSCT的例数较前下降2/3。中国目前没有完善的骨髓移植登记体系，尚无相关的数据报道。最近我国一项三级甲等医院的联合调查显示，仅有1/3的CML患者曾经接受过伊马替尼治疗，而长期应用伊马替尼治疗的患者更少（王建祥等，2010）。在广大的基层医院，能够接受伊马替尼治疗的患者少之又少。可以推测，伊马替尼对中国CML患者进行HSCT的影响不如欧美发达国家明显。这种差异的主要原因是治疗费用问题，在我国常年应用伊马替尼的费用远远高于进行allo-HSCT的费用。目前，allo-HSCT仍是中国CML患者的一线治疗选择。

另一方面，在CML治疗疗效方面我们需要谨慎地分析。慢性期CML（CML-CP）患者早期接受伊马替尼一线治疗与获得完全细胞遗传学缓解（CCyR）后早期进行HLA相合allo-HSCT的疗效比较，伊马替尼疗效优于代表美洲平均水平的CIBMTR的结果；而与Fred Hutchinson肿瘤研究中心（FHCRC）的结果相同（30～60岁）（Simon等，2006）。因此，在最有经验的移植中心，HLA相合allo-HSCT是CML-CP患者的一线选择。

结合以上各方面因素，我们建议中国CML患者进行HSCT的指征及时机：

（一）慢性期CML

20%～30%的初治CML对伊马替尼耐药或不耐受，建议所有患者在诊断CML后进行HLA相合亲缘或非亲缘供者的查询。伊马替尼治疗反应好的患者争取获得CCyR后择期进行allo-HSCT；伊马替尼治疗失败或不耐受的患者，应尽早进行allo-HSCT。部分患者可以根据具体情况及个人意愿调整治疗方案，在严密监测的情况下推迟HSCT时间3～4年。在伊马替尼治疗期间，每3个月进行一次病情评估，如果治疗失败、已经获得的治疗反应丢失或者对药物不耐受，应尽早进行HSCT。对于年龄大于40岁的患者，建议在诊断1年内进行HSCT，避免由于年龄增长或者疾病进展影响治疗效果。患者能否进行allo-HSCT受患者年龄限制，通常认为同胞相合移植患者的年龄上限是60岁，非血缘移植为55岁。年龄大于以上标准的患者可以考虑减低预处理强度（RIC）移植。haplo-HSCT风险较高，是伊马替尼治疗反应失败或不耐受的二线治疗。

（二）进展期CML

对于进展期CML患者干扰素治疗无效，TKI类药物可能短期有效，但作用往往不持久。目前进展期CML的标准治疗是通过TKI类药物或联合化疗控制疾病，最好能够达到完全血液学缓解（CHR）或回到第二次慢性期（CP2），然后尽快进行allo-HSCT。对于治疗效果不满意的患者，不建议无限度地延长 TKI 或联合化疗的时间，以免增加感染及脏器功能损伤的机会，增加经济负担，延误移植时机。约 95%的 CML 加速期（CML-AP）患者通过伊马替尼治疗可以重新回到 CP2，获得 CHR 的中位时间为 2 个月。这种治疗反应并不持久，半数患者会在之后的 3 个月内丢失血液学治疗反应（Palandri 等，2009）。因此，CML-AP 移植前伊马替尼治疗不宜超过 3～6 个月。仅 34%～50%的急变期 CML（CML-BP）患者可以通过伊马替尼治疗回到 CP2，其中绝大多数患者在伊马替尼治疗 1 个月内回到 CP2（Palandri 等，2008）。因此建议 CML-BP 移植前伊马替尼治疗不超过 3～6 个月。

（三）儿童 CML

伊马替尼对于儿童患者的安全性及生长发育的影响尚无长时间的随访资料，且目前的二代 TKI 类药物均无儿童应用适应证。为了避免长期服用伊马替尼引起的各种可能的副作用，儿童 CML-CP 如果有 HLA 相合同胞供者，建议在诊断 6 个月内进行 allo-HSCT。如果有 HLA 相合非血缘供者建议在诊断 12 个月内进行 allo-HSCT。对于没有 HLA 相合供者的患儿可以考虑伊马替尼治疗，或者 haplo- HSCT。在脐带血移植经验丰富的中心还可以考虑非血缘脐带血移植。

二、HSCT 的现状

（一）同基因 HSCT

1979 年西雅图报道了 4 例同基因 HSCT 结果（3 例 CP、1 例 AP），经过环磷酰胺（Cy）、白消安（BU）及全身照射（TBI）（920 cGy ）预处理后输注同基因骨髓，成功地清除了 Ph^+ 克隆。1982 年同一移植中心报告了 22 例 CML 行同基因 HSCT 的结果，其中包括 12 例 CP 患者（Fefer 等，1982）。2002 年的更新随访显示，12 例 CP 患者中 7 例存活，总生存期为移植后 20.8～26.3 年。其中 5 例患者一直处于完全缓解期，1 例进行二次移植后处于缓解期，另外 1 例带瘤生存。这些数据说明，即使没有移植物抗白血病（GVL）作用，大剂量的预处理方案也能够治愈一部分 CML 患者。来自 IBMTR 的配对研究结果显示，对于 CML-CP 患者（n=34），同基因移植与同胞相合移植相比，由于没有 GVL 作用，复发率明显升高（40% *vs* 7%）；而非复发死亡率小于 10%，3 年 DFS 率无明显差异（59% *vs* 61%）（Gale 等，1994）。西雅图报道 CML-CP 患者行同基因 HSCT 的生存率为 87%（n＝16），但进展期 CML 生存率较低，AP 及 BC 分别为 27%及 12%（Thomas 等，1986）。这些结果表明通过大剂量放化疗可以永久地清除 CML-CP 患者的 Ph^+ 克隆。

2006 年欧洲骨髓移植登记组（EBMT）重新评估了 CML 患者进行 HSCT 20 年的结果。同基因移植虽然复发率增加，但移植相关死亡率低，总体生存率优于同胞相合移植。1980～1990 年进行的同基因移植（n=40，CP 42.5%）与同胞相合移植（n=2238，CP 72.4%）相比，2 年、5 年、10 年及 15 年的 OS 率分别为 69 与 53%，53 与 46%，44 与 41%，39 与 39%。1980～1990、1991～1999、2000～2003 年进行同基因 HSCT 的 CML

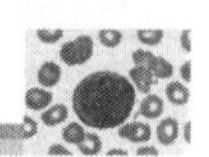

患者，2年OS率分别为73%、80%和82%。三个时期的移植相关死亡率在4%～10%，而2年复发率高达46%～50%（Gratwohl等，2006）。值得注意的是在114例同基因移植中，移植前处于第一次慢性期的仅有71例。以上结果来自伊马替尼前的时代，可以推测，移植前通过伊马替尼治疗获得CCyR后再进行同基因移植，可能会明显降低移植后的复发率，取得更好的治疗效果。由于移植相关死亡率低，对于有同基因供者的CML患者，同基因HSCT仍是首选治疗之一。

（二）自体HSCT

20世纪70年代曾有一种观点，采集患者发病时的骨髓放在液氮中冻存，以备日后疾病进展时回输，在之后二十多年的时间里，这种做法曾一度是许多研究的热点。在CML的治疗史上，自体移植是没有相合供者患者的治疗选择之一。欧洲及北美1984年6月至1992年1月期间多中心连续进行的自体移植中，142例CML-CP患者的预计生存率58%。意大利Genoa连续进行的30例CML-CP自体HSCT，均获得造血重建，无移植相关死亡率，2年生存率93%（Carella等，1999）。通过自体移植，可以一过性恢复患者的Ph^-正常造血，延缓疾病进展，延长患者的生存期。近年由于伊马替尼的卓越疗效，自体HSCT在CML的应用越来越少，目前已基本废止（Gratwohl等，2006）。

净化移植物中的恶性克隆是降低复发率的重要方法。过去，采集的自体干细胞常常伴有严重的白血病细胞污染。目前通过伊马替尼治疗获得CCyR后再采集自体干细胞，采集物中的肿瘤负荷则明显降低，自体HSCT在CML治疗中的地位也许会重新确定。某些中心对已经达到CCyR的患者采集自体造血干细胞，冻存以备日后疾病进展时应用，但迄今应用上述方法进行HSCT的病例非常少，结果尚待观察。通过大剂量化疗、干扰素和伊马替尼等药物体内净化，降低采集物中Ph^+克隆比例，自体HSCT治疗的作用是延缓疾病进展及恢复对药物治疗的敏感性。

（三）同胞相合HSCT

西雅图于1979年首先开始应用同胞相合HSCT治疗CML-CP，1982年报道了初步的结果，10例CML-CP患者中有4例在移植后1～3年死于移植相关并发症：间质性肺炎（IP）及严重的移植物抗宿主病（GVHD）（Clift等，1982）。同一中心1986年报道了167例CML进行同胞相合HSCT的结果（Thomas等，1986）。第一次慢性期（CP1）患者长期存活率为49%（n=67），CP2为58%，AP 15%（n=46），BP 14%（n=42）。CP主要死亡原因是IP，进展期主要死亡原因为疾病复发。这些数据于2002年进行了随访更新，40%的CP患者在移植20多年后仍然存活（Radich等，2006）。

随着移植技术的提高及支持治疗的加强，近年CML移植的结果明显改善。EBMT的数据显示，CML-CP患者的2年生存率由1980～1990年的53%增加到2000～2003年的61%。低危患者（EBMT评分0～1）的2年总生存可以达到80%。生存率的改善主要受益于移植相关死亡率（TRM）的下降，总的TRM由41%下降至30%，低危患者由31%下降至17%（Gratwohl等，2006）。国际骨髓移植登记组（IBMTR）的数据也显示了相似的结果。1984年IBMTR报道了117例CML进行HLA相合同胞移植的结果，CP、AP及BP患者的3年OS率分别为63%、36%和12%。1987～1994年的结果显示，CP患者

DFS 率为 57%，AP 41%，BP 18%（Horowitz 等，1996）。CIBMTR 1998～2003 年 3359 例 CML 同胞相合移植的结果显示，CP（<12 个月）、CP（>12 个月）、AP 及 BC 的 5 年 OS 率分别为 73%、60% 、53%和 40%（图 21-13）。1999 年进行移植的患者中只有不到 1%的患者接受了伊马替尼治疗，而到 2003 年服用伊马替尼的患者已经增加至 77%。对于 AP 患者总生存提高超过 12%。可以推断，进展期患者移植结果的提高不仅得益于移植技术及支持治疗的提高，特异性靶向药物降低移植前肿瘤负荷也起到非常重要的作用。

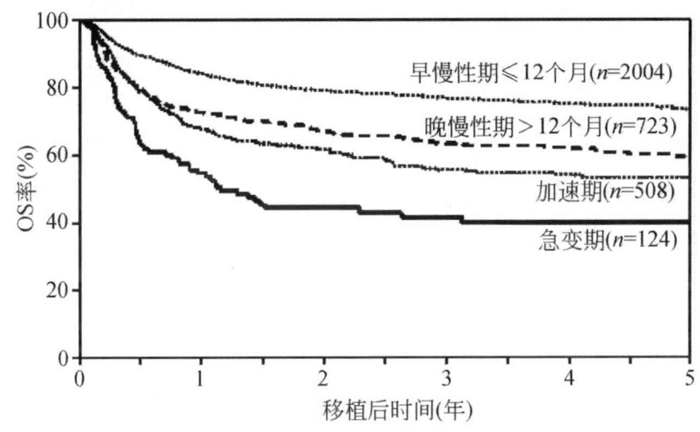

图 21-13　1998～2003 年 CIBMTR 同胞相合移植治疗 CML 的 OS 率

上述是欧洲及美国骨髓移植登记组的结果，代表了当今欧美国家同胞相合造血干细胞移植治疗 CML 的总体水平，在有经验的移植中心的结果更好。西雅图应用靶浓度 BU+Cy 方案预处理，连续进行同胞相合移植的 131 例 CML-CP 患者（中位 43 岁），3 年生存率 86%，DFS 率 78%，复发率 8%。存活患者的中位 Karnofsky 评分 95%（Radich 等，2003）。北京市道培医院 2001～2006 年 49 例进行同胞相合移植的患者（中位年龄 36 岁），中位随访 39.5 个月，3 年预计 OS 率 89.6%（赵艳丽等，2008）。在这 49 例患者中仅有 7 例移植前短期应用伊马替尼降低肿瘤负荷，提示 CML-CP 进行同胞相合移植的疗效仍有提升的空间。

关于同胞相合移植与伊马替尼治疗 CML 的效果有一个有趣的比较。IRIS 研究 7 年的更新结果显示，最初有 553 例初诊 CML-CP 患者接受伊马替尼治疗，其中有 332 例（60%）在 7 年后仍在服用伊马替尼，这部分患者的 7 年 OS 率为 86%。而其余 221 例中的 43 例（8%）及 82 例（15%）患者分别由于药物不耐受或疗效欠佳退出，还有 96 例（17%）因为其他原因退出，停止伊玛替尼治疗的这 40%的患者 7 年 OS 率在 50%左右。按照意向性治疗（intent-to-treat）的统计方法计算，最初伊马替尼治疗的所有 553 例患者 7 年OS 率 77%。可以这样解释，按照欧美整体的移植结果，伊马替尼的结果优于移植，而按照一流移植中心（如北京市道培医院及西雅图）的结果来看，伊马替尼的结果在生存率方面并没有显示优势。

虽然进展期 CML 的移植结果比 CML-CP 差得多，但移植结果已有显著的提高。EBMT 2000～2003 年的数据显示 AP 与 BP 的 OS 率分别为 47%及 16%（Gratwohl 等，2006）。AP 中仅有细胞遗传学异常者较其他 AP 预后好。西雅图 1994 年回顾性分析了 58 例 CML-AP 进行同胞相合移植的结果，4 年预计 OS 率为 49%，DFS 率为 43%，非复发

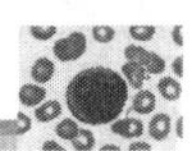

死亡率51%，复发率12%。而其中仅有染色体异常的CML-AP，如果在诊断1年内进行移植，4年OS率为74%（n=16），而其他AP患者仅为34%（Clift等，1994b）。来自CIBMTR 2009年的更新数据显示，2001～2007年和1998～2000年AP患者的3年OS率分别为57%及45%，2000年之后CML-AP患者的生存率提高了12%。这不仅得益于移植技术及支持治疗的提高，移植前伊马替尼的应用降低了移植前肿瘤负荷，对改善移植后生存情况也有帮助。

由于CML-BP异基因移植后的高复发率及高移植相关病死率，实际上所有的移植中心结果都非常差（Thomas等，1986）。西雅图组1993年前进行的100例急变期的患者，100天、1年和3年EFS率分别是43%、18%和11%。结果虽然令人失望，但确实有一小部分患者存活下来了，因为没有其他能够彻底根治的方法，这部分患者还是有移植指征的。随着TKI药物的出现，有许多进展期CML-BP患者通过药物治疗可以再次达到血液学缓解或者回到CP2，尤其是急变前从未接受过TKI类药物治疗的患者，获得血液学缓解的概率高。进展期CML如果在异基因移植前达到CP2，移植结果接近CP1。

（四）非血缘HSCT

同胞相合移植是迄今为止治疗效果最好、治疗相关风险最低的移植类型。但只有大约30%的患者能够找到HLA相合的同胞供者。中国近三十多年来实行计划生育政策，家庭的规模缩小，找到HLA配型相合同胞的概率更低。在没有同胞相合供者时，HLA匹配相合非血缘供者是国际公认的替代供者。

1993年美国国家骨髓库（NMDP）报道了1987～1990年196例CML患者进行非血缘造血干细胞移植（URT）的结果，供受者之间HLA-A、B、C、DR位点为血清学相合。早慢性期（ECP）（病程<12个月）、晚慢性期（LCP）（病程>12个月），AP及BP CML患者的2年OS率分别为45%、36%、27%和0（McGlave等，1993）。1998～2003年CIBMTR的1724例CML进行URT的结果显示，ECP、LCP、AP和BP患者的5年OS率分别为64%、59%、43%和29%（图21-14）。由表21-7可见，10年时间内各个期的CML患者行URT的结果均提高了20%以上。EBMT的数据显示了同样的结果，2000年以后与20世纪80年代相比有明显改善，2年生存率提高了20%（53% *vs* 29%）（Gratwohl等，2006）。

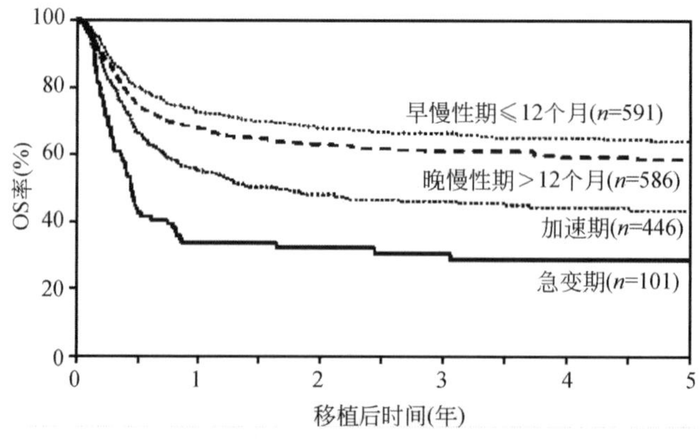

图21-14 1998～2003年CIBMTR非血缘移植治疗CML的OS率

表 21-7 非血缘移植治疗 CML 疗效比较

数据来源	年份	例数	OS 率（%）				
				ECP	LCP	AP	BC
CIBMTR	1993	196	2 年 OS 率	45	36	27	0
CMDP	2003	1724	5 年 OS 率	64	59	43	29
CMDP	2009	216	5 年 OS 率	68	56	44.5	
道培医院	2010		5 年 OS 率				

1998 年西雅图报道了 1985～1994 年进行的 196 例 CML-CP 患者 URT 的结果，5 年 OS 率为 57%，复发率 10%，Ⅱ～Ⅳ度 GVHD 发生率为 35%。影响预后的因素有病程大于 1 年、HLA-DRB1 不相合、高体重指数及年龄大于 50 岁。在年龄小于 50 岁的早慢性期患者 OS 率可达到 74%（Hansen 等，1998）。同一中心的更新数据显示，服用伊马替尼获得 CCyR 的 CML-CP 患者早期行非血缘全相合移植 3 年 OS 率可达 73%（Simon 等，2006）。

中华骨髓库（CMDP）2010 年数据显示，259 例 CML-CP 患者 5 年 OS 率 66.3%，非 CML-CP 5 年生存率 49.7%。ECP 及 LCP CML 5 年生存率分别为 69.4%及 63.1%（图 21-15）。北京市道培医院 2004 年 4 月至 2010 年 10 月，共有 58 例 CML 进行 URT，其中 CP1 37 例，CP2/AP 18 例，BP 3 例。截至 2011 年 3 月，中位随访 14 个月，1 年 OS 率 92%，DFS 率 87.8%。

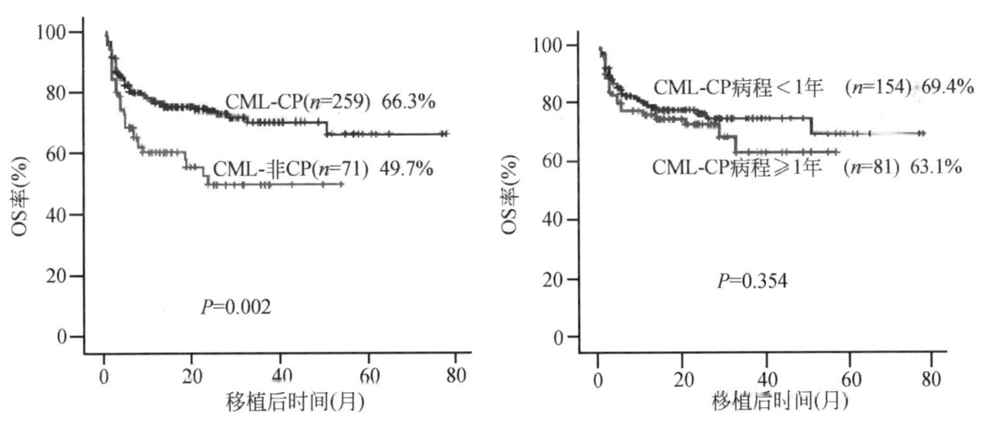

图 21-15 2010 年 CMDP 数据（任汉云整理汇报）

对于 CML 患者，URT 与同胞相合移植相比，移植物排斥增加，GVHD 增加，生存率及 DFS 率下降（Weisdorf 等，2002）。即使应用了更为精确的 HLA 配型技术，与同胞供者移植相比，URT 5 年 OS 率下降 7%～10%，GVHD 的发生率略有增加，治疗相关病死率增加，但是并没有降低复发率（Weisdorf 等，2009）。HLA 10/10 全相合的非血缘供者，与同胞相合相比，还可能存在微抗原不合。曾经有观点认为，非血缘移植由于 GVHD 的概率增加，相应的 GVL 作用也会增强，但这一观点已被大宗病例的循证证据驳

斥。来自 CIBMTR 的最新数据显示，应用了更为精确的 HLA 配型分析技术后，HLA 不合程度增高只会增加 GVHD 的发生率，并不增加 GVL 作用（Weisdorf 等，2009）。

近年 CML 进行 URT 疗效的提高，除了移植技术的提高及各种支持治疗加强，还有一个非常重要的原因是采用了更为精确的 HLA 配型技术。早些年非血缘供者 HLA 配型采用的是血清学或中分辨相合，如果采用精确的配型方法，相合供者中有相当一部分是部分相合。2000 年 NMDP 登记的行 URT 的 535 例 CML 患者，均为 HLA-A、B、C 及 DR 位点血清学相合，重新进行等位基因水平的配型，有 18%的供受者在 DRB1 位点不相合（McGlave 等，2000）。近年非血缘供受者之间通常采用 HLA-A、B、C、DRB1 及 DQB1 位点基因水平的配型，匹配程度越高，移植相关死亡率越低（Yakoub-Agha 等，2006）。而 CIBMTR 的最新数据显示对于低危 CML-CP 患者，只有 HLA-A、B、C 及 DRB1 位点的匹配程度与 OS 和 TRM 有关，DQB1 位点是否相合对生存率的影响不明显（Arora 等，2009）。

CIBMTR 1998～2003 年 1052 例 CML-CP 进行 URT 移植，531 例（50%）HLA-A、B、C 及 DRB1 8/8 等位基因相合，252 例（24%）1 个位点不合，269 例（26%）2 个或 2 个以上位点不合。结果分析显示，DQ 及 DP 位点不合不影响 OS 率及 TRM。在 12 个月以内接受 1 个位点不合 URT 移植的 5 年 OS 率与 12～24 个月进行 8/8 相合 URT 的结果相似（51% *vs* 50%）。推迟移植时间对 OS 率的影响比同胞相合移植大（Arora 等，2009）。但这组数据 90%以上的患者移植前没有接受伊马替尼治疗，代表了伊马替尼前时代的情况。目前我国中华骨髓库及台湾慈济骨髓库非血缘供者常规查询 HLA-A、B、C 及 DRB1 和 DQ 5 个座位。如果在非血缘查询过程已经找到 8/10 或 9/10 相合的供者，尤其是只有 DQ 位点不合时，需评估是否需要花更多的时间查找相配程度更高的患者。因为这样做不一定能够找到全相合的供者，即使找到了全相合的供者，也可能因延误移植时机而抵消配型方面的优势。

我国 CML 进行 URT 选择供者及移植时机的原则：

（1）有同胞相合供者的 CML 患者首选同胞相合供者，没有同胞相合供者可以考虑非血缘移植。非血缘供者中选择 HLA 匹配程度高的供者，首选 10/10 全相合供者，对于 9/10 及 8/10 供者首选 DQB1 位点不合的供者。

（2）对于准备行 URT 的患者移植时机最好放在发病 12 个月内。对于移植前坚持服用伊马替尼，监测疗效优良的患者，尽量选择 HLA 匹配程度更好的供者。而对于没有进行伊马替尼规律治疗、治疗失败或不耐受的患者，只要找到 HLA 8/10 或 9/10 相合的非血缘供者，不主张花费过多的时间查询完全相合的供者，以免延误移植时机。

（五）其他类型 HSCT

1. 脐血移植 如果没有 HLA 相合的亲缘或非亲缘供者，脐血移植是进展期 CML 的替代供者之一。1989 年一个范科尼贫血患儿成功进行首例脐带血移植（Gluckman 等，1989）。脐带血移植的优点是对 HLA 相合程度要求低，查询快。缺点是每份脐带血的细胞数少，移植物排斥概率高，没有后续供者细胞，污染概率高。

陆道培领导的团队于 2001 年首次对一个 CML-BP 患者成功进行了双份脐带血移植，移植前骨髓原始＋幼稚细胞 73%，经过 TBI＋Cy 方案预处理，输注两份非血缘脐带血 MNC 总数 2.75×10^{7}/kg，$CD34^{+}$ 总数 0.96×10^{5}/kg，该患者在移植后 22 天及 28 天白细胞及血小板植活，经鉴定仅有1份脐带血植活。该患者未发生GVHD，随访30个月，持续细胞遗传学及分子生物学完全缓解（王峰蓉等，2003）。

最近一项研究比较了150例非血缘脐带血移植与450例非血缘骨髓移植的结果，所有患者均为白血病，脐带血移植受者25%为CML，骨髓移植受者40%为CML。所有脐带血均有一个（$n=34$）或两个（$n=116$）位点不合。骨髓移植中83例有一个位点不合，其余均为HLA全相合。造血植入时间，脐带血（27天）比骨髓移植慢（相合18天，不相合20天）。aGVHD脐带血移植组比较低，但cGVHD两组之间并没有差异。在TRM、治疗失败及OS方面，全相合骨髓移植最好，有一个位点不合的骨髓移植与脐带血移植之间没有差异（Laughlin等，2004）。

来自日本脐带血库网（Transplantation of Cord Blood Bank Network）的一项报道显示，共有86例CML患者进行非血缘脐带血移植，CP（$n=38$）、AP（$n=13$）及BP（$n=35$）的2年OS率分别为71%、59%及32%；DFS率分别为52%、38%及22%。输注细胞数是最重要的预后指标，输注有核细胞数$\geqslant 3.0\times10^7$/kg及$<3.0\times10^7$/kg的患者，移植后90天内中性粒细胞及血小板植活的比例分别为91%、86%及60%，61%；移植后复发率分别为9%及44%；2年EFS率为68%及20%。值得注意的是年龄在1～15岁的9例患者2年EFS率高达74%，可能与进展期患者少及输注有核细胞数相对较高有关（Nagamura-Inoue等，2008）。

2. 半相同造血干细胞移植　半相同造血干细胞移植（haplo-HSCT）是最近十几年才广泛采用的一种新型造血干细胞移植类型。这种移植类型的成功使得几乎所有患者均能够找到供者，突破了近半数患者找不到相合供者的瓶颈。鉴于这种类型移植的相关风险较高，目前仅局限于在少数移植中心进行。

对于进展期CML患者，只要能够回到CP，行haplo-HSCT仍能够获得长生存。北京市道培医院2002～2007年，对35例没有相合供者的进展期CML进行haplo-HSCT，中位年龄29岁。移植前11例患者经过伊马替尼和（或）化疗达到CP2，13例患者移植前为AP，11例处于BP。随访25.5个月（5～57个月），34例（97%）患者均获得了造血重建，移植后100天TRM 20%，移植前处于CP2，AP及BP患者的2年预计DFS率分别为73%、26%及21%（$P<0.05$）（Zhao等，2008）（图21-16）。

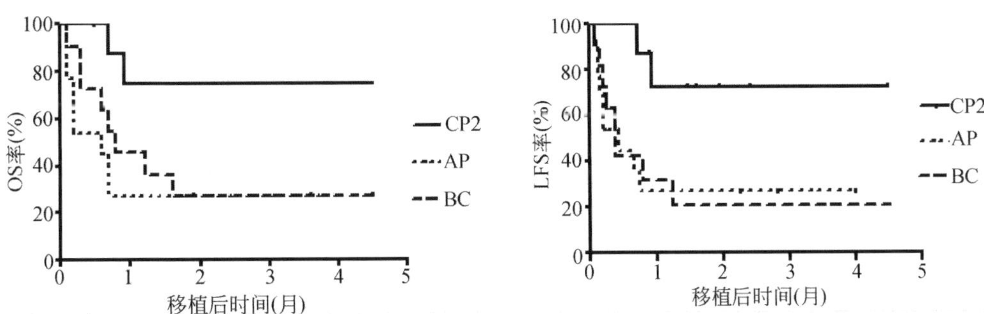

图21-16　北京市道培医院半相同移植治疗进展期CML的OS率和LFS率

在中国，只有1/3的CML患者应用了伊马替尼治疗（王建祥等，2010）。对于伊马替尼耐药或进展期CML，如果找不到相合供者，haplo-HSCT是可选择的治疗方案之一。通

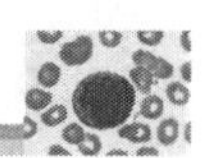

过降低移植前肿瘤负荷，使疾病重新回到CP或达到骨髓缓解可以明显提高移植的成功率。由于haplo-HSCT的相关风险较高，对于不能耐受或不能负担TKI类药物治疗的CML-CP患者，如果没有HLA相合的血缘或非血缘供者，需要谨慎选择haplo-HSCT。

（六）减低强度预处理（RIC）移植

CML中位发病年龄为50～60岁，许多患者受年龄限制无法进行清髓性造血干细胞移植。还有一部分患者由于严重的伴随疾病及重要脏器功能下降不能耐受清髓性的移植，对于这些患者均可以采用RIC移植。RIC预处理降低了清髓性放化疗的强度，而加强了免疫抑制药物的应用。目的是降低预处理前后的治疗相关毒性，而最大限度地发挥GVL作用。目前没有统一的RIC移植预处理方案，各移植中心之间方案差异很大，最常应用的是含有Flu的方案。由于缺乏前瞻性的临床随机对照研究，RIC移植的结果难以评估。与传统移植一样，RIC移植的移植结果与疾病分期密切相关，优势是移植相关死亡率下降，移植的适应证扩大。

EBMT CML工作组报道了1994～2002年进行RIC移植的186例CML的结果，这组患者中位年龄50岁，EBMT评分中位数为3。CP1、CP2、AP和BP患者分别占64%、13%、17%和6%。以同胞相合移植（60.8%）与全相合非血缘移植（25.3%）为主，外周血干细胞移植（PBSCT）71.5%，骨髓移植28.5%。100天TRM 6%，2年TRM 23.3%。Ⅱ～Ⅳ度aGVHD与cGVHD发生率分别为32%及43%，广泛型cGVHD 24%。3年OS率及LFS率分别是58%及37%。不同分期的缓解率及生存率见表21-8。氟达拉滨、白消安及ATG（Flu+BU+ATG）组TRM最低11.6%，且OS有改善趋势，是目前推荐的RIC方案。移植前病程大于1年、高EBMT评分、预处理含TBI是预后不良因素（Crawley等，2005）。

表20-8 EBMT RIC移植的结果 CML（n=186）

	CP1	CP2	AP	BP
MMR	0.48	0.36	0.19	0.11
CCyR	0.72	0.76	0.26	0.11
3年OS率	0.69	0.57	0.24	0.08
3年LFS率	0.45	0.31	0.11	0

M. D. Anderson肿瘤研究中心1996～2005年进行了64例RIC移植，中位年龄52岁（17～72岁），中位移植前病程2.6年（0.2～18.1年），其中15.6%的患者曾经进行过自体或异基因移植。CP1、CP2、AP和BP各占20.3%、26.6%、45.3%和7.8%。相合同胞或非血缘供者各占47%，PBSCT与骨髓移植各占40%与60%。80%的预处理方案以氟达拉滨联合美法仑方案为主，其余患者为氟达拉滨联合去甲氧柔红霉素。中位随访7年，5年OS率与无进展生存率分别为33%与20%。100天及2年TRM为33%与39%。不同分期结果见表21-9（Kebriaei等，2007）。这组数据的结果比EBMT结果逊色，可能的原因是进展期患者多，移植前病程长。另外，预处理方案相对较强可能也是关键因素，导致100天内相关死亡率较高。另外一项多中心的研究采用更小的预处理方案，TBI（2 Gy）或者TBI（2 Gy）联

合氟达拉滨（90mg/m^2）与这组病例的结果相似（Kerbauy 等，2005）

表 21-9　M. D. Anderson 肿瘤研究中心 RIC 移植治疗 CML（n=64）

	CP1	CP2	AP	BP
中位生存时间（年）	4.26	3.19	0.61	0.22
2 年 OS 率（%）	77	57	38	0
5 年 OS 率（%）	46	50	23	0

鉴于 CP2 比 AP 及 BP 的移植结果有显著性改善，推荐在移植前采用强有力的 TKI 或联合治疗控制疾病状况后进行 HSCT。对于治疗半年仍不能回到 CP2 的患者，不主张过度延长移植前治疗，以免延误移植时机。

三、影响因素

（一）疾病分期及 EBMT 评分

如前所述，疾病分期是 CML 进行 HSCT 最重要的预后因素。1997 年 Gratwohl 分析了 EBMT 3142 例 CML 进行 allo-HSCT 的结果后确定了 5 个独立的预后因素，包括年龄、从诊断到 HSCT 的时间、疾病分期、供受者性别及供者类型。可以将患者分为 5 层（表 21-10）（Gratwohl 等，1998）。EBMT 评分的预后意义在 CIBMTR 3211 例 CML allo-HSCT 的结果中得到证实（Passweg 等 2004）。EBMT 及 CIBMTR 低危组 5 年 OS 率分别是 69%和 72%，而高危组分别为 11%和 21%（表 21-11）。RIC HSCT 患者中 EBMT 评分有同样的预后价值，EBMT 评分 0～2 分患者的 3 年 OS 率是 70%，3～4 分是 50%，5 分以上是 30%（Crawley 等，2005）。对于进展期 CML，移植前疾病分期非常重要。不论急变期或者加速期 CML，移植前通过治疗获得 CP2 可以获得与 CP1 患者接近的结果（Zhao 等，2008）。

表 21-10　EBMT 评分

危险因素	危险评分	危险因素	危险评分
年龄		供受者性别关系	
<20 岁	0	女供男	1
20～40 岁	1	其他类型	0
>40 岁	2	供者类型	
从诊断到 SCT 的时间间隔		HLA 相合同胞	0
≤1 年	0	其他类型	1
>1 年	1		
疾病分期			
CP	0		
AP	1		
BP	2		

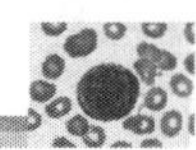

表 21-11 EBMT 及 CIBMTR 患者 5 年 OS 率

总危险评分	EBMT 结果（%）	CIBMTR 结果（%）
0～1	72	69
2	62	63
3	48	44
4	40	26
5～7	22	11

（二）年龄

早期的 CML-CP 行 HLA 相合同胞移植的结果显示，随着患者的年龄增加，治疗成功率下降（McGlave 等，1987）。而 CML 的中位发病年龄为五六十岁，明显限制了 allo-HSCT 的应用。随着移植技术的提高及支持治疗的加强，年龄对移植结果的影响有所松动。1993 年西雅图组报道了 33 例年龄在 50～60 岁的 CML-CP 患者同胞相合造血干细胞移植的结果，其中有 10 例患者年龄大于 55 岁，移植后 5 年 OS 率 85%（Clift 等，1993）。该中心应用靶浓度 BU+Cy 预处理方案（^{T}BU+Cy）的结果肯定了这一年龄段进行清髓移植的可行性。连续进行的 131 例 CML-CP 同胞相合 HSCT，中位年龄 43 岁（14～66 岁），3 年 TRM 及 OS 率分别为 14%和 86%。年龄对预后无明显影响（P=0.55），这组患者中 29 例年龄≥50 岁，14 例≥55 岁（图 21-17）（Radich 等，2003）。60 岁以上患者进行清髓性移植的报道较少。而在非血缘移植中，年龄与预后似乎有更明确的关系，西雅图 1985～1994 年进行了 HLA-A、B 和 DR 位点相合的 152 例非血缘骨髓移植，患者年龄与移植后总生存率有明确的关系（Hansen 等，1998）（图 21-18）。这一项结果与 NMDP 1988～1996 年的结果相似（McGlave 等，2000）（图 21-19）。

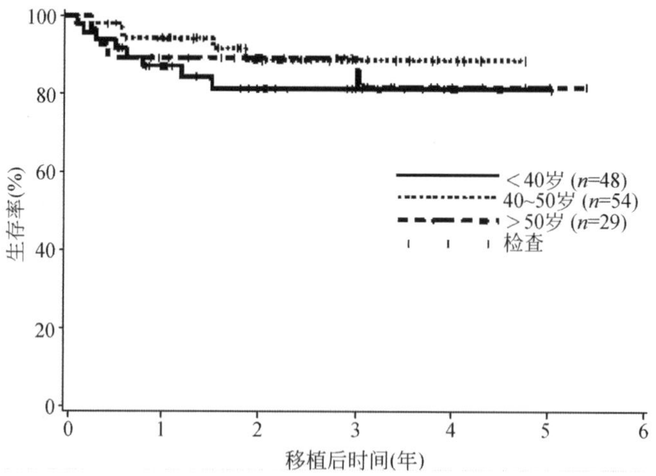

图 21-17 西雅图 ^{T}BU+Cy 方案同胞相合移植治疗 CML 生存率（Radich 等，2003）

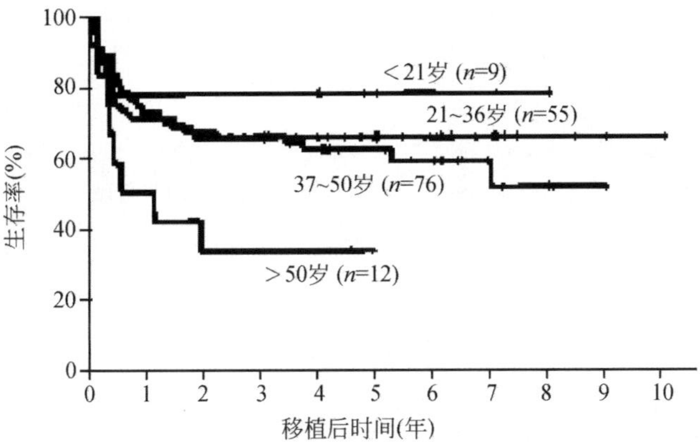

图 21-18　西雅图非血缘移植治疗 CML 生存率（Hansen 等，1998）

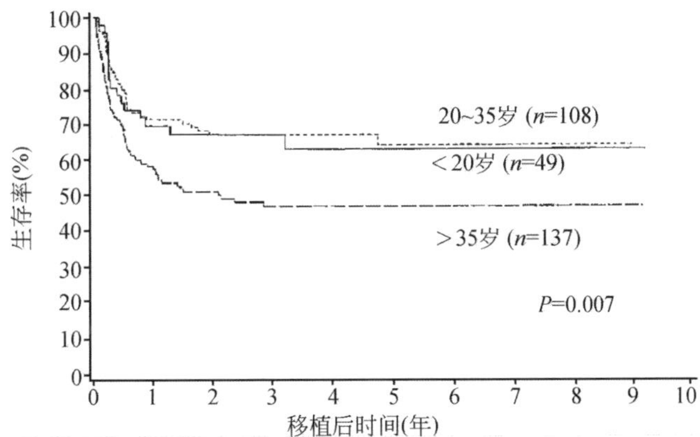

图 21-19　NMDP 非血缘移植治疗 CML 生存率（McGlave 等，2000）

（三）移植前病程

早期的移植结果表明，即使疾病稳定在 CP 期，从诊断到移植的时间延长，预后将恶化（Goldman 等，1993；Hansen 等，1998；Weisdorf 等，2009）（图 21-20 和图 21-21）。

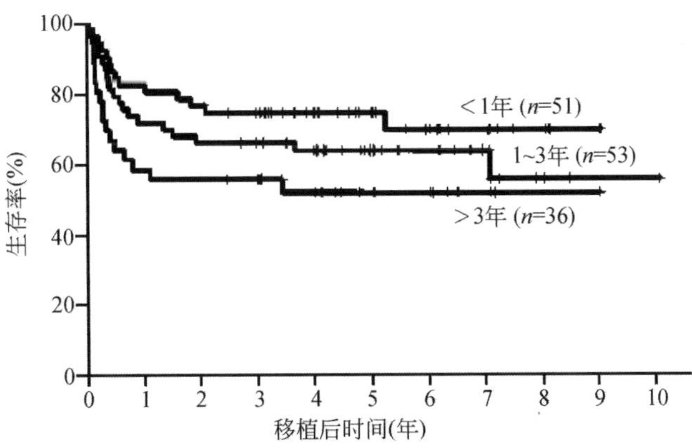

图 21-20　西雅图结果（Hansen 等，1998）

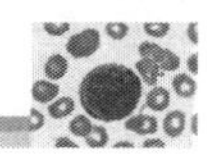

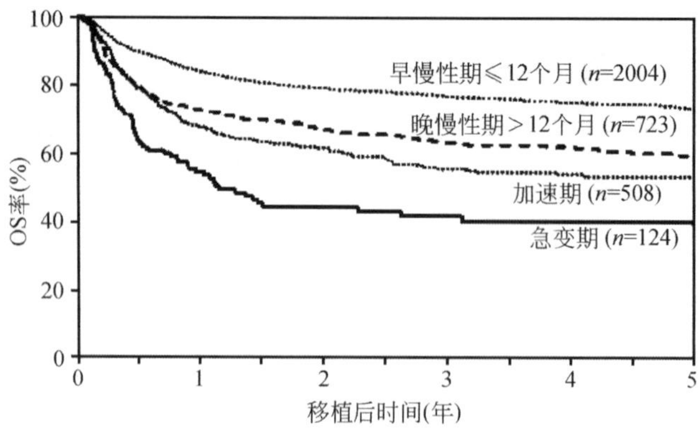

图 21-21 1998～2003 年 CIBMTR 数据

这一结果已被循证证据证实。CIBMTR 等大宗病例的结果均支持从诊断到移植的时间超过 12 个月，OS 率下降。很多研究以从发病到移植 12 个月为界，将 CML-CP 分为早慢性期与晚慢性期，分别进行分析。大宗病例分析显示，移植前病程延长，复发率轻度增加，同时移植相关死亡率也增加。移植前病程延长对预后影响的机制不是很明确。可能的机制有移植前治疗的影响。IBMTR 的一项早期报道显示，之前低剂量 TBI 明确影响之后的移植结果（Goldman 等，1993）。联合化疗影响各重要脏器的功能，增加感染的机会。以上的数据均来自 TKI 前时代，新的靶向药物的出现使得更多的患者将移植时机推迟到疾病进展或者 TKI 类药物不耐受的时候。移植时疾病进展及 TKI 类药物的免疫抑制作用很有可能会影响总体移植的结果。这种治疗策略的变化对移植的长期影响尚缺乏大宗的循证证据。

任汉云等在 CMDP 2010 年度总结，病程＜1 年与≥1 年的 CML-CP 患者进行 URT 的 OS 率分别为 69.4％及 63.1％（$P=0.354$）（图 21-15）。这组数据是 TKI 时代中国的结果，但移植前应用伊马替尼的比例很少。

（四）移植物种类：骨髓与外周血干细胞（Oehler 等，2005）

骨髓是经典的造血干细胞来源，最早进行的同胞相合移植主要采用的是骨髓。20 世纪 90 年代，随着刺激因子的出现，外周血造血干细胞（PBSC）移植兴起。比较 PBSC 移植与骨髓移植效果的临床研究随之兴起。

干细胞试验者协作组（Stem Cell Trialists' Collaborative Group）荟萃分析了 9 个比较 PBSC 移植与骨髓移植的随机试验的结果。共包括 473 例 CML，大多数患者均为慢性期，仅有 50 例为进展期。PBSC 与骨髓移植相比，粒细胞及血小板植活更快，重度 aGVHD 及 cGVHD 发生率增加，复发率下降，对于 CML-CP 患者 OS 没有显著性差异（Stem Cell Trialists' Collaborative Group，2005）。CIBMTR 的数据分析了同胞相合移植的长期随访结果，141 例 PBSC 移植与 272 例骨髓移植相比，cGVHD 明显增加（$P<0.001$），而复发率相似。在进展期 CML，PBSC 移植组 DFS 率高（33％ *vs* 25％），慢性期 PBSC 组 DFS 率低（41％ *vs* 61％）（Schmitz 等，2006）。这两组资料都支持高危 CML 采取 PBSC 移植，而对于 CML-CP 存在分歧。两组病例的结果不一致，可能与 CIBMTR 为非随机对照研究

有关，可能存在研究的偏倚，另外进行移植的时间较早，代表了早期的 PBSC 移植结果；随访时间较长，最少 6 年，反映了长期随访结果。西班牙造血干细胞移植组（Grupo Español de Trasplante Hemopoyético，GETH）关于 PBSC 与骨髓移植的一项病例对照研究显示，820 例患者中 30.7%为 CML。移植中位年代是 1999 年，中位随访时间 3.5 年。移植 10 年时生存率、复发率及 TRM 均没有差异，PBSC 组 GVHD 发生率高。两组生活质量没有差异，但 PBSC 组的社会功能差一些，可能与 cGVHD 的发生有关。基于提高长期生存质量的考虑，对于 CML-CP 患者，应尽量避免采用单纯 PBSC 移植；而对进展期患者则宜采取 PBSC 移植或者以 PBSC 为主的混合移植。

CIBMTR 一项关于 8～20 岁儿童及青少年急性白血病患者的研究提示，PBSC 移植相关死亡率高，而复发率没有改善（Eapen 等，2004）。所以对于儿童及青少年患者，不主张单纯 PBSC 移植。

陆道培领导的团队早在 20 世纪末开始采用 G-CSF 动员的骨髓加外周血干细胞混合移植。其优势是减少了供者采集骨髓的量，增加了移植物中 $CD34^+$ 细胞的数量，通过 mega dose 干细胞的输注，促进造血植入而不增加 GVHD 的风险。通常对于慢性期患者，尤其是早慢性期患者采用单纯骨髓或者以骨髓为主的造血干细胞移植。而对于进展期患者，则多加入较多的 PBSC，以增加 GVL 作用。

（五）预处理方案

CML 最常用的预处理方案是全身放疗联合环磷酰胺（TBI+Cy）方案及白消安联合环磷酰胺（BU+Cy）方案。20 世纪 80 年代早期移植患者大多数都是接受 TBI+Cy。TBI 12 Gy（分 6 次）与 15.75 Gy（分 7 次）的随机研究显示，CML 患者复发率随 TBI 剂量增加而减低，但是非复发死亡率（NRM）随之增加。因此，随着 TBI 的剂量增加，生存率及 LFS 均未改善（Clift 等，1991）。因此目前不主张 TBI 剂量超过 12Gy。1987 年 Tutschka 等（1987）首先报道了少数急性髓性白血病 BU+Cy 方案出色的移植结果，这就是经典的 BU+Cy 方案，之后不含 TBI 的方案在 CML 患者中逐渐被广泛应用。

西雅图进行了一项 CML-CP 进行同胞相合移植采用 TBI+Cy 方案（TBI 2Gy×6 次）与 BU+Cy 方案的随机对照研究。1982～1988 年共有 142 例移植，其中 73 例采用 BU+Cy 方案，69 例采用 TBI+Cy 方案。TBI+Cy 与 BU+Cy 方案 3 年生存率、复发率及无事件生存率无显著差异（Tutschka 等，1987）。9 年的长期随访结果显示两组之间生存率（65% *vs* 73%）、复发率（22% *vs* 19%）、无事件生存率（48% *vs* 55%）无显著性差异（Clift 等，1994a）（图 21-22）。

Socie 等跟踪报道了 20 世纪 90 年代进行的 4 项比较 TBI+Cy 与 BU+Cy 方案的随机对照研究。这 4 项研究中，TBI 多采用分次照射，总剂量 12 Gy 左右。共有 316 例 CML 患者，长期随访 7 年后两种方案之间无明显差异，10 年预期生存率 BU+Cy 组与 TBI+Cy 组分别为 65% 及 63%。TBI+Cy 组更容易发生白内障，BU+Cy 组更容易发生不可逆性秃顶，其他晚期并发症两组无差异（Socie 等，2001）。

基于以上研究结果，对于慢性期 CML 患者两种预处理方案结果类似。值得注意的是这些病例都是在 20 世纪 90 年代初期进行的移植，BU 均为口服制剂。静脉 BU 吸收更充分，血药浓度更稳定，副作用减少，移植的结果进一步改善。而国内大多数移植中心不具

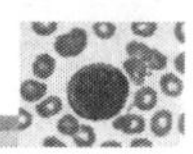

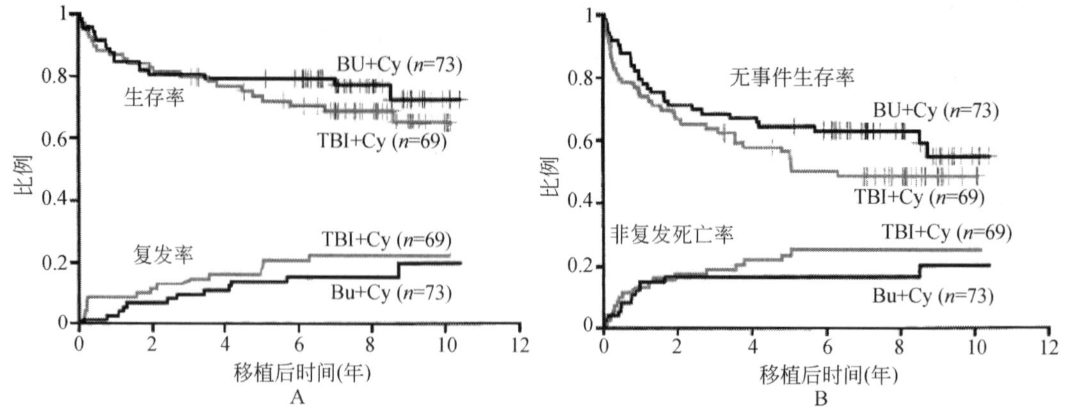

图 21-22 西雅图 CML-CP 同胞相合移植研究结果（Clift 等，1994a）

TBI+Cy 与 BU+Cy 方案的预计总生存率及累计复发率（A），预计无事件生存率及非复发死亡率（B）

备放疗设备；而进行 TBI 的放疗中心有一部分采用^{60}Co，一部分采用直线加速器。所以各移植中心制定放疗方案时一定要慎重。TBI 方案引起的黏膜炎更明显，对于 CML-CP 患者目前多采用 BU+Cy 方案。对于伴有髓外病灶或者急性淋巴细胞白血病的患者首选 TBI+Cy 方案。

由于口服 BU 吸收代谢个体差异很大，早在 1997 年西雅图通过检测患者的 BU 浓度保持血浆稳态 BU 浓度在 917 ng/ml 以上，可以显著降低复发率，总生存率也有提高趋势，但无统计学差异（Slattery 等，1997）。这种通过检测第一天 BU 的血药浓度调节后几天 BU 的剂量，以维持血浆稳态浓度在 900～1200 ng/ml 的方案，简称靶浓度 BU+Cy 方案（^{T}BU+Cy）。该中心对 131 例 CML-CP 应用^{T}BU+Cy 方案进行同胞相合移植，该组患者的中位年龄 43 岁（14～66 岁），3 年 OS 率 86%，复发率仅有 8%，非复发死亡率 14%（Radich 等，2003）（图 21-23）。国内的移植中心尚无进行 BU 血药浓度监测的报道，对于经济条件允许可以采用静脉 BU 以达到较好的血药浓度。

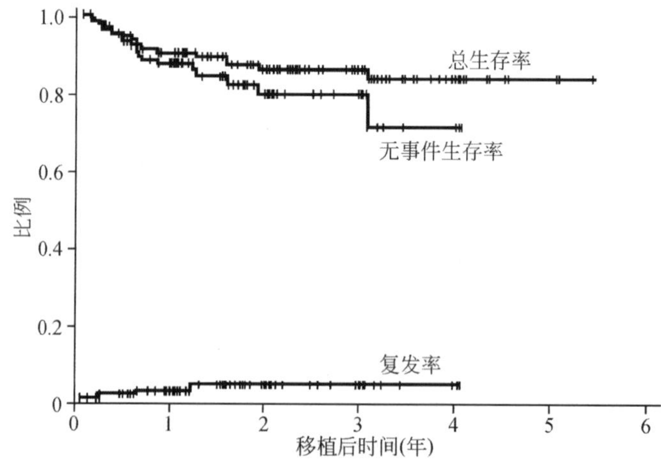

图 21-23 西雅图^{T}BU+Cy 方案研究结果（Radich 等，2003）

早期的研究已经证实对进展期 CML 采用较强的预处理方案，移植相关死亡率增加，而移植后复发率并没有明显改善，所以总体生存率反而降低。目前不主张进展期 CML 一味加强预处理方案，而在移植后早期采用 TKI 类药物或者同时应用供者淋巴细胞输注。

（六）移植前治疗

1. BU 及 HU　IBMTR 分析了 1985～1990 年进行的 450 例行同胞相合移植的 CML-CP。293 例移植前接受 HU 治疗，158 例接受 BU 治疗。两组 3 年 DFS 率分别为 61%与 45%（$P<0.0003$）（Goldman 等，1993）（图 21-24）。因此，不主张 CML 患者移植前服用 BU。

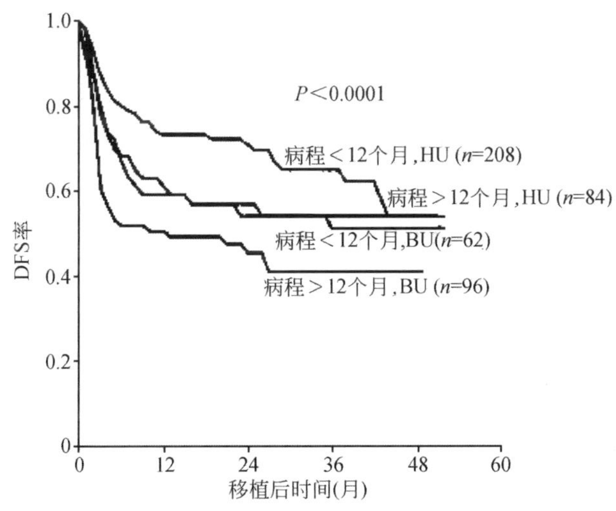

图 21-24　BU 与 HU 治疗 CML 的疗效比较（Goldman 等，1993）

2. FIN-α　20 世纪 90 年代之后 IFN-α 成为 CML-CP 的一线起始治疗药物，IFN-α 对其后 HSCT 的影响也成为临床工作者关注的焦点。IBMTR 的大宗数据，CML-CP 行同胞相合 HSCT，209 例患者移植前短期应用 IFN-α 治疗，中位治疗时间是 2 个月；664 例移植前仅应用 HU 治疗。IFN-α 组的植入失败率显著增加（2% *vs* 0.2%，$P=0.01$），而复发率降低（1%*vs*8%，$P=0.002$）。因此，移植前短期应用 IFN-α 并不影响移植结果（Giralt 等，2000）。来自 IBMTR 及 NMDP 的数据表明，CML-CP 行非血缘移植也未显示移植前 IFN-α 影响造血重建。740 例非血缘移植中，66%的患者移植前接受过 IFN-α 治疗。无论移植前是否接受过 IFN-α 治疗，OS 率、DFS 率、非复发死亡率、植入时间、复发率和 GVHD 方面均未显示显著性差异（Lee 等，2001）。德国一项研究将 856 例患者随机分到 HU、BU 或 IFN-α 组，共有 197 例患者最终进行了 HSCT。尽管移植后各组之间总体无差异，但是移植前 90 天内曾接受 IFN-α 治疗的 50 例患者的 5 年生存率只有 46%，其余 36 例患者为 71%（$P=0.0057$）（Hehlmann 等，1999）。因此，尽量避免在异基因 HSCT 前的 3 个月应用 IFN-α。

3. 伊马替尼　早期的报道认为移植前应用伊马替尼，会增加预处理相关毒性及病死率，尤其是肝脏的并发症（Shimoni 等，2003）。来自 CIBMTR 1999～2004 年进行 allo-HSCT 的数据显示，对于 CML-CP1 的患者，HSCT 前应用伊马替尼可以改善 OS 率，而

TRM、复发率及DFS率方面无统计学意义的差异。HLA相合程度高，移植前病程小于1年的患者生存率高。进展期进行HSCT的患者，TRM、复发率、DFS率及OS率均与既往是否应用伊马替尼无关，两组之间aGVHD的发生率相当（Lee等，2008）。

Oehler等（2007）的研究表明，由于伊马替尼的应用，慢性期患者HSCT往往被推迟到伊马替尼治疗反应次优或丧失已获得的治疗反应时。此时往往预示着疾病较为严重，进行非血缘移植比早期进行移植的结果差。

对于进展期CML，短期应用伊马替尼达到血液学缓解或者慢性期，可以提高移植后的生存率，降低移植相关风险（Zhao等，2008）。

（七）allo-HSCT后微小残留病（MRD）的监测

由于CML伴有特殊的BCR-ABL1融合基因转录，可以通过PCR方法定量监测微小残留病。定量PCR技术，可以检测到10^5～10^6个细胞中的CML细胞。定量PCR快速敏感，已经成为CML移植后MRD监测的经典方法。许多研究致力于研究移植后MRD与CML复发的关系。BCR-ABL1定量检测的经典方法采用的是骨髓标本。现已证实外周血标本取材更方便，与骨髓标本检测的吻合率高（91%），同样可以用来监测CML患者的MRD（Radich等，1995）。通常认为，需要进行连续的外周血或骨髓标本监测BCR-ABL1基因定量水平，骨髓与外周血之间交替进行检测的意义未明。

移植后BCR-ABL1转录水平与复发相关，但移植后不同时间段的转录水平与复发的关系也不同。绝大多数患者allo-HSCT后1年内BCR-ABL1转阴。多数患者BCR-ABL1融合基因持续阴性，也有一部分患者间断低水平阳性表达。Radich等（1995）分析了346例CML患者移植后的BCR-ABL1融合基因定量监测结果，发现融合基因的转录水平可以预测移植后复发。移植后3个月时40%以上的患者PCR检测阳性，此时的结果与预后无关，提示CML克隆的清除需要更长的时间。移植后6个月或12个月PCR检测阳性的概率下降至约25%。这时的阳性结果有较强的预后作用，PCR阳性的患者42%之后分子学复发，而PCR阴性患者仅有3%分子学复发（$P<0.0001$）。一项研究中379例CML检测移植后的“晚期”（>18个月）MRD，有90例患者至少曾检测到1次阳性结果，其中13例（14%）复发。而其余的289例患者中仅有3例复发（Radich等，2001）。

移植类型会影响移植后MRD及复发，可能与移植物的GVL作用有关。非血缘移植与同胞相合移植相比复发率低，去T淋巴细胞移植的患者MRD及复发率增高（Pichert等，1995；Mackinnon等，1996）。

定量PCR的出现，使MRD与复发之间的微调成为可能。可以通过定量PCR检测结果指导移植后CML的治疗。复发率与MRD水平相关，BCR-ABL1水平升高是复发的前兆。低水平的MRD患者复发率很低（1%），高MRD患者复发率高（75%）（Lin等，1996）。Hammersmith移植组的分子学复发率高达70%（Kaeda等，2006），但是这一结果并没有被其他中心证实。目前尚缺乏对分子学复发的统一标准，且各实验室之间检测的敏感度存在差异，在临床实践中不能完全按照以上结果分析。进一步统一诊断标准和实现中心实验室统一检测可能会解决以上问题（Hughes等，2006）。

四、移植后复发的治疗

（一）移植后复发定义

CML 移植后复发分为 3 个水平：

1. 血液学复发　CML 达到完全血液学缓解以后再次出现疾病的症状和体征，骨髓或外周血中原始细胞>5%，嗜碱粒细胞比例升高，出现上述任何一条，都符合血液学复发标准。

2. 细胞遗传学复发　常规细胞遗传学检查（G 显带）提示已经转阴的 Ph 染色体再次出现。

3. 分子学复发　PCR 方法检测发现 BCR-ABL1 转录水平升高。关于分子学复发的定义存在争议，Hammersmith 移植组定义了移植后分子学复发的标准：BCR-ABL1 转录水平连续 3 次超过 0.02%，或连续 2 次超过 0.05%，且持续升高。

通常分子学复发发生最早，之后发生细胞遗传学复发，如不干预最终发生血液学复发。在移植后 9～12 个月内也可发生一过性的 BCR-ABL1 转录水平升高，而始终处于血液学缓解状态。BCR-ABL1 的持续升高最终会导致血液学复发。晚期复发也并不少见，对于移植后 5 年仍缓解的患者，移植后 15 年的累计复发率为 17%（Goldman 等，2007）。EBMT 回顾性分析了 500 例移植后复发的 CML 资料。移植时疾病分期、复发时疾病分期、从诊断到移植的时间及从移植到复发的时间、供者类型（相合同胞或非血缘）是影响生存的预后因素。在诊断后早期进行同胞相合移植的 CML-CP 患者，移植后复发较晚的患者生存期最长，移植后 10 年预期生存率是 42%。复发后处于进展期的患者生存率很低，疾病进展速度的评估对治疗干预的选择非常重要（Guglielmi 等，2000）。

（二）治疗

1. 免疫抑制剂减量　部分患者可通过免疫抑制剂减量可诱导 GVL 作用，获得完全缓解，此时可伴有 GVHD，也可以没有临床明确的 GVHD。

2. 供者淋巴细胞输注（DLI）　DLI 是 CML allo-HSCT 后复发最有效的治疗方法。DLI 通常在免疫抑制剂减量或停药后进行。GVL 对移植后 CML 患者的作用最早在 1989 年证实，慕尼黑 3 个 allo-HSCT 后复发的 CML-CP 输注原先供者的白细胞，3 个患者均重新达到完全缓解（Kolb 等，1990）。第一例患者 20 年后仍无病存活（Kolb 等，2008）。20 世纪 90 年代之后，复发 CML 患者大多进行 DLI 治疗。EBMT 的资料显示，在所有异基因移植类型（同胞相合、非血缘、亲缘半相同移植）中，DLI 均有效。但同基因移植 DLI 无效。GVL 似乎与 GVH 相关，在Ⅰ～Ⅱ度 GVHD 的患者中疗效最好。但有趣的是，DLI 后获得完全细胞遗传学缓解的患者中有一半没有明显的 GVHD 表现。复发时处于慢性期 CML 患者，DLI 后 70%～90%可以获得持久的缓解。仅有细胞遗传学或分子学复发的患者 DLI 反应率更高。复发时已经处于进展期的患者行 DLI 后仅为 10%～20%缓解。

值得注意的是，GVL 作用通常在 DLI 后 4～8 周才能显现出来。有些患者在 DLI 后 1 个月内疾病还有可能进展，1 个月之后又会突然缓解。有时分子学缓解可以在 DLI 后

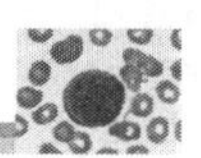

4～6个月时获得。因此，疾病没有明显进展的患者两次 DLI 的间隔应在 4～8 周，临床医生不要轻易放弃 DLI 治疗。

1995 年纽约 Sloan Kettering Cancer Center 移植中心提出，从小剂量开始输注 DLI，逐渐增加细胞剂量，两次输注间隔在 4 周以上，采用以上方法能够显著降低 DLI 的副作用，而诱导缓解的作用相似（Mackinnon 等，1995）。这种逐渐增加 DLI 剂量的方法已被广泛应用。同胞相合移植 DLI 的起始剂量单个核细胞（MNC）不应该超过 2×10^7/kg，$CD3^+$ 细胞不超过 10^6/kg，非血缘及半相合移植的起始剂量更低。有报道去除供者淋巴细胞中的 $CD8^+$ 细胞以降低 GVHD（Giralt 等，1995；Alyea 等，2004）。需要注意的是，以上 DLI 输注剂量适用于完全供者嵌合状态的患者。对于供受者混合嵌合状态的患者，DLI 输注引起 GVHD 的概率明显降低，输注细胞数可以适当增加。

DLI 的主要副作用是 GVHD 及骨髓抑制。早期大剂量 DLI 后 GVHD 的发生率高达 90%，60%以上的患者发生 aGVHD，其中半数为Ⅲ～Ⅳ度。50%以上的患者发生广泛型 cGVHD。采用逐渐增加 DLI 剂量的方法后 GVHD 发生率明显下降。起始剂量 MNC 不应该超过 2×10^7/kg，输注相关死亡率小于 5%（Guglielmi 等，2002）。大约 10%的患者 DLI 后出现骨髓抑制，血液学复发患者比细胞遗传学复发的患者更容易发生骨髓抑制。因此，应在复发早期进行 DLI 以减少骨髓增生不良的概率和程度。对于 DLI 后发生骨髓抑制的患者，不进行预处理直接回输供者骨髓有时可以恢复造血，提示某些患者造血不能恢复的可能原因是缺乏支持造血的基质细胞（Kolb 等，2008）。

3. 伊马替尼 伊马替尼在初诊 CML 治疗中表现了出色的疗效及安全性，在移植后复发的 CML 也得到了广泛应用。目前大多数研究中，复发的 CML 患者移植前未曾应用伊马替尼。伊马替尼对移植后复发 CML 的疗效与复发的程度显著相关，复发时处于 CP 的患者 90%～100%可以重新获得 CHR，AP 50%～83%，BP 20%～43%。对于获得 HCR 的患者 40%可获得 CCyR。BP 患者效果最差，2 年 DFS 率仅为 10%（Kantarjian 等，2002；Olavarria 等，2002；Anderlini 等，2004；Hess 等，2005）。

高危 CML 移植后早期应用伊马替尼预防复发的耐受性很好（Carpenter 等，2007）。7 例 CML 植活后中位时间 28 天时开始应用伊马替尼。中位随访时间 1.4 年，7 例 CML 患者中有 5 例处于分子学缓解状态。

伊马替尼的缓解率很高，副作用较小，但大多数患者的治疗反应不持久，这与未进行 HSCT 的 CML 类似，即使获得了 MMR，停用药物后还可能复发。相反，DLI 的治疗反应较为持久，但治疗相关并发症较多，可能诱发严重的 GVHD 和骨髓抑制（Weisser 等，2006）。

由于 DLI 发挥作用需要 1 个月到数个月，短期内联合应用伊马替尼可以为 GVL 充分发挥作用争取足够的时间。因此，DLI 联合伊马替尼治疗时，可以从较小的剂量输起，同时拉长输注间隔，以减少治疗相关副作用。现已证实伊马替尼是免疫抑制剂，对 GVHD 尤其是肺纤维化有效。目前，伊马替尼联合 DLI 是 CML 移植后复发最强有力的治疗方法。

4. 干扰素 干扰素对于移植后复发有效，适用于各种原因不能进行上述治疗的患者（Arcese 等，1990）。DLI 输注后效果不明显且没有明显 GVHD 的患者，可以考虑联合应用干扰素治疗。

5. 二次移植　第一次移植后复发的CML可以考虑二次移植。20世纪80年代之前，移植后复发的CML患者通常进行同一供者的二次移植，但结果不理想。CML进行二次移植的报道很少，结果较为一致，总体预处理相关死亡率高达40%，长期DFS率仅为25%（Cullis等，1992）。由于DLI、伊马替尼及干扰素的优秀疗效，复发CML行二次移植的病例很少。

五、儿童CML移植

儿童CML患者长期服用伊马替尼的副作用尚未完全明确。已证实伊马替尼影响成骨细胞和破骨细胞的分化及活性而影响骨代谢，钙及活化维生素D水平降低导致低磷酸血症（Berman等，2006；Dewar等，2006）。

儿童CML行allo-HSCT的结果与多中心青年成人的结果接近，生存率在60%～75%。EBMT的危险评分同样适用于儿童CML（Passweg等，2004）。EBMT的数据显示CML-CP进行HSCT 3年OS率及LFS率分别为66%及55%（n=314）。156例CML-CP1进行同胞相合移植3年OS率及LFS率分别为75%及63%。97例CML-CP1非血缘移植的3年OS率及LFS率分别为65%及56%（Cwynarski等，2003）。北京市道培医院2001年1月至2009年12月进行异基因HSCT的24例儿童CML，CML-CP114例，CP2 2例，AP 1例，BP 7例，同胞相合移植5例，半相同移植14例，非血缘移植5例，5年OS率75%（孙媛等，2010）。

儿童CML移植最重要的预后因素也是移植前疾病分期。一项前瞻性的研究CML-paed Ⅰ是关于从1995～2004年进行的儿童CML-CP1，移植前应用HU±IFN-α，同胞相合移植在诊断6个月内进行，非血缘移植在1年内进行。同胞相合移植5年生存率87%，全相合非血缘移植52%，部分相合非血缘移植45%（Suttorp，2008）。进展期CML患者进行HSCT的结果比CP差得多。CML-AP期进行HSCT的3年OS率30%（Cwynarski等，2003）。

由于移植前疾病分期是最重要的预后因素，进展期儿童CML在移植前应尽可能通过治疗使疾病回到CP2。如果疾病进展之前没有用过伊马替尼，短期应用伊马替尼治疗是首选，对于应用伊马替尼治疗过程中出现疾病进展的患者，可以考虑联合化疗，但由于进展期患者对伊马替尼的疗效不持久，对于已经回到CP2的患者应该尽早进行异基因HSCT。

CIBMTR一项关于儿童及青少年患者（8～20岁）的研究提示，对于急性白血病患者而言，外周血造血干细胞（PBSC）移植相关死亡率高，而复发率没有改善（Eapen等，2004）。基于长期随访的结果，对于CML-CP患者，骨髓移植比PBSC移植的长期生存质量好。因此，对于儿童及青少年CML-CP患者，不主张单纯PBSC移植，移植物可采用骨髓或者骨髓联合PBSC。

第四节　异基因造血干细胞移植治疗骨髓增生异常综合征

骨髓增生异常综合征（MDS）是一组克隆性造血干细胞疾病，其特点为髓系中一系或

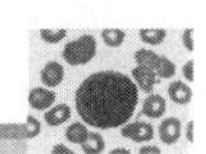

多系发育异常和无效造血，可伴原始细胞增多，但数量<20%，这一数值被当做诊断急性髓性白血病（AML）所必需的临界值（标准）。随着细胞遗传学和分子生物学的进展，血液学专家们对白血病的本质有了更深刻的认识，之后在新的WHO髓性疾病分类中，把具有t（8；21）、t（15；17）、in（16）等特异的染色体异位，即使骨髓中的原始细胞<20%也归入AML中。陆道培认为（Yan Zhang等，2004）如果从白血病克隆存在的角度去探讨MDS，其中的部分病例比如存在+8和$-7/7q^-$的患者，有恶性白血病细胞克隆的依据，符合白血病定义，但是疾病经过呈亚急性、进行性，有别于急性和慢性白血病，可归纳入亚急性髓性白血病（Sub-AML）范畴，因此也提出了Sub-AML这个概念。

尽管FDA批准了3种药物用于MDS的治疗，即阿扎胞苷、地西他滨和来那度胺。但是异基因造血干细胞移植（allo-HSCT）仍然是目前唯一能够治愈MDS的方法，只有它才能够彻底、永久地清除MDS恶性克隆。据国际血液和骨髓移植研究中心所报道，MDS是目前allo-HSCT的第三大适应证之一，这就更新了一些血液科医生的传统观念（即仍然把保守治疗和化疗当做是MDS治疗方法）。但是，尽管各大单中心或多中心研究证实了MDS患者移植优于常规支持疗法和疾病改善方法，但不是所有患者都具有移植适应证，特别是MDS是一类以老年人为主的疾病，移植不能避重就轻，必须认真考虑每个患者是否具有移植适应证移植及移植的最佳时机。因此，优化allo-HSCT的作用，进一步提高患者的生活质量和长期生存迫在眉睫。因此，建议所有初次诊断为MDS可能接受移植的患者，都应该在其病程初期进入移植中心，全面完善各项相关检查，和移植科医生一起讨论是否有移植适应证及如果选择合适供者，什么时间是最佳移植时机。

一、适应证和时机

适应证和时机在各大研究中心是比较有争议的，因为要权衡到早期移植带来的益处（减低了疾病进展和复发的风险）是否会被高移植相关死亡率（TRM）（某些报道高达20%～25%）所抵消，特别是在移植结果的不确定性和MDS必然的病情进展面前。一般来说，造血干细胞移植（HSCT）前病程短与增高的总体生存，降低的TRM和增加的无复发生存（RFS）相关。移植前低水平的原始细胞比例（按照FAB分型）和年轻患者与更好的预后密切相关。

到目前为止，对于国际预后积分系统（IPSS）评分为中危和高危的患者，一旦确诊就尽早移植有利于提高患者的OS率已经达成共识。对于IPSS评分低危的患者，是尽早移植还是推迟移植时间有利于提高患者的OS率，待出现新的细胞遗传学异常、骨髓原始细胞增多或者外周血血细胞开始大量减少、输血依赖等高危因素时再进行移植是最有争议的，而未达成共识。Grupo Italiano Trapionto di Midollo Osseo（GITMO）报道（Alessandrino等，2008）的结果表明，低危患者（按照WHO分型）进行allo-HSCT的OS率明显优于原始细胞过多的患者，5年OS率在难治性贫血（RA）为80%，RA伴多系病态造血（RCMD）为57%，RA伴有原始细胞增多型（RAEB-Ⅰ）为51%，RAEB-Ⅱ为28%，转化的急性髓性白血病为25%，因此低危患者有明确的移植指征。de Witte T等（2009）报道的结果表明，374例低危MDS患者（中位年龄为39岁）4年OS率为52%。而且在同胞相合（MSD）与非血缘无关供者（URD）两种不同的移植方式中，生存率无区别，在诊断后尽早移植可以明显提高 OS 率和降低 TRM。AI-AI 等（2007）认为行 allo-HSCT 前病程为 6～12 个月具有更高的 OS 率和低的 TRM，因为在等待移植的过程中由于长时间粒缺合并感染、大量输血和疾病进展会增加 TRM。

总而言之，尽管各个单个或者多个移植中心的治疗经验和技术水平不一，所选患者在整体健康状态或其他不可预测因素方面存在偏差，同时涉及供者选择等诸多问题，报道生存率高低不一，但是至少明确了 IPSS 中危和高危患者，allo-HSC 可以作为确诊后一线治疗，而且应尽早进行。IPSS 低危患者，如果没有危及生命的严重反复感染，无输血依赖或铁负荷过高，在没有合适的 MSD 情况下，先选择药物保守和支持治疗，如果出现病情进展例如原始细胞增高趋势或新的细胞遗传学异常或全血细胞在短期内进行性减少、输血依赖等，尽早选择 allo-HSCT。IPSS 中危-Ⅰ患者可以根据供者情况或疾病状态而定，比如有现成 MSD，应尽早移植，如果暂时没有合适的供者，目前疾病状态稳定可以先保守治疗，在保守治疗过程中出现高危因素时再选择行 allo-HSCT。对于没有 MSD 但是需要尽快行移植的 MDS 患者，如果需要花一段比较长的时间（3 个月以上）去寻找 URD，可以选择试用去甲基化药物延缓病情进展，或者直接选择亲缘间配型不合的供者尽快行移植可能更加有利。

二、移植前预后评估

到目前为止，IPSS 是最常用的患者预后情况评估体系，IPSS 结合细胞遗传学特征，骨髓原始细胞比例及外周血细胞计数等因素预测患者的预后。虽然 IPSS 原本是为评估非移植患者预后情况而设计的，后来的研究表明 IPSS 也可以用于评估 HSCT 后患者的生存率及复发风险。美国国立综合癌症网络（National Comprehensive Cancer Network；NCCN）参照 IPSS 评分系统，把患者分为 4 个风险组：低危、中危-Ⅰ、中危-Ⅱ、高危，这个评分系统可以用于移植病例的选择。但是 IPSS 仅适用于对 MDS 初治患者最初状态的评价，而不适于在疾病进展过程中进行评价。该评估系统并不能包括所有影响预后的因素，同时该系统也把继发性 MDS、慢性粒单核细胞白血病和老年患者排除在外。更加重要的是，该评分系统并不精确，对于低危患者更是如此。例如对于血小板减少的患者，具有二倍体细胞遗传学异常、增生减低、没有红细胞和白细胞减少的患者，无论是其血小板严重减少、轻度减少还是正常，其评分都一样。而血小板减少现在已经被作为一个独立的预后指标列出，对中位生存期的影响大于细胞遗传学改变和骨髓增生程度。因此有些中心把下列因素作为影响预后的因素：老年患者、血小板减少、贫血、骨髓原始细胞明显增加、白细胞明显增加、7 号染色体异常或复杂染色体异常（≥3 个）和输血依赖，这些因素同样适用于原发性和继发性 MDS（Kantarjian 等，2008）。

随着 MDS 评分系统的改进，GITMO（Alessandrino 等，2008）等提出了以 WHO 分型为基础的预后积分系统即 WPSS（WHO Classification-Based Prognostic Scoring System），它包括 3 个方面的因素：新的细胞遗传学发展、WHO 分型、输血依赖；也就是在原来的基础上主要强调输血依赖对预后的影响。并对 356 例 MDS 患者进行了研究，目的是评估 WHO 分类和 WPSS 作为 MDS 患者移植后的预后因素的价值；结果提示随着分类危险程度的增加，5 年复发率和 TRM 随之增加。依赖输血的患者不管选择什么样的

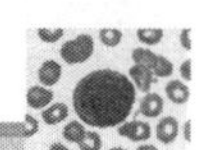

治疗，OS率明显减低，TRM明显增加，而且会增加转化成AML的风险。这表明红细胞输注和铁沉积可能会导致终末器官（心脏和肝脏）功能损害及潜在的造血组织损害，进而影响MDS患者疾病的自然进程。过度输血造成储存铁的蓄积，这可以通过血清铁蛋白的水平来反映。Armand P等（2007）的研究表明，HSCT前高水平的血清铁蛋白沉积与低的OS率和DFS率相关。Pullarkat等（2008）的研究进一步证实了移植前血清铁蛋白升高（>1000μg/L）与100天之内死亡率、急性移植物抗宿主病（aGVHD）及血液感染或死亡等风险增加有关。与最初的IPSS（仅仅有MDS初诊时的预后信息）相比，WPSS这个模型是时间依赖性的，在患者治疗过程中的任何时间点，评分模型可以不断地重新评估患者的预后和更新预后信息。

骨髓纤维化在MDS患者中较为常见，它的存在对MDS患者具有显著的负面影响。欧洲指南（Thiele J等，2005）对纤维化的程度进行了评估：43%的患者具有Ⅰ度纤维化，15%具有Ⅱ度纤维化，2%为Ⅲ度纤维化，23%的患者存在$CD34^+$细胞簇，多变量分析得出Ⅱ度和Ⅲ度网硬蛋白纤维化和$CD34^+$簇的存在在IPSS或者WPSS积分中具有独立的预后价值，$CD34^+$簇存在于原始细胞的比例增加，不良细胞遗传学异常及向AML转化有关的患者；网硬蛋白纤维化的存在与多谱系的发育异常、细胞构成增加、血细胞减少、不良的细胞遗传学因素、输血依赖有关。Ⅱ度和Ⅲ度网硬蛋白纤维化的患者预后更差，表明它的存在是独立的预后因素。

合并症增加了TRM的可能性，由Sorror M等（2007）形成的MDS造血干细胞移植合并症指数（HCT-CI）已被证明对评估非复发死亡率和总体生存具有价值，即使在没有进行移植的患者。HCT-CI指数的高低直接决定患者能否耐受清髓预处理方案。

总而言之，除了IPSS中危-Ⅱ和高危、继发性MDS/AML、复杂细胞遗传学异常、移植时原始细胞过高、存在骨髓纤维化、输血依赖和铁负荷过高等是预后不好的因素之外，年龄大，HCT-CI积分高、供受者配型不合也是预后不好的因素。存在这些因素直接决定了患者移植后总体生存率和无病生存率明显低于无这些预后不好的因素，特别是对于那些存在多个预后不好因素的患者，有必要进行一个精确的移植前预后评估。移植科医生不能改变患者的预后分层，但是有能力根据预后分层选择一个对患者最有利的预处理方案，进行移植后相关维护去尽量提高总体生存和提高生活质量。

三、移植前化疗的必要性

移植前是否需要诱导治疗，各移植中心意见不一，有些人认为移植前化疗达到完全缓解（CR）状态可以明显降低移植后复发，但是也有些人认为MDS患者对化疗药物不敏感，化疗后反而增加移植相关并发症而并未从中受益。

Castro-Malaspina等（2008）对49例进展期MDS（≥5%原始细胞）或MDS转化的AML接受了去T淋巴细胞的骨髓（BM）和外周血干细胞（PBSC）MSD-HSCT，随访至移植后3年，结果表明，进展型MDS患者在治疗前达到CR或部分缓解（PR）与高的长期存活率明显相关。Kline等（2004）对68例MDS和转化的AML进行allo-HSCT，确认移植前残留状态与预后是否相关，结果表明，移植前原始细胞比例增高与预后负相关。Yakoub-Agha等（2000）发现原发、治疗相关MDS（tMDS）均可从移植前诱导缓解中受益。Rubio 等（2006）对未经治疗 18 例 MDS 及治疗相关 AML（tAML）进行 allo-HSCT 的结果表明，6 年无事件生存（EFS）在低危/中危-Ⅰ组明显高于中危-Ⅱ/高危组，分别为 71.4%和 43.6%（P=0.002）。Warlick 等（2009）对 84 例 MDS 患者进行 allo-HSCT 的结果表明，移植前骨髓缓解状态或者原始细胞比例小于 5%的患者，1 年复发率为 18%，明显低于移植前骨髓原始细胞比例为 5%～20%的患者（35%，P=0.07）。这些结果均表明，患者可以从移植前的诱导缓解中受益。

但有些报道则提示移植前诱导缓解可以增加移植相关毒性和感染机会，抵消了诱导缓解所带来的好处。因此，主张移植前不必化疗。NaKia 等（2005）对 283 例 MDS 患者（其中 188 例接受了移植前化疗，95 例未接受移植前化疗）进行了 MSD-HSCT，目的是为了评估移植前化疗的必要性；结果表明，对于 RAEB 和转化为 AML 这一组患者，移植前未行化疗与行化疗达到 CR 的患者相比，5 年 OS 率分别为 54%和 57%，无统计学意义；移植前化疗增加了 TRM 抵消了诱导缓解所带来益处，从而认为移植前的化疗不是必需的。Warlick 等（2009）对 84 例 MDS 患者进行 allo-HSCT，发现移植前骨髓是否达到 CR 及原始细胞比例对于复发率和 TRM 没有影响。Bart 等（2005）对 25 例进展和 tAML 接受 MRD 清髓预处理方案的患者进行回顾性分析证实，患者并没有从移植前化疗中受益。胡亮钉等（2006）对 23 例 MDS 患者进行了 MSD 外周血干细胞移植，按 FAB 分型为 4 例 RA、2 例 RAS、9 例 RAEB、9 例 RAEB-t；按 IPSS 积分系统为 7 例低危、5 例中危、11 例高危。移植前均未行化疗，Kaplan-Meier 分析结果显示 DFS 和复发率在各组患者中无统计学意义。这些研究提示患者最终并未从移植前的诱导缓解中受益。

去甲基化药物明显提高了 MDS 患者的生存率，在移植前采用它是否能降低肿瘤负荷，从而降低复发、提高患者的总体生存率呢？de Padua Silva L 等（2001）对 12 例在接受 MRD、URD、无关脐血供者（UCB）、移植前接受了地西他滨化疗的 MDS 患者进行了评估，中位随访时间为 11 个月，8 例患者处于 CR 状态，提示 MDS 患者从移植前接受地西他滨治疗受益。但是 Field 等（2009）对 30 例移植前接受过 4 个周期 5-杂氮胞苷的 MDS 患者与 24 例移植前未接受 5-杂氮胞苷进行治疗的患者对比，1 年 OS 率、RFS 率和复发率在两组之间分别为 60%、51%、32%和 47%、41%、20%，这个研究的结果提示 5-杂氮胞苷虽然降低了复发，但是并没有提高 OS 率。

虽然各个单中心和多中心意见不一，但是总体上来说，MDS 患者存在血细胞减少，骨髓增生程度普遍增低，有的患者还合并骨髓纤维化，化疗后骨髓抑制期长、不易恢复，容易发生严重感染，同时 MDS 干细胞异质性对化疗药物并不敏感等，有的患者在化疗过程中因此失去移植机会或者增加了移植相关并发症，因此，并不能从移植前化疗受益，建议未转化成急性白血病的患者，如果有 MRD 可以选择直接行移植。对于需要时间去搜寻 URD 而等待过程中的患者或转化成明显的急性白血病患者，如果骨髓增生程度活跃，没有合并严重的感染，可以选择行化疗降低肿瘤负荷，但是化疗疗效不好或者骨髓抑制期长有合并感染不建议反复多次化疗，而是调整治疗方向计划尽快移植。如果没有 MSD 和 URD，可以选择亲缘间配型不合供者来进行移植，因为对于患者来说，首先它先要有机会做移植，才能够下一步获得长期无病生存的机会，这时候对于供者的选择相对来说没有这么重要。

笔者所在研究中心（卢岳等，2010）从 2001～2009 年对 60 例 MDS 患者进行 allo-

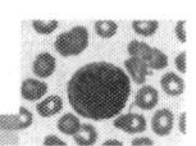

HSCT 的研究表明，以移植前骨髓原始细胞百分比分组显示 DFS 率在＜5%组、5%～20%组及＞20%组 5 年的 DFS 率并无统计学意义。因此，本中心得出的结论就是既然移植前骨髓原始细胞比例对患者长期生存并未产生影响，那么，除非转化为明显的急性白血病，否则移植前的化疗是没有必要的，反而增加了机会性感染的机会，增加了 TRM，并未提高 OS 率（图 21-25）。

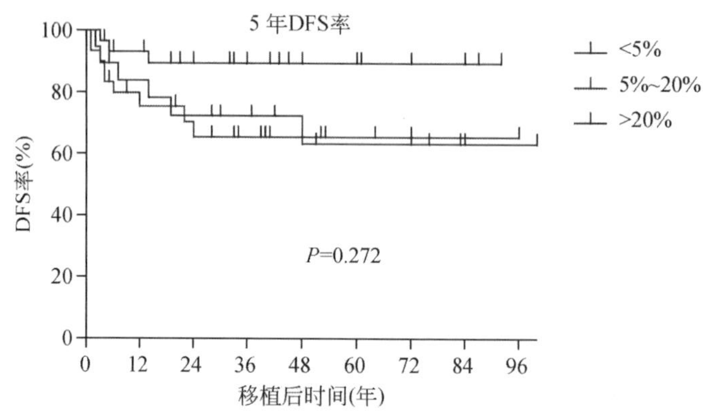

图 21-25 移植前原始细胞比例对 DFS 率的影响

四、干细胞来源

相对于骨髓（BM）来说，外周血干细胞（PBSC）白细胞及血小板植活较快。最近欧洲血液和骨髓移植组（EBMT）（Guardiol 等，2002）回顾性比较分析了从 72 个移植中心收集的 234 例接受 MSD BM（132 例）或 G-CSF 动员的 PBSC（$n=102$）MDS 移植患者的疗效；中位随访时间 BM 组为 396 天（14 天至 4.7 个月），PBSC 组为 359 天（8 天至 4.7 个月）；中性粒细胞减少（＜0.5×10^9/L）和血小板减少（50×10^9/L）时间在 PBSC 组分别缩短 4 天和 12 天；Ⅱ～Ⅳ度 aGVHD 发生率两组无差异（分别为 35%和 31%）；cGVHD PBSC 组（58%）高于 BM 组（46%），除 RA 和高危细胞遗传学患者外，2 年 TRM（包括难治或复发），PBSC 组（13%）明显低于 BM 组（38%），预计 2 年 DFS 率 PBSC 组（50%）明显高于 BM 组（39%）；显然，PBSCT 的特点在 MDS 患者亦得到了印证；但该研究发现 RA 患者 PBSC 组早期的 TRM（32%）较 BM 组（10%）明显增高，因而其 OS 率在 PBSC 组（49%）较 BM 组（56%）无任何改善；而 RA 患者非移植治疗的生存期大于 10 年，而标准预处理方案的 BM/PBSC allo-SCT 其总的 TRM 均接近 40%。因此，作者认为 allo-PBSCT 可能更适合高危组患者，而低危组患者应采取新的移植策略，如非清髓性预处理方案来进一步降低 TRM，从而提高其总体疗效。

造血干细胞来源不同，将会产生不同的移植物抗肿瘤（GVT）效应，Maris 等（2003）认为，PBSCT 较之 BMT，可以降低高危 MDS 的移植后复发率，特别是在减低强度（RIC）allo-HSCT 中，BMT 干细胞来源导致移植失败和疾病进展概率增加，而 PBSCT 受者有更高程度的供者嵌合状态，cGVHD 显著增加，同时也加强移植物在高危 MDS 中的 GVT 效应。经粒细胞集落刺激因子（G-CSF）刺激的 PBSCT 不仅将 GVHD 同

GVT 分开，而且强化 GVT 效应。

尽管各大中心得出的结论偏向支持 PBSC 作为移植物的来源，但是笔者认为骨髓和外周血两种不同来源的干细胞各有优势，不能相互代替，建议大部分患者采用 BM 联合 PBSC 作为移植物，首先联合输注比单纯输注能够收集更多的造血干细胞。虽然 CSF 动员的 PBSC 能够更快地植入，含有更多的 Th2 细胞，潜在保护受者发生 aGVHD。但是，MDS 患者大部分伴有骨髓纤维化，G-BM 来源的间充质干细胞（MSCs）/基质干祖细胞（MPCs）不仅能在一定程度上对患者骨髓基质进行修复，促进更好的、稳定长久的植入，还具有免疫调控能力，这个作用是 PBSC 所无法比拟的。特别是对于亲缘间配型不合的单倍型移植来说，BM 联合 PBSC 作为移植物比单纯输注有优势。最后，干细胞来源还取决于所选择的供者类型和疾病状态，比如说有 IPSS-高危或者转化的急性白血病患者，如果是 MRD，考虑到 PBPSC 的 GVT 效应比较强，可以选择单纯 PBSC；但是对于低危患者，不建议采用单纯 PBSC，因为发生广泛型 cGVHD 的机会相对来说要大些，影响了患者的生活质量和远期的长期生存。MUD-HSCT 都是采用单纯 PBSC，这是没有选择的，但是预处理方案包含抗胸腺细胞球蛋白（ATG），既可以促进供者顺利植入，又可以降低急、慢性 GVHD。对于亲缘间 HLA 配型不合的移植，采用 BM 联合 PBSC 作为移植物比单纯 BM 和单纯 PBSC 作为移植物有优势。

笔者所在的研究中心从 2001～2009 年对 60 例 MDS 患者进行了 allo-HSCT，27.5% 的患者采用单纯 PBSC 和 72.5%采用 BM 联合 PBSC 两种不同来源的干细胞，5 年总体生存率在两者不同来源的干细胞之间尚无统计学意义（$P=0.552$）。

五、供者选择

（一）同胞相合供者（MSD）

原则上 MSD 为首选。Guardiola 等（2002）在 1995～1999 年对 243 例 MDS 患者进行 MSD-HSCT，其中 69 例 RA，86 例 RAEB，75 例 RAEB-Ⅱ，4 例未分类型。在 158 例可按照 IPSS 评估的患者中，中危-Ⅱ和高危患者为 104 例。按照干细胞来源，132 例采用单纯 BM，102 例采用单纯 PBSC，2 年 OS 率在 PBSC 组为 50%。胡亮钉等（2006）对 23 例 MDS 患者进行 MSD 的 allo-PBSCT，其中 4 例 RA，2 例 RAS，9 例 RAEB，8 例 RAEB-t，OS 率为 77.8%。卢岳等（2010 年）对 24 例 MDS 患者进行了 MSD 的allo-HSCT，5 年 OS 率为 79%，明显高于既往的文献报道。可见 MSD 的 allo-HSCT 治疗 MDS 患者取得了较高的疗效，并且适合 IPSS 评分所有分层患者。

（二）非血缘无关供者（URD）

如果没有 MSD，可以到中华骨髓库或台湾骨髓库去寻找 HLA 配型相合的 URD。Hugo Castro-Malaspina 等（2002）首次报道了大规模多中心研究，研究对象为 1988～1998 年 510 例进行 URD-BMT 的 MDS 患者，中位年龄为 38 岁。采用了几种预处理和 GVHD 方案，121 例采用去除 T 淋巴细胞。其中血清学 HLA-A、B 和 DRB1 位点全部相合者占 74%。预处理方案主要采用 TBI＋Cy 或 BU＋Cy 的方案。437 例患者顺利植入，

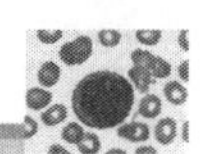

24 例患者植入失败，33 例患者继发性植入失败。47%的患者发生Ⅱ～Ⅳ度 aGVHD。没有 GVHD 是复发的高危因素。2 年总体 DFS 率为 29%，但是在低危患者，输注的细胞数较高，受者血清学 CMV 阴性，诊断到移植的时间比较短的这一类患者有明显增高的 DFS 率。TRM 占总死亡率的 79%。2 年 TRM 为 54%，其中 69 例出现在移植后 100 天之内，95%的患者出现在移植后 1 年内。供受者年龄偏大，HLA 配型不合，受者 CMV 血清学阳性与高 TRM 发生明显相关。从这个研究可以看出，URD-HSCT 虽然可以治愈一部分 MDS 患者，但 TRM 是导致移植失败和低生存率的主要原因。随着移植技术的发展，同时优化预处理方案和移植后维护，供受者选择等方面越来越有经验，OS 率明显提高。de Witte T 等（2009）在 1988～1998年对 130 例难治性贫血患者进行 URD-RIC-HSCT，并与同期 244 例进行 MSD-HSCT 的患者进行对比，结果发现，4 年 OS 率在 MSD 和 URD 分别为 52%和 50%，无统计学意义。多因素分析表明，最近几年的移植病例具有明显的高生存率和低 TRM。而年龄越大，病程超过 12 个月与高 TRM 和低 OS 率明显相关。这个研究关键采用减低强度预处理方案，降低了 TRM，提高了总体生存，达到了与 MSD-HSCT 可比的效果。

H Joachim Deeg 等（2002）对 64 例 MDS 患者进行了清髓预处理方案（目标浓度的 BU＋Cy）的 URD-HSCT，并与同期 45 例进行 MSD-HSCT 的结果进行对比。中位年龄 46 岁（6～66 岁）；3 年的 RFS 率和累计复发率在 MSD 和 URD-HSCT 分别为 56%和 59%，以及 16%和 11%。100 天 NRM（3 年）在 MSD 及 URD-HSCT 分别为 12%（28%）和 13%（30%）。唯一影响 RFS 的因素为 MDS 病因学（原发 MDS 效果好于 t-MDS，$P=0.03$）。可见随着预处理方案的优化，URD-HSCT 取得了与 MSD-HSCT 相似的疗效。

（三）亲缘间配型不合供者

对于缺乏 MSD 与 URD 的患者，考虑到至少每位患者拥有一个单倍型父母、子女或同胞配型不合供者捐献干细胞，因此亲缘间 HLA 配型不合 HCT 是一个可行的替代方法。Dao-Pei Lu 等（2006）对北京大学人民医院和北京市道培医院同期 293 例进行 allo-HSCT 的白血病患者进行研究对比，其中 158 例 MSD-HSCT，135 例进行亲缘间配型不合的移植。预处理方案在 MSD-HSCT 组采用 BU＋Cy-2，亲缘间配型不合移植采用 BU＋Cy-2＋ATG，加上未经处理的 BM 和（或）PBSC。所有患者均顺利植入。Ⅱ～Ⅳ度 aGVHD 累计发生率在 MSD 组与亲缘间配型不合移植组发生率分别为 32%（CI 为 25%～39%）和 40%（CI 为 32%～48%，$P=0.13$），相对风险（RR）＝0.64（95%CI 为 0.43～0.94），$P=0.02$。cGVHD 发生率在两组之间无统计学意义（$P=0.97$）。2 年 TRM 和复发率在 MSD 与 HLA 亲缘间配型不合移植之间发生率分别为 14%（9%～20%）比 22%（15%～29%）（$P=0.10$）和 13%（8%～19%）比 18%（10%～27%）（$P=0.40$），无统计学意义。2 年 DFS 率和 OS 率分别为 71%（63%～78%）比 64%（54%～73%）（$P=0.27$）和 72%（64%～79%）比 71%（62%～77%）（$P=0.72$）。结果表明，预处理方案包含 ATG 加上未经处理的亲缘间配型不合/单倍型移植实现了与 MSD-HSCT 可比的疗效。多因素分析表明，只有处于疾病进展状态的急性白血病是复发、治疗失败和总体死亡率增高的高危因素。总之，采用亲缘间配型不合的移植是可接受的一个可行方案。

Ciurea 等（2010）对 28 例难治/复发 MDS 患者进行了 RIC 预处理方案的亲缘间配型不合移植，78%的患者顺利植入，在植入成功的 22 例患者中，有 21 例患者移植后达到缓解，其中移植前骨髓原始细胞比例小于15%的患者生存率明显提高，由此可见RIC亲缘间配型不合的移植适合肿瘤负荷低的患者。

卢岳等（2010年）等对26例没有合适MSD与URD的MDS患者，采用了以BU+Cy或Flu+ATG为主的清髓预处理方案加上未经处理的BM联合PBSC进行了亲缘间配型不合的移植。结果提示，按照移植供者类型来分，5年DFS率在MSD、URD、亲缘间配型不合3种不同供者之间并无统计学意义（$P=0.228$）。因此，在没有MSD和URD的情况下，选择亲缘间配型不合供者同样可取得较好的DFS率（图21-26）。

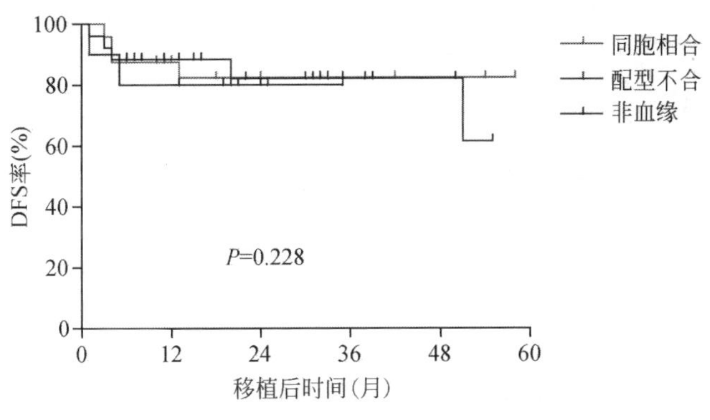

图21-26　供者类型对DFS率的影响

六、allo-HSCT预处理方案的选择

选择一个什么样的预处理方案一直是悬而未决、争论不休的问题，是选择清髓方案还是减低强度进行预处理？是选择以BU为主的化疗还是以TBI为主的放疗方案？这不仅涉及患者的疾病状态、病因、年龄、合并症、供者情况，还与研究者及研究中心的偏好和经验甚至地理位置相关。目前缺乏大型的前瞻性、随机对照研究，对患者的建议往往受个人或体制偏见限制。

（一）清髓预处理方案（myeloablative，MA）

1. 以TBI为基础的方案　从已有的报道中，对于MDS患者，在清髓预处理方案的选择中，似乎选择以BU为基础的要多于以TBI为基础的。尽管早期研究如Anderson等（1996）对75例中高危组MDS患者采用BU+Cy+TBI（BU 0.44mg/kg，q6h，d1～d4；Cy 60mg/kg，d5～d6；TBI 2Gy，d7～d12）（31例）和Cy+TBI（Cy 120mg/kg+TBI 10～15.75 Gy）（44例）预处理方案的疗效进行了比较，结果表明BU+Cy+TBI组和Cy+TBI组的3年DFS率分别为23%和30%，复发率为28%和54%，NRM为68%和36%，结果提示两种方案对治疗结果的影响没有显著性差异。但是总体生存普遍低，考虑与高剂量TBI（12～14Gy）导致TRM明显增高相关。后来随着预处理方案的改进，降低TBI剂量的同时不与清髓药物BU联合应用，大大地减少了TRM，明显提高了生存。例如Mori等（2007）评估了22例患者采用TBI（12Gy）和G-CSF联合高剂量Ara-C（3g/m^2，12小时1次，连续4天）作为预处理方案治疗进展期MDS的安全性和有效性；MSD12例，

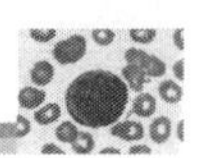

URD10 例；结果 3 例患者复发，其中 2 例死于疾病进展；16 例存活。5 年 OS 率、DFS 率、复发率和 RFS 率分别为 76.7%、72.2%、16.6%和 14.1%。结果表明，TBI＋Ara-C＋G-CSF 作为清髓预处理方案相关死亡率低，复发率也低，有较高的安全性。

MDS 属于髓系恶性克隆性疾病，选择以 TBI 为主的方案跟选择以 BU 为主的方案总体来说并没有提高生存率，同时 MDS 患者血细胞减少，骨髓增生程度低，往往合并有感染，而且很多是继发于放疗或者化疗后的患者，对 TBI 耐受性差，因此一般情况下不推荐采用以 TBI 为主的预处理方案。

2. 以 BU 为基础的方案 由于以 TBI 为主的预处理方案存在较高的 TRM，于是人们开始寻求代替 TBI 的预处理方案。以化疗为主的预处理方案中最为常用的是以 BU 为基础的方案。它可以替代 TBI 起到清髓的作用。Santos 等 1983 年首次提出了 BU［4mg/（kg・d)×4d］/Cy［50mg/（kg・d）×4d］即 BU＋Cy-4 为组合的药物作为预处理方案治疗进展期 AML 患者。但是紧接着就有研究确定（Tutschka 等，1987）BU＋Cy-4 作为预处理方案有无法耐受的毒副作用，于是 Cy 减量至 60mg/（kg・d）连续 2 天，也就是 BU＋Cy-2 方案。Blaise 等（1992）对 AML-CR1 的患者随机采用 BU＋Cy-2 和 TBI＋Cy 两种不同预处理方案进行 allo-HSCT，结果提示在 LFS 和 OS 方面，BU＋Cy-2 方案明显优于 TBI＋Cy 方案。

Ratanatharathorn 等 1993 年首次把 BU＋Cy 作为预处理方案应用于 MDS 患者的 allo-HSCT，对 27 例 MDS 患者进行 allo-HSCT，中位年龄为 33 岁（4～54 岁）。16 例患者为原发性 MDS，11 例为继发性 MDS；6 例已经转化为 AML，并在移植前接受化疗治疗；移植前的细胞遗传学评估为 13 例复杂染色体异常，5 例为单一染色体异常，8 例为正常染色体。采用 3 种不同的 BU＋Cy 方案：①1 例患者接受 BU 4mg/（kg・d），口服，连续 4 天；Cy 50mg/（kg・d），静脉输注，连续 4 天（BU＋Cy×4d）。②24 例患者接受 BU4mg/（kg・d），口服，连续 4 天；Ara-C 2g/m²，q12h，共 4 次剂量；Cy 60mg/（kg・d），静脉输注，连续 2 天（BAC 方案）。③2 例由范科尼转化的 MDS 接受了 BU4mg/（kg・d），口服，连续 2 天；加上 T 淋巴细胞照射 5Gy。18 例患者接受 MSD 骨髓移植，3 例患者接受 URD 骨髓，6 例患者接受亲缘间配型不合移植。27 例患者中有 17 例长期无病生存。死亡主要原因为 SOS 和败血症。在接受 MSD 骨髓移植的患者 DFS 为 78%，明显高于接受 URD 和亲缘间 HLA 配型不合移植的患者。BU＋Cy-2 方案比其他方案具有更低的 TRM。首次把 BU＋Cy 方案作为预处理应用于 MDS 患者治疗，在 MSD-HSCT 情况下取得了令人鼓舞的疗效，并随后进行了大规模的临床研究。

Ehab Atallah 等（2010）报道了 1998～2005 年持续 17 年中，86 例接受 BAC（BU＋Ara-C＋Cy）为预处理方案 allo-HSCT 的结果，59 例（69%）为原发性 MDS，2 例（30%）为继发性 MDS（治疗相关），其中有 1 例为 AA 进展而来；按照细胞遗传学分为预后好、预后中等和预后不好分别为 34%、17%和 42%；随访 240 个月，10 年 OS 率为 43%，NRM 和复发率为 43%和 19%；移植后 2 年无复发率；在 RAEB-Ⅱ/AML 患者组，10 年 RFS 率、复发和 NRM 分别为 36%、36%和 27%；在多因素分析中，年龄偏小、低危患者、预后好的细胞遗传学患者，MSD-HSCT 有增高的 RFS 率和 OS 率；GVHD 和复发是死亡的主要原因。复发率的增高是具有预后不好细胞遗传学 MDS 患者 RFS 率低的主要原因。复发和 NRM 增高的原因是老年患者低 RFS 率和 OS 率的主要原因。在这个方案中增加 Ara-C 剂量能降低复发而又不增加 NRM，2 年累计复发率为 19%，而且移植后 2 年复发率为 0。15 例 RA/RAS，随访 10 年无一例复发；22 例 REAB-Ⅱ/AML 患者组，复发和 NRM 分别为 39%和 27%。因此，BAC 方案是一个值得借鉴的方案。

对于 RAEB 和转化的 AML 这组高危人群，人们总是想尽办法通过不同预处理方案的组合去降低复发率，包括在 BU+Cy 基础上加用 TBI 对 RAEBⅠ～Ⅱ/AML 或 CMML 患者进行移植，复发率降低到 26%，但是明显增加了 NRM（68%），RFS 率仅为 27%（Anderson 等，1996）。Bibawi 等（2001）评估了采用以 TBI+BU 为主的预处理方案对 RAEB、RAEBⅡ和 aAML 患者进行移植的研究，3 年 DFS 率为 26%，NRM 为 49%。MDACC（Bibawi S 等，2001）在 BU+Cy 的基础上加用塞替派对 60 例高危 MDS/AML 进行移植，100 天之内的死亡率、复发率和 RFS 率分别为 42%、67%和 17%。可见以 BU+Cy 为基础的预处理在 MDS 患者中应用还是存在很多问题，例如是否适合 URD-HSCT，如果进一步降低 TRM 而不增加复发率或者通过加用其他药物或者采用其他药物代替其中的某一药物是否能达到更好的疗效。

Hugo Castro-Malaspina 等（2002）报道了美国国家骨髓库（National Marrow Donor Program，NMDP）从 1988～1998 年 510 例接受 URD 来源骨髓移植 MDS 患者的结果；中位年龄为 38 岁（1～62 岁）；使用了几种不同预处理方案及预防 GVHD 的方案，121 例去除 T 淋巴细胞，317 例使用了 TBI+Cy±其他预处理方案，128 例使用了 BU+Cy±其他预处理方案，18 例使用了 TBI+BU+Cy 预处理方案；多因素分析表明，按照预处理方案进行分类，给予 BU+Cy±其他预处理方案的患者，DFS 率及 OS 率明显高于使用其他方案，复发率明显降低；因此，认为 BU+Cy 预处理方案对于 allo-HSCT 治疗 MDS 患者不仅有较低的 TRM，同时并不增加复发率。这个方案不仅仅适用于 MSD-HSCT，而且同样适合 URD-HSCT。

3. 以口服剂型目标浓度 BU 为基础的方案　BU+Cy 方案仍然具有一定比例的 TRM，其毒性反应主要表现在肝脏，特别是口服剂型 BU，不可预知的肠道吸收和不稳定的生物利用度造成的后果是严重的，有时往往是致命的，例如发生肝静脉闭塞病。研究发现可以通过监测体内 BU 水平，及时调整用药剂量来减少这一副作用。H Joachim Deeg（2002）等对 109 例 MDS 患者进行了 MSD（45 例）和 URD（64 例）移植，首次采用的预处理方案为口服 BU（1mg/kg，q6h，连续 4 天，目标血浆浓度为 800～900ng/ml）+Cy（60mg/kg×2d）；中位年龄 46 岁（6～66 岁）；移植前 69 例患者骨髓原始细胞小于 5%，40 例患者处于疾病进展期；除了 2 例患者之外，其他患者均顺利植入。3 年的无复发生存率在 MSD 和 URD 分别为 56%和 59%，累计复发率在 MSD 和 URD 分别为 16%和 11%；100 天 NRM（3 年）在 MSD 和 URD 分别为 12%（28%）和 13%（30%）；唯一影响 RFS 的因素为 MDS 病因学（原发 MDS 效果好于 t-MDS，$P=0.03$）；与复发相关的影响因素为进展期 FAB 分型（$P=0.002$）和 IPSS 预后积分系统（$P=0.009$），预后差的细胞遗传学，治疗相关的 MDS（$P=0.03$）；RFS 在接受 PBSC 患者似乎要好过 BM 患者；未发现与 NRM 相关的预后因素；23 例年龄大于 55 岁的患者总体生存与年龄低于 55 岁的患者并没有区别，患者的年龄与供者类型对预后无影响。因此，目标浓度的 BU+Cy 预处理方案是 MDS 患者进行 MSD 和 URD-HSCT 的安全有效方案，与以前高剂量 TBI 为主的预处理方案对比，复发率并没有增高，但是 NRM 明显降低，因此 RFS 率明显提高。尽管有

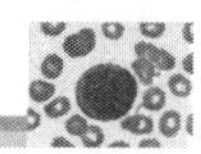

一定比例的 NRM，对于年龄大于 60 岁的患者同样是可行的一个方案。

4. 以每天单次静脉注射 BU 为基础的方案 BU+Cy 方案在早期是为 RA/RAS 设计的，这个方案也适合进展期或高危疾病，但是由于复发率的增高，疗效明显不如低危 MDS 患者。一个不断完善的预处理方案不仅要具有降低 NRM 的安全性，还要有降低复发率的抗白血病效应才能够被广泛应用。按照目标浓度的 BU 还是具有一定比例的 TRM，同时似乎对于高危患者不能达到最大程度的清肿瘤作用。这时候，人们发现静脉剂型的 BU 不经过肝脏代谢可以达到 100%的生物利用度，明显降低了致命性肝脏毒性，每天输注单剂量的 BU 比每天 4 次输注可以达到较高的血浆峰值，从而可以有效地渗透到庇护所，达到最大程度的清肿瘤效应。同时高剂量的 Cy 血浆中各种不同的代谢物与 SOS 增加明显相关，这些代谢产物的形成消耗肝脏的谷胱甘肽（GSH），导致严重毒性。与 BU 联合消耗肝脏储备 GSH，形成协同毒性作用。这时人们开始关注拥有长的血浆半衰期的 Flu，既有免疫抑制作用还有清肿瘤的作用，它与静脉剂型 BU 组合起来，核苷类似物和烷化剂可以达到协同杀肿瘤细胞的作用，靶组织先暴露于 Flu，之后再 Cy，这样在时间和顺序上可以达到最大的协同效应，即细胞内的 BU 跟随最佳三磷酸氟达拉滨浓度输注后可以达到最高峰值浓度。既达到了清髓作用，又有免疫抑制和清白血病的作用。

基于这样一个背景，Marcos de Lima 等（2004）对 96 例高危 AML/MDS 患者（仅有 20%的患者在移植前处于 CR 状态），中位年龄为 45 岁（19～66 岁），采用静脉输注 Flu 40mg/m^2，每天 1 次，持续 1 小时；之后紧跟 BU130mg/m^2，每天 1 次，持续 3 小时，连续 4 天。这种基于体表面积而不是体重的给药将提供一个根据身体尺寸全身暴露量的变化调整剂量。60 例患者进行 MRD-HSCT，36 例进行 MUD-HSCT；中位随访时间为12 个月，1 年预处理相关和 TRM 仅为 1%和 3%。1 年 OS 率和 RFS 率分别为 65%和 52%；对于处于 CR 的患者，1 年 OS 率和 RFS 率分别为 81%和 75%；死亡的主要原因为 cGVHD 和复发。这个调整剂量的静脉输注 BU 和 Flu 的预处理方案对于高危 AML/MDS 患者来说是达到了最低的 TRM，但不增加复发率，增加并改善了 OS 和 RFS。

Bornhauser 等（2003）报道采用 Flu 和药代动力学-目标浓度口服 BU（每天口服 4 次）为预处理方案，100 天之内的 7% TRM 和 17% NRM，要高于静脉单次输注，患者中位年龄分别为 52 岁和 54 岁，没有年龄方面的差异；其次在本组研究中，100 天和 180 天的 T 淋巴细胞和粒细胞嵌合率分别为 100%，而在 Bornhauser 的研究方案中，75 天和 1 年的 T 淋巴细胞和粒细胞嵌合率分别为 75%和 98%，由此可见，本组研究方案更快促进植入。同时，这个方案较高的安全性为老年患者进行清髓 allo-HSCT 提供了参考，于是开始把这个方案应用于年龄在 55 岁以上的 MDS 患者中。

5. 以二羟白消安替代 BU 为基础的减低毒性清髓方案 二羟白消安是一种水溶性的双功能烷化剂的细胞毒性药物，主要用于实体肿瘤的治疗，特别是卵巢癌。试验表明，在体内外它具有与 BU 可比拟的清髓、免疫抑制作用，以及抗白血病作用的生物学特性，而作为一种烷化剂替代 BU 被采用于 allo-HSCT 的预处理方案。它与 Flu 联合逐渐作为替代清髓预处理方案。Shimoni 等（2007）首次把二羟白消安和 Flu 作为预处理方案应用于 24 例不能纳入标准清髓方案的 AML 和 MDS 患者 allo-HSCT 的治疗。Tapani Ruutu 等（2011）采用二羟白消安（14g/m^2×3d）和 Flu（30mg/m^2×5d）减低毒性的清髓预处理方案对 45 例原发性 MDS 患者进行 allo-HSCT 的研究；其中疾病类型 MDS-RAEBⅡ占 40%，MDS-

RCMD 占 27%，RA 占 7%，RA 占 9%，RARS 占 4%；MDS-RAEB Ⅰ 占 2%，$5q^-$ 综合征占 2%；不能分类占 8%。按照细胞遗传学分类，预后好的占 57%，中等占 29%，预后差占 18%。45 例中 44 例患者在中位时间 17 天顺利植入；无重度血液学毒性事件和消化道反应。24%的患者发生了Ⅱ～Ⅳ度 aGVHD，28%的患者发生了 cGVHD。中位随访 780 天，2 年的 DFS 率和 OS 率分别为 71%和 67%。2 年 NRM 和复发率分别为 17%和 16%。因此，以二羟白消安和 Flu 为基础的减低毒性的预处理方案，比传统清髓预处理方案减低了毒性，但是与 RIC 方案相比保留了清髓作用，并不增加复发的风险，因此是一个值得推荐广泛应用的预处理方案。

6. 老年 MDS 患者与减低毒性清髓预处理方案　MDS 患者多为老年人，有的中心报道中位年龄在 60 岁以上，这类患者一般我们把它们排除在清髓预处理方案适应证之外。老年患者进行 allo-HSCT 存在许多不利因素，例如年龄相关的合并症导致对化疗耐受性差；许多药物在老年体内代谢慢，造成脏器功能损害，不但增加了脏器毒性，同时有可能通过受损的脏器释放细胞因子，也潜在增加了 aGVHD 的发生；随着年龄增加的急、慢性 GVHD，原因为增加了抗原提呈细胞的活性；T 淋巴细胞抗白血病的效应在老年患者明显降低；原始 T 淋巴细胞的分化能力在 70 岁以后明显降低，从而影响移植后的免疫重建；老年患者骨髓微环境不好，影响干细胞植入。因此，老年患者的预处理方案既要考虑到最大程度清除白血病干细胞，降低 TRM，同时要考虑到植入、免疫重建等问题。常规思维会采用 RIC 进行 allo-HSCT，它虽然有低的 TRM，但是复发率也同时增加，总体生存并未增加。随着预处理方案的优化，特别是 BU＋Flu 方案的使用，使老年患者采用清髓预处理方案进行 allo-HSCT 治疗 MDS 成为现实，并开始挑战老年患者传统的 RIC-HSCT。

Gheath Alatrash 等（2011）在 2001～2009 年分析了 79 例中位年龄为 55 岁的 AML/MDS 患者，采用 Flu $40mg/m^2$，每天 1 次，持续 1 小时，之后紧跟静脉剂型 BU（$130mg/m^2$）减低毒性的方案进行预处理的移植，中位随访期为 24 个月。所有患者移植前均有好的体能状态，处于 CR1、CR2、难治疾病状态，所有的患者 2 年 OS 率分别为 71%、44%、32%和 46%；2 年 DFS 率分别为 68%、42%、30%和 44%。1 年的 TRM 在 CR1 和处于疾病进展状态的患者分别为 19%和 20%。40%的患者发生Ⅱ～Ⅳ度 aGVHD。研究表明，年龄并不是排除采用清髓方案的首要原因。有效地降低肿瘤负荷对于老年 MDS 患者移植成功是非常关键的。有效地降低肿瘤负荷，可以更快地促进植入，免疫重建。

自进行 allo-HSCT 治疗 MDS 以来，国内外许多回顾性和前瞻性研究评估了清髓 allo-HSCT 在 MDS 患者中的应用。总体来说，不建议采用以 TBI 为基础的预处理方案，而采用以 BU＋Cy 或 Flu 为基础的预处理方案。具体药物剂量、是否加用其他药物根据每个患者具体疾病状态、HCT-CI、年龄、供者选择情况而定。

北京市道培医院（卢岳等，2010 年）从 2001～2008 年期间对 60 例 MDS 患者进行清髓方案预处理的 allo-HSCT，中位年龄 36 岁，其中 10 例 RA、2 例 RARS、10 例 RCMD、17 例 RAEB、14 例 RAEB-Ⅱ、1 例 $5q^-$ 综合征、16 例转化的 AML。按 IPSS 分组为低危 10 例，中危-Ⅰ 14 例，中危-Ⅱ 11 例，高危 25 例；其中 24 例 MSD-HSCT 采用 BU＋Cy 或 Flu，URD 或亲缘间配型不合的移植在此基础上加用 ATG；GVHD 预防采用 CSA 和短程 MTX。结果提示 5 年 DFS 率为 75.3%，生存率处于国际领先地位（图 21-27），其预处理方案值得各移植中心借鉴。

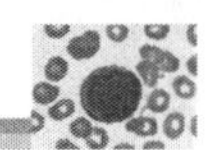

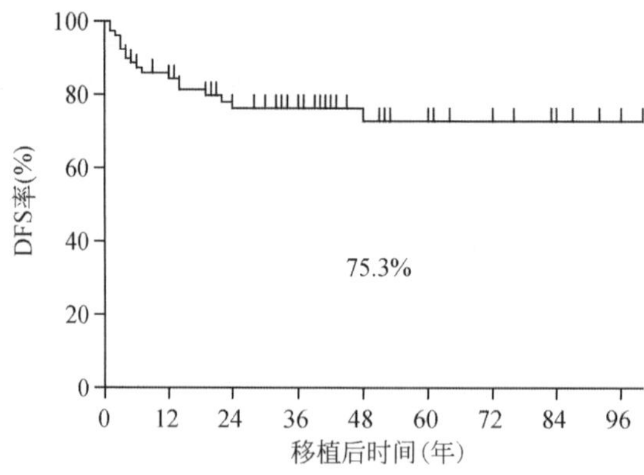

21-27 60例MDS患者进行allo-HSCT的DFS率

7. 笔者所在医院成功病例参考 本研究中心目前采用MA方案进行allo-HSCT的最大年龄MDS患者，是一个53岁女性患者，行异基因造血干细胞移植前已经转变为AML（骨髓原始细胞40%），在外院已经行标准化疗4个疗程达到PR（骨髓原始细胞6.5%），无MRD及合适MUD，仅有一个HLA配型3/6相合的女儿。按照惯性思维，高龄、病程大于1年、亲缘间配型不合的供者，这3个明显增加TRM的高危因素，不能采用MA方案。但是鉴于患者移植前已经转为明显AML，化疗后PR，移植后容易复发。全面评估患者，HCT-CI为0分。采用的是Ara-C［4g/（m^2·d）×2d］+BU［4mg/（kg·d）×4d］+Flu［30mg/（kg·d）×4d］+ATG［费森尤斯，20mg/（kg·d）×4d］清髓预处理方案，患者+15天粒细胞顺利植活，+23天复查残留白血病为0，外周血$CD3^+$细胞为100%供者型。患者在100天之内并未发生致命性移植相关并发症，56天发生Ⅰ度aGVHD，+103天局限性cGVHD，无病生存1年余。因此，本研究中心的经验认为，MDS患者进行MA-HSCT，仅仅只考虑年龄未免过于武断，还要综合考虑疾病状态、供者选择及患者移植前脏器功能，权衡利弊之后选择一个最佳预处理方案才能使每个患者最大收益。

（二）减低强度预处理方案（reduced-intensity conditioning，RIC）

随着移植技术的不断完善和理论基础的不断深入，人们逐渐发现，白血病的治愈不是依靠移植前的化疗和放疗，而是移植物抗白血病效应（GVL），它提出的理论依据为移植后供者淋巴细胞输注（donor lymphocyte infusion，DLI）可以诱导移植后复发的患者再次缓解。此外，发生GVHD的患者复发的风险明显降低，供者T淋巴细胞的剔除容易复发，难以清除微小残留病变。同时在进行移植过程中，发现总有一部分因存在合并症、一般状况差、年龄大或以前的过度治疗而被排除在移植适应证之外。于是提出了RIC，强调对受者加强免疫抑制，诱导出现供者半嵌合或完全嵌合状态，显著降低移植相关脏器毒性，依靠供者细胞介导的GVT来清除肿瘤细胞，而非移植前超大剂量的化疗或者放疗。EBMT将RIC定义为Flu加上一种或两种中剂量烷化剂或低剂量TBI（2～4Gy），加或不加ATG或CD52单抗，其中烷化剂使用得最多的为BU 8～10mg/kg（口服或等量静脉输注）或静脉输注mephalan（80～140mg/kg）或静脉输注Cy（20～120mg/kg）或静脉输注依托泊苷（5～10mg/kg）。在无干细胞支持下，骨髓可以在28天之内恢复。

（1）病例选择：一般年龄大，移植前有脏器功能损害（肺部弥散功能小于80%，心脏射血分数小于50%，0天后需要治疗的感染，心脏舒张功能不全，心律失常，肾功能不全），移植前3个月有活动性感染，失败的auto-HSCT或铁负荷过重等被选为采用RIC方案的对象。

（2）不同RIC方案：Flu因为兼有较强的免疫抑制和细胞毒作用而应用在大约90%以上的RIC方案中，它可以显著降低移植排斥率，提高移植物植入率。Flu联合不同剂量的TBI和烷化剂，组成不同强度的RIC方案。烷化剂常用Cy和BU或美法仑（MEL），特别是静脉注射的BU，生物利用度更易于控制，而且可以显著降低移植预处理导致的肝脏毒性。

Ginna等（2008）报道了148例患者采用低剂量TBI（200cGy）（n=5）d0，或加用Flu［30mg/（kg·d），d－4～d－2］（n=143）进行RIC allo-HSCT的结果（中位年龄为59岁），包括原发的MDS（n=40），MDS/MPD转化AML（n=49），t-MDS（n=25），骨髓增殖性疾病（MPD）（n=27），慢性粒-单核细胞白血病（CMML）（n=7）；GVHD预防为CsA及MMF；5例患者接受（51%）MSD-HSCT，49%的患者接受URD-HSCT；两组Ⅱ～Ⅳ度aGVHD和广泛型cGVHD发生无明显区别；＋28天，75%的患者证明混合T淋巴细胞嵌合率；15%的患者发生移植排异；中位随访时间为47个月（6～89个月）；3年RFS率在原发性MDS、转化的AML、t-MDS、MPD和CMML分别为22%、20%、29%、37%和43%；3年OS率分别为20%、23%、27%、43%和43%；3年NRM为32%；发生广泛型cGVHD和IPSS低危、中危-Ⅰ患者复发率低。RIC对于不能耐受常规MA-HSCT的患者提供了可能，但是结果提示复发率明显增高是失败的主要原因。

Oran等（2007）对112例AML/MDS患者进行的Flu＋MEL（FM）为RIC-HSCT；GVHD的预防予FK506及短程甲氨蝶呤（MTX）；中位年龄为55岁（22～74岁）；供者53%为MRD，47%为URD；43例存活患者中位随访时间为29.4个月（13～87.7个月）；2年预期OS率在CR组，疾病进展但是外周血无幼稚细胞组，以及有幼稚细胞组分别为66%、40%和23%；多因素分析提示，OS率与进展期疾病及Ⅱ～Ⅳ度GVHD呈负相关，移植前外周血有幼稚细胞与移植后无疾病进展呈负相关，NRM在疾病进展组明显增高，但是与年龄无明显关系；采用URD-HSCT在疾病进展组明显增加NRM；FM预处理方案是一个比较安全的预处理方案。

Hallemeier等（2006）对51例MDS或sAML患者接受了RIC（TBI 550 cGy联合Cy）allo-HSCT；MSD为21例，URD为30例；GVHD的预防为CsA（MRD）和激素加上MTX（URD）；患者中位年龄为44岁；19例存活的患者中位随访时间为3.7年；OS率在继发AML缓解状态、RA、RAEB、RAEB-Ⅱ或难治性/未治疗AML组分别为88%、46%、33%和11%；DFS率分别为75%、46%、33%和11%；复发率和TRM分别为27%和37%；因此，这也是个可以采纳的RIC方案。

（3）CD52单抗在RIC方案中的应用：RIC方案本身清肿瘤的作用比较弱，治愈白血病的作用主要依赖于GVL效应，而后者主要与GVHD紧密联系在一起。因此，在RIC allo-HSCT中GVHD与GVL效应尤其密切。在中危AML/MDS患者中发生cGVHD可以减少疾病复发/疾病进展，提示更高的DFS率。但是GVHD是影响RIC-HSCT预后的

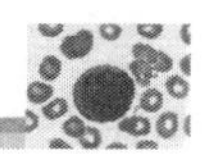

重要因素，而且随着受者年龄增加，GVHD的严重程度也在增加。Ⅲ～Ⅳ度aGHVD导致的高死亡率促使人们寻找预防这种并发症的手段。诱导受者机体出现混合T淋巴细胞嵌合状态可以减少GVHD发生，至少延迟GVHD发生，直到受者出现完全嵌合状态。

CD52抗原广泛表达在人类淋巴细胞表面，该抗原的延迟清除将影响移植后免疫重建，限制供者T淋巴细胞介导GVL效应，影响移植早期的过继免疫治疗和后期的DLI效果而受到关注。阿仑单克隆抗体（alemtuzumab）是CD52抗原的人源IgG1单克隆抗体，利用阿仑单克隆抗体较长半衰期的特性，可以清除受者的T/B淋巴细胞及有选择地清除部分树突细胞，还可以清除供者$CD52^+$细胞和抗原提呈细胞，从而降低Ⅲ～Ⅳ度aGVHD发生率。

Aloysius Y L Ho等（2004）首次在RIC方案中加入alemtuzumab并用于MDS患者的allo-HSCT即FBC为Flu［30mg/（m^2·d）×5d］、BU［4mg/（kg·d）×2d］、alemtuzumab（20mg/d×5d）；研究对象为62例MDS和伴有发育异常的AML；24例接受MRD，38例接受URD-HSCT；中位年龄在MSD为56岁（41～70岁），在URD组为52岁（22～65岁）；100天、200天和360天之内的TRM在MSD组为0、5%和5%，在URD组分别为11%、17%和21%；OS率在MRD组和URD组分别为为73%和71%。86%的患者达到了完全供者型。Ⅱ～Ⅲ度GVHD发生率在MRD组为0，在URD组为9%；26例（16例MSD、10例URD）患者在中位时间为273天接受了DLI，DLI的指征为细胞遗传学复发、形态学复发、持续下降趋势的供者嵌合状态；输注的中位$CD3^+$细胞数在MSD组为1.1×10^7/kg，在URD组为8.0×10^6/kg。2例患者原发植入失败，分别在+46天和+45天输注ATG后接受了DLI。从上面研究可以看出，alemtuzumab的应用明显降低了NRM，降低了Ⅱ～Ⅲ度aGVHD的发生，但是alemtuzumab应用的时机和剂量非常重要，应用过量或过早可能导致植入失败或严重感染甚至复发。同时需要注意的是应用alemtuzumab的患者由于T淋巴细胞重建缓慢，发生病毒感染的概率相对来说要高些。

在包含alemtuzumab的RIC方案allo-HSCT治疗高危AML/MDS患者中，HCI-CI是一个独立的预后因素。ZY Lim等（2010）对128例高危AML/MDS者进行包含alemtuzumab的RIC方案的allo-HSCT；中位年龄为53岁；38%的患者进行的是MSD-HSCT，62%进行的是URD-HSCT；HCT-CI为0分的患者占31%，1～2分占35%，3分以上占34%；3年NRM、DFS率和OS率分别为31%、41%和46%；3年NRM在HCT-CI 0分、1～2分、大于3分以上分别为16%、24%和42%；3年DFS率和OS率在0分患者分别为41%和46%；按照HCT-CI来分，3年DFS率和OS率在HCT-CI0分为58%和69%，在HCT-CI 1～2分为39%和39%；在HCT-CI大于3分为24%和32%（P值分别为0.04、0.01和<0.01）；多因素分析表明，HCT-CI是3年NRM、DFS率、OS率的独立预后因素，在包含有alemtuzumab的RIC方案进行allo-HSCT前，认真地进行HCT-CI评分对指导病例的选择是非常关键的。

但是，包含alemtuzumab的研究表明，它虽然降低了aGVHD的发生，但是因为要降低复发和增加完全供者嵌合，它增加的DLI输注的次数，导致后期致命性cGVHD增加，并没有提高长期的总体生存。患者是否能够从RIC方案中加入alemtuzumab受益需要具体病例具体分析。

David Valcarcel等（2008）等总结了不同研究中心3种不同的RIC方案的结果（表

22-12)。OS率、DFS率及复发率的报道不尽相同，没有哪种方案有明显优势。影响预后的因素主要有以下几个方面：年龄、FAB分型、细胞遗传学异常、疾病所处阶段、预处理方案是否去T淋巴细胞、从确诊到进行移植所持续的时间、HCT-CI等。IPSS评分系统、WPSS系统和HCT-CI是到目前为止最常用的3种患者预后情况评估标准，它包含了上述大部分因素。总体来说，低危的、评分低的预后好，高危的、评分高的预后差。具体到每位患者选择什么样的RIC方案要根据预后因素来具体选择，进行个体化的选择可能是一个最佳的办法。

表 21-12　3种以Flu为基础的RIC方案在治疗髓系恶性肿瘤中的结果对比（单位：%）

	FBm	FBc	FBA
NRM	18	11	21
复发率	26	39	35
OS率	60	58	60
DFS率	56	50	44

注：DFS. 无病生存；FBA. Flu＋BU＋ATG；FBC. Flu＋BU＋阿仑单抗；FBm. Flu＋BU＋MTX；NRM. 非复发死亡率；OS. 总生存；DFS. 无病生存。

(4) MA方案和RIC方案的对比：应用RIC方案进行allo-HSCT治疗MDS患者已经有十余年，它与MA方案对比，到底有哪些优势呢？Luger等（2011）对1997～2004年217个中心3731例采用MA方案和1448例RIC方案的AML/MDS患者的结果进行了按照年龄、移植前状态对比，包括了这段时间所有接受MRD和MUD的allo-HSCT。首先，这个研究发现，对于不能纳入标准清髓预处理方案的老年和状态不好而采用RIC方案的MDS患者，除了在TBI（200cGy）＋Flu和Flu＋Cy这两个方案中结果特别差外，在其他各种RIC方案中的结果均无统计学意义。MA方案比RIC方案有较低的复发率。移植前原始细胞增高、病程长，预后差的细胞遗传学跟复发率增高明显相关。低的Karnofsky评分、年龄、体能状态、疾病状态与TRM相关，而且在各种不同的移植中结果不同。RIC方案虽然在早期有降低的TRM，但是后期增高的TRM完全抵消了RIC方案早期所带来的好处，与MA方案在5年DFS和OS几乎无统计学意义。RIC方案后期TRM与MA方案一样，主要为感染和GVHD。在RIC方案中，虽然有增高的复发率，在DFS和OS与MA方案无差别。但是如果按照年龄分层，小于50岁的患者，3年复发率和TRM在采用MA方案的患者明显低于采用RIC方案的患者（57% *vs* 69%），总体生存率明显提高。这提示低于50岁的患者建议采用MA方案。在那些移植前为CR的患者，不管其年龄大小，采用MA方案比采用RIC方案有降低的复发率和TRM（68% *vs* 90%）。

总而言之，年龄小于50岁、移植前CR、体能状态好的患者建议采用MA方案已经达成共识。至于其他患者，采用MA方案还是采用RIC方案，具体到每个患者，各个移植中心要根据年龄、疾病状态、体能状况、IPSS评分、HCT-CI、供者类型等因素综合进行评估而做出最有利于患者的方案，总体来说，兼有降低药物毒性又能降低复发达到长期生存的目的。

(5) 对于60岁以上的中危-Ⅱ或高危MDS患者，是否应在进展成AML前行allo-HSCT：Schroeder等（2010）在ASH教育专辑中基于循证医学的综述表明，年龄无论是

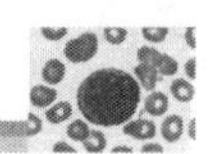

在MA还是RIC-HSCT中，都不是影响复发或存活的因素，也不是影响NRM的重要因素，因此年龄不应该成为限制患者进行移植的因素。60岁以上的患者行allo-HSCT有治愈的可能性，但是最佳时机有待进一步研究，因此目前对于60岁以上的MDS患者行移植治疗的建议是2B级。

七、儿童MDS

儿童MDS是一种少见疾病，在14岁以下儿童造血系统肿瘤中不足5%，具有它自己的生物学特性。

（一）与成人MDS不同地方

虽然成人MDS的形态学、免疫学、细胞遗传学在儿童MDS可以见到，但是有着它不同的地方。例如 $5q^-$ 综合征和RAS罕见，RAEB、RAEB-t和CMML多见。在成人MDS转化的白血病几乎均为AML，而在儿童，除可转化成AML外，尚能转化为ALL，这在成人极少见。临床呈特征性的疾病过程，即短暂的骨髓增生低下（再障）期—自发CR期—ALL。单一贫血在成人多见，但是在儿童相反，主要表现为白细胞和血小板的减少，骨髓增生减低比成人多见，与成人MDS相反，粒细胞系统和巨核细胞系统发育异常的细胞形态学改变及骨髓纤维化的程度与儿童MDS的疾病演进和预后无相关性。鉴于这些特点，成人低危MDS分型不适合儿童，因此提出了儿童难治性血细胞减少（refratory cytopenia of child，RCC）这个概念与分型。

在成人WHO MDS诊断分型标准中按骨髓原始粒细胞比例将RAEB再分为RAEB-Ⅰ（骨髓原始细胞5%～9%）和RAEB-Ⅱ（骨髓原始细胞10%～19%）两型，此外，将MDS和AML骨髓原始细胞的分界降低为20%，取消了RAEB-t亚型，但现有资料表明这并不适合儿童MDS。如果患者有原发性AML特有的染色体及其融合基因异常，如t（8；21)/AML1-ETO，t（15；17）/PML-RARα，inv（16）/CBFβ-MYH11，t（9；11）/MLL-AF9等，不管原始细胞比例是多少均应诊断AML。对于那些骨髓原始细胞比例在20%～30%的患儿，如无临床和儿童MDS特征性7号染色单体异常或前述原发性AML特征性染色体核型异常，应在2周后重复骨髓检查，如果骨髓原始细胞比例超过30%则诊断为AML，如果4周内骨髓原始细胞比例保持稳定则诊断为RAEB-t（Andolina等，2010）。

从细胞遗传学来分析，55%原发性和76%继发性儿童MDS患者都存在细胞遗传学异常，其中7号染色体单体最常见，占25%。其次是8号染色体三体和21号染色体三体。7号染色体单体的患儿预后跟同时伴有结构异常者提示预后不好，7号染色体单体对于成人MDS患者来说是预后差，但是对于儿童来说是预后中等。那些在成人提示预后好的细胞遗传学异常例如 $5q^-$、−Y、$20q^-$，对于儿童MDS来说没有特别意义。

与成人MDS不同，儿童继发性MDS主要见于先天性骨髓衰竭综合征（如范科尼贫血、Kostmann综合征、Shwachman-Diamond综合征、Blackfan-Diamond贫血、家族性MDS），其次才是继发于放、化疗治疗和再生障碍性贫血等，这些继发性MDS的诊断分型标准同原发性MDS，但应注明继发于何种情况。

对于儿童MDS，血小板减少和骨髓原始细胞大于5%提示预后差，但是2～3系发育不良和细胞遗传学对预后似乎无影响，因此，IPSS评分似乎不适合用来作为儿童MDS的预后评估（Strahm等，2011）。

（二）移植适应证和时机

对于儿童MDS患者，保守治疗仅适合极少部分无7号染色单体或复杂染色体核型异常、且非输血依赖性和无由中性粒细胞减少导致高感染风险的RCC患儿。采取该治疗策略的患儿应定期检测骨髓变化，一旦出现疾病进展证据，有条件者应进行HSCT。绝大部分儿童MDS应将HSCT作为首选治疗。有7号染色单体或复杂染色体核型异常RCC患儿，如有MSD或URD，应在确诊后尽早进行SCT，其他RCC患儿也应在确诊后尽早进行SCT。晚期MDS（RAEB和RAEB-t）应在确诊后尽早进行MSD和URD或1个位点不合的URD-HSCT，如果疾病进展而又无合适MSD和URD可以选择，可考虑亲缘间配型不合。如果连亲缘间配型不合的供者都没有，那可以选择脐带血移植（Henrik Hasle等，2011）。

移植前是否接受强化疗及骨髓原始粒细胞的比例对患者移植后生存率和复发率并无影响。干细胞来源可用BM或PBSC或脐血。

（三）allo-HSCT治疗儿童MDS

预处理方案基本采用BU加上Cy或者以Flu为主的方案，考虑到对儿童生长发育的影响，尽量不采用以TBI为主的方案。欧洲儿童MDS工作组（Andolina，等2010）对1997～2008年98例进展期的儿童MDS患者进行了allo-HSCT；中位年龄为11.5岁；53例RAEB，29例RAEB-t和15例MDS-AML；39例患者进行了MSD-HSCT，58例进行了URD-HSCT；25%的患者接受过移植前化疗；预处理方案MSD采用BU［4mg/（kg・d）×4d］、Cy［60mg/（kg・d）×2d］、MEL（140mg/m^2单次剂量），MUD在此基础上加用ATG或CD52单抗；5年OS率为63%。并且5年OS率MSD和URD之间无统计学意义（67% *vs* 53%，P=NS）。在RAEB与RAEB-t之间OS率无统计学意义，移植前是否接受化疗和骨髓原始细胞数对预后没有影响。但是MDS转化的AML和Ⅲ～Ⅳ度aGVHD以及配型不是全相合的MSD具有降低的OS率，这些观点也在其他的研究中得到证实。

Parikh等（2009）等报道了一个单中心的研究，1995～2006年23例儿童MDS患者接受了非血缘脐血移植（UCB）；中位年龄为11岁（1.1～19.7岁）；中位体重为38.6 kg（9.6～62.6kg）；61%的患者为男性；诊断到移植的中位时间为5.3年（2.0～61.4年）；12例为MDS-RA，8例为RAEB，3例为RAEB-t，18例患者为原发性MDS（78%），17例（74%）有7号染色体异常，转化为AML的患者已经排除；18例（78%）患者采用TBI预处理方案，19例患者GVHD预防采用CsA+激素，4例患者采用CsA+MMF；16例患者（70%）4/6相合，7例（30%）患者5/6相合；移植物的中位细胞数为4.0×10^7［（1.7～12.6）$\times10^7$］单个核细胞、1.7×10^5［（0.2～28.5）$\times10^5$］$CD34^+$细胞/kg；中性粒细胞中位植活时间42天为73.9%，100天为91.3%，血小板植活中位时间为69.6%，3例患者移植物植入失败，3例患者移植延迟；3例（13%）患者100天发展了Ⅱ～Ⅳ度aGVHD，4例患者复发，3年累计复发率为13%，1年NRM累计发生率为

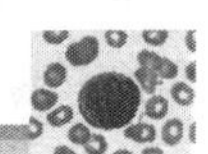

27%，10例患者死亡，2例感染，1例患者发生移植后淋巴细胞增殖性疾病（PTLD）；EFS率在1年及3年分别为69.6%及60.9%，年龄≥11岁和体重≥38kg是EFS率高的因素，这些结果，特别是对于7号染色体异常的患者，UCB结果与MSD移植相似，如果在缺乏MSD的情况下，可以作为干细胞来源。但是因为脐血植活慢，免疫重建慢，似乎不太适合RAEB-t和转化为AML这种倍增比较快的患者。

Strahm等（2007）认为清髓性HSCT减低复发风险，但是有高的TRM，因此，为了评价是否RIC方案可以减少毒性而不增加植入失败或者复发的风险，观察了19例儿童难治性贫血的患者接受了URD的RIC-HSCT，预处理方案由Flu、依托泊苷和ATG组成；3例患者植入失败，中性粒细胞及血小板的植活中位时间为23天和30天，Ⅱ～Ⅳ度aGVHD和Ⅲ～Ⅳ度aGVHD的发生率分别为48%和13%，3例患者发展为广泛性cGVHD，3年OS率和DFS率分别为84%和74%，提示RIC-HSCT适合RCC低危患者。

（四）儿童MDS存在的问题

（1）是否有除染色体核型以外的有助于RCC早期诊断的其他分子遗传学诊断标志。

（2）是否应将RAEB进一步细分为RAEB-Ⅰ和RAEB-Ⅱ。

（3）骨髓原始细胞比例在20%～30%的患儿，如何早期鉴别是MDS还是原发性AML以便采用相应的治疗策略。

（4）国际预后积分系统（IPSS）是成人MDS治疗策略制定的主要依据，但该系统并不适合儿童MDS，是否有适合儿童MDS的相应预后积分系统。

八、去甲基化药物在异基因造血干细胞移植中的应用

FDA批准了3种药物用于MDS的治疗，即阿扎胞苷、地西他滨和来那度胺。这3种药物虽然不能治愈MDS患者，但是在移植后复发的处理甚至是应用到预处理方案中或者移植后维护治疗是否能从中受益呢？特别是最近几年比较关注的如阿扎胞苷和地西他滨。

（一）应用于allo-HSCT预处理方案和移植后早期复发

地西他滨用于治疗难治/复发的AML和MDS患者，同时对脏器毒性低，有增强的免疫抑制和免疫调节作用，因此，地西他滨有可能作为一种新药应用于allo-HSCT预处理方案。但是，具体应用的剂量和时间并未达成一致意见。

Ciralt等（1997）首次把地西他滨应用于白血病移植后的复发治疗和allo-HSCT预处理；在这个研究中，3例移植后复发急性白血病患者（中位复发时间为移植后7个月）接受了地西他滨（100mg/m^2，q12h，×5d）治疗，之后连续输注2天供者干细胞；3例患者中性粒细胞和血小板植活时间分别为23天和25天，其中有2例患者因为植入延迟而增加了供者干细胞输注。4例髓性白血病患者采用地西他滨200mg/（m^2·d）（d－9～d－8）、BU4mg/（kg·d）（d－7～d－4）、Cy50mg/（kg·d）（d－3～d－2）作为allo-HSCT的预处理。所有患者接受了来源于MSD采集的CD34$^+$细胞输注（数量为4×10^6/kg）；3例复发的患者治疗后均达到缓解，其中1例复发后160天持续缓解。4例把地西他滨应用于预处理方案的患者，2例顺利植入，2例植入延长接受了干细胞输注；2例达到了细胞遗传学缓

解，1例达到了血液学缓解；仅有1例患者死亡。研究表明，两种剂量的地西他滨患者耐受性好，但是均存在植入延迟，后期均需要供者干细胞再次输注。虽然地西他滨血浆半衰期短，但是持续存在的急性代谢产物对输入的干细胞影响而延长了植入。此外，联合减量的Cy免疫抑制不够强。

为了确定患者是否既对地西他滨有更好的耐受性，又不影响干细胞的植入及最佳输注时间，Marcos de Lima等（2003）对24例高危白血病患者采用BU［4mg/（kg·d）×4d］，Cy（100mg/kg或120mg/kg）联合3种不同剂量的地西他滨作为预处理进行MSD-PBSCT。3种不同剂量的地西他滨分别为400mg/m^2（n=10例）、600mg/m^2（n=8例）和800mg/m^2（n=5例）；4例患者为d－8～d－7输注，其余患者为d－11～d－9输注；中性粒细胞和血小板的中位植入时间分别为12.5天和17.5天；21例患者顺利植入并达到长期缓解，3例未植入的患者均为d－8～d－7输注，提示血浆中持续存在的药物代谢物影响了干细胞的植入动力学。随着地西他滨剂量的增加，药物毒性并没有随之增加。推荐最佳剂量为800mg/m^2。最终26%的患者达到长期生存。

但是目前对于地西他滨在预处理方案中的具体剂量和时机，以及患者能否最终从中受益尚无定论，还需要大规模的临床试验研究才能够确定。

（二）allo-HSCT后的维持治疗

早期复发是高危MDS患者移植失败的主要原因，而且缺乏有效的治疗方法。阿扎胞苷是DNA甲基转移酶抑制剂，在髓系疾病中具有活性。阿扎胞苷能诱导白血病细胞表达HLA-Ⅰ抗原和HLD-DR抗原，潜在增加移植物抗白血病作用。FOXP3是调节性T淋巴细胞特异性标志，能够促进非调节性T淋巴细胞转换成具有抑制功能的CD4$^+$CD25$^-$的调节性T淋巴细胞而发挥免疫调节作用。体内外研究表明（Jaebok Choi，等2011），地西他滨和阿扎胞苷能够在体内外通过表观修饰机制诱导CD4$^+$CD25$^-$的非调节性T淋巴细胞表达FOXP3$^+$而成为具有抑制功能的调节性T淋巴细胞，进而减轻GVHD，但是了保留GVL效应。

研究发现，中等剂量的阿扎胞苷［16～40mg/（m^2·d）×5d，每28天或30天一个周期］在惰性髓系肿瘤细胞移植后复发有增加诱导缓解和促进供者嵌合的作用。为确定一个最佳时间和剂量，de Lima M等（2008）Ⅰ期研究表明，5-杂氮胞苷的剂量为32mg/（m^2·d），连续5天，28天为1个周期，在移植后6～7周输注具有较好的安全性和耐受性。初步结果表明，对难治/复发MDS/AML患者能延长RFS期，并且保持了这种无毒性的低剂量5-杂氮胞苷维护治疗2年。鉴于这个充满希望的初步研究，在MDACC研究中心即将进行Ⅲ期研究，将低剂量5-杂氮胞苷维护治疗与标准维护进行对比。

Marcos de Lima等（2010）对45例高危AML/MDS患者进行研究；中位年龄为60岁；中位HCT-CI为3；67%的患者移植前未缓解；通过使用贝叶斯自适应方法来确定基于毒性的最佳剂量/时间组合；采用5天剂量分别为8、16、24、32和40 mg/m^2；采用1、2、3、4共4个不同的治疗周期，每个治疗周期为1个月，治疗5天，休息25天；治疗周期从移植后+40天开始。纳入指征为移植后30天仍处于CR的患者。结果发现血小板减少是最主要的毒性反应；4个周期中32mg/m^{2}为最佳剂量。1年的DFS率和OS率分别为58%和71%。结论是在过度治疗的高危老年AML/MDS患者allo-HSCT后进行早期适当的阿扎

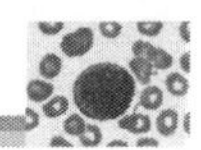

胞苷干预治疗有利于提高 DFS 率和 OS 率。

低剂量的阿扎胞苷在移植后进行维护治疗安全有效、减少复发、提高长期生存的结果几乎得到认可，并可以广泛应用于临床。

九、有待解决的问题

过去十余年，allo-HSCT 治疗 MDS 取得了令人鼓舞的疗效，但是有些问题还需进一步大规模临床试验的随机对照研究。例如，在这个 MDS 患者的去甲基化药物时代，是否要重新评估移植适应证和时机；去甲基化药物在移植前、预处理方案及移植后的具体应用、时机和剂量还需要探索；IPSS、WPSS 和 HCT-CI 评估系统的进一步完善；老年患者移植时机、预处理方案的正确选择；亲缘间配型不合供者移植治疗 MDS 初步取得较好成绩，但是否能达到与 MRD 和 MUD-HSCT 同样的疗效尚需大规模的临床数据去说明。

参 考 文 献

达万明. 2008. 异基因造血干细胞移植后白血病复发防治策略与进展. 见：达万明主编. 血液病学 2008. 北京：中华医学电子音像出版社，1

胡亮钉等. 2006. 异基因外周血 HSCT 治疗骨髓增生异常综合征 23 例疗效分析. 中华血液学杂志，27：8

卢岳等. 2010. 异基因造血干细胞移植治疗骨髓增生异常综合征 60 例疗效分析. 中华内科杂志，49：200

王峰蓉等. 2003. 双份无关脐血移植治疗高危白血病并长期无病存活二例报告. 中华器官移植杂志，24：217

王建祥等. 2010. 中国 15 家医院慢性粒细胞白血病发病情况及目前诊断治疗模式调查分析 . 中华血液学杂志，30：721

周洁等. 1996. 异基因骨髓移植两种预处理方案的比较. 中华血液学杂志，17：64

Abou Mourad YR et al. 2008. Allogeneic hematopoietic cell transplantation for adult philadelphia-positive acute lymphoblastic leukemia in the era of tyrosine kinase inhibitors. Biol Blood Marrow Transplant，14：949

Al Ali HK et al. 2007. A retrospective comparison of autologous and unrelated donor hematopoietic cell transplantation in myelodysplastic syndrome and secondary acute myeloid leukemia：a report on behalf of the Chronic Leukemia Working Party of the European Group for Blood and Marrow Transplantation (EB-MT). Leukemia，21：1945

Alessandrino EP et al. 2008. WHO classification and WPSS predict post transplant outcome in patients withmyelodysplastic syndrome：a study from the GITMO (gruppo italiano trapianto di midollo osseo). Blood. 112：895

Aloysius YL Ho et al. 2004. Reduced-intensity allogeneic hematopoietic stem cell transplantation for myelodysplastic syndrome and acute myeloid leukemia with (FBC) conditioning multilineage dysplasia using fludarabine，busulphan，and alemtuzumab. Blood，104：1616

Alyea EP et al. 2004. $CD8^{+}$ cell depletion of donor lymphocyte infusions using cd8 monoclonal antibody-coated high-density microparticles (CD8-HDM) after allogeneic hematopoietic stem cell transplantation：a pilot study. Bone Marrow Transplant，34：123

Alyea EP et al. 2005. Comparative outcome of nonmyeloablative and myeloablative allogeneic hematopoietic cell transplantation for patients older than 50 years of age. Blood, 105: 1810

Alyea EP et al. 2006. Impact of conditioning regimen intensity on outcome of allogeneic hematopoietic cell transplantation for advanced acute myelogenous leukemia and myelodysplastic syndrome. Biol Blood Marrow Transplant, 12: 1047

Anderlini P et al. 2004. Imatinib mesylate administration in the first 100 days after stem cell transplantation. Biol Blood Marrow Transplant, 10: 883

Anderson JE et al. 1996. Allogeneic marrow transplantation for myelodysplastic syndrome with advanced disease morphology: a phase Ⅱ study of busulfan, cyclophosphamide, and total-body irradiation and analysis of prognostic factors. J Clin Oncol, 14: 220

Andersson BS et al. 2000. Acute safety and pharmacokinetics of intravenous busulfan when used with oral busulfan and cyclophosphamide as pretransplantation conditioning therapy: a phase Ⅰ study. Biol Blood Marrow Transplant, 6: 548

Andolina JR et al. 2010. Allogeneic hematopoetic stem cell transplantation in pediatric myelodysplastic syndromes: Improved outcomes for de novo disease. Pediatr Transplantation, 15: 334

Aoudjhane M et al. 2005. Comparative outcome of reduced intensity and myeloablative conditioning regimen in HLA identical sibling allogeneic haematopoietic stem cell transplantation for patients older than 50 years of age with acute myeloblastic leukaemia: a retrospective survey from the Acute Leukemia Working Party (ALWP) of the European group for Blood and Marrow Transplantation (EBMT). Leukemia, 19: 2304

Appelbaum FR et al. 1983. Allogeneic marrow transplantation for acute nonlymphoblastic leukemia after first relapse. Blood, 61: 949

Appelbaum FR et al. 1984. Bone marrow transplantation or chemotherapy after remission induction for adults with acute nonlymphoblastic leukemia: a prospective comparison. Ann Intern Med, 101: 581

Appelbaum FR et al. 2008. Hematopoietic cell transplantation for adult acute myeloid leukemia. In: Appelbaum FR et al eds. Thomas'Hematopoietic Cell Transplantation: Stem Cell Transplantation. 4th ed. Oxford: Blackwell Publishing Ltd, 761

Arcese W et al. 1990. Interferon therapy for Ph1 positive CML patients relapsing after T cell depleted allogeneic bone marrow transplantation. Bone Marrow Transplant, 5: 309

Archimbaud E et al. 1994. Prospective genetically randomized comparison between intensive postinduction chemotherapy and bone marrow transplantation in adults with newly diagnosed acute myeloid leukemia. J Clin Oncol, 12: 262

Aricò M et al. 2000. Outcome of treatment in children with Philadelphia chromosome-positive acute lymphoblastic leukemia. N Engl J Med, 342: 998.

Armand P et al. 2007. Prognostic impact of elevated pretransplantation serum ferritin in patients underdoing myeloablative stem cell transplantation. Blood, 109: 4586

Armistead PM et al. 2009. Quantifying the survival benefit for allogeneic hematopoietic stem cell transplantation in relapsed acute myelogenous leukemia. Biol Blood Marrow Transplant, 15: 1431

Arora M et al. 2009. HLA-identical sibling compared with 8/8 matched and mismatched unrelated donor bone marrow transplant for chronic-phase chronic myeloid leukemia. J Clin Oncol, 10: 1644

Atsuta Y et al. 2009. Disease-specific analyses of unrelated cord blood transplantation compared with unrelated bone marrow transplantation in adult patients with acute leukemia. Blood, 113: 1631

Bachanova V et al. 2008. Unrelated donor allogeneic transplantation for adult acute lymphoblastic leukemia: a review. Bone Marrow Transplant, 41: 455

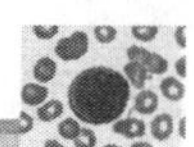

Baldus CD et al. 2006. BAALC expression and FLT3 internal tandem duplication mutations in acute myeloid leukemia patients with normal cytogenetics: prognostic implications. J Clin Oncol, 24: 790

Baron F et al. 2006. Factors associated with outcomes in allogeneic hematopoietic cell transplantation with nonmyeloablative conditioning after failed myeloablative hematopoietic cell transplantation. J Clin Oncol, 24: 4150

Bart L et al. 2005. Pretransplantation indu7ction chemotherapy and posttransplantation relapse in patients with advanced myelodysplastic syndrome. Biol Blood Marrow Transplant, 11: 65

Berman E et al. 2006. Altered bone and mineral metabolism in patients receiving imatinib mesylate. N Engl J Med, 354: 2006

Bibawi S et al. 2001. Thiotepa, busulfan, and cyclophosphamide as a preparative regimen for allogeneic transplantation for advanced myelodysplastic syndrome and acute myelogenous leukemia. Am J Hematol, 67: 227

Biggs JC. et al. 1992. Bone marrow transplants may cure patients with acute leukemia never achieving remission with chemotherapy. Blood, 80: 1090

Blaise D et al. 1992. Allogeneic bone marrow transplantation for acute myeloid leukemia in first remission: a randomized trial of a busulfan-cytoxan versus cytoxan-total body irradiation as preparative regime: a report form the Groupe Etudes de la Greffe de Moelle Osseuse. Blood, 79: 2578

Blaise D et al. 1992. Allogeneic bone marrow transplantation for acute myeloid leukemia in first remission: a randomized trial of a busulfan-cytoxan versus cytoxan-total body irradiation as preparative regimen: a report from the Groupe d'Etudes de la Greffe de Moelle Osseuse. Blood, 79: 2578

Blume KG et al. 1993. A prospective randomized comparison of total body irradiation-etoposide versus busulfan-cyclophosphamide as preparatory regimens for bone marrow transplantation in patients with recurrent leukemia: a Southwest Oncology Group study. Blood, 81: 2187

Bornhauser M et al. 2003. Conditioning with fludarabine and targeted busulfan for transplantation of allogeneic hematopoietic stem cells. Blood, 102: 820

Bosi A et al. 2001. Second allogeneic bone marrow transplantation in acute leukemia: results of a survey by the European Cooperative Group for Blood and Marrow Transplantation. J Clin Oncol, 19: 3675

Breems DA et al. 2005. Prognostic index for adult patients with acute myeloid leukemia in first relapse. J Clin Oncol, 23: 1969

British Committee for Standards in Haematology. 2006. Guidelines on the management of acute myeloid leukaemia in adults. Br J Haematol, 135: 450

Brown RA et al. 1990. High-dose etoposide and cyclophosphamide without bone marrow transplantation for resistant hematologic malignancy. Blood, 76: 473

Brown RA et al. 1995. High-dose etoposide. cyclophosphamide. and total body irradiation with allogeneic bone marrow transplantation for patients with acute myeloid leukemia in untreated fi rst relapse: a study by the North American Marrow Transplant Group. Blood, 85: 1391

Brunet S et al. 2004. Treatment of primary acute myeloid leukemia: results of a prospective multicenter trail including high-dose cytarabine or stem cell transplantation as post-remission strategy. Haematologica, 89: 940.

Brunstein CG et al. 2007. Umbilical cord blood transplantation for myeloid malignancies. Curr Opin Hematol, 14: 162

Burnett AK et al. 2002. The value of allogeneic bone marrow transplant in patients with acute myeloid leukaemia at differing risk of relapse: results of the UK MRC AML10 Trial. Br J Haematol, 118: 385

Burnett AK et al. 2004. The impact of transplant in AML in 2nd CR: a prospective study of 741 in the

MRC AML 10 and 12 trials. Blood (ASH Annual Meeting Abstracts), 104: 620a

Burnett AK et al. 1998. Randomised comparison of addition of autologous bone-marrow transplantation to intensive chemotherapy for acute myeloid leukaemia in first remission: results of MRC AML 10 trial. Lancet, 351: 700

Cahn JY et al. 2000. No impact of high-dose cytarabine on the outcome of patients transplanted for acute myeloblastic leukaemia in first remission. Acute Leukaemia Working Party of the European Group for Blood and Marrow Transplantation (EBMT). Br J Haematol, 110: 308

Carella AM et al. 1999. Autografting with philadelphia chromosome-negative mobilized hematopoietic progenitor cells in chronic myelogenous leukemia. Blood, 93: 1534

Carpenter PA et al. 2007. Prophylactic administration of imatinib after hematopoietic cell transplantation for high-risk Philadelphia chromosome-positive leukemia. Blood, 109: 2791

Cassileth PA et al. 1998. Chemotherapy compared with autologous or allogeneic bone marrow transplantation in the management of acute myeloid leukemia in first remission. N Engl J Med, 339: 1649

Castro-Malaspina H et al. 2008. Transplantation in remission improves the disease-free survival of patients with advanced myelodysplastic syndromes treats with myeloablative T cell-depleted stem cell transplantation from HLA-identical siblings. Biol Blood Marrow Transplant, 14: 458

Champlin RE et al. 1985. Treatment of acute myelogenous leukemia: a prospective controlled trial of bone marrow transplantation versus consolidation chemotherapy. Ann Intern Med, 102: 285

Choi SJ et al. 2004. Treatment of relapsed acute myeloid leukemia after allogeneic bone marrow transplantation with chemotherapy followed by G-CSF-primed donor leukocyte infusion: a high incidence of isolated extramedullary relapse. Leukemia, 18: 1789

Ciralt S et al. 1997. Studies of decitabine with allogeneic progenitor cell transplantation. Leukemia, 11: S32

Clift RA et al. 1982. Treatment of chronic granulocytic leukaemia in chronic phase by allogeneic marrow transplantation. Lancet, 2: 62

Clift RA et al. 1990. Allogeneic marrow transplantation in patients with acute myeloid leukemia in first remission: a randomized trial of two irradiation regimens. Blood, 76: 1867

Clift RA et al. 1991. Allogeneic marrow transplantation in patients with chronic myeloid leukemia in the chronic phase: a randomized trial of two irradiation regimens. Blood, 77: 1660

Clift RA et al. 1992, Allogeneic marrow transplantation during untreated fi rst relapse of acute myeloid leukemia. J Clin Oncol, 10: 1723

Clift RA et al. 1993. Treatment of chronic myeloid leukemia by marrow transplantation. Blood, 82: 1954

Clift RA et al. 1994. Marrow transplantation for chronic myeloid leukemia: a randomized study comparing cyclophosphamide and total body irradiation with busulfan and cyclophosphamide. Blood, 84: 2036

Clift RA et al. 1994a. Long-term follow-up of a randomized study comparing cyclophosphamide and total body irradiation with busulfan and cyclophosphamide for patients receiving allogeneic marrow transplants during chronic phase of chronic myeloid leukemia. Blood, 94: 3960

Clift RA et al. 1994b. Marrow transplantation for patients in accelerated phase of chronic myeloid leukemia. Blood, 84: 4368

Clift RA et al. 2004. Follow-up 26 years after treatment for acute myelogenous leukemia. N Engl J Med, 351: 2456

Collins RH et al. 1997. Donor leukocyte infusions in 140 patients with relapsed malignancy after allogeneic bone marrow transplantation. J Clin Oncol, 15: 433

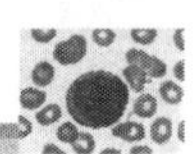

Cornelissen JJ et al. 2007. Results of a HOVON/SAKK donor versus no-donor analysis of myeloablative HLA-identical sibling stem cell transplantation in first remission acute myeloid leukemia in young and middle-aged adults：benefits for whom? Blood，109：3658

Crawley C et al. 2005. Outcomes of reduced-intensity transplantation for chronic myeloid leukemia：an analysis of prognostic factors from the Chronic Leukemia Working Party of the EBMT. Blood，106：2969

Cullis JO et al. 1992. Second transplants for patients with chronic myeloid leukaemiain relapse after original transplant with T-depleted marrow：feasibility of using busulphan alone for re-conditioning. Br J Haematol，80：33

Cwynarski K et al. 2003. Stem cell transplantation for chronic myeloid leukemia in children. Blood，102：1224

Dao-Pei Lu et al. 2006. Conditioning including antithymocyte globulin followed by unmanipulated HLA-mismatched/haploidentical blood and marrowtransplantation can achieve comparable outcomes with HLA-identical sibling transplantation. Blood，107：3065

David Valcarcel et al. 2008. Sustained Remissions of high-risk acute myeloid leukemia and myelodysplastic syndrome after reduced-intensity conditioning allogeneic hematopoietic transplantation：chronic graft-versus-host disease is the strongest factor improving survival. Journal of Clinical Oncology，26：4

Davies SM et al. 2008. Indications for hematopoietic cell transplantation in acute leukemia. Biol Blood Marrow Transplant，14：154

de Lima M et al. 2004a. Once-daily intravenous busulfan and fludarabine：clinical and pharmacokinetic results of a myeloablative，reduced-toxicity conditioning regimen for allogeneic stem cell transplantation in AML and MDS. Blood，104：857

de Lima M et al. 2004b. Nonablative versus reduced-intensity conditioning regimens in the treatment of acute myeloid leukemia and high-risk myelodysplastic syndrome：dose is relevant for long-term disease control after allogeneic hematopoietic stem cell transplantation. Blood，104：865

de Lima M et al. 2006. Allogeneic transplantation for the elderly patient with acute myelogenous leukemia or myelodysplastic syndrome. Semin Hematol，43：107

de Padua Silva L et al. 2001. Outcome of allogeneic stem celltransplantation after hypomethylating therapy with 20-deoxy-5azacytidine for patients with myelodysplastic syndrome. Blood，34：1232

de Witte T et al. 2009. Allogeneic stem cell transplantation for patients with refractory anaemia with matched related and unrelated donors：delay of the transplant is associated with inferior survival. Br J Haematol，146：627

Devergie A et al. 1995. Allogeneic bone marrow transplantation for chronic myeloid leukemia in fi rst chronic phase：a randomized trial of busulfan-cytoxan versus cytoxan-total body irradiation as preparative regimen：a report from the French Society of Bone Marrow Graft (SFGM). Blood，85：2263

Dewar AL et al. 2006. Imatinib as a potential antiresorptive therapy for bone disease. Blood，107：4334

Dini G et al. 1996. Unrelated-donor bone marrow transplantation for Philadelphia chromosome-positive chronic myelogenous leukemia in children：experience of eight European countries. The EBMT Paediatric Diseases Working Party. Bone Marrow Transplant，18 (Suppl 2)：80

Dohner K et al. 2005. Mutant nucleophosmin (NPM1) predicts favorable prognosis in younger adults with acute myeloid leukemia and normal cytogenetics：interaction with other gene mutations. Blood，106：3740

Doney K et al. 2003. Predictive factors for outcome of allogeneic hematopoietic cell transplantation for adult acute lymphoblastic leukemia. Biol Blood Marrow Transplant，9：472

Down JD et al. 1991. Syngeneic and allogeneic bone marrow engraftment after total body irradiation: dependence on dose, dose rate, and fractionation. Blood, 77: 661

Duval M et al. 2010. Hematopoietic stem-cell transplantation for acute leukemia in relapse or primary induction failure. J Clin Oncol, 28: 3730

Eapen M et al. 2004. Higher mortality after allogeneic peripheral-blood transplantation compared with bone marrow in children and adolescents: the Histocompatibility and Alternate Stem Cell Source Working Committee of the International Bone Marrow Transplant Registry. J Clin Oncol, 22: 4872

Eapen M et al. 2004. Second transplant for acute and chronic leukemia relapsing after fi rst HLA-identical sibling transplant. Bone Marrow Transplant, 34: 721

Eapen M et al. 2006. Outcomes after HLA-matched sibling transplantation or chemotherapy in children with B-precursor acute lymphoblastic leukemia in a second remission: a collaborative study of the Children's Oncology Group and the Center for International Blood and Marrow Transplant Research. Blood, 107: 4961

Eapen M et al. 2007. Outcomes of transplantation of unrelated donor umbilical cord blood and bone marrow in children with acute leukemia: a comparison study. Lancet, 369: 1947

Ehab Atallah et al. 2010. Long term follow-up of allogeneic stem cell transplantation in patients with myelodysplastic syndromes using busulfan, cytosine arabinoside, and cyclophosphamide. American Journal of Hematology Published online 13 May in Wiley InterScience

Elmaagacli AH et al. 1999. Induction of a graft-versus-leukemia reaction by cyclosporin A withdrawal as immunotherapy for leukemia relapsing after allogeneic bone marrow transplantation. Bone Marrow Transplant, 23: 771

Elorza I et al. 2010. Relationship between minimal residual disease measured by multiparametric flow cytometry prior to allogeneic hematopoietic stem cell transplantation and outcome in children with acute lymphoblastic leukemia. Haematologica, 95: 936

Esteve J et al. 2004. Allogeneic stem-cell transplantation for patients with de novo acute myeloid leukemia not in complete response: results of a survey from the European Group for Blood and Bone Marrow Transplantation (EBMT). Blood, 104: 633a

Farag SS et al. 2005. Outcome of induction and postremission therapy in younger adults with acute myeloid leukaemia with normal karyotype: a Cancer and Leukemia Group B study. J Clin Oncol, 23: 482

Fefer A et al. 1982. Treatment of chronic granulocytic leukemia with chemoradiotherapy and transplantation of marrow from identical twins. N Engl J Med, 306: 63

Field T et al. 2010. 5-Azacitidine for myelodysplasia before allogeneic hematopoietic cell transplantation. Bone Marrow Transplant, 45: 255

Frohling S et al. 2002. Prognostic significance of activating FLT3 mutations in younger adults (16 to 60 years) with acute myeloid leukemia and normal cytogenetics: a study of the AML Study Group Ulm. Blood, 100: 4372

Fung HC et al. 2003. A long-term follow-up report on allogeneic stem cell transplantation for patients with primary refractory acute myelogenous leukemia: impact of cytogenetic characteristics on transplantation outcome. Biol Blood Marrow Transplant, 9: 766

Gale RP et al. 1994. Identical-twin bone marrow transplants for leukemia. Ann Intern Med, 120: 646

Gale RP et al. 1996. Chemotherapy versus transplants for acute myelogenous leukemia in second remission. Leukemia, 10: 13

Gassas A et al. 2008. Outcome of haematopoietic stem cell transp lantation for paediatric acute lymphoblas-

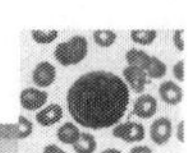

tic leukaemia in third complete remission: a vital role for graft-versus-host-disease /graft-versus-leukaemia effect in survival. Br J Haematol, 140: 86

Gheath Alatrash et al. 2011. Myeloablative reduced-toxicity i. v. busulfan-fludarabine and allogeneic hematopoietic stem cell transplant for patients with acute myeloid leukemia or myelodysplastic syndrome in the sixth through eighth decades of life. Biol Blood Marrow Transplant, 1: 8

Ginna G et al. 2008. Reduced-Intensity conditioning followed by allogeneic hematopoietic cell transplantation for adult patients with myelodysplastic syndrome and myeloproliferative disorders. Biol Blood Marrow Transplant, 14: 246

Giralt S et al. 1995. CD8-depleted donor lymphocyte infusion as treatment for relapsed chronic myelogenous leukemia after allogeneic bone marrow transplantation. Blood, 86: 4337

Giralt S et al. 2000. Effect of short-term interferon therapy on the outcome of HLA-identical sibling bone marrow transplantation for chronic myelogenous leukemia: an analysis from the International Bone Marrow Transplant Registry. Blood, 95: 410

Gluckman E et al. 1989. Hematopoietic reconstitution in a patient with Fanconi's anemia by means of umbilical-cord blood from an HLA-identical sibling. N Engl J Med, 321: 1174

Goldman J et al. 2007. Long-term outcome after allogeneic hematopoietic cell transplantation (HCT) for CML. Biol Blood Marrow Transplant, 12: 17

Goldman JM et al. 1993. Choice of pretransplant treatment and timing of transplants for chronic myelogenous leukemia in chronic phase. Blood, 82: 2235

Goldstone A H et al. 2008. In adults with standard-risk acute lymphoblastic leukemia, the greatest benefit is achieved from a matched sibling allogeneic transplantation in first complete remission, and an autologous transplantation is less effective than conventional consolidation/maintenance chemotherapy in all patients: final results of the InternationalALLTrial (MRC UKALLXII/ECOG E2993). Blood, 111: 1827

Gorin NC et al. 1991. Autologous bone marrow transplantation for acute myeloblastic leukemia in Europe: further evidence of the role of marrow purging by mafosfamide. European Cooperative Group for Bone Marrow Transplantation (EBMT). Leukemia, 5: 896

Gorin NC et al. 1996. Retrospective evaluation of autologous bone marrow transplantation vs allogeneic bone marrow transplantation from an HLA identical related donor in acute myelocytic leukaemia. A study of the European Cooperative Group for Blood and Marrow Transplantation (EBMT). Bone Marrow Transplantation, 18: 111

Gratwohl A et al. 2006. Allogeneic hematopoietic stem cell transplantation for chronic myeloid leukemia in Europe 2006: transplant activity, long-term data and current results. An analysis by the Chronic Leukemia Working Party of the European Group for Blood and Marrow Transplantation (EBMT). Haematologica, 91: 513

Gratwohl A et al. 2007. Results of the EBMT activity survey 2005 on haematopoietic stem cell transplantation: focus on increasing use of unrelated donors. Bone Marrow Transplantation, 39: 71

Guardiola P et al. 2002. Retrospective comparison of bonemarrow and granulocyte colony-stimulating factor-mobilizedperipheral blood progenitor cells for allogeneic stem celltransplantation using HLA identical sibling donors in myelodysplastic syndromes. Blood, 99: 4370

Guglielmi C et al. 2000. Risk assessment in patients with Ph$^+$ chronic myelogenous leukemia at first relapse after allogeneic stem cell transplant: an EBMT retrospective analysis. The Chronic Leukemia Working Party of the European Group for Blood and Marrow Transplantation. Blood, 95: 3328

Guglielmi C et al. 2002. Donor lymphocyte infusion for relapsed chronic myelogenous leukemia: prognostic

relevance of the initial cell dose. Blood，100：397

Gupta V et al. 2010. Comparable survival after HLA-well-matched unrelated or matched sibling donor transplantation for acute myeloid leukemia in first remission with unfavorable cytogenetics at diagnosis. Blood，116：1839

GÖkbuget N et al. 2006. Treatment of adult acute lymphoblastic leukemia. Hematology Am Soc Hematol Educ Program，133

H Joachim Deeg et al. 2002. Conditioning with targeted busulfan and cyclophosphamide for hemopoietic stem cell transplantation from related and unrelated donors in patients with myelodysplastic syndrome. Blood，100：1201

Hallemeier CL et al. 2006. Long-term remissions in patients with myelodysplastic syndrome and secondary acute myelogenousleukemia undergoing allogeneic transplantation following a reduced intensity conditioning regimen of 550 cGy total bodyirradiation and cyclophosphamide. Biol Blood Marrow Transplant，12：749

Hansen JA et al. 1998. Bone marrow transplants from unrelated donors for patients with chronic myeloid leukemia. N Engl J Med，338：962

Harousseau JL et al. 1997. Comparison of autologous bone marrow transplantation and intensive chemotherapy as postremission therapy in adult acute myeloid leukemia. The Groupe Ouest Est Leucemies Aigues Myeloblastiques（GOELAM）. Blood，90：2978

Hartman AR et al. 1998. Survival，disease-free survival and adverse effects of conditioning for allogeneic bone marrow transplantation with busulfan/cyclophosphamide vs total body irradiation：a meta-analysis. Bone Marrow Transplant，22：439

Hegenbart U et al. 2006. Treatment for acute myelogenous leukemia by low-dose，total-body，irradiation-based conditioning and hematopoietic cell transplantation from related and unrelated donors. J Clin Oncol，24：444

Hehlmann R. et al. 1999. Interferon-alpha before allogeneic bone marrow transplantation in chronic myelogenous leukemia does not affect outcome adversely，provided it is discontinued at least 90 days before the procedure. Blood，94：3668

Helenglass G et al. 1988. Melphalan and total body irradiation（TBI）versus cyclophosphamide and TBI as conditioning for allogeneic matched sibling bone marrow transplants for acute myeloblastic leukaemia in first remission. Bone Marrow Transplant，3：21

Henrik Hasle et al. 2011. Advances in the prognostication and management of advanced MDS in children. Br J of Haematol，154：185

Hess G et al. 2005. Sustained complete molecular remissions after treatment with imatinib-mesylate in patients with failure after allogeneic stem cell transplantation for chronic myelogenous leukemia：results of a prospective phase Ⅱ open-label multicenter study. J Clin Oncol，23：7583

Ho AY et al. 2004. Reduced-intensity allogeneic hematopoietic stem cell transplantation for myelodysplastic syndrome and acute myeloid leukemia with multilineage dysplasia using fludarabine，busulphan，and alemtuzumab（FBC）conditioning. Blood，104：1616

Horowitz MM et al. 1996. Allogeneic bone marrow transplantation for CML：a report from the International Bone Marrow Transplant Registry. Bone Marrow Transplant，17（Suppl3）：S5

Huff CA et al. 2006. Graft-versushost reactions and the effectiveness of donor lymphocyte infusions. Biol Blood Marrow Transplant，12：414

Hughes T et al. 2006. Monitoring CML patients responding to treatment with tyrosine kinase inhibitors：

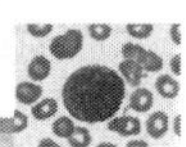

review and recommendations for harmonizing current methodology for detecting BCR-ABL transcripts and kinase domain mutations and for expressing results. Blood, 108: 28

Hugo Castro-Malaspina et al. 2002. Unrelated donor marrow transplantation for myelodysplastic syndromes: outcome analysis in 510 transplants facilitated by the National Marrow Donor Program. Blood, 99: 1943

Ichinohe T et al. 2004. Feasibility of HLA-haploidentical hematopoietic stem cell transplantation between noninherited maternal antigen (NIMA) -mismatched family members linked with long-term fetomaternal microchimerism. Blood, 104: 3821

Jaebok Choi et al. 2010. In vivo administration of hypomethylating agents mitigate graft-versus-host disease without sacrificing graft-versus-leukemia. Blood, 116: 129

Ji SQ et al. 2002. G-CSF-primed haploidentical marrow transplantation without ex vivo T cell depletion: an excellent alternative for high-risk leukemia. Bone Marrow Transplant, 30: 861

Kaeda J et al. 2006. Serial measurement of BCR-ABL transcripts in the peripheral blood after allogeneic stem cell transplantation for chronic myeloid leukemia: an attempt to define patients who may not require further therapy. Blood, 107: 4171

Kantarjian H et al. 2008. Proposal for a new risk model in myelodysplasticsyndrome that accounts for events not considered in theoriginal international prognostic scoring system. Cancer, 113: 1351

Kantarjian HM et al. 2002. Imatinib mesylate therapy for relapse after allogeneic stem cell transplantation for chronic myelogenous leukemia. Blood, 100: 1590

Kebriaei P et al. 2006. Allogeneic hematopoietic stem cell transplantation after rituximab-containing myeloablative preparative regimen for acute lymphoblastic leukemia. Bone Marrow Transplant, 38: 203

Kebriaei P et al. 2007. Long-term follow-up of allogeneic hematopoietic stem-cell transplantation with reduced-intensity conditioning for patients with chronic myeloid leukemia. Blood, 110: 3456

Kerbauy FR et al. 2005. Hematopoietic cell transplantation from HLA-identical sibling donors after low-dose radiation-based conditioning for treatment of CML. Leukemia, 19: 990

KivistÖ K et al. 1995. The role of human cytochrome P450 enzymes in the metabolism of anticancer agents: implications for drug interactions. Br J Clin Pharmacol, 40: 523

Kline J et al. 2005. Impact of disease burden at time of allogenetic stem cell transplantation in adults with acute myeloid leukemian and myelodysplastic syndromes. Bone Marrow Transplant, 35: 965

Klingebiel T et al. 2010. Results and factors influencing outcome after fully haploidentical hematopoietic stem cell transplantation in children with very high-risk acute lymphoblastic leukemia: impact of center size: an analysis on behalf of the Acute Leukemia and Pediatric Disease Working Parties of the European Blood and Marrow Transplant Group. Blood, 115: 3437

Kolb H et al. 1990. Donor leukocyte infusions for treatment of recurrent chronic myelogenous leukemia in marrow transplant patients. Blood, 76: 462

Kolb H. 2008. Graft-versus-leukemia effects of transplantation and donor lymphocytes. Blood, 112: 4371

Kolb HJ et al. 1995. Graft-versus-leukemia effect of donor lymphocyte transfusions in marrow grafted patients. Blood, 86: 2041

Koreth J et al. 2009. Allogeneic stem cell transplantation for acute myeloid leukemia in first complete remission: systematic review and meta-analysis of prospective clinical trials. JAMA, 301: 2349

Kosaka Y et al. 2004. Infant acute lymphoblastic leukemia with MLL gene rearrangements: outcome following intensive chemotherapy and hematopoietic stem cell transplantation. Blood, 104: 3527

Krauter J et al. 2005. Role of consolidation therapy in the treatment of patients up to 60 years with high risk AML. Blood, 106: 172

Lang P et al. 2004. Longterm outcome after haploidentical stem cell transplantation in children. Blood Cells Molecules and Diseases, 33: 281

Larson R. 2008. Allogeneic hematopoietic cell transplantation for adults with ALL. Bone Marrow Transplant, 42: S18

Laughlin MJ et al. 2004. Outcomes after transplantation of cord blood or bone marrow from unrelated donors in adults with leukemia. N Engl J Med, 351: 2265

Leahey AM et al. 1999. Late effects of chemotherapy compared to bone marrow transplantation in the treatment of pediatric acute myeloid leukemia and myelodysplasia. Med Pediatr Oncol, 32: 163

Lee SJ et al. 2001. The effect of pretransplant interferon therapy on the outcome of unrelated donor stem cell transplantation for patients with chronic myelogenous leukemia in first chronic phase. Blood, 98: 3205

Lee SJ et al. 2008. Impact of prior imatinib mesylate on the outcome of hematopoietic cell transplantation for chronic myeloid leukemia. Blood, 112: 3500

Levi I et al. 2004. Meta-analysis of autologous bone marrow transplantation versus chemotherapy in adult patients with acute myeloid leukemia in first remission. Leuk Res, 28: 605

Levine JE et al. 2002. Prospective trial of chemotherapy and donor leukocyte infusions for relapse of advanced myeloid malignancies after allogeneic stem-cell transplantation. J Clin Oncol, 20: 405

Lin F et al. 1996. Kinetics of increasing BCR-ABL transcript numbers in chronic myeloid leukemia patients who relapse after bone marrow transplantation. Blood, 87: 4473

Lo-Coco F et al. 2003. Allogeneic stem cell transplantation for advanced acute promyelocytic leukemia: results in patients treated in second molecular remission or with molecularly persistent disease. Leukemia, 17: 1930

Lu DP et al. 2006. Conditioning including antithymocyte globulin followed by unmanipulated HLA-mismatched/haploidentical blood and marrow transplantation can achieve comparable outcomes with HLA-identical sibling transplantation. Blood, 107: 3065

Mackinnon S et al. 1995. Adoptive immunotherapy evaluating escalating doses of donor leukocytes for relapse of chronic myeloid leukemia after bone marrow transplantation: separation of graft-versus-leukemia responses from graft-versus-host disease. Blood, 86: 1261

Mackinnon S et al. 1996. Polymerase chain reaction is highly predictive of relapse in patients following T cell-depleted allogeneic bone marrow transplantation for chronic myeloid leukemia. Bone Marrow Transplant, 17: 643

Mandelli F et al. 1994. European survey of bone marrow transplantation in acute promyelocytic leukemia (M3). Working Party on Acute Leukemia of the European Cooperative Group for Bone Marrow Transplantation (EBMT). Bone Marrow Transplant, 14: 293

Marcos de Lima et al. 2003. Long-term follow-up of a phase Ⅰ study of high-dose decitabine, busulfan, and cyclophosphamideplus allogeneic transplantation for the treatment of patients with leukemias. Cancer, 97: 1242

Marcos de Lima et al. 2004. Once-daily intravenous busulfan and fludarabine: clinical and pharmacokinetic results of a myeloablative, reduced-toxicity conditioning regimen for allogeneic stem cell transplantation in AML and MDS. Blood, 104: 857

Marcos de Lima et al. 2010. Maintenance therapy with low-dose azacitidine after allogeneic hematopoietic stem cell transplantation for recurrent acute myelogenous leukemia or myelodysplastic syndrome. Cancer,

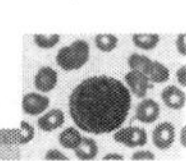

116：5420

Marcucci G et al. 2008. Prognostic significance of, and gene and microRNA expression signatures associated with, CEBPA mutations in cytogenetically normal acute myeloid leukemia with high-risk molecular features: a Cancer and Leukemia Group B study. J Clin Oncol, 26：5078

Maris MB et al. 2003. HLA-matched unrelated donor hematopoietic cell transplantation after nonmyelo-ablative conditioning for patients w ith hematologic malignancies. Blood, 102：2021

Marks DI. 2006. A comparison of cyclophosphamide and total body irradiation with etoposide and total body irradiation as conditioning regimens for patients undergoing sibling allografting for acute lymphoblastic leukemia in first or second complete remission. Biol Blood Marrow Transplant, 12：438

Martin MG et al. 2009. Allo-SCT conditioning for myelodysplastic syndrome and acute myeloid leukemia with clofarabine, cytarabine and ATG. Bone Marrow Transplant, 44：13

Martino R et al. 2006. Retrospective comparison of reduced-intensity conditioning and conventional high-dose conditioning for allogeneic hematopoietic stem cell transplantation using HLA-identical sibling donors in myelodysplastic syndromes. Blood, 108：836

Massenkeil G et al. 2005. Survival after reduced-intensity conditioning is not inferior to standard high-dose conditioning before allogeneic haematopoietic cell transplantation in acute leukaemias. Bone Marrow Transplantation, 36：683

McGlave P et al. 1993. Unrelated donor marrow transplantation therapy for chronic myelogenous leukemia: initial experience of the National Marrow Donor Program. Blood, 81：543

McGlave PB et al. 2000. Unrelated donor marrow transplantation for chronic myelogenous leukemia: 9 years' experience of the national marrow donor program. Blood, 95：2219

Mehta J et al. 2004. Bone marrow transplantation from partially HLA-mismatched family donors for acute leukemia: single-center experience of 201 patients. Bone Marrow Transplantation, 33：389

Mehta PA et al. 2008. Allogeneic transplantation for childhood ALL. Bone Marrow Transplant, 41：133

Michallet AS et al. 2005. Outcome and long-term follow-up of alloreactive donor lymphocyte infusions given for relapse after myeloablative allogeneic hematopoietic stem cell transplantations (HSCT). Bone Marrow Transplant, 35：601

Michallet M et al. 2000a. Long-term outcome after allogeneic hematopoietic stem cell transplantation for advanced stage acute myeloblastic leukemia: a retrospective study of 379 patients reported to the Societe Francaise de Greffe de Moelle (SFGM). Bone Marrow Transplant, 26：1157

Michallet M et al. 2000b. Second allogeneic haematopoietic stem cell transplantation in relapsed acute and chronic leukaemias for patients who underwent a fi rst allogeneic bone marrow transplantation: a survey of the Societe Francaise de Greffe de Moelle (SFGM). Br J Haematol, 108：400

Mohty M et al. 2005. The role of reduced intensity conditioning allogeneic stem cell transplantation in patients with acute myeloid leukemia: a donor vs no donor comparison. Leukemia, 19：916

Mori T et al. 2007. Total body irradiation and granulocyte colony-stimulating factor-combined high-dose cytarabine as a conditioning regimen in allogeneic hematopoietic stem cell transplantation for advanced myelodysplastic syndrome: a single-institute experience. Bone Marrow Transplant, 39：217

Mortimer J et al. 1989. Relapse of acute leukemia after marrow transplantation: natural history and results of subsequent therapy. J Clin Oncol, 7：50

Nagamura-Inoue T et al. 2008. Unrelated cord blood transplantation in CML: Japan Cord Blood Bank Network analysis. Bone Marrow Transplant, 42：241

Nakamura S et al. 2010. Analysis of cardiac toxicity caused by cyclophosphamide in the H9c2 cell line and isolated and perfused rat hearts. Gan To Kagaku Ryoho，37：677

Nakia K et al. 2005. value of chemotherapy before allogenetic hematopoietic stem cell transplantation from an HLA-identical sibling donor for myelodysplastic syndrome. Leukemia，19：396

Nathan P et al. 2004. Consolidation therapy with autologous bone marrow transplantation in adults with acute myeloid leukemia：a meta-analysis. J Natl Cancer Inst，96：38

Nishiwaki S et al. 2010. Impact of post-transplant imatinib administration on Philadelphia chromosome-positive acute lymphoblastic leukaemia. Anticancer Res，30：2415

Oehler VG et al. 2005. Randomized trial of allogeneic related bone marrow transplantation versus peripheral blood stem cell transplantation for chronic myeloid leukemia. Biol Blood Marrow Transplant，11：85

Oehler VG et al. 2007. The effects of imatinib mesylate treatment before allogeneic transplant for chronic myeloid leukemia. Blood，109：1782

Olavarria E et al. 2002. Imatinib mesylate (STI571) in the treatment of relapse of chronic myeloid leukemia after allogeneic stem cell transplantation. Blood，99：3861

Ooi J et al. 2004. Unrelated cord blood transplantation for adult patients with de novo acute myeloid leukemia. Blood，103：489

Ooi J et al. 2008. Unrelated cord blood transplantation after myeloablative conditioning in adults with acute myelogenous leukemia. Biol Blood Marrow Transplant，14：1341

Oran B et al. 2007. Allogeneic hematopoietic stem cell transplantation for the treatment of high-risk acute myelogemous leukemia and myelodysplastic syndrome using reduced intensity conditioning with fludarabine and melphalan. Biol Blood Marrow Transplant，13：454

Ottmann OG et al. 2009. Management of Philadelphia chromosome-positive acute lymphoblastic leukemia (Ph^+ ALL). Hematology Am Soc Hematol Educ Program，371

Palandri F et al. 2008. Chronic myeloid leukemia in blast crisis treated with imatinib 600 mg：outcome of the patients alive after a 6-year follow-up. Haematologica，93：1792

Palandri F et al. 2009. The long-term durability of cytogenetic responses in patients with accelerated phase chronic myeloid leukemia treated with imatinib 600 mg：the GIMEMA CML Working Party experience after a 7-year follow-up. Haematologica，94：205

Parikh SH et al. 2009. Unrelated donor umbilical cord blood transplantation in pediatric myelodysplastic symdrome：a single-center experience. Biol Blood Marrow Transplant，15：948

Paschka P et al. 2006. Adverse prognostic significance of KIT mutations in adult acute myeloid leukemia with inv (16) and t (8；21)：a Cancer and Leukemia Group B study. J Clin Oncol，24：3904

Passweg JR et al. 2004. Validation and extension of the EBMT Risk Score for patients with chronic myeloid leukaemia (CML) receiving allogeneic haematopoietic stem cell transplants. Br J Haematol，125：613

Perkins JL et al. 2007. Long-term follow-up of children who underwent hematopoeitic cell transplant (HCT) for AML or ALL at less than 3 years of age. Pediatr Blood Cancer，49：958

Pichert G et al. 1995. Distinct patterns of minimal residual disease associated with graft-versus-host disease after allogeneic bone marrow transplantation for chronic myelogenous leukemia. J Clin Oncol，13：1704

Porkka K et al. 2008. Dasatinib crosses the blood-brain barrier and is an efficient therapy for central nervous system Philadelphia chromosome-positive leukemia. Blood，112：1005

Porter DL et al. 1999. Long-term follow-up of patients who achieved complete remission after donor leukocyte infusions. Biol Blood Marrow Transplant，5：253

Porter DL et al. 2006. A phase 1 trial of donor lymphocyte infusions expanded and activated ex vivo via

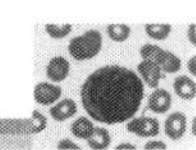

CD3/CD28 costimulation. Blood, 107: 1325

Pui CH et al. 2004. Acute lymphoblastic leukemia. N Engl J Med, 350: 1535

Pullarkat V et al. 2008. Iron overload adversely affects outcome of allogeneic hematopoietic cell transplantation. Bone Marrow Transplant, 42: 799

Pulsipher MA et al. 2009. Allogeneic transplantation for pediatric acute lymphoblastic leukemia: the emerging role of peritransplantation minimal residual disease/chimerism monitoring and novel chemotherapeutic, molecular, and immune approaches aimed at preventing relapse. Biol Blood Marrow Transplant, 15: 62

Radich JP et al. 1995. Polymerase chain reaction detection of the BCR-ABL fusion transcript after allogeneic marrow transplantation for chronic myeloid leukemia: results and implications in 346 patients. Blood, 85: 2632

Radich JP et al. 2000. Second allogeneic transplantation after failure of first autologous transplantation. Biol Blood Marrow Transplant, 6: 272

Radich JP et al. 2001. The significance of bcr-abl molecular detection in chronic myeloid leukemia patients "late", 18 months or more after transplantation. Blood, 98: 1701

Radich JP et al. 2003. HLA-matched related hematopoietic cell transplantation for chronic-phase CML using a targeted busulfan and cyclophosphamide preparative regimen. Blood, 102: 31

Richard T. 2009. Sustained durability of responses and improved progression-free and overall survival with imatinib treatment for accelerated phase and blast crisis chronic myeloid leukemia: long-term follow-up of the STI571 0102 and 0109 trials. Haematologica, 94: 743

Ringdén O et al. 1996. A comparison of busulfan versus total body irradiation combined with cyclophosphamide as conditioning for autograft or allograft bone marrow transplantation in patients with acute leukaemia. Acute Leukaemia Working Party of the European Group for Blood and Marrow Transplantation (EBMT). Br J Haematol, 93: 637

Ringdén O et al. 1993. Methotrexate, cyclosporine, or both to prevent graft-versus-host disease after HLA-identical sibling bone marrow transplants for early leukemia? Blood, 81: 1094

Rocha V et al. 2004. Transplants of umbilical-cord blood or bone marrow from unrelated donors in adults with acute leukemia. N Engl J Med, 351: 2276

Rubio S et al. 2006. Allogenetic stem cell transplantation in patients with myelodysplastic syndrome: outcome analysis according to the International Prognostic Scoring System. Acta Med Port, 19: 343

Russell JA et al. 2002. Once-daily intravenous busulfan given with fl udarabine as conditioning for allogeneic stem cell transplantation: study of pharmacokinetics and early clinical outcomes. Biol Blood Marrow Transplant, 8: 468

Salinger DH et al. 2006. Real-time doseadjustment of cyclophosphamide in a preparative regimen for hematopoietic cell transplant: a bayesian pharmacokinetic approach. Clin Cancer Res, 12: 4888

Sanders JE. 2008. Growth and development after hematopoietic cell transplant in children. Bone Marrow Transplant, 41: 223

Sanders JE et al. 2005. Allogeneic hematopoietic cell transplantation for infants with acute lymphoblastic leukemia. Blood, 105: 3749

Santos GW et al. 1983. Marrow transplantation for acute nonlymphocytic leukemia after treatment with busulfan and cyclophosphamide. N Engl J Med, 1347: 3092

Santos GW et al. 1983. Marrow transplantation for acute nonlymphocytic leukemia after treatment with busulfan and cyclophosphamide. N Engl J Med, 309: 1347

Sanzl MA et al. 2007. Hematopoietic stem cell transplantation for adults with acute promyelocytic leukemia in the ATRA era：a survey of the European Cooperative Group for Blood and Marrow Transplantation. Bone Marrow Transplant，39：461

Sayer HG et al. 2003. Reduced intensity conditioning for allogeneic hematopoietic stem cell transplantation in patients with acute myeloid leukemia：disease status by marrow blasts is the strongest prognostic factor. Bone Marrow Transplant，31：1089

Schiffman K et al. 1993. Consequences of cryopreserving first remission autologous marrow for use after relapse in patients with acute myeloid leukemia. Bone Marrow Transplant，11：227

Schlenk RF et al. 2004. Individual patient data-based meta-analysis of patients aged 16 to 60 years with core binding factor acute myeloid leukemia：a survey of the German Acute Myeloid Leukemia Inter Group. Journal of Clinical Oncology，22：3741

Schmid C et al. 2004. Low-dose ARAC，donor cells，and GM-CSF for treatment of recurrent acute myeloid leukemia after allogeneic stem cell transplantation. Leukemia，18：143

Schmid C et al. 2007. Donor lymphocyte infusion in the treatment of first hematological relapse after allogeneic stem-cell transplantation in adults with acute myeloid leukemia：a retrospective risk factors analysis and comparison with other strategies by the EBMT Acute Leukemia Working Party. J Clin Oncol，25：4938

Schmitz N et al. 2006. Long-term outcome of patients given transplants of mobilized blood or bone marrow：a report from the International Bone Marrow Transplant Registry and the European Group for Blood and Marrow Transplantation. Blood，108：4288

Schrauder A et al. 2008. Allogeneic hematopoietic SCT in children with ALL：current concepts of ongoing prospective SCT trials. Bone Marrow Transplant，41：S71

Schroeder MA et al. 2010. Evidence-based mini-review：should patients over the age of 60 with INT-2 or high-risk myelodysplastic syndrome undergo allogeneic stem cell transplantation prior to progression to acute myelogenous leukemia? Hematology Am Soc Hematol Educ Program，322

Shaw BE et al. 2008. Treatment options for the management of acute leukaemia relapsing following an allogeneic transplant. Bone Marrow Transplant，41：495

Shimoni A et al. 2003. Imatinib mesylate（STI571）in preparation for allogeneic hematopoietic stem cell transplantation and donor lymphocyte infusions in patients with Philadelphia-positive acute leukemias. Leukemia，17：290

Shimoni A et al. 2007. Fludarabine and treosulfan：a novel modified myeloablative regimen for allogeneic hematopoietic stem-cell transplantation with effective antileukemia activity in patients with acute myeloid leukemia and myelodysplastic syndromes. Leuk Lymphoma，48：2352

Sierra J et al. 2000. Unrelated donor marrow transplantation for acute myeloid leukemia：an update of the seattle experience. Bone MarrowTransplant，26：397

Simon W et al. 2006. Early allogeneic stem cell transplantation for chronic myelogenous leukemia in the imatinib era：a preliminary assessment. Blood Cells Mol Dis，37：116

Slattery JT et al. 1997. Marrow transplantation for chronic myeloid leukemia：the influence of plasma busulfan levels on the outcome of transplantation. Blood，89：3055

Slovak ML et al. 2000. Karyotypic analysis predicts outcome of preremission and postremission therapy in adult acute myeloid leukemia：a Southwest Oncology Group/Eastern Cooperative Oncology Group study. Blood，96：4075

SM Luger et al. 2011. Similar outcomes using myeloablative vs reduced-intensity allogeneic transplant pre-

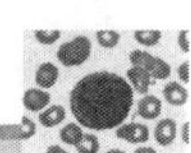

parative regimens for AML or MDS. Bone Marrow Transplantation，2011：69

Socie G et al. 2001. Busulfan plus cyclophosphamide compared with total-body irradiation plus cyclophosphamide before marrow transplantation for myeloid leukemia：long-term follow-up of 4 randomized studies. Blood，98：3569

Sorror ML et al. 2007. Comorbidity and disease status-based risk stratifycation of outcomes among patients with acute myeloid leukemia or myelodysplasia receiving allogeneic hematopoietic cell transplantation. J Clin Oncol，25：4246

Stein A et al. 2007. Reduced-intensity stem cell transplantation for high-risk acute lymphoblastic leukemia. Biol Blood Marrow Transplant，13：134

Stein A et al. 2008. Allogeneic transplantation for ALL in adults. Bone Marrow Transplant，41：439

Stein AS et al. 2009. Reduced-intensity conditioning followed by peripheral blood stem cell transplantation for adult patients with high-risk acute lymphoblastic leukemia. Biol Blood Marrow Transplant，15：1407

Stem Cell Trialists' Collaborative Group. 2005. Allogeneic peripheral blood stem-cell compared with bone marrow transplantation in the management of hematologic malignancies：an individual patient data meta-analysis of nine randomized trials. J Clin Oncol，23：5074

Stock W et al. 2008. What determines the outcomes for adolescents and young adults with acute lymphoblastic leukemia treated on cooperative group protocols? A comparison of Children's Cancer Group and Cancer and Leukemia Group B studies. Blood，112：1646

Stock W. 2010. Adolescents and young adults with acute lymphoblastic leukemia. Hematology Am Soc Hematol Educ Program，21

Storb RF et al. 2001. Non-myeloablative transplants for malignant disease. Hematology Am Soc Hematol Educ Program，375：91

Strahm B et al. 2007. Reduced intensity conditioning in unrelated donor transplantation for refratory cytopenia in childhood. Bone Marrow Transplant，40：329

Strahm B et al. 2011. Hematopoietic stem cell transplantation for advanced myelodysplastic syndrome in children：results of the EWOG-MDS 98 study. Leukemia，25：455

Suciu S et al. 2003. Allogeneic compared to autologous stem cell transplantation in the treatment of patients < 46 years old with acute myeloid leukemia（AML）in first complete remission（CR1）：an intention to treat analysis of the EORTC/GIMEMA AML-10 trial. Blood，102：1232

Suttorp M. 2008. Innovative approaches of targeted therapy for CML of childhood in combination with paediatric haematopoietic SCT. Bone marrow transplantation，42（Suppl2）：S40

Takahashi S et al. 2006. Comparative single-institute analysis of cord blood transplantation from unrelated donors with bone marrow or peripheral blood stem-cell transplants from related donors in adult patients with hematologic malignancies after myeloablative conditioning regimen. Blood，109：1322

Tallman M et al. 2007. Impact of cytogenetics on outcome of matched unrelated donor hematopoietic stem cell transplantation for acute myeloid leukemia in first of second complete remission. Blood，110：409

Tallman MS et al. 2000. Effect of postremission chemotherapy before human leukocyte antigen-identical sibling transplantation for acute myelogenous leukemia in first complete remission. Blood，96：1254

Tapani Ruutu et al. 2011. Reduced-toxicity conditioning with treosulfan and fludarabine in allogeneic hematopoietic stem cell transplantation for myelodysplastic syndromes：final results of an international prospective phase Ⅱ trial. Haematologica，10：3324

Tauro S et al. 2005. Allogeneic stem-cell transplantation using a reduced-intensity conditioning regimen has the capacity to produce durable remissions and long-term disease-free survival in patients with high-risk acute myeloid leukemia and myelodysplasia. J Clin Oncol, 23: 9387

Thiele J et al. 2005. European consensus on grading bone marrow fibrosis and assessment of cellularity. Haematologica, 90: 1128

Thomas ED et al. 1979. Marrow transplantation for acute nonlymphoblastic leukemia in first remission. N Engl J Med, 301: 597

Thomas ED et al. 1982. Marrow transplantation for acute nonlymphoblastic leukemia in first remission using fractionated or single-dose irradiation. Int J Radiat Oncol Biol Phys, 8: 817

Thomas ED et al. 1986. Marrow transplantation for the treatment of chronic myelogenous leukemia. Ann Intern Med, 104: 155

Thomas X et al. 2000. Treatment of relapsing acute promyelocytic leukemia by all-trans retinoic acid therapy followed by timed sequential chemotherapy and stem cell transplantation. Leukemia, 14: 1006

Tutschka PJ et al. 1987. Bone marrow transplantation for leukemia following a new busulfan and cyclophosphamide regimen. Blood, 70: 1382

Tutschka PJ et al. 1987. Bone marrow transplantation for leukemia following a new busulfan and cyclophosphamide regimen. Blood, 70: 1382

V Ratanatharathorn et al. 1993. Busulfan-based regimens and allogeneic bone marrow transplantation in patients with myelodysplastic syndromes. Blood, 181: 2194

van Besien K et al. 2005. Fludarabine, melphalan, and alemtuzumab conditioning in adults with standard-risk advanced acute myeloid leukemia and myelodysplastic syndrome. J Clin Oncol, 23: 5728

Vettenranta K. 2008. Current European practice in pediatric myeloablative conditioning. Bone Marrow Transplant, 41: S14

Vitale V. et al. 1991. Total body irradiation in the conditioning regimen for hematological malignancies. Bone Marrow Transplant, 8: 28

Waller EK et al. 2004. Facilitating T-cell immune reconstitution after haploidentical transplantation in adults. Blood Cells Molecules and Diseases, 33: 233

Walter RB et al 2010. Comparison of matched unrelated and matched related donor myeloablative hematopoietic cell transplantation for adults with acute myeloid leukemia in first remission. Leukemia, 24: 1276

Warlick ED et al. 2009. Allogeneic stem cell transplantation for adults with myelodysplastic syndromes: importance of pretransplant disease burden. Biol Blood Marrow Transplant, 15: 30

Wassmann B et al. 2005. Early molecular response to posttransplantation imatinib determines outcome in MRD+Philadelphia-positive acute lymphoblastic leukemia (Ph+ ALL). Blood, 106: 458

Weisdorf DJ et al. 2002. Allogeneic bone marrow transplantation for chronic myelogenous leukemia: comparative analysis of unrelated versus matched sibling donor transplantation. Blood, 99: 1971

Weisdorf DJ et al. 2009. Sibling versus unrelated donor allogeneic hematopoietic cell transplantation for chronic myelogenous leukemia: refined HLA matching reveals more graft-versus-host disease but not less relapse. Biol Blood Marrow Transplant, 15: 1475

Weisser M et al. 2006. A comparison of donor lymphocyte infusions or imatinib mesylate for patients with chronic myelogenous leukemia who have relapsed after allogeneic stem cell transplantation. Haematologica, 91: 663

Wong R et al. 2005. Prognostic factors for outcomes of patients with refractory or relapsed acute myelogenous leukemia or myelodysplastic syndromes undergoing allogeneic progenitor cell transplantation. Biol Blood Marrow Transplant, 11: 108

Wu T et al. 2010. Haploidentical hematopoietic stem cell transplantation of sex-matched donor-recipient

pair has survival advantage: a single-center study of 440 cases. Blood (ASH Annual Meeting Abstracts), 116: 228

Yakoub-Agha I et al. 2006. Allogeneic marrow stem-cell transplantation from human leukocyte antigen-identical siblings versus human leukocyte antigen-allelic-matched unrelated donors (10/10) in patients with standard-risk hematologic malignancy: a prospective study from the French Society of Bone Marrow Transplantation and Cell Therapy. J Clin Oncol, 24: 5695

Yakoub-Agha I et al. 2000. Allogenetic bone marrow transplantation for therapy-related myelodysplastic symdrom and acute myeloid leukemia; a long-term study of 70 patient-report of the French Society of Bone Marrow Transplantation. J Clin Oncol, 18: 963

Yanada et al. 2005. Efficacy of allogeneic hematopoietic stem cell transplantation depends on cytogenetic risk for acute myeloid leukemia in first disease remission: a metaanalysis. Cancer, 103: 1652

Yanada M et al. 2006. High complete remission rate and promising outcome by combination of imatinib and chemotherapy for newly diagnosed bcr-abl positive acute lymphoblastic leukemia: a phase Ⅱ study by the Japan Adult Leukemia Study Group. J Clin Oncol, 24: 460

Zittoun RA et al. 1995. Autologous or allogeneic bone marrow transplantation compared with intensive chemotherapy in acute myelogenous leukemia. European Organization for Research and Treatment of Cancer (EORTC) and the Gruppo Italiano Malattie Ematologiche Maligne dell'Adulto (GIMEMA) Leukemia Cooperative Groups. N Engl J Med, 332: 217

ZY Lim et al. 2010. Impact of pretransplant comorbidities on alemtuzumab-based reduced-intensity conditioning allogeneic hematopoietic SCT for patients with high-risk myelodysplastic syndrome and AML. Bone Marrow Transplantation, 45: 633

第二十二章　异基因清肿瘤性造血细胞移植治疗白血病的临床应用

达万明　王静波　陆道培

造血干细胞移植（HSCT）是近年来临床医学创建的重大新技术之一。随着与 HSCT 技术相关各学科新理论、新技术和新产品的不断进步，HSCT 技术不断成熟，已成为治愈恶性血液病、某些实体瘤、遗传性疾病和免疫性疾病的重要选择方法（达万明，2006；陆道培，2003、2008）。异体 HSCT（allo-HSCT）的实质就是器官移植，准确地讲是异体造血系统与免疫系统的移植。实体器官移植的本质是应用异体正常器官替代患者病变的器官，从而达到纠正患者病变器官所致的功能异常。与实体器官移植比较，allo-HSCT 在去除病变器官（预处理）时采取了超剂量化（放）疗，以清除受者造血和免疫组织，使移植的供者造血干细胞在患者体内植活，并重建供者型的造血与免疫系统。标准的清髓性预处理方案对于需替代治疗的造血与免疫系统的非恶性疾病（如再生障碍性贫血），应当说是合理或足够的；然而，对于恶性血液病患者，清除患者骨髓造血组织，成功重建异体正常造血与免疫系统，并不一定能完全治愈恶性血液病。因为肿瘤性白血病（干）细胞并非只局限于骨髓中，它可浸润骨髓之外的其他任何组织。以治疗白血病为例，虽然清髓性方案中大剂量的化、放疗在清除患者造血与免疫组织的同时，对体内白血病细胞也产生了显著的杀伤效应，同时移植后移植物或重建的免疫功能可发挥移植物抗白血病（GVL）作用，进一步清除残留的白血病细胞，使多数标危和部分高危患者长期无病存活，但它并非使所有移植患者的残留白血病细胞彻底清除干净，从而造成部分患者疾病复发。传统的 allo-HSCT 包括以 TBI+Cy 或 BU+Cy 预处理方案为代表的清髓性移植（myeloablative conditioning regimen），或包括含氟达拉滨降低强度预处理方案的移植（RIC）。据统计，临床首次缓解的 AML 和 ALL 患者接受 HLA 相合清髓性 allo-HSCT 后的长期无病生存率分别在 70%和 65%左右，无疑它是治疗急性白血病的革命性突破。然而分析移植后死亡原因，GVHD、感染、疾病复发和多脏器功能衰竭分别约占 15%、25%、33%和 14%。AML 患者 CR1、CR2 或首次复发及疾病晚期移植后的复发率分别为 15%、25%和 85%左右（Appelbaum，2008），ALL 患者 CR1、CR2 和疾病晚期移植后的复发率分别约为 24%、30%和 41%（Forman，2008）。新近 Ringden 等（2009）分析认为，无论接受 HLA 相合同胞或无血缘供者的清髓性移植，AML 和 ALL 在早期（CR1）、中期（CR2）和晚期（复发、原发耐药）移植，移植后的复发率分别为 15%、22%和 23%、15%，22%、21%和 32%、36%，46%、43%和 52%、48%。CML 慢性期（CP）、加速期（AP）和急变期（BP）移植者的复发率分别为 10%、10%，27%、21%，43%、33%。可见疾病复发一直是急性白血病移植后死亡的首位原因。新近在防治 GVHD、感染及保护和改善脏器功能的临床探索实践中已取得了长足的进步，使得移植后 GVHD、感染和多脏器功能衰竭的发病率及病死率不断下降，明显改善了 HSCT 后患者的长期存活率，这样移植后疾病的

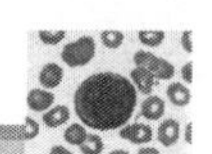

复发成了直接影响患者长期生存的主要因素（达万明，2007）。在我们分析的 2007 年前 206 例亲缘半相同移植（haplo-HSCT）后的死因中，死于疾病复发者近 30%，特别是高危型急性白血病患者移植后复发率可高达 40%或以上，占移植后死亡原因的首位（达万明，2007）。特别是近年来接受 HLA 不全相合甚至半相同移植和难治性甚至终末期急性白血病的患者越来越多（Wu 等，2008），因此探讨防治移植后复发的相关因素、预防策略及治疗方法是进一步提高 allo-HSCT 治疗白血病疗效的迫切需要。

一、异基因清肿瘤性造血细胞移植（allogeneic tumorablative hematopoietic stem cell transplantation，TAHSCT）的提出

如上所述，HSCT 是一个涉及基础与临床多学科的医学工程，这一技术的一系列重要环节包括：受者移植前的准备和最佳时机的选择、HLA 配型、供者及移植物的选择、移植前预处理方案、GVHD 的防治、移植后近/远期并发症的防治及复发的防治等。每个技术环节的操作都对疗效产生重大影响，也与移植后复发密切相关。分析临床上 AML 或 ALL 患者接受 allo-HSCT 后复发的因素，主要有：

（1）受者因素：大量实践证实急性白血病各亚型、初诊时体内白血病细胞的生物学特征、白血病细胞负荷量、有无髓外病灶等预后危险度分层都与移植后复发密切相关。特别是接受移植时的疾病状态是 allo-HSCT 后复发的主要因素，如具有高危白血病细胞生物学特征或复发/难治的急性白血病移植后复发率很高。

（2）供者因素：供受者之间的关系及其 HLA 相合程度皆与移植后复发有关，HLA 相合非血缘移植的复发率低于相合同胞供者；供受者间 KIR 受体/HLA 配体不相合 allo-HSCT 治疗髓性白血病，尤其是去 T 淋巴细胞的 haplo-HSCT 中，移植后复发率较低（窦丽萍等，2007；Dou 等，2008）；另外供者年龄和性别也应注意，一般女供男时，移植后 GVHD 的发生率会高一些，常也伴有一定的 GVL 效应。

（3）移植物：通常临床所用的移植物有骨髓（BM）、外周血干细胞（PBSC）和脐带血干细胞（CB）。临床结果表明外周血干细胞移植（PBSCT）后的复发率较骨髓移植（BMT）者低。脐带血干细胞移植（CBT）后的复发率尚有争议，多数学者认为可能会高一些。接受去 T 淋巴细胞的 HSCT 复发率明显增高。

（4）移植技术：首先是预处理方案，如清髓性方案的复发率低于减低强度或非清髓性方案，对 ALL 患者含 TBI 预处理方案的复发率低于不含 TBI 方案。

（5）移植后 GVHD 的发生及免疫抑制剂的调节等，通常认为移植后发生 GVHD，特别是 cGVHD 者白血病的复发率可能低一些；长期大量应用免疫抑制剂者也易致疾病复发。

然而，根据以上诸因素在组建优化移植方案时，临床医生的选择是有限的，如患者固有的白血病细胞生物学特征是难以改变的，理想供者的选择常常受到许多客观因素的限制，最佳移植时机也常因许多干扰而丧失等。鉴于预处理方案在提高移植临床效应中起到至关重要的作用，分析、改造、优化或针对具体患者制定个体化预处理方案的策略、组成和内容必将进一步提高 allo-HSCT 治疗白血病的疗效。

分析 allo-HSCT 治疗急性白血病后复发的病例资料发现，尽管采用标准的清髓性预处理方案，绝大多数复发细胞源于受者本身原有的白血病细胞（Flynn 等，2007）；移植前复发耐

药者复发率显著增高；半数以上复发者首先髓外复发。这些临床观察强烈提示标准的清髓性预处理虽然能够清除患者体内正常的造血组织，使移植物能够在其体内植活，但不足以清除体内的白血病细胞，特别是白血病干细胞，尤其是残留在髓外的白血病干细胞。在具有复发高危基因标志的患者中，他们的白血病细胞对以上预处理方案的杀伤敏感性远不及正常造血细胞，因此这些清髓性预处理方案并不等于“清肿瘤性”预处理方案，那些残存的白血病干细胞是造成复发的根本原因。虽然GVL效应在异基因清髓性造血干细胞移植的疗效中发挥重要作用，但是移植或免疫功能的重建较慢（Mackall等，2009；高春记等，2010），在其尚未充分发挥作用前，那些残留的耐药白血病干细胞已经增殖，最终导致复发。因此，我们首次提出并建立了一个“清肿瘤性”预处理方案（tumorablative conditioning regimen）的移植（Da WM，2008；达万明，2008），在临床上对其进行了初步的探讨。

二、清肿瘤性预处理方案的目的及理论基础

经典的清髓性预处理方案的目的是清除患者的造血细胞，为移植的造血干细胞准备空间；尽可能地清除体内的白血病细胞；抑制或摧毁体内的免疫细胞，使造血细胞易植活。

实践证明，经典的清髓性方案可清除绝大多数受者的正常造血组织，且使供者的移植物稳定植活。但是白血病细胞的许多生物学特征与正常造血细胞存在很大的差异，与后者相比，前者具有很强的生长优势，对化疗药物和放射治疗有不同程度的耐受性。这样即使应用标准清髓性方案使白血病患者的正常造血组织清除，供者移植物植活，但对于那些高危患者，体内仍然残留足以导致复发的白血病干细胞。

清肿瘤性预处理方案的目的除了为移植的造血干细胞准备空间，尽可能地清除体内的白血病细胞，抑制或摧毁体内的免疫细胞使造血细胞易植活外，还必须达到尽可能清除白血病干细胞，特别是已处于髓外“庇护所”的白血病干细胞，同时尽可能诱导和增强GVL效应。

清肿瘤性预处理方案的制订，既要达到基本清除正常造血组织，保证移植物植活，同时又要力求清除白血病干细胞。这里首先基于对白血病干细胞生物学特性的认识，同时采用临床上对难治性白血病治疗的成功经验，如果能综合特异有效的靶向治疗措施，可能会取得更理想的结果。

近年来对白血病干细胞及其生物学特征的研究逐渐深入（Dick等，2005）。研究表明白血病干细胞占白血病细胞的0.5%～2%；其中95%以上在静止期；$CD34^+CD38^-$；$CD34^+CD38^-HLADR^-CD117^-CD123^+CD90^-$；表达NF-κB，高度耐药等（表22-1）。因此，制定清肿瘤性预处理方案时必须充分考虑彻底清除白血病干细胞的内容，包括调整杀伤白血病干细胞药物的品种、剂量、组织浓度及作用时间；增加白血病干细胞对药物的杀伤敏感性；特别是对髓外残留白血病干细胞的清除效应。

表22-1 白血病干细胞生物学特点

体外长期培养和NOD-SCID动物模型中建立的白血病干细胞表达$CD34^+/CD38^-$
白血病干细胞的表型为：$CD34^+38^-HLADR^-CD117^-CD123^+CD90^-$
处于静止期
表达NF-κB活性，对蛋白酶体抑制剂易感

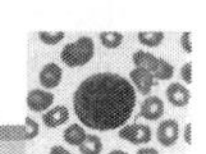

大量临床实践证实大剂量阿糖胞苷（Ara-C）静脉输注是治疗难治/复发白血病有效的挽救性措施，它可使约40%的难治性AML获得再次缓解。大剂量Ara-C临床应用的药代动力学研究证实Ara-C 1.8～32.0g/m^{2}静脉输注2小时，每12小时1次，其血浆浓度可达8～24μg/ml，脑脊液中的浓度为血浆浓度的10%～15%，这种较高的血和脑脊液药物浓度是显著提高疗效的药理学基础（Breithaupt，1982；Capizzi，1984；谢晓恬，2005）。如Ara-C联合蒽环（醌）类或吖啶类等药物可使CR率进一步提高到50%左右（Kern，1998；Pastore，2003）。

氟达拉滨与Ara-C联合加用G-CSF组成的FLAG方案是目前治疗难治/复发AML的高效、耐受性较好的方案。前者是一种腺苷类药物，系核糖核酸的抑制剂，经磷酸化成为有活性的三磷酸形式的F-Ara-ATP，后者可为白血病细胞DNA合成中的底物，并能抑制DNA多聚酶和核糖还原酶，从而具有抗白血病活性，且对静止期细胞作用尤其强。体内外的研究证明，Ara-C前加用氟达拉滨可提高细胞内Ara-CTP的浓度，增强Ara-C的细胞毒作用和临床疗效，使难治/复发AML的CR率达50%～75%，CR期达9个月以上（Pastore，2003）。Schmid等（2006）采用氟达拉滨、阿糖胞苷联合化疗4天后接着行降低毒性异基因造血细胞移植，并在移植后给供者输注淋巴细胞，治疗103例难治性急性髓系白血病，中位随访25个月，1、2和4年总生存率分别为54%、40%和32%。

粒细胞刺激因子（G-CSF）在体内外可以诱导AML细胞的增殖，增加S期细胞的比例，从而增强细胞对化疗药物的敏感性。G-CSF和化疗药物合理地序贯应用也是治疗难治性AML的另一有效的选择方案，如以上提到的FLAG方案及低剂量Ara-C（LD-Ara-C）、阿克拉霉素和G-CSF组成的CAG方案。实际上大量实验与临床研究证实，移植前应用G-CSF不仅促进T淋巴细胞向Th2分化、增进调节性T淋巴细胞功能，还能扩增不成熟抗原提呈细胞和浆细胞样树突细胞，有利于移植后维持T淋巴细胞分化功能，减轻GVHD的发生。Morris（2005）还证实通过聚乙二醇化和与Flt-3L结合的修饰，G-CSF可导致供者iNKT（invariant NKT）细胞激活与扩增，明显增加移植后细胞中介的$CD8^+$ T淋巴细胞毒作用，增强移植物抗白血病效应。Takahashi等（1994）将G-CSF与预处理一起应用，证实可减少难治性髓性白血病移植后的复发。Ooi等（2008）用G-CSF+Ara-C或全身照射及氟达拉滨作为预处理方案，用无血缘的脐带血移植治疗成人AML，取得2年无病存活率76%的结果。因此，在清肿瘤预处理方案中合理应用一些G-CSF不仅能增加抗白血病效应，还可一定程度地分离GVHD和GVL效应，提高移植的安全性和减少复发（Morris，2006）。

临床上约1/3复发的AML和半数以上的ALL患者首先表现为髓外复发，如白血病细胞肉瘤或中枢神经系统浸润。因此在组成清肿瘤性方案时应选择脂溶性强、能较好通过血脑屏障的药物，如卡莫司汀（BCNU）、司莫司汀（Me-CCNU）、替尼泊苷（VM-26）及大剂量Ara-C或MTX等。

早在2004年陆道培等就报道了包含有大剂量Ara-C、Me-CCNU及G-CSF动员外周血干细胞等的GIAC方案（Ara-C、BU、Cy、Me-CCNU及G-CSF激活的骨髓和外周血），对供受者haplo-HSCT，移植后观察证实不仅有无病生存率高达70%以上，而且复发率较低（13%）的优点（Lu，2006），进一步提示在预处理方案中加强直接杀伤白血病细胞的措施的必要性。

根据以上理论，针对患者的具体情况，我们在GIAC方案的基础上改进和设计了如下几个方案，临床上已做了初步尝试并获得令人可喜的结果（表22-2）。

表22-2　4种清肿瘤性预处理方案[a]

方案	内容	主要适应证
HD-Ara-C+BU+Cy	Ara-C 2.5g/m², iv，－11d～－9d BU 1mg/（kg·6h），－8d～－6d Me-CCNU 250mg/m²（AML）或 VM-26 300mg/m²（ALL），－5d Cy 30mg/（kg·d），iv，－3～－4d 休息，－2～－1d，HSCT 0d	缓解期高危患者
HD-Ara-C+BU+Flu	Ara-C 2.5g/m² iv，－12d～－10d BU 1mg/（kg·6h），－9d～－6d Me-CCNU250mg/m²（AML）或 VM-26 300mg/m²（ALL），－3d Flu 30mg/m²，－6d～－2d 休息，－1d，HSCT 0d	早期复发高危患者，一般状况及心、肝、肾功能较差且对Cy不耐受者
G-CSF primed HD-Ara-C+BU+Cy	G-CSF 5μg/（kg·d），sc，－12d～－9d Ara-C 3g/m²，iv，－11d～－9d Bu 1mg/（kg·6h），－8d～－6d Me-CCNU 250mg/m²或 VM-26 300mg/m²，－5d Cy50mg/（kg·d），iv，－3～－4d 休息，－2～－1d，HSCT 0d	缓解期或早期复发高危患者伴骨髓增生低下或血细胞减少
FLAG+RIC	G-CSF 5μg/（kg·d），sc，－14d～－9d Ara-C 2g/（m².d），ci，－13d～－9d Flu L30mg/（m²·d），iv，－13d～－9d BSF 0.8mg/（kg·6），iv，－8d～－6d Cy1.0g/（m²·d），iv，－5d～－4d Me-CCNU 250mg/（m²·d），－3d 休息，－2～－1d，HSCT 0d	进展或晚期患者

a 所有方案都可用于无血缘及单倍型供者的移植，但须加用ATG。

注：Ara-C. 阿糖胞苷；BU. 白消安；BSF. 白消安注射液（白舒非）；Cy. 环磷酰胺；Flu. 氟达拉滨；Me-CCNU. 司莫司汀；RIC. 降低强度的移植。

由上表我们可以看出这些清肿瘤性预处理方案的主要特征为：①加强了抗白血病化疗的强度。所有方案皆加用了中剂量的Ara-C，连续72小时，同时加用了脂溶性较强的甲Me-CCNU（髓性白血病）和VM-26（淋巴细胞白血病），整个方案延长至11～14天，这样不仅增强了杀伤造血组织中白血病（干）细胞作用，也能使包括中枢神经系统在内的髓外组织中有效的药物杀伤浓度保持较长时间，进一步清除所有组织中的白血病（干）细胞。②部分方案中加用了G-CSF，不仅能促进静止期白血病（干）细胞进入细胞增殖周期，增加了对药物杀伤的敏感性，同时通过对免疫细胞的调节，减少或减轻移植后GVHD的发生，或可诱导GVL效应。③减少了烷化剂的用量，在保证清除正常造血组织和有效免疫抑制的情况下，减少或减轻毒副作用，特别对Cy不能耐受者用Flu代之，在

有效清髓清肿瘤的同时，不增加毒副作用，使一些全身情况差或年龄较大者也受益。④强调个体化，鉴于白血病细胞发病机制中细胞遗传学和基因改变的不同，以及由此所致的临床表现和预后的差别，临床上对这些方案的应用十分注重患者的个体化，除了移植前患者的疾病、全身状态及对所用药物的耐受性外，还应该按照供者的来源进行调整，如凡供者为无血缘关系或单倍体者，在以上相应预处理方案中皆加 ATG。

异基因清肿瘤性造血细胞移植与清髓性移植比较，前者在清除正常造血组织的同时，更注重对体内残留肿瘤细胞的杀灭，特别是对髓外残留肿瘤细胞的清除。在组成药物的选择方面，更注重药物对白血病细胞的杀伤强度、维持组织有效杀伤效应的浓度和时间，将移植后白血病复发的可能降到最低程度。异基因清肿瘤性造血细胞移植与非清髓性或减低毒性的移植比较，后者在预处理后患者体内仍保留使自体造血重建的造血干细胞，同时也残留一定数量的可致病情复发的白血病干细胞，因此重建的混合嵌合造血组织常需要 DLI 才有完全植活的可能，其对疾病复发的防治也依赖于 DLI 及其后续的免疫或靶向治疗。这三者的比较见图 22-1。

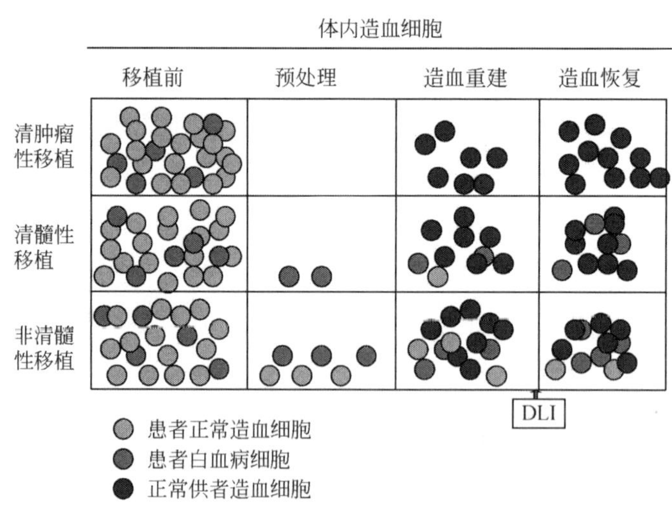

图 22-1　清肿瘤性、清髓性和非清髓性移植的比较

三、异基因清肿瘤性造血细胞移植治疗难治性急性白血病的初步临床尝试

清肿瘤性移植主要针对临床具有复发高危或难治的急性白血病患者，也可用于晚期患者的挽救性治疗。

（一）HD-Ara-C+BU+Cy 方案移植治疗具有高危复发的首次缓解急性白血病

复发高危性白血病具有以下任何条件：①发病初期外周血具有高白细胞者；②具有预后不良染色体、融合基因表达者；③AML2 个或 2 个以上疗程方获得缓解，ALL 获得缓解时间超过 28 天者；④具有髓外白血病者；⑤继发性白血病，包括骨髓增生异常综合征转化来者。

我们用该方案共治疗30例患者，其中男26例、女4例，急性淋巴细胞白血病18例、急性髓性白血病4例、慢性髓性白血病8例，单倍体移植12例、非血缘移植10例、HLA相合同胞移植8例。全部病例预处理前均为CR或PR，其中2例患者脾大，1例患者肾脏浸润。结果：血液学复发2例，髓外复发1例，总复发率10%。中位随访13个月（3～31个月）。死亡7例，其中3例死于复发，4例死于移植相关合并症。

病例1 患者女性，19岁，急性早幼粒细胞白血病自体移植后继发MDS，3个月后转为急性粒单核细胞白血病，原发耐药，移植前骨髓原始细胞占42%，给予HD-Ara-C+BU+Cy方案，进行HLA相合非血缘供者移植，移植后白血病残留一直为0，目前已无病存活28个月，仍在随访中。

（二）HD-Ara-C+BU+氟达拉滨

该方案主要用于符合HD-Ara-C+BU+Cy方案移植治疗的、具有高危复发的、首次缓解的急性白血病，但以往接受多次化疗后全身情况较差，特别是不能耐受大剂量环磷酰胺者，也可用于部分疾病进展期患者。我们用此方案移植共15例，其中男8例、女7例；急性髓性白血病12例、慢性髓性白血病加速期1例、MDS-RAEB 2例；移植前6例为进展期患者，骨髓中白血病细胞为20%～48%，2例为MDS-RAEB未缓解，7例为CR患者；HLA相合同胞移植3例，HLA单倍体相合移植11例，HLA相合非血缘移植1例。移植后中位随访17个月（6～27个月），白血病复发3例，复发率为20%，其中1例经化疗及细胞治疗达CR。随访至今共死亡6例，其中2例死于复发，4例死于移植相关合并症。

病例2 患者女性，54岁，2004年7月诊断为“急性粒单核细胞白血病”。先后给予MA、AA、AA化疗3个疗程后CR。此后强化13个疗程，多次接受自体细胞因子诱导的杀伤细胞（CIK）治疗。2006年10月停药，12月底复发，多次再次诱导化疗未缓解。2007年1月8日骨髓原粒+原幼单27%。2007年2月22日行HLA相合同胞HCT，rH-G-CSF预激的HD-Ara-C+BU+Flu预处理方案，+18天患者白细胞、血小板植活，细胞嵌合率、FISH证实供体细胞100%，流式细胞术未检测到残留白血病细胞。+51天后先后肠道GVHD Ⅰ度，肝脏GVHD Ⅰ度，肺部感染诱发肺部移植物抗宿主病，右侧鼻窦炎（病理的培养支持毛霉菌），肺部（直径5cm）、肝脏（直径最大8cm）巨大真菌染病灶，伴有空洞、液化，痰多次培养为根霉菌属。经对症处理后病情好转稳定，骨髓仍处于完全缓解状态。随访至今持续缓解 >24个月。

（三）G-CSF预激的HD-Ara-C+BU+Cy

主要用于髓性白血病，特别是外周血白细胞偏低或骨髓增生不良的如下患者：①2次或2次以上缓解者；② 虽处于完全缓解状态，但流式细胞术测定残留白血病细胞或分子生物学检查异常融合蛋白或基因分子表达进行性增高或出现克隆性衍变者；③慢性髓性白血病加速期或急变期治疗后达部分缓解者；④骨髓增生异常综合征-难治性血细胞减少伴原始细胞增多型（MDS-RCMD）。

我们初步用该方案共治疗7例，其中男性4例、女性3例；急性髓性白血病4例，慢性髓性白血病3例；HLA相合或1～2个位点不合非血缘供者移植者5例，HLA相合同胞移植

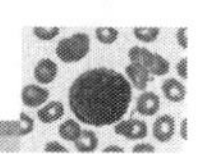

者1例，单倍型移植1例；移植前处于CR者3例，进展期者4例，后者移植前骨髓白血病幼稚细胞为20%～43%。中位随访17个月（5～27个月），无一例血液学复发及死亡。

病例3 患者女性，20岁，急性髓性白血病（M2），ETO/AML1阳性，多次复发，原始粒细胞23%，给予G-CSF预激的HD-Ara-C+BU+Cy，行HLA单倍体（母供女）骨髓加外周血干细胞移植。植入顺利，术后并发肠道感染合并消化道大出血，aGVHD（Ⅰ度）均临床治愈。术后白血病监测免疫残留未见幼稚细胞群，融合基因AML1/ETO基因定量0，染色体未见异常克隆、完全供者嵌合型。随访至今无病存活18个月。

（四）FLAG加减毒性方案（FLAG+RIC）

主要用于晚期进展性白血病的挽救性治疗：①急性白血病多疗程诱导不缓解；②白血病复发后经多疗程挽救性化疗不缓解，肿瘤负荷进行性增高；③CML急变经伊马替尼或联合化疗不能回到慢性期；④晚期耐药复发者。

我们用此方案移植者共3例，其中男性1例、女性2例；急性髓细胞白血病2例；急性淋巴细胞白血病1例；移植前骨髓中白血病细胞分别为75%、83%和5%；HLA相合单倍体移植者2例，HLA相合非血缘供者移植1例。3例分别随访5、10及15个月，目前皆无病存活。

病例4 患者男性，22岁，确诊急性髓性白血病（M2型）t（8；21）、AML1/ETO阳性2年4个月，2007年12月12日因白血病复发再次入院。移植前耐药复发，骨髓原粒细胞75%。给予FLAG+RIC+ATG方案预处理，行亲缘HLA单倍体HCT。+18天造血植活，骨髓细胞形态完全缓解状态，免疫残留未见明确幼稚细胞群，融合基因AML1/ETO基因定量0、染色体未见异常克隆、完全供者嵌合型。随访至今无病存活15个月。

病例5 患者女性，22岁，M2，AML1-ETO阳性，首次诱导缓解后复发。之后多次再诱导化疗未达缓解，移植前骨髓原始细胞83%。FLAG+RICR+ATG预处理方案后接受非血缘HLA不全合（9/10）HCT。移植后植活顺利，疾病缓解，完全供者嵌合型，免疫残留细胞为0。随访至今持续缓解>10个月。

以上临床移植的总结果见表22-3及图22-2，可见对于复发高危、进展期乃至复发晚期患者，利用清肿瘤性的个体化移植后总体复发率仅10.9%，明显低于文献中报告的水平。

表22-3 55例连续清肿瘤性移植患者的结果

方案	例数	诊断	移植类型（例数）	移植后复发例数及比例（%）	移植后死亡例数	中位随访时间（月）	总存活例数及比例（%）
HD-Ara-C+BU+Cy	30	AML 4	RT8	3（10.0）	7	13（3～31）	23（76.7）
		ALL 18	HT 12				
		CML 8	URT 10				
G-CSF预刺激的HD-Ara-C+BU+Cy	7	AML 4	RT 1	0	0	6（11～29）	7（100）
		CML 3	HT 1				
			URT 5				

续表

方案	例数	诊断	移植类型（例数）	移植后复发例数及比例（%）	移植后死亡例数	中位随访时间（月）	总存活例数及比例（%）
HD-Ara-C+BU+Flu	15	AML 12	RT 3	3（20.0）	6	17（5～27）	9（60.0）
		CML 1	HT 11				
		MDS-RAEB 2	URT 1				
FLAG+RIC	3	AML 2	HT 2	0	0	10（5～16）	3（100）
		ALL 1	URT 1				
总计	55			6（10.9）	13（23.6）	16（3～31）	42（76.36）

注：Ara-C. 阿糖胞苷；BU. 白消安；Cy. 环磷酰胺；Flu. 氟达拉滨；Me-CCNU. 司莫司汀；RIC. 降低强度的移植；RT. HLA 相合同胞移植；HT. 单倍体相合移植；URT. 无血缘相关供者移植。

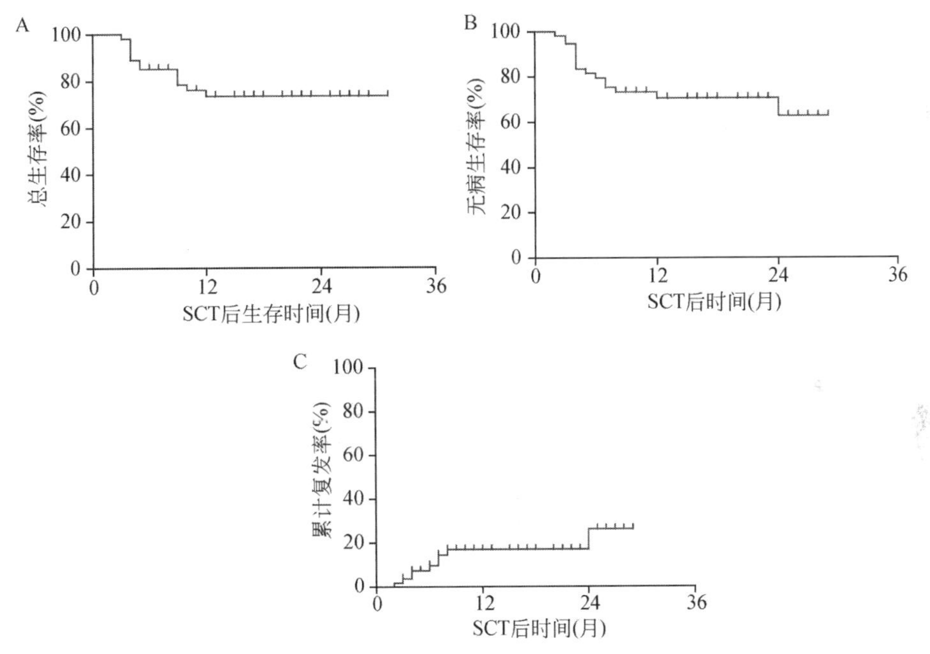

图 22-2　个体化清肿瘤移植后患者的生存与复发曲线

以上结果证实这种个体化的清肿瘤性移植不仅移植后复发率低，特别对进展期和晚期耐药者，较常规清髓性移植后的复发显著降低，而且较安全，移植相关并发症和病死率较低。这些结果在我们随后的观察中得到了进一步的证实（王静波等，2010；王志宏等，2011）。

四、问题与展望

毋庸置疑，继续提高 allo-HCT 治疗白血病的疗效，特别是防治移植后复发是相当困难和复杂的。清肿瘤性预处理方案的提出和初步探索只是防治移植后复发的重要环节之

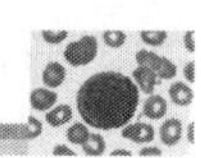

一，它是在对目前白血病干细胞与移植后复发关系认识的基础上采取的措施。随着大组病例及对照的观察，希望能得到进一步的改进和完善。鉴于目前对白血病细胞发病机制的细胞基因学研究的深入认识，白血病干细胞与正常造血干细胞之间确实存在一些生物学特征的差异，利用这些差异研制对白血病干细胞具有特异性的杀伤作用、促进凋亡和诱导分化的靶向药物或可从根本上防治其复发（Camille，2009）。实际上一些针对异常基因的分子靶向药物不断问世（Lowenberg，2008），在清肿瘤性预处理方案中应用这些特异性靶向治疗的药物或可进一步提高疗效。

值得提及的是防治移植后白血病复发涉及移植全过程的综合措施，虽然移植前的预处理方案至关重要，但是在移植技术的各重要环节都要采取有力措施。例如要对微小残留白血病细胞进行密切监测，及时采取有效的防治措施；尽早减停免疫抑制剂，促进正常免疫功能重建；必要时适当应用调节免疫功能的细胞因子以加强移植后的移植物抗白血病效应；供者淋巴细胞及G-CSF动员的外周血干/祖细胞以及特异性、功能性淋巴细胞亚群的输注已成为防治复发的有效措施；对已有细胞学复发者，全身化疗或复发部位的局部照射仍然是有效的治疗方法，特别是新的更高效、低毒的化学药物及特异性靶向生物制剂的合理应用等。值得强调的是，对不同患者的个体化处理中，必须综合、科学地应用以上措施，以充分发挥各自的优势，减少毒副作用，尽可能地提高HSCT治疗白血病的长期疗效。

参考文献

达万明. 2006. 不断提高异基因造血细胞移植的疗效. 中华血液学杂志，27：505

达万明. 2007. 关于急性白血病异基因造血干细胞移植治疗后复发的防治. 中华血液学杂志，28：793

达万明. 2008. 异基因造血细胞移植后白血病复发防治策略与进展. 见：达万明主编. 血液病学. 北京：中华医学电子音像出版社

窦丽萍等. 2007. 中国人群中KIR分布规律及其在HLA相合亲缘移植中的作用. 中华医学杂志，87（44）：1

高春记，达万明. 2010. 异基因造血干细胞移植后免疫重建和免疫治疗. 见：达万明等主编. 血液病学. 北京：中华医学电子音像出版社

韩伟等. 2004. HLA配型不合造血干细胞移植GIAC方案100例临床分析. 中华血液学杂志，25：453

陆道培. 2003. 造血干细胞移植的主要进展. 北京大学学报，35：113

陆道培等. 2008. 提高造血干细胞移植生存率的若干措施——2008年报告. 中华血液学杂志，9（增刊）：1

王静波等. 2010. 强烈预处理异基因造血干细胞移植治疗高危难治性白血病. 中华血液学杂志，31：505

王志宏等. 2011. FLAG联合BUCy预处理方案的异基因造血干细胞移植治疗难治复发恶性血液病疗效分析. 中国实验血液学杂志，19：158

谢晓恬等. 2005. 大剂量阿糖胞苷治疗时血浆和脑脊液中药物浓度测定的研究. Shanghai Med J，28：220

Appelbaum FR. 2008. Hematopoietic cell transplantation for adult acute myeloid leukemia. In：Appelbaum FR et al eds. Thoma's Hematopoietic Cell Transplantion. New York：Wiley-Blackwell，A John Wiley & Sons，Ltd，Publication，p761

Breithaupt H et al. 1982. Clinical results and pharmacokinitics of high-dose cytosine arabinoside（HD-Ara-C）. Cancer，50：1248

Camille N Abboud. 2009. Another nail in the AML coffin. Blood，113：6045

Capizzi RL et al. 1984. Treatment of poor risk acute leukemia with sequential high-dose Ara-C and asparaginase. Blood，63：694

Dick je Lapidor. 2005. Biology of normal and acute myeloid leukemia stem cells. Int J Hematol，82：389

Dou LP et al. 2008. The diversity of KIR gene in Chinese Northern Han population and the impact of donor KIR and patient HLA genotypes on outcome following HLA-identical sibling allogeneic hematopoietic stem cell transplantation for hematological malignancy in Chinese people. Int J Hemat，87 (3)：422

Flynn CM et al. 2007. Donor cell leukemia：insight into cancer stem cells and the stem cell niche. Blood，109：2688

Forman SJ. 2008. Hematopoietic cell transplantation for acute lymphoblastic leukemia in adults. In：Appelbaum FR et al eds. Thoma's Hematopoietic Cell Transplantion. New York：Wiley-Blackwell，A John Wiley & Sons，Ltd，Publication，p791

Kern W et al. 1998. Superiority of high dose over intermediate dose cytosine arabinoside in the treatment of patients with high risk acute myeloid leukemia：results of a age-justed prospective randomized comparison. Leukemia，12：1049

Lowenberg B. 2008. Acute myeloid leukemia：the challenge of capturing disease variety. In：Gewirtz AM et al eds. Hematology 2008. American Society of Hematology，Education Program Book. San Francisco，1

Lu DP et al. 2006. Conditioning including antithymocyte globulin followed by unmanipulated HLA-mismatched/haploidentical blood and marrow transplantation can achieve comparable outcomes with HLA-identical sibling transplantation. Blood，107：3065

Mackall C et al. 2009. Background to hematopoietic cell transplantation，including post transplant immune recovery. Bone Marrow Transplant，44：457

Majhail NS. 2008. Old and new cancers after hematopoietic cell transplantation. In：Gewirtz AM et al eds. Hematology 2008. American Society of Hematology，Education Program Book. San Francisco，142

Morris ES et al. 2005. NKT cell-dependent leukemia eradication following stem cell mobilization with potent G-CSF analogs. J Clin Invest，115：3093

Morris ES et al. 2006. Stem cell mobilization with G-CSF analogs：a rational approach to separate GVHD and GVL? Blood，107：3430

Ooi J et al. 2004. Unrelated cord blood transplantation for adult patients with de novo acute myeloid leukemia. Blood，103：489

Pastore D et al. 2003. FLAG-IDA in the treatment of refractory/relapsed acute myeloid leukemia：single-center experience. Ann Hematol，83；231

Ringdén O et al. 2009. The graft-versus-leukemia effect using matched unrelated donors is not superior to HLA-identical siblings for hematopoietic stem cell transplantation. Blood，113：3110

Schmid C et al. 2006. Long-term survival in refractory acute myeloid leukemia after sequential treatment with chemotherapy and reduced-intensity conditioning for allogeneic stem cell transplantation. Blood，108：1092

Takahashi S et al. 1994. Recombination human glycosylated granulocyte colony-stimulating factor（rhG-CSF）-combined regimen for allogeneic bone marrow transplantation in refractory acute myeloid leukemia. Bone Marrow Transplant，13：239

Wu T et al. 2008. Blood and marrow transplantation in the People's Republic of China. Bone Marrow Transplant，42：s73

第五篇

其他

第二十三章　化疗的毒副作用

楼方定　殷宇明

楼方定，中国人民解放军总医院主任医师，教授、博士生导师，曾任血液科主任8年。具有丰富的血液病临床经验，善于解决各种疑难血液病的诊治和危重病人的救治。现任《中华内科杂志》等4种杂志编委，承担《中华医学杂志》等多种杂志的审稿工作。曾先后担任中华血液学会委员，全军血液学学组副主任委员，全国自体造血干细胞移植学组副组长，军队和国家医学科学技术进步奖评委。发表学术论文200余篇，参与《现代内科学》等9部著作的编写。曾获国家科技进步奖三等奖1项，军队科技进步奖二等奖4项，三等奖多项，荣立三等功1次。享受政府特殊津贴。

殷宇明，毕业于中国医科大学，获硕士学位。现任道培医院主治医师。从事血液病临床及科研工作近20年，在常见恶性血液病（白血病、骨髓增生异常综合征、多发性骨髓瘤、淋巴瘤等）的诊断与化疗及造血干细胞移植方面具有丰富的经验。已在国家核心期刊上发表论文数篇。

近20余年来随着白血病细胞的免疫学、细胞化学、细胞遗传学和分子生物学等生物学特性的进一步深入研究、抗白血病新药的不断问世和造血干细胞移植临床应用范围日趋扩大，白血病的缓解率和长期生存率有了明显提高，但还必须承认这些疗效的取得在相当程度上还要归因于对支持治疗和各种并发症防治的重视。因为各种化疗药物及其组成的联合化疗方案对患者均会产生各种各样的毒副作用，包括心、脑、肺、肝、肾、骨髓、皮肤和黏膜屏障功能的损害等，其中多数化疗药物的毒副作用与剂量呈线性关系，但也有的化疗药物其毒性与剂量关系不密切。临床医师如能熟知和掌握这些毒副作用并采取有效防治措施，将会明显降低患者的并发症和死亡率，从而从另一侧面来进一步提高白血病的缓解率和生存率。本章将重点介绍化学治疗的毒副作用。

一、化疗药物的过敏反应

许多化疗药物可引起过敏反应，其临床表现各异，其中以急性超敏反应最为严重，若不及时采取果断有效的措施，常常危及患者生命，临床医师必须熟知这些知识。

（一）左旋门冬酰胺酶

左旋门冬酰胺酶（L-ASP）是一种外源性蛋白质，具有抗原性，在白血病治疗中最易发生过敏反应。单药应用时尤其容易发生超敏反应（Peterson等，1971），剂量越大，过敏反应发生率越高［剂量大于6000U/（m^2·d）］（Capizzi等，1970），间歇给药比连续给药发生率高，静脉注射比肌内注射发生率高（Jones等，1977）。接受单药治疗时超敏反应发生率最高可达40%（Capizzi等，1970；Clavell等，1986），但是在第一次用药时很少发

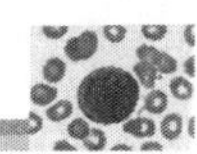

生，其发生率为5%～8%，用到第2周或更迟些可以增加到33%（Rutter等，1975）。可能是由于皮质激素、6-巯基嘌呤和其他抗白血病药物的免疫抑制作用，当患者接受联合化疗时L-ASP的过敏反应会降至20%以下。过敏反应多于用药后1小时发生，临床表现多样，从荨麻疹（大约占报道的2/3）（Capizzi等，1970）到严重的过敏反应（低血压、喉痉挛、心脏停搏）都有。其他常见的还有注射部位红肿，全身皮肤瘙痒，支气管痉挛，呼吸困难，甚至意识丧失，危及生命，属典型Ⅰ型超敏反应，由IgE介导所致。严重过敏反应如呼吸窘迫及低血压约占10%，极少见致死的报道（小于1%）。在治疗疗程长时，罕见有血清病样反应，如关节痛、蛋白尿和发热，常发生于用药几周后（Capizzi等，1970；Rutter等，1975）。

本药应用前应做皮试，一般是先制成浓度约为20U/ml的皮试液，使用0.1ml皮试液（约2U）做皮试，至少观察1小时，有红斑或风团为阳性反应，皮试阴性者方可应用。但由于本药的酶多数来源于大肠杆菌，故小剂量皮试有时意义不大，因为皮试阴性者有时仍会发生过敏反应（Khan A，1971）。应用时宜在L-ASP输入前静脉给予地塞米松减少过敏反应。L-ASP用药间隔最好不要超过3天，如间隔超过1周，则必须重新做皮试（吴南海，2000）。

（二）阿糖胞苷

阿糖胞苷（Ara-C）发生过敏反应的最常见表现为皮肤斑丘疹，属于Ⅰ型过敏反应。过敏反应发生率为5%～30%，急性过敏反应还伴有血压下降和呼吸困难（Rassiga等，1980）。此外，还可以发生Ara-C综合征，主要症状有高热、寒战、肌肉关节疼痛、腹泻和弥漫型红斑性斑丘疹，于用药6～12小时后出现，糖皮质激素治疗有效。Ara-C综合征属Ⅲ型过敏反应，因为有报告发生者血液循环中发现有免疫复合物存在。

（三）拓扑异构酶Ⅱ抑制剂

依托泊苷（VP-16）导致的过敏反应少见，当给药时间超过1小时时有5%～8%的患者出现低血压，可能与赋形剂（聚山梨酯80和聚乙二醇）有关（O'Dwyer等，1984）。替尼泊苷（VM-26）的过敏反应较VP-16常见，发生率为6%～7%，多数反应发生于第一次用药时，表现为寒战、发热、心动过速、支气管痉挛、呼吸困难及低血压，常在静脉给药过快时出现（Weiss，1992）。

（四）其他药物

其他可以引起过敏反应的药物有甲氨蝶呤（MTX）、环磷酰胺（Cy）、异环磷酰胺（IFO）、多柔比星（ADM）、氟达拉滨（Flu）、柔红霉素（DNR）、安吖啶、高三尖杉酯碱、氮芥、美法仑、顺铂，但是都属少见或偶见（Lakin等，1976；Ross等，1977；Karchmer等，1977；Legha等，1978；Cornwell等，1979）。

（五）过敏反应的处理

一旦发生过敏反应，尤其如L-ASP发生的Ⅰ型过敏反应，应立即停药，即刻静脉给予肾上腺素0.3～0.5mg、地塞米松5～10mg，然后密切观察患者心率、血压和呼吸变化，再根据具体病情做相应处理，直至超敏反应完全消失和病情平稳为止。

二、药　物　热

药物热指发热与用药关系密切，与感染无关。发热可以发生在用药后当天，也可发生在用药数天后，发热时有的患者同时伴有充血性皮疹，停药后或加用肾上腺糖皮质激素后发热消退，皮疹颜色变淡，并逐渐消失，再次用药发热再现，患者中毒症状不明显，未能发现明确感染灶，C反应蛋白定量一般不高。在白血病化疗中易引起发热反应的药物有L-ASP、Ara-C、博来霉素（Blum等，1973）和维A酸等，偶尔也有长春新碱（VCR）引起发热的报告（Ishii等，1988；朱军等，1993）。蒽环类抗生素、高三尖杉酯碱等引起的药物热偶见发生。

三、皮肤、黏膜及其附属器的毒副作用

（一）局部外渗

有许多药物在静脉滴注或推注过程中因操作不慎或因同一部位多次输液使静脉壁变脆易造成局部药物外渗而导致疼痛，继而红肿，重者发生水疱、溃疡甚至坏死，极少数最后形成永久性瘢痕。局部外渗的发生率视操作技术而定，一般为0.1%～6%。容易引起局部刺激的药物有柔红霉素（DNR）、ADM、VCR、长春碱（VBL）、Cy、MTX、L-ASP等(Dorr等，1985；Bellone等，1981；Sonneveld等，1984；Dorr等，1989；Anderson等，1993)，尤以氮芥对局部刺激反应为强，可以持续进展数周至数月，且已发生的皮肤损害非常难处理。因此，要求护士在静脉给药前先建立通畅的静脉输液通道，并先用生理盐水快速滴注几分钟，如未见局部渗漏，然后再换上化疗药液静脉滴注。一旦发生外渗，应立即停止输注，另换部位，对已渗出处局部皮肤可用冷敷和抬高肢体，可用透明质酸酶2000U+生理盐水8ml和2%普鲁卡因溶液1ml做局部封闭止痛，用肝素钠乳膏（美得喜乳膏）、维生素E、碳酸氢钠和外用激素局部涂抹，有抗炎、止痛作用（Bertelli等，1995；Disa等，1998）。对VCR、VLB渗出宜用热敷，因冷敷可诱发溃疡。用30%二甲基亚砜溶液局敷可使98.3%的渗出患者不形成溃疡。在外渗发生的初期对坏死组织进行清创处理要极为谨慎，最重要的是局部伤口的护理以预防感染（Heitmann等，1998）。

（二）药物性静脉炎

对局部刺激性强的上述化疗药物有的可引起上臂整条静脉药物性静脉炎，多在用药后第二天出现红、痛，有的患者伴有发热，尤以氮芥为严重，故在应用氮芥过程中，先从通畅的生理盐水静脉输液通道中快速推入药物，然后再用生理盐水快速滴注冲洗，这样可预防或减轻静脉炎的发生，一旦发生静脉炎，可用热敷，也可用中药如意金黄散加液状石蜡调制后局部外敷，以起到抗炎、止痛的作用。

（三）脱发

大多数化疗药物会引起脱发，毛囊基底层细胞由于生长、分裂旺盛最易受到化疗药物

的影响而停止增殖，导致脱发。化疗药物中以蒽环类药物最为明显，其他如Cy、顺铂、Ara-C、亚硝脲药物、VP-16、长春碱类药、MTX和米托蒽醌（NVT）等均可引起脱发（Bierman等，1958；Feil等，1974；Nathanson等，1967）。当这些药物联合应用时会起到协同作用。从毛发生长停止到脱发开始一般在化疗开始后1～2周。大多数在1～2个月后，停止化疗后毛发会完全长出，但颜色可能会改变并且更卷曲（Ganci等，1980）。脱发往往会影响接受化疗患者的情绪和增加精神负担，至今尚无有效的防治方法，有人曾用头部弹力低温帽预防脱发，或是在Cy使用后的短期内在头皮上使用止血带之类的装置（Hennessy，1966），但疗效不甚满意。

（四）色素沉着

色素沉着是化疗药物应用中最常见的皮肤表现，皮肤、黏膜、牙龈、指甲部位均可累及，可以为局限性，也可以为弥漫性，多见于烷化剂和抗肿瘤抗生素等药应用后，皮肤色泽变深呈棕黑色。常伴有口腔黏膜色素沉着的药物有白消安（BU）、DNR、羟基脲（HU）、Cy和MTX等（Vomvouras等，1991），其中以BU最为明显，乳晕、脐部及会阴也会伴有明显的色素沉着。患者可表现为轻度艾迪生病面容，伴乏力、体重下降或腹泻，但促肾上腺皮质激素（ACTH）分泌正常。在静脉反复穿刺部位也常可见到色素沉着，部分患者的指甲下色素沉着可以呈条纹状。引起色素沉着的机制尚不清楚，可能系药物直接毒性，刺激了黑色素细胞的活性。这些色素沉着偶为永久性，但绝大多数患者在停止化疗后色素会逐渐消退。

（五）肢端红斑

化疗药物引起的肢端红斑由Zuehlve于1974年最先报告，其他尚有掌跖红斑、手足综合征等命名，多于氟尿嘧啶（5-FU）、Ara-C和蒽环类药物治疗过程中出现，其次可引起的药物有Cy、VP-16、MTX、HU、博来霉素和VCR等。其主要临床表现：先在手掌或足底出现红斑，渐感刺痛，呈对称性分布，红斑分界较清楚，红斑消退后脱皮，以大、小鱼际处最为明显，手指侧面皮肤也可累及，类似移植物抗宿主病（GVHD）时皮肤表现，发生率6%～42%不等，其发生取决于药物的峰浓度和累计剂量（Kennedy等，1975）。早期大剂量静脉应用可在24小时到3周出现，如出现后继续用药会使症状加重，停药后1～2周皮疹消失，再次用药可再发生或不发生，用肾上腺糖皮质激素治疗有效。

（六）其他

其他可能出现的皮肤毒性表现还有硬结、角化、溃疡等，如博来霉素（Blum等，1973），发生率大约为50%。羟基脲可以引起手、足部溃疡性皮炎，类似扁平苔藓（Renfro等，1991），还常见引起腿部溃疡（Sirieix等，1999）。

四、血液系统毒副作用

（一）骨髓抑制

大多数抗白血病药物可抑制骨髓造血功能，由此往往成为化疗剂量的制约因素。各类药物抑制骨髓造血的表现有所不同。细胞周期特异性药物如多种抗代谢药物所致的粒细胞缺乏恢复较快，在常规剂量情况下，中性粒细胞在化疗最后一剂应用后7～10天下降，2周左右达到最低点，3周后便可恢复正常，其代表性药物有MTX、Ara-C、6-巯基嘌呤(6-MP)、6-硫鸟嘌呤（6-TG）等。细胞周期非特异性药物如烷化剂类药物恢复次之，在常规剂量时中性粒细胞降到最低点的时间为7～15天，恢复时间为18～28天，其代表性药物有Cy、氮芥等（Mullins等，1975）。亚硝脲类药物所致中性粒细胞减少和恢复最慢(de Vita等，1965)，如卡莫司汀（BCNU)、洛莫司汀（CCNU）和司莫司汀（Me-CCNU）等，其中性粒细胞约在用药后1个月时降到最低点，35～60天才恢复正常。蒽环类抗肿瘤抗生素如DNR、ADM、吡柔比星（THP）和去甲氧柔红霉素（IDA）等，天然抗白血病药物三尖杉酯碱以及其他类抗白血病药物HU、顺铂、L-ASP等均可引起骨髓造血功能抑制。除中性粒细胞减少外，各类抗白血病药物还可引起血小板减少。

以上抗白血病药物在治疗时多为联合应用，而且所用剂量又根据病情不同而增减，因此导致骨髓造血功能抑制的严重程度和恢复时间差异甚大。此外，患者初治或复治、以往接受过的化疗疗程数、患者病情处于缓解期或复发期、患者的年龄、体质状况等诸多因素均可影响造血功能的恢复，临床医师必须要熟知这些知识。

骨髓造血功能抑制后易导致感染和出血，一旦因中性粒细胞减少而并发感染，应予以积极抗感染，在细菌学证据得到前，应根据感染部位分析可能感染的细菌，经验性地应用足量广谱抗生素。重组人类粒细胞或粒细胞-巨噬细胞刺激因子（rhG-CSF或rhGM-CSF）可促进中性粒细胞的恢复，但对其是否会刺激白血病细胞生长仍有争论。对严重血小板减少，如$<20\times10^9/L$，并伴有明显出血倾向者，应积极输单采血小板（详见本书感染合并症预防与治疗）。

（二）凝血障碍

除血小板减少引起出血外，有些化疗药物还可导致凝血功能障碍，常见的有L-ASP，该药可抑制肝脏各种蛋白质的合成，用药后75%的患者可出现凝血指标异常，血浆中纤维蛋白原、凝血酶原，以及因子Ⅴ、Ⅶ、Ⅷ、Ⅸ、Ⅹ和Ⅺ水平可呈现不同程度的降低，凝血酶原时间延长，但临床上所见出血倾向并不十分严重，停药后1～2周内可恢复正常(Capizzi等，1971；Land等，1972；Gralnick等，1970)。相反，文献上报道较多的为凝血性副作用如血栓形成等。不少人认为，L-ASP引起的抗凝血因子减少更为明显，尤其是抗凝血酶Ⅲ减少将促进血栓的形成（Mitchell等，1994)。此外，L-ASP所致血管内皮损伤、血小板活性增高及vW因子水平升高等也为致病因素。

（三）贫血及红细胞变化

除抗白血病药物导致骨髓抑制引起贫血外，某些药物如MTX通过抑制DNA合成还可引起巨幼红细胞性贫血，HU也常导致巨幼红细胞性贫血。有报道使用氟达拉滨产生自身免疫性溶血性贫血，最常发生于第1～3次用药时（71%的比例）（Weiss等，1998；Gonzalez等，1998）。

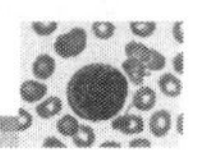

五、胃肠道毒性不良反应

（一）恶心、呕吐

大多数抗白血病药物均可引起不同程度的恶心、呕吐反应，对同一种药物来说，其发生率及严重程度与剂量呈正相关。

1. 抗代谢类药物 Ara-C致胃肠道恶心、呕吐十分明显，静脉用量为200mg/次时，恶心、呕吐发生率为40%，300mg/次时为88%，有的患者还出现腹泻和水样便，停药后即可消失。若剂量达到3g/m^2时，100%的患者会出现恶心、呕吐反应。症状多在用药后2～4小时出现，3～5小时后有所减轻，剂量越大，反应越重，持续时间越长。在持续治疗超过5天后口腔黏膜炎也有发生。MTX当剂量达到100～300mg/m^2时，恶心、呕吐逐渐明显，若1次用量达到1～3g，几乎全部患者发生恶心、呕吐。6-MP、6-TG在常规剂量时（150mg/d），可有1/4的患者出现轻度恶心、呕吐和厌食症（Burchenal等，1961）。

2. 烷化剂 部分报道认为，由烷化剂引起的恶心、呕吐是由中枢调节的而非直接的胃肠道毒性（Borison等，1968），并且发生率随着烷化剂剂量增加而增加。烷化剂中引起恶心、呕吐的消化道反应以氮芥最为明显，其次为Cy。用氮芥患者几乎全部会发生呕吐，常于用药后2小时开始，一般在8小时内停止，但有的患者甚至可持续到24小时。Cy剂量为60～120mg/kg时，几乎全部患者发生恶心、呕吐。亚硝脲类药物如Me-CCNU，其用量超过170mg/m^2时，患者均有胃肠道反应，BCNU静脉应用后2～3小时发生呕吐，持续4～6小时。

3. 蒽环类抗生素 DNR、ADM、IDA等在常规剂量静脉应用时出现胃肠道恶心、呕吐，发生率为50%～60%，多为中到重度恶心、呕吐，蒽醌类药物如NVT，也有同样的胃肠道副作用。

4. 其他化疗药物 抗肿瘤（抗白血病）植物药中，三尖杉和高三尖杉酯碱制剂可以引起胃肠道恶心、呕吐反应，而甲异喹、靛玉红服后除出现胃肠道恶心、呕吐以外，大多数患者尚有排便次数增多，腹泻时有见到。除了恶心、呕吐以外，VCR还有便秘、痉挛性腹痛和腹泻、麻痹性肠梗阻、肠坏死或穿孔等少见副作用（Sharma，1988；Carpentieri等，1978；Hironen等，1988；Gottlieb等，1971；Carmichael等，1970）。而长春碱的类似副作用较VCR更少见。依托泊苷的恶心、呕吐副作用只见于10%～20%的患者。L-ASP静脉应用后常出现食欲缺乏、恶心、呕吐，发生率约为50%。

近年来，随着高效止吐药5-羟色胺3受体拮抗剂如格雷司琼（康泉）、托品西隆（呕必亭）、昂丹司琼（枢复宁）等的临床广泛应用，大大减轻了由抗白血病化疗所致的严重胃肠道恶心、呕吐反应给患者带来的痛苦，而以往传统的镇吐药如甲氧氯普胺、氯丙嗪等药其镇吐效果远不如5-羟色胺3受体拮抗剂。

（二）消化道黏膜损害

1. 抑制DNA合成的药物 消化道黏膜上皮细胞属增殖比例高和更新速度快的细胞，常处于不断分裂、增殖、脱落和更新过程，应用DNA合成剂后，使其增殖受阻而导致黏膜损害，溃疡形成，这一过程在用药3～7天后才表现出来。用药剂量越大、血清药物浓度越高、接触时间越长，则遇到S期细胞比例越多，损害越明显。此外，口腔黏膜损害还与患者年龄，化疗前口腔健康状况如有否牙周炎，治疗期间口腔护理水平、清洁程度、黏膜干燥程度和中性粒细胞水平等因素有一定关系，年轻人口腔黏膜上皮细胞增殖和分裂活性明显高于老年人，这会增加黏膜上皮细胞对化疗药物的敏感性，而且年轻人上皮细胞生长因子水平也高于老年人，因此年轻人口腔黏膜溃疡发生率较老年人高，但修复也快。

大剂量MTX常被用来治疗儿童和成人ALL或用作ALL缓解后的强化治疗，由于其所用剂量比常规剂量高出数十倍，故大剂量MTX在发挥良好的抗白血病作用的同时，也对多种脏器产生严重毒副作用（叶辉等，1999、2001）。该药最严重的毒副作用之一系消化道黏膜溃疡，尤以口腔黏膜大片糜烂、溃疡、疼痛和大量渗液为主要表现（Fossa，1990；Nirenberg，1977），发生率可高达50%，多发生在用药后3天，5～7天达高峰，持续7～14天，由此常导致感染。发生在胃肠道黏膜的溃疡还可伴有腹痛或并发消化道出血。无论是口腔黏膜溃疡或胃肠道黏膜溃疡，愈合后不留瘢痕。

用甲酰四氢叶酸钙（leucovorin，CF）解救可减轻此副作用，但若解救不充分，会使口腔糜烂、溃疡和炎症加重，一般CF的应用在MTX静脉滴注结束后12～24小时开始，CF的总剂量为MTX的6%～10%，常用剂量为15mg/m^2，6小时1次，共8次（叶辉等，2000）。有条件的单位可以定期监测MTX的血药浓度，一般来说选择监测的时间点是输注开始后的24或48小时。在从MTX滴注起48小时后，若MTX血药浓度分别为0.5×10^{-6}/L、1×10^{-6}/L和2×10^{-6}/L者，CF可分别用15mg/m^2、100mg/m^{2}和200mg/m^2，每6小时1次，共8次，每间隔24小时检测MTX浓度1次，直至MTX血清浓度$<0.05\times10^{-6}$/L为止（Nirenberg，1977；Stoller，1977）。应用MTX前后水化和碱化尿液也可以减轻MTX的副作用，但是体外实验表明在MTX浓度$>10\times10^{-6}$/L时，无法通过CF解救减轻副作用，只能加强对症支持治疗。

2. 其他药物　其他可以引起口腔黏膜溃疡的药物有Ara-C、DNR、ADM、6-MP和HU等。大剂量Ara-C 3g/m^2，每12小时1次，共8～12次，口腔黏膜溃疡发生率可达46%。对口腔黏膜溃疡、炎症、糜烂最重要的防治措施是口腔清洁护理，用生理盐水或1:5000呋喃西林溶液漱口可有效减低口腔细菌含量，局部用普鲁卡因或丁卡因漱口，可在短时间内减轻疼痛，便于进食。腹泻、梗阻和腹痛伴随着胃肠道出血、电解质紊乱和蛋白质丢失性肠病均可见于Ara-C治疗中。

（三）肝脏毒性

许多抗白血病药物均在肝内代谢和解毒，例如Cy、IFO、苯丁酸氮芥、BCNU、6-MP、6-TG、Ara-C、HU、ADM、安吖啶（AMSA）、MTX、VCR、VLB、长春地率（VDS）等。肝功能损害者用药时要掌握好剂量，并密切观察病情变化。

6-MP和6-TG对肝脏毒性的特征为胆汁郁积，长期和大剂量应用可并发肝坏死（Clark等，1960；Gill等，1982），但无肝纤维化。胆红素升高发生率可达6%～42%，GPT、GOT和AKP也会有不同程度升高，常伴瘙痒，通常是轻微的和可逆的，停药后逐渐恢复正常。有报告MTX引起肝功能损害的发生率为22%，大剂量MTX应用后经CF解救，常常会发生GPT升高，停药后逐渐恢复，时间大约持续10天。肝酶指标的升高与

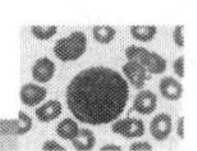

MTX使用的次数直接相关（Weber等，1987）。长期应用MTX维持治疗者，易并发肝脂肪变性、肝纤维化和肝硬化，发生率大约为10%（Zachariae等，1980）。每天小剂量用药比每周一次用药毒性要大，当总剂量用到3～4g后，临床上要严密监测肝功能，以评估肝脏损害情况。在接受Ara-C作为诱导治疗的患者中经常发生肝内胆汁淤积，但是需要停止治疗的比例低于25%。主要表现为血清中肝酶的升高，轻微黄疸，停止治疗后可以迅速逆转（Slavin等，1978；Goode等，1971）。AMSA的肝毒性发生率可以高达35%（Berman等，1989），最常表现为胆红素和转氨酶升高，与剂量相关且是可逆性的（Legha等，1982；Applebaum等，1982）。因此，建议在肝脏功能损害时（胆红素升高）至少将剂量减少30%（Louie等，1985）。

（四）急性胰腺炎

应用L-ASP的患者，有不到5%会发生出血性胰腺炎，其中危及生命者只有1.8%～4.6%，其临床表现有食欲缺乏、恶心、呕吐、腹痛，重者休克，多发生在治疗开始后2天到16周，血清淀粉酶水平与胰腺损伤程度之间相关性差。超声检查及CT扫描有时能早期发现不典型急性胰腺炎。在L-ASP治疗期间低脂饮食对预防急性胰腺炎有一定的重要性。生长抑素和人工合成的蛋白酶抑制剂有较好疗效。在少数应用Ara-C的患者中也有发生胰腺炎的报道（Altman等，1982）。

六、神经系统毒副作用

（一）静脉用药引起的神经系统副作用

1. 植物碱 长春新碱（VCR）、长春碱（VBL）、VDS是引起神经系统毒副作用的药物中最常见者（Legha，1986；Tuxen等，1994；Miller，1985），尤其以出现末梢神经炎表现为突出，四肢末端的症状多为对称性，累及感觉和运动功能，表现为手指、足趾发麻和深反射消失，上述症状在治疗后1周即可出现，症状的轻重常与用药的总剂量有关。跟腱反射和膝反射减低或消失也是长春碱类药物所致的最早和最常见的临床表现。据统计，有23%的患者出现运动无力，其中垂足和垂腕分别占5%和2%。单次用药17天后，跟腱反射减低最明显，在1～3个月后有不同程度的恢复，恢复次序以感觉为先，运动在后，指、趾麻木可持续数月之久，深反射恢复最慢。还可能有骨、背及四肢痛的表现。此外，大小鱼际可呈现不同程度的萎缩。

自主神经功能紊乱表现为胃肠道症状，如腹绞痛、便秘，甚至发生肠麻痹，少数患者可有直立性低血压或排尿障碍。

脑神经损害少见，偶有第Ⅵ、Ⅶ对脑神经麻痹，表现为复视，角膜反射消失，眼睑下垂，声音嘶哑，腭、咽及腮腺痛等表现（Ryan等，1999）。VCR也可以引起中枢神经系统的毒性，表现为抑郁、意识错乱、躁动、幻觉、抽搐和昏迷（Legha，1986；Tuxen等，1994；Miller，1985；Hurwitz等，1988）。也有报道VCR是抗利尿激素分泌异常综合征（SIADH）的原因（Stuart等，1975），以及包括短暂的皮质盲、视网膜改变和视神经萎缩在内的视觉影响，部分可逆的听力损失（Bird等，1983；Ripps等，1989；Yousif等，

1990)。VBL 神经毒性不明显，如有发生常表现为肌痛。VDS 神经毒性较 VCR 轻。

2. Ara-C　Ara-C 对神经系统的毒副作用与剂量有关。有报告累计剂量为 $28g/m^2$ 时无毒性；达 48 g/m^2，毒性可逆；＞48 g/m^2，不可逆。国外报告的大剂量 Ara-C 多为 3 g/m^2，12 小时 1 次，共 8～12 次，这时神经系统损害主要累及中枢神经系统，但也可累及周围神经。前者表现为大脑功能异常，如头痛、嗜睡、昏睡，或注意力不易集中、惊厥和癫痫发作等。有的表现为小脑功能失常，如共济失调、构音障碍、轮替运动障碍、眼球震颤和辨距不良等。一般发生在用药后 3～8 天，发生率高达 10％～25％，其中严重毒性发生率占 10％～14％。Ara-C 的中枢神经系统毒性多为可逆性，停止治疗几天后可消失，其中只有 20％左右的患者较难完全恢复正常，偶有致死者。此外，大剂量 Ara-C 对中枢神经的毒性还与年龄和肾功能状况有关，年龄＞60 岁和＜60 岁，其发生率有明显差别，肾功不全者发生率增高（Rubin 等，1992）。其他与是否存在中枢神经系统白血病、以前头颅是否接受过放疗、是否伴有肝功不全或同时应用甲氧氯普胺和镇静剂等因素有关，我国 Ara-C 的最大剂量要比国外小，所以严重中枢神经系统功能紊乱很少发生。

3. L-ASP　有报告静脉应用 L-ASP 后可发生抑郁、昏睡、定向障碍、精神错乱、谵妄和痴呆等症状，其发生率从 25％～60％不等，上述症状可只有一种或数种。有的患者仅表现为脑电图异常，而临床上无明显症状（Ohnuma 等，1970）。L-ASP 神经毒性主要是由药物引起代谢异常所致，如 L-ASP 应用后使门冬酰胺缺乏，氨基酸水平降低，导致肝蛋白合成减少，影响脑组织代谢等，也可因药物损害肝功能，使血氨升高，影响脑组织代谢（Leonard 等，1986）。

4. Flu　Flu 可以引起不可逆的神经毒性综合征，表现为皮质盲、视神经炎、脑病、全身抽搐和昏迷（Cheson 等，1994），发生于接受大剂量时［大于 40mg/（m^2・d）×5d］。低剂量时［25 mg/（m^2・d）×5d］，中枢神经系统毒性明显减少，发生率约只有 15％，表现为嗜睡、轻度周围神经病变如感觉异常，以及轻度视力障碍。

5. MTX　大剂量 MTX 静脉注射也会引起脑病（Shapiro 等，1980）。急性的症状可以发生在 MTX 给药后的平均 6 天，在 48～72 小时内通常缓解，包括轻瘫、失语、行为异常和癫痫，发生率大约为 7.8％（Mahoney 等，1998）。痴呆和轻瘫的慢性症状还可以出现在用药后的 2～3 个月。

（二）鞘内注射副作用

1. MTX　MTX 鞘内注射过程中，神经系统毒副作用发生率为 5％～16％。最常见和最迅速的表现为急性化学性脑膜炎及蛛网膜炎，一般在注射后 2～4 小时出现，表现为严重的头痛、颈项抵抗、发热、恶心、呕吐、背痛，重者发生抽搐甚至癫痫发作。原来有过头颅放射者，还有可能并发白质脑病。其他少见的尚有蛛网膜下腔出血，末梢神经炎，嗜睡、畏光等自限性综合征，持续时间约 1 周，也有出现皮质盲和可逆性截瘫的报告（陈令松等，1999）。鞘内注射 MTX 的患者中大约 10％出现亚急性但更严重的神经毒性合并症，在鞘内注射后的第 2 或第 3 周出现，尤其是有急性脑膜白血病的成人患者，表现为四肢运动麻痹、脑神经麻痹、抽搐或者昏迷。更为慢性发生的脱髓鞘脑病见于鞘内注射 MTX 后数月或数年，表现为痴呆、肢体痉挛，更严重的有昏迷（Bleyer 等，1978）。这就要求操作者小心、仔细核对 MTX 剂量，尽量减少注入椎管内的药物容量，注射时要慢，反复用

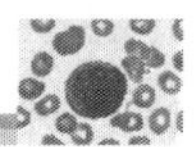

自身脑脊液稀释，一有不良反应立即停止操作，并密切观察。

2. Ara-C 鞘内注射 Ara-C，偶见发热和抽搐，发生于鞘内注射的 24 小时内，以及 4～7天内发生的化学性蛛网膜炎（Kleinschmidt-DeMasters，1992）。鞘内注射 MTX 有一过性神经功能障碍者，在改用 Ara-C 后有时也可出现类似症状。

七、肺毒副作用

1. MTX MTX 可引起肺部弥漫性病变，尤其是白血病患者接受较长时间维持治疗过程中易发生，且易被误认为白血病肺浸润或感染。病变常发生于开始治疗数周至 3 个月，与总剂量似乎无关。有的患者还表现有外周血嗜酸粒细胞增多，易被误认为过敏性肉芽肿性肺炎。临床表现可以有明显的呼吸困难（93%）、咳嗽（82%）、发热（69%）、肺间质浸润（Kremer 等，1997），这些肺部症状在停药几天内消失，肾上腺糖皮质激素可促进恢复（Hargreaves 等，1992）。

2. Cy 有数例报告在应用 Cy 后发生间质性肺炎，肺泡上皮呈不典型纤维化，X 线可见双肺基底条索状致密影，有动脉血氧减低和轻度限制性通气不良，肾上腺糖皮质激素治疗有较好疗效（Mark 等，1978；Patel 等，1976；Radin 等，1970）。

3. BU 长期使用 BU 可发生肺纤维化和肺慢性炎症，导致呼吸困难和发热，临床症状多出现于持续用药 10 个月以上，从治疗开始到肺毒性出现的平均间隔时间为 3 年以上，临床表现为阵发性呼吸困难、干咳与发热，或与急性肺炎同时出现，常伴全身色素沉着，动脉血氧降低，限制性通气不良，即使停药，肺部损害过程常仍可发展，最后往往因并发肺部感染而死亡（Burn 等，1970；Willson 等，1978）。由于 CML 患者其慢性期中位数时间为 3～4 年，为减少由长期服用 BU 引起的肺部毒性，建议可与 HU 交替服用，这样可减少 BU 的累计剂量。

4. Ara-C 大剂量 Ara-C 的肺毒性发生于 10%的患者，包括非心源性肺水肿在内，尤其好发于儿童患者（Anderson 等，1990；Rudnick 等，1979），而肺水肿综合征通常是不可逆的。

5. 其他药物 其他可引起不同程度肺毒性的化疗药物有美法仑、氮芥、博来霉素、Ara-C、羟基脲、硫唑嘌呤、氟达拉滨和亚硝脲类药物（Codling 等，1972；Jacobs 等，1975；Cole 等，1978；Henneman 等，1993；Karuru 等，1994；Rubin 等，1972），从间质性肺炎、肺纤维化到低氧血症甚至死亡都有可能发生。因此，应定期进行胸部 X 线检查和血气分析。长春碱引起的急性肺水肿也有报道（Israel 等，1978）。

八、心 脏 毒 性

（一）蒽环类抗肿瘤抗生素

蒽环类抗肿瘤、抗白血病抗生素有 DNR、ADM、表柔比星、THP 和 IDA 等。此外尚有以米托蒽醌为代表的蒽醌类抗白血病抗生素，其中以 DNR 最为常用。该类抗白血病抗生素对心脏的毒副作用十分明显（Doroshow，1991；Singal 等，1998；Shenkenberg

等，1986；Underferth 等，1983；Benjiain 等，1985；Prai 等，1987），引起的心脏毒性有早期（急性）和迟发性（慢性）之分，并且儿童患者似乎对这类药物的心脏毒性更为敏感（Lipshultz 等，1991；Schwartz 等，1993；Wexler 等，1996）。

1. 早期毒性作用　早期毒性作用较为少见，如发生常表现为心律失常，心电图提示为窦性心动过速，室上性心动过速，室性早搏，传导异常，QRS 低电压及其他非特异性 ST-T 改变，类似心肌炎、心包炎的心电图表现，以老年人多见。心律失常常在数小时内恢复，多数为自限性。ST-T 改变常于一次用药后发生，一至数周内恢复。上述心电图改变的发生率约为 11%，与剂量似乎无关，属急性可逆性心脏毒副作用，很少威胁生命，对症处理后可恢复，不影响治疗。极少见发生心包炎-心肌炎综合征，表现为发热、心包炎和充血性心力衰竭，发生于低累计剂量时，可能结局是致死性的（Bristow 等，1978）。

2. 迟发性毒性反应　主要为顽固性充血性心力衰竭，表现为心动过速、呼吸困难、肺水肿、颈静脉怒张、奔马律、肝肿大和全身水肿等。其发生多与蒽环类药物的累计剂量有关，具有不可逆性，甚至威胁生命（Moreb 等，1992；Haq 等，1985；Buzdar 等，1985）。迟发毒性多在末次治疗平均 80 天发病，也有直到治疗结束后数月到数年发生。在临床上累计剂量＜300mg/m^2 时，心脏毒副作用很少发生（von Hoff DD 等，1977；1979），若把 ADM 或 DNR 累计剂量以＜550 mg/m^2 与＞550 mg/m^2 比较，前者晚期心脏毒性发生率不到 5%，后者则高达 35%。此外，蒽环类药物对心脏毒性作用还取决于药物的峰值浓度，持续 24 小时输注，使血清峰浓度减低，可减少心脏毒性。例如给予 ADM 累计剂量 600～650 mg/m^2，每次用药 48 小时持续静脉滴注，或给予累计剂量 800～1000 mg/m^2，每次用药持续 96 小时静脉滴注，则与累计剂量 450 mg/m^2 每次快速滴注相比，没有明显增加心脏毒性作用发生率，因此建议更改给药方式以降低毒性（Torti 等，1983）。IDA 和 NVT 的最大累计剂量可达 150 mg/m^2，而表柔比星可达 900 mg/m^2，DNR 的最大累计剂量是 900～1000mg/m^2。DNR 和 ADM 心脏毒性作用相似，而表柔比星、THP、IDA 和 NVT 对心脏毒性作用要比前二药小，但每一种药累计剂量如上所述是不同的，而其中没有一种像 ADM 研究得如此广泛和透彻。以前纵隔接受过放疗、原有高血压病和心脏病者、年幼或老年人，以及与 Cy、VP-16 和 VCR 等联合应用会增加心脏毒性作用。在用药期间左心室射血分数的监测和评估有助于分析心肌受损的程度，当左心室射血分数低于 40%～45%时应停药。从一种剂型转为另一种剂型时，要换算以前曾用过的总剂量，以了解日后可用的余下剂量。

目前尚无有效的预防由蒽环类抗生素引起的心脏毒副作用的药物，曾有人用维生素 E、*N*-乙酰半胱氨酸来保护由蒽环类药物引起的心脏毒副作用，但疗效不明显。当前唯被美国 FDA 推荐的药物是右丙亚胺（ICRF-187），其羟基代谢产物具有很强的二价铁螯合作用，以阻止心肌中有活性的自由基形成，从而对心脏起到保护作用，用药后可减少心脏毒副作用发生率和严重度，同时并不影响药物的抗肿瘤作用（Swain 等，1997；Lopez 等，1998；Venturini 等，1996）。目前此药仅用于 ADM 累计剂量已达 300 mg/m^2 以上，并期望有继续需要应用者（Swain 等，1997），或是接受 ADM 的儿童肉瘤患者（Wexler 等，1996）。目前推荐的右丙亚胺使用剂量是 ADM 剂量的 10 倍，在 ADM 开始使用的 30 分钟内给药。对有可能引发蒽环类抗生素对心脏毒副作用的高危人群，在接受治疗前应全面评估心脏情况，包括完整的病史、体检、胸片、心电图和左心室射血分数的检测等（Alex-

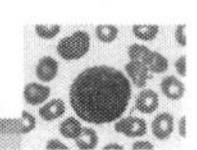

ander 等，1979；Dresdale 等，1983）。对低危人群，在累计剂量<300 mg/m^2 时，不必评估，以后每行 2 个疗程则要进行一次评估。

（二）Cy

Cy 对心肌的毒性作用与一次总剂量有关，当剂量达到 120mg/（kg・d），共 1～4 天或一次剂量达到 4.5 g/m^2，发现少数患者出现心电图 QRS 波变宽，用药数日或 2 周后出现急性充血性心力衰竭而死亡者。有报告，犬、猴和人用 45 mg/（kg・d），共 4～6 天，可导致出血性心肌炎、心肌坏死和心力衰竭。而 Cy 对心脏毒性作用与累计剂量无关。我们曾遇到 1 例自体造血干细胞移植的白血病患者，在首剂应用 Cy 60mg/kg 预处理第 2 天，出现心律失常，心电图呈现频发室性早搏，形成三联律，为此终止第 2 次的应用。

（三）Ara-C

大剂量 Ara-C 可导致心功能损害，包括心律失常、心包炎和充血性心力衰竭等，常与剂量有关（Reykdal 等，1995）。但我们曾遇 2 例急性早幼粒细胞白血病在缓解期用常规剂量 Ara-C 行肌内注射，分别在肌内注射后 10 分钟和 15 分钟出现心律失常。1 例心电图先呈二联律，随后很快转为多源性频发室性早搏、交界性逸搏，经抢救 20 分钟后转为窦性心律。另 1 例在 Ara-C 肌内注射后 10 分钟，先出现恶心、呕吐、烦躁不安，心脏听诊心律不齐，很快发展为心跳停止，心电图示室颤，经积极抢救无效死亡（周绮等，1990）。

（四）其他药物

三尖杉酯碱、MTX、AMSA 等药也有出现心律失常和心力衰竭的报告（von Hoff 等，1980；Weiss 等，1983、1986）。因为对自主神经的毒性，VCR、VBL 可以引起高血压和低血压，罕见引起急性心肌缺血和大面积心肌梗死（Hironen 等，1988；Carmichael 等，1970；Kantor 等，1981）。

九、泌尿系统毒副作用

许多化疗药物均经肾脏排泄，或经肝脏代谢，其代谢产物再经由肾脏排泄，其中不少化疗药物会对肾脏产生明显毒性反应。

（一）Cy

Cy 在肝脏中被活化后，其活性代谢产物磷酰胺氮芥及其副产品丙烯醛从尿中排出，直接刺激膀胱黏膜，可导致出血性膀胱炎，其主要临床表现有尿急、尿频、尿痛、排尿困难，继而出现血尿或血凝块，严重者阻塞尿道，影响肾功能，其主要病理变化为膀胱黏膜充血、水肿、糜烂，黏膜脱落可形成溃疡（Philips 等，1961；Forni 等，1964；Rubin 等，1966；Bellin 等，1974）。有的以后发生纤维化。出血性膀胱炎的发生率与所用 Cy 的总剂量密切相关，多在大剂量（120mg/kg）应用后出现，发生率从 8%～27%不等，其中严重者占 2%～5%，我们报告的发生率为 23.3%（楼方定等，1993）。IFO 因用量较大，泌尿系毒性也稍大。除膀胱炎外，还可影响肾功能，出现水潴留（Harlow 等，1979），多见于应用大剂量 Cy 的儿童，甚至发生尿毒症。大量补液、水化和碱化尿液以及用巯乙基磺酸钠（Mesna）可有效防止出血性膀胱炎（Primack，1971）。Mesna 的常用剂量为 Cy 的 60%，分 3 次静脉滴注给药，用药时间为在 Cy 应用后立即及 4 小时和 8 小时后。

（二）MTX

MTX 可引起肾毒性，大剂量使用时在药物输注过程中就可以发生急性肾功能损害（Jaff，1972），表现为血中尿素氮和肌酐迅速升高，尿量减少，是由于 MTX 及其代谢产物 7-羟基 MTX 在肾小管和酸性尿液中的沉积（Jacobs，1976）。MTX 主要在肾小球过滤和肾小管排泌，静脉应用 MTX 0.5～3mg/kg，2 周后血中尿素氮可短暂上升，葡萄糖廓清及马尿酸排泄均减低，提示对肾小球过滤及肾小管排泌均有不同程度影响，肾小管腔内有 MTX 原药沉着和阻塞，这种损害可随药物剂量增大而加重，导致结晶性肾盂积水，病理所见与尿酸性肾病变相似。MTX 及其代谢产物 7-羟基 MTX 属有机酸，像尿酸一样，在碱性尿液中更易溶解。因此，在应用大剂量 MTX 时，水化和碱化尿液是预防和减少肾脏病变的重要措施。大部分单位使用的方法是液体量 2.5～3.5 L/（m^2 · d），在 MTX 输注前 12 小时开始并持续 24～48小时，每升输液中使用碳酸氢钠 45～50mmol/L 来达到水化碱化的目的，保持尿 pH 在 7 或 7 以上，每小时尿量至少达到 100ml。MTX 与血浆蛋白结合率高，若在 MTX 应用的同时合用水杨酸或复方新诺明，该药物可以与 MTX 产生竞争拮抗，延长 MTX 的半衰期，从而会提高 MTX 的血清浓度，增加肾毒性，应引起注意（Thyss，1986）。

（三）L-ASP

40%～50%的患者应用 L-ASP 后可使血尿素氮升高，个别患者发生无尿，但多数于用药后 2～3 周血尿素氮恢复正常。

（四）其他药物

在非常大剂量使用 6-MP（大于 1mg/m^2）时，6-MP 可以沉积在肾小管，出现血尿和结晶尿（Duttera 等，1972）。在部分患者羟基脲可以引起短暂的肾功能异常，包括血尿素氮和肌酐的升高、蛋白尿（Samuels 等，1965）。长春新碱对自主神经的毒性可以引起膀胱无力，因此导致蛋白尿、排尿困难、尿失禁和尿潴留（Gottlieb 等，1971）。亚硝脲类药物也可以产生剂量依赖性的肾毒性，可以导致肾衰竭甚至死亡（Silver 等，1979；Schacht 等，1978；Harmon 等，1979）。

十、代谢和骨副作用

肾上腺糖皮质激素是化疗方案中的重要组成部分，尤其在儿童和成人 ALL 或淋巴瘤合并白血病患者的治疗中是必不可少的药物，该药在发挥白血病治疗作用的同时，也可出现不少副作用。

（一）糖尿病

肾上腺糖皮质激素能抑制外周组织对糖的摄取和利用，促进蛋白质和脂肪分解，促进

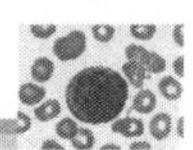

糖原异生，使血糖升高。因此，长期应用肾上腺糖皮质激素治疗的患者可诱发糖尿病或可使原有糖尿病患者病情加重，而且在ALL患者的化疗方案中肾上腺糖皮质激素还经常与L-ASP联合应用，而L-ASP可影响胰岛B细胞功能，使胰岛素分泌减少，故两者联用会进一步诱发糖尿病的发生，尤其是年龄较大患者更应高度警惕。为减少长期治疗副作用，在病情允许情况下，应尽早减量到停用，定期复查血糖十分重要。如果并发糖尿病，但又仍必须应用肾上腺糖皮质激素，则宜同时加用胰岛素或根据病情加用口服降糖药，使血糖控制在理想的水平。

（二）骨并发症

长期应用肾上腺糖皮质激素患者均有不同程度的骨质疏松，严重者发生无菌性股骨头坏死，后者多发生在开始治疗后20～42个月。Murphy等报告有5例ALL患者在含有肾上腺糖皮质激素的治疗方案中发生股骨头坏死，占同期治疗患者的4.4%。发生股骨头坏死的机制尚不十分清楚。其一，可能是肾上腺糖皮质激素应用后骨髓组织内脂肪增加，导致骨髓腔内压力增加，血管闭塞，随后发生股骨头坏死；其二，认为可能是脂肪栓塞微血管导致骨组织缺血，而发生股骨头坏死。髋关节是全身负重量最大的关节，疼痛是其出现的最早症状，此时X线片上可无任何表现，骨扫描可早期发现。Arlat等曾将股骨头坏死分成四期：Ⅰ期X线平片正常，骨扫描有缺血性骨组织坏死改变；Ⅱ期X线平片上有一定程度放射学改变，但股骨头仍完整；Ⅲ期X线平片上已示有股骨头楔形骨坏死改变；Ⅳ期股骨头破坏、塌陷，关节腔变狭。因此，早期发现、及时停用肾上腺糖皮质激素治疗十分重要，如已进入Ⅱ期，应行股骨头内减压治疗，使疼痛减轻，阻止影像学改变的进展。如已进入Ⅲ～Ⅳ期，常需行股骨头置换手术。

如何预防骨质疏松，有人提出每天口服氟化钠40～70mg，分次口服，每天补钙1g，维生素D 5000U，每周1～3次，可增加钙的吸收，降低血清甲状旁腺激素水平，抑制破骨细胞对骨质的吸收，增加钙在骨质中的沉着。

十一、眼的毒副作用

大剂量Ara-C如3g/m^2，12小时1次，共8～12次，可并发眼的毒副作用，常见的症状有流泪、畏光、球结膜充血、眼异物感和视朦等结膜炎表现，发生率约为50%，损伤机制可能是抑制角膜上皮DNA的合成。其他如Cy、ADM和MTX等也可有结膜炎表现。用0.5%可的松眼药水可有效起到较好的防治作用。

十二、生殖发育系统

在化疗药物中，烷化剂最常引起男性不育症。尤其是氮芥和环磷酰胺，其作用是与剂量相关的，而当MOPP或MVPP方案应用大于3个疗程后最有可能发生永久性的不育（da Cunha等，1984）。含丙卡巴肼的化疗方案所引起的睾丸损害比单用烷化剂持续的时间更长（Sieber，1978）。大剂量MTX（250mg/kg）可能在某些患者产生暂时的精液减少（Shamberger等，1981），而含有多柔比星的方案在年龄低于40岁的大部分患者中会产生可逆的睾丸损害（Shamberger 等，1981；Meistrich 等，1985；Bonadonna 等，1982；Meistrich 等，1989）。引起卵巢功能不全的最常见原因也是烷化剂，白消安常见的副作用之一就是闭经，烷化剂更会使绝经提前，尤其是在年龄更大的患者中（Kumar 等，1972；Sherins 等，1973；Blake 等，1976；Galton 等，1958；Miller 等，1971）。其他可能引起不育的药物还有长春新碱、阿糖胞苷、顺铂、安吖啶、依托泊苷、米托蒽醌、博来霉素等（da Cunha MF 等，1982）。

几乎所有的烷化剂都有致畸作用（Haskin，1948；Bodenstein，1948；Bodenstein，1948）。有报道在母亲妊娠 3 个月时接受了氮芥、Cy 或亚硝脲后出生的儿童有畸形，但在妊娠 4～9 个月接受烷化剂的母亲生育的婴儿正常（Steege 等，1980；Toledo 等，1971；Garrett，1974；Orrega，1977；Lergier 等，1974）。

十三、第二肿瘤

烷化剂、拓扑异构酶Ⅱ抑制剂、蒽环类等是诱发第二肿瘤的高危因素，如果合并放疗会更加敏感。形成第二肿瘤的高峰时间是抗白血病治疗后的 5～9 年。据报道，最常引起癌症的烷化剂有美法仑（Rosner 等，1974；Einhorn，1978）、Cy（Rosner 等，1975；Seiidenfeld 等，1976；Hochberg 等，1978）、氮芥和亚硝脲。有报道接受长期环磷酰胺治疗的患者出现膀胱癌症（Inagaki 等，1998），羟基脲引起鳞状细胞癌（De Benedittis 等，2004）等。以 VP-16、VM-26 治疗实体肿瘤后的致白血病作用（Karnaoukhova 等，1997；Smith 等，1993、1994、1996、1999；Detourmignies 等，1992；Fenaux 等，1989）也常有报道。

十四、其他毒副作用

（一）全反式维 A 酸的毒副作用

全反式维 A 酸（ATRA）是一种维生素 A 异生物，1986 年我国上海血液学研究所在国内外首先应用该药来治疗急性早幼粒细胞白血病（APL）取得巨大成功，单药完全缓解率（CR）可高达 96%。此后国内外大量临床应用证实了 ATRA 的疗效，并得到了国际公认。该药的主要药理作用是促进早幼粒白血病细胞诱导分化，并可显著减少 DIC 的发生率，成为目前 APL 的首选治疗药物。但随着临床应用时间的推进和累计病例的增多，近年来也发现该药具有不少毒副作用（Fenaux P 等，2001；姚尔固，1994）。

1. 一般毒副作用　ATRA 的一般常见毒副作用包括皮肤黏膜干燥，口腔黏膜溃疡，眼、睑、口唇肿胀，阴囊水肿、溃疡，消化道恶心、呕吐、食欲缺乏、腹胀和腹泻等，发生率约为 45.5%。骨和关节疼痛约占 15.9%。多发生在 ATRA 治疗后 2～3 周。肝功损害约占 9.1%，其他少见的毒副作用有肾功损害、心肌损害、发热反应和高组胺综合征。

2. 较严重毒副作用

（1）维 A 酸综合征：维 A 酸综合征（RAS）其主要表现为发热、呼吸困难、肢体远端水肿、浆膜腔积液、体重增加及发作性低血压，有时有肾功能不全。胸片可见肺间质浸

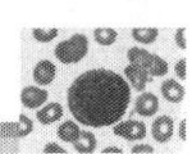

润。RAS的发病机制尚不十分清楚，可能与高白细胞血症有关，其发生率为6%～27%，死亡率为8%～15%。

(2) 高白细胞综合征：无论是标准剂量还是低于标准剂量，ATRA均可诱导白细胞增高，一般于治疗开始后8～14天时达到高峰，平均为治疗开始前白细胞数的10倍左右，当白细胞显著增高时，可发生白细胞淤滞的危险，多表现为呼吸窘迫综合征，即呼吸困难、发绀、低氧血症、神志改变和肺部浸润。

(3) 高颅内压综合征：在ATRA治疗过程中出现头痛、视乳头水肿、脑脊液压力升高，而无中枢神经系统白血病的实验室依据。一般多发生在用药后30分钟到5小时左右。

(4) 维A酸副作用的处理：一般常见ATRA副作用不需要特殊处理。对维A酸引起的发热反应在排除感染后加用泼尼松30mg/d，一般即可消失。对RAS和高白细胞淤滞综合征（一般白细胞>50×10^9/L）患者宜用地塞米松10～20mg/d，共3～5天，同时加用Ara-C 100～150mg/（m^2·d），共5～7天，或合用DNR 40mg/d，共3天，而ATRA继续服用，直到APL完全缓解为止（王学文等，1997；邓星明等，1995）。

（二）亚砷酸的毒副作用

亚砷酸（三氧化二砷）是我国哈尔滨医科大学血液病工作者首创的用于治疗APL的药物，并取得了令人鼓舞的效果，它对防治或ATRA治疗缓解后复发APL患者均有明显疗效，已得到国内外医学同行的一致公认。初治APL患者CR率可达87.9%，有效率94.4%，复发组CR率60%，与ATRA和其他化疗药物无交叉耐药性，是继ATRA后又一较为有效的治疗APL药物（张鹏等，2000）。该药作用机制尚未完全阐明，认为主要是通过诱导分化、凋亡及杀灭和抑制APL细胞增殖等综合机制所致，但后者的作用较弱（朱新华等，1998）。在发挥治疗作用的同时，它的副作用也不可忽视，主要有：

1. 白细胞过多综合征 亚砷酸在治疗过程中由于其诱导分化作用，外周血出现不同程度的白细胞增多现象，这些细胞大多为异常的早幼粒-中幼粒的移行细胞，或为较成熟的中性粒细胞，甚至由此而出现胸水和腹水，只有少数患者为此中断治疗，绝大多数不需要处理。

2. 骨髓抑制 在常规剂量亚砷酸诱导治疗情况下，约6.15%的患者可在治疗后第8～21天（平均18.4天）出现轻度骨髓抑制，表现为外周血白细胞减少，最低达0.2×10^9/L，血红蛋白轻度下降，血小板下降不明显，一般不需要停药，平均21天时可以恢复。骨髓中可出现双核早幼红细胞、巨核红细胞，分裂相易见，成熟红细胞大小不均等。

3. 其他不良反应 主要有消化道不适，食欲减退，腹部不适，轻度恶心，呕吐或腹泻，皮肤干燥、色素沉着及红斑（22.7%），GPT、GOT、AKP、γ-GT和胆红素升高等。其他少见不良反应有水肿、关节肌肉酸痛、手足麻木、口腔溃疡、头痛及心电图ST-T改变等。上述不良反应均可耐受，经对症处理可以减轻或消失，不留后遗症。

（三）急性肿瘤溶解综合征

急性肿瘤溶解综合征（acute tumor lysis syndrome，ATLS）是由对化疗药物敏感的肿瘤细胞经化疗后大量溶解破坏，快速释放其内容物而导致代谢异常和电解质紊乱所致的一组症候群。其主要临床表现为高钾血症、高磷酸血症、高尿酸血症、代谢性酸中毒和急性肾功能衰竭，部分患者突然死亡。本综合征常发生在肿瘤细胞生长迅速的肿瘤，以淋巴瘤化疗后为常见。白血病中，以 ALL 最多见，其次为 CLL、CML 和急性髓细胞白血病。引起 ATLS 的药物有 Cy、Ara-C、VP-16、6-MP、Flu、Pred 和 DEX 等。其高危险因素有肿瘤负荷量大，化疗前白细胞高，血尿酸和 LDH 高，存在脱水和酸性尿等，典型的临床表现发生在化疗后的早期，出现高钾血症、高尿酸血症、高磷酸血症和低钙血症，并伴有相应的临床症状，严重者发生少尿、无尿和急性肾功能衰竭（Cheson 等，1998；和红等，1999）。

ATLS 的治疗要及时而准确。对具有发生 ATLS 高危因素的患者在肾功能正常和无电解质紊乱时应多饮水。使每日尿量保持在 1500ml 以上，以尽量排出尿酸等代谢产物；给予别嘌呤醇预防性治疗，以抑制尿酸的形成，从而可防止尿酸性肾病的发生。一旦发生，应积极碱化尿液，利尿，使尿的 pH 控制和维持在 7 左右，以防止尿酸盐结晶的形成。大量输液，每天输液量不应少于 3000ml，一般每小时 200～300ml。大量输液可冲洗原已沉积在肾脏的尿酸盐及磷酸钙结晶。对高血钾患者除利尿外，可静脉输注葡萄糖加胰岛素，使细胞外钾转入细胞内，以降低血钾。血清中钙磷乘积是一个常数，血磷增高者多同时伴有血钙降低，因此对低钙者宜适当补钙，以降低血磷。绝大多数患者经上述积极治疗可取得有效的疗效。当有下列情况之一，经积极处理仍不能改善者应考虑行血液透析：①血钾≥6.5mmol/L；②持续性高尿酸血症，血尿酸≥0.6mmol/L；③血磷＞0.1g/L；④血尿素氮 21.4～28.6mmol/L 或血肌酐 442μmol/L 以上；⑤少尿 2 天以上，并伴有体液过多。

参考文献

陈令松等. 1999. 甲氨蝶呤鞘内注射即时发生可逆性截瘫一例. 中华血液学杂志，20：54

邓星明等. 1995. 维甲酸治疗急性早幼粒细胞白血病出现的白细胞增多症及其处理. 中华血液学杂志，16：341

郭祥等. 2000. 大剂量氨甲蝶呤治疗急性淋巴细胞白血病的副作用. 实用儿科临床杂志，15：99

和红等. 1999. 急性淋巴细胞白血病并发肿瘤细胞溶解综合征——附 4 例报告. 中华血液学杂志，20：310

李强等. 1999. 急性肿瘤溶解综合征. 国外医学·输血及血液学分册，22：93

楼方定等. 1993. 造血干细胞移植过程中的出血性膀胱炎. 中华内科杂志，32：250

潘启超. 2000. 肿瘤药理学与化学治疗学. 郑州：河南医科大学出版社，337

王学文等. 1997. 急性早幼粒细胞白血病全反式维甲酸诱导分化中的高危并发症及其处理. 江苏医药，23：227

吴南海. 2000. 左旋门冬酰胺酶在治疗急性淋巴细胞白血病中的副作用及防治. 白血病，9：120

姚尔固. 1994. 全反式维甲酸治疗相关综合征. 中华血液学杂志，15：103

叶辉等. 1999，大剂量甲氨蝶呤治疗急性淋巴细胞白血病的研究进展. 中华血液学杂志，20：110

叶辉等. 2000. 大剂量甲氨蝶呤静脉滴注后四氢叶酸钙解救方案的探讨. 中华血液学杂志，21：92

叶辉等. 2001. 儿童急性淋巴细胞白血病大剂量甲氨蝶呤治疗研究. 中华血液学杂志，22：385

张鹏等. 2000. 三氧化二砷治疗急性早幼粒细胞白血病 7 年总结——附 242 例分析. 中华血液学杂志，21：67

周绮等. 1990. 常规剂量阿糖胞苷致心律失常 2 例. 中华血液学杂志，11：159

朱军等. 1993. 长春新碱治疗儿童急性淋巴细胞白血病引起发热 1 例. 军医进修学院学报，14：147

朱新华等. 1998. 砷剂对肿瘤的生物学作用. 国外医学·输血及血液学分册，21：314

Alexander J et al. 1979. Serial assessment of doxorubicin cardiotoxicity with quantitative radionuclide an-

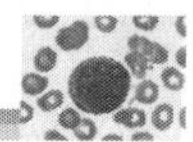

giocardiography. N Engl J Med, 300: 278

Altman A et al. 1982. Acute pancreatitis in association with cytosine arabinoside therapy. Cancer, 49: 1384

Anderson BS et al. 1990. Fatal pulmonary failure complicating high-dose cytosine arabinoside therapy in acute leukemia. Cancer, 65: 1079

Andersson AP et al. 1993. Clinical results after doxorubicin extravasation treated with excision guided by fluorescence microscopy. Eur J Cancer, 29: 1712

Applebaum F et al. 1982. Fatal hepatoxicity associated with AMSA therapy. Cancer Treat Rep, 66: 1863

Bellin HJ et al. 1974. Effects of a single dose of cyclophosphamide: V. protection effect of diversion of the urinary stream on dog bladder. Lab Invest, 30: 43

Bellone JD. 1981. Treatment of vincristine extravasation. JAMA, 245: 343

Benjamin RS et al. 1985. Evaluation of mitoxantrone cardiac toxicity by nuclear angiography and endomyocardial biopsy: an update. Invest New Drugs, 3: 117

Berman E et al. 1989. Comparative trial of cytarabine and thioguanine in combination with amsacrine or daunorubicin in patients with untreated acute nonlymphocytic leukemia: results of the L-16M protocol. Leukemia, 3: 115

Bertelli G et al. 1995. Topical dimenthylsulfoxide for the prevention of soft tissue injury after extravasation of vesicant cytotoxic drugs: a prospective clinical study. J Clin Oncol, 13: 2851

Bierman HR et al. 1958. The influence of 1, 4-dimethylsulfonoxy-1, 4-dimethylbutane (CB2348, dimethyl Myleran) in neoplastic disease. Ann N Y Acad Sci, 68: 1211

Bird RL et al. 1983. Transient cortical blindness secondary to vincristine therapy in children. Cancer, 47: 37

Blake DA et al. 1976. Return of fertility in a patient with cyclophosphamide-induced azoospermia. Johns Hopkins Med J, 139: 20

Bleyer WA et al. 1978. "Concentration×time" methotrexate via a subcutaneous reservoir: a less toxic regimen for intraventricular chemotherapy of central nervous system neoplasm. Blood, 51: 835

Blum RH et al. 1973. A clinical review of bleomycin-a new antineoplastic agent. Cancer, 31: 903

Bodenstein D et al. 1948. A comparison of the effects of various nitrogen mustard compounds on embryonic cells. J Exp Zool, 108: 75

Bodenstein D. 1948. The effects of nitrogen mustard on embryonic amphibian development. J Exp Zool, 108: 93

Bonadonna G et al. 1982. Chemotherapy in the treatment of Hodgkin's disease. Cancer Treat Rep, 9: 21

Borison HL et al. 1968. Emetic action of nitrogen mustard (mechlorethamine hydrochloride) in dogs and cats. Am J Physiol, 192: 410

Bristow MR et al. 1981. Anthracycline-associated cardiac and renal damage in rabbits. Lab Invest, 45: 157

Burchenal JH et al. 1961. Pyrimidine and purine antagonists. Clin Pharmacol Ther, 2: 523

Burn WA et al. 1970. Busulfan-induced pulmonary disease. Am Rev Respir Dis, 101: 408

Buzdar AU et al. 1985. Early and delayed clinical cardiotoxicity of doxorubicin. Cancer, 55: 2761

Capizzi RI et al. 1971. L-asparaginase: clinical, biochemical, pharmacological and immunological studies. Ann Intern Med, 74: 893

Carmichael SM et al. 1970. Orghostatic hypotention during vincristine therapy. Arch Intern Med, 126: 290

Carpentieri R et al. 1978. Ataxia and athetosis as side effects of chemotherapy with vincristine in non-Hodgkin's lymphomas. Cancer Treat Rep, 62: 561

Cheson BD et al. 1994. Neurotoxicity of purine analogs: a review. J Clin Oncol, 12: 2216

Cheson BD et al. 1998. Tumor lysis syndrome: an uncommon complication of fludarabine therapy of chronic lymphocytic leukemia. J Clin Oncol, 16: 2313

Cheung AYC et al. 1999. Hydroxyurea-induced fever in cervical carcinoma: case report and review of the literature. Cancer Invest, 17: 245

Clark PN et al. 1960. Toxic complications of treatment with 6-mercaptopurine. BMJ, 1: 393

Clavell LA et al. 1986. Four-agent induction and intensive asparaginase therapy for treatment of childhood acute lymphoblastic leukemia. N Engl J Med, 315: 657

Codling BW et al. 1972. Pulmonary fibrosis following therapy with melphalan for multiple myeloma. J Clin Pathol, 25: 668

Cole RC et al. 1978. Pulmonary disease with chlorambucil therapy. Cancer, 41: 455

Cornwell GG et al. 1979. Hypersensitivity reactions to Ⅳ melphalan during treatment of multiple myeloma: cancer and leukemia group B experience. Cancer Treat Rep, 63: 399

Da Cunha MF et al. 1982. Temporary effects of AMSA chemotherapy on spermatogenesis. Cancer, 49: 2459

Da Cunha MF et al. 1984. Recovery of spermatogenesis after treatment for Hodgkin's disease: limiting dose of MOPP chemotherapy. J Clin Oncol, 2: 571

De Benedittis M et al. 2004. Oral squamous cell carcinoma during long-term treatment with hydroxyurea. Clin Exp Dermatol, 29: 605

De Vita VT et al. 1965. Clinical trials with 1, 3-bis (2-chloroethyl) -1-nitrosourea, NSC-409962. Cancer Res, 25: 1876

Detourmignies L et al. 1992. Therapy-related acute promyelocytic leukemia-a report on 16 cases. J Clin Oncol, 10: 1430

Disa JJ et al. 1998. Prevention of adriamycin-induced full-thickness skin loss using hyaluronidase infiltration. Plast Reconstr Surg, 103: 370

Doroshow JH. 1991. Doxorubicin-induced cardiac toxicity. N Engl J Med, 324: 843

Dorr RT et al. 1985. Vinca alkaloid skin toxicity: antidote and drug disposition studies in the mouse. J Natl Cancer Inst, 74: 113

Dorr RT et al. 1989. High levels of doxorubicin in the tissues of a patients of a patient experiencing extravasation during a 4-day infusion. Cancer, 64: 2462

Dresdale A et al. 1983. Prospective evaluation of doxorubicin-induced cardiomyopathy resulting from postsurgical adjuvant treatment of patients with soft tissue sarcomas. Cancer, 52: 51

Duttera MJ et al. 1972. Hematuria and crystalluria after high-dose 6-mercaptopurine administration. N Engl J Med, 287: 292

Feil VS et al. 1974. Alopcia activity of cyclophosphamide metabolites and related compounds in sheep. Cancer Res, 34: 2596

Fenaux P et al. 1989. Favorable cytogenetic abnormalities in secondary leukemia. Cancer, 63: 2505

Fenaux P et al. 2001. All-trans retinoic acid and chemotherapy in the treatment of acute promyelocytic leukemia. Semin Hematol, 38: 13

Forni AM et al. 1964. Cytological study of the effect of cyclophosphamide on the epithelium of the urinary bladder in man. Cancer, 17: 1348

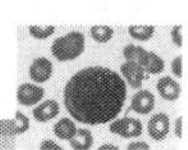

Fossa SD et al. 1990. Unexpectedly high serum methotrexate levels in cystectomized bladder cancer patients with an ideal conduit treated with intermediate doses of the drug. J Urol，143：498

Galton DAG et al. 1958. Busulfan（1，4-dimethylsulfonoxy-butane，myleran）：summary of clinical results. Ann N Y Acad Sci，68：967

Ganci L et al. 1980. Changes in hair pigmentation associated with cancer chemotherapy. Cancer Treat Rep，64：193

Garrett MJ. 1974. Teratogenic effects of combination chemotherapy. Ann Intern Med，80：667

Gill RA et al. 1982. Hepatic venoocclusive disease caused by 6-thioguanine. Ann Intern Med，96：58

Gonzalez H et al. 1998. Severe autoimmune hemolytic anemia in eight patients treated with fludarabine. Hematol Cell Ther，40：113

Goode UB et al. 1971. Cytosine arabinoside in acute granulocytic leukemia. Clin Pharmacol Ther，12：599

Gottlieb RJ et al. 1971. Vincristine-induced bladder atony. Cancer，28：674

Gralnick HR et al. 1970. Hypofibrinogenemia and coagulation factor deficiencies with L-asparaginase treatment. Cancer，40：1398

Haq MM et al. 1985. Doxorubicin-induced congestive heart failure in adults. Cancer，56：1361

Hargreaves MR et al. 1992. Acute pneumonitis associated with low dose methotrexate treatment for rheumatoid arthritis：report of five cases and review of published reports. Thorax，47：628

Harlow PJ et al. 1979. A fatal case of inappropriate ADH secretion induced by cyclophosphamide therapy. Cancer，44：896

Harmon WE et al. 1979. Chronic renal failure in children treated with methyl CCNU. N Engl J Med，300：1200

Haskin D. 1948. Some effects of nitrogen mustard on the development of external body form in the fatal rat. Anat Rec，102：493

Heitmann C et al. 1998. Surgical management after doxorubicin and epirubicin extravasation. J Hand Surg Br，23：666

Henneman B et al. 1993. Acute alveolitis induced by hydroxyurea in a patient with myeloproliferative syndrome. Ann Hematol，67：133

Hennessy JD. 1966. Alopecia and cytotoxic drugs. BMJ，2：1138

Hironen HE et al. 1988. Vincristine treatment of acute lymphoblastic leukemia induces transient autonomic cardioneuropathy. Cancer，64：801

Hochberg MC et al. 1978. Acute leukemia following cyclophosphamide therapy for Sjögren's syndrome. Johns Hopkins Med J，142：211

Hurwitz RI et al. 1988. Reversible encephalopathy and seizures as a result of conventional vincristine administration. Med Pediatr Oncol，16：216

Inagaki T et al. 1998. Cyclophosphamide induced urinary bladder and renal pelvic tumor：a case report. Nippon Hinyokika Gakkai Zasshi，89：674

Ishii E et al. 1988. Vincristine-induced fever in children with leukemia and lymphoma. Cancer，61：660

Israel RH，Olson JP. 1978. Pulmonary edema associated with intravenous vinblastine. JAMA，240：1585

Jacobs S. 1975. The Hamman-Rich syndrome following treatment of lymphoma with chlorambucil. J La State Med Soc，127：311

Jacobs SA. et al. 1976. 7-Hydroxy-methotrexate as a urinary metabolite in human subjects and rhesus monkeys receiving high dose methotrexate. J Clin Invest，57：534

Jaffe N. 1972. Recent advances in the chemotherapy of metastatic osteogenic sarcoma. Cancer，30：1627

Jones B et al. 1977. Optimal use of L-asparaginase（NSC-109229）in acute lymphocytic leukemia. Med Pediatr Oncol，3：387

Kantor AF et al. 1981. Are Vinca alkaloids associated with myocardial infarction? Lancet，1：1111

Karchmer RK et al. 1977. Possible anaphylactic reaction to intravenous cyclophosphamide. JAMA，237：475

Karnaoukhova L et al. 1997. Mutation frequency and spectrum in lymphocytes of small cell lung cancer patients receiving etoposide chemotherapy. Cancer Res，57：4393

Karuru MS et al. 1994. Hydroxyurea-induced acute interstitial lung disease. South Med J，87：767

Kennedy BJ. 1975. Skin changes secondary to hydroxyurea. Arch Dermatol，111：183

Khan A et al. 1971. Atopic hypersensitivity to L-asparaginase. Int Arch Allergy，40：463

Kleinschmidt-DeMasters BK et al. 1992. "Locked-in syndrome" after intrathecal cytosine arabinoside therapy for malignant immunoblastic lymphoma. Cancer，70：2504

Kremer JM et al. 1997. Clinical，laboratory，radiographic，and histopathologic features of methotrexate-associated lung injury in patients with rheumatoid arthritis：a multicenter study with literature review. Arthtitis Rheum，40：1829

Kumar R et al. 1970. Cyclophosphamide and reproductive function. Lancet，1：1212

Kyle RA et al. Multiple myeloma and acute myelomonocytic leukemia. N Engl J Med，283：1121

Lakin JD et al. 1976. Generalized urticaria to cyclophosphamide：type Ⅰ hypersensitivity to an immunosuppressive agent. J Allergy Clin Immunol，58：160

Land VJ et al. 1972. Toxicity of L-asparaginase in children with advanced leukemia. Cancer，40：339

Legha SS et al. 1978. Acute cyclophosphamide hypersensitivity reaction：possible lack of cross-sensitivity to mechlorethamine and isophosphamide. Cancer Treat Rep，62：180

Legha SS et al. 1982. Evaluation of AMSA in previously treated patients with acute leukemia：results of therapy in 109 adults. Blood，60：484

Legha SS. 1986. Vincristine neurotoxicity：pathophysiology and management. Med Toxicol，1：421

Leonard JV et al. 1986. Acute encephalopathy and hyperammonaemia complicating treatment of acute lymphoblastic leukaemia with asparaginase. Lancet，1：162

Lergier JE et al. 1974. Normal pregnancy in multiple myeloma treated with cyclophosphamide. Cancer，4：1018

Lipshultz SE et al. 1991. Late cardiac effects of doxorubicin（adriamycin）therapy for childhood acute lymphoblastic leukemia. N Engl J Med，324：808

Lopez M et al. 1998. Randomized prospective clinical trial of high-dose epirubicin and dexrazoxane in patients with advanced breast cancer and soft tissue sarcomas. J Clin Oncol，16：86

Louie AC et al. 1985. Amsacrine（AMSA）：a clinical review. J Clin Oncol，3：562

Mahoney DH et al. 1998. Acute neurotoxicity in children with B-precursor acute lymphoid leukemia：an association with intermediate-dose intravenous methotrexate and intrathecal triple therapy—a Pediatric Oncology Group study. J Clin Oncol，6：1712

Mark GJ et al. 1978. Cyclophosphamide pneumonitis. Thorax，33：89

Meistrich ML et al. 1985. Sperm production following chemotherapy for sarcomas. Proc Am Assoc Cancer Res，6：170

Meistrich ML et al. 1989. Recovery of sperm production after chemotherapy for osteosarcoma. Cancer，

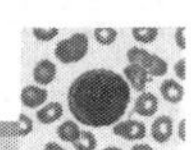

63：2115

Miller BR. 1985. Neurotoxicity and vincristine. JAMA，253：2045

Miller JJ et al. 1971. Multiple late complications of therapy with cyclophosphamide，including ovarian destruction. Am J Med，50：530

Mitchell L et al. 1994. Increased endogenous thrombin generation in children with acute lymphoblastic leukemia：risk of thrombotic complications in L-asparaginase-induced antithrombin Ⅲ deficiency. Blood，83：386

Moreb JS et al. 1992. Outcome of linical congestive heart failure induced by anthracycline chemotherapy. Cancer，70：2637

Mullins GM et al. 1975. Intensive cyclophosphamide therapy in solid tumors. Cancer Chemother Rep，59：411

Nathanson L et al. 1967. Clinical toxicologic study of cyclohexylamine salt of *N*，*N*-bis（2-chloroethyl）-phosphorodiamidic acid（NSC-69945；OMF-59）. Cancer Chemother Rep，51：35

National Toxicology Program. 2008. NTP-CERHR monograph on the potential human reproductive and developmental effects of hydroxyurea. NTP Cerhr Mon，21：vii～viii，v，ix～111 I

Nirenberg A et al. 1977. High-dose methotrexate with citrovorum factor rescue：predictive value of serum methotrexate concentrations and corrective measures to avert toxicity. Cancer Treat Rep，61：779

Ohnuma T et al. 1970. Biochemical and pharmacological studies with L-asparaginase in man. Cancer Res，30：2297

Ortega J. 1977. Multiple agent chemotherapy including bleomycin of non-Hodgkin's lymphoma during pregnancy. Cancer，40：2829

O'Dwyer P et al. 1984. Hypersensitivity reactions induced by etoposide. Cancer Treat Rep，68：959

Patel AR et al. 1976. Cyclophosphamide therapy and interstitial pulmonary fibrosis. Cancer，38：1542

Peterson RC et al. 1971. Immunological responses to L-asparaginase. J Clin Invest，50：1080

Philips FS et al. 1961. Cyclophosphamide and urinary bladder toxicity. Cancer Res，21：1577

Prai GR et al. 1987. A case of mitoxantrone-associated cardiomyopathy without prior anthracycline therapy. Br J Radiol，60：1125

Primack A. 1971. Amelioration of cyclophosphamide-induced cystitis. J Natl Cancer Inst，47：223

Radin AE et al. 1970. Lung changes and chemotherapeutic agents in childhood. Am J Dis Child，120：337

Rassiga AL et al. 1980. Cytarabine-induced anaphylaxis：demonstration of antibody and successful desensitization. Arch Intern Med，140：425

Renfro L et al. 1991. Ulcerative lichen planus-like dermatitis associated with hydroxyurea. J Am Acad Dermatol，24：143

Reykdal S et al. 1995. Cytarabine-induced pericarditis：a case report and review of the literature of the cardio-pulmonary complications of cytarabine. Leuk Res，19：141

Ripps H et al. 1989. Vincristine-induced changes in the retina of the isolated arterially perfused cat eye. Exp Eye Res，48：771

Rosner F et al. 1974. Multiple myeloma terminating in acute leukemia. Am J Med，57：927

Rosner F et al. 1975. Hodgkin's disease and acute leukemia. Am J Med，58：339

Ross WE et al. 1977. Allergic reaction to cyclophosphamide in a mechlorethamine-sensitive patient. Cancer Treat Rep，61：495

Rubin EH et al. 1992. Risk factors for high-dose cytarabine neurotoxicity：an analysis of a cancer and leukemia group B trial in patients with acute myeloid leukemia. J Clin Oncol, 10: 948

Rubin G et al. 1972. Azathioprine and acute restrictive lung disease. Aust N Z J Med, 2: 272

Rubin JS et al. 1966. Cyclophosphamide hemorrhagic cystitis. J Urol, 96: 313

Rudnick SA et al. 1979. High-dose cytosine arabinoside (HD-Ara-C) in refractory acute leukemia. Cancer, 44: 1189

Rutter DA. 1975. Toxicity of asparaginases. Lancet, 1: 1293

Ryan SP et al. 1999. Low-dose vincristine-associated bilateral vocal cord paralysis. Conn Med, 63: 83

Samuels ML et al. 1965. Renal abnormalities induced by hydroxyurea. Cancer Chemother Rep, 40: 9

Schacht RG et al. 1978. Chronic interstitial nephritis and renal failure dur to nitrosourea (NU) therapy. Kidney Int, 14: 661

Schwartz CL et al. 1993. Corrected QT interval prolongation in anthracycline-treated survivors of childhood cancer. J Clin Oncol, 11: 1906

Seiidenfeld AM et al. 1976. Acute leukemia in rheumatoid arthritis treated with cytotoxic agents. J Rheumatol, 3: 295

Shamberger RC et al. 1981. Effects of high dose methotrexate and vincristine on ovarian and testicular functions in patients undergoing postoperative adjuvant treatment of osteosarcoma. Cancer Treat Rep, 65: 739

Shamberger RC et al. 1981. The effect of postoperative adjuvant chemotherapy and radiotherapy on testicular function in men undergoing treatment for soft tissue sarcoma. Cancer, 47: 2368

Shapiro WR et al. 1980. Chronic methotrexate toxicity to the central nervous system. Clin Bull, 10: 49

Sharma RK. 1988. Vincristine and gastrointestinal transit. Gastroenterology, 95: 1435

Shenkenberg TD et al. 1986. Mitoxantrone: a new anticancer drug with significant clinical activity. Ann Intern Med, 105: 67

Sherins RJ et al. 1973. Effect of drug treatment for lymphoma on male reproductive capacity. Ann Intern Med, 79: 216

Sieber SM et al. 1978. Carcinogenic and other adverse effects of procarbazine in nonhuman primates. Cancer Res, 38: 2125

Silver HKB et al. 1979. CCNU nephrotoxicity following sustained remission in oat cell carcinoma. Cancer Treat Rep, 63: 226

Singal P et al. 1998. Doxorubicin-induced cardiomyopathy. N Engl J Med, 339: 900

Sirieix ME et al. 1999. Leg ulcers and hydroxyurea: forty-one cases. Arch Dermatol, 135: 818

Slavin RE et al. 1978. Cytosine arabinoside-induced gastrointestinal toxic alterations in sequential chemotherapeutic protocols. Cancer, 42: 1747

Smith MA et al. 1993. Report of the cancer-therapy evaluation program monitoring plan for secondary acute myeloid-leukemia following treatment with epipodophyllotoxins. J Natl Cancer Inst, 85: 554

Smith MA et al. 1994. Therapy-related acute myeloid leukemia following treatment with epipodophyllotoxins. Med Pediatr Oncol, 23: 86

Smith MA et al. 1999. Secondary leukemia or myelodysplastic syndrome after treatment with epipodophyllotoxins. J Clin Oncol, 17: 569

Smith MA. 1996. The secondary leukemias: challenges and research directions. J Natl Cancer Inst, 88: 407

Sonneveld P et al. 1984. Long persistence of doxorubicin in human skin after extravasation. Cancer Treat Rep, 68: 895

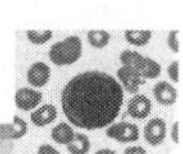

Steege JF et al. 1980. Renal agenesis after first trimester exposure to chlorambucil. South Med J, 3：1414

Stoller RG et al. 1977. Use of plasma pharmacokinetics to predict and prevent methotrexate toxicity. N Engl J Med, 297：630

Stuart MJ et al. 1975. Syndrome of recurrent increased secretion of antidiuretic hormone following multiple doses of vincristine. Blood, 45：315

Swain SM et al. 1997. Cardioprotection with dexrazoxane for doxorubicin-containing therapy in advanced breast cancer. J Clin Oncol, 15：1318

Swain SM et al. 1997. Delayed administration of dexrazoxane provides cardioprotection for patients with advanced breast cancer treated with doxorubicin-containing therapy. J Clin Oncol, 15：1333

Thyss A et al. 1986. Clinical and pharmacokinetic evidence of a life-threatening interaction between methotrexate and ketoprofen. Lancet, 1：256

Toledo TM et al. 1971. Fetal effects during cyclophosphamide and irradiation therapy. Ann Intern Med, 74：87

Torti FM et al. 1983. Reduced cardiotoxicity of doxorubicin delivered on a weekly schedule：assessment by endomyocardial biopsy. Ann Intern Med, 99：745

Tuxen MK et al. 1994. Neurotoxicity secondary to antineoplastic drugs. Cancer Treat Rev, 20：191

Underferth DV et al. 1983. Cardiac evaluation of mitoxantrone. Cancer Treat Rep, 67：343

Venturini M et al. 1996. Multicenter randomized controlled clinical trial to evaluate cardioprotection of dexrazoxane versus no cardioprotection in women receiving epirubicin chemotherapy for advanced breast cancer. J Clin Oncol, 14：3112

Vomvouras S et al. 1991. Multiple pigmented nail bonds during hydroxyurea therapy：an uncommon finding. J Am Acad Dermatol, 24：1016

Von Hoff DD et al. 1977. Daunomycin-induced cardiotoxicity in children and adults：a review of 110 cases. Am J Med, 62：200

Von Hoff DD et al. 1979. Risk factors for doxorubicin-induced congestive heart failure. Ann Intern Med, 91：710

Von Hoff DD et al. 1980. Acute ventricular fibrillation and death during infusion of 4'-（9-acridinylamino) mehtanesulfon-m-anisidide（AMSA）therapy. Cancer Treat Rep, 64：356

Weber BL et al. 1987. Transient acute hepatotoxicity of high-dose methotrexate therapy during childhood. J Natl Cancer Inst Monogr, 5：207

Weiss RB et al. 1983. Electrocardiogram abnormalities induced by m-AMSA. Cancer Chemother Pharmacol, 10：133

Weiss RB et al. 1986. Amsacrine-associated cardiotoxicity：an analysix of 82 cases. J Clin Oncol, 4：918

Weiss RB et al. 1998. Hemolytic anemia after fludarabine therapy for chronic lymphocytic leukemia. J Clin Oncol, 16：1885

Weiss RB. 1992. Hypeisensitivity reactions. Semin Oncol, 19：458

Wexler LH et al. 1996. Randomized trial of the cardioprotective agent ICRF-187 in pediatric sarcoma patients treated with doxorubicin. J Clin Oncol, 14：362

Willson JKV. 1978. Pulmonary toxicity of antineoplastic drugs. Cancer Treat Rep, 62：2003

Yousif H et al. 1990. Partially reversible nerve deafness due to vincristine. Postgrad Med J, 66：688

Zachariae H et al. 1980. Methotrexate induced liver cirrhosis. Studies including serial liver biopsies during continued treatment. Br J Dermatol, 102：407

第二十四章　放疗/化疗患者的肠外肠内营养支持

蒋朱明　于　康　朱明炜

蒋朱明，北京协和医院外科主任医师，博士生导师。1982～1994年先后共5次任哈佛医学院外科研究员。2005年任Johns Hopkins大学兼职博导。1978年在国内首先报告静脉营养的临床应用。1986年任《Nutrition》、1993年任《Clinical Nutrition》国际编委。2009年任《中华临床营养杂志》总编辑。任肠外肠内营养学分会2004年第一届主任委员。1986年获哈佛医学院优秀工作奖，1989年因“静脉营养的进步”和2002年因“肠黏膜屏障和营养素”两次获国家科技进步奖二等奖。发表论文核心期刊189篇，Pubmed 79篇，SCI收录40篇，SCI引用601次，学术影响指数11。

于康，北京协和医院营养科主任医师，《中华临床营养杂志》副总编，卫生部营养标准委员会委员，中华医学会肠外肠内营养学分会委员，《中华健康管理学杂志》、《中华骨质疏松和骨矿盐疾病杂志》、《临床药物治疗杂志》等编委。在国内外发表学术论文78篇。

朱明炜，医学硕士，北京医院普外科主任医师，北京大学副教授。从事普外科临床工作20余年，对肝、胆、胰及甲状腺等系统疾病诊断和手术治疗，有丰富的临床经验，尤其是在肠外与肠内营养支持方面。在国内外专业杂志发表学术论文近百篇，参加编写医学专著10余部。现为中华医学会肠外肠内营养学分会青年委员会副主任委员、老年营养支持学组委员，中国医师协会循证医学专业委员会委员，北京医学会肠外肠内营养学分会委员，北京中西医结合学会临床营养治疗学分会副主任委员，中国中西医结合学会灾害医学委员会委员。任《中华临床营养》杂志副总编辑，《医学参考报临床营养频道》副主编，《中华损伤与修复》等杂志编委。

第一节　肠外肠内营养支持的理念

肠外肠内营养支持是指通过消化道外（一般指通过静脉）或消化道内的途径为患者提供比较全面的机体所需的各种营养物质，通过预防（如有营养风险患者）或纠正营养不良（如已经有营养不良），以期改善患者结局（如减少并发症、促进患者康复、改善耗费与效益比等）。

根据其输注途径分为肠外营养（parenteral nutrition，PN）和肠内营养（enteral nutrition，EN）（中华医学会肠外肠内营养学分会诊疗指南，2006、2008版）。

对于患有各种血液系统疾病的患者，除疾病本身可能导致的疾病性营养不良（营养不足）外，还可能需要接受放疗/化疗（如骨髓移植前后放疗/化疗等）。由于放疗/化疗本身以及肿瘤本身释放的细胞因子（TNF等）致肠功能障碍或衰竭，更容易面临营养风险（nutritional risk）或加重原有的营养不良（不足）。因此，血液疾病患者的营养支持，包

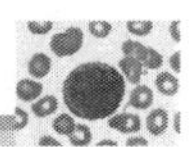

括添加特殊营养素（如 ω-3 脂肪酸、谷氨酰胺等）成为临床上影响结局的重要问题之一。

血液病患者的肠外肠内营养支持的适应证、应用方法和基本原理均需遵循肠外肠内营养支持的一般规律。

按陆道培的分析，器官移植、心脏手术和介入治疗及临床营养被列为第二次世界大战后三项影响广泛的医学事件，说明了临床营养（肠外肠内营养学）的重要地位（陆道培，2005）。

一、静脉营养在国际和国内的探索试用与临床实践历程

在国际上，滨州医学院的 Rhoads 和哈佛医学院的 Moore 等在 20 世纪 50 年代初就已在美国开始探索试用静脉营养。所以美国的探索试用已经 60 余年。

美国的静脉营养临床使用，是以 1967 年 Dudrick、Wilmore 等在美国外科年会最早的静脉营养报告为起点，有 40 余年历史。Dudrick、Wilmore 等通过上腔静脉导管给予大动物犬静脉营养，发现能和进天然饮食的大动物犬一样地生长和发育（图 24-1）。同时报告了 6 例重症患者的临床使用经验（Dudrick 等，1967）。

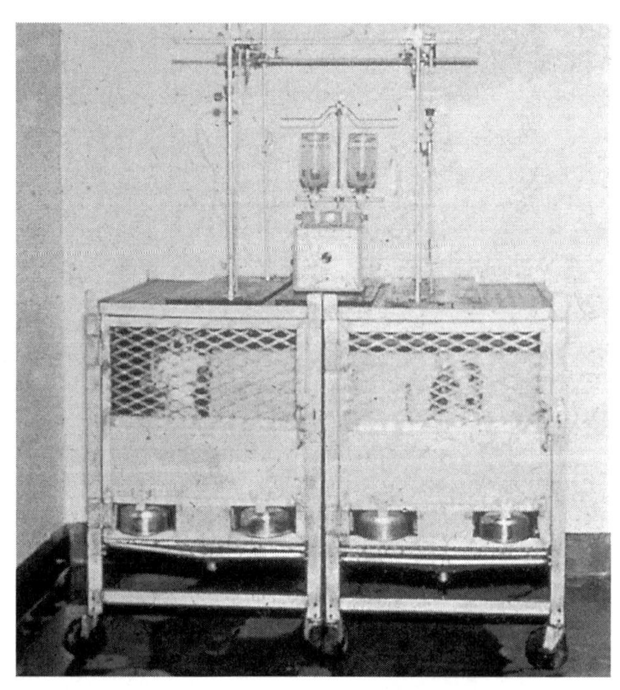

图 24-1 静脉营养支持大动物犬的生长发育
（照片由 Wilmore 提供，并得到使用许可）（Dudrick 等，1967）

静脉营养在国际上经过 40 年的实践，虽然肠外肠内营养支持已经成为了一种临床实践的标准措施，但还缺乏营养支持是否改善临床结局、是否有成本-效果的客观证据（Wilmer 等，2007）。

国内 1959 年曾宪九在北京协和医学院图书馆看到美国哈佛医学院 Moore 的专著《Metabolic Care of the Surgical Patient》（Moore 等，1959），他从该书的附录上得到肠外

营养的信息。1960年，曾宪九和他的团队在北京探索以水解蛋白加葡萄糖为主的静脉营养试用于外科患者；上海中山医院吴肇光也是从Moore的书中得到了肠外营养的信息，1961年和他的团队在上海也有了静脉营养的探索试用。但是对这些探索试用静脉营养的经过没有进行文字总结，也没有发表论文。1971以后，在首都医院（即北京协和医院）有机会申请氨基酸、静脉维生素、脂肪乳剂等进口药物，在国内开展了比较规范的肠外营养支持；1974年又引进规范的肠内营养制剂（Vivonex S）和应用方法（陈敏章等，1974）。这些肠外肠内营养用药及相关安全技术的应用，为当时的国内和国际重症患者提供了较高质量的临床营养支持疗法，取得了明显改善结局的效果。

1978年，蒋朱明、朱预、张思源在中国第九届全国外科学术会议上做了题为“静脉营养治疗外科重症患者临床应用”的报告，当年还提供了短篇（8 mm）记录电影，向国内同行汇报了具体操作和治疗过程，这是中国临床使用静脉营养的第一篇报告，开辟了国内肠外营养的领域（蒋朱明，1978）。

1979年首都医院（即现在的北京协和医院）的蒋朱明、朱预、张思源和曾宪九等在《中华外科杂志》发表了“肠外营养和肠内要素营养联合应用于肠瘘患者”的临床应用论文，是中国最早的肠内营养与肠外营养联合应用的报告，让读者看到肠外肠内营养的联合应用能改善患者的临床结局，这是被美国国立图书馆Medline收录的我国本领域的第一篇论文（蒋朱明，1979）。同年，上海吴肇汉等和南京邹忠寿等在国内发表有关静脉营养在外科和儿科的应用文章。

虽然我国静脉营养和肠内营养的历史已经有30年，但肠外肠内营养学在我国得到比较快的发展阶段是从1986年我国能够自主生产肠外肠内营养用药开始的。从1978年我国每年报告只有十余例、到2000年以后每年接受肠外肠内营养支持的患者上万例，虽然体现了肠外肠内营养临床应用的普及，但也出现了有没有合理适应证的使用问题，也没有专业学会制定适应证指南。

由于对本学科的“多学科”性质认识的延迟，直到2003年才由消化科、基本外科、儿科、呼吸科和内分泌科的一批专家联合申请成立中华医学会肠外肠内营养分会。

在卫生部、中国医学科学院北京协和医院（分会的正式挂靠单位）、中华医学会、中国科协和民政部各级领导的理解和支持下，经过漫长的申请及审批过程，才于2004年12月成立中华医学会肠外肠内营养学分会（Chinese Society for Parenteral and Enteral Nutrition，简称CSPEN）。

分会由蒋朱明、张澍田、蔡威、吴肇汉等同道组成第一届委员会，确立了以循证合理应用和多学科团队管理为主线的分会发展的方向。经过20余次共识工作坊（workshop）和共识研讨会，完成了本领域的2006、2008版《肠外肠内营养学指南》和2007版的规范。第一届常委会组织了大范围、多中心的“营养风险、营养不良、营养支持、结局和成本-效果研究”协作组，为合理应用肠外肠内营养和营养用药的经济学做初步的研究，近年在开展营养支持对有适应证的患者的结局和成本-效果影响研究，为营养支持在我国将要推广的按病种支付模式（dignaosis related group，DRG）中有支付地位做一些基础工作。

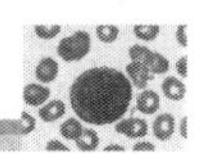

二、营养风险的理念、应用方法、营养支持和结局

与一般住院患者营养支持的合理应用相似，首先要决定是否需要营养支持?

分会的指南推荐从营养风险筛查（nutritional risk screening，NRS）起始，了解有没有营养支持的适应证？是否要制定营养支持计划？对少部分有疑问的患者，还需要进一步做营养评定（nutritional assessment）。营养风险、营养不良、营养不良风险等名词需要在本章节中逐步予以说明。

尽管 10 年前的文献中也出现过营养风险这个名词，但这个名词的定义直到 2002 年，欧洲肠内肠外营养学会（ESPEN）以 Kondrup 为首的专家组才予以明确。

营养风险定义为“现存的或潜在的与营养因素相关的导致患者出现不利临床结局的风险”。

欧洲肠内肠外营养学会（ESPEN）的专家组在 128 个随机对照研究报告（randomized controlled clinical trials，RCT）基础上，发展了一个有客观依据的营养风险筛查工具（Kondrup 等，2003）。

营养风险、营养不良风险、营养不良三个名词在内涵上有重要的不同。营养风险是指“营养因素导致不利临床结局的风险”，而“营养不良风险”只是指发生营养不良的风险，不涉及临床结局。

显然，营养风险的理念更能体现营养支持的价值，而营养不良仅用来描述现存的营养受损状态（梁晓坤等，2007）。

营养风险概念是基于营养支持不仅适用于已有营养不良的患者，而且适用于由于疾病、手术或创伤导致的应激代谢状态，有营养支持需求的患者。

营养风险的发生率要比营养不良发生率高许多，这是由于除了现存的营养状态外，还包括因临床疾病产生的应激导致有营养支持需求的患者。

筛查是一个快速和比较简单的过程，目的在于分析哪些患者可能从营养支持中受益。对一小部分有疑问的患者进一步做营养评估（nutritional assessment）。营养评估是为了进一步分析肠外营养是否真正必要，营养支持是否有可能影响临床结局。

2002 年，欧洲肠外肠内营养学会（ESPEN）大会报告了一种新的营养评定工具“营养风险筛查”（NRS 2002 ）（Kondrup 等，2003；Sorensen 等，2008）。

NRS 2002 的特点是结合了三方面的内容：①疾病状态；②营养缺失状态；③年龄。

NRS 2002 采用评分的方法对营养风险加以量度，其所选取的用以反映营养风险的核心指标来源于 128 个 RCT。通过对这些 RCT 进行系统评价发现，采用这些指标进行营养评定且达到营养风险标准的患者，其使用营养支持后的临床结局好于未达到营养风险标准的患者。NRS 采用评分法度量风险，以评分≥3 分作为存在营养不良风险的标准。将 RCT 按照其患者是否达到营养不良风险的标准分类，多元回归分析发现，NRS 评分≥3 分的患者，其良性临床结局与营养支持的相关性更高。此外，EN 与良性临床结局的相关性亦比 PN 高。2002 年以后发表的一个多中心临床研究（有 212 个中心参加）表明，NRS 在预测营养风险和患者对营养治疗的反应方面，具有其他工具所不可比拟的优势（Sorensen 等，2008）。2004 年 12 月开始，中华医学会肠外肠内营养学分会（CSPEN）下属的“协作组”开展了中国首个大规模住院患者的营养风险、营养不良发生率和营养支持应用情况的调查，该调查使用“NRS 2002”工具对全国10个中心城市三级甲等医院（蒋朱明等，2008）和11个中心的中小医院（蒋朱明等，2008）的住院患者的营养风险、营养不良进行评估，并追踪随访了每例受访者住院期间使用营养支持和液体治疗的状况。该研究纳入的患者涉及6个临床专科，目前已纳入28 000例。对中期研究资料分析发现，普外科患者的营养不良发生率为12.4%，存在营养风险的患者占29.2%，而使用营养支持的患者占到被调查者的39.6%，营养支持绝大多数为肠外营养（PN）。许多患者，尤其是老年患者在住院阶段仍然可能发展为营养不良。老年患者的营养风险发生率高于中青年患者（于康等，2009）。

住院患者的营养不良与疾病的存在有关，其常用名称为“疾病相关营养不良”（disease related malnutrition，DRM），与分解代谢增加、细胞因子、能量摄入不足或合成代谢受损等情况有关。

体质指数（body mass index，BMI）单独指标，尚不能作为是否需要营养支持的主要依据。主观全面评定（subjective globe assessment，SGA）、微型营养评估（mini nutritional assessment，MNA）等在住院患者中的应用，一直缺乏共识（Green等，2005；于康等，2008）。原因在于上述工具缺乏循证研究的基础，没有办法对营养不良与住院患者疾病结局的相关性以及患者是否可从营养支持中获益的问题做出提示（Johansen，2004；Schiesser等，2008）。因此，CSPEN推荐NRS 2002作为住院患者营养风险评定的工具，将NRS 2002评分≥3分作为应用营养支持的标准（中华医学会肠外肠内营养学分会，2008），医师在考虑患者围手术期使用PN或糖电解质输液时，应当根据患者的水和电解质平衡状况、有无营养风险存在，并结合临床实际情况来做出选择（Liang等，2008）。只有适当的营养支持疗法（nutrition support therapy）才能为患者带来良好的结局并节省费用（Amaral等，2007）。

三、营养支持的功能分类

营养支持的内涵包括3个部分：补充、支持和治疗。①营养补充，如口服（oral nutrition supplement，ONS）、管饲或静脉营养补充，在临床上甚为常见。②营养支持，如有营养风险的患者接受的一般性支持，也常见。③营养治疗，如药理营养素治疗（合适剂量的谷氨酰胺双肽、合适剂量的ω-3脂肪酸制剂调节ω-3与ω-6脂肪酸比例，改善患者的免疫反应）改善结局（蒋朱明，2010），或如严重的短肠综合征等情况时必须接受的营养治疗。

近年出现的营养支持疗法也包括这三方面的内容，包括了营养补充这样的客观存在的情况。如硬性使用“营养治疗”这一名词，势必排除了常用的营养补充和营养支持这些客观存在的临床实践，缩小了营养支持的应用范围，也可能关联到医疗保险的适用与限制等情况。国际和国内的医疗单位目前仍在用营养支持组（室/中心）的名称。如国外专门开展肠外肠内营养的部门常见的称谓有营养代谢支持室（nutrition and metabolic support service，NMSS）、营养支持室（nutrition support service）、营养支持小组（nutrition support team，NST）或肠外肠内营养中心（parenteral and enteral nutrition center）等。在欧洲医院中，此部门常附属于消化科、肾科、外科、麻醉科等；美国和日本则附属于外

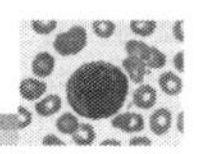

科、消化科、肾科等。国内的主流情况类似。

当前，虽然有些国内学者提出，营养支持要一律改称为营养治疗，但在临床实践中，营养补充、支持和治疗3种情况均存在，如果统称为营养治疗，还缺乏循证医学依据，也与临床实际情况不符。

四、循证应用和团队管理

从循证医学、医疗资源的有限性和药物经济学角度来看，合理应用肠外肠内营养支持，把有限的医疗资源用于有营养风险的患者，是临床实践的必然之路。以临床医师、营养师、药剂师和护师组成的营养支持小组是团队管理的基本单元，其中临床医师要负主要的医疗责任。在发达国家，每个较大的医院都有营养支持小组，尽管人员的多少是可以有所不同的，但其功能是体现团队管理的原理。研究发现，由团队管理模式下进行的肠外肠内营养支持，可减少代谢并发症和节省医疗费用（蒋朱明，2002）。

第二节　肠外营养支持

肠外营养（PN）是经静脉为无法经胃肠道摄取和利用营养物的患者提供包括氨基酸、脂肪、糖类、维生素、微量元素、水和电解质等在内的营养素，以减轻机体分解代谢，促进合成代谢，并维持结构蛋白的功能，又称全肠外营养（total parenteral nutrition，TPN）。但全肠外营养是一个严格的定义，具有排他性。肠外途径的营养支持和肠内途径的营养支持常同时进行，所以广义上讲，只要是通过肠外途径即静脉给予合适剂量的营养素，就是肠外营养。

一、肠外营养的适应证

肠外营养主要针对各种原因导致的胃肠功能严重障碍的患者，如短肠综合征、肠瘘、各种原因的肠梗阻、重症胰腺炎早期、腹腔严重感染等；对于胃肠功能正常或基本正常，但肠内营养输注困难，或营养素供给不足，以及进食不足，不愿接受管饲的患者，肠外营养也是其适应证。对于血液疾病患者，如果疾病治疗中，如放、化疗等导致严重的胃肠道功能障碍，肠外营养是有效的支持手段（Heyland等，2001）。

进行肠外营养之前，首先需要估计患者对水的需要量。根据患者的年龄、疾病，以及疾病对器官功能的影响而有变化。水的需要量通常为30～40ml/(kg·d)，或者1～1.5ml每千卡能量消耗。对于体重大于20kg的患者更加准确的计算方法是：1500ml加20ml/kg(超过20kg的部分)。其次是估计患者能量需要量，一般而言，总的能量需要量必须依据能量消耗来确定，并考虑年龄、性别、体重、活动、发热及疾病严重程度等影响能量消耗的因素。静息能量消耗常作为能量需求的基础值，Harris-Benedict公式是最常用的计算正常个体静息能量消耗的公式：

女：655＋[9.6×体重(kg)]＋[1.8×身高(cm)]－(4.7×年龄)

男：66.5＋[13.8×体重(kg)]＋[5.0×身高(cm)]－(6.8×年龄)

计算时应该考虑应激和活动因素，每日热卡需求量＝BEE×活动因子×应激因子。但是对住院患者，静息能量消耗是变化最大的，受到身体组分和炎症程度的巨大影响，同种疾病的变异性可达到100%，很大程度上取决于疾病的严重程度和时间进程。

为便于使用，中华医学会肠外肠内营养学分会（CSPEN）在住院患者能量需求上推荐使用非蛋白热量需要量＝25～30 kcal/(kg·d)（中华医学会肠外肠内营养学分会，2008）。

二、肠外营养的营养素

肠外营养制剂通常包括常量营养素（蛋白质、糖类和脂肪）和微量营养素（维生素、矿物质和微量元素）（中华医学会肠外肠内营养学分会，2008）。

糖类是肠外营养的最主要能量来源。常见的静脉应用的糖类包括葡萄糖、果糖、木糖醇、山梨醇等。葡萄糖是机体主要的能量供给者，而且脑细胞、肾髓质、白细胞、红细胞、骨髓和周围神经等都必须以葡萄糖供能。肠外途径给予葡萄糖具有蛋白节省效应，还能刺激胰岛素释放，减少脂肪水解。氧化1g葡萄糖产生4kcal能量，为满足脑细胞的需要，葡萄糖每日最少需要量约为100～150g。传统的肠外营养配方的葡萄糖浓度为5%～20%；机体葡萄糖最大的利用率为4～7mg/(kg·min)。

氨基酸在肠外营养中的目的是为机体合成蛋白质提供氮源，包括所有必需氨基酸和几乎所有的非必需氨基酸。氨基酸也可作为能量的来源，但通常认为氨基酸的结构或者生物合成功能超过其作为代谢燃料的功能。因此，肠外营养中的氨基酸常不用来计算能量。对于血液疾病患者，每日氨基酸的供给量建议在1.2～1.5g/kg。氨基酸的标准配方包括单纯氨基酸溶液和氨基酸与葡萄糖的混合液。由于支链氨基酸（缬氨酸、亮氨酸、异亮氨酸）在肌肉组织内被氧化，可能减少肝脏的代谢负担。对于肝功能不良的患者，高支链配方是否改善结局是正在研讨的问题。谷氨酰胺是非必需氨基酸，占体内游离氨基酸库的60%，是体内快速增长细胞的能量供给者，如肠黏膜细胞和免疫细胞等。许多临床研究显示肠外营养中添加谷氨酰胺可以改善危重症患者的临床结局，对于血液疾病患者，如需长时间接受肠外营养，建议适量补充谷氨酰胺。

脂肪乳是重要的营养物质，除为机体提供高效的能量外，还是必需脂肪酸的来源，此外还有携带脂溶性维生素的作用。脂肪乳是等渗的，由磷脂层保证三酰甘油的稳定性，磷脂是乳化剂，甘油被用来调节脂肪乳剂的渗透压。2001年美国胃肠病学会（AGA）对肠外营养进行了系统评价，总结了41个随机对照研究，重点对比含脂肪乳的PN与不含脂肪乳的PN，研究对象是围手术期的患者，结果发现使用含脂肪乳的PN可显著降低术后并发症。临床上常用的脂肪乳有长链和中长链两大类，从减少肝功能损害、减轻免疫抑制和快速代谢的角度考虑，后者明显占优势。鱼油脂肪乳的主要成分ω-3脂肪酸，可减少过度炎症反应和免疫抑制；橄榄油脂肪乳富含单不饱和脂肪酸和天然维生素E，可明显减轻创伤后的脂质过氧化反应，保护肝功能。1g静脉内脂肪氧化可以产生9kcal（1cal＝4.2J）热量。这样可以减少肠外营养中葡萄糖的量，降低高血糖的危险和严重程度，尤其对于有胰岛素抵抗的应激患者。由于0.7的低呼吸商，1g脂肪氧化产生的二氧化碳要少于1g葡萄糖，对呼吸衰竭的患者有益。在营养支持期间应定期监测血脂，根据血脂水平调整用

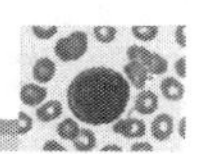

量，脂肪供热占每日非蛋白热量供给的30%～50%。一般而言，每日1～1.5g/kg可以满足对热量和必需脂肪酸的需求。合并高三酰甘油血症的患者（如大于4.4mmol/L），不建议应用脂肪乳剂或者需要暂时停用。

维生素是机体必需的微量营养素，很多是辅酶的前体。人类的饮食中有13种不同的维生素——4种脂溶性维生素和9种水溶性维生素。必需的微量元素包括铁、碘、铜、镁、锌、钴、钼、硒、钒和镍。这些微量元素是酶的辅助因子或辅基。维生素和微量元素通常作为复合产品应用，也有一些单一元素的注射针剂。微量元素的理想用量仍没有确定。美国医学会提出了静脉应用维生素和微量元素的指南推荐接受完全肠外营养的患者每天都需要补充标准剂量的微量营养素。在重症患者，增加维生素C和硒的用量是有益的，因为它们具有对活性氧的非酶促清除作用。除非有明确的潜在缺乏的临床指征，不推荐进行常规的血清水平监测。

肠外营养液的各种成分应该按医师的处方在无菌条件下混合后给患者按18～24小时均匀输注。但是目前大多数医院的无菌配液室的规范和条件还没有达到要求，需要改进。

另外一方面，对大多数血液病相关的患者，可以应用工业化生产的三腔袋（含主要营养素和电解质，加少量添加剂后就可应用），在无菌配置条件不足的医院，更有其实用意义。按照患者的体重和全身情况，选择使用不同规格的产品（金有豫，2010）。

三、肠外营养输注途径

肠外营养可以通过外周或中心静脉（包括经外周静脉中心静脉置管，peripherally inserted central catheter，PICC）输注。决定肠外营养输注途径的因素包括：既往静脉置管病史；评估穿刺部位的血管解剖条件；有无病理体位影响置管；机体凝血功能；肠外营养的持续时间；肠外营养液的渗透压；护理人员的导管维护技能；尊重患者的要求选择导管及部位（知情同意）等。

外周静脉输注溶液的渗透压超过900mOsm/L，静脉炎和疼痛的发生率明显增加。肠外营养液的渗透压是通常超过900mOsm/L，对于需要较长时间接受肠外营养的血液疾病患者，建议早期应用中心静脉途径。

如果单纯输入肠外营养制剂，最好应用单腔导管。锁骨下静脉是最常用的中心静脉途径，与颈内静脉、股静脉比较，可以减少感染和血栓的风险。经PICC通过周围静脉（肘前静脉）置入至上腔静脉。其主要优势是避免了与中心静脉穿刺有关的各种危险，但是可以导致外周静脉炎发生率升高。

肠外营养置管并发症包括：①置管并发症，指留置中心静脉导管过程中导致的各种并发症，如气胸、血胸、动脉损伤、空气栓塞、心律不齐等；②输注路径相关并发症，包括感染、血栓性静脉炎、导管断裂和闭塞等。

CSPEN关于肠外营养输注途径的应用指南推荐：①经周围静脉缓慢均匀输注能够耐受常规剂量与蛋白质密度的肠外营养液，但不建议超过10～14天；②经外周静脉输注出现3次以上静脉炎，建议采用CVC或PICC途径；③肠外营养预计超过10天，建议采用CVC或PICC途径；④成人患者选择输注途径，应综合分析病情、血管条件、肠外营养时间及操作者技术；⑤CVC首选锁骨下静脉；⑥超声引导颈内静脉穿刺成功率较高，体表标志法适合锁骨下静脉穿刺；⑦各种中心静脉置管后，常规进行影像学检查，确定导管尖端位置并排除气胸。PICC 导管尖端必须位于上腔静脉内（中华医学会肠外肠内营养学分会，2007）。

四、肠外营养相关的代谢性并发症

肠外营养代谢性并发症按出现时间可分为急性并发症和慢性并发症。急性代谢性并发症常见有水和电解质紊乱、高血糖、低血糖、高血钙、低磷血症、肝脏脂肪变性等；慢性代谢性并发症的发生机制复杂，处理比较困难，常见的有 PN 相关性肝病、肠屏障功能障碍、代谢性骨病等。按照营养素补充的量可分为营养素缺乏性并发症和营养素过度喂养并发症。营养素需要量难以精确定量，因患者年龄、疾病严重程度和机体营养状况而变化。长期 PN 时，任何营养素的缺乏都是有害的，常见的营养素缺乏有亚油酸、锌、铜、铬、硒和维生素。营养素过度喂养是一种代谢负担，持续的过度喂养可导致器官功能障碍，输液量过多可致肺水肿、心力衰竭，脂肪过量不仅可出现高三酰甘油，而且可出现变态反应（中华医学会肠外肠内营养学分会，2008）。

（一）急性代谢性并发症

1. 低血糖　肠外营养支持将葡萄糖直接输入患者的循环系统，不同于胃肠道内葡萄糖那样直接刺激机体引起胰腺胰岛素的分泌，机体对 PN 刺激引起的胰岛素分泌具有滞后性和强度降低现象。这种现象必将导致血浆葡萄糖浓度不稳定，时高时低，难以调控，尤其在 PN 输入速度改变时。临床表现为心率过快、面色苍白、四肢湿冷、震颤、乏力、烦躁不安、甚至神志模糊，严重者呈休克状态。低血糖休克损伤中枢神经系统，病情进展迅速，若抢救不及时，往往会致死。PN 并发低血糖的常见原因有：①突然停止 PN 输注。因输入高浓度葡萄糖时，内源性胰岛素持续较高分泌，在突然停止输入高浓度葡萄糖后会出现低血糖。②胰岛素用量过大。在严重创伤和大手术后、糖尿病、肝病、尿毒症、脓毒症、休克等严重应激反应时，可发生葡萄糖不耐受，故在葡萄糖液输注浓度>10%时，应适量补充外源性胰岛素。PN 配制中补充正规胰岛素，一般用量可从 6～8g 糖加 1 U 胰岛素开始，再根据监测血糖和尿糖值做调整。③PVC 袋对胰岛素可能有吸附作用。在输注将要结束时，附着在袋壁上的胰岛素可能流入剩余的营养液中，引起营养液中胰岛素浓度突然升高而导致低血糖。④外源性胰岛素加入营养液内输注，糖可迅速被氧化，而胰岛素由于半衰期长（6～12 小时），也可导致低血糖。PN 实施中预防低血糖的措施有：①配制营养液时胰岛素要适量，严密监测血糖变化，根据血糖水平调整胰岛素用量，使血糖控制在 6.1～8.4mmol/L。②输注速度不宜过快，一般控制在 100～150ml/h，全天持续输注时间不少于 12 小时；输液过程中要避免突然中断营养液输注，在停止 PN 时葡萄糖的浓度应逐步降低。③在配液时，胰岛素要与营养液充分混匀。④使用过程中，可每隔一段时间用袋中营养液轻轻振荡袋壁，以防止胰岛素或其他药物吸附在 PVC 袋上。⑤加强临床护理和观察，对突然出现心慌、气促、冷汗的患者应及时检查血糖。

2. 高血糖　对于老年人、糖尿病、败血症、休克和严重创伤的患者，虽然采用了添加外源性胰岛素和糖的输入来调控血糖，但高血糖也时有发生。Rosmarin 等研究了肠外

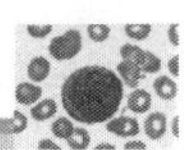

葡萄糖输入速度与高血糖发生率之间的关系，提出葡萄糖的最大输入速度不宜超过 4～5mg/(kg·min)。高血糖发生的原因有：葡萄糖过量输入超过了机体代谢能力，内源性胰岛素分泌不足或外源性胰岛素补充不够，机体出现胰岛素抵抗。临床表现初期为倦怠，当血糖升至 22.2～33.6mmol/L 或更高时，可致高渗性利尿（>1000ml/h）、脱水、电解质紊乱、中枢神经系统功能受损，甚至出现高渗性非酮性高血糖性昏迷。该并发症的死亡率高达 40%～50%，必须十分重视。对于高血糖患者，一般通过皮下注射胰岛素可使血糖下降。一旦发生高渗性非酮性高血糖性昏迷，须立即紧急处理，包括：停输葡萄糖溶液或含有高糖的营养液；输入低渗或等渗氯化钠溶液，内加胰岛素，使血糖逐渐下降；同时注意防治血浆渗透压下降过快所致急性脑水肿；处理的前、中、后期应动态观察血糖、尿糖、电解质及中心静脉压等指标的变化，计算液体丢失量，及时修正处理方案。临床上对于糖尿病、胰腺炎、胰腺手术、全身感染、肝病及使用皮质激素等的患者，应警惕高血糖、高渗性非酮性昏迷的可能（Van den Berghe 等，2006）。

3. 高脂血症及脂肪超载综合征 脂肪乳输入速度过快或输入总量过多时，可发生高脂血症。当患者出现发热、急性消化道溃疡、血小板减少、溶血、肝脾肿大等症状时，可疑为脂肪超载综合征，应立即停止输脂肪乳剂。较长期应用脂肪乳剂、量较大或脂肪廓清能力受损的患者，应定期做血清浊度试验或血脂测定，以了解机体对脂肪的利用和廓清能力。长期肠外营养不补充必需脂肪酸，则可影响人体发育、伤口愈合，产生皮炎、脱发等现象。一般若为满足必需脂肪酸的需要，则每周输注 20%长链脂肪乳剂 250 ml 不少于 2 次；若为满足热量要求，则每天输脂肪乳剂 1～2g/kg。一般认为血三酰甘油超过 3.4mmol/L 宜降低脂肪输入速度，甚至停止输入。

4. 肾前性氮质血症 PN 支持热量供给不足而氨基酸过量供给时，患者易出现肾前性氮质血症。此时，氨基酸脱氨基燃烧作为能源，而不是作为蛋白质合成底物。脱氨基作用使血中尿素氮水平增高，肾脏尿素排出需充足的水合作用，肾前性氮质血症使机体处于脱水状态，恶性循环持续可加重机体脱水，患者出现嗜睡，甚至昏迷。PN 处方中给予合适的氮热比［1∶(100～150)］可以有效预防肾前性氮质血症，同时监测体重、水平衡、血清尿素氮等有利于早期发现氮质血症。

5. 低磷血症 磷是糖代谢和蛋白质、ATP、DNA 和细胞膜磷脂合成的必需成分。在 PN 开始时应提高肌肉和肝脏对磷的摄入以满足机体代谢需要。细胞摄取磷的量的增加可导致低磷血症，尤其在机体磷储备不足时。血清磷低于 1mg/dl 时，患者会出现感觉异常、肌肉无力、惊厥、昏迷等临床症状。严重者可出现呼吸衰竭、心功能异常。恶病质、重度营养不良、慢性酒精中毒及应用结合磷的抑酸剂和利尿药的患者是低磷血症的高危人群。肠外营养中每升液体补充 7～15mmol 磷可以预防低磷血症。

（二）慢性代谢性并发症

1. 淤胆和肝功能损害 在 PN 尤其是较长时间应用过程中，可出现淤胆和肝胆功能异常，表现为血中 AKP、γ-GT、SGPT、胆红素升高，以及胆囊胀大，胆泥形成，胆囊炎症、结石等，PN 停止后这些表现可逐步消退。1971 年 Peden 首先报道 PN 所致的肝功能异常，其后逐步为人们重视，发生率为 8.6%～84%，随观察对象、疾病、时间、方法等不同而不同。肝功能异常主要依靠血清酶学和胆红素水平的升高来确定，而血清酶多为中等度升高。在 PN 期间进行肝活检的研究表明，肝脂肪变性是一个常见的早期和短暂的组织学变化，到后期并发瘀胆；临床上症状多不明显，偶可引起右上腹不适和触痛；相应的生化改变有转氨酶中等度升高，其高峰期在 PN 开始的 2 周内，但常可自行恢复正常，很少伴有 AKP 和血清胆红素的异常。胆汁淤积主要表现为胆汁流量下降、胆汁分泌减少、尿胆红素增高、尿色轻度加深、灰白色粪便、黄疸和皮肤瘙痒。1989 年，Lirussi 等提出了胆汁淤积的具体定义和指标。目前认为胆汁淤积的病理学特征为：光镜下示胆小管阻塞、增生，胆栓形成，肝细胞内出现色素颗粒，胆管纤维化和肝硬化；电镜下示胆小管扩张和微绒毛脱落，粗面内质网增多，细胞质电子密度增高。临床生化检查：血清胆汁酸(BAs)、胆红素、AKP、γ-GT、5′-核苷酸酶及亮氨酸氨基酞酶（LOT）升高。其临床诊断大多依赖于高胆红素血症。Bell 等将血浆胆红素水平≥15g/L 作为诊断儿童淤胆的标准，他观察的 624 例儿童中只有 7.4%的病儿有淤胆。Whitington 认为常规的检查可能降低了对胆汁淤积的诊断，而 γ-GT 或胆酸才可能是更敏感的指标。淤胆一旦出现，就持续存在于接受 PN 支持的整个过程中，长期的肝胆汁淤积可引起不可逆的慢性肝病、肝细胞分泌胆汁功能不正常、胆汁酸肠肝循环障碍，以及肝、胰岛素/胰高血糖素等激素的紊乱；而长期的胆囊胆汁淤积则形成胆泥和胆石，严重者继发胆汁性纤维化或肝硬化。临床上下列患者应用 PN 时常常容易出现淤胆和肝功能损害：①禁食时间较长（大于 2 周）；②营养液成分不适当，糖、脂肪、氨基酸、维生素等比例不当；③合并严重感染；④有回肠疾病；⑤早产及低出生体重婴儿；⑥血浆白蛋白低等。对于这些高危患者宜加强监测，密切观察体征改变，定期复查肝功能，必要时做超声检查。营养支持时宜减少非蛋白的热量供给，适当应用抗生素、促进胆囊排空及胃肠道功能活动等预防措施。一旦出现淤胆和肝胆功能异常应设法改用肠内营养，肠内营养是预防和治疗肝功能异常的最有效措施。

2. 肠屏障功能障碍 肠黏膜屏障包括四部分：①机械屏障指完整的肠黏膜上皮、肠道向下的推进作用和肠黏膜表面的黏液；②化学屏障指肠腔内的化学物质如胃酸、胰蛋白酶及其他胰酶、胆盐、溶菌酶和 IgA 等；③生物屏障指肠道的正常菌群及其产物；④免疫屏障包括肠黏膜分泌的 IgA、肠道相关的淋巴组织和 Kuffer 细胞等。各种原因导致的肠黏膜屏障损伤会促使肠道致病菌跨过肠道进入肠系膜淋巴结并进入血液循环中，导致全身感染和炎症反应。肠道黏膜需从肠腔内摄取营养底物供自身利用，这种营养方式占总营养底物摄取的 70%，其余 30%来自动脉血液供给。在禁食时，肠腔内无营养底物，来自动脉血液的代偿也十分有限，此时，肠道的屏障功能和正常菌群均会受到破坏。长期 PN 由于肠道缺乏营养素和食物机械性刺激作用，机体出现肠上皮绒毛萎缩、变稀，皱褶变平，肠壁变薄，使肠道屏障结构受损，功能减退。肠上皮绒毛萎缩在肠道禁食 48 小时就开始出现，随着细菌移位、SIRS 及肠源性感染、淤胆、导管败血症等进一步加剧。临床上补充含谷氨酰胺、短不饱和脂肪酸制剂可减轻肠上皮萎缩，尽可能经肠道提供少量肠内营养可达到预防作用，研究发现，只要提供不低于总热量 20%的肠内营养就可避免肠道屏障功能的破坏与肠道的菌群移位。

3. 代谢性骨病 肠外营养代谢性骨病表现为骨软化、肌病、骨病，严重者可致病理性骨折，伴有骨钙丢失、血清碱性磷酸酶增加、高钙血症等。其原因可能与骨骼长期固定伴有脱钙物质作用、维生素 D 中毒或不足、磷摄入过低、氨基酸过量、铝污染、钙镁缺乏等有关。目前缺乏有效的预防措施，但增加磷和镁的摄入、交替摄入维生素 D 和足量钙及

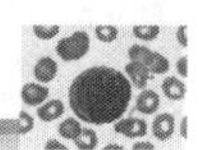

运动可能有用。

4. 再喂养综合征 再喂养综合征是在第二次世界大战期间发现的，监狱中的犯人在恢复正常进食时出现心功能不全、高血压等症状。再喂养综合征指在PN或EN时发生的严重的体液和电解质移动，特别是与磷的移动有关的并发症，可出现一系列症状，严重者可致死。其病因可能为：①低磷血症、水钠潴留、钾镁等其他电解质缺乏、缺乏维生素，特别是硫胺素；②与糖及高容量TPN有关，尤其是高渗脱水、高钠血症、肾前性氮质血症；③“管饲综合征”等。再喂养综合征的高危人群包括神经性厌食、恶病质、重度营养不良、慢性酒精中毒、肥胖而有大量体重下降、禁食1周以上的应激和器官衰竭患者、长期禁食、长期静脉脱水疗法患者。对高危人群进行PN支持从小量开始有预防作用，实施肠外营养时宜监测电解质和生命体征变化。

第三节 肠内营养支持

肠内营养（EN）是通过胃肠道途径进行的营养支持，符合生理功能并且简单易行。EN的消化和吸收过程能够增加胃肠道的血液供应，刺激内脏神经对消化道的支配和消化道激素的分泌，为全身和胃肠道本身提供各种营养物质，并能保护胃肠道的正常菌群和免疫系统。这些作用对维持肠黏膜屏障、维持胃肠道正常的结构和生理功能、减少细菌易位，以及预防肝内胆汁淤积均具有重要的意义（蒋朱明等，2002）。研究发现，只要提供不低于总热量20%的EN就可避免肠道屏障功能的破坏与肠道的菌群易位。创伤后早期应用EN可降低代谢应激和严重全身感染的发生率，减少腹腔和肺部感染。创伤程度越重，早期EN获得的好处越多。研究表明，术后EN支持更有益处，可以降低术后感染并发症，改善伤口愈合，改变肠黏膜抗原表达和氧合及器官功能。研究表明，上消化道肿瘤患者术后24小时内给予肠内营养，能够降低脂肪氧化和机体蛋白质分解代谢，提高氮平衡（Braga等，2002）。目前对于EN的应用国内外专家的共识是“当肠道有功能且能安全使用时就应用它”。但是，对于早期肠内营养是否比消化道功能恢复后给予肠内营养的临床效果为佳，目前还在研究之中，尚有不同意见。

Moore等（1989）比较了创伤患者术后应用EN和PN的情况，结果表明EN能够增加肝脏蛋白，降低感染率（EN组为17%，PN组为37%）和重要感染并发症（EN组为3%，PN组为20%）。Lewis等（2001）证实早期EN能够降低感染并发症和死亡率，缩短住院时间。Bozzetti等（2001）比较了EN与PN对胃肠道营养不良患者术后并发症的影响，发现EN能够降低并发症的发生率、缩短并发症发生时间，感染和非感染并发症危险性分别降低40.8%和26.6%。蒋朱明等（2002）的RCT观察了120例接受消化道手术的患者，结果显示EN组在肝功能、肠黏膜通透性（乳果糖/甘露醇比值）、血浆谷氨酰胺水平和医疗成本等方面优于PN。朱明炜等（2002）在老年患者接受中等以上手术的RCT研究发现，EN组在血浆前白蛋白、肠黏膜通透性（乳果糖/甘露醇比值），以及术后感染并发症等方面显著优于PN组。我国PN与EN的应用比例从20世纪90年代PN多于EN逐渐转向，目前在某些大医院中EN已经接近或多于PN。

一、肠内营养的适应证和禁忌证

1. 适应证

(1) 经口摄食不足或不能经口摄食者。

(2) 胃肠道疾病，虽然胃肠道疾病妨碍患者经口进食，但仍可进行肠内营养支持，EN 提供的营养素齐全，不需要消化或容易消化，通过较短的或黏膜面积较小的肠道即可吸收，具有不改变肠道菌群、无渣、无乳糖及对肠道与胰外分泌刺激较轻等优点，如胃肠道瘘、炎性肠道疾病、短肠综合征和消化道疾病等。

(3) 不完全肠梗阻和胃排空障碍（导管放过功能性梗阻部位）。

(4) 多发性创伤与骨折及重度烧伤患者，需要增加蛋白质与热量的摄入，可通过肠内营养提供。

(5) 肠道检查准备及手术前后营养补充，肠内营养可代替流质饮食做肠道术前准备。

(6) 急性胰腺炎的恢复期与胰瘘（推荐低脂肪含量的制剂，如 Vivonex 和 Elantal)。

(7) 其他：肿瘤患者辅助放化疗、心血管疾病合并营养不足、小儿吸收不良和低体重早产儿、慢性消耗性疾病、重度厌食、肝肾功能衰竭及先天性氨基酸代谢缺陷病等。

2. 禁忌证

(1) 小肠广泛切除后早期（1 个月内)，应进行肠外营养，从而减少消化液的丢失。1 个月后应逐渐向肠内营养过渡，以刺激肠黏膜的增生和代偿。

(2) 空肠瘘的患者如缺乏足够的小肠吸收面积，无论从上端或下端喂养均有困难时，不能贸然进行管饲，以免加重病情。

(3) 处于严重应激状态、麻痹性肠梗阻、上消化道出血、腹膜炎、顽固性呕吐或严重腹泻急性期时不宜行肠内营养。

(4) 严重吸收不良综合征及长期少食衰弱的患者，在肠内营养以前应先给予一段时间的肠外营养，以改善其小肠酶的活力及黏膜细胞的状态。

(5) 急性重症胰腺炎急性期。

(6) 休克患者。

(7) 急性完全性肠梗阻或胃肠蠕动严重减慢的患者。

(8) 症状明显的糖尿病、接受大剂量类固醇药物治疗及糖耐量异常的患者，都不能耐受肠内营养的高糖负荷。

(9) 年龄<3 个月的婴儿不能耐受高渗的肠内营养，应采用等渗液体，同时应注意可能产生的电解质紊乱并补充不够的水分。

(10) 没有明显肠内营养适应证的患者。

二、肠内营养的输注途径

肠内营养管饲途径的选择原则包括以下几个方面：满足肠内营养需要；置管方式尽量简单、方便；尽量减少对患者损伤；患者舒适和有利于长期带管。分为两大类；一是无创置管技术，主要指经鼻胃途径放置导管，根据病情需要，导管远端可放置在胃、十二指肠

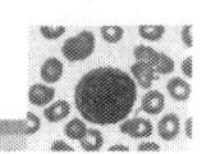

或空肠中；二是有创置管技术，根据创伤大小，再分为微创（内镜协助，如PEG、PEJ）和外科手术下的各类造口技术（Gutt等，1996）。

1. 鼻胃管和鼻肠管 鼻胃管是最常用的肠内营养管饲途径，具有无创、简便、经济等优点。鼻胃管、鼻肠管喂养法适用于无法经口进食或经口进食不足、需短时间进行肠内营养支持的患者。鼻胃管的优点是胃容量大，因此对营养液的渗透压不敏感，适用于要素饮食、匀浆饮食、混合奶等，缺点是鼻咽部刺激、溃疡形成、出血、易脱出、堵塞、吸入性肺炎、可反流并吸入气管等，因此对昏迷、有胃排空障碍或严重的食管反流患者应将喂养管放过十二指肠，即放置鼻肠管。严重鼻咽部疾患难以耐受插管的患者也不宜采用本方法。目前的观点是，对于仅需要2～3周的肠内营养，首选经鼻胃管饲。抬高患者头部30°～45°可以减少吸入性肺炎的发生，口径比较细的鼻胃肠管对患者的呼吸干扰比较少，对患者有益，但需要肠内营养输注泵的协助。

2. 胃造口 胃造口是将导管置入胃内，可以进行减压或喂养，由于胃具有很大的储存能力，并能调节渗透压、延长食物通过时间，同时造口进路便捷，因此胃造口是肠内营养的首选途径。经口摄食障碍是胃造口的适应证，胃造口可通过手术或内镜进行。开腹行胃造口虽然并发症很少，但由于需要进行营养支持的患者多合并有营养不良及其他不利因素，因此仍有一定比例的并发症发生。而内镜下经皮行胃造口操作更简单安全，无须全身麻醉和开腹手术，手术时间短，术后并发症发生率及病死率均明显下降，有人甚至认为，只要在左上腹能看到内镜光亮就可施行此手术。PEG比鼻胃管喂养更简单，患者易耐受，肠内营养使用的连续性更好，可减少食管反流和吸入性肺炎的发生。如果患者需要超过2～3周的肠内营养治疗，在没有禁忌证的前提下，应考虑经PEG给予肠内营养。熟练的内镜操作技术可以减少PEG并发症的发生（江志伟等，2005；Loser等，2005）。内镜下经皮胃造口的适应证与开腹胃造口术相同，由于需置入胃镜做引导，因此口咽部及食管梗阻的患者不宜用此项技术。手术胃造口用于不能行经皮内镜胃造口的患者，包括食管梗阻、经口摄食障碍、肺部潜在并发症和其他原因不能耐受鼻胃管的患者，禁用于原发性胃疾患、胃十二指肠排空异常、严重的食管反流和缺乏完整咽反射的患者。胃造口并发症包括手术并发症、护理并发症及导管并发症。手术并发症有胃与腹壁分离、伤口感染、切口裂开、出血、幽门梗阻、胃瘘、胃扭转、胃脱出、胃排空延迟及延期性肠梗阻等。护理并发症包括皮肤刺激、喂养管堵塞和误吸。导管并发症包括导管意外脱落、胃内容物漏入腹腔、胃造口不愈、胃内导管迁移导致幽门梗阻、肉芽过度增生及围绕放置不当的导管发生肠扭转及胰腺炎等。

3. 空肠造口 空肠造口是肠内营养最常使用的喂养途径之一，其主要优点是：①较少发生液体饮食反流而引起的呕吐和误吸；②肠内营养可与胃肠减压同时进行，对胃十二指肠外瘘及胰腺疾病尤为适宜；③喂养管可长期放置于肠道，适用于需长期营养支持的患者；④患者能同时经口进食；⑤患者无明显不适，机体和心理负担小，活动方便。空肠造口作为上消化道手术的辅助手术，已广泛用于需要进行围手术期营养支持的患者，空肠造口可单独进行，更可在原发病手术的同时附加完成。可采用切开空肠置入导管的传统方法，也可采用空肠穿刺造口的方法。如患者没有接受腹部手术，可采用内镜下空肠造口术。空肠造口的禁忌证包括克罗恩病、广泛性肠粘连、放射性肠炎、消化道出血、腹水、免疫功能障碍和凝血病等。其并发症与胃造口类似，其中造口管堵塞最为常见。

肠内营养可采用一次性投给、间歇重力滴注或连续输注的方式进行，采用何种方式取决于配方饮食的性质、喂养管的类型与大小、管端的位置及营养的需要量。一次性投给是将营养物用注射器缓慢地注入胃内，每次200ml左右，间隔6～8小时。由于容易引起腹部不适和恶心呕吐，多数患者难以耐受这种方式，因此更不宜用于鼻肠管或空肠造口的患者。间歇性重力滴注是将配好的液体经莫菲滴管缓慢滴入胃肠道内，每次250～500ml，30～60分钟滴完。由于同样采用了间歇性供给的方法，因此也只能用于鼻胃管或胃造口患者，但由于输注速度明显慢于一次性投给，因此患者的耐受性好于前者。连续输注是通过重力或输液泵连续12～24小时输注，除输注匀浆饮食外，目前多采用此投给方式，尤其适用于危重患者及空肠造口喂养患者。如果胃内连续输注，输入的容积、浓度与速度应从低值开始，逐渐调节至患者能够耐受的程度，速度与浓度不可同时增加。如系小肠内连续输注，配方饮食的浓度不宜过高，速度由40～60ml/h，以后增至80ml/h，3～5天后可达100～125ml/h，再逐渐增加浓度，直至达到能够耐受并满足营养需要的浓度、速度和总量，通常需7～10天的时间。

三、肠内营养并发症及其预防

1. 机械性并发症　喂养管可误入气管，尤其是昏迷或半昏迷患者，如将营养液输入气管将产生严重后果，因此置管后应通过抽吸、注气听诊、X线检查等证实导管确在消化道内方可开始输注。导管放置不当造成消化道穿孔是另一严重并发症，应采用质地柔软、稳定性好的喂养管，谨慎插管。此外还可出现鼻、咽及食管损伤，喂养管堵塞，喂养管拔除困难，造口狭窄等。

2. 胃肠道并发症　腹泻和便秘是肠内营养过程中最常见的并发症，少数患者甚至因为腹泻而被迫停用管饲，严重者可出现脱水、发热、电解质紊乱、肾功能衰竭甚至死亡。腹泻的原因有：①肠内营养液的渗透压过高，机体通过高渗膳食摄入过多的蛋白质和钠，水分摄入不足，同时高渗的营养液进入肠内后将体内的水分带入肠腔，引起腹泻、脱水、高钠高氯、氮质血症等改变，临床称为“管饲综合征”；②小肠对脂肪不耐受；③食物在肠腔内时间过短，胆盐不能重吸收；④食物中葡萄糖被结肠内细菌转化为乳酸；⑤营养液污染；⑥营养液温度过低；⑦低蛋白血症导致的肠黏膜水肿。便秘通常与营养中膳食纤维含量过低有关，适量添加膳食纤维能够改善便秘。为避免管饲综合征，在开始进行肠内营养时应从低浓度、低容量开始，逐渐提高浓度，增加输入量。如已出现脱水或体液浓缩表现，应及时补充无溶质水。肠道对营养液不适应可引起肠痉挛、腹胀、腹痛、恶心和呕吐，应适当减慢输注速度和浓度，减少输注量。对于短肠综合征等原因造成食物在肠腔内停留时间过短的现象，可适当应用药物（如洛哌丁胺）延长其停留时间。

3. 代谢性并发症　长期肠内营养后机体对肠内营养产生依赖，突然停用可导致低血糖，因此应缓慢停止。有时由于营养物进入结肠时其中的葡萄糖尚未完全吸收（如短肠综合征或利用下消化道进行肠内营养），葡萄糖被结肠细菌作用后产生乳酸，造成腹泻和酸中毒，此时可给患者服用肠道不吸收抗生素抑制肠道细菌的繁殖，同时减少营养液中葡萄糖的含量。糖尿病和其他胰腺疾病患者应用普通肠内营养可导致高血糖，应改用低糖饮食，加用胰岛素或口服降糖药，并密切监测。国人对乳糖的耐受性较西方人差，服用含乳糖配方可导致腹泻，因此应选用无乳糖配方。此外，还可能出现脱水、高血钾、低血钾、

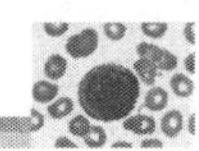

维生素及微量元素缺乏等并发症。

4. 感染性并发症 如吸入性肺炎，管饲污染，造口旁皮肤感染。

5. 预防肠内营养并发症的措施

（1）鼻饲管最好通过幽门，可减少误吸并发症。

（2）输液速率最好用胃肠输液泵恒速，可减少腹胀、腹泻和导管堵塞并发症。

（3）控制要素膳浓度和速度可减少腹胀、腹泻并发症。

（4）少量温水或凉白开水搅拌要素膳，然后加水至需要量，再用纱布过滤后倒入容器内，勿用热水搅拌。

（5）鼻饲管用毕后常规用温水 10ml 冲洗导管，避免堵管。

（6）肠内营养制剂禁止用热水搅拌，避免营养成分被破坏。

（7）液体的制剂可直接饲管滴灌或分次推入，不需要加水。

（8）肠内营养粉剂要用相对洁净的容器配制，用纱布过滤后再倒入输液袋内避免饲管堵塞。

（9）控制肠内营养剂的温度、浓度和速度可减少腹胀、腹泻并发症。

（10）有条件的可用胃肠输液泵控制流速，可减少腹胀、腹泻和导管堵塞并发症；同时。定时宣教，与患者互动，让患者逐渐掌握基本护理知识。

四、免疫肠内营养

免疫营养素（immune nutrients）目前常用的是谷氨酰胺双肽和 ω-3 脂肪酸制剂。

由于危重患者（感染、创伤、大手术）因原有疾病导致免疫力下降，同时高分解代谢、营养不良进一步降低免疫功能。因此，对危重患者除供给营养维护细胞代谢，改善器官组织的功能与修复外，还应考虑到如何改善患者的免疫功能，促进患者康复（Gianotti 等，2002）。免疫营养已成为近代营养支持范畴的研究重点。

免疫营养是在原有标准营养配方的基础上增加数种营养物质，以调节机体免疫功能。免疫营养数主要为谷氨酰胺、ω-3 不饱和脂肪酸、精氨酸、核酸等。Braga 等（2000）将胃癌患者分为两组，其中一组患者术前及术后各给予免疫营养（围手术期）支持 7 天，而另一组患者仅术后给予免疫营养支持 7 天，结果表明，围手术期免疫营养支持能够明显抑制机体免疫功能的降低，控制炎症反应，促进短期蛋白质的合成。进一步研究 3 种不同的营养支持方案对患者预后的影响，入选条件为近 6 个月体重降低 10%的患者，3 种不同的营养支持方案分别为术前和术后均为免疫营养、术前免疫营养及术后常规输注、术前和术后为常规输注，结果表明术前和术后均为免疫支持组患者并发症较少。蒋朱明等的临床研究证实，含 ω-3 脂肪酸、精氨酸及核苷的肠内免疫营养剂对手术期后患者的结局有改善（蒋朱明等，2001）。

参 考 文 献

北京首都医院．1974. 水与电解质平衡．北京：人民卫生出版社，477

江志伟等．2005. 经皮内镜下胃造口、空肠造口及十二指肠造口 120 例临床分析．中华外科杂志，43：18

蒋朱明，吴蔚然．2002. 肠内营养．第 2 版．北京：人民卫生出版社

蒋朱明，朱预等.1978. 静脉营养治疗外科危重病人（46例报告）. 第九届全国外科学术会议论文摘要：273

蒋朱明，朱预等.1979. 静脉营养与要素饮食应用于肠瘘治疗. 中华外科杂志，17：40

蒋朱明等.2001. 精氨酸、ω-3脂肪酸等强化的肠内营养对术后患者免疫、肠通透性及预后的影响（120例随机、对照、双盲多中心的临床研究）. 中国医学科学院学报，23：515

蒋朱明等.2002. 肠内或肠外营养对术后患者肝功能、肠通透性、血谷氨酰胺的影响及费用比较. 中国临床营养杂志，10：6

蒋朱明等.2008. 我国东中西部大城市三甲医院营养不良（不足）、营养风险发生率及营养支持应用状况调查（短篇报道）. 中国临床营养杂志，16：335

蒋朱明等.2008. 我国东中西部中小医院住院患者营养不足、营养风险、超重和肥胖发生率及营养支持应用状况调查. 中国临床营养杂志，16：338

金有豫.2010. 肠外营养药（中国国家处方集）. 北京：人民军医出版社.639

梁晓坤等.2007. 营养风险理念解读. 中国临床营养杂志，15：167

陆道培.2005. 临床医学的重要进展. 中华医学会2005年专刊

吴肇汉，吴肇光.1979. 外科危重患者应用静脉营养疗法的一些体会. 上海医学，2：19

于康等.2008. 营养风险筛查和主观全面评定用于肺癌非手术患者营养筛查的结果比较. 中国临床营养杂志，16：349

于康等.2009. 内分泌科住院患者营养风险筛查及营养支持应用状况. 中华临床营养杂志，17：71

中华医学会肠外肠内营养学分会.2008. 临床诊疗指南——肠外肠内营养学分册. 北京：人民卫生出版社，16

朱明炜等.2002. 肠内营养改善老年创伤后患者营养代谢和肠黏膜屏障的影响. 中华老年医学杂志，21：34

邹忠寿，黎介寿等.1979. 静脉高价营养疗法在儿外科的应用. 江苏医学，5～7

Amaral TF et al. 2007. The economic impact of disease-related malnutrition at hospital admission. Clinical Nutrition，26：77

Berger M. et al. 2000. Intestinal absorption in patients after cardiac surgery. Crit Care Med，28：2217

Bin Jie et al. 2010. Impact of nutritional support on clinical outcome in patients at nutritional risk：a multicenter，prospective cohort study in Baltimore and Beijing teaching hospitals. Nutrition，26：1088～1093

Bozzetti F et al. 2001. Postoperative enteral versus parenteral nutrition in malnourished patients with gastrointestinal cancer：a randomized multicentre trial. Lancet，358：1487

Braga M et al. 2002. Feeding the gut early after digestive surgery：results of a nine-year experience. Clin Nutr，21：59

Dudrick SJ et al. 1967. Long-term total parenteral nutrition with growth in puppies and positive nitrogen balance in patients. Surgical Forum，18：356

Gianotti L et al. 2002. A randomized controlled trial of preoperative oral supplementation with a specialized diet in patients with gastrointestinal cancer. Gastroenterology，122：1763

Green SM et al. 2005. Nutritional screening and assessment tools for use by nurses：literature review. Journal of Advanced Nursing，50：69

Gutt CN et al. 1996. Experiences with percutaneous endoscopic gastrostomy. Word J Surg，20：1006

Heyland DK et al. 2001. Total parenteral nutrition in the surgical patient：a meta-analysis. Can J Surg，44：102

Jiang ZM et al. 2010. Randomized clinical trial of intravenous soybean oil alone versus soybean oil plus fish oil emulsion after gastrointestinal cancer surgery. BJS，97：804

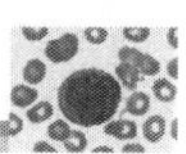

Johansen N et al. 2004. Effect of nutritional support on clinical outcome in patients at nutritional risk. Clinical Nutrition，23：539

Kondrup J et al. 2003. Nutritional risk screening（NRS 2002）：a new method based on an analysis of controlled clinical trials. Clinical Nutrition，22：321

Lewis SJ et al. 2001. Early enteral feeding versus "nil by mouth" after gastrointestinal surgery：systemic review and meta-analysis of controlled trials. BMJ，323：1

Liang X（梁晓坤）et al. 2008. Comparative survey on nutritional risk and nutritional support between Beijing and Baltimore teaching hospitals. Nutrition，24：969

Loser C et al. 2005. ESPEN guidelines on artificial enteral nutrition-percutaneous endoscopic gastrostomy（PEG）. Clin Nutr，24：848

Moore FD. 1959. The Metabolic Care of Surgical Patient. New York：Saunders，929

Schiesser M et al. 2008. Assessment of a novel screening score for nutritional risk in predicting complications in gastro-intestinal surgery. Clinical Nutrition，27：565

Sorensen J et al. 2008. EuroOOPS：an international，multicentre study to implement nutritional risk screening and evaluate clinical outcome. Clinical Nutrition，27：340.

Van den Berghe G，et al. 2006. Intensive insulin therapy in the medical ICU. N Eng J Med，54：449

Wilmer A et al. 2007. Parenteral Nutrition. 23rd ed. Goldman：Cecil Medicine，852

Yan Wang et al. 2010. The impact of glutamine dipeptide-supplemented parenteral nutrition on outcomes：a meta-analysis of randomized clinical trials. J Parenter Enteral Nutr，34：521～527

附录 24-1　营养风险筛查及肠内营养用导管和输注泵

(一) CSPEN 推荐的 NRS2002 工具实施方法

附表 24-1　营养风险筛查（NRS 2002）：初步筛查表

	是	否
1. BMI 是否小于 18.5（注：18.5 是按中国的数据库，不是欧洲的）		
2. 在最近 3 个月内患者体重是否下降		
3. 在最近 1 周内患者饮食摄入量是否减少		
4. 患者是否病情严重		

注：如果任何一个问题的答案为“是”，则继续用附表 24-2 进行常规筛查；如果所有问题的答案都是“否”，则 1 周之后再次对患者进行筛查。如果患者将进行大手术，则需要考虑预防性的营养干预计划。

附表 24-2　营养风险筛查（NRS 2002）：常规筛查表

营养状态受损		疾病严重程度（=营养需要量增加）	
无 0 分	营养状态正常	无 0 分	营养需要量正常
轻度 1 分	3 个月内体重下降>5%或前 1 周饮食摄入量减少到正常的 50%～70%	轻度 1 分	髋骨骨折[a]、慢性疾病有并发症者、肝硬化[a]、COPD[a]、血液透析、糖尿病、一般恶性肿瘤患者
中度 2 分	2 个月内体重下降>5%或前 1 周饮食摄入量减少到正常的 25%～60%	中度 2 分	腹部大手术[a]、脑卒中[a]、重度肺炎、血液恶性肿瘤
重度 3 分	1 个月内体重下降>5%（3 个月内下降>15%）或 BMI<18.5 + 一般情况受损或前 1 周饮食摄入量减少到正常的 0～25%	重度 3 分	颅脑损伤[a]、骨髓移植[a]、大于 APACHE10 分的 ICU 患者

分值+分值=总分

年龄：如果年龄≥70 岁，在总分基础上再加 1 分=年龄调整得分

总分≥3 分：患者有营养风险，需要制定营养支持计划

总分<3 分：1 周后对患者再次进行筛查

如果患者将在 1 周内进行大手术，则需要加上大手术的分值

如达到 3 分，则需制定营养干预计划，在手术后开始营养支持

a 表示有研究证据直接支持具有此种诊断的患者的分类。

注：NRS 2002 根据对已有的 128 个随机对照研究分析制定。

附表 24-3　营养风险筛查用的详细表格（作者做研究时用过的实际例子）

患者知情同意参加（是□，否□）　　编号：□□□-□□-□□□-□

北京协和医院伦理委员会批准（S054）

Clinicaltrail. gov 登记（NCT00289380）（经所在单位伦理委员会批准）

单位名称________科室名称________病历号________

所在医院床位数________所在城市人口数________

适用对象：18～90 岁，住院 1 天以上，次日 8 时前未行手术，神志清者（是□，否□）

不适用对象：18 岁以下，90 岁以上，住院不过夜，次日 8 时前行手术，神志不清（是□，否□）

入院日期______病房______病床______姓名______性别______年龄______联系电话______

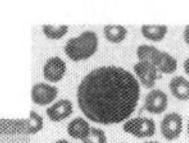

续表

1. 主要诊断　填写最主要的诊断：＿＿＿＿＿＿＿＿＿＿＿＿＿＿＿＿＿＿＿＿＿＿＿＿＿＿＿＿＿＿
若患有以下疾病请在□打"√"，并参照标准进行评分。注：未列入下述疾病者须"挂靠"，如"急性胆囊炎"可挂靠于"慢性疾病急性发作或有并发症者"计1分（复核者有权决定挂靠的位置）。

评分1分，营养需要量轻度增加：髋骨骨折□；慢性疾病急性发作或有并发症者□；COPD□；
血液透析□；肝硬化□；一般恶性肿瘤患者□

评分2分，营养需要量中度增加：腹部大手术□；脑卒中□；重度肺炎□；血液恶性肿瘤□

评分3分，营养需要量重度增加：颅脑损伤□；骨髓移植□；大于APACHE10分的ICU患者□

* 小结：疾病评分：□0分 □1分 □2分 □3分

2. 营养受损评分
（1）人体测量：身高（经过校正的标尺，校正至0.5cm）＿＿＿＿＿＿m（免鞋）
体重（经过校正的磅秤，校正至0.2kg）＿＿＿＿＿＿kg（空腹、病房衣服、免鞋）
BMI＿＿＿＿＿＿kg/m^2（<18.5，3分）
* * 小结：＿＿＿＿＿＿分
注：因严重胸腹水、水肿得不到BMI值，无严重肝、肾功能异常者，用白蛋白替代（按ESPEN 2006）（血清白蛋白<30 g/L，3分）
（2）近期（1～3个月）体重是否下降？（是□，否□）；若是体重下降＿＿＿＿＿＿kg
体重下降>5%是在□3个月内（1分）□2个月内（2分）□1个月内（3分）
* * 小结：＿＿＿＿＿＿分
（3）1周内进食量是否减少？（是□，否□）
如果减少，较从前减少□25%～50%（1分）□51%～75%（2分）□76%～100%（3分）
* * 小结：＿＿＿＿＿＿分
* * 综合：营养受损评分□0分□1分□2分□3分（注：上述3个 * * 小结评分中取1个最高值）

* * * 年龄评分（≥70岁为1分，否则为0分）□0分□1分

3. 营养风险总评分：＿＿＿＿＿＿分（疾病评分+营养受损评分+年龄评分）
调查者签名＿＿＿＿＿＿复核者签名＿＿＿＿＿＿（有权决定"诊断"挂靠的位置）

注：下列患者需要制定营养支持计划：
（1）已有营养不良（大于、等于3分）；
（2）或者严重疾病（3分）；
（3）或者中度营养受损+轻度疾病（2分+1分）；
（4）或者轻度营养受损+中度疾病（1分+2分）；
（5）或者轻度营养受损+轻度疾病+年龄超过70岁（1分+1分+1分）；
（6）其他：大于、等于3分的情况。
疾病严重程度判断原则：
1分：慢性疾病患者因出现并发症而住院治疗。患者虚弱但不需要卧床。蛋白质需要量略有增加，但可以通过口服食物或食品增补剂来弥补。
2分：患者因为疾病需要卧床，如腹部大手术后，蛋白质需要量增加但是可以弥补，尽管大多数人需要通过营养支持得到恢复。
3分：患者在监护病房中靠机械通气支持，蛋白质需要量增加而且不能被营养支持所弥补，但是通过营养支持可能减少蛋白质分解和氮流失。

（二）肠内营养用导管（enteral feeding tube）

1. 普通橡皮管或聚氯乙烯（polyvinylchlcride，PVC）**管**　较粗硬，易放置，可通过颗粒较大的肠内营养制剂，但长期使用对黏膜有刺激而易引起坏死、食管狭窄或食管炎。这些导管在20世纪70～80年代应用过，目前已被淘汰。

2. 聚氨酯（polyurethane，PUR）**或硅胶**（silicon rubber）**管**　质软、刺激小、直径

小，患者感觉舒适。管端原封有汞而今大都改为封钨等惰性元素，以加重管端而利于导管随胃蠕动进入十二指肠或空肠，且不透X线，可在透视下检查体内管道的位置。有的附有不锈钢、金属（钛）或尼龙导丝，使导管不易扭折而便于放置。如肠内营养喂养管(Flocare) 采用聚氨酯（PUR）材料，可在体内放置2个月以上。

（三）肠内营养输注泵

以往肠内喂养通常以重力为动力或采用注射器推注，随时都可能改变滴速，而滴速及营养液黏稠度又影响液滴的大小，从而影响输液的速度及总输液量，还可引起患者血糖的明显波动，甚至发生高渗非酮症性昏迷或低血糖反应，故传统方法不可靠。目前使用肠内营养输注泵（enteral feeding pump)，能提供适当压力以克服阻力，保证输液速度，可有效减少胃和食管不适的发生，并可为吸收能力受限的患者提供最大程度的营养支持。

（四）肠外营养输注泵的发展

输液泵的发展经历了由单纯机械泵到机械电脑泵，直至目前最先进的具有人工智能的输液泵的演进过程。其功能也由单纯的控制输液速度到附加多种故障自动识别报警功能。

第一代输液泵，为定量滚轮导管挤压式输液泵。无流速数字显示系统，输液精度低，泵内无蓄电池及故障自动报警系统。如国产SYB-J泵（航天部青云仪器厂）等是20世纪70年代产品。

第二代输液泵，为加入流速数字显示控制系统的导管挤压输液泵。输液精度提高，但泵内亦无故障自动报警系统。如美国Sigma-4000螺旋式导管输液泵，包括两种大小不同的泵头及与之相应的粗细两种泵管，其相应的输液速度范围分别为20～1200ml/h及5～175ml/h，北京协和医院在20世纪70年代进口该产品。

第三代输液泵，为微电脑控制的导管挤压定容积输液泵（finger pump）及定容量注射器泵（piston pump)。输液精度及调速范围明显提高，并具有多功能工作状态自动显示、故障识别报警系统和输液记忆功能，操作方便，性能可靠，输液速率范围宽，输液精度高，在临床上应用日益广泛。目前常用型号包括：Cormed Sigma-5000型（输液速率范围为1～499ml/h，1ml/h递增)、IVAC560型（1～999ml/h，1ml/h递增）及IMED960/965型（0.1～99.9ml/h，0.1ml/h递增，误差≤2%)。北京协和医院院从20世纪80年代进口和在临床使用该产品，并长时间用于临床，表明效果是好的。

第四代输液泵，具有人工智能的可进行“控制”式的新一代输液泵，为输液泵的最新进展，如穿梭泵（shuttle pump)。计算机可从偏差及固定调整程序中确定所需的输液速度并把信号输入到输液泵内，在限定范围内进行特定的输液治疗，由此可使患者保持在一个稳定的状态。若病情有明显变化，超出限定范围，调整系统便会进入报警状态，及时召唤医生来进行诊断，并采取相应的措施。这类泵是20世纪90年代出现的产品。

注射器泵：适用于需要极为精确地输注较小剂量药物的场合。其每一级的精确度为0.1ml/h，剂量精确度约达±2%。一般用于临床患者的给药及小动物PN有关实验研究。

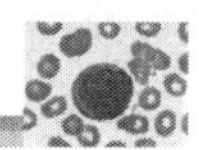

（五）临床使用的肠内营养输注泵举例

目前在市场上可以买到的2000年后的肠内营养输注泵，一般均有以下技术特征：①双重显示窗，同时显示输注速度和输注量；②查看快捷、方便；③限定输注剂量；④即使多次间断给药，“累计剂量”功能可直接显示总输入量；⑤3种剂量输注完成提醒方式；⑥有记忆功能，关机后自动存储数据，再次开机后所有记录自动重现；⑦记录输注速度、输注量、剂量限定、累计输入量；⑧调整输注速度，每次改变1ml/h，可变范围1～295ml/h；⑨调整输注剂量，每次改变5ml，可变范围0～9995ml；⑩声音和视觉报警，随意滴流、堵管/排空、输液完成、速度改变、电池电量不足时启动，报警信号持续2.5分钟；⑪外接电源/充电电池两种驱动模式，内置电池在100ml/h的状态能工作8小时，方便患者行动；⑫外表均比较光滑，便于清洗；⑬可用任何中性皂液清洗。

第二十五章　感染合并症预防与治疗

董陆佳

董陆佳，主任医师，硕士生导师。中华医学会血液学分会会员，美国血液学会会员。2007年编译出版美国西雅图 Fred Hutchinson 癌症研究中心（私立）医学联合体《造血干细胞移植标准实践手册》，并参与多部移植及血液学专著的撰写，如2003年撰写“中华肿瘤临床诊治系列丛书”之一——《白血病》中“造血干细胞移植”章，2001年主编专著《现代造血干细胞移植治疗学》。2007年获全军科学技术进步奖二等奖；1996年获全军科学技术进步奖三等奖。在国内外发表论文、论著100余篇。

患白血病时，由于患者细胞和体液免疫功能低下以及大剂量化疗药物的使用，导致不同程度的骨髓抑制，所以各种类型的感染合并症常见。其中，以造血干细胞移植（HSCT）后感染的防治尤为重要。本章将HSCT后感染的预防与治疗作为重点，以点带面，使读者对恶性血液病感染合并症的处理有一些基本的认识。

第一节　基本处理

HSCT后一年内自始至终均存在严重感染的机会，这是因为异体造血细胞从未植活到重建正常免疫功能之间存在6～16个月的“青黄不接”的阶段。异体造血细胞在15天左右才能植活。更由于患者接受了长时期免疫抑制治疗，这使体内的免疫活性细胞处于长期功能低下状态。各种体内潜伏的和外来的病原体容易导致感染性疾病。这些病原体包括各种细菌、真菌、病毒、结核菌和寄生虫等。为预防、早期诊断和及时治疗各种感染，其应对措施归纳如下：

一、全环境保护

预防感染的重要措施包括空气层流病房。患者在入病房前的消毒药水浴，这在前文已有介绍。肠道内有大量细菌，因此在移植预处理时应接受肠道除菌药物口服，包括肠道内的和全身抗菌药物。药物的组成由经治医生决定。一般的常规口服药包括：

（1）多黏菌素或诺氟沙星。

（2）复方磺胺甲噁唑片（compound sulfamethoxazole）。本药除一般抗细菌作用外，还有较强的治疗卡氏肺孢子菌肺炎作用。

（3）抗真菌制剂，如口服氟康唑（fluconazole）或两性霉素B。

（4）大蒜制剂口服。

（5）口服庆大霉素类药物有较强的杀菌作用，可替代上述药物中（1）的抗细菌制剂。但长期使用可能导致菌群失调。

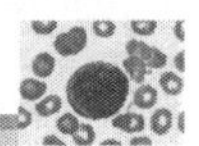

二、移植前清除感染源

如患者有未能控制的感染或原因不明的发热，则宜查清病因并在给予相应的有效治疗后方能进入预处理阶段。特别要注意患者有无活动性的结核和肺炎。由于潜在性巨细胞病毒（CMV）、腺病毒（ADV）、EB病毒（EBV）等感染的普遍性，因此这些病毒感染并非移植的禁忌证。活动性肝炎患者并非移植的绝对禁忌证。但活动性病毒性肝炎患者应在移植前做相应的治疗。由于很多感染，特别是结核病的隐蔽性，移植前应仔细检查，发现和处理感染灶。

三、感染的预防

1. 中心静脉导管 在移植早期（1个月内），因患者全血细胞减少，故是感染高危期。皮肤或黏膜因其完整性被破坏，成为最为常见的感染原侵入门户。静脉导管感染率在异基因造血干细胞移植（allo-HSCT）为20%～40%，而在自体造血干细胞移植（auto-HSCT）为8%，故应重视中心静脉导管局部的护理。

2. 皮肤、黏膜护理 重视口腔、鼻腔与肛门周围的无菌护理对预防感染有十分重要的意义。因为气管和支气管感染的病原体往往来源于口腔。肛周亦是一个容易发生感染的部位。

3. 抗病毒药物的应用 国内疱疹病毒，包括CMV、单纯疱疹病毒（HSV）、水痘-带状疱疹病毒（VZV）、ADV等潜伏感染率颇高，是移植后的常见病原体，易引起低细胞期潜在病毒活化，并发口腔糜烂、溃疡、疱疹性咽峡炎、发疹性疾病、移植中后期间质性肺炎及病毒性肠炎等。因此，即使尚未有病毒学、免疫学或分子生物学的证据，亦可常规给予药物预防。例如，阿昔洛韦及大蒜制剂口服或大蒜素静脉注射皆可列入常规。应提出的是，由于更昔洛韦（ganciclovir，DHPG）具有显著的细胞毒性，故应避免在造血重建以前使用。

4. 深部细菌感染的预防 在患者接受移植的预处理早期就可以开始用药。不同的药物可交替应用直到移植术半年之后，这不但是预防性的，而且可以清除人体内存在的亚临床感染。预防性用药的原则是：①有效针对患者体内尚未清除的感染灶；②在移植的预处理阶段容许应用有明显骨髓抑制作用的药物，但是在移植后避免使用，以减少这些药物对移植后脆弱的新生造血组织的抑制作用。

5. 每周胸部平片检查从预处理时开始 有呼吸道症状的患者还要加做肺部CT。脑部CT或磁共振对长期发热不退和有中枢神经系统症状者常常具有诊断意义。

6. 标本采集和定期送检 标本的采集和分送各种检查项目要认真。定期做血与尿的CMV、EBV、ADV、BK病毒（BKV）、人疱疹病毒（HHV）、HSV、呼吸道病毒、肝炎病毒检测，对指导早期抗病毒治疗具有重要意义。特殊检查如支气管镜检查与支气管肺泡灌洗液（BAL）要分别送检：①病原体检测，包括普通细菌培养，真菌培养与涂片真菌镜检，结核菌、病毒（特别是CMV、HSV、ADV等）、支原体与肺孢子菌肺炎检测；②BAL的细胞学检查，包括细胞分类，甚至流式细胞学检查。以上项目中仅病毒学一项就可做病毒培养、早期抗原与分子生物学等检测。

四、感染的治疗

感染患者首先要确定病因，在未确定病因时其治疗原则如下：

（1）细菌性感染引起发热是最常见的，在确定并无 GVHD 的皮疹或腹泻、腹痛时一般首选广谱的抗菌药治疗。

（2）在发热的患者应高度警惕中心静脉导管相关的血源感染播散。真菌在封管观察后仍不能排除导管感染可能性的情况下应当机立断，拔除导管及申请导管细菌培养。

（3）当原因不明的高热进行抗菌治疗 5 天后仍无明显效果时，可试用抗真菌治疗，包括氟康唑（fluconazole）、伊曲康唑（itraconazole）、两性霉素的普通制剂和脂质体制剂、卡泊芬净及伏立康唑等药。

（4）病毒性疾病是移植后常见的合并症。除了对肝炎病毒要特别注意预防外，CMV 在我国患者中几乎防不胜防，而去 T 淋巴细胞后的 HSCT 和免疫抑制剂的应用因其有助于病毒感染的复燃，而极不利于其抗病毒治疗。因而，在有病毒性疾病时需注意及时减停免疫抑制剂，如环孢素（CsA）、他克莫司（FK506）等。抗病毒药物往往需要长期联合应用。例如，在伴有 CMV 感染的间质性肺炎患者，在患者可耐受的情况下联合应用更昔洛韦、膦甲酸钠（foscarnet）、大蒜素（药名或称大蒜新素），其疗效要优于单纯用药。有时在病变局部再加用某些药物，例如眼底 CMV 视网膜炎患者可在球后注射小剂量的更昔洛韦。开始治疗时加用静脉丙种球蛋白有可能提高疗效。对 CMV 感染的治疗应该是长期的，建议持续治疗 3～4 周，然后减半量维持治疗 1～2 个月，而不可因其病毒检查阴转而停药。

在治疗过程中必须对患者的肝、肾功能经常加以监测，以作为用药剂量和纠正水、电解质平衡的参考。

第二节　细菌感染的防治

细菌感染是恶性血液病最为常见的感染病原体，尤其见于高龄或者接受强烈化疗后的中性粒细胞减少期患者。鉴于疾病发展迅速，后果严重，死亡率高，临床医师应当迅速决断，早期给药，彻底治疗。在接受造血细胞移植治疗的患者中，其感染相关因素如表 25-1 所示。在移植的不同时期，感染病原体也有差异（表 25-2）。

表 25-1　宿主免疫功能低下、易感染与移植分期

分期	因素
早期：	中性粒细胞减少
	口腔、胃肠黏膜损伤
	静脉插管或穿刺——皮肤完整性被破坏
中期：	GVHD——皮肤、黏膜损害
	GVHD、免疫抑制剂的使用，使免疫功能降低或抑制
	静脉插管或穿刺——皮肤完整性被破坏
后期：	cGVHD 需要长期免疫抑制剂治疗
	cGVHD 导致的胸腺功能缺陷
	细胞吞噬功能减低
	免疫球蛋白亚型缺陷

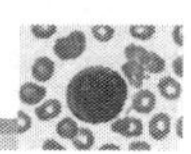

表 25-2　病原体感染与移植分期

Ⅰ期植入前期（<30 天）	Ⅱ期细胞免疫低下期（30～100 天）	Ⅲ期移植后期（≥100 天）
中性粒细胞减少、黏膜炎、aGVHD 病原体： 呼吸道或者肠道病毒 CMV 革兰阴性杆菌 表皮葡萄球菌 金黄色葡萄球菌 念珠菌 曲霉菌 HSV	细胞免疫功能损伤、aGVHD 病原体： CMV EBV 表皮葡萄球菌 链球菌 念珠菌 曲霉菌 弓形体	呼吸道或者肠道病毒 病原体： CMV EBV 荚膜菌 曲霉菌 卡氏肺孢子菌 弓形体

一、粒细胞减少伴发热

粒细胞减少患者常见的感染部位有：口腔、皮肤、肺部、中心静脉导管、会阴及肛周。发热患者应当同时行细菌和真菌培养。在伴有呼吸系统症状和体征的患者，应拍胸片，甚至做肺 CT 检查。有泌尿系统症状和体征或者尿检异常的患者应做中段尿培养。每次血培养样本应重复采集 2 或 3 次，间隔 30～60 分钟。按照美国感染疾病学会（IDSA）关于粒细胞减少伴发热处理指南，至少要有一次血样需要采用外周静脉穿刺采集。采血量：成人为每次 20～30ml；儿童中新生儿为 1～2ml，婴幼儿 1 个月至 2 周岁为 2～3ml，大于 2 岁为 3～5ml；青少年为 10～20ml。

过去 25 年的临床治疗经验说明，早期、积极抗菌治疗可以大幅度减低感染合并症的严重性和死亡率，死亡率从 50%降至 10%。通常在病原体培养的同时，经验性抗菌治疗或者抢先治疗应立即开始。作为首次粒细胞减少伴发热的标准处理方案。正确的做法是，抗菌治疗应在出现发热时立即开始，而无须等待培养或者药敏试验结果。即使在无症状的患者，在粒细胞减少时预防性给予抗菌治疗也是明智选择。原因是，这样的患者早期组织炎症反应轻，临床征象可能不典型。移植不同阶段的感染具有其特殊性。移植早期感染由于大多伴有造血未恢复因而处理难度较大。

患者中性粒细胞<0.5×10^9/L 伴有发热，体温≥38.3℃。应当开始抗菌药物治疗。①单药治疗：环丙沙星、头孢吡肟、阿莫西林/克拉维酸、头孢他啶、碳青霉烯类。②双药治疗：氨基糖苷类+头孢吡肟或头孢他啶。③高危患者（持续粒细胞缺乏伴有明确感染部位）：万古霉素+头孢吡肟或头孢他啶或碳青霉烯类。也可选择氨基糖苷类+碳青霉烯类。根据临床分期和患者情况选择合适的抗生素组合。

二、耐药革兰阳性菌

耐药革兰阳性菌所引起的院内感染，是较为棘手的临床问题。其中耐甲氧西林金黄色葡萄球菌（MRSA）的分离率已达60%。国内MRSA的检出率也已达60%，耐甲氧西林凝固酶阴性葡萄球菌（MRCNS）的检出率更是已超过80%。如此高的耐药葡萄球菌的发生率，以及其对多种抗生素的交叉耐药，给临床治疗带来了巨大的挑战。可能选用的药物有：①万古霉素，是由土壤丝菌属菌培养液中产生的天然抗生素，属糖肽类抗生素；②利奈唑胺，是人工合成的抗菌药，属于噁唑烷酮类抗生素；③替考拉宁，是一种新型糖肽类非肠道给药抗生素，其抑制细胞壁合成的途径与万古霉素一样，干扰肽聚糖合成过程，属于糖肽类抗生素。万古霉素、替考拉宁和利奈唑胺的抗菌谱相似，都是窄谱抗生素，治疗革兰阳性菌感染，如金黄色葡萄球菌（包括MRSA）、链球菌、凝固酶阴性葡萄球菌及肠球菌。

2006年《Journal of Antimicrobial Chemotherapy》上发表了一份来自法国一家拥有2000多张床位的教学医院的研究报告，该研究项目连续监测了1983～2002年共20年间，MRSA对两个糖肽类抗生素——万古霉素和替考拉宁的最低抑菌浓度（MIC）值的变化趋势，来观察MRSA对糖肽类抗生素的敏感性变化。结果显示：①万古霉素对于MRSA的MIC值，无论是对庆大霉素敏感的菌株（GS-MRSA）还是耐庆大霉素的菌株（GR-MRSA），均非常稳定，上升不明显。②替考拉宁对于庆大霉素敏感的菌株（GS-MRSA）的MIC值相对稳定，而对于耐庆大霉素的菌株（GR-MRSA）的MIC值在20年间呈明显增高趋势。

MRSA和甲氧西林耐药的表皮葡萄球菌（MRSE）的治疗选择：①MRSA，首选万古霉素；其他选择有替考拉宁、达托霉素、利奈唑胺、米诺环素、替加环素、夫西地酸、利福平等。②甲氧西林耐药的表皮葡萄球菌（MRSE），处理首选万古霉素或者替考拉宁。

粒细胞减少伴发热低危/高危病例的界定可以参见表25-3。高危中性粒细胞减少伴发热高度怀疑革兰阳性菌感染时，可选择糖肽类药物，如万古霉素或者其他药物（如利奈唑胺），再加上一或两种广谱或者抗革兰阴性菌为主的药物。万古霉素对于革兰阳性菌感染的治疗有效率高。但是一些中心检出万古霉素耐药的肠球菌（VRE）。所以美国疾病控制中心建议严格掌握万古霉素应用的适应证。通常在可疑革兰阳性葡萄球菌感染或者导管感染时首选万古霉素而且常规给药疗程应是2周。如果随后的病原体培养未检出革兰阳性病原体，可以缩短总体给药时间。

表25-3　鉴别粒细胞减少伴发热低危/高危病例的积分系统（Leather等，2008）

特征	积分
临床表现：无症状	5
轻度症状	5
中度症状	3
无高血压	5
无慢性阻塞性肺气肿	4
原发病为实体肿瘤或真菌感染	4
无血液透析	3
院外发热	3
年龄<60岁	2

注：危险积分≥21提示混合感染和致死性感染可能性低（低危）。

利奈唑胺作为一线治疗的药物组合治疗粒减伴发热的疗效还在观察中，有结果提示其疗效与万古霉素相似。该药主要用于 VRE 感染。考虑到研发一个具有良好抗革兰阳性菌感染疗效的新药渠道极少，产品得来弥足珍贵，所以大范围地使用该药是不明智的。利奈唑胺具有抑制骨髓的作用，所以在 HSCT 患者，应用此药需谨慎小心。对于粒细胞减少伴发热的患者，需要鉴别患者是否是低危/高危病例。表 25-3 所示的积分系统有助于医师进行鉴别和治疗。

三、耐万古霉素的肠球菌（VRE）

肠球菌感染占医院内感染菌血症病原体的第三位。其中，粪肠球菌和屎肠球菌排列居前。屎肠球菌是最为常见的 VRE 感染病原体，粪肠球菌等排位其次。新近更有多药耐药的肠球菌检出。已经鉴定出 6 种 VRE 表型，分别命名为 VanA、VanB、VanC、VanD、VanE 和 VanG，其中以 VanA 和 VanB 最为常见，而且与临床关联较为密切。VRE 的定植和感染在粒细胞减少患者是一个值得关注的问题。在 HSCT 患者中占 5.5%～40%，即 1/3 的患者发生 VRE 菌血症，伴有较高的病死率。相关的高危因素是：抗生素的使用，尤其是万古霉素的使用；环孢素、甲硝唑、亚胺培南的使用。其他因素还有住院时间长、疾病严重、血液透析、皮质类固醇的使用、肠外营养、粒细胞减少、黏膜炎、鼻饲管、接触已有 VRE 定植或者感染的患者等。肠球菌是一种富有活力的病原体。所以可以经由健康人携带或者通过污染的物品，包括医疗器械传染患者。也可通过不恰当地清洗已经受到污染的病房导致病菌传播。所以，美国疾病控制中心规定：为了预防 HSCT 患者发生机会性感染，控制该类感染的基本措施包括含抗菌药物的肥皂洗手、物品及病室清洗。每周培养 1 次，保持培养阴性。治疗给药：氨苄西林、庆大霉素，新药包括利奈唑胺、替加环素、达托霉素、奎奴普丁/达福普汀等。

第三节 人类疱疹病毒的预防与治疗

移植后常见致病性人类疱疹病毒包括 CMV、EBV、HHV-6、HSV 和 VZV 等。人类疱疹病毒感染状态可分为 3 种。①潜伏感染：幼年曾经感染过，病毒潜伏体内，但是无病毒活化（无 DNA 复制）。②活动性感染：有病毒活化（DNA 复制），包涵体生成及释放，从而导致病毒血症期，血液中检出病毒 DNA 或 CMVpp65 抗原（＋）；临床无症状或仅有发热、皮疹。③疾病：在病毒血症基础上出现器官损害征象。好发部位：皮肤（皮疹）、口咽部/胃肠道的疼痛性黏膜损害、肺部、肠道、肝脏、视网膜、中枢神经系统（如病毒性脑炎、疱疹性神经痛）等。

一、人类疱疹病毒感染可以是外源性的也可能是内源性的

由于 HSCT 后免疫抑制状态，移植前供受者疱疹病毒血清学阳性的患者通过内源性病毒再激活而发生感染的危险性极高。加之我国的人类疱疹病毒感染的普遍易感性（病毒抗体血清学阳性率 92%～98%），所以在更昔洛韦应用以前，人类疱疹病毒感染是主要的

致病和致死原因之一。

1. 发病率　预处理期间常规用更昔洛韦预防，100天内CMV血症发生率：HLA相合移植39%；HLA不全相合移植65%；100天内CMV疾病发生率：HLA相合移植/不全相合移植均为17%（Lu等，2006）。

2. 发生时间　以CMV为例，CMV病毒血症高峰时间为移植后30～48天。+100天内CMV疾病发生率17%。移植后+100天内CMV再激活和由于GVHD而接受激素治疗的患者，有发生+100天后CMV疾病的危险性。CMV疾病可以发生于移植后1年之内的任何时间，因cGVHD接受免疫抑制治疗的患者，其发生时间可以更晚。

3. 药物　更昔洛韦预防CMV疾病有效，但可引起严重的白细胞减少，延缓CMV特异性的T淋巴细胞免疫重建；为减少这些副作用，通过pp65抗原和PCR的方法每周检测有无CMV感染，确诊活动性感染（病毒血症）后方给予抗病毒治疗，这就是所谓的症状前治疗。更昔洛韦和膦甲酸钠在移植中通常作为一线药物预防及治疗CMV病。

缬更昔洛韦（valganciclovir）是更昔洛韦的口服前体药物，胃肠道吸收后转化为更昔洛韦，口服900mg缬更昔洛韦与静脉输入5mg/kg的更昔洛韦，其体内的更昔洛韦浓度相当，这两种药物的毒副作用也相当。

4. 预防和监测

（1）移植前检测供受者CMV及其他疱疹病毒的血清学状态。

（2）使用输血滤器（少白细胞血制品）防止外源性多重病毒感染。

（3）更昔洛韦静脉滴注－9～－2天预防性使用。

（4）静脉用人血丙种球蛋白（ivIgG）。

（5）大蒜制剂：静脉滴注及口服给药。

（6）病毒血症检测：从0天开始，每两周PCR检测1次，至中性粒细胞＞1.0×10^9/L，然后每周2次CMV-DNA PCR及CMVpp65抗原检测至+100天。

（7）免疫抑制剂减量。

（8）移植后患者阿昔洛韦预防性口服一年。

5. CMV血症及疾病　一旦CMV血症诊断确定，即开始症状前治疗。常用更昔洛韦5mg/kg，q12h，或者膦甲酸钠60mg/kg，q12h，疗程21天。考虑到患者造血重建初期骨髓功能尚未完全恢复，以及抗病毒药物的骨髓毒性，也可以首选进行过继性细胞免疫治疗：

（1）经HLA-多肽四聚体分选供者来源的CMV特异性CTL。

（2）体外培养的CMV-CTL。

二、HSV和VZV的防治

消除或限制移植患者接触那些没有感染史或水痘疫苗接种史的儿童、看护者和其他人。移植中和移植后给予阿昔洛韦/万乃洛韦预防。VZV血清学阳性者（不包括接种引起的），预防性给药延长至移植后1年，移植后1年根据免疫状态再评估。

（1）目前预防给药：万乃洛韦500mg口服，每日2次。

（2）HSV/VZV疾病

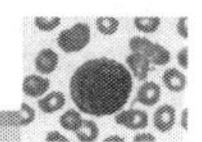

1）减停免疫抑制剂。

2）阿昔洛韦静脉给药治疗。

伴有症状的口咽部黏膜损害或泌尿生殖道直肠感染患者，治疗 7 天或直至损害痊愈。如果应用阿昔洛韦/万乃洛韦 10～14 天后，病损无改善，要怀疑出现阿昔洛韦耐药：①病损处拭子进行病毒培养，检测是否对阿昔洛韦耐药；②静脉用膦甲酸钠；③特异性 CTL 的分选制备。

其他备选：西多福韦（HPMPC）用于治疗骨髓/干细胞移植后难治性 CMV 疾病或腺病毒疾病。该药经体外试验证实具有抗 BK 和 JC 病毒活性及抗 HSV、VZV 活性。鉴于该药的伴随毒性及使用时的复杂性，目前仅作为备选药物。

三、EBV 相关性淋巴细胞增生性疾病

EBV 相关性淋巴细胞增生性疾病（Epstein-Barr virus-infected lymphoproliferative diseases，EBV-LPD）在移植后患者中的发病率很低，但病死率高。多见于严重免疫抑制/缺陷患者。发生时间多为移植中后期。考虑到患者处于造血/免疫重建初期，尚在功能恢复过程中。如有发病，首选减停免疫抑制剂。EBV-CTL 治疗是适宜的选择。

病毒感染的防治关键点：及时减停免疫抑制剂，维持患者细胞免疫系统功能的稳定恢复，尽可能避免或尽可能低剂量使用全身性免疫抑制剂。

第四节 真菌感染

真菌感染是机体严重免疫缺陷或抑制的必然结果，反映机体的免疫状态。真菌感染最为高危的人群是接受移植前预处理和免疫抑制治疗的患者。腹部手术后及高龄也是易感因素。其他高危因素有：中心静脉置管、广谱抗生素的使用、肾功能不全、长期入住 ICU 病房导致真菌定植及长期肠外营养的使用。而 HSCT 的患者，附加危险因素是：预处理方案的强度、移植物来源、供受者 HLA 配型相合程度、有无移植物抗宿主病、免疫抑制剂（骁悉、皮质类固醇、因福利美）的联合应用、中性粒细胞减少期的延长及环境污染（包括空气和水源）。与细菌感染相比，真菌感染的发生率低，但其病死率远远高于细菌感染。因此，临床应高度警惕真菌感染征象。密切观察临床征象、改善影像学技术及提高医师阅片能力、分子生物学诊断技术的应用等均有助于早期检出高危患者。目前，临床常用抗真菌药物包括三唑类（氟康唑、伊曲康唑、伏立康唑及泊沙康唑），多烯类［两性霉素 B 去氧胆酸盐 D-AMB、两性霉素 B 脂质体复合物 ABLC（Abelcet）、脂质体两性霉素 B AmBisome（L-AMB）、两性霉素 B 胶质分散体 ABCD（Amphotec）］，棘白霉素类（卡泊芬净、米卡芬净等）。

一、真菌感染的环境因素和宿主因素

真菌感染率与地域、气候、住宅内外环境、水源及供水系统等因素有关。

1. 住宅因素 调研发现，住宅室内和室外孢子数呈现正相关。枝孢属（麦类黑变病

菌属)、曲霉菌属/青霉菌属是室内和室外的主要真菌属，是污染建筑材料的主要菌群。枝孢属也是重要的气源性致敏原，并且可以在潮湿或者水作用下显著增加致病力。曲霉菌属/青霉菌孢子几乎可以在任何材料上形成集落，包括织物和纸张，甚至隐蔽在墙洞或者建筑材料里面。室外的曲霉菌属/青霉菌属含量相对稳定，而室内的曲霉菌属/青霉菌属含量很容易达到甚至超过室外的含量。其含量和比例与季节有关（Fairs 等，2010）。移植病房装修与侵袭性曲霉菌病（IA）发生也有显著相关性。在医院装修及通风设备污染状态下，会增加尤其是粒细胞减少病例 IA 发生率和危险性。医院感染发生率可能与在造血细胞移植中心和血液科病房附近有建筑施工、房间装修有关。此外，盆栽植物、花草摆设、地毯以及供水管路、水龙头污染等均有关。适当地控制环境真菌孢子污染有利于防止医院 IA 发生。

2. 环境气候因素 美国两个 HSCT 中心，西雅图和休斯敦的数据显示，在西雅图，IA 的年度累计发生率为 6.9%（异基因 8.8%、自体移植 1.3%）。其中 2/3 的病例是在移植后最初 3 个月感染的，占 4.6%（异基因 5.7%、自体移植 0.8%）。而在休斯敦，移植后最初 3 个月 IA 发生率低：异基因 2.1%，自体移植 0.6%。进一步分析发现，在西雅图 IA 发生率在温暖干燥季节移植与在寒冷湿润季节并无统计学意义。但是温暖季节移植增加 IA 风险。美国国家气象服务中心等研究机构证实，西雅图的 IA 人·月发病率与霉菌孢子计数呈现正相关。这些结果在休斯敦并未被证实。在休斯敦，IA 发生率与季节无关。总之，HSCT 受者 IA 感染源于：①原有存在或者隐袭曲霉菌感染的复燃；②原有体内定植的结果；③由于地表霉菌孢子接触感染增加而与医院内感染无关。上述认识有助于对移植受者选择正确的预防措施。比如，在免疫缺陷患者注重改善院内院外空气环境而并不仅仅依赖抗生素的使用（Viscoli C 等，2010）。

3. 真菌感染的宿主因素 人体固有的细胞内或者细胞表面的受体可以与微生物分子结合，从而诱导限制微生物组织侵袭的因子表达。其中最为广泛研究的是类 Toll 受体（TLRs），介导先天性免疫防疫系统对抗真菌感染的防御。人类有 10 种基因参与编码 TLRs。每一种基因产物都具有确定的抗原特异性，这些抗原特异性针对从脂多糖、脂蛋白到核酸、细菌鞭毛蛋白等多种抗原。果蝇和小鼠实验提示，TLRs 信号系统损伤会增加罹患 IA 的危险性。编码 TLRs 的基因发生突变或者下游信号蛋白变异均会增加感染敏感性。已经有研究报道在异基因 HSCT 患者，TLR1 与 TLR6 多态性与 IA 发展具有相关性（Pamer EG，2008）。

二、侵袭性真菌感染

侵袭性真菌感染（invasive fungal infections，IFI）是指真菌侵害机体并且造成组织损伤、坏死的致死性真菌感染。具有地域性疾病特点，偶然有暴发性流行。真菌的环境接触可以发生在医院内外。在抗感染免疫防疫系统受到损伤的基础上接触真菌孢子后，孢子入侵并且形成集落。机体长期严重的粒细胞缺乏、细胞吞噬功能损伤，以及细胞免疫（吞噬细胞、淋巴细胞数量和功能减低）缺陷是其内因。真菌集落形成好发于上呼吸道。形成真菌病的前提是需要真菌孢子侵袭、渗透，感染发展至下呼吸道，然后发芽，侵袭至组织内。这也可以解释真菌疾病好发于肺部的病原学机制。真菌接触和集落形成甚至可以发生

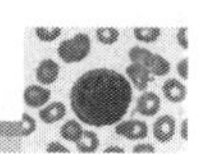

在任何病期：化疗期或者住院期间，或者出院在门诊治疗期间。恶性血液病和 HSCT 后机会性 IFI 增加。其中以侵袭性念珠菌感染（invasive candidiasis，IC）和侵袭性曲霉菌感染（invasive aspergillosis，IA）最为常见。在 IC 中，95%～97%的是由以下 5 种病原体引起：白色念珠菌、热带念珠菌、光滑念珠菌、近平滑念珠菌、克柔念珠菌。而在非白色念珠菌感染中，>95%的病例是由光滑念珠菌、近平滑念珠菌、克柔念珠菌引起。真菌感染的发生率与机体免疫功能抑制的程度有关，也与 HLA 配型相合程度相关：在自体移植、HLA 相合的亲缘供者移植、HLA 不全相合的亲缘和非亲缘供者移植，真菌感染的发生率分别为 0.6%、3.7%和 5.7%。近年，由于有效的抗白色念珠菌药物的研发，白色念珠菌感染发生率占真菌感染的比例已降至 45%（42%～77%）。而曲霉菌感染发生率倍增，为 13%～29%。其他真菌，包括镰孢菌病、足放线菌、接合菌等感染的发生率也有增加。其他较为少见的病原体有暗色菌属、木霉菌、淡紫拟青霉菌和番红花掃霉菌属，约占 3%（Bow，2006）。美国 MD Anderson 医院报道了 1989～2003 年恶性血液病罹患 IFI 的尸检结果。1017 例尸检结果显示，具有 IFI 证据的病例为 319 例（31%）。2003 年曲霉菌感染的发生率由 10 年前的 16%增加至 19%；接合菌感染由 0.9%上升至 3%；而念珠菌感染则由 13%降至 8%（Chamilos 等，2006）。在血培养阳性的念珠菌病，感染过程可以分为：①真菌的定植，黏膜表层感染（咽喉或者食管炎、阴道霉菌感染）或者泌尿生殖系统感染；②念珠菌血症，导管感染或者念珠菌血行播散；③急性弥漫性念珠菌病伴发的心内膜炎、深部器官感染；④慢性弥漫性肝脏/脾脏念珠菌病。据近年的统计结果，念珠菌血症死亡率为 30%～61%。在 ICU 病房，念珠菌败血症的发生率为 27%，居全部病原体之首。念珠菌感染的高危因素有：①中心静脉置管；②长期使用多种抗生素；③全肠外营养；④外科手术，尤其肠道手术；⑤肾功能衰竭、糖尿病、恶性肿瘤及其他慢性疾病；⑥长期入住 ICU 病房；⑦多部位的念珠菌定植（Pappas 等，2004；Ostrosky-Zeichner 等，2006）。

HSCT 后，由于 0～20 天内骨髓造血系统处于抑制期，大多伴有中性粒细胞减少。此期为念珠菌感染高发期。而自 20～100 天以后，真菌感染病原体以曲霉菌多见。临床伴有 aGVHD 或者 cGVHD 的患者更易于合并各种类型的真菌感染。HSCT 后的念珠菌感染以光滑念珠菌最为多见（39%），其次为克柔念珠菌（18%），其他较为常见的病原体有近平滑念珠菌（13%）、热带念珠菌（10%）、白色念珠菌（16%），其他少见类型占 4%（O'Brien 等，2003）。

HSCT 后罹患 IA 的高危因素有：①长时间的中性粒细胞减少；②疾病进展状态；③抗真菌的系统治疗时间过短（<6 周）；④异基因 HSCT，清髓性移植增加移植早期（30 天内）的 IA 感染率；⑤巨细胞病毒性疾病；⑥骨髓或者脐血作为移植物来源；⑦Ⅱ～Ⅳ度 GVHD（Pappas 等，2005）。

接受造血细胞移植的患者，IA 发生呈现双峰形态。第一个高峰是在移植早期（植入以前），另一高峰在移植 100 天后至一年。此时患者通常在门诊随访期。由于一直是在空气层流或者高效滤过病房，所以第一次曲霉菌感染高峰似乎不可能是由医院内感染所致，而很可能是社区获得性集落或者由于此前因化疗后感染曲霉菌的再活化。高危因素主要有：年龄、原发疾病、原有曲霉菌感染；伴随疾病的因素则包括：肾上腺皮质激素使用的剂量、时间，肿瘤坏死因子（TNF）阻滞剂的使用，抗-CD52 单克隆抗体的使用，原发性或者继发性粒细胞缺乏、淋巴细胞缺乏的发生和持续时间；CMV活化、严重GVHD，输血、高血糖、原有曲霉菌感染未根治及原发病复发（Silva RFe，2010）。

IA常见部位是肺部，肺部IA也是免疫缺陷患者最为常见的致病和死亡原因。这类患者缺乏基础细胞免疫防御功能。无论免疫缺陷原发因素，常见病原体为细菌、病毒或真菌。真菌感染中，IA最为常见：发生率1%～9%，死亡率55%～92%。肺部曲霉菌病是主要类型，但是CNS和鼻窦受累也很常见。肺CT检查显示晕轮征象：以结节为中心的逐渐淡化影，提示水肿或者出血。诊断金标准是：痰液、BAL，活检样本培养检出真菌；此外，GMI实验曲霉菌壁成分检出阳性也可诊断。GMI实验的敏感性和特异性分别为80%～100%。肺孢子菌病可以导致致死性感染。肺孢子菌病在器官移植后发生率为2%～4%。但是由于对于免疫抑制患者普遍采用了预防性磺胺异噁唑，该病的发生率显著降低。免疫缺陷患者出现气急、低氧血症，应筛查真菌，给予14～21天的磺胺异噁唑联合皮质激素类药物治疗。另一种较为少见的真菌感染是播散性念珠菌病（Carvalho-Dias等，2008；Donald Sheppard等，2010；Kontoyiannis等，2010）。

接合菌感染：一项多中心研究调查了接合菌感染在IFI中的比例，由于侵袭性接合菌感染病例罕见，故统计采用全球征集（www.fungiscope.net），填报表格，然后汇总整理分析。结果收集到来自欧洲中部和亚洲的41例患有侵袭性接合菌感染的病例。最为常见的基础疾病是恶性疾病（26例，63.4%）；糖尿病（7例，17.1%）；实体器官移植（4例，9.8%）。28例（68.3%）患者经培养确诊；26例（63.4%）经组织学活检证实。主要感染部位分别是：肺部（58.5%）、软组织（19.5%）、脑（14.6%）、播散性疾病14.6%。伞枝犁头霉（*Mycocladus corymbifer*）（24.4%）是鉴定出的最为常见的病原体。抗真菌治疗有效率为56.1%，总体生存率为51.2%。确定诊断时，4例（9.8%）患者正在使用预防性抗真菌药物，如伊曲康唑、泊沙康唑。34例（82.9%）患者接受针对接合菌感染的抗生素治疗，脂质体两性霉素B可提高治疗有效率（$P=0.012$），改善生存率（$P=0.004$）。病原学分布及药物的敏感性在不同的地域是有差异的。使用泊沙康唑以预防接合菌感染的疗效并不确定。两性霉素B作为接合菌治疗的一线药物使用有效，但需要更多的病例验证。

三、真菌感染的诊断

近10年以来，真菌感染的发生率显著增加。主要有以下4个原因：强免疫抑制剂使用及抗生素的滥用；白血病、淋巴瘤、艾滋病发生率增加；临床真菌学的发展；诊疗技术准确性的提高。肺部真菌病可以是酵母菌样真菌（隐球菌属）、二相的真菌（组织胞浆菌属）或者丝状真菌（曲霉菌属）。T淋巴细胞数量、功能异常时，致病菌可以是芽生菌属、球孢子菌属、隐球菌属、组织胞浆菌属、肺孢子虫病。中性粒细胞减少或缺乏时，曲霉菌属、镰刀菌属、足放线菌属、毛孢子菌属及接合菌感染。临床征象及影像学结果可以提示、推断诊断，指导医师采集临床样本进行微生物检测以确定诊断。理想的真菌病诊断应当包含以下内容：

（1）临床证据：发热、肺部干湿啰音、肺部影像学改变。

（2）真菌分离及病原学鉴别诊断。

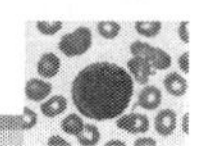

（3）活检或者尸检组织内检出真菌证据。

（4）微生物形态学特征观察。

（5）针对真菌的免疫学检测（直接诊断和间接诊断）阳性。

例如，直接诊断——病原学检测：真菌培养，检测抗原乳胶凝集实验，夹心法 ELISA GM-D，葡聚糖实验，真菌 DNA-PCR，组织病理学检查，Grocott，Maye 黏液胭胆红染色，Fontana-Masson 染色。

间接诊断——调查宿主免疫反应：胸片和 CT 影像学，抗体检测，皮内实验（无诊断价值），免疫扩散，ELISA，组织病理学检查，H&E 染色。

诊断定义（EORTC/MSG 标准）：由于侵袭性真菌病（invasive fungal disease，IFD）是一种严重的、致死性疾病，故明确清晰地定义这种感染性疾病对于临床研究水平的提高是十分必要的。标准的定义系统有助于分析不同研究设计之间的一致性和可重复性。欧洲癌症/侵袭性真菌感染合作组和美国国立变态反应和感染性疾病真菌研究组（EORTC/MSG）为使各国学者在这一领域就一些常见问题达成共识，明确诊断定义，这样有利于评估诊断性技术进步，为此，需要对于原有标准进行修订。修订过程始于 2003 年的全体会议和几轮的分会讨论，最终于 2005 年通过（表 25-4 和表 25-5）。所通过的文件仍然沿袭原文的诊断分级。IFD 分为“确定无疑（proven）”（国内名词为“确诊”）、“很可能（probable）”（国内名词为“临床诊断”）、“可能（possible）”（国内名词为“拟诊”）。但是“很可能”的范围已经扩展了，而“可能”的领域却缩小了。“确定无疑”的 IFD 可以应用于任何患者。无论患者是否伴有免疫缺陷。而“很可能”、“可能”的提议仅用于具有免疫缺陷病的患者。新修改的定义更加符合临床流行病学调查结论，同时也更加凸显确定高危患者的实用性。在临床和流行性调研设计中，有利于统一患者入选标准、临床疗效评估及新药评价。

表 25-4 极有可能的 IFD（除外地域性真菌病）

1. 宿主因素

（1）新近出现的粒减或者粒缺［中性粒细胞<0.5×10^9/L（<500/mm^3），持续>10 天］

（2）造血干细胞移植患者

（3）长期使用肾上腺皮质激素类药物，至少剂量相当于泼尼松 0.3 mg/(kg·d)，持续给药>3 周。除外变态反应性支气管肺部曲霉菌病

（4）在过去的 90 天内，接受其他导致 T 淋巴细胞免疫抑制的药物，如环孢素、TNF-α 阻滞剂、特异性单克隆抗体（alemtuzumab）、核苷类似物

（5）重度遗传性免疫缺陷病（如慢性肉芽肿、严重的联合免疫缺陷病）

2. 临床指标

（1）下呼吸道真菌感染，CT 表现具备以下征象之一：

1）高密度、边界清晰的病损（单个或多个），伴有或者不伴有晕轮征

2）空洞-新月征

3）空腔

（2）气管支气管炎：支气管镜所见，气管支气管溃疡，结节，假膜形成，斑块或者焦痂状影

（3）鼻窦感染：影像学显示鼻窦异常，加以下三项征象之一，①急性的局部疼痛（包括放射至眼部）；②鼻腔溃疡伴焦痂形成；③感染从周围鼻窦越过骨性隔断累及眼眶

（4）中枢神经系统（CNS）感染：具备以下两项中的一项，①影像学提示局灶性病损；②MRI 或者 CT 显示脑脊膜增厚

续表

(5) 弥散性念珠菌病，至少具备以下两项中的一项（念珠菌病持续存在两周以上的患者出现）：
1) 肝脏或者脾脏小的靶样脓肿（牛眼样病损）
2) 眼科学检查示进展性视网膜渗出
3. 真菌学标准
(1) 直接检查（细胞学、直接镜下、培养）
1) 痰液、支气管肺泡灌洗液（BAL）、支气管刷、鼻窦采样，通过直接检查，检出真菌，提示真菌病
2) 培养发现真菌（如曲霉菌、镰刀菌、接合菌或者足放线菌）
(2) 间接实验（检测抗原或者细胞壁成分）
1) 曲霉菌检测：半乳甘露聚糖抗原检测血浆、血清、BAL、CSF
2) 非隐球菌和接合菌致病的 IFD：血清 β-D-葡聚糖测定

注：极有可能的 IFD 诊断要求具备宿主因素、临床指标及真菌学指标。如果仅具备宿主因素、临床指标，但是缺乏真菌学指标，应视为可能的 IFD。

表 25-5　地域性真菌病诊断标准

1. 确诊地域性真菌病（proven endemic mycosis）
(1) 从感染部位采集的样本或者血液进行培养获得阳性结果
(2) 组织学或者直接镜下观察证实具有二态、显著的真菌形态学特征性表现，如球孢子菌属内孢囊、芽生菌、皮炎芽生菌、厚壁广基芽孢酵母菌、副球孢子菌芽孢酵母菌。而且，在组织胞浆菌病，外周血图片形态学特征是：可见吞噬细胞或者巨噬细胞体内吞噬有酵母菌
球孢子菌：诊断可依据 CSF 球孢子菌抗体检出阳性，或者在感染性疾病过程中，两次连续的检测中均有双倍稀释的抗体试验阳性
南美芽生菌病诊断：需要在并发感染性疾病的病程中，两次连续的血清样本呈现特异性抗原抗体反应沉淀带
2. 极有可能的地域性真菌病（probable endemic mycosis）
(1) 具备宿主因素：包括但是不仅限于表 25-2 中的条款，加上临床表现与地方性真菌感染符合
(2) 实验室检查有真菌学证据，如尿液、血样，或者 CSF 的组织胞浆菌抗原检测试验阳性

注：(1) 地域性真菌病包括组织胞浆菌病、酵母菌病、球孢子菌病、南美芽生菌病、分枝孢菌病，或者青霉素菌属感染。发生在确定首次肺部感染后的 3 个月内。

(2) 目前尚无“可能地域性真菌感染（possible endemic mycosis）”的分类标准。原因是宿主因素和临床特征均不具备诊断特异性，所以这组患者很难作为研究对象被选入临床实验设计、流行病学研究，或者诊断性试验技术评估研究（Pauwa 等，2008）。

四、真菌感染的实验室诊断

真菌感染有赖于组织病理学和实验室培养鉴定病原体，这些方法检测敏感性较低，尤其是带菌丝的非培养技术诊断血液和组织中的真菌方法，在曲霉菌属更是如此。传统影像学诊断的特异性和敏感性均不尽人意。

1. 半乳甘露聚糖指数（GMI）　生物放射板层曲霉半乳甘露聚糖免疫测定（bio-rad platelia aspergillus galactomannan enzyme immunoassay，GM EIA），是一种用免疫酶平板的方法检测半乳甘露聚糖的技术，半乳甘露聚糖是由曲霉菌的菌丝分泌的一种黏多糖，可

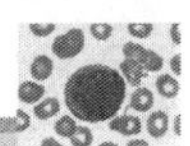

作为曲霉菌感染早期检测的筛查项目。在曲霉菌感染期间通过半乳甘露聚糖指数（galactomannan index，GMI）可以给予评估。临床前和初步临床报道证实，GMI 与曲霉菌转归有良好的相关性。检测结果以指数 0.5 作为界定阴性或阳性的标准值。该项目尤其可作为 IA 的早期监测方法。对于临床疑有真菌感染相关性症状和体征的患者可作为辅助诊断指标。该方法不推荐用于儿童，因为 12 岁以下儿童的血清 GM EIA 假阳性率很高。异基因移植患者如有指征，应当每周检测血清 GM EIA 2 次（Miceli 等，2008）。

2. 血浆（1，3）-β-*D* 葡聚糖检测（G 试验） 采用比色或比浊的方法检测血浆中从真菌细胞壁释放的（1，3）-β-*D* 葡聚糖。目前国外常用的商品化 G 试验试剂包括美国生产的 Fungitell-G（Inc，Cape Cod，MA，USA）和日本生产的 Fungitec-G（Seikagagu Tokyo，Japan），据报道敏感性为 90%～100%，特异性为 85%～100%（Ostrosky-Zeichner 等，2005；Obayashi 等，1995；Odabasi 等，2004；Obayashi 等，2008）。国内采用天津金山川公司生产的试剂盒，北京大学第一医院报道敏感性为 78.3%，特异性为 67.2%（高露娟等，2010），北京市道培医院报道敏感性为 75%，特异性为 91%（刘芳等，2009）。G 试验的优点是它是多菌种的标记，缺点是不能确定菌种，不能用来诊断接合菌和隐球菌，存在导致假阳性和假阴性的因素如抗生素的应用、输注血制品、血液透析等。

3. 曲霉菌属特异性的 PCR 检测 与常规曲霉菌检测方法比较，PCR 检测法的敏感性、特异性、阴性和阳性预测值分别为 86.6%、82%、96.5%和 52%。曲霉菌 PCR 检测可以用于 HSCT 患者早期监测。有利于早期发现和有针对性地治疗。

4. TaqMan 念珠菌种探针检测 采用 TaqMan 技术检测住院患者念珠菌种核糖 DNA 以定量鉴定念珠菌种，诊断念珠菌病也已经应用于临床检测。培养物采自咽部、尿液、粪便、痰液。同时进行超声波和 CT 检查。对于移植后低细胞期，伴有免疫缺陷的患者，及时发现和诊断念珠菌病有可能提高救治成功率，提高生存率（Xavier 等，2009）。

五、回顾性诊断——真菌感染的尸检分析

美国明尼苏达大学报道，在 20 年（1988～2007 年）中接受 HSCT 的 4165 例患者中，包括 1669 例儿童、2496 例成人。在 20 年中共计尸检分析 2943 例，395 例（13.4%）是 HSCT 病例（117 例儿童、278 例成人）。肺部合并症见于 247/395 例（62.5%）。其中，178 例（45.1%）病原微生物（病毒、细菌、真菌）检自一个或者多个器官，23.5%有真菌感染。但是其感染率随时间而异。从 1988～1992 年的 30.3%降至 2003～2007 年的 10.9%。

最近的一项大样本数据研究提示，314 例 IA 病例中，75%尸检诊断为 IA 的患者生前未能诊断。在随机尸检的病例中，真菌感染检出率 0.7%～3.4%。但是在 HSCT 患者则占到 10%～30%。相关因素有粒细胞减少、与 GVHD 防治相关的免疫抑制、异基因移植，肺部无疑是真菌感染的好发部位。大多是经血播散性 IA，该种感染多伴有粒细胞减少。导致迅速死亡的感染性疾病（细菌、病毒、真菌或寄生虫）引起败血症、多器官功能衰竭、弥漫性肺泡损伤（DAD）及弥漫性肺泡出血（DAH）。感染病因根据常规 HE 染色或者特殊染色（细菌革兰染色、真菌 GMS 染色、病毒包涵体的免疫组化分析）的组织学证据，急性炎症的组织学发现，尸检存在肺部损伤；或者培养证实病毒、细菌或真菌。DAD

伴有病原体感染证据，包括支气管肺泡灌洗（BAL）或者死亡前7天内血样培养证实阳性形态学发现（GMS染色）等均会把感染作为死亡原因。即使尸检未见病原学证据，也会记录为感染致死。根据修订的EORTC/MSG共识：生前无菌采集的患者口腔样本的真菌培养阳性、临床或者影像学（BAL灌洗液、尿液、鼻窦腔样本）证据均可作为侵袭性真菌疾病（IFD）证据。验尸结果阳性（来自血液、肺组织、脑组织、肝脏的样本真菌培养阳性），如果经GMS染色提示伴有相应的组织损伤可认定为IFD（Alsharif等，2009）。

六、抗真菌的药物治疗

抗真菌治疗可以分为预防性治疗、症状前治疗（干预治疗）和经验性治疗。症状前治疗又分为真菌定植前和定植后治疗。预防性治疗适用于IFI高发人群，在无感染和相应的临床征象以前给药。而干预性治疗适用于具有真菌感染的证据，如抗原或者基因检测试验阳性，但尚无临床征象的病患。经验性抗真菌治疗往往适用于已有临床征象并高度怀疑为真菌感染所致的患者。由于临床处理的复杂性，同一病患可能需要接受一种以上治疗的处理。

目前常用于抗真菌的药物包括：氟康唑、伊曲康唑、伏立康唑、卡泊芬净和两性霉素B。三唑类药物，如伊曲康唑、伏立康唑与多种药物相互作用，并有心脏负性肌力作用；卡泊芬净和脂质体两性霉素B价格昂贵，只能静脉使用；在与环孢素共用时，卡泊芬净有可能引起肝脏转氨酶异常。虽然卡泊芬净与环孢素联合并非绝对禁忌，但是在两药联合时应密切监测肝功转氨酶及环孢素血药浓度。

1. 预防性给药

（1）常用药物：来自美国、日本及欧洲2001～2005年所报道的真菌预防方案中，氟康唑仍然是最为常用的药物。氟康唑常用剂量为50～400mg/d，而伊曲康唑为10mg/(kg·d)，po。患有口腔黏膜炎的病患可以改为静脉给药。在异基因移植的病患，伏立康唑200mg，iv或者po，每天2次，以预防真菌感染正在临床试验中。其他尚在临床试用的药物有泊沙康唑［posaconazole（POS）10 mg/(kg·d)，po］（Martino等，2006；Lodge等，2004；Barchiesi等，2004），能够有效降低IFI发生率。棘白霉素类药物，如卡泊芬净，每天50mg，iv。

预防性给药应在给予细胞毒性药物的同时同步进行，以确保最佳的预防效果。考虑到药物联合应用的潜在毒副作用，对于严重的中性粒细胞减少及肠黏膜上皮损伤，大多在给予细胞毒性药物治疗结束后开始给予三唑类抗真菌药。三唑类药物适用于移植中后期合并使用免疫抑制剂的病患。根据发生IC和IA感染的危险性，决定预防治疗用药的类型和持续时间。清髓性和非清髓性异基因移植患者给予氟康唑400mg/d，共75天；自体移植患者给予氟康唑200mg/d，至粒细胞缺乏和黏膜炎恢复。氟康唑预防治疗还用于其他患者，比如估计粒细胞缺乏超过15天，尤其是确诊胃肠道白色念珠菌定植和严重黏膜炎的患者。抗真菌药物和剂量方案要因人而异（Sipsas等，2009）。

通常白色念珠菌对氟康唑敏感，但是长期使用可导致耐药；光滑念珠菌对氟康唑易产生耐药（＞30%），所有的克柔念珠菌对氟康唑天然耐药；部分光滑念珠菌对伏立康唑耐药。光滑念珠菌和克柔念珠菌相对于白色念珠菌而言，对两性霉素B的耐药性相似。近期

的实验表明，伏立康唑治疗念珠菌血症和 ABLC 的疗效相同，但是对氟康唑耐药的光滑念珠菌也可产生伏立康唑耐药，病原微生物诊断明确后最好给予卡泊芬净治疗。

（2）氟康唑和伏立康唑：美国包括西雅图 Fred Hutchinson 癌症研究中心、斯坦福大学、佛罗里达大学及 Johns Hopkins 大学在内的 13 所研究机构多中心随机双盲临床试验比较了 295 例接受氟康唑和 305 例伏立康唑作为预防 IFIs 治疗的分组。患者在接受经典清髓性预处理移植前随机分组进入氟康唑或者伏立康唑组。高危患者接受治疗天数延长至 180 天。每周 2 次测定 GM，共计 60 天，然后至少每周 1 次直至 100 天。GM 阳性或者临床征象提示 IFIs。第一观察点是从 IFIs 至死亡或 180 天。伏立康唑组的 IFIs 发生率（伏立康唑比氟康唑：7.3% *vs* 11.2%，$P=0.12$）、曲霉菌感染率（9% *vs* 17%，$P=0.09$）、需要经验治疗病例（24.1% *vs* 30.2%）均优于氟康唑组。但是 180 天无真菌感染生存（fungal free survival，FFS）率两组相似（75% *vs* 78%，$P=0.49$）。其他指标，例如，无复发死亡（RFS）率和总生存（OS）率及严重合并症发生率也类似，提示在严密监控和结构性经验治疗的条件下，6 个月的 FFS 率和 OS 率在氟康唑组和伏立康唑组并无区别（Gergis 等，2010）。

2. 症状前治疗与经验性治疗 在 20 世纪 80 年代早期，约有 33%的严重粒细胞减少患者伴有发热。尽管给予广谱抗菌治疗，患者最终仍会发展为 IFI。经验性抗真菌药物两性霉素 B 可以使 IFI 发生率降低 50%～80%，而且总体死亡率降低 23%～45%。因此，经验性抗真菌治疗成为标准的实践指南。但是，由于启动经验性治疗的重要依据是发热，而发热并非特异性的征象，也几乎没有预后意义。据统计，35%～69%的白血病和 56%～82%的 HSCT 患者接受经验性抗真菌治疗。IFI 发生率为 2%～15%。这种以中性粒细胞计数和发热作为判定指标的经验性治疗难免导致抗真菌针对性差及治疗相关性毒副作用的产生。德国多中心临床应用结果对于症状前治疗与经验性治疗结果进行比较：病例为异基因移植受者，抗真菌治疗采用 AMB，监测采用血清真菌 DNA 检测，结果显示，症状前治疗组接受了更多的抗真菌药物而两组的 IFI 发生率相似，但是 30 天死亡率在前组低于后组。

IC：单中心的研究结果提示，在无粒细胞减少的患者，氟康唑 400mg/d 或者 AMB 0.5～0.6mg/(kg·d)，预防真菌感染的效果相似。随机对照试验结果分析提示，AMB 对于 IC 的预防疗效优于氟康唑，但是 AMB 引起的治疗相关性毒性更为常见。585 例 HSCT 患者接受氟康唑预防性给药 400mg/d，共计 75 天。结果念珠菌的定植率为 256 例（44%），而非白色念珠菌为 53%。光滑念珠菌发生率及氟康唑的敏感性在不同地域有所差异。在亚太地区，光滑念珠菌占真菌感染的 10.2%。其中 78%的患者对于氟康唑敏感，2%耐药。在欧洲，光滑念珠菌感染占 12.9%，对于氟康唑敏感菌株占 61%，耐药占 3%。而在美国，光滑念珠菌为 18.3%，其中敏感菌株占 9%（Pfaller 等，2005）。305 例食管念珠菌感染菌株分离和体外实验结果提示，伏立康唑抗菌活性较之氟康唑强 100 倍。

伏立康唑，一种广谱三唑类药物，是一种安全有效的替代两性霉素 B 的抗 IC 药物。伊曲康唑多用于维持治疗和二线药物预防 IA。2008 年由美国感染病学会推荐作为 IA 一线治疗药物用于治疗双重真菌感染以及在持续性粒细胞缺乏伴发热的经验性治疗。卡泊芬净是除三唑类药物和两性霉素 B 以外的另一种有效的抗真菌药物。卡泊芬净可以有效治疗念珠菌类、曲霉菌类、肺孢子菌肺炎，但是对于新型隐球菌或者接合菌无效。与两性霉素比较，卡泊芬净治疗念珠菌类具有更好的疗效（73.4% *vs* 61.7%）。但是在卡泊芬净组有更多的病例呈现近平滑念珠菌血症阳性。米卡芬净的抗真菌疗效也在研究中。

IA：只有两性霉素 B 和伏立康唑经美国 FDA 审批通过，用于 IA 的治疗。在恶性血液病伴 IA，两性霉素 B 的治疗有效率为 1/3。在 277 例患者的临床研究报道中，证明接受伏立康唑组（有效率 52.8%，总改善率为 67%）较两性霉素组（31.6%）具有较高的有效率。伏立康唑尤其适用于早期肺部结节样病灶伴有晕环征象的病例。其有效率（52.4%）远高于两性霉素 B 组（29.1%），两组生存率分别为 70.8%和 57.9%。异基因 HSCT 患者对于抗真菌治疗的反应差。伏立康唑组和两性霉素 B 组治疗有效率分别为 32.4%和 13.3%。(Caillot 等，2001；Greene 等，2007；Herbrecht 等，2002)。

3. 曲霉菌感染治疗指南　美国感染病学会根据临床治疗需要，在 2008 年发表了有关曲霉菌感染的推荐指南（表 25-6）。

表 25-6　美国感染病学会 2008 年有关曲霉菌治疗推荐（Walsh 等，2008）

感染类型	首选药物	替代药物	备注
侵袭性肺曲霉菌病	伏立康唑（首日 6mg/kg，iv，q12h，续以 4mg/kg，iv，q12h，或 200mg，po，q12h）	L-AMB 3～5mg/(kg · d) iv ABLC 5mg/(kg · d) iv 卡泊芬净首日 70mg，iv，此后 50mg/d，iv 泊沙康唑 po，200mg，qid，后改为 400mg，po，bid 伊曲康唑（剂量依据剂型而定）	儿童患者：伏立康唑 5～7mg/kg，iv，q12h；卡泊芬净 50mg/(m^2 · d)
侵袭性窦曲霉菌病	同侵袭性肺曲霉菌病	同侵袭性肺曲霉菌病	同侵袭性肺曲霉菌病
气管支气管曲霉菌病 慢性坏死性肺曲霉菌病（亚急性侵袭性肺曲霉菌病）			由于慢性坏死性肺曲霉菌病的疗程通常需要持续数月，所以三唑类药物口服给药优于静脉剂型
中枢神经系统（CNS）曲霉菌病	同侵袭性肺曲霉菌病	同侵袭性肺曲霉菌病	在各类侵袭性曲霉菌病中，该感染的死亡率最高；抗曲霉菌药物与抗惊厥药物之间存在相互作用
心脏曲霉菌感染（心内膜炎、心包炎和心肌炎）	伏立康唑	同侵袭性肺曲霉菌病	曲霉菌属所致心内膜损伤需要行外科切除；曲霉菌性心包炎通常需要行心包切除术
曲霉菌骨髓炎和脓毒性关节炎	伏立康唑	同侵袭性肺曲霉菌病	外科切除坏死的骨与软骨，对于治愈疾病至为重要
眼部曲霉菌感染（眼内炎和角膜炎）	部分玻璃体切除术后眼内予以 AMB	同侵袭性肺曲霉菌病 有关棘白霉素类的治疗数据有限	除全身治疗外，各种眼科感染均需要眼科干预治疗；角膜炎适于局部药物治疗

续表

感染类型	首选药物	替代药物	备注
皮肤曲霉菌病	伏立康唑	同侵袭性肺曲霉菌病	有可能则实施外科切除
曲霉菌性腹膜炎	伏立康唑	同侵袭性肺曲霉菌病	
经验性和抢先抗真菌治疗	经验性抗真菌治疗：L-AMB 3mg/(kg·d)，iv；卡泊芬净首日 70mg，iv；而后 50mg/d，iv；伊曲康唑 200mg/d，iv，或 200mg，bid，po；伏立康唑首日 6mg/kg，q12h，iv，而后 3mg/kg，q12h，iv，或 200mg，q12h，po		抢先治疗是对于有侵袭性真菌感染证据的高危患者（肺部浸润或者半乳甘露聚糖检测阳性）立即给予治疗，是经验性抗真菌治疗的一种逻辑延伸
预防性侵袭性曲霉菌病	泊沙康唑 200mg，q8h	伊曲康唑 200mg，q12h×2d，iv，而后 200mg，q24h，iv，或者 200mg，q12h，po；米卡芬净 50mg/d	
曲霉球	不治疗或外科切除	伊曲康唑或伏立康唑 同侵袭性肺曲霉菌病	药物对于曲霉球疗效未定；腔内穿刺注射宜用伊曲康唑；AMB 效果差
慢性空洞性肺曲霉病	伊曲康唑或伏立康唑	同侵袭性肺曲霉菌病	绝大多数患者患有先天性遗传性免疫缺陷，需要长期治疗。外科手术可能引起严重并发症。IFN-γ 可能有效
过敏性支气管肺曲霉菌病	伊曲康唑	伏立康唑 200mg，q12h，po；或泊沙康唑 400mg，bid	伊曲康唑具有减少皮质类固醇用量的作用
过敏性曲霉菌鼻窦炎	无或伊曲康唑		

注：AMB. 两性霉素 B；bid. 每日 2 次；iv. 静脉注射；L-AMB. AMB 脂质体；po. 口服；qid. 每日 4 次。

资料来源：Clinical Infectious Diseases. 2008. 46：327～360，本表有所简化。

4. 挽救性单药治疗和多药联合治疗 由于近年 IFI 单药治疗的疗效有限，而且新的抗真菌药物的不断研发和应用，使临床有可能将抗真菌治疗药物联用以提高抗菌杀伤力，防止耐药性的产生，达到降低剂量、提高疗效之目的。

与单药使用伏立康唑相比，伏立康唑与卡泊芬净联合应用治疗 IA 疗效更佳。法国一项多中心治疗结果提示，分别以 L-AMB 单药应用［10mg/(kg·d)］和 L-AMB［3mg/(kg·d)］加卡泊芬净（70mg 第一天，以后改为 50mg/d）作为 IA 一线治疗，总有效率在联合给药组为 67%，而在单药组为 27%（Caillot 等，2001）。上述结果提示了联合给药的优势。由于样本数较小，大样本的随机对照观察结果仍是必要的。费用昂贵及潜在的毒副作用也限制了联合给药的应用（Chandrasekar 等，2005；Maertens 等，2004）

5. 非曲霉菌性真菌感染的处理 非曲霉菌性真菌感染，如镰刀菌、足放线菌、接合菌、domatiacious，木霉菌、青霉菌、番红花帚霉菌属。其中，以前 3 种真菌感染最为重要而且病死率高。临床所见最为严重的真菌感染往往发生在免疫抑制最为严重的患者。而且对于常用抗真菌药物往往不敏感，故治疗难以奏效（Walsh 等，2004；Nucci 等，2003；Nucci 等，2005；Chamilos 等，2005）。其他广谱抗真菌药，如泊沙康唑（POZ）在治疗接合菌感染方面较 L-AMB 更为有效（Greenberg 等，2006；Walsh 等，2007；van Burik 等，2006）。

真菌血培养（+）与给药的间隔期对于抗真菌疗效也有影响。157 例有念珠菌血症的患者分别在证实真菌血培养（+）后<12 小时、12～24 小时、24～48 小时、>48 小时开始治疗，其感染死亡率分别为 5.7%、6.4%、54.8%和 33.1%。统计学分析结果显示，真菌血培养（+）距开始治疗间隔>12 小时是影响住院死亡率的独立因素之一（Morrell 等，2005）。

6. 新药介绍

(1) 伏立康唑：伏立康唑是一种三唑类广谱抗真菌剂。美国 FDA 推荐用于成人 IA 及难治耐药性镰刀菌属、足放线菌属及难治耐药或不能耐受其他抗真菌药物治疗的患者。该药抑制真菌体内由细胞色素 P450 介导的 14α-甾醇去甲基化，因而抑制麦角固醇的生物合成。干扰真菌细胞膜形成，使真菌中止生长，是一种广谱三唑类新药。该药对于曲霉菌，包括对于伊曲康唑或两性霉素 B 耐药的烟曲菌属均具有显著抑菌或杀菌效果。该药可以透过血脑屏障。

抗菌谱包括：曲霉菌类，如黄曲菌、烟曲菌、土曲菌、黑曲菌、构巢曲菌；念珠菌类，如白念珠菌、部分都柏林念珠菌、光滑念珠菌、平常念珠菌、克柔念珠菌、近平滑念珠菌、热带念珠菌、吉利蒙念珠菌等；足放线菌属，如尖端足分枝霉和多育足分枝菌；镰刀菌属及链格孢菌属、皮炎芽生菌、头分裂芽生菌、支孢霉属、粗球孢子属、冠状耳霉、新型隐球菌等。

使用限制：①预处理过程中使用伏立康唑或伊曲康唑可能干扰药物代谢；②伏立康唑最好不与西罗莫司或其他具有药物相互作用而禁忌使用的药物同时使用；③伏立康唑不适用于接合菌感染；④该药在与环孢素或普乐可复同时使用时，可以调高后两者的血药浓度，因而需要及时调整剂量。伊曲康唑也具有类似的药物相互作用。

交叉耐药性：伏立康唑对于两性霉素 B 或伊曲康唑耐药的烟曲菌具有显著活性。该药与两性霉素 B 及伊曲康唑之间不存在交叉耐药性。该药的 MIC 值在不同实验室所得数据有差异。体外药敏试验结果并非必然与临床应用结果一致。

推荐剂量：负荷剂量为 6mg/kg，q12h，iv，d1；维持剂量为 4mg/kg，q12h，iv，d2～d7（>7d）；最大输注速率 3mg/(kg·h)。稀释后药液 200mg/瓶，滴注时间>1～2 小时。给药途径：静脉滴注或口服，q12h。

口服剂量：≥40kg 为 200mg，q12h；< 40kg 为 100mg，q12h。维持治疗 3～12 周。

该药可进入脑脊液，在 CSF 中药物浓度为血浆的 50%，在脑组织的药物浓度高于 CSF。

伏立康唑通过肝脏细胞色素 P450 同工酶：CYP2C19、CYP2C9 和 CYP3A4 代谢。在成人和青少年组均可较好耐受。最常见副作用：短暂性视力障碍（8%～44%），一般持续

时间短暂，无须终止治疗。皮疹发生率6%，少数出现中毒性剥脱性皮炎、多形红斑等。

儿童用药：年龄>15岁的儿童在用药期间，40例/58例出现至少一次治疗相关性毒性不良反应。按常见顺序依次为：谷丙转氨酶（ALT）异常>5%、胆红素高13.8%、皮疹13.8%、视觉异常5.2%及光敏感反应5.2%。毒副作用多为短暂一过性，停药后即消失。

一项随机双盲试验将伏立康唑和两性霉素B作为一线治疗用于277例恶性血液病伴IA的患者。有效的判定标准为：异常症状和体征及影像学/支气管镜检查恢复正常。12周治疗后疗效比较：伏立康唑组（144例）的治疗反应率为53%，总生存率为71%。两性霉素B组（133例）的治疗反应率为32%，总生存率为58%。伏立康唑作为一线治疗选择较两性霉素B更为有效。不同的念珠菌株对于药物的敏感性也有差异。伏立康唑和L-AMB在白色念珠菌、光滑念珠菌、近平滑念珠菌感染的治疗成功率相当，而在热带念珠菌，伏立康唑的治疗成功率远远优于L-AMB（32.1% *vs* 6.3%）。

使用伏立康唑时，需要考虑：①三唑类的交叉耐药性；②药物之间的相互作用；③特殊的毒副作用，如肝脏损害、皮疹、视力损害；静脉给药时，肾功能不全者可能导致洋地黄类药物蓄积；④该药缺乏抗接合菌的活性。

（2）卡泊芬净（cancidas，caspofungin acetate）：卡泊芬净属棘白霉素类，是新一类抗真菌药。药物毒性低，对于大多数念珠菌、曲霉菌均有快速抑菌或杀菌作用。且因其良好的药代动力学特点每天只需给药一次。卡泊芬净是一种半合成脂肽，属十六环脂肽，通过非竞争性抑制1，3-β-*D*肽聚糖合成酶而阻止真菌细胞壁合成。

抗菌谱：多种念珠菌属、曲霉菌、镰刀菌属、粗球孢子菌及卡氏肺孢子菌。抗菌作用较弱的有荚膜组织浆菌和新型隐球菌。

适应证：美国FDA批准用于治疗对于两性霉素B和（或）伊曲康唑耐药或不能耐受的患有IA的成人及IC的治疗。

体外实验：对于氟康唑耐药的400份血样的念珠菌菌株在卡泊芬净浓度<0.5μg/ml时均显示敏感反应。来自世界各地的95所医疗中心的3959份念珠菌样本的体外试验结果显示：卡泊芬净MIC_{90}为1.0μg/ml；157份对氟康唑或伊曲康唑呈现高度耐药的菌株在卡泊芬净<1.0μg/ml时抑制率为99%。但是，在一些特殊的念珠菌（近平滑念珠菌）则需要较高的药物浓度。

临床随机试验：224例侵袭性念珠菌病患者接受卡泊芬净（70mg，qd，d1，然后50mg，qd），或两性霉素B（0.6～1.0mg/kg，qd，14d）治疗，在全部接受治疗>5天的患者中，治疗成功率在卡泊芬净和两性霉素B为81% *vs* 65%（$P=0.03$）。AMB组的毒副作用发生率明显高于卡泊芬净组。由于药物毒副反应而终止治疗的比例分别为3% *vs* 23%。证实了卡泊芬净治疗黏膜念珠菌病、念珠菌性食管炎的良好疗效。卡泊芬净在控制全身念珠菌病的治疗中也具有优越性。

卡泊芬净剂量：成人剂量（包括老年、肾功能不全及轻度肝功不全者）：70mg，qd，d1，然后改为50mg，qd；肾功能中度损伤：70mg，qd，d1，然后减为35mg，qd。

毒副作用：该药物无致癌或致畸作用。常见毒副作用：血嗜酸粒细胞增高32%、血碱性磷酸酶增高29%、低血钾29%；少见：血尿素氮和肌酐增高，发热、寒战、注射部位疼痛等。

联合用药：在念珠菌属感染，卡泊芬净与氟康唑和伏立康唑联用均具有协同作用，但与两性霉素 B 联用时则未显示任何疗效差异；曲霉菌属，卡泊芬净与两性霉素 B，伊曲康唑和伏立康唑均具有协同作用。

药物相互作用：棘白霉素治疗念珠菌性食管炎可以迅速消除损害，对于三唑类抗真菌药物耐药的菌株依然有效。但是与氟康唑比较，治疗后真菌的复发率较高。大剂量给药可提高疗效。在治疗 IC 方面，与两性霉素 B 比较，卡泊芬净有更好的疗效。对于并发粒细胞减少的患者，治疗成功率在卡泊芬净组和 L-AMB 组分别为 50%和 40%。米卡芬净 100mg/d（n=264）*vs* L-AMB 3mg/(kg・d)（n=267），两组的治疗有效率相似：米卡芬净为 181 例/202 例（89.6%），L-AMB 70 例/90 例（89.5%）。L-AMB 组的输注相关性毒性和肾毒性更为常见。

（3）阿尼芬净（anidulafungin）：阿尼芬净属于棘白霉素类新药，用于念珠菌性败血症、念珠菌性腹腔脓肿或腹膜炎。该药对于白色念珠菌和其他念珠菌属，包括对于氟康唑耐药的菌株，均有高度活性，起效快。也可应用于大多数曲霉菌属、趋食型和包囊型卡氏肺孢子菌感染。剂量：第一天 200mg，随后 100mg/d，po。阿尼芬净 100mg/d *vs* 氟康唑 400mg/d（n=118）治疗 IC 和念珠菌血症。其治疗成功率分别为 75.6%和 60.2%。治疗 6 个月的总体有效率为 55.9% *vs* 44.1%。总体死亡率分别为 23%（29/127）*vs* 33%（37/118）。

（4）其他：NK 细胞具有抗肿瘤活性、辅助抗感染作用。但是，人类 NK 细胞在 HSCT 后 IA 患者中的抗曲霉菌作用很弱。体外结果提示，未经刺激的和 IL-2 预刺激的人类 NK 细胞杀伤曲霉菌但是不影响其他分生孢子。杀伤作用也可以由预刺激的人类 NK 细胞的培养上清液及人类穿孔素诱导产生。过继性 NK 细胞免疫治疗可以成为抗真菌治疗的手段之一，但是仍在临床试验阶段（Schmidt 等，2010）。

L-AMB 单用与 L-AMB＋抗 HSP90 单克隆抗体（mycograb）联用治疗 IC 的疗效比较，随机双盲实验结果显示，治疗第 10 天的完全反应率在单药组和 L-AMB＋Mycograb 组分别为 48%（29/61）和 84%（47/56）。而念珠菌感染相关性死亡率则分别为 18% *vs* 4%。与单药组比较，L-AMB＋mycograb 组血培养转阴率更快（Matthews 等，2005；Nooney 等，2005）。

真菌感染的诊断标准已经制订，但其临床诊断标准仍不完备。治疗指南也在探讨和制订中。新的具有不同抗菌机制的药物有效地应用于特定的真菌谱为解决真菌感染这一难题带来曙光。抗真菌药物的研发及联合治疗的进展改善了恶性血液病的预后。同时，注重移植患者免疫功能的恢复和保护有可能使白血病治疗相关性死亡率明显降低。

参 考 文 献

高露娟等 . 2010. 评估国产（1，3）-β-*D* 葡聚糖检测试剂的诊断价值 . 中国真菌学杂志，5：277

刘芳等 . 2009 血浆（1，3）-β-*D* 葡聚糖检测对血液病患者侵袭性真菌感染的诊断价值 . 中国实验血液学杂志，17：1043

Alsharif M et al. 2009. Time trends in fungal infections as a cause of death in hematopoietic stem cell transplant recipients，an autopsy study. Am J Clin Pathol，132：746

Badiee P & Alborzi A. 2010. Detection of aspergillus species in bone marrow transplant patients. J Infect Dev Ctries，4：511

Barchiesi F et al. 2004. Posaconazole and amphotericin B combination therapy against cryptococcus neofor-

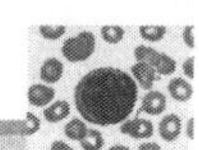

mans infection. Antimicrobial Agents Chemotherapy，48：3312

Bow EJ. 2006. Of yeasts and Hyphae：A hematologist's approach to antifungal therapy. Hematology Am Soc Hematol Educ Program，361

Caillot D et al. 2001. Increasing volume and changing characteristics of invasive pulmonary aspergillosis on sequential thoracic computed tomography scans in patients with neutropenia. J Clin Oncol，19：253.

Carvalho-Dias VMH et al. 2008. Invasive aspergillosis in hematopoietic stem cell transplant recipients：a retrospective analysis. Brazilian Journal of Infectious Diseases，12：385

Chamilos G et al. 2005. Predictors of pulmonary zygomycosis versus invasive pulmonary aspergillosis in patients with cancer. Clin Infect Dis，41：60

Chamilos G et al. 2006. Invasive fungal infections in patients with hematologic malignancies in a tertiary care cancer center：an autopsy study over a 15-year period（1989～2003）. Haematologica，91：986

Chandrasekar PH et al. 2005. Amphotericin B lipid complex in the management of invasive aspergillosis in immunocompromised patients. Clin Infect Dis，40（Suppl 6）：S392

Donald Sheppard D，Grist LM. 2010. Report from the 4th Advances Against Aspergillosis Conference. Future Medicine Ltd，5：1001

Fairs A et al. 2010. Guidelines on ambient intramural airborne fungal spores. J Investig Allergol Clin Immunol，20：490

Gergis U et al. 2010. Voriconazole provides effective prophylaxis for invasive fungal infection in patients receiving glucocorticoid therapy for graft-versus-host disease. Bone Marrow Transplant，45：662

Greenberg RN et al. 2006. Posaconazole as salvage therapy for zygomycosis. Antimicrob Agents Chemother，50：126

Greene RE et al. 2007. Imaging findings in acute invasive pulmonary aspergillosis：clinical significance of the halo sign. Clin Infect Dis，44：373

Herbrecht R et al. 2002. Voriconazole versus amphotericin B for primary therapy of invasive aspergillosis. N Engl J Med，347：408

Kontoyiannis DP et al. 2010. Prospective surveillance for invasive fungal infections in hematopoietic stem cell transplant recipients，2001-2006：overview of the transplant-associated infection surveillance network（TRANSNET）database. Clinical Infectious Diseases，50：1091

Leather HL et al. 2008. Thomas'Hematopoietic Cell Transplantation. 4th ed. Chichester：Wiley-Blackwell，1325

Lodge BA et al. 2004. Aspergillus fumigatus empyema，arthritis，and calcaneal osteomyelitis in a lung transplant patient successfully treated with posaconazole. J Clinical Microbiol，42：1376

Lu DP et al. 2006. Conditioning including antithymocyte globulin followed by un-manipulated HLA-mismatched/ haploidentical blood and marrow transplantation can achieve comparable outcomes to HLA-identical sibling transplantation. Blood，107：3065

Maertens J et al. 2004. Efficacy and safety of caspofungin for treatment of invasive aspergillosis in patients refractory to or intolerant of conventional antifungal therapy. Clin Infect Dis，39：1563

Martino R et al. 2006. Impact of the intensity of the pretransplantation conditioning regimen in patients with prior invasive aspergillosis undergoing allogeneic hematopoietic stem cell transplantation：a retrospective survey of the Infectious Diseases Working Party of the European Group for Blood and Marrow Transplantation. Blood，108：2928

Matthews RC et al. 2005. Human recombinant antibody to HSP90：a natural partner in combination therapy. Curr Mol Med，5：403

Miceli MH et al. 2008. Strong correlation between serum aspergillus galactomannan index and outcome of aspergillosis in patients with hematological cancer：clinical and research implications. Clin Infec Dis，46：1412

Morrell M et al. 2005. Delaying the empiric treatment of candida bloodstream infection until positive blood culture results are obtained：a potential risk factor for hospital mortality. Antimicrob Agents Chemother，49：3640

Nooney L et al. 2005. Evaluation of mycograb，amphotericin B，caspofungin，and fluconazole in combination against cryptococcus neoformans by checkerboard and time-kill methodologies. Diagn Microbiol Infect Dis，51：19

Nucci M et al. 2005. Emerging fungal diseases. Clin Infect Dis，41：521

Nucci M. 2003. Emerging moulds：fusarium，scedosporium and zygomycetes in transplant recipients. Curr Opin Infect Dis，16：607

Obayashi T et al. 1995. Plasma（1→3）-β-*D*-glucan measurement in diagnosis of invasive deep mycosis and fungal febrile episodes. Lancet，345：17

Obayashi T et al. 2008. 1Reappraisal of the serum（1，3）-β-*D*-glucan assay for the diagnosis of invasive fungal infections—a study based on autopsy cases from 6 years. Clin Infect Dis，46：1864

Odabasi Z et al. 2004. Beta-D-glucan as a diagnostic adjunct for invasive fungal infections：validation，cutoff development，and performance in patients with acute myelogenous leukemia and myelodysplastic syndrome. Clin Infect Dis，39：199

Ostrosky-Zeichner L et al. 2005. Multicenter clinical evaluation of the（1～3）beta-*D*-glucan assay as an aid to diagnosis of fungal infections in humans. Clin Infect Dis，41：654

Ostrosky-Zeichner L et al. 2006. Invasive candidiasis in the intensive care unit. Crit Care Med，34：857

O'Brien SN et al. 2003. Infections in patients with hematological cancer：recent developments. Hematology Am Soc Hematol Educ Program，438

Pamer EG. 2008. TLR polymorphisms and the risk of invasive fungal infections. N Engl J Med，359：1836

Pappas PG et al. 2004. Infectious diseases society of America. Guidelines for treatment of candidiasis. Clin Infect Dis，38：161

Pauwa BD et al. 2008. Fungal infections cooperative group and the national institute of allergy and infectious diseases mycoses study group（EORTC/MSG）consensus group. Clin Infect Dis，46：1813

Pfaller MA et al. 2005. Global trends in the antifungal susceptibility of cryptococcus neoformans（1990～2004）. J Clinical Microbiology，43：2163

Ru ping MJGT et al. 2010. Forty-one recent cases of invasive zygomycosis from a global clinical registry. J Antimicrob Chemother，65：296

Schmidt S et al. 2010. Human natural killer cells exhibit direct activity against aspergillus fumigatus hyphae，but not against resting conidia. The Journal of Infectious Diseases，203：430

Silva RFe. 2010. Chapter 8-Fungal infections in immunocompromised patients. Continuing Education Course-Mycoses. J Bras Pneumol，36：142

Sipsas NV et al. 2009. Candidemia in patients with hematologic malignancies in the era of new antifungal agents（2001—2007）：stable incidence but changing epidemiology of a still frequently lethal infection. Cancer，115：4745

Van Burik JA et al. 2006. Posaconazole is effective as salvage therapy in zygomycosis：a retrospective summary of 91 cases. Clin Infect Dis，42：e61

Viscoli C and Castagnola E. 2010. Geoclimatic factors and invasive aspergillosis after allogeneic hematopoietic

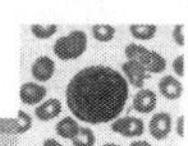

stem cell transplantation: new perspectives for patient management? Clin Infect Dis, 50: 1598

Walsh TJ et al. 2004. Infections due to emerging and uncommon medically important fungal pathogens. Clin Microbiol Infect, 10 (Suppl 1): 48

Walsh TJ et al. 2007. Treatment of invasive aspergillosis with posaconazole in patients who are refractory to or intolerant of conventional therapy: an externally controlled trial. Clin Infect Dis, 44: 2

Walsh TJ et al. 2008. Treatment of aspergillosis: clinical practice guidelines of the infectious disease society of America. Clin Infect Dis, 46: 327

Wingard JR et al. 2010. Randomized, double-blind trial of fluconazole versus voriconazole for prevention of invasive fungal infection after allogeneic hematopoietic cell transplantation. Blood, 116: 5111

Xavier MO et al. 2009. Chapter 1-laboratory diagnosis of pulmonary mycoses. J Bras Pneumol, 35: 907

第二十六章　输 血 治 疗

高志勇

高志勇，道培医院造血干细胞移植科主任。1991 年毕业于北京医科大学临床医学院，1997 年获北京医科大学临床医学博士学位，导师是陆道培院士。先后在北京大学人民医院、道培医院从事造血干细胞移植的临床及科研工作 20 年，亲自实施 300 余例异基因造血干细胞移植术。患者年龄最小 2 个月（脐血移植），最大 62 岁（半相同移植）。曾经协助陆道培院士建立北京市脐带血造血干细胞库。

白血病患者最常见的并发症为感染、贫血和出血，这些并发症如不能得到控制可直接导致患者死亡。感染的控制需应用抗感染药物及采取一些相关措施。贫血和出血则需要通过输血治疗加以控制。

如同药物治疗一样，输血治疗也有其两面性，既有治疗作用，也有毒副作用，即输血不良反应。因此，在考虑输血治疗时应权衡利弊，把握适应证，减少输血不良反应的发生。

急性白血病患者的贫血原因通常是由于白血病细胞侵犯骨髓，抑制正常红系造血，或化疗药物对红系造血细胞的抑制。慢性白血病患者发生贫血亦不少见，原因除了白血病细胞对正常红系造血细胞的抑制以外，自身免疫性溶血性贫血也是重要的原因之一，且常见于慢性淋巴细胞白血病、淋巴瘤等患者。贫血的输血治疗涉及红细胞血液制品的应用。

白血病患者出血大部分是由于血小板减少所致，少部分是由于凝血因子的缺乏。出血的输血治疗涉及血小板和血浆制品的应用。

现代输血医学的观点认为，应依据患者病情的实际需要分别输入所需的血液成分，称为成分输血。例如输注红细胞改善患者的载氧能力，纠正贫血；输注血小板纠正出血倾向；输注血浆制品补充凝血因子。成分输血具有疗效好、副作用小、节约血液资源等优点。虽然全血仍然有其应用的适应证，成分血液制品在输血治疗中将起着越来越重要的作用。

第一节　红细胞血液制品的输注

一、常用红细胞血液制品简介

1. 全血

（1）制备方法：全血采集 24 小时后，全血中的血小板、凝血因子等成分迅速下降，主要活性成分为红细胞和血浆蛋白。

（2）规格：每袋全血血量为 200ml，含抗凝剂 28ml。

（3）保存方式和保存期：保存温度 4℃ ± 2℃，保存期限随抗凝剂不同略有变化：ACD 抗凝，保存期限 21 天；CPD 抗凝，保存期限 28 天；CPDA 抗凝，保存期限 35 天。

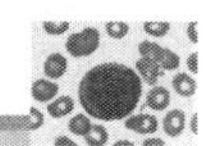

（4）特点：全血制品的优势在于可以同时补充红细胞和血容量，提高胶体渗透压。

（5）适应证：可用于急性大量出血的治疗。

2. 浓缩红细胞（又称压积红细胞）

（1）制备方法：400ml 或 200ml 全血离心后去除血浆。

（2）规格：每袋含 200ml 全血中的全部红细胞，总量 110～120ml，血细胞比容 70%～80%，含血浆 30ml 及抗凝剂 8～10ml。运氧能力和体内存活率等同一袋全血。

（3）保存方式和保存期：与全血相同。

（4）特点：低容量，高压积，血液黏滞度高，流动性差。

（5）适应证：常用于补充红细胞，改善运氧能力，特别是心功能、肾功能障碍患者的贫血治疗。

3. 红细胞悬液

（1）制备方法：400ml 或 200ml 全血离心后去除血浆，加入适量悬浮液（包括平衡盐溶液、葡萄糖、腺嘌呤、甘露醇等）制成。

（2）规格：每袋 200ml，运氧能力和体内存活率等同一袋全血。

（3）保存方式和保存期：与全血相同。

（4）特点：血液黏滞度低，流动性好。

（5）适应证：是目前补充红细胞、治疗慢性贫血、改善运氧能力的最常用的红细胞制品。

4. 洗涤红细胞

（1）制备方法：400ml 或 200ml 全血经离心去除血浆和白细胞，用无菌生理盐水洗涤 3～4 次，最后加 150ml 生理盐水悬浮。

（2）规格：由 400ml 或 200ml 全血制备。

（3）保存方式和保存期：保存温度 4℃±2℃，保存期限不超过 24 小时。

（4）特点：去除大部分血浆和白细胞成分，白细胞去除率大于 80%，血浆去除率 90%，红细胞回收率大于 70%。输血反应发生率低。

（5）适应证：①对血浆蛋白有过敏反应的贫血患者；②自身免疫性溶血性贫血患者；③供受者血型不合造血干细胞移植术后患者；④阵发性睡眠性血红蛋白尿患者。

5. 少白细胞红细胞

（1）制备方法：①过滤法，应用去白细胞输血过滤器去除血液制品中的白细胞。②洗涤法，全血经离心后，用无菌生理盐水洗涤去除血浆和白细胞。

（2）规格：200ml。

（3）保存方式和保存期：4℃±2℃，24 小时。

（4）特点：白细胞去除>90%～99.99%；过滤法白细胞残留 10^6～10^8。

（5）适应证：预防非溶血性发热输血反应；同种异基因免疫反应。

6. 冰冻红细胞

（1）制备方法：全血离心去除血浆，加甘油冷冻保护剂，－80℃以下保存；解冻后洗涤去除甘油，加入添加剂或生理盐水悬浮。

（2）规格：200ml。

（3）保存方式和保存期：－80℃以下 10 年；解冻后 4℃±2℃；24 小时。

（4）特点：保存期长；白细胞、血浆含量低。

（5）适应证：稀有血型人群的输血治疗。

二、红细胞制品临床应用

1. 输血指征　慢性贫血患者血红蛋白（HB）水平高于70～80g/L时通常不出现症状和体征。当贫血逐渐发生时，机体会产生一系列代偿机制以维持组织和器官的供氧。心脏输出量增加。细胞内2，3-二磷酸甘油酸（2，3-diphosphoglycerate，2，3-DPG）浓度升高，HB对O_2亲和力降低，氧气可以在血氧饱和度较低时释放到组织细胞。当HB水平进一步下降超过机体代偿能力时，患者会出现乏力、心悸、气促、注意力减退、头痛、食欲下降等临床症状。

HB降低至何种程度应该进行输血治疗，不同患者间个体差异较大。除考虑HB下降这一因素，在决定是否开始输血治疗时还应考虑以下因素，如疾病种类、贫血发生的急缓、是否伴有血容量不足、心肺功能、是否伴有高代谢率等。一般而言，HB低于80g/L或血细胞比容（hematocrit，Hct）小于25％即可考虑输注红细胞。对于老年患者或有心肺基础病变的患者，应维持HB在100g/L以上或Hct大于30％（Henderson等，2002）。

对于某些有严重出血的患者应适当放宽红细胞输注指征，以增加体内的红细胞储备。这样可以预防严重出血造成多脏器缺氧状态。在进行大剂量化疗前，为改善患者的一般情况，提高患者对化疗药物的耐受性，也可以适当放宽红细胞输注指征。一些动物实验资料显示，在血小板严重减少的情况下，贫血可以使出血时间进一步延长，加重出血倾向。给予红细胞输注后可以缩短出血时间（Henderson等，2002）。综上所述，红细胞输注的目标应是保证足够的氧供，使贫血的症状得以缓解或者消失。

2. 红细胞制品的输血注意事项

（1）红细胞制品的ABO和Rh（D）血型系统应与患者相同。

（2）在输血前进行配血试验。含血浆的红细胞制品需做交叉配血试验，不含血浆的红细胞制品可只做主侧配血试验。

（3）在成人每400ml全血中的红细胞可使患者的血红蛋白计数提高10g/L，儿童则按下列公式计算：

输血量＝(输血后预期HB－输血前HB)(g/dl)×4×体重(kg)

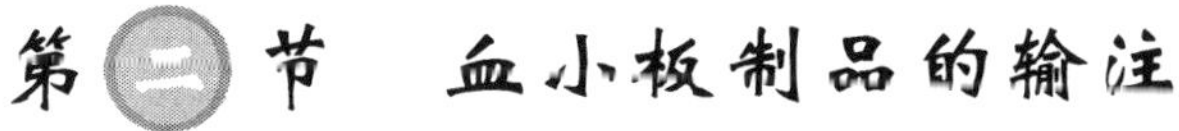

第二节　血小板制品的输注

一、血小板制品简介

血小板制品主要有手工分离的多人份浓缩血小板悬液和机器单采的单人份浓缩血小板悬液。

1. 手工分离的浓缩血小板悬液

（1）制备方法：200ml或400ml全血离心后分离含血小板血浆，将含血小板血浆进一步离心去除血浆即得浓缩血小板悬液。

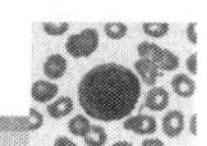

（2）规格：20～25ml，血小板>2×10^{10}。
（3）保存方式和保存期：保存方式22℃±2℃轻摇，保存期普通袋1天，专用袋5天。
（4）特点：技术简单；血小板量少，通常多人份混合提供使用。
（5）适应证：血小板数量减少所致出血，血小板功能异常所致出血。

2. 机器单采的浓缩血小板悬液

（1）制备方法：血细胞分离机单采分离。
（2）规格：150～200ml，血小板>2.5×10^{11}。
（3）保存方式和保存期：22℃±2℃轻摇；普通袋1天，专用袋5天。
（4）特点：血小板含量高，白细胞含量低，单一供者。
（5）适应证：血小板数量减少所致出血；血小板功能异常所致出血。

二、血小板输注指征

1. 血小板的预防性输注 血小板预防性输注是指患者没有活动性出血，为预防出血而输入血小板制品。一些随机对照的临床试验研究证明：对于病情稳定，没有感染、发热及出血倾向的血小板减少患者，将血小板计数值10×10^9/L定为输注指征，与血小板计数值20×10^9/L为输注指征的对照组相比，临床出血事件的发生率并无增加。因此推荐将病情稳定，没有感染、发热、组织器官损伤，无出血倾向的血液系统恶性肿瘤患者，以及接受造血干细胞移植患者的血小板预防性输注的阈值定为10×10^9/L（Schiffer等，2001）。

如果患者临床情况不稳定，血小板预防性输注的阈值定为20×10^9/L。这些情况包括：高热、败血症、组织器官损伤、静脉输入两性霉素B或抗胸腺细胞球蛋白（ATG）、凝血相异常（PT、APTT延长）、使用影响血小板功能的药物、白血病患者外周血白细胞计数大于50×10^9/L、正在接受大剂量放疗或化疗。

如果准备进行某些有创操作或治疗，例如腰穿、胸穿、中心静脉插管等，应使血小板计数值维持在50×10^9/L以上。

2. 血小板的治疗性输注 对于有活动性出血的患者，血小板输注的阈值应设定在50×10^9/L。如果患者出血严重、难以控制、危及生命，应大量输注血小板，使血小板的计数值在100×10^9/L以上。

如果患者存在血小板功能异常，例如应用影响血小板功能的药物或伴有尿毒症，或者有明显活动性出血时，无论血小板计数值高低，都应该输注血小板进行治疗。

3. 血小板输注的注意事项 ABO血型同样存在于血小板表面，应尽可能输注与患者ABO和Rh血型相同的血小板制品。

如果患者和血小板制品ABO血型不同，则血小板输注的效果降低10%～30%。

虽然Rh血型系统不存在于血小板表面，但是血小板制品中残留少量的红细胞有可能使Rh阴性患者致敏，因此对于Rh阴性患者应优先输入Rh阴性献血员的浓缩血小板制品。如果没有Rh阴性的血小板制品，也可以输注Rh阳性的血小板制品，同时应输注250U的多克隆抗Rh（D）免疫球蛋白。

成年患者单次血小板输注量通常为200～300ml机器单采浓缩血小板悬液或10袋手工分离浓缩血小板悬液，剂量为$(2\sim3)\times10^{11}$。体重低于30kg的患儿，血小板输注剂量为成人的1/2，输注速度为2～5ml/(kg·h)。

虽然使用特殊血袋可以保存血小板悬液最长达5天，但是随着保存时间的延长，血小板的活性逐渐下降，输注的效果变差。因此，为保证血小板的输注效果，血小板悬液应在采集后72小时内输注给患者。

血栓性血小板减少性紫癜（TTP）的患者慎用血小板血液制品。

三、血小板输注效果的判定

血小板输注后外周血中血小板计数值的提高与输入的血小板剂量和患者的体表面积相关，可以用校正计数增加值（corrected count increment，CCI）来表示：

$$\text{CCI}=\frac{(\text{输后血小板计数值}-\text{输前血小板计数值})\times\text{体表面积}\ (\text{m}^2)}{\text{输入血小板剂量}\ (10^{11})}$$

输血小板后60分钟的CCI值应大于10×10^9/L，或24小时的CCI值应大于7.5×10^9/L，低于此值应判定血小板输注无效。

四、血小板输注无效的处置

1. 血小板输注无效的原因 如前所述，血小板输注后60分钟的CCI值低于10×10^9/L应考虑血小板输注无效（platelet transfusion refractoriness，PTR）。引起血小板输注无效的原因很多，既有患者自身因素，也有血小板制品因素。患者方面的因素又可以分为免疫性因素和非免疫性因素。长期输血的患者血小板输注无效的发生率可以高达30%～70%。

患者方面引起血小板输注无效的因素有：弥散性血管内凝血、应用两性霉素B或ATG、脾大、存在HLA抗体、存在血小板特异性抗体、发热、败血症。

血小板制品引起血小板输注无效的因素有：血小板制品与患者ABO血型不同，血小板悬液保存时间超过3天。

2. 血小板输注无效的对策 如果患者出现血小板输注无效，可采取下列治疗对策：

（1）尽量纠正和治疗引起血小板输注无效的非免疫性因素，如发热、感染、脾大、DIC、两性霉素B的使用等。

（2）输注ABO血型相同、保存时间在48小时以内的、机器单采分离的浓缩血小板。

（3）选用与患者HLA配型相同或相近的浓缩血小板制品。血小板表面只表达HLA-Ⅰ类抗原，血小板制品的HLA-A、B位点与患者达到3/4相合即可。

（4）选用与患者血清无交叉反应的浓缩血小板制品，具体方法是：将患者血清与献血员的白细胞混合，观察是否发生凝集现象。

（5）检测患者体内是否存在HLA抗体或血小板特异性抗体。如果存在上述抗体，可以试用大剂量免疫球蛋白输注。

（6）增加血小板制品的输注剂量。每天可以输注2袋或3袋机器单采分离的浓缩血小板悬液。即使不能提高外周血中血小板计数值，也可以起到一定的止血作用。

3. 同种异基因免疫反应导致血小板输注无效的预防 由于血小板输注无效治疗难度较大，因此重在预防。免疫因素导致的血小板输注无效的主要原因是血液制品中残留白细

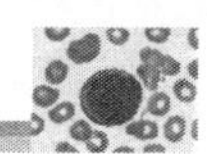

胞的输入引起 HLA 抗体产生。为预防 HLA 抗体产生，可以采用以下措施：

（1）尽可能输注机器单采分离的浓缩血小板悬液，减少手工分离浓缩血小板悬液的使用，因其含有多个供者白细胞成分。

（2）使用去白细胞输血过滤器。研究表明，如果能将血液制品中的白细胞总量减少到 5×10^6 以下，可以预防 HLA 相关的同种异基因免疫反应。使用去白细胞输血过滤器可以在 50%的患者中延迟或减少血小板输注无效的发生（Klein 等，1992）。

（3）应用紫外线 B 段（UV-B）照射血液制品。紫外线 B 段照射可以减弱血液制品中白细胞的抗原性，同时不降低血小板的黏附和聚集功能，可以减少或延缓血小板输注无效的发生。

第三节　血浆及其衍生制品的输注

一、血浆及其衍生血液制品简介

1. 新鲜冰冻血浆（FFP）

（1）制备方法：血浆采集后 6 小时以内速冻。

（2）规格：200ml、100ml、50ml、25ml。

（3）保存方式和保存期：－20℃以下 1 年内。

（4）特点：含有全部凝血因子，0.7～1U/ml。

2. 冷沉淀

（1）制备方法：新鲜冰冻血浆冷冻后 4℃融化，离心去上清液。

（2）规格：20ml，每袋由 200ml 血浆制成。

（3）保存方式和保存期：－20℃以下 1 年内。

（4）特点：含有Ⅷ因子 80～100U，纤维蛋白原 250mg，同时富含 von Willebrand 因子（vWF）

3. 普通冰冻血浆

（1）制备方法：同 FFP。

（2）规格：同 FFP。

（3）保存方式和保存期：－20℃保存期超过 1 年。

（4）特点：含有部分稳定凝血因子，如Ⅱ、Ⅶ、Ⅸ、Ⅹ等凝血因子，Ⅷ因子的含量已明显下降。

4. 凝血酶原复合物

规格：200U、300U。

特点：含有凝血因子Ⅱ、Ⅶ、Ⅸ、Ⅹ。

5. Ⅷ因子

规格：200U、300U。

特点：含有纯化的凝血因子Ⅷ。

6. 纤维蛋白原

规格：200U。

特点：含有纯化的纤维蛋白原。

7. 丙种球蛋白

规格：2.5g、5g。

8. 白蛋白

规格：10g，浓度20%～25%。

二、血浆及其衍生物的输注指征和注意事项

1. 新鲜冰冻血浆（FFP）

FFP应用的适应证有：

（1）患有血栓性血小板减少性紫癜（TTP）患者的血浆置换。

（2）DIC引起的凝血因子缺乏。

（3）严重肝病引起的凝血因子缺乏。

（4）大量输注红细胞引起的稀释性凝血因子缺乏。

（5）血友病甲、乙、丙出血的治疗。

（6）造血干细胞移植（HSCT）术后因消化道严重感染或急性移植物抗宿主病（GVHD）导致严重腹泻和消化道出血的患者应补充FFP，因为血浆中血管活性物质的大量丢失可以加重或诱发血栓性微血管病（TMA）。

FFP的输注剂量一般为10～15ml/kg。ABO/Rh血型相同，37℃水浴融化。AB型血浆不含有A型及B型红细胞凝集素，同时几乎不含有红细胞成分，紧急情况时可以输注给其他血型（如A型、B型、O型）的患者。输注目标应使患者延长的凝血酶原时间（PT）和活动度（AT）及激活的部分凝血活酶时间（APTT）恢复至正常上限的1.5倍值以内。

2. 冷沉淀物　冷沉淀物富含血管性假性血友病因子（vWF）、纤维蛋白原、Ⅷ因子，其他凝血因子的含量相对较少，仅用于Ⅷ因子、纤维蛋白原、vWF等凝血因子缺乏的补充替代治疗。

使用方法：ABO血型相同，37℃水浴融化。

3. 普通冰冻血浆

普通冰冻血浆适应证为：补充Ⅱ、Ⅶ、Ⅸ、Ⅹ等凝血因子。

使用方法：ABO血型相同，37℃水浴融化。

4. 凝血酶原复合物　主要用于补充Ⅱ、Ⅶ、Ⅸ、Ⅹ凝血因子的缺乏。

5. Ⅷ因子　主要用于补充Ⅷ凝血因子的缺乏，治疗甲型血友病出血。

6. 纤维蛋白原　主要用于治疗纤维蛋白原缺乏症（<100mg/dl）。

7. 丙种球蛋白　静脉免疫球蛋白的输注适应证有：①HSCT患者，当血清IgG水平低于500mg/dl时，应输入静脉免疫球蛋白200mg/kg，每周或每两周一次，维持血清IgG水平在500mg/dl以上（Blume等，2004）。②HSCT患者患病毒感染相关的肺炎时，应用静脉免疫球蛋白可以预防肺间质纤维化。③多发性骨髓瘤、慢性淋巴细胞白血病、应用CD20单抗（rituximab，美罗华）或Campath-1H MoAb化疗的淋巴瘤患者，应定期检测血清IgG水平。当血清IgG水平低于500mg/dl时，应输入静脉免疫球蛋白200mg/kg，

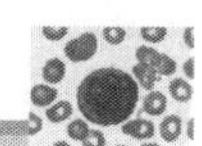

每周或每两周一次，维持血清 IgG 水平在 500mg/dl 以上。④免疫功能低下合并病毒、细菌、霉菌等严重感染的辅助治疗。⑤自身免疫性溶血性贫血或自身免疫性血小板减少的辅助治疗。

8. 白蛋白 白蛋白主要用于治疗低白蛋白血症引起的重度水肿；血浆置换术后；大量放胸水、腹水后；肾病综合征。

轻度低白蛋白血症不必输注白蛋白制品。研究表明，当血清白蛋白水平大于 30g/L 时，输注白蛋白制品并无益处。只有当白蛋白水平低于 30g/L 时，才需要静脉输注白蛋白制品。

第四节 粒细胞的输注

一、粒细胞血液制品的来源

粒细胞血液制品一般通过血细胞分离机单采分离供者的粒细胞获得。粒细胞总量应超过 1×10^{11} 方能达到较好的输注效果。为采集到较高剂量的粒细胞，可以预先给供者应用 G-CSF 7.5～10μg/kg，地塞米松 5～10mg，使外周血中性粒细胞计数值升高。如果患者准备行亲缘供者异基因 HSCT，应避免选择患者的亲属做粒细胞输注的供者。

二、粒细胞输注的指征和注意事项

由于异体白细胞的输入可以引起多种输血并发症，如非溶血性发热输血反应、HLA 抗体相关的血小板输注无效、输血相关的急性肺损伤、肺微血管栓塞、巨细胞病毒（CMV）的传染等。粒细胞的输注仅限于下列情况：严重粒细胞缺乏（低于 0.2×10^9/L）的患者，有严重的细菌或真菌感染，强力抗感染药物治疗 4 天无效，且粒细胞不能在 7 天内升高（Apperley 等，2008）。

粒细胞悬液在输注前必须经过射线辐照以预防输血相关的移植物抗宿主病（transfusion associated-graft versus host disease，TA-GVHD）。对于有严重肺部感染的患者应控制输注速度以避免输血相关的急性肺损伤。

患者输注粒细胞悬液的同时应用 G-CSF 可以增加输血相关急性肺损伤的发生率，须特别注意。

第五节 造血干细胞移植前后的输血支持

一、ABO 血型不合 HSCT

15%～30%的异基因 HSCT 供受间的红细胞 ABO 血型不同。经过适当的移植物体外处理，供受者间 ABO 血型不同对造血干细胞的植活和 GVHD 影响有限。

供受者间 ABO 血型不合包括 3 种情况。①ABO 血型主要不合（又称大不合，受者凝集素结合供者的抗原)：如果不采取适当的措施，有发生溶血反应的危险，例如，A 供 O（供者血型为 A，受者血型为 O）、B 供 O、AB 供 O、AB 供 A、AB 供 B。②ABO 血型次要不合（又称小不合，供者凝集素结合受者的抗原）：由于供者的凝集素引起受者红细胞的溶解，患者有可能出现急性和迟发性溶血反应，例如，O 供 A、O 供 B、O 供 AB、A 供 AB、B 供 AB。③ABO 血型主要不合及次要不合同时存在，是指受者体内存在抗供者 ABO 血型抗原的凝集素，同时供者体内也存在抗受者 ABO 血型抗原的凝集素，包括 A 供 B、B 供 A。

除上述供受者 ABO 血型不合的情况外，HSCT 的供受者间还有可能存在其他红细胞血型系统的不相合，包括 Rh、MNS、Kell、Kidd 等。其中较常见的情况为供受者间 Rh 血型不相合，包括：①Rh 血型主要不相合，如供者 Rh（+）、受者 Rh（−）；②Rh 血型次要不相合，如供者 Rh（−）、受者 Rh（+）。

ABO 血型不相合的 HSCT 的输血支持治疗应遵循以下原则：①避免发生急性和慢性溶血合并症；②尽可能地少输入血型抗体，有利于向供者血型转化。

1. ABO 血型主要不合的 HSCT

（1）移植物和受者的处理：如果受者体内抗供者红细胞的抗体滴度小于 1∶16，移植物不需要做任何处理可以直接输注给受者。

如果抗体滴度大于或等于 1∶32，小于或等于 1∶256，则应去除移植物（主要是骨髓血）的红细胞。移植物中红细胞的残留量应低于 20ml。通过血细胞分离机单采获得的外周血造血干细胞采集物中含有红细胞总量一般低于 5ml，可以不进行处理，直接输注给受者。

如果受者体内的抗体滴度超过 1∶256，应采取血浆置换法或免疫吸附方法以降低受者体内的血型抗体滴度（Atkinson 等，2004）。

（2）输血原则：HSCT 后每周检测血型抗原和抗体滴度。在完全转变为供者 ABO 血型抗原前应遵从以下输血规则：红细胞血液制品的血型应与受者相同；血小板和血浆制品的血型应与供者相同。减少抗供者红细胞血型抗体的输入，有利于红细胞血型由受者型转变为供者型，因此可以考虑输注洗涤红细胞。

2. ABO 血型次要不合的 HSCT

（1）移植物和受者的处理：如果移植前供者抗受者 ABO 血型的抗体滴度小于或等于 1∶128，不必去除移植物中的血浆，直接输入骨髓血造血干细胞或外周血造血干细胞悬液。

如果供者抗受者 ABO 血型的抗体滴度大于或等于 1∶256，为预防或减轻造血干细胞移植术后的迟发性溶血并发症，应去除供者骨髓血或外周血造血干细胞采集物中的大部分血浆，残留的血浆量应低于 200ml。

（2）输血原则：HSCT 后 3 周内应经常检测血型抗体滴度和行 Coombs 试验。如果 Coombs 试验直接反应呈阳性，应输注 O 型洗涤红细胞。如果没有免疫性溶血证据，可以输注与供者血型相同的红细胞或普通 O 型红细胞。输注的血小板和血浆的血型应与受者相同。

3. ABO 血型主要不合与次要不合同时存在的 HSCT

（1）移植物和受者的处理：供受者间 ABO 血型既有主要不合又有次要不合时应采取

措施预防 HSCT 后的免疫性溶血并发症。

1）HSCT 前检测供者和受者的血型抗原和抗体滴度。

2）如果受者抗供者的血型抗体滴度大于 1∶256，受者应进行血浆置换。

3）如果供者抗受者的血型抗体滴度大于或等于 1∶128，应在 HSCT 前给受者输注 O 型红细胞以稀释受者的血型抗原。

4）对移植物，特别是骨髓采集物，进行去除红细胞和血浆的处理。处理方法和原则参见 ABO 血型主要不合 HSCT 和 ABO 血型次要不合 HSCT 的相关部分。

（2）输血原则：HSCT 后每周检测血型抗体滴度。在血型完全转变为供者血型前应输注 O 型红细胞，AB 型血小板、血浆。

二、Rh 或其他血型系统（MNS、Kell、Kidd）不相合的 HSCT

较常见的情况为供受者间 Rh 血型不相合，包括：①Rh 血型主要不相合，如供者 Rh（+），受者 Rh（−）；②Rh 血型次要不相合，如供者 Rh（−），受者 Rh（+）。

移植物处理方法和输血支持可以参见 ABO 血型不合 HSCT 的移植物和受者的处理方法及输血原则。

以 Rh 血型主要不相合为例：受者 Rh（−），供者 Rh（+）。受者体内存在 Rh 抗体，HSCT 后在受者 Rh 血型抗体完全消失前，应输注 Rh（−）红细胞，血小板和血浆制品应来自 Rh（+）献血员。受者血浆中 Rh 抗体消失后可以输注 Rh 抗原（+）的红细胞制品。

三、HSCT 前后输血注意事项

（1）HSCT 前对骨髓增生异常综合征（MDS）或重型再生障碍性贫血（SAA）患者使用去白细胞输血过滤器，以预防 HLA 相关的同种异基因免疫反应和血小板输注无效。长期输血的 MDS 或 SAA 患者易产生 HLA 抗体，可以导致移植物被排斥和血小板输注无效。HSCT 前使用去白细胞输血过滤器可以减少 HLA 抗体的产生，降低移植物被排斥和血小板输注无效的发生率。

（2）如果准备进行亲缘供者的 HSCT，术前应避免输注亲属的血液成分，以避免抗供者 HLA 抗体的产生。

（3）HSCT 后输血前应常规对血液制品进行 2500cGy 射线辐照，灭活血液制品中的淋巴细胞，以预防输血相关的移植物抗宿主病（TA-GVHD）。

（4）对于 CMV-IgG 阴性的患者，应选择 CMV-IgG 阴性的献血员，或应用去白细胞输血过滤器，以预防输血传播的 CMV 感染。

（5）输红细胞、血小板等血液制品应尽可能使用去白细胞输血过滤器以降低 CMV 感染的风险。

（6）1%～3%的受者输注含羟乙基淀粉（hydroxyethyl starch，HES）的骨髓血造血细胞悬液时可以产生严重的过敏反应，表现为高血压、剧烈头痛。此时应减慢或暂停输注含 HES 的骨髓造血细胞悬液，如仍然不能耐受，可用离心沉降法将骨髓血造血细胞悬液中的大部分 HES 去除后再进行输注。

第六节　冷冻保存的脐带血造血细胞的输注

冷冻保存的脐带血造血细胞悬液中包含二甲基亚砜（DMSO）、低分子右旋糖酐、羟乙基淀粉，还有 5～20ml 的红细胞悬液。DMSO 相关毒性包括恶心、呕吐、腹痛、呼吸困难、低血压、心律失常。低分子右旋糖酐、羟乙基淀粉等，可以引起过敏反应、高血压、头痛、心动过缓。冻存后的脐带血造血干细胞中的红细胞裂解后可以引起高血压、头痛、心动过缓，严重时裂解的红细胞释放出血红蛋白可以堵塞肾小管，造成急性肾功能衰竭。

解冻后的脐带血造血干细胞悬液应在 5～10 分钟输入体内，超过 10 分钟 DMSO 可能对造血细胞产生较大损伤。同时，由于脐带血造血干细胞悬液中混入的中性粒细胞在解冻后很快裂解，释放出 DNA，形成絮状物，可以导致脐带血造血干细胞发生聚集成团，进一步引起脐带血造血干细胞的数量减少和活性下降。

为预防毒性反应，在输注前 2 小时开始输液水化，输注前 30 分钟给予抗组胺药（异丙嗪或苯海拉明）和肾上腺皮质激素（甲泼尼龙或地塞米松或氢化可的松），输注后继续水化，适当碱化尿液、利尿，保证尿量 3ml/(kg・h)，至少 3 小时。一般情况下输注相关的毒性反应在 3 小时后消失，偶尔患者输注相关的毒性反应可延长至输注后 6 小时。

为减轻输注相关的毒性反应，冷冻保存前应尽量去除脐带血造血干细胞悬液中的红细胞。以每一冷冻袋中残留的血细胞比容不超过 10ml 为宜。

解冻后的细胞悬液有可能出现有核细胞的聚集，进入人体后在肺毛细血管形成微栓塞，临床表现为呼吸困难、咳嗽、低血氧，肺部听诊时出现湿啰音。应给予吸氧治疗，同时应用肾上腺皮质激素。

第七节　血液制品的白细胞减除与射线辐照

一、血液制品的白细胞减除

1. 血液制品白细胞减除的目的　血液制品中的白细胞输入患者体内可以引起许多不良反应。白细胞表面表达 HLA-Ⅰ、Ⅱ类抗原，异基因白细胞输入人体后可以刺激机体产生 HLA 抗体。临床上最常见的表现是非溶血性发热输血反应（NHFTR），其次是血小板输注无效（PTR）。HLA 抗体的产生还可以导致造血干细胞移植失败——移植物被宿主排斥。对于需要长期输血的重症再生障碍性贫血（SAA）和骨髓增生异常综合征（MDS）患者，预防 HLA 抗体产生导致的造血干细胞移植失败尤为重要。

除了 HLA 相关的异基因免疫反应外，血液制品中的白细胞还可以引起以下不良反应：传播病原（如巨细胞病毒、T 淋巴细胞白血病病毒、弓形体、耶尔森菌属）；免疫抑制；TA-GVHD；肺微血管栓塞等。

应用去白细胞输血过滤器减除血液制品中的白细胞对上述输血相关的不良反应有一定的预防作用。研究表明，将血液制品中的白细胞总数量减少到 1×10^8 以下即可以预防或

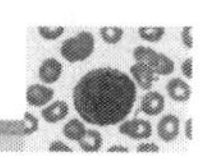

减轻 NHFTR。如果将每次输血时输入的白细胞总量减少到 5×10^{6} 以下，可以在 97%的患者中预防 HLA 抗体产生，同时在 50%的患者中预防或延迟 PTR 的发生。在血液制品储存前进行白细胞减除处理效果更佳，因为血液制品在储存过程中白细胞可以产生 IL-1、IL-6、IL-8、TNF-α 等炎症因子，这些炎症因子可以引起 NHFTR（Klein 等，1992）。

2. 血液制品白细胞减除的指征

应用去白细胞输血过滤器对血液制品进行白细胞减除的指征为：

（1）准备进行造血干细胞移植术（HSCT）的 SAA、MDS 及血红蛋白病患者。HSCT 前应用血液制品白细胞减除技术可以降低移植物被排斥的发生率。

（2）反复发生 NHFTR 的患者，应用去白细胞输血过滤器可以预防或减轻 NHFTR。

（3）需要长期输注血小板的 SAA 或 MDS 患者，应用高效去白细胞输血过滤器可以预防或延迟 HLA 抗体相关的 PTR。

（4）CMV-IgG 阴性的患者，应用去白细胞输血过滤器将血液制品中的白细胞总数量减少到 5×10^{6} 以下可以预防输血传播的 CMV 感染。

二、血液制品的射线辐照

1. 血液制品辐照的目的 血液制品辐照的主要目的是预防 TA-GVHD。TA-GVHD 发生的主要机制是因为患者的免疫功能低下，血液制品中具有免疫活性的淋巴细胞有可能在患者体内植活。由于供受者间 HLA 存在差异，植入的供者淋巴细胞被激活。随后对受者的组织器官进行攻击，临床表现为发热、皮疹、腹泻、黄疸、骨髓造血功能衰竭。TA-GVHD 的死亡率为 90%～100%，因此重在预防。对血液制品进行 2500cGy 剂量的射线辐照可以灭活血液制品中的淋巴细胞，使之不能增殖、活化，可以预防 TA-GVHD 的发生。白细胞经射线辐照后只是丧失增殖能力，并不立即死亡，其抗原性仍然存在。因此射线辐照并不能预防 HLA 相关的同种异基因免疫反应（Leitman 等，1985）。

2. 血液制品辐照的指征

下列情况需要对所输血液制品进行辐照：

（1）接受 HSCT 治疗的患者。自预处理开始，所输血液制品须经过辐照。不伴有 cGVHD 的患者 HSCT 后 6 个月内，伴有 cGVHD 的患者 HSCT 术后 2 年内，所输血液制品须经过辐照。

（2）HSCT 的供者需要输血时（自体血除外）。

（3）准备行自体 HSCT 的患者，造血干细胞采集前 7 天至自体 HSCT 后 3 个月。

（4）献血员是受血者的一级或二级亲属，或献血员与受血者的 HLA 相近（经过 HLA 配型的血小板制品）。

（5）霍奇金病（HD）患者化疗前后。

（6）先天性免疫缺陷性疾病的患者。

（7）接受高剂量嘌呤类药物（如氟达拉滨）化疗的患者（Apperley 等，2008）。

第八节 输血不良反应

近20%的患者输血后会发生不同程度的不良反应，其中0.5%的患者可能出现严重的不良反应。

输血反应从发生机制上可分为免疫性和非免疫性。接受血液制品输注的患者体内会产生针对红细胞、白细胞、血小板表面抗原或血浆蛋白的抗体。有些抗体可能在接受输血前就已经形成。每种抗体形成后，患者会对输入的血细胞成分产生特定的反应和临床表现，包括：非溶血性发热输血反应，同种异基因免疫反应导致的血小板输注无效。免疫性输血反应也可以由血液制品中含有的免疫活性细胞和抗体引起，包括：TA-GVHD、输血相关的急性肺损伤等。

非免疫性输血反应主要由于血液制品物理、化学因素改变，或大量输血引起的不良反应。

一、溶血性输血反应

1. 原因 溶血性输血反应发生的免疫因素主要有ABO血型不合。主要表现为血管内溶血。其次是Rh血型不合，表现为血管外溶血。偶尔也可以因为Kell、Didd、Duffy血型不合引起血管外溶血。

溶血性输血反应的非免疫因素主要是红细胞在保存过程中受到机械破坏。

2. 临床表现 ABO血型不合引起的血管内溶血症状严重，表现为寒战、高热、腰痛、呼吸困难、血红蛋白尿、休克、急性肾功能衰竭。20ml红细胞溶血即可引起严重的症状。

Rh或其他血型不合引起的溶血反应常表现为迟发性反应，时间为输血后24小时至1周，表现为血管外溶血，症状较轻，可以仅有黄疸。

3. 治疗 ABO血型不合导致溶血性输血反应的死亡率可达10%。输血后发热伴有休克的患者应想到溶血性输血反应的可能性，立即停止输血，核对血型标签，抗休克治疗；适当碱化尿液，维持尿量在100ml/h以上，防止肾衰；防治DIC。严重病例应用血浆置换。

4. 预防 输血前严格进行血型鉴定和交叉配血。发血、输血前仔细核对标签、血型和条码。血液采集、储存、运输时规范操作，保证质量。

二、非溶血性发热输血反应

1. 原因 多次输血或妊娠后人体可以产生抗白细胞抗体或血小板抗体，当再次输入白细胞或血小板时发生抗原-抗体反应，激活补体，进一步引起白细胞或血小板溶解，释放出致热原。血液在储存过程中，白细胞可以产生并释放一些细胞因子，如IL-1、IL-6、TNF-α，这些细胞因子进入人体后会引起发热反应。总之，致热原主要为白细胞，其次为血小板或某些细胞因子如IL-1、IL-6、TNF-α，发生率为0.5%～3%。

2. 临床表现 输血中或输血后2小时内体温升高1℃以上，伴有发热症状。应与溶血

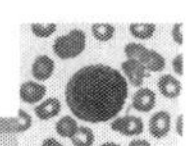

性输血反应、过敏反应、感染性发热反应鉴别。

3. 治疗 应用退热剂（如非甾体镇痛抗炎药）或肾上腺糖皮质激素。

4. 预防

（1）输血前预先服用退热剂或肾上腺糖皮质激素。

（2）应用去白细胞输血过滤器，或输注洗涤红细胞。

三、过敏反应

1. 原因

（1）患者体内存在IgA抗体，当血液制品中的IgA输入人体时，发生针对IgA的抗原-抗体反应。

（2）患者为过敏体质，对多种外界抗原过敏。

（3）某些过敏体质的献血员将体内抗体通过输血转移给受血者。

2. 临床表现 轻度过敏反应仅表现为皮肤单纯荨麻疹、风团、血管神经性水肿。重度过敏反应时出现支气管痉挛、喉头水肿、低血压，可伴有寒战、发热、腹痛、腹泻等。

3. 治疗 单纯荨麻疹一般可以不停止输血，但应放慢输血速度，密切观察。口服或肌内注射抗组胺药。

发生重度过敏反应须立即停止输血，皮下或肌内注射肾上腺素0.5～1.0mg，静脉注射10%葡萄糖酸钙溶液和肾上腺皮质激素；吸氧，严重的喉头水肿应做气管插管或气管切开。

4. 预防

（1）有输血过敏史者输血前半小时口服或肌内注射抗组胺药或使用肾上腺糖皮质激素。

（2）体内有IgA抗体的患者需要输血时，可输入洗涤后的红细胞悬液或使用少IgA献血员的血液。

（3）不选用有过敏体质者做献血员。

四、输血相关的急性肺损伤

1. 原因 献血员血浆中存在抗受血者白细胞的抗体，这种抗体主要为HLA抗体。当这些抗体随着血液制品进入受血者体内后，与受血者体内的白细胞发生反应，导致肺微循环内的白细胞凝集，同时释放细胞因子，引起急性肺水肿，导致急性呼吸功能衰竭。

2. 临床表现 临床表现非常严重，仅输少量血液制品即可发生呼吸窘迫、低血压。呼吸频率在28次/分以上。肺部听不到干、湿性啰音或仅有少量细湿啰音。可伴有发热、寒战。死亡率较高。X线检查显示双侧肺浸润。应注意与心衰、过敏反应、溶血反应鉴别。

3. 治疗 应立即停止输血，吸氧，应用肾上腺糖皮质激素或抗组胺药。多数患者在12～24小时缓解。

4. 预防 这种献血员通常为多产妇。应尽量避免使用这种献血员的血液制品。

五、肺微栓塞

1. 原因 血液制品储存 1 周后，白细胞、血小板和纤维蛋白原形成 20～80μm 的微聚体，输入人体后可散布到全身微血管。大量输血时，大量微聚体循环到肺，发生急性呼吸功能衰竭。

2. 临床表现 与肺血管栓塞临床表现相近，应与心功能不全鉴别。

3. 治疗 吸氧，应用肾上腺糖皮质激素。

4. 预防

(1) 选用保存期短（7 天内）含微聚体较少的血液。

(2) 应用少白细胞红细胞悬液或输血前使用去白细胞输血过滤器。

六、细菌污染

1. 原因 血液制品被细菌污染的发生率为 0.05%～0.5%。血小板保存在常温下，因此血小板制品发生细菌污染的概率高于红细胞制品。细菌的来源可能是：①献血员献血当时体内有菌血症；②穿刺点附近皮肤或毛囊被细菌污染；③采血袋或抗凝剂中混有细菌。红细胞制品中最常见的污染细菌为小肠结肠炎耶尔森菌、荧光素假单胞菌。血小板制品中最常见的污染细菌为表皮葡萄球菌、金黄色葡萄球菌、猪霍乱沙门菌、黏质沙雷菌、蜡样芽孢杆菌等（Apperley 等，2008）。

2. 临床表现 轻者仅有发热反应，重者可伴有寒战、低血压、休克。应与非溶血性发热输血反应、溶血反应、过敏反应鉴别。

3. 治疗 输血后出现发热、寒战的患者应想到细菌污染的可能性，如患者有低血压、休克应高度怀疑细菌污染血液制品。输血后发热的患者如果体温 8 小时内不降低应常规做血培养，予以抗感染药物治疗。

4. 预防

(1) 严格筛选献血员，献血员有感染病灶或发热时不应献血。

(2) 穿刺采血时严格无菌操作，穿刺点附近皮肤不应有感染病灶。

(3) 采血袋严格消毒灭菌。

(4) 血液制品发出时应仔细观察，如血袋破损或血制品颜色不正常，应停止发放。

七、同种异基因免疫反应引起的血小板输注无效

见第二节血小板制品的输注。

八、TA-GVHD

见第七节血液辐照相关内容。

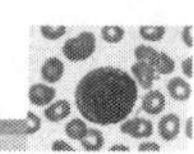

九、非免疫性因素引起的输血不良反应

非免疫性因素引起的输血不良反应包括：输血速度过快导致的心功能衰竭；快速输入大量冷血引起的低温反应；血制品中枸橼酸盐抗凝剂引起的低钙血症；输入大量陈旧血引起的高血钾；长期输血引起的含铁血黄素沉着症；大量输血后凝血因子、血小板被稀释引起的出血倾向等。

十、输血传播的疾病

（1）病毒性肝炎包括乙型肝炎、丙型肝炎。

（2）艾滋病：由人类免疫缺陷病毒Ⅰ型和Ⅱ型引起。

（3）梅毒：由梅毒螺旋体引起。

（4）巨细胞病毒：输血导致的 CMV 感染在国内外已广泛引起重视。发达国家 CMV 抗体阳性率为 40%～79%，发展中国家可达 80%～100%。随着年龄增长，CMV 感染率逐渐增加。免疫系统正常人群感染后多数无症状。但是对于免疫功能低下人群，特别是接受 HSCT 的患者，CMV 感染可以引起严重后果，如间质性肺炎、严重的胃肠炎等。如果选择 CMV-IgG 抗体阴性的献血员，或者输血前应用高效去白细胞输血过滤器去除血液制品中的白细胞，可以预防 CMV 的输血传播。

（5）疟疾

（6）人类 T 淋巴细胞白血病病毒（HTLV-Ⅰ/Ⅱ）感染。

参考文献

Atkinson K et al. 2004. Clinical Bone Marrow and Blood Stem Cell Transplantation. 3rd ed. Cambridge：Cambridge University Press

Blajchman MA et al. 2008. New Strategies for the optimal use of platelet transfusions. Hematology Am Soc Hematol Educ Program，198

Blume KG et al. 2004. Thomas' Hematopoietic Cell Transplantation. 3rd ed. Chichester：Wiley-Black wall

Braunwald E et al. 2001. Principles of Internal Medicine. 15th ed. New Nork：McGraw-Hill Companiy

Henderson ES et al. 2002. Leukemia. 7th ed. Health Science Asia. Elsevier Science

Hoffman R et al. 2000. Hematology：Basic Principles and Practice. 3rd ed. philadelphia：Churchill Livingstone

Klein HG et al. 1992. Leukocyte-reduced blood component therapy. Hematology Am Soc Hematel Educ Program，76

Leitman SF，Holland PV. 1985. Irradiation of blood products：indications and guidelines. Transfusion，25：293

Schiffer CA et al. 2001. ASCO special article：platelet transfusion for patients with cancer：clinical practice guidelines of the American Society of Clinical Oncology. J Clin Oncol，19：1519

第二十七章　抗白血病药物及其药理作用

吴　彤　陆道培　等

白血病的治疗包括化疗、生物治疗和HSCT，其中化疗是开展最早且至今仍是白血病最基础的治疗。

白血病化疗的发展带动了肿瘤的化疗，这是因为最早的抗肿瘤药物是用于治疗淋巴瘤和白血病的，并且由于白血病细胞易于获得，便于研究，实验模型容易建立，自20世纪40年代以来抗白血病药物的研发卓有成效，并且具有和白血病同样靶点的实体瘤也因此获益，如伊马替尼既可以治疗CML又可以治疗胃肠间质瘤（gastrointestinal stromal tumor，简称GIST）。此外，许多肿瘤治疗的理念也源于白血病的治疗，如联合化疗、诱导治疗、强化或巩固治疗及维持治疗等。

传统的抗白血病药物是以细胞毒药物为主的，ATRA的问世使白血病细胞可以诱导分化为成熟的或接近成熟的细胞，因此建立了“诱导分化”治疗白血病的理论（王振义，1998）。抗白血病药物的发展已使疗效明显提高，以APL为例，张亭栋等率先将中药砒霜的有效成分——三氧化二砷用于治疗APL，陆道培首先证实中药雄黄的有效成分——纯化的四硫化四砷单药有显著的治疗初治/复发APL的作用（Lu等，2002），并进一步采用ATRA、砷剂（四硫化四砷或三氧化二砷）及低剂量细胞毒性药物联合诱导治疗APL，使初治APL的完全缓解率达100%，5年无病生存率高达95%（Wu等，2007），因此中国学者在APL的治疗方面做出了卓越的贡献。

近20年来，抗白血病药物正朝高效、低毒的方向发展，如剂型的改进（脂质体阿霉素、长效门冬酰胺酶等），靶向治疗的发展（BCR-ABL酪氨酸激酶抑制剂、单克隆抗体、法尼酰胺转移酶抑制剂、抗甲基化药物、抗血管新生药物、蛋白酶体抑制剂等）。相信随着越来越多高效、低毒的抗白血病药物的问世，以及支持治疗的发展，白血病的疗效将会进一步提高。

根据抗白血病药物的来源及作用特点可将其分为烷化剂、抗代谢类、蒽环类与蒽醌类、植物类及其他类等，本章将予以介绍。此外，对近年来发展的靶向治疗药物也将做简要介绍。

一、烷　化　剂

烷化剂是抗白血病药物中数量很大的一类药物，它们通过与细胞内的生物大分子呈共价结合而发挥作用。其化学结构见图27-1，常用的抗白血病的烷化剂分类如下：

氮芥类：如氮芥、环磷酰胺、异环磷酰胺、美法仑、苯丁酸氮芥。

亚硝脲类：如卡莫司汀、洛莫司汀、司莫司汀。

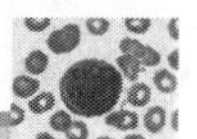

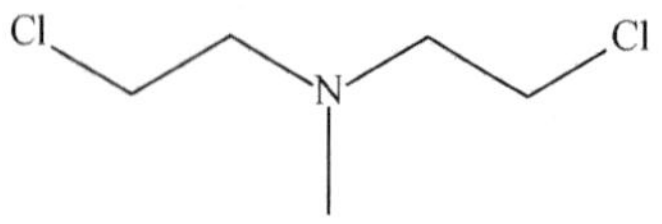

氮芥

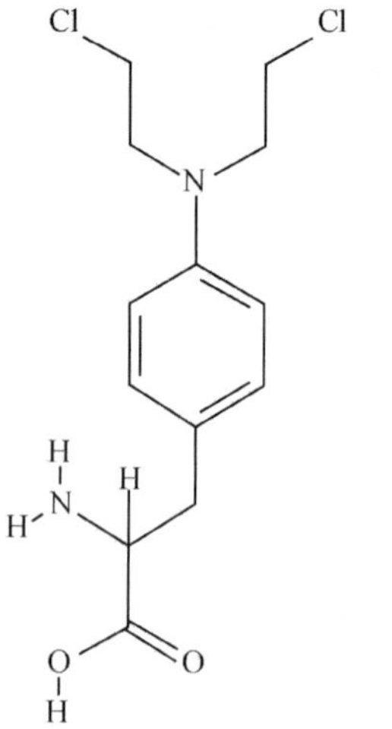

美法仑

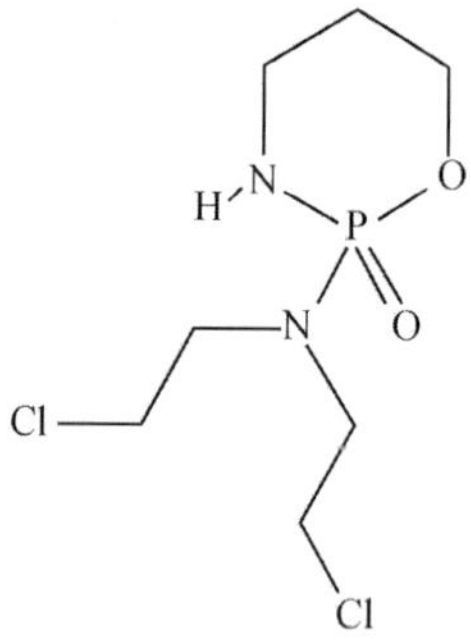

环磷酰胺

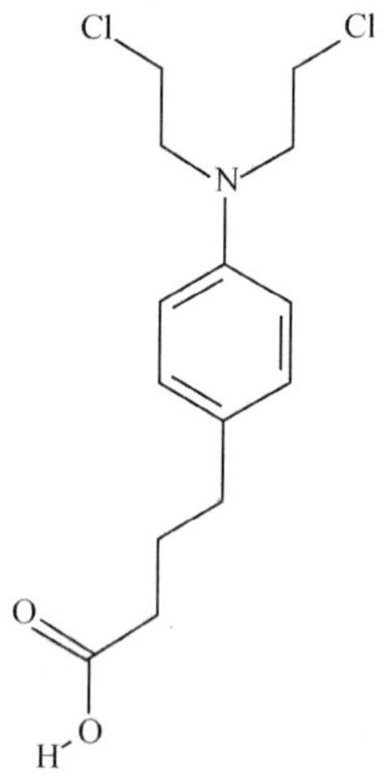

苯丁酸氮芥

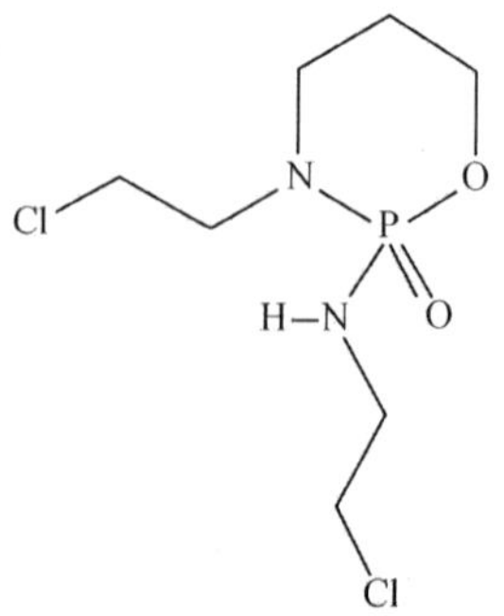

异环磷酰胺

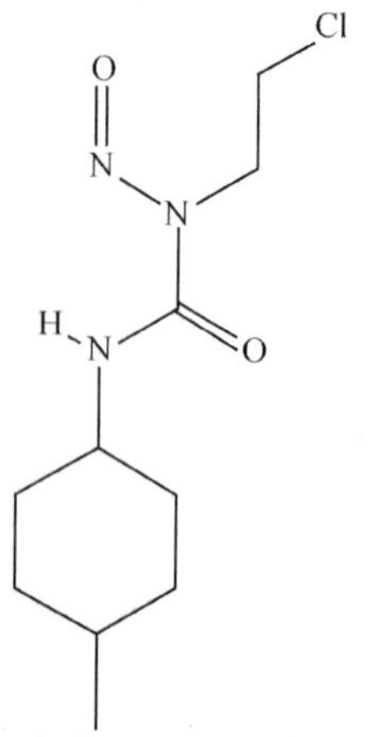

司莫司汀

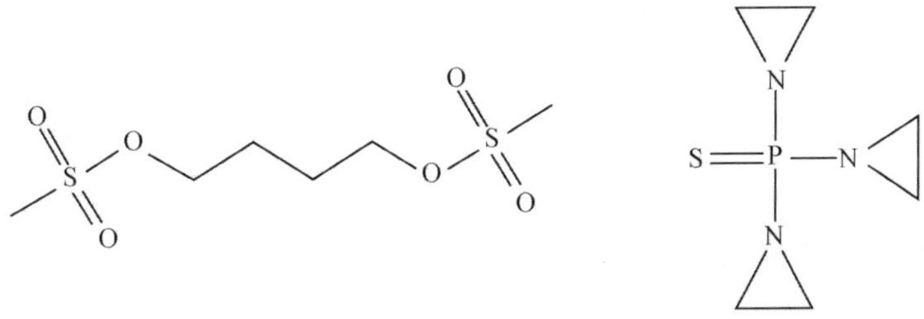

白消安　　塞替派

图 27-1　烷化剂的化学结构

甲烷磺酸酯类：如白消安。

乙烯亚胺类：如塞替派。

氮　芥

chlormethine

（别名：nitrogen mustard，HN_2）

【药物】 本品为白色结晶，极易溶于水，溶于乙醇，有吸湿性及腐蚀性。干燥结晶在40℃以下稳定，其水溶液极易水解，须临用前新鲜配制，其注射液为无色或几乎无色的澄明黏稠液体。

【药理与药代动力学】 本药为一种双功能烷化剂类抗癌药，具有细胞周期非特异性。对各期细胞均有杀伤作用，但对 G_1 期和 M 期细胞作用最强。本药可与 DNA 交叉连接，或在 DNA 和蛋白质之间交叉连接，阻止 DNA 修复，同时对 RNA 和蛋白质合成也有抑制作用。从而造成细胞损伤或死亡。静脉注射后，迅速分布于肺、小肠、脾、肾和肌肉中，脑组织中含量最少。主要在体液和组织中代谢。半衰期很短，动物试验说明，用药后48 分钟，血药浓度降低 65%～90%，给药 6 小时及 24 小时后，血及组织中药物含量很低。20%的药物以二氧化碳形式经呼吸道排出，有多种代谢产物从尿中排泄，原型药经尿排出量低于 0.01%（Sharma 等，2010；Saladi 等，2006）。

【用途】 主要用于淋巴瘤（Richardson 等，2011）、CLL（Christodoulopoulos 等，1997）、蕈样霉菌病（Parmentier 等，2010）、真性红细胞增多症（Woodruff，1948）的治疗；也可用于治疗实体瘤，如小细胞肺癌、卵巢癌、精原细胞瘤、鼻咽癌、乳腺癌、前列腺癌等（Bass，1960；Zhang 等，1994）；可用于癌性胸腔、心包腔及腹腔积液和恶性肿瘤所致的上腔静脉综合征的治疗（Fullerton 等，1958）。此外，也用于治疗难治性肾病综合征（周启声，2010；向佳斯，2005；李英娟等，2006）、狼疮性肾炎（王风，2007）和局灶阶段性肾小球硬化（余亚东等，2006）、白癜风（全小荣等，2009）等症。

【用法与剂量】

（1）静脉注射：每次 5～10mg 或 $6mg/m^2$，以 10ml 生理盐水溶解，每周 1～2 次，1 个周期总量为 30～60mg，周期间隔时间不少于 2 周。

（2）腔内注射：心包腔内一般为 5mg，胸腹腔内为 10～20mg，均溶于 10～20ml 生理盐水，于抽尽腔内液体后再注入腔内，注入后 5 分钟内应多次变换体位，以使药液在腔内

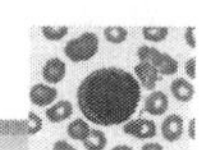

均匀分布，每周 1～2 次，4～5 次为 1 个周期。

（3）肾病综合征：由 1 mg 开始，隔日注射一次，每次加量 1 mg，至 5 mg 后每周注射 2 次，总剂量为 50～70 mg。联合肝素（5000U 皮下注射，每天 2 次）或者霉酚酸酯（1.0～1.5g/d，持续治疗 3～6 个月后减量至 0.5～1.0 g/d，维持 6～9 个月）。

（4）狼疮性肾炎和局灶性节段性肾小球硬化：联合地塞米松 1mg/(kg・d)、盐酸氮芥 0.1mg/(kg・d)、降纤酶 0.05～0.1U/(kg・d)，连续 4 天为 1 个疗程。

（5）盐酸氮芥酊：局部皮肤涂抹。

【副作用与注意事项】 本品毒性反应较大，局部刺激性很强，不可口服、肌内注射及皮下注射，只可用于静脉内及腔内注射。注射后可引起栓塞性静脉炎，高浓度灌注可致外周静脉炎、肌肉坏死或脱皮。药液外漏可致局部疼痛、发疱、溃烂和坏死，应立即用硫代硫酸钠注射剂或 1%普鲁卡因注射液局部注射封闭，并用冰袋冷敷局部 6～12 小时。

本品性质不稳定，在水溶液或体液中几分钟即可能发生化学变化而失效，故其溶液须临时配制，并应于开封后 10 分钟内注入体内。

骨髓抑制为剂量限制性毒性。白细胞、血小板减少显著，重者全血细胞减少。白细胞下降最低时间在注射本品后第 7～15 天，停药 2～4 周后多数可恢复。

胃肠道反应主要为恶心、呕吐及厌食，恶心可在 8 小时内消失，呕吐与厌食可持续 24 小时。本品静脉注射前，宜加用镇静、止吐药，如昂丹司琼等。

大剂量可导致中枢神经系统毒性、低血钙及心脏损伤。本品不能与氯霉素、磺胺药等可能加重骨髓功能损害的药物同用。与丙卡巴肼合用可增强后者的神经毒性，应避免在同一天内高剂量使用这两种药物。

本品具有生殖毒性。本品目前已很少用于其他肿瘤，对急性白血病无效。长期使用本品可出现急性非淋巴细胞白血病及非霍奇金淋巴瘤。

（卢岳撰写，吴彤审校）

环磷酰胺

cyclophosphamide

（别名：cytoxan，endoxan，CTX，Cy）

【药物】 属烷化剂中的氮芥类，在水中溶解，但水溶液不稳定，因此溶解后应短期内应用。易溶于乙醇。在室温中稳定。有静脉及口服剂型。

【药理与药代动力学】 口服给药吸收良好，生物利用度为 75%。Cy 在组织中广泛分布，部分可通过血脑屏障（是血浆浓度的 20%）。Cy 进入体内被肝脏 P450 酶或肿瘤内存在的磷酰胺酶或磷酸酶水解，变为活化作用型的磷酰胺氮芥而发挥抗肿瘤作用（de Jonge 等，2005）。Cy 属周期非特异性药物，作用机制与氮芥相同。Cy 的代谢产物和原型药主要从尿液中排泄。其代谢产物丙烯醛可引起出血性膀胱炎。本药可以通过胎盘，在乳汁中亦可出现。有报告 Cy 可经皮肤和呼吸道吸收。

【用途】 Cy 是广谱的抗肿瘤药物，除细胞毒性作用外也具有显著的免疫抑制功能，可用于淋巴瘤、白血病（Shanafelt 等，2007）、多发性骨髓瘤的治疗，还可用于治疗某些实体瘤如乳腺癌、子宫内膜癌、卵巢癌、肺癌、鼻咽癌、神经母细胞瘤、视网膜母细胞瘤、横纹肌肉瘤、骨肉瘤等（Young 等，2006；Nelius 等，2010）。

Cy 的免疫抑制功能可用于器官或组织移植，如 HSCT 的预处理；也可以治疗一些自身免疫病，如自身免疫性溶血性贫血、特发性血小板减少性紫癜、再生障碍性贫血、肾病综合征、淀粉样变性、系统性红斑狼疮、多发性肌炎、硬皮病和一些血管炎（Steinberg 等，1971；Gourley 等，1996；Townes 等，1976；Novack 等，1971；Makhani 等，2009）。

【用法与用量】 Cy 通常经口服或静脉给药。小剂量：2～6mg/kg，每周 1 次静脉给药或多次口服；中等剂量：10～15mg/kg，每周 1 次静脉给药；大剂量：20～40mg/kg，每10～20 天 1 次静脉给药；也有使用更高剂量的报告。在 HSCT 的预处理中，可使用 Cy 50～60mg/kg 连续给药 2 天。在单剂使用 Cy 超过 2g 时推荐使用美司钠，应充分水化并保持排尿通畅。Cy 还可以肌内注射给药、浆膜腔（腹腔、胸腔）给药、动脉内给药或局部浸润给药（Sweetman 等，2007）。

【副作用与注意事项】 主要的剂量相关副作用是骨髓抑制。

无菌性出血性膀胱炎可出现于大量或长期用药者，目前认为是由于 Cy 代谢产物丙烯醛经肾脏排泄后，引起膀胱壁的腐蚀、变薄和炎症所致。可从小出血到广泛坏死性溃疡，并可导致贫血、膀胱挛缩、膀胱穿孔和死亡。有报道此症状可延迟出现直到停药后 6 个月。Cy 应在晨起给药，预防出血性膀胱炎的方法包括充分的水化、利尿以保持尿量在 100ml/h，并使用尿路保护剂美司钠以减少膀胱与 Cy 代谢物的接触。如果出血性膀胱炎较重，可以使用多种药物膀胱内滴注，包括 0.9%生理盐水、白矾或前列腺素。硝酸银、甲醛或酚也可以用于滴注，但因疼痛明显，多需要麻醉。口服或经静脉使用结合性雌激素可能有效的证据较少。对于难治性病例，一些非药物方法如动脉栓塞或手术治疗亦可应用。

恶心、呕吐较常见，亦可有黏膜炎发生。其他不良反应包括抗利尿激素分泌不当综合征、糖类代谢紊乱（1 型糖尿病）、性腺抑制（常见且有时发展为不育症）、肺间质纤维化及心脏毒性（尤其是大剂量时）。此外，可出现色素沉着，尤其是在手掌、脚掌和指甲。Cy 具有潜在的致癌性、致突变性和致畸性。孕妇及哺乳期妇女禁用。

与其他为肝脏 P450 酶抑制剂或诱导剂的药物同时应用会产生相互作用。同时使用多柔比星或其他心脏毒性的药物可增加 Cy 的心脏毒性。在使用 Cy 前应用环丙沙星会使 Cy 浓度曲线下面积（AUC）增加，同时清除率下降。

（王静波撰写，吴彤审校）

异环磷酰胺

ifosfamide

（别名：和乐生，HOLOXAN，IFO）

【药物】 IFO 是磷酰胺类的衍生物，其性质与其同源物质——Cy 相似，但抗瘤谱两者不完全相同（Sr LPJ，1992）。

【药理与药代动力学】 IFO 口服吸收良好，但主要仍通过静脉给药。IFO 的药代动力学个体差异很大。它是一种可以进一步代谢的前体药，主要通过肝脏细胞色素酶 P450 同

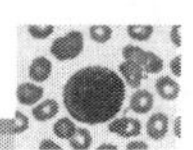

工酶系统代谢为多种具有或不具有活性的代谢产物。IFO 可以分布到中枢神经系统，可以以原型药或代谢产物的方式在尿液中大量排泌（Kerbusch 等，2001；Lokiec，2006）。

【用途】 IFO 可以作为 Cy 的代替药品治疗淋巴瘤，也可以用于多种实体瘤的治疗，包括宫颈癌、肺癌、卵巢癌、睾丸癌、甲状腺癌、骨肉瘤和横纹肌肉瘤的治疗（Sweetman 等，2007）。

【用法与用量】 IFO 通常静脉给药，既可以稀释到小于 4%的浓度静脉注射，也可以静脉滴注。给药方案包括：总剂量 8～12g/m^2，分 3～5 天给药，每 2～4 周重复；总剂量 6g/m^2，分 5 天给药，每 3 周重复；剂量 5～6g/m^2，最大可用至 10g，24 小时内一次用药，每 3～4 周重复（Lewis 等，1990）。

IFO 需要与美司钠同时用药，并需要足够的水化以避免泌尿系统毒性，每天的饮水量不应少于 2L。美司钠的半衰期比 IFO 稍短，因此需要重复给药，以提供对膀胱的充分保护。常用的方案是静脉给予相当于 60%的 IFO 剂量的美司钠，分为 3 次与 IFO 同时或提前 15 分钟给药，然后在 IFO 用药后 4～8 小时再次给药（Dechant 等，1991）。

【副作用与注意事项】 IFO 比 Cy 的尿路毒性作用更强，并可能累及肾脏和膀胱。除了膀胱毒性外，IFO 可能与一系列的肾脏毒性有关，可造成肾小管及肾小球损伤，以及肾性尿崩症，也有用 IFO 后出现进展性慢性肾衰竭及致命性低钾的报告（Goren 等，1989）。在首次用药即可出现肾损伤，可能为特异质反应。肾损害在停用 IFO 后仍持续存在，并很大程度上不可逆转。有报道中枢神经系统的副作用，如意识错乱、嗜睡、抑郁型精神病、幻觉和较少见的癫痫发作（Curtin 等，1991）。口服给药出现此不良反应的概率与静脉给药相比明显增加，因此建议尽量采取数日内连续静脉给药。IFO 可引起严重的心脏毒性，包括心衰和室性心律失常。

利福平可增加 IFO 的清除率达 100%，因而可降低 IFO 的治疗效果（Kerbusch 等，2001）。

（王静波撰写，吴彤审校）

美　司　钠

mesna

【药物】 为有特殊气味的白色物质，有吸湿性，完全溶于水，略溶于甲醇。有静脉和口服制剂。

【药理与药代动力学】 美司钠通过胃肠道吸收。在口服或静脉给予美司钠的二硫化物（地美司钠）后可以被快速代谢，并以代谢产物和原型药的形式由尿液排出。地美司钠在肾脏被还原为具有药物活性的美司钠。美司钠和地美司钠的药物半衰期分别为 20 分钟和 70 分钟。在静脉用药后，大多数药物在 4 小时内会随尿液排出（陈新谦等，2005；Sweetman 等，2007）。

【用途】 美司钠用于预防 IFO 或 Cy 引起的泌尿道上皮毒性。在肾脏，作为美司钠的无活性代谢产物，地美司钠被还原成美司钠。其巯基可以与 IFO 和 Cy 的毒性代谢产物丙烯醛结合，从而避免出血性膀胱炎的发生（Dechant 等，1991）。

使用目标是保证在毒性产物出现的全程尿液中都有足够的美司钠，故而美司钠的治疗维持时间应该等于抗肿瘤药物治疗的时间加上尿液中抗肿瘤药物的浓度降至无毒性水平的时间。应该在全部治疗期间保证尿量并监测血尿和蛋白尿，但应该避免频繁地清空膀胱。

【用法与剂量】 静脉注射化疗方案时美司钠的应用：如果 IFO 或 Cy 以静脉注射方式给药，美司钠的静脉用量每次为抗肿瘤药物剂量（按体重计算）的 20%，在 15～30 分钟给予，共 3 次，间隔 4 小时，与抗肿瘤药物同时给药，这样美司钠用量相当于抗肿瘤药物的 60%。对于儿童和具有高泌尿系毒性风险的患者，每次的剂量可以增至抗肿瘤药物的 40%，共给药 4 次，间隔 3 小时，这样美司钠用量相当于抗肿瘤药物的 160%。口服美司钠每次剂量应为抗肿瘤药物剂量的 40%，在化疗前 2 个小时开始给药，共给药 3 次，间隔 4 小时，因此总剂量相当于抗肿瘤药物的 120%。其他可选方案还有：美司钠首剂为抗肿瘤药物剂量的 20%经静脉给药，在其后 2 小时和 6 小时分别口服相当于抗肿瘤药物剂量 40%的美司钠。在口服 Cy 时，也可按上述方案应用美司钠。

静脉滴注化疗方案时美司钠的应用：如果抗肿瘤药物是通过静脉滴注的方式给药超过 24 小时，初始美司钠通过静脉注射给药，剂量为总抗肿瘤药物剂量的 20%，并继续以其剂量的 100%静脉滴注 24 小时，并以 60%的剂量继续静脉滴注 12 小时（总剂量为抗肿瘤药物的 180%）。最后的 12 小时静脉滴注也可以由 3 次静脉注射 20%剂量，每次间隔 4 小时，首次注射在静脉滴注后 4 小时进行的方案替代，或通过口服 3 次 40%剂量，静脉滴注完成后即首次口服，其后 2 小时和 6 小时各口服 1 次的方案替代（陈新谦等，2005；Sweetman 等，2007）。

【副作用与注意事项】 使用美司钠后的不良反应包括胃肠道反应、头痛、乏力、四肢痛、抑郁症、易怒。美司钠可导致尿酮体实验的假阳性，并可导致尿红细胞实验的假阳性和假阴性。美司钠可引起低血压，不论是单独使用美司钠，抑或与 IFO 联合使用，严重的高血压也有报道。有报道在联合使用 IFO 和美司钠后出现严重脑病。美司钠相关的高敏反应包括皮疹、发热、恶心、面部和眼周水肿、黏膜溃疡及心率增快。

（王静波撰写，吴彤审校）

美　法　仑

melphalan

（别名：苯丙氨酸氮芥，phenylalanine mustard，马法兰，MEL）

【药物】 本药为白色粉末，几乎不溶于水和氯仿，少量溶于乙醇和甲醇。储存于密封玻璃容器中，避光。本药在 20℃ 的氯化钠溶液中足够稳定，但是提升温度会加速降解（Bosanquet 等，1985；Pinguet 等，1994）。

【药理与药代动力学】 美法仑是一种双功能烷化剂，属细胞周期非特异性药物。该药为苯丙氨酸氮芥的左旋体，作用强于消旋体苯丙氨酸氮芥。作用机制与氮芥相似，是与 DNA 及 RNA 发生交叉联结而起到细胞毒作用，也可以抑制蛋白质的合成。其产生耐药性的机制为谷胱甘肽水平提高，药物运转缓慢，DNA 修复增强。抑制谷胱甘肽-S-转移酶可增强本药的抗肿瘤作用（Steinberg 等，1958）。

该药从胃肠道的吸收不稳定且不完全，口服后的吸收个体差异较大，平均生物利用度是 56%，范围可能从 25%～89%。与食物同服会降低吸收。吸收后迅速分布于体内各脏

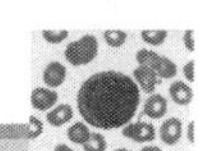

器，在肝、肾中浓度较高，脑脊液的浓度低于血浆浓度的10%。蛋白结合率初始为50%～60%，12小时后渐增至80%～90%，约有30%与血浆蛋白不可逆结合（主要与白蛋白结合）（Chang等，1978）。主要是通过同步水解而失活，24小时内50%的药物随尿液排出，其中大部分为代谢产物，原型药物占10%～15%。药物消除为双相，口服的分布相半衰期70分钟，清除相半衰期160分钟，静脉注射的分布相半衰期8分钟，清除相半衰期120分钟（Alberts等，1980）。

【用途】 美法仑主要用于治疗多发性骨髓瘤，还可以用于治疗霍奇金病、真性红细胞增多症、淀粉样变性、乳腺癌、卵巢癌、神经母细胞瘤等，也可用于HSCT的预处理（McElwain等，1979；Lazarus等，1983）。

【用法与剂量】 美法仑通常口服给药，或是以盐酸化物的形式静脉注射。剂量的计算是：1.12mg盐酸美法仑＝1mg美法仑。

口服给药治疗多发性骨髓瘤的方案：①6mg/d，连用2～3周后停4周，至血象恢复后每天2mg。②每天0.25mg/kg，连用4天（或每天0.2mg/kg，连用5天，总剂量1mg/kg），与泼尼松合用，待血象恢复正常后，每4～6周重复1个疗程。③每天10mg，连用7～10天，维持剂量每天2mg。④每天0.15mg/(kg·d)，连用7天；维持剂量每天0.05mg/kg（或更低）。⑤姑息疗法，美法仑10mg/m^{2}与泼尼松60mg/m^{2}合用，连用1～4天，每42天重复1个疗程。

口服治疗真性红细胞增多症时，剂量为6～10mg/d，用5～7天，然后是2～4mg/d，用于诱导缓解，用于维持治疗的剂量是2～6mg/周。

美法仑还可以静脉注射。治疗多发性骨髓瘤时的用法是：单药时0.4mg/kg或16mg/m^2，输注时间超过15～20分钟，前4次给药间隔是2周，之后的给药间隔根据毒性应该为4周（Costa等，1973）。

在多发性骨髓瘤进行HSCT预处理时剂量为140mg/m^2。

在有肾功能损害时应该减少剂量，静脉给药时应该减量为原剂量的50%，口服剂量的调整则酌情。中至重度肾功能损害时不建议大剂量给药（Costa等，1973）。

【副作用与注意事项】

用药后出现中性粒细胞减少和血小板减少的时间有个体差异；骨髓抑制的低谷通常发生于开始用药后2～3周，在4～5周恢复。

可能发生皮疹和过敏反应。有报道上述情况的同时出现心脏停搏。胃肠道反应如恶心、呕吐较常见，大剂量使用时有时会出现腹泻和口腔黏膜炎，并且是剂量限制性的。溶血性贫血、血管炎、肺纤维化、肝功能异常包括肝炎和黄疸也会发生（Codling等，1972）。在绝经前妇女常见对卵巢功能的抑制，男性患者可能发生短暂的和永久的不育。注射时外渗可以导致皮肤溃疡和坏死。与其他烷化剂一样，远期不良反应可以导致第二肿瘤（Einhorn，1978）。

与环孢素合用时会增加美法仑的毒性，严重时可以出现肾衰竭。与食物同服时，生物利用度最多会降低45%，因此建议不要与食物同服（Sviland等，1987；Nathan等，1996）。使用美法仑后患者尿液和粪便应该分别在至少48小时内和7天时用覆盖上保护性外膜的方式来处理。

（殷宇明撰写，吴彤审校）

苯丁酸氮芥

chlorambucil

（别名：瘤可宁，leukeran）

【药物】 本药为白色微粒状粉末，几乎不溶于水，溶于乙醇和丙酮。需密封避光保存，口服片剂应储存于2～8℃，保持干燥。

【药理与药代动力学】 苯丁酸氮芥是氮芥的衍生物，与氮芥有相似的作用机制，是细胞周期非特异性抗肿瘤药物。本药可以与DNA发生交叉联结，干扰DNA及RNA的功能。通过形成不稳定的亚乙基亚胺而产生细胞毒性作用，作用出现较慢，骨髓抑制的出现及恢复也较慢（Steinberg等，1958）。

本药同样是一种免疫抑制剂，免疫抑制诱导时间明显长于Cy，但较少引起严重的骨髓抑制。低剂量时选择性地抑制淋巴细胞，使淋巴组织萎缩，抑制抗体的合成。较大剂量可以导致各类白细胞减少，造成严重的骨髓抑制。因为主要作用于淋巴细胞，对中性粒细胞和血小板的作用稍弱，在与白细胞尤其是淋巴细胞增生相关的疾病状况下最适用（Mclean等，1979）。

口服苯丁酸氮芥吸收较完全，生物利用度大于70%，血药浓度达峰值时间为40～70分钟（Alberts等，1979）。在血浆中的终末半衰期是1.5小时。该药大部分在肝脏代谢，主要形成具有抗肿瘤活性的苯乙酸氮芥，后者血浆半衰期稍长，为1.8～2.5小时，会自行进一步降解。氮芥和其代谢产物大部分与血浆蛋白结合，结合率为99%。几乎全部以代谢产物的形式从尿液中排泌，药物原型不到1%，24小时内排出药物总量的50%。该药无法通过血脑屏障（Alberts等，1980）。

【用途】 苯丁酸氮芥用于治疗慢性淋巴细胞白血病和淋巴瘤，还用于治疗多发性骨髓瘤、巨球蛋白血症和妊娠性滋养层细胞瘤。因为本药同时具有免疫抑制的特性，还用于各种自身免疫性疾病，包括原发性胆汁性肝硬化、多发性肌炎、类风湿关节炎等。

【用法与剂量】 当单药使用治疗慢性淋巴细胞白血病和淋巴瘤时，苯丁酸氮芥可以口服使用，最初的剂量是100～200μg/(kg·d)（通常是4～10mg每天1次），服用3～8周，直至白细胞总数降至10×10^9/L。100μg/(kg·d) 足够治疗非霍奇金淋巴瘤，治疗霍奇金淋巴瘤则需要200μg/(kg·d)。当与其他药物联合使用时需要将上述剂量减少。当获得缓解以后，患者可以接受的维持剂量为30～100μg/(kg·d)，但是短暂的间歇给药更安全（Zdink等，1965）。

巨球蛋白血症患者治疗时苯丁酸氮芥的口服起始剂量为6～12mg/d，直至白细胞开始减少。维持剂量为2～8mg/d，然后不定期给药。

【副作用与注意事项】

苯丁酸氮芥最常见的副作用是骨髓抑制，治疗中可以发生可逆性的淋巴细胞减少，而粒细胞减少在最后一剂用药后最多10天。当疗程的总剂量达到6.5mg/kg时尤其可能发生不可逆的骨髓抑制（Rundles等，1959）。

其他副作用包括胃肠道的不适、食欲缺乏、恶心呕吐、腹泻、口腔溃疡、肝毒性、皮疹（罕见Stevens-Johson综合征或中毒性表皮坏死松解）、周围神经病变及包括癫痫在内

的中枢神经毒性。间质性肺炎和肺纤维化也有报道发生，后者通常是可逆的但是也可能是致死性的（Cole 等，1978）。大剂量的苯丁酸氮芥可以导致精子缺乏和闭经，当苯丁酸氮芥用于男孩时尤其易导致不育（Richter 等，1970）。本药有增加胎儿死亡及先天性畸形的危险，妊娠早期禁用。

与其他烷化剂类似，苯丁酸氮芥有可能使基因突变、致畸和诱发肿瘤，并且增加急性白血病和其他继发肿瘤的发生率（Morrison 等，1978；Steigbigel 等，1974）。

过量可能导致全血细胞减少和神经毒性，包括激惹、共济失调和癫痫大发作（Saloum 等，1997）。

使用苯丁酸氮芥后的患者尿液至少 48 小时内应该用覆盖上保护性外膜来处理（Harris 等，1985）。

（殷宇明撰写，吴彤审校）

司莫司汀

semustine

（别名：甲环亚硝脲，甲基-CCNU，Me-CCNU，methyl-CCNU）

【药物】 属亚硝脲（nitrose-urea）类，为环已亚硝脲（lomustine，CCNU）的甲基衍生物。本品有顺式（*cis-*）与反式（*trans-*）两种。市场上提供的药品实际为反式。难溶于水，易溶于脂质、无水乙醇。本药最好储存于 2～4℃，不宜超过 25℃。

【药理与药物动力学】 本药口服后可经胃肠道迅速吸收，并广泛分布至全身，包括脑脊液与神经组织中。本品在体内分解迅速，主要起作用的可能为其水解物和氧化物（NIH2009，Me-CCNU），单次剂量代谢物的 60％可在 48 小时内经肾从尿中排出，少量从粪便与呼吸道中排出。由于其在体内分解迅速，所测主要为被标记的放射性核素，因此具体 Me-CCNU 的分布浓度并无可靠的资料。

亚硝脲类药物主要与细胞的 DNA 烷化（alkylation）及与氨基酸和蛋白质的氨基甲酰化（carbamoylation）作用。Me-CCNU 对 G_0 期细胞并无明显作用，而对细胞周期中的各阶段并无特异性，但是对 G_1 向 S 过渡期的细胞作用最强。

【用途】 本品虽与其他亚硝脲类药物有交叉耐药作用，但与一般烷化剂较少交叉耐药。适用于各型白血病，特别是急性淋巴细胞白血病、淋巴瘤与中枢神经系统白血病，亦适用于黑色素瘤、脑瘤与各种颅内转移瘤及肺癌等其他癌症。

【用法与剂量】 单药一次性口服应用剂量成人为 200～300 mg。由于本品从肾脏排泄，故按体表面积 150～200 mg/m^2，亦可减半剂量连续应用 2 天。如用于 HSCT 的预处理方案中，则可一次应用 200～250 mg/m^2。儿童须慎用或减少剂量。

【副作用与注意事项】 Me-CCNU 的当日副作用主要为恶心、呕吐。所以用药前须用作用较强的止吐药物。本类药物有较长时期的骨髓与免疫抑制作用，包括白细胞与血小板下降，其最低日期往往在用药开始后 5～6 周。这种对免疫的延迟抑制作用，有利于用于 HSCT 的药物预处理方案中，目的使受者免疫系统受到更长期的抑制，使供者的造血与免疫细胞不容易被排斥。有报告在儿童患者累计剂量超过 1.4g/m^2 时可引起用药后期严重的肾功能损伤、肾间质性病变，甚至肾脏萎缩。

多次应用本药者特别是儿童患者容易导致肺纤维化和肺功能损伤，并可以损伤神经系统，此外尚有头痛、心血管毒性。与 CCNU 不同的是，本药对肝脏并无明显毒性，而 CCNU 则有毒性（NIH，2009）。

（陆道培撰写）

白　消　安

busulfan

（别名：马利兰，MYLERAN，白舒非，busulfex，BU）

【药物】 为 1951 年合成的甲烷磺酸类烷化剂，有口服和静脉两种剂型。

【药理与药代动力学】 白消安是一种高度亲脂性的小分子，口服吸收完全，能迅速分布到各组织中，可以轻易地透过血脑屏障，半衰期为 2～3 小时（Schuler 等，1998）。几乎所有药物经代谢后均以甲烷磺酸形式自尿中缓慢排出，24 小时排出不足 50%，反复用药可引起蓄积。白消安的清除率与肾功能无关，可能是由于在肝脏代谢。

此药为周期非特异性药物，主要作用于 G_1 及 G_0 期细胞，对非增殖细胞也有效。主要用于慢性髓性白血病的治疗，可能由于粒细胞膜对此药物的通透性较高。

【用途】 白消安主要用于慢性髓性白血病的治疗和 HSCT 的预处理。

【用法与剂量】 慢性髓性白血病的治疗：白消安通常口服给药。成人常用的诱导缓解剂量为每天 4～8mg。根据体重计算剂量对于成人和儿童是相同的，每天约为 60mg/kg，或 1.8mg/m^2。白细胞减少通常出现在用药 10～15 天以后。白细胞计数在这期间可以升高，但不可认为是耐药的表现，也不可增加药量。由于在停药后，白细胞会继续降低 1 个月左右，因此，当白细胞降至大约 15×10^9/L 时就应该停用白消安。使用推荐剂量的白消安，白细胞通常在 12～20 周内达到正常。当缓解后短于 3 个月时，建议每天使用 1～3mg 的维持剂量以保持血液学状态稳定及防止快速复发。

HSCT 预处理：口服白消安 1mg/kg，每 6 小时 1 次，共 3～4 天；静脉输注白消安对体重>12kg 者为 0.8mg/kg，对体重≤12kg 者为 1.1mg/kg，均为每 6 小时 1 次，共 3～4 天。

【副作用与注意事项】 最常见的副作用是骨髓抑制，当血细胞数量骤降时，由于白消安有延迟效应，应暂时停药。可出现癫痫，因此在 HSCT 预处理使用大剂量白消安时建议预防性给予抗癫痫药物；可引起白内障；可致性腺萎缩、不育。肝静脉阻塞性疾病通常在合用 Cy 或其他烷化剂时出现（Vassal 等，1990）。出现肝脏静脉阻塞综合征可能的危险因素包括：白消安总剂量超过 16mg/kg，同时联用多种烷化剂。可出现皮肤色素沉着（尤其是肤色较深者），停药后有时是可逆的。有引起肺纤维化、心脏压塞的报告。白消安可引起第二肿瘤（Andersson 等，2002）。

伊曲康唑降低白消安的清除率达 25%（Buggia 等，1996）。氟康唑对其清除率无影响。联合使用 Cy 并预先使用苯妥英钠的患者可以增加 Cy 和白消安的清除率。在仅联合使用 Cy 时白消安清除率反而下降，提示两者对还原型谷胱甘肽有竞争作用（Slattery 等，1997）。

白消安介导的肺脏毒性可以与其他细胞毒性药物叠加。

（王静波撰写，吴彤审校）

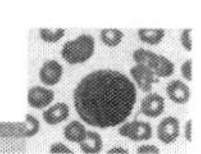

塞 替 派

(别名：thiophosphoramide，TESPAMIN，TSPA)

【药物】 本药为乙撑亚胺复合物，是多功能烷化剂类抗肿瘤药物。应在密闭、避光处保存，最好储存在2～8℃。

【药理与药代动力学】 本品口服后吸收不完全，快速静脉注射给药（低于5分钟）后5分钟内血药浓度达高峰。在体内广泛分布于各组织，可透过血脑屏障，脑脊液中药物浓度为血浆药物浓度的60%～100%。膀胱注射或腔内注射后25分钟在血循环中可检测出本药，大部分药物以代谢形式经尿液排出（原型不足1%）（Huitema等，2001；de Jonge等，2005）。

结构上具有乙撑亚胺基，在生理情况下，可形成不稳定的乙基亚胺基，与DNA的碱基发生交叉联结，使碱基烷基化，从而干扰DNA和RNA的功能，达到抗肿瘤的目的。本药属细胞周期非特异性药物（Maanen等，2000）。

【用途】 用于治疗原发中枢神经系统的淋巴瘤（Omuro等，2006）、恶性霍奇金淋巴瘤和急性淋巴细胞白血病（Zaucha等，2008；Hiwarkar等，2008）、实体瘤颅内转移（Ferrario等，2009）；也在HSCT的预处理方案中应用（Grüllich等，2008）。此外，用于治疗实体瘤，如乳腺癌、卵巢癌（Schrama等，2001）、膀胱癌（局部灌洗）及癌性体腔积液（腔内注射），也可用于治疗原发性肝癌、子宫颈癌、黑色素瘤、胃肠道肿瘤等（Boogerd等，2007）。

【用法与剂量】

静脉注射：每次10mg（或0.2mg/kg），每天1次，连用5天后改为每周3次，每个疗程总量为300mg。1.5～2个月后可重复下个疗程。

肌内注射：同静脉注射。

动脉注射：每次10～20mg，每天1次，总量200～300mg。

腔内注射（胸腔内或心包腔）：每次10～30mg，每周1～2次。

膀胱灌洗：每次50～100mg，溶于生理盐水50～100ml中，通过导尿管将本药注入膀胱内，每周1次，4周后改为每月1次，10次为1个疗程。

瘤内注射：每次5～10mg，可注射一处或多处。

异基因HSCT预处理方案：总量500mg/m^{2}或10mg/kg。

【副作用与注意事项】 骨髓抑制为本药剂量限制性毒性，多于用药后1～6周出现，部分患者在疗程结束后才出现。可有食欲减退、恶心及呕吐等胃肠道反应；可出现出血性膀胱炎、女性闭经和男性精子形成异常等。少见有过敏反应，个别患者有脱发及皮疹。尚可见头痛、头晕，个别患者有发热、疲乏、注射部位疼痛等症状，另可见血尿酸升高。

（卢岳撰写，吴彤审校）

二、抗代谢类

抗代谢物是另一类重要的抗白血病药物，它们是一大类天然代谢物的结构类似物，几乎都抑制核酸代谢。常用的抗白血病的抗代谢物分为：①叶酸抗代谢物，如甲氨蝶呤；②嘌呤抗代谢物，如 6-巯基嘌呤（6-MP）等；③嘧啶抗代谢物，如阿糖胞苷等。这些治疗白血病的抗代谢物为周期特异性药物，主要作用于处于细胞周期内增殖旺盛的细胞，对静止期的细胞无影响。它们的化学结构见图 27-2。

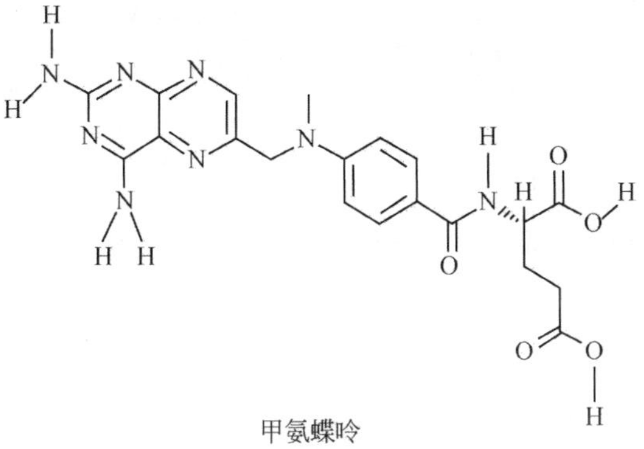

甲氨蝶呤

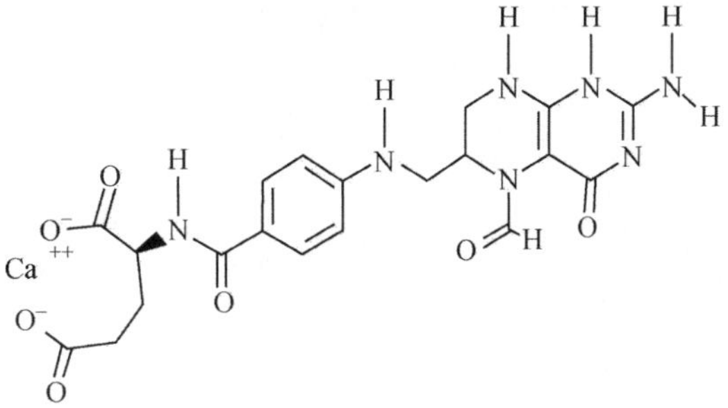

甲酰四氢叶酸钙

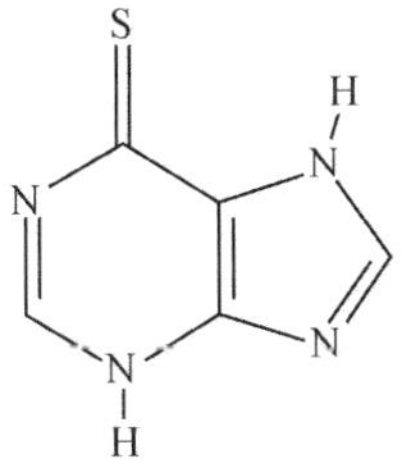

巯基嘌呤

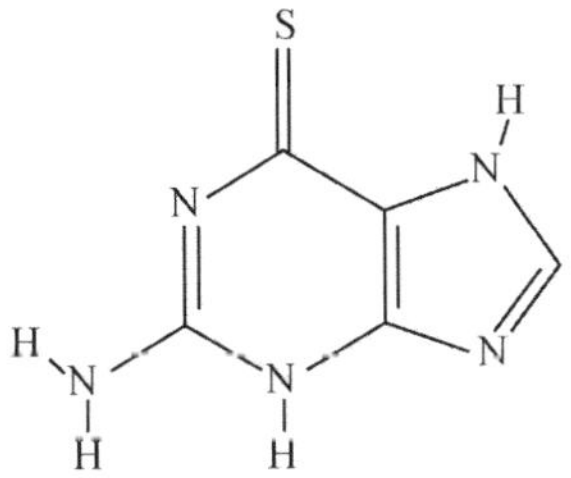

硫鸟嘌呤

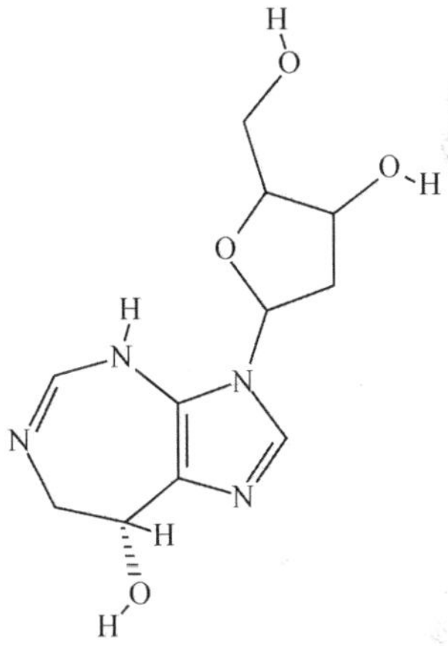

喷司他丁

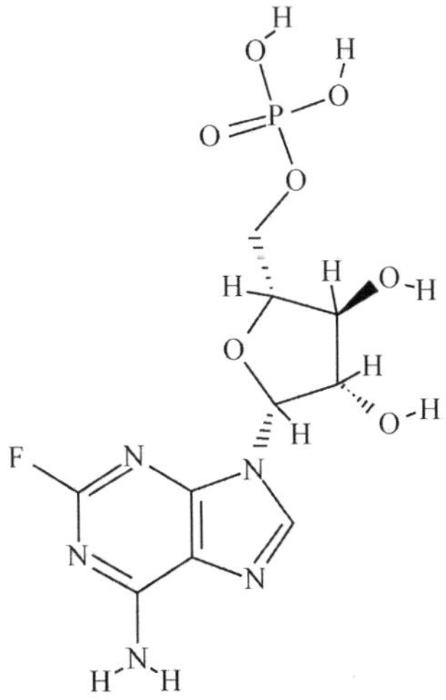

氟达拉滨

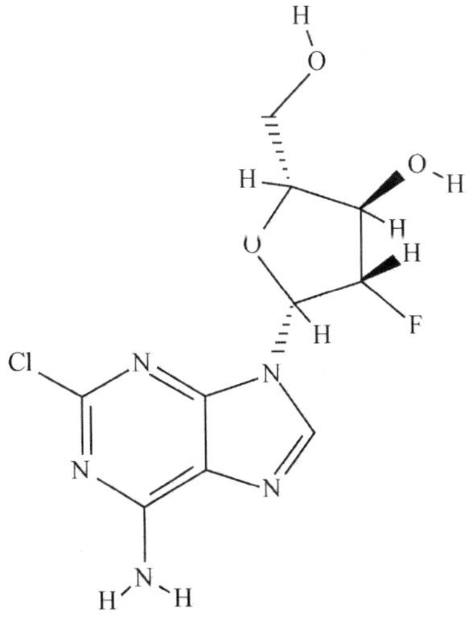

氯法拉滨

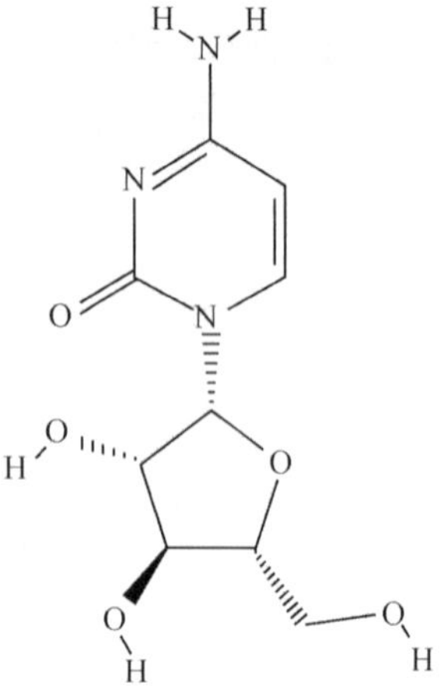

阿糖胞苷 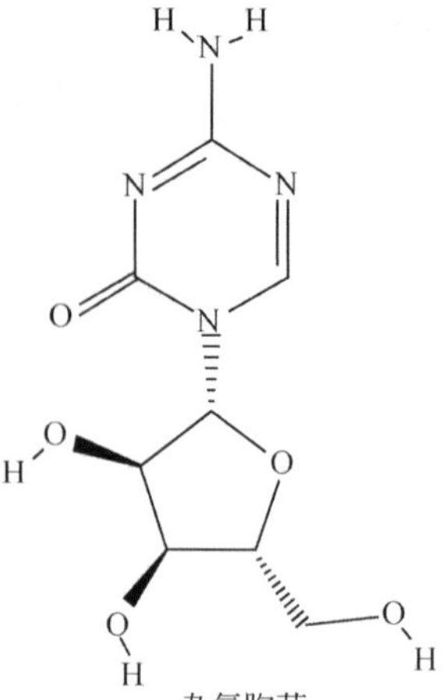　　杂氮胞苷

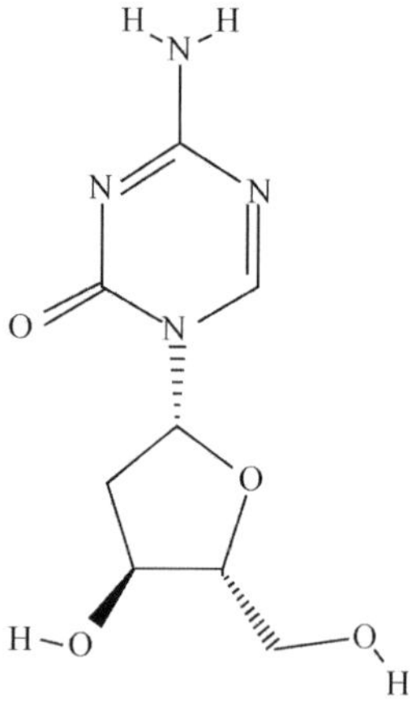

地西他滨 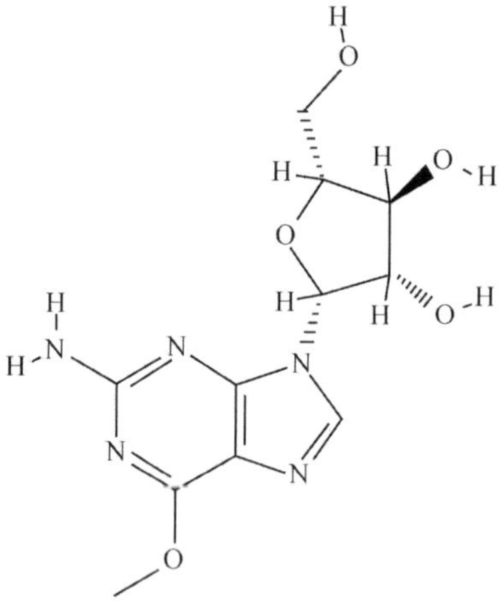　　奈拉滨

图 27-2　抗代谢物的化学结构

甲氨蝶呤

methotrexate

（别名：氨甲蝶呤，MTX）

【药物】 本药为一种弱二价阴离子化合物，相对分子质量为 454，为黄色结晶粉末或黄色液体，几乎不溶于水、乙醇和氯仿，溶于碱性的氢氧化物和碳酸盐的稀释液，密封避光保存。

【药理与药代动力学】 本药为一种抗代谢类抗肿瘤药物，为细胞周期特异性药物，主要作用于 S 期细胞，是一种叶酸还原酶（DHFR）抑制剂，其作用机制是抑制 DHFR，使二氢叶酸（FH_2）不能被还原成具有生理活性的四氢叶酸（FH_4）。FH_4 是体内合成嘌呤和嘧啶核苷酸的重要辅酶，其合成受阻导致核苷酸的生物合成受阻，使 DNA 及 RNA 的生物合成受到抑制从而导致细胞死亡。此外，MTX 还可抑制另外两种与嘌呤合成有关的酶的合成：甘氨酰胺核苷酸（GAR）转甲酰酶及氨基咪唑酰胺（AICAR）转甲酰酶。

当低剂量（<20mg/m²）口服给药时，MTX 从消化道吸收良好，生物利用度为50%～95%，口服后 1.5～2.5 小时达峰浓度，半衰期为 4～6 小时。剂量 20mg/m² 以上口服生物利用度明显下降，肌内注射吸收较好，60 分钟达血清峰浓度。应用大剂量 MTX（HD-MTX）（>1g/m²）后，可迅速达到血浆的细胞毒浓度并维持 12～20 小时，但存在很大的个体差异（Shen 等，1978）。最初的峰浓度随剂量增加而增加，但给予较低剂量、延长时间输注可达到更长时间的稳态的细胞毒性浓度（Borsi 等，1987；Wolfrom 等，1993）。

MTX 广泛分布于组织及细胞外液中，可渗入腹水及胸水，可能成为储存场所从而增加毒性。从血浆的清除分三相，<30mg/m² 的清除半衰期为 3～10 小时，较高剂量的清除半衰期为 8～15 小时。血浆蛋白结合率为 50%。部分通过主动运输的机制进入细胞，与偶联结合物相结合，可在体内保留数月，尤其是肝脏。

口服小剂量 MTX 只有少部分能通过血脑屏障进入脑脊液（CSF），而加大剂量可增加 CSF 中药物浓度，而鞘内注射后大部分进入体循环。给予 HD-MTX 负荷剂量后 CSF 中可达治疗浓度（Milano 等，1990），CSF 与血浆浓度比为 1∶30（Borsi 等，1987），将输注时间延长至 24～36 小时并将甲酰四氢叶酸钙（CF）解救延迟可提高疗效（Pinkel 等，1994），首剂负荷量后再给予持续静脉输注及鞘内注射可提高 CSF 中的浓度（Evans 等，1986；Freeman 等，1977）。

MTX 可少量进入唾液及乳汁，可通过胎盘，口服后部分通过肠道菌群代谢，主要通过尿液排泄，少部分通过胆汁及粪便排泄，可进入肠肝循环。

【用途】

（1）用于各种实体瘤如骨肉瘤、头颈部癌、肺癌、软组织肉瘤、卵巢癌等。

（2）在血液系统疾病中用于治疗急性白血病，尤其是 ALL；淋巴瘤，尤其是 NHL；MM。

（3）还可以作为免疫抑制剂用于各种自身免疫性疾病及 HSCT 后 GVHD 的预防及治疗。

（4）鞘内注射可用于预防和治疗 CNSL。

【用法与剂量】

1. ALL 治疗

（1）HD-MTX：HD-MTX 由于可克服 MTX 的耐药性，增加 MTX 长链聚谷氨酸盐（MTXPG）的形成，从而改善疗效，并使 CSF 及其他庇护所中如睾丸、卵巢中的浓度增加，有效预防庇护所白血病，因此常用于 ALL 的诱导及巩固治疗。HD-MTX 可单用或与其他药物联合应用，常见的联合用药有长春新碱（VCR）、糖皮质激素、左旋门冬酰胺酶（L-ASP）、6-MP、Cy 等。HD-MTX 的剂量及用法存在较大差异，成人剂量从 0.5～3g/m² 不等，儿童 ALL 的剂量从 0.5～33g/m² 不等，国外英国医学研究委员会（MRC）用6～8g/m²（Eden 等，2000），欧洲肿瘤研究治疗组（EORTC）用 5～8g/m²（Vilmer 等，2000），德国 BFM 研究组给予 5g/m²（Schrappe 等，2000），St. Jude 医院用 2g/m²（Pui 等，2000）。由于缺乏随机对照研究，何种剂量最佳没有明确定论。多个研究的共识是首次给予一个负荷剂量静脉推注以快速达到稳态浓度，后延长输注时间能提高疗效，大部分

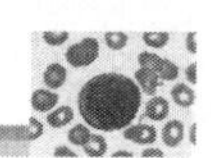

24 小时以上，同时给予鞘内注射以提高 CSF 中的浓度。上海儿童医学中心对标危型 ALL 用 3g/m^2，高危型 ALL 用 5g/m^2。用法是：1/6 量（不超过 500 mg/次）作为突击量在 30 分钟内快速静脉滴入，余量于 24 小时内均匀滴入。突击量 MTX 滴入后 0.5～2 小时内行"三联"鞘内注射 1 次（叶辉等，2001）。

（2）维持治疗：MTX 用于维持治疗的常用剂量是 15～20mg/m^2，每周 1～2 次，口服或肌内注射，常与 6-MP 联用，少数给予 20～30mg/m^2，每周 2 次，或 2.5mg/kg 静脉注射，每 2 周 1 次。

2. NHL 的治疗 MTX 在 NHL 尤其是伯基特淋巴瘤中应用比较广泛。美国儿童癌症治疗组（CCG）采用 COMP 方案［Cy 1200 mg/m^2 d0，VCR 2.0 mg/m^2（最大 2.0mg）d2、d9、d16、d23，Pred 60 mg/m^2 d2～d29，10 天内减停，MTX 300 mg/m^2，iv，d16］或 D-COMP 方案（DNR 50mg/m^2 d16，余同 COMP），10 年 EFS 率可达 55%左右（Sposto 等，2001），美国国立癌症研究所（NCI）采用 CODOX-M 方案［HD-Cy（1.6g/m^2）＋VCR＋DNR＋HD-MTX（6.7g/m^2）］，2 年 EFS 率达 56%（Magrath 等，1996），HD-MTX 与 CHOP 方案组合治疗 NHL 可提高 CR 率（孙晓非等，2004）。

3. CNSL 的治疗和预防 可以给予小剂量 MTX 鞘内注射，成人 MTX 8～12mg/m^2（最大 15mg），儿童剂量根据年龄不同而不同（具体见本书第七章）。此外，HD-MTX 可以使 CSF 中的药物浓度明显升高，起到预防及治疗 CNSL 的作用。

4. GVHD 的预防及治疗 预防给予 15mg/m^2＋1d，10mg/m^2＋3d、＋6d（Chao 等，1993）；或 15mg/m^2＋1d，10mg/m^2＋3d、＋6、＋11d（Nash 等，2000）。治疗给予 7.5～15mg/m^2，每周 1 次，口服或静脉注射（Giaccone 等，2008；Inagaki 等，2008）。

【副作用与注意事项】 由于 MTX 为 S 期特异性药物，主要作用于分裂旺盛的细胞如消化道上皮细胞及骨髓细胞，因此 MTX 的副作用主要是骨髓抑制及消化道黏膜损伤，骨髓抑制表现为白细胞、红细胞及血小板减少，血小板及白细胞减少通常发生于用药后 5～10 天，可于 14～28 天恢复。消化道黏膜损伤可表现为口腔及消化道溃疡甚至消化道出血。

其他副作用包括：

（1）肝功能损害：包括黄疸、丙氨酸氨基转移酶、碱性磷酸酶，γ-谷氨酰转肽酶等增高，长期口服可导致肝细胞坏死、脂肪肝、纤维化甚至肝硬化。

（2）肾功能损害：大剂量应用时，由于本品及其代谢产物沉积在肾小管而致高尿酸血症肾病，此时可出现血尿、蛋白尿、尿少、氮质血症甚或尿毒症。

（3）间质性肺炎：长期用药可引起咳嗽、气短、肺炎或肺纤维化。

（4）脱发、皮肤发红、瘙痒或皮疹。

（5）鞘内注射常可导致神经系统毒性，包括视物模糊、眩晕、头痛、白质脑病、轻瘫、脱髓鞘改变，还可导致急性蛛网膜炎，表现为急性头痛、背痛、发热及颈项强直。

（6）影响卵细胞及精子的形成，从而导致不育。

（7）有致突变性，导致继发性肿瘤。

用药注意事项：

（1）用药过程中须密切监测血象、肝肾功能及消化道毒性。若出现骨髓抑制、严重腹泻及胃炎，须停止治疗。若出现咳嗽、呼吸困难须考虑肺部毒性，排除感染后应中止治疗，如果怀疑 MTX 相关肺炎，应给予皮质醇激素治疗。

(2) 用 HD-MTX 期间须监测药物浓度、碱化及水化治疗，并给予 CF 解救（解救方案见本章“四氢叶酸钙”部分）。

(3) MTX 有致畸作用，因此用药期间应避免怀孕。

(4) 与 L-ASP 合用可降低疗效，建议使用 L-ASP 10 天后再给予本药，或者于使用本药后 24 小时再给予 L-ASP（Capizzi，1981）。

（刘芳撰写，吴彤审校）

甲酰四氢叶酸钙
calcium folinate

（别名：calcium leucovorin，folinic acid）

【药物】 为白色或淡黄色粉末，或黄色液体，相对分子质量为 511，微溶于水，不溶于酒精及丙酮，2.5%的水溶液的 pH 为 6.8～8.0，密封避光保存。

【药理与药代动力学】 本药为四氢叶酸的甲酰基衍生物，是叶酸的活性形式，可通过抑制二氢叶酸还原酶而中和叶酸拮抗剂的作用；并可增加氟尿嘧啶（5-Fu）脱氧核苷三联复合物的形成，增强 5-Fu 的作用。

本药口服及肌内注射后均吸收良好，很快转换为具有生物活性的叶酸盐，主要代谢成 5-甲基四氢叶酸。可被吸收进入全身组织，但聚集在肝脏及脑脊液，主要通过尿液排泄，少数通过粪便排泄。口服的生物利用度为静脉给药的 92%，肌内注射及静脉注射的生物利用度相似，但肌内注射达峰浓度较慢，且峰浓度持续的时间较长。静脉及肌内注射后具有生物活性的叶酸盐血清浓度均迅速增高，能持续保留，用药后 24 小时仍能检测到。3 种给药形式达峰浓度的时间分别为：口服 2.3 小时，肌内注射 52 分钟，静脉注射 10 分钟；半衰期分别为：口服 5.7 小时，肌内注射及静脉注射 6.2 小时（McGuire 等，1988）。

【用途】 本药临床上用于叶酸拮抗剂如大剂量甲氨蝶呤（HD-MTX）的解救及药物过量引起的严重毒性作用；与 5-Fu 合用治疗结直肠癌；还可用于治疗各种原因引起的叶酸缺乏，由叶酸缺乏所致的巨幼细胞贫血，当口服叶酸疗效不佳时。

【用法与剂量】

1. HD-MTX 的解救　当 MTX 用量超过 0.5g/m^2 时必须用 CF 解救，剂量为 0.1～0.5g/m^2 时须考虑解救，必要时剂量更低的时候也要进行解救。解救的剂量及次数取决于 MTX 的方案及患者清除药物的能力。德国 NHL BMF-90 方案给予 MTX 5g/m^2，给药后 24、36、42 及 48 小时监测 MTX 浓度，保证 24 小时≤150 μmol/L，36 小时<3 μmol/L，42 小时≤1 μmol/L，48 小时≤0.4μmol/L，用药后 42 小时首次给予 CF 30 mg/m^2 解救，后分别于 48 小时及 54 小时给予 15mg/m^2。如果 42 小时及 48 小时时 MTX 浓度高于预期值，则每 6 小时给予 CF 并继续监测 MTX 浓度，直到低于 0.25 μmol/L。CF 的剂量按照 MTX 浓度进行调整：MTX 浓度 1～2 μmol/L，CF 30 mg/m^2；MTX 浓度 2～3 μmol/L，CF 45 mg/m^2；MTX 浓度 3～4 μmol/L，CF 60 mg/m^2；MTX 浓度 4～5 μmol/L，CF 75mg/m^2；如果 MTX 浓度>5 μmol/L，CF 剂量根据公式计算，即 CF（mg）=MTX 浓度（μmol/L）× 体重（kg），并给予静脉给药（Reiter 等，1999）。英国 MRC 给予 MTX 6～8g/m^2，给药后 36 小时开始给予 CF15 mg/m^2，q3h；当 MTX 浓度<2×10^{-6} mol/L

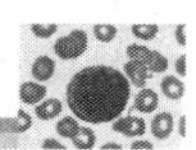

时改为 15 mg/m^2，q6h，并持续到 MTX 浓度<1×10^{-7} mol/L（Hill 等，2004）。我国采用的方案是 MTX 3～5g/m^2 持续 24 小时输注，开始滴注 MTX 36 小时后用 CF 解救，剂量为15 mg/m^2，q6h，首剂静脉注射，以后口服或肌内注射，共 6～8 次。有条件者检测血浆 MTX 浓度，根据浓度调整 CF 应用的次数和剂量：①对 44 小时 MTX 血清浓度小于 1.0 μmol/L的患者，CF15 mg/m^2，q6h，iv，共 6～7 次；②对 44 小时 MTX 血清浓度超过 1.0 μmol/L 的患者，调整 CF 用量，并解救至小于 0.1μmol/L，这类患者 CF 用量计算方法是：任一检测时间点的 MTX 血清浓度大于 5.0μmol/L，即时所需 CF（mg）＝MTX 浓度（μmol/L）× 体重（kg），应该每 6 小时反复检测 MTX 血清浓度；1.0～5.0μmol/L 者，MTX 血清浓度每增加 1.0μmol/L，CF 剂量增加 15mg/(m^2・次)，24 小时内至少检测 MTX 血清浓度 1 次（叶辉等，2001）。

2. MTX 过量的解毒 若怀疑 MTX 过量，应尽早给予与 MTX 等剂量或较大剂量的 CF，然后继续给予 CF 直到 MTX 浓度在 0.05～0.1μmol/L 以下，若鞘内注射过量 MTX，立即在 15 分钟内放 CSF 30ml，去除 95％的 MTX，但 MTX 很快进入了血液循环，根据 MTX 浓度用 CF 进行解救。

【副作用与注意事项】 偶尔出现过敏反应及发热，大剂量给药后偶尔出现消化道反应、失眠、兴奋及抑郁等。

（刘芳撰写，吴彤审校）

巯 基 嘌 呤
mercaptopurine（6-MP）

【药物】 黄色晶体样粉末，不溶于水，少量溶于酒精，溶于碱性氢氧化物溶液，避光保存。

【药理及药代动力学】 本药为抗代谢类抗肿瘤药，为嘌呤核苷酸合成抑制剂，特异性地作用于 S 期细胞，为次黄嘌呤及腺嘌呤类似物，在细胞内将巯嘌呤转换成有活性的硫鸟嘌呤核苷酸（GNs），抑制嘌呤核苷酸的合成，从而干扰核酸尤其是 DNA 的合成，或直接掺入核酸而达到抗肿瘤作用，还具有免疫抑制活性。

口服从消化道吸收不完全，平均吸收率约为 50％，但生物利用度较低，且个体差异大。与 MTX 联合应用生物利用度提高（Innocenti 等，1996）。静脉注射后血浆半衰期为 20～90 分钟。一旦吸收，很快分布到体液及组织，部分通过血脑屏障，进入 CSF，但浓度低于治疗浓度。在肝脏中通过甲基化及氧化作用以及通过形成无机硫酸盐，大部分通过黄嘌呤氧化酶被氧化为硫尿酸，约 50％经代谢后 24 小时内通过肾脏排泄，部分以药物原型排泄，小部分须经过几周才能排泄。

【用途】 血液系统疾病中常与其他药物联合用于急性白血病及恶性淋巴瘤尤其是 NHL 的治疗，对 CML 也可能有效；非血液系统疾病中主要于绒毛膜癌、恶性葡萄胎的治疗。还作为免疫抑制剂用于自身免疫性疾病如炎性肠炎的治疗。

在急性白血病中，常与其他药物如 Cy、Ara-C、MTX 及 L-ASP、DXM 等一种或多种联合用于 ALL 的诱导及巩固化疗，各治疗组采用方案各不相同。德国 BFM-90 方案将 6-MP 与 Cy、Ara-C 联合组成 CAM 方案对标危及中危儿童 ALL 进行诱导治疗，与 HD-

MTX、DXM、VCR 及 L-ASP 联合对高危 ALL 进行巩固治疗，我国新华医院 ALL-XH-99 方案中也用 CAM 方案做巩固治疗（Schrappe 等，2002；顾龙君等，2006），美国 CCG 将 6-MP 与 VCR、HD-MTX、DEX/PRED 联合用于 ALL 的巩固治疗（Bostrom 等，2003）；成人 ALL 中的巩固治疗方案中也常包含 6-MP，如德国多中心 GMALL 方案、英国 MRC UKALL XA 成人 ALL 方案等。6-MP 还常与 MTX 联合用于 AML 及 ALL 的维持治疗。在 NHL 中常与其他药物联合用于诱导、巩固及维持治疗。

【用法与剂量】 6-MP 分为两种剂型，口服及静脉制剂，前者应用比较广泛。美国 CCG 的研究表明，在标危组的儿童 ALL 中，两种剂型疗效相当（Bostrom 等，2003），但对于复发的患者，静脉制剂疗效明显优于口服制剂（Tolar 等，2005）。

ALL 的诱导及巩固治疗的口服剂量为 2.5mg/(kg·d) 或 50～100mg/(m^2·d)，如果临床症状无明显改善或用药 4 周后白细胞数量无明显下降，可加量至 5mg/(kg·d)，维持治疗的剂量为 1.5～2.5mg/(kg·d) 或 50～100mg/m^2，根据白细胞数量及肝肾功能调整剂量。NHL 中的剂量为 25～75mg/m^2。静脉制剂的剂量为 1g/m^2，每周 1 次，每次持续 10 小时输注。

【副作用及注意事项】 最常见的是骨髓抑制，表现为白细胞减少、贫血及血小板减少，也有报道出现肝脏毒性，1/3 的患者可出现黄疸，25%的患者可出现恶心、呕吐、食欲缺乏等消化道毒性，但胃炎及肠炎少见。消化道及肝脏副作用在成人中较儿童常见，且较大剂量时更易出现。其他副作用有皮疹、色素沉着及发热，还具有潜在的致畸和致肿瘤作用，可导致流产，治疗过程中可出现高尿酸血症及结晶尿。

用药过程中须每周监测血常规，如果白细胞明显下降或出现严重骨髓抑制，须立刻停药。在白细胞稳定 2～3 天或开始上升后可重新给药。肝肾功能不全的患者慎用，用药过程中须密切监测肝功能。若出现高尿酸血症须给予别嘌呤醇。

（刘芳撰写，吴彤审校）

硫鸟嘌呤
thioguanine（6-TG）

【药物】 本品为一种淡黄色晶体状粉末，不溶于水、酒精及氯仿，溶于氢氧化物溶液，密封保存。

【药理及药代动力学】 本药也为抗代谢类抗肿瘤药物，为 S 期周期特异性，它与 6-MP的差异仅在于在嘌呤环 2 位上多一个氨基，与 6-MP 相似，属嘌呤拮抗剂，在体内通过与次黄嘌呤及黄嘌呤竞争磷酸核糖转移酶（HGPRTase）转变成 6-硫代鸟嘌呤核苷酸，干扰鸟嘌呤合成，从而抑制 DNA 及 RNA 的合成，达到抗肿瘤作用。它还可转变城 6-硫代鸟嘌呤三磷酸核苷，直接掺入细胞 DNA 而发挥细胞毒作用。

口服通过消化道吸收不稳定且不完全，平均吸收率为 30%。重复给药可增加掺入 DNA 的核酸数量，$t_{1/2}$为 80 分钟，通过肝脏代谢，几乎全部通过尿液排泄。在血液中能检测到很少的 TG 药物原型，在组织中的半衰期延长，很少通过血脑屏障，临床剂量给药后 CFS 浓度低，可通过胎盘。

【用途】 可与其他抗肿瘤药物联合应用于 AML 及 ALL 的治疗，也可用于其他疾

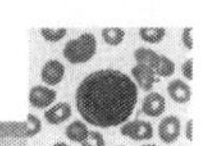

病 CML。

在 AML 中常与 DNR 及 Ara-C 组成 DAT 方案进行诱导治疗（Carey 等，1975），还可与小剂量 Ara-C 组成 TA 方案进行维持治疗，剂量为 100mg/m^2，q12h，连用 5 天。成人 ALL 中与 DNR、Ara-C、Pred 及 VCR 组成 DAVTP 方案用于诱导治疗（Wiernik 等，2003）；在儿童 ALL 中也常与其他药物联合组成不同的方案，如我国新华医院 ALL-XH-99 方案中与 Cy、Ara-C 组成 CAT 方案用于巩固治疗（顾龙君等，2006），MRC 将它与 VCR、Pred、VP-16、Ara-C 和 DNR 组成联合方案用于巩固治疗（Eden 等，2000），CCG 将它与 VCR、Pred、Ara-C、L-ASP、MTX、6-MP、DXM、ADR 和 Cy 组成十药方案联合用于儿童 ALL 的巩固治疗（Pui 等，2000）。

【用法与剂量】 通常口服给药，初始剂量为 2mg/（kg·d）或 100～200mg/（m^2·d），如果无效或无明显副作用，可 4 周后加量至 3mg/（kg·d），维持治疗剂量为 2～3mg/（kg·d）或 100mg/(m^2·d)。

【副作用及注意事项】 最常见的副作用为骨髓抑制，可出现白细胞及血小板减少，血象最低点出现在用药后 10 天，3 周左右恢复，成人 WBC 下降较儿童快。还可出现消化道症状、肝毒性及高尿酸血症等，但较 6-MP 少见。

注意事项：用药过程中须密切监测血常规，尤其是在与其他药物联用进行诱导化疗期间，若出现严重骨髓抑制，则停药；肿瘤溶解后可出现高尿酸血症，可给予别嘌呤醇降尿酸治疗，用药过程中监测尿酸碱度及肝肾功能。

（刘芳撰写，吴彤审校）

喷司他丁

pentostatin

【药物】 本品为白色结晶，最早是由 Woo 等在 1974 年从链霉素菌培养液中分离得到的抗生素，为一种极强的腺苷脱氨酶抑制剂。

【药理与药代动力学】 喷司他丁为嘌呤类似物，抑制腺苷脱氨酶。腺苷脱氨酶是嘌呤代谢中一种重要的酶，它可以催化腺苷和脱氧腺苷发生不可逆的脱氨反应，分别转换成肌苷和脱氧肌苷。从而导致细胞中腺苷、脱氧腺苷和 5′-三磷酸脱氧腺苷（dATP）的蓄积，dATP 通过抑制核糖核苷酸还原酶阻断 DNA 合成，导致细胞死亡。腺苷脱氨酶广泛分布于人体各组织中，在血液中主要存在于红细胞、粒细胞和淋巴细胞，淋巴细胞中腺苷脱氨酶活性高，而 T 淋巴细胞中的活性更高于 B 淋巴细胞中的活性。

喷司他丁的血浆蛋白结合率为 4%，表观分布容积为 36.1L，半衰期 α 相为 11 分钟。约 90%经肾排泄，总清除率为 68ml/(min·m^2)，半衰期 β 相为 5.7 小时。本品能够穿过血脑屏障，静脉注射后 2～4 小时脑脊液中药物浓度为血药浓度的 10%～12%。

【用途】

（1）抗肿瘤作用：采用喷司他丁治疗效果显著的疾病有多毛细胞白血病、慢性淋巴细胞白血病（Robak，2005）、低度恶性的 B 淋巴细胞和 T 淋巴细胞非霍奇金淋巴瘤（Di Bella 等，2005）、T 淋巴细胞皮肤淋巴瘤（Anadolu 等，2005）。在 SWOG 8691 研究中，以喷司他丁作为多毛细胞白血病初始治疗的完全缓解率为 84%，部分缓解率为 6%，而以

IFN作为初始治疗的完全缓解率和部分缓解率分别为18%和24%。对IFN耐药的患者使用喷司他丁治疗完全缓解率为85%，部分缓解率为4%。喷司他丁对于急性髓性白血病、骨髓增生异常综合征也有效（Robak等，2005）。

（2）免疫抑制作用：因为喷司他丁对T淋巴细胞有抑制增殖和促进凋亡的作用，可用于aGVHD和cGVHD的治疗（Bolaños-Meade等，2005；Klein等，2011；Jacobsohn等，2007）。Klein等对于糖皮质激素耐药的肠道重度aGVHD采用喷司他丁治疗，获得了高的反应率和长生存率。23例患者中70%的患者完全缓解，13%的患者部分缓解，中位反应时间为13天。Jacobsohn将喷司他丁用于耐糖皮质激素的cGVHD，58例患者中，32例有改善，最常见的不良反应是恶心，29%的患者出现了可能与喷司他丁有关的严重不良事件，最常见的为感染，发生在11例患者（Jacobsohn等，2007）。作为嘌呤类似物，可用于非清髓性造血干细胞移植（Pavletic等，2003；Foss，2006）。

【用法与剂量】

（1）抗肿瘤：静脉注射，每次4mg/m^2，每2周1次。

（2）抗GVHD治疗：Klein等采用的剂量为1mg/(m^2·d)×3d治疗aGVHD。在cGVHD中采用的剂量常为4mg/m^2，每2周1次，连续应用3个月（Klein等，2011）。因为在cGVHD中应用后期最常见的问题为感染，所以不建议用于肺部的cGVHD（Wolff等，2011）。

（3）造血干细胞移植：Miller等对55例无法采用标准清髓预处理方案的患者（其中31%以前接受过自体或者异基因HSCT，60%为复发或难治疾病状态）给予ECP（体外光分离置换法）×2d，喷司他丁4mg/(m^2·d)×2d，TBI 600cGy的减低轻度预处理方案，1年和2年的OS率和EFS率分别为67%和58%、55%和47%，Ⅲ～Ⅳ度aGVHD发生率为9%，广泛型cGVHD发生率为12%（Miller等，2004）。

【副作用与注意事项】 本药最主要的问题是使用后长时间的免疫抑制，机会性感染的风险增加，皮疹常见。其余可见消化道反应、骨髓抑制、肝肾功能损害、中枢神经系统副作用。

与氟达拉滨合用致死性肺毒性的风险增加。与卡莫司汀、依托泊苷和大剂量环磷酰胺合用可引发肺水肿和低血压。

（曹星玉撰写，吴彤审校）

氟达拉滨

fludarabine

（别名：福达华，fludara；磷酸氟达拉滨，fludarabine phosphate）

【药物】 氟达拉滨是一种氟化腺嘌呤类似物，于1969年合成，分子结构为9-β-*D*-阿拉伯呋喃糖-2-氟腺苷-5′-单磷酸，即氟化阿糖腺苷。市场上有注射和口服两种剂型，药物可室温保存。

【药理与药代动力学】 由于氟达拉滨的低水溶性，其水溶性物质磷酸氟达拉滨（fludarabine phosphate，F-ara-AMP）作为前体药物进入体内，在血浆中先经水解脱磷酸转变为无活性的F-ara-A，进一步磷酸化成有细胞毒活性的三磷酸氟达拉滨（fludarabine

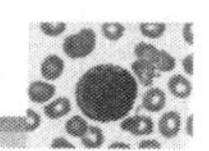

triphosphate，F-ara-ATP）发挥抗肿作用。可抑制 DNA 合成、复制和修复。对细胞周期内细胞和静止期细胞均有细胞毒作用。可引起严重的淋巴细胞减少，T 淋巴细胞比 B 淋巴细胞更明显（Plunkett 等，1990；Gandhi 等，2002）。

口服吸收的生物利用度为 50%～60%，不受食物的影响。可通过血脑屏障。主要经肾脏排泄，半衰期为 15～23 小时（Plosker 等，2003）。

氟达拉滨与阿糖 Ara-C 联合应用可以使 Ara-C 的活性形式 Ara-CTP 的聚集增加，因而提高疗效。

【用途】 主要用于治疗慢性淋巴细胞白血病（Badoux 等，2011）。各种类型的淋巴瘤如中高危滤泡性淋巴瘤（Zinzani 等，2011）、T 细胞淋巴瘤（Raderer 等，2011）、B 细胞淋巴瘤（Gill 等，2011）、弥漫大 B 细胞淋巴瘤（Keating，2011；Anderson 等，2007）；难治/复发的急性白血病（Tavil 等，2011）；异基因造血干细胞移植预处理（Lee 等，2010）。也有用于幼淋白血病（Telek 等，2011）、巨球蛋白血症（Peinert 等，2010）、实体瘤（Pierigè 等，2010）及自身免疫性疾病（Berentsen 等，2010）（系统性红斑狼疮、顽固性类风湿关节炎）的报告。

【用法与剂量】

（1）慢性淋巴细胞白血病和各种淋巴瘤：联合环磷酰胺和 CD20 单抗或 CD52 单抗。成人 25～30mg/(m^2・d) 静脉注射 d1～d3，环磷酰胺 300mg/m^2 静脉注射 d1～d3，利妥昔单抗 375mg/m^2 化疗前一天用，每 28 天为 1 个疗程。口服 40mg/(m^2・d)，5 天为 1 个疗程，每 28 天一疗程。连续 4 个疗程（祝焱等，2010）。

（2）复发难治性急性白血病：25～30mg/(m^2・d) 静脉注射 d1～d5，4 小时后输注阿糖胞苷 1～2g，q12h，d1～d5，化疗前 12 小时给予粒细胞刺激因子 300μg。

（3）自身免疫性疾病：单用 25～30mg/m^2，d1～d5，或者联合利妥昔单抗。

（4）异基因造血干细胞移植预处理：常用剂量为 25～30mg/(m^2・d)，共 5 天。在白消安加上环磷酰胺的预处理中，对于脏器功能不好的患者，采用氟达拉滨代替环磷酰胺，在减低强度预处理中，氟达拉滨 25～30mg/(m^2・d)，共 5 天，加上 1 天美法仑 140mg/m^2。肾功能损害者应根据肌酐清除率调整剂量，30～70ml/min 者，减量 50%；<30ml/min 者禁用。儿童尚缺乏足够的安全性和有效性资料。

【副作用与注意事项】 输注相关的副作用轻微，少数患者可出现发热、寒战、乏力、皮疹、恶心、呕吐。近期的副作用包括水肿、骨髓抑制、机会性感染、咳嗽、呼吸困难、视觉改变、视神经炎，会使已有的皮肤癌加重。延迟的副作用包括输注相关的 GVHD、自身免疫性溶血性贫血、周围神经炎、间质性肺炎、继发 MDS。

溶血性贫血失代偿者禁用。严禁与喷司他丁联用，因为易发生致死性肺损伤。由于氟达拉滨可引起显著及延长的免疫抑制，因此要应用照射过的血制品以避免输注相关的 GVHD，要预防机会性感染，避免使用活疫苗。因氟达拉滨有胚胎毒性，故孕妇禁用，用药期间及停药后 6 个月内避孕。由于氟达拉滨可进入乳汁，所以禁忌哺乳。

（卢岳撰写，吴彤审校）

氯法拉滨

clofarabine

（别名：clofarex）

【药物】 氯法拉滨是第二代嘌呤核苷类衍生物。嘌呤核苷类似物克拉屈滨和氟达拉滨在治疗急性白血病中已显示很好的疗效，但这种药物在治疗剂量时会产生神经毒性。氟达拉滨容易受嘌呤核苷类似物磷酸化酶作用而断裂，克拉屈滨则通过水解或酶作用而发生断裂。氯法拉滨结合了两药的结构优点，成为“杂交”化合物，即2-氯取代抗癌活性最强，并且最容易制备。糖苷键断裂后生成相对无毒的2-氯腺嘌呤，而非毒性较大的2-氟腺嘌呤；2′-氟取代可以抵制核苷磷酸化酶的磷酸分解作用，增强了药物在酸性环境中的稳定性。两处取代增强了抗癌活性，降低了毒性。

本品化学名为2-氯9-（2-去氧-2-氟-β-*D*-阿拉伯呋喃糖）-9H-嘌呤-6-胺，分子式为$C_{10}H_{11}ClFN_5O_3$，相对分子质量为303.68，其注射液为无色澄清透明的灭菌氯化钠水溶液，pH为4.5～7.5（聂颖兰，2007）。

【药理与药代动力学】 氯法拉滨的作用机制与克拉屈滨和氟达屈滨相似，克拉屈滨通过抑制核苷酸还原酶起作用，氟达拉滨则可以抑制DNA聚合酶α；而用人类和鼠类的白血病细胞进行的试验研究证实，氯法拉滨将克拉屈滨和氟达屈滨的作用集于一体，其经脱氧胞苷激酶磷酸化为三磷酸盐后，首先能有效抑制核苷酸还原酶，使DNA合成终止；而且也能抑制DNA聚合酶α，使DNA链不再延长。氯法拉滨能更有效地被脱氧胞苷激酶磷酸化，而且在人类白血病细胞中的消除更慢，因此具有更好的细胞毒性（厉颖，2007）。

氯法拉滨被细胞中的脱氧胞苷激酶代谢为其单、双和三磷酸盐形式，在人类CLL细胞中，其单磷酸和三磷酸形式占大多数，具有活性的三磷酸代谢物达峰值的时间为2小时，均值在2～4小时。用成年雄性SD大鼠进行的动物体内药代动力学研究表明，用药剂量与其消除速率有关，静脉注射10 mg/kg氯法拉滨后，药物的清除速度为2.1 L/(h·kg)；而静脉注射25mg/kg后，清除速度降为1.5L/(h·kg)，这可能是由于代谢饱和之故。药物在两种剂量下的半衰期分别是1.35小时和1.84小时，分布容积分别为3.6 L/kg（10 mg）和3.2 L/kg（25 mg）。本品的口服生物利用度在50%左右。氯法拉滨在鼠的离体肝组织中的消除速率较慢，首过代谢与克拉屈滨相似，大约为50%。本品从胆汁中以原型排泄的量小于剂量的1%。

本品对P450酶系的诱导或抑制作用尚无研究，体外研究表明，P450酶系抑制剂或激动剂对本品代谢物无影响（Bonate等，2005；Jeha等，2004）。

【用途】

（1）2004年FDA批准治疗儿童顽固性和复发急性淋巴细胞白血病（Jeha等，2009；Jeha等，2006）。

（2）难治/复发急性髓性白血病（Tse等，2011）、骨髓增生异常综合征（Tiu等，2011）、慢性粒细胞白血病急变期（Cortes等，2003）。

（3）成人难治/复发急性淋巴细胞白血病（McGregor等，2009）。

（4）实体瘤（乳腺癌、结肠癌、前列腺癌）（Kantarjian等，2003）。

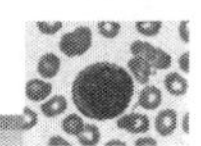

（5）难治/复发慢性淋巴细胞白血病（Gandhi 等，2006）。

（6）异基因 HSCT 预处理方案（MDS 和急性髓性白血病）（Farag 等，2011）。

（7）复发、难治、进展期非霍奇金淋巴瘤（Nabhan 等，2010）。

（8）难治性朗格汉斯细胞组织细胞增生症（Rodriguez-Galindo 等，2008）。

【用法与剂量】

（1）难治/复发急性淋巴细胞白血病：先前至少接受过 2 种治疗方案的患者（年龄在 1～21 岁），每天 52mg/(m^2 · d)，持续静脉滴注 2 小时，连续 5 天；待器官功能恢复或返回基线水平后，每 2～6 周重复治疗 1 次。

（2）难治/复发急性髓性白血病、骨髓增生异常综合征、慢性粒细胞白血病急变期：40 mg/m^2 持续静脉滴注 1 小时，4 小时之后阿糖胞苷 1 g/(m^2 · d）持续静脉滴注 2 小时，连续 5 天。

（3）成人难治/复发急性淋巴细胞白血病：52mg/(m^2 · d)，连续 5 天。

（4）实体瘤：2 mg/m^2 持续滴注 1 小时，连续 5 天。

（5）慢性淋巴细胞白血病：3 或 4 mg/(m^2 · d)，持续静脉滴注 1 小时，连续 5 天。

（6）复发、难治、进展期非霍奇金淋巴瘤：40 mg/(m^2 · d)，连续 5 天，28 天为 1 个周期，连续 1～2 周期。

（7）异基因 HSCT 预处理方案（MDS 或急性髓性白血病）：40 mg/(m^2 · d)，连续 5 天（－6～－2 天），联合阿糖胞苷 1 g/(m^2 · d)，连续 5 天（－6～－2 天），ATG 1 mg/(kg · d)，第－4 天，ATG 2.5 mg/kg，连续 2 天（－3～－2 天）。

（8）难治性朗格汉斯细胞组织细胞增生症：25～30mg/(m^2 · d）持续静脉滴注 2 小时，连续 5 天。

【副作用与注意事项】 静脉滴注本品最常见的不良反应为胃肠道症状，包括恶心、呕吐和腹泻。对血液学方面的影响，包括贫血、白细胞减少、血小板减少、中性粒细胞减少及中性粒细胞减少合并发热及感染症状。在治疗期间，应对患者进行密切的血液学监测，治疗前和治疗期间应接受肝功能和肾功能评估。

在儿童Ⅱ期临床试验中，15％以上的患者出现发热伴中性粒细胞减少、厌食症、低血压、恶心、发热和中性粒细胞减少症等不良反应。常见的实验室异常为低血钾（46％）、转氨酶升高、高胆红素血症（16％）、低磷酸盐血症（15％）。69％的患者出现 3 级以上感染。

在成人Ⅱ期临床研究中，较常见的不良反应为短暂的肝功能异常、皮疹和黏膜炎。尽管 3 级和 4 级肝功能异常较为常见，多于用药 1 周后发生，但症状维持时间短暂，在用药后 10～15 天内消失。81％的患者出现骨髓抑制并发症，包括 31％的原因不明的发热和 50％的感染导致的发热。

（卢岳撰写，吴彤审校）

阿糖胞苷

cytosine arabinoside（Ara-C）

【药物】 阿糖胞苷不存在于自然界，为合成的核苷。本品为盐酸阿糖胞苷的无菌冻干品。其盐酸盐为白色针状结晶或结晶性粉末，无臭，极易溶于水，略溶于乙醇，几乎不溶于乙醚。

【药理与药代动力学】 Ara-C 是嘧啶类似物。静脉给药后，Ara-C 迅速在系统池中脱氨基成为无活性的阿糖尿苷（Ara-U），同时，Ara-C 也被快速转运到细胞中，经三步磷酸化过程向具有生物活性的 Ara-CTP 转化，其中脱氧胞嘧啶激酶是此过程的限速酶（叶启东等，2003；Peters 等，1988）。Ara-CTP 掺入到 DNA 的核苷酸链中，阻止链的延长、引起链的断裂和影响链的复制，从而抑制肿瘤细胞的增殖。

Ara-C 进入细胞有两种方式，在大剂量 Ara-C 化疗血浆浓度达 15～20μmol/L 时通过简单扩散进入细胞内，而用标准剂量 Ara-C（100～200 mg/m^2）化疗，血浆浓度<1μmol/L时通过细胞膜上的核苷载体系统易化扩散（Peters 等，1988）。Ara-C 透过血脑屏障有限，但因脑脊液中脱氨酶活性较低，HD-Ara-C 静脉用药后，CSF 浓度为血浆的20%～50%，故 HD-Ara-C 化疗时 CSF 中的 Ara-C 可维持有效的抗肿瘤水平（叶启东等，2003）。

此外，Ara-C 对某些 DNA 和 RNA 病毒有抑制作用，如单纯疱疹病毒、牛痘病毒、带状疱疹病毒、波尔纳病病毒（Kufe 等，1984；Babiuk 等，1975；吴思泽等，1987；Bajramovic 等，2002）。Ara-C 曾用于疱疹病毒型脑炎及滴眼治疗疱疹型角膜炎，因毒性和刺激性较大，现主要用于白血病的治疗（杨道锋等，2001）。

Ara-C 口服吸收率小于 20%，又极易在胃肠道黏膜及肝脏的脱氨酶作用下脱氨而失去活性，故不宜口服。可采用静脉、皮下及肌内注射，也可用于鞘内注射。静脉注射后广泛分布于体液、组织及细胞内。静脉给药时，半衰期 α 相为 10～15 分钟，β 相为 2～2.5 小时；鞘内给药时，半衰期可延至 11 小时。

【用途】 主要用于急性白血病的诱导及诱导后巩固维持治疗，也可用于治疗 CML 和恶性淋巴瘤。多与其他抗肿瘤药物联合应用，如 DA 方案（阿糖胞苷＋柔红霉素）等。应用剂量上有小剂量、常规剂量和中/大剂量之分。小剂量用法主要用于低增生性急性白血病、老年性白血病等。中/大剂量用法多用于难治/复发病例、髓外肿瘤的防治和缓解病例的强化治疗。鞘内注射可用于防治中枢神经系统肿瘤。在 HSCT 的预处理方案中应用有助于清除髓外病变，并有一定程度的抗病毒作用。

在一定范围内，Ara-C 浓度越高，转化为活性形式的 Ara-CTP 越多，抑制 DNA 合成的作用越大，而 10μmol/L 的血浆 Ara-C 浓度可使磷酸化酶饱和，0.5g/m^2 输注 1 小时便可达此浓度（张凤奎等，1991）。虽如此，由于每个人体内核苷与酶的水平均不相同，造成了 Ara-C 的药物代谢存在较大的个体差异。研究显示，在 Ara-C 有效与 Ara-C 无效患者之间，Ara-C 的代谢有着极为显著的差异。因为较大剂量的 Ara-C：①克服了膜转运障碍，使细胞内 Ara-CTP 积聚达最大速率；②通过高浓度的 Ara-U 竞争抑制胞苷脱氨酶，提高 Ara-C 的自我增强作用；③全身药物浓度提高致药物庇护所的渗入（Peters 等，1988；陆虹旻等，2001），因此可用于克服对标准剂量 Ara-C 的抗药性。

但采用大剂量 Ara-C 时，要考虑对正常脏器的毒性。一般大剂量 Ara-C 的剂量不应超过 3g/m^2，因为剂量渐升至 4.5g/m^2 时，不能增加抗白血病效果，而中枢神经系统和胃肠道毒性显著增加（Peters 等，1988）。目前大剂量 Ara-C 已经成为年轻 AML 患者的标准强化治疗（Fernandez，2010）。

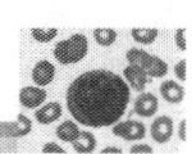

HD-Ara-C一般主张静脉滴注时间以1～3小时为宜，过短容易被迅速清除，影响疗效，当按3g/m^{2}投药时，大约需要45分钟才能达到稳定状态，而时间过长则会增加非造血系统的损害（王景明等，1991）。

【用法与剂量】

（1）化疗：小剂量阿糖胞苷，剂量为一次按体表面积10mg/m^2，皮下注射，每天2次，以14～21天为1个疗程。

常规剂量：持续静脉滴注，100 mg/(m^2 · d)×7d或100 mg/(m^2 · d)，q12h，7d。

中剂量阿糖胞苷疗法：每次0.5～1g/m^2，静脉滴注1～3小时，每12小时1次，2～6天为1个疗程。

大剂量阿糖胞苷疗法：每次2～3g/m^2，用法同中剂量方案。

鞘内注射：5～75 mg/m^2，最常用的剂量是30 mg/m^2，应用频率从每天注射到每4天注射1次不等，联用地塞米松5mg以减轻对脑膜的刺激作用，可同时连用MTX。

在NCCN指南中，对年龄为60岁以下、既往无血液病史的AML推荐的3+7诱导方案为：Ara-C持续静脉滴注100～200mg/(m^2 · d)×7d，去甲氧柔红霉素12mg/m^2×3d或柔红霉素60～90mg/m^2×3d；以大剂量Ara-C为基础的诱导方案为Ara-C 2～3g/m^2，q12h，3d，去甲氧柔红霉素12mg/m^2×3d或柔红霉素45～60mg/m^2×3d。诱导后治疗采用Ara-C 1.5～3g/m^2，q12h，d1、d3、d5，CI＝3h。年龄≥60岁的诱导方案为：Ara-C持续静脉滴注100～200mg/(m^2 · d)×7d，去甲氧柔红霉素12mg/m^2×3d或柔红霉素45～60mg/m^2×3d，诱导后治疗可采用Ara-C 1～1.5g/(m^2 · d)×(4～6)剂。

AML治疗中以Ara-C为基础加蒽环或蒽醌类药物的标准3+7方案，在初始诱导缓解率为50%～75%。荟萃分析显示，在初始诱导方案中增加Ara-C的剂量，即100 mg/(m^2 · d)或200mg/(m^2 · d)×7d增加到在4～6天内给总量为18～24g/m^2，大剂量组和标准剂量组相比，虽然非复发生存率提高，但是OS率并无提高（Fernandez，2010）。

（2）HSCT：预处理方案有BACT（BCNU/Ara-C/环磷酰胺/硫鸟嘌呤）、AC/TBI（Ara-C/全身照射）等。根据方案设计不同，累计剂量从800mg/m^{2}到36g/m^{2}不等（Gratwohl，2008）。

【副作用与注意事项】 造血系统毒性为骨髓抑制。非血液毒性为胃肠道反应、肝脏、神经系统、心脏、肾脏、肺脏等脏器损害。可出现结膜炎、过敏反应。鞘内注射可引起头痛、下肢瘫痪等。

大剂量时可引起肺水肿、急性呼吸窘迫综合征、中枢神经系统功能紊乱（如昏迷、性格改变）、心脏毒性等致死性并发症。

非心源性肺水肿是Ara-C治疗的可能并发症，表现为急性呼吸衰竭伴肺部弥漫性改变，在排除其他弥漫性肺病时可诊断为Ara-C肺（Peters等，1988）。

大剂量Ara-C治疗的中枢神经系统毒性可分为：大脑征如头痛、嗜睡、淡漠、注意力不集中和惊厥；小脑征如共济失调、发音困难、眼球震颤等。一般开始于用Ara-C后第6～8天，持续7～77天。中枢神经系统异常可能是剂量依赖性的，累计剂量达24g/m^{2}时无中枢神经系统并发症，达48g/m^{2}时见可逆性的中枢神经征，>48g/m^{2}致不可逆的中枢神经系统功能不全甚至死亡（Peters等，1988）。

几乎所有非造血系统毒副作用均可加皮质类固醇而减轻，减轻角膜-结膜炎，减轻呕吐、腹泻、脉管炎，降低神经系统毒性的发生（王景明等，1991）。

需要注意的是采用大剂量给药或者鞘内注射用药，稀释液中应不含防腐剂，应采用0.9%氯化钠溶液溶解。

（曹星玉撰写，吴彤审校）

杂氮胞苷

azacytidine

（别名：vidaza，azaciti-dine、阿扎胞苷）

【药物】 本品为一种胞嘧啶核苷类药物。于2004年5月19日被FDA批准上市，是用于治疗骨髓发育不良综合征的处方药。本品为白色、类白色固体，可溶于二甲基亚砜，微溶于乙醇：水（50：50）、丙二醇、聚乙二醇；略溶于水、饱和辛醇水溶液、5%葡萄糖注射液、*N*-甲基-2-吡咯烷酮、0.09%氯化钠注射液和5%聚山梨酯水溶液；不溶于丙酮、乙醇和甲基乙酮。每小瓶冻干粉末含100mg本品和100mg甘露醇，储存于25℃。短途运输时温度应控制在15～30℃（Müller等，2010）。

【药理和药代动力学】 杂氮胞苷通过减少甲基化过程和对骨髓异常造血细胞产生直接的细胞毒性，而发挥其抗肿瘤作用。体外研究表明，本品在最大程度抑制甲基化的浓度时，不会严重阻碍合成。甲基化过低现象可以使与细胞分化和增殖密切相关的基因恢复正常功能。而本品的细胞毒作用可引起快速增殖细胞的死亡，包括那些失去正常机制控制的癌细胞，而非增殖细胞对本品则相对不敏感（Siddiqui等，2005）。

本品经皮给药可快速吸收，皮下注射单剂量（75mg/m^2）后，血浆峰浓度0.5小时内达到（750±403）ng/ml，吸收迅速，清除率为（167±49）L/h，半衰期为（41±8）分钟。静脉注射相同剂量本品后得到的分布容积为（76±26）L，皮下注射与静脉注射的生物利用度为89%。

本品可能经肝脏代谢，是否受微粒体酶抑制剂和诱导剂的影响未知。本品在体外的浓度为1～100μmol/L时不会诱导CYP1A2、2C19和3A4/5，对细胞色素P450酶抑制剂的可能性未知（Tsao，2007）。

【用途】 本品适合治疗FAB分型中MDS的任何亚型（Silverman等，2011；Santini等，2009；Sullivan等，2005）；AML（Edlin等，2010）；CML加速期及急变期（Costa等，2011）；顽固性多发性硬化（王彩娟等，2006）；实体瘤如乳腺癌、卵巢癌、结肠癌、肺癌、前列腺癌等（Lin等，2009）。

【用法与剂量】

（1）骨髓增生异常综合征：75mg/m^2连续7天，4周1个疗程。

（2）AML：在治疗急性髓系白血病中，5-杂氮胞苷的使用剂量似乎没有那么重要，而持续时间和治疗方法颇为重要，持续静脉内输注5天比2天好，治疗剂量宜在100～400mg/m^2。

（3）CML加速期及急变期：5-杂氮胞苷150mg/m^2联合依托泊苷75 mg/m^2，连续5天；或5-杂氮胞苷150mg/m^2联合米托蒽醌12 mg/m^2，连续5天。

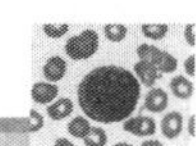

（4）实体瘤：225～800mg/m^2 剂量不等。

【副作用与注意事项】

（1）本品的严重毒性不良反应是骨髓抑制，表现为血小板减少、中性粒细胞减少和贫血。因此，使用前及过程当中要监测血象。

（2）常见的不良反应有胃肠道症状（恶心、呕吐、腹泻、便秘和厌食）、体质性不良反应（疲劳、虚弱、发热和寒战）、肌肉骨骼系统症状（关节痛和肢体疼痛）、肺部不适（咳嗽和呼吸困难）及皮肤和软组织表现（ 瘀斑、出疹和红斑）。

（3）少见血清肌酐增高、肾衰竭、肾小管酸中毒、低血钾症、肝性脑病、呼吸困难、寒战、肢体疼痛、背痛、咽炎、水肿、胸痛、腹痛、焦虑。因此，应用过程中要监测肝肾功能。

（4）该药是否从乳汁中排泄尚不清楚，接受本品治疗的妇女不宜进行哺乳。动物实验证明本品可致肿瘤、死胎，孕妇使用本品时胎儿可能受到伤害。使用本品期间，建议妇女避免怀孕。因本品会影响精子的活力，男性患者也应采取避孕措施。

（5）本品溶解后必须在 1 小时内使用。如果不立即使用，则应放入冰箱 2～8℃冷藏，冷藏时间不超过 8 小时。从冰箱取出后在室温放置 30 分钟方可使用。为了避免混悬液在注射器内沉积，注射前应将注射器轻摇 30 秒。

（卢岳撰写，吴彤审校）

地 西 他 滨

decitabine

（别名：dacogen，decitabinum，5-Aza-z-deoxycytidine）

【药物】 5-氮杂-2′-脱氧胞苷酸，属于天然核苷 2′-脱氧胞苷类似物。1964 年由 Pliml 和 Sorm 首次合成。地西他滨微溶于乙醇∶水（50∶50）、甲醇∶水（50∶50）、甲醇，略溶于水，溶于二甲基亚砜（DMSO）。

【药理与药代动力学】 药物可分布于脑脊液，脑膜白血病患者中脑脊液浓度为相应稳态血药浓度的 20%，药物在肝脏通过胞苷脱氨酶脱氨基作用代谢，清除半衰期为 8～30 分钟，是 S 期细胞周期特异性药物。人体中的地西他滨准确代谢和消除途径机制尚未研究明确，在肝脏、粒细胞、肠的上皮组织中，地西他滨通过二磷胆碱的脱氨作用而消除，但这仅仅是一种可能的途径（Lemaire 等，2008；Momparler 等，2005）。

去甲基化药物可活化肿瘤细胞抑癌基因，增强分化基因等调控基因的表达，可达到治疗 MDS 的目的。地西他滨被磷酸化后，发挥其抗肿瘤作用。它直接作用于 DNA，抑制 DNA 甲基转移酶，从而使 DNA 低甲基化，细胞分化、死亡。它可导致肿瘤细胞去甲基化，可以恢复基因的正常功能，这对于控制细胞的分化和增殖是非常重要的。但非增殖性细胞对地西他滨不敏感（Stresemann 等，2008；Momparler 等，1997）。

【用途】

（1）主要治疗 MDS：适合于包括所有 FAB 分型的已接受治疗和未接受治疗、新发病和继发性的 MDS 患者，以及按 IPSS 系统分为高危险、中度 2 级危险、中度 1 级危险的 MDS 患者（Lübbert 等，2011）。

（2）联合格列卫治疗加速期或急变期 CML（Oki 等，2007）。

（3）联合阿糖胞苷及去甲氧柔红霉素（Scandura 等，2011）或联合丙戊酸钠（Blum 等，2007）治疗急性髓性白血病。

（4）联合白消安和环磷酰胺用于异基因 HSCT 预处理方案（de Lima 等，2003）。

（5）联合其他抗肿瘤药物例如顺铂治疗实体瘤（非小细胞肺癌、前列腺癌、卵巢癌、乳腺癌、胃肠道肿瘤、胰腺癌、大肠癌、肾母细胞瘤、肾腺癌、睾丸癌、头颈部肿瘤）（Stathis 等，2011）。

【用法与剂量】

（1）MDS：第一治疗周期的推荐剂量为静脉注射地西他滨 15 mg/m^2，持续输注 3 小时，间隔 8 小时重复 1 次，连续 3 天。患者须提前服用止吐剂。此疗程每 6 周重复 1 次。患者最少应经过 4 个疗程，直到病情得到控制与好转。

（2）急性髓性白血病：20mg/(m^2 · d) 连续 10 天联合丙戊酸钠 20～25mg/(kg · d) 连续 16 天或 20 mg/m^2 连续 5 天之后，接阿糖胞苷 100mg/m^2（d1～d7）和去甲氧柔红霉素 60mg/m^2（d1～d3）。

（3）慢性髓性白血病加速期和急变期：15mg/(m^2 · d)，每周 5 天，连续 2 周。伊马替尼 600mg/d。

（4）异基因 HSCT 预处理方案：100mg/m^2，每 12 小时 1 次，共 4 次，－8～－7 天（总量 400mg/m^2），或 150mg/m^2，每 12 小时 1 次，共 4 次，－8～－7 天（总量 600mg/m^2），或 200mg/m^2，每 12 小时 1 次，共 4 次，－8～－7 天（总量 800mg/m^2），联合白消安 1mg/kg，q6h，－6～－4 天，环磷酰胺总量 100～120mg/kg，－3～－2 天。

（5）实体瘤：200～600mg/m^2，持续输注 8 小时，每 5～6 周 1 次。

【副作用与注意事项】 可出现恶心与呕吐（发生率达 50%，偶为剂量限制性），少见黏膜炎、腹泻，以上症状常为轻至中度；可见剂量限制性的骨髓抑制、白细胞减少、中性粒细胞减少及血小板减少；少见脱发，罕见心肌梗死和急性心力衰竭、肾毒性；偶见乏力的报道。

（卢岳撰写，吴彤审校）

奈　拉　滨

nelarabine

【药物】 奈拉滨化学名称：2-氨基-9-β-*D*-阿糖呋喃糖腺嘌呤-6-甲氧基-9H-嘌呤，为 9-β-*D*-阿糖呋喃糖鸟嘌呤（Ara-G）的前药，2005 年 10 月美国 FDA 通过加快审批程序批准上市，用于治疗儿童和成人至少两种治疗方案无效或治疗后复发的 T-ALL 和 T 淋巴细胞淋巴母细胞性淋巴瘤（T-LBL）（Roecker 等，2010）。为无色澄清透明的灭菌氯化钠水溶液，仅供静脉输注用。

【药理与药代动力学】 奈拉滨在体内被腺苷脱氨酶催化，脱甲氧基成为 Ara-G，1 分子当量的奈拉滨转化为 1 分子当量的 Ara-G。Ara-G 被嘌呤核苷磷酸化酶（PNP）代谢为鸟嘌呤，鸟嘌呤通过脱氨基作用转化为黄嘌呤，后者氧化为尿酸。而在细胞内 Ara-G 经磷酸化生成活性形式 Ara-GTP，Ara-GTP 在白血病细胞中与脱氧核糖竞争整合到 DNA，抑

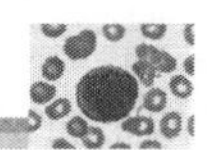

制 DNA 合成，从而导致细胞死亡。与其他类型的白血病细胞相比 Ara-GTP 在 T 淋巴白血病细胞中更容易蓄积和保存（Roecker 等，2010）。

1500mg/m^2 剂量给药后，奈拉滨和 Ara-G 在血浆中消除迅速，其 $t_{1/2}$分别为 30 分钟和 180 分钟。当奈拉滨静脉输注结束时，血浆中 Ara-G 达到 C_{max}，而且普遍高于奈拉滨原型药物的 C_{max}，细胞内 Ara-GTP 的平均 C_{max}大约出现在给药后 3～25 小时，AUC 分别比奈拉滨和 Ara-G 约高 532 倍和 14 倍。由于细胞内 Ara-GTP 转化的滞后性而导致其半衰期无法准确地评估。

当与氟达拉滨合用时，可以提高白血病细胞内 Ara-GTP 的浓度（Roecker 等，2010）。

【用途】 用于治疗至少两种治疗方案无效或治疗后复发的 T-ALL 和 T-LBL。

儿童临床试验：COGP9673（Children's Oncology Group）研究年龄为 2.5～21.7 岁，难治/复发的 T-ALL 或者 T-LBL，共 84 例患者，其中 39 例曾接受过 2 个或 2 个以上的诱导治疗，奈拉滨的剂量为 650mg/(m^2 · d)×5d，每 21 天为 1 个疗程，39 例患者中 23%获得了缓解，获得缓解的平均时间为 3.4 周。

成人临床试验：CALGB 进行的成人实验中 28 例患者是至少 2 个诱导治疗无效或复发，每 21 天应用 1500 mg/m^2，分别在 d1、d3、d5 应用，每 21 天重复，完全缓解率为 21%，达到缓解的时间为 2.9～11.7 周。

【用法与剂量】

成人推荐剂量 1500 mg/m^2，静脉输注 2 小时，21 天为 1 个疗程，在第 1、3、5 天给药。

儿童推荐剂量为 650mg/m^2，静脉输注 1 小时，21 天为 1 个疗程，连续输注 5 天。

【副作用与注意事项】 本品主要副作用为神经系统不良反应，在Ⅰ期和Ⅱ期临床研究中，64%的患者出现神经系统副作用，包括嗜睡、共济失调、感觉异常、昏迷、癫痫持续状态、脑脊髓脱髓鞘等。在奈拉滨使用前或者与奈拉滨同时接受鞘内注射或者颅脊髓放疗治疗的患者神经系统并发症增加。其他常见副作用有贫血，中性粒细胞与血小板数量降低。

（曹星玉撰写，吴彤审校）

羟 基 脲

hydroxycarbamide

【药物】 羟基脲是无味的白色晶体状粉末。

【药理与药代动力学】 本药为细胞周期特异性抗肿瘤药，主要作用于 S 期细胞。为二磷酸核苷还原酶抑制剂，通过阻止核苷酸还原为脱氧核苷酸而起作用，故选择性地抑制 DNA 的合成，对 RNA 及蛋白质的合成无抑制作用。

可使细胞周期的其他细胞停留在 G_1/S 边界，而导致癌细胞部分同步化，由于 G_1 晚期细胞对放射治疗敏感，本品联合放射治疗可起增敏作用。

羟基脲可以激活 γ 基因。具有诱导镰状细胞贫血患者产生胎儿血红蛋白，部分替代异常血红蛋白的作用。减少地中海贫血中 α 链的聚集，减轻溶血，减少输血依赖，可应用在

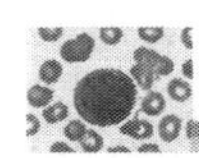

β地中海贫血（Bradai等，2003；Arruds等，1997）。

因为羟基脲降低了细胞内的脱氧核糖核酸池，与双脱氧腺苷等核苷类似物等抗HIV病毒药有协同抗HIV病毒作用（Lori等，2000；Lisziewicz等，2003）。

本药口服吸收较快，2小时后血药浓度达高峰，在体内广泛分布，可在白细胞和红细胞中浓集。可透过血-脑脊液屏障。主要在肝内代谢，半衰期为3～4小时，由尿液排出，4小时内可排出60%，12小时内可排出80%。

【用途】 可用于CML，真性红细胞增多症、特发性血小板增多症等MPN。对骨髓干细胞影响小，避免了应用白消安时可能出现的延迟性的血细胞减少症，对血象抑制恢复快，有容易掌握剂量的优点。相对白消安而言，转化为急性白血病的发生率降低。对黑色素瘤、肾癌、头颈部癌有一定疗效，与放疗联合对头颈部及宫颈鳞癌有效。

另外，因有使细胞停留在G_1/S期的作用，可在化疗前提前给予，增加对其他药物的敏感性。为潜在的放疗增敏剂。

还可用于镰状细胞贫血、β地中海贫血及抗HIV病毒的治疗。

【用法与剂量】

1. 抗肿瘤 实体瘤：间歇给药法，每3天80 mg/kg单剂量口服。持续给药法，每天口服20～30mg/kg。当与放疗同时应用于头颈部肿瘤时，每3天80 mg/kg单剂量口服在放疗开始前至少7天开始应用，并在放疗期间继续应用。

MPN：应用于CML时，20～30mg/kg，每天1次或分次给药，当白细胞降至10×10^9/L以下时，减量为每天20mg/kg维持治疗。真性红细胞增多症、原发性血小板增多症剂量参见CML，根据血象调整具体用量。

急性白血病：对白细胞计数高者，一次50～70mg/kg，每天1次，通常给药2～3天，白细胞明显成倍下降时尽早开始联合化疗。

2. β地中海贫血 Bradai（2003）等采用15～20 mg/(kg・d)的剂量治疗7例输血依赖的重度β地中海贫血患儿，中位随访时间19个月，均脱离输注（Bradai等，2003）。

3. 镰状细胞贫血 Lima（1997）等研究显示，当应用于镰状细胞贫血时，羟基脲剂量采用15 mg/(kg・d)时，HBF明显升高，当剂量升至20 mg/(kg・d)时，HBF也有所升高，但中性粒细胞和网织红细胞较剂量为15 mg/(kg・d)时明显下降（Lima等，1997）。对一组299例镰状细胞贫血患者的随机对照研究中，9年的随访期间，羟基脲组死亡率比对照组降低40%（Martin等，2003）。

4. 抑制HIV病毒复制 600mg/d耐受性好，获得了良好的抗病毒作用，不良反应少（Lisziewicz等，2003）。

【副作用与注意事项】 骨髓抑制、恶心、呕吐等消化系统反应，斑丘疹、皮肤溃疡、红斑、色素沉着等皮肤反应。偶见头痛、头晕、嗜睡、幻觉、惊厥等神经系统反应。可见血尿酸、尿素氮、肌酸酐暂时性升高。偶见排尿疼痛。

（曹星玉撰写，吴彤审校）

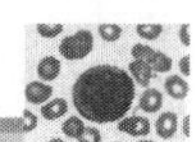

三、蒽环类与蒽醌类

抗肿瘤抗生素的研究始于 20 世纪 40 年代，目前用于抗白血病治疗的主要包括蒽环类与蒽醌类药物，其化学结构见图 27-3。

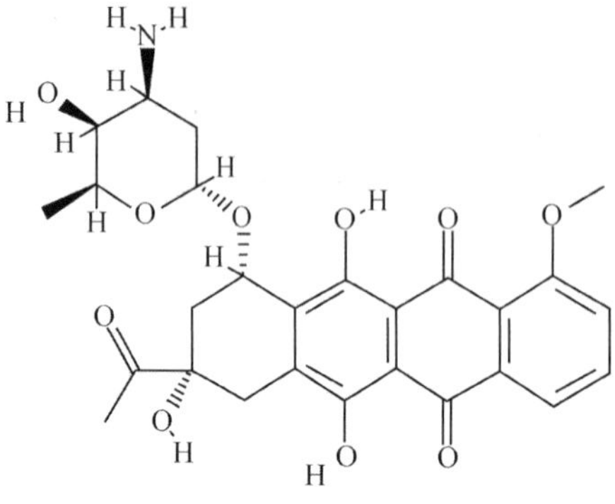

柔红霉素

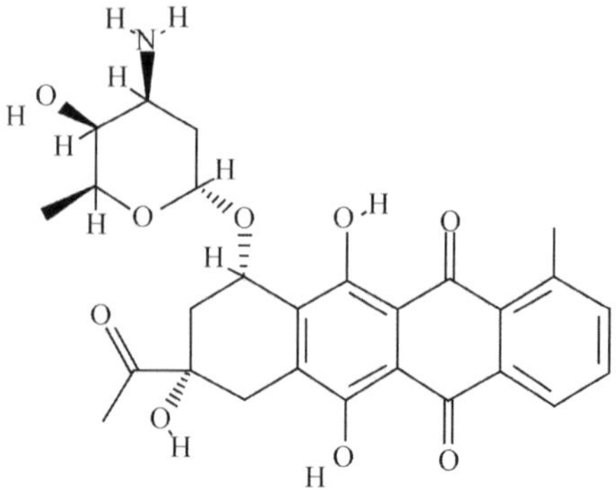

去甲氧柔红霉素

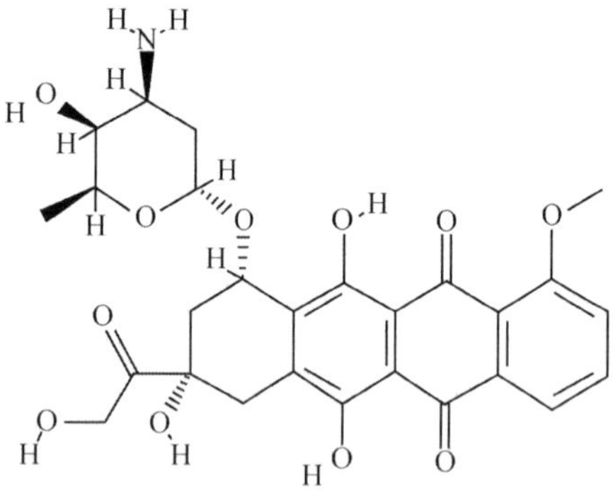

多柔比星

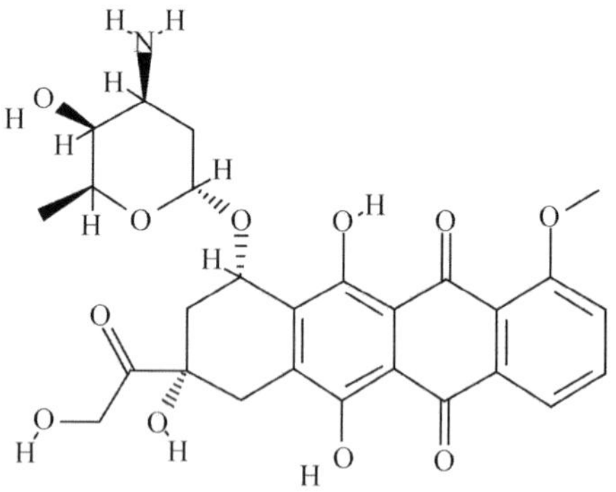

表柔比星

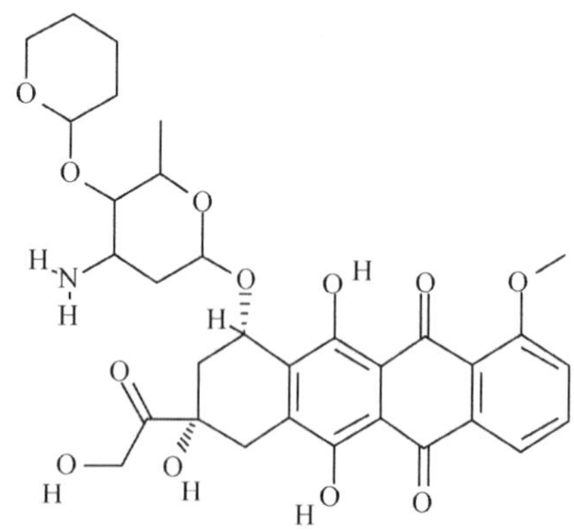

吡柔比星

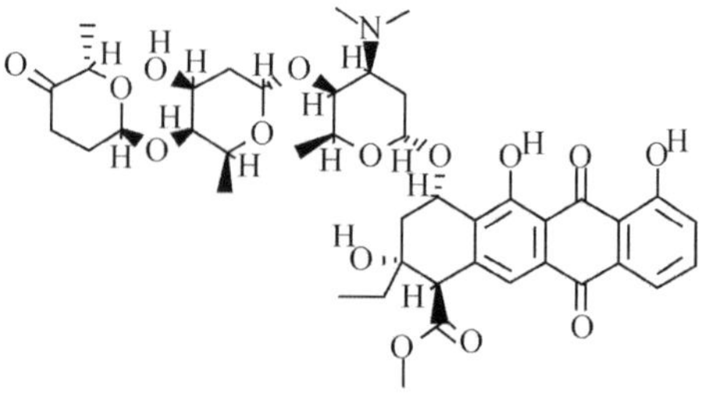

阿克拉霉素

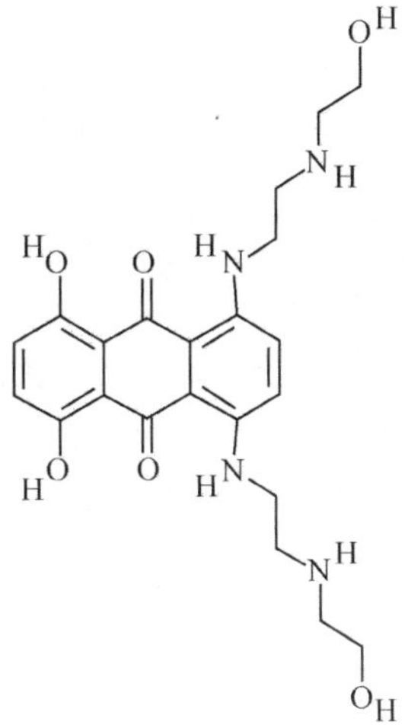

米托蒽醌

图 27-3 蒽环类的化学结构

柔红霉素

daunorubicin

（别名：红比霉素，柔毛霉素，正定霉素，daunomycin，rubidomycin，DNR）

【药物】 本品为从 *Streptomyces peucetinst* 提取的一种抗生素，是从我国河北正定县土壤中得到的放线菌菌株提取多柔比星同类物质，故亦名正定霉素。其盐酸盐为橙红色针状结晶或结晶性粉末，易溶于水、甲醇，不溶于乙醚、氯仿、丙酮、苯，其水溶液相当稳定，在0℃或37℃保存3周其活力不变，避光密闭保存。

【药理与药代动力学】 本品与多柔比星（ADM）都具有一个蒽环平面，可通过它嵌合于DNA碱基对之间并紧密地结合到DNA上，因而使核酸中含有相当高浓度的药物，这种嵌合可导致DNA空间结构的障碍，从而抑制DNA及DNA依赖的RNA合成，对RNA的影响尤为明显，并可选择性作用于嘌呤核苷。本品虽为细胞周期非特异性药物，对增殖细胞各期均有杀伤作用，但对 G_2 的作用更为显著（Elliott 等，2006；Sweetman 等，2007）。

本品口服不吸收，静脉注射后40～45分钟即在肝内代谢成具有抗癌活性的柔红霉素醇（daunorubici-nol），并与本品原型一起分布至全身各组织，在骨髓、肠道、血细胞内分布较多，其次为心、肝、肾，在淋巴腺和骨髓内最高浓度可维持8～24小时，但不能透过血脑屏障。药物通过主动转运进入细胞，细胞对药物主动转运的抑制是造成耐药的主要原因。本品的排泄缓慢，血药浓度持续时间较长，血中半衰期为30～50小时。药物主要在肝内代谢成羟化的与结合的代谢物，其中在肝内代谢成的多柔比星配基主要从胆汁中排出，通过胆汁外排是其主要消除方式，仅有5%～15%从尿中排泄，给药后3天患者尿呈橘红色（陈新谦等，2007）。

【用途】 本品主要用于AML、ALL、CML、恶性淋巴瘤及亚急性髓系各种肿瘤，包

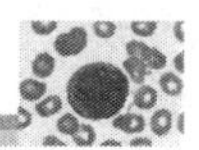

括 MDS。DA 方案和 VDLP 方案为 AML、ALL 化疗的标准诱导缓解方案，缓解率各家报告不一。

【用法与剂量】 静脉注射、静脉滴注。使用前每支加 10ml 注射用生理盐水溶解，静脉滴注用 0.9%氯化钠注射液 250ml 溶解后滴注，1 小时内滴完。成人常用量为每次按体表面积 30～40mg/m²，每 3～4 周连用 2～3 天，老年人酌减。小儿用量为每次按体表面积 20mg/m²，每周 1 次，2 岁以下幼儿及体表面积小于 0.5m² 者，其剂量应以体重为准，每次按体重 0.5～1mg/kg，连用 2～3 次或每周 1 次，用 3～4 周（中华儿科杂志编辑委员会，2006；Kremer 等，2001）。联合化疗时每次剂量酌减至单用常规量的 2/3。血清胆红素在 1.2～3mg/100ml 时用 3/4 量，大于 3mg/100ml 时仅能用半量。

【副作用与注意事项】

（1）骨髓抑制：可出现全血细胞减少，如出现口腔溃疡（此反应多在骨髓毒性之前出现），应停药。

（2）胃肠道反应：包括食欲缺乏、恶心、呕吐、腹痛等。

（3）心脏毒性，可引起心肌损害、心电图异常、心律失常，严重者可引起心力衰竭。目前认为，DNR 所致的心脏损害与其用量及累计量有关，静脉注射太快时也可出现心律失常。柔红霉素累计量不得大于 360mg/m²，以避免不可逆性的心肌损害，但有报道柔红霉素累计量 120～240mg/m² 时左室舒张功能（LVDF）即有显著变化，随着 DNR 累计量增加，左室收缩功能（LVSF）也发生变化（Rhoden 等，1993），儿童最大累计量则为 120～240mg/m²，2 岁以下为 10mg/kg（李萍等，2008；翟莺莺等，2005；Johnson 等，1996）。

（4）漏出血管外可致局部静脉炎、坏死。

（5）其他：脱发、过敏等，用药后 72 小时内尿色可呈红色，但无特殊临床意义。

（赵杰撰写，吴彤审校）

去甲氧柔红霉素

idarubicin

（别名：依达比星，依达霉素，idamycin，IDA）

【药物】 IDA 是柔红霉素（DNR）的衍生物，是一种新的蒽环类抗生素，具有疗效高、心脏毒性低且可口服等优点。本品为橘红色结晶性粉末，在甲醇中完全溶解，水中少量溶解，在丙酮中不溶解，在肝素中会产生沉淀，在碱性溶液中降解，与肝素合用会产生沉淀，须密闭保存（吕焕章等，1993）。

【药理与药代动力学】 IDA 作用机制是嵌入 DNA 双链的碱基之间，抑制 DNA 链的延伸、复制和转录，最终导致细胞死亡。此外，IDA 尚可影响拓扑异构酶Ⅱ的活性，至 DNA 裂解（Buchner 等，1992）。

IDA 与 DNR 不同的是 C4 位上没有甲氧基，DNR 配基 D 环上的甲氧基被氢原子取代后即形成 IDA，这种简单的结构变化使 IDA 亲脂性增强，半衰期延长，肠黏膜吸收增加，肿瘤细胞对药物摄取率增加，提高了细胞毒作用（Flasshove M 等，2000）。由于 IDA 对类脂的亲合力更强，能更快、更易穿透细胞膜，使白血病细胞 DNA 断裂的片段更小，它在细胞内的浓度明显高于血浆的浓度，在骨髓和血细胞中的浓度比血浆中高400、200倍，因此它比DNR或多柔比星（ADM）有更强的杀伤白血病细胞的作用，并不易产生获得性耐药，它与其他蒽环类抗肿瘤药物也无交叉耐药（Berman等，1991；Chen等，1996；Teshihiro等，1993）。

IDA口服后快速吸收，5分钟后即可测血浆浓度，生物利用度30%，2～4小时血药达峰值，$t_{1/2}\beta$为16.6小时。IDA静脉注射后，能迅速达血浆峰浓度，且分布快速，在体内的分布范围比较广，肝、肾、肺中浓度较高。其代谢广泛，代谢产物依达比星醇（idarubicinol，IDAoL）与IDA有相同活性，IDA一次静脉给药后，IDAoL很快（2～3小时）超过IDA浓度，IDA血浆浓度下降较快，而IDAoL清除时间较长，连续3天给药IDA血浆浓度随着药物滴注速度波动较大，而IDAoL可保持一平稳药物浓度水平，且清除时间较长。血浆半衰期为41～69小时，药物大部分与组织结合，血浆中97%的IDA和94%的IDAoL与血浆蛋白结合。此外，IDA和IDAoL均可通过血脑屏障（Anderlini等，1995）。

IDA为周期非特异性药物，主要经肝脏代谢，广泛分布于血管外组织的醛酮还原酶将IDA转化为IDAoL，IDAoL主要通过胆汁排泄，少部分通过肾脏排泄（Sweetman等，2007）。

【用途】 IDA可采用单独给药或联合用药方式，与其他蒽环类药物没有交叉耐药性，与阿糖胞苷、长春新碱、依托泊等联合应用有协同作用（张卫平等，2000；盛瑞兰等，2001）。具有较高的完全缓解率和较低的复发率，部分患者还可以获得较长的缓解期，同时并不相应地增加其化疗并发症的发生率，适用于各型急性白血病，包括初治白血病、难治/复发性白血病及老年白血病（Giles等，2003；Mandelli等，2003；Masaoka等，1996；Wiernik等，1992），对中枢神经系统白血病有一定的预防和治疗作用，也适用于慢性髓系白血病的加速期或急变期及淋巴瘤多发性骨髓瘤（周丽云等，2004；Beksac等，1999）。

【用法与剂量】 ①静脉用药：静脉注射、静脉滴注，使用前每支加10ml注射用生理盐水溶解，静脉滴注用0.9%氯化钠或5%葡萄糖注射液滴注，大于5～15分钟，单药或联合化疗，每天8～12mg/m^2，连用3～5天；儿童建议10mg/m^2。②口服用药：单用每天30mg/m^2，给药3天；联合用药，每天15～30mg/m^2，给药3天。每3～4周重复1次。如果第一阶段治疗出现严重的肝肾损伤时，第二阶段治疗用药要减少25%。如累计量已达400mg/m^{2}需继续用药时建议选择口服治疗。

【副作用与注意事项】

(1) 骨髓抑制是最常见的毒性反应，与剂量呈正相关。在巩固、强化治疗时，IDA组白细胞及血小板的恢复时间比DA组长，诱导化疗骨髓抑制时间长于或相似于DA组。

(2) 心脏毒性：表现为心电图改变、心律失常等，原有心律不齐或心脏病的患者应慎用，与DNR比较心脏的毒性较少。

(3) 消化系统表现为恶心、呕吐、黏膜炎及腹泻等。

(4) 注射时漏出血管外可引起严重的局部组织坏死。另可出现肝肾功能损害、神经毒性及脱发、皮疹等。

（赵杰撰写，吴彤审校）

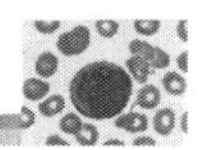

多柔比星

doxorubicin

（别名：阿霉素，adriamycin，ADM）

【药物】 本药为橘红色易潮湿的粉末，溶于水和0.9%氯化钠，少量溶于甲醇，0.5%的水溶液pH是4.0～5.5。需密封保存，非结晶形式应该保存于−25～10℃。溶于0.9%氯化钠溶液后，若在25℃以PVC袋储存会保持稳定性达24小时，若在4℃以聚丙烯袋储存会保持稳定性更久，且在溶液中的稳定性与pH有关，在酸性pH中更稳定。某些脂质体形式只能以5%葡萄糖稀释，如果不立即使用，可以在2～8℃储存24小时（Wood等，1990）。

本药的盐酸形式与头孢噻吩钠、地塞米松、地西泮、氢化可的松琥珀酸钠、呋塞米或肝素钠混合后会立即引起沉淀，与氟尿嘧啶或氨茶碱混合会颜色变暗，从红色变为紫色，提示多柔比星降解，多柔比星的脂质体形式与传统的形式不同，与一系列溶液无相容性，如两性霉素B、多西紫杉醇、硝酸镓、盐酸羟嗪、甲氧氯普胺、咪康唑、盐酸米托蒽醌、硫酸吗啡、类罂粟碱、碳酸氢钠和某些抗生素等。

【药理与药代动力学】 多柔比星是一种蒽环类抗生素，是细胞周期非特异性抗肿瘤药物，对各期细胞均有作用，其中对S早期细胞最为敏感，M期次之，对G_1期最不敏感，对G_1、S和G_2期有延缓作用（Trissel等，1997）。本药可以嵌入DNA的碱基对之间，使DNA链裂解，通过与DNA形成一种稳定的复合物并干扰核酸的合成而起作用。本药在酶的作用下还原为半酰自由基，与氧反应可以导致氧自由基的形成，并破坏细胞膜结构及功能，具有抗菌和免疫抑制的特性，本药与柔红霉素有交叉耐药（Speth PA等，1988；Arena等，1990）。

静脉注射后，多柔比星从血中迅速分布到组织中，包括肺、肝、心脏、脾和肾，其在肝脏迅速代谢为产物形式，包括具有活性的代谢产物阿霉素醇和配氧糖基，后者与本药的心脏毒性有关，主要经胆汁排泄，40%～50%的剂量在7天内分泌入胆汁，其中一半是药物原型，只有5%的剂量在5天内分泌入尿液，该药不通过血脑屏障，但是可以通过胎盘，并可以分泌入乳汁，多柔比星的血浆蛋白结合率为74%～76%，其三相半衰期分别是12分钟、3.3小时和大约30小时（Bachur等，1976；Dalmark等，1982；Cohen等，1985）。

脂质体形式的药代动力学与传统形式稍有不同，延长了在血浆中的循环时间，相对较少的组织分布，其双相的平均半衰期分别是5小时和55～75小时（Beijnen等，1985）。

【用途】 多柔比星经常与其他药物联合使用治疗急性白血病、恶性淋巴瘤、乳腺癌、支气管肺癌（小细胞肺癌和非小细胞肺癌）、卵巢癌、软组织肉瘤、骨肉瘤、横纹肌肉瘤、肾母细胞瘤及神经母细胞瘤（Legha等，1982；Rushing等，1994；Hale等，1994）。

【用法与剂量】 多柔比星给药是静脉注射，以0.9%氯化钠或5%葡萄糖溶解，注药时间至少3分钟。

单独给药时的方案：①剂量是60～75mg/m²，或1.2～2.4mg/kg，每3周1次；②20～25mg/(m²·d)，用3天，每3周重复1次，但是会增加黏膜炎的风险；③20mg/m²，每周1次，心脏毒性降低。

联合给药时需要降低多柔比星的剂量：建议30～40mg/m²，每3周重复1次，有肝功能异常时酌情减少剂量。

最大累计剂量不应超过450～550mg/m^2，在已经接受过胸部放疗或使用其他具有心脏毒性药物的患者，建议更进一步降低总剂量。

在有肝功能损害时的用量：①中度损害（血清胆红素浓度12～30mg/ml），正常剂量的一半；②重度损害（血清胆红素＞30mg/ml），25mg/m^2，即通常剂量的1/4。

【副作用与注意事项】

（1）多柔比星可以引起明显的骨髓抑制，可以是剂量限制性的，白细胞在用药后10～15天达到低谷，通常在21天恢复，贫血和血小板减少较少见。

（2）心脏毒性是主要的副作用，此毒性作用限制了本药的长期应用。可以表现为短暂的急性心脏功能障碍，出现可逆性的心电图异常，可以为多种形式的心律失常，如室上性心动过速、室性期前收缩及ST-T改变，并不影响继续治疗；也可以表现为迟发的、通常是不可逆的剂量相关的心肌病，有时是致死性的充血性心力衰竭，发生率0.4%～9%，可能突然发生，在迟发毒性中60%的患者有致死风险（Von Hoff等，1979）；严重的心脏毒性更多见于接受总累计剂量为450～550mg/m^2的成人患者，可能发生于使用后的数月甚至数年，相比之下，单次较高剂量比每周较低剂量或持续输注心脏毒性作用更大，因此更改用药方式会相应减少毒性；脂质体形式可能减少心脏毒性，在已经接受其他心脏毒性药物例如柔红霉素或环磷酰胺的患者，多柔比星的累计剂量应该减少（Signal等，1998）。

（3）胃肠道副作用包括中至重度恶心和呕吐、食欲减退，口腔炎和食管炎可以进展为溃疡。

（4）本药因刺激性会引起血栓性静脉炎，药物外渗可能产生局部坏死和溃疡，有致突变和致癌作用，可以引起男性生殖腺功能失常，与克林霉素间可以发生交叉过敏反应，与环孢素合用时会增加多柔比星的血浆浓度。

（5）大部分患者会发生脱发（90%），尿液可能变成红色，偶尔会出现过敏反应，较少见到面部充血、结膜炎、催泪作用、甲床部位色素沉着、指甲松离等。

（赵杰撰写，吴彤审校）

表柔比星

epirubicin

（别名：表阿霉素，pharmorubicin，EPI）

【药物】 本药为橘红色的粉末，溶于水和甲醇，少量溶于脱水乙醇，不溶于丙酮。0.5%的水溶液pH是4.0～5.5，需密封保存于2～8℃。在临床浓度下表柔比星不易发生光降解，因此使用中不一定需要避光，但是在较低浓度（＜500mg/ml）下可以发生光降解（Wood等，1990）。

本药的盐酸形式与肝素或氟尿嘧啶不相容，会引起沉淀，在碱性溶液中会水解。

【药理与药代动力学】 表柔比星是一种蒽环类抗生素，为细胞周期非特异性抗肿瘤药物，是多柔比星的异构体，该药是多柔比星氨基糖部分C4羟基的反式构型，可以直接嵌入DNA碱基对之间，干扰转录过程，阻止mRNA的形成，从而抑制DNA和RNA的合成，本药与柔红霉素和多柔比星有交叉耐药性（Plosker等，1993）。

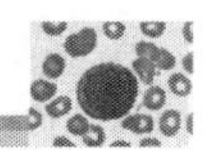

静脉注射后，表柔比星90%以上与血浆蛋白结合，迅速分布到组织中，并在肝脏代谢为epirubicinol（13-羟基表柔比星）和适量的葡萄糖醛酸苷衍生物（LeBot等，1988）。该药的血浆清除率明显高于多柔比星（分别为1440ml/min和880ml/min），三相半衰期分别是（3.1±4.8）分钟、1.3～2.6小时和30～40小时。表柔比星主要在胆汁清除，注射剂量的40%～45%经肝胆系统排出，7%～23%随尿排出，其中绝大部分以原型及与葡萄糖醛酸的结合物形式排出，表柔比星不通过血脑屏障（Morris等，1991；Robert，1994）。

【用途】 表柔比星单独或与其他药物联合使用治疗急性白血病、恶性淋巴瘤、多发性骨髓瘤、支气管肺癌、乳腺癌、卵巢癌、软组织肉瘤、肾母细胞瘤、膀胱癌、睾丸癌、前列腺癌、食管癌、胃癌、肝癌、胰腺癌、结肠直肠癌及甲状腺髓样癌（Havsteen等，1989；Bontenbal等，1998；Ryberg等，1998）。

【用法与剂量】 表柔比星给药是静脉注射，以0.9%氯化钠液或5%葡萄糖液溶解，注药时间至少3～5分钟，或者输液超过30分钟。

单独给药时的方案：①60～90mg/m^2，每3周1次，如果需要该剂量可以分成2天或3天使用，可以明显减轻不良反应；②12.5～25mg/m^2，每周1次，用作姑息治疗；③大剂量120mg/m^{2}或更多，每3周1次，或45mg/m^{2}连续3天，每3周1次。

联合给药时需要降低表柔比星的剂量，有肝功能异常的患者及之前接受过放疗或化疗的患者都需要减少剂量。在肝功能损害时的用量：①中度损害（血清胆红素浓度12～30mg/ml），正常剂量的一半；②重度损害（血清胆红素>30mg/ml），通常剂量的1/4。因为心脏毒性的风险，最大累计剂量不应超过0.9～1g/m^2（Chan等，1996）。

【副作用与注意事项】

（1）与多柔比星相似。心脏毒性和骨髓抑制的风险要小于多柔比星，其发生率和严重程度与药物累计量有关，在累计剂量超过0.9～1g/m^{2}时心脏毒性的风险更高。常见心动过速等心律失常，但多为一过性且恢复较快，迟发的严重心力衰竭大多在用药半年以后或总剂量超量时发生，有时可以无任何先兆而突发，常规心电图无法监测出，可用LVEF、PEP/LVEF监测。与大剂量维生素C、维生素E或辅酶Q_{10}合用，可减轻表柔比星的心脏毒性，并有保护肝脏的作用（Coukell等，1997）。

（2）本药与环磷酰胺、氟尿嘧啶、甲氨蝶呤、顺铂等合用，有协同抗癌作用；但与环磷酰胺、氟尿嘧啶、亚硝脲类、丝裂霉素合用时，可能引起严重的骨髓抑制，应酌情减量。

（3）表柔比星能透过胎盘，故在妊娠早期禁用。西咪替丁会增加表柔比星原型及活性代谢产物的形成，目前机制尚不清楚。

（赵杰撰写，吴彤审校）

吡柔比星

pirarubicin

（别名：吡喃阿霉素，THP）

【药物】 15℃以下避光密封保存。本药难溶于0.9%氯化钠液，可以先用5%葡萄糖液和注射用水10ml溶解，输注时再用0.9%氯化钠液或5%葡萄糖液250～500ml稀释，静脉注射给药时速度不应该超过 5mg/ml，静脉滴注时时间为 30～60 分钟。

【药理与药代动力学】 吡柔比星是一种蒽环类抗生素，结构和特点与多柔比星相似，是细胞周期非特异性抗肿瘤药，可以直接嵌入 DNA 双链间，抑制 DNA 聚合酶，阻止核酸合成，使肿瘤细胞不能从 G_2 期进入 M 期，从而导致肿瘤细胞死亡，本药对多柔比星耐药者也有效。

静脉注射后分布较快，脾、肺、肾浓度较高，心脏浓度较低。静脉注射 30mg/m²，6～8 小时后的血浆浓度约为 11ng/ml，半衰期三相分别是 0.89 分钟、0.46 小时、14.2 小时。主要在肝脏代谢，通过胆汁从粪便排泄，给药 48 小时后经胆道排出 20%，经肾脏排出 9%（Wood 等，1990；Cottin 等，1998）。

【用途】 吡柔比星用于治疗急性白血病、恶性淋巴瘤、乳腺癌、头颈部癌、胃癌、泌尿生殖系统肿瘤（膀胱癌、输尿管癌、肾盂癌、卵巢癌、宫颈癌）、非小细胞肺癌等（Shan 等，1996）。

【用法与剂量】 吡柔比星制剂是盐酸形式，但剂量计算是根据吡柔比星的含量，以 5%葡萄糖液溶解后，注药时间至少为 5～10 分钟。

通常的给药方案有：①25～40mg/m²，每 3～4 周 1 次；②7～20mg/(m²·d)，连续 5 天，每 3～4 周重复 1 次；③15～20mg/m²，每周 1 次，连用 2 周，每 4 周重复 1 次；④20mg/(m²·d)，连续 2 天，每 3～4 周重复 1 次；⑤7～14mg/(m²·d)，连用 3 天，每 3～4 周重复 1 次。当累计剂量超过 600mg/m² 时，应该规律监测心室射血分数评估心脏功能（Hale 等，1994）。

【副作用与注意事项】

（1）与多柔比星相似，心脏毒性较多柔比星低，可以出现心电图异常、心动过速、心律失常和心功能衰竭，属剂量限制性毒性。

（2）骨髓抑制的风险也要低于多柔比星，为剂量限制性，主要表现为粒细胞减少，少见贫血及血小板减少。

（3）肾功能不全者不必调整剂量，肝功能不全者应减量，参考多柔比星。

（赵杰撰写，吴彤审校）

阿克拉霉素
aclarubicin

（别名：阿柔比星，阿克拉比星，安乐霉素，阿拉霉素，aclacinomycin ACM A，ACR）

【药物】 本品为日本梅泽浜夫博士从 *Streptomyces galilacus* MA-144M1 培养基中分离出的第二代蒽环类抗肿瘤抗生素，为黄色或淡黄色冷冻疏松块状物，无臭，极易溶于氯仿和甲醇，易溶于丙酮和水，几乎不溶于乙醚和正己烷。

【药理与药代动力学】 本品为第二代蒽环类抗肿瘤抗生素，具有亲脂性，能迅速转运进入细胞内，并维持较高浓度，细胞摄取后，很快分布在细胞核内，嵌入 DNA 双螺旋结构，其配基（阿克拉酮）插入附近碱基，导致 DNA 理化性状改变。ACM-A 还干扰 DNA 模板功能，影响 RNA 聚合酶在螺旋结构上的移动，优先抑制 RNA，尤其是核仁的 RNA

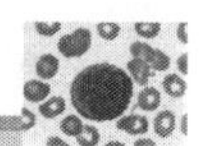

合成，增殖期细胞对 ACM-A 的敏感性比静止期细胞约高出 5 倍，G_1 期和 S 期细胞最敏感。低浓度时细胞先成指数杀伤，高浓度时杀伤能力与药物浓度呈指数关系（孟小莉，2003）。另外，ACM-A 具有诱导分化作用，能诱导 HL-60 人早幼粒细胞株分化成熟，明显抑制期细胞的增殖，还可诱导小鼠 WEHL-3BD$^+$ 粒单白血病细胞向粒系方向分化。其疗效与多柔比星相似，但蓄积毒性较低，对心脏毒性小（杨天楹，1989）。

静脉注射后，很快分布到全身各组织中，以肺浓度为最高，其次为脾、胸腺、小肠、心脏，血细胞中药物浓度高于血浆。体内的半衰期为 13 小时，在肝、肾中以配基类代谢物为主，原型药和糖苷类型（紫红糖胺、2-脱氧岩藻糖、烬灰红糖）在胆汁中排泄较多，在尿、粪中排泄较少，配基类代谢物主要由尿、粪排泄，难以通过胎盘（Sweetman，2007）。

【用途】 主要用于 AML、CML、MDS，也可用于白血病的髓外病变。

本药可以单独或与其他药物联合应用，因与多柔比星、柔红霉素等无交叉耐药，故联合应用治疗难治及复发性白血病取得了较好的临床疗效，特别是 AA（ACR＋Ara-C）方案和 CAG 方案（G-CSF＋ACR＋Ara-C），完全缓解率各文献报道不同，可达 40%～75%，化疗前应用 G-CSF 旨在促使 G_0 期细胞进入增殖期，以增加白血病细胞对化疗的敏感性（杨三强，2007；张义成，1991；姚尔固等，2000；Akashi 等，2000）。

【用法与剂量】 静脉注射或静脉滴注，要避免药液外渗，临用前用 10ml 的生理盐水或 5%葡萄糖注射液溶解，时间大于 30 分钟，ACM 的用量各文献报道不同，主要有以下几种：①每天 40～60 mg/m^2，连续应用 3 天；②每天 10～14mg/m^2，连续应用 7～14 天；③每天用量为 20mg，连续应用 7 天；④儿童用药，10～15mg/m^2，连用 7 天（Kern 等，1998）。

【副作用与注意事项】

（1）心脏毒性：可出现心动过速、心律失常、心电图 QT 延长、T 波等异常改变，偶有严重者出现心力衰竭。心肌毒性比 ADM 小 1/10，对心脏损伤较轻。

（2）骨髓抑制：表现白细胞、血小板减少或贫血。

（3）胃肠反应：如食欲缺乏、恶心呕吐、腹泻，偶见转氨酶升高，亦可合并消化道出血、口腔炎等。

（4）其他反应：如肾功能损伤、膀胱炎、皮疹、色素沉着、脱发、乏力、发热等。

（赵杰撰写，吴彤审校）

米托蒽醌

mitoxantrone

（别名：novantrone，DHAD）

【药物】 为人工合成的蒽环类抗肿瘤药物，结构与多柔比星相似，本品为蓝色的结晶，无臭，易吸潮，易溶于水形成色泽深的蓝色溶液，在乙醇中微溶，在氯仿中不溶，本品遇低温可能析出晶体，可将输液瓶置热水中加温，晶体溶解后使用，要室温中避光保存（Sweetman 等，2007）。

【药理与药代动力学】 米托蒽醌的作用与其他蒽环类相似，主要作用为嵌入 DNA 环内，引起DNA的链间和链内的交叉连接，导致DNA单链、双链的断裂，引起细胞核畸变、染色体溃散而导致细胞死亡，对RNA的合成也有抑制，为细胞周期非特异性药物，对G_0期细胞也有作用，与阿糖胞苷、VCR、VP-16等联合应用有协同作用，与其他蒽环类药物无交叉耐药性（陈新谦等，2007）。

本品静脉滴注后，大部分（95%以上）与血浆蛋白结合，也可与血细胞结合，包括红细胞、白细胞及单核细胞，迅速分配到各组织中与其结合，以后缓慢释放，以肝脏、骨髓、心肺等为多，分布容积为522L/m^2，血药浓度很快下降。本品的半衰期为40～120小时，有腹水等增加药物分布容积因素者，$t_{1/2}$可进一步延长，此时药物应减量。在体内因与组织结合，排出缓慢，本品主要经肝脏代谢，主要通过氧化或与葡醛酸或硫酸盐结合，尿中5天内才有6.5%排出，另有胆汁排出2.7%，粪便排出18%，排出物主要为原药，亦有少量的代谢物，本品在老年人群的清除率比年轻人低［前者21.3L/(m^2·h)，后者28.3L/(m^2·h)］，肝功能不全者，排出减少，通过血透和腹透不能使本品完全排出（Pavlovsky等，1994；Stemberg等，2000）。

【用途】 本品可单独或联合应用于AML、ALL、CML、MDS和白血病的髓外病变。

因与阿糖胞苷有协同作用，故MA方案可用于初治白血病，文献报道其疗效高于传统DA/HA方案，可以作为成人初治AML患者一线诱导化疗方案之一，MA方案也是较多治疗难治/复发性白血病的方案之一，各文献报道缓解率为61%～80%。另外，米托蒽醌10mg/m^2联合FLAG治疗难治/复发性白血病的疗效优于常规的化疗方案，CR率可达65%（纪树荃等，1998；陈育红等，1999；杨胜等，2007；Lowenberg等，1998）。

【用法与剂量】 静脉注射或静脉滴注。静脉注射要大于5～15分钟，将本品溶于50ml以上的生理盐水或5%葡萄糖注射液中静脉滴注，时间不少于30分钟。单用本品每次12～14mg/m^2，每3～4周1次，或2～8mg/m^2，连用5～7天，间隔2～3周，或10～14 mg/m^2，连续应用7～14天。联合用药：按体表面积每次10～12mg/m^2或6～8mg/m^2，连用3～5天，每3周1次。

【副作用与注意事项】

（1）主要的副作用是骨髓抑制，引起白细胞和血小板减少，此为剂量限制性毒性。

（2）少数患者可能有心悸、早搏及心电图异常等心脏毒性，大量研究表明MTZ心脏毒性比DNR低，但如既往用过蒽环类药物或累计剂量超过140～160mg/m^2时约有10%可有明显的心脏毒性（Arlin等，1990）。

（3）还可有恶心、呕吐、食欲减退、腹泻、转氨酶升高等消化道反应；偶见乏力、脱发、皮疹、口腔炎、神经炎等。另外，静脉滴注药物外溢仍可能发生严重局部反应，可有短暂的蓝色尿液。

（赵杰撰写，吴彤审校）

四、植　物　类

植物来源的抗白血病药物主要包括长春新碱、长春地辛、高三尖杉酯碱、依托泊苷、替尼泊苷及拓扑替康，其化学结构见图27-4。

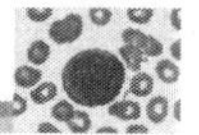

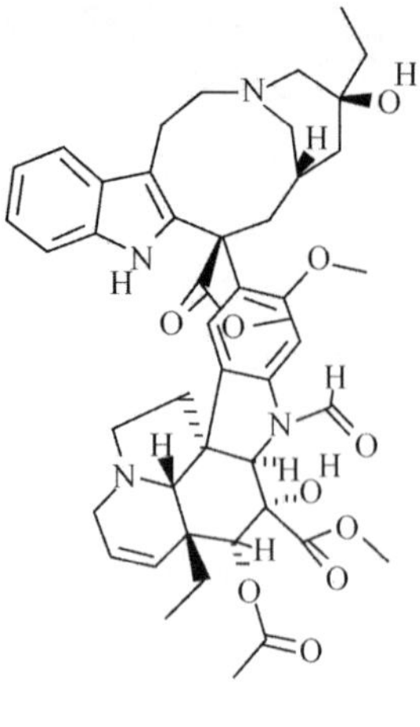

长春新碱 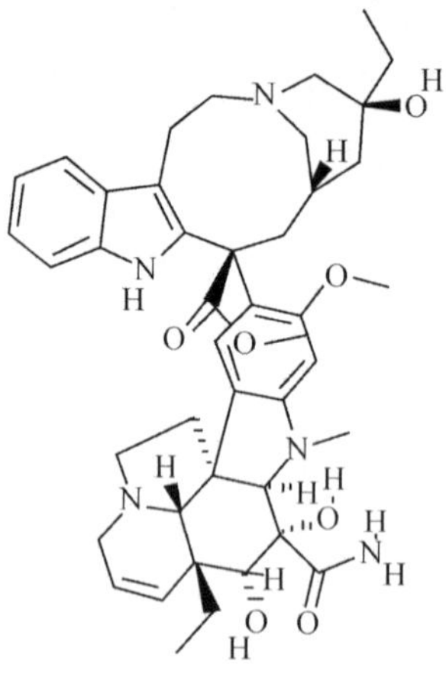　　长春地辛 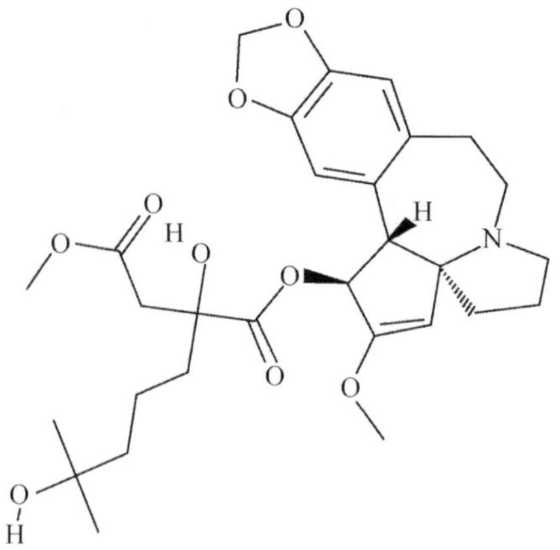　　高三尖杉酯碱

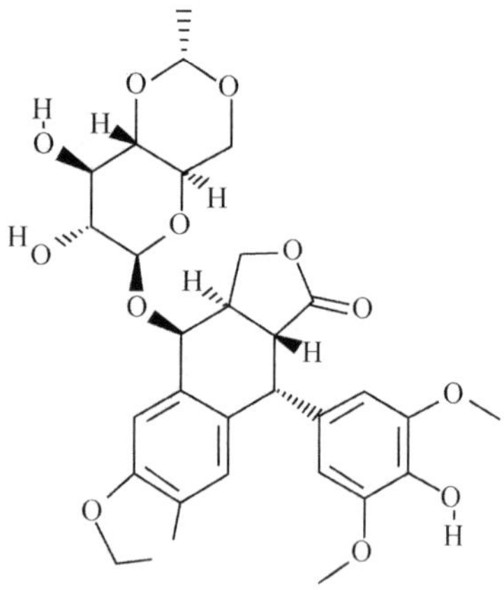

依托泊苷 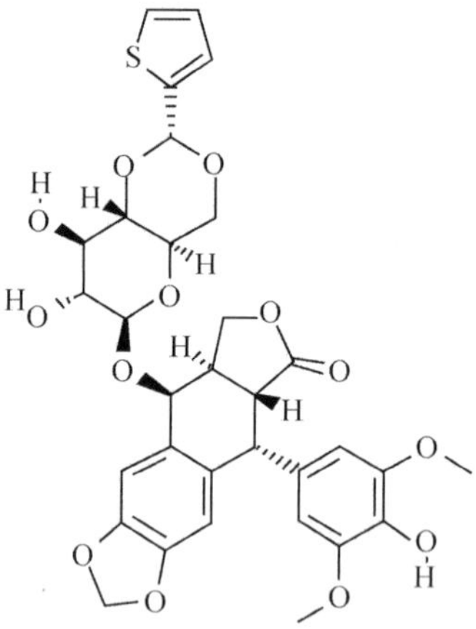　　替尼泊苷 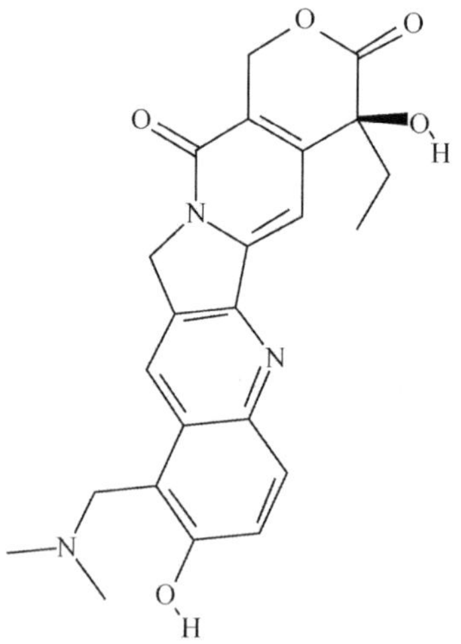　　拓扑替康

图 27-4　植物类的化学结构

长春新碱

vincristine

（别名：ONCOVIN，VCR）

【药物】 长春新碱是一种双吲哚型生物碱，分子式 $C_{46}H_{58}N_4O_9$，存在于夹竹桃科植物长春花中。甲醇中重结晶时为针状结晶。熔点 211～216℃，比旋光度＋42°（氯仿）。溶于氯仿、丙酮和乙醇。其硫酸盐熔点 284～285℃，－28°（甲醇）；盐酸盐熔点 244～246℃（分解）。

【药理与药代动力学】 长春新碱为夹竹桃科植物长春花中提取的有效成分。抗肿瘤作用靶点是微管，主要抑制微管蛋白的聚合而影响纺锤体微管的形成。使有丝分裂停止于中期。还可干扰蛋白质代谢及抑制 RNA 多聚酶的活性，并抑制细胞膜类脂质的合成和氨基酸在细胞膜上的转运。

静脉注射长春新碱后迅速分布于各组织，神经细胞内浓度较高，很少透过血脑屏障，脑脊液浓度是血浆浓度的1/30～1/20。蛋白结合率75%。$t_{1/2\alpha}$小于5分钟，$t_{1/2\beta}$为50～155分钟，末梢消除相$t_{1/2\gamma}$长达85小时。在肝内代谢，在胆汁中浓度最高，主要随胆汁排出，粪便排泄70%，尿中排泄5%～16%。长春新碱能选择性地集中在癌组织，可使增殖细胞同步化，进而使抗肿瘤药物增效（陈新谦等，2005；傅宏义，2003）。

【用途】 长春新碱的抑制作用大于长春碱，且抗瘤谱广。它主要用于急性白血病，尤其是对ALL疗效显著，作为ALL诱导缓解方案主要用药之一（Thomas等，2009）。对恶性淋巴瘤、生殖细胞肿瘤、小细胞肺癌、尤文肉瘤、肾母细胞瘤、神经母细胞瘤等疗效肯定。另外，对乳腺癌、CLL、消化道癌、黑色素瘤及多发性骨髓瘤等也有一定疗效。长春新碱也可用于特发性血小板减少性紫癜（ITP）二线治疗，对于激素、丙种球蛋白治疗无效的一部分患者可取得很好的效果（Hasan等，2009）。

【用法与剂量】 成人剂量1～2mg（或1.4mg/m^2），最大不大于2mg，年龄大于65岁者，最大每次1mg。儿童75μg/kg或2.0mg/m^2，每周1次，静脉注射或冲入。联合化疗是连用2周为1个周期。

【副作用与注意事项】

（1）剂量限制性毒性是神经系统毒性，主要引起外周神经症状，如手指、神经毒性等，与累计量有关。此外有足趾麻木、腱反射迟钝或消失、外周神经炎，以及腹痛、便秘，麻痹性肠梗阻偶见。运动神经、感觉神经和脑神经也可受到破坏，并产生相应症状。对儿童神经毒性的耐受性好于成人，恶性淋巴瘤患者出现神经毒性的倾向高于其他肿瘤患者（Charisius等，2009）。

（2）骨髓抑制和消化道反应相对较轻。

（3）有局部组织刺激作用，药液不能外漏，否则可引起局部坏死。

（4）可见脱发，偶见血压改变。

（孙媛撰写，吴彤审校）

长春地辛

vindesine

（别名：长春花碱酰胺，癌的散，去乙酰长春花碱酰胺，
西艾克，desacetylvinblastine amide，ELDISINE，VDS）

【药物】 为半合成的长春碱衍生物。化学名为23-氨基-4去乙酰氧基-23-去甲氧基-4-羟基长春碱。

长春新碱是一种双吲哚型生物碱，分子式$C_{46}H_{58}N_4O_9$，存在于夹竹桃科植物长春花中。甲醇中重结晶时为针状结晶。熔点211～216℃，比旋光度+42°（氯仿）。溶于氯仿、丙酮和乙醇。其硫酸盐熔点284～285℃，−28°（甲醇）；盐酸盐熔点244～246℃（分解）。

【药理与药代动力学】 为细胞周期特异性抗肿瘤药物，抑制细胞内微管蛋白的聚合，阻止增殖细胞有丝分裂中纺锤体的形成，使细胞分裂止于有丝分裂中期。本品对移植性动物肿瘤的抗瘤谱较广，与长春碱和长春新碱无完全的交叉耐药。给大鼠注射后分布在脾、

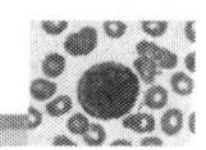

肺、肝、周围神经和淋巴结等，这些部位的浓度高于血浆浓度数倍，但在脊髓和脑中不高。在组织培养中它作用于瘤细胞的有丝分裂中期（M 期），较低剂量的作用强度为长春新碱的3 倍，为长春碱的 10 倍；在高剂量作用强度与长春新碱相等，为长春新碱的 3 倍。但本品对体外培养的叙利亚地鼠卵细胞的杀伤作用最强是在 S 期，对 G_2、M 和 G_1 期细胞无作用（谌忠友等，1996）。

本品在体内代谢符合三室模型，$t_{1/2\alpha}$为 0.037 小时，$t_{1/2\beta}$为 0.912 小时，$t_{1/2\gamma}$为 24.2 小时，本品不与血浆蛋白结合，主要经胆汁分泌到肠道排泄，约有 10%经尿液排出。人体单次静脉注射（3mg/m^2）后，血浆中的药物浓度迅速下降，广泛分布于脾、肺、肝、周围神经和淋巴结等，这些部位的浓度为血浆浓度的数倍（陈新谦等，2005；傅宏义，2003）。

【用途】

（1）对白血病、恶性淋巴瘤有相当疗效（徐瑞华等，1998）。

（2）对肺癌、乳腺癌、食管癌、恶性黑色素瘤疗效肯定，对其他如生殖细胞肿瘤、头颈部癌和软组织肉瘤也有一定的疗效（Ronwinsky，1991）。

（3）可作为在长春新碱由于神经系统毒性不能使用时的替代治疗，疗效相当。

【用法与剂量】 单一用药每次 3mg/m^2，每周 1 次，通常连续用药 3 次为 1 个周期。生理盐水溶解后缓慢静脉注射，亦可溶于 5%葡萄糖液缓慢静脉滴注（6～12 小时）。

【副作用与注意事项】

（1）骨髓抑制：最常见的为白细胞降低，其次为血小板降低，对血红蛋白有一定影响。

（2）胃肠道反应：轻度食欲减低，恶心和呕吐。

（3）神经毒性：神经毒性反应介于长春碱与长春新碱之间。主要表现为肌肉疼痛、肌无力。可逆性的末梢神经炎较长春新碱轻，可有腹胀、便秘（Ariffin 等，2003）。

（4）有生殖毒性和致畸作用：孕妇不宜使用。

（5）有局部组织刺激反应：可引起静脉炎，应避免漏出血管外和溅入眼内。

（6）便秘、脱发、贫血、发热也常见。

（孙媛撰写，吴彤审校）

高三尖杉酯碱
homoharringtonine

【药物】 本药为从粗榧科植物三尖杉（*Cephalotaxus fortunei* Hook f.）或其同属植物得到的一种生物碱。本药实际仅为该种植物所含成分之一。过去常用的还有一种称三尖杉酯碱（harringtonine）。高三尖杉酯碱与三尖杉酯碱有一样的抗瘤谱，但前者的生物活性较后者强。目前这两种药由于资源较稀少，已可用人工半合成，但所得产物为一对差向异构体（赵知中等，1980）。

本药在甲醇、乙醇或三氯甲烷中易溶。本品的注射液为高三尖杉酯碱的灭菌水溶液，为无色、澄明，宜遮光、密闭，在阴凉处保存。

【药理与药代动力学】 本品对白血病细胞从 G_0 期进入 S 期有抑制作用，抑制细胞 DNA 的合成并可抑制蛋白质的合成，且诱导白血病细胞的分化与凋亡，浙江大学医学院附属第一医院（Tong 等，2008）的实验说明本品可能有广谱 PTK 抑制剂作用并抑制白血病细胞内 JAK2 信号蛋白的磷酸化。本类药物静脉注射到动物体内后代谢迅速。籍秀娟等报告大鼠静脉注射了高三尖杉酯碱后血液中药物浓度迅速下降，15 分钟后下降速度变慢。可将血中药物消失曲线分解为两部分，即快相和慢相，两相的生物半衰期分别为 3.5 分钟及 50 分钟。据陈新谦等主编的《新编药物学》（2007）记载，高三尖杉酯碱给大鼠静脉注射 15 分钟后即分布于肾、肝、骨髓、心、胃肠等，2 小时之后各脏器放射性明显降低，骨髓中降低较缓慢。本药的代谢主要在肝脏内进行，在血中的 $t_{1/2\alpha}$与 $t_{1/2\beta}$分别为 2.1 分钟与 53.7 分钟。24 小时由尿中排出 42.2%，48 小时自胆汁排出 57.7%（原型药 20.2%）。

【用途】 主要用于 AML、CML、亚急性髓系各种肿瘤，包括 MDS，此外可用于白血病的髓外病变。

本药可单独应用，亦可与其他药物联合应用。单独应用于 AML 的完全缓解率各报告不一，最高可达 7/10（叶劲松等，1988），最低仅 6%。早期国内的应用报告（福建省白血病协作组，1978）单用高三尖杉酯碱组的 CR 率为 7/22（31.8%），而同一报告中的单用三尖杉酯碱者仅 2/18（11.1%）。

Feldman 等（1996）报告单用本药治疗 28 例 MDS 或 MDS 转化的 AML，年龄 23～83 岁，有 7 例（30.4%）达到 CR。美国 M. D. Anderson 肿瘤中心单用本药在 CML 的加速期与急变期患者亦取得较好的 CR 率，并可伴有细胞遗传学的效果（Quintás-Cardama 等，2007）。吕联煌等（1983）报告本药对真性红细胞增多症优于其他治疗。

本药与其他药物常联合应用于各种方案。近年报告本药有联合 G-CSF 与小剂量阿糖胞苷对 AML 的 CR 率可高达 79%（金洁等，2006）。本方案对高危 MDS 或 MDS 转化 AML 亦有一定疗效，但疗效时间较短。对 CML 慢性期后期，加速期与急变期可用本药再加小剂量阿糖胞苷，或加伊马替尼，皆有较好效果。再次使 CML 达慢性期后如无禁忌证则须选择 HSCT。

【用法与剂量】 静脉滴注，成人剂量每天 1～4mg，4～10 天为 1 个疗程。每天滴注的时间最短为 6 小时，可 24 小时连续滴注。小剂量的高三尖杉酯碱亦可每天分 2 次皮下注射。

【副作用与注意事项】 最主要的是骨髓抑制，全血下降。原本有心律不齐者可加重，或原有心脏病的患者可引起心律不齐，包括期前收缩、心房扑动，严重者有心肌纤维断裂。由于其对心脏的毒性，对发生心力衰竭或心房扑动者应立即停药，又由于本药在血流中代谢与消失迅速，因此推荐在临床滴注时必须很缓慢地给药。本药在肝、肾功能不全者应慎用。此外，本药亦可引起恶心、呕吐与食欲缺乏等副作用。

（陆道培撰写）

依托泊苷

etoposide

（别名：足叶乙苷，鬼臼乙叉苷，VEPESID，VP-16）

【药物】 依托泊苷是表鬼臼的半合成衍生物，为周期特异性的细胞毒药物。

【药理与药代动力学】 依托泊苷注射液在局部涂抹可使扁平疣消退。为表鬼臼的半合

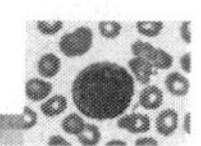

成衍生物，是周期特异性的细胞毒药物，主要作用于细胞周期的 S 期，使细胞不能进行有丝分裂。其作用机制主要与抑制拓扑异构酶Ⅱα，导致 DNA 双链或单链破坏有关。本品与替尼泊苷（VM-26）有交叉耐药。可抑制细胞有丝分裂前期 M5N、D5N 及蛋白质的合成，也可抑制 HPV 的 DNA 合成。

主要作用于细胞周期的 S 期，使细胞不能进行有丝分裂。其作用机制主要与抑制拓扑异构酶Ⅱα，导致 DNA 双链或单链破坏有关。依托泊苷注射液（拉司太特）与替尼泊苷（VM-26）有交叉耐药。

人体血药浓度的半衰期（$t_{1/2}$）为 7 小时（3～12 小时）。97%与血浆蛋白结合。由于本品与拓扑异构酶Ⅱ的结合是可逆的，并作用于细胞周期中持续时间较长的 S 期及 G_2 期，因此血药浓度持续时间长短比峰浓度高低更重要，一般采用静脉滴注，而不用静脉推注。44%～60%由肾排泄（其中 67%以原型排泄）。粪便排泄仅占 16%。脑脊液中的浓度（给药 2～20 小时后）为血药浓度的 1%～10%（陈新谦等，2005；傅宏义，2003；Mizukawa 等，2006）。

【用途】 ①主要用于治疗 AML，疗效较好，与常用药物无交叉耐药性（Antonio 等，1993）；也常常用于 ALL 化疗中，效果肯定。②用于治疗小细胞未分化型肺癌，疗效也较好。尚可用于恶性淋巴瘤、睾丸恶性生殖细胞瘤，可与顺铂合用。③对神经母细胞瘤、绒癌、卵巢癌、非小细胞肺癌、胃癌和食管癌等也有一定疗效。④一些移植中心将依托泊苷应用于 HSCT 预处理（吴文等，2007）。

【用法与剂量】 静脉滴注。将本品需用量用氯化钠注射液稀释，浓度不超过 0.25mgml，静脉滴注时间不少于 30 分钟。实体瘤：每天 60～100mg/m²，连用 3～5 天，隔 3～4 周重复用药。白血病：每天 60～100mg/m²，连用 5 天，根据血象情况，间隔一定时间重复给药。小儿常用量：静脉滴注每天按体表面积 100～150mg/m² 给药，连用 3～4 天。

一般成人每个疗程依托泊苷 50～100mg 连续口服 14～21 天，停药 1 周。必要时反复使用。药量可根据病情和症状的严重性适当增减。

【副作用与注意事项】

（1）骨髓抑制：白细胞和血小板减少、贫血，此为剂量限制性毒性。

（2）胃肠道反应：恶心、呕吐、食欲缺乏、口腔炎、腹泻；偶有腹痛、便秘。

（3）过敏反应：有时可出现皮疹、红斑、瘙痒等过敏症。

（4）皮肤反应：脱发较明显，有时会至全秃，但具可逆性。

（5）神经毒性：手足麻木、头痛等。

（6）其他反应：发热、心电图异常、低血压、静脉炎等。

（孙媛撰写，吴彤审校）

替尼泊苷

teniposide

（别名：威猛，VUMON，VM-26）

【药物】 一种拓扑异构酶及组蛋白 H_1 激酶的抑制剂。

【药理与药代动力学】 本品为周期特异性细胞毒药物，抑制拓扑异构酶Ⅱ，引起DNA断裂，阻断有丝分裂于细胞周期S期和G_2期。对实验性鼠肿瘤，替尼泊苷在其体内具有较广谱的抗肿瘤活性。体外和体内研究显示与依托泊苷具有完全交叉耐药性。在一定剂量范围内，替尼泊苷药代动力学参数呈线性，药物在体内不发生蓄积。静脉注射后，药物从中央室一相清除，分布相半衰期约1小时。在体内与蛋白的结合率高。替尼泊苷能通过血脑屏障，在脑脊液的浓度低于血药浓度。药物的肾脏清除率仅占总清除率的10%。替尼泊苷清除半衰期为6～20小时（陈新谦等，2005；傅宏义，2003；Giri等，2000；You等，2005）。

【用途】 本品大多报道用于中枢神经系统恶性肿瘤如神经母细胞瘤、胶质瘤和星形细胞瘤及转移瘤等的化疗。也可用于恶性淋巴瘤、ALL、AML中单核细胞及粒单核白血病治疗中，另外用于膀胱癌及神经母细胞瘤等的治疗也有一定疗效。有些移植中心（如道培医院）也将该药用于白血病allo-HSCT预处理的化疗中。

【用法与剂量】 单药治疗每次60mg/m²，加生理盐水500ml，静脉滴注30分钟以上，每天1次，连用5天，3周重复。联合用药常用量为每天60mg加生理盐水500ml静脉滴注，一般连用3天。老年及骨髓功能欠佳、多次化疗患者酌情减量。预处理一次用量可达300～500mg/m²。

【副作用与注意事项】 ①骨髓毒性为剂量限制毒性，用药7～14天后常见白细胞和血小板降低。②胃肠道反应：恶心、呕吐是最常见的消化道不良反应，但通常是轻度和中度的。③脱发也较常见。④低血压：快速输注时会发生一过性的低血压。⑤过敏反应：可发生急性过敏反应，表现为寒战、发热、心动过速、支气管痉挛、呼吸困难、低血压、潮红、出汗、水肿、高血压和荨麻疹。该药应用过程中出现过敏反应在国内外多有报道，临床医师应加以重视（宋岩等，2007）。⑥其他：口腔炎、头痛和精神障碍罕见。应缓慢静脉滴注，最初30～60分钟应仔细监测生命体征，以免发生低血压。

（孙媛撰写，吴彤审校）

拓扑替康

topotecan

（别名：托泊替康，和美新，喜典，HYCAMTIN，TPT）

【药物】 拓扑替康是一种半合成的喜树碱衍生物，化学名为9-二甲氨基喜树碱，为拓扑异构酶Ⅰ的抑制剂。熔点213～218℃。

【药理与药代动力学】 本药显示了很强的抗肿瘤活性和广泛的抗癌谱，临床前的体内抑瘤试验中对P388及L121白血病、B16黑色素瘤、B16/F10黑色素瘤亚株、Lewis肺癌、ADJ-PC6浆细胞瘤、M5076卵巢肉瘤、乳腺癌16/c、结肠腺癌38及51、Wadison肺癌等动物移植性肿瘤疗效显著，特别是对十分耐药的HT-29人结肠癌细胞株，拓扑替康可以诱导肿瘤消退及延缓其生长。

本药为拓扑异构酶Ⅰ的抑制剂。拓扑异构酶Ⅰ可诱导DNA单链可逆性断裂，使DNA螺旋链松解，本药可与拓扑异构酶Ⅰ-DNA复合物结合并阻止这些单股断链的重新连接，其细胞毒作用是在DNA的合成中发挥，是S期细胞周期特异性药物。本药与拓扑异构酶

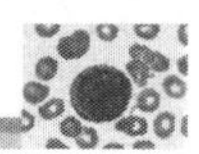

Ⅰ和DNA形成的三元复合物与复制酶相互作用时产生双股DNA的损伤，而哺乳动物的细胞不能有效地修复这些双股DNA链的中断。

对癌症患者以1.5 mg/m^{2}的剂量静脉滴注30分钟，在体内呈二室模型，分布非常快，很容易分布到肝、肾等血流灌注好的组织，其$t_{1/2\alpha}$为4.1～8.1分钟，代谢产物内酯式拓扑替康的$t_{1/2\beta}$为1.7～8.4小时，总拓扑替康$t_{1/2\beta}$为2.3～4.3小时，与血浆蛋白结合率为6.6%～21.3%，药物可进入脑脊液中，在脑脊液中有蓄积，大部分（26%～80%）经肾脏排泄，其中90%在用药后12小时排泄，小部分经胆汁排泄，肾功能不全的患者对本药清除率降低，其MTD亦降低，肝功能不全患者对本药的代谢和毒性与正常人无明显差异（陈新谦等，2005；傅宏义，2003）。

【用途】 拓扑替康联合阿糖胞苷等可用于急性白血病特别是AML的治疗，对难治/复发性AML多报道有效（Kantarjian，1999；张春青等，2003；Weihrauch等，2004；姜中兴等，2006）。也可用于小细胞肺癌、晚期转移性卵巢癌经一线化疗失败者。

【用法与剂量】 推荐剂量为1.2mg/(m^2·d)，静脉输注30分钟，持续5天，21天为1个疗程，治疗中严重的中性粒细胞减少症患者，在其后的疗程中剂量减少0.2 mg/m^{2}或与G-CSF同时使用，使用从第6天开始，即在持续5天使用本品后24小时后再用G-CSF。

【副作用与注意事项】

（1）血液系统：有白细胞减少、血小板减少、贫血等反应。骨髓抑制（主要是中性粒细胞）是本品的剂量限制性毒性，与其他细胞毒药物联合应用时可加重骨髓抑制。

（2）消化系统：如恶心、呕吐、腹泻、便秘、肠梗阻、腹痛、口腔炎、厌食。

（3）皮肤及附件：如脱发，偶见严重的皮炎及瘙痒。

（4）神经肌肉：如头痛、关节痛、肌肉痛、全身痛、感觉异常。

（5）呼吸系统：可致呼吸困难。虽然尚不能肯定是否会因此而造成死亡，但应引起医生的重视。

（6）肝脏：有时出现肝功能异常，转氨酶升高。

（7）全身：如乏力、不适、发热。

（8）局部：静脉注射时，若药液漏在血管外局部可产生局部刺激、红肿。

（9）过敏反应：罕见过敏反应及血管神经性水肿。

（孙媛撰写，吴彤审校）

五、其 他 类

门冬酰胺酶

asparaginase

（别名：左旋门冬酰胺酶，L-asparaginase，左旋天门冬酰胺酶，L-ASP）

【药物】 本药为特殊来源的生物制剂，因此各公司产品有较大差异性，多半来自大肠埃希菌（*E. Coli* ASI 357），亦可自欧文菌（*Erwinia carotovora*，*Erwinia chrysanthemi*）中提取制备，少数产品亦有自酵母菌等提取。本药为白色结晶，易溶于水。禁忌用酒精化药。近年来亦有用PEG（聚乙二醇，相对分子质量5000）化的制品，称pegaspargase。本药以国际单位IU计量，本药或pegaspargase宜冷冻保存。15℃中不得超过48小时。

【药理与药代动力学】 本药为一种能分解左旋门冬酰胺为门冬氨酸与氨的酶制剂。与正常细胞不同的是恶性细胞常常不能自行合成门冬酰胺，因此在应用本药后由于体内缺乏门冬酰胺，造成恶性细胞的生存困境。但此原则并非绝对如此，临床上可有耐药病例与各种毒副作用。本药对处于 G_1 的白血病细胞有使核染色质断裂的作用。对处于细胞周期内其他时相的细胞可能作用较低。

据本药的商品Elspar在白血病患者中的药代动力学实验：血浆浓度的半衰期为8～30小时，如每天注射则血浆浓度递增，在脑脊液中的浓度为血浆中的1%，在尿中不能测到。

本药由于是一种酶制剂，即使在体内门冬酰胺酶的浓度较低时亦使血液中的底物——门冬酰胺低到难测的水平，并可维持3天至1周。因此，全身用药的药效并不与用药剂量成正比。然而，由于脑脊液中的浓度太低，要达到防治中枢神经系统白血病的作用，药物剂量应不低于一般剂量（见用法与剂量）。

【用途】 本药适用于急性淋巴细胞白血病，对急性髓性白血病亦有一定疗效。除本药与PEG制剂pegaspargase外，一般门冬酰胺酶已被大部分临床专家用于预防中枢神经系统急性淋巴细胞白血病的联合治疗，已有Pui等（1998）所报告。

【用法与剂量】 注意避免本药触及皮肤，尤其勿溅入眼内。除特殊情况外，临床上已不单独使用本药。本药的使用过程须注意以下事项：

（1）首次或再次用药先皮内试验，剂量为2IU（如剂量为10000 IU，则先用蒸馏水化至5 ml，再抽其0.1 ml，注入生理盐水10 ml中，再抽0.1 ml做皮内注射）。皮试至少观察1小时。即使呈阴性反应亦不能排除随后的过敏反应。

（2）本药应在医院中有抢救措施的条件下给药，抢救应包括静脉注射用钙制剂、肾上腺素、静注用皮质激素等药物与氧气供应设备等。

（3）首次与再度第一次用药时，推荐先用静脉滴注，用药前先滴注钙制剂，但有静脉用钙剂禁忌证者，可先连续用钙口服液，然后再滴注本药，本药的滴注在开始时，特别是首次或再次用药的第一次，必须特别缓慢，如作为脱过敏治疗，美国PDR（2008）介绍应用Elspar商品时，先滴1 IU，以后每10分钟增加一倍剂量，即第1小时仅滴注32 IU。

美PDR（2008）所推荐应用本药的两个方案之二：泼尼松40 mg/(m^2·d)，分3次口服，至第28天，然后逐渐减量。长春新碱1.5 mg/m^2，每周1次，共4次，每次剂量不超过2 mg。门冬酰胺酶6000 IU/m^2，肌内注射，第4、7、10、13、16、19、22、25、28天。患者CR后必须用适当的维持治疗。

【副作用与注意事项】 本药副作用首推过敏反应，包括超敏感反应，其表现与临床的其他过敏与超敏反应相同，例如关节痛、发热和呼吸窘迫。处理原则亦相同，包括立即终止给药。

其他副作用包括：①骨髓抑制；②中枢神经系统症状，包括情绪压抑、嗜睡、疲乏、昏迷；③肝脏损伤；④急性胰腺炎；⑤高血糖；⑥高血脂；⑦血栓形成及各种凝血因子、纤维蛋白原与抗凝血酶的下降。本药尚可导致胎儿的中毒。此外，由于以上原因，使用时应慎重地权衡患者在本药使用后的利弊。

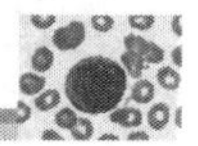

本药与 MTX 不宜同一天应用，否则两者的作用会互相抵消。可能是因为本药作用在 G_1 期细胞 MTX 作用在 S 期细胞。Capizzi 早在 1991 年就建议第一天用 MTX 静脉滴注，24 小时后应用门冬酰胺酶，而再后一次（第二次）MTX 的时间应在使用门冬酰胺酶的第 9～10 天。

（陆道培撰写）

安 吖 啶

amsacrine

（别名：胺吖啶，m-AMSA）

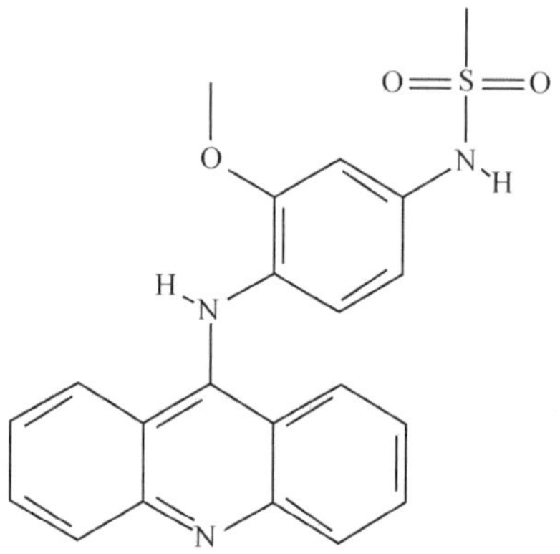

【药物】 安吖啶是一种强力的细胞毒制剂，为拓扑异构酶Ⅱ抑制剂，由 4-氨基苯胺磺酰与 9-氯吖缩合制得。本药遇氯离子易产生沉淀，全部过程中应避免与生理盐水及其他含氯离子的器皿或容器接触。安吖啶注射液未经稀释前应避免接触塑料制品，包括注射器，最好用玻璃注射器吸药。

【药理与药代动力学】 本品能嵌入 DNA 链中，造成 DNA 某些部位的损伤而抑制 DNA，阻止 RNA 的合成。它可以作用于细胞膜，为细胞周期非特异性药，作用于细胞 G_2 期或 S 期。口服吸收较差，通常经静脉给药。在肝脏内代谢，经胆汁排泄。对血脑脊液屏障的渗透性差，脑脊液中含量不到血中浓度的 20%（Hornedo 等，1985）。

【用途】 本药对急性白血病的各种类型均有较好的治疗效果，特别是急性髓系白血病。已对蒽环类化合物（如柔红霉素）或阿糖胞苷等产生抗药性的患者，使用本药仍可产生较好疗效。Kessler 等（2007）报告 16 例年龄≥60 岁急性髓系白血病患者，因心脏并发症，选择本药联合阿糖胞苷和 6-巯基嘌呤治疗，获得了同等的效果。另外，本药联合其他药物也获得了较好的疗效。Sung 等（2005）报告，联合中剂量阿糖胞苷加或不加依托泊苷治疗难治/复发的急性白血病安全有效。

【用法与剂量】 静脉滴注：90～120 mg/m^2，疗程 5～8 天，用 5%葡萄糖溶液稀释，每 2～4 周 1 次，输注时间 60～90 分钟。单药维持剂量 150mg/m^2，或分为 3 天，每 3～4 周1 次，根据情况可作适当调节。中等程度的肝、肾功能损伤剂量可减至 50%，或建议原剂量减少 20%～30%，为 60～75 mg/m^2（Sweetman 等，2007）。

【副作用与注意事项】 主要是骨髓抑制，为剂量限制性毒性。白细胞在化疗后 12 天降至最低，25 天左右恢复；常见胃肠道反应，与剂量有关。常出现低至中度恶心、呕吐。

当总剂量达到750 mg/m² 或更高时，容易发生黏膜炎；心、肝、神经毒性较轻，个别患者可出现室性心律不齐。较少出现过敏反应和癫痫发作，常伴有脱发；安吖啶注射液未稀释前应避免与皮肤或黏膜直接接触，以防止可能发生严重的静脉炎、组织坏死；对于有肝肾疾病的患者安吖啶要谨慎应用，适当减少剂量。理论上应用利尿剂或肾毒性药物如氨基糖苷类药物能增加因低钾所致的心脏毒性。

（费新红撰写，吴彤审校）

六、靶向治疗药物

与细胞毒性药物相比，靶向治疗药物具有特异性高、副作用相对较小等特点，目前用于抗白血病治疗的主要包括：①针对PML-RARα的，如ATRA，砷剂（三氧化二砷、四硫化四砷，见第五章）；②BCR-ABL酪氨酸激酶抑制剂，如伊马替尼，达沙替尼，尼罗替尼（见第十章）；③抗血管新生的，如沙利度胺、雷利度胺；④蛋白酶体抑制剂，如硼替佐米。

沙利度胺
thalidomide

（别名：反应停，酞胺哌啶酮）

【药物】 沙利度胺是一种合成性的谷氨酸衍生物，本药为白色或近白色粉末状。在以下溶剂中微溶：水、脱水酒精、丙酮、醋酸丁酯、乙酸乙酯、冰醋酸及甲醇；不易溶解于三氯甲烷、乙醚及苯液中；极易溶于二甲基甲酰胺、二噁烷及吡啶中。避光保存于密闭容器中。

【药理与药代动力学】 本品具有抗炎与免疫调节作用，已通过大量调查研究得以证实，但它的作用机制尚未完全阐明，可能通过以下途径发挥药理作用：抑制肿瘤坏死因子（TNF-α）的合成；在一定程度对IL-1、IL-6、IL-8有抑制作用；作用于T淋巴细胞，提升$CD8^+$ T淋巴细胞数量；抑制血管生成，抑制VEGF与βFGF等；修饰及改变黏附分子，改变基质细胞与肿瘤细胞特性；抑制某些细胞的生长与寿命，主要作用于肿瘤细胞（Teo等，2004）。

口服后3～6小时达到最高血药浓度，能够穿过胎盘，并且能够分布于精液中。半衰期为5～7小时。反应停及代谢产物可均匀地广泛分布于包括胎盘在内的全身大部分组织器官。主要通过非酶途径迅速水解，很少经过肝脏细胞色素P450酶系统，肝功能对其清

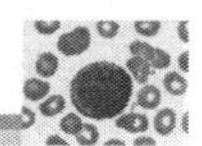

除过程无明显影响，但会影响其具有抗血管新生活性的代谢产物的生成。沙利度胺的代谢产物主要从尿中排出，原型从粪便排出。

【用途】 该药为一种镇静剂，有免疫调节活性。对于各型麻风反应如发热、结节红斑、神经痛、关节痛、淋巴结肿大等有一定疗效，对结核样型的麻风反应疗效稍差（Combe，2001）。对麻风无治疗作用，可与抗麻风药同用以减少反应。此外本药还可用于治疗难治多发性骨髓瘤，近年来发现该药联合地塞米松治疗初治的多发性骨髓瘤获得了较好的效果。该药还可用来治疗和预防移植物抗宿主病、严重免疫力缺陷所致的复发性口腔溃疡、白塞综合征、系统性红斑狼疮、结核与非结核性分枝杆菌感染，以及改善艾滋病患者的衰竭症状，治疗 Kaposi 肉瘤及克罗恩病（Aweeka 等，2001；Wohl 等，2002）。还可用于治疗原发于脑部的恶性肿瘤。目前，正进一步研究沙利度胺对更多恶性肿瘤的治疗作用。

【用法与剂量】 制剂为片剂。用于麻风反应的辅助治疗，可给予每天 100～200mg，分 4 次口服，对于严重反应，可增加至 300～400 mg。对于长期反应，需要长期给药，每天或隔天 25～50mg。用于多发性骨髓瘤的治疗，首次服用剂量应当为每天 200mg，根据患者差异性，剂量可每隔 1 周增加 100mg，最多每天不超过 800mg（Sweetman 等，2007）。

【副作用与注意事项】 本品有强烈致畸作用，妊娠时禁忌使用，男性患者在使用沙利度胺治疗期间不应捐血或精子（Lary 等，1999）。另一个主要的副作用就是周围神经病，该病严重且不可逆转。其他副作用有便秘、眩晕或直立性低血压等。少见反应有深静脉血栓，继发性停经，性功能异常，皮肤及黏膜损害（中毒性表皮坏死溶解症、脓皮病、青苔样皮损），药物性肝炎，甲状腺功能减退和中性粒细胞减少，血小板减少等（孙宏波等，2003）。另外，沙利度胺还可加强巴比妥酸盐、酒精、氯丙嗪及利血平的镇静活性，与其他一些药物同时服用可加重周围神经病，需谨慎服用（Powell，1994）。

（费新红撰写，吴彤审校）

雷利度胺
lenalidomide

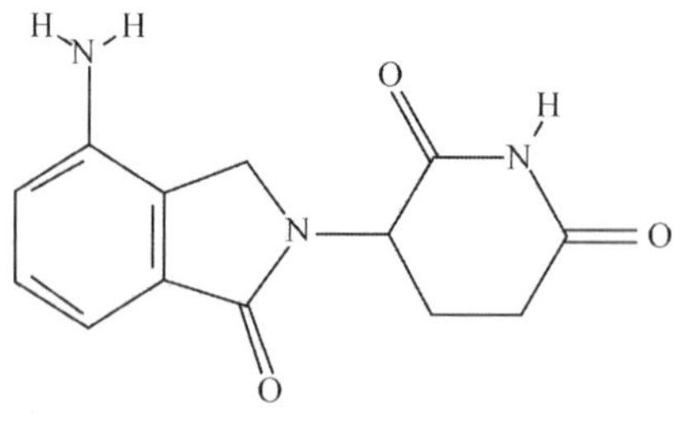

【药物】 雷利度胺是沙利度胺的衍生物，是新一代口服抗癌药。

【药理与药代动力学】 本品具有免疫调节和抗血管新生的功能。在免疫调节上，通过改变许多细胞递质的生成来影响免疫系统，达到提高免疫活性、抑制炎症递质的效果。还可通过抑制血管内皮生长因子（VEGF）而抑制肿瘤细胞的血管生成，也可直接抑制肿瘤细胞的增生及诱发异常细胞的分解（Anderson，2005；Dahut 等，2009）。在体内的半衰期为 3.9 小时，肾功能不全影响药物的排泄（Chen，2007）。

【用途】 主要用来治疗 5q 染色体缺失的骨髓增生异常综合征有输血依赖的患者（List 等，2005）。可以有效地治疗多发性骨髓瘤，对难治/复发多发性骨髓瘤也有较好的效果（聂玲等，2006；Hideshima 等，2006）。

【用法与剂量】 MDS 推荐的剂量是 10mg/d，根据血液学毒性可适当调整剂量。多发性骨髓瘤推荐的剂量为 25 mg/d。雷利度胺通过肾脏排泄，肾功能不全的患者应用过程中要小心。若肌苷清除率小于 50ml/min，药物的剂量应做适当调整（Sweetman 等，2007）。

【副作用与注意事项】 本药最常见的不良反应是可造成白细胞和（或）血小板减少。与蒽环类药物或类固醇激素联用时深静脉血栓和肺栓塞的可能性增加，可预防性应用抗凝剂。其他的副作用包括胃肠功能的改变、瘙痒、皮疹和乏力。因为潜在的致畸作用，妊娠妇女绝对禁忌。

（费新红撰写，吴彤审校）

硼替佐米

bortezomib

（别名：bortezomibum，LDP-341，Velcade）

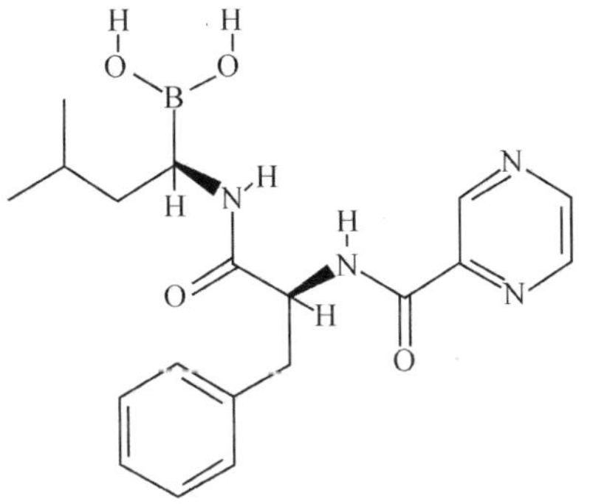

【药物】 硼替佐米是 26S 蛋白酶体的选择性抑制剂，为白色或类白色块状物或粉末，在 25℃（15～30℃）避光处保存，配制后的溶液应在 25℃以下保存，配制后 8 小时内使用。

【药理与药代动力学】 硼替佐米是哺乳动物中 26S 蛋白酶体的选择性抑制剂，26S 蛋白酶体是一种大的蛋白质复合体，可降解被泛素化的蛋白质。泛素蛋白酶体通道在调节特异性蛋白在细胞内的浓度中起到重要作用，以维持细胞内环境的稳定。蛋白水解会影响细胞内多级信号串联，这种对正常细胞内环境的破坏会导致细胞的死亡。而对 26S 蛋白酶体的抑制可防止特异蛋白的水解。这种抑制作用能破坏肿瘤细胞更替，导致细胞凋亡。

使用单剂量静脉注射硼替佐米后，血浆中药物浓度呈双相性下降，先是少于 10 分钟半衰期，随后是 5～15 小时的清除阶段。多次给药后清除率下降，代谢时间延长。有报道称蛋白结合率超过 80%。体外研究表明硼替佐米在体内主要通过细胞色素 P450 和同工酶 CYP3A4、CYP2C19 和 CYP1A2 进行酶氧化代谢，少量经 CYP2D6 和 CYP2C9 代谢。主

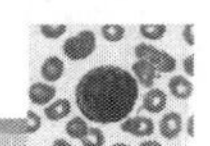

要的代谢途径是去硼酸化，形成 2 个去硼酸化代谢物，再通过羧基化形成几个代谢产物（Pekol 等，2005）。

【用途】 本品用于多发性骨髓瘤患者的治疗，此患者在使用本品前至少接受过两种治疗，并在最近一次治疗中病情还在进展（Richardson 等，2003）。Fleming 等（2002）以硼替佐米治疗难治/复发的 75 例患者，完成 2 个疗程以上的 54 例患者无严重非血液学毒性，有效率 85%。近年来研究表明，硼替佐米对初治多发性骨髓瘤也具有显著疗效，目前已成为多发性骨髓瘤首选治疗药物（Stanford 等，2003）。通常与皮质激素（地塞米松或泼尼松）、沙利度胺、化疗药物（美法仑或多柔比星或表柔比星等）联合应用。联合应用明显优于单药应用，疗效持续时间长，可明显延长患者生存期。Kröger 等（2006）报告 allo-SCT 后早期应用能够提高和维持缓解状态，预防 GVHD 发生，增强 GVM 效应。

本品还可用于难治/复发性套细胞淋巴瘤患者的治疗，此患者在使用本品前至少接受过一种治疗。用于该适应证的安全有效性数据来自国外一项针对先前治疗后复发的 155 例套细胞淋巴瘤的单臂Ⅱ期临床研究。单药总缓解率为 33%，其中完全缓解率为 8%（Goy 等，2009）。

【用法与剂量】 单药推荐剂量为 1.3 mg/m^2，静脉注射，以 21 天为 1 个疗程，分别在第 1、4、8 和 11 天注射。硼替佐米的使用间隔时间至少应该在 72 小时以上。对于超过 8 个疗程的维持治疗，可按标准方案给药，也可按每周 1 次、连续给药 4 周的维持方案，以 35 天为 1 个周期，分别在第 1、8、15 和 22 天用药。当引发周围神经病症、神经性的疼痛和血液学毒性症状时，应根据药物毒性大小适当减少剂量或停止用药。

本品须用 3.5ml 生理盐水完全溶解后在 3～5 秒内通过中央静脉导管或外周静脉注射，随后使用注射用 0.9%氯化钠注射液冲洗（Sweetman 等，2007）。

【副作用与注意事项】 常见副作用包括体虚无力、胃肠道疾病、周围神经病变、发热、血小板减少、中性粒细胞减少、贫血和直立性低血压。其他副作用包括视物模糊、视觉刺激、耳鸣、眩晕、头昏眼花、呼吸困难、皮疹、关节痛和肌肉疼痛。有报道称会引发肿瘤细胞溶解综合征和突发病症。还有报道称可能引发心脏疾病，如心动过速、心律不齐、心房颤动、心悸、心绞痛和心肌梗死。也可能引起肝胆并发症，如血胆红素过多、肝炎、胆汁阻塞和急性肝功能衰竭。还有可能引起急性肾功能衰竭。

在用硼替佐米进行治疗的过程中，应监测血细胞计数。对于癫痫患者和淀粉样变性病患者，应该谨慎用药。有肝脏损伤的患者，也应谨慎用药。患有充血性心力衰竭者病情可能会恶化。对硼替佐米、硼或者甘露醇过敏的患者禁用。

（费新红撰写，吴彤审校）

在了解抗白血病药物的药理和用法的同时，要掌握其主要的副作用，在保证疗效的同时降低风险。例如：蒽环类药物的主要副作用为心脏毒性，这包括输注相关的即刻毒性及远期毒性，后者影响更为严重和久远，这主要与累计剂量相关。而在单次用药剂量相同时，持续静脉滴注与快速静脉注射相比可以降低心脏毒性，见表 27-1。

表 27-1　蒽环类药物不同给药方式的心脏毒性的上限累计剂量

药物	给药方式	上限累计剂量
多柔比星	快速输注	450mg/m^2
多柔比星	每周 1 次	650mg/m^2
多柔比星	24 小时持续输注	650mg/m^2
多柔比星	48 小时持续输注	700mg/m^2
多柔比星	96 小时持续输注	800～1000mg/m^2
表柔比星	快速输注	900mg/m^2 表柔比星＝600mg/m^2 多柔比星（快速输注）
柔红霉素	快速输注	800mg/m^2 柔红霉素＝536mg/m^2 多柔比星（快速输注）
米托蒽醌	快速输注	160mg/m^2 米托蒽醌＝800mg/m^2 多柔比星（快速输注）

Lisa McDonald 和 Paul Kavanaugh 提出的避免化疗错误的关键点如下：

（1）了解患者正确的身高和体重。

（2）开医嘱时注明你用于计算化疗药剂量的身高和体重，以便于核对。

（3）在开化疗医嘱时避免被干扰。

（4）避免使用化疗药物的缩写或俗称。

（5）对于要给予的化疗要确定是有意义的、安全的。

（6）使用计算器计算，即使是简单的计算。

（7）microgram（微克）缩写为“mg”。

（8）不要认为化疗药物的单支剂量只有 1 种，请写明具体剂量（mg 或 g），不要用片、ml 或支代替。

（9）当剂量大于 10mg 时，请取最接近的整数剂量。

（10）不要使用小数点后的零。

（11）小数点前的零请不要省略。

（12）严禁口头医嘱。

（13）对多日/多剂量的化疗，请写明目标剂量 mg/m^2，以及实际每日剂量和实际整个疗程的剂量。

（14）使用规范的医嘱形式。

（15）当护士或药师质疑你的医嘱或向你提问时不要恼怒。

（16）积极参加医院药物安全委员会的工作。

参考文献

陈新谦等．2005. 新编药物学．第 16 版．北京：人民卫生出版社

陈育红等．1999. 米托蒽醌为主的联合化疗治疗急性髓细胞性白血病 126 例疗效分析．中华内科志，38：377

福建三明地区第一医院血液组．1978. 抗癌新药山尖杉酯碱及高山尖杉酯碱的药理和临床研究．输血及血液学，2：78

傅宏义．2003. 新编医院药物大全．第 2 版．北京：中国医药科技出版社

顾龙君等．2006. 儿童急性淋巴细胞白血病诊疗建议（第三次修订草案）．中华儿科杂志，44：392

国家药典委员会．2005. 中华人民共和国药典．北京：化学工业出版社

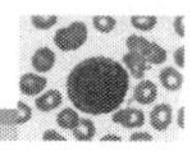

籍秀娟等．1979．三尖杉酯碱的代谢．药学学报，4：234
纪树荃等．1998．单剂米托蒽醌与阿糖胞苷治疗难治复发白血病 13 例分析．中华内科杂志，37：694
姜中兴等．2006．拓扑替康加阿糖胞苷方案治疗急性髓系白血病 16 例临床观察．中华内科杂志，45：792
匡昳．2000．MEA 方案治疗成人难治性白血病．白血病，9：43
李萍等．2008．柔红霉素治疗小儿白血病心脏毒性临床分析．中国实用儿科杂志，23：602
李英娟，熊文．2006．氮芥联合低分子肝素治疗难治性肾病综合征的临床观察．临床医学研究研究，23：1559
厉颖．2007．急性白血病治疗新药——氯法拉滨．上海医药，28：269
陆虹旻等．2001．阿糖胞苷的药代动力学及其酶学研究进展．国外医学·输血及血液学分册，24：309
吕焕章等．1993．去甲氧柔红霉素的作用及疗效评估．国外医学·合成药、生化药、制剂分册，3：151
孟小莉．2003．阿克拉霉素诱导原代白血病细胞凋亡的实验研究．河南肿瘤学杂志，16：237
聂玲等．2006．雷利度胺在恶性血液病中的应用现况．国际输血及血液学杂志，29：451
聂颖兰等．2007．新型抗白血病药氯法拉滨．中国新药杂志，16（10）：821
全小荣等．2009．梅花针联合窄谱中波紫外线、盐酸氮芥酊治疗白癜风 25 例临床观察．中国中西医结合皮肤性病学杂志，8：306
谌忠友等．1996．长春地辛与长春新碱体外抗癌作用比较．中国医师杂志，7：64
盛瑞兰等．2001．去甲氧柔红霉素与米托蒽醌为主的两种联合方案治疗难治性急性白血病的疗效比较．江苏医药杂志，27：284
宋岩等．2007．替尼泊苷注射液引起过敏性休克．药物不良反应杂志，6：439
孙宏波等．2003．反应停的少见副作用．国外医学·输血及血液学分册，26：123
孙晓非等．2004．BFM-90、CHOP 和 CHOP/HD-MTX 方案治疗儿童青少年 B 淋巴细胞非霍奇金淋巴瘤的生存率比较．癌症，23：933
王彩娟，须娟．2006．抗代谢药 5-阿扎胞苷（5-azacitidine）．World Clinical Drugs，27：508
王风．2007．中西医结合治疗狼疮性肾炎 56 例．实用中医药杂志，23：562
王景明等．1991．超常剂量阿糖胞苷的临床应用及其药理学基础．国外医学·输血及血液学分册，14：369
王振义等．1998．肿瘤的诱导分化和凋亡疗法．上海：上海科学技术出版社
吴思泽等．1987．阿糖胞苷治疗 12 例重症带状疱疹．中华皮肤科杂志，20：174
吴文等．2007．Cy-VP16-fTBI 预处理的干细胞移植治疗恶性血液病的长期疗效．上海交通大学学报，3：124
向佳斯．2005．霉酚酸酯与盐酸氮芥治疗难治性肾病综合征比较．中国医学工程，13：408
徐洪志等．2002．小剂量化疗药物治疗急性白血病机制的研究．山西医药杂志，2：102
徐瑞华等．1998．硫酸长春地辛Ⅲ期临床试验总结．癌症，3：197
杨道锋等．2001．抗病毒核苷类似物简介．医药导报，20：122
杨三强．2007．阿克拉霉素与阿糖胞苷联合治疗急性髓性白血病 31 例．Chinese Journal of Coal Industry Medicine，10：943
杨胜等．2007．米托蒽醌联合 FLAG 治疗复发性和难治性急性白血病的研究．中国现代医生，45：16
杨天楹．1989．抗白血病新药进展．国外医学·输血及血液学分册，12：6
姚尔固等．2000．新编白血病化疗学．天津：天津科学技术出版社，50
叶辉等．2001．儿童急性淋巴细胞白血病大剂量甲氨蝶呤治疗研究．中华血液学杂志，22：385
叶启东等．2003．阿糖胞苷治疗白血病基础和临床研究进展．临床儿科杂志，21：586
余亚东等．2006．中西医结合治疗局灶节段性肾小球硬化疗效观察．实用中医药杂志，22：692
翟莺莺等．2005．柔红霉素对白血病儿童心脏毒性的研究进展．实用儿科临床杂志，21：72

张春青等．2003. 拓扑替康联合阿糖胞苷治疗难治性急性非淋巴细胞白血病的疗效观察．中华血液学杂志，24：331

张凤奎等．1991. 阿糖胞苷的合理应用．国外医学·输血及血液学分册，14：366

张卫平等．2000. 去甲氧柔红霉素治疗急性白血病的临床分析．临床血液学杂志，13：207

张义成．1991. 阿克拉霉素对急性非淋巴细胞白血病细胞的诱导分化作用．中华血液学杂志，3：1491

赵知中等．1980. 高山尖杉酯碱的半合成．药学学报，1：46

中华医学会儿科学分会血液组中华儿科杂志编辑委员会．2006. 儿童急性淋巴细胞白血病治疗建议（第三次修订草案）．中华儿科杂志，44：392

周洁等．1996. 异基因骨髓移植两种预处理方案的比较．中华血液学杂志，17：64

周丽云等．2004. 去甲氧柔红霉素治疗难治性复发性急性白血病 23 例临床观察．吉林医学，4：102

周启声．2011. 不同治疗方案在难治性肾病综合征治疗中的效果比较．吉林医学，32：442

祝焱等．2010. 口服氟达拉滨治疗慢性淋巴细胞白血病、小淋巴细胞淋巴瘤的疗效观察．中国临床肿瘤杂志，37：1006

Peters WG et al. 1988. 大剂量阿糖胞苷：药理学与临床．国外医学·输血及血液学分册，11：198

Akashi K et al. 2000. A clarubicin induces differentiation of leukemic progenitors in myelodysplastic syndrome cooperating with granulocyte colony stimulating factor. Leuk Res，243：243

Alberts DS et al. 1979. Kinetics of intravenous melphalan. Clin Pharmacol Ther，26：73

Alberts DS et al. 1979. Pharmacokinetics and metabolism of chlorambucil and melphalan in man：a preliminary report. Cancer Treat Res，6：9

Alberts DS et al. 1980. Comparative pharmacokinetics of chlorambucil and melphalan in man. Recent Results Cancer Res，74：124

Anadolu RY et al. 2005. Mycosis fungoides and Sezary syndrome：therapeutic approach and outcome in 113 patients. Int J Dermatol，44：559

Anderlini P et al. 1995. Idarubin cardiotoxicity：aretros pective study in acute myeloid leukemia and myelodysplasia. J Din Oncol，13：2827

Anderson KC. 2005. Lenalidomide and thalidomide：mechanisms of action-similarities and differences. Semin Hematol，42（4 Suppl 4）：S3

Anderson VR，Perry CM. 2007. Fludarabine：a review of its use in non-Hodgkin's lymphoma. Drugs，67：1633

Anderson BS et al. 2002. Busulfan systemic exposure relative to regimen-related toxicity and acute graft-versus-host disease：defining a therapeutic window for i. v. BuCy2 in chronic myelogenous leukemia. Biol Blood Marrow Transplant，8：477

Antonio S et al. 1993. Mitoxantron Etoposide and intermeditedose Ara-C：an effective regimen for poor risk acute myeloid leukemia. Leukmia，7：549

Apell IM et al. 2008. L-asparaginase and the effect of age on coagulation and fibrinolysis in childhood acute lymphoblastic leukemia. Thromb Haemost，100：330

Arena FP et al. 1990. Doxorubicin hypersensitivity and clindamycin. Ann Intern Med，112：150

Ariffin H et al. 2003. Severe vincristine neurotoxicity with concomitant use of itraconazole. J Paediatr Child Health，39：638

Arlin Z et al. 1990. Randomized multicenter trial of cytosine arabinoside with mitoxant rone or daunorubicin in previously unt reated adult patients with acute nonlymphocytic leukemia（ANLL）. Leukemia，4：177

Arruds VR et al. 1997. Successful use of hydroxyurea in beta-thalassemia major. N Engl J Med，336：964

Avramis VI et al. 2002. A randomized comparision of native *Escherichia coli* asparaginase and polyethylene

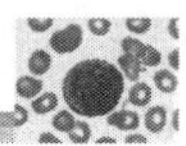

glycol conjugated asparaginase for treatment of children with newly diagnosed standard-risk acute lymphoblastic leukemia：a children's cancer group study. Blood，99：1986

Aweeka F et al. 2001. Pharmacokinetics and pharmacodynamics of thalidomide in HIV patients treated for oral aphthous ulcers：ACTG protocol 251. J Clin Pharmacol，41：1091

Babiuk LA et al. 1975. Comparison of the antiviral effects of 5-methoxymethyl-deoxyuridine with 5-iododeoxyuridine，cytosine arabinoside，and adenine arabinoside. Antimicrob Agents Chemother，8：643

Bachur NR et al. 1976. Cellular pharmocodynamics of several anthracycline antibiotics. J Med Chem，19：651

Badoux XC et al. 2011. Cyclophosphamide，fludarabine，rituximab and alemtuzumab（CFAR）as salvage therapy for heavily pre-treated patients with chronic lymphocytic leukemia. Blood，118：2085

Bajramovic JJ et al. 2002. 1-beta-*D*-arabinofuranosylcytosine inhibits borna disease virus replication and spread. J Virol，76：6268

Bass BH. 1960. Nitrogen mustard in the palliation of lung cancer. Brit Med J，1：617

Beijnen JH et al. 1985. Stability of anthracycline antitumor agents in infusion fluids. J Parenter Sci Technol，39：220

Beksac M et al. 1999. Randomized unicenter trial for comparision of three regimens in denovo acute nonlymphoblastic leukemia. Medical Oncology，15：183

Berentsen S et al. 2010. High response rate and durable remissions following fludarabine and rituximab combination therapy for chronic cold agglutinin disease. Blood，116：3180

Berman E et al. 1991. Results of randomized trial comparing idarubicin and cytosine arabinoside with daunorubicin and cytosine arabinoside in adult patients with newly diagnosed AML. Blood，77：1666

Blum W et al. 2007. Phase Ⅰ study of decitabine alone or in combination with valproic acid in acute myeloid leukemia. J Clin Oncol，25：3884

Bolaños-Meade J et al. 2005. Pentostatin in steroid-refractory acute graft-versus-host disease. J Clin Oncol，23：2661

Bonate PL et al. 2005. The distribution，metabolism，and elimination of clofarabine in rats. Drug Metab Dispos，33：739

Bontenbal M et al. 1998. Doxorubicin vs. epirubicin，report of a second-line randomized phase Ⅱ/Ⅲ study in advanced breast cancer，EORTC Breast Cancer Cooperative Group. Br J Cancer，77：2257

Boogerd W et al. 2007. Guideline "leptomeningeal metastases of solid tumours". Ned Tijdschr Geneeskd，151：123

Borsi JD et al. 1987. Prognostic importance of systemic clearance of methotrexate in childhood ALL. Cancer，60：3020

Bosanquet AG. 1985. Stability of melphalan solutions during preparation and storage. J Pharm Sci，74：348.

Bostrom BC et al. 2003. Dexamethasone versus prednisone and daily oral versus weekly intravenous mercaptopurine for patients with standard-risk acute lymphoblastic leukemia：a report from the Children's Cancer Group. Blood，101：3809

Bradaim M et al. 2003. Hydroxyurea can eliminate transfusion requirements in children with severe beta-thalassemia. Blood，102：1529

Buchner T et al. 1992. Long-term effects of prolonged maintenance and of very early intensification chemotherapy in AML：data from AMLCG. Leukemia，6（2）：68

Buggia I et al. 1996. Itraconazole can increase systemic exposure to busulfan in patients given bone marrow transplantation. GITMO（Gruppo Italiano Trapianto di Midollo Osseo）. Anticancer Res，16：2083

Calson H et al. 1995. Effects of Erwinia-asparaginase on the coagulation system. Eur J Haematol，55：289

Capizzi RL et al. 1985. Sequential high-dose and asparaginase in the therapy of previously treatment and untreatment patients with acute leukemia. Seminars in Oncology，12：105

Capizzi RL. 1981. Asparaginase-methotrexate in combination chemotherapy：schedule-dependent differential effctects on normal versus neoplastic cells. Cancer Treat Rep，56：115

Carey RW et al. 1975. Comparative study of cytarabinoside therapy alone and combined with thioguanine, mercaptopurin or daunorubicin in acute myelocytic leukaemia. Cancer，36：1560

Chan EM et al. 1996. Effects of doxorubicin，4′-epirubicin，and antioxidant enzymes on the contractility of isolated cardiomyocytes. Can J Physiol Pharmacol，74：904

Chan GCF. 2002. Letter to the editor：asparaginase-induced acute parotitis：an uncommon and self-limiting complication. Med Pediatr Oncol，39：73

Chang SY et al. 1978. Hydrolysis and protein binding of melphalan. J Pharm Sci，67：682

Chao NJ et al. 1993. Cyclosporine，methotrexate，and prednisone compared with cyclosporine and prednisone for prophylaxis of acute graft-versus-host disease. N Engl J Med，329：1225

Charisius J et al. 2009. Critical illness polyneuropathy：a rare but serious adverse event in pediatric oncology. Pediatr Blood Cancer，54：161

Chen N. 2007. Pharmacokinetics of lenalidomide in subjects with various degrees of renal impairment and in sujects on hemodialysis. J Clin Pharmacol，47：1466

Chen YC et al. 1996. Idnction therapy of newly diagnosed acute nonlyphocytic leukemia with idarubicin and cytosine arabinoside-the Taiwan experience. Semin Hematol，33：30

Christodoulopoulos G et al. 1997. Relationship between nitrogen mustard drug resistance in B-cell chronic lymphocytic leukemia（B-CLL）and protein expression of Bcl-2，Bax，Bcl-X and p53. Cancer Lett，121：59

Codling BW et al. 1972. Pulmonary fibrosis following therapy with melphalan for multiple myeloma. J Clin Pathol，25：668

Cohen MH et al. 1985. Drug precipitation within IV tubing：a potential hazard of chemotherapy administration. Cancer Treat Rep，69：1325

Cole RC et al. 1978. Pulmonary disease with chlorambucil therapy. Cancer，41：455

Combe B. 2001. Thalidomide：new indications. Joint Bone Spine，68：582

Cornwell GG et al. 1982. Influence of renal failure on myelosuppressive effects of melphalan：cancer and leukemia group B experience. Cancer Treat Rep，66：475

Cortes J et al. 2003. Advanced-phase chronic myeloid leukemia. Semin Hematol，40：79

Costa G et al. 1973. Melphalan and prednisone：an effective combination for the treatment of multiple myeloma. Am J Med，54：589

Costa R et al. 2011. Activity of azacitidine in chronic myelomonocytic leukemia. Cancer，117：2690

Cottin Y et al. 1998. Comparison of epirubicin and doxorubicin cardiotoxicity induced by low doses：evolution of the diastolic and systolic parameters studies by radionuclide angiography. Clin Cardiol，21：665

Coukell GL et al. 1997. Epirubicin：an updated review of its pharmacodynamic and pharmokinetic properties and therapeutic efficacy in the management of breast cancer. Drugs，53：453

Curtin JP et al. 1991. Ifosfamide-induced neurotoxicity. Gynecol Oncol，42：193；discussion 191

Dahut WL et al. 2009. Phase I study of oral lenalidomide in patients with refractory metastatic cancer. J Clin Pharmacol，49：650

Dalmark M et al. 1982. Molecular association between doxorubicin（adriamycin）and DNA-derived bases,

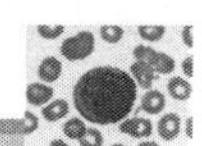

nucleosides, nucleotides, other aromatic compounds, and proteins in aqueous solution. Mol Pharmacol, 22: 158

de Jonge ME et al. 2005. Accuracy, feasibility, and clinical impact of prospective Bayesian pharmacokinetically guided dosing of cyclophosphamide, thiotepa, and carboplatin in high-dose chemotherapy. Clin Cancer Res, 11: 273

de Jonge ME et al. 2005. Clinical pharmacokinetics of cyclophosphamide. Clin Pharmacokinet, 44: 1135

de Lima M et al. 2003. Long-term follow-up of a phase I study of high-dose decitabine, busulfan, and cyclophosphamide plus allogeneic transplantation for the treatment of patients with leukemias. Cancer, 97: 1242

Dechant KL et al. 1991. Ifosfamide/mesna: a review of its antineoplastic activity, pharmacokinetic properties and therapeutic efficacy in cancer. Drugs, 42: 428

Di Bella N et al. 2005. An open-label pilot study of pentostatin, mitoxantrone, and rituximab in patients with previously untreated, stage Ⅲ or Ⅳ, low-grade non-Hodgkin lymphoma. Cancer, 103: 978

Eden OB et al. 2000. Long-term follow-up of the United Kingdom Medical Research Council protocols for childhood acute lymphoblastic leukemia, 1980-1997. Leukemia, 14: 2307

Edlin R et al. 2010. Azacitidine for the treatment of myelodysplastic syndrome, chronic myelomonocytic leukaemia and acute myeloid leukaemia. Health Technol Assess, 14 (1): 69

Einhorn N. 1978. Acute leukemia after chemotherapy (melphalan). Cancer, 41: 444

Elliott P. 2006. Pathogenesis of cardiotoxicity induced by anthracyclinet. Semin Oncol, 33 (3 Suppl 8): 2

Evans WE et al. 1986. Clinical pharmacodynamics of high-dose methotrexate in acute lymphocytic leukemia. N Engl J Med, 314: 471

Farag SS et al. 2011. Phase I trial and pharmacokinetic study of high-dose clofarabine and busulfan and allogeneic stem cell transplantation in adults with high-risk and refractory acute leukemia. Leukemia, 25: 599

Feldman EJ et al. 1996. Homoharringtonine in patients with myelodysplastic syndrome (MDS) and MDS evolving to acute myeloid leukemia. Leukemia, 10: 42

Fernandez HF. 2010. New trends in the standard of care for initial therapy of acute myeloid leukemia. Hematology Am Soc Hematol Educ Program, 2010: 56

Ferrario C et al. 2009. Intrathecal trastuzumab and thiotepa for leptomeningeal spread of breast cancer. Ann Oncol, 20: 792

Flasshove M et al. 2000. Long-term survival after induction therapy with idarubicin and cytosine arabinoside for de novo acute myeloid leukemia. Ann Hematol, 79: 533

Fleming JA et al. 2002. Complementary whole-genome technologies reveal the cellular response to proteasome inhibition by PS-341. Proc Natl Acad Sci USA, 99: 1461

Foss FM. 2006. The role of purine analogues in low-intensity regimens with allogeneic hematopoietic stem cell transplantation. Semin Hematol, 43: S35

Freeman AI et al. 1977. High-dose methotrexate in acute lymphocytic leukemia. Cancer Treat Rep, 61: 727

Fullerton CW et al. 1958. Nitrogen mustard in treatment of pleural and peritoneal effusions. Can Med Ass J, 79: 190

Gandhi V et al. 2002. Cellular and clinical pharmacology of fludarabine. Clin Pharmacokinet, 41: 93

Gandhi V et al. 2006. Clinical and pharmacokinetic study of clofarabine in chronic lymphocytic leukemia: strategy for treatment. Clin Cancer Res, 12: 4011

Giaccone L et al. 2008. Safety and potential efficacy of low-dose MTX for the treatment of GVHD in children. Bone Marrow Transplant, 36: 337

Giles FJ et al. 2003. Adaptive randomized study of idarubicin and cytarabine versus troxacitabine and cytarabine versus troxacitabine and idarubicin in untreated patients 50 years or older with adverse karyotype acute myeloid leukemia. Journal of Clinical Oncology，21：1722

Gill H et al. 2011. Non-gastric marginal zone B cell lymphoma：clinicopathologic features and treatment results. Ann Hematol，Apr 8 [Epub ahead of print]

Giri A et al. 2000. Production of podophyllotoxin from podophyllum hexandrum：a potential natural product for clinically useful anticancer drugs. Cytotechnology，34：17

Goren MP et al. 1989. Tubular nephrotoxicity during long-term ifosfamide and mesna therapy. Cancer Chemother Pharmacol，25：70

Gourley MF et al. 1996. Methylprednisolone and cyclophosphamide，alone or in combination，in patients with lupus nephritis—a randomized，controlled trial. Ann Intern Med，125：549

Goy A et al. 2009. Bortezomib in patients with relapsed or refractory mantle cell lymphoma：updated time-to-event analyses of the multicenter phase 2 PINNACLE study. Ann Oncol，20：520

Grüllich C et al. 2008. A fludarabine，thiotepa reduced toxicity conditioning regime designed specifically for allogenetic second haematopoietic cell reansplantation after failure of previous autologous or allogenetic transplantation. Bone Marrow Transplant，41：845

Guo QL et al. 2002. Comparison of antitomor effect of recombinant L-asparaginase with wild type one in vitro and in vivo. Acta Pharmacol Sin，23：946

Hale JP et al. 1994. Anthracyclines：cardiotoxicity and its prevention. Arch Dis Child，71：457

Harris J et al. 1985. Handling waste from patients receiving cytotoxic drugs. Pharm J，235：289

Hasan A et al. 2009. Repeated courses of rituximab in chronic ITP：three different regimens. Am J Hematol，84：661

Havsteen H et al. 1989. Prospective evaluation of chronic cardiotoxicity due to high-dose epirubicin or combination chemotherapy with cyclophosphamide，methotrexate，and 5-fluorouracil. Cancer Chemother Pharmacol，23：101

Hernández-Espinosa D et al. 2006. L-asparaginase-induced antithrombin type Ⅰ deficiency. American Journal of Patbology，169：142

Hideshima T et al. 2006. Current therapeutic uses of lenalidomide in multiple myeloma. Expert Opin Investig Drugs，15：171

Hill FG et al. 2004. Successful treatment without cranial radiotherapy of children receiving intensified chemotherapy for acute lymphoblastic leukaemia：results of the risk-stratified randomized central nervous system treatment trial MRC UKALL XI. Br J Haematol，124：33

Hiwarkar P et al. 2008. The feasibility of using topotecan，vinorelbine，thiotepa and gemcitabine (TVTG) in adult patients with relapsed/refractory acute lymphoblastic leukaemia/lymphoma. Leukemia，22：1627

Holland JF et al. 1981. Asparaginase and amino acids in cancer therapeutics. Cancer Treat Rep，65：123

Hornedo J et al. 1985. Amsacrine (m-AMSA)：a new antineoplastic agent. Pharmacology，clinical activity and toxicity. Pharmacotherapy，5：78

Huitema AD et al. 2001. A mechanism-based pharmacokinetic model for the cytochrome P450 drug-drug interaction between cyclophosphamide and thioTEPA and the autoinduction of cyclophosphamide. J Pharmacokinet Pharmacodyn，28：211

Hyakuna N et al. 2004. Childhood blastic NK cell leukemia successfully treated with L-asparaginase and allogenic bone marrow transplantation. Pediatr Blood Cancer，42：631

Inagaki J et al. 2008. Low-dose MTX for the treatment of acute and chronic graft-versus-host disease in chil-

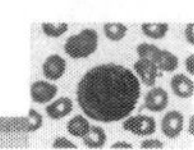

dren. Bone MarrowTransplant，41：571

Innocenti F et al. 1996. Clinical and experimental pharmacokinetic interaction between 6-mercaptopurine and methotrexate. Cancer Chemother Pharmacol，37：409

Jacobsohn DA et al. 2007. Phase Ⅱ study of pentostatin in patients with corticosteroid-refractory chronic graft-versus-host disease. J Clin Oncol，25：4255

Jeha S et al. 2004. Clofarabine，a novel nucleoside analog，is active in pediatric patients with advanced leukemia. Blood，103：784

Jeha S et al. 2006. Phase Ⅱ study of clofarabine in pediatric patients with refractory or relapsed acute lymphoblastic leukemia. J Clin Oncol，24：1917

Jeha S et al. 2009. Phase Ⅱ study of clofarabine in pediatric patients with refractory or relapsed acute myeloid leukemia. J Clin Oncol，27：4392

Jin J et al. 2006. Homoharringtonine in combination with cytarabine and aclarubicin resulted in high completement remission rate after the first induction therapy in patients with denovo acute myeloid leukemia. Leukemia，20：1361

Johnson GL et al. 1996. Late echocardiographic findings following childhood chemotherapywith normal serial cardiac monitoring. J Pediatr Heamatol Oncol，18：72

Kantarjian HM et al. 2003. Phase Ⅰ clinical and pharmacology study of clofarabine in patients with solid and hematologic cancers. J Clin Oncol，21：1167

Kantarjian H. 1999. New developments in the treatment of acute myeloid leukemia：focus on topotecan. Semin Hematol，36（Suppl8）：16

Keating GM. 2011. Spotlight on rituximab in chronic lymphocytic leukemia，low-grade or follicular lymphoma，and diffuse large B-cell lymphoma. Bio Drugs，25：55

Kerbusch T et al. 2001. Clinical pharmacokinetics and pharmacodynamics of ifosfamide and its metabolites. Clin Pharmacokinet，40：41

Kerbusch T et al. 2001. Modulation of the cytochrome P450-mediated metabolism of ifosfamide by ketoconazole and rifampin. Clin Pharmacol Ther，70：132

Kern W et al. 1998. Combination of aclarubicin and etoposibe or the treatment of advanced acute myeloid leukemia ：results of aprospective multicenter phase Ⅱ trial. German AML Cooperative Group. Leukemia，12：1522

Kessler T et al. 2008. Amsacrine containing induction therapy in elderly AML patients：comparison to standard induction regimens in a matched-pair analysis. Leukemia Res，32：491

Klein SA et al. 2011. Long term outcome of patients with steroid-refractory acute intestinal graft versus host disease after treatment with pentostatin. Br J Haematol，154：143

Kröger N et al. 2006. Bortezomib after dose-reduced allogeneic stem cell transplantation for multiple myeloma to enhance or maintain remission status. Exp Hematol，34：770

Kremer LC et al. 2001. Anthracycline-induced clinical heart failure in a cohort of 607 children：long-term follow up study. J Clini Oncol，19：191

Kufe D et al. 1984. Incorporation of 1-beta-*D*-arabinofuranosylcytosine into DNA from herpes simplex virus resistant to 9-beta-*D*-arabinofuranosyladenine. Cancer Res，44：69

Lary JM et al. 1999. The return of thalidomide：can birth defects be prevented? Drug Safety，21：161

Lazarus HM et al. 1983. Intensive melphalan chemotherapy and cryopreserved autologous bone marrow transplantation for the treatment of refractory cancer. J Clin Oncol，1：359

LeBot MA et al. 1988. Different cytotoxicity and metabolism of doxorubicin，daunorubicin，epirubicin，esorubicin and idarubicin in cultured human and rat hepatocytes. Biochem Pharmacol，37：3877

Lee JH et al. 2010. Fludarabine-based myeloablative regimen as pretransplant conditioning therapy in adult acute leukemia/myelodysplastic syndrome：comparison with oral or intravenous busulfan with cyclophosphamide. Korean J Hematol，45：102

Legha SS et al. 1982. Adriamycin therapy by continuous intravenous infusion in patients with metastatic breast cancer. Cancer，49：1762

Legros L et al. 2007. BCR-ABL transcript disapprearance in an imatinb-resistant CML patient treated with homoharringtonine：a new therapeutic challenge? Leukemia，21：2204

Lemaire M et al. 2008. Importance of dose-schedule of 5-aza-2′-deoxycytidine for epigenetic therapy of cancer. BMC Cancer，8：128

Lewis LD et al. 1990. Fractionated ifosfamide therapy produces a time-dependent increase in ifosfamide metabolism. Br J Clin Pharmacol，30：725

Li YH et al. 1983. Combined harringtonine or homoharringtonine chemotherapy for acute nonlymphocytic leukemia in 25 children. Chinese Medical Journal，96：303

Lima CS. 1997. Minimal doses of hydroxyurea for sickle cell disease. Braz J Med Biol Res，30：933.

Lin J et al. 2009. A phase Ⅰ dose-finding study of 5-azacytidine in combination with sodium phenylbutyrate in patients with refractory solid tumors. Clin Cancer Res，15：6241

List A et al. 2005. Efficacy of lenalidomide in myelodysplastic syndrome. N Engl J Med，352：549

Lisziewicz J et al. 2003. Hydroxyurea in the treatment of HIV infection：clinical efficacy and safety concerns. Drug Sa，26：605

Lokiec F. 2006. Ifosfamide：pharmacokinetic properties for central nervous system metastasis prevention. Ann Oncol，17 (4)：iv～33

Lori F et al. 2000. Rationale for the use of hydroxyurea as an anti-human immunodeficiency virus drug. Clinical Infectious Diseases，30：S193

Lowenberg B et al. 1998. Mitoxantrone versus daunorubicin in induction consolidation chemotherapy-the value of low-dose cytarabine for maintenance of remission ，and an assessment of prognostic factors in acute myeloid leukemia in the elderly：final report. J Clin Oncol，16：872

Lu DP et al. 2002. Tetra-arsenic tetra-sulfide for the treatment of acute promyelocytic leukemia：a pilot report. Blood，99：3136

Lu LH et al. 1983. Harringtonine in treatment of polycythemia vera. Chinese Medical Journal，7：533

Lübbert M et al. 2011. Low-dose decitabine versus best supportive care in elderly patients with intermediate-or high-risk myelodysplastic syndrome (MDS) ineligible for intensive chemotherapy：final results of the randomized phase Ⅲ study of the European Organisation for Research and Treatment of Cancer Leukemia Group and the German MDS Study Group. J Clin Oncol，29：1987

Maanen MJ et al. 2000. Chemistry，pharmacology and pharmacokinetics of N，N'，N''-triethylenethiophosphoramide (ThioTEPA) . Cancer Treat Rev，26：257

Magrath I et al. 1996. Adults and children with small non-cleaved-cell lymphoma have a similar excellent outcome when treated with the same chemotherapy regimen. J Clin Oncol，14：925

Mai WY et al. 2005. Introduction of apoptosis by homoharringtonine in G1 phase human chronic myeloid leukemia cells. Chinese Medical Journal，118：487

Makhani N et al. 2009. Cyclophosphamide therapy in pediatric multiple sclerosis. Neurology，72：2076

Mandelli F et al. 2003. Treatment of elderly patients (≥60 years) with newly diagnosed acute promyelocytic leukemia. Results of the Italian multicenter group GIMEMA with ATRA and idarubicin (A IDA) p roto-

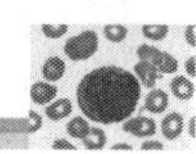

cols. Leukemia, 17: 1085

Martin H et al. 2003. Effect of hydroxyurea on mortality and morbidity in adult sickle cell anemia risks and benefits up to 9 years of treatment. JAMA, 289: 1645

Masaoka T et al. 1996. Aphase Ⅱ compara tive of idarubicin plus cytarabine versus daunorubicin plus cytarabine in adult acute myeloid leukemia. Semin Hematol, 33: 12

Mauz-körholz M et al. 2000. Prothrombotic risk fctors in children with acute lymphoblastic leukemia treated with delayed *E. coli* asparaginase (COALL-92 and 97 protocols). Thromb Haemost, 83: 840

McElwain TJ et al. 1979. High dose melphalan and non-cryopressed autologous bone marrow treatment of malignant melanoma and neuroblastoma. Exp Hematol, 7 (Suppl 5): 360

McGregor BA et al. 2009. The use of higher dose clofarabine in adults with relapsed acute lymphoblastic leukemia. Am J Hematol, 84: 228

McGuire BW et al. 1988. Pharmacokinetics of leucovorin calcium after intravenous, intramuscular, and oral administration. Clin Pharm, 7: 52

Mclean A et al. 1979. Pharmacokinetics and metabolism of chlorambucil in patients with malignant disease. Cancer Treat Rev, 6 (Suppl): 33

Milano G et al. 1990. CSF drug levels for children with acute lymphoblastic leukemia treated by 5 g/m^2 methotrexate. Eur J Cancer, 26: 492

Miller KB et al. 2004. A novel reduced intensity regimen for allogeneic hematopoietic stem cell transplantation associated with a reduced incidence of graft-versus-host disease. Bone Marrow Transplant, 33: 881

Mizukawa K et al. 2006. Synthetic Smac peptide enhances the effect of etoposide-induced apoptosis in human glioblastoma cell lines. Journal of Neuro-Oncology, 77: 247

Momparler RL et al. 1997. Pharmacological approach for optimization of the dose schedule of 5-Aza-2′-deoxycytidine (decitabine) for the therapy of leukemia. Leukemia, 11: 175

Momparler RL. 2005. Pharmacology of 5-Aza-2′-deoxycytidine (decitabine). Semin Hematol, 42 (3 Suppl 2): S9

Morris RG et al. 1991. Disposition of epirubicin and metabolites with repeated courses to cancer patients. Eur J Clin Pharmacol, 40: 481

Morrison J et al. 1978. Acute leukemia following chlorambucil therapy of advanced ovarian and fallopian tube carcinoma. Gynecol Oncol, 6: 115

Müller A et al. 2010. 5-Azacytidine/azacitidine. Recent Results Cancer Res, 184: 159

Nabhan C et al. 2011. Efficacy and safety of clofarabine in relapsed and/or refractory non-Hodgkin lymphoma, including rituximab-refractory patients. Cancer, 117: 1490

Nash RA et al. 2000. Phase Ⅲ study comparing methotrexate and tacrolimus with methotrexate and cyclosporine for prophylaxis of acute graft-versus-host disease after marrow transplantation from unrelated donors. Blood, 96: 2062

Nathan C et al. 1996. Melphalan: avoid with food. Pharm J, 257: 264

Nelius T et al. 2010. Clinical outcome of patients with docetaxel-resistant hormone-refractory prostate cancer treated with second-line cyclophosphamide-based metronomic chemotherapy. Med Oncol, 27: 363

Novack SN et al. 1971. Cyclophosphamide therapy in Wegener's granulomatosis. N Engl J Med, 284: 938

Oki Y et al. 2007. Phase Ⅱ study of low-dose decitabine in combination with imatinib mesylate in patients with accelerated or myeloid blastic phase of chronic myelogenous leukemia. Cancer, 109: 899

Omuro AM et al. 2006. Chemotherapy for primary central nervous system lymphoma. Neurosurq Focus, 21: E12

O'Brien S et al. 1995. Homoharringtonine therapy induces responses in patients with chronic myelogenous leukemia in late chronic phase. Blood，86：3322

Parmentier L et al. 2010. Specific nail alterations in cutaneous T-cell lymphoma：successful treatment with topical mechlorethamine. Arch Dermatol，146：1287

Pavletic SZ et al. 2003. Lymphodepleting effects and safety of pentostatin for nonmyeloablative allogeneic stem-cell transplantation. Transplantation，76：877

Pavlovsky S et al. 1994. A randomized study of mitoxant rone plus cytarabine versus daunomycin plus cytarabine in the treatment of previously untreated adult patients with acute nonlymphocytic leukemia. Ann Hematol，69：11

Pekol T et al. 2005. Human metabolism of the proteasome inhibitor bortezomib：identification of circulating metabolites. Drug Metab Dispos，33：771

Pierigè F et al. 2010. Cytotoxic activity of 2-fluoro-ara-AMP and 2-fluoro-ara-AMP-loaded erythrocytes against human breast carcinoma cell lines. Int J Oncol，37：133

Pinguet F et al. 1994. Effect of sodium chloride concentration and temperature on melphalan stability during storage and use. Am J Hosp Pharm，51：2701

Pinkel D et al. 1994. Prevention and treatment of meningeal leukemia in children. Blood，84：355

Plosker GL et al. 1993. Epirubicin：a review of its pharmacodynamic and pharmacokinetic properties，and therapeutic use in cancer chemotherapy. Drugs，45：788

Plosker GL et al. 2003. Oral fludarabine. Drugs，63：2317

Plunkett W et al. 1990. Metabolism and action of fludarabine phosphate. Semin Oncol，17（5 Suppl 8）：3

Pogliani EM et al. 1995. L-asparaginase in acute lymphoblastic leukemia treatment：the role of human antithrombin Ⅲ concentrates in regulating rhe prothrombotic state induced by therapy. Acta Haematol，93：5

Powell BL et al. 1995. GM-CSF and asparaginase potentiate ara-C cytotoxicity in HL-60 cells. Leukemia，9：405

Powell RJ et al. 1994. Guideline for the clinical use and dispensing of thalidomide. Postgrad Med J，70：901

Pui CH ct al. 1998. Early intensification of intrathecal chemotrerapy virtually eliminate central nervous system replapse in children with acute lymphoblastic leukemia. Blood，92：411

Pui CH et al. 2000. Long-term results of total therapy studies 11，12 and 13A for childhood acute lymphoblastic leukemia at St Jude Childrens Research Hospital. Leukemia，14：2286

Pujol M et al. 1997. Stability of epirubicin in NaCl 0. 9% injection. Ann Pharmacother，31：992

Quintás-Cardama A et al. 2007. Phase Ⅰ/Ⅱ study of subcutaneous homoharringtonine in patients with chronic myeloid leukemia who have failed prior therapy. Cancer，109：248

Quintás Cardama A ct al. 2008. Homoharringtonine for the treatment of chronic myelogenous leukemia. Expert Opin Pharmacother，9：1029

Raderer M et al. 2011. Second line chemotherapy in patients with enteropathy-associated T cell lymphoma：a retrospective single center analysis. Ann Hematol，[Epub ahead of print]

Reiter A et al. 1999. Improved treatment results in childhood B-cell neoplasms with tailored intensification of therapy：a report of the Berlin-Franfurt-Munster Group trial NHL-BFM90. Blood，94：3294

Rhoden W et al. 1993. Anthracyclines and heart. Eur Heart J，70：499

Riccardi R. 1981. Asparaginase pharmacokinetics and asparaginase levels in cerebrospinal fluid of Rhesus monkeys and humans. Cancer Res，41：4554

Richardson PG et al. 2003. A phase 2 study of bortezomib in relapsed，refractory myeloma. N Engl J Med，

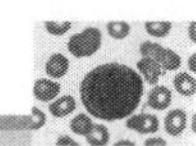

348：2609

Richardson SE et al. 2011. The management of classical Hodgkin's lymphoma：past，present，and future. Adv Hematol，865870. [Epub]

Richter P et al. 1970. Effects of chlorambucil on spermatogenesis in the human with malignant lymphoma. Cancer，25：1026

Rizzari C. 2000. L-asparaginase depletion and L-asparaginase activity in children with acute lymphoblastic leukemia receiving im or iv *Erwinia C.* or *E. coli* L-asparaginase as first exposure. Annals of Oncology，11：189

Robak T et al. 2005. Purine nucleoside analogues for the treatment of hematological malignancies：pharmacology and clinical applications. Curr Cancer Drug Targets，5：421

Robak T. 2005. Therapy of chronic lymphocytic leukaemia with purine nucleoside analogues：facts and controversies. Drugs Aging，22：983

Robert J. 1994. Clinical pharmacokinetics of epirubicin. Clin Pharmacokinet，26：428

Rodriguez-Galindo C et al. 2008. Clofarabine in refractory Langerhans cell histiocytosis. Pediatr Blood Cancer，51：703

Roecker AM et al. 2010. Nelarabine in the treatment of refractory T-cell malignancies. Clin Med Insights Oncol，4：133

Ronwinsky EK et al. 1991. The clinical pharmacology and use of antimicrotubul agents in cancer chemotherapeutics. Pharmacl Ther，73：891

Rundles RW et al. 1959. Comparison of chlorambucil and myleran in chronic lymphocytic and granulocytic leukemia. Am J Med，27：424

Rushing DA et al. 1994. The effects of cyclosporine on the pharmacokinetics of doxorubicin in patients with small cell lung cancer. Cancer，74：834

Ryberg M et al. 1998. Epirubicin cardiotoxicity：an analysis of 469 patients with metastatic breast cancer. J Clin Oncol，16：3502

Sahoo S et al. 2003. Histopathological features of L-asparaginase-induced liver disease. Seminars in Liver Disease，23：295

Saladi RN et al. 2006. Mustard：a potential agent of chemical warfare and terrorism. Clin Exp Dermatol，31：1

Saloum E et al. 1997. Chlorambucil-induced seizures. Cancer，79：1009

Santini V. 2009. Azacitidine：activity and efficacy as an epigenetic treatment of myelodysplastic syndromes. Expert Rev Hematol，2：121

Saunders EF. 1972. The effect of L-asparaginase on the nucleic acid metabolism and cell cycle of human leukemia cell. Blood，39：575

Scandura JM et al. 2011. Phase Ⅰ study of epigenetic priming with decitabine prior to standard induction chemotherapy for patients with AML. Blood，118：1472

Schrama JG et al. 2001. Phase Ⅱ study of a multi-course high-dose chemotherapy regimen incorporating cyclophosphamide，thiotepa，and carboplatin in stage Ⅳ breast cancer. Bone Marrow Transplant，28：173

Schrappe M et al. 2000. Long-term results of four consecutive trials in childhood ALL performed by the ALLBFM study group from 1981 to 1995. Leukemia，14：2205.

Schuler US et al. 1998. Pharmacokinetics of intravenous busulfan and evaluation of the bioavailability of the oral formulation in conditioning for haematopoietic stem cell transplantation，Bone Marrow Transplant，22：241

Shan K et al. 1996. Anthracycline-induced cardiotoxicity. Ann Intern Med，125：47

Shanafelt TD et al. 2007. Pentostatin, cyclophosphamide, and rituximab regimen in older patients with chronic lymphocytic leukemia. Cancer, 109: 2291

Sharma M et al. 2010. Nitrogen and sulphur mustard induced histopathological observations in mouse visceral organs. J Environ Biol, 31: 891

Shen DD et al. 1978. Clinical pharmacokinetics of methotrexate. Clin Pharmacokinet, 3: 1

Siddiqui M A et al. 2005. Azacitidine: in myelodysplastic syndromes. Drugs, 65: 1781.

Signal PK et al. 1998. Doxorubicin-induced cardiomyopathy. N Engl J Med, 339: 900

Silverman LR et al. 2011. Continued azacitidine therapy beyond time of first response improves quality of response in patients with higher-risk myelodysplastic syndromes. Cancer, 117: 2697

Simousson B et al. 2000. Roquinimex (limomide) vs placebo in AML after autologous bone marrow transplantation. Bone Marrow Transplant, 25: 1121

Slattery JT et al. 1997. Marrow transplantation for chronic myeloid leukemia: the influence of plasma busulfan levels on the outcome of transplantation. Blood, 89: 3055

Smets LA et al. 1976. Early response to chemotherapy of detected by pulse cytophotometry. Br J Cancer, 34: 153

Speth PA et al. 1988. Clinical pharmacokinetics of doxorubicin. Clin Pharmacokinet, 15: 15

Sposto R et al. 2001. Comparison of long-term outcome of children and adolescents with disseminated non-lymphoblastic non-Hodgkin lymphoma treated with COMP or daunomycin-COMP: a report from the Children's Cancer Group. Med Pediatr Oncol, 37: 432

Sr LPJ. 1992. The history of ifosfamide. Semin Oncol, 19 (6 Suppl 12): 2

Stanford BL et al. 2003. Bortezomib treatment for multiple myeloma. Ann Pharmacother, 37: 1825

Stathis A et al. 2011. Phase I study of decitabine in combination with vorinostat in patients with advanced solid tumors and non-Hodgkin's lymphomas. Clin Cancer Res, 17: 1582

Steigbigel RT. 1974. Acute myeloproliferative disorder following long-term chlorambucil therapy. Arch Intern Med, 134: 728

Steinberg AD et al. 1971. Cyclophosphamide in lupus nephritis: a controlled trial. Ann Intern Med, 75: 165

Steinberg SS et al. 1958. Pharmacological and pathological effects of alkylating agents. Ann N Y Acad Sci, 68: 811

Stemberg DW et al. 2000. Retreatment of patients with recurrent and primary refractory acute myelogenous leukemia using mitorantrone and intermediatedose cytarabine: a pharmacologically based regimen. Cancer, 88: 2037

Stresemann C et al. 2008. Modes of action of the DNA methyltransferase inhibitors azacytidine and decitabine. Int J Cancer, 123: 8

Sullivan M et al. 2005. Azacitidine, a novel agent for myelodysplastic syndromes. Am J Health Syst Pharm, 62: 1567

Sung WJ et al. 2005. Phase Ⅱ trial of amsacrine plus intermediate-dose Ara-C (IDAC) with or without etoposide as salvage therapy for refractory or relapsed acute leukemia. Jpn J Clin Oncol, 35: 612

Sviland L et al. 1987. Interaction of cimetidine with oral melphalan—a pharmacokinetic study. Cancer Chemotherapy Pharmacol, 20: 173

Sweetman SC et al. 2007. Martindale—the complete drug reference. 35th ed. London: Pharmaceutieal Press

Tavil B et al. 2010. Fludarabine, cytarabine, granulocyte colony-stimulating factor, and idarubicin (FLAG-IDA) for the treatment of children with poor-prognosis acute leukemia: the hacettepe experience. Pediatr Hematol Oncol, 27: 517

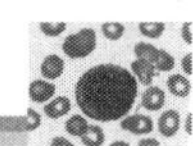

Telek B et al. 2010. Successful treatment of B-cell prolymphocytic leukemia (B-PLL) with FCR-Lite (fludarabine, cyclophosphamide, rituximab) protocol. Orv Hetil, 151: 1261

Teno T et al. 1997. Cell cycle arrest and apoptosis of leukemia cells induced by L-asparaginase. Leukemia, 11: 1858

Teo SK et al. 2004. Clinical pharmacokinetics of thalidomide. Clin Pharmacokinet, 43: 311

Teshihiro F et al. 1993. Action mechanism of idarubicin (4 - demcthoxydaunorubicin) as compared with daunorubicin in leukemic cells. Int J Hematol, 51: 121

Thomas DA et al. 2009. Multicenter study of vincristine sulfate liposomes injection and dexamethasone in adults with relapsed or refractory acute lymphoblastic leukemia. Cancer, 115: 5490

Tiu RV et al. 2011. Clofarabine for myelodysplastic syndromes. Expert Opin Investig Drugs, 20: 1005

Tolar J et al. 2005. Intravenous 6-mercaptopurine decreases salvage after relapse in childhood acute lymphoblastic leukemia: a report from the Children's Cancer Group study CCG 1922. Pediatr Blood Cancer, 45: 5

Tong HY et al. 2008. Homoharringtonine affects the JAK2-STAT5 signal pathway through alteration of protein tyrosine kinase phosphorylation in acute myeloid leukemia cells. European Journal of Haematology, 81: 259

Townes AS et al. 1976. Controlled trial of cyclophosphamide in rheumatoid arthritis. Arthritis Rheum, 19: 563

Trissel LA et al. 1997. Compatibility of doxorubicin hydrochloride liposome injection with selected other drugs during simulated Y-site administration. Am J Health-Syst Pharm, 54: 2708

Tsao CF et al. 2007. Azacitidine pharmacokinetics in an adolescent patient with renal compromise. J Pediatr Hematol Oncol, 29: 330

Tse E et al. 2011. Clofarabine and high-dose cytosine arabinoside in the treatment of refractory or relapsed acute myeloid leukaemia. Ann Hematol, 90: 1277

Vassal G et al. 1990. Busulfan and veno-occlusive disease of the liver. Ann Intern Med, 112: 881

Vilmer E et al. 2000. Long-term results of three randomized trials (58831, 58832, 58881) in childhood acute lymphoblastic leukemia: a CLCG-EORTC report. Leukemia, 14: 2257

Von Hoff DD et al. 1979. Risk factors for doxorubicin-induced congestive heart failure. Ann Intern Med, 91: 710

Weihrauch MR et al. 2004. Phase Ⅰ/Ⅱ clinical study of topotecan and cytarabine in patients with myelodysplastic syndrome, chronic myelomonocytic leukemia and acute myloid leukemia. Leuk Lymphoma, 45: 699

Weisberger AS. 1958. Direct instillation of nitrogen mustard in the management of malignant effusions. Ann N Y Acad Sci, 68: 1091

Wiernik PH et al. 1992. Cytarabine plus idarubicin or daunorubicin as induction and consolidation therapy for previously untreated adult patients with acute myeloid leukemia. Blood, 79: 313

Wiernik PH et al. 2003. A randomized trial of induction therapy (daunorubicin, vincristine, prednisone versus daunorubicin, vincristine, prednisone, cytarabine and 6-thioguanine) in adult acute lymphoblastic leukemia with long-term follow-up: an Eastern Cooperative Oncology Group study (E3486) . Leuk Lymphoma, 44: 1515

Wohl DA et al. 2002. Safety, tolerability, and pharmacokinetic effects of thalidomide in patients infected with human immunodeficiency virus: AIDS Clinical Trials Group 267. J Infect Dis, 185: 1359

Wolff D et al. 2011. Consensus conference on clinical practice in chronic GVHD: second-line treatment of chronic graft-versus-host disease. Biol Blood Marrow Transplant，17：1

Wolfrom C et al. 1993. Randomized comparison of 36-hour intermediate-dose versus 4-hour high-dose methotrexate infusions for remission induction in relapsed childhood acute lymphoblastic leukemia. J Clin Oncol，11：827

Woo M H et al. 1998. Anti-asparaginase antibodies following *E. coli* asparaginase therapy in pediatric acute lymphoblastic leukemia. Leukemia，12：1527

Wood MJ et al. 1990. Photodegradation of doxorubicin，daunorubicin and epirubicin measured by high-performance liquid chromatography. J Clin Pharm Ther，15：291

Wood MJ et al. 1990. Stability of doxorubicin，daunorubicin and epirubicin in plastic syringes and minibags. J Clin Pharm Ther，15：279

Woodruff AW. 1948. Nitrogen mustard in polycythaemia vera. Br Med J，2：299

Wu T et al. 2007. Tetra-arsenic tetra-sulfide containing triple-agent regimen as the first line therapy for acute promyelocytic leukemia：expeditiously consecutive complete remission and improved disease-free survival. Blood（ASH Annual Meeting Abstracts），110：591

Yap et al. 1978. Refractory acute leukemia in adults treated with sequential colapase and high-dose methotrexate. British Medical Journal，2：791

You Y et al. 2005. Podophyllotoxin derivatives：current synthetic approaches for new anticancer agents. Curr Pharm Des，11：1695

Young SD et al. 2006. Phase Ⅱ clinical trial results involving treatment with low-dose daily oral cyclophosphamide，weekly vinblastine，and rofecoxib in patients with advanced solid tumors. Clin Cancer Res，12：3092

Zaucha R. et al. 2008. High-dose chemotherapy with BEAM or busulphan/melphalan and thiotepa following by haematopoietinc cell transplantation in manlignant lymphoma. Leuk Lymphoma，49：1899

Zdink E et al. 1965. Chlorambucil therapy for lymphomas and chronic lymphocytic leukemia. JAMA，191：444

Zhang WG et al. 2008. Combination chemotherapy with low-dose cytarabine，homoharringtonine，and granulocyte colony-stimulating factor priming in patients with relapsed or refractory acute myeloid leukemia. Am J Hematol，83：185

Zhang XW et al. 1994. Antitumor activity of thevetoside alone and in combination with chlormethine in vivo. Zhongguo Yao Li Xue Bao，15：285

Zinzani PL et al. 2011. A phase Ⅱ trial of short course fludarabine，mitoxantrone，rituximab followed by ^{90}Y-ibritumomab tiuxetan in untreated intermediate/high-risk follicular lymphoma. Ann Oncol，［Epub ahead of print］

第二十八章　白血病及造血干细胞移植的护理

刘　洋　颜　霞

第一节　白血病及PICC的护理

一、白血病的护理

白血病是一种造血干细胞的克隆性恶性疾病。其特点是白血病细胞在骨髓和其他造血组织中大量增生积聚，并浸润、破坏其他器官和组织，抑制正常造血。临床上常出现发热、贫血、出血，以及肝、脾、淋巴结不同程度肿大等表现。

（一）护理评估

1. 病史　人类白血病的真正病因尚不完全清楚，可能与病毒感染、电离辐射、化学毒物、遗传及其他血液病等多种因素相互作用有关。

（1）应详细了解患者就诊的原因及主要症状：①有无HTLV-Ⅰ感染史；②是否有多次少量或一次大量放射物质接触史；③有无化学毒物接触史，职业性接触苯及其衍生物，居室新装修，长期染发史，氯霉素或保泰松用药史，应用烷化剂治疗某种癌症等；④家族中有无白血病患者，染色体是否异常；⑤患者是否有其他血液病，如慢性髓性白血病等；⑥有无发热、感染、贫血和出血，有无咳嗽咳痰、咽喉疼痛，有无头晕、头痛、面色苍白、心悸气短，有无鼻出血、牙龈出血、便血、月经量过多等。

（2）了解患者日常生活型态：①饮食习惯，如每天进食的餐数及每餐进食的量，有无偏食。②排泄习惯，如每天排泄的时间、次数及影响排泄的因素。③活动及睡眠、休息型态，如了解患者进食、穿衣、盥洗、如厕及自由活动等自理情况如何；了解患者每天睡眠的时间、是否容易入睡、夜里是否容易惊醒，白天有否午睡的习惯；每天要保证足够的休息。④嗜好，如了解患者是否吸烟，每天的吸烟量，吸烟的年数，已戒烟者，戒烟的时间有多久。了解患者是否喝酒，是否每天都喝酒，或只是社交性的喝酒，每次喝多少杯及酒的种类。

（3）了解患者的年龄、职业和居住环境。

（4）对再住院的患者，应了解以往的化疗情况，如化疗了几个疗程，化疗方案是什么，是否达到了完全缓解，化疗过程中有无出现不良反应，如恶心、呕吐、口腔溃疡、感染和出血等。

2. 身体评估

（1）全身状况：注意观察患者的生命体征和意识状态变化。有无发热、寒战。若出现剧烈头痛、喷射性呕吐并伴意识改变，多为颅内出血或中枢神经系统白血病表现。营养状况，近期体重有无减轻或消瘦。有无胸骨、肋骨和四肢关节等压痛。

(2) 皮肤、黏膜：全身皮肤是否有出血点及瘀点、瘀斑。局部皮肤有无隆起、变硬及结节等。鼻腔和牙龈有无出血。口唇及甲床是否苍白。口腔黏膜是否有溃疡、白斑。咽部有无充血，扁桃体是否肿大。肛周有无痔疮或脓肿等。

(3) 心、肺及肝、脾、淋巴结检查：患者心律是否整齐，有无心率增快，心界有无扩大。肺部呼吸音是否有变化，有无干、湿啰音，呼吸频率是否加快。肝、脾、淋巴结是否肿大，有无压痛等。

3. 实验室及其他检查

(1) 外周血象：大多数急性白血病患者白细胞计数增高，最高者白细胞可＞$100\times10^9/L$。也有不少急性白血病患者白细胞计数在正常水平或减少，低者白细胞可＜$1\times10^9/L$。血片分类检查原始和（或）幼稚细胞增高。白细胞不增多型病例血片分类很难找到原始细胞。急性白血病患者有不同程度的正细胞、正色素性贫血。约50%的急性白血病患者血小板＜$60\times10^9/L$。

(2) 骨髓象：多数患者骨髓增生明显活跃，且主要为原始和幼稚细胞。正常的幼红细胞、巨核细胞减少。少数患者骨髓增生低下。

(3) 血液生化改变：尤其在化疗期间，血清尿酸浓度增高。尿中尿酸排泄量增加，甚至可有尿酸结晶。患者发生DIC时可出现凝血功能障碍。

中枢神经系统白血病时，脑脊液压力增高，白细胞数增多＞$0.01\times10^9/L$，蛋白质增多＞450mg/L。糖定量减少。涂片中可见白血病细胞。脑脊液清浊度随所含的细胞数多少而变化。

4. 心理社会评估　白血病的诊断，对患者及其家属的心理往往都是一个严重的打击。白血病目前的治愈率仍然较低，当患者获悉患白血病后，绝大多数患者的内心对死亡的恐惧、焦虑，以及对治疗的期待，常常成为医护的难题。白血病患者大都有心理障碍，心理障碍与患者的性格、文化修养、病情轻重等有关。白血病患者一般要经历否认、焦虑、抑郁、悲观失望等这样一个心理过程。治疗中出现的躯体不良反应，可加重患者的焦虑、抑郁等心理障碍，还可带来自我形象紊乱、不良的家庭社会后果等，使患者丧失自信心。此时，医护人员要主动与患者进行交流，加强白血病的知识宣教和心理疏导，使患者增强信心，保持乐观稳定的情绪，如适当听音乐、看电视等，密切与医护人员合作，战胜焦虑心理，以积极的心态去面对现实。另外，医疗费用支付困难也严重影响了患者的心理状态，医护人员有必要向家属、患者工作单位负责人员讲清患者的病情和预后，以求得物质支持。

（二）主要护理诊断

(1) 有感染的危险：与机体免疫功能低下、中性粒细胞减少有关。

(2) 活动无耐力：与贫血引起全身组织缺氧、白血病代谢增高及化疗药的副作用有关。

(3) 出血倾向：与血小板计数减少、凝血因子缺乏有关。

(4) 口腔黏膜改变：与化疗药的副作用、机体免疫功能低下有关。

(5) 营养失调：与化疗、代谢率增加有关。

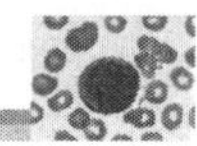

(6) 焦虑：与患白血病有关。

(7) 自我形象紊乱：与化疗药引起脱发有关。

(8) 知识缺乏：与不了解病情、营养需求及药物治疗有关。

(三) 计划与实施

1. 目标

(1) 患者能说出发生感染的危险因素、易感部位及预防措施。

(2) 患者住院期间不发生感染。

(3) 患者认识到贫血的原因，化疗期间努力进食，保证营养。

(4) 患者积极与医护人员合作，坚持化疗。

(5) 护士密切观察患者，及时发现出血倾向，及时处理。

(6) 患者能叙述口腔黏膜改变的原因、表现及护理措施。

(7) 患者在几天内口腔黏膜溃疡愈合。

(8) 患者能保持或恢复体重。

(9) 患者能描述自己的焦虑和应对模式。

(10) 患者能说出影响自我形象的原因。

(11) 患者能叙述预防感染、出血的措施。

2. 护理措施

(1) 病情观察：密切观察患者体温、脉搏、呼吸、血压等生命体征变化。注意监测患者外周血白细胞、血红蛋白、血小板计数及骨髓象情况，观察患者有无感染、贫血和出血的症状和体征，注意观察化疗后的不良反应。了解患者主诉，注意患者眼、鼻、口腔、皮肤等有无出血，有无头痛、头晕、心悸，食欲如何，肺部有无感染，肝脾大小，有无化疗药所致的恶心、呕吐、口腔溃疡、脱发等。

(2) 预防、控制和治疗感染：由于白血病患者白细胞功能和数量异常，不能发挥正常的抗感染作用，常易发生感染。感染是导致白血病患者死亡的主要原因，为此，要严密观察患者有无感染灶，做到早期发现，及时控制感染。因此要注意：①监测患者白细胞计数和生命体征的变化。②病室定时通风，保持空气新鲜，温湿度适宜，温度18～22℃，湿度60%。并每日用紫外线照射进行空气消毒，用消毒液擦拭家具及地面。③限制陪住和探视人员，减少交叉感染的机会，若患者粒细胞$<0.5\times10^9$/L时，实行保护性隔离，如隔离衣、层流床、洁净室等。④指导患者养成良好的个人卫生习惯，经常洗澡，保持皮肤的清洁，预防皮肤感染。⑤保持口腔的清洁、舒适。因口腔是最容易感染和出血的部位，可出现口腔黏膜肿胀和溃疡，此时可用紫外线治疗仪照射，促进口腔黏膜消肿愈合。餐前餐后、睡前醒后要用5%碳酸氢钠溶液和复方氯己定溶液交替漱口。应用广谱抗生素或化疗药时，易发生真菌感染，可用5%碳酸氢钠液漱口，预防口腔感染。⑥保持会阴部及肛周皮肤的清洁，每日便后清洗肛周，并用1∶10 000的高锰酸钾液坐浴，并注意保持排便通畅，以免发生肛裂或肛周感染。⑦根据室内外温度的变化调整衣着，防止受凉感冒和呼吸道感染。⑧遵医嘱应用抗生素，现用现配。⑨严格执行无菌操作技术规程，避免医源性感染。

(3) 预防和控制出血：外周血中血小板计数$<50\times10^9$/L或呈进行性下降时，应提高警惕，注意观察患者有无出血倾向。①检查患者全身皮肤有无瘀点、瘀斑，于穿刺后，针

眼处按压5分钟以上以预防出血，保护皮肤黏膜，避免外力碰撞。②勿用牙刷刷牙或用牙签剔牙，以防牙龈出血，可用柔软棉签擦拭牙龈。勿进食粗糙的食物，以免刺破口腔黏膜，宜进流质或半流质饮食。③保持鼻腔黏膜的清洁湿润，每日用湿棉签清洁鼻腔和复方薄荷油滴鼻，不用力擤鼻和挖鼻，防止鼻出血。④预防便秘，每日饮水3000～4000ml以上，多吃水果。⑤避免活动过度，当血小板计数$<20\times10^9$/L时，有自发性出血的可能，应绝对卧床休息，遵医嘱输注血小板，以防颅内出血。遇有患者剧烈头痛、呕吐、视物模糊等，要及时通知医生迅速给予处理。

（4）控制贫血：①轻度贫血的患者，应嘱患者多休息。日常活动时，若出现头晕、心慌，应让患者卧床休息。严重贫血且极度虚弱的患者，日常生活需要护士给予协助。护理工作应集中，确保患者充分的休息。②保持患者的皮肤清洁，卧床患者注意翻身，防止出现压疮。③遵医嘱输入红细胞或全血，输血速度要慢，注意观察有无输血反应。④保持呼吸道通畅，以获取足够的氧气。

（5）饮食、活动、休息：给予患者高蛋白、高维生素、高热量饮食，以补充体内营养所需。宜多食水果、蔬菜。化疗期间要保证充足的营养，禁食辛辣刺激的食物，宜食清淡易消化的软食，并注意饮食卫生，食物要煮熟，牛奶要消毒，尽量不买熟食，若食用时，需重新蒸20分钟或用微波炉加热消毒，以免发生腹泻。每日用5%碳酸氢钠溶液和复方氯己定溶液交替漱口，保持口腔的清洁。根据患者情况制定合理的活动量。由于患者白细胞过度增殖，基础代谢率升高，贫血缺氧，因此患者要多加休息，注意劳逸结合。保持病室安静，以保证充分的休息与睡眠，每日保证患者睡眠在7小时或以上。

（6）药物的护理：遵医嘱应用化疗药物，大剂量化疗时可出现严重的骨髓抑制，多数患者是在停用化疗药物后的第7～14天骨髓抑制到最低限，之后逐渐恢复。因此，要定期监测外周血象，疗程结束后进行骨髓穿刺，以便观察疗效。根据患者骨髓抑制情况遵医嘱为患者输入全血、浓缩红细胞、血小板等。某些化疗药对局部组织刺激性大，如柔红霉素、多柔比星、阿克拉霉素等易引起化学性静脉炎。为避免化学性静脉炎的发生，静脉注射或静脉滴注后要用生理盐水冲洗静脉，以减轻化疗药对局部的刺激，最好为患者置入PICC（经外周静脉置入的中心静脉导管）或CVC（中心静脉导管）。

患者在化疗期间出现脱发时，主动向其讲明原因，并告之头发可以再生，不必为此担忧。

注意观察患者用药后的反应，如VCR可致眼睑下垂、感觉异常等神经系统损害；泼尼松可致精神性格改变、高血压和溃疡病；DNR可引起心律不齐等心肌损害；Cy可导致出血性膀胱炎、血尿等，嘱患者多饮水，每日饮水量在3000ml以上；MTX可引起口腔黏膜及消化道黏膜溃疡，嘱患者勤用甲酰四氢叶酸钙口含、漱口及吞咽；L-ASP可致过敏反应、血糖升高等。

（7）心理支持：了解患者的性格、家庭环境、住院体会、对疾病的了解程度和所获得的心理支持等，然后再给予适当的安慰与协助。如让患者及家属学会白血病的自我护理，家属对患者给予支持理解、关心、照顾，患者遇有不顺心的事要讲出来，克服消极情绪，学会自我心理疏导等。

（8）健康指导：向患者及家属讲解疾病的有关知识，使之学会自我护理的技巧。白血病经过化疗进入维持缓解期时，为延长缓解期，还需要继续治疗，以达到强化巩固疗效的

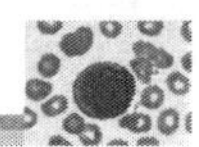

目的。应让患者按计划、按时化疗，否则白血病复发，后果不堪设想。化疗间歇期保证足够的睡眠与休息，选择合理饮食，学会预防感染、贫血、出血的自我护理知识。

（四）预期结果与评价

1. 预期结果

（1）维持正常体温。

（2）预防继发感染。

（3）保持呼吸道的通畅，预防吸入性肺炎。

（4）贫血现象减轻。

（5）维持适当的营养及体液平衡。

（6）预防受伤和出血。

（7）维持患者皮肤的完整性。

（8）患者及家属能描述出血倾向的原因及预防方法。

（9）患者及家属能正确地执行出血紧急处理方法。

（10）患者出血的量、范围、次数减少，时间缩短。

（11）控制病情，预防恶化。

（12）维持患者的清洁舒适。

（13）促进身心的舒适。

2. 评价 白血病患者常常因白血病细胞浸润器官和组织而遭受很多痛苦，护理人员要详细评估，提供适当的护理措施后，应具体评价所执行的护理活动是否已经解决了患者的问题，护理目标是否实现，有关的评价项目包括：

（1）患者是否已经了解了预防感染的措施？患者是否能描述若出现哪些症状需要通知医生，并接受治疗？

（2）患者是否得到了足够的营养？

（3）患者得到充分的休息了吗？

（4）患者是否了解了预防损伤的措施？患者是否出现血小板减少的征兆？

（5）患者的疼痛已经减轻了吗？

（6）因化学治疗引起的副作用是否已经缓解？

（7）患者能适应疾病所带来的改变吗？是否已经提供了必要的协助？

（8）患者对白血病是否了解？是否了解治疗的过程？

（五）出院指导

出院前向患者及家属进行有关疾病知识和巩固强化治疗的指导：为了达到长期生存和临床痊愈的目的，巩固疗效，预防复发，完全缓解出院后必须坚持按时化疗，1 年以内每月强化治疗 1 次，2 年以内每 2 个月强化治疗 1 次，3 年以内每 3 个月强化治疗 1 次，4 年以后每 4～6 个月强化治疗 1 次。

保证足够的营养和休息：给予高蛋白、高热量、高维生素饮食，避免食用油腻、辛辣刺激的食物。保证充足的睡眠与休息，根据体力情况适当活动。

注意个人卫生：保持口腔的清洁舒适，早晚及餐后及时漱口。每日便后进行清洗，保持会阴部的卫生，每天更换内衣内裤。根据天气冷热，及时调整衣着，避免着凉感冒。尽量避免去公共场所，以防交叉感染。

向患者及家属讲明保持患者乐观情绪的重要性：给予患者积极的支持和鼓励，让患者树立战胜疾病的信心。

定期到门诊复查血象和骨髓象：若出现发热、头痛、恶心、呕吐及关节疼痛等应及时到医院就诊。

二、经外周静脉置入的中心静脉导管（PICC）的护理和维护

（一）静脉的解剖：臂部静脉的解剖

意义：了解静脉壁的解剖和生理特点，有助于理解静脉输液治疗的潜在并发症。
静脉壁由三层组成：内膜、中膜和外膜。

（二）静脉的组织学

1. 外膜

（1）外膜为静脉的最外一层。
（2）由胶原和弹性纤维交织成细网，形成疏松的结缔组织，表面较为粗糙。
（3）提供对静脉的支持和保护作用。
（4）供应血管壁的动脉和静脉在此分布。
与静脉输液相关的因素有：
（1）穿透这一层时有突破感“POP”，引起静脉的损伤。
（2）脆性大、失去弹性（老龄）的静脉会影响穿刺成功率。
（3）静脉穿刺时如刺穿血管可产生血肿。
（4）外膜硬化时表现为穿刺时静脉滚动，穿刺困难。

2. 中膜

（1）中膜为静脉的中层。
（2）较厚，是静脉的主要组成部分。
（3）由弹性纤维、平滑肌、神经构成的致密组织。
（4）神经末梢控制静脉的收缩和舒张，并维持静脉壁的张力。
与静脉输液相关的因素有：
（1）穿刺时感觉疼痛。
（2）外界温度的变化、激动、物理刺激（如输注冷冻液体）会导致静脉痉挛。
（3）热敷可使静脉舒张、解除痉挛、增加血流速度。
（4）系止血带时间过长可导致静脉过度膨胀、静脉挛缩（系止血带时间应<2 分钟）。
（5）可出现送管困难。
（6）穿刺时见回血，应压低穿刺角度，再进针 0.2cm。

3. 内膜

（1）内膜为静脉的最里一层。

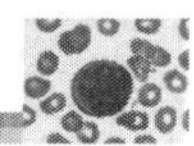

（2）由平滑的单层弹性内皮细胞组成：①光滑的表面，允许血液细胞顺利通过；②分泌肝素及前列腺素抗凝作用。

（3）在光滑内膜的下层是粗糙的表面，允许血小板聚集。

（4）内膜可随年龄的增加而变得很脆。

（5）内皮细胞层的功能之一是识别静脉内外来物质，发挥免疫能力。

（6）内皮细胞层损坏或异物的侵入将使该层产生炎性反应。

（7）静脉内膜的破坏可以是机械性、化学性和细菌性。

（8）形成静脉瓣。

与静脉输液相关的因素有：

（1）静脉内膜的损伤导致血小板聚集，引起静脉炎。

（2）静脉内膜增厚瘢痕会造成穿刺失败。

（3）静脉内膜增厚使回流量不足，并减慢输液速度。

（4）在满足治疗要求的情况下，使用最细、最短的导管以减少治疗过程中对静脉内膜的损伤。

（5）避免在近期穿刺点的下方穿刺，避免药物通过既往已受损的静脉内膜。

（6）避免在关节部位穿刺。

（7）穿刺点消毒后，应完全风干后再行静脉穿刺。

（8）妥善固定静脉导管，避免刺激静脉内膜。

（9）使用组织相容性好的导管材料，减少对静脉内膜的损伤。

（10）稀释静脉输注药物以减少进一步刺激的危险。

（11）输注高渗溶液时应时选择最大的和最合适的静脉。

（12）输注高渗溶液时应首先考虑中心静脉。

（13）如可能，应在高渗溶液后注入等渗溶液以减少高渗溶液对静脉壁的刺激。

（14）静脉输液速度与静脉刺激有关。

（15）静脉输液时间延长，增加并发症的危险。

4. 静脉瓣

（1）由静脉内膜的内皮细胞形成的半月形结构。

（2）成对出现。

（3）常见于肢体大静脉。

（4）其作用是保持血流向上回心，开闭受肢体肌肉的辅助。

（5）头颈部静脉没有静脉瓣。

（6）静脉瓣的表现是静脉走行处的一个隆起，也可发生在静脉分叉处。

与静脉输液相关的因素有：

（1）静脉穿刺时应避免导管放置于静脉瓣处。静脉瓣可影响导管顺利置入静脉内。

（2）置管时如损伤静脉瓣，可导致静脉内膜细胞撕裂损伤，增加血栓形成的危险。

（3）如送管时遇到困难，可考虑应用下列技术：让患者做握拳运动、在静脉流动时送管。

（4）应记住静脉瓣损伤对临床治疗很不利，应尽量避免。

（5）静脉瓣对通过静脉导管采血会产生不利影响。

(6) 静脉导管尖端位于静脉瓣处可降低输液速率。

(三) PICC

1. PICC 的全称　PICC 为 peripherally inserted central catheter 的缩写，即经外周静脉置入的中心静脉导管。

2. PICC 的定义　由外周静脉（贵要静脉、肘正中静脉、头静脉）穿刺置管，其尖端定位于上腔静脉或锁骨下静脉的导管。为患者提供中期至长期的静脉输液治疗（5 天至 1 年）。

3. 导管特点

(1) 导管是由硅胶材料或聚氨酯材料制成，具有柔软、弹性好且生物相容性好的特点。

(2) 为一条可放射显影的导管。使用时，可通过放射影像学确认导管及其尖端的位置。

(3) 导管总长度通常为 60cm，可根据个体及治疗需要进行修剪。

(4) 导管上以厘米做的刻度标记使修剪导管时既准确又容易。

(四) PICC 的应用指征

1. 适应证

(1) 缺乏外周静脉通路，或倾向。

(2) 锁骨下或颈静脉插管受限或禁忌。

(3) 烧伤、放疗、其他胸/颈部损伤或手术的患者。

(4) 凝血疾病。

(5) 右旋糖酐浓度大于 10%。

(6) 发泡性药物连续输液。

(7) 渗透压或 pH 的较大差异。

(8) 须长期静脉输液治疗的患者，如抗生素、液体治疗、疼痛治疗。

(9) 用输液泵或加压输液的患者。

2. 禁忌证

(1) 肘部静脉血管条件差。

(2) 穿刺部位有感染或损伤。

(3) 乳腺癌术后患侧臂静脉。

(4) 顺应性差。

(5) 严重出血性疾病。

(五) PICC 的优势

(1) 降低颈部和胸部插管的严重并发症，如血胸、气胸、误伤动脉。

(2) 减少频繁穿刺静脉的痛苦和不适。

(3) 保留外周静脉，作为远期治疗的血管通路。

(4) 特别有助于高危和免疫抑制人群。

(5) 感染发生率小于 0.2%。

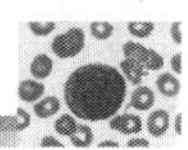

(6) 可由护士操作。

(7) 适合医院、社区医疗、家庭病床慢性病需长期输液者。

(六) 静脉的选择

1. PICC 穿刺静脉的选择 贵要静脉、肘正中静脉和头静脉。

(1) 贵要静脉：①PICC 插管的首选，90%的 PICC 放置于此；②该静脉粗、直，静脉瓣较少；③当手臂与躯干垂直时，为最直和最直接的途径，经腋静脉、锁骨下、无名静脉，达上腔静脉；④入点不如头静脉表浅，穿刺时常需触摸定位。

(2) 肘正中静脉：①PICC 插管的次选；②该静脉粗、直，但个体差异较大，静脉瓣较多，故应于静脉穿刺前定位；③理想情况下，肘正中静脉加入贵要静脉，形成最直接的途径，经腋静脉、锁骨下静脉、无名静脉，达上腔静脉；④略有滚动倾向，容易将其稳定于下方的筋膜上。

(3) 头静脉：①PICC 的第三选择；②该静脉前粗后细，且高低起伏，在锁骨下方汇入腋静脉；③进入腋静脉处有较大角度，可能有分支与颈静脉或锁骨下静脉相连，引起推进导管困难，使患者的手臂与躯干垂直有助于导管推入；④导管易反折进入腋静脉/颈静脉；头静脉在臂部上升时会有狭窄段，增加了与插管相关的机械性静脉炎的风险。

2. 导管尖端定位 上腔静脉和锁骨下静脉。

(1) 导管尖端放置位置：应遵医嘱和考虑以下几种情况，如液体和药物的类型，输液疗程，药物的 pH 和渗透压，液体流速和体积。建议导管尖端位置为上腔静脉。

(2) 导管尖端位置的体表定位：上腔静脉从预穿刺点沿静脉至右胸锁关节再向下至第 3 肋间。

(七) 穿刺点选择

(1) 在肘下两横指处进针。

(2) B 超下可在肘上 10cm 左右进针。

(3) 如果进针位置偏下，血管相对较细，易引起回流受阻或导管与血管发生摩擦而致一系列并发症。

(4) 如果进针位置过上，易损伤淋巴系统或神经系统。此外，上臂静脉瓣较多，不宜做盲穿的穿刺点，但可在 B 超下用血管微穿刺鞘进行穿刺。

(八) 影响 PICC 导管流速的因素

(1) 患者的情况。

(2) 静脉壁的完整性。

(3) 静脉系统的阻力。

(4) 液体的渗透压。

(5) 注射泵的压力。

(6) 导管的长度和内径。

(7) 不适当的导管固定可导致导管打折，影响流速。

(8) 通过非电子注射装置的流速可能小于预期的流速。

（九）PICC的技术操作步骤

1. 评估

（1）患者病情、年龄、意识状态和心肺功能。

（2）患者局部皮肤组织及血管的情况。

（3）患者有无特殊需要（排尿、便等）。

（4）患者的合作程度。

（5）患者的心理反应。

2. 常规PICC置管技术

用物：常规输液车、肝素1支、无菌生理盐水、2%利多卡因溶液1支（根据需要）、1ml注射器1个、无菌手套2副、PICC导管包（PICC导管、治疗巾2块、孔巾1块、纱布、10ml注射器2个、直剪1把、无齿镊1把、纸尺、酒精棉棒、碘伏棉棒、皮肤保护剂棉棒、透明敷料、免缝胶带）。

操作步骤：

（1）洗手，戴口罩。

（2）核对医嘱，向患者解释目的及方法。

（3）备齐用物，推车携物至患者床旁，核对床号、姓名。

（4）选择合适的静脉：①在预期穿刺部位以上系止血带；②评估患者的静脉情况，并选择贵要静脉为最佳穿刺血管；③松开止血带。

（5）测量定位：①患者平卧，上臂外展与躯干成90°；②上腔静脉测量法，即从预穿刺点沿静脉走向到右胸锁关节再向下至第3肋间隙，注意腋静脉的长度；③臂围，即肘窝以上4横指处测臂围；④记录测量数值。

（6）建立无菌区：①打开PICC穿刺包，戴手套；②将第一块治疗巾垫在患者手臂下。

（7）穿刺点的消毒：①以穿刺点为中心消毒，75%乙醇溶液3遍，碘伏3遍，上下直径20cm，两侧至臂缘；②更换手套；③铺孔巾及治疗巾。

（8）准备肝素帽，抽吸生理盐水、肝素盐水和（或）2%利多卡因溶液（根据需要），预冲导管，按预计导管长度修剪导管（撤出导丝至比预计长度短0.5～1cm处修剪导管）。

（9）根据需要，局部麻醉静脉穿刺点。

（10）让助手在上臂系上止血带，使静脉膨胀。

（11）将保护套从穿刺针上去掉。

（12）穿刺者以15°～30°角进针行静脉穿刺，一旦有回血，立即减小穿刺角度再进针少许，推进插管鞘确保插管鞘进入静脉。

（13）左手按压插管鞘尖端处静脉，右手撤出针芯。

（14）用镊子自插管鞘处置入PICC，插管至10～15cm后，退出插管鞘。

（15）至肩部时，患者向静脉穿刺侧偏头以防止导管误入颈静脉，直至达到预定深度。

（16）撤出支撑导丝。

（17）用注射器抽吸回血，并注入生理盐水，随后用肝素盐水正压封管。

（18）清理穿刺点。

（19）涂以皮肤保护剂。

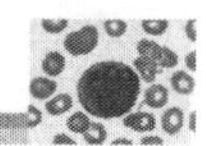

(20) 将体外导管放置呈“S”状弯曲，用无菌免缝胶带固定PICC导管，穿刺点置纱布，透明敷料加压粘贴。

(21) 在无菌免缝胶带或透明敷料/治疗单上注明穿刺者姓名、穿刺日期和时间，根据需要弹力绷带包扎。

(22) 再次查对，向患者交代有关注意事项。

(23) 妥善安置患者，整理用物。

(24) X线检查确定导管尖端位置。

(25) 洗手。

(26) 记录。

3. 三向瓣膜式PICC置管技术

用物：常规输液车、一次性治疗巾、无菌生理盐水、2%利多卡因溶液1支（根据需要）、20ml注射器3支、1ml注射器1支、无菌手套2副、PICC穿刺包（治疗巾4块、孔巾1块、止血钳2把、直剪1把、纱布10块、大棉球6个、治疗碗2个、弯盘2个）、PICC导管、弹力绷带（根据需要）、皮尺。

操作步骤：

(1) 洗手，戴口罩。

(2) 核对医嘱，向患者解释目的及方法。

(3) 备齐用物，推车携物至患者床旁，核对床号、姓名。

(4) 选择合适的静脉：①铺一次性治疗巾，在预期穿刺部位以上系止血带；②评估患者的静脉情况，并选择贵要静脉为最佳穿刺血管；③松开止血带。

(5) 测量定位：①患者平卧，上臂外展与躯干成90°；②上腔静脉测量法：从预穿刺点沿静脉走向到右胸锁关节再向下至第3肋间隙，注意腋静脉的长度；③臂围：肘窝以上四横指处测臂围；④记录测量数值。

(6) 建立无菌区：①打开PICC穿刺包，戴手套；②将治疗巾垫在患者手臂下一次性治疗巾上。

(7) 穿刺点的消毒：①以穿刺点为中心消毒，75%乙醇溶液3遍（第一遍顺时针，第二遍逆时针，第三遍顺时针），碘伏3遍（方法同75%乙醇溶液，消毒范围<乙醇溶液消毒范围），上下直径20cm，两侧至臂缘；②更换手套；③铺治疗巾及孔巾；④准备注射器、PICC导管、肝素帽、抽吸生理盐水和（或）2%利多卡因溶液（根据需要）、透明敷料、免缝胶带或输液贴于无菌区内。

(8) 无菌盐水纱布擦洗手套上滑石粉，干纱布擦干，预冲导管，连接器和肝素帽，穿刺针。

(9) 根据需要，局部麻醉静脉穿刺点（2%利多卡因溶液0.1～0.2ml皮内注射）。

(10) 让助手在上臂系上止血带，使静脉膨胀。

(11) 将保护套从穿刺针上去掉。

(12) 穿刺者以15°～30°角进针行静脉穿刺，一旦有回血，立即减小穿刺角度，推进插管鞘确保插管鞘进入静脉。

(13) 左手按压插管鞘尖端处静脉，右手撤出针芯。

(14) 自插管鞘处置入PICC，至腋静脉时，患者向静脉穿刺侧偏头以防止导管误入颈静脉。

（15）插管至预定深度后，退出插管鞘。

（16）撤出支撑导丝。

（17）按预计长度修剪导管。

（18）套上减压套筒，安装连接器于PICC导管处，锁上。

（19）用注射器抽吸回血，用生理盐水20ml脉冲式冲管。

（20）将肝素帽安装在PICC导管连接器上。

（21）清理穿刺点。

（22）将导管摆成“S”状，用无菌免缝胶带固定PICC导管的连接器，穿刺点置纱布，透明敷料加压粘贴。

（23）在无菌免缝胶带或透明敷料/治疗单上注明穿刺者姓名、穿刺日期和时间，根据需要弹力绷带包扎。

（24）再次查对，向患者交代有关注意事项。

（25）妥善安置患者，整理用物。

（26）X线检查确定导管尖端位置。

（27）洗手。

（28）记录。

注意事项：①做好解释工作，使患者放松，以确保穿刺静脉的最佳状态。测量长度要准确，因导管尖端进入右心房可引起心律失常、心肌损伤、心脏压塞。②穿刺前应了解静脉走向及静脉情况，避免在瘢痕及静脉瓣处穿刺。③注意避免穿刺过深而损伤神经。穿刺时避免损伤静脉内膜/外膜，以免发生机械性静脉炎或渗漏。穿刺进针角度为15°～30°，直刺血管，见回血后压低角度进针少许，再送套管。注意避免穿刺入动脉，尤其是1.5岁的幼儿。如果一次穿刺未成功，穿刺针不得再穿入插管鞘，这会导致插管鞘断裂。④非三向瓣膜式PICC预冲导管后即修剪导管，剪切导管时不要切到导丝，导丝将损坏导管，伤害患者。⑤退出针芯之前，务必先松开止血带，套管尖端加压后再撤出针芯。送管如遇困难，表明静脉有阻塞或导管位置有误，不可强行送管。动作轻柔地抽去导丝，以免损坏导管及导丝的完整。⑥用小注射器可使导管发生破裂，禁止使用小于10ml的注射器。⑦禁止在导管上贴胶布，此举将危及导管强度和导管完整。⑧有出血倾向的患者要小心，注意加压止血。⑨对免疫力低下的患者应严密观察。

（十）穿刺时并发症发生的原因及处理

初学者在穿刺过程中注意以下因素可减少或避免穿刺并发症：

1. 渗血、水肿

（1）原因：穿刺不当，有出血倾向的患者，服用阿司匹林的患者，选择血管不当，穿刺部位活动过度。

（2）处理：避免过度活动，加压止血，更换敷料，停服阿司匹林。

2. 送导管困难

（1）若选择头静脉穿刺，当导管进入上腔静脉时，易出现导管异位或送管困难，选择的血管细小，血管的静脉瓣较多。送管速度过快、患者过度紧张，致静脉壁痉挛。

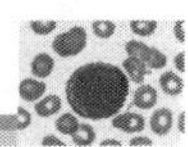

（2）处理：选择粗直及静脉瓣少的血管进行穿刺，尽量不在头静脉进行穿刺，在腋窝处扎止血带后送管，一边推注生理盐水一边送管。送管速度不宜过快，使患者尽量放松。

3. 导管异位

（1）原因：患者体位不当；患者血管异位；在头静脉穿刺。

（2）处理：摆好患者的体位再行穿刺，当送管达肩部时，患者头偏向穿刺侧；如果导管异位入颈静脉，可用5～10ml生理盐水冲管；尽量避免在头静脉穿刺。

4. 误伤动脉

（1）原因：穿刺过深，误入动脉。

（2）处理：加压包扎止血。

5. 拔导丝困难

（1）原因：送管不顺利，导管打折所致；在生理角度处；未预先冲管。

（2）处理：保持穿刺时的体位，如遇阻力，暂停1～2分钟后再轻轻拔管。穿刺前，用生理盐水冲管。

6. 心律失常

（1）原因：导管尖端位置过深所致。

（2）处理：准确测量静脉的长度，避免导管插入过长；退出导管少许。

（十一）更换敷料

1. 更换敷料的原则

（1）更换敷料必须严格执行无菌操作技术，医务人员应戴口罩、无菌手套和准备必要的更换敷料所需用品。

（2）PICC穿刺时建议使用无菌透明贴膜固定。使用这样的贴膜使导管入口与外界环境隔离，便于观察导管及穿刺点，牢固、防止导管移动。透明贴膜应在导管置入后第一个24小时更换，以后每周更换1～2次或在发现贴膜被污染（或可疑污染）、潮湿、脱落或危及导管时更换。使用发汗剂的患者要求随时更换。

（3）如需用纱布，通常应用于透明贴膜下面，这样的贴膜应每48小时更换一次。使用纱布应特别小心，千万不应将纱布放在脆弱的导管下面。如果导管位于纱布和透明贴膜之间，则导管与透明贴膜不可分开，在更换贴膜时导管有被拔出的危险。

（4）所有透明贴膜上应该清楚地记录更换敷料的时间。

（5）更换透明贴膜时固定胶带也应更换。

（6）更换透明贴膜时，应消毒患者皮肤使患者感到舒适。

（7）不可延长贴膜使用时间，更换透明贴膜前应观察穿刺点有无红、液体渗出或水肿、触摸穿刺点周围有无疼痛和硬结。

（8）测量并记录上臂周长。注意：这一测量应在手臂外展90°，位于臂和肘之间（通常在肘上4横指）的部位进行。如果所有的医护人员都以这种方法测量，周长的增加就容易被测知。如果周长增加2cm或以上，这是发生血栓的早期表现，医生应特别注意。

2. 更换敷料的方法

评估：①穿刺点有无发红、肿胀、渗血及渗液。②导管有无移动，是否脱出或进入体内。③贴膜有无潮湿、脱落、污染，是否到期。

用物：常规输液车、PICC换药包（弯盘1个、治疗碗2个、治疗巾1块、止血钳3把、纱布4块、棉球若干）、一次性治疗巾、75%乙醇溶液、0.5%碘伏、无菌生理盐水、无菌手套、无菌透明敷料、无菌免缝胶带、肝素帽、20ml注射器1个、8号头皮针1个。

操作步骤：

（1）洗手，戴口罩。

（2）估患者。

（3）备齐用物，推车携物至患者床旁，核对床号、姓名。

（4）暴露导管穿刺部位，在手臂下垫一次性治疗巾，自下而上去除敷料，注意切忌将导管引出体外。

（5）用健之素洗手，打开PICC换药包。

（6）将无菌透明敷料、无菌免缝胶带、肝素帽、20ml注射器、8号头皮针去除包装置入换药包内。

（7）戴无菌手套。

（8）将治疗巾对折垫于一次性治疗巾上。

（9）让助手将乙醇溶液、碘伏分别倒于治疗碗内。

（10）抽吸生理盐水20ml与头皮针、肝素帽相连，并排气。

（11）用酒精棉球消毒距穿刺点1cm以外皮肤，方法及范围同PICC穿刺（第1个棉球顺时针消毒，第2个棉球逆时针消毒，第3个和第4个棉球消毒导管、连接器及肝素帽，第5个棉球再顺时针消毒）。

（12）用碘伏棉球消毒穿刺点及周围皮肤，方法及范围同上，待干。

（13）用无菌纱布衬垫取下原有肝素帽，酒精纱布消毒连接器。

（14）更换肝素帽，并用脉冲式方法冲洗导管。

（15）用胶带、透明敷料固定导管（将体外导管放置呈“S”状弯曲，用免缝胶带第1条固定连接器后覆盖透明敷料，第2条自连接器下向上蝶形交叉固定在透明敷料上，第3条覆盖在第1条与透明敷料接壤处，第4条和第5条顺序固定在肝素帽下，第6条固定于肝素帽上）。

（16）在免缝胶带或透明敷料/治疗单上注明换药者姓名、日期和时间。

（17）妥善安置患者，整理用物。

（18）洗手。

（19）记录。

注意事项：①自下而上去除敷料，注意切忌将导管引出体外。②勿用酒精棉球消毒穿刺点，以免引起化学性静脉炎。③消毒导管时要固定穿刺点处导管，以免将导管拽出。④将体外导管放置呈“S”状弯曲，以减轻导管张力，避免导管移动。⑤体外导管部分须完全覆盖在透明敷料以下，以免引起感染。

如果导管跨越皮肤打折区，中肘部的弯曲，可发生导管间断阻塞。如果患者对透明贴膜过敏或皮肤较脆，可用脱敏型皮肤胶带。

（十二）冲管与封管

适当的冲管与封管技术和常规能保证导管内的正压和导管的完整性。

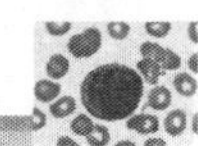

小于等于5ml的注射器可产生较大的压力，如遇导管阻塞可致导管破裂，在测定导管压力前，严禁使用小规格注射器。

1. 封管液浓度 20ml生理盐水脉冲式冲管，或10U/ml稀释肝素液（一支12 500U肝素加入1250ml生理盐水中）：每8小时冲管一次（多用于小儿）。100U/ml稀释肝素液（一支12 500U肝素加入125ml生理盐水中）：每12小时冲管一次（多用于成人）。

2. 封管方式（SASH或SAS）

（1）SASH

S-生理盐水 5ml

A-药物注射

S-生理盐水 5ml

H-肝素溶液 3ml

（2）SAS

S-生理盐水 5ml

A-药物注射

S-生理盐水 5ml

SASH或SAS就是在给予肝素不相容的药物/液体前后均使用生理盐水冲洗，以避免药物配伍禁忌的问题，而最后用肝素溶液封管。

3. 封管液量 为了达到适当的肝素化，美国静脉输液护理学会（INS）推荐封管液量应两倍于导管＋辅助延长管容积。通常成人为1～2ml；小儿为0.5～1ml。应足够彻底清洁导管壁，采血或输注药物后尤为重要。

4. 封管方法 正压封管。在封管时必须使用正压封管技术，以防止血液回流入导管尖端，导致导管阻塞。在注射器内还有最后0.5ml封管液时，以边推药液边退针的方法，拔出注射器的针头。在封管后夹毕延长管系统以保证管内正压。

（十三）注射器的选择

（1）通常输液容器在重力输液下的高度为90cm，压力为1.3psi或70mmHg。

（2）1ml注射器 150 psi

（3）3ml注射器 120 psi

（4）5ml注射器 90 psi

（5）10ml注射器 60 psi

严禁使用小于等于5ml注射器，小于等于5ml的注射器可产生较大的压力。如遇导管阻塞可致导管破裂。推荐使用10ml或以上的注射器。

（十四）导管的修复

修复断裂或损伤的导管，且仅适于临时措施，PICC导管的修复最终还会导致液体渗漏。

紧急状态的导管修复，使治疗可以持续进行至损伤的导管被替换。

双腔导管不可以被修复。

（十五）输液并发症在PICC应用中的处理

1. 静脉炎分级

0^{+}　无症状。

1^{+}　红肿，伴或不伴疼痛，有或没有水肿，无条纹形成，触诊无条索。

2^{+}　红肿，伴或不伴疼痛，有或没有水肿，有条纹形成，触诊无条索。

3^{+}　红肿，伴或不伴疼痛，有或没有水肿，无条纹形成，触诊有条索。

2. 机械性静脉炎

（1）原因：与选择导管的型号和血管的粗细不当有关；穿刺侧肢体过度活动；与选择导管的材料过硬有关。

（2）处理：湿热敷，20分钟/次，4次/天；抬高患肢；避免剧烈活动；若3天后未见好转或更严重，应拔管。

3. 血栓性静脉炎

（1）原因：与选择导管的型号和血管的粗细不当有关（导管外周形成血栓）；与穿刺时损伤血管内膜有关（血管内膜形成血栓）；与封管技术有关（导管尖端及导管内形成血栓）。

（2）处理：热敷；尿激酶溶栓；拔管。

4. 导管断裂

（1）原因

1）体外部分断裂：未预冲导管，撤导丝时划伤；换药不当；高压注射所致。

2）体内部分断裂：送导管时镊子损伤导管；损伤的导丝划破导管所致。

（2）处理

1）体外部分断裂：修复导管；拔管。

2）体内部分断裂：用手指按压导管远端的血管或立即于上臂腋部扎止血带，患者制动。行静脉切开术，取出导管。

5. 感染

（1）原因：与无菌技术有关；与不及时换药有关；免疫力低下患者。

（2）处理：严格无菌技术；遵医嘱给予抗生素治疗；加强换药；细菌培养。

6. 导管阻塞

（1）原因：药物配伍禁忌，药物之间不相容，未经盐水冲管就用肝素封管；未正压封管至血液反流，采血后未彻底冲管；脂肪乳剂沉淀引起管腔阻塞；导管顶端贴到静脉壁，因患者体位致导管打折；静脉血管内膜损伤。

（2）预防：尽量减少穿刺时静脉损伤；采用正确的封管技术；注意药物间配伍禁忌；输注脂肪乳剂应定时冲管。

（3）处理：检查导管是否打折，患者体位是否恰当；确认导管尖端位置正确；用10ml注射器缓慢回抽，血凝块是否能抽出（不可用暴力推注清除凝块，可致导管破裂或栓塞）；酌情拔管；利用特殊技术冲洗导管使导管再通（需医生与患者/家属商定，分析利与弊）；根据医嘱溶栓。

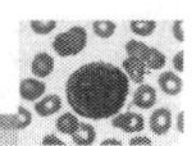

（十六）导管的拔除

（1）导管拔除时，应从穿刺点部位轻轻地缓慢拔出导管。
（2）立即压迫止血。
（3）涂以抗生素药膏封闭皮肤创口，防止空气栓塞。
（4）用敷料固定。
（5）每24～48小时换药直至创口愈合。
（6）测量导管长度，观察导管有无损伤或断裂。
（7）做好记录。

第二节 造血干细胞移植的护理

造血干细胞移植的护理过程包括准备阶段、进入层流室护理、中心静脉插管、预处理阶段、造血干细胞的采集及输注、移植后的观察和对患者的健康教育7个护理步骤。因移植期间患者的免疫系统被全部摧毁，对细菌和病毒无任何抵抗能力，因此，这7个阶段的护理是保证患者安全走出层流室的关键因素之一。

一、准备阶段

（一）层流室的准备

为了保证患者的安全，必须实行全环境保护，患者生活在无菌层流室中。此层流室为百级水平、全封闭，可将外来的吸附在尘埃上的大部分细菌和病毒阻挡在层流室外，以保证患者呼吸系统的相对安全，是移植成功的关键因素之一。

1. 进入层流室前层流室的准备 患者进入层流室前先将层流室用清水将墙面、地面及各个角落擦拭1遍，再用2‰疫克灵（含氯消毒剂）擦拭两遍，最后用1%过氧乙酸20ml/m^3，熏12小时后，通风1～2小时，备用。

2. 进入层流室后层流室的消毒 每天用2‰疫克灵消毒抹布擦拭地面4次，用同样浓度疫克灵擦拭家具2次，墙面1次。

（二）患者用物的消毒

所有能高压消毒的物品均高压消毒，不能高压消毒物品用环氧乙烷消毒。凡是直接接触患者的无菌物品及医院用品均应24小时更换一次，并采用高压消毒的方法。

（三）患者饮食消毒

每日三餐可采用微波炉消毒。方法为：高火，时间持续5分钟。饮水采用二次煮沸法消毒。水果采用1∶2000氯己定溶液浸泡20分钟，削皮食用。

（四）患者的心理准备

根据护理评估结果，护士通过口头和书面方式向患者进行移植期间的健康教育，其目的为了让患者了解预处理期间可能出现的反应及应对方式，使患者做到心中有数，以减轻患者的心理压力。

（五）护理评估

（1）评估患者心理、社会因素和环境因素，如情绪、性格特征、经济状况、家庭结构及成员之间的关系、饮食习惯。

（2）了解有无其他疾病史。

（3）评估患者的体检结果，尤其是口腔、肛门等处有无病灶。

（4）评估患者的各项检查结果：组织配型结果、患者与供者ABO血型、患者植活标记等。

（六）工作人员进入层流室程序

层流室分为一室、二室、三室、四室，四室为患者居住的层流室。进入一室前用洗手液洗手，洗手步骤严格按六部洗手法，并更换分身隔离衣、拖鞋。进入二室前戴帽子。进入三室前戴口罩，同时用快速手消毒液再次进行手清洁，再次更换拖鞋。进入四室前换第三次拖鞋，穿长隔离衣，戴无菌手套，即可接触患者。

二、患者进入层流室

（一）入层流室前护理

药浴间需经过空气及擦拭消毒后备用，患者药浴前需将头发剃光，更换病号服后进入药浴间，经1∶5000洗必泰液洗浴20分钟后在无菌条件下进入层流室，洗浴时尤其要注意将患者的鼻腔、肛周处洗净。

（二）进入层流室后口腔、鼻腔、肛周、眼睛、皮肤预防感染的护理

1. 口腔护理　口腔中的pH及湿度非常适合霉菌及细菌的生长繁殖。食物残渣在口腔中的残留又促进了口腔感染的发生，因此每日餐后即进行口腔护理及用碳酸氢钠溶液和口泰交替漱口是预防口腔感染的关键。当口腔出现溃疡时，应注意增加漱口次数，同时用紫外线治疗仪进行治疗。

2. 眼部护理　为预防结膜炎、眼角炎，每日需用利福平及氯霉素眼药水交替滴眼。患者不得用手揉眼，防止将细菌带入眼内。

3. 鼻腔护理　每日用2‰碘仿油膏涂抹鼻腔3次，以预防鼻部脓肿形成。如鼻腔中有鼻痂或血痂，不能用手挖鼻腔以免引起鼻出血。

4. 肛周护理（颜霞等，1994）　肛门括约肌处绉折较多，尤其是混有内、外痔症的患者，若便后不洁，更易引起肛周感染，以至于形成肛周脓肿，甚至引起全身感染。因此，排便后用5‰碘伏液冲洗肛周，同时涂抹2‰碘伏油膏预防肛周感染。

5. 皮肤护理　每日用1∶2000氯己定溶液床上擦浴，以清洁从皮肤析出的汗液而聚集起的细菌。

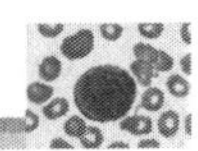

6. 会阴护理 0.1%的碘伏水冲洗每天1次，女患者月经期每天要冲洗2次。

三、造血干细胞移植中心静脉插管的护理

中心静脉插管是造血干细胞移植过程中极为重要的一部分，同种异基因或自体造血干细胞的输入、大量的液体输注及胃肠外营养的供给均通过中心静脉插管。因此，中心静脉插管也被叫做患者的生命线。

（一）中心静脉插管的目的

（1）中心静脉插管可以顺利输入大剂量的化疗药物，避免对外周静脉及周围皮肤组织的损伤。

（2）中心静脉插管在回输骨髓血或外周造血干细胞时，可以快速输入，保证了移植的顺利进行。

（3）在给予高营养、大蒜素等刺激性强的药物时，中心静脉插管减少了药物对血管的刺激，保证了及时有效的治疗。

（4）用于抢救血容量不足引起的休克，通过中心静脉插管，可快速地补液，保证输液的畅通和抢救的及时。

（5）中心静脉插管的使用均能减少日常静脉穿刺的机会，减少对血管的损伤，有利于保护血管，减少疼痛。

（二）护理评估

（1）患者的用药史、用药的种类及用药时间的长短均会对血管造成不同程度的损伤。

（2）体重情况及体重与身高比例，根据不同比例准备不同型号的插管。

（3）是否有过插管史并详细记录。

（4）血象情况，尤其是血小板数量及全身皮肤有无出血点。

（5）心理因素和环境因素，如情绪压力、经济状况等。根据评估结果选择不同的插管类型及型号。

（三）护理措施

中心静脉插管维持时间的长短取决于两方面因素：①插管时的无菌操作；②插管后的护理操作。某一因素出现问题均会缩短插管在体内保留的时间。北京大学人民医院为1400余例造血干细胞移植的患者实施了中心静脉插管，维持时间最长的为13个月。

1. 插管时的护理 严格无菌操作是插管的关键，减轻患者的心理压力对缩短插管手术操作时间很有帮助。另外，娴熟的插管技术也是必不可少的条件。因造血干细胞移植患者进入洁净室前需药浴，所以插管多在洁净室中进行。应该注意的是：静脉切开包要进行双蒸处理，以保证万无一失。

造血干细胞移植多采用隧道式经锁骨下途径的锁骨下静脉穿刺插管，这一方法优点较多（蒋朱明，2000）：①穿刺部位较为平坦，有利于进行消毒准备；②穿刺后导管易于固定，敷料不跨越关节，易于清洁和更换，也利于置管后的护理；③不影响患者的颈部及上

肢活动，使患者感到舒适；④操作者经训练后的安全系数高；⑤在体内保留时间长。

穿刺时戴的无菌手套必须用生理盐水冲洗，以免滑石粉颗粒造成患者插管感染（檀敏等，1996）。穿刺后要将导管妥善固定，穿刺局部盖以无菌敷料，并于伤口局部加压包扎，以免患者因血小板低而引起皮下血肿，增加局部感染机会。同时应做常规胸部X线检查，以明确导管位置，并检查有无气胸。

2. 中心静脉置管后的观察与护理

（1）伤口观察与护理：造血干细胞移植患者免疫功能低下，因此红、肿、热、痛炎性反应弱。护士在每日换药时密切注意伤口局部皮肤变化并做详细记录，以便次日对照观察。同时注意导管是否脱落，出现脱落现象应及时固定以免脱出。

插管前3天，每天插管伤口换药1次，以后可延长为每周换药1次，如有局部反应者改为每天1次。所用局部消毒药为0.5%碘伏，消毒6遍，同时注意伤口处不脱碘，以便不断有碘离子释放，达到长效消毒作用。

当伤口有白色分泌物时需取分泌物做培养，并及时、彻底将分泌物清除，同时用紫外线治疗仪照射治疗。

（2）输液器的更换：维持24小时输液者每日晨更换输液器，中心静脉插管末端的正压接头每周更换一次，遇有血迹则即刻更换。同时应使用输液终端过滤器（美国PALL公司），以阻止微生物的侵入，减少导管败血症发生，延长导管留置时间。同时还可以起到阻挡空气的作用。

（3）滴速的观察：液体经中心静脉导管的重力滴速一般可达80滴/分以上（蒋朱明，2000）。如果发现重力滴速变慢，应检查导管固定是否适当，有无打折或移动。如经导管不能顺利抽得回血，可能是导管自静脉脱出或导管内有血凝块。如有血凝块可用8125U/ml肝素0.1ml或5000U/ml尿激酶0.1ml封管1～2小时，回抽药液后再用生理盐水反复回抽，直至管腔通畅。如使用输液泵，则每天至少1次将输液管道脱离输液泵，检查重力滴速是否正常。

（4）液体泄漏：当导管老化、折断或自静脉内脱出时都可造成液体自导管的破损处或进皮点外漏，如发现上述情况，应立即更换。因导管一旦破裂，整个输液系统的严密性就遭到破坏，如不及时将导管拔除，很易造成微生物的侵入而导致导管败血症。

（5）导管感染：如体温不降，而物理检查又不能找到原因，就应考虑感染源来自导管的可能，此时需无菌拔除导管，并剪下头端1cm做细菌培养。

四、预处理阶段的护理

（一）护理评估

（1）评估患者的生命体征。

（2）评估患者的各项实验室检查，如生化、电解质、白细胞计数、血小板计数、血红蛋白、尿常规、尿比重等。

（3）评估患者呼吸的速率及节律、心率，是否有憋气现象。

（4）评估口腔及食管黏膜。

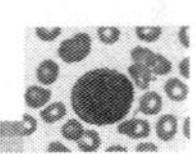

（5）评估患者是否有头晕、头痛，以及四肢是否有抽搐。

（二）护理措施

1. 发热的护理　高热患者绝对卧床休息，尽量减少体力消耗。保证足够的睡眠；宜给高热量、高蛋白、高维生素等易消化的饮食，如多食水果、蔬菜、豆类、瘦肉、鱼等，鼓励患者多进食，多饮水，促进血液循环，促进皮肤与肾脏的排泄；加强口腔护理；密切监测患者的生命体征，体温、脉搏、呼吸增快时，遵医嘱给予吸氧；遵医嘱抽取血培养；物理降温，并予以记录；遵医嘱输入抗生素、抗病毒、抗真菌药物，药物现用现配，并按时间输入，以保证药物的疗效。

2. 腹泻的护理　密切观察大便的情况，记录大便的次数、特征和量，并观察有无腹痛、腹胀的症状；留取便标本，做粪便常规＋潜血及细菌和真菌的培养；遵医嘱给予止泻药、解痉药，以缓解症状；遵医嘱给予肠道外营养治疗，保证营养。肛周的护理：①每次便后用0.1%碘伏水冲洗，之后用1%碘仿软膏涂肛周；②每天用0.1%碘伏水坐浴20～30分钟；③当肛周皮肤发红时，可用紫外线治疗仪照射治疗；④肛周皮肤有破溃时，先用溃疡粉覆盖，再用皮肤保护膜涂抹。

3. 胃肠道症状的护理　放化疗前、放化疗期间及放化疗后，遵医嘱按时给予患者止吐药；教给患者预防或减轻恶心、呕吐的方法，例如：可以做深呼吸；食用易消化、不易导致恶心呕吐的饮食，如面包、饼干等食物；避免食用油腻、不易消化的食物、做到少量多餐；提供一个安静、整洁的进餐环境；进餐前后，做好口腔护理；提供患者喜欢吃的食物；遵医嘱给予肠道外高营养，严格无菌操作。

4. 预防出血的护理　当血小板计数$<50\times10^9/L$，实施预防出血的措施，包括：①避免活动过度，防止身体受挤压或外伤。②各种穿刺后应局部长时间按压3～5分钟，直至不出血为止。③保持口腔和鼻腔的清洁、湿润，勿用手抠鼻痂或用牙签剔牙。④血小板低于$20\times10^9/L$时，要卧床限动；遵医嘱输注照射后的血小板、红细胞等；密切观察有无出血症状，如皮肤有瘀斑及出血点、呕吐物隐血、血尿、血便、头痛、视力模糊、意识障碍等，发现患者出现上述症状，应立即报告医生；若患者出现出血症状，应及时处理。⑤鼻腔出血可用明胶海绵、棉球或带有止血药物的棉球或止血纱布填塞鼻腔止血。一旦止血后，应立即将填塞物取出，防止发生感染。⑥牙龈出血可用冷水漱口或止血纱布压迫止血。⑦消化道、泌尿道出血应观察并记录便、尿量和性质，定时测量血压、脉搏和呼吸。⑧眼底出血应卧床限制活动并加强生活护理。⑨女患者出现阴道出血时，应注意会阴部卫生，同时遵医嘱为患者服用雌激素，不得间断，直至出血停止。⑩出现颅内出血的症状时，如剧烈头痛、恶心、呕吐，进而意识障碍、颈强直、肢体瘫痪时，应立即平卧位、吸氧、保持呼吸道通畅，头部置冰袋，同时密切观察患者的生命体征、瞳孔及神志的变化。

5. 预防感染的护理　为患者实施每项护理或治疗时，要严格按无菌技术操作原则执行，同时应注意先做无菌操作技术要求高的护理，如中心静脉插管的护理、伤口换药等，再做其他护理；向患者详细说明维持中心静脉插管存在的重要性，切忌用手触摸伤口表面，以免引起感染；做全身卫生时，要仔细认真，并特别注意容易感染的部位（鼻腔、口腔、肛周及女患者的会阴部）；各个部位（脸、脚、会阴等）的毛巾应分开使用，以避免交叉感染；遵医嘱按时给予各种抗生素，保证药物的疗效。

（三）预处理过程中常用药物

1. 阿糖胞苷　用药后6小时患者可以出现发热、肌痛、骨痛（偶见胸痛）、斑丘疹。最常见的症状为发热、厌食、恶心、肝功能异常、呕吐、腹泻、血栓性静脉炎、口腔或肛门炎症或溃疡。

2. 环磷酰胺　造血干细胞移植患者因环磷酰胺用量很大，较易出现出血性膀胱炎引起的尿频、尿痛、尿急、血尿等症状。用药期间及用药后应注意碱化尿液及嘱患者多饮水，每天饮水2000～3000ml，促使膀胱内毒素排出。

3. 白消安　使用白消安的患者可出现皮肤色素沉着及肝功能异常，尤其应该注意的是癫痫发作的先兆症状，有些患者可在结束白消安治疗的次日晨出现小的抽搐甚至出现癫痫大发作，应引起重视，准备好必要的抢救用物。

（四）放疗护理要点

1. 放疗前的准备　由于放疗时可能会出现恶心、呕吐，所以放疗前4～5小时内禁食水；放疗前患者戴好口罩、帽子，在护士的指导下躺在放疗床上，并盖上无菌单子；冬天注意保暖，多准备被褥。

2. 放疗后可能出现的反应　恶心、呕吐、腮腺肿胀、体温升高等是放疗后常见的反应，恶心、呕吐一般在放疗后1～2周缓解，这期间饮食宜清淡，不宜油腻。腮腺肿胀一般在放疗后1～2周后缓解，体温在放疗后3～4天内可持续升高，1周后可降至正常。

3. 放疗后的注意事项　注意对皮肤的保护，放疗时对皮肤有一定程度的损伤，所以放疗后应注意皮肤保护，不能用力擦洗皮肤，以防表皮脱落；3天内勿用黏性贴膜或胶布粘贴皮肤，否则会在揭起时损伤皮肤，易引起感染；注意口腔护理，因为放疗后腮腺导管扩张，口腔内分泌物增多，这时应注意口腔卫生（勤漱口）。

五、造血干细胞采集及输注的护理

（一）护理评估

（1）患者及供者目前的健康状况。

（2）患者的血象结果。

（3）体重情况及进食情况。

（4）心理社会因素及环境因素。

（二）护理措施

1. 骨髓的采集及输注的护理

（1）骨髓血的采集（陆道培，1994）：骨髓采集为一次性采集，一般手术时间为2～4小时，采集部位为髂前上棘、髂后上棘多位点穿刺。采髓量为有核细胞达到$(1\sim3)\times10^8$/kg体重。骨髓的过滤多采用陆道培报告（1962年）的针头过滤法。即将骨髓经12号和9号针头后进入消毒后血袋中。为保证采髓量，供者在骨髓采集前2～3周应行“自体循环采

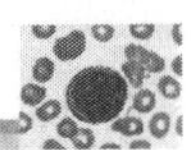

血”，以贮备 600～800ml 自体血。采髓过程在硬膜外麻醉或全麻下进行，采集的骨髓可用含有肝素的 1640 保养液保养，采集过程在手术室进行，严格无菌操作。过滤骨髓时要注意：针头堵塞后立即更换，以避免小血块推入血袋。

（2）骨髓血的输注：①患者与供者 ABO 血型相合的骨髓血回输。回输前必须倒挂 30 分钟，使脂肪颗粒上浮，以免脂肪输入体内造成脂肪栓塞。②患者与供者 ABO 血型不合的骨髓血回输。当患者与供者 ABO 血型不合时则需进行处理。处理后回输，回输前仍需倒挂 30 分钟。③回输的护理。回输前遵医嘱准备鱼精蛋白、生理盐水及抗过敏药。回输的速度先慢后快，前 30 分钟速度控制在 200ml/h 以内，以后可增加到 300～400ml/h。回输中严格执行操作规程，严密观察患者反应，如皮疹、尿色、腰部不适等。每输入 200～300ml 骨髓血，用 1 支鱼精蛋白从另一通道由静脉小壶缓慢输入以中和骨髓血中的肝素。当骨髓血输完后补齐全部鱼精蛋白量。骨髓血输注完毕后切勿用生理盐水冲输液器中的骨髓血，以免将输液管壁上的脂肪颗粒冲入血管。无论血型是否相合，骨髓最好在采集 6 小时之内输入。

2. 外周血造血干细胞（PBSC）的输注及护理 输注前应准备好抗过敏药。自体外周血造血干细胞回输前需将冷冻的造血细胞在 37～40℃水温中迅速解冻后快速回输。

回输过程的护理：回输速度尽量快，以患者不出现心悸为标准，以免造成室温下放置过久，造成造血干细胞损失。回输过程可使用输血器，严格无菌操作。

自体 PBSCT 解冻后干细胞悬液中含有二甲基亚酚（dimthysulfoxide，DMSO），可引起患者恶心呕吐、暂时性高血压，个别患者出现房室传导阻滞。为预防以上现象可采用增加输液量的方法以保证足够的尿量，同时碱化尿液以利于 DMSO 迅速排出。

（三）脐带血造血干细胞的输注护理

脐带血回输量较少，一般为 100ml 左右，因此要十分注意回输过程中勿出现漏液现象，一般采用手推式或微量泵推注。同时密切注意患者心率变化，随时调整推注速度。

六、造血干细胞移植后的观察及护理

（一）出血倾向的观察及护理

1. 观察 造血干细胞移植患者都要经过白细胞降至“0 期”的过程，此阶段大部分患者血小板也随之下降，最低可达 $3\times10^9/L$。若不及时输入血小板，很容易发生出血。因此，此阶段密切观察成为防止患者发生意外的关键。

观察的主要部位有皮肤、牙龈、鼻腔。注意皮肤有无出血点，出血点的特点为：针尖大小，压之不退色。有无瘀斑，牙龈、鼻腔有无渗血。同时注意大便的颜色，及时查阅血象检查结果。

2. 护理 当血小板低于 $15\times10^9/L$ 时，嘱患者减少活动量，卧床休息。排便时勿用力，出现便秘时及时告诉护士，以得到解决办法。系止血带时勿过紧，同时应在止血带下垫一块长条布，以避免由于止血带直接与皮肤牵拉而引起皮下出血。若鼻腔中有鼻痂勿用手抠，可用油膏先润滑，而后由护士协助取出。口腔护理时要用稍大棉球，以免棉球过小造成止血钳的尖端碰伤牙龈。

（二）腹泻的观察及护理

1. 观察　自患者进入层流室后详细记录排便次数，每次的排便量、颜色、性质，患者排便时的反应。

2. 护理　腹泻的预防主要有两方面的内容。一是把握住入口关。三餐必须严格消毒，水果的品种要有限制，只可食用苹果、梨、芦柑、橘子、橙子、西瓜这6种水果，因其他水果有些表皮不光滑，有些表皮包裹不全，不易清洁且细菌易浸入内部，如香蕉、荔枝、葡萄、芒果等。水果食入前必须去皮。二是保证口服肠道消毒药及输液计划的按时实施。口服的肠道消毒药要按时食入，不得随意减量。护士在安排输液计划时要考虑到第二天清晨的采血计划，以免影响药物的血药浓度。如环孢素（CsA），此药为免疫抑制剂，是预防移植物抗宿主病的关键用药，但必须通过血药浓度的监测来调整药量。如果输液计划安排不当而使液体输入与采血时间间隔过短（<6小时），将会影响CsA的血药浓度，给医生调整药量带来困难。

腹泻的护理也是至关重要的。首先要观察腹泻的量、色和味。同时注意腹泻前有无腹痛，并加强肛周护理。对于肠炎的护理治疗方法有3种：一为保证药物治疗。二为饮食控制，视腹泻的轻重将普食改为半流或流食，甚至禁食。半流或流食也应少油，且食入易消化的食物。三为保证支持治疗的顺利进行。

（三）贫血的观察护理

1. 观察　当移植处于“0期”时，患者的血红蛋白也会出现起伏而发生贫血。患者表现为心慌、气短、口唇变白。

2. 护理　注意患者的反应，嘱患者减少活动量，当血红蛋白降至60g/L时，患者应绝对卧床休息，控制输液量，减慢输液速度每小时不超过150～180ml。否则易出现心衰等严重后果。

（四）出血性膀胱炎的观察护理

1. 观察　早期出现出血性膀胱炎的表现为尿频、尿痛和尿急。

2. 护理

（1）非药物性治疗，鼓励患者移植期间坚持多饮水，4000ml/d左右，进行自我膀胱冲洗，使病毒及化疗代谢产物不在膀胱内停留过久。

（2）腺病毒监测及尿常规监测。

（3）药物预防。

（五）口腔黏膜的观察及护理

1. 观察　早期出现口腔感染的表现，如口腔黏膜白斑。

2. 护理

（1）保持口腔清洁，每天于三餐后进行口腔护理，每天用5%碳酸氢钠溶液和复方氯己定溶液交替漱口3次，碘甘油涂牙龈每天3次。

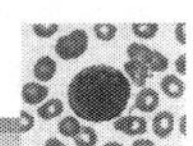

（2）保持口腔黏膜完整性不被破坏。不食用带刺、带骨的食物，以免口腔黏膜被刺破。

（3）当使用药物治疗时，应根据所选用的药物针对性地进行护理，如为霉菌感染可用制霉菌素片研成粉末涂于溃处。若为细菌感染，可针对培养出的不同细菌进行治疗。非药物治疗，即紫外线照射口腔感染处。这种方法1个疗程需要10天。所选用的为中国人民解放军总医院生产的紫外线治疗仪。

（六）间质性肺炎的观察及护理

1. 观察 护士应能够观察到早期间质性肺炎的表现，如憋气、口唇发绀、疲乏无力，部分患者出现低热。

2. 护理

（1）空气净化，保证室内空气的洁净度，保证层流室中的密闭性，同时对初效过滤器定期更换，而对高效过滤器则应经常检测，当出风口风速减小一半时则要更换。

（2）注意患者是否带有呼吸道传染病，并积极采取治疗措施。

（3）非药物治疗：持续吸氧及雾化吸入，使缺氧症状得以缓解，痰液易咳出。

（4）加强患者的功能锻炼，当患者的血小板高于20×10^9/L时可进行小运动量的功能锻炼，如扩胸锻炼、深呼吸等，以增加胸廓的收缩和扩张，使痰液易排出。

（七）移植物抗宿主病（GVHD）的观察及护理

（1）急性移植物抗宿主病（aGVHD）：aGVHD出现以前有一些前驱症状，护士应能够观察，如皮肤瘙痒但无任何皮疹出现，手掌侧大、小鱼际处颜色变深；大便变稀或颜色变深。同时应注意生化指标，观察肝脏功能。

对于aGVHD的患者来说，及时控制病情发展、防止合并感染发生是至关重要的。要教会患者感染预防的方法，同时患者要能够自我识别和控制这些因素。①严格按层流室各项护理要求去做，如口腔护理、眼睛护理、鼻腔护理、肛周护理；②饮食要新鲜而且要双蒸；③有排便改变时要改变饮食结构；④当aGVHD出现全身皮疹（颜霞等，2006），同时伴有表皮少量剥脱时，应注意保护正在剥脱的皮肤，用婴儿润肤露全身擦抹，以防止因皮肤干裂而出现皮肤感染。

当aGVHD而出现全身重度皮疹造成皮肤大疱而使得皮肤大面积脱落时，应保护好脱下的表皮，勿将表皮剪掉。同时及时更换由于渗出液过多而浸湿的无菌一次性垫子。保证入量充足，严格无菌操作，并及时修复破损的表皮。表皮修复可采用植入异体真皮或人工皮两种方法。植皮后密切观察皮肤状况，有无皮下脓性分泌物。同时应加强心理护理，出现这种情况的患者痛苦很大，疼痛难忍，皮肤愈合期较长，往往容易丧失信心而不配合治疗。护理时可采用告诉患者表皮愈合每日发展情况（当然是向好的方向发展），树立起患者的信心。同时在每日行皮肤护理前可使用少量麻醉剂，减轻患者的痛苦，增加患者战胜困难的勇气。

aGVHD重在预防和控制感染，应向患者介绍相关的知识，包括：①向患者介绍aGVHD的症状；②解释重度GVHD对全身各脏器的影响，使患者能配合用药及积极采取预防措施；③使患者识别GVHD的前驱症状如皮肤瘙痒、大便变稀、腹痛等；④识别药物副作用。

（2）慢性移植物抗宿主病（cGVHD）：当cGVHD出现时患者常会感觉到生活质量下降，尤其是出现口腔黏膜炎的患者，更觉痛苦。这种情况下应向患者介绍相关知识，使患者树立战胜疾病的信心。①介绍cGVHD症状及一般病程，解释cGVHD对全身各脏器的影响，鼓励患者坚持服药；②说明cGVHD的益处，树立起生活的信心；③使患者识别不良症状，并寻求治疗，如体重减轻等；④识别药物的副作用。

GVHD常用预防用药的护理：①环孢素（CsA），静脉滴注，应注意输液速度及浓度。而且此药还可溶解聚氯乙烯，产生更强的毒副作用，应注意输液用容器。口服此药时应在饭后服，同时注意包装现用现拆，因环孢素在空气中可氧化，使药效降低。②甲氨蝶呤（MTX），此药为小剂量分次应用，因MTX对口腔及食道黏膜有损伤作用，因此在使用当日务必使用甲酰四氢叶酸钙含漱，以减轻MTX对消化道黏膜的副作用。③甲泼尼龙，使用时注意时间和剂量。④抗胸腺细胞球蛋白（ATG），此药是经免疫接种动物后再自动物血清或体液中提纯得到，输液时应注意过敏反应。首次剂量应为1/10实验量，观察30分钟后再继续输注。同时，详细阅读说明书，根据说明书进行皮肤过敏试验。当出现过敏反应时应根据临床情况决定是否继续使用。⑤单克隆抗体（OKT_3或W_{u338}），此药也是一种从动物体内提纯得到的抗体，输注后可能会产生过敏反应，应用前要先进行皮肤试验，经抗过敏药输注后再输入。

七、造血干细胞移植患者健康教育

造血干细胞移植的健康教育是一个系统工程，从患者进入洁净室前至患者出院回家后都要进行健康教育，不同的是各个阶段重点不同。准备进入洁净室时要向患者全面讲述移植过程，让患者做到有备而来。进入洁净室后要告诉患者感染预防的重要性，各部位护理方法，各种药物的作用及化疗药的不良反应。移植后根据患者出现的不同表现针对性地讲解发生的原因及如何才能达到良好的预后，以稳定患者的情绪，树立患者的信心。患者准备出院时要讲明出院后注意事项，以及根据个人情况决定何时进行正常工作等。

（一）饮食指导

1. 预处理前　患者应进食高蛋白、高维生素的食物，如瘦肉、牛肉、剔刺的鱼肉、剔骨的排骨等，还要多吃新鲜蔬菜和水果。注意饮食卫生，水果蔬菜要洗净，饭菜要新鲜，变质的食品勿食用。

2. 预处理期间及移植早期（移植后1个月以内）

（1）饮食应清淡、少渣、易消化和少刺激性，应避免油腻、粗糙和带刺的食物，以免损伤口腔和消化道黏膜。

（2）化疗时如感恶心可让患者少量进食，但不可不进食。

（3）注意少食多餐，如果有口服化疗药，进餐时间应与服药时间有间隔，最少间隔2小时。

（4）两餐之间可以吃些不易引起恶心的辅助食物，如面包干、饼干、新鲜水果等，要细嚼慢咽，以免刺伤口腔黏膜。

（5）进餐前后做好口腔护理。

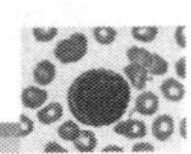

(6) 感到恶心严重时，应减少活动，暂停进食。可以反复做深呼吸以减轻不适。

(7) 发生口腔溃疡时饮食要以半流食、流食为主，如牛奶、菜粥、豆浆、面条等。

(8) 多吃新鲜水果而且要削皮，不能吃的水果和生蔬菜有桃、香蕉、葡萄、黄瓜、番茄、荔枝、李子、草莓。因这些水果有的有毛，不易清洗；有的表皮不光滑，不易消毒；有的表皮较薄，易破损，使得细菌易侵入、繁殖。能吃的水果要表皮无破损、无腐烂的，如西瓜、苹果、梨、橘子、橙等。

(9) 化疗期间多饮水及无刺激性液体，如果汁等，以促进体内代谢产物排泄，减少副作用。

3. 移植后期（移植后1个月以后至半年期间） 逐渐增加进食量，摄入高蛋白、高维生素等营养丰富的食物，如鸡、牛、羊肉、芹菜等，但不能食入不易消化吸收的食物，如烤鸭，以免引起腹泻，而诱发移植物抗宿主病。多吃水果、蔬菜。注意饮食卫生，吃水果要削皮，蔬菜应洗干净，少食生凉食物，避免消化道感染。

（二）活动指导

1. 在洁净室中的活动指导

(1) 当患者的血小板在 $20\times10^9/L$ 以上时，应多下床活动（室内散步或活动四肢），每天一个半小时左右，分上、下午进行；若血小板低于 $20\times10^9/L$ 或有贫血、高热时，应卧床休息，但要勤翻身。

(2) 当患者的血小板低于 $20\times10^9/L$ 时，大便不要用力过猛，养成按时排便的习惯。不要用力打喷嚏、擤鼻涕，防止鼻出血。

(3) 当患者的血小板低于 $10\times10^9/L$ 时，应平卧休息，不要用力摇头、摆头，不要猛然起床。

(4) 若患者有头痛、头晕的症状时，立即通知医生，及时处理。

2. 出洁净室后及出院活动指导

(1) 当患者的白细胞大于 $3\times10^9/L$、血小板大于 $50\times10^9/L$ 时，移植后2个月可增加户外活动，由每日1次、每次30分钟，逐步增加，每周为一个周期，每个周期增加10分钟。若感觉较累，应相应减少户外活动时间。

(2) 当患者准备做户外活动时，应注意天气情况，风大、下雨、阴天时，请停止户外活动，以防气温不适引起感冒。

(3) 注意根据气温变化，随时增减衣物。

(4) 出院后半年内避免去公共场所和人员较密集的地方，以防感冒。

(5) 回家修养时注意保持室内空气新鲜，每日开窗通风早晚各30分钟，外出时戴口罩。室内不用地毯，不养宠物，避免细菌繁殖。

(6) 遵医嘱服用药物，停药或减药一定要经过医生允许。

(7) 出院后遇到身体不适，如发热、腹泻、咳嗽、憋气、皮疹等症状时应及时到医院就诊，并定期到医院门诊复查。

(8) 在家休养时生活要有规律，早睡早起。并注意锻炼身体。

(9) 逐步从事一些轻体力劳动，1～2年后可从事正常工作。

（三）心理指导

1. 患者的心理反应

（1）移植前患者的心理反应：移植前患者主要的心理反应为焦虑、恐惧、抑郁、否认和怀疑、惊慌。尤其是焦虑现象存在更为普遍，有研究显示：移植手术前有85%的患者出现焦虑，焦虑发生的原因与生理、心理和社会因素有关，如药物影响、疼痛、医院环境、远离亲人及对即将进入的无菌层流室不了解，对移植的预后不可知等。在这里需要引起注意的是，儿童焦虑同样应该受到重视，通常认为，儿童焦虑发生率低，但研究证实(Syurkland等，2001)，平均年龄8岁的患儿焦虑发生率为42%。这提示我们不能忽视儿童群体。抑郁也是在移植前患者中普遍存在的。抑郁与健康状况下降及供体器官到来的不确定有关（曲虹，1999)。而有些患者却是因为家庭中出现支持力量减弱，如某患者已寻找到合适的供者，然而却因缺乏资金支持，面临失去手术的机会。恐惧的产生往往出现在同病相怜的移植患者死亡时（张玥等，1999)，在移植病房经常会出现这样的情景：当一位移植患者不幸死亡时，等待移植的患者要详细询问死亡患者的病种、供者年龄及配型情况，若情况与自己大致一样时，此患者就会出现失眠的表现，而且惧怕死亡。另有一部分患者对移植后存活时间的长短不能预测而表现出惧怕死亡（王雯等，2001)。

惊慌与移植前心理准备不充分有关，尤其是当移植前医生与患者本人共同签订治疗协议书时，由于谈及治疗的副作用及治疗意外时会引起患者的惊慌，甚至逃跑。

（2）移植进行过程中患者的心理反应：HSCT患者需居住在无菌层流室中近1个月，这1个月远离亲人，活动面积有限。因此，患者可出现多种心理反应，常见的心理反应有：焦虑、抑郁、畏缩、反感与敌视、妄想、行为出格、恐惧及孤独、烦躁、后悔（方木水等，1997)。调查证实，接受HSCT患者在无菌层流室期间出现精神症状的占41%（许贞书，2001)。患者最先出现的心理反应有孤独、焦虑抑郁，感到寂寞难耐。从进入洁净室的第一天开始，就计算着出去的日子。尤其是一些生活自理能力较差的患者，孤独感尤为严重。

方木水等统计：有90%的患者移植期间出现烦躁（方木水等，1997)，主要是由于预处理的严重不适、皮肤黏膜溃疡疼痛、白细胞“零”期的出血倾向、感染的致命威胁、繁杂的护理程序而导致。生理上表现为睡眠障碍和食欲低下（李心天，1988)。

移植期间，当患者身体出现预想外的情况时，会出现反感与敌视（王雯等，2001)，甚至有妄想情况发生，有个别患者还会出现出格行为，如自杀。以上情况多发生在患者出现严重的并发症时，或白细胞长时间不生长时，或患者生病前曾担任单位的领导，在疾病的治疗过程中备受单位关注，而移植期间病情加重时。有研究报道，移植期间有粗鲁语言的占60%（方木水等，1997)。

出现后悔心态是由于患者反复出现不适感或合并症或移植过程不顺利造成的。据报道，有60%的移植患者出现过后悔的心理反应（方木水等，1997)，这个比例与移植技术有密切关系，如果技术过硬，移植合并症发生率低，患者后悔心态的发生率也可以降低。

据报道，以上各种心理反应出现的时间及程度与HSCT前患者是否经历过大剂量化疗有关。若移植前有经受强烈治疗的经历，有助于患者在移植过程中获得一定的适应能力，而减轻心理反应症状，未经历大剂量治疗者（如慢粒患者），移植过程中更有可能出现心理反应（许贞书，2001)。

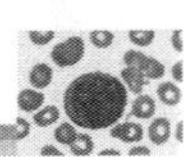

（3）移植后患者心理反应：移植后患者最担心的问题是复发，其次是担心未来工作、学习、婚恋（许贞书，2001）及恐惧和过度敏感。有些已婚男士还担心夫妻生活能否正常。尤其是对出院的感觉是矛盾的，他们盼望出院但又惧怕失去医院的监护（王雯等，2001），对自觉症状过度敏感，对化验单的微小变化关心备至，全家为此紧张之至，躯体症状主诉多且易变。以上表现的出现是因为患者经历移植过程的磨难，对生命倍加关注，他们对来之不易的新生命加倍珍惜。

2. 心理指导

（1）移植前指导：向患者及家属详细讲解移植主要过程，但应该注意的是，合并症的讲解应适当。还可请移植后一般状况良好的患者与等待移植的患者沟通，交流移植过程中的感受及预后（方木水等，1997）。

术前带领患者和家属参观病房及层流室，以减轻患者的焦虑感和压抑感。同时可对层流室内部及患者的可视范围区域进行美化、装饰（方木水等，1997）。

当病房有患者死亡而导致其他患者出现恐惧时，护士应帮助患者理智地把自己与死者病情区分开，排除不良情绪的影响，增强自我控制能力。

当患者出现抑郁时，护士要积极干预，以减轻发病率和病死率，因为不治疗的抑郁症会潜在性地增加不顺应性、敌意和无望感（方木水等，1997）。

当患者出现资金短缺有可能丧失移植机会时，可以帮助患者寻求社会支持，以减轻由此引起的抑郁。

（2）移植中指导：强化社会支持，尽可能地保持患者与原生活环境的联系，如请亲朋好友、领导、亲属等经常与层流室内患者通话，予以鼓励，也可与家属商量饮食安排。鼓励患者看电视、听音乐、读书、看报（方木水等，1997），以分散注意力，减轻孤独感。

加强生活支持（方木水等，1997），预处理时教会患者减轻呕吐的办法，如慢而深的呼吸等。同时减少对患者的各种不良刺激，如静脉穿刺成功率及黏膜护理的有效率等都能不同程度地降低心理刺激。

加强护、患的双向交流，调动患者积极的心理因素。当患者出现严重合并症或出现不良心理反应时（如自杀倾向），请患者熟悉的医、护人员及心理医师与其谈心释疑。

固定专人负责患者每日治疗与护理，如有条件，在患者移植期间均由1位护士完成患者的大部分治疗及生活护理，促进患者产生对护士的信任感，做到无话不说，这样便有利于发现患者的情绪改变，并可及时实施有效的干预。

强化患者的乐观心理期待，临床观察表明，为患者强化乐观期待的心理后，患者自控力加强，住在层流室的烦躁感降低（方木水等，1997）。

（3）移植后心理指导：教会患者自我保护——认识潜在危险的症状和排斥反应的监测方法。

定期组织联谊会，让移植后的患者相互交流体会，从中吸取各自所需的应对措施，对战胜面临的和未来的症状有很大帮助。同时让他们共同交流关于学校、家庭、人文关系等话题（Drew M，1998），以开阔眼界，放开胸怀。

（4）移植前、中、后共性心理指导：为患者提供精神力量模式，包括信念、现实、忍耐和保持希望。它在移植患者的康复过程中是一束光芒。

音乐结合肌肉放松训练及内心意念引导。听音乐时从头到脚放松肌肉，并想象体内的肿瘤细胞正在死亡，或想象移植后的干细胞正快速成长，以调动机体的免疫力，促进骨髓重建及减轻排斥反应（许贞书，2001）。

鼓励患者表达出所担心的问题，并进行公开讨论，通过讨论使患者认识到他们出现的心理反应是正常的，而非病态或人格缺陷所致，坦言其忧有助于缓解不良情绪。同时也是一种治疗（张玥等，1999）。

帮助有心理问题的患者寻求更多的支持，如医生、护士、心理医生、精神科医生等的支持，以尽快消除心理障碍。

寻求患者家属的支持，取得他们的配合，是患者心理干预不可缺少的内容。患者家属应对治疗方案及病情有所了解，这也是配合医疗、护理的必要条件。

总之，心理干预是应对患者心理反应的必要措施。研究证明，心理干预后，患者血清中 IgA、IgG 及 IL-2 水平明显上升，经统计学处理后显示有统计学意义（王建荣等，1997）。而情绪的变化可降低细胞因子或抗体的产生（吴卫平，1992），从而影响细胞免疫和体液免疫的功能。

综上所述，护理 HSCT 的患者时，应严密观察精神变化，掌握各个不同阶段患者不同的心理反应，根据不同的反应实施相应的护理干预。同时还应注意供者和家属的心理反应，因为 HSCT 是一个系统工程，护理人员所要接触的对象是广泛的，患者的支持力量也是广泛而重要的，且移植后院外护理由家属承担，其时间是漫长的，因此有必要将供者及家属的心理反应及护理干预加以探讨，然而国内此类研究极少，有待于广泛、深入地挖掘，以待全面提高护理质量及患者的生活质量。

参考文献

方木水等 . 1997. 自体骨髓移植患者的共性心理表现与心理支持 . 中华护理杂志，32：721

蒋朱明等 . 2000. 临床肠外与肠内营养 . 北京：科学技术文献出版社，276

李心天 . 1988. 医学心理 . 北京：中国科学技术出版社，143.

陆道培 . 1994. 白血病治疗学 . 北京：科学出版社，321

曲虹 . 1999. 器官移植患者围术期的心理护理 . 国外医学・护理学分册，18：509

檀敏等 . 1996. 肘静脉穿刺导管术在骨髓移植中应用 . 实用护理志，12：63

王建荣等 . 1997. 心理护理前后患者血清中 IL-2、IgA、IgG 测定 . 中国心理卫生杂志，11：88

王雯等 . 2001. 对骨髓移植患者心理感受的调查（英）. 国外医学・护理学分册，20：228

吴卫平 . 1992. 应激与应激系统紊乱的概念 . 美国医学会杂志（JAMA）中文版，11：290

许贞书 . 2001. 造血干细胞移植患者相关心理社会因素的研究现状 . 中国心理卫生杂志，15：427

颜霞等 . 1994. 骨髓移植患者肛周感染的预防护理 . 中华护理杂志，29：456

颜霞等 . 2006. 4 例异基因造血干细胞移植急性移植物抗宿主病重度皮肤损伤的护理 . 中华护理杂志，1

张玥等 . 1999. 器官移植患者等待移植期间的心理反应及其护理 . 国外医学・护理学分册，18：493

Drew M. 1998. Where do young adult renal transplant recipients fit in. ANNAJ，25 ：57

Syurkland I et al. 2001. Psychosocial functioning in children after transplantation of the heart，and heart and lungs. Cardiol Young，11：277

Walton J et al. 2000. “A beacon of light”，spirituality in the heart transplantation patient. Crit Care Nurs Clin North Am，12：87

彩　　图

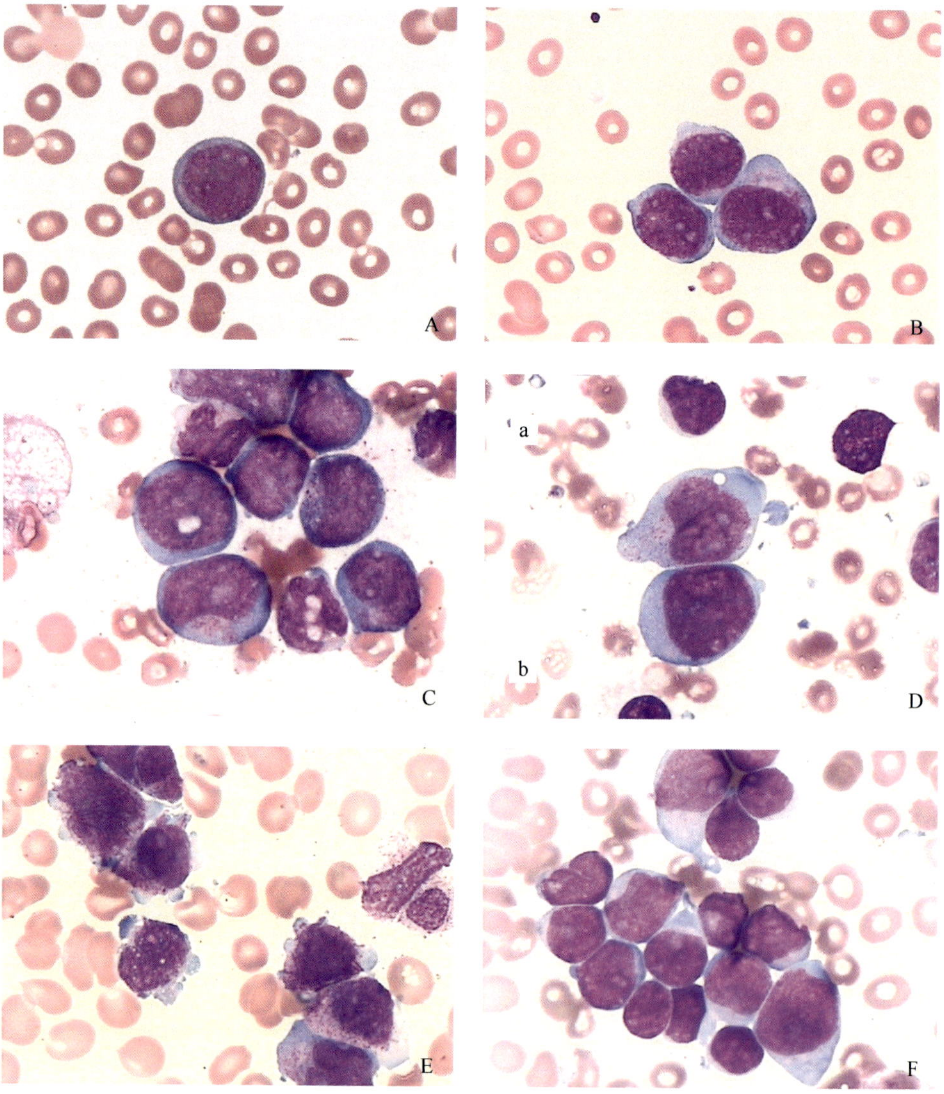

彩图 1　各类白血病原始细胞形态（北京市道培医院提供）

A. 原始粒细胞Ⅰ型；B. 原始粒细胞Ⅱ型；C. 胞浆颗粒多，有核窝或透亮区的原始粒细胞；D. 原始单核（a）和幼稚单核细胞（b）；E. 异常多颗粒早幼粒细胞；F. 原始淋巴细胞

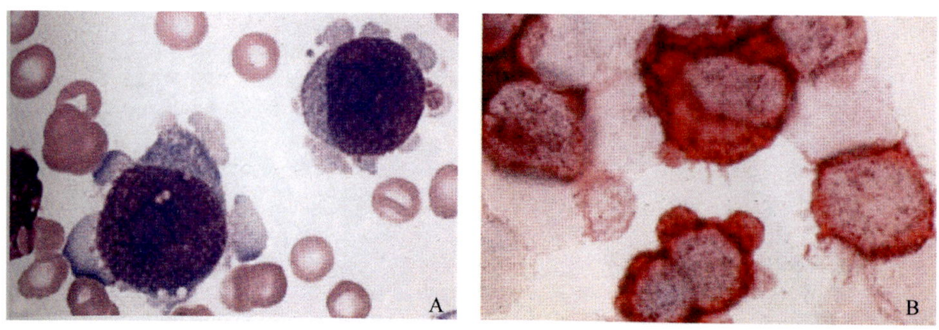

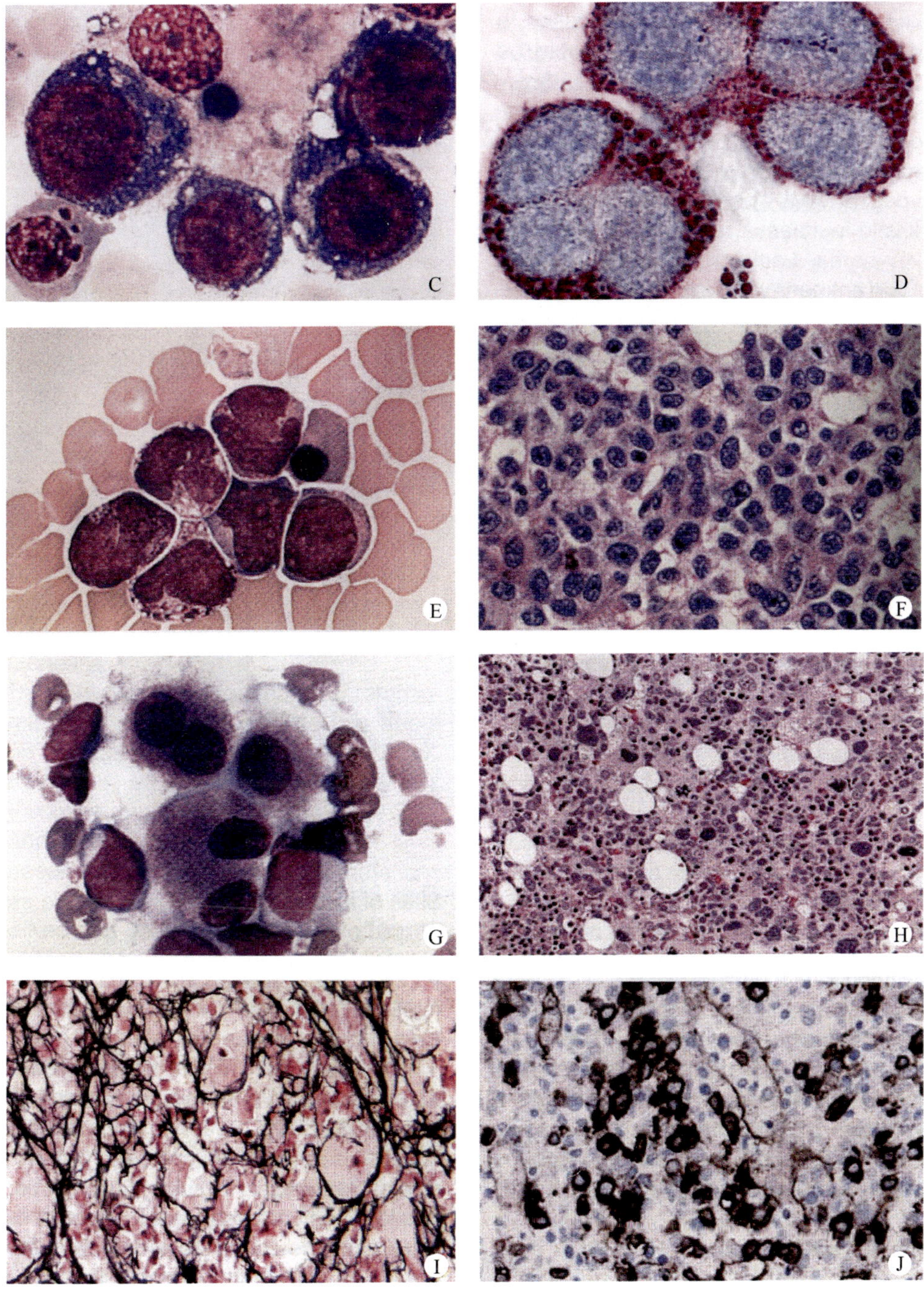
C
D
E
F
G
H
I
J

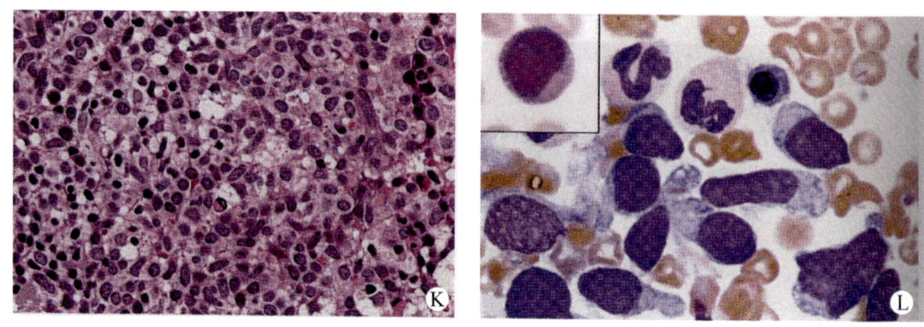

彩图2　各类白血病原始细胞（WHO，2008）

A、B. 原始巨核细胞的形态及细胞化学染色；C. 纯红血病的异常原始红细胞；D. 异常原始红细胞的PAS染色呈球状强阳性；E. 原始嗜碱细胞；F. 急性嗜碱细胞白血病的骨髓病理片；G～J. 伴骨髓纤维化的全髓性骨髓增生的骨髓细胞形态（G、H）及骨髓病理表现（I、J）；K、L. 原始淋巴浆细胞样树突细胞

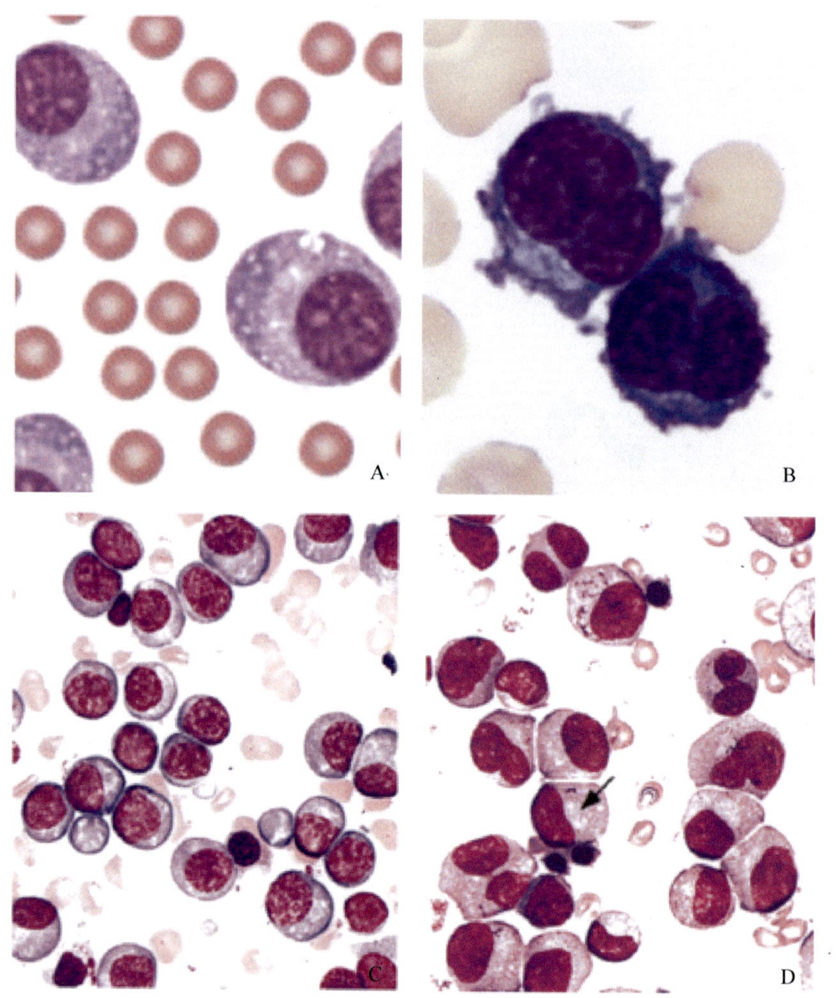

彩图3　PCL骨髓象特点

A. 健康人外周血细胞涂片；B. PCL患者的外周血细胞涂片；C和D. 来自2例不同MM患者的骨髓瘤涂片，显示绝大多数成熟样浆细胞核偏位，高尔基带显著（箭头所示）（瑞-吉染色）